天津通史资料丛书
总主编 万新平

# 天津史研究论文选辑（续辑）上编

郭登浩 周俊旗 主编

天津出版传媒集团
天津古籍出版社

图书在版编目（CIP）数据

天津史研究论文选辑：续辑 / 郭登浩，周俊旗主编. -- 天津：天津古籍出版社，2016.5
（天津通史资料丛书 / 万新平主编）
ISBN 978-7-5528-0404-1

Ⅰ. ①天… Ⅱ. ①郭… ②周… Ⅲ. ①天津市－地方史－文集 Ⅳ. ①K292.1-53

中国版本图书馆CIP数据核字（2016）第086768号

## 天津史研究论文选辑（续辑）

郭登浩　周俊旗/主编

出版人/张玮

天津古籍出版社出版
（天津市西康路35号　邮编300051）
http://www.tjabc.net

唐山新苑印务有限公司印刷
全国新华书店发行
开本 787×1092 毫米 1/16　印张 96　字数 1523 千字
2016 年 5 月 第 1 版　2016 年 5 月 第 1 次印刷
ISBN 978-7-5528-0404-1　　定价：230.00元（上、下册）

# 天津通史资料丛书

总主编　万新平

主　编　郭登浩　周俊旗
副主编　黄　宁　郭以正

# 总　序

万新平

盛世修史是我国的文化传统。编纂《天津通史》是天津市广大干部群众和专家学者期盼已久的文化盛事。2004年12月,在纪念天津设卫建城600周年之际,《天津通史》编纂工作正式启动,这是跨入21世纪后天津历史学界的一件大事,是一项具有重要现实意义和学术价值的划时代的文化建设工程。

《天津通史》作为天津市哲学社会科学重大研究项目,坚持以马克思列宁主义、毛泽东思想、邓小平理论、"三个代表"重要思想和科学发展观为指导,以唯物史观为主导,完整把握天津历史发展的脉络,全面分析天津历史变迁的特征,深入总结天津发展的规律,深刻论述天津在中国历史发展中的地位和作用。这项工程对进一步推进天津改革开放和现代化建设,挖掘地方历史文化资源,推动文化建设和学术研究的发展,进而提高天津城市文化品位,都具有十分重要的作用。

编纂地方通史历来是一个地区文化建设的重要标志性工程。近年来,地方通史编纂工作方兴未艾,北京、上海、重庆、河北、山东、山西、湖北、贵州等省市都相继编辑出版了大型地方通史。天津是我国历史文化名城,有许多独特的历史发展轨迹和特点。在古代,天津从军事重镇逐步成为畿辅名城,具有中国封建城市发展的典型意义。在近代,天津是近代中国的缩影,所谓"近代中国看天津"就是对天津近代重要历史地位的一种通俗的概括。比如,天津是近代帝国主义列强侵略中国的战略要地,是中国人民反抗外来侵略的重要战场,是近代中国政治势力角逐的主要舞台,是近代中国海陆军建设的重要基地,是中国北方城市近代化的发源地,是中国共产党领导北方白区革命斗争的重要中心,是中国北方最大的进出口贸易口岸和工商业经济中心。中西社会思潮在此交汇,新式文化教育由此兴起,一批思想家、教育家和文人巨匠聚集津门,从而形成汇纳百川、包容中外的社会人文环境和历史文化积淀。新中国成立后,在社会主义建设历程中,天津克服了发展中的种种艰难曲折,取得了令人振奋的显著成就。改革开放以来,天津进入了社会主义现代化建设快速发展的新时期。在党的领导下,全市广大干部群众,在中国特色社会主义伟大旗帜指引下,解放思想,开拓创新,求真务实,团结奋进,努力建设国际港口城市、北方经济中心和生态宜居城市,不断开创改革开放和社会主义现代化建设的新局面。天津正在迅速崛起,成为推动环渤海经济圈发展的强大引擎。

回顾历史,在中国社会由一个建基于古老农业文明之上的传统社会,逐步向以高度发达的工业文明为标志的现代社会转变的历史进程中,天津占有突出的地位,起了很重要的作用,拥有极为丰厚的历史文化底蕴。中国城市发展进程中的成就与局限、经验与教训、发展与曲折、突破与障碍,都集中反映到天津这一历史文化名城身上,使天津的演变成为中国城市变迁的重要代表。通过编纂《天津通史》,对天津历史进行深入的研究,可以更深刻地认识中国城市发展的复杂性和多样性,不仅可以深入地研究天津、认识天津、展示天津,而且可以更深入地研究中国、认识中国、展示中国。

编纂《天津通史》,是一项凝聚集体智慧和力量的系统工程,是在前人基础上的升华和提高,是在新的起点上的开拓和创新。所以,必须牢固树立精品意识,力求在理论构架、学术观点、研究方法和史实资料上有所创新,有所突破;必须组织一批素质优良、功力深厚、作风扎实的专家学者集体攻关。因此,从专题研究着手,从基础资料起步,是做好该工程的基本路径。要坚持对天津历史发展进程进行全方位、综合性的研究,把各个时期、各个阶段天津地区变迁的历史全貌,真实地加以展现和记述,深入地总结天津城乡地区的政治、军事、经济、社会、文化诸方面的发展进程。不仅要研究和叙述天津的规模、形制、建筑和环境,更需要研究和分析其经济特征、文化渊源、社会结构、人口变化、居民素质等发展和演变的内涵;不仅要注重天津与周边地区,乃至与华北、西北、环渤海地区的关系和互动,还要关注天津与国内其他区域中心城市、东北亚地区乃至世界各国的相互关系;不仅要着重叙述天津本身在政治、军事、经济、文化和社会诸方面的演变史实,并从中得出符合客观实际的带有规律性的认识,还要反映出不同时期天津在全国的地位和影响。要高度重视天津历史资料的搜集和积累。史料是史学研究的基础。应该看到,前人已经收集整理了大量的天津历史资料,但从编写大型多卷本通史的需要来看,还有相当大的差距。如历代实录、通鉴、类书、文集、方志中有关天津地区的史料,开埠以来各个时期的大量档案文献,特别是散失在国外档案馆、图书馆收藏的有关天津的外国租界、领事馆、教会活动的文件、报告、调查和私人日记、信件等,近现代中外文报刊杂志中关于天津的记述,以及反映天津历史的考古和现存文物资料等,都需要进行全面系统的征集整理工作,以使《天津通史》编纂工作建立在坚实完备的史料基础之上。

为此,我们根据《天津通史》编纂工作的需要,将国内外专家学者对天津历史研究的重要成果汇编为"天津通史专题研究丛书";将经过专家整理的较为珍贵的中文历史档案和文献资料选编为"天津通史资料丛书";将征集到的有重要价值的外文历史档案和书刊资料编译为"天津通史编译丛书"。这三种丛书的编辑出版,不仅有利于提高《天津通史》的研究和编纂工作水平,同时可以把一些重要的研究成果和珍贵的历史资料及时介绍给学术界和广大读者,对深入地了解天津,认识天津,研究天津,将发挥积极的不可或缺的作用。

# 编 辑 说 明

根据《天津通史》编纂工作的需要，2008年我们编辑出版了《天津史研究论文选辑》，收录的时间段为1949年至2007年，该书的出版受到天津史研究专家学者的好评与欢迎。为方便学术研究的需要，在《天津史研究论文选辑》的基础上，我们又选编了《天津史研究论文选辑（续辑）》，从2008年至2012年间在期刊公开发表的天津史研究的学术论文中选取了一些具有代表性的论文，并适当增补了2007年前发表的部分论文，供有关天津史研究的学者使用。学术论文主要选自国内公开发行的期刊，少数论文选自内部发行的期刊和论文集，并注明发表的期刊名称、年份与卷期。此次编选的目录中增加了硕士论文、博士论文及会议论文集，并注明论文发表的年月。天津与各地政协文史资料委员会编辑出版的文史资料选辑仍未列入本书的选编范围。

《天津史研究论文选辑（续辑）》收录的论文基本保持原貌，论文的注释统一为页下注。本书以论文发表的时间排序，同年按刊名音序排列，同年同期按卷期排列。

# 目 录

## 上 编

近代天津的穷家门：行乞与生存策略论述
　……………………… ［美］关文斌著　任吉东译　任云兰校(1)
城市性格研究初探——以近代华北城市为例
　………………………………………………………… 周俊旗(20)
试论清末天津警察制度的创立及其对城市管理的作用 ……… 涂小元(31)
近代"双岸城市"的形成及机制分析 ………………………… 王列辉(43)
略论天津开埠前的地域型政区 ………………… 王培利　王金迪(58)
契约、习惯与法：天津盐商与晚清法律文化
　……………………… ［美］关文斌著　周鑫译　刘海岩校(69)
近代天津城市边缘区的形成及其结构特征 …………………… 刘海岩(91)
清代的天津商人与社区认同 …………………………………… 原祖杰(99)
清末直隶地方官报的兴起及其政治表达 …………………… 徐建平(111)
清末直隶经济社团研究 ……………………………………… 徐建平(120)
清末直隶州县自治运动初探 ………………………………… 徐建平(126)
商业贸易与民国前期天津和腹地间的资金流动 ……………… 龚　关(138)
晚清对德国军事技术的接受——以小站练兵为中心
　…………………………………………………… 于晓华　孙立新(154)
20世纪前期天津水供给与城市生活的变迁 ………………… 刘海岩(161)
城市慈善救济组织的空间分布探微——近代天津的个案分析
　…………………………………………………………… 任云兰(186)
从中日两国档案看《国闻报》之内幕（上）
　——兼论严复、夏曾佑、王修植在天津的新闻实践
　………………………………………… 孔祥吉　［日］村田雄二郎(196)

1

从中日两国档案看《国闻报》之内幕(下)
——兼论严复、夏曾佑、王修植在天津的新闻实践
............................................孔祥吉　[日]村田雄二郎(223)
南京国民政府初期天津商会的改选及其困境 ............ 朱　英(257)
清末民初天津证券市场的发轫 ........................ 林榕杰(277)
社会变迁中的天津会馆 .............................. 刘莉萍(286)
天津合唱事业发展概述 .............................. 李　莉(293)
天津近代文化的双重性与西方文化的影响 .............. 张宜雷(298)
天津老城厢地区历史文化及拆迁前保留建筑现状记述
............................................王　岩　张　颀(305)
天津在明朝抗倭援朝战争中的作用分析 ................ 杨理连(318)
英敛之时期的《大公报》小说及其小说观念 ............ 谢仁敏(323)
中国的租界与法制现代化——以上海、天津和汉口的租界为例
..................................................王立民(333)
20世纪30年代前天津日侨社会与特征 ................. 张利民(352)
建构混合态的异托邦空间——天津的意大利租界
....................................[英]马利楚著　许哲娜译　任云兰校(363)
近代北方城镇格局的变迁 ............................ 樊如森(380)
近代天津堂会经营模式探析 .................. 陈曼娜　杨月华(401)
京张铁路与天津近代物流 .................... 郝庆合　殷　毅(414)
民国时期天津同乡组织活动空间概说 .................. 李屿洪(425)
浅论天津近代服饰变革及其在我国服装发展演变中的重要影响
............................................杨丽娜　孙世圊(435)
清朝以来天津的会馆经济 ............................ 王日根(439)
清代天津城内居民购买食盐方式初探 .................. 张　毅(454)
权力在空间中的流动
——对原天津"意大利租界"的历史人类学分析 .......... 李东晔(459)
上海与天津清末地方自治的比较——从城市管理机构建立角度
..................................................张利民(476)
师夷长技以为师——以天津机器局的朝鲜学徒为个案研究
..................................................贺江枫(488)
天津东部民歌初探 .................................. 徐丽君(501)

天津近代商业习俗成因初探 …………………………………… 高　展(513)
小站练兵时期定武军、新建陆军与武卫右军的火器装备刍议 …… 涂小元(519)
英国在远东的双重外交与天津租界危机 …………………… 傅　敏(529)
中国传统砖雕的审美意蕴——以天津老城砖雕为例
　　………………………………………………… 王　强　陈学文(542)
《大公报》广告视野中的津人社会生活——以1926—1937年为例
　　………………………………………………… 岳谦厚　卫　俊(550)
从沪津经济关系看近代沿海口岸城市的发展轨迹 … 樊如森　徐　智(569)
关于20世纪20年代末至40年代天津社会教育的变迁
　　——以民众教育馆的教育活动为例 ……………… [日]户部健(581)
河海气象·江南风情·畿辅心态
　　——元明以来诗文中的津门意象 ………………………… 许哲娜(597)
华北沦陷时期的货币与金融 ……………………………… 郑会欣(607)
汇丰买办吴调卿与天津早期现代化 ……………………… 许　桢(621)
混杂空间中的日侨社会——以天津为例
　　……………………………………………………………… 万鲁建(635)
经济发展与人口迁移的互动——以天津近代工业化为例 …… 董智勇(645)
民初天津摊贩生存空间的转换与控制 ……………………… 王　静(650)
明代以来天津城市空间结构演化的主要特点 …… 靳润成　刘　露(658)
清代后期天津城市慈善事业论略 …………………………… 任云兰(666)
清代天津商品流通与市场体系：抄本"津门纪事"初探 …… [美]关文斌(677)
清开埠前天津港与东北沿海区域间的海洋贸易初探 ……… 刘贺彬(687)
清末天津的地方自治及其示范效应 ………………………… 张利民(695)
清末直隶戒烟活动论析 …………………………… 肖红松　陈　桦(702)
清中后期津门地域文化意识的自觉与士绅社会的成熟 …… 许哲娜(717)
商域与宗族：杨柳青商镇形态与基础结构 ………………… 周　泓(724)
天津方言的源流关系刍议 …………… 王临惠　支建刚　王忠一(744)
天津方言与地域文化 ……………………………………… 谭汝为(752)
天津广东会馆与近代传统建筑的变化与发展 ……………… 安宝聚(766)
天津近代工业化对人口迁移影响的实证分析 …… 董智勇　张国安(772)

## 下 编

天津卫生局裁撤事件探析
————清末中国卫生管理近代转型的个案考察 …………… 路彩霞（777）
天津租界文化：异质文化的碰撞与融合 ………………… 李进超（793）
天津租界中逊清文人的活动考述 …………………………… 孙爱霞（800）
铁路与华北棉花市场层级系统的形成（1905—1937）
………………………………………… 熊亚平 白宏钟（812）
晚清租界欧美建筑文化遗产初探——以上海、天津两城市为例
……………………………………………………… 罗苏文（822）
异质空间下的共同精神——以民国时期旅津鲁商为例
……………………………………………………… 王 静（843）
银企关系的历史变迁——以近代天津工业化进程为视角
……………………………………………………… 董智勇（856）
中国近代交通环境变革中的传统运输——以华北区域为例
……………………………………………………… 张利民（863）
"中国北部政治运动的中心"——辛亥革命时期的天津
……………………………………………………… 罗澍伟（875）
《大公报》广告在天津社会生活变迁中的作用
————以 1926—1937 年为例 ……………… 岳谦厚 卫 俊（886）
20 世纪 20 年代的天津女性离婚问题研究
————以《大公报·妇女与家庭》为中心的分析 … 张 玮 徐 娟（901）
近代北京金融业与天津的关系 …………………………… 王元周（917）
近代天津下层妇女就业的主体、空间分布与其他 ………… 成淑君（930）
报馆、学堂与天津近代文学 ………………………………… 张宜雷（941）
腹地、军阀官僚私人投资与近代天津的经济发展 ………… 龚 关（949）
近现代天津铜元市价变动对商民经济生活的影响 … 熊亚平 安 宝（967）
论津味儿小说对天津城市形象的建构 …………………… 王云芳（982）
论天津"文化区域"的形成及其对天津曲艺繁荣的影响 ……… 黄 珍（990）
媒体·视觉·性别
————以清末民初天津画报女性生活为中心的考察
………………………………………… 侯 杰 李 钊（1005）

民国时期范旭东企业集团的环境意识与实践 …………… 李志英(1015)
民国天津市民消费文化空间的建构——基于《北洋画报》的研究
　　　　　　　　　　　　　　　　　　　　　……………… 韩红星(1033)
明末至民国前期天津慈善组织的演变与特点 …………… 郝红暖(1042)
明清漕运对运河沿岸城市的影响——以天津地区为例 …… 李俊丽(1058)
清末民初天津民营工业的发展及启示 …………………… 苑旭森(1068)
清末天津广育学会探析 …………………………………… 岳红廷(1074)
清末天津卫生防疫制度探析 ……………………………… 刘　祺(1080)
天津近代金融家的经营管理思想 ……… 周建波　高　杨　庞　祺(1089)
天津武备学堂与中国铁路精英 …………………………… 许　勇(1100)
天津先有"区"后有"市"的形成及其原因 ………………… 王培利(1107)
晚清天津帆船贸易发展述论 ……………………………… 姚　旸(1111)
租界报刊与近代天津的新闻事业 ………………………… 王　薇(1123)
租界社会与近代天津新闻事业的发展 …………………… 王　薇(1128)
长芦盐路与天津城市早期商业网络的形成 ……………… 陈　克(1135)
长芦盐业与天津的政治地位提升和经济发展 …………… 张利民(1142)
城市发展与文学关系概论——古代天津与文学 ………… 孙爱霞(1151)
非政府组织与近代中国职业教育研究
　　——以天津青年会为个案的考察 …………………… 张　博(1158)
艰难的转变：近代天津民间合伙债务问题初探 ………… 冯　剑(1167)
近代城市发展中的族群认同与排斥
　　——以天津"傑"字风波为例 ………………………… 王　静(1179)
近代城市贫民阶层的形成与时代特征
　　——以近代天津为中心的考察 ……………………… 付燕鸿(1189)
近代天津城市的塑形 ………………… [美]贺萧著　任吉东译(1201)
近代天津娱乐消费模式变动及影响探究——基于英敛之日记考察
　　　　　　　　　　　　　　　　　　　　　……………… 郭立珍(1217)
抗战时期企业社会责任的历史考察——以"永久黄"团体为例
　　　　　　　　　　　　　　　　　　　　　……… 赵　津　韩　冬(1233)
抗战时期天津租界中国存银问题——以中英交涉为中心
　　　　　　　　　　　　　　　　　　　　　……………… 吴景平(1246)

略论近代天津城市与周边集市(镇)之间交通方式的演变
  (1860—1937) ……………………………… 熊亚平 任金帅(1269)
略论民国时期天津航业同业公会 …………………… 王　静(1279)
乾、嘉时期长芦盐商群体衰落现象分析 ……………… 高　鹏(1289)
清末至民国政局嬗变与长芦盐商的式微 …………… 张立杰(1301)
天津方言的源流、文化特质及其对天津城市性格的影响 …… 谭汝为(1312)
天津工业文化的历史传承与特质 ……… 龙德毅　杨学俊　阎　泽(1326)
天津蓟县闯子峪和大孙各庄旧石器地点发现的石器研究
  …………………………………………… 王春雪　盛立双(1339)
天津老城里地名调查分析 …………………………… 周庆熙(1347)
天津青年会的儿童事业——以《大公报》为中心 …… 侯　杰　谢晓晨(1356)
天津事件再考——以天津总领事馆、中国驻屯军、日本"侨民"为视角
  ………………………………… ［日］小林元裕著　万鲁建译(1373)
天津体育文化遗产探析 ……………………………… 杨祥全(1395)
天津洋行、货栈与近代西北羊毛贸易
  ——以满铁调查的《支那羊毛》为中心 …………… 李晓英(1403)
天津原租界区私家园林风格特色探析 ………………… 安　平(1414)
鸦片战争前后天津庙宇的空间分布
  ——以《津门保甲图说》为中心 …………… 侯亚伟　侯　杰(1426)
以天津海河裁弯取直为例考察民国时期拆迁工作 …… 陈　静(1439)
租界、乡土与都市——文学与天津城市的现代转型 …… 闫立飞(1446)
天津史研究论文目录(2008—2012) ……………………………(1453)
后　记 ……………………………………………………………(1511)

# 上 编

# 近代天津的穷家门：
# 行乞与生存策略论述[①]

[美]关文斌 著  任吉东 译  任云兰 校

1929年4月6日下午，一百多个乞丐在天津街道上游行示威。他们高呼着"打倒土豪劣绅刘孟扬""打倒反革命李荣培"的口号，混乱地经过天津市社会局、警察局、国民党党部和市政府。作为市政府临时委员会成员，刘曾是拼音汉语的早期倡导者和天津《大公报》主编；李是土地局局长。二人都主张取消支持贫民工厂的"乞丐捐"[②]。盗用当时的政治语言，乞丐请愿书慷慨陈词，尽管"生不逢时，深受帝国主义和军阀之压迫蹂躏，处境维艰，然民等亦人也，何竟于已得享受之乞丐捐之区区权利而必为剥夺耶？"他们认为这种税收微不足道，绝非加重了市民负担，并要求国民党应实现其为民众谋福利的诺言。此外，请愿团要求驱逐那些无情冷血之参议员并支持城市工人。迫于压力，市长允诺此事"不但不缓办，而且要扩充他"[③]。

这一事件揭示了近代中国乞丐及行乞生活的模糊特征。以天津（以及北京和华北其他相关地区）的档案和口述资料为基础，本篇论文分析了乞丐次社会及其作为弱者的生存武器[④]。因无助和无所事事，乞丐为人所怜悯、蔑视和唾弃，有时甚至被称为鬼怪，然而事实上他们十分强大有力，极具威

---

① 此论文的研究得到查尔斯·塔夫托纪念基金的资助，并在2002年亚洲研究学会年会上承蒙卡罗尔·本尼迪卡特、包德威、林培瑞等人以及在天津南开大学社会史研究中心听众的鉴定评论，本人深表感谢。当然，作者文责自负。

② 刘孟扬是回族人，参见齐植璐：《近代天津少数民族人物简介》，《天津文史资料》第44辑（1988年），第173页；尹忠田：《刘孟扬二三事》，《天津史志》第4期（1992年），第38页。他在20世纪20年代初曾任天津市警察局警督及河北省磁县地方官员。参见他的《治磁政要录存》（1922年）。

③ 《天津双周》第1卷第3期（1929年），"民众消息"，第1—4页。

④ 例如，参见李乐：《见闻杂记》，上海古籍出版社1986年，下册，第872页。

胁性①。还有一些市民认为他们是可以容忍的——如果说不是值得尊敬的话。不像衙门走卒和明抢豪夺者,乞丐至少选择了一条诚实的谋生之路,而且乞讨随时教化民众,提醒其所担负的相互间之责任与义务②。乞丐的谋生之道在极度低声下气到"伸手将军"之间变化。事实上,尽管贫穷与他们是同义,但贫穷对他们并不完全适用,至少对丐帮首领来说如此③。关于就业问题,行乞就是一种职业。和商人会馆一样,它也有与之相适应的等级组织和专门分工以通过必要竞争和尽可能的垄断谋生存。在合法化、组织化、经济化的活跃文化氛围下,一些乞丐甚至认为,讨吃三年,给官不做。

不过,从晚清和民国时期改革者的角度看,乞丐是建设一个有序、强大、独立的现代化中国之障碍。传统收养办法不但有限而且效果不明显。行乞必须被宣布为非法,乞丐一定要通过驯化和劳教工程进行改造以达到教化之目的,如果需要的话,可以采取强制性措施④。在这场关于社会秩序和社会控制的斗争中,乞丐(及可能沦落为乞丐的人),首先是妇女和儿童,将会被训练为产业工人,从而能够服从严格的工作日程安排,讲究个人卫生,遵守有劳有得的社会标准,最终通过服兵役的形式取得公民地位。乞丐的生存方式受到改革者现代化观点的谴责,认为其生存的代价是失去自由。另一方面,当乞丐通过行为和语言与社会进行会话时,他们也绝非软弱无力或

---

① 沙学汉(David C. Schak):《中国文化中的乞丐形象》(Images of Beggars in Chinese Culture),载 S. 阿兰(S. Allan)与 A. 柯文(A. Cohen)主编:《中国的传奇文学、民间传说与宗教》(Legend, Lore and Religion in China: Essays in Honor of Wolfram Eberhard on his Seventieth Birthday),旧金山:汉语资料中心,1979 年,第 109—133 页;沙学汉:《中国的一个乞丐窟》(A Chinese Beggars' Den: Poverty and Mobility in an Underclass Community),匹兹堡:匹兹堡大学出版社,1988 年,第 5—7 页。

② 梁其姿:《施善与教化》,台北联经出版社 1997 年,第 252 页;天地人工作室编:《明清市井闲话》,中央民族大学出版社 1999 年,第 342—344 页。

③ 丽莎·韦恩坦斯基(Liza Vertinsky):《应对犯罪集团的法律与经济学方法》(A Law and Economics Approach to Criminal Gangs),奥尔德肖特:阿西格特(Ashgate)出版社,1999 年。

④ 尽管规训并不是一种"现代化"的特征,米歇尔·福柯(Michel Foucault)的观点在这里体现明显。参见福柯:《规训与惩罚》(Discipline and Punish),纽约:温特奇(Vintage)图书公司,1979 年;安东尼·吉登斯(Anthony Giddens):《社会理论与现代社会学》(Social Theory and Modern Sociology),斯坦福:斯坦福大学出版社,1987 年,第 151—155 页。

无法上达其声音。

## 定　义

在中国,乞丐长期以来具有一种官方承认的、但较低微的地位。宋朝以降,世代相继的丐户就存在于绍兴、宁波和苏州①。他们被当作罪犯之子孙后代,地位低于一般民众,并不得参加科举考试。1723 年,绍兴和宁波丐户获得解放,七年后苏州丐户也得到人身自由,但敌视依然阴魂不散,一直持续到民国时期②。丐户这个词,作为保甲制度的一类保留了下来,以便于维护地方治安并阻止游民和流民的定居。当然,流民、游民和乞丐之间的界限几乎不可分,特别是在饥荒时期更是如此,这导致了诸如游丐等词的产生③。尽管游民、流民和乞丐之间的区别能够使前者被遣送回原籍(如那些来自天津附近宝坻的),但他们是可以相互转换的④。在农忙季节过后,农民经常流动于北京和天津街头行乞,以维持农业不景气时期之家用⑤。大烟鬼和乞丐之间的差别也一样模糊不清⑥。鉴于这种流动性,本文关注的不是那些"非经常性的"乞丐,而是那些职业化的有组织之丐帮成员。他们通过乞求施舍及提供一系列专门化的——如果说不是不可接触的——服务谋生。1846 年

---

① 沈德符:《万历野获编》(中),中华书局 1959 年,第 624—625 页。

② 冯尔康:《雍正消除绍兴和常熟丐籍》,《东洋学辑刊》第 44 期(1980 年);经君健:《清代社会的贱民等级》,浙江人民出版社 1993 年,第 213—215 页。关于这些丐户的英文著作,参见安德斯·汉森(Anders Hansson):《中国的游民》(*Chinese Outcasts*),雷登:布里尔出版社,1996 年,第 76—106 页。

③ 《益世报》1920 年 12 月 19 日。关于游丐,参见"1947 年 6 月 30 日命令","天津市社会局档"25-3-3853,天津市档案馆藏。

④ 池子华:《中国近代流民》,浙江人民出版社 1996 年,第 3 页。关于游民与乞丐的区别,参见科大卫(David Faure):《1870—1911 年江苏的农村经济》(Rural Economy of Jiangsu, 1870—1911),《中国研究所所刊》(*Bulletin of the Institute of China Studies*)第 2 期(1978 年),第 417 页。关于难民与游民之间的区别,参见王学泰:《游民文化与中国社会》,学苑出版社 1999 年,第 80 页。当时的报道并没有区分失业者与游民,参见《大公报》1931 年 4 月 21 日和 1931 年 5 月 1 日。

⑤ 连阔如:《江湖内幕》两卷本,中国民间文艺出版社 1990 年,第 459 页;刘嘉猷:《旧天津的乞丐种种》,《天津文史资料选辑》第 62 辑(1994 年),第 187 页。

⑥ 《益世报》1927 年 8 月 31 日。

天津地区首次公开的普查中,84294户中有294个丐户(占总数的0.4%),其中大多数集中于市区①。1930年,观察家称天津的乞丐数量为中国之最,甚至超过了上海,尽管这个令人半信半疑的判断还有待于进一步证实②。

## 弱者的武器

尽管我力图查找武侠小说中所描绘之形象逼真的丐帮帮主——名扬四海的洪七公而不得,但毫无疑问的是,城市职业化乞丐的组织是一种暂时的而不是永久性的城市生活肌体中之一部分③。据传北京及华北其他地方的乞丐常常宣称是梭和李的传人,据说当他们还是乞丐时就曾救了明朝开国皇帝的驾。出于感激或使这些潜在的挑战者归于他们应有之地位,皇帝分别授予梭和李蓝竿子和黄竿子,允许他们各自在城内和城外行乞,同时还希望他们相互尊重对方之地盘。蓝竿子只有在黄竿子每月初一、十五收完"服务"费后才能进入城内行乞。明朝皇帝定都于南京而不是北京,但这对于传说之主人公来说无关紧要④。(关于这些口述传统的分析,请参照下面的"自我认识"一节。)

从黄竿子与蓝竿子的传统中延伸形成了一个复杂的组织体系。梭和李的传人分为三派:死捻子、活捻子和竿上⑤。每派又根据性别和专业进一步

---

① 《津门保甲图说》(1846年)。

② 《谈谈天津特别市乞丐问题》,《津声旬刊》第2卷第2期(1930年)。对上海乞丐的深入研究,参见卢汉超:《城市人:近代上海的乞丐和游民》,《社会史杂志》第33卷1期(1999年),第7—36页。中文版见《城市史研究》(19—20辑),天津社会科学院出版社2000年12月。

③ 包德威(David D. Buck):《中国城市变迁:山东济南的政治与发展(1890—1949)》(*Urban Change in China, Politics and Development in Tsinan, Shandong, 1890—1949*),麦迪逊:威斯康星大学出版社1978年,第37页。

④ 另一种观点认为,这两个派别不仅以其竿子的颜色而且根据民族加以区分。黄竿子据称是落魄的满洲八旗宗室子弟,因此,他们并不在地方治安的范围之内。参见任健、雷方:《中国丐帮》,江苏古籍出版社1993年,第11页。根据一个日本学者对晚清社会的调查,乞丐有"大门"与"小门"之分,或者用另一种观点说,是"龙门锁"与"靠山锁"之区别,分别参见张宗平、吕永和译:《清末北京志资料》,北京燕山出版社1994年,第507页;周利成:《档案揭秘——近现代大案实录》,百花文艺出版社2000年,第259—260页。

⑤ 岑大利:《中国乞丐史》,台北文津出版社1992年,第109—115页。

划分①。例如,死捻子据称分为三支(或四支):韩、郭、柳和齐(祁)②。1949年天津社会调查发现又多了三支:范、高和丁;齐(祁)姓人数最为众多③。许多乞丐用牛肩胛骨或竹子做的拍板乞讨;不同的饰物表明其各自的派系。

无论属于哪个派系,乞丐都处于等级结构之中。每个乞丐必须认师拜竿,加入他所在的门,而每个门都拥有自己的地盘,支持数十甚至上百的成员④。一个地盘上的新手必须向各自的师父献果拜门,用切口语言回答仪式性问题以获得作为职业乞丐的资格⑤。乞丐必须发誓,绝对服从帮规十诫,即不能越边抽舵、点水发线、引马上槽、溜边拐将、挑灯拨火、遁逃扯谎、偷言耳哄、欺孤傲相及迷糊吃大⑥。作为一种职业道德,各帮派应相互尊重对方的地盘,即使是当精明的目标仅仅穿过街道进入另一地盘而意味着收入受损时也是如此。

"师父"或首领的所谓绝对权力源于地方官员的赋予,但它也为相互之间的责任与义务所强化。这包括经营"火房"或"鸡毛房",之所以这样称谓是因为这些房屋的地上洒落着很多鸡毛⑦。当雨雪天降临乞讨不可为时,这些房屋就成为教室,无经验者能够在此学到更多的乞讨本领。首领也应该经常供给粥食以及为老弱病残提供炕床⑧。作为回报,所有乞讨得来之钱

---

① 最为详尽的论述,是依据对直隶省正定考察的结果,将乞丐分为四门、七支和八姓,参见王官琪:《化子及化子院》,《河北文史集粹:社会卷》,河北人民出版社1997年,第216页;相似的报道来自包头,参见刘映元:《包头死人沟的梁山》,《内蒙古文史资料》第2辑(1979年),第216页。

② 北京地区有六姓:丁、范、高、郭、齐与严,参见连阔如前揭书,第446页。在东北地区,有丁、范、高、郭、齐/祁(内)与韩(外)等,宣称"搪帐老祖"为其守护神,参见曹保名:《中国东北行帮》,时代文艺出版社1992年,第157、192页。

③ 天津市档案馆编:《解放初期天津市政府收容处理乞丐的一组史料》,《天津档案史料》第1辑(1999年),第17—18页;"天津市收容处理乞丐委员会成立会议记录",1949年5月21日,"天津市民政局档案",藏于天津市档案馆。

④ 《益世报》1922年8月15日。

⑤ 周利成前引书,第261—263页。

⑥ 文史精华编辑部:《近代中国江湖秘闻》两卷本,河北人民出版社1998年,第2卷,第342页。

⑦ 蒋士铨:《京师乐府词》,转引自岑大利、高永健:《中国古代的乞丐》,商务印书馆国际有限公司1995年,第57页。在天津,这些破旧的棚屋在西门外到处可见,那里人口极度拥挤,环境脏乱不堪,疾病传播迅速。参见《直报》1895年2月20日。

⑧ 周亮工:《书影》,上海古籍出版社1981年,第60—61页。

财、东西和食物都被汇总和共同享用,如一个叫"蛮子李"的首领(其地盘横跨老城墙和外国租界之间的"三不管"地带)储备了平时所得的三分之一以备雨雪天之需①。

乞丐作为无家可归者,通常都是文盲,被迫团结在一起以图生存。因此,忠诚和同甘苦共患难成为这个"替代"家庭存在之基础,其规则由丐帮首领监督实行。一些乞丐或许可以夸口他们已经从"正常"社会之标准和责任中解放出来,但他们并非完全自由。

## 乞讨的艺术和技术

作为一门艺术,乞讨需要经过训练。北京地区的调查发现有不少于二十三种乞讨的办法,这些办法十分专业并根据性别进行了分工②。当然,最基本的方法是靠人们的怜悯和同情,独自行乞。为了强化视觉效果进而增强说服力,肮脏破旧的衣服必不可少;一些人甚至赤身于寒冬的暴风骤雪中(只有在服用了烈性酒与红矾的混合物后才会如此)③。其他一些人则以各种各样、或真或假的身体残疾引发人们的怜悯之心④。无论选择什么专业,无论年轻或年长,无论男性还是女性,所有乞丐都经过严格训练:学习面对不同目标应该采取何种恰当之称呼,学习如何哭喊,如何先礼后兵,如何抛苏,如何行大礼,如何直接威吓,如何赶车,以及最后如何适可而止⑤。

根据技巧策略的不同,乞丐可分为两类:"叫街"和"坐海"⑥。"叫街"游荡于街市,以各种各样或真或假的方法接触目标(其中又可进一步细分为以商店、居住区、行人或人力车为目标的各种乞丐)。独立行事或三五成群,他们在其地盘的商店周围巡回游荡。有的乞丐拍板叫唱同时请求人们施舍几

---

① 周恩玉:《解放前的天津南市概况》,《天津文史资料》第33辑(1985年),第225页。
② 上海在排名中居于第25位,见曲彦斌:《中国乞丐史》,上海文艺出版社1991年,第183页。
③ 连阔如前引书,第550—551页。
④ 李庆辰:《醉茶说怪》,1892年,上海广益书局重印本,无年代,第41页。
⑤ 岑大利前引书(1992年版),第186—189页;刘嘉狻前引文,第187页。
⑥ 一种观点认为,"叫海"相当于"李"派,而"坐街"相当于"梭"派。见刘映元前引文,第216—217页。

个铜板。如果仅仅施舍一些残羹剩饭,或者什么都不给,乞丐会大吵大叫以令人难堪。如果目标仍然顽固不化,乞丐可能会实行战略退却,然后第二天重来,大声喧哗,或堵住建筑物出口而默然不语①。使用武力再加上言语肮脏污秽,一些女乞丐(女拨子)据说因其挑衅性而令人感到惊惧,而其他一些人则采取完全相反的战略,以极度卑躬屈膝的态度纠缠可能出现的目标②。

"坐海"也绝非没有创造性,其方法混淆了欺骗与乞讨的界限。一些乞丐会出售乞讨得来却没有或不能食用的"堆饽饽"③。其他人则采用各种各样引人怜悯之策略("爱怜口儿"),如在寒冷的冬天卖掉最后一件棉衣("挑衫");为救快要被饿死的全家而卖掉孩子("挑怎")或儿媳("悬驼")④。还有人会将悲惨家世写在地上或木板上以告地状的形式说服人。为了打动那些铁石心肠的天津人,决心已定的乞丐诉诸具有令人毛骨悚然效果的自制创伤:打砖叫街(一种技巧性极强的表面伤,可以流很多血但没有严重伤害)⑤。当所有策略都失败后,乞丐就只有徘徊于富人与穷人之间,依靠偷盗度日了(尽管可能不会跟踪其同行乞丐)⑥。

## 服 务

乞讨,从定义本身来说,是一种单方面的慈善救济。然而,有魄力的天津乞丐通常提供各种专业化的、通常为人鄙视的——如果说不是"不可接触的"——服务以换取施舍或费用,从而模糊了"失业"和"职业"之间的界限。这些服务包括:

(1)音乐

---

① 《大公报》1914年10月9日。
② 陈金陵:《〈日下新讴〉与乾嘉之际的北京》,见《文献》第11辑(1982年),第221页;连阔如前引书,卷2,第443页;唐友诗:《京华旧时乞丐》,见《近代中国江湖秘闻》第2卷,第269页。
③ 宋颂石、州安于:《新三不管地方梗概》,《天津文史资料选辑》第80辑(1998年),第121页。农民买它作饲料或者无道德的面酱师用之作辅助原料。
④ 连阔如前引书,卷2,第459—463页。1897年,香港儿童被绑架、致残及在中国被贩卖和被迫行乞的报道引起了恐慌,就像孔飞力的"叫魂"那样。
⑤ 刘嘉猷前引文,第188—189页。
⑥ 李庆辰前引书,第17页。

乞丐用拍板演唱各种各样的流行曲目如"画扇面儿"和"莲花落"等,这些曲目为文化精英们所鄙视却受到一般市民的欢迎①。

(2)说书

乞丐在地上用白沙写字以娱路人,或在北京天桥和天津"三不管"地带在乐器伴奏下说唱,从而产生了他们自己的文学形式②。

(3)社会评论

乞丐以节奏性极强之说唱形式"数来宝"诌出新闻解人颐,并经常进行社会评论(或许还影响了大众舆论)。在一个没有报纸,更不用说广播电视的时代,它拥有相当多听众。

(4)娱乐

乞丐会在街头弄蛇、表演武功或杂技及其他诸如吃瓦片等可以在今天之世界吉尼斯纪录中找到的奇技。

(5)行医

乞丐经常与弄蛇和卖草药偏方联系在一起③。

(6)放生

捉来小动物并送到一些菩萨心肠的人面前放生以索取钱财④。

(7)讨账收债

由于他们邋遢而又极具威胁性的外表,乞丐通常能够很快地收回拖欠已久之债务⑤。

(8)算命

看起来自相矛盾的是,乞丐也经常在大年初一冒充财神或行业开业大典时的第一位顾客⑥。尽管他们极为贫穷,乞丐之出现或许会带来好运⑦。

(9)非正式管理

---

① 李燃犀:《津门艳迹》,百花文艺出版社1988年,第251页。
② 李虹若:《朝市丛载》,北京古籍出版社1995年,第157页;程刚:《中国乞丐大揭秘》,吉林摄影出版社1999年,第481—485页。
③ 陈其元:《庸闲斋笔记》,中华书局1989年,第101—102页。
④ 沙学汉前引书(1988年),第50页。
⑤ 潘永因:《续书堂明稗类钞》,转引自谢国桢编:《明代社会经济史料选编》三卷本,福建人民出版社1980年,第2卷,第369页。
⑥ 《直报》1896年2月20日。
⑦ 钮琇:《觚賸》,上海古籍出版社1986年,第29—30页。

交纳"包月"费是为了防止乞丐干扰商业经营。商人每月给衙门走卒一笔多达数千的铜钱,以免除他们一个接一个给乞丐钱财的麻烦①。"已征收者"颁发一个竿子或一张带葫芦的凭证,乞丐见此物即避开②。

（10）地方治安的延伸

乞丐以广泛的联系网络和众多的成员,熟知其地盘上发生的事情,这意味着他们能够为地方治安提供宝贵情报。

（11）偶尔的和平维持者

支付一定费用能够确保乞丐不会捣乱庆典。丐帮帮主可能成为尊贵客人,"已被征收者"也将颁发一纸明证以防重复性征收（"罩门"）。

（12）红白事服务

乞丐为死人守夜是葬礼之一部分。乞丐,无论年老、年幼,也在婚礼或葬礼中从事抬棺材、唱乐或根据情况而痛哭或唱曲的活动③。一些丐帮领袖同时是婚嫁桌椅和葬礼中棺材架子的出租人。

（13）各种不可接触的事务

乞丐也从事为不明死者及被处决犯人收尸的工作④。

鉴于乞丐从事着如此众多的工作,很难让人相信乞丐是贫穷不堪的,至少对他们的领袖来说是这样的,当然他们的收入却难以猜测出来。通货膨胀及乞丐日益增大的胃口将乞讨之最低标准从晚清时期每次索要一个铜板提高到1947年的每人每次一百元,到1949年甚至每天收入在80到90元人民币旧币,这个收入据说"高于一个中农"⑤。

---

① 《直报》1896年6月26日,1898年5月15日;悉尼·甘博（Sidney David Gamble）、步济时（John Stewart Burgess）:《北京社会考察》（Peking: A Social Survey）,牛津:牛津大学出版社1921年,第274页。

② 《直报》129号。

③ 刘嘉猷前引文,第186页。

④ 王官琪:《化子及化子院》,参见《近代中国江湖秘闻》第2卷,第280页。

⑤ 对"一般消费水平"缺乏系统的考察。据报道,最高消费为500元,也有"毫无顾忌的"专业人员每天甚至达到50000元,当时一个鸡蛋的价格为85000元。见刘绎给市政参议会的信,"一个忧虑的公民",日期为1948年8月16日;孔敏等编:《南开经济指数资料汇编》,中国社会科学出版社1988年,第291页。"一般消费水平"可能为此数字的五分之一,分别参见"天津市社会局档案"25-3-3853,"市临时参议会备忘录",1947年5月9日;"天津市社会局命令",1947年6月30日。1949年的数字来自"天津市民政局档案"65-61,1949年4月12日。

## 自我认识

除了乞讨的组织与经济基础外,乞丐还建立了一种自我认识和合法化的缜密结构,这在其服饰、用语和口述传统上表现十分明显。通过蓬松散乱、缠结肮脏的头发(如果有的话),乞丐显示了自己的身份地位。许多乞丐将他们能找到的所有东西都穿在身上——破旧的衣服和纸片缝合在一起。像天津臭名昭著的混混儿,一些人也穿着这种衣服,就好像是将衣服披在身上①。这种富于挑衅性的服饰,超出了"正常"社会的标准,但是极具讽刺意味的是,乞丐正是凭借之威吓同时又唤起人们的同情心的。

乞丐也用外人难以理解的语言来描绘其周围之世界②。于是钱变成了"拦","码"变成了男性之代名词,"利"代指女性,而"减"则是代表"小"的前缀。因此,成年男性叫"盖码";成年女性是"利市";老年男性为"苍码";老年妇女叫"苍利";男孩是"减码子";女孩叫"减利"③。依照简单的规则,他们还凭借才智创造了一种带韵律的语言以说服目标或向目标施压。

乞丐保留剧目之一是举行颠倒社会秩序的仪式。他们春节期间冒充财神意味着没有商人胆敢将之逐出大门,就像除夕之夜没人会在天官汇报人间家庭状况的路上冒犯他一样。更为极端的是,乞丐可能在其幽默故事中扮演官员,以滑稽打诨的形式揭露其浮华与事实真相。

乞丐身份之另一个重要方面是追溯其祖宗世系的口头传说。八仙中的任何一位,通常是铁拐李、吕洞宾或何仙姑,是乞丐的守护神,从而赋予他们合法性,如果说不是超自然力的话。或者他们追溯其乞讨权利于皇帝之圣旨,特别是明太祖朱元璋,或清朝乾隆帝。当然其大意是,即使是皇帝也有过虎落平川的时期,好运并不是永恒的。

---

① 关于城市中的混混儿,参见关文斌:《乱世:天津的混混儿与近代中国的城市特性》,《城市史研究》(2000年11月),第75—91页。

② 对于这些词语的集成,参见冷学人:《江湖隐语行话的神秘世界》,河北人民出版社1991年。

③ 《近代江湖秘闻》第2卷,第309页;岑大利前引书(1992年),第272—281页。

或许对中国社会准则(如果不是文化霸权的话)最富有创造性之挑战是,乞丐宣称他们拥有向孔子本人乞讨的权利①。北京、天津及华北其他地区的乞丐尊崇范冉(范丹)为守护神,从而形成了范家门。当然,历史上的范(112—185)生活于东汉时期,以贫穷和真诚著名。然而在乞丐的口述传统中,他变成了孔子的同时代人,并曾经拯救孔子及其门徒免于饥饿。由于不能报答这种救命之情,孔子允诺,范氏门徒自此以后可以向接受儒家思想的任何人要求施舍。因此,凡宣称是范家门的乞丐可以向任何家门上有字的人家乞讨(这意味着所有的建筑物,不论居住区的或商业区的)。所以按照这种传说,施舍仅仅是替祖师爷还债②。由于受儒家思想影响,乞丐不用手拿钱,而是用响具去接,特别是接受女性之施舍时更是如此③。就像士绅学人在孔庙举行庄重仪式以纪念孔子一样,乞丐也每年集会祭祀他们的守护神。事实上,对一些乞丐来说,他们与受人尊敬的士绅阶层之间的差别微乎其微④。

## 强加于乞丐的解决途径

在某种程度上,为了消除乞丐,国家、公众及私人采取了各种各样的策略。作为儒家治国理想的一部分,自宋朝以来(如果不是更早的话)的法律要求地方官员对鳏寡孤独及不能自立之人提供季节性救济⑤。"凡鳏寡孤独及残废之人,贫穷无亲属依倚,不能自存,所在官司应收养而不收养者杖六十"⑥。由于不愿牵连进刑事案件,中国地方官员经常对乞丐采取仁慈而容

---

① 待余生编:《燕市积弊》,北京古籍出版社 1995 年,第 52—53 页。
② 范派又进一步分为三个分支,王官琪前引书,第 216—217 页;曲彦斌前引书,第 82 页。1949 年天津市社会调查共有六种,参见天津市档案馆前引文,第 17 页。
③ 唐友诗前引文,见《近代中国江湖秘闻》第 2 卷,第 272 页。
④ 李庆辰前引书第 3 卷,第 43 页。
⑤ 孟昭华、王明寰:《中国民政史稿》,黑龙江人民出版社 1986 年,第 284—288 页;张文:《季节性的济贫恤穷行政:宋朝社会救济的一般特征》,《中国史研究》2002 年第 2 期,第 89—108 页。
⑥ 吴坛:《大清律例通考校注》,1886 年,中国政法大学出版社 1991 年重印,第 419—421 页。

忍的态度,与之形成鲜明对比的是,近代欧洲则将乞讨视为犯罪①。

在中国,乞讨尽管是合法的而又为人们所容忍,但是也出现了如何控制的问题。乞丐被看作是对地方法律与社会秩序的潜在威胁,也被包括于保甲制度之中。自宋朝以来,世代承袭之丐帮首领(官方文件中称为"团头"或"丐头",但"竿上的"和"内当家"也在其中)被任命办差以监督官方指定的街道或其地盘上的民众②。其官方住所变成了"乞丐处"或"化子房"③。然而,除此之外,国家对这些福利机构的支持和财政援助十分有限。北京"普济堂"每年接受的皇家资助多达1000两银子,但它为贫民、老人和无家可归者提供服务的时间仅仅有(从每年十月到次年二月)短短几个月时间。凡能够自立之人则发给衣服鞋袜和二百文铜钱送其上路④。在晚清时期的天津,能够居住在官方"养济院"(建立于1558年)的老弱病残人数限制在44人⑤。一系列官方机构如"孤贫院"和"先施院"不时建立和消亡,但服务之需求远远超过它们的收容能力⑥。

这并不是说地方官员没有尝试。慈善机构如"育黎堂"(建立于1687年;1739年更名为"普济堂";1884年又恢复了原名)和"栖流所"确实曾经致

---

① 例如,在英国,除了牛津大学学生可以在回家路上或得到地方乡绅之特别许可,行乞是必须受到惩罚的犯罪行为,参见里布顿·特纳(C. J. Ribton-Turner):《流浪者与流浪,乞丐与行乞的历史》(*A History of Vagrants and Vagrancy, and Beggars and Begging*),新泽西州蒙特克莱:帕特森·史密斯出版社,1972年,第61页;托马斯·亚当斯(Thomas H. Adams):《官僚与乞丐》(*Bureaucrats and Beggars*),牛津:牛津大学出版社1990年,第27页。

② 张宗平、吕永和前引书,第506页。1759年给"团头"的命令得以恢复。参见吴檀前引书,第421页。

③ 对这些"化子房"或"化子处"的生动描述,参见《中国近代江湖秘闻》第2卷,第286—305页。

④ 《日下新讴》,《文献》第11辑(1982年),第206页。

⑤ 戴杰:《敬简堂学治杂录》,转引自郭成伟主编《官箴书点评与官箴文化研究》,中国法制出版社2000年,第343页。关于天津之情况,参见薛柱斗纂修《天津卫志》(1674年版本,1982年重印),第1卷,第5页;徐宗亮等编《天津府志》(1899年版本),第7卷,第12页。

⑥ 关于这一系列的机构,参见关文斌《文明初曙:近代天津盐商与社会》,天津人民出版社1999年,附录3b,第271—286页。

力于收容天津的乞丐人口,特别是其中之老弱体病者①。然而,体制上、观念上以及官僚机构之局限性降低了这些福利机构的效用。这些机构是设计用于容纳寒冬岁月之路过者并在春季遣送他们上路,因此它们对乞丐之去留只能实行最低限度的监督,其职责仅限于"收养"②。地方官员被屡次警告,反对他们浪费国家资源于那些能够自立之人③。老人、妇女和年轻人为国家资助的粥棚赡养,他们不得不分享每日之定量供应,更为糟糕的是,成为男性乞丐武力之下的牺牲品④。到19世纪晚期,内忧外患严重制约了清政府解决乞丐问题的资源和能力⑤。

在解决这个问题方面,天津私有化之经验与长江下游地区相似⑥。天津居民宣称"本郡善举甲于他处"⑦。自17世纪以降,以盐商为首之地方精英日益活跃,为其城市同胞和流民提供了短期紧急援助或季节性救济。无论是作为个人还是组织,这些地方精英做了力所能及的事,取得了慷慨大方之名声并掌握了公共关系技能⑧。然而,尽管私人与非官方机构通过消极性施舍缓和了贫民之季节性生存危机,但为有自立能力的男性乞丐寻求长远解决办法之问题依然存在。

---

① 苑世奎、李丽敏:《从育黎堂到生产教养院》,《天津文史资料选辑》第53辑(1991年),第173—181页。

② 天津市市立救济院:《天津市市立救济院设施纪要》,天津,1935年,无出版社,第46页。

③ 佚名:《钱谷指南》,转引自郭成伟等编《明清公牍秘本》,中国政法大学出版社1999年,第491、497页。

④ 《申报》1878年5月4日。

⑤ 邓拓:《中国救荒史》,北京出版社1998年,第328页;李向军:《清代荒政研究》,中国农业出版社1995年;魏丕信(Pierre-Etienne Will):《18世纪中国的官僚制度与荒政》(*Bureaucracy and Famine in Eighteenth-Century China*),艾尔伯格·福斯特(Elborg Forster)译,斯坦福:斯坦福大学出版社,1990年;何汉威:《光绪初年(1876-1879)华北的大旱灾》,香港:香港中文大学出版社1980年。

⑥ 参见梁其姿1997年的著作。

⑦ 《直报》1895年3月1日;对天津慈善机构的考察,参见《天津市慈善团体调查》,《社会月刊》1932年第2期,第61—99页。

⑧ 关文斌:《天津盐商》(*The Salt Merchants of Tianjin*),檀香山:夏威夷大学出版社2001年,第93页。

## 现代化讨论

到晚清时期,自命为现代化代表人物和城市的改革者不会对乞丐所提出的挑战漠然视之。这些社会精英发现乞丐肮脏邋遢之外表令人厌恶,其撒谎和欺骗行为令人难以忍受。乞丐恣意散漫,令人难以信任,同时又满怀私愤与猜忌,他们集中体现了中国之所有丑恶①。作为当代矫正教育中"机会"学校之先驱,改革者对乞丐十分负责,因为他们缺乏精神上、职业上和社会方面的技能以实现社会认可的价值目标②。以前之解决办法被指责为"养而不教",被收养的儿童、妇女和男性应该通过公共福利机构加强训练并恢复自立能力。为了培育国体、促进公共卫生及用专业化治安体制维护社会秩序以努力进行国家建设,现代化意味着国家史无前例地干涉地方社会,而乞丐首当其冲地受到了影响③。

在天津,这一过程肇始于1878年一场严重饥荒之后建立之广仁堂。官员们认识到了国家资助机构难以满足城市快速发展的需要。他们认为,有自立能力而又无家室的人对社会秩序构成了威胁,并在性道德方面提出了

---

① 《益世报》1921年9月30日;天津市市立救济院前引书,第61—62页。揭露"丑陋的中国人"是"五四"一代人的主要成就之一,可参见鲍晶主编:《鲁迅"国民性思想"讨论集》,天津人民出版社1982年。

② G. M. 施瓦茨(G. M. Schwartz)与C. A. 科克(C. A. Koch):《美国教育部的矫正教育行动》(U.S. Department of Education's Correctional Education Initiative),《教师教育问题》(Issues in Teacher Education)第1卷第2期(1992年),第100—108页。对贫困者的指责,参见肯尼斯. L. 库尔斯莫(Kenneth L. Kusmer):《美国历史上的无家可归者》(The Homeless in American History),纽约:牛津大学出版社2001年。

③ 关于北京与天津的情况,分别参见《创办京师内城贫民教养院章程》,载于田涛、郭成伟整理:《清末北京城市管理法规》,北京燕山出版社1996年,第241—252页;杨念群:《民国初年的生死控制与空间转换》,载于杨念群主编《空间、记忆与社会转型》,上海人民出版社2001年,第131—207页;罗芙芸(Ruth Rogaski):《天津卫生的现代性》(Hygienic Modernity in Tianjin),载于周锡瑞(Joseph W. Esherick)主编:《重塑中国城市》(Remaking the Chinese City),檀香山:夏威夷大学出版社2000年,第30—46页。吉泽诚一郎(Yoshizawa Seiichiro):《近代天津》(Tenshin no kindai),名古屋:名古屋大学出版社2002年,第158—195页。关于成都的情况,参见司昆仑(Kristin Stapleton):《成都的文明化:中国城市改革,1895—1937》(Civilizing Chengdu:Chinese Urban Reform,1895—1937),坎布里奇:哈佛大学亚洲研究中心2000年,第125—128页。

挑战。令人难以置信的是,广仁堂故意忽略了有自立能力之男性,建立后的容量史无前例地达到300名节妇及其直系家庭成员(子女和女性亲戚),总数共计750人①,妇女与世隔绝地居住于监狱一样的避难所;有多达64条规定控制人们进入该居所,包括"非有坐办命令,不准开锁,如总办、坐办因公入内,必戴大帽,传令女监督到门,导引方可入内"②。

庚子年后,天津城市改革者在这方面建立了更为广泛和缜密的网络。在周学熙倡导下,废弃之科举贡院变成了"教养局",分别设有染色、织布和地毯、裁缝等工厂。由三个日本人指导,教养局招募了一百个来自贫苦家庭的男童,他们不仅学习上述技术,而且也进一步培养其忍耐、顺从、勤奋和热心的品质③。习艺所将监狱般的纪律与职业训练结合起来,并附属于监狱。警察从街头搜捕的游民将会被送去以学习诸如纺织、造纸、制革、铜作及木工等技艺④。

为了提高其现代化实业家的名声,周学熙很快特别致力于新工艺局的建设与运营,在改造与工业之间划分了界限。"教养局系收养游民,与工艺学堂及考工厂之造就人才,鼓舞商情,二者不同。"⑤

但对于周学熙之后的改革者,这种区别很快就消失了。长芦盐商资助和经营的"育婴堂"于1907年也将实习工厂引入其课程之中。儿童不再像以前那样仅仅是收养着,而且还要培训其缝纫、印刷及纤维纺织等工艺,直到他们十五岁毕业为止。按其资质分送蒙养所,中者工艺,下送力田⑥。个人卫生无论何时都要讲究,纪律约束在任何时候都要遵守,附以禁闭及对男

---

① 相比之下,河北省会保定的"全节堂",有50个收容的定额,参见"天津广仁堂全宗"130—537,藏于天津市档案馆;周静山:《我所知道的天津广仁堂》,《天津文史资料选辑》第53辑(1991年),第167—172页。
② 同上,广仁堂整顿新章。
③ [日]中国驻屯军司令部编,侯振彤译:《二十世纪初的天津概况》(原名"天津志"),天津市地方史志编修委员会1986年,第255—256页。
④ 同上,第191—194页;薛梅卿等编:《天津监狱史》,天津人民出版社1999年,第34—41页。
⑤ 周小鹍编:《周学熙传记汇编》,甘肃文化出版社1997年,第22页。
⑥ 同上,"1882年4月23日的请愿","广仁堂档案"130.537,藏于天津市档案馆。

童的"唤齐男孩,全班共观"之惩罚①。

类似纪律也可在为女性设立之机构中见到。1907年,广仁堂为妇女建立了工厂。根据作息时间表,她们早上6点起床,晚上9点熄灯。在此期间,她们用缝纫机或进口的钢铁织机编织草帽或棉布。在所有时间里都有严格的纪律约束:"不准接笑言谈,不准吸食水旱洋烟,凡赴厕所必须结伴三人同行,不能一人独行。如有不守规矩,不遵管教,争斗口角,记大过一次;如犯三次,幼者责之,长者送习艺所,罚作苦工"②。

天津女工厂六十二款试办章程之规定也十分严格③。工厂专门以女丐为目标,为确保其在三年学徒生涯后能够维持"体面生计",她们每天的大部分时间都用来学习刺绣、缝纫和编织(第五条),仅抽出一两个小时用于修身、算术和汉语语言和写作(第八条)。工厂全年开工,仅在春节期间放假十天(第二十五条)。凡离开之人必须事先请假并征得所在科别经理的许可(第三十条)。任何人未经许可而缺工将扣减津贴以示惩戒(第三十一条),任何偷懒者或屡次违命不从者开除(第三十四条)。任何人未经许可而中途退工将在入厂期间每月罚款4.5元(第三十六条)。

在对青年和妇女改造经验的基础之上,天津改革者最终于1915年着手解决有自立能力之男性乞丐,建立了"教养院"(1928年更名为"游民收容教养所";1929年为"市立第一贫民救济院",1933年为"市立救济院")。一群头面商人和地方精英,包括刘孟扬,要求国家拨款10000元以资助该院。地方警局一旦发现乞丐都将逮捕之;店主与居民一经发现乞丐,必须通知有关当局。乞丐被捕后将首先被带到教养院诊所,洗浴、体检并发给必要的衣物。致力于需求长远的解决方法,请愿团主张所有乞丐,包括有自立能力之成年人,应居有定所并分别在不同工厂培训其纺织或其他有价值的手艺。他们有劳有酬,扣除日常费用后的剩余工资将为其积蓄起来以备后用。凡违反规定或未经许可擅自离院者,罚做苦工④。院里还将调查女丐丈夫之状

---

① 吕懋光编:《长芦盐法志》,1911年手稿本,藏于河北省档案馆,卷20;"育婴堂董事张先一禀长芦盐运使",日期1907年8月10日,"长芦盐运使档"173－262,藏于北京第一历史档案馆。
② "女工厂试办章程",1907年8月,"广仁堂档案"130－538,藏于天津市档案馆。
③ "直隶天津贫民女工厂试办章程",藏于天津市图书馆。
④ 天津市市立救济院前引书,附录3,第18—33页。

况,并令其担当男人应有之责任①。

1927年随着国家的重新统一,国民党人对乞丐发起了新一轮攻击。他们强调政府之主导作用,要求各种慈善机构都必须置于国家的监督之下,育黎堂、栖流所和"游民收容所"被合并到天津市社会局下属的"天津市市立第一贫民救济院"②。该局乐观地宣称"不出三天,所有乞丐都将消失"。有人建议天津中上等家庭每月每户征收10到20分的乞丐捐以资助该救济院经营一家工厂,但正如本文开头所描述的那样,这个措施同时遭到地方居民和精英们的反对。随着这个建议的通过实施,乞丐捐每年可以维持500个乞丐的常规限额,并在寒冬岁月外加600个临时居住者,但这仍是沧海一粟,据估计此时天津136万人口中贫民人数为37.5万人③。

无论有效与否,救济院通过强化其章程和规定回击人们的批评。具有改革思想的地方精英,如1929年"救济院"的院长陈宝泉(1874—1937)及其后任刘孟扬(1933年获得任命),对人们的批评进行了辩驳。公开谴责前任浪费资金并不加区别地对待乞丐,他们以自己之怜悯观点彻底检查了救济院。任由乞丐肆意去留是极度浪费的;坐耗虚掷,终以养成其游堕习惯,因此,必须强制被收容者做工,并使之接受严格的纪律约束。只有在养成整洁体面、勤奋工作和知廉知耻的习惯之后,乞丐才能被释放出来。一旦被开除,他们将永远不得再次进入④。另一方面,救济院也提供工作奖励。如果他或她达到甚至超过每天规定之棉布纺织限额,院里将会支付奖金给他或她。另外,一项储金试办简章要求被收养人爱惜所得工资以养成储蓄习惯,按日所得工资扣留四成作为储金,储足五十元,以便离堂时作资本成就独立生计(前述"蛮子李"则收取乞丐每日所得的百分之三十)。当然,"教而不罚"将会使改造乞丐之目标无法实现,因此对棉布的任何玷污和未剪线头都会被处以罚款⑤。

不幸的是,中国的内战和日本侵华战争并没有给上述计划以充分显示

---

① 《益世报》1926年8月21、23日。
② 参见"天津市救济院档"131-445,131-579,藏于天津市档案馆。
③ 凤蔚:《贫民与社会》,《社会月刊》1卷1期(1929年),第80页。
④ 刘孟扬:《天津市市立救济院现行设施及其困难问题》,1935年,第2—5页。
⑤ 每超出月定量160码白棉布1码,可获得奖金30分。另一方面,任何一个污损或剪修不齐罚以70分。当他们的积蓄达到或超过50元时,被收容者得以释放。"天津市救济院档"131-445,1930年2月22日。

其效用的机会①。日伪政权时期,天津市公共救济机构的日常限额扩充到1500人,其中包括"文贫"②。至于属于游丐署管理的职业型乞丐,已不在人们的预期和改造范围之内③。1945年国民党光复天津,游丐署被取消④。毫不奇怪的是,一年后天津又处于乞丐敲诈勒索、阻断交通、传播谣言及干涉商业经营的混乱状态了。为了民主、和平及繁荣人口,民众与官员再次回到这个主题,即乞丐必须强制进入救济机构并进行严格的约束⑤。

迫于上述压力,乞丐再一次表明他们也应该有发言权。1948年,他们力图通过官方社团注册强化丐帮组织。乞丐代表人物,近期加冕之"帮主"拒绝了社会局的工作救助计划,要求将"最低消费"从100元增加到200元⑥。天津市政府提出了一个一石二鸟的计划以应对这个挑战,即既要阻止共产主义代理人的渗透又要巩固天津城防。一项秘密决议命令警局"逮捕所有壮年体健之乞丐,施以检查,灌输其纯正思想,充服兵役"⑦。通过征兵与服兵役,垂死挣扎中的国民党完成了乞丐现代化的历程——公民地位和训练有素。

因此,近代天津的乞丐、地方精英和官员是在与一个"标志着阶级社会开始"的问题作斗争⑧。无论有效与否,地方官员与精英们组织的福利机构

---

① 救济院人数如下:

|  | 男性 | 女性 | 儿童 |
|---|---|---|---|
| 1934 | 1458 | 89 | 224 |
| 1935 | 930 | 29 | 20 |

参见天津市市立救济院前引书,第14页。

② "各类贫民救济计划",1938年4月,"天津特别市救济院档"131-783,藏于天津市档案馆。

③ 同上,1937年10月2日通过的决议。

④ 胡梦华:《天津市社会局三十五年度工作报告》(1946年),第7页。

⑤ 命令颁发于1947年6月30日,"天津市社会局档"25-3-3853,藏于天津市档案馆。

⑥ 《星期五画报》卷32(1948年),第7页。

⑦ "天津市政参议会决议",1948年9月22日,"天津市社会局档"25-3-3853,藏于天津市档案馆。这个决议所带来的合乎逻辑的结果是,1942年在重庆发起了一场对这些慈善机构实行军事化管理的试验。参见敖文蔚:《中国近现代社会与民政》,武汉大学出版社1992年,第110页。

⑧ 报告日期为1949年7月31日,参见天津市档案馆前引文,第23页。

的章程具有共同理念,即作为得到食物和住所的交换,被收容者必须以接受近代纪律的约束:个人卫生、按时作息、生活纪律化以及用以提高其公民地位的行为准则。任意喧哗、斗殴詈骂、嬉笑闲谈、随地吐痰、偷盗行窃、吸烟酗酒,以及其他不良行为都要禁止。任何违反纪律而造成过失的行为都会以表格形式记录在案,并采取相应的合乎标准的惩罚与管理制度。从慈善容忍到工业化约束,在招募兵员与充服兵役时达到高潮,这些策略体现了地方官员与精英们的思想,且对于建设一个近代化的城市社会及提高公民地位是必不可少的。另一方面,战争、饥荒和自然灾害制造了更多贫民,已经超出了这个福利体制所能承受之能力。乞丐因其所具有之才智、丐帮组织的力量和经济以及集体认同感而幸存下来,并成为争论不断的近代中国乞丐问题之一。

(《城市史研究》2005年第23辑)

# 城市性格研究初探
## ——以近代华北城市为例

周俊旗

在探讨城市历史时我们不难发现,城市当然有其共性,但不同国家、不同地域的城市个性更有研究的意义。一个知名的城市必定有其独特的个性,只有充分认知特定城市的个性,才能真正解读城市的历史,才能对城市的发展进程做出符合客观规律的判断。所以,城市个性或曰城市性格理应成为城市研究的重要内容之一。

以往的城市史研究中学者更多注意的是经济等方面的研究,而忽视了城市文化、人文方面的研究[1]。实际上,城市是包括经济力(对经济格局的影响力)与文化集聚和影响力(左右文化格局的城市影响力)等多种因素的综合实体中枢,城市的理想发展模式是要让城市具有深厚的文化蕴含和独特的人文形象,只有如此,城市才能具有更强劲、更持久的发展力。从这个角度出发,研究城市历史必须要充分重视城市文化方面的内容。城市文化的内涵包括有文化载体的数量和规模、文化活动的规模和影响、知识人占城市人口比例,以及城市性格的进取性等等,后一点是本文要探讨的内容。本文尝试借鉴多学科的研究理论和方法,从城市史研究的角度出发,探讨进行城市性格研究的思路,试图在学科边缘上寻求研究新领域,不妥之处敬请指正。

## 一、城市性格概念的规定及其研究意义

城市性格概念的提出,源于中国地域文化的差异。地区差异是中国最基本的国情之一。广大的国土、不同的自然环境、56个民族不尽相同的历史

---

[1] 参见何一民:《城市史》,载《50年来的中国近代史研究》,上海书店出版社2000年。

文化等要因,使中国各地形成了"十里不同风,百里不同习,千里不同俗"的不同民俗。同样,城市之间的差异也是中国地域差异的重要表现之一。

虽然没有提出城市性格的概念,实际的探讨已经在进行。在探讨城市性格方面,文学界介入较多。在媒体上探讨城市特性和地域人文特征的,多是文学家的文章和他们的文学作品,像林希的小说《天津闲人》,王安忆的散文《寻找上海》等等①。这些成果使人们看到城市社会生活鲜活的画面,接触到地域人文特征以及城市的特性,但是,由于学科的特点,文学界在这方面的探讨注重人生的审美和生活体验方面,还缺少对城市性格方面的缜密论证和理性分析。笔者认为,城市特性以及地域特色之类的话题,比较理想的是综合多种学科的理论和方法进行研究探讨,而综合性较强的城市史研究应对城市性格给予更多的关注,因为这是探讨地域人文特征、探讨城市发展成因的一个绝好的切入点。

首先探讨城市性格的概念。性格本来是指人格的重要组成部分,是人们态度和行为方面的比较稳定的心理特征②,在研究城市中引入这一概念,主要是为了突出城市性格中城市人的中心地位,因为城市性格的研究终究是围绕着城市的人、城市的人文精神来进行的。是否可以这样来规范"城市性格"的概念:所谓城市性格,是由特定自然、历史、人文因素即特有的地域社会文化影响下形成的,包括特有的城市功能、物化的城市人文环境形象、城市居民带有倾向性的行为特征和生活方式等等,是城市形象识别体系中的内核因素。

从上述概念反映出,城市性格的形成是多种因素合力作用的结果,研究城市性格的形成,应关注自然、历史和社会文化因素。城市的性格主要体现在三个方面,一是特定城市在城市系统中的主要功能和作用,例如首都是国家政治中枢,港口和商业中心是城市系统中的各级经济中心城市;二是物化了的城市人文符号个性,例如以政治功能为主的城市,其城市功能可以从国家政治权力的各种标志建筑中显现出来,而经济中心城市的港口、工厂、商业设施在城市景观中占有突出位置;三是特定城市居民带有的具有鲜明城市个性的生活方式和行为方式,如沿海沿河城市生活中水路运输介入社会

---

① 林希:《天津闲人》,北京出版社 1998 年;王安忆:《寻找上海》,学林出版社 2001 年。

② 《辞海》1909 页,上海辞书出版社 2002 年。

生活和经济活动的程度较高,发达商业城市的市民普遍具有经商的意识等等。

研究城市性格,实际就是研究城市的差异性,探讨城市差异的产生及其在城市发展过程中的作用,从中可以看到不同的历史背景和社会文化的运动轨迹给城市发展的不同影响。城市性格的探讨,似乎应从城市文化和城市社会生活研究开始,因为社会生活的差异会影响城市居民行为方式以及城市性格,也可以说城市社会生活、社会文化研究的重要使命就是追究城市特性。

城市性格研究的开展为城市史提供了新的研究视角和领域,不但可以拓宽城市史的研究视野,借鉴相关学科的研究成果,也是整合城市政治、经济、社会生活以及城市文化研究成果的重要途径。进行城市性格的研究,可以推进城市史研究在诸多方面研究的深入开展。

城市性格研究也具有很强的现实意义。城市性格研究着眼于探寻城市发展的规律和今后发展的捷径。梁启超曾经提出,历史研究的目的是将过去的真实事实予以新意义或新价值,以供现代人活动之资鉴。研究城市性格,了解其个性特点及其形成过程,对今天的城市建设也具有现实意义。在今天中国的经济发展格局中,城市的重要性不言而喻。在我国的城市建设中,在取得巨大成就的同时,也出现了千城一面、急功近利等等负面现象,例如城市建设追求同一模式,片面认为城市现代化就是城市形象上的香港化、纽约化,引起许多专家的批评和忧虑。笔者认为,这一弊端的产生就是对城市特性认知不够而带来的负面后果。研究中国历史上不同城市的不同特性,不仅是城市史研究要求的使命,也是今天的城市建设之必需。

## 二、华北城市系统的变迁和城市性格的初步形成

探讨华北城市性格,有必要对华北城市系统作一大致的描述,华北城市系统形成的过程,也是华北城市性格的形成过程。

在华北城市系统中,其核心区域,处于中国政治、经济、文化格局的中心地区,在中国国内具有很大影响。一般认为,城市系统的区域范围划定,应考虑社会经济和其他因素的变化,采取一种历史的、动态的划分方法①。所

---

① 参见隗瀛涛、谢放:《近代中国区域城市研究的初步构想》,《天津社会科学》1992年第1期。

谓"城市系统",是指"在特定区域内,不同城市之间因一定频率的政治、经济、社会、文化等诸方面联系而形成的城市群体"。城市系统概念的提出,是着眼于从整体、宏观的角度研究区域城市群体,并强调城市系统内部的多种联系以及这些联系给城市带来的变化[①]。

"华北"是一个不断发展变化的概念,"城市系统"也是一个不断发展、不断整合的开放的系统。1860年以前,是前近代华北城市系统时期,大致的范围是直隶、山西、山东、河南四省。1860年以后,随着华北一些城市的开埠和一批具有区位优势城市的迅速成长,华北城市系统的范围逐步扩大。近代华北城市系统在旧中国最典型的时期是20世纪30年代,此时,除原有四省外,绥远、察哈尔、热河地区的城市也因经济联系的密切而纳入华北城市系统内。日本发动全面侵华战争占领华北城市后,日本人按照他们的需要重新设计了城市布局,将察哈尔、绥远的大部和山西的北部划入"蒙疆"的范围,华北("北支")的范围变为河北、山西、山东的大部和江苏、河南北部[②]。最为明显的,是1937—1945年间,日本人对华北的经营,尽管也尽量延续其城市特点,但由于经营思想的特殊性,使城市的性质和城市系统发生了许多变化。

首先简单回顾前近代时期华北城市的历史发展。华北平原地区的城市群是华北城市系统的核心区,该区域是中国历史上开发最早的地区之一,12至14世纪数百年间,该区域屡遭破坏,明代以后,北京成为明王朝国都,华北成为明王朝的政治中心,以首都和各级行政建置所在城市为主结成初步的华北城市系统。明政府采取一系列移民屯垦等政策,使这一地区经济重新崛起,清代又进一步发展,农村集市网形成,城乡市场网络体系形成,运河沿岸城市继续繁荣,沿海城市初步发展,天津、烟台已经成为华北城市的地区商业中心[③]。大致至传统时期的清中期,华北形成了以北京为核心的前近代城市系统。从当时华北城市交通状况来分析,官路和驿站网络保证了京城与各城市、各地区的交通和通信联系,使行政中心城市构成了城市系统的

---

[①] 参见拙文《关于近代区域城市系统研究的几个问题》,《天津社会科学》1994年第5期。

[②] 详见汪馥荪:《战时华北工业资本就业与生产》,《社会科学杂志》9卷2期,1947年;拙文《关于近代区域城市系统的几个问题》,《天津社会科学》1994年第5期。

[③] 参见许檀:《明清时期中国经济发展轨迹探讨》,《天津师范大学学报》2002年第2期。

主干。

与前近代时期城市系统不同,在近代华北城市系统的形成过程中,经济联系不再是城市系统联系的附属因素,而是日益成为近代城市系统内部联系的主要因素。近代以后,近代经济发展成为社会变迁的主流,城市系统内外联系和社会文化交流日益加强和频繁。

以1860年《北京条约》确定天津开放商埠为标志,华北城市系统开始了由传统向近代的过渡,城市系统发生了许多变化,其主要点有:城市系统内部的联系纽带由政治权力网络转为商品经济联系网络;一些传统政治中心城市在城市系统内的地位在下降,如保定,原来它是直隶行政中心,近代天津政治作用的加强,使天津在近代后逐步取代了保定的政治作用。一些城市地位在相对下降,如北京,北京从传统华北城市系统的单独首位城市变为与天津一起作为复合首位城市,与天津的关系处在此消彼长的进程之中[①]。而另一些城市如天津、青岛迅速兴起,天津在经济上迅速发展的同时,主要体现在洋务外交方面政治作用日益加强。在经济职能方面,沿海城市的发展承继了传统时期的势头,发展迅速,运河沿岸的经济城市如临清等,由于漕运重要性的降低和停止而使发展步伐受阻。

近代华北城市群经过重新整合,至清末民初形成了近代华北城市系统,该城市系统在自己的范围内形成了京津核心区以及基本区和边缘区。城市是多功能的载体,我们可以按其主要功能的不同,也就是城市的主体功能构成的不同,来划分不同的城市类型。城市在发展历程中,或因在经济社会中自然形成,或因人为行政干预,得到各自的基本分工,近代华北城市系统大体形成了大中小城市各司其职,相互补充,相对协调发展的局面。近代华北城市系统初步形成后,华北城市大致有了功能的分工。城市的作用有明显的区别,在分工合作的城市系统中,各个城市主要功能开始凸显。

近代华北城市系统中,不同的历史和不同的发展路程,形成不同的城市类型。

北京、济南、太原——国家和省的行政中心兼文化中心城市。中国传统时期的城市,国都和地方政府所在的城市都是以政治职能为主兼以文化职能的城市,中国城市历史上文化方面的职能一般由政治城市来担负,如各级科举考试在行政中心城市进行,全国最高级的科举考试以及最高级的文化

---

[①] 前引《关于近代区域城市系统的几个问题》,《天津社会科学》1994年第5期。

单位翰林院、国子监等都设在国都等等,单以文化为职能的城市在中国几乎是没有的①。进入晚清,近代教育在各地成长,才打破了政治城市对教育文化事业的垄断。

天津、烟台、青岛、张家口——经济城市。海港、码头、运河沿线的城市由于区位条件使它得以经济职能为主。明清时期天津、烟台的商业作用就已经凸显,天津已经从漕运城市转变为海运城市中枢,烟台则成为山东沿海税收额最高的城镇。

近代以后列强依据不平等条约开放这些口岸城市,使这些城市商业功能又有了巨大发展,青岛更是由于德国和日本的大力经营,在商业、工业、贸易方面后来居上超过烟台,成为华北城市中的经济大埠。烟台在海运方面的竞争中地位明显减弱,并失去独霸山东沿海贸易的地位,特别是青岛的崛起取代了原来烟台的地位,致使烟台与天津、青岛相比发展缓慢②。

华北城市在发展历史上,其城市主要功能有一以贯之的,也有变化转型的。张家口由军事重镇转变为华北重要的陆路商埠城市,其军事重镇的作用一直没有消失,但经济作用逐渐成为城市的主要功能。张家口处在华北平原、蒙古高原、黄土高原等地理单元的交汇点,"具有陆地商埠之天然形势也"③,自古以来就是不同区域经济文化交流的必经之地。明朝中期以后,国内民族矛盾激化,蒙古骑兵经常越过长城,长城内外各民族人民正常生产生活以及贸易交往受到严重影响。明宣德四年(1429),在清水河西侧修建张家口堡,这是张家口建城之史。堡城约500米见方,最初用于屯军,是长城九边防线上极不显眼的三等小城。张家口堡依山傍水,北扼蒙古高原,东南通华北大平原,为阻止蒙古军队南下发挥了重要的作用。清代以后,张家口经济地位更显重要,清政府设置收税关卡,张家口不仅成为蒙汉民族间的贸易城市,也逐步形成了通往西北的商路,经贸范围遍及整个蒙古高原,远达俄罗斯的东北亚地区。进入半殖民地半封建社会后,传统的市场关系发生了变化。1860年天津开埠,张家口成为天津和华北经济区域与西北地区联系的枢纽,经济贸易活动被卷入近代市场。1902年,张家口开放大境门外的元宝山为通商市场,1914年宣布自行开放为商埠。铁路、公路和通讯设施的建

---

① 马正林:《中国城市历史地理》,山东教育出版社1998年,绪论第9页。
② 丁书明:《烟台港史》,人民交通出版社1988年,第112—119页。
③ 民国《万全县志·张家口概况》。

设和改善,国际国内贸易量激增,近代工业出现,使张家口在民国初年曾一度成为"华北第二商埠"和"皮都"。20年代以后,由于国际环境的急剧变化,张库商路衰落,张家口经济发展萧条。此后,张家口依托周围地区丰富的工矿和农牧业资源,凭借传统皮毛加工的优势,成为具有一定工业基础的城市,对整个华北地区的经济发展有一定影响。

另一城市主要功能变化转型的例子是保定。近代的保定从区域政治中心转为"学生城"。保定本来是直隶的政治中枢,在其政治功能逐渐被天津取代以后,城市政治功能减弱,文化功能逐渐凸显。在清末的新式教育发展热潮中,保定建立了一系列的军事学堂以及师范、农学、医务、法政、商业等学校,成为直隶新式教育的中心之一,使清末的保定有"学生城"之称①。

以上我们主要涉及的是大中城市,华北城市系统中的小城市和城镇大致也是类似的情景,他们在华北城市系统中担当着自己的角色或职责,比如高阳在土布方面的生产和销售功能,明清时期以棉布、绸缎及粮食为最主要的中转贸易中枢临清等等,也就是说,城市的主体功能已经十分显著。

城市主体功能对城市性格的形成起到关键的作用。上述对华北城市类型的分析只是对不同城市性格特质的初步认知,城市类型的不同对个案城市性格的形成当然有重要的作用,但城市性格的形成和变迁应该是多方面和多种因素合力的结果。

## 三、近代华北城市性格成因探解

影响城市性格形成的因素是广泛的,应该说城市的发展进程与城市性格的发生、发展、变化总是相辅相成的,影响城市发展的因素都是影响城市性格的因素。以下我们从主要几个因素来探究促成华北城市性格的成因。

其一,城市性格形成的各种因素中首先应从城市地理学的角度来观察。地理学的核心是区域,区域的核心是城市。城市地理学以从各个层面研究城市形成和发展的规律为宗旨②,其任务就是要"揭示地理条件在城市发展

---

① 参见徐纯性主编:《河北城市发展史》,河北教育出版社1991年,第204—205页。
② 阎小培等编著:《地理·区域·城市》,广东高等教育出版社1988年,导言第1、33页。

中的作用和规律性"①。地理条件当然也会在城市性格的形成和变化中产生作用。众所周知,农业有显著的区域差异性和对自然环境的依赖性,区域城市体系及其个案城市同样具有类似的情形。城市的地形、气候、河流等不仅仅是城市的自然环境,而且还通过影响城市的生活、交通、经济活动等因素来制约该城市各个方面的发展,并间接影响到该城市人们的生活方式和城市性格。例如气候是否使居民生活舒适,当然会影响到城市对外来迁入人口的吸引力,沿海、沿河等条件将便利人们出行和商贸活动等等。因此,城市地理条件不仅是城市形成的最基本因素,也是城市性格形成的最初因素,它有规范城市按照一定的轨迹发展和运行的作用力,并逐渐在城市性格上打上它的烙印。

区域自然环境的差异是城市性格形成的因素,它和人文差异一起,是形成区域文化差异的基本因素。处在寒冷环境的东北城市和处在温暖环境的华南城市,区域内城市的一些共同点是十分明显的,诸如房屋的不同建筑功能和风格,户外活动的不同方式等等。进行跨区域间城市的比较使我们很容易发现,相同区域内城市的共性是客观存在的。

其二,军事地位因素对城市性格具有一定的影响。军事城市是中国古代城市中的重要类别,古代城市均有军事城市的作用,城墙就是物化的体现。华北一些城市如张家口、天津、山海关等,军事作用是其城市形成的决定因素。城市的军事性质会给城市相应的影响,在城市驻扎的军队会给城市社会生活的方方面面带来许多影响,军事设施、军事工业会给城市面貌、城市经济带来烙印等等。例如近代淮军驻扎天津,致使天津方言中逐渐包含了安徽方言的成分,显示了城市军事因素对城市社会生活影响的广泛。

其三,城市性格的形成和发展会受到城市政治地位(即在本国中央政权战略上的位置,或外国入侵者的战略上的位置)的影响。中央政权选择的国都会极大地影响城市的命运。明初国都由南京迁往北京,民国政府从北京迁往南京,对这两个城市以及附近城市的影响是直接和显而易见的。建都则兴,迁都则衰,曾是中国政治城市的共同命运。城市在中央政权中的位置变化,会令城市发展因素大起大落。天津开埠某种意义上是中外斗争与妥协的结果,列强要建立控制和影响北京的桥头堡,尽量距离北京近,而清政府则拼死将洋人影响拒之门外,越远越好。天津在清末成为清政府洋务外

---

① 前引《中国城市历史地理》,绪论第 7 页。

交场所,客观上提升了天津城市的政治地位。日本侵略华北以后,将天津定位于华北的战争经济中心城市,客观上加强了天津的工业功能①。

其四,经济发展水平和经济竞争中的走势,不仅决定城市在国家和地区经济格局中的位置,也会决定城市居民生活方式、生活水平、追逐时尚等诸多方面的城市生活,进而影响城市性格。

其五,在国家或地区交通网络中的位置是影响城市性格的重要因素。随着近代交通体系的逐步形成,交通因素对城市的影响日益显现。城市在国家和区域中的交通地位和作用决定该城市人口的聚集和诸多方面发展的基本条件,成为影响近代城市发展前景的重要因素。

其六,人口来源地性格的带入。即便是城市主要功能相同的城市,也会有许多不同点,这之中重要的因素就是城市居民来源地不同。我们可以用华北的天津与华东的上海来比较,津沪的城市功能极其相似,但城市性格迥然不同,这与两市的人口来源不同息息相关。近代时期,天津的迁入人口以河北、山东为主,上海则以浙江、江苏人口迁入为主,冀、鲁民风对天津的影响和江浙性格对上海的影响在津沪两地不同的人文精神中打上了深刻的烙印,这是不言而喻的。

其七,城市规模的因素。城市是不同地域内的多种功能的中心。城市规模决定了城市在国家和地区的重要性、人口流动规模、职业的多样性、主要职业的分布、地域文化的辐射和影响的范围等各个方面。

其八,在国家或地区社会文化交流中的质和量是影响城市性格的重要因素。随着近代文化的发展,文化交流对城市的影响日益显现。近代传媒、教育、艺术等方面的状况已经成为城市信息、文化影响、文化交流的重要因素。城市在国家和区域中文化交流的规模和超前性决定了该城市的影响力、人口的聚集和文化凝聚力,成为影响城市发展和城市性格的重要因素。

综合以上诸多因素,我们是否可以用"城市文化底蕴"来概括城市性格的形成因素。

从社会文化的角度上分析,多种因素决定的城市文化底蕴是影响城市性格的因素,不同的地域文化自然可以塑造出不同的城市性格。城市性格的决定因素是城市文化的影响,城市性格又对城市文化的趋向具有极强的

---

① 参见罗澍伟:《近代天津城市史》,中国社会科学出版社1993年,第638—651页。

干预作用。

　　这里应明确规范城市文化的内涵和概念。城市文化应该在城市史研究的范畴中建构,而城市史研究对于许多课题特别是文化课题的研究提供了新的视角。笔者以为,城市史的城市文化概念应该是一个偏重宏观、整体的概念,城市文化应包含城市整体的文化精神、文化环境、城市人的文化行为和生活行为方式等广泛的方面;既包括了城市的历史积淀和现状,也包括该城市的具体文化方面的贡献和特色,还包括特定城市居民带有共性的行为方式和心理状态。这种"城市文化"的内涵能够反映出城市及城市人的文化整体形象和城市性格特色,既体现城市的精神文化层面,又反映城市物质文化,使人们从更宽泛的角度去探究城市文化的内涵,因而应该能够更为科学、准确地把握城市性格的本质及其发展的脉络,这是本文所理解的"城市文化"①。城市文化概念着眼城市发展中的人文因素,其中包括有狭义的文化事业、具有文化符号的物化了的城市、城市人的具有倾向性的行为方式和生活方式三个方面,也可以理解为城市宏观的人文精神。研究华北城市文化的差异性以及城市文化差异对城市性格塑造的影响,也应该是探讨城市性格的方法。

　　今天的华北城市系统与近代相比又发生了巨大而深刻的变革,不少的城市和城市性格也发生了巨大变化,但在同时,原有近代城市性格仍然发挥作用的情况依然可见,从中我们发现城市性格发展脉络的延续性和稳定性的一面。例如,与近代相比,京津各自的情况和地位与近代有了巨大变化,但华北仍然是以京津为核心的城市系统,上海在长江三角洲城市群的龙头作用仍然一脉相传。

　　在探讨城市文化影响城市性格这一命题中,社会文化交流对城市性格的影响最具决定性。文化交流是产生新观念、新事物的基本途径,是城市文化形成和丰富的助推器,从城市发展的角度说,也是形成和完善城市性格过程中必不可少的环节,文化交流是不断丰富城市文化内涵的必需。在地区文化交流意义上的城际、城乡、中外社会文化交流中,具有小地域间亚文化交流和中外文化交流两个层次,传统时期以前者为主,近代以后兼而有之,以后者为主。上述所谓小地域并非行政区域的概念,而是指比省更小的地

---

① 参见拙文《试论天津文化的优长与弱势》,载《城市史研究》17—18合辑,天津社会科学院出版社2000年。

区的空间,文化交流则指社会文化层面的交流与融合①。社会文化交流对城市文化和城市性格的建构与整合具有强大的作用,对大城市、交通枢纽城市、人口流动频繁的城市性格影响则更加明显,近代时期华北沿海城市的迅速发展,从文化的角度观察首先就是得益于中外社会文化交流的频繁。

(《城市史研究》2005年第23辑)

---

① 参见拙文《试论近代环渤海地区的社会变迁》,《天津社会科学》1999年第2期。

# 试论清末天津警察制度的创立及其对城市管理的作用

涂小元

警察,是指为维护社会秩序而设置的武装性质的国家治安力量及其构成这种力量的人员。而警察制度,则是指由警察机关颁布的、以维护社会秩序为目的的法令所构成的管理体系。在世界上,古代警察制度诞生于古希腊,而近代警察制度则发轫于17世纪的英、法等国。在我国,政府维护社会治安的职能古已有之,但作为一种特定社会职业的警察及其警察制度则出现于20世纪初。其中,天津创建了中国最早的警察和警察制度,并对城市管理发挥了重要的作用。本文拟从租界及都统衙门实行的警察制度对天津警察制度的创立产生的影响、天津警察兴办的经过、天津警察立法与警察制度的建立以及对城市管理的作用四个方面加以论述。

## 租界及都统衙门实行的警察制度对天津创办警察的影响

天津自明初设卫筑城之后,始终是一处军事要地,长年驻扎大量的军队,维持地方治安的任务也由军队代管。由于城居民户的不断增加,为加强对天津的管理,清雍正三年(1725),将军事建制的"天津卫"改为地方行政的"天津州",雍正九年(1731)更升为"天津府",附廓置"天津县",管辖天津城区,由州同、通判和县丞具体负责捕盗事宜。开埠以后,随着城市人口更快地增长、就业竞争的激烈和人口流动性的增加,城市社会治安日趋混乱,犯罪率增加,管理天津城区的机构——天津县逐渐无法控制局面。光绪以后,直隶总督移驻天津,再加上天津总兵、长芦盐院、津海关道、河务兵备道、天津府等机构都在天津县之上,天津县的行政差使已然不轻。按当时行政司法不分的原则,天津城守营虽有缉捕盗贼之责,但没有审问权,县令还得承担全城的检察、审判责任。县衙门虽有威慑力量,但城市治安却得不到改善,不得不依靠传统的保甲和团练组织。当时,天津城厢内外有20保,其职能是编查户口、稽查奸宄、劝善惩恶、化民成俗、守卫乡土。保甲与团练互为表里,往往根据形势的需要而设置。光绪二十年(1894)甲午战争爆发时,天津曾成立商团总局,俗称铺民总局,其功能是"昼间训练技艺,夜间巡逻支更"[①]。可见,该局也是一种治安组织。19世纪末,天津又设立"守望局"。光绪二十四年(1898)天津守望局按地区分为20段,局员为身穿号衣的巡勇。其职能主要是负责本地段治安,并配合城守营绿营兵进行稽查,捉拿及临时收押人犯。随着天津逐渐向近代商业城市的转化,传统控制系统的弊端和不适应越来越突出。在这种环境中,市民普遍缺乏安全感。甲午战争时,山海关内外所调各省官兵多达10万之众,天津成为重兵屯集之地。这些官兵在天津胡作非为,打砸抢的消息不绝于报端。战争结束后,大批遣散士兵逗留天津,天津又增加了新的动乱成分。到光绪二十六年(1900)前,天津城市的传统管理体制已不适应新的形势,正逐渐走向解体。此时,一种全新的城市管理体制却正在租界推行,这就是英法租界实行的警察制度。

第二次鸦片战争后,清政府被迫同意英、法两国在天津设立租界。英、法租界设立伊始,便着手组建巡捕,并专门从各自的亚洲殖民地调来职业巡捕,天津出现了第一批外国警察。英、法租界当局分别在工部局内设立巡捕房,负责维护租界内的社会秩序;同时颁布了一系列规章制度,建立起警察制度。租界巡捕对租界的管理发挥了很大的作用,时人评价道:"看街巡捕……手持木棍,昼夜看守,分段巡查,风雨无阻。""遇有小窃及争斗等事,立即扭送捕房,以凭究办。""每日扫除街道,灰土瓦砾,用大车载于旷野倾倒之。夜晚则点路灯以照人行。立法皆善。巡查贼匪,宵小潜踪,人得高枕安居。清理街道,无秽气熏蒸,不致传染疾病。为善甚大,何乐如之。"[②]

光绪二十六年(1900),八国联军占领天津后,成立了军事殖民机构——天津临时政府委员会(又名"都统衙门")。都统衙门以西方管理城市的办法为依据,同时参照上海、天津等地租界的方法管理天津原清政府管辖的城区。在其宣布的管理天津行政的若干事项中,第一条就是"整顿管辖区的秩

---

① 《直报》,第136号。
② (清)张焘:《津门杂记》卷下"租界工部局巡捕",天津古籍出版社1986年,第124页。

序与治安"①。为此,都统衙门首先设置了巡捕局长职位,负责城市的治安和交通管理,并将700余名英、法、俄、日军士兵组成外国巡捕队,在都统衙门成立的第二天(1900年8月1日)就接管了全市的警务。不久,又采纳美军司令沙飞的建议,制定招募华人巡捕的条件,成立1000余人的华人巡捕队。洋华巡捕队均受巡捕局长的领导。为了保障河道运输的安全,还成立了海河巡捕分局,组建了以意大利士兵为主的水上巡捕队。这样,在天津原清政府辖区第一次出现了城市警察。

巡捕局成立后,将天津城区划分为八段,城内四段,城外四段,派巡捕分段管理,"每段公举绅商六名相助为理"②。巡捕局规定巡捕的任务是:一、维护城内外社会治安;二、制定交通规则,维护街道秩序;三、管理城区街道的环境卫生和秩序;四、组成消防队控制城区的火灾。

都统衙门之所以成立巡捕局,目的是"为了镇压义和拳煽动起来的骚乱活动"③,以维护军事殖民统治的利益,但客观上也减少了外国军队在天津城区的抢劫,制止了各国军队为抢占地盘而发生的争斗。如规定各国军队"不准在天津中国城区发布公告","非在绝对需要情况下,不准进入华人居住区","今后不准再在马路上或城门内搜查华人"④等等。与此同时,巡捕局在逮捕罪犯、维护街道秩序、管理环境卫生等方面都取得了一定的成效。他们按照西方国家通行的管理城市的方法,依靠警察制度管理天津城区,对新政时期天津创立警察制度发挥了较大的影响。

## 天津警察兴办的经过

光绪二十七年七月二十五日(1901年9月7日),清政府与11个西方列强签订了《辛丑条约》。这时的天津仍处于都统衙门的统治之下。清廷于八月十八日(9月30日)谕令奕劻和李鸿章,天津作为畿辅要地,要求他们"速行设法竭力磋商,务期早日收回"⑤。九月二十七日(11月7日),李鸿章因

---

① "天津临时政府委员会会议纪要",转引自罗澍伟主编:《近代天津城市史》,中国社会科学出版社1993年,第315页。
② "天津都统衙门告谕汇编",载《天津历史资料》第15期,第42页。
③ 胡滨译:《英国蓝皮书关于义和团运动资料选译》,中华书局1980年,第127页。
④ 《近代天津城市史》,第321页。
⑤ 故宫博物院明清档案部编:《义和团档案史料》,中华书局1959年,第1326页。

病去世,清廷任命山东巡抚袁世凯署理直隶总督兼北洋大臣(次年6月9日实授),督催他加快接收天津事宜。

此时,都统衙门也不得不考虑将政权归还清政府的问题。1902年4月3日,临时政府委员会召开特别会议,制定了将天津移交给中国政府的"建议书"①。根据"建议书",联军司令官们于4月12日召开会议,提出了归还天津的29项"条款",其中第四项规定,"距联军占领之天津街市三十基罗迈当(公里)以内,中国不得置守卫兵";第五项规定"天津街市及都署所占境内,中国可设立警察兵,但不得过二千三百名之数"②。为此,袁世凯于5月在省城保定创办警察,以为接收天津之用。袁世凯直接采用西洋方法训练警察,并成立一所警务学堂以培训警察,取得了较好的成效。正如他在奏折中所言:"臣窃惟备军所以御外侮,警兵所以清内匪。中国自保甲流弊,防盗不足,扰民有余,不得不改弦更张,转而从事于巡警。查各国警察,惟内政之要图,每设大臣领其事,盖必奸宄不兴,而后民安其业,国家既固而后外患潜销。且国家政令所颁,于民志之从违,可以验智力之得失,而官府所资违耳目,借以考察舆情者,亦惟巡警是赖。直隶自庚子以来,民气凋伤,伏莽未靖,非遵旨速行巡警,不足以禁暴诇奸,周知民隐。臣于四月间,查照西法,拟订章程,在保定省城创设警务总局一所,分局五所。遴委干员筹办,挑选巡兵五百人,分布城厢内外,按照章程行之两月,地方渐臻静谧,宵小不至横行,似已颇有成效。但事属草创,非精益求精不可。拟更添设警务学堂一所,责令巡兵分班学习,并令警务各官弁入学讲习,务令心知其义,足以督率巡兵,庶将来可逐渐推广,由省会而遍及外府州县,以仰副圣主绥靖地方之至意。"③

由于中国政府的坚持,各占领国被迫同意清政府的要求,将中国军队不得驻扎的范围由30公里缩小为10公里。光绪二十八年六月十三日(1902年7月17日),中外双方达成接收天津的条件,其中规定,为避免驻津的外国军队与中国军队"相撞滋事","故拟由中国国家,禁止华兵距驻扎天津之军

---

① 全文见刘海岩、郝克路选编:《天津都统衙门会议纪要选》,载《近代史资料》总79号,第67—70页。
② 北京大学法律系国际法教研室编:《中外旧约章汇编》,生活·读书·新知三联书店1959年,第2册,第62页。
③ 天津图书馆、天津社科院历史研究所编:《袁世凯奏议》,天津古籍出版社1987年,第604—605页。

队二十华里内前进或屯扎"。同时规定,"直督有权在天津城内置亲兵一队,其额数不得过三百名外,并允直督设立警察勇一队,以足敷河面安靖无事为主。虽河流距铁路有在二英里之内者亦可"①。这些条款大大超过了《辛丑条约》的范围,限制了中国军队应尽的保卫中国领土主权的义务,为日后各帝国主义对天津和华北、东北进行的政治、军事侵略创造了条件。

鉴于清政府的坚持,各占领国最终同意天津的警察数量不再限于2300人,可以根据实际需要自行决定警察人数,这就为天津警察日后的发展奠定了基础。

光绪二十八年七月十二日(1902年8月15日),直隶总督兼北洋大臣袁世凯代表清政府正式将天津从都统衙门手中接收过来,天津由此结束了为期两年的军事殖民统治。

由于天津在长达两年时间内一直处于军事殖民的统治之下,虽然都统衙门成立了巡捕局以维持社会治安,但"土匪游勇以及海洋大盗实繁有徒,商民受害无穷"②。为迅速恢复正常的社会秩序,在接收天津的当天,袁世凯即成立了天津巡警总局,委任官费留美幼童出身的曹嘉祥为首任总办,将已在保定训练两个多月的2000名巡警开进天津,并将原属都统衙门的1000余名华人巡捕留用。为让巡警们尽快掌握警务知识,使他们胜任所担负的职责,光绪二十八年九月(1902年10月),袁世凯成立了"天津警务学堂",归天津巡警总局管理,设警官和巡警各一个班,学员均从现职官警中选调,学习时间为7个月,主要学习中外法律及警察知识等。

天津巡警总局内部设有总监官房、探访局、捐务局、警务学堂等机构,外部依照所辖地域分为东、西、南、北、中五个警区,相应设立五个巡警分局,每个分局下设若干巡警棚,每棚设岗三处。

天津城区地域宽广,又为华洋杂处之地,各种社会秩序方面的问题层出不穷。因此,光绪二十八年(1902)底,袁世凯决定对天津进行分段管理,将天津巡警总局改为天津南段巡警总局(简称"南局",下同),曹嘉祥改任"南局"总办,管辖金刚桥以南城区。同时增设天津北段巡警总局(简称"北局",下同),巡警由小站新建陆军的两个营改编而成,委任其心腹段芝贵为"北

---

① 中国第一历史档案馆编辑部编:《义和团档案史料续编》,中华书局1990年,第1528页。
② 《袁世凯奏议》。

局"首任总办,管辖金刚桥以北城区。

"南局"成立后,仍延续天津巡警总局的机构设置,直到光绪二十九年四月(1903年5月),袁世凯委任原保定巡警总局总办赵秉钧接任"南局"总办后,出现了较大的变化。赵秉钧上任后,制定了《天津南段巡警总局现行章程》①,并依照该章程对内外部机构进行了改组。改组后,"南局"内部设值日所、稽查所、发审处、财政董理处、拘留所、马巡队、河巡队、探访队、电线队、消防队、差遣队、军乐队、养病室、警务学堂、济良所等,外部仍设五个巡警分局,每个分局下辖四个巡警区,每个巡警区下辖五个巡警棚。在段芝贵、吴筵荪等继任"南局"总办之后,又相继对内外部机构进行了改组,并充实了巡警队伍,使其机构日趋完善,到宣统元年(1909),"南局"内部设督察处、探访局、工程局、捐务局、发审处、办公处、筹备处、收发处、会议处、稽查处、统计处、巡警学堂②、养病室、差遣队、军乐队、备差队、马巡队、河巡队、消防队等。外部依照所辖地域分设五个巡警局,每局划分四个巡警区,每区设五个巡警棚。全局共有警员3000多名。

"北局"仿照淮军编制,内部设提调、文案、督察、发审、收支、造报等官吏,外部设两个哨(对外称巡警分局)。光绪三十一年九月(1905年10月),清廷成立巡警部,赵秉钧升任巡警部右侍郎,段芝贵调任"南局"总办,刘金标接任"北局"总办。刘金标上任后,对"北局"的内外部机构进行了改组与充实。到宣统元年,"北局"内部设提调、总稽查、发审、差遣队、收支、造表、文案、医官等,外部设四个巡警分局,每分局下辖两个巡警队,全局共有官弁长警1000余人。

因为在接收天津的条件中明文规定天津周围20华里之内中国不得驻扎军队,为对该区域内的乡村及其海河流域实施管理,光绪三十年十一月十日(1904年12月16日),袁世凯专门成立了天津四乡海河巡警总局(内设"四乡巡警局"和"海河巡警局"),附属于"南局",委任北洋巡警学堂总办沈金鉴兼任天津四乡海河巡警总局总办。赵秉钧为天津四乡海河巡警总局制定了36条"章程",规定了该总局管辖的区域、巡警的来源以及巡警的职责等。

---

① 全文见甘厚慈编:《北洋公牍类纂》卷八"警察二",光绪三十三年十一月北京益森公司排印本。
② 光绪二十九年保定警务学堂并入天津警务学堂后改为北洋巡警学堂。

时人对此予以称赞道："天津之四乡巡警章程三十六条,详于行政,慎于司法"①。到宣统二年(1910),天津四乡海河巡警总局内部设公事房和马巡队,外部设四乡东局(辖三个巡警区)、四乡南局(辖两个巡警区)、四乡西局(辖两个巡警区)、四乡北局(辖三个巡警局)、海河一局(辖一个巡警区)、海河二局(辖三个巡警区)、海河三局(辖两个巡警区)和海河四局。另外,每个巡警区设一所巡警传习所,专管培训新警员事宜。全局共有警员700多人。

天津四乡海河巡警总局成立几个月后,取得了很好的成效:"绵历岁月,不独乡曲愚民渐明公理,渐知公益,汛兵衙役亦可以次裁撤,催科传案,则一呼即至,无扰累之虞。募兵退伍,则有籍可稽,无顶替之弊。一切兴学校,清赋税,推行新政,移风易俗,有事半而功倍者。即天津一县计之,城乡人民共有七十六万一千八百九十七口之多,责成知县一身,虽贤者不能为治。远稽汉代乡亭之职,近师日本町村之法,昔人谓小官多而天下治,诚哉斯言!朝廷振兴庶政,百度维新,方将更定裁判之权,划一地方之制,惟学校驱民为善,而巡警禁民为非。"②

光绪三十三年五月二十七日(1907年7月7日),清廷通令各省成立巡警道,作为全省警察的领导机关,并执行省会的警察事宜。宣统二年四月(1910年5月),直隶巡警道在天津设立,舒鸿贻为首任道员。直隶巡警道衙门下辖探访局、捐务局、工程局、卫生局、总务处、督察处、行政处、司法处、巡警学堂、市政管理局等。与此同时,将"南局""北局"合并为直隶全省警务公所,负责维护天津城区的社会秩序,辖区与原"南局""北局"相同,巡警亦为原"南局""北局"的原班人马。直隶全省警务公所内设督察处、捐务处、司法科、卫生科、警务科、行政科、工程科,直辖消防队、侦察队、河巡队、马巡队、军乐队、差遣队、电线队、印捕队,外部设东、南、西、北、中五个巡警总署,其中东、南、中三个巡警总署各下辖五个巡警分署,西、北两个巡警总署各下辖四个巡警分署。第二年,直隶全省警务公所撤销,"南局""北局"重又各自独立,其中"南局"隶属于直隶巡警道,"北局"隶属于新练军,天津四乡海河巡警总局仍附属于"南局",这种局面一直延续到清朝灭亡。

---

① "项左辅禀呈",转引自韩延龙、苏亦工等著:《中国近代警察史》,社会科学文献出版社2001年,第170页。
② 《袁世凯奏议》,第1171页。

## 天津警察立法与警察制度的建立

光绪二十八年八月(1902年9月),天津巡警总局成立不久,即颁布了《巡警条例》。该"条例"共18条,内容包括刑事管理、治安管理、交通管理、市容卫生等方面①。

光绪三十年(1904),"南局"颁布了《天津巡警现行救火章程》,共25条②。

光绪三十一年(1905),天津警察机关共颁布二十四部法令,其中"南局"颁布22部法令,计有:《探访队探访概略》《拘留所办法概略》《发审处规则》《查禁开灯办法》《管理赌博章程》《管理娼妓章程》《危险物取缔规则》《管理戏园及各游览所章程》《戏园监视规则》《违警罪目一百二十五条》《清查户口章程》《管理道路办法》《管理洋车办法》《河巡队章程》《马巡队章程》《电线队大概办法》《巡警规条》《现行保护与预行保护规则》《稽查所章程》《巡警遵守规则》《消防队救火章程》《赏罚、抚恤章程》;天津四乡海河巡警总局共颁布两部法令,计有:《违警律》和《巡警规条》。

光绪三十二年(1906),"南局"颁布《管理电车四条禁例》。

宣统元年(1909),"南局"颁布了《消防队现行规则》和《巡警禁令》,天津四乡海河巡警总局颁布了《巡警传习所章程》和《传习所讲堂规则》。

宣统二年(1910),直隶巡警道颁布《乐户规则》③。

从光绪二十八年七月(1902年8月)天津创办警察至清朝灭亡的短短十年间,天津警察机关共颁布了32部法令,内容涵盖刑事管理、治安管理、户籍管理、消防管理、交通管理、警察内部管理和警察教育七大部分,建立起了一套比较完整的警察制度。

## 天津警察制度对城市管理的作用

天津创办警察后,随着警察制度的建立与健全,对城市管理曾发挥了较

---

① 《北洋公牍类纂》卷八"警察二"。
② 《北洋公牍类纂》卷八"警察二"。
③ 转引自《天津通志·公安志》,天津人民出版社2000年,第101—102页。

大的作用。主要表现在以下几个方面。

1. 刑事管理方面

清朝末年,天津的刑事案件类型主要有盗窃、抢劫、私铸银圆、贩卖妇女儿童等。为加强对各种刑事犯罪的打击和防范,光绪二十八年七月(1902年8月),天津巡警总局成立时即设探访队(相当于今天的刑侦队),专司刑事案件的侦察、缉捕工作,由原都统衙门巡捕局探访队的近40名华籍暗探组成。随着人口的不断增加,刑事案件逐年增多,相应的警察力量也随之增加。光绪三十一年(1905),"南局"将探访队的人员增加至55名,并规定了暗探的等级。同年,颁布了《探访队探访概略》,主要内容是:凡有所闻见,必须从实禀报,不可捏词诈报,贻误大局;凡遇可疑之事,必须加意探访,并由队官讲明应探之事及探察办法。同时还规定了种种探访方法。光绪三十三年(1907),探访队升格为探访局,下辖两个探访队,人数达80名,为清末天津刑事警察之最。

宣统元年(1909),"南局"明确规定探访局的宗旨为"专司侦探缉访,凡属妨害治安、违犯警察情事,均须访拿惩办","获案送局交预审处质询"①。并规定了探访局的探访业务,包括稽查、盘诘、访缉和交涉四个方面。

为安顿被捕的罪犯,光绪二十九年(1903),"南局"在局内建立了专门拘押罪犯的拘留所,由差遣队专司看押拘留所中犯人,并于光绪三十一年颁布《拘留所办法概略》,具体规定了拘留所在滞留罪犯时应注意的问题。为保证所拘人犯如期审结,同年又在局内设立发审处(即预审处),专司所拘人犯的审讯和罪罚的裁定,并负责拘留所的管理。

探访队(局)的成立,减少了犯罪,使天津"盗风屏息,民情乂安",成效显著②。当然,探访队(局)除了打击刑事犯罪之外,另一个重要的职责就是镇压革命。自同盟会成立以来,天津逐渐成为北方革命的中心。为巩固清王朝的统治,天津探访队(局)肆意逮捕嫌疑人,据当时报载,探访队(局)"偶见可疑之人,不问平时操业若何,即指为秘密党,拘之于狱,既入狱后,又闻有用刑迫其供认者,生死不明,殊骇人听闻"③。

2. 治安管理方面

为维护社会秩序,清末天津警察将危害社会的烟毒、赌博、娼妓及可能

---

① 转引自《天津通志·公安志》,天津人民出版社2000年,第98页。
② 《袁世凯奏议》,第1057页。
③ 《大公报》1907年8月8日。

影响社会治安的公共娱乐场所、危险违禁物品等统统纳入治安管理范围。同时,为整饬风化,亦将伤风败俗之事列入治安管理范畴之中。光绪三十一年(1905),"南局"颁布《查禁开灯办法》,规定:居民、商家自行吸食者不禁;烟楼、烟馆、妓寮、饭馆之掌柜自己吸食者不禁。除此之外,凡开灯供客者一律属于查禁之列,一经查明,将严惩不贷。同年,该局又颁布了《管理赌博章程》,对以赌博为职业或聚赌抽头者均从重惩办;对因赌博闹事或携带凶器横行乡里者,亦从重惩处。是年,该局还颁布了《管理娼妓章程》《危险物取缔规则》《管理戏园及各游览所章程》《戏园监视规则》等法令,对妓女、妓院、鞭炮场、煤油场、茶楼、戏园等都制定了相应的管理办法,对整顿市面起到了一定的作用。

3. 户籍管理方面

天津警察成立后,将户籍管理列为一项主要的工作。光绪二十九年九月(1903年10月),"南局"抽调巡警20名、巡警学堂学员40名,"北局"也抽调巡警10名、巡警学堂学员20名,进行自天津警察创办以来第一次户籍调查,查明当时市区共有64693户、326552人①。光绪三十年十一月(1904年12月),天津四乡海河巡警总局成立后,也十分重视对乡村户籍的管理,要求:"每一区内所管村庄不论土著、客籍、教民或学堂,或庙宇,均须挨户编号注册,注明某户第几号,家长姓名、年岁、系何生业,有无地亩、房产,男几丁,女几口;客籍者注名年月,来自何处。区中各住户如有迁移及婚丧生死等事,本村巡警随时查报,随时更正。按季列表,每年秋后复查一次"②。光绪三十三年(1907)查明当时天津县管辖的368个村庄中,共有75478户、384263人③。

为规范户籍管理,光绪三十一年,"南局"颁布了《清查户口章程》,规定:"清查户口按局区段落由该局长、区长负责;每户门口应贴号牌并按顺序编排;各区户口每月审查一次,核对簿籍一次;各局每年年终将户口年表呈报总局。清查户口分为定时清查和随时清查。定时清查即每半年清查全部户口一次,随时清查即不定期清查全部或一部户口"④。根据章程,每区发户口

---

① 侯振彤译:《20世纪初的天津概况》,天津市地方史志编修委员会总编辑室1986年,第16页。
② 《袁世凯奏议》,第1173页。
③ 《20世纪初的天津概况》,第17页。
④ 《北洋公牍类纂》卷八"警察二"。

册1本,异动簿7本,主要记录居民中因迁移、婚娶、亡故、开补、出嫁、增丁、减口等原因造成的户籍、人口的变化情况。到宣统二年(1910),天津市内及四乡共有172611户、1104402人,天津首次成为人口超过百万的大城市。

### 4. 消防管理方面

由于天津人口稠密、商铺云集,极易发生火灾。在天津警察没有成立之前,救火主要由民间消防组织——水会来承担。但因水会人员缺乏专业训练,设备又很陈旧,往往控制不住火势的蔓延,造成很大的损失。天津专业消防队首先出现于都统衙门的巡捕局,该局成立了一支人数很少的消防队,主要负责都统衙门的安全。

天津巡警总局成立后,设有"火铺",装备了一些简单的消防工具。光绪二十九年四月(1903年5月),"南局"在"火铺"的基础上建立了"消防队",添置1架双激管水龙枪,后来又添置了一些机器水龙。与此同时"北局"也建立了消防队。宣统元年(1909)初,"南局"消防队购买了2架火力救火机。宣统二年,天津警务公所设消防总署,下辖两个消防队,共有148名官警。之后,消防总署又陆续增添了不少消防器材。到宣统三年(1911),消防总署共配备蒸汽机筒3架、腕力机筒3架、水管车3辆、自来水管5副、救助梯子1架,以及铁钩、扁嘴钩、斧子等器具共65件。并在市区设瞭望塔3处,警钟2架,分别设于城内鼓楼和河北镇海楼之上。

因消防队受过专业训练,器材也比较先进,对扑灭火灾发挥了较大的作用。宣统三年四月十四日(1911年5月12日)凌晨1时左右,北门外估衣街瑞兴隆鞋铺不慎着火。经消防队及水会的奋力扑救,在5时左右将大火扑灭。由于消防队的努力,使这次火灾的损失远远低于光绪二十八年十二月十三日(1903年1月11日)宫北大狮子胡同发生的火灾。

### 5. 交通管理方面

清朝末期,天津的许多小商小贩在马路上随意摆摊设点,妨碍交通。特别是人力车夫在马路上胡乱拐弯、超车,给行人与坐车人带来了很大的危险。为整顿交通,天津巡警总局成立后不久颁布的《巡警条规》,对上述行为分别提出了严厉的处罚措施。由于实行了严格的管理,"尽管人力车的数量非常之多,可是却比较地能够保持安定的秩序"[①],从而大大改善了交通混乱的局面。

---

① 《20世纪初的天津概况》,第99页。

为进一步加强交通管理,光绪三十一年(1905),"南局"分别颁布了《管理道路办法》《管理洋车办法》和《管理电车四条禁例》,对道路的整洁、洋车与电车的行驶都做了具体的规定。同时要求市内各条马路"每五十日尺(1日尺=0.303米)设一个街灯"①,极大地方便了行人。

清末天津警察通过颁布各种法令管理城市,取得了很好的效果,当时有人高度评价天津警察制度在城市管理中发挥的重大作用:"芳尝见天津警察,街衢洁净,灯柱密柱,巡兵往来不得错乱,巡弁、巡长查察,复有巡逻稽查,时刻逡巡,簿录功过,规矩严禁,条理分明"②,真实反映了当时天津的情况。清末天津警察制度对城市的管理虽然处于一个初期阶段,但它为进入民国以后天津警察制度的发展及其对城市的管理奠定了一定的基础,并对其他城市的管理起到了很好的借鉴作用。

(《城市史研究》2005年第23辑)

---

① 《20世纪初的天津概况》,第23页。
② "叶芳禀呈",转引自《中国近代警察史》,第143页。

# 近代"双岸城市"的形成及机制分析

王列辉

城市的发展和水息息相关,从宏观来看,世界上最早的城市大多产生于黄河流域、尼罗河流域和两河流域等大河流域,从与河流的具体关系来看,近现代世界许多大城市如汉城、曼谷、圣彼得堡、伦敦、华沙、巴黎、柏林、罗马、开罗、渥太华、纽约等都是双岸城市。前人很少界定"双岸城市"的概念,笔者认为"双岸城市"应该满足三个条件:其一是跨河性,这是从地理的角度看,城市必须是以大的江、河、湖等为发展轴,从而形成城中有江(河、湖)、两岸一城、跨江发展的格局;其二是统一性,这是从政治、经济的角度看,两岸处于同一个城市中,经济往来密切,如武汉在明成化年间就形成了汉口、武昌、汉阳三镇并立的格局,但并不是双岸城市,实际上只是一组相对独立的城市群;其三是均衡性,即两岸的发展程度不能相差太大,像在城市对江的渡口处有一小镇,如近代南京对江的浦口,芜湖对江的裕溪口等都不是双岸城市。

中国拥有众多的河流,在大的江河边,虽也有隋唐时期的洛阳、明代运河城市临清等城市跨河发展,但从近代开埠之前几千年的城市史来看,古代城市跨江发展的很少①,即大多数城市是位于江河一边的"单岸城市",而不是城中有江、两岸一城、跨江发展的"双岸城市"。美国学者章生道经长期研究还认为,由于受到河流两侧物产丰富程度、移民从北向南迁移、北岸朝南的谷坡上阳光比较充足等影响,位于河流北岸的城市数目远比南岸的多②。这一论点无疑对近代对外开埠城市并不适用,原因是中国古代城市单岸形

---

① 董鉴泓主编:《中国城市建设史》(第三版),中国建筑工业出版社2004年,第253—260页;马正林编著:《中国历史城市地理》,山东教育出版社1999年,第302—310页。

② 章生道:《城治的形态与结构研究》,载施坚雅主编:《中华帝国晚期的城市》,叶光庭等译,陈桥驿校,中华书局2000年,第94—95页。

态在开埠之后,发生了很大的变化,一大批通商口岸从单岸城市向双岸城市发展。

近年来学者对中国城市史的研究成果不断涌现,然而大都局限于研究单个城市的政治、经济、建筑等方面的发展过程,而很少关注城市的内部地理格局和形态,即使在研究城市形态时发现了城市和河流之间的关系,也没有注意到近代中国城市有一个从单岸城市向双岸城市的转变过程,更没有对双岸城市进行概念界定①。因此,笔者不揣浅陋,著成此文。

## 一、开埠之后"双岸城市"的形成

### (一)典型的"双岸城市"——天津的形成过程

天津位于海河五大支流汇流处,在历史上很早就成为重要的商业城镇。明永乐二年(1404)筑城设卫,旧城位于海河西岸,面积约1.8平方公里,是一座东西长、南北短的长方形城市。周围辟四门,城市道路呈十字形,街道中心置鼓楼,是一座典型的封建城市。

1860年《北京条约》后,天津开埠通商。英、法、美三国在海河西岸划分了租界,共6里多长。甲午战争后,法租界继续扩大,英租界也在1897年扩大。1900—1902年,俄、奥、意、比四国又在海河东岸占据租界。与此同时,英、法、日也借机扩展租界。1901年,美国又将租界让给英国,使得英租界进一步扩展。

1903年袁世凯决定开发海河以北地区,以与城区东部、南部的租界区相抗衡。之后,河北新市区发展迅速,成为直隶省和天津市的政治中心和教育中心。

这样八国的租界分布在天津城南海河东西两岸,英、法、德、日在河西,

---

① 《中国城市形态:结构、特征及其演变》是第一本研究中国城市形态的专著,但没有发现近代中国城市有一个从"单岸城市"向"双岸城市"的转变过程(武进著,江苏科学技术出版社1990年);杜昌铭、李翔宁分别探讨了跨河城市形成与发展的基本类型、空间结构模式、开放空间形态等内容,但两人都侧重于从建筑学的角度来分析城市形态,因而没有发现对外开埠与"双岸城市"之间的关系(杜昌铭:《跨河城市发展研究》,清华大学硕士学位论文,1997年;李翔宁:《跨水域城市空间形态初探》,《时代建筑》1999年第3期);董鉴泓讨论了我国城市与河流的关系,但未提出"双岸城市"的概念以及历史变迁趋势(《中国城市建设史》第三版,中国建筑工业出版社2004年)。

奥、意、俄、比在河东,新市区在海河以北地区,于是形成了典型的双岸城市(图1)。

**图1　天津城市演变过程示意图**

资料来源:武进,《中国城市形态:结构、特征及其演变》(江苏科学技术出版社,1991年)。

(二)上海

上海在宋代成镇、元代设县、明代筑城,开埠之前只是一个三等小城。县城位于黄浦江西侧、苏州河南岸。1845年英国领事巴富尔(George Balfour)与上海道台宫慕久订立《上海土地章程》,选址在老城北侧,南到洋泾浜(今延安东路),东到黄浦江,北到李家庄(今北京东路),西到界路(今河南路)为英人居留地。1848年美国圣公会主教文惠廉(W. J. Boone)在苏州河以北的虹口地带设立教堂,并把那一带划作美租界。接着,经过1848年的扩界和1863年的划界,英、美租界就拥有了今西藏路以东的苏州河两岸。此后英美租界合并为公共租界,并不断拓展,上海城市形态呈现沿苏州河由东向西延伸,形成以苏州河为轴的双岸城市(图2)。

有学者认为直到20世纪90年代初浦东开发之前,上海一直是个单岸城市,若以黄浦江为发展轴,这种观点是有一定道理的。虽然在浦东很早就兴起了修船厂、货栈等,据1943年的调查,浦东的码头仓库约占全市的70%以上。1947年的统计,上海共有码头125座,浦东占57座;仓库容量浦东为全市的2/3。但是浦西发展确实比浦东快很多,在新中国成立前夕浦西工厂约占全市工厂数的95%以上,居民占全市人口的92%以上[①]。因此开埠之后,上海形成了以苏州河为轴的双岸城市,而随着20世纪90年代浦东开发开放的推进,上海逐渐形成以黄浦江为发展轴的规模更大的"双岸城市"。

---

① 董鉴泓主编:《中国城市建设史》(第三版),中国建筑工业出版社2004年,第273页。

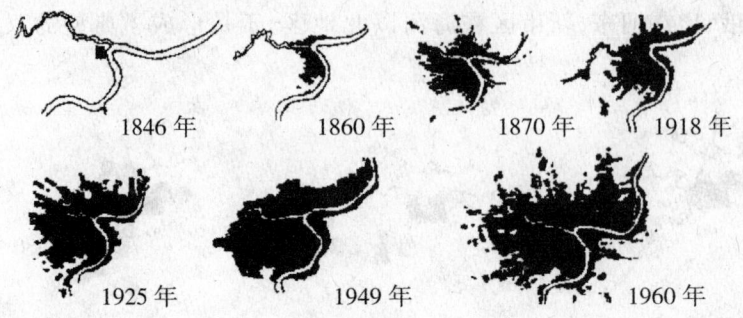

图2 上海城市演变过程示意图

(三)福州

鸦片战争之后,福州被开辟为五个通商口岸之一,闽江两岸的台江南部和仓山一带逐渐发展起来。台江南部一带成为新港区和繁华商业区,在仓山,列强建立了领事馆、海关、洋行、银行、别墅、教堂和学校。于是福州市区分为三块,北面一块是鼓楼古城区,南面是闽江两岸的南台和仓山。在鼓楼老城区与南台之间是大片未开发的空地,两条南北向延伸的市区交通道路穿越空地连接两块城区,构成了哑铃状的空间结构(图3)①。

图3 福州城市演变过程示意图

(四)宁波

宁波的古城区,北为余姚江、东为奉化江,北斗河、浩河自西向南环绕,形成卵叶形的"洲"状。自唐于今鼓楼北侧一带筑子城以来,城市即以此为中心向周围偏东南方向发展。因受地理位置、自然条件限制,城市发展仅局限于卵叶状的"洲"内。唐末环筑罗城,使古城区的范围更加明确②。

---

① 胡序威等主编:《闽东南地区经济和人口空间集聚与扩散研究》,香港中文大学香港亚太研究所1997年,第71页。
② 郑声轩、干戈:《近代宁波的城市发展与建筑概况》,《宁波师院学报》(社会科学版)1991年第3期。

宁波开埠之后，这种城市格局发生了很大的变化。根据《南京条约》，余姚江北岸辟为外人的居留地，英、法、美等国都有领事馆驻于此。在太平天国革命、庚子八国联军侵入北京时期，富室巨商纷纷迁入江北岸，作为避难之所，于是原先荒凉的江北繁荣起来。20世纪30年代，拆毁城垣、城门，依城址筑环城马路，在今灵桥、新江桥、解放桥址地架设固定桥、浮桥、轮渡线，城市向奉化江东岸（今江东区）、姚江北侧（今江北区）发展。于是形成了双岸城市（图4）。

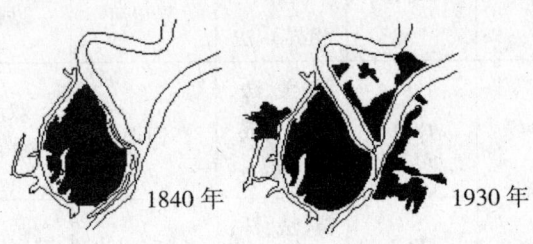

**图4 宁波城市演变过程示意图**

以上是四个比较典型的开埠城市从单岸城市向双岸城市转变的过程。据下表，如果排除没有江河的四个城市青岛、汕头、烟台、蒙自，在1936年进出口贸易量排名前十三位的城市中，有九个城市开始形成双岸城市。南京没有形成双岸城市，一方面是因为开埠太晚，城市拓展缺少强大的动力，另一方面是长江过于宽广，从而成为城市向对岸发展的门槛。但是1908年和1911年随着宁沪铁路和津浦铁路开通，南京的下关和对岸的浦口开始繁荣起来，也出现了双岸城市的萌芽①。

九江、长沙和梧州在开埠之后未形成"双岸城市"也和当地的地理环境有很大的关系。九江所临的长江过于宽阔，而湖口是个战略要地，当初英国参赞巴夏礼就曾提出在湖口辟商埠、设租界的要求，但是因风浪太大，不适宜泊船互市，巴夏礼乃在九江府城西门外确定了租界的范围②。如不是自然原因，九江也将成为横跨鄱阳湖的双岸城市。长沙和梧州的对岸分别是岳

---

① 曹洪涛、刘金声:《中国近现代城市的发展》，中国城市出版社1998年，第67—69页。

② 费成康:《中国租界史》，上海社会科学院出版社1991年；许新民、康春华:《九江：一个晚清城市的开放与纷争》，载刘海岩、刘洪奎主编:《城市史研究》第22辑，天津社会科学院出版社2004年，第155—163页。

麓山和碟山,陆域较小,不适合开发。综上所述,开埠之后较大的临河城市都有一种从单岸城市向双岸城市转变的趋势。

表1 1936年中国进出口贸易值前十七位的城市情况

| 港口城市 | 所占比例(%) | 开埠时间 | 有无租界 | 城市所临江河 | 城市形态 | 模式 |
|---|---|---|---|---|---|---|
| 上海 | 45.00 | 1843 | 英、美(公共租界)、法 | 黄浦江、苏州河 | 双岸城市 | 跨越发展型 |
| 天津 | 9.04 | 1861 | 英、美、法、日、德、俄、意、奥、比 | 海河 | 双岸城市 | 跨越发展型 |
| 汉口 | 8.76 | 1862 | 英、法、日、德、俄 | 长江、汉水 | 双岸城市 | 独立发展型 |
| 青岛 | 5.84 | 1898 | 德租借地 | — | — | |
| 广州 | 5.40 | 1843 | 英、法 | 珠江 | 双岸城市 | 跨越发展型 |
| 汕头 | 3.62 | 1860 | | | | |
| 重庆 | 2.26 | 1891 | 日 | 长江、嘉陵江 | 双岸城市 | 中心外向型 |
| 九江 | 1.51 | 1862 | 英 | 长江 | 单岸城市 | |
| 长沙 | 1.48 | 1904 | | 湘水 | 单岸城市 | |
| 烟台 | 1.35 | 1862 | — | | | |
| 蒙自 | 1.32 | 1889 | — | | | |
| 福州 | 1.27 | 1844(1899,未划定) | 日 | 闽江 | 双岸城市 | 跨越发展型 |
| 芜湖 | 1.09 | 1877 | | 长河(青弋江) | 双岸城市 | 跨越发展型 |
| 梧州 | 1.07 | 1897 | | 西江、桂江 | 单岸城市 | |
| 南京 | 1.02 | 1899 | | 长江 | 单岸城市 | |
| 厦门 | 1.00 | 1843(1899,未划定) | 日、公共租界 | 鹭江 | 双岸城市 | 主从分异型 |

续表

| 港口城市 | 所占比例(%) | 开埠时间 | 有无租界 | 城市所临江河 | 城市形态 | 模式 |
|---|---|---|---|---|---|---|
| 宁波 | 0.86 | 1844 | | 余姚江、奉化江、甬江 | 双岸城市 | 跨越发展型 |

资料来源：中国第二历史档案馆、中国海关总署办公厅：《中国旧海关史料(1859—1948)》，京华出版社 2001 年，第 120 册第 44—55 页；编辑委员会编：《列强在中国的租界》，中国文史出版社 1992 年，附表二；人民出版社地图室编：《近代中国百年国耻地图》，人民出版社 1997 年。

## 二、开埠之后"双岸城市"的特点

（一）城市形态由封闭趋于开放

中国城市营造源自宗周的营国制度，统治阶级的宫城、官府衙门是城市的中心，城市没有开放的广场系统，而代之以用墙围起来的大小不一的院落。城墙一般为较规则的方形或圆形，体现了防御性和内向性。凯文·林奇在《城市形态》中把中国古代城市称为水晶城市，也就是城市"按照自己有节奏的、有次序的、全然不变的循环方式"发生变化①。位于江河边上的城市很少有跨江河发展的，大多形成单岸城市。开埠通商打破了传统城市的封闭式结构，城市开始突破用于防御的城墙，向江河对岸发展，并沿着河岸呈带状分布，体现了强烈的海洋倾向。在上海，"白种人的房屋都造在黄浦的岸边，不过都在沿边留出十余丈的空地以便苦力可以起卸船上的货物，并容民船上拉纤的人通过"②。

（二）两岸城市的联系不断加强

河流是单岸城市向双岸城市发展的门槛，河流越宽、流量越大，形成双岸城市的难度就越大③。据下表，在开埠之后形成的双岸城市所跨的河流宽

---

① [美]凯文·林奇著，林庆怡等译：《城市形态》，华夏出版社 2001 年，第 53—59 页。
② [美]霍塞著，越裔译：《出卖上海滩》，上海书店出版社 2000 年，第 4 页。
③ 杜昌铭：《跨河城市发展研究》，清华大学硕士学位论文，1997 年。

度一般在500米以下,而像南京,因为长江过于宽广而只是处于萌芽状态。

另一方面,随着技术的进步,在双岸城市中,一批钢结构的桥梁开始出现,早在1856年上海苏州河上第一座桥维尔斯桥建成,到1918年有10座桥梁沟通苏州河两岸,至1949年,苏州河上自东向西的桥梁为18座[①]。天津第一座铁桥是1887年李鸿章兴建的大红桥,1910年前天津已建成6座钢铁桥梁[②]。即使像重庆、汉口等城市还未建造桥梁,轮渡业也很兴旺。如据1933年的调查统计,重庆有木渡码头40个,大小渡船1018只,从业人员1万余人。为解决沿江码头高差过大的问题,1945年山城重庆在客流量较大的望龙门码头建成客运缆车,运行初期,日实际运量为5000至7000人次[③]。又如1910年代武汉三镇有大王家巷—汉阳门、英租界—汉阳门等轮渡航线9条[④]。桥梁的兴建和轮渡的增加便利了两岸往来,促进了"双岸城市"的形成和发展。

表2 民国时期各城市的桥梁数

| 城市 | 江河 | 河宽(米) | 桥梁(座) |
| --- | --- | --- | --- |
| 上海 | 苏州河 | 50 | 10 |
| 天津 | 海河 | 100 | 6 |
| 汉口 | 长江、汉水 | 1000 | |
| 广州 | 珠江 | 180 | 1 |
| 重庆 | 嘉陵江 | 80 | |
| 福州 | 闽江 | 450 | 1 |
| 芜湖 | 青弋江 | 100 | 2 |
| 厦门 | 鹭江 | 500 | |
| 宁波 | 余姚江、奉化江、甬江 | 210、65、220 | 2 |

资料来源:根据各地民国时期方志整理。

---

[①] 郑祖安:《海上剪影》,上海辞书出版社2001年,第3页。
[②] 于邦彦:《天津桥梁建设的今昔》,《天津文史资料选辑》第21辑,1982年,第1—21页。
[③] 隗瀛涛:《近代重庆城市史》,四川大学出版社1991年,第499—501页。
[④] 皮明庥:《近代武汉城市史》,中国社会科学出版社1993年,第432页。

(三)从全国的地域分布看,主要集中在沿海、沿江的重要的开埠城市

外国势力首先是在沿海、沿江的几个大城市登陆的,并将中国经济纳入全球经济中,使得交通,尤其是对外交通干线在城市发展中居于重要的地位。在这种情况下,开埠城市飞速发展,城市功能不断扩大,原来的以行政机构为中心的城市模式已经不能满足社会经济发展的需要,于是原来的单岸城市向对岸发展,形成双岸城市。因此这种突破首先是在较早开埠同时贸易额又较大的城市中出现。

(四)城市的经济中心开始转移

随着双岸城市的发展,政治中心和经济中心开始分离,经济中心转移到新兴的地区。如上海经济中心从旧城区转移到公共租界和法租界,当时有词云:"南北分开两市忙,南为华界北洋场,有城不若无城富,第一繁华让北方。"[①]20世纪以前,天津的中心商业区在旧城以北的几条街区,如针市街、侯家后、河北大街。1901年拆除城墙后,中心商业区向南迁移,形成以旧城东北角为中心,沿北马路、东马路及其以北的大胡同三条街延伸的商业中心。1922年以后,中心商业区再向南移至靠近日租界的南市一带。1928年以后则最后南移到法租界梨栈、天增里一带[②]。开埠前,汉口的城市中心位于汉正街、黄陂街并与内聚性的商贸格局相适应,开埠后,沿江的六渡桥、江汉路逐渐取代了汉正街、黄陂街,成为汉口市区中心[③]。随着闽江下游商品经济的发展,福州除老城区仍为政治中心外,台江一带成为商业中心,仓山成为文化、涉外政治经济中心。由于外国人居留地的设置,原来宁波甬江南岸的江厦码头逐渐被江外岸的外滩码头所取代,成为只停泊渔船、帆船的小码头,而北岸的外滩码头则成为停泊大型商船和兵舰的地方[④]。有学者提出了中国近代城市空间结构的基本模式(图5),其中就反映了新的经济中心的转移。

---

① 施宣圆主编:《上海700年》(修订本),上海人民出版社2000年,第162—165页。
② 罗澍伟主编:《近代天津城市史》,中国社会科学出版社1993年,第577—578页。
③ 何小林、董卫:《汉口原租界区城市空间演进解读》,《规划师》2004年第5期。
④ 李加林:《河口港城市形态演变的分析研究——兼论宁波城市形态的历史演变及发展》,《人文地理》1998年第6期。

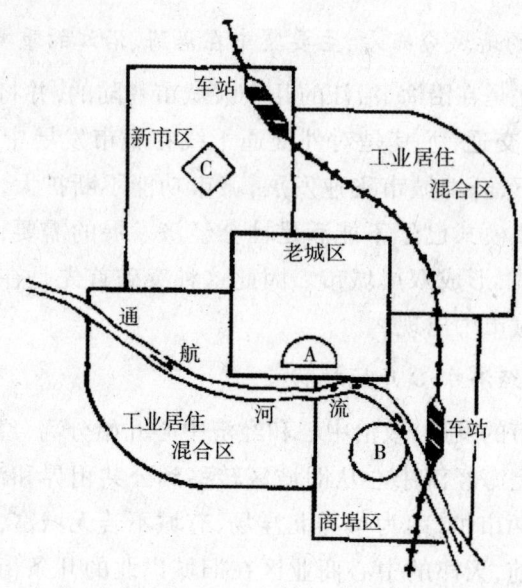

A．传统商业中心　B．西式新中心　C．新市区行政商业中心

**图 5　中国近代城市空间结构的基本模式**

资料来源：庄林德、张京祥编著：《中国城市发展与建设史》，东南大学出版社2002年。

（五）双岸城市的形成有一个从自发到自觉的过程

开埠之初，双岸城市的形成还处于自发状态。外国殖民者常以"越界筑路"的方式拓展在中国的租界，同时一个城市会有几个不同国家的租界（见表1），它们往往各自为政，缺少统一合理的规划。由于缺少规划，双岸城市的港口在市区之内，从而导致港区狭窄零散，疏运困难，港口与城市互相干扰，影响市区的发展。20世纪初特别是民国之后，各城市开始有意识地发展江河对岸的地区。如1897年天津成立了海河工程局，自1902年开始全面整治海河。在1902年至1923年二十多年时间里采用"吹泥填地"的方法，把从海河挖出的大量泥沙填到海河沿岸的英德租界。据统计，吹填英租界达520万立方米，平均垫高1.40米；吹填德租界为181万立方米，垫高约2.60米①。大面积低洼沼地的填平为海河沿岸城市的进一步发展创造了条件。上海租界的工部局于1924年成立交通委员会，提出了《上海地区发展规划》，将杨树浦黄浦江北岸、苏州河两岸（在今闸北、普陀两区范围）及高昌庙

---

① 杨秉德主编：《中国近代城市与建筑》，中国建筑工业出版社1993年，第102页。

（江南造船厂）、陆家嘴作为工业地带，黄浦江两岸作为码头和仓库区。又如1929年广州城市建设委员会进行规划，建造横跨珠江的海珠桥，促进了珠江南岸的发展。

（六）城市呈带状发展，但纵深开发不够

以江河航运为主要对外联系和经济依托的双岸城市，为了更好地利用水运条件，往往沿河道带状扩展，工业、仓库等沿河布局。如旧时的汉口镇，是沿着汉水发展的市镇。开埠之后，为了充分利用长江的航运优势，汉口开始转向沿江发展，并呈带状布局。然而由于城市发展的动力主要来自岸线而不是来自内陆腹地，因此城市缺少一些放射状的发展因素，纵深开发不够，紧凑度低。有学者归纳城市外部形态演变的主要趋势是由城市形成—沿轴纵向扩展—稳定—内向填充—再次沿轴纵向扩展—向更为复杂的形态发展①。如果按照这种演变趋势，那么近代"双岸城市"的出现还只是城市外部形态演变的第二步。

（七）扩展模式以跨越发展型为主

按城市生成、演进的不同过程，可以把双岸城市分为五种模式：中心外向型、协同发展型、独立组合型、跨越发展型和主从分异型②。中心外向型是指城市最初起源于水域中心的岛屿上，然后以岛屿上的老城区为中心向四周放射发展，比较典型的是巴黎和纽约。协调发展型是城市产生的早期即成为跨越水域相连的整体，在长期的城市生长和形态演进中，城市始终保持跨越式的双岸布局，典型的有中国隋唐的洛阳以及伦敦等。独立组合型城市，在水域两岸或多岸同时发展，各部分之间缺乏紧密的联系，各自具有一定的相对独立性，然后通过几个独立发展的部分组合成一个城市主体，这种模式比较典型的有"一城三镇"的武汉。跨越发展型指水域城市先在水域的某一岸发展，由于城市规模的扩大和城市用地条件的相对短缺，造成城市跨越水域至对岸发展，典型的如上海等。主从分异型指城市以一片广大陆域为主，在水域内散布一个或多个岛屿，从属于整个城市，代表城市有香港等。按照这种分类，在开埠之后，双岸城市的扩展模式主要是跨越发展型，上海、天津、福州、广州、宁波、芜湖等城市都是这种类型，武汉是独立发展型，厦门

---

① 武进：《中国城市形态：结构、特征及其演变》，江苏科学技术出版社1990年，第210—212页。

② 李翔宁：《跨水域城市空间形态初探》，《时代建筑》1999年第3期。

是主从分异型的,重庆是中心外向型。

中心外向型　　协同发展型　　独立组合型　　跨越发展型　　主从分异型

**图6　跨水域城市形态生成演进模式**
资料来源:李翔宁:《跨水域城市空间形态初探》,《时代建筑》1999年第3期。

## 三、开埠之后"双岸城市"形成的机制

### (一)政策需要是前提

美国著名的城市理论家、社会哲学家刘易斯·芒福德(Lewis Mumford)认为资本主义要开辟一个自由天地,对现有城市结构往往采取两种手法,一是到郊区去,避开市政当局的一切束缚,要不然就彻底破坏老的城市结构,或使城市密度增加到远比当初设计的为高①。资本主义势力在来到中国之后采取的是前一种方式。据表1,我们可以发现租界的出现和拓展与"双岸城市"的形成有很大的相关性。在《南京条约》和《虎门条约》议定过程中,英方要求英国商民享有在各通商口岸的任何地方居留贸易的特权,清廷虽不得不允许外商携眷至通商五口居留贸易,却力求对其活动范围有所限制,希望按旧时在广州设十三行商馆的思路,将外人活动限定在通商五口的特定地区,华洋分居,利于控制。1843年10月8日签订的《五口通商附粘善后条款》(《虎门条约》)约定:"广州等五港口英商,或常川居住,或不时来往,均不可妥到乡间,任意游行,更不可远入内地贸易,中华地方官应与英国管事各就地方民情地势,议定界址,不可逾越,以期永久彼此相安。"②而此时也有不少英人认为,有一个外人集中居留的地方较之分散居住更为有利,因而

---

① [美]刘易斯·芒福德著,倪文彦、宋俊岭译:《城市发展史——起源、演变和前景》,中国建筑工业出版1989年,第308页。
② 王铁崖:《中外旧约章汇编》第1册,生活·读书·新知三联书店1957年,第35页。

并不反对清廷的要求①。因此在通商开埠之后,外国势力往往会选择人口比较少、经济还比较落后但区位条件同样优越的江河对岸发展。在上海选择苏州河两岸的烂泥荒滩,在天津选择海河两岸的低洼地区,在宁波选择余姚江北岸的荒郊野林,显然都有这方面的考虑。

(二)观念转变是基础

中国古代城市的规划和建设深受周代营国制度的影响,其规划概念"筑城以卫君"不仅明确了城的设防要求,而且也决定了城的等级、规模,以君为本位的规划结构,以及体现爵位尊卑的礼制营建标准②。在城市经济发展、人口集聚的情况下,城市的扩展一般都采用扩大城址、在城门外加建外郭等方式,上海、福州、广州、天津等城市的扩展莫不如此,很少有城市会脱离故城而另建新城。开埠之后,城市规划观念随之转变,促进对外贸易成为外国势力选择租界或通商场的出发点。于是那些靠近岸线、具有码头泊位条件的江河对岸迅速发展起来。上海的英、美、法等租界,在清政府看来,只是上海城外的荒野之地,"一片泥滩,三数茅屋",远没有上海旧城重要。然而在外国人看来,靠近黄浦江对转运货物极其重要,"璞鼎查的选择主要是基于战略上的原因,他所选择的地点,东面有宜于航行的宽阔河流,其余三面有可供防御的河浜"③。天津的英法美租界在当时还是"一带菜地",然而前临海河、背靠由京师通往海口的大道(海大道),具有非常优越的水运条件。

(三)技术进步是关键

科学技术作为手段和基础直接作用于城市的建构中,特别是交通的发展对城市的形态起着决定性作用。交通方式的每一次进步都将推动城市空间的拓展和城市形态的改变。开埠之后,轮船的引进、轮渡的使用、桥梁的兴建乃至缆车的投入都极大地提高了城市的可达性,"天堑变通途",使江河对岸的发展成为可能。

---

① 杨秉德:《中国近代中西建筑文化交融史》,湖北教育出版社2003年,第19页。
② 贺业钜:《中国古代城市规划史》,中国建筑工业出版社1996年,第544—546页。
③ H.Lang:Shanghai,Considered Socially,转引自唐振常主编:《上海史》,上海人民出版社1989年,第145页。

### (四)经济发展是动力

在西欧,到17世纪时,资本主义已改变了整个力量的平衡,从那以后,城市扩展的动力主要来自商人、财政金融家和他们所需要的地主们。只有到19世纪时,城市扩张的力量,由于机器的发明和大规模的工业生产,才大大增强①。在中国,这一进程比西欧迟了约两个世纪。19世纪末,近代工业首先在开埠城市中出现,传统的以行政为主的城市开始向近代以商业为主的城市转型,出现了近代工业、商业和金融业,对外贸易也有所发展,人口开始大量向城市集聚。城市功能的转变促进了城市构成模式的巨大变化,反映在城市形态上是生产、销售和居住功能在空间上相互分离,集中布置的工业区、零售批发区和作为城市经济活动中心枢纽的中央商务区(CBD)开始涌现。另一方面,随着城市经济的发展,农村人口开始大量向城市集聚,城市发展与用地矛盾突出,而江河对岸的土地由于尚未开发地价相对便宜,加之交通条件的改善,这些地方自然成为城市拓展的方向。原有的立足于防御性的、自成一体的城市格局已经不能适应经济发展的需要,"单岸城市"开始解体,"双岸城市"破茧而出。

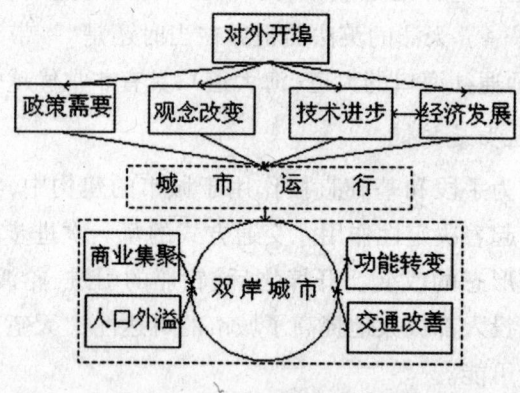

图7 双岸城市形成模型

---

① [美]刘易斯·芒福德著,倪文彦、宋俊岭译:《城市发展史——起源、演变和前景》,中国建筑工业出版社1989年,第306页。

## 四、小结

城市形态的演变,是城市内部发展压力作用于外部所产生的被动型扩展力和外部自发型吸引力共同作用的产物①。然而开埠之前,城市的发展动力主要来自内部,因此城市的拓展都呈同心圈层式发展,经济发展—商业集聚—人口外溢—城址扩大—加建外郭成为城市拓展的一般规律。对外开埠使城市的发展获得外在的动力,传统的以行政为主的城市开始向近代以商业为主的城市转型,当时的交通运输仍以水运为主,为了更好地利用水运功能,城市开始向岸线资源还未开发的江河对岸拓展,而人们观念的转变和交通方式的进步使这种拓展成为可能。

如果说宋代坊里制度的瓦解,仍然是处于"开"而不"放"的阶段的话②,那么随着对外开埠,中国古城发展进入了一个新的历史时期,"双岸城市"的形成和发展标志着城市真正由封闭走向开放。此前学界大多认为民国时期拆城墙筑马路是城市由封闭转向开放的标志,笔者认为这种观点值得商榷。开埠之后,临河商埠从"单岸城市"向"双岸城市"的转变已经使城市走向开放,此后的拆城墙筑马路只是这种趋势的延续而已。

(《城市史研究》2006 年第 24 辑)

---

① 武进:《中国城市形态:结构、特征及其演变》,江苏科学技术出版社 1990 年,第 30 页。
② 庄林德、张京祥:《中国城市发展与建设史》,东南大学出版社 2002 年,第 169 页。

# 略论天津开埠前的地域型政区

王培利　王金迪

地域型政区是一种传统的以"城乡合治"为本质特征的政区类型。长期以来,中国主要是自给自足的小农经济,历代统治者都实行"重农轻商"的政策,而作为工商业云集的城市自然也受到抑制,从区划的角度控制城市的有效办法就是实行"城乡合治"地域型政区。因此,中国封建社会时期的城镇,无论工商业如何发达,人口如何集中,地位如何重要,只是各层级行政区域体系中的各个点,被完全纳入到地域型政区的网络之中。有关城镇内工商业,由地域型行政区域的行政机关代行管理①。早期,传统的地域型政区基本特征表现为生产力发展水平低,大多为自给自足的自然经济,地域型政区中当然也有城镇,有时是很大的城镇,但城镇在行政区中的地位不突出,政治上没有独立性。也就是说,在人类社会发展早期,虽然已有纯粹从经济与地理意义上的"城乡"之分,但从作为国家的一种制度——行政区划来看,并没有将城乡实行分治,而是采取"城乡合治"的方式设置地域行政区,这些城市虽然也设立了一些专门的管理机构,但并不具备独立政区的基本要素和本质特征,即使城市发展很兴旺,但也都是地域型区划的"附属物"。

地域型政区内人口的非农化和集聚程度都很低,生产力呈面状分布特征,商品经济很不发达,区域经济呈稳态结构特征②。

天津地域型政区脱胎于军事型政区——天津卫,地域型政区的确立是天津政区发展的必然过程,有着积极的历史意义,天津摆脱的军事型政区的窠臼,使天津具备了和国内其他城市一样的发展空间、条件,是天津城市发展的进步。

---

① 靳润成:《从城镇分割到城市自治》,《天津师范大学学报》1998 年第 4 期。
② 刘君德、靳润成、周克瑜:《中国政区地理》,科学出版社 1999 年,第 5 页。

## 一、地域型政区的确立与发展

1. 天津地域型政区的确立

明代中叶以后,随着天津城市的成长,旧有的军事型的管理系统因不够健全因而出现了危机,必须向地域型的区划转变。明朝弘治朝之前设置的衙署以武职居多,但弘治之后,尤其是万历以后,文职衙署的设置逐渐增多,并逐渐等同甚至超过武职衙署(详情见下表)。通过文武衙署设置的变化,我们可以从一个侧面看出天津逐渐由军事型政区向地域型政区转化的趋势。

| 武职衙署 | 设置时间 | 文职衙署 | 设置时间 |
| --- | --- | --- | --- |
| 天津卫衙门 | 永乐三年 | 天津兵备道 | 弘治三年 |
| 天津左卫衙门 | 永乐三年 | 户部分司衙门 | 宣德十年 |
| 天津右卫衙门 | 永乐四年 | 马厅通判 | 嘉靖四十三年 |
| 卫属镇抚司 | 永乐三年 | 都察院 | 万历十八年 |
| 神机库 | 设立时间不详 | 屯田官署 | 年代不详 |
| 清军厅衙署 | 万历三十二年 | 督饷部院衙门 | 万历四十六年 |
| 城守营 | 崇祯十三年 | 巡抚衙门 | 万历二十五年 |

资料来源:天津市地方志编修委员会编著:《天津通志·旧志点校卷》,南开大学出版社2001年。

具体说来,天津由军事型政区转变为地域型政区大致经历了以下几个阶段:单纯军事型政区(永乐至成化)—军事型政区为主,地域型政区萌芽(弘治至万历中期,以设置天津道整饬副使为标志)—地域型政区进一步发展(万历中期至清雍正三年,以天津巡抚设置为标志)—地域型政区正式确立(清雍正三年,以设置天津州为标志)。这是天津地域型政区从出现到发展再到确立的大致的过程。下面分别叙述之。

第一,天津道整饬副使是天津地域型政区的肇始。由于三卫同处一城,官长不相统属,以致争权夺势,安逸骄恣,"奸盗窃发,百务废弛"①。这样一个"密迩神京"的漕运和商业枢纽出现了失控现象,不能不引起当政者的关

---

① 康熙《天津卫志》卷二《官职》。

注。于是在弘治三年(1490)根据刑部左侍郎白昂的建议,添设职权凌驾于三卫之上的天津道整饬副使一员,寄衔山东①,负责"整饬操练军马,修浚城池,禁革奸弊,兼理词讼,兼管运河事"②,从此,天津城管理权归一,军民分治,三卫大权旁落。从以上的记述中我们可以看出,天津道整饬副使的性质是一个地方政府性质机构,因此,它的设置是天津城由军事管理体制向行政管理体制过渡的开始,也是天津由军事型政区向地域型政区转变的开始③。

第二,天津巡抚的设置是地域型政区的进一步发展。首先看一下明朝的督抚制度。明朝初建时,其行政制度仍如前朝,由省的行政长官总揽地方军、政、司法、财政大权。这与明朝皇权过于集中与地方政权相对分散的政治制度的特点是不一致的。因此洪武九年(1376),朱元璋废除行省制度,行省内原有的权力一分为三:都指挥使司、承宣布政使司、按察使司"分隶兵、刑、钱谷"④。至此,中央与地方的矛盾虽然得到解决,但新的问题随之出现,即三司鼎立,互不统属,不利于应付地方上的突发事件。明宣德以降,民族矛盾和阶级矛盾不断尖锐化,地方上突发事件愈演愈烈,因此中央派遣官员协调地方三司,统一事权就势在必行了。办法就是由中央派遣一二品大员职衔的"总督""巡抚",集军务、察吏、治民大权于一身,成为最高的封疆大吏。同时,督抚辖区也逐步取代布政使司等正式政区而成为实际上的地方一级行政区。但是应当指出的,明朝的督抚始终是"差"而不是正式地方官,其辖区也始终未能成为正式政区。它处于由非正式辖区向正式辖区过渡阶段。

天津巡抚始置于万历二十五年(1597),当时日本军队侵朝,明又派军队援朝。在这种背景下设置天津巡抚主要是防备日本军队"北犯中国"。

天津巡抚的职权和辖区经历了由专饬海防,无陆上辖区;到统管地方大权,有陆上辖区;再到辖区内缩,仅辖河间一府的演变过程。应当说,天津巡抚的设置不但在天津政区沿革史上占有重要的地位,而且对天津城市的发展起过重要的作用。

首先,天津巡抚设置以后,巡抚总揽辖区内的治民、军事、察吏、财政、司

---

① 康熙《天津卫志》卷四《艺文》。
② 康熙《天津卫志》卷二《官职》。
③ 罗澍伟主编:《天津近代城市史》,中国社会科学出版社1993年,第55页。
④ 转引自韦庆远主编:《中国政治制度史》,中国人民大学出版社1989年,第385页。

法大权,而且还特别负有拱卫京师的重任。

其次,前文讲到,明朝的巡抚辖区是实际上的地方第一级政区。在天津设置巡抚以前,天津仅为军事据点,其地属河间府管辖。尽管天津占地利之便,早已成为运河交通的枢纽,军事、经济地位日见其隆,但在行政区划上却没有得到相应的提高,与其地位不相符。设巡抚后,天津一跃而成为实际上的地方高级政区的中心,虽然天津巡抚设置前后不过二十几年,但对以后天津设置天津州、天津直隶州、天津府影响巨大。

第三,天津州的设置是地域型政区在天津的正式确立。随着天津社会政治、经济、文化等的发展,旧的军事型政区和管理已经不能适应天津的发展了。例如,天津卫城在行政上处于分割管理的状态,西门、南门属于静海县,而北门、东门属于武清县,在地方行政管理上诸多掣肘。为适应这种发展变化,地域型政区势在必行,正是在这样的背景下,政府设置了天津州。

随着天津城市政治、经济地位不断提高,加之天津卫城"界于两县之间","虽有卫备之官,而无屯田之军,纳粮当差,与民一体"。天津所管屯庄,俱在各州县,远有三四百里不等,津城附近反无统属,西门、南门以外即为静海县地方,北门、东门以外仅隔一河,又系武清县地方——"一有缓急,虽咫尺之民,呼应不灵"①。于是,雍正三年(1725),清政府决定将天津卫改为天津州,隶属于河间府,辖武清、静海、青县三县,管辖范围扩大。天津州的设立具有很大的行政意义。天津有明一代是一个军事城堡,而且是由天津三卫并置一城。卫是军事单位,州是行政区划。因此,天津州的设置,是天津城市性质开始转变的一个标志,即其建制由原来的军事城堡变为地方行政管理机构。

之所以说天津州是地域型政区在天津的确立,主要因为,清代的"州"本身就是一个地域型政区中的一级行政建制。

2.天津地域型区划的进一步发展

天津州虽为地域型政区,但最初所管辖的范围仍然分散在其他州县里。州城的西门外和南门外属于静海县境,而州城的北门外和东门外,除南运河南岸和海河西南的一隅之地属天津州外,两岸的对岸属武清县境。即是说,天津虽由卫改州,最初只是行政建制的调整,而州的辖区则没有同时确定。由军事区划改为行政区划,在管理上仍然是错落纷乱的,为此,同年九月,清

---

① 同治《续天津县志》卷十六《艺文》。

政府升直隶河间府所属天津州为直隶州,兼管武清、静海、青县三县。同年十月,又升天津州为直隶州,辖武清,青县,静海三县,直隶州的行政层序与府同,惟无附郭县。建制如此变化的好处是"经界整齐,设施便利,既无鞭长不及之虞,亦无临封掣肘之患"①。天津州设立的官职,仅设知州一人,吏目一人,后又设州同一人,改天津道为河道,改三卫管河的千总为三所管河的千总。清初社会经济的全面恢复,带来了天津城市的迅速成长。由于当时制度草创,诸多事宜一时难于落实,直至雍正八年(1730)才做了新的调整和贯彻,正式将武清县所属的143个村庄,静海县和沧州地区的113个村庄划归直隶州管辖。

雍正九年(1731)设天津府,附廓置天津县。天津府管辖天津、静海等六县一州,府界东至渤海,西至顺天府霸州,南界山东武定乐陵县,北界顺天府的宝坻县,东北、西北界顺天府的宁海县、东安县,西南界河间府的东光县。设立天津县之初,其政区四界为:东100里至海,西35里到静海县,东北75里至顺天府宝坻县,西北50里与顺天府武清县为界。全县东西宽90里,南北长75里②。清廷将天津州升为天津府,附廓置天津,并将原辖之青县,静海,以及沧州、南皮、盐山、庆云等一州六县归天津管辖。天津一城既为府治又为县治,因此设知府、知县分管府、县辖境内的行政、司法、治安。地方教育则分设府学、县学,由教谕、训导主其事。又设天津理事同知十四员,天津占其一。由于天津为畿辅首邑,又有漕运、海口和盐业等,清廷还设立了许多专门性的机构。如将河道总督从济宁移到天津,巡理河间、天津2府18县的河务和漕粮。长芦盐运使和长芦巡盐御史移到天津,督察、审理和巡视一切盐务事项。钞关衙署也于1682年从河西务移到天津,更名天津钞关,负责收取关税。另外,天津总兵统辖顺天、永平、河间、天津四府所属的军务,总署设在天津,下辖镇标营、城守营和水师营等。

由于当时没有以城市为行政单位的行政建制,当然也就没有城市空间的概念。但是,随天津政治、经济地位的提高,人口的聚集,使人们在观念中对天津城区的理解并不仅仅限于城内,也延伸到了城外的四乡。如1850年前后根据清廷的要求,地方政府进行了户籍和人口的调查,编成《津门保甲图说》,该书中包括了天津城、城厢和四乡,北连真武阁,东北连毛贾伙巷,东

---

① 同治《续天津县志》卷十六《艺文》。
② 光绪《重修天津府志》卷十九。

界磨盘街东浮桥,东南到连闸口,南到海光寺,西南到南掩骨会,西连三官庙,西北界连板桥市。1860年僧格林沁在天津城外修筑了土造的围墙,围墙东至沈家庄,东北至锦衣卫桥,北至窑洼河河北,西北至佟家楼,南至海光寺,东至梁家园,整个围墙的周长36里①。其范围比《津门保甲图说》所载范围有所扩大,即当时天津的习惯上以土墙子为城区。

从天津早期行政建置的不断升格可以看到,从1404年天津设卫,到1725年改为行政机构的州,经过了三百多年,而从天津州升级为府,是仅仅经过了六年。由此可见天津的地位已经提高到地区的政治中心位置。

开埠以后,天津迅速成为中国北方商贸中心和工商业城市,而且成为西方列强经济上侵略中国、政治上控制中国政府的前沿桥头堡,城市地位骤然上升。更重要的是自1860年后,英、法等国在天津设立了租界,到20世纪初天津共有八国租界;有各国建立的领事馆,是离首都最近是外国人聚居较多的城市。于是,清廷的许多衙门,特别是涉及"夷务"的总理各国事务衙门等都在这里设立机构。还有一些是为了推行洋务运动、清末新政等新设置的局所。当时,天津城内外官署林立,朝廷重臣聚集。从此,天津不仅是府、县地方行政管理的所在地,而且是清政府对外交涉的中心,是办理洋务、推行新政等改革措施的表率,其政治地位显赫一时。

1861年1月,清政府根据总理各国事务衙门的建议,设立了办理三口通商大臣,驻扎天津,统管牛庄、登州、天津三口通商事务②。1870年"天津教案"发生后,裁撤三口通商大臣,设立北洋大臣。"通商大臣衙署改为直隶总督行馆,每年于海口春融开冻后,移扎天津,至冬令封河,再回省城。如天津遇有要事,亦不必拘定封河回省之制"③。实际上,直隶总督兼领北洋大臣之后,既已移驻天津。最初还保持封河后回住省城的形式,不久即因洋务日繁,海防事重,"遂终岁住此,不复回"④。直隶总督移驻天津,确实发挥了强化社会控制的职能。据1870—1872年"天津海关贸易报告":"总督的莅临,除了促进许多繁难问题的解决外,还控制了骚乱分子——这种人就像在所

---

① 张利民主编:《解读天津600年》,天津社会科学院出版社2003年,第29页。
② 王铁崖:《中外旧约章汇编》第1册,生活·读书·新知三联书店1982年,第844—845页。
③ 同治朝《筹办夷务始末》卷七十八。
④ 同治朝《筹办夷务始末》卷七十七。

有沿海大城镇一样在这里也有,因而使本埠愈加安宁"①。同时,还增设海关道,管理新设海关和旧有钞关的税务。一时间,天津城内外有天津府和天津县的衙署,还有直隶总督、兵备道、海关道、盐运使等机构,成为仅次于首都的政治中心。天津的城市地位远超保定,在外交方面,一定程度上还取代了北京。

## 二、天津的行政管理概况

### 1. 清初天津的行政管理

伴随着天津城市建制的变化,城市管理系统也相应地发生了变化。清朝虽然不再实行卫所制,但开始仍沿明制,三卫如故。顺治二年(1645)首先由部颁卫印3枚,同时将指挥掌印改为守备,并把天津卫守备一职率先改世袭为部选。三卫合并后,部选遂改为定例。继而对天津卫的行政管理体制也进行了调整,"民事则由巡、道、同知任之;武事由总兵、参将、游击任之;课赋由户曹、盐政任之;卫官虽具事权不属矣"②。这就为以后行政建制的变革打下了基础。

废卫改州后,悉裁卫属各官,仅设知州1人,吏目1人,改天津道为河道,改三卫管河千总为三所管河千总。

改府置县后,天津一城既为府治,又为县治,因此设知府、知县,分管府、县辖境的行政、司法、治安。地方教育则分设府学、县学,由教谕、训导管理。又改河道为天津巡道,巡理河间、天津2府18县。天津地方的驻军,由直隶绿营所属的天津镇管辖③。天津镇设总兵一人,驻扎天津府,统辖本标左右2营和四党口营,兼辖河间、大沽2协及务关10营。府城的军事防卫即由务关10营中的天津城守备负责。而天津四门的启闭则仍然由总兵负责。雍正四年(1726)选派满蒙兵驻守天津海口,又设天津理事同知。清代全国设海防同知14员,天津居其一。

道光二年(1822),清廷任命直隶总督召集团练,修筑土堡,互为策应,每堡有兵丁30至60人不等,天津郡城内外共分18堡。后来,在各堡的基础

---

① 转引自罗澍伟主编:《天津近代城市史》,中国社会科学出版社1993年,第141页。

② 光绪《天津县新志》卷十七《职官》。

③ 参见罗尔纲:《绿营兵志》,中华书局1984年。

上,将关厢内外分为21个义民局。至于地方上的一切琐事,则由后来设立的乡甲局负责,局长为一公派微职。义民局和乡甲局实际上是一种地方性半官方的社会管理系统。

2. 天津基层的管理制度——保甲制度

中国的保甲制度历史悠久,保甲制度的最初萌芽可以追溯到西周时期的乡里制度①。保甲制就是各个朝代的社会基层的控制和管理制度。历代的统治者非常重视对基层的控制和管理,因为社会经济发展的基础在基层,没有基层生产的发展就没有整个社会的生存,更没有社会的发展和进步,"岂非乡治而国治,国治而天下治乎"②。白钢也曾经指出,假如把皇帝比作封建专制主义的精神中枢的话,郡县可以比作封建专制主义国家统治农民阶级的中间环节,而郡县制之下的基层机构,则是封建专制主义的神经末梢③。

清朝入关之初的保甲制度,曾沿袭明制,顺治初年设有总甲、里社、里甲、图保等名目。后来经过康、乾时代逐渐改革,乃渐臻完备。

顺治初在各府、州、县、厅、所的城乡市镇、村屯采取里甲制。规定110户为里,设里长1人;里下为甲,每10户设甲首1人;城镇设坊厢里正、坊厢长,其职责是调查田粮丁数,编制赋役册。后改为总甲制,10家置1甲长,100甲置1总甲,"如有贼盗等事,由邻佑报告甲长,甲长报告总甲,总甲告于府、州、县衙,审其事实,如有一家隐匿不报,其余九家俱以罪论"④。再后,推行保甲制,州、县城乡10户立1牌头,10牌立1甲头,10甲立1保长。康乾时期,几经改革渐臻完善,乾隆四十七年(1728)更申行保甲之令,在全国推行。

道光二十年(1840),清统治者面临着内忧外患,为巩固其统治,在基层强化保甲制度。当局"恐有不安分之人,从中作乱,协助外敌"⑤。道光二十二年(1842),直隶总督讷尔经额开始在天津组织保甲,将所有居民、铺户、店寓、寺观一并编入保甲。保甲按地段组成,城内外设20保,沿河村庄设立60保(当时4路村镇共设316个)。每保设1个义民局(即团练),各义民局人数以人户多寡而定,数十人或百余人不等,每10人设1小头,50人立1大

---

① 赵秀玲:《中国的乡里制度》,社会科学文献出版社1998年,第2页。
② 徐栋辑:《保甲书》卷三《广存》,第910页。
③ 白钢:《中国农民问题研究》,人民出版社1972年,第512页。
④ 道光《天津通志·民政志》,天津社会科学出版社2001年,第88页。
⑤ 道光《天津通志·民政志》,天津社会科学出版社2001年,第88页。

头,统共立1总头。寻常各安本业,月初一查点一次,暇时自行操练,有事各保一方。道光二十三年(1843),天津道具体拟定《设立义民局告示条规》,明确了"攘外必先安内"的方针,规定"此局之人不得掺入彼局,恐越界滋事",对"倚众滋事者赴官禀究"①。

道光二十六年(1846),为使义民保甲制"实之以行,持之以久",直隶布政使署将《天津海口善后章程》《设立义民局告示条规》以及所设80个保的户数、人口、成分,按区域绘成图示加以文字解说,汇编成《津门保甲图说》,共2函12册刊行。道光末年,义民局废弛。咸丰八年(1858),直隶总督谭廷襄令天津道举办"团联",在东门外玉皇阁设立"团联总局",联络城内外80个分局,由"铺勇"分昼夜巡防,"团练""铺勇"的主要任务就是"肃清内地、镇定人心"②。

光绪二十六年(1900),八国联军占领天津,7月22日,成立"都统衙门",各国趁机扩大自己在天津的地盘,扩充势力范围,到1903年时,原来的保甲制已经名存实亡了。

## 三、天津地域型政区演变的特点

1. 政区受到政治、行政功能的影响

它的表现有以下两个方面:首先,天津也是一个区域的中心,再加上与北京的特殊关系,地位非常重要,因此筑有高大宽厚的城墙,这是加强对社会的控制、加强专制统治的一种方法,这在生产力极度低下的农业时代是非常有效的。其次,由于天津是一个政治行政为主的城市,在行政区划上也打上了烙印。城市内部设有大小不等的统治机构。为了突出封建政权的重要性,各级官府衙门基本上都位于城市的重要位置,并划分各自的职能和统治区域,这有利于对城市进行有效的管理。

2. 政区具有不稳定性

天津的政区经常变化、调整,尤其是由军事型政区转型为地域型政区以后,变化更为明显。由天津卫到天津三卫用了11年;由天津卫(1652年合并

---

① 《津门保甲图说》。
② 转引自天津市地方志编修委员会编著:《天津通志·民政志》,天津社会科学院出版社2001年,第89页。

后的天津卫)到设置天津州用了68年;由天津州改为直隶州,仅用了4个多月;由天津州升为天津府,用了6年。

3. 政区具有很强的封闭性

这主要表现在城市内部布局的封闭性和外部区域联系的封闭等方面。在内部,城市内部的管理处于一种分治状态,有时一条街道两侧分属不同的乡甲局管辖。在外部,也是处于分治状态,如前文所述,天津州的南门外和西门外归静海县管辖,而州城的北门外和东门外绝大部分归武清县管辖。州县之间各自为政,缺乏必要的沟通和联系。

## 四、天津地域型政区演变的原因

"管中窥豹,可见一斑",天津政区的发展变化是以天津城市的发展为基础的,因此,从其行政区划的角度也能透视天津城市的发展。

1. 政治中心城市优先发展

影响城市发展的因素是多方面的,既有经济的、政治的因素,也有文化、社会心理的等多方面的因素,但在农业时代,政治的因素却大于经济等其他的因素,政治中心城市优先发展规律是农业时代中国城市发展的一条重要规律[①]。

所谓政治行政中心优先发展规律,即一个城市的发展规模和发展速度与其政治地位的高低成正比,政治行政地位越高的城市,规模越大,发展速度也就越快;反之,政治行政地位越低的城市,规模也越小,发展速度也就越慢。如果一个城市成为了首都,那么这个城市就会在很短的时间内得到超常的发展。政治行政因素无疑也是决定农业时代天津发展的决定性因素。这表现在两个方面,第一,天津的发展是根据首都北京的需要发展起来的,是北京的门户,也是河运、海运漕粮到北京的重要中转站,也就是说,北京越发展,它的物质需要就越大,天津是为北京漕运、海运的重要中转站,又是拱卫京都的重要门户,为了满足北京的物质和安全的需求,就需要不断强化自己的各项服务功能,强化的过程就是发展的过程。第二,天津本身行政建制的变化、提高也有力地带动了天津的发展,并进而推动了政区的发展。

2. 区位因素

这主要包括两个方面。第一,天津是北京的门户。天津位于华北平原

---

① 何一民主编:《近代中国城市发展与社会变迁》,科学出版社2004年,第47页。

东部,海河流域下游,东临渤海,北倚燕山,地理位置优越。隋朝时引沁水入黄河,凿永济渠,天津成为南北运河在北方的一个枢纽,因而天津的地理位置就变得十分重要,唐朝时就有"三会海口"之称。天津开埠前,天津的自然地理区位的优越性主要表现在它是政治中心北京的门户,这是近代以前天津城市发展的一个重要因素。由于北京的防卫需要,天津驻扎了大量的军队,同时由于北京上百万人的生活用品大多都来自南方,因而天津作为漕粮和盐及其他物品的重要转运站,具有重要的地位。据统计,明清时期每年通过漕运到天津的物资达到150万石左右;有人统计,漕粮的真实价值——粮食的原价加上送往北京的费用——在19世纪初大约是中央政府全部税收的百分之十五,这个比例在明代也差不了多少①。天津虽然作为北京的附属城市而存在,但天津的商业贸易在开埠前也得到很大的发展,这也为天津在近代以后发展奠定了基础。第二,海运、漕运因素。天津是一个位于海河沿岸距海岸线约40千米的港口城市,华北平原的两条主要河流永定河和大清河正好在天津上游汇合入海河,这条水道使天津与海洋的水上联系变得十分便捷。清中叶以来,大运河在山东和河北若干段已不能通航,漕运衰落,此后,北京又主要依靠天津的大沽作为它的港口,天津便利的海运优势使它成为直隶、山西和内蒙古,以及山东、河南北部地区的理想的出海口。

当然,天津城市的发展还有其他诸如文化、交通、盐业的发展等方面的原因,有很多学者进行过认真而深刻的探讨,本文不再赘述。

(《城市史研究》2006年第24辑)

---

① 转引自罗澍伟主编:《近代天津城市史》,中国社会科学出版社1997年,第58页。

# 契约、习惯与法:天津盐商与晚清法律文化

[美]关文斌 著　周鑫 译　刘海岩 校

在比较法律史和法律社会学学者的印象里,中国向来是个特例。如马克斯·韦伯(Max Weber),就曾把他的法律类型学运用到中国研究上,却发现中国根本就没有真正意义上的法律概念①。从德国法律逻辑学派的基本原理来看,中国的契约是不合体例的②。中国地方官员在审理案件时,"既不依据习惯法,也不考虑个人实体,而是以道德伦理为指归"③。因此,就专业性而言,他们自然要逊于西方完善的法律体制下培养出来的司法人员④。

另外一些法学家学者则热衷于从中国寻找出英美法律的影子,但这一

---

① 马克斯·韦伯(Max Weber):《经济与社会》(三卷本),纽约:贝德敏斯特出版社 1968 年,第 2 卷,第 657—658、882 页;《经济通史》,新布伦斯韦克:事务出版社 1982 年,第 313、343 页。对于马克斯·韦伯有影响的法律和方法论方面的评述,可参见 David M. Trubek:《马克斯·韦伯对于法律与资本主义兴起的研究》,《威斯康星法律评论》第 3 期(1972 年),第 720—751 页;Nancy Schwartz:《马克斯·韦伯的哲学》,《耶鲁法律杂志》第 93 期(1983 年),第 1368—1398 页;Irving Zenitlin:《马克斯·韦伯的法律社会学》,《多伦多大学法律杂志》第 35 期(1985 年),第 183—214 页;Dragan Milovanovic:《法律社会学》(第 2 版)纽约:Criminal Justice Press1994 年,第 36—60 页。

② 马克斯·韦伯前揭书(1968),第 2 卷,第 656—658 页。关于马克斯·韦伯的司法训练,可参见 Stephen P. Turner、Regis A. Factor:《马克斯·韦伯:作为社会思想家的律师》,伦敦、纽约:Routledge Press1994 年。

③ 马克斯·韦伯:《中国的宗教》,Hans H·Gerth 编译,纽约:麦克米伦出版社 1951 年,第 149 页。

④ 马克斯·韦伯前揭书(1982),第 343 页。对马克斯·韦伯观点的不同评论,可参见 Paul Walton:《马克斯·韦伯的法律社会学:一种评论》,载《法律社会学》,科里大学出版社 1976 年,第 7—21 页,特别是第 9 页;Harold J. Berman:《马克斯·韦伯法律社会学的一些错误基设》,载 Sava Alexander Vojcanin 主编:《法律、文化与意义》,新布伦斯韦克:事务出版社 1990 年,第 162 页;梁治平:《清代习惯法:社会与国家》,中国政法大学出版社 1996 年,第 176—178 页。

切只是徒劳。在中国,"权利"的概念,无论是自然还是神授,直到19世纪末还没有出现①。财产虽然可以转让,但受到各方面限制②。由于同居共财,亲属可以对财产提出要求,这损害了私人财产权③。没有独立的民法、商法,民事与刑事界限不清,以至于有些学者认为中国根本就没有民法④。而在审理商业纠纷案件中,地方官员一般都依照行会的公断来断案,但"这些行会是在法律之外的,没有为民法所承认,是不受民法保护的"⑤。中国的法律缺少系统的编纂,各地情况各异,虽不是乱七八糟,但也一片混乱;地方上则各以地方习惯行事⑥。

当然,把目光投注于中国法律制度缺乏什么,并不能让我们完全理解它到底是什么、如何运作的⑦。在中国,官方保存的古今土地契据、契约和私人文书就数以百万计,民间收藏的也成千上万。这些材料能告诉我们有关中华帝国的法律,起草和签署这些契约的当事人,契约中他们的要求、利益、期

---

① 李贵连"中国近现代法学的百年历程",载苏力主编《20世纪的中国:法学卷》山东人民出版社2001年,第220页。

② H. F. Schurman:《中国传统的财产观念》,《远东季刊》1956年8月,第507—516页。

③ 马克斯·韦伯前揭书(1966),第237页;Edward Kroker:《中国习惯法中的财产观念》,《日本亚洲学会学报》1959年第3辑,第123—146页;陈秋坤:《清代台湾土著地权》,中研院近代史研究所1994年,第32页。

④ Tahirih V. Lee:《冒险的商业:法庭、文化与市场》,《迈阿密大学法律评论》第47期(1993年),第1337页。

⑤ A. N. Kotenv:《上海:司法与行政机构的混合》,《北华捷报》1925年,第251页。而对英美法律分类武断的批评,可参看Ray Andrews Brown:《私人财产权的法律》,载Walter B. Raushenbush主编的论文集第3卷第4—5页,芝加哥:克拉凡联合出版公司1975年;Pierre Schlag《后现代境遇下的权利》,载Austin Sarat,Thomas R. Kearns主编:《法律权利:历史和哲学角度考察》,密西根大学出版社1996年,第263—304页。

⑥ V. A. Riasanovsky:《中国的民法》,天津,1938年出版,美国大学出版社1976年再版。

⑦ 从中国角度展开的开拓性研究可参看高道蕴主编的论文集《美国学者论中国法律传统》,中国政法大学出版社1994年;Valerie Hansen:《传统中国的日常谈判生活》,耶鲁大学出版社1995年;黄宗智:《中国的司法审判:清代的法律表达与实践》,斯坦福大学出版社1996年。

望、责任,纠纷解决的方式,以及如果有的话,这其中所体现的原则些什么呢①?中国人不会说"权利"这个词,但也会有人深感屈枉而去衙门伸冤告状。历代地方官和胥吏们在审理民事案件时②,都提到要特别注意证据性的契约契据③,小心地书写判词④。他们还讨论诸如国法重于礼俗⑤,如何把有限的律例适用到纷繁多变的事实与情境中,如何调解矜老恤寡的人道、社会经济稳定和私人财产权等冲突这些问题。

本文力图通过对天津商人的契约和财产纠纷的研究,来阐释中华帝国晚期的法律在高度商业化的城市中是如何运作的。城市不同于乡村社会,后者是中国人传统的契约和财产观念产生的源泉⑥。倘若西方资本主义在中国的顿挫是由于中国模糊的财产权,那中国的商业财产(无论是动产还是不动产)是否也会遇到农村土地买卖中常见的代买⑦、亲邻优先这些原则性的障碍呢?倘若地方官员都严格依法办事,那么何以官方律例与民间习惯

---

① 杨国桢:《明清土地契约文书研究》,人民出版社1988年,第3页。有相当数量诸如此类的契约文书今天还能在各地的古旧市场上买到。

② 关于中国民法的实践,可参见李志敏:《中国古代民法》,法律出版社1988年;叶孝信:《中国民法史》,上海人民出版社1993年;孔庆明:《中国民法史》,吉林人民出版社1996年;张晋藩:《清代民法综论》,中国政法大学出版社1998年。

③ 关于勘审经验,可参见王又槐:《办案要略》,收入郭成伟主编:《官箴书点评与官箴文书研究》,中国法制出版社2000年,第157页。

④ 关于判词,可参见汪世荣:《中国古代判词研究》,中国政法大学出版社1997年;童光政:《明代民事判牍研究》,广西师范大学出版社1999年。至于特殊的法律习语,可参见舒松乔编纂的《刑台法律》,中国书店重印,"刑役夫卷",第1a—16b页。

⑤ 可参见张晋藩:《清代私家注律的解释》,收入其专著《清律研究》,法律出版社1992年,第128—129、164—188页;苏一工:《明清律典与条例》,中国政法大学出版社2000年,第205—246页。

⑥ 未考虑地方差异,从全国性角度总论习惯的文章,可参见王志强:《试析晚清至民初房地交易契约的概念》,《北大法律评论》第4卷第1期(2001),第46—81页。关于台湾商业诉讼的开拓性研究,可参见Rosser H. Brockman:《十九世纪末台湾的商业契约法》,载Jerome A. Cohen,R. Randle Edwards和张陈富美合编《中国法律传统论文集》,普林斯顿大学出版社1980年,第76—136页;刘长彬:《晚清(1842—1911)时期的中国商业法:台湾地区的法律理论与实践》,1983年华盛顿大学博士论文。

⑦ 即使自1753年起,律例开始限制和损益这些合理的习惯。可参见梁治平前揭书(1996年)第101—110页;Thomas M. Buoye:《杀人、市场与道德经济》,剑桥大学出版社2000年。

之间会有冲突呢①。而作为国家利益的代理人和公共利益的保护人,地方官员在他们的法律实践中又在何种程度上调和公私法呢②。

为了回答这些问题,本文采用了两类资料。一类是长芦盐运使司档案中的契约、案例卷宗(藏于北京中国历史第一档案馆),一类则是我个人的收藏(存于南开大学中国社会史研究中心)。对这些买卖契约、租赁契约、转租契约、合伙契约和各种当事人(寡妇、个人、家长、一家的各房各支)的诉状从商业、社会、法律三个方面展开分析,能够反映契约双方在地方商业、社会习惯中的"正当"要求、利益、期望与责任。地方官员也承认并适应这些合法要求(若不是合法权利)衍生出的社会习惯。当然,这些要求或权利并不是一成不变的,随着国家考虑重心的转移,他们可能会受到地方官员的质疑、探讨甚至推翻。因此,作为社会控制、社会稳定工具的习俗与律例之间存在着和谐与紧张的关系;正是在这种关系下,人们发生、磋商、解决他们的纠纷。

## 契约的神圣性

长芦盐运使司是盐运使管理长芦盐务的官僚机构,更确切地说,是管理盐商向国家上缴盐税的征税机构。通过缴纳盐税,盐商得到在政府划分的引地。与其他的征税机构不同,有清一代施行食盐专卖世袭的制度③。因此,专卖特权是可继承的,而且商人们私自议价即可转让。从整理出的1726年到1912年的六位盐商只分属两个姓氏的材料,便可看出专卖权买卖、商人

---

① K. Bernhardt、黄宗智:《清代和民国的民法》,斯坦福大学出版社1994年,第12页。当然,在这方面,中国并非独一无二的特例。美国的法律学者一直为法律中的商业色彩担忧。可参见 Morton J. Horwitz:《美国法律的转型》,剑桥大学出版社1977年,第190页。

② 张晋藩修正了他以前的观点,在他最近的研究中认为,清代民事案件的审理仍优先援用律例。只有在无律例可供援用时,才考虑礼俗。可参见张晋藩:《中国民事诉讼制度史》,巴蜀书社1999年,第206—215页。

③ 关于这个复杂的官僚和商业机构的详细情形,可参见关文斌:《天津的盐商》,夏威夷大学出版社2001年,第2章。

进出生意场的惯例①。

这份涉及上千两银子的买卖契约虽是简单,但很详尽,具有一份契约所有的基本要素:立约人(或卖方保人)、标的、酬金、立约人的权利义务。价款以每引(征税计算单位,表示每包盐的重量)计算,只有在已签名担保的契约上注明的价款足额兑现,所有权(在这里更确切地说,是燕津地区食盐的专卖权)才算正式转让。

不像天津和中国北方的地契上总写有"手乏"或"钱粮紧逼"这些字句,盐商写得很体面:"乏人经理"。实际上,在这些契约里是不会出现"卖"这个字眼的。一般用"顺"字,也没有附加"绝"或"杜绝"等字,在地契里则经常见到这两个词。契约一旦在政府登记注册,卖方就可以在契约生效之日起不再担负缴纳所有税费的责任义务。

与对上海土地文书所研究不同,天津这批契约上没有写"绝"字并不意味着出"租商"可以要求"找补"。事实上,由于没有欺诈罪的案例可供援引,衙门并不受理出租商收回专卖权的请求,如王一案。1899 年,王状告郑骗取王家在蓟县和孟县的专卖权。根据王的叔父与郑在 1880 年订的契约,盐运使认定所有权的买卖既已登记,郑也已经营专卖多年,因此驳回王的诉状。盐运使在他的判词中还特意提到了这样一个问题:如果允许卖方肆意违约收回已经出售的专卖权,那买卖又如何能做下去呢②?

作为社会材料,这份契约和这一地区的地契很相似。它没有涉及在中国其他地区农村地契上常见的亲邻优先否决的原则。而且,卖方还担保专卖不会受到任何干扰,若是他的亲属阻挠,他将负全部责任③。买卖双方还都声明他们在价钱和契约上是两厢情愿的。

---

① 分属查家和孟家。名单最早见于段如蕙等编:《长芦盐法志》(1727 年)卷 7,第 69a—72b 页。其他见于《长芦额引册》(1764 年);征瑞等编:《长芦盐法志》(1792 年)卷 7,第 16a—17b 页。以上手稿均藏于南开大学图书馆特藏部。黄掌纶等编:《长芦盐法志》(1805 年)卷 9,第 34a—36b 页;《长芦额引》(1890 年)。以上两书手稿藏于天津社会科学院。陆冒光等编的《长芦盐法志》(未刊稿,1911 年),藏于河北省档案馆。

② 《长芦盐运使司档》105,1899 年 6 月 28 日的判决。买卖财产或分家析产的五年期限(若契约到期,期限更短)见诸法律,可参见沈植期:《大清律集注》(两卷本),法律出版社 2000 年,第 1 卷,第 237 页。

③ 天津农村的土地契约中均没有出现亲邻优先之类习语。参见天津市房地产产权市场管理处主编:《天津历代房地产契证》,天津人民出版社 1995 年;《财政局档》(藏于天津市档案馆)以及我个人的收藏。

为了保证其合法性,这些买卖契约和农村地契一样,必须要到衙门去登记注册。在这份契约的正副本里都有证人的签名。在李氏去盐运使司登记之前,他也必须要找到四名已注册的长芦盐商担保和"纲首"(head merchant)的签名。惟其如此,李氏才能够"更名认办",从而担负起上缴各种税费的责任,并享有在指定地区经营食盐专卖的特权。

以上分析表明专卖权的买卖其实涉及一系列权利的转让与产生。买方的权利包括得到契约上规定的价款、对亲属阻挠买卖负全责和契约生效之日起将上缴所有税费的责任让渡给买方。而买方在支付一定的价款后,就可以去衙门登记注册,得到国家划定的地盘上的食盐专卖权、契约生效后的上缴所有税费的责任以及卖方亲属不干涉的担保。在这份契约里,相当重要的是一直被认为有损私人财产权的亲邻优先否决权的剥离。

## 租赁契约和转租契约

有的业主则不是完全出售专卖所有权,而是将自己的专卖权分割出一部分租让给另一家或第三家。尽管我们还不清楚清政府对这种违法行为的默认始于何时,但到19世纪末,盐商们之间的这种专卖权的租赁与转租已很普遍①。这些契约的基本格式其实很简单,可盐商们还是尽量使之复杂化,以应付复杂环境的需要,正如下文所涉及的一租三主的租赁契约。

与买卖契约和其他租赁契约一样,这份契约也是以业主(出租者)开头的。契约中写道"无力自办",这便意味着盐商自己放弃国家赋予的专卖权,把它转让给"租商",租期十年。其他租赁契约的租期则有四到二十年不等。作为一商业文件,这份契约中双方的经济权限都有明确的规定。大多数租赁契约要求80000两银子的押租,也有业主向"租商"借10000多两银子的无息或有息贷款②。契约中写明的6800两银子的现租,可以按铜钱的时价一次性支付,也可以按月按季节支付,当然也可以按双方规定的期限支付。至于现租的价钱方面,双方也都是先把押租和贷款掂量一番,权衡利弊后才

① 1660年的一张布告中禁止"租商"转租引地及引地的经营权。可参见《清盐法志》(北京:盐务署1920年)卷17,第1b页。

② 当王槐中过继给王晓彦后,其名下契约的押租便划归王晓彦。在查阅过的一百多份租赁契约中,只有一例没有押租,即1908年李瑶平将惠县和霍家的引地转让给王彤莹。参见《长芦盐运使司档》457。

达成一致的。贷款越多、押租越大,现租则越少,反之亦然。通过租赁契约,出"租商"能够得到一笔可观的押租,一笔稳定的收入,还可以在出租期间不必担心赔钱,也不用担负上缴各项税费的责任。有些契约还特别申明,如若出租商违约,将会被罚违约金①。在另一方面,"租商"得到的则是专卖权(这份契约中是整个专卖权),当然还有契约期间缴纳各项税费、自负盈亏的责任。在契约后附加的种种条款,也清楚地说明了契约双方注重互惠和商业惯例。为了维持可能长达几十年的生意关系,除了押租和租金外,"租商"还得向业主支付有偿的救急款、节庆礼品、无偿的婚丧礼金以及有息或无息贷款。有些契约甚至还规定了契约期间"租商"每年向业主支付的贷款、救急款次数和数量的限额②。商业惯例禁止在契约有效期期间就提前终止专卖权,禁止仅有业主的单方面同意就可以解除契约。同时,商业惯例还规定一份有效的契约不能禁止"租不押卖",这与台湾的乡村土地买卖不同③。如果业主和"租商"双方都想终止契约,按惯例要在契约终止前的一年知会对方④。如果契约还有效,那"租商"便享有优先否决权。当然,只要出租商同意,"代商"也能够拥有契约剩余和续租的权利责任⑤。

为了保证买卖的顺利进行,租赁契约还附有契约终止时食盐存货的数

---

① 参见王德昕将北京的引地租赁给陈横溢的例子,《直报》1898年4月29日;1906年1月25日张家林将温县的引地租赁给郭纯福的契约,《长芦盐运使司档》289。在后一份契约中,"租商"代表业主赔付罚金。与邻近的农村不同,武清地区的契约中很少见到诸如此类的条款。参见《地方绅士、民事、商事、诉讼、习惯调查》武清部分(未刊稿),1910—1911年纂,藏于燕京大学(今北京大学)图书馆。

② 参见《长芦盐运使司档》184,恒福泰与泰康签订的临城引地的租赁契约,契约中写明红白喜事的礼金至多为三个月的租金;《长芦盐运使司档》457,李宝恒与孙天麟签订的武清引地的租赁契约,契约中规定如若有红白喜事,孙每年每次送200吊钱的礼金。这些礼金并算入押租,也不会像押租按无息贷款的方式偿还。参见《长芦盐运使司档》296,1890年业主李文汉与"租商"路赵洪所签契约的附加条款。

③ 《长芦盐运使司档》277,1906年8月复成裕的诉状。台湾地区方面参见刘长彬(1983年)前揭书,第197页。

④ 参见《长芦盐运使司档》420,1909年天讯与牛约签订的租让定州三分之一引地的契约。引地也可以租赁给同一"租商"长达几十年之久。参见《长芦盐运使司档》76,苏宁的引地由史家三代承租。

⑤ 参见《长芦盐运使司档》151,1902年华宝恒与"福有园"堂号所签的转租契约。《长芦盐运使司档》349,1907年业主"金伴园"堂号与"租商""福有园"堂号的转租契约;1916年的续签的契约(本人收藏)。

量、每包的重量与价格及其他条件的条款。根据业主以往的经验,有些"租商"故意囤积大量的食盐,以期抬高收回专卖权所需的资金,让其他有租赁意向的竞争者断念放弃。因此,在一些租赁契约中,有"原装原卸""两不吃亏"的"法言",还对收回专卖权、违约罚金的条件作了具体规定。在出"租商"收回专卖权之前,由"租商"支付的任何贷款、押租、盐税都必须全额返还。

　　作为一社会文件,这份契约还能揭示盐商家庭的家庭生活圈和协调生意的方式方法(也可见于下文对冯与冯、王与王、郑与郑等案例的讨论)。王家的专卖权一度由王家集体所有,并经长芦盐运使做主,把专卖权分为三等份,每户管理一份。所以从法律上讲,这一地区的食盐专卖权是属于三个彼此独立的所有者,每位业主都可以自行选择他自己的"租商"。但根据"租商"的整个专卖权的租赁要求,作为独立业主的三方仍然要合作,在三方中选出一人担任经理,整体租让专卖;虽然三方都几乎同时要在各自的租赁契约上签字①。这种做法表面上看虽不正当,损害了三方的所有权,但出于对两个及更多的"租商"间协调问题和有可能出现的贩卖私盐情况的考虑,这种做法是可以讲得通的。事实上,从一个角度看是"非理性"的事物,换一个角度看却是"理性的"②。

　　和买卖契约相仿,一份有效的租赁契约也需要四位已注册登记的长芦盐商和"纲首"在正副本上签名担保。然后,新的"租商"就可以到长芦盐运使司衙门登记注册,开始担负上缴各种税费的责任,认办引地。如若契约被衙门认定违法,衙门将不予登记注册,而且科以重罚③。所以,有些契约还清楚地写明,手头的契约及日后的任何改动都必须有双方的盖章④。除此之外,还要求官府不能干涉专卖权的租赁和转租,也不能规定押租和租金的数

---

① 另外一支定州王家也同样在三房见诸公堂后达成和解。可参见下文的讨论。
② 马克斯·韦伯:《新教伦理于资本主义精神》,纽约:Charles Scribner's Sons,第194页。这种"相对主义者"的立场,使 Herbert Marcuse 有机会批评韦伯方法论中外在理性与内在理性的划分问题。参见其论文《工业化与资本主义》,载 Otto Stammer 主编:《马克斯·韦伯与社会学的今天》,Harper & Row,1971年,第149—151页。
③ 参见《长芦盐运使司档》251 和《长芦盐运使司档》328,1907年业主姚润萱与"租商"李连三所签的未登记注册的契约。
④ 《长芦盐运使司档》329,1907年李小农("礼诚宗")与租商华从年("福泰")的契约。

额。如皋阳县县令想褫夺他不中意的"租商"的引地,长芦盐运使却驳回了他的判令。出于维护自己衙门管辖范围的考虑,盐运使提醒地方官员,他们无权选择"租商",也不能逼勒契约。这些只能由盐商们自己商议,当然,最后议定的契约要到他在天津的长芦盐运使司衙门登记注册①。

这些契约一经登记注册,便开始具有法律效力。一旦出现纠纷,衙门就可以把它们作为证据使用。如华刘一案。华家是城内的大户,华少澜不仅家财万贯,而且还有功名在身。1902年,他状告刘氏拖欠新城契约中的租金和押租②。刘也不甘示弱,反将华少澜告到衙门,告华家遣派华家一妇人扰乱刘在天津的生意③。经过勘明控告双方的诉状,当地县令判定华家状告刘氏只不过是为了追讨更多无息押租。华少澜身为举人,因此不能亲自出庭问讯。这件案子拖了三年多,双方还是不停上告。最后,恼怒的长芦盐运使认为只有根据契约来办理此案。他的推理很简单,既然华家没有得到全额的押租,也就仍然拥有引地。在这个依据下,他决定不受理此案,即便华家有钱有势④。

## 合伙契约

虽然闻之甚少,长芦盐商还是结成了各种形式,不管在册还是未注册的合伙关系,来经营引地⑤。1909年,"纲首"王贤宾便与人合伙经营天津及其郊区武清的引地。与这一卷中其他地方讨论的一样(可参看曾小萍[Madeleine Zelin]关于自贡盐场共同所有权的研究文章和 Robert Gardellad 的相关研究),合伙契约都指定一名合伙人执掌营运。在上面提到的合伙契约中,

---

① 《长芦盐运使司档》76,1892年10月7日对高阳县县令判决的批词。
② 《长芦盐运使司档》173、124,1902年11月7日的诉状。1901年,新城引地租让给刘,租期10年,押租50000两银子,第一年年租1500两银子,第六年至第十年年租涨至3000两银子。
③ 《长芦盐运使司档》124,1903年7月16日的诉状。
④ 《长芦盐运使司档》124,1905年8月4日的判决。
⑤ 可参看左树珍:《盐法纲要》,第13b页。这篇论文中"合伙"的概念采自这卷中 Robert Gardella 的观点。所以,以零售方式经营食盐专卖的"商伙",并不算合伙人。尽管它可能会交付一笔可返还的押租,但他却不担负整个专卖的盈亏。参见1903年5月15日,王洪孙与刘洪祥的例子。

则由王贤宾负责经营,他占有总股 100 股中的 15 股。十名合伙人在契约中都达成了如下方面的共识:出资入股的金额、每年向政府报销的金额(这很容易引起纠纷,可看下面关于官府需要的讨论)、报销的期限以及现合伙人获得或租借退伙人股份的优先权①。这份契约的特殊之处在于,它规定任何一名合伙人不得以契约作为抵押,向外人或外面的银行钱庄借贷。后来的事实验证这条规定倒是很有先见之明。1911 年王贤宾破产,就是由于他无力偿还外面银行钱庄高达一百万两的银子。

长芦盐商在他们的公私经济中,充分运用了这些契约。不过,运用的前提是要遵循买卖的一贯方式——传统商业习惯中的"法语"、习语以及公平、诚信、互惠的原则。但农村土地买卖中亲邻优先的原则却不适用。而且,所有买卖都按照财产买卖、家产析分的五年期限一次买断②。就这样,契约为人们所认同,自然地进入到商业生活中,成为天津商业文化不可或缺的一部分。而官府衙门要求这些契约登记注册,就能在办案中顺理成章地将这些契约作为案子的证据。得到了官府的认可,市民们就有了判断的标准。虽然对这些城市商人而言,契约有些"非理性"的成分(限定了利润和商誉),但在经济生活中,仍能够刺激经济活力③。

---

① 《长芦盐运使司档》395,1909 年 3 月 22 日的合伙契约;《长芦盐运使司档》111,1904 年 10 月冀州引地的租赁契约。整个引地在"共信"的名号下,以王贤宾为首,李宝恒、曹荣萱等入股的形式合伙经营。但其他的契约,出于礼貌,只鼓励退股者将股份租让给现合伙人。可参见《鹾务略》(未刊手稿,1891—1893 年编纂),现藏于南开大学图书馆特藏部。

② 事实上,在中国的部分地方,如契约副本等相关的书面证据在衙门受理诉讼之前,必须附在状纸中。可参见雷荣广和姚乐野:《清代文书纲要》,四川人民出版社 1990 年,第 131—136 页。

③ Ramon Myers:《中华帝国晚期的习惯法、市场与资源交易》,Roger L. Ransom、Richard Sutch and Gary M. Walton 主编:《新经济史研究》学院出版社 1982 年,第 237—298 页;张晋藩主编:《清代法制史》,中华书局 1998 年,第 277—281 页。关于契约的使用有助于刺激经济活力,可参见 Richard A. Posner:《法律的经济分析》,Little, Brown and Co. 1977 年,第 4 章;Anthony Kronman 主编:《合同法经济》,Little, Brown and Co. 1977 年,第 5—7 页。

## 商业习惯、"纲首"和律例

在制订商业规则、征收盐税方面，清政府将大部分的权力下放给盐商，让他们自行处理。只要商人的纠纷不影响致盐税减少和食盐供应的短缺，官府是不会插手的。纠纷出现后，首先由亲戚朋友自愿或被请来调停。当这些努力由于这种那种原因失败后，同纲的长芦盐商便会加入调停。如果到这一步还是不能解决问题，纠纷双方仍然不依不饶，纠纷才会呈上公堂。即便如此，盐运使一般还是会参照"纲首"们的意见斟酌处理纠纷①。

"纲首"由盐商们从他们自己中间选出，并得到官府的批准，因此在长芦盐务的管理中扮演着重要的角色。在和盐运使打交道中，"纲首"们即使享有与官吏相仿的权力，仍然只敢以"职商"自居。当然，那些为了便于与官府交通而捐得功名的人除外。尽管"纲首"们的权力大多不是正式的，但他们在官府和该纲众商中还是游刃有余。他们的声望建立在公众服务、公众影响和更重要的维护生意习惯的"同纲打理"上。如为了保证食盐的供应，"纲首"强调这样一条生意习惯：若业主无力收回引地，即使合约到期，租商可以不缴纳任何租金继续经营②。当盐运使不同意在契约有效期内转让引地，当事人却援引先例据理力争时，"纲首"们就会不得不卷入其间，替尴尬的盐运使解围③。虽然他们没有受到过专业的司法训练，"纲首"们的报告和公断却不是任意胡来的。公断尽管不是官方形式的，但作为地方传统生意习惯的保护人，他们的这些公断还是得到了盐商们的尊重。做"纲首"没有时间限制，他们的任期就比大多数盐运使都长。这样就能够保持长芦盐务管理必要的连续性和机构运作的连贯性。官员们在解决那些由商业习惯、法规漏洞产生的令人头痛的契约纠纷时，也就毫不犹豫地依靠这些"纲首"，向他们

---

① 这种三步调停方法无论在绅商还是普通人的诉讼纠纷中经常遇到。事实上，如若原告不遵循这种三步调停，就很有可能败诉。英玉在 1855 年至 1858 年任天津道台间，就曾在天敷状告乃兄侵占其合法继承权的案子判决中，决定不受理此案。其判案依据是，天敷没有与兄长讨论过，也没有接受亲戚朋友的调停就擅自告状。而且有些印刷错误的布告，还被作为公告张贴于衙门外。这一素材为冯骥才所采用，并在他的《旧城遗韵》（杨柳青画社 1995 年，第 26 页）中重新演绎。

② 《长芦盐运使司档》124。

③ 《长芦盐运使司档》277，1906 年 8 月复成裕的诉状。

征求解决办法。比如在宁王一案中,尽管有如上述精心设计的注册程序,但并没有抖出业主身后没有注册的合伙人,没有戳穿业主的真实身份①。

1896年,业主王亚孙以占有总股6股中的3股的合伙形式,每股10000两银子,收回了引地。其中一名合伙人宁氏以"修安堂"的名号入认了一股。她为了筹措本金,把一家店铺、一批商业财产和商船都卖掉了②。八年后,宁氏将王告到衙门,合伙关系破裂。在1904年10月17日的庭审听讼中,宁氏把王、张和她女婿代签的合伙契约作为证据呈上了公堂。王却认为,张在本金还未交足前就已过世,合约无效,宁氏也就不具有合伙人的身份。

"纲首"在1904年11月7日给盐运使的报告中,维护原告。当然,他们并没有节外生枝控告王欺诈。"纲首"依据这样一条生意习惯:合伙人只有在交足入股本金后才有可能拿到有签名和担保的契约副本。既然契约的真实性毋庸置疑,王也无法解释契约为何在宁氏手里;所以,尽管在纲所的档案里王以独资的形式注册引地,这份契约却还是有效的。王最后以经营生意疏忽搪塞。考虑到已造成损失,"纲首"建议以赔偿宁氏6000两银子的方式来解除契约。双方也都接受了这种调停③。

这个案例有意思之处,并不只在于它揭示了中国妇女从事商业活动的空间④,它还突出了盐商传统的生意习惯与国家律例之间的空集:谁来承担应为官府和债主所负的责任义务。在官府眼里,只要有人登记注册、上缴盐税就万事大吉。即便有精心设计的登记注册、担保等规章来确保盐商的整体利益,但还是很难确认所有权或没有合作的合伙关系,这必然导致"沉默"

---

① 李小铺("日昌"名下),在1917年申请以他的真名注册引地。身为晚清直隶省省府官员,他曾以假名经营齐州的引地。可参见《长芦盐运使司档》486,1917年7月11日的诉状。而包括一匿名合伙人的一主三租的契约例子,参见《长芦盐运使司档》289。
② 《长芦盐运使司档》213,1904年7月11日宁氏的诉状。
③ 《长芦盐运使司档》213,"纲首"1904年9月29日上呈的盐运使9月19日要求的报告。
④ 妇女可以在幕后经营,但在长芦两所公所均不能以本名注册。而且一名盐商在与一名寡妇争夺租约时就叫嚣,让妇人进入公所闻所未闻。但是,这并不能阻止妇女以幕后合伙人的身份或以"堂号"的名义从事商业活动。

的匿名合伙人的责任义务相当有限①。

## 契约纠纷:习惯与律例

这里要讨论的并非习惯能够替代法律或盐商凌驾法律。习惯可能是连续的、由来已久的、不容争辩的,但国家律例还是保留最后的裁决权,特别当契约纠纷可能影响到国家的社会经济稳定的时候②。

天津"八大家"之一的华家,在生意中也利用家族共财与个人私产之间的含混不清做文章。在"华集成"的堂号下,华家拥有安州、荣城、天津、武清等处的引地③。1912年,寡妇华张氏状告华家,要求华家偿还自1877年起一直拖欠的3000吊铜钱贷款。华家家长华承彦辩称,这笔款子是由华承勋用"厚德福"的名义借的,因此只能视为私人债务,不能由华家承担。

地方官却站在原告的立场上。他辩论道,既然衙门都难以区分私人债务与家族债务,那更无理由期望原告辨明,这样就避开了令人头疼的所有权问题。衙门还推断道,如若华承勋以"厚德福"字号打理生意,在外面又打着华家的旗号不讲信用,那华承彦作为家长应该知晓这些事情。而华承彦却没有制止此事,有可能是他玩忽职守,也有可能是他姑息偏袒。为了给华家上诉的机会,衙门判定让有生员身份的华承勋在一个月之内到堂问讯;否则,华家将要偿还所欠的债务。

这个判决并没有让华家甘心。华承勋在他生员身份的庇护下,仍然干

---

① 在债务的解决中,磋商总是会导致实际的有限责任。参见冯学彰前揭书(序言,1919年)。长芦盐商的另一通常习惯是通过以异名注册家产的方法来实现实际的有限责任。一旦某一引地破产,家族就可以宣称此一引地已经从家产中析分出去了,这样就可以达到有限的责任。关于国家对这种策略的态度的调整,可参见下文讨论的郑与郑的案例。

② 在英国法律系统的习惯法中,习惯条文只有在符合如下条件后,才能为法律所承认:习惯必须是由来已久的、绵延不断的、确定无疑的以及合理的。即便如此,国王和他的代表还可以以习惯并未被法律所允许为由对其提出质疑。参见 Andrea C. Loux:《古代政权的延续:19世纪的习惯、功能与习惯法》,《科里法律评论》第79期,1992年,第183—218页。

③ 华家这一支在天顺年间(1457—1464)由无锡迁到绍兴,后又迁到东安。1663年,这一支的华文炳作为盐商迁至天津,成为天津这一支的始祖。可参见《长芦盐运使司档》210,以及华长卿等编《华氏家谱》,1911年,序言。

着见不得人的勾当;而华承彦则不服判决提出上诉。华承彦的根据是1879年华家与地方官签订的协议;华家不再为任何一名华家成员承担偿还其私人债务的责任。根据这一协议,华承彦坚称不应该由华家偿还这笔借款①。但直隶省法庭还是在两点上予以否决。第一,债务人的责任不能由家族单方面的决议予以推卸。第二,绕过华家的辩白,即使这只是私人债务,但华承彦和他的手足们并没有分家,所以就应该由他们分担责任。不过,法庭也质问原告,为何没有及早索要,致使利息超过本金。依照大清律例,法庭判定华家除偿还本金外,还要再偿付一半的利息,这一半利息的金额已相当于本金了②。由此可见,习惯虽然由来已久,但还是不能替代法律。

## 契约纠纷:契约双方的权利

如果习惯和律例之间的冲突可以由法律的形式予以解决,那卷入了律例重点的契约纠纷就会面临更困难的问题。家庭和睦是儒家的中心思想之一,正如尊重管理家庭的长辈一样。自唐代禁止分家的律令颁行后,律例就赋予了家长管理家务的权力。任何一个违背父辈意愿鼓噪分家的逆子将被视为"不孝"。这项罪名被列为"十恶"之一,将被处以三年流放或笞刑六十杖③。1009年国家颁布的法令则强化了这一趋势。法令规定,但凡诱人子弟分家或针对承继放贷者,将处以充军。1316年的法令更甚,规定倘是嗣子违背父亲的意愿从外面借贷,也将视为犯罪④。

大清律例仍沿袭维护长辈权力的传统,虽然在有些方面作了重大修订:

---

① 对于天津的大户而言,以登报的形式公开这些宣言似乎是一种习惯;"八大家"如卞家在1909年、"珍德"华家在1908年和另一华家都有这样的举措。分见于天津档案馆纂:《天津商会档案汇编》(第一辑),天津人民出版社1989年,第1册,第897—898页;《天津商会档案汇编》(第二辑),天津人民出版社1991年,第2册,第2057页;以及《大公报》1907年3月22日。

② 1912年8月8日直隶省高等审判庭关于华与华一案的判决,见直隶省高等审判庭纂:《直隶省高等审判庭判读纪由》(四卷本),1914年,第2卷,第63—65页。大清律中,没有考虑借款的利率与期限,但全部利息不能超出本金。

③ 薛允升撰:《唐明律合篇》,中国书店1990年,第117—118页。

④ 分见于沈家本:《历代刑法考》(四卷本),中华书局1985年,第3卷,第980、1114页。

在父辈恩准下,许令子孙分异财产,还应不偏不倚①。长辈固然享有这种自决的权力,但如果决定将子孙告诸公堂,显示自己家教无方,还是一件很痛苦的事情。例如在赵氏与她孙子赵桂馨一案中。1904年女户赵老太太状告赵桂馨。赵老太太的丈夫恩标以"义永昌"的堂号经营昌平、延庆两处的引地,死后将其传给了三个儿子:维津、维康、维涛。两地的食盐专卖先由她的一位侄子经营,1899后则由曹荣萱打理,为期五年。1903年,赵桂馨没有征得祖母和父亲的同意,就擅自将引地续借给曹荣萱,租期十年,年租4000两银子,其中的2500两银子进了他自己的腰包用于还债。赵老太太得知这种不负责任的行为后大为光火,遂将她的孙子告到衙门。

对于这些比较棘手的纠纷,地方官员一般只将其视为民事案件而非上升为刑事案件来审理。大清律在维护长辈权力的同时,也照顾了子孙的权力:"卑幼者擅用财二十贯,笞二十,每增二十加一等,罪只杖一百"②。赵维津夹在母亲和儿子之间左右为难,决定分家来承担契约的责任③。若不如此,桂馨肯定会判以不孝和欺诈的双重罪名而瘐毙狱中。但正如上文讨论的华氏的案子一样,家庭共财和私人财产之间的界线是很难划分的,即使有时候仔细考虑过(可参见下文将要讨论的黄家的案子)。因此,大清律对偷盗他人资财与私自挪用家庭共财有严格的区分④。偷盗他人资财10两银子以下者,杖七十;私自挪用家庭共财者,杖二十。偷盗他人资财120两银子以上者,处以绞刑;而私自挪用者至多重杖一百。大清律在做这种区分时,始终秉持依罪量刑的原则。事实上,如汪辉祖等清代司法里手一直有这样的观点:即使瞻前顾后详细设计出的法律条文,也无法涵盖所有可能发生的情况。⑤

## 私人财产权

严禁私自挪用家庭共财或托庇于家庭之下逃避私人债务并不意味着,

---

① G. 杰姆斯译:《中国的家庭与商业法》,凯丽沃尔什出版社1921年,第16页。
② 同上。
③ 《长芦盐运使司档》180,1903年11月25日的契约,1904年6月2日的诉状。
④ 任彭年:《大清律例增修通纂集成》,1871年,卷八,第46页。
⑤ 司法里手回应这种原则规定:"依事定刑"。参见汪辉祖:《佐治药言》,丛书集成,第11卷。

财产所有制形式唯有集体所有制,财产所有制单位唯有家庭。长芦盐商依照一条地方官员也遵循的基本原则,即通过确认购买引地的资金来源来确定所有权。如若购得引地的资金源于家庭集体财产,那引地就归家庭集体所有。张家卖掉400亩家庭共有的土地购得深泽引地便是一例①。

衙门就是依据这一原则来确定私人财产权和家庭繁衍带来的财产继承权,后者如黄家一案。1840年,黄家的创始人黄敷庭购得献县的引地。1853年,经营范围扩张到内黄。他的儿子黄小庵继承了专卖权,小庵又将专卖权传给了自己的儿子黄典孙,但典孙无嗣。1908年,黄敷庭的侄子黄葆宸状告黄小庵和黄典孙的遗孀将两处引地据为己有。他在诉状中写道,他的父亲信庵代表黄家以"永成"的店号经营黄家在献县的引地;而黄敷庭也仅是代表黄家经营引地②。

天津知县却驳回了黄葆宸的诉状。整个案子的关键是所有权,而非经营权、纳税权。知县发现,尽管献县的引地是以信庵的名义登记注册,但为了逃避家庭的义务责任,盐商间也有默认同一人(家)以异名认办引地这种做法的习惯,所以,黄葆宸的诉状中作为确定所有权的证据不成立,判为驳回(也可见下文郑与郑案子的不同判决)。天津知县还援用了"纲首"之一杨俊元的证词。杨作证道,案子中讨论的两处引地乃黄敷庭"一人手创"。换言之,两位寡妇有权管理黄敷庭一手创下的家产,黄葆宸则无权过问③。

黄葆宸对此判决极为不满,旋即上诉天津高等法庭。作为黄家唯一健在的长辈,依照惯例即可做家长,黄葆宸坚称黄家的引地应由他打理。更何况引地是以他父亲的名义去官府登记注册的,他父亲就享有整个专卖的权利和责任。但他又一次败诉。高等法庭认为,小庵和典孙经营引地多年,倘若葆宸有异议,应该早就见诸公堂。他没有这样做,而且也没有对遗孀的继承提出质疑。这些都进一步证明了原判。盐运使的判决同样也遵循国家平衡财产权与家长特权的原则。家庭纠纷一旦公开化,以牺牲家庭和睦的代价来维护家长的权力注定要失败。如若私人财产权,包括买卖、经营、继承的权利得不到保障,那么以官府的能力也是很难保证社会秩序的稳定。

---

① 《长芦盐运使司档》297,1907年7月6日张氏的证词。
② 《长芦盐运使司档》359,张吉人和黄敷庭1853年4月15日的契约,黄葆宸1908年7月14日的口供。
③ 《长芦盐运使司档》359,杨俊元1908年7月14日的禀词,天津县令同日的判词。

## 从共同继承人到纠纷双方

　　国家律例和商业习惯可能有助于所有权的确认,但随着盐商家庭的繁衍分裂,家庭共同财产模糊及其经营分配习惯的首鼠,必定会产生纠纷。如若家庭管理的地方习惯与传统的商业惯例发生冲突,而契约中亦有亲属不干涉的担保条款,地方官员又该如何处理这些案子呢?冯家、王家的案子表明,第一步确定所有权,然后斟酌讨论之,最后才判定由谁来享有这些私人或集体所有权的权利。

　　冯家在19世纪初是长芦盐商大户之一。在1848年到1880年间,经女户冯老太太之手,冯家将它在涿州、清苑、阜平、曲阳四处的引地租与他人。冯老太太故后,1907年要续签租赁契约的时候,冯家子孙冯学彬(1854—1907)、冯学彦(1856—1923)、冯学彰(1862—?)三人发生冲突。冯学彬和冯学彰同意续签,但冯学彦却表示反对。他的理由是,王家有欺诈的嫌疑,还拖欠了租金。学彬不久身故,学彦认为依照惯例自己理当成为冯家的家长。因此,他和何福咸私自签订了租赁契约,以80000两银子的押租与6800两银子的年租金的条件将引地租给了何福咸。学彰和学彬的遗孀被学彦这种无视他们合伙人权利的行为给惹怒了,决意将学彦告到了衙门。在亲朋好友调停无效后,双方还都各自纠集一帮纲友以获得支持。1910年,学彬的遗孀以"职寡妇"的身份向衙门递交了一份诉状,要求获得属于她亡夫名下遗产的管理权。丈夫生前,她并不需要介入财产的管理,可如今丈夫已经亡故,作为冯家一支的女户,她有权参与家族共同财产的管理。因此,她向盐运使请求分家。

　　而学彦在他的辩护状中则声称,作为冯家的家长,他更有权管理冯家的家庭财产。他还反咬一口,状告寡嫂蓄意干涉冯家引地的买卖。在盐运使的授权下,纲总"大善人"李士钰处理此案。经过他的调停,双方最终达成了妥协。既然冯家三支没有正式分家,那作为家族财产的共同所有者,都有权在专卖权的管理上发表意见。因此,虽然学彰签订的契约上有亲属不干涉的担保,契约仍然无效的。新的契约只有三方都满意的情况下才能生效,冯家"分居不析产",三支平摊所有的收益①。

---

　　① 《长芦盐运使司档》101,学彬遗孀郝氏1909年9月18日的状词;冯学彦1909年9月21日的辩词。

从所有权和传统契约习惯的角度看,盐运使调停的解决是很随意的。学彬遗孀的分家要求并没有得到满足,学彦的家长权力受到了损害,而何福咸则发现他的契约作废了。通过这种解决方式,延迟了冯家的分家,也维持了冯家表面上的和睦。从长远角度看,这倒是一种明智的商业决定。在历经诸多磨难后,冯家转移了火盐的专卖,这使得冯家的家底更为厚实①。

定州王家则更能代表盐商家庭圈的情形②。王家的发迹是以"复成裕"堂号经营望都引地作为起步的。王家有三房:王畲、王畯、王承禽。1894年,王家家长王畲将引地租赁给了"全益";1898年又租给了"晋益恒",年租3000吊铜钱,为期十年③。

1908年,合约续签在即,王畲却越权处理引地,王家兄弟阋于墙。1907年10月28日,王畯状告王畲私自挪用家庭共财。"德源"掌柜章礼甫随即也一纸诉状将王畲告到衙门。诉状写道,王畲曾以租赁期满后的望都引地为抵押,从他处借走月息4分的3000两银子的贷款;如若王畲无力偿还,章氏就依此承租引地,或以不超过80000两银子的价钱买断。王家第三房当家张氏和她的儿子王承禽也卷入纠纷,控告王畲经营不善,反对将引地卖与他人。王畲则辩护道,其他两房意图析分家产、篡夺其家长权。

盐运使打破僵局,建议其他两房买下王畲的股份。此路不通后,他又建议将引地租与第三方。但没有"租商"能满足王家的诸多要求,盐运使便将望都引地判给王畲一人打理,条件为按租赁契约的惯例支付其他两房引地的年租与押租。为了明晰所有权,望都引地分为三等份,由盐运使做主抽签选定,一房一份。王畲及其合伙人作为"租商"在契约正副本上签字④。这样,王家的家庭圈就由亲属关系彻底变为了生意关系。

---

① 冯学彰前揭书(序言,1919年)。
② 但这不是将家庭描绘成生意场。实际上,作为中国社会中一复杂单位的家庭允许不断的分家析产,如"八大家"之一的卞家。可参见1986年6月12日卞僧惠的访谈及《大公报》1929年10月1日。在分家后,卞家以个人或集体的名义投资了许多企业。
③ 《长芦盐运使司档》184、277、317,1908年4月5日诉状,1909年11月19日的辩词和1909年12月11日的判决。
④ 《长芦盐运使司档》277,1908年4月5日和1909年11月19日的诉状,1909年12月11日的判决。

## 契约纠纷:习惯、社会需要与财产权

　　事实上,地方官员划分与确定财产权并不很费事:法律法规明白无误,又有像诉状中要求附带的契约这些物证。对他们而言,更为伤脑筋的是要在社会需要与正式法之间权衡,特别是有寡妇卷入的案子。正如我们所见,妇女可以作为投资人参与盐业生意。自 1488 年起,国家正式允许盐商的遗孀代表其亡夫拥有并经营引地①。若为女户,则其可以参与契约买卖,也可以为保护家庭或个人的利益去衙门告状。与书香门第的女子养在深闺不同,盐商的遗孀和社会地位较低的妇女很少束缚于内外分工②。能成为天才的女诗人或高贵的贞妇,部分原因在于她们的家庭有能力出版她们的诗集或得到国家的褒奖。盐商家庭的女子则在她们的家庭事务中扮演重要的角色,不论是作为生意纠纷的黑马,如上文中的华家一案;还是作为家庭的家长。

　　当然,给这些盐商的遗孀带来特权的并非其性别,而是其贞节③。当她们抛头露面时,她们的身份还是赋予她们一定的特权。如卷入深泽引地的张茂寡妻的案子。1908 年,她状告其亡夫生前的好友周彤辉。状纸中写道,周将其儿子张致远绑架,逼勒他签了一份倒填日期的租赁契约,以押租 11000 两银子、年租 1300 两银子的条件将引地租于周。但她的重点并没有放在绑架这件事上,而是一再抱怨她只收到 1000 两银子的押租,余额则被周扣除用来抵还张致远所欠的债务。精明的盐运使认为张氏只是想多收些租金。她已经收到了一部分押租,这表明即使张氏不同意这份契约,但她肯定早已知晓。盐运使没有追究张氏对周彤辉的诬告,提出了这样一种解决办

---

① 段如蕙等编:《长芦盐法志》(1727 年)卷 1,第 5b 页。
② 可参见张传玺主编:《中国历代契约会编考释》,北京大学出版社 1995 年,第 1344 页;天津市房地产市场管理处主编(1995 年)前揭书,第 12—13,18—19,32—33 页中所载的 1890 年、1904 年、1913 年的契约。Susan Mann 在她的著作中对传统研究里中华帝国晚期妇女的形象进行了质疑,可参见其专著《宝卷》,斯坦福大学出版社,1997 年。
③ 对寡妇"影响空间"的研究,可参看 Matthew H. Sommer:《中华帝国晚期的寡妇:性、法律、社会与财产》,斯坦福大学出版社 2000 年;Kathryn Bernhart:《960 年—1949 年间中国的妇女与财产》,斯坦福大学出版社 1999 年。

法:增加170两银子的租金;双方都同意调停①。

但对寡妇的同情却很有限度。当利益与财产权发生冲突时,传统的优先否决原则和恤寡的人道主义是无济于事的。如曹荣萱的遗孀李氏一案。曹荣萱经营有方,打理好几处引地。包括租赁孙天麟武清三分之二的引地,长达二十年之久②。可曹荣萱死后不久,孙天麟就以更好的条件将专卖权租赁给李宝恒③。李氏便向衙门提出了诉讼。在衙门庭审中,一名与宝恒没有亲戚关系的同纲盐商李士铭作证道,出于恤寡的人道考虑,作为"纲首"之一的李宝恒不应该与李氏争抢专卖权的租赁。但盐运使却判定,他不能逼勒孙天麟与曹荣萱的遗孀续签契约,因为这样会损害到孙天麟的所有权④。

盐商的遗孀并不仅仅在这次判决中成为受害者。尽管有恤寡的人道同情,但传统习惯与国家律例还是对寡妇们在社会和经济方面的权力有所限制。国家认可并提倡家庭和睦、敬老恤寡的儒家道德观念,但只要表达得很模糊,当契约涉及财产权和相当有力的经济理性(追求利益)时,这些道德观念并不能发挥作用。

## 国家利益至上

盐商们的契约对于立约双方和官府衙门来说都有重要的意义,虽然这种意义在契约中没有明确表达出来。当地方官员发现盐商的传统商业习惯可能有损于国家利益时,官方的态度很坚定,如郑与郑一案。1900年,郑作楫状告他18岁的侄子郑棠未经他的同意,就擅自将冀县的引地租给了郭骏卿。年长的郑作楫作证道,冀县和孟县的引地是他兄长郑作霖用他们的父亲郑月山留下的家产购买的⑤。1892年,兄长作霖亡故后,作楫接手当了郑

---

① 1896年,张家卖掉家产中的400亩土地购得引地。参看《长芦盐运使司档》297,1907年7月6日张家寡妇赵氏的证词。
② 《长芦盐运使司档》184,在10年租期中,5350两银子的押租,月息8%的1000两银子的贷款以及不多于三次的婚丧礼金。
③ 《长芦盐运使司档》457,这一契约的条款还包括孙家若有红白喜事,李每年准备一份礼金。
④ 《长芦盐运使司档》184,296。
⑤ 《长芦盐运使司档》107,郑与郑1900年1月6日的诉状,1900年1月25日,郑作楫的证词。

家的家长。所以他便以家长的身份出租了孟县的引地。郑棠却辩称道,作楫及其嗣子林萱侵吞了孟县引地的所有收益,他才出此下策维护自己的利益。

因此,案子的焦点是,郑家是否已分家析产,如果已经分家了,那又由谁拥有和何处的引地。尽管林萱在庭上作证郑家并没有分家,但三天后他的父亲郑作楫却又改称郑家至少表面确实分过家。为了防止两处引地背负太多责任,按照盐商间的商业习惯,郑家曾于1886年在河南温县申请立案,郑家的孟县引地由作楫独立打理。虽然正如作楫一直坚称的,实际上两处引地的所有收益仍然归郑家集体所有和分享。

河南温县县令的公文则使这件涉及所有权与商业习惯的法律纠纷又起波折。他肯定道,郑家确实于1886年向衙门申请立案,但不知出于何种缘由,这份牵涉到分家的申请没有得到批准。所以郑家即使已经分家析产,但从法律角度上讲是无效的。直隶总督荣禄只好将此案又交给盐运使处理,他还表达了自己的想法:既然郑家没有分过家,那冀县的引地就应视为郑家的公产;这件案子只是晚辈与家长的权力之争。

盐运使杨宗濂却有另一番想法,他驳回了郑作楫的诉状。原因在于,根据作楫的证词郑家已经分家析产,尽管这样做只是一种逃避家庭责任的策略。与温县县令和直隶总督认可这种商业习惯不同,盐运使宣称,像这种欺诈的"枉法"行为侵害了国家的利益,即使它合法,也不能接受。

郑作楫一直坚信盐业习惯站在自己这一边,失望之余旋即提出了上诉。他重申道,以异名注册引地来逃避太多的家庭责任的策略不能视为分家和所有权的改变。而且温县县令提供了郑家分家无效的法律凭证,所以盐运使的判决理应被推翻。他还提出了折中方案:他愿意在侄子成年以后将管理引地的家长权交出。但这一方案却提迟了。盐运使杨宗濂已于1900年5月17日将判决上报给了直隶总督荣禄。1900年5月23日,荣禄也认可了盐运使的解释,认定郑家既已分家,郑棠只要愿意就有权经营引地①。

这一判决进一步表明了地方习惯与国家利益之间的紧张。它并不意味着以异名注册引地的做法是一种长期普遍的有效惯例;也不意味着分家的

---

① 《长芦盐运使司档》107,郑作楫1900年1月18日的诉状,1900年3月17日温县县令致长芦盐运使的公文;1900年5月3日直隶总督的批词;1900年5月6日盐运使的判词;1900年5月19日和6月7日郑作楫的状词。

档案尽管在册,但只要没有批准,仍无法律效力;更不意味着可以损害家长的权力。它只意味着法律不应被故意的利用来侵占盐商应付的国家责任。

当然,盐运使针对商人们的商业习惯并不仅如此。面对外部帝国主义列强的威胁、内部动荡的处境,清代贵族和各地官员都企图通过法律改革来重振帝国。但在沸沸扬扬的新法应该如何反映道德伦理的讨论中,改革者们却很少关注地方的商业习惯。事实上,当以王贤宾为首的"长芦公所"不愿捐出120000两银子支持改革时,袁世凯便抛开"纲首"享有天津和武清引地的习惯,而将之收归国家经营。

## 结 论

在以上一小部分契约和案例的分析中,我们可能在冒一种风险,即重构国家面对契约、地方习惯、社会需要与法律原则时所表现的态度和所考虑的重心。中国人可能不会编纂体现正式法原则的法典,但并不意味着中国处于一种无政府的状态或非理性的统治中。到清代晚期,长芦盐商已经发展出一套完善的商业习惯,而且他们在自己的家务和生意中都充分利用了契约。这些习惯补充了儒家和谐与等级的观念,与之相应,国家也提倡这些观念并通过法律使之强化。家长和子孙的权力得到了国家的承认。衙门依赖"纲首"们的商业解释与生意经验来认可这些商业契约。在这种程度上习惯才可能执行,起法律的效力,给盐商提供一个有限自行裁决的空间。当然制定法律的既非盐商也非"纲首"。因此,只有当习惯与各种法律实体(个人、合伙人、身为继承人或管理者的寡妇、家庭的子嗣辈)的财产权和国家法律没有冲突时,地方官员才认可它。地方官员批准的实践也只有习惯而非国家法律。尽管儒家道德和社会需要也是国家考虑的重心,但当习惯和恤寡的人道与所有权发生矛盾时,官方往往支持后者。总之,在解决盐商的纠纷中,地方官员首先关注社会经济的稳定,进而从根本上维护国家的权威。

(《城市史研究》2006年第24辑)

# 近代天津城市边缘区的形成及其结构特征

刘海岩

城市社会分层与城市空间结构有一定的关联性。这种关联,一是表现在相近阶层的聚居趋向,再是表现在城市空间的分区趋向。在中国,无论是传统时期还是近代时期的城市,这种趋向一直都存在,只是随着城市社会结构的近代演变,传统时期长期稳定的空间结构发生了根本性的改变。

就不同类型城市而言,这种空间改变的变化模式、程度和速度,呈现出差异。变化最为显著、特征独具的是上海、天津等设租界的开埠城市。一方面,这些城市出现了以租界为核心的中心化趋向。资源和财富向租界流动,租界形成城市中心,社会上层聚居租界中心区。另一方面,社会下层向租界以外的城市边缘流动,形成下层聚居的边缘区,或可称之为"边缘化"趋向。这里所说的边缘区,是指在空间上有明显界线,在人口构成上呈现明显社会分层的边缘城区。我在此前的一篇文章中,已经提出了城市下层的边缘化问题[①]。本文再以天津为例,探讨这种边缘化的空间演变过程及其表现出来的诸多特征。

## 一、历史成因

传统时期的中国城市,形成形态稳定的功能分区。施坚雅认为,明清时期的城市形成衙署区和商业区两个中心[②]。建于河运枢纽的天津府城,形成了城内的衙署区和城外中心商业区。人口居住分布也与这种功能分区形成相应的关联,以官僚士绅为主的社会上层,靠近权力中心——衙署区居住,

---

① 刘海岩:《近代华北自然灾害与天津边缘化的贫民阶层》,《天津师范大学学报》2004年第2期。
② [美]施坚雅《中华帝国晚期的城市》,叶光庭等译,中华书局2000年,第634页。

商人阶层则主要聚居在城外商业区,尤其是运河码头附近。这种分区并非泾渭分明,在地理空间上没有明显的分界线,一定程度上又呈现出不同阶层的混杂分布。社会下层的分布也是同样。

传统中国城市没有界线分明的下层聚居区,在中上层聚居区也会出现下层居民,表现出不同社会阶层混杂分布的特征。但是,就整个城市而言,社会下层也呈现出聚居趋势。明清时期,天津靠近城墙内外的"角落",也就是"城墙根",是社会下层聚居的地方。这种分布的形成,与交通有直接的关系。这些地方空间逼仄,交通上难以通达。而社会上层则愿意居住在距离主要城门近、交通方便的干道两旁。除了城墙根,西门外也是社会下层的聚居区。由于天津城西门外多坟地,处决犯人的刑场也设在那里,因此人们大都不愿意在那里居住。19世纪中叶,西门外的居民人口只占整个城区的5.64%,是除了当时还是水坑洼地遍布的南门外地区之外,居住人口密度最低的。那里的居民多为极贫者,更有来天津打工、逃荒者。冬季,官府在西门外设立粥厂。那里有连乞丐都住得起的廉价小客店①。

随着19世纪中叶的开埠与租界的出现,天津人口增长速度加快,城市空间结构发生了根本性的演变。尤其是20世纪以后,大量农民以灾民或难民身份流入城市,空间界线分明、社区特征明显的边缘区出现了。就其形成而言,边缘区有三种类型:第一类是政府或慈善组织行为的结果,第二类是人口自发聚集和政府行为结合的产物,第三类完全是人口自发聚集而形成的。

在商埠城市,边缘区的形成与分布和租界有一定的关系。上海的"棚户区"分布在以租界跑马厅为中心,东西向5000米,南北向3000米以外的周边地区,"贫民窟遍布城郊,而且常设在外国租界的边界"②。天津的边缘区则主要分布在租界与中国城区之间或租界以外。就其起源及其空间结构特征而言,天津城市边缘区的形成与租界有着很大的关系。

位于老城区与日租界之间的南市是最早形成的边缘区,它的出现与日租界的扩张有关。20世纪初,该地区被大面积的水坑所覆盖,本地人称"城南洼"。1900年,野心勃勃的日本人把租界扩大到南城根,城南洼也被划入扩展界内。由于清政府和列强的反对,日本政府在1903年与清政府签订

---

① "西门外小店住贫人乞丐甚夥,每值隆冬风雪,店主恐其饿死,往往逐出,倒毙不可胜数。"(《续天津县志》卷八附"义举")。

② 卢汉超:《霓虹灯外——20世纪初日常生活中的上海》,上海古籍出版社2004年,第108页。

《天津日本租界推广条约》时,将该地区退还给中国政府,但仍保留将来重新划入租界的权利①。就是这项保留条件为日后这一特殊类型的边缘区——南市的形成埋下了"祸根"。尽管当时日本驻津领事照会中国地方政府,将该地区的"一切行政警察之权,退还中国政府自治"②,但是此后天津地方政府一直未对该地区实施有效的管理,从而使其边缘化,成为中外市政当局都不管理的失控地区,天津人形象地称之为"三不管"。对"三不管"含义的不同解释③告诉我们,正是清末政治的动荡以及城市行政权的分裂,才会在夹缝地带生成这种特殊区域。

民国以后,地处老城区和租界交界处的南市恰好位于整个城市的中部,交通便利,使其成为被城市主流社会排斥的各种因素的汇集区。寓居租界的贵族、军阀和官僚,由于租界法规及其社会条件的限制,只能到租界以外寻求享乐的空间。地处两界夹缝、中外当局都无法干预的南市正是首选地区。以饭店、戏院、澡堂、妓院为主的服务业和娱乐业的兴起,使南市成为华人娱乐和社交的中心。南市的居民则是以社会下层为主。在那里消费、享乐的顾客,大都并非附近居民。

南市缺乏统一规划,空间分布混杂,住宅与妓院、烟馆混合分布。居民吃水靠水车送,粪便污水倒入河道。低洼的地势和危陋的房屋,使得多数住房每逢下雨都要漏雨,每遇洪涝更是首当其冲遭受淹泡。

除了南市以外,其他边缘区的形成大都与区域自然灾害或战乱有直接关系。1917年,华北发生大洪灾,灾后聚集天津的灾民急剧增加。据1918年9月天津警察厅统计,有28万灾民栖身天津,另6.7万赤贫者聚在城外(熊希龄:《京畿水灾善后纪实》第6卷,1919年刊印本,第17页)。以灾民为主构成的城市边缘区就是在这种背景下逐渐形成的。类似的边缘区约有十余处,其中面积最大、对城市空间结构影响也最大的,是谦德庄和"地道外"。

地道外位于老龙头车站以东,铁路线以外。19世纪,那里还是人迹稀少

---

① 王铁崖编:《中外旧约章汇编》(2),生活·读书·新知三联书店1959年,第156页。

② 天津档案馆编:《天津租界档案选编》,天津人民出版社1992年,第203页。

③ 一种解释为中国政府和日、法租界行政当局三方都不愿对该地区实行管理(周恩玉:《解放前的天津南市概况》,《天津文史资料选辑》,第33辑);另外一种解释是清末新政时期设立的市政当局、县衙门和租界当局都不对该地区实施管理(云游客:《江湖丛谈》,上海文艺社1991年,第16—17页)。

的荒郊。据1846年的统计,该地区坐落着沈家庄、王家庄、郭家庄和旺道庄等四个村庄,共有182户人家,929口人(《津门保甲图说》,1846年刻本)。平均每个村庄仅有40多户人家,200多口人,是当时四郊人口最为稀少地区。该地区城市化的发端和人口的迅速增长,始于1892年京奉铁路的修筑。由于该地区附近的海河沿岸被选定建立车站,大片土地的占用迫使当地住户向位于铁路以外的四个村庄迁移,导致这些村庄人口加快增长。1900年八国联军占领天津后,海河东岸与铁路之间的大面积土地被划为租界,界内原住居民又被迫迁移到该地区,"迨庚子事变后,海河北一带连亘数里,变为俄、奥、义、比各国租界。所有村落尽遭拆废,居民多相率来居于上述诸村(指沈、王、郭、旺四村)"①。第三次人口增长是在1917年大洪水发生之后,大量灾民入住该地区。此后的海河裁弯取直工程,又使得大批工程拆迁民户迁居到"铁道外"。同时,连年战乱引发的战争难民避难,也是导致该地区人口增长的重要原因之一。"近来各处之兵荒,无论本省外省,鲜不以天津为桃源。富有者固然居租界,等而下之只得权住华界"。故沈王郭旺各处,无处不以人满为患,"义冢荒野不数年而易为极稠密之街市"②。

大量耕地被占用,迫使村民放弃耕作,转而组织脚行,以在车站、货场搬运为生。村民成立的"七村脚行"垄断了车站货场的搬运,农民转变为搬运工人。铁路运输提供的大量就业机会,吸引众多人口来此聚居谋生。民国初年,该地区的居民超过了7000户。

谦德庄位于英、德租界以南,直至民国初年还是一片荒僻之地。1917年水灾发生时,大批灾民在这片地势较高的地区落脚,红十字会搭盖窝铺、发放食物让灾民栖身。灾后,有的灾民陆续返回家乡,有的就地谋生,成为谦德庄最早的居民。谦德庄的土地主要属于天津盐商"李善人"以及天主教会"崇德堂",他们在这一地区搭盖大批简陋住房,租赁给流落此地的灾民居住。

## 二、空间特征

边缘区大都有明显的分界线。例如地道外就以铁路为分界线。谦德庄

---

① 天津市档案馆等编:《天津商会档案汇编(1912—1928)》第3册,天津人民出版社1992年,第3287页。
② 甘眠羊:《新天津指南》,绛雪斋书局1927年,第3页。

和英租界相毗邻,分界线是豪华建筑密集的马场道。一路相隔,宛若天上地下。南市与日租界之间也由一条狭窄弯曲的道路相隔,这条道路成为罪犯或黑社会成员逃避租界巡捕追捕,躲入"三不管"地区的"边界"。

边缘区基本上没有有效的基础设施和市政管理。"地道外地区只有一条土路,路旁挖的明沟就是下水道,所有的雨水、污水甚至粪便,都经由明沟流入建火车站时取土后留下的一个面积有五六千平方米的水坑内。"在谦德庄,既没有任何排水设施也没有清道夫,住户的垃圾和污水随手倒洒。一走进这一街区,便"立刻觉得有一股子怪味,说臭不是臭,说骚不是骚,足以令人呕吐"①。在南市三不管儿,地上的秽土堆积成丘,游人在秽土上来来往往,尘土飞扬,空气非常浑浊。

边缘区居民的居处非常简陋,大多是天津人所称的窝铺,一般的建造方法是用少量木料和秸秆或苇笆支起棚架,外面抹上一层黄泥,便成为一家人的栖身之所。窝铺两个字形象地说明了这种简陋居处的特征:低矮、狭小,顶部呈圆拱状,如同动物的"窝"一样。有的窝铺甚至建成半地下状,以抗风寒。

即便如此简陋的窝铺,很多也是由赈济机构或慈善组织搭建的。1917年,由警察厅发起组织的"水灾急赈会",在老城南地势较高处盖了300间窝铺安顿灾民。这是最早一片大面积建造的窝铺区,后来演变为被称做"南开"(即城南洼旷地之意)的居住区。

地道外地区早期的窝铺也是由慈善组织或个人捐资建造的。1917年,寓居租界的徐世昌、赵尔巽等人发起捐助,在郭家庄搭盖窝铺安顿灾民。在他们通报警察厅的信函中说道:

> 径启者……当洪水横流之后,灾黎猝避而来,路侧墙隅风餐露宿,同人睹其惨状为之恻然,因相与集议倡捐拟建窝铺以居之。商请警局指定老龙头迤北郭庄地点,随即鸠工庀材克期建造草房式窝铺二百间,内外皆涂以双层厚泥不使雨雪渗漏,并设置炉灶及有窗棂之门扇,外加男女厕所。原拟俟工竣报交警局验明再行查拨居住,而各户未待完成即一齐迁入。现已催匠将未了之工一律添补戥事,遂复挨次编号,并于其地树立本标名曰"公济窝铺处",以昭识别。②

---

① 《关心社会问题民众教育者:莫忘了谦德庄》,《大公报》1933年3月20日。
② 《公济窝铺处报告》,《益世报》1917年12月21日。

刚建成的窝铺区一度实施过管理。1917年"京畿水灾赈济联合会天津分会"还制定了《窝铺管理章程》。章程规定建造窝铺的团体,要设立办事处负责窝铺区的管理;要加强窝铺区卫生的管理,如保证饮用水的洁净,建厕所、浴室及浣衣所;要随时为居民检查身体,病者送医院疗治,等等①。然而,慈善组织的管理不能持久。这些地区形成一定规模后,他们已经无力管理,城市行政当局又不认真实施市政管理,这些边缘区最终沦为失控的贫民窟。

除了这些大面积的边缘区外,还有若干规模较小的边缘区分布在城市的不同地区②。这些边缘区往往分布在与中心城区有一定距离,地处偏僻,原居民不多,警察控制相对薄弱的地区。

例如,在河北新区新开河河道堤岸旁,出现了由灾民自发聚居形成的一片贫民区。由于规模小,甚至没有名称,记者称之为"新开河岸贫民窟"③。这片贫民区最初也形成于1917年洪灾之年。以后,天灾战乱不断,这里的人口逐渐增多。到了30年代初,已经形成大约八九百家、四五千口的规模。居住者以山东人为多数,河北、河南人次之,是一个典型的下层移民社区。

他们之所以选择这个地区,除了地处偏僻、警察很少干预外,另外一个经济上的原因,就是可以利用河堤,降低生存成本。他们的"房"是在河堤坡上挖一方形洞,以泥土接出一段墙,用破麻袋片挡住洞口即成。洞内宽不过三尺,深不过四五尺,是名副其实的窟。还有的利用倾斜的堤坡,用秫秸编成四壁和屋顶,抹上一层泥土以避风雨。用土坯或砖头筑墙,门窗齐备者,就算是豪宅了。民窟的居住者,多数是人力车夫、乞丐,少数为负担小贩或小本生意人。

另外,在城市边缘区,多会形成以娱乐为主要功能的公共空间。在近代中国,不同地区的城市,社会下层娱乐场所的空间分布有不同的模式。四川成都的下层大众娱乐场所主要是大量沿街分布的茶馆④,北方城市则往往在城市边缘区形成集中分布的下层娱乐中心。北京的下层娱乐中心是城南贫民聚居的天桥。在天津,面积较大的边缘区都出现了集中分布的大众娱乐

---

① 天津市档案馆等编:《天津商会档案汇编(1912—1928)》第3册,天津人民出版社1992年,第3415—3416页。
② 《贫民生活大观》,《大公报》1931年2月8日。
③ 《新开河岸贫民窟》,《大公报》1933年3月5日。
④ 王笛:《街头文化:成都公共空间、下层民众与地方政治,1870—1930》,中国人民大学出版社2006年,第59—64页。

场。这些娱乐场一般是由许多简陋的戏棚、说书场等室内娱乐场所，以及一片供艺人表演和地摊商业公开经营的露天公共场所组成。稍有些吸引力的艺人可以进入戏棚、说书场演出，那些贫苦的江湖艺人或没有任何名气的演员们，则只能在空场摆地表演。边缘区的居民是这些演出的主要观众，他们可以在观看后支付一两个铜板，也可以免费观看"撂地"演。

## 三、职业与生活

边缘区的居民大多是晚近从乡村进入城市的"外来者"，对于他们而言，能在城市生存本身就是成功或者说就是幸福①，因此，城市里任何收入低微的职业都是他们渴望得到的。大量边缘区居民从事的是城市里的苦力行业，如拉洋车、地扒车，在河坝码头或车站"扛大个"，搬运工、小贩或戏园茶役等已经是他们的好职业。

洋车或称人力车，至迟19世纪80年代就已经出现在天津街头。到19世纪末，全城的人力车达到了四五千辆，到了20世纪20年代，更有人说人力车已不下数十万辆。这一说法或许有些夸大，但是天津的人力车数量已经达到饱和当是事实。大量贫民以此谋生，由于车资低廉，人力车夫的收入极其微薄，甚或终日街头不得一饱。

很多人靠捡垃圾或乞讨为生。他们把拾到的垃圾分类后出售。在边缘区，许多贫户户外都摆放着各类捡拾来的垃圾，分类以备变卖：破布卖给做鞋的作坊，橘子皮卖给药铺，小瓷罐售之破烂摊，破纸归纸作坊作包装纸，破铁皮卖给洋铁铺打烟筒，烟卷头破开当烟丝卖或卷冒牌烟，等等。在边缘区，有多处专供贫民销售垃圾废品的市场。

边缘区的居民居住方式破陋，生活景况恶劣。一般的贫民家中，简陋的土炕占据了大部分居住空间，被形容为一间屋子半拉炕。仅有的家产往往是炕上的一领破席，几只碗和几双筷子，有的甚至没有一床完整的被子。

他们的日常饮食主要是玉米面或高粱面，有的还要掺上豆腐渣。对于这些平日连饭都吃不饱的人们来说，过年吃上一顿饺子，往往成为一种对生

---

① 卢汉超：《中国近代城市史研究中的若干理论问题》，张仲礼编：《中国近代城市企业·社会·空间》，上海社会科学院出版社1998年，第395页。

活的奢求①。

边缘区居民的日常穿着"衣不遮体"者占有相当的比例。尤其到了冬季,能穿上棉衣便可以说是贫民中上层了。据 20 年代初在地道外的调查,无棉衣者有 95 人,无棉裤者 178 人,连一件夹袄也没有者 141 人。有的一家夫妇仅有一套棉衣,白天妻子出外做工,丈夫只能赤身露体在家。傍晚妻子回家,丈夫再换上棉衣出外拉车②。

即便多数居民的生活几近一贫如洗,贫民窟也会出现专门放债谋利者,甚至经营所谓"房产"者。一些小商人垒几间简陋的草房就可以出赁,每天的房租要五六个铜子。向贫民放债的小金融商人,每借 1 元钱,每天要还 1 毛,11 天本利全部还清。这种高利贷称"印子钱",贷款额一般只有几元,贷者还要有人作保。就是如此小额的借贷,许多贫民也不敢举借③。

边缘区居民子女的教育,主要是通过慈善组织的"善行"实现的。1917 年,华洋义赈会等在贫民区设立初级小学,专门招收住在窝铺的灾民子女上学。教师多为来自城市中上层社会的知识女性,义务从事贫民教育。各边缘区的学校多为慈善性质的私立学校或贫民学校。如政府参与承办,则要给学校一定的补贴,以利减免学费。

传统时期到近代,天津城市社会的一个最大的变化,就是社会阶层空间分布的"分区化"。富人聚居的租界与贫民聚居的边缘区,形成城市的两极。居住在租界的富人阶层,作为"慈善家"或者通过捐助慈善组织,为边缘区的建设以及边缘区居民的生活提供帮助。边缘区的居民为租界社会提供各种"苦力"服务。有意思的是,伴随移民进入城市的下层大众娱乐文化,在边缘区的娱乐场立脚、生根之后,随着观众群的扩大和表演者的成名,进入租界的剧场、戏院等上等娱乐场所,成为被城市各阶层普遍接受和欣赏的大众娱乐文化。这种不同社会空间之间的"文化流动",体现了边缘区对整个城市文化的影响力。当然,这需要专文加以论述了。

(《天津师范大学学报》社会科学版 2007 年第 4 期)

---

① 《贫民生活大观》,《大公报》1931 年 2 月 8 日。
② 《急赈会开会续志》,《益世报》1922 年 12 月 19 日。
③ 《贫民生活大观》,《大公报》1931 年 2 月 8 日。

# 清代的天津商人与社区认同

原祖杰

过去一二十年史学界对中国早期城市居民社区认同的讨论，多半是为走出马克斯·韦伯有关城市理论的阴影而做的努力。根据韦伯的定义，城市首先是市场所在——"存在定期而非偶尔的商品交换"；其次，它是个居住场所，而市场是其居民赖以生存的必要条件①。从其第二层含义中，韦伯进一步发展出他的市民理论，并且认为，在帝制时代的中国，"作为城市地位标志的市民身份是缺失的"。他还强调说，即使在封建阶段以后，"'城市市民身份'和'城市社区'的概念在中国也不存在"②。原因在于这些居住者缺少对其所居住的城市社区的认同。在韦伯看来，"中国的城市居住者在法律意义上仍属于其宗祠所在且感情所系的家族和故乡"③。韦伯的观点在20世纪末曾受到一些西方学者的质疑④。笔者通过对清朝前期（从顺治到乾隆）天津城市发展状况的研究，认识到中国早期城市居民的社区归属，是一个比韦伯的城乡两分法复杂得多的问题。着眼于城市化背景下天津商人阶层的崛起以及他们在地方社区中的作用，本文将集中探讨此类社会参与以及与之相关的文化活动所反映的社区认同和地方意识。

---

① Weber, Max. *The City*. Translated and edited by Don Martindale and Gertrud Neuwirth. Glencoe, IL: TheFree Press, 1958. p. 66.

② Weber, Max. *The City*. Translated and edited by Don Martindale and Gertrud Neuwirth. Glencoe, IL: TheFree Press, 1958. p. 83.

③ Weber, Max. *The City*. Translated and edited by Don Martindale and Gertrud Neuwirth. Glencoe, IL: TheFree Press, 1958. pp. 81 – 82.

④ 如约翰·霍普金斯大学的威廉·罗认为，没有理由因为中国的城市居住者保留着对家乡的认同就排除他们作为迁居社区正式成员这一概念的建立。他把后者称作"地方性认同"（locational identity）。见 William T. Row, Hankow: Commerce and Society in a Chinese City, 1796 – 1889 (Stanford: Stanford University Press, 1984), pp. 249 – 250。

## 一、天津商人的崛起

　　根据天津方志记载,天津城源于元,成于明,而兴于清。与明代官、军两籍的强制性移民不同,清代移民中许多是以做生意为目的自愿来到天津的。除了罗澍伟根据天津方志所统计的12.1%的专门经商者外①,还有许多人以其他身份从事商业活动,这一点在天津人物志中可见端倪。由于许多地方志受儒家正统思想的影响,商人及其活动常被有意无意地忽略。即使如此,没有人可以否认商业活动已经成为城市生活的重心这个事实。而商人作为这些活动的主要承担者,在社区中的地位和作用也变得日益突出。在天津的商人队伍中,粮商和盐商是两支举足轻重的力量。

　　粮商的崛起跟漕运和海运的发展有着密切的关系。大运河作为连接南北的纽带,在元、明两代就是江南运往北方贡粮的主要途径。明朝迁都北京后,漕运业得到空前发展。扩大后的漕运已不限于贡粮转送,而且包括长江三角洲甚至闽广等地的各种土特产品。沿运河北运的贡粮常在天津被截留以济急用,从康熙到乾隆年间,常有数十万石的漕粮被截留储藏于天津的仓场。这些粮食经常被投放到市场中以补当地粮食之需,如康熙三十六年(1697)圣谕:"将通仓米石运至天津一万石,宝坻、香河两处一万石,照时价减粜。"②此类措施无疑推动了粮食贸易,并给天津商人提供可乘之机。

　　清初北方粮食短缺动摇了海禁,但这种松动在开始阶段只惠及少数特许商人。康熙二十三年(1684),塘沽船王、官纲户郑世泰请求康熙皇帝"用海舟贩运奉天米谷以济津民"。康熙允以官给龙票,"出入海口,照验放行"③。乾隆四年海禁正式解除。乾隆皇帝在诏谕中说:"命嗣后奉天海洋运米赴天津等处之商船,听其流通,不必禁止。"④海禁既开,贩运者迅速增加。海运也给天津的船主和商人带来丰厚的利润。据说,一个名叫乔岱的船主,拥有19艘海船,半年中来回贩运五六次,获利两万两白银⑤。粮商正是在漕运和海运粮食贸易中得以崛起,他们中有许多资金雄厚的大商人,如天津八

---

① 罗澍伟:《近代天津城市史》,中国社会科学出版社1993年,第96页。
② 沈家本等:《重修天津府志》,台北学生书局1966年,第2341页。
③ 沈家本等:《重修天津府志》,台北学生书局1966年,第2504页。
④ 沈家本等:《重修天津府志》,台北学生书局1966年,第2505页。
⑤ 万新平:《天津史话》,上海人民出版社1986年,第35页。

大家中的天成号韩家、杨柳青石家、土城刘家、正兴德穆家等都是著名的粮商。

比粮商更为显赫的是盐商。清初采取了一系列措施来扩大和改善盐业的生产和销售。长芦盐业的两个重要管理机构在康熙年间分别从北京和沧州迁到天津，天津因而成为北方盐业的生产与销售中心。长芦盐的引地覆盖直隶、山东两省，河南四州一县，江南两州四县。长期以来，盐业在国家垄断下形成一套独特的分工体系。据《长芦盐法志》载："明初，分商之纲领者五。"商纲之名由此产生。"分商之名目者四：曰在边报中之商；曰在场买盐之商；曰在司守支之商；曰行盐地方卖盐之商。"①清代在继承明代盐业垄断系统的同时又对盐引的发放、盐业的售卖以及盐税的缴纳等加以改进，以方便盐商和增加国家盐政收入。天津的盐商大致分为三类，即业商、坐商和号商。居于上层的是大约70家业商、纲商或京商。他们直接在政府中注册，以此划分引地，垄断引地内的盐业销售。这些商人再将盐引转租给租商，后者直接经营引盐的运输与销售。但租商多半不直接销售，他们主要是将盐运到中心市场，然后再批发给商号。急剧发展的长芦盐业和政府灵活的管理政策造就出一批一夜暴富的盐商，他们凭借政府的特许权和雄厚的资金在天津的经济文化生活中发挥了重要作用。天津八大家中除粮商外，另外四家都是富可敌国的盐商。他们从食盐专销中获得巨额利润，再投资到房地产、钱号等成本大利润厚的产业，几乎控制了天津的经济命脉。依靠财富的支持，他们中的许多人积极参与社会文化活动，赞助书院、义学，逐步跻身精英之列，成为社会的领导阶层。与从事其他行业的商人相比，天津的盐商具有两个明显特点：第一，他们中多数都不是当地土著，而是来自商业较为发达的其他省份。为盐业的丰厚利润所吸引，他们先是加入到长芦盐业，然后改籍天津，将天津作为他们的第二故乡。几代以后，他们已是地道的天津人了。第二，盐商较之于其他行业的商人与政府的联系更为紧密，在某种程度上，他们是作为政府的代理人垄断食盐的销售。这种官商联系构成近代中国城市中一个特殊阶层——绅商产生的政治、经济背景。

商人阶层的崛起，改变了传统中国社会的阶级结构。曾在士、农、工、商的社会阶梯中居于底层的商人，随着中国社会商业化的发展，依靠其经济势力逐渐拉近了与国家政权和统治阶层之间的距离。天津的商人，尤其是盐

---

① 段如惠：[雍正]《新修长芦盐法志》，台北学生书局1966年，卷二，112页。

商,常常以传统士绅自任。他们一方面交游、赞助文人以加强自身的文化修养,另一方面热衷于社会参与,在社区生活中发挥领导作用。张霖的父亲因加入长芦盐业而于顺治年间定居天津。从廪贡生起步,张霖官至福建巡抚和云南巡抚。在继承了其父家业后,张霖在任则活跃于官场,离任则周旋于商场。由于家境充裕,他在离职期间享受的是舒适的学者生活,包括收藏字画,在家中招待梅文鼎、朱彝尊和方苞等著名学者,还留下一部《随闲堂稿》以充文苑①。另一盐商查日乾原籍浙江海宁(另说北京),在津业盐成为巨富。乾隆皇帝六下江南四次寓于其别墅水西庄。据说,查氏热衷经学,著有《左传臆说》和《史腴》②。统而观之,天津绅、商的结合主要通过以下途径:(1)致仕后的官僚或低级功名获得者直接经营商业,主要是盐业;(2)富商结交地方长官,赞助公共事业;(3)商人投资其子孙的教育事业,在他们考取或捐到功名后全家跻身士绅行列。如盐商徐北山的三子中有两进士一举人③。这种结合使商人在中国传统社会中的地位空前提高,为他们在居住社区中发挥更多的作用准备了条件。

## 二、行会、会馆与芦纲公所

美国著名中国社会史专家苏珊·曼在论及近代绅商时指出,他们一方面努力与政府接近,另一方面沿用传统商人的组织形式结成职业行会来保护自己的利益④。有关行会的系统研究可以追溯到20世纪20、30年代日本学者的初步调查。50年代何炳棣在《哈佛亚洲研究杂志》上有关两淮盐商的论文和60年代他在台湾出版的关于中国行会的专著使该项研究更为深入。20世纪最后20年西方史学界有关中国民间社会的讨论和对中国城市史的最新探讨将其重新激活,从而形成蔚为壮观的学术成果。在上述研究中,行会经常被与会馆相提并论。会馆一词具有"组织"与"建筑"双重含义,代表着来自相同地方而居于城市中的商人或者学者结成的一种联系。由于来自

---

① 高凌雯:《天津县新志》,民国二十年本,卷二十人物一。
② 高凌雯:《天津县新志》,民国二十年本,卷二十人物一。
③ 徐士銮:《敬乡笔记》,沈云龙编:《近代中国史料丛刊》41辑,台北文海出版社1969年,第38页。
④ Mann, Susan. *Local Merchant and the Chinese Bureaucracy*, 1750–1950. Stanford, CA: Stanford University Press, 1987. p. 21.

同一地方的城市居住者常常从事相同或相近的行业,所以传统中国城市中的许多行会是以与会馆重合或平行的方向组织起来的。韦伯在讨论中国的行会时就强调了这一特征,并以此作为中国城市居住者在制度上连接于其乡村故里的佐证①。在此,韦伯显然忽视了会馆对于城市发展积极的一面。詹姆斯·科尔在对绍兴的研究中发现两种相互关联的趋势:一方面,绍兴人喜迁移,在全国各地都有自己的会馆;另一方面,一旦绍兴人离开了本地,就很少有人走回头路②。也就说明,这些会馆不仅仅是城市中的新移民与家乡联系的纽带,而且是鼓励移民离开家乡进入城市的中转站。威廉·罗在其研究中也指出,汉口的会馆实际上已经地方化了,是发展中的地方社会的一支"进步力量"③④。

不仅如此,中国的商人行会也远不是一支成分单一的组织。罗就曾经指出,汉口的行会在其成员标准上至少有三条线索可循:同业、同乡或在生产或市场链条中同属一个经济阶级⑤。琳达·库克·约翰逊通过对上海等地的研究总结说,会馆和公所无论在成员上还是在服务对象上都是有所不同的。前者属于同乡联谊组织,后者则是同行商业组织。如果说上海的会馆成员大都来自外地的话,那么其公所则为上海本地人所控制。各地的会馆可以经常为同乡成员提供接济,而同业公所总是为上海的地方福利事业提供帮助⑥。

---

① Weber, Max. *The City*. Translated and edited by Don Martindale and Gertrud Neuwirth. Glencoe, IL: The Free Press, 1958. p. 18.

② Cole, James H., Shaohsing: *Competition and Cooperation in Nineteenth-Century China*. Tucson, AZ: The University of Arizona Press, 1986. p. 77.

③ 罗的观点遭到小弗雷德里克·韦克曼的批判,后者列举了诸多证据说明,在汉口,以乡籍为纽带的会馆对于他们所客居的城市及其人民仍是极为排斥的。详见 Frederic Wakeman, Jr., "The Civil Society and Public Sphere De-bate: Western Reflections on Chinese Political Culture," in *Modern China*, Volume 19, No. 2, April 1993, p. 119.

④ Rowe, William T. *Hankow: Commerce and Society in a Chinese City*, 1796-1889. Stanford, CA: Stanford University Press, 1984. p. 267.

⑤ Rowe, William T. *Hankow: Commerce and Society in a Chinese City*, 1796-1889. Stanford, CA: Stanford University Press, 1984. pp. 252-253.

⑥ Johnson, Linda Cooke. "Shanghai: An Emerging Jiangnan Port, 1683-1840", in Linda Cooke Johnson, ed., *Cities of Jiangnan in Late Imperial China*. New York, NY: State University of New York Press, 1993. pp. 166-167.

前面已经提到,在早期的城市移民中,同乡容易发展为同行,所以会馆和公所之间的界限可能没有约翰逊所说的那样明确。天津的会馆是随着天津与东南沿海之间的长途贸易的发展出现于17世纪90年代,所以可以算作天津走向繁荣的一个指标①。何炳棣在其对中国会馆的研究中,根据张焘的记录仅列举了六家设于天津的会馆②。而实际上天津还有几家同乡组织是以公所等命名的,如潮帮公所、吴楚公所、岭南栈等,也应归于会馆之列。另外,我们还注意到,山、陕会馆中都包含了以行业为组织标准的公所③。由此可见,在天津,会馆与公所之间的划分并不是截然分明的。

然而,芦纲公所却是一个地地道道的以地方社区为核心的同业行会组织。该组织成立于康熙年间,是长芦盐商为保护自身利益,协调商业活动和公共事务而结成的行业联盟,"举凡筹策公务,以及配运输课诸端,咸齐集会议于此"④。许多成员都是实力雄厚的富商,在其引地有着举足轻重的影响。他们推举三到四位资望卓著者为纲总,负责公所日常事务。除此之外还有成立于嘉庆年间的钱号公所和当行公所⑤。这些同业行会组织的建立,标志着客居天津的商人们已经打破了乡籍限制,形成了他们对共同居住的城市社区的认同。

## 三、天津商人对社区的贡献

以社会领袖自任的绅商积极参与了清初正在扩展中的天津城市生活。为取悦当权者,同时也是为了扩大自身在社区中的影响力,他们往往多方捐纳,积极参与公益事业。本文仅就影响较大的几个方面略加探讨,以期展现他们对社区意识形成所发挥的作用。

(一)救火会。传统中国社会的治理方式和组织形式主要适用于农业社

---

① Zhang Xiaobo. Merchant Associational Activism in Early Twentieth – Century China: The Tianjin General Chamber of Commerce, 1904 – 1928. Ph. D. Diss. Columbia University, 1995, p. 188。
② 何炳棣:《中国会馆史论》,台北学生书局1966年,第53页。
③ 张焘:《津门杂记》,《近代中国史料丛刊》57辑,台北文海出版社1970年,第35—36页。
④ 王守恂:《天津政俗沿革记》,民国二十七年本,卷八,盐业。
⑤ 汪寿松:《略述天津的典当业》,《天津经济》2004年第12期。

会。尽管清政府也勉强将保甲制度移植到城市以加强都市的治安管理,但这显然不足以应付城市生活中日趋复杂的局面。早期的都市因人口稠密、房舍毗邻极易引起火灾,天津也概莫能外。对于天津早期的火灾,虽无准确统计,但其频发程度早已为官民所忧。据说,天津最早的卫志就因毁于火灾而不得后传。救火会就是天津早期居民应社区之需而成立的自发性组织。天津府志有一段关于救火会的生动记载,兹录于此:

> 国初芦商武廷豫创立同善救火会。厥后人烟稠密,往往不戒于(火)。(火灾)渐多。盐臣莽鹄立捐置救火具。津邑士民之踵而兴者,续立救火会四五十所。努力襄理,制器具、号衣、备水机、水桶,详立条约,皆极缜密而精严。每以鸣锣为传令,递相迎送。与会者概属负载贸易之人,闻锣声起,皆奋勇奔救,置其货物于不顾。而街市亦固知其为救火者,必为守护之,从无遗失。群焉竞赴于火所,挹水救护,惟恐后时,必尽扑灭焉乃止。火熄,亦以锣为令,按道里分宾主次序,秩然行之。久而不懈,一方所最赖为善举者。①

赖商民财力,救火会纷纷成立,会资由长芦商人捐献。每年春天或秋天,作为主持者的各局首善都要"设席邀请捐资绅士、铺户与救火伍善以酬之"。由于救火器具花费甚巨,长芦运库每年助银一千余两②。由此可见,天津救火会的成立与发展是富商的财力、一般市民的劳力和官府的号召与支持三者合作的结果,而民间的力量在其中发挥了主导作用。

(二)公共工程。市区的发展,尤其是在空间上的扩张,需要若干公共设施以补私人建设忽略、遗漏之处。在天津,大部分的公共设施由长芦运司出资兴建;另有相当一部分资金来自芦纲公所。但仍有许多工程,甚至大规模市建工程是由私人解囊捐助的。在此仅从天津方志中录出几例以为佐证。盐商安尚义,朝鲜族人,入籍奉天,因业盐致富而定居并改籍天津,雍正三年与其子安歧捐资重修了天津城墙③。罗澍伟认为,安氏父子所捐助的天津城

---

① 沈家本等:《重修天津府志》,台北学生书局1966年,第604页。
② 沈家本等:《重修天津府志》,台北学生书局1966年,第604页。
③ 美国学者关文斌通过对大量史料的甄别对比,认为安氏父子系康熙朝权臣明珠家人。他们在长芦和两淮的投资很可能是朝中权贵绕过清廷禁令间接涉足盐业的贪腐之举,因此其兴衰也同朝中的政治斗争息息相关。关文斌还发现,安氏父子重修城墙,实际上是他们的保护人在朝中失势后被迫接受来自新继位的雍正皇帝的惩罚措施。详见关文斌:《文明初曙:近代天津盐商与社会》,天津人民出版社1999年,第112—114页。

墙工程是历次城墙修建中规模最大的①。另一位商人于景原籍静海,鼎革后迁居天津,曾独资修筑从围城到小淀45里道路。前文提及的创立同善救火会的武廷豫,本是山西大同人,其父曾任明代卫官,卸职后定居天津,子孙皆以天津人自称。据县志记载,武家从维修城墙,到建造水闸,对公共事业贡献甚多②。

(三)赈济灾荒。水、旱灾荒是传统中国政府和人民经常要经受的考验。法国汉学家魏丕信在对18世纪中国的荒政研究中不无感慨地写道:帝制时期的中国农民,面临的常常是"不是水太多,就是水太少"③。这种威胁对于居住在黄河下游地区的人民来说就更为严峻。一旦旱涝成灾,诸如"食物欠缺,饥民流动,牲畜损失以及种子存留"之类的问题常常使政府捉襟见肘,应接不暇④。当地广人稀的东北地区成为疏解中原灾荒的安全阀之后,天津就成了直、鲁、豫三省人口流向东北通道的要冲。此外,清廷也希望能将流动的饥民挡在首都北京之外。这样,天津就成为赈灾中心。而天津附近因漕运而建立的众多粮仓又为赈灾提供了方便的粮食来源。一旦灾难出现,清廷往往在天津截留漕粮救急。这种做法也吸引了众多的灾民聚集天津以寻生路。即便如此,单靠政府的力量仍不足以拯救众多的生灵。这样,朝廷和地方官员都有意鼓励当地绅商参与赈济。由于私人行动往往比政府官僚系统更为直接、方便,他们经常发挥政府难以取代的重要作用。如乾隆年间,邑绅周自邠、朱光觐、王锡朋等有感于流亡灾民的悲惨处境,带头设立粥厂,"士民助粟者复千百人"⑤。

(四)育婴堂。因经济条件恶化而经常出现的弃婴现象引起政府和社会的关注。盐商周自邠捐资雇用哺乳期妇女抚养这些被发现的弃婴。随着收养弃婴人数的增多,单靠个人力量已经是杯水车薪。商人们于1795年上书盐官郑瑞,郑又转奏朝廷,请求设立育婴堂。经乾隆批准,102间育婴堂在东门附近建起。经费主要从商人们捐纳的参科中拨出,每年7000两以资日用。

---

① 罗澍伟:《近代天津城市史》,中国社会科学出版社1993年,第77页。
② 高凌雯:《天津县新志》,民国二十年本,卷二一,人物。
③ Will, Pierre - Etienne. *Bureaucracy and Famine in Eighteenth - Century China.* Translated by Elgorg Forster. Stanford, CA: Stanford University Press, 1990. p. 21.
④ Will, Pierre - Etienne. *Bureaucracy and Famine in Eighteenth - Century China.* Translated by Elgorg Forster. Stanford, CA: Stanford University Press, 1990. p. 21.
⑤ 沈家本等:《重修天津府志》,台北学生书局1966年,第611页。

由盐运使任命的堂官在几个商人的监督下管理日常工作①。

（五）殡葬救济。地处水陆通衢的天津经常发现一些流民浮尸水面或横尸街衢。这不仅造成严重的环境问题，而且易导致瘟疫流行。这样，捞埋尸体就成为维护社区的一项必要工作。据天津县志载，康熙年间市民自发设立了施棺局。乾隆间，长芦盐运使曾每年助银24两，后因此例渐废，"邑绅李锦倡众捐资，襄其事者百余人，复举行。凡路毙与贫不能殓者给棺一口，钱750文以为葬费"②。此外，华龙藻等人还于乾隆三十六年（1771）发起成立掩骼社，并上书官府，请求拨官地两顷以掩埋暴露的尸骨③。这样的民间行动，既有利于环境的保持和改善，又增进了公德和社区意识。

（六）公共娱乐。以庙会为核心内容的公共娱乐活动是传统中国社会中促进文化融合和社区凝聚的重要途径。赵世瑜在其对明清以来的庙会和民间文化的系统研究中，称此类活动为中国传统社会的狂欢精神，并恰当地指出，这种"不分贵贱"和"男女混杂"的庙会和娱神活动，"起着增强社区凝聚力的作用"④。这一论点可以在清代天津的公共娱乐活动中得到印证。天津的娱乐节目极为繁多，兹举其大端如下：每年春节后第一个公共娱乐节日是正月十五的灯会。喜好热闹的天津人不满足于十五日一天的狂欢，因而在士绅、商人的赞助下，每年正月十三开始举行三义会。刘备、关羽、张飞分别在十三、十四、十五三日出巡。会中百戏乐奏，热闹非凡。乾隆出行路经天津，往观三义会，"天津官绅财力并用，设置十倍于既往，以博上欢"⑤。另一大型娱乐节日为三月二十三日的皇会。传说这天是天后生日，周围数百里的善男信女聚集天津，朝拜天后娘娘。据张焘记载："神诞之前，每日赛会，光怪陆离，百戏云集……三岔河口，所有可以泊船之处，几于无隙可寻。河面黄旗飞舞，空中俱写天后进香字样，红颜白鬓，迷漫于途。数日之内，庙旁各铺所卖货物，以利市三倍云。"⑥

---

① 沈家本等：《重修天津府志》，台北学生书局1966年，第622—623页。
② 沈家本等：《重修天津府志》，台北学生书局1966年，第628页。
③ 沈家本等：《重修天津府志》，台北学生书局1966年，第629页。
④ 赵世瑜：《狂欢与日常：明清以来的庙会与民间社会》，生活·读书·新知三联书店2002年，第123—137页。
⑤ 戴愚庵：《沽水旧闻》，天津古籍出版社1986年，第9页。
⑥ 张焘：《津门杂记》，《近代中国史料丛刊》57辑，台北文海出版社1970年，第171页。

综上所述,从绅商和一般市民所参与的公益事业中,我们不难发现,他们已经在相当程度上产生了对所居城市的社区认同。正如威廉·罗对汉口所做的观察,城市居住者"对其所客居的地方相应增长的认同反映在慈善事业与公共服务的模式之中"①。当然,绅商对公共娱乐活动的参与还掺杂了娱乐之外的目的,因为这些活动不仅是吸引顾客于商业中心的重要手段,而且是津门商人取悦于官府、炫耀于社会的良好时机。

## 四、地方志与社区认同

在探讨中国早期城市居民的社区认同上,很少有人注意地方志对地方或者社区意识形成的重要性。基于对现存的几种天津方志的编修过程和内容分类等方面的分析、比较,我们将集中探讨修志对构建社区认同的重要意义。

在《想象的共同体》一书中,本尼迪克·安德森论证了印刷业的发展对于近代民族主义形成所起的作用。这个模式同样适用于对社区认同、社区忠诚和社区意识形成的研究。许多迹象表明,为本乡本土所撰写的笔记、碑刻等文献作品均有助于乡人地方认同的建立。而地方志作为帝制时期各地地方政府的主要发行物,是凝聚乡土意识的有效媒介。虽然大多数方志都由政府官员主持编修,并以儒家正统为指导思想,但这并不妨碍他们对当地居民的影响。对此,我们从天津早期地方志的产生过程和所载内容就可见一斑。

现存最早的天津方志是《天津卫志》,正式成书于康熙十四年(1675)。从其序、跋中我们得知,天津地方志的编修始于明朝正德年间天津整饬副使一职设立之后。据说正德中任副使的胡文璧是第一个为天津修志者,未及成书胡氏就被调离了天津。后于正德十四年(1519)由另一位副使吕盛补完付梓,名之为《天津三卫志》,旋毁于火。万历十八年(1590)副使彭国光再加修纂,万历二十年(1592)刻行。至清康熙十一年(1672),因修《大清一统志》,天津副使薛柱斗乃"博求儒贤,重为撰述",新的卫志修成于康熙十四年。以后又屡加补刻增删,就是我们今天所见的《天津卫志》。从清初的天

---

① Rowe, William T. Hankow. *Commerce and Society in a Chinese City*, 1796-1889. Stanford, CA: Stanford University Press, 1984. p. 250.

津卫志以及以后编修的县志、府志当中,我们可以发现如下特点:

其一,地方志的编修和保护一直为地方官所重视,明朝后期天津副使一职设立后,先后有几任副使致力于此。一方面,地方官员希望他们的官职名位能随其建树、业绩而载于史册,另一方面,编修方志也被看作为民造福的善政之一。因为在他们眼中,方志具有淳风俗、卫道德的功能。这种认识经常表现在地方官员为方志刊行所撰写的序、跋当中。

其二,方志可以通过对某一地方历史、地理、风俗、人口、建置、人物等方面的记述,建立起对该地的具体印象,使当地人在精神上有所归属、有所依托。家乡不能只是一个空白的概念,而必须是具有鲜明人文特征的文化集合体;家乡应该是有丰富内容的,而方志往往是这些内容理所当然的载体。为了强化天津的文化渊源,方志的编修者们总是将历史沿革放在突出地位。尽管在许多记载中,天津作为一个居住空间不早于元代,但修志者每论及历史沿革必上溯到三皇五帝,至少是秦汉。

其三,方志常常可以通过语言文字的运用达到区分内外的目的。威廉·罗发现清代有关城市的资料中经常使用"寓""侨寓"或"住"之类的字样以表明城市居住者在其居住地选择上的不稳定特征①。笔者通过对比几种天津方志发现,修志者在使用这些词语时是有分寸的。"寓""流寓"或"寓居"这样的词语所表示的常常是带有某种特殊目的的暂居。有人虽然在天津一住十来年,但仍属于"留寓之人"。韦伯就是以这样一些人来代表整个中国城市居民的。这种以偏概全忽视了方志中意义同样明确的另一些字样,如"家""改籍"等,表示居住者已经完成了定居,准备在天津世代居住下去,其子孙也就自认为是天津人了。这类词语在对清朝初期或中期天津人物的描述中屡见不鲜,足以证明这个时期天津居民在乡土观念上已经发生了变化。

最后,地方志是激发当地人热心公益事业、强化社区意识的一种手段。将个人功名、美德、贞操记入方志,不仅是对当事人及其家族的鼓励和表彰,也可让其乡人引以为荣。同时也鼓舞着人们投身科举、公益和慈善等光宗耀祖的事业。

总之,方志的编修和通过它对当地历史沿革、风俗人情、人物事迹的记

---

① Rowe, William T. Hankow. *Commerce and Society in a Chinese City*, 1796 – 1889. Stanford, CA: Stanford University Press, 1984. p. 220.

述,不仅可以使一个地方在概念上更为具体,使当地人在精神上有所依归,也鼓励着从地方官员、名门士绅、富商大贾到一般平民热心公益慈善事业,从而培育、塑造了社区意识。具体到天津,我们看到的是清初以来发展中的城市与不断增多的文献交相辉映:从康熙年间篇幅简短的卫志,到乾隆朝卷帙浩繁的县志,再到清朝晚期规模宏伟的府志,表明天津作为一个新兴的商业都市在地理空间和精神空间上的不断扩大。

## 结　语

综上所述,随着清初天津在盐运、漕运等产业支持下的发展,新的社区意识在市民中得以产生和增强。这不仅表现在新移民的数量、成分和居住上,而且表现在作为社会精英的绅商阶层对社区事业的参与上。作为地方文化主要载体的地方志恰当地反映了这种不断增强的社区意识。由"故乡"认同,到居住社区认同,是一个渐进的转化过程。随着时间的推移,前者逐渐淡漠,而后者日益增强;如果说第一代的城市移民还可能对自己的故乡魂牵梦绕的话,第二代、第三代移民往往会把城市生活当作他们全部的世界。不然的话,跨入近代的数量可观的城市居民岂不成了无源之水、无本之木?

(《四川大学学报》哲学社会科学版 2007 年第 1 期)

# 清末直隶地方官报的兴起及其政治表达

徐建平

晚清以来民间报刊大量涌现,并出现了报业专业化的趋势。随着清末"新政"的进行,新式官报随之兴起,成为发布公文、命令、政令的重要载体,而且成为大众传媒。就直隶而言,直隶地方政府在地方官报的创办、资金的投入及发行等方面均做出了积极的努力,使直隶地方官报不仅在形式上进行了较大改革,而且在内容上有许多创新。直隶地方官报不仅成为直隶地方官府发布政令、推行"新政"的重要媒介,而且传播了西方先进思想和文化,同时,其舆论导向对直隶宪政运动的发展产生了十分重要的影响。

## 一、《北洋官报》是中国近代新式官报兴起的标志

近代官报是改变国家行政形象的重要表现,是由秘密政治向公开政治的转折。正如御史赵炳麟所说"近年国家行政,多尚秘密,凡谕折稍关政法者,多不发抄,举国之人,耳目愈闭,视听愈惑,以致弊端百出"[1]。所以设立官报的目的就是,凡立法行政皆公诸国人,"使绅民明悉国政,以为立宪基础"[2]。宪政编查馆大臣奕劻认为"预备立宪之基础,必先造成国民之资格,欲造国民之资格,必自国民皆总能明悉国政始。东西各国开化较迟而进化独速,其宪法成立乃至上下一体,气脉相通,莫不藉官报以为行政之机关,是以风动令行,纤悉毕达。或谓英国民人政治智识最富,故其宪法程度最高,盖收效于官报者非浅鲜也"[3]。

可以说,直隶地方官报的问世是随着清末"新政"的推行而出现的。其

---

[1] 故宫博物院明清档案部编:《清末筹备立宪档案史料》,中华书局1979年,第1059页。
[2] 《清末筹备立宪档案史料》,第1059页。
[3] 《清末筹备立宪档案史料》,第1060页。

中1902年《北洋官报》(即《直隶官报》)的诞生最有代表性。直隶总督袁世凯对新政颇为热心,并将开办官报视为新政要务之一。1901年北洋官报总局成立,1902年4月袁世凯任用张孝谦为总办,在保定筹备《北洋官报》,1902年12月该报正式出版。天津为总局,北京、保定有分局,每期1册。"这是中国最早的官方报刊,所刊登的内容在全国都产生过不小的影响,甚至起到中央政府官报的作用"①。

《北洋官报》从报体上已经具备了近代报纸的特征。从体例上看,除圣谕广训和谕旨外,"地方的政治、学务、时务、各学新理、农工商近效、教务洋务交涉、各国各省新闻,凡足以惊动人心目的,无不择要登载"②。其组织结构也分工明晰,包括总办1人,总理局务,下设6处:编辑处、翻译处、绘画处、印刷处、文案处、收支处。从内容上看,该报所刊载的内容具有官方公报、新闻报纸、学术刊物的三重性质。属于公报方面的有皇帝谕旨、祭祀、政府规章、官员奏议等。属于新闻方面的有各国各省的政治、经济、军事、文化等,其中"畿辅近事"一栏专门登载直隶省内新闻。属于学术方面的,主要介绍中西学术文章及西方规章制度,主要反映了开民智的内容,在《北洋官报》10页左右的篇幅中占半数。具体编目分为"文学"即社会科学,包括哲学、法学、军事学、史学、教育学、心理学、商学、辞法学等;"质学"即自然科学,包括数学、物理学、化学、天文学、地理学、农学、动物学、植物学、矿学等;以及"科学丛录"即社会、自然科学有关名词解释和具体例举等3种。1906年成立《北洋学报》专刊,专门刊载学术方面的内容,充分体现了该报在传播新学方面的积极态度。从创办动机看,该报在创办序例中说:"泰西报纸之兴,所以广见闻开风气而通上下,为国家之要务。中外大通以来,中国识时之士亦稍稍仿西法立报馆矣。然皆私家之报,非官报。"③所以为了"使人人知新政、新学为今日立国必不可缓之务,而勿以狃习旧故之见疑阻上法,故不能无赖于官报也。今设《直隶官报》以讲求政治学理,破锢习,浚智识,期于上下通志,渐致富强为宗旨"④。戈公振在《中国报学史》中对《北洋官报》也给予了很高的评价。

在直隶的影响下,全国各地陆续创办了许多地方性官报,如《河南官报》

---

① 廖永武:《辛亥前后的期刊》,《天津史志》2001第1期。
② 赖光临:《中国新闻传播史》,台北三民书局1983年,第19页。
③ 《直隶官报序例》,天津《大公报》1902年10月31日。
④ 《直隶官报序例》,天津《大公报》1902年10月31日。

《四川官报》《甘肃官报》等,引发了中国近代报刊界的一场大变革。近代官报的产生不仅促进了当时政治信息的沟通与交流,也记录了当时社会与政治的实际状况,为研究近代地方政府的政策导向提供了重要资料。

## 二、清末直隶地方官报呈现出多样化特征

《北洋官报》创办后在社会上产生了很大的影响,直隶地方政府结合各方面的经验又陆续创办了一系列官报,内容涉及教育、司法、军事、农业等许多方面。从1901—1911年直隶地方政府创办的官报有十几种,详见下表:

| 创办年 | 报刊名称 | 创办机构 | 创办地点 | 备注 |
| --- | --- | --- | --- | --- |
| 1902 | 北洋官报 | 北洋官报总局 | 天津 | 又名《直隶官报》,以宣德通情、启发民智为要义,力除上下隔阂之弊。总局在天津,分局设于保定、北京 |
| 1904 | 武备杂志 | 保定武备学堂北洋武备研究所 | 保定 | 1906年底停刊,研究新式军队的编练,介绍西方的军事思想和理论 |
| 1904 | 拼音字母官话报 | 不详 | 保定 | 保定最早的成人教育报刊。舆论认为,用此体字编成一切俗话之书报,于开通风气最为有益 |
| 1905 | 教育杂志 | 直隶学务处 | 天津 | 1906年改为《直隶教育杂志》,1909年又改名为《直隶教育官报》,每年出20期。1911年停刊。共出137期。主张教育救国,逐步实施义务教育,对各级教育制度及教育理论均有许多论述。最早开办的教育官报 |
| 1906 | 北洋学报 | 北洋官报总局 | 天津 | 最初作为《北洋官报》的附页,后来单独成册。以介绍新知、科学为主 |

| 创办年 | 报刊名称 | 创办机构 | 创办地点 | 备注 |
|---|---|---|---|---|
| 1906 | 北洋法政学报 | 北洋官报总局 | 初在日本东京,移至天津 | 初名《法政杂志》,不久改为《北洋法政学报》,1910年出156期时改名为《北洋政学旬报》。吴兴让为主编。1910年以前,偏重于法律学研究,之后内容扩大到社会政治的各个领域,分宪政、财政、军政、外交、教育、实业等。1911年停刊 |
| 1906 | 北洋官话报 | 不详 | 天津 | 鼓吹君主立宪,提倡移风易俗,介绍新知等 |
| 1909 | 农务官报 | 直隶农务学堂 | 保定 | 介绍农业知识,指导农事改良 |
| 1910 | 北洋兵事杂志 | 北洋陆军教练处 | 天津 | 内容包括军事、学术研究、作战技术、战史研究、军队、教育及管理等具体问题的讨论,以及外国军事情况的调查报告、见闻等 |
| 1910 | 直隶警察杂志 | 直隶警务所 | 天津 | 半月刊,推行北洋警察的训练方法 |

资料来源:根据国家图书馆、天津图书馆、北京大学图书馆有关资料整理而成。

## 三、清末直隶地方官报推动了宪政运动的发展

直隶地方官报的创办与直隶民报互相呼应,为新思想的传播创造了一个良好的平台,直隶各界利用这个平台在启迪民智、改良风俗、宣传科学等方面做出了很大的成绩。在全国政治改革的大背景下,直隶地方官报还在宣传法律改革、地方自治、改造国民性等方面积极努力,极大地促进了直隶宪政运动的发展。

1. 直隶地方官报力主收回治外法权。《北洋学报》曾刊登文章《论治外法权不合于国际法理》,正面抨击清朝现行的治外法权制度。文章认为,治外法权对内不利于治民,对外无以谈平等,教案的屡禁不止就是明显的例证。作者认为:"外国人之在我中国者,其生命财产种种,则我国应任保护之

责,而违犯我国之法律仍由其本国科罪。我国司法之官熟识而无如何,事之不公孰有甚于此者?宜小民之愤不能平,蠢然思动也。"①针对这种情况,该报提出了改革办法,认为只有国内先改革法律,实行宪政,治外法权才能改回。作者认为,要想厘清权限,保护国权应首先了解治外法权与国家法的关系,他认为国家之权力有四种——自卫权、平等权、干涉权、司法权。"四者苟能完全无缺而后可成为独立自主国,否则殆矣"②。四者之中司法权最为重要,而且这一权力更不应该丧失。文章还警示国人遵从费利摩所说的:民事刑事之管辖权当使国内诸外国人共遵守之。但是当时中国的治外法权制度正与费利摩、伯铁之说正好相反,民事、刑事之管辖权不能施于国内之外国人,因为中国治外法权的丧失已经造成这样一种状况,即凡客居于中国者均不受中国法律之裁判。文章认为"若是者,实大背于国际法理而为文明国所不许者也"③。文章进而提出"世界虽尚强权,然亦不能尽灭公理。况彼既居吾国,而不遵守吾国之法理,则保护安全之责,吾亦可不为担任"④。而对内之法,"惟有急定立宪执行之期,使国民咸讲求法律以为宪政之预备"⑤。

此外,《北洋官报》还发表了《论治外法权与领事裁判权性质之区别》一文,文章认为:"吾国往日条约,于治外法权、领事裁判权二者多未分析,今日法律之学日渐发达,名不正则言不顺则事不成,爰采取最新学说以别其性质焉。""治外法权者,我国许彼国代表之人免我法治之权也。领事裁判权者,我国许彼驻我之领事用彼国裁判权以断其民之狱讼也。二者若相符合而实则大有区别,吾国延误已非一日。"⑥所以,法律改革已刻不容缓。

2. 直隶地方官报成为传播西方法律思想的重要阵地。直隶法政类刊物,通过翻译并刊登西方法学书籍、法律法令等内容扩大宪政宣传。以《北洋法政学报》为例,其内容主要分为三类:甲,论丛,一是本报的论说,二是各国政界纪要;乙,译汇,一是各国法政学说,二是各国法律正文;丙,本国法律、法令等。该报认为"社会变迁法律随之,方今朝廷特派大臣修订新律,草莽之夫,或尚未知,苟有误会,流弊滋多,用附浅解以迻铎。至于精义,让诸

---

① 《论治外法权不合于国际法理》,《东方杂志》第三年,第九期,外交。
② 《论治外法权不合于国际法理》,《东方杂志》第三年,第九期,外交。
③ 《论治外法权不合于国际法理》,《东方杂志》第三年,第九期,外交。
④ 《论治外法权不合于国际法理》,《东方杂志》第三年,第九期,外交。
⑤ 《论治外法权不合于国际法理》,《东方杂志》第三年,第九期,外交。
⑥ 《论治外法权与领事裁判权性质之区别》,《东方杂志》第三年,第十三期,外交。

学堂讲师,谨录新律"①。该报曾刊登了当时非常急需推广的法学书籍,主要有吴兴让翻译的《宪法研究书》《市町村制讲义》《日本裁判所诸发令》《政治大纲》《日本行政裁判法及诉愿法》《日本府县官官制》《国法学》《立宪纲要》《日本自治理由》等书,徐家驹翻译的《论公法私法之区别》《日本议院法》《日本议院议员选举法》《日本改正新刑法》,张一鹏翻译的《法典论》《国际贸易论》,林翔翻译的《日本贵族院令》《日本会计法》。此外,《北洋法政学报》还连续刊载了外国法学名家的著作,如该报对日本学者石光郎所著的《日本刑事诉讼法理》等文章也给予及时刊登。这些举措在促使国人培养司法意识、促进司法改革等方面做出了很大的贡献。

另一方面,为了使国民更深入地了解法律,增加法律知识,1910年以后,根据清政府立宪的需要,《北洋法政学报》偏重于法律学研讨,比如在"宪政类"一栏中,该报对大理院奏厘定司法权限、刑法改良问题、监狱改良问题、预防犯罪制度等议案予以转载,并加以评论。还开辟"中国宪政史""宪政丛录""大清现行刑律"等专题栏目。而《法政杂志》则通过对中国社会问题的研究,刊登《欧美列强对清贸易政策》《西藏问题》等文,揭露了帝国主义对中国的掠夺和侵略。并通过撰写《论中国之外国人法律上的地位》等文章专门揭露帝国主义对中国法律的破坏。

此外,为了让广大普通民众了解宪政改革,尤其是为推动司法改革,直隶地方官报还十分注重刊登有关的内容。《北洋法政学报》经常登载一些与宪政改革有关的讲义。如张一鹏述《法学通论》《国际公法通论》《检察讲义》,阎凤阁述《各国警察制度》,吴兴让编《民事习惯调查书》《法学通论》,徐家驹述《国际公法通论》等。并转载了一些重要的文章,如《致各埠商会拟开大会讨论商法草案书》(上海商务总会稿)等。在"法令一斑"栏目中,该杂志还刊登介绍了西方国家的法令,如《法兰西刑法》《日本改正新刑律》(徐家驹译)等。为配合司法改革,1906年《北洋学报》曾刊登《论国民对于宪法之义务》一文。文章认为宪法是全国之法典所在,是全国之利益所在,军民上下应共享其成。并且强调宪法与国民的关系是:"国家既明定宪法保护人民之利益,则人民之对待国家自无不尽其忠诚。一曰服兵义务,一曰纳税义务。"②既然国民对国家有义务,那么同时国家对国民也应担负相应的责任。"总之,宪法者实上下交

---

① 《北京洋法政学报》,第1册。
② 《论国民对于宪法之义务》,《东方杂志》第三年,第四期,内务。

益之法,国家遵其法以保护人民,斯尽国家之责任。人民遵其法,以捍卫国家,是为人民之义务。故有宪法维持于上下之间,则朝野一心,遐迩一体,而国与民之关系遂有联络如一之势,而成团结不解之形"①。

将国内外最新的法政动态予以报道、解读和诠释也是这一时期直隶地方官报的重要工作之一。如《北洋法政官报》刊登和及时转载徐家驹的《读大清矿产律》,吴兴让的《选举论》《天津地方自治理由书》《天津府属试办审判庭章程理由书》《天津府自治局试办调查简章》《大理院奏调查日本裁判监狱情形折》《各省官制通则》等内容,使国人及时了解司法改革情况。此外该报还对一些新出现的法政用语予以翻译解释。如吴兴让翻译了《法政用语解析》等文,其中将"团体""人格""机关""权力""权能""职权""职责""权利""权限"等法政用语予以详细诠释,在国内司法界均产生了很大的影响。

3. 直隶地方官报大力宣传并力主实行地方自治。《北洋官报》在《论地方自治为预备立宪之根本》一文中,详细论述了地方自治与预备立宪的关系。文章认为:"近人论立宪之预备,其最要者凡四:一曰司法行政,二曰地方自治,三曰国民教育,四曰征兵令。窃谓四者之中就其表面言之,似以司法行政分权与国民教育为最要,就其精神言之,则莫先于地方自治。"②文章批判了那些只讲司法不讲自治的观点,说"或谓宪法之精神全在保护人民之权利,必司法能独立乃足以昭大信于天下,且法权尊重则外权无由侵入而后能成为独立国,非独立国不能有宪法也,此说诚确不可易。然今日吾国之国力于各国领事裁判权未能遽行,收回则窒碍之处举足立见,故目前要务当以修改刑律、整齐内政为不易之方针"③。作者还认为,改革内政为万事之根本,"地方自治一端为立宪之根本,且欲实行强迫教育之制,尤非从自治入手不能培其根而固其基。德之立宪发轫于州会,日本之立宪造端于府县会,此尽人所知……国家为地方之总体,地方为国家之分子。倘为分子者各恤其私,如萍絮之飘散,则总体必无由而成立"④。而且,地方自治之目的"在增进人群之福利而已,欲增进人群之福利则当组织自治方法之时,必使政府与人群之机关——调和绝无冲突"⑤。"要而言之,国家为地方之总体,地方为国

---

① 《论国民对于宪法之义务》,《东方杂志》第三年,第四期,内务。
② 《论地方自治为预备立宪之根本》,《东方杂志》,第四年,第一期,内务。
③ 《论地方自治为预备立宪之根本》,《东方杂志》,第四年,第一期,内务。
④ 《论地方自治为预备立宪之根本》,《东方杂志》,第四年,第一期,内务。
⑤ 《论地方自治为预备立宪之根本》,《东方杂志》,第四年,第一期,内务。

家之分子。分子既合力以自治,则总体可垂拱而受成。预备立宪之根本未有亟于此者"①。当然,从官方的角度,《北洋官报》认为在地方自治中官治的作用是十分重要的。并对自治活动进行了许多界定,如"地方自治须与通常所称自治分别。其别也,恰如行政之于国政本体,裁判细目之于国法全部。又当知地方自治实与自由国政相为表里,故国内必有地方自治之制,而后人民能练习政务于国家自治之事","地方自治须与各人随意处理之私事分别。盖地方自治必受国家之制驭,准行政法而施治","地方自治之本性在令国民于国法范围内参考政务而独立处理,故以地方自治谓连结人群与政府,而作人民自由与公共义务之机关者","地方自治只奏效于一地方之团体,以当地居民议当地政事,地方自治之要义也"②。尽管如此,在宪政改革初期,这种思想在当时还是有一定积极作用的。

其他官报如《北洋法政学报》也十分注重直隶地方自治建设,该报发表过许多有关的文章。其中吴兴让曾发表文章谈自治与立宪的关系,他从一个基层官员的角度,强调培养地方自治人才以养成国民自治意识的重要性。他认为"何以国家之立宪而有赖于自治乎？则莫不曰使人民知公德也,尽义务也,养成下议院之资格也"③。

直隶地方政府通过官报大力宣传地方自治促进了直隶宪政运动的发展。因为"地方自治之程度进一步者,即官治之权力退一步,一消一长,诚发达吾民自治之思想,减缩官治之范围绝好之机会也"④。"当此官治自治递嬗之时代,使诸公能于自治方面多尽一分责任,则国民之受官治之抑压者亦减一分"⑤。

此外,为了培养宪政改革的政治土壤,直隶地方官报着力于提高民众的素质。为此直隶创办了《教育杂志》《武备杂志》《兵事杂志》、《警察杂志》等报刊。1904年直隶学务处创办了《教育杂志》,这是中国最早开办的教育官报,除了转载各地大臣关于教育、学务方面的奏折,以及直隶省各地学务事宜和有关批示外,在学术研究、沟通教育信息等方面的作用也不可小视。同时,它主张教育救国,逐步实施义务教育,抨击清朝官办教育的落后,对各级教育制度及教育理论均有许多论述。而兵事类官报则讨论新军训练、武备

---

① 《论地方自治为预备立宪之根本》,《东方杂志》,第四年,第一期,内务。
② 《论地方自治为预备立宪之根本》,《东方杂志》,第四年,第一期,内务。
③ 《北洋法政学报》,第36册。
④ 《议事会之责任》,天津《大公报》1908年4月30日。
⑤ 《议事会之责任》,天津《大公报》1908年4月30日。

得失、军事得失等问题,介绍一些外国治军的情况和外国名将事迹。内容包括军事、学术研究、作战技术、战史研究、军队教育及管理等具体问题的讨论,以及国外军事情况的调查报告、见闻。并为推行北洋警察的训练方法做出了贡献。此外,直隶还创办了《农务官报》,在介绍先进的农业技术、推进农作物改良方面均做出了一定的贡献。

总之,直隶地方官报不仅在直隶报业史上有十分重要的地位,而且在全国产生了很大的影响。第一份地方官报《北洋官报》的创办,"是在一种顺应变法谕旨的原则底下,并没有得到中央认可就径行开办的"①,它的创办成为各省官报的示范。虽然官报的发展比较缓慢,但是却反映出一些新的发展趋势。表现在:"(1)地方官报的产生表示皇权控制地方力度逐渐松弛,地方有凌驾中央的趋势;(2)白话版地方官报的出现,显现民间报业发展对官报的影响;(3)地方官报的产生,凸显了清朝晚期财政困窘,无力与走向商业经营的民间报刊相抗衡。"②《北洋官报》在宣传政策推进新政方面所作的宣传和所取得的成效是有目共睹的,袁世凯对此也较为满意。为了更加倡言时事,直隶"拟发行半官报"③。在制定报章时,准备"于政治上以北京、天津为中心点,于商务上以上海、厦门为中心点,于工艺上以汉口、重庆为中心点,且在各省要津派采访人,广采天下之要闻公论以为警醒中国之木铎"④。戈公振在《中国报学史》中认为《北洋官报》诚可谓开风气之先矣。直隶各类官报所发挥的作用得到了舆论界的肯定,《大公报》认为官报通过宣布政令,采择政闻,整齐群言,输灌民智,极有益于社会人心。尤其是作为直隶地方官报龙头的《北洋官报》,"无论形式、组织、内容,均仿外人经营的报纸,完全是近代形态的官报"⑤。该报与直隶其他官报一起,在协助直隶地方政府推行宪政改革方面起到了不可忽视的作用。

(《历史档案》2007年第2期)

---

① 唐志宏:《清末新式官报的成立与演变》,胡春惠、薛化元:《近代中国社会转型与变迁》,台湾政治大学历史系、香港珠海书院亚洲研究中心2004年,第330、329页。
② 唐志宏:《清末新式官报的成立与演变》,胡春惠、薛化元:《近代中国社会转型与变迁》,台湾政治大学历史系、香港珠海书院亚洲研究中心2004年,第330、329页。
③ 《直督拟开半官报》,《申报》1905年9月16日。
④ 《直督拟开半官报》,《申报》1905年9月16日。
⑤ 陈玉申:《晚清报业史》,山东画报出版社2003年,第289页。

# 清末直隶经济社团研究

徐建平

## 一、推动直隶宪政改革

清末宪政改革时期，在直隶绅民的推动下，直隶各地建立了自治学社、宪政研究会等大量政治社团，与此同时，他们还着手经济社团的建设，并使其与政治社团相呼应，加速了直隶社会向近代转型的步伐。直隶各类经济社团成立后，不仅注重加强经济交流，而且在政治改革中也有不俗的表现。

（1）支持地方自治。1906年，天津自治刚刚开始时，天津商会曾在本会会员中选举代表参与自治期成会建设，有的会员后来还成为县地方自治机构当中议事会或董事会会员。天津盐务风潮发生后，天津绅商刘孟扬、李梦吉、李家桢等马上组织设立天津维持会，并与城议事会及商会一致行动，派代表进京上书盐政大臣。天津维持会提出解决盐务风潮的办法："以盐务官办妨害商民生活，恳说各银行洋商将盐商欠债减息分年以资维持。"

（2）参与法制改革。商会积极参与宪政改革，组织了"宪政讲习所"，以"造就普通人民宪政"为目的。直隶商会还积极参与商法草案的制定，1907年夏，直隶各地商会响应上海发起的召开大会讨论商法草案的号召，参加大会的张家口商会代表认为以本国之习惯，参考各国之法典，制成一部中国商法是保护商人利益的根本。这次大会议定商法的一个重要原则是由商民自订法律，这是商人政治意识觉醒的重要标志。此外，在调查商事习惯和编制商事运行规则方面，直隶各地商会也积极参与，天津总商会为此设立了考察处。为配合制定商法，在全国进行了商事习惯调查的同时，天津、秦皇岛、滦州、顺德、南宫、交河县等地的商会也积极行动，他们认为："凡欲实行保商之政，非将各行业详细调查，编列商册，不足以便稽查而周保护。"直隶各地商会先从度量衡开始,为促进货币和度量衡的统一,为建立近代统一市场创造了条件,并为政府制定经济法规做出了贡献。

(3) 推动国会请愿运动。成立筹还国债会是天津商会推动宪政改革的重要举措。天津商会认为筹还国债会与国会的召开有密切的联系。1909年11月,天津商务总会总理王竹林认为国债关系到国家存亡,如能在3至5年内还清,不仅要求开设国会不用费力,而且,列强也无理由再干涉中国内政,于是提出筹还国债的倡议,并决定先在天津组织筹还国债会,然后联合外省共同进行。他们在《筹还国债会缘起》中说:"中国穷困,病源悉由国债,国债不清,财政日绌,清厘何有,即速开国会,亦恐无解决之时。"筹还国债实为"救国救民之要着"。他们希望全国人民立即行动,确定筹还总数,以甲午、庚子两次赔款为限,各省应摊数目以政府原定各省摊还之数为准。这一倡议得到全国各商会、各界绅民的热烈响应。顿时,筹还国债会、爱国公债会竞相成立,国民捐、海军捐等活动风起云涌。但是,人民破家纾难不是无条件的,而是要求政府速开国会。可以说,筹还国债既是爱国运动,又是要求民主的政治运动,它已经与国会请愿运动紧密联系起来。筹还国债会和"请速开国会,要求人民监督财政权相须而行",所以,筹还国债会的设立意义十分重大,该会实际上已经与国会、民权、国权相联系,号召人们通过参与该会的活动,真正地参与国家的政治。在筹还国债会成立大会上有代表提出:"人民既有监督之权,则确核外债之数分别缓急,就捐款之多寡定偿还之期限,而此项捐款存储商家,概不经官吏之手,以杜挪移侵用之渐。嗣后国有要需,苟非国民之认可,而辄自称贷于外人者,吾民概不任偿还之责。是政府虽欲以外债厉吾民,而亦有所不得矣。"直隶舆论对筹还国债一事给予大力支持,天津《大公报》认为:"中国非一人私有之中国也,合满汉蒙回共有之中国也。债务清而中国得为中国人之中国,则满汉蒙回胥蒙其福;债权逼而中国将不得为中国人之中国,则满汉蒙回胥受其殃,种族之见泯同胞之谊。"筹还国债会也认为,清偿国债即财政清厘之日,亦即国会开幕之日也,为了保证所募集资金用到实处,天津商会提出了两个条件:一是政府必须答应速开国会,二是"予人民以确实之担保,始可出其财产以供国用"。筹还国债一事自直隶商界发起后,经直隶总督陈夔龙通电全省提倡,很快得到全省各地商会的支持,这一运动迅速波及全国。由于该会的设立将筹还国债与国会请愿运动及保护国权联系在一起,所以,推动了清末宪政改革的发展。

## 二、促进直隶工商业发展

1903年成立的天津工商研究总会,为提倡土货进行游行、演说。工商演说会也于当年成立,这些组织以提倡国货为宗旨,经常邀请实业家演说。为扩大影响,他们又在城乡内外的会场庙期等人多的地方办理游行演说会。天津工商研究总会由宋则久担任会长,汇集了工商界的人才,负责调查天津行情,研究改良工业产品新的制造方法以及仿造外国产品。对内"联合立会,共和维持,以防物品恶劣,物价倾轧等弊",对外"以改良土货抵制洋货","合群攻敌,成为工商界前途进步之要点"。1911年,工商研究所改为天津工商研究总会,宋则久被推选为第一任总理。总会下设各业分会,会员包括商人、手工业者。在研究分会中,有些分会能够独立地模仿洋货,开发新产品,并申请到专利。此外,研究分会会员多次参与策划改良国货抵制洋货的活动。

直隶经济类社团的活动,在许多方面均引起了农工商部的关注。

一是研究商事商规。1909年底成立的北洋商学公会,"系由商界同志集合而成"。据发起人称:"举凡物产盈虚之故,供求相济之理,在洋商研究有素,而华商则素未讲求,商等经营实业历有年所,深知其失败之原因,断非从事于学不可,故集合同志,研究商律商规,以开通商界之知识。"并规定,该会以"研究商学、维系商律、商规,以冀商业之发达为宗旨"。

二是力促政府实行轻税政策。天津工商研究总会提出尤其应废除厘金制度以保护本国商业的发展。在会长宋寿恒等人为丰台越章征税事上资政院说帖中,他们提出:"数年以前全国绅商竭力经营,而成效迄未大著者,虽有种种之原因,而关税厘卡随处刁难,实为最大障碍。""查万国贸易政策之通例,有自由贸易与保护贸易二种。自由贸易者出入关税内外一律也。保护贸易者,重征外货,阻其输入,轻征土货,助其发达也。大概凡实业幼稚之国多采用保护政策,凡实业发达之国多采用自由政策,此为天下万国所共认者。"中国对输入之洋货征税较轻,而对于本国商品反而实行关税重征,严重阻碍了中国经济发展。

三是健全和规范市场秩序,"补助商律之实行"。北洋商学公会认为:"《大清律例》于商律向未完备,即目下暂行之商律亦多缺点",所以市场规范急需加强。但是,中国商人对法律知识了解较少,其营业行为多出乎法律范围之外。如"空盘射利及屯货勒价诸事,要皆文明法律所不容,而在应行禁止之列。其幸而胜也,不过增殖个人之私产;其不幸而败也,必至牵动全局之市面。今日沪汉豪商所以相继破产者即以此故。他如重利盘剥及分产不均等弊,亦属败坏公益、妨害信用而为商律应行取缔者。今我国颁行商律业已有年,商界视之不过一纸空文,毫无实际,我商学公会既以考究商学为主,则商律之研究亦属份内之事,而于以上各弊端苟有可以限制之处,自当设法维持以保公益"。

此外,北洋商学公会对改良税制还提出了许多建议。该会认为,中国商业之不振虽有种种原因,而税则之不良为一大障碍。因为,"内地各口岸既设厘卡,复有关税,凡商货之流通由出品地以达销行地,材料之输入有税,货物之输出又有税。近年以来,本国之商品往往因成本太贵而销路日滞者,无不原因于此。以此而与洋商竞争,其有不逐渐失败者未之有也!我商学公会既欲谋商界之公益,则对于商界所蒙之损害即不可不设法挽回。居今日而欲振兴商业,惟有就各业之中所受苛税之影响——调查明悉,公呈政府以为改良税则之地步"。

## 三、增强民众的商业意识

开启商智是直隶商会的重要活动。直隶商会通过设立商业研究所、讲习所、演说会、展览会,办商报,兴办商业学堂等措施让民众走近商业活动,推动了直隶商业的发展。1905年,直隶商务总会创立了天津中等工业学堂,学堂附设商业教员传习所。1906年,保定创办保定商业学堂,高阳创办了商业学校等。1907年,天津商会创办了第一初等商业学堂。1911年,又创立了高等商业学堂。此外,为传播工商信息,劝工陈列所设立了工商研究所和工商演说会。演说会每月举办两次,在讲解工商要理,介绍市场行情,推广新技术新产品方面均取得了较好的成果,增进了民众的商业意识。

从新型经济社团组织的功能和表征看,商会的职能以经济为主,但并不仅局限于经济方面,而常常超出其经济职能的范围,伸展到政治、教育、地方自治、仲裁、社会公益等十分广阔的社会领域。"在城市商会的公共活动中的参与和管理,更是达到了前所未有的程度。其中,创办商学、平粜粮食、赈济、整顿交通,进一步构建了商会在社会公益事业中与政府的协调合作关系。在加速城市近代化的进程中,商会不仅进一步增强了自身的凝聚力,而且,在城市社会生活中扮演了引人注目的角色。"同时,商人们随着社会地位的变化,他们也认识到,"要发展经济,保障商人的利益,必须改良政治"。直隶商人在商会的领导下参与了一系列政治斗争,如抵制美货运动、国会请愿运动、筹还国债运动等。为支持宪政改革,直隶各地商会积极参加地方自治活动,一些绅商还参与组织自治机关,甚至成为民众和官府沟通的桥梁。

## 四、带动直隶农业改良

农业社团的建立有力地推动着直隶农业经济的发展。在促进工农业产品交流方面,直隶出品协会经常在天津的河北公园举办展览进行会,对于所展览的物品给予许多优惠政策。"免进口税厘,其出口货价值在30两以外者,照章完纳厘税,不及30两者,概行豁免。"协会还免费为商户陈列商品,促进了产品的交流。在改良农业技术方面,直隶农务总会设立后,"专任调查本省土宜物产","创制农具,改良农产,编辑农书事项"。针对直隶棉业不发达的状况,劝业道还详请督宪设立棉业研究会,邀请各处会员莅会研究棉业事宜,改变农民不肯改良棉种的习惯,讲解"种植修理选种诸法",以便从根本上振兴棉业,抵制洋布洋纱的输入。此外,农会还通过创办农业学堂、编辑农报、讲演、创办农桑传习所、译农书等方式促进农业发展。为了激发农民对农业的开发,直隶农务总会规定"无论会内会外人,如制有新式农具足利民用,并得有特别农产优胜他人者,本会当分别酬奖"。为了提倡本地区的农务,直隶农务总会还规定凡官绅士民热心农学者皆可入会作为会员,为此,直隶农务总会还编印了《栽桑捷法》4千册、《育蚕捷法》3千册,翻译了国外农学教科书15种在会员中进行交流。直隶农务总会还通过开办试验场,以开通风气,便利农民。规定凡有新理、新法先依学理在试验场进行试验,如果确有成效即报告各地农学分会使农民仿行。这样,在土地开垦、水利工程建设、蚕桑种植、农具改进、农作物新品种引进等方面,直隶农务总会发挥了重要作用。此外,农会还通过倡导农学,启迪了农智,并通过农学教育和宣传促进了农学知识向农村的渗入。可以说,农会作为一种以振兴农业为职志的现代科层式职业组织,加速了社会向细密化、技术化、知识化的分化,客观上顺应了现代化的大势。

总之,随着新政改革的发展和直隶民众参政意识的提高,作为直隶地方自治的伴生物,直隶地区新式社团数量急速增加,而新式社团的大量出现又直接推动着直隶社会政治的发展。正如朱英先生所说:"社团与社会发展变迁的密切关系,并不单是反映在社会的发展及其特征对社团的产生与特点有着重要影响,同时还表现在社团对社会发展也起了不容忽视的推动作用,可以说,两者之间的影响是双重的。""社团则正是提高人们组织程度的一种重要方式。"近代社团的兴起,使地方绅士阶层的权力合法化,并造成了绅士对于地方社会功能分化的趋势。清廷宣布仿行宪政,刺激了直隶民众组织社团的热情;同时,直隶新式经济社团的兴起又使"新政"改革有了可依托的社会组织,这在一定程度上实现了权力配置在纵向由上位向下位的转移,为民众参与当地政治、经济建设提供了一条新的出路。

(《江苏商论》2007 年第 2 期)

**参考文献:**

1. 天津市档案馆等编:《天津商会档案汇编(1903—1911)》,天津人民出版社 1989 年。

2. 张利民:《解读天津 600 年》,天津社会科学院出版社 2003 年。

3. 张学军等著:《直隶商会与直隶社会变迁(1903—1928)》,西南交通大学出版社 2002 年。

4. 朱英:《辛亥革命时期新式商人社团研究》,中国人民大学出版社 1991 年。

# 清末直隶州县自治运动初探

徐建平

"州县"是清朝地方行政管理的主体组织,所以,州县自治是清末行政体制改革中非常重要的一个环节,其改革成败直接关系到清朝地方自治的全局。为扩大全省地方自治规模,直隶地方政府首先将天津县自治模式推广到各州县,然后在全省建立起州县级自治网络,并利用这个网络推动"下级自治",即城镇乡自治。从直隶州县自治发展的过程看,地方官府的督导作用十分明显,同时,绅民的配合也是直隶州县自治得以迅速推行的重要因素。

## 一、官府主导下直隶州县自治的开展

在直隶州县自治发展过程中,地方政府利用建立自治团体的优势,发挥着提纲挈领的作用。由于天津试办自治较有成效,天津府自治局局员阎凤阁、王琴堂、齐树楷、李金榜等,学务公所李金藻等、天津教育分会会长胡家祺等、自治研究所毕业生赵春芳等请直隶总督袁世凯在直隶全省开展自治。他们认为,直隶已经具备将天津自治经验推广到全省的条件。一是朝廷已颁布立宪诏书,并以地方自治为立宪预备之要。二是各省地方自治渐次设局开办,如广东、奉天等省,皆合全省举行,民气为之一振。"广东、奉天议办自治系在直隶自治局开办之后,彼方以我省为标准,我直隶反不能全省兴办,他府县士民之望治者,未免兴嗟后我,或阻其进取之思。"① 三是"地方自治全恃人民程度为之,自治而以官办本属预备而非实行。夫所谓预备者,亦何分此地宜先彼地宜后?既如现在已办之事所有讲求法制、调查民习、编发

---

① 《阎绅凤阁等禀请改办直隶全省自治详文并批》,甘厚慈辑《北洋公牍类纂》卷一自治一,台北文海出版社1966年,第19页。

书报、招员研究等均属地方普通要务,同时并及各府则用力简少而观感增多。若从一府按次递推,反觉有形骸之隔、疆域之分,于程度上未能合致矣"①。四是已经有天津试办的经验可资借鉴。五是,"直隶兴学有年,热心公益者类知自治之义"。"它属闻天津试办议事、董事两会,来书访闻者佥有愿即仿照组织之说,此正机熟时至之候,因势利导必能事半功倍。倘便迟延不办,俾有向隅之感。"②他们的倡议很快得到直隶总督袁世凯的批准,于是,直隶地方自治在全省迅速展开。

一方面,州县地方政府从宣讲自治法理、开通社会风气入手,组织基层自治机构。井陉县首先创办自治研究白话报,经直督批准通饬各属一律仿办。肥乡县以开民智为首务,"就城内已设之宣讲所,每逢集期,会同讲员轮流演说地方自治之宗旨"③。该县还责令四乡暂借巡警分局,责成各警董一律仿照城内演讲;又从各种报纸中选录有关地方自治的文章编成白话,使乡民易于了解。昌平州牧史廷华认为:"自治原理包括甚广,条目极繁,欲求其精,非开会时集绅民逐加研究不可。"④于是,在圣谕堂内设立自治研究会,每月15日会集各学董、绅董开会一次,公同研究,各抒己见,以备采择施行。永平府恩太守在郡城设立自治研究会,选送公正明达绅士来郡会集研究地方自治事宜。献县吕大令会商绅董也开办自治学社。为推行自治,开绅智,束鹿县令创设研究时政馆,该馆成立后,将一切报纸有关学务、农务、商务、军务及工艺、种植等事者购置多种,并将《北洋官报》《国民必读》及《时事采新》等予以摘录,以供绅商士庶等随时阅看。"有乡民文字欠通者,饬令绅董轮班讲解。"⑤这一做法也得到督宪袁世凯的称赞。"学校教育不如社会教育之普及,欲改良社会,非演说不为功,天津设立宣讲所即是此意。该县设立研究时政馆,轮班讲解,用意深厚,至堪嘉奖,应

---

① 《阎绅凤阁等禀请改办直隶全省自治详文并批》,甘厚慈辑《北洋公牍类纂》卷一自治一,台北文海出版社1966年。第19页。

② 《阎绅凤阁等禀请改办直隶全省自治详文并批》,甘厚慈辑《北洋公牍类纂》卷一自治一,台北文海出版社1966年。第20页。

③ 《各省内务汇志》,《东方杂志》,第4年,第6期,内务,第295页。

④ 《昌平州牧史廷华禀设立自治研究会及息讼公所文并批》,甘厚慈辑《北洋公牍类纂》卷二自治二,台北文海出版社1966年,第27页。

⑤ 《束鹿县创设研究时政馆禀并批》,甘厚慈辑《北洋公牍类纂》卷三吏治一,台北文海出版社1966年,第15页。

即改名宣讲所以归一律。"①

另一方面,直隶地方政府的自治建设得到各州县士绅的积极配合,这期间,直隶各州县士绅自发组织了一些自治机构和团体。宁晋县绅王文泉倡议于劝学所内设公益会,以便本地绅民研究地方自治规则,并拟定章程,禀直隶总督批准试办。清苑县绅朱廷桢等也禀请仿照天津自治局办法,设立清苑自治期成会,办理户口调查、划分自治区域、调查选举人与被选举人资格,起草议事会章程以及筹措经费等。此外,"直绅韩德铭、刘培极诸君在保定南关关庙帝庙内组织自治协会一处,已于日前函致河北三条石直隶自治研究总所,请寄章程数份以备参考"②,"宁河李循等议办研究自治局,已禀由该县详奉署直督杨莲帅批准,并饬改为自治学社,按照通行新定章程办理"③,"平谷县王君锡纶等议办自治学社以为自治之预备,闻已禀直督及自治局批准立案"④,"天津自治研究所毕业学员郑文选等纠合同志,在天津后宫初等商业学堂内试办自治学社,专事研究地方自治之学理及其办法,已禀明自治局立案"⑤。

## 二、直隶州县自治中的团体与机构

1907年以后,直隶省各州县地方自治团体非常活跃,到1910年底,直隶"自治预备会设有81处,自治研究所设有128处"⑥。直隶州县自治成立自治团体的情况详见表1:

---

① 《束鹿县创设研究时政馆禀并批》,甘厚慈辑《北洋公牍类纂》卷三吏治一,台北文海出版社1966年,第16页。
② 《本埠组织协会》,《大公报》1910年6月28日。
③ 《各省教育汇志》,《东方杂志》,第5年,第6期,教育,第129—130页。
④ 《各省教育汇志》,《东方杂志》,第5年,第6期,教育,第130页。
⑤ 《各省教育汇志》,《东方杂志》,第4年,第4期,教育,第120—121页。
⑥ 故宫博物院明清档案部编:《清末筹备立宪档案史料》(下),中华书局1979年,第797页。

表1 清末直隶各州县自治团体基本情况统计表

| 州县名称 | 自治组织成立时间及主要活动 |
| --- | --- |
| 满城县 | 1909年设立县自治会,自治传习所,讲演《自治章程》及《国民须知》等书。 |
| 高碑店 | 1911年成立自治委员会,不久罢撤。 |
| 柏乡县 | 1910年设立自治预备会,1911年取消。 |
| 唐县 | 1906年创办教育自治研究所,1908年开办自治研究所,1910年设自治预备会。 |
| 吴桥县 | 1909年成立自治研究所与自治公所,加税契为自治经费。 |
| 昌黎县 | 1907年办自治学社划为7个区,1908年成立县自治预备会,1907年开始调查户口。 |
| 卢龙县 | 1908年县衙开设自治传习所。1911年县成立自治预备会。 |
| 邯郸县 | 1911年以保甲局为自治公所。 |
| 万全县 | 1911年成立县自治预备会。在抡才书院设自治传习所,教授自治学员。 |
| 南皮县 | 1906年设自治会,1910年成立县自治预备会,分全境为6乡。1911年取消。 |
| 临榆县 | 1909年本地自治员协助防疫。 |
| 张家口 | 1908年设自治学社。 |
| 怀安县 | 1909年阮维熊于县城岳庙创办自治研究所,亲任所长,招学员60人,半年毕业。 |
| 冀州 | 1907年设自治研究所,召集士绅照章传习、研究,后改为自治预备会。 |
| 藁城县 | 1908年县设自治会。 |
| 霸州 | 1910年设自治讲习所、自治预备会,调查选民。 |
| 沙河县 | 1908年设自治预备会。 |
| 赵州 | 1911年成立自治预备会。 |
| 文安县 | 1909年设自治研究所,1910年设自治预备会。 |
| 南宫县 | 1907设自治学社和自治研究所。 |
| 景州 | 1908年成立自治学社,设立自治研究所,刘阐青任所长。 |
| 乐亭县 | 1908年设立自治学社及自治研究总所。 |

续表

| 州县名称 | 自治组织成立时间及主要活动 |
|---|---|
| 清河县 | 1909年设立自治研究所,后成立自治预备会,顾天祥为会长。 |
| 沧州 | 1910年成立自治研究所,后成立自治预备会。 |
| 清苑县 | 1908年成立自治期成会。 |
| 宛平县 | 1911年成立自治机构。 |
| 大兴县 | 1911年成立自治机构。 |
| 昌平县 | 清末,成立自治研究会。 |
| 长垣县 | 1908年成立自治学社。 |
| 盐山县 | 1908年成立自治学社和自治研究所。 |
| 青县 | 1907年成立自治学社,1910年成立自治研究所和自治预备会。 |
| 迁安县 | 1908成立自治学社。 |
| 临榆县 | 1910年成立自治研究所。 |
| 滦州 | 1910年成立自治预备会。 |
| 宁河县 | 1908年成立自治学社。 |
| 延庆州 | 1910年成立自治预备会。 |
| 平谷县 | 1908年成立自治学社。 |
| 永平县 | 1908年成立自治研究会。 |
| 献县 | 1908年成立自治学社。 |
| 房山县 | 1908年成立自治学社,1909年改为自治研究所,后成立自治预备会,王邦理为会长。 |
| 望都县 | 1908年成立自治研究所。 |
| 广宗县 | 1910年成立自治预备会,张鹤鸣为会长。 |
| 宁晋县 | 1911年成立自治预备会,柳存义为会长。 |
| 涿州 | 1909年自治预备会成立。 |
| 南皮县 | 1910年自治预备会成立,尹仲权为会长。 |

资料来源:根据河北省各州县地方志、天津《大公报》、《东方杂志》等资料整理而成。

从有关资料看,直隶州县团体建立后主要表现出如下特点:(1)直隶各州县研究自治有了可依托的机关。直隶地方自治中,自治研究所、自治学社、自治预备会的设立,不管是官办还是绅办,其讲求自治、兴办公益之活动极大地推动着直隶宪政改革的发展。尤其是《试办天津府自治学社通则》中规定，自治学社"研究关于地方自治之法政知识，以培养议事人才，讲求地方公益为目的"①，开晚清以来地方政府有计划地培养自治人才之先例，在全省自治中起到了指导作用。(2)官府主导下的官绅合办模式更加突出。从派官绅游学日本，到制定《直隶地方自治研究社简章公决草案》《试办天津府自治学社通则》等一系列规则，再到自治团体的设立，官方起着重要的引导作用，而直隶士绅则起着推动作用。甚至在有些地区，如宁晋、保定、清苑等地的自治组织，都是士绅主动发起成立的。(3)游学人员和曾在自治研究所学习过的学员发挥了重要作用。广宗县1907年曾派4人入津学习，其中一人于1908年赴日考察，其他人回县后于1909年创办了自治研究所，1910年又成立了自治预备会，由曾经赴日考察过学务的张鹤鸣任会长。静海县研究自治的士绅回国后，也创办了自治研究所。南皮县1909年派尹仲权等6人到天津自治研究所学习，4个月学习期满后回到本县，组织了自治预备会、自治研究所，所长及讲员皆由尹仲权兼任，赴日考察过地方自治的邑绅高登瀛曾任讲员，游学经历和新式教育的背景激发了他们的改革热情。从游东自治学员霸州张铭勋等120人禀直隶杨督宪、学宪、自治局的一番建议，也可看出他们推动自治之急迫心情。他们说："学员等前蒙升任督宪袁派赴东瀛调查自治，数月以来详加考察，见其国之自治制度完备分明。""官治团体与自治团体分之两不相妨，合之互相为用，尤觉令人羡慕。""我国宪政方在萌芽，非有学问以启发之，集社以研究之，则舆论终归无效。"②

在直隶上级自治团体建立的同时，直隶各地自治机构也相继建立起来。1908年以后，随着清政府地方自治政策在全国的推行，1908年5月，直隶设立了筹办地方自治总局，各州县自治机关逐渐建立，自治活动渐趋统一。直隶总督陈夔龙在筹备宪政报告中称，到1911年，上级自治"冲繁厅州县为通州等67处，偏僻厅州县为永清等49处"③。由于受资料限制，笔者仅查到了直隶40多个州县自治的详细资料。关于直隶各州县机构建立情况详见表2。

---

① 《试办天津府自治学社通则》，甘厚慈辑《北洋公牍类纂》卷一自治一，台北文海出版社1966年，第15页。
② 《直省官绅学界筹设自治研究社禀》，《申报》1908年3月30日。
③ 《直隶总督陈夔龙奏胪陈第六届筹备宪政情形折》，《大公报》1911年10月8日。

### 表2 清末直隶各州县机构建立情况统计表

| 州县名称 | 成立议会时间及基本情况 |
| --- | --- |
| 赵州 | 1907年正式开办自治,初名义务所,后改为公议局。<br>1911年成立县议事会,1913年成立参事会。 |
| 文安县 | 1911年议事会议员20人,参事会议员4人。 |
| 望都县 | 1910年议事会议员10人,参事会议员4人。 |
| 涿州 | 1911年议事会议员20人,参事会议员4人。 |
| 无极县 | 1911年议事会议员16人,参事会议员5人。 |
| 固安县 | 1911年议事会议员20人,参事会议员4人。 |
| 房山县 | 1911年议事会议员20人,参事会议员4人。 |
| 沧州 | 1911年议事会议员23人,参事会议员5人。(备注:1913年取消议、参两会。) |
| 成安县 | 1911年议事会议员16人,参事会议员4人。 |
| 密云县 | 1911年议事会议员20人,参事会议员4人。 |
| 邯郸县 | 1911年议事会议员24人,参事会议员人数不详。 |
| 围场县 | 1911年议事会议员20人,参事会议员4人。 |
| 清河县 | 1911年议事会议员16人,参事会议员4人。 |
| 满城县 | 1909年成立县议会。 |
| 衡水县 | 1910年成立县议会。 |
| 迁安县 | 1911年县议事会、参事会同时成立。(备注:1914年停止议、参两会。) |
| 南宫县 | 1910年县议会成立,设正副议长各1人,议员22人。(备注:1914年废除县议事会。) |
| 青县 | 1911年县议事会、参事会同时成立。 |
| 怀安县 | 1911年成立第一届县参议会,有议员20名。李赞为正议长,焦璧为副议长。 |
| 沙河县 | 1909年自治预备会改为议事会和参事会。 |
| 万全县 | 1911年县议、参两会成立,议员18名,议长、副议长各一名,参事3名,负责培养自治人才。 |
| 元氏县 | 1910年县议会成立,正副议长各一人,李树堂为议长。议员20人,参事会相继成立,有参事4人。 |

续表

| 州县名称 | 成立议会时间及基本情况 |
| --- | --- |
| 邢台县 | 1911年议、参两会成立。 |
| 清苑县 | 1911年县议、参两会成立,有参事6人,议员24人。 |
| 南皮县 | 1911年县议、参两会成立,正副议长各一人,参事4人,议员20人。(备注:1914年取消县议事会。) |
| 容城县 | 清末曾设议会,蔡体仁为议长,后议会被袁世凯取缔。 |
| 唐县 | 1911成立县参事会。 |
| 高邑县 | 1910年县议事会、参事会成立。 |
| 吴桥县 | 清末成立第一届县议事会、参事会,设正副议长及议员。(备注:1914年取消议、参两会。) |
| 冀州 | 1909年设州议事会,1910年设参事会,1911年设乡议事会。 |
| 滦平县 | 1911年为推动自治县区建立议会(亦议事会)、董事会。其中县议会正副议长各一人,议员20人。董事会有总董1人,董事4人,名誉董事6名,计11员,区议会8个。 |
| 景州 | 1907年成立公议局,选举议董16人。 |
| 东明县 | 1911年议事会议员18人,参事会议员4人。 |
| 大兴县 | 1911年成立县议事会。 |
| 宁晋县 | 1907年设公议局。 |
| 宛平县 | 1911年设县议会。 |
| 卢龙县 | 1907年设公议局。 |
| 昌黎县 | 1910年县议事会成立,1911年县参事会成立。 |

资料来源:根据河北省各州县地方志、天津《大公报》、《东方杂志》等资料整理而成。

从已经建立自治机构的地区看:朝阳府、承德府、张家口等地少;保定府、永平府、深州、顺天府、正定府多。大部分州县自治机构设立集中在1909—1911年,而且,自治机构的设立与自治研究团体的设立成正比。这个特征说明,这一时期直隶地方政府与直隶士绅形成了一种互动关系,并且,绅界的努力和政府的支持暂时形成了一种合力,推动着代议体制在直隶基层社会的建立。

## 三、清末直隶州县自治的特点

从总体上看,清末直隶州县自治呈现出如下特点:

一是创办时间早。在全国实行地方自治之前,直隶个别州县已经开始试行地方自治。例如,赵州的"义务公所"、景州的"地方公议局"是直隶地方自治早期出现的一种形式,《赵州义务公所办法大纲》的制定可以充分证明这一点。大纲规定"区董"由选举产生,此外,义务公所访选地方正绅以谋议地方公益,行预算、兴实业、决公议。后来义务公所改为地方公议局后,自治特征更加明显,"州官为议长,州判吏目为议员,地方推举公正绅士为议董。"①凡一切兴利除弊、筹款用人、举办新政均由公众议决然后施行。1907年该局成立后,议决通过了划分区域、选举区董、裁汰保正保地,以及裁革各衙署陋规等案,这些活动是直隶实行地方自治的有益尝试。

二是在筹措经费方面开辟了新路径。经费短缺一直是困扰直隶推行地方自治的大问题,单纯靠清理地方公产、牙税、加抽捐税已经不能适应日益增加的经费需求,于是,一些地方将兴办实业作为筹措自治经费的新路径。围场自治生提倡筹办林业补助经费,自治生曹云汉、王之桢,学董刘丕承、警董刘昆、四乡绅董杨连桂等公同禀称:"本地自创办新政以来,虽经历任经营筹划,一切款项随筹随用,并未有的款,所有城乡学堂巡警诸新政当年经费均由民间地亩摊派,每倾竟摊至七八十吊之多,民间担负之重已达极点,实不堪命。况民间所摊之款必秋成后始能缴纳,春夏所需实无所出。除绅士竭力垫办外尚需出息借贷,人不免畏难远怨,是以学堂巡警迄无成效,的款不可不亟筹划也。绅等再四思维屡经开议,现拟由各乡绅董极力劝导乡民,将沙岗山坡原不堪放垦之处,剗垦可耕种者则耕种,实不可耕种者即讲求林业。每岁所得酌提数成以归巡警与学堂经费。"②这一做法虽然还未普及,但是其改革思路引人注目。

三是创办初期官府的主导作用明显。直隶许多州县是在地方官府的直接督导下实行自治的。庆云县在县令的督促下设立了"亲民局",景州州牧

---

① 《署赵州直隶州严牧以盛禀督宪设地方公议局文》,甘厚慈辑《北洋公牍类纂》卷二自治二,台北文海出版社1966年。第21页。
② 《保定禀请筹办林业》,《大公报》1908年8月30日。

严以盛在赵州任内曾禀设地方公议局。严以盛认为："东西各国立宪政体必先组织府县议会为之基础。"①到景州任职后他又创办公议局，"合士绅之众议，谋地方之公益，议定即行特为议事会董事会之起点"②。该州牧称组织公议局之宗旨是，推举地方公正绅士，谋议公共利益之事。凡一切举办新政兴利除弊筹款用人均由公议决定然后实行，遵照章程地方官不在议员之列。议长、议董、干事均为名誉职，不支薪俸，亦不作任期，一俟议事会成立，公议局应即停止。章绍洙任庆云县令时曾将该县旧设之亲民局重加组织，易名为庆云自治局，招集邑绅订定章程十二条。后经直督及天津自治局批准，改名为庆云县自治公所。在试办章程中，章绍洙指出设立该局的宗旨是，对于地方有益之事均即时兴办，尤其对于学堂、巡警、工艺等事极力倡办，由城乡选举公正绅董数人轮流往局，这一提议得到直督的认可。袁世凯在批复中说："拟设亲民局禀试办章程均悉官绅协商要政，即古人询及万民之意，亦各国地方自治之基。"③卢龙县仿日本府县会之例在城内高等小学堂东院附设公议局一所，其宗旨在谋公益，发公理，概以公论见诸实行。凡由知县提议者必经公议始与诸绅实行；绅士提议者亦经公认方由知县裁决之。"闻自开办以来城乡各绅均能欢欣鼓舞，欣然响应。"④

此外，在直隶各州县地方自治由分散走向统一的过程中，直隶地方官府的主导作用还体现在：（1）统一各州县自治机关的名称。直隶各地方官先是将诸如赵州的"义务公所"，景州的"地方公议局"，庆云县的"亲民局"，卢龙县的"公议局"等议事机关统一改为议事会，执行机关改为董事会。1910年又根据清廷的规定，将董事会改为参事会，使直隶的自治机构逐渐统一，以便更有利于地方自治的推行。（2）将议事会、董事会（后改为参事会）的权限进一步划分。州县地方自治未划分权限以前，均以"讲求地方公益"相标榜。由于没有相应的标准和得力措施，各地进展参差不齐，而且由于权限不清导致了各种势力之间的矛盾和冲突。而议事会、董事会（参事会）一系列文件

---

① 《景州严牧以盛禀创设地方公议局试办简章文并批》，甘厚慈辑《北洋公牍类纂》卷二自治二，台北文海出版社1966年，第25页。
② 《景州严牧以盛禀创设地方公议局试办简章文并批》，甘厚慈辑《北洋公牍类纂》卷二自治二，台北文海出版社，1966年，第25页。
③ 《庆云县拟设亲民局禀并批》，甘厚慈辑《北洋公牍类纂》卷三吏治一，台北文海出版社1966年，第17页。
④ 《地方自治汇志》，《东方杂志》，第4年，第10期，内务。

的制定,对议事会与董事会(参事会)的关系、议事会与官府的关系、董事会与官府的关系进行了明确的规定,使各部门有法可依。

当然,地方官督导下建立的自治机构并不意味着地方官的垄断,相反,他们在制定局章时一定程度上考虑到了自治机关的民主性。1907年,庆云自治局正式开办,该局认为:"地方自治为宪政根本,以国家广土众民,行政之官吏断无万能之术,能整理全国之庶政,故不能不分割一小部分与地方绅民以自行处理之权。方今中国为预备立宪时代,必先各分子均能自治,而后统治之规始能逐渐完备。"①根据这一原则,局章规定议事权限包括:凡地方兴革事宜,由地方官或局员提议,公同核议,以人数之多寡定从,惟议后呈地方官察核施行;如地方官议驳,可指明理由交局另议,惟议决至三次地方官亦不得再驳。董事会为独立之行政机关,执行议决事项,倘执行时地方情形确有碍难者,可以收回另议。倘地方官不认可该局议案并确有见解,可请上级自治局准驳,奉明示后官绅均须遵守。

总之,清末直隶地方自治打破了清政府一元统治的格局,出现了"官治"与"自治"的混合体统治模式。在地方自治初期,官府的主导作用较为明显,对直隶地方自治起到了极大的促进作用,体现在经费的解决、自治人员的培养、自治政策的出台与保障等方面。而随着民众政治参与意识的提高及自治团体的建立,直隶绅民在自治中逐渐处于主导地位。尤其在顺直谘议局建立后,"自治"气氛空前高涨,体制外的力量已经成为影响政府决策的强大势力,这种状况成为直隶形成立宪高潮的真正动因所在。"清廷在半心半意之中推进地方自治,而地方实力派则在一心一意地谋求地方自治的发展,因之,地方自治者在行动上最终走向了清廷的对立面。"②无论如何,官、民二重公共组织共存,由"官治"到"官治"与"自治"二元形态本身就是一个进步。

清末直隶州县自治的实践表明,地方自治改变着基层政权的统治模式,地方士绅的话语权得到重视,一部分社会精英被纳入行政管理层,从而使国家行政控制力量在基层社会逐步减弱。这不仅有利于地方自治的推行,而且遏制了清廷向中央集权的计划,从而削弱了清朝的专制统治。到辛亥革命前,直隶地方自治运动基本上是以地方士绅为参与主体的绅权运动。在

---

① 《庆云县章令绍洙禀创自治局情形文附再禀并批》,甘厚慈辑《北洋公牍类纂》卷二自治二,台北文海出版社1966年,第16—17页。
② 熊文钊:《大国地方——中国中央与地方关系宪政研究》,北京大学出版社2005年,第47页。

这一运动中,一些地方士绅的参与和对自治的表达起了决定性的作用。更为重要的是,基层社会权力主体发生了结构性变动,绅民的结合更加强了这种变动。在直隶地方自治中,绅权得到极大扩张。作为民权的一部分,他们要把触角伸向县及省行政决策人的行列,并成为对政府权威强有力的制衡力量。同时,"地方自治的推行,改变了中国传统基层政权模式,使原来皇权与绅权结合共治天下的一元政治模式,向参与型的多元政治方向发展。选举方式的推行,议事会与董事会的分立与互相牵制扩大了参与,也使民主精神开始贯穿到社会最基层组织。"①作为府厅州县的上级自治和作为城镇乡的下级自治的建立,使直隶从机构上健全了自治体制。在自治机关中,议案的议决,决策的执行,民主化倾向越来越明显。而自治团体、自治机构的设立,在相当程度上调动了基层社会的政治热情,各种力量在新的政治认同基础上,汇成一支改造社会的生力军,为民众参政提供了一条新的政治出路。

(《燕山大学学报》哲学社会科学版 2007 年第 4 期)

---

① 刘伟、饶东辉:《中国近代政体发展史》,华东师范大学出版社 1998 年,第 90 页。

# 商业贸易与民国前期天津和腹地间的资金流动

龚 关

天津开埠后,天津与腹地的贸易规模不断扩大。从动态看,天津的腹地范围呈不断扩大之势,铁路运输网建立之前,海河水系是天津最重要的腹地,在此之外的区域,受交通条件的限制与天津的贸易很有限;清末民初,遍及华北西北的铁路网基本形成,天津腹地有了很大变动。铁路的开通使山东、河南的一部分地区减弱了与天津的贸易联系,但仍不失为天津的腹地(这些地区实际上是各口岸城市的交叉腹地),同时,因为铁路的延伸使天津与西北的联系更加密切,甚至有人认为是铁路使西北成了天津真正的腹地。纵观开埠以来天津与腹地贸易,清末较为有限,民国前期其规模相当可观。首先,从进出口看,根据海关统计,天津口岸的进出口贸易值,1865年为1290万两,1895年达到5017余万两,1911年为11654万余两,到1921年达22478余万两,1931年达到35023万两①。清末尽管增长速度很快,但到1911年也只有1亿余两,民国以后,增速趋缓,但年贸易额非清末可比。其次,因近代工矿业发展而引致的天津与腹地的贸易主要产生发展于民国时期。天津的近代工业兴起较早,但整体发展滞后,清末时不仅数量不多,规模也有限;直到北洋时期才迎来了天津工业发展的高潮,天津的支柱产业棉纺织、面粉、化工等都创立于这一时期。因此,天津的工业品输往腹地以及腹地的原材料输往天津,到民国前期才形成规模。与贸易规模的扩大相伴随的是天津与腹地间资金流动规模的扩大,而资金流动规模的扩大还引起了天津金融制度的变迁,天津与腹地经济关系的变化。

---

① 姚洪卓:《近代天津对外贸易》,天津社会科学院出版社1993年,第250—259页。

## 一、汇兑与运现

### （一）汇兑

天津与腹地间的资金流动，一种方式是汇兑，经营此项业务的既有金融机构，也有非金融机构如商号、货栈等。商号兼营汇兑比较常见，民国时期仍是如此，其常见的做法是两地互有向对方之地汇款需要的商号采取相互冲抵的方式，而达到汇款的目的，这种方式被称为"顶汇""比兑"。参与其事的除华商外，还有洋行。天津的洋行与归化的货庄即有此项业务，"该洋行每至付皮毛牲畜等款时，即大收货庄汇津买货之款"①。商号兼营汇兑占整个汇兑的比例不小，在一些小的城镇上，商人全部采取抵汇的方式，如山东沙河镇，"汇兑款项，皆以商家互相比兑，向无专做汇兑之家"；龙口镇，"向无汇兑之家，其每年进口货款，除行店代理比兑外，或运现款"②。而一些大城市尽管有金融机构的汇兑，但商号的顶汇仍不在少数，如甘肃兰州"汇兑一项，以进出口之商品计之，每年汇出汇入，共约有千余万两。除商人办货，彼此顶汇外，收交尚共有六七百万两之多"，看来商人顶汇达三四百万两③；而归绥"汇出汇进款项，每年统计约有一千二百万两，其由票庄汇者，年约六七百万两……其由外行汇者，年约四五百万两"④。商人采取顶汇的方式，一个更重要的原因是商人顶汇时，相互不取汇费，或者很少，与金融机构的汇兑收取高额汇费相比，省却了一笔不小的开支。这从一个侧面反映了近代金融业发展的不足，金融机构及其网络的建设不完善，致使汇兑的费用高昂，商人不得不采取固有的方式以降低这一耗费。

自从票号作为专营汇兑的金融机构出现以来，金融机构经营的汇兑越来越占重要地位。天津与腹地间的汇兑，清末时以票号为主，银号开始涉足这一领域；民国年间，银号、银行则成了经营汇兑的主要金融机构。天津银号有本帮、客帮之分，本帮银号以存放款或投机为主要业务，经营汇兑者较少，而汇兑则是客帮银号的主业，客帮银号在内地均有联号，多代商家收交

---

① 《中国各省钱业调查录·直隶省》，《钱业月报》4卷4号，1924年5月。
② 《中国各省钱业调查录·山东省》，《钱业月报》3卷6号，1923年7月。
③ 《中国各省钱业调查录·甘肃省》，《钱业月报》2卷10号，1922年11月。
④ 《中国各省钱业调查录·直隶省》，《钱业月报》4卷4号，1924年5月。

款项,自求平衡。这种经营汇兑的客帮银号一般规模很小,多在客货栈租房经营,由一两个人主持其事。客帮银号一般只与本籍商号联系,天津的客帮有北京帮、山西帮、山东帮、河南帮、南宫深县冀州帮等,客帮的原籍基本上囊括了天津的整个腹地。银号汇款每笔数量少,常在万元以下,尽管诸多客帮银号合在一起,其汇兑的总量是可观的,但大宗款项的汇兑则无能为力,而银行则弥补了这一缺陷,如在保定,银号办理汇兑,"其地点仅限于天津、北京两处,且大宗款项之汇兑,仍须求助于银行"①。民国初年起,一些银行如中国银行、金城银行等陆续在内地设立分支行处,而内地各省的地方银行也陆续在天津设立分行,于是在银号汇兑网络之外又逐步构筑了天津与腹地间的银行网络,极大地便利了天津与腹地间的资金流动。诸多银行中,以中国银行在内地的分支行处数量最多、分布最广,以中国银行的数据可以窥知天津与腹地间资金流动规模的扩大。据中国银行的各年度报告②,1919年天津分行汇款总额820万余元,1920年为1834万余元,1921年为1388万余元,1921年较1920年少了400多万元,但考虑到是年京津遭遇挤兑风潮,导致金融停滞,这一数目是很可观的。此后十余年里,年度报告没有关于汇款的统计数据,直到1932年又有了相关数据,但统计是以区域为单位,把全国分为长江流域、华北、东三省、华南4个区域,分别统计各区域的汇出总数及各区域所占比例,其中与我们研究相关的华北区域自1932年到1936年各年的汇出总数依次为16569余万元、13358万元、13014万元、20148万元、38175万元。另据年度报告,1931年汇入天津的数量为5877.7万元,占华北汇出总数的35.47%,我们依此比例推算后几年汇入天津的数量,则分别是4738.5万元、4616.5万元、7147.2万元、13542万元。尽管这些数据不完全是通过中国银行实现的天津与腹地间的资金流动,但天津与腹地的汇款是天津的汇款总额、汇入数量的主要构成部分,因此汇款的增长反映了天津与腹地间资金流动的增加。根据上述分析,银号、银行都经营天津与腹地的资金汇兑,银号以小额为主,银行则多大宗汇款,两者不仅不冲突,而且表现了互补性,他们共同构筑的金融网络便利了资金流动,促进了商品流通。

与商号相比,金融机构的汇兑较为复杂,有顺逆之分,顺汇是先收后交,

---

① 《保定之经济状况》,《中外经济周刊》第180号,1926年9月18日。
② 中国银行总行、中国第二历史档案馆编:《中国银行行史资料汇编》(上编[三])各年度报告,档案出版社1991年。

而逆汇则反之。顺汇又可分票汇、电汇、信汇、活支汇款等,逆汇则有押汇、购买外埠期票、代收货款等形式。天津与腹地间,顺汇以票汇、信汇为主。逆汇中,押汇由银行开办,1921年前后,天津各银行都已办理,但业务量有限①;代收代付款是指银行号委托异地金融机构代收或代付款项,这种逆汇方式并不多见;购买外埠期票为逆汇的最主要形式,在天津与腹地的资金流动中有着重要的影响。

外埠期票实际上是一种汇票,产生于清末。据1911年大名商会致天津商会的一则信函,天津粮商到直隶大名购粮时,并不携带现金,也不通过钱庄、银号汇款,而是开出由本号或天津与之有联系的银号付款的汇票。当地又有经营洋布等商,他们到天津进货时,不携现款,而是携带在当地购买的汇票。信中还提到此种办法"行之已久,并无窒碍"②。民国年间,此项汇票流传甚广,沿海口岸城市如上海、天津等地的商人到内地购货时,都习惯于开出汇票,而不携带现款,因其是口岸商人开出流行于内地而被称为外埠期票。

外埠期票一般是迟五七日或十日付款,以付款人的不同可分为商号汇票和银号汇票,其中以银号汇票的信用更好。外埠期票既可作为汇兑工具,还可充当流通手段和支付手段。此项汇票,最初购买者多为商人,主要用于到异地偿还货款或者债务,由于此项汇票的信用,收到汇票者并不急于兑款,而是继续用于偿还货款或者债务,于是,"此项汇票因内地买货辗转流通,迨至到津付款,需时恒在一月以外,间有至半年者"③。由于外埠期票的诸多功能给商人带来了便利,加上天津与腹地的密切商业贸易联系,天津商号、银号所出汇票,其流通范围覆盖广大的北方地区,如河北、山西、察哈尔、绥远、河南、山东等地。包头"历年旧历十月以后,是为大宗皮毛粮食交易旺盛期,包交津收之逆汇汇款,为数最巨"④。河北辛集,"皮行赴各地购货,早年习惯均持银号所开七日津付汇票,赴买地使用"⑤。当然,在山东、河南,因

---

① 天津市地方志编修委员会:《天津通志·金融志》,天津社会科学院出版社1995年,第324页。
② 天津市档案馆等编:《天津商会档案汇编(1903—1911)》,天津人民出版社1989年,第1103页。
③ 石家庄中国银行:《新集镇调查报告》,《中行月刊》1卷1期,1930年7月。
④ 《交通银行民国十五年营业报告》,《银行周报》11卷18号,1927年5月17日。
⑤ 石家庄中国银行:《新集镇调查报告》,《中行月刊》1卷1期,1930年7月。

其受上海、汉口等地的影响更大,天津所出汇票流通较少,济南"各种汇票,以上海为最多,其次为天津、青岛"①;郑州,"外来客商,购办货物,均开立期票,售与银行号,以沪汉居多数,津票次之"②。在北方区域内,天津的汇票已成为天津与腹地间资金流动的重要工具。

由于外埠期票的广泛流通,不仅商人将其作为流通手段和支付手段,金融机构也将其作为资金运用的一种工具。因为购买外埠期票实际上是向商号做贴现,具有放款的性质,同时,因为金融机构的购买,更推动了外埠期票的广泛流通,也促进了天津与腹地间的资金流动。最初购买外埠期票的是钱庄、银号,钱庄、银号尽管规模小,但与一般商人往来密切,素知商人信用,在购买外埠票据上往往放胆经营,加上钱庄、银号数量众多,购买外埠期票的总体规模不在小数。民国初年后,随着银行分支机构在内地的广泛设立,银行也将购买外埠期票作为资金运用工具之一,如在石家庄,"此间进出口货付价办法,均使用五日或七日之期票,俗名五七期票,通常于七日后付款,商人多以此期票售与银行,拆取现款,此间银行全恃购买此类期票以博利,其数实较汇兑为多"③。郑州,"行号均以购买花客之汇票为主要业务,放款不多"④。有时,当市场出现紧急情形时,银行还大量购买期票。1926年秋季,石家庄"棉花上市,现洋需用浩繁,适以交通多阻,现洋来源缺乏,石行(交通银行)为辅助棉花出口商起见,乃竭力设法以接济之,购入煤棉两项汇票,均达巨额"⑤。30年代初,由于内地金融枯竭,钱庄因能力薄弱,不愿购买期票,商人则因内地不靖,又不敢携带现金到内地购物,致使物产滞销,农村更苦。有鉴于此,中国银行令内地分支行尽量多购期票,使资金能顺利流向内地⑥。借助银行的资力,外埠期票作为资金流动的工具,其功用得到了更好的发挥,便利了天津与腹地间的资金流动。在外埠期票的流行和推广中,还可看到银号与银行间互补合作的一面,银行大量购买外埠期票有时离不开钱庄、银号的帮助,"有商人开出本庄付款汇票,至银行贴现,银行不知

---

① 《济南金融市场之概况》,《中央银行月报》3卷7号,1934年7月。
② 《调查郑州出产及商业金融状况报告书》,《中行月刊》2卷10期,1931年4月。
③ 《石家庄之经济状况》,《中外经济周刊》第181号,1926年9月25日。
④ 《调查郑州出产及商业金融状况报告书》,《中行月刊》2卷10期,1931年4月。
⑤ 《交通银行民国十五年营业报告》,《银行周报》11卷18号,1927年5月17日。
⑥ 中国银行行史编辑委员会:《中国银行行史(1912—1949)》第277页。

商人信用如何,钱庄可以担保,或自己购买后,再转到银行贴现"①。

总之,民国前期,随着贸易规模的扩大,天津与腹地间的汇兑规模越来越大,汇兑方式越来越趋于多样化,适应了不同层次的需求,方便了资金流动,也有利于商品流通。

(二)运现

除汇兑之外,运送现金是天津与腹地间资金流动的另一方式,参与其事的,除金融机构外,还有商号、镖局、交通运输部门等非金融机构。运现最初的方式是商号自己运送,或者雇用镖局押送,这种镖局押送的方式清末时仍然存在,如直隶省南宫县有万通镖局,镖局每年在德州天津间运银洋百余万元②。民国年间,运现的方式有所变化。一是运用现代交通工具。由于北方地区已形成了较为完整的铁路,天津与腹地间的运现往往借助火车,与传统的运输方式相比,既省费又相对安全。二是专业运输公司的出现。银钱商号如果不自己运送现金,就可以委托给专门的运输公司。这样,现代的运输公司与现代的运输工具相结合,更有利于异地间现金的运送,也显示了现金运送规模的扩大。

天津运送现金的范围,几乎覆盖北方广大地区。"不独平津两地时须互运现洋往来以济市面,即华北各地,东至北宁路至唐山、秦皇岛,西北至平绥路之归绥、包头,南至平汉路之郑州等处,或为实业工厂所在,或为内地土货所集,所须现洋向须由津运往接济。"③以西北方向为例,在绥远,"当地现银以平津山西为来源",而归绥又成为绥西广大地区现洋的重要来源地④。张家口是西北重要贸易中心,又是内地与蒙库商务枢纽,"市面所需现金,多自京津运往,与京津商业金融关系至为密切"⑤。河北、山西的现洋主要来自于天津。北方其他各地,河南、山东、陕西等地,现洋部分来自于上海、汉口,而天津仍是一个重要来源。如济南本地,现洋向来缺乏,其来源一是直接从上海调款,同时也从天津调取,1922年八九月间,交通银行、边业银行因"土货

---

① 曲殿元:《中国之金融与汇兑》,大东书局1930年,第131页。
② 天津市档案馆等编:《天津商会档案汇编(1903—1911)》,第1099页。
③ 天津市档案馆等编:《天津商会档案汇编(1928—1937)》,天津人民出版社1996年,第666页。
④ 范椿年:《绥远经济调查》,《中央银行月报》4卷3号,1935年3月。
⑤ 天津市档案馆等编:《天津商会档案汇编(1912—1928)》,天津人民出版社1992年,第1232—1233页。

发动,交易繁多",而济南市面现金缺乏,分别往济南调运现洋,共18万元①。至于运现的用途,最基本的是工厂、商号往内地采购米麦杂粮、山货、棉花等物品所备用的购货款,另有一部分各地银行号为应付土货发动时市面急需而从天津调款,天津以其自身的金融吐纳能力,对各地市面起到了调节的作用②。

  分析到这里,需要指出的是,近代以后尤其是民国年间,当汇兑尤其是金融机构的汇兑业务规模不断扩大的同时,运现的规模不仅没有随汇兑业务的发展而缩小,反而呈扩大之势,尽管相对规模不一定占有多高的比例。从根本上说,这应归因于当时的货币金融制度,即货币的金属本位制度和由金融机构所构筑的金融网络在网络的完整性、汇兑的制度和技术等方面的缺陷。因金属本位制度,在农村,长期以来人们习用银元、制钱,可以说是根深蒂固。民国年间,银行推广发行钞票,受自身信用未能得以推广,及内地人们使用货币习惯的影响,钞票推行缓慢。二三十年代,银行不断完善自身的信用制度,钞票的使用范围得以扩大,但它并不能从根本上替代现金。因此,在土货登场,内地需要大量现金,一时又运送不及时,可暂时以银行钞票应付,但必须随后备足现金,以待人们以钞票兑取现金。再从汇兑的局限性看,晚清时,票号主要集中于重要的商业城镇,其网络有着许多不能触及的地方;民国年间,通过钱庄、银号、银行构筑的金融网络,天津与北方的大多数地方都有着直接的通汇关系,但仍有许多地方汇兑不通,这既有本来就不通汇兑的,也有一时因战争、灾害等变故而不通的。如20年代,河北沧州、兴济一带与天津便不通汇兑,各面粉厂往此处购买小麦,"所有购麦之款向须现洋运往"③。另一种情况是汇兑的汇费太高,如在天津做草帽缏生意的洪祥益商号,须将货款调回山东,但"因向山东会兑会费吃亏过重",1922年9月,便随船运现洋2万元,经塘沽运往山东虎头崖,以备再买草帽缏到津出售④。因此,直到民国年间,金融机构汇兑网络的有限性是显而易见的。汇兑与运现的并存,显示了金融业从传统向现代转变的过渡性特征。

---

  ① 天津商会档案《开禁现洋出境各商请领护区》,天津市档案馆,全宗号128-3-6-5335。
  ② 天津市档案馆等编:《天津商会档案汇编(1912—1928)》,第1229—1230页。
  ③ 天津市档案馆等编:《天津商会档案汇编(1912—1928)》,第1227页。
  ④ 天津商会档案《开禁现洋出境各商请领护区》,天津市档案馆,全宗号128-3-6-5335。

## 二、直接汇兑与间接汇兑

根据复杂程度的不同,汇兑可分为直接汇兑与间接汇兑。直接汇兑指两地之间直接通汇。各地之间是否能够直接通汇,取决于两个因素,一是他们相互之间是否以贸易为基础已形成了一定的资金流动规模,二在于经营汇兑业务的金融机构自身是否有了制度或技术上的创新,从而不仅使有密切经济关系的地区之间形成直接汇兑,而且还使那些经济关系不太密切的地区之间也能实现直接汇兑。

天津与各地可进行通汇之地甚多,其中最为密切者,有上海、北平、包头、张家口、石家庄、大连、沈阳、营口等地①,除上海外,其他各地基本上是天津的腹地。而反过来说,北方各地对外汇款均以天津为主要汇兑之地,张家口"其汇出汇款,以天津为最多,北京次之,其他各埠又次之"②。包头"与津、京、太原、张家口等地的往来汇兑关系,殊为密切。有联号关系的钱庄,经营汇兑自然得心应手;没有联号关系的小钱庄亦可委托代办,从中分享利润。1935年包头全市汇兑总额为3000万元,汇出汇入均以天津为最巨。汇入总额2258万元,其中天津一地占51%,汇出总额958万元,其中天津一埠占62%"③。在绥远,"上年(1934)汇入款项共一千万元以外,平津方面占多数,山西与西路次之。汇出款项约在七八百万元,平津占多数,西路与山西等次之,大抵绥远商号直接通汇地点,范围狭窄,沪汉方面,仅中交行之零星数目而已"④。河北邯郸,30年代有钱庄5家,其中裕丰恒、元生恒都专营天津汇兑,可见与天津的汇兑在当地的重要性⑤。石家庄,"汇兑以对天津者居多"⑥。山西省对省外汇款以对天津为主,1935年钱庄的汇兑总额,汇出为2758万余元,其中汇往天津为1460余万元,超过总额的一半,汇入总额为

---

① 《天津市金融调查》,《中央银行月报》3卷9号,1934年9月。
② 《交通银行民国十五年营业报告》,《银行周报》11卷18号,1927年5月17日。
③ 包头市人民银行:《包头金融志》上篇,《包头史料荟要》第12辑,1984年,第165—166页。
④ 范椿年:《绥远经济调查》,《中央银行月报》4卷3号,1935年3月。
⑤ 王刚、王昌兰:《近代邯郸商业概况》,《邯郸文史资料选辑》第3辑,1986年,第46—47页。
⑥ 《石家庄之经济状况》,《中外经济周刊》第181号,1926年9月25日。

2712万余元,其中由天津汇入为1347万余元,也占一半左右①。甘肃兰州,"省外以天津一埠汇兑为最繁盛,盖甘省货物大率由黄河下运,直走包头绥远转运京绥路以至天津等处。其次为陕西上海等处"②。山东、河南两省许多地方,与青岛、上海、汉口等口岸联系更为密切,与天津的联系要少一些,但天津仍不失为重要之地。

间接汇兑实质上是多角汇兑,通常为三角汇兑,也有四角甚至更多角的汇兑关系。间接汇兑存在的原因比较复杂,在国际市场上往往是利用各国汇率的差异获取差价以牟利的一种工具,而在我们所考察的国内市场上,间接汇兑主要是为了使不能实现直接汇兑的两地之间借助于第三地实现资金的流动,或者是基于所涉及的各地之间一定的经济贸易关系,即商品流通上的单向流动关系。间接汇兑往往以一定区域范围内处于中心地位的大商埠为资金调拨的中心,因为它和区域范围内的大多数地区都有来往,已基本实现了直接汇兑。在北方区域,天津便是这样一个实现间接汇兑的中心。

以天津为中心的北方区域,有许多易于形成间接汇兑的贸易关系。一个典型的例子,河北邢台、辛集等地为近代重要的皮毛加工集中之地,其原材料皮毛则来自于西北内蒙古、甘肃、宁夏等地,但邢台、辛集很少有商品反向流往西北,而邢台、辛集等地所产的棉花等重要农产品主要输往天津,天津则有洋货及国内机制工业品输往西北内蒙、甘肃、宁夏等地,这样便形成了三地之间商品流动的循环关系。另一个例子是天津的棉纱输往宝坻、高阳等地,高阳、宝坻的棉布输往西北包头、丰镇、张家口等地,而西北这些地区的土货则输往天津。其他与此类似的情形,不再一一列举。与商品流通相伴随的是资金的流动,由于这些循环性质的商品流通关系中有一边或多边只存在单向流动,各自直接进行贸易结算反而会产生极大不便,而间接汇兑则能很好解决这一问题。我们具体来看通过间接汇兑实现的资金流动过程。

首先,以将邢台的资金调往兰州所形成的兰州、西安、邢台、天津4地间的汇兑关系为例。直隶南部的邢台县,是重要的皮毛集散之地,皮毛店常派人到甘肃收买皮毛。两地间无法运现,也不能直接汇兑,因为邢台有欠甘肃之款,而甘肃则无欠邢台款。这样为向甘肃方偿付皮毛之款,不得不借重于

---

① 实业部国际贸易局:《中国实业志》(山西省),第57—59(辛)页。
② 李亦人:《甘肃兰州金融概况》,《钱业月报》14卷6号,1934年6月。

天津,而天津与甘肃也没有直接来往,于是又加进陕西西安,天津与西安有来往,西安与兰州有来往。邢台皮毛店,需派人在西安,专办兑款事宜,"譬如皮毛商在甘肃兰州置妥货,无款可交,有本地(兰州——笔者注)钱庄,在西安用款,即就皮毛商商议,两方议定,钱庄在兰州拨款与皮毛商千元,皮毛商即写信至本店所派西安之兑款人,付与兰州钱庄西安分庄千元(假定系平价)。此时兑款人手内实际无款,于此又有西安钱庄在天津用款,两方商定,钱庄在西安交款与兑款人,兑款人随即写信至天津有关系之钱庄,付款于西安钱庄天津之分庄。天津与西安之汇兑,西安常处于不利地位,故在此交易,西安钱庄往往贴水与兑款人。然邢台皮毛商在天津无存款,将如何办理乎?天津到邢台采购皮毛之商人甚多,其付货价多以天津本庄付款之汇票,邢台皮毛店,收到汇票,即寄与天津有关系之钱庄代收,所得之款,即补足钱庄所垫付之款。"①这样,邢台皮毛商为了付在兰州购买皮毛之款,依次经历了兰州与西安、西安与天津、天津与邢台的汇兑,中间借助了西安、天津两地。整个汇兑过程的完成,是钱庄与商号合作的结果,从西安向兰州调拨资金,是以皮毛商与钱庄之间相互抵兑的方式进行的;天津向西安调拨资金则经由钱庄;而从邢台向天津调拨资金,则通过商人之间的顶汇完成,其间以天津商人的汇票作为工具。这则例子,原作者并没有指出具体的时间,但其著作出版于1930年,也就是说大致上可视为反映的是清末至北洋时期的情形。因此,我们的印象是这种复杂的四角汇兑关系,并不完全有与之相辅相成的商品流动,其主要目的是为了实现将邢台的资金调往兰州,说明了天津腹地的边缘地区资金流动的难度,这恰恰显示了天津在北方区域商贸、金融中的重要性与不足,由于天津与腹地的大多数地区有着密切的联系,因此腹地相互之间要完成相互之间的资金流动,如不能直接汇兑,一般通过经由天津的间接汇兑便可完成,但当天津与腹地某些地区的联系不太紧密时,这一过程的完成又不得不经由第四地,有些时候甚至更多地区,资金流动变得异常复杂,也形成过高的流动成本,因为每经一次汇兑便要付出一笔汇水,汇兑次数越多总的汇水就越高。

其次,下面宝坻、高阳的情形则是典型的与商品流动相对应的资金流动关系。宝坻是河北省手工织布业中心之一。宝坻布商所用之棉纱,悉仰给于天津,所织出之布匹,需运至各地销售,与之相应而形成的资金流动方向

---

① 曲殿元:《中国之金融与汇兑》,第132—134页。

是,宝坻的资金需调往天津,以付纱款;布的销售地(姑且称之为第三地)需将布款调往宝坻。若第三地有杂货输往天津,则有将货款由天津调往第三地的资金流动。这样,围绕着纱、布、杂货的转动,形成了三地间资金的循环流动。这种资金流动的最初形态,就是直接输送现款。运送现款,需费巨而危险大。随着商务日繁,商人对三地间资金的流动乃采用了间接汇兑的方法,其基本的原理是:第三地的杂货输出商,运货至津,销售后所得的货款,不需要运回本地,仅向其本地输入宝坻布的布商取得现款,而以其存在天津的现款付与该布商的天津分庄,这是第一层的相互抵兑,经过这一层抵兑,杂货输出商的货款调回了本地,而输入宝坻布的布商也将资金调往了天津。第三地输入宝坻布的布商,不需从当地运现款至宝坻,仅以它天津分庄的存款就近付给宝坻布商的天津分庄。宝坻布商在天津购纱就以它天津分庄的存款付与纱厂,而无需从宝坻镖送现金,这是又一层的相互抵兑,这一层抵兑,输入宝坻布的布商偿还了对宝坻布商的欠款,而宝坻布商也付了纱厂的货款或者偿还了对天津纱厂的欠款。经此三地间的相互抵兑,实现了资金的流动。很明显,三地之间资金流动的完成是采取商人之间顶汇的方式,而整个抵兑过程的完成主要是在天津,因为第三地的杂货商、布商、宝坻的布商都在天津设有分庄,除了第三地布商向杂货商付款是在第三地完成外,其他都在天津。因此,天津不仅是天津与腹地间直接资金流动的中心,甚至可称为腹地相互之间资金流动、结算的中心。

在整个资金流动过程中,各商相互之间付款,则是以天津购货商所开出汇票(所谓津票)作为工具的。如宝坻布商(甲)售布给第三地布匹输入商(乙),乙因与第三地杂货输出商(丙)实行相互抵兑而持有丙所付的向天津杂货购买商(丁)取款津票,则乙就以此项津票付甲。而甲又常在天津棉纱号(戊)购买棉纱,则甲即以此项津票付戊,戊还可用此项津票付其余商家。这样丁所出的津票常常辗转传流各地,等最终持票人到丁处兑现时,常达数月之久,中间持票之人不计其数。津票则成为整个过程中资金运作的重要工具①。

高阳的情形与宝坻相似。高阳是民国年间兴起的北方几大手工棉织区之一。高阳的织布者所需之纱,主要来源于天津,而所织之布要运往各地销售。棉纱由纱布商人从天津购入,在高阳分散于乡间数万织户,织成布匹,

---

① 毕相辉:《河北省宝坻县金融流通之方式》,《大公报》1934年7月11日。

再经过一定的手续而汇集于布匹贩卖商人之手;布匹经整理后自高阳运至各地销售,换取现金,现金直接从各地汇至天津,以偿还原料价款或再购买原料。如此周而复始,循环不已。这样就形成了天津、高阳、高阳布销售之地三地之间的资金循环流动关系,"以天津为中心,直隶高阳之布庄,欠天津棉纱庄之款,包头、丰镇、山西之布商又欠高阳布庄之款,同时天津皮毛、粮食商又欠丰镇等地商人之款,如此则三方可以用间接汇兑法,以清理前款。天津之皮毛商,给丰镇商人以本庄付款之汇票,丰镇商人,又卖与本地布商,交高阳布庄,布庄并不带回原籍,即存于天津,以清理棉纱欠账"①。其资金流动的方式与宝坻是完全一致的。

  在这种间接汇兑中,高阳与宝坻似有一点不同之处,那就是高阳更为倚重天津对高阳的融资关系。布业运转过程往往需时很长,"商人以货币换原料,原料换布匹,布匹再换货币这一过程,普通要一二个月的时期,多则半年以上,如此一买一卖之间,势必囤积许多的原料和成货,还有许多售货的账款(因为不记账,交易是做不大的)"。漫长的商品流通过程需要商人具有大量的经营资本,但是,高阳商人却缺乏足够的资本,必须通过借贷获取周转资本。高阳商人所需的周转资本主要来自于天津,其获取的方式前后有所变化。1921年前,商人们赖以周转交易的,以天津棉纱号的赊账为最主要。这一时期,国内棉纱市场兴盛,天津专门买卖棉纱的棉纱号,不下数十家。日商为倾销日本纱,常将纱赊给棉纱号,各纱厂也不得不如此。棉纱号再将棉纱赊售与高阳商人。而纱布的供不应求,利益优厚,还账的信用很好,也使天津的棉纱商愿意赊售棉纱。这样,高阳布线庄在手头借以活动的资金,大半是仰仗纱号的赊账,否则将无法周转。1921年后棉纱市场发生变化,棉纱迭价,同时高阳商人对棉纱行市相当熟悉,棉纱庄获利微薄,不愿意赊账,这时高阳布线庄所需的周转资金,主要依靠天津银号的借款,布线庄在天津采购棉纱时,银号为之垫借部分或全部货款,布线庄在外埠售布得款后再汇至天津,陆续归还或存放银号。所以,高阳商人做纱布生意,往往不需要巨大资本,这正与当地的经济状况相吻合。当然,高阳布业的这种资金运作方式有自身的局限,即对天津的金融业依赖太强,一旦天津的金融业收缩放款,受损害的将是高阳布业,20世纪30年代便是如此,"近一二年来,因布业衰落,银号放款,比从前严紧,且遇有风险或信用发生问题时,随时就要逼还

---

① 曲殿元:《中国之金融与汇兑》,第137—138页。

欠款,布业金融未能独立健全,实在是高阳布业很吃亏的地方。"高阳商人因资金缺乏,在天津购买原料,多靠银号的垫款或纱号的赊欠,天津成了高阳布业金融汇兑的枢纽①。宝坻的情形则没有形成对天津的如此依赖,尽管宝坻商人向天津融资应是必然之事,但宝坻"地多富商大贾"②,资金的相对充裕减轻了宝坻对天津金融的依赖。

上述的直接汇兑和间接汇兑,给我们展现了一个以天津为中心的北方区域资金流动网络,其间凸现了天津在北方区域中资金流动的重要性,不仅汇兑以天津为中心,而且天津商人所开出的汇票成了资金流动的重要工具,各地的资金流动有相当一部分可直接在天津完成,降低了资金流动的成本。同时,汇兑往往与天津对腹地的融资结合在一起。

## 三、资金流动的路线、季节性和内容

与商业贸易相关联的天津与腹地间的资金流动,还有几个问题值得关注。第一,资金流动的路线。天津与腹地的贸易在铁路没有修建以前,海河水系决定了其基本的路径,而20世纪初,当基本的铁路网形成以后,更加便利了贸易,而铁路网有很多是与水路重合的,或者是对水路运输作了进一步延伸,因而以天津为中心的贸易路径并没有因铁路的兴起而改变,而是已有的运输路线运输能力得到增强,或者是进一步向边远地区扩展。到民国时期,其贸易路线大致可分为5条,一是往东北方向,到秦皇岛、唐山,乃至关外;二是往西北方向到张家口、绥远,以至甘肃、宁夏;三是往西到河北中部保定一带;四是往西南到河北南部石家庄,在此往西可进入山西,石家庄是天津与山西之间的一个中转枢纽,往南可进入河南;五是往南到山东,再经由卫河可达河南。资金流动也主要是沿着这几条路线。第二,资金流动的季节性,即所谓天津及腹地的金融季节。金融季节,是指金融市场资金的供求呈现季节性变化,它存在于农业占统治地位、工业不甚发达的经济中,缘起于农产品贸易的季节性对资金的季节性需求,当农产品大量上市时,对货币需求量大,金融出现紧急;反之,金融松弛。天津的金融季节变化大致如下:一年之中,银根当以秋冬之交最为吃紧,因此时华北农产品如棉花、小

---

① 吴知:《乡村织布工业的一个研究》,商务印书馆1936年版,第56—65页。
② 毕相辉:《河北省宝坻县金融流通之方式》,《大公报》1934年7月11日。

麦、高粱、芝麻、花生等先后登场,或由客商运津求售,或由津市商人赴内地收买,需用洋款极巨。2月间正值阴历年关,因年关结账,金融也很紧急。3月至5月白河及其支流都已解冻,蒙古、绥远一带的皮毛土货多运津求售,同时一年之中进口货物也以此时为最多,故银根虽不像秋冬两季紧迫,但较夏季还是要紧迫很多。6至8月,时当夏令,商业停滞,银根宽松。入9月间,秋节结账,粮食、棉花行将登场,银根转趋坚挺,直至秋冬季节达于最紧。而北方各地与天津的金融季节大致相同:最紧时期为由每年之10月至翌年之2月,中尤以11月最为坚俏,自3月以至5月,金融常时趋于缓和,6月至9月间金融最为疲软,而以8月为全年最松软时期,入9月则转趋紧迫。金融季节趋紧时,资金流向腹地;反之则流向天津,从而在北方区域内形成了以天津为中心资金有节奏地聚集和分散。第三,因商业贸易而引致的天津与腹地间的资金流动,主要是为了完成贸易结算,同时还包含着商业性融资。商业性融资的一种方式是商业信用,即天津的商号向腹地商号的融资。腹地商号来津购货,如遇资金不足,可在天津向商号赊购,如高阳的商号来天津购买棉纱,1921年以前主要向纱厂、纱号赊购。另一种情形,腹地商号运货来津,一些经营经纪业务的商号,如斗店、货栈等给他们垫借资金,以使他们及时获得周转资金。天津的粮食交易中,外地客商运粮来津,由西集、北集各斗店买卖,"外客卖粮各店先行垫付,然后再向买客收敛,辘轳周转,每店垫付每店,至少须十万余两"①。货栈亦有为客商垫款的,"货栈以堆存货物收取栈租为主,并代客办理报关完税保险及起卸货物等事,如遇外客需款,亦可垫借"②。显然,斗店、货栈、棉纱号都承担了一部分资金融通的功能。当然,这些商号本身并没有那么多的资金,如经营粮食买卖的斗店自身资本有限,而棉纱批发庄号的自有资本仅占整个营运资本的百分之二三十,资金缺口很大,他们需要取得外部资金,以维持自身经营的运转。因此他们需要借入资金,其借入资金的主要来源是银号、银行,如斗店要向银号借贷以资周转,一旦银号不能及时提供资金周转,粮食交易便马上产生困难③,货栈、批发商行则从银号和银行获得资金。因此,从表面看,这些商号向客商的借贷是他们之间的商业信用,实际上,在他们背后是天津金融机构对腹地

---

① 天津市档案馆等编:《天津商会档案汇编(1903—1911)》,第1982页。
② 天津中国银行:《天津商业调查概略》,《银行周报》14卷26号,1930年7月15日。
③ 天津市档案馆等编:《天津商会档案汇编(1903—1911)》,第1982页。

客商的间接融资。

商业性融资的另一种方式是金融机构的融资,其采取的形式多样化。首先是金融机构直接向腹地商号贷款,如1921年以后,高阳商号在天津购纱时便是向银号贷款。其次是银行间的借贷。当内地土货上市资金紧张时,中国银行、金城银行等银行应本行或它行内地分支行处的要求,从天津往内地调集资金,因此时内地主要需要现金,各行往往大规模地往内地运现,一时来不及或为在内地推广本行钞票时,也向内地直接运送钞票。再次,押汇和购买外埠期票则把贸易结算和商业性融资结合在一起。押汇是银行把汇兑和放款结合在一起的一种业务,各银行在内地办理押汇业务体现了银行对内地商号的融资,而购买外埠期票其所包含的融资关系,既有当地银钱业与商号之间,有时还包含着天津的银行号向腹地商号融资的内容。20世纪30年代初,由于时局不靖,沿海商号到内地购货多出立期票,以致内地银钱号无力承担,进而影响到内地物产的销售。鉴于这种情况,中国银行命令内地分支行处尽量多做期票贴现及买进期票,1932至1934年贴现及买进期票余额达3000万至3600多万元,全年累计数达三四亿元以上,1935年余额达4500万元①。中国银行内地的分支行处购买如此大量的期票,仅靠自身是不够的,在资金上他们要依赖沿海的总行或重要分行,天津分行便成了腹地各分支行处资金的重要来源。金融机构向内地的融资显示了天津金融业的实力,而贸易结算和商业性融资的结合,极大地便利了商品流通。

综上所述,民国前期,由于天津与腹地间商业贸易规模的扩大,资金流动的规模也不断扩大。由于商业贸易的季节性,使天津与腹地间资金流动形成了以天津为中心的有节奏的聚集和分散的态势。整个资金流动的过程,不仅仅只是金融机构参与,商人也承担了相当大的一部分,在某种程度上起到了降低资金流动成本的作用。在资金流动的路径上,形成了以天津为中心的纵向与横向交叉的资金流动网络,天津与腹地间的直接流动适应了天津与腹地间物资流动的需求,而天津与腹地间资金的多角流动,因其主要在天津完成,既便利了商品流通,也降低了腹地相互之间的资金流动成本。而以各种形式存在的天津向腹地的融资,体现了天津的金融实力,更是整个商业贸易过程不可缺少的环节。总之,民国前期,天津逐渐成为北方区域资金流动中心。天津与腹地间资金流动的变动过程,还是一个金融制度

---

① 中国银行行史编辑委员会:《中国银行行史》,第277页。

变迁的过程,其间,传统的金融制度、金融机构依然发挥着重要的作用,而现代的金融制度、新式的金融机构也逐渐产生、发展并壮大,它们之间不是简单的对立或统一关系,而是既互补又有一定的排斥:首先,两者都呈发展之势,银行的兴起发展没有完全替代传统金融机构,当票号消失后钱庄、银号则得到了发展;在汇兑业务上,两者都有扩展,钱庄、银号并不亚于银行。其次,两者又存在着一定的互补性。从宏观上看,天津与腹地间的资金流动是由他们共同承担的(当然还包括一些商号),两者有大致的分工,大宗的汇兑是银行的业务,而小额汇兑业务则由钱庄、银号完成。微观上,两者还有一定的合作,突出地表现在购买外埠期票上。再次,两者又存在一定的相互抑制关系。银行业押汇业务自1921年开办后,一直没有多大的进展,实际上体现了传统金融业、传统金融制度的抑制作用。金融业中这种共同发展中既互补又相互抑制的关系,恰恰是近代北方区域经济中传统与现代关系的一个侧面。在这种复杂的关系中,我们一方面看到了传统因素的重大影响,它使天津的资金聚集和辐射效应受到限制,对天津在北方区域中的金融中心地位形成制约;另一方面,从传统向现代的转型是必然的趋势,银行业的勃兴和发展、现代金融制度的扩展正是其明证。

(《中国经济史研究》2007年第2期)

# 晚清对德国军事技术的接受
## ——以小站练兵为中心

于晓华 孙立新

1. 晚清军制的危机

第一次鸦片战争的失败,使清政府所依赖的主要军事力量——八旗、绿营的腐朽无能昭然于世。当1853年太平天国农民起义军大举向北挺进时,八旗、绿营仍无力阻止其攻势。无奈,咸丰帝命令全国各省在籍官绅大办团练,希望以此扼杀太平天国,于是,湘军应运而生。

1853年2月,曾国藩在湖南长沙招募农民为勇组建起湘军,从此募兵制取代了清长期以来实行的世兵制。1862年,李鸿章仿湘军营制建立了淮军。湘军、淮军成为维护清朝统治的新的武装力量。基本上镇压太平天国后,清政府鉴于绿营兵已不可恃,而太平军余部尚存,捻军起义方兴未艾,便在大规模裁撤湘军后,把淮军、湘军余部和各省仿湘军而建的勇营作为防军纳入了清朝军队的行列。后为加强绿营兵实力,1866年,清廷又命总理衙门大臣奕訢从绿营经制额兵内挑选精壮按照湘军营制、营规编练军队,共选练六军,15000人,是为练军。

湘军、淮军及练军均不同程度地使用了西洋枪炮,并模仿"洋人阵式"做过整编,"但是改革还没有渗透到战役的基本要素中,如军队管理、运输、给养部门、医务人员等,如没有这些,一支受过训练的军队就和没有受过训练的一样,至多是一群乌合之众而已",故这些军队对付装备简陋的国内反抗者尚可,要应付外国侵略的挑战则是不堪一击,甲午海战即说明了这点。甲午战争中,先是淮军从朝鲜败退,接着湘军又全线溃败,继而北洋海军全军覆没。盛极一时的湘军、淮军迅速瓦解,清朝军制的落后暴露无遗。于是,朝野上下,"内外交章,争献练兵之策"。出使英俄德大臣许景澄上奏:自辽海军兴,战守不利,中外论者,审嘲兵事得失,无不以仿用西法,创练新兵为今日当务之急①。广西按查使胡燏棻奏称"整军经武为国家自强要图,见当

---

① 刘锦藻:《清朝续文献通考》(三),上海商务印书馆1955年,第9509页。

参用西法训练各军"①。而作为政权操控者的清政府也认识到"自古无久而不弊之法,而兵制尤与时会变,一代有一代之兵制,一时又有一时之兵制,未可泥古剂以疗新病,居夏日而御冬裘也"②。之后,清廷决定,完全采用西法来编练一支新式军队,以图自强,求振作。

当时,在世人眼中,"新近统一的德国,犹如一头出穴的猛虎"③,迅速成为帝国主义阵营的后起之秀,所依仗的正是其世界最精锐的军队。而清廷的论兵者们也对德国军事备加青睐。出使大臣许景澄称"查泰西陆军之精推德意志国为最"④。留德归国的学生袁雨春、刘芳圃、查连标也向人们传达着这样的信息:"德国陆军甲于天下"⑤。甲午战后,袁世凯上奏:"日本一岛国耳,徒以步武洋操,试锋于我,遂以雄视亚洲"⑥,正是以它"仿德营律更定军制"⑦进而"言德人之言,服德人之服,上行下效,四境风从"⑧所产生的巨大威力。再加上当朝权贵李鸿章所见——德国是最强的国家,德国陆军是世界上头等军队,并希望中国陆海军能按德国模式进行改组⑨,小站练兵以德军为蓝本即成顺理成章之事。

2. 对德国军事技术的接受

2.1 建制

1894年12月,督练军务处"命煦棻主练兵"⑩。1895年9月,因营房不足,定武军转至小站,继续训练。练军之始,鉴于清军"勇额日缺"、"百弊丛生",胡煦棻即着手"酌地方之繁简,裁其老弱",并"按照西法"⑪,把由天津、山东、河南等地招募来的士兵分成10营,划为步兵、炮兵、工兵和骑兵4个兵

---

① 刘锦藻:《清朝续文献通考》(三),上海商务印书馆1955年,第9748页。
② 刘锦藻:《清朝续文献通考》(三),上海商务印书馆1955年,第9517页。
③ 施丢克尔:《十九世纪的德国与中国》,生活·读书·新知三联书店1963年,第119页。
④ 刘锦藻:《清朝续文献通考》(三),上海商务印书馆1955年,第9509页。
⑤ 刘锦藻:《清朝续文献通考》(三),上海商务印书馆1955年,第9745页。
⑥ 廖一中、罗真容整理:《袁世凯奏议》(上),天津古籍出版社1987年,第117页。
⑦ 林乐知编译:《西国近事汇编》(同治朝),癸酉夏卷85页。
⑧ 林乐知编译:《西国近事汇编》(同治朝),壬午秋季卷47页。
⑨ 孙瑞芹:《德国外交文件有关中国交涉史料选译》(一),商务印书馆1960年,第115页。
⑩ 《清史稿》,中华书局1977年,第229页。
⑪ 刘锦藻:《清朝续文献通考》(三),上海商务印书馆1955年,第9508页。

种,步兵3000人,炮兵1000人,骑兵250人,工兵500人,共计4750人。

后袁世凯以其对德国陆军制度的详细了解,而获得"知兵"美名,他在参照德国军制拟定《练兵要则十三条》《新建陆军营制饷章》及《募订洋员合同》呈报军务处后,即得到各亲王,军机大臣的举荐。1895年底,因胡燏棻被派造京芦铁路,袁世凯便接统"定武军"改名"新建陆军"开始练兵。

袁世凯在定武军基础上,加募步马各队两千多人,编成新军七千人。因查"泰西操法,每营分为四队,每对分为三大排,均有将目,层层节制,又节节策应,故战每制胜,即败亦不溃"①,而照西法督练,则必参用泰西军制,袁世凯便"参酌时宜"分练步队五营,炮兵一营,骑兵一营,工程队一营。如此"步队为主,炮队辅之,马队巡护,工程队供杂役,似部署可期周密,临敌亦鲜贻误"②。其营制分为左翼、右翼,翼"设统领2人管辖",统领下设分统1人,分统训练步、炮、马队,工程各营。营设统带(相当于营长)1人,帮统1人,专辖约束。左翼步兵2营,炮兵1营;右翼步兵3营,骑兵1营,工程1营,共计8营。骑兵每营4队,炮兵3队。营下设队(相当于连),队下设哨(相当于排),哨下设棚(相当于班);队设领官1人,哨设哨官或哨长,棚设正负头目。计每营正兵步兵864名,护勇90名,号兵24名,伙夫72名,长夫282名。如此,虽名称与湘淮军相似,实与近代西方军队师、旅、团、营、连、排、班的建制相吻合。营规为:士兵在营3年,因事可请假3个月,并发给薪饷。遇有征调,概不准假,候征调完毕后再补。士兵积劳成疾,或作战受伤,军医局诊治给药,分等优赏,仍支原饷;在营病故,给埋葬银10两;阵亡,赏恤2年本饷。

2.2 装备

胡燏棻曾指出清朝旧军之弊:同属一军,而此营与彼营之器不同,前膛后膛,但期备数,德制奥制,并作一家。故在定武军中,他努力统一所用兵器。鉴于"此次创练新军,一切操练章程均按照西法办理,则行军应用器具自不能不按照西法购备"③,铁锹、干粮子药、擦枪之油、被包、皮带、铁壶、孔明灯、千里镜等都成定武军将士必备之品。

袁世凯亦认为"器械为士卒之卫,固贵精利,尤忌参差",因此为"考订一

---

① 杜春和等编:《北洋军阀史料选辑》(上),中国社会科学出版社1981年,第15页。

② 杜春和等编:《北洋军阀史料选辑》(上),中国社会科学出版社1981年,第16页。

③ 朱寿朋:《光绪朝东华录》(五),中华书局1958年,第3556页。

式,俾免歧异"①,新建陆军的枪械也做了统一。炮兵装备德国克虏伯厂出的七五过山轻炮和格鲁森厂的五七快跑,步兵使用奥国造的曼利夏步枪,骑兵使用曼利夏马枪和战刀,军官一律佩戴6响左轮手枪和佩刀。除规定装备的武器外,官兵均不准携带私人武器,衣装亦照德军制服规定:领、哨各官及兵丁号衣鞋袜"一律黑色,不许参差"。官服肩部和袖口处有红色官阶标志。后勤方面,学习西方军队中普遍设有的工兵、铁道兵、舟桥兵、电气队、汽车队、杂役队等,新建陆军也设立了"粮饷局、军械局、军医局、转运局、侦探局、教习处"等,尤其是"转运局"行营时其职责"仿泰西辎重营"②,进一步完善了新军的兵制。

### 2.3 教育训练

定武军初练之始,曾聘德员汉纳根为总教习,后汉纳根因"所办各节,事多窒碍,旋即中止",离开了定武军。德国人史卡纳也曾为定武军教习。在其教导下,定武军"虽未尽西国之长,但参用西法,步伐号令,均极整齐,实是为前路之导"③。

袁世凯曾奏称"此次军兴往往易为敌乘,迭见挫败者,虽有将领调度之无方,实亦军制练法之未善"④。故改军制、练操法首先仿德而行,继而创设军事学堂,以培养大量军事人才亦成为时势所需。新建陆军中设有炮兵、步兵、骑兵、德文4所随营学堂,统称"行营武备学堂"。《德国陆军操典入门》是各营官兵的必读书目。毕业生中除学德文者赴德留学外,其余都担任下级军官。袁世凯认为:要练洋操,非借用西官,则办理必仍有名无实,虽练一如未练也。故各军教习均有西官担任。此"西官"大意指德国教官,这从袁世凯的《谨拟聘订洋员人数薪数》上奏中可探究竟。

陆军参谋军务官一员须聘德国副将、参将等官。

步队教师二员须聘德国游击、都司等官。

马队教师一员须聘德国都司、守备等官。

炮队教师二员须聘德国都司、守备等官。

工程队教师一员须聘德国守备、千总等官。

查验修理军械教师一员聘德员。

---

① 廖一中、罗真容整理:《袁世凯奏议》(上),天津古籍出版社1987年,第276页。
② 《近代史资料》(北洋练兵案),中国社会科学出版社1981年,第243页。
③ 《德宗实录》,中华书局1985年,第378页。
④ 刘鲁民主编:《中国兵书集成》(49),解放军出版社1993年,第11页。

步队兵目四员聘德人。

军医教师一员募聘英美人。

13名洋员中德国人就占了12个,可见德国影响之深刻,实际工作中还延聘的德国教官有:参赞营务兼教练,巴森斯;德操教习,施壁士、伯罗恩;炮队教习,祈开芬;德文教习,慕兴礼;魏贝尔教授礼节和军械的稽查;高士达负责号兵乐队教习。这些德国教官不仅充当新建陆军的教习,还被清廷要求负责制定各种规章制度,并监督执行。于是"公法非御人工具,铁血为经国之谋"的军国主义思想在新建陆军中得到了广泛体现。袁世凯吸收德国军法军律精神,制定了一套比较森严的军法军纪,如《行军暂行章程》《操场暂行章程》《兵丁驻扎营内章程》《简明军纪二十条》等,涉及训练、行军、宿营各个方面。对"结盟立会、造谣惑众"和"遇差逃亡,临阵作病"者,都要问斩,逃兵一月无下落就追究家属,"有意违抗军令及凌辱本管长官者斩","头目战死,本棚兵丁并无伤亡者,悉斩以殉"。基本上仿西国"一以精严为主"①。

### 2.4 募兵方法

胡燏棻在练兵之初主张"募兵不可太杂",于是,"按照西法,挑选老兵子弟,择其年力精壮粗识之无者"创练定武军。而到营时"先验身材,不入格者当即剔退",改变了旧军"急欲成军不暇选择"以致"屡战屡败"②之弊。

袁世凯认为:旧军腐败,"固由于训练之无法,实始于选募之不精","兵力强弱,在慎选于募兵之始"。于是,参照德国征兵时有专门机构负责,从严把关的做法,他派委员分赴风气刚劲之处,厚给口实,逐细挑选。其格式为:勇丁身量,一律四尺以上,整肃精神。

### 2.5 军官的培养与选拔

袁雨春等留德学生指出:"德国官兵向例选世家子弟聪颖者,入武学院读书三五年",并且"西国选将以学堂为根基"③。于是,胡燏棻时即注意"招募各省武备学堂卒业学生"④为定武军的中流砥柱。

袁世凯练军之初亦把培养将领放在特别突出的地位,他认为"三军易集,一将难求","练兵之道,教将为先,教将之方,劝学为亟"⑤,再加上"德国

---

① 刘锦藻:《清朝续文献通考》(三),上海商务印书馆1955年,第9745页。
② 刘锦藻:《清朝续文献通考》(三),上海商务印书馆1955年,第9508页。
③ 刘锦藻:《清朝续文献通考》(三),上海商务印书馆1955年,第9745页。
④ 刘锦藻:《清朝续文献通考》(三),上海商务印书馆1955年,第9511页。
⑤ 廖一中、罗真容整理:《袁世凯奏议》(上),天津古籍出版社1987年,第273页。

陆军之所以甲于泰西者,固由其全国上下无一不兵之人,而其要尤在将领营哨各官无一不由学堂出身"观念的普遍被认可,更使他注重对武备学堂学生的提升、重用。后来,新军中的各级军官大都是武备学堂的学生,而北洋军阀的各系将领如段祺瑞、冯国璋、王士珍等均为学堂出身。

总之,小站练兵从营制、装备、训练方法等多个方面均仿效德国做了大量改革,到1898年,新建陆军已"操法灵熟,步武整齐","各将领与兵丁,皆娴习口号,熟谙行阵","袁军为中国最有名望之兵"①,至此,小站之兵逐渐成熟起来,中国军队亦揭开了近代化的序幕。

3.练兵的主导性与影响

尽管"中国式练洋队大抵参用西法,此次所练系专仿德国章程"②,德国影响处处可见,但此次练西法却是完全基于自强基础上的对德国先进技术、知识的主动接受,清政府始终只想把德国的影响控制在有助于其"中兴""振作"的范围内。

练兵之初,为加强德国在中国的势力,控制中国的军队,汉纳根曾建议,年筹饷三千万两,募练洋枪队十万,由他任军师、总统,并设军务府,他来主持一切兵权、饷权。这遭到了以胡燏棻为代表的大批朝臣的强烈反对。胡燏棻列举李鸿章借洋将华尔剿灭太平军,华尔得胜后桀骜不驯,不得不遣散为实证,强调洋人掌握军权的危害,最终使"汉纳根之议"只能中止。

对德国颇多好感的袁世凯也认为,"立国之要,权自己操,最忌授人以柄"③。故而,在其所拟聘订参谋教师洋员合同中,对他们作了种种限定:

(1)德国参谋官、某项教师,应听中国督练官节制,所有督练官订立条约均须遵办。

(2)参谋官、某项教师,须品端学博,性情和平,并经历战事勋望素著,久隶戎行,习解英文者,始可充选。

(3)参谋官、某项教师,如办公勤能,忠实任事,由督练官随时查核酌加薪水,至应加多寡,须听督练官自定,西员不得争执,倘逾时懒惰,仍将加薪扣除。

(4)督练官遇有紧要公事,约参谋官、某项教师前来晤商,无论何时,应立即驰赴,毋许迟延。

---

① 刘凤翰:《新建陆军》,中研院近代史研究所1967年,第296—297页。
② 《近代史资料》(北洋练兵案),中国社会科学出版社1981年,第249页。
③ 廖一中、罗真容整理:《袁世凯奏议》(上),天津古籍出版社1987年,第159页。

(5)参谋官、某项教师,平时住处由督练官择觅防营就近房屋一所授馆,倘该房屋不合适,由惟不得距营过远。

(6)参谋官、某项教师,如有违犯礼法不遵约束及或才力不能胜任者,应由督练官即行辞去,停止薪水,再三犯以不遵约束论。

(7)参谋官、某项教师,惟约定后立即来华,不得沿途耽搁。

(8)参谋官、某项教师,每日应办工课时刻,由督练官酌定。

(9)诸西员到华后,除听督练官节制外,仍按德国官秩尊卑,分别等次,官卑者须听尊者指挥。

由此可见,德员与督练处只是雇员与雇主的关系,而非被"礼若上宾",可为所欲为,进而掌控中国军队。尽管德国公使绅珂曾多次给清政府施压,督办军务处最终仍坚持"天津延订各国武员,均系充当各项教习,并无管带队伍名目"①。因而,德国外交大臣马沙尔不得不表示"如用德国教官整顿中国陆军的问题,中国政府的举动也不能使我们感到高兴而愿意在这方面采取进一步的步骤"②。

当然,清政府寻求德国的军事技术,还有着政治和外交上深一层的背景,为使英国的势力不致过强,李鸿章采取了"以毒攻毒"的政策,加强同德国的联络,同是其平衡国际在华侵略势力的步骤之一。

总之,掌握主权是小站练兵中所坚持的原则,清政府对洋教官员做到了控驭有致,捍卫了民族尊严。但从外国训练的视角看,清政府"抵抗根本的制度改革"③,加上文化背景、价值观的差异,使沟通在许多方面存在着障碍,进而便制约了军事教育的成效。由此所带来的消极影响,亦不可避免地慢慢显露出来,"在德国教习熏染下,新式军官队伍的特点使重武轻文的信念蔓延开来"④。再加上袁世凯借练军之权步步登上统治阶层显要地位的实例,使得小站之兵成为后来中国频频混战的军阀的胚胎。

(《新西部》2007年第2期)

---

① 《近代史资料》(北洋练兵案),中国社会科学出版社1981年,第253页。

② 孙瑞芹:《德国外交文件有关中国交涉史料选译》(一),商务印书馆1960年,第110页。

③ 拉尔夫·鲍威尔著,陈泽宪、陈霞飞译:《中国军事力量的兴起(1895—1912)》,中国社会科学出版社1979年,第306页。

④ 朱昌峻、刘广京编:《李鸿章评传》,上海古籍出版社1955年,第168页。

# 20世纪前期天津水供给与城市生活的变迁

刘海岩

在以往对近代中国城市的研究中,往往把自来水的出现与煤和电力合在一起称作"煤水电",视为近代市政的初现或城市近代化的一个标志。自来水——水供给的工业化方式——于清末先后在上海、天津、汉口、北京等大城市出现。早期的自来水供给大都是以商业投资的形式,上海和天津是以外商投资为主,汉口和北京的自来水则是民族资本的投资。研究者一般主要关注自来水系统的建设过程及其对城市发展的影响。对北京的研究关注自来水公司与政府及社会之间的关系①;而对上海的研究,则注重自来水的出现所引起的市政进步及其对城市近代化的影响②。与此同时,也有学者研究城市供水系统与公共卫生之间的关系,探讨供水系统的建立如何推动城市卫生系统的建设,以及在这个过程中所表现出来的城市政治与社会之间的关系③。毋庸置疑,近代水供给系统的建立,对城市的影响是多方面的。自来水改变了城市的生活方式,极大地改善了公共健康状况,也改变了有关健康、卫生等方面的观念。而清末民初中国城市复杂的历史环境,又使得水供给系统的建立与城市政治、行政管理之间形成错综复杂的关系。天津的

---

① 参见史明正《走向近代化的北京城——城市建设与社会变革》(北京大学出版社 1995 年)以及谷银波《清末民初的京师自来水公司》(硕士学位论文,郑州大学,2003 年)。

② 参见熊月之等《略论近代上海市政》(《学术月刊》1999 年第 6 期),上海市公用事业管理局编《上海公用事业(1840—1886)》(上海人民出版社 1991 年),熊月之主编《上海通史(晚清社会、民国社会卷)》(上海人民出版社 1999 年)以及张仲礼主编《近代上海城市研究》(上海人民出版社 1990 年)。

③ 这方面的研究目前见到的主要是西方学者的成果,如 Kerrie L. McPherson, *A Wilderness of Marshes: The Origins of Public Health in Shanghai*, 1843 – 1893 (New York: Oxford University Press, 1987); Ruth Rogaski, *Hygienic Modernity: Meanings of Health and Disease in Treaty - port China* (Berkeley: University of California Press, 2004)。

自来水是从19世纪末期开始出现的。八国租界的存在和城市行政的分治,使得水供给形成了不同的空间系统,其对城市社会生活的影响错综复杂。从对天津个案的阐释中,可以看出开埠城市在近代技术与西方文化的冲击下,社会生活所表现出来的多样化特征。

## 一、一个城市两个系统

自来水出现以前,位于平原地区的中国城市,用水大都取自河湖或掘井。由于传统时期城市政府对此类公共事务向不过问,城市供水始终是以民间自为的方式解决。地处华北平原的天津,尽管位于"九河下梢",河流水源充足,但是城市用水的取给却并不很方便。

在明代,天津城内的居民曾尝试挖井取水,但是,由于地下水盐碱度过高,井水苦涩很难饮用。万历二十年(1592年),两万多名赴朝兵士暂驻天津,就发现天津"柴草不生,水苦咸,饮食不便"[①]。到清康熙年间,天津城内外的水井大都已成为废井,不再取水,专门存水的水窖也不再使用[②]。乾隆年间纂修的方志中记录了城内外水井共10口,有在衙门里或寺庙内的,有大户人家挖掘的,也有供公用的所谓"义井"。它们多数已因水质"苦斥卤"被弃用,惟有一口私宅中的甜水井可以饮用,却也已淤塞很久[③]。19世纪中叶的记载则说,天津城内有旧井25口,但是均已不再供饮用[④]。

天津城居民的生活用水主要取自城外的河道。在清代的天津地图上,城北门外的运河边和东门外的海河边分别标有"水口",就是当时城里人取水的地方[⑤]。城内居民用水主要靠水夫。用独轮车或双轮车运水,上面安装木制水箱,以人力或牲畜拉拽,再用水桶挑送居民家中。城里也有专门储水的水房,并烧开水卖,称为水铺。乾隆年间有诗描述当时天津人的饮水方

---

[①]《明神宗实录》万历二十年七月壬戌,转引自卞僧慧《天津城市发展史管窥》上,《天津史地知识》(1),天津市地名办公室1987年印行,第192页。
[②] 康熙《天津卫志》卷一,"建置"。
[③] 乾隆《天津县志》卷五,"山川志"。
[④] 道光《津门保甲图说》县城内图说第一。
[⑤] 道光《津门保甲图说》东门外图说第二,北门外图说第五。

式:"城里源泉到处枯,两山双眼①亦荒芜。家家多饮北门水,忙煞城里担水夫。"②

在清代修建的天后宫大殿上,供奉着水夫的神像,当地人称"挑水哥哥",据说是为了纪念修庙时服役的人,称其为神以后附会成挑水浇天花③的神仙。无论如何,将水夫尊崇为神,可以想见其在当时城市生活中的重要地位。

随着城市人口的增加和城区的扩大,水的供应越来越成为很麻烦的事情。铁箍木轮的水车走在坑洼不平的街巷中,不仅效率极低,还常常使水溅洒道上,致使道路整日湿滑难行。冬季河流冰冻,凿冰取水更加困难。因此,尽管天津城濒临河道,水源充足,但是居民用水并不方便。这也造成水价较高,成为百姓生活一个不小的负担。"今郡城斥卤,无甜水井可食,小车负汲数里外,罂缶压道,余滴浸街,即久晴亦愁泥滑。水一担不过三斗,非钱五文不可得。计人日食米大约以六七合为率,乃以三斗水之资,去日食之半,其困实甚。"④

随着19世纪城市的开埠和租界的建立,自来水与电力、煤气、电报、电车等新技术产物先后引入。自来水的出现是在19世纪末20世纪初,首先是在英租界,然后是在老城区。

19世纪80年代上海开始有了自来水供给后,天津英租界的外国居民就提出了水供给的问题。当时,租界的财政能力有限,工部局自身没有能力兴建租界的供水系统,只能依靠私人投资建立自来水公司。然而,英租界实行市民自治制度,供水关系公共利益,要经过"租地人"会议讨论和表决。最初,争论的焦点是作为租界行政当局的工部局是否应当对供水的安全负责,"干预"水的供给。1895年天津流行大规模霍乱之后,尽快建立自来水供水系统成为租界社会的迫切要求,一些英国洋行经理联名提出组建自来水公司。⑤ 当时,租界居民也直接饮用海河水。由于英租界位于海河下游,租界

---

① 两山、双眼是天津城内两眼井的名称。
② 蒋诗:《沽河杂咏》,《梓里联珠集》,天津古籍出版社1986年,第91页。
③ 当时,天花是对孩童威胁最大的传染病。
④ 光绪《重修天津府志》卷二十,"舆地二"
⑤ FO228/1228,Minutes of the Annual General Meeting of Land Renters in the British Concession,Tientsin,held in Gordon Hall,on 21st January,1896.(FO是英国国家档案馆所藏英国外交部档案。下同。)

社会普遍担心海河已经成了位于上游的老城区居民"倾倒污水和垃圾的下水道",海河水成为传播病菌的媒介。这是要求尽快建立租界供水系统的一个重要原因。如何为租界居民提供洁净的生活用水,关键是供水的水源。有些人主张利用深井水作为自来水源,但开凿深井投资较大,而且化验表明井水中盐和硫的含量过高,最终还是决定使用海河水作为供水水源①。

1898年,由英租界最具实力的英国仁记洋行发起,隆茂、新泰兴等洋行参与投资,组成了"天津自来水公司"。公司在与租界工部局的协议中承诺,供应与上海同样标准的过滤水,水费不超过每百加仑15文。公司还要低价为租界提供公用用水,如清洗街道、冲刷下水道、人工喷泉等。工部局则授予该公司免税特许经营25年,并可以在租界任何地区和道路铺设管道,安置消防栓。同年11月,公司自来水管道铺设完成,1899年1月水厂建成供水。法、德租界也相继由该自来水公司铺设管道供水。

20世纪初期,英租界自来水厂的日产水能力达到30万加仑。到了1922年,日供水量最高可以达到98万加仑②。然而同一时期,英租界的发展很快,地域面积由最初的489亩扩展到6178亩,租界人口由1906年的6030口增长到1913年的1.68万口和1925年的3.52万口③。与此同时,整个天津城市人口的增长和工业活动的加剧,使海河的污染愈益加重。直到民国时期,整个老城区仍然没有建起有效的排污系统,老城区的居民也没有完全改变向河道倾倒污水、污物的陋习。而且,工业污染不断增加,成为供水系统的一大威胁。大量工业企业建在海河上游,常会发生因工厂向海河排放污水,导致英租界的自来水变质的事故④。到了20年代,供水系统的安全再次成为租界社会关注的重大问题⑤。

---

① 当时,法国人和日本人都做过类似的化验。日本人对不同地点的5口井中的水做了化验,发现水中的固体成分、有机物、石灰的含量都比较大,细菌的含量也比较高。相比之下,海河水虽然含有泥土而混浊,但是经过过滤或沉淀,其水质要比预想的好。参见侯振彤译《二十世纪初的天津概况》,天津地方史志编修委员会总编辑室1986年,第328页(原名《天津志》,日本中国驻屯军司令部1909年)。

② Report of the British Municipal Council of Tientsin for the Year Ended 31st December, 1922 (Tientsin Press, 1923), p. 10.

③ 李竞能主编:《天津人口史》,南开大学出版社1990年,第263页。

④ Otto Durham Rasmussen, *The Growth of Tientsin* (Tientsin Press, 1924), p. 16.

⑤ *The Growth of Tientsin*, p. 17.

1923年,天津自来水公司与工部局签订的协议到期,英租界纳税人会议决定终止协议,由工部局收购自来水厂,成立工部局水道处管理水厂,租界供水由商业经营改为公用事业方式。

此前,英租界工部局曾邀请上海的供水专家和济安自来水公司总工程师考察英租界的供水并提出改善的建议。他们认为,尽管经过英国供水系统专家研究,证明目前英租界水厂的净化装置是有效的,一般情况下可以除掉水中95%的细菌,但是由于水厂依赖的海河水源随时受到老城区和租界地区排放的污水污染,一旦发生传染病流行,海河很可能会受到病菌污染,目前水厂的设备几乎不可能为家庭提供安全的生活用水①。为了保证供水安全,工部局决定逐步放弃海河水源,改用深井水为水源。1922年,自来水厂增加使用氯化物实行净化②。从1925年起,英租界水厂不断开凿深井,至1934年全部改用深井供水,海河水只作备用水源。与此同时,到1931年,水厂动力全部由蒸汽机和锅炉改为电力和内燃机,水厂设备及工艺流程设计都是当时最先进的。到1941年太平洋战争爆发之前,工部局水道处共有4处自来水厂,8眼深井,自来水管道铺设总长度50.57公里。如果按英租界面积计算,每平方公里供水管道长度达到14.58公里,是当时天津自来水普及率最高的地区。

老城区的自来水供应肇始于八国联军"都统衙门"统治时期。1901年3月,三名中国商人芮玉、马玉清和陈济易联名向临时政府委员会(即都统衙门)提出申请,请求准予成立"天津济安自来水股份有限公司",在老城区建设供水系统经营自来水,并指定瑞记洋行为其代理商。申请很快得到都统衙门的批准,同时提出的条件是要以运河水为水源并安装过滤设施,在城区街道上每隔一段距离要安装供水龙头和消防储水池,供水价格要与上海华

---

① *The Growth of Tientsin*, p.17. Report of the British Municipal Council of Tientsin for the Year Ended 31st December, 1917 (Tientsin Press, 1918), pp. 160 – 172; Report of the British Municipal Council of Tientsin for the Year Ended 31st December, 1919 (Tientsin Press, 1920), pp. 70 – 71.

② Report of the British Municipal Council of Tientsin for the Year Ended 31st December, 1917 (Tientsin Press, 1918), pp. 160 – 172; Report of the British Municipal Council of Tientsin for the Year Ended 31st December, 1919 (Tientsin Press, 1920), pp. 70 – 71.

人居住区相等①。与此同时,三名商人也禀呈直隶总督李鸿章并得到李的批准。有意思的是,他们的呈文是由担任都统衙门总文案的美国人田夏礼"代禀"李鸿章,而且还由田夏礼和瑞记洋行经理为这三位中国商人担保。这从李鸿章的批复中可以看出。

> 来禀称芮玉、马玉清、陈济易均系殷实可靠,业由该商(指田夏礼)与瑞记洋行作保,自应准其开设中国天津济安自来水有限公司,召集华洋商股开办。②

1902年8月袁世凯接收天津后,也很快批准了济安公司的成立③。济安公司水厂建在南运河南岸的芥园,取水水源设在南运河,后来又在子牙河增设水源。1903年3月,芥园水厂建成并向老城区供水。由于水厂水源设在河流上游,尚未流经城区,河水很少受到污染,水质较好,被称作"甜水"。到1904年,公司月售水量达到380万加仑,平均每天售水12万加仑④。

20世纪初的天津,八国租界分立,加上中国政府管理的老城区,形成了9个各自为政的城区,空间的政治分割对需要管道系统的自来水供给形成了障碍。但是,生活的需求超越了政治,自来水的管道穿越政治界线,把自来水送到城市的不同街区。

济安公司成立之初,便谋求如何把供水系统扩展到租界地区。1903年公司刚刚开始供水,便与位于海河东岸的俄、奥、意三国租界当局签订了铺设供水管道和供水的协议,取得了穿越租界铺设供水管道和在租界售水的特许权,期限为15年。公司保证以优惠价格为租界居民提供优质用水,还要为租界的消防、绿化等低价供水⑤。1915年,济安公司又与日租界居留民团签订协议,由公司统一供水给该界居留民团,再由居留民团转售给租界住

---

① Report of the British Municipal Council of Tientsin for the Year Ended 31st December,1922,p. 27.

② 刘海岩等:《八国联军占领实录——天津临时政府会议纪要》上,天津社会科学院出版社2004年,第216页;FO678/621,Tientsin Water Works – B. M. C. (Concession),Tientsin,1902。

③ 《照抄天津济安自来水有限公司商人芮玉、马玉清、陈济易禀》,FO678/1623,Tientsin Native City Water Works。

④ 中文文件无标题,FO678/1623,Tientsin Native City Water Works。

⑤ 李绍泌、倪晋均:《天津自来水事业简史》,中国人民政治协商会议天津市委员会文史资料研究委员会编:《天津文史资料选辑》第21辑,天津人民出版社1982年,第38页。

户,期限为 10 年①。

1922 年,随着英租界自来水公司被工部局接管,该租界的水供给由商业经营改为公用事业方式,原来由英租界自来水公司供水的法租界改而由济安公司供水。原本也由英租界水厂供水的特一区(原德租界),1934 年由中国政府成立水厂供水,但是不久便因经营不善无法维持而于 1937 年由济安公司接管。至此,济安公司的供水区域已经包括 6 国租界和中国城区,成为最大的城市供水系统。

1929 年,济安公司每天产水数量,夏季为 400 万加仑,冬季为 300 万加仑。供水处约达 4800 处,所生产的自来水 60% 供应民用②。30 年代,自来水的需求量大增,济安公司每天增产约 20 万加仑,仍然供不应求。他们将总输水管从 5 英寸口径换为 12 英寸口径,以增加输水量③。1936 年,济安铺设的自来水管道总长度达到 144 公里,日供水量也增加到 600 万加仑。

济安公司最初以中国商人名义申请成立,结果变成了中外合资并主要由外商经营的股份公司。在 1901 年递交直隶总督请求准予成立的呈文中,已表明公司"分招洋股合办",李鸿章在批示中也同意公司由"华洋资本"构成。济安公司成立后,由瑞记洋行在香港注册为股份有限公司,注册资本 15 万两。随着外商的投资,济安公司实际上形成以西方人投资为主并由欧美人经营管理,公司名称甚至冠以"英商"二字。第一任董事长是美国人田夏礼,总经理是瑞记洋行经理巴贝,后为英国人哈拨,总工程师为丹麦人贺乐伯。

在当时的历史条件下,依仗外资特权,是能够穿越政治分界线,建成城市供水系统的一个重要因素。然而,随着民族主义的兴起,济安公司这种模糊的产权形式和英商的专权遭到质疑和反对,公司中的中国工程师及其他国籍的技术人员联合起来反对英国人④。1936 年,国民政府要求济安公司重新在中国政府注册,定名为"中国天津济安自来水股份有限公司"。按照国民政府的要求,公司华人股份必须占 51% 以上,董事长和总经理必须由华

---

① FO678/1623,Letter to British Consul General at Tientsin by P. Holmberg,Engineer in Chief & Secretary,Tientsin Native Water Works Co.,Ltd.

② FO678/1624,The Contract between the Japanese Municipal Council and the Tientsin Native City Water Works Co. Ltd.,4th December,1915.

③ 《津市自来水饮料问题》,《益世报》1929 年 9 月 21 日。

④ 《津市人口增加饮料求过于供》,《益世报》1933 年 5 月 2 日。

人担任。公司享有专营权,但每年要无偿提供马路清洁用水 1600 万加仑,并接受市政府的监督。水价需经过市政府的核准,不得擅自提高。水质要"经化学及微菌试验后证明能作饮料无碍卫生为合格"①。并需由政府部门审定。1937 年 1 月公司特别股东大会通过表决,决定按照中国政府的要求,重新登记并对公司实行改组。

水供给的工业化方式即自来水的出现,对于城市而言是颇具革命性的。通过管道输送洁净用水,整个城市形成一个系统,从而使得城市在空间的拓展上能够摆脱对河道的依赖,无论城市的规划和新城区的开发,还是城市经济的发展、人口的流动等,都得以在新的生态系统中进行。然而,租界的存在导致城市行政管理的分裂,一个城市出现了多个供水系统,这成为近代商埠城市中特有的现象。如只有公共租界和法租界的上海,出现了四家自来水公司。供水管道各自铺设,互不沟通,供水的水质、水价各不相同②。天津有八国租界,最后却只形成了两个供水系统,生活的需求和商业利益最终突破了政治屏障。

## 二、水供给与城市生活的演变

自来水系统的建立,促进了城市生活方式的演变,其影响涉及衣食住、卫生、消防等诸多方面。在天津,租界与老城区之间发展上的差异、生活方式的不同,使得这种演变又是多元的和不同步的。

自来水对租界生活的影响是直接而迅速的。居住租界的西方人对河道污染以及直接饮用河水导致传染病流行的担忧,是促成自来水出现的主要因素,因此英租界自来水厂甫一供水便受到居民的欢迎。在英租界,最早的自来水用户大都是西方人。20 世纪初期,多数英租界居民家中就都用上了自来水③。住宅中出现了水冲式厕所,开始使用抽水马桶④。

供水系统的建立推动了卫生基础设施的建设,生活用水的大量增加,最直接的影响就是排污系统的改变。20 世纪初期,英租界街道还多使用明沟

---

① 爱丽诺·麦考利·库珀、刘维汉著,傅志爱译:《格蕾丝:一个美国女人在中国,1934—1974 年》,生活·读书·新知三联书店 2006 年,第 59—60 页。

② 李绍泌、倪晋均:《天津自来水事业简史》,第 41 页。

③ 熊月之等:《略论近代上海市政》,《学术月刊》1999 年第 6 期,第 93 页。

④ Hygienic Modernity: Meanings of Health and Disease in Treaty - port China, p. 212.

排水,粪便由粪夫驱车入户收运。民国以后,随着新式公共下水道系统的铺设完成,工部局提出各类建筑要设置统一规格的化粪池,与公共下水道连接①。在英租界1918年制定的章程中,规定每座建筑都要有水冲式厕所、排污设备和其他卫生设施②。1921年,英租界实行住宅强制设置化粪池,所有建筑内的排污管道都要与公共下水道连接,使建筑从供水到排污形成完整的系统。该年底,英租界停止使用粪车,住宅"装置了最新式的、最卫生的厕所设备。令人作呕的粪车时代就要过去了"③。新卫生设备的大量使用,使得自来水用户迅速增加,1922到1923年不到一年的时间,便由547户增加到717户。30年代建造的高级住宅更出现了一所住宅多处卫生间,还建有专门供佣人使用的厕所。1914年,英租界专门收治传染性病人的隔离医院已经有了冷热水、浴室、水冲式厕所以及化粪池排污系统④。

用水量的大量增加以及租界人口的加快增长,又导致水供给出现危机。尤其到了夏季,工部局常会发布节水通告,要求住户避免各种用水的浪费,并在非高峰用水时间储存用水;尽量减少花园的用水量,停止一切喷泉用水及其他非必须用水;仔细检查并修复住宅中漏水的地方,特别是抽水马桶等等⑤。

1903年法租界由英租界水厂供水后,制定的建筑法规划定"专为西人居住之所"的街区,要求建筑"一律按照西式屋样建造",对住宅的厨房和厕所都做出相应的规定⑥。西式住宅建筑空间分工明确,安装卫生设备需要上水供应和排水设施,因此这些法规的制定与供水系统的建立是分不开的。

20年代制定的法租界市政法规则规定,每一住宅必须建有独立的厕所,分租住宅每三间平房须有一处厕所。凡公共场所,如戏院、澡堂、旅馆、商场

---

① Land Regulations of the British Municipal Extension(Tientsin,1899).

② Report of the British Municipal Council of Tientsin for the Year Ended 31st December,1914(Tientsin Press,1915),p.38.

③ 《驻津英国工部局一九一八年章程暨修正条文》,《天津英国工部局1929年董事会报告》(中英文本),天津印字馆1930年。

④ The Growth of Tientsin,p.14.

⑤ Report of the British Municipal Council of Tientsin for the Year Ended 31st December,1914,p.37.

⑥ Report of the British Municipal Council of Tientsin for the Year Ended 31st December,1922,p.28.

等,都必须建有可供20人同时使用的公共厕所。厕所内必须安装供冲水使用的自来水箱,厕所排污管道必须与公共下水道相通①。

意大利租界由济安自来水公司供水,到民国初年不仅建成供水系统,其他主要基础设施的建设也相继完成,这对该租界现代住宅建设起了很大的影响。1924年意租界颁行的建筑章程,严格限定大部分街区只能建西式建筑,对建筑中的卫生设施也做了具体的规定。例如,每幢建筑必须有上水供给和下水道,禁止自行打井取水;住宅卫生间的抽水马桶、浴盆等,必须通过化粪池与租界的下水道相连,甚至还对连接卫生设施的水管的材质、规格都做了规定②。

有效的供排水系统和完善的基础设施,为租界建设奠定了基础。二三十年代兴起的高级住宅建设热潮正是在这种环境中出现的。这些高级住宅以英、法、意等国租界分布最为集中,多为欧洲建筑师设计,居住者大都是华人上层,如隐居租界的军阀、官僚、贵族"寓公",富有的买办、商人、实业家等等。这些住宅的设计体现了现代建筑的风格,无论是别墅式住宅还是高级公寓住宅,不仅在结构和外形设计上各具特色,内部卫生设施的设计更加适应现代生活方式。大量高级住宅的出现以及良好的街区规划,形成了至今依然堪称典范的现代住宅区。

但是,生活方式和生活水平以及文化方面的差异,使得并非所有租界居民都能接受或享受这种生活。在日租界,虽然20世纪20年代已经有了自来水供给,主要街道也埋设了总长度达10公里的下水道管网,大多数住宅却没有安装抽水马桶。购置和安装卫生器具的高额费用以及用水量大导致水费高,或许是很多家庭没有安装的主要原因,但是也有生活方式方面的因素。到1928年,日租界4000户家庭中,只有800户安装了抽水马桶。即使这800户中,也还有100户没有改变使用尿壶的习惯。因此,已经建立了供水和排水系统的日租界,仍然需要掏粪夫的服务③。

在20年代的英租界,没有能力安装自来水设备的华人下层仍然向流动

---

① 《天津法租界新定房屋界限工程条款》,《大公报》1903年7月31日,第2版。
② 《天津法租界章程》,第23章,"卫生工程",第195条,天津档案馆藏。
③ 《天津意国租界章程》,1924年,中国国家图书馆藏。

水贩购买直接取之于海河的廉价河水①。即使住在现代生活设施完善的小洋楼中的华人上层,也未必接受当时被视作"西化"的生活方式。民国时期住在意租界一座小楼内的天津名流华世奎,不仅从不刷牙,而且一辈子只是擦身,从不洗澡。因为他认为,洗澡会伤身体的津液元气②。

在老城区,20世纪初期出现的自来水,与电车、电灯、电报、电话一起被视为进步的标志和近代化的象征。矗立在老城西北角、高达110英尺的自来水塔,成为堪与城中鼓楼比高的标志性建筑。当时被视为先进设备的蒸汽压路机和洒水车,跑在老城区的街道上。这些都作为20世纪初期天津城市的特色出现在清末出版的英文天津旅游指南上③。

然而,对于自来水,老城区的百姓开始并不表示欢迎,这种工业化的供水方式是以另外一种方式被老城区社会所认同和接受的。1903年3月30日济安公司芥园水厂建成供水,举行了通水典礼,津海关道代表直隶总督前往祝贺,并举行了救火水枪喷水表演。但是,祖辈"喝河水长大"的百姓对来自铁管子中的水心存疑虑,称其为"机器水",传言喝了会断子绝孙。济安公司采取免费品尝的推销方式。31日,公司在"郡城四门口马路及东北、西北两城隅马路六处龙头送水三日,于初六日(4月3日)卖票售水"④。天津道府县诸官员与济安公司经理一起到"井口"视察。"井口"高搭彩棚,用自来水泡茶,官员们当场品尝,还"粘贴水价并有昭示一纸"⑤。新技术带来的洁净、方便的生活用水毕竟吸引力是很大的,每天到"井口"买水的人逐渐多了起来,尤其是"距河稍远之龙头卖水为更多"⑥。

自来水管道供水的最方便之处是直接向用户供水,然而老城区最终并没有像租界那样建起直接连接住宅的管道网络,而是形成了适应自身社会

---

① [美]罗芙芸:《卫生与城市现代性:1900—1928年的天津》,天津社会科学院历史研究所、天津市城市科学研究会合编:《城市史研究》第15—16辑,天津社会科学院出版社1998年,第169页。

② Report of the British Municipal Council of Tientsin for the Year Ended 31st December,1920(Tientsin Press,1921),p.137.

③ 华泽咸:《天津华世奎其人其事》,《天津文史资料选辑》第60辑,1994年,第66页。

④ Burton St. John, Guide to Tientsin and Neighbourhood (the China Times, Ltd., 1908),p.12.

⑤ 《验看机水》,《大公报》1903年4月1日。

⑥ 储仁逊:《闻见录》卷九下,第88页,天津市图书馆藏。

特征的公共供水系统。20世纪初期,天津重建,又值"北洋新政",老城区街道相继按照近代技术加以改造或重新铺筑,自来水管道的铺设并不十分困难。但是,或许是老城区住宅多为四合院或三合院,这种传统住宅内部空间的生活功能分工不明确,很难容纳工业技术带来的新生活设施;或许是生活方式和文化上的差异,即便是大户人家也没有把自来水管铺设进四合院的①。

济安公司按照与清政府订立的合同中的规定,在城区街道每隔一定距离在路边安设水龙头,用于零售供水,称作"井口",由公司专门雇人售水。用水者先到公司水票房购买"水票",再到"井口"持票购水。在清末,1银元可买140担水,1担水相当于7加仑,也就是大约10加仑1文钱。

民国以后,城市人口的增长和自来水用户的大量增加,使这种由公司直接售水的方法无法应对。随着计量技术的改进,济安公司改行承包制,将"井口"承包给水商,即所谓"包井口"。承包人在"井口"开设水铺,既出售生水又卖熟水(开水),并有水夫送水到居民家中。传统时期的水铺因此得以复兴,又成为自来水的零售商。他们的经营方式并没有因为自来水而发生太大的改变,管道供水系统非但没有淘汰传统的水夫和水铺,后者反而与依靠工业技术生产自来水的公司相结合,构成新的城市供水系统。

由于水铺适应了老城区居民的生活方式,因此增长很快。到1929年,水铺总数为558家,售水总量占老城区自来水消费总量的78%②。1947年,水铺总数达到634家,其中81%分布在海河两岸人口密集区③。40年代是水铺的鼎盛时期,老城区80%的居民生活用水取给于水铺④。

水铺经营者多为昔日的水夫,他们依靠卖苦力的积蓄投资经营。规模大的水铺有字号,铺面宽敞,备有送水的水车,雇有送水的伙计,服务街区范围较大。规模小者散布于胡同里巷之中,"只在窗下伸出一个水龙头来,也有的什么也没有,全凭年头多附近都知道它"⑤。水铺内一般砌有灶台,三口大锅,随时供应熟水,并备有几副水筲每日送生水到住户。住户的储水方式

---

① 储仁逊:《闻见录》卷九下,第68页。
② 林希:《老天津:津门旧事》,江苏美术出版社1998年,第207页。
③ 《总工程师汉森给董事会的报告》(1931年1月27日),天津市档案馆藏,济安档案第36卷。转引自《卫生与城市现代性:1900—1928年的天津》,第174页。
④ 《是谁垄断本市的水业》,《天津市周刊》第2卷第8期,1947年4月,第7页。
⑤ 李绍泌、倪晋均:《天津自来水事业简史》,第47页。

和传统时期一样使用水缸,需要熟水随时到水铺购买。与上海的老虎灶不同①,天津的水铺没有出现同时经营小茶座和简易澡堂的,而是更像一个出售生活用品的小店铺。

管道供水的空间垄断性,还导致水铺划分"地盘"经营,出现了垄断某一地区的"水霸"。在这些"水霸"控制的地盘内,没有他们的许可,任何人都不能再开设水铺。济安公司为了其商业利益,不惜与"水霸"一起维护势力范围,规定在已有水铺500英尺以内不得安设水管开设新水铺,甚至限制住户自家安设自来水龙头②。公司还帮助"水霸"排挤竞争者,维护垄断③。

水铺和水夫成为供水中间商,也使得济安公司和城市政府难以控制水质和水价。一些水铺或水夫把自来水掺上河水或井水卖给用户④,有的水铺擅自提高水价⑤,有的水夫则在送水桶上做文章,想方设法缩小桶的容量。济安公司除了专门派人"稽查",还直接在报纸上公布水的价格,并教给用户如何抵制水夫的控制⑥。市政府更不惜投入人力,挨个检验水夫使用的水桶,合格者打上火漆印,以防止弄虚作假⑦。

在这里,政府显得如此无能为力,即便是资本雄厚的近代公司也只能接受这些中间商,因为这种供水方式已经与老城区百姓生活紧密结合,无法解脱。老城区的水铺既供应生水也供应开水,津城中人无论大门小户,日常用水都要靠水铺的水夫送水。各家各户清晨起床并不马上生起炉火,而是先到水铺买开水洗漱、沏茶等等。所以有人评论,天津人一天也离不开水铺⑧。

---

① 关于上海的老虎灶,参见卢汉超《霓虹灯外——20世纪初日常生活中的上海》,上海古籍出版社2004年,第238—242页。
② 《是谁垄断本市的水业》,《天津市周刊》第2卷第8期,1947年4月,第8页。
③ 罗芙芸:《卫生与城市现代性:1900—1928年的天津》第174页注。
④ 《济安公司总工程师致法租界工部局秘书函》(1926年4月7日),天津市档案馆藏,济安档案第28卷。转引自罗芙芸《卫生与城市现代性:1900—1928年的天津》,第175页。
⑤ 《西头售水处私增水价》,《益世报》1924年1月30日。
⑥ 《自来水公司规定水价》,《益世报》1923年4月15日。
⑦ 《验桶散记》,《天津市周刊》第4卷第6期,1947年9月,第7页。
⑧ 林希:《老天津:津门旧事》,第206页。

## 三、生活用水与公共卫生

在"卫生"观念传入以前,天津人很少会把生活用水与疾病联系在一起。按照当时的习惯,为住户送水的水夫一般也同时为住户倾倒污水,水夫在河边挑取生活用水,也将生活污水倒入河中。这种生活方式世代相袭,习以为常。这些生活行为完全被视为个人的,政府不会有任何干预,也不会有人认为个人行为造成的公共环境会影响到公众的健康,会对生活发生什么影响。

然而,在19世纪的西方,人们对清洁、卫生与健康的观念,已经发生了根本的改变。随着巴斯德微生物理论的提出,细菌成了"看不见的怪物",无处不在,并危及人们的生命安全。卫生也不再仅仅是与个人身体健康有关,而是成为与医疗、公共健康、公共环境、公共意识、政府管理等密切相关的公共事务①。在19世纪的伦敦、巴黎和纽约,卫生改革被认为是城市面临的最大问题,而"净水的充足供给"又是卫生改革的重心②。随着西方人的到来,这种观念也传入天津。不注重公共健康、忽视公共卫生的行为,缺乏维护公共环境、预防流行病的公共意识等,开始受到批评和警告。20世纪初来天津研究1902年霍乱流行原因的日本医生铃木,在经过细菌学研究之后认为,引起霍乱流行的主要原因是海河的水,对天津人健康的最大威胁是天津人自己③。

20世纪初,公共卫生和防疫开始成为老城区政府管理的事务。都统衙门统治天津时期,制定了一系列涉及公共卫生和公众健康方面的制度和法规,并开始设置卫生管理机构和卫生巡捕,管理公共卫生,对违反卫生法规的行为施行处罚。

1902年春夏之交,天津流行霍乱。"都统衙门"在市内建立了多处医疗站,并制定了一系列强制性法令。由于直接饮用的河水是霍乱病菌传播的

---

① [法]乔治·维伽雷罗著,许宁舒译:《洗浴的历史》,广西师范大学出版社2005年,第237、196—197页。

② 程恺礼:《19世纪上海城市基础设施的发展》,《上海研究论丛》第9辑,1993年8月,第356页。

③ 铃木:《我在1902年华北霍乱流行期间对传染病的考察与研究报告》(海军与热带卫生档案,1904年,莱比锡),转引自罗芙芸《卫生与城市现代性:1900—1928年的天津》,第154页。

主要媒介，都统衙门专门发布章程，告诫居民"凡饮水、饮茶须用开水"，"身躯并手指切宜洁净，不可肮脏"①。同时还警告水铺，制造汽水（也称荷兰水）不得只是"将水漏过"，而要"必须烧开二十分钟后，再行装入瓶内"。违反者不仅要将水铺关闭，铺主还要被罚500银元，服苦工6个月②。这种处罚在当时是非常严厉的。

清政府官员也开始接受水供给对城市的卫生、防疫至关重要等观念。1902年，袁世凯同意济安自来水公司设立的理由首先是"自来水为卫生、救灾要政"，"本年时疫流行，半由水质不洁所致；转瞬秋高风燥，尤须防患未然"③。在随后成立的天津卫生总局制定的章程中，更具体地教导市民，如何使用生活用水才是安全的：

> 凉水中瘟虫甚多，先用白矾将水澄清，过一昼夜再煮至二十四分钟，白泡滚滚，方可取饮。总以煮饮自来水为最妙。凡百病症，由凉水而至者居多，不可不格外加慎……所用碗盏，于饭后用开水洗净，不得用凉水④。

民国以后，公共健康与卫生防疫更成为政府的一项重要职责。每到春夏时疫流行时期，卫生管理机构就要发布与卫生防疫有关的禁令或相关事项。其中，与"水"有关者最多。1920年3月，正值春季防疫时期，北洋防疫处号召市民最好用20倍石炭酸消毒水洗涤器具及其他不洁物⑤。夏季霍乱流行季节，北洋防疫处又提醒市民，喝水必须煮沸再饮用，汽水、荷兰水等清凉饮料必须用沸水制作，凡"冰水、红果酪、杏干水掺杂整冰"等冷食，一律禁止出售⑥。他们还用通俗的语言在报纸刊文，宣传如何预防霍乱：

> 河流的凉水万不可饮，凉水内微生物甚多，饮了最容易得病。凡卖水的，应先用矾将水清过，再煮至滚开方可售卖。仍以煮自来水为最好。冰水万不可饮⑦。

---

① 《八国联军占领实录——天津临时政府会议纪要》下，第835页。
② 《八国联军占领实录——天津临时政府会议纪要》下，第836页。
③ 中文文件无标题，FO678/1623，Tientsin Native City Water Works。
④ 《天津卫生总局现行章程》，《北洋公牍类纂》卷二十五，"卫生（医术禁烟附）"，光绪丁未九月初版，第1页。
⑤ 《北洋防疫处注重防疫》，《益世报》1920年3月27日。
⑥ 《防疫处夏令卫生办法》，《益世报》1921年6月13日。
⑦ 《防疫处注意卫生之布告》，《益世报》1922年7月21日。

引文中提到的"微生物",与20世纪初期所称的"瘟虫"都是对病菌的称呼。从称谓的变化可以说明,从清末到民初,新的科学、卫生理论和知识在不断传入并被政府和社会所接受。然而,对于普通市民而言,传统生活习惯的改变是很困难的。直到20年代,老城区居民仍然"习惯秽水均倾倒于河中",政府卫生管理机构常常要在报纸上提醒市民"倾倒秽水不得在河沿挑水口相近之处,并不准在挑水口洗筲"①。送水的同时也为住户倾倒污水的行业分工,也一直沿袭至1928年,才由警察厅强行规定,水夫专门负责送自来水并改用水车,另外有清洁夫专管倾倒污水。

南京民国政府成立后,政府强化了自来水供给的管理与干预。新的政府卫生局刚刚成立便制订了一项计划,每隔十天要对自来水做一次化验,而且要从不同城区轮流取水,化验结果要在报纸上公布。当时制定的饮水化验标准是"每水一西西(毫升)所含细菌数目不得过一百,所含大肠杆菌数目不得过一个,如超过此数,即表明饮水与病菌接触,不宜饮用,并应实行消毒"②。由于政府的干预,济安公司也开始执行这一规定,每十天做一次细菌化验,每月做一次化学化验,主持这些化验的均为法国医生。

卫生局还对与水有关的行业订立了一系列卫生规章。1929年制定的戏园、茶馆和澡塘卫生规章,虽然没有要求必须使用自来水,但强调"要用沙滤水",饮水"要煮沸"③。"饮食品制造厂所卫生管理规则"则规定,制作清凉饮食用水或牛乳"均需煮沸,或经其他适当之消毒"④。1930年,卫生局制定的"管理饭店规则"要求饭店必须一律用自来水充作饮料,如果不得已需用河水井水,则要使用沙滤缸"将水之虫卵杂物滤净"。"洗涤瓜果蔬菜及供客人漱口"使用的水,都必须经过煮沸。餐具要用"开水"洗净,手巾用过之后要煮沸消毒⑤。

目前还没有资料能证明,政府的这些规章在多大程度上得到遵守。从一些记载可以看到,由于民众的不理解甚至抗拒,政府的防疫措施在执行中

---

① 《防疫处夏令卫生办法》,《益世报》1921年6月13日。
② 《卫生局化验饮料,河东化验之结果》,《益世报》1928年12月25日。
③ 《戏园澡塘卫生十二要》,《益世报》1929年6月30日。
④ 《饮食界饮食制造管理规则》,《益世报》1929年8月30日。
⑤ 《市卫生局七项条例(续)》,《益世报》1930年4月26日。

常常会打折扣,以至敷衍了事①。但是,同时也可以看到卫生健康的生活方式在逐渐被社会不同阶层所接受。20年代,每当自来水发生异常,很快就会引起社会的关注。1923年6月,报纸上报道"近因河水不洁,患病者甚多",济安公司马上声明是因为上游截流导致运河水浑浊,无法饮用,已经改用西河水。同时,公司还欢迎市民到水厂参观,以"免去误会"②。1928年6月,自来水又出现"泥沙较多",济安公司解释其原因:"近届麦黄时期,运河上游水质突变,色呈红黄,即俗呼为麦黄水者。且夹带土沙极多,故自来水略受影响"。同时表示,公司已准备加设滤清池设法滤清,"最迟三数日后即可恢复原状"③。这不仅可以说明人们越来越关心生活用水的质量,同时也可以看到市民公共意识的增强和通过媒体对社会生活的干预。

在英租界,由于城市环境和生活方式的差异,日常公共卫生的关注点与管理的重点与老城区多有不同。20世纪以后,大部分居民住宅已经安装了自来水,饮水安全得到了保障。公众关心的有关公共卫生的重点,除了传染病疫情外,就是与租界居民生活最为密切的如每天生活必需的饮料——牛奶,以及洗衣房等问题。每年发表的工部局年度报告中,卫生官的报告都把这些问题作为专项报告的内容。1912年,工部局还专门增设了卫生巡捕,他们的主要职责之一就是监督这些关乎公共卫生安全的行业。

英租界的牛奶供应来自租界内外的多个养牛场,并通过流动奶贩送到住户家中。自从有了自来水供给,工部局卫生处就要求牛奶房洗刷器具和瓶子必须使用自来水④。卫生处经常通过随机抽样或突然检查的方法,监督牛奶的质量,严防掺水牛奶。

租界居民尤其是外国居民,日常服装洗涤主要送洗衣房。英租界的洗衣房均由华人经营,直到民国初年,洗衣房洗衣仍然直接使用河水。工部局一直担心直接使用河水洗衣是对公共卫生安全的威胁⑤。在卫生官的提议

---

① 参见孙璧如《负笈求学记》,《天津文史资料选辑》第61辑,1994年,第122—123页。
② 《自来水改在西河吸取》,《益世报》1923年6月23日。
③ 《自来水质料恶劣》,《益世报》1928年6月11日。
④ Report of the British Municipal Extension Council of Tientsin for the Year Ended 31st December,1906(Tientsin Press,1907),p.35.
⑤ Report of the British Municipal Council of Tientsin for the Year Ended 31st December,1914,p.63.

下,1915年由工部局投资建造了20所洗衣房。按照卫生官的要求,新建造的洗衣房均铺设水泥地面,安装自来水和下水道。建好的洗衣房全部出租给华人洗衣匠,要求只能使用自来水并接受卫生处的监督,违反者将立即解除租约①。

1919年夏秋之际,中国东部沿海地区爆发霍乱。英租界采取了一系列的应对措施。除了实施分片监督、疫情报告和严格的隔离制度外,工部局还在报纸上发表公告,要求居民禁止食用和饮用一切未经烹煮消毒的食物、饮料、水果乃至沙拉等②。

良好的公共卫生环境和严格的市政管理,使得租界的公共健康状况明显好于老城区。英租界工部局每年公布的卫生报告统计中,与水环境有关的传染病,如腹泻、痢疾、霍乱等,不论患病率还是死亡人数,一直保持较低水平。

## 四、供水与城市事务

城市供水系统除了为居民提供生活用水外,还要为城市提供公共用水,主要用于冲刷道路、消防、公园以及街道绿化等等。

1903年俄租界当局与济安自来水公司签订的供水协议中规定,济安公司要保证租界的消防用水,还要根据租界的需要,为喷洒道路、浇灌树木提供用水,并要为租界的主要公园安装水龙头。为俄租界提供的公共用水在价格上优惠,日用量如在5万加仑以内,按每1000加仑0.5墨元支付,超过此限则提高到0.7墨元③。

在济安公司与老城区政府订立的供水协议中,也有提供公共用水的规定,而且一定用量内是免费的。在1920年天津警察厅与济安公司签订的协议中,警察厅同意济安公司在西河(子牙河)增加抽水口,还负责为公司联系

---

① Report of the British Municipal Council of Tientsin for the Year Ended 31st December,1915(Tientsin Press,1916),p.3.

② Report of the British Municipal Council of Tientsin for the Year Ended 31st December,1919,p.181.

③ FO678/1623,Tientsin Native City Water Works,Letter to British Consul General at Tientsin by P. Holmberg,Engineer in Chief & Secretary,Tientsin Native Water Works Co., Ltd.,November15,1915.

购置地皮,颁发地契,准许公司在新抽水口与水厂之间铺设管道。作为交换条件,济安公司每年为警察厅免费提供800万加仑自来水用于喷洒街道,如超过800万加仑"每千加仑按大洋1毛5分收价"。同时,济安公司还要为老城区街道增装15个进口水龙头以供街道清洁用水和消防使用①。

早在清末,老城区的街头上就出现了洒水车,并成为城市进步的一个标志②。最初的洒水车是用畜力拉拽,民国初期出现了专用洒水汽车。到1929年,市政府已经拥有道路洒水专用汽车2辆,骡车10辆,每天根据天气情况洒水"三四次或四五次不等"③。

英租界日常公共环境卫生的用水量大大高于老城区。英租界的自来水公司除了提供过滤水外,还为公共需要供给未过滤水。1906年,仅英租界老界工部局工程处的水车一年里就运水9676趟,为道路洒水多达215万加仑④。扩展界同年运水10133趟,道路洒水211万加仑。1910年,这一组数字分别为7901趟,175万加仑和10050趟,323万加仑。20世纪初,英租界工部局公共用水的支出,每年都在1000两银以上⑤。

1922年,工部局添置了一辆菲亚特牌洒水汽车,因为机动洒水车载水量大,速度快,不仅能够做10辆畜力洒水车的工作,而且喷洒道路的效率更高,对交通的妨碍更小⑥。

在城市事务中,说到对水供给的需求,至关重要的恐怕是消防了。在现代消防组织出现以前,天津的消防主要由公益性组织"水会"承担。水会形成于康熙年间,到了20世纪初期,老城区共有水会53家,多数分布在住宅和商店密集的老城里和城外商业区。水会会所一般设在祠堂、庙宇或更房等公共场所,水会成员多数是从事商业运输或做生意者。水会救火的工具主

---

① 《(天津警察厅与济安自来水公司签订)合同》,1920年2月7日,FO678/1625, Tientsin Public Works, Tientsin Native City Water Works。

② Burton St. Juhn, Guide to Tientsin and Neighbourhood, p. 8.

③ 《工务局工作概况报告》,《益世报》1929年6月27日。

④ Report of the British Municipal Council of Tientsin for the Year Ended 31st December, 1906, p. 19.

⑤ Report of the British Municipal Council of Tientsin for the Year Ended 31st December, 1910(Tientsin Press, 1911), p. 85.

⑥ Report of the British Municipal Council of Tientsin for the Year Ended 31st December, 1922, p. 22.

要靠水激子和水筲,救火用水要靠人数众多的会员用水筲从河道、水坑或水井去取,这也是为什么水会成员人数众多的原因。例如,位于海河三岔河口的狮子林一带是居民两千多户的人口密集区,该区水会"上善北局"便备有水筲102副,水激子3台,遇有火灾前往救火者能达到一百三四十人①。

现代消防组织是从20世纪初开始在老城区出现的。1900年底,都统衙门开始组建专职消防队,由意大利海军机械师负责机械的维修和技术指导。当时,在都统衙门前和城西北角各竖起旗杆式望杆,有"火捕"(即消防队员)站在杆上监视火情,"以便遇灾施救"②。这种监督火情的方式一直到民国以后还存在着。这一时期消防队使用的工具仍然是水筲、梯子、挠钩等,但在1902年从上海购置了一台蒸汽消防泵③。与此同时,在都统衙门与济安自来水公司订立的协议中,明确规定公司在沿街铺设自来水管时,每隔225米要建造一个储备消防用水的水池④。

袁世凯接管天津后,在组建巡警的同时也成立了消防队,附属于南段巡警总局,其成员多为原都统衙门消防队的队员。他们开始制订《救火章程》并取缔了水会。然而他们很快发现,新式消防队无法应对频繁发生的火灾,水会又得以恢复,被要求在消防队的指挥下参与救火⑤。恢复后的水会组织发生了变化,除了按照街区划分组织外,职能分工更加细致,出现了激子会、水筲会、助水会、挠钩会等。尽管新的消防技术和自来水已经出现,但是他们拒绝作任何变革,依然保留着传统的组织和救火方式,直到1911年,水会仍然要"安放水缸若干存水"以备救火使用⑥。无论组织形式还是行为方式都很保守的水会,显然越来越不能适应近代城市的需要,每当发生火灾前往救火时,人数众多的水会常常会与消防队发生矛盾,甚至成为消防队救火的障碍。

消防队是完全按照西方城市的模式组建的,他们隶属于警察系统,具有维护城市安全的权力和职责,并积极采用近代消防设备和技术。1903年,消

---

① 天津市档案馆等编:《天津商会档案汇编(1903—1911)》下,天津人民出版社1989年,第2102页。
② 储仁逊:《闻见录》卷八。
③ 《八国联军占领实录——天津临时政府会议纪要》下,第723页。
④ 《八国联军占领实录——天津临时政府会议纪要》下,第216页。
⑤ 《天津商会档案汇编(1903—1911)》下,第2105页。
⑥ 《天津商会档案汇编(1903—1911)》下,第2117页。

防队增加了新的消防设备"双激管水龙"以及"机器水龙"①,开始有了机器动力的救火设备。1908年,巡警总局再次购置了两台救火机器。1920年,又从法国巴黎专门订购了一辆最新型的汽车消防车,"车上制有各种救火机器,车中能容救火警察十余人"②。

然而,当他们与自来水公司打交道的时候,也时常会发生利害冲突。1906年,天津南段巡警总局与济安自来水公司签订的协议中规定,公司免费为老城区提供消防用水,"倘天津城厢内外遇有火患,供备应用自来水,该公司情愿免价不取分文"③。但是,仅仅过了几年,当警察厅长杨以德要求济安公司在街道上增设消防栓时,却遭到拒绝。杨无可奈何,只能以日本东京作例子,要求公司更多考虑公共利益,不能只想到在能售水赢利的地方安设水管,"亦应帮助百姓预防火灾,而不能只想到赚钱"④。这些无力的批评当然无法触动商业利益至上的自来水公司,警察厅只能用类似商业谈判的互利方式与自来水公司打交道。如前文所说,1920年警察厅与济安公司订立合同,以同意该公司在西河增设抽水口和帮助购地为条件,换取济安公司沿街安装水龙头并免费增供消防用水。

在英租界,虽然公共用水的供给没有发生过这样的商业利益与公共利益之间的冲突,但是早期的消防却相对发展迟缓。直到1902年,英租界救火依然使用水桶,以及插在水桶中靠手上下抽动喷水的喷嘴等简陋的器具。也是在这一年,英、法租界成立了志愿消防队。

到1903年,英租界消防队有了一台小型蒸汽消防泵,1905年增加了一台大型机动消防泵,但是这些设备无法应对大型火灾,尤其是仓库发生的火灾。而且,直至民国初期,自来水水压不足,缺乏运输设备,一直是消防面临的大问题。消防器具要靠人力运往火场,直到1914年才改由畜力车运输消防泵,其他器具仍靠人力运输⑤。因此,英租界的消防一直为社会所诟病,人

---

① 《大公报》1903年6月1日。
② 《大公报》1920年4月27日。
③ 《天津南段巡警总局与瑞记洋行天津城厢内外自来水公司订立合同》,1906年11月23日,FO678/1623,Tientsin Native City Water Works。
④ 《天津警务道致天津济安自来水公司函》(1910年2月22日),天津市档案馆藏,济安档案第23卷。
⑤ Report of the British Municipal Council of Tientsin for the Year Ended 31st December, 1914, p. 54.

们挖苦说,如同蜗牛般的消防队赶到火场,常常火已经自行熄灭了。

民国时期,英租界发展很快,到1916年老界和扩展界已经建满了各类建筑。这一年,火灾发生的次数显著增多。与此同时,扩展界所有的水坑已经填平,墙外推广界的水坑也正在逐渐填垫。作为消防用水水源,这些水坑正在逐渐消失。另一方面,随着城区的扩展,更多新开发的街区已经远离河道,无法再直接从河中抽水救火,使得消防用水不得不越来越依赖自来水。可是,不论是已经很拥挤的街区还是新的建成区,却没有埋设足够的自来水干管和安设消防龙头,自来水的供给不足更使得救火时无法获得足够的水量①。

显然,水的供给与消防队的救火能力都已经无法适应租界的发展,租界工部局董事会决定改变这种状况。1915年,租界街头安装了20处火灾警报器,设置了火警站,改变了以前由巡捕代报火警的方式。同时,消防员家中也安装了电话报警系统。1917年,英租界消防队有了第一辆装备有水龙带的消防汽车。1920年又增加了一辆涡轮式抽水消防汽车。新式机械动力水泵的抽水量达到每分钟950加仑,在有效高度120英尺的情况下每分钟至少送水600加仑。

1918年,英租界成立了专业消防队,以取代志愿消防队。新组建的消防队除了外国消防队长和负责机械的消防工程师外,从华人巡捕中招募了12名消防队员,并由上海雇用了一名有经验的华人消防队长②。

1923年工部局接管自来水厂之后,随即开始铺设消防专用供水管道,加大消防供水的水量。至此,租界的消防组织才逐渐适应了租界的发展。

## 五、余论

现代城市的水供给是以公用事业方式进行的,无论贫富,所有城市居民都可以平等享用符合卫生标准的生活用水。然而在自来水出现的初期,大都经历了一个商业阶段。19世纪的伦敦,独立供水公司多达八家,直至1872

---

① Report of the British Municipal Council of Tientsin for the Year Ended 31st December,1916(Tientsin Press,1917),p.64.

② Report ofthe British Municipal Council of Tientsin for the Year Ended 31st December,1918(Tientsin Press,1919),p.131.

年才由市议会通过《都市水法案》将其合并成一家①。伴随着19世纪后半期西方城市的市政改革,欧美城市的水供给纷纷演变为由政府承办的公用事业。中国早期的自来水供给也经历了商业阶段。在最早出现自来水的上海、天津等商埠城市都是如此。而且,水供给受到城市政治区域分割的影响,形成多个供给系统并存的局面。在天津,最初一度为多个租界供水的英租界自来水公司,20年代以后改变为专为本租界供水的公用机构。而建在老城区的济安公司却突破了政治界线,建成覆盖六国租界和老城区的供水网络,除了水厂选址的优势外,更重要的是商业经营的成功。在特殊时期建起的济安公司,依仗外资企业的特权,形成了跨越多个城区的垄断经营的水供给系统。就整个城市而言,水供给真正成为非商业经营的公用行业,两大系统合并形成统一的城市供水网络,是20世纪50年代才最终实现的。

　　天津租界与老城区自来水的出现时间仅相差几年,但是在进入20世纪的数十年间,自来水供给对两个城区的影响却是完全不同的。到二三十年代,英、法、意等国租界已经建成近代型的城区,风格各异的近代建筑、精心规划的街区、先进的生活设施以及安全的公共环境,为居民享受现代生活提供了良好的条件。水供给系统以及其他近代基础设施的建成,为这一切的实现奠定了基础。本文主要从技术、社会、文化等方面探讨水供给系统对租界发展的影响。然而,从另一方面讲,租界的市政制度也为水供给系统的建立和改善提供了制度上的保证。还以英租界为例。天津英租界实行"自治"的市政制度,纳税人会议(早期称租地人会议,后改称纳税人会议,1919年后又改称选举人会议)是租界的最高权力机构。纳税人会议相当于市议会,凡纳税达到一定数额的居民都有权对租界的公共事务参与讨论和投票表决。租界的日常市政管理由纳税人会议选出的董事会实施,其施政行为要对纳税人会议负责。董事会成员大都是在租界中具有经济实力、社会地位和声望,热心公共事务的个人或洋行的代表。"举凡关于租界人民公同生活之事项,莫不在董事会权限之内。"②这种制度保证了租界的发展及其公共事务的管理能够体现纳税人的意志,而不是被少数官僚或寡头所左右。就水供给而言,从19世纪自来水公司的建立,到1923年收回改由工部局按公用事业

---

① [美]朱莉·霍兰著,许世鹏译:《厕神:厕所的文明史》,上海人民出版社2006年,第75页。
② 南开大学政治学会:《天津租界及特区》,商务印书馆1926年,第12—13页。

管理,都是纳税人会议的决定。当20年代租界财政已经具备实力后,决定自来水改为公用事业。工部局接管自来水厂后,把供水范围缩小到本租界,并逐步加大投入,将其改造成为技术设备先进、供水量能够满足租界发展需要的水供给系统。

在老城区,从清末新政到北洋政府以及南京国民政府时期,市政府当局都成立了卫生管理机构,清末开始创立的城市警察,也把公共卫生管理作为一项主要职责。然而,虽然城市政府对公共事务的介入和干预逐步加深,但是始终无法像租界那样,使老城区成为一个安全、卫生、有序的城区。在城市水供给的管理上,老城区政府面对外资企业的特权往往显得无能为力。直至1936年,才迫使济安公司改组为以华股为主的合资企业。从清末到民国初期,能够干预水供给的政府部门主要是警察,而他们关心更多的是消防和街道卫生供水。1928年南京国民政府成立以后,新卫生局加强了对水供给和生活用水安全的监控。但是,由于政府对城市整体的规划建设缺乏有力的作为,水供给的保障更多的是商业公司与社会之间互动的结果。

另一方面,一旦市政管理涉及社会生活领域,老城区政府更是表现得手足无措。每届新的政府成立,大都建立管理卫生等公共事务的机构,制定越来越多的法规。但是,在具体执行中,刚刚制定的法规往往形同具文,大打折扣。而且,政府的官僚化,更使其市政管理的能力不断削弱。1947年,市政府制定的预防霍乱流行的卫生措施,对饮水卫生有若干规定,如自来水要彻底消毒,经常检查水质,用水井和饮水井要分别竖立木牌,经常消毒等等。规定表面上更加制度化,用词更加严厉,措施却很不具体,不切实际,官样文章味道十足①。与此同时,市政府甚至只能依靠检验挑水夫水桶大小的方法,制止水供给中的欺诈行为②。

从清末到民国时期,自来水被老城区社会逐步接受的过程,也是科学、卫生等观念以及健康的现代生活方式逐步传入的过程。这种过程既曲折又复杂,社会不同阶层对新事物和新生活的接受也大不一样。在二三十年代,老城区依然存在截然不同的社会现象,一面是知识阶层在报刊上讨论饮水与细菌微生物传染病之间的关系,一面是市民继续毫无顾忌地向河中倾倒污水、垃圾;一面是接受近代卫生和生活理念,关注生活用水的安全,关注公

---

① 《预防霍乱侵袭津城,实行卫生总动员》,《益世报》1947年7月21日。
② 《验桶散记》,《天津市周刊》第4卷第6期,1947年9月。

共卫生环境,另一面则是依然故我,固守着祖辈的生活方式,对卫生观念很少认同,更无视公共道德和公共意识。显然,生活理念和生活方式的改变需要经历一个很长的时期。

(《近代史研究》2008年第1期)

# 城市慈善救济组织的空间分布探微
## ——近代天津的个案分析

任云兰

城市慈善救济组织是近代城市设施的一个重要组成部分,在城市空间中占有一定的地位。从设立主体看,这些组织可以分成官方的救济组织和民间的慈善组织。由于受施者多为下层社会成员,而施与者和组织者多为中上层社会成员,因此它们不仅与社会下层民众关系密切,而且也涉及社会中上层。这种很特殊的与公众关系密切的公共设施,由于其具有下层民众集中的特点,因而,它们在城市中的选址布局就不单纯是一幢建筑、一座院落的问题,而是包含了各种文化心理与环境因素。所以,其选址有一定的讲究,并影响了居民的布局、城市文化区的分层以及城市的地名文化。本文将以近代天津本土的慈善救济组织为例,探讨其在城市的空间分布,进而分析这种分布与城市文化及城市社区的关系。

## 一、慈善救济组织及其相关设施选址诸因素

慈善救济组织及其相关设施在设立选址时不仅要考虑环境因素,而且要考虑文化心理因素。从环境因素看,选址时对周围环境的要求一是远离居民密集区,这主要是从防火方面考虑。天津建筑以砖木结构为主,易发火灾。慈善设施多人群集聚,如果与居民密集区紧邻,一旦发生火灾,势必互相延及。这也是惨痛的灾难带给人们的历史教训①。二是周围要空旷,尤其是粥厂暖厂一类的设施,应该选择地形比较开阔的地方,尽量不与周围建筑相临,以便于搭盖席棚和人流的出入。如广仁堂在规划选址时就明确要求:

---

① 尽管早已考虑到防火方面的因素,清代后期和民国年间的慈善机构还是发生过两次火灾,一次是1878年东南城角保生所粥暖厂大火,一次是1936年南市明德慈济会暖厂火灾,两次火灾均损失惨重。

"卜地建堂以宽大为贵……四围宜空,免邻火延及也。"三是地势要高,以免水淹。天津地处九河下游,一到雨季常有水灾,因此选址时防止水灾也是应考虑的一个重要因素。广仁堂建筑的选址要求是"地形宜高,免潦年泛滥也"①。这在以后的实践中证明是正确的。1917年和1939年天津发生大水灾时,由于广仁堂地势较高,避免了淹泡之累,成为许多灾民避难的地点。这一点在不同的城市环境中要求不同,如在干旱地区可能只会考虑取水方便,而不是地势较高。

从文化心理方面来看,这些地方往往是人们不太愿意接近的地方,所以一般选择离居民密集区稍远一些的地方。在这种理念支配下,许多慈善救济机构及其相关附属设施在选址时多在城外或远离人群密集的地方。早年延生社最初在城西,后来迁到城内贡院,一段时间后又因"城内不便",仍迁原处②。广仁堂在选址时也曾考虑到西南城外"地极僻静,四无居人"③。1917年水灾后慈善救济机构搭盖窝铺时也考虑到这一因素,如京畿水灾督办处在向长芦盐运司借用天津比租界下旧盐坨场地时,不仅是看中了坨场宽敞,可以搭盖窝铺五六千座,而且还看中了"该处系中国地界,去繁盛之地较远"。天津基督教赈济会搭盖窝铺的地方则选在农事试验场沟外的20余亩空地上④,地形都较开阔,也远离繁华地段。救济院游丐收容所最初位于河北新大路庆记东里,毗邻民居,"屡筹迁移",但一直没有结果,1937年由于市政府规定慈善机构不许占用民房,才开始在河北第二公园后物色到旧博爱工厂厂址,得以迁移⑤。这种文化心理因素在30年代的城市规划中,由建筑学家梁思成、张锐正式纳入城市规划:"至于监狱、贫儿院、救济院等等,市民多不愿与之为邻,亦应有其特殊之位置也。"⑥

近代天津的慈善救济组织及其附属设施大致可以分为:只设办公室的慈善救济机构、常年收养式的慈善救济机构、季节性或临时性的收容机构以及义冢等设施。这些不同的慈善救济机构及其附属设施在具体设置时,遵循原则略有不同,因而它们在城市的空间布局中也不完全相同。

---

① 《广仁堂章程》,"大纲",第1页。
② 王守恂:《天津政俗沿革记》卷十二,1938年。
③ 《善堂迁移》,《申报》1881年2月7日。
④ 《京畿水灾善后纪实》卷十六,1919年。
⑤ 《天津特别市救济院现行组织及设施概要》,1938年9月。
⑥ 梁思成、张锐:《天津特别市物质建设方案》第十一"公共建筑物"。

## 二、办公室式慈善救济组织的选址

只设办公室的慈善救济机构在选址时除施棺掩骸类外,一般没有太多约束。清前中期,天津慈善救济组织的功能以掩骸施棺为主,所以一般设置在人迹稀少的城市边缘地带,如乾隆和嘉庆年间成立的掩骸社、道光年间成立的泽尸社和在此之前成立的殓埋社,都将办公地点设在城西。从道光年间印制的《津门保甲图说》来看,西门外有掩骨会的地名,应该与此类慈善组织有关。天津地处九河下游,河流流经城厢北面和东面的繁华地带,每到雨季或不结冰的季节,每每有上游浮尸漂流至此或有人失足落水致死,浮尸的存在既有碍观瞻,又不卫生,因此从乾隆年间开始,在地方官的参与下,屡有捞埋浮尸的慈善组织,这些组织往往设置在河岸边的庙宇中。这种传统一直延续到近代,如在光绪年间成立的公善施材总社和公善抬埋社也分别将地址设在城西永丰屯西老公所内和西鱼市街德寿杠房内。

在清末的30年间,单纯以施棺掩骸抬埋为善举的慈善救济组织逐渐减少,慈善救济组织的功能有所扩大,更多的慈善救济组织趋向多元化和综合性,发展成全能型的慈善救济机构,涉及济贫、恤嫠、恤产、育婴、养老、助残、施医施药、义学、备荒等,几乎囊括了生老病死难等人生诸事。因此,除了施材抬埋类善社以外,为了方便往来,一般的慈善救济组织将会址选在城厢地带,如光绪年间成立的济生社、引善社、体仁广生社都在城内或离城门不远的地方。

民国年间,由于军阀混战,平民的生活屡屡受扰,在红十字会的影响下,慈善救济组织的功能再度扩展,往往将战场救护和兵灾救济纳入其善举中。一些受西方文化影响的人士加入到这些慈善组织的行列中,慈善组织的选址甚至扩展到租界中,如世界红卍字会天津分会、中国慈善会联合总会、白卍字会、乐善堂、蓝卍字会、明德慈济会、黄十字会等新型的慈善组织都将办公地址选在了租界或原租界。这时,他们的办公地点往往与经营慈业的地方是分开的。

## 三、常年收养式慈善救济组织在城市中的布局

近代天津常年收养式的慈善救济机构有养济院、育黎堂(民国后改为教

养院、救济院)、留养局、全节堂、育婴堂、广仁堂、妇女救济院和济良所等。这些机构集中收养了一批鳏寡孤贫,如最大的民间慈善机构广仁堂和育婴堂设计收养人数分别为700人①和二三百人②虽然广仁堂由于条件所限,实际收养人数从未达到过这么多,但最多时也在400人上下,育婴堂收养人数最多时也达到了400人。到20世纪初期这些慈善机构还增设了一些附属机构,如女工厂、学校等,人数更加庞大,如广仁堂女工厂招收人数就达到了300余名。民国时期官办救济院规模更大,院中收养的贫民常常在一千四五百人,到1936年天津市政府扩大救济事业时,救济院收容人数将近3600人,形成一时之盛③。

如此人口庞大的慈善救济机构,在选址时一般会考虑在远离居民区的地方,所以常年收养式的慈善救济机构一般设在城市边缘的荒凉地带。如天津许多前近代或近代早期的慈善救济机构设在城墙以外,全节堂、养济院和育婴堂均在东门外,留养局、育黎堂则在西门外,育黎堂甚至紧邻贞节烈女坟。当年建堂时,该地区"地势卑隘,义冢累累,苍烟野草,满目荒庐"④。广仁堂则设在城外西南角一片周围空旷的高地上。后来,随着慈善救济事业的扩大,有的慈善救济机构不得不重新选址,如育婴堂搬迁到了新开河附近,救济院一再扩大院址,甚至还建有分院,在城市中的布局虽然没有开埠前那么严格遵循选址原则,但基本上还是远离繁华地带。

慈善救济机构是城市公共空间的一部分,它们与政府机关、医院、寺庙、道观、教堂、戏院、茶园、公园一样,是城市公共设施不可缺少的一部分。如果说有什么不一样的话,那只能是功能的区别或服务对象的不同而已。其他地方有的可能是专供富人或体面人家交际或休闲娱乐的场所,如戏院、茶园、公园;有的是城市中上层人士常常光顾的地方,如学校、医院;有的是专门供各阶层人实现其心理满足、追求心灵宁静的地方,如寺庙、道观、教堂等。而慈善救济机构是专为城市贫民设立的,它仅仅是为了实现人的最基本的权利——生存权利,因此,它们在城市中的布局也是城市基础设施建设的重要方面。

---

① 盛宣怀:《津河广仁堂征信录》,《广仁堂志》卷一,1884年。
② 《长芦育婴堂试行简章》,"奏议",天津大公报馆排印,1907年。
③ 《天津市市立救济院设施纪要》附编三"史料","育黎堂碑记",1935年。
④ 《天津特别市救济院现行组织及设施概要》,1938年。

## 四、季节性和临时性慈善救济机构的选址

　　清末在天津的季节性或临时性的收容机构有寄生所、保生所和存育所。寄生所和保生所是由天津著名慈善家族"李善人"经营的,寄生所和保生所分别在冬季收养男性贫民、流浪异乡人和孤贫妇女。存育所是由另一位慈善家李筱楼成立的,也是在冬季收养贫民,名额达300人。虽然我们尚不太清楚具体的收容地点,但是如此大量的收容人数,估计不会在人烟密集地带。

　　粥厂是在冬春季由官方或民间慈善组织设立的、旨在救助贫苦无依的穷人或灾荒期间灾民的临时庇护所。从大的方位来说,粥厂一般设在贫民集聚的地方,以便贫民徒步可达,具体在设置时一般会选择空旷的地方,以便于搭盖席棚和食粥者的出入。早期一般由政府或慈善机构在粥厂附近租用廉价的小客栈供食粥者居住,如清末西关济急粥厂每年开张时,往往在附近租用大小客栈"以栖穷黎"①。到民国年间,许多粥厂和暖厂是一体的,食粥者晚上歇息在暖厂。暖厂由苇席搭成,隔成隔断,地下铺一层厚厚的草,没有被褥,大家拥挤在狭窄的空间里,互相以体温取暖。也有许多人居住在窝铺或其他临时简陋的居所中,只按时到粥厂吃粥。

　　清代官方粥厂设在四个城门附近,同治年间又在西门外、西沽、北仓等城市外围地带增设了三处粥厂。开始时每遇荒年开设,后来就改为每届冬季开设三月,从头年冬季到翌年春季,沿河十余州县贫民2万余人赴厂就食。到光绪初年冬季,天津共设粥厂15处,有稍子口、大直沽、大胜寺、西沽、芥园、土城、海会寺、福寿庵、城隍庙、小圣庙、风神庙、阎家大院、西门外大厂、西门外新厂、保生所粥暖厂,这些粥厂大多位于城郊。由于1878年粥厂大火的影响,后来官方粥厂被限定在西门外、西沽和北仓三处,分设男粥厂一处,女粥厂二处。此外,也有民间慈善团体设立的粥厂承担了一部分贫民和难民的冬赈,如设立于光绪二十二年(1896)的广济补遗社粥馍厂设在河北大王庙前李氏故宅内。1918年由于开浚运河,迁址到三官庙大街,占地一亩余,筑盖平房80间,直到1928年仍然为天津主要粥厂之一②。

---

①《粥厂租店》,《直报》1895年12月31日。
②《天津市粥厂概况》,天津《社会月刊》,1929年1月。

民国年间粥厂一般选在西门外,如西广开清化祠、南市大舞台和广和楼,以及河北小刘庄、南竹林村、陈家沟子、小树林,河东新唐口,租界中的三义庄等地。这些地方在当时大多属于地势开阔、远离繁华地带、下层人口集居的地区。

窝铺一般是在灾荒年份由官方或民间慈善组织搭盖用来帮助灾民过冬的临时居所。窝铺的搭盖一般有一定的规划,选址也有讲究,一般选择在地势较高、地形开阔的地方,如公园、旧盐坨等地。窝铺区内设有公共厕所,好一点的还有浴室。窝铺区附近设有粥厂,方便难民吃粥。

1917年水灾期间,难民主要集中在南开、地道外和谦德庄等地,这些地方成为慈善救济机构搭盖窝铺比较集中的地方。据统计,在这次赈灾中,各界搭盖窝铺共9000余间①。1920年旱灾期间,难民主要集中在南开一带。社会各界承袭传统,在空旷地带搭盖起供难民居住的窝铺,分为九区。11月时,南开附近有窝铺2400余个,12月达到7400余个②③。1933年发生战事时,东局子聚集了大批难民,慈善事业联合会、红十字会天津分会、红卍字会天津分会、基督教青年会四团体承担了主要救济任务,共搭盖席棚1000间,可容纳难民50000人。1939年水灾后,窝铺收容所更多,西站、体育场、教军场、小树林、大直沽等地均有收容所搭盖的窝铺区。由于多年搭盖窝铺的传统,在广仁堂附近、西广开、南开洼、谦德庄、地道外等地形成了成片的窝铺区和简陋的居民区。

除了窝铺式收容所外,宽敞的公共场所,如会馆、寺庙、戏院、学校甚至公司院落等也可以设置为临时收容所。20年代战乱期间,会馆(东门外袜子胡同阊津会馆和仓廒街江苏会馆)、教堂(西门内教堂、镇署前教堂、仓门口教堂、东门南教堂、仁田西里福音堂和南马路安息日会)、戏园茶园(大舞台东华林茶园、小道子兴盛茶园和普乐茶园)、祠堂(河北马公祠)、学校(鼓楼四九湾胡同难民妇女救济会所属之工读女校、私一小学校、河东秀山学校、陈家沟子小学校、赵家场摆渡口平民学校、赵家场摆渡口程氏学校、赵家场西半日学校和赵场警区学校)、寺庙(青年会在崇仁宫旧址设立的妇孺救济会、怡和店下厂永明寺和西头吕祖堂)、东宣讲所等公共场所及部分民宅都

---

① 据《直隶天津警察厅水灾急赈处征信录》"呈报折稿"。
② 《关于赈灾要讯汇志》,《益世报》1920年11月7日。
③ 《关于赈灾之要讯》,《益世报》1920年12月25日。

被辟为临时收容所①②③。

## 五、慈善救济组织的附属设施——义冢在城市空间的分布

坟茔的设置牵涉到阴阳学说和堪舆学。中国文化中对生死与阴阳二界的看法和认识譬如有关鬼魂附体等的说法决定了人们对死者及与之相关的一切事物的忌讳和隔离,譬如坟茔墓地就是人们忌讳的地方。因此,在坟茔义地的选址上也颇有讲究,必须尊崇风水,又要在远离人群密集的地方。这种选址事实上也颇合卫生习惯。中国讲究土葬,死者若因病而亡,那么葬在生者住地附近显然不合卫生习惯,即使从心理上不在乎。这与西方人的观念有所差别,西方人更愿意住在环境优美的地方,不管是公墓还是教堂附近。因此,在义冢的设置上首先要远离人口密集区。最早的义冢设立记载见于明弘治六年(1493),当时在天津西门外一里许的地方,有人设立义冢,占地50余亩。以后,陆续有官员和士绅捐施义冢,前后有二十几处,地点多在城外西南方位。盐商甚至成立了义阡总局,捐资置地设立义冢。有的义冢经营擘画颇费心机,如为避免水患造成棺木漂没,对义冢区域培土增高,并开挖濠沟以利宣泄,同时种植树木划清地界,竖立坊表以作标志,平整道路以利通行,筑造房屋以便守护栖息。而且男、女、幼分区掩埋。在经办者看来,这种"掩骼埋骴"的事情属于"仁政"④。

早期天津的义冢多设置在西门外的荒郊野外。因为天津城东和城北为河流,地势狭小,过河很不方便,另一方面城东和城北商业发达,市廛繁盛,人口稠密,地价也比较高,而城西和西南早年多荒地,人烟相对稀少。由于多年的累积,西门外坟茔成片,《津门百咏》中有形象的记载:"累累丛冢接西关,十里几无寸地闲。白骨多于坟下土,伤心如过北邙山。"⑤开埠后,随着租

---

① 《津十字会救护难民》,《益世报》1925年12月24日。
② 《天津红十字会分难民留养所之调查,已成立者共二十七处》,《益世报》1928年6月12日。
③ 《遣送难民回籍》,《益世报》1928年6月28日。
④ 沈家本、荣铨等修,徐宗亮、蔡启盛纂:光绪《重修天津府志》卷七"官绅义举附之义地"。
⑤ 来新夏:《梓里联珠集》,天津古籍出版社1986年,第146页。

界的开辟,外国侨民日益增多,外侨亡者便在租界内选地埋葬。从1884年绘制的地图看,海大道(今大沽路)东至海河西岸洋行、银行、保险公司、饭店、旅馆以及其他服务设施如医院、教堂、运动场、洗衣房、茶园、药房林立,而海大道西则坟茔遍地①。这些坟茔"环以矮墙,中植树木,为外国茔地。旅梓难归者,即于此丛葬焉,各立碑碣,以记姓氏"②。

到20世纪二三十年代时,大片的土地被坟茔占据。据1929年的调查,全市浮厝棺柩达26000余具,较大规模的坟茔有马场道马店东南的义地,有坟墓700余座,西站南义地有浮厝棺柩2408具,西围墙一带官地有浮厝棺柩1012具,习艺所附近三处有浮厝棺柩1375具,沈庄东墙子上善堂联合会义地有坟墓3200余座,崇善东社义地有坟墓400余座,淮军义地有浮厝棺柩264座,坟墓800余座,五马路蔡家花园西淮军义地有停柩1560余具,西营门外义地有坟墓6530余座,咸水沽一带义地29处有浮厝4745具,葛沽一带义地有坟墓1890余座③。随着城市的扩张和城市建设的展开,大面积的坟茔义地影响了城市建设和城市卫生,到20世纪20年代末,政府开始有计划地规划建设公墓,提出了公墓建设计划大纲。根据该计划,拟于全市四周分设4处公墓,每座公墓用地约百亩,共约容纳棺柩6000具,可敷10年之用。公墓地点应选择在距离市区10里至20里之间,不得过远或过近④。但奇怪的是,在20世纪30年代梁思成、张锐编写的《天津特别市物质建设方案》中竟然没有提到公墓规划和建设问题。

## 六、慈善救济组织及其相关设施的空间分布与城市社区及文化的关系

慈善救济组织及其相关设施的选址,影响了城市的居民布局,这些地区后来成为下层居民集聚地,这种集聚反过来又促进了城市下层社区的形成,如西门外、南市、梁家咀、小树林、唐家口、谦德庄等地。这些地方蜗居着一

---

① 天津市规划和国土资源局编:《天津城市历史地图集》,天津古籍出版社2004年,第64—65页。
② 张焘:《津门杂记》,天津古籍出版社1986年,第138页。
③ 《浮厝棺柩二万六千余具》,《益世报》1929年5月29日。
④ 《建设公墓计划大纲草案》,《益世报》1929年11月1日。

群城市边缘群体①,大多数是新进城市的农民,他们从事着人们不愿从事的脏累而收入少的职业,如人力车夫、码头工人、仆役、捡垃圾、拾煤核,或仅靠行乞为生。据1930年的统计,特别一、二、三区即原来的租界区贫民很少,贫民多分布在公安一到五区。特种贫民籍贯以河北为最多,将近66%,靠乞讨为生的将近84%②。慈善救济组织及其相关设施附近形成了以进城农民为主的下层贫民集居区,农村文化影响了城市文化,无怪乎柳亚子先生将天津文化归纳为"乡村都市一炉熔"③。下层民众喜欢的曲艺杂耍深受天津市民的欢迎,南市"三不管"地区成为与北京天桥齐名的下层民众休闲娱乐的场所。

  20世纪以后,天津的文化大致可以分为三个层次:第一层次是以租界区为主的受西方生活方式影响的租界文化区,第二层次是以老城区和河北新区为主的受传统文化影响的中层文化区,第三层次是城郊地带受乡村文化影响较大的下层文化区。这三种文化区居民的生活方式、文化形态都完全不同。第一层次文化区受西方文化影响极大,居民以中国的富人和外侨为主,他们是一群有钱有闲的社会阶层,住着洋房,穿着洋装,吃着西餐,喝着咖啡。他们虽然人数不多,却拥有大量的社会财富,也是慈善事业的主要施助者。第二层次文化区是普通的天津居民,他们也许世代居住在天津城市,有稳定的家庭收入,过着普通人的生活,基本上能衣食无忧,有些时候他们也是慈善事业这一大河中的涓涓细流。第三层次是由进入城市的农民和鳏寡孤独残疾人为主的城市下层居民,他们大多住在城市边缘区,社会地位也处于社会边缘地带,所以将他们称为城市边缘人再合适不过了。他们生活无保障,住在不能遮风挡雨的窝铺或简陋的居室中,穿着破衣烂衫,吃了上顿没下顿,他们是社会慈善救济事业的主要受助者,其文化形态多呈现乡村特征。天津文化是由这三种文化形态构成的多元文化系统,忽略任何一种都是不全面的。

  慈善救济组织及其相关设施影响城市文化还表现在一些以慈善救济组织或窝铺浮房命名的地名存在很多年,有的延续至今。如广仁里是从广仁堂演变而来的,育婴路、育婴里、育婴前街都是从育婴堂演变而来的,东育黎

---

① 刘海岩:《空间与社会——近代天津城市的演变》,天津社会科学出版社2003年,第286—297页。
② 《天津市社会局统计汇刊》,天津特种贫户统计,1931年。
③ 中国革命博物馆编:《磨剑石诗词集》,上海人民出版社1985年,第741页。

堂胡同和西育黎堂胡同是从育黎堂演变而来的,北善堂胡同、善堂西胡同是由北善堂演变而来,栖流所胡同是从栖流所演变而来的,济生社胡同是从济生社演变而来的,延生社胡同是由延生社演变而来的,掩骨会胡同是从掩骨会演变而来的,抬埋会大街、抬埋会前胡同、抬埋会后胡同均是由抬埋会演变而来的,贫民女工厂胡同(后更名为工厂胡同)是由贫民女工厂演变而来的。此外,南开区有中街窝铺、金鱼池窝铺、坑沿东窝铺、冰窖窝铺、冰窖后窝铺、东窝铺、西窝铺、二合里窝铺等地名,红桥区有东王家窝铺胡同(1949年前后形成),河东区有蓉厚里窝铺(1939年大水后形成),河西有义园窝铺、南楼窝铺、南楼新窝铺(形成于1939年水灾后),和平区有南浮房(形成于1939年水灾后,浮房即为不打桩、不打地基的简易平房)等与窝铺、浮房有关的地名[1][2][3][4][5][6]。

地名中以慈善救济机构和窝铺、浮房命名的现象正是这些慈善救济机构及其附属设施的存在对天津地名文化影响的表现。后来随着城市的改造与更新,一些旧地名逐渐被新地名所代替,有关旧地名越来越少,只存在于文献中和老人们的记忆中,但地名的变化见证了城市的更新和发展,尤其是原来的窝铺、浮房地方现在已是高楼林立,如果亲临这些地区,很难将它们与低矮杂乱的窝铺区联系起来。

(《四川大学学报》哲学社会科学版2008年第3期)

---

[1] 黄志敏主编:《天津市地名志·南开区》,天津市人民出版社1998年。
[2] 何铁冰主编:《天津市地名志·和平区》,天津市人民出版社1998年。
[3] 邢克文主编:《天津市地名志·红桥区》,天津市人民出版社1997年。
[4] 齐泉林主编:《天津市地名志·河东区》,天津市人民出版社1996年。
[5] 孙淑环主编:《天津市地名志·河西区》,天津市人民出版社1999年。
[6] 任彦林主编:《天津市地名志·河北区》,天津市人民出版社2002年。

# 从中日两国档案看《国闻报》之内幕(上)
## ——兼论严复、夏曾佑、王修植在天津的新闻实践

孔祥吉　[日]村田雄二郎

19世纪末,帝国主义列强掀起了瓜分中国的狂潮。光绪二十三年(1897)十月,德国发兵侵占胶州湾,这是一个危险的信号。沙皇俄国亦蠢蠢欲动,企图将侵略魔爪伸向旅顺大连湾。英在长江,法在两广,日在福建均各有所图。中国已经拉响了瓜分豆剖、亡国灭种的警报。在此危急存亡的关键时刻,天津地区的维新志士,点亮了一盏光芒四射的明灯,号召全国上下奋起变法,力图救亡,这就是在晚清报刊史上占有重要地位的《国闻报》。

然而,对于《国闻报》的研究目前还很不充分。诸如该报之创建过程,谁是《国闻报》的真正主人,严复扮演了什么角色,为什么后来又挂上了日本的旗号,戊戌之后《国闻报》命运如何等等重大问题,长期以来,人们并不清楚。

自2002年以来,我们在日本外务省外交史料馆进行了调查研究,颇有收获。尤其是该馆藏有一套完整的档案,其名曰《新闻杂志操纵关系杂纂——国闻报(在天津汉字新闻)》①。本文拟围绕中日两国档案,对《国闻报》内部若干重要问题予以讨论。

## 一、《国闻报》出现前夕国内政局之特点

《国闻报》成立,适逢中华民族危机非常严重之时。当甲午战争的硝烟在神州上空尚未完全消失之际,以严复为代表的天津地区有维新变法思想的知识分子,由于处于这场战争的前沿,已经从切身经历中感受到了古老中国面临着日益严重的危机。

这种危机感主要体现在严复的几篇著名论文中。随着《直报》的创刊,

---

① 日本外务省外交史料馆藏,该档案编号为1门3类1项第1—5号。以下本文所引日本《国闻报》档案除特殊注明外,均出自此卷宗,不再一一罗列。

严复连续发表了《论世变之亟》《原强》《辟韩》《原强续篇》《救亡决论》五篇论文。在这些文章中,严复以犀利的笔锋,痛陈中华民族面临着被列强瓜分的厄运,指出中国唯一的出路就在于改弦更张,采用西法。严复在《论世变之亟》中揭示出中国当时的形势之危:"盖自秦以来未有若斯之亟也","夫士生今日,不睹西洋富强之效者,无目者也。谓不讲富强,而中国自可以安;谓不用西洋之术,而富强自可致;谓用西洋之术,无俟于通达时务之真人才,皆非狂易失心之人不为此。"

严复还利用近代西方社会政治学说,从社会制度上寻找阻碍中国进步的原因,把批判的矛头直指中国两千年来的封建君主专制制度。他在《辟韩》中尖锐指出:"夫自秦以来,为中国之君者,皆其尤强梗者也,最能欺夺者也。""秦以来之为君,正所谓大盗窃国者耳。"正是他们这伙大盗,"坏民之才,散民之力,漓民之德"。

严复的这些论说,抨击时弊,振聋发聩,在神州大地引起强烈反响。

两年以后,当德国帝国主义侵占胶州湾事件发生后,国内局势动荡,俄国企图利用《中俄密约》在中国攫取更多利益。因此,中国的维新志士在丁酉、戊戌之交,对俄国的侵略野心十分警惕。不少人认为应该联合英日,对抗沙俄。以梁启超、谭嗣同等人为代表的生活在南方的维新志士,很早就有这样的主张。康有为于胶州湾事变之后,几次上书都强烈表达了这种思想。而生活在北方的严复、王修植等维新派人士,亦与康梁之意见不谋而合。他们从内心深处憎恶俄国之阴谋诡计。在封疆大吏中,即使是甲午战后首倡与俄结盟的湖广总督张之洞、两江总督刘坤一,亦有联合英日抵制俄国的政治倾向。

在当时的知识分子中,出现这种政治倾向绝非偶然。其原因主要有两个方面:其一,中日甲午战争之后,沙俄挟干涉还辽之功,一方面在清廷上层进行渗透,物色自己的代理人;另一方面则勾结德国,密谋策划,贪婪地在中国攫取利益。尤其是德国悍然出兵侵占胶州湾之后,沙俄侵吞旅顺、大连湾的野心,已是司马昭之心路人皆知。因此,在长江流域执掌政柄的刘坤一、张之洞已逐渐觉醒,认为那种"一意依俄,可保二十年太平无事"的主张,无异于白日做梦,与虎谋皮。他们这种联合英日的主张得到了康有为、严复等维新派的赞同与拥护。其二,这种政治倾向的出现,与日本外交官及参谋本部人员在华宣传策动亦有很大关系。日本为了自身侵略利益,多方面在华活动。他们一方面极力揭露沙皇俄国蚕食中国的阴谋,一方面鼓动与英日结盟。尤其是日本参谋本部派遣神尾光臣与宇都宫太郎等在两江总督刘坤一、湖广总督张之洞周围充当说客，陈明利害，产生了很大影响。他们不但在封疆大吏的衙门里昼夕密谈，深谋策划，而且还利用一切机会，向江浙、湖广等地关心时事的知识分子施加影响。

他们的言论，在那些立志改革之维新派中间，收到了立竿见影的效果。日本女子大学的久保田文次与吉良芳惠教授向笔者提供了几份宇都宫太郎向参谋本部的报告，报告如实地记述了他在武汉期间数次会见张之洞、谭嗣同，宣传其政见的情形①。当然，宇都宫太郎的报告只谈到了他会见谭嗣同等人的具体时间与地点，以及彼此交谈的简单内容。宇都宫太郎并不了解他的鼓动具体产生了何种成效。然而，谭嗣同却很快将这种观点在维新派内部扩散。与谭嗣同情同手足、亲密无间的挚友唐才常，很快又将从谭氏那里听到的宇都宫太郎的论说撰写成文，广为传播。

唐才常所记载的日本军方代表言论如下：

> 日本知其然也，故遣其参谋部三人来华密筹焉。曰神尾光臣，曰梶川重太郎，曰宇都宫太郎。正月之杪，谭复生见三人汉口。神尾言曰："彼我本兄弟国，贵国遇我良厚，不意朝鲜一役，遂成仇衅。又不意贵国竟不能一战，挫衂不可收拾。嗣兹以来，启各国心，危若朝露，每一回首，悔恨何及。然贵国亡，必及我，我不联贵国，将谁联？今大地师舰，麇集鳞萃，吮血磨牙，眈眈相向；不于此时薪胆为雄，练兵兴学，更优游卒岁安乎？时乎时乎，不再来，愿君熟思，同往我国，谋定后动。如联盟计成，吾当为介于英，而铁轨资焉，国债资焉，兵轮资焉，一切政学资焉"。②

日本军方人士这些演说，对维新派产生了出乎意料的效果。无论是当时尚在南方的唐才常、谭嗣同，还是已经来到北京的康有为等，都异口同声地呼吁中日结盟，以为是千载一遇的大好机会。

康有为于《自编年谱》中写道：

> 自十一月十二日，德人发炮据胶州，掳去提督章高元。朝廷托俄使言和，德使甚桀黠。翁常熟及张樵野日与议和未就，日人参谋本部神

---

① 宇都宫太郎：《致参谋本部第三部长福岛安正临时报告》（未刊稿），久保田文次教授提供。
② 唐才常：《论中国宜与英日联盟》，《唐才常集》，中华书局1982年，第152页。

尾、宇都宫来觅鄂督张之洞,请助联英拒德。时经割台后未知日情,朝士亦多猜疑日本日使矢野君极有意,而吾政府终不信是议。乃为御史杨深秀草疏,请联英日。又为御史陈其璋草疏,再请联英日。①

清宫档案的记载表明,康有为代杨深秀草拟的请联英日折于光绪二十三年十二月初九日(1898 年 1 月 1 日)呈上清廷。该折声称:

> 即日本亦有联我之心。盖事机立变,虽仇国亦当合也。昔楚王恨商於之诳,怒思伐秦,而陈轸即劝其合秦以攻齐。蜀先主耻猇亭之败,日图报吴,而诸葛亮即劝其合吴以伐魏。故我若联日本,日本自计,亦必可听从,而我仍以济成结英之势也。②

康有为代御史陈其璋草拟的奏疏,亦在其未刊稿中发现。其文曰:

> 按英之海权,甲于欧洲;日之智力,雄于东方。其能与俄抗者,莫如英日。朝鲜甲午之师,日有悔意;泰西持盈之局,英有全谋,其能与我近者,亦莫如英日。况近闻英有与我联合之说,向北洋陈请。又英国《泰晤士报》云,为中国谋,当保护自主之权。又日本《新闻报》大偎伯论占据胶州为盗贼之行,有损各国和局。窥其意虽出于忌俄之口,而公道尚有可言,似宜密与订交,以示钳制。近可解德人非常之举,远可消俄人无厌之谋。此国势所关之利害,皎然易见也。③

通过联日,进一步实现"结英之势"。康有为等维新派的思路与刘坤一、张之洞等封疆大吏不谋而合,其议论如出一辙,对联日充满了美好的幻想。维新志士们认为,只有联合日本才能实行变法;只有走日本之路,中国才能摆脱危机,走上自强之路。因此,可以断言联合英日,抵制沙俄,已经成了全国上下、大江南北维新志士的共同主张。

康、梁的这种联合英日的主张,又通过夏曾佑等在天津地区产生了连锁反应。因此,无论是严复,还是王修植、夏曾佑,都对沙俄的侵略政策深怀戒备之心。可以说,早在《国闻报》成立之前,天津的维新志士即对俄国的侵略野心有了比较清醒的认识。

---

① 翦伯赞等编:《戊戌变法》(第 4 册),神州国光社 1953 年,第 138 页。
② 台北南港近史所藏:《总理各国事务衙门档案》,光绪二十三年卷。
③ 陈祖治整理:《清御史陈其璋遗草疏稿汇集》(第 1 册)。

## 二、以严复为灵魂之《国闻报》创立

光绪二十三年十月初一日(1897年10月26日),《国闻报》正式在天津创刊。这是中国近代新闻史上的一件大事。

由严复执笔的《国闻报缘起》一文宣称:"阅兹报者,观于一国之事,则足以通上下之情;观于各国之事,则足以通中外之情。上下之情通,而后人不自私其利;中外之情通,而后国不自私其治。人不自私其利,则积一人之智力以为一群之智力,而吾之群强;国不自私其治,则取各国之政教以为一国之政教,而吾之国强。此则本馆设报区区之心所默为祷祝者也。"①

《国闻报》每日出两张,铅印,每期约万字左右,刊登时事新闻,并以社论形式表达严复等人的政治观点及倾向,其中许多重要评论均出自严复手笔②。由其缘起所述可知,《国闻报》发行的目的,就是要"通上下之情""通中外之情"。严复自甲午战争之后多次强调要沟通上下,民意上达,以及了解外部世界,向西方国家学习。为达此目的,在《国闻报》出刊不久,又接着发刊《国闻汇编》。

按照通常的说法,是严复与夏曾佑、王修植一起创办了《国闻报》。这种说法严格说来并没有错,但失之笼统。另一种说法是日本人的观点。根据日本外务省档案记载,日本人认为,王修植为《国闻报》之馆主,夏曾佑为报纸主笔,严复、王文韶、陶大均等则是与报纸有重要关系的人物③。其实,这种看法只是看到了表面现象。日本方面尚不清楚,严复才是《国闻报》的灵魂。

我们之所以称严复是《国闻报》之灵魂,是因为这张报纸的主要内容体现了严复的思想与追求。可以毫不夸张地说,《国闻报》是严复一生中最重要辉煌的事业之一。严复早年留学英国期间,已认识到报纸对开化民智、国家进步的重要作用。因此,在梁启超、汪康年等人创办的《时务报》在神州发行伊始,严复即满怀热情地予以讴歌。他在给汪康年、梁启超之信件中写道:

---

① 王栻主编:《严复集》(第2册),中华书局1987年,第455页。
② 王栻主编:《严复集》(第2册)中华书局1987年,第421页。
③ 日本外务省外交史料馆藏:《郑永昌致外务省次官小村寿太郎报告》,明治三十一年(1898)3月31日,《新闻杂志操纵关系杂纂——国闻报》,第14页。

> 穰卿进士、卓如孝廉均鉴：
>
> 启者，前寄一函，想经伟照。昨公度观察抵津，称大报一时风行，于此见神州以内人心所同，如怀总干蹈厉之意，此中消息甚大，不仅振聩发聋，新人耳目已也。不佞曩在欧洲见往有一二人著书立论于幽仄无人之隅，逮一出问世，则一时学术政教为之斐变。此非所天下之耳目知识而劫持之也，道在有以摧陷廓清力破余地已耳。使中国而终无维新之机，则亦已矣。苟二千年来申、商、斯、高之法熄于此时，则《时务报》其嚆矢也，甚盛甚盛。寄上汇票百元，到时乞与察入付据，区区不足道，聊表不佞乐于观成此事之心云尔。手此，敬颂撰安。侯官严复顿首。八月十八日。①

严复认为，《时务报》刊行的重大意义，在于它能摧陷廓清守旧势力的重重黑幕，启动中国的维新之机，显示了严复对创办近代报刊与政治革新之间相辅相成关系的先见之明。这是通达外情的严复所具有的远见卓识，绝非一般士大夫所能达到的认识水准。这封信也流露出严复对创办一份新报纸的向往。

一年多之后，严复即着手在天津创办自己的报纸《国闻报》。在《国闻报》创刊前夕，严复在给梁启超等人之信件中称：

> 卓如、孺博、穰卿三先生阁下：
>
> 每怀风采，延企为劳。伏维台候万福，为时自重。上月托公度观察袖呈《国闻报启》一通，求登贵报，俾我下乘附骥而行，谅荷垂察。拜读三十五大报，尚未附录，殊为悬盼。陈锦涛至津备述尊意，爱我之情，至为周密，感荷感荷。弟等本议旬报之外兼出日报，日报则仅详北数省之事，旬报则博采中西之闻，与尊属一节正相符合。现在资本已集，印机已购，开办之期，即在来月，伏乞将前寄启文赶为登录，将来出报之后，南中各省埠尚拟依附贵馆派报处代为分送，素纫公谊，当亦乐观其成也。启中文字有未审处，尚求雅削。专利泐，公劢台安。弟严复、夏曾佑、王修植同再拜。廿五日（八月初一到）②

此信是光绪二十三年八月初一日寄到上海的。虽然信末还有夏曾佑、

---

① 上海图书馆编：《汪康年师友书札》（第4册），上海古籍出版社1989年，第3243页。
② 上海图书馆编：《汪康年师友书札》（第4册），上海古籍出版社1989年，第3274页。

王修植的署名,但是,明眼人一看便知,这是严复之手笔。它与本文上引严复致汪、梁信件,从内容到文风,均一脉相承。再有,夏曾佑之名署在王修植之前,这一点也很值得注意。它似乎可以说明,在严复看来,夏曾佑在创办发行《国闻报》中的作用,又稍稍多于王修植。

严复是《国闻报》之灵魂,还可以由主笔夏曾佑致汪康年信中得到印证。夏氏于光绪二十四年(1898)初春,写信给汪康年称:

> 毅伯表兄左右:
> ……弟自复入都门。又由京至此,朋友之聚,谭宴之乐,自绝胜于不雨之郊。然能屏绝尘氛,学思并进,则生平亦难遇此境也。到津之后,幸遇又陵,衡宇相接,夜辄过谈,谈辄竟夜,微言妙旨,往往而遇。徐利以来,始明算术;咸同之际,乃言格致。洎乎近岁,政术始萌,而彼中积学之人,孤识宏寰,心通来物,盖吾人自言西学以来所从不及此者也。《天演论》为赫胥黎之学,尚有塞彭德之学,名《群静重学》似胜于赫。又言中国大易确系非拉索菲各种人之古书。自印度外,无及之者。但理赜例繁,旦夕之间,难于笔述,拟尽通其义,然后追想成书,斐师《地论》即用此例。不知生平有此福否。慈恩诸论,晨夕肆力。其旨幽深,其例繁密,其文奥衍,欲辄业者屡矣!而每念自昔通贤,凡有志于内典者,大都自此处自厓而返,以故真如正智遂不显于世间。念此发奋,不自揣度,窃欲于去来今教诲之中,一叶扁舟,乱流而渡,若济,吾之幸也,不济,则一期僵石之间,螺蛤圣贤,同归黄土,为之也若此,不为也亦若此,吾亦何据以自悔耶,吾往矣。……①

夏曾佑(1863—1924),字穗卿,号碎佛,笔名别士,浙江杭州人。甲午戊戌间,与梁启超交往密切,情同手足,频频通信,探讨人生价值与中国改革的出路。他同梁启超一样,对新生事物非常敏感,立志改革,颇想成就一番大事业。梁启超在《时务报》上写了许多脍炙人口的文章;夏曾佑也想在《国闻报》上大显身手。本文上引夏氏致汪康年的信件,充分反映了严复的维新理论对夏曾佑所产生的启迪作用。夏曾佑把他在津与严复比邻而居,日夕促谈,描绘成为"能屏绝尘氛,学思并进,则生平亦难遇此境也"。严复在与夏曾佑的交谈中,把从赫胥黎的《天演论》,到中国传统经典,古今中外,熔为一

---

① 上海图书馆编:《汪康年师友书札》(第2册),上海古籍出版社1989年,第1325页。

炉,"微言妙旨,往往而遇",以至于使夏曾佑达到了"念此发奋,不自揣度"的程度。

夏曾佑在戊戌三月初二日寄到上海的信中又称,"所需文章,严老近无暇,弟亦无暇,畹生方作之,日内想可寄上也"。夏曾佑把严复称作"严老",对王修植,则称作"畹生",可见,严复是很受这位《国闻报》主笔尊敬的。显然,《国闻报》主笔夏曾佑本人在同严复接触后,思想发生了深刻变化,他已经接受了严复所宣扬的维新理念,并且把这种理念贯彻到创办《国闻报》的实践中。因此,我们把严复说成是《国闻报》的灵魂是一点也不过分的。《国闻报》在戊戌维新中所扮演的重要角色,与严复新思想之主导作用,实在是密不可分。

## 三、俄国人为什么仇视《国闻报》

《国闻报》像《时务报》一样,是中国近代报刊史上出现的新生事物。尤其是《国闻报》创办于天津,很有特殊意义。因为天津是紧靠京师的门户,是对政治特别敏感的地区。然而,从思想方面来说,封建统治者对天津地区的控制,相对比北京宽松得多。而且,在天津紫竹林地区,帝国主义列强建立了许多租界。尤其是沙皇俄国,对天津的局势格外关注。因此《国闻报》尚未出世,就遇到了创办者事前没有料到的困难,这困难来自两个方面:一是来自沙俄,一是来自朝廷内部的守旧势力。

当时,帝国主义列强为了加紧对中国侵略,在天津租界里聚集了许多间谍,他们中的大多数被称为"中国通"。沙俄所派间谍尤其活跃。俄国在天津的代理人陆军大佐沃嘉克及该国副领事格罗斯的嗅觉特别灵敏。当他们听到《国闻报》快要成立的消息,立即认识到这是一个操纵社会舆论的极好机会,因此,他们闻风而动,立即同《国闻报》创办人联络,表示愿意出钱兴办这份报纸[①]。

沙俄间谍的尝试遭到严复、王修植等人的严词拒绝。此后,他们又表示在报纸成立后,以购买报纸的形式来表示对报纸的支持。天津维新派由于经费的困乏,对此亦不便拒绝。王修植在戊戌夏初写给汪康年的信中曾谈

---

① 日本外务省外交史料馆藏:《郑永昌致外务省次官小村寿太郎报告》,明治三十一年3月31日,《新闻杂志操纵关系杂纂——国闻报》,第8页。

到:"《国闻日报》现在每天销一千五百张。本津五百张、北京二百张、俄商一百五十张、外埠七百余张。"①

王修植在这里所说的150张,显然是指俄国商人秉承俄国陆军大佐沃嘉克及该国副领事格罗斯的旨意而购买的。

早期的《国闻报》曾刊登了一篇名为《中俄交谊论》的文章。此文之宗旨与维新派力主联英、日的格调很不协调。已故专门研究严复思想的专家王栻先生曾经指出:

> 《中俄交谊论》发表于光绪二十三年十二月下旬,那时旅大事件已经发生,这篇文章却提出了联俄的主张。当日旧党主联俄,新党如康、梁等及帝党人物,都主张联英、日。《国闻报》是提倡维新变法的报纸,严复也是主张维新变法的人物,却有此论调,实在是颇为费解的。文中对帝俄甚加赞美,以为三国还辽之举,是帝俄的"仗义执言",而怪当时有些人"于还我辽东之俄人,窃窃然疑之,不以为德,反以为仇"。初看这些话,颇使人怀疑这篇文章不是严复写的。但细读这篇文字的格调,似又出乎严复之手。②

王栻先生由于不了解《国闻报》成立前后的背景,故有此疑问。实际上,此文乃是严复等人为了报馆生存而敷衍俄国间谍的文字,不可作为评论他们政治观点的依据。

事实上,《国闻报》即使登载了《中俄交谊论》,也未能使俄国人满意。而且,随着严复等人把俄国侵略意图不断揭露于报端,以及用很多篇幅对日本维新经验进行宣传,使俄国人对严复等人愈来愈恨之入骨。他们时刻都在寻找机会,企图置严复与《国闻报》于死地。

《国闻报》成立后所面对的另一个对手,即是朝廷内部的守旧派。他们对这份刚刚出世的报纸极尽挑剔之能事,想方设法想整垮《国闻报》。这个机会终于被他们捕捉到了,这就是光绪二十四年正月十七日、十八日两天该报连载的《总理衙门奏教案办结胶澳议租折》。

这是《国闻报》成立后遭遇的第一次危机。现将《国闻报》刊登的奏折转述如下:

---

① 上海图书馆编:《汪康年师友书札》(第1册),上海古籍出版社1989年,第81页。
② 王栻主编:《严复集》(第2册),中华书局1987年,第437页。

总理衙门奏教案办结胶澳议租折

奏为曹州教案办结,胶澳划界议租,谨将与德国使臣商定情形,恭折仰祈圣鉴事。

本年十月间,山东曹州地方杀毙德国教士二名,德国兵船遽袭胶州,该使臣海靖致臣衙门照会,要求六款,势将决裂。业经具折奏闻,并将续来照会及臣等照复并问答节略,随时呈览在案。臣等仰禀宸谟,与该使臣往复商论,分别准驳。该使臣照会以山东巡抚李秉衡屡违朝旨,不受中国政府之命,酿成巨案,请将李秉衡革职永不叙用。臣等坚持不允,议令删去"永不叙用"四字,但将不可再任大官之意,奏请准行。

德主教安治泰本在济宁倡建教堂,适有曹州教案,该使欲隆保护之名,请赐匾额,请给工料银两,臣等议令酌照成案,用敕建天主堂五字,酌给工料银六万六千两。至惩办盗犯,赡恤教士,原系教案应办之事,该使以被杀两教士无家属领赏,只可建造教堂作为赡恤,议定曹州城内及巨野县属张家庄,各建教堂一所,由官拨给地段不逾十亩,照济宁办法,每处各给银六万六千两,匾额仍用敕建天主堂五字,统于教堂门前勒碑以为保护之据。被盗失去之款,另给银二千两了案。该使复以现在教士租赁房舍甚难,拟请于巨野、菏泽、郓城、单县、武陟、曹县、鲁台七处,为教士各建住房一所,共给工料银二万四千两,均作为已杀教士赡恤之用。现获盗犯,照例惩办,失察之地方官,从重参处。

该使又索中国应保以后永无此等事件,臣等驳以保护教堂,条约所准,惟盗贼卒发,岂能永保其必无?该使语塞,因与议定,请皇上明发谕旨,饬地方官照约尽力保护。特该国教堂究有几处,臣衙门无案,并令各府州县,凡有教堂处所开送臣衙门查核,该使亦经答允,庶于保护之中,稍寓稽察之意。此案失事之地方官,或调他省,或从重参惩,均由中国自行酌办。该使借教案旁索商务,拟请嗣后山东一省,如开办铁路旁近矿务,先尽德商估办。旋又请设立德华公司,造通山东省铁路,并通省及铁路旁近之矿,意在仿照俄华公司利益。

臣等力与磋磨,允由胶澳至济南省城造铁路一段,俟此段造成后,再商造后段,与中国自办干路相接,均由德商华商集股领办。声明不占山东地土,并另立合同,无庸比照他国章程,以为中德自商之证。该使又以德国办理此案所费之银,请中国赔偿,索数百万两,尤为无理取闹。臣等告以,此案中国无赔偿之理,惟顾念数十年邦交,及前此相助之谊,另筹办法。与教案绝不相涉,须截分两事,期杜他国借口,断不能认赔一钱。该使以候其国命为辞,延宕经旬,臣等迭次催问,渐次就绪,已允敛兵下船,退出所踞之地,赔费作罢。

初订明在臣衙门互换照会,适曹州地方复有驱逐教民、杀害洋人之说,该使臣顿翻前议,又照会臣衙门,仍请将李秉衡革职永不叙用。复经臣等力与驳论,并钦奉谕旨,将曹州镇总兵万本华撤省询问,该使臣始无可置辩,于本月十二日,来臣衙门会晤臣等,即将缮定教案六条,照复一件,当面交讫,以符先结教案之议。

臣等窃维中德两国向无嫌隙,只以助归辽东,索报未遂,该国注意所在,则英法俄等国均占有东方海口,而该国独无停轮、屯煤之所,不足与各大国均势。迭准出使大臣许景澄函电相闻,而胶澳又为该国所垂涎,故本年正月臣等有请在胶州创修船坞之奏,即已筹虑及此。十月教案初起,奉旨令李秉衡查拏凶盗,有德方图借海口之谕,敌谋之狡,早在圣明洞鉴之中。此次借杀毙教士起衅,遽派兵船袭据胶澳,分兵略地,直窥即墨县城。德君又派其弟率领师船来华,用心实为叵测。该使所开教案六条,坚请照办,并无一语退还胶澳。臣等仅恃笔舌与争,苦无却敌之策,再三辩论,该使始允就该国提督画占之地,分别退还,胶州亦在所退之内,余则作为租用,略如各口租界办法,周遍以一百里为限,按岁输纳租钱。该地自主之权,仍归中国。送来租地照会五款,大致以保全两国睦谊为词。臣等逐款覆核,租以九十九年为限,所定租界将来两国派员立界时,认定周遍一百里之限。胶澳海面中国兵商各船,任便出入。胶澳外各岛险滩,准德国设立浮椿,惟中国兵商各船往来出进,概免纳费。至德国嗣后自愿将胶澳归还中国,所有德国在澳费项,中国应许赔还,另择相宜之处,让与德国一款,此指租期未满让还租地而言,亦可照允。惟须订明,租期未满以前,德国不得驱迫中国原有税卡照旧设立,租地之外,德兵应即全行撤回,应交租项若干,再与该使臣面商,均无异词。翌日备文声叙,作为完案,其一切应办事宜,恭候命下。臣等再当咨行山东巡抚,妥为筹办。

此案德国发难,各国多欲干预,中外新闻、电报络绎,殊骇视听。臣等握定中德自商,不愿他国调停,固知他国无实意相助。即貌为居间,而潜相要结,则中国受害益重。万一各国互争,竟以中国为战地,尤难收束,只可速结此案,徐图自强计。非腾出的饷,训练精兵,不足以御外侮,容臣等随时奏办。所有商结德案情形,理合恭折具陈,并将臣衙门与德国使臣海靖结案照会、问答,恭录呈鉴。伏乞皇上圣鉴,训示遵行。谨奏①。

此折将总理衙门官员与德国使臣交涉经过暴露无遗。它将清廷上层在列强面前无可奈何、步步退让的尴尬举措亦公之于世人,的确有泄露国家最高机密之嫌。因此,总理衙门的官员们认为《国闻报》泄露国家机密于外人,于是大动肝火,并欲借此整治《国闻报》。

对此紧张局势,当时在北京的维新派人士张元济曾经给《时务报》暗通消息。其信曰:

穗卿惠鉴:

一、胶案议结奏稿,《国闻》登载,总署震怒严查。昨已有人电告尊处,一切请留意。日报之举,若何兴旺,都中访事,无能为谋。甚歉。……正月廿四日。

张元济此信称,总理衙门"震怒严查",确系实情。盖因张氏本人正是总理衙门之章京,又与维新派关系密切,故深知事态严重。

《国闻报》所刊登的《总理衙门奏教案办结胶澳议租折》公之于世后,还引起了沙俄的极大不满,认为《国闻报》泄露俄、德两国外交谈判之秘密,从而使中国人大增对俄人之恶感。因此,再三请求直隶总督王文韶发布禁止《国闻报》刊行的指令②。

俄国人的抱怨并非空穴来风,仔细研读《国闻报》所刊奏折,其中有两处真正刺到了俄国人的痛处,必然引起俄人之疯狂仇视。其一,德国人要求在山东"请设立德华公司,造通山东省铁路,并通省及铁路旁近之矿,意在仿照俄华公司利益。"显然,德国人在山东的行径,完全是效仿俄国人在东北不但修建铁路,而且还一并掠夺沿铁路矿产的做法。此处所述,等于把俄国之"劣迹"公之于世,一则引起列强效尤,二则引起国人之不满,俄国人自然感到不快。其二,丁酉戊戌之交,当德国占领胶州湾之后,沙俄打着帮助中国,"居中调停"的旗号,蠢蠢欲动,派遣军舰来华,企图霸占旅顺大连湾。

而《国闻报》所刊之折,公然揭出"此案德国发难,各国多欲干预,中外新

---

① 《国闻报》光绪二十四年正月十七、十八日。
② 日本外务省外交史料馆藏:《郑永昌致外务省次官小村寿太郎报告》,明治三十一年3月31日,《新闻杂志操纵关系杂纂——国闻报》,第8页。

闻、电报络绎,殊骇视听。臣等握定中德自商,不愿他国调停,固知他国无实意相助。即貌为居间,而潜相要结,则中国受害益重"。总理衙门的结论,可谓真知灼见。《国闻报》将《总理衙门奏教案办结胶澳议租折》刊诸报端,等于把俄国的伪君子面目暴露无遗。故而,沙俄在中国的代表人物对《国闻报》恨之入骨。当他们发现王文韶没有按照他们的要求关闭《国闻报》之后,便在北京四处活动,总之是必欲灭之而后快。

## 四、天津维新派的应对之策

《国闻报》成立,几乎与德国明火执仗出兵胶州湾在同一时间发生。因此,《国闻报》刚一出世,即面临十分复杂的国际局势。由于维新派不断揭露沙俄侵吞中国的阴谋诡计,呼吁与英日结盟。因此,《国闻报》成立不久,即鲜明地表达了反对俄国侵略的立场。严复等人的这种立场引起了俄国在华情报人员的不快,他们采取措施,多方在京师活动,要求总理衙门对新成立的《国闻报》采取扼杀措施。因此成立不久的《国闻报》即面临着生死存亡的抉择。为了争取生存的机会,《国闻报》的创办人王修植,通过在直隶督抚衙门担任翻译官的陶大均,向日本驻天津领事紧急求救。此种情形在日本驻天津领事馆一等领事郑永昌给日本外务大臣的专题报告中有真实的反映。郑氏之报告称:

> 由于日清战争的结果,清国的政体及民情都惹起显著的变化。那些力主所谓"开化主义"的有志之士,则于各地争相发行报纸,向清政府陈说改革旧政之必要。他们常常以日本维新为例,刊载革新之说。如天津,即有《直报》及《国闻报》两种报纸发行。《直报》乃三年前创立,不过专门刊载《京报》及民间杂事而已,毫无购读之价值。与此相反,《国闻报》虽说创立之日尚浅,但其着眼点以及所刊载者,无一不是中外交涉之事件。凡外国报纸所刊载之有关日清两国交往事项,一一取来,翻译登录。尤其在胶州湾及旅顺口占领问题上,各处寻求通信与联络,无论事情大小,俱有所记,毫无遗漏之处。而且,其所刊内容,又有多处仰仗北京通信得来消息。关于外交上之问题,直言明记相关事实,其探察之敏捷,亦可圈可点,一时颇得内外人士之好评并广泛信用。但另一方面,却对于俄人之感情伤害不少。有传闻称:因有俄人干涉,不久将接饬令停止发刊,前景难料。实际情形究竟如何,不得而知。

本月二十一日夜,受该报纸之所有者——天津博文书院院长候补道台王修植之委托,直隶总督府的日本语翻译官陶大均,私下乞求与本官见面。他谈及俄国公使强行要求总理衙门下达《国闻报》停刊令。如果该报就此停止,则迄今之苦心努力,皆付之东流,甚为遗憾。但若能改为日本人名义,则可免除此危难。故特请求予以格外怜察,拯救此次危难。因该报纸改为以日本人名义发行之后,即可继续刊行。这是因为清政府不愿因此而惹起日本国人恶感之故。陶氏希望我知悉此中内情,而且该报对于日清两国皆为有意义之正规报纸。

　　目前,滞留在本地的,以北京公使馆泷川海军中佐随从名义来津之日本人西村博,稍稍通晓汉文,而且他在参谋本部时曾经从事过新闻事业。若我方认为事属可行,则可以将《国闻报》变更为该人名义。本官以为:若要进一步有所承诺,尚需征询泷川中佐及西村博之意见方可回答。因此,我只是在表面上表示同意。①

　这是日本驻天津领事给外务省的正式报告。该报告认为,《国闻报》关于胶州湾及旅顺口占领问题的论说,尤可称道。说明日本方面对《国闻报》揭露俄德的侵略阴谋,持非常欢迎的态度。

　这份机密报告的作者郑永昌,先祖为福建人,明朝时移居日本,与其父其兄均在日本外务省担任外交官,颇著声名,且与天津有不解之缘②。而直接同郑氏联络的陶大均则是晚清中日关系史上长期被人们所忽略,实际上却非常活跃的人物。关于陶氏其人,沃丘仲子的《近代名人小传》曾有简略勾画。其文曰:

　　陶大均,字杏南,会稽人,同文馆学生,通东文,尝从那桐使日。徐世昌督东,荐授交涉使,然大均谞弱,实不通外交。闻锡良将至,迓之京师,良叩以安奉路约利害,茫不能对。遂乞援桐,调江西臬司,行卒。大均畏其妻,事之如母,同学者戏呼为陶孝子。③

　这一叙述过于简略,而日本外务省档案中涉及陶氏生平活动的史料甚多。清廷在日本设立公使馆未久,陶氏即在东京的中国公使馆内充当翻译

---

① 日本外务省外交史料馆藏:《郑永昌致外务省次官小村寿太郎报告》,明治三十一年3月31日,《新闻杂志操纵关系杂纂——国闻报》,第1—3页。
② 孔祥吉、村田雄二郎:《罕为人知的中日结盟及其他——晚清中日关系史新论》巴蜀书社2004年,第232页。
③ 沃丘仲子:《近代名人小传》,第133页。

官,在黎庶昌担任驻日公使期间,曾于东京红叶馆举行重阳登高酒会,中日两国的文人雅士,作诗和韵,宴前吟诵。这些诗文集中已有公使馆翻译陶大均"满座英雄皆前辈"①的吟诗记载。陶大均长期滞留日本,对日本政情及社会相当熟悉,与日本关系殊为密切,因此,成了《国闻报》与日本驻天津领事馆联络的重要牵线人物。正因为如此,身处困境的王修植,才委托陶氏与郑永昌联络。又据后来成了名义上的《国闻报》日本馆主的西村博向日本外务省之报告称:"陶大均,翻译官,久居日本,熟悉我邦情事。在彼我交涉过程中效劳有好人之称。"②

在陶大均与郑永昌初步谈妥之后,王修植又亲自到日本驻天津领事馆,对表面上将《国闻报》归于日本人一事进行确认。王修植的谈话在郑永昌之报告中亦有翔实的记述。郑氏曰:王修植又亲自来馆内,承诺将报纸变更为日本人之名义,并陈述对我方之好意表示感谢。王氏还将该报纸之发起及其沿革作了进一步陈述。王氏称:

《国闻报》为余发起而成立。开始阶段与有志者共同筹谋,多方募集资本。此时,有在天津居留的俄国陆军大佐沃嘉克及该国副领事格罗斯两人突然来访。他们声称:目前正当俄清两国交谊敦睦之际,此次计划发行之报纸亦可由俄清两国协力开办。至于开设资本金,可全部由俄国人贷出。但是必须有一个先决条件,即报纸之主笔,需采用俄国人选拔的支那③人。

余惊愕之余,寻找适当的理由谢绝其加入。我思量:既然俄国人抱有如此野心,若为募集资本而迁延时日,则会给俄国人以可乘之机,情况愈加不妙。随即与海军学校校长候补道台严复协议,资本由严、我二人出具,即刻发行《国闻报》。

然而,沃嘉克等两人又二次来访,告知俄人可每月捐赠三百两,其报酬仍然是该报纸必须为俄人谋利益。我们遂告知与此相关之问题并与其进行了谈判:申明《国闻报》必须坚持公正的立场,作不偏不倚之论说,绝不能为金钱而做主义之变更。对于由别处寄来之稿件,虽有不便,亦当予以斟酌刊登。然贵国利益相关之新闻,不论何时寄送到,《国

---

① 王晓秋:《近代中晚清史研究》,中国社会科学出版社1997年。
② 日本外务省外交史料馆藏:《清国〈国闻报〉引继始末》,《新闻杂志操纵关系杂纂——国闻报》,第15页。
③ 为保持文献原貌,本书对引文及书名中此类称谓均未作处理——编者注。

闻报》必刊登不怠,遂断然谢绝其相助之举动。该人等不知何故,遂约以每日购买300份《国闻报》。

　　其后不久,即有胶州湾、旅顺、大连被占领事件接踵而起。余对事态发展亦愈加注意,不怕俄国人反感而进行了广泛报道。因更惹俄人不快。据悉,在天津驻扎的俄国领事亦向王总督一再陈述,谓《国闻报》泄露俄清两国外交谈判之秘密,使支那人大增对俄人之恶感。请王总督发布停刊命令。王总督原本在我报设立之初,持赞成之意,且曾间接加以褒奖。因此,他对俄人做了敷衍之回答,从无同意。然而,该领事似将此事件向俄国公使报告,并向总理衙门申说,要求停止我报的出刊。而且,该公使还贿赂某御史,求其上奏停刊《国闻报》。总之,总署已有断然停刊命令之意。据总署一友人所透露的密报称:停刊之命令,已经迫在眉睫。如能速改为日本人名义,或可冀免于不幸。实为感谢之至。①

王修植作为重要当事人,所谈事实非常值得注意,它揭示了许多《国闻报》成立前的详细内幕。通过郑永昌的这段文字,可以明了以下几个问题:

其一,严复、王修植是《国闻报》的真正主人。报纸出面的经手人是王修植,但兴办报纸的资本,则由严复、王修植二人出具。换言之,是严、王二人出资创办了这份报纸。而且严复所出资本、所占股份,似乎远比王修植要多。关于《国闻报》的资金筹备,是一个非常重要的问题。以往由于资料欠缺,很少有人予以讨论。《国闻报》后来共卖得11000金,并且在合同正式签署前已支付完毕②。夏曾佑屡次致汪康年之信函,均谈到了关于出售《国闻报》的情形。光绪二十五年正月十八日夏曾佑之信函称:

　　国闻报馆已认真卖与日人,已交五千元,而余数尚未决定,馆事则一切交与日人矣。③

夏氏又于二月十六日致函上海称:

　　……菀生三四日内必当动身回宁,到沪即可面谈。然渠到沪恐不耽搁,当留心访之为要。严又陵处之菊书已达。又陵博大胜,已到手者

---

① 日本外务省外交史料馆藏:《郑永昌致外务省次官小村寿太郎报告》,明治三十一年3月31日,《新闻杂志操纵关系杂纂——国闻报》,第4页。
② 日本外务省外交史料馆藏:《国闻报卖约》,光绪二十五年三月二十日。
③ 上海图书馆编:《汪康年师友书札》(第2册),上海古籍出版社1989年,第1338页。

已万金,水师学堂总办大可不做矣。……(己亥三月廿二收)①

此处"又陵博大胜,已到手者已万金",指严复在《国闻报》出卖给日本人之后所得到的总数。夏曾佑所说可能有些过多,但是大体上是真实的。可见,《国闻报》绝大多数股份为严复所持有。严复是当时维新派中少有的阔人。

其二,在天津的俄国陆军大佐沃嘉克及该国副领事格罗斯两人在该报还在酝酿阶段,即闻风而动,企图用金钱收买、控制《国闻报》,而严复、王修植二人不为所动。而且,随着沙俄侵略旅顺大连湾的丑行暴露,《国闻报》不断刊文坚持揭露俄国侵略面目,从而导致了与俄国关系日趋紧张。

其三,由于天津的维新派志士不向俄屈服,俄国人先是在天津向直隶总督王文韶施加压力,在碰钉子之后,又直接到北京收买御史,企图通过清政府来停刊《国闻报》。严复、王修植之所以不向俄国人低头,不为其金钱所动,完全是由于他们有敏锐的政治嗅觉和赤诚的爱国之心。这与严复自甲午战败以来,鼓吹锐意改革,立志救亡的爱国热情是一脉相承的。

王修植与郑永昌谈妥之后,郑永昌便将《国闻报》的名誉社主西村博介绍给王氏。郑氏之报告称:

> 本官即将西村博招至馆中,向王修植做了介绍。彼此约定在表面上暂将《国闻报》转让,以西村博名义继续发行。于是对外宣称《国闻报》自本月二十六日为西村博所有,并像以前一样,继续发行。
>
> 如前所述,王修植与西村博之约定仅为表面之举。并在本官面前口头谈妥条件如下:
>
> 西村博以《国闻报》之主事资格,办理社务;
>
> 《国闻报》所记载之论文、新闻,必须经西村博之检阅;
>
> 西村博于《国闻报》馆内居住,饮食零用等费用由《国闻报》社支办;
>
> 西村博不得要求除此之外的一切之报酬。
>
> 以往,该《国闻报》之组织,俱由王修植之亲友、门生所组成。因此,担负开支较少。又目前人员为:主笔一名、辅助三名、会计一名、庶务三名,合计共八名。此外,关于日、清两国相关之外国新闻消息翻译,由博文书院及海军学校高等学生等无报酬分担。因此,此报纸与其他清国

---

① 上海图书馆编:《汪康年师友书札》(第2册),上海古籍出版社1989年,第1340页。

之各港口报纸比较,实为新闻高尚且有购读之价值。其所刊载之中外交涉事件,由于王修植及严复两人交游广阔,于总理衙门内亦有亲友知己不少,因此容易探听许多外交谈判之情况,从而其论述颇有参考之价值。《国闻报》开设付出资本等费用,约为一万两,目前每月内外销售量,仅仅约为二千份,收支并不能平衡。然而,近来该报多获内外人士好评及信任。毫无疑问,今后刊行份数必然增加。而且王修植早有扩张之目的,目前投入两千两以上之资本,由英国购买大型印刷之器械,该器械不日即将到达,更可大改报纸之面目。王修植还希望同日本人协同,共同实现扩张计划,与本部资助报纸之有志之士共集资本,做更进一步之改良,进而向南北扩张。此举不仅符合日清两国之利益,且清国人将因此更对日人抱有信任、尊敬之意愿。

谨此报告。

在天津一等领事郑永昌明治三十一年三月三十一日

致外务省次官小村寿太郎①

郑永昌之报告,是关于《国闻报》名义上转让给日本人的最准确的报告。应该说,这是严复等天津的维新派为了报纸生存,被迫采取的自救措施。这一举动对《国闻报》有着深刻的影响,使它在一定程度上受到日本人的制约。而日本人之所以同意出面保护《国闻报》,也完全是基于他们自己的利益。在双方谈妥之后,《国闻报》于戊戌三月初五、初六日连续登载告白云:

> 本馆告白:启者,本馆自上年十月开办以来,虽蒙阅报诸君远近购取,现在每日售报已至二千张左右,只以当初匆匆开办,成本未充,不能持久,因将馆中所有大小机器、铅字纸墨材料,底账时值,估计出盘与日本西村博君。自本年三月初六日为始,以后馆中一切事情,均归属西村博君经理。其三月初五以前所有进出各项,仍由本馆经理人自行理直。特此告白。②

从三月初七日正式启用日本明治年号,并且连续三天登载告白云:

> 本馆告白:启者,现因本馆前主,自上年十月开办至今,已历半载,只以成本未充足,是以出盘于余。今自中历三月初六日为始,所有内外

---

① 日本外务省外交史料馆藏:《郑永昌致外务省次官小村寿太郎报告》,明治三十一年3月31日,《新闻杂志操纵关系杂纂——国闻报》,第5—6页。

② 《国闻报》光绪二十四年三月初五日。

一切事务均归敝处管理,以前内外账目一切事务,悉由旧馆主自理。谨此持白。

《国闻报》馆主人西村博识。①

以上"告白"所署名的馆主西村博,究竟是何许人?在日本侵华先锋黑龙会所编的《东亚先觉志士记传》一书中曾有专文介绍,其文曰:

> 西村博,日清战争中从军,经营《北清新报》,京都伏见区人。二十余岁入大阪《朝日新闻》社,日清战争中曾以从军记者身份奔赴台湾,战后又于天津,聘请中国报人撰稿发行中文版《国闻报》,活跃于华北舆论界,为日清睦邻友好不遗余力。义和团事变时该社惨遭战火焚烧,以至被迫停刊。明治三十五年西村博仍于天津创办日文版《北清新报》,以如椽大笔挥毫编辑的同时并全力致力于报纸经营,不曾有丝毫懈怠。西村别号人称"麻三斤",一身超凡淡泊的豪侠风范。明治三十一年北京戊戌政变事败康梁党人惨遭西太后镇压之际,西村博也曾与仁人志士一道竭死营救出维新党人。西村还长期担任天津日侨民团行政委员一职,为民团事业尽心多年,日侨视之为"老前辈"。昭和四年四月十一日西村博终殁于天津,享年六十有三。此外,以"白水"为号的西村博,还是一位知名的俳句诗人。(西村之遗族西村骏,现在朝鲜银行大阪支店内。)②

据上文所述可知,西村博的真实身份,乃是甲午战争中随日本侵略军一起进入中国的《朝日新闻》社记者,后来又加入《国闻报》。

对于《国闻报》被迫挂上日本旗号的自救措施,王修植在致汪康年的信中百般无奈地写道:

> 穰卿左右:
> 此间馆事颇发阻力,总署已具稿,将奏请北洋封禁,此间虽已部署,不悉可靠否耶?属撰文章,日来心绪恶劣,几乎不能举笔。今寄上吴挚翁文一篇,可先用。弟大约须俟初十左右,方可来申也。此请撰安。弟植顿首。廿九日(三月初五到)③

---

① 《国闻报》光绪二十四年三月初七日。
② 详情参见黑龙会编:《东亚先觉志士记传》,原书房,昭和四十一年,下,列传,第94页。
③ 上海图书馆编:《汪康年师友书札》(第1册),上海古籍出版社1989年,第83页。

吴挚翁,即吴汝纶,字挚甫,桐城人,长期主讲保定莲池书院,与严复关系密切,"初以古文得名,晚岁好谈新学,侯官严复每译一书,必求汝纶润色"。王修植所称的"部署",即是本文上述与日本驻天津领事郑永昌所达成的表面转让协议。面对封建衙门的"封禁"压力,天津的维新派为了报纸的生存,迫不得已挂上日本旗号,实在是无可奈何的选择。

## 五、守旧派将矛头直指严复

严复作为近代启蒙思想家,自甲午战争失败之后,开始在《国闻报》上发表文章,不断鼓吹西方国家的民主与科学,鼓励国人向西方探寻真理,摆脱任人宰割之命运,尤其是在刚刚创刊的《国闻报》上连续刊出英国生物学家赫胥黎的《天演论》。《天演论》的主旨在于阐述达尔文的进化理论,鼓吹"物竞天择,适者生存"。严复利用手中的报纸大声疾呼:要顺应"天演"的规律,奋起改革,变法维新,才能避免亡国之祸;否则,就会在"生存竞争"和"天然选择"斗争中被淘汰。

尽管严复为人处世不喜张扬,但是,他一再鼓吹维新理论,这些发人深省、振聋发聩的呼喊,已经使他成为守旧派攻击的目标。

《国闻报》在直隶总督王文韶的帮助下,渡过了因刊载总理衙门的议结胶案折而引发的危机后,又得到来自京师的消息称,俄国人正在物色御史出面弹劾严复等人,将迫使清政府下令关闭《国闻报》。

关于此中曲折,夏曾佑于戊戌年二月写给汪康年之信中已经提及。该信称:

> 毅伯表兄大人执事:
>
> 敝馆国家压力,前者已去,后者方来,然尚能因应,至于馆中外交政策,则俄人与敝馆最为不协,而东邻则与敝馆最合。其中情节,想尊处所闻,必有与实情大不同者也。菀生日内当暂归省亲,过沪必相见。弟亦以五月为限,若尚不选到,则决计南归。……(三月初二到)①

夏氏称,他若在五月仍未得到吏部选官的消息,便会离津南下。可见,他当时之情绪非常低下,随时准备抽身南归。半月之后,夏氏再度致函颂谷

---

① 上海图书馆编:《汪康年师友书札》(第2册),上海古籍出版社1989年,第1329页。

表弟称：

> 颂谷表弟执事：
>
> ……再启者，敝馆因政府阻力太甚，俄人亦迭有违言。虽履行设法消弭，而终非持久之道。兹不得已，与东邻矢野君相商，借作外援，始得保全自主。俄人之发阻力，不足为奇。可奇者，政府也。然此正所以成为今日之政府耳。观五十二册中，尊处之谤政府亦云甚矣，不知政府见之，又作若何面目相向也。两浑。（三月初十到）①

夏曾佑此信所称，在政府的压力之下，他们迫不得已求日本"借作外援，始得保全自主"。此处所指，应是本文上述王修植与郑永昌所谈妥的将《国闻报》名义上让给日本人之事。不过夏氏此信还提到"兹不得已，与东邻矢野君相商"，此处所述与郑永昌之报告又不尽相同。盖严复等人除了在天津与日领事郑永昌商洽外，还在北京同日本驻京公使矢野文雄交谈过此事。总之，《国闻报》于光绪二十四年三月初六日（1898年3月27日）开始正式启用日本明治年号。

事情的发展果然不出严复、夏曾佑等人所料。一个月之后，即发生了御史李盛铎弹劾《国闻报》事件。据军机处《随手登记档》记载，光绪二十四年闰三月十三日"御史李盛铎折：堂会日盛，宜防流弊由。片，国闻报馆现归日人，水师学生不应代为译报"②。

李盛铎为人机巧，灵活多变。甲午战争之后，曾参与京师强学会活动，鼓吹变法；丁酉戊戌间，仍与康有为、梁启超交往密切，且共同筹划保国会，是保国会主要发起人之一。可是，在戊戌闰三月京师的守旧势力开始对维新派进行反扑时，李盛铎听从荣禄劝告，非但与保国会一刀两断，而且还反咬保国会一口。李氏奏折虽然尚未检获，不过由《随手登记档》所记载的李折之摘要，他所呈递的"堂会日盛，宜防流弊折"，即可厘清李氏此折之矛头正是指向保国会的。至于李盛铎所递"国闻报馆现归日人，水师学生不应代为译报片"，则是赤裸裸地指向甲午以来屡发新论的严复。李盛铎奏片已由清档检出，其原文如下：

---

① 上海图书馆编《汪康年师友书札》（第2册），上海古籍出版社1989年，第1330页。

② 中国第一历史档案馆：《随手登记档》，光绪二十四年春季档。拙文《李盛铎与京师大学堂》将李盛铎《弹劾国闻报片》误植为"为时局艰难，亟宜简蒐军实，请特诏举行大阅巨典，以作士气而阻敌谋折"之附片。误。应以《随手登记档》所记为准。

再,报馆之设,所以宣上德,通下情,开广见闻,转移风气,故泰西视为政教之一端。然议论不纯,或致淆国人之视听,故其禁例亦甚严。于俄则有稽查报馆之员,凡报章底稿先送该员阅看,查无悖谬,方准排印。于日本则有外人不许设馆之例。又有刊刻法律,违者罪之。他国大略相同。故每国报纸虽多至数千百种,绝无议论横决之患。至颠倒是非,变乱黑白,以为索诈寻仇之计,盖仅有之。缘其报馆资本甚厚,既多爱惜声名,秉笔者率皆品学兼优,声望素著之士绅,自不至肆无忌惮。

中国通商之始,未谙西例,任听外国人在各埠分设报馆,又无禁令维持。于是,不肖之士人,厕足其间,于朝章得失,官吏贤否,肆意讥评,任情诋讪,其同恶相济及行贿之人,则誉不绝口,冀以淆乱天下之耳目。有识之士,所为太息痛恨也。

去年天津设有国闻报馆,其中论述,间载北洋水师学堂总办道员严复之言,又有水师学生所译西报。人咸谓系该员严复等合股所开,当自可信。所述列邦政策,中外新闻,颇为详尽,足资参考。惟抑扬中西之论,淋漓满纸,与他报同一流弊,当译自西文,或以激发邦人,因愤生励,其情尚可原。

圣朝文纲夙宽,值此时艰,亦不必过于忌讳,尚可置不深究,以示含宏。乃该馆闻因登载总署奏折,惧于究诘,遂于本年三月间,归日本人经理,而水师学生译报如故。

夫华人自设报馆,本无所妨,即华人报馆,售与外人,亦无从禁阻。惟以中国官幕之学生,充外人所设报馆之翻译,于国体甚有关系,于人心亦甚有关系。可否饬下北洋大臣,查明确实。如系中国人所开,不应以外人为护符,如系日本人所开,则水师学生,无论已否离堂,均不应代为译报,二者必居一于此,固为中国所罕闻,抑且西例所必禁。应请将该学生等从严责革,并将该道严复议处,以为谬妄者戒,庶全体制而杜效尤。

近年勾串外人以挟制长官,托足洋行以侵扰利权,投身异教以为逋逃薮者,指不胜屈。世道人心,已极可愤叹。不意以监司大员,荒谬如此;以水师学堂之紧要,玩视如此,师歼舟烬,有自来矣。

谨附片纠参,伏乞圣鉴,谨奏。①

---

① 参见中国第一历史档案馆:光绪二十四年录副奏折,新政变法类。

李盛铎此片指责《国闻报》"惟抑扬中西之论,淋漓满纸,与他报同一流弊",显然是指该报鼓吹维新,宣扬西学;又批评严复等人"勾串外人以挟制长官,托足洋行以侵扰利权,投身异教以为逋逃薮",即指《国闻报》打着日本旗号;接着该片又无限上纲,把甲午战争北洋水师覆灭的罪名也加到严复头上,称"不意以监司大员,荒谬如此;以水师学堂之紧要,玩视如此,师歼舟烬,有自来矣。"其对严复的攻击可谓恶毒之至,丝毫不留余地。

李盛铎与一般御史捕风捉影的弹劾不同,他所述内容大多有根有据。特别恶毒的是,该片还指责《国闻报》"间载北洋水师学堂总办道员严复之言,又有水师学生所译西报。人咸谓系该员严复等合股所开,当自可信"。显然,李盛铎已经明确指出《国闻报》的资金来自严复。

以前,我们认为,李氏此片受守旧派人物之嘱托而发。今由日本外务省档案观之,李盛铎此片很可能是受俄国驻北京公使贿赂而上。因为,李盛铎原本与严复并无恩怨,他弹劾《国闻报》,显然是受人指使,辗转贿托而上,其目的是扼杀刚刚诞生数月的《国闻报》。

对于李盛铎此举之动机,夏曾佑在给汪康年的信中曾一针见血地指出:

毅伯表兄执事:

一、尊处危险变幻情形,弟等竟不能知,外侮耶?内溃耶?

一、敝处亦有此二病,近日又为李木斋所劾,其折中劾报馆一层,不过陪笔,而实则劾又陵。……(又月廿七到)①

夏曾佑说守旧势力劾《国闻报》是陪笔,而实则劾严复,可谓切中要害。仇视《国闻报》的俄国间谍和京师的守旧派认为,只要把严复搞垮,《国闻报》自然会随之消亡。因此,他们密谋策划,促成了李盛铎向皇帝上书弹劾严复。

## 六、直隶总督王文韶与严复等人及《国闻报》之关系

李盛铎弹劾《国闻报》奏片递上后,光绪皇帝当日即颁布谕旨称:

光绪二十四年闰三月丙寅(十三日),谕军机大臣等:"有人奏:'天津设有国闻报馆,咸谓系北洋水师学堂总办道员严复合股所开。本年

---

① 上海图书馆编:《汪康年师友书札》(第2册),上海古籍出版社1989年,第1334页。

三月间归日本人经理,而水师学生译报如故,请饬查禁'等语,国闻报馆如系中国人所开,不应借外人为护符;如已归日本人经理,则不应用水师学生代为译报。著王文韶查明,该报馆现办情形,及道员严复有无与外人勾串之事,据实具奏。原片著钞给阅看,将此谕令知之。钦此。"

直隶总督王文韶奉到上谕之后,深感问题严重,因为作为北洋水师学堂总办的严复,在《国闻报》确实有大量股份,仅此一条,如果调查属实,即可给严复的宦途带来致命打击。而且李盛铎之参折已明确指出严复有与日人"勾串之事"。李氏所云当然是事实。而且,李盛铎很可能是从俄国外交人员那里得来的准确情报。

但是,在此关键时刻,直隶总督王文韶出面保护了严复及《国闻报》。王氏于光绪二十四年四月十九日递上复奏折,该折称:

北洋大臣直隶总督王文韶跪奏

……窃臣承准军机大臣字寄……著王文韶查明该报馆现办情形,及道员严复有无与外人勾串之事臣遵即檄饬津海关道李岷琛密查去后,兹据禀复称:"二十三年九月,天津紫竹林租界地面,设有国闻报馆,闻系闽广人所开。今年三月,见报端有日本明治年月,询知该馆因报纸销行不广,资本折阅,售与日人。复函致日本驻津领事郑永昌,询问国闻报馆果否系日人经理,并接自何人之手。旋据函复,前国闻报馆主李志成福建人,因亏本歇业,曾于中历本年三月初六日,出盘售与敝国士人西村博接办,自行经理,已据禀明有案,即于是日在报端刊布告白,兼列敝国年月字样等语。

查该领事所称,前开国闻报馆者,系闽人李志成;今年三月接开者,系日人西村博,自行经理,皆确有主名。不言另有人合股。道员严复素日讲求西学,偶以论说登报则有之。合股之说,即或因此而起,实未闻有勾串情事。

至水师学生代为译报一节,查水师学堂学生,遇有西报,皆当翻译,原以备考校而资练习。有足广见闻者,间亦付之报馆,或报馆人自向索取登入,尚非受雇代为译报,其刻载姓名,亦系报馆常例"。将各等情查悉,具禀前来,臣复查无异。

窃见迩来报馆林立,指摘时政,放言罔忌,措词多失体要。国闻报所登严复议论,亦时蹈此失。盖该道曩年游历泰西,熟谙洋务,狃其书生之见,欲以危言耸论,警动当世,以冀力振时局,其心尚属无他。今该道被参报馆合股,及与外人勾串各节,既查无其事,应仰恳天恩,免其置议。臣仍谕饬严复并学堂学生等,嗣后不得再有只字附登馆报,以自取戾。所有遵旨查明缘由,谨据实恭折复陈。伏乞皇上圣鉴训示。谨奏。①

事实说明王文韶对李盛铎的奏片并没有进行认真调查,只是根据日本驻天津领事郑永昌之复函称,戊戌三月初六日(1898年3月27日)《国闻报》已正式卖给日本人西村博。至于严复,王文韶则称他只讲西学,偶以论说登报,合股之说不实,更没有所谓"勾串情事"。由日本档案所记可证,王文韶向朝廷撒了弥天大谎。但是,正是这一套假话保全了严复,也保全了《国闻报》。

王文韶(1830—1908),字夔石,号耕娱,久任封疆大吏,甲午战后到百日维新前夕任直隶总督。王文韶与这个时期天津蓬勃兴起的新政运动殊有关系。

长期以来,受《清朝野史大观》等书影响,均把王文韶称"琉璃蛋"宰相。甚至,近年出版的《中国近代史词典》在介绍王文韶时亦称,王氏"以官圆滑著称"。王氏"圆滑"之说自清末以来,流传至今。但是,这样的评价却与王氏本来面目有所不符。实际上,王文韶是乙未至戊戌这个关键时期,直隶地区新法的大力提倡者,天津的学校、报纸诸新政,大都得到了王文韶的支持。据西村博向日本外务省的报告称:"王文韶,原任北洋大臣,直隶总督,《国闻报》鼓吹新学,力劝入世之气概,多少是由于王文韶的指导。"王文韶有胆量向朝廷说假话保护严复并非偶然。以下事实还可以证明,王文韶的内心深处是同情天津地区的改革派的。

首先,王文韶亲自出面平息了《国闻报》擅自刊刻总署密折事件。据王修植写信给汪康年称:

穰卿仁表弟左右:

昨奉前月廿五来示,敬悉。兹将应复各节,条复如后方:

一、刻总署密折,经署咨北洋查办。嗣馆中答以此件来自洋人,并有洋文信一函,呈缴北洋,据此复署,遂作罢论。盖总署之意,本系查抄

---

① 故宫博物院明清档案馆编:《戊戌变法档案史料》,中华书局1958年,第447页。

传泄漏之人,并不与馆为难。①

王修植信中所称"刻总署密折"事,即《国闻报》刊登的《总理衙门奏教案办结胶澳议租折》,此次风波之得以平息,完全是同王文韶以洋文信件而将总理衙门搪塞过去有关。

因此,王修植在同日本驻天津领事交谈中说:"王总督原本在我报设立之初持赞成之意,且曾间接加以褒奖。"王修植乃当事人,所言当无误。

其次,王修植等在兴办学会事件中也曾得到王文韶支持。他在给汪康年的信中又称:

> 穰卿仁兄大人阁下:
> 
> 农学会事,弟已约慕韩同谒太原。弟初意欲求北洋于屯田局内酌提数千金,帅意未允所商,但允自助三百洋泉,并通饬直隶各州县,均看《农学报》。现在先将直属各县开出清单,大约在一百数十分之则。俟清单开定,送法拟定后,再行函知。公度已于昨日到津,在津约有三四天盘桓,大约到申在廿四五矣。②

上文中慕韩,系指孙宝琦,浙江杭州人;太原,则是指王文韶,盖因中国百家姓之中,有王姓者家族始于太原之说。王文韶为支持在直隶开农学会,非但自助"三百洋泉",而且还通饬直隶各州县均看《农学报》,其支持新政的态度已跃然纸上。

再次,张元济在开办通艺学堂过程中,亦曾得到王文韶之帮助。张元济在给汪康年书信中称:"夔帅月助敝馆百金,甚属难得,现在严定课程,添购书籍,招募学童入学。"③

当百日维新开始后,后党调整部署,以荣禄出任直隶总督,王文韶则以户部尚书入值军机处。而后在戊戌政变风云激荡之际,政变的发动者杨崇伊企图邀王文韶联名上折,吁太后训政,却遭到王文韶的拒绝。据邓之诚所著《骨董琐记全编》收录的蔡金台致李盛铎密札称:"杨莘伯乃手(持)训政疏叩庆邸,俱赴湖呈递。时慈意以为此等大政,必有联章,乃成规模,且须大

---

① 上海图书馆编:《汪康年师友书札》(第1册),上海古籍出版社1989年,第81页。

② 上海图书馆编:《汪康年师友书札》(第1册),上海古籍出版社1989年,第79页。

③ 上海图书馆编:《汪康年师友书札》(第2册),上海古籍出版社1989年,第1704页。

臣言之。莘伯乃告其师王仁和。仁和以书戒之,有'无牵帅老夫'语。"①

可见,乙未戊戌间在大是大非面前,王文韶并不是"琉璃蛋",也没有随波逐流,而是头脑清醒地对新政采取了同情立场。

因此,我们有理由相信,严复之所以敢于在《直报》及《国闻报》上连篇累牍地发表许多反对封建专制,鼓吹民主科学的言论,是与当时王文韶担任北洋大臣兼直隶总督,对维新派采取宽容支持的立场颇有关系的。王文韶乃是维新派在直隶的保护伞。这在王氏处理总理衙门因胶案奏折与李盛铎弹劾两件事情中表现得尤为清楚。

(《学术研究》2008 年第 7 期)

---

① 邓之诚著,邓珂点校:《骨董琐记全编》,北京出版社 1996 年,第 602 页。

# 从中日两国档案看《国闻报》之内幕(下)
## ——兼论严复、夏曾佑、王修植在天津的新闻实践

孔祥吉　[日]村田雄二郎

## 七、《国闻报》与百日维新

通观晚近以来的中国改革运动,与报刊的关系均十分密切。甲午战败之后,康有为及其弟子梁启超、麦孟华等率先在京师成立强学会,创办《万国公报》(后称《中外纪闻》),介绍西学,鼓吹变法,后来又创办了《知新报》。严复则利用天津的《直报》屡屡发表充满新意的政论文章。尤其是梁启超与汪康年、黄遵宪等人在上海创办《时务报》,宣传国势危迫,呼吁采用西法,改弦更张,起到了振聋发聩的作用。《时务报》介绍西学,屡发新论,在中国近代新闻史上留下了光辉的篇章。

自从光绪二十三年十月,严复等人在天津创办了《国闻报》,其议论使人耳目一新。该报在鼓吹新法、号召民众方面的作用,愈来愈显得与众不同。当百日维新进行之际,《国闻报》则取代了《时务报》,成了变法运动中支持康有为、梁启超等人的重要舆论工具。之所以出现这种转变,主要是因为《时务报》的主持人汪康年无法抵制张之洞、梁鼎芬等人的思想影响,与康梁等维新派人士隔阂日深,步调未能一致;在《时务报》奉旨改为《昌言报》之后,康有为等与汪康年之间出现了争夺该报领导权的斗争,严重影响了《时务报》在变法运动中宣传作用的发挥。

由于《国闻报》距京师近在咫尺,而且许多京师维新志士,如梁启超、谭嗣同、张元济等人,与报馆的主笔夏曾佑关系密切,他们将京师所发生的重大事件以及朝廷动向,源源不绝地向天津通报。因此,《国闻报》能及时全面地反映维新变法的进展,将改革运动的成就及挫折不失时机地向全国传播,真正成了康梁维新派的喉舌。这种作用在以下几个方面表现得尤为突出。

223

（一）大张旗鼓地宣传中国所处的危迫局面，阐述变法刻不容缓。譬如戊戌春季，发生了德国侵略军亵渎山东即墨县文庙事件，康有为、梁启超、麦孟华等鼓动在京师会试的各省举子，纷纷向朝廷上书，要求责问德国，保卫孔教。《国闻报》围绕此事件，于戊戌闰三月十六日发表了《拟上请办德人拆毁孔庙呈稿》以及梁启超号召举人签名的《公启》①。数日后该报又在"国闻录要"中连续登载了《江苏举人为圣庙事呈稿》②《江苏淮安府举人公递都察院呈稿》等文章③，连续报道京师举子纷纷上书的情况，在知识分子中起到了轰动效应。

与此同时，康有为等人为了鼓动京官投身于变法运动，先后在京师南横街的广东会馆召开保国会，号召京官们奋起保国救亡图存。《国闻报》紧密配合维新志士在京师的活动，为变法救亡大造声势。该报于戊戌闰三月二十三日刊发《京城保国会题名记》，首次刊布了与会者岑春煊、陈虬、徐仁镜、阔普通武、王贻谷、杨深秀等人的名字。次日，再次刊布《京城保国会题名记》，刘鹗、宋伯鲁等人的姓名见诸报端④。二十九日，又刊发《书保国会题名记后》⑤。

《国闻报》刊布名单，是为了证实京师有爱国之心的京官参加保国会是千真万确的事实。四月初三日该报再次刊登《论保国会》以及《闻保国会事书后》，并于四月初十日开始接连登载"南海康长素工部"在《保国会三月二十七日第一集上的演讲稿》《闰三月初一日保国会开会第二集演说大意》以及浙江举人陈虬等请总署代奏《变法自强力保大局，请求立会折稿》。数日后，又在"京师新闻"《会事续闻》中发布了皇上支持保国会，而不理会潘庆澜、李盛铎等御史弹劾保国会的奏章⑥。

《国闻报》这些连篇累牍的文章，大大长了康有为、梁启超等维新派人士的志气，在读书人中间传播了以西学更张旧法的观念。它旗帜鲜明地站在

---

① 《国闻报》光绪二十四年闰三月十六日。
② 《国闻报》光绪二十四年闰三月十九日。
③ 《国闻报》光绪二十四年闰三月二十二日。
④ 《国闻报》光绪二十四年闰三月二十三、二十四日。
⑤ 《国闻报》光绪二十四年闰三月二十九日。
⑥ 《国闻报》光绪二十四年四月十六日。

改革派一边,使该报成了名副其实的改革派的喉舌①。

《国闻报》对康有为召开的保国会的积极态度,与《时务报》形成鲜明的对比。《时务报》对此的报道远远不如《国闻报》积极主动。其原因则是汪康年受到了张之洞、梁鼎芬等人的制约。汪康年于戊戌闰三月二十五日收到梁鼎芬从武汉发来的信件,该信要汪康年拒绝刊载康有为的保国会活动:"致时务报馆汪穰卿:康开保国会,章程奇谬。闻入会姓名将刻《时务报》,千万勿刻,至要!鼎芬"②。梁鼎芬对保国会的立场,不仅仅代表他一个人的意见,这种看法与张之洞对康有为的态度显然是不谋而合的。或者梁鼎芬此举,就是在执行张之洞的指令。张之洞、梁鼎芬等人与康有为等人格格不入的立场,严重影响了《时务报》在变法高潮中作用的发挥。

(二)《国闻报》为改革派张目,及时全面地报道维新志士的重大变法举措及其在京师的重要活动。

首先,对于百日维新的头一件大事废除八股取士的报道,即大大振奋了改革派的斗志。在维新派再三请求之下,光绪皇帝冲破刚毅等守旧大臣之阻挠,五月初七日,《国闻报》在"上谕恭录"栏目中刊布了光绪帝颁发的"著自下科为始,乡会试及生童岁科各试向用四书文者,一律改试策论"③。

两天之后,该报又在"国闻录要"中,进一步刊布了皇帝废除八股曲折过程的新闻。其文曰:

> 《改科宸断》,八股取士,习非所用,本月初五特奉上谕,改试策论。风闻中外耳目一新。有京友来函:此次改科谕旨,初二日业已拟发,以枢臣、礼臣,均谓兹事重大,请从长计议,是以暂缓降谕。皇上锐意维新,力排群议,以为非得人才,不足以图富强;而非改科目,不足以得人才。遂于五日特涣纶音,明告天下。六百年来相沿积习,毅然决然,断自宸衷,一旦弃去。非圣人其足语于斯乎。④

行之数百年的取士旧法,一旦废除,在全国上下的读书人中间,产生了强烈的震撼。新党人士读着《国闻报》所刊登的新闻,无不拍手称快。

---

① 《国闻报》对保国会的报道,大多是据梁启超所提供的文字刊出的,见《梁启超年谱长编》,上海人民出版社1983年,第110页。
② 上海图书馆编:《汪康年师友书札》(第2册),上海古籍出版社1986年,第1911页。
③ 《国闻报》光绪二十四年五月初七日。
④ 《国闻报》光绪二十四年五月初九日。

其次,《国闻报》在百日维新期间的报道,始终围绕一条主线,即宣扬以康有为为主的维新党人在京师的变法活动,以及他们在政治上所追求的目标。百日维新的帷幕刚一拉开,《国闻报》即在"京师新闻"中,以《简在帝心》为题报道了光绪皇帝对康有为等志士的赞赏。其文称:

> 京师新闻,徐子静学士奏荐康长素主政、张菊生主政、黄公度廉访、谭复生太守、梁卓如孝廉五人,通达时务一折,已经明奉谕旨,于二十八日召见。闻是日在颐和园召见两君,康奏对至九刻钟之久。张奏对至三刻钟之久,谅嘉谟入告,必当有大裨时局之言矣。闻当日军机大臣面奉谕旨,工部主事康长素著在总理各国事务衙门行走,当由军机处交片与工部及总理衙门两处。张君现尚无下文,想朝廷锐意维新求才若渴,必当更有破格录用之举也。①

康有为被光绪帝在颐和园召对,长达"九刻钟之久"。这是康梁自己的说法,而坊间说法与此并不一致,《国闻报》显然是从康梁处得来的新闻。接着,《国闻报》又以《总报局告白》的形式,大力推销康有为、梁启超等人的变法维新论著。其告白曰:

> 本局在京都琉璃厂土地祠出售《知新报》,全年四元,闰月加三角半……《孔子改制考》,南海康长素先生撰,十本洋二元;《春秋董氏学》……《日本书目志》,南海康长素先生辑,八本一元四角;中西学门径书七种,新会梁卓如先生辑,二本洋四角;《南海先生四上书记》,一本洋二角;《南海先生五上书记》,一本洋一角;《南海先生七上书记》,一本洋一角;《桂学答问》,南海康长素先生著,一本一角……②

随后,又披露了康氏在京师的新举措。该消息称:

> 《奉旨编书》,工部主事康有为召见后,得旨令在总理衙门章京上行走,本应入署当差,因奉旨编辑译书,是以暂缓入署。闻近来康主政陆续进呈御览之书,有《孔子改制考》、《泰西新史揽要》、《列国岁政纪要》、《文学兴国策》、西国学校诸书。京友来函云:康主政近来编译书籍,日事丹铅,颇形忙碌,本应俟全书译成后,恭录进呈,闻有旨令其随译随呈,皇上之振奋实学,考求洋务,益于此可见矣。③

---

① 《国闻报》光绪二十四年五月初一日。
② 《国闻报》光绪二十四年五月初十日。
③ 《国闻报》光绪二十四年五月二十四日。

上述新闻中有的书名并不确切,《列国岁政纪要》应为《列国政要比较表》。《文学兴国策》则未及进呈。这些进呈到紫禁城的新书,是坊间无从得知的,故其新闻必来自康梁诸人无疑。

再次,《国闻报》对康有为等维新志士在改革高潮中改变其变法纲领一事,作了及时报道。

众所周知,自乙未以降,康有为曾多次吁请设立"议郎",要求以"三占从二"的方式讨论政事;又在《上清帝第四书》中"请设议院以通下情"等等。到了丁酉冬,随着"瓜分豆剖,迫在眉睫"的民族危机日益严重,康有为于《上清帝第五书》中直接提出了"自兹国事付国会议行""定宪法公私之分"。他在代替陈其璋草拟的《为外衅危迫,亟宜详审国势,善全邦交,以纾后患而维危局折》中亦提出了"议院之情,可先时而防患"的主张①。

然而,在戊戌正月初三日被总理衙门王大臣传见问话后,康有为于正月初八日呈递了《上清帝第六书》,随后又递了《第七书》。在这些上书中,康氏不再有请求开国会和颁布宪法的建议,而代之以"制度局"。尤其是在四月二十八日康氏被光绪帝召见之后,更加明确地举起了以君权变法的旗帜,主张"以君权雷厉风行""拔通才以济时艰"。

《国闻报》于五月二十八日刊布了《答人论议院书》。在该文中,康氏直言不讳地宣称:

> 夫君犹父也,民犹子也。中国之民,皆如童幼婴孩,问一家之中,婴孩十数,不由父母专主之,而使童幼婴孩自主之,自学之,能成学否乎?必不能也。敬告足下一言,中国惟以君权治天下而已。若雷厉风行,三月而规模成,二年而成效著。②

这是康有为在百日维新中发表的最重要的文章之一。该文真实地表达了当时康有为对于君权与民权关系之理解,与康氏向光绪帝进呈的《日本变政考》《孔子改制考》等书的立场是一致的。此后,《国闻报》连篇累牍地刊登了新旧两党围绕制度局所展开的争斗。五月二十九日的"国闻录要"称:

> 《议覆制度局》,工部主事康长素先生,于前月条陈新政,大旨谓:小变不如大变,零变不如全变,请特设制度局一所,专办变法之事,庶天下之耳目一新,而上下之指归以定。所有一切改科举,改官制,改兵政,改

---

① 孔祥吉编著:《康有为变法奏章辑考》,北京图书馆出版社2008年,第119页。
② 孔祥吉:《戊戌维新运动新探》,湖南人民出版社1988年,第62页。

刑律,改财赋之事,事无巨细,凡属新法,皆隶于制度局。条陈既上,廷旨交总理衙门议奏。昨有京友传说云:总署业于本月日前奏复,大约以为事多窒碍,势难施行。皇上将总署议复之折,留中数日,复交下,命再行核议具奏。闻总署各堂之意,拟再行议驳云。①

接着,《国闻报》又报道了京城关于召开制度局的传闻。其文曰:

康工部上月时上一折,言开制度局事,交总署议。闻皇上及皇太后迭次催议,总署议驳,上复发回总署,会同枢垣再议驳。二十六日奉朱谕,饬总署、枢垣切实议行,无得空言塞责。于是,京朝议论汹汹,制度局者,不过如重修会典则例,开一会典馆,但稍加删改云耳。②

康有为制度局建议的核心,是建议皇上拔擢通才议政,而将守旧派大臣排除在外,因此,制度局遭到朝臣的极力抵制。为了解除朝臣的后顾之忧,康有为曾经故意将制度局说成"不过如重修会典则例,开一会典馆,但稍加删改云耳。"令人惊奇的是康有为的原话,一字不改地出现在《国闻报》的新闻报道中。显然,此文的作者不是别人,正是康梁自己。数日之后,该报又登载了康有为将制度局改名为懋勤殿的消息③。

其实,无论是制度局,还是懋勤殿,均系安插维新通才议政的机构,守旧派是寸步不让的。从上述新闻中可知,《国闻报》在百日维新中,是步步围绕康有为的变法宗旨,充分发挥了报纸的宣传作用。

除此之外,《国闻报》还对梁启超、黄遵宪、李端棻等许多维新党人变法言论进行了追踪报道,表现了该报纸为改革派张目的鲜明的政治立场。

《国闻报》对新政的热情,已引起光绪皇帝的注意,据该报所登"北京访事人"戊戌八月初来信云:

《征文恭纪》,北京访事人来信云:上月二十九日严又陵观察蒙恩召见乾清宫,垂询办理海军并开办学堂事,甚为详悉。语次,上问:"本年夏间,有人参汝在天津《国闻报》主笔,其中议论,可都是汝的笔墨乎?汝近来尚在国闻报馆主笔否?"严对曰:"臣非该馆主笔,不过时有议论,交与该馆登报耳。"上又问:"汝所上报之文,其中得意文章有几篇?"严对曰:"无甚得意者,独本年正月间有拟上皇帝书一篇,其文颇长,当时

---

① 《国闻报》光绪二十四年五月二十九日。
② 《国闻报》光绪二十四年六月初四日。
③ 《国闻报》光绪二十四年八月初二日。

分作六七日登报,不知曾蒙御览否?"上云:"他们没有呈上来,汝可录一通进来,朕急欲观之"①。

由以上光绪帝与严复的对话不难看出,《国闻报》所登载之变法论文,已经引起了光绪皇帝很大的兴趣。《国闻报》与改革派是息息相关的。

关于《国闻报》与戊戌变法关系密切,还可由下列事例得到证实:在20世纪50年代由中国史学会组织编写的《中国近代史资料丛刊·戊戌变法》第3册《报纸新闻》所辑录文章,以光绪二十二年正月《南北练军》始,至光绪二十六年二月初一日,共选编与百日维新有直接关系的重要新闻195则,其中刊于《国闻报》109则,《中外日报》35则,《申报》24则,《知新报》19则,《昌言报》4则,《万国公报》2则,《字西林报》与《译文汇报》各1则。由此可见《国闻报》与维新运动关系是何等紧密。

## 八、戊戌政变后的《国闻报》

《国闻报》与维新运动的关系密切,还表现在戊戌政变刚发生后的一段时间内,该报馆既没有退缩,也没有改变原先之立场,仍然是以显明的态度,对改革派表示同情与支持。主要体现在以下三件事上。

其一,慈禧等守旧派上台伊始,便迫不及待地逮捕、镇压与变法有关的维新党人。他们于八月初九日将谭嗣同、康广仁、杨深秀等人关押于刑部监狱,随后又未经审讯而将谭氏等人残杀于菜市口。《国闻报》不顾顽固派的反对,于十二日刊登了一则来自京师的消息,题名为《视死如归》。其文曰:

> 有西人自北京来,传述初六、七日中国朝局既变,即有某国驻京公使署中人,前往康氏弟子谭嗣同处,以外国使馆可以设法保护之说讽之。谭嗣同曰:"丈夫不作事则已,作事则磊磊落落,一死亦何足惜,且外国变法未有不流血者,中国以变法流血者,谓自谭嗣同始。"即纠数十人谋大举,事未作而被逮,闻中国国家拟即日正法以儆效尤。②

谭嗣同面对死亡,仰天长笑,无丝毫畏惧,国内其他报纸称其为"逆犯",而《国闻报》则称赞其"视死如归",其同情维新派的立场跃然纸上。上文中的"某国驻京公使署中人",显然是指日本外交官。因为戊戌政变后,梁启

---

① 《国闻报》光绪二十四年八月初四日。
② 《国闻报》光绪二十四年八月十二日。

超、王照等志士是依靠日人掩护而逃脱清政府抓捕的。所述"中国以变法流血者,谓自谭嗣同始"等豪言壮语,与梁启超后来在《清议报》所刊布的亦大略相同。

其二,《国闻报》在守旧势力猖獗一时的情况下,继续在报端宣传康有为在逃离北京之后发表的一系列公开反对慈禧守旧派的言论。戊戌九月二十三日,《国闻报》在显著位置"本馆照录"栏目中,刊载《照录八月二十七日上海新闻报康有为言论》;在"国闻录要"栏目中,刊载《再录西报六月十六日康有为奏对之词》;次日,又刊登《录上海新闻报九月初四日康有为问答之词》①。

该报还于光绪二十四年在《本馆照录》中,公然嘲笑守旧朝臣请求禁毁康有为变法书籍的文章:

> 《孙中堂请禁康氏悖谬各书奏稿》,本馆按,孙中堂此折乃五月底所上,当日奉旨。是康有为之折为管学大臣所奏,事在数月以前。至八月以后,而始纷纷奏请毁禁康氏书籍,则直支那俗语所谓"放马后炮","打落水鸡也"。本馆附志。②

《国闻报》敢于冒天下之大不韪,屡屡刊布头号"逆犯"康有为在海外的反政府、反慈禧的言论,为改革派鸣不平,引起京师守旧文人一片哗然,并群起而攻之。

其三,政变之后,守旧派倒行逆施,废弃新法,政治上出现了严重的倒退。许多没有气节的文人,全然忘记了他们在光绪帝推行新政时,曾积极参预变法的言论,八月初六日之后,摇身一变,又为慈禧歌功颂德。尤为典型的是端方进呈《劝善歌》事件,成了京城的一大新闻。

端方字午桥,号匋斋,满洲正白旗人。甲午战争之后,有志于变法,与维新派关系尤为密切,故百日维新中,光绪皇帝命其督理新政机构农工商局。然而,政变之后,端方惧怕引火烧身,于是由原来的赞同光绪皇帝变法,变为向慈禧大唱赞歌。据费行简之《慈禧传信录》记述:

> 直隶霸昌道端方,亦以保国会会员附有为,获三品卿衔,总管农工商务局,后将重惩之。方托骨董商投荣禄门下,且贿李莲英乞助。一日后为枢臣言:吴懋鼎、端方皆倖进,必为有为党,罪当戍新疆。禄对端方

---

① 《国闻报》光绪二十四年九月二十三日。
② 《国闻报》光绪二十四年九月十五日。

官直隶,政声卓著,且臣素知其为人,绝非附康者。刚毅争曰:农工商皆百姓之业,何必官为越俎,设局代谋。此皆有为为洋人汉奸,欲假此局以攘民业,卖之外夷,端方为承其乏,其不端方可知,圣论处分甚当。而后重违禄意,不示可否,遂已。未几,莲英为后言,端方近颇刊布书籍,颂后圣德,后触禄前论,竟擢为陕西按察使。在戊己间,以司新政而迁官者,仅方一人耳。①

显然,端方是根据李莲英的授意而进呈《劝善歌》的。荣禄又从中说项,故而端方愿望很快得逞。《劝善歌》是古往今来少有的美化封建统治者、欺骗广大民众的文字,流毒深远。此歌坊间已很少见流传,今据《国闻报》光绪二十四年九月初六日《本馆照录》栏目所载的《劝善歌》,转录如下:

大清定鼎亿万岁,圣圣相承仁政多。
古来赋敛不均平,十分取一又加征。
我朝丁粮不重取,征了地粮免抽丁。
古来加赋真无厌,征兵调饷民愁怨。
我朝减赋至再三,苏松两府减百万。
古来动工用民兵,往往十去九不归。
我朝发价雇人役,穷民借此得善赡。
古来百姓怕富兵,一家三丁抽一丁。
我朝招兵有的饷,听民自便投军营。
古来待官不以礼,作得大官敲折骨。
我朝开国除廷杖,要为臣工养廉耻。
古来刑法十分苛,既用非刑又连坐。
我朝例律最审详,若用非刑官职革。
古来方物取之民,强买强卖失人心。
我朝贡物俱发价,不用民间花一文。
古来皇亲多擅政,欺君误国大不敬。
我朝只封承恩公,一年才得千金俸。
古来内监权势重,卖官鬻爵还领兵。
我朝内监不出宫,私自出宫有重刑。
古来宫女有三千,挑选民女民骚然。

---

① 费行简:《慈禧传信录》,《戊戌变法》(第1册),第469—470页。

我朝官廷有则例,但选八旗无汉官。
我朝事事胜前代,百姓人人同感戴。
祖宗功德说不尽,再说太后恩似海。
太后佛爷真圣人,垂廉训政爱黎民。
官加俸禄兵加饷,豁免钱粮千万金。
当时天下未平静,发捻搅乱遍行省。
太后知人善任人,救民水火全性命。
从此天下庆太平,鸡鸣犬吠都不惊。
试问此事谁恩德,重生父母还不能。
光绪初年遭荒年,御膳房内曾减膳。
省出银钱去放赈,救活饥民数百万。
其余水旱与偏灾,发帑截漕乐不倦。
多者发帑三千万,少者截漕数百万。
及至光绪二十年,中日失和乃交战。
太后深念兵苦寒,立发内帑三十万。
又思彼此须息民,中外邦交日以亲。
一律均沾相待厚,远人感惠多欢欣。
近年驻跸颐和园,借此颐养稍息肩。
圣心尤为天下计,忧国忧民常不眠。
当今皇帝真圣孝,视膳问安尽子道。
躬率臣民同视瞬,屡为圣母上徽号。
我朝恩德同天地,顽石也应知感激。
如何逆党惑人心,乱臣贼子人切齿。
官员听我劝善歌,文莫贪赃武莫怯。
清廉自有好儿孙,忠勇身受高官爵。
兵弁听我劝善歌,谨守营规莫放纵。
出营不可犯秋毫,临阵须当齐奋勇。
士子听我劝善歌,架讼包漕均不可。
且莫联盟去结党,身败名裂遭奇祸。
农夫听我劝善歌,孝悌力田安本分。
丰年好好完钱粮,歉岁时时有蠲赈。
工人听我劝善歌,勤俭手艺莫学懒。

  也有一艺能成名,也能发财逾万贯。
  商家听我劝善歌,公平交易莫取巧。
  但能勤俭去经商,应享利权官为保。
  众人听我劝善歌,莫打官司莫械斗。
  莫去赌博吸洋烟,莫去冶游滥交友。
  教民也是良家子,一体相待无歧视。
  民教彼此要相安,勿为国家妄生事。
  会匪有莠亦有良,被胁入会无主张。
  但能自新速解散,不咎既往准安常。
  人人都说外国好,外国又把中国羡。
  外国税重中国轻,外国物贵中国贱。
  我今与你苦口说,字字真切无传讹。
  仔细听我劝善歌,福多寿多子孙多。①

  端方呈递《劝善歌》,正中慈禧下怀。据清档记载,慈禧在看到《劝善歌》之后,于八月二十五日连续颁布两道指令:一是由军机处寄发全国各直省将军督抚。该上谕谓:"谕军机大臣等:端方呈进《劝善歌》,于人心风俗不无裨益。著各该将军督抚即行刊印,分饬各州县于城市乡村遍行张贴,俾小民一体周知。钦此。"②二是由军机处片交步军统领衙门、顺天府五城。该日军机交片称:"本日军机大臣面奉谕旨,端方呈进《劝善歌》,著步军统领衙门、顺天府五城,各行刊印,于京城内外地面,各处张贴,俾民间一体周知,钦此。相应传知贵衙门,钦遵可也。此交。"③

  以前史学界有一种观点认为,端方为了讨得慈禧欢心,除了由军机处呈递《劝善歌》之外,还主动将《劝善歌》送到《国闻报》刊出。如《清代人物传稿·端方传》即持此种观点。该文称:

    端方政变后几乎被治罪,据说由于贿赂了荣禄、李莲英,得到二人的袒护,又作了一千余字的歌功颂德的《劝善歌》进呈,并刊于《国闻报》上,才免被追究。十月,任陕西按察使,翌年护理巡抚并改任陕西布

---

① 《国闻报》光绪二十四年九月初六日。
② 中国第一历史档案馆藏:《上谕档》,光绪二十四年秋季档。
③ 中国第一历史档案馆藏:《军机交片》,光绪二十四年八月二十五日。

政使。①

然而,如果仔细考察《国闻报》原件,就会发现,事实恰恰相反。《国闻报》是在批判《劝善歌》欺诈与愚昧。该报居然不顾清廷之反对,以"本馆跋"的形式,在刊登《劝善歌》的同时,大唱反调:

> 跋:右《劝善歌》一篇,中国政府以此颁示其国中臣民者也。其谓赋役之法,兵刑之制,中国自古至今未有如大清之善,则历代陈迹,载在史书,苟参互而求之,是非得失,明于政治者,必能辨之,无俟本馆之屑屑也。至若皇亲擅政,内监用事,皆为本朝家法之所禁,防微杜渐,垂戒后人,此固大清开国之君,鉴既往之覆辙著为律令,以保其子孙黎民者也。
>
> 然吾闻清国家法,其著为律令者,当不止此数端,今果能一一遵守之否?度明于本朝掌故者必能言之。固非吾外臣所得知矣。若乃劝士之法,则曰切莫结党;劝农之法,则曰歉岁有赈;又曰外国税重中国轻,外国物贵中国贱。兹数说者,若不考情实,猝然闻之,亦似切近情理,洞见利害。然于政治得失之故,其道相左,其效相反。守一先生之说,固不足以定天下之是非也。盖士而无党,则导民以散,国必不强。农而有赈,则导民以惰,国必不富。外国税重,有所以能重之故,故虽重而民不怨。中国税轻,则何以商贾视关卡为畏途,十室之邑,必有逋赋。外国物贵,有所以致贵之由,故虽贵而民用不匮。中国物贱,则何以乞丐遍于都市,八口之家,常无一日之蓄。泰东西政治家恒谓:税之轻重,物之贵贱,于国家治化之浅深相消息,歌者盖未之前闻也。
>
> 夫士之必得有党,农之不可有赈,与夫租税轻重、物力贵贱之所以然,其理宏深,其义精确,固难为浅见寡闻者道,然又不忍嘿而息使此蚩蚩之氓,终无明理之一日。故于此先表其大旨,以告天下之善歌而求和者,如欲毕其说,则请俟之异日。本馆跋。②

显然,《国闻报》跋文与端方的论说完全是背道而驰、风马牛不相及的。该报提出清朝的赋役兵刑是否至善,只要参阅历代史书记载,"必能辨之";端方是在以"浅见寡闻"来"定天下是非"。

---

① 林增平、李文海:《清代人物传稿》(下编第3卷),辽宁人民出版社1988年,第67页。

② 《国闻报》光绪二十四年九月初六日。

《国闻报》的跋文刊出之后,京师一些细心的读者已经看出该报馆是在与朝廷作对。如改归知县庶吉士、前户部主事缪润绂专门为此事向朝廷上书,认为奸党甫去,乱端复萌,其证据即是"天津之《国闻报》依然邪说横行,假外人为名,实皆华人笔墨。请旨查明此种报馆,究系何国设立,何人主笔;一面饬下总理衙门查明公法约章,照会各公使,不得违约徇庇;并一面饬之各督抚严禁送报阅报,违者罪之,庶足以申国纪而靖人心。润绂微末小臣,曾叨食禄,前以大局危迫,迭次上书,曲荷圣量优容,不以戆直见罪;今乱萌未绝,弥怀隐忧,用罄愚悃之诚,伏冀圣明采择。乞代奏请皇太后皇上圣鉴,不胜迫切惶悚之至。又近出之《国闻报》语言狂谬,诋斥朝政,摇惑人心者,以《劝善歌》跋、康有为问答二篇为最。其原文甚长,谨摘录另缮清单,用备查核,转呈御览。谨呈。"①

最后,还应该说明,在颂扬改革派事迹的同时,《国闻报》还对守旧派的胡作非为、倒行逆施进行揭露。《国闻报》对以慈禧为首的守旧派进行挑战,公然将翰林院编修沈鹏要求杀荣禄、刚毅以及太监李莲英的奏折,刊诸于报端,并且对该事件进行追踪报道。

沈鹏(1870—1909),字诵棠,号翼生,又号北山,出生于江苏常熟,是帝师翁同龢之同乡。沈鹏幼年丧父,家境贫寒,但他刻苦自励,发愤读书,并且师法古代圣贤的优秀品德,以忠孝为纲,以志节为本,孜孜不倦,奋发图强,15岁即以诸生入国子监。光绪二十年(1894)成进士,选庶吉士,散馆后任翰林院编修。根据我们掌握的沈鹏的《致翁大世叔函》等未刊信函来看,沈氏本人应系典型的循规蹈矩、拘谨小心的书生。他的一生颇不得志,婚姻亦多挫折;与翁同龢既是同乡,又是师生,交往相当密切。翁氏曾通过沈鹏了解国子监学子的情况。变法初起,沈鹏即对清廷将翁同龢罢黜,心怀怨愤。政变后,又对荣禄、刚毅等执掌政柄者非常不满,对太监李莲英等宦寺干政,尤为鄙视,认为他们的胡作非为,必将"生祸招灾",故而主张将此"三凶"严惩杀掉,真可谓仇视权奸,不顾生死,轰动朝野。

《国闻报》在收到沈鹏的奏章之后,于光绪二十五年(1899)十月十六日在"折稿照录"栏目里刊登沈氏的《为权奸震主削民,生祸召灾,请肆诸市朝折》。该折指斥军机大臣荣禄等人,谓:

今大学士荣禄,既掌枢机,又握兵权柄……伏愿皇太后皇上听曲徒

---

① 国家档案局明清档案馆编:《戊戌变法档案史料》,中华书局1958年,第487页。

薪之谋,为未雨绸缪之策,毋使董卓曹操再见于今日。……今岁大学士刚毅奉旨筹饷,到处搜刮,民怨沸腾,虽其筹饷之名为力除中饱,不竭商民,然剔决搜罗,不顾大体。而不肖官吏,肆意追乎;又裁撤学堂,以伤士气,更有太监李莲英,以一宦寺,干涉朝政请援照国典肆诸市朝。①

沈鹏此折草就之后,曾到自己所属的翰林院衙门,请求管理翰林院的大学士徐桐代为呈递,为徐氏斥责,拒绝呈递。沈鹏的江苏同乡惧怕其大难临头,劝其暂避锋芒,沈氏执意不肯。据徐桐《致钟琦太史函》称,沈氏曾两次登徐桐之门,恳求呈递,均遭徐氏痛斥②。

而且,守旧党对沈鹏公然与执政者对立,为改革派鸣不平的行为怒不可遏,切齿痛恨,并欲加害沈鹏。沈鹏之好友再次劝其返回故里,躲过风头。不料这位天不怕地不怕的铁汉,到天津后,居然将此折转递到《国闻报》。然后,才返回常熟。

《国闻报》在刊载沈鹏之折后,并加注说明此折系"翰林院编修沈鹏于九月二十一日送至衙门抑而未上之稿"。此折刊布后,在全国上下引起强烈反响,沈鹏的直声震天下。半个多月后,《国闻报》又在"国闻录要"报道:翰林院编修沈太史鹏,前曾请掌院徐中堂代奏请杀大臣某某及内监某等一折,中堂不为上。复具一折,仍抑之,将再请。众乡友强其出京。不料,至津后仍折驾而回,更具一折,极言溥儁可继大统,掌院以其愈言愈谬,置于不理。然外人闻之,大以为奇③。

《国闻报》还于己亥十一月刊登了翰林院掌院学士徐桐仇视改革派的消息。其文曰:

《举劾大臣》,徐荫轩相国桐,年登大耋,当朝柱石,近来慈眷益浓,前月缮具长疏,举劾大臣。其所劾者,为前协揆翁同龢,前尚书孙毓汶,南洋大臣刘坤一,山东巡抚张汝梅,安徽巡抚邓华熙,山西巡抚胡聘之,开缺巡抚吴大澂,皆附和新法,好与逆党及洋人往来。又湖广总督张之洞,臣前保奏,今亦改节,以上六员若不从严惩办,恐新党日久,又复萌芽。大学堂尤逆党聚集之地,在堂人员及学生等应一律禁锢终身。至其所举者,为尚书启秀,藩司于荫霖,降调巡抚李秉衡,皆系国之心膂,

---

① 《国闻报》光绪二十五年十月十六日。
② 徐桐:《致钟琦太史函》。
③ 《国闻报》光绪二十五年十一月初三日。

痛恨洋人,有如私仇,请加大用云云。奏上,翁协办,吴清帅,均被严谴,刘岘帅已交署江宁将军毓贤,严密查办。启尚书入军机,余人如何黜陟,将陆续见报矣。①

随后,根据徐桐的建议,清廷对翰林院中同情维新派的词臣进行清除,沈鹏即首当其冲。据翰林院奏甄别词臣,据实纠参一折称,翰林院编修沈鹏,丧心病狂,自甘悖谬,属衣冠败类,原请革职,交地方官严加管束,尚属宽纵。"沈鹏一员,前经告假出京,兹据鹿传霖等电奏,已经拿获到案,即著革职,永远监禁。翰林院为储才重地,膺是选者,率皆敦品砺行,束身自爱,岂容此等败类,滥厕清班。嗣后该掌院学士,随时考查,倘再有逾闲荡检,逾越规矩之员,即行严参惩处,毋事姑容。钦此"。②

《国闻报》于光绪二十六年二月六日揭出沈鹏在家乡被捕之传闻:"《拿问词臣续志》,沈鹏已在江苏原籍被拿,此数员初议皆革职,内改为斩立决。后经军机大臣某某中堂二人求之,方减轻为永远监禁"。③ 数日后,该报又登载《字林西报》的消息称:"光绪二十六年二月十一日,国闻录要:军机大臣面奉皇太后懿旨,电传密谕至苏州,著该抚派员密解翁中堂,并沈太史鹏一并治以死罪云。又称:顷接北京专电,云沈太史鹏业于本月初一日拘获,即日在常熟监禁,县令嘱其速行自裁。至翁同龢曾任中堂官职贵显,县令不敢率行擒拿,惟派兵将其住宅四围看守,以防逃逸。想苏抚当遣专员前往协提也"。④

光绪二十六年二月二十二日,《国闻报》又在"东南各省新闻"中以《志沈编修事》为题报道:

> 常熟沈编修鹏奉饬解省,交县看管各节,业经迭次志报,兹奉本月初九日午刻,陆护院接到总理衙门来电,著将沈鹏押解回籍,交原县看管,当派张太令瀛,雇备舟船,监押回常也。⑤ 数日后,该报又"再述苏州官事"称:

> 已革编修沈太史发回原籍监禁一节,业登前报。顷悉常邑令饬匠筑室,工竣后,即由邑令先诣监阅视一切,并派妥丁一名伺候。未几捕

---

① 《国闻报》光绪二十四年十一月二十三日。
② 《日本外交文书》第31册《清国皇储册立之情报》。
③ 《国闻报》光绪二十六年二月初六日。
④ 《国闻报》光绪二十六年二月十一日。
⑤ 《国闻报》光绪二十六年二月二十二日。

吏率同太史乘舆进监,互谈片时,邑令及捕吏即行辞去。此十二日午后事也,当时沈太史带去佛教多部,以备消遣云。①

《国闻报》穷追不舍地对沈鹏奏折以及相关事件进行连续报道,使沈鹏之声名大震,在全国上下引起了很大的反响,当然,这种做法也引起了守旧党人的反感。

## 九、谁是《国闻报》的真正主人

《国闻报》在百日维新前后,支持改革,同情新党,表现得十分出色。那么,这份功劳究竟应归功于何人?谁是《国闻报》的真正主人?这是一个比较复杂的问题,应该分阶段来论述。

第一阶段是从光绪二十三年十月初一日该报正式出刊始,直到戊戌三月初六日。因为,从初六日开始,为了躲过沙俄买通朝廷官员,妄图关闭报馆的阴谋,《国闻报》迫不得已挂上了日本人的旗号,报端以光绪纪年与明治年号并存,这是一个分界点。在此之前为创始阶段。这段时间,《国闻报》旗帜鲜明地揭露沙俄等帝国主义的侵略阴谋,为推广西学,更张旧制而大声疾呼,成了黑暗中的一盏明灯。该报完全掌握在维新派手中,以严复为首的维新派是《国闻报》的真正主人。

第二阶段自戊戌三月初六日开始,直到光绪二十五年三月二十日之前。虽然日人西村博为名义上之馆主,但实质上《国闻报》仍一直掌握在以严复、王修植、夏曾佑为首的改革派手里。戊戌政变后数月,夏曾佑在写给其毅伯表兄之信函中称:"馆事则一切交与日人矣,弟等当初办此事时,作论打听新闻则甚劳,筹款备赔则又甚困,大为外力所挤则又甚窘。其事之苦如此。而自交日人之后,日人西村博名为馆主,而其人性极雅澹,且与支那言语文字均不甚通,虽在馆中而悠然物外,若与馆事无涉也者。日领事郑永昌稍精明,而无暇力及此。"②

正如夏曾佑信中所云,西村博仅是名义馆主,实际上很少过问报馆事宜。当然,对《国闻报》的态度,在天津的日本人之间,亦有差异。日本学者

---

① 《国闻报》光绪二十六年二月二十七日。
② 上海图书馆编:《汪康年师友书札》(第2册),上海古籍出版社,1986年,第1338页。

中下正治曾利用日本外务省档案对《国闻报》做过分析,指出郑永昌领事和社主西村博之间,在办报的方针上发生过一些分歧和矛盾,并介绍西村博在《大阪朝日新闻》发表一篇短文①,颇有参考价值。但是,总体来说以夏曾佑的看法为妥当,日本方面对该报在百日维新期间鼓吹改革、赞扬变法的新闻报道并无干涉。正因为如此,《国闻报》才能坚持其初创阶段的方针,在鼓吹变法,支持改革派方面,成就了一番轰轰烈烈的事业。但是,由于自戊戌三月初六日始,日本人介入报馆事务后,与初创阶段相比,情况又稍有不同。为了维持名义馆主西村博的日常所需,日本小村外务大臣致函天津郑领事,称外务省决定给予《国闻报》少量的补贴:

> 在三月三十一日的机密第一号报告中,曾谈及天津支那报纸《国闻报》之情形。据现刚归来的该报社挂名人西村博称,他有意将与本国人携手扩张业务,并已与某报社主共同商议。但是,尚未能达成协议,而且仅他一人,很难推进商议。因而本官想要参与襄助。尽管尚未知能否将事情谈妥,总之要使该人勿与报社关系断绝。如该人所呈之愿书称,在协议谈妥之前,我方决定每月补助该报社50元。②

后来,郑永昌又进一步向外务省报告执行此决定的具体细节,其文称:

> 当地发刊之汉字报纸《国闻报》挂名人西村博呈请称,为维持报纸正常运作,需有一定补助办法。在此补助办法实行之前,我方决定作为补贴,暂时每月送给该报社金五十元。此事已于本年七月二十五日以机密第四号收悉,并已将此补助办法,转告该报纸之实际持有者王修植。若两人之间谈妥,即将该金额经本官先转交给王修植,然后付予西村博,则与该社的关系,当会有良好进展。因此,请将该补助金额直接寄给本官。每月底以前或两三个月之金额应预先支给。其实,西村博本人呈请,此项补助金额被充作他本人的在留费用,并向本官提出请求垫付今年七月以后的补助金一百元。本官出于不得已,暂以全额垫付。请急速追加付给。③

日人西村博虽然为名誉馆主,但是,既然要挂日人旗号,就不能不在一定程度上受其制约。《国闻报》在百日维新后期,其所发议论,在一定程度上

---

① 中下正治《国闻报与郑永昌领事》,《新闻与日中关系史——在中国日本人经营之报纸》,东京研文1996年。
② 日本外务省外交史料馆藏:《新闻杂志操纵关系杂纂——国闻报》,第8—9页。
③ 日本外务省外交史料馆藏:《新闻杂志操纵关系杂纂——国闻报》,第19页。

受到日本方面影响。尤其是在戊戌八月初六日之后，中国的政治格局发生了显著变化，《国闻报》骨干成员均萌退志，严复在其《戊戌八月感事》诗中称：

> 求治翻为罪，明时误爱才。伏尸名士贱，称疾诏书哀。燕市天如晦，宣南雨又来。临河鸣犊叹，莫遣寸心灰。①

该诗写于六君子在菜市口被杀之后，它真实地表达了作者对维新同伴们壮志未酬、撒手人寰的无限同情，以及忧虑时局、无可奈何的心境。戊戌政变之后，以慈禧为首的守旧派上台执政，将百日维新期间光绪皇帝所颁布之新政诏令悉予废除。守旧大臣盲目排外，昏愦不堪，他们对《国闻报》所鼓吹的西学极端仇视，必欲灭之而后快。因此，《国闻报》与清政府之间关系十分紧张。严复、王修植、夏曾佑等天津改革派人士，则深感与变法高潮时成两世界，他们往日的办报热情，因形势剧变而大大削弱。他们觉得报馆已经成了是非之地，不可久留，尤其是严复首当其冲。郑孝胥曾在日记中记载：

> 闻前数日或劾严复、王修植、孙宝琦者，军机大臣为力救乃免。日来《国闻报》指斥朝政，略无忌惮，意在挑衅。彼必有以待之者，惟幼陵当益危耳。②

在《汪康年师友书札》中，有夏曾佑所写书信一通，该信称：

> 毅白表兄执事：
> 
> 近已将报馆之席辞去，移居王菀生家，惠书寄红楼后可也。都中虽有谣言，尚不至如所闻之甚，故拟仍行入都。报馆王、严均拟暂停，已有成议（日人尚不甚愿。）颂毅信已收到，已转告报馆账房。菀款已代言，须待数日。昌言馆若何？公之进止若何？有起用菊生之说，恐不确。鄙人二馆俱辞，一官未得，其窘可知，不赘述也。亡人均蒙优待，而极窘于资，此确信也。碎佛。（十一月初七日到）③

夏曾佑所说"二馆俱辞"，系指辞去他在《国闻报》所任主笔和在孙慕韩所主持的育才馆所担任的教习二职。夏曾佑因为仅担任主笔，与报馆关系相对来说比较单纯，故于政变三个多月后，即能辞去在《国闻报》的职务，而严复、王修植，则情形与夏氏不同。严复是《国闻报》的主要股东，而王修植

---

① 王栻主编：《严复集》（第2册），中华书局1987年，第414页。
② 《郑孝胥日记》（第2册），光绪二十四年九月六日。
③ 上海图书馆编：《汪康年师友书札》（第2册），上海古籍出版社1986年，第1336页。

则是馆主,因此仍必须留在报馆内。然而,鉴于守旧派压力日益增加,以严复为代表的天津地区改革派人士,极力想将报馆售给日人;他们对于形势相当悲观,夏曾佑在《致毅伯表兄》函中曾指出:"又陵甚自危,菀生稍可,慕韩可无事"①,所述应系实情。然而,政变后在天津的日本领事馆官员,也有他们自己的打算。他们觉得《国闻报》应该办下去。日本驻天津领事郑永昌在向日本外务省的报告中称:

> 《国闻报》是以前改革派在政府中得势时,依靠改革派协助而成立的。然而,自上月二十二日,北京政府内部突然发生变动之后,改革派人员遭到逮捕杀戮之灾,今其社员惟恐祸害及身,或有避之犹恐不及而退居家乡者。当此风云变幻之际,若不讲究充分之补助法,则该社可能面临难以为继之状况。②

郑永昌所述政变后维新派"惟恐祸害及身,或有避之犹恐不及而退居家乡者",与夏曾佑信函所言相符。不过,此报告所述"上月二十二日",不太准确。政变时间应为阳历九月二十一日。两个月之后,即明治三十一年十二月十二日,郑永昌再次向外务省呈递第26号机密信。该信谓:

> 天津发刊之汉字报纸《国闻报》,原为支那人王修植所有。因清国政府施加种种迫害,遂有日本人做表面之社主维持经营,对此已在以前之报告中详细说明其困难经历。现今,王修植已陷入行将解散之窘境。然而,该报纸发行数已达到三千,如果很有前途的报社就此破产,实为遗憾。并且,该报社之消长实与日本之利益有很大关系。吾等已在当地用尽种种救济方法,毕竟难觅良策,遗憾之至。因此,务请在国内劝导有志之士,设法救济报纸。仅需一万元左右即可充分维持,当会有奋起而尽力于救济者,务请多方劝导有志之士。该报相关之经历、与日本之关系,以及其他发刊方面之愚见,已申明如别纸,敬请查阅。③

显然,日本人想把《国闻报》继续办下去,其重要目的是"该报社之消长实与日本之利益有很大关系"。郑永昌的报告受到日本外务省关注,并且允诺日方出资购买《国闻报》。于是,买卖双方正式办理了转卖手续。日本外

---

① 上海图书馆编:《汪康年师友书札》(第2册),上海古籍出版社1986年,第1338页。

② 日本外务省外交史料馆藏:《新闻杂志操纵关系杂纂——国闻报》,第19—20页。

③ 日本外务省外交史料馆藏:《新闻杂志操纵关系杂纂——国闻报》,第26页。

务省档案馆保存了当年天津维新派将报纸卖予日本人的原始文件。该文称：

> 卖约：立卖约人王修植，今将国闻报馆所有机器铅字，生财什物及一切费用等项，出卖与大日本国驻津郑永昌领事。言明价值洋钱一万一千元，其洋钱均已照数收清。自卖之后，所有国闻报馆财产及一切经理，均由郑领事作主，无论盈亏，不涉原主之事。立此卖约为凭。大清国光绪二十五年三月二十日。立卖约人王修植，受卖人郑永昌，见卖人西村博、方楚青。①

除签署《卖约》外，王修植还向郑永昌递交收据一纸。文曰："今收到郑永昌领事《国闻报》价值银钱一万一千元，立此收据存照。光绪二十五年三月二十日，王修植字"②。《卖约》签署之后，严复、王修植亦正式撤出报馆。日本的外交官成了《国闻报》的真正主人。由方楚青见证的这份《卖约》，只是馆主与日本外交官私下交涉而成，既未登报，亦不声张，外界一概不知其原委。

因此，《国闻报》的第三阶段是从光绪二十五年三月二十日《卖约》正式签订之后，一直到光绪二十六年五月下旬报馆停刊为止。在此阶段，日本人成了《国闻报》的主人，尽管王修植等人还时时以该报为阵地，发布一些同情维新党与顽固派作对的文字，但是，其性质已经与以前大不相同。因为它已经变成了日本所有并掌握其经营权的报纸。

西村博由名誉馆主变为真正的馆主，方城则成了该报馆的主笔。方氏又名方楚青、方若，浙江定海人，长期定居天津。此人秀才出身，曾任永定河工委员、北洋大学文案兼教习。方氏其人对维新事业漠不关心，他所追求的是利用报馆发财。此种情形，在夏曾佑《致毅伯表兄函》中亦有揭示。夏氏指出，《国闻报》卖与日人之后，"遂将全权付与宁波某君。某君主事以后，不以报之优劣与销数之多寡为报馆之政策，而其政策专主诬人、纳贿。于是苞苴盈庭。有赌场数处，每处每日送二十元，其他称是，于是大发其财。而我辈昔日之地狱，一转移间而为天堂。浼而思之，不觉大笑"③。由此可以看

---

① 日本外务省外交史料馆藏：《新闻杂志操纵关系杂纂——国闻报》，第57页。
② 日本外务省外交史料馆藏：《新闻杂志操纵关系杂纂——国闻报》，第59页。
③ 上海图书馆编：《汪康年师友书札》（第2册），上海古籍出版社1986年，第1338页。

出,《国闻报》在第三阶段的表现,已经与以前不可同日而语了①。

## 十、直隶总督裕禄试图关闭《国闻报》

《国闻报》自创办以来,坚持宣传西学,支持维新变法;戊戌政变之后,非但没有收敛,反而继续以前的做法,为改革派鸣不平,因此,引起守旧官僚的极力反对。政变伊始,京城反对改革的文人即将矛头指向《国闻报》。戊戌八月十二日,福建道监察御史黄桂鋆,率先奏参康有为等居心叵测,危害社稷,并指责"天津《国闻报》妄造谣言,谓外人意颇不平,此必其党欲为挟制之计,而该报复张其说也。臣之愚见,以为此事宜早决断,将已获之犯,速行处治,以绝其望"②。黄桂鋆此折捕风捉影,栽赃陷害,鼓动刚刚上台执政的守旧党人"将已获之犯,速行处治",以免外人干涉。此折递上之次日,守旧派即在菜市口挥动屠刀,将六君子处死。

然而,在这种情况下,《国闻报》仍然为改革派人士张目。九月初六、初七日该报刊布康有为在香港等地发表的反对慈禧等人之激烈言论,更激起顽固派的仇恨。九月十四日署礼部右侍郎准良递折谓:

> 署礼部右侍郎内阁学士奴才准良跪奏,为报馆挟洋自重,刊布邪说,丧心指斥,据实密陈,请旨查办事。
>
> 窃以报馆自奉旨停止,未及旬日,旋即照常刊布。其诽谤时政,诋斥廷臣,较诸往日有加无已;然未有肆逆不法,如九月初七日之甚者也。述康逆问答之词,以肆其指斥之意,吠声吠影,丧心病狂,稍具天良,不忍闻述。此即设馆实系洋款,秉笔出自洋人,犹宜念和好邦交,共懔犯上亡等之训。况以中国之人,居中国之地,食中国之食,乃敢以首逆无父无君之言,广为传布乎?应请密饬直隶总督,设法严禁。若能出之该管地方官本意作为,一见国闻此报,即行查办,不敢上渎圣聪,似尤得国体之正。总之,率土既已同生,人心必不尽死,大义所关,公论具在,应无虑以此启衅端也。奴才愚昧之见,无任愤懑,迫切之至。伏乞皇太后、皇上圣鉴。谨奏。③

---

① 对《国闻报》第三阶段的详细情形,笔者拟另文论述。
② 国家档案局明清档案馆编:《戊戌变法档案史料》,中华书局1958年,第467页。
③ 国家档案局明清档案馆编:《戊戌变法档案史料》,中华书局1958年,第482页。

此外,原翰林院庶吉士缪润绂,也同样为《国闻报》刊登康有为上述谈话向清廷上书。缪氏还将《国闻报》九月初六日所登载的有关康有为的内容详细摘抄,作为附件向清廷进呈。并称康有为言论:"见九月初七、初八日报,此外连篇累牍,皆诅咒皇太后之词,悖逆太甚,实不敢备录,如蒙圣明俯察,谨拟再将该原报上呈。"①缪氏本人,不具备上书资格,此折应系他人代替,故未署具体时间,由军机处所草拟的处理准良折的上谕观之,缪氏此折似乎在九月十四日之后上呈。在接到准良之奏章后,慈禧即命军机处将惩处《国闻报》的上谕,直接发给直隶总督兼北洋大臣裕禄。其文曰:

> 军机大臣字寄,北洋大臣直隶总督裕,光绪二十四年九月十四日奉上谕:内阁学士准良奏,报馆挟洋自重,刊布邪说,丧心指斥,据实密陈一折。据称:报馆奉旨停止,未及旬日,旋即照常刊布,其诽谤诋斥较诸往日有加无已。九月初七日,述康逆问答之词,尤为肆逆不法等语。自系指天津国闻报馆而言,该报馆名为设自洋人,必有内地匪徒,挟洋为重,敢于肆行指斥。著裕禄拣派妥员,密查明确,设法严禁。此等败类,必应拿获惩办,毋得轻纵,原折著钞给阅看。将此谕令知之。钦此。遵旨寄信前来。②

裕禄,出身满洲正白旗,喜塔腊氏,是京城满人中炙手可热的人物,此人"专用揣摩之法"取得慈禧、荣禄等权贵的信任③。据沃丘仲子的《近代名人小传》记载:

> 裕禄字寿山,德弟,以门荫为郎。光绪初擢至安徽巡抚,尝权江鄂督,年方三十也。应事明敏,群称其能。移奉天将军,甲午所辖地半失,屡议处。至再褫职留任。德宗将罢之,荣禄说于孝钦,强帝调之福州。福州兼关权,岁入四十万,仕也。戊戌授川督,未至任,移直隶,拳乱初作,禄尚通电各省,持正论。已而,受后恉,遂附乱民。其迎谒义和拳、红灯照,近世已有记载。一日方腾疏报捷,敌师已陷天津,乃走出,至杨村中炮死。④

沃丘仲子所述裕禄生平大体不误,惟在所述"戊戌授川督,未至任,移直

---

① 国家档案局明清档案馆编:《戊戌变法档案史料》,中华书局1958年,第487页。
② 中国第一历史档案馆藏:《上谕档》,光绪二十四年秋季档。
③ 参见张廷襄《不远复斋见闻杂志》,转引自路遥《裕禄传》,《清代人物传稿》下编,第3册,第65页。
④ 沃丘仲子:《近代名人小传》(中册),第27页。

隶"之间,漏书戊戌四月底,在荣禄由军机首辅出任直隶总督后,裕禄曾补替其空缺,担任军机大臣。戊戌政变刚发生,慈禧将荣禄调回北京主持中枢事宜,而以裕禄出任直隶总督兼北洋大臣。可见,朝廷对裕禄的信任,远在其他满人之上。因此,裕禄作为慈禧之"腹心",他在接到此谕旨之后,便想方设法与《国闻报》为难,试图让朝廷满意。由日本外务省档案记录观之,裕禄开始时想通过金钱交易买下报馆,然后自行处置,并且用行政手段,严厉禁止直隶各级官员购阅《国闻报》,使该报之发行数量锐减。

由于日本方面反对,裕禄的购买计划未能如愿。于是,裕禄又命津海关道出面先以照会形式施加压力,让日本驻天津领事将《国闻报》自行关闭。其照会称:

(第四号)①启者,查报馆之设,所以宣上德通下情,开广见闻,故各国报馆虽多,其或议论不纯,致淆国人之观听,其禁例亦均甚严。前因天津国闻报馆,屡以敝国时政,妄登报章,肆意毁谤,实有不合。本道现奉北洋大臣裕谕,以该报馆查系贵国人所开,我两国现在和好,极宜修睦以敦邦交,饬即转致贵领事,请烦将国闻报馆即行禁止,免淆惑人心,实于彼此均有裨益。用特函达,即祈贵领事查照饬遵,并希见复为荷。专此,顺颂台祺。名正具。(西历二月初四日)初四日。②

上文未署时日,"西历二月初四日"为日人红笔书写。似有误,以其与第五号函不衔接。在天津,一般涉外事务,直隶总督均命海关道前往交涉。尽管海关道本人大多思想开通,但是,他们必须依据朝廷守旧派的旨意,前去同日方联络。日本驻天津领事郑永昌在接获该公函之后,即复函辩驳。郑氏称:

(第五号)敬复者:昨接来函,以贵道现奉北洋大臣裕示谕,以国闻报馆淆惑人心,请为禁止等语。本领事查各国通例,凡开设报馆侈谈时务者,必系关心时事,以冀开广见闻,是以互有议论,不特政府所不禁,且亦政府所乐闻,盖即宣上德通下情之意,俾令言者无罪,闻者足戒,上下不致蒙弊(蔽)故也。

今查国闻报所登,大略即是此意,其或偶有议论,亦系照录他报,翻译各国新闻,岂有所谓议论不纯,淆人观听耶?

---

① 以上"第四号"为红字,系日人后来所加。下同。
② 日本外务省外交史料馆藏:《新闻杂志操纵关系杂纂——国闻报》,第91页。

至于登录贵国时政,该报馆或系得自传闻,或系确凿可据,以符有闻必录之例,岂有所谓肆意毁谤,致有不合耶?现在两国和好,极宜修睦敦交,本国志士是以设立报馆,原为唤起中国人心,俾扩见闻,正因和好修睦敦交起见,欲令中国阅报诸君,皆成识时俊杰之士,乃贵政府反以为淆人观听,蛊惑人心,而欲禁止,本领事不识出于何心,实在万难从命。如贵政府必欲严禁,则此报馆原系本国志士所设,应请转达总署,与敝国驻京大臣相商,本领事不愿与闻也。

抑有告者,本领事复查中国现在情形,风气大开,人心思愤,倘此报设于廿年前,恐官虽不禁,即亦无人购阅,以人情安于缄默,不识时务故也。今海疆陆地之开张,内忧外患之惩创,世道日漓,人心思愤,亦时势使然也。于此而欲伏压使不得伸,窃恐愈积愈愤,譬诸草木逢春,苟萌一动,则从前之涸阴冱寒,皆不得而阻遏之,岂压力所能制也。尚望贵政府有鉴斯喻,勿伏危机可耳。

本领事曾寓贵国历有年所,日望贵国锐进文明,为亚东富强之国,故敢进忠告之言。孰忆江河日下,转趋于暗默也,可胜浩叹。用是竭力维持报馆,以为将来人心公论之定评,复兴中国之始基也。幸甚。希将此函转呈贵督宪钧鉴为荷。此复,顺颂升祺。(西历三月五日)。①

日领事的此件公函立场显明,且口气强硬,没有丝毫回旋余地。郑永昌严词拒绝了直隶总督要求禁止《国闻报》的要求。并称:如果一定要禁止,可通过总理衙门与日本驻京公使直接交涉。

与此同时,郑永昌还有另外一通公函辩称:

(第六号)再启者,本领事日前风闻直隶全省官员有遵奉堂谕,一概不准购阅各项报章。不数日,即有禁阅康梁所作报章之谕旨,乃于此令不先不后,如出一辙,意者其以国闻报为康梁所作乎?不知国闻报设自本国志士,原为开化人心,伸广见闻。其购阅者,非官即商。官阅则足以明达政事;商阅即足以发越商务。此官商藉为进化之阶,其所乐闻,亦自然之势,非压力所能制也。如水火然,水愈压,则力愈激;火愈压,则势愈猛。中国近数年来,风气日开,人人皆知振作有为,于此而尚欲抑勒之,使其一无所知,其不肯安于缄默者,势使然也。即报馆一事,始

---

① 日本外务省外交史料馆藏:《新闻杂志操纵关系杂纂——国闻报》,第93—94页。

而查拿,继且禁遏,是启其议论不纯,肆意毁谤之口,使时政果无可訾议,又孰得而毁谤乎?纵使禁令綦严,其能保无私相购阅乎?是不但贻人官禁私阅之诮,且启阳奉阴违之渐,其流弊伊于胡底耶?

  愚意莫如即请贵政府仍准官商人等购阅,但遇有淆惑人心之处,即置勿听可也。本领事亦谆谕报馆,凡属有议论不纯,事肆意毁谤之词,概置勿登,庶几无瑕可伺,而风气日新,而人心自正矣。希将此函,转呈贵督宪察阅为荷。即颂钧祺。(西历三月初五日)。①

该函的重点是讨价还价。日方认为,只要清政府同意让官商人等继续购阅《国闻报》,可以稍作让步,即"凡属有议论不纯,事肆意毁谤之词,概置勿登"。这无疑是驻天津日领事所采取的权宜之计。

接到日领事公函之次日,天津海关道即复函称:

  (第七号)敬复者,昨接台函,祗悉一切,国闻报馆系贵国士人所开,本可无须管理禁止之事,然为报章常有毁谤时政,是以有不乐购阅等情。现承贵领事谆谆诫谕该报馆,凡属议论不纯、肆意毁谤之词,概置弗登。具见贵领事修睦敦交,深以为佩。除将来函谨呈北洋大臣裕鉴阅外,特此奉复,顺颂台祺。名正具。(西历二月初七日)。②

由于驻天津日本领事郑永昌已向直隶总督作出一定妥协,因此,《国闻报》得以继续刊行。戊戌政变之后,康有为、梁启超亡命日本,而后以《清议报》为阵地,发表一系列揭露守旧派镇压维新党人的罪行。慈禧震怒之余,正酝酿派遣劣绅刘学询与庆宽携带礼物、密电码等前往日本,实行所谓"联倭杀康"之策③,因此,无论是北洋大臣,还是总理衙门,在与日方交涉时,口口声声强调"修睦敦谊"。清廷当时所推行的"联倭"政策,为《国闻报》在政变后一段时间继续存在,提供了可能。

---

① 日本外务省外交史料馆藏:《新闻杂志操纵关系杂纂——国闻报》,第98—99页。
② 日本外务省外交史料馆藏:《新闻杂志操纵关系杂纂——国闻报》,第102页。此件在日档中排列第7号,末尾有红笔注明西历二月初七日,疑误,由其内容观之,本件应是对第6函的答复。
③ 孔祥吉、村田雄二郎:《罕为人知的中日结盟及其他——晚清中日关系史新探》,巴蜀书社2004年,第123—209页。

## 十一、《国闻报》最后的结局

《国闻报》在戊戌政变后一年多时间里,与清政府达成一定妥协,但是,这种局面并没有维持多久。因为守旧派在镇压维新运动之后,驻北京的外交官们一直坚持支持光绪皇帝的立场,因此,慈禧政权与外国矛盾日益加深。尤其在是年底,慈禧欲废除光绪皇帝,实行所谓"乙亥建储",企图以大阿哥来取光绪帝而代之。此举遭到列强的反对。《国闻报》则对此事件大加报道,推波助澜,"实又深深刺痛清国政府之感情"①。因而,清廷的守旧势力对《国闻报》极为仇视,决意要将该报灭绝。鉴于当时天津的局势,据日本外务大臣青木周藏于1900年3月23日致驻天津领事郑永昌"机密"电:

> 本月3日之电报称:近来清国内阁之保守派中,反对当地发行的《国闻报》者居多,常有种种埋怨之声,因而直隶总督呈请通过购买而使之完全废止等因。对此禀报,已于5日之电报予以回训。该报纸自去年以来,屡屡发表有关清国皇帝及西太后的令人不满之报道。对此,前任公使矢野屡次提出要多加注意,且在去年7月中特派石井书记官赴天津,就上述的报道,谕示将来应注意之事项。然而不久前,对于皇嗣对立事件之报道,实又深深刺痛清国政府之感情,以致该政府有灭绝《国闻报》之意,实乃本大臣最遗憾之处。

> 《国闻报》发行之目的,与清国南方所发行的报纸,旨趣大不相同。既然专门作为两国外交上的一机关而在帝国政府的直辖下营业,则现时特在清廷的报道中,笔端尤须谨慎,以使不违背善邻交谊之本意。恳请对该报记者多予教导,并请将《国闻报》现在销售量以及今后业务上的意见详细回报为盼。此致内训。②

由小村此函可以看出,外务省对《国闻报》所刊"深深刺痛清国政府之感情"的文章是持反对态度的。他强调该报应该以"不违背善邻交谊"为原则。而且当时日本外务省尚不主张将《国闻报》卖出。根据外务省的意见,日本驻天津领事曾以书面答复海关道称:

---

① 日本外务省外交史料馆藏:《新闻杂志操纵关系杂纂——国闻报》,第105页。
② 日本外务省外交史料馆藏:《新闻杂志操纵关系杂纂——国闻报》,第105—106页。

(第三号)敬启者,日前面谈,承贵道意欲购买国闻报馆一事,嘱为电询业主是否愿售。当即发电询问,兹按接电复云,该报馆自开设以来,历经数年,现在确有规模,仍欲自为办理,不愿出售等语,只此据电达复,即希查照为祷,并颂升祺。①

在直隶总督裕禄紧锣密鼓地为查禁《国闻报》而奔忙之际,王修植又被守旧派弹劾,此亦为《国闻报》史上一起重要事件。其原委在裕禄的"为查明天津国闻报馆,现系日本人开设,道员王修植并无在馆主笔等情折"中有翔实记述。裕禄称:

窃奴才于光绪二十六年正月二十六日,承准军机大臣字寄,光绪二十六年正月二十四日钦奉上谕:有人奏,天津国闻报馆,为候补道王修植所开设,上年封禁之后,贿求日本出名,仍系王修植主笔,造作谣言,变乱是非,乃至诽谤朝政,请饬查禁严惩等语,著裕禄查明,严行禁止。王修植如果实有主笔等情,并著切实查明,从严参办……原片著钞给阅看,将此谕令知之。钦此。

当即密饬津海关道黄建笎切实详查,去后据该关道黄建笎禀复,遵饬详查天津国闻报馆,起初原系中国人于光绪二十三年十月间开设,因资本折阅,即于二十四年三月间售与日本国士人西村博接开,馆事皆由西村博经理。内有一华人名方若,本系浙江定海籍贯,因娶日本之女为妻,即入日本籍,现在该报馆司事,管理一切事件;又有日本人安籐为翻译,遍加察访,该馆主笔并非道员王修植。……

现经一再访查,该报馆确系日本人西村博所开,买于福建人李志成之手,其在李志成开设报馆之初,王修植有无合股,时仅四月,事隔两年余,详查并无确据。而西村博售买该馆,实在二十四年三月间,并无华人资本在内。且查王修植二十四年冬间,先奉委查勘秦王岛地界,继于上年三月间,即请假回籍。八月假满后,又赴京引见,十一月始行回省,在津之日无多,均有月日可稽,据以考证其无开设报馆。上年封禁后,贿求日本出名,仍系在馆主笔情事,尚属有可征信等情禀。经奴才以国闻报馆,现既查明系日本人所开,其以造作谣言,变乱是非之报章,妄行

---

① 日本外务省外交史料馆藏:《新闻杂志操纵关系杂纂——国闻报》,第89页。此件档案在日档中排列有误,并以红笔标明为第3号,排在明治三十二年档案之前,根据该档案内容提到"历经数年"以及郑永昌致外务省信函判断,应为明治三十三年的交涉文件。原件为中文,该件电文之日文译文标明3月6日,似应为1900年3月6日。

刊列,甚至诽谤朝政,惑乱人心,有违各国报例,饬令该关道函致日本领事郑永昌,即将该报馆禁止。

据该领事两次来函辩论,大致以报馆不能禁歇为词,而于该报馆凡属议论不纯,肆意毁谤之言,尚可谆谆诫谕,若令为禁止,该领事实难从命;如必欲严禁,则此国闻报馆系日本志士所设,应请转达总署与日本驻京大臣相商,该领事不愿与闻等情,函复海关道禀复前来。

查王修植才具尚优,粗谙西学,遇事善于炫长,明敏有余,诚谨不足。然自奴才到任后,考察年余,尚无劣迹可指。该员现丁本生父忧,俟其起复到省后,随时留心察看,如果趣向不端,不能敛才就范,即行据实参惩,不敢稍事姑息。至日本领事以该报馆为该国人所开,不肯允饬禁歇,惟许禁列不纯之词,而又言如必欲严禁,须由总署与该国驻京大臣相商,该领事不愿与闻等语,亦难免非该领事无禁止之权,借以搪塞。但此等悖谬报章,凡有人心者,莫不深恶痛绝,近奉本年正月十五日谕旨,又复严加申诫,如有购阅各项悖谬报章之人,查出即行严办,但使销路尽无,外人即意欲护持,亦无所用。

惟该领事所称,如必欲禁止,须与该国驻京使臣相商之处,应否知照日本驻京使臣,饬知该领事转饬查禁,请旨饬下总理各国事务衙门,酌核办理,以期力除邪妄。所有查明复陈缘由,理合恭折具陈,伏乞皇太后、皇上圣鉴训示。谨奏。光绪二十六年二月十四日。①

裕禄奏章说明,戊戌政变之后,严复、王修植等人的忧惧并非多余。裕禄此折递上之后,于二十二日奉旨"该衙门知道"。② 尔后,总理衙门专门为此致函日本公使谓:

迳启者,本年二月二十日,准北洋大臣文称,据津海关道禀称,遵查光绪二十三年十月间,天津紫竹林地方开设国闻报馆,后见报端刻有日本明治年月,询知该馆系因资本折阅,转售与日本士人西村博接开,于二十四年三月间,由西村博接管经理。

惟该报往往以无稽之言,刊列妄布,甚至造作谣言,变乱是非,诚属违例等语,复饬该关道函致日本领事郑永昌,即将该报馆禁止,迭据该领事复称,不能禁令该报馆歇业,凡属议论不纯肆意毁谤之词,尚可诫

---

① 中国第一历史档案馆编:《光绪朝朱批奏折》(第112辑),第400—402页。
② 中国第一历史档案馆编:《光绪朝朱批奏折》(第112辑),第402页。

谕,如必令禁止,则此国闻报系日本志士所开,应请总署与日本驻京大臣商办,该领事不愿予闻等情。

> 查国闻报馆捏造是非,诽谤政事,实属有违各国报例,请由总署知照日本驻京大臣,转饬该领事查禁等因。
>
> 本衙门查国闻报馆即经开设在中国地方,所刊报章,妄播议论,于中国政治大有窒碍,相应函请贵大臣查照,即希转饬驻津领事,如能裁撤,固属甚善,否则,必须严饬报馆,凡有妄肆诽谤,有碍朝政之词,不可登入报章,以息莠言而敦睦谊,是为至盼。此布,顺颂时祉。名另具。三月初二日。我四月一日。(引者按,"我四月一日"为日人红笔书写。)①

总理衙门此函未标明年号,应为光绪二十六年。此函明知禁止《国闻报》已不可能,故而只要求"凡有妄肆诽谤,有碍朝政之词,不可登入报章,以息莠言而敦睦谊"。清政府在列强面前软弱无能于此可见一斑。两天后,日本驻京公使复文称:

> 迳覆者,昨准函称,准北洋大臣文称云云等因,本爵大臣查,前据驻津领事具禀称,所有国闻报馆一事,业经与津海关道相商妥洽,一面禀明北洋大臣,一面谆嘱报馆,加意慎重,迩来查阅该报所登各节,尚无违碍事体等因。本爵大臣以此事早经办妥,甚为欣悦,兹准前因,相应函覆贵王大臣可也,专此,顺颂,时祇。名另具。四月初三日。②

然而,随着义和团运动的日益高涨,日本驻京公使对当时愈来愈紧迫的外交危机有更深切的感受,他直截了当地向外务大臣建议将《国闻报》卖出,以摆脱困境。他在给日本外务大臣的信件中写道:

> 近来清廷倾向于排外之方针,同时对康有为等一派愈加憎恶,因而对于新闻事业特别予以注意,并采取尽力抑止之方策。于是,如对天津之《国闻报》,禁止官员购读,且有呈请停刊之举。郑领事与该地地方官往复交涉,以致郑领事回答尔后将对该报纸加以注意,此事已在由领事发出之报告中详述。
>
> 本月一日,总理衙门函请如另纸,本官亦回复如另纸。对于该报

---

① 日本外务省外交史料馆藏:《新闻杂志操纵关系杂纂——国闻报》,第109页。
② 日本外务省外交史料馆藏:《新闻杂志操纵关系杂纂——国闻报》,第110页。此文未标明年号,应为光绪二十六年。

社,清廷颇为注意,其有嫌恶之情已为不可掩盖之事实。一是由于该报社地接北京,容易引起当地政府之注意,一是由于该报社的论说报道常有赞同改革派之意,而尤为清廷所恶。由目前形势而推测将来,我国若欲维持该报,反而有害于清廷之感情,使彼借以徒增疑惑,无丝毫之利益。至于所谓启发清国之人民云云,乃为凭空之妄念,显然终无其效。

如遇到良好机会,将该报卖出为上策。近日,天津道台曾与郑领事商谈,有购买该报之意。该领事向本省请示,本省回复不欲出售该报,因此该领事遂谢绝海关道之请求等语。

其后,又接到该领事之报告,甚感遗憾。若欲售出,则不论土人或外国人,皆与我无关。(否则)愈加导致监督上之不便。尔后如有好机会,则应采取临机应变的措施。敬请内示,并呈报如上。敬上明治33年4月3日

特命全权公使男爵西德二郎

致外务大臣子爵青木周藏①

庚子春夏相交之际,京师义和团正处于蓄势待发阶段,清政府中的端王、刚毅等顽固派不可一世,均主张利用义和团排外。驻北京的外国公使馆人员已逐渐感觉到风暴正在来临,因此在收到西德此报告之后,日本外务省改变先前做出的决定,而同意将《国闻报》售出。青木外务大臣在明治三十三年四月二十六日起草,同年四月三十日发出,致驻天津领事郑永昌的机密公函中称:

关于《国闻报》,上月12日机密第5号呈报,附以往复公文缕陈请示,均收悉。在清国各地与本邦人有关的报纸之情形,已在前2月27日机密第3号训示。皇嗣对立事件以来,一般清国人反应不佳,尤如《国闻报》痛伤清国政府之感情,直隶总督遂作出购买并废止该报的决定。此情已在前函呈报,而现又据驻清西公使之报告称,清廷对《国闻报》愈加厌恶,一面禁止官员购读,一面饬使总理衙门向该公使照会,要求如有可能,将该报馆裁撤。该公使亦称,由目前形势观之,维持该报,反而愈增加其对我猜疑之念,于我亦无丝毫之利益,因此将该报售出实为上策,此请训等语。本大臣亦同意此意见,并回训将其售出。至于出售方

---

① 日本外务省外交史料馆藏:《新闻杂志操纵关系杂纂——国闻报》,第107—108页。

式,望随时向西公使请训而采取可行的措施。如此可收入巨额款项,此点亦望多了解。特此内训。①

与此同时,日本外务省给其驻北京公使西德二郎亦发出大体相同的指示②。

日本外务省虽然同意将国闻报售出,但是,售卖事进行得并不顺利。因为天津的局势瞬息万变,这种局面是日本外务省始料未及的。以山东为中心兴起的义和团运动,规模日盛,发展迅猛,并且迅速向直隶、天津一带蔓延。天津城厢内外,义和团的势力兴盛一时,既有张德成、曹福田领导的义和团民众,又有由妇女组成的"红灯照",他们奋起反抗列强入侵,群情激愤,如火如荼,矛盾愈来愈尖锐。造成这种状况的原因,是因天津濒临海口,帝国主义列强向中国出兵侵略,通常都是在天津附近的大沽口登陆,然后经由天津向北京进发。故清廷不但派遣重兵在天津把守,而且还源源不绝地将在京师地区已经挂号的义和团民众派往天津增援。慈禧后来甚至采纳军机大臣启秀的荒唐建议,将有法术的五台山僧人派往天津。慈禧于庚子六月二十日专门发布谕旨称:

> 天津事机紧迫,闻五台山南山极乐寺僧普济戒律精严,深通佛法,该僧现在天津,著裕禄传旨,谕令该僧联属义和团民,设法堵击。③

同日,清廷还以八百里特快公文寄谕裕禄,称事机紧迫,"该督须急招义勇,团结民心,帮助官兵,节节防护抵御"④。可以说在整个庚子夏季,天津地区已经成了全国义和团最活跃地区之一。

义和团组织分散,人员众多,其成分亦日渐复杂,除了以文盲为主体的农民之外,还有少数思想守旧的文人。⑤ 这些守旧文人,在引导义和团实行所谓"扶清灭洋"政策中发挥了特殊作用。他们还利用自己的文化优势,把识字不多的农民引上盲目排外的道路,并且把斗争矛头直接指向《国闻报》。当时,在国内非常流行的义和团歌谣中,即有专门针对《国闻报》的。其中一首传播甚广:

义和团警告国闻报揭帖

---

① 日本外务省外交史料馆藏:《新闻杂志操纵关系杂纂——国闻报》,第111页。
② 日本外务省外交史料馆藏:《新闻杂志操纵关系杂纂——国闻报》,第113页。
③ 中国第一历史档案馆藏:光绪二十六年六月二十日谕旨单。
④ 国家档案局明清档案馆编:《戊戌变法档案史料》,中华书局1958年,第487页。
⑤ 陈振江、程歗:《义和团文献辑注与研究》,天津人民出版社1985年,第197页。

> 我皇即日复大柄,义和团民是忠臣。只因四十余年内,中国洋人到处行。
>
> 三月之中都杀尽,中原不准有洋人。余者逐回外国去,免被割据逞奇能。
>
> 国闻报上多谬妄,乱语胡言任意登。该报因有日人保,故敢造谤诋我们。
>
> 兹特示尔国闻报,此后下笔要留神。倘敢再有诽谤语,定须毁屋不留情。
>
> 众家弟兄休害怕,北京今有十万兵。待等逐尽洋人后,即当回转旧山林。①

义和团民众还在天津梁园门散发揭帖,名为《焚坏国闻报》七绝四首,略谓:

> 国闻报馆言语狂,戊亥(戌)年中归东洋。此后何人匪各论,天谴难容灰烬亡。
>
> 商农无惧各自安,北阙江山有万年。但待泰西远剿后,昆弟飘然归于山。②

这些揭帖用词讲究,毫无疑问是出自封建文人之手。揭帖反对列强对中国的侵略,无疑是正确的。但是,下层民众并不知道慈禧所推行的政策,正在把中国引向危险的边缘。而这些揭帖所称"我皇即日复大柄",也是不可能实现的。总而言之,《国闻报》已经成了义和团的攻击对象,处境非常被动,时时会大难临头。直隶总督也不再提购买之事。特别是当帝国主义列强的大量军队由大沽口登陆入侵之后,天津城内外战火纷飞,《国闻报》的售卖一事已经无法进行,而且面临停刊倒闭的命运。

根据日方的材料,《国闻报》"于光绪二十六年五月二十日(1900年6月16日)因遭团匪之变,暂时停刊,于光绪二十七年正月十一日(1901年3月1日)改报名为《天津日日新闻》"③。社主西村博也在"天津通信"里做过说明:"国闻报馆正值动乱之际,从三叉河口被轰炸,道具和机器都被糟蹋得非

---

① 佐原笃介:《拳匪纪事》,卷二,第10页。
② 陈振江、程歗:《义和团文献辑注与研究》,天津人民出版社1985年,第38页。
③ 清国驻屯军司令部编:《天津志》,东京:博文馆,1909年。

常严重。其后,日本军队又驻进馆址,就无法继续刊行了。"①由西村博自述可知,《国闻报》之末日,主要是列强发动侵略战争所致。而且,入侵日本军队又大量驻进,报馆变为兵营,直接造成报馆的停刊。

## 十二、余论

综观《国闻报》从成立到终结的经历可知,一份以宣扬维新变法为己任的报纸,所经历的道路是十分坎坷曲折的。该报纸由严复等维新派自己出资创办,数月后却不得已而挂上日本人旗号,最后完全卖给了日本人。改革派人士壮志未酬,饮恨离去。其中有许多历史经验教训值得总结。

首先,封建专制政体与新闻自由是格格不入的。《国闻报》的主要成员严复、王修植对此深有体会。至于主笔夏曾佑,则更是感叹不已。他从开始时便一边办报,一边愤愤不平。夏氏接受了严复传播的许多西学思想,并且把这种新的理论,身体力行地贯彻在编辑《国闻报》的实践中,力图使这份新生的报纸变成唤醒民众、奋起救亡的号角。但是,结果却事与愿违。当政者多次设置障碍,处处与他们为难,使这位充满维新之志的报人感到呼天无助,扼腕痛愤。戊戌政变发生后,夏曾佑走投无路,在被迫离开报馆时,说了一段很感人的话。夏氏云:

> 我辈昔日之地狱,一转移间而为天堂,浼而思之,不觉大笑。从此有一公理可知:盖支那者无教化之国,在不开化之地者,决不可行开化之事,强而行之,不受大祸亦有大累。惟相与为不开化之事,则实福可得,而恶名亦可免焉。此理既明,吾党亦可无怨矣!中国有史以来,大约从无真话,肃党之事,近在耳目之前,亦不可知其详矣。至于今日国民亦知政府之不可信,然亦无从核其实。读八月上谕以后,则舆论以康为当诛,读东洋某某报以来,则舆论又以康为无罪,公论之不可恃亦甚矣。②

上文中的"开化之事",指的就是开办报馆,鼓吹西学,以新知识去唤醒

---

① 引自中下正治《国闻报与郑永昌领事》,《新闻与日中关系史——在中国日本人经营之报纸》,第51页。原文署名麻三斤即西村博之笔名。该文登于1901年3月24日《东京朝日新闻》。

② 上海图书馆编:《汪康年师友书札》(第2册),上海古籍出版社1986年,第1338页。

民众；然而，在以慈禧为首的守旧派统治之下，是不可能"行开化之事"的。因为报馆所揭示的历史真实，往往与封建统治者的利益相冲突，因此，清末报人的日子注定是不好过的。严复是《国闻报》的灵魂，因此，政变后，夏曾佑才说"又陵甚自危"①。而严复自己在同日本汉学家内藤湖南交谈时亦谓："政变以来，士大夫皆钳口结舌，何能有谈时事之人？"②早期维新派所经历的坎坷与灾难，实在是令人同情，发人深省。

其次，帝国主义列强为了各自的利益，也为《国闻报》设下了不少陷阱。尤其是俄国表现得特别穷凶极恶。因为《国闻报》的核心成员，抱定了爱国主义的宗旨，故其在新闻报道中，能不断向国人敲响警钟，将帝国主义的狼子野心暴露于光天化日之下。而帝国主义在华代表人物为了自身利益，往往与封建势力联手合作，共同对付中国内部的进步力量。曾经与康有为一起发起召开京师保国会的李盛铎，出面弹劾严复及《国闻报》，可谓一典型事例。

再次，《国闻报》为了躲避被关闭之命运，屡次请直隶总督王文韶出面帮助。倘若没有王文韶协助，《国闻报》很可能就会被扼杀于襁褓之中。当然，王文韶能挺身而出保护《国闻报》，与日本方面的配合也是分不开的。日本人保护了《国闻报》，使其免受守旧派的扼杀，但也使这份维新派的报纸与日本有了特别紧密的联系。这种特殊紧密的关系使《国闻报》只注意宣传日本明治维新的经验，而未能揭露日本对中国的侵略野心。因为明治维新之后，日本政府一直推行侵略中国的对外政策，即使在戊戌己亥间亦未曾间断。庚子年就更不必说了。《国闻报》自从戊戌三月以明治纪年始，即以不刊登有碍日本利益的文章为先决条件，等于捆绑了自己的手脚，这不能不说是一个重大的缺陷。

（《学术研究》2008年第9期）

---

① 上海图书馆编：《汪康年师友书札》（第2册），上海古籍出版社1986年，第1338页。
② 参见《内藤湖南全集》，筑摩书房1973年，第2册，《燕山楚水》，禹域鸿爪记。

# 南京国民政府初期
# 天津商会的改选及其困境

朱 英

近代中国的许多商会自清末成立后即实行了投票选举制度,后又在实践中不断发展完善,显示出明显的现代特征。但天津商会在清末一直推行所谓领导人"公推"制度,拒绝"票举",直至 1915 年北京政府颁布的《商会法》明确规定,所有商会的会董和正副会长都必须一律实行投票选举,才被迫从"公推"改为"票举"。不过,1918 年天津商会首次实行投票选举正副会长之后,却曾经遭遇日本驻津领事的蛮横干预,下一届选举时又被会员指控发生选举舞弊案,致使天津商会的选举多年陷入困顿①。可以说,天津商会与其他许多商会都不一样,在实行选举制度后碰到了各种意外困难,一直都非常不顺利。到南京国民政府时期,天津商会的选举制度有何发展变化,具体实施情况如何,无疑值得进行细致的考察和分析。

另外,南京国民政府建立之后,结束了十余年动荡的军阀混战时期,也使近代中国历史的发展进入到一个新阶段。从理论上,人们很容易推断出统一的南京国民政府建立后,结束了一轮又一轮的军阀混战,将会为近代中国经济发展开创良好的新局面,商会也将随之发挥更为突出的功能与作用,受到工商界的欢迎。但理论推断常常与实际情况颇有出入,究竟南京国民政府建立后商会是否随之进入了一个良好的新发展时期,透过天津商会的改选或许也可从一个侧面进行个案分析。

不仅如此,就以往的相关研究成果而言,大多数论著都强调国民党在建立南京国民政府之后,实行一党专制,通过各种手段对包括商会在内的民间社团进行干预和控制,使商会以及其他许多社团遭遇前所未有的厄运,基本

---

① 有关详细情况请参阅拙文《从"公推"到"票举"——近代天津商会职员推选制度的曲折演进》,《近代史研究》2007 年第 3 期;《民国时期天津商会选举的两次风潮》,《浙江学刊》,2007 年第 4 期。

上丧失了民间独立性。但是,绝大多数论著在得出这种结论之前,却并没有对国民政府建立后商会的实际运作状况进行全面深入的研究,实际上也带有某种推断性质。对这一结论,同样也可从天津商会改选的过程重新进行探讨。

因此,本文拟以天津商会为研究对象做一实证性的个案研究。当然,个案考察的结论无疑也有着应用范围的限制,不能简单地推而广之,其研究目的也并非为了完全推翻原有的整个结论,而是帮助我们对上述问题获得更加全面的认识,进而加深了解近代中国历史发展的多向性与复杂性。

## 一、南京国民政府建立后天津总商会的首次改选

南京国民政府建立之后不久,商会就曾遭遇过一次生存危机。国民党上海特别市党部曾经提出:"旧有商会组织不良,失却领导商人之地位",向国民党中央商人部"请求撤销全国旧商会,以商民协会为领导之机关"。商人部也一度接受此项要求,准备在国民党第三次全国代表大会上提出该议案。1927年11月上海总商会获悉这一消息,专门召开联席会议商讨对策,会后致函国民党上海特别市党部,强烈反对撤销商会,并要求转呈国民党中央"请从速妥订商会法,颁布全国,俾资遵循,庶得统一组织之实,而于商情亦不致扞格"①。随后,冯少山还以上海总商会主席委员身份发表数篇长文,以强硬的口吻列举商民协会无法替代商会以及商会不能撤销之种种理由。为了壮大声势和影响,上海总商会又于12月电邀全国各地商会派代表在沪召开了各省商会联合会大会,会后呈文国民党中央党部和国民政府,表示"商会系法定机关,其组织皆根据商会法",不能随意撤销;同时为革除当时舆论所批评之商会存在的弊端,主动提出商会改良方案,内容包括废止原有的会长制,改为执监委员制,会员不限男子,减少会费以便普及;最后则强烈呼吁"请准撤销中央商人部废止商会提案"②。另外,各省商会联合会暨总商会还拟具了商会改组大纲。在上海总商会和全国各地商会的呼吁下,南京国民政府工商部于1928年训令各商会筹备改选改组事宜,于新商会法未颁

---

① 《本总商会记事》,《上海总商会月报》第7卷,第12号,1927年12月。
② 《呈中央党部、国民政府议请核准商会改善方案文》,见上海市工商业联合会、复旦大学历史系编:《上海总商会组织史资料汇编》(下册),上海古籍出版社2004年,第595页。

布之前,按照上海各省商联会总事务所呈送的商会改组大纲,斟酌地方情形分别办理。

现在我们来看天津商会的具体情况。此前,天津总商会会长张仲元曾提出辞职,经在会的各同业公会一再挽留后打消此意。因该届正副会长系1927年选举产生,故天津总商会在1928年并未按照商会改组大纲进行改选和改组,只是经由国民政府工商部批准,改用"天津特别市总商会关防"。1929年8月新商会法颁布,其中对商会会员、职员的设置及其选举作出了若干新的规定,也为包括天津总商会在内的各地商会的选举制定了相关原则。

关于会员分为两种,一为公会会员,二为商店会员,由各业按照章程选举产生。公会会员由每个公会选举1人,"但其最近一年间平均使用人数超过15人者,就其超过之人数每满15人得增加代表1人,惟其代表人数至多不得逾21人"。商店会员指商业法人,或商店别无同业,或虽有同业而无同业公会之组织者,每店举出代表1人为会员,"其平均一年间之平均使用人数超过15人者,就其超过之人数,每满15人得增加代表1人,惟其代表人数至多不得逾3人"。无论是公会会员还是商店会员,"均有表决权、选举权及被选举权"。关于职员,新商会法规定不再设会董和正副会长(天津商会此前还设有"行董"),改设执行委员15人,监察委员7人,在执行委员会中互选常务委员,另在常务委员中选举1人任主席。执行委员和监察委员之任期均为4年,每2年改选半数,不得连任①。

显而易见,新商会法既然规定商会会员分为公会会员和商店会员,于是同业公会是否健全和完善,非公会之商店会员如何确定会员人数,就成为南京国民政府建立后商会改选是否能够顺利进行的一个重要前提。天津总商会在改选过程中即遭遇到相关问题。新商会法颁布后,原会董杨明僧两次致函天津总商会指出改选中必然会碰到的难题,认为"此次本会改组,若将公会抛弃,完全采用商店会员,恐于法律不合。再商店会员,某号应出代表一二人,某号应出代表二三人,本会无所稽考,若仅凭商号自认,恐将来结果应多者反少,应少者反多,流弊甚大,争执无穷"。此外,商店会员必须是同业不足7家者,不能组成公会,才能举代表一人成为商会会员。因1928年9月国民政府颁布的工商同业公会法规定,工商业公会之设立,须有同业公

---

① 《中华民国商会法》,见天津市档案馆等编:《天津商会档案汇编(1928—1937)》(上册),天津人民出版社1996年,第21—22页(以下凡引此书均简称《汇编》)。

司、行号7家以上之发起。为了使商会的改组顺利进行，杨明僧建议"应先改组及成立同业公会，然后使其依法推举代表，其不能组成公会者为商店会员，亦应依法推举商店会员，以期勿缺勿滥"。但天津总商会考虑到重组同业公会将耗费时日，所以起初并未重视这一建议，仍拟采取"以商店代表为会员之办法"。杨又再次上书总商会，阐明此项办法甚为不妥，其结果势必导致同业商号众多但已成立同业公会的行业推举代表受到限制，而同业商号较少未成立同业公会的行业却能够得以多推举代表，尤其是天津工商同业公会原本已皆具雏形，不能弃之不顾，否则会给总商会带来严重的不良后果①。

类似的争议并非仅在天津出现，广东梅县商会和上海银行公会当时都曾因同样的问题上书当地官厅，地方官厅则转请工商部解释答复。面对这一争议，1930年7月国民政府颁布的商会法施行细则又对相关问题予以补充说明和规定，指明虽有同业而无同业公会之组织者，系指同一区域内之同业不满7家者而言，已满7家则必须成立同业公会，不得以商店资格加入商会。这一规定与上述杨明僧的解释完全吻合。细则还说明"执行委员及监察委员由会员大会就代表中用无记名连举法选任之，不得按业摊派或分业自选，以得票最多数者为当选。"常务委员在执行委员中以无记名连举法选出，主席由执行委员会就当选之常务委员中用无记名单记法选举，以得票满投票人之半数者为当选，若一次不能选出，应就得票最多数之二人决选之②。

从理论上说，既然新商会法及其施行细则已就选举制订了较为详细的规定与说明，各地商会照此执行即可，不会再有什么阻碍和争议，但各地的实际情况却仍然并非如此。在天津，正当各业在总商会安排下重组同业公会时，警备司令部却下令称"值此军事时期，津埠治安关系甚大"，据此宣布全城戒严，禁止开会、结社，使同业公会的重组无法进行。总商会呈请天津特别市政府准予通融，但警备司令部仍要求暂缓办理。与此同时，天津特别市却于1930年8月初训令社会局催促总商会迅速改组，因新商会法颁布时曾要求各商会在一年内完成改组，而"现在法定限期瞬将届满"。总商会回函详细说明了改组停顿的原因："新《商会法》于八月间正式公布，自应积极

---

① 《津商会会董杨明僧就商会改组事两次致天津总商会建议函》，《汇编》(上册)，第29—31页。
② 《中华民国商会法施行细则》，《汇编》(上册)，第26—27页。

进行。不过,此次《商会法》规定,乃系先从下级做起,凡各行旧有同业公会组织者,一律依法改组,其向无同业公会组织及同业商号满 7 家以上者,均应依法组织公会,然后由公会推举代表,完成公会会员,再加以同业商号不满 7 家之商店会员,始能进行商会选举。是此次《商会法》既规定以同业公会为基础,而各行同业之有公会与无公会者,核计不下 60 余业,一律依法改组并联合重新组织,原非短期所能办竣,故敝会于奉颁新法之后,迭经开会,对于各业公会之改组与创立,分别详加指导,制成方案,严定限期,以期早日观成。不意正在积极进行之际,而地方忽告戒严,禁止开会,所有各业正在组织者,多遭警宪之干涉,商人纷纷报告,敝会无可如何,不得不暂行停顿。嗣鉴于解严无期,而敝会应付一切备感艰困,急待改组,故于本年五月间,又呈市长并函公安局,沥陈改组情形,请对各业组织公会开会特予通融,免加干涉,俾期如限办竣。"结果仍遭拒绝。"敝会夙夜在念,无可解除之痛苦,究应如何通融,以期进行办理之处,相应据情函复,敬希贵局查照,核示一切,至感公谊。"①

    总商会所说之困难当属实情,而且这一困难非总商会自身努力即可解决,必须得到官厅的支持。社会局一方面要求总商会先就已改组之公会及未改组之商店分别通告推选会员代表依法进行,另一方面呈请市政府咨请警备司令部准予通融办理。8 月底,警备司令部答复"此次商会开会,关系甚属重要,自可准其举行。至开会日期及时间,应请查照,先期示知,以便转饬警宪届时莅场维持。"这显然是官方的通融之举,但此项通融仅系准许总商会开会改选,并非同意各业开会重组同业公会。总商会认为仅就已改组之公会及未改组之商店分别推选会员进行改选,仍然无法进行。因按照新商会法之规定,已改组之公会,虽会员多至数百家,而其代表人数每会以 21 人为限,未改组或未成立公会之商店会员,每家即可推举 3 人,该业若有商号 200 余家,即可推举代表 600 余人,严格限定每一商店推举 1 人,也仍有代表 200 余人,"况如此限定,依法尚有未能,若与已改组之公会相较,其代表不啻霄壤之别,事实之不平如此,选举自难免纷争",因此,只有同业满 7 家者均重组同业公会推举会员代表后,总商会才能进行改选,"商会改组之迟速,完全系于公会成立之急缓"。总商会进而提出各同业公会之尚未改组与正待

---

① 《天津特别市社会局催令津商会迅速改组函及津商会复函》,《汇编》(上册),第 32—33 页。

组织者,仍有40余行,所有征询意见、讨论章程及选举职员等事,既非一次集会所能完成,其地址也非仅在一隅,如每次开会均须先期呈报,恐官商双方皆有手续烦劳之感,"拟请当局酌定限制,凡同业集会会员人数在若干人以内者,即请格外通融,免予呈报;其集会会员有逾限定数目者,再令先期呈报该管警署,请予转呈,酌派军警届时莅场维持,庶于地方治安、会务进行双方兼顾"①。

　　对总商会的要求官厅再次准允变通办理,于是各业遂加紧重组公会。据总商会致天津市学务整理委员公函透露,至12月初已有38个行业建立了公会,1931年初总商会又成立了改组筹备委员会,由22名筹备员组成。到1931年2月14日,天津总商会终于进行了南京国民政府建立后的第一次改选,国民党党政方面及公安局都派代表出席。总商会在改选进行之前,还曾向天津市党务整理委员会呈报选举日期、会员代表名录请求备案并予以指导。该委员会准予备案使总商会改选取得合法程序,并派其工作人员陈惠、王蓝田、孙典忱3人"届期前往指导"。在改选大会上原会长张仲元首先致词:"略谓总商会今天举行选举大会,承蒙党政当局惠临,本会深觉光荣之至。鄙人既学识毫无,并且脑筋太旧,以致过去的商会,无甚成绩可言,鄙人对之,抱惭良深。今日本会本诸中央新商会法,开改选大会,希望慎重人选,将来可为我辈商界谋利益,且使今后商会,向优越地位做去云云。"②当天选举了执行委员和监察委员(包括候补委员),两日后又选举了常务委员和主席。本次改选最后共计选出主席1人,常务委员4人,执行委员10人,监察委员7人,候补执行委员7人,候补监察委员3人。52岁的上届会长张仲元当选为主席,实际上是连选连任。

　　从上述天津总商会改选的整个过程看,可以说主要还是由商会自主进行的。虽然在南京国民政府建立和新商会法颁布的新形势下,这次改选碰到了不少新问题,使改选的过程延续了较长的一段时间,但最终还是得以完成。无论是国民党还是天津市政府,实际上都没有对这次改选予以直接干预和控制,国民政府工商部只是通过新商会法以及商会法施行细则在原则上加以把握和指导。不仅如此,天津总商会在改选过程中遇到一些困难而

---

① 本段引文见《天津特别市社会局就津商会改组提出通融办法函及津商会复函》《汇编》(上册),第34—36页。
② 《津总商会改选》,《益世报》1931年2月15日,第3版。

自身难以解决时,只能向官厅请求支持和通融,往往得到了积极的回应,从而使得商会的改选能够继续进行。连任商会主席的张仲元曾经表示:"商会此次改组,蒙党政机关不遗余力的帮忙,今已改组完成,至为感幸。"①与此同时,从大量的原始档案文献、报刊史料中我们也没有看到国民党和地方官府试图借此次改选而控制商会的言行。国民党天津市党务整理委员会在改选前派出3人赴商会予以指导,则是在天津总商会的主动要求下采取的行动,而且他们在改选时并没有指手画脚要求总商会如何做,当然也不能视为国民党对总商会改选的干预。

此外,在天津总商会改选时,除天津市党务整理委员会所派三名代表之外,还有代理市长臧启芳、市党部代表刘不同、公安局第二科科长杜殿元、社会局特选监选代表束颂声等人亲临现场。党政各方如此之多的人员出席总商会改选大会,这种情况在以往商会改选时确实前所未有,过去我们常将类似现象也作为国民党干预或控制商会的表现。笔者认为,仅以此表象断定商会改选受到国民党控制,理由是很不充分的。实际上,国民党的党政要员亲临商会改选的现场,主要目的是为了显示对商会这一重要工商团体的高度重视,并非其干预和控制商会的手段。在投票选举的整个过程中,党政要员并无任何偏向性的引导或是强制性的要求,完全由商会自行按照规章进行。在天津总商会选举大会上,党政代表也曾分别致词,从中当可进一步看出这种状况。

市党部代表刘不同的致词如下:

> 查我国民众团体之组织,以商会为最早,但以前的商会思想太旧,且分毫没有团结,所以甘受一般军阀们的压迫,由其攫取金钱,成为军阀的筹款机关,后来本市虽有商民协会之设立,然其中份子与普通商界仍然隔膜,且与总商会互相排挤,不能全体共同合作。此次中央规定新商会法,所以现在将以前总商会及商民协会合而为一,纳入正轨,向正确方面做去,希望此番改选后,第一,应明了改组的意义,第二,此后商界应特别团结,如有痛苦,可以尽量报告政府,政府必当尽量容纳,因为目下党部,不似从前,对于民众意见,是绝对接收的,并且对于一切党政设施,尤希望大家尽力帮助。②

---

① 《总商会执监委员昨晨宣誓就职》,《益世报》1931年2月23日,第6版。
② 《总商会执监委员昨晨宣誓就职》,《益世报》1931年2月23日,第6版。

上引市党部代表在致词中表达的主要意思,首先是说明以前的商会由于思想观念原因和团结不够,受到军阀的压迫与盘剥;其次是承认商民协会与商界存有隔阂,与总商会之间存在矛盾,致使商界无法很好合作,故而取消商民协会,与总商会合而为一①;再次是强调总商会改组的意义,希望改组后的总商会团结商界;最后则是表明总商会对于商界之痛苦,当尽可报告政府,政府必当接纳并尽力予以帮助。很显然,市党部代表在致词中对商会的选举并没有任何具体干预。

值得注意的是代理市长臧启芳虽在致词中谈到了选举问题,但也主要只是说明选举的意义,并非强行要求总商会如何进行选举。其致词如下:

> 今天参加本市总商会改选大会,深觉荣幸,兹就"选举"二字略为解释,我们为什么要有选举,略可分为三点:一为系一团体本身之巩固,及公共之利益;二为国民参政意义;三为养成合作精神。以上三点如能都实行到良好地步,则一切政治上之改革,必能皆从此发端。但在进行时,非有良好之选举法,及党政之指导不可,不然便十分困难。希望此次改选,破除情面,选拔真才,来为全市商民谋利益。②

除此之外,就本次天津总商会改选的结果而言,国民党和地方官府也没有通过特殊手段安排天津总商会的主要领导人。在改选中当选为主席的张仲元乃是上届会长,完全是连选连任。改选之后天津总商会还力图自主采取一系列改革行动,也体现出继续保持其原有独立民间工商社团的特征。张仲元在就职宣言中表示:"仲元学识浅陋,猥蒙诸公不弃,选举为本会主席,自顾疏庸,时虞陨越,然既承全市商人厚爱,敢不竭尽绵薄,惟前途责任远大,凡关全市商业应如何筹谋发展,在本会职务范围应如何积极进行,可谓千端万绪,应作事项甚多,但经济为万事之母。本会以往一因困于经济,二因人材缺乏,故于过去之历程中,仅仅应付环境,缺少建设成绩,此为不可讳言之事实。然从前种种,譬如昨日死;以后种种,譬如今日生。从此本会

---

① 国民党在从事国民革命时曾大力开展民众运动,并于1926年确定了商民运动方略,但所采取的主要措施是动员中小商民成立商民协会,俟时机成熟时取代商会,结果在此后导致许多地区商民协会与商会之间发生矛盾冲突。最后,国民党中央执行委员会于1930年2月下令取消商民协会。有关详细情况,请参阅拙文:《再论国民党对商会的整顿改组》,《华中师范大学学报》2003年第5期;《国民党推行商民运动的方略》,《江汉论坛》2004年第7期。

② 《总商会执监委员昨晨宣言就职》,《益世报》1931年2月23日,第6版。

一切工作,应事事均从建设途径入手。"为达此目的而开辟总商会的新气象,张仲元还提出了整顿内部、指导公会、恢复商报、筹设商业补习夜校、筹设商品陈列所、介绍海外直接贸易等六项工作重点①。1931年2月22日,改选后的新一届天津总商会职员举行隆重的宣誓就职大会,党政各机关以及社会各界120余名代表出席。张仲元率领22名执监委员宣誓:"恪遵总理遗嘱,服从党义,奉行中央及上级机关法令,并尊重全市商人公意,努力于本职,图谋商业发展,矫正商业弊害。如违背誓言,愿受最严厉之处罚。"②其所强调的这些内容,无一不是致力于工商业发展和维护工商业者的利益,与以往商会的宗旨及其功能并无变化。为了提高工作效率,天津总商会还重订了会议规则。至于誓词中所说之"恪遵总理遗嘱,服从党义,奉行中央及上级机关法令"等词语,在南京国民政府建立后已是所有民众团体必须标明的要义,并非商会独受国民党或地方政府限制之表现,而且具体对于商会和各个民众团体来说,类似的文字也只是具有一种象征性的政治意义,并不能就此而说明国民党对这些团体实现了严格的政治控制。

## 二、天津总商会面临的困境与再次改选

南京国民政府建立后天津总商会经过第一次改选之后,虽然继续保持了民间独立工商社团的性质,但能否因此而摆脱原有困局实属未知。对新一届商会领导人各界均无不抱持厚望,连官府也认为"这次商会改组,当选委员,均有经验,盼望将来各秉誓词,努力图谋商业发达,并辅助政府从事建设事业"③。新当选的商会领导阶层也决心要有一番作为,希望为天津工商业的发展做出应有的贡献,但这并不能保证天津总商会就一定能够达到预期的目的。由于各方面原因的限制,改选之后的天津总商会仍面临诸多难题,一直处在困境之中,致使新一届领导人上任不久即萌生辞职之意。

首先是总商会的经费十分短绌,不仅无法开展相关活动,甚至无力支付专职工作人员的薪资。按照商会法的规定,执监委员等均为不领薪水的义务职,但各种专职的工作人员则领取月薪。而商会的经费一般都是会员缴

---

① 《津商会主席张仲元就职宣言》,《汇编》(上册),第49—50页。
② 《津商会主席张仲元就职宣言》,《汇编》(上册),第49—50页。
③ 《津商会主席张仲元就职宣言》,《汇编》(上册),第49—50页。

纳的会费,除偶尔获得部分捐款外,并无其他经费来源。从天津商会档案文献中获悉,会员拖欠会费的情况每年都不同程度地存在,所以经常是入不敷出。在国民政府初期这种现象不仅未改变,而且更为严重,导致多年的欠账一直未能处理,其中仅房租一项此时即拖欠万余元。尤其到1932年初旧历年关迫近之际,总商会"经费异常短绌,所有员役薪工及一切杂项开支并归还借垫等项,共计约需6000余元,皆尚无着"。最后经执监委员联席会议议决:"由全体执监委员各暂垫借银洋300元,以维现状"①。在这种难以为继的状况下,指望天津总商会能够有所作为显然不切实际。

其次是天津工商业的发展在此前后一直未能走上正轨,"近数年来,商民外受强敌之蹂躏,内苦苛杂之剥削,久已元气大伤"。即使是在国民政府建立后,也不可能迅速改变这种情况。加上天津的社会治安也极为混乱,暴徒滋扰时有发生,以致"社会失去常态,商业因而凋零"②。天津总商会对此种状况同样无力扭转,当然也就难以得到广大工商业者的称赞与拥护。

再次是天津总商会与其基层组织同业公会之间开始出现隔阂与矛盾,也影响了总商会的正常运转与发挥应有的功能与作用。前已述及,总商会会员分为各业公会会员和单个商家会员,其中各同业公会作为团体会员不仅实力较强,而且为数更多,是总商会组织建构最重要的基本元素,也是总商会借以开展各项活动不可或缺的重要支撑。如果得不到各个同业公会的大力支持,可以说总商会将难以有所作为。由于上述经费短绌和工商业发展困顿两方面原因,而天津总商会又一直无法扭转困境,使得各个同业公会对总商会的不满情绪也开始蔓延。例如对总商会新一届领导人的辞职之意,各同业公会就曾联名向天津总商会表达了不满:"我主席、常委诸公,受各业付托之重,应如何勉膺艰巨,渡此难关,讵可轻言辞职,以负商界之望?"③

到1931年底,总商会主席张仲元等人仍再三要求辞职,随后常务委员杨西园、执行委员孙俊卿、监察委员赵聘卿等也先后请辞。天津社会局敦促总

---

① 《津商会请全体执监委员暂借三百元以维年关现状函》,《汇编》(上册),第111页。
② 《天津市社会局就笃劝张仲元迅速复职事训令津商会》,《汇编》(上册),第54页。
③ 《天津市各同业公会为请主席常委早日到会视事致津商会执监委员代电》,《汇编》(上册),第55页。

商会予以挽留,请以地方为重,共济时艰。天津市各同业公会也联名上书,请求新一届总商会领导人不负商界之望,共渡难关。在各方敦劝之下,张仲元等人虽暂未辞职,但总商会面临的难题并未得到解决。在1932年2月11日召开的第8次执监委员联席会议上,与会者均认为:"改组以来,年余于兹,对于内部整理,迄未实现。余如经费一项,亦复极感困难,一应开支,往往皆赖借贷,以资度活,以致诸务进行绝少发展,外间责难迭有所闻。"为此,决定向常务委员会提出"即日着手从事整顿,所有全体职员及差役一律先行停职,听候另行聘用,并拟具整理办法及薪额等项"①。常务委员会经过讨论,同意将执监联席会议拟定的专职工作人员薪额照原案通过,以节省总商会开支。

同年3月,天津总商会依据商会法拟订了新章程,改名为天津市商会。新章程虽然列举了筹议工商业之改良及发展等11项作为应办之会务及其职责,但实际上有许多都难以真正进行。关于会费,规定会员入会时按规定的数额先行缴纳一次,嗣后于每年会员定期大会前一个月缴纳该年会费。具体数额依各业公会所属各商店之资本金总额暨商店会员之资本金额确定,未满1万元者,年纳会费40元。余依次增加,5万元以上至10万元者,年纳150元,10万元以上至20万元者,年纳200元,最高为2000万元以上,年纳2000元。此外,各同业公会会员每增加代表1人,增收年费50元;商店会员每增加代表1人,增收年费30元②。天津商会希望通过会费增加收入,尽管也曾说明"资本微小之商店",会费可酌量核减,但因并未制定标准而难以执行,由此导致许多经济实力薄弱的商家增加了负担,对此颇为不满,也并不利于会费的征收。所以,数年后的1936年,由天津社会局聘请工商界人士组成的商会整理委员会认为,会员会费"原定数额难免畸重畸轻之处,征收会费遂见困难,本会开支全仗会费收入,以资挹注。近年甚见支绌,会费定额不合实际实为主因。今后应重行厘订,凡营业发达,收入丰裕之会员应加重其负担,反之,应减轻其数额。以缴交之能力为标准,负担始称公平,此其一。又以往会费等级不甚整齐,计算为难,今次重行厘订应另定等级,以清眉目。此其二。"③于是,原定会费标准又被废除,这说明当时天津商会对征

---

① 《津商会执监联席会议就职员停职整理内部事致各常委公启及常委会复函》,《汇编》(上册),第60页。
② 《天津市商会章程》,《汇编》(上册),第62、69页。
③ 《津商会整理委员会整理商会实施方案草案》《汇编》(上册),第90—91页。

收会费的改革并不成功。而且令人费解的是,不知是何原因,天津商会一直未将新章程在会员大会上通过并予以公布,这一点后来也颇受各同业公会批评和指责。

由于改组后的天津商会一直面临困境而无所作为,引起下属同业公会更为明显的强烈不满。1932年3月茶食业同业公会等向国民党天津党务整理委员会呈文,要求批准津市各同业公会联合成立商会分事务所。其呈文称:"窃以地方不靖,国难方殷,而本市商会应如何领导本市各同业公会努力奋斗,共济时艰,才不负本市商民之付托。不期该会内部复杂,新旧不能一致,故屡次发生风潮。近者各执委又均纷纷辞职,所有各同业公会事项,该会以负责无人不能受理为辞,因之各业痛苦无人解除。职会等处此困难之下,视商会名存实亡,不生不死,实觉影响同业,贻误地方良非浅鲜。兹为解除各业痛苦,便利商人运动,计拟依据工商部颁布新商会法第八条之规定,由津市各同业公会联合呈请设立天津市商会分事务所。"这显然是想脱离商会,另谋发展之路。党务整理委员会收到呈文后,训令商会查明办理。天津商会经召开执监委员联席会议讨论,认为呈文之指控"悉属撮拾浮言,并非真相",并回复党务整理委员会反对设立商会分事务所。其理由是:"本市区域并不十分广阔,故商人对于本会办事,向未感觉若何困难,在实际上并无设立分事务所之必要。况即有设立必要,依法亦须经由本会提出,交由会员大会议决通过,方能设置。本市情形既非特殊,事实尤属无此需要,该同业公会所请似应毋庸置议。"此次事件实际上反映出天津商会与下属同业公会之间的矛盾已日趋尖锐,在受到同业公会的指控后,天津商会除了加以辩称,也反过来指责"该同业公会等除兑换业同业公会非商会会员外,其余茶食业同业公会等自加入商会后从未缴纳会费、出席会员大会及其他会员所应尽之义务云云"①。这次纷争最后虽未引起商会与所属同业公会之间矛盾的公开激化,但却使商会的困境更为明显,也为日后商会再次改选时与同业公会之间出现新的纠纷埋下了伏笔。

到1933年初,按照商会法的规定天津商会又应该进行改选,但动荡中的商会一直未能顺利改选,拖至第二年仍未完成。同时,在这次筹备改选的过程中天津商会又与所属同业公会发生了一场纠纷,其困境甚至更甚于南京

---

① 以上引文均见《天津党务整委会为各公会因商会名存实亡拟设分事务所事命商会查明令并商会复函》,《汇编》(上册),第204—205页。

国民政府建立后第一次改组时出现的情况。1934年7月，各同业公会采取向全国公开发表宣言的方式，以更为激烈的文字猛烈抨击天津商会，并提出了更为激进的要求："全国父老兄弟姊妹均[钧]鉴：窃查天津市商会职员，结党营私、把持会务、蒙蔽官府、宰割会员，各业商人久已积愤难伸，怨声载道。近更延不改选，明显把持，商人处于水深火热之中，痛苦日深。爰经各业公会50余业开联席会议，提出不信任案，呈恳中央及党、政当局依法令饬该会职员即日停职，另由各同业公会根本选举负责职员，组织健全天津市商会，以资代表津市全体商人办理会务。"①如此在全国范围公开地遭受众多公会会员的强烈批评，并被提出不信任案而要求全体职员引咎停职，这在天津商会发展的历史上尚属少见，对于原本已处在困境中的天津商会来说无疑是雪上加霜。不仅如此，各同业公会还曾推举数名代表面谒实业部长陈公博，"呈述市商会延期改选，及违法旷职经过，并请示饬令停止职权，根本改选"，陈答曰："即令各主管机关，彻底查明，依法办理。"天津市社会局局长邓庆润"为慎重处理市商会纠纷计"，亦往谒陈公博，"决定今日起，派员依法彻查一切，以凭核示"②。

在此之前的1934年1月初，天津商会曾成立改选筹备委员会，张仲元也曾催促任满尚未改选的各同业公会务于短期完成改选，说明"本会前以各同业公会任期届满未即改选，既妨本会改选，复害本身健全，曾经迭次令催依法赶办在案"③。但历时半年之久，天津商会的改选仍"寂焉无闻"。一方面，商会批评同业公会改选迟缓影响商会改选；另一方面，同业公会则指控商会自身有意拖延改选，双方言词激烈地互相指责，莫衷一是。与此同时，商会内部领导人之间也存在着一些矛盾，并开始逐渐公开化，这自然也是影响商会顺利改选的因素之一。常务委员王文典曾在报上公开发表谈话，批评"商会之主持人并不欢迎新商家之加入，以便操纵、把持"，并透露商会某领导人以权谋私，"譬如有一商家因金条出口为税关所留，或因东北有钞票汇来为公安局所扣时，此时主持人因有利可图，私人间又往往以商会名义出而兜揽，说人情、通关节，货物当然可保留全部或一部，而此全部或一部之中，有若干分之一即为兜揽者所得。……又商会一二主持人，时与税收机关

---

① 《天津市各同业公会宣言》，《汇编》（上册），第72—73页。
② 《改选问题纷扰中市商会办结束》，《益世报》1934年7月9日，第5版。
③ 《张仲元催促任满尚未改选各公会务于短期完成改选函》，《汇编》（上册），第71页。

勾结,剥削商家,情殊可愤。"王文典在谈话中还揭露商会领导人中有坐领车马费每月210元至32个月者,有向一税收机关荐人至15名者,以致一年的营业税罚款多至80余万元,商会也不置一词,听任商家遭受盘剥①。作为商会常务委员的王文典本身也是商会重要领导人之一,他在报上发表这样的谈话对商会的负面影响可想而知。内部矛盾公开后,王在商会中的地位以及与各方的关系也受到影响,不久即以"公司及个人事务,必须赴西北及南洋一行,路途遥远,舟车需时……既未敢旷时废职,尤不能因私误公",向商会提出了辞职。

在各方面的批评和指责下,尤其是各同业公会提出了"不信任案"之后,天津商会于1934年7月7日召开执行委员会会议,议决暂停会务,"所有本会各部分已办、未办事项,一律暂行封锁,仍由各该原任人员妥慎负责保管,听候核办"②。同时,商会也呈文党政官厅,声称该会改选"正在进行之际,突来意外攻击,虽明眼皆知其症结所在,然本会若不有声明,一任满城风雨,实足淆惑闻听"③。对于商会的说辞,各同业公会不仅提出了异议,而且还要求查阅商会账目,商会领导人先是口头应允,后却又加以拒绝。于是,7月9日各同业公会代表40余人"赴党政各机关请愿",接着"冒雨又赴公安局,陈述商会不法情形,并请予以保护"。请愿代表递交的呈文指出:"窃以市商会职员涣散失职,不足代表全体商人,曾经属会等五十余业公会合辞呈恳钧会,令饬该会职员即日停职,以资办公,而解商困在案。各业商人,因该会账目向不公开,当于七月一日推派代表向该会执行委员会商请看账,当经张主席品题及各执行委员允许看账,不意本日各代表方在该会看账盖章之际,该会办事员王荫龄竟将账簿持走,并连同重要文件,悉数移徙他往,其他卷宗等项,亦均装箱钉固,预备继续他移。似此情形,该会职员、办事员垄断把持,视商会为私产,愈出愈奇,更属昭然若揭。"呈文还要求党政机关"即日派员到该会视查,并恳迅令饬该会职员,即日停职,另由各业公会,根本选举负责职员,以资维持,而解倒悬"④。

此外,天津市各同业公会还曾呈文国民党中央党部民众运动指导委员会、组织委员会以及天津市长、市党务整理委员会,详细列举天津商会违法

---

① 《我们的顾问说了些什么》,《益世报》1933年11月17日,第3张,社会服务版。
② 《津商会执委会议决暂停会务通函》,《汇编》(上册),第72页。
③ 《津商会执委会议决暂停会务通函》,《汇编》(上册),第72页。
④ 《各业代表为商会改选向各机关请愿》,《益世报》1934年7月10日,第5版。

营私之七种表现。具体内容主要有:1.该会改组迄今已三年有余,但章程却未经会员大会通过,也不予公开,实为蒙蔽官府,愚弄会员;2.该会监察委员会按规定应每月至少开会一次,但查阅记录总共只开会两次,且记录空洞,毫无监察工作,显然是既违法令,又违其自定规则;3.各业公会作为该会会员,按规定有权查阅商会账目,但却屡遭拒绝,甚或将账簿及文件转移,显有营私舞弊之嫌;4.未尽应有职责,承平则宰割商民以自奉,变乱则避往租界以自全,平日则坐享其成,变乱则立时瓦解;5.对会员用训令行专制压迫,既未经委员会议通过,更未经会员大会通过,不仅违反商法之规定,也无别地前例可循。呈文将商会职员分为三类,即野心把持者、未受相当教育者、公正尽职者,但第三类居少数,颇受揶揄讥笑,视为愚戆,屡遭排斥。因此,"商会职员、办事员结党营私、颠倒黑白、蒙蔽把持、自失立场",早已"不足代表全市商人"①。

在与同业公会的矛盾日趋尖锐之际,商会内部领导人之间的分裂似乎也日益突出。继王文典之后,商会另一常务委员赵真吾,也在报上针对改选问题及商会与各业公会之关系发表谈话,表达对商会主持者的不满之意。他在谈话中透露:"自各同业公会呈控商会改选迟缓,及种种违法,要求根本改选一事发生后,真吾甚知各公会与商会在以前之历史,积怨已深,本早有冲突之可能,数经真吾调处解释,旋起旋落者,亦不只一次矣。"针对商会以暂停会务这种消极方法应对改选纷争的举动,赵真吾也认为处置有所不当,并对商会议决采取此项举动的会议程序是否合乎规章提出了质疑。他在谈话中专门说明:"今次不信任案发生后,于上星期三开筹委会,乃有人主张,欲将责任委诸常务委员,本人实不敢苟同。且常委例会向系每星期二、五,乃上星期四突召开常委会,变更会期,本人事前未得知会通知,故未能出席。至星期五之执委会,无论如何召集,均应事先征求各个同意,乃无此手续,只发通知,本人不知内幕情形,实未敢贸然出席。……总之,真吾自入商会以来,委曲求全,凡他人之不能忍者,无不忍之,无非为维持会务大体,及个人之人格。……至于星期五执委会议决停止职务,甚至并数年各业奔走争来之营业税代征权,亦放弃不顾,恐执委会无此权限,因停止职务须大会通过

---

① 《天津市各同业公会联合发表宣言揭露商会职员劣迹要求重新改选》,《汇编》(上册),第73—77页。

也。"①如此看来,天津商会内部领导人之间的矛盾与分裂趋向也一直未曾停息,再加上所属各同业公会的强烈批评,犹如芒刺在背,内外交困。

处于困境之中的天津总商会面对此次改选纠纷可谓左右为难,其会务实际上早已陷入瘫痪状态。执行委员会作出暂停会务的决议,并无多少实际意义,只不过是出于意气而对同业公会提出不信任案做出的反击,在某种程度上也可以说是对官府施加的一种压力。因为商会暂停会务,对工商业发展以及许多行业的正常经营活动都会产生不良影响。9月底,天津银行同业公会即为此呈文省市政府和市党部,阐明"津市商会居华北要埠,为各业总枢,责任甚重,事务极繁。自经会务停顿,不特关于芝加哥赛会征品以及签证海外贸易、辅助法院调查,并证明国货输运国产等事,均已尽行辍废,而当前之营业税,既于商会纷扰时取消代征,而本届调查又未能依法由商会协助办理,以致税方之调查员等不谙商情,诛求估计,商民既感苦痛,官方亦觉掣肘。即前此鼓动造成商会纠纷者,至此亦未尝不深自追悔铸成大错,徒唤奈何而已。倘仍迁延不决,于市面商业危害殊多,岂能以鼠牙雀角之争纷,久隔商务总枢于停顿。……为此据情再陈,敬乞俯念关系重要,务恳迅电中央,从速依法解决,以便遵照改选,而免长此拖延。"②很显然,有些同业公会已后悔当初"鼓动造成商会纠纷"致其暂停会务,严重影响了工商业发展,但却因既成事实而悔之晚矣。

直到1935年1月,身处困境的天津市商会在拖延了两年之后才再次进行了改选。时年仅37岁的绸布棉纱呢绒业同业公会代表纪仲石当选为主席,钱业同业公会代表赵聘卿等4人当选为常务委员,另选出执行委员10人,监察委员7人,候补执行委员7人,候补监察委员3人③。包括主席在内,在此次改选中当选的所有常务、执行与监察委员乃至候补执监委员全部为新选的职员,上届职员无一人连选连任,这种情况在天津商会过去的历史上也是难以见到的。在这场持续近两年的改选纷争中,各同业公会一直反对仅仅只是改选半数商会职员,要求进行"根本改选",即全部商会职员都应改选。最后改选的结果是所有职员均为新选,从表面上看是达到了同业公会的要求,但这次改选的效果是否能够如同各业公会所希望的那样,则同样

---

① 《赵真吾谈改选意见》,《益世报》1934年7月10日,第5版。
② 《天津银行同业公会等呈省市先衔署请迅速解决商会改选纠纷函》,《汇编》(上册),第78页。
③ 《河北省天津市商会第二届当选委员名册》,《汇编》(上册),第79—80页。

难以因此而得到保证。

改选后的新一届天津商会当然很想有所作为,以便尽快改变其原有不良形象,在促进工商业发展方面发挥应有的功能与作用。新当选的执行委员富焕卿曾两次上书商会提出改革建议,真心地希望"各委员施政方针谋本会会员及各商之需要,解除各种痛苦与谋福利,莫为己身先谋福利,以免辜负会员纳会费及选举,并不可违背就职日之宣誓言词"①。天津各同业公会也对新一届商会寄予厚望,绸布棉纱呢绒业同业公会还鉴于"本市商业因感受各种影响,凋敝日甚,若不亟亟设法补救,则商业前途尤不堪设想",郑重地向商会提出"改善营业税率并整顿调查及实施各国租界办法""设法救济市境资本较小商店办法""指导各业商店参加各该业公会组织以期健全商会公会办法"三项繁荣市面的具体建议②。

然而,由于多年来各方面弊端之深均已达积重难返之程度,新一届天津商会不仅在短期内无以改变这种困局,而且同样深受其累。年轻力壮的商会新主席纪仲石受命于危难之际,上任之后原本雄心勃勃地想干出一番事业,也被天津工商界寄予厚望,但却因"经费缺乏,苦力支持,备尝艰辛,职员索薪之书,几于无日无之,其中甚至有限时答复,形同哀的美敦书"③。仅半年之后,纪仲石即颇感身疲力竭,难以为继,态度坚决地提出辞去所任全部职务。他在辞职函中无可奈何地表示:"鄙人承绸布纱公会推派代表出席本会本届选举,被推充执行委员、常务委员兼主席,就任以来,时逾半载,建树毫无,有负委托,良用惭悚。自维菲材薄植,能力实有未逮,加以会中公务极为繁重,渐觉精力不支,致肇失眠之症,近复逐渐加重,夜眠自惊,甚至完全不能安睡。长此以往,个人健康既蒙损失,贻误要公尤深懔惧,万不获已,惟有将在本会各项职务一概辞却,以资调养。"④此外,纪仲石还详细陈述了由其经手处理各项积案的过程与艰辛,从一个侧面体现了天津商会面临的诸多困难。在此情况下,天津商会执行委员会经过议决,公举常务委员赵聘卿

---

① 《富焕卿就商会应变革事项向津商会两次上书》,《汇编》(上册),第83页。
② 《天津绸布纱公会提议繁荣市面办法三条函并津商会请各业加入公会通函》,《汇编》(上册),第1231页。
③ 《津商会主席纪仲石请全体执监委员集会商讨解决困境函》《汇编》(上册),第124页。
④ 《津商会新任主席纪仲石请求辞职并述各项积案处理情形函》,《汇编》(上册),第84—85页。

暂行代理主席职务。

经历此番波挫,天津商会更难以发挥其应有作用,实际上又在很大程度上陷于会务停顿状态,工商各界的不满也难以消除。1936年8月,在商会和同业公会的主动请求下,天津市社会局发布训令对商会予以整理:"当以该会自改选以来,甫逾一载,内部即呈纷歧现象,组织已不健全,会务势难进行,自应彻底整理。"其具体措施是:"就商会会员代表及素孚众望者,聘任整理委员若干人,组织办事处,暂行维持会务,一面积极筹备改选事宜,以资过渡而息纠纷,庶于法律、事实双方兼顾。"[①]商会整理委员会由徐柏园、纪仲石、王文典、祁云五、孙冰如5人组成主席团,整理委员共计14人。根据天津市社会局公布的《整理天津市商会办法》,原商会停止行使职权,由商会整理委员会维持会务,至商会改选完成、新委员任职之日止。整理委员会成立之后,又拟定了整理商会实施方案,主要有五项内容:清理积案、整理旧账、重定会费、修改章则、重行登记。同年12月底,天津商会举行全体会员代表大会,选举了执监委员并候补执监委员,随后又选举了常务委员和主席。已年过八旬曾在清末多次连任天津商务总会总理的王贤宾(号竹林),作为天津工商界的元老又被选举为天津商会主席。年轻力壮者担任主席难以奏效,转而又抬出八旬老翁勉力支撑,这其实也是天津商会的无奈之举,同样难以从根本上解决天津商会的困境。

## 三、结语

从上述天津商会的两次改选经过,我们可以看出政府并没有对商会的改选直接加以操纵和控制,而是由商会自主进行。即使在改选过程中商会与同业公会之间出现了一些争议,政府也没有借机干预。可以说,能够像以往那样独立自主地进行职员和领导人的改选,是商会继续保持其原有独立性的具体表现之一。到了1936年,经历两次改选后的天津商会始终未能走上运行正轨,会务经常陷于停顿,天津市政府才"迭据该会主席呈报各委员不能执行职务及各同业公会请求令饬商会恢复工作"的强烈要求,由社会局出面协调,对天津商会进行了整理。但其具体措施也并非由政府一手包办,而是由商董组成整理委员会,并由整理委员会拟订具体实施方案,最后仍经

---

① 《天津市社会局训令》,《汇编》(上册),第87—88页。

由商会全体会员代表大会选举了新职员。因此,也不能简单地将整理商会的举措说成是政府的越位行为。

或许有人会提出,政府对商会的控制除了通过操纵选举之外,还可采取其他各种方式达到这一目的。这种可能性当然不能完全排除,但却不能仅仅限于推论,需要进行实际考察和分析。本文因主要是探讨南京国民政府初期天津商会的改选问题,所以无法对当时的天津官府是否通过其他方式控制商会做详细的考察。但就笔者目前所接触的资料而言,尚未看出这方面的明显表现,天津商会也很少就这个问题发表意见。

另一方面我们也可以看到,南京国民政府建立之后,虽然天津官府并未直接操纵选举而使商会丧失民间工商社团的性质,但就天津的情况而言,商会的发展却一直遭遇前所未有的困局,甚至经常连会务都无法正常维持而处于瘫痪状态。由此可见,天津商会不仅没有随着国民政府的建立而跨入一个新的顺利发展时期,发挥更为突出的功能与作用,相反还远远不及清末民初时期,陷入了一种难以为继的困顿期。过去,我们很少从商会内部寻找之所以出现这种状况的缘由,而是常常简单地将商会等民间社团在这一时期遭遇困境的主要原因,归结为国民党建立南京国民政府后实行一党专制,在各方面打压民间社团的发展空间所致。这一因素的影响当然存在,但天津商会在国民政府建立后陷于困顿局面也自有其内在原因。实际上时人对此已有很好的总结:"商会由盛而衰,由衰而疲,其病源不外三者:一曰人才缺乏,虽有领袖无法指挥;二曰钱财不裕,虽有计划无法实施;三曰章制未善,虽具优点终多扞格。此其荦荦上者,复因人谋不臧,未能遵守常轨,推诚协作,终至漫如散沙,全局瓦解。"①这种分析尽管不能说十分完备,但却可以说是较为真实地道出了商会内部自身各种弊端所造成的消极影响。

还应强调指出的是,这一时期天津商会与其下属基层组织同业公会之间的矛盾越来越尖锐,使商会陷于一片指责的声浪之中,主要原因也不在于官府的从中操控,而是工商界内部因素所致,特别是商会未能真正担负保护工商业者利益、促进工商业发展等应有的职责,引发了同业公会的强烈不满。不仅在天津商会的发展历史上,而且从全国范围来看,都很少有作为自己基层组织的同业公会共同署名,公开地强烈指责"商会职员、办事员结党营私、颠倒黑白、蒙蔽把持、自失立场",根本"不足代表全市商人",并召开同

---

① 《天津市社会局训令》,《汇编》(上册),第87—88页。

业公会代表联席会议通过了对天津商会的不信任案。面对同业公会的批评和指责,天津商会并没有检讨自身的失误,相反还一味加以辩解和反击,甚至采取了停止商会会务这种带有某种威胁性意味的行动,从而导致同业公会对商会的不满情绪更趋严重,同时也使商会的处境更为艰难。

总而言之,从天津商会的个案考察与分析不难发现,国民党建立南京国民政府之后,虽然并没有使天津商会丧失民间工商社团的独立性,但也没有为天津商会摆脱困境走上顺利的发展道路而提供实际帮助。直至抗日战争爆发前,天津商会都一直在困境中苦苦挣扎,其功能与作用随之大打折扣,同时也在很大程度上丧失了在天津工商界中的原有威望与影响。

(《华中师范大学学报》人文社会科学版 2008 年第 6 期)

# 清末民初天津证券市场的发轫

林榕杰

近代天津的证券发展史大致可分三个时期:从晚清到民国初年,这是天津证券业的发轫时期,其间先后出现了天津证券交易所、天津证券粮食花纱皮毛交易所、日商天津取引所等;从20年代初到七七事变,天津未出现新的国人开办的证券交易所或证券物品交易所;抗战期间,外股交易由盛转衰,而华股交易兴起,使得在天津开办(以华股交易为主的)证券交易所的条件大体具备。抗战后天津先后有两家证券交易所——华北有价证券交易所与天津证券交易所开业。本文着重论述清末民初天津证券市场的发轫期,有关这一时期天津证券市场的资料较为缺乏,对这一时期天津证券发行与交易的研究尽管难度较大,但有助于使我们对中国近代证券史有更为全面与深入的认识[①]。

一

近代中国股份制企业的产生,尤其是一些较为成功的股份制企业的出现,对国内股份制的推广以及证券市场的形成都有推动作用。而这些从根本上说来又受制于我国近代工业化、市场化的进程。另一方面,近代公债的发行对国内证券市场的发育也有重要意义。但在晚清时期,受制于财政近代化的进程以及各种主客观条件的限制,我国公债出现较晚,并且发行也不

---

① 截至目前,国内学界未见有专门论述清末民初天津证券市场的文章。宋士云《近代天津证券交易市场的兴起和消亡》(《南开经济研究》1995年第1期)、王爱兰《解放前天津的证券交易所》(《现代财经》2001年第3期)等文章对此问题有所涉及。天津市地方志编修委员会编《天津通志·金融志》(天津社会科学院出版社1995年)以及中国人民银行总行金融研究所金融历史研究室编《近代中国的金融市场》(中国金融出版社1989年)中个别章节也有少许内容与此问题有关。

顺利。因此晚清时期尚未成型的国内证券市场是以股票交易为主的。

近代国人自办的股份制公司在天津的出现，始于晚清创办的开平矿务局。1877年9月，唐廷枢拟定"直隶开平矿务局章程"12条，拟集资80万两，分为8000股，每股津平足纹100两，以后扩大生产规模，再招新股20万两，共100万两。1878年，开平矿务局正式开办。1881年，该局开始产煤。同年11月，开平矿务局吸收私人股资100万两。次年，轮船招商局又购买该局股票21万两。那时开平煤矿的股票在天津市面上已有流通，比如《北华捷报》在1883年11月21日的通讯中提到开平股票价格超过120两，同年12月5日又报道开平股票价格在140两以上，而7日后的报道表明该公司股价已超过150两①。

以后天津陆续又有股份公司开办，如天津自来火公司（1886年）、天津造胰有限公司（1903年）启新洋灰股份有限公司（1907年，其前身为唐山细棉土厂）、北洋滦州官矿有限公司（1907年）、滦州矿地有限公司（1909年，与滦州矿务局有依存关系）等。外商创立的股份制企业有英商济安自来水公司（1892年，初名英商天津自来水公司）、英商先农公司（1902年，英文名Tientsin Land Investment Co. Ltd.）等②。

1901年后天津新办的一些民族企业，在其章程中规定不许洋人入股。比如天津造胰公司在其"重订续招股本章程"内明确写着："本公司股票限于中国人，如股票售与非中国人手，其股票作废"③。从这条规定可看出两点：一是股东可将公司股票转让，也就是股东在他认为需要时可把股票售出变现；其次股东转让股票的对象有限制，只能是中国人，外国人即使购买到股票也作废。而同期外商开办的企业，如上文提到的先农公司，应有华商尤其是买办商人入股。

当时北京等地一些股份公司创办时也到天津招股，比较有代表性的就是京师自来水股份有限公司（即后来的北京自来水公司）。它以天津银号为"招股总所"，并订立《天津银号代为京师自来水公司招股及垫款条例》，规定"招股总所代招股洋，二分五厘扣用（即每百元扣二元五角）"。当时主要由北京、天津、上海、汉口、保定、唐山、张家口七地的天津银号代为招集股本，

---

① 孙毓棠：《中国近代工业史资料》（第一辑下册），第659—660页。
② 尚克强、刘海岩：《天津租界社会研究》，天津人民出版社1996年，第50页。
③ 甘厚慈：《北洋公牍类纂续编》（第3册），沈云龙：《袁世凯史料汇刊》（8），文海出版社1966年，1728页。

其中在天津募集的股份应占相当比例①。

晚清时中央政府与地方政府都发行过公债(或名为股票的公债)。清政府发行的公债有昭信股票、爱国公债等。直隶地方在袁世凯任总督时也发行过公债。袁世凯发行公债时"亲邀集天津豪富,劝其担任,而应者仅得十余万。卒乃复用强逼之法,硬分配于各州县。至第二次收银期届,应募者犹不及一百万两。"②按照当时制定的"直隶公债办法","债票任辗转买卖",因此天津市面上应有该债票的交易。

进入民国后的前10年间,是中国资本主义经济发展较快的时期。在此期间,天津、北京等地有多家股份制公司成立。我们先看看金融业中的股份制银行。盐业银行于1915年4月经袁世凯拨30万两银由张镇芳在北京创办;中孚银行于1916年由孙荫庭等发起创办于天津;金城银行总行于1917年5月由王郅隆、周作民在天津成立;大陆银行于1919年由谈荔孙等创立,总行设于天津。裕津银行于1921年创立,总行也设于天津。在此期间,与北洋系有联系的"华北金融财团"已渐成形。以后金融股也成为天津股票市场中的重要交易品种。

再看工商业中的股份制公司。1915年,华新纺织股份有限公司发起成立,由财政部拨官股4成,另6成为商股,华新津厂于1918年正式开工。丹华火柴公司系于1918年由北京丹华火柴公司与天津华昌火柴公司合并改组而成。恒源纱厂(恒源纺织厂)由直隶模范纱厂与恒源帆布公司于1920年合并组成,为官商合办企业,其中曹锟、曹锐(直隶省长)及其家族入股83万元。

在这一时期北京政府发行了较多公债,包括民国元年六厘公债、民国三年内国公债、四年内国公债、五年公债、民国七年六厘短期公债、民国七年六厘公债、民国八年公债、整理金融短期公债、赈灾公债、整理公债六厘债票、整理公债七厘债票等③。这些公债应有部分是在天津发行的。

---

① 北京市档案馆:《北京自来水公司档案史料》(1908—1949年),北京燕山出版社1986年,第13—15页。(以后天津市面上也有北京自来水公司的股票流通。)
② 梁启超:《论直隶湖北安徽之地方公债》,《饮冰室合集》(第3册),中华书局1989年,第95页。
③ 千家驹:《旧中国公债史资料(1894—1949年)》,中华书局1984年,第37—78页。

## 二

伴随着这些公司股票的印发,在清末民初时天津当地可供交易的股票种类增多,但市面上实际流通的股票数量仍较少,价格也不高。如1911年启新洋灰公司股东特别会上的报告中提到:"本公司数年以来派利皆1分6厘,而股票价值,外间行市每股仍仅75元左右,并未继续增高。"①

那时出于股票买卖的客观需要,股票交易的中介开始在天津出现。首先,原来经营兑换铜元、杂钞、外币兼营彩票奖券的裕大、顺兴等钱铺,在主业外兼营一些股票代客买卖业务。其次,有的银行也开始代理买卖股票业务。再次,当时天津已有西商股票经纪人,如 A. Algie, H. Ballauf, T. L. Bryson, S. Gilmore, H. Smith, J. Watts, T. E. Watts②,其中 S. Gilmore 为永盛洋行经理(该洋行经营外汇交易与国外公债,也附带买卖外国股票、英租界工部局债券等,而中国人如买卖外股也到该洋行或其他洋行③);除西商经纪人外,有的日商洋行也开设了"股票交通处",并曾在报纸上刊登办理中国股票"交通"事务的广告。下面一则广告就比较有代表性:"启者:本行账房现在办理中国各实业公司股票交通事务(如滦矿、洋灰、北京自来水等股票),凡有欲买欲卖各股票者,请驾临日界武斋洋行账房面议,或由函达,必能代为买卖。敝处为发达公司、流通股票起见,特此广告。股票交通处启。"④可见当时滦矿、启新洋灰、北京自来水等公司的股票在天津市面上应已有一些买卖出现了。最后,那时天津还出现了专门从事股票买卖业务的"股票交通事务所"。请看1914年天津《大公报》上连续刊登多日的一家"股票交通事务所"的广告:"本所专任各项公司股票买卖之媒介,如诸君枉顾,请于每日上午十二钟时(每逢礼拜则由上午十钟至下午四钟),至日界梨栈西新津总

---

① 南开大学经济研究所、南开大学经济系:《启新洋灰公司史料》,生活·读书·新知三联书店1963年,第257页。(启新洋灰公司在当时为获利较为丰厚的公司。)

② W. A. THOMAS. *Western Capitalism in China: A History of the Shanghai Stock Exchange*. Aldershot; Burlington, USA: Ashgate Publishing Limited, 2001. 113.

③ 周志久、吴树元:《天津证券行业的兴起和消亡》,《天津文史资料选辑》25辑,第135页。

④ 《股票交通处广告》,《大公报》1914年4月7日。

里三十号本所接洽可也。"①这种"股票交通事务所"可以说是当时的股票经纪商。

至于公债交易,由于北京当时为国内财政金融中心,同样是公债交易中心之一。天津距北京较近,市民的公债交易有时得通过其他途径在北京进行,而本地公债交易并不活跃。

## 三

就在1914年,天津有梁成等人申请设立天津证券物产交易所有限公司,并经农商部批准立案。其后又有刘伯聃、李绛侯等人先后呈请在津开办证券交易所,但都未获准。1918年7月30日,天津证券交易所奉农商部批示准予备案。同年8月18日假江苏会馆开成立大会,通过章程,议定正副理事长等的月薪,然后选举理事、监察人并于理事中互选正副理事长。该所理事长为史履晋(北京电灯公司总经理),副理事长王丕煦,常务理事叶登榜、王灏,理事有王之杰(直隶省银行总长)、王璟芳(北京证券交易所理事长)、阮如塘(天津金城银行经理)等7人,监察人有马殿元(天津新华储蓄银行行长)、蒋式惺(北京电灯公司总董)等6人。该所"租定天津东马路中间道西楼房一所,以为营业地址,并刊刻图记以备铃用"。可见在天津,国人所办证券交易所的批准立案及成立并不晚于上海。

到1921年时,天津又出现了一家较大的交易所——天津证券粮食花纱皮毛交易所(也曾称为天津证券花纱粮食皮毛交易所,后又改名为天津证券花纱杂粮皮毛交易所)。该所"呈奉直隶省长转咨农商部核准立案"②,立案时间在当年2月7日。同月发起人会即召开,并推举筹备主任、副主任等。经过7月余的筹备,这家交易所于当年10月1日下午举行开幕式③,同日粮食、花纱、证券三项即开始营业。④

该所为股份有限公司组织,资本总额250万元,分125000股,每股20元。

---

① 《股票交通事务所》,《大公报》1914年1月19日。
② 《天津证券花纱粮食皮毛交易所股份有限公司启事》,《大公报》1921年2月22日。
③ 《交易所开幕盛况》,《大公报》1921年10月2日。
④ 《交易所开幕再志》,《大公报》1921年10月3日。

下面说说天津交易所的内部组织制度。该所股东会分定期、临时两种：定期会在每年2月、8月各举行一次，由理事长召集；"临时会无定数，遇必要时由理事长径行召集，或理事之过半数、或监察人、或有股份总数1/10以上之请求于理事长均得召集之。"股东会上股东的议决权"以一股为一权"。

该所理事共19人，由股东会从持有200股以上的股东中选出，任期3年，连选得连任。理事当选后，再互选理事长1人、副理事长2人、专务理事6人。他们的职责分别为："一、理事长代表本所执行理事会决议之事项，依照本章程及营业细则总理一切事务；二、副理事长辅助理事长处理一切事务，遇理事长有事故时代行理事长职务；三、专务理事辅助理事长及副理事长处理业务；四、理事出席于理事会，议决本所一切重要事项"。该所理事长为曹钧（曹锟之弟），副理事长为边守靖（顺直省议会议长）、王彦侯（直隶省财政厅厅长），专务理事有卞月庭（天津总商会会长）、王筬三（国会议员）、孙棣三（沪方股东）等6人①。该所还设有监察人4人，由股东会从持有100股以上的股东中选出，任期1年，连选得连任。

就该所重要职员来看，主要有三方面人士：一是曹氏家族、与其关系密切的边守靖还有其他一些官方人士，二是以卞月庭为代表的天津总商会人士，三是沪方孙棣三等与上海证券物品交易所相关的人士（天津交易所的成立也是由他们反复推动促成的）。因前两方对交易所业务并不很熟悉，该所的业务实际上主要由沪方人士控制。

天津交易所经纪人共计160人（在当时国内各交易所中算人数较多的），"证券，花纱，粮食，皮毛各部中有担当一部者，及兼理数部者，皆须交纳三万元身份证据金（承认以该交易所之股票代用现款）"。

在交易制度上，该所采用竞争买卖法。交易种类上，按该公司营业细则规定，分现期、约期、定期买卖三种。公债面额1万元为一成交单位，而股票成交单位为50股。

根据当时《大公报》刊登的《天津交易所十月份各部交易详表》，在该所上市的股票有"本所股""上交股"（上海证券物品交易所）"北交股"（北京证券交易所股）以及南洋烟草；公债则有"三年六厘""四年六厘""五年六

---

① 陈宗彝：《解放前天津金融市场的变迁》，中国人民政治协商会议天津市委员会文史资料研究委员会：《天津文史资料选辑》第5辑，天津人民出版社1979年，第186页。

厘""七年短期""七年长期""整理六厘""整理七厘""金融公债"①。以后又有中兴煤矿等股票以及直隶公债等政府债券上市交易。花纱部交易的有"松鹤标准二十支纱""松鹤标准十六支纱""西河标准花";粮食部则有"绿桃标准面粉"等。然而正如陈宗彝所指出的:"该所营业项目,名义上虽然包括证券、花纱、粮食、皮毛四种,实际拍板成交的以证券为主,俨然为一变相的金融市场。成交的证券中以本所股票为独多,其他则为国内公债"。在其开业初期,证券成交以公债为主,"但渐次股票交易增多,而成为该交易所交易之中心。"当时"本所股"交易的活跃,主要是由于该所专务理事孙棣三"违背部定条例,虚设经纪人号,与三五私党组织多头公司,将股本市价抬高至二倍有奇,利息至十二分之厚,以引诱一般商人群起而图套利(例如一月份买进价小,二月份卖出价大,谓之套利)。商人不知其中黑幕,咸投资竞买。"②

  在该所开业初期,营业还较兴隆,但不久即陷于入不敷出的困境。这主要是由于"天津自有交易所以来,商人多尚实际交易,故买空卖空投机事业,始终不能发达。粮业、皮毛、棉纱、棉花等业,均视为畏途,不敢涉跻其间。故该所日渐萧条,而致减人裁薪,该所经费每月至少三万元,现在每日抽头仅得三四百元。而所作之生意,仅本所股票一门。其余各业,均拍空板而已"③。1921年与1922年之交该所首次裁员即有55人④。

  1922年3月2日,该所暂停交易,各科人员一律放假⑤。究其原因,固然与上海证券物品交易所停业带来的冲击有关,但并不止此。这家交易所因经纪人利用职权任意操纵市场而沦为"纯粹之投机交易场",终至"陷于不能开盘之势"⑥。3月13日,该交易所恢复营业,但本所股未开拍,交易仅限公债"七年长期""第一期六厘"等。至该年4—5月之交(第一次直奉战争前夕),"该所乃藉口地方不靖亏累甚巨,宣布暂时停业,将二百多职员暂行遣

---

① 《天津交易所十月份各部交易详表》,《大公报》1921年11月1日。
② 《交易所被害委托人向国会呼吁》,《华北新闻》1922年8月29日。
③ 《交易所之新营业》,《益世报》1922年1月8日。
④ 《交易所裁员之纠葛》,《益世报》1922年1月16日。
⑤ 《交易所暂停交易》,《大公报》1922年3月3日。
⑥ 《三十三年度华北经济年史》,《中联银行月刊》1945年9月。

散以待后命,实际上是关门停业,对未完的交割不了了之"①。以后天津交易所再未复业,其实际开业时间约半年余。

该所停业原因较为复杂。如仅为受时局(主要是第一次直奉战争)影响,那么在局势较为平定后该所应复业,但它此后一直未复业,其真实原因究竟何在呢?对此还有两种说法:一说这与上文提到的专务理事、沪方股东孙棣三有关。当时天津交易所的设立,即是由他"迭次来津,联络富绅,集资成立"。他获利甚巨,但较为挥霍,"又与经纪人吴某,兜买股票,高抬价格,希图获利。讵意沪上交易所,倒闭之噩耗传来,孙竟亏累二十余万"②。吴某、孙棣三先后潜逃,以致该所一蹶不振。除此之外,陈宗彝还提到该所根据北京政府农商部颁布的相关法规,将应缴的保证金计83万余元存于直隶省银行,被曹锟通过其弟曹锐、曹钧提作军费。

这家交易所是在1920年夏至1921年冬的国内"交易所热"中成立的,当时仅上海一地就先后出现了140多家交易所,天津、汉口、宁波等重要商埠也陆续有交易所开业③。但不久即酿成风潮,上海一地,交易所、信托公司纷纷倒闭,并波及外埠。其他地方的交易所也未能幸免,天津交易所即属其一。

天津证券花纱粮食皮毛交易所以及其前成立的天津证券交易所可说是"移植性"或"派生性"的交易所,并非完全由于本地证券、物品交易发展的需要应运而生的。天津证券交易所理事长为北京电灯公司总经理,理事中也有北京证券交易所理事长,表明它是在北京证券交易所开业后不久由北京方面发起并联络天津金融业人士在天津成立的。而天津证券花纱粮食皮毛交易所则是在上海证券物品交易所开业后获利甚丰的情况下,由上海证券物品交易所的孙棣三等人联络天津政界及商会人士成立的。但该所在当地并未得到广泛认同。就物品交易方面而言,当地相关各业(粮业、皮毛、棉纱、棉花等)尽管未组建自己的交易所,但是对该交易所一般都"视为畏途"。在公司股票交易方面,天津交易所也先后开拍了数家公司的股票,但都成交不旺,只有本所股在操纵下一时间交易较为热络。就公债交易而言,天津距财政金融中心北京甚近,北京已有证券交易所开业,且买卖较为兴盛,因此

---

① 陈宗彝:《解放前天津金融市场的变迁》,《天津文史资料选辑》第5辑,第187页;《大公报》1922年5月01日。
② 《交易所理事逃逸》,《大公报》1922年3月10日。
③ 杨荫溥:《中国交易所论》。

该所在这一方面也难以有大的作为。加上当地资金(包括天津银行、银号等金融业的资金)主要关注于"对日,美,英及上海之汇兑,与银块之交易等"①,这也不利于该所对游资的吸纳。

## 结语

以往对上海证券市场的发展阶段有"茶会时代""公会时代""交易所时代"的说法②。而在20世纪早期的天津,情况有所不同。首先,在证券市场孕育的起初阶段,尽管证券交易的中介已出现,但仍为分散交易,尚未自发形成集中交易地点("日常集合之地");其次,此后天津的证券发展史并未经过"公会时代"即转入"交易所时代"(那时天津出现的交易所也并非由同业公会改组成的)。但这一"交易所时代"因缺乏坚实基础而不具延续性。后来天津本地华商证券市场又回到分散交易的阶段,并在长达二十余年的时间内没有国人创办的证券交易所或证券物品交易所出现。

(《社会科学家》2008年第1期)

---

① 《二十三年度华北经济年史》,《中联银行月刊》1945年9月。
② 杨荫溥:《中国之证券市场》,《东方杂志》。

# 社会变迁中的天津会馆

刘莉萍

会馆作为地域性很强的社会组织,在明清直至民国时期的社会发展中发挥了不小的作用。政治的进步、经济的发展是社会前进的动力,会馆也可以说是政治、经济的产物。当带有封闭性的安土重迁的观念被打破,人们开始接受了商品经济对小农经济的冲击,并离开故土远徙他乡谋求发展之时,会馆成为这些旅居异地的同乡人联络乡谊、共谋利益的立足点,并在一定程度上促进了当地政治、经济的发展。

天津由于其特殊的地理位置,元代以后一直为航运的枢纽。《畿辅通志》说天津"地当九河津要,路通七省舟车,九州万国贡赋之艘,仕官出入、商旅往来之帆樯,莫不栖泊于其境。江淮贡赋由此达,燕赵渔盐由此给,当河海之要冲,为畿辅之门户,俨然一大都会也"。所以近二百年来,天津是"五方之民所杂处",从事运输、商业的移民日益增多,作为客居异地者的同乡组织——会馆(亦称"公所""同乡会"等),也随之迅速出现,并促进了天津经济的繁荣发展。自乾隆四年(1739)天津的第一个会馆建立到20世纪50年代,天津的会馆经历了发生、发展、兴盛、衰亡的过程,历时二百余年。尽管我们不能把会馆提高到对天津近代城市的发展起着举足轻重作用的位置,但会馆的频繁建立成为当时天津经济发展的重要标识,透过会馆的发展变迁,可以看到天津城市发展的一个侧面。

会馆大致可以分为两种类型:一是属于单纯同乡会之类的士宦行馆、试馆,一种则是属于商人或商帮会馆。前者较多地体现出政治、文化特征,后者则更多地带着商业文化色彩。在不同的城市,这两类会馆在数量上各自所占的比重不同,反映着各种城市的不同特点。如北京作为政治中心,政治占主导地位,其会馆主要是为仕宦和科举服务的,故又称之为"试馆",会馆的规模也与本地入仕为官的人数多少、官位高低有关。因此,北京的会馆带有浓厚的政治色彩,官吏在会员中占多数。天津的会馆则不同,最初是因商业而出现的,其后出现了政治性与商业性并重的会馆,最后则基本退出了商业舞台,往往成为社会公益事业的一部分。

天津会馆的发展变迁,大致经历了三个阶段。

**第一阶段(18世纪中叶—19世纪中叶)**

鸦片战争前,天津最主要的几处会馆有:乾隆四年(1739)闽粤商人在针市街建的"闽粤会馆",俗称"洋蛮会馆",这是天津最早的正式会馆;乾隆十八年(1753),江西商人在估衣街建"江西会馆";乾隆二十六年(1761),山西商人在河东杂粮店街建第一个"山西会馆",道光三年(1823),山西商人在锅店街建第二所会馆,以后又在杨柳青镇建立了第三所山西会馆。

这一时期的会馆虽然数量不多,却已反映出作为移民城市的天津外商云集的特征,已形成了若干个大商帮。《初建山西会馆碑记》云:"古称津地为幽燕沙漠之区,僻处荒凉,人烟绝少。自国朝定鼎以来,海宇永定升平,居民渐臻繁茂,而远方来贸易者,云集其间,至今称极盛焉。"[①]商帮众多,贸易繁盛,是当时天津经济发展的体现。商业贸易的繁荣也使天津发生了明显的变化,城北、城东一带出现了河北大街、北大关、锅店街、宫南大街、宫北大街等商业区,同时出现了专门性的街道和市场,如估衣街、针市街、粮店街、锅店街、布店胡同、肉店、鱼市、菜市等。值得一提的是针市街的定名,是因闽粤商人带来的手工业产品特别是缝衣针销量最大,所以其销售地取名为针市街。早期的会馆多设于商业繁华区,由此可以看出外地商人对天津城市形成做出了巨大贡献。

闽粤商人富于开拓意识。明清时期各地商人出行之远,人数之众,所营产业之多,无出闽粤商人之右。诚如文献所称:粤人"习海擅商,恒为内地各行省冠"[②],闽人"以贩海为利薮,视巨浸为衽席。北至宁波、上海、天津、锦州,南至粤东,对渡台湾,一岁往来数次"[③]。因此,在天津,闽粤商帮显示了他们在商业贸易方面的雄厚实力。闽粤商船巨大,《津门保甲图说》云:"及到郡城停泊,连樯排比,以每船五十人计之,舵、水人等约在一万上下。"这些商人把南方的木料、茶叶、瓷器、香料、纺织品、工艺品及铜器、金、银、锡、箔等运到北方,又从北方运回花生、大豆、核桃、红枣、药材、酒等。为往来贸易

---

① 《初建山西会馆碑记》,《郑天挺纪念论文集》,中华书局1990年。
② 《天津广东会馆征信录》。
③ 道光《厦门志》卷十五风俗志。

需要,商人们便设立了会馆。会馆正式建立前,粤帮有常丰盛公所,潮帮有万世盛公所,闽帮有苏万利公所,作为各自同乡商人运货来津后的转运和交易的落脚点。随着经济实力的不断增强,贸易不断扩大,三帮集资购地建起会馆。不久,还建立了岭南栈和潮帮公所。

南方的江浙商帮也有较强的经济实力。他们的商船虽不如闽粤商船大,但一出行总是十几艘、几十艘列队而来,亦颇见规模。《津门保甲图说》称"天津所有南货,均由上海、宁波沙船载运",此说虽有些绝对,但也反映了江浙商人在商品贸易中的势力之大。早在清初,浙江人就在户部街北原镇仓关帝庙遗址上集资建立了浙江乡祠,这是会馆的雏形。康熙、乾隆年间两次重修,乡祠旁还曾建过金华会馆。

江西商人以贩卖瓷器为主,在天津亦有一定的势力,他们建立会馆也很早,乾隆十八年(1753),在原万寿宫设江西会馆。

山西商帮是一支在天津近代城市经济发展中有着重大影响的北方力量。因他们势力盛大,会馆规模也最气派。乾隆二十六年(1761),山西商人在河东杂粮店街建立了第一个会馆,之后又在锅店街和杨柳青建两处会馆。天津盛产长芦盐,盐业是天津的主要经济资源。山西商人以经营盐业为主,盐商居山西商人十三帮之首。此外,还有布、铁、铜、锡、茶、皮货、颜料、烟、帐、当、银号、杂货等各业。由于商业的发展,山西商人创建了专营汇兑业务的钱庄,解决了货款长途运送的不安全和运送费用的问题,从而方便了客商的贸易活动,钱庄也因此获利众多。其后山西帮商人竞相效仿,汇兑业在天津发达起来。天津首先出现的专营汇兑业务的钱庄,可以说是现在金融业的雏形,从而反映出它在天津近代城市形成过程中所发挥的重要作用。

除上述几大商帮外,还有其他许多省份的商民也迁徙此地,因势力相对较小,未建立有影响的会馆。

据统计,《天津县志》《续天津县志》《天津县新志》所载清前期迁徙来津的66人中,来自江浙的人几近一半,北方则以山西人为多①,这也多少可以与此时期的会馆形成对照,反映出某些地域的流动人口在天津的人口中所占的较大比重。

鸦片战争前的一百年间,天津已是商贾云集,货栈林立,一派繁荣景象,这与外地商人来津贸易是分不开的。会馆的出现,不仅帮助了各地商人势

---

① 吉石羽:《传统期天津城居人口探析》,《城市史研究》(第二辑)。

力在津的不断扩大,同时也促进了天津经济的发展,对天津城市的形成与发展起了一定的作用。

**第二阶段(19世纪中叶—20世纪初)**

此时期可说是天津会馆发展的繁荣期,会馆数量大增,会馆所涉及的区域也在扩大,但与前一阶段相比,其性质也有所变化。

前述的闽粤会馆、江西会馆、山西会馆等虽几经盛衰,此时仍保持着较大的规模,商人势力依旧。此外还有:

延邵会馆:同治元年(1862)建,在北阁里。

济宁会馆:同治四年(1865)建,位于肉市口内西杂粮店街崇福庵内,其经费由山东济宁府州官商共出。

怀庆会馆:同治七年(1868)由河南怀庆药商张连堂联合三十多家河南旅津药商集资建成,位于红桥区曲店街。

吴楚公所:同治十三年(1874)安徽籍直隶总督李鸿章倡建,位于河北督署后老铁桥东。

庐阳公所:光绪六年(1880),安徽庐州旅津同乡为纪念直隶巡按史丁寿昌而捐资建祠,位于南马路丁公祠胡同。

浙江会馆:光绪十二年(1886),由浙籍长芦盐运使严信厚等发起,众浙商出资响应,在东门内户部街原浙江乡祠旁新建,与祠相通。

江苏会馆:光绪十三年(1887),由苏籍大官僚吴清卿、季士同、盛怀宣等倡议同乡集资兴建,位置在东门外磨盘街。

广东会馆:光绪三十三年(1907)由官僚唐绍仪、梁浩如等发起,募集同乡资金,在鼓楼南大街建成。

安徽会馆:光绪三十四年(1908)由直督总督杨士骧、实业家周学熙等首倡募资建立,位于新浮桥北。

云贵会馆:宣统二年(1910)由直隶总督贵籍陈夔龙发起兴建,位于河北区宇纬路。

此外还有浙江的纸帮公所(在锅店街)、商船公所(在东关海河边),广东的潮帮公所(在针市街),福建的邵武公所(在曲店街),河南的中州会馆(在大经路),安徽的两江会馆(在当时的北浮桥北向淮军公所)等等。

会馆在短短几十年间如雨后春笋般出现,表明天津外地移民数量的增加和不同地域之民的势力在天津的消长,以及天津作为工商业城市的进一步发展。关于这一点,也可以从其他方面得到印证。1840年天津人口总数不到20万人,至1906年增至42万多人,其中自然增长人数约4万多,而迁移增加的人数为18万多,即后期迁移人口占总人口的比例接近43%①。除了有大量迁居人口外,天津还有大批流动人口,据光绪三十四年(1908)日本在天津驻屯军司令部编的《天津志》的不完全估算,当时"从山东、河南、山西、陕西以及其他各省,在每年春季为了做工而来津,冬季又因河流结冰而回省的,也不下三四万人"②。前来天津谋生、经商的人群已不仅仅以某个省区为主,其来源的地域范围大为扩大。随着各地域同乡的增加,必然有"答神庥、笃乡谊""立商约"③等要求,过去已有会馆的省区同乡进一步发展会馆,过去没有会馆的省区同乡想方设法集资建会馆,也就势所必然了。

天津自近代开埠之后,成为了北方最重要的商品集散地,除原有的商品贸易继续发展外,大规模的进出口贸易也在以惊人的速度发展,中国商人、买办与洋行、洋商共同操作着这个大市场,中国商人与外商之间,中国不同地域及同行业的商人之间,形成了日益激烈的市场竞争,同乡联合起来参与竞争,无疑有助于其争取商贸中的优势地位,因此,会馆的增加,其实也是天津近代工商业发展的反映。

因资料缺乏,有的会馆发起人及建馆后的沿革,现已不甚明了,但仅就现存的资料,仍能反映出这一阶段会馆的某些新特征。

其一,一些大官僚介入会馆事务,使不少会馆带上了浓厚的政治色彩,这是近代以前所没有的现象。如吴楚公所、浙江会馆、江苏会馆、广东会馆、安徽会馆、云贵会馆等,均是在天津大官僚的倡导下建立起来的。在中国的近代化进程中,天津具有突出地位。外国资本的大量投入,洋务运动中一些重要近代企业的出现,商品贸易的空前繁荣,均意味着天津已非传统意义上的封建都市,而已变成为近代意义的工商业城市。在这种环境中,作为站在东西文化冲突与交融的焦点上的封建大官僚,一味维持固有的封建文化模式是不现实的。因而,一方面,他们借助传统的社会组织——会馆,营构体现自己一派的地缘关系为基础的势力;另一方面,他们又要给这种传统的社会组织注入新的"活力",去适应当时社会的近代化变迁,因为近代商品贸易的发展,已与政治因素密切相关,二者的一体化进程,正标志着地域商民借

---

① 罗澍伟:《近代天津城市史》。
② 侯振彤:《二十世纪初的天津概况》。
③ 《重修正乙祠整饰义图记》。

助于政治因素而发展商业,而政府官僚亦以其政治影响在促进同乡商贸发展的同时,增强自己的政治经济实力。这样,少数有权势的官僚长期把持会馆事务,使会馆的性质也发生了很大的变化。

其二,会馆为"报祀神庥",本来都有各自祀奉的神灵,如闽粤会馆崇天后,山西会馆敬关公,江西会馆敬许真君,浙江会馆奉王阳明等等,所崇拜者均是传说神人或历史名贤。而到近代,尽管这一特征没有根本改变,但也出现了新的情况,有的会馆祀奉的是当时的社会名流。如庐阳公所是为纪念清政府天津道员丁寿昌(安徽庐阳人,海军提督丁汝昌之弟)而建;安徽会馆因供奉李鸿章,而被称为李公祠。天津是个"五方杂处","土著者少,流寓者多"①的城市,因而信仰庞杂,儒、释、道及民间或地方崇拜之神五花八门,无所不有。不同会馆祀奉不同神明以祈求福佑,本是这种状况的反映。而敬奉起当时的社会名流,似乎又有了更深的含义——倚重时人皆知的名宦,来提高本会馆同乡在津的地位。天津一地不仅祀神的坛庙众多,也有不少纪念当时名人的专祠,查印行于光绪二十四年(1898)的《津门纪略·疆域门·专祠》,就可见有怡亲王祠、僧忠亲王祠、杨公祠、赵公祠、双忠祠、曾文正公祠、金刚愍公祠等多处当时名宦之祠,表明敬重当时名流亦为此地风习,因而有的会馆也要借此提高自身地位了。

**第三阶段(民国初—1956年)**

这是天津的会馆蜕变、衰落的时期。有的会馆、公所在20世纪30年代即已臻衰微,如中州、济宁、邵武、吴楚、潮帮、延邵等馆;还有若干新出现的会馆、同乡会,并未维持多久,很快趋于消失,如高阳商帮会馆、山东登莱旅津同乡会、山东鲁北旅津同乡会等。仅有八所会馆延续到新中国成立后至1956年才全部宣告解体,它们是闽粤会馆、江西会馆、山西会馆、浙江会馆、怀庆会馆、江苏会馆、庐阳公所、安徽会馆、云贵会馆、广东会馆、山东会馆②。民国以后,会馆的性质发生很大变化,表现在:

一、基本上已不再是纯粹的商民组织,而逐渐成为一种政治工具。由于军阀、政客及抗战时汉奸等纷纷以会馆作为政治活动场所,凭权势长期把持会馆事务,使一些会馆主要服务于某些官僚的政治需要,而忽略了建立会馆为同乡服务的初衷。

---

① 《天津卫志》卷一风俗。
② 《天津文史资料》(第五十六辑)。

二、这一时期在商业领域的作用极小。由于商会的出现与发展,商民间、商帮间、中国商人与洋商间、商民与政府间的贸易往来甚至争执纠纷,多仰赖商会管理和解决,会馆在其中所扮的角色十分次要。商民已不再完全依靠同乡关系去为自己的商务排忧解难。

三、会馆在20世纪三四十年代以后多数近乎是一种慈善机构,为处境窘困的同乡提供扶助,为死去的同乡提供义园停灵和义地安葬。有时会馆附设了疗养院,建立中小学,为同乡的生活学习提供方便。

天津解放后,各会馆均形同虚设,已无多少会员,也很少有人愿意出面管理,会馆业务也基本停顿,故1956年经天津市人民委员会批准,所有会馆分批结束,其组织不再存在。改革开放以后,重修了广东会馆,但只是作为一个展览、戏剧表演场所,与早年的同乡会性质的会馆相去甚远。

会馆作为在封建社会中形成的传统社会组织,尽管在适应城市近代化进程中不断调适自身,在一定程度上影响了天津城市的发展,但它终究摆脱不了传统的继缧,随着天津近代化步伐不断加快而终归消亡。

(《聊城大学学报》社会科学版2008年第4期)

# 天津合唱事业发展概述

李 莉

天津是一个有着丰厚文化积淀和鲜明人文精神的文化城市,在近百年的音乐发展史上,天津不光为中国孕育了灿烂的音乐文化,还为各种音乐艺术在本土的蓬勃发展提供了肥沃的土壤。由于笔者长期在高校从事音乐教学与研究工作,基于对合唱事业的热爱,比较关注合唱事业在天津的发生与发展情况。近年来,在查阅大量资料的基础上,走访了许多天津的老音乐人,获得了一些有关天津合唱发展的珍贵历史资料,现结合相关研究做一简要概述,以使我们能够更加深入地了解天津合唱艺术的发展,弘扬天津本土音乐文化。

合唱最便于表达人们复杂细腻的思想感情,是声乐艺术的最高表现形式之一。中国有几千年的悠久音乐文化,但合唱音乐在中国仅有一百年左右的历史。直到20世纪初,西方文化挟其优越的经济势力叩关,西方宗教音乐随传教士来到中国后,才开启了我国合唱艺术发展之路。天津的合唱艺术也在这个时期起步,并逐渐发展起来。它的发展和社会历史紧密相关,因此,我们将沿着中国近代史的发展脉络来窥其究竟。

## 一、20世纪初期的天津合唱

教会的进入是天津合唱事业产生的基础。20世纪初期进入天津的有天主教、基督教和东正教。虽然它们之间有所不同,但是有一点是相同的,都用音乐来传播教义。天主教的音乐主要是圣咏。基督教的音乐在圣咏的基础上吸收了一些民间音乐素材。东正教的音乐在演唱形式上,已经不同于前两者,是采用了传统的四部合唱形式。有一些著名的歌唱家就是从教堂圣诗班中出来的,如当时的维斯理教堂(基督教)圣诗团,培养出了郭淑珍、李光羲、林青等音乐家,各种乐团也经常到唱诗班去物色歌手。这些圣诗班

（团）为天津早期的合唱事业培养了大批的音乐人才。同时，许多的留日、留英、留美的学生回到天津，他们创办了一些专业音乐团体，开展培训、举办音乐会等，为近代音乐在天津的传播起到了推波助澜的作用。

从当时的文献记载看，近代音乐的各种演奏方式和声乐方面的独唱、重唱、合唱三种形式已经开始出现，但在清末天津城得到普及的主要是合唱，从小学的开学典礼到各种成绩展览会，都可以听到朗朗的合唱声，从而在天津城出现一种全新的音乐艺术形式——学堂乐歌。它的出现，成为中国近代音乐史的一个界标，标志着中国音乐从此进入了一个新音乐的时期。沈心工、李叔同等人在20世纪初都曾先后到日本学习现代音乐教育，他们后来成为学堂乐歌的主要人物。

学堂乐歌是中国近代音乐的源头，也是天津合唱音乐的另一个基础。这些乐歌以齐唱作品居多，其中成就最突出的应属李叔同。李叔同（1880—1942），近代著名音乐美术教育家、书法家、戏剧活动家，清光绪六年（1880）生于天津，原籍浙江平湖。他自己创作的作品有《春游》，根据西洋曲调填词的作品有《大中华》《西湖》《送别》等，其中《春游》是一部三声部的合唱曲，作品与音乐的语汇准确而又形象地刻画了春回大地、万物复苏的景象，是当时较高的艺术作品，也是最早的合唱曲。

1904年，天津在全国率先推出在小学开设唱歌课，对唱歌的具体内容也做出了明确的规定，凡是于军国民生有关的道德、伦理等问题，可以通过浅显的语言创作出歌曲，教给学生们唱，以培养小学生的道德观念和爱国观念，如沈心工先生的《黄河》《体操》《竹马》等，在学校里广为传唱。

推行"学堂乐歌"的前辈们，通过他们的努力，让更多的天津人了解近代音乐，欣赏近代音乐，为近代音乐大规模地传入天津打下坚实的基础，为天津合唱事业的发展做出了贡献。

## 二、抗战时期的天津合唱

1937年全面抗战爆发后，合唱艺术不但未曾凋零，反而成为苦难的社会大众抒发同仇敌忾心声的工具。为了街头宣传、示威游行、音乐会演出的需要，作曲家创作了大量的作品由合唱团歌咏队到全国各地演唱，抗战歌咏运动就这样轰轰烈烈地展开了。

在天津，由于学生运动的兴起，使得天津的合唱事业得到了进一步的发展。演唱形式由原来的齐唱发展为二声部合唱、二声部轮唱,演唱的曲目也由以前的圣咏发展为以抗日战争为题材的抗战革命歌曲,尤其是聂耳、冼星海创作的《救国军歌》《在太行山上》及《黄河大合唱》等作品,采用西洋写作技法的同时又融入革命英雄主义气概,堪称中国近代音乐史上的典范之作,激励和鼓舞每一个中国人,直到今天每当听到它们仍然会为之动容。

到1945年以后,天津的合唱事业又发生了新的变化。由莫桂新、张权领导的"黄钟合唱队"正式成立。这一时期的演唱曲目,也由1945年以前的抗日歌曲转变为讽刺蒋介石的歌曲。如《古怪歌》《五元钱》《你是个坏东西》《坐牢算什么》等。

## 三、新中国成立初期的天津合唱

1949年以后,天津作为全国第一个被解放的大城市,在天津市文化局局长周巍峙的带领下,合唱事业开展得红红火火。当时合唱活动分为工人创作和群众歌咏两部分。并且先后成立了"新歌合唱团"(由中国音乐家协会主办,杨今豪任指挥)、"中苏友协合唱团"(今天"友谊合唱团"的前身,李宏斌任指挥)、"职工艺术合唱队"(在第一工人文化馆成立)、"广播业余合唱队"(后来"新歌合唱队"与其合并,培养出歌唱家于淑珍等人)、"音工合唱队"(由天津歌舞剧院的一些专业演员组成)。但是,1958年由于政治原因,这些合唱团体都被迫停止活动。

到1959年在"天津市音乐家协会"的大力支持下,由著名作曲家王莘同志取名、杨今豪等人创建了"天津海河合唱团"。当时全天津市合唱队非常少,无论大的节日还是聂耳、冼星海纪念日及音乐节等都有海河合唱团的身影。该团1966年更名为"只争朝夕毛泽东思想宣传队",1973年前后又更名为"天津艺术学院业余合唱队","文革"结束,中国音乐家协会恢复工作以后,恢复原名"天津海河合唱团"至今。该团自建团以来,经历了四十多年的风风雨雨,是天津乃至全国历史上活动时间最长的业余合唱团体之一。近半个世纪,曾经加入过海河合唱团的团员共有一千余人,他们中大多数成为了天津音乐界业余活动的骨干力量。

## 四、八十年代后的天津合唱

改革开放以来,天津的合唱事业得到了蓬勃发展,一些合唱团体如雨后春笋般建立起来。其中比较有影响力的除了杨今豪任团长、赵金彦任指挥的"天津海河合唱团"以外，还有 1990 年由天津男女青年会创办、杨今豪任团长的"天津青友合唱团"；由李雨生任团长、杨春发任指挥的"天津友谊合唱团"；由何乃文任团长、赵金彦任指挥的"天津教授合唱团"；1995 年由老"黄钟合唱团"团员华正文恢复活动的"天津黄钟合唱团"；由红桥区文化馆主办的"响板合唱团""新爱乐合唱团""北洋之友合唱团""政协之友合唱团""草原情合唱团"等。这些合唱团的团员大多都是天津市歌唱能力较强的职业或非职业的歌唱爱好者，他们经过多年磨合，演唱水平不断提高，在天津市合唱领域起着示范作用。

除此以外，活跃在天津合唱事业舞台上的还有许多由各区、文化馆、学校、少年宫、社区、企事业单位主办的合唱团体。

随着老年人群体的扩大，老年业余生活质量在逐步提高，业余生活也在不断地丰富，一些老年合唱团涌现出来，他们对合唱的热情绝不亚于年轻人，水平也在稳步提高。比较有知名度的老年合唱团体有"星海合唱团""鹤童合唱团""天津老年大学合唱团"及成立于 1994 年的"枫林合唱团"。其中"鹤童之声合唱团"于 2006 年 6 月赴香港参加"第二届中华耆英文化艺术节"活动。他们本着"走出津门、向外学习、扩大视野、以歌会友"的目的，以悠美的歌声唱响香江，将内地鹤童的形象洋溢于舞台，充分展示出天津老年合唱团体的艺术水平。

学校合唱团体比较有知名度的有"南开大学学生合唱团""南开大学教师合唱团""天津大学北洋合唱团""南开区五马路小学合唱团"等。其中卓有声誉的"南开大学学生合唱团"曾多次出访意大利、韩国、德国等国家，在 2001 年至 2005 年期间共获得了国际奥林匹克合唱比赛等世界合唱大赛的 10 项金奖。由"南开大学教师合唱团"演唱，天津音乐学院作曲系冯国林教授为陈毅诗词谱曲、配器的大型合唱作品《手莫伸》在中纪委主办的全国廉政歌曲大赛中获得一等奖，并参加中央电视台颁奖演出。

现如今在家门口唱歌不是什么新鲜事了，天津各个社区合唱团已有二十余个，近期涌现的南开区"长虹合唱团"、东丽区"程林合唱团"、和平区"体育馆街合唱团"、河东区的"海地合唱团"等都是社区合唱团的表率。

作为群众性文化活动的合唱艺术在我市有着广泛且扎实的基础，近年来由天津市合唱协会主办的"城市之光"音乐会，为热爱合唱事业的团体搭建了展示舞台，各合唱团体报名踊跃。

如今天津的合唱团体在不断地发展，水平也在稳步提高。不过现阶段仍然存在一些不足：例如曲目更新慢，新作品少，大多数的合唱团只会选唱中国及苏联作品，选用西洋古典曲目少，因为西洋作品更多采用的是复调手法创作，技巧性高，不好把握。另外大多数合唱团趋于老龄化，缺乏对年轻人的吸引力，合唱指挥人才后备力量不足，个别团员急需提高视谱能力，补充乐理知识，加强音乐素质和艺术修养等等。

总之，我们相信在广大合唱爱好者的共同努力下，通过大胆实践，不懈追求，勇于探索，积极打造合唱艺术品牌所取得的可喜艺术成果，定能为提高天津合唱整体艺术水平，努力建设先进文化，构建和谐天津做出积极贡献。

(《人民音乐》2008年第9期)

# 天津近代文化的双重性与西方文化的影响

张宜雷

天津是一座从近代起迅速发展起来的大城市并在其发展过程中深受西方文化的影响,天津文化亦在这一过程中逐渐形成。有人编写了《近代中国看天津——天津的百项第一》①,报刊上也有不少这类文章。从这些方面看,天津似乎是非常开放的,在全国都是领先的。但著名作家冯骥才却认为:"天津在迅速发展为北方商业重镇的同时,外来的思想文化却未产生深刻影响……这样也就造成了地方文化的保守性。"②为何会出现这种状况?这是因为近代天津文化确有其开放的一面,也确有其保守的一面。天津文化对西方文化既有接受的一面,又有抵制的一面。而许多论著往往各执一面之词,缺少全面地、辩证地对这一领域的研究。于是,这种相互矛盾的现象就难免了。那么,天津近代文化的特征究竟是什么呢?如果运用辩证的方法和双向互动的思维方式,多角度、多侧面地进行考察,就会发现天津近代文化实际上具有一种"开放—保守"的双重性特征。而这种双重性特征的形成,与西方文化对它的影响方式有关。

一

天津建城于明代,称为"天津卫"。它在历史上原是一所为军事防卫目的而设置的城市,这种防卫功能使它先天就带有保守的性质。另一方面,天津地处"九河下梢",濒临渤海,明清以来一直是重要贸易港口,因此又具有某种开放性的特点。近代以来,随着西风东渐,天津在这两个方面都大大加剧了,终于形成了"开放—保守"的双重性文化特征。

---

① 航鹰:《近代中国看天津:天津的百项第一》,天津人民出版社2007年。
② 冯骥才:《记忆天津》,浙江摄影出版社2004年。

自 1860 年成为通商口岸以来,数十年间,天津迅速发展为仅次于上海的国内第二大都市,天津文化与其通商口岸的地位有着密切关系。但天津成为通商口岸,却并非中西方正常贸易的结果,而是西方资本主义对中国侵略的结果。1858 年 5 月,英法联军攻占大沽炮台,强迫清政府与其签订了不平等的《天津条约》。1860 年 6 月,英法联军再度攻占大沽炮台,并占领天津。10 月,清政府与英法在北京交换《天津条约》,并签订《续增条约》。依据该约,天津随即被辟为通商口岸。12 月,英法等国开始在天津设立租界。可以说,天津成为通商口岸,并不是清政府的意愿,也不是天津民众的选择,它是在帝国主义的炮舰下被迫开放的。从此,天津走上了近代化之路。但也从开放之日起,就在天津民众内心产生了与之俱来的对西方资本主义的抵制情绪。

然而,开放带来的效应是复杂的,城市的发展自有它不以人的意志为转移的客观规律。天津进入世界近代化的潮流虽然是被迫的,但它作为一座城市自身具有的发展活力,却因此迅速增长。开放使人们直观地看到了西方带来的机器制造、矿业、铁路、轮船、电报、电话、电灯、自来水等近代工业科学技术,公园、体育馆、图书馆、博物馆等公共设施,报刊、出版、学校等文化教育事业以及这一切给城市面貌和人们生活带来的变化。人们自然而然地会把这些与封建传统的生活方式进行比较,做出孰优孰劣的判断,并进而开始学习和效仿。有识者还试图透过这一切表面现象,探讨西方为何富强、先进的根本原因,寻找中国学习并赶上西方的道路。从这个角度讲,天津又起着窗口作用,使人们得以直接观察和接触到西方文化,比内地更早也更多地认识到近代西方文化的先进性。这种观察、认识和在生活中的效仿,就使天津文化具有了较少成见,乐于接受新鲜事物和先进事物的成分,从而形成了天津文化开放性的一面。

这种又开放又保守的"双重文化性格",最明显地表现在清政府在天津建造的军事设施上。清政府于同治五年(1886)设天津机器局,它是当时全国第二大兵工厂①,此后又建造了北洋水师大沽船坞、开平煤矿、津唐铁路、津沪电报局及电气水雷学堂、北洋水师学堂等。这些军火工厂和为其动力服务的采矿系统、交通运输系统、通讯系统和教育系统,显然都是清政府为了加强对西方资本主义侵略的防卫而建造的。也就是说,这些设施从功能

---

① 罗澍伟:《近代天津城市史》,中国社会科学出版社 1993 年,第 219 页。

上对西方显然是抵制和排斥的。然而,从技术上和结构方式上,它们本身又是与传统防卫设施不同的向西方学习的产物。这种城市在结构—功能上的双重性现象,也正是天津近代文化"开放—保守"双重性特征的反映。

## 二

天津文化的这种双重性,不是机械的一成不变的,而是随着社会环境,特别是中西关系的变化而变化的。有时候开放的一面明显,有时候保守的一面占上风,但不论如何,另一面都不会消失。只不过占上风的一面处于显性,另一面处于隐性罢了。

从1840年至1870年这一段,虽然天津于1860年开埠,但整个社会仍在传统的格局中运行。加之这一时期西方国家如英法等国采取了用武力打开中国大门的做法,天津于1858年、1859年和1860年三次遭到英法联军的武装入侵。在民众眼里,西方国家首先是非正义的侵略者,并理所当然地对此产生憎恶与抵制的心理。1870年发生的天津教案,就是这种憎恶心理的一次爆发。可以说,这一时期天津文化的主导方面仍是传统的、保守的。

然而,随着封建士大夫认识到侵略者的"船坚炮利",有识者逐渐产生了"师夷之长技以制夷"的思想,开始试图学习西方的长处。随着天津机器局等军工企业的创办,特别是1870年李鸿章出任直隶总督、北洋大臣,主政天津以后,天津实际上成了洋务运动的中心。此后20多年里,天津文化开放的一面成为主流。近代化的工业、交通、通讯和教育都在这一时期产生并迅速发展。在甲午战争失败、李鸿章去职之后,这种开放性倾向也没有停止。在洋务运动基础上发展起来的维新思潮进一步把开放推向了激进。严复的一系列政论及《天演论》也在此时发表。《天演论》成为维新思潮的理论基础,严复成为维新派在天津的领军人物,他与夏曾佑、王修植等人创办的《国闻报》成为天津维新思潮的中心。如前所述,在天津近代文化双重性格中,开放与保守哪一面占上风,与国内社会环境和西方文化影响方式密切相关。而天津离首都太近,当时容易受到上层权力干涉。随着戊戌变法的失败和八国联军入侵,守旧势力重新攫取中央政权,对西方文化的政策由学习效法变为排斥抵制。而西方对天津的关系亦由常态的商贸往来变为武装入侵。在双重打击下,天津文化开放性一面受到重大挫折,保守一面便显露了出来。

戊戌变法失败后顽固派的打击使《国闻报》停刊,严复等人宣传的维新思潮被迫中断。随之而来的八国联军入侵,更使天津机器制造局、大沽船坞等众多近代化设施毁于战火。北洋水师学堂、武备学堂等一批近代教育机构皆被毁灭。严复、夏曾佑等天津第一批新型知识分子失去了生存空间,被迫离开天津。此后,由于失去了栖身之地,天津的新型知识分子一直无法形成群体。严、夏之后,天津最杰出的人文知识分子李叔同于1899年南下上海,周桂笙、连梦青等人也纷纷避往南方。天津对西方文化的吸收和对文化精英的吸纳能力大为降低。

八国联军对天津的侵略,使中西双方处于暴力冲突并相互对立的状态。在这种情况下,要厘清"帝国主义侵略"与"西方文化"的区别,对文化水平不高的天津民众来说无疑是困难的。这使天津民众对西方(包括西方文化)再度产生了敌视情绪。天津先是成为义和团排外的主战场,后又成为以袁世凯为首的北洋军阀的发源地。启蒙思潮的中断与民族自尊心的挫折,使天津民众对文化的需求走向消遣化、通俗化、娱乐化。天津文化整体转向保守。

但就是在这种情况下,也不能说天津文化开放的一面就不存在了。它仍然以隐性的方式发挥着作用。洋务运动早期的军工和教育设施在八国联军入侵中大半被毁,但天津的工业和教育却由此从清王朝的军事防卫系统中被剥离出来,由军用变为民用,其原有的军事防卫功能不复存在,也就失去了保守的性质。近代意义上的工业和教育,至此才真正进入天津普通民众的生活领域。而租界在城市建设、管理和生活方式上的示范作用以及西方工业化商品的大量涌入,更使居民生活被纳入近代化的世界潮流。这些构成了天津文化开放性一面的物质基础和心理基础。

这一时期天津已成为北方的经济中心,但政治上却处于北洋军阀的统治之下。然而在这样的社会环境中,天津文化依然找到了开放一面生存的空间,那就是报刊与学堂。1902年6月《大公报》问世,这是继《国闻报》之后天津又一家人文知识分子主办的报纸。它以"开风气、牖民智"为宗旨,坚持文人论政的严肃报格和客观公正的态度,成为近代天津乃至全国影响最大的报纸。此前已有《北洋官报》,稍后《天津商报》《醒俗画报》《竹园白话报》《北洋政法学报》《地学杂志》《民意报》《庸言》《益世报》等报刊相继出版。其中《益世报》是《大公报》之后又一份品格严肃、影响较大的报纸。截至1922年,天津发行的报刊已达70多种[①]。

---

① 徐景星:《天津报海钩沉·近代天津报业概述》,天津人民出版社2003年。

同时,在著名教育家严修等人倡导下,天津在20世纪初出现兴教办学的高潮。据《天津县新志》记载,至辛亥革命前,天津共办有大学堂、高等学堂、师范学堂、中小学堂和各类专业学堂156所①,被称为"通商各属之冠"。特别是1904年严修创办、张伯苓任校长的南开中学,至辛亥革命前后,已成为全国最优秀的学校之一,并于1919年创办了南开大学。正是这些报刊和学堂,成为容纳和培育天津新型知识分子的阵地。它们的存在和发展,为"五四"时代天津文化再度走向开放积蓄了力量,做好了准备。

## 三

一种本来封闭自足的文化与外来文化相遇时,原有文化底蕴的深浅决定着它与外来文化的对话能力。天津文化在与西方文化相遇时,由于自身没有深厚的文化底蕴,本土精英文化过于薄弱,导致对话大多在较低的层次进行,这也使天津文化的双重性带上了自己的特点。

只要稍加留心就可发现,天津文化的保守一面,并不像中国传统的主流文化那样,对西方文化公开而全面地对抗,从理论上、学术上"卫道"。天津近代找不到戊戌时代的王先谦、叶德辉或"五四"时代的章士钊、林纾那样的传统文化的卫道士,也不具有"学衡""甲寅"那样的文化保守主义者群体。天津文化的保守性是另一种类型,它没有在显性文化或精英文化的层面与西方文化正面应战或对话,却从俗文化里表现出来。如轰动一时的"天津教案",其起因是法国强迫清廷将原望海楼及毗邻的崇禧观租让给天主教会,并将崇禧观拆除,建起望海楼教堂。对此,天津人"当然是深为愤恨"。但这种愤恨并未导致天津民众对拆观建堂的正面抗议,却引发了当时天津到处流传的教堂雇人"迷拐幼孩取脑眼剖心,以作配药之用"的传说,并得到了清廷地方政府的认可,终于闹到难以收拾的地步。而相对于西方基督教崇拜全知全能的上帝,天津人崇拜的却是"胡、黄、白、柳、灰",即黄鼠狼、老鼠、蛇之类小动物。在与八国联军作战期间,驻津清军崇拜一条小花蛇,称之为"金龙四大王"。满营兵将不去思考破敌的战略战术,却跪求小花蛇保佑。这种现象绝非个别,从清军、义和团到北洋军无不如此。如天津出身的北洋军阀直系首领曹锟,在1917年8月天津水灾期间,为"消灾禳祸",举行了迎

---

① 张大民:《天津近代教育史》,天津人民出版社1993年。

接"金龙四大王"的仪式,对一条小水蛇顶礼膜拜,被时人传为笑柄①。

天津近代文化虽有开放性一面,但由于戊戌变法失败后精英文化的缺位,天津文化的开放性多体现在具体的器物性或技艺性层面,而缺乏自觉的启蒙精神和前卫意识。先进思想文化潮流在天津本土化的过程举步艰难。这就形成了天津近代文化界"墙里开花墙外香"的怪现象。天津近代确实出现了不少思想开放、观念新颖、站在全国文化界前列的风云人物,如夏曾佑、李叔同、张彭春、吕碧城、穆旦、辛笛、靳以等人。但这些人在天津本地反而不怎么为人所知。如夏曾佑是诗界革命的先驱,张彭春是现代话剧的开创者。可是长期以来,有多少天津人知道他们的名字?知道李叔同的人多一点,然而提到他,大多数人首先想到的恐怕是一位行事独异、富于传奇意味的高僧,而非在众多领域有着创造性贡献的启蒙艺术家。稍后的九叶派诗人穆旦、辛笛皆成名于外地。辛笛的照片出现在报纸刊登的现代文学馆天津作家栏中时,许多人竟不知其为何许人。这些人物能够在天津的文化环境中产生,说明了天津文化的开放性。而天津对这些优秀新潮文化人物的冷漠或误读,又说明了天津文化开放性一面的浅俗。

这种误读,尤以严复所遇为甚。严复以一批杰出政论的写作和《天演论》的翻译,使"物竞天择""优胜劣败"的进化论思想冲破了传统观念的硬壳,引起了振聋发聩的社会反响,也获得了显赫的名声。天津许多人虽闻其名,但对他的思想、学问并不了解,却流传起严复在英国留学时,与日本的伊藤博文、大隈重信同学,且成绩第一,居日人之上,然伊藤、大隈回日本后皆出任首相,严复回国后却不受重用的传说。而这一传说竟长期被当作信史,直到 20 世纪 80 年代才被人指出澄清②。严复应该受到人们的崇敬,但这样的"崇敬"却令人感到尴尬与无奈。

当然,对天津文化的浅、俗,也不能全看成是缺点。天津文化传统的包袱较轻,封建文化的控制力较弱,再加上新型的文化传播方式(如报纸、刊物、出版印刷等)较为发达,新的资本主义文化流传的阻力就小。而民众的情绪一旦找到了可以公开表达的空间,荒诞的东西也就不存在了。如 1916年,法租界当局越界侵占老西开地区,激起了天津民众的强烈反对。但这一

---

① 刘秉荣:《军阀与迷信》,华文出版社 1993 年。
② 卞僧慧:《伊藤博文和大隈重信是严复的留英同学吗?》,天津市河东区政协文史委:《严复学术研讨会文集》,天津市河东区政协文史委,2003 年,第 167—168 页。

次却没有再流传荒诞的传说,而是采取了近代的形式,天津民众举行了大规模的集会和游行,商界一致抵制法货,进步报刊纷纷严词谴责法租界当局的侵略行径,终于迫使法租界当局不得不放弃侵占老西开的企图。从文化的角度,也可以看做是近代天津文化由浅俗走向提高,向开放性转化的一个例子。

天津有一句流传甚广的俗语:"天津卫,三件宝:鼓楼、炮台、铃铛阁。"这里的三件宝,指的都是古建筑。但对此还有另一种说法,是"天津有三宝,永利、南开、大公报"[①]。究竟什么是天津的"三件宝"?两种不同的答案,体现了天津文化的双重性特征:前一种说法表现了天津文化的保守性一面,后一种说法表现了天津文化的开放性一面。如何使天津文化走出这种既保守又开放的"怪圈",在保持和振兴传统文化优良一面的同时,以积极进取的心态汲取世界先进文化的长处,把天津文化建设成既有优秀传统,又有开放进取精神的健康的先进文化,还有待于进一步探索和努力。

(《天津大学学报》社会科学版 2008 年第 6 期)

---

① 方汉奇:《大公报百年史》,中国人民大学出版社 2004 年,第 7 页。

# 天津老城厢地区历史文化及拆迁前保留建筑现状记述

王岩　张颀

旧城的更新与开发策略,一直是当今学术界不断探讨的课题。对天津城市而言,老城厢地区是天津建城的肇始之地,是津味传统文化集中体现的区域。该区域的更新改造以大规模拆迁工程为始标,于2003年6月全面启动。半年时间,累计拆除各类房屋69万平方米,涉及居民2.88万户、7.88万人口。除一些新建、在建项目和极少数零星分布的保留历史风貌建筑外,整个老城厢地区被夷为一片待建的平地(见图1)。整体地产开发建设于随后的2004年全面展开。这次改造工程涉及范围广、规模大、力度强、速度快,影响深刻,大量新建建筑风格现代,天津旧城遗韵消失殆尽。以这种相对简单粗暴的更新方式对待无论从城市地位还是历史特色在天津都是绝无仅有的老城厢地区,显然是值得质疑和商榷的。图中老城厢被拆为一片平地是在2004年,其时正值天津建卫600年,这种矛盾的现实使老城厢地区再次成为人们关注的热点。

图1　鸟瞰被拆为一片平地的老城厢

## 一、天津老城厢地区发展概述

老城厢地区位于天津市南开区,由在天津老城城墙墙址上开辟的东、南、西、北四条马路围合而成,紧邻曾在天津历史上发挥重要漕运作用的运河、海河,占地155余万平方米。老城厢及三岔河口周边一带地区,是天津的发源地,天津早期的主要城市活动全部集中于此。可以说至清末以前,老城厢的发展历程就是天津的城市发展历程。

1. 天津老城历史

天津老城大致可以分为聚落兴起、建卫筑城、畿辅首邑、开埠拆垣四个时期。

(1)聚落兴起。天津古来为"退海之地"。近年多处战国遗址与墓室的发掘证实,在战国时期天津平原已经村落棋布。两汉至隋唐,天津平原海运兴起、开渠设邑,作为中原的北部边陲,更多地还是出于军事的需要。《金史·完颜佐传》载:"完颜佐,本姓梁,初为武清县巡检,戍直沽寨。""直沽"是天津地域的最早名称,这是史籍中有关天津的最早记载。直沽寨的设立推为金贞祐二年(1214)之前。元延祐三年(1316)改直沽寨为海津镇,亦为军事建制。

据上种种可以推断,至少在13世纪初的金代或更早,伴随着军事运输的繁忙,南、北运河与海河交汇处的三岔河口一带已经成为航运枢纽与军事要塞,形成了天津城市前身的早期聚落。

(2)建卫筑城。明代是天津正式步入城市行列的时期。20世纪50年代发现的《重修三官庙碑记》载:"成祖文皇帝入靖内难,圣驾由此济渡沧州,因赐名天津。""天津"由此得名。明代军制实行卫所制,"天下既定,度要害地,系一郡者设所,连郡者设卫"①。明永乐二年十一月十一日(1404年12月23日)设天津卫。永乐二年由工部筑城浚池,建成天津城。由此,天津以其"河海之冲""畿辅门户"的地理优势成为一座军事卫城。明代的天津卫城城址就是如今老城厢的四条马路,东西长,南北短,被称为"算盘城"。初为土筑,在后来弘治年间的重修中改用砖石包砌。东西南北四门筑有城楼,城中干道为十字大街,交叉处建有鼓楼。随漕运而不断繁荣的天津商业活动集中

---

① 南炳文、汤纲:《明史》,上海人民出版社1991年。

在城北、城东沿河一带,天津卫城主要还是一个军事行政中心。

(3)畿辅首邑。有清一代,天津走上城市发展的鼎盛期。雍正九年(1731)升天津直隶州为天津府,附郭置天津县,府县同城,天津辖区进一步扩大,为城市的发展创造了条件。清代特别是至乾嘉时期,天津的漕运、盐业、海运、商业都达到空前的繁荣。天津成为运河北端与南方杭州对望的北方商业中心,也是拱卫京师的"畿辅之首邑"。

财富的积累更使那些豪富之家的深宅大院纷纷建成,如乡祠卞家、高台阶华家、鼓楼东姚家、龙亭东海张五家、二道街李善人家等。尽管天津老城依然主要为行政中心和居民区,但原集中在北门外、东门外的商业也在向城内发展,如北门里大街金店、银楼、首饰店鳞次栉比,形成珠宝一条街。天津被誉为"京南花月无双地,蓟北繁华第一城"。

(4)开埠拆垣。天津被辟为通商口岸,海河沿岸地区陆续设置多国租界,天津进入开埠时期,城市发展步入崭新却又充满痛苦和屈辱的阶段。

1901年,由联军组成的天津都统衙门强令拆除天津城墙,并在交还天津的条件中订明,"天津城墙不能再筑"①。

2. 老城厢地区在天津城市发展中的地位演变

(1)具有绝对统率地位的政治活动区。明代老城厢为军事控制中心,至清代虽废除卫制,但依然是天津的政治中枢。由于城垣在军事上的封闭性局限,以及明清天津城市经济发展的根本是漕运与盐业,仰赖傍河靠海的地理优势,因此,明清天津城市商业经济活动的主要区域位于城外沿河一带,由此形成了天津政治区与经济区相脱离的城市格局。但城内政治的主导地位决定了经济活动区依城而生,环城而布,二者既相互脱离,又紧密联系。

(2)影响式微的没落区。老城城墙被拆除垫道,这成为老城生命历程中进入颓势的起点。被迫开埠之后,随着租界的不断发展,天津的经济中心逐渐向海河沿岸的租界转移。加之清王朝灭亡,城内众多官署不复存在,而租界人口却日益增加,昔日环城而生的繁华商业区,逐渐转移到日租界的旭街、法租界的梨栈和英租界的小白楼一带。而袁世凯任直隶总督后,推行新政,开发河北新区,直隶总督衙门、直隶省公署等省、市级机关均先后迁入新区,以后民初的河北省政府、天津市政府等也都设置于此。河北新区特别是其西南部靠近金钢桥附近,成为天津新的政治中心。政治中心的北移和经

---

① 乔虹:《天津市建设志略》,中国科学技术出版社1987年。

济中心向租界迁移,使老城厢繁荣不再,地位日益降低,渐渐萧条。同时,连年的战乱使老城商民屡遭洗劫,民宅损毁严重,新老富商纷纷外迁,城内遗留居民多为经济能力较差的中下阶层。

(3)被遗忘的贫民居住区。近几十年,天津城市建设进入了新的发展期,市区规模逐渐扩大,城市功能日趋复杂而完备。此时占地1.55平方千米的老城作为占地38.6平方千米的南开区的一小部分,地位作用非往昔能比。老城内功能比较单一,以民居为主,零散分布有历史遗留的商业、学校、祠庙等文化设施。由于基础设施不完善,收入稍佳的居民纷纷迁往市内繁华的新区居住,致使城内居民整体素质偏低、人口密度大、居住条件恶劣,独门独户的四合院变成了多家混居的大杂院,对旧有建筑造成了破坏。根据有关部门的统计,2003年大规模拆迁前,城内居住人口呈现出老年人多、困难户多、下岗职工多的特点。在2.88万户、7.88万余人的居住人口中,享受最低生活保障的困难户和残疾人家庭合计达4000余户,70岁以上的老年人将近1万人。人均居住面积5.86平方米,60%居民人均居住面积低于4平方米。与传统的津沽文化在现代文明进程中被忽略的现状一样,只剩下残缺躯壳的老城厢地区在近几十年的城市发展中,虽带着历史遗韵的光环,但始终处于文化和经济上的劣势地位。

(4)以老城历史文化为卖点的新住区。进入新世纪,恰逢天津建卫600周年,以老城厢为依托的天津传统文化成为社会关注的热点。然而城市快速的多中心式的发展规划,使得新一轮的老城厢开发与市域内其他众多开发项目一样,只能成为刺激和带动小区域经济发展的手段。老城厢已成待建的平地和新建建筑的工地,而大量新建建筑规划布局缺乏老城街区的肌理,风格亦与其他新建区域无异(见图2)。保留的历史建筑由于数量和规模有限,已经湮没其中,传统文化氛围在此几乎无迹可寻。

图2　天津市老城厢地区控制性详细规划总体鸟瞰图

## 二、老城厢地区的文化特征

老城厢地区作为早期天津城市活动的主要发生地,是天津地域传统文化的集中体现和突出代表,折射出天津固有的城市性格。

(1) 丰厚的传统文化积淀。"天津郡新而地古",与那些建立在农业自然经济基础之上或作为政权中心的古老城邑相比,天津的城市历史是短暂的。但正如前文所述,在沧海变为桑田的遥远年代,此地就已有先民休养生息,而天津筑城建卫已有600余年的历史。世世代代的天津人生息传衍于此,形成独特的卫派文化传统与生活方式。与天津其他街区相比,老城厢地区曾经是最具有儒家传统文化和卫派文化特征的地区。走进老城的东门,"德配天地""道冠古今"的牌坊象征着这里是最讲究道统的地方。老城厢中"老门老户"的天津人,讲究礼法,与人为善,循规蹈矩,他们的生活方式与那些残败的老房子一样,透射着悠远的历史。与具有西洋文化区特质的五大道地区比较,从居民构成、意识观念、生活方式、语言、日常与岁时习俗、房屋与街区特点等诸多方面,老城厢地区都是最具有传统文化特质的。

(2) 以平民文化为主体的雅俗文化并存。与近邻的京城所呈现出的厚重、深远、高贵的都城之气不同,天津的城市地位和人口主体决定了其更多地表现为以市井生活、商业生活为依托的平民化的"俗"文化特征,建筑、文学艺术、生活方式等诸多方面都具有强烈的平民化倾向和市井气,如老城厢大量民居建筑古朴平实,曲艺、评书等文艺形式发达,餐饮小吃多样等。但天津老城的文化品位和城市性格也不能仅以"俗"字一言以蔽之。明清以来,天津城市的繁荣也推动了天津"雅"文化的发展。自明清以来许多在文化、学术、艺术史上闪光的名字与老城厢联系在一起,老城厢亦有为数众多的书院、画馆、书斋等文化胜迹。在老城厢户部街曾有一座建于明正德年间的园林——浣俗亭,园主是当时的户部分司主事汪必东,曾有诗:"十亩清池一墁台,病夫亲与剪蒿莱,方亭曲栏虽无补,也称繁曹浣俗埃。"凡此种种都成为天津老城厢雅俗文化并存的例证。

(3) 兼收并蓄的多元文化融会。天津"地当九河要津,路通七省舟车",绝无仅有的空间地缘优势使其成为军事重镇、商业都会,城市人口来源呈现多途径、多样性的特点。早期,军队移民构成了移民的主体,即天津人的先辈出身军人或军人近属①。伴随着以海河为依托的漕运经济的发展,各色商人、匠人、手工业者在人口构成中占有相当的比重,天津逐渐成为"五方杂处"之地。这也就决定了天津城市文化形成开放的多元文化——商业文化、外埠文化、西洋文化、平民文化、精英文化,甚至没落的宫廷文化的互融共生。

商业文化。天津自古为海运的起点、漕运的枢纽。盐业和漕运的繁盛,使城市至清代中期已发展为通商大邑。清末开埠后,天津更成为沟通世界的商业中心。天津城市具有强烈的商业文化禀赋。这种禀赋,比如体现在观念与建筑上,显现为既有重实用、重功能的一面,也有争强斗富、重雕饰崇豪奢的一面。

外埠文化。作为都城北京的门户城市,天津传统地域文化深受京城影响,这在民俗观念、建筑特征等方面都有所体现。而以盐业产销为支柱的封建沿海经济的崛起,为天津带来了遥远的异质文化,如起源于中国南部沿海的妈祖文化至迟在元代就已植入天津,并逐渐本土化,成为天津地域文化的耀眼奇葩。

西洋文化。伴随着殖民入侵,外来文化强势进入,"洋"文化与传统地域文化直接碰撞,在相互冲突、相互渗透过程中,亦成为天津多元地域文化的一个重要组成部分。而天津作为北方洋务运动的策源地,工业、矿业、通讯邮政、交通、冶炼、纺织、海运实业,乃至教育、文化事业均开近代中国之先河,有深远而广泛的影响。

## 三、老城厢地区的建筑特征

建筑文化是广义文化的一个方面,也是广义文化的重要载体,体现着其特征与属性。老城厢地区的城区规划和建筑,是与天津的地位、性质和城市文化分不开的。

天津历史相对较短,是作为都城北京门户的二级城市。在城市格局上表现为旧城规模较小,初建时为土城,明弘治年间以砖石加固并扩建,此后多次重修、重建,但城址与城垣布局规模无大的变化。城内布局干道十字成街,中建鼓楼,四面穿心,四大街直通城垣四门,延伸和四乡大道相接。内沿

---

① 高艳林:《天津人口研究》,天津人民出版社2002年。

城垣辟有马路,可登各个城楼,城内用地一分为四,近似坊里(间),内以街、巷、胡同布之,官府衙署居北,文东武西相分。老城厢地区的建筑类型包括官衙、府邸、庙宇、宫观及民居民宅。由于天津城市的扩大和中心的转移,老城厢内的功能也逐渐随之简单化,拆迁前存留的建筑多为清末民初时期建造,以民居为主,稍具规模的均为四合院式布局。其表现为中国传统建筑的一般性特点,反映出封建社会的传统文化和社会道德规范。

(1) 组群具有严整的轴线关系,中轴纵贯南北,东西两侧基本对称。

(2) 建筑等级严明,体现封建伦理观念。这在建筑的体量、开间、屋顶形式、台明高度、建筑细部装饰、色彩等方面都有所体现。

(3) 建筑设计深受北方风水学影响,注重人与环境的关系。建筑组群以北为上,坐北朝南,以获得良好的通风和采光效果。官衙、庙宇等在南面正中即"离"位开门,民宅则一般在东南方即"巽"位开门。

(4) 组群结构清晰,主次分明。北为上,南为下,尊卑有序。民宅中上房为长辈使用,厢房为晚辈使用,倒座为佣人或随从使用。

除此之外,天津的独特地域文化也赋予老城厢地区建筑不同的形制、风格特点。

(1) 建筑砖墙砌筑,"磨砖对缝"。院内房屋讲究些的"前出廊后出厦",前檐多为满敞型。

(2) 天津传统民居属于明清时期北京民居四合院体系,但更趋自由化和多样化,甚至有自己的称谓——"四合套"。四合套是天津老城厢最具代表性的建筑,为多重四合院组成的民居建筑群。由于建筑群内四合院、三合院、跨院,以致杂房(如鼓楼东李善人大院的柜房、马棚)、洋楼(如鼓楼西范竹斋大院的佛堂)混杂布置,并不规整,才有四合套这样的称谓。拆迁前老城厢遗存有大量这样的建筑群,一般被称为"大院"或"大门"。

(3) 北京城街道规整如棋盘,而天津老城内除少数街道较为规整外,多数街道、里巷、胡同曲折不直。这是众多衙署各自为

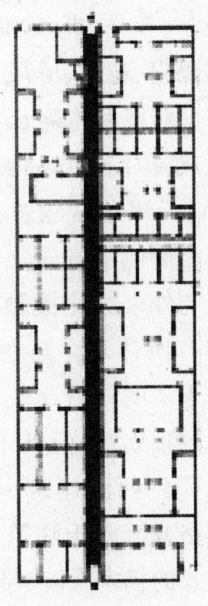

图3 府署街王家大院平面

政,宅院主人依地势自行建造房屋造成的,这也影响到续建住宅的朝向、大门入口位置及院落规模、格局等。

(4)北京四合院的内部交通体系多为串联式,即无论纵横方向,必须通过一进院落才能到达下一进院落;而天津的大中型四合套普遍同时具有串联式和并联式两种内部交通体系。其中并联式的交通体系通过箭道来实现(见图3)。箭道是供宅院内部使用的通道,一般设于主院和跨院以及院落和宅院墙之间,纵向贯穿于整个宅院,箭道两侧任何院落都可以设通向箭道的便门,各个院落之间既相互联系贯通,又不相干扰,内部交通更加灵活,并使大宅院分割成若干小宅院成为可能,便于出租或产权变动。

(5)天津普通民宅保持着厚重古朴之风外,与北京民居四合院中普遍存在的彩绘做法不同,天津四合套中较少出现彩绘图样。一些奢华的富贾豪门的宅院,主要通过精美的砖雕、石雕、木雕来装饰建筑,如仓敖街徐家大院(见图4)、鼓楼东徐家大院、鼓楼南广东会馆等,均饰有较多的砖木雕。砖雕一般装饰在门楼、影壁、烟囱,硬山顶的墀头、博风和房脊等处。建筑木雕通常用于垂花门,外檐的雀替、额枋、花板和花牙的装饰;也用于内檐的隔扇、花罩、屏风等。天津传统民居建筑精美的砖雕和木雕都由当年著名的艺人和作坊完成,他们的作品展示了天津老城建筑的风采。

图4 仓敖街徐家大院砖雕细部

(6)天津老城建筑折射出多种时期、地域风格影响的影子。清末民初,天津作为直接与外来文化接触碰撞的商埠,建筑风格亦有所体现。与租界区这一外来文化集中上演的舞台比较,老城厢地区保持了相对的独立性,但其中的建筑仍旧或多或少地受到西洋建筑风格的影响。这种西洋风格或流露于建筑的细节,如带有拱券窗形式的杨家大院、带西式柱廊的户部街益德王家;或体现在对异类功能的直接引用,如徐家大院中可以机械开启金属结构罩棚;甚至是整幢的西洋

图5 益德王家柱廊图

风格建筑,如曹锟故居、北门里 70 号等,都是中式院落与西式洋楼结合布置的典范(见图 5)。

## 四、老城厢地区拆迁前保留建筑现状

拆迁前的老城厢地区主要用地为居住用地和公共设施用地,楼层以低层为主,保存状况良莠不齐。在天津老城厢地区和古文化街地区大规模建设开始前,南开区文化局等部门曾对老城厢和古文化街地区的建筑进行过整体的摸底调查,在拆迁前申报需要保留的建筑 43 处。实际拆迁后计划保留建筑 20 余处,但在开发建设过程中,到目前为止,真正得以保留的包括国家和市级文保建筑在内不到十处(见表 1)。

表 1 老城厢地区文物建筑一览表

| 序号 | 名称 | 建筑面积(平方米) | 建筑占地(平方米) | 建造年代 | 保存现状 | 保护等级 |
| --- | --- | --- | --- | --- | --- | --- |
| 1 | 广东会馆① | 2300 | 15000 | 1907 | 基本完好 | 国家级 |
| 2 | 文庙② | 3000 | 13000 | 1436 | 基本完好 | 市级 |
| 3 | 官立两等模范小学旧址③ | 3264 | 8396 | 1906 | 基本保持原貌 | 区级 |
| 4 | 问津书院旧址④ | 450 | 1022 | 1752 | 建筑变动较大 | |

① 天津规模最大,装修最精美的清代会馆建筑,既体现了我国岭南的建筑风格,又融合了北方四合院的特点。主体建筑为戏楼,看台分楼上楼下两层,戏台为伸出式,无木柱。

② 由府庙、县庙组成,为市内保存完整、规模最大的古建筑群。建筑群由牌坊、礼门、泮池、棂星门、大成门、大成殿、崇圣祠和配殿等部分组成。大成殿是文庙的主体建筑,歇山琉璃瓦顶,面积 322 平方米,殿前宽敞的月台陈列各种仪仗,是祭孔的地方。

③ 主体建筑平面呈"一"字形布局,楼下正中为拱券过道,檐口上饰山花纹。后院为高坡顶大礼堂,前檐廊柱间置透雕花罩。操场东侧设有著名教育家刘宝慈的"竹生亭"。该建筑为天津早期设立的小学堂之一,历史悠久,风格古朴、素雅。

④ 原由三进院落和东西跨院组成,现旧有建筑变化较大。该建筑为天津最知名书院之一。

续表

| 序号 | 名称 | 建筑面积（平方米） | 建筑占地（平方米） | 建造年代 | 保存现状 | 保护等级 |
|---|---|---|---|---|---|---|
| 5 | 天津基督教青年会① | 4299 | 1374 | 1914 | 基本完好 | 区级 |
| 6 | 天津基督教会仓门口教堂② | 825 | 1241 | 1910 | 基本完好 | 区级 |
| 7 | 蓝万字会旧址③ | 615 | 340 | 1935 | 基本完好 | |
| 8 | 城隍庙后殿④ | 360 | 1086.5（原占地 4200） | 1406 | 已拆 | 区级 |
| 9 | 县衙遗址⑤ | 484 | 708 | 1734 | 已拆 | 区级 |
| 10 | 居士林⑥ | 701 | | 1933 | 异地重建 | 区级 |
| 11 | 乡祠卞家⑦ | | 1988 | 1840—1900 | 已拆 | 区级 |
| 12 | 沈家栅栏卞家大院⑧ | 149 | 249 | 1914 | 保留 | 区级 |

---

① 中西风格结合。三层砖木结构，带半地下室。平面呈正方形，门口筑高台阶，两侧饰半圆立柱，墙体为红色缸砖砌成，平顶，四面出檐。

② 为天津市最早的华人自立、自养、自传的"三自教会"。典型基督教教堂建筑，坐北朝南，主体建筑为二层坡顶的砖木结构圣堂。

③ 现仅存三层砖木结构阁楼一座。平面凹型，坐北朝南。一、二层青瓦硬山顶，正脊中部起第三层阁楼，悬山顶。建筑风格独具一格，结构基本完好，是天津近代民间公益事业研究的重要实例。

④ 原仅存后殿一座，砖木结构二层楼阁，前檐出廊，硬山屋顶。为目前已知老城厢年代最早的建筑。城隍庙会为天津最负盛名的民间社火活动之一，城隍庙是民俗活动的重要场所。

⑤ 主体建筑在"庚子之乱"中被焚，拆前遗存为原县衙的部分附属用房。为硬山抬梁式建筑，前檐出廊。县衙是重要行政机关，历经"庚午教案"和"庚子之乱"两大历史事件，是天津沦为半殖民地的历史见证。

⑥ 砖木结构、硬山瓦顶，由山门、正殿、配殿和经堂组成。

⑦ 规模较大，拆迁前共计 12 道四合院，小姐绣楼独具特点。砖木结构，硬山瓦顶，部分砖雕、木雕保存完好，为老城厢保存较完整、规模较大的民居四合院。

⑧ 砖木结构，硬山瓦顶，砖雕、木雕较为精致，花砖墁地，为相对独立严谨的四合院。

续表

| 序号 | 名称 | 建筑面积（平方米） | 建筑占地（平方米） | 建造年代 | 保存现状 | 保护等级 |
|---|---|---|---|---|---|---|
| 13 | 徐家大院①（徐朴庵旧居） | 711（原建筑面积1404） | 1381（原占地2225） | 1912 | 整修完毕 | 区级 |
| 14 | 徐家大院②（徐鹤桥旧居） | 1196 | 2065 | 1900—1910 | 已拆 | 区级 |
| 15 | 南门内四合院③ | | | 1915 | 基本较好 | 区级 |
| 16 | 杨家大院④ | 209 | 260 | 清末 | 已拆,原址重建 | 区级 |
| 17 | 于家大院⑤ | | 1200 | 清 | 已拆 | |
| 18 | 华世奎旧居⑥ | | 2119（原占地4320） | 1863 | 已拆 | 区级 |
| 19 | 王襄旧居⑦ | 237 | 352 | 清 | 已拆 | |

① 原为英麦加利银行买办徐朴庵家宅,现为中国第一家捐赠型博物馆——老城博物馆。建筑由中部为三进四合套和东西两箭道多组跨院构成,门楼坐北朝南。砖木结构,青瓦硬山顶,墙体磨砖对缝,砖雕、石雕工艺精美。整体布局严谨规范,为较有代表性的近代天津民居建筑。

② 以传统建筑风格为主,结合西洋建筑元素,工艺精美,规模较大。以箭道为中轴,西部三进四合院,东部多组跨院。砖木结构,青瓦硬山顶,墙体磨砖对缝,工艺木花门窗,檐下、墀头多砖雕纹饰,西侧影壁砖雕尤其精美。跨院八角门、圆月门兼具南方园林风格,花砖墁地,院设西洋风格铁艺可开启罩棚。

③ 两进四合院,砖木结构,硬山瓦顶。二道门楼作卷棚顶,过厅前廊后厦,后院正房前檐出廊,廊柱间置木雕玻璃花罩,内装修精致,主体保存较好。

④ 拆前现存传统四合院9个,规模较大,砖木结构,传统建筑风格为主,细部处理西洋化。其中13、15号院为近代小二楼;13号院内有一明代古井,保存完好;44号院内存中国传统垂花门,为老城厢目前仅存的工艺水平较高、结构完整的垂花门。

⑤ 建筑为二进四合院,砖木结构,硬山瓦顶。一道院门楼位于东南角,为典型的巽门,设卷棚式二道门,二道院各房前回廊相连。该建筑群是典型的乾宅巽门北方四合院式建筑,又兼具西洋建筑风格,整体保存较好。

⑥ 建筑正中为箭道,东部六进四合院,西部两进四合院。砖木结构,硬山瓦顶。拆前建筑于震后改动较多,2002年鼓楼商业街建设时临街建筑被拆除。

⑦ 二进四合院,砖木结构,硬山瓦顶,部分房屋出廊。原门楣上悬"太史第""经魁""文元""贤士"匾额,标明此宅系科第联翩之家。拆前比较破旧,但主体格局未变。

续表

| 序号 | 名称 | 建筑面积（平方米） | 建筑占地（平方米） | 建造年代 | 保存现状 | 保护等级 |
|---|---|---|---|---|---|---|
| 20 | 王家大院① | | 2300 | 民国初年 | 已拆 | |
| 21 | 范竹斋旧居② | | 1753 | 民国 | 已拆 | |
| 22 | 北门内大街70号③ | | 7407 | 民国 | 已拆 | |
| 23 | 曹锟旧居④ | 612 | 630 | 民国 | 已拆 | |

根据南开区老城厢地区文物建筑调查资料，地块内有多处保护等级不同的文物建筑，包括一处国家级文保单位——广东会馆、一处市级文保单位——文庙和多处有文物价值的遗址旧迹。广东会馆和文庙经过多次的整修，现保存状况较好，而其他一些文物建筑由于缺乏相关的保护意识和保护举措，保存现状不一。这些文物建筑包括：近代教育的先驱场所官立两等模范小学旧址（现中营小学）及问津书院旧址；具有历史意义的两处宗教建筑——天津基督教青年会（市少年宫）、天津基督教会仓门口教堂；典型民居四合院——卞家乡祠、徐家大院、杨家大院等；中西合璧的四合院——曹锟旧居和蓝万字会旧址等。这些历史风貌建筑权属复杂，根据《天津市历史风貌建筑保护条例》第二十六条规定："历史风貌建筑的所有权人、经营管理人应当按照历史风貌建筑的保护要求，对历史风貌建筑进行修缮、保养。"也就是采取"谁使用谁花钱维护"的办法，这虽然可以使建筑保护的经费来源多元化，但是对于保护政策、日常维护措施和效果以及经费标准，却缺乏统一

---

① 由四进四合院和西箭道三组三合院跨院组成。砖木结构，硬山瓦顶。前院设卷棚式二道门楼，折扇式玻璃具有近代风格。该建筑群气势雄伟，布局合理，结构严谨，整体保存较好，是旧城中现存罕见的大型民居建筑。

② 该建筑群具有中国传统民居特色，又兼具近代西洋风格。门楼坐北朝南，院内以正中箭道分东西两部分。东部为四进四合院，砖木结构，硬山瓦顶，设有正房、配房、客厅和家祠等；西部为三组跨院，其中两组跨院中建中西结合式二层小楼各一座。

③ 原由二进四合院及南侧跨院组成，硬山砖木结构。西房为欧式二楼，楼上檐廊左右设小天桥。该建筑为中式四合院布局与欧式洋楼相结合的建筑风格，具有一定特色。

④ 中式砖木结构四合院与欧式二层楼阁相结合。主体结构保存基本完整，局部破坏严重，现已修葺。

的强制性规定与管理。

## 五、结语

老城厢地区地产项目的开发,为市、区政府带来了巨大的土地收益,也为开发商创造了高额的投资回报,但在开发过程中,对既有文物建筑的保护是无法回避的问题。规划和开发是以重振老城雄风、延续传统文化内涵为目的,以提升区域环境品质为目标,开发商们更是打出了"600年的光荣与梦想"的开发口号。更新的过程不应以城市特色空间的消亡为代价,这是学术界早已形成的共识,然而在缺乏严密而有力的规划政策的现实中,实际建设的新建建筑风格现代,很难找到传统文化的影子,保留尚好的老建筑不得不走向生命的终点,成规模的历史街区已然消失。一些具有保留价值的建筑在开发过程中被定位为既可保留又可易地重建,将其去留的决定权交给以赢利为出发点和目标的开发商,为其最终走向损毁埋下了伏笔。即便是那些在开发中得以幸存的极少数历史建筑,也因失去了依存的环境而显得孤楚无根。文物建筑是否在开发过程中没有生存的空间,答案应该是否定的。找到历史建筑和街区与现代文明的契合点,将历史信息传递下去,是我们无法推脱的责任。

(《天津大学学报》社会科学版2008年第3期)

# 天津在明朝抗倭援朝战争中的作用分析

杨理连

万历二十年(1592),日本丰臣秀吉发兵 15 万企图吞并朝鲜。为了解除"唇亡齿寒"的威胁和隐患,明政府决定进行一场御倭援朝战争。天津位于渤海之滨,水路战船可以直接驶向朝鲜的仁川和牙山,包围封锁已经占据王城(即汉城)的日军;陆路兵车可以由天津开往辽东而过鸭绿江,奔赴为日军所觊觎的平壤。正是由于天津的地理位置十分重要,决定了它在这场战争中所起到的关键性作用。

## 一、多方举措,警备天津

日倭的战略企图是:以朝鲜为跳板,西犯中国京畿地区,迫使中国就范。为防止倭寇西犯,明廷加紧经营京畿地区的防倭事宜,其中天津显得愈加重要。为此,明政府及天津地方官员多方举措,构筑天津地区的防御体系,以固京师之根本。

(一)设立巡抚

巡抚一职始于明代,但其时未成定制,只是朝廷委派中央官员赴各地巡视的临时加衔。明置巡抚,以洪武二十四年(1391)明太祖朱元璋遣皇太子朱标巡抚陕西为最早。在天津设置巡抚,则不会迟于万历二十五年(1597),当时称为天津海防巡抚(或为天津登莱海防巡抚)。《明史·职官志》说:"巡抚天津地方,赞助军务,一员。万历二十五年,以倭陷朝鲜,暂设,寻为定制。"津抚设立以后,统一事权,赞助征东军务,作用显著。天津首次设立巡抚,反映出明廷对天津防倭的高度重视。

(二)调兵布防

明初成祖朱棣以三卫之兵驻防天津,守备甚严。后国家承平已久,驻军守御日渐松弛。到嘉靖年间,由于"南倭北虏"问题,天津大批驻军被调走,地方十分空虚。朝鲜告急后,明廷迅速布防天津,以改变其不利态势。一是增兵天津。万历二十年(1592)五月二十一日,总督蓟辽蹇达揭报:"倭犯朝鲜,辽左戒备,乞将保定总兵倪尚志移驻天津,总管二镇兵马。"从之。万历二十年(1592)六月二日,"山西副使梁云龙调山东副使,整饬天津兵备道,"统管天津三卫,协助倪尚志部署御倭援朝事宜。同年六月二十七日,明廷派"神机营指挥佥事宋大斌为天津海防游击",招募壮勇以防不测。同年十一月乙亥,明廷改任"提督京城巡捕署都督佥事宋三省充协守保定、天津等副总兵官",以加强天津的防务。二是建兵营。当明军重兵云集津门时,决定在天津近地创立营堡,屯诸募卒。不久,由天津而东,往来海畔,览其形势,周视审度,得地于所谓葛沽者(天津二十一沽之一)。军营基址选定后,天津军民便加紧工程建设。修建时间"始于癸巳万历二十二年(1593)仲春,至季夏而讫工。"天津葛沽镇兵营的建成,对稳定津门局势防备倭寇内犯起到了积极的作用。三是留班军。所谓班军,即各地在春、秋两季轮番入京受训的军队。天津班军是从天津三卫的卫卒中经过筛选而编成,共计六千人。每营设游击、副游击各一员,作为待调京师之班军的头目。班军留守天津期间,其职责与常驻军略同,仍然要担负巡捕、守城、屯田等各项具体事务。抗倭战争爆发后,天津班军暂时撤销了去京师操练的任务,与驻军一起担负起天津布防的各项任务。四是防御近海。明朝认为倭犯天津,在军事上将处于极度被动,主张防御近海,御敌于国门之外。因此,明军布防天津的同时,也对近海防御进行了卓有成效的部署,最终迫使日倭退守朝鲜一隅,基本上实现了明朝的战略目标。

(三)武装民众,坚壁清野

"南倭""北虏"是有明一代两大祸患,尽管明朝200多年多方经营,但这两大隐患仍是与明朝相始终,让明政府颇为棘手。为确保天津地区万无一失,明政府遂把武装民众、坚壁清野作为经营天津防倭的又一重大举措。

## 二、天津的援朝物资及其影响

在这场战争中,位于渤海之滨的天津一直是明政府筹饷调兵的基地。当时,大批需运抵朝鲜的粮食、军饷、武器弹药、战船等物资都要在天津集中,然后再从海路或陆路源源不断地运往朝鲜。由于天津特殊的地理位置,使其能够保证在朝明军的长期抗战,这对于战争胜利起到了相当重要的作用。

(一)粮食

历时七年的抗倭援朝战争使明朝耗费巨大,其中军粮一项,有记录可查者,达67.5万余石。由于朝鲜国小力弱,再加上日倭掳掠践踏,其对明朝援军的军粮供给极为有限,为此,明政府不得不全力筹办军粮。根据就近转运的战略部署,明廷命天津、山东、辽东三地承办军粮输朝任务。但辽东几经战乱,山东又逢饥荒,故天津在运粮过程中,实系"军国重需之地",作用尤为突出。七年抗倭,明政府由天津本地催征粮食入朝或经由天津运至朝鲜的数量很大,经过统计,经由天津入朝粮食约占明政府全部支运总数三分之一强。天津的运粮主要有两种来源:一种是由天津本地催征筹集,一种是由其他地方转运到天津的,其中前者所占比例很大。天津利用其地理优势,多渠道筹集军粮,效果显著。

(二)军饷

明政府用于援朝作战之饷银,数量亦颇庞大,约在千万两以上,以后役为例已在780万两至800万两之间。据《两朝平攘录》称:"大司农计度支,自(万历)二十五年邢经略出关至万历二十八年归,凡用饷银八百万两。火药、器械、马匹不与焉!"庞大的东征军饷,加重了明政府国库本已经匮乏的危机,使军饷支出捉襟见肘,军队东调大受影响。战争初期,天津利用库存银两,及时供给前线。当时,为了明军能够迅速入朝参战,东征经略宋应昌紧急动支京畿州县饷银以备军事。

为了进一步减轻驻军饷银日增对朝廷及自身的压力,天津多方开辟饷银来源,其中整顿盐场,增加盐引是筹饷的重要手段。天津地区的盐业生产得天独厚,历史悠久,继宋、元的经营,到了明代又有了进一步的垦殖与发展。明初,太祖朱元璋为了解决边防地区的军粮,实行著名的盐引制度,即利用其所掌握的食盐专卖权,规定商人把粮食运到边防的粮仓,就可向政府换取贩盐的专利执照(盐引),然后凭盐引到指定的盐场支盐,再到指定的地域去销盐,这就是明代所谓的商屯,明代商屯的出现与战事有很大的联系。后来,为完善天津地区的盐业体系,明政府设置"北平河间盐运司",下设沧州、青州(今山东益都)两个分司,长芦、小直沽两个批验所,所辖盐场由元的22个增加到24个。永乐年间,将河间盐运司改为"长芦都转运盐使司",把三汊沽并入丰财场,将小直沽批验所和青州分司移驻天津,从而加强了对天津盐业生产的管理。到万历初年,天津巨大的海盐财富引起明政府的重视,万历二十三年(1595),明廷制定有关长芦盐政六条措施,即设防守、开草荡、清场地、酌征收、复关津、重责成。

（三）武器弹药

随着农业和手工业生产技术水平的提高，明代中后期军事技术有了明显的发展和提高，兵器、战车、舰船制造和城池构筑有了全面创造性的发展和进步。中国古代传统作战武器以冷兵器为主，火器为辅，到明代万历年间，这种格局有了很大改变：火器在宋元发展的基础上又有新提高，不仅传统火器得到全面发展，而且引进了威力大、射速快、射程远的西方火器——鸟铳、佛郎机。明政府很注意西洋火器的引进与改进，并大量用来装备军队。明军分步、骑两个兵制，步兵多为南方人，按戚继光所创兵制，步兵一营2000余人，其中铳手占半数；骑兵多为北方人，其中快炮手和铳手共占40%。万历初年，日倭已广泛使用鸟枪，所占比率约为18%至30%。这种鸟枪射程远，杀伤力大。明军的铳和快炮射程和威力都不如日倭的鸟枪，但明军攻城用的大炮，远较日军为多而且杀伤力大，对日倭颇有威慑力。针对前方战场的新情况，明政府加强了火器生产，在京畿地区设置大量火药局，制造武器弹药，当时天津就是著名的武器弹药供给地。

（四）战船

天津濒临海口，兼任海运支朝的出发点，故其水师建设势在必行。明政府利用天津南北海运、漕运中心的地理优势，决定以天津为大本营，就地筹集船只，着手组建北方水师。一是在天津征用北方民间船只或截留南方海运官船，迅速补充水师的运输船只及战船。二是天津濒海口，背京师，独特的战略位置为其兴办造船厂创造了必要条件。当时全国有两大著名的造船供给地：其一为南京的天宁洲，南来的各种运船和战舰大部由其制造；其二为天津的清江厂。清江厂动工以来，生产了大量新式舰只并及时装备到了明军水师中。经过五年的努力，明政府终于组建起庞大的北海水师。万历二十五年（1597）九月二十日，明廷派"浙江副总兵周于德为提督天津、登莱、旅顺等处海防御倭总兵官"，津辽水师正式建立。

津辽水师组建后，明水师改变了在第一次东征中主要确保海运安全的角色。他们主动出击并与陆军紧密配合，采取"用陆兵以击其前，用水兵以绝其后"的战术，给日倭造成极大的战略被动。丰臣秀吉在七年侵朝过程中，始终没有以海军作为主力，而海军的将领中除九鬼嘉隆和来岛康亲懂海战外，其余都是陆军将领，不谙海战。与此相反，明海军逐渐壮大，在造舰技术和海战方面都有很大的提高。同时，明军在军舰上安装了"石火矢""棒火矢"等火器,加强了进攻杀伤能力,这对于舰小、战术落后的日倭海军威胁很大。制海权的大部丧失,迫使日倭陆军继平壤一线,不敢再继续向前推进。万历二十六年(1598)九月,中朝海上联军在南海堵截敌舰队,焚烧日倭粮草,使日倭遭受巨大损失。十一月,岛津义弘率数百只船来援,被中朝海军击溃,焚毁击沉敌舰200余只,岛津义弘只率50余只逃走。

## 三、天津作用之总结

永乐十九年(1421),明王朝正式迁都北京后,天津便成为拱卫京师安全的水陆门户,其军事价值异常重要。抗倭援朝战争爆发后,天津扮演了极其关键的角色,起到显著的作用。

(一)内地屏障

明王朝二百多年,倭患迭起。嘉靖年间,倭寇侵扰东南沿海,波及地区较广,但因远离京师,没对明中央政权造成多大的威胁。而万历年间的壬辰之变,则有明显的不同。丰臣秀吉舍东南富庶之地,而专图朝鲜,实乃为了"假道朝鲜西征中国",威胁京畿,这一战略企图,为明王朝所大忌。明廷洞察其奸,加紧对辽东、天津、山东三地进行军事设防,其中天津是最重要的一环。作为"水陆要冲"的天津起到重要的内陆屏障作用。陆路,天津与辽东、山东协同设防,互为犄角;水路,组建津辽水师,除督护海上物资运输外,还配合陆军作战,战绩裴然。清人张焘称天津为"水陆之通衢,畿辅之门户",辞不过也。

(二)援朝基地

众所周知,一场战争能否打赢,其中一个重要因素就是要看自己后方补给能力的强弱。抗倭援朝,对明军来讲为出国作战,后方供给就显得更加重要。从战争的过程来看,天津实乃明军后勤的枢纽所在。天津水陆运输便利,明军通过海运或漕运把南方大批军需物资(主要是粮食)汇集天津,当时南粮北运规模巨大。除粮食外,军饷、船只及武器弹药等大部也随同运抵天津。贮备后,明军便及时转运辽东或朝鲜战场。

据上我们可以看出,明政府将天津作为战略物资转运朝鲜的重心,并与辽东、山东共同构筑转运体系。如果把明朝后方的整个补给体系看作人体的循环系统的话,那么天津就是这个体系的心脏。

(《郧阳师范高等专科学校学报》2008年第1期)

# 英敛之时期的《大公报》小说及其小说观念

谢仁敏

中国目前唯一连续办刊过百年的大报《大公报》，1902年6月17日创刊于天津。创办者为满族人英敛之，1916年9月盘卖给王郅隆。在英敛之执掌该报的近15年间，正是清末民初风云变幻、时代更替的过渡时期，《大公报》既是这个时代发展的见证者，也是亲历者和参与者。其报载小说也自然打上了时代主潮的印记，但又独具特点，自成风格，可当作"标本"进行剖析，考察近代小说发展的某些侧面。

据统计，《大公报》1902年至1916年近15年间共发表各类小说115篇。因"限于篇幅"，为尽量避免连载造成的"闷葫芦之叹"①，故绝大部分为短篇小说。若从小说的内容和类型看，明显呈现出两个不同发展阶段：第一阶段从1902年至1911年，以发表翻译小说为主，尤以侦探小说居多；第二阶段从1912至1916年，以发表原创小说为主，其中以寓言体小说和传记体小说为大宗。

## 一、英敛之主政时期的《大公报》小说

在创刊号上的《本馆特白》和《大公报序》中，英氏两次强调以"开风气，牖民智""挹彼欧西学术，启我同胞聪明"为办报宗旨，意即办报之目的为开化社会风气，大力介绍西方思想和文化知识，以开阔国人视野，激发国人的聪明才智。若再联系英敛之"誓起民权移旧俗，更研哲理牖新知"②的自勉诗，其"开启民智"的办报思想已是相当明晰。英氏本人还酷爱小说，据其日

---

① 《本馆特白》，《大公报》1902年6月17日。
② 英敛之1902年2月18日。方豪编录：《英敛之先生日记遗稿》，台北文海出版社1974年，第395页。

记所载,常常"批阅小说至天明",其中对西洋小说尤为青睐,"予素最嗜阅西洋各种说部,以其思想新,章法妙,每出一种必购阅"①。综上所叙,再结合英氏其后的相关言论,基本可以勾勒出他的小说观念:思想内容上要注重表现"新知","以维持世道人心为主,不弄那酸文假醋";章法结构上要灵活巧妙,富于"意趣";此外,语言表述上还要"言浅意赅",追求"雅俗共赏"②。而在英氏眼里"泰西小说"最符合以上几点要求,故《大公报》在其主持期间以翻译小说为大宗就不难理解了。

该报第一篇翻译小说为《猫鼠成亲》,纯用白话,末段译者点明题旨,意味深长:

不禁的看着可怕,像那些鼠辈不知道自立,强颜倚靠人的,还不警醒吗?

显然,编译这篇寓言小说是告诫国人要自强自立,时刻警醒,不要到了为人鱼肉时才后悔莫及。类似的翻译小说还有《乐师》,从乐师与狼、狐狸、兔和樵夫的交往中,道出与人交友的原则和方法。其他还有《某翁》《缶鼎问答》等翻译小说。这些小说往往都接上一个说理的尾巴,阐释一些生活的经验或人生的哲理,以期起到"牖民智"的预设目的。

而到了1909年前后,《大公报》开始刊载大量的国外侦探小说和探险小说,如《尼罗河同舟记事》《饮刃录》《黑手党》《锁金箧》《毒蛇血》《冤狱》《海外冷艳》等,这些小说显然有别于前期的寓言小说。之所以发生这样的转变,除了英氏个人偏好之外,还有深层的原因:

其一,介绍西方思想和文化知识,这是英敛之初创《大公报》时便定下的一条原则。而侦探小说和探险小说的译者为了吸引读者往往"取与吾国政教风俗绝不相关之书而译之"③,这其中必然包含了不少西方的新知识,而且在信息量上也肯定要比前期的寓言体小说更为丰富,也更具时代气息。特别是侦探小说,常常杂糅着不少化学、物理、医药等现代科学知识和法律、伦理等人文科学知识;而探险小说对地理、人情风俗知识的介绍也必然是题中之意。如《黑手党》中,对镶以黑边的书信,提示读者说"西例此为丧家所

---

① 英敛之1905年2月10日。方豪编录:《英敛之先生日记遗稿》,台北文海出版社1974年,第974页。
② 《烂根子树》,《大公报》1903年9月18日;《害人害己》,《大公报》1912年6月4日。
③ 吴趼人:《中国侦探案·弁言》,广智书局1906年。

用";又如《锁金箧》中,告诉读者欧洲的婚俗与国内存在着很大的差异,至少"一夫多妻之制欧洲风俗无论如何必不能行"等等。

其二,从经济角度看,这也不失为吸引读者的一种好手段。《大公报》创设初期,主要由天津紫竹林天主教的总管及几位法国人出资筹办,并承诺"集股本逾万元,甘为赔垫"①,意即不计赔赚地由英敛之放手经营。但1906年后英敛之与法国人的分歧日渐增大,随后不少股东撤资,《大公报》也被迫离开法租界并筹建新馆,这就需要扩大报纸的发行量来缓解眼前的经济压力。而刊载流行小说是当时报纸吸引读者惯常祭出的法宝。恰好侦探小说此时正当鼎盛时期,最受国人青睐,小说家兼办报人吴趼人对此风潮有着直观的感受:"近日所译侦探案,不知凡几,充塞坊间,而犹有不足以应购求者之虑"②。因此,《大公报》此时连载为数不少的侦探小说,既不违背一贯的办报宗旨,也顺应了时代潮流和读者需求,并且在经济上也有所进益,当然是何乐而不为了。

在英氏主政期间,该报编发的原创小说虽然不多,但也有些值得关注之处。英敛之对假维新派那套做法颇为不满,以至语多批判,他在《大公报》创刊次日便发表文章批评那些假维新"不过稍袭皮毛,欺饰耳目,借以塞责。若是者,仅得谓之变名而已,非变法也"③。

若说这些批评尚属委婉的话,那么该报编发的系列原创小说,其讽刺挪揄就要辛辣得多了。例如《烂根子树》中败家子贾家四兄弟,其名分别为"贾维新""贾振作""贾自强""贾能事","贾"即"假"之谐音,其讽刺可见一斑。又如《笨老婆养孩子》讽刺的是当时食洋不化的治国者,盲目维新,生搬硬套,不仅不能强国,反而误国,颇具警醒意义;而《游历旧世界记》则对假维新派进行了辛辣讽刺和批判。

## 二、后英敛之时期的《大公报》小说

1912年清朝垮台,坚持保皇的英敛之深受打击,而与之不共戴天的袁世凯还当上了临时大总统,更是让英氏心灰意冷,干脆退隐报界,委托樊子、唐

---

① 英敛之1901年3月10日。方豪编录:《英敛之先生日记遗》,台北文海出版社1974年,第242页。
② 吴趼人:《中国侦探案·弁言》,广智书局1906年。
③ 《大公报出版弁言》,《大公报》1902年6月18日。

梦幻为其主持《大公报》业务,直到1916年9月将报馆转卖为止。这四年多不妨称之为"《大公报》的后英敛之时期",因为英氏早期定下的宗旨、价值取向和"敢言"风格都基本得以坚持并有所延展。但樊、唐二人在小说观念上更强调"讽喻时事"的功能,而翻译小说在讽喻的贴切性和采编的便利性上显然不如本土的原创小说,故此时期该报小说以原创为主,其主要归结为两大类:寓言体小说和传记体小说。

寓言体小说共计43篇。其主题内容主要有以下几个方面。

其一,对时局黑暗面的揭露和官场人物的嘲弄。《大公报》作为民办报纸,与官方保持着一定的距离,往往能选取一个旁观的视角,发出自己的声音。特别是对宿敌袁世凯那一套玩弄共和的把戏,该报更是进行了毫不留情的讽刺和批判。此阶段第一篇原创小说《新民国剿匪记》,讲述的是某国一名为"天理良心"的人率领众人要推翻新政府,但失败被捕,大总统对他说:

> 好端端一个人,为什么取这万恶的名字,本大总统最恨的就是天理良心,你偏偏字字触犯忌讳。你自己想该死不该死?就使本大总统饶了你的性命,国中谁能容你得下,倒不如死了干净。

最终,唯有"知廉"和"知耻"两人逃得性命——因为"各都督早把廉耻忘了,中央政府也把廉耻忘了",其讽刺之直露辛辣由此可见一斑。另如《无须官》《龙王大鹏商量拉人入党》《梦游新世界》等皆属此类。

其二,对革命党人的嘲讽。英敛之是坚定的保皇立宪派,他既与维新派保持距离,也不赞成革命党人的暴力革命。他认为革命并不能使国家独立自强,革命党人的"所谓排满者乃自排,所谓'革命者'乃'革汉命'也"①。英氏这种反对革命的理念在樊、唐主持的《大公报》身上仍然得以延续。例如,小说《花果山》将《西游记》故事延伸、改写,以寓言的方式或隐或显地对孙中山、黄兴等人及其革命事业大加嘲讽;再如《共和》(四)、《帽国革命记》等,都反对暴力革命,感叹战乱给普通百姓带来的伤害。

其三,破除迷信恶俗,开化社会风气。《大公报》始终以"开我民智,以化我陋俗而入文明"②为己任,其刊发的小说对此也多有表现。如《神权谈话会》写自从"社会开通破除迷信风"后,诸神香火冷淡,生计无着,只得盘算如

---

① 《论革命军必不能达其目的于20世纪之支那》,《大公报》1906年6月5日。
② 《大公报序》,《大公报》1902年6月17日。

何自谋生路;还有《玉皇尝异味》《财神太太之魔力》等,这些小说都是在嬉笑怒骂中将众神拉下神坛,赋予凡人的七情六欲,并进行揶揄嘲弄,从而有效支持了破旧俗开新风活动的开展。

传记体小说计有21篇,主要分为两类。第一类,传主多为一些具有某种典型性特征的小人物。如《牛皮大王传》《中立先生传》《饭桶先生传》等,仅从题目就能看出传主的个性特征,字里行间也透出作者的嘲讽和批判意味。第二类,传主多为奇人异士,其言行举动往往有过于常人之处。例如《寿头传》塑造了一位知乐达观、可敬又可爱的老人形象;《彭铁匠》塑造了一位有勇有谋、大义凛然的壮士形象。相类的另有《瓦将军传》《无肠公子传》(署名梦觉)等。

除此以外,还有其他的一些原创小说。例如,《焚券》叙写了一个纯真感人的爱情故事,借此传达真情挚爱要高于金钱虚名的价值理念;而与此恰成反衬的是《嘉禾章》,对那些只重金钱名利、寡情少廉的人物,作者用漫画化的调侃手法给了辛辣的讽刺。另有《发财诀》《鳏鱼梦》等,在表现世态人情方面,皆有可圈可点之处。

## 三、《大公报》小说的艺术新变

由以上对早期《大公报》小说的简单梳理可见,该报也会迎合读者的阅读口味,刊发彼时风行的翻译小说,为"开风气,牖民智"做出积极贡献。但笔者认为,这并不是其亮点,甚至还算不上看点,因为跟同时期的其他专业小说报刊相比并无过人之处,反而是那些看似"逆流"而行的寓言体小说和传记体小说,在其他报刊争先恐后编发新小说的风潮中显得颇为特出,而其富于时代特征的一些新变之处更是值得好好研究。

与先秦时期大盛的寓言故事相比,《大公报》的寓言小说有一些明显的区别。

从内容特点上看,先秦寓言多以深刻的哲理思辨和瑰丽奇幻的想象见长,但一些篇章也因此被认为"皆空语无事实"①。而《大公报》的寓言小说则更为贴近现实,其隐喻的对象常常直指时事。例如,民初政局的混乱最为《大公报》所诟病,特别是所谓的民主选举,"以指派之代表,妄称全体,以少

---

① 《史记·老子韩非列传》。

数之选举,武断公权"①,为此该报编发小说《驴议员》对之加以嘲讽。又如,1914年前后袁世凯推行祭天活动,为自己的"皇帝梦"大造舆论。《大公报》对此亦是冷嘲热讽,刊发《玉皇尝异味》《祭天趣话》等寓言小说,巧妙地选取玉皇大帝的叙述视角展开情节,嬉笑怒骂间充满了批判意味。

若从讽喻功能的实现方式上看,《大公报》的寓言小说则可归为三大类。

其一为转借,即直接搬用现成的寓言小说,"洋为中用"或"古为今用",借以讽喻时事。例如,面对国家积贫积弱而不少国人却仍麻木冷漠的现实,该报的《猫鼠成亲》无疑是在唤醒国人要自强自立。又如,清代艾衲居士的《豆棚闲话》共存小说十二则,而《大公报》单单选载其中的第七则《首阳山叔齐变节》,显然是在影射袁世凯称帝闹剧中那些营私变节、呼应鼓吹者。

其二为改写,即对原有的作品进行改造或续写。例如《花果山》《梁山泊改组记》《福尔摩斯之门徒》等都是改写作品。值得注意的是,这些改写并非率性而为,而是尽可能地保持和延续原著的某些特征或精神内核。例如唐僧做了宋朝的南渡王,"他的性格儿,仍是懦弱,耳朵儿仍是软的,无荣无辱的过了一生";吴用仍然是精干机智的"军师"等。可见作者的这些安排遵循了人物一贯的性格逻辑,以便营造某种真实感,获得读者的认同;同时,作者又在原著的基础上发挥合理想象,注入了较多的主体意识,从而有别于原著,以一种"重新讲述"②的方式重点突出和强化讽喻的艺术功能。

其三为新创,相对转借和改写而言,这些新创的寓言小说无论是数量还是种类都远胜于前。概而言之,或写狐妖鬼魅,或叙奇梦幻境,或讲动物植物,或谈奇闻趣事,作家皆以积极的入世精神和强烈的主体意识,运用暗示、谐音双关、影射、隐喻、象征等艺术手法,于嬉笑怒骂间对时事政治、世态人情进行了或温婉或辛辣的劝诫、讥刺和批判。

《大公报》的传记小说跟历史传记相比也独具特点。

首先,这些传记具有很明显的虚构性,与史传家们孜孜恪守的"其文直,其事核,不虚美,不隐恶"的"实录"精神截然不同。甚至,这些作品不仅不会"不虚美,不隐恶",反而会故意张大其"美"或"恶",以突出人物的某种典型性格特征或强化某种艺术效果。例如《新无肠公子传》中,作者运用超现实

---

① 《读上海大共和报书后》,《大公报》1912年1月29日。
② 弗·杰姆逊:《后现代主义与文化理论》,陕西师范大学出版社1986年,第118页:"寓言的意思就是从思想观念的角度重新讲或再写一个故事。"

的传奇手法,形成反讽效果,突出对无能无德、满身铜臭的无肠公子的批判。又如《非常先生传》,作者以仿拟的手法,句句皆嵌入"非常"二字,不断强化"非常先生"的"非常"性格,从而刻画出人物的"非常"形象,文字诙谐风趣,令人忍俊不禁。显然,像这样的人物,无论是在历史中还是在现实生活中都不可能找到某一对应的个体,他们不过是作者运用了虚构的方式和夸张的手法,抽象现实后塑造出的一种概念式人物,具有符号性和隐喻性。此类传记的另一特征可以进一步印证这点:跟历史传记中的"显要"人物不同,这里的传主都是些"名不见经传"的人物,甚至无名无姓,或云"先生不知何许人也",或言"未详其姓氏",或干脆假托为"某人"——作传者竟然不知传主的姓名籍贯——显然,作者并不是真的想要正儿八经地为某人立传留存,只不过是借此表述某种思想倾向、价值观念或道德评判罢了。因此,这类"务虚弃实"的传记只能划属为文学体系下的小说类,而不能进入历史传记的群体。

此外,这些传记文也并非仅仅是为人作传,有时也为"物"作传,承担着类似释名的功能。如《黑美人传》,以黑美人"迷娘"暗喻鸦片,介绍了鸦片的历史和对国人的毒害。类似的还有《共和先生传》《滑稽先生传》等。这些传记多以拟人手法,虚构一些简单的故事情节,也能粗略地塑造出某些人物形象,因而具备了小说的诸种特征。而借用小说形式进行释名的优点也显而易见:一些抽象的概念或事物的本质特征经过这样的敷演和阐释,变得鲜明生动,通俗易懂,让普罗大众乐于也易于接受。

## 四、《大公报》小说观念的滞后与前瞻

《大公报》创办之际,正是中国古代小说向现代小说转变过渡的关键时期,那么处于历史大潮中的《大公报》的小说观念是怎样的,对推动中国小说的现代化进程又发挥了怎样的作用呢?

1902年"小说界革命"之后,"小说为文学之最上层"且具有"不可思议之力支配人道"①的小说观念已经深入人心,报刊刊载新小说也成为当时的流行趋势。但相比之下,《大公报》的小说观念则相对复杂。

虽然英敛之本人酷爱小说,并且对小说也有自己的认识,但从小说刊登

---

① 梁启超:《论小说与群治之关系》,《新小说》第1号,1902年。

的情况看,该报对小说的独立性地位并未予以足够的重视。最初的《大公报》并没有常设的小说栏目,小说主要被安插在"附件"(后为"杂录""杂俎")或"白话"栏中刊出(有时也会置于"笑林"或"滑稽谈"等临时栏目),而这些都是大杂烩类型的栏目(除小说外还包括文牍、广告、短评、奇闻等)。此外,小说刊发的时间既不固定,编发的数量也不平衡。例如,创刊当年发表小说两篇,1903年刊发小说七篇,而随后的1904年至1908年五年间刊发的小说寥寥不足十篇。若跟同时期的《新闻报》《申报》《时报》等大型日报比较,这些都显得相对滞后。以上状况直到1909年才开始有所改观:

> 社会教育之中尤以小说之功居多。论者谓一国善良之习惯,多由一代小说家造就之。无怪欧西人士,以小说一门为专门名家之学也。……其转移社会之力极大。①

当然,这些论述都没有突破梁启超、夏曾佑、王无生等人的小说观念,但能有这样的认识亦属难得,更重要的是能将之付诸实践。自此专设"小说"一栏,"每日随报附送一版"②,小说数量也随之逐渐增多。

从小说内容和类型上看,英氏主持时期的《大公报》小说与近代小说发展的主流也保持着一定的距离。辛亥革命前政治小说一度成为小说主流,也是影响最大的小说种类之一。而《大公报》本身又具有相当浓厚的参政议政色彩,按理说政治小说应该是非常适合该报风格的小说类型,但该报对政治小说的热情似乎并不高,因为辛亥革命前发表的真正意义上的政治小说数量很少。

真正将小说与政治联姻,则是英氏退隐之后樊、唐主政时的《大公报》,这段时期内发表的小说大多与政治时事有关。但樊、唐"讽喻时事"的小说观念也并无多少进步之处,因为在很大程度上他们不过是将小说纳入了时评的范畴,或说是为时评开辟了一块新的领地。最典型的表现是,时评之后往往会紧跟着刊发相关内容或思想倾向的小说。比如,1914年12月下旬,《大公报》发表了大量抨击和讽刺袁世凯立孔教为国教的评论,随文也连续刊登了《复辟梦》(一)、《复辟梦》(二)、《玉皇尝异味》、《祭天趣话》等多部小说。这些小说无疑是对时评的一种策应,并且使用的都是通俗的白话文,显然是在照顾文化水平不高的读者,以扩大受众群体和影响力。这些小说

---

① 《本报增刊小说广告》,《大公报》1909年2月17日。
② 《本报增刊小说广告》,《大公报》1909年2月17日。

的共同特点是:与"以文载道"的传统文道观念有着明显的继承关系,而直接影响则来自当时流行的谴责小说,同时也沾染上了报载小说的"新闻性"。当然,它们在"开启民智"上发挥了积极的作用,并对传统的寓言体小说和传记体小说的推进和突破也有不小的贡献。但其中的一些小说也沿袭了谴责小说"辞气浮露,笔无藏锋,甚且过甚其辞,以合时人嗜好,则其度量技术相去亦远"的弊端,造成审美上的"感人之力顿微"①,少数篇章甚至有降格为"黑幕小说"之嫌。而新闻般的"时效性"和"功利性",又使小说的生命力短暂,行而不远。故而,其中的不少小说"启发民智"尚可,要想从中挖掘出多高的艺术价值,无异于缘木求鱼。

但是,若从小说的语体观念上看,《大公报》则要率先于时代,具有相当的前瞻性,这成为该报小说的一大亮点。在白话文运动发展史上,《大公报》作为最早的推手之一,功不可没。其实对白话文的鼓吹推广,稍前的裘廷梁、陈荣衮等人的文章已有所涉及,但真正付诸实践者并不多。而《大公报》创办之初,英敛之即大力提倡白话文,并专辟白话文专栏"附件"。随后,更是开设直接以"白话"为名的栏目,成为华文报纸的一大创举:"中国华文之报,附以官话一门者,实自《大公报》创其例"②。如前所叙,《大公报》小说的绝大部分就被安插在这两个栏目中刊载,从而为白话小说的发展提供了实践的舞台。1903年,该报还明确指出小说使用白话的优点和重要性。这白话有什么好处呢?一则雅俗共赏,一说了然;二则言浅意赅,感人最易。这新闻纸上,最不可没有白话的③。而对警世劝人的寓言小说,英敛之更是强调要通俗易懂,深入浅出,将"旁引曲证,寓真理于浅白言语中"④当成稿件取舍的审美向度。《大公报》对白话文的积极推广也产生了正面反响——"各报从而效之者日众"⑤,就此意义而言,该报的努力无疑为推动中国白话小说的发展做出了特殊贡献。

若是细究还会发现,《大公报》在刊发大量白话小说的同时,其实也刊发了不少的文言小说。这表明《大公报》对白话小说的推广是一个相对温和的渐进过程,具有一定的实验性和试探性。当然,这在很大程度上也是迫于彼

---

① 鲁迅:《中国小说史略》,东方出版社1996年,第207、211页。
② 《本馆特白》,《大公报》1905年8月20日。
③ 《烂根子树·前言》,《大公报》1903年9月1日。
④ 周雨:《大公报史(1902—1949)》,江苏古籍出版社1993年,第20页。
⑤ 《本馆特白》,《大公报》1905年8月20日。

时的现实语境。一方面,文言小说的刊发,主要是顾及士绅文人们的语言趣味,因为他们才是报纸的主要订户,是报馆"衣食之父母",毕竟"文言小说之销行,较之白话小说为优"①的局面甚至到辛亥革命前夕还是没有扭转。另一方面,作家语言惯性的改进也需要一定的时间——固有的语言结构,使得用惯了文言语体的作家们常常感叹"用白话体裁,下笔之难,百倍于文话"②。这也就不难理解《大公报》为何会时常出现文白掺杂的小说语体。特别是该报早期的一些白话小说,虽然"纯用俗语",反而显得"复嫌冗繁",倒不如简浅的文言来得爽利,典型如用白话翻译的"泰西小说"《猫鼠成亲》《乐师》《缶鼎问答》等,在篇末阐发小说题旨时,作者将通常的"译者曰"改为白话"翻译这段的人说",读起来甚是拖沓怪异,也难怪有人讥评此类文字"浅俗不堪"③。之后,该报编发的翻译小说绝大部分都改用了简浅的文言语体,应该与此也不无关系。而到了樊、唐主持的最后两年多时间里,《大公报》刊载的文言小说在篇数比例上甚至明显超过了白话小说。早期白话小说语体的不成熟以及白话成长之路的艰难由此可见一斑。

或许,也正是《大公报》推行白话文之路的曲折、反复甚至失败,使得他们的尝试显得悲壮而又富于启示意义。至少,他们证明了文言和白话的彼消此长是一个渐进的过程,其推进是如此的艰难和漫长,绝不是一次平地突起的白话文"革命"就能毕其功于一役的。

(《江淮论坛》2008 年第 5 期)

---

① 觉我:《余之小说观》,《小说林》1908 年第 9 期。
② 姚鹏图:《论白话小说》,《广益丛报》1905 年 6 月 5 日。
③ 《说大公报》,《大公报》1902 年 7 月 20 日。

# 中国的租界与法制现代化
## ——以上海、天津和汉口的租界为例

王立民

鸦片战争以后,中国出现了逐渐增多的通商城市,不久便产生了租界。中国这块土地上的法制现代化从这些租界开始。本文以上海、天津和汉口三地的租界为例①,就中国的租界与法制现代化问题作些探索。

一

中国大地上的法制现代化进程始于租界。租界当局通过大量移植现代法制,使中国租界的法制率先实现现代化,租界的存在与中国法制现代化紧密联系在一起了。确立租界存在的基本法律是有关租界的租地规定。这种规定在各租界的称谓不完全相同,在上海被称为"土地章程""地皮章程"或"地产章程"等等②,在天津被称为"租地条款""租界合同""租界条款"等等③,在汉口被称为"租界地条约""租界购地条约"或"专管租界条款"等等④。它们是这些租界存在、发展的基本法律依据。有人曾把上海租界的"土地章程"称为上海租界的"根本法""大宪章"等⑤。其实,天津、汉口租界

---

① 中国出现的租界口埠共有10个城市,其中上海、天津和汉口租界最具典型性,影响也最大。上海租界是中国形成最早、外国侨民最多和面积最大的租界;天津租界中有9个专管租界的国家,其地位仅次于上海租界。汉口租界的总面积仅少于上海与天津租界,在中国名列第三。
② 参见王立民:《上海法制史》,上海人民出版社1998年,第165页。
③ 参见罗澍伟主编:《天津通志·附志·租界》,天津社会科学院出版社1996年,第459、460、466页。
④ 参见《汉口租界志》编纂委员会编:《汉口租界志》,武汉出版社2003年,第521、522、523页。
⑤ 参见王鹏程等:《上海史研究》,学林出版社1984年,第100页。

的租地规定也是如此。有关租界的租地规定由一系列规定组成,在实现法制现代化的过程中起着重要的作用,主要表现在以下一些方面。

(一)为植入现代法制奠定了地域基础

法制的属地性很强,任何法制都是一定地域条件下的法制。上海、天津和汉口的各租界当局根据有关的租地规定,取得了在中国的落脚之地,创造了移植现代法制的地域条件。而且,随着租地规定的不断补充、扩展,租界地域也不断延伸、扩大,中国植入现代法制的区域也随之越来越大了。

在上海,1845年11月首次公布了土地章程①,它规定的一项重要内容是确定了英租界的地域,东靠黄浦江,北至李家场,南至洋泾浜,翌年又确定西至界路,此时的面积为832亩②。从此,现代法制开始在上海登陆。以后,上海的租界不断扩大,这种扩大包括了两个方面:一方面是取得上海租界地域的国家扩大了;另一方面是这些国家在上海租界的地域也扩大了。1848年美国派员向上海道台吴健彰提出把虹口一带广大地区作为美租界的要求,吴健彰作了口头承诺。1863年英美两租界合并,以后取名为公共租界。1849年法国也提出在上海设立租界的要求,同样得到了允诺,于是法租界也登场了,它南至城河,北至洋泾浜,西至关帝庙诸家桥,东至广东潮州会馆沿河至洋泾浜东角,总面积为986亩。以后,这两个租界几经扩展,以致公共租界的面积达32110亩,法租界的面积达15150亩③。至此,上海的租界把上海交通最便利、地理位置最重要的地段全都分割完毕。这给上海租界的社会发展和现代法制的移植造就了一个十分有利的地域条件。

在天津,通过与清政府签订的租地规定,1860年英、美、法三国分别设立了自己的租界,而且均位于海河西岸的紫竹林村一带,故它们又被称为"紫竹林租界"④。它们的面积分别为460、131、360亩⑤。自1895年起的8年间,德、日、俄、比利时、意大利和奥地利6国分别通过签署租地规定,也在天

---

① 参见蒯世勋等编:《上海公共租界史稿》,上海人民出版社1980年,第44—50页。
② 参见邹依仁:《旧上海人口变迁的研究》,上海人民出版社1980年,第92页。
③ 参见王立民:《上海法制史》,上海人民出版社1998年,第182—184页。
④ 参见费成康:《中国租界史》,上海社会科学院出版社1991年,第278页。
⑤ 参见罗澍伟主编:《天津通志·附志·租界》,天津社科院出版社1996年,第71—72页。

津取得租界,土地面积分别是 1034、1667、5971、747.5、771 和 1030 亩①。同时,这一时期英、法、德、日 4 国的租界地域又分别得到了一至数次的扩展,以使天津形成了幅员为县城 8 倍的租界夹峙海河的局面,其最利于发展、繁荣的地区均收归于租界囊中,现代法制同时在这一地区落户。

在汉口,1861 年英国通过《汉口租界条款》在汉口取得第一块租界,从花楼巷江边往东 8 丈起,至甘露寺江边卡东角止,面积为 458.28 亩。从 1895 年起的 3 年内,德、俄、法、日 4 国租界也根据相关租地规定,在汉口的英租界附近取得了租界,面积分别是 600、414.65、187 和 247.5 亩②。以后,在 1898 年起的 9 年中,英、德、法、日 4 国又分别拓展其租界,新增面积分别为 337.05、36.83、170 和 375.25 亩③。这样,在汉口镇下游 4 公里长的长江边形成了一个汉口租界区。在这里,外国的经济、贸易、金融业等得到了大力发展,现代法制也同样被引入。

(二)为确立租界内的自治机构提供了法律依据

上海、天津和汉口租界的有关租地规定还确立了租界内的自治机构,使租界成为名副其实的"国中之国"。有了这些机构,租界当局就可在租界内建立起自己的法制,行使立法、行政、司法等一系列权力,开动法制机器。这种法制就是现代法制。

上海租界的这种自治性十分明显。1845 年的土地章程已经确立了英租界的自治机构的雏形。它确定英国领事是英租界的自治者。此章程规定,英国以外国家的商人要在租界内建房、租房、屯物,都"须先禀明英国领事得其许可";租地人如果"欲设船夫及苦力头目"的,也"须陈报领事"。这个土地章程还赋予英国领事以司法权。它规定,违反土地章程的,由英国领事惩处。"嗣后英国领事,倘发现有违犯本章程之规定者,或由他们禀告,或经地方官通知,该领事均应即审查犯规之处,决定应否处罚。"以后,美、法两国的租界也在上海取得了相似的权利。

---

① 参见罗澍伟主编:《天津通志·附志·租界》,天津社科院出版社 1996 年,第 73—78 页。

② 参见《汉口租界志》编纂委员会编:《汉口租界志》,武汉出版社 2003 年,第 26—31 页。

③ 参见《汉口租界志》编纂委员会编:《汉口租界志》,武汉出版社 2003 年,第 32—33 页。

上海英租界1854年的土地章程①更能体现这种自治性并扩大了这种自治机构。它把英国领事的自治权延伸到卖酒与开设酒馆等方面,规定界内无论中外之人,未经领事官给牌的,都不准卖酒并开店。根据这一土地章程的自治性,公共租界还始在租界设立了"工部局"。它是英租界和以后的公共租界的行政管理组织。工部局要处理界内的日常管理事务,包括,各种市政工程的建造、维修,制定相关的规章,负责警务及社会治安、经费安排等等。为了有效管理界内事务,它还下设工务、警备、财政、防卫、电气、卫生、运输等20余个常设委员会和巡捕房特别调查、普通教育、特别电气、宣传等10余个特别委员会等机构,进行日常管理②。可见,这是一个机构设置俱全的租界内自治管理机构,如同一个自治政府。

上海公共租界1869年的土地章程在自治方面走得更远,竟然规定在租界内建立纳税外人会③。此会又称"外人纳税会""纳税西人会"等,全为外国人组成,是公共租界的主要议决机构,起了"市议会"的作用,其地位在工部局之上。但是,任何华人都不可参加此会,被排斥在外,尽管他们所缴的捐税大大超过外国人。所以,我国学者王世杰说:"上海公共租界内的华人,虽然没有参预市政之权,他们对租界行政费用的负担,并不因此而减轻,实际上他们所纳的税捐大大超过外侨所纳的税捐。"④上海法租界也有一套相似的自治机构和制度,只不过名称有点差异,其议决机关称为"选举人大会",行政管理机构称为"公董局"⑤。另外,这两个租界还建立有自己的警政机关、监狱等其他一些组织和设施,一起为自治服务。在这种自治条件下,上海租界当局就可自行决定引进现代法制,不会有权力上的障碍,这种移植也就从可能变成现实了。

---

① 参见蒯世勋等编:《上海公共租界史稿》,上海人民出版社1980年,第53—55页。

② 参见史梅定主编:《上海租界志》,上海社会科学院出版社2001年,第190—202页。

③ 参见前引王立民:《上海法制史》,上海人民出版社1998年,第177页。纳税外人会的前身是租地人会议,由其来议决租界的重要事项。1846年租地人召开第一次会议,商讨这一会议的职责等事宜。1854年英、美、法三租界正式确定租地人制度。纳税外人会的自治作用大于租地人会议。

④ 王世杰:《上海公共租界收回问题》,太平洋书店1927年,第9页。

⑤ 参见史梅定主编的《上海租界志》,上海社会科学院出版社2001年,第173—174、202—205页。

在天津和汉口租界的租地规定中,同样存在这种自治机构。在天津,德租界的租界合同不仅规定,德国要永远在天津设立租界,即"今中国准德国永远在天津设立租界";同时还确立了德租界中"工部局"作为管理机构的地位和作用①。意大利租界的租界章程合同在规定取得租界永租权的同时,还规定租界内事务由意大利的机构进行管理,"今将天津北河左岸上地方一段永让意国作为租界,该地界内全行管理",这一管理机构也称为"工部局"②。奥地利租界的租界合同同样规定,设立"工部局"进行界内的管理③。英租界的扩充租界章程不仅为英租界当局取得更多的租界地域,而且还确认工部局为界内的管理机构④。在天津的租界里还建立有类似上海租界内的纳税人会,作为界里的权力机关,工部局则是其下属管理机构。在汉口租界的租地规定中,也有类似上海、天津租地规定的内容,也确认了租界自己的管理机构,行使界内的管理权。在早期英、德、俄、法、日租界的租地规定中,都把领事官作为租界的管理者。以后,在有关租界扩大的租地规定中,则出现了新的机构,比如在英租界就成立了"工部局"⑤。此外,英、德、法等租界还设立了纳税人会议,作为租界内的最高权力机关。工部局在纳税人会议之下从事具体管理事务。

(三)为直接植入现代法制作了明文规定

上海、天津和汉口租界的租定规定中,还直接规定一些移植过来的现代法制,使它们植根于租界,以致租界也具有了现代法制。

从上海租界的土地章程规定来看,主要规定的是巡捕制度、领事公堂制度以及其他一些制度。第一,关于巡捕制度。1854年的土地章程提到了建立巡捕的问题,规定:"设立更夫或巡捕"。这意味着可以在上海公共租界内

---

① 参见罗澍伟主编:《天津通志·附志·租界》,天津社科院出版社1996年,第462—463页。

② 参见罗澍伟主编:《天津通志·附志·租界》,天津社科院出版社1996年,第474—475页。

③ 参见罗澍伟主编:《天津通志·附志·租界》,天津社科院出版社1996年,第480页。

④ 参见罗澍伟主编:《天津通志·附志·租界》,天津社科院出版社1996年,第485页。

⑤ 参见《汉口租界志》编纂委员会编:《汉口租界志》,武汉出版社2003年,第519—525页

建立现代的警政制度,设立现代的警政机构和人员了。在以前,上海公共租界只设更夫,不设巡捕。他们之间有明显的差别,更夫只在夜间报更鸣警而已,巡捕则是现代的武装警政人员,性质完全不同。从那以后,巡捕制度作为一种现代警政制度便在上海出现了。当年,就在工部局下设警务处,正式设置巡捕。法租界也建立了相似的巡捕制度①。上海租界的巡捕制度从一个侧面反映出上海租界的警政制度已基本实现了现代化。第二,关于领事公堂制度。1869年的土地章程规定在公共租界内设立领事公堂,由其来受理控告工部局及其经理人的案件,实际上是一个类似于行政庭的司法机构。其具体内容为:凡控告工部局及其经理人等者,即在西国领事公堂投呈控告,系于西历每年年首,有约各国领事会同会议,推出几位,名曰领事公堂,以便专审此等控案。1882年7月《上海领事公堂诉讼条例》②被批准实施,领事公堂制度正式运行。此条例共有9条,内容涉及公堂的人员设置、公文来往、聘用代理人或律师、答辩书、诉讼费、保证金等一些方面。领事公堂的法官全由外人组成,他们根据土地章程及相关规定进行审判。这些都按现代的诉讼程序进行设计和操作,是一种现代化的诉讼制度,与中国传统的"厌讼"为导向的诉讼制度明显有别。第三,关于其他制度。在土地章程中还规定了其他一些现代法制的内容,这里以罚款为例。在土地章程中,多次提到罚款的规定,其用词为"罚银"。在1854年土地章程中,因禁止华人用易燃物质造房等问题,在同一条款中就4次使用了罚银的办法。其中涉及罚银的方式包括:按月罚银、按次罚银和初次、再次罚银等。它规定:禁止华人用蓬、竹、木等易燃物品造房,并禁止储存硝磺、火药等,违者初次罚银25元;如再不改,每月加罚25元。可见,租界当局已建立了罚款制度并能很熟练地使用罚款方法。在中国传统的法制中,刑法是主要部门法,泛刑主义泛滥,大量类似于现代化的行政和民事违法行为都要被处以刑罚,很少使用罚款这样的行政制裁手段。1854年土地章程中移植了现代的罚款制度,使其在租界的法制中得到运用,为上海法制现代化增添了新的内容。

从天津的租地规定来看,也规定有现代法制的内容。法租界的租地条款中有现代民事补偿制度方面的内容。比如,它规定,法国商人如果要租用

---

① 参见王立民:《上海法制史》,上海人民出版社1998年,第248—254页。
② 参见蒯世勋等编:《上海公共租界史稿》,上海人民出版社1980年,第248—249页。

租界内华人房屋的,除了要付房租外,还要付搬费,作为搬场的补偿。"法国商人等愿租地基,若愿租地块之上有房屋,该房屋居住本地民人,每户要收搬费一十两。"①德租界的租界合同中,则有城市管理制度方面的内容。比如,它要求用租界的办法来管理城市,并采用一系列现代城市的管理规定和措施。"中国国家允照英租界办法维持秩序,并以维护沿河马路,严禁新建码头及马路上摆设摊场","沿河北岸不准建造栈房、竹房,以免有碍学堂",在租界内筑马路时,"如有士绅坟墓实在不愿迁移者,马路应设法稍让",等等②。日租界的租界续立条款肯定并规定了现代警政制度。它要求,在原租界内建立巡捕房,在将要扩展的租界地区设立会缉捕局,进行现代治安管理,并提出了一些具体办法。"现定租界内,日本设立巡捕房,管理界内一切警察事宜外,两国另在预备租界内公设会缉捕局一所","如在规定租界犯事之人,窜入预备租界内者,亦由会缉局查拿送官究治,其零星细事无关罪名者,即由会缉捕秉公了结",等等③。在英租界的推广租界规定中,也有一些现代法制的内容,主要涉及治安、卫生等一些方面。它规定,租界内"遇有行为不端、不守法禁人等,由工部局巡捕拿送总领事移送地方官","界内娼寮、赌馆及不守规矩房舍,由工部局立即封闭,或明知藏有盗贼等类,亦由工部局自行入查"。它还规定,租界内"积水坑沟有碍于卫生者,如工部局传知该主设法填平,务须遵照"④。以上这些规定都具有现代法制内容的特征和性质,是天津现代法制的一个组成部分。

从汉口的租地规定来看,同样具有现代法制的内容。在德租界的租界合同中,规定有城市建设和审判制度方面的内容。它的有些内容直接有关城市建设制度。比如,它规定,租界内官地"应予勘测";租界内在盖造新的洋房时应留出街路基地,"无论华洋商民及驿递公文、饷鞘夫马人等,均准一律任便行走"。要建造码头的,"须先与监督商量,察看地势,与华、洋商船往来无碍,方可修建"。它的有些内容又直接有关审判制度。比如,它规定的这一审判制度就是会审公廨(又称"会审公堂")制度,只是把它具体化,更便于操作。"德租界内如遇驻华领事官管束之洋人并华人涉讼,应归中国官办

---

① 罗澍伟主编:《天津通志·附志·租界》,天津社科院出版社1996年,第459页。
② 罗澍伟主编:《天津通志·附志·租界》,天津社科院出版社1996年,第461—462页。
③ 罗澍伟主编:《天津通志·附志·租界》,天津社科院出版社1996年,第469页。
④ 罗澍伟主编:《天津通志·附志·租界》,天津社科院出版社1996年,第485页。

理,派员在租界审谳。若领事官管束之洋人并德国人或各国人,因被华欺凌禀控,以及华民在租界内违犯章程,由中国官员会同德国领事或领事所派之员会审。"①汉口的其他租界也有一些自己的规定。俄租界的租界地条约也确立了会审公廨制度,规定:"租界内遇有华洋商民禀控欺凌等项事故,应由租界委员会同领事及领事官所派之员审讯办理。"②法租界的租界租约确定了城市规划制度,规定在一定范围之内,只可筑路,不可建民房,即"不准民人搭盖棚屋等项"③。日租界的日本专管租界条款则对居住制度作了规定,特别强调对华人居民的限制。"中国无身家之人不得私在租界内住家,或开设店铺、行栈,违者分别惩办。"④英租界的新增租界条款重申了工程局的具体职能,提出:"路灯、巡捕,议由租界工程局安设。"⑤以上汉口租界租地规定中的这些内容同样是现代法制的内容。

上海、天津和汉口租界有关租地规定的内容为植入现代法制奠定了地域基础,为确立租界的自治机构提供了法律依据,为直接植入现代法制作了明文规定,其在中国法制现代化的道路上先行了一步,作用不小。

## 二

清政府的法制改革始于20世纪初,中国华界的法制从此逐渐走上了现代化的道路。可是,中国大地上租界的法制现代化则早于华界,它肇始于19世纪中叶。上海、天津和汉口租界的法制现代化均领先于华界,优于中国的传统法制,主要表现在以下一些方面。

(一)具有现代的法规结构

上海租界当局制定的法规都具有现代的法规结构。首先,采用"章程"的称谓。比如,公共租界的《工部书信馆章程》(1893年)、《公共租界工部局中式新房建造章程》(1901年)、《公共租界工部局治安章程》(1903年)和法租界的《公董局组织章程》(1866年)、《法租界公董局警务路政章程》(1869

---

① 《汉口租界志》编纂委员会编:《汉口租界志》,武汉出版社2003年,第521页。
② 《汉口租界志》编纂委员会编:《汉口租界志》,武汉出版社2003年,第521页。
③ 《汉口租界志》编纂委员会编:《汉口租界志》,武汉出版社2003年,第523页。
④ 《汉口租界志》编纂委员会编:《汉口租界志》,武汉出版社2003年,第524页。
⑤ 《汉口租界志》编纂委员会编:《汉口租界志》,武汉出版社2003年,第525页。

年)等等①。在中国传统法律法规中,"律""刑统""令""敕""制"等都与"章程"不同。其次,采用款、条的排列方式。在那时内容稍多一些的法规中,都采用款、条排列方式。《公共租界工部局治安章程》就采用了这种排列方式。它共有25款,每款之下又设有不同数量的条。第1款为"西客栈及大餐馆"下设11条,内容涉及不可顶替他人执照、查验酒的人员和方法、开闭馆的时间、转租、不准留宿的情况、不准滋事赌博等一些方面。第4款为"渡船",下设6条,内容包括了不可顶替用执照、听从巡捕的命令行船、有遗物交巡捕房、损害赔偿等方面。在中国传统的法典、法规中没有这种明示的款、条排列方式,就是在中国法典楷模的唐律中,也只有条,无明指款等排列方式。最后,采用款标的做法。凡设有款的章程中,都设有款标,一款一标。它明示其中的内容,使阅读人一目了然。以上的"西客栈及大餐馆"、"渡船"就是款标。《公共租界工部局治安章程》的每一款都有款标。比如,第2款为"大小弹子房",第3款为"驳船"等等。中国传统的法典中不在正文中设款标。《唐律疏议》中有律名、条标,但条标只设在目录中,正文中无条标。《宋刑统》中有律名和门标、条标,但突出的是门标,正文中条标又与法条分离。上海租界法规的结构是现代法规的结构,使用了现代的立法技术,明显优于中国传统法典的结构。

  天津和汉口租界的法规虽然在称谓上有的不完全同于上海租界,但也都是现代法规的称谓,如"规则""合约""规定"等等。同时,在结构的其他方面,与上海租界的十分相近,也都具有现代法规的结构。天津的英租界于1877年前制定了《英国租界现行规则》②,它也采用条、款、项结构,共23条。每条为一个方面的内容。比如,第1条为竖立租界范围的石碑,"以便分清界限";第2条为此规则与以往颁行规则的关系,即"因本规则所定条项诸多未尽之处,嗣后即行裁撤"。9个条下设款,1个款下设项。设项的第13条第2款,下设了7项,分别对租赁地人会投票规则作了较为详细的规定。汉口的英租界于1896年以后制定的《英租界捕房章程》③分为正文和附则,同样采用了条、款、项的结构形式。正文共23条,附则有70条。正文中有6条

---

① 参见王立民:《上海租界与上海法制现代化》,载《法学》2006年第4期。
② 参见罗澍伟主编:《天津通志·附志·租界》,天津社科院出版社1996年,第507—511页。
③ 参见《汉口租界志》编纂委员会编:《汉口租界志》,武汉出版社2003年,第537—544页。

下设款,其中有1条下还设项。附则中有9条下设款。每条都有一个方面的内容规定。比如,第1条规定了此章程的适用地区,即"在一千八百六十一年新租及一千八百九十六年新推广之汉口英租界范围之内"。条中内容较多的下设款。附则第51条下设了17款,分别对街市车马的规则作了较为详细的规定。这两个租界的法规结构也都具有现代法规结构的特征,而与中国传统的法典结构不同。

(二)具有现代的法制语言

在上海租界颁行的法规中,不仅都使用白话文,而且还大量使用现代法制语言。当然,这些语言是从英、美租界或公共租界中使用的英语和法租界里使用的法文翻译而来。正因为如此,这些法制语言都是现代法制语言,不再是中国传统的法制语言。它们从一个侧面说明上海租界的法制已开始现代化了。这些法规中的用词、句子都能体现现代法制的语言,有的至今还在使用。因为这类语言太多,只能举例证之。《公共租界工部局巡捕房章程》中有"原告""被告""审问""拘送惩罚""一经查出照例惩罚""禁止虐待牲畜""不准燃放爆竹""不准将垃圾倾倒路上"等等。在中国传统的法律里则大量使用传统的法律语言。《唐律疏议》中使用了"十恶""八议""杖""笞""皆勿论""上请听裁""奏听敕裁"等一些传统的语言。它们与上海租界法规中的法制语言大相径庭,而这种不相同正好反映了它们法制的不同,上海租界法制已属于现代化法制的范畴了。

天津和汉口租界法规也都大量使用现代法制语言,不再使用传统法制的语言。天津租界的《英国租界现行规则》是个完全使用现代法制语言的现代法规。在立法方面,使用了"现行法律""规则""附则""订定权限"等语言;在选举方面,使用了"投票权""投票权委任""任期""代投权"等语言;在国家机关方面使用了"议长""警察"等语言;在经济和税收方面,使用了"预算""决算""码头税""停泊税"等语言;在司法方面,使用了"法律裁判""审判"等语言。汉口租界的《英租界捕房章程》也是如此,同样使用现代法制的语言,不再运用传统法制的语言。其中,使用较多的有:"投票权""特别大会""纳税者""表决""公共事务""公共利益""执照""房屋地基税""码头费""判决""赔偿""罚金""监禁"等等。这些都与现代法制联系在一起,也是现代法制的语言表现,与中国传统的法律语言有明显的差异。

(三)具有现代的审判制度

上海开埠以后,上海租界实施了领事裁判权,特别是设立了会审公廨以后,率先于上海华界推行现代审判制度。这一制度体现了公开、公平、公正等现代的审判理念,是移植后的现代审判制度。除了上述领事公堂已运用的现代审判制度以外,当时上海租界的其他审判机关也同样使用了这一制度,其内容涉及法官和陪审员、原告人与被告人、公诉人、代理人与辩护人、翻译人员、庭审程序,等等。在会审公廨中,这一制度已基本成熟。上海公共租界的会审公廨根据1869年的《洋泾浜设官会审章程》的规定和精神,受理的案件是那些发生在公共租界内的民事钱债交易和刑事窃盗斗殴等案件;法官由上海道台派出的人员与领事官组成;公诉人由巡捕房派员担任;律师出庭担任代理人或辩护人;华洋诉讼案件,领事官可派员作为陪审员参加庭审;庭审时如有洋人作为诉讼参与人的,不定期要派翻译人员出席;庭审程序包括宣读诉状和答辩状、双方责证、辩论、判决等①。上海法租界的会审公廨也贯彻了《上海洋泾浜设官会审章程》的规定和精神。以上的这些现代的审判制度得到了实施,现存上海档案馆的一个关于上海公共租界会审公廨审判的窃电案的记录,可以基本反映这一审判制度②。上海租界的现代审判制度与中国传统的审判制度大相迥异。相比之下,中国传统审判的弊端显而易见,如同前人所言:"中国地方官吏,无论钱债细故,人命重案,一经公庭对簿,先须下跪,形格势禁,多有不能曲达之情。况又不延人证,则曲直不易明"③。上海租界使用的现代审判制度有中国传统审判制度所没有的优越性,代表了中国审判制度发展的方向。

汉口和天津租界也都相应建立了自己的现代审判制度。汉口的租界也都建有会审公廨。其中,英租界于1894年根据《汉口会审公堂章程》组建了汉口会审公廨。它也采用现代审判制度,特别在华洋互控的案件中。审判时,有检察人、审判员、见证人、翻译、律师等出席。审判过程中,先由审判员知晓出庭人员,检察人起诉,见证人指证;然后,由审判员审问,有律师在场的还可进行辩护;最后,由审判员进行判决④。在审判中,没有了中国传统审判中的刑讯、专断的审讯,还允许律师辩护等等。同时,这里的诉讼参与人、审判程序等等都与现代审判制度吻合,是这一制度在汉口英租界的移植。

---

① 参见杨湘钧:《帝国之鞭与寡头之链》,北京大学出版社2006年。
② 参见上海市档案馆档案,卷宗号:U1—2-704。
③ 《皇朝经世文新编续集·法律》。
④ 参见上海市政协文史资料委员会等合编:《列强在中国的租界》,中国文史出版社1992年,第215—216页。

随后,汉口出现的德、俄、法、日4国租界也都分别设置了自己的会审公廨,也都实现了审判现代化①。天津的租界内虽没有设立会审公廨,但各租界仍享有领事裁判权。对于本国侨民的审判,租界内设有领事法庭,由领事进行审判,还是运用现代审判制度。可见,现代审判制度被广泛适用在租界内。

(四)具有现代的律师制度

在上海租界移植了现代审判制度的同时,也引进了西方律师制度,英国领事法庭最早的审判中使用律师,以后其他各国领事法庭也纷纷引用本国的律师制度,允许律师出庭。正如学者陈同所言:"各国领事馆纷纷设立了领事法庭,按照他们自己的法律制度来处理法律事务,而其中也包括了律师制度。"②以后,《上海领事公堂诉讼条例》专门提及了律师问题。它规定,诉讼事宜,须亲自或请代理人办理;原告延用律师出庭与否,听其自便。由于此时还没有中国律师和律师制度,因此那时律师都是外国律师。现代的律师制度也来自西方。这一制度的内容包括:律师出庭的条件、律师的权利与义务、律师的收费等等。比如,律师要在会审公廨出庭的,须在会审公廨注册,外籍律师要得到本国领事的许可证明等等③。上海租界的审判机构在20世纪初前已广泛在庭审中使用律师。有人曾对1901年前领事公堂审案中广泛聘用律师作过这样的描述:"华洋互审以来,尤多交涉事件。余观英、法二公堂中西互控之案,层见迭出。无论西人控华人,须请泰西律师以为质证,即华人控西人,亦必请泰西律师。"④这些外国律师在庭审中也确能发挥作用,起到了辩护或代理的作用。"案无大小,胥由人证明其曲直,律师辩其是非,审官研鞫而公断之,故无黑白混淆之弊。"⑤中国传统上没有律师,只有讼师。他们以帮助诉讼当事人拟定诉状、介绍诉讼程序和注意事项等为业,与上海租界的现代律师有本质的区别。它的出现无疑是一种历史的进步。

天津和汉口租界也都逐渐建立了现代的律师制度。天津各租界均具有领事裁判权,其领事法庭使用的是现代审判制度,其中也使用律师,建立相关的律师制度。这种情况与上海租界中的情况十分相似。汉口租界,不论

---

① 参见费成康:《中国租界史》,上海社会科学院出版社1992年,第142页。
② 陈同:《略论上海外籍律师的法律活动及影响》,载《史林》2005年第3期。
③ 参见王申:《中国近代律师制度与律师》,上海社会科学院出版社1994年,第127页。
④ 《皇朝经世文新编·西律》。
⑤ 《皇朝经世文新编·西律》。

在领事法庭,还是在会审公廨,也都使用律师,建立了现代的律师制度。法庭内,律师充当辩护人,为被告人进行辩护;法庭外,律师又充当法律顾问,接受当事人的法律咨询。"他们可以充当法律顾问,代办挂旗手续,也可在房地产买卖方面居间作证,以及代订合同、契约等等。凡租界洋人与洋人之间,洋人与华人之间,甚至华人与华人之间,有什么法律问题需要解决,都登洋律师之门,请教洋律师。"① 这两个租界同样进入现代律师制度的行列。

## 三

在中国租界与法制现代化的问题中,还有一些值得关注的方面。

(一)法制现代化的发展很不平衡

中国租界的法制现代化通过移植西方现代的法制而实现。由于受案件当事人和地域的限制,在中国的租界和华界都有发展不平衡的情况存在。这些情况的存在就反映出这一法制现代化的进程不一,有差异。这种不平衡突出表现在租界内和华界与租界之间。这里重点以上海的租界与华界为例。

从租界内的角度来看,上海租界在领事裁判权实施后,实行的是被告主义原则。这样,有约国人适用自己国家的法制,即现代法制;华人和无约国人则仍然适用中国当时的法制,即还是传统法制。可见,尽管同在上海租界,就因案件的当事人不同,适用的法制不同,其法制的时代性质也不同。上海租界法制现代化首先在以有约国人为被告的案件中开始,然后再逐渐扩展。《五口通商附粘善后条款》确立了领事裁判权,上海作为五口通商城市之一,便被适用这一规定。这一规定的关键内容之一是:"英人如何科罪,由英国议定章程、法律,发给管事官照办。华民如何科罪,应治以中国之法。"② 根据这一规定,英租界的英人就适用英租界的现代法制,而华人仍需适用中国传统法制,现代法制的道路还未向华人敞开。以后,其他国家的有约国人在上海租界也都如此。《上海洋泾浜设官会审章程》的规定开始对部

---

① 上海市政协文史资料委员会等合编:《列强在中国的租界》,中国文史出版社1992年,第216页。
② 王铁崖:《中外旧约章汇编》(第一册),生活·读书·新知三联书店1959年,第42页。

分华人松动。它规定,外人所雇用或延请的华人为被告的案件,由领事或派员听讼。但总的来说,领事裁判权主要是适用于有约国人。这从租界内的角度来说明,同在一个租界,但当事人不同,适用的法制也不同,以致法律现代化的进程也不一致,发展很不平衡。

从上海的华界和租界之间来看,上海华界法制现代化的进程要比租界晚半个世纪左右。20世纪初,清政府开始推行法制改革。这是全国性的法制改革,上海华界作为中国的一部分,也被纳入这一改革的范围,于是上海的法制开始摆脱传统的桎梏,逐渐转向现代化。比如,1904年清政府在中央建立了巡警部和相应的现代警政制度,上海于1905年将巡防保甲局改为"警察总巡局"①。从此,上海华界也有了现代的警政队伍和制度。这也是上海法制开始现代化的一个重要信号。这半个世纪左右的差距也是一种很大的不平衡。

直到20世纪30年代初,上海法制现代化的进程才出现了基本平衡的走向。上海华界的法制现代化在20世纪30年代初基本实现。那时,中国的"六法"体系基本建成,移植西方现代法制已见成效,西方现代法制的本土化也已基本实现。在这一大背景下,上海华界的地方法规也形成了现代的体系,其内容也基本达到现代水平。同时,上海租界也开始设立纯属中国的审判机构,取消了会审公廨等审判机构。1930年在公共租界设置了上海第一特区法院和它的上诉法院江苏高等法院第二分院;1931年法租界建立了上海第二特区法院和它的上诉法院江苏高等法院第三分院②。这是上海华界法制现代化基本实现的重要标志。它告诉人们,中国的审判机构和人员已能运用现代法制在租界内运作,适应上海租界社会发展的需求。至此,上海法制现代化进程中出现的明显不平衡得到显著改善,不平衡趋势被平衡走向所替代。至此,上海整体法制现代化的面貌才渐渐展现在人们面前。

(二)租界的法制中有歧视华人因素

在鸦片战争以后的一系列中外战争中,基本上都是中国以战败而告终,中国与外国签订的也是不平等条约,租界的出现正是这种不平等条约的产物。这使中国的租界当局和有约国人存有优越感,殖民者的心理挥之不去,歧视华人难以避免。于是,租界中的华人便成了弱者,也是被歧视对象。这

---

① 参见易庆瑶主编:《上海公安局志》,上海社会科学院出版社1997年,第59页。
② 参见滕一龙主编:《上海审判志》,上海社会科学院出版社2003年,第65页。

种歧视在法制中也有表现,这里以立法方面为例。

在上海租界的立法中,有些法规所规定的内容明显具有歧视华人的因素,以致华、洋人的权利就有差异。比如,在上海法租界的监狱里,洋、华人囚犯的饮食和监房都有明显的区别,洋人囚犯的优,华人囚犯的劣。关于饮食。洋人囚犯每天的饮食费是6角,吃的是面包,午餐是一菜、一肉和一汤,晚餐是一汤;华人囚犯每天饮食费只有1角4分,早餐是米加小麦、赤豆合煮的粥,午、晚餐是米饭,每周给鲜肉5次,咸鱼2次,其他的都是蔬菜。关于监房。洋人囚犯的监房里都有衣柜、床和抽水马桶等设施;华人囚犯的监房则是席地而睡,连床都没有①。这种差别一目了然。还有,在上海公共租界里的外滩公园竟然规定"华人与狗不得入内"②,公然侮辱华人。后来在广大民众的反对下,才于1928年7月1日起向华人开放外滩公园等一些公园。

在天津、汉口租界的立法中,同样可以发现歧视华人的内容。在天津的租界中,突出表现在英、日租界的规定中。英租界的土地可以依规定再被租赁使用,可华人就被排斥在这一可能性之外,没有租赁权。《英国租界现行规则》规定:"英国臣民并入籍之人(即归化人)在英租界之内者,一律均有租赁土地之权,但中国臣民则不然"③。当租界扩大后,租界内的产业越来越多,租界当局用专条规定华人产业须遵守工部局章程,却不言其他国家的产业,似乎对华人产业有特别的"关照"。《新议英拓租界章程》在第1条就规定:"华人自有之地自系华人产业,然须遵守英工部局章程。"④日租界也是人口杂居,各国民人来往日租界是经常之事,可日租界当局专门强调华人要遵守日租界的规定,而不言及其他国家之人,也对华人表现出特别"关心"。《天津日本租界条款》特别强调华人商船要遵守日租界章程,规定:"所以中国商人船只,须遵守日本租界章程办理。"⑤《天津日本租界推广条约》则强调,租界内的华人只有在遵守租界规则的情况下,才能居住。言下之意,只

---

① 参见王立民:《上海法制史》,上海人民出版社1998年,第297页。
② 参见蒯世勋等编:《上海公共租界史稿》,上海人民出版社1980年,第43页。
③ 参见罗澍伟主编:《天津通志·附志·租界》,天津社科院出版社1996年,第507页。
④ 参见罗澍伟主编:《天津通志·附志·租界》,天津社科院出版社1996年,第482页。
⑤ 参见罗澍伟主编:《天津通志·附志·租界》,天津社科院出版社1996年,第466页。

要华人不遵守规则的就会被赶出租界。"在推广租界内,中国人民悉应遵守租界规则,即准其在界内居住。"①这些规定都对租界内的华人作了特殊的不平等限制,这种限制就是一种歧视。

汉口租界对华人的歧视不亚于天津租界,特别是在德、俄、日、法和英租界的规定中。德租界的《汉口租界合同》不仅要中国官员强迁居住地华人出租界,还不允许所有华人入住租界,但却没排斥其他国家的国民住入租界。它规定:"凡经德国领事照请让给基地,中国官宪应即强令华民办理,地契内均写'永租'字样。""界内,华民不准居住"②。俄租界对华人居住租界问题作了进一步规定,不仅不允许华人居住租界,还不允许华人在租界内建造房屋。《汉口俄租界条约》规定:"不准华民在于租界内建造房屋并居住。"③《汉口日本专管租界条款》规定的"中国无身家之人不得私在租界内住家,或开设店铺、行栈"④也是如此。法租界对华人私人团体的控制特别严格,专门作出针对华人团体的规定。《法国租界总章程》规定:"在未得到巡捕房准许和租界工部局发给的许可证前,禁止中国人组建私人团体。"⑤英租界对华人的限制比法租界要多,涉及不可向华人出售武器、不经允许不得在街道上举行一切礼仪活动等等。它的《公共卫生及房屋建筑章程》规定:"严禁向中国人出售或供应武器、军火或炸药;除非得到许可,否则中国人不得在街道上举行婚礼、葬礼或其他礼仪活动。"⑥汉口租界的这些规定与上海、天津租界的规定一样,都针对华人、限制华人,明显带有歧视性质。

(三)租界法制有明显的两面性

中国租界先于华界从西方移植现代法制,并开始本土化,建立起自己的

---

① 参见罗澍伟主编:《天津通志·附志·租界》,天津社科院出版社1996年,第488页。

② 参见罗澍伟主编:《天津通志·附志·租界》,天津社科院出版社1996年,第521页。

③ 参见《汉口租界志》编纂委员会编:《汉口租界志》,武汉出版社2003年,第522页。

④ 参见《汉口租界志》编纂委员会编:《汉口租界志》,武汉出版社2003年,第524页。

⑤ 参见《汉口租界志》编纂委员会编:《汉口租界志》,武汉出版社2003年,第552页。

⑥ 参见《汉口租界志》编纂委员会编:《汉口租界志》,武汉出版社2003年,第570—571页。

现代法制,以使中国的租界地区开始走上法制现代化的道路。这一法制在租界植根以后,便向其周围的华界扩展其影响,形成一种由孤岛向周边地区延伸的模式,即以点到面的模式。租界的法制是现代法制中国化的一个缩影,代表了中国法制发展的方向,是一种历史的演进,顺应了历史的潮流,具有其积极的一面。

它的这种积极性影响到中国的政府官员和民众,使他们也体验到现代法制的优越性,并逐渐接受甚至参与到这一法制中去,较为突出的是他们在20世纪前就开始接受租界的律师制度。在有些华洋互控的案件中,作为华方的当事人,他们也聘用洋人律师代理自己的案件。早在1866年10月上海的洋泾浜北首理事衙门时期,一件华洋互控经济案的华方当事人就聘用了英国律师连厘为其代理人,出庭进行辩护①。以后,华人当事人聘用外国律师为自己代理人的情况逐渐增多。在1902年的《苏报案》中,清政府也聘用了律师,他们是英国达鲁芒德和库柏②。1875年在英商旗昌洋行控告其买办刘树滋一案中,华人当事人刘树滋也聘用了律师③。辛亥革命以后,在双方当事人均为华人的案件中,也允许他们可聘用律师。在华人聘用的外国律师中,也不乏能恪守律师操守,尽力为华人辩护,维护华人的合法权益者,英国律师担文便是其中之一。在担文来华20年之际,有人曾评论说,担文律师在华年久,熟习情形,华人出资延其办案,有时尚知顾全大局,据理力争,讼案往往赖以得伸。事实也是如此。在中国近代史上第一次重大海难事件中,担文代理上海轮船招商局所属的"福星"轮方,为死亡的63个华人和价值20万两银子的货物损失赢得了权利,迫使肇事英籍"澳顺"轮方作出了赔偿。这在当时成为佳话④。

租界法律还有消极的一面,这一面也十分明显,而且与现代法制格格不入,极不对称。现代法制的公正性是基本特征之一,可有时在租界的现代法制中却缺失这一点。一些玩法的外国律师常常故弄玄虚,强词夺理,操纵法官,左右裁判,以致作出极不公正的判定。1896年清政府的张之洞以原告地

---

① 参见陈同:《略论上海外籍律师的法律活动及影响》,载《史林》2005年第3期。
② 参见徐家力:《中华民国律师制度史》,中国政法大学出版社1998年,第15—16页。
③ 参见徐家力:《中华民国律师制度史》,中国政法大学出版社1998年,第15—16页。
④ 参见陈同:《略论上海外籍律师的法律活动及影响》,载《史林》2005年第3期。

位起诉英国易斯·司培泽尔公司,案由是因为此公司出售给中国政府的武器是一些不值钱的劣质品。可是,在此案的审理过程中,被告律师却回避武器质量的诉求,纠缠管辖等一些无关紧要问题。最后,法官作出了不公正的判定,使原告的合法权益得不到维护①。

租界的巡捕房长期与大流氓搅和在一起的情况不为鲜见,象征正义的执法机关竟和代表黑恶势力的流氓混为一体,作恶多端,这不能不认为也是一种消极甚至落后的表现。在上海法租界,青帮头目黄金荣和杜月笙都曾有过与巡捕房长期"合作"的经历。黄金荣在那里担任巡捕房的控长、督察长,先后供职长达34年之久。新中国成立后,他在《黄金荣自白书》中也承认:"做包打听(巡捕),成为我罪恶生活的开始。""我被派到大自鸣钟巡捕房做事,那年我26岁,后升探长,到50岁时升督察长,60岁退休,这长长的34年,我一直在执行法帝国主义的命令,成为帝国主义的工具,来统治压迫人民。譬如说私卖烟土(毒品),开设赌场,危害了多少人民,而不去设法阻止,反而从中取得,实在不应该"②。杜月笙也长期与巡捕房的高级长官为一丘之貉,每月给他们2%的贩毒利润,约为15万元。在公共租界,以黄金荣为师的"江北大亨"顾竹轩也买通租界内的便衣探员,无法无天,草菅人命。"他曾在上海搞过多起谋杀凶案,据其亲信徒弟王兴高说,顾至少谋杀过7位有名望的人物,其中有两个是律师"③。其结果是法制受到破坏,人民遭殃。

还有,在中国租界任领事的大多为商人,他们不具备法官资格,由他们来主持或参与审判,会对公正裁判产生不利影响。他们大多不是法学院的毕业生,既不熟本国的法律,也不通晓中国的法律④。但是,在中国的租界,他们就有了司法权,这样,司法不公的情况就不可避免了。有资料证明,同一领事在前后数天的盗窃案审判中,就出现了量刑轻重的判决。有个小偷窃取棉被一条,即被判为徒2年;可数日后,在另一小偷窃取首饰达200余元

---

① 参见陈同:《略论上海外籍律师的法律活动及影响》,载《史林》2005年第3期。
② 《黄金荣自白书》,载《文汇报》1951年5月20日。
③ 上海市政协文史资料委员会编:《旧上海的帮会》,上海人民出版社1986年,第95页。
④ 参见王立民:《上海法制史》,上海人民出版社1998年,第273—274页。

的案件中,却只被判了徒3个月①。更有甚者,有的领事公然声明会偏袒本国侨民,法国驻沪总领事拉达就是如此。他曾说过:"依照我的看法,它(指领事裁判权)十分适合我国在上海的侨民。他们人数不多,但是所从事的商业活动却很重要。在激烈的商业竞争中,我们应积极地支持他们,对抗人数众多、资金雄厚的敌人,而不能处处加于掣肘。"②言下之意是为了保护其本国的利益,领事会做有利于其本国国民之判决,其中包括不公正的审判。这些都是租界法制的消极一面。

(《中国法学》2008年第3期)

---

① 参见马长林:《晚清涉外法权的一个怪物——上海公共租界会审公廨剖析》,《档案与历史》1988年第4期。
② 吴圳义:《清末上海租界》,台湾文史哲出版社1978年,第18页。

# 20世纪30年代前天津日侨社会与特征

张利民

近年来,在华外侨得到中外学者的关注。学者们从阐述有代表性外侨的在华活动和作用,延伸到其心态的分析;或从西方宗教和西方文化等角度,研究这些特殊群体对政治、社会等各个层面影响;或以租界为平台,研究侨民构成、社会作用、影响和心态①。本文仅以天津日侨社会为例,阐述其活动空间,探究其封闭性的原因,进而从更深层次理解日本发动侵华战争的社会基础。

## 一、聚集:日侨社会的形成

日租界设立之前,居住在天津的日侨数量很少,1894年仅50人左右,《马关条约》确定设日租界后开始划定范围②。为此,日本驻天津领事馆建立了日本专管居留地经营事务所,根据领事郑永昌此前提出的建设方案和经营方针③,采用了收买土地等渐进方案,在2年内基本完成了近6万坪土地的填平洼地和沼泽,铺设下水管道、道路等基础建设。随后,日本东京建物株式会社承办了日租界的建设,1903年4月在天津建立了支店,从事基础设

---

① 费成康:《中国租界史》,上海社会科学院出版社1991年;尚克强等:《天津租界社会研究》,天津人民出版社1996年;[日]波形昭一编:《近代ツの日本人经济团体》,同文馆1996年;[日]日本上海史研究会编:《上海——重层するネットワーク》,汲古书院2000年;[日]大里浩秋、孙安石编著:《中国における日本租界——汉口・重庆・杭州・上海》,御の茶水书房2006年。

② 参见张利民《划定天津日租界的中日交涉》,《历史档案》2004年第1期。

③ [日]《在支帝国专管居留地关於杂件——天津卜部一》,日本外务史料馆3-12-2-32-8。

施和房屋建设等工程,成效显著①。从此,日租界成为天津日侨的聚集地,被日本政府和媒体誉为在异国迅速"腾飞"的"新天地"。据1906年9月的调查,全部的553户1840人日侨中,居住在日租界的分别占70.89%和75.92%,在其他国租界的分别占15.34%和14.29%,其余住在中国城区。20世纪以后,租界当局加快租界建设,居住环境大为改善,吸引了大批日本人来天津居住经商。据1922年8月日本总领事馆警察署的调查,在近230名有一定政治经济地位的日侨中,1900年以前来天津的寥寥无几,1911年以前来的占30%,1911年后来的占60%以上②。也就是说,日租界为日侨打造了一个相对独立的生存和发展空间,吸引着更多的日本人。日租界的日侨人口,1914年增加到812户3086人③;1936年达到10475人,占天津市日侨总数的91.24%。

从日侨的职业结构看,甲午战争前多是公职人员,或会社的职员,也有少数中小商人;随着天津对外贸易迅速繁盛和政治地位的上升,经商者和受聘于中国政府作顾问或教习成为一个特色。据1906年调查,日侨中从事杂货业的210人,公司银行职员168人,受中国各级政府聘用的123人,仅在天津各学堂的日本教习和技工就有20人;以下依次为从事建筑、贸易、官吏、饮食服务和娱乐业人员④。以后,从事经商金融等经济活动和教育医院、新闻事业的日侨增多,且经营的规模亦在不断扩大。如日本居留民团行政委员会议长臼井忠三,1902年来天津时仅仅是工程监督,后开设工程设计监督事务所和华胜建筑公司,并投资信托、火柴和交易所等业;黑泽兼次郎1902年以直隶省财政顾问助理来天津,后供职居留民团书记兼日本人商业会议所嘱托,1920年开办中华火柴会社;富成一二1902年为帮助其弟开办烟草商店来津,翌年合伙经营中东石印局,后发展为天津土地建筑会社专务董事和天津银行董事⑤。除了从事贸易等经济活动的日侨外,还有数量不菲的建筑

---

① [日]社史编纂委员会:《信赖す未来——东京建物百年史》,第42—44页,东京建物株式会社平成10年。
② 根据[日]小仓知正《京津在留邦人官商录》统计,天津兴信所1922年。
③ [日]天津总领事馆"管辖内在留本邦人户口表",日本外务省:《在支那邦人进势概览》,1915年。
④ [日]外务省通商局:《清国事情》第1卷,1907年,第119—121、144页。
⑤ 参见[日]小仓知正:《京津在留邦人官商录》,天津兴信所1922年,第138—141、36—28、49页。

工人和饮食娱乐业人员，形成了以商人、公司和商店职员、饮食服务娱乐业人员，以及官员和公职人员为主体的日侨社会。但从日侨的职业和经营规模上看，多属于中小商人，即便具有相当规模的会社等也多是出张所或支店等分支，大的财阀和会社多将视角集中在上海，以及由日本直接统治的大连和青岛，很少在天津设立公司的总部。有的研究者将其称为"当地派"①。20世纪20年代末，日本充当东亚霸主的野心迅速膨胀，在华政治经济势力随之增强，天津有日本在华最大的租界，又是其侵占东北后首当其冲的前沿，成为日本军政机构和经济财团关注的重点。在天津的日本驻屯军数量增加，其司令升格为将军，并从日本关东军派驻了特务机关长。日本一些大的财团也纷纷来这里设店办厂，如三菱商事会社1918年成立后，翌年"即于天津开设分店，专营进出口贸易。其后业务开展，乃升格为支店"②；新建了一些金融机构，并开始涉足面粉、纺织等工业，曾经有在天津新建10家纱厂的庞大计划③。到抗日战争全面爆发前，在天津的日侨经济实力增强，社会地位提升，不仅控制了天津的对外贸易和部分工业部门，更重要的是成为迎合日本对华侵略野心和支持发动侵华战争的重要的社会基础。

## 二、封闭：日侨的意识与行为

除了从日侨社会结构的分析外，还应该从日侨的意识和行为等方面更深层次地探索日本侵华战争的因素。毫无疑问，侨民生活在异国他乡，都具有自身特色的社会活动，都具有一定的自我主体意识，以保持所谓的纯洁性。本来中日是近邻，又有文字和习俗相近等历史渊源，思维定势也有较多的共性，易于相互沟通和联系。日租界近邻中国城区，相对其他各国租界来看，建筑风格、文化、文字、饮食、居住等方面的异国感和距离感不十分明显。

---

① 参见[日]桂川光正著，史丽华译：《天津租界日本侨民社会及其意识》，《城市史研究》，第21辑，天津社会科学院出版社2002年；桂川光正著，周俊旗译：《租界日本侨民的中国观——以天津为例》，《城市史研究》，第19辑，天津社会科学院出版社2000年。
② 天津档案馆藏"三菱商事株式会社天津支店接收报告书"，平津敌伪产业处理局档案；转引自居之芬：《日本对华北经济的掠夺和统制——华北沦陷区资料选编》，北京出版社1995年，第189页。
③ 参见日本防卫厅防卫研究所图书馆藏[日]《陆军省有关中国事务往来秘密大事记》，1938年4月9日；日本东京大学综合图书馆藏《国策研究会文书》，第2504号。

由此看来,中日双方的交往本应频繁和密切。其实并不然,与西方国家的侨民相比,日侨的自我主体意识更强,并随着时局的变化转化为更具有自我封闭的表征,从而构成在华日侨的特色,大体表现在以下几个方面。

首先,无论是管理当局还是日侨对日租界都有强烈的本土意识,并牢牢掌控行政管理的话语权。在常态下,日侨十分在意租界的环境与管理权。日侨针对日租界内中国居民增多的现象,曾在议事会上提出,招徕更多中国人居住的前提下,也要考虑对卫生、治安等方面的危害日渐增大①,要求保持日本氛围。日租界居留民议事会的议员依法由租界内居民中产生,最初中国议员占总数的40%左右,1919年后占到50%②。应该在立法和行政管理上有一定的话语权。实际上,在日本总领事直接领导下,日侨议员始终掌握着各种权力,并不断为选举中国议员制造麻烦,如他们提出要限制中国议员的数量,要更严格地审查中国议员的资格③,开会时要对与会中国议员的身份逐一审查④;而且会议用语始终是日语,一度有人建议增设中文翻译,随即遭反对而作罢⑤。所以,从每年议事会和临时会议的记录看,不仅看不到中国议员与会和发言的记载,找人替代开会和投票的现象却时有发现。日侨将日租界视为本土的意识也十分强烈,一旦发生触犯日租界利益的事情,其迅速做出强烈反应。1913年8月,法租界巡捕为追捕犯人强行进入日租界巡查,将2人抓到工部局,并打伤了2名中国巡捕,法租界当局对此处理缓慢,立即激起"日侨愤慨",他们在大和公园集会,要求法租界当局处罚肇事者,愤怒的千余名日侨闯入法租界示威,并袭击了警察署⑥。1919年3月,日租界3名警察在巡查时与4名美国士兵发生冲突,后又有数十名美国士兵闯入日租界殴打日侨菅原天神,日侨群情激愤,在大和公园召开居留民大会,青壮年手持棍棒和日本刀,高呼"打倒美国兵",要去袭击美军兵营,后被代理总领事劝阻⑦。五四运动后,全国各地抵制日货运动此起彼伏,直接威胁着日侨的经济利益和安全,他们纷纷组织起来进行调查,商量对策,日本人

---

① 天津图书馆藏[日]《大正二年通常民会议事录》,第4页。
② 天津图书馆藏[日]《历年度天津居留民会通常会议事录》。
③ [日]《大正十四年度天津居留民会通常会议事录》,第5页。
④ [日]《大正八年通常民会议事录》,第4—5页。
⑤ [日]《大正八年通常民会议事录》,第4—5页。
⑥ 天津图书馆藏[日]《民团事务报告》,大正二年(1913),第26页。
⑦ [日]藤江真文《天津时代——增田洋行时代》,自刊本,第37、8、18—20页。

商业会议所编辑出版了《天津に於ける排日货运动》、《天津に於ける排日运动の真相》和《万宝山事件と影响》等书籍,对抵制日货的起因、发展状况、影响和对策等进行了调查和分析,并不断将情况向东京总部、日本外务省、商工省等汇报,多次要求外务省提出抗议。当1935年华北走私猖獗时,该所调查后也建议驻天津总领事向中国政府抗议,要求东京商工会议所采取措施保护日本商人①。

其次,在华日侨对西方人和中国人都有一种戒备心理,都保持一定的距离。日本自明治维新以来迅速崛起,朝野内外脱亚入欧思潮盛行,又以亚洲第一强国自居,但是面对先行一步的西洋人,仍然时常有一定程度的自卑和戒备心理,尤其与西方人同在一个城市,这样的心理愈发明显。一方面,日侨利用天津有多国租界的环境,追求和学习西化。为了避免外人鄙视,日本总领事馆、会社和学校曾经做出规定,要求男子工作期间尽可能着西服②。女子应穿外国或中国妇人的服装,以提高日侨的形象。如日本天津总领事吉田茂去日侨创办的中日学院视察,看到一个教师只穿衬衫讲课,大发雷霆,严厉训斥,并将其免职;在一次应邀出席中国某官员的宴会时,看到随行书记生的礼服下摆露出毛巾,非常不高兴,最终将该人辞退③。而且,日侨创办的中小学校和业余学校将英语作为必修课程,聘用高级讲师甚至西方人授课,以增强交往能力;日侨的家眷也经常到英法租界游玩,购买西式服装和食品,主动学习英语;英法租界的电影、西餐、巧克力、冰激凌等,也给日侨中的幼童留下十分深刻的印象。另一方面,日侨也处处提防西方人的鄙视。如日租界设立前,一些日侨在英租界大沽路附近居住,形成了"日本村",1900年八国联军占领天津后,管辖此地的英军认为这里卫生环境差,向日军提出抗议,日军兵站监督秋山大佐搪塞道"他们是日本贫民,不能说全体日本人没有卫生的观念",而日侨得知后十分愤怒,向秋山大佐抗议,并召开大会,决议组织卫生组合管理卫生④。针对日侨经常不分场合穿着和服和赤足,尤其妇女赤足的现象,天津总领事曾下令严格治理,如1917年6月9日

---

① [日]东京商工会议所"天津地方ヨ於ウ密输入取缔ヨ关・依赖卜件处理记录",东京商工会议所资料中心藏。
② [日]藤江真文《自画自赞》,自刊本,第38、39页。
③ [日]藤江真文《自画自赞》,自刊本,第38、39页。
④ [日]天津居留民团《天津居留民团二十周年纪念誌》,参见近藤久义《昔日天津——今日天津》,新生出版2006年,第40页。

发布的第 20 号告示规定,不论男女,在道路及其他公众自由活动之场所,禁止穿着裸露脚踝和脚的服装;警察在巡查时发现有不遵守者将视为不体面之着装,处于拘留或罚款。日侨的这种戒备心理还体现在与洋人、中国人交往中。在天津的各国侨民经常举办一些适合西方人的体育娱乐等活动,但日侨作为人数最多的侨民却很少介入,而是自己组织活动;日侨甚至自己组织了受本国领导的基督教青年会,与西方组织的基督教青年会并存。天津作为日本侵华的重要基地,一些有政治军事身份的日侨,出于诸如支持军阀独立、策动溥仪出走和何梅协定等政治军事之目的,需要经常与中国政府官员、下野的军阀官僚政客,以及清朝遗老等打交道,如徐世昌下野在津,也经常接待来访的日本人,仅 1927 年就接待了 9 人次,其中有总领事、将军、驻屯军司令官和文人等①。日商的经营,也要适应中国的方式,如管理工厂、批发洋货和收购土货等。但是,在天津长期工作和生活的一般日侨中,除了与一些亲日人员接触外,却难以见到与中外人士的私人交往。如日侨藤江真文在天津将近 30 年,曾是日本基督教青年会干事,并主持中日学院,但其回忆中除了因为办校拜访过严修外,几乎没有与中国人交往的记述;曾经在 1915 年前后担任华北驻屯军翻译的内田茂二,精通汉语,查阅其留存的《时文草稿》十余万字资料,除了有一次为日商打官司接触华商外,与中国人交往的记录很少,其保存的数十张名片中仅有中国人名片十余张,且多是与其工作有直接关系的天津警察厅翻译、新闻通讯界人士等②。在 20 世纪 30 年出生于天津的日本儿童的回忆中,与中国人的接触主要是佣人和人力车夫,家长从来不带他们去中国城区。

第三,日侨的这种自我戒备和自我封闭,随着时局的变化逐渐转化为自大和蔑视意识,尤其对中国人,进而时常出现殴打残害中国人等暴力行动,形成中日民间的冲突。如 1906 年底,天津瑞源钱铺伙计张璞斋被日商茨木洋行工匠谋杀匿尸,引起华商愤怒,各行商董 73 人联名禀文商会要求在我境内严惩凶犯③。1910 年 6 月,南开学堂 2 名毕业生"因行路与日本巡捕起冲突,遭揪辫之辱,且下黑屋三小时,至晚九时始放出"④。以后,随着抵制日货

---

① 参见天津社会科学院图书馆藏《徐世昌日记》,稿本,1927 年。
② [日]内田茂二《时文草稿》,稿本,近藤久义先生藏。
③ 天津社会科学院历史研究所等编《天津商会档案汇编》第 1 辑,天津人民出版社 1989 年,第 1820—1830 页。
④ 天津博物馆藏《马千里日记》,1910 年 6 月 17 日。

和日本侵华野心的膨胀,中日民间的冲突逐年增多,且愈发严重。1923年,一名中国贫民行至日租界福岛街时,被日本警察痛殴毙命,引起报界的评论,希望我国"速向该国提起交涉"①。同年,在日租界一名中国幼童因吐痰误溅一名日本人衣服上,"该日人大怒,施以武力",幼童吓得逃跑,日人截住后"拳足交加,痛殴不已","巡捕在旁观望,置若未见。候日人因力疲,始行住手。其凶横无理,观者无不义愤填胸,大为不平"②。1924年,在天津塘沽日本水手群殴打死打伤中国工人,引起了"津人异常激愤",要求严惩凶手③。中国人与日侨的这种日趋强烈的对立情绪,甚至影响到儿童。30年代初,在中国城区与日租界交界处居住的中国儿童"因时受日本儿童之欺侮凌辱,故皆有所不甘,报仇雪耻早动于心",有一个儿童走入日租界口,被许多日本儿童包围,"百般凌辱,并抛砖投石",将其头部打破;该儿童随即向诸儿童苦诉,"群童莫不愤怒异常,立即趋往,向日童提出质问,双方因言语冲突,遂在中国城区与日租界交界处划出战线,各列阵容,布置完毕,一声令下,双方即开始作战,瓦砾石块互相投击",过往行人纷纷躲避,"惟附近各住宅之门窗,多有被砖石击毁者"④。这种状况的加剧,表明日侨对中国的敌对言行在不断升级,在内心中更容易滋长武力占领中国的情绪。

## 三、原因浅析:时局与空间氛围

在华日侨这种自我封闭性的原因是多方面的。毫无疑问,从国际关系上分析,中日关系日趋交恶是十分重要的原因,同时,应该看到日侨自身营造的自我独立的空间环境也是不可忽视的因素。

20世纪以后日本侵略野心加剧,中日关系日益恶化,日本与西方的关系日渐紧张,强烈的国民性驱使日侨始终跟随日本的国策行事,正如上海日侨

---

① 《益世报》1923年3月5日、1923年7月25日、1924年7月13日、1932年8月11日、1928年4月11日、1933年9月11日。
② 《益世报》1923年3月5日、1923年7月25日、1924年7月13日、1932年8月11日、1928年4月11日、1933年9月11日。
③ 《益世报》1923年3月5日、1923年7月25日、1924年7月13日、1932年8月11日、1928年4月11日、1933年9月11日。
④ 《益世报》1923年3月5日、1923年7月25日、1924年7月13日、1932年8月11日、1928年4月11日、1933年9月11日。

内山完造形容的那样:"作为日本人,总是要维护本国的利益。第一是为了日本,第二还是为了日本,不分正义与邪恶,只有有利可图,并认为是正确的。"①日侨的意识从自我封闭发展到狂妄自大,并逐渐演化成对中国的蔑视和对西方的敌对情绪,将中国视为其增强国力的障碍。在日租界设立初期,其大和公园并没有严格的规定,只是有巡警负责巡查,制止衣冠不整者入内;到了1928年,租界当局制定规章管制外国人进入公园,引起"华人方面怨言四起",后改为发给在租界纳税的华人门票,准予入园游赏,不过当时的华人纳税人仅860余人,实际上还是限制华人入园②。日侨成立义勇队也是一例。1908年日侨就要建立日本义勇队未果,1927年抵制日货运动日烈,日侨为了保护自身安全,成立了天津日本义勇队,最初有队员487人,此后义勇队的人数不断增加,成为保护日租界的准军事武装。

日侨自身营造的氛围,对增强自我封闭意识和生成对立情绪起到重要的作用。

一般说来,居住在国外的侨民由于宗教、文化、生活、娱乐方式等诸多的特点和习惯,以及保持和提高自身地位的需要等,都会精心营造出适合自身的社会生活和空间环境。在中国各租界的管理当局和各种社团是营造这种氛围的主角,他们主持行政管理和社会控制、制定各种制度等无不以在此居住侨民的利益和需要为准则。他们在生活社区中建设教堂、俱乐部、图书馆、学校、运动场、跑马场、花园,以及餐厅、菜市场、食品店、服装店等;在文化教育上建自己的学校、医院和墓地,开设供侨民使用的公共图书馆,出版外文报纸杂志;开办各种文娱活动和体育运动等,力图营造出一个异国故地的空间和氛围。外国侨民出于怀念祖国、提高身份和开拓新领地等诸要因,都是积极参与者,以尽量在相对独立的活动空间内保持各自的社会交往方式和生活节奏,甚至比在本国更加张扬。如塑造名人雕像、命名街道、举办国庆和国王圣诞的庆典等,就连女皇的钻石婚和沙皇加冕都会借机庆祝。

日侨面对世界诸国存在着十分复杂和隐晦的心理,既要防备西方列强的轻视,还要充当东亚的霸主,尤其是居住在中国更是如此,这促使其更加倾心地营造相对独立的社会空间和生活空间。天津的日租界就是由管理当

---

① [日]小泽正元著,吴德烈等译:《内山完造传:献身于中日友好事业的伟大公民》,百花文艺出版社1983年,第61页。
② 《益世报》1923年3月5日、1923年7月25日、1924年7月13日、1932年8月11日、1928年4月11日、1933年9月11日。

局、日侨社团和日侨精心经营的空间,在这里他们建造日式住宅和公共建筑,以旭街、大和街、桥立街、浪速街、福岛街、橘界、荣街等命名街道,开设日式料理店、食品店、服装店和艺妓馆等服务设施,极力打造类似日本本土的生活氛围,以消减日侨的异国感。并且,在租界内规划出包括管理机构、俱乐部、图书馆、大和公园、武道馆、神社、寺院等聚集的行政管理与文化功能区,为日侨活动提供了便利的公共场所和活动中心。

同时,日侨还十分注重通过行政管理机构和社会组织增进相互的联谊。居留民议事会是日侨参与行政管理的方式之一,除了每年召开一次全体会议外,还召开临时会议,并设立了各种专门委员会,聘请一些日侨为委员会嘱托,少则数人,多则十余人,1926 年有 70 余人次担任特别委员嘱托。居留民团行政委员会是常设的管理机构,完全由日侨担任行政委员,管理社会治安、财政、公共设施等。除此之外,还有半官方的共益会和众多的民间社团。日本俱乐部 1901 年 10 月成立,只要有 2 个日侨介绍就可以入会,俱乐部设在居留民团所在地,有可以容纳千人的会场。1907 年 8 月成立了有 25 个日本商社组织的天津日本人商业会议所,翌年会员增加到 71 个①,后改称日本人商工会议所,是日商最主要的组织,曾经发行过半年刊、周报、时报,编辑出版了大量介绍天津政治经济状况的书籍,尤其是经济调查和统计颇为详细,也及时报道和调查抵制日货、冀东走私等活动②。另外,还有在乡军人团、同乡会、日本妇人会、日本青年会、体育会、武术会、乘马会、天津海员俱乐部,以及各种研究会和宗教等社团,聚集着不同层次和兴趣的日侨,如 1910 年由天津驻屯军司令官金谷范三命名的乘马会,纠合了各大洋行经理,形成了日侨中的会社派③。这些社团完全由日侨自己组织,成员也都是兴趣与意志相投的日侨。

日租界管理当局和社团等为了增强日侨的凝聚力,除了开办学校、建立专门为日侨服务的公共图书馆,还创办了《北洋日报》《北支那每日新闻》《天津日报》《京津日日新闻》《京津日日晚报》等报纸,经常组织各种各样的体育和文娱活动,体育运动主要由俱乐部和体育会等社团组织,招徕全部日

---

① [日]天津日本人商业会议所:《天津商工汇报》,第 22 号,1908 年 3 月 25 日,第 15—18 页。

② 1923 年该所编辑出版了《天津に於ける排日货运动》,1927 年又编辑出版了《天津に於ける排日运动の真相》,1932 年编辑出版了《万宝山事件と影响》。

③ [日]西村正邦:《天津租界こぼれ话》,自刊本,第 140 页。

侨参加。体育会设有运动会、柔道、剑道、弓箭术、棒球、台球等部，每年都由俱乐部和体育会组织秋季运动会，每个人都可以报名参加，会场上商社的旗帜林立，并有声援队助威。如1909年11月由俱乐部举办的秋季武术大会，设立了武术、剑术、柔道、弓箭等项目，经费来自军政长官与商人等武术会会员的赞助，参加者有俱乐部、武术会、妇人会、天津在乡军人团的成员，以及军人和小学、幼儿园的少儿①。对于日本盛行的棒球日侨也乐此不疲，经常组织爱好者进行比赛②。日侨还利用各种机会组织名目繁多的纪念活动，如在乡军人团定期举办日俄战争纪念会、驻屯军每年举行陆军纪念日大会，1918年的大会设在日本军营，搭建舞台表演摔跤和相扑，除了官兵表演队列和红白军模拟战外，一般侨民也参加枪、剑术比赛。第一次世界大战结束，日租界连续3天举行庆祝活动，如提灯会、游行，在居留民团开会时"男女颇多，各室无立锥之地"③。每到天长节国庆纪念日、新年和秋祭等节日，日商及住户或举家着和服到神社、寺院拜祭，"均于门首悬挂完全本国风味之红灯，并日本国旗"④；抑或从日本购置迎春材料和节日食品，在住所门前挂上"门松"和"轮饰"，竭力营造节日气氛。日本总领事馆、驻屯军司令部、俱乐部和洋行等也借此机会聚集在日本料理店和艺妓馆饮清酒作乐⑤。日本料理店、饼屋、艺妓馆等娱乐行业更是盛装待客，让在海外的日侨乐不思蜀。另外，天津日本青年会和妇人会或设立学校、业余学习英语，或开展体育和文艺活动，以增进彼此之间的联系，构筑各自的社交网络⑥。1918年日本京东大地震，日侨成立了"天津母国震灾慰问会"，一次就寄慰问金一万余元⑦。

这些社团组织和各种活动的共同特点是，除了日侨之外几乎没有他国人参加，因而进一步增强了日侨民族意识和凝聚力，扩大了日本在华的政治

---

① [日]《北清时报》，明治四十二年十月廿九日。
② [日]藤江真文：《天津时代——增田洋行时代》，自刊本，第37、8、18—20页。
③ [日]《民团事务报告》大正七年(1918)，第16页。
④ 《益世报》1923年3月5日、1923年7月25日、1924年7月13日、1932年8月11日、1928年4月11日、1933年9月11日。
⑤ [日]藤江真文：《天津时代增田洋行时代》，自刊本，第12—13页。上海的日侨亦然，据罗苏文教授在《近代上海——都市社会与生活》一书中记载，他们主要居住在虹口地区，多条日本人街上专销日货的商店鳞次栉比，各种杂货、食品、调料、吴服等应有尽有，集中了日侨的各种机构，日语是那里通用的交易语言。
⑥ [日]藤江真文：《天津时代——增田洋行时代》，自刊本，第37、8、18—20页。
⑦ [日]《民团事务报告》大正十二年(1923)，第71页。

经济势力;但与此同时,也加剧了日侨自身的封闭性,造成了与西方人、中国人的关系紧张,彼此之间的距离感加剧,进一步衍生出对立和敌视的意识与言行。正是这样的意识、情绪和言行,成为日本军国主义势力膨胀和发动对华战争的社会基础。

(《历史档案》2009年第4期)

# 建构混合态的异托邦空间
## ——天津的意大利租界

[英]马利楚 著 许哲娜 译 任云兰 校

  这里不是非洲!这里是个商业大国:我们的纺织和印染企业家将在这里赚到大钱。
  ——朱塞佩·莫塞罗蒂·本凡努蒂(Giuseppe Messerotti Benvenuti),1901①

  利大英(Gregory Lee)将霍米·巴巴(Homi Bhabha)所阐释的"混合态(hybridity)"描绘为一种"反叙事"和一种殖民地焦虑范例②。他指出,"混合态"属于"一种兼收并蓄的、混合的、中间性的、过渡性的状态。这种状态出现在持续演化并迅速融合的全球历史的交汇中"③。

  "混合态"因此被定义为中国港口城市天津的一个历史特点。天津在历史上一直是北京东南120公里外的港口。清朝政府被迫向列强割让领土后,天津于1860年成为通商口岸,并在19世纪下半叶成为华北最重要的商业城市。在1860年至1945年间,天津境内出现了九国租界,它们彼此相连。

  天津的英国、法国和美国④租界设立于1860年。在19世纪下半叶,天津成为洋务运动(1840—1895年)的基地,并成为中国军事现代化以及社会基础结构转型的先驱,建成了铁路、电讯、教育以及法律体系,形成了矿业。

---

① 朱塞佩·莫塞罗蒂·本凡努蒂(Giuseppe Messerotti Benvenuti):《义和团运动时期在中国的意大利人:1900—1901年》(Un Italiano nella Cina dei Boxer: Lettere 1900—1901),尼古拉·拉布兰卡(Nicola Lablanca)编,摩顿拿:帕尼尼出版社2000年。
② 霍米·巴巴(Homi Bhabha):《文化的定位》(The Location of Culture),纽约:劳特利奇出版社1994年,第102—122页。
③ 利大英(Gregory Lee):《无限制的中国:制造中国和中国文化的幻象》(Chinas Unlimited: Making the Imaginaries of China and Chineseness),伦敦—纽约:劳特利奇出版社2003年,第VII页。
④ 1880年,美国租界被并入英租界,但仍保留了部分权利。

在这一时期,天津成为重要的国际贸易城市,通过海运与亚洲各地紧密相连。

在1895年到1902年间,日本、德国、沙俄等国租界也相继设立。即使那些在中国其他地方还没有获得租界的国家,比如奥匈帝国、意大利和比利时,也都相继在天津设立了独立的租界,拥有自己的监狱、学校、兵营和医院。这些租界面积达15.5平方公里,比天津老城区的面积大八倍。天津的海河沿岸被外国列强管理。

罗芙芸(Ruth Rogaski)认为,天津的显著特征使它无愧于"超殖民地"(hyper-colony)这个称号①。这个定义很有用处,它反映了天津社会政治的复杂性以及权力和空间的多样性殖民话语,与中国正统史学形成了鲜明的对比②。中国正统史学的定义是基于孙中山的说法,称中国是一个"半殖民地"(hypo-colony)国家(Sun,1961),因为它处于"半封建半殖民地"状态③。

这篇论文研究的是位于今天的天津市河北区的意大利租界(1901—1947),从它的建构形态入手来说明我所定义的"混合态的异托邦(hybrid heterotopia)"。

## 作为异托邦的意大利租界

义和团运动被镇压后,随着《辛丑条约》在1901年9月7日的签订,意大利获得了庚子赔款的5.91%,即26617005两海关银④。意大利还在北京使馆区拥有治外法权,在天津海河的北岸获得了一小块地方作为租界。意

---

① 罗芙芸:《卫生的现代性:中国通商口岸卫生与疾病的含义》(Hygienic Modernity:Meanings of Health and Disease in Treaty-Port China),伯克利:加利福尼亚大学出版社2004年,第11页。

② 天津社会科学院历史研究所:《天津简史》,天津人民出版社1987年。

③ 孙中山认为,由于没有任何一个殖民列强能够实行完整的殖民统治,中国最终没能出现本土民族运动。

④ 普里内蒂公使向意大利议会提交的中国事件的外交文件,1901—1902年。(Documenti Diplomatici sugli avvenimenti di Cina presentati al Parlamento dal Ministro Prinetti)这个金额相当于99713769金里拉。

租界占地约半平方公里①,位于奥匈帝国租界和沙俄租界,海河左岸,北京到奉天(今天的沈阳)的铁路和中国的领土之间。

1967年,福柯在题为《另类空间》的演讲中,把他所处的时代定义为"首先是空间的时代",并置性是其主要因素。他创造了一个名词叫做"异托邦(heterotopia)",指的是一个具有明显对立元素并置特征的空间。用空间学和符号学术语来说,它指的是射影维数的远近和并列(near and far, side-by-side)。福柯强调了瞬间的重要性,指出它不是一个抽象和静态的因素,而是一个动态的和相互关联的实体。他把我们对世界的体验描述成"以其自身的经纬,将一些点和交叉联结成的一个网"②。福柯并不是想摒除时间的价值,而是把历史学家的注意力引向常常被忽视的时间与空间的交叉点,因为它已经包含在空间的概念化这样一个权力和意义策略共同运作的社会过程中。

由于意大利租界的建筑处于一个"突出权力和历史过程(福柯语)"的"身份特性"(identity negotiation)的政治地形中,空间的概念及其与权力的关系就显得尤其重要。③

约翰·赫西(John Hersey)笔下所描绘的殖民地化的天津所具有的多重特性就是这种远近和并列的物质空间与情感资本(emotional capital)并置的一个例证:

> 我所成长的城市是多么古怪!只要花三到四个铜板,我就可以坐着黄包车从我在英国的家来到意大利、德国、日本或者比利时。我步行到法国上小提琴课;我必须渡河去俄罗斯,而且常常这么做,因为那里

---

① 热内罗·E·毕士多雷斯(Gennaro E. Pistolese):《天津的意大利租界》(La Concessione Italiana di Tien-Tsin),《意大利评论》(Rassegna Italiana)八九月刊,1935年,306页;吉亚科莫·德·安东尼利斯(Giacomo De Antonellis):《20世纪意大利在中国》(L'Italia in Cina nel secolo XX),1921年;李文新:《意租界》,天津市政协文史资料研究委员会编:《天津租界》,天津:天津人民出版社1986年,135页;天津社会科学院历史研究所:《天津简史》,天津人民出版社1987年,第209页。

② 米歇尔·福柯(Michael Foucault):《另类空间》(Des espaces autres),载于《言与文》(Dits Et Ecrits)(1954—1988)第Ⅳ卷(1980—1988)巴黎:格利玛出版社,1994年,第752—762、752页。

③ 米歇尔·福柯(Michael Foucault):《权力与知识:福柯访问及著作选集,1972—1977》(Power/Knowledge:Selected Interviews & Other Writings 1972-1977),纽约:万神殿图书出版社,1980年,第149页。

的公园树木繁茂,而且里面还有一个湖。直到今天,我的鼻孔还充满了从俄罗斯水域捉到并被我带回英国的蝌蚪的古怪气味。①

## 虚幻中的真实

福柯对"异托邦"的定义源于他对某些场所的兴趣。这些场所与其他一切场所有着古怪联系,"是一整套通过猜想、中和或者杜撰而达到指定、映射或者反射的关系"②。天津从前的租界区并不是一个乌托邦,因为它并不是现有社会理想化的完美投射,也不是虚幻空间。无论是从集体空间的物质还是情感建构方面来看,租界区被定义为一个混合态的异托邦场所(heterotopic site)的理由更充分。因为事实上,从跨语际实践(translingual practice)来看③,天津租界属于福柯式术语中的"真实场所(real places)",即确实存在的、在社会建立过程中形成的场所,它们是"某种类似于反场所(counter-sites)的、在实际上扮演了乌托邦的地方,在那里,真实的场所,所有在文化内部都找得到的其他真实场所,同时被表现、被争论和被颠倒"。福柯指出,异托邦"……在一切场所之外,尽管在现实中存在着显示它们位置的可能"④。

天津的租界区是"绝对的真实"与"绝对的虚幻"并置的一个实例。它是通过凸镜反射、歪曲的感知和投影复制等机制被创造出来的⑤。各国列强消

---

① 约翰·理查德·赫西(John Richard Hersey):《一位漫无目的的记者:回家》第一章《新中国路上的房子》(A Reporter at Large: Homecoming. I: The House on New China Road.),《纽约客》(New Yorker),1982年5月10日,第54页。

② 米歇尔·福柯(Michael Foucault):《另类空间》(Des espaces autres),载于《言与文》(Dits Et Ecrits)(1954—1988)第IV卷(1980—1988),第755页。

③ 刘禾(Lydia Liu)发明了这个词汇来表示在不同语境中彻底改造词汇内涵的必要性。参见刘禾:《跨语际实践——文学、民族文化与被译介的中国现代性1900—1937》(Translingual Practice: Literature, National Culture and Translated Modernity China1900—1937),斯坦福:斯坦福大学出版社1995年,第24页。

④ 米歇尔·福柯(Michael Foucault):《另类空间》(Des espaces autres),载于《言与文》(Dits Et Ecrits)(1954—1988)第IV卷(1980—1988)巴黎:格利玛出版社,1994年,第752、755页。

⑤ 马利楚(Maurizio Marinelli):《凸镜中的自画像:殖民国家意大利在天津(1901—1947)的映象》(Self-portrait in a Convex Mirror: Colonial Italy Reflects on Tianjin 1901—1947),《跨文本—跨文化》[Transtext(e)s-Transculture]3,第127页。

灭了原先的空间组织,彻底改造它们统治下的领地的物质空间。通过复制舶来的城市规划标准、强制规定建筑规章和风格,每个国家都充分体现了各国的传统,创造了想象中的故国的缩微模型,同时不断吸收邻近租界的影响。"在中国的早期外国建筑呈现出折中的欧洲风格,但最流行的是被西方在中国的海外侨民称为'买办风格的复古主义'(Compra–doric style)"①。

一度非常厚重的天津城墙为邻里关系混合的"飞地"的出现铺平了道路:这里的建筑形态令人回忆起布鲁克林的褐色砂石建筑、巴伐利亚的城堡、意大利的喷泉广场以及巴黎的咖啡馆。在他乡创造"真实"的策略承诺,最终还是掺杂了以模仿和超级仿真主导为形式和过程的"虚幻"②。每个租界都有一个居住区,完全反映了殖民国侨民的客观需要和主观期望。各个殖民国家都利用它的租借地组织,促进和扩展本国企业的商贸活动。这样,各个租界就成为各殖民国家生活方式的橱窗。

根据福柯的说法,有六条原则可以把异托邦与其他空间区别开来。首先,异托邦可以来源于世界上的任何文化,尽管可能有不同的形式。福柯将它区分成两种:"危机性异托邦(crisis heterotopia)"③和"偏离性异托邦(heterotopia of deviation)"④。天津的租界区正处在这两种异托邦的交界处。危机和偏离的含义在这里更多的是与社会空间和文化上的差距而不是与不合常规相联系。天津意租界符合这样的标准:租界"同时是我们生活的虚构与真实空间"。这里的"我们"指的是殖民代理者。

---

① 安娜—玛丽·布鲁德克斯(Anne–Marie Broudehoux):《向唐人街学习:追寻现代中国人的建筑身份,1911—1998》(Learning from Chinatown:The Search for a Modern Chinese Architectural Identity,1911–1998),内扎尔·赛义德(Nezer AlSayyad)编:《混合态的都市化:关于身份话语与建筑环境》(Hybrid Urbanism:On the Identity Discourse and the Built Environment),西港,康涅狄格:普雷格出版社2001年,第159页。

② 让·鲍德里亚(Jean Baudrillard):《模拟与仿真》(Simulacra and Simulations),《鲍德里亚文选》(Selected Writings),斯坦福:斯坦福大学1988年。

③ 享有特权的、神圣的、有禁忌的场所,是为那些相对于他们所处的社会和人类环境,正处在危机中的个人保留的。

④ 那些安置相对于常规的方式和标准而言的行为不正常的个体的场所。参见米歇尔·福柯(Michael Foucault):《另类空间》(Des espaces autres),载于《言与文》(Dits Et Ecrits),第757页。

## 一块处女地？

在1921年的报告中,意总领事菲洛梯(Vincenzo Fileti)坚持把中国人描绘成是缺乏自信和有抵抗力的(即不愿意放弃他们的"固执","对西方的任何革新感觉迟钝"),甚至是无知的和迷信的,属于一个封闭型的文明,"骄矜于自己的意识形态,认为远比西方的更为高明"①。菲洛梯身为殖民代理者,所用的字眼有助于形成集体情感资本,来表现他所属文明的优越性,证明殖民行为、殖民实践以及相关事物的合法性。当他把中国描绘成一片等待被开发的处女地②,并强调意大利绝对不能错过这个开发机会的合理和必要性时,菲洛梯的意图终于显露了出来:

> 今天,欧美资金和意大利出的绝大部分劳力,已经成功地在那里建设了大约3500英里的铁路。相对于中国的总面积,这只是非常小的部分……因此这是一块广阔的可供人类活动、经济开发的处女地,要克服这些困难需要付出巨大的努力也是理所当然的……所有因本国的工商业发展而自我感觉实力强大的国家,始终以积极且日益增长的兴趣注视着中国这个巨大而又未被开发的市场,紧紧抓住每一个可乘之机来打破环绕这座宝藏的壁垒,并避免在开发这个巨大的新市场时失去先机或者被别人超过。③

中国遍地黄金,对欧洲商品而言简直是个无垠市场的传统形象源于亚当·斯密④。赶上和加快征服与开发的进程,来弥补意大利在全球帝国主义竞争中的落后地位,是意大利殖民文学中持续出现的主题。然而,这种思想被小心翼翼地、有策略地掩藏在意大利所谓善意的殖民主义口号"文明的使

---

① 菲洛梯(Vincenzo Fileti):《天津的意大利租界》(La Concessione Italiana di Tien-tsin),热那亚:Barabino e Graeve 出版社,1921年,第8页。

② 菲洛梯充满阳刚之气的语言似乎暗示了对中国的蹂躏,中国被描绘成了具有女性意味的殖民目标。

③ 菲洛梯(Vincenzo Fileti):《天津的意大利租界》(La Concessione Italiana di Tien-tsin),第8—9页。

④ 亚当·斯密(Adam Smith):《国富论》(An Inquiry into the Nature and Causes of the Wealth of Nation),1776年,卷一,牛津:牛津大学出版社1976年,第208—209页。

命(mission civilisatrice)"之下①。这种文过饰非的说法来源于19世纪90年代意大利的声明,"意大利的殖民主义是'无产者的'殖民主义",因此其危害性远远低于其他国家,因为它的"目的在于更好保护当地居民的土地,为当地人创造更多的繁荣"②。

菲洛梯精确描绘租界区的同时,也揭示了外部空间和内部空间的并置性:外部空间指的是意大利在天津,更重要的是在国际社会中,自我定位为一个殖民国家;内部空间指的是天津总领事作为国家代表的权威地位。外部空间充满了数量因素,暗示了考虑到当地领土的广袤性,和与其他列强相比较,经济开发存在的各种可能性。内部空间略带某种情感性质,比如傲慢、贪婪和自大。菲洛梯对于这个场所的卫生进程和城市现代化圣徒传记般的描述,揭示了国家与个人自豪之间的象征性关系。同时,这也建构了拯救中国人的空间,和他所辩称的,将中国人民从悲惨、穷困和贫瘠中拯救出来的"元叙述"③(metanarative)④。这个论述关系到强制性地将不受欢迎的中国居民迁出,对原有空间的整体性毁灭,并代之以具有殖民话语特征的"进步与现代"。自1901年意大利取得了这片区域以后,所有的单边行动都变得合法了。在与海关道唐绍仪签订《天津租界章程合同》之后,意大利驻华公使嘎里纳(Giovanni Gallina)马上宣称征用"污秽的中国乡村"是正当的。他指出,所有其他国家一旦占领了他们的租界区域,紧接着都是征用⑤。

---

① 亚历山德罗·亚卢佛(Alessandro Aruffo):《意大利殖民主义的历史:从克里斯皮到墨索里尼》(Storia del Colonialismo Italiano: Da Crispi a Mussolini),罗马:数字新闻出版社,2003年;安杰罗·德尔·波卡(Angelo Del Boca):《意大利的好人?》(Italiani Brava Gente?),维琴察:奈利·波萨出版社2005年;鲁斯·本—贾亚特(Ruth Ben-Ghiat),米亚·富勒(Mia Fuller)编:《意大利殖民主义》(Italian Colonialism),伦敦:帕尔格雷夫出版社2005年。

② 杰奎琳·安达尔(Jacqueline Andall),德里克·邓肯(Derek Duncan):《意大利殖民主义的记忆和遗产》(Memories and Legacies of Italian Colonialism),杰奎琳·安达尔,德里克·邓肯编:《意大利的殖民主义:遗产和记忆》(Italian Colonialism. Legacy and Memory),牛津:彼得—朗出版社,2005年,第11页。

③ 从解释了所谓的知识及其相关的体验的,文化叙述方案而言。

④ 菲洛梯(Vincenzo Fileti):《天津的意大利租界》(La Concessione Italiana di Tien-tsin),第14—15页。

⑤ 意大利外交部历史档案(Archivio Storico del Ministero degli Affari Esteri)之天津的意大利租界备忘录(Concessione italiana di Tien Tsin, Pro Memoria)。

殖民列强的情感空间本身就是一个混合的空间,因为殖民代理者不是在一个它们可以随意安置自己的真空进行运作。相反,这是一个意识形态建构的领域,需要它的代理者根据精确的权力/真理机制进行操作。他们生活在母国和其他列强的"一整套关系中"。这些权力关系"描绘的是一些彼此不可削减和叠加的场所"。这个情感空间是由明确属于某一国家的主观感受,以及与其他各国租界共存的客观事实所决定的。所有租界的异托邦空间都"具有与所有其他空间密切相关的奇怪特性"①,并创造出一套辨证的,由确认、映射和自我映射机制所主导的权力关系。

有关资料揭示了关于这块注定成为意租界的区域的不同面貌。1901年驻华的意大利公使萨尔瓦葛(Salvago Raggi)认为这是"最好的区域",具有快速和成功发展的前景。天津总领事卡瓦里尔·波马(Cavalier Poma)的看法则相反,由于这里有稠密的中国居民区、墓地和湿地,看起来并不是很有发展前景。负责军事行动的海军上尉、天津驻军司令瓦利(Valli)选择"占领了仅次于最好的东西",也许是唯一被其他殖民强国落下的东西。意大利的资料显示英国本想把这最好的区域留给他们自己②。

## 强迫接受建筑形式

1905年,意大利外交部批准了由海军上尉阿道夫·切赫埃第(Adolfo Cecchetti)起草的城市规划。平整租界的土地被认为是要优先考虑的,这意味着要迁移墓地和排干沼泽地。1908年7月5日实施的一项公开拍卖计划③,试图吸引意大利租界分配地的潜在买家。同时颁布了警察条例,以及

---

① 米歇尔·福柯(Michael Foucault):《另类空间》(Des espaces autres),载于《言与文》(Dits Et Ecrits)(1954—1988)第IV卷(1980—1988),第757页。

② 罗伯特·伯蒂耐利(Roberto Bertinelli):《1900年到1905年意大利在中国的存在》(La Presenza Italiana in Cina dal 1900 al 1905),《东方研究杂志》(Rivista di Studi Orientali),Vol. LVII,1983,第218页。

③ 皇家意大利领事馆·中国天津·"1908年7月6日皇家意大利天津租界的土地拍卖"(Royal Italian Consulate. Tientsin-China. Sale by Auction of land in the Royal Italian Concession in Tientsin,6 July 1908)。

由领事戴·维拉(Da Vella)批准的第一个租界建筑法规①。1908年的建筑法规暴露了殖民者故意消灭具有中国特征标记的用心,取而代之的是西方棋盘式的马路布局和最高为两层的"优雅的欧式住宅"。意大利把租界作为"现代化的实验室"②,其标志性事件是1914年在天津铺设了第一条沥青马路。

福柯指出,"我们的时代,空间表现为场所之间的关系",异托邦"有精确和一定的功能"。不过这种功能可能随着时间的流逝而发生变化,因为"一个社会将随着历史的发展,使得现存的异托邦以迥然不同的方式发挥功能"③。租界的"精确和一定的功能"指的是被赋予外国公民的治外法权原则④,使他们可以免受中国法律的约束。

1860年后在天津发展起来的工业、金融和海关税务体制,从物质和象征意义上揭示了"在特定的条件下要达到特定的目标,必须采用何种邻近关系(relations of propinquity),何种类型的储藏、流通、制造和人为因素的分类"的重要性。作为重要的贸易中心,超殖民地天津和它的租界区在促进列强之间的贸易,以及促进外国与中国,尤其与华北地区的商业活动,发挥了关键性的国际功能。

从1860年到1901年,由于各国对天津不同区域的占领,天津开始出现物质上的改变。分配空间的方法是由"场所的等级化的整体"解散所决定⑤。规则的形态和几乎是同一的几何形是传统的有城墙的中国城市的主要特征。于是对空间进行系统性的去神圣化开始了,如在意租界墓地被迁移、沼泽地被重整、街道被赋予外国名字等。1908年制定后不断加以修订的建筑法则规定,所有面朝大马路(现在的建国道)的建筑都必须是欧式风格,只允

---

① 意大利王国在天津的租界·当地土地使用条例及总则(Royal Italian Concession in Tientsin. Local Land Regulations and General Rules),1891—1916年,第426—427页。

② 安·斯托勒(Ann Stoler):《种族与欲望教育:福柯的性史和事物的殖民秩序》(Race and Education of Desire: Foucault's History of Sexuality and the Colonial Order of Things),杜汉姆:杜克大学出版社,1995年,第13—26页。

③ 米歇尔·福柯(Michael Foucault):《另类空间》(Des espaces autres),载于《言与文》(Dits Et Ecrits)(1954—1988)第Ⅳ卷(1980—1988),第758页。

④ 第一次鸦片战争之后签订的《中英南京条约》(1842年8月29日)最早将治外法权强加给中国,后来扩展到其他国家的公民。

⑤ 米歇尔·福柯(Michael Foucault):《另类空间》(Des espaces autres),载于《言与文》(Dits Et Ecrits)(1954—1988)第Ⅳ卷(1980—1988),第758页。

许有名望的欧洲人或者中国的道台或其他高官居住,并且必须从意大利皇家领事馆取得许可证。建筑法还强调了尊重外国(或者,在某些情况下半外国)风格的重要性,并且全权委托领事"对那些没有按照给定的规划建造的建筑勒令改造,或者出于安全和卫生的考虑要求整修,"领事有权拆除任何没有严格符合建筑法规的房屋。整个文本呈现出道德、卫生与"现代化"之间的普遍联系:"各类公共娱乐必须得到警方的许可"、经营中国戏院还必须得到特定的许可,经营者必须"保证演员的道德素质以及公共安全";这些法规还把社会等级身份与道德、卫生联系起来,对中国居民进行了严格的约束,"要求他们在婚丧嫁娶以及其他活动之前必须获得许可"。殖民列强实行的空间再造机制,具有人种置换和等级排外的本质特征:他们强化外国居民和本土居民的隔离,除非他们能够达到外国人的身份标准或能够为租界增添一种"贵族"气;"在租界未被征用区域的中国居民",被要求必须保持房屋整洁,包括"房前的路面";关于歧视的另一个明显例子就是,任意规定"可以把品质败坏的本地人驱逐出租界"①。

租界建筑风格反映了整个欧洲对意大利风格中新文艺复兴式宫殿的普遍欣赏:一种自觉的新文艺复兴风格在当时迅速流行开来,并且成为1840年至1890年间在欧洲成千上万城镇主要街道上最常见的一道风景。比如在英国,所谓的"意大利文艺复兴宫殿",就是由于约翰·罗斯金(John Ruskin)把这种风格推崇为威尼斯和佛罗伦萨的建筑奇迹而在1840年左右兴起的②。

新文艺复兴式建筑在意大利殖民文学中不断地被提及,甚至超过了罗马和巴洛克风格,后两者在租界也有小规模的体现③。然而在天津,意大利

---

① 意大利王国在天津的租界·当地土地使用条例及总则(Royal Italian Concession in Tientsin. Local Land Regulations and General Rules),1891—1916年,b.426—427,第 I—XXIV款。

② 罗赞娜·帕沃尼(Rosanna Pavoni):《文艺复兴的复兴:过去19世纪意大利艺术中的使用和滥用》(Reviving the Renaissance:The Use and Abuse of the Past in Nineteenth - Century Italian Art),剑桥:剑桥大学出版,1997年,第73页。

③ 利纳耳多·路易吉—伯格尼诺(Rinaldo Luigi Borgnino):《意大利在中国的"租界"》(La"Concessione" Italiana in Cina),《奥古斯塔》(Augustea),1936年,第363—366页;尼科耳特·卡达诺(Nicoletta Cardano),皮埃尔·路易吉·波尔吉奥(Pier Luigi Porzio)编:《去往天津的路:意大利和中国千年关系史,中国的意大利社区》(Sulla Via di Tianjin:Mille Anni di Relazioni tra Italia e Cina. Un quartiere Italiano in Cina),罗马:Gangemi出版社2004年,第44—45页。

新文艺复兴式风格却是混合力量在各国之间的一个例证：它不但出现在法国租界，尤其是佛罗伦萨新文艺复兴式的内部结构和罗马文艺复兴式外观相结合的圣路易教堂，也出现在过去的中孚、大中和华意银行。在被征用的殖民空间里，"新"这个概念特别重要，因为在"新"的名义下进行的一切通常是从过去拆用来的一个版本，它表现为一种通过对已经被遗弃的风格进行改造而获得的混合建筑形式。

新文艺复兴式建筑从意大利本国输出到欧洲各国，之后又来到模仿帝国主义列强宏观世界的天津九国租界，成为意大利殖民权力象征资本的模范性标记。租界的创建作为缩微的意大利建筑的陈列被其他国家所熟悉，符合通过普及建筑形式来肯定"意大利的"的主张，目的是突出意大利民族自豪感、提高刚刚统一的意大利民族国家的国际声望，也使自己和其他国家一样跻身殖民强国之列。

租界起到了"意大利艺术展台的作用，从祖国进口了装潢和建筑材料"，特别是"那些有代表性的事物，比如公共建筑和位于埃琳娜皇后广场中心的纪念碑式喷泉"①。在意租界，意大利工部局（Italian Municipal Council）（1919）所在的"别墅（villino）"是作为权力象征的殖民建筑符号。它表示出了一种明确的空间身份，在天津这个超殖民地空间里强化了民族主义的话语，同时也把这种话语投射到自己的祖国。"别墅"模仿了15世纪方形的意大利别墅，有连贯的建筑平面和装饰着塔楼的四坡屋顶②。

在那些细心的观察者眼里，外国建筑风格的叠加表明，外国列强试图以迪斯尼乐园风格式的缩微世界来确认天津这个超殖民地的权力和真理体制（a regime of power and truth）。然而，城市作为"定位空间（space of emplacement）"的概念，一方面被中国城市和外国租界区的分隔所破坏，另一方面也由于各国租界的逐渐瓦解、合并和最终消失而有所失缺③。

---

① 尼科耳特·卡达诺（Nicoletta Cardano），皮埃尔·路易吉·波尔吉奥（Pier Luigi Porzio）编：《去往天津的路：意大利和中国千年关系史，中国的意大利社区》（Sulla Via di Tianjin: Mille Anni di Relazioni tra Italia e Cina. Un quartiere Italiano in Cina），第34页。这个广场也叫马可波罗广场。

② 这座建筑大约在1990年左右被毁。

③ 从20世纪早期到中期，各国租界逐渐被取消，这一过程在1945年彻底完成。

# 贵族的租界

"异托邦把几个彼此不能调和的场所(place)、几个基地(site)并置于一个单个的真实的地方。"①

吴芳思(Frances Wood)告诉我们,在很多通商口岸,"外国人聚居在租界之外,或者至少是在他们自己国家的租界之外"②。1934年记者伍德海德写道:"德国租界是最受各国侨民青睐的居住地……英国租界及其延伸的区域拥有最重要的外国银行、办事处和商店,以及数目可观的中国人口……意大利租界……正在变成最受欢迎的中心,到处都是隐退的中国军阀和政客富丽堂皇的住所"③。很多意大利资料把意租界描绘成"贵族化的租界"④。然而,"贵族化"的涵义表现出了一种古怪的混合态,它更多的是源于中国名流的出现而不是意大利"贵族"。中国的资料告诉我们,中国的居住者包括:政治学家梁启超,天津市长张廷锷、程克和周龙光,记者刘髯公,戏剧家曹禺,书法家华世奎,声名狼藉的"贿选总统"曹锟,军阀汤玉麟,1921年担任内务总长的齐耀珊,黑龙江省督军省长鲍贵卿,丝织业的富商孟养轩⑤。此外,民国成立以后归国的海外华人希望能够住在意大利租界⑥。这些高级政客之所以喜欢待在天津,不仅仅是因为他们虽然隐退或者暂时按兵不动,但仍然

---

① 米歇尔·福柯(Michael Foucault):《另类空间》(Des espaces autres),载于《言与文》(Dits Et Ecrits)(1954—1988)第 IV 卷(1980—1988),第758页。
② 吴芳思(Frances Wood):《华人与狗不得入内:中国通商口岸的生活(1843—1943)》(No Dogs and Not Many Chinese: Treaty Port Life in China, 1843 – 1943),伦敦:约翰·默里出版社1998年,第185页。
③ H. G. W·伍德海德(H. G. W. Woodhead):《一名记者在中国》,伦敦:赫斯特与布莱克特,1934年,第65页。
④ 利纳耳多·路易吉—伯格尼诺(Rinaldo Luigi Borgnino):《意大利在中国的"租界"》(La "Concessione" Italiana in Cina),《奥古斯塔》(Augustea),1936年,第363—366页;热内罗·E·毕士多雷斯(Gennaro E. Pistolese):《天津的意大利租界》(La Concessione Italiana di Tien – Tsin),《意大利评论》(Rassegna Italiana), A, XIII, Special Volume (XLI),八九月刊,1935年,第306页。
⑤ 尚克强、刘海岩:《天津租界社会研究》,第98页。
⑥ 李文新:《意租界》,天津市政协文史资料研究委员会编:《天津租界》,第137—138页。

盼望着有朝一日能够进军北京,而且是因为相对说来,在20世纪20年代,相对说来天津看上去似乎是一块可以为他们提供避难所的和平的绿洲①。

意大利居民的人数还是非常有限。1902年的人口普查报告说有13704人居住在租界里,但是1922年报告的数字更少,只有4129名居民,其中中国居民4025人,意大利居民62人,其他国家的人42人②。1935年的时候,毕士多雷斯(Pistolese)提到两个数字,意大利居民的估计人数为392人,但是在他看来,150可能是更准确的数字。毕士多雷斯荒谬地宣称:"我们租界的人口统计远比天津其他租界更为连贯一致"③。意租界的建筑形式的确是连贯一致的,预示着它是殖民文化的复制品。1985年的时候,地理学家约翰·韦斯顿指出,"在第一次中国之旅中所面对的建筑的确有些令人惊惶——原先租界区里的那些让人回忆起旧日时光的巴黎旅馆,郊区的萨里式游览马车,或者是巴洛克风格的萨尔茨堡"④。然而,在意大利殖民文学中,尤其是在法西斯统治时期,"惊惶"的感觉完全被忽略了,而是被一种过分的自信、自恋所取代了⑤。

## 包容与排斥

异托邦通常与时间的片断联系在一起⑥。

天津的殖民机构在空间和时间上的置换与重新配置是征用当地空间的过程的一个关键因素。从这个意义来说,租界揭示了异时序(heterochronies)的一个因素,因为它们可以被视为博物馆而不是活生生的事物。

---

① 费成康:《中国租界史》,上海:上海社会科学院出版社1991年,第284页。
② 南开大学政治学会:《天津租界及特区》,市政府丛书,商务印书馆1926年。
③ 热内罗·E·毕士多雷斯(Gennaro E. Pistolese):《天津的意大利租界》(La Concessione Italiana di Tien-Tsin),《意大利评论》(Rassegna Italiana),第306页。
④ 约翰·韦斯顿(John Weston):《复原殖民地城市?》(Undoing the Colonial City?),《地理学评论》(Geographical Review),第75卷第3期,1985年7月,第341页。
⑤ 热内罗·E·毕士多雷斯(Gennaro E. Pistolese):《天津的意大利租界》(La Concessione Italiana di Tien-Tsin),《意大利评论》(Rassegna Italiana),第305—310页;尤格·巴斯(Ugo Bassi):《意大利和中国:外交和商业关系的历史报告》(Italia e Cina:Cenni Storici sui rapporti diplomatici e commerciali),摩顿拿:Bassi & Nipoti出版社1929年。
⑥ 米歇尔·福柯(Michael Foucault):《另类空间》(Des espaces autres),载于《言与文》(Dits Et Ecrits)(1954—1988)第IV卷(1980—1988),第759页。

福柯分析了具有现代性的 19 世纪的观念,"这个观念积聚所有事物,所有时代,所有形态,所有品味,构成了一个囊括所有时代的空间,这个空间本身不存在于任何一个时代之中,并且不会受到时间的破坏,这是一个通过这种方式在一个稳定的地点组织一个永久的、不确定的积聚物的计划"①。但是,租界不是一个稳定的地方,这些异托邦地点是由打开和关闭的机制所控制的,这使得它们既孤立,又变得可渗透。中国的历史学者强调,从行政、司法、警察和财政角度而言,租界是"国中之国"②。然而,西方的资料忽视了这个特征,不强调租界空间的殖民本质,西方的词汇包括"quarter"和"neighbourhood",汉字"区"③被翻译成一个意义中立的词语"area(区域)"④。不过,不可否认的是租界不是一个任何人可以自由出入的区域,即使允许进入的时候,也仍然存在着包容和排斥的因素,就像建筑法规和治外法权规则所证明的那样。排斥是由体现 19 世纪"现代性"观念特征的两个重要因素支配:(通过再命名和征用方式的)文化的复制和卫生运动。

为租界街道选择新的名字明显暴露出主宰着意大利殖民话语的爱国主义价值观念。选择耶稣会士、文化调和者利玛窦⑤的名字来为纪念民族"英雄"埃曼诺·卡洛特(Ermanno Carlotto)⑥的兵营所在的街道(即营盘小马路)命名,揭示了当时的意大利殖民政府希望意中关系长期存在并使之合法化的意图。

---

① 米歇尔·福柯(Michael Foucault):《另类空间》(Des espaces autres),载于《言与文》(Dits Et Ecrits)(1954—1988)第 IV 卷(1980—1988),第 759 页。
② 尚克强、刘海岩:《天津租界社会研究》,第 1 页。
③ 尼科耳特·卡达诺(Nicoletta Cardano),皮埃尔·路易吉·波尔吉奥(Pier Luigi Porzio)编:《去往天津的路:意大利和中国千年关系史,中国的意大利社区》(Sulla Via di Tianjin:Mille Anni di Relazioni tra Italia e Cina. Un quartiere Italiano in Cina),罗马,Gangemi 出版社 2004 年。
④ 马利楚(Maurizio Marinelli):《凸镜中的自画像:殖民国家意大利在天津(1901—1947)的映象》(Self-portrait in a Convex Mirror:Colonial Italy Reflects on Tianjin 1901—1947),《跨文本—跨文化》[Transtext(e)s-Transculture]3,第 127 页。
⑤ 文森特·克罗宁(Vincent Cronin):《来自西方的智者》(The Wise Man from the West),伦敦:鲁伯特·哈特—戴维斯出版社 1955 年;史景迁(Jonathan Spence):《利玛窦的记忆之宫》(The Memory Place of Matteo Ricci),纽约:企鹅出版社,1985 年。
⑥ 1901 年 6 月 15 日,海军上尉卡洛特在防卫的时候,与一支海军部队和所谓的意大利领事死于天津。

在天津的案例中,1949年以后租界建筑的拆除、复原和最终重新分配意义尤其重大,同样是通过重新命名和回收租界区这样一个过程来证明。命名和重新命名本身就是一个包容和排斥的过程。新中国成立以后,营盘小马路变成了光明道,暗示一个与过去黑暗时代决裂的光明前景。现在,一些从租界时代保留下来的最有意思的建筑位于与海河平行的解放北路,一些1908—1916年以来最有意思的意大利风格别墅位于民族路和自由道。根据现在地图所表现的新的空间地理,意大利租界的象征性空间在北面,在北安道和自由道之间,海河在南面,五经路在东面,兴隆街和建国道在东北面。这些街道1949年以后的名称暗示了对超殖民空间的重新征服和对包含着爱国主义的政治、情感资本的要求。

## 卫生的现代化

工程师伯格尼诺(Borgnino)在1936年的报告,标志着源于意大利租界卫生运动的象征资本。悲惨的、有害的、荒凉的和悲伤的,这是伯格尼诺对这个区域在意大利人干预之前的状况进行描述时所使用的主要的形容词。在意大利取得这个区域之后,租界里的想象的共同体成为了意大利文化的舞台展示和卫生现代化的典范。伯格尼诺所强调的成就指的是先进的市政工程和基础建设项目,如大马路、雅致的建筑、现代化的医院、所有房屋中的用电和饮用水、先进的排水系统和公共景观。伯格尼诺提到英国的一家地方报纸把意大利租界形容为,"在所有租界中最为宜居的社区"。伯格尼诺补充说,这促使相邻的租界采用相似的手段来改善它们的整体面貌和环境;他以这种方式强调意大利文化是一种值得仿效的榜样。文章结尾的脚注揭示了伯格尼诺这篇文章的最终目的,杂志编辑在"致读者语"中赞扬了伯格尼诺在中国的长期亲身经历,并以此逻辑演绎作出结论:"了解本国的所有主张,并在各处执行,是非常有必要的。而结果肯定是一种更强烈的自豪感"①。

伯格尼诺着力描述了在创造意大利租界的成功形象中的自我经历,是

---

① 利纳耳多·路易吉—伯格尼诺:《意大利在中国的"租界"》(La "Concessione" Italiana in Cina' In),《奥古斯塔》(Augustea),1936年,366页。把社区功能的租界神秘化是一种非常普遍的殖民比喻修辞手法。

因为他是这场卫生现代化运动的"巨匠"。伯格尼诺负责意大利市政建筑的制图,他希望"创造一个最完整的意大利艺术范例,一个思想、技术和材料的展示橱窗,一个在最广泛意义上的代表性建筑"①。他还是意租界医院建筑的监理人,这座医院是按照工程师丹尼尔·卢菲诺尼(Daniele Ruffinoni)的图纸建设,于1922年12月21日落成。伯格尼诺使用了菲洛梯1921年报告中的信息,但却没有重视这位领事所强调的,意大利公司渗透到"巨大而尚待开发的中国市场"的商机②。伯格尼诺关注的是建筑,即由殖民代理者所体现的民族声望的标志和意大利文化成功的象征。然而,他试图避免殖民主题的努力,揭示了意大利帝国主义身份的重大焦虑,并且鉴于他本人的卷入,他的语调清楚地显示出他自诩的态度。

在法西斯统治期间,仍然在努力寻找集体认同的意大利人成为宣传机构的目标。这些宣传机构以典型的东方主义的自我自反性(self-reflexivity)来描绘租界,法西斯殖民主义的泛音则加重了这种意味:"(这块)小小的领地是远东地区值得关注的地方,所有意大利人都关注它,并感激那些维持祖国极高声名的人。无论在中国的社会政治结构中发生了什么样的变化,天津租界都将仍像领袖(墨索里尼)所说的那样,是意大利文明的一个非常前沿的岗哨"③。

## 结论

本文提出了一个新的理论框架,来研究天津意租界这个微观世界的建

---

① 转引自尼科耳特·卡达诺(Nicoletta Cardano),皮埃尔·路易吉·波尔吉奥(Pier Luigi Porzio)编:《去往天津的路:意大利和中国千年关系史,中国的意大利社区》(Sulla Via di Tianjin: Mille Anni di Relazioni tra Italia e Cina. Un quartiere Italiano in Cina),第44页。

② 菲洛梯(Vincenzo Fileti):《天津的意大利租界》(La Concessione Italiana di Tien-tsin),第8—9页。

③ 恺撒·赛撒理(Cesare Cesari):《天津的意大利租界》(La Concessione Italiana di Tien-Tsin),罗马:法西斯殖民研究所,1937年,第23页。这段引文指的是1928年6月5日墨索里尼在参议院所作的关于意大利外交政策的演讲。

筑环境。在部分填补了意大利非洲殖民建筑的文学空白的同时，[1]本文主要的目的是，通过这个城市的外国人与外国人，外国人与外国人与中国人之间的互动所产生的多重身份，为意大利在天津的殖民经历的史学描写提供新的认识。

在这个阈限空间里的建筑形式，谴责了对先前存在的社会空间结构加以灭绝并强加了外来布局的行为；组织管理严密的干预创造了所谓的意大利风格的"社区"，即一个缩微的迪斯尼式的"意大利文化"地点。与其他帝国主义国家相比，相对于本地居民而言这里更是刚刚统一的意大利的"现代化的实验室"。

本文检验了"混合态的异托邦"这个概念的适用性。这个定义将巴巴对混合态理论和殖民模仿（colonial mimicry）理论（文中用来分析建筑形式）的思考和福柯用来表示明显对立因素的并置的术语"异托邦"结合起来。这个概念的运用，有助于突出空间复制的复杂政治学中的两个关键因素：首先，殖民统治列强的意识形态在天津的建筑环境中是如何自我表现的，揭示了一种自恋性质的自反性和一种外国与外国之间（而不是外国与所在国）混合的互相参照（inter-referentiality）；其次，在1860年到1947年之间，传统上以象征资本进行投资的城市规划是如何在天津的殖民列强的空隙中发挥定义作用的。意大利仿效其他强国，复制了一个模仿本国的、缩微的想象社区。正是在这个确实存在但是很像反场所的阈限空间的结构中，意大利这个帝国主义世界的后来者，对它的政治、社会和经济殖民身份进行协商，试图重新赢回"昔日时光"，确立作为一个与其他殖民强国势均力敌的强国声望。

（《城市史研究》2009年第25辑）

---

[1] 米亚·富勒（Mia Fuller）：《当代海外：建筑、城市与意大利殖民主义》（Moderns Abroad: Architecture, Cities and Italian imperialism），伦敦—纽约：劳特利奇出版社2005年；布赖恩·L.麦克劳伦（Brian L. McLaren）：《意大利殖民地利比亚的建筑与旅游》，西雅图—伦敦：华盛顿大学出版社，2006年。

# 近代北方城镇格局的变迁①

樊如森

适应中央集权专制统治的需要,中国北方很早就形成了以"都城—治所"为核心的古代城镇网络,政治治理成为其最基本的社会功能。长安、洛阳、开封、北京等作为都城的时候,其国家政治核心的作用固然十分明显,而当都城发生位移,上述城市降格为府城县治以后,其区域性政治中心的地位,依然得到了自然而然的认同。尽管这些城镇有时也会扮演相关区域经济、文化中心的角色,但终究还是要从属于政治功能之后的。就连金、元、明、清时期漕运和商业都一向较为繁荣的城镇——天津,其京畿门户的政治功能也是居于第一位的。即便是后来变成了对外贸易的通商口岸,天津作为县治、府城、省会以至特别市的政治重负,也没有得到根本性解脱。所有这些,都可以看作是政治功能主导北方城镇格局的表现。

但是,进入近代以后,随着国内外政治形势和交通条件的变化,北方城镇的内涵、外延和发展趋势,毕竟也随之发生了一系列显著的变革。学术界较早注意到这一变化的有张利民先生等人。他在《华北城市经济近代化研究》一书和《近代华北港口城镇发展与经济重心的东移》一文中②,通过考察华北区域经济重心的转移现象,揭示了华北城镇由西部运河、驿道等古代交通枢纽和首都、省会附近,向近代交通枢纽和东部沿海港埠的双重位移过程,揭示了近代华北城镇的发展变化趋势,启迪意义相当巨大。然而,美中不足的是,受研究任务和写作篇幅的局限,张先生未能就北方更加广阔范围内的城镇变迁及其相关问题,做更多更细的探讨。笔者在探索天津与北方

---

① 本文系教育部人文社会科学重点研究基地2007年度重大研究项目"现代化进程中的城乡关系研究——对近代中国的考察"(07JJD770098)之成果。

② 张利民:《华北城市经济近代化研究》,天津社会科学院出版社2004年;《近代华北港口城镇发展与经济重心的东移》,《河北学刊》2004年第6期。

经济现代化的过程中①,感到清末民国时期,随着口岸城镇、交通城镇、工矿城镇以及转型中的老城镇的大量涌现和再生,使得中国北方的城镇格局,发生了由"都城—治所"为核心向"口岸—市镇"为核心,由政治主导型向经济主导型城镇格局的转变。这一系列的变化,对于近代北方的经济地理格局、北南双方在全国的经济地位等方面,都产生了深远的影响。本文试就这一问题再做些探讨,权作续貂引玉之论。

## 一、众多口岸城镇的诞生

允许外国人在中国从事直接贸易的口岸城镇,早在清代前期就已经出现。北方的口岸城镇,有1689年中俄《尼布楚条约》之后对俄国商人开放的尼布楚城,1727年中俄《恰克图条约》之后对俄国商人开放的恰克图—买卖城②。而南方的口岸城镇,则为1684年清政府在取消"禁海令"后分别设立了粤海关、闽海关、浙海关、江海关的广州、厦门、宁波、松江(1687年后迁至上海)③。

如果说清代前期所产生的对外贸易口岸具有传统朝贡贸易和中国主导色彩,并且数量也较少的话,那么,鸦片战争之后随着中外关系格局向着以西方为主导的方向倾斜,北方通商口岸城镇的性质、数量和分布范围,则出现了很大的变化。

首先,是1852年根据中俄《伊犁塔尔巴哈台通商章程》,在今新疆地区开放的伊犁、塔尔巴哈台(今塔城市);随后是1858年,根据中英《天津条约》,开放了东北地区的牛庄(实际为营口)、山东地区的登州(实际为烟台);1860年,根据中英《北京条约》,开放了天津;1861年,根据中俄《北京续增条约》,开放了新疆地区的喀什噶尔(今喀什市)、外蒙古的库伦(今蒙古国首都乌兰巴托);1881年,根据中俄《改订伊犁条约》,开放了新疆地区的迪化(今乌鲁木齐市)、吐鲁番、哈密、古城(今新疆奇台县)、甘肃的肃州(今甘

---

① 樊如森:《天津与北方经济现代化(1860—1937)》,东方出版中心2007年。
② 本为连在一起的两个城区,在俄国境内的城区叫恰克图,在中国境内的城区叫买卖城。米镇波:《中俄恰克图边境贸易》,南开大学出版社2003年。
③ 只是到了1759年,为防止类似英国人佛林德(James Flint,中文名为洪任辉)擅入京津事件的再次发生,清政府遂自1759年开始,只允许欧美商人到远离京城的广州一口通商,但同时并没有禁止另外3个口岸对日本和南洋地区的贸易。

肃酒泉市)、外蒙古的科布多(今属蒙古国)、乌里雅苏台(今蒙古国扎布哈朗特);1898年,在俄、德、英三国的强占和租借下,又开放了大连、青岛、威海卫。

进入20世纪以后,除极少数是根据中外条约而对外开放的口岸之外,绝大多数是属于中国人以挽回利权为目的的自开口岸,它们主要集中在华北、东北和内蒙古地区。这些口岸城镇分别是:

1901年正式开放的秦皇岛,1906年正式开放的济南、周村(今山东淄博市)、潍县(今山东潍坊市)、通江口、铁岭、法库门、新民屯(今辽宁新民市),1907年正式开放的满洲里、绥芬河、齐齐哈尔、哈尔滨、吉林、长春、辽阳、凤凰城(今辽宁凤城市)、安东(今辽宁丹东市)、大东沟(今辽宁东港市),1908年正式开放的沈阳,1909年正式开放的三姓(今黑龙江依兰县)、龙井村(今吉林龙井市)、百草沟(今吉林汪清县)、局子街(今吉林延吉市)、头道沟(今吉林和龙市),1910年正式开放的海拉尔、瑷珲、珲春、宁古塔(今黑龙江宁安市),1914年正式开放的洮南、葫芦岛、多伦诺尔(今内蒙古多伦市)、归化(今内蒙古呼和浩特市),1915年正式开放的龙口,1916年正式开放的锦州、张家口,1917年正式开放的郑家屯(今吉林双辽市)、赤峰,1921年正式开放的济宁、海州(今江苏连云港市)、包头,1922年正式开放的郑县(今河南郑州市)、徐州,等等。

由上可知,在1852—1922年的70年间,在中国西北、东北和华北的辽阔区域范围内,先后对外开放的约开与自开口岸城镇,就达到了59个,占此前中国全部对外开放商埠、租借地、殖民地总数104个[①]的57%,显示了北方由封闭走向开放的惊人速度和强大实力。

这些以发展对外贸易为中心,并与沿海和国际市场接轨的新型口岸城镇的大量涌现,对于此前以政治功能为主导的北方传统城镇格局,无疑产生了越来越大的经济冲击力。

---

① 据方书生统计,到1930年,中国对外开放的商埠、租借地、殖民地共110个。此处减除了1922年以后正式开放的无锡(1923)、宾兴洲(江西,1923)、蚌埠(1924)、铜鼓(广东,1924)、万县(1925)、中山港(1930)6个口岸。见吴松弟主编《中国百年经济拼图》,山东画报出版社2006年。

## 二、近代交通城镇的崛起

北方近代产生的交通型城镇,主要是指进入20世纪以后,随着轮船、火车、汽车、电报、电话等新式交通方式的出现,而产生的以发展对外贸易和现代工商业为主要目的的交通枢纽城镇。

随着现代轮船运输业而迅速崛起或进一步繁盛的城镇,主要是沿海的开埠港口城市,如华北的天津、秦皇岛、烟台、青岛、龙口、威海、海州,东北的营口、大连、安东、葫芦岛等等。

以东北的大连为例,1898年以前,大连仅是辽东半岛东南角一个名叫"青泥洼"的靠海小渔村。1899年俄国开始动工修建港口,1906年日俄战争以后,大连港湾由日本接管和经营。为了适应日益繁忙的轮船运输和海外贸易,日本在大连的殖民贸易公司——南满洲铁道株式会社,对大连港及其相关的城市基础设施,进行了大规模的积极建设。港口方面,到1930年大连湾的防波堤共长3981公尺,港口面积约有985万平方公尺,深度由7公尺以至10公尺半不等,轮船码头岸壁长约有4941公尺,同时可以容纳3000至4000吨级的海轮40艘并泊,30000万吨级的大船亦可自由近岸停泊。民船码头也非常宽阔,可备民船100艘停泊。大连码头的货物堆栈75处,容量为50万吨货物①。短短20余年,大连港的基础设施达到国内一流水平,迅速超越了营口而成为东北南部最大的海港。

再如华北的烟台,原本是山东福山县的一个小渔港,后来才逐渐有帆船停泊,商业逐渐兴旺。1862年东海关设立和1870年代开始的轮船海运业发达以后,烟台很快取代了登州的地位,成为19世纪后期山东地区最重要的港口城市。只是后来,由于青岛的崛起,烟台的地位才有所下降,但仍不失为山东半岛渤海沿岸的重要港口城市。到1930年代,作为山东省特别市的烟台,人口已经达到了15万②。

随着火车、汽车运输而兴起或日益兴盛的现代铁路和公路沿线特别是枢纽城市,也是鳞次栉比。如山东的济南、青岛、周村、潍县,河北的天津、北京、石家庄、邯郸,河南的郑县、洛阳、开封、新乡,江苏的徐州、海州,山西的

---

① 《海关十年报告》(1921—1930),大连部分,《中国旧海关史料》第156册。
② 邱祖谋等编绘:《中华民国最新分省地图》,说明部分,寰澄出版社1946年。

太原、榆次、大同,陕西的西安、宝鸡,绥远的归化、包头,察哈尔的张家口、宣化,辽宁的大连、沈阳、锦州,吉林的永吉、长春、哈尔滨,黑龙江的齐齐哈尔等。

以华北地区的石家庄为例,1900年前后,石家庄只不过是获鹿县一个800余人的小村子。1904年京汉铁路通车,特别是1907年正太铁路在此与京汉铁路交汇后,它迅速发展成为沟通河北与山西等地的现代交通枢纽。大量的土、洋货物在这里进出,商业日趋繁荣。与此同时,大兴纺织公司、振华洋火公司、荣裕玻璃厂、英美烟草公司,以及现代银行支行、传统钱庄分号等工商企业,也都在此发展壮大。1926年,城市人口已经达到40000余人,1933年达63000余人①。

再如东北的长春,土名宽城子,原是吉林将军辖区下的一个普通小镇。1903年中东铁路南满支线修通后,这里陆续成为中东、南满、吉长、长洮4条铁路的交汇点。它"北通滨江(今黑龙江哈尔滨市),南通沈阳,当水陆交通要冲,全满之枢纽也。光绪三十一年(1905)开为商埠,其贸易范围,几及东北全部,商况至为繁盛"②。

再如西北地区的包头,1809年才由村改镇。1850年,包头的南海子码头替代了托克托县的河口镇码头后,逐渐发展成为黄河中上游的水运货物尤其是皮毛集散地。1921年自开商埠,特别是1923年京绥铁路贯通以后,这里仅绒毛一项每年就集散约2000万到3000多万斤,占整个西北地区绒毛产量的三分之二以上③。

这些沿海和内陆地区的近代交通型城镇,将现代化的轮船、火车、汽车运输和传统的水陆交通方式连通起来,构成一张遍布北方大地的近代化交通运输网络;再加上电报、电话等现代信息交通方式的辅助,进而形成立体化的北方近代交通体系,为经济交流和社会进步奠定了充要的物质技术基础。

## 三、近代工矿城镇的繁荣

北方的近代工矿型城镇,是随着现代化的交通工具如轮船、火车以及工

---

① 白眉初:《中华民国省区全志》,第1册第2卷,北京求知学社1924年。
② 邱祖谋等编绘:《中华民国最新分省地图》,说明部分。
③ 李绍钦:《古代北方各民族在包头地区的活动》,《包头文史资料选编》第四辑。

业发展对机械动力原料——煤的需求的不断增加,而快速发展起来的。

最为明显的例子之一是河北的唐山。它在 1870 年代还是一个村庄,1880 年代开平煤矿建立后成为集镇。到 1930 年代,开滦矿务局拥有工人 3 万余人,年产煤炭约 600 万吨,每年由秦皇岛港出口运销到中国沿海各省及朝鲜、日本等地约 200 万吨,由北宁铁路运销平、津等地约 150 万吨,铁路及煤矿用煤约 100 万吨。1922 年以前,稳执中国煤矿产业之牛耳①。同时,相关的工业企业也在这里设立并发展起来。如启新洋灰公司、华新纱厂分厂等等。到 1924 年,唐山俨然是一个现代化的工矿业城市。它"有交通大学、铁工厂、巡警局、矿务局、中国医院、矿务局养病院、铁路工厂、学校、新开市场,建筑宏敞,非内地县城所能比"②。

河南的焦作,也是靠着近代工矿业的发展,才快速兴起的。此前,这里的手工采煤业虽然开始较早,但规模不大。为了开采这里的煤炭资源,1907 年,由英国的中福公司出资修建了道清铁路,将岔道直接修到了矿厂,使其所产之煤"由道清路转运平汉、陇海路各站销售";与此同时,焦作煤矿开始使用机器采煤,进一步提高了该矿的近代化水平,增加了煤的产量和销量③。1940 年,在各大煤矿的产量统计中,焦作中福公司的年均产煤量为 1052448 吨,居全国第三位④。

辽宁抚顺的发展,也得益于煤矿现代化开采和运销。据 1930 年代的探测,该矿区东西长约 16 公里,南北宽 4 公里,煤层厚度平均为 40 公尺,储量约为 7000 多亿吨。抚顺煤矿由南满铁路公司经营,多为机械化的露天开采作业,并有电力轨车转运。该矿工人为 4 万余人,煤炭的年产额为 700 万吨,是中国最大的现代化煤矿。此外,矿区还附设有机器工厂、土木工厂、硫酸工厂等。产品主要销往日本,部分销往中国沿海⑤。

另外,河北的临城、山西的大同、江苏的徐州、山东的淄博等等,也都是近代兴盛起来的北方工矿业城市。

---

① 张其昀、任美锷:《本国地理》(下册),南京钟山书局 1934 年。
② 白眉初:《中华民国省区全志》,第 1 册第 2 卷。
③ 河南省地质调查所:《河南矿产志》,1933 年。
④ 实业部国际贸易局:《煤》,长沙商务印书馆 1940 年。
⑤ 张其昀、任美锷:《本国地理》(下册)。

## 四、传统老城市的转型

数量众多、分布广泛的近代化交通、工矿城镇，不仅改变了北方城镇的布局，更引导了城镇发展的潮流。随着它们示范效应的发挥，原有政治特色明显的传统老城市，如兰州、西安、开封、北京、济南、沈阳等，城市内部的基础设施和产业布局，也都发生了亦步亦趋的变化。

以北方最大的政治中心城市北京来说，它在进入近代以后，虽然依然对包括天津在内的北方城镇施加着巨大的政治影响，但是，随着天津等城镇经济影响力的扩大与现代化基础设施的完善，传统的北京开始渐渐放下了封闭清高的架子，通过天津等口岸城市的示范，琵琶犹抱地悄然享用起欧风美雨所带来的惬意。北京城内的主要现代化基础设施和生产生活内容，都基本上是始发和实验于天津，然后才着手进行的。如铁路的大规模兴修、煤矿的现代化开采、邮政电报等现代化通讯方式的引进和运用，各种现代化生产和生活物资的进口，等等。据王玲先生考察，清末民国时期，"北京许多最早的市政工程是由天津帮助进行的，北京早期一些小的工矿企业也有天津企业家的投资。……天津一些巨富还在北京市政建设和小企业中投资"①。

济南作为山东省会，原本是一个封闭的内陆城市。在沿海城市烟台、青岛的影响和铁路交通的带动之下，济南经济迅速发展，城市建设有了快速的进步，不仅成为胶济、津浦两大铁路干线的交汇点，而且还自开商埠，主动接轨沿海和国际市场，成为百货辐辏、商务繁盛的海岱都会②。除商业之外，济南的纺纱、面粉等现代工业也较为发达。市政建设方面，分整个城市为新、旧两区，大力改造旧有的狭窄土路，"渐修筑石碴路，近数年来，更添筑柏油路、沥青路及花岗石板路较多。行人车马之来往于通衢者，均称便利"③。以其自开的商埠区的建设为例，这里原为坟丘遍布的荒草地，"自从开作商埠以来，经之营之，现在已经筑成许多广坦的马路了。东西称为经，南北称为纬。平行于津浦铁路之南的，叫作大马路，大马路之南为二马路，再向南则为三、四、五、六等马路。自东而西，由纬一路、纬二路以至于纬十一路。高

---

① 王玲:《北京与周围城市关系史》，北京燕山出版社1988年。
② 邱祖谋等编绘:《中华民国最新分省地图》，说明部分。
③ 济南市政府秘书处编:《济南市道路调查统计报告》，济南市政府秘书处1937年。

房大屋,相继隆起,一切交易,逐渐发达了"①。

辽宁的沈阳,原名盛京、奉天府,位于浑河北岸,是一座被清廷作为陪都的古城。1903年以后,陆续成为北宁(北京—沈阳)、长春(大连—长春)、安沈(安东—沈阳)3条铁路的交汇点,并辟为对外贸易的通商口岸。"城分内外两重,市别新旧两部。人口战前56万,市况繁华,为东北第一大都市"②。

## 五、北方城镇格局的转型趋势

随着实业救国呼声的高涨和以发展近代工商业经济为主要任务的新型城镇大量涌现,20世纪以后,北方传统的政治主导型城镇格局,开始向经济主导型城镇格局转变。

这一点,从北京与天津两座城市统属关系的变革中,可以得到明晰的体现。

今天的北京,很早就是北方农耕区与游牧区交错带上的军事堡垒和地方政权的政治中心。而自元代开始,它又成了全国大一统政权的首都。然而,北京之所以成为都城,主要在于其军事位置的极端重要;若就经济上的合理性来讲,实在是微乎其微。这是因为,受周围自然条件的限制,它在作为区域性政治中心的时候,经济上就没有完全自给过;成为制驭全国的统治中枢以后,其经济上的缺口就更大了。所以,自元代以降,历届中央政府无不把保障首都的物资供应,特别是解决人数众多的官员、兵丁和市民的粮食,当作压倒一切的重大经济问题之一。其主要的解决办法,就是开挖运河和开辟沿海航线,把南方的粮食大量地漕运到京城。

这样,处在漕粮河运和海运中枢位置的今天津地区,其交通和军事地位也就变得日益重要起来。其具体体现是,金、元两朝相继设置了直沽寨、海津镇;明政府在这里置建了天津三卫;清政府先是将天津三卫合一,又将天津卫升置为天津州和直隶州,并于1731年升之为天津府,辖天津、静海、青县、南皮、盐山、庆云、沧州六县一州。从而使天津成为北京军事上的门户、经济上的漕粮转运枢纽和渔盐供给地、政治上的近畿"首邑"。到清代中期,

---

① 陈博文:《山东省一瞥》,商务印书馆1925年。
② 邱祖谋等编绘:《中华民国最新分省地图》,说明部分。

天津已经成为"华北最大的商业中心和港口城市"了①。

1860年之后,天津的发展有了更大的转机。因为中英《北京条约》续约,天津成为了继牛庄(营口)、登州(烟台)之后的北方第三个通商口岸。自1860年12月起,英、法、美、俄、德、日、意、比、奥九国列强,先后在天津建立了本国的租界和领事馆,使天津成为中国近代史上设立租界国别最多的通商口岸。为了适应中外关系变化的新形势,1861年,清政府任命崇厚为办理北方三个口岸通商和涉外事务的"三口通商大臣",到天津就职。同时,为增强其实际控制权力,将原长芦巡盐御史裁撤,盐务、经费及衙署皆归三口通商大臣统领。所有三口洋务的处置,随时知照在京的总理衙门。1870年11月,清政府任命李鸿章为直隶总督兼北洋大臣,同时接管原"三口通商大臣"的职权,常年驻守天津,不再回保定办公。这样,握有清政府重要实权的李鸿章,便以天津为基地,积极筹划各项洋务事宜,从而使天津成为北方的洋务中心。袁世凯继任以后,又对天津的各项近代事业,进行了着力的筹划和经营,从而进一步巩固了天津的地位。

经济方面,开埠以后的天津,利用广阔的国内外市场和优越的经济运行环境,大力发展进出口业和近代工商业。到19世纪二三十年代,天津已经发展成为北方的经济中心。具体表现在②:

第一,天津是北方最大的对外贸易中心。首先,它拥有比北方任何港口城市都要辽阔得多的经济腹地,"河北、山西、察哈尔、绥远及热河、辽宁等省都成为他的直接市场圈,同时山东、河南、陕西、宁夏、甘肃、吉林、黑龙江诸省的一部分划归他的势力范围以内"。同时,它是北方主要商品出口数值最多的港口城市,不仅成为北方而且成为全国最大的皮毛、棉花、草帽辫、蛋产品、麻类等商品的出口基地。再者,它的进出口总值,在北方各港中也名列前茅。

第二,天津是北方最大的近代工业中心。据1928年天津社会局的调查,在天津的中国城区(不包括租界区),共有中国人开办的工厂2186家,资本总额约3300余万元,其中制盐、碱、棉纱、面粉、火柴等17家大型工厂资本额合计为2900余万元,占资本总额的93.3%。另外,各国租界内还有中外工

---

① 许檀:《清代前期的沿海贸易与天津城市的崛起》,《城市史研究》第13—14辑。
② 以下相关内容的具体论述及资料来源,参见樊如森:《天津——近代北方经济的龙头》(《中国历史地理论丛》2006年第2期),兹不一一注明。

厂3000多家，从而共同构筑起天津以轻工业为主的近代工业格局。其整体工业建设成就，遥居北方各城市之上。

第三，天津也是北方最大的金融中心。1927年以前，总行和分行先后设在天津的现代银行，共有34家之多。它们与城内的258家大小银钱号以及遍布广大腹地的分行、分号一起，通过彼此间密切的业务往来，共同构筑成近代天津及其腹地的金融体系。其银行总数和资本总额等指标，均仅次于上海，居全国第二位和北方首位。

第四，天津还是近代北方城市人口增长最快的都市。城市人口增长率的高低，是衡量一个城市经济发展水平和近代化程度重要指标。就同一个发展时期来看，天津城市人口的增长速度和数量，都在北京等城市之上。

第五，天津是近代北方综合经济实力和辐射能力最强的经济中心。到19世纪二三十年代，天津已经形成了以轻工业和出口加工业为主的工业体系，基本上改变了传统天津仅仅是商业和手工业繁荣的商品集散转运中心的面貌，改变了传统城市以政治职能为主、经济职能为辅的格局，使天津成为以工业为基础，金融业和商业发达的具有先进的交通通讯的近代开放型城市，成为仅次于上海的中国第二大工商业都会和近代北方经济的龙头。

在天津的经济辐射与带动之下，华北、西北和东北的广大地区，在农业、畜牧业、工业、商业、交通运输业等方面的近代化和外向化水平，都有了前所未有的进步。

与此同时，作为政治、文化和商业中心的北京，却依然是北方最大的消费城市而不是生产城市。民国时期，北京据说有"700余工厂，7万余工人"[①]，并且其象牙雕刻、景泰蓝、地毯、宫灯、日用小商品和中成药的制作等等，也远近闻名。但是，从规模和技术水平上讲，其像样的现代工业企业却十分零散和落后，如规模比较大的石景山钢铁厂，1937年以前并未正式投入生产；清河制呢厂的年产量也只有7000米。现代工业的不发达，使得北京连普通的牙膏、香皂、钉子也要靠天津等地来供应[②]。另据考证，新中国成立前的北京，"经济很不发达，工业极端落后，近代工业出现较迟，多为手工业生产。直到抗日战争胜利以后，北京工业中手工业仍然占80%以上，在全国工业产值中的比重甚小，只占1.93%"；直到1948年，"北京工业发展极其缓

---

① 池泽汇、娄学熙、陈问咸编纂：《北平市工商业概况》，北平市社会局1932年。
② 北京市社会科学院：《今日北京》，北京燕山出版社1986年。

慢,没有真正的机器制造工业,没有基本化学工业,不能纺纱,不能炼钢。企业的规模狭小,设备简陋,技术落后;产品成本高,质量低;原料和市场多依赖外国和外地;而本市所需用的产品却仰赖于洋货或津、沪供给"①。

因此,包括北京在内的北方广大地区,事实上都是天津对外贸易和近代工业的经济腹地。换句话说,进入近代,特别是民国时期以后,"首都北京的辅助城市"一词,已远远不能定位和涵盖天津的重要地位和发展实际了。

与北京和天津统属关系的演变相似,山东的济南和辽宁的沈阳等传统政治中心城市,也逐步纳入了青岛和大连等经济中心城市主导的城镇格局之下。

## 六、近代北方经济主导型城镇的初步形成

到1930年代,北方经济主导型的城镇格局,已经初步形成。从外向型经济的视角来看,它整体上主要由天津、青岛、大连、哈尔滨(实为海参崴)4个国内终点市场城市,也就是本文所说的4大中心城市所统领,分别形成了4个大的区域性城镇市场网络。中心城市作为其区域性城镇市场网络中的一级市场,除直接辐射临近的一片乡村市场之外,主要是借助于其下的二级市场即本文所说的次级城市,间接地辐射到全区域的;次级城市又借助于其下的三级市场即本文所说的中小城市,间接地辐射到次一级区域;中小城市则直接辐射其下的乡村市场即所谓的初级市场或产地市场。

1. 以天津为国内终点市场的北方城镇网络

由于天津是近代北方最大的经济都会,所以华北和东北的西部、西北大部以及内外蒙古广大地区的城镇,都以天津作为其进出口贸易的国内终点市场。在天津这个一级市场之下,统领着7个二级市场,即河南的郑县、山西的阳曲(太原)、塞北的张家口、西北的西安、兰州、包头、古城。

郑县本来只是豫中的一个普通小县。京汉、陇海两条铁路在此地的交汇,奠定了其在中原地区的现代化陆路交通枢纽的地位,它以货物特别是棉花转运和加工业的发展而迅速兴起,并改善了原有的城市面貌,提高对周边区域的经济辐射能力。工商业"繁盛街市,为大通路、钱塘里、敦睦里、天中里、三多里、福寿街,皆在车站之东,经商多汉口、天津人,河南人竞争于商业

---

① 中国人民大学工业经济系编著:《北京工业史料》,北京出版社1960年。

者,颇不多见。工厂有豫丰纱厂、中华蛋厂、大东铁器厂、利济织布厂、省立郑县贫民工厂等"①。"河南、陕西、山西三省之棉花,多会集于此,然后转销于天津、汉口、上海等处。故郑县成为北方棉花大市场之一"②。上海、天津、青岛等地的纺织厂,也大多派人到郑县坐地收购棉花。棉花运输业的繁荣,又促进了打包、纺织、金融、保险、货栈、转运等行业的发展③。

阳曲(太原)作为天津对山西经济辐射的次级城市,店铺林立,商业繁盛。以商品命名的街巷有剪子巷、帽儿巷、牛肉巷、米市街、估衣街、麻市街等;相关的商业行会,也有粮行、油面行、布行、药行、干菜行、酒行、鞋帽行、典当行、杂货行、银钱行等十大行。1907年正太铁路通车以后,太原和外埠特别是天津的商业贸易进一步扩大,销售进口商品的洋货行,成为太原最活跃的行业。进入民国以后,太原商业进一步发展,商业区日益扩大,以经营天津进口商品为重要内容的开化市场,成为太原最热闹的市场。1920年代,太原有各类商业店铺2500多家。太原的一些大商号,如主要从天津进货的义升厚棉布庄,除零售外,还大量转批给太原市内以及晋中等外地的布匹销售商④。1934年同蒲铁路和贯通,进一步提高了太原的经济地位,它既是山西"全省进出口之中心,亦天津商埠之尾闾"⑤。

张家口,自清中期以后就逐步发展成为塞北的一个贸易中心。在1909年京张铁路通车、1914年自开为商埠以后,商品交流更加繁荣。人们回忆说:"清末民初,张(家口)库(伦)(今蒙古首都乌兰巴托)商务日繁一日。惟民国七年以前,交通不便,然车驼逶迤,商贾辐辏,张垣大境门外之西沟,外管(专做内外蒙古生意的店号)栉比,达1450家,每年进出口约在口平12000万两,出口货物,率为东生烟、砖茶、鞍鞯、皮靴、铜、铁、杂货、河南绸之类;入口货物,则系外八旗大中小自生口蘑、鹿茸皮张驼羊毛墨晶石等。运输全恃牛车、骆驼……自(1918年)边防军筹建汽车路以还,输运愈便,商务尤盛,西沟'外管'增至1600家,贸易额达15000万两,计进口8000万两,出口7000万两,是为张库交易鼎盛时期,凡西沟外管,类多在库伦设立分号,不下六七

---

① 吴世勋编:《河南》,中华书局1927年。
② 崔宗埙:《河南省经济调查报告》,财政部直接税署经济研究室1945年。
③ 张学厚:《郑州棉花业的兴衰》,《河南文史资料》,第37辑。
④ 任步奎:《解放前的太原商业》,《太原文史资料》,第7辑。
⑤ 实业部国际贸易局编纂:《中国实业志(山西省)》,第三编,第一章,太原,1937年。

百家,旁及恰克图、乌里雅苏台等处"①。"英、法、美、日、意、德等国的商人,在张家口都很活跃。尤其是民国七、八年徐树铮经营外蒙的时候,有大小商号七千余家,银行上堡6家,下堡32家,外管1600余家,茶庄、毛庄亦各二、三十家,每年进出口贸易额达30000万元",成为天津对塞外倾销洋货、并吸纳内、外蒙古皮毛等货物的一大商品集散市场②。

自1934年12月陇海铁路西展到西安后,西安便进一步发展成为秦岭以北、乃至西北地区商品输出入的枢纽和最大市场之一。从天津、上海、汉口等地输入的绸缎、布匹、油类、颜料、食糖、纸烟及其他普通日用品等由火车运抵西安后,商人们便通过汽车、大车、马车、牲畜、人力等转运到省内各中小市场销售。而过境到甘肃等地去的布匹、茶叶、鞋帽、颜料、肥皂及其他杂货,多由汽车沿西兰公路转运。这样,"西安已渐成为东南工商制造品输入及西北农畜产品输出之门户"③。西安的主要"商业区域,向以南院门及东大街为最热闹,高楼大厦,比比皆是,称为精华荟萃之区。自铁路通达后,新市区及大差市一带,因接近车站之故,商店增添,骤形热闹,昔之荒凉野地,一变而为繁盛市区矣"④。随着铁路的通达和抗日战争后方基地的加速建设,西安的近现代工商业,也有了很大的发展,门类遍及了钢铁、机器、化工、建材、印刷、棉毛纺织、制革、制药、火柴、面粉、酒精、榨油、碾米、打包等众多领域⑤。西京市计有中央、中国、交通、农民、陕西省、河南农工、甘肃省、河北省、绥远省、山西省、长安县、上海、金城、通商、川康、永利、建国、亚西、美丰、兴文、四明、工矿、大同、华侨、裕华等银行,及东大街交通、农民,盐店街中国银行等3办事处,共计28所⑥。

兰州作为黄河上游的重要市场,"巨大商号林立于此,或收购内地(指甘、青地区)物产,如皮毛、药材等类,运销于外;或运入布匹、茶、糖、杂货等项,分销青海、河西及甘肃西南部各地。皋兰全县每年输出货物仅值900余万元,输入1700余万元,过境货物则值1300余万元。而青海羊毛、木料之由

---

① 黄奋生:《蒙藏新志》,中华书局1938年。
② 贺扬灵:《察绥蒙民经济的解剖》,上海商务印书馆1935年。
③ 铁道部业务司商务科编:《陇海铁路西兰线陕西段经济调查报告书》,内部本,1935年,第107页。
④ 王望:《新西安》,中华书局1940年。
⑤ 云章:《抗战以来之陕西工业概述》,《陕行汇刊》1944年第1期。
⑥ 屈秉基:《陕西金融业之现状及其展望》,《陕行汇刊》1944年第1期。

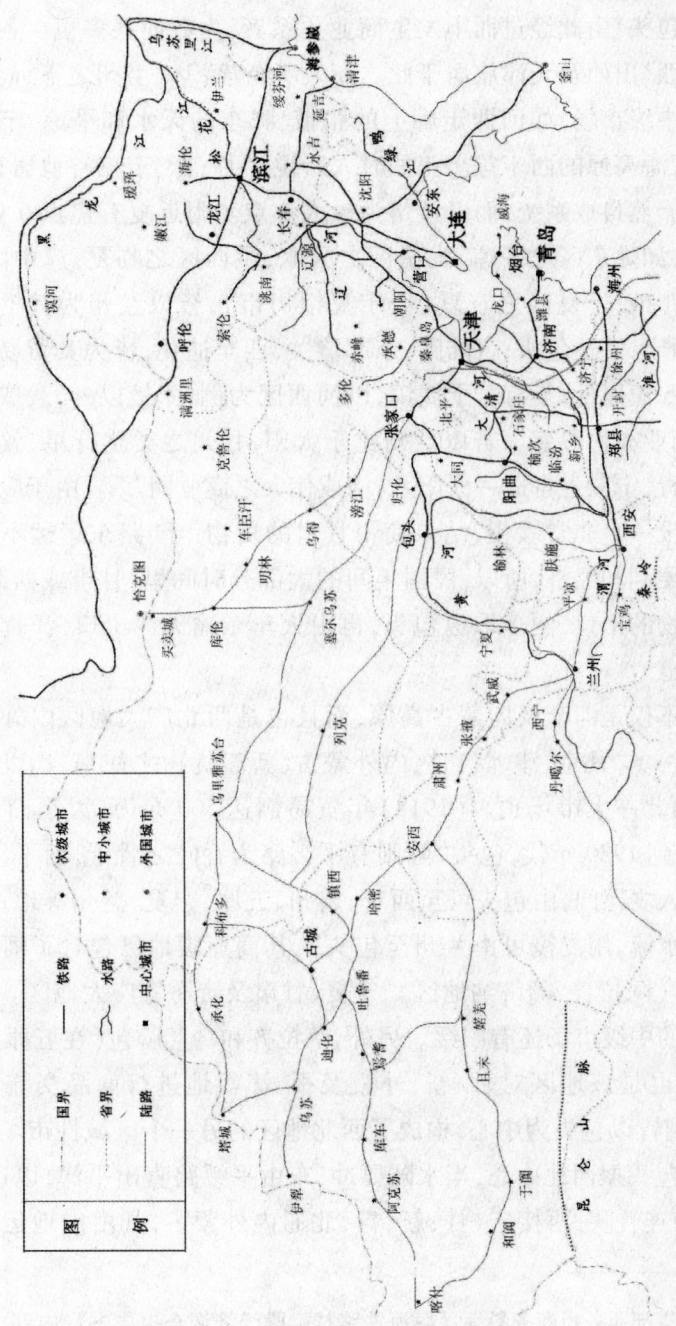

图 1 1934 年北方经济主导型城镇格局示意图
(底图为申报馆 1933 年出版的《中华民国分省地图》)

黄河直运包头,由此经过而不发生商业关系者,为数尚甚多也。各类重要商业皆为陕西、山西及天津旅居于此之商人所经营"①。兰州之下,尚有几个相当繁荣的中级市场,如河西走廊上的张掖、陇东的天水和平凉、宁夏平原的宁夏城、青海高原的西宁等。正如时人所说:"甘、青、宁三省地居黄河上流,在商业上俨然自成系统,而以兰州为最大焦点。附近复有焦点6处,为各地商业中心,如陇东区之平凉,陇南区之天水,洮西区之临夏,湟中区之西宁,河西区之张掖,宁夏区之宁夏(今宁夏银川市),皆以兰州为其枢轴。言水运,上起西宁,下达包头;言陆路,东起潼关,西至迪化,皆为其贸易区域。上述平凉之6镇以外,复有若干城镇,以河西区为例,张掖以外,武威、酒泉、敦煌三城,商业亦称殷盛。若以兰州比于太阳,甘州之类犹行星,敦煌之类犹卫星,甘、青、宁三省自成一太阳系,构成伟大之商业网"②。由于陇海铁路陕西段的铺设一直非常缓慢,结果使得甘肃的货物走陆路东运远不如走水路北运更加便利和经济,所以,民国年间的大部分时间里,甘肃或西北的皮毛、药材等货物的出口,便多取道包头,再由火车东输天津出口,洋货的输入亦然沿顺此道。

　　包头不仅是河套及内蒙古高原,而且也是西北广大地区内外贸易的枢纽市场之一。"凡京、津、陕、甘、内外蒙古、新疆货物之往来,均以此为转运之场,诚西北一大市场也。(1918)年贸易额达500余万,大小商店共1200余家"③。到1930年代,包头"陆则有平绥路为吞吐之骨干,而平、津各地遂为包头出入之尾闾,由包头可至西宁、肃州、五原、宁夏、兰州等地;至水路则有黄河之水流,用皮筏可由兰州至包头",其商业腹地已包含了河套地区的全部、蒙古(阿拉善、额济纳地区)、宁夏、甘肃及青海等广大地区。这一地区比较重要的中级市场还有归绥。另外,萨拉齐和乌兰脑包(在五原县东北50里)等地,也是该地区对甘、新、外蒙及平、津等地进行商品交流的重要市场④。它们皆以包头为中心,构成了西北地区的另一个区域性市场网络。时人指出:"包头据西北中心,当水陆要冲,东由平绥路直出平津,以达内地,以通外洋,南连晋陕,西接宁、甘、新、青,北通内外蒙古,凡由内地运往西北各

---

　　① 铁道部业务司商务科编:《陇海铁路甘肃段经济调查报告书》,内部本,1935年,第64页。
　　② 任美锷、张其昀、卢温甫:《西北问题》,科学书店1943年。
　　③ 林竞:《西北丛编》,《中国西北文献丛书》,总第122册。
　　④ 廖兆骏纂:《绥远志略》,南京正中书局1937年。

处之零整杂货及由西北各处运赴内地之皮毛、药材等货,均以包头为起卸转运之中枢"①。它的构建,为天津对西北广大地区经济辐射的加强,也为这一广大区域内外商品流通的发展与繁荣,奠定了良好的基础。

古城(今新疆奇台)在新疆经济当中的中心地位,民国初年即已获首肯:"迪化不居要冲,惟古城绾毂其口,处四塞之地。其东,至嘉峪关趋哈密为一路,秦、陇、湘、鄂、豫、蜀商人多出焉。其东北,自归化趋蒙古为一路,燕、晋商人多出焉。自古城分道,西北科布多,为通前后营路,外蒙古人每岁一至,秋籴麦谷并输毛裘皮革易缯帛以归。又循天山而北为北路,取道绥来以达伊犁、塔城。循天山而南为南路,取道吐鲁番以达疏勒、和阗。故古城商务于新疆为中枢,南北商货悉自此转输,廛市之盛,为边塞第一"②。因此将古城定为民国时期天山南北和蒙古西部的中心市场是恰如其分的,它"地居新疆北路之中枢,四塞灵通。秦、陇、豫、蜀、湘、鄂商人出嘉峪关经哈密而至,燕、晋商人由张家口、归化经蒙古草地而来,岁输入绸缎、茶叶、纸张、漆器及东西洋货,达 300 余万元。而归化来者居十之六七。归化则又来自京津。……至古城后,乃分布于天山南北两路各商镇。是古城者,实新疆输入内地货物之总汇也"③。

2. 以青岛为国内终点市场的北方城镇网络

青岛是山东大部、河南东部和苏北一部地区的国内终点市场。它"航路,南可以到达上海、香港,北可以到达天津、大连,东可以通朝鲜、日本,交通便利,贸易发达,山东的商业集散地。输入品以织物、火柴、煤油、砂糖、染料等为大宗,输出以煤、铁、盐、草帽缏、花生、豆油、麦、果实等为主要,每年的贸易额,竟达六七千万两。所以我国北方的商港,除掉天津、大连以外,就要推青岛了"④。同时青岛纺织业、食品加工业、火柴业、面粉业等近代工业也非常发达,在北方仅次于天津。在青岛为首的这个相对独立的城镇市场网络之下,统领着烟台、济南、海州 3 个二级市场。

烟台是山东第一个对外开放的贸易口岸,大约在 1860 年至 1910 年的半个世纪时间里,它在山东大部和河南东部广大区域的对外贸易中,居于无可

---

① 铁道部财务司调查科:《包宁线包临段经济调查报告书》,"工商"部分,H,1931,第 8 页。
② 钟广生撰:《新疆志稿》,卷之二,商务,民国年间铅印本。
③ 林竞:《西北丛编》,《中国西北文献丛书》,总第 122 册。
④ 陈博文:《山东省一瞥》,商务印书馆 1925 年。

替代的主导地位。在这一时期内,烟台进口的大量洋蜡、洋靛、洋布、洋油、火柴、洋纱等货物,除了在胶东地区销售之外,还通过烟台—潍县—济南间的陆运大道和羊角沟—济南黄台桥的小清河水道,再转通济南泺口的黄河水运码头,向西运到山东西部河南东部甚至山西和陕西的部分地区;然后再收购当地的土货,如河南的百合、蜂蜡和药材,山西的甘草、药材和毛皮,陕西的烟草和药材,运回烟台出口到沿海和国外市场①。只是在1898年青岛开埠,特别是1904年胶济铁路通车后,随着青岛、济南的进一步发展,烟台的经济腹地,才被逐渐压缩到山东半岛北部沿岸的狭小地区,处于青岛的间接辐射之下。

  济南虽为省会,但在烟台开埠通商后很长的时间内,它还是被纳入到以烟台为主导的外贸市场网络之下的。济南通过烟潍大道的延长线和大清河(即黄河山东段)、小清河,每年从烟台港口输入大量的洋货。1880年代,济南每年从烟台输入价值200万两的纺织品,并输出部分土货②。1904年胶济铁路通车后,济南的主要贸易对象转向青岛。1905年,济南经青岛输入的货物价值超过200万两,其中棉布73万两,五金48万余两,棉纱20万两,火柴11万两,包括煤油、砂糖、染料在内的各类杂货50万两③。1906年济南自行开为商埠,烟台、青岛的洋行纷纷到济南经营与口岸贸易有关的土洋货输出、输入业务,民国初年商埠洋商发展到25家。与此同时,经营土产贸易的行栈商人资本也开始在棉花、粮食、畜产品等行业崭露头角。这一时期,济南市场的年贸易额已达1200万两,其中输入占700万两,输出占500万两④。每年自青岛、烟台输入的主要洋货,计有棉纱价值300万两、布匹85万两、糖137万两、火柴120万两、煤油12万箱,其中棉纱的输入额约占青岛进口额的三分之一。同时,济南作为货源集散地的能量也很大。1913年前后集散花生70万担,占山东花生出口量35%,棉花3万担,草帽辫6万担,牛皮200万张,牛油5000担,黑枣8万包,红枣300万斤⑤,在内陆地区的货

---

① 烟台港务局档案馆译:《1866年贸易报告》,烟台档案馆藏,手抄本。
② 烟台港务局档案馆:《1882—1891年烟台十年贸易报告》,烟台档案馆藏,手抄本。
③ [日]日本外务省:《清国事情》,日本外务省通商局1907年,第285—286页。
④ 《济南之商工业》,《中华实业界》,第2卷第5期。
⑤ [日]吉田丰次郎:《山东视察报告文集》,大连关东都督府民政部1913年,第240页;[日]田原天南:《胶州湾》,大连满洲日日新闻社1914年,第101页。

物集散能力,已经大大超过了潍县、周村。此后,山东西部及河南、山西等省之部分土货,皆由黄河水运源源不断地集中到济南,再通过胶济铁路运到通商口岸青岛。济南成为鲁西、豫东地区商品进出口的重要中转市场,亦即青岛主导下的重要次级市场城市。

海州(连云港)是苏北地区的重要城镇之一,因为其粮食集散贸易发达,清朝康熙年间曾经设立江海关于海州云台山,后移至上海县,但海州仍然设有江海关子口。直到1905年大浦港作为商埠开放,海州设立大浦分关,才改隶于青岛的胶海关。不过,由于历史形成的金融、市场等关系,连云港的进出口贸易对上海的依赖性却依然很大。1936年连云港—青岛间的贸易,占连云港贸易总额的11.1%,其中输入量11701吨,占全年输入量的19.1%,连云港对青岛输出量34535吨,占其输出量的9.7%;与此同时,连云港与上海的贸易占其总额的49.2%,输入量占输入总额的55.5%①。这反映出海州地区在青岛市场网络中的边缘性特征。不过,从青岛的角度来看,它依然是该市场网络不可或缺的组成部分。

3. 以大连为国内终点市场的北方城镇网络

大连是东北南部和内蒙古东部地区的国内终点市场,它"海陆航运极为发达,其贸易额常占(全国)第二位,次于上海,与天津相颉颃"②。其下统领着营口、长春、安东3个二级市场。

与烟台—青岛的关系一样,营口—大连的市场统属关系,也经历了一个主次颠倒的过程。

营口作为东北地区最早的近代通口岸,开埠后迅速发展为该区域最大的商埠。大量进口鸦片、棉纺织品、煤油、五金、砂糖等货进入营口,同时豆货、皮毛等出口土货也通过各级市场大批集聚到营口。从1861年到20世纪初年,营口港的腹地范围,从清中期牛庄港影响的东北辽河平原两侧地方,扩大到辽宁省西部和东北中北部吉林、黑龙江二省的部分地区。直到20世纪初年现代化的铁路交通畅达以后,东北各港口对腹地的争夺出现了交叉重叠,营口才因为自身的劣势,而逐渐变成了屈居于大连主导下的次级城市。1907年,营口尚占有东北贸易总额的66%,可是到了1927年,大连港则

---

① 徐德济:《连云港港史》(古近代部分),人民交通出版社1987年。
② 王惠民:《新东北指南》,商务印书馆1946年。

占有了东北贸易总额55%,营口则下降为占东北贸易总额的12%①。

如前所及,18世纪末叶以前的长春,尚为人烟稀少的荒原,为蒙古郭尔罗斯前旗游牧之地。以后因垦荒和人口的集聚,出现了聚落。1874年升为长春府,逐渐成为附近地区的农副产品集散中心。1905年以后长春因位于南满铁路最北端,同时位于中东铁路南部线路的终点,成为重要的铁路枢纽,1912年后更有吉长铁路交会于此,故而快速发展成为东北中部的最大市场。1907年长春开埠时,外运的大豆及其他农产总额不过30万石。随着铁路的修成和商业的繁荣,外运的农产品数量不断增长,1909年达40万石,1912年达75万石,1913年达85万石,到1914年因第一次世界大战中东铁路西运不便,北满豆粮大部分运输南下,竟达185万石之巨。到1919年前后,"吉省商业中心点,输出入货物均集中于此,故市场至为宏阔,总计大小商埠1200余家,规模较大者计有粮栈30余家,其资本较巨,十万乃至二三十万元"②。长春迅速发展成为取代原省城永吉的区域性中心城市。

安东地濒临鸭绿江右岸,与朝鲜新义州隔鸭绿江相望。1903年根据《中美通商行船续约》开为商埠,1906年正式开埠,1907年设立海关。辽东各地所产大豆、高粱、柞蚕、木材均在夏季水涨时,利用鸭绿江运抵安东,成为东北东南部木材、柞蚕茧丝、粮食等物品的出口贸易中心,其"贸易之繁衍,已见乎蒸蒸日上,殆不可遏。而日本与俄国通过东三省之贸易,亦达于美满之境,本口洵为其媒介之地点耳"③。在1907年至1931年间,安东港的贸易对象主要限于日本和朝鲜之间,核心腹地为其周围的凤城、岫岩和庄河以及鸭绿江沿岸的辑安(今集安市)、通化、临江、长白等县,沿黄海的大东沟(今东港市)、大孤山等港,也成为安东港的附属港,进一步巩固了安东在大连主导下的东北东南部区域性贸易中心城市的地位。

4. 以哈尔滨(实为海参崴)为国内终点市场的北方城镇网络

哈尔滨(实为海参崴)是东北北部和内蒙古东部地区的国内终点市场,其下统领着齐齐哈尔、呼伦2个二级市场。

哈尔滨,也称滨江,土名烧锅子,原本相当荒凉。因扼松花江航运与中东铁路枢纽,东通苏联远东大港海参崴,西通苏联西伯利亚,南达辽东半岛

---

① 满铁庶务部调查科编:《满洲贸易详细统计》1926年(上),近代中国史料丛刊第三编76册,台北文海出版社有限公司影印1988年。
② 中央银行管理处编:《东三省经济调查录》,1919年。
③ 《中华民国二年安东关华洋贸易情形论略》,载《中国旧海关史料》,167页。

以至平津,地势日趋险要。该城开埠后,工商业日渐发达。1919年前后,"哈埠市面之发达一日千里。考其原因,则在物产丰饶,交通便利,又值俄国多故,货物缺乏,物价奇昂,西伯利亚一带衣食生活,悉以哈埠为转运之根据地。而业输出入货物者,莫不利市3倍。兼之北满一带地利日辟,生齿日增,消费日大,以故商贾云集,贸易繁兴。综计大小商铺约4000余家,营业牌照共分14等,其在6等以前者,计900家之谱。内分钱粮汇兑35家,钱粮代理店95家,钱庄100家,存放借贷庄130家,机器火磨18家,机器油坊21家,绸缎药店20家,外国银行6家,本国银行18家,金银首饰楼15家,洋广杂货110家,烧锅6家,当铺5家,家货厂50家,布疋皮货估衣店150家,粮业栈店60家,磁器芦席店18家,洋烛洋胰制造厂20家,铁工厂5家,洋酒工厂5家"①。1930年代前后被列为中央直辖的特别市,并为后来松江省的省会,有"东方莫斯科"之称。城区"分道里、道外两区,人口战前为32万余人,东北最大都市也(原文如此,与该书前谓沈阳为东北第一大都市相左)。工商业在北满为最繁盛"②。

齐齐哈尔,又名龙江,位于嫩江东岸,中东铁路通后发展起来,成为铁路交通枢纽,贸易相当繁盛。周边地区的农、牧、渔、猎、采集业产品,皆在该处集散。先为黑龙江省、后为嫩江省省会,政府机构和商店林立,为北满的一大区域性市场③。

呼伦(今内蒙古呼伦贝尔市),土名海拉尔,周围水草丰美,是一优良的天然大牧场。自中东铁路通后,"市街林立,商业甚盛"④,为蒙古东部草原地区的一大畜牧业产品集散地和进口货物的交易市场。后为兴安省省会。

以哈尔滨为国内终点市场的北满城镇市场网络,在北方的4大城镇市场网络中,是力度最弱的一个。一个很重要的原因,就是其中心城市哈尔滨只是一个内陆交通枢纽,陆路和海上运输都要受俄国人控制下的中东铁路和海参崴海港的节制。所以,从这个意义上讲,该城镇市场网络与其说以哈尔滨为中心,不如说以海参崴为中心。另一方面,由于海参崴港的主要作用是将北满地区的产品输往俄国的出口主导型港口,并未将商品生产相对落后的苏联的洋货输入北满太多,因此,它在进口方面对北满经济发展的拉动作

---

① 中央银行管理处编:《东三省经济调查录》。
② 邱祖谋等编绘:《中华民国最新分省地图》,说明部分。
③ 王惠民:《新东北指南》。
④ 王惠民:《新东北指南》。

用是很有限的。相反,包括哈尔滨市场在内所销售的不少洋货,却是从南满的大连等口岸进口的日本货①。

这里,需要着重指出有3点:第一,上述所谓近代北方经济主导型的城镇格局,只是揭示了北方城镇发展进程中的一个层面和一种趋势,并不等于说到清末民国时期,北方地区的所有城镇,都已经变成了经济职能型城市,进而都以经济建设为中心了。第二,上述所谓近代北方4大区域性城镇市场网络,也是一种相对意义上的划分,它们彼此之间,甚至和南方的其他城镇市场网络之间,也有着很多的交叉成分;另一方面,网络范围的界限也是相对的,网络边缘地带与中心城市之间的经济联系已经相对微弱。如天津网络中的新疆地区,它们通过天津进出口的货物只占当地进出口总值的1/5,其他4/5都是与俄国之间的直接贸易。前述海州相对于青岛而言,也是如此。第三,在一个大的区域性城镇市场网络内部,中心城市、次级城市、中小城市3个层次的划分,是根据其对一个区域外向型经济拉动力的大小确定的,与城市本身面积的大小和人口的多少,没有直接的联系。比如民国时期的北平,在天津外向型市场网络中的地位,只能属于第3个层级即中小市场。

尽管有着这样或者那样的不足,但是,清末民国时期,北方以通商口岸城市为主导的城镇和区域经济的大发展,却是有目共睹的历史事实。据海关统计,1919年至1921年和1929年至1931年,仅华北和东北地区(不含西北和蒙古地区)主要口岸的进口贸易值,就分别占到了全国进口贸易值的29.3%和27.1%;出口贸易值则分别占到了全国出口贸易值的36.6%和48.3%②,显示出北方地区外向型经济发展的巨大成就和强劲实力。从而也使得以天津为中心、以大连和青岛为两翼的"环渤海经济区",能够成为与"长三角""珠三角"经济区并驾齐驱的、中国经济外向化程度和现代化水平最高的地区之一,改变了自唐宋以后北方在全国经济地位不断下降的趋势,使这里重新崛起为全国综合经济实力最强的地区之一。

(《城市史研究》2009年第25辑)

---

① 东省铁路经济调查局:《北满与东省铁路》,哈尔滨中国印刷局1927年。
② 严中平等编:《中国近代经济史统计资料选辑》,三,对外贸易,表10、表11,科学出版社1955年。

# 近代天津堂会经营模式探析

陈曼娜　杨月华

堂会作为特殊的演出形式,对于天津演出市场在近代中国文化市场的形成与发展起着非常重要的作用。虽然堂会的组织演出过程体现的是堂会主人个人出资和自娱性,但参与堂会演出的各种要素则完全属于由市场规则主导下的一种纯粹的经营行为:演员因堂会演出获得了丰厚的经济回报;名角也借同台演出切磋技艺进一步提高了艺术表演水平;堂会主人借堂会的影响力扩大了声望、提高了人气;观众则欣赏到了一般商业演出无法达到的高水平艺术表演。因此,研究天津近代演出市场就不能忽略堂会的地位与作用。本文试对天津近代堂会经营模式进行初步的探析,以就教于方家。

## 一、堂会的性质

对堂会性质的界定,有五六种之多[①]。本人比较赞成章诒和先生在《伶人往事》中给堂会作出的界定:所谓堂会,即"富贵人家个人出资,邀集演员于年节或喜寿日在私宅内,或假饭庄、会馆、戏院为自家做专场演出。盛大的堂会戏能集中当地以及外地的所有名演员,其报酬也数倍于平日的营业演出"[②]。

---

[①] 关于堂会的界定,张庚先生主编的《中国戏曲志·天津卷》的"堂会戏"专题里,堂会既包括富商与官宦之家的私人堂会,还包括同乡与同行的集资堂会(文化艺术出版社,1988年版)。廖奔在《堂会演剧考》一文里指出,除了私人堂会、同乡与同行堂会之外,还有官府衙门利用公共场所举办的官堂会(见《民族艺术》1997年第2期)。常人春、张卫东在《喜庆堂会——旧京寿庆礼俗》一书中,主要是从喜庆礼俗和梨园行的角度定义堂会的。马明捷的《说堂会戏》,则偏重于堂会戏,没有涉及曲艺堂会(见2007年4月19日《大连日报》)。

[②] 章诒和:《伶人往事——写给不看戏的人看》,湖南文艺出版社2006年,第2页。

需要补充说明的是,第一,不论是戏曲堂会或是曲艺堂会,都属于营业性质。因为任何形式的堂会,都是由当时的市场供求关系决定的一种商业性交易活动。比如,《北洋画报》登载的天津近代规模较大的一次堂会,是1931年富商孟洛泉举行的一次喜庆堂会。1931年3月5日,是孟洛泉八十寿辰,又是其侄子的花甲之庆和其孙子的新婚之庆。因三喜临门而不惜一掷千金,遂于3月3日至6日,假黎元洪戏楼大办戏曲堂会。参加祝寿堂会的除天津的军政要人、名绅富贾、山东同乡外,孟家"祥字号"各地的分号经理也大多前来,各色人等不下数千。京津地区的所有名伶,除余叔岩因病未到外,皆接受礼聘。杨小楼、梅兰芳、程砚秋、尚小云、荀慧生、王又震、谭小培、谭富英、王少楼、周瑞安等皆演出拿手好戏。艺人的名气大,戏价就高,赏钱也多,连演4天,共耗资25万元,成为天津有堂会以来规模最大的一次①。

从堂会经营的出资方来说,堂会主人(包括私人、同乡与同行的联谊会以及官府衙门)的出资,表面上是属于非营利性的,但堂会资金只要付给堂会的经办者,它就完全属于整个演出经营活动中可以营利的资本。

第二,演员赴堂会之约,虽被行内人视为纯粹商业演出之外的个人行为,称其为"外串",但这种个人行为同样属于有投入即有回报的营利行为。相声大师侯宝林说他年轻时经常靠赴"堂会"挣钱贴补生活,他曾到原北洋政府代总理朱桂辛的家中去说过相声②。可见,有钱人搞的喜庆堂会,一方面使他们自己风光地挣足了面子,还通过收取贺礼获得了体面的收入;另一方面,这些喜庆堂会也使戏曲艺人通过演出获得了优厚的报酬,曲艺艺人也由于参加大宅门里老爷、太太们的喜庆堂会演出得到了赏钱。总之,艺人们从富贵人家的消闲活动中得到了挣钱的机会,获得了理所应当的报酬。

第三,不论是戏曲堂会或是曲艺堂会,就堂会本身的艺术文化属性而论,属于小众性。因此与正规的剧场或戏园的商业性演出相比,也就存在着文化传播方式、信息流通空间和艺术交流渠道的差异。同时,也带来了堂会参与者获得经济利益方式上的不同。

---

① 《北洋画报》,1931年3月。
② 见《说"堂会"》,http://bj.people.com.cn 人民网·北京视窗·北京风貌 2002年9月17日。

## 二、天津堂会的起始与种类

堂会的起始很早,据廖奔在《堂会演剧考》一文的考证,汉代桓宽《盐铁论·散不足》篇里就有了民间待客办堂会的记载①。南阳汉画像石中富家儿童许阿瞿看舞乐百戏表演的场面,就是典型的家庭堂会,它印证了桓宽的记述当属不误②。经宋、元、明三代的发展,明末清初堂会开始盛行,到了清代中后期已经非常普遍,就全国来说,数北京的堂会演出形式多、规格高、影响大。天津堂会的兴起,在一定的程度上是受到北京的影响。

天津堂会起自清朝乾隆年间,繁荣于光绪、宣统两代和民国之交。据魏子晨先生的考证,天津堂会"大体经历了起、承、转、合四个阶段,至20世纪30年代中期急剧衰落,前后约计一个世纪,盛行不过几十年"③。天津堂会的兴起,首先与天津盐务、漕运、海运发展直接相关。天津三大地方性特色行业的发展,使天津的官僚、商人的经济实力猛增,产生了一批富商巨贾,比较有名的即咸同年间的"八大家"和同光年间的"八大家",再往后又有20世纪初的"新八大家"④。官宦与富商巨贾们随着财富的增多,娱乐性的需求也随之上升,在营业性的茶园与剧场只能满足大众口味的娱乐消费的情况下,堂会演出便以其小众性、贵族性的文化消费方式很快成为最受他们欢迎的娱乐形式。从晚清到民国,高门大户与官宦巨室普遍把举办堂会演出作为娱乐、庆典与聚会的主要方式。他们开始在私宅修建戏楼,蓄养歌伎甚至私

---

① 桓宽《盐铁论·散不足》:"夫民家有客,尚有倡优奇变之乐"。廖奔《堂会演剧考》见《民族艺术》1997年第2期。

② 如果中国的戏剧起源以周贻白在《中国戏剧的起源和发展》一文里所言,是起自用"俳优"和"倡优"装扮人物而作故事表演的话(周贻白认为:"中国戏剧的起源,我个人的看法,认为是用'俳优'和'倡优'装扮人物而作故事表演时开始,然后进而结合其他艺术构成一种综合的发展。"),那么,中国的堂会也应当源自那个时候。因为,帝王庙堂的表演,属于高规格的堂会;富贵人家和一般老百姓的庭院演出,则属于中、低规格的堂会而已。

③ 魏子晨:《天津堂会戏发展的起承转合》,《中国京剧》1992年第4期。

④ 咸丰年间,天津流传的有关"八大家"的歌诀是:"韩、高、石、刘、穆,长源、振德、益照临。"同、光以后,老"八大家"中有的败落而被新"八大家"取代,实际上是卞、韩、穆、黄、王、张、杨、华、李九家。至20世纪二三十年代,随着天津经济的快速发展,再次出现了金、潘、孙、胡、卞、范、乔、纪"新八大家"。

人戏班,并通过戏曲和曲艺演出的中介人在天津和北京广约名角,从而使以戏曲自娱和飨客的演出形式进入一个更高的消费层次——堂会演出阶段。靠漕运起家而富甲一方的杨柳青石家,作为天津老八大家之一,从1875年开始斥资30多万两白银修建"尊美堂"豪宅,就专门为举办家族堂会而精心修建了价值不菲的一流戏楼。民国以后,在天津做寓公的那些皇族遗老遗少、下野官僚、政客和军阀们,纷纷在租界修建府邸,而他们内宅里大多建有戏楼,以在寓所看堂会戏的休闲方式来淡化远离政治与权力中心后的落寞与孤独。最讲究的是位于重庆道的庆王府的戏台,"小德张"、黎元洪和张勋家的戏台也毫不逊色。

其次,天津堂会的兴起,与同治、光绪年间京津两地戏曲和曲艺人才大批涌现有关。自1860年天津被迫开埠到19世纪七八十年代天津近代城市格局初步定型的近三十年间,京津两地的戏曲和曲艺人才辈出。从第一代名伶余三胜在天津唱红而名扬京师,到刘赶三、孙菊仙两位天津名票下海成为享誉全国的京剧大家,再到后来相继成名的李宗义、纪玉良、陈大濩、丁至云等成就卓著的演员,天津可谓名角云集。就是四大名旦和四大须生也都把天津看作自己最重要的演出市场。侯宝林对于天津作为艺人的成名和汇聚之地深有感触,他在《卖艺生涯》里说:"谁都知道天津这地方最难演出,过去曲艺界有两句话:北京是'出处',天津是'聚处'。不管唱京韵大鼓、梅花大鼓、联珠快书、单弦、莲花落,还是相声,艺人都来自北京,天津是个聚集之处。天津聚集了那么多名演员,你在天津能不能站住脚,是个问题。你要是在天津站不住脚,那你就甭想到江南去,因为江南约角儿都到天津来约;你要是在天津能站住脚,挂上号,那你这个演员就算行了。"①所以,在"北京学戏,天津唱红,上海赚钱"的戏曲艺术产业链中,天津居于非常特殊又极其重要的关键环节。我们习惯认为是天津观众好戏、懂戏,眼光挑剔,才使外地艺人在天津的演出丝毫不敢怠慢,以至于使天津成为全国艺人成名的福地和接受陶冶的火炉。其实,从另一角度看,正是各路艺人纷纷汇聚天津,形成了多元艺术格局中的融汇碰撞、争奇斗艳和相互砥砺的艺术氛围,才熏陶培养并造就了天津人独特的艺术鉴赏力。由此,天津近代演出市场之兴盛,就不难理解了。

---

① 侯宝林:《卖艺生涯》,见《文史资料选编》第9、11、12辑,中国文史出版社1981、1982年。

另外，会馆戏楼的兴建，也为堂会演出提供了便利。清末至民国年间，天津建成的会馆有16处之多，其中以广东会馆和闽粤会馆的戏台建筑比较规范也最有名①。天津现存的一幅《合肥相国七十赐寿图》，即描绘了光绪十八年(1892)李鸿章在吴楚公所戏楼过寿的盛况。

堂会的种类很多，从演出的内容上区分，概括起来有戏曲堂会和曲艺堂会。戏曲堂会又分为京剧堂会、昆曲或地方戏曲堂会。曲艺堂会又分为鼓曲酬神堂会、十不闲莲花落堂会、什样杂耍堂会、相声堂会、歌舞堂会等。从堂会属性上可分为三种：团拜堂会、酬神堂会和喜庆堂会。团拜堂会有同乡团拜堂会、同寅团拜堂会、工商业同行堂会、官府衙门堂会、宫廷堂会。酬神堂会分为酬酢礼拜不同神祇的各类堂会。喜庆堂会又分为寿庆堂会、弥月堂会、婚庆堂会和其他缘由的喜庆堂会。另外还有妓院开市堂会、农村堂会等等②。据梅兰芳回忆录所记："辛亥革命以后，团拜戏没有了，人家的堂会增多，因为不存在身份问题，有钱就能唱。除了人家的堂会戏之外，还有公府堂会，就是总统府演戏"③。堂会的演出场地分为三种：家庭堂会、会馆堂会、借茶园或戏院举行的堂会。堂会从规模上可以分为大、中、小三种类型。从演员的构成上也可以分为三种：全戏班型堂会、名伶主演型堂会、伶人与票友合演型堂会。堂会的兴盛与繁多，一定程度上丰富了近代天津的文化产品。

## 三、堂会的经营方式

天津堂会的经营方式，可以从演出方式、管理方式、演出效益、经营特点等方面去了解。

1. 堂会的演出方式

(1) 堂会的演出时间

堂会的演出时间，分全包和半包两种形式。全包堂会一般唱一整天，从

---

① 李英斌：《天津的堂会戏》，中国戏曲志天津卷编辑部：《中国戏曲志天津卷资料汇编》第二辑(内部)，第99页。

② 本文此处参考了常人春、张卫东著《喜庆堂会——旧京寿庆礼俗》，兔儿爷老北京史地民俗丛书，学苑出版社2001年。

③ 梅兰芳述，许姬传、许源来、朱家溍记：《梅兰芳回忆录——舞台生活四十年》，团结出版社2006年，第618页。

中午十二时开戏,一直唱到深夜一时,甚至唱到次日凌晨;特殊人物的堂会,三至七天不等。比如张勋69岁生日(1922年农历十月二十五)堂会唱三天;而富商孟洛泉八十寿庆(1931年3月3日)堂会戏,整整唱了四天;会馆堂会戏如果演出连台本戏的话,曾有连演七天的情况。半包堂会一般唱半天,或白天,或晚上。半包堂会规模小,多请坤班、小班,或者办曲艺堂会。

(2)堂会使用演员的方式

堂会主办者(是堂会主人委托的具体经办者——戏提调、约角人、"管事的"和"来手")对于参加堂会演出艺人,一般采取"整包""分包""外串"三种方式,这主要是根据堂会演出时艺人的组班类型而定。全戏班参加的堂会,实行"整包"的管理与酬金制,即由戏提调与戏班商议戏价和场地、时间,再列出戏单由堂会主人点戏,演出后以包次付酬。清代,应堂会走整包制的戏班要价不高,只是比平时商业演出的收入多三至四成。有固定戏园的戏班,在其整班出演堂会戏前,必须提前告知观众以免落空。所以,1903年10月上旬(农历八月下旬)天津《大公报》就登出"鸣凤班"整班演出堂会的广告:"日本租界内闸口西/天仙茶园/鸣凤班/九月初一早晚/堂会"①。民国以后戏价提高,要比平时的业务戏收入多出一两倍以上,因此戏班很乐意演堂会戏。三十年代的天津茶园或戏园,门口经常摆一"今日全班堂会,明日准演请早"的木牌②。

其次是"分包"。先约请一些班底配角,再另约其他戏班主演唱大轴戏,或包括主次演员,称为"分包"。对于班底配角和特约主角两方,由堂会主办方分别支付酬金。由于分包演出不影响戏班商业演出的正常营业,所以价格比整包要便宜。主办者既省了钱,又能听到好角的戏。

再就是"外串"。本家先约好班底,然后再另请名角,参加这种演出的名角,就叫"外串"。咸同年间,一般只约名角本人即可。清末,自谭鑫培开始,名角自带场面"随手",而这些乐队人员的工资均由堂会本家开支,戏班艺人称为"脑门儿钱",即人头费。到了杨小楼、梅兰芳和余叔岩时代,这些名角还带指定的配角,如杨小楼带钱金福、范宝亭;梅兰芳带王凤卿、姜妙香、姚玉芙;余叔岩带王长林、郝寿臣。这些指定配角的酬金也须堂会本家开支③。

---

① 天津《大公报》1903年10月中旬。农历九月初一,即公历1903年10月20日。
② 李英斌:《天津的堂会戏》,《中国戏曲志·天津卷资料汇编》第99页。
③ 张庚先生主编:《中国戏曲志·天津卷》,文化艺术出版社1988年,第352页。

2. 堂会的管理方式

天津近代的堂会,虽是由堂会主人出资筹办,或是由同乡、同行、同寅集资筹办(参加堂会者每人凑份子),但堂会主人一般不出面,他们委托一具体经办者来主管堂会事宜。戏曲堂会的经办者,习惯称之为戏提调①;曲艺堂会的经办者为约角人。天津堂会的管理方式,基本上采用的是戏提调制和约角人制。

由于戏曲堂会的规模比曲艺堂会大,靠戏提调一人之力而难以支撑,因此,戏提调就请"来手"和"管事的"来做帮手。"戏提调""来手"和"管事的"三人配合,就形成了戏曲堂会临时的管理班子。

戏提调大多为德高望重的梨园界名流或名角,其主要责任是负责邀请名角、分配角色、安排节目秩序、确定酬金份额。戏提调能力决定了堂会的成败得失。做庆寿堂会和团拜堂会的"戏提调"非常不易,因为习以为常的"点戏"和票友的参加演出,会使"戏提调"要面对诸多难题:与名角协调戏价,调整剧目顺序,安排戏班演员、票友演员在堂会戏过程中所处的位置等等,他必须使戏班、演员、票友和堂主人都感到满意方可。做戏提调虽然难,但不少艺人争相为之,盖因一场堂会办下来,戏提调之所得是正常商业演出包银的数倍。一些梨园名家也愿意做戏提调,余叔岩为李直绳家堂会做戏提调,张荣奎为银行家卞白眉的寿庆堂会做戏提调,天津名票朱作舟为潘馨航儿子的婚庆堂会做戏提调,王琴侬、陈彦衡都曾做过戏提调。

由于习惯上"戏提调"不能亲自去请某位名角去唱堂会,只能由梨园行里的人出面,于是梨园行里的约角人就成了戏提调的助手,被称为"来手"。"来手"本属于戏班的经纪人,在梨园行里交际很广,与名角和"戏提调"联系密切。只要戏提调定好剧目,"来手"就能去请演员。他们除了挣双份包银外,还可以赚"黑钱",即从戏提调和艺人两头克扣钱,戏班称这种行为叫"支黑杵",艺人非常痛恨他们但又奈何不得。

"管事的"相当于"剧务",在"来手"之下服务,主要忙于台前幕后的实际工作:指定次等班底的配角;主持同行业的行会团拜堂会。有时"来手"也由"管事的"兼任,他们和"来手"都属于演出经纪人,其剥削程度比"来手"

---

① 光绪二年刊本的《都门纪略》中有关于戏提调说法:"团拜做寿,先期必于同人中择一熟悉世务者,凡定班搭席,及是日点戏添菜一起供给专司之。美其名曰'戏提调'。"其中还编有"戏提调歌"。夏衍先生在《从点戏说起》里认为曹雪芹的时代就有戏提调:"这件事出在《红楼梦》第十八回……贾蔷是戏提调之类。"

还高,"两头吃"更厉害①。

曲艺堂会的演出经纪人是约角人。约角人主要是邀约曲艺界各地的著名曲艺艺人。天津比较出名的约角人有王一、疙瘩刘、房四、张小波、王贞禄、桑振魁、陈竹轩、宋小轩、王俊、崇子佑、张五、王十二。名角是约角人的摇钱树,控制住了名角就等于把握住了艺术演出市场的财源。他们为"挖角"使出了浑身解数,为了掌握名角的演出活动信息,他们可以把天津名绅显宦、新老八大家堂会的演出日程、出场的角色、各位名角的行踪分别打听清楚;同时,他们还到京、沪等地与名角联络接洽。天津的约角人中,以王十二在曲艺界名声最臭,属于手眼通天一类人②。他的"捧角""抢角""挖角"的能力,一般约角人无法与之相比。他可以不择手段地动用黑白道上的一切力量,置艺人的人格甚至生命于不顾,被骆玉笙等人称为"曲霸"③。

天津近代演出市场,是靠戏提调、"来手"、"管事的"和约角人这些演出经纪人的职业活动拉动的,他们的活动能力与演出市场的繁荣有很大的相关性。从演出市场的角度看,这些演出经纪人通过堂会这个特殊的剧场,将戏曲、曲艺的生产主体——演员,与消费主体——观众联系起来;而他们自己则在这个撮合与沟通的过程中成为天津演出市场中的经营主体。这使我们看到了一个完整的天津近代演出市场体系和艺术演出品流通领域;也看到了天津艺术演出品的市场需求和消费能力。但这些演出经纪人为追逐经济利益而违反商业伦理的行为与后果,则给天津近代演出市场带来了一定的负面效应。

---

① 关于戏提调、"来手"和"管事的"的研究,参考了常人春、张卫东《喜庆堂会——旧京寿庆礼俗》一书,学苑出版社2001年。
② 张鹤琴:《津门曲艺沧桑录·旧日天津的曲艺书场与其组织》,见《天津文史资料选辑》第14辑,天津人民出版社1981年,第119页。
③ 骆玉笙:《舞台生活六十年》,《天津文史资料选辑》第14辑,天津人民出版社1981年。

## 四、堂会的经营方式
## ——演出的成本价值与效益

1. 堂会的演出成本价值

堂会的演出成本与价值，主要体现在艺术演出品的生产者——演员身上，体现在他们的学艺与出师过程、多年的舞台实践过程、演出前的排练过程和正式的演出过程中。如何估价这一成本价值，笔者认为刘诗白先生关于文化产品的内在价值性与高价值性的分析，非常适于本文的研究对象。

刘诗白先生认为，文化艺术产品具有两大特性，一是艺术家将智力和情感力的消耗、凝结、体现、对象化到文化艺术品中形成文化艺术品所特有的内在价值；二是文化艺术产品的高市场价值、高票房价值、高版权转让费、高文化附加值，使其具有高价值性。这两大特性决定了文化艺术品的生产者应该获得比较高的经济收入[①]。从天津堂会演出市场来看，名角的收入是随着堂会的发展而逐步提高的，基本上符合文化艺术市场的发展规律。

不过，在堂会兴起之初，戏班的正常演出票价很低，一直实行所谓"三毛加一百"的收费方式，即诸名角同台演出，戏园的营业票价也只是三毛加京钱百文，过低的票价决定了艺人的低收入[②]。而且单一化的付酬方式，也伤害了名角的演出积极性。至民国初年，名伶的包银激增，形成了包银与戏份相脱离的付酬法，戏园的演出，每个月拿"包银"，堂会演出拿戏份。据李英斌先生对谭鑫培在光绪至民国时期戏园演出戏份与堂会演出戏份变化情况的考证，列表1如下。

---

[①] 刘诗白：《论现代文化生产》（上），《经济学家》2005年第1期。
[②] 张庚主编：《中国戏曲志·天津卷》，第350页。

表1 谭鑫培在光绪至民国时期戏园演出戏份与堂会演出戏份的变化情况表①

| 年代 | 戏园演出戏份 | 堂会演出戏份 |
| --- | --- | --- |
| 光绪初年—光绪中叶 | 16 吊—40 吊 | 10 两 |
| 光绪中叶—庚子 | 70 吊—100 吊 | 20 两 |
| 庚子后由谭掌同庆班时 | 100 吊—200 吊 | 100 两 |
| 光绪末年—宣统 | 150 吊—200 吊 | 200—300 两 |
| 民初 | 300 元—400 元 | 无定额,由谭自定 |

可以看出,谭鑫培庚子以前的堂会收入不高,此后随其声望的提高而增加,并且远远超过戏园演出戏份。

2.堂会演出的效益

名角是堂会演出最大受益者。在堂会戏风行时期,谭鑫培的艺术成就的确得到了丰厚的回报。谭晚年的堂会收入更可观(见表2)。

表2 谭鑫培晚年的堂会收入情况表

| 堂会主人 | 堂会类别 | 谭鑫培的戏码 | 堂会主人酬金 | 其他人酬金 |
| --- | --- | --- | --- | --- |
| 梁启超 | 祝寿堂会 | 《一捧雪》500 两 | | |
| 杨莲甫（曾任直隶总督） | 联谊堂会 | 一出戏 | 500 两 | 500 两(司、道) 500 两(府、县) |
| 总统 | 庆寿堂会 | 《卖马》《天雷报》双出 | 3000 两 | |

民国初年,杨小楼、余叔岩、梅兰芳为当时梨园三杰,办堂会者往往以争取三位参加堂会来证明堂会主人的排场。于是,三位名伶就在1920年定下,北京堂会大戏每出银元 800 元,小戏 600 元。赴天津演出堂会的戏价各上浮33%：大戏 1070 元；小戏 800 元。此外,天津堂会主办方还须管吃、管住、管接、管送；三人所带配角戏份另开②。尽管如此,天津办堂会的富商官绅,仍以能高价请到这些名角为荣。是年 9 月 18、19 日张勋庆寿堂会,梅、杨、余拿

---

① 骆玉笙：《舞台生活六十年》,《天津文史资料选辑》第 14 辑,天津人民出版社 1981 年。当时艺人的戏园演出戏份很低,谭鑫培是高的。以武生尚派的尚和玉为例,每天的戏份是一吊二百钱,他向班主提出涨戏份到 6 吊未能如愿,还被羞辱。经三年的苦练后有了名气才涨到 12 吊。见潘侠风：《京剧表演见闻录》,《天津文史资料选辑》第 56 辑,第 133—134 页。

② 李英斌：《天津的堂会戏》,《中国戏曲志天津卷资料汇编》第 107—108 页。

的就是一等戏份1070元。

戏班中下层艺人,平时收入低,演堂会戏可以按戏园的满座开全份甚至双份,另外再得到一份"公赏"。

参加曲艺堂会演出的名角的收入比戏曲堂会低,因此曲艺艺人为多挣钱糊口就必须拼命跑堂会。唱梅花大鼓的著名艺人史文秀,在《从艺四十年漫记》中记载了当年赶堂会、跑园子的情景:"为了养家糊口,每天得赶好几个园子,南市的庆云、北马路的宝和轩、西马路的大陆……就像当时挂白牌有轨电车一样,围着四面城转,那真叫疲于奔命。"①骆玉笙曾因为赶场误了报馆恶人吴宁竞的堂会,而遭到吴宁竞的谩骂、威逼、侮辱,赶堂会成了她终生难忘的伤心记忆。她说,"赶场、唱堂会,有时一天演出竟达九场"②。

堂会主人的收益形式不同。从显规则看,像孟洛泉、张勋那样的堂会主人,似乎是有投入无回报的出资者;而从潜规则看,所有登门祝寿的宾客没有空手而至的,因此,堂会主人既有人气与声望的"收入"与"进账",还有他不愿意也就不可能公开的隐性收入,可谓一举两得。

在堂会的受益者中,"整包"参与的戏班收入不菲。清光绪初年,每次堂会至少可赚纹银几十两,甚至一二百两。光绪中叶以后,一次堂会戏多者可得纹银数百两。民国时期,一次堂会戏多者可得一二千元。民国之后,堂会戏所得成为戏园营业性演出外最大的一笔收入。由于堂会戏收入丰厚,故许多戏班的班名都用"福""喜""寿"等以图吉祥。

3. 天津堂会的报纸广告和新闻报道

在堂会的经营中,报纸的广告和报道是值得关注的一个现象。据笔者调查,当时天津的《大公报》登载有不少堂会广告,与戏曲演出的广告同版同栏。以笔者的查阅记录,从1903年到1904年(中间有空缺报纸)《大公报》登载堂会的广告共计56次之多。从广告的信息效果看,首先是通知某戏园的观众:戏园该日停演,因为某戏班有堂会演出活动。

值得注意的是,当时的《北洋画报》和《益世报》都有关于天津堂会的新闻报道。如《北洋画报》对于孟洛泉寿庆堂会的报道,具有一定的新闻传播效应。经查阅,《益世报》关于堂会的报道在1921年至1924年间有4次,其

---

① 史文秀:《从艺四十年漫记》,《天津文史资料选辑》第36辑,第190页。
② 骆玉笙:《舞台生活六十年》,《天津文史资料选辑》第14辑,天津人民出版社1981年,第181、186页。

中关于段祺瑞六十寿庆的堂会,1924年2月19日和2月22日进行了连续报道。首次报道时对于堂会用款有这样说明:"(三)此项用款由各省均摊,先由直隶垫办";后续的报道称:"所需款项,除吴巡阅使商同中央挪垫外,其余由王省长代垫,事竣归还。(四)同志各省,公同备送屏联幛等寿礼。"对于在权力斗争失败被逐出北京避居天津租界的段祺瑞,直隶的王省长如此抬举,说明段祺瑞还有出山的可能。而关于向各省摊派、由公款垫支为政治人物办堂会,并公开让各省送寿礼的这则新闻报道,应该是官办私人堂会的一个鲜活案例,也是天津堂会演出经营模式中有非市场性因素存在并参与的重要依据。

## 五、堂会经营的特点

天津堂会经营中有利于戏曲演出市场发展的因素主要有:

(1)堂会主人在堂会剧目、演员安排上的自主性——随意挑选演员、自由点戏等,使堂会主人的自娱性得到充分的满足,这为堂会演出市场的扩大与发展奠定了基础。

(2)堂会的小众性,一是避免了商业剧场鱼龙混杂的局面,使观众欣赏艺术的环境质量得到保证,演出场所的秩序、卫生条件都得以改善。二是堂会观众虽属小众,但欣赏层次高,他们多是富贵有闲阶级,对于戏曲艺术有比较高的艺术鉴赏力,堂会给他们提供了超近距离欣赏和品味戏曲艺术的条件。而这批观众也就成为天津戏曲文化向精品化发展的拥趸,同时也是天津堂会演出市场深厚的经济基础。

(3)举办堂会不受戏班门户和戏剧流派的限制,堂会主人可以广约各派名角,汇精华于一堂,这使堂会的演出质量要高于商业剧场,也有益于戏曲艺术的发展。

(4)堂会演出为票友提供了展示才艺和提高演技的机会,票友与专业演员同台献艺,先在堂会上唱红,才转而"下海",成为专业演员。堂会演出也为女性观剧提供了方便。

堂会经营模式对演出市场、艺人与艺术的消极影响:

(1)有钱有闲者办堂会,往往把官场的习气带进演出市场,对于演出市场的影响于有形和无形之中,直隶的王省长就是一个例证。有钱有闲中的无赖办堂会,又往往成为伤害艺术和艺人的元凶。天津有骆玉笙的痛苦遭遇,北京有一代京剧宗师谭鑫培演出堂会致死的悲剧。

(2)堂会经办者——戏提调等演出市场的经纪人,他们拉动了戏曲演出市场,但也盘剥了艺人。

(3)名角荟萃的好堂会,会直接影响到天津剧场的正常营业性演出(甚至影响到北京的演出市场),1903年10月天津《大公报》的堂会广告,就透露出这样的信息。因为名角或大戏班被堂会约走,戏园的上座率就必然受到影响。堂会演出是小众文化的范畴,但它影响的则是大众文化。如果从整个文化产业的角度去审视,这一现象可以透视出多种文化受体在文化经济利益分割中会形成的一种复杂的利益格局。这种格局,会使我们的价值判断陷入进退维谷的两难处境。

(《现代财经》2009年第3期)

# 京张铁路与天津近代物流

郝庆合  殷 毅

天津自古以来就是我国北方重要的物流口岸,是陆运、河运与海运交汇的物流枢纽。《北京条约》签订后,随着天津成为通商口岸,各种近代交通运输方式汇聚于此。以新的物流技术和工具为主体,形成了以天津(包括北京)为中心的近代物流网络,使天津成为北方的物流中心。

在这个物流网络中,铁路物流路线是主要组成部分。在铁路物流网络形成过程中,京张铁路承前启后,逐步成为东联北宁、西通京包(后延至包头)、南接京汉的铁路网络的核心部分,在天津成为北方物流中心的过程中发挥了重要作用。

## 一、完善了新式货运体系,构建了近代物流枢纽

运输是物流的主要职能,也是物流业务的中心活动①。一个近代化物流中心首先要在运输上拥有明显优势。它应是区别于传统的运输枢纽,具备四通八达的水陆运输体系,能最顺畅、最快捷、最方便、最有效、最大限度体现物流效果。近代天津水运发达,陆运在公路—汽车兴起前以铁路—火车为最佳方式。与水路和传统陆路方式相比,铁路—火车具有安全、迅速、省时、运量大、运价低和受气候影响小等优势。因此,19世纪末,作为新型运输方式的铁路—火车在天津开始兴起。到20世纪初,天津的铁路基础设施建设加速发展。随着火车的日益广泛的运行,新式货运体系逐渐形成。其中,京张线是不可或缺的重要一环,它使这个体系趋于完善,从而成就了天津的近代物流枢纽地位。

1880年,为解决开平矿务局的运煤问题,中国第一条自建铁路唐胥铁路

---

① 李京文、徐寿波等:《物流学及其应用》,经济科学出版社1987年。

(唐山—胥各庄,全长约11公里)兴建,1881年竣工,同年6月9日通车。这条铁路于1886年11月至次年5月延至芦台(全长32公里),于1888年经北塘和大沽向西修到天津,改称津唐铁路(北洋铁路,全长130公里),10月9日通车,并在旺道庄修建了一座火车站。1894年,铁路从古冶向东建到山海关,称津榆铁路(后属京奉线)。1895年甲午战败后,兴修津卢铁路(天津—卢沟桥),1897年完工。1892年,老龙头火车站(今天津站)落成。至19世纪末,以天津为中心的全国第一个铁路网初步形成①。

20世纪初,中国的"铁路修筑热"在天津及其周边地区集中表现出来(表1)。究其原因,除铁路自身各种优势外,还有诸多复杂因素。首先,《辛丑条约》规定外国军队控制京津—山海关沿线地带,"修路热"有利于列强进一步加紧对中国心脏地区的控制。其次,天津是离北京最近的大城市,"修路热"有助于加强中央与地方的关系。再次,北京是满洲贵族和朝廷官僚驻地,天津通过"修路热"能够更及时、充分地满足他们的巨大消费需求。另外,"修路热"也有利于增强津、冀、鲁、辽等环渤海各省市的联系。

表1　20世纪初天津及周边地区铁路兴建概况

| 名称 | 通车年 | 起讫地 | 长度/(公里) | 途径省市 |
| --- | --- | --- | --- | --- |
| 胶济铁路 | 1904 | 青岛—济南 | 394.1 | 山东 |
| 京汉铁路 | 1905 | 北京—汉口 | 1214.5 | 北京、河北、河南、湖北 |
| 京奉(北宁)铁路 | 1907 | 北京—奉天(沈阳) | 849.4 | 北京、天津、河北、辽宁 |
| 正太铁路 | 1907 | 正定—太原 | 243.0 | 河北、山西 |
| 道清铁路 | 1907 | 道口—清化 | 150.0 | 河南 |
| 津浦铁路 | 1912 | 天津—浦口 | 1009.5 | 天津、河北、山东、江苏 |

资料来源:汪敬虞主编:《中国近代经济史,1895—1927》(下册),北京:人民出版社,2000年,第2019—2020页。

在此热潮中,天津不仅成为京奉和津浦线交汇点,还通过津浦线与胶济线相接,通过京奉线与京汉线相接,再通过京汉线与正太和道清线相接。在京张线建成前后,天津铁路网已遍及京、晋、冀、鲁、豫、苏、辽、鄂等省市,遍及华北大部、东北南部和华中局部。

1905年,京张线正式开工修建。清政府同时在天津设京张铁路总局,作为总务机构。自兴修之日起,天津就与京张线建立起了密切联系。

---

① 来新夏:《天津近代史》,南开大学出版社1987年。

1909年,京张线的通车使天津通过京奉线与之相接,进一步健全了天津的铁路运输体系。京张线使天津铁路网先向北到达张家口(万全,蒙语"喀拉干",英语Kalgan)。此后又向西,1912年通至阳高,1914年到大同,1916年改称京绥铁路(平绥线),1920年至归绥(归化城,今呼和浩特),1923年1月又至包头,改称京包线。京包线比京张线向西延伸616.7公里,进入西北内陆。

至此,天津的铁路运输体系实现了在我国北方各区域内的整体纵深推进,陆路与水路互补,成为我国北方最大的近代物流中心。

## 二、拓展了腹地物流范围,建立了更多分号分庄

腹地是位于港口背后、直接提供出口物资和销售进口商品的内陆地区。广阔的腹地是物流中心应具备的一个最基本要素。这是因为,腹地的面积、物产状况和经济发展情况在很大程度上影响着物流的地域范围。近代城市的腹地,主要是依据城市交通运输能力和货物集散范围划分的。

从静态看,近代天津腹地辽阔。它在广义上是指中国北方,包括整个华北地区和部分西北、东北与蒙古(包括今内蒙古和蒙古国)地区;狭义上是指华北大部和西北、东北与蒙古三者局部。

从动态看,近代天津腹地不断变化。在传统经济中,天津腹地只限于内河(北运河、永定河、大清河、子牙河、南运河)流域,包括河北、晋鲁豫局部和辽南部分地区。开埠特别是铁路出现后,天津逐渐实现了以铁路为主、内河为辅的运输近代化变革,腹地随铁路延伸而扩大。到19世纪末,天津腹地主要包括河北,山西大部,鲁豫局部,辽南和蒙古部分地区。西北地区由于地处偏远、交通不便、联系困难,尚不能算作天津腹地。

20世纪初,当"铁路修筑热"兴起时,由于其他地区的发展,天津与青岛、秦皇岛、武汉、大连等港口城市腹地发生碰撞重叠,腹地扩张在华北东部和东北南部受到一定限制。尽管如此,天津腹地在总体上仍有相当扩展。

在消长并存中,京张线为天津腹地增长添上了重要砝码。据1908年有关统计,天津腹地已包含蒙古全部,在西北则已囊括陕甘新三省的一半①。

---

① 姚洪卓:《近代天津对外贸易(1861—1948)》,天津社会科学院出版社1993年。

京张线及其延长线使天津腹地进一步深入陕西、甘肃、新疆,并扩至宁夏、青海,具有划时代意义①。1910 年至 1912 年,天津对西北地区的资源开发程度不仅远远超过东北,而且这种优势日益明显(表2)。经济腹地迅速扩大,为天津有效拓展物资流通范围提供了巨大潜力和空间——既包括出口货物来源范围,又包括进口货物运销范围。

表2　1910—1912 年天津在西北和东北商业势力概况比较　　单位:万海关/关平两

| 年份 | 1910 | | | | 1912 | | | |
| --- | --- | --- | --- | --- | --- | --- | --- | --- |
| 地区 | 转出口 | % | 转入口 | % | 转出口 | % | 转入口 | % |
| 西北地方 | 407.6 | 14.2 | 238.5 | 18.8 | 310.9 | 11.8 | 516.1 | 26.9 |
| 东北地方 | 84.4 | 3.0 | 77.2 | 6.3 | 36.5 | 1.4 | 62.8 | 3.3 |
| 倍数 | 4.7 | | 3.0 | | 8.4 | | 8.2 | |

资料来源:李洛之、聂汤谷:《天津的经济地位》,南开大学出版社 1994 年,第 39 页。

一方面,幅员辽阔的蒙古和西北物产盈饶,是天津出口物资的生产地。蒙古大草原和西北各省区皆盛产皮毛、猪鬃、肠衣等畜产品。例如,青海在民国初年年均出口羊毛达 1250 万斤,约占全国总量的一半②,并持续呈上升趋势③。除畜产品外,其他物产也毫不逊色:内蒙古有地毯以及优良药材麻黄草、甘草、黄芪等;河套平原是重要粮仓;宁夏以其五大特产——红(枸杞)黄(甘草)蓝(青紫色贺兰石)白(滩羊皮)黑(发菜)闻名于世;青海有冬虫夏草、雪莲花、青贝母、大黄等药材;甘肃有当归、党参、大黄、甘草、肉苁蓉、百合等药品;新疆有桑蚕茧、甘草、贝母、枸杞和雪莲等土产。京张铁路及其延长线通车后,人们可从包头顺黄河上溯到甘肃,持三联单(洋商到内地购买土货出口前,先通过本国领事向海关监督处领取的"购买土货报单")把这些土特产运到天津进行集散,从而满足城市消费需求和远销国外。

另一方面,随着京张铁路及其延长线出现,蒙古和西北成为天津进口物资的倾销地。以子口税单(土货出口或洋货进口时用于免缴内地税的凭单)为主要运销方式④的洋货、国内工业品和副产品,如煤油、纸烟、布匹、棉花、

---

① 罗澍伟:《近代天津城市史》,中国社会科学出版社 1993 年。
② 顾执中、陆治:《到青海去》,上海商务印书馆 1934 年。
③ 胡铁球:《近代青海羊毛对外输出量考述》,《青海社会科学》2007 年第 2 期。
④ 郭锦超、杨秋平:《浅析近代天津经济中心地位的形成》,《辽宁工学院学报》2006 年第 2 期。

棉纱、棉布、面粉、肥皂、毛呢、纸张、糖类、玻璃、染料、火柴、金属制品、颜料，南方的茶叶、茶砖、大米、丝绸等从天津大举进入陕西、甘肃、蒙古等地，甚至到达青海和新疆，从而使其销售范围扩大到半个中国。

随着腹地和物流范围西扩，京张线及其延长线有效加强了天津与蒙古和西北的经济联系，促进了双方人员与经济组织的大规模集结流动。随着往来商人增多，在天津出口物资的产地初级市场和货物中转地，出现了更多分号分庄。

京张线竣工前，商号在天津初级市场势力比较有限，常用间接形式且分布不均。在蒙古，要依靠以各大商号派驻人员为主的旅蒙京邦和晋邦商人，只能在每年春夏到蒙古内地，采取以物易物方式，用蒙古人所需日用品换取土产，这种方式很分散且流动性强；在甘肃，则采取毛贩、毛客、兼营毛商、行商、歇家、跑合、经纪行、公庄、商号分庄和洋行庄口等各种委托、中介、代理和分支形式①，负责采购和运输土产，这种方式也较零散；在新疆，到1908年，天津人（杨柳青人为主）设立的商号有100多家，遍及南北疆各城镇，以迪化（今乌鲁木齐）和古城子（今奇台县）最集中②，在数量、实力、规模和经营范围上都占据了绝对优势，成为新疆商业一大帮派——"天津帮"。

京张线及其延长线通车后，由于运输方式进步，情况发生很大变化。民国初年，天津的聚立、兴隆、高林、瑞记、平和等洋行直接前往蒙古、甘肃、宁夏、青海等地收购羊毛。在蒙古，旅蒙商先在包头、归绥、张家口等地建立固定商号，然后在初级市场设分号店铺（分为杂货铺和皮庄）；在甘肃，1911年前后，天津"四大洋行"③中的仁记洋行和新泰兴洋行在中宁设庄，平和洋行与瑞记洋行在中卫设庄；在宁夏石嘴山，有10家洋行于清末民初设外庄，这些外庄又进一步在甘肃、蒙古等地设立20多处分庄④。在新疆，有8家天津大商号在古城子从事货物交流，超过了晋商的6家，天津人的商号在迪化主宰了商务。到1925年左右，"天津帮"达到鼎盛，较有基础的天津商号大多集中在迪化的东街和南街，包括门市兼批发的同盛和、复泉涌、广兴和、德聚公、同润和；专营门市的庆春和；专营批发的义善长、振丰恒、中和成、巨兴

---

① 许道夫：《中国近代农业生产及贸易统计资料》，上海人民出版社1983年。
② 樊如森：《天津开埠后的皮毛运销系统》，《中国历史地理论丛》2001年第1期。
③ 天津市政协文史资料研究委员会：《天津的洋行与买办》，天津人民出版社1986年。
④ 罗澍伟：《近代天津城市史》，中国社会科学出版社1993年。

德、明德号、利顺成等①。

另外,商号在货物中转地的分布也越来越多。在张家口,洋行达30余家,多为天津洋行分支机构,还有外管(专做蒙古生意的店号)千余家,商号数千家;在宣化,每年有40余家天津洋行到此收购土产,到1915年有皮货行50余家;在归绥,有天津洋行10余家②;在包头,民初有商店1200余家,到1926年已增至2000余家③,也有许多天津洋行分行。

各种分号与分庄在蒙古和西北普遍设立,发挥了重要的货物流通职能,加强了作为物流中心的天津在这些地区的影响力。

## 三、调整了传统运输路线,提高了物资流通速度

物流速度可反映物流中心的效率,直接影响物流时间和物流量。物流速度取决于完成一项物流业务消耗的时间长度,时间越短则速度越快,参照标准可以是天、周、月、年,视具体事物而定④。京张线及其延长线提供了长途快捷陆路运输手段,使天津与蒙古和西北之间的距离相对缩短,改进了传统运输路线,提高了进出口物资流通速度。

其中,皮毛是最典型的例子。天津开埠后,由于国内外市场需求,皮毛作为出口商品,开始通过天津港运销到我国南方和国外市场。随着北方外向型经济兴起,天津成为蒙古和西北皮毛最大的终端市场、集散地和出口口岸。

在天津外贸结构中,皮毛是主要的大宗出口产品,可分为皮张和兽毛。皮张可用于制作皮包、皮褥、皮衣、皮帽、皮手套、皮鞋、皮带、皮箱、皮帐篷等各种皮货,还可制作各种工业生产防护用品,又是军需原料。兽毛主要是羊毛和驼毛。羊毛分为绵羊毛、山羊毛、山羊绒,还可按采毛季节、方法、形状分为春毛、秋毛、伏毛、套毛、抓毛、撒抓毛等,用于纺织;驼毛可用于制作地毯、毛毯、粗布,还可与羊毛或丝混纺成衣料。蒙古和西北是我国皮毛主产区,不但有羊皮、马皮、驼皮、灰鼠皮等皮张,还有羊毛和驼毛,价值大、品种

---

① 天津市政协文史资料研究委员会:《天津文史资料选辑》(第24辑),天津人民出版社1983年。
② 姚洪卓:《近代天津对外贸易(1861—1948)》,天津社会科学院出版社1993年。
③ 林竞:《西北丛编》,上海神州国光社1931年。
④ 龚国华、汪卉:《物流速度与物流时间管理》,《物流技术》2006年第3期。

全、产量高、质量好、极畅销。

不过,在京张线建成前,由于条件限制,西北皮毛运输只能采用传统方式(图1)。传统运输方式极其落后,速度慢、路途远、费体力、耗时间、运量小、成本高、代价大、危险多、易受地理和气候条件影响。这些因素严重制约了皮毛等产品的生产、采集、运输、销售和出口,造成其流通量波动较强烈。

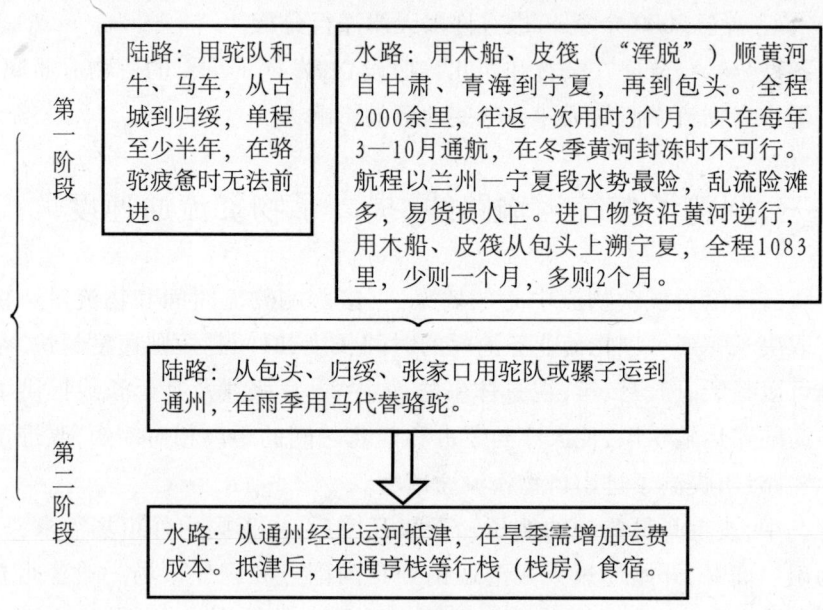

图1 西北皮毛运输的传统程序

资料来源:孙德常、周祖常等:《天津近代经济史》,天津社会科学院出版社1990年,第159页;樊如森:《西北近代经济外向化中的天津因素》,《复旦学报》(社会科学版)2001年第6期;魏丽英:《论近代西北市场的地理格局与商路》,《甘肃社会科学》1996年第4期。

京张线通车,特别是其延长线到达包头后,旧有运输方式和路线发生重大调整。此时,铁路还未到达包头以西,皮毛仍用传统水陆方式从产地运出,第一阶段运输维持原貌。问题虽未彻底解决,但在第二阶段,传统的水陆方式很快让位于新兴的铁路运输。1910年的天津海关报告在回顾1909年出口贸易时指出:"那些先前只能用骆驼、马车、船舶等费时的危险方式运抵本港(天津)的商品,现在只需从产地运到张家口、丰台或太原府,然后由铁路运至天津,不仅节省了时间,还减少了许多风险"①。在这种变化中,京张线及其延长线发挥了明显作用。随着物流速度加快,效率提高,蒙古和西北皮毛运输的安全系数增加,时间大为缩短,继而得以及时从天津出口,运销更加繁盛。

## 四、有力增加了物流数量,扩大了物资流通规模

物流数量和规模是衡量物流中心的重要标准,一个物流中心必须具备相当物流数量和规模。货物流通量的多少决定物流中心的繁荣与衰落②,其本身又取决于诸多因素。在构建近代物流枢纽、拓展物流范围、提高物流速度的基础上,京张线及其延长线为天津口岸的物流量增长和物流规模扩大提供了重要支持,在出口物流上的效果尤为显著。

京张线修建前,蒙古和西北与天津间的物流并不很兴旺。天津开埠之初,由于进出口业务尚未打开局面、经济不发达、传统运销方式落后等原因,双方间的物流量稀少。经天津出口的蒙古和西北货物只有少量皮毛,从天津运往蒙古和西北的进口货物也不多。

19世纪后期,双方物流开始增多。从蒙古和西北输往天津的商品数量和品种都有所增加,不仅有皮毛,还有药材和鸦片;由天津进口的洋货、国内工业品和副产品也越来越多输往蒙古和西北。蒙古和西北开始成为天津重要的出口物资来源地与进口货物销售地,天津也开始成为蒙古和西北的主要出口物资运销地与进口货物来源地。

京张线及其延长线通车后,立即显示出巨大货运能力(图2)。1912—1915年,京张线每年运送的商品重量依次为469278、506454、657259、695900吨③,不仅逐年递增,且年均增幅超14%。1912年到1921年,京绥线年均运货120万吨以上。

---

① 上海通商海关总税务司署:《通商各关华洋贸易全年清册》,1910年1909卷1期(普通刊)。
② 吴松弟:《港口——腹地与中国现代化的空间进程》,《河北学刊》2004年第3期。
③ 京绥铁路局统计课:《中华民国元年至五年国有铁路京绥线统计表》,京绥铁路局印刷所1918年。

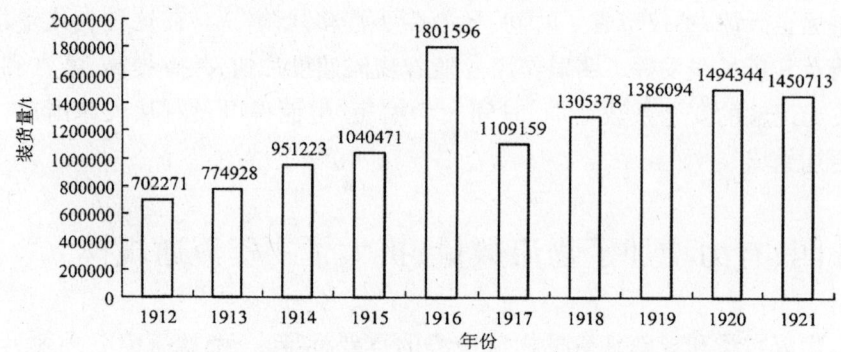

**图 2　京绥铁路历年装货吨数变化图(1912—1921,单位:吨)**

资料来源:曾鲲化:《中国铁路史》,北京:新化曾宅,1924 年,第 760 页。

铁路的充足运力确保了来自蒙古和西北的皮毛等物资,经包头、归绥、张家口等中转站,通过京张线及其延长线源源不断运往天津(表3)。凭三联单从张家口运往天津的出口商品额从 1910 年的 120 万海关两猛增至 1912 年的 4223272 海关两,在天津出口商品总值中的比重也相应地从 9.7% 升至 22%①。

受此影响,天津的绵羊毛出口每 6 年上一个新台阶。从 1909 年的 20 多万担、1915 年破 30 万担,到 1921 年又超 40 万担,并于 20 年代达到高峰,羊毛约 90% 来自西北②。驼毛出口稳中有升,1919 年比 1909 年增长 61.1%。受国际因素影响,未硝(未经硝处理)山羊皮出口波动较大,但总体上仍有增长,1919 年比 1909 年增加 78.2%。

将京张线建成前后的主要皮毛产品出口进行阶段性对比,则能进一步说明问题(表4)。20 世纪头十年,天津口岸的绵羊毛、驼毛、未硝山羊皮年均净出口量依次约为 172775 担(1 担=100 斤)、19997 担、1968211 张。三者在 1910—1919 年的年均净出口量则分别达到约 249119 担、30738 担、3083097 张,同比提高 44.2%、53.7%、56.6%。

天津的皮毛出口在全国长期领先,在很大程度上归功于京张线及其延长线,它们使天津的领先地位进一步巩固强化。民初的 1913、1918、1919 年,

---

① 黄序鹓:《海关通志》,上海共和印书局 1917 年。
② 渠占辉:《近代中国西北地区的羊毛出口贸易》,《南开学报》(哲学社会科学版) 2004 年第 3 期。

天津的未硝山羊皮净出口分别占全国总量的36.4%、27.8%、35.7%①,具备相当实力。天津的绵羊毛净出口则保持绝对优势,在全国所占比例方面,1919年比1909年增加了4个百分点(表5)。

表3　蒙古—西北皮毛在中转地的集散量

| 中转地 | 时间 | 年均集散量 | 去　向 |
|---|---|---|---|
| 张家口 | 民初 | 羊、驼毛370万斤以上,29万多张皮革 | 经京张线抵津 |
| 归绥 | 1914 | 驼、羊毛200万斤,皮张9万张 | 经天津外销 |
| 归绥 | 1919 | 羊毛980万斤,驼毛200万斤,羊皮90万张 | 相当部分运至天津 |
| 归绥 | 1924 | 驼、羊毛1180万斤,皮张100万张 | 经天津外销 |
| 包头 | 1922 | 羊绒430万斤,驼毛800万斤,皮货24.5万张 | 相当部分运至天津 |
| 包头 | 1923 | 各类绒毛2000—3000万斤,皮货20—30万张 | 相当部分运至天津 |

资料来源:林竞:《西北丛编》,上海神州国光社1931年,第25页;葛绥成:《中国地理新志》(第6编),上海中华书局1940年,第50页;罗澍伟主编:《近代天津城市史》,中国社会科学出版社1993年,第389页;樊如森:《华北西北经济现代化与天津开埠》,《浙江学刊》2006年第5期。

表4　天津海关主要皮毛产品净出口量(1900—1919)

| 年份 | 绵羊毛/担 | 驼毛/担 | 未硝山羊皮/张 | 年份 | 绵羊毛/担 | 驼毛/担 | 未硝山羊皮/张 |
|---|---|---|---|---|---|---|---|
| 1900 | 108479 | 16997 | 925027 | 1910 | 156552 | 23207 | 3341097 |
| 1901 | 92503 | 13322 | 1234740 | 1911 | 261129 | 28168 | 2754050 |
| 1902 | 165232 | 33641 | 2714445 | 1912 | 252312 | 28625 | 2279022 |
| 1903 | 118306 | 12854 | 1932277 | 1913 | 221688 | 28230 | 2600434 |
| 1904 | 177546 | 20610 | 1841137 | 1914 | 247919 | 27687 | 1679619 |
| 1905 | 165801 | 16978 | 1769336 | 1915 | 300367 | 28071 | 3463703 |
| 1906 | 269144 | 23899 | 2302924 | 1916 | 246534 | 30441 | 4019301 |
| 1907 | 199364 | 18520 | 2175333 | 1917 | 248499 | 33136 | 3672508 |
| 1908 | 185579 | 20999 | 2239926 | 1918 | 276811 | 44135 | 2481876 |
| 1909 | 245792 | 22149 | 2546961 | 1919 | 279374 | 35684 | 4539358 |

资料来源:上海通商海关总税务司署:《通商各关华洋贸易全年清册》,1910年1909卷1期(普通刊),第140页;1915年1914卷1期(普通刊),第336页;1920年1919卷1

① 陈重民:《今世中国贸易通志》,上海商务印书馆1924年。

期(普通刊),第297页。

表5 天津的绵羊毛净出口量占全国总量的比例(1909—1919)

| 年份 | 1909 | 1910 | 1911 | 1912 | 1913 | 1914 | 1915 | 1916 | 1917 | 1918 | 1919 |
|---|---|---|---|---|---|---|---|---|---|---|---|
| 比例/% | 72.4 | 79.3 | 82.2 | 95.3 | 79.1 | 82.3 | 79.5 | 73.7 | 73.2 | 87.0 | 76.4 |

资料来源:陈重民:《今世中国贸易通志》,上海商务印书馆1924年,第316页。

与之相应,凭子口税单从天津运往甘肃及其以西省份的进口洋货价值,也从1910年的335万海关两增至1915年的530万海关两,增加58.2%,在各省进口总额中的比例也从11.7%升至16.5%。

## 五、结束语

京张线及其延长线使天津铁路体系愈益完善,从而为扩大腹地物流范围和商业组织分布提供了前提保证。同时,它又使天津与蒙古和西北腹地间的物流方式发生变革,调整了物流路线,既加快了物流速度、缩短了时间、提高了效率;又增强了物流安全性、频率、效益。这些因素的合力最终促成了物流数量和规模的增长。因此,通过以上论述,不难得出这样的结论:京张线及其延长线有力地强化了天津的近代中国北方物流中心地位。

(《北京交通大学学报》社会科学版2009年第2期)

# 民国时期天津同乡组织活动空间概说

李屿洪

在中国社会近代化和城市化的进程中,同乡组织发挥了重要的作用,考察城市中同乡组织活动内容和空间的变化,有助于考察城市近代化的相关过程及其特点和加深对城市特征的理解。因此本文选取了民国时期天津的同乡组织作为主要研究对象,以天津市档案馆馆藏《天津市各会馆公所》全宗为主①,兼及《益世报》《大公报》《天津文史资料选辑》、各种地方志和《津海关十年报告》等文献资料,并将考察重点集中在同乡组织的活动空间上。从空间范围上看,社会公益事业在同乡组织的各项活动中继续占据重要地位,政治参与日益成为活动的主要内容,而经济职能则逐渐退出历史舞台。而从时间维度上看,天津各同乡组织的活动内容体现出延续性与变迁性交错的特征。同时,同乡组织活动空间上的特征也反映出天津这个城市的独特文化特质。

## 一、同乡组织活动空间与内容的总体特征

对于明清时期同乡组织的活动情况,以往学者的研究已经进行了比较完整的概括和介绍,例如,王日根认为,明清时期的同乡组织以"祀神、合乐、义举"为主要活动内容②,《中国会馆志》分析得更为详细,认为同乡组织的活动包括:对同籍人士的生养死葬予以资助,对失业者进行救济,对年老不能经营者资助回乡路费,或者因病延医供应汤药,死后施棺助葬。后来又加

---

① 天津档案馆馆藏《天津市各会馆公所》,包括 11 个同乡组织和 4 个社会慈善团体,起止时间为 1887—1956 年,共 1140 卷,内容涉及章程、议案、议事簿、会议记录、征信录、同乡录、职员任用情况、会馆平面图、财产整理清册、账簿、契约、捐款册、办事细则、纠纷材料、同乡会刊和其他文件。因各组织所遗存档案数量不同,笔者选取山东旅津同乡会、江西会馆、安徽会馆、江苏会馆、浙江会馆作为重点分析对象。

② 王日根:《明清时期会馆的演进》,《历史研究》1994 年第 4 期。

入了规范协调同乡中商业关系的职能,为同乡之间调解各类纠纷、切磋经营之道、交流商业信息、进行合作经营提供了空间①。为了提高知名度和威望,同乡组织还积极从事公益建设和慈善事业②,但是对政治事务几乎没有涉及,因为政府不允许其插手政治。

民国时期的同乡组织,其活动空间与明清时期相比已经有所变化。具体到天津来说,各同乡组织虽然仍保持了对社会公益事业的关注,但明清时期大多数同乡组织都要承担的经济职能基本上已经很少涉及。与此同时,同乡组织在政治层面的参与程度却在日益提高。究其原因,笔者认为这是商会代替同乡组织经济职能的直接后果。1909年1月,天津的江浙闽粤四省商人,成立了北洋商学公会,与天津本地籍商人占优势的商会相抗衡③。因为商会这一更加名正言顺且专业化的组织开始维护各类商人包括客籍商人的经济权益,因而同乡组织逐步减少经济方面的活动,而专注于社会事务。另一方面,清末开始的地方自治运动,提高了国民的参政意识,人们对本省事务都倾注了更多的心力。客籍人士虽旅居天津,但他们对于本省的事务仍非常关心,自觉自发地参与其中,并发挥了联络、团结、整合同乡的作用,因此旅津客籍人士多以同乡组织的名义投入到本省的政治事务中去。然而,旅津多年的同乡组织成员却对天津本地的政治活动不甚关心,这可以说是同乡组织地方观念的一种表现。总的来说,天津的同乡组织到了这一时期,其活动内容主要包括:同乡联谊及祭祀,救助同乡、设立义园、公墓等公益活动,参与天津地方公益事业,开办学校、医院,以及参与政治事务。

## 二、联络乡谊

联络乡谊是同乡组织自诞生伊始就具有的基本功能,大多数组织也会同时祭祀本地的乡土神④或先贤。移民来到客地之后,心理上的孤苦无依使

---

① 周均美主编:《中国会馆志》,方志出版社2002年,第11—12页。
② 前引周均美主编:《中国会馆志》,第290页。
③ 刘海岩:《空间与社会——近代天津城市的演变》,天津社会科学院出版社2003年,第188页。
④ 同乡组织的集体象征是乡土具体事物的自然选择与抽象化,用以团结同乡、代表同乡的一种偶像化徽志,而为同乡所认同,这就是"乡土神"的含义。见黄友良:《四川同乡会馆的社区功能》,《中华文化论坛》,2002年第3期。

他们自发地联合组成同乡组织,为加强同乡之间的凝聚力和认同感,同乡组织便将祭祀乡土神和组织联谊活动作为自身的精神寄托和心理安慰。民国时期天津各同乡组织的祭祀职能已表现得不太充分,在各同乡组织的征信录中,只有浙江会馆的支出项中有诞期及腊祭的内容①。在笔者所见《益世报》资料中,也只有一条有关祭祀的消息:"昨日李督办景林,率通城官在江苏会馆,举行丁祭。"②江西会馆的章程中虽然明确规定:"每年以许真君圣诞及得道之日,各同乡至期到馆公同致祭"③,但是其现存资料中并未提及有关祭祀的内容。祭祀活动已基本上完全被其他联谊活动,如编写同乡录、岁时聚会和宴娱等所取代。各同乡组织都把编写同乡年录作为一项重要的基础性活动,在章程中做出了规定④,并多次登报,"藉此联络感情,敬恭梓谊"⑤。定期的娱乐和社交活动,有团拜⑥、同乡大会⑦、恳亲会⑧、盂兰盛会⑨等形式,为旅津客籍人士提供了一个表达和联络同乡情谊的场所,使他们可以互相交流、彼此倚仗。

所有这些"睦乡谊"的活动,缓解了旅津客籍人士的心理无依感,加强了他们彼此之间的情感联系和纽带,正如张忠民在分析上海的同乡组织时所指出的那样,各同乡组织的成员"在乡情基础上建立起一种特殊的人际关系

---

① 《历年董事会议事录》,1919—1930 年,浙江会馆,天津市档案馆馆藏档案 J134－1－320;以下引用同类档案均简称津档。
② 《李督办昨日丁祭之盛况》,《益世报》,1925 年 9 月 21 日。本文所引《益世报》资料均见天津市地方志编修委员会办公室、天津图书馆编:《〈益世报〉天津资料点校汇编》,天津社会科学院出版社 1999 年,其中第一册为 1917—1928 年,第二册为 1929—1935 年,第三册为 1936—1937、1945—1949 年。
③ 《有关同乡录收支报告等》,1938—1939 年,江西会馆,津档 J134－1－161。
④ 《有关同乡录收支报告等》,1938—1939 年,江西会馆,津档 J134－1－161。
⑤ 《旅津江西同乡会征集旅津同乡住址编辑同乡齿录事》,《庸报》,1939 年 1 月 15 日,见《登各报广告稿底》,1936 年,江苏会馆,津档 J134－1－273;《天津广东会馆启事》,《大公报》,1915 年 6 月 3 日。
⑥ 《有关同乡录收支报告等》,1938—1939 年,江西会馆,津档 J134－1－161。
⑦ 《章程草案底》,1938 年,江苏会馆,中江苏会馆章程的规定,津档 J134－1－259。
⑧ 《历年收支报告》,1912—1933 年,江苏会馆,其中有恳亲会收支报告,津档 J134－1－269。
⑨ 《收支清单筹赈会报告》,1933—1945 年,江苏会馆,津档 J134－1－298;《各种开支收据传单等》,1942 年,闽粤会馆,津档 J134－1－111。

上的沟通和慰藉"①,分散的个体联结成有一定规模的群体,并产生一种超乎于个体之上的群体合力。

## 三、参与和组织社会公益事业

同乡组织想要对客居异地的同籍之人保持长久向心力,单凭联络乡谊和祭祀是远远不够的,力行善举、救助同乡对组织的重要性日益突出。这里的"同乡",不仅包括本省旅津之人,而且包括仍留居原省的同乡们。对于客居天津同乡的救助,包括恤贫、提供回乡川资、施医送药、施棺、作保、调解纠纷、职业介绍等等。旅津同乡在面临生活困境时,也主动向同乡组织请求帮助,同乡组织都尽力满足其合理要求,帮助他们解决生活困难。档案中的各种董事会议记录和其他专门文件中有大量恤贫的具体事例②。一些同乡组织还附设养病所,对同乡中病疾之人施医救治,客死者也实行施棺、掩柩等慈善之举③。各同乡组织设立的义园、公墓也是出于此目的④。排解客籍人士之间、客籍与土著之间的各种矛盾,维护同乡的正当利益,也是同乡组织救助职能的主要表现。同乡组织要援助身处于困境中的桑梓之人,为他们作保、求情⑤,有时还要为同乡延请律师代理诉讼⑥。同时,同乡组织并不满足于单纯的恤贫,致力于从根本上帮助同乡解决生活问题,所以将"关于同

---

① 张忠民:《清代上海会馆公所及其在地方事务中的作用》,《史林》,1999年第2期。
② 《历年救济旅津贫苦同乡》,1928—1932年,安徽会馆,津档 J134-1-45;《关于同乡救助、救援来信》,1934—1941年,山东旅津同乡会,津档 J134-1-203;《董事会议记录》,1947—1948年,江苏会馆,津档 J134-1-289。
③ 《历年救济旅津贫苦同乡》,1928—1932年,安徽会馆,津档 J134-1-45;《关于同乡救助、救援来信》,1934—1941年,山东旅津同乡会,津档 J134-1-203;《请求救助》,1947年,山东旅津同乡会,津档 J134-1-214。
④ 《浙江殡仪馆章程草案》,1930年,浙江会馆,津档 J134-1-325。
⑤ 《历年救济旅津贫苦同乡》,1928—1932年,安徽会馆,津档 J134-1-45;《关于同乡救助、救援来信》,1934—1941年,山东旅津同乡会,津档 J134-1-203;《请求救助》,1947年,山东旅津同乡会,津档 J134-1-214。
⑥ 《有关同乡会之间来往文书》,1935年,山东旅津同乡会,津档 J134-1-181;《请求救助》,1947年,山东旅津同乡会,津档 J134-1-214。

乡会员之职业介绍事项"作为自身任务和会员权利,并用章程确定下来①。江西会馆附设的旅津同乡消费合作社和生计社,一方面是为了配给生活必需品,另一方面就是为一部分同乡提供就业机会②。职业介绍这一职能,更好地满足了组织成员的生存需要,从而比其他职能更为牢固有效地保持了成员的向心力,维护了组织的稳定。以上同乡组织这些活动内容,基本上延续自明清时期,并坚持不懈地进行,若论其变化,也只是在具体细节上略有出入;尽管所面临的具体情况因社会环境的变化而有所不同,对同乡的救助方式和手段自然要适时调整,但其大体上仍未脱离以往范围。

  同乡组织对于本省同乡的救助,还体现在救济难民和灾民上。民国时期天灾频仍,持续不断的战乱又增加了人祸,由此便产生了大量的难民和灾民。同乡组织的成员虽长期旅居天津,但对于本省人民的境况仍保持着相当程度的关注,当他们看到本省人民遭遇天灾人祸之后处于悲惨境地时,便自发地组织捐款,为他们尽一份心力。受灾各省、各县也把旅外的本省同乡组织作为寻求援助的一个有效途径,不但恳请他们为本省难民捐款,还希望他们向政府请愿,促其下拨赈款③。同乡组织也不负所托,身体力行,不但尽力向政府请求赈款④,而且多次组织各种募捐活动⑤,如演出义务戏等⑥。仿照同乡组织的形式而成立的各省学生同乡会也采取行动,帮助赈灾⑦。同乡组织对于本省同乡的救助,归根结底,都是出于一种同乡观念,这种观念使客籍之人将救助同乡作为自己的神圣使命和应尽职责。所以各同乡组织均将救助同乡作为自己首要职能,自成立开始就一直不断实施,直至消亡。

  作为处在天津的社会组织,各省同乡组织也关心天津的地方事务,这种关注主要体现在参与天津的地方公益事业方面。20世纪时的天津已经成为华北

---

① 《有关山东医院筹委会记录等》,1947年,山东旅津同乡会,津档J134-1-210。

② 《有关同乡及社会救济卷》,1925年,江西会馆,津档J134-1-159。

③ 《历年各项赈灾捐款》,1927—1935年,安徽会馆,津档J134-1-44。

④ 《救济战区难民》,1928—1934年,安徽会馆,津档J134-1-46;《关于赈灾来往信件》,1940年,山东旅津同乡会,津档J134-1-187;《各区特赈》,1946年,山东旅津同乡会,津档J134-1-194。

⑤ 《收支清单筹赈会报告》,1933—1945年,江苏会馆,津档J134-1-298。

⑥ 《旅津粤人演戏筹赈详志》,《益世报》1917年9月3日;《演戏助赈》,《益世报》1922年12月29日。

⑦ 《南开学校演剧助赈志盛》,《益世报》1921年11月16日;《救灾运动》,《大公报》1927年1月14日。

的经济中心,对周围地区的难民有着巨大的吸引力,报刊上经常有"各地难民纷纷来津"的报道①。针对这种情况,各同乡组织积极动员成员,鼓励他们参与到救助难民的活动中去。浙江会馆的一次董事会议记录上记载:"天津地方各处到来难民不下二万余人,哀鸿嗷嗷,情殊可悯,本会馆应商议救济办法,买妥小米救济难民。"②山东旅津同乡会会刊上也曾说明对民国二十八年八月的天津水灾进行过救济③。1947年6月天津救济会成立,将各同乡组织也整合入其中,让其"协助当局办理救济难民事宜",调查难民情况,为其寻找工作机会等④,反映出同乡组织在公益事业上发挥的积极作用。这些救助活动不仅局限于使这些难民暂保生存,而且谋求其自立求生,所以以解决就业问题为重点。⑤同时,各省同乡组织还联合起来,共同创设了一个慈善机构——广仁堂。广仁堂由苏浙皖三省士绅组织成立⑥,收养节妇及其子女以及恤子女等,附设男女工厂、男女学校、幼女教养所等⑦,由三省同乡组织各自推举三人为董事管理堂务。广仁堂常年施诊、施棺、襄助冬赈、收容难民,兴办小学校和职业学校,致力于提高堂中男女的生存技能⑧,是天津重要的慈善机构。

从上面的具体事例可以看出,旅津同乡组织并不是"只关心其成员及同乡

---

① 《山东难民纷纷来津》,《益世报》1925年12月7日;《杨村难民逃难来津》,《益世报》1925年12月11日;《难民络绎来津》,《益世报》1931年8月1日;《乡村居民纷纷逃津避难》,《益世报》1933年5月17日。
② 《历年董事会议事录》,1919—1930年,浙江会馆,津档J134-1-320。
③ 《赈济津鲁两地水灾同乡及修复山东会馆征信录》,1939年,山东旅津同乡会,津档J134-1-252。
④ 《津救济委员会成立》,《益世报》1947年6月22日。
⑤ 《彻底救济灾民》,《益世报》1930年10月28日;《扩大救济事业决定以工代赈》,《益世报》1936年9月27日。
⑥ 《董事会文卷》,1915年,广仁堂,津档J130-1-173,天津档案馆馆藏档案J130全宗名为《天津市广仁堂》;光绪《重修天津府志》卷七《历朝恤政(义举附)》,《天津通志·旧志点校卷》(上);《广仁堂昨宴请各界》,《益世报》1927年7月8日。本文所引地方志均见天津市地方志编集委员会编:《天津通志》,天津社会科学院出版社1994年。
⑦ 《广仁堂昨宴请各界》,《益世报》1929年7月8日。
⑧ 《津市生活——本报社会调查之十九广仁堂鸟瞰(一)》,《益世报》1930年8月10日;《津市生活——本报社会调查之十九广仁堂鸟瞰(二)》,《益世报》1930年8月11日;《津市生活——本报社会调查之十九广仁堂鸟瞰(三)》,《益世报》1930年8月12日;光绪《重修天津府志》卷七《历朝恤政(义举附)》。

或同省者之利益"①,而是十分关注天津的社会安定,积极参与到地方公益事业中去。同乡组织为了给自身的发展创造更为稳定的社会环境,同时提高自身的知名度和威望,扩大生存空间,积极从事慈善事业,这在客观上加速了同乡组织与地方社会的整合协调过程。社会公益一直是民国政府所大力进行的事业,捐助地方公益,还可以得到官方的认可与支持;加之社会道德和责任感的作用,各同乡组织便把参与地方公益作为组织职能中不可或缺的一环。同时,这种状况也充分体现出同乡组织的变化,明清时期的同乡组织只关心本省事务,对于所在地区的社会事业则不甚在意。到了民国,生存环境日益复杂迫使同乡组织改变自己的发展战略,开始支持天津地方事业,争取天津本地人的支持与认同,缓和土客矛盾。虽然无法从这些参与中发现同乡组织已对天津产生了本地认同②,但是同乡组织作为社会福利和慈善机构,以上所述的赈济灾民,减少了社会不安定因素,有助于解决社会问题、开展医疗救助和社会保障,确实对天津地方社会的稳定和发展做出了独特的贡献。

## 四、兴办教育、开设医院

明清时期同乡组织就含有服务科举士子的作用,各同乡组织对于旅津同乡受教育状况十分重视,较早地兴办了义学,以四书五经为主要教授内容,目标指向了以科举考取功名。而到了民国时期,旅津同乡组织先后开办的学校有:浙江旅津公立两等小学堂③、浙江中学、广东中学、广东小学、山东

---

① 《津海关十年报告(1892—1901)》,天津海关译编委员会编译:《津海关史要览》,中国海关出版社2004年。

② 本文所用"本地认同"(locational identity),取自罗威廉的定义,是指一个城市的居民对于他本人作为其移民或旅居所在地方共同体之完全成员的概念。[美]魏斐德:《市民社会和公共领域问题的论争——西方人对当代中国政治文化的思考》,张小劲、常欣欣译,邓正来、[英]J. C. 亚历山大编:《国家与市民社会——一种社会理论的研究路径》,中央编译出版社1999年,第383页。

③ 民国《天津政俗沿革记》卷十《文化》,《天津通志·旧志点校卷》(下)。

小学、河北小学、山东旅津小学①、山西中学②、江西小学③、旅津安徽公学④、江苏旅津中学、江苏旅津小学、江苏工读学校⑤等。这些学校多为普及、增进同乡教育而设,对同乡入学有一定优惠⑥,但也没有限制学生只能是本省子弟。从其课程设置来看,可以发现既有儒家私塾教育的影子,又有新式教育的内容,二者奇异却有机地结合在了一起。修身读经、格致博物、中国文学与算术、体操、英语,是同一所学校的课程⑦,东西方教育观念的交汇与碰撞由此显现。最值得一提的莫过于江苏工读学校的建立,这所学校"以救济贫寒失学子弟,实施职业技能,训练公民常识,培养服务道德,养成职业人才为宗旨",开设的课程包括文字、技能、公民、休闲教育等四个方面⑧,可以说是新式职业学校的典范,与明清时期同乡组织附设的义学自是不可同日而语,这充分反映出同乡组织随时代而变的性格。

同乡组织顺时而进的另一体现是开办医院。不同于原有的养病室,医院属于新型市政的一部分。山东旅津同乡会于1944年开始筹备建立山东医院,翌年正式成立⑨。这所医院以"救济赤贫医药治疗,辅助本市卫生行政,并以联络鲁籍同乡,有志达成慈善事业为宗旨"⑩,在组织大纲中规定"本院为财团法人","本院治疗之患者不限同籍省界","董事亦不限省籍"⑪,反映出对地域观念的某种突破。尽管山东医院设立的初衷是发展慈善事业,并多半出于同乡组织成员的社会公益心和责任感,为使贫病者得以医治,但其种种行动却已经属于市政建设的范畴,拓展了同乡组织的活动空间,增强了其社会影响力,促进了自身的发展,并反映出同乡组织对天津地方事务参与程度的提高。

---

① 《津中小学调查》,《益世报》1946年1月9日。
② 《学府丛讯》,《益世报》1948年9月7日。
③ 齐羿:《天津部分会馆简介》,《天津文史资料选辑》(第56辑),天津人民出版社1992年版,第164页。
④ 《旅津安徽公中学成立及结束》,1930—1933年,安徽会馆,津档J134-1-54。
⑤ 《学校记事簿》,1907年,江苏会馆,津档J134-1-304。
⑥ 《有关山东医院筹委会记录等》,1947年,山东旅津同乡会,津档J134-1-210。
⑦ 《学校记事簿》,1907年,江苏会馆,津档J134-1-304。
⑧ 《修改章程草案底》,1938年,江苏会馆,津档J134-1-260。
⑨ 《医院立案之文》,1946年,山东旅津同乡会,津档J134-1-202。
⑩ 《有关山东医院筹备及来往信件》,1945年,山东旅津同乡会,津档J134-1-190。
⑪ 《有关山东医院筹备及来往信件》,1945年,山东旅津同乡会,津档J134-1-190。

## 五、政治参与

王日根在分析民国时期同乡组织演进趋势时指出,旅津同乡组织活动空间的变化还表现在"更关注政治,更关注国家大事"①。晚清以降,社会变迁加剧,政局风云变幻,地方自治运动的兴起又使地方主义盛行,所以人们对于本省政治投注了更多的心力。这也与产生于民国初期的新的公共政治意识有关,这一意识又经五四运动时期的大众民族主义而有所强化②。在这样的思想主导下,各省同乡组织更加主动地表达对于本省政治的意见,也积极投身于国家政治之中,把"关于本省重大利害关系应行协助事项"作为自己的任务③,并且多次与本省其他旅外同乡组织联合反对本省出现的政治弊病。安徽会馆曾与上海安徽各公团联合反对陈调元的苛政并主张驱陈,以挽救本省④。山东旅津同乡会于1921年应本省要求,共同反对加征丁银⑤,后向政府请愿,驱逐山东督军郑士琦⑥。旅津河南同乡也成功地驱逐了督办胡景翼⑦。到了解放战争时期,山东旅津同乡会又与旅平、旅陕、旅奉、旅新等山东同乡组织共同呼吁和平,停止内战,并组织山东旅外同乡联合请愿团向国共两方请愿⑧。在政治动荡、社会不稳的民国时期,各同乡组织对于政治事务,不可能不闻不问,置身事外,只有主动参与其中,才能维护本省人民的利益,维持国家的稳定。作为本省一员、国家公民一员的意识也促使他们主动自觉地去影响本省乃至国家

---

① 王日根:《晚清至民国时期会馆演进的多维趋向》,《厦门大学学报》(哲学社会科学版)2004年第2期。

② [美]顾德曼:《民国时期的同乡组织与社会关系网络——从政府和社会福利概念的转变中对地方、个人与公众的忠诚谈起》,《史林》2004年第4期。

③ 《修改章程草案底》,1938年,江苏会馆,津档J134-1-260。

④ 《协办反对各项苛捐》,1927—1934年,安徽会馆,津档J134-1-50。

⑤ 《鲁人吁请同乡会援助》,《益世报》1921年5月22日。

⑥ 《旅津鲁人驱逐郑士琦》,《益世报》1925年1月18日;《旅津鲁人之驱郑运动》,《益世报》1925年2月2日。

⑦ 《旅津豫人之驱胡运动》,《益世报》1925年2月17日;《豫同乡又开会驱胡》,《益世报》1925年2月24日;《旅津豫人之驱胡通电》,《益世报》1925年2月27日;《旅津豫人之呼吁和平》,《益世报》1925年3月25日。

⑧ 《关于联合各省市山东同乡向政府请愿事》,1937—1946年,山东旅津同乡会,津档J134-1-204。

的政治走向,不管他们是否有这份能力。

　　同乡组织进行的这些活动目的主要是内部整合与外部整合。利用桑梓之情作为纽带,给同乡提供适时的帮助,使他们在乡籍的旗帜下聚集在一起;并通过参与天津的地方事务,缓解土客矛盾,提高天津地方社会对其接受的程度,以创造更为良好的社会生存环境。同时,同乡组织对于社会公益事业的参与情况,也可以反映出慈善观念进入20世纪后发生的变化,由"重养轻教"向"养教并重"发展,甚至更重视教的作用。各同乡组织所从事的职业介绍、兴办工读学校和职业学校等活动,都是从增强同乡的自主谋生能力入手,而非单纯的恤贫济困。但同乡组织毕竟不同于专门的慈善机构,虽然以社会救助作为活动重点,但也无法发挥专业慈善机构那样广泛而深入的作用,针对的群体仍以本省同乡为主,而非社会全体成员。另外,同乡组织的政治作用也是不可忽略的,其内部政治职能可以看作是参与地方事务的一个特殊类型或存在形态①。对本省政治事务的积极参与,其作用已毋庸赘言;即使是对天津地方市政的有限涉及,也是城市社会控制与管理的组成部分。同乡组织充分发挥了其社会调动的职能,努力地扩展自己的活动范围,积极争取生存空间,客观上起到了超出其自身存在目的的巨大作用。

　　民国时期,天津的同乡组织以社会事务和政治事务作为自己活动的主要内容。而以往学者在研究上海地区的同乡组织时做出论断:"经济促进功能成为城市同乡组织的主体职能。"②通过对天津的各同乡组织具体情况的分析,可以反映出天津这个城市自身独特的性格,以及全国各城市中同乡组织所具有的地域上的多样性特征。同乡组织活动的空间范围与以往不同,虽然保留了在社会事业中的绝大多数旧有空间,但却基本上从经济领域完全退出,将触角深入到了政治空间中,这可以说是空间维度上交错特征的一种鲜明体现。处在民国这个特殊的历史时代,天津的同乡组织身上延续性与变迁性这两种特征,在活动空间和范围方面交错出现,体现出了一种时代所造就的独特性。

(《城市史研究》2009年第25辑)

---

①　天津的同乡组织的情况可以与其他学者对上海的同乡组织所进行的研究进行比较,见前引张忠民:《清代上海会馆公所及其在地方事务中的作用》。
②　虞和平:《清末以后同乡组织形态的现代化》,《中国经济史研究》1998年第3期。

# 浅论天津近代服饰变革及其在我国服装发展演变中的重要影响

杨丽娜 孙世圃

服装是人类社会生产生活、文化政治的直观反映与集中表现。天津作为中国近代史上一个极为重要的北方城市,不仅是全国重要的商业中心、通商口岸、兵厂水师操练营,而且是近现代工业萌芽发展之所、新文化思潮发源传播之地。所以,天津近代服饰的革命性变化不仅集中映射了天津近代经济、政治与文化等方面的重要变革,同时也为推动中国,特别是中国北方服饰的近代化、现代化产生了积极的促进作用和重要的影响。

天津历史600年,明代设卫、清代由州升府置县,清末之前的天津一直是一个地理位置十分重要的默默无闻之地,服饰风格也明显体现出传统性、民间性、趋同性特点。

天津虽然与北京近在咫尺,但近代之前天津地区的服饰却与北京传统服饰有着明显的差别。北京作为中国的帝都,满族特权阶层的统治中心,服装服饰明显具有满族民族服饰的特点,女子普遍穿着各式满族旗袍,男子则"筒身箭袖"、满(族)袍马褂,即便汉族男女的穿着多数也是如此。而天津此时却呈现出女子"上袄下裙"的汉族传统服饰特征,男子的袍服也更多地体现满汉结合的特点。那时的天津官员、贵族群体,为了遵从服饰制度、迎合中央集权的审美倾好和体现自己的特权,在正式场合穿着具有满族服饰特点的官服和改良的旗装。

而到了近代,天津由于其特殊的地理位置受到了帝国主义列强的侵略,开埠设立租界,成为近代中国战争的前沿。与此同时,先进的机器化工业生产得以萌生和飞速发展,各种文化、信仰也在此产生激烈的冲突与深入的融合,这些革命性的变化,使近代天津的服饰体现出明确的近代性(甚至于现代性)、文化多元性、包容开放性、时尚引领性等诸多特点。

首先,近代的天津已经由一个默默无闻的紫禁城重要"门卫"演变成了直接接触西方世界的"窗口",是东西交流、南北沟通的北方枢纽。近百年来,许多影响中国近代历史的重大事件都发生在天津。如天津曾是我国北方洋务运动的中心,是新式陆军的训练基地,五十多个丧权辱国的条约在天津签订等;许多新生事物也首先出现在天津。如天津是近代中国军事工业、邮电通讯、铁路运输、司法行政的发祥地,使近代的天津从一个传统的"县城"迅速发展成为中国近代化起步最早、程度最高的城市之一,进而成为了中国北方经济中心、商贸中心、金融中心和享誉世界的大都市。此时期的天津服饰,再也不固守旧制、跟随北京旗服传统,而是在各个发展阶段表现出明显的"近代性"甚至"现代性"。近代天津服饰早于北方其他城市(包括北京),其服饰实现了款式、工艺、装饰的快速简化,并充分考虑到了服装的机能性和合体性。例如,当北京女子普遍穿着宽身、"十八镶滚"的旗袍时,天津女子的袄、裙已经开始明显向窄身、体现形体方向发展,而镶滚装饰简化为"十二滚""八滚"甚至更少;到了辛亥革命之后,天津地方女子学校兴起,新文化、新思潮唤起和鼓舞着天津女子走出闺房、独立工作、自由恋爱、投身革命,此间代表新时代风貌的女学生着装在天津的各个阶层普遍呈现,不仅衣身合体,彰显女性的身材,且上衣(袄)达到了历史以来的最短——仅及臀部,下裙摆的提高更是早于上海、北京等地,百褶裙、马面裙也已被简洁、素色的 A 字长裙所代替,呈现出明确的机能性和现代美感。

近代天津服装的近(现)代性还体现在面料上,当时天津服装的面辅料种类非常丰富,舶来品有花洋纺、派力司、哔叽、羽纱、蕾丝等天然、人造面料,国产传统面料棉、麻、丝等在织法和质感等方面也有很多的变化,这不但与天津近代被迫开埠、大量国外面料涌入有关,也是辛亥革命后天津机器纺织业蓬勃发展的结果。另外,西方近现代文化的渗入在面料纹样上也有明显的体现,近代天津服饰面料纹样不再流行具有"吉祥福禄"传统文化内涵的图案,而是崇尚具象的亭台人物、洛可可纹饰和抽象几何图案等近代化、国际化风格纹样,从而使近代天津的服饰面料成为北方其他地区争购和效仿的对象。

其次,近代天津是中国典型的多元文化城市,本土文化、租界文化、商业文化、京城文化等等相互杂糅。在天津相对宽松的政治氛围下,文化多元性衍生出服饰的多元化,构成了天津特有的服饰文化现象。本土文化作为天津的传统文化已经深深植根于天津大众之中,所以,近代天津人中的顽固守旧派和部分底层劳苦大众仍表现出服饰的传统本土性特征,前者思想顽固腐朽,不愿改变,而后者则因为没有经济能力追赶潮流,或者没有办法在短时间内完全领会先进的文化思想,服装服饰主体仍遵循传统。

由于1860年天津就被迫开埠,租界文化在天津服饰文化现象中显得非常突出,再加之20世纪初大批留学生从海外归来,所以西方男女服装服饰盛行天津,西装和三位一体的西式女裙在天津随处可见,不仅归国留学生和洋行职员及家属普遍穿着,一些赶时髦的年轻人也热衷于此。

天津以漕运文化为主的商业文化历史悠久,到了近代,天津漕运服饰文化代表——"短打儿"服饰也成为天津多元服饰文化的重要组成部分。"短打儿"是天津特有的一种服装搭配,夏季的"短打儿"上衣类似于坎肩,下配裤子,上衣前后两片在腋下用布条相系(与河北省相近);冬季"短打儿"是指头戴毡帽,耳戴灰鼠护耳,上身穿二大棉袄,下身穿空裆棉裤。短打儿着装是以搬运为生的漕运脚夫穿着演化而来,是下层劳动人民的耐用服饰,而商人也受这种穿着风格影响,在日常着装中,除了长袍马褂之外,也经常选取"短打儿"装扮,只是布料换成绸缎而已。由于政局动荡和官场的频繁更迭,京城一些遗老遗少和下野政要纷纷避居天津,因此,近代天津穿着正统旗装的人反倒比从前多了起来,各式军装也成为天津近代服饰的一道特殊风景,这也是京城文化和军阀混战在天津服饰文化中的显现。另外,新文化运动、洋务运动、北洋水师的建立与发展等等,促使天津近代服饰文化更呈现出异彩纷呈、百家争鸣的局面。不同的服饰文化相互碰撞、相互交融、相互促进,使天津服饰文化成为近代中国服饰文化的前沿。

另外,天津服饰的文化多元性与包容开放性是相辅相成、密不可分的。历史证明,在包容开放的政治、经济环境下,服装服饰必定会蓬勃发展、多元并生,而且从款式形态上也会体现出积极开放的特点。天津从古至今,一直发挥着漕运枢纽的重要作用,外来人口很多,五方杂处,所以,天津传统文化中就具有包容开放的特征。及至近代,由于各种外力的作用,这种包容开放的特征更是被充分发挥出来,从而成为天津大都市快速发展的基础要素之一。近代天津服装服饰的包容开放性,不仅体现在纷繁复杂的各类亦"土"亦"洋"、亦"古"亦"今"、亦"满"亦"汉"的服饰风貌上,更体现在天津人穿着服饰的土洋结合、古今通用、满汉混搭以及对人体美、服装机能性的追求上。

近代天津服饰的全国时尚引领性,虽然有待商榷,但对于近代的中国北方来说,天津无疑是服饰潮流的源头,是时尚的策源地。不仅近代的天津大众一改从前服饰的传统保守特征,而且贵族特权阶层也不再仅以北京的服饰为风向标,他们以特有的自信和风姿吸纳着各种革命性的穿着理念,并大胆地"拿来"西方服装服饰为己用。这个时期北京的贵族和富商家里的太太、小姐、公子哥儿们，纷纷到天津体会十里洋场的魅力，购置时髦的行头，以表现自己时尚的穿着和生活方式。

　　天津近代服饰变革是中国，特别是中国北方服饰变革的一个缩影，其在我国服装发展演变中具有极其重要的地位和影响。天津作为南北、东西的交通枢纽和信息中枢，为近代北方服饰文化南下、南方服饰信息北上提供了主要的交流渠道，为东西服饰文化的交融发挥了重要作用。同时，天津近代服饰的革命性变革，使其成为近代中国北方的服饰文化中心，其服饰款式、色彩、面料、装饰的变化等，深深影响着中国北方地区的服饰发展方向，是北方服装流行的风向标，形成了中国近代服饰史上南有上海、北有天津的典型局面。另外，天津近代服饰变革对北京服饰的近代化演变具有重要的促进作用，它极大地推动了中国北方服饰的西化和现代化。

（《中国轻工教育》2009年第1期）

**参考文献：**

1. 罗澍伟：《引领近代文明：百年中国看天津》，天津人民出版社2005年。
2. 胡月、袁仄：《百年衣裳——中国二十世纪服装演变》，《东方艺术》2006年第2期。
3. 李彦芳：《天津近代服饰初探——1840—1919年》，天津工业大学，2003年。
4. 华梅：《中国服装史》，天津人民美术出版社1999年。
5. 李家麟：《天津旧影》，人民美术出版社2000年。
6. 林希：《老天津——津门旧事》，江苏美术出版社1998年。

# 清朝以来天津的会馆经济

王日根

会馆是同乡设在客地的联谊组织,会馆的发展兴衰时常可以印证一个城市的商业繁荣状况,一个一个会馆的起落往往也是某地域性商帮势力伸缩的主要参考指标。

## 一、会馆产业形成的基本途径

(一) 购置

天津安徽会馆自康熙二十五年(1686)起就买了以下土地。康熙二十五年二月二十日孀妇王门罗氏同侄王梦弼卖畦地契文说到"因为出殡无银使用",通过中人凌仲金、庄头王守才等会同官经纪毕大富等说合,将"东至海河、南至卖主、西至官堤、北至梁地"属静海县征粮大地九亩七分二厘三毫,计小地三十五亩,卖给安徽会馆①。这是一笔经"三面言定,时值价银二百五十五两"的买卖,外加画地银五两,见证人有孀妇王门罗氏同侄王梦弼、王梦协、王梦春、王梦交,同侄小王玉图,同族侄王世臣、王全臣、王纶臣、王见臣、王名臣、王绞臣、王瑞臣,同中凌仲金、庄头王守才,官经纪毕大富、高坤、靳绍箕、靳伯颜、靳图南,中人吕秀之,地邻梁宅等。光绪二十四年(1898)九月从厚德堂黄本惠、黄本汉手中买来三十六亩四分二厘二毫的土地,用于建安徽会馆和淮军昭忠祠,花去时价一千四百四十两银子②。黄本汉等因为亏累太多,还将祖遗房地一段"坐落金刚桥北,共计三十六亩四分三厘",加上"地

---

① 宋美云主编:《天津商民房地契约与调判案例选编(1686—1949)》,天津古籍出版社2006年,第1页。
② 宋美云主编:《天津商民房地契约与调判案例选编(1686—1949)》,天津古籍出版社2006年,第6页。

上有自盖砖瓦灰房大小二百六十四间",花掉时价银五万二千两整①。昭忠祠后改为李文忠公祠,到光绪三十年(1904)十一月初一日,计二顷三十九亩有零及堤外沿河淤地一段。到民国四年(1915),共拨出地达一百八十九亩六分有零②。

嘉庆四年(1799)十二月二十一日,陈振霄将十三年前买自孟履丰的西至堤根、东至大河身、北至闽粤义冢、南至李姓的靳家园地计小地十六亩二分绝卖给闽粤会馆名下,作为闽粤会馆的义冢用地。十三年前买价是二百两纹银,这时卖给闽粤会馆按每亩二十五两成交,对于陈振霄显然是一笔合算的买卖。闽粤会馆作为集体权户,出价较高,亦有利于树立其实力较强的形象③。其后,闽粤会馆又买了黄泽名下六亩三分七厘五毫的土地作为坟地④。光绪二十四年(1898)二月二十七日,闽粤会馆买徐马氏同子徐俊荣等园地四十九亩二分五厘,河滩地一十亩零七分五厘作为茔地,按时价支付元宝银一千八百两⑤。

嘉庆七年(1802)二月二十五日,马立业将"坐落茶叶店口西大街头铺路南门面灰房二间半套,平房一间,又相连门面灰房三间,后平房一间,平厦半间,雨搭、板搭、暗楼少半间,门窗、户壁一应俱全"按时价"典价足白银四百两整",以"一典五年为满,银到回赎"⑥。

民国五年(1916)六月、八月十一日,闽粤会馆买王允执二亩八分八厘⑦,

---

① 宋美云主编:《天津商民房地契约与调判案例选编(1686—1949)》,天津古籍出版社2006年,第7页。
② 宋美云主编:《天津商民房地契约与调判案例选编(1686—1949)》,天津古籍出版社2006年,第8页。
③ 宋美云主编:《天津商民房地契约与调判案例选编(1686—1949)》,天津古籍出版社2006年,第2页。
④ 宋美云主编:《天津商民房地契约与调判案例选编(1686—1949)》,天津古籍出版社2006年,第4页。
⑤ 宋美云主编:《天津商民房地契约与调判案例选编(1686—1949)》,天津古籍出版社2006年,第5页。
⑥ 宋美云主编:《天津商民房地契约与调判案例选编(1686—1949)》,天津古籍出版社2006年,第3页。
⑦ 宋美云主编:《天津商民房地契约与调判案例选编(1686—1949)》,天津古籍出版社2006年,第11页。

民国五年(1916)七月十八日又买王允执八分二厘地①,八月十一日,又买王允执二亩零六厘②,民国五年(1916)八月,闽粤会馆买四十六亩四分六厘作为义地③。民国十年(1921)九月,买梁逊卿三亩二分七厘五毫④,民国十三年(1924)买江思永三亩一分⑤。

  闽粤会馆购置的地产也很多,乾隆二十八年(1763)五月二十二日,党秉彝卖给闽粤会馆一处房产"共计尾草房二十七间半,尾房内一切门窗、断间、隔扇各处墙垣石块、寸草寸木等物,上下土木相连,俱随卖契之内",价格为六百五十两整⑥。乾隆三十年(1765)七月十二日,闽粤众商等备银四百三十六两,买王姓民地一所,立为义冢,坐落天津府东门外东南普家园,共计十六亩七分五厘四毫,每年纳天津县民粮一钱八分一厘八毫⑦。乾隆三十一年(1766)十一月二十日绝卖房并地基价格为二百一十两整⑧。乾隆三十三年(1768)二月十三日,刘氏同子施奕芝绝卖房连地基价格为六百七十五两整⑨。乾隆三十四年(1769)五月初九日李智绝卖十六亩二分给闽粤会馆,道光三年(1823)春桂堂黄山樵卖房并地基,价格为一千二百两整⑩。可见,闽

---

① 宋美云主编:《天津商民房地契约与调判案例选编(1686—1949)》,天津古籍出版社2006年,第11页。
② 宋美云主编:《天津商民房地契约与调判案例选编(1686—1949)》,天津古籍出版社2006年,第12页。
③ 宋美云主编:《天津商民房地契约与调判案例选编(1686—1949)》,天津古籍出版社2006年,第13页。
④ 宋美云主编:《天津商民房地契约与调判案例选编(1686—1949)》,天津古籍出版社2006年,第14页。
⑤ 宋美云主编:《天津商民房地契约与调判案例选编(1686—1949)》,天津古籍出版社2006年,第15页。
⑥ 宋美云主编:《天津商民房地契约与调判案例选编(1686—1949)》,天津古籍出版社2006年,第19页。
⑦ 宋美云主编:《天津商民房地契约与调判案例选编(1686—1949)》,天津古籍出版社2006年,第256页。
⑧ 宋美云主编:《天津商民房地契约与调判案例选编(1686—1949)》,天津古籍出版社2006年,第20页。
⑨ 宋美云主编:《天津商民房地契约与调判案例选编(1686—1949)》,天津古籍出版社2006年,第21页。
⑩ 宋美云主编:《天津商民房地契约与调判案例选编(1686—1949)》,天津古籍出版社2006年,第22页。

粤会馆在乾嘉时期处于兴旺发展时期。

江西会馆的产业购置和出售在嘉庆以后迎来了一个高峰。嘉庆二十三年(1818)十月二十六日积余堂绝卖平纹银三百五十两整的地产①,道光十九年(1839)三月十三日卖掉一块地给当地六野村作坟地②。光绪二十七年(1901)卖出价格为津公码平化宝银九千八百两整的房并地基③。民国十年(1921)十月二十五日,江西会馆又买入二亩一分三厘,花了银洋三百三十六元五角④。浙江会馆在光绪十二年(1886)三月十一日买进赵兰谷房并地基,值津平足白银二千二百五十两正⑤。光绪十二年八月十一日买进桑成林房并地基,值津钱一千二百吊整⑥。八月二十日,再买薛维钰房并地基,值津钱一千五百吊文整⑦。九月初三日,再买宁宝枢房并地基,值津平足白银九百八十两整⑧。九月十三日,再买李金甲房并地基,值津平足白银一百二十两正⑨。第二年三月二十四日,再买李东来房并地基,值津钞九百千文整⑩。光绪二十九年(1903)五月初七日再买陈少兰门面浮房值津平元宝银五百两正。光绪三十四年(1908)浙江义园董事王宗堂将八十六亩四分一厘七毫卖

---

① 宋美云主编:《天津商民房地契约与调判案例选编(1686—1949)》,天津古籍出版社2006年,第23页。

② 宋美云主编:《天津商民房地契约与调判案例选编(1686—1949)》,天津古籍出版社2006年,第23页。

③ 宋美云主编:《天津商民房地契约与调判案例选编(1686—1949)》,天津古籍出版社2006年,第24页。

④ 宋美云主编:《天津商民房地契约与调判案例选编(1686—1949)》,天津古籍出版社2006年,第25页。

⑤ 宋美云主编:《天津商民房地契约与调判案例选编(1686—1949)》,天津古籍出版社2006年,第27页。

⑥ 宋美云主编:《天津商民房地契约与调判案例选编(1686—1949)》,天津古籍出版社2006年,第28页。

⑦ 宋美云主编:《天津商民房地契约与调判案例选编(1686—1949)》,天津古籍出版社2006年,第29页。

⑧ 宋美云主编:《天津商民房地契约与调判案例选编(1686—1949)》,天津古籍出版社2006年,第29页。

⑨ 宋美云主编:《天津商民房地契约与调判案例选编(1686—1949)》,天津古籍出版社2006年,第30页。

⑩ 宋美云主编:《天津商民房地契约与调判案例选编(1686—1949)》,天津古籍出版社2006年,第31页。

给浙江义园,价计公码元宝二千两①。民国四年(1915)三月十八日,再买入桑成林等房并地基,值一千二百吊整②。民国十三年(1924)一月三十日,再买凌博文地三亩一厘四毫,价洋六百零二元八角③。民国十三年(1924)十二月二十八日,再买三学校(土城村民立第三十九学校、大直沽民立第六学校、西楼村民立第八十六学校)坐落小王庄南校产地相连一段计五十六亩二分一厘三毫四丝,价洋每亩二百元整,总计一万一千二百四十六角八分④。民国二十年(1931)十月十四日,再卖敦厚堂地四亩八分一厘,每亩市价二百二十元,计价一千零六十九元二角⑤。民国二十年(1931)十月十四日,再买严瑞山地九亩五分六厘二毫五丝,价银圆二百八十六元⑥。民国二十一年(1932)三月二十七日再买邹文元同子、侄地一亩零八厘,价银洋一百元整⑦。浙江会馆持续买进房产至少可以看作是其蓬勃发展的一个表现。

(二)捐献

为了维持安徽会馆的运行,李文忠公祠将祠产内"六十一亩一分三厘五毫"全数捐送给安徽会馆永远执业⑧。

(三)出租收入

润身堂钟即租安徽会馆产坐落大经路西天纬路天保里中间路东胡同内第二十三号地基一段,计上有原由支应局出售浮房九间,"现在按照该地房

---

① 宋美云主编:《天津商民房地契约与调判案例选编(1686—1949)》,天津古籍出版社2006年,第34页。
② 宋美云主编:《天津商民房地契约与调判案例选编(1686—1949)》,天津古籍出版社2006年,第34页。
③ 宋美云主编:《天津商民房地契约与调判案例选编(1686—1949)》,天津古籍出版社2006年,第35页。
④ 宋美云主编:《天津商民房地契约与调判案例选编(1686—1949)》,天津古籍出版社2006年,第36页。
⑤ 宋美云主编:《天津商民房地契约与调判案例选编(1686—1949)》,天津古籍出版社2006年,第37页。
⑥ 宋美云主编:《天津商民房地契约与调判案例选编(1686—1949)》,天津古籍出版社2006年,第37页。
⑦ 宋美云主编:《天津商民房地契约与调判案例选编(1686—1949)》,天津古籍出版社2006年,第38页。
⑧ 宋美云主编:《天津商民房地契约与调判案例选编(1686—1949)》,天津古籍出版社2006年,第8页。

租十成抽一,每年应纳地租公化银九两六钱"①。敦善堂租用大小三十五间,"现在按照该地房租十成抽一,每年应纳地租公化银五十五两二钱"②。直隶女子师范学校租用"二十二亩二分四厘三毫。每亩月租二元,每月计共银洋四十四元四角八分六厘。双方商允,从民国四年七月起按月凭折付租银洋四十四元四角。经会馆特许,将八分六厘之零数抹去,并由会馆按月另出收据以凭报销"③。

民国五年(1916)五月一日,东兴面粉机器制造厂租用安徽会馆二亩余地,租金每月国币一百五十元,年共一千八百元,每半年交付一次。于签订租约时先交半年,行租国币九百元,并预交押租一千八百元。此项押租俟期满退租时,无利交还。以后租金即按年由地主于五、十一两月凭租折收取,租主不得拖欠、短少或扣除何种款项。租期定为五年,在租期内不得退租。期满后,租主如续租,应于三个月前通知地主,另议租价,并换租约。租主在租期内不得将该地转租或分租与人,并不得堆存危险及违禁物品。租期届满时,如不愿续租,亦应于三个月前通知地主。该院基地租主如在租期内建盖房屋,将来期满退租时,得由租主自行拆回。但租主修筑之围墙以及所开之大门应无代价交与地主。此项所租之地如在租期内发生意外不测之事,非双方力量所能抵抗时,则此项租约即作为无效,地主对于租主不负任何责任。订立租约时,租主应取具殷实铺保,将来如有违背租约及欠租等事,均归保人担负完全责任④。

民国二十年(1931)李守信、靳永春租安徽会馆一块地,搭盖浮房三间半⑤。租金每年大洋十元,由租定之日起按照三季交价。头季先交大洋四元,第二季交大洋三元,第三季交大洋三元。以上三季按数清交,如到期不

---

① 宋美云主编:《天津商民房地契约与调判案例选编(1686—1949)》,天津古籍出版社2006年,第8页。
② 宋美云主编:《天津商民房地契约与调判案例选编(1686—1949)》,天津古籍出版社2006年,第9页。
③ 宋美云主编:《天津商民房地契约与调判案例选编(1686—1949)》,天津古籍出版社2006年,第9页。
④ 宋美云主编:《天津商民房地契约与调判案例选编(1686—1949)》,天津古籍出版社2006年,第10页。
⑤ 宋美云主编:《天津商民房地契约与调判案例选编(1686—1949)》,天津古籍出版社2006年,第15页。

交租时即归铺保承付,不得推辞。但是房屋倘日后会馆要用此地,先行通知,须拆让①。

查文舫于民国二十五年(1936)租用天津安徽会馆开办国医医院,每月租金五十元正②。

江西会馆于民国三十四年(1945)二月一日,复明记瓷庄租用江西会馆楼房一所,每月房租加茶水费共三百一十元③。民国三十八年(1949),复明记瓷庄再租江西会馆另一处楼房,每月房租小米二百八十角整④。

## 二、会馆内部经济运行

山西会馆出租产业取得了不少收益,如李彩章鲜货铺租山西会馆后门外对过窨子一处,内计六小间,门窗户壁俱全。同中言明每年租价洋一百六十元整,外有茶水洋每百元按二分计算,按四、八、十二月三季交租⑤。这是民国二十四年(1935)四月一日的契约。民国二十五年(1936)德生厚租山西会馆房子,租价洋一百九十元整,外有茶水洋四元⑥。民国二十五年(1936)四月二十日,同泰祥租山西会馆相连临街坐北楼房一所,计门面四间、楼房四间、罩棚两间、柜房两间、后身楼房六间、门窗户壁玻璃铁门一应俱全。言定每年租价通行大银洋一千元整,茶水洋二十元整⑦。民国二十五年(1936)五月二十二日,吕恒厚、郝顺泽租用山西会馆房产,租价大洋四十八元整,茶

---

① 宋美云主编:《天津商民房地契约与调判案例选编(1686—1949)》,天津古籍出版社2006年,第15页。
② 宋美云主编:《天津商民房地契约与调判案例选编(1686—1949)》,天津古籍出版社2006年,第16页。
③ 宋美云主编:《天津商民房地契约与调判案例选编(1686—1949)》,天津古籍出版社2006年,第26页。
④ 宋美云主编:《天津商民房地契约与调判案例选编(1686—1949)》,天津古籍出版社2006年,第27页。
⑤ 宋美云主编:《天津商民房地契约与调判案例选编(1686—1949)》,天津古籍出版社2006年,第44页。
⑥ 宋美云主编:《天津商民房地契约与调判案例选编(1686—1949)》,天津古籍出版社2006年,第45页。
⑦ 宋美云主编:《天津商民房地契约与调判案例选编(1686—1949)》,天津古籍出版社2006年,第45页。

水一元①。民国二十六年(1937)二月一日,油漆颜料同业公会租山西会馆院内众号公所南房三间,每年租价国币一百二十元外,有茶水二元四角②。复明记租用山西会馆后门外旁坐东窨子堂处,租价通用洋一百九十元整,茶水四元③。民国二十七年(1938)二月,二友堂租用山西会馆东院南房五间,租价每年二百元整,茶水四元④。民国二十七年(1938)三月二十日,振兴号租用山西会馆范店胡同第三所房院堂所,计北房三间、南房三间、东西房各三间,每年租价通用国币四百整⑤。民国二十七年(1938)三月二十五日,义和补皮局租用山西会馆内小公所房院一所,计北房三间,板墙一道,南房三间,板墙一道,门窗户壁帘架风门玻璃一应俱全,西厦房一小间,屏门一道。言定每年租价洋二百二十元整,外有茶水洋四元四角分,每年国历三、七、十一月三季交租⑥。民国二十七年(1938)六月一日,福祥和租用山西会馆内北房三大间,东房三间,板墙一道,又西小厨房一间,女厕所一处,每年租价洋四百五十元外,有茶水九元⑦。民国二十七年(1938)六月二十五日,玉成信租用山西会馆内西房三大间,租价每年一百三十五元外,茶水二元五角,按年六、十二月二季交租⑧。民国二十七年(1938)六月二十五日,宏记号颜料庄租用山西会馆估衣街坐北楼房一处,计楼房上下十二间,外有小厨房一间,楼上下门窗、户壁、板墙、玻璃、纱窗、铁门一应俱全,每月二十五元租金,茶

---

① 宋美云主编:《天津商民房地契约与调判案例选编(1686—1949)》,天津古籍出版社2006年,第46页。
② 宋美云主编:《天津商民房地契约与调判案例选编(1686—1949)》,天津古籍出版社2006年,第46页。
③ 宋美云主编:《天津商民房地契约与调判案例选编(1686—1949)》,天津古籍出版社2006年,第46页。
④ 宋美云主编:《天津商民房地契约与调判案例选编(1686—1949)》,天津古籍出版社2006年,第47页。
⑤ 宋美云主编:《天津商民房地契约与调判案例选编(1686—1949)》,天津古籍出版社2006年,第47页。
⑥ 宋美云主编:《天津商民房地契约与调判案例选编(1686—1949)》,天津古籍出版社2006年,第47—48页。
⑦ 宋美云主编:《天津商民房地契约与调判案例选编(1686—1949)》,天津古籍出版社2006年,第48页。
⑧ 宋美云主编:《天津商民房地契约与调判案例选编(1686—1949)》,天津古籍出版社2006年,第48页。

水五角①。这里显示山西会馆占据着许多临街好房,便于出租经营。

会馆的某些产业可以经营而产生收益,民间借贷时常通过会馆而规避风险,会馆还可在同乡组织的旗号下联络同乡,甚至会给予物质和其他方面的支持。民国元年(1912)七月一日山西会馆值年众行帮申述该馆建立经过与性质请严禁外人强占文中提到,山西会馆委系山西旅津商号十三帮集资公建,纯系商馆性质。但唐国英虽系山西人,却是学界中人,无权强占会馆。因为该馆十三帮公建,并非山西全省同乡普通建设。他们认为唐国英属无理滋闹②。

山西会馆又于民国七年(1918)六月二十四日由董事李楚珍陈述会馆建立与改建情形请津商会评议阎守基占产不还文,希望天津商会能出面保护其产权。陈述的情况有:山西会馆经众商合力创建于嘉庆年间,庚子年因会馆被焚门面三间,加拳祸之后各帮避乱,纷纷离津未返,经杂货帮先生阎光煜商允董父,由伊出资垫盖,改建楼房八间,连同后院旧有楼房六间,共一十四间,一并出租,言定得租,先尽垫资归还,还清之后,即将该房交还公家。除拥有会馆旧存砖瓦木料外,其垫出工资约计两千元之谱。该房共十四间,每年约租千元之数,由庚子至今十有八年,按年计租,已超过垫款原额数倍。又会馆原有杂货公所房院一座,计房六间,向为该行办公之区,阎光煜固已占住,又复借用众号公所房院六间及小厨房房院六间。不料光绪三十年(1904),董父逝世,三十二年(1906)阎光煜亦病故,是以该房未能清算交还,其子阎增绪又延不变还,未几亦因病而故。延迄今日,其孙阎守基居然视为己产,经值年委董呈控诉追,无如阎守基供词狡展,据称此项房院为杂货帮所有,自言伊为杂货行董事,会馆虽有公推值年,无权干涉。伏查会馆各行商,现时除当行、洋布行完全成立外,其他各行经庚子、壬子两次变乱,统系均行失散,已非一日。即使其为杂货帮董事,此项房院确为山西会馆众行商完全公产,非杂货行一帮之私产。以一帮之董事,岂能占据众行之公产乎③?面对这样的情形,山西会馆只能请求天津商会出面给予解决。

民国五年(1916)六月八日,潮建两帮商人陈述两帮出资共建闽粤会馆

---

① 宋美云主编:《天津商民房地契约与调判案例选编(1686—1949)》,天津古籍出版社2006年,第48—49页。

② 宋美云主编:《天津商民房地契约与调判案例选编(1686—1949)》,天津古籍出版社2006年,第235页。

③ 宋美云主编:《天津商民房地契约与调判案例选编(1686—1949)》,天津古籍出版社2006年,第236页。

经过、指责广帮昧良妄争文中说:"闽粤会馆建立于乾隆初年,重修于道光二十七年初,由福建泉州船帮经营购地以立基础,有乾隆年间地契为证。继因船帮有广东潮州人原籍福建,言语习惯与建帮相同,遂一同出资建设,故额其名曰闽粤会馆。然自表面观之,虽涉两省名义,其实系狭义之闽粤会馆,即仅限于建潮两帮之会馆。且建帮之中亦只仅有漳、泉二府之人,他如福州帮、延邵帮等均不在内。且会馆向有董事,由帮中值年之人聘请之,以办理会馆一切事故。故会馆之情形以及历来之习俗,董事知之最审,并有代表会馆之责。帮中之争较亦常由该董事调停,恰如会馆中之一公证人。若令该董事到会作证并陈述历来之情形无难,曲直立辩。"①这里表明:闽粤会馆实际上只是建郡商人和移居潮州的建郡商人组合而成,用了一个较大的名号,并不代表整个闽粤地区。该文继续说:

> 我福建帮中尚有福州帮及延邵帮二帮,亦皆系独立,与我漳泉帮之会馆毫无关系。若因会馆之名有关闽粤二字,即直指为广义之闽粤会馆,何以我福建之福州帮与延邵帮不在其内。此二帮会馆亦有董事,若得贵商会邀同二帮之董事作为参考,则闽粤会馆之解释更易分明。又会馆向祀天后圣母,原是船帮,而天后圣母之原籍乃系福建人,而船帮乃建潮之人,建帮之船头带绿色,潮帮之船头红色,故有绿头红头名称。先泊于闸口,后移于葛沽,其船由南至北远涉重洋,故津人又名之曰洋船。至洋船之不来津为年无多,津沽父老耳闻目见,至今尚称道不忘。若广东帮之来天津,系火船交通之后,同治十一年始租到我会馆之房屋,尚有租札为凭。况建潮两帮之于会馆,始则乾隆初间集资建设,继则道光二十七年出资重修后,又因会馆光绪二年亏欠天佑钱庄大钱五万数千吊,均由建潮两帮分认垫银还债;光绪六年会馆又加修筑,二千七百余两亦由建潮两帮分别担负;光绪三十年重修闽粤义地山庄,计欠银二千两,亦由建潮两帮各认银一千两,均有会馆历年账目叮稽。如历年敬神及义地祭扫,皆由建潮两帮经营其事,相沿百六十余年。是广帮之于会馆,初因未到天津,未有出资捐助,后虽到津,凡会馆需用经费,又未尽丝毫义务,何得昧良妄争。②

---

① 宋美云主编:《天津商民房地契约与调判案例选编(1686—1949)》,天津古籍出版社2006年,第241页。
② 宋美云主编:《天津商民房地契约与调判案例选编(1686—1949)》,天津古籍出版社2006年,第242页。

文中显示：即使叫"闽粤会馆"，并不意味着闽粤每个地区都被包含，闽粤会馆更多地体现了福建文化的特质。早在建立闽粤会馆时，是一个叫"苏万利"的闽帮和一个叫"世德盛"的粤帮联合而成，后来潮帮改名叫"万世盛"，广东其他府州粤商改名为"常丰盛"。闽粤由二帮分裂为三帮。这样就有了广潮建三帮的分野①。

但广帮商人却坚持认为乾隆三十一年（1767）成立的闽粤会馆系闽、粤两省旅榇寄葬之义地，注明为两省众商所共立，只是后来建潮商帮欲将闽粤两省公产改为建潮两帮私产。他们认为"会馆之产业系乾隆年间起，由两省商人运来之进口货物按件抽捐，以该捐款购买而来。如何抽捐之法，有会馆章程为据"。"闽粤会馆系于乾隆年间成立，未成立之前，闽粤两省商人用红头船载货来津发卖，所得之价再购出货物运回南省，因海道迢远，是以两省商人公议建造闽粤会馆一间，又名天后行宫。每船平安抵埠，必到天后行宫酬答神恩，并以会馆为众商集议之所。嗣以商务日旺，捐款日多，除作酬神及什费外，以余存之款置买房产以为保代捐款稳妥之计，而以所收租项拨充公用。造因捐款过巨，而所谓产业亦属不少，所得租项拨充公用尚有盈余，乃于中途公议停捐，此即闽粤会馆公产之所由来也。初买地皮房屋之时，其价甚贱，今越百余年之久，其地价房价腾涨百倍。被告见利忘义，顿起吞没之心。会馆所置公产闽粤商人皆得分住，广帮住岭南栈，建帮住福康里（潮帮住潮义栈），即是明证。然既系公产，各帮皆须纳租，惟租价则从廉计算，立有租折为据。所得租款由广、潮、建三帮轮流管理，每帮经管一年，如有值年亏空公款，归该帮担任，责令经手人照数填补，不得异言，如是者历有年所。"只是道光年间广帮衡春荣为值年时，亏空公款，没有如数填补，潮建两帮遂经理其事，民国初年，将闽粤山庄加添建潮两帮义冢执照。广帮这样的指控是要说明潮建两帮肆意篡改契据，应予处罚②。广帮认为潮帮与闽亲，势力既雄，加以与广帮积有意见，遂有排挤广帮之意。故咸丰以后，广帮遂无人值年，而会馆每年出入账目，潮建两帮亦不令广帮与闻。自后屡困议加岭南栈房租一事，争执涉讼，宣统二年（1910）有张肇伦控李序东改建楼房之案，民国二年（1913）有梁璧等控易伟堂私改门面之案，去岁梁璧等竟敢以一二人之私见，私将义冢执照更改为建潮两帮义冢字

---

① 宋美云主编：《天津商民房地契约与调判案例选编（1686—1949）》，天津古籍出版社2006年，第235页。

② 宋美云主编：《天津商民房地契约与调判案例选编（1686—1949）》，天津古籍出版社2006年，第244页。

样。广帮同人以梁壁等既可更改义冢执照,履霜坚冰,则会馆亦摈出广帮,馆产亦可侵占,万不得已始行起诉。现广帮在法庭请求目的有三:第一,确认会馆为闽粤两省公建,会馆值年由三帮公举。第二,勒令梁璧等将闽粤义冢执照照旧改正。第三,饬令会馆值年将馆产契据及历年账目呈堂核验,有无侵占情弊,以期维持公产。他们坚持认为,历史表明闽粤会馆是三帮公有,如前清时代最重鼎甲,凡两省新科及第到津,例拜会馆,晋遵欢迎,致送匾金。查梁耀枢送二百四十两、谭宗浚进二百四十两,与福建黄探花同。陈伯陶送一百两,与福建王仁堪埒。其余尚有庄有恭、罗淳衍、唐绍仪等匾。再如"我两省同一会馆,向相联络,无论潮建广帮商遇有外侮,辄相捍御,禀由地方官出示保护者不知凡几。如光绪三十二年天津县章告示,今尚悬于会馆门首"。再如"闽粤会馆由两省绅商集合而成,津人称为南蛮会馆,津门杂记有载"。再如"闽粤山庄系闽粤众商公置,于乾隆三十一年立碑,有闽粤众商公立字样"。再如"闽粤会馆义务三帮俱分担。查光绪二十年甲午十一月,天津府县片请筹办军需一千两,每帮分筹三百三十三两三钱,十二月交海关道,有收条"①。这些事实均是为了要说明闽粤会馆确实就是闽粤全体商人的组织,我们觉得建潮商人肯定在其中起到主导作用。

  会馆出租业务有时出现拖欠现象。民国十七年(1928)一月十七日,安徽会馆与阮敦善堂地租金案例很有代表性。安徽会馆董事为欠租金事致阮昆林函文说:查尊处租用会馆地皮,计河北三才里八大家三号,福星栈、天禄里等处,计三年以来,共租金洋八百五十余元,延未缴纳,前由会馆迭经函催,亦未蒙示知办法。年来会馆所入不敷,每月开支境处极难,以致应加兴修各事多因停顿,且会馆公产、公款,凡属诸乡皆有经营之义务,此项地租究未久付漠然。前闻尊处经将该等处房屋押与天津兴业及农商两银行,会馆以房屋与地皮有附连之关系,与该两行切实磋商请质,将此项地租积欠暂代尊处照为缴付,以济会馆之要需。幸农商银行勉强认可,而兴业银行将请由律师复函前来坚拒否认,恫吓之情殊属可恶。现会馆势难缄默而止,而农商银行因亦显食言观望,意即欲与兴业涉讼,则恐于尊处大有不便,亦不可不先行通知,势逼处此,究竟此项地租积欠如何办法,务请迅即示遵,俾得平结

---

① 宋美云主编:《天津商民房地契约与调判案例选编(1686—1949)》,天津古籍出版社2006年,第246页。

而免与兴业涉讼,实为厚幸①。此信函的目的很明显,就是希望欠租方给予一个解决办法。所欠共计一千二百八十元。经过河北天津地方法院审理,"将阮昆林所有八大家胡同浮房鉴定价额完毕,计砖灰瓦房十间,大门过道一间,平厦三条,共鉴定价洋一千一百六十九元,除通知债务人外,该债权人如愿照判留买,可将应找价款径向阮昆林交付,特此通知。"② 1949年12月7日的安徽会馆为欠房租事致魏记煤厂函文并附文,其中说到,魏记煤厂在民国三十七年(1948)租期内积欠租金一个月,自三十七年租约届满后,屡以订约缴租向该厂代表人魏吉山先生商洽,并声明如不订约缴租应即腾房。迄今已届一年之久,仍置不理,实属无可再忍。为此函达该厂应于五日内除将三十七年租期内所欠租金按照当时币值折合小米计算补还外,并须补立三十八年租约,遵照现行法令每月每间以最高小米平均二十斤计算,折给人民券一次付讫。倘再置诸不理,即行提起腾房并赔偿租金之诉讼,勿谓言之不预也。再查该厂实际上所住用房屋不过十间,其余均已转租,殊属违约,应即收回。除另函知住户另立租约外,并告希查照,合并声明。同时,安徽会馆还向转租房屋的住户发函,希望他们直接与安徽会馆续约。魏记煤厂于12月22日复安徽会馆文说:自己系小本营业,实以劳动力贩卖煤球糊口,苦不堪言,人所共晓,并非大煤栈可比③。从双方的函件看,安徽会馆确实也存在管理不善的情况,耽误了处理问题的时间,并非纯粹是魏记煤厂拖欠。

## 三、官府对于会馆组织下的商帮经济的保护

无论如何,会馆已通过法律途径谋求财产的被保护,官府介入会馆财产事务实际上是官方影响力逐渐增大的表现。

对于商业活动,清政府基本采扶植的政策,这在会馆的碑文中可以见到。如乾隆三十六年六月二十日《天津闽粤会馆碑文》中有:

  钦命巡按长芦等处盐院管理天津钞关税务西为晓谕宽税之条,以示优

---

① 宋美云主编:《天津商民房地契约与调判案例选编(1686—1949)》,天津古籍出版社2006年,第257页。
② 宋美云主编:《天津商民房地契约与调判案例选编(1686—1949)》,天津古籍出版社2006年,第263页。
③ 宋美云主编:《天津商民房地契约与调判案例选编(1686—1949)》,天津古籍出版社2006年,第264—265页。

恤事:照得闽粤商船来津贸易,历任念其远涉重洋,风涛颠险,均有宽税之条。糖包每大包准除皮十斤,每小包准除皮五斤;其红白糖内每大包优免十斤,每小包优免五斤,往来船料并免报纳。至水手所带零星货物税银不及一钱者概行优免,仍于税银内每百两免银二两,以示格外柔远之意,屡经出示在案。查洋船现在陆续进口,恐有初次来津商客,不知优恤之例,妄希隐漏,大干未便,合行出示晓谕。为此示仰闽粤商人等知悉:所有一切加恩优恤之处,本院循照向例举行,尔等各宜自爱禀遵示谕,安分守法,据实报纳,不得稍有隐漏,并严饬水手人等一应零星货物务于查验之后,方准起卸,不得擅动。倘有违犯,一经拿获,定行按律究治,决不宽贷,毋违。①

通过闽粤会馆传达政府的恤商意向,能起到防患于未然的作用。

乾隆四十三年(1782)七月三十日的谕示说到:可能是因为远商初次来津,未谙海关优恤远商之意,不知感禀,致罹罗法网。因此再次晓谕:天津海关本系落地税银货物循例折扣照依时价每两抽税三分,且念远商冒险而来,每加优恤,于大糖包每包除皮十五斤、小糖包每包除皮七斤之外,大包红白糖每包恩免十斤、小包红白糖每包恩免五斤。又于共计正项税银之内每两又复恩免三分,以恤舵水之艰劳。数十年来相沿已久,则是俯恤远商不为不厚,尔商户等正宜各相感勉。遵例报税,庶不负优恤之典。讵今岁洋船陆续抵津时,有水手私卸怀挟,冀图偷税,致使拿获,已经按例罚究。尔等新到后来之船,各须上体历来优恤之典,严饬该船舵水照例输税。自示之后,倘仍有憨不知感之徒再行怀挟偷漏,一经查拿,定行按法究惩,断不宽恕,各宜凛遵毋违②。

嘉庆四年(1799)四月,又有为厘定洋行局栈旧规以裕国课以安远商事:"照得津邑地方历来闽粤等省洋沙船只进口贸易,恐人地生疏,设立洋货起卸行,代客评价出售。惟洋船进出俟风帆顺利,为期迟速不一。货物到津查验后即须卸贮,以便归帆。但洋行既少,房屋无多,所来货物不能及时起卸。是以又有开设洋货局栈之九家,此洋行局栈之所由来也。"局栈每两得银一分五厘,已被公认"至公至当"。但后来却出现了有人把持局栈的现象。故规定:嗣后一切洋沙船只进口,均听各商自投行栈发卖,毋得挟勒把持,仍照乾隆丙申年众商决定规条而行,不得丝毫紊乱致累客商,以仰体圣上柔远之至意。倘行栈存私取巧,任意

---

① 宋美云主编:《天津商民房地契约与调判案例选编(1686—1949)》,天津古籍出版社2006年,第251页。
② 宋美云主编:《天津商民房地契约与调判案例选编(1686—1949)》,天津古籍出版社2006年,第251页。

更张,许该商等赴县禀究,以凭详办,决不姑宽,各宜凛遵毋违①。

嘉庆十二年(1807)十月、嘉庆二十二年(1817)冬月初二日说:"历来洋船到津,须候定准时估价值后,始输纳税银出口回洋。近年各处买客因买卖萧索,来津买货甚迟,又兼货色高低不齐,时价未能及时议定,以致洋船在津耽延至秋末冬初始得出口。不及赶潮乘风,船伤人溺,殊堪怜悯。"官方试图让闽粤商人"将所载各货物按照议定价银随时起货纳税,以便即时放船出口,免致守候误时冒险回洋,此系各上宪体恤远商之意"②。

恤商还体现在官方严禁盗窃闽粤商人远道载来的货物,道光二十五年(1845)六月六日天津知府侯升何说,此前曾有李景山、于美公等处理过类似案件,"稍有敛戢。然剥船贪饕成性,如食饵有味,每年被偷之糖货,两帮统计多尚数万斤,少数千斤。客号出海皆欲鸣官究治,而行户等代为求免,仅予薄罚,竟以姑息之事酿成习惯之患"。此次规定:"嗣后由葛沽至津剥船,如有偷窃糖包客货,一经本防府访闻或该客商等指明告发,即将剥船封坞派役看管,责令全数赔偿货物,如赔不足数即将剥船变价赔补,仍治以应得之罪,以示惩儆。"③这样的规定如能认真执行,确实能很好地保护闽粤客商的利益。

闽粤会馆在运行中按所纳海税银数计算抽分来维持会馆的正常运转,主要用于敬奉天后圣母神灵春秋二祭之费。其后依据货物多少派捐,如每船装货一千四百担以上者为大船,应捐银三十两;装一千四百担以下者为小船,应捐银二十两,该银具经各船出海交纳。其货每担以扛连纸五篓为一担,逐年着行家计算,其每船所卸纸数之多少,以作捐资之权衡④。咸丰四年(1854)的这份重整旧规表明会馆运行走了一条与闽粤商人业绩挂钩的路子,会馆的兴盛实际上就是闽粤商人事业发达的标志。

(《华中师范大学学报》人文社会科学版2009年第6期)

---

① 宋美云主编:《天津商民房地契约与调判案例选编(1686—1949)》,天津古籍出版社2006年,第252页。
② 宋美云主编:《天津商民房地契约与调判案例选编(1686—1949)》,天津古籍出版社2006年,第253页。
③ 宋美云主编:《天津商民房地契约与调判案例选编(1686—1949)》,天津古籍出版社2006年,第253—254页。
④ 宋美云主编:《天津商民房地契约与调判案例选编(1686—1949)》,天津古籍出版社2006年,第254页。

# 清代天津城内居民购买食盐方式初探

张 毅

盐为人们日常生活必需品。也正因此,盐课成为古代政府财政收入的重要来源之一,盐专卖制度由来已久。古代盐业问题关涉到中央、地方以及社会不同阶层间的利益冲突与调和,触及政治、军事、经济等诸多方面内容,影响广泛而深远,故为历来研究者所重视。然而,前辈学者多从政府、商人、灶户等食盐销售主体出发,研究不同地区的盐业生产、运销、私盐等问题,而对购买主体———各地居民的食盐状况则关注不多。了解、剖析地方食盐状况,有助于拓宽对古代盐业管理的认识,加深对古代地方社会的认知。本文从居民购买食盐角度出发,以清代天津城内居民为例,对相关问题进行思考。抛砖引玉,祈请方家指正。

清代,盐业销售实行专商引岸制。概言之,即政府划定行盐地界(引岸,亦称引地,一般以州、县等基层行政区划为单位),确立各地引盐额数(引目),由特许专商领引,按地界行盐,不得侵越。居民食盐一般仅许购买当地专商所行引盐,购买食盐方式单一、持久。但天津城内居民购买食盐的方式稍有不同,较为多样化,主要有菜盐、牌盐、引盐三种,且变化调整较多,不同时期,居民购买食盐的方式互有差异。以下按时间顺序,对先后出现的天津城内居民购买食盐方式分别加以阐述。

## 一、菜盐

清初,天津城内居民不食引盐,与全国大多数地方居民食引盐有异。其原因在于天津的特殊条件:天津为芦盐重要产区,城东南有兴国、富国、丰财三盐场,产盐量颇为可观,城东门外又有芦商贮盐之盐坨,堆有数量庞大的盐包,食盐资源丰富而便利,这使天津自设卫、建城始,一向无引目,不行引盐,无官盐店,直到清初,这种情况没有变动。

菜盐具体何时开始成为天津城内居民购买食盐方式已不可考。但清初,天津城内居民食盐主要依赖于此。菜盐,即为腌菜所购之盐。在古代生活条件限制下,腌菜为上至王公贵族、下至普通百姓家中常备佐餐食物,所以菜盐数量极大。与菜盐相类的还有酱盐,乃为制酱所购之盐,这种食盐数量也很大。故史称"各处销盐以酱盐、菜盐为大宗"①,盐商完课亦多赖酱、菜盐的销售。由于用途相类,人们往往将之统称为菜盐。

因腌菜、制酱一般于秋后进行,故时人习称这段时间为"菜秋"。每届菜秋,菜盐需求旺盛,成为天津城内居民购买食盐极盛之时。其具体办法为:由天津地方官员查明城内居民户口,登记造册,然后送长芦都转盐运使司,由都转盐运使司转发辖下青州分司,分司依照花名手本,酌批盐斤数目,令商人将贮于盐坨之官盐放卖一次,俗称"放菜盐"。天津城内居民四季食盐多于此时一次性购置。因商人按引纳课,放卖菜盐无需官引,故无需缴课,所以菜盐价格低廉,一斤不过银一二厘②,天津城内居民颇受其惠。

低廉的菜盐价格对津城附近不具备购买菜盐资格、被强令买食高价引盐的居民而言,无疑是一种诱惑。利之所在,人所共趋,越界偷贩、夹带等私盐问题不可避免会出现。为此,清政府对天津城内居民购买菜盐的时间、数量进行了严格限制:时间要求以三日为期,过期不再举行,数量上,不许零星发卖,目的在于监管、防范私盐。

## 二、初行引盐

康熙三年(1664),长芦巡盐御史张吉午为增加盐课收入,疏请增加天津卫盐引一千二百道。康熙帝因恐为民累,引起社会动荡,未予批准。但至康熙十七年(1678),因长芦销有余剩食盐达六十万斤之多,遂令酌增芦盐各销地引目,其有引地方,将见有余丁按照原额引数丁数合算:七丁至十五丁者,每七丁加一引;十六丁至二十五丁者,每十丁加一引;二十六丁至三十五丁者,每十三丁加一引。天津卫原无引目,则酌增四千引,由专商销卖。由于商人获取行盐资格需要投入重金,故至行盐之时,一般会计本取值,致使引盐盐价往往较高。而天津城内居民历来购买低价菜盐,因此对商人高价引

---

① 王守基《山东盐法议略》,同治十二年刻本。
② 清代定制银钱比价为1两=1000文,即1厘=1文。但实际银钱比价常有浮动。

盐不予理会,从而使引盐无法打开市场①。而盐商需要销盐以完课,地方与盐务官员之考成亦以完课为重要评定标准。因此,出现摊派引盐现象,使得天津城内居民苦不堪言。

康熙二十九年(1690),直隶巡抚于成龙会同巡盐御史江蘩上疏称:"天津卫原系产盐之区,从来不设引课。新增四千引盐多壅积",无处销卖,以至"按丁派食,民怨沸腾"。乞请于"商人张行代认一千引内酌留七百道"②,其余三千三百道引盐悉予豁除,以便民。户部认为:天津卫为商人聚凑之处,户口繁多,不宜豁除。然特旨豁免,所留七百道引盐,亦令附静海县疏销。于是此次试行引盐在城内居民的抵抗下被迫停止了。

## 三、牌盐

乾隆元年(1736),直隶总督李卫、巡盐御史三保题准,长芦滦州、迁安、乐亭、丰润、宁河、卢龙、抚宁、昌黎、天津、静海、沧州、青县、盐山产盐十三州县,有居住于盐场附近之贫民年六十以上、十五以下,及少壮有残疾,妇女年老孤独无依者,准报明各地方官,验实注册,给以烙印腰牌、木筹,许其每人每日由盐场买盐四十斤,于本境内无引盐地方挑负售卖。并只准行陆路,不准船载。此种方式所行盐称为"牌盐"。天津县无引盐地方主要指天津城内,故牌盐销售的主要对象为城内居民。由于牌盐价格也比较低,且买卖方便,无时间限制,所以未遭到天津城内居民的反对,改行牌盐较为顺利。牌盐开始行销后,菜盐被革除。

清政府创立牌盐之举意在惠民,"固法外之恩也"。但其可行性不强,"可说而不可行。产盐之处,谁买盐食?必挟至数十里以外始能见售。无论苦风凄雨、酷暑严寒之日,即天晴路坦,岂孱弱者所能负载远道乎!"③并且自牌盐设立始,即引发一连串的私盐问题:老弱贫民挑负之盐往往被人收买,囤积转卖,成为私盐之端。还有的不具备行销牌盐资格,却冒名混买、发卖。诸如此类,造成商人引盐销售受阻,津城附近沿河州县额引壅滞,引不通则

---

① 天津卫食盐购买主体为城内居民。散居于城外武清、静海等州县,归天津管辖之屯所居民,令就近购食当地引盐。
② 黄掌纶《长芦盐法志》卷九"转运上",北京图书馆古籍珍本丛刊本,书目文献出版社1996年。
③ 民国《静海县志》政事部,亥集,中国方志丛书本,台北成文出版社1968年。

盐课无法收缴,严重损害了商人与清政府的利益。这些无疑决定了牌盐之行必不能长久。

乾隆九年(1744),长芦巡盐御史伊拉齐疏言牌盐弊端,遂使滦州等地的牌盐行销被停止,为照顾原行盐之老弱贫民,则依照福建例,加倍折给钱文。不过这时天津县牌盐仍令老弱贫民挑负行销。直至乾隆十七年(1752),因天津、静海、青县、沧州、盐山五处牌盐"影射公行,透漏夹带,官盐壅滞",才议定照滦州等州县前例,折给老弱贫民钱文,停其负卖。具体措施为:察定各州县实在符合条件的老、幼、残疾贫民额数,取具里邻甘结,查验确实,加具印结,开造花名、年貌清册,送总督并盐政衙门存案。每名日给制钱二十四文,令商人按月照数捐交,由各州县发给。嗣后如有新补贫难老少,一例折给。次年,天津县牌盐遂被尽行裁汰,而再次改行引盐,将康熙二十九年(1690)酌留、附静海县疏销之额引七百道重归天津城内销售,以济城内居民食用。

## 四、再行引盐

天津城内居民向食牌盐等贱盐,改行引盐后,购买同样数量食盐势需加银,因而对改行引盐,多有不满,议论纷纷,甚至有人猜测并传言食盐改制出于官商勾结:"有云盐臣吉庆与王志德同宗者,有云运使卢见曾与王志德亲厚者"①。为免除巷间浮议,有关方面题准虽改为引盐,但盐价仍照牌盐之旧,每斤小制钱五文。

盐价如此确立后,又带来新的矛盾,商人认为照此核计成本,入不敷出,难以赔垫。这使清政府不得不再次加以调整:除额引七百道照例输课外,天津城所销余引免商输课,并将天津县作为公共口岸,选商输办,递年更替。乾隆五十年,以天津公共口岸商人一年一换,各商不能实心经理;又武清引地于三十七年亦作为公共口岸,与天津接壤,两商承办,心存彼此,巡缉不力;且武清定以十年更换,天津按年轮值,时间一长一短,均未能适中,将天津、武清两公共口岸归并,称津武口岸,由一商经理,五年更换。如盐商经营妥帖,则令继续办理,如有废弛,随时撤换。公共口岸的设立,使得商民两便:商人因余引免课,得以收获丰厚利润;盐不加价,天津城内居民得食贱

---

① 《高宗纯皇帝实录》(六),卷四百四十一,乾隆十八年六月下,中华书局1986年。

盐。然而,制度往往于初创施行时效果良好,行之日久,则弊端百出,走形变样。至道光七年(1827),天津城内盐价涨至制钱一十六文,"较定例已多至五倍有奇"①,城内居民已无贱盐可食。

综合以上所述可以看出,天津城内居民购买食盐方式的变化、不同购买食盐方式的推行与废止,主要受到以下因素影响:第一,天津的地方特点。如清初菜盐及后来牌盐的实行,均缘于天津为食盐产区。如果没有丰富、便利的食盐资源支持,则二者均无法实施。第二,政府决策。在食盐专卖制度下,居民食盐方式多依赖于政府的决策。天津城内居民无论食菜盐,还是牌盐,抑或是引盐,都由清政府制定实施细则与管理办法,下令推行。第三,食盐相关主体的利益调节。此点往往体现在食盐改制、各方利益发生冲突之时。关于这一点,前文已有明确叙述,此处不再赘述。

通过对清代天津城内居民食盐方式问题的梳理,可以得到如下启发:一,地方政策的制定不可随意胡来,需要依照地方特点,因地制宜,极力避免只图一时之省便而不加分析地照搬照抄他处的管理办法,尤其不可仅从政府财政税收的角度出发制定相关政策法规;二,政策施行前,当多方调查,广询博采,验证其是否具备可行性,推断其可能带来的后果及影响,权衡利弊,并提前做出相关预案;三,政策的推行应充分考虑相关主体的利益,力争实现各方平衡,如遇失衡情况发生,则政府当迅速反应,予以调和,使之达成和谐。

(《西北师大学报》社会科学版 2009 年第 1 期)

---

① 葛士浚《清经世文续编》卷四十二《驳长芦盐价改用银桩疏》。光绪石印本。

# 权力在空间中的流动
## ——对原天津"意大利租界"的历史人类学分析

李东晔

历史上的天津曾先后存在过九国租界,其中包括一个"意大利租界"(1902—1945),面积771亩,在九国租界中仅稍大于比利时租界①。我相信,很少会有人把那个意租界等同于意大利,但它毕竟是中国眺望那个遥远国度的一个非常直接的平台。在这平台上,人们不仅见证着近代西方列强于中国的侵略,在想象着当年文艺复兴的繁荣的同时还体验着西方现代化的种种优越——而今,人类跨越了世纪,历史也向世界展开了新的篇章。

## 一、拆迁中的建筑与街道

我对于天津"意式风情区"的最初印象来自资料和图像——北京大学建筑中心"聚落研究"课程的老师和同学们对"天津原意大利租界"的勘测、调研汇报。因为当时那里正进行大规模的拆迁、改造,照他们的话说,他们希望把城市街区的这种"临界状态"记录下来。他们认为,此前或者此后,他们都没机会可以如此不受干扰(人的干扰)地来测量这些房子,观察它们的结构,体会当年设计和建造时的空间感觉,另外他们认为这也是一种文化转型的临界状态。而我理解的这种"临界状态"却不仅仅是两种"客观"空间的临界和转换,更多的却是人们对一段历史的记忆的临界状态。

我对"意式风情区"的田野考察,是继北京大学建筑中心师生之后,从查勘拆迁后的残垣断壁开始的。我从中心广场穿过马路,远远地就看到"异国"式样的柱廊,但仅仅是些柱廊,它周围的其他部分已经不知去向了;一座座人去房空的建筑里,撬起地板下的龙骨依稀可见,门窗、楼梯扶手等附属

---

① 虞和平:《清末以后同乡组织形态的现代化》,《中国经济史研究》1998年第3期。

设施已拆毁,除了水泥和砖的墙体,几乎看不到本来的样子了。"圣心堂"天主教堂,据说它是意大利天主教方济格会在天津唯一的一所教堂,旁边的医院原来也属于教会;看起来很早就和"宗教"失去了联系,1976年地震前是天津钟表厂铆钉厂的车间,地震后就将一些住户安置到这里,进而在教堂周围并不宽敞的院子里参参差差地盖满了各式各样的平房。著名的原意国领事馆,从外观看来保存状况很好,其屋檐下方的装饰图案看起来很"中国"——白底瓷砖上印着类似牡丹的花样,现在是河北区政府一些部门(包括河北区政协)的所在地,后院还有座四层楼房和一些平房,看上去似乎与前面那幢楼并不协调。在这片安静却有些混乱的区域中也零星矗立着十分醒目的修复一新的建筑,即"马克·波罗广场""梁启超故居"等。

除了交界的道路外,原意大利租界只有两条与海河相垂直的道路。街道确如北大同学们从建筑及规划的专业角度所描述的那样:"可以认为,这样的地块划分是为步行者为主要的对象而设计的,现存道路的最长距离不到600米,对于步行是相当适宜的……现存道路路面宽度在10米左右,红线宽度在15米至25米之间,但是长时间以来路面的改动较大,原始情况已无从考证,但从两侧建筑与道路的关系来看,道路空间的宽度与高度之比,即D:H大概为2,这个数值也是实际规划中最常用的,可以形成街道的围合感"①,进而形成非常适宜步行的街区。从原意国领事馆出来沿着东边的"民生路"向南,马路西侧的区域是一个名叫"米兰公寓"的新建社区,东侧的大片区域很早以前就都归属于铁路部门了,也都进行过或多或少的新修和改

---

① 王鹏:《天津原意大利租界外部空间分析》,《建筑业导报》2005年5月号,第86页。

建。不知道是不是新修的"马克·波罗"广场雕塑的缘故,相比"民生路",西边的"民族路"似乎显得要更重要一些。站在最北端,远远就可以望见那尊石柱上"飞舞"着的塑像。马路两侧保留下来的老建筑也相对较多,其中以"兵营""饮冰室"以及广场周围的"别墅"等最为著名。

匆匆领略了这里"风情",却发现建筑的空间在历史与现实两种时间维度中得到了一种"弥散式"的扩展,远远超过了其物理性的范围。之所以称为"弥散式",是因为这空间的方向性并不明确,界限也很模糊。人们很"客观地"生活在现实场景中,但基于各种层面的记忆,对个人及社会的历史进行着各式各样"主观地"的言说。而那些建筑专业测量所认定的几乎完美的划分街道的尺度,在我日后的调查中也发现,实际上也已经是变化过很多次了。

## 二、曾经租界

1843年英国在上海设立了中国的第一块租界,第二次鸦片战争后英国首先通过一纸照会在天津设立了租界:"欲永租津地一区,为建造领事官署及英商住房栈房之用。现勘得津地迤南二三里许,坐落紫竹林至下园地一方,约四顷有余,请查明津县地丁原册,立契永租,按照完纳钱粮。每地一亩,给业户租地银三十两,赔补迁移银十两。并请转咨直隶总督,商地方官办理。"① 随后,法国和美国也先后比邻英租界强行设立了租界。"英法美租界在当时虽地处荒僻,但面临海河,背靠由京师通往海口的大道(海大道,今大沽路),在天津最繁华的城东北沿河环衢之下,扼水陆交通之咽喉,最具发展的潜势。后来,英法租界均在河岸修建了停船码头,转移了天津城市的经济重心,并由此造成了租界的繁荣。"② "非我族类其心必异。"有学者认为,虽然开埠与割地是极不情愿之举,但当时清政府并不希望外国人住在自己身边,由于当时外国人与当地华人之间的各种冲突频频不断,所以他们反而更"希望租界早日划定,以便使占据天津城的外国人尽快住到城外的租界中去"③。租界一经划定,天津方面就在租界附近设立公所,在海河上架设浮

---

① 《筹办夷务始末·咸丰朝》,卷七十,中华书局1979年,第2648页。
② 罗澍伟:《近代天津城市史》,中国社会科学出版社1993年,第137页。
③ 刘海岩:《空间与社会》,天津社会科学院出版社2003年,第59页。

桥,使外国商船只能行使到租界,而不能直达天津城,从而达到"人船并聚,中外界清"。这些做法,在某种程度看来似乎无异于"闭关锁国"的做法。

1900年八国联军出兵中国镇压义和团,7月14日攻陷天津。7月22日,联军在天津建立了殖民统治机构"管理津郡城厢内外地方事务都统衙门"(Tientsin Provisional Government),并把除租界以外的天津地区划分为8个区,由各国分管①。该都统衙门最初由俄、英、日三国军队司令官指定具有同等权力的三名军官组成,后来又逐渐扩大为八名各国军官,同年11月20日改名为"天津中国城区临时政府委员会"(Provisional Government of the District of Tientsin)②。正是在此期间,俄、意、奥三国乘机将其军队占领的地盘开辟为租界。而此前,已在天津划立有租界的英、法、德、日等国,也借机进行了不同程度的扩张。

依据津海关道唐绍仪与意大利公使嘎里纳(G. Gallina)签订的协议,一般认为天津意大利租界1902年设立,1945年日本投降后被正式收回。但事实上,有资料显示,1900年12月1日,意大利驻北京公使嘎里纳就已向北京外交团发出通告,内称:"义大利王国政府,为了有效地保护义大利的商业及船舶之利益,在天津开设领事馆,并与既成其他外国租界同样,义国有设立租界之必要,因此相信义国政府对中国政府将要求适当土地之租界。"在此通告发出之后,意大利公使即命令军队占领毗邻俄租界西端从海河北岸至北宁铁路之间的大片土地,作为预备居留地③。于是,意大利军队已经在这块土地设立了界桩。因此,随后尽管当时天津道等曾为意大利在此划地一事多次致函李鸿章和意大利方面,建议另外划地,但是最后的结果仍然没有改变,即1902年(光绪二十八年)6月7日,意大利驻华公使与津海关道唐绍仪在天津海光寺签订了天津意租界协议,共14条,规定"租界内一切官地,中国均行让给义国,专为永业,毋庸出价";而对于私人房地,意租界当局"随时公平购买,由付给价值之日起限六个月腾空交出";对于"无主之业或不知业主之业",意租界当局"出示十二个月后仍无人投报,义国工部局可将该业充公"。租界的租金,援各国租界先例,每年仅向中国政府交纳钱粮每亩1

---

① 尚克强、刘海岩:《天津租界社会研究》,天津人民出版社1996年,第15页。
② 罗澍伟:《近代天津城市史》,中国社会科学出版社1993年,第314页。
③ 《意租界》,天津市政协文史资料研究委员会:《天津租界》,天津人民出版社1986年,第134页。该文出自一位名叫李树荼的记者于1959年前后组织有关人员座谈的记录,后由天津市政协文史资料改编而成,故取名"李文新"。

千文①。

　　与天津其他租界的建设方式相似,意租界也是通过将界内的土地进行重新丈量、规划,再出售或出租,然后用这部分所得进行基础设施建设。对当时界内已有的住户,他们也采取了相应的政策加以缩减。1902年天津《大公报》报道:"民间修理房间,必须向都署请照,每照限定2月缴销。如限满工仍未竣,准持原照禀明换给,河东意国界归意武官自行管理,请照之事须由意武官验明发给。昨意武官示谕云,界内民人除修理房屋照旧领照外,其余空地造房从此禁止"②。这样,在中国,天津与遥远的意大利"邂逅"了。由于各国租界并没有统一的规划,建设的速度和规模也不相同,但它们的风格相近,而且由于这些租界都是依附于海河而建,形成了一种蜿蜒的、各自相对独立的城市格局——这也成为日后天津被称作"万国建筑博览"的城市景观的基础。

　　租界的规划采用了福柯所注意到的那种"专业"的部署——尽管进行直接操作的人并非专业人士。"费洛梯(费雷第)上尉一身兼任工程师、卫生专家、公用事业顾问以及行政委员、领事和一般职员。他并没有参事会的组织来协助他工作,只好尽可能地向少数意大利侨民求教,特别是现在担任海河工程局董事长的毕希翁(Pincione)先生"。就意租界整体的空间格局规划而言,基本上是在先前中国人聚居时的基础上进行的,从北至南横向规划了六条马路,纵向分东、西两条贯穿整个租界区的马路,街道以某些现代意大利的缔造者的名字命名,这件事足以说明其创办人费洛梯上尉的"爱国精神"。在街道拐角地的蓝底白字的路牌上有一些名字是:维多利奥·厄曼努尼尔三世(Vihoria Emanuel III)、马可·波罗(Marco Polo)、埃芒诺·卡洛特(Ermanno Carlotto)、乌迪内王子(Prineipe di Udine)、维多尔·皮萨尼(Vettor Pisani)等等,还有一些名字是罗马(Roma)、的里亚斯特(Trieste)与特兰托(Trento)③。在街道名称上,更彰显了意大利的情节,如大马路(Corso Vittorio Emanuele III)、二马路(Via Vincenzo Rossi)、三马路(Via Ermanno Carlotto)、四马路(Via Conte Gallina)、五马路(Via Conte Galeazzo Ciana)、六马路

---

　　① 王铁崖:《中外旧约章汇编》第二册,生活·读书·新知三联书店1959年,第150—152页。
　　② 《大公报》1902年7月5日,本埠。
　　③ [英]雷姆森(O. D. Rasmussen)著,许逸凡译:天津社会科学院历史研究所编《天津历史资料》,第10期,1981年4月,第69—70页。

(Via Marchese Di San)、西马路(Via Marco Polo Giuliano)、东马路(Via Principedi Udine)、营盘小马路(Via Matteo Ricci)、医院小马路(Via Salvago Raggi)等。从街道的名称上就可以看出,大马路是 Corso Vittorio Emanuele III(今建国道),而其余街道都是"Via",在意大利语中 Corso 是指那种比较繁华的中心街道,而 Via 就是指一般的马路。

在意租界后来制定的《建筑章程》中,对大马路两侧的建筑提出了特别的要求:面朝大马路的所有建筑必须建成欧式,并只能由具备上等身份和名望的欧洲人居住,或由海关道或其他中国高级官员居住,但必须得到意大利领事的准许。这些建筑可以用作商店或其他商业用途,但必须由欧洲人经营并只能经销外国商品①。随后,意租界当局最先在大马路上铺设了沥青路面,并且相继在其两侧建造了意大利天主教方济格会的圣心堂(1910年)、意国兵营(1925年)以及意大利领事馆(1930年)等重要建筑。

从这种空间布局中不难发现,意租界当局是将这条"大马路"当作一种权力的中心来对待的。但事实上,这个中心并非意大利人的"原创",我们查看租界设立之前的老地图,那里当时已经具有相当稠密的人口、商业及文化规模。关帝庙、圣慈庵、盐官厅以及东集等都建在此地,而且通向天津火车站,所以该地段原本就具有一定的重要性,意租界当局并没有忽视或者有意改变这一点,而是加以利用并发扬。但是原来的那些中国寺庙却永远消失了。

广场,在欧洲人尤其是意大利人的生活空间中具有重要意义②。在天津,他们并没有忘记这一点。在租界的南段东、西两个十字路口各规划了一个广场,西侧广场称为 Piazza Regina Elena(艾莱娜王后广场)③。后来,意大利方面为了纪念第一次世界大战的胜利,在那里修建了一个顶端为铜质塑像的石柱。1916 年修建的"意国菜市"也在租界的南段。从表面上看,由于教堂、领事馆、工部局以及兵营等权力机构大都建在北端,而南端多为住宅及菜场、学校等,这种布局似乎是试图将神圣的权力与世俗的生活分列开

---

① 刘海岩译:《天津租界市政章程法规选》,《近代史资料》第 93 号,1998 年,第 153 页。
② [美]刘易斯·芒福德,倪文彦等译:《城市发展史:起源、演变和前景》,中国建筑工业出版社 2005 年,第 237—240 页。
③ [意]菲洛梯(Fileti):《天津的意大利租界》La Concessione Italiana di Tien-tsin,热那亚:BARABINO E GRAEVE 出版社 1921 年,第 21 页。

来,然而正因为广场的存在,却是将整个区域统一起来了。当时,每逢意大利国庆,租界当局都要在广场上举行隆重的阅兵仪式表示庆祝。

很显然,最初的意租界无疑是要通过空间的建造,彰显其所属国的一种权力。但为了实现这一目标,他们首先要借助于中国原有的空间权力象征体系,同时他们也受制于自身文化的结构体系,在这两个不同的体系发生接触和相互影响的时候,其他租界(英、法、日等)也在重新构建着一套新的结构体系。因此,对于天津的意租界而言,其最终的格局似乎并非是用某种特定的规则制定出来的,而是在各种成文的规则以及不成文的潜规则与现实的互动中建构出来的。

由于租界享有治外法权,天津各国的租界不仅在街区规划、建筑式样以及居民和商店、餐馆上有一定的差别,还制定有各自的法规章程。这不仅仅出于那些来自西方的"海外赤子"对于故乡的眷恋,同样也是对中国所要实施的某种权力的体现。一方面,就像很多文章中所谈到的,义和团运动之后,西方人所认定的对于中国应有的"惩罚权",另外还有一点就是"现代性"的先进对于中国传统社会的"落后"进行支配的权力。中国的城市"混乱、肮脏;街道的狭窄、嘈杂"等等,一定要代之以宽阔、整齐的现代化城市面貌。在意租界1908年公布施行的意租界《建筑章程》第一款中就明确规定:

> 意大利租界的规划经由意大利政府批准,将作为意租界确定建筑方位的指南。面朝大马路(Vittorio Emanuele)的所有建筑必须建成欧式的。……河坝将用来建造仓库,火车站附近土地的北半部也用于建造仓库,租界其他地区可以建造半外国式的住宅。①

第二十四款中则要求"租界内未征用土地上居住的中国居民还要遵守的规章":

(1)所有房屋必须保持清洁,房前的道路亦应保持清洁。
(2)每所房屋门前必须置灯一盏,从日落至午夜12时必须点燃。
(3)未经许可不得建新的建筑或改建旧有建筑。
(4)未经许可任何人不得出卖或出租房产。
(5)日落后出行须携灯盏或灯笼。
(6)一切出生、婚嫁、死亡或传染病必须立即报告。

---

① 虞和平:《清末以后同乡组织形态的现代化》,《中国经济史研究》1998年第3期。

(7)各户必须登记,所有旅店必须备有旅客登记簿。

(8)严禁在租界地区内埋设坟墓。

(9)任何人不准拥有武器和弹药。

(10)婚礼、葬礼以及任何大型集会都必须事先得到批准。

(11)所有婚礼、葬礼或仪仗等,如若要通过租界道路者,须得到准许。

(12)各种公共娱乐活动都必须获得警方批准。

(13)任何品行不端的当地人都可能被逐出租界。①

在意租界当局的眼里,过去这块土地上的中国人俨然不懂得"规矩",是需要被"教化的"、"危险的"一类人群。就如福柯所指出的:"一个建筑物应该能改造人:对居住者发生作用,有助于控制他们的行为,便于对他们恰当地发挥权力的影响,有助于了解他们,改变他们"②。租界当局也正是试图通过上述有关建筑的"规章"来改造居住在其中的中国人,后来在意租界1924年颁布的章程中,虽然对居住者的身份已经没有明确限制,但却更加事无巨细地罗列了巡捕房章程、汽车章程、胶皮车章程、公共娱乐所章程、当铺章程、菜市章程、建筑章程、新建筑章程、中国住房以及半西式之房屋章程、住宅内礼节、房地卫生之章程等40多项数百条款项。

然而,就如玛丽·路易·普拉特(Mary Louise Pratt)提出的"接触地带"(contact zones)概念,她认为"殖民遭遇的空间,在地理和历史上分离的民族相互接触并建立持续关系的地带,通常涉及压制、极端的不平等和难以消除的冲突等状况"。但她同时认为:"接触地带并不仅仅是统治的地带,即便是不平等的交流"。她将其称作一种"跨文化行为"——"从属或边缘团体从统治或宗主国文化传达给他们的材料中进行选择和发明。被征服的民族不可能马上掌握发源于统治文化的材料,但他们的确决定要不同程度地选择他们所要吸收的,并决定所吸收材料的用途"③。

一位曾经在20世纪20年代居住在意租界的老人告诉我,当时他家住的那个小楼用起来并不很方便,比如家里请客的时候,男女客人共用一个楼梯就很不方便,因此又加盖了一个两层的小楼,为的是在后面增加一个可以直

---

① 刘海岩译:《天津租界市政章程法规选》,《近代史资料》第93号,1998年。

② [法]米歇尔·福柯著,刘北成、杨远婴译:《规训与惩罚》,生活·读书·新知三联书店1999年,第195页。

③ Mary Louise Pratt, Imperial Eyes: Travel Writing and Transculturation. Routledge, 1992. pp. 6 – 7.

接通往二楼的楼梯,这样一来原来的楼里就有一间黑房子,权当连接加盖小楼的通道。当时住户自己是可以盖房子的,但是要经过租界工部局的批准,还要购买他们的建筑材料。加盖的一层是客厅,家里有请客的活动,就在这里招待男客,而女客可以从后面的楼梯直接上二楼,她们都在二楼活动。他和一个年龄相仿的弟弟住在一层的一个房间,姐妹们住在二层。所以说,对于很多接受了西方"新思想"、"新的生活方式"的中国人在某种程度上,其实是难于摆脱自身原有观念的"束缚"的。这位老人的家人改建住房就是很好的说明,尽管其父对家宅的改建,一方面是对于西方文化主体性选择的一种体现,但同时也说明,人们生长于其中的所谓"母文化"所具有的那种顽强生命力。

## 三、权力在空间中的流动

从《津门保甲图说》的地图上可以看出,在后来设立了奥、意、俄租界的海河以北的那片区域,除了西南部海河沿岸分布着盐坨地外,东北大片地带分布着各种寺庙:关帝庙、土地庙、火神庙、三皇庙,等等。当时,该区域已是人口相对密集的居住区,界内沿河有坨地一百零三条,坨后即系民居,大小街巷数十条;意租界设立前约有住户万家。民房后有盐坨、义地大小七八块,约有坟冢近万之数①。而并非后来所谓的"水坑和垃圾堆"②。

意租界的设立,使得早先"堆积如山傍海河,河东数里尽盐坨"的景观不再,代之以崭新的"西洋式"、"现代化"的面貌。

要了解意大利之所以一定坚持在天津设立租界,我们似乎还有必要再追溯到19世纪末期。中国在中日甲午战争失败后,日本以及西方列强先后得到中国割让的土地,与此同时在中国和意大利之间发生了令人遗憾的"三门湾事件"③,这一事件甚至导致意大利政府改组。意大利历史学者白佐良(Giuliano Bertuccioli)援引当时中国的一些报刊关于"三门湾事件"以及其他

---

① 《张莲芬等为会勘意租界情形事禀李鸿章及李批》,天津档案馆、南开大学分校档案系编:《天津租界档案选编》,天津人民出版社1992年,第388页。

② 罗澍伟:《费洛梯与天津意租界的开发》,郭长久主编:《意式街风情》,百花文艺出版社2001年,第5页。

③ 意大利试图租借中国浙江三门湾作为海军基地遭到拒绝,并且也未能得到其他西方国家的支持。

有关意大利的报道指出,当时意大利在中国心目中的形象和位置是,一个正处在深重危机的弱小国家①。英国布里斯托尔大学东亚研究中心的意大利籍学者马利楚(Maurizio Marinelli)在文章中不仅提到"三门湾"事件"因为没有得到英国的支持而使意大利感到深受伤害",还讨论了其他几个非常有趣的问题。他注意到,在天津意租界签署的文件中特意写有这样的文字:"意大利政府要求享有与其他国家所获得的有关租界地完全一样的权力。"并且在1951年,意租界已经正式归还中国6年后,一个叫Cicchiti-Suriani的人还在"庆祝获得租界50周年"的文章中写道:"不幸的'三门湾'序曲,预示着1900年国际事件的结局。"②从中我们可以看出,当时以至后来很长时间,意大利政府是多么地重视并且渴望在天津(或者更确切地说在中国)设立租界。

在天津设立租界的同时,意大利还获得了在天津大沽驻防等一系列的权力。意大利作为一个在欧洲政治、经济都不很强的国家,一方面与所有殖民地经济的诉求一致,希望借助于国家边界的扩张,而赚取更多的财富;另外一方面也借此伸张了其在政治上的一种权力。

有观点认为,租界是按照欧洲城市的模式规划设计,狭长的租界被垂直交叉的道路划分成一个个方形的街区。这种方形街区不仅有利于交通,而且由于便于测量而有利于地产的买卖和城市的管理,因此这种布局模式的形成显然首先是与西方城市的充分商业化有直接关系③。按照芒福德的观点,在资本主义的商业与经济利益背后,对于空间的概念也发生了变化,"巴洛克思想的伟大胜利之一是组织空间,它把空间相连续起来,把空间化为尺寸和等级"④。他将权力观念同资本主义对空间的组织联系起来考察,在这一点上与福柯有异曲同工之处。福柯主张:"不仅要说空间决定历史的发展,而且历史反过来在空间中重构并积淀下来。空间的定位是一种必须仔

---

① [意]白佐良、马西尼,萧晓玲、白玉崑译:《意大利与中国》,商务印书馆2002年,第261页。

② Marinelli Maurizio, Imagined Communities: Contentious Representations of the Italian Concession in Tianjin(1907—1944),《城市空间与人国际学术研讨会论文集(二)》,天津,2006年,第69、70页。

③ 刘海岩:《空间与社会》,天津社会科学院出版社2003年,第60页。

④ [美]刘易斯·芒福德著,倪文彦等译:《城市发展史:起源、演变和前景》,中国建筑工业出版社2005年,第382页。

细研究的政治经济形式"。① 因此,天津租界的规划与建设也绝不仅仅只是出于"商业化的"考虑。

对于在天津设立意租界,早期的建设者被西方很多文章誉为"功臣"的年轻有为的意大利中尉费雷第(Vincenzo Fileti)如是说:

> 享有租赁权的土地,既可以建设成为住宅中心,同时也是商业渗透的基础。事实上,最初在中国设立租界是缘于政治因素,但是其存在的理由却主要是出于商业上的考虑。
> 
> 是为了让中国人记住,冒犯外国人的生命和财产而不受到惩罚是不可能的;这还预示着我们国家强大的未来;不设立租界而使外国人居住在中国并且拥有自己的财产是不可能的;这是给本国人民提供一个在本国法律的保护下在此进行贸易的场所,这在其他地方是不可能的,因为中国是一个有其管辖范围的主权国家;租界居民具有法人资格,因此有权参与买卖、租赁以及法律诉讼;在租界里可以设立邮局、银行、医院、饭店等等,总之,只有设立租界,外国居民才可以完全独立地生活,才可以享有在中国其他地方所不能得到的,他们所需要的文明生活。租界所具有的一个国际性的特点是:每个人的生活和财产都受到其本国法律的保护。但是,在租界中,有些规定是居民们都要遵守的;只有这样,他们才能够获得相应的权利……租界是一个聚集地,通过这里与中国进行所有的国际贸易。②

福柯指出,建筑具有一种权力。但是其权力的实施需要与其相适应的"场",或者说在不同的"场"中同样的建筑所施展的权力是不同的。建筑的权力是人为规定的,但它却往往会超越其原有的规定性。就租界建筑而言,它由租界当局所规定,显然当局在做出规定时已经考虑到了"场"的问题,因此1908年的《章程》中第七、第八条都分别对华人居住区做出了相对"宽松"的政策调整。但是,与所有其他形式的权力类似,建筑的权力在其实施过程中会由于"权力场"的变动,以及权力实施对象(使用者)对于这些建筑的理解而发生改变,甚至于消解。租界虽然在某种意义上的确如福柯所说的"世

---

① [法]米歇尔·福柯:《权力的眼睛》,包亚明主编,严锋译:《权力的眼睛——福柯访谈录》,上海人民出版社1997年,第152页。

② [意]菲洛梯(Fileti):《天津的意大利租界》La Concessione Italiana di Tien-tsin,热那亚:转引自意大利SIRENA历史城市公司主编:《天津意大利风情区建筑与整修的历史与回顾》序言,Edizioni Graffiti,2006年,第18页。

外桃源"①,但是不同的人对"世外桃源"有不同的理解,人们在受到建筑规则约束的同时也会以各种各样的方式加以改造,这些方式包括外观和物理空间的改变,也包括对其内部空间的使用。

以现在的"马可·波罗广场"来讲,当地的中国居民过去从没有人称那个地方为广场,而是因那个石柱上的铜质塑像而称之为"铜人",这个叫法一直沿用到了20世纪70年代的"文化大革命"。据说原来的那个铜人塑像手里持有一把剑,对于意租界方面,那本是一种战争取得胜利的象征。广场四周建有样式特别的六所别墅,那把剑正好指向其中的一所。最有意思的是,那时有一种传言,说被剑指着的那家经常闹鬼,所以谁都不愿意住在那里,而其中的原因就是因为那把剑——不吉利。就这样,一个标志着民族胜利的意大利女神被当地人消解成了闹鬼的"铜人"。

租界的设立与建造以及使用均受到各种权力的支配,而租界的收回与改造也不例外。天津外国租界的收回大致分三个阶段:第一次世界大战后收回了德、奥、俄租界;30年代收回了比租界;第二次世界大战后正式收回了英、法、意、日租界②。1937年之后,日本占领了天津,对英、法租界也施行了不同程度的封锁,但由于与意大利的特殊关系,因此意租界还存留着。1943年1月14日,意大利法西斯政府为了配合日本的行动,曾向汪精卫转达了意政府关于同意交还租界与撤废治外法权的电文。但是与法国一样,意政府并未表明交还天津意租界的日期。特别是因为当时由于日本封锁英、法租界,后来又接管了英租界,原设在英、法租界内的银行、钱庄等纷纷转入意租界,或者在意租界设立分支机构,使意租界一度畸形发展,融资活动空前发达,意租界当局大获其利,因此更无心轻易将租界交还中国。1943年7月,盟军在西西里登陆,意大利反法西斯力量乘机推翻了墨索里尼政府,新政权于9月8日公开向盟军无条件投降。在这种形势下,"日本对意采取敌对态度",9月10日驻津日军与天津伪政府警察局长阎家琦率军警进入意租界,"一面通知该工部局停止执行职权,一面将我官警分布进行接收",对意租界实行了强权"接收"。"接收"后的意租界改为"兴亚第四区",并"参酌各兴

---

① [法]米歇尔·福柯:《不同空间的上下文》,包亚明主编:《后现代性与地理学的政治》,上海教育出版社2001年,第18—28页。
② 尚克强、刘海岩主编:《天津租界社会研究》,天津人民出版社1996年,第24页。

亚区规模,组织区公所及警察分局,于本月11日分别成立"①。1944年6月,汪伪政权又与重新上台的意大利法西斯政府商定了正式交还天津意租界的协定。意大利方面表示"意大利政府对于中国自此日期始(1943年9月10日)至正式交还日期止期间内,在该地域内施政及管理措置亦具同样态度。且该已成事实,既在自愿默认"②。

1945年8月15日日本宣布无条件投降,11月24日,南京国民政府颁布了《接收租界及北平使馆界办法》,宣告了天津英、法、意三国租界的正式收回。根据国民党政府行政院训令,天津市政府于同一天组成了"天津前英、法、意租界官有资产与官有义务、债务清理委员会",负责天津三国租界的清理接收事宜。时任天津市副市长的杜建时担任该委员会主任委员,甘悌任英国首席顾问,美馥瑞任法国首席顾问。清理工作自1946年12月开始到1947年5月结束③。1947年7月,又与意大利政府签订了《关于处理在华义国若干官产及义侨产业换文》,对意租界内财产的清理作了一些具体规定④。国民党天津市政府接收天津后,对全市的行政区划重新作了调整,推行保甲制,原意租界被划归了二区,与原奥、俄租界一起分属于一至五保。而1949年1月天津解放后,则废除了保甲制,"以保建街",建立街公所,同年6月撤销街公所,又分别划归相应的街道派出所管辖。1952年10月民主建政,又重新建立街公所,1954年街公所改称街道办事处,原意租界属于河北区建国道街道办事处管辖。1958年8月,建国道办事处划归和平区,同时更名光复道街道办事处。1960年城市公社化,政社合一,改为光复道人民公社,重新划归河北区。1962年政社分开,称光复道街道办事处。"文革"时期改名"光复道街革命委员会"。1980年恢复光复道街道办事处⑤。而今天,它已然被称作了"意式风情区",当然它同时还属于河北区光复道街道办事处,也

---

① 虞和平:《清末以后同乡组织形态的现代化》,《中国经济史研究》1998年第3期。
② 《伪中华民国国民政府代表外交部长褚民谊与意大利社会共和国代表驻华代表施毕纳列谈话记录》,转引自尚克强、刘海岩主编:《天津租界社会研究》,天津人民出版社1996年,第32页。
③ 王铁崖:《中外旧约章汇编》第三册,生活·读书·新知三联书店1959年,第1264页。
④ 尚克强、刘海岩主编:《天津租界社会研究》,天津人民出版社1996年,第35页。
⑤ 天津市河北区人民政府编:《天津市河北区地名志》,1987年,第85页。

有很多人还称这里"一宫",还有人说那里是"意租界",但是越来越多的人开始使用"风情区"这个名称。

1985年1月19日《天津日报》头版发表了一个短篇文章"根据建筑物特点整修三个月,民族路恢复意大利建筑风貌"。1986年天津被列为历史文化名城,原意租界被确定为天津历史风貌保护区,但由于经费、居民住房安置等因素的制约,只是进行了简单的维修和粉刷等工作。1988年兴建天津新火车站的时候,对地震毁坏的几个角亭做了复原,目的是"丰富一宫地区的意式特色景观"[①]。随着旅游业的兴起,1998年河北区政府对原意租界进行了"旅游开发、招商引资"的可行性研究,1999年天津市政府正式批准成立了"天津海河意式风情区管委会",就这样100年前的"租界"变成了"风情区"。2006年是"中国意大利年",天津意式风情区也列在该活动的内容之一,2006年9月17日意大利总理普罗迪访问中国期间还专程参观"风情区",以及在原意大利兵营举办的题为"天津意大利风情区过去、现在与未来展览——中意两国文化交流的见证"的图片展。

## 四、从"租界"到"风情区"

就如我们现在很多遗产保护项目所强调的原汁原味那样,意式风情区也希望强调一种纯粹的意大利风格。于是,现在风情区的几条主要道路改成了石钉路,所谓石钉路,就是用10厘米见方的石钉拼铺而成的路面。对此,当年居住在那里的居民说:"以前根本就不是这种路面,是洋灰和也不知道是什么混合成的,长方形的,中间夹着木条,可结实了,他们(设计施工单位)根本就没见过,他们根本就不懂!"而设计者认为:"我走访了很多意大利的城市,发现这种路面最能体现意大利风情。"对此,清华大学近代建筑研究的教授认为,因为租界建筑是在中国土地上建造的,并非完全西方的东西,是"已经经过本土化",并非完全效法意大利的城市。可是,对于最大多数来此观光旅行的消费者来说,希望看到的又是何种"风情"呢?

如今,继天津"五大道"之后,"意式风情区"也作为一道特殊的城市历史景观,成为了人们游览观光天津的一项重要内容。有网民如是说:"到意租界的马可·波罗广场,即现在的第一工人文化宫旁,很高兴,广场中心那座

---

① 郭长久主编:《意式风情街》,百花文艺出版社2001年,第28页。

高逾十米的石柱及柱顶的展开双翼作飞翔状的和平女神像,在被砸毁四五十年后,现在又重新恢复了。这座柱式雕像本是'一战'后意大利人宣扬自己的赫赫战绩并希望不再重开战火的纪念物,现在予以恢复,可见天津人头脑也解放了许多(但前述法国花园就没有这运气)。广场周围那楼顶带凉亭的很有意大利风格的建筑十分美观,来天津看洋楼,决不能不看看它们。"①

经过了一百年的时间,这个771亩的空间由坑坑洼洼的中国村庄,变成了整齐现代的意大利租界,而后又经历了战火、改造、地震等等,今天则以一种"原汁原味"的"新面貌"展现于世人面前。我相信,很多人亦如我曾经的困惑,是什么力量使"租界"变成"风情区"?显然,仅仅由于时间的推移是不够的。著名人类学家马林诺夫斯基(Bronislow Malinowski)曾经指出:"这种社区(殖民区)绝对不是对殖民者家园的母社区的复制。"②租界一定不是对租界当局的母国的复制,天津的意租界也绝对不是一个微型意大利城市的"克隆"版。由于文化的整体性,一旦将某种文化单元或要素抽离开其原来的环境,它必然会发生变异。当其在新环境中扎根的时候,也同样会受到来自于自然环境与当地文化环境,以及其他方面因素的牵制。以天津意租界为例,由于最早设立租界的英、法、日、德、俄等国已经先于意大利占据了海河沿岸的南段,意大利只能在当时可能的情况下做出选择,而这一地段也就决定了其在建设和规划中的一些必然性。我以为并非有些观点认为的那样,意大利是有意将其租界规划、建造为住宅区的。因为租金是资本主义获取利益的一个相当重要的手段,租界作为资本主义进行海外扩张的一种形式也不例外。芒福德在《城市发展史》中指出,"新上台的意大利寡头政治集团是第一个按照商业簿记原理来管理它的财政的——今天,在欧洲,每一个首都都可看到意大利的税收专家和理财能手"③。再者,以1908年颁布的《章程》中规定:"意大利租界的所有地产主和土地承租人每年必须预付税金每亩1.5两"④,另外还规定有每亩一年3两的土地税、房租3%的房产税,

---

① 引自网民"石映飞云"2004年12月27日文章"天津一日游纪事"。

② Malinowski, Bronislow, *The Dynamics of Culture Change*, Yale: Yale University Press, 1945, p. 15.

③ [美]刘易斯·芒福德:《城市发展史:起源、演变和前景》,中国建筑工业出版社2005年,第381页。

④ 虞和平:《清末以后同乡组织形态的现代化》,《中国经济史研究》1998年第3期。

"店铺、旅馆、戏院、小贩等,税收按其经营规模和性质确定"①。因此,意大利人没有理由也没有可能拒绝商业,后来修建的意商回力球场就是最好的说明。所以我认为,天津意租界的规划及建设,更可能的原因是当时城市的空间状况造成的一种不得已。

沈亦云在回忆录中谈到自己在天津租界中生活经历时说:"住租界诚可痛可耻,不得已而为之,我对之都茫然,而这次不得不在租界觅屋",当时对于很多人来说选择住在租界也是一种"不得已"之事;她还写道:"这是我们在中国第一次住有自来水浴室的房子"②。对于中国人来说,各种"不得已"使得租界从一开始就带有一种"矛盾"的情绪化表征,而这种表征在不同的历史时期随着国家意识形态和政治话语的导向而游弋在矛盾的两极之间,这种极端的矛盾性在"文革"的动乱期间和近年来旅游经济的发展中得以凸现。本文的研究表明,不论是矛盾本身还是它们的转变,政府和民众之间都存在着差异,而不同阶层的民众之间也存在有差异。从表面上看,民众在其中都充当了被支配的角色,属于"沉默的大多数",但从具体的事件来看,他们一定是在利益权衡的情况下有所取舍,会尽可能地争取最大的利益,当然,不同利益群体有不同的考虑,不同个体也有不同的表现。

布尔迪厄将资本分为三种基本形式:经济、文化和社会,认为它们分别属于不同的场域,每种资本结构中都存在着一种权力的支配与被支配关系,也就是具有自己独特的一套等级秩序。三种资本之间可以相互转换,但并非一种对等的关系。以布尔迪厄的逻辑来分析福柯提出的"建筑的权力",我们首先应该明确布尔迪厄的"场"并不是一个边界固定的"空地",它是一种内容复杂的网络结构。不同的社会历史阶段的时空场不同,经济、文化和社会"场"则会与不同的"时空场"发生作用。因此我们就看到,不同时期人们的经济、文化及社会价值评判标准不同,由它们聚合而成的权力也就会发生转移;同样,权力又通过"再生产"创造新的资本,在这种权力与资本的互动中,建筑的意义不断的生成并加以转换。"意大利"作为一种"符号",在历史时空中通过各种"西洋风格""现代化""帝国主义""法西斯""历史名人""马可·波罗"等各种各样的"合法化"话语,一次次地被加以"发明"。

---

① 刘海岩译:《天津租界市政章程法规选》,《近代史资料》第93号,1998年,第160页。

② 沈亦云:《天津三年》,《天津文史资料选辑》,第41辑,天津人民出版社1987年,第174页。

天津历史上从未有过什么"意大利风情区",因此也就无所谓"恢复"。如今要将原来的租界修建成一个"风情区",这既不是一种历史的"恢复",也不是对历史的"遮掩",而是一种文化再生产过程中的"创造"或"发明"。正如萨林斯(M. Sahlins)所述:"人类行动的世俗环境没有不可或缺的义务,必然要符合特定的人们用以理解它们的范畴。如果它们不符合,公认范畴将在实践中被潜在地重新估价,在功能上被重新界定。"[①]

对于曾经的租界而言,历史就是历史,我们既不能够假设也不能够改变,但是我们却可以培养一种理解历史的精神。

文化遗产是历史对于人类的馈赠,它从来没有规定人类应该怎样去继承。文化是一个不断变动着的整体,人类是在一种不断转换角度的眼镜中回望过去的。历史曾经给不同民族之间留下很多遗憾和伤痛,当人们有一天能够坦然面对这些伤痛和遗憾的时候,说明这个民族已经足够强大,强大到包容自己曾经的敌人,包容自己曾经历过的耻辱。

"修旧如旧"与"原汁原味"就只相差那么一点点?当开发商特意请来外国古建专家来参与修复工作的时候,人们却发现中国的外国租界从来就是"中国的",所谓的纯粹西洋风格也不过是大家的想象。历史不可以重现,希望如果通过"文化遗产保护"可以让人们记住一些教训,给人们带来一丝温暖,以及享受那种历史的快感的话,我们有什么理由拒绝它们呢?

(《城市史研究》2009年第25辑)

---

[①] [美]马歇尔·萨林斯著,蓝达居等译:《历史之岛》,上海人民出版社2003年,第325页。

# 上海与天津清末地方自治的比较
## ——从城市管理机构建立角度

张利民

中国以城市为单位的行政管理机制是近代以后出现的,从法律上南京政府1928年颁布《特别市组织法》和《市组织法》是对城市行政管理机构的确认,而一个制度的形成是需要长期酝酿和实践的,20世纪初地方自治的一些措施与内容已经具有城市管理机构的雏形。本文从创建城市行政管理机构的角度,比较上海和天津推行地方自治在起因与主旨、城市理念与形制、内容与实效等方面的不同,分析各自的特点,进而探讨中国构建城市行政管理机构的路径。

## 一、起因主旨与创办者

地方自治的思潮出现于19世纪中叶,从最初的介绍外国政体,到戊戌维新时康梁等人主张实行地方自治,再到一时间"凡关心时局之士皆将以提倡地方自治,树20世纪新中国之先声"①,地方自治的言论"日触于耳"。上海、天津的地方自治都是在清政府谕令在全国推行之前率先兴办的,是南北方两个领风气之先的城市,但其起因、倡办者身份和目的有着明显的不同。

上海兴办地方自治的起因既有租界的影响,也有城市发展的需要。20世纪前就曾发生了因法租界筑路等引发的四明公所事件,南市马路工程局和闸北工程总局的建立都与抗衡租界扩张地界有关,1905年郭怀珠、李钟钰、姚文枬等绅商更是鉴于"租界日盛,南市日衰"②创建了城厢内外总工程局。工程局在仿效外国租界实行的城市管理模式上也较为得心应手,命名

---

① 《东方杂志》第3年第11号,1906年。
② 李钟钰《且顽老人七十自叙》(四),中华书局1922年聚珍版,第206页;转引自张仲礼主编《东南沿海城市与中国近代化》,上海人民出版社1996年,第559页。

工程局、设立巡警、筑路和征收捐税,都可以看到仿效租借工部局的痕迹。南市马路工程局开征房捐时表明,此事"均系仿租界章程","租界之人均无异词,南市同此子民,断不致易地抗违不遵"。上海公共租界和法租界当局推行的是中国政治制度中没有的以城市为对象的管理机构,如纳税人会议、工部局董事会,以及下属的各个部门,成为中国政府和绅商创办工程局最为直接的参照物,城厢内外总工程局设立的呈文中,明确表示是"仿行各国地方自治之制"。城市的迅速发展,使得社会治安、道路交通和环境景观等难以适应,逐渐恶劣的城市问题成为来华外国人讥讽嘲笑的话柄,而租界内整洁有序的秩序和环境也形成了与中国城区的强烈反差,于是上海绅商等都将修筑道路堤防、治理社会治安作为开办工程局的理由。南市马路工程局要招标修筑马路、桥梁和码头等,开设电灯房解决路灯和住宅照明,建立巡捕房沿街巡逻;闸北工程总局要"建造桥梁,兴筑沿河马路,承办一切事宜"①,意在承揽市政工程;城乡内外总工程局将城区"道路不治,沟渠积淤"作为开办的原因之一。

创办和推行上海地方自治的是城市中的绅商。南市马路工程局和闸北工程总局是绅商提议建立的,后者还由绅商自行筹措款项,城厢内外总工程局也是郭怀珠、李钟钰、姚文枬等绅商创办。从总工程局的主要成员看,有的是离职官吏,如李钟钰、郭怀珠、祁祖鎏等;更多的是有相当经济实力的商人和长期从事教育慈善事业的士绅,如朱佩珍、曾铸、郁怀智、李厚祐、沈缦云、姚文枬、莫锡纶、叶佳棠;有的还是官商合一、绅商合一,甚至是官、商、绅士三位一体,都有一定的社会地位和声誉。据学者统计,总工程局董事中商界领袖占60%,议董议员中商界领袖也占到30%以上②,这样的人员构成一直沿袭到上海城自治公所和上海市政厅。因此,代表社会力量的绅商是推动上海地方自治的原动力。当然,绅商的创举也得到了地方政府上海道的支持。如积极鼓励绅商兴办地方自治、接管绅商开办的南市工程局、将政府的南市工程局和闸北工程局统统归入绅商兴办的城厢内外总工程局,决定"所有马路、电灯以及城厢内外警察一切事宜,均归地方绅商公举董事承

---

① 蒋慎吾:《上海市政的分治时期》,《上海市通志馆期刊》第2卷4期,1935年3月。
② 参见周松青:《上海地方自治研究(1905—1927)》,上海社会科学院出版社2005年,第88页。

办"①。至于将这类机构纳入地方自治范畴,是政府和绅商响应预备立宪和兴办地方自治之风,即"酌收地方税,以办理地方公共事务,助官司之不及,兴民生之大利,以立地方自治之基础"②。

  20世纪初天津的社会背景比较特殊,1900年后被八国联军组成的天津都统衙门统治二年,中国政府接收前除了有《辛丑条约》的天津周围20里内不得驻扎中国军队之外,该衙门的《有关交还天津行政权力的通牒》也要求"中国政府必须承认天津都统衙门会议的一切行为"③,"必须赋予这些法令以权威和效力","就像中国自己颁布的各项朝廷法令一样有效"④,也就是说中国政府接收后必须完全承认和实行其制定的法令章程、措施。直隶总督袁世凯接收前,招募了2000名巡警,接管了都统衙门的1000名华捕,组成了管理社会治安的警务队伍;并继承了该衙门司法部、司库局、田产局、河道巡捕局、巡捕局、卫生局和公共工程局等,已经基本形成了管理城市的基础性机构;其创办的商务公所也起到了稳定市面和调解经济纠纷的作用。而且,在政府重压下反对租界扩张的举动并不突出,当时报刊中有民众反对新设租界占地等消息,却不见绅商抵制租界扩张的报道。

  那么,天津为什么率先兴办地方自治呢?是什么力量倡办和主持地方自治呢?天津的地方自治完全是在袁世凯直接策划下展开的,一方面设立天津府自治局为指导机关,厘定章程,建立机构。袁世凯要求"所有章程节目参以本国风俗分别缓急妥议施行。此为他日宪政先声,至关紧要"⑤,为此自治局成立了天津县期成会,经过19次修改完成了《天津县地方自治公决草案》,袁世凯亲自划定自治应办、议协和监察事项范围,在筹办之事中加入四乡巡警、小学堂及宣讲所,"监察之事地方捐务以外,如津埠工巡事务,有何利弊,亦可随时据实纠弹"⑥,随即以《试办天津县地方自治章程》颁布,这

---

① 杨逸:《上海市自治志》,大事记甲编,第1页;公牍甲编,第1页。
② 《总工程局裁判所章程》,《东方杂志》第1卷第1号。
③ [日]外务省:《日本外交文书》第35卷,原书房1989年,第335页。
④ [法]Procés - Verbaux des Séances duGouvernementProvisoire deTientsin:《八国联军占领实录天津临时政府会议纪要》,倪瑞英等译,刘海岩总校订,天津社会科学院出版社2004年,第622—623页。
⑤ 《天津府自治局文件录要》初编,第1页。
⑥ 《天津府自治局禀遵拟地方自治应办各事及权限文并批》,《北洋公牍类纂》卷一。

是全国第一部以地方自治命名的章程。成立议事会也是如此。1906年11月他面谕自治局总办,"地方自治事关紧要,饬从天津一县先行试办议事会、董事会,以备实行地方自治"①。随后又告诫"此次试办地方自治,为从前未有之事,凡在官绅,务必和衷共济,一秉大公,以为全省模范"②;并批准借用巡警各分局作为选举的办公地③,由天津府出示晓谕发动民众选举,翌年9月成立了天津县议事会④。另一方面袁世凯强调"地方自治,为我国创办之事,非先以预备,则不能实行",要以"准备地方自治为宗旨"⑤,自治局宣称"地方自治之基础始于人人皆有普通之智识",设立了自治研究所和宣讲处等,培训劝办人员,在全县以及全省宣传和普及地方自治的知识,"以期家喻户晓,振聩发聋"。除此之外,据《天津府自治局文件录要》记载袁世凯和后任直隶总督还有十余次批文,涉及推行进度、规模、方式方法等。如最初有人提议改办直隶自治时,袁世凯批复道:"津郡甫经开办,尚无成效可言,近今办事之难,该绅等亦所深悉,欲速不达,不如徐步当车,可免颠蹶,应俟津郡选举事毕更议扩充,毋庸求之太急也"⑥;天津县议事会成立后札文自治局:天津试办自治粗具规模,本省士民渴望已久,亟应谋及全省一律成立,期以三年遍及全省。当时,一些社会人士也对此种模式不满,有人评论道"吾人独于议事会有一极可疑异之事。盖传闻局中人颇有主张联络官府者,此真不明白自治之法理及宗旨矣",认为议事会性质是自治的,"其一切举动虽不必与官府作反对,亦不可视官府为从违。顾名思义,要在不失自治之主权而已"⑦。《大公报》也曾连续登文讨论和批评自治与巡警关系、经费无着和董事会难产等问题;天津县议事会的不作为也使得议员心灰意冷,一年内副议长辞职、数名议员或因赴外地为官,或因病而辞职⑧;直到1920年王守恂

---

① 天津档案馆等编《天津商会档案汇编》(1903—1911),天津人民出版社1998年,第2288页。
② 《试办天津县地方自治章程》,天津档案馆等编《天津商会档案汇编》(1903—1911),第2290页。
③ 《天津府自治局文件录要》二编,第2页。
④ 《阎绅凤阁等禀请试办直隶全省自治详文并批》,《北洋公牍类纂》卷一;《天津府自治局文件录要》三编,第2页。
⑤ 廖一中等:《袁世凯奏议》,天津古籍出版社1987年,第1520、998、1511页。
⑥ 《大公报》1907年3月28日。
⑦ 《大公报》1907年9月27日。
⑧ 参见《大公报》1908年3月23日、7月11日、8月16日。

撰写《天津政俗沿革记》时,仍然称"天津自治局时人谓之官办自治"①。

我们从兴办地方自治的人员可进一步分析官办自治的性质。1906年8月袁世凯委派天津知府凌福彭和金邦平筹办天津府自治局。凌福彭随袁世凯接收天津,到日本考察后创办了直隶工艺总局,深受袁的器重;金邦平毕业于日本早稻田大学政法科,是袁世凯的洋务文案和北洋常备军督练处参议,曾兼任直隶师范学堂斋务长,袁称其为"才识明通用,安详谨饬","志趣纯正,才识闳通"②。袁世凯要求自治局"招募在日本留过学者、从法政学校毕业者及官绅入局",强调"此次法政毕业官绅即均调派任使,俾资练习,分赴各属会同地方官办事;另选学识最优者在局参议佐理"③,该局14名成员都是有一定功名的官绅和绅商,至少有一半曾到日本留学或考察④。天津县自治期成会会员包括自治局成员、20名劝学所公举的士绅、15名自治局和商会公举的商人,以及数名有功名的绅商,其中至少有十余人曾有到日本学习或考察的经历⑤。天津县议事会议员的构成,除了少数盐商、粮船巨商外,多是城乡地区有一定功名的士绅,留日和从事教育者不在少数⑥。

由此可见,天津的地方自治完全是袁世凯直接策划和操纵下进行的,并没有多少抵制外侮和为解决城市问题建立管理部门的用意,结合其积极兴办新政等行为,不难看出是想迎合预备立宪潮流,借助社会力量协助政府弥补管理体制的不足,即"非行地方自治,无以补守令之阙先,通上下之悃忱",以得预备立宪、地方自治等方面之先机和在全国的示范性,进而为其捞取政治资本。承办与参与者多为有一定留日背景的士绅和社会名流,很少看到有经济实力的新型绅商等的自觉性行动。因此,在天津兴办的地方自治实际上是袁世凯的独角戏,绅商等社会力量只不过是陪衬而已。

---

① 王守恂:《天津政俗沿革记》,卷11。
② 廖一中等:《袁世凯奏议》,天津古籍出版社1987年,第1520、998、1511页。
③ 《天津府自治局文件录要》初编,第1页。
④ 《大公报》1906年9月2日。
⑤ 根据《天津府自治局文件录要》初编第24页整理,天津县自治期成会成员及简历表从略。
⑥ 天津县议事会议员及简历表从略。

## 二、城市理念与形制

在创办地方自治机构过程上,上海有相当的城市意识,并随着城市发展和社会力量的增强,有脱离自治机构而演变为行政管理一级政府的趋势;而天津仍没有脱离原有行政管理体制的藩篱。

在上海,从名称和行政区划上就是以上海某地冠名,如南市马路工程局、吴淞开埠工程总局、闸北工程总局,在机构设置上有一个明显的城市空间管辖范围;上海城厢内外总工程局和上海城自治公所也是如此,并没有局限于上海县的行政管辖区划,却有空间概念——城厢内外或上海城,这是有一定余地的模糊的空间范围,并没有局限在城厢以内。城厢内外总工程局有4个城区和3个城厢区,"惟北门以外为租界,自治权所不及",各区有分派的办事处和区长、副区长。中国向来没有以城市为单位的行政管理机构,也就没有相应的区划,总工程局的空间范围与分区对建立以城市为单位的行政区划和城内分区十分重要。从机构上,在总局内设立了户政、警政、工政三科;户政科下设户籍处、地产登记处、收捐处,警政科下设巡警处、消防处、卫生处,工政科下设测绘处、路工处、路灯处,还附设有一个裁判所,这些机构皆为传统行政管理机制中缺失的,而且是城市的迅速发展亟需创立的,是以城市为对象,专门管理城市社会治安、建设,以及房地产和税收管理的专职部门,是城市行政管理机构的主体。特别值得一提的是,上海起义时自治公所总董领袖李钟钰组织数百人商团志愿军参加了起义并营救陈其美,当时地方官吏逃入公共租界,社会秩序失控,人心不安,自治公所发布告示,"昨夜城中起火,地方官他去,居民不免惊慌,本公所为维持地方秩序起见,从今日起总董常驻城中救火联合会办事,所有巡警照常站岗,其有不足由城外酌派,并请商团分段梭巡,以防土匪滋扰。凡地方官所办之事,概由本公所暂为主持,以维秩序而保治安"①,俨然为维护社会治安的地方政府。随后,自治公所改为上海市政厅,市长是总工程局总董莫锡伦和议董陆文麓,议长仍然是总工程局的议长姚文枬,原自治公所总董李钟钰为都督府的民政总长,这是除了租界和殖民城市之外首次出现以"市政厅"命名的机构,"市长"的称谓也是第一次,表明了包括地方政府和上海城市社会的认同,也

---

① 《申报》1911年11月5日。

体现了城市管理的模式,以及从"城"到"市"这种空间理念的演变。上海市政厅作为自治机构一直延续到1914年,袁世凯下令停办各级地方自治后遂被工巡捐总局取代;1924年北京政府宣布恢复地方自治,上海市自治公所再次设立。更为重要的是,市政厅的这种城市管理模式进一步被政府肯定,不久军阀孙传芳控制了江浙五省,要将与上海有关所有行政权力都统一到"一个中心,这样才能具有改善市政府的权威性"①,建立了淞沪商埠督办公署,1925年成立了淞沪特别市筹备委员会,拟定《淞沪特别市公约》,遂成立了特别市政府,1927年得到南京政府的批准,从此成为特别市,比颁布《特别市组织法》早了一年。由此可见,上海的地方自治机构成立后始终以城市管理和建设为己任,以一个相对独立的机构从最初的地方自治机构演变为管理城市的地方政府。

在天津,从来没有以城市作为空间范围的理念,其各种机构都是以天津府或者天津县的名义设置各种机构,如天津府自治局、天津县自治期成会、天津县议事会等。在这些机构中也没有划定管辖范围。早在1850年编纂的《津门保甲图说》是对城厢和四乡的人口调查,并没有局限在城内,说明已经有一定的城市理念,而且1900年天津都统衙门曾经划定较为明确的管辖范围,即"将对天津市和直至土墙周围地区行使管理权",随后又有所扩大并划分了5个区,各区以村庄为线绘制了地图,并设置了派出机关和区长②。袁世凯接收后,将上述行政分区纳入了警区的管辖系统,所以兴办自治时仍然是在原有的行政管理体制下进行,并没有确定城市的理念。由于地方政府已经设立了巡捕局、卫生局、工程局和捐务局等,所以自治机构也没有设置专门管理城市的部门,天津府自治局仅下设负责考订章程的法制课、负责社会调查的调查课、负责编辑白话讲义和文牍的文书课、负责会计和收发的庶务课③。而且,创办者将地方自治始终限定在原来的行政管理体制之内,如以天津府作为指导机关,成立天津县期成会和天津县议事会,在天津府县范围内推广自治,1908年4月又将天津府自治局扩大为直隶筹办地方自治总局,而天津县城议事会直到1910年10月才出现④,且始终没有什么活动。

---

① 《申报》1926年5月6日。
② 《八国联军占领实录天津临时政府会议纪要》,第88、170—171、809页。
③ 《天津府自治局都理凌守福彭金检讨邦平禀定开办简章》,《北洋公牍类纂》卷一。
④ 天津档案馆等编《天津商会档案汇编》(1903—1911),第2302、2300页。

1914年停办地方自治和解散议会后，无论是县议会、董事会，还是省议会均销声匿迹。1924年恢复地方自治后，仍然难以看到议会在城市管理和建设上有所作为，即便1928年天津设立特别市，从机构和人员上看不到与清末地方自治的延续性。

上海和天津都先后设立了议事会、董事会，但议事会成立的程序，以及与地方政府的关系上都有所不同。

上海城厢内外总工程局创立前，创办者郭怀珠等走访了曾在国外游历考察过的政法学家，制订了组织章程，也仿效国外和租界的体制，设立了议会、参事会为代议和行政执行机关，以及部分司法裁判权。在《总工程局议会章程》中对选举人和被选举人资格作了详细的规定，并有比较完整的选举方案，"议董由本地士绅及城厢内外各业商董秉公选举，呈请苏松太道核准"，参事会为执行机关，第一任议长、领袖总董和办事总董由上海道指定，以后由议会自行举定再呈报上海道①。该局第一届议董候选人未经民众投票选举，是以各善堂、书院、铺段董事和商界各行业为基础，由具有一定身份和地位的士绅商贾公举后由上海道圈定的；且董事会随即成立，开始了有关管理和建设等工作。1907年总工程局打算成立一个选举局选举议董，未得到上海道批准②；1909年改名自治公所后开始投票选举议员，其范围包括上海城厢内外、公共租界和法租界，共计有3600余选民参加选举，投票者共计1100余人，选出40名议员，议事会和董事会成员基本是原来工程总局议董的连任。

天津县议事会是通过民众投票选举议员后产生。《试办天津县地方自治章程》规定，议事会和董事会为地方自治机关，议事会议员以30人为限，均用复选举法选出，议长、副议长由议员公推；董事会是执行机关，会长以本县知县兼任，副会长和会员均由议事会选举。天津府自治局于1906年3月就设立了选举总分课负责推动选举，依照警区将天津县确定了8个选区，由自治研究所毕业的学员任分课员，根据选举章程规定的选举人和议员候选人资格进行调查，估计选民约有20万人，印制了调查表20万张。但民众对自治和选举的活动不甚明了，还谣传加税，故只散发了不足7万张，其中合格

---

① 《上海城厢内外总工程局暂定章程》，《东方杂志》第3卷第11期。
② 议董两会选举案《禀苏松太道瑞摄选举局与被选举办法改选总动一动半数问》，杨逸：《上海市自治志》公牍甲编，光绪三十三年四月二十三日。

的选民12461人,有被选举资格者仅2572人。尽管如此,天津府自治局仍然从1907年6月起实施候选议员选举,在天津城内投票三日只有1300余人投票,自治局只好又延长二日,并登告白和广告劝导,又增加400余投票人;在四乡投票三日有7000余名投票,共计有8759人投票。投票人数不多,但当组织者开箱验票时,因好奇来参观的竟达2000余人,结果初选当选者135名①;遂通过复选,在参选的127人中选出30名议员,成立了天津县议事会。

另外,上海、天津自治机构与地方政府的关系上也有较大的不同。上海总工程局的章程中规定:"工程局以上海县知县为督办,不分派委员",即实行官督绅办制,作为督办的地方政府不能对该局实行绝对的行政权力,"总董权限主一切应兴应革之事,会商督办,经督办认可者即由总董办理,督办不得掣肘;如督办不认可而事关重大势在必行者,邀集会议董事共决可否,其有会议董事不能决者开特别大会公共决议"②。对于"地方公益事件须藉地方官权力者,议会得具意见书交由领袖总董呈请地方官鉴核"③,即地方官只有督办和鉴核的权力。即便清政府颁布自治章程后自治公所与地方政府的关系受到更多的监督和限制,但议员和董事变化不大,董事会总董仍然是李钟钰。在天津,自治章程中规定,议事会办理各种事务"得上条陈于地方官",议决的各种事项,要"由议长移知本县知县及董事会并公布之","议事会得应地方官之咨询申述其意见";尤其是董事会会长要由知县担任,决定了自治机构与地方政府的关系。而且,上级地方官——知府以及总督负责监督,不仅有权追加预算和批准议事会制定的条例,总督有权解散县议事会,下令改选县董事会等④,使得袁世凯代表的地方政府牢牢地控制着自治机构的活动。

## 三、内容与实效

兴办地方自治与城市管理有相当密切的关系,诸如城市是各种力量自

---

① 《天津府自治局详开办选举各情形文并批》,《北洋公牍类纂》卷一。
② 《上海县城厢内外总工程局简明章程》,《东方杂志》第3年第1号,1906年。
③ 《总工程局议会章程》,《东方杂志》第3年第12号。
④ 《试办天津县地方自治章程》,《天津商会档案汇编》(1903—1911),天津人民出版社1998年,第2290—2298页;《试办天津县地方自治公决草案一百一十一条》,《北洋公牍类纂》卷一。

治活动的首选舞台,自治章程对城镇的定位表明政府确认了城市的空间理念,尤其自治章程中设定的七大类经办事项中,多涉及城市的管理和建设,诸如建筑公用房屋、修缮清洁道路和疏通沟渠等工程,开办路灯、电车、电灯、自来水等公共事业,以及建立医院、医学堂、公园、工艺厂、工业学堂、救火会等机构只在一定规模城市才有条件施行。上海设立自治机构本来就以城市管理和建设为主要目的,正如总工程局简明章程所言,主要办理"编查户口、测绘地图、推广埠地、开拓马路、整理河渠、清洁街道、添设电灯、推广警察、举员裁判"等,总工程局和自治公所颁布的各项章程规则也多集中在治理治安、税收和建设等方面,并在自治机构主持下努力开展城市管理和建设。如南市马路工程善后局设立了巡捕房,闸北工程总局也有自己的巡警,城厢内外总工程局设立警政科和学堂,到1911年拥有巡警455人①,以及"受总工程局之指挥"的商团。在城市税收和建设上也成绩斐然。据统计,总工程局的4年内财政收入折合洋元为66万余元,自治公所2年间就收入了46.6万余元②,不仅保证了其经费和建设有了较为可靠的来源,也推动了适合城市经济发展需要的捐税制度的形成;自1905年到1911年自治机构共投资51.7万余元,建造了大小105条道路、57座桥梁,疏浚10条河道,修筑16处码头驳岸;市政厅时期又修建46条道路、20座桥梁和4处码头驳岸③;自治机构还顶住保守势力的阻挠和压力拆除城墙,经营的原官办电灯和自来水厂也扩大规模和改为公司制。因此,上海的地方自治重点是在城市的管理和建设上,促进了城市景观的改善和创立新的城市行政管理机构。

天津推行地方自治的重点始终放在制定章程、建立机构和宣传普及上,如前述的设立期成会制定章程和开展选举,开办研究所在培养劝办员,建立宣讲处和编写白话告白等。其最为突出的,除了选举候补议员成立议事会外,也就是社会调查。在《天津府自治局试办调查简章》中规定,专派法政毕业官绅分赴天津府各属进行为期六个月的地方实况调查,其事项专在地方自治范围之内,主要包括4类:第一类为必要类,如土地、户口、生计、教育、财政、政治、土功(道路、堤防、沟渠等);第二类为推广类,如农业、工业、商业物产、社寺、宗教、交通、人事(风俗习惯,为编制民法而设);第三类为密查类,

---

① 杨逸:《上海市自治志·图表》,《上海警务成绩表》。
② 杨逸:《上海市自治志》,《上海市自治会计表·收支总表》。
③ 杨逸:《上海市自治志·统计》。

如土娼、赌场、土豪、劣绅、诉棍、吗啡针;第四类为附加类,为不属于地方自治范围而有间接关系的,如军事、巡警、刑事等①。从调查的内容不难看出,是以预备选举为名,进一步了解政治、经济和社会等现状,协助地方政府加强管理和控制。更为奇怪的是,天津的自治机构始终没有经费来源,一直处于经费无着的困境。天津府自治局开办经费是盐商振德黄家的报效银8万两和罚款银5500两,议事会成立后,根据章程"其经费则正赋、正税之外,杂课、杂捐皆地方自治所取资",袁世凯也批准其经费由地方捐物即地方入款项下拨付,据估算常年经费至少需银16000两②,可是只得到自治局拨来5000银两罚款,没有固定的筹款规则和措施。议事会禀文直隶总督,建议"捐务科经理之一切捐款改归董事会接办","将捐务科并入董事会,即以酌减捐务科之常年经费化为议事、董事两会之常年经费"。但该建议遭到捐务科百般刁难和反对,也未能得到直隶总督批准③,致使董事会成立推迟了一年。董事会成立后,一切充公庙产成为董事会仅有的收入;1910年议事会又向地方政府建议,希望董事会接管天津各行杂税,以为自治常年经费,但藩司以这些"各属经征杂税,向系牙纪赴集抽收,交县解司"报部候拨,"其性质系在国家税范围以内",拒绝交出;虽然引起议员反对,撰文论述此是差徭非国家税,是地方搜刮的民脂民膏,应该厉行减免,但始终没有如愿④。如此可以想见,天津推行地方自治,连开办费用和常年经费都难以筹集,就更无力顾及城市的管理和建设了。

综上所述,上海和天津推行的地方自治是两种模式。上海的地方自治是代表社会力量的绅商倡办和主持的,他们有着强烈的自我主体和城市管理意识,急切希望在城市管理与社会控制上有更多的话语权,体现了地方社会力量的日渐强大。自治机构也具有一定的城市管理机构的雏形,即便纳入全国地方自治轨道后也保持自身的独立性,进而很早就以市政厅命名,一度还自诩为上海地方政府,以至市政厅这样的机构一直延续到1914年,因而在以后创建城市管理机构时顺理成章,促进了中国城市行政管理机制的形成。甚至有的学者认为"清末上海地方自治机构,已经演变成实际的地方权

---

① 《北洋公牍类纂》卷一。
② 《大公报》1908年3月19日。
③ 《天津县议事会禀督宪请接办捐务科藉议事董事两会常年经费文并批》,《北洋公牍类纂续编》卷五,财政一。
④ 《大公报》1908年10月8日。

力机关,绅商对自治机构的人事又拥有极大的自主权,可以说上海绅商已经成为上海政治社会的中心"①。

天津的模式在一定程度上适应了当时的状况,体现了在全国地方自治的示范性。从全国看,西方列强不断扩张,中央政府对地方控制能力衰减,巨额赔款更加重了财政入不敷出的困境,清王朝摇摇欲坠;同时社会力量和知识分子对立宪和地方自治等呼声日切,参政议政的意识增强。清廷亟须采取措施挽救时局,其推行地方自治是希图在不触动根基和财政的前提下,尽可能增强对地方的控制,并无意亦无精力建立城市行政管理机制。袁世凯在天津实行的地方自治恰恰在一定程度上符合清廷的意图。一方面能够增强各级地方政府的控制力和协调官民关系。当时,中央政府设立农工商部、巡警部等,袁世凯也设置一系列管理部门,在政府统治权没有旁落的前提下开办地方自治,试图借机适度地发挥地方各界人士的人力财力,以重新整合政府与社会力量的关系,即"务必和衷共济,一秉大公"②。另一方面当时强烈呼吁改革国体和政体的地方精英空间分布不平衡,各个城市以绅商为代表的社会力量还相当有限,也没有自觉地整合成具有社会影响和经济实力的政治团体开展目的明确的一致行动,也需要政府等给予支持、引领和指导,甚至如袁世凯那样的直接操纵。因此,天津地方自治的模式与各级统治者的目较为吻合,即宪政编查馆在奏请核准《城镇乡地方自治章程》中所言,"故言其实,则自治者,所以助官治之不足也"③,进而得到清廷的赏识和支持,被立为全国的示范,也成为清政府制定自治章程和各地推行自治的范本。

(《史林》2009年第1期)

---

① 李达嘉:《上海商人的政治意识与政治参与(1909—1911)》,《"中研院"近代史研究所集刊》第22辑,第187页。
② 《试办天津县地方自治公决草案一百一十一条》,《北洋公牍类纂》卷一。
③ 《宪政编查馆奏核城镇乡地方自治章程并另拟选举章程折》,《东方杂志》第6年第1期,1908年。

# 师夷长技以为师
## ——以天津机器局的朝鲜学徒为个案研究

贺江枫

1881年至1883年间,天津机器局中出现了一群朝鲜学徒,他们在津局中辟有专馆,不仅学习军械制造,还涉猎西语及西学,并曾与在津学习的神机营学徒交互影响。对于此段鲜为人知的历史,研究中朝关系史的著作多有忽略①。而学界对津局的研究,多侧重它的创立原因、发展阶段及历史评介,而对津局在技术输出方面的关注不多。对津局朝鲜学徒的专项研究,笔者限于学识,见及王勇则一文②,但不曾涉及神机营与朝鲜两类学徒交互影响的过程,而津局所扮演的角色也无介绍。此外,朝鲜学徒领选使金允植留有笔记《阴晴史》,刘顺利将该笔记进行了整理和解读③,但金的笔记多从朝鲜角度出发,刘在整理解读的过程中则基于中朝交流的视角进行分析,较少利用津局方面的历史文献,使得刘著对清廷、李鸿章及津局洋务官员的主张语焉不详,即此前研究多侧重于学员的"学",而对作为"先生"的天津机器局其"教"的过程探讨较少,本文即侧重于"教"的过程,梳理"教"的来龙去脉,比较同时期天津机器局给神机营所派学徒"教"之过程,以图展现天津机器局中洋务人员学习西方技术的体认和对之取舍的动态过程。

## 一、天津机器局朝鲜"来学往教"的由来

1876年日朝签订《江华条约》后,西方列强接踵而来,朝鲜呈内忧外患之势。面对西方的强烈冲击,朝鲜开始思及自强之策,学习近代的军事科学技

---

① 研究中朝关系的著作较多,笔者在此仅举一例,王明星:《韩国近代外交与中国》,中国社会科学出版社1998年。此书仅在最后中朝关系大事记中提及此事。
② 王勇则:《近代首次来华学习军工的外国留学生》,《环球军事》2008年第1期。
③ 刘顺利:《王朝间的对话:朝鲜领选使天津来往日记导读》,宁夏人民出版社2006年(下文简称刘著)。

术。1879年10月7日,朝鲜致仕太师李裕元致永平太守游智开一信,希望"拟仿古外国人入学之例,咨请礼部拣选明干人员在天津等处学习军器武备"①。11月5日李鸿章在上奏此事时,认为"该国讲求武备,实难再缓。因缄覆游守,告以所请似属可行"②。而其练兵制器,"俾获有成,藉作自强之基,增我藩篱之固"③。

尽管朝鲜内部对于派员前往中国学习军械制造提出了诸多问题:如海外诸国留驻北京"非学也,乃通商也",未有成例;"军器事系于兵部",而朝鲜来学往教"事系于礼部",事权难以协调;学徒在津不熟悉情形,容易造成不良影响等等,但朝鲜国王坚排众议,认为朝鲜派往中国学习军器制造,"非一非再,则只论事之紧漫而已,初行与否,有不可顾也。况此事之出于学造备御之策者乎,从当更为处分矣"④。1880年5月,朝鲜国王下旨要求朝中官员以"学行纯笃、吏治优异、技艺精敏、干局通炼、缮造兵械、能解算术"⑤为标准分别举荐数人,以派往天津学习。7月9日,朝鲜国王以讲究武备事,咨请北京礼部,正式提出派员来津学习武备。

8月29日,礼部奏朝鲜国王咨称,该国讲求武备,恳为转奏请旨。上谕随即要求李鸿章"妥筹具奏",并且对朝鲜所请"简选解事人员,或于边外习教一层"⑥详审其意。面对朝鲜派员到津局学造军械的请求,李鸿章基于朝鲜"讲求武备,实难再缓"和"俾获有成,藉作自强之基,增我藩篱之固"⑦两点考虑,全力支持。

9月4日,李鸿章将《妥筹朝鲜武备折》上奏朝廷,朝廷随于6日发布上谕,明确指出"朝鲜为东北藩服,唇齿相依。该国现拟讲求武备,请派匠工前来天津学造器械,自宜府如所请,善为指引。本日已谕令礼部拣派通事伴送

---

① "中研院"近代史研究所编:《清季中日韩关系史料·第二卷》,"中研院"近代史研究所1972年,第394页。
② 《清季中日韩关系史料》第2卷,第394—395页。
③ 《清季中日韩关系史料》第2卷,第394—395页。
④ 吴晗辑:《朝鲜李朝实录中的中国史料·下编卷十七》,中华书局1980年,第5253—5254页。
⑤ 吴晗辑:《朝鲜李朝实录中的中国史料·下编卷十七》,第5254—5255页。
⑥ 清代实录馆编:《清实录·光绪朝上》卷118,中华书局1987年,第1752页。
⑦ 沈云龙主编:《近代中国史料丛刊》第十八辑,吴汝纶、章洪钧编《李肃毅伯奏议·妥筹朝鲜武备折》,台北文海出版社1968年,第1473—1490页。

该国咨奏官卞元圭赴津,俟该员到后著李鸿章询问一切情形,再行奏明办理"①。1881年津局出现了一群来自朝鲜半岛的诚心求教的学徒。

## 二、李鸿章对于天津机器局"施教"的总体规划

李鸿章作为朝鲜学徒来津局学习的总负责人,对于引导、安排朝鲜学员学习洋务也有一整套方案与计划。因此,了解李鸿章对于津局"施教"的总体规划也就成为窥视李鸿章对于怎样开展洋务运动,自身的心得体会的绝好路径。

对于津局施教的内容,李鸿章指出"盖制器必求用器之人,则与练兵相连;练兵而所用之器,有非仓猝所能自制者,则又与购器相连"②。由此似颇能感悟其对于数十年办洋务的体认,制器必先购器。对于"先生"一方,李鸿章认为"制造一事,所包甚广,不可不分别难易缓急。中国创立各厂十有余年,费用饷项约数千万,得入门径始知有必须自造者,有不必自造者"③,天津机器局虽举办十数年,然主要制造弹药补给,至于枪械制造,由于技术落后与成本过高,实则无功而返。对于"学员"一方,"朝鲜匠工来学,即使尽熟各法,闻该国所用土枪,仅与中国绿营之抬鸟枪相等,其制造机器及新式枪炮仍须购自外洋,是无其器而不能用也。西洋枪炮其准线、口令、步伍非操演数年难以纯熟,是无其人而不能用也"④。因此,欲使朝鲜学员来津学习有所获,则应"择易办而急需者行之"⑤。其"易办而急需者"即为"子弹、火药及修理军械之机器"⑥。因为"子弹须源源接济,若专恃购办,必有缓急难恃之虞,此必自行制造一也,军械常有损坏,修理必借机器,此必自行制造者二也"⑦,必须酌量购备,然而"所用机器,除造后膛枪子须全分机器,此外不必全借汽机,应以人力运动着而宜,可择汽机小者购一二具,以运车床、刨床、钻床而已。军械之中,火药为重,西药佳处全在硝磺提净,压至结实,碾工

---

① 中国第一历史档案馆编:《光绪宣统两朝上谕档》光绪六年九月初六日,广西师范大学出版社1996年,第218—219页。
② 《李肃毅伯奏议·妥筹朝鲜造器练兵折》,第1493页。
③ 《李肃毅伯奏议·妥筹朝鲜造器练兵折附录》,第1513页。
④ 《李肃毅伯奏议·妥筹朝鲜武备折》,第1473—1490页。
⑤ 《李肃毅伯奏议·妥筹朝鲜造器练兵折》,第1492页。
⑥ 《李肃毅伯奏议·妥筹朝鲜造器练兵折》,第1493—1494页。
⑦ 《李肃毅伯奏议·妥筹朝鲜造器练兵折附录》,第1513—1523页。

与臼舂之工无异,机器碾盘似可省也。仅购提硝器具,压水机器皆用人力者,则省费约十六七。至于造枪子、铜壳,非购全副机器不可"①。

至于"施教"的详细内容与学员安排,李鸿章也是面面俱到。兹列表1说明之:

表1 李鸿章所拟朝鲜学造军械人员安排表

| 厂名 | 学习内容、缘由及特殊要求 | 学员年龄及要求 | 人数 |
|------|------|------|------|
| 工师 | 画图本诸算学,为制器之根源 | 聪明而有悟心,能通文义年十五六岁者 | 4 |
| 木样厂 | 凡制一物必须先做木样 | 木工有心思年二十内外者 | 4 |
| 翻沙厂 | 惟 化铜铁、习练眼力、分别火色、配合料作亦非易事 | 年力精壮有臂力有心思者 | 4 |
| 枪子厂、卷铜厂 | 机器繁多 | — | 4 |
| 机器厂 | 车床工夫是以机器制器,能知换用车刀、分配齿轮便入门径,惟执锤用凿以手制器工夫较难,修枪工夫亦以学习 | 年十五六者 | 4 |
| 汽机锅炉厂 | 学习汽机煤炉之事 | 二十上下者 | 4 |
| 熟铁厂 | 学习制造锅炉 | 素业铁工者 | 4 |
| 火器厂 | 学习配合拉火暴药各料 | 年十五六者 | 4 |
| 电气房 | 学习电引、电机、电表各种技艺,为水雷引电之用 | 聪明过人,年二十以内者 | 2 |
| 东局 | 制火药 | 向习此艺者,为其已入门径,自知慎重 | 3 |
| 东局 | 制镪水 | 年二十内外聪颖者 | 1 |

资料来源:根据《李肃毅伯奏议·妥筹朝鲜造器练兵折附录》第1513—1523页之内容所列。

由此观之,李之施教方针实乃中国举办洋务运动路径的翻版。初始学习西方军事技术,举办洋务,皆内忧外患逼迫之结果,实因"病急",选择易办而急需之事项实施之,其余难办、办不成之事拖之于后,比成体系的引进西方科学原理等,缓猛相济,并非不可。然李鸿章将难办、办不成之事皆求于外人,认为不急需即为不需,只需应付当前事即可,用"裱糊匠"一词形容最

---

① 《李肃毅伯奏议·妥筹朝鲜造器练兵折附录》,第1513—1523页。

为恰当。天津机器局的制造水平也就只能停留在制造火药子弹之上,"先生"水平如此,实无他法。此时,非不教也,实不能也。

## 三、"先生"施教之过程

1881年2月4日,朝鲜国王正式决定将朝鲜学徒69人派往中国,学习军械制造①。对于远道而来的朝鲜学徒,作为"先生"的天津机器局对其学生可谓"殚精竭虑,尽所知能,互相传习"②。所授内容涉及多个层面,现分而述之,窥其一二。

### (一)传授西语

朝鲜领选使金允植等到达北京,随后即到保定拜访李鸿章,其间谈话即涉及朝鲜学员到津学习西语。问:"学徒中欲择聪明者,习各国语学。虽不相通,亦有可学之道否?"李鸿章答:"本局设语学局。年少聪悟学习者甚多,不患无师也。但须二十以内者为可,过此则不能。"问:"二十三岁,亦可乎?"李答:"尚可为也。年至三十,则不可学。"③

朝鲜学员到达天津机器局之后,对于学习西语,皆甚热情。因来学人员年龄偏大,学习西语,效果不甚理想,但天津机器局仍对其全部来学人员进行了细致考察,择其中二人培养之。金允植对现场选拔学员有一段描述,甚为形象。

> 二点钟,率学徒七人,访水师局。……一六品顶戴姓许名兆基;一七品顶戴姓曹名廉,皆福建人,学堂出身。方以洋文教习,来教学生者也。主人请召学徒,以次入见。先召赵汉根、许树春。先发洋音,使之随音答应,以验舌本之清否。次授《左传》,使以汉文读之。次问能作论否。合于此则取之,不合则舍之。赵汉根、高永颎、金光练入选,其余见退。④

随着西方列强的东侵,西方语言自近代开始逐步确立其霸权地位,与西方交涉外交、学习西方军事科学技术等等,必先通其语。洋务派在举办洋务运动时也认识到了学习西文的重要性,1860年代即建立了同文馆,专门培养

---

① 实际出发日期由于朝鲜领选使的不断更换,直到当年9月26日由金允植作为领选使才整装出发,11月7日抵达北京,咨文礼部,派往天津机器局学习制造。
② 中国第一历史档案馆等:《中国近代兵器工业档案史料》第1册,兵器工业出版社1993年,第1089—1090页。
③ 《阴晴史》上卷,第33—34页,转自刘著第79页。
④ 《阴晴史》上卷,第33—34页,转自刘著第92—93页。

精通西语之人才。朝鲜来华学习制造,传授西语也成为题中之议,自有其合理性。但具体到选取传授对象之时,天津机器局把年龄的大小和以《左传》作论作为选拔的标准。选取年龄较小的学员,由于其记忆力较强和接受新事物能力较快的缘故,可谓符合语言学习的规律。但同时,天津机器局把学员熟悉中国经典与作论能力的高低列为考察对象,并将此定为决定性条件,"合于此则取之,不合则舍之",然学习西语的好坏与作论能力的高低似毫无关联。可谓其中包含合理与不合理之因素,且以不合理因素决定之。

（二）赠阅西书

洋务运动举办之时,西方的书籍、报刊也被大量翻译引进中国,天津机器局在施教朝鲜学员之时,不忘对其介绍近代西方书籍,以期对西方有更多的了解与体认。本文仅将朝鲜获赠的大部图书整理如表2,或可对施教有更深层次的体会。

表2　天津机器局所赠朝鲜学员各类书籍

| 类别 | | 书名 | 种数 |
| --- | --- | --- | --- |
| 西学类 | 军事类 | 《克虏伯操法》《营垒图说》《防海新编》《营城揭要》《克虏伯造法》《水师操练》《水师章程》《关防海新论》《航海简法》《行军测绘》《轮船布陈》 | 11 |
| | 科学类 | 《化学鉴原》《化学分原》《化学续鉴原》《运规约指》《地学浅释》《声学》《三角数理》《代数术》《数学理》《电学》《九数外录》《句股六术》《对数表》《算法统宗》《弦切对数表》《八线简表》《恒星图表》《算学启蒙》《八线对数简表》《开方表》《谈天》《化学续编》 | 22 |
| | 技术类 | 《制火药法》《金石识别》《汽机发轫》《汽机必以》《御风要术》《开煤要法》《西艺知新续刻》《冶金录》《井矿工程》《格致启蒙》《爆药纪要》《器象显真》《测候丛谈》《煤药记》《西艺》《克虏伯炮弹合法》《绘地法原》 | 17 |
| | 社会类 | 《环游地球新录》《富国策》《平圆地球图》《西国近事巢汇》《列国岁计政要》《东方交涉记》《公法便览》《地球全图》《申报》《海塘辑要》《董方立遗书》《四裔编年表》《海道图说》《三才纪要》 | 14 |
| 中学类 | | 《圣学入门》《广仁堂章程》《儒门法语》《杨忠愍公遗集》《苑洛志乐书》 | 5 |

资料来源：根据《阴晴史》上下卷整理而得,转自刘著第112—113、131、155、157、259、276、290、296、320、390、398页所载内容。

书籍作为知识的直接承载体,对于知识的传播发挥着巨大的作用。天津机器局洋务官员赠送朝鲜学员之书目,仿若今日教授讲课给学生所开之书单,最能直观体现施教者对于自身所授内容的覆盖面、关键点等之理解。天津机器局所赠阅的书籍其中大部为涉及西学的内容,既有介绍西方近代军事理念与军事体制的内容,也涉及西方近代化学、数学、物理、军事技术乃至生产技术的部分,此外还有各国政治、社会、经济、地理概况之书目。然在所赠阅书籍中,天津机器局仍旧不忘中学书籍,尤其把清朝弘扬明朝忠义之臣的《杨忠愍公遗集》赠予朝鲜学员,似有提醒其在学习西方技术之时,不忘中朝宗藩两国忠义之道,可谓用心良苦。

(三)观摩及培训

朝鲜学员到达天津之后,按照李鸿章所拟的人员安排进行了分配,天津机器局在局内专设了朝鲜馆①,供其学习居住之用。作为"先生",让朝鲜学员观摩各局厂以及对分配学员进行培训自然成为施教的重要内容。由于材料的缺乏和内容的冗杂,笔者仅对其做概括性的描述。

天津机器局在给朝鲜学员施教的过程中,引导其参观了中西学堂、铜冒、枪子、卷铜、镪水诸厂及烧炭窑;机器、翻沙、木样、画图、电机、火药诸厂;往水师局,观学徒之习洋枪队步法;至电机局,见语话筒;往炼硝房,观试火药;访"镇海"兵船等,从而使朝鲜学员对于近代军事技术有直接感官的了解,以便朝鲜学员各自选择所学内容。

朝鲜学员参观中西学堂且拜访了此时北洋水师学堂的洋文正教习严复,并对之有此评价"洋文教习严游戎,名宗光,号幼陵,亦福建人。十五六进学堂,二十四五学成,到英国学习三年,前年始回华,学问极好云"②。

在参观各机器厂之后,朝鲜学员感叹道"殆非彝所思。最是电气逼夺造化,不可形喻也"③。对于学习机器制造业的认识也发生了一定变化,朝鲜学员认为"入此以来,每言诸机器别难解可学者,以是执业不专。今日入铜冒厂,弛散压铜板,试令河工改妆。熟视而不能下手。可知前言之过也"④。

在电机局看到电报后,称其"阅电机所报,无不可达之言。一瞬数万里

---

① 《李鸿章全集》奏议(十)《机器局经费奏报折》,第164页。
② 《阴晴史》上卷,第41页,转自刘著第94页。
③ 《阴晴史》上卷,第66页,转自刘著第139页。
④ 《阴晴史》上卷,第78页,转自刘著第158页。

如面语,诚可异也"①。对中国仿造的电话描述到,"见语话筒,两头系铜线。侧耳听之,略可辨认"②。

往炼硝房观试火药实验,使其对于火药的使用有具体科学的认识。金允植日记中对此记到,"安一筒田鸡炮,装火药二两重,放六十余磅大弹子,以验远近。初试中国细粒药,走五百四十尺。外国细粒药,走四百五十尺;次放大粒,尺数渐不如前;次放贝博药,不过百步以内(中外皆然);次装饼药,即一块也。不过数十尺而落(中外同然)。盖细粒用于前后门枪。贝博饼药,用于大炮。大炮若用细粒,则有炸炮之患云"③。

访"镇海"兵船,使其遍观船中机器。朝鲜学员见其"船长可十余间,上架大炮五座,最大者重万斤者云。试放指挥一声,兵员自下层突出,数十人疾赴来前,挽索、运炮,左右惟意。妆无子火药于炮门放之,声震河口。两耳如聋。数三放而止。行观上、中、下三层及陆、余将居住之处,铺设齐楚,不觉其为船中也"④。

在朝鲜学徒观摩完津局制造之后,天津机器局根据朝鲜学员60余人的个人意愿与能力将其分别分配到不同的局厂,对于津局施教的详细情形的描述,由于资料原因尚不能复原其全貌,然从朝鲜学员的点滴日记中似可窥其大概,从而丰富人们对此的认识。

机械厂,朝鲜学员崔志亨、宋景和、安应龙3人隶焉。对于此厂的功能朝鲜学员认为"于诸厂中,此厂最大,机器甚多。然皆修造各厂机器之器也。前后膛枪皆购于西洋,而有病及久而生锈,则亦自此厂修改、磨炼,使复如新"。他们认为此等学习甚为重要,"我国虽买洋枪,不知修理,则便成弃物。此亦紧要之学"。对于施教的内容,此3人感到"名目浩繁,有难便学。厂内学规,初头人学者,但令执习一事,或磨或凿。不知何年,略有领解"⑤。

木样厂,朝鲜学徒仅张荣焕1人隶焉。对于木样厂的重要性,"凡造各机,先出画本,送之木房,依画本成木样子,送之各厂,依样制造。亦最紧、最难之事"。然而张荣焕在朝鲜虽名木手,但"不知绳墨之为何物。如此之后,

---

① 《阴晴史》上卷,第66页,转自刘著第139页。
② 《阴晴史》上卷,第97—98页,转自刘著第194页。
③ 《阴晴史》上卷,第174—175页,转自刘著第327页。
④ 《阴晴史》上卷,第102—103页,转自刘著第202—203页。
⑤ 《阴晴史》上卷,第84页,转自刘著第170—172页。

始学木事,便是初学、破蒙"①。

火药厂有朝鲜学员金兴龙、金德洪2人。火药厂局最多,有烧炭局、煮硝局、矸药局、光药房。此二人初隶烧炭处,一两日之后,便谓烧炭则不足久学。厂局中人皆曰,"烧炭亦多妙理,非目击手习两三月,不可学云",并"嘱令仔细观筑,异日还国,需依制筑灶云"。两人试习烧炭几日,即转往煮硝所,又将转往火药房。朝鲜学员在学习之后认为"最可闷者矸药,若用人力,则磨碾之际,精粗不一,不易生火,若用汽机铁磨,则所费浩多,不可议到"②。

至于化学学习,朝鲜学员李熙民在水师学堂因口钝自退,请学化学。候补知府承霖教授之。学员称"此学于配合物料、制造各项药物,极有妙理。若昧于此,则虽徒学镪水、电气,亦未尽其用"。承霖对朝鲜学员言"此学若细究至理,须费十年之工。今君远来,势难许久做客。当择其捷径紧要,悉心指导云"③。

天津机器局根据自身学习洋务的切身体会与经验,通过对朝鲜学徒传授西语、赠阅西书、令其观摩各局厂,分配学员进行培训,使其对于西方军事科学技术有了朦胧了解,"先生"在此所做的启蒙培训有其积极意义。

## 四、两类施教的对比

1881年天津机器局中不仅多了一群来自东国的朝鲜学员,京城中的神机营也派出了学徒前往津局学习火器制造④,而此两者在学习过程中,还曾交互作用,直接影响了朝鲜学员对学习方案的选择并提前回国。

(一)天津机器局所教之神机营学徒

1881年1月26日,醇亲王上奏朝廷,指出1864年总理衙门曾将京营官兵交李鸿章差委,专令学制外洋炸炮弹及各种军火机器,然而稍有成效,旋被撤回。现今配造火药、制造铜冒虽然袭取旧法,然不过"仅能窥其门径,究未能深入堂奥"。并且当时"派往人数无多,阅十余年之久,刻下半就凋零,兹以时事多艰,练兵尤为急务。设有征调军火器械,在在均需豫筹"。因此,

---

① 《阴晴史》上卷,第84—85页,转自刘著第172—173页。
② 《阴晴史》上卷,第84—85页,转自刘著第172—173页。
③ 《阴晴史》上卷,第84—85页,转自刘著第172—173页。
④ 《李鸿章全集·奏议(十)·机器局经费奏报折》,第164页。

醇亲王请旨由神机营"选派心灵手敏官兵三十员名,就近赴天津专令学习外洋炸炮等项及各种军火机器,以备军实"①。

李鸿章给醇亲王的信函中随即应允,"选派兵员赴津学习各种军火机器,属当务之急,已饬机器制造各局妥为筹办"。并给神机营的学习方案提出了方向性意见,对于神机营学员似"仍宜酌设一局,以开风气而便取携"②。至于具体学习内容,由于"机器局仿造外洋各种军火名类纷繁,除火药、铜冒神机营已能制造外,其铸铁、化铜、卷铜、镪水、铜引、木工、锅炉等厂,皆须先购机器方能学制,非一时所易办"③。根据"应令先其所急"的原则,神机营当今主要应学"所有克虏伯四磅炮各项炸弹、格林炮子等法"。尤其是格林炮子一项,"规模精捷,尤于初学相宜",并且它对于"制造毛瑟、哈吃开士等子"来说,可触类旁通。此外新式炮必须用铜拉火,似亦"宜兼学制,以资利便"。

天津机器局对于神机营兵员来学军械一事,自是不敢马虎,对之详细安排。首先,津局按照机器局学徒章程对神机营兵员进行管理,"择其资质可造者留局,其不安本分以及鲁钝不堪者,即行遣回"④。其次,对于新到津局的兵员,先令其观摩各局厂,"周历各厂细窥奥妙,半月以后再分厂学艺"。同时,由于神机营新购哈吃开士及毛瑟枪,津局认为所派兵员应"以习造枪子为要务"。至于具体学习方案,根据神机营"学成回京,无火轮机器应手,无以见功"的实际情况,"拟在机器厂自造手器数十份,于枪子厂中另立小厂安置习艺各兵,饬工目并手艺极精之匠为之教习。其一切章程与各厂一律。待艺成回京,即将习用手器随带回京,以观成效"⑤。此外,神机营还要求学习铸铁和制造火药。天津机器局以铸铁"必各厂俱备始能兴工",而"京营未立各厂,兵丁习此恐无实用",则拟请暂缓学习此事。对于学制火药一事,天津机器局认为制药工序复杂,"自提硝至成药共过机器数十次,工匠百数十人",恐难学习得用,神机营所需之火药由津局供应即可,不必再学。

若对比天津机器局对朝鲜与神机营学员两类施教内容,两者所学异同各有。从相同之处来看,首先,李鸿章对于所学内容的选择标准一致。朝鲜

---

① 《中国近代兵器工业档案史料》,第1208页。
② 《李鸿章全集》信函(五)《复醇亲王论枪弹》,第3—4页。
③ 《中国近代兵器工业档案史料》,第1210页。
④ 《中国近代兵器工业档案史料》,第1211—1212页。
⑤ 《中国近代兵器工业档案史料》,第1211—1212页。

为"择易办而急需者行之",神机营"应令先其所急",均着重于"应急"。至于具体的施教,津局均让学徒观摩局厂,增加对近代军事科学技术的认识,以图改变西方技术乃"奇技淫巧"的印象,正因此,朝鲜学徒才发出"最是电气逼夺造化,不可形喻也"的感叹,看到西方军事技术的先进。其次,对于学徒的管理,津局均设专馆,以便其居住,由此似可见两者地位的重要。同时,在施教的意图上,津局均望其师夷长技,掌握部分近代军事技术。

在不同之处,首先,津局对学徒的管理严格程度不同。津局并不曾制定具体的章程约束朝鲜学徒,而对神机营则按机器局学徒章程管理,对其中不合格者进行淘汰。当然造成此种差异的原因更多是由于朝鲜乃藩属之国,前往中土学习制造,作为大清上国更应显出宽大仁慈之心,尽量满足其请求,而朝鲜学徒的任何问题也都有可能变成两国之间的交涉麻烦,此时的朝鲜也欲摆脱宗藩体系,朝鲜来学也有增强两者关系的考虑在内。而神机营多为满人充之,军风散乱败坏,若不约束,津局施教不但难有成效,还会影响到津局自身生产。其次,在施教的具体内容上,无论是李鸿章的事前安排,还是津局官员的具体指教,似并未平等对之,两者差异悬殊。神机营"以习造枪子为要务",具体包括"所有克虏伯四磅炮各项炸弹、格林炮子等法",此外兼学用铜拉火。而神机营要求学习铸铁和制造火药,皆被李鸿章及津局官员搪塞回去,不曾答应。朝鲜学徒则不然,不仅神机营求之不可得的铸铁、制火药诸事,皆在朝鲜学员所学之列;且从李鸿章施教安排及具体施教过程来看,津局将其所有家底尽数展现,各厂的技术全部予以教授,津局官员还不时给予赐教,此外更有传授西语,赠阅西书。由此观之,神机营所学内容仅为朝鲜学徒极小的一部分。但从另一个层面来看,对两位学生施教之内容均处于技术层面,两类施教对于技术产生之原理、渊源似无涉及,更不曾提及西学之根本。吊诡之处,恰恰在于朝鲜学员似对于天津机器局全面细致施教方式并不接受,反而选择神机营学徒所学之内容,以期早日归国复命。

(二)神机营对朝鲜学员之影响

朝鲜学徒在学造军械中,看到所学的机器均为"汽轮激成",随即感到"若学成而不能设置机器,则无所施用"①。当金允植从津局官员处听说神机营工匠所学为手工制造军械时,颇为高兴,"此正敝邦学徒所宜学也"。当天

---

① 《阴晴史》上卷,第75—76页,转自刘著第153页。

在津局官员陪同下,参观了神机营所学的铜冒厂,并对铜冒厂所造铜冒评价到"其精致与便易,亦非无机悬造之比也"。铜冒厂委员工锡藩则向朝鲜学徒表示赴铜厂学习者人数太少,所学技艺有限,如果能将各厂学徒合并到铜冒厂学习,效果可能会较好。随后,南局官员霍良顺将小手器械与机器制造的成本告之于朝鲜学徒,"铜冒机(汽轮大机)十件,耗银三千两,若小手器械,则价本当不至此也"①。

正如朝鲜学员对于中国洋务运动之评价:"中国之机器厂,始于同治元年,李中堂设置于上海。年增月加,规制渐广。其始也,亦欲派送工匠往学于泰西。以其道远而事多难便,仍于中国近海通商诸处诸厂习造。始则以洋人为师,募洋匠为工。今则中国工匠多有能者。然尚时时质问于洋人。至于铜铁及各项器机药物,皆购于洋国。不惜重货,积如丘陵"②。然作为朝鲜学员,思其国之财力,中国能办之事朝鲜无财力办,而所办的汽轮机械耗费巨大,远非朝鲜国家财力所能支撑;然时局急迫,"派人来学,诸厂之事,均非一二年可学",即便学成归国,熟悉掌握机械制造,如果没有机器仍旧所学毫无用处。神机营所学的小手器械尽管较机器制造有所不如,但在朝鲜学徒看来其"其精致与便易,亦非无机悬造之比也",回国之后能够立竿见影地发挥效应,且办小手器械花费较机器制造少得多,自然朝鲜学徒选择神机营小手器械也在情理之中。

津局官员潘梅园对朝鲜参考神机营学造军械一事,则大力支持。当得知朝鲜学员对神机营所学甚感兴趣之后,对之谈到"向不知贵意如此,故欲令漫漫学习,务须明白。不责速效。今既闻命,当另图捷法矣。化学,数十年亦难尽通,而就其切要近务,若制镪水等法,不可不先教。铜冒,既有手器,则不难打造。惟语学,非五年不可。中国既与各国通商时,以不解洋文之故,见欺受害甚多。贵国亦应如是。惟此一学,务要精通,不宜半途而废"③。此间语,似最能反映洋务官僚之心理,以被动之心态应对西方的挑战,西方科技在其心中也仅为应对此挑战的手段而已。

---

① 《阴晴史》上卷,第83—84页,转自刘著第169页。
② 《阴晴史》上卷,第84页,转自刘著第170—172页。
③ 《阴晴史》上卷,第100—102页,转自刘著第198—199页。

## 五、余论

1882年,朝鲜学徒由于不习中土病倒多人,及朝鲜爆发内乱,在购买一批"小手器械"之后,请求归国。10月10日,李鸿章上奏"前派生徒在天津机器局制造各局学习先后遭病东还,所余无几,请准撤回"①,津局与朝鲜学员的师生情迅即了结。次年4月原朝鲜在东局学习制造的宋景和等二工匠自愿仍入机器局,学成其业②,或可作为此段"来学往教"历史的结尾曲。

同为东亚国家的日本,1860年代派往欧美的留学生,其所学内容涉及西方的法律、教育、军事科学及技术,回国之后则竭尽全力宣传移植欧美各国的政治制度、法律体系、思想文化以及军政、军令等军事制度,模仿欧美建立军法、军事教育体系,积极学习欧美各国的用兵战术和兵工技术③,对于日本的近代化发挥了至关主要的作用。若对比日朝两国所派留学生的过程,朝鲜来天津机器局或已输于起跑线,具体学习的内容,朝鲜学徒主要为军事制造,最终选择落后的手工生产,而日本所学则包含思想、文化、政治、军事技术,其间胜负或许早已决定。不由之间,朝鲜与中国失去了一次自强救国的机会。

(《中国经济史研究》2009年第4期)

---

① 《李肃毅伯奏议·妥筹朝鲜武备折》,第1935页。
② 《清季中日韩关系史料》第2卷,第1151页。
③ 胡连成:《光与影——近代日本留学生对于明治日本的意义》,《渤海大学学报》2004年第6期。

# 天津东部民歌初探

徐丽君

天津是我国重要工业基地之一,它北靠燕山,东临渤海,海河五大支流南运河、北运河、子牙河、大清河、永定河交汇其中,是我国北方海陆交通枢纽,也是北京的东大门。天津东北部的汉沽、宁河、蓟县、宝坻接邻唐山的丰南、丰润、玉田、遵化。因此,不论经济、文化还是民俗习惯两地都有相通或相容的方面,尤其在民歌上,也具有冀东民歌特色。本文以天津东北部(汉沽区、宁河县、蓟县、宝坻县)三县一区为主要观察范围,仅就这一区域的民间歌曲进行探索研究。

同世界上的任何一种民歌一样,天津东部民歌(以下简称津东民歌)也是历代劳动人民在劳动生产、社会生活中萌生并逐渐流传起来的,至于源于何时,已无明确的史料可考。但根据一位老艺人的回忆,早期的地秧歌,就是秧歌调的雏形。秧歌调是津东民歌花会歌的一种,源于辽金时代,距今有八九百年的历史。津东民歌没有现成的文字曲谱,长期以来,先民们靠对生活、劳动的观察、概括来即兴创作,因此津东民歌的风格、衍变都与津东历史的发展传承息息相关。她是一幅画卷,描绘了津东人民劳作的壮丽场面,传递了津东人民的喜怒哀乐,展现了津东人民的精神风貌,讲述了津东人民的爱情故事。

## 一、津东民歌的题材

综观津东民歌,可谓内容丰富、题材广泛,总的来说,可以分成生产劳动、社会斗争、爱情婚姻、日常生活、风俗习惯、故事传说六个方面。

1. 以劳动生产为题材的民歌

生产劳动是人民群众的主要生活方式,在劳动生产中,人民征服了自然,丰富了精神世界,也创造了文化艺术。在劳动中直接演唱的民歌,俗称号子,它源于劳动,服务于劳动,是民歌中历史最悠久、数量最多的一种。津东人民在捕鱼、盖房、修桥、开山等集体劳动中,创作了许多丰富多彩的号子。像津东近海渔民号子。

由于海上浦捞具有船大、水深、地域广、作业时间长等特点,因而当地渔民中流传过这样的一首顺口溜:

　　南河(东大沽一带)的橹,
　　北河(北海口一带)的桨,
　　南河的弯子(即蒿子),
　　北河的号(即号子)。

与海上捕捞特点相适应,海上渔民号子的篇幅往往比较长,从整网带出海捕鱼以至收网归来,在劳动过程中的每一阶段,几乎都有相应的号子,如:"拉船""摇橹""打篷"(篷即帆,因"帆"字与"翻"字谐音,过去渔民忌讳"翻"字,认为不吉利,故将船帆称作船篷。"打篷"即升帆之意)"绞关"(即指绞动滑轮来拉拽重物或拉船、起网,借以减轻劳动强度)"缥网""出鱼"等多种,气势雄浑壮阔,表现了海上渔民不怕艰苦、克服困难、坚强勇敢的意志与品格。例如汉沽的渔民号子《起篷号子》《打锚号子》《传绳号子》等。除捕鱼号子之外,还有船工号子,例如汉沽区的《倒网号子》《出鱼号子》《搬吊号子》《拉船号子》等。另外山区农民盖房、打墙、打桩、打锛时都演唱夯歌,夯歌比较轻松悦耳,多用2/4拍。例如宁河的打夯号子《一齐猫腰把夯抄》等。

2.反映阶级冲突和民族矛盾的民歌

民歌是社会生活的一面镜子,各个时期的历史生活,都可以在民歌中找到影子。津东人民爱国家、爱生活,富于反抗精神,因此创作了许多抵御外来侵略,争取自由解放的民歌。如,蓟县民歌《兴起了义和团》,就生动地记叙了抗击八国联军的故事。

　　光绪二十六年(那),
　　兴起了义和团(那),
　　普天之下都说是神仙(那),
　　只打得洋鬼子(呀)东逃西(呀)散。

其他还有宝坻民歌《卢沟桥事变》、蓟县民歌《小日本真毒辣》等。

3.以爱情婚姻为题材的民歌

反映爱情婚姻题材的民歌,在津东民歌中数量很多,有的歌颂了男女之间的纯真爱情,有的控诉了封建制度对妇女的摧残、压迫,这类民歌手法细腻、感情真挚,如宝坻民歌《小红娘》：

> 手儿拉着张生,红娘笑呵呵,
> 手儿拉着张生,红娘笑呵呵,
> 张生哥听我说,不要脸皮薄。
> 胆儿小的人不得将军作,
> 别怕那个老乞婆,一切都有我,
> 小姐在花园等着你,走吧、走吧!
> 小姐等急了可要埋怨奴。

还有蓟县民歌《急坏了小媳妇》、宁河民歌《思夫》等。

4. 以日常生活为题材的民歌

以日常生活为题材的民歌,主要是描写了家庭、邻里关系以及赶集、交易等具体事件。这类民歌非常生活化,是人民日常生活的真实写照。如宁河民歌《贴饼子》：

> 问上公爹做啥饭?
> 东屋里贴饼子啊,
> 西屋里滚菜汤。

还有宁河民歌《菜名》、宝坻民歌《抠心鬼顾活》等。

5. 反映风俗习惯的民歌

各地的人情、习俗、礼仪等方面的差异在津东民歌中也有所反映。如宁河民歌《元宵佳节》：

> 正月里元宵节去游玩,
> 举目抬头看,上有灯万盏,
> 看灯而归,只见灯光出现。

还有蓟县民歌《十二月采茶》、《二姑娘拜年》等。

6. 以故事传说为题材的民歌

此类题材的民歌一般篇幅较长,大都是以历史事件、历史人物或民间传说为素材创作的,如宝坻民歌《小白菜》：

> 小白菜儿(呀)地里黄(啊),
> 三两岁(呀)没有娘(啊)。
> 从小跟着爹爹过(呀),
> 就怕爹爹娶后娘(啊)。

娶了后娘三年整(啊),
有个弟弟比我强(啊)。
弟弟吃面我喝汤(啊),
端起饭碗想亲娘(啊)。

还有蓟县民歌《放风筝》、宝坻民歌《小红娘》等。

## 二、津东民歌的种类与分布

1. 种类

天津民歌可以分为劳动号子(搬运装卸号子、渔民号子、船工号子挠秧号子、打桩打夯号子)、山歌、小调、花会歌(推碌碡、高跷调、莲花落、秧歌调、竹马调、荡调、花灯调、花鼓调、花棍调、跑旱船调、太平鼓调、太平年调、拉象调)、儿歌、叫卖调、吟诵调七种类型,此七种在津东民歌中皆有表现。

2. 分布

在津东民歌中劳动号子、小调、山歌、花会歌、儿歌、叫卖调、吟诵调都能找到,只是分布不同。蓟县南部与宝坻县相连,宝坻县又与宁河县接壤,汉沽又与宁河南部相连,这三个县一区的民歌种类分布较多。(1)劳动号子:如宝坻县的打夯号子《打夯戒蓄手和脚》、蓟县的《修水库灌良田》和宁河县的《赵州桥什么人修》等。汉沽区东连接唐山丰南黑沿子镇,南临塘沽北塘,与渤海紧邻,人们大多以打鱼和养殖业为生。因此津东的盐工号子、渔民号子、船工号子基本上都出自汉沽区。如渔民号子《起篷号子》、船工号子《出鱼号子》等。(2)小调:小调是津东民歌中最多的一种,大多分布在宁河、宝坻、蓟县。如宁河民歌《菜名》、蓟县民歌《姑娘游春》、宝坻民歌《逛寺山》等。(3)花会歌:花会歌在三县一区也有很多,如汉沽区的推碌碡《奴家命儿薄》、宁河县的高跷调《八仙庆寿》、蓟县的秧歌调《组织了八路军》、太平年调《人生在世勤为先》、宝坻县的花鼓调《劝丈夫参军》等。(4)儿歌:主要分布在蓟县和宝坻县。如蓟县《组织儿童团》、宝坻县《蒋介石大内战》等。(5)叫卖调:唯独分布在宝坻县,如《买杂货》《磨剪子抢菜刀》等。(6)吟诵调也是津东民歌的一部分。它们的地域分布不明显是因为它盛传在城乡的文人之间,"形态上既是音乐的诗词,又是诗词的音乐"①。如唐代金昌绪的《春怨》、宋代李清照的《凤凰台上忆吹箫》等。(7)山歌:蓟县在天津的最北端,东临河北玉田县、遵化县,北临河北兴隆县。蓟县北部属山区,因此,津东民歌,包括天津民间歌曲中的山歌都出自蓟县。如《打的虎狼滚下山》《山孩子》等。

## 三、津东民歌特色

### 1. 津东方言

"歌曲(包括民歌)是一种与歌词相结合的综合艺术。"②世界上任何一个地区的民歌曲调字里行间,行腔中的声势都与当地方言的高低走向是分不开的。津东三县一区的方言基本属唐山话系。它的方言色彩与唐山方言色彩接近又具有自己的特点。宝坻、蓟县的语言特点是没有阳平这个声调,把第二声读成第一声并且平直。这都与唐山玉田县、遵化县极其相似。例如"婆婆"(pó)就读成一声(pō),"阿姨"读成(ā yi)等。但是,蓟县西北部下营、罗庄子二乡与北京平谷方言基本一致。宁河、汉沽一带则将第二声读成第四声,如"二人上学来"读成二(ěr)人(rèn)上(shǎng)学(xiāo)来(lēi),"等我"读成等(dèng)我(wǒ),"馒头"读成馒(màn)头(tōu)等等,与唐山丰南县方言一致。但是,宁河县的大贾庄、造甲城两个乡与北京怀柔方言相似。因此,三县一区津东民歌的方言除了以上提到的四个乡之外,大多地区的方言与河北唐山的方言是同一色彩区,具有唐山老呔味儿,说话像唱歌一样。民歌的旋律走向与方言的语势是密不可分的整体,是音乐的灵魂。如宁河民歌《元宵佳节》:

---

① 《中国民间音乐集成》编辑部:《中国民间歌曲集成·天津卷》,中国ISBN中心2004年。
② 《中国民间音乐集成》编辑部:《中国民间歌曲集成·天津卷》,中国ISBN中心2004年。

元宵佳节的"元"开头就变一声为四声。又如:宁河民歌《夯号》赵洲的"赵"一声变四声:

2. 津东民歌的旋律

津东民歌的曲调丰富优美而又口语化,具有鲜明的地方特色,令人百听不厌。那么为什么她能有如此魅力呢?归纳起来大致有以下几点。

(1)旋律线条中起上扬低落的流畅性

津东民歌的旋律线条特点是中起上扬低落,呈抛物线状。这种旋律线条的形成,是千百年间劳动人民集体智慧的结晶。旋律线条大幅度起伏,这与地方方言的语势上跳下滑有着密切联系。这种中起上扬低落的旋律线条特别适宜歌唱,并能充分发挥歌唱者的演唱技巧。如宝坻民歌《尼姑思凡》:

(2)句构长大,句逗粘连的委婉性

津东民歌中,有很多句构长委婉、华丽的大拖腔,这些拖腔把歌曲装扮得或雍容华贵或缠绵悱恻,妙不可言。如宝坻民歌《鸳鸯扣》:

这首歌可分为上下两大句(一至十小节为第一句,其后为第二乐句),每句又分为若干小分句,每句长达十小节或以上,句逗衔接处不断,难解难分,像是拉不开、扯不断的长丝一样贯穿发展。

3. 衬字、衬句的抒情性

津东民歌中的衬字衬句数量之大,用途之广,技巧之高真是令人叹为观止,大体可分为节拍型、拓展型、形象型、抒咏型几种。这些衬字、衬句的使用起到了补充延绵词意的作用,完全是从情感意境出发。

(1)节拍型的衬词

节拍型的衬字,都在每拍字中的后半拍,它与前半拍的歌词不达意形成铿锵的节奏。如蓟县民歌《对花》:

这首《对花》不仅将衬字用在后半拍,还使用了"得儿"音,需要有高超的演唱技巧。它在推进节奏前进方面起到了积极作用。这首歌的衬词"得儿""七不隆冬仓动仓""的""得儿荷位"等起到了加强语言、推进节奏的双重作用。

(2)拓展型衬词

拓展型的衬字完全是语气的需要,有助于歌词情感的抒发。如汉沽民歌《轧碌碡》:

此例中"呀"字是感叹语气的需要。但其中衬词"哎咳"篇幅较长,就起到了补充词句、开拓乐意、增大结构的作用。

(3)形象诙谐型衬词

衬字、衬词的巧妙使用在津东民歌中能起到描绘人物形象心理活动及情景的作用。如蓟县民歌《巧瓦工逗趣》:

这首民歌的衬词诙谐、幽默,应用其中起到了描绘当年在农村百姓的生活,虽然艰苦又不失乐观、活泼开朗的人物形象。

(4)抒情咏唱的优美性

津东民歌中,衬词、衬句结合唱腔结构经常作为抒情的一种手法,以获得很强的表现力。

如宝坻民歌《茉莉花》:

这首歌衬词部分的歌腔几乎与实词部分的歌腔等值,它的每一个乐句都有一拍相当宽长的拖腔,衬词的运用对于感情的抒发起了很大的作用,这首歌实词部分的歌词具有陈述性、呈示性,而衬词部分的歌调却具有很强的

抒咏性、吟唱性。津东民歌中这种手法的民歌还很多，像宁河花鼓调《十针扎》、蓟县民歌《对花》都将感情抒发得淋漓尽致。

4. 起伏跳跃的旋律特色

津东民歌中多有跳跃进行，从三度跳到十一度，大跳比比皆是。其中最具特色的有三度—7；六度 3—；—3；5—7；七度 3—：—3；5—6；6—5；—2；这些跳进增加了民歌的新鲜感、活泼性、风趣性、乐观性。如宁河民歌《采花》：

在《采花》这首歌中，三度、四度、五度、七度跳都有，其中最具有地方特色的是—7；和—3 的三度跳和七度跳的使用，表现了劳动者苦中作乐的朴实性格。

(《中国音乐》2009 年第 1 期)

# 天津近代商业习俗成因初探

高 展

社会经济发展最重要的标志是工商业的发展,随着天津近代工商业的发展,天津社会经济全面发展,天津商俗也发生了重大变化,近代天津商俗形成的原因是在开埠以来西方思想文化、经济制度的熏陶和影响下、在西方经济势力的打击下,全新的经济思想、全新的经济模式不断出现,从而全新的商业习俗逐渐形成。

## 一、重商思想和商人地位的提高

在传统社会中,士农工商四民有序,《汉书·食货志上》载:"士农工商,四有业。学以居位曰士,辟土殖谷曰农,巧成器曰工,通财鬻货曰商。""凡民四,一曰士,二曰农,三曰工,四曰商。民之行,以士为尊,农工商为卑。论民业,以农为本,工商为末。"由于中国是一个农业大国,重农思想严重,在士农工商的"四民"中,商被排在了最末。作为北京门户的天津,虽然此时天津仍然是一个传统农业型社会,但于漕、盐业之发达;其次天津又为水陆通衢,造成"逐末者众"的情形,明清时已经成为北方重要漕粮中心,商人数量众多其中主要是盐商、铺户、负贩传统旧式商业。然而晚清以来,外国经济势力进入中国,西方大量商品蜂拥而入,中国利益受损,特别是作为通商口岸的天津经济更是备受打击。

西方商战的打击下,在东渐的西风的吹拂下,工商业发展对国家经济发展的重要性逐渐被人们认识,人们开始以新的视角认识商业在国民经济中的地位和作用,他们继承和发展了地主阶级改革派龚自珍、魏源"经世致用"的务实精神,力求从更深层次上探讨中西贫富差距的本源,并积极寻求抵制列强商品输出的有效途径,在反思传统"重农抑商"经济观的基础上,提出了以"士商平等""商战固本"和"以商立国"为中心的一系列具有反抗传统和外来侵略性质的重商主义思想。天津《大公报》更是载文讲到发展商业特别是发展工业对国富民强之重要,主张发展工商业,文章说:"无商业之竞争,国必不能富,商必不能兴。故欲求国富,必先求商业之发达,尤必求工业之精良。盖商者以营运货品博取厚利,而货品实赖工业而成。是工实为商之本,工不振则商必无功。"鸦片战争以来,由于在战争中的不断失败,清政府逐渐看到了发展工商业的重要性,1895年7月,政府就提出了"以筹饷练兵为急务,以恤商惠工为本源"并发布谕令,中华民国建立后,更是确立了工商立国的政策,积极推动工商业发展。随着工商业重要性被人们的认识和工商业的不断发展,商人的社会地位发生了显著变化,人们开始认识到:"古有四民,商居其莫……不知商贾虽为四民之殿,实握四民之纲。士有商则行其学,而学益精;农与商则通其所植,而植益精;工与商则售其作,而作益精。商足以富国。"由于对工商业发展认识的改变,传统"士农工商"四民地位发生了改变,曾经地位低下、列为四民之末的商人地位逐渐得到提高,薛福成就商人在四民中的地位曾经这样说道:"有商则士可行其所学而学益精,农可通其所植而植益盛,工可售其所作而作益勤。是握四民之纲者,商也。"郑观应也表达了相同的观点:"商以贸迁有无,平物价,济急需,有益于民,有利于国,与士农工互相表里",因而"商贾具生财之大道,而握四民之纲领也"。

## 二、新式商人群体的出现

人是社会习俗的载体,人自觉或不自觉地继承、发展、改变着那些在人类生存、发展中形成的社会习俗,商人是商业习俗的承载者,近代以来以西方经济理念为经营之道的新式商人逐渐取代旧中国传统经济条件下产生的旧式商人,随着习俗主体的变化,商业习俗也随之发生了巨大变化。

明清以来由于天津"地无崇山巨险,而襟河枕海,拱卫京畿,且当南北往来之冲"的地理位置,作为南北交通要道、漕运中心、重要的商品集散地,开埠前的天津已经是一个商业繁华之所在了,此时在天津商人以从事盐商、粮商和航运商人为主,其他还有旧式金融业以及众多的商铺和小商贩,他们的业务范围局限在国内,几乎没有对外贸易。他们中的多数是家族式经营,今天的事业是对父辈事业的延续和发展,子承父业,其经营手段与方法都是对前人的继承,以"学买卖""学手艺"的学徒的方式作为学习经营管理和学习技术的方法,到一些诸如"元隆""谦祥益"等大商铺去做学徒,迈出成为成功商人的重要一步，天津曾经有句谚语："不穿三年木头裙子（柜台），学不成一个买卖人"就是对这种学习方式的写照。旧式商人们普遍文化程度不高，其中的文化人所受的也是传统旧式教育，有的甚至还考取过功名，然而，自天津开埠以来，天津近代经济的发展，近代工商业、金融的建立，商人的经营范围越来越宽广，近代化新式商人群体逐渐形成，而新式商人群体的形成又进一步促进了天津工商业发展和经济的进步。这些新式的商人群体他们或曾留学国外，或和外国人有过长期的交往，他们中的大多数不仅懂外语，而且对西方的政治、经济、文化都有一定的了解，特别是对西方的经济制度、企业的经营理念、经营模式、管理方法都较为熟悉，他们大都懂管理、会经营，有的还拥有较高的文化水平，甚至在西方受过正规的高等教育，掌握先进的科学技术，他们以西方先进的经营、管理模式创建并经营着自己的工商企业，把西方新鲜的商业习俗带到中国工商界，并引领了近代中国包括近代工商业都市天津商俗的推陈出新。

在新式商人群体不断形成的过程中，买办起了不可忽视的作用，并且成为新式商人的重要组成部分。开埠以来，西方经济势力不断进入天津，从开埠初期的5家洋行，1906年增至232家，在洋行的各项经济活动中，买办不仅在为洋行服务中起到了不可或缺的重要作用，而且在为他人的服务活动中，买办自己也积攒了大量的财富，凭借勤奋、好学与精明，他们在长期的与洋人交往中，掌握了外语，拥有了新的市场与投资理念，学习了西方的企业管理思想与模式，成为新式商人中的重要一员。例如怡和洋行买办梁炎卿不仅英语极好，而且他积累了大量财富，他的财富据估计在全盛时达两千万之多，曾投资于大沽驳船公司、利顺德饭店、先农公司等。正如郑翼之、梁炎卿、吴调卿、雍剑秋等买办，他们大都投资于近代工商业，成为新式商人群体的重要组成部分。

在新式商人群体中，除了这些买办外，还有一批曾经留学海外，掌握先进科学精神的精英型人才，例如中国化学工业的创始人范旭东1900年留学日本，在冈山高等学堂毕业后，1908年进入东京都帝国大学学习应用化学，掌握了先进的科学技术，1912年学成回国，就职财政部，第二年又被派赴欧洲考察实业，他用一年的时间走遍了各国盐矿产地和沿海各盐场，对当时日本和欧洲的工商业特别是各国海洋化工业的发展状况都比较了解，在实业救国思想的支配下，在懂管理懂经营懂技术的前提下，创办了"永久黄"集团并取得了巨大的成就。他的几位得力助手也大都曾经留学海外，具有极高的专业知识。

除了这些海外归来的留学生,不少天津新式商人毕业于各类国内的商业和科技学校,受到了专门的规范的近代化的科技和工商管理的教育。曾经是范旭东麾下的得力助手,后来又成为中国涂料工业的奠基人的陈调甫,1907年到上海求学,先入复旦公学,后转中国公学,1910年中学毕业,回苏州农业学校任教期间他就对化学产生了浓厚的兴趣,在家里设立了一个简易实验室,从事化学实验,1912年进入苏州东吴大学化学系,1916年毕业,留校任教,他在东吴大学任教时,又从事铜合金分析工作,1917年获硕士学位,1917年冬,陈调甫北上塘沽与范旭东合作创办永利制碱公司,倾注了大量心血,后又推荐侯德榜主持技术工作,终于生产出优质纯碱。另外一些商人虽然出身于旧式企业,曾经受到旧式传统经营理念和规则的教育,但是,随着中国经济近代化过程的开始,他们受到近代经济理念的冲击和洗礼,逐渐蜕变为新式商人,把自己的企业拉上了近代化的发展之路,宋则九就是其中的典型代表。

此外,在新式商人群体中也不乏由中国传统"绅士"转化而成的新式商人,绅士阶层在近代化经济不断发展的前提下,在商人地位不断提高的环境下,"救亡图存"民族精神感召下和"商战"时代思潮导引下,相率"弃士经商",绅士们热心于经营商务,寻找新的出路,周学熙作为清末举人,曾历任天津道、长芦盐运史、直隶按察使,民初还曾任北洋政府财政总长,最终还是脱离仕途,专注实业,成为近代中国商业巨子,其企业也成为引领新式商业习俗的先行者。

## 三、积极向西方学习先进的商业管理、营销经验

19世纪中后期,外国商品、资本大量涌入中国,外国企业到中国投资设厂或设立销售机构,加深了对中国的经济掠夺,但它们先进的管理、经营模式给中国的经济界带来了一股新风,这种成功的企业运作模式也成为中国企业竞相效仿的对象。

首先,天津的一些近代工商企业,运用西方市场经济条件下的网络式销售模式,积极建立自己的营销网络,打开产品销路。中国大门被打开以后,大量国外的大型、近代化著名企业来到中国,如飞利浦公司、英美烟草公司、壳牌公司等等,这些企业为了在中国倾销其产品,在产品销售手段上各显其

能,例如英美烟草公司组织了庞大而严密的销售网络,其销售机构遍及全国城市乡村的几乎每个角落,它在中国设了五个分部,天津部就是其中之一,它几乎控制了整个天津的卷烟市场。西方企业建立网络式销售方式成为中国企业重要的销售方式,天津永利碱厂的销售网络和英美烟草公司的销售网络就有异曲同工之效。天津盛锡福帽庄也在国内外建立了庞大的销售网,到20世纪30年代除天津外,还在北平、南京、重庆、济南、青岛等地设了分号,国外二十个国家和地区设有代销处,建立了一个遍及国内外的销售网,依靠上乘的质量和庞大的销售网络,盛锡福帽子走遍全国,走向世界。外商企业还采取了严格的管理规范,例如比商推荐电车电灯公司,有一整套员工规范,如对售票员的规范有:漏票、到站不下车、行车不关门、鸣号太快、鸣号太慢、对客人不礼貌等,均处以两角罚款;对司机的规章有:停站不准、推字太快、搂字太慢、常用电闸及遇岔道、弯道、接线、十字花搂字等,各罚两角,公司还有许多中外稽查,假作乘客,上车也照样买票,专门寻找司机和售票员的漏洞。这样一套管理规范无疑对于企业发展是极为有利的,而且对中资企业也起到了一定的示范作用。

其次,天津企业不仅采用了西方企业网络式的销售方法,而且逐渐学会了利用媒体进行广告宣传的办法。随着近代工商业的发展,如前所述中国企业为了推销其产品,积极向西方企业学习,大量运用各种广告形式进行宣传,特别是媒体广告这种近代式营销手段逐渐兴起。在古代中国商业企业中,为了推销产品,运用了如招牌、幌子等不同广告形式,但从严格意义上说,它们与近代式的广告是截然不同的,利用媒体这一形式进行广告发布也是近代从西方引进的一种行之有效的营销方式。1850年8月,英国商人奚安门创办了上海开埠后的第一份报纸——《北华捷报》,在这份每逢周六出版的英文周刊中,广告占据重要地位,其创刊号的第一版就是以广告为主,该报的广告主要有上海主要的洋商店铺、保险公司、房地产业、拍卖行、银行等各种行业的广告。1861年11月,面向华人社会的中文报纸《上海新报》创刊,在其"发刊启"中声言:"大凡商贾贸易,贵乎信息流通。本行印此新报,所有一切国政军情、世俗利弊,生意价值,船货往来,无所不载。"在洋行、洋商的示范下,中国开始关注广告的功用,对广告的作用也逐渐认识,"识观欧美之营业者,其告白一项,于资本中所占之额为最多。今日本亦研究广告术,以冀其商业之发达,盖未有无告白而能使商业进步者也。告白不良,商业不昌,国家斯亡。由是观之,谓告白为商业之精神也,谓告白为商业之根本也,谓告白为商战之主动力可也,即谓告白为世界文明之主动力亦无不可。"随着商人们广告意识的觉醒以及广告功用的刺激,媒体广告从兴起走向兴盛。作为近代北方工商业中心的天津,媒体广告也走向发达。据统计,1925年天津《益世报》全张面积为5850英寸,广告版面就占到3016英寸。天津近代以来,随着工商业的不断发展,工商业习俗也不断走向近代化,它同新式商人一道,成为天津人日常生活的一部分。

(《环渤海经济瞭望》2009年11期)

# 小站练兵时期定武军、新建陆军与武卫右军的火器装备刍议

涂小元

小站练兵是清末新式练兵运动中的重要组成部分,开创了我国近代陆军的先河,并对之后我国的陆军改革产生了深远的影响。本文将对定武军、新建陆军与武卫右军的火器装备进行研究,拟从小站练兵、定武军与新建陆军(武卫右军)的火器装备、与其他三支新式陆军火器装备之比较、与外军火器装备之比较、威力与影响等几个方面进行剖析,如有不当之处,敬请方家指正。

## 一、清末新式练兵运动

光绪二十年正月初十(1894年2月15日),朝鲜爆发了东学党领导的农民起义。为镇压起义,朝鲜政府向其宗主国清朝乞援。一直欲将朝鲜吞并的日本政府在得知清军援朝的消息后,以中日《天津条约》为借口,立即派重兵入侵朝鲜,并计划以突然袭击的方式抢得先机。六月二十三日(7月25日),日本联合舰队的"吉野"号巡洋舰、"浪速"号巡洋舰和"秋津洲"号巡洋舰在黄海之丰岛附近偷袭清朝北洋海军的护航军舰"济远"号巡洋舰、"广乙"号巡洋舰、"操江"号运输舰和租用的英国商船"高升"号运兵船,揭开了中日甲午战争的序幕。六月二十七日(7月29日),中日两国的陆军在朝鲜的成欢驿激战,七月初一(8月1日),中日两国分别发布宣战诏书,中日甲午战争正式爆发。八月十六日(9月15日),日军占领平壤。第二天,中日两国海军爆发了黄海大战,北洋舰队遭受重创。八月二十四日(9月23日),驻朝清军奉命撤退回国。九月二十六日(10月24日),战火燃进中国境内。

正式开战刚刚两个多月,清军在陆、海两个方面均遭惨败,战火还燃进国境。泱泱大国竟败于蕞尔小国,引起了朝野上下的一片哗然,于是纷纷上书,大声疾呼要求编练新式军队。"中外臣工条陈事务",大抵都以"筹饷练

兵为急务"①。一时之间,"内外交章,争献练兵之策"②。朝中大臣大多认为,"现欲讲求自强之道,固必首重练兵,而欲迅期兵力之强,尤必更革旧制"③。清朝统治者也认为日军是以"西法"训练而成为劲旅的,"倭人此次专用西法制胜"④,因此,对使用西方国家训练军队的方法远胜于使用中国传统训练军队方法的观点深信不疑,遂下定决心编练新式陆军,清末新式练兵运动就此开始。

## 二、小站练兵

九月二十五日(10月23日),即日军入侵中国的前一天,清廷紧急召见李鸿章的军事顾问、时任北洋海军总查的原德国陆军上尉军官汉纳根(Von Hanneken)入京,咨询军事。汉纳根呈《练兵节略》,建议招募新军十万人,聘请西方将佐两千员督率,并购买西方先进的武器装备十万件,加上饷银共需四千余万两。同时他还强调,该军称为"御林军",直属朝廷,疆吏不得节制,过不了多久,该军必成劲旅,到时即可扭转战局。光绪帝从其议,命李鸿藻、翁同龢等人与汉纳根商谈具体办法。十月初五(11月2日),光绪帝命李、翁等人将练兵的具体方法上奏慈禧,并成立督办军务处负责整顿京畿地区的旧军和改练新军事宜。督办军务处以恭亲王奕訢为首,庆亲王奕劻为会办,李鸿藻、翁同龢、荣禄、长麟会同办理。十月十八日(11月12日),清政府谕令立即开办练军之事,并命广西按察使胡燏棻会同办理。汉纳根练兵购械的建议遭到胡的反对。胡认为:汉纳根建议"必须练新军十万人,方足御侮。招募洋将二千员,约需四百万两,购买十万军械等项,约需费二千余万辆,华洋员弁及兵夫薪饷,岁约需费二千一百余万两,统共需银四千余万两,而购买战船尚不在内。臣深知饷力艰难,何能筹此巨款?""窃恐事权过重,所用洋员过多,积久难以钤束。""现虽借材异域,冀救目前之急,但恐操纵不能由

---

① 赵尔巽等编:《清史稿·德宗本纪二》,中华书局1976年,第913—914页。
② 刘锦藻编:《清朝续文献通考》卷二○三,浙江古籍出版社2000年,第9509页。
③ 沈祖宪等:《容庵弟子记》卷二,转引自来新夏主编:《中国近代史资料丛刊·北洋军阀》第5册,上海人民出版社1993年,第35页。
④ 中国社会科学院近代史研究所中华民国史组编:《中华民国史资料丛稿·清末新军编练沿革》,中华书局1978年,第5页。

我,他时后患更多"①。清政府接受了这些意见,汉纳根的建议被否决。十二月二十七日(1895年1月22日),清廷令胡自行试办,胡即在青县马厂镇编练新军,定名为"定武军"。

胡燏棻(？—1906),字云楣,安徽泗州(今泗县)人。清同治十三年(1874)甲戌科进士。曾任天津道、广西按察使等职。接到敕令后,遂派人于山东、直隶、河南等地招募兵员,并利用马厂原有的淮军"盛字军"的旧营房作为屯兵训练的场所。光绪二十一年正月(1895年2月),共得十营新军。他将这十营分为步兵、炮兵、工兵和骑兵四个兵种,即步队六个营(每营500人)共3000人、炮队两个营(每营500人)共1000人、马队半个营共250人、工程队一个营共500人,总计4750人。同年九月初(10月下旬),"因马厂仅五营兵房,不敷分扎"②,遂移驻小站镇原淮军"盛字军"营盘。

小站镇建于清同治十二年(1873)。同治九年(1870)秋,直隶总督兼北洋大臣李鸿章,调周盛传率"盛字军"7000余人屯卫畿辅。第二年,该军移驻青县马厂镇。十二年,该军兴建新城炮台,为往来方便,于马厂至新城之间,铺垫了马新大道,长140华里,沿大道设驿站,10里一小站,40里一大站,共设大站4所,小站11所。"盛字军"新驻营地本是海滨滩涂,居人寥寥,商贩绝迹,士兵购物需赴数十里以外,难以管理,为此,在潘永安坟地之小站的东侧、亲军营之南侧筑城,建设了新的城镇,命名新农镇(今小站镇)。该军共在小站镇附近设立十八座营盘,甲午战争爆发后,全军开赴前敌,小站镇的营盘遂闲置下来。

胡燏棻在编练"定武军"的过程中,于光绪二十一年闰五月上表条陈变法自强事宜,提出"训官""练兵""放饷""简器"四法。在"简器之法"中提出:"新练各军,取用机器,宜因时制宜,改归一律。就近年新制而论,步枪以曼里夏毛瑟小口者为佳,马枪以可尔脱(柯尔特)为佳,炮、轻炮以克虏伯格鲁森为佳,快炮以拿登非尔(雷费)哈乞开司为佳"③。光绪二十一年十月(1895年11月),胡调任督率兴办津芦铁路大臣,同月二十二日(12月8日),由督办军务处的各位大臣联名上奏,保荐浙江温处道袁世凯接掌"定武军",并将"定武军"更名为"新建陆军"。

---

① 王彦威纂辑:《清季外交史料》,书目文献出版社1987年,第1734—1735页。
② 《中华民国史资料丛稿·清末新军编练沿革》,第15页。
③ 沈桐生辑:《光绪政要》,江苏广陵古籍刻印社1991年,第1118页。

袁世凯(1859—1916),字慰庭(亦作慰亭或慰廷),别号容庵,河南项城人,出身大官僚地主家庭。曾任淮军吴长庆"庆字军"营务处会办、驻朝总理交涉通商事宜专员、浙江温处道等职,以"知兵"著称。当胡燏棻他调后,袁四处活动,终偿夙愿。

袁世凯接掌编练"新建陆军"后,首先进行扩编,增加了步队2000人(四个营)、马队300人,总计7300人。后于光绪二十四年(1898)添募新兵2000人,第二年又增编辎重兵一个营500人,"新建陆军"成为具有步、炮、骑、工、辎重诸兵种合成的新式陆军,其总数也近一万人。其次,仿照德国陆军建制,设立督练处(下设参谋营务处、执法营务处和督操营务处)以及粮饷局、军械局、转运局、洋务局、军医局、教习处等机构。为督练方便,又将部队分为左右两翼。第三,选拔具备近代军事知识的军事学堂毕业生(主要是天津武备学堂的毕业生)充任军官。第四,严格选募士兵,提高了部队的素质。第五,为杜绝"喝兵血、吃空额"现象的发生,派专人负责将比其他军队丰厚的军饷发到每一名士兵的手中。第六,请德籍教官对部队进行系统的德式训练和演习,与旧军的面貌完全不同。第七,武器装备整齐划一。袁世凯认为胡燏棻关于火器的分析十分得当,为此,购买了大量的曼里夏五连发后装步枪、曼里夏五连发后装马枪、毛瑟五连发后装步枪、克虏伯75毫米口径钢制后膛架退山炮和格鲁森57毫米口径钢制后膛架退山炮装备部队。同时,还为军官购买了不少柯尔特1850年式左轮手枪。这样,"新建陆军"除军官使用的指挥刀、步兵使用的刺刀和骑兵使用的马刀之外,抛弃其他一切冷兵器。第八,兴办德文、步队、炮队、马队四所随营学堂以及讲武堂、学兵营等培养军官和士官。经过数年的操练,"新建陆军"终成一支劲旅。光绪二十四年十月(1898年11月),大学士荣禄将所辖北洋五军统编成"武卫军","新建陆军"更名为"武卫右军",仍驻扎在小站继续操练,其所有规章制度不变。光绪二十五年十一月(1899年12月),袁世凯署理山东巡抚,次年三月二十日(1900年4月29日),奉旨将"武卫右军"全军调赴山东,小站练兵就此结束。

## 三、定武军与新建陆军、武卫右军的火器装备

如前所述,胡燏棻认为步枪以曼里夏和毛瑟连发枪为佳,马枪以柯尔特为佳,炮、轻炮以克虏伯和格鲁森后膛架退炮为佳,快炮以雷费和哈乞开司

炮为佳。但由于经费、进货渠道的限制,步枪以曼里夏和毛瑟连发枪为主,马枪亦为曼里夏马枪,手枪为柯尔特1850年式左轮手枪,炮以克虏伯和格鲁森后膛架退炮为主,未装备快炮。

①曼里夏五连发后装步枪。

奥匈帝国于1888年制造的子弹中装填无烟火药的小口径步枪(当时将口径等于或小于8毫米的步枪称为小口径步枪)。口径8毫米,枪长(除刺刀)1270毫米,枪重(除刺刀)3.78千克,初速620米/秒,表尺射程为2250米,每分钟可发射22发子弹。为直动式枪栓后方手动闭锁,单排外露弹仓,5发弹仓装填,表尺照门,凹状准星。直动式枪机的优点是操作方便,不需由肩部卸下枪即可装进子弹和退出弹壳。该枪因质量较优且操作简单,曾大量装备定武军、新建陆军和武卫右军,武卫右军即配备了6400支,每名士兵各配子弹50发。

②曼里夏五连发后装马枪,奥匈帝国制造。

该枪除枪长、枪重比曼里夏连发枪较短和较轻以便于骑兵在骑行中射击之外,余则相同。这种马枪武卫右军共装备了700支,每名士兵各配子弹50发。

③毛瑟五连发后装步枪。

德国于1888年制造的子弹中装填无烟火药的小口径步枪。口径7.92毫米,枪长(除刺刀)1240毫米,枪重(除刺刀)3.75千克,外露单排5发弹仓,曼里夏式弹仓,初速600米/秒,表尺照门,刀片形准星,表尺射程为2000米。枪机是回转式的,即开动枪机和关闭枪机时须将机柄回转90度,才能向后拉动和推进关闭。该枪枪机构造简单,枪机的闭锁容易保持。该枪的特点是枪管外有一套筒,套筒与枪管之间有半毫米的空隙,以防枪管发热,故俗称"套筒枪""老套筒"。定武军、新建陆军和武卫右军曾装备了部分套筒枪。

④柯尔特1850年式左轮手枪,美国制造。

1835年由美国人柯尔特(Colt)研制成功,后于1840年和1850年分别加以改进并装备部队,并向外出口。口径11.43毫米,全长323毫米,枪重1160克,弹容6发,发射无烟火药枪弹。当时,定武军、新建陆军与武卫右军的军官均佩带这种左轮手枪,武卫右军即为军官配备了这种手枪1000支。

⑤克虏伯75毫米口径钢制后膛架退山炮。

由德国克虏伯公司于1888年制造,射程5000米,随炮配有弹药车,可装弹24发。使用的炮弹共有4种,分别是:"单层开花子""层叠开花子""子母弹""群子弹"。武卫右军配置了18门。

⑥格鲁森57毫米口径钢制后膛架退山炮。

由德国格鲁森军火公司于19世纪80年代制造,武卫右军配置了42门。因资料缺无,其他情况不详。

## 四、与其他三支新式陆军火器装备之比较

清末新式建军运动中共编练成5支新式陆军,即定武军、新建陆军、自强军、武毅军和湖北护军营。

①自强军火器装备的基本情况。

自强军是光绪二十一年(1895)由署理两江总督的张之洞在南京组建的一支部队,为清政府在南方编练的第一支新式陆军。

自强军步队使用的武器主要是奥制曼利夏步枪和德制1888年式毛瑟枪,马队士兵主要装备曼利夏马枪,炮队主要装备德国克房伯80毫米口径后膛架退炮及英国麦克信75毫米口径后膛架退炮。

②武毅军火器装备的基本情况。

光绪二十一年五月(1895年6月),直隶提督聂士成奉命在直隶省宁河县(今属天津市)芦台镇编练新军,并将之命名为"武毅军"。

武毅军主要装备德制1871年式和1871/1884年式毛瑟枪、1888年式毛瑟枪、奥制曼利夏枪以及军官使用的美制柯尔特左轮手枪,此外还有7.92毫米口径的美制马克沁重机枪。火炮主要有德制75毫米口径克房伯后装线膛架退炮、克房伯60毫米口径后装线膛架退炮、格鲁森57毫米口径后装线膛架退炮。

③湖北护军营火器装备的基本情况。

光绪二十一年,时任两江总督的刘坤一奉旨北上督师,清廷命湖广总督张之洞改署两江总督。张之洞在署理两江总督时招募护军四个营(分为中、前、左、右营),并从这四个营中挑选一千人让德国将领训练。半年后,步伐整齐、枪炮娴熟,颇为可观。光绪二十二年正月(1896年2月),张之洞回任湖广总督后,奏准将这一千人中的一半继续留在江南训练,率领另一半人奔赴湖北,并将其改名为"湖北护军营"。不久,将湖北护军营扩编为前、后两个营共一千人。

有关湖北护军营的资料奇缺,未发现记载其火器装备的史料。但分析张之洞创办自强军的情形,湖北护军营火器装备应与自强军无异。

通过对上述三支新式陆军火器装备的描述来看,清末新式练兵运动中创办的 5 支新军的火器装备基本一致,主要装备了奥制的曼利夏步枪和马枪、德制 1888 年式的毛瑟步枪、德国克房伯公司生产的口径 75 毫米钢制后膛架退炮、德国格鲁森军火公司生产的口径 57 毫米钢制后膛架退炮、美国制造的柯尔特 1850 年式左轮手枪等等。可以说,定武军与新建陆军(武卫右军)的火器装备并未优于其他三支新军,甚至个别地方还不如他们(如武毅军装备了 2 挺 7.92 毫米口径的美制马克沁重机枪,可惜的是聂士成将其当做速射炮使用)。

## 五、与外军火器装备之比较

根据对清末新式练兵运动的影响来看,本节重点比较定武军、新建陆军(武卫右军)与近代日军、近代法军和近代德军的火器装备情况。

①近代日军火器装备的基本情况。

明治十三年(1880),日本陆军少佐村田经芳参照德国 1871 年式毛瑟枪的构造,根据日本人的体型设计了回转销栓式单发枪,被称为"村田铳"。经过两次改进,于明治十七年(1884)统一配发给各野战师团。以后又参照德国 1884 年式毛瑟枪的构造研制出了村田式五连发枪。同年,大阪兵工厂生产了 70 毫米口径的青铜野炮和山炮,射程分别为 5000 米和 3000 米。稍后又发明了 90 毫米口径的青铜臼炮(重迫击炮的前身),装于炮车上,既便于运载,又可以停车后马上发炮。甲午战争后,日军的火器装备没有大的变化。

通过上述描述可以看出,日军的火器装备并未领先于定武军、新建陆军(武卫右军)。当然,日军装备也有其长处,即型号统一,火炮轻捷,易移动,射速快。

②近代法军火器装备的基本情况。

拿破仑战争后,法国军队主要装备夏什普(Shasipu)后装击针式线膛枪和米捏(Minie)式后装击发式线膛步枪。夏什普后装击针式线膛枪口径 11.4 毫米,枪重(除刺刀)4.1 千克,弹重 24.5 克,最大射程 1300 米,射速每分钟 10 发。使用装在纸药筒上的圆柱锥形子弹,除射速外,各方面都比普鲁士军队装备的德莱赛后装击针式线膛枪优良,尤其在精度和射程方面。它的枪机附有橡皮圈,射击时可封闭枪膛以防漏气。米捏式后装击发式线膛步枪口径17.8毫米,枪长(除刺刀)1.4米,枪重(除刺刀)4.8千克,最大初速为每秒365.7米,最大射程914米,膛线4条,采用长形蛋式弹头、底部中空、略小于口径、易于装填的枪弹;发射时,由于火药气体使枪弹底部发生膨胀而嵌入膛线,使枪弹产生充分的绕轴旋转进而准确地飞向目标。此外,在普法战争中法军还装备了一种靠摇柄操纵的机枪。但法军却将这种机枪当作火炮而不是步兵武器来使用,这样做从本质上讲是一种灾难,因为它造成了法军高级司令部的盲目优越感,但由于使用不当,未能挽救法军的惨败。

从1827年开始,法国对火炮又进行了调整。野战炮主要装备8磅和12磅加农炮。此外,野战炮兵还装备口径为15和16厘米的榴弹炮,山炮兵则装备口径为12厘米的榴弹炮。1853年,法国又增加了一种12磅轻型加农炮。经过这些调整后,法国已经编有13个野战炮团和137个炮兵连(含骑炮兵连)。此外,还有预备队的60多个步炮连。当时每个炮兵连(含骑炮兵连和步炮连)装备6门火炮,全军共有1200门火炮,为其他国家所不及。

法国在普法战争之后的几十年间,一直整军经武。战后不久,法国积极恢复军工生产,于1875年开始,法国即制造出大批新式枪炮武装部队,使法军的装备焕然一新。当时,法国步兵主要装备1888年式莱贝尔(Leble)五连发枪(使用无烟火药枪弹)、1892年式曼利夏—贝什式卡宾五连发枪、哈乞开斯五管枪,炮兵主要装备哈乞开斯速射炮、雷费炮、杜斑鸠炮以及76毫米口径管退炮,军官主要装备奥东南斯转轮手枪。

可以说,法军的火器装备要优于定武军、新建陆军(武卫右军)。

③近代德军火器装备的基本情况。

1835年,德国人德赖赛研制成功后装击针枪。普鲁士国王弗里德里希·威廉四世(1840—1861年在位)即位伊始,就决定采购6万支德赖赛后装击针枪装备部队,并作为国家机密严加保密。1865年,德国设计师毛瑟设计了发射金属弹壳枪弹的后膛单发步枪。这是世界上第一支发射金属弹壳子弹的步枪,其射程达1600米。1847年,克虏伯公司生产出第一批铸钢火炮炮管。1855年,克虏伯制造的钢制后装架退炮夺得在法国巴黎举行的世界博览会的金质奖章。1859年,普鲁士军队花巨款购买了300门克虏伯大炮装备部队。1864年,克虏伯又制造出全钢后装线膛成层炮和装箍炮,成为当时最先进的全钢后膛炮。之后不久,为了准备普奥战争,普鲁士政府向克虏伯公司购买了4磅炮162门、6磅炮256门、24磅炮115门,共533门。

由于毛瑟枪性能优良,1872年,普鲁士政府采用毛瑟枪为制式装备并将其定型为M1871年式。1880年,毛瑟又在枪管下增设可装8发子弹的管式弹仓,普鲁士政府于1884年将其定型为1871/1884年式,并装备部队。此后毛瑟对该枪又加改进,口径减少至7.92毫米,发射无烟火药枪弹,有单排垂直盒式弹仓,装弹5发,枪管外加装一套管以备散热。普鲁士政府将其定型为1888年式,成为一种真正的近代步枪。1898年,毛瑟再次对该枪进行了改进,去掉了枪管外的套筒,口径仍然保持为7.92毫米,枪管长740毫米,枪长带刺刀1772毫米、不带刺刀1298毫米,枪重带刺刀4.56千克、不带刺刀4.1千克,弹仓位于中部,装尖头子弹5发、弹重10克,携弹150发,初速860米/秒,最大射程2000米。之后毛瑟又不断改进,虽有98b、98k、05等多种变形枪,但基本构造很少变动,直到第二次世界大战前,一直是德军的制式装备。

1893年,德国陆军引进了可消灭隐蔽目标的150毫米口径的榴弹炮,而且使部分火炮实现了机动牵引。

从上述描述可以看出,德军的火器装备要大大优于定武军与新建陆军(武卫右军)。

## 六、威力与影响

小站练兵时期,定武军、新建陆军与武卫右军成军期间并未参加任何战争,其装备的先进火器没有经受过实战考验。但在其后镇压义和团运动和与革命军作战时,曾发挥了巨大的威力。面对装备着大刀长矛和土枪土炮的义和团民,武卫右军充分利用洋枪洋炮的威力,大肆杀伤义和团民,残酷镇压了山东的义和团运动,迫使义和团民退往直隶和京津地区;在武昌起义后北洋军(由武卫右军发展而成)进攻革命军防守的武汉三镇时,人员少、装备劣、训练差的革命军抵挡不住北洋军炮火的轰击和凌厉的攻势,被迫放弃汉口、汉阳,退守武昌,革命形势出现了严重的危机,为袁世凯窃取革命果实打下了实力的基础。

定武军、新建陆军与武卫右军装备了当时世界上先进的火器后,引发了一系列的变革,并产生了深远的影响。主要有:

第一,在陆军编制方面,打破了过去勇营旧制。定武军虽然在编制上仍未脱勇营旧制痕迹,步、炮、马均为五百人一营,营下分哨,这些都和湘、淮军差别不大,但工程营的设置是一个创举,从而打破了勇营制度中单用长夫的格局。新建陆军和武卫右军的编制比定武军更接近德军的编制：①总部设立了督练处（下设参谋营务处、执法营务处和督操营务处）、粮饷局、军械局、军医局、教习处等，已经构成了近代意义上的司令部的雏形，与以往勇营里的营务处有着显著的区别。②新建陆军的步、马、炮、工各营队与旧制勇营差别很大，它的各"营"编制人数不仅高于湘军、淮军及练军的"营"的人数，也多于德制的"营"的人数。如步队每营四队，每队三哨，每哨六棚，大致相当于德制的两个营；炮队营的人数炮位，大致相当于德制一个炮兵团；马队一营也相当于德制一个骑兵团；工程营按专业分队，比较特殊，大致相当于德制一个工兵营；行军时还有辎重队的设置。

第二，在军事训练方面，摒弃了过去旧的一套办法，而采用德军的训练方式进行：①对入伍的新兵进行3个月的基本训练，识别当时普遍装备使用的枪炮弹药；②步兵官兵都要循序渐进地学会步枪设计动作，先学会瞄准，再学会用跪卧站立等姿势进行射击，炮兵要学会在各种情况下进行火炮射击的动作，骑兵要学会马上射击、劈刺的动作；③步、骑、炮、工、辎重等官兵，必须学会各种步法、转法和操法，学会行军和各种作战队形的变换；④在基本训练的基础上，以欧美近代战术为模式，进行综合训练。

第三，在军事教育方面，继承和发展了天津武备学堂的做法，设立了德文、步队、炮队、马队四所随营学堂以及讲武堂、学兵营等，从社会和军内招收优秀学员，进行近代科学知识、军事技术和军事理论的教育，并组织专人编写内容新鲜的教材，还采用军事教育与军事训练双管齐下、穿插进行、相互结合、相促相长的方法进行实战型的教育，以培养军事素质较高且具备实战型素质的军官和士官。

第四，在作战方式方面，抛弃了过去以密集队形进行火战和冲击的战术，代之以散开式战术。所谓"散开式战术"，即以散兵战斗队形进行火战和冲击。散兵的间隔，最初只有一步，随着火力密度的增加，递增到五步、六步，成为在步枪、火炮火力地带内的主要运动方式。但是，由于旧思想的作祟，外国过去施行的横队战术、纵队战术和中国古代的方阵战术仍然在训练中有所反映。

总之，定武军、新建陆军与武卫右军由于火器装备的改变，使得在诸多方面都发生了巨大的变化，并对之后我国的陆军改革产生了深远的影响。

（《军事历史研究》2009年第2期）

# 英国在远东的双重外交与天津租界危机

傅 敏

九一八事变后,英国最初希冀与日本在远东合作,对日本侵华予以纵容。但随着日本在华侵略由北向南的推进和不断摆脱《九国公约》束缚的努力,英国在华利益受到日益严重的损害,英日矛盾迅速激化。此后,英国对其远东政策进行了相应的调整,对日本交替使用妥协与遏制的策略,甚至于二者并行。国内学术界迄今关于20世纪30年代英国远东政策的研究,一般侧重于对其与日妥协层面的强调。如徐蓝认为,1931年后英国在远东不仅未对中国抗战给予积极有效的支援,反而在对日绥靖的道路上渐行渐远,并在天津租界危机中达到顶峰。萨本仁、潘兴明也认为20世纪30年代英国一直推行对日纵容侵略的绥靖政策[①]。这些研究对于英国远东政策的定位都过于笼统,忽视了不同阶段英国远东政策的复杂性和多面性。本文试图通过对英国在天津租界危机中的外交折冲的研究,展现英国远东外交政策的双重性与演进,分析其变化的动因与实质及其对中国抗战的深远影响。

## 一、对华援助与不承认"东亚新秩序"

七七事变后,日本加快了建立以它为主导的东亚新格局的步伐,公然挑战《九国公约》中帝国主义国家对华政策的总原则,排挤英国为首的西方国家在远东的权益,英日矛盾迅速激化。同时,日本虽占领了大片中国领土,

---

① 有关20世纪30年代英国远东政策的论著主要有:徐蓝:《英国与中日战争,1931—1941》,北京师范学院出版社1991年;萨本仁、潘兴明:《20世纪的中英关系》,上海人民出版社1996年;邱霖:《抗日战争初期的中英关系(1937.7—1939.9)》,《史学月刊》1994年第5期;王宇博:《英国、美国与"九一八事变"》,《史林》1999年第2期;张皓:《1931年英国处理中日争端政策的演变》,《世界历史》2007年第5期。这些研究对英国远东政策的复杂性都未进行充分的阐释。

却未能从根本上瓦解中国的抗战力量,中日战争的僵持燃起了英国借助中国抗战拖住日本的希望。英国驻华大使卡尔和部分英国外交部官员认为日本的侵略必将受到其国内经济困难的阻碍。甚至此前一直主张对日妥协的英国驻日大使克莱琪也对中国的抗战不再持完全悲观的态度。1939年初,他在致外交部的电报中说:"没有任何关于中国国民政府或是中国人的抵抗意志崩溃的真正迹象。"①

值得注意的是,日本发表第二次近卫声明后,美国表现出愿与英国合作的积极的姿态。近卫声明发表的当天,美国就通知英国外交大臣哈里法克斯,它将向日本抗议对长江流域的封锁,并邀请英国向日本提出同样的抗议。英国政府立即积极响应。

1938年11月7日,英、美、法三国驻东京大使同时向日本就长江自由航行问题提出了抗议,这是三国在远东的第一次实际性的联合行动。② 不久,英国与美、法再次向东京发出内容相似的抗议,反对近卫发表的关于建立"东亚新秩序"和建立"日满蒙"三方互助合作关系的声明。1939年1月14日,克莱琪代表英国政府向日方提出措辞强硬的照会,称:"本国政府拟坚守九国公约之原则,单方面修改该约条款之行动碍难承认……本国政府仅知远东局势,全由日本以违反九国公约之方式加以改变耳。"③这一照会反映了英国对日强硬的立场,"其态度之严正,为英国外交文件中所仅见"④。1月20日,英国主导下的国联也做出决定,要求各成员国为采取有效措施援助中国进行协商⑤。此为国联第一次做出明确要求援华的决议⑥。

同时,英国一直踌躇不前的对华经济援助问题也有了积极的进展。卡尔于1938年11月7日向本国政府发出警告说,"英国在中国的地位正迅速地流逝"。而造成这一形势的根本原因在于"英国政府的优柔寡断",他强调"是给

---

① Bradford A. Lee. *Britain and the Sino - Japanese War*,1937 - 1939,*a Study in the Dilemmas of British Decline*,Stanford University Press,1973,p.154.

② 徐蓝:《英国与中日战争,1931—1941》,第262页。

③ 万仁元、方庆秋主编:《中华民国史史料长编》第51册,南京大学出版社1993年,第135—136页。

④ 《王子壮日记》,1939年1月16日,台北"中研院"近代史研究所2001年。

⑤ Great Britain Foreign Office, Documents on British For - eign Policy,1919 - 1939(以下简称"DBFP"),Third Series,vol.8,Her Majesty's Stationery Office,1955,p.418.

⑥ 徐蓝:《英国与中日战争,1931—1941》,第265页。

予中国人实质性援助的时候了"①。虽然克莱琪不同意他的观点,认为英国的东亚政策应该基于欧洲局势的发展和帝国的防御能力的考虑之上。但外交部多数官员倾向于卡尔的意见②。12月20日,英国正式宣布援助中国,给予中国一笔50万英镑的贷款,主要用于购买滇湎公路所需的卡车,并表示将进一步对华贷款③。此次贷款数额不大,却是英国迈出的对华援助之第一步。中国方面亦将此视为中国外交的一大胜利。12月,滇缅公路竣工交付使用。1939年春,每个月大约有1千吨紧急物资经由这条公路运入中国。截止1939年4月,大约有3万吨战略物资运入中国④。随后,英国又决定为稳定中国的货币提供一笔贷款,当时英国希望与美国协同行动,但是美国拒绝参加。1939年1月18日,张伯伦改变了他一直死守的英国只有与美国合作才能行动的想法。3月8日,对中国法币支持的计划公之于世,由两家英国银行向中国提供500万英镑外汇平准基金,由财政部担保弥补这一计划给两家银行带来的损失⑤。

日本对英国积极援华、道义谴责日本的态度极为不满。同时,日本的侵略使其与英国在租界的矛盾迅速发展,国际租界的存在已然成为日本建立"东亚新秩序"的巨大障碍。于是,1939年,日本几乎同时对上海、鼓浪屿国际租界和天津英租界发起进攻。日本对上海和鼓浪屿国际租界的进攻,由于英美法的一致行动而频频受挫。因此,日本认识到要想取得成功,必须对英美分化瓦解,找到突破口,遂将目光聚焦到天津英租界。这里地处华北,是日本首先要纳入"新秩序"合作范围的区域,同时,一直是中国民族主义者在华北开展反日活动的理想基地。不仅如此,这里还一直使用中国官方货币——法币,并存有相当多的中国政府的白银储备。因此,日本对天津英租界有势在必得之决心。天津租界危机的大幕由此拉开。

## 二、对日本侵略的承认和对华援助的缓慢进行

英日关于天津英租界的矛盾早在1938年9月即初现端倪。9月底,英

---

① Bradford A. Lee, *Britain and the Sino-Japanese War*, 1937-1939, p. 155.
② Bradford A. Lee, *Britain and the Sino-Japanese War*, 1937-1939, p. 157.
③ Authur N. Young, *China and the Helping Hand*, 1937-1945, Harvard University Press, 1963, p. 84.
④ Authur N. Young, *China and the Helping Hand*, 1937-1945, p. 112.
⑤ Bradford A. Lee, *Britain and the Sino-Japanese War*, 1937-1939, p. 164.

租界当局根据日本军事当局建议,逮捕了一名据称是抗日游击队领导人的苏清武。日方要求英租界当局将此人予以引渡,英方却称没有足够的证据说明此人将租界作为反日活动的基地,于是,双方僵持不下。而英国政府内部也就是否向日方移交苏清武展开了激烈的讨论。克莱琪和英国驻天津总领事贾米森认为,"如果苏清武被证明有罪,就应该交出他"[1]。但英国驻华大使卡尔和远东司的大多数成员却不赞同,他们认为"日本在天津事件上的施压是其'新秩序'方针指导下的一个庞大的外交政策的一部分,而这个政策旨在把英国在华势力及利益完全排挤出去。因此,英国方面应当对此持强硬态度"[2]。英国外交部倾向于卡尔的意见,以证据不足为由拒绝移交。

正值英日围绕着移交苏清武的问题争执不下时,伪联合准备银行津行经理、伪津海关监督程锡庚于 1939 年 4 月 9 日晚在天津英租界内的大光明戏院遇狙毙命[3]。英租界逮捕了四名嫌疑犯。日本当局要求将此四人移交日方,这使英国再次陷入是否移交四人的艰难抉择中。克莱琪和贾米森都担心日本可能会武力占领租界,认为"如果武力占领真的发生,那么,我们将不能像在上海的情况那样指望得到美国的援助"[4]。他们要求外交部同意交出这四人。但卡尔表示反对:"采取这一行动良心难安,而且将很难向重庆交代。"[5]外交部最终站在了卡尔一边。

英国迟迟不肯移交四人使日本深感不耐。6 月 5 日,日方向天津英当局发出最后通牒,称英方若不于二日内将暗杀程锡庚之嫌疑犯交出,则日方将采取必要步骤,封锁英租界[6]。贾米森和克莱琪十分紧张,强烈要求向日本做出让步。克莱琪说:"在这最不适当的时候,我们用自己在华北的地位冒险,仅仅为了法律上的细节卷入与日本的严重冲突当中,坦率地说,我不能理解。"卡尔却反驳说:"这个问题更主要是道义问题,而不仅仅是法律上的

---

[1] Antony Best, *Britain, Japanese and Pearl Harbor: Avoiding War in East Asia*, 1936 – 1941, Routledge, 1995, p. 71.
[2] Antony Best, *Britain, Japanese and Pearl Harbor: Avoiding War in East Asia*, 1936 – 1941, p. 71.
[3] 万仁元、方庆秋主编:《中华民国史史料长编》第 53 册,第 462 页。
[4] DBFP, Third Series, vol. 9, p. 85.
[5] Bradford A. Lee, *Britain and the Sino – Japanese War*, 1937 – 1939, p. 184.
[6] 《津租界情势突紧》,《重庆各报联合版》1939 年 6 月 9 日,第 2 版。

问题。"①最终,哈里法克斯指示贾米森:"如果没有明确犯罪事实的令人信服的,而不是在日本人威胁下产生的供词之外的证据,我将不打算移交刺程案四嫌犯。"②他决定采纳卡尔的建议,由英国、日本、美国各出一人组成调查委员会。但这一建议并未被日本接受。6月14日,日本正式封锁天津英租界,造成英租界内正常生活的停顿,天津租界危机正式爆发。

日本此举引起了英国的强烈反应。时任日本驻英大使的重光葵回忆道:日军"对出入英租界的英国人不分男女都要脱衣检查,致使英国舆论为之哗然"③。英国开始考虑对日经济制裁的问题,首相张伯伦在下议院暗示,除非日本解除封锁,否则英国有可能进行经济报复④。15日,英国商务部向外交部提交对日经济制裁的若干建议,其中最重要的是废止1911年的英日条约⑤。17日,英国官方对外宣称,如果天津局势至本周周末仍未改善,则英国可能的应对有三种:一、取消日本原享之最惠国待遇;二、废弃1911年英日条约;三、对进口日货一律加征重税⑥。

与此同时,英国还向美、法两国积极求援。6月15日,哈里法克斯指示驻美大使林赛吁请美国向日本施压,要求美国向日本申明"如果日本继续坚持对英国政府施加压力以使其改变远东政策,则定将导致非常困难和危险的局面,而这是其他国家所关注的"⑦。6月16日,哈里法克斯致电英国驻法大使菲普斯,请他告诉法国,"虽然以我们目前的处境,显然不能在天津采取震慑性的措施,但或许可以在远东展示武力"⑧,英国正在考虑对日实施制裁⑨。然而英国得到的回复显然是非常令人失望的。美国在研究局势后,最

---

① Bradford A. Lee, *Britain and the Sino-Japanese War*, 1937-1939, pp.184-185.
② DBFP, Third Series, vol.9, p.155.
③ 天津市政协编译委员会译:《重光葵外交回忆录》,知识出版社1982年,第172页。
④ 中国社会科学院近代史研究所译:《顾维钧回忆录》第3册,中华书局1985年,第477页。
⑤ 《商务部正考虑对敌经济制裁》,《重庆各报联合版》1939年6月17日,第3版。
⑥ 《天津日寇反英益烈,英考虑对日报复措置》,《重庆各报联合版》1939年6月19日,第3版。
⑦ DBFP, Third Series, vol.9, p.184.
⑧ DBFP, Third Series, vol.9, p.192.
⑨ DBFP, Third Series, vol.9, p.192.

终得出的结论是:"暂时美国在远东做不成任何实实在在的事。"①法国不仅对英国提出的在远东联合展示武力的提议不热衷,反倒特别提醒英国"不要对日本采取任何经济制裁的措施,除非确信这些措施将会是有效的"②。与此同时,从1939年春天开始的有关缔结英法苏三国同盟的谈判一直踌躇不前,未取得实质性进展。

英国在远东陷入事实上的孤立状态,而其军备状况也极不乐观。英国虽在1936年后日益重视其军备的重整,但它一直坚持国防开支应受财政限制,将经济稳定视为国防中的"第四军种",并凌驾于三军之上。因此,英国重整军备的速度远远落后于德国和日本。即便是有着传统优势的海军,此时的情况也不容乐观。英国国防委员会领导人托马斯·英斯基普告诉艾登:"到1940年以前我们只有12艘主力舰,其中7艘尚不能做到完全现代化。"③英国海军参谋长查特菲尔德警告说:如果英国"不得不派一支足够力量的舰队去远东对付日本舰队,那么,我们实际上就不能把现代化的军舰留在本国水域去对付德国和意大利的由较新的军舰组成的舰队"④。

欧洲战争阴云的日渐聚拢以及英国军事上的软弱,使英国在日本咄咄逼人的武力威胁面前最终选择了妥协。6月19日,哈里法克斯告知克莱琪:"经过慎重考虑,英王陛下政府深感报复行动的困难,尤其考虑到这一行动将导致激烈的对抗。"因此,"如果能通过协商的方式加以解决,则为我们所期望"⑤。6月26日下午,克莱琪拜访日本外相有田,正式提出英日谈判以解决天津问题的建议。日本接受了克莱琪的建议。对此,张伯伦十分满意,他在议会中表示,日本同意在东京而不是在天津会谈是良好征兆,可以减少日本军人的压力⑥。然而,谈判进程显然不如他的美好预期,正如时人分析所言:"日人之动机……实际上借以要挟英国,促使改变援华之远东政策而已。英国亦知实力在远东有所不逮,有拟让步之说,但若不改变远东政策,

---

① 陶文钊:《中美关系史(1911—1949)》上卷,上海人民出版社2004年,第155页。
② DBFP, Third Series, vol. 9, p. 192.
③ [英]安东尼·艾登:《艾登回忆录·面对独裁者》下卷,商务印书馆1977年,第879—880页。
④ Bradford A. Lee, *Britain and the Sino-Japanese War*, 1937–1939, p. 109.
⑤ DBFP, Third Series, vol. 9, p. 200.
⑥ 《克莱琪与有田会谈》,《重庆各报联合版》1939年6月28日,第3版。

仅作局部之让步,必非日本所能满意,实则其前途仍有多少之困难。"①

7月15日,克莱琪与日本外相有田开始第一次会谈。会上,有田首先提出了一个有关天津具体问题谈判的前提原则,要求英国接受。几经交涉,鉴于日方的强硬态度,英方最终仅对文本作了个别字句的修改,便表示接受。22日,双方正式签订协定,具体内容为:"英国政府充分认识正在进行大规模敌对行动的中国的实际局势,并注意到,只要这种事态继续存在,在华日军为了保障其自身安全和维护其控制的地区内的公共秩序,就有其特殊的需要,也就必须采取必要的步骤,以便镇压或消除那种将妨碍他们或有利于他们的敌人的任何活动或动因。因此,英国政府将避免,并使在中国的英国当局也避免有任何将妨碍日本军队达到其上述目的的行动和措施。"②此即《有田—克莱琪协定》。

《有田—克莱琪协定》的签订,标志着英国面对危机,最终采取了对日妥协的基本态度。但自危机爆发至《有田—克莱琪协定》签订的这一段时间,英国并未完全放弃对中国的援助。6月8日,哈里法克斯通过英国驻法大使菲普斯,邀请法国政府一致行动,向日本在中国的轰炸暴行提出严正抗议③。同时,在对外宣布签订协定的同时,英国多次向外界强调,并向中国明确表示对华政策不变,以"排除使中国人被过分打击的可能"④。而且,在稳定中国法币的问题上,英国虽然未能继续增加平准基金,但一直积极努力地促使法国增加对平准基金的投入。6月13日,哈里法克斯告知英国驻香港商务大臣,"法国政府已经正式通知我们,他们准备担保由法国银行提供2亿法郎的款项"⑤。6月21日,哈里法克斯再次去电表示,"我们正在尽最大努力促成法国提供平准基金"⑥。

## 三、拒绝移交天津存银和对华援助的停顿

英日达成一般谅解之后,谈判进入讨论天津细节问题的阶段。会谈首

---

① 《王子壮日记》,1939年7月18日。
② DBFP,Third Series,vol. 9,p. 279.
③ DBFP,Third Series,vol. 9,p. 149.
④ DBFP,Third Series,vol. 9,p. 307.
⑤ DBFP,Third Series,vol. 9,p. 167.
⑥ DBFP,Third Series,vol. 9,pp. 213 – 214.

先从治安问题开始,进展较为顺利。8月1日,双方达成协议,主要有两个部分:一是搜索、查抄和逮捕由英国工部局巡捕房执行,必要时,日本宪兵将作为观察员与他们会同进行;二是对于反日嫌疑犯的审讯及处置。在治安问题的谈判中,较为引人注意的是引发天津租界危机的四嫌犯移交问题。而这一问题也基于7月24日日方提供给克莱琪进一步的证据达成了谅解,英方表示同意移交①。只是在移交的日期上不断地拖延,但欧战爆发后,英国最终于1939年9月5日将四人移交给了天津傀儡政权②。

虽然有关治安问题的谈判进展较为顺利,但这并不意味着英日关于天津问题的细节谈判能顺利结束。因为在整个谈判中,核心问题是经济问题,也就是关于是否禁止法币流通和移交天津存银给日方的问题。日本军方明确表示,"除非经济问题解决,否则决不解除封锁"③。因此,英国在经济谈判中的态度也是检验英国远东政策的试金石。

早在有关细节问题的谈判开始前,英国就已经清楚日本将提出经济要求,也曾考虑如果拒绝妥协而致谈判破裂,是否有可能对日经济制裁。讨论的结果是消极的。7月25日,哈里法克斯将英国政府关于对日制裁的讨论情况告知克莱琪:"我们看不到任何希望,表明目前美国或自治领正准备加入到反日行动中。"同时谈到,"我们正在清除出台关于对日本出口到英国的货物征税法案的障碍,虽然我们怀疑这一行动能否对日本造成严重伤害,但它至少是我们手中的一个武器"。显然,英国对于制裁的效果是持悲观态度的,而基于这一考虑,英国力图避免谈判破裂也就在情理之中。由此,英国采取了一种使经济谈判国际化的策略,尽可能将美国和法国卷入谈判中。25日,哈里法克斯指示克莱琪,向日本建议"委派一个来自第三国的公认有能力的专家来谈判现场,尽可能不延误地研究货币问题的技术层面"④。而且,他明确表示:"如果我们得不到美国和法国的足够支持的话,我们至少在讨论妥协的时候要处于更有利的地位,即不要在由此可能引起的责难中首当其冲。"⑤可见,英国已经准备妥协,却又不愿独自承担责任,想让美、法两国帮它共同分担妥协带来的后果。

---

① DBFP,Third Series,vol. 9,p. 499.
② 《程案嫌疑人昨已被引渡》,《中央日报》1939年9月6日,第3版。
③ DBFP,Third Series,vol. 9,pp. 344 – 346.
④ DBFP,Third Series,vol. 9,p. 329.
⑤ DBFP,Third Series,vol. 9,p. 331.

正值英国准备对日本做出更多妥协的关键时刻,7月26日,美国国务卿赫尔通知日本大使崛内,宣布废止1911年签订的日美商约。这一行动的意图,显然是要告诉冲突之中的日本与英国,"美国不愿向日本屈服,并愿支持英国"①。虽然,美国一直竭力避免给英国以愿为其"火中取栗"的印象②,但是美国的这一行动仍对英日谈判产生了重要影响,使得英国在此后关于经济问题的谈判中,态度转趋强硬。

关于是否应向日本妥协以避免谈判破裂的问题上,克莱琪和卡尔提出了针锋相对的意见。克莱琪认为,"鉴于在接下来的关键性的几个月中,和平与战争的问题在欧洲还处于均势状态徘徊不定的情况下","我们不应当错过最终驱使日本脱离德国轨道的机会"。因此,他坚持应避免使谈判破裂③。为此,克莱琪建议以在白银问题上的让步来换取日本撤回禁止法币流通的要求,将白银移交至联邦储备银行或横滨银行封存,直至敌对状态结束④。但卡尔坚决反对,他认为移交白银并不能减少英国面临的困难,反而会"因这一交易中的纵容而遭到毫无疑问的谴责"⑤。经过慎重考虑,哈里法克斯最终认同了卡尔的看法,他表示"目前在东京谈判的目标是使天津封锁解除,并缓和目前的紧张局势"。但如果所能达成的协议"是不名誉的,那么不达成协议也不会更糟糕,而且我们还能在道义的立场上更强势,反倒是日本在世界舆论面前会遭受谴责"。因此,"我认为我们应当尽力消除这种弥漫在各个方面的猜疑,即我们准备牺牲中国以安抚日本"⑥。8月17日,哈里法克斯通知克莱琪,由于以下几点理由不能在白银问题上妥协:1.不能承认临时政府有此司法管辖权在白银问题上发布命令。2.认为中国政府宣称对白银的所有权是强有力的,因此英方不可能免于因参与将其移交给另一方而遭受偏袒的责难。3.其他国家在此问题上有直接和间接的利益。4.将产生打击法币和刺激联邦储备银行货币的影响。5.将会损毁中国政府(和其他友邦)对英方的信任。他要求克莱琪将此训令通知日本政府⑦。第二

---

① 《顾维钧回忆录》第3册,第514—515页。
② DBFP,Third Series,vol.9,p.348.
③ DBFP,Third Series,vol.9,p.413.
④ DBFP,Third Series,vol.9,p.380.
⑤ DBFP,Third Series,vol.9,p.430.
⑥ DBFP,Third Series,vol.9,pp.458-459.
⑦ DBFP,Third Series,vol.9,p.463.

天,克莱琪正式通知日本政府英方的立场。不仅如此,哈里法克斯也没有采纳克莱琪和日方谈判代表加藤不向报界公开这一训令的要求,他强调,为避免误解,必将以纲要的形式向报界公开①。8月21日,外交部在总结英日东京谈判的备忘录中提到:"对日本的威胁不断妥协的懦弱政策无论是就远东还是其他地方而言都将会疏离于美国的观点。"②于是,英日谈判停顿,天津租界危机陷入僵局。

尽管英国没有在经济问题上对日妥协,但对于中国要求经济援助的呼吁,亦一直不愿给予积极的回应。7月6日,郭泰祺曾代表中国政府向哈里法克斯提出,为稳定中国法币,请英国再一次增加平准基金③。18日,郭泰祺再次拜访哈里法克斯,催询增援平准基金之事,哈里法克斯仅表示,"已将我方要请转达财长,并表示'实有困难之处'"④。而且,他还以一种略带抱怨的口吻强调,"3月份提供的平准基金原先预计能维持法币一年的时间,而结果只维持了三个多月。所以,如果追加平准基金,中国政府必须保证其能发挥更持久的作用"⑤。7月28日,蒋介石要求郭泰祺再次促请英国增援平准基金,8月10日,郭泰祺将这一请求制成说帖面交哈里法克斯,表示此事关系中国抗战前途,意义重大⑥。但是英国却于8月30日正式答复称,"经英财部详细考虑,西门财长甚表歉意,恐难再以借款维持中国币制"⑦。此外,英国曾于1938年12月同意给中国1千万镑信用贷款,只支付了50万镑用于为滇缅公路购买卡车,便迟迟不愿兑现剩余部分。1939年7月14日,郭泰祺与英国海外贸易署长接洽,英国同意再支付大约3百万镑,由国会担保,但英国对这笔贷款一直拖延不肯签字。7月29日,克莱琪强烈反对签字,他认为这会使"此地进行的关于天津问题的进一步谈判变得困难"。他建议必须等到"谈判破裂或日本政府未能履行它的承诺,尤其是与抑制反英

---

① DBFP,Third Series,vol.9,pp.470-471.
② DBFP,Third Series,vol.9,p.486.
③ DBFP,Third Series,vol.9,p.249.
④ 秦孝仪主编:《中华民国重要史料初编——对日抗战时期》第3编《战时外交》(以下简称《战时外交》)第2册,中国国民党党史委员会1981年,第213—214页。
⑤ DBFP,Third Series,vol.9,p.293.
⑥ 《战时外交》第2册,第215—216页。
⑦ 《战时外交》第2册,第217页。

运动相关的保证"时,再确认这笔贷款①。卡尔也表示赞同②。结果,英国一再拖延,直至8月18日,才同意签订了这一贷款协议。

## 四、对日本的全面妥协

正值英、日紧张状态仍未缓和时,西方的战鼓已经敲响。1939年9月1日,德军从三面突袭波兰,欧战全面爆发。由于对波兰负有互助义务,英国被迫对德国宣战。日本对欧战迅速做出了反应。9月4日,日本首相发表声明,称"日本不介入欧洲爆发的战争,而将专注于中国事变的解决"③。中国十分担心英国会由此走向对日妥协,因此,蒋介石特别嘱托郭泰祺向英国政府探询以后对远东的政策,询问英国能否固守国联盟约会员国的立场,并履行国联所有对华之决议。同时表明中国极愿与英、法互助合作,建议订立对日防卫秘密协定④。在积极开展对英外交的同时,蒋介石还于8月29日、9月3日和8日连续致电驻美大使胡适,敦请美国出面领导远东问题,以防英、法与日妥协⑤。蒋介石认为,远东局势的"关键仍在美国,如美能出而领导远东问题,为英苏作仲介,使英、美、法、苏对远东问题能共同一致对日,则远东问题即可迎刃而解,否则迁延因循,可使英日同盟复活,则俄或将先与日妥协,可使德、意、俄、日重立阵线,此皆于民主阵线与远东问题遭受莫大之打击"⑥。显然,美国的立场直接牵动着远东局势的发展。

此前,英日谈判虽因经济问题的严重分歧而陷于停顿,但英国多次公开表示愿续开谈判,驻日大使克莱琪始终与日本保持着非正式接触,试图解除天津危机。9月7日,英国外务次官白特勒在下议院表示,英、日两国关于天津事件之谈判,英国政府仍愿进行,且极望其能赓续进行,将各项悬案,成立解决办法,并已将此意通告日本政府⑦。10月初,英、日间仍就重开谈判问

---

① DBFP,Third Series,vol. 9,pp. 354 – 355.
② DBFP,Third Series,vol. 9,p. 368.
③ DBFP,Third Series,vol. 9,p. 525.
④ 《战时外交》第2册,第32页。
⑤ 《战时外交》第1册,第86—89页。
⑥ 《战时外交》第1册,第86—87页。
⑦ 《白特勒在英下院报告远东局势》,《中央日报》1939年9月9日,第3版。

题进行磋商,11月10日,克莱琪向外界表示,确实"与谷正之外次会谈颇久"①,谈判迟迟未能重开的最大障碍仍是经济问题。为了平息各种猜疑,英国对外界表示,"关于天津存银问题,英政府对此事之态度,前已在东京加以说明,以后仍将坚守此项原则"②。克莱琪在与日本代表的会谈中也基本坚持原先的立场,表示英国仍"坚持与中国有关之英日问题,应与日美关系共同加以调整。"而谷正之"则坚主此类问题,应与日本对其他各国之关系,分别讨论"③。双方仍未能达成一致。

由于美国一直坚持其所谓"独立行动"的原则,英美之间难以形成足够威慑日本的一致行动。日本意图趁欧战扩大、英国被德国牵制之机,对英国施加压力,迫使其在经济问题上让步。日本"封锁租界益为严厉,对付英侨,尤其苛刻"④。最终,英国选择了对日妥协,内阁接受了克莱琪关于白银的处置建议,即在英日双方监督之下,把这些白银封存于一个中立银行之中,并拿出其中的10万镑用于洪水救灾工作⑤。中国政府没有接受这一无理要求。1940年1月哈里法克斯致电卡尔,要求其转告中国政府,"对于中国政府对其解决天津白银问题之建议所持之态度,深表遗憾",同时表白说,"自中国事变爆发后,英国在天津之当局,对于中国人民之利益,贡献颇多",且"一旦日本使用武力,英国政府将无力保护存津白银",最后并强调,"欧战爆发,似已使此事之解决尤为必要。希望中国政府给与可能之助力,不采过于硬性之态度,如中国坚予拒绝,则英国政府应保留其行动之自由,并采取被认为必要之步骤,以保护其自身之利益"⑥。同时,英国政府让卡尔积极斡旋,促使中国接受它的方案。王世杰在日记中回忆道,2月17日晚参加卡尔举办的宴会,席间卡尔表示"英政府欲与日政府妥协,拟持天津英租界中国政府存银问题与日方商一解决方案",但"蒋先生嘱余向卡使表示反对"⑦。显然,中国无法接受英国对日本的这一妥协方案。

然而,欧洲的局势对英国日益不利,德国的闪电战屡屡得手,西欧、北欧相

---

① 《敌又传英日会谈将续开》,《中央日报》1939年11月11日,第2版。
② 《天津存银问题》,《中央日报》1939年12月8日,第2版。
③ 《英日谈判恢复无期》,《中央日报》1939年11月20日,第2版。
④ 《敌伪嗾使下,华北反英运动益烈》,《中央日报》1939年11月11日,第2版。
⑤ 徐蓝:《英国与中日战争,1931—1941》,第335页。
⑥ 《战时外交》第2册,第107页。
⑦ 《王世杰日记》,1940年2月17日,"中研院"近代史研究所1990年。

继沦陷,6月,号称拥有"欧洲最强大的陆军"的法国也向德国投降,英国在欧洲陷入孤军奋战的境地。新任首相丘吉尔领导下的英国更力主对日妥协,尽快解决天津危机。最终,英国不顾中国的反对,于1940年6月12日与日本正式签订天津协定,在天津存银问题上向日本妥协。至此,英日在天津问题上达成一致。日军解除了对天津英租界长达372天的封锁,天津租界危机由此平息。

## 结　语

纵观天津租界危机的整个过程,英国始终以欧洲和远东局势的演变以及美国态度的变化,不断调整其远东外交政策。危机前,由于在远东的重要权益遭到日本的侵害,英国采取了援助中国以牵制日本的策略。危机爆发之初,鉴于日本对英国侨民的侮辱和权益的进一步侵犯,英国一度考虑对日本采取强硬立场,施以经济制裁。但由于自身的军事实力不足以应付来自欧亚两面的军事威胁,又无法取得美、法两国的支持,英国便一面寻求与日本的妥协,以在事实上承认日本侵略的合理性来换取两国关系的缓和;一面又对中国继续给予有限的支援,以使中国牵制日本的作用继续发挥,同时避免受到道义上的谴责。不仅如此,英国还试图让美、法两国为其对日本的妥协共同承担后果。而随着美国对日政策转趋强硬,同时欧洲局势也处于暂时平稳的形势下,为了避免遭受舆论上的谴责,尤其是美国的疏离,英国在有关法币流通和天津存银的经济问题的谈判中均未让步。但为了避免激怒日本,英国也在经济上暂时停止了对华援助。然而,欧洲局势迅速恶化,欧战爆发,英国为了避免两面作战,于是,在无法取得美国助其保障远东权益的情况下,转而以牺牲中国利益来谋求与日本的全面和解。

由此可见,危机中的英国既不甘于放弃其在远东的权益,又不愿与日本走向军事对抗,因而推行了一种既支持中国抗战(主要是道义上的支持),又对日妥协的双重外交政策。这一政策从表象上看,充满着矛盾与反复。但在这一复杂表象的背后,则是英国试图以最小的代价在远东获取最大利益的现实主义考量,也是英国外交传统中的民族国家利益至上这一核心原则的反映。这一原则指导下的英国现实主义外交对太平洋战争爆发后远东国际关系的走向和中、美、英在远东的合作产生了十分深远的影响。

(《民国档案》2009年第3期)

# 中国传统砖雕的审美意蕴
## ——以天津老城砖雕为例

王 强 陈学文

砖雕以中国传统的青砖为基本材料,是建筑装饰特有的一种雕塑形式,在中国传统建筑中应用广泛。砖雕艺术的发展经历了从奴隶社会到封建社会的演变,至明清达到极盛。在长期的发展历程中,受不同历史发展阶段和不同区域文化及各民族、宗教文化的影响,砖雕艺术呈现出不同的工艺手法和风格特点,逐渐形成了"徽州砖雕""闽南砖雕""北京砖雕""山西砖雕"等派别。各派别不断开拓技法,提高艺术品位,强化地域特色,深化文化内涵,形成了中国传统砖雕艺术多彩纷呈的面貌。

天津老城砖雕艺术与杨柳青年画、泥人张彩塑、魏家风筝并称为天津的"四大绝活"。清雍正三年(1725),天津从防戍御敌性的卫城改变为商居民城,城市的性质发生了根本的变化。由于老城是天津早年的政治、文化和经济中心,所以,衙署、庙宇多集中于城内,一些富豪商贾、名门望族陆续定居于此,砖雕艺术达到了历史上最繁荣的阶段。1900年的"庚子之难"后,天津老城砖雕艺术在中国传统文化与西方文化的相互冲突和交融中独树一帜,形成了中西合璧的独特艺术风格,为我国砖雕艺术增添了特有的光彩。从现存1000余件砖雕中,可以看到多种题材选择的审美意蕴和独具特色的艺术处理形式,虽经数百年的风雨仍熠熠生辉,表现出极为旺盛的艺术生命力。

## 一、寓教于美的题材选择

中国传统砖雕遍布于我国传统民居建筑之上,建筑外部的门楼门罩、门庭、券、女儿墙、墀头、山花、气孔、烟囱、屋脊等是装饰的重点。砖雕的内容丰富,题材广泛,大量选择人物故事、吉祥图案、自然花草作为表现题材,运用象征、隐喻等艺术手法表达了封建社会长期形成的伦理道德观和审美价值观。善于运用"寓教于美"的形式给予雕刻艺术作品以惩恶扬善的社会功用,揭示了我国古代审美的伦理性本质,把审美的情感体验与道德伦理融合在一起,极具东方美学的神韵,发人深省。

老城砖雕是从天津崇儒兴文的独特地域文化氛围的母体中诞生的。儒学在两千年的发展中派别林立,呈现出各种面貌。但老城砖雕所体现的儒家文化却是一条单纯、明晰的主线,即"兴国、发家、修身"。三者相互联系、一以贯之,代表了儒学的本质精神。老城的居民大多数是盐商,靠贩盐致富。但商人的地位在我国封建社会一直不高。盐商为了提高自己的社会地位,一方面强化民居建筑装饰,一方面崇尚儒家入世哲学,发愤读书,试图通过读书入仕来改变自己的社会地位,达济天下。老城西门里大街99号影壁下额,抬头就会看到"奇才盛世"长卷(图1),

**图1 奇才盛世**

画面由"举子读书""进京赶考""为官风雅"等主题构成。画面中学子们聚精会神读书的情态表现得栩栩如生;进京赶考的场景通过强化画面动态构图,运用透雕的阴影与浮雕的人物主体形成明暗对比,突出表现人物特征;为官风雅的主题画面以官宦的下棋场面,表现怡情养性、陶冶情操。整体画面气韵生动,画面构图突出主题,雕刻精湛,堪称天津砖雕艺术的极品。宫北杨家旧宅(天津八大家之一)的第二道院门额上,直接将"诗书继世"的砖雕以书法艺术的形式嵌入门额上方,令人过目不忘。有的民居还以打柴、渔猎、耕田的图案,来劝勉子孙勤俭持家。有的把人们所熟知的历史故事、民间传说表现在装饰内容之中,以达到道德教化的目的。如用木兰从军宣扬精忠报国;八仙祝寿、将相和等戏剧情节画面褒扬孝悌忠信。老城砖雕作品除了表现出天津艺人高超的手工技艺外,更直接地表现封建社会的伦理道德和文化观念,并且把审美的情感与道德伦理融合在一起,把枯燥的说理、教育化为艺术的启迪与引导。

崇德慕贤、追求君子之道是中国传统砖雕中时常体现的思想。通过各种植物装饰图案喻指贤德,表达人们自己的理想品格和精神境界。用自然界的花草内容作为雕刻装饰题材,并赋予一定的内涵,如牡丹象征富贵,而葫芦、石榴、葡萄寓意多子等。而松的永恒苍劲、竹的潇洒挺拔、梅的玉洁雅韵、菊的节操清逸、兰的秀质清芬、荷的高洁无瑕等，则是由植物的生态习性、姿态、叶容花貌等形象所引起的感情来认识植物的性格，并借以表达人的思想。

天津地处九河下梢，形成十年九涝的自然环境，从道光二十年（1840）到宣统三年（1911）的71年间，有明确水灾记录的就有68年，老百姓在风浪中搏斗求生。在这种生活状况下，除凶避灾成为老城居民的最大心愿。同时，五方杂居的人口，虽然来自不同的地区，身处不同的阶层，文化修养也存在着差异，但在观念上都有一个同样的特点，就是希望保佑自己平安健康、避免灾祸，获得吉庆祥和，因而创造了各种各样吉祥图案的砖雕。吉祥图案通常利用汉语的语言文化，运用谐音、假借等形声手法表达喻义。如，以如意、柿子、万字组成"万事如意"，以寿字、蝙蝠组成"五福捧寿"（图2），以莲、鱼表示连年有余等等。形意手法则利用直观的形象表达含意，尽管有些内容组合得不免牵强，但严峻的生活环境造就了人们的坚强性格，创作出具有拙朴、苍厚、稳健的砖雕艺术风格，讲究完整美观统一，所雕物象都具有强烈的立体感，通过形式美处理创造出独特的艺术效果。老城砖雕题材选择的多样，不仅体现了寓教于美的时代审美特色，也蕴含着丰富的中国传统文化。

图2　五福捧寿

## 二、朴素自然的审美追求

天津老城建筑一般都是青砖素墙，朴素简洁，给人以纯朴自然的美感，但又比较讲究装饰，配置各种精美的砖雕，形成高雅的艺术格调。不像北京的官邸府宅施以浓漆重彩，在得到一定感官冲击的同时，也有很强的压迫感。老城砖雕的黑白对比效果，利用雕刻的深浅，协调光影变化，形成强烈豪放的审美特色。同时老城砖雕善于处理原材料本色，既能融于建筑物整体之中，像水墨画一样苍厚自然，又与平面绘画不同，它有立体的空间效果。老城砖雕无论是动物的神采、花瓣的张合，或是树梗的穿插、叶片的舒展，都表现得自然生动,充分显示了工匠高超的技艺和朴素自然的审美追求(图3)。

**图3 兰花图**

推崇纯朴自然,是中国艺术的重要精神。我国美学中有"道法自然"的悠久传统。春秋时,老子就认为"五色令人目盲,五音令人耳聋"(第十二章),应以审美的"复归于朴"来使社会和谐。庄周的审美理想充分体现道的精神"朴素",认为"朴素而天下莫能与之争"(第一)。从中国艺术的发展来看,受中国古代自然本体论思想的影响,中国艺术在两个方面形成了鲜明的个性:一是推崇性情表现的自然美,二是艺术形式上注重"芙蓉出水"美的表现。宗白华曾将中国艺术的美归纳为"错彩镂金"和"芙蓉出水"两种美,并认为后者是一种更高的美的境界。魏晋时代,反对华巧雕琢和卖弄人巧而标举朴素的自然,是中国艺术自觉的审美追求,文人以游山玩水的形式具体地现实了庄子的逍遥游理想,把自己对自然美的感受带进艺术中,"向外发现了自然,向内发现了自己的深情"。唐宋时代,"清水出芙蓉,天然去雕饰"的风姿才是一种真的美。这种美的境界是宋元时代文人审美追求的理想。宋元山水画的荒寒之境是中国古人自然审美超越精神的典型表达。明清时期艺术领域出现了"师法自然"的理论。历代的艺术家都把"朴素自然"当作艺术追求的最高境界,并全面、深刻、持久地影响了中国艺术的主题、结构和风格。中国传统砖雕推崇自然朴素的审美风尚,成为文人超越儒家人伦境界、表达精神自由追求的最高形式。千百年来一直都是砖的天然质地,极少加以涂饰,保持材质的天然纹理和本来的色彩,充分体现材料的质地之美。天津老城砖雕中,门楼上的砖雕无论雕刻得如何精细从不以五色勾画;人物刻画如何精巧、细腻也不施以色点染;漏窗上的雕饰纹样也都是保持纯砖材料的质感而不施以丹青,给人一种素朴、文雅而自然的美感。中国朴素自然的美学思想深深地渗透在老城砖雕艺术中。

## 三、虚实相生的意境表现

采取砖雕的一般技法和技巧，做到形似并不难，但要上升到艺术的高度，还需做到"有神"。高品位砖雕的衡量标准：应当是形神兼备。这与众多因素有关，而其中"虚实相生"和"意境表现"是两个重要方面。

先秦哲学家荀子有句话说得极好："不全不粹之不足以为美。"（《劝学篇第一》）这话对砖雕来说就是：砖雕的美既要极为真实的塑造，又要提炼概括的处理。由于"粹"，砖雕表现里有了"虚"；由于"全"才能做到"充实"，"虚"和"实"在砖雕中辩证的统一，才能完成形神兼备的表现，形成砖雕艺术的美。老城南门里61号的"鱼樵耕读"（影壁下额长卷）人物刻画突出表现主题，雕刻中每一刀都经过深思熟虑，刀刀精髓。配景中建筑、树影都与长卷的总气脉相贯通，并作相应的归纳或概括。老城砖雕中的"虚"绝非是"无"，更不是对形象的随意歪曲，而是相对地减弱关系。"虚"是为了更突出地表现"实"，"虚实相生"才能造成宏大的气势。"听琴图"（图4）将刻画的重点集中在人物的表情上。"松鹤延年"将动物形体、动态作了深入的刻画，形成前实后虚，前重后轻，通过这种张弛得宜、虚实相生的处理，形成了出神入化的艺术效果。意境是艺术至妙，要达到统一的意境必须做到"天人合一"和"物我相融"。"寓景于情"，将环境的表现达到出神入化的境地，它使人"登山则情满于山，观海则意溢于海"。从"崇山峻岭，茂林修竹，又有清流激湍，映带左右"的环境中得到游目骋怀、快然自足的雅兴，引发对人生认识的升华。老城砖雕艺术注重对空间环境的渲染，达到掩映藏露、无画处皆成妙境的效果。对配景的刻画亦考虑彼此关系上的照应，以形成统一的气韵。

图4 听琴图

老城东门里54号的"鹤鹿同春"(图5)将动物与山水、建筑、植物进行有机组合,整体构图穿插有序。鹤、鹿作为画面主体被放在主要位置,并用山水、建筑、植物将整体画面联系起来。画面比例适中,动静相生,其中水纹虽然是砖雕中的配景,但所刻散淡飘逸,令人回味。

图5 鹤鹿同春

## 四、点线面的有序组合

中国传统砖雕尽管运用具象的创作方法,却始终含有节奏、韵律、比例、均衡、对比、系统连贯一致的变化规律。砖雕在广泛吸纳文学、绘画、民俗等各类艺术精华为己所用的基础上,在创作实践中形成了自己独有的形式语言,利用缜密繁缛的点、线、面组合,使对称、均衡、反复等变化规律贯穿其中。雕刻中特别突出了线的组合作用,无论是平雕还是浮雕,构成大型的线或是散淡飘逸,或是线线相连,形成统一的力感。在雕刻技法上都是娴熟而富有理趣,游刃有余,以不同的曲线连接花叶的面和花苞的点,形成砖雕统一的力感、动感和韵律。并以凿刻技法使效果玲珑剔透古韵典雅,代表了我国的刻线韵味。南门里42号的卡墙上狮子的身纹(图6)每一根线似乎都经过精心梳理打扮,刻形精美圆浑。点、线、面参差生韵,形成了老城砖雕繁而有序、密而有形、特点完整的艺术效果。

图6 狮子图

## 五、中西合璧的艺术形式

在中国由封建社会向半殖民地半封建社会转型的大背景下，经第二次鸦片战争后的"开埠"，作为中西两种文化冲突与交融中心的天津，受到租界大量西洋风格建筑装饰的影响，尤其是经过对被1900年"八国联军"严重破坏的建筑重建后，更进一步促进了以砖雕为代表的中西合璧式的天津传统建筑的近代装饰风格的形成。随着西方外来文化的不断渗透，人们的审美观念也开始发生变化，传统的以内向表现意境为主的审美观念被打破了，取而代之的是西方艺术的开放性和重视实体造型为主的新观念。同时，由于新材料、新技术的发展，传统的砖雕艺术形式也要求发生相应的变革。在这种情况下，一方面，殷实人家为追求时髦和新奇，引入西方建筑艺术中的罗马和拜占庭风格，甚至欧洲新艺术运动的特点；另一方面，又促使根深蒂固的中国传统审美的砖雕艺术得以进一步的发展。长生巷8—14号传统的院落装置西洋拱形入口（图7），对称的爱奥尼柱式及山墙上花饰中央配置蝙蝠图案，采用"软花活"技术完成。建筑中运用材质色的明度、肌理效果，强化了入口的中心，显示出殷实人家的气派。西洋风格的拱形车马门楼（图8）采用层层递进的手法，加强建筑实体空间层次效果，砖雕纹样加强了建筑细部刻画。老城厢的一些青砖磨缝住宅，既有中式的门额砖雕，也有西式的门拱；尤其一些铁艺栏杆、门拱颇具欧洲新艺术运动的特点。20世纪初，中国传统艺术以前所未有的速度被纳入到世界的潮流中。在"西学东渐"中迎来的五四新文化运动，掀起了中西文化艺术交汇的大潮，推动了中国传统美学和艺术由古典形态向现代形态的首次转型，也充分展示了中国传统艺术审美兼容并蓄的开放性。

图 7　软花活　　　　图 8　户部街 60 号

中国砖雕具有丰富的艺术语言。以其独特而精湛的雕刻技巧,生动活泼而雅俗共赏的形式以及寓教于美的题材选择,通过不同部位雕刻之间的配置、组合,构成统一而完美的艺术形象,热情而又形象地反映了中华民族的思想情感,具有长久的艺术生命力和审美意蕴。尽管这些砖雕纹样程度不同地镌刻着时代的烙印,然而,无论从历史的观点和文化艺术的观点来看,其间仍然闪烁着民族精神和创造精神的光辉,是今天中国文化探源者不可多得的珍贵资料。继往开来,去粗存精,更好地继承和发扬优秀的中华传统文化是我国现代装饰艺术设计者的责任。

**参考文献:**

1. 陈鼓应《老子注译及评介》,中华书局 1984 年。
2. 王先谦《庄子集解》,上海书店 1987 年。
3. 宗白华《美学散步》,上海人民出版社 1981 年。
4. 高长山《荀子译注》,黑龙江人民出版社 2003 年。

(《江西社会科学》2009 年第 2 期)

# 《大公报》广告视野中的津人社会生活
## ——以 1926—1937 年为例

岳谦厚　卫　俊

报业广告作为报业产品,是报业经济来源的重要组成部分,就民营报纸而言则更是其生命线。《大公报》是近现代中国最大的民营报纸之一,因无政府资金支持,故要在竞争激烈的报业市场站稳脚跟则须有充足的广告收入。该报于 1926 年 9 月 1 日复刊后(即新记《大公报》),广告数量大幅增加、规模不断扩大,数量可观的广告收入为该报发展提供了坚实的经济基础。从另一方面来说,报刊广告是近代中国出现的一种新型文化传播媒介,其作为一种独特的社会文化现象是对社会生活的一种反映,其出现必然引起人们观念方面的变化,而《大公报》广告就清晰地展示了民国时期津人社会生活的基本面相。

## 一、广告视野中的津人物质生活

第二次鸦片战争后,随着西方工业文明的输入,天津社会生活发生急剧变化,现代西方生活方式逐渐走进津人衣食住行和其他日常生活领域。

### 1. 服饰款式

服饰是民族外貌的表现形式,而大都市则是近代服饰变革的中心。鸦片战争后随着国门洞开,洋货不断涌入,西式服装开始传入中国,国人对之经历了一个从看不惯到习以为常再到乐于穿着的过程。到 20 世纪二三十年代,西服、中山装已被各界人士认同并成为上层男士正式场合首选服装,如"塔牌麻纱巾"广告就展示了一个身穿西服、打着领带的男士形象①。与男士西服不同,女服采取了中西结合形式。中国传统女装,汉族以上衣下裙为主,满人多穿旗袍,纯粹的西方女服很少有人问津。民国之后,女子服装西

---

① 《大公报》1936 年 9 月 20 日。

化趋势明显,到二三十年代女服开始流行传统与西式女服的结合体——旗袍,旗袍被许多人誉为最能体现东方女性体态美的服饰。这种服装是在满族女服基础上吸收西式女服的某些特点、风格,在衣的长短、领的高低和有无、开衩高低、有袖无袖、袖的长短等诸方面紧随西式服装而变,最后所形成的标准样式已与传统旗袍大相径庭。中国传统女装胸、腰臀完全平直,变革后的新式旗袍完全体现了对女性曲线美的追求,长度缩短、腰身收紧、袖口缩小,如"四七一一提神香水"广告就向人们展示了旗袍所带给女性的巨大魅力①。

近代中国是新式教育的发育时期,学生服装带有明显西化色彩并在思想行为上易受西方影响,故国民政府对学生服饰作出明确要求,据陈嘉庚公司天津分行在《大公报》所刊广告称:"何应钦电汪与朱家骅请督饬,全国各校注重体育,提倡尚武,学生服装除冬季外均须制服,男生修袂长袍,女生旗装没踝,行动不便,实非所宜。束胸、缠足、高履,妨碍康健,尤宜严禁……本公司出品各种男女运动靴鞋、平底鞋,合乎体育尚武之精神与现时代最流行之体式,坚牢耐穿,定价低廉,且皆系完全国货,适合国人购用。"②学生是接受西方新知的群体,他们对西方或新式服饰的接受和推广起了很好的促进作用。

2. 饮食结构

俗话说"民以食为天",食品是人类生命存续的保障,而天津更是以"吃"闻名遐迩,旧时就有"京油子、卫嘴子"的俗语。这一方面体现了津人能说会道,另一方面则是对津人"会吃、懂吃、爱吃"的形象概括。津人传统家常主食有馒头、窝头、烙饼、包子等,菜类有炒肉、炒鸡蛋、醋熘白菜、炒豆芽等。随着外国人在天津的不断增多,西方许多饮食习俗对市民产生了潜移默化的影响,其饮食结构发生变化。寿丰、福星、大丰等面粉厂广告显示出社会对面粉需求增大,亦是人们对西式面包、蛋糕和各种糕点逐渐认同的表现。1908年,德国厨师起士林与妻弟巴德在天津合办"士林西餐馆",经过20多年经营,规模不断扩大,到30年代已在英租界建立新楼。该餐馆的菜肴和点心因制作精良在当时远近驰名,受到消费者欢迎。而惠罗公司则由此在《大

---

① 《大公报》1936年9月16日。
② 《大公报》1936年5月14日。

公报》刊登出售"英制各种西餐用大菜刀、大餐叉、汤匙、西式茶具"广告①,显示西餐在天津已有一定市场。

酒类一直是中国百姓的传统饮料,逢年过节、好友相聚总少不了喝酒助兴。到20世纪二三十年代,饮料种类日渐增多,除传统白酒外,啤酒、白兰地、葡萄酒、可乐、咖啡等走进人们日常生活。如一啤酒广告宣称:"国货啤酒,商标马棋,中西医士,迭经化验,众口一词,卫生妙剂,功能杀菌,开胃健脾。"②烟台张裕酿酒公司则以"大帮美酒到津"为题发布广告,对公司产品介绍如下:"敬启者敝公司开设已历四十余年,所出金红星白兰地酒、各种红白葡萄酒,行销国内外,深受各界所赞赏,叹为我国之特产,近复极力改良,日益精进,既远驾舶来品。值此金价高涨,外货已不适合于经济,而敝公司各酒价目一仍如旧,若以宴客馈赠亲友,诚为无上之珍品。各种葡萄酒,其品质尤最适合我国之妇女,当饮之确有补气血、驻颜色、增长乳量之奇效焉。"③夏季是饮料市场的旺季,很多广告主为扩大产品影响纷纷打出消暑降温幌子。如冠生园公司刊出"夏天饮料——果子露"广告,称"本公司所制各种果子露系用科学蒸馏方法,将各种果汁提其原汁,完全天然,美味色泽,清洁功能,解暑生津,诚为夏天之最良饮料也,注意卫生诸君请尝试之"④。由此可见,广大消费者对夏天饮料的要求不仅局限于防暑降温,更在卫生质量上提出高标准,纯天然、卫生、健康并具有保健功能的饮料备受青睐。类似情形亦可以在可口可乐公司广告中看到:"可口可乐——十四种天然果汁混合制成",即"取十四种天然果汁,精密配制而成一种饮品,是名可口可乐,怡悦齿颊,培养精神,佳美无比。君其饮之以解渴,饮之以长神,成分十分纯粹。其瓶监制,最为卫生。开饮之时,清洁无比,无论何处,均可购得。认明瓶样或瓶盖为记,谨防伪品冒充。"⑤

此外,西方休闲食品亦被津人广泛接受,如西式糖果、糕点等。上海冠生园食品公司长年累月在《大公报》刊登各式各样的西式糖点广告,如一则以"谈情之始"为题的"薄荷奶糖"广告称:"你要同你的意中人谈情,那么,你必须置备冠生园新出的薄荷奶糖带在身边,预备在谈话的时候彼此吃些,

---

① 《大公报》1932年1月17日。
② 《大公报》1928年5月10日。
③ 《大公报》1930年11月17日。
④ 《大公报》1929年7月17日。
⑤ 《大公报》1930年12月22日。

那么,你们的谈兴不但可以转浓,而且口气接触,香喷喷的格外甜蜜了。"①在激烈的市场竞争中,很多人身心疲惫、寝食难安,美最时洋行针对这种情况推出"合格咖啡",其广告宣称:"不要怕,再喝一杯,这是合格咖啡,他没有咖啡精,喝了不伤脸,就是临睡浓的合格咖啡,决可安眠,不怕睡不熟。所以劳心的人都爱喝合格咖啡。"②

以国人口味标准说,西式食品未必适合其口味,但从清末兴起的崇洋之风到20世纪二三十年代愈演愈烈,一些与洋商打交道较多的买办出于职业需求成为西餐和西式食品的主要消费者。同时,社会上的崇洋风气又使得人们将吃西餐和西式食品作为一种时髦象征。西式食品的传入打破了中国传统饮食一统天下的局面,丰富了中国饮食文化。随着西式饮食进入天津,西人简化快捷的宴客风格随之传入,中国传统宴客方式得到改良,宴席礼节逐渐简化。但当时中国社会贫富差距较大,饮食千差万别,大多数贫苦民众连温饱问题都难以解决,西式食品对其来说实际遥不可及,能够享受这种待遇的仅仅是那些官僚、买办和绅商。

3. 建筑风格

天津开埠特别是租界开辟以后,大量西人在天津经商及定居,西式建筑如雨后春笋般涌现,欧式风格如维多利亚式、哥特式、新古典主义、现代主义、折中主义等都在天津建筑中有所体现,这对中国传统建筑风格产生相当大的冲击。二三十年代正是天津租界大兴土木时期,一批最具代表性的商业建筑竣工,如劝业场、中原公司等。下面就以这两个标志性建筑为样本,简要分析一下其间天津建筑风貌。

劝业场筹建于1926年,场主高星桥聘请法籍工程师设计,该建筑具有折中主义的建筑风格。主体部分5层,在拐弯处有7层,钢筋混凝土框架结构。在7层顶楼建有高耸的塔楼,塔楼由塔座、塔身和塔顶3部分构成,各部分独具特色,形状各异。建物最上面装有旗杆、避雷针兼做装饰物,整栋建筑显得壮丽挺拔。楼内装饰豪华,体现了法式建筑的特征。劝业场匾额为清末高官、近代天津著名大书法家华世奎所书,后被列为中华名匾。此为劝业场建筑文化增添了画龙点睛之效。劝业场于1928年12月12日建成开业,但建成之前各种有关劝业场的广告已是铺天盖地。如"天津劝业场交房通告"

---

① 《大公报》1929年5月1日。
② 《大公报》1931年3月7日。

称:"本场房间业已落成,兹订于本年旧历九月二十一日交房,望租赁门面及地摊各户届期到场,按号接收,俾得预备装修货架、家具等项,以便择期开幕。再租户有未将手续办结或未换正式收据者,统希速到本场事务所接洽办理,幸勿延误,特此通告。"开业前,劝业场连续半月在《大公报》发布开幕露布启事,称"本场谨定于夏历十月三十日亮张,十一月初一日一律开幕营业,届期即祈各界人士驾临参观"①。由此可见劝业场在当时的影响力。

中原公司位于日租界,建于1927年,由中国建筑专家关颂声、朱彬、杨宽麟等人共同设计,钢筋混凝土框架结构,共7层,占地1000多平方米,楼高30米,转角处建有高塔,塔身高度与楼房高度大体相当。前4层为商场,5层以上有电影院,7层设有"七重天"舞厅和屋顶花园,可同时容纳万人。建筑造型采用逐层上收的塔式古典主义手法,整个建筑物显得挺拔壮丽。1928年1月1日,中原公司正式开幕,《大公报》刊登"推销中华国货,统办环球货品"广告为其大造声势②。中原公司开业最初几年几乎左右了天津百货市场,各种促销广告在《大公报》屡见不鲜。如1928年6月25日公司三楼靴鞋部和四楼家私部联合刊出广告,称已新设专场以接定男女靴鞋和时式家私,并指出"现有外埠新到大帮铜床、铁床、窗纱窗帘、台毯地毯、皮箱铁箱、冰箱藤椅、台湾软席"③。该公司经营范围广泛,除具有商业功能外,娱乐功能亦是公司业务功能的重要组成部分。公司六楼巴黎跳舞场是著名的娱乐场所,正如其广告所云:"巴黎跳舞场是高尚娱乐的圣地,是最摩登的舞场,有如花似玉的舞女伴舞,有怡情适性的音乐助庆,地方雅丽、空气流通、饮食精美、招待周到。"④各种娱乐活动应有尽有,极大地丰富津人娱乐生活。

天津民宅在欧风美雨浸润下亦逐渐改变了过去的传统风格,一批吸收西式建筑风格的建筑出现。这种建筑综合了中西建筑特点,保持了北方传统的四合院布局,但同时又将若干个三合院、二合院用里弄拼联起来形成由里弄联结的若干个分户单元院落的平房建筑群⑤。这种"中西合璧"的新式住房布局开创了近代天津西式公寓民宅的先例,对日后天津住宅建设影响很大。不过,这些建筑基本上都是豪华型住宅,而对于大多数天津市民来说

---

① 《大公报》1928年11月2日、12月4日。
② 《大公报》1928年1月1日。
③ 《大公报》1928年6月25日。
④ 《大公报》1932年9月14日。
⑤ 周俊旗:《民国天津社会生活史》,天津社会科学院出版社2004年,第96页。

住房问题仍是生活中的主要问题,一则折叠式单人床广告和一则租赁广告就充分体现了当时人多房少的矛盾。前者称:"单人睡床,质料坚固,每只减售洋十九元五角。"后者则称:"义(意)租界东马路十九号二十一号三层两楼,两底外有厨房、下房共十余间,交通便利,油刷一新,卫生设备全,有意租者十九号领看面议。"①

4. 交通方式

人类最传统的交通方式是通过双腿依靠步行完成,随着科技进步,交通工具得到不断改进与发展。由于地理条件影响,中国自古就有"北人使马,南人使船"的传统,天津虽在地理位置上处于北方,但其地处河网纵横地区,又是漕运、海运通往北京的必经之路,以致在交通工具选择上乃是马船并用。到近代,由于水道淤塞、驿道损毁,传统交通方式受到极大影响。不过,在西方物质文明冲击下,交通方式开始由传统向近代转变。

首先,在对外交通上,天津建立了陆、水、空三位一体的交通网络。在陆路交通方面,铁路发挥了决定性作用。天津地处交通要道,距北京120公里,是拱卫京畿的要地和门户,对内腹地辽阔,依靠铁路可使其影响辐射到华北、东北、西北。早在19世纪末20世纪初,这一地区先后建成京奉、津浦、京张、胶济、南满等铁路,形成四通八达的铁路交通网,为当地居民出行提供了非常便捷的条件。到20世纪二三十年代,人们对乘坐火车出行已提出更高要求,《大公报》于1928年8月13日刊登的一则关于平津沪直达特别快车的广告就显示车速、乘坐舒适度已成为人们选择乘车的标准之一。在水路交通方面,由于天津地处海河下游,是海河5大支流南运河、子牙河、大清河、永定河、北运河的汇合处和入海口,素有"九河下梢""河海要冲"之称,因此水路交通相当便利。到近代,轮船运输业逐渐代替传统航运业,天津成立了轮船招商局分局,从西方购进新的运输工具并开通到烟台、上海航线。为扩大影响,各轮船通常将航期在《大公报》刊出,如怡和、利生快轮曾发布这样的通告:"怡和、利生快轮准于阳历11月9日即阴历十月初九上午由天津码头开往烟台、威海卫、上海,特此通告。"②在内河航运上,快速、稳定的新式汽船代替传统木帆船,《大公报》曾刊登过一则汽船开班广告:"孙先总理说衣食住行是民生四大要素,本公司注重行,一方面为谋旅客便利……刻定于阴历

---

① 《大公报》1929年7月11日、1936年9月26日。
② 《大公报》1929年11月8日。

六月十五日起由天津唐官屯,每天上午八点,对向一准开行,所有杨柳青、独流、静海、陈官屯不但设有码头,且旅客上下均有人照应。天津码头地点在西营外小圆当关以东,请旅行客商到期早早登程,当必竭诚招待,极端欢迎。"①在航空交通方面,据欧亚航空公司一则启事,天津最初航空运输业务须经北平转口进行,即"寄欧邮件,先由火车运至北平,再有本公司飞机转至满洲里出国,担保可以提前五日达到,经过俄国至目的地,亦欲利用飞机载运大约可以提早七日达到。"②这亦说明当时航空运输业务主要是邮件寄送。到1933年,航空运输业务范围扩大,飞机在运送邮件之时开始经营搭载乘客业务——"寄航空信","平沪飞机,每星期往返三次,准时飞到,便利迅速,兼载乘客,稳妥舒适"③。随着飞机性能不断提高,民用航空业务量不断扩大,天津逐渐开通直达全国重要城市的民用航线,中国航空公司在《大公报》上发布的一则空中旅游信息称:"空中旅游,由天津到北平,约五分钟;由天津到青岛,约二小时;由天津到南京,约四小时;由天津到上海,约五小时。"④空中旅游的快捷便利在广告中展现得淋漓尽致。此时天津有了独立的航空运输业而不再需要经北平转口,乘坐飞机旅行已不是天方夜谭的神话。

其次,城市公共交通发生巨大变化。1906年,天津开通有轨电车,成为全国第一个出现有轨电车的城市。有轨电车早期运行载客量不大,1909年67507人次,盈余仅18840元。但随着租界区商贸、经济日渐兴隆以及民族工商业兴起,加之邻近各省大量流民涌入,天津城市人口激增,至民国元年电车运客量已达2091.9万人次,年盈利达19.1059万元,3年增利幅度达10倍之多⑤。

马路建设是城市公共交通是否发达的标志之一,故受到地方政府和租界当局的重视。天津马路建设经历了一个由简陋到完善的过程,最初不过是用砂土、碎石将其整平夯实而已,后来发展到铺砌小方石、大条石或浇筑混凝土。到民国时期,标准化的马路日益多起来,水泥、石头、沥青开始大规模地应用到道路建设中。为提高马路质量,自动筑路机在马路建设中大显

---

① 《大公报》1929年7月24日。
② 《大公报》1931年8月9日。
③ 《大公报》1933年8月5日。
④ 《大公报》1935年5月23日。
⑤ 杨长河:《天津有轨电车开通的前前后后》,《天津老城忆旧》,天津人民出版社1997年,第193页。

神通。如《大公报》广告所言："此机为建设之新到利器,以之筑路,不但平整,且甚坚固,发达交通,坚实经济,舍此莫由。"①在公共交通工具选择上,除电车外公共汽车和人力车亦承担着运送乘客的重任。天津公共汽车出现较晚,直到1925年才出现。在这些交通工具中,人力车以灵活方便的特点与电车一起成为主要的城市交通工具。同时,私人轿车则开始成为达官贵人、富商大贾的代步工具和炫耀的资本。到20世纪二三十年代,天津已是各种西式轿车的竞技舞台,克莱斯勒的"道济"、通用公司的"雪佛兰"和"别克"、福特公司的"福特"等车展开激烈竞争,各公司竞相在《大公报》上刊登汽车广告以吸引消费者。美国通用汽车公司的别克汽车广告以"非常舒适"为题,称"乘坐一九二九年新别克,驶行虽久,毫无倦意,精神之佳,实与初上车时无异。即使人多座满,并不觉挤,盖后座较前加宽二寸。坐垫靠背,柔软富丽,座前宽畅,随意活动,非常舒适。至于各种设备之精,车身姿势之美,车机动作之优,一九二九年式新别克,均已达到最高程度"②。福特汽车公司则这样描述其生产的特等福特四门大轿车："此为美观宏敞之轿车,漆色装潢,处处尽善尽美,前后车窗,均有视野清晰之通气装置。车厢内部宽宏,尤为举家代步之利器,前后座位,顶部及客足之地,均极宽敞。全车概装安全玻璃,为加工特制之美观四门轿车,对于需要宽敞舒适之美观四门轿车,而不欲多费金钱于购车成本或养车费用者,尤为适宜,一经试乘,便可明知矣。"③这些广告突出了商品的杰出品质和与众不同的特点,向消费者透露了这样的信息:只要你拥有这样的汽车就会享受到肉体的舒适和精神的愉悦。

总之,火车、轮船、飞机、电车等现代化交通工具的传入使天津逐渐摆脱传统落后的交通方式并走上近代化之路,这对其经济发展起到了巨大的促进作用,亦方便了广大市民出行、改善了人们生活质量。

5. 其他日常生活

西方物质文明的传入,除对人们衣食住行产生广泛影响外,津人其他物质生活领域亦发生显著变化,现代色彩愈来愈浓。首先,信息传递现代化。在古代,信息传递主要依靠烽火、骑马接力、鼓、锣声、号声、灯光、旗语等。到近代,电报、电话、广播、报纸杂志等成了信息传播的主要载体。1844年,

---

① 《大公报》1930年8月24日。
② 《大公报》1929年7月18日。
③ 《大公报》1935年3月19日。

美国人莫尔斯发明电报,到1876年美国人贝尔又发明电话。电报、电话的出现极大地缩短了人们的交往距离,方便了人们的生活。1879年,李鸿章在天津和塘沽架设中国第一条电报线。不久,以天津为中心的覆盖大半个中国的电报通讯网络开始形成。天津第一条电话线是招商局于1879年架设,到20世纪初天津设立电话局,随后京津设立电话交换局,电话开始走进达官贵人及富商家庭。二三十年代,电报电话的使用群体进一步扩大。为进一步宣传其优点,吸引更多消费者,电报公司和电话局在《大公报》这个舞台上展开竞争,如交通部电报局广告称:"六大优点,发寄中外电报:一、传递秘密;二、电码准确;三、线路完备;四、直通各处;五、经济迅速;六、电费低廉。"①天津电话局广告则称:"欲图商业发达,不可无电话;欲不疏亲慢友,不可无电话;今日之文明家庭,不可无电话;欲免车尘马足之劳,不可无电话。"②广告从经济、交友、文明、舒适等方面阐明了电话带给人们的巨大便利以及对于人们生活的重要性。其次,电气化时代到来。人们从电车带来的方便中逐渐体会到电所到来的便利。到二三十年代,普通家用电器开始走进市民家庭,各种家用电器广告频频出现。在日常照明的世界里,光亮充足、清洁、安全的新式电灯取代沿用几千年的油灯、蜡烛而登上历史舞台,各种各样的新式照明工具令人眼花缭乱。夜晚的天津(尤其租界)是灯的世界,到处闪耀着霓虹灯五颜六色的光辉。为应付寒冷之冬,人们逐渐抛弃传统取暖方式,用上干净、卫生的电炉和电热毯,《大公报》广告曾生动描述各种新型取暖工具,称:"初冬天气,晨昏奇寒,汽炉煤炉,燃烧不便,置一火炉,插电门后,则气候融融,满室生春矣。"③"值此天寒地冻之候,每一就寝,辄觉被褥奇寒,不能安然高卧,有一电褥,可发适度之温暖,酣然睡去,实有软玉温香之妙。"④在炎热之夏,人们用上了"保用稳妥、修理免费、久扇勿热、耐用省电、物质坚固、定价克己、式样美观、旋转灵敏"的电风扇⑤。为防止食品因变质,"在中国制造,用中国人工,用外国技师,媲美舶来品,定价低廉"的化极牌电气冰箱慢慢受到广大消费者垂青⑥。此外,有关各种小家电的广告很多,诸如电

---

① 《大公报》1933年1月24日。
② 《大公报》1931年7月3日。
③ 《大公报》1929年11月5日。
④ 《大公报》1930年11月22日。
⑤ 《大公报》1929年5月1日。
⑥ 《大公报》1937年4月28日。

熨斗、电扫除机等。这些家用电器对提高人们生活质量、改善人们生活条件发挥了重要作用。再次,津人在日常起居生活中逐渐养成现代卫生习惯。早晨起床后,人们开始使用"可使牙齿洁白,清除口臭,并可医治和预防喉齿各种疾病"的漱口水①,且养成了刷牙的卫生习惯。各种各样的牙膏广告令人目不暇接,"珂路拿牙膏""丝带牙膏""劫士擦牙饼"等五花八门的洁牙产品让人无所适从。但这些产品不外乎均突出其产品能够使"牙齿洁白,吐气芬芳,与人交谈,毫无顾忌,交际场中,笑口常开,到处受人欢迎"的特点②。为能够喝上安全、洁净的饮用水,人们用上了"价廉、易用、省费、可靠"的重心滤水机③。仙宫理发店则打出卫生牌以吸引顾客,称"讲究卫生的兄弟们,从前理发都到外国铺子去,因为取其洁净,只得忍痛把金钱送于外人,这实在是一种憾事,所以本店对于清净消毒等设备格外注意,在天津无论哪一家都比不上本店的完善。讲究卫生的兄弟们,请来参观方知雅洁二字名不虚传。"④香皂、肥皂等亦成为人们的洗洁用品,力士香皂公司不惜巨资聘请陈玉梅、袁美云、阮玲玉等大批电影明星为其产品大做广告,宣传其产品"香气袭人,堪与昂贵香皂媲美"的特点。香烟成为交际场上必备之物,据笔者初步统计,其间在《大公报》刊登的香烟广告品牌就有20多种,名称千奇百怪,既有传统老牌"大炮台""哈德门""美丽",又有初露锋芒的"政府""人参"等新品牌,这些香烟广告都毫无例外的强调香烟在社交场合的重要性。正如大炮台香烟广告所描述的那样:"大炮台好似一朵交际花,到处有她的芳踪。"⑤西医逐渐被津人接受,如拜耳大药厂频频在《大公报》登载阿司匹林广告,称:"阿司匹林能立除一切痛苦,确有恢复健康之功效,请服拜耳十字纵横商标之阿司匹林,庶不致误。"⑥上海兜安氏西药公司的"兜安氏止痛药水""兜安氏补肺圣药"广告亦常常光顾《大公报》。

---

① 《大公报》1934年1月26日。
② 《大公报》1933年2月6日。
③ 《大公报》1929年9月29日。
④ 《大公报》1929年1月30日。
⑤ 《大公报》1937年1月26日。
⑥ 《大公报》1935年6月14日。

## 二、广告视野中的津人精神生活

在物质生活变化之时,津人精神生活同样发生深刻变化,消费领域出现新趋势,具体表现为人们生命意识增强、休闲娱乐花样繁多、精神食粮丰富多彩、外语学习蔚然成风、审美观念日趋新潮。这一切变化都与20世纪二三十年代天津工商业发达、经济繁荣相辅相成,经历了一个复杂的变化过程。

### 1. 生命意识强劲化

人们在解决温饱问题后,享受生活就成为一种时尚。观察20世纪二三十年代《大公报》广告,发现津人十分关注个体生命。依据笔者对《大公报》各行业广告数量及其比重统计,医药类广告始终占有较大比例,如1937年7月1日所有广告中医药类广告多达54条,占总数22.9%。药品广告涉及范围广泛,有戒鸦片烟瘾药、润肺止咳类药、治疗性病药、退热止痛类药、治疗神经衰弱和失眠多梦药、治疗痢疾药及胃肠类药和霍乱等瘟疫药、心血管疾病药、眼疾治疗药等。最有代表性的百龄机广告提醒人们:"气:遇事生气,身体虚弱,肝火旺耳,服百龄机,强身健体,平肝顺气,百事可以忍耐;色:色欲伤身,尽人皆知,服百龄机者,身体壮伟,精液浓厚,雄壮不衰;财:人生碌碌,皆为财耳,谋财之时,绞脑汁,费心机,不可不服百龄机,得财以后,图快乐,享高寿,更不可不服百龄机。"①广告从气、色、财入手,指出气色乃人体健康大敌,服用百龄机可扫除妨碍健康的障碍;财乃人生追求目标,然财之得来并不轻松,在此求财过程中百龄机可提供身体保障。儿童健康同样引起人们注意,父母都希望自己孩子健康可爱,孩子的健康牵动父母之心,而灭痔宁药片广告则解除了父母后顾之忧,即"快速驱除尊体内的寄生蛔虫,常服灭除蛔虫药品的家庭,定有伶俐强健活泼的儿童"②。随着科技进步,紫外线太阳灯引起爱好健康的人们的关注,"紫外线太阳灯是防御脑膜炎、白喉、猩红热等危险病的堡垒;是保持康健,增助精神,延长寿命的唯一要素;是拯救肺病、肺结核、佝偻病等难症的宝筏"③。如此强大的功能使得这种新型的保健用品不能不受到消费者注目。各种品牌的药物广告相互竞争,给广大

---

① 《大公报》1929年1月9日。
② 《大公报》1929年8月22日。
③ 《大公报》1931年4月24日。

消费者带来生命的安全感。通过服用药物,健康得到保障、生命得以延续,更加强了人们的生命意识。

2. 娱乐形式多元化

娱乐生活状况反映城市居民生活质量。到20世纪二三十年代,西式娱乐逐渐在天津社会形成潮流,娱乐方式出现多样化、丰富化等特点。具体表现如下:

首先,看电影成为一种重要休闲方式。1906年,天津最早的电影院"权仙电戏院"在法租界开张营业。一开始的电影都无声,影院有时请两三个洋人乐师在银幕前伴奏,影片亦几无故事情节。到二三十年代,法租界劝业场一带的电影院可谓鳞次栉比,在相距不到一二百米的地方集中了"明星""光明社""新新""春和""天宫""天丰"等影院,形成档次不同的影院群。各影院为吸引顾客,纷纷在报上刊登影片广告,仅1928年9月1日在《大公报》刊登的影片广告就有《泼美人》《情天战云》《天生情种》《海岛藏娇》《柳暗花明》《侠士除奸记》《岛格拉斯飞来的》《风流皇帝》《鸳鸯琢》等,刊登广告的影院有平安影院、新新影院、天升影院、春和大戏院、皇宫电影院、光明电影院、明星电影院等①。颇受观众欢迎的国产电影于1927年站稳了脚,一批脍炙人口的影片令观众流连忘返,如《挂名夫妻》《可怜的秋香》《闺潮》等都曾引起巨大轰动。1927年元旦,新新电影院上映《人面桃花》时上座之盛前所未有,晚间9时场,7时余看客已纷至。阮玲玉、黎明辉、蝴蝶等一批电影明星成为人们追捧的对象。力士香皂公司经常聘请这些电影明星进行广告宣传,这从另一方面说明这些影星在社会上的影响力。当时一些国外优秀影片亦在各大影院上映,《茶花女》广告充分发挥广告宣传鼓动的功能,称:"今日日夜开演,恼门塔文女士主演,世界闻名之第一惊天大悲剧《茶花女》,优待顾客,票价仅加一角,日夜均有特别音乐,着意泪湿襟衫,顾客多带手绢。"②其鼓动效果可见一斑。人们从电影中所享受到的快乐不仅如此,美丽电影公司刊登的"代拍国内各种影片"广告则称:"本公司特备新式摄影机、印片机,专拍平津一带各种新闻影片,凡个人家庭喜寿、欢迎、教育、体育运动会以及开张均可代为拍摄,定期不误,且代冲洗底片,翻印正片,拍摄字幕

---

① 《大公报》1928年9月1日。
② 《大公报》1928年7月18日。

等。"①由此可见,人们已不仅是电影鉴赏者,同时亦是电影参与者,可以用电影记录下自己的美好时刻,留下精彩的瞬间。

其次,洋娱乐十分繁荣。赛马是英租界流行时间最长、影响最大的娱乐活动。天津最早的赛马会由一些旅津英人成立,英商赛马会成立时禁止华人入内,后华商赛马会成立才开放华人入场门票,允许华人观看赛马及定购马票。在比赛中,最激动人心的并非看比赛而是摇彩票。期间,赛马便成为新闻媒体的焦点,如《大公报》的一则通告称:"兹定于九月十七日及二十一二等日在(南开本马场)举行加赛,每日午后一时起赛,套票每套五十四元,二百号以内均可随时到法租界本事务所定购,特此通布。"②

回力球源于西班牙北部比利牛斯山的巴斯克山区一带,1933年8月天津第一家回力球场"意商运动场"成立,球场大楼由意大利建筑工程师包内悌设计,由孟特劳克工程公司施工建造并于1934年建成。回力球比赛分单打和双打,单打是每场出6名球员,两人对打;双打是每场出12名球员,两人一组,两组对打。比赛采取淘汰制方式产生胜家。球赛举行之时,意商运动场成了球迷欢乐的海洋③。

跳舞是国人一种传统休闲娱乐方式,过去皇宫及达官贵人家里都有供其娱乐的歌姬。到近代,由于商业竞争愈来愈烈,人的压力越来越大,随着西洋舞蹈的传入,跳舞成为人们休闲放松的一种有效方式,交际舞、拉丁舞拉近了人们之间的距离,促进了人们之间的感情交流。1933年12月24日,为庆祝圣诞节,中原公司巴黎跳舞场举行以"狂欢、热闹"为主题的盛大舞会,"神秘的圣诞老人莅场,分赠各种恩物,菲岛乐师八位,表演最新跳舞名曲谱"④。西洋舞蹈在天津的盛行使学跳西洋舞蹈变成一种时尚,教授舞蹈则成为社会需求,如"教授最新跳舞"广告称:"本校准予二月十七日开始教授最新之跳舞,凡中国方面名媛贵绅有志研究者,希请驾临特别一区,中街大华电影院楼下与亚斯力君接洽可也,学费面议。"⑤虽然西洋舞蹈在天津娱乐界盛行,但主要的爱好者还是所谓名媛贵绅,这些人有的是为了生计不得不出卖自己灵魂,有的则是为了生意场的经营而左右逢源。不仅如此,在津

---

① 《大公报》1928年12月22日。
② 《大公报》1929年9月16日。
③ 《大公报》1935年6月8日。
④ 《大公报》1933年12月24日。
⑤ 《大公报》1930年1月25日。

西人还把西方魔术、马戏等带到天津,日本富田大野马戏团在天津的演出曾引起巨大轰动。1936年,世界著名魔术家、丹麦的邓脱博士曾在平安电影院和光明电影院演出,中外报纸大加宣传,表演的节目确实出神入化,令观众折服。

### 3. 精神食粮丰富化

书是人类进步的阶梯,是人精神食粮的主食,随着社会经济发展,过去的四书五经等传统书籍已不能满足人们需求,读新书成为一种潮流。当时世界书局、中华书局、文化书局、大东书局、开明书局及《大公报》社等经常将所售之书在《大公报》以广告形式刊出,引导广大读者购买。书籍广告可分如下几类:传统类、教育类、政治类、休闲类、实用类等。传统类图书主要是由中华书局出版发行的中国古代历朝的一些经典著作,如《清史列传》《二十四史辑要》《资治通鉴》等[1]。教育类书籍主要是各书局出版的教科书,世界书局称其"空前完美的初中教科书,特约各科专家用革命化、人生化、文学化的方法编著,是党治下初中教科书的生力军"。中华书局则称"新中华中学教科书,根据三民主义、注意建设事项、切于社会生活、合于科学精神、适于时代潮流、便于教学实际"[2]。政治类图书主要配合当时政治宣传,其中与日本的关系尤密切。这是由于九一八事变后民族危机深重,国人普遍认为中日必有一战,因此这些图书都是向国人介绍日本的相关情况、中日交往史以及为对日作战献计献策。最具代表性的是《大公报》社出版的系列书籍,如王芸生的《六十年来中国与日本》《五千年来中华民族爱国魂》等,前者曾在《大公报》连载,该书详尽分析了1871年至1931年60年间中日外交关系,被学界视为"开启了中日关系研究的先河"[3]。此外,还有《征倭记》《国难记》《对日决斗认识与策动》,尤其后者"材料丰富正确,立论精详透辟,可作一部日本阴谋史读,可作一部中日外交史读,可作一部中日战争史读,可作一部国际关系史读,可作一部对日作战方略读,可作一部中国不亡论读"[4]。休闲类书籍是以打发人们业余时间为目的,这类图书格调相对低下,充满低级趣味成分,如《处女的日记》《红杏出墙记》等[5]。实用类图书涉及一些法律方

---

[1] 《大公报》1927年12月2日、7日,1928年1月17日。
[2] 《大公报》1929年9月16日。
[3] 《大公报》1933年2月4日、2日。
[4] 《大公报》1932年1月13日、3月11日,1934年2月4日。
[5] 《大公报》1933年3月23日。

面的书籍,这与人们日益增长的法律意识有较大关系。从这些书籍广告中可以看出,当时人们所需的精神食粮是多方面的,传统类书籍垄断图书市场的状况被打破,出现百花齐放局面。出于对国家前途与命运的担心,政治类图书在市场上赢得较多读者,尤其涉及中日关系的书籍在社会上引起较大反响。休闲类图书充斥色情内容,客观上反映了色情文学在文学领域中的地位,这种情况与当时小市民阶层审美观点一致。

学习外语成为津人现实需要。语言是人们交流的工具,是人与人之间联系的纽带,任何一种语言除具有表情达意功能外还能起到消除误会、拉近距离、增进相互了解的作用。语言是一扇窗口,不同国家不同民族的人通过互相学习语言能够走进彼此心灵,并可以掌握更多知识、了解更广阔的世界。天津自开埠以来,与外人交往愈来愈频繁,外语热随之升温。到20世纪二三十年代,外语的作用更加凸显,掌握外语往往会为自己就业带来较大机遇,而一些征聘启事更常常将英语水平或技能作为征聘的重要条件之一,如一则招聘广告称:"现拟聘请富有英文学识、英语流利、能与外商接谈各种事务并能耐劳者,如实有以上资格,请投函邮政信箱二十五号,须附像片,一经录用,薪水从丰。"同样在个人待聘广告中亦不约而同地强调自身外语特长,如一则待聘广告称:"兹有北平某教会学校商业系毕业生精于英文及商学,欲担任家庭或学校英文教席、洋行公司司账文牍等职务,欲聘者请投函南市清安巷二号接洽可也。"①为满足社会对外语人才的需求,各式各样的外语培训班、补习学校应运而生,其招生广告随之出现。如某英文学校自称拥有"英语娴熟、发音正确"的老师,采用"实地练习、不用课本、完全口授"的教学方法,学生"三个月毕业,能与外国人直接对话",且为"远道学生特备宿舍"②。九一八事变后,日语成为国人了解日本的必备工具,期间《大公报》登载的学习日语的广告与学习其他语言的广告相比具有压倒性优势,学习类型较丰富,既有正式的日语学校招生,又有函授、暑期补习等形式。爱善日语学校的广告这样描述自己的办学特色:"本校为创办最早,教授得法,成绩卓著,业经日本总领事馆许可,实为独一无二之日语专门学校……报名从速。"③除为数众多的日语补习学校外,各式各样的日语书籍开始出现在图书

---

① 《大公报》1933年2月6日。
② 《大公报》1932年12月12日。
③ 《大公报》1935年8月24日。

市场,如《文法会话日语通》一书广告宣称:"只需初识华文,包你一学便通!是研究日语的新工具,是学习日语的专科书。得此一书,即能通晓日本之语言概要,即能阅读日本的所有书报。确系有志学习日本语文者的绝好机会。"①日本东京府立第一高商教授王玉泉编著的《日本口语文法》很受读者欢迎②。

### 4. 美的追求新潮化

美是任何时代的人们所具有的共同的追求目标,美的标准变幻莫测,不同时代有不同的审美标准,这些标准主要体现在肉体、服饰、言谈举止、精神风貌等方面。不过,谈到美人们总是把美有意无意地与女性联系在一起,任何时代任何社会美的理想总集中于女性身上,脱离了对女性的关照似乎美的理想就无从谈起。而《大公报》在20世纪二三十年代的广告中就存在大量有关女性肉体美、服饰美、心灵和行为美的话语,这些话语通过文字、图像等方式连续不断地向广大广告读者施加影响。当时的广告几乎涉及女性身体的每一部位,从其面部、四肢等到头发、眉毛、牙齿、指甲等细微之处,从中可见时人之审美观。

人的面部同美的联系最密切,尤其女性。不同女性的脸具有不同的韵味不同的美。从广告所透露之信息看,健康自然、丰润肥美的脸蛋是爱美女性追求的目标。正如1920年11月18日《申报》登载的"雅霜"广告所描述的那样:"面为全体之首部,颜面秀雅即为全体秀雅,潘郎美貌,西子娇容,古今艳称,谁不心羡。然人皆喜装饰,苦无良法,其道未由。本公司有鉴于此,聘请专家精密研究……此霜敷于面上,可使肌肤犹如天然秀艳之妙,易俗为秀,转粗为嫩,有返老还童之功。""兜安氏美容膏"广告告诉读者,理想的面容应如此维护:"颜容美丽全赖皮肤柔嫩,嫩肤之妙法即于每晚临睡之前搽用兜安氏美容膏必获佳果,此膏功能艳容护肤,能使皮肤冬不冻裂,夏不晒黑,此可免生皮疵皱纹,凡爱护皮肤之妇女宜常搽用此膏也。"③几乎所有医药和化妆品广告都为女性提供了美貌的标准,这一标准就是女性面容要肌肤柔滑、光洁细嫩、气色红润、光彩照人。这样的面容不能有雀斑、黑痣等不足之处。如有这些方面的不足亦不必过分焦虑,因为"本医生最近发明数种

---

① 《大公报》1936年4月25日。
② 《大公报》1935年5月25日。
③ 《大公报》1935年4月25日。

药水,由本医师按照一定手绪及一定时间敷抹,保证将面部雀斑、黑痣等皮肤病完全退除"①。

对女性来说,外部特征的美是多方面的,除面部外头发、牙齿、指甲等亦不容忽视。商家为女性提供了解决这些不足所需的各种药品、化妆品。在广告中,既有"可使天然秀发增加光泽,香气迎人,又可梳成任何形式,终日齐整不乱,且于头皮有益"的"三花美发油",又有使"牙齿洁白、吐气芬芳、与人交谈、毫无顾忌,交际场中,笑口常开,到处受人欢迎"的"丝带牌牙膏"②。"蔻丹美指油"广告向人们指出如何能够拥有美丽的指甲,即"用蔻丹美指油,则指端之闪耀耐久,不致无形碎裂剥脱,此油涂施甚易,不显条痕,未涂之前,宜用蔻丹油质指甲油清除旧有之油迹"③。

与外部特征美一样,行为美同样是女性美的重要组成部分。此时天津女性行为日益西化,"女子无才便是德"、"贤妻良母"的传统形象受到挑战。1927年9月,一篇文章用"时髦女子十五爱"来概括女性时尚:"一、爱洋钱;二、爱住洋楼;三、爱坐汽车;四、爱看电影;五、爱小白脸;六、爱写情书;七、爱吃西餐;八、爱逛游园;九、爱看性史;十、爱跳舞;十一、爱穿玻璃纱;十二、爱剪发;十三、爱照相;十四、爱穿高底鞋;十五、爱买粉纸。"④从这篇文章可以看出,当时时髦女性的行为已基本西化,这与文化背景关系较大,当时逐渐发达的传播媒体对这一变化起了较大促进作用,报刊、画报、电影上的女性形象个个西洋气十足,如抵羊牌毛线广告就展示了当时天津的时髦女性形象。

总体来说,20世纪二三十年代《大公报》广告用文字和图片形式不仅为女性美提供了标准,同时还塑造了女性美的具体形象,指出实现女性美的各种途径。它所阐释的女性美的形象对当时女性有着明显的引导和暗示作用,且不断地在现实女性身上得到体现。到30年代后期,天津社会出现的所谓"摩登女郎"正是广告所提倡的女性美的全部体现。

在美的世界里,男性美亦是美的重要组成部分。当时人们对男性美的认识在不知不觉中发生着变化,传统的文弱风流、多愁善感、文绉绉地慢踱方步、轻摇羽扇、摇头摆尾的"小生"形象已无立足之地,时代要求有充沛体

---

① 《大公报》1931年6月14日。
② 《大公报》1937年5月17日、1933年8月7日。
③ 《大公报》1935年3月11日。
④ 周俊旗:《民国天津社会生活史》,天津社会科学院出版社2004年,第216页。

力和脑力的男性。《大公报》广告围绕健康、强劲、敏锐对男性身体美展开宣传，逐步在公众心目中形成这样的男性身体美特征：身体强健、脑力充沛、肌肉发达、机敏过人。"医弱丹"广告就展示了两种不同的男性形象：一个身体强壮、肌肉健美，另一个瘦骨嶙峋，病入膏肓①。这则广告一方面向消费者暗示，只要你服用此药就能身体强健，宛如图中之健美男性；另一方面则说明身强体壮、肌肉健美之男性符合时人审美标准。同时亦告诉读者，做男人就要有如此的身体，这样的身体才称得上完美，这样的身体才能在当今社会中去奋斗去竞争；倘若你想在社会中获得成功就应该有像他们一样强健的身体。对于任何一个时代来说，男性美不仅仅体现为外在美，更多的是对其内在美的要求，而知识和修养则是男性内在美的主要内涵。在20世纪二三十年代的天津，知识的价值在于能否将之转化为金钱，一个理想的男性所具备的知识已不可能从"四书五经"中获得，这种知识是同商业及社会生活有关的且能为自己带来财富并适应社会生活的实用知识。一些专门的职业教育学校为人们获取此类知识提供了有效途径，在《大公报》上经常可以看到"高等商业学校"、"天津私立商业学校"等招生广告②。这些招生广告无不强调商业知识的重要性，只有具备这种知识并能为自己带来财富的男性才是男性美的化身。

对于一个具有男性美的人士来说，内在美除具有丰富的实用知识外，自身修养同样是一个不可或缺的因素，一个人的修养主要通过外在行为表现出来。毫无疑问，那些受到人们称赞、肯定的言谈举止往往就是符合时代对美的要求。男性到底应具有什么样的言谈举止才能使自己符合美的要求呢？《大公报》广告用它的文字和图像为男性行为举止提供了规范即要具有绅士风范，该报广告中常常会出现衣着整齐、面带微笑、彬彬有礼的男性为女性披衣、点烟、开车门的插图，非常典型地表现出天津男性对绅士举止的模仿与追求。对女性的尊重与体贴同样是一个具有绅士风范的男性所必须具备的素质。民国建立后，妇女解放运动得到进一步发展，社会上男女平等的呼声日益高涨，尊重女性成为社会的一种普遍要求或时代精神的体现。《大公报》广告告诉我们，一个有修养且具有绅士风范的男性对待女性要宽容和体贴。1931年5月20日的奇异电风扇广告就以"家政会议"为主题进

---

① 《大公报》1929年5月12日。
② 《大公报》1931年9月1日。

行宣传,广告词如下:"主妇提示:家中置一奇异电扇,清凉之福享受不尽。丈夫通过:今年价目特别公道,此时不买更待何时。"①夫妇两人以会议形式讨论购买电风扇事宜,广告中透露出在家庭成员关系上女性已取得与男性同等地位。同样,男性对女性地位的尊重乃是男性美的体现,是绅士所应具备的品质。由此看出,20世纪二三十年代《大公报》广告所推崇和塑造的男性美的形象既有其外在美的标准又有对内在素质的要求,只有做到两方面结合才是一个理想的男性,才具有一个男性所应具备的美的品质。

(《城市史研究》2010年第26辑)

---

① 《大公报》1931年5月20日。

# 从沪津经济关系看近代沿海口岸城市的发展轨迹①

樊如森  徐 智

近代之前的上海与天津,原本不过是南方和北方地区两个普通的府县治所,在中国经济的发展中并无特别突出的地位。但是,经过开埠后短短几十年的发展,上海就成了近代中国最大的对外贸易、金融和工业中心;天津也发展成为近代北方广大地区的经济龙头②。因此,近代上海和天津城市及其腹地经济的发展,便成为学术界密切关注的焦点之一,学术成果自然也层出不穷。这些研究虽然很有价值,但不足之处却在于,过分注重城市自身及其腹地的研究,而忽视了更大区域范围内的城市之间固有的经济联系及其所体现出来的中国近代口岸城市的发展轨迹问题。如论及上海,则将其局限在长江流域的狭长地带;探索天津,又往往将其限定在北方特别是华北的狭小地域内③。本文的研究,以近代沪津两口岸间的埠际贸易发展为切入

---

① 虞和平:《清末以后同乡组织形态的现代化》,《中国经济史研究》1998年第3期。

② 戴鞍钢:《港口·城市·腹地——上海与长江流域经济关系的历史考察(1843—1913)》,复旦大学出版社1998年;樊如森:《天津——近代北方经济的龙头》,载《中国历史地理论丛》2006年第2期。

③ 相关专著有张仲礼主编:《近代上海城市研究》,上海人民出版社1990年;罗澍伟主编:《近代天津城市史》,中国社会科学出版社1993年;张利民主编:《解读天津600年》,天津社会科学院出版社2003年;熊月之、周武主编:《上海:一座现代化都市的编年史》,上海书店出版社2007年;樊如森:《天津与北方经济现代化(1860—1937)》,东方出版中心2007年,等等。而有关沪津相互之间的跨区域研究,则只有樊如森:《论北方在近代上海经济发展中的作用》,载《城市史研究》第23辑,2005年;唐巧天:《中国近代外贸埠际转运史上的上海与天津(1866—1919)》,载《史林》2006年第1期;樊如森:《从上海与北方经济关系的演变看环渤海经济崛起》,载《史学月刊》2007年第6期;庄维民:《贸易依存度与间接腹地:近代上海与华北腹地市场》,载《中国经济史研究》2008年第1期;唐巧天:《近代北方口岸与上海间外贸埠际转运变迁》,载《史学月刊》2008年第10期等寥寥数篇论文。

点,在分阶段讨论二者埠际贸易关系的基础上,全面论述了上海和天津作为中国近代南北经济联系的核心节点,在金融、工业、市场等多个领域的互补合作关系。沪津二者关系由单一到全面、由艰涩到成熟的演化,不仅促进了沪津城市本身及其腹地的经济发展,也引领和代表着中国近代沿海口岸城市的发展方向和基本轨迹。

## 一、支配与依赖:20 世纪以前的沪津经济关系

开埠以前,上海"尚从属于以苏州为中心的太湖平原经济区,担当着该区域出海口和转运港的职能。就港口而言,其运输工具、港岸设施都滞处于前近代社会,与中国传统商港并无二致;同样,因港而兴的上海县城,商业虽旺,但与同期中国其他港口城市相较,经济活动的内容和性质并无多大差异",无论是与长江流域还是同沿海各省的航运往来,上海都是作为苏州的外港发挥着作用①。此时的上海虽与天津等北方主要港口之间保持着一定的商品交流,但彼此之间并无明显的从属关系。

1843 年开埠后,上海由于"得风气之先",在贸易发展过程中获得了包括天津在内的其他口岸无可比拟的优势,而由于种种因素的限制,使得天津在开埠后相当长的一段时间内,贸易直接进出口数值一直偏少,并严重依赖于上海的埠际转运。1866 年的天津贸易报告曾明确指出,"天津乃中国进口货之最大销场之一,虽纳有所进洋货之大部,却非直接取给于生产国,而系经由上海转来"②。这一现象很长一段时间内未能有所转变,并一直持续到 19 世纪末。该时段内,天津依赖上海进口洋货的比重都保持在 50% 以上,而土货出口的比重也在 40% 上下。

在这种情形下,利用全国外贸中心的地位,上海通过有效地覆盖天津的进出口业务,把天津直接辐射的地区变成了自己的间接腹地,这一范围大致包括甘肃省的宁夏府、兰州府、西宁府、甘州府、凉州府;山西省的归化城、包头、西嘴子、孟县、太原府、平定州、潞安府、泽州府;张家口外的喇嘛庙、热河、哈达一带;直隶的昌德(有误,笔者疑为承德)、顺德、冀州、宣化府;河南

---

① 《港口·城市·腹地——上海与长江流域经济关系的历史考察(1843—1913)》,第 16、17 页。
② 1866 年贸易报告,吴弘明等翻译整理:《津海关年报档案汇编(1865—1888)》,天津市档案馆、天津社会科学院历史所内刊本 1993 年。

省的怀庆、河南、卫辉府以及山东省的临清州、济南府、青州府等地①,地域十分辽阔。

与此同时,伴随着沪津之间埠际贸易转运的展开,两地间的金融业也愈加活跃。以汇兑为例,较早承担汇兑业务的是票号,"票号之营业,其先本以汇兑为主,故各地多设分号,其无分号之地方,则与他号连络,或间接地与他号连络,故其声息相通,汇达之区域亦广"②。沪津两地间汇兑频繁,遇到紧急情况时,汇费的确定也受到影响,"然银钱流通之道,固不在尽运现银。向来货价往还大半由钱庄、银行汇划,稍加汇费而已。现在银钱既禁止出口,津地取现贴色之费又如此之大,汇费遂随之而增,闻现在汇费每千两亦须加二三百不等,非但申商以吃亏太大,无不徘徊观望,即使肯如数吃亏而汇之,尚属非易。票现两迫,于是申地之银根愈紧矣"③。

钱庄也是承担埠际汇兑的重要力量之一。开埠初期,上海钱庄本无力量与票号抗衡,但在与外商银行发生关系后,通过资金拆借等方式壮大了自身的实力,在近代强手如林的上海金融业市场上日渐占有一席之地。以往长期被票号垄断的汇兑业务,也逐渐成为上海钱庄的主要业务之一,从而打破了"本埠之事,钱庄任之;埠与埠间之事,票号任之"的基本格局。申汇的出现及其规范的运作制度,便利了埠际资金的调拨往来。相关研究表明,到19世纪末,一个以上海为枢纽的全国性商业贷款汇兑网已经形成,其运作体制便是以申汇为核心的④。在国内一些重要商业城市中,同一日内因各自不同的需要,出售申汇和买进申汇,从而形成了申汇市场⑤。天津也不例外,由于两地间汇兑的频繁,19世纪末逐渐形成了申汇市场。但直到清末,天津的申汇市场还比较有限,1909年时,"津郡汇票每日扯算,不过十万左右"⑥。

综上所述,20世纪以前沪津经济关系的最大特点是,上海始终单方面扮

---

① 日本中国驻屯军司令部编,侯振彤翻译:《天津志》,天津地方史志编辑委员会总编辑室1986年,第291、292页。
② 黄鉴晖等编:《山西票号史料》(增订本),山西经济出版社2002年,第675页。
③ 《山西票号史料》(增订本),第711、712页。
④ 陈明光:《钱庄史》,上海文艺出版社1997年,第107、108页。
⑤ 李一翔:《论长江沿岸城市之间的金融联系》,《中国经济史研究》2002年第1期。
⑥ 龚关:《近代天津与上海金融联系的演变》,张东刚等主编《世界经济体制下的民国时期经济》,中国财政经济出版社2005年,第37页。

演着强势的角色。支配与依赖成为该时段二者经济关系的主旋律,无论是在埠际贸易、腹地范围还是在金融往来上都体现得非常明显。然而沪津之间这种经济关系并没有长期维持下去,进入20世纪尤其是民国以后,二者间的经济关系发生了巨大的变化。

## 二、独立与互补:20世纪后沪津经济关系的新特点

进入20世纪后,伴随着经济发展环境的改善、港口和航道条件的优化以及腹地现代化交通设施的运用,天津的经济辐射能力大大增强,从而促进了口岸直接对外贸易的开展。1905年至1930年,天津直接洋货进口比重持续上升,末期已接近80%,而土货直接出口比重虽屡有反复,但30年代时亦占到70%,较之以前大有进步。

这一变化很快就为江海关税务司墨贤里(H. F. Merrill)和戈登·洛德(E. Gordon Lowder)所敏锐地察觉,他们在上海海关十年贸易报告中指出,"近来有一种明显的趋势,即一些较大的外地口岸,不经上海转口,直接从外国进口。不然的话,上海的贸易也许会比实际的发展更大","上海享有的货物分发中心的地位,由于汉口、天津、胶州等对外通商口岸的进口商越来越倾向于直接同欧洲、美国打交道而不是从上海进货,已受到相当大的影响"①。日本人的调查报告也认同这一趋势,"天津的贸易,以前是经由上海的间接贸易。外国货物全都一律在上海卸货,然后从上海转卖到天津。可是,在近两三年以来,由于天津商人地位的提高,以及各种贸易机构的完善,结果过去经由上海进口的货物,大多数从原产地直接向天津进口。以前天津外来货物之八九成,是经上海而来;可是在1906年,外国直接输入额为40102448两,经由上海的输入额为25095998两,二者成为八与五之比"②。

天津对外贸易独立性的提高,使得其对上海的依赖程度大大降低。由于失去了对天津进出口贸易的支配作用,上海的腹地范围也从北方逐步向长江流域退缩,而天津则日益成为北方最大的对外贸易中心。

这一时期,沪津间的金融往来有了新的发展,也逐渐出现了一些新

---

① 徐雪筠等译编:《上海近代社会经济发展概况(1882—1931)——海关十年报告译编》,上海社会科学院出版社1985年。
② 《天津志》,第239、240页。

特点。

汇兑。如上文所述,直到清末天津申汇市场的规模仍然较小,进入民国后则获得了较大的发展。据20世纪20年代末的调查,天津钱庄(银号)"国内通汇之处,如上海、北平、包头、张家口、哈尔滨、营口、奉天、大连等处。其中以上海为最多,仅就天津与上海电汇而论,每日已达五六十万之谱。其价格亦随银根而行,例如上海银根紧时,电汇价格必涨,有涨至一千零七十余两者;若上海银根松动时,其价必跌,有跌至一千零三四十两者不等"①。与此同时,银行和工商客户都委托钱庄代办申汇。钱庄每天将经手的申汇收交数额,核计其差数,委托经纪人去办。不论交多于收或收多于交,经纪人都要寻找头寸,使双方臻于平衡②。

此外,申汇中的庄客客票,也往往在两地的经济活动中发挥作用。例如在1915年时,上海共有义兴永、义聚永、景德和、义成、敦昌等13个天津帮申庄在沪办理棉纱,"由天津总号电汇款项到沪,以之支付买卖"③。

进入民国后,华商银行也获得了空前发展,北洋政府时期"北四行"和"南三行"的迅速崛起,就是重要标志之一。在它们从事的基本业务中,汇兑自然必不可少,如成立于1915年的上海商业储蓄银行(以下简称上海银行),以上海为大本营,与包括天津在内的全国各主要城市进行汇兑往来,业务做得极为出色。

为了寻求汇兑业务的更大发展,早在1922年9月,上海银行总行内汇部就曾致函天津等分行(分理处),要求各分行(分理处)建立汇市调查报告制度。"本行汇兑业务,虽在竭力进行,然仍未能云有何进步,上海近来所开汇价,乃根据银行公会每晨行市委员会所开为准,行市委员会则根据各行所接各埠行市报告为增减。吾行虽委员之一,汇价确以自主为宗旨,以便有所招徕。但自当贵在信息灵通,且应互相随时通信,如张家口、保定等处,上海对于彼处市情,甚不灵通,遇有汇款开价,即不甚易。敝意近于何处者,即请该处每礼拜通信一次,并代酌定汇价,如张家口、保定近于天津者,则请津处随

---

① 《天津钱业之调查》,《工商半月刊》1929年第12期。
② 杨固之等:《天津钱业史略》,《天津文史资料选辑》第20辑。
③ 中国人民银行上海分行编:《上海钱庄史料》,上海人民出版社1960年,第184、185页。

时调查通信,如斯办理,庶消息灵通,汇兑业务,或可进步。"①至1925年,上海银行的国内通汇地点已经覆盖全国19个省份,其中天津分行还成为北京、保定、唐山、大名和石家庄等地的转解行②。1934年,上海银行总行内汇部汇往天津206万元,占当年汇出款总额的7.8%③。

天津方面,亦可见其与上海汇款的紧密联系。"津市各商,在外埠采办货物,调拨款项,多以上海为中心。……交付货款,均直接电汇或用押汇办法。"④1946年,天津市的商业银行汇出上海的款额占当年汇出总额的58%,汇入上海则占汇入总额的22%⑤。

除了单纯的汇兑业务外,上海银行承做的全国主要口岸出口商品押汇也令人称道。据文献记载,1932年天津埠际出口贸易总额为6730余万元,当年上海银行在天津出口押汇额为270余万元,约占总额的4%⑥。

运现。运现也是金融联系的一种方式,或基于经济上之需要,或基于政治上之变化⑦。民国时期,由于上海在金融界独一无二的地位,全国现银大量集中于上海,各埠现金的余缺,多赖上海为之调剂,故上海的库存多寡反映着各埠金融的缓急。换言之,上海的现金库存不仅表示本地金融的丰歉,也代表全国各地金融的丰歉⑧。表1就直观地反映了当时上海与全国其他主要城市现金流动的基本情况,从中可以看出天津与上海之间的现金流动,其数量之大,无出其右者。

---

① 中国人民银行上海市分行金融研究所编:《上海商业储蓄银行史料》,上海人民出版社1990年,第121页。
② 《上海商业储蓄银行史料》,第126页。
③ 《上海商业储蓄银行史料》,第465页。
④ 宋蕴璞辑:《天津志略》,民国二十年铅印本,第八编,金融。
⑤ 联合征信所平津分所编:《平津金融业概览》,天津出版社1947年,第9页。
⑥ 《上海商业储蓄银行史料》,第491页。
⑦ 上海商业储蓄银行调查部:《十年来上海现金流动之观察(一)》,《银行周报》第16卷第40号。
⑧ 叶世昌等:《中国古近代金融史》,复旦大学出版社2001年,第291页。

表1　1922—1931年上海与全国主要城市现金流动表

| | 银两(千两) | | | | 银元(千元) | | | |
|---|---|---|---|---|---|---|---|---|
| | 上海进口 | 比重 | 上海出口 | 比重 | 上海进口 | 比重 | 上海出口 | 比重 |
| 大连 | 50 | 0.234% | 500 | 0.220% | 160 | 0.018% | 41610 | 6.070% |
| 天津 | 1900 | 8.896% | 43450 | 19.690% | 29924 | 3.414% | 69390 | 10.123% |
| 青岛 | 1220 | 5.713% | 100 | 0.045% | 6800 | 0.775% | 52250 | 7.623% |
| 杭州 | | | 119310 | 54.850% | 449500 | 51.284% | 10530 | 1.536% |
| 南京 | 100 | 0.468% | 28290 | 12.820% | 136150 | 15.534% | 17920 | 2.614% |
| 汉口 | 7330 | 34.322% | 8820 | 3.990% | 15557 | 1.775% | 65760 | 9.594% |
| 香港 | 907 | 4.246% | 900 | 0.408% | 6100 | 0.700% | 62058 | 9.055% |

说明：杭州与南京因为设有造币厂，故与上海之间的现金流动数量特别大。

资料来源：上海商业储蓄银行调查部《十年来上海现金流动之观察(二)》，载《银行周报》第16卷第41号。

进入民国后，以口岸贸易为先导，上海与天津的机器工业都获得了一定的发展，这从二者进出口商品种类和比例的变动中可以粗略地管窥①。本文拟从机器的供求关系和产品的销售市场两方面阐述近代沪津之间的工业关系。由于两地机器工业的迅速展开已是在清末民国之际，加之有详细统计的资料，其时间一般较为靠后②，故而笔者把研究视线下移，只针对20世纪二三十年代的情况作一些最基本的讨论。

近代意义上的机器是西方工业革命的产物，也是发展近代工业所不可缺少的。而为其他工业提供生产前提的机器制造业，毫无疑问是工业发展的先决条件和重中之重。"机器工业为各种工业之母"③，实际上表达的就是这样一层关系。我们注意到，西方列强入侵后，无论在上海还是在天津，都曾优先发展机器制造业。民族企业兴起后，也往往重视机器制造业的发展。

---

① 唐巧天：《上海外贸埠际转运研究(1864—1930)》，复旦大学2006年博士学位论文，未刊。

② 1937年出版的《北宁铁路沿线经济调查报告》，对当时天津市的工业情况做过详细调查，被调查的25个主要工业，大致可以归为纺织、化学化工、印刷、机器、服用、器具、饮食品和日用品八大类。此外，还有对天津面粉业、纺织业、火柴业等的专项调查。上海工业，主要有《上海工业化研究》和《上海工业概览》二书，另新中国成立后编有多本关于上海各工业或企业的史料。

③ 刘大钧：《上海工业化研究》，商务印书馆1940年，第33页。

据《天津志略》记载,"自五口通商以后,上海等处,即有外人所设之机器厂,国人自营之厂,自清季商人祝大椿始。天津机器业,即成立较后。规模甚小,厂内设备亦简单,出品多织布机、石印机、挂面机、轧糖机、提花机,及农具等类,可供本津及华北各省工厂之用"①。该书成书于1931年,因而该段的描述或为20世纪20年代天津机器制造业的情景。

到30年代时,天津的机器工厂已经能够生产压棉机、轧棉机、弹棉机、印刷机、榨油机、镟床、刨床、攒床以及各种大小的电力、蒸汽发动机等②,较之于前似已大有进步。

上海方面,"上海机械工业甚形发展,各种机器大半颇能仿造,故成本轻而售价低廉。不独可供给本地工业之需要,即内地各处工厂,为减轻成本起见,亦多购买上海机械厂所制之机器。唯所有产品大半仿制外国旧用之机器,其最新机械一时尚不能制造,而舶来品之价值则又太高。工业规模既小,而经营者目光大半短浅,故应用最新式机械居极少数"③,"各厂出品,大致可分为引擎、抽水机、针织机、轧米机、织造机、印刷机、轧花机、面粉机、纺纱机、卷烟机、榨油机、缫丝机、化学制品机及零件等,销路遍于全国,主要区域为江、浙、皖三省,其次为湘、赣、闽、粤等省"④。

笔者对民国时期两地机器制造业的发展概况有这样一种印象,即除了使用外国制造机器外,沪津两地自制的机器基本能供给本地工厂使用,但大多是仿制品和较为过时的类型。相比而言,上海机器制造业更为发达一些,可为天津的工厂提供一小部分机器,如毛织业中的洗毛机、牙刷制造业中的打眼机等⑤。

工业产品的销售情况,一定程度上反映了当地工业发展的水平和影响力。检视整个20世纪30年代的天津工业,似乎只有纺织和化工产品能够较多地打入上海市场,其他产品大多则只能在市内、华北或西北地区销售,以下举例说明。

广义的纺织业门类极多,真正能够打入上海市场的天津纺织产品,其实

---

① 《天津志略》,第九编,工业。
② 北宁铁路局编:《北宁铁路沿线经济调查报告》,1937年,《近代中国史料丛刊三编》第五十一辑,文海出版社1989年,第893页。
③ 刘大钧:《上海工业化研究》,商务印书馆1940年,第77页。
④ 蒋乃镛:《上海工业概览》,学者书店1947年,第60页。
⑤ 《北宁铁路沿线经济调查报告》,第808、870页。

仅仅是毛织品一种,"天津毛织业,因得原料、市场以及其他种种之便利,故甚发达,迄于今日已成国内毛织业最发达之都市。计纺毛织呢共有八家……各家营业,大致均尚不恶,盖社会需要羊毛者日多,故天津毛织业仍在猛晋中,为前途极有希望之事业也"①。其余诸如纺纱业、针织业和织染业等,上海本身就具有很强的实力,而天津曾经引以为豪的地毯工业,在30年代时已不复往日的辉煌,"天津地毯工厂,目下共有五十余家,不及往昔十分之一,盖因销路日趋减少,多以倒闭之故"②。

天津化工工业中的制碱等业"匪特规模可观,亦且为天津之特殊工业,在我国工业界中,实占相当之位置,对我国之工业,亦有相当之贡献,谓为天津工业之瑰宝"③,主要产品有纯碱、烧碱、泡花碱、硫酸、盐酸等。其中渤海化学工业公司、永利制碱公司和兴华制碱厂的产品,可以推销至上海市场,"……且设有支店或代理处。其运输方法,有水运及陆运两种,以水运为多,所有南方各地销货,均由本路运至塘沽,然后转载轮船"④。此外,天津化工业中的熔罐铅粉业和石棉业,其产品也具备较强的竞争力,均以上海为主要销场,其中瑞记石棉工厂还在上海杨树浦路设有分销处,以推广产品销售⑤。

根据笔者以往的研究,伴随着近代工业的发展,上海由外国消费品对国内的分配者、国内重要原材料向国外运送者,逐步转变为向国内外市场供给自己的工业制成品⑥。上海的工业产品较之天津,不仅种类更为丰富,而且大多数在国内市场上占有绝对优势,这其中就包括多种行销到天津市场上的产品。笔者只是粗粗翻阅了几种资料,就能看出这种端倪,下面也简单地举几例。

上海是我国机制面粉业的发源地之一,建立后就比较发达,并一直在国内机制面粉市场上占有重要地位。以荣氏兄弟企业为例,据1936年统计,茂新、福新系统共有12个粉厂,拥有的粉磨数量占全国民族资本面粉工业粉磨

---

① 《北宁铁路沿线经济调查报告》,第805、806页。
② 《北宁铁路沿线经济调查报告》,第824页。
③ 《天津志略》,第九编,工业。
④ 《北宁铁路沿线经济调查报告》,第878页。
⑤ 《北宁铁路沿线经济调查报告》,第910页。
⑥ 樊如森:《论北方在近代上海经济发展中的作用》,《城市史研究》第23辑。

的27.5%①。上海机制面粉的运销范围遍及全国各地,而为京、津等北方广大地区供应粮食的天津,则迅速发展成为其最大的国内市场②。

上海的卷烟业,除势力强大的英美烟草公司外,民族企业中要数简氏南洋兄弟烟草公司最为成功。自1905年在香港诞生后,简照南兄弟以不屈的毅力,历尽种种艰险,终于一战后在上海站稳脚跟。1918年,资本扩大到500万元,总公司迁入上海。此后生产、销售日渐兴旺,先后在天津等地设立分店,形成以上海为中心的广阔销售网③。

橡胶制品在近代是一种新型的商品,上海是我国橡胶工业的一个集中产区,其产品"主要不是销在上海,而是销往外埠"。据同业公会在抗战胜利后估算的材料,上海橡胶工业制品中,销于本市的只占9%,销往外埠的则占91%④。外埠一些比较大的日用品批发商在上海设立办庄,用来采购部分橡胶产品,这其中就包括了天津、青岛、济南等几个大客帮⑤。

进入20世纪后,无论是在埠际贸易、金融往来还是工业发展等方面,上海与天津之间的经济关系都出现了一些新的变化。埠际贸易,天津不再唯上海马首是瞻,逐渐增强了口岸的独立性;金融往来,上海虽仍占据主导地位,但天津自身的金融实力也在迅速扩展,这在北洋时期体现得尤为明显;工业发展,上海的实力一枝独秀,天津与之相比差距较大,但原料和产品的互补一直存在且不容忽视⑥。

## 三、中国近代沿海口岸城市的发展轨迹

通过上文对沪津南北两个最大经济都市经济关系及其发展过程的分

---

① 熊月之、周武主编:《上海:一座现代化都市的编年史》,上海书店出版社2007年,第256、257页。
② 朱仙洲:《天津粮食批发商业百年史》,《天津文史资料选辑》第28辑。
③ 徐新吾、黄汉民主编:《上海近代工业史》,上海社会科学院出版社1998年,第143—145页。
④ 中国社会科学院经济研究所主编:《上海民族橡胶工业》,中华书局1979年,第125页。
⑤ 《上海民族橡胶工业》,第126、127页。
⑥ 根据《北宁铁路沿线经济调查报告》的记载,来自天津的部分纺织、毛织等原料,有较强的打入上海市场的能力。

析,我们大致可以观察出中国近代沿海口岸城市的发展方向和基本轨迹。

上海在开埠后的五六十年里,一直凭借其强势的外贸中转作用,通过包括天津在内的各个口岸间接地对全国施加影响。进入民国后,上海逐步调整了其经济发展的结构,由以贸易为先导的外延式经济,转向贸易、金融、工业并重的内涵式经济。正如戴鞍钢所明确指出的,"第一次世界大战期间,上海的民族工业有了显著的发展,连同交通手段的多样化,在其城市的对外辐射力中,源于港口的作用力相对减弱,与前期相比,作为工业中心和金融中心的影响日渐鲜明"①。这种经济发展模式的转变,并没有削弱上海的经济实力,反而奠定了其近代全国工商业中心的坚实地位,这在与天津的经济关系中也表露无遗。

相关研究表明,20世纪30年代时,上海外贸总值仍占全国外贸总值的40%至50%,即使失去了全国外贸中心的地位,但上海依然是全国最大的外贸口岸,仍在天津的外贸活动中发挥着一定的作用②。与此同时,上海近代工业发展一枝独秀。1933年时,上海工业无论是工厂数,还是工人数、资本和生产净值,都遥遥领先于全国其他主要工业城市。从行业角度衡量,30年代时上海棉纺业产值占全国的37.68%,棉织业占49.94%,橡胶制造业占84.88%,面粉业占41.48%,其余行业中,有相当一部分接近或超过50%③,供应天津的机器和产品销售至天津市场就彰显了上海在工业方面的强大力量。金融业的情况则更加明显,如果说北洋时期北京等地尚可与上海一争全国金融中心的话,那么到了30年代,上海作为全国金融中心地位的确立,则是无可争议了。根据统计,上海的金融机构数量、业务门类、业务量、资本、库存现金、存放款额,皆为全国之冠。不仅如此,上海的汇率和金银市价还能影响整个远东地区,成为远东的金融中心之一④。其中总行设在天津的银行在南京政府成立后纷纷南迁上海或是将营业重心南移,就从一个侧面

---

① 《港口·城市·腹地——上海与长江流域经济关系的历史考察(1843—1913)》,引言。
② 唐巧天:《中国近代外贸埠际转运史上的上海与天津(1866—1919)》,《史林》2006年第1期。
③ 陆兴龙:《20世纪30年代全国和上海工业发展水平分析》,张东刚等主编《世界经济体制下的民国时期经济》,第135页。
④ 熊月之主编:《上海通史》,上海人民出版社1999年,第8卷民国经济,第136页。

表明了上海在金融界的统治地位,如果再加上日后南迁的金城银行和大陆银行,津沪两地金融业的差距就越发明显了。

另一方面对天津而言,由于开埠相对较晚,贸易的初期发展一直笼罩在上海的光环之下。进入民国后,随着口岸独立性的增强,赢得了贸易业的空前繁荣。与贸易发展并行不悖的,则是天津金融业与工业的迅速发展。北洋时,以天津为根据地、北方为主要市场的北四行,是当时天津金融业最成功的范例。1927年国民政府奠都南京后,由于业务的需要和政局的骤变,大量银行南迁上海,虽在很大程度上削减了天津的金融实力,但毕竟还是北方最大的金融中心①。而30年代时建立起的一套以生产日用消费品、投资效益较快的轻工业为主体的工业体系②,基本满足了当地日常生活的需要,虽仍无法与上海工业相提并论,但仍时刻保持着发展的态势,如天津之针织业,"其机器最先由日本输入,次由上海供给;今则创立制机厂,自行制造矣"③,可视为天津工业不断进步的标志。

总之,上海和天津作为中国近代南北经济联系的核心节点,在促进城市及其腹地经济发展的同时,也引领着中国近代沿海口岸城市的经济发展方向和基本轨迹,作为近代中国南、北两大经济中心城市——上海与天津经济关系由单一到全面、由艰涩到成熟的演化,无疑也在很大程度上代表了中国近代沿海口岸城市的基本发展轨迹。

(《城市史研究》2010年第26辑)

---

① 樊如森:《天津——近代北方经济的龙头》,《中国历史地理论丛》2006年第2期。
② 罗澍伟主编:《近代天津城市史》,中国社会科学出版社1993年,第507页。
③ 方显廷编:《天津针织工业》,南开大学经济学院1931年,第79页。

# 关于20世纪20年代末至 40年代天津社会教育的变迁
## ——以民众教育馆的教育活动为例

[日]户部健

## 导　言

　　中国近代学校教育萌芽的出现是在清末新政时期。此后,全国各地陆续创办了小学、中学、大学等近代学校。随着近代学校数量的增加,上学读书的人——学生也越来越多。他们在学校学习,获得了许多近代知识。他们当中的一些人领导或者参加过抵制美货、五四运动等爱国政治运动。这些学生在中国近代史当中的作用毋庸赘言。

　　近代学校教育的最终目的是实现义务教育,但是从义务教育的观点来看,近代中国的学校教育的发展速度比较慢,因此不能上学读书的人也特别多。即使在南京国民政府统治时期的30年代,中国人的就学率也只有百分之二十左右。这就意味着当时中国存在着大批失学儿童,而且没有受过教育的成年人——失学民众也非常多。在此情况下,中国政府不得不注重学校以外的教育活动——社会教育①。新政时期也可以说是中国社会教育的萌芽期。

　　清末以来,中国社会教育逐渐有所发展。尤其是在南京国民政府时期,其发展速度非常之快,可以说,这一时期是社会教育的推广期。在这个时期,国民政府推广社会教育的目的不仅是为了提高国民的教育水平,而且也

---

① 近代社会教育含有"教育"和"教化"的两个侧面。所以,笔者认为社会教育的发展不一定为民众幸福,有时也是为个人的愿望实现,但有时也可能剥夺民众思考的自由。

是为了宣传国民党的党义①。值得注意的是,国民政府社会教育政策影响到抗日战争时期的中国社会教育。从这些事实来看,笔者认为国民政府时期的社会教育是非常重要的研究对象。但是有关国民政府时期社会教育的研究,除了概括性的研究以外,至今尚不是很多。至于探讨地方社会教育的具体状况的研究也极为少见②。鉴于这些先行研究的情况,本文以国民政府及抗日战争时期天津民众教育馆的活动为例,对国民政府时期地方社会教育的具体情况和其对抗日战争时期地方社会教育的影响做一简要分析③。并希望此研究,有助于20世纪中国教育史研究的进一步发展。

民众教育馆是国民政府时期社会教育的基层机构。这些民众教育馆在各地方教育官厅的领导下具体实施基层社会教育。笔者认为,研究民众教育馆的活动是了解地方社会教育的最好办法。虽然探讨民众教育馆的具体活动的研究还不多④,但是值得庆幸的是尚存许多有关民众教育馆的杂志、档案等资料。通过对这些资料的研究,我们可以掌握和了解当时地方社会教育的具体情况。

# 一、民众教育馆的成立

## 1. 民众教育馆成立的背景

民众教育馆的原型是中华民国北京政府时期的通俗教育馆或者是通俗教育会。通俗教育馆(会)是综合性的社会教育机关。它展开多方面的社会教育活动,比如开办讲演所、阅报所、识字学校、博物馆等,并且改良戏曲、救

---

① 有关党化教育及三民主义教育的研究有如下。蔭山雅博《南京国民政府下の三民主義教育について》,《教育学論集》(專修大学文学部)4号,1979年。石川啓二《党化教育政策にみる民衆の課題意識—"党義"教育の意味》《東京教育大学教育学部紀要》17卷,1971年。《党化教育論の成立?展開と教育独立論の敗北》《山梨大学教育学部紀要》8号,1994年。有关国民政府的新生活运动的研究有,段瑞聡《蒋介石と新生活運動》慶應義塾大学出版会,2006年。

② 有关近代中国社会教育的概括性研究有如下。李建兴《中国社会教育发展史》,台北教育资料馆,1986年。王雷《中国近代社会教育史》,人民教育出版社,2003年。

③ 新保敦子以前研讨过抗日战争时期华北的社会教育。她提到了国民政府时期社会教育和抗日战争时期的社会教育之间的连续性。但是,她没检讨当时社会教育的具体情况。见新保敦子《日本侵华战争时期的傀儡政权和社会教育》,齐红深、渡部宗助主编《日本侵华殖民地教育——第三次国际学术研讨会论文集》,大连,1999年。

④ 提到各地民众教育馆的文史资料比较多。但是学术论文形式的不多。

济贫民等等。这些通俗教育馆(会)在全国各地都有普及。在1915年的统计中,已经出现了232个馆(会)。

从社会教育史的观点来看,北京政府时期的社会教育开始形成组织化。中央政府教育部设立社会教育司,负责在全国举办推广社会教育。在教育部内部也设立通俗教育研究会,审批全国各地的讲演稿、剧本等。当时的中央政府以此来加强全国社会教育的组织系统。

但是,中央政府的社会教育组织化并不意味着社会教育的中央集权化。因为当时中央政府和地方政府都没有充分的教育财源,所以国家社会教育的基层活动和其财源都要依靠地方人士的支持和合作。因此,通俗教育馆的负责人不是地方政府官员,而是地方人士,其财源大部分也是来自于地方名家、教育家、商人等人士的捐款。通俗教育馆的性质跟民众教育馆不同①。

2. 民众教育馆的成立

与北京政府的相比,南京国民政府对社会教育的态度更为积极。这是因为南京政府在唤起民众和改造社会的同时,也希望以此来推广国民党的党义,社会教育是不可缺少的手段。

国民政府基本上继承了北京政府时期的各种社会教育机关,通俗教育馆也是其中之一。但是,对国民政府来说通俗教育馆存在若干问题。比如说在1934年出版的《民众教育馆的组织及实施》中,我们可以看到对于以往通俗教育馆的馆员以及其教育活动的批判内容。

其命名为通俗教育馆之意义,是以为一切不识字的民众,均是伧夫俗子、地位卑贱的下等社会的人,而认自己为知识阶级、列于上等社会的人,他们实施社会教育的目的,是为一般不识字的民众而设,而不识字的民众既是伧夫俗子、下等社会的人,传授的教育又是普通常用的知识,故亦只得称为通俗教育馆。

该书的作者还说,"通俗教育馆的'通俗'二字,含有阶级的含义"②。

总之,他批评通俗教育馆的教育具有的阶级性及差别性。这些观点跟国民政府教育部的认识基本一致。

从社会教育进步的观点来看,国民政府必须要改造通俗教育馆的性格。

---

① 有关通俗教育馆(会)的研究有,戸部健《中華民国北京政府期における通俗教育会—天津社会教育辦事処の活動を中心に》,《史学雑誌》113编2号,2004年。
② 方金埇《民众教育馆之组织及实施》,上海大夏大学出版社1934年,第5页。

《民众教育馆的组织及实施》阐述了通俗教育馆改造应具有的过程。农民是民众,工人是民众,党人学者是民众,军人官吏也是民众,纵有富贵贫穷之分,难道富贵者是民众,而贫穷者不是民众吗?何况革命时期,是首先提倡平等,打破阶级,岂有同是一国的人民,而有富贵之分,雅俗之别,故把"通俗"二字改为"民众",称为民众教育馆①。

在理念上,否定阶级差别、标榜平等的新的社会教育机关——民众教育馆就这样诞生了②。第一个民众教育馆是于1929年创立的江苏省立南京民众教育馆(旧江苏省立南京通俗教育馆)。之后,民众教育馆越来越普及,1936年有1612馆(包括伪"满洲国"和台湾省的民众教育馆,表1)。

表1  全国民众教育馆数(1928年—1946年)

| 年 | 江苏 | 浙江 | 安徽 | 江西 | 湖北 | 湖南 | 四川 | 西康 | 河北 | 山东 | 山西 | 陕西 | 河南 | 甘肃 | 青海 |
|---|---|---|---|---|---|---|---|---|---|---|---|---|---|---|---|
| 1928 | 84 | 12 | 19 | 1 | 0 | 31 | 3 | 0 | 0 | 0 | 0 | 0 | 2 | 0 | 0 |
| 1936 | 353 | 146 | 81 | 2 | 92 | 33 | 120 | 2 | 127 | 115 | 9 | 13 | 100 | 7 | 0 |
| 1946 | 35 | 100 | 31 | 67 | 73 | 83 | 160 | 30 | 30 | 33 | 56 | 49 | 96 | 66 | 13 |

| 年 | 宁夏 | 热河 | 察哈尔 | 绥远 | 新疆 | 福建 | 广东 | 广西 | 云南 | 贵州 | 辽宁 | 吉林 | 黑龙江 | 安东 | 辽北 |
|---|---|---|---|---|---|---|---|---|---|---|---|---|---|---|---|
| 1928 | 0 | 0 | 1 | 1 | 0 | 4 | 0 | 0 | 1 | 0 | 1 | 10 | 11 | 0 | 0 |
| 1936 | 0 | 5 | 30 | 16 | 0 | 52 | 131 | 34 | 112 | 4 | 1 | 10 | 3 | 0 | 0 |
| 1946 | 1 | 7 | 0 | 16 | 32 | 68 | 69 | 0 | 100 | 82 | 23 | 10 | 0 | 10 | 11 |

| 年 | 嫩江 | 合江 | 松江 | 兴安 | 台湾 | 南京 | 上海 | 北平 | 天津 | 青岛 | 重庆 | 大连 | 哈尔滨 | 总计 |
|---|---|---|---|---|---|---|---|---|---|---|---|---|---|---|
| 1928 | 0 | 0 | 0 | 0 | 0 | 3 | 0 | 1 | 0 | 0 | 0 | 0 | 0 | 185 |
| 1936 | 0 | 0 | 0 | 0 | 0 | 4 | 2 | 1 | 1 | 6 | 0 | 0 | 0 | 1612 |
| 1946 | 0 | 0 | 0 | 0 | 21 | 3 | 1 | 2 | 10 | 2 | 1 | 0 | 0 | 1391 |

资料来源:沈吕默编:《民众教育馆》,中华书局1948年,第5页。

3.民众教育馆的职责

国民政府对于民众教育馆寄予极大的期待。在教育部《关于全国社会

---

① 前引《民众教育馆之组织及实施》,第5页。
② 民众教育馆真的能"否定阶级"吗?事实上很难。知识分子及党员从上层教育或者教化民众的形式继续到国民政府时期以后。

教育实施报告》(1932年9月)当中有以下记述。

> 本部计划拟全国各县分区设立民众教育馆,为各区永久的社会教育中心机关①。

这个"中心机关"是指讲演所、阅报所、补习学校等各基层社会教育事业的主办机关。总之,国民政府要求,作为"中心机关"民众教育馆举办基层社会的社会教育活动。

那么,民众教育馆的职责是什么呢?表2是关于《民众教育馆暂行规程》(1932年制定)的内容。从中我们可以看到,民众教育馆的职责有除了举办讲演等教育活动以外,还有改良戏曲、提高健康水平等社会事业活动。值得注意的是合作社事业,这个事业在通俗教育馆时代很少见。

但是,这些规则不具有强制性。事实上,各个民众教育馆之间,活动内容不尽相同。所以如果要正确地把握当时民众教育馆的活动内容,首先必须考察几个地区的民众教育馆的具体活动。因此,在第二、三章中我想谈谈天津的民众教育馆的活动情况。

表2　民众教育馆之组织及事业(《民众教育馆暂行规程》)

| | |
|---|---|
| 阅览部 | 书籍、杂志、图表、报纸的公开阅览,巡回文库、民众书报阅览所等 |
| 讲演部 | 固定讲演、临时讲演、巡回讲演、化妆讲演及其宣传 |
| 健康部 | 关于体育,器械运动、球类、田径赛、国术、游泳、儿童游戏及其他运动 |
| 生计部 | 职业指导及介绍,农事改良、合作社的组织 |
| 游艺部 | 音乐、幻灯、电影、戏剧、评书、围棋、各种杂技及民众茶园等 |
| 陈列部 | 标本、模型、古物、书画、照片、图表、雕刻、工艺各种产物博物馆及革命纪念馆等 |
| 教学部 | 民众学校、露天学校、民众问字处或者问事处及职业补习学校等 |
| 出版部 | 日刊、周刊、小册子及有关其他社会教育的刊物 |

资料来源:《民众教育馆暂行规程》中国第二历史档案馆《中华民国史档案资料汇编》第5辑第1编教育,江苏古籍出版社1994年,786—787页。

---

① 《关于全国社会教育实施概况报告》,《中华民国史档案资料汇编》第5辑第1编教育,江苏古籍出版社1994年,第724页。

## 二、国民政府时期天津的民众教育馆

1. 天津社会教育的发展

北京政府时期天津的社会教育活动由天津社会教育办事处(1915—1928)负责举办。社会教育办事处是天津的通俗教育会,其负责人是天津的地方人士林兆翰,其资金大部分来自天津地方名流及商人等的捐款。社会教育办事处的活动非常广泛,包括开办讲演所、阅报所、识字学校、博物馆及出版报纸、救济贫民、举办文庙祭礼等等活动。其多方面的活动弥补了当时社会教育行政的不足①。

南京国民政府时期,天津社会教育的情况发生巨大变化。1928年,天津市教育局成立。同年12月,教育局接收了天津社会教育办事处,也接办了原来由社会教育办事处管理的讲演所(4所)、阅报所(5所)等各项事业。这事实上意味着天津社会教育的主导权完全移交到天津市教育局②。

之后,天津市教育局在财政安定的基础上,积极地扩展天津地区的社会教育事业③。从设施方面来说,教育局新开办了一所讲演所、五所阅报所、一所图书馆、七所通俗图书馆、两所民众教育馆、一所美术馆。此外为了提高不识字民众的文化程度,还设立了100所非永久性的民众补习学校。教育局利用这些设施专心致力于失学儿童及失学民众的教育,并且致力于三民主义等国民党党义的宣传。这一时期为天津的社会教育的发展扩大期④。

2. 民众教育馆的种类

下面分析一下国民政府时期天津的民众教育馆的情况。当时天津除了有两个民众教育馆以外,还有几个与民众教育馆相似的讲演所及通俗图书

---

① 有关天津社会教育办事处的研究有前引《中華民国北京政府期における通俗教育会——天津社会教育辦事処の活動を中心に》。
② 《七项声明》,《广智星期报》1929年1月13日。
③ 1928年以来,天津市教育局每年确保教育资金6万元。这是烟卷税的一部分。见汪桂年《天津近代小学教育家——邓庆澜》,《天津文史资料选辑》第58辑,1993年,第95—96页。
④ 有关南京国民政府时期天津的社会教育的研究有,户部健《南京国民政府の成立と地方における社会教育の変容》,《アジア研究》(静冈大学人文学部アジア研究プロジェクト)4号,2009年。

馆。它们的性质有所不同,大概可以分三种。第一,天津市立第一民众教育馆,第二,与民众教育馆相似的讲演所及通俗教育馆,第三,天津市立第二民众教育馆。

(1)天津市立第一民众教育馆。成立于1931年4月,馆址在天津城西门内大栅栏胡同。1937年左右馆址迁到海河北岸的大经路①。

表3　天津市立第一民众教育馆之组织及事业(1935年)

| 事业部 | 文书股、庶务股、会计股 | |
|---|---|---|
| 陈列部 | 陈列室 | 理化室、卫生室、博物室、史地室 |
| | 讲演股 | 馆内讲演、馆内、馆外幻灯讲演、馆外临时讲演 |
| | 试验股 | 馆内、馆外科学试验、馆外临时科学试验 |
| | 编印股 | 《民众生活》《民众画报》《民众特刊》《民众特画》《民众丛书》《天津市立民众教育馆概览》的发行 |
| | 仿制股 | 民众教育壁画之制作 |
| | 征集股 | 学生作品、过年用品、南洋物品、香港货币、戏曲脸谱、学校照片等陈列 |
| 其他事业 | 民众补习班、民众问字处、民众代笔处、民众阅报室、民众常识及民众画报、民众种痘、民众游艺、注音符号研究会及研究班、法律顾问处、各种运动之宣传 | |

资料来源:《本市民众教育馆长报告五年来之民众教育》,《益世报》1935年4月6—7日。

表3表示第一民众教育馆的组织及事业内容。此外,1935年还添设实验区(天津郊外的小王庄)②。第一民众教育馆的事业内容跟前述表2《民众教育馆暂行规程》的内容有许多异同。比如说,第一民众教育馆的事业中没有在《民众教育馆暂行规程》中所规定的图书馆、体育设施、合作社等事业。另一方面,它的事业当中有在《民众教育馆暂行规程》中没有的实验讲演、实验区、民众种痘等内容。可见第一民众教育馆的活动规模已经相当丰富。然而,第一民众教育馆有一个重要问题,就是它还不能确立其"社会教育中

---

① 有关第一民众教育馆的记述参考以下资料。《本市民众教育馆长报告五年来之民众教育》,《益世报》1935年4月6日。《第五社教区新民教育馆之沿革》,《民教》1卷1号,1938年,第51—52页。

② 《市立民教馆实验区今日开幕》,《益世报》1935年10月25日。

心机关"地位。当时它在社会教育事业中的地位跟讲演所、阅报所等其他社会教育设施大致一样,因此它对其他的社会教育设施没有任何权力。而且,一般来说一个城市有几个民众教育馆,各个民众教育馆作为地方社会教育的"中心机关"分别管辖自己担当的地区。但是,因为到了1937年天津只有一个民众教育馆,这就意味着第一民众教育馆的管辖区域是整个天津市,其教育效果可想而知。

(2)与民众教育馆相似的讲演所及通俗教育馆。20世纪30年代,讲演所和通俗图书馆的事业内容不断增加,结果讲演所和通俗图书馆事实上似乎跟民众教育馆大相径庭了。下面介绍两个例子。第一讲演所的前身是1905年创立的天齐庙宣讲所(北京政府时期改名为东马路通俗讲演所),国民革命后,被天津市教育局接收,改称天津市立第一通俗讲演所。1928年,奉教育局的指示,添设通俗图书馆(天津市立第一通俗图书馆)。1936年以后,开设补习教育,开设了几个补习班。其中有妇女识字班等,女工读书班的毕业生比较多。到1936年6月,已经培养了180个毕业生①。

市立第六通俗图书馆成立于1929年9月,馆址在提头村(天津城北)。提头村离市中心很远,是一个比较偏僻的地方。原来在此连一所社会教育机关也没有,所以第六通俗图书馆是第一个社会教育机关。由于这些特殊情况,第六通俗图书馆的业务内容也比别的通俗图书馆广泛得多。它在举办图书馆业务以外,还举办图书馆代办处、巡回文库,以及冬季救济、施与药品、种痘等。1933年7月,添设讲演所,开始讲演活动。然后,开始补习教育,开设了妇女识字班、妇女初级补习班、小先生班、男生高级补习班、导生制班等②。

从上面的内容我们可以看到,国民政府时期以后,天津的讲演所及通俗图书馆的业务范围不断扩大,与民众教育馆十分相似了。但是,这些"超"讲演所及通俗图书馆也有跟第一民众教育馆一样的问题,就是还它们不能确立其"社会教育中心机关"的地位。

(3)天津市立第二民众教育馆。市立第二民众教育馆的性格跟上述的两种不同。其成立其背景与天津市的市政发展有关。1934年,天津市把原

---

① 《第一社教区新民教育馆之沿革》,《民教》1卷1号,1938年,第42—43页。张绍祖编著《津门校史百汇》,天津人民出版社1994年,第204页。

② 《第四社教区新民教育馆之沿革》,《民教》1卷1号,1938年,第46—51页。

来天津县辖地的一部分领域并入天津市辖地,称其为天津市第六区①。当时,第六区的大部分是农村,教育设施也不多,因此区内有大量的失学者。市政府为了解决第六区的教育问题,1937年2月开办了新的民众教育馆,这就是第二民众教育馆。

第二民众教育馆和上述的两种教育机构的差别是,第二民众教育馆差不多达到了"社会教育中心机关"的地位。第二民众教育馆的管辖区域是比较明确的,就是第六区。它只责任解决第六区内的教育问题。所以,开馆之前,第二民众教育馆已经举行过区内户口调查。并基于其调查结果,制定了周密的事业计划。在其计划中除有讲演和补习学校等民众教育馆的一般性事业以外,还开设了农事试验所、奖励植树、奖励农副业等第六区特有的地方性事业。从此我们可以看到第二民众教育馆,作为"社会教育中心机关",已开始着手准备解决第六区的教育问题。然而,由于抗日战争爆发,正式开始活动之前馆务被迫停办②。

值此为止,笔者说明了国民政府时期天津民众教育馆的情况。大致可分为三种,具有许多共同点,但是从"社会教育中心机关"的观点来说,第二民众教育馆和别的两种不同。它的管辖区域比较明确,它只对于自己管辖区内的问题负责。

那么,上述三种类型中,哪种类型成为发展的主流了呢?这就是第二民众教育馆。事实上,1936年天津市社会局批准了社会教育区计划(1936年1月至8月,社会局合并到教育局)。其中表明天津市区分为8个社会教育区,各区设立一个民众教育馆,各个民众教育馆负责管辖区的社会教育③。第一民众教育馆及"超"讲演所和通俗教育馆也准备改为第二民众教育馆的形态。然而,由于抗日战争爆发,这些计划没有得到实施。

---

① 天津地域史研究会编《天津史—再生する都市のトポロジー》,東方書店1999年,第21页。

② 有关第二民众教育馆的记述参考以下资料。《天津市市立第二民众教育馆概况》天津,1937年。《第六社教区新民教育馆之沿革》,《民教》1卷1号,1938年,第56—59页。

③ 《津市社会教育划分为八大区》,《益世报》1936年5月10日。

## 三、抗日战争时期天津的新民教育馆

1. 社会教育区的设立与新民教育馆的增加

下面考察一下抗日战争时期天津民众教育馆("新民教育馆")的情况。

抗日战争爆发后,日军统治天津华界。之后成立了以"维持地方治安,回复秩序,安定人心"为宗旨的天津治安维持会。12月,傀儡政权"中华民国临时政府"于北平成立之后,治安维持会解散,其业务被天津特别市公署①接收。

当时,天津的教育事业跟新民会之间有紧密的关系②。新民会是1937年12月成田贡等设立的民众教化团体。会员从事青年训练所和农民合作社等广泛活动。他们还提倡"新民主义",通过教育机关宣传。因此他们积极地参与教育事业。

1938年,天津的新民会(天津都市指导部)组织教育分会,天津的许多教职人员参加此会③。据1939年的统计,参加此会的教职人员有1555人,其中社会教育人员是147人④。这与1941年的社会教育教职人员总数216人的相比,可以看出此时社会教育人员的参加率相当高⑤。

---

① 黎始初《日军控制下的天津伪政权》,中国人民政治协商会议天津市委员会文史资料研究委员会编《沦陷时期的天津》,中国人民政治协商会议天津市委员会文史资料研究委员会,1992年,第55—58页。

② 有关新民会的研究有如下。八卷佳子《中華民国新民会の成立と初期の工作状況》藤井昇三编《1930年代中国の研究》アジア経済研究所、1975年。堀井弘一郎《新民会と華北占領政策》(上中下)《中国研究月報》539～541号、1993年。王强《日中戦争期の華北新民会》《現代社会文化研究》(新潟大学大学院現代社会文化研究科)20号、2001年。

③ 记者:《教育分会之过去与未来》,《津市新民教育》创刊号,1939年,第34页。

④ 《教育分会所属机关、地址、会员、性别、数目统计表》,《津市新民教育》创刊号,1939年,第34页。

⑤ 《教育机关概况总表》,天津特别市教育局编《天津特别市教育统计(中华民国30年版)》,天津特别市教育局,1942年,第2页。

**图 1　天津社会教育区分布图(1941 年)**

资料来源:天津特别市教育局编《天津特别市教育统计(中华民国 30 年版)》,天津特别市教育局,1942 年。笔者部分改变。

那么,抗日战争时期的民众教育馆事业是怎样展开的呢？基本上可以说抗日战争时期的民众教育馆事业是国民政府时期的延续。1938 年 9 月,天津特别市教育局把天津市区分为 9 个社会教育区,各个社会教育区设置"新民教育馆"(民众教育馆改名为"新民教育馆")。作为"社会教育的中心机关",新民教育馆负责管理辖区的社会教育事业(图1)①。除了政策以外,社会教育的施设及人员也有连续性。表4显示民众教育馆和"新民教育馆"之间的关系。从表4上,我们可以看到民众教育馆和"新民教育馆"之间有密切的连续性。这是因为日军重视民众教育馆的宣传力量②。所以在占领天津之后,他们为了宣传"新民主义"等,积极地利用国民政府时期的文化设施。

---

① 陈葆光《津市民教之展望》,《民教》1 卷 1 号,1938 年,第 2 页。
② 在北京大日本大使館文化課『北支に於ける文化の現状』1943 年。

表4　各新民教育馆之前身及各馆长之前职(1939年)

| 馆名 | 前身 | 馆长 | 前职 |
| --- | --- | --- | --- |
| 第一新民教育馆 | 第一讲演所,通俗图书馆 | 吕锦麟 | 第一讲演所,通俗图书馆管理员 |
| 第二新民教育馆 | 第二讲演所,通俗图书馆 | 李丹忱 | 第二讲演所,通俗图书馆管理员 |
| 第三新民教育馆 | 第三讲演所,通俗图书馆 | 陈淑贞 | 第三讲演所,通俗图书馆管理员 |
| 第四新民教育馆 | 第五讲演所,第六通俗图书馆 | 谭　滨 | 第五讲演所,第六通俗图书馆管理员 |
| 第五新民教育馆 | 第一民众教育馆 | 崔文奎 | 第三讲演所,通俗图书馆管理员→第一民众教育馆馆长 |
| 第六新民教育馆 | 第二民众教育馆 | 陈国滨 | 不明 |
| 第七新民教育馆 | 第五通俗图书馆 | 张海惕 | 不明 |
| 第八新民教育馆 | 第四讲演所,通俗图书馆 | 姚恩荣 | 第四讲演所,通俗图书馆管理员 |
| 第九新民教育馆 | 第八阅书报所 | 鞠祖荫 | 教育局第一科职员(七七事变后) |

资料来源:《第一—八社教区新民教育馆之沿革》,《民教》1卷1号,1938年,第42—63页。鞠祖荫:《第九社教区新民教育馆筹备成立经过及现在之状况》,《民教》1卷7号,1939年,第22页。《市立社会教育机关概览表》,天津特别市教育局编《天津特别市教育统计(中华民国30年版)》,天津特别市教育局1942年,第54—55页。

2. 社会教育的细致化

抗日战争时期的社会教育比以前细致化了。这有两个原因。

(1)教育对象的扩大。为了提高教育效率,天津的教育机关以往曾经做过大量社会调查。但是,因为当时社会教育的重点对象是失学者及不识字者,所以其调查对象主要限于就学率及识字率。与此相比,在抗日战争时期其教育对象超出了就学率及识字率的范围。比如说,在"第一新民教育馆"做的调查中,对象除了第一社会教育区内的所有人口、失学人数、就学人数,还包括职业人口、业种户数①。另外,"第五新民教育馆"在调查全人口及失学人数以外,还调查了失业人数、学校私塾数、在理教公所数、工厂数、娱乐场所数等②。这些事实表明社会教育的对象已超出一般的失学儿童及失学民众,扩大到了劳动群众。

(2)考虑地区特点。在此之前天津的社会教育对地区特点考虑不多。因此,以往的社会教育设施的活动内容大致都一样。抗日战争时期爆发以后,各个"新民教育馆"为适应管辖区的具体情况,实行了具有各馆特点的活动。

比如说,"第五新民教育馆"基于社会调查的结果把管辖区分为三个区(工商区、农业区、居住区),对各区采取不同的活动方针③。例如,在"第九新民教育馆"的管辖区内有很多工厂,所以它采取针对劳动群众特点的对策④。

从上述情况我们可以看到,抗日战争时期的社会教育比以前细致了。"新民教育馆"采用有效的方法解决其社会调查中发现的管辖区的问题。它们希望以此方式来"改造"管辖区的社会。但是,如果没有受教育者的支持,"新民教育馆"很难达到其目的。如何获得民众的支持对"新民教育馆"来说是一个不得不考虑的问题。

3. 社会教育与民众的关系

如何获得民众的支持?最好的方法是改善教育内容以使得民众对其内容感兴趣。但是这个方法十分有限,而且当时社会教育的主要内容是识字、卫生、新国民运动等。笔者认为这些内容对民众来说很无聊,即使教师再好也很难被民众接受。尽管如此,当时"新民教育馆"的馆员仍然认为,只要民众来到"新民教育馆",就有教育他们的机会。所以"新民教育馆"努力从事于简易诊疗、游艺、合作社等活动。

1936年简易诊疗活动开始,其目的是继承"新民教育馆"的事业。比如,"第五新民教育馆"在开馆以后的七个月中给1332人免费诊疗,之后每个月

---

① 《天津特别市第一社教区新民教育馆调查报告表》,《民教》1卷4号,1939年,第17—20页。

② 《天津特别市第五社教区新民教育馆民国三十年施教方案》,《民教》3卷1、2期,1941年,第4—5页及《民教》3卷3期,1941年,第7—8页。

③ 前引《天津特别市第五社教区新民教育馆民国三十年施教方案》。

④ 鞠祖荫《第九社教区新民教育馆筹备成立经过及现在进行之状况》,《民教》1卷7号,1939年,第22页。《一,成立职业绍介所》,《民教》1卷11期,1939年,第63页。

都给30左右个人治疗①。

游艺的内容包括"新民教育馆"附设的游艺队表演京剧、话剧、曲艺、武术、歌唱。他们基本上是在宣传大会上演出。据当时的资料显示,观众相当多②。

合作社也是促进民众参加"新民教育馆"事业的有效手段。比如说,1941年"第五新民教育馆"设立了消费合作社③。另外,"第一新民教育馆"还准备开设信用合作社④。遗憾的是,由于有关合作社的资料不多,我们不能对其具体活动内容作详细研究。

像这样,为了吸引民众参加,"新民教育馆"想尽了各种各样的方法,但是结果并不理想。"第五新民教育馆"合作社的会员数在达到100人之后便不再增加。另外,虽然简易诊疗及游艺活动来客很多,但是没有与教育效率的提高发生直接的关系。比如,在识字宣传大会上"第五新民教育馆"讲演员姚彬然做了如下发言。

> 今天是本馆识字宣传表演的日子,诸位来到这里看热闹,听国剧,够多么提精神,醒脑筋呀!不过诸位要知道今天这个会的要义,是为的是提倡民众人人要识字,千万别作一辈子睁眼瞎子!⑤

姚彬然特意强调"诸位要知道今天这个会的要义"的理由是,可能他自己察觉到来馆的民众主要关心的是游艺,不是提高识字率。

"新民教育馆"的人员们越来越感到以游艺等为诱饵招徕民众的方法有局限性。因此他们想出了别的方法,就是与保甲制合作。比如,论文《津市社教现状的检讨和当前出路》上有以下记述。

> 各教育馆则讲演厅课堂办公室,无不齐备,以之供当地保甲开会及联合办公之所,最为相宜,教育馆根据保甲户籍册籍,可以拟具种种施

---

① 《附设简易诊疗之前前后后》,《民教》1卷1期,1938年,第52—55页。天津市各社教区民众教育馆档案,113-2(3类)-171,《工作报告》所收《天津特别市第五社教区新民教育馆工作报告表(29年1月—34年7月分)》,天津档案馆藏,下同。
② 天津市各社教区民众教育馆档案,113-2(3类)-144,《民教馆宣传工作》所收《天津特别市第五社教区新民教育馆识字运动宣传周报告书》。
③ 姚彬然《第五民教馆消费合作社营业状况概观》,《民教》3卷5号,1941年,第38—40页。
④ 林凤春《创办信用合作社计划》,《民教》3卷5号,1941年,第24—25页。
⑤ 《民教馆宣传工作》所收《天津特别市第五社教区新民教育馆讲演稿》,天津市各社教区民众教育馆档案,113-2(3类)-144。

教计划，保甲受教育馆指导协助，而可以完成各项人事登记，教育馆为保甲担任各种训练，代办宣传，指导编定保甲公约，保甲赞助教育馆创立各项合作社，与生计康乐等教育之遂行①。

与保甲制合作的社会教育在1942年的识字运动中得到了实现。当年，为了扫灭文盲，教育局组织识字运动宣传委员会，在委员会的指导下设立了75个识字班。委员会劝导16至40岁的失学民众入学识字，结果特别好，75个识字班的定员都满了。

失学民众纷纷入学的背景是因为有保甲制的存在。"第二新民教育馆"馆长于恩三在杂志上把识字班开班日的情况如下记述出来。

在本馆识字班开班的第一天，来了几个不识字的民众，央告报名入班因无座位容纳，让他们下期再来，他们踟蹰不决，最后要求清发给他们一个上学的执照，免得保甲长麻烦，或将来受罚②。

与保甲制的合作的方法可以说是"利用人民畏法怕罚的心理"的社会教育的开始。

但是，此后笔者还找不到社会教育与保甲制合作的例子。其原因不明，也许跟日军的战况恶化及活动预算的不足有关系。然而，社会教育与保甲制合作，这个问题延续到抗日战争后的天津社会教育界③。

## 总　结

综合上述考察，本文得出了以下的结论。

一，国民政府为了提高国民的教育水平及宣传国民党的党义，注重社会教育的普及，其客观结果是导致国民政府时期中国社会教育的迅速发展。民众教育馆于此时成立。民众教育馆是作为"社会教育中心机关"管辖地方社会教育的设施，以后不断增加，最终在全国超出了1000家，天津也有其中的两个。当时天津还有几个与民众教育馆相似的讲演所及通俗图书馆。

二，当初，天津的民众教育馆跟别的社会教育设施相同，没有"社会教育

---

① 金松波《津市社教现状的检讨和当前出路》，《民教半月刊》，4卷4期，1941年，第1页。

② 于恩三《识字运动之我见》，《民教月刊》5卷2、3合期，1942年，第17—18页。

③ 《民教馆关于工作报告表》所收《天津市社会教育月报表（1935年6月—1936年12月）》，天津市各社教区民众教育馆档案，113－2（3类）－149。

中心机关"的职能。但是在1936年左右以后,民众教育馆渐渐上升到"社会教育中心机关"的地位。重要的是抗日战争时期的1938年。在这一年天津特别市教育局把天津市区分为9个社会教育区,各个社会教育区设置"新民教育馆"。此后,作为"社会教育的中心机关","新民教育馆"负责管辖区的社会教育事业。而且,"新民教育馆"对教育对象的情况掌握也比以前大为细致了。

三,但是,由于天津民众对社会教育的关心不算高,所以,"新民教育馆"企图以游艺活动等为诱饵招揽民众,然而结果并不佳。于是,在1940年代以后"新民教育馆"逐渐采用强制性的手段——即与保甲制合作。

(《城市史研究》2010年第26辑)

# 河海气象·江南风情·畿辅心态
## ——元明以来诗文中的津门意象

许哲娜

天津特有的地理位置和地貌特征,造就了其独特的自然风光与人文景观。13世纪以来,津门地域的功能和地位的重要日趋凸显。正如薛柱斗在《重修〈天津卫志〉序》中所概括的:"天津为卫,去神京二百余里,当南北往来之冲,京师岁食东南数百万之漕悉道经于此;舟楫之所式临,商贾之所萃集,五方之民之所杂处,皇华使者之所衔命以出,贤士大夫之所报命而还者,亦必由于是。"[①]随着元明政权定都北京以及漕运和盐业的兴盛,作为京师屏藩、水陆要冲的津沽地区从昔日的边关僻壤一跃成为畿辅一大都会。而津门独具魅力的风土人情也逐渐受到当时文人的瞩目,构成了他们诗文中的重要意象。

## 一、津门的河海气象

天津地处九河之会,东濒渤海。河海交会的浩瀚气象对津门本土以及旅津诗人产生了极大的震撼力,海洋风光、观海感受、航海体验构成了他们描摹津门风情的重要意象。

强劲的海风、澎湃的波涛是海洋给诗人们留下的最直观也是最惊心动魄的印象。元代诗人臧梦解曾以"北风吹人浪如砥"警告那些上年因"一时输粟得官归"尝到了甜头,当年为"求高迁"而"复祷天妃上海船"的吴人[②]。

---

[①] （清）薛柱斗:《重修〈天津卫志〉序》,薛柱斗纂,高必大修:《天津卫志》,《天津通志·旧志点校卷》(上),南开大学出版社2001年,第6页。

[②] （元）臧梦解:《直沽谣》,李梅宾、程凤文总纂,吴廷华总修,汪沆分修:《天津县志》卷二十二《艺文志》,《天津通志·旧志点校卷》(中),南开大学出版社2001年,第236页。

黄镇成的一句"黑洋大海波连天"①更是把海洋的险恶险描绘得淋漓尽致。

波澜壮阔的景象虽然具有一定的威慑力,但是也会因为挑战了人类的气魄和胆量,从而在他们的内心深处激发出一种特殊的审美体验。诗人江羽青一到天津,就欣赏到了在辽阔苍穹的映衬之下,潮水如万马奔腾般的壮阔之美②。环水楼上远眺河海交会,让鲁之裕获得了一种平地和内陆河流不可能赋予的开阔眼界。他听到,河水在出海口澎湃击荡,发出更为雄浑的咆哮。他看到,仿佛是受到了这种雄壮景象的感染,跋浪鲸鲵在四处飞溅的水花中欢喜地跳跃,舟楫的樯帆则借着迅疾的风速更加轻快地驶向目的地③。殷希文更是在一次泛海经历中收获了丰富而复杂的心理体验——从"天轮怒激转,地轴骇奔荡。船随浪低昂,人拱船俯仰"的惊险与刺激,到"须臾鲸波静,挂席无碍障"之后"万顷云涛堆,一叶恣奔放。江陵一夜还,何似此快畅"的轻松心情,再到上岸后被朋友斥为孟浪的情况下表现出"因事破拘墟,心目殊开旷"的自豪、豁达心态④。

烟波浩渺、波涛诡谲的海洋对于古人来说是一个充满神秘感的所在。它寄托了人类对缥缈仙境的种种想象,是孕育神话传说的重要渊源。一位没有留下姓名的文士在扑面而来的海风中眺望浩瀚海洋,不禁陷入了浮想联翩:"十洲三岛之神仙兮,魂渺渺乎何在也?指登莱其琼居兮,乃曰尘迹所届也。抑神仙乐帝游兮,又奚为彼界也?"⑤而特殊的气象条件,如皎洁的月光更是给海洋增添了几分神秘色彩。在晶莹的月色中,"万里沧波天一色"的大海景色也变得如梦如幻,诗人仿佛置身于"水晶宫浸鱼龙冷,白玉城高

---

① (元)黄镇成:《直沽客行》,李梅宾、程凤文总纂,吴廷华总修,汪沆分修:《天津县志》卷二十二《艺文志》,《天津通志·旧志点校卷》(中),南开大学出版社2001年,第236页。

② (清)江羽青:《天津》:"天空潮似马。"李梅宾、程凤文总纂,吴廷华总修,汪沆分修:《天津县志》卷二十三《艺文志》,《天津通志·旧志点校卷》(中),南开大学出版社2001年,第240页。

③ (清)鲁之裕:《登环水楼》,李梅宾、程凤文总纂,吴廷华总修,汪沆分修:《天津县志》卷二十三《艺文志》,《天津通志·旧志点校卷》(中),南开大学出版社2001年,第242页。

④ (清)殷希文:《泛海》,梅成栋:《津门诗钞》,天津古籍出版社1993年,第436页。

⑤ 无名氏:《观海赋》,李梅宾、程凤文总纂,吴廷华总修,汪沆分修:《天津县志》卷二十《艺文志》,《天津通志·旧志点校卷》(中),南开大学出版社2001年,第213页。

鹳鹤轻"的幻境中①。在"潮来岸更平"的中元之夜,月光普照,波光粼粼,淡淡的海上云气四处弥漫,诗人与朋友们倚靠在"缓缓柔摇橹"的船边,恍惚之中以为自己正在划向迢迢的太清之境②。

而风平浪静的水面又会赋予诗人们另一番缱绻的情思。在"沙平草浅"的初春时节,"海天寥廓"的景象让策马缓行的胡捷忽然感受到人在自然界浩大空间的寂寞与渺小,因而触动了他的相思之情③。

由于拥有丰富的水资源,海云连亘、水汽氤氲成为津门风光的主要特色。描绘津门烟景的诗篇不在少数,如张霖的《瀛津晚烟》、张霪的《望津门晚烟》等等。在章琦的笔下,迷蒙的海气仿佛要把整座城市都吞没了④。在暮烟之中,流向瀛海的津河细若一线⑤。傍晚时分的津门,蔼蔼墟烟仿佛绮罗四处飘散,与海天水汽、落日余晖沉瀣相被,形成了"楼台隐幂历,掩映遥峰紫。……水天不复辨,元气混茫里。远观昆仑霞,蒸蒸照赤水。近睹泰山云,触石肤寸起。素练杂红绡,两两差可拟。烟光亦恒景,灿烂无如此"的奇妙景观。当暮霭渐渐散去,天空恢复了镜子般的明亮,闪闪银河仿佛近在咫尺,仍然陶醉在刚才奇景中的诗人张坦恍惚见到了"仿佛紫光中,飘飘来仙子",他不禁萌发了"有志在凌烟,轻身骑赤鲤"的奇思妙想⑥。

---

① (明)李东阳:《海门夜月》,李梅宾、程凤文总纂,吴廷华总修,汪沆分修:《天津县志》卷二十二《艺文志》,《天津通志·旧志点校卷》(中),南开大学出版社2001年,第237页。

② (清)武弘彦:《辛丑中元夜同人泛舟观灯》,李梅宾、程凤文总纂,吴廷华总修,汪沆分修:《天津县志》卷二十三《艺文志》,《天津通志·旧志点校卷》(中),南开大学出版社2001年,第248页。

③ (清)胡捷:《正月九日过海光寺》,李梅宾、程凤文总纂,吴廷华总修,汪沆分修:《天津县志》卷二十三《艺文志》,《天津通志·旧志点校卷》(中),南开大学出版社2001年,第242页。

④ (清)章琦:《天津》:"海气忽吞城。"李梅宾、程凤文总纂,吴廷华总修,汪沆分修:《天津县志》卷二十三《艺文志》,《天津通志·旧志点校卷》(中),南开大学出版社2001年,第243页。

⑤ (清)周纶:《天津夜泊次李友韵寄方回赤城》,李梅宾、程凤文总纂,吴廷华总修,汪沆分修:《天津县志》卷二十三《艺文志》,《天津通志·旧志点校卷》(中),南开大学出版社2001年,第242页。

⑥ (清)张坦:《望津门晚烟》,李梅宾、程凤文总纂,吴廷华总修,汪沆分修:《天津县志》卷二十三《艺文志》,《天津通志·旧志点校卷》(中),南开大学出版社2001年,第242页。

河海相通提供的便利条件使得天津成为北方地区最重要的港口,樯帆云集成为津门八景之一。"一夕潮来集万船"①"晓日三叉口,连樯集万艘"②在元代已经非常常见。明代诗人曾棨、王洪在经过直沽城时,都目睹了"海流千派合,舟楫万方通"③"市集诸番舶"④的繁华景象。另一位诗人李东阳也曾描绘过"吴粳万艘"的盛况,"欸乃歌连明月夜,参差帆指紫云衢"的"万年壮丽"留在了津门,而从千里之外运来的吴粳却在京城御厨之中飘香⑤。

　　地濒河海的优越条件使得津门地域河鲜、海鲜资源丰富,品质上乘而价格低廉,因此形成了以河鲜、海鲜为主要特色的饮食文化。《天津卫志》修纂者将"河有鱼蟹之利"列为天津特色之一,并称:"俗语'天津螃蟹镇江酒',谓美而多也。"⑥这种独特的饮食文化对诗人们构成了强烈的吸引力。元代诗人傅若金对霜降之时价廉味美的螃蟹念念不忘⑦。"夕阳野饭烹鱼釜,秋水蒲帆卖蟹船"给舟行途径直沽的明代诗人宋讷留下了深刻的印象⑧。在灯火楼台与津门美食的双重诱惑下,诗人杨映昶发出了"放怀那惜倒金罍"的

---

① （元）王懋德：《直沽》,李梅宾、程凤文总纂,吴廷华总修,汪沆分修：《天津县志》卷二十二《艺文志》,《天津通志·旧志点校卷》(中),南开大学出版社2001年,第236页。

② （元）张翥：《代祀天妃庙次直沽作》,李梅宾、程凤文总纂,吴廷华总修,汪沆分修：《天津县志》卷二十三《艺文志》,《天津通志·旧志点校卷》(中),南开大学出版社2001年,第236页。

③ （明）曾棨：《过直沽》,李梅宾、程凤文总纂,吴廷华总修,汪沆分修：《天津县志》卷二十二《艺文志》,《天津通志·旧志点校卷》(中),南开大学出版社2001年,第236页。

④ （明）王洪：《过直沽城》,李梅宾、程凤文总纂,吴廷华总修,汪沆分修：《天津县志》卷二十二《艺文志》,《天津通志·旧志点校卷》(中),南开大学出版社2001年,第237页。

⑤ （明）李东阳：《吴粳万艘》,李梅宾、程凤文总纂,吴廷华总修,汪沆分修：《天津县志》卷二十二《艺文志》,《天津通志·旧志点校卷》(中),南开大学出版社2001年,第237页。

⑥ （清）薛柱斗纂,高必大修：《天津卫志》卷二《利弊》,《天津通志·旧志点校卷》(上),南开大学出版社2001年,第27页。

⑦ （元）傅若金：《直沽口》："蟹忆霜时贱。"李梅宾、程凤文总纂,吴廷华总修,汪沆分修：《天津县志》卷二十三《艺文志》,《天津通志·旧志点校卷》(中),南开大学出版社2001年,第236页。

⑧ （明）宋讷：《直沽舟中》,李梅宾、程凤文总纂,吴廷华总修,汪沆分修：《天津县志》卷二十二《艺文志》,《天津通志·旧志点校卷》(中),南开大学出版社2001年,第236页。

豪言,在他看来,只有饱啖了西施舌,才能算"不负津门鼓棹来"①。汪沆在《津门杂事诗》中提及的津门水产就有巨罗鱼、青鲫、白虾、裙带蛏、女儿蛏、鲁鱼、羊鱼、河豚、蟹等等。在"故人多感促南辕"的情形下,他却觉得"二月河豚八月蟹,两般也合住津门"②,足见津门美食的魅力之大。而蒋诗对"津门三月便持螯,海蟹堆盘兴尽豪"所带来的享受也是赞不绝口③。

## 二、津门的江南风情

津门地域河汊众多,洼地密布,"在《水经》曰九十九淀,在《地图》曰七十二沽,而皆归宿于津而朝宗"④。这种地貌特征对于北方地区来说颇为罕见,有"于北地称泽国"⑤之说,而与江南水乡却颇为相似。因此津门的诸多胜景常被冠以"小江南""赛江南"的美称。譬如,蓝田一带由于康熙年间蓝理的开垦,"得田二百余顷,车斝之声,相闻遍野",被当时士人誉为"小江南"⑥。杨柳青一带地近丁字沽,以四面杨柳青青而得名,"其地风景酷似江南,故颇艳传人口"⑦。明人高承埏笔下的杨柳青风光印证了这一说法。"春事今年,山桃无恙,花朵依然。细雨沾沙,归云逗日,浅碧罗天。青青杨柳堤边,且系住、乌篷小船。荻笋新芽,河豚欲上,拚醉垆前。"⑧词人将山桃之粉、杨柳之青,与乌

---

① (清)张焘:《津门杂记》卷下《食品》附杨映昶诗,天津古籍出版社1986年,第108页。
② (清)张焘:《津门杂记》卷下《食品》附汪沆诗,天津古籍出版社1986年,第108页。
③ (清)张焘:《津门杂记》卷下《食品》附汪沆诗,天津古籍出版社1986年,第108页。
④ (清)蒋玉虹:《天津地理论》,吴慧元、蒋玉虹、俞樾:《续天津县志》卷二《形胜疆域》,《天津通志·旧志点校卷》(中),南开大学出版社2001年,第285页。
⑤ (清)钱陈群:《重修天津护城河水闸记》,朱奎扬、张志奇总裁,吴廷华、汪沆修纂:《天津府志》卷三十五《艺文志》,《天津通志·旧志点校卷》(中),南开大学出版社2001年,第518页。
⑥ (清)汪沆:《津门杂事诗》,华鼎元编:《梓里联珠集》,天津古籍出版社1986年,第59页。
⑦ 张江裁:《杨柳青小志》,《天津通志·旧志点校卷》(下),南开大学出版社2001年,第684页。
⑧ (明)高承埏:《柳梢青》,李梅宾、程凤文总纂,吴廷华总修,汪沆分修:《天津县志》卷二十三《艺文志》,《天津通志·旧志点校卷》(中),南开大学出版社2001年,第248页。

篷船相互映衬,营造出江南风光所特有的清新恬淡的意境,再加上以荻笋、河豚和美酒为烘托,更点染出了杨柳青所具有的江南逍遥之乐的气氛。

而津门士大夫在修筑园林时也非常热衷于移植江南风物。譬如查氏水西庄就"栽竹数亩,翁郁深翠",让人顿觉"不减江南"①。这一切都使得津门处处呈现出一派水乡韵致,让来自江南的诗人倍感亲切。明代诗人就认为,直沽"蘼芜杨柳绿依依,樯燕樯乌立又飞"这样极具江南风情的景色,加之"白鱼紫蟹四时肥"的美味诱惑,完全可以让旅津"南人"的乡思得以缓解②。

天津是一座"五方杂处"的移民城市。由于京师日常生活所需粮食主要依靠江南的输送,江南吴地文化在津门土地上留下过深深的印迹。元代诗人傅若金就发现杂居直沽口的兵民"一半解吴歌"③。"征歌曲罢闻吴咏"是清代陈元龙游赏津门水西庄之后拥有的最深刻的听觉记忆④。清代诗人沈峻也发现在津门,"罟师都惯唱南腔"⑤。除了语言、声乐方面,苏州的服饰风尚也曾经对天津产生过影响。据梅宝璐竹枝词的描述,津门地区曾经流行过一种称作"苏州背"的装束,非常惹人注意⑥。而在南货局内"居奇无货不苏杭"⑦。由此可见,津门地区与吴地有着密切的经济和文化往来,并深受后者的影响。

由于天津与扬州具有相同的经济增长点——盐业,因此在城市文化发展的历程与特色方面也有着惊人的相似。盐商辐辏,富室云集,对当地的奢

---

① (清)汪沆:《津门杂事诗》,华鼎元编:《梓里联珠集》,天津古籍出版社1986年,第48页。

② (明)无名氏:《直沽棹歌》,李梅宾、程凤文总纂,吴廷华总修,汪沆分修:《天津县志》卷二十二《艺文志》,《天津通志·旧志点校卷》(中),南开大学出版社2001年,第238页。

③ (元)傅若金:《直沽口》,李梅宾、程凤文总纂,吴廷华总修,汪沆分修:《天津县志》卷二十二《艺文志》,《天津通志·旧志点校卷》(中),南开大学出版社2001年,第236页。

④ (清)陈元龙:《新安查翁天行久客天津年七十矣新构一园曰水西园辱招游赏停舟竟日赋谢》,《天津县志》卷二十三《艺文志》,《天津通志·旧志点校卷》(上),南开大学出版社2001年,第240页。

⑤ (清)沈峻:《棹歌》,张焘:《津门杂记》卷下《津门杂咏》,天津古籍出版社1986年,第113页。

⑥ 梅宝璐:《竹枝词》,张焘:《津门杂记》卷下《津门杂咏》,天津古籍出版社1986年,第118页。

⑦ (清)崔旭:《津门百咏》,华鼎元编:《梓里联珠集》,天津古籍出版社1986年,第153页。

侈消费起到了极大的推动作用,所谓"赢得纲商佳子弟,花天月地会消磨"①,"盐坨堆积崇如山,遂使后人不知艰。……学人衣食竞奢华"②。这就促使津门地区形成了与扬州极为相似的奢靡风气。史称津门"邑向五方杂处,逐末者多,踵事增华,日趋浮靡"③,尤其是在装束、饮食方面追逐时尚,花销豪奢,因此素有"小扬州""赛扬州"的美誉。据说早在宋元时期的诗歌《直沽》中就已经把直沽地区刻画成"扬州十里小红楼"的形象。直到清代,这一意象仍然对很多诗人的艺术创作产生影响。譬如,杨一昆称:"天津卫,赛扬州,……繁华热闹地窄人稠。"④张问陶以"二分烟月小扬州"勾画天津的富庶丰饶⑤。其弟子梅成栋之子梅宝璐在自己所撰的竹枝词中引用了这一诗句,以表示对张问陶贴切描述的推崇⑥。而崔旭在《津门百咏》的第一首诗中也以"繁华风景小扬州"来概括津门风貌。著名竹枝词《津门小令》正是诗人樊彬在读了李啸村《扬州忆》小令之后,联想到津门有"小扬州"之目而仿效其体例作成的。由此可见,天津卫是繁华扬州的翻版,这已经成为一种共识。

酷似扬州的奢靡风气成为诗人笔下最突出的津门形象之一。晚清诗人崔旭在《咏津门》中详尽描绘了津门人烟辐辏、奇货错陈的繁华景象:

满眼繁华看逝波,肩舆塞路走如梭。

沉檀珠翠来闽海,花鸟楼台绕卫河。

商贾竞趋盐筴利,优伶纷逐酒筵歌。

笙箫聒得游人醉,未省津关暮气多。⑦

他与梅宝璐对于这种"书香束手已堪嗟,铜臭扬眉气焰奢"⑧的不良畸形

---

① 张焘:《津门杂记》卷上《盐坨》附李云楣诗,天津古籍出版社1986年,第14页。
② 张焘:《津门杂记》卷上《盐坨》附李云楣诗,天津古籍出版社1986年,第14页。
③ 吴慧元、蒋玉虹、俞樾:《续天津县志》卷八《风俗》,《天津通志·旧志点校卷》(中),南开大学出版社2001年,第316页。
④ 戴愚庵:《沽水旧闻·杨一昆之〈天津论〉》,天津古籍出版社1986年,第30页。
⑤ 张问陶:《怀天津旧游》,梅成栋:《津门诗钞》卷下《津门杂咏》,天津古籍出版社1993年,第118页。
⑥ 梅宝璐:《竹枝词》,张焘:《津门杂记》卷下《津门杂咏》,天津古籍出版社1986年,第116页。
⑦ 崔旭:《咏津门》,(清)张焘:《津门杂记》卷下《津门杂咏》,天津古籍出版社1986年,第112页。
⑧ (清)梅宝璐:《竹枝词》,张焘:《津门杂记》卷下《津门杂咏》,天津古籍出版社1986年,第118页。

风气都表示出强烈的不满和焦虑。崔旭警告人们应该意识到潜藏在繁华之中的暮气。而梅宝璐幻想着能够掬得一捧西江水,涤尽崇尚繁华的风俗。

与江南极为相似的自然景观,吴人旅津留下的文化印迹,盐业发达造就的奢靡风气,铸就了津门文化中的江南意象。这也是津门能够吸引大批南方游贾、仕宦在此定居的重要原因之一。清中叶诗人朱岷初到津门,便发现这里乃是"京南花月无双地,蓟北繁华第一城",而"分明小幅吴江画"的自然人文景观让来自江苏武进的他很快就对津门产生了亲近感,从而萌发了"移家过此生"的念头①。后来,朱岷果然在天津定居,与出身津门望族的梅履端联姻,其幼女即《津门诗钞》编纂者、津门文化最重要的弘扬者梅成栋的母亲。

## 三、津门的畿辅心态

13世纪以来,随着元明政权定鼎燕京,扼守京城水陆咽喉的津沽地区的功能与地位不断提升。有元一代,直沽地区作为"使收通漕米,兵捕入京盐"②的经济枢纽便备受关注。到了明代朱棣迁都北京后,天津更是成为拱卫神京的雄关重镇。畿南都会、首善之区这一特殊地理位置让全国各地对天津另眼相看,也造就了天津人自身的特殊心态。

津门地区是历代皇帝出京巡游的第一站,因此常常能够享受到皇室的特别恩典。据说康熙四十四年(1705),清圣祖南巡,龙舟停泊在杨青驿道旁时,当地士民咸获赐"克食"。汪沆在《津门杂事诗》中追述了当时人无比荣耀的心情:"下社莺花二月稠,白头父老感宸游。承恩不独黄衣贵,亲拜天厨出凤舟。"③在这种心态的影响下,诗人眼中的津门一草一木似乎也总是时刻满怀着恭迎圣驾的殷切心情。据说康熙皇帝銮驾回京时,发现天津桃花寺外那一片曾经掩映着龙舟南巡的烂漫桃花依然绯红如霞,仿佛是在恭敬地迎接他的归来,让年过半百的他在"疑似两春报"的鼓舞下暂时抛却了"夕阳

---

① (清)朱岷:《初到津门》,梅成栋编:《津门诗钞》,天津古籍出版社1993年,第891页。

② (元)傅若金:《直沽口》,李梅宾、程凤文总纂,吴廷华总修,汪沆分修:《天津县志》卷二十二《艺文志》,《天津通志·旧志点校卷》(中),南开大学出版社2001年,第236页。

③ (清)汪沆:《津门杂事诗》,华鼎元编:《梓里联珠集》,天津古籍出版社1986年,第32页。

无限好,只是近黄昏"的惆怅①。崔旭猜想,天津行宫中那些曾经迎接过圣驾的千百花树在紧闭的宫门内大约是仍然默默地怀抱着"春风望幸心"②。

也许是受到了京城雄浑气势的辐射,津沽地区也被诗人们蒙上了一层尊贵神秘的色彩。他们常常以"紫气""光辉"等具有特殊政治文化内涵的符号来凸显津门特殊地位。一位诗人把"海门东望拱神京"的天津描绘成一座紫气腾腾的城池③。在中国古代社会,紫色是一种被赋予了神秘、尊贵象征意义的色彩。紫色被视作汉代至上神北极星神所居住的天宫之色,进而与皇宫、官署联系在一起,从而成为隐喻超常禀赋、特殊政治地位以及高贵身份的文化符号。因此,有关紫气景象的渲染实际上是突出了天津作为畿辅的特殊地位。丰富的水资源造就了天津常有"光辉腾弥弥"的景象,这也被某些人归结为"近丹阙"的结果④。

由于天津是很多怀抱政治理想的士人官宦出入京师的必经之地,因此天津之行便不仅仅是一次普通的游历,而是被赋予了某种特殊的象征意味。对于告老退隐的士大夫而言,来到天津地界便意味着远离了京城政治舞台的纷扰,可以从此彻底地洗去"京尘",真正开始颐养天年的生活了⑤。而对于即将到天津就任的杭州宪副而言,"天津桥北望京楼"⑥这一特殊的地理位置与政治意义却意味着他向帝国政治中心又迈进了一步,一幅前途无量的美好画卷正在他的面前缓缓展开。

然而,与京城位处同一地域范畴,却始终没有成为一国之都的机会,这让天津人的内心深处在荣耀之余不免有些许的失落。在天津的民间传说中,最高统治者曾经有意定都天津这一母题的反复出现,正是这种特殊心态

---

① (清)汪沆:《津门杂事诗》:"桃花寺外桃花树,春去犹迎銮辂开。莫讶天公机杼巧,红云要护翠华来。"华鼎元编:《梓里联珠集》,天津古籍出版社1986年,第32页。

② (清)崔旭:《津门百咏》,华鼎元编:《梓里联珠集》,天津古籍出版社1986年,第32页。

③ 前人:《溟波浴日》,李梅宾、程凤文总纂,吴廷华总修,汪沆分修:《天津县志》卷二十三《艺文志》,《天津通志·旧志点校卷》(中),南开大学出版社2001年,第250页。

④ (清)张坦:《望津门晚烟》,李梅宾、程凤文总纂,吴廷华总修,汪沆分修:《天津县志》卷二十三《艺文志》,《天津通志·旧志点校卷》(中),南开大学出版社2001年,第242页。

⑤ (元)袁桷:《清容居士集》卷九《直沽口》,四部丛刊本。

⑥ (明)何景明:《送杭宪副备兵天津》,李梅宾、程凤文总纂,吴廷华总修,汪沆分修:《天津县志》卷二十二《艺文志》,《天津通志·旧志点校卷》(中),南开大学出版社2001年,第238页。

的典型表现。传说唐太宗在征伐高丽班师回朝途中,曾经驻扎在天津,被宝坻的景色和风水所打动,决定将都城从长安迁到这里。可是,就在士兵大兴土木垒成城墙之后,唐太宗在筹划皇宫修建方案时,突然看到一支金光灿烂的神箭从天空中飞过,直指西北方向,也就是现在的北京,这暗示着真正具有国都气象的应该是北京。于是唐太宗离开天津,回到了长安。另一个传说的主角则是明成祖朱棣。据说,朱棣被封为燕王之后,曾经仿照当时的国都南京修建了一座都城,即天津蓟州城。后来,在朱元璋的逼迫下,朱棣迁往北京,但是1400年从天津起兵时,仍然决定将来定都天津蓟州,并赐名"天子驻跸之津"。直到他成为皇帝十七年后才最终选择了北京作为国都。还有一个传说是以刘伯温为主角的。据说,朱棣决定在天津建都之后,曾经派刘伯温到天津勘察地形。结果刘伯温在三岔河口以南的地方看到三个顶天立地、金盔金甲的巨人,面朝北,左手托金鼓,伸向西方,暗示着金銮殿也就是国都应该在西北方向的北京,右手擎算盘,向下沉着,暗示着天津将为北京提供强有力的财政保障。

  这三个传说包含着几个共同的元素。其一,将天津历史的发展附会于中国历史上最具有雄才大略的帝王——唐太宗与明成祖以及最足智多谋的名相刘伯温,尤其是明成祖据说在天津建城历史上是一个关键性的人物。天津人认为,是他首先将"天津"这一沿用至今的名称赐予了这一地区,也是他决定在这里设立屯卫,并迁来大批南方移民,揭开了该地区城市发展史的序幕。其二,这些传说都指出天津曾经获得过被设为国都的机会。其三,这些传说都用天命论解释了天津最终未能成为国都的原因以及对于国都的特殊意义。这三个共同的元素一方面为提升天津政治地位与历史地位提供了某种依据,另一方面也是为天津未能成为国都所造成的失落心态的一种开脱和调节。

  综上所述,河海气象、江南风情、畿辅心态,构成了津门意象的三重奏,使得津门呈现出有别于北国风光的特殊气质,也为津门文化特色的形成提供了优越的地理、人文、历史条件。

(《城市史研究》2010年第26辑)

# 华北沦陷时期的货币与金融

郑会欣

## 前 言

九一八事变后,日本侵占了整个东北,其后又将侵略的目标转向华北。在向华北进行军事、经济、文化等方面入侵的同时,日本政府、军部及满铁等情报部门和朝野机构亦对华北的经济资源进行大规模的搜集和调查。1933年关东军入侵华北之后,满铁即加强在关内的侵略活动,其中一项重要内容就是加紧进行对华北的经济调查。当年11月至12月间,满铁经济调查会即完成了《设立对华经济调查机关计划案》,计划在天津、青岛和上海设立三个满铁经济调查分会,并在其下再于北平、山海关或滦州、张家口、太原、济南、芝罘、南京、汉口、香港、广东等地设立若干个办事处。其中涉及华北的经济调查包括对开滦煤矿、井陉煤矿、山西矿业、山东煤矿、中立地区(冀东)的各种工业,华北的各种经济资源(如棉花、麻、羊毛、面粉、烟草、木材、麻药等)的供求关系,满洲对华北的贸易(主要是关税问题)、交通以及各国的权益,渤海湾的走私贸易等等。1934年5月间,满铁又向天津、青岛分会派遣5名驻在员,并配备若干人员辅助调查,从而完成了对渤海湾化学工业贷款以及各种矿业、交通、贸易的调查,共提交37种立案调查报告[①]。1935年7月,满铁又在关东军的支持下成立"北支经济调查班",直接接受天津驻屯军的指挥,目的就是收集华北各省(河北、河南、山东、山西、察哈尔、绥远)经济开发及日中经济提携相关的基础资料。其下分为甲、乙、丙三个小组,分别对华北的金融、财政以及贸易、政治、产业业、交通各方面进行调查,其中乙组的

---

① 参见臧运祜:《七七事变前的日本对华政策》,社会科学文献出版社2000年,第201页。

编制最为庞大,由满铁调查会派遣115名调查人员,分为矿业、工业、铁道、港湾、经济等五个方面进行数据和情报的收集。为实施如此庞大的调查,1935年度预算为256501日元,1936年升至664810日元,仅以矿业为例,调查人员即对华北地区26种矿类、159座矿山进行了调查。总计完成的调查报告多达85册①。

七七事变爆发后不久,华北即告全面沦陷,在沦陷的八年期间,日本当局一方面不断加强对华北经济的全面掠夺,同时正式成立"华北开发株式会社",制定一系列统制经济的方针政策,并组织各种机构,对于华北地区的经济情报资料继续进行统计,声称"凡对扩充我国生产力有用的重要资源,都应促进其开发及其取得"。日本侵略者的目的就是要将整个华北划入其蓄谋已久的所谓"日满华经济圈"内,成为其殖民地,建成永久的以战争需要为主的国防资源的基地②。

抗战胜利后,国民政府立即委派军事长官受降,并在陆军总司令部下成立党政接收计划委员会,再于各省市之下设立相应的接收委员会,待到行政院正式成立全国性事业接收委员会之后,即将所有接收大权归于行政院负责,并将全国分为京沪、平津、武汉、广东等四区,每区设立敌伪产业处理局,代行政院接管敌伪产业,统筹处理接收物资,规定处理局为全国性事业接收委员会的中心机关,直属行政院,所有已接收的敌伪产业必须报经处理局作决定后方得处理,其所作出的决定,该区各机关均须遵照办理③。

河北平津区敌伪产业处理局设于北平,局长由孙越崎担任。该局的工作范围除了接收敌伪金融机关的金银、外汇、证券以及工矿企业的设备、房产等财产之外,还有一项重要的工作,就是注意接收敌伪各机关以往所进行的各项经济资源调查。1946年5月1日,河北平津区敌伪处业处理局设立经济数据室,专门负责收集这方面的资料。由于胜利之初中央与地方接收机关众多,天津市有26个,北平市有29个,其中北平仅中央机关就包括教育

---

① [日]中村隆英:《战时日本の华北经济支配》,山川出版社1983年,第28—31页。

② 转引自居之芬、张利民主编:《日本在华北经济统制掠夺史》,天津古籍出版社1995年,第72—73页。[日]中村隆英《战时日本の华北经济支配》一书编制的55份图表即根据当时日本在华北收集的经济情报所成。

③ 参见林桶法:《战后中国的变局——以国民党为中心的探讨》,台北商务印书馆2003年,第18—21页。

部、经济部、社会部、农林部、交通部、卫生署、蒙藏委员会等特派员办公处，最高法院北平办事处、财政金融特派员办公处、粮政特派员办公处，以及中央调查统计局、中央银行、中央信托局等13个单位①。其间敌伪各部门所搜集和编辑的各项统计资料，多被上述机关各自接收，但均未加整理，因此资料室成立的最初四个月，主要是向各机关征集和借阅。其后三个多月，数据室的工作就是对上述数据进行整理归纳，加以分类，并在其基础上编辑成一份详细的资料统计，题为《战前及沦陷期间华北经济调查》②。本文只是对该资料统计第八章"经济"部分中的货币与金融进行简单的介绍，所引用之数据均源于《战前及沦陷期间华北经济调查》。

## 华北沦陷时期的货币

一、华北沦陷前夕货币发行状况

1935年11月，国民政府实施币制改革，宣布白银收归国有，并以中央银行、中国银行、交通银行（后又加上中国农民银行）发行的钞票为法币。此举先后得到英国和美国的支持，在国内各地实施情形亦称顺利，只是在华北地区遭到日本方面的严重破坏③，因此当时华北地区货币紊乱的局面尚未得到根本解决。七七事变爆发时，华北大部分地区虽然已基本上开始使用中央、中国和交通三行发行的法币，但中国银行与交通银行流通于华北的法币仍印有天津、青岛及山东等字样，另外各地方银行发行的钞票中还有相当部分未及收回，如河北省银行、冀东银行、山西省银行以及商业银行中的中南、中国实业、北洋保商、中国垦业、浙江兴业、大中边业、中国农工各行及晋北盐业银号所发行的钞票，山东民生银行所发行的库券，此外辅币的发行尤为紊乱。以下几份统计即为七七事变前夕各银行在华北地区发行纸币的情形。

---

① 林桶法：《战后中国的变局——以国民党为中心的探讨》，第28页。
② 该书已由天津古籍出版社影印出版。郑会欣主编：《战前及沦陷期间华北经济调查》，天津古籍出版社2010年。
③ 详见拙文《日本帝国主义对中国1935年币制改革的破坏》，《近代史研究》1986年第1期，第272—284页。

表1　国家银行发行之法币

| 银行名 | 数额(元) |
| --- | --- |
| 1.中央银行 | 65,083,000 |
| 中国农工银行 | 1,500,000 |
| 中南银行 | 1,500,000 |
| 共计 | 68,083,000 |
| 2.中国银行 | 164,957,700 |
| 北洋保商银行 | 3,000,000 |
| 共计 | 167,957,700 |
| 3.交通银行 | 83,045,000 |
| 中国农业银行 | 1,750,000 |
| 中国垦业银行 | 90,000 |
| 浙江兴业银行 | 20,000 |
| 大中银行 | 560,000 |
| 边业银行 | 50,000 |
| 共计 | 85,515,000 |
| 4.中国农民银行 | 10,397,000 |
| 四行共计 | 331,952,700 |

说明：上表统计中中国银行与交通银行的数额系根据伪华北交通资业局的调查，其他数字则依据伪临时政府1938年2月7日公布《普通货币整理办法》内所附之《华北区内各银行纸币流通额表》；但中国农民银行纸币在华北地区流通数额无法统计，表中数额是根据1937年6月该行发行总额的5%进行估计的。因为当时中央银行流通于华北地区的纸币占其总发行量的17%，而中国农民银行在华北北部流通的纸币较少，以不足中央银行发行数额的三分之一计算。

表2　地方银行或地方金融机关发行之纸币

| 银行名 | 数额(元) |
| --- | --- |
| 1.河北省 | |
| 河北省银行 | 50,000,000 |
| 冀东银行 | 8,000,000 |
| 河北钱业局 | 1,000,000 |
| 合计 | 59,000,000 |

| 银行名 | 数额(元) |
|---|---|
| 2.山东省 | |
| 山东省民生银行 | 4,540,000 |
| 山东省平市官钱局 | 1,136,560 |
| 青岛农工银行 | 12,901 |
| 合计 | 5,689,461 |
| 3.山西省 | |
| 山西省银行 | 18,269,139 |
| 晋北盐业银号 | 525,000 |
| 绥西垦业银号 | 554,760 |
| 晋绥铁路银号 | 30,316,237 |
| 合计 | 49,665,036 |
| 4.河南省 | |
| 河南农工银行 | 321,865 |
| 四省共计 | 95,327,564 |

说明：以上数字因系地方金融机关发行之纸币，缺乏真实的统计，均为估计数。

表3 外国银行发行之纸币

| 银行名 | 数额(元) |
|---|---|
| 横滨正金银行 | 400,000 |
| 麦加利银行 | 142,000 |
| 汇丰银行 | 36,000 |
| 花旗银行 | 197,000 |
| 华北银行 | 11,000 |
| 合计 | 786,000 |

除此之外，还有私人金融机构发行的纸币，为数颇多，但不易统计，估计总数达1100余万元（其中山西省县银号村信用合作社券1600000元，山西省土地合作券及山西省钱庄典当发行帖券各500000元，其他杂券8470000元）。另外所谓"圆系通货"即日本银行券如日本银行（10000000元）、朝鲜银行（80000000元）、满洲中央银行（20000000元）及察南银行（200000元），在华北市面上流通数额不多，察南银行券亦只是在平津及河北省北部少数地区流通。

除了纸币之外,币制改革以前在华境内尚有山西省内不流通银元,在市面流通之铜元及镍质辅币等,其后慢慢绝迹,因此无法统计,而新增流通的硬币则包括日本银行、伪满中央银行及冀东银行发行之硬辅币三种。据邮天储金汇业局统计,法币政策实施之后,华北各地民众存藏之银币数额共计58301000元。

七七事变后至伪中国联合准备银行未收回各种货币之前,上述六种货币流通总额为619517264元。

二、沦陷时期的华北地区货币

华北沦陷后,在日本侵略军的唆使下,1938年3月10日傀儡政权在北平成立伪中国联合准备银行,并公布货币发行章程及整理旧币办法。同时宣布,所有印有天津、山东、青岛、济南、烟台、龙口、威海卫、临清等处字样的中国、交通银行钞券,以及河北省银行、冀东等银行发行的纸币以一年为限,准予流通;而中央银行及其他中国、交通银行发行之法币与其他流通之纸币,限期三个月,其后禁止流通,并规定新旧货币等价兑换。1938年8月8日,伪中华民国临时政府财政部公布旧通货贬值令,中国、交通银行所发行之纸币按九折兑换;到了同年12月30日又公布,自1939年2月20日起,再贬为六折,其后即完全禁止使用。

为了取缔其他外币在华北市场上的流通,1940年5月,伪联合准备银行曾公布《日、满、鲜币收回办法》《圆系通货收付限制令》《满洲中央银行及蒙疆银行钞票流通取缔办法》以及《中外通货管理法》等一系列法令,因而华北境内在国内各银行纸币整理之后,所有外币亦逐渐绝迹。

对于华北地区流通的旧辅币,伪政权曾于1938年5月31日公布《小额纸币及辅助硬货币整理办法》共五条,规定各银行所发行之未满一圆之小额纸币及硬币可于三年内与伪中联银行之小额通货等价流通。嗣后小额通货亦随本位币两次贬值,自1941年11月1日起,所有冀东、满洲、蒙疆银行发行的五角以下之纸币及河北省银行之铜元票一律收回,并于当年年底止完全禁止使用。此时只有天津租界中尚有少量法币存在及使用,直至太平洋战争爆发后租界被收回,法币完全停止流通,伪中央联合准备银行发行的货币(简称"联银券")方占领整个华北市场。

表4　伪中央联合准备银行货币发行统计

| 发行年度 | 发行额(元) |
| --- | --- |
| 1938年底 | 161,925,777.40 |
| 1939年 | 458,042,109.58 |
| 1940年 | 715,154,445.52 |
| 1941年 | 966,457,251.20 |
| 1942年 | 1,592,508,991.06 |
| 1943年 | 3,828,272,976.00 |
| 1944年 | 16,225,175,321.49 |
| 1945年8月16日止 | 103,268,541,915.43 |

在伪中国联合准备银行成立之前,伪蒙疆政府即于1937年11月13日在张家口设立了伪蒙疆银行,资本1200万元,由内蒙古、冀南和晋北三个伪政府各自出资400万元(先缴100万元),同时接收伪察南银行及绥远平市官钱局、丰业银行等全部资产负债,发行纸币"蒙疆券",与日元等价联系,流通于绥远、察哈尔及山西北部。

表5　伪蒙疆银行历年货币发行统计

| 发行年度 | 发行额(元) |
| --- | --- |
| 1937年底 | 14,172,000 |
| 1938年 | 38,105,000 |
| 1939年 | 65,092,000 |
| 1940年 | 99,740,000 |
| 1941年 | 121,516,000 |
| 1942年 | 150,875,000 |
| 1943年 | 359,000,000 |
| 1944年 | 1,059,300,000 |
| 1945年6月底 | 2,198,142,000 |
| 1945年8月20日 | 3,529,218,000 |

# 沦陷前后的华北金融

一、金融组织

北京政府时期华北金融业相当发达,随着南京国民政府的成立,政治中心南下,华北的金融业也向南迁移,然而华北地区近代的和传统的金融机构仍一应俱全,并且主要分布在城市,其中天津的银行业更是排在全国第四位。七七事变前,华北各省市的金融机构大致如下:

(一)河北省共有银行业49处,为河北省银行和中国、交通、金城等银行及其各自分支行,另外还有钱业30家,典当业24家。

(二)山西省除了交通、中国及陕北地方实业银行三家之外,主要是山西省银行总分行共28处,参加太原钱业公会的钱庄银号共有39家,其他各地亦多有钱庄、典当业,各城市均有三五家不等,但缺乏准确统计。

(三)山东省华商银行共有35处,其中仍以中国、交通二行分支行最多,另有外商银行2家,钱庄74处,典当业则无详细的统计。

(四)河南省银行业共有50处,钱业21家,缺乏典当业的统计资料。

(五)北平市银行业最初为外商银行独占,清季国人初创大清银行(原名户部银行,民国成立后易名中国银行)及交通银行,其后商业银行如金城、大陆、中南等银行亦陆续成立,南京国民政府成立后,大部分银行随政权南迁,北平原有近60家银行遂逐渐减至20家左右,但分支行仍有50余处。另外北平市还有外商银行9家:日商天洋银行及横滨正金银行分行二家,法商中法工商银行及东方汇理银行分行二家,美商花旗银行及运通银行分行二家,英商麦加利银行及汇丰银行分行二家,以及德商德华银行。至于钱庄业,根据1936年底的统计,北平的钱庄银号共有30余家,典当业200余家。

(六)天津是华北地区的金融中心,成立于光绪二十八年(1902)的直隶官钱号是华北第一家具有现代化银行功能的华商银行,继而户部、交通、北洋保商、殖业等银行纷纷成立,到民国初年,盐业、金城、中孚、大陆、大生、浙江兴业等银行相继在天津开设总行或分行,截至1936年,设于天津的银行总行有8家,分支行58家,另有外商银行16家。天津设有外商国外汇兑银行公会,会员包括汇丰、麦加利、花旗、正金、东方汇理、华北、华义、德华、运通、中法工商、朝鲜、大通等12家,公推汇丰银行经理为理事长。至于天津之钱业可分为山西、本地、南宫和其他各帮(北)等四派,1936年共有七八十家之多,典当业则有57家。

(七)青岛市的华商银行曾于1931年成立同业公会,1936年时共有银行15家,外商银行7家,钱业按其经营业务分类,以存放款汇兑为主的约六七家,以兑换为主的十七八家,分庄性质者三四家。

平津沦陷后不久,华北地区的中央金融机关即随政府南下西迁,日本侵略者便逐渐占领华北地区的金融货币市场。1937年9月,日本政府制定《华北金融对策纲要》,企图以日本扶植下的伪河北省银行、伪冀东银行为基础,联合其他几个在华北的华资银行共同出资,建立联合准备金库。当时日本占领华北之后为了供应日军的军费,曾先后使用法币和朝鲜银行券采购军需,由于发行量大增而引起通货膨胀,价值下跌,这样便对等值的日元带来不利,因此当务之急就是要统一货币,垄断金融机构,即"设立新的发行银行,以期用其发行的银行券,统一华北币制"①。为了推动所谓"日满华经济一体化",筹措战争所需的巨额军费,日本军政当局遂通过《华北联合银行设立纲要》,由伪中华民国临时政府成立委员会,筹备成立银行,并于1938年2月5日公布《中国联合准备银行条例》。3月10日,伪中国联合准备银行正式在北平开业,资本总额5000万元(实收一半),分为50万股,每股100元,由伪临时政府认购25万股,其余半数则强行摊派给中国、交通、河北省银行、金城、盐业、中南、冀东等八家银行②。而实际上当条约公布时,日本的正金、朝鲜和日本兴业等三家银行就向伪临时政府提供了总额1250万元的贷款,以供其收购现银充作政府官股。

根据《中国联合准备银行条例》③规定,该行主要任务就是以"安定通货、稳定金融为目的",其业务包括代理国库,发行国币,生金银、外国通货之买进,代收各种票据之款项,政府及商业各项证券票据之贴现,金银及贵重物品保管,各项存放款及往来存款透支等等。据1944年6月底的统计数据显示,伪中联银行在华北地区共有总分行及办事处25处,其中总行设于北京,分行18个(天津、青岛、济南、石门、唐山、太原、烟台、山海关、新乡、临汾、运城、开封、徐州、潞安、保定、塘沽、商丘、郑州),办事处6个(威海卫、龙

---

① 伪中国联合准备银行顾问室:《关于中国联合准备银行的机构与政策》,转引自解学诗:《满铁与华北经济》社会科学文献出版社2007年,第589页。
② 居之芬、张利民主编:《日本在华北经济统制掠夺史》,第97—98页。
③ 《中国联合准备银行条例》全文共四十一条,收于中央档案馆、中国第二历史档案馆、吉林省社会科学院合编:《华北经济掠夺》,中华书局2004年,第855—859页。

口、秦皇岛、天津北马路、兖州、日本东京），存款总额 2107131000 元,放款总额 2708299000 元。

华北金融机关除了伪中国联合准备银行之外,还包括"联银"辖下的地方银行、一般商业银行以及银钱号等,详情如下：

表6　伪"联银"辖下之地方银行

| 名称 | 总行所在地 | 总分支行数目 |
| --- | --- | --- |
| 中国银行 | 北平 | 6 |
| 交通银行 | 北平 | 7 |
| 河北银行 | 天津 | 25 |
| 冀东银行 | 天津 | 17 |
| 大阜银行 | 青岛 | 6 |
| 鲁兴银行 | 济南 | 11 |
| 河南实业银行 | 开封 | 6 |
| 山西实业银行 | 太原 | 10 |
| 山东农业银行 | 济南 | 5 |
| 华北储蓄银行 | 北平 | 6 |
| 华北工业银行 | 北平 | 2 |
| 合计 |  | 101 |

以上各银行除华北工业银行成立于 1944 年 10 月 16 日,存放款数额尚无统计外,其他 10 家银行至 1944 年 6 月底存款总额为 587408000 元,放款总额为 299527000 元。

表7　一般商业银行

| 名称 | 总行所在地 | 总分支行数目 |
| --- | --- | --- |
| 上海商业储蓄银行 | 上海 | 7 |
| 大中银行 | 上海 | 6 |
| 大生银行 | 天津 | 2 |
| 大陆银行 | 上海 | 15 |
| 元安商业银行 | 天津 | 3 |
| 中央储蓄会 | 上海 | — |
| 中孚银行 | 上海 | 6 |

续表

| 名称 | 总行所在地 | 总分支行数目 |
| --- | --- | --- |
| 中南银行 | 上海 | 3 |
| 中原商业储蓄银行 | 天津 | 2 |
| 中国农工银行 | 上海 | 4 |
| 中国实业银行 | 上海 | 5 |
| 中国垦业银行 | 上海 | 1 |
| 天津市市民银行 | 天津 | 1 |
| 四行储蓄会 | 上海 | 2 |
| 金城银行 | 上海 | 11 |
| 东莱银行 | 上海 | 3 |
| 信诚银行 | 北平 | 2 |
| 浙江兴业银行 | 上海 | 3 |
| 唐山农商银行 | 唐山 | 2 |
| 国华银行 | 上海 | 3 |
| 复丰银行 | 海参崴 | 3 |
| 殖业银行 | 天津 | 1 |
| 华北商工银行 | 北平 | 3 |
| 裕津银行 | 天津 | 2 |
| 巨丰银行 | 烟台 | 1 |
| 新生银行 | 天津 | 1 |
| 新华信托储蓄银行 | 上海 | 7 |
| 福顺德银行 | 烟台 | 8 |
| 聚兴诚银行 | 重庆 | 1 |
| 积生银行 | 北平 | 1 |
| 盐业银行 | 上海 | 3 |
| 合计 | | 112 |

以上31家商业银行截至1944年6月底,存款总额为579290000元,放款总额为278027000元。此外,1944年7月和9月由聚义银号及同德银号改组的两家银行,存放款数额没有统计。

华北地区银号总数约200家,各地分号计310家,1944年6月底存款数额为514661000元,放款总额为382765000元。

综上所述,截至1944年6月底,华北地区各类金融机构包括总分支行数目,合计有545家,存款总额:3788490000元(伪联银占55.6%),放款总额:3668618000元(伪联银占73.8%)。

二、金融统制

伪中国联合准备银行标榜为"银行的银行",是日伪当局将其作为中央银行而设立的,虽然其后在华北各地分别设立分支行及属下银行,但成立之初并未能发挥其央行的机能,统制华北金融的目的并未达到。1941年12月太平洋战争爆发后,日军随即接收天津租界,查封了存放于租界的中国、交通银行的白银,并封闭英、美等敌对国银行,北平、天津、青岛、烟台、威海等地共17家外国和中国银行被日军占领,银行中的法币等均被没收。与此同时,伪华北当局为了配合日本军队侵略战争的扩大,更全面地吸收民间资金,立即将各种金融机构置于其严格的统制之下,实行各种榨取百姓、剥夺财富的国防金融政策。首先伪政府于12月11日公布《金融机关管理规定》,加强伪联银的"统制力",从而将华北的金融机关全部置于经济总署管理之下,最终实现了以伪联合准备银行为中心的金融统制。

根据这一规则,所有金融机构必须拥有实缴资本50万元,同时须是股份公司者方能获准营业,由是华北各地之银号及兑换业不合要求者,均以增资或合并等形式而纷纷改组,华北银号在未整理前尚有484家,到1942年12月10日经"经济总署"许可者只有199家,连同分号为240家,即一半以上银号遭淘汰,这也正是日伪当局的本意。金融机关之组织经过调整,其经营的业务亦加以限制,并受到严格的监督。嗣后伪中联银又公布实行《金融机关管理规则之运用》,对于金融机关的资金运用,特别是放款一项予以严格规定。

伪华北政务委员会经济总署于1944年又以安定战时华北物资金融为名,对平津之银行、钱庄、银号再次加以调查和清理,归并及提高存放款的协定利率,以致将已衰弱不堪的金融机构淘汰,并规定自1944年12月1日起的六个月内,银行最低实收资本数为500万元,银号为300万元。

为了吸收游资,伪华北当局于1942年5月起创办有奖定期存款,以后又连续多次举办,并成立伪华北储蓄银行(总行设于北平,另于天津设立分行),目的就是进一步搜括华北民众的财产。

1944年1月,伪联银联络华北交易统制总会、华北合作事业总会、华北食粮公社、华北纤维统制公会等几个机构,以日本大使馆金融课为中心,网罗其他金融机构,成立"通货吸收对策委员会",对华北地区的棉制品和其他生活必需品实施严格的管制。

为了进一步加强对华北沦陷区金融的统制,1942年开始,日伪当局又相继在青岛(4月28日)、北平(4月30日)、天津(6月1日)、济南(6月15日)设立了票据交换所,票据清算的转账机关是伪中国联合准备银行,参加票据交换所的会员银行必须将保证金存入伪"联银",这样日伪当局既可以通过"联银"经营票据交换的业务而掌握并控制各地银行的业务活动,同时又可以乘机得到一大笔数额可观的保证金。

表8 华北票据交换所简况

| 票据交换所 | 会员银行 | 中国方面银行 | | 日本方面银行 | |
|---|---|---|---|---|---|
| | | 家数 | 名称 | 家数 | 名称 |
| 北平 | 23 | 17 | 中联 中国 交通 金城 盐业 中南 河北 冀东 浙江兴业 新华信托储蓄 中孚 上海商业储蓄 国华 中国农工 大中 中国实业 大生 | 5 | 横滨正金 朝鲜 满洲中央 蒙疆 天津 |
| 青岛 | 11 | 8 | 中联 大阜 金城 大陆 上海商业储蓄 中国实业 国华 东莱 | 3 | 横滨正金 朝鲜 济南 |
| 天津 | 29 | 23 | 中联 中国 交通 金城 盐业 大陆 中南 河北 冀东 浙江兴业 新华信托储蓄 中孚 上海商业储蓄 国华 市民 中国实业 中国农工 大中 大生 东莱 裕津 新生 银钱业同业合组公库 | 6 | 横滨正金 朝鲜 满洲中央 蒙疆 天津 益发 |
| 济南 | 11 | 8 | 中联 中国 交通 大陆 鲁兴 农业 上海商业储蓄 东莱 | 3 | 横滨正金 朝鲜 济南 |

据 1943 年 8 月份统计，北平票据交换所参加交换之会员银行、银号及各分行共有 105 家，交换号数共 36 号，其中有代为交换者；天津票据交换所会员银行至 1944 年 2 月，参加者有 88 家，交换号数 30 号；天津票据交换所分所会员银号至 1944 年 3 月，参加交换者 124 家，交换号数 36 号；青岛票据交换所至 1943 年 12 月参加交换者 20 家，交换号数 20 号；济南票据交换所至 1943 年 11 月参加交换之银行号共 47 家，交换号数 18 号。

伪华北当局认为游资过剩是刺激物价上涨的主要原因，为了稳定华北地区的物价，后期决定在华北主要城市成立有价证券交易所。遂于 1944 年 12 月 20 日发出训令，要求北平、天津、青岛、济南四大都市之银行公会、钱业公会及市商会，或相当于此类经济团体，各自推出发起人，创设华北地区证券交易所，资本金额共计为 2000 万元，一次缴足，由上述各团体分别承担。计北平 500 万元，天津 1000 万元，青岛和济南各 250 万元，原来预定于 1945 年 1 月底之前募足资本。由于天津是当时华北地区最重要的金融都市，每日均有相当数量的股票交易，因此交易所决定设于天津。

抗战后期，由于日伪当局对商品实施严格的统制，因此投机者多集中于黄金、土地、证券方面的交易，加上伪"联银"抑制金融机关的放款，以致利用过剩资金者显著增加，每日成交额亦颇为可观。仅天津一地，当时经营证券交易者即达 30 余家，其中主要者包括宏孚公司、万有行、隆泰公司、大众公司、裕洋银号、久安银号、义记证券所、上汴银行、浙江兴业银行、新华银行、瑞隆公司、广安公司、合众行、四行信托部、联新公司等。这些公司证券交易最多的是启新洋灰、江南水泥和开滦煤矿等三种股票，其交易额往往占当天总交易额的 80% 左右；其次为天津自来水、东亚毛呢、北京自来水、金城银行、大陆银行、中南银行、耀华玻璃、中兴煤矿等股票。

关于这一时期华北地区的货币和金融《调查》上还包括存放款利率、银行号办理共同放款以及华北汇兑统制诸方面的内容，由于篇幅所限，这里就不再介绍了。

（《城市史研究》2010 年第 26 辑）

# 汇丰买办吴调卿与天津早期现代化

许 桢

晚清之世,在中国早期现代化历程中,香港汇丰银行影响甚巨。然而,与其影响力相较,学术界对19世纪、20世纪之交汇丰银行在北方的发展和扩展的全面而深入研究仍然有限。正如日本滨下武志教授所指,在19世纪六七十年代,汇丰银行以香港、上海为本,沿中国东南海滨扩展商贸网络,并循长江进入中南部腹地。在此背景之下,作为首都的北京,以及与京师相邻的商埠天津,始终有着东南沿江、沿河地域难以企及的政治及战略地位。因此,汇丰银行在京、津两城设立的代办处,甚或正式分行,实对该行在华发展具历史性意义。在此过程中,汇丰银行天津分行首任买办——吴懋鼎,即为该行与身在京、津的清朝官员进一步联系,起了难以替代的作用。由此观之,该行天津分行之成立,以及从上海调派吴氏任天津买办,即成为汇丰发展东北亚业务的关键决策。以此为基础,吴懋鼎亦对天津乃至全国的早期现代化,包括商会的建立、公用服务的建设,以及初级工业的发展,多所参与。吴氏在京津政商金融界的起伏,亦反映出中国早期现代化的突破与局限。

## 一、晚清变局下之近世商人

吴懋鼎(1850—1927),又名荫柏、进宝,字调卿。于其活跃之世,即19世纪末、20世纪初,多以字行,本文遂以此为称;复多以"Wu(Woo)Jim Pah"或"Jim Crow"之名见于西洋文献。吴氏生于安徽婺源(今属江西)故里,其父吴济泉经商于苏州。咸丰八年(1858),逢太平军乱,吴调卿随母避祸苏州,并于当地私塾就学①。后因兵火而家道中落,于苏州二妙堂笔庄当学徒。

---

① 一说太平军起,吴济泉(吴宗禄、Wu Tsun Loh)携同妻小赴苏,参见翟璐:《大买办吴调卿》,载《天津文史资料选辑》第九辑,天津人民出版社1980年,第190页。本文从吴调卿子吴焕之说。

时吴济泉往来于苏沪，遂托人引其子至上海，充外轮跑舱①。吴调卿十七岁时，复为旧人荐与席正甫（1838—1904）②，遂于汇丰银行作赶马车等杂工③。后因自学英语颇见娴熟，渐迁至汇丰上海分行银师，并于光绪九年（1883）晋升该行天津买办④。及后，除任洋行、银行买办，充当英商与清廷中介外，吴调卿亦于京津、唐山等地设厂开矿，督修铁道⑤。

吴氏因赴津较早，与北洋大臣过从尤密，每被视为天津四大买办之首⑥。除却财势尤为殷厚，吴之社会关系、时代触觉与营商思维更显独特；其穿梭于京津政经群体、洋务事业、戊戌新政、工农商会之身影，甚能反映晚清危局下新式商人之突破与局限。今谨就上述诸方面，述论清末民初转型时期吴

---

① 李新、孙思白：《民国人物传》卷五，中华书局2005年，第195页。

② 吴焕之：《关于我父吴调卿事迹的回忆》，《文史资料选辑》，第四十九辑，第228页。吴焕之为吴调卿幼子，该文系其遗稿，刊于1964年；同文后以《天津汇丰银行买办吴调卿》，收于天津市政协文史资料研究委员会编：《天津的津行与买办》，天津人民出版社1987年，第70—76页，略有增删。并以《汇丰银行买办吴调卿》，见于寿充一、寿乐英编《外商银行在中国》，中国文史出版社1996年。内容复见更动，如引荐吴调卿与席氏者，由李姓老师改为吴崇奇。相关改动未见出处，谨从吴焕之原文。又，吴焕之文称，举荐其父于汇丰任职者为"买办席立功"，当有误，似系席立功之父席正甫。且同治五年（1866）前后，席正甫方由其舅沈二园引入汇丰，仅为"跑街"，距任买办之路尚遥。

③ 张玉芬：《天津四大买办之一——吴懋鼎》，载《人物》，总第58期，第131页。另据时人 Arnold Wright 所编 *Twentieth Century Impressions of Hongkong, Shanghai, and other Treaty Ports of China: Their History, People, Commerce, Industries, and Resources* (London, 1908)，吴调卿服务汇丰39载，于光绪三十一年（1905）离任，当于同治六年（1866）前后入行，时吴氏满十六周岁，虚龄十七，与吴焕之说若合。

④ 吴焕之：《关于我父吴调卿事迹的回忆》，第228页。Frank King, *The History of the Hongkong and Shanghai Banking Corporation* vol. 1 (Cambridge, CUP, 1987), p. 246, 254.

⑤ Arnold Wright, *Twentieth Century Impressions of Hongkong, Shanghai, and other Treaty Ports of China: Their History, People, Commerce, Industries, and Resources*.

⑥ 毕鸣岐：《天津的洋行与买办》，载《天津的津行与买办》，第8页。晚清与北洋时期，洋人于吴调卿影响力之认知与记载，参见 *The Directory & Chronicle of China, Japan, Straits Settlements, Malaya, Borneo, Siam, the Philippines, Korea, Indo-China, Netherlands Indies, etc* 1892. Hosea Ballou Morse, *The International Relations of the Chinese Empire* vol. 3 (London, 1918), p. 148. Otto Durham Rasmussen, *Tientsin: an illustrated outline history* (Tientsin, 1925), p. 268. Wilfred Victor Pennell, *Pioneer days in Tientsin: Reminiscences of the Late Mr. James Stewart, for 62 years 1868-1930 a Resident of Tientsin* (Tientsin, 1931), p. 16.

调卿与天津华洋网络对中国早期现代化所起之历史作用。本文谨以吴氏生平为中轴,观察天津及邻近区域之现代化;关于天津分行开业后,汇丰在华业务与政经角色之陡变,另见拙文《汇丰银行战略转型与天津分行早期发展》。

## 二、吴调卿社会网络在京津而非皖苏

今见部分材料列吴调卿为徽商、苏商,甚或甬商。除与宁波几无渊源,吴氏生于皖长于吴,划归此二商帮,或亦合理①。然终其一生,与安徽、苏州商圈关系未称紧密;或与当中个别商人往来,或偶尔参与故里事务。吴氏勉强符合徽商、苏商至宽松之定义。例子一,1927年吴调卿病故,按其遗嘱,特邀潘子欣(1876—1951)主持后事,处置家业,以防产争②。潘子欣出自苏州望族,该族亦迁自安徽,故当地称之为"徽潘"。潘子欣生于苏州,十二岁时,寡母亦亡;其时伯父潘伟如赴贵州任巡抚,潘子欣入黔。光绪末,潘伟如故后,潘子欣赴日留学五载,至光绪三十四年(1908)返国,并于宣统二年(1910)定居天津,旋即变卖苏州祖业,投资天津碱厂、油漆厂与酒店,收益颇丰。③ 潘子欣与吴调卿结交当于此时。例子二,光绪三十三年(1907),安徽洪涝,天津商会总理王贤宾、协理宁世福,联同吴调卿等名流九人,创设公益善会,于李公祠开演电影新戏七日,得善款7000元。吴调卿等复于商界募捐,又得4000元,合计11000元,由户部银行汇寄灾区。④

---

① 宁波商帮指宁波府所属鄞县、慈溪、镇海、定海、奉化、象山、宁海七县商人。吴调卿似与上述地区无涉。
② 胡君素、李树芬:《天津租界里的青帮》,全国政协文史资料委员会编:《文史资料存稿选编精选》卷10,社会杂相述闻,中国文史出版社2006年,第201页。
③ 天津市地方志编修委员会:《天津通志·第1卷》,天津社会科学院出版社1996年,第450页。
④ 《天津商会档案汇编》第1辑,天津人民出版社1989年,第2134页。

吴调卿托后事于潘,因潘子欣虽非巨贾,却为官宦之后,津门名士①。潘子欣虽出于苏州"徽潘",移居天津后,多结交革命党人、青帮门徒、外商领事,同乡故里并未为其所重。此外,自天津开埠以降,尤其商部、商会成立后,津沽商贾救济对象即由当地社会扩至全国各地。上述光绪三十三年(1907)华东水灾,除安徽外,尚波及徐淮等地,天津商会亦发款赈济②。同年永定河决,天津商会亦派其会董往赴周边州县,救助难胞③。是故偶与同乡、故里相涉,亦不足说明吴氏为徽商一员。

此外,吴调卿为晚清政坛商界要人,于京师津门尤其活跃;其事迹屡见于时人日记、杂记、笔记;考诸相关文献撰述者之背景,多为籍贯各异,活跃于京津之官、商、文士,兹列举如下,以见吴调卿社交网络之基本形态。曾任直隶总督兼北洋大臣王文韶的《王文韶日记》;曾主事京师矿务、铁路总局张荫桓的《张荫桓日记》;曾任顺天府府丞等职李盛铎撰写的《婺源吴调卿先生七秩寿言录》④;早年为李鸿章幕僚,后任清逊帝溥仪内务大臣的郑孝胥的《郑孝胥日记》;曾任袁氏顾问,后为《泰晤士报》驻京通讯员的莫理循(George Ernest Morrison)的《莫理循通讯簿》(The Correspondence of G. E. Morrison);曾在清廷、北京政府商部等机构任职的夏仁虎撰写的《旧京琐记》等文集中皆有涉及⑤。此外,吴调卿事迹,尚见于辜鸿铭(1857—1928)、蔡元培(1868—1940)著述当中。

可见,自王文韶至蔡元培于晚清光宣年间叙述吴调卿事者,原籍江、浙、闽、粤诸省有之;而无一来自吴氏安徽、苏州故里。上述人等,或求学问道,或高居庙堂,或镇抚一方,皆穿梭于京津;且于东西洋务,多所参与,或筹办实业,或出使媾和。就地域而言,吴调卿社交网络之重心,显在京津而非皖

---

① 出于苏州"徽潘"之尚书与督抚有:潘氏恩(1769—1854),历乾隆、嘉庆、道光、咸丰四朝,官至工部尚书,兼东阁大学士、翰林院大学士,道光皇帝太傅;潘氏恩孙潘祖荫(1830—1890),历任侍读学士、工部尚书、军机大臣等,有《滂喜民斋丛书》《攀古楼彝器款识》等作;潘子欣大伯潘霨,1869年任福建按察使,1870年升任福建布政使兼管台湾防务,1877年任湖北布政使,次年任湖北巡抚,1882年调任江西巡抚,1884年奉召到北京任职,后迁贵州巡抚。
② 前引《天津商会档案汇编》第1辑,第2132—2133页。
③ 前引《天津商会档案汇编》第1辑,第2137页。
④ 该书藏于天津社会科学院图书馆,1920年,天津华新印刷局铅印本,一函一册。
⑤ 叶参、陈邦直、党庠周编:《郑孝胥传》满日文化协会,1938年。

苏。其结交对象,亦不限于买办、商贾;与北洋人士之渊源,亦非一众洋行买办可比。吴调卿未见倚重宗族血缘,亦鲜与徽、苏商圈所属公所、会馆往来。其工商事业合作对象,多属外商买办或北洋要员;仅以政经利益为纽带,未涉地望、宗族。就"网络资本"(Network Capital)而言,吴氏与传统皖、苏商帮中人,甚为不同,已具近世资本主义社会"独立商人"之特征①.

## 三、汇丰天津分行开业与关内外铁路之营建

咸丰十年(1860),天津开埠;嗣后十余年,津沽对外商贸,虽渐次增长,然规模有限,且以上海为中转之间接贸易占大宗。除对日本、泰国,东亚区内中国固有贸易伙伴外,天津直接出口未见突破。其时锐意打开东亚市场之英商,在津业务亦未称兴旺②。及至1870年代末,情势陡变,实与世界银价暴跌相关。1871年,德国行金本位制,大举出售旧时流通之银币。1873年,荷兰、丹麦、挪威等先进工业经济体仿效德制;法国亦限制私铸银币,变相行金本位制。同年,美国国会通过"1873钱币法案"(The Coinage Act of 1873),自始停铸银元③。该国复于内华达州接连发现巨大银矿④,遂使欧美银价持续下挫,中国银两受累,对英镑连年贬值。在华洋商遂凭出售舶来品所得货款,购入南北土产,或运返本国、或转售他国,作复合贸易;规避兑款风险之余,亦远比购买汇票有利可图⑤。以英商为主之洋行,遂于1870年代后半,大举进军天津。汇丰便于光绪七年(1881)筹设天津分行,吴调卿亦于此时受命北上,开展其凡二十五载买办生涯。

---

① Lo Hui-Min Eds. *The correspondence of G. E. Morrison*, vols1 – 2 (Cambridge: CUP,1976 – 1978)

② 于传统徽商而言,借宗族之力,行垄断之事,甚为关键。据《婺源县采辑·孝友》所记,与吴调卿同出该县之商人程棟,于汉口"颇得利,置产业……凡亲友及同乡者,借住数月,不取伙食,仍代觅荐生业"。吴调卿未与同乡商贾联号,其店伙、顾工亦非出于故里,与明清以降徽商之典型,甚为不同。

③ 吴弘明编译:《天津海关贸易年报1865—1946》,天津社会科学院出版社2006年。

④ Milton Friedman,The Crime of 1873,Journal of Political Economy 98 (6),pp. 1159 – 1194. Charles P Kindleberger, *A Financial History of Western Europe* (Oxford: OUP, 1993),pp. 60 – 63.

⑤ Joseph Sabin,*The Silver mines of Nevada* (New York: W.C. Bryant & Co.,1864)

如前所述,吴调卿原籍安徽,似未促进其本人及沪津商界与该省之联系。反之,吴氏与徽商、苏州关系疏远,缺少地缘、族缘支持等传统"网络资本",成其离沪赴津之因。据吴调卿子吴焕之所述,汇丰洋东原拟任席正甫子席立功为新设天津分行买办。然其时吴调卿入汇丰已逾十载,"颇得洋东信任",渐迁至上海分行银师之首(Head Shroff),仅居席正甫之后①。且较席正甫年轻十二岁,年次恰处席氏父子之间。席正甫虑及退休以后,上海买办之位未能传子,恐为吴氏所夺;遂保荐吴调卿为天津买办,洋东亦允②。吴调卿便于是年离沪赴津,筹措两年后,汇丰天津分行于光绪九年(1883)成立。

吴调卿初抵津门,汇丰洋东马根道(Mackintosh)并英国驻津领事陪往拜会李鸿章③。李氏得知吴调卿为其同乡,甚为愉悦④。马根道遂将汇丰与北洋、清廷接洽诸事,悉与吴调卿负责⑤。亦如景复朗教授(Frank H. H. King)所指,汇丰北上根本目的在于打通清廷。京师固非通商口岸,外商银行须以天津为桥头堡,透过北洋大臣打通关节⑥。汇丰志在必得之对华贷款,当非

---

① 《1876年天津海关贸易报告》,载《津海关贸易年报1865—1946》。
② Frank King, *The History of the Hongkong and Shanghai Banking Corporation vol. 1*, p. 246,254.
③ 吴焕之:《关于我父吴调卿事迹的回忆》,第228页。
④ 时英国驻津领事为达文波,见《李文忠公外部函稿》。
⑤ 吴焕之称,李鸿章联同英国军官戈登(Charles George Gordon)所率之"常胜军"攻打太平军时,吴调卿即自汇丰按时拨付饷银与戈氏,其时戈登月银2000两。戈登返英时,清廷以100万元犒赏,亦由吴氏自汇丰调拨。故远在吴调卿赴津前,即代汇丰银行处理涉及李鸿章之事务。然则,此说与戈登在华事迹,颇有出入。戈登于咸丰十年(1860),随英法联军进京津;后因太平军犯上海,戈氏于同治元年(1862)、二年(1863)之际,抵达淞沪,掌"常胜军"。李鸿章时任江苏巡抚,遂领淮军与戈登结盟。同治三年(1864),太平天国灭,"常胜军"解散,戈登返英。吴调卿于两年后,即同治五年(1866)方进入汇丰。B. M. Allen, *Gordon in China* (London: Macmillan, 1933). Thomas Lyster, *With Gordon in China : letters from Thomas Lyster* (London: Unwin, 1891).
⑥ 吴焕之《关于我父吴调卿事迹的回忆》,第229页。

临时筹措之军饷、赈银,而为长远投资之铁路与工业建设①。

吴调卿北上前夕,正值李鸿章筹谋以津沽为基地,开展船运、采矿、筑路、练新兵等洋务之时。光绪二年(1876)冬,李鸿章命时为轮船招商总局总办之唐廷枢察勘直隶唐山开平镇煤矿,颇有所获;并开办开平矿务局,光绪七年(1881)煤矿投产。在筹办矿务局之机,李鸿章又开办唐山至胥各庄的铁路,初设开平铁路公司,伍廷芳(1842—1922)任总办,筹措经费,遂改号为津沽铁路公司、天津铁路公司、中国铁路公司、北洋管铁路局等②。后该铁路线延至天津与山海关,更名津榆路。光绪二十二年(1896),北洋官铁路局改津榆铁路总局,任吴调卿为总办;另设津芦铁路总局,修建天津至卢沟桥铁路。是年冬,新任北洋大臣王文韶奏准开办山海关北洋铁路官学堂。该校由津榆铁路总局主理,吴调卿兼总办,即校长,英人顾礼斐士为总教习。学堂并于上海《申报》刊登《铁路学堂告白》,招收学员③。时津榆、津芦两路合为关内外铁路,天津法租界海河之滨新设关内外铁路总局,原津榆、津芦两局并入;胡燏棻为督办关内外铁路大臣,吴调卿任总办,金达乃任总工程师,詹天佑为副工程师④。

吴氏所领北洋铁路官学堂,于次年春开学,学制三年,兼及中文、算学、

---

① 怡和洋行早于同治九年(1870)在北京开设通源钱庄,光绪十五年(1889)正式改为怡和钱庄分号。然其负责人宓吉(Alexander Michie,1833—1902),自光绪九年(1883)抵津后,一直长驻该处;兼任伦敦《泰晤士报》驻华通讯员,英文天津《中国时报》(Chinese Times)总编,及李鸿章外交顾问。汇丰虽于北京开设银号,然宓吉仅频密往返京津之间,驻处仍为天津。清廷于外资银行直接进驻京师,疑虑仍深。参见 J. J. Keswick to Irving, 18th November 1885, based on information from J. G. Dunn, letter in Jardine Matheson Archives. Edward Le Fevour, Western enterprise in late Ch'ing China (Harvard: Harvard University Press,1968) p. 94,97,138,140,194. Stanley Chapman, Merchant Enterprise in Britain – From the Industrial Revolution to World War I (Cambridge: CUP,2004) p. 238。

② Frank King, The History of the Hongkong and Shanghai Banking Corporation vol. 1, p. 523.

③ 笔者按:中国铁路公司(China Railway Company)属李鸿章系统,总管津沽唐榆一带铁路干道支线;及至光绪三十三年(1907)北延奉天,改称京奉铁路。参见《申报》光绪十三年(1887)四月初四。

④ 早于光绪十六年(1896),天津北洋武备学堂已增设铁路工程科,以应唐津铁路开通后,人才之需。并任德国克虏伯兵工厂工程师包尔为总教习。然吴调卿所掌北洋铁路官学堂,为首所铁路工程专科学校。

物理、制图、测量、机械、工程、体操诸门。光绪二十六年(1900),首届学生十七人毕业。后因八国联军入侵,俄军夺山海关占据校舍,该校停办5年。及至光绪三十一年(1905),时任督办山海关内外铁路大臣之袁世凯复建路矿学堂于唐山,聘英人葛尔菲氏为总教习。光绪三十四年(1908),该校改隶清廷邮传部,屡经变迁,今为成都西南交通大学①。

时吴调卿兼领汇丰天津分行买办及关内外铁路总局总办职,于汇丰争夺中国铁路招股权、贷款业务,多所帮助②。如光绪十三年(1887)四月初四之《申报》,见"开平铁路公司招股章程"云"如诸君愿附股者,请将姓名、住址并股数若干,开列明函致敝公司天津总局挂号,该股银寄存天津汇丰银行,由敝公司填给股票息折。至外埠各处朋友,愿附股者,即请就近到各本埠汇丰银行挂号,交存股银,暂取收条"。后因铁路招股无着,山西票号、津门盐商,亦对洋务敬而远之。李鸿章议借洋款,为怡和洋行及德商华泰银行所得③。虽首开中国举外债筑铁路之先例,然此案亦未以官帑为押,既无折扣,息仅五厘,于清廷之主权、利害无甚损益。

甲午战争后,日俄竞逐关外愈烈。为固京津海陆之防,胡燏棻连番奏请清廷,借洋款筑津芦路,并数度与汇丰接洽④。嗣后,胡氏奏拟扩路山海关外,亦屡向汇丰请款⑤。至光绪二十四年(1898),汇丰联同怡和于伦敦成立中英银公司(中英公司、华英公司,British & Chinese Corporation,B&CC),并于上海、北京另设分号。中英银公司营业广泛,尤以在华筑路、采矿为务;怡和主理工程,汇丰包揽借款,实力居在华诸"辛迪加"之上。与俄国周旋后,中英银公司与胡燏棻签订合同,得关内外铁路扩路权,自天津接建新民府,并修营口沟子帮支线。汇丰以关内外铁路财产、收入为押,借款230万英镑,约合1600万华银,九扣(后因银跌,据合同改八九扣),年息5厘,限45年清

---

① 《胡燏棻奏接收津榆铁路折》,光绪二十四年十月二十三日,王彦威纂辑、王亮编:《清季外交史料》,书目文献出版社1987年。
② 成都西南交通大学档案馆:《西南交通大学校名、校址、校长一览表》。
③ Frank King,*The History of the Hongkong and Shanghai Banking Corporation* vol. ii (Cambridge,CUP,1988),pp. 304 – 305.
④ 《李文忠公全书》,《海军函稿》卷三,第4页。
⑤ 《胡燏棻奏刊用津卢铁路关防折》光绪二十一年十一月二十六日、《胡燏棻奏津卢铁路经费拟借洋款折》光绪二十一年十二月二十四日、《胡燏棻奏改设马家堡车站片》,光绪二十二年十月十五日,参见陈毅编:《轨政纪要·轨七》,文海出版社1970年。

还。嗣后全路进出款项,连户部所拨十年经费、每年山西、陕西、河南、安徽诸省各解5万两银,均由天津汇丰经管。华方以行平银兑足金镑,支还汇丰天津分行,汇率随该行定夺。天津分行并据铁路局逐年还款,另取0.25%经手费①。是为汇丰首项巨额对华筑路贷款,获利之丰,远非一般汇兑、保险业务可比②。吴调卿财资,遂于此时日涨,成其开矿、设厂之本,完成洋行买办至新兴工业家之转化。

## 四、投资北洋官督商办工业及天津英界水电煤气事业

据吴焕之所述,吴调卿任汇丰买办期间,岁入20—40万两;离任时,扣除支用,其账户尚余140万两。于天津早期买办当中,吴氏积资未称至巨。然所谓四大买办,即怡和梁炎卿、太古郑翼之、俄华道胜王铭槐与吴调卿当中,仅吴氏一人大举投资新兴工业。20世纪以前,津门近代工业不过四家;最早者为光绪四年(1876)天津招商局总办朱其昂所创贻来牟机器磨坊。其余三家为天津自来火公司、北洋硝皮厂及天津织呢厂,均系吴调卿所立,且规模远大于朱氏工厂③。时李鸿章、王文韶、袁世凯等推动洋务正勤,吴调卿实为天津官督商办军需事业、新式工业之中坚。

光绪十二年(1886),吴调卿与天津武备学堂总办杨宗濂、德人穆麟德(H.J, Muhlensteth),合金18000两,立天津自来火公司。并以武备学堂教习德人李曼办

---

① 《胡燏棻奏拟半借洋款接造关外铁路首后折》光绪二十四年三月初三日、《胡燏棻奏请饬户部于前借洋债余存项下拨款以凭要工折》光绪二十四年四月十八日、《胡燏棻请借英款赶办关外铁路片》光绪二十四年四月十八日,参见《轨政纪要·轨七》;《胡燏棻奏息借洋款订办情形折》光绪二十四年九月三十日,参见《清季外交史料》。

② 《中英关内外铁路借款合同》,中国人民银行总行参事室编:《清代外债史资料 1853—1911》中国金融出版社1991年。

③ 自《中英关内外铁路借款合同附件》得知,早于汇丰设中英银公司并承建关内外铁路前,李鸿章、胡燏棻等,已多次挪借洋款,扩修京津各路。自光绪二十年(1894)以降,共举洋债十项,总额约百五十万两,其中华俄道胜银行占二,德华银行、怡和洋行各一,其余六笔为汇丰一行独得,合计亦不过百余万两,未及嗣后《关内外铁路借款》十一,且属短期拆借,息扣低廉,于汇丰在华业务及中国铁路建设,影响有限。参见《清季外交史料·光绪朝》卷136,第10—11页。

买机器,经理一切①。后中、德股东失和兴讼,穆氏撤资,李曼亦去。吴、杨二人遂请天津小站盛军统领周盛传入股。1891年春,火柴厂遭祝融,几被全毁②。是年夏,吴调卿与司达赛(又译四达尔祚福,A. D. Startseff,天津俄商)等四名英、俄商人,合资14000两③,成立华北贸易公司(Trading Company of North China)④。并于《申报》《北华捷报》招股,"资本四万五千两,共四千五百股,每股十两"⑤。该公司遂复建火柴厂于紫竹林外六里余地贺家口,本属直隶内地,不涉天津租界⑥。新厂据地64亩,并临海河、大沽马路,雇工2400余人,颇具规模⑦。德国公使意图合办,为吴所拒,竟至总理衙门申诉。李鸿章以"中国自主之政,非他人所能过问"应之。津门商界遂传吴调卿与德人有隙,尝力阻汇丰与德合作云云⑧。自来火公司遂以华银5000两,得直隶生产专利15年。

光绪二十四年(1898),吴调卿建北洋硝皮厂,本金769000元⑨。硝皮厂系官督商办,位处天津河北锦衣卫桥,所用机器购自英国,并雇英人技师2人,每人月银1000两,另顾工五六百,多时逾千名。该厂所用生皮,购自河南周家口及汉口,绒毛由英资新泰兴洋行代由西口购办。颜料及化学药品自英、德进口,其余生产物料多能自决。北洋硝皮厂产出皮具,多供袁世凯小站新练陆军所用;后宣统立,醇亲王七子光绪亲弟载涛统领禁军,所部服装亦由该厂包办。后一次世界大战爆发,英军自该厂订购炮车套及马鞍,俄军所购长筒马靴亦达两万双⑩。得见其出品质、量皆善。

---

① "历年设立的厂矿名录",汪敬虞:《中国近代工业史资料》第2辑(下),科学出版社1957年,第870页;天津贻来牟机器磨坊,参见《徐愚斋自叙年谱》,第50页。

② 屠仁守:《屠光禄奏疏》,卷3,第34—38页。

③ 《北华捷报(North China Herald)》,1891年5月22日,第627页。

④ 李鸿章称"自来火公司原系独由华商经理,并无洋人股本在内",所谓洋董不过"帮同稽查出入帐目,购办机器等事,不入股份,不取薪俸";如属实,该厂固为吴氏独资产业。见李鸿章:《议制造火柴》。

⑤ 《北华捷报(North China Herald)》,1891年8月14日,第208、211页。North China Daily News,13th August 1891,p. 151.

⑥ 《申报》1878年11月21日,《北华捷报(North China Herald)》卷21,第6页。

⑦ 《李文忠公全书·译署函稿》卷二十,第21页。

⑧ 《北华捷报(North China Herald)》卷27,第211页。

⑨ 参见 Frank King, *The History of the Hongkong and Shanghai Banking Corporation* vol. 1—2 相关章节。

⑩ 汪敬虞编:《中国近代工业史资料》第2辑(下),第870页。

次年,吴氏又兴资35万元,办天津织呢厂①。清廷喻吴"切实筹办,收其实效"。织呢厂所出兵衣、毛毡俱佳,惜毁于庚子兵火。越二年,吴调卿请重建呢厂,袁世凯遂代之禀呈"道员吴懋鼎重办织绒厂片"。吴氏"既不请领官款,又不招集商股,每年所获余利,提出二成,拨允公用";即独资复厂,并将"从外洋购头等机器,选顾工师,来华作教习","讲求工艺,挽回利权"。仅越六日,即为清廷所允;是年入冬前,吴氏呢厂恢复如故②。

此外,吴调卿于京津公用事业,如水、电、煤、气等,亦多所参与;奠定北方城市化、近代化之基石。光绪六年(1880),吴氏甫抵津门,适逢旅津西商筹划煤气服务,颇获唐廷枢等支持。十四年(1888)立于英租界,故名天津英商煤气公司(Tientsin Gas Co.,Ltd.),本银39000两。越二年,始通气营运,仅供英界照明之用。首任董事长为高林洋行伙东狄更生(W. W. Dickinson),董事计有新泰兴津行东主威雅森(James Wilson)、旗昌津行天津代表布朗(R. M. Brown)、裕通津行(Electric Engineering & Fitting Coy.)总经理兼为英国电机工程师学会会员之鲍以森(C. Poulsen);吴调卿因任汇丰买办,亦为当中一员③。至20世纪初,改为集资公司,并供应电力,更名为天津气电灯公司(Tientsin Gas and Electric Light Co.,Ltd.)。宣统二年(1910)增核定资本25万两,实收99800两,并发债99800两。董事长改为大沽驳船公司董事长司图诺(James Stewart),仁记津行伙东邵富德(W. E. Southcott)以及时为该行买办之吴调卿为董事,并以仁记代办文案。

吴氏亦入股英人所创天津自来水厂(天津英商自来水公司,Tientsin Waterworks Co.,Ltd.)。光绪二十三年(1897),前述鲍以森、司图诺、司达赛,联同美昌津行(Philippot & Co.)东主A. Philippot、荷兰驻津领事,合金73000元创办,供应自来水,兼营浴缸、浴池等用水设备。仍以仁记津行代理文案。宣统元年(1909),核定资本累增至纹银20万两,实收198000两,发债5万两。民国十年(1921)改由英租界工部局经营。④

---

① 吴焕之:《关于我父吴调卿事迹的回忆》,第232页。
② 《吴懋鼎呈请开办机器织绒局奏》,天津市博物馆编:《天津近代图志》,天津古籍出版社2004年。
③ 《道员吴懋鼎重办织绒厂片》(光绪二十八年十二月二十二日),廖一中、罗真容整理:《袁世凯奏议》,天津古籍出版社1987年。
④ Arnold Wright, *Twentieth Century Impressions of Hongkong, Shanghai, and other Treaty Ports of China: Their History, People, Commerce, Industries, and Resources* p. 745.

矿业方面,吴调卿尝于清末民初,接手经营京畿一带至具规模之煤场。光绪末,苏格兰人阿乐基等所办京西宛平通兴煤矿(Tung Hsing Colliery),筹谋扩大生产;清廷唯以"洋商独办,丧权辱国"驳回①。至宣统立,吴调卿经直隶总督咨转农商部,愿独出五十万两,与阿乐基等英商合办通兴煤矿。宣统三年(1911),双方签订合同,改号华洋合办通兴煤窑(矿)公司(Tung Hsing Sino-Foreign Coal Mining Co., Ltd.)。因吴氏出资竟及阿乐基等西商之和,故中、英各出50万两,吴调卿按合同为唯一之华总理,其子吴熙庚为总办。"一切事权均为华方总理经营,洋商只有合办之利益……所有从前洋价租地之三六亩五赎归华商承管……矿地矿权不得抵押借款"。至民国三年(1914),该公司资本达六十二万五千两万两,矿区达四千七百七十亩二,日产煤五百吨,为其时京师煤场之最。民国九年(1920),该矿转与中英合办门头沟煤矿公司,规模更盛②。此外,吴调卿并创天津打包公司,尝任新记地产公司(Hsin Chi Boden and Baugesellschaft)、Chinese Investment Company 等商号董事③。然其经营事业,仍以采矿、军需、公务为主,投资、贸易、地产为辅。

---

① 吴焕之称水、电二企业皆其父独资兴建,后为英租界工部局以廉价强夺,唯此说未见旁证。
② 《门头沟煤矿事已饬津道提证严办并咨顺天府饬属查封由》(光绪三十四年六月十日),台北"中研院"近代史研究所藏。
③ 《准直督咨职商吴熙庚禀称通兴煤改归华商承办咨行查照由》(宣统三年十一月二十五日),《英人阿乐基拟开办门头沟矿务查前发此项矿照内有美人帮办希转请该管衙门候三个月再行妥定由》(宣统三年十一月二十五日),《华商吴熙庚承办通兴煤一案美使请候三个月后再行妥定希核复由》(宣统三年十一月二十八日),《英人阿乐基禀转请发给开办门头沟矿务执照希查照由》(宣统三年十二月八日),《英人阿乐基拟开办门头沟矿务据美使函称并无妨希转咨直督查照由》(宣统三年十二月十日),《职商吴熙庚等禀请发给华洋合办通兴煤矿执照请查核见复由》(宣统三年十二月十九日),《职商吴熙庚等请发通兴煤矿执照希查照由》(宣统三年十二月二十一日),《交涉司详门头沟煤矿已无与美人轇轕事项由》(宣统三年十二月二十四日),《职商吴熙庚等禀请发给华洋合办通兴煤矿执照请查核见复由》(宣统三年十二月十九日),台北"中研院"近代史研究所藏。
Arnold Wright, *Twentieth Century Impressions of Hongkong, Shanghai, and other Treaty Ports of China: Their History, People, Commerce, Industries, and Resources* p. 745. 张玉芬:《天津四大买办之一——吴懋鼎》,第134页。汪敬虞编:《中国近代工业史资料》,中华书局1962年,第1312页。

## 五、官僚买办之突破与局限

清季道同咸三朝，先逢英法交侵，后遇太平军起；中国内外交迫，大有一从汉唐故事，复走改朝换代之老路。然西力东渐，终致千年未见之巨变。"现代"既为"危机"，亦为"出路"。如吴调卿、席立甫等，本系江淮、苏浙殷商之后；其中避祸东走淞沪者，不知凡几。一如广州，上海固为十里洋场，新兴都会。然自唐宋以降，中国经济重心望东南移，江浙、湖广本膏腴之地，商贸繁盛，倍于西北。太平军与曾李乡勇、英美洋兵鏖战东南，撼动清朝之根基。江左、岭南原有商贸网络与人员，为逐利安居，自往穗、沪租界转移。晋商、徽商日暮，粤商、甬商继兴，自非巧合。粤商、甬商之后，所谓洞庭山帮，亦自沪江金融界鹊起。席正甫、席立功家族，即为当中一员。是故席正甫奔沪之际，虽仅携一卷铺盖，悉无他物，仍能凭兄舅之势，于上海钱庄、英资银行发迹。至19、20世纪之交，上海外商银行凡34家，其中17家由席氏或其姻亲任买办等职。仅就席正甫一系而论，三代14人，先后于六家英资银行、两家美资银行、两家日资银行，及法、意、俄银行各一任职；合女婿、姻亲计，曾任外行买办者，更达23之谱。

观之吴调卿，终因宗族网络远难与席匹敌，离沪赴津，另设新行。却适逢洋务、维新之大潮；于买办之上，外加中央官僚之身份，周旋于清廷与英商之间。汇丰银行在华政经发展之角色，亦自提供汇兑，支持贸易，改为投资矿务，贷款筑路。是为该行百余年发展史上第一度战略转型。吴调卿除襄助国家，以通外洋，复将任职买办所得巨额财资投入京津、塘沽工业建设。其投资事业之创新与规模，堪称晚清津门第一人。其重点不在营利多寡，而在自"买办—中介"至"工业家—实业"之转化。

津门近扼京畿咽喉，远通辽、朔、甘、陕。吴调卿之织绒、制革事业既为练兵整武所用，亦改皮毛集散处为军需出口港。利用新筑之码头、铁路，引入器械、技术、人员与资本，采用北方原有之物产与煤炭，凭整合思维，遂成中国现代化初始尝试与成果。吴调卿任汇丰买办，本华洋之中介。洋务运动兴，李鸿章、左宗棠固为首脑，其构想俱由吴调卿等中间阶层，或成功化为现实，或汲取经验教训。吴氏之社会地位、政经角色，固难与李、左比肩，然此等人物于中国现代化之体会与理解或未稍薄于高居庙堂者。

北洋甲午一败，光绪决志维新。于此百日，吴氏与端方等，被命为新设农工商局督理。是年七月二十四日,端方、吴调卿等就富强变通之法陈请光绪帝;凡中华物产"如吉林之红酒,口外之毛绒皮张,为外人所称许,皆当设法鼓舞,以尽其用"。凡华资企业"苟有独设机厂,自制货物,尤当优予奖劝,力为保护……通商各口岸,虽有华商自立关栈及保险公司,而权力营轻。将来国家设立官银行接济诸商,不受洋人挟刮,工艺自可振兴"①。其要旨在于识辨国货土产之优劣,择优势产业,倍加看护,戮力培植,以固根本。并合中华之力,以官帑立国家银行,为南北商贾诚可依靠之金融后盾。然其事亦量力而为,集中支持能竞争、尚创新之实业。吴氏等人,于农、工、商事务之识见,距现代国家之技术官僚,实亦不远。惜维新事败,吴调卿避走英使馆,幸免于难。

　　吴调卿既为官僚买办,其工业家之身份,断难完全独立。清廷、英人于吴氏之提携、掣肘并存。亦因缺乏宗族、故里之横向网络,一旦与长官、洋东交恶,吴调卿及其商号多遇困厄。例如吴氏于英租界投资公务事业,本有益于旅津西人,唯水、煤、电厂利钱丰厚,极易为洋商,甚或工部局觊觎。李、袁等辈向吴调卿索取白银、红利,亦非鲜见。更有甚者,华洋一旦开战,吴氏织呢厂、打包公司几被焚毁。至明显之例子,如庚子年,慈禧向欧西诸国宣战,时洋人在津儿童数百,吴调卿匿之于打包厂。后为清军所觉,吴氏虽尽将西童转移,然厂房已为火炮夷平。继李鸿章、王文韶起之袁世凯,因与吴氏有忤,复以此事告与西宫。吴调卿幸得李鸿章、荣禄所保,得以免罪。李鸿章身故,袁世凯崛起后,吴氏即与北洋诸君渐行渐远。所谓官僚买办,其兴也勃焉,其衰也忽焉。

(《城市史研究》2010年第26辑)

---

① 《督理农工商总局大臣端方等折》(光绪二十四年七月二十四日),《戊戌变法档案史料》,中华书局1958年,第396页。

# 混杂空间中的日侨社会
## ——以天津为例

万鲁建

　　侨民研究是社会史的研究领域,且是社会史的一个典型、重要的分支。向来就有人涉足其间。关于在华日侨的研究,国内出现了不少有价值的著作①,但是直接有关在天津日侨研究的论著尚不多见。《天津租界社会研究》一书,对天津外侨的社会与生活做了较为详细的探讨和分析②。日本学者在这方面也进行了有益探索,并取得了不少成果③。本文则主要是对1937年前天津日侨社会展开论述,并利用空间理论分析其所具有的特性。将其限定在1937年前,主要是因为日军占领天津后,不但日侨的构成发生了巨大变化,而且其社会、生活空间都已不同以前。通过分析,我们可以探明天津的日侨社会并非是一个完全封闭的社会,在天津这个多种文化混合的空间内,日侨社会也充满着矛盾,充满着混杂。借由此分析,可为重新考察日侨社会提供一个新的视角。

---

　　① 沈殿忠主编《日本侨民在中国》对1945年前日本侨民在中国的变迁历史以及其在中国所从事的政治、经济、文化和社会活动进行了较为详细的论述,辽宁人民出版社1993年;熊月之、马学强选编《上海的外国人(1842—1949)》有三篇文章对上海的日侨社会进行了论述和分析,上海古籍出版社2003年;以及孙冬虎、王均的《1928－1948年北平日侨的数量及其作用》,《北京联合大学学报》2001年3月。
　　② 尚克强、刘海岩主编:《天津租界社会研究》,天津人民出版社1996年。
　　③ [日]木村健二:《在外居留民的社会活动》,大江他编:《近代日本与殖民地5—膨胀的帝国人流》,岩波书店1993年;[日]小林元裕:《1920年代天津的日本居留民》,《史苑》55卷2号,立教大学史学会1995年3月;[日]桂川光正:《租界内日本侨民的都市生活——以天津为例》,《产研丛书》21辑,大阪产业大学产业研究所2004年。

## 一、日侨社会的形成

近代天津的日侨最早出现在开埠通商后,据记载1894年仅有48人,散居在英、法租界,大都是领事馆工作人员、驻屯武官及三井、武斋、松昌等洋行的店员。日侨数量的增加始肇于日租界的设立,而日侨社会的形成应该在日租界建设日臻完善和中日贸易的兴盛以后,大约20世纪30年代前后。日本在天津设立租界始于甲午战争之后,中日政府1898年签订的《天津日本租界条款》划定了日租界的范围,面积约为1667亩,义和团运动后又扩充到2150亩。日租界划定初期,这里多为沼泽地,没有进行整备,"无法收留渡来者,他们住在英法租界,或者占据租界内的当地民房,逐渐开设店铺"①。1900年天津的日侨总共也不过88名,且并不都在日租界居住。随着日本驻屯军的到来和天津日租界的开发,吸引着愈来愈多的日侨到天津。"(义和团)事变后遽然增加,1901年达到1053人……1907年出现超过2000人的盛况"②,数量超过了英国侨民,位居天津各国侨民之首。

第一次世界大战以后,中日之间的贸易额激增,伴随而来的日侨也蜂拥而至,1919年在天津的日侨已经达到4000多人,1921年更是达到了5000人。这时的日侨,绝大部分都居住在日租界。以1926年为例,有87%以上的日侨住在日租界,仅有13%日侨居住在其他租界、特区和华界。1937年七七事变后,日军占领了天津,随之日侨数量猛增到17811人。

一定数量的侨民是形成侨民社会的基本要素之一,而以本民族的传统文化为内核的侨团、侨校和侨报则是一个侨民社会必备的标志性条件。按照上述条件,进入20世纪30年代,日侨已经达到6000多人,1939年已经激增至30000多人,可以说人口已经达到了一定数量。此外,日侨的自治组织——居留民团成立于1908年,此时其组织运作更加完整。侨民学校也达到一定规模,先后设立了日本幼稚园、松岛高等女学校、天津商业学校等10所初中级学校。日侨经营的报纸、杂志有《天津日报》《京津日日新闻》《天津经济新报》《华北经济新闻》等十几家,中、日文兼有。可以说进入1930年

---

① [日]天津居留民团编:《天津居留民团二十周年纪念志》,天津居留民团1930年,第342、360页。

② [日]富成一二:《天津案内》,中东石印局1912年,第16页。

代以后,天津的日侨已经初步形成了有组织、有教育机构、有媒体等喉舌的社会。

人口的职业是随着社会经济的发展而构成和变化的。天津开埠以后,各国列强的贸易商蜂拥而至,构成以公司职员和商人为主的侨民社会。早期的日侨,也多是公司职员和杂货商,以及外交人员。义和团运动后,来津的日侨多为从事零售买卖的杂货商。从1907年天津日侨的职业来看,"杂货商居首位,为210人;其次是会社银行员,为168人;第三是清国雇佣者,为123人;第四为官公吏,为91人。此外职业未定者也达到127人"①。可见日侨以小商人、会社员为主。第一次世界大战爆发后,中日两国的贸易额剧增,从事进出口贸易的贸易商显著增加。根据1917年6月的职业结构来看,从事性工作的妓女等人数最多,其次是公司和银行职员,再次是商店店员等②。以后,日侨中从事经济活动的人数逐年增多。据1928年12月末的行业调查,进出口和船舶运输业超过了200家;其他杂业为170家,位居第二;再次是饭馆、土木建筑承包商等③。到1930年代,以经济活动为职业的日侨更加成为主体。根据1934年的统计,日侨的职业构成当中,会社员、银行员、商店员及事务员为最多,577人;官公吏、雇佣者228人;贸易商130人;一般商业者117人④。正如当时在天津工作的日侨所说,"银行、会社的会社员、商店主以及店员占大部分,总领事馆、租界局等其他公务员,医院的医师、从业人员、学校教员、律师、新闻记者及从业人员、僧侣、神官、传教士、接生婆等种类繁多"⑤。此外,由于中国临近日本,还有一些日本的所谓难民和赤贫者来到天津,如"因关东大地震等事情在日本东京地区失去工作、处于破产状态的人,也有不少逃到满洲、北支、天津等地来。……生活穷困者在天津

---

① [日]外务省通商局:《清国事情》第一辑(上),《明治后期产业发达史资料》第292卷,龙溪书舍2002年,第119—121页。
② [日]天津居留民团编:《天津居留民团十周年纪念志》,天津居留民团1912年,第26—27页。
③ [日]天津居留民团编:《天津居留民团二十周年纪念志》,天津居留民团1930年,第616页。
④ [日]外务省外交史料馆藏:《外务省警察》第34卷(支那の部——北支),不二出版1999年,第330页。
⑤ [日]藤江真文:《天津时代 增田洋行时代》,非卖品1997年,第5—6页。

者也不少"①。不过,"天津的日侨不像满洲的开拓移民那样,整村或和近邻一起移居。而是从日本各地怀抱着大陆梦想而来的,其中也有欠债者或逃避爱情者,最多也就是以家族单位移居的商工业者"②。

## 二、隔离与混杂

福柯理论认为,殖民列强通过空间再造机制,将其内部的人种进行置换并确立了等级排外的特征——他们通过强化外国居民和本土居民的隔离,将能够达到外国人的身份标准或能够为租界增添一种"贵族"气的人吸收。在北京,不仅皇城、满人居住区和汉人居住区有着明显的空间隔离,就连建筑的色彩也体现出封建时代严格的等级制度。虽然外国侨民不断入居北京,但"他们生活在自成体系的文化圈子中,在使馆区过着与中国百姓隔绝的生活"③。诚如法国公使施阿兰所说,"我们同中国人之间的交往仅仅是属于公务性质的;我们的社交生活被限于外交使团、海关官吏和教士们的小圈子里"④。在早期的天津,也流传着"北门贵,东门富,南门穷,西门贱"的谚语。天津开埠以后,随着各国租界的相继设立和外国侨民的涌入,城市的空间结构也发生了巨大变化。尤其是在租界,居住空间的隔离十分明显,富人居住在独居洋楼、别墅,中等阶级则聚居高级排式或里弄式公寓,下层人则居住简陋,甚至无立足之地。进而,在城市中按不同社会阶层聚居形成了泾渭分明的空间隔离——富人居住位于中心、交通方便、环境优美的街区,穷人则居住在位于边缘、狭街窄巷、拥挤不堪的陋屋之中。

在天津的日租界,既呈现出显著的隔离空间,也出现奇特的混杂空间。

在日租界设立之前和初期,日侨大部分居住在别国租界或华界,"英租界的领事馆连家族也只有10余人,陆海军武官等日本人则大部分住在法租界"⑤。其后随着租界的开发和完善,逐渐向日租界内移居。根据1906年9

---

① [日]中岛忠三郎:《一个领事官的回忆录》,近代文艺社1995年,第186页。
② [日]田中良平:《続·天津今昔招待席》。
③ 吕超:《东方帝都——西方文化视野中的北京形象》,山东画报出版社2008年,第270、274页。
④ [法]施阿兰著,袁传璋、郑永慧译:《使华记》,商务印书馆1989年,第191页。
⑤ [日]天津居留民团编:《天津居留民团二十周年纪念志》,天津居留民团1930年,第342页。

月末的统计,在天津的日侨合计有553户、1840人,其中"居住在日租界的为329户、1379人;英租界为54户、180人;法租界为21户、60人;德、奥、俄租界为10户、23人;租界外即中国街区为76户、198人"①。也就是说居住在日租界的日侨已占到其全部侨民的75%。这说明日租界成为日本人最主要的居住区域,留在英租界的大都是商人。因为日本人具有强烈的集团主义,喜欢聚众而住,增强归属感,加之他们自恃日租界为本国所有,在这里居住如同在本土。而且,日本步步紧逼的侵华行径,激起中国民众不断掀起反日、抵制日货的运动,中日关系日益紧张,日侨为保护自身安全,便纷纷迁入享有治外法权的本国租界内。况且,中国街区又因军阀混战屡遭兵燹,在他国租界居住,还要受制于别国租界的管理,所以来天津的日侨,把在日租界居住作为首选。因此,居住在日租界的日侨比例在逐渐增加。1915年居住在日租界内的日侨约占全部日侨人口的89.7%,到1936年占到总人口的90.8%。

表1 天津日本人居住区域分布图:(1906—1937年) 单位:人

| 区域<br>年份 | 日租界 | 英租界 | 法租界 | 德租界 | 俄租界 | 意租界 | 比租界 | 奥租界 | 中国街 |
|---|---|---|---|---|---|---|---|---|---|
| 1906 | 1379 | 180 | 60 | 德、奥、俄合计23 | | | | | 198 |
| 1911 | 1773 | 115 | 39 | 22 | 15 | 1 | | | 84 |
| 1915 | 2896 | 122 | 63 | 12 | 15 | 2 | | | 118 |
| 1920 | 3965 | 143 | 322 | 63 | 3 | 6 | 3 | 3 | 67 |
| 1925 | 3761 | 190 | 478 | 139 | 33 | 6 | | | 125 |
| 1930 | 5416 | 162 | 306 | 110 | 12 | 41 | 0 | 6 | 125 |
| 1935 | 5915 | 129 | 158 | 72 | 8 | 2 | 1 | | 142 |

资料来源:1906年的数据来自[日]外务省通商局编纂:《清国情事第一辑》(上);1915、1920、1925年的数据引自[日]天津居留民团编:《天津居留民团二十周年纪念志》,天津居留民团1930年;1930、1935年的数据来自民团事务报告书的统计。

从历年在天津的日侨居住区域分布还看到一个显著特点,居住在俄、意、比、奥等租界的始终很少。从各国租界的地理位置分析,英、法、日、德四国租界分布在海河西岸,最为繁荣的是英租界;日、法租界由于允许开设烟馆、赌场和妓院,"成为畸形繁荣的'不夜城'";俄、比、意、奥则分布在海河东

---

① [日]外务省通商局编纂:《清国事情》第1辑,1907年,第119页。

岸,意、奥租界的商业和娱乐业不繁荣,主要街区都是所谓寓公的"高级住宅区";"俄、比租界的经济也没有什么起色";因此"总的来说,海河西岸的租界远比东岸的租界繁荣"①。而日侨中多是以从事贸易、工商业为主的中小阶级,不少人来津是为了淘金和生活,大部分人并非富有的阶层。因此商业并不发达的俄、比租界和高级住宅区遍布的意、奥租界就很难吸引他们前去居住。加之与海河相隔,在交通还不非常便利的情况下,日侨于海河两岸的往来在一定程度上受到了影响。也就是说,富有程度和职业促使日侨选择居住环境。

虽然日租界将日侨隔离在一个相对安全的空间之内,但日租界内仍旧居住有大量的中国人。他们究竟是与中国人隔离而住,还是混合而居?

日租界内最早开发的地区是旭街、寿街、宫岛街一带。正如《天津案内》所说:"日租界中最为繁华的是旭街,各种中外店铺鳞次栉比,电车、人马往来络绎不绝,是为日租界中的银座街。寿街和旭街相差不多,特别是日本人的各种商店林立,和宫岛街同为租界中的另一繁荣区域;曙街多是日本料理店、旅馆等,昼夜弦声不绝。"②第一次世界大战后,租界发展迅速。后人道:"如果将日本租界分为商业地区、工业地区、仓库地区、特别地区、住宅地区的话,首先作为商业地区最繁荣的是市内电车经过的全长711米的旭街,其次是寿街、芙蓉街、明石街,都是面向通过外国租界和中国人居住的地区。此外,曙街和福岛街的一部分也形成商业地区,这些商业区域约54600坪。住宅地域则散布在整个租界,其中可以称为住宅区域的是常盘街、荣街、花园街、橘街、春日街、须磨街、淡路街,这些住宅区域的土地面积为156300坪,占了租界的大部分。"③

表2  日本人在日租界内的主要居住街区分布图(1928年12月底统计)

| 寿街 | 563 | 福岛街 | 562 | 曙街 | 540 | 旭街 | 467 |
| 常盘街 | 265 | 芙蓉街 | 255 | 宫岛街 | 217 | 松岛街 | 185 |
| 山口街 | 167 | 新寿街 | 161 | 明石街 | 149 | 橘街 | 147 |
| 春日街 | 136 | 三岛街 | 128 | 浪速街 | 126 | 合计 | 4957 |

资料来源:[日]《昭和三年居留民团事务报告书》,第121-123页。

---

① 费成康:《中国租界史》,上海社会科学院出版社1991年,第281页。
② [日]富成一二编:《天津案内》,中东石印局1913年,第14页。
③ [日]东京建物株式会社社史编纂委员会编:《信赖未来——东京建物百年史》,东京建物株式会社1998年,第45页。

从 1928 年的统计可以看出,日侨最为集中的街区是寿街、福岛街、曙街、旭街、常盘街、芙蓉街、宫岛街等,仅这七个街区就有 2869 人,约占居住在日租界的日侨人口的 58%。同一时期,中国人则主要居住在旭街、福岛街、松岛街、须磨街等几条主要街道。人口超过 1000 人的街区有旭街、福岛街、松岛街、须磨街、蓬莱街、芙蓉街等六条街区,约占华人总人口的 41.3%。旭街、福岛街两条主要街区的中国人有 12148 人,约占 30%。旭街一条街区的中国人就占了 20%。作为繁华商业区的旭街、福岛街,是中日两国商人群聚的地方。但福岛街是日本人最为集中的街区,而旭街则是中国人最为集中的街区,两者还是有所区别的。除此之外,日本人居住的区域大都位于远离中国街区和法租界的中间街区,而中国人居住的区域恰恰相反。也就是说很少有日本人居住在中国人密集的地区——租界的西北地位(毗邻华界)或东南地带(法租界附近)。因此,中日两国人的居住区域还是呈现出一定的隔离倾向。

1930 年代,这种居住区域分布也没有太多变化,"居住在租界内的日侨多密集在租界中心区旭街、曙街一带……现在,租界东面多为日本人商店、会社地带,西面成为住宅地和工厂地带"[①]。根据民团事务报告 1936 年的中日两国人民居住区域分布图来看,日本人集中居住的街区为福岛街、宫岛街、淡路街、旭街、寿街、曙街,合计达到 4274 人,约占租界内日本人总数的 52.3%。同 1928 年相比,宫岛界和淡路街的日侨人口增加明显。分别从 217、53 人增加到 886 人、621 人,各自增加了 4 倍和 12 倍。尤其是淡路街从一个几乎没有多少日侨居住的街区,变成了日本人密集的街区。而该年中国人则集中居住在旭街、福岛街、须磨街、松岛街、芙蓉街等街区,总计达到 13547 人,约占总人口的 51.3%,超过了日租界全部华人的半数。随着中日关系的日益紧张,不少中国人开始迁出日租界,1936 年与 1928 年相比,居住在日租界的中国人减少了 14000 余人。但是,中日两国的居住隔离仍旧没有改变,并随着中日关系的日益紧张和战争的临近,中日两国居民的这种分隔趋势更加明显。这反映出日本人所具有深切的排外性和保守性。正如罗芙芸所评价的那样,"这种居住的分隔模式反映了日本居民一种极度的比欧洲

---

① [日]外务省外交史料馆藏:《外务省警察史》第 34 卷,不二出版 1999 年,第 215 页。

租界更深的本土褊狭思想"①。

## 三、融合的空间

后殖民主义文化批评理论家霍米·巴巴则将处于多种民族文化混杂的空间称之为"间性空间"。这种"间性空间"是指"文化之间发生冲突、交融和相互趋同的交叉位置,也就是类似于蒂华纳这样的充满民族文化冲突和交融边境城市"。米歇尔·福柯在《后现代都市状况》中,则将多民族文化混杂的城市文化称为"异质城邦文化",并指出异质城邦文化具有种族通话的多样性,也有各种文化形式相互融合的复杂性②。

天津开埠通商和设立租界后,西方异质文化开始传入,多种文化混杂和相互交融。各国侨民一方面保持着本国传统的色彩,另一方面也在或多或少地接受其他各国文化的熏陶。天津的日侨在这种文化背景下,在保持本国固有的生活和文化娱乐的同时,也在逐步接受西方文化,并享受西方各种文化娱乐和生活。

以休闲娱乐活动为例,各国租界是东西文化娱乐活动交汇之所,既有西式的舞场、电影院、食品店、餐厅、饭店和宾馆,也有日式的料理店、歌舞伎、浪花馆,还有中国本土的妓院、赌场、影剧院,为侨居异地的侨民提供了多种方式多个层面的娱乐享受的环境。随着西方歌剧、音乐、马戏、舞会、交谊舞等文化娱乐和赛马、网球、游泳、滑冰等体育活动的逐渐增多,外国侨民的业余生活也逐渐丰富起来。这些活动不仅仅是消闲娱乐,还有更多的内涵,如淡化人与人之间的感情色彩,利用活动内容和场所沟通信息、开展商务活动,展示自身得国力和实力,提升自身或团体的社会价值和地位等等。

日侨就是通过体育活动来展示自身强大民族性和自尊的,正如日本居留民团所言,开展体育活动是为了在体质和精神上不输西方人,"以面对培养体育更有见识的欧美人的生活的刺激"③。日侨最初开展的运动是武术,

---

① [美]罗芙芸著,向磊译:《卫生的现代性——中国通商口岸卫生与疾病的含义》,江苏人民出版社2007年,第278页。
② 包亚明主编:《现代性与都市文化理论》,上海社会科学院出版社2008年,第157页。
③ [日]天津居留民团编:《天津居留民团二十周年纪念志》,天津居留民团1930年,第658页。

此后又有射箭、网球、棒球、冰球、赛马、游泳、高尔夫球等运动。后来还成立专门的体育会,下设有剑道、弓箭、棒球、庭球、蹴球等各部,负责侨民的体育活动。据《天津案内》记载,每年4月份和10月份,都会举行春季田径运动会、小学校运动会、新河赏花会等活动,同时"网球、棒球、骑马等室外游戏也颇兴盛",到9月份"骑马和自行车郊游及棒球等活动尤为兴盛"①。在一个缺少娱乐的社会空间内,运动会成为在留日本人一个快乐的年中行事。其目的是"锻炼在留日侨的体力,鼓励士气"。正如一些老天津回忆说,当时"任何运动会,观众都爆满,没有铺着席子吃着便当的悠闲,除帐篷下的来宾外,大都被挤到墙边站着看"②。在天津的日本驻屯军每年举行的运动会,更是向各国侨民和中国民众施展其军事强势与侵华野心的舞台。运动会的很多项目都带有一定的军事色彩,如打靶、骑马等。

各国侨民还沿袭各自的宗教信仰和习俗,并庆祝各自的传统节日。在天津的日侨也不例外,娱乐活动仍旧保留了浓厚的本土色彩。元旦、纪元节、天长节是日本的三大节日,此时"一般居留民也热衷举行参加的掉瓶、借东西、弹子等温和的游戏,愉快地度过悠闲的租界节日"③,但是日文报纸评论道,天长节甚至成为"海外在留臣民(日本人)的唯一娱乐"④。很多人都精通日本传统的技艺——短歌、三弦曲、琴、三弦等,三味线和琴也成为许多日侨家庭必备的乐器,一些日侨对长呗、常盘津、谣曲、义太夫、筑前琵琶、筝曲等本土音乐也津津乐道。另外,在这样多元文化混杂的空间,日侨也努力吸收西方文化。如不少日侨中的头面人物过着欧化生活,甚至一些中下层人士也受到欧美生活方式的影响,例如打高尔夫、吃西餐、打网球和棒球等。他们经常到英、法租界的电影院去看电影。童年在天津度过的日本侨民,晚年在其回忆录中也经常提到其父母带着他们去外国租界看电影:"在中原公司购买内地无法买到的外国流行的服装和高级品,在最上层的电影馆欣赏到西部电影、卓别林电影、迪斯尼电影"⑤,他们认为"平民健康的娱乐还是电

---

① [日]富成一二编:《天津案内》附录,中东石印局1913年,第194页。
② [日]丰田势子:《天津租界的回忆》,文艺社2004年,第169—170页。
③ [日]西村正邦、樋口隆一:《天津日本租界五十年》,非卖品2000年,第111—112页。
④ [日]《北清时报》1909年11月6日第5版。
⑤ [日]八木哲郎:《天津的日本少年》,草思社1997年,第134页。

影、剧院"①。又如,日侨鼓励子女学习英文,学习西方音乐和乐器,听音乐会等,日侨家中女儿有钢琴或小提琴的也不鲜见。他们自己认为,"天津日本人的音乐文化是稍微保守的和洋混合文化"②。

在近代天津国际大都市中,日本侨民的居住空间呈现出一定的隔离,并企图再造一个日本社会。但无论是都市空间,还是日租界内部的空间,都充盈着多种文化,并在相互交流中彼此影响,相互融合,形成了一个充满混杂和多文化的日侨社会。

(《城市史研究》2010年第26辑)

---

① [日]西村正邦、樋口隆一:《天津日本租界五十年》,非卖品2000年,第223页。
② [日]田中良平:《天津今昔招待:租界人间像》,铫有限会社2005年,第80页。

# 经济发展与人口迁移的互动
## ——以天津近代工业化为例①

董智勇

经济增长与人口问题是一个重要的长期问题。西蒙·库茨涅茨认为，人口增长的加速是近代工业增长的基本特征之一。新古典经济理论认为，在二元结构经济向一元经济转变的过程中，劳动力由农村向城市的流动，或者说劳动力由传统农业部门向现代工业部门的转移，是一个必然发生的共生现象。新古典主义经济理论与发达国家的历史经验相吻合，但是对于许多发展中国家来说，特别是我国近代时期，这种历史经验是否存在呢？

## 一、天津近代人口迁移的实证分析

1. 天津近代城乡收入差距的实证分析。两部门实际工资或者预期的差异都将会导致劳动力在部门间流动。在 20 世纪 30 年代，城乡家庭收入基本相近，分别为 288 元和 281 元；但城市工人家庭的恩尔格系数明显低于农村；到 20 世纪 40 年代，城市工人家庭收入的 780 元明显高于农村家庭的 306 元，恩格尔系数却大大低于农村②。这说明城市工人家庭生活水平高于农村，一定程度上说明在城市生活比农村可能要好一些，刺激农村剩余劳动力产生向往城市生活的欲望，使人口由农村转移到城市成为可能。根据《津门保甲图说》对天津人口的第一次统计资料，认为乡村每户有五口人、三个成

---

① 本文系天津市哲学社会科学规划后期资助项目《天津近代工业发展的特点与结构变迁(1840—1949)》(课题编号：ZLHQ - 14)、天津师范大学人文社会科学博士基金项目《天津近代工业的发展特点与结构变迁(1840—1949)》(课题编号：52WN69)及天津市哲学社会科学规划(重点)项目《天津对外贸易与经济增长关系研究(1867—2008)》(课题编号：TJJL08 - 024)的阶段性研究成果。

② 张东刚：《总需求的变动趋势与近代中国经济发展》，高等教育出版社 1997 年，第 189—203 页。

年劳动力,这样得到农村年人均工资,1928年为93.7元,1937年为59.5元。同时根据相关整理得到城市工人的平均工资,1928年为193.3元,1936年为407.8元。说明20世纪30年代,城市工人平均工资是农村劳动力的两倍多;到40年代,收入差距大大扩大了,城市工人平均工资是农村劳动力的六倍多。

2. 近代天津城市人口不断增长,以人口迁入为主。甲午战争前五十年间天津仅增加人口10万人,年增长0.2万人。从甲午战争后,特别是进入20世纪近五十年间,城市人口增速明显高于前期,1903年到1948年户数增加了5.8倍,口数增加了5.7倍,年均增长3.26万人。据内政部人口局1947年统计,在我国十三个大城市中,天津人口仅次于上海,居第二位[①]。

人口增长以迁移为主。第一,人口的自然增长缓慢。从1840年至1936年间,天津自然人口增长仅66208人,年均增长690人。显然,天津市人口的主要增长并不是自然增长所致。第二,市区扩大造成的人口增长不是主要因素。到新中国成立前,天津周边共有69个村庄被划入市区,有30542户,144695口。然而,从1928年到新中国成立前,天津市人口增加近100万人,显然,市区扩展导致人口划入不是人口增长的主要途径。第三,迁移人口是天津城市人口迅速增加的主要原因。1840年至1936年间增加迅速,年均增长1万多人。而且天津市区向外扩展及农民转换为城市居民是一个缓慢的过程,人口迁入成为天津人口增长的主要途径。1934年至1948年这十五年间,迁入天津市的人口总数是3896175口,迁出天津市的人口总数是3252268口,实际净迁入的人口总数是643907口,可见人口迁入天津的规模很大,成为天津城市人口的主要来源。

上面的数据验证了有关理论对人口迁移的解释。19世纪和20世纪的中国是一个农业大国,农村存在大量剩余劳动力,城市工业的发展为农村劳动力向城市转移提供了途经。近代天津是以社会化大生产为主,手工业工场和作坊为辅,近代商业、金融业等同步发展的多功能经济结构需要大量的劳动力。在天津工业大发展时期,从外地农村来津寻求工作者逐年增加,许多工厂工人以外来者为主。例如,30年代初,天津华新、裕元和恒源三大纱厂的3399名工人,天津籍仅占23.78%[②]。天津地毯工业的354名工人和

---

① 李竞能:《中国人口(天津分册)》,中国财政经济出版社1987年,第53页。
② [日]东亚同文会编纂:《支那省别全志》(第18卷),1918年,第721、727页。

228 名学徒中,河北籍和山东籍共占被调查总人数 99.23%①。被调查的织布工业工人中,河北籍和山东籍共占总数的 94.32%。

## 二、人口迁移对城市工业发展的重要作用

天津在 1925 年成为了百万人口的大城市,在华北地区确立了经济中心的地位②,这离不开人口增长的贡献,特别是人口迁入对天津近代工业的影响。

1. 人口迁入为工业发展提供了劳动力。天津近代工业的迅速发展,加剧了对劳动力的需求。天津开埠后,天津各个部门涌现出许多大、中、小型工厂,需要愈来愈多的劳动力从事商品生产,也需要更多的商人从事收购原料和推销贩运商品,为社会提供了广泛的就业机会,进而吸引着腹地农村的剩余劳动力和小城镇商人怀着谋生计、赚大钱等各种目的涌入天津,刺激了天津城市人口剧增。如表 1 所示,天津市工人人口与泛工业人口的变动趋势清楚地反映了天津近代工业的发展与变迁。

表1 天津近代工业人口概况

| 时期 | 工业人口 | | 泛工业人口 | | 城市人口(人) |
|---|---|---|---|---|---|
| | 数量(人) | 比重 | 数量(人) | 比重 | |
| 1895 年以前 | 4850 | 1.6% | 28615.0 | 9.5% | 300716 |
| 1895—1910 | 6432 | 1.1% | 37948.8 | 6.3% | 601432 |
| 1911—1927 | 75931 | 6.8% | 410027.4 | 36.9% | 1111048 |
| 1928—1937 | 96158 | 8.5% | 461558.4 | 40.8% | 1132263 |
| 1938—1947 | 61099 | 3.6% | 311605.0 | 18.2% | 1710910 |

资料来源:1895—1937 年的工业人口数据来源于陈克:《一九三七年以前天津工业人口之推算》,载《天津史志》1986 年第 1 期;1947 年工人数量引自纪广智:《旧中国时期天津工人状况》,载《北国春秋》1960 年第 3 期。

注1:泛工业人口指包括工业部门职工所供养的家属在内的人口数。计算方法是,用各期工业人口乘以对应期平均家庭人口,即得。

注2:各期平均家庭人口:1895 年 5.9 人;1910 年 5.9 人;1927 年 5.4 人;1937 年 4.8 人;1947 年 5.1 人。

---

① 方显廷:《天津地毯工业》,南开大学社会经济研究委员会 1930 年,第 70 页。
② 孙德常、周祖常:《天津近代经济史》,天津社会科学院出版社 1990 年,第 2 页。

2. 人口迁入的资本伴随效应。天津开埠后,随着商业和贸易的不断发展,天津经济也随之不断繁荣,大量外地投资者纷纷来到天津,把资本投资于天津的商业、贸易和工业等,进一步促进了天津工业的发展和经济繁荣。根据1942年出版的《天津华商工会名鉴》中的调查,在天津17501家工商业中,天津本地投资者有5782个,只占全部投资者的33.04%,不及外来投资者的一半。看工业资本分布,资本总量为3503万元,其中天津本地资本为1117万元,占资本总量的31.9%,外来资本为2386万元,占68.1%,可见,外来资本在天津近代工业发展中占有绝对优势。

3. 人口迁入的技术伴随效应。自近代工业发展开始,技术进步贯穿于整个近代工业化的过程中,各个工业领域都不同程度的在设备、原料、技术和人才等方面实行对外引进,加快技术进步。从某种意义上说,企业要在市场竞争中取胜,需要依靠技术进步,而技术进步更需要人才的引进。人口迁入恰恰促进了技术的扩散,如1905年10月天津造胰公司成立之初就聘用了日本东京大学工科毕业生张星五为董事,严智怡为工程师,并且聘用日本工头,学习日本人的管理方法。由于技术进步,管理方法合适,所生产产品供不应求,获利颇丰,更于1908年增资15000元,全部改为机器生产①。东亚公司的宋棐卿也十分注意搜罗人才,他以每月工资200元将上海章华织呢厂的留法工程师张汉之请来担任工程师,又聘请了英国里子大学纺织工程硕士的纺织专家孙泽先生任公司工程师,通过人才的引进和设备的更新,东亚毛纺公司成为中国规模最大的细纺绒线工厂,产品遍销全国,销售额在1935年达到了106多万元②。启新洋灰公司的主要股东中的陈希明和陈一甫,一个是技术人员,一个是高级管理人员,德国人昆德汉思也是多年高薪聘请的技师。这些人才的引进不仅提高了启新的设备利用率,而且降低了原材料成本,保证了生产规模的扩大,启新的年产量由最初的25万桶增至180万桶,每年都获得高利润的回报③。

4. 人口迁入的市场效应。迁入天津的人口主要包括农民、地主、手工业者、绅士、离退职官员等,他们的衣食住行等生活资料不可能自给自足,都要依靠城市市场供应,他们成为了十足的消费者。随着移民的不断增加,人口

---

① 宋美云:《近代天津商会》,天津社会科学院出版社2002年,第231页。
② 崔树菊、金岩石:《天津东亚毛纺公司史料》,《天津历史资料》1984年第20期。
③ 许景星:《天津近代工业的早期情况》,《天津历史资料》1964年第1期。

密度的提高,天津城市市场不断扩大。城市人口的扩大,有力地推动了天津由原来的旧式县城迅速发展为工商业繁荣的大都市。天津市场的扩大,对以纺织、食品、轻工等工业为主的天津城市工业是一个现实而直接的刺激和依托。天津城市人口高速增长的时期,正是天津工业发展的黄金时期。

## 三、结论

人口迁移和人口增长是一个国家从农业化向工业化发展过程中必然出现的现象。天津近代的历史事实证明,农业人口进入工业部门为工业的发展提供了源源不断的劳动力,而且它促进了城乡融合,为工业部门开辟了更广阔的市场。人口生产也是物质资料生产的一部分,充足的人口为一个国家持续、稳定发展提供了有力的保证,也为今后经济的扩张打下了基础。另一方面,经济持续、稳定发展又为人口迁移提供了动力,为农业人口向工业部门转移提供了条件。对于今天来说,人口迁移有利于我国工业化和城市化的进程;但另一方面,在很长时间内人口迁移和人口增长仍是我国经济增长的一个重大压力。

(《社会科学论坛》2010年第7期)

# 民初天津摊贩生存空间的转换与控制

王 静

20世纪初,随着由官方推动天津"城市改良运动"的开展,街头摊贩是否应该取缔成为天津政、商界热议的焦点。不同利益主体提出了各自的诉求,并为实现这种诉求而努力。本文拟通过对民国初年天津街头摊贩废立事件的考察,来探究官方、商会、商号以及摊贩是如何围绕此事件来进行利益博弈的。

## 一、改变:摊贩生存空间的转换

### 1. 传统经营格局下的共生

传统社会的商业街区布局有利于摊贩开展交易活动。天津开埠之前,传统城市商业区以三岔河口为基点,并以北大关为中心,形成东西方向的三条商业街区。在这种以商业街为主干,以垂直小巷为支路的树形商业街区里,店铺或摊贩通常设在商业干道以及垂直街巷的两旁。这种树形干道骨架可以使商业区干道内与城内主轴线干道相连,外与通向四乡外埠大道相接,并与众多不规则的小街、小巷相连接通向平民居住活动的各个角落①。这种交通体系的最大优点就是可以让摊贩和平民自由的通过步行买卖商品。

传统商业街区也为摊贩提供了使用公共空间的权力。中国传统的城市空间结构多为"官式做法"与"民间做法"相结合,自上而下的"官式做法"表现为城内路网布局为规整的方格网,道路主骨架多为"十"字、"井"字、"丁"字或双"十"字等构形;自下而上的"民间做法"是在官方管治框架内由民众

---

① 天津市城市规划志编纂委员会编著:《天津市城市规划志》,天津科学技术出版社1994年。

自行营建填充而形成的胡同网,二者的相对平衡构成了城市空间的整体布局①。官方通过这种自发性的管理来保证社会的稳定,而人们也通过这种管理保持着对街头公共空间使用的权利。

传统商业街区里的店铺与沿街摊贩能够实现利益上的互补。以天津最有名的估衣街为例,晓市是估衣街摊贩的一种重要的营业方式。在不妨碍门市商店正常营业的情况下,每天清晨到日上三竿,摊贩们通过与批发商和零售商讨价还价,购进所需货品,然后销往津门百姓家②。估衣街晓市形成了与正式门市存在的"双重市场",一方面人们可以通过晓市商品的买卖情况来改变当日生产或营业的重点;另一方面晓市的繁荣也为估衣街积攒了人气。

2. 传统与现代经营格局的矛盾

街头摊贩与门市店铺共生共荣,成就了估衣街的繁荣。但是,这种自发性的街巷网络随着1900年天津城墙的拆除以及租界区的建设面临着新的挑战。

首先,传统树型空间格局的无序状态与租界棋盘型空间格局的有序状态形成鲜明对比。传统商业街区受干道稀疏型城市形态的限制以及家庭作坊型经营方式的约束,不仅使得主干道路交通比较拥挤,而且"客货不分,人车不分,景象纷乱"③;再者天津城内道路在1900年之前全部用石铺路,长年不加修缮。以至于每年六七月阴雨连绵季节到来之时,雨水涨到路上,几乎行人断绝④。相较之下,租界区的商业中心规划以网格型布局,道路系统等级相近,匀质密布,成面状发展,交通极为便利,很少有车马堵塞的情况。

其次,随着商业中心区由旧城区逐渐向租界区转移,旧城区的商号面临着客源减少的危机。都统衙门在城墙拆除之后,沿原地基铺筑了北马路、东马路、南马路和西马路。由于城墙既宽又直,有利于电车的运行。1906年2

---

① 欧阳杰、李旭宏:《城域·市域·区域——以京津城市空间结构的演变为例》,《规划师》2007年第10期。

② 中国人民政治协商会议天津市委员会文史资料委员会编:《天津老城忆旧》,天津人民出版社1997年,第74—83页。

③ 梁江、孙晖:《中国封建传统商业街区的空间形态及模式分析》,《华中建筑》2006年第2期。

④ 侯振彤译:《二十世纪初的天津概况》,天津市地方史志编修委员会总编辑室1986年,第20页。

月16日,中国第一路有轨电车就是围绕这4条马路开始运行的。电车的出现,促使城市的发展从围绕旧城及河流沿岸向电车沿线转移,其中红牌电车通过奥、意租界大马路(今建国道),黄、蓝牌电车通过日租界旭街和法租界杜总领事路(今统称和平路),直到梨栈一带。到了20世纪20年代,黄、蓝牌电车道成为商业的主要聚集区①,租界商业区逐渐代替老城商业区成为人员流动最快的区域。

3. 路政改革:官方对摊贩生存空间的侵入

外部城市商业格局的变化,不仅改变了摊贩们的经营空间,而且也改变了官方对摊贩的看法,其直接的后果就是官方对摊贩的取缔。

具体而言,警厅宣布取缔街头摊贩的原因有三:

其一,路政事关政治开明程度,是政府形象考绩的标准。自租界在津开辟之后,如英租界街道平滑且易清扫,日租界的旭街有双车道的宽度和双轨电车宽度,行车舒畅②。反观中国境内,"天津街道,多系碴石路,虽多修补,仍多坎坷不平。更以积重难返,视诸租界之街道反有愧色"③。因此,政府当局发出"其景象竟与各租界判若天渊,文明开通者往往引为国耻,深诋官家政治之不修"的感叹④。

其二,道路事关城市安全。警厅认为:"天津为北洋通商巨埠,交通最宜注重。无如近见北大关、大胡同及围城马路等处各项小摊妨碍路政,久为识者所指摘。况以上各处行人车马如织,而电车尤所宜防,若不将便道清理,恐电车车马碰伤行人事,以后在所难免,是不得不思患预防者也。"⑤

其三,就道路与商业的关系而言,"因津埠五方杂处,商贾云集,欲求市面繁兴,必须改良路政。查侯家后地方为昔日繁华之区,近以路窄巷狭,交通不便,因之商务萧条,若非开辟马路,市面难期繁盛"⑥。

---

① 尚克强、刘海岩主编:《天津租界社会研究》,人民出版社1996年,第80—82页。
② 南开大学政治学会:《天津租界及特区》,商务印书馆1926年,第63页。
③ 黄成助:《天津志略》,台北成文出版社有限公司1969年,第259页。
④ 天津市档案馆等编:《天津商会档案汇编(1903—1911)》,天津人民出版社1989年,第850页。
⑤ 天津市档案馆等编:《天津商会档案汇编(1903—1911)》,天津人民出版社1989年,第830—850页。
⑥ 天津市档案馆等编:《天津商会档案汇编(1912—1928)》,天津人民出版社1992年,第1214页。

总之,警厅表明立场:改良之着手先从路政始,对于此事意在积极进行,绝不听人民请求从中掣肘。

为达上述目的,警厅对摊贩的治理采取了两种方法。一种是迁移到新市场。比如估衣街的摊贩因街道整修,暂迁到北门西马路。一种是修建百货售卖场,警厅曾拟于在贾家大桥沿河一带,仿照菜市办法修建百货售卖场,并饬令商民一律移入,输纳地租营业。表面上看,警厅旨在通过这两种路政改革方法来解决旧城交通无序的状态,以及商业落后的状况。

## 二、官方治理的失效:利益主体争取空间的周旋与抗拒

1. 商场:坚定的支持者

当警厅开始整顿路政时,其要求晓市摊贩在规定时限内让出所占道路,并统一归夜市或商场营业,商场无疑成为路政整顿的最大受益者。其表现为:

一则可以保护大商利益。沿街设摊的小摊贩,因进货渠道不同,商品质量低劣,更为严重的是,这些小摊贩为作成买卖不惜跌价滥售,"凡属铺户大商无不受其充斥。此种小摊,诚为大商之蠹"。因此,开办商场是为了广聚大小工商户,并能够使众多商户彼此间形成良性竞争,在竞争中发展工商业。

二则可以保护小摊贩。为了保护大商的利益,同时也使小商贩有安身立命之所,能够维持生计,取缔街头摊贩归入市场是解决这个两难问题的根本办法。正如其所说:(商场)不过聚大小各商于一所,使无货不备,无价不平,久之人人皆知有此繁盛之区,则游者自必日多,游者日多而商业自必蒸蒸日上。该小摊入此市场,销货不难,已可概见①。

2. 摊贩:争取生存权利的反抗

警厅对街头摊贩的取缔,自然引起了小贩们的抗议,他们不仅自身公共经营空间受到了侵犯,而且还面临着警厅随时取缔的威胁和强加的新规章的限制,尤其是当警厅所提出的解决方案并不能解决摊贩的生计问题时,他们之间的矛盾必不可免。

这种矛盾首先来自于生存的考虑。由于自然灾害和不断的内战,大多数城市贫民、逃亡地主和工商户以及失业工人和低级公务员为了维持生计,

---

① 天津市档案馆等编:《天津商会档案汇编(1903—1911)》,天津人民出版社 1989 年,第 830—850 页。

沿街设摊进行一些日用品的小本买卖。可以说,沿街设摊是贫民的主要谋生手段。自光绪三十三年(1907)起,北马路二十六家摊贩以自愿纳捐为条件请求设立摊贩位置。其上书巡警局:"贫商摆设小摊卖货,冀获蝇头小利,以资糊口。设一旦失业,债饥交迫,以致全家受累。"①对于那些有债务往来的摊贩更是雪上加霜,"一旦强行禁止,不但生活无依,所欠外债一时不能清理"等等。

其次,迁移他处会失去固定主顾。民初天津的商业中心在天津旧城的外围,特别是旧城的北部和东部。当原估衣街摊贩迁移到北门西马路时,"买货之小商贩因两地隔阂,极称不便,实于小生意前途殊多窒碍"。迁移至归贾胡同的摊贩也称:"该处人稀,买货人少,货皆糜烂,逐日亏欠,月月赔累,小民本小力微,何堪受此损失,恳请迁回北门外大街,以维民命。"

再次,估衣街晓市是最适宜摊贩进行买卖的市场。对于警厅提出的迁移商场的方法,摊贩认为:商场虽"游者自必日多",但"商场设立未遍,难容万户之众,且费用较繁,力实不支"。更让铺户心有余悸的是,1912年当北海楼商场房屋专售与太古洋行即宝兴公司代理后,新房主立即限令所有铺户于阴历六月初一之前一律腾空,从而使一些商户因无力搬移而导致破产。

3. 商号:维护自身利益的反对者

在反对的声音中,商会和大商号的做法更加让警厅所谓的路政改革举步维艰。当取缔摊贩的政令下达后,以"祥"字号为首的布商却不同意小贩迁出。民国十一年(1922)三月十四日,谦祥益等山东"祥"字号联合敦庆隆、元隆等40余家商号联名上书警厅,称:查晓市地摊系用宽板架设,与商民出入无碍,请准两季各宽展两点钟②。究其目的,即希望警厅能够保留估衣街晓市摊贩,并能延长设摊时间。一场旨在"保商"的路政改良运动却得不到大商户的支持,实在令人费解。其实在迷雾的背后,仍然是商铺利益本身诉求使然。

第一,摊贩的存留事关津市商务振兴。"商务之兴必以货物畅销为急务。沿街小摊,亦代销商货之一端也。且小摊之货皆由大号而来,却非大号所能兼售,盖其间又有二焉,禁止小摊是直为大商闭一销路也,而又害众命,

---

① 天津市档案馆等编:《天津商会档案汇编(1903—1911)》,天津人民出版社1989年,第828页。

② 天津市档案馆等编:《天津商会档案汇编(1912—1928)》,天津人民出版社1992年,第1919页。

恐非善策。"①可见，允许小摊贩的存在，一方面可以加快商品流通速度；另一方面，小摊贩也可加快从大商铺趸货的周期速度，既扩大了大商铺的销售额，也满足了天津民众的各种需求，摊贩的保留事关国家民生、经济命脉。

第二，摊贩是否保留也会直接影响到津市商铺的整体利益。其原因有三：

一是来自于同租界商业区的竞争。租界区的商业中心大多分布在新建火车站或和水路码头附近的有利区位，有着便捷的交通运输和畅通的人流物流；更重要的是，当老城区不断遭受兵变和战乱侵袭时，租界在治外法权的保护下，极大地吸引了外商和华商资本的注入以及人口的迁入②。相较之下，20 世纪 20 年代的老城区出现了"房屋狭小，柴草狼藉，儿啼号呼，大有乡中风味"的颓废景象③。

二是迫于现代商场经营的竞争。自北海楼商场建立，"所有各项货摊尽归之该场以内，而其余各商场日形冷落，生意萧疏，以至各项门市铺亦受其牵制"。虽然"估衣街资本家竭力恢复，渐渐起造成为完全街市"。可是，"竟有在该街起盖商场以分商家之势利，倘经成立，该街门市铺户必受其损害"④。因此，在商场日渐侵占沿街店面的经营空间时，依靠摊贩吸引一批客源也未尝不是一种办法。

三是保留晓市和摊贩也是防止市面因无限杀价而导致混乱的措施。在这些大商看来，"近年市况闭塞，商等各号生意萧条，实因此喝卖者有以致之"。而晓市的一个重要优势是各货物批发商以及摊贩可以共同遵循统一定价原则。所以，如果取缔摊贩集中地而任摊贩游走，那么就会有一些小贩"专购残毁恶劣之布货，沿街售卖"⑤。

4. 商会：多方利益的考量者

商会作为中国近代经济社会的中介组织，不仅是为市场主体正常进行

---

① 天津市档案馆等编：《天津商会档案汇编（1903—1911）》，天津人民出版社 1989 年，第 840 页。

② 孙晖、梁江：《近代殖民商业中心区的城市形态》，《城市规划学刊》2006 年第 6 期。

③ 刘海岩：《租界、社会变革与近代天津城市空间的演变》，《天津师范大学学报》（社会科学版）2006 年第 3 期。

④ 天津市档案馆等编：《天津商会档案汇编（1912—1928）》，天津人民出版社 1992 年，第 1913 页。

⑤ 天津市档案馆等编：《天津商会档案汇编（1903—1911）》，天津人民出版社 1989 年，第 888 页。

市场交易而从事服务活动的机构,同时也有自身的利益诉求。这一特点在天津商会对摊贩的态度上体现无疑。

商会利用自身的影响力在职权范围内通过与官方周旋协商,最终达成了初步协议。第一步,当众摊贩联名上书商会,希望商会能够"保护微末小贩之众生"时,商会向警局表达了两个意思,一是路政改革涉及众多摊贩生计问题,这是一个社会问题;二是路政改革是官方行为,商会不便干涉。第二步,在"查照办理"过程中,商会就警局"迁至他处"的办法提出异议。商会认为,第一,北门外商业区是多年形成的老商业区,"买货主顾亦认是地,势难即行迁挪"①。第二,严禁当街设摊也是官方多年禁令,既然该处摊贩存在多年,自有其道理。在此基础上,商会提出了自己的解决方法,即:"请以各就墙根摆设,占地二尺……若于二尺外再有侵占,即行驱逐,以维路政。"商会提出的办法是顾全双方利益:允许摊贩自主经营,并遵章纳捐,官方只需对其是否占道妨碍交通做出监管即可。参照商会提出的意见,警厅、商会和小贩暂时达成了一致。

但这种短暂的平衡,却因官方态度的转变而再次被打破。先前警务公所因为"壬子兵变",考虑"现在市面齐紧,灾商甚多"②的实际情况,而将街头摊贩治理之权"即请商会主持"的话,那么民国建立之后,政治上的相对稳定让官方重新坚定了修建商场的决心。而且为了争取商会的同意,警务公所"希望贵会查酌招商兴修,酌中定价出租"。面对警务公所抛出的橄榄枝,商会对此态度很明确,即坚决反对迁摊贩入商场。从摊贩的角度考虑,商会认为"修建货场非一日之功,而小贩生计系于一日,远水解不了近渴"。从商会自身考虑,如果商会承担修建商场之责任,一方面,"正经商人不肯担任,不肖者恃官府保护取租,势必任意骚扰";另一方面,货场前景难料,"担负綦重,尤形苦累,因尔生计断绝,糊口无资"。

## 三、余论

以上就是民国初年天津商会及商民针对"摊贩废行"这一事件所发生的

---

① 天津市档案馆等编:《天津商会档案汇编(1903—1911)》,天津人民出版社1989年,第828页。

② 天津市档案馆等编:《天津商会档案汇编(1903—1911)》,天津人民出版社1989年,第843页。

诸般事由,其过程比较清楚地展示了商会、商铺、普通商民与官方之间错综复杂的关系,从而也描绘了一幅官方与民间社会,以及民间社会内部围绕"摊贩废行"这一事件所形成的多层互动景象。

直到20世纪初,由于缺乏市政管理,国家权力几乎很少影响到市民的日常生活①。正如上文所述,由于天津市政管理并存"官方办法"与"民间办法"两种体制,人们已经习惯于对街区公共空间的自由使用。也正是由于官方的疏于管理,街头摊贩的管理更多地是由商会或行业协会来承担责任。20世纪之后,特别是辛亥革命后,国民政府要求各地政府在所辖范围内确立自身的权威性,新成立的警察作为城市管理中国家力量的代表,也加强了对市政的管理权。官方一方面希图通过对摊贩的统一管理来达到改良路政和保商的目的;另一方面却因为动荡的政治环境和捉襟见肘的财政支出,而无法找到最适当的方法。在其不断反复的政策实施过程中,商会、商铺和摊贩按照传统形成的利益均衡架构维持着各主体之间的正常运转。

在矛盾冲突中,政府虽将管理的力量延伸至传统街区,但不断发生的内乱阻碍了其政策的进一步实施。而商会、商铺和摊贩通过呈文、转呈、上书等渠道与政府进行迂回的对话,并抛出"支持政府路政改革"的策略,最终使得摊贩得以继续存在于商业街区。在此过程中,商铺与商场经营者出于对客源的争夺有着利益上的分歧,这是代表传统经营方式的店铺买卖与代表现代经营方式——集购物与休闲于一体的商场经营方式之间的冲突。在二者的冲突中,商会出于自身利益考虑选择了支持商铺,这也从一个侧面反映了民初的天津商会对新事务的保守态度。不可否认的是,随着国家机器的强势以及经济的发展,街头摊贩势必会从一种依靠民众自发的管理状态,而逐渐纳入到政府的统一管理当中,同时,大型商场作为一种新型经营场所也会逐渐被摊贩所认同。总而言之,在民初的天津摊贩市政管理中,商会、商铺和摊贩等利益主体在与政府反复拉锯博弈的互动中,所体现的民间对政府的制衡,实质上是一种建立在利益之上的控制与反控制关系。

(《历史教学》2010年第20期)

---

① 王笛:《时间·空间·书写》,浙江人民出版社2006年,第69—122页。

# 明代以来天津城市空间结构演化的主要特点

靳润成　刘露

自1404年明王朝设卫筑城以来,天津城市经历了萌芽、成长、腹地扩展和轴线发展等阶段。在这600多年的历史长河中,天津形成了独特的城市空间结构,即以海河水系为轴线,由西向东逐步展开。滨海新区的建立预示着城市新生长极核的形成,而海河发挥着重要的承前启后的纽带作用。天津城市空间结构演化是由海河起始点(三岔河口)向海河入海口的一种空间发展。

## 一、天津城市的位置

从城市地理学的角度来观察,城市位置应分为直接位置和一般位置①。直接位置系指城市自身的位置环境,这种位置会影响城市的结构与发展。而城市的一般位置则是指城市所处的周邻地域环境,包括与其他人口中心或资源条件的沟通关系。在传统的中国城市系统中,天津属于晚近出现的较低层序的城市。然而在鸦片战争以前的600余年间,天津由一个普通的军事寨堡,发展成繁华的"畿辅首邑",这在传统的中国城市群体中是不多见的。究其原因,除了种种社会与政治因素外,还与天津城市的优越位置有密切的联系。

(一)天津城市的直接位置

天津位于华北大平原的东部,东临渤海,北依燕山,处在海河流域的下游。由于地势低下,华北平原上众多的河流汇集到这里入海,"千淀归墟,百川赴壑",也就是俗称的"九河下梢"②。天津的这种区位环境大致形成于距

---

① 许学强等:《城市地理学》,高等教育出版社1997年。
② 郑向阳:《天津城市空间的扩展与弹性发展》,《规划师》2003年第7期。

今1万余年以前的全新世时期,后来由于自然的变迁,周围潟湖洼淀星罗棋布,并因此造成附近土壤的排水不畅,而成为盐化潮土,或水稻土。河流洼淀的集中便于航运,但土质盐碱含量高有碍农业。距海滨较远的河流两岸可以耕作,而近海地区利于渔、盐。这一切,无不与日后天津城市空间结构发展有密切的关系。

(二)天津城市的一般位置

从历史上看,城市发展的一般倾向是,只有成为政治中心之后,才能担负起经济的使命。地处海河水系下游冲积平原的天津,最初并非作为区域行政中心,而是作为保障王朝首都供给的运输枢纽出现的。与许多政区中心城市先有聚落形成、再设置筑城不同,当明王朝设天津卫并在三岔河口筑城的时候,这一地区并没有形成一定规模的人口聚落,最早的居民主要是来自远方的军队及其眷属①。从天津城市成长的历程上看,正是因为这里"去神京二百余里,当南北往来之冲",可以起到"通舟楫之利,聚天下之粟,致天下之货,以利京师"的作用,才得以存在和发展的②。

这就是说,天津城市的发展,是由于它地处滨海,盛产鱼盐,特别是因为海河干流可以直接把这个城市与渤海连接起来,使其成为四通八达的航运枢纽。发达的水上交通网络,使天津既能发挥河口港,又能发挥海口港的功能。河海通津的优越地位,有助于天津城市空间的扩展和地区间贸易的进行。天津城市的自然发展对后来城市规划的影响就是即便有城区的修筑,也未能改变城市沿河发展的自然成长趋势。

## 二、天津传统的单核心城市空间结构特征(1860年以前)

按照施坚雅等人对中国城市的研究,中国城市一般呈双核心结构,城内为政治与文化中心,城外接近主要交通干道(如河道)、通达性最便捷的地方为商业中心③。天津城市空间结构的早期形成"先市(元朝海津镇,1316年

---

① 刘海岩:《租界、社会变革与近代天津城市空间的演变》,《天津师范大学学报》(社会科学版)2006年第3期。
② 天津社会科学院历史研究所:《城市史研究》(第1辑),天津教育出版社1989年。
③ Skinner, G W. *The City in Late Imperial China* California:Stanford University Press, 1977.

得名)后城(明朝卫城,1404年设立)",市在城外,城在市旁,两者形成统一、完整的城市。"城"是天津城市的标志。天津城呈正南正北方向坐落于南运河以南、海河以西的旧三岔河口地区,为1.5×1.0km的矩形城垣①。这个阶段天津的城市形态是以卫城为中心、以海河和运河为轴线的沿点、线发展的传统的河港城市形态。天津传统城市的成长,递进至明代,无论在建置上,还是在功能上,都有极大的变化。如果说,寨、镇阶段还属于城市的初级阶段,那么到了明代,特别是明中叶以后,天津作为一个传统城市已基本形成。到明中叶,天津已是南北货物交汇的场所,大量南货随漕船运到天津,水陆商旅也从四面八方来到此地②。转运贸易促进了天津商业经济的繁荣发展,使天津成为大运河北端的商品集散中心和商业重镇,奠定了近代天津成为华北经济中心的基础。由此,城市功能由单一的漕运枢纽,逐步成为中国北方多功能的经济中心。

城市的功能决定了城址区位,与南北运河的相对位置,成为天津城选址的首要因素。城建在南运河的南岸,因为只有南岸有建城所需的足够空间,并能保证漕粮在南、北运河之间的驳运。政区中心城市的筑城规模均有定制,决定城区面积的首要因素是设置的行政等级,与城市人口的多寡并无必然的联系。天津最初筑城之时,尽管是作为"卫所",其面积是按照府城规模设计的。当时,城的设计是以其周长为标准,天津"城周9里13步",是一般府城的规模③。明王朝在规划天津城的时候,显然注重的是其在政府供给系统中的重要位置,而非本地区的人口、经济等状况。

基于天津传统城市的空间结构特征,根据历史上最早的人口统计资料——《津门保甲图说》,并结合城市空间结构,可知1840年以前,天津的人口分布是不均衡的④。因为,在筑城之初,天津城市建成区就突破了城墙的限制,在城外发展,紧靠南运河和海河的城北、城东地区成为商业区。由此,城内作为政治、文化和经济中心,人口最为集中,其次为东门外和北门外两个主要商业区,它们分别占市区人口总数的47.98%、17.16%和15.85%。从人口密度看,市区人口平均密度约为200人/ha,而城内高达600人/ha以

---

① 缪仲泉:《天津城市规划》,天津科学技术出版社1989年。
② 郭锦超、杨秋平:《浅析近代天津经济中心地位的形成口》,《辽宁工学院学报》2006年第4期。
③ 陈正祥:《中国文化地理》,生活·读书·新知三联书店1983年。
④ 马玫:《天津城市发展研究》,天津人民出版社1997年。

上。受交通条件和工具的限制,人口移动性较差,使得天津各区人口的职业构成与空间结构密切相关,人口居住结构与城市空间结构呈现出很好的对应关系。从天津县城铺户的分布看,以北门外和城内最多,而这两个地区正是重要的商业中心,其次东门外也占相当的比例。城内集中了各种官僚机构,应役和绅衿所占比例都接近于50%。由此可见,天津传统城市的行政中心与商业中心非常接近,此阶段天津城市发展为单核心空间结构。

## 三、天津近代城市空间结构的发展(1860—1948年)

天津近代城市空间的嬗变,主要表现为租界的拓展和河北新市区的开发。天津开埠后,城域呈现开放性的空间形态。城墙的拆除及环城马路的开通意味着传统城市原型的瓦解,旧城区逐渐步入近代化进程,租界的开辟则表明在老城外围直接移植了西方近代殖民式的方格网规划原型后,形成了新区成片开发模式,海河两岸九国租界的设立使天津城区具有"拼贴城市"特征①。随着京津间的京杭大运河水运逐渐为京山线的铁路运输和京津大道的公路运输所取代,大运河沿线的城镇也趋于沉寂,整个城市布局支离破碎。

(一)天津近代城市中租界的空间拓展

通商口岸的设立和租界的划分是引发天津城市空间演变的开端。第二次鸦片战争后,天津被辟为通商口岸,英、法、美三国开始在天津强设租界,为便于进行掠夺贸易和控制海河通向渤海的船路,各租界均选定在海河沿岸。与此同时,位于海河东岸的老龙头火车站的建立使海河东岸也开始发展。至1903年九国租界最后形成,天津旧城区的发展沿海河两岸东西向跨度为3千米至4千米,南北长达5千米,占地面积为15.57千米。由此,天津城市空间布局开始以海河为轴向东南方向发展。天津城市的重心也逐渐由旧城区转移到东南方向海河沿岸的租界区。

从天津开埠到第一次世界大战以前,天津城市空间结构发生了很大变化:一是建成区面积迅速扩大,1911年建成区面积达16.2千米,较1840年增加了约3倍;二是城市空间结构由东西向延伸转为沿海河呈西北—东南走向;三是形成了新、旧双中心的商业结构,政治中心与商业中心在空间上分

---

① 罗澍伟:《近代天津城市史》,中国社会科学出版社1993年。

离;四是形成了新、旧城区以大经路、东马路为中心和租界区以海河为中轴的网状城区街道格局,海河东西两岸由6座铁桥连接,使整个城市连为一体。第一次世界大战爆发以后,天津城市建成区面积进入第二次显著扩展时期,1948年建成区面积达53平方千米,较1911年增加了3.27倍。在扩展方向上,除北部外,东、西、南三方向均向外部扩充,尤以南部最为突出,反映出顺海河向下游发展的自然趋势,城市西北—东南线性形态也更为明显。天津城区空间的扩大,为容纳更多的人口提供了客观条件。1860年开埠以前,天津的人口不过19万余,但到了1948年,人口已猛增至191万多,在不到90年的时间里,城市人口增加了近10倍;城市的建成面积则增加了5倍多。此时,天津社会环境相对安定,具有机械化交通工具、大型仓库、专业货栈等辅助性设施齐全,商品流通渠道畅通,是北方最大的信息中心和交易市场,吸引着中外、南北各路商人,已成为近代华北的经济中心。

(二)天津近代河北新市区的开辟

租界繁荣的同时是老城区的衰落。20世纪初,失去传统政治权力中心地位的老城区走向败落。随着商人和商业资本纷纷迁往租界,老城区逐渐失去了商业中心的地位。到了20世纪20年代,老城往日的繁荣不再,"房屋狭小,柴草狼藉,儿啼号呼,大有乡中风味"①。

20世纪初袁世凯主政北洋时期,在老城以北开发建设"河北新区"。新区规划打破了传统城市模式,效仿租界,一条中央大道与数条道路交叉构成道路网。新区南端建铁桥跨海河与老城区相通,中部建公园,北端建火车站、公园等②。自此,天津市区又向旧城东北方向大幅度延伸。由于市区范围的扩大,1910年,天津地方当局决定把租界以外的整个市区划分为东、西、南、北、中五个区,以便加强行政管理。其中以中、东两区最为繁华,是为天津设立区级行政建制的开始。从"北洋新政"时代到民国时期,天津地方政府都极力发展河北新区,意在与租界抗衡,振兴中国城区。几乎所有的政府部门和新式学校都建在新区。然而,政府的权力已经无法左右20世纪的城市发展了,城市的经济和社会重心不可遏制地向租界地区迁移,河北新区始终没有成为城市的中心。

总之,由于租界的开辟和袁世凯对河北新区的开发,使得天津城市面貌

---

① 古蒨孙:《天津指南》,天津文明书局1922年。
② 张利民:《解读天津600年》,天津社会科学院出版社2003年。

发生了重大的变化，城市面积有了较大的扩展，旧城区、租借区和河北新区三大块连成一片，市区面积为16.5平方千米。

(三)天津近代新港的建设

天津沦陷时期，日本帝国主义加紧对华经济掠夺，把塘沽划入天津市，当时的塘沽仍主要起着货物转运作用，城市空间结构并没有很好地发展。虽从1898年起就不断建闸、挖泥、裁弯、治理航道，但仍只能借涨潮靠泊3000吨级海轮，难以满足船舶大型化、深水化的要求，很多到港的大型轮船都需要在海河下游靠近河口的大沽口处过驳。仅以1935年为例，当年共过驳进出口货物98万余吨，约占当年天津港实际吞吐量的40%①。1939年日本侵华期间，开始在海河口北岸建设码头、开挖航道，兴建塘沽新港，从此，天津港的泊位码头开始由海河上游的市区两岸转移到塘沽海口，为日后天津作为港口城市的发展打下基础，但直到1949年，市内港区海运吞吐量仍占天津港海运总吞吐量的70%②。从天津近代的城市发展来看，租界与河北地区的开辟，以及新港的建设，奠定了半殖民地旧天津城市的基本格局。直到新中国成立以前，天津市区范围再未发生过显著的变化。这100年间，天津迅速由一个传统商贸城市转变为近代工商业大城市。城市建成区面积比1840年增加了6倍多，城市形态也由原先的沿点、线发展转变为沿海河延伸呈西北—东南走向的复合结构发展，并继续向东、西、南三方向扩展，城市内部空间开始分化，形成了商业、工业和居住中心，人口按职业和阶层分布的状况日益显现。

## 四、天津现代城市空间结构特征(1949年至今)

基于天津城市空间结构的历史演进，在天津城市发展中，无论是城市空间布局，还是城市景观建设，都紧紧围绕海河水系逐步展开③。天津市经过600年的不断演变，城市空间结构形态从最初以三岔河口为中心，逐渐形成了以海河为轴线、市区为中心、市区和滨海新区为主体、近郊卫星城镇与远

---

① 天津港史编委会:《天津港史(古、近代部分)》，人民交通出版社1986年。
② 贵义和:《天津港史(现代部分)》，人民交通出版社1992年。
③ 胡序威等:《中国沿海城镇密集地区空间集聚与扩散研究》，科学出版社2000年。

郊县镇相配合的较为合理的城市空间网络布局。

(一)天津现代河口港城市的形成

对河口港城市而言,随着航海技术的不断发展,船型吨位的不断增大,港口逐渐向下游出海口方向发展,相应带动城市空间结构发生变化①。河口港城市建设用地的分布具有"蛙跃式"非连续发展(主要是受河道水深条件限制而使河口港呈跳跃式推移)和"蚯蚓式"连续发展(城市形成沿入海河道两岸连续集中分布的带形发展)两种形态。显然,天津城市空间的扩展模式属于前者。

新中国成立后,天津港作为我国自主兴建的第一个人工商港,得到迅速发展,加大了航线开辟力度,开辟了环渤海内直线南线运输,目前已延伸到烟台、营口、龙口等港口,对外辐射能力进一步增强。与此同时,市内港区却逐步废置,港、城在空间上完全分离,失去了沿海河发展成带状城市形态结构的条件。同时,在计划经济时期,通过行政区划调整,天津城市空间范围由城域拓展至市域,引入"卫星城"等西方现代城市规划理念。借鉴莫斯科市的规划模式,天津城市空间结构也形成在中心城区周围环以近郊卫星城的城市空间布局模式,并在20世纪80年代率先在国内建立了"三环十四射"的环状加放射形道路网,即围绕城市中心商务区形成第一环带,围绕城市主要居住区形成第二环带,围绕城市工业区形成第三环带;14条城市主要干道贯穿其中,其内、中、外环线所呈现的不规则环状是刚性规划的结果,这意味着天津中心城区已由单中心的现代空间结构取代了多元化的近代空间结构。

(二)天津海岸港城市的空间结构特征

天津是由河口港逐步演变成海岸港的港口城市,这种特殊的情况使天津市区和塘沽成为了城市发展的两个主体,特别是20世纪80年代初,天津城市总体规划中提出了3个城市群的城市布局,即以中心市区为主,包括周围城镇的中心城市群;以塘沽为主,包括滨海城镇的滨海城市群;以蓟县县城和宝坻县城为主的蓟宝城市群,即整个城市以海河为轴线把老市区改造成为全市的经济、政治中心,工业重心东移,结合港口,发展塘沽和滨海地

---

① 现代海港城市规划科研成果汇编组:《现代海港城市规划》,黑龙江人民出版社1985年。

区①。1990年代以来,天津城市沿海河轴向发展的格局得到继续加强,1993年天津市委、市政府作出加快滨海新区开发开放的决策,并明确提出将滨海新区作为全市新的经济增长点。1999年修编的天津城市总体规划,继续深化和完善"一条扁担挑两头"的城市布局结构,形成以海河和京津塘高速公路为轴线,由中心城区和滨海城区组成的"双核心"城市结构。沿海河水系轴向发展的城市空间形态,为天津城市总体规划以海河水系为轴线塑造城市形象奠定了坚实的基础。

总之,港口演变发展,给已经初具大都市格局的天津带来的影响就是:城市的空间结构不仅具有单中心扩张的选择,而且具备了"双核心"的布局。当然,在相当长一段时间内,这两个"核心"规模与功能是不对等的,但这种格局,为特大城市赢得了有机扩展空间、功能多样化的可选择前景。天津的这种"双核心"结构,其间的联系轴从主要依靠内河航运时代,到今天更多依赖高速公路时代,基本上就是海河及其两侧与之平行的高等级公路、干线铁路,这个联系轴同时也为天津中心城市范围(约2560平方千米)内的城市群布局应遵循的"交通轴+葡萄串+生态绿地"的理想模式提供了一条理想的轴线,使天津这个特大城市的空间扩展更加有弹性。

(《天津师范大学学报》社会科学版2010年第1期)

---

① 王明浩、李小羽、刘玉娜:《城市科学与天津城市发展》,《城市》2004年第2期。

# 清代后期天津城市慈善事业论略

任云兰

天津城市的慈善事业是从个人和家族的善举开始的,在明代及清代前期,以个人和家族为主的慈善事业占据了慈善领域的主阵地,而且慈善行为也比较单一化,施茶、施粥、施衣、施药、施材、掩埋暴骨和修路、设浮桥、筑城池等带有公益性质的善举常常成为地方士绅大户关注的慈善事业,尤其是施材和掩埋暴骨是早期慈善组织的主要活动。在此基础上,随着清代后期民间结社思潮的兴起,民间社会呈现强大发展态势,以慈善组织为主经营的慈善事业在天津有了较大的进展,较之清代前中期,慈善组织呈现出多元化的特征,慈善事业也呈现出蓬勃发展的势头。

## 一、民间社会的发展与慈善组织的多元化趋向

传统中国是一个皇权至上的大一统的国家。为了维持其政权的稳定,国家对任何社团染指国家及地方事务的管理都心存疑虑,民间的一切结社活动也受到了制约,有组织地去主张不同的社会利益以及任何结党的努力,从来都受到政府的压制和打击。直到清末,随着社会激进思潮的涌动和西方民权思想的影响,至高无上的皇权才受到质疑。这时,国家权势式微,民间社会力量逐渐壮大,他们往往在志同道合的基础上,公开结成各种名目的非政府组织,参与原来由政府办理的地方事务。

在社会救济领域,外忧内患使风雨飘摇的清政府无暇顾及对下层贫民的社会救济,官办救济事业受到限制,只好任民间慈善组织大显身手,尤其是商业发达、商人集聚的天津,在这一时期,各类慈善机构应运而生。"津郡素称善地,人情急公好义。官绅所立善堂不胜枚举,凡周恤穷黎,无微不

至。"①那些背井离乡来津就食的饥民,多依靠这些民间慈善组织和士绅的善举苟全性命。较之清代前期和中期,此时单纯以施棺掩骼抬埋为善举的慈善组织逐渐减少,更多的慈善组织趋向多元化和综合性,如济贫、恤嫠、恤产、育婴、养老、助残、施棺掩骼、施医施药、义学、备荒等,几乎囊括了生老病死难等人生诸事。

季节性的济贫是许多慈善组织的主要任务。西延生社和东延生社的主要职能是到冬季时向贫民施馍,西延生社由廪生寇兰皋倡设,后因经费不敷使用,由长芦盐商呈请运使从商捐款内每年拨银数千缗,以后又有士绅杨成锦捐资承办,每年捐银千余两到二千余两不等。东延生社则是由通商大臣崇厚在河东设立的,经费出自厘捐局的耗羡一项,每年拨银二三千两②。保贞社、御寒社和寄生所都是由天津著名的李善人家族成立的,保贞社主要是恤嫠,御寒社则是在冬季施放棉衣,寄生所则在冬季收养男性贫人和异乡人。此外,此类在冬季收养贫民的慈善机构还有保生所和存育所,保生所是专门收养女性贫民的,存育所则男女贫民兼收养。清修院是专门收养残疾人的慈善机构,资料记载很少。

恤嫠是许多慈善机构的传统职能之一,其中保贞社和恤嫠会是专业的恤嫠组织。恤嫠会成立较早,由地方士绅设立,主要救济立志守节的嫠妇,每月向她们发放月费 1500 文,有公婆年老而又别无子女奉养者,加发 750 文,有子女小口者加钱 500 文;其子可送义学读书。经费由盐商每包盐捐钱一文③。由于经费有限,仅能收养百人,后来者必须排队等候,有病故者才可递补,常常需要等候多年。同治九年(1870),天津道丁寿昌与运使恒庆、津海关道陈钦、署天津府知府马绳武筹款,将全节堂旧有存款提交当商生息,并以船捐、盐捐两项并归当商,每年添收二十人④。此外,许多综合性的善社也经办恤嫠。

此外,成立于光绪年间的济良所则旨在收容受压迫及诱拐无依之妇女,教养择配,最初由地方士绅经办,后因联军之役中止,民国前又复办,到 1914 年由天津县参事会接办。首先,被压迫之娼妓及诱拐之妇女由官厅送入该

---

① (清)张焘:《津门杂记》(卷中),1884 年,天津古籍出版社 1986 年,第 49 页。
② (清)张焘:《津门杂记》(卷中),1884 年,天津古籍出版社 1986 年,第 49 页。
③ (清)吴惠元总修,蒋玉虹、俞樾编辑:同治《续天津县志》卷八"风俗附义举"。
④ (清)沈家本、荣铨等修,徐宗亮、蔡启盛纂:光绪《重修天津府志》卷七"官绅义举附之恤嫠会"。

所后，由所负责这些妇女的衣食住，并组织她们学习家庭缝纫和粗浅的文化知识，到择配年龄后，由承领人具呈认领，经待配人认可，有连环铺保完全负责，再捐助若干经费，就可以领出呈县政府备案。济良所在化淫正俗、赈济无辜罹难之妇女方面效果明显。

设在西门外的恤产保婴局，成立于光绪十年（1884），经费来自长芦运司衙门节省的奉饷炉工银，共500余两，由筹赈局划拨，对极贫人家新生子女无力抚养者，每月发放津钱1000文，小米2斗。后来每月给钱500文，小米1斗，以3个月为限。冬季另加棉衣一套。最初，该局由地方士绅办理，后来移归广仁堂①。

在医疗救济方面，1855年华义堂（光炜）在天津试种牛痘成功。此后，由王莲品先生捐宅一所，在天津创建保赤堂牛痘公局接种牛痘，后来又分别在土城和河东沈王庄开设分局。保赤堂的活动一直延续到1937年以后才终止。保赤堂的慈善医疗，使无数人免于天花的侵害。

从乡约盛行、开始宣讲《圣谕广训》以后，识字的重要性逐渐被天津地方士绅所认识，于是在地方当局的倡导下，开始设立义学，到光绪年间城厢内外共有30余处，其中9处由长芦运司设立，经费由盐务中筹措，具体事宜由纲总主持。13处由津海关道设立，2处由天津府设立，4处由天津县设立，4处由天津道与海关道联合组设。每馆教授贫民子弟16人，拒收富厚及小康之家子弟，书纸笔墨均免费，塾师修脯、冬季取暖费、夏季凉棚费等一切开销均由公款拨付。此外，河北赵姓绅士、河东李姓绅士，也设立义学数处②，教授贫寒子弟文化知识。李善人家族设有义塾五处，每处有学生二三十人。还有一些慈善组织附设义学，如引善社设有义振小学、广济补遗社设有义务小学。

光绪二十九年（1902）成立的公善抬埋社位于西鱼市街德寿杠房内，承袭了传统慈善机构的功能，专门办理永丰屯内无力埋葬者的抬埋事宜③。

除了上述专门经办某项善举的慈善机构以外，这一时期成立的综合性的慈善机构还有备济社、济生社、引善社、体仁广生社、广济补遗社和公善施

---

① （清）张焘：《津门杂记》（卷中），1884年，天津古籍出版社1986年，第50页。
② （清）张焘：《津门杂记》（卷中），1884年，天津古籍出版社1986年，第45—46页；羊城旧客：《津门纪略》卷四"学校门"，"义学"，光绪二十四年（1898）石刻本。
③ 《天津市社会局统计汇刊》，"慈善机关调查总表"，1931年；宋蕴璞：《天津志略》，"第十三编"，"第十五章"，北平：蕴兴商行，1931年。

材总社等。

这些综合性的慈善组织一般由志同道合的地方名流、士绅多人联合组织,大部分是同业商人或同行人士。如引善社于1890年津埠大水时由顾梦臣及洋磁、首饰和茶食商人联合创办;体仁广生社则是在1894年天津四乡及唐山遵化等处大水灾后由顾梦臣及洋行和典当商人创办;公善施材总社则由绅商张月丹、唐聘九等人于光绪二十八年(1902)在永丰屯西老公所内成立。经费也主要由组织者分担筹措,主要理财渠道是将存款发商生息或购买不动产。

这些慈善组织平常主要经营恤嫠、义塾、施药、恤产、施材、义地等一般善举。恤嫠时每个慈善组织都有定额嫠户,一般定额是几百户。根据家庭经济情况,每月分等级发给恤米,冬季则给米面、棉衣。义塾则专门为家境贫寒的子弟而设。有的慈善组织举办的义塾还不止一所,如济生社举办的义塾共有六所。引善社的义学则分为三斋①。到冬季,这些慈善组织一般举办季节性的冬赈。每届隆冬,购备玉米、棉衣,组织人员分路查放。到灾荒年份,这些慈善组织又是义赈的积极参与者。如济生社不仅对本地水旱灾害的受害者施以救助,而且还惠及外地。其实,许多慈善组织的起因都是由于灾荒的发生而成立的。此外,惜字和放生也是这一时期某些慈善组织举办善举的内容之一,体现了对儒佛的尊崇。

这里特别值得一提的是备济社。备济社是著名的综合性的善社,成立也比较早,由著名地方士绅李筱楼(世珍)于光绪五年(1879)创办,最初宗旨是为了积谷备荒,也就是为了解决灾荒年份粮食缺乏问题。原计划买谷存储,后改为将银发商生息。由李筱楼、严克宽、杨俊元、黄世熙、杨云章、李西铭等名绅捐银,并从贩运粮食的海船中抽捐。由李筱楼、严克宽等管理,最初绅捐、船捐等共16000两,以后每年将利息的三成提出办理冬赈,其余七成留做荒年之用。一般情况下,只准动利,不准动本,如果遇到大急必须动本,也不能超过三四成。并且规定,不准挪用做地方其他公事和善举,只准济贫备荒②。经营的主要慈善事业包括冬赈施放米粮及衣服,每月施放嫠妇,春

---

① (民国)王守恂:《天津政俗沿革记》,卷之十二,1938年;宋蕴璞:《天津志略》,"第十三编","第十二章",北平:蕴兴商行,1931年。

② (清)沈家本、荣铨等修,徐宗亮、蔡启盛纂:光绪《重修天津府志》,卷七,官绅义举附之天津府备济社。

秋二季种痘①。

济生社、引善社、体仁广生社、广济补遗社、公善施材总社都是综合性的慈善机构，经办项目比较广泛，有的比较专业化的善举如种痘和抬埋事宜则限于某些慈善机构经办，如种痘只是保赤堂牛痘局、备济社和公善施材总社经办。总的来说，这一时期成立的慈善机构有两个显著的特点：第一，慈善机构的功能更加趋向多元化和综合性，单纯举办一项善举的慈善机构越来越少。第二，由于政府监控的放松，民间结社不再顾忌重重，由多名士绅联合组设慈善机构的现象更加突出，许多慈善行为不再只是一二士绅或其家族的善举，而是扩大到三五人乃至更多人参与的事业。正是由于这两个特点，决定了这一时期天津慈善救助对象和参与者队伍都有所扩大，慈善组织生长旺盛，慈善事业发展迅猛。

## 二、城市慈善事业中三足鼎立局面的初步形成

这一时期天津的慈善界还有一个值得注意的现象，即在以天津本地士绅为主成立的慈善机构以外，来自南籍的官员商人还在天津成立了专门收养寡妇恤女的广仁堂，来自英法等国的宗教组织在天津成立了天主教仁慈堂，专门收养弃婴孤儿和无依无靠的老人，以及为穷人免费（或减费）治病的马大夫医院。天津的慈善领域初步形成了三足鼎立的局面，即天津本地地方士绅、外埠士绅和外国人三方共同经办天津的慈善事业。这些外国传教士和外埠士绅经办的慈善机构成立以后，由于经费比较充裕，经办比较得力，经营状况比较好，一直存在到1949年新中国成立以后，在天津慈善界占有重要地位。

这一时期，除了上述新成立的慈善机构以外，原有的长芦育婴堂仍然正常发展。长芦育婴堂成立于乾隆五十九年（1794），由盐商筹办，当时，直隶各州县水灾严重，天津被水尤重，受皇帝委托，长芦盐政征瑞经办赈灾，在此过程中，遇见弃婴命人收恤，目的"一以溥好生之德，一以广育物之仁"，后与长芦稽都转商量，在镇海门（天津东门）外建立育婴堂，以天津著名善士周南樵（即周自邠）主理育婴堂事务。经费每年5000两到7000两不等，视收养婴孩的数量而有所增减，经费来自长芦商捐，计划收养婴孩二三百名。周南

---

① 宋蕴璞：《天津志略》，"第十三编"，"第十七章"，北平：蕴兴商行，1931年。

樵去世以后,育婴堂的堂务一直由"邑绅之公正廉明者"负责管理①。

1871年夏秋之交,天津周围又霪雨成灾,被水区域甚广,"四民携扶来郡者以数十万计"。因而育婴堂收养的婴孩日益众多,又加之荒年之后,米珠薪桂,原拨经费不敷支出,当时的运宪乃捐助津钱1000吊。翌年春,婴孩逐渐增多,房屋拥挤不堪,乃在原处西南隅购置郑姓民房一所,所需经费3000吊,除郑氏自愿从其房价内扣除1000吊以外,其余2000吊由署运宪捐助。到1873年时,因有的房屋年久失修,又兴土木,"并力营作",所需经费由士绅商人捐助,黄世熙捐助钱1333千文,严克宽、杨俊元各捐1600千文②。光绪初年,育婴堂迁至南斜街,名为育婴新堂。

随着1860年天津的开埠,西方的基督教和天主教势力逐渐渗入天津。基督教等教派传入中国以后,为了便于中国民众尽快接受他们的教宗,在传播基督教教义条规的同时,还兼顾处理世俗社会问题,譬如他们参与的养老、育婴和医疗救济就是他们传播福音的平台,也是他们实现基督教博爱思想的基本手段。法国天主教仁爱会建立"仁慈堂"后在内设立了养老院、育婴堂和保守院。养老院专门收养年纪在60岁以上又无家无业、无亲友投靠的孤贫老人,养老院内设有宿舍、病房和饭厅,老人们也做些力所能及的事情。保守院是即将入教领洗的妇女们暂时居住的地方,主要教授妇女们天主教教义。育婴堂是专门收容孤儿的地方,基本上全是女性,她们在这里半工半读,一边学习文化知识和天主教教义,一边做绣花、抽丝、打花边等女红。进入育婴堂的孤儿要订立字据,表明自愿入堂,日后不许反悔,如遇天灾死亡亦与家中无关。年长后,由仁慈堂做主婚配。

1862年,法国天主教在天津设立了施诊所,1874年迁至紫竹林。1868年英国基督教伦敦会医院在紫竹林建立后,不仅服务于外国驻军和在天津的外国人,而且还为中国人看病,以获得中国人的好感。1879年,医药传教士马根济(John Kenneth Mackenzie)到天津后,因他医治好了李鸿章夫人的沉疴,于是得到了李鸿章的支持,捐赠地皮,并组织士绅、官员捐款8000多两③,使该教会医院在1880年10月得以重建新院,扩大了规模。1888年马根济去世后,该医院更名为马大夫医院,成为天津闻名遐迩的慈善医院。随

---

① 《长芦育婴堂试行简章》,"育婴堂记碑文",天津大公报馆排印,1907年。
② 《长芦育婴堂试行简章》,"育婴堂续记碑文",天津大公报馆排印,1907年。
③ John Kenneth Mackenzie,p.384. 藏英国伦敦大学亚非学院图书馆附属档案馆。

着名声远扬,接诊的病人也越来越多。据统计,1889年马大夫医院接治病人5010例,住院病人429例,其中188例即44%的病人需要实施外科手术①。该院经费早期主要来自在天津的外国人的捐助,带有更多的慈善性质。免费医疗救济,使得教会在中国民众心目中的形象越来越好,就像院方认为的那样:"我们很高兴地看到,中国人和外国人之间的隔阂在日渐减弱,和平和友好代替了仇视和怀疑"②,中国民众对教会也常怀感激之情。

1881年美国基督教卫理公会(即美以美会)在海大道(今大沽路)建立了妇婴医院(Isabella Fisher Hospital)。该医院虽然名为"妇婴医院",实则男女老少皆收。西方基督教和天主教在天津的慈善活动构成了天津慈善领域的一个重要方面。

与此同时,南籍精英在天津也成立了一个专门收容寡妇恤女的慈善机构广仁堂。光绪初年旱灾发生后,人口交易市场异常鼎盛。当时,许多南下的航船载运被拐带的灾区妇女,贩卖到南方各省。上海地方当局虽然多次查获,但因截获的妇女无处安顿,也只得听之任之。津海关虽也严查出口船只,但收效也不大。这种情况促使当时在上海办理义赈的士绅意识到,"欲清外鬻之源,必先筹收恤之法"③。而且灾区妇女的外鬻,也使灾区的婚配困难,进而影响到社会秩序的稳定,"孑遗鳏寡,永绝孳生,壮男无家,轻干法网"④。即使当时似非急务,但将来后患无穷。所以杜绝贩卖妇女的根源在于在当地对灾区节妇恤女予以安顿,因此前署陕西藩司王承基、候补道郑观应、主事经元善等会商,集劝远近绅民商旅筹集捐洋10000元,交由在直隶办赈的吴大澂、李金镛,在天津仿照上海果育、辅元、仁济等善堂成立收养节妇恤女的慈善机构,最初定名为直隶天津河间广仁堂,意寓"推广皇仁"⑤,后有津河广仁堂、天河广仁堂等名称。

---

① Report of the Mission Hospital and Dispensary at Tientsin in Connection with the London Missionary Society(For 1889),Tientsin,Tientsin Printing Company,pp.1-5. 藏英国伦敦大学亚非学院图书馆附属档案馆。

② Report of the Mission Hospital and Dispensary at Tientsin in Connection with the London Missionary Society(For 1889),Tientsin,Tientsin Printing Company,p.1. 藏英国伦敦大学亚非学院图书馆附属档案馆。

③ 《广仁堂章程》,"案牍",第1页。

④ 夏东元编:《郑观应集》(下),上海人民出版社1988年,第1092页。

⑤ 《广仁堂章程》,"大纲",第1页。

广仁堂成立后,先在东门外南斜街原全节堂旧址暂设堂所,收养天津河间两府被遗弃的子女和贫苦节妇。管理者对入堂妇女的身份要求很严格,一是她必须是贫苦无依的寡妇,二是她必须情愿立志守节,不准再婚和为人做佣工,而且在她本人情愿入堂的情况下,还必须征得其夫家、娘家及族长等至亲的同意,入堂后必须遵守堂内的一切规定,并填写具结书①。

由于李鸿章的奏请,朝廷每年为广仁堂拨漕米300石。经费充裕以后,又在西门外太平庄建起了有一定规模的堂所。新址共建屋280余间,东为男号,西为女号。堂中分为慈幼所、蒙养所、力田所、工艺所、敬节所、戒烟所。平时妇女在堂纺纱织布和做零星女工,男子资质上等者到蒙养所读书,中等者到工艺所习艺,学习理发刻字印刷织帘编藤,下等者到力田所务农。广仁堂收养人数计划为700多人,实际上从未达到过此定额,一般维持在300名左右,灾荒期间收养人数要多一些。

广仁堂是南籍士绅鉴于北省灾区地方官"查禁不力,收恤无方"而设立的,他们认为,"河间为首善近藩,津口又海程四出,风声所树,率土具瞻"。因此,在天津设立善堂"于风教民生不无裨益"。南省士绅在天津举办善堂,"为北人规画久大之基",实为开了北方风气②。《申报》这样评论道:广仁堂"劝捐由江浙绅士,开办亦江浙绅士,提纲挈领者李秋亭司马金镛,即有一二津绅会办,亦不过有名无实,挂衔籍末而已"③。尤其是该堂经营擘画成绩显著,这是对天津本地士绅的一个极大挑战。因此,在广仁堂经办的70余年中,不断有天津本地地方政府和士绅接办的喧嚣,如广仁堂开办初年的1879年就有这种呼声,后未果。到民国初年,虽然广仁堂的绅董中添加了天津人,如赞成议绅赵元礼(字幼梅)和驻堂董事韩荫桓都是天津人④,但天津本地士绅和地方官对广仁堂的管理权属问题仍然兴趣浓厚,意欲接办。直到1927年时,社会上仍有人提出广仁堂应由天津人取代南籍三省人进行管理,但最终不了了之。广仁堂的管理权仍然掌握在南省士绅手中,但由于人事更迭,堂务起色不大。这是后话。对广仁堂管理权之争的意义在于,谁掌握了广仁堂的管理权,谁将掌握天津慈善界的领导权,对天津士绅来说,他们要将天津最大的民间慈善机构置于其掌控之中,否则有失脸面,而南籍士绅

---

① 盛宣怀:《津河广仁堂征信录》,1884年刻本。
② 夏东元编:《郑观应集》(下),上海人民出版社1988年,第1092—1093、1137页。
③ 《创立善堂》,《申报》1879年4月26日。
④ 《广仁善堂纪实编》,1912年,第5页。

对广仁堂管理权的争夺也旨在维护他们在天津的社会地位,而且也说明了他们对其故乡的地方认同感仍然强于对天津的地方认同感,在他们看来,通过管理广仁堂,他们的乡谊得以维系。

## 三、地方官员的作用与天津慈善事业的官督民办性

在一个社会保障缺失的社会,地方民生是否能得到父母官的足够的关注,往往是考量一个官员称职与否的标志之一。如果一个地方鳏寡孤独老弱废疾之人无人收养,流浪乞讨人员无处教养,临时有难的外乡人无处留养,贫困死者无人安葬,暴尸户外,那么这里的地方官显然算不上称职,这些不称职的官员在仕途的升迁提拔方面就会受到影响。所以在官办救济事业不甚发达之时,官员们为了标榜自己的业绩,或积极倡行,或自掏腰包,倡捐俸银,组织办理地方善举。当然也不排除有的官员长期受儒家文化的影响,将恤灾救贫看作是自己分内的事情。

由于官办社会救济事业不发达,官方救济机构留养人数非常有限,如从明代沿袭下来的天津养济院到清代时收养名额只有44名,而天津府孤贫院也只有60名,天津县留养局和全节堂收养人数也很有限。与官办救济事业不发达状况形成鲜明对照的是民间救助事业的异常发达,尤其是到清代后期,督府移驻天津,文武官员聚居津城,乡绅和僚佐相率以任恤为事,民间慈善组织发展迅速,给天津的慈善事业带来了新的面貌。这其中地方官员的倡导和引领起了一定的作用,其作用主要表现在:

第一,自捐俸银,差人办理。天津地方官员捐助俸廉银倡办地方慈善事业始于明代,这一传统一直沿袭到了清代。道光年间成立的西延生社本是由民间士绅成立,得到了守御所千总杨成锦每年捐银一二千两的捐助才得以延续,曾在道光二十四年(1844)任天津知县的毛永柏不仅在任时捐助义地,而且在卸任后还寄资捐助延生社经费。同治七年(1868)捻军叛乱以后,沿河浮尸不断出现,天津知府任信成为捞埋浮尸局捐廉200两作为捞尸备棺之用,使死者得以早日入土。通商大臣崇厚、运使恒庆、天津道周家勋等也曾捐献俸廉银以助善举。

第二,积极倡行,劝导绅民。地方官员每到一地,往往要拜会当地的士绅耆老,这是因为这些人在地方上的社会影响力,他们往往一呼百应,在办理地方事务中具有举足轻重的地位,因此,地方官常常希望与地方士绅耆老

保持良好的合作关系。在慈善领域,地方官常常需要依靠地方士绅耆老的出面协调和捐输,才能维持下去。为此,地方官一面要带头捐输,一面要做地方士绅耆老的工作,劝导他们积极支持地方的公益事务。如著名的备济社就是在天津道丁寿昌、天津县知县王丙燮劝导下成立起来的。在地方官的劝导下,地方精英出于各方面的考虑,往往以个人、家族或行业的名义,结社组织慈善团体,兴办地方慈善事业,构成了民间慈善事业的主要推动者和倡办者。

第三,从官方拨款资助民间慈善组织。在地方慈善事业中,天津地方官不仅自捐俸银,而且还尽量从官方拨款资助慈善机构。早年的施棺局、泽尸社虽系民间创办,但都得到了天津官方的经费资助。恤嫠会在创办过程中,得到了天津道丁寿昌、运使恒庆、津海关道陈钦、天津知府马绳武的筹款支持。备济社的经费除了来自地方士绅商人的捐助之外,还有一部分来自贩运粮食来津的船捐,在船捐的征收过程中,又是由地方筹赈局各官员议定与协调的,在这里官方的力量得到了显现。广仁堂的创办更是得到了李鸿章等人的支持,广仁堂每年截留的三百石漕米就是经他呈请朝廷拨付的。

地方官员在慈善事业中的地位是不可低估的,他们利用自身有利的条件,劝说地方士绅和商人拿出一部分家产来解决政府在济贫中遇到的经费不足的困难,并以身作则,自捐俸廉银捐助地方慈善事业,或尽可能协调各方关系,从官方资金中挪用一部分,并从精神上对地方慈善事业的热心支持者给予奖励。正是由于有这样的地方官员和一批豪爽仗义的慈善家群体,天津的慈善事业才得以延续和兴盛。

从以上分析中,我们也可以看出天津慈善事业的官督民办性。慈善组织常常由官员劝导提倡发起,官方不仅参与了慈善机构的开办,而且在平时的运作时也时时插手,协调各方关系,尤其是冬赈或赈灾等大规模救助行为常常由政府监督和指导。

清末许多像慈善机构这样的民间社会组织,虽然是一个由"民"的活动构成的相对自主的社会空间,但它们往往并不简单地排斥国家权威和地方官员的介入,相反,它们往往是在中央政府的推动和地方官员的直接参与下组建起来的,而且官员还常常参与这些民间组织的活动,具有官督民办性。换言之,民间观念中的国家与社会的关系与其说是截然可分的和对抗性的,不如说是协调性的、合作性的和相互依赖的。

从清代乾嘉时期一直到清末,天津城市历史上出现过不少民间慈善机构,有的存在时间较短,管理也不规范;有的历经几十年甚至一百多年,形成了一套比较完善的管理机制;有的尽管施助很有限,如延生社"每人日给饽饽一枚",但毕竟在一定程度上缓解了贫民饥饿之苦,使他们得以苟延残喘,不至于偷盗抢掠而成为"乱民""暴民",多多少少缓和了贫富矛盾,维护了城市的社会治安,保证了城市正常的社会经济秩序。正如梁其姿女士所言,慈善组织通过教化的方式、微妙的施受关系,"延缓了可能因利益冲突而引致的社会动荡,既存的社会秩序也因而受到一定的维护"[①]。

(《城市史研究》2010年第26辑)

---

[①] 梁其姿:《施善与教化——明清的慈善组织》,河北教育出版社2001年,第311页。

# 清代天津商品流通与市场体系：
# 抄本"津门纪事"初探

[美] 关文斌

在近代铁路运输系统发展以前，沿海、华北平原与高原以至大草原之间的长距离贸易是如何运作的？作为中国国内市场的一部分，这经济体系，是失衡还是尚处在萌芽状态，在国内外尚是一个有争议的问题，而天津成为华北贸易中心，是在清代中期还是开埠以后，亦有不同意见①。本文以抄本"津门纪事"为基础，尝试重构同治光绪年间，从全国各地，特别是华南（台湾、广东、福建、海南岛）和东南亚（越南、暹罗）海运到天津的种种商品，交易习惯和流向，对华北商品流通交换体系，商路增辟和机制衍变，特别是天津与蔚县间的贸易，作一初步探讨②。

## 抄本"津门纪事"内容介绍

抄本"津门纪事"，共142页，佚名著。"津门纪事"是外题，字迹与内页不同，或是他人补书。《天津地方史资料联合目录》《天津史文献目录》俱未见收录。其成书年代不能确定，或在同治光绪年间，上限不会早于1872年，其根据是第9页提到"损（捐？）在天津城内上，不论甚货有损（捐？），今时新添，自同治辛末保定府大人常在天津自练兵勇"；至于下限，因为第14页台湾船条下尚注明"从福建台湾府来"，或在甲午（1894）以前。

从其内容来看，"津门纪事"可能是一本蔚县商号派驻在天津的寄庄办理采购进货的"手册"，其根据是书内第5、10和113页中特别提到各地称枰

---

① 这体系在清末民初的情况，见拙著《清末民初天津与华北的城市化：一个网络系统分析》；铁路运输发展以后的情况，参见刘海岩《近代华北交通的演变与区域城市重构》。两篇论文俱见《城市史研究》第21辑，2002年；樊如森：《天津与北方经济现代化》，东方出版中心2007年。

② 《新新新闻》1933年9月，第9版。

斗桶:天津条下注有"彼地银枰不一……蔚地送银百两每平(枰?)虚加一两二钱三分";东昌府条下有按语"蔚商今时无一家至此办者";古连纸条下有按语"今时蔚商自造"。

该纪事与其他刊本商人手册、贾道书、买卖经不一样①,内容主要为华北商品和市场知识的具体材料,如第1页言及海轮、沿岸帆船贸易道:"天津码头之地,货物集聚之所。昔闽粤洋船进口后,至元明复有粮船越焉。四方客商云集日兴。今朝又有西番洋国大小货船辐辏交易以至于今,日增月盛更甚矣。"所谓闽粤"洋船",泛指华南各港口活跃于国内沿海贸易的船队,包括广东船,本港船,黄港船,绍兴安船,海南船,海北船,凌水船,厦门船,泉州,福州,台湾船(福建台湾府),以至加板船(运粮船)。海外船舶则有来自暹罗,安南,和"外番西洋南方地"的火龙(轮?)船②。

各港船队所载货种类亦各有特色,如:

广东船:水花(高白糖),贡粉(次白糖),尖白糖(次白糖),二白(次白糖),赤糖,槟榔,黄丹,点铜,铅粉,姜黄,广木,古月,极烟,大料,洋靛,乌梅,藤黄,枝圆,广朱,核籽,莲子,洋布。

本港船(广东潮州府):惠盘(高白糖),三盘(高白糖),顶冰(次白糖),贡粉(次白糖),赛雪(尾糖),冰花(次白糖),雪花(尾糖),玉盘(尾糖),贡盘(尾糖),牙色(尾糖),大砠赤;红釉,姜片,其菜,文冬,瓜丁。

黄港船(福建漳州府绍安县):三盘(白糖),顶冰(次白糖),贡粉(次白糖),雪花(尾糖),赛雪(尾糖),冰花(尾糖),玉盘(尾糖),大砠(糖)。

海南船(广东琼州府):贡粉,洋糖,赤砂,槟榔,点铜。

海北船(广东雷州府):贡粉,赤砂。

凌水船(广东琼州凌水县):赤砂,小青尾。

厦门船(福建来,糖货出漳州府):漳贡粉,春冰,漳赤,桶冰糖,白冰,冰糖,广冰,赤糖,三盘,姜片,莲子,建朱,乌梅,栀子,瓜丁,文冬,神曲,贡川连,极烟,橘饼,漳丹。

泉州船(福建泉州府):泉青糖,瓷器。

加板船:运粮船,稍带洋杂货物过无阻。

---

① 陈学文:《明清时期商业书及商人书之研究》,"中华发展基金管理委员会",洪业出版社1997年。

② 该纪事第11—17页。有关明清沿海帆船贸易,参见松蒲章、香坂昌纪、郭松义、樊百川诸氏著作。

台湾船(福建台湾府):本间白,本间尾,大湖白尾,台青,台白尾,哈叭白,小青尾,上白,顶冰花。

福州船(福建延平府):南米酱,各笋,缸连,橘饼,红曲,松香;姜片;锡箔,花阡,方竹快,藕粉,树棕,古月,红矾。

暹罗船:惠盘,贡粉,赤朱,上白,顶冰,广木,点锡,藤黄,藤子,古月。

安南船:冰花尾,赛雪尾,槟榔,藤子,雪花尾,古月。

火龙(轮?)船:从外番西洋南方来,洋杂货俱载。

有关天津洋货局①买卖交易习惯在第2页和第5页亦有详细介绍:"客商买货物,惟恐行店蒙蔽,众议以定立规称秤砝码,存于会馆,倘有奸心之辈以重压轻,察出定送于馆罚戏,决不容恕"。"彼地洋货局行店,买卖货物,俱由本局外柜管栈收发,本地买主过栈交客,外客所买货物,本局揽发,其于杂项费用,自有定章,外柜上货,脚钱论担",对大席篓、中席篓、小席篓、大麻绳、小麻绳、大麻袋、小麻袋等所用皮钱、捆工钱、过秤钱等等运输和包装费用均有明确规定。

这本手册对繁复的税捐、手续费等细节也提供了具体的材料。从天津洋货、杂货局购进货物后,需在天津关交捐、报关有"起单",按货物种类,每类每张收费350钱。货物运到大红桥上船,又有"货费""火房""神符""免察""验单"等种种收费。货物上溯大清河,在苑家口(霸州)上税,按货物种类,又有免察、验单收费。

"津门纪事"篇幅最多是按进货地点(天津、祁州等,详下),罗列"各色地所产货物,成色高低,买卖规费,发脚斤称驮担,捐税称秤斗口"和价格等。经整理后,记载的货物,可分为十大类:

(一)糖类:各种各色的糖类共二十八种,其中二十七种注明出处,来自台湾,福建漳州、龙溪、厦门,广东肇庆、潮州、沿海北,诏安,琼州凌水,雷州

---

① 亦名"洋货局子",据传"约创于1800年左右"。见杨荣久、杨雨村,《洋货局子在天津的糖业中的概况》,转引自周正庆《中国糖业的发展与社会生活研究》,上海古籍出版社2006年,第145页。

闽粤沿海,以至暹罗、吕宋等地①。

(二)杂菜类:有32种,包括海、陆产品;来源从内地如河南汝州鲁山、蒙古、天津海口、环渤海辽东,以至南洋。包括干鲜货如火腿、木耳、夷菇、香馨菇、花菜、黄花、把笋、衡庄笋、京庄笋、青笋、鸡尖笋等。海货有洋海岱、江岱、麒麟菜、紫菜、鹿角菜等食用海藻,淡菜、海粉、小海米、鱼骨、鱼肚、蛏干、鲨鱼、银鱼、鱼鳔、凤尾、海蜇皮等日常食品,以至鱼翅、海参,燕窝、鲍鱼。

(三)杂调和食品香料类有10种,包括北京的糟豆腐、天津的南酱、归化的小茴香、四川的花椒、广西安宁的大料、河南清化的鲜姜,以及江南、江西、福建、广东的各种干姜,河南芦州县和安徽芜湖的白矾、福建福州和广东潮州的红釉,安南、暹罗的黑古月、白古月。

(四)杂货有55种,可细分为果品、日用品、土布、香料、文房用品五类。其中以干鲜果品最多,包括广东和福建的文冬、瓜丁、佛千元;苏州的参丝、桂花,北京的玫瑰、苜蓿;河间的花粘,福建、山东和江西的花生;顺天府山区的甜杏仁、瓜子、榁仁、松仁,福建莲子、葵花,杭州、湖南衡州、河南郑州和湖北磁州的藕粉,广东和河南彰德的柿饼、芸麻、柿霜;保定的云片糕,宣化怀来、山东济宁和河北玉田的淮釉、香豆釉;广东、福建和苏州的广枝、大贡饼、金钱饼,哈什葛和归化的白菩干、红菩干、洋葡干,苏州府的橘子;福建福州和湖南安化的乌梅,以至来自广东、福建、海南岛和安南各种槟榔②。其他食品包括苏州和安庆的江米、顺天府的京米、三江的老米、湖南衡州的棕片等。日用品则品种繁多,包括江西"怡大兴"的瓷器、北京的油胭脂、广东惠州的藤丝、福建福州和河南清化的青竹和红白竹、福建漳州府的黑竹筷、江西吉安和广东佛山的乌木筷和广锅③、山东东昌和天津的单、双料锅盖。服用类

---

① 有关糖的生产和运销,见 Ng Chin-keong, Trade and Society: The Amoy Network in the China Coast 1683-1735 (Singapore: University of Singapore, 1983); Christian Daniels,"The Handicraft Scale Sugar Industry and Merchant Capitalism in Southern Taiwan, 1870-1895,"《东洋学报》36.3-4(1984),页65—102,又"Chinese Sugar in the World and Domestic Sugar Markets in the Late 19th and early 20th Century,"《社会经济学》50.4(1984),页21—54; Sucheta Mazumdar, Sugar and Society in China (Cambridge: Harvard University Asia Center, 1998);周正庆前引书。

② 果品产销,见陈学文,《中国封建晚期的商品经济》,湖南人民出版社1989年,第86—96页。

③ 冼宝干总纂:《佛山忠义乡土志》(1923年序),卷六(实业),第15页;罗一星:《明清佛山经济发展与社会变迁》,广东人民出版社1994年,第46—67页。

有福建建宁长乐的顺布,套布和广东的紫麻(广东船项下虽列有"洋布",但并无详细交易资料)。香料类仅有三种,即江西、河南和福建的松香,广东和西洋的檀香,福建厦门的洋香。文房用品有徽墨、门笔。

(五)药味有10种,包括广东佛山的上圆肉、广圆肉,福建漳州包圆肉和福建二山、广东佛山的枝圆肉,以及山东曹州的木瓜、台湾的水仙、山西太原的兰花、西藏的朱砂、贵州的雄黄和湖南衡州杨家村的礬石。

(六)茶叶有11种,包括安徽建德的君眉茶、旗枪,六安的大叶茶、香片,徽州其原(祁门)的竹兰,池州府的松罗茶,福建建宁崇安的大花茶,湖南长沙府安化的安化茶、砖茶、六安茶,以及杭州的龙井。

(七)染料有38种,除7种没有注明出处外,计有北京顺天府的西绿,保定的黄丹、淘丹和勆粉,山东东昌龙凤粉,山西曲阳的大绿(北京和天津亦有生产),安徽的全青、紫绿、硪朱(芜湖、汉口亦有出产),江宁的青黛、高店花,杭州的杭胭脂、小红月和杭粉,湖南邵武和福建昌的栀枳,广东的广粉、广木、藤黄、洋靛,佛山天益厂的广丹和广粉,福建的漳丹、包朱、刮绿,四川的红花(河南卫辉和陕西次之),姜黄(台湾、广东亦有),榕籽(湖南陨阳次之),云南的石黄(徽州和广东亦好)和洋绿(贵州也有),以及国外的交枝(经广西桂林),洋青(红毛国)和佛青等。

(八)铜锡铁钢有6种:云南、四川和贵州的白铜,广东惠州和安南的洋点,广西桂林、北直隶顺天的花锡和盘锡,安徽芜湖和太平的修钢,外洋的洋铜。

(九)烟叶有72种:湖南衡州的双毛、碎烟丝、实之、衡丝,杭州和山东东昌的奇品,江西南昌和广信的万麟、红蒲,福建和广东的太极、广烟,山西太原榆次的古鼎、小皮,陕西兰州和河南清化镇的水烟。

(十)色纸有85种(名称从略),其中注明出处的有64种,以江西19种(南昌府6种,广信府沿山镇6种、玉山县2种,瑞州2种,石塘、袁州、赣州各1种)居首;福建14种(汀州府11种,邵武3种)次之,安徽10种、泾县6种、贵池3种,江南苏州、松江、江宁府共9种;广东佛山4种、杭州2种,浙江宁波、河南光州、朱仙镇、彰德各1种。泊头镇条下注明"从地有染纸局"①。

---

① 有关江西造纸业,参见江西省社会科学院历史研究所、江西省图书馆编:《江西近代贸易史资料》,江西人民出版社1987年,第237—245页;施由明:《明清江西社会经济》,江西人民出版社2005年,第133—135页。

综上所述,这本手册为天津商业习惯、工资和物价,提供了许多具体情况。下文根据这些资料、方志和其他记载,对全国性市场的构成以及华北,特别是以天津为中心的衍变,做进一步分析。

## 全国性市场与产地

由于缺乏相关的统计资料,中国近代以前的农产品和手工业产品的数量和商品化程度,专家有不同的估计,本文更无法解答这个问题。但标志全国性市场的存在,或可从商品来源地的分布来考察。"津门纪事"所开列的种种货物,来自全国各省份以及海外如下:

国内:福建64种(其中福州16种、漳州14种、台湾6种、汀州6种、邵武3种、建宁2种);广东47种(其中佛山14种、潮州10种、肇庆3种、琼州2种、雷州2种、惠州2种);江西31种(其中广信9种、南昌8种、瑞州3种、赣州2种);安徽31种(其中宁国7种、池州5种、太平4种、芜湖3种、建德2种、徽州2种、六安2种);江苏23种(其中苏州15种、江宁3种);河北20种(其中天津6种、保定4种、顺天4种、北京3种、宣化3种、河间泊头镇3种);湖南16种(其中衡州7种、长沙6种);浙江15种(其中杭州6种、宁波6种);河南14种(其中朱仙镇2种、清化镇3种、彰德2种);山东11种(其中东昌府6种);四川6种;山西5种(其中太原2种);湖北4种;辽东4种;云南3种;贵州3种;广西3种(其中桂林2种);海南3种;陕西2种;蒙古(归化)2种;哈什葛1种;西藏1种。

国外:安南7种、暹罗5种、高丽2种、吕宋2种、西洋3种、日本1种、红毛国1种。

可见,来自华南的福建,两广(包括海南)和江西共148种,华中的安徽、江浙和两湖共89种,相对比较近便的河北、山东、山西、河南和辽东仅有42种。这现象或可以区域之间不同资源条件,经济发展程度,甚至失衡来解释,但也反映了沿海帆船和轮船贸易已经把华南与华北结连起来。

若从所罗列的商品来分析,虽然不乏如鱼翅、海参,燕窝、鲍鱼等奢侈品,但更多的是各色各样的糖、竹筷、铁锅等日常生活用品,祭祀用品如冥纸、金银箔以及生产加工材料如染料和纸张,价值并不高昂,例如来自汀州的"毛边纸","盖有讼狱未决而案牍已零落者,至于今时有刚连、连七、毛边之目,尤极腐烂,入手即碎,而人喜用之者,价值轻耳"①。

## 北方区域市场

"津门纪事"也提供了北方区域市场结构衍变的一些线索。书内提到"东昌昔年亦是交易之地",聊城是明清时期华北平原的一个重镇,既是漕运通衢,亦是东昌府治,山西商人的据点,"南来客舶络绎不绝,以故吾乡之商贩云集",商业极盛于乾隆嘉庆年间。其商业贸易范围遍及整个华北地区,据嘉庆年间的三块碑文记载,在几次修建会馆的活动中,分布在河南、河北、山西、陕西各地,来自朱镇、周口、汴城、郑口、泊头、深州、东明、天津、榆次、张家口、太谷、介休,以及山东的汶水、夏口、濮州、蒲台、梁家浅、阿城、靳口、长清等商人商号都有捐资②。而在归化城经营纸张、糖、颜料、香烛和干果的"南县"和"岭后"山西商人,亦曾在聊城采购,故也称"府庄"。如康熙年间创办的三元成,"支壁好多走北路和西路的旅蒙商人和旅新疆商人,北自恰克图,南至太原府,东自天津,西至伊黎河"③。

可是随着清朝的衰落,内乱,叠征和大运河的淤塞,聊城商品经济开始走下坡。东昌临清之间虽然尚能通小舟,但南舶已绝迹,而山陕商人亦逐渐撤离④。《续修聊城县志》对此变故描述说:聊城"殷商大贾,晋省人为最多,昔年河运通时,水陆云集,利益悉归外省,土著无与焉。迄今地面萧疏,西商俱各歇业,本地人谋生为倍艰矣"。"津门纪事"第2页则有另一说法,东昌昔年亦是交易之地,近有新添行店,不遵前规,称秤砝码不一,客商多受其欺,众商公议,仍照前规交易,以公议称枰砝码,犹有奸弊,更兼路途遐远,脚价盘甚多,客商去者萧疏,是以从祁州买者有焉。第10页东昌府条下更注明"蔚商今时无一家至此办者",可以补充地方志的记载。

"津门纪事"第2页提到的其他进货地点有:"祁州庙会,由来久矣,又是发药码头之地,亦有定规",虽然地瘠民贫,运输条件也不特别便利,但以本

---

① 鲁曾煜等修:《福州府志》(1751年刊本),卷26,第17页b。
② 李弼臣:"旧米市街太汾公所碑记",转引自许檀:《明清时期山东商品经济的发展》,中国社会科学出版社1998年,第182—183页;王云:《明清山东运河区域社会变迁的历史趋势及特点》,《东岳论丛》2008年第5期。
③ 大同市政协编辑委员会(2004),641。
④ 杨正泰:《明清临清的盛衰与地理条件的变化》,《历史地理》1983年第3期。

地土神药王御灾捍患的历史条件,"每年清明及十月十五日,商贾辐辏,交易月余",成为大江以北发兑药材的总汇。①"保定、京都二处发买货物甚少,规模未述"。当然,天津并不是华北唯一的贸易中心,也不是唯一的进货地。总计手册所列 295 种货物,除了 7 种没有记载外,其进货地如下:单列:天津 190 种、祁州 15 种、北京 8 种、保定 3 种、蔚州 2 种、归化 1 种、西口 1 种;并列:天津与祁州 60 种、天津与保定 5 种、天津与北京 3 种、天津与归化 1 种。

除了交通运输便利以外,天津的贸易也受益于海运货物税收的优惠。早在乾隆年间,历任天津钞关对闽粤商人念其远涉重洋风涛颠险,均有宽税之条。糖包每大包准除皮五斤;其红白糖内每大包优免十斤,每小包优免五斤,往来船料并免报纳。至水手所带零星货物,税银不及一钱者概行优免,仍于税银内每百两免银二两,以视优恤。复念该商在津贸易,洵属循良,又于税银百两再加免银二两②。为了方便买卖,许多山西商人在天津设有寄庄,办理进货以至提供兑汇服务,更进一步推动天津的经济发展。

## 蔚县和口外贸易

蔚县,清初袭明制为蔚州卫,隶山西大同府。康熙三十二年(1693)裁卫改设蔚县,雍正六年(1728)析蔚州往直隶宣化府。乾隆二十二年(1757),蔚县并入蔚州;1913 年,蔚州改称蔚县,属直隶省口北道;1928 年,改隶察哈尔省。该地处于太行山与燕山山脉的交接处,"万山环拱","关隘深严",风俗颇类山西。著名的"飞狐陉",即从山西省穿越太行山进入河南、河北省的"太行八陉"中的第六陉就在这里,历来是兵家必争之地。西汉初郦食其劝说汉高祖"塞飞狐之口"。北宋潘美在这里失利,于是燕云十六州遂为契丹所占。明代修建内长城,从北京西北一直延伸至这一带,防备漠北的瓦剌、鞑靼自飞狐道从南面袭击北京。明季的蔚州,"山高早寒,无它奇产",加上地处边陲,州人"不事农商"。清初情况并没有太大改变。据州人理学名臣魏象枢:"比年以来,岁谷不登,阎闾萧索,终岁所入,不足以供衣食之半,抛妻子而弃井序者,往往见之"。同书"风俗"卷则说:"地土沙碛硗薄,岁亩不

---

① 王楷等修:《祁州志》乾隆二十一年刊本,卷二第 22 页、卷七第 50 页。
② 天津市档案馆编:《天津商会档案汇编:1912—1928》,天津人民出版社 1992 年,第 2107—2108 页。

满斗。中人日仅再食,俗多俭啬,工匠来自外方,商贾稀少"①。

查《天下水陆路程》《天下路程图引》《周行备览》等明清商人程图和路引,有数条由北京至宣府大同小异的路程,但蔚县俱无记载②。

随着清代统一大漠南北,清顺治十八年(1661)六月,张家口设关征税,内地与蒙古贸易大盛,四方商旅云集。张家口、库伦、恰克图为互市要地,在京张铁路以及同蒲铁路通车以前,蔚县成为华北平原与黄土高原、蒙古草原沟通的要道之一。由蔚县往北,越过壶流河盆地即抵达山西和内蒙古,与广灵、浑源、大同、宣化、张家口、西宁、阳高、归化绵延千里的著名张库商道接连③。由蔚县向南,经飞狐古道的北口,即今天的北口村出易县紫荆关,便是富庶的华北大平原,经广昌、满城到清苑,可从水路直达天津④。

这特殊的地理位置,为蔚县的农民提供了新的生计。当地消费以外,凡入蔚县的货物,多经货店或倒货店,或自营,或支垫农民,由他们农闲时,一人一驼"走碎",带上游牧民族所需要的日常用品如糖、茶、纸张等,转销山西北部和内蒙古草原,以物易物,秋去春返,回程时把内地需要的皮毛、药材等商品带回⑤。随着贸易的发展,蔚县商人"实握宣(化)大(同)及察哈尔一带之商权",如在宣化:商业兴盛,不亚内地,本埠商业,半为客籍人所经营,尤以山西及蔚县人为多,本地人商业势力甚微⑥。"凡直隶西北部及山西北部,蒙古,河套诸地,几无不有蔚人足迹,其商业半握蔚人之手。"西宁等地的入口货物,都经过蔚县转输,货行与当行并列,为境内首要买卖。民国时期,蔚县县城有名的京广杂货店有福恒、同德厚、恒升义等。碾坊、八大镇、银市相继出现,昔日的边陲,变成"紫荆关外旱码头","京西第一州",成为南北物资的集散地之一。

商贸的发展,也带动了手工业的发展。据传当年仅蔚县城内的毛皮商

---

① 李英修:《蔚州志》1659年刻本,《北师大稀见方志丛刊本》,北京图书馆出版社2007年,魏象枢后序。
② 杨正泰校注:《天下水陆路程,天下路程图引,客商一览醒迷》,山西人民出版社1992年,第124—125、486—487页;武林翼圣堂辑《周行备览》(乾隆戊午题),卷3。
③ 庆之金等:《蔚州志》(光绪三年刊本),卷15;《直隶省商品陈列所第一次实业调查记》第2卷,"第四区京西山岳报告书"。
④ 《直隶省第一次实业调查记》第2卷。
⑤ 《大公报》1931年11月7日。
⑥ 陈坦:《宣化乡土志》,康熙五十年,台北成文出版社影印本,第50页。

号就达百余家,从事毛皮行业的有5000余人。销路则由易县,定兴或清苑往天津。当地技术精湛的毛毛匠,被张家口的大商号礼聘去当经理、案头(皮货裁剪技工)。清末民初张家口、宣化有蒙靴业字号80余家,从业人员两千多人,多半为蔚县人,每年销往蒙古地的各式蒙靴20余万双①。

## 余 论

综上所述,"津门纪事"为了解当时中国全国性市场以至华北地区市场的发展,提供了一些线索。早在康熙年间,华南和华中各种农产品、手工业生产日常生活用品,已通过沿岸帆船和大运河,运销华北。道光年间,由于大运河的淤塞,天津更进一步成为沟通南北长距离贸易的中心,不再局限于粮食、布、盐交易,而是把华南和华中的商品,通过天津转销内地。不单有像"大盛魁"这样大规模的企业,也有杨柳青人赶大营以至蔚县农民农闲时"一人一驼"在大草原上来回从事手工业和农牧业产品交换,把北方贸易区和京津贸易区的农家手工业和游牧民族经济联合起来,也带动了蔚县以及华北山区经济的发展②。

(《城市史研究》2010年第26辑)

---

① 申玉光:《张家口的皮毛行》,《河北文史资料》1987年,第145—153页。
② 王尚义:《晋商商贸活动的历史地理研究》,科学出版社2004年,第34—36页;《论晋商商贸活动的地理区域划分及扩展机制》,张正明等:《中国晋商研究》,人民出版社2006年,第127—150页。

# 清开埠前天津港与东北沿海区域间的海洋贸易初探

刘贺彬

清收复台湾后,于康熙二十四年(1685),宣布开放海禁,鼓励海洋贸易,官方与民间的海洋贸易贩运活动随之广泛展开。开埠前天津港与东北沿海港口间的贸易关系日益紧密,东北的粮食、木植、药材等土产,天津的盐、干果等土货源源不断地在区域间转运、流通。开埠前天津港与东北贸易贩运主要以粮食、木植的贩运为大宗,构成了区域贩运货物种类的主体。

18世纪早期天津与东北沿海诸口岸的民间贸易运输帆船航海路线大体为由辽东湾西侧的锦州、葫芦岛、菊花台、山海关通天津,或由辽东湾东侧的金州(今金县)南下,经旅顺口、老铁山、隍城岛、大小钦岛、砣矶岛、候矶岛、高山岛、大小黑山岛,自此有航线西通天津①。

## 一、天津与东北等地的粮食贩运

开埠前天津港与东北沿海区域粮食运贩采取海运这一方式相较陆运既便捷又节省运费,因而受到政府和商民的青睐。米粮的运贩主要以官办商运,即官方采买并雇请民船运输和官方允许并鼓励的商民贩运的基本形式展开。同时为应对灾荒赈济、米价波动等问题,清廷时常对往来于天津与东北间泛海运贩米粮的商民实行减税、免税政策,诸多举措极大地刺激了商民投身贩运米粮的积极性。

清初由于实行海禁,政府只允许少量获得批准的船户负责东北和天津之间的粮食运输,这些船户被叫做"船纲户"。据记载,康熙年间,船纲户郑世泰以"天津地薄人稠,虽丰收,不覆民食"为由,请求清廷准许用海舟贩运奉天米谷以济津民食,获清廷同意,官方给予其龙票,以便商民出入海口照

---

① 章巽:《我国古代的海上交通》,商务印书馆1986年,第92—93页。

验放行。郑世泰之后,众多"船纲户"如郑尔端、蒋应科、孟宗孔等也是从事奉天至天津粮食贩运的商人①。

康熙中叶盛京被旱,米粮失收,清廷调拨天津储米,同时截流南来漕米,于康熙三十三年(1694)至三十六年(1697)陆续海运至盛京赈济。康熙三十三年(1694)九月,将山东漕米截留二万石,自天津运至三岔口,交盛京户部收存②。康熙三十五年(1696),盛京因灾荒仍然严重缺粮,"二月辛卯,壬辰,内阁学士陶岱往盛京赈济并以天津海口运米至盛京"。清廷从天津海口雇船运粮赈灾,但考虑参与转运米粮的新造船与商船尚恐不足,遂责令福建将军、督抚"劝谕走洋商船使来贸易,至时用以运米,仍给以雇值,其装载货物,但收正税,概免杂费"③。康熙三十五年(1696)十一月,又谕:"今岁自天津海运至盛京之米已给散科尔沁贫乏之众。来岁仍当自天津运米至盛京。其转运船只不必用福建、浙江二省者,只用天津船、挽输一次。"④

雍正年间东北盛京米粮屡获丰收,政府遂组织将盛京存留陈米海运至天津,以备天津周遭地区的灾年赈济及日常平籴。雍正年间官方以十万石为基数,于盛京等地仓库调拨或平价采买,将米粮海运至天津备储,同时鼓励商民由辽东海运米粮至津贸易。雍正三年(1725)谕:"今岁直隶天津等处地方被水,米价甚昂。去岁曾令盛京由海道运过粮十万石。著行文该将军府尹等,将盛京粮十万石仍由海道运至天津新仓,俟到日交与地方官收贮。盛京等处仓内,每年将所贮陈米出粜,易进新米。若所出陈米足十万石,即令运来。倘不足十万石,酌量以贱价买足十万石之数运来。今岁若获丰收,价平即行买运。若价值腾贵,有不便之处,即令将军等将不便之处奏明。"⑤同年下旨在官运奉天平粜粮到天津的同时,"若有自海运粮之商人,不必禁止,听其运至天津贸易,不许他往"⑥。雍正十年(1732)奏准:"(盛京等地)凡有贩运米谷至山东直隶粜卖的商贾,等米船一到口岸,即便放行。将梁头米税,自五月至七月暂行宽免。等秋收之后,再行征收。"这样给予了运米商

---

① 光绪《重修天津府志》卷三〇考二一《经政四·海运》附录(奉天贩运)。
② 《钦定大清会典事例》卷二八九《盛京户部·田宅储积·积谷》。
③ 《清圣祖实录》卷一七一康熙三十五年二月壬辰。
④ 《清圣祖实录》卷一七八康熙三十五年十一月辛亥。
⑤ 《钦定大清会典事例》卷二八八《户部·蠲恤·贩运》。
⑥ 《清世宗实录》卷三三雍正三年六月癸亥。

船极大的便利①。乾隆、嘉庆年间,在清廷免税、减税政策的鼓励下,商民泛海贩运米粮的活动更是频繁展开。乾隆二年(1737),直隶等地雨泽愆期,粮米供应不足,清廷下令免天津、临清二关粮税船料,鼓励商民运粮贸易②。乾隆三年(1738),直隶部分地区受灾,清廷暂免天津、临清二关米税③。乾隆帝特颁谕旨延展奉天海运米石至津一年,"但商贾米船放行之时,该地方官给与印票,仍行文知照直隶总督,其沿途巡海官弁亦时加查验,毋令私出外洋。米船既抵天津,卸米之后,直隶地方官给与回照"④。同年又奏准:"凡装载米粮船,查明实系贩往歉收地方者,免税放行,仍给印照。至歉收地方关口查验,填明到关月日,钤印发票,令其回关查照。如回船载有他货,只征货税,免其船料。"⑤

政府针对商民贩运米粮的鼓励政策收到了积极的效果,大量商船频繁往来,将锦州、宁远、海城、盖平等地的米粮贩运至天津以"接济直隶民食"⑥。如乾隆三年(1738),就有商民王承先往奉天购买粮食,海运天津,次年在沈阳收买小米900余石转运至津贸易的实例⑦。

乾隆四年(1739),直隶米价因灾上涨,而当年奉天粮食获得丰收,于是清廷再次下令延展奉天海运米石至津一年:"上年直隶米粮腾贵,曾降谕旨准商贾等将奉天米粮由海洋贩运,以济畿辅民食,以一年为期。今弛禁之期已满,而京师雨泽未降,恐将来民闲,不免有需之处。闻奉天今岁收成颇稔,著再宽一年米之禁。商贾有愿从海运者。听其自便。可行文直隶总督、盛京将军等知之。"⑧乾隆四年(1739),官方又更定采买新章,"择海舶殷户承运,谓之户长。初岁运牛庄米豆七千二百石,嗣益锦、宁、广、义四州县视前几加三倍"⑨。政府的宽限和政策采买新章的更定,促使奉天至天津的运粮

---

① 《钦定大清会典事例》卷二八八《户部·蠲恤·贩运》。
② 《清高宗实录》卷六三乾隆三年二月庚戌。
③ 《清高宗实录》卷七六乾隆三年九月丁巳。
④ 《清高宗实录》卷七五乾隆三年八月乙巳。
⑤ 《钦定大清会典事例》卷二三九《户部·关税·禁令一》。
⑥ 《清高宗实录》卷四九乾隆二年八月癸酉。
⑦ 乾隆部来档(404),黑图档,转引自孔经纬主编《清代东北地区经济史》(第1卷),黑龙江人民出版社1990年,第202页。
⑧ 《钦定大清会典事例》卷二八八《户部·蠲恤·贩运》。
⑨ 光绪《重修天津府志》卷三三考二四《经政七·榷税》。

量骤增①。同时官方允许商民的粮船随带部分货物,加上官方给予的雇值,使得负责承运的商民(户长)在频繁的贸易运输过程中获得了丰厚的利润。

乾隆八年(1743),直隶天津、河间被旱,直隶总督高斌奏称"闻奉天米谷丰收,请弛海禁,俾商民贩运,米谷流通,接济天津等处民食"②。乾隆皇帝遂降旨:"着照高斌所请,准其前往贩运,自奉旨三日至次年秋收为止,令该地方官给予印票,听奉天将军、府尹查验,收买后给予回照。"③乾隆九年(1744),因考虑到直隶省庆云县被旱歉收,加之"天津又为商贾丛集之地",于是特许"展奉天海运限期一年"④。乾隆十二年(1747),直隶省天津静海二县受灾较重,于是清廷允许"暂开奉天海运一年,俟明岁秋收后停止"⑤。

乾隆十六年(1751),直隶总督方观承上奏:当年奉天支剩黑豆海运至通仓,"所有运豆船多用天津商艘,请编字号以三十船为一起给票。按起发运水脚诸费,无论海道、内河均在直省司库发给"⑥。

嘉庆十二年(1807)四月,直隶附近地方,恐不免粮价腾涌,此时距秋收之期尚远,因盛京米谷蓄贮充裕,清廷仍令天津米船商贾照常贩运,以促进谷石流通,满足民食需要⑦。嘉庆十五年(1810),温承惠奏筹办接运奉天米粮海运至津,此次奉天拨运米二十万石,与上届嘉庆七年(1802)所拨米数相同,参与运输的海船剥船之数亦与嘉庆七年(1802)大概相等,"均循照旧章办理,押运抵通。海船抵津如不及转运,因思北仓近在该处,即存贮北仓",以防止露囤导致潮湿霉变,责令直隶总督会同仓场侍郎共同监督办理⑧。

道光年间天津与奉天沿海州县渔船多请领船票粮照来往于两地间贩粮。清廷针对这部分船只也采取减税政策,以示鼓励。道光六年(1826)准两地贩粮船只均依照天津"商船每只征银二十两之例,减半征银十两。仍照部议以八两五钱解部,一两五钱作为兵役饭食、纸张之需。仍严饬行店人

---

① 光绪《重修天津府志》卷三〇《经政四·海运·附录》奉天贩运。
② 《清高宗实录》卷二〇三乾隆八年十月乙丑。
③ 《清高宗实录》卷二〇三乾隆八年十月乙丑。
④ 《钦定大清会典事例》卷二八八《户部·蠲恤·贩运》。
⑤ 《钦定大清会典事例》卷二八八《户部·蠲恤·贩运》。
⑥ 《清高宗实录》卷三九七乾隆十六年八月乙卯。
⑦ 《清仁宗实录》卷一七八嘉庆十二年四月戊戌。
⑧ 《清仁宗实录》卷二三一嘉庆十五年六月辛丑。

等,毋许格外多索行用饭钱"①。

乾嘉之际,辽东等地的米粮大量且频繁地运桌至天津,所运粮食不仅满足了天津地区的需要,还转运到通州、北京直隶等地区。贩运商民借此获取丰厚利润。前面提到的往来于东北与天津贩运米粮的"船纲户"所有的粮船"从前不过十数艘,渐增至今数百艘,不独运至津门,即河间、保定、正定,南至闸河,东至山东登来各口"②。乾嘉时期往来于奉天和天津的运粮船只,天津附近有津、宁海船七百多艘,每年两次海运奉天米粮至津③,此外还有常年由奉天贩运米谷至天津的粮船数百艘④。史料记载了两次较大规模的贩运实例,乾隆二十六年(1761)海商赵运通于天津雇船28只,到牛庄买杂粮11300余石⑤。乾隆四十三年(1778)六月至十月前往锦州贩粮的天津商船就有199只,其中"往回三次者四十四只,二次者九十只"⑥。根据樊百川的统计,鸦片战争前,天津港的卫船、宁河船、沙船以及宁波船共700余艘,常年在渤海贩运东北米谷的粮船和关里船有200至300艘。两项总计有千余艘,共约16至17万吨的运力⑦。

在频繁的贩运米粮的实践活动中,粮船商民获利丰厚。当时天津城西北沿南运河一带集中了大量粮店,粮食贸易规模空前。有人感叹:"天津卫,好地方,繁华热闹胜两江。河路码头买卖广,看风光,人疑是广积银两,那知道内里空虚皆无实在项。不种田,不筑厂,赤手空拳即可把钱想!粮字号买手最吉祥,年深也把船来养,一年四趟,锦州牛庄,荒年一载大沾光,一只可赚三只粮。钱来得涌,职捐的狂,蓝顶朝珠皆可想。"⑧从中可见当时的粮食贸易实为大宗,获利丰厚。尤其是在荒歉之年,粮船来往东北丰饶地区载粮至天津,一船粮较常时获利三倍。如果一年四次往返,那么一条粮船一年获

---

① 《钦定大清会典事例》卷二四〇《户部·关税·禁令二》。
② 光绪《重修天津府志》卷三十《经政四·海运·附录》奉天贩运。
③ 《皇朝经世文编》卷四〇户政十五仓储七。
④ 同治《续天津县志》卷六《海防·附奉天海运》。
⑤ 《朱批奏折·商业贸易类·韩泉奏残本》,中国第一历史档案馆藏,转引自郭松义、张泽咸:《中国航运史》,台北文津出版社1997年,第286页。
⑥ 《宫中档乾隆朝奏折》(第45辑),台北故宫博物院1984年。转引自许檀:《清代前中期东北的沿海贸易与营口的兴起》,《福建师范大学学报》2004年第1期。
⑦ 樊百川:《中国轮船航运业的兴起》,四川人民出版社1985年。
⑧ (清)张焘《津门杂记》卷下《天津论》,天津古籍出版社1986年。

利十二倍。有的粮商获利后生出捐官诉求,商人生出向官僚转化的趋向,以图获取政治资本来保卫或促进商业利益。

## 二、天津与东北地区木材的贩运

清代东北地区的林业资源非常丰富,木材的运输方式以运价较低廉且便捷的海运为主。天津港以其优越的地理位置成为东北木材海运至关内的第一目的地。东北木材运抵天津关所属的口岸有天津县所属的三岔河、赵家场、大沽海口、陈家沟、红桥;宁河县所属芦台镇、葛沽;武清县所属杨村镇、河西务、张家湾;香河县所属的北运河、马头;文安县所属苑口①。

东北木材的贩运至津主要采用商民贸易和官办商运两种基本形式。商民从事东北至天津的木材贩运活动受到清政府的严格监督。商人的逃税、偷采、偷贩的舞弊行为一经官方查出,必会受到严惩。

康熙十八年(1679)议准:"各商所采木植由天津海运至京贸易。不许他处售卖。"②同时涉及私贩偷税、欠税等违例行为一经查出,会受到政府的严惩。雍正七年(1729),政府明确规定:"独潘桃口木植,该商报验烙号,即便放关,于过关后始将应完税银开具欠呈。小板木税,限二月于永平完交,大板木税,限四月于天津完交,每多迟延蒙混之弊。嗣后以过关之日为始,定限五月,木商亲身赴关完纳。如逾限不完及完不足数者,即将该商木植确估,抵交应完银数,交地方官变价解部,余木听商自卖。"③

嘉庆八年(1803),朝廷委任盛京地方官策拔克等清查刘文喜等六人偷伐木植一案。据德瑛等仔细访查,得知高丽沟一带韭菜园、三道浪头等地藏匿有盗采木植的商民,甚至有的商民打造大船,将木植运赴天津等处海口贩卖。由于原地方官晋昌疏于查办,商民私采贩卖木植行为已持续多年。此次涉案盗采贩运商民受到严惩,同时政府令直隶、山东各督抚于天津、登、莱、青各海口严密盘查,杜绝商民私自运木行为④。官方加强监督,使得木植运贩政策相对透明,从而使得官办商运木植活动高效、有序地展开。

康熙二十二年(1683),奉天将军伊巴汉派官员沿三路勘查浑河、太子河

---

① 《钦定大清会典事例》卷九四一《工部·关税》。
② 《钦定大清会典事例》卷九四一《工部·关税》。
③ 《钦定大清会典事例》卷九四二《工部·关税·工关考核·禁令》。
④ 《清仁宗实录》卷一一八嘉庆八年八月癸亥。

的根源,同时详细查探可以砍伐木植的山场及所砍木材的品种,以及运输木材离水路远近的大致情形。经地方官实地勘察后,朝廷允许"盛京佟家江地方所产大木,有愿采伐贸易者,听工部、盛京工部、宁古塔将军、发给执照。令沿海运至天津贸易,不许夹带禁物"①。这样,盛京的哈尔山等地的木植由苏子河、纳鲁河入浑河后,途经海道源源不断地被商民贩运至天津发卖。

为满足京师宫殿、陵寝建筑的需要,清廷先后采取官办商运的形式,组织过几次大规模的海运木植活动。如乾隆十五年至十七年(1750—1752),朝廷委派长芦盐政高恒(后由长芦盐政天津总兵官吉庆接替)和盛京将军阿兰泰负责办理海运木植。雇请天津县和宁河县的民船122只,3年间共从奉天牛庄海口海运木植至天津口岸达2430件②。嘉庆十一年(1806),清廷再次采办工用木植,这次仍依照乾隆年间的旧章,由直隶总督拨天津、宁河等处海船至牛庄海口转运至天津。

道光元年(1821),谕蒋攸铦奏请借款造船运木以济要工一折:前因奉天省采办钦工木植,东省船只难以装载。降旨令蒋攸铦循照旧章,由直隶雇船赴岫岩大孤山海口接运。兹据奏称天津等县海船,与东省船只短窄情形相同,舱内不能安放大木。至熟谙大孤山海道之头舵水手,东省尚有可雇之人。议请令各船户自备料物,造成宽大海船十只,天津船户承造七只,宁河船户承造三只,分起领运。其头舵水手人等,责成各船户协同现在天津之东省船户,自赴黄县觅雇,毋庸官为经理。惟造船工费甚钜,各船户一时未能全数筹备,着准在天津道海税内拨银一万五千两,备给天津宁河两县海船户承领。赶紧购料排造,迅速竣工。雇定头船水手,限四月初出口领运。其备给银两,自道光四年起,分作五年。照数完缴归款。倘有延欠,即将承领之船户监追治罪。所造各船,运竣工木之后,仍责成该船户随时修整。听其装运客货,如官有需用之处,仍听官为雇用。至天津赴岫岩大孤山运木应得海程水脚,既无报销例案,其不敷银两。着俟工部核覆。该督再行妥议奏办③。

道光二年(1822),清廷再次采办工用木植。由于这次的采伐地点在红

---

① 《清圣祖实录》卷一一〇康熙二十二年闰六月辛丑。
② 《署理长芦盐政高恒奏报办理天津船只现到木植起运原由折》《署理长芦盐政高恒奏报海运木植船进出口情形折》(第1辑);《长芦盐政天津总兵官吉庆奏报接办海运木植情形折》(第2辑);《长芦盐政天津总兵吉庆奏为海运木植全数通完折》(第3辑)。《宫中档乾隆朝奏折》,台北故宫博物院,1982—1987年。
③ 《钦定大清会典事例》卷九三九《工部·船政·应差船》。

土崖山场,所采木植经鸭绿江漂流至岫岩大孤山海口。清廷仍雇天津和宁河县的民船,至岫岩大孤山海口装载黄松树 140 件海运至津,后转运至通州①。从上面两则史料中我们可以看出道光初年清政府于直隶天津、宁河等地雇请民船海运官方采办的木材。官方将部分天津海税贷给船户,供其自备船料造船、招募舵工水手。船户完成运木任务获得雇值后,可以自行贸易、贩运,不过要随时听命于官方雇用。由此可见在官办商运这种形式下,船户具有相对自主的贸易、运输权力,同时官方既降低了运输成本,又使得及时运输得到稳定的保障。此种形式具有极强的灵活性和较高的效率,可谓"官民相得"之举。

## 结 语

通过对天津与东北间木植、米粮贸易运贩的考察,反映出开埠前的天津港已经与东北建立了广泛的贸易联系,但这种联系是在政府政策的限制内生发的,而政策的主线则是出于官方保障粮食供给,赈济灾荒、稳定物价,满足京师用度的需要,保证清王朝维护贸易区域政治、社会的稳定等方面的考虑。比如在乾隆中期以前,天津与东北地区的米粮、木植的贩运主要是在政府组织下,以官督商运的形式展开,贸易活动是在政府的掌控之下有限地发展。乾隆中叶后随着东北粮食供应能力的提高,清政府对奉天粮食输出的限制逐渐解除,民间自由贩运才得以大规模地展开,但两地间贩运米粮的船只则需"报明各该旗民地方官查取,保结编号、烙印造册,报部发给船票、粮照……天津、奉天互相换验回照,彼此稽察"②。

官方政策环境下天津与东北沿海区域贸易贩运的不断发展,不仅加强了天津与东北沿海区域间的联系,为沿海不同地区扬长避短地发展经济创造了有利条件,同时维护了天津港区作为北方港口贸易中心的地位,在促进天津传统城市的发展方面也起到了至关重要的作用。

(《前沿》2010 年第 20 期)

---

① 《清宣宗实录》卷四五道光二年七月庚辰、十一月癸巳;《清宣宗实录》卷四五道光二年七月庚辰、十二月辛酉。
② 光绪《重修天津府志》卷三三考二四《经政七·榷税》。

# 清末天津的地方自治及其示范效应

张利民

近年来,国内外对清末地方自治的研究成果颇丰,都视天津地方自治为官办,并在全国有示范作用,但对其如何运作等则语焉不详。本文从分析天津地方自治兴起的社会背景和运行入手,探讨这种模式的特征以及在全国推行地方自治的示范性。

## 天津兴办地方自治的环境与主要内容

天津的地方自治是在特殊环境下由直隶总督袁世凯开办的。1900年八国联军占领天津后组成都统衙门,设立了司法部、巡捕局、卫生局和公共工程局等机构。1902年袁世凯接收天津时,受《辛丑条约》规定的周围20里内不得驻军的约束及都统衙门《有关交还天津行政权力的通牒》中"中国政府必须承认天津都统衙门会议的一切行为"及"必须赋予这些法令以权威和效力"的威胁①,不仅恢复了府县衙门等原有的官署,更重要的是承继了都统衙门的一整套机构和法规,强化了地方政府的管理。

袁世凯受社会舆论影响,为了维护清朝统治,在整顿吏治的同时,饬令直隶州县尚未赴任实缺各员,无论内选外补,"先赴日本游历三个月,参观行政及司法各官署并学校、实业大概情形,期满回省,然后饬赴新任"②;且将此提升到政体改革和地方自治的高度,即"非行地方自治,无以补守令之缺失,通上下之悃忱",而"今之识时务者,辄忧民智之不开","欲求民智之开,非由官绅入手不可。开智之道,年少英俊者使之游学,年长更事者使之游历,二

---

① 倪瑞英等译:《八国联军占领实录——天津临时政府会议纪要》,天津社会科学院出版社2004年,第622—623页。
② 甘厚慈:《北洋公牍类纂》卷三,京城益森印刷公司1907年,第3页。

者分途并进,多历年所,收效必宏",故官绅游历"为目前行政改良之渐,即将来地方自治之基"①。

天津地方自治的内容,主要包括建立筹办机构、制定章程、培养人才和宣讲自治知识,最终通过选举成立自治机构。

1906年8月,袁世凯委派天津知府凌福彭和曾经留学日本的金邦平等设立了天津府自治局。该局"调集留学日本法政学校官绅入局","以准备地方自治为宗旨"②;下设法制课、调查课和文书课。袁世凯要求地方自治"非先以预备,则不能实行",制定章程"为他日宪政先声,至关紧要"③。因此,自治局主要任务是制定章程、培养人员、宣传自治和建立自治机构。该局设立了自治研究所,会聚留日法政学校毕业官绅集中学习外国的自治和选举法等,研究地方自治学理和法则。清廷"仿行宪政"的上谕,促使袁世凯面谕凌福彭和金邦平,"地方自治事关紧要,饬从天津一县先行试办议事会、董事会,以备实行地方自治,并限一个月内即行开办"。凌福彭等立即成立了天津县自治期成会,认为"创设议事会、董事会,非先定法制不可",经过19次修改,制定了《试办天津县地方自治章程》④,1907年3月经袁世凯批准颁布,随即开始进入选举阶段。

与此同时,袁世凯还强调宣传自治,"立宪之基础始于地方自治,而地方自治之基础始于人人皆有普通之智识",要达到"家喻户晓,振聩发聋"⑤。故自治局设置的自治研究所、自治宣讲处和自治期成会等都是培养和宣传的中心。自治研究所专门负责培训骨干,从天津府所属各州县遴选六至八名"品学较优,富于经验,而孚于乡评之绅董入所",学习四个月毕业后,回原籍"筹设自治学社,为定学社通则,以研究所得者传习之"⑥。自治宣讲处主要是选派留日习法政者为宣讲员在城乡宣传地方自治,编印法政官话报和张贴广告。这些举动营造了推行地方自治的声势,得到袁世凯的称赞,亦在全国开培训地方自治人才之先河。

---

① 廖一中等:《袁世凯奏议》,天津古籍出版社1987年,第1520、1161—1162页。
② 《天津府自治局章程》,《大公报》1906年9月2日。
③ 天津府自治局:《天津府自治局文件录要初编》,天津府自治局1907年,第1页。
④ 天津市档案馆等:《天津商会档案汇编(1903~1911)》,天津人民出版社1998年,第2288页。
⑤ 廖中等:《袁世凯奏议》,第1520页。
⑥ 《北洋公牍类纂》卷一,第74、95页。

通过选举建立自治机构是天津地方自治的创举。最初的试办章程就规定了选举人和被选举人资格,为实施选举,自治局依照巡警区划确定了8个选区,设立了选举总分课,由自治研究所毕业学员分别调查选举人和被选举人情况,以统计选票和被选举人数量。从1907年6月起,自治局按照章程在天津城与四乡组织了选民投票选举议员。这在中国是第一次通过选举选出议员。尽管经过广泛的宣传,民众的认同感仍然十分有限,发出7万余张选票,经过登告白和知县"亲至各乡镇演说",最后仅收回13567张,参加投票者城内1700余人,四乡7000人,总共8759人,其中有被选举资格者2572人①,最终选出了30名议员,成立了天津县议事会;翌年7月天津县董事会成立。在天津县议事会成立大会上,直隶提学使代表袁世凯致贺词,称赞天津试办地方自治的议会"为议院之先声","一以使养成公德心,对于地方上事不视作旁观派,则渐起其爱国心矣;一以练习政治上识见",使得以后开设议院不患缺乏人才②。

天津府自治局还曾经试办社会调查。在《天津府自治局试办调查简章》中规定,专派法政毕业官绅分赴天津府各属进行六个月的调查,调查分为必要、推广、密查、附加等四类,范围十分广泛,包括工农商业、户籍人口、教育风俗、道路交通、军事治安以及土娼赌场、土豪劣绅等。虽然社会调查结果不得而知,但从调查的内容不难看出,实施者是借此更加详尽地了解县以下地方社会的政治、经济和社会等现状。

## 天津兴办地方自治的特征

20世纪前后,面对内忧外患,朝野内外改革中央集权体制的要求逐渐突出。日益强大的社会力量提出各种主张,或建立西方模式的民主立宪,或在维护传统伦理规范内实行改革。一些封疆大吏和朝廷重臣也希冀通过改变政体,挽救国势日衰的局面。20世纪初,清廷迫于各方压力一面改革官制,一面筹划制定宪法预备立宪。地方自治是预备立宪的基础,只有在地方上实行自治,建立了自治机构,才能召开国会。当时,各地兴办的地方自治,出

---

① 天津府自治局:《天津府自治局文件录要三编》,天津府自治局1908年,第20页。
② 《北洋公牍类纂》卷一,第117页。

现了自下而上和自上而下两种模式。上海的地方自治是由地方绅商发起的自下而上的模式,天津的地方自治则是袁世凯领导的自上而下的模式。天津的地方自治有以下特点:

其一,袁世凯为代表的地方政府操纵了创办和推行地方自治的全过程。仅据《天津府自治局文件录要》记载,在兴办过程中,袁世凯和继任者竟有十余次批文,包括组建自治局,确定宗旨,审核自治章程,确定应办、议协和监察事项,利用政府、巡警各分局,利用报纸推动宣讲选举并确定在全省推行的步骤等等。袁世凯要将天津的地方自治立为全省的模范,并令自治局发布札文,"天津试办自治粗具规模,本省士民渴望已久,亟应谋及全省一律成立","应委藩学两司凌道、金太史会通妥善推广之法,期以三年遍及全省"①。对此,1938年王守恂编写的《天津政俗沿革记》曾言,"天津自治局时,人谓之官办自治"②。

其二,袁世凯推行地方自治是其加强统治的组成部分。袁世凯自1902年8月接收天津,就开始着手改变原有的统治模式。首先设置了巡警等机构,增强政府的掌控能力;设立商会以稳定和整顿经济秩序;设工艺总局振兴实业。在此前提下,袁世凯兴办地方自治迎合了朝野预备立宪的潮流,但更为重要的是借机整合地方绅商等社会力量,控制其权限,以强化地方政府的管理和控制能力。

其三,袁世凯建立了地方自治机构,却无意让其参与行政管理。最初,袁世凯就将重点放在自治知识的培训和宣传上,其对象有各县的士绅,也有普通民众;有正式的授课,也有深入到乡间的宣讲;有学理法则的学习,也有以白话讲义和报纸告白的普及。这样的举动,使得自治理念不只停留在官绅的层面,还营造了一定的声势,迎合了社会上政体改革的诉求。随即,通过制定章程着力建立自治机构,如规定选举人和议员候选人资格、确定选举办法和程序、组成专门推动选举的机构、调查选举人和被选举人情况等,进而通过初选和复选成立议事会。但是,在地方政府已经建立了巡警局、捐务局等机构的前提下,袁世凯不想让自治机构分羹地方政府的行政管理。当时的文件和报端显示,天津县自治机构设立后办理的事情确实少得可怜,仅仅有过缓行印花税、减河工码头捐、当商、年末减息和调停修马路用地等个

---

① 《大公报》1907年8月30日。
② 《天津政俗沿革记》卷12,南开大学出版社2001年,第62页。

别的提议与调停,且地方政府多没有采纳。该机构并没有在城市管理和修路筑桥方面有大的举动。

其四,天津兴办地方自治期间当地士绅等社会力量成为配角。本来,地方士绅等是地方自治的倡导者和推行者,但在强势的地方政府主持下,地方士绅除了发表一些介绍性的文章外,很少看到自发且主动的呼声和活动,成为地方政府的傀儡。如天津府自治局的14名职员都是袁世凯指定的,皆有拣选或候补知州、知县等功名,至少有举人身份,有5人曾到日本考察或留学。在自治期成会会员中,除了一些学堂的学董、学正外,自治局和商会公举的多是盐商、粮船巨商和商会副会长、会董等①;实际上"会员共四十余人,始终其事者不过十余人而已"②,大部分只是徒有虚名。议事会30名议员中,有四五名是盐商和船粮巨商等传统商人,个别人曾经投资近代工业;其他议员尽为学堂总董、工商研究会会长、县学务总董和村正等,有举人以上功名的超过半数③。上述人员在筹办地方自治过程中,也并没有体现出强烈的参政议政诉求和行动。

## 天津地方自治的示范性

袁世凯推行的地方自治与西方国家的地方自治相去甚远,但是却得到清朝统治者的赞赏和支持,成为自治的模范,向全国推广。简单言之,袁世凯兴办的地方自治至少在以下方面与清廷的意图是基本吻合的。

第一,兴办地方自治的意图与动机,都是为了挽救日益衰落的清王朝统治。袁世凯兴办地方自治,意图是借此重新整合地方社会力量,促使官僚地方士绅化和士绅官僚化,以形成亦官亦绅的统治模式。同样,清王朝推行地方自治也是中央集权制缺失下的一种补充,将权力向地方政权渗透。正如宪政编查馆奏折所言:"自治者,所以助官治之不足也。"④地方自治在表面上似乎是给绅商参政议政一个平台,实际上即便是议事会等通过的那些无关紧要的决议也很难实行,所以,除了上海地方自治公所外,其他各地的自治机构在社会治安、市场和捐税、市政建设等方面皆少有建树。

---

① 《天津府自治局文件录要初编》,第27—29页。
② 《大公报》,1907年9月24日。
③ 《天津府自治局文件录要三编》,第23—30页。
④ 《东方杂志》,第5年第1期。

第二,在开办方式和组织形式上并没有触动专制体制的根本。袁世凯兴办地方自治,始终将巡警、捐税和工程建设等置于其外,尤其对稳定社会治安至关重要的巡警更是如此。1901 年清廷曾谕令各省督抚等,"精选若干营,分为常备、续备、巡警等军",但并没有成为定制和职能分工,各省只是将原有军队、团练和保甲予以改头换面。翌年四月,袁世凯在保定创设警务总局和警务学堂,招募巡警,巡查街面,并明确指出军队与巡警不同,认为"备军所以御外侮,警兵所以清内匪",巡警"为内政之要图","国家政令所颁,于民志之从违,可以验治理之得失,而官府所资为耳目、借以考察舆情者,亦惟巡警是赖"①。袁世凯带 2000 名巡警接收天津,得到清廷赞许,要求"各直省督抚依照直隶章程奏明办理","不准视为缓图,因循不办"②。同年,清廷在首都成立了内城工巡局,设置巡捕队,"京城始有巡警"③。清廷成立巡警部后,命令各省设置巡警道,管理全省巡警事宜。这样,各省至少在省会设立了政府的警政机构和队伍,无需担忧社会力量组织地方武装。所以,除了上海工程总局一度设置巡警外,各省的地方自治机构多没有巡警,这正是清廷赞许和推广天津地方自治模式的关键所在。另外,袁世凯推行地方自治的重点放在制定章程、形制和宣传,却限制和约束其参政权利,这也迎合了中央政府不触动根本的宗旨。袁世凯在兴办天津地方自治时曾上书朝廷,"奏请饬令各省妥定详章,迅速筹设自治厅,以树实行立宪之基础"④,随后清廷下令要求各省仿行,《试办天津县地方自治章程》则成为各省效仿的蓝本,也是宪政编查馆订立全国自治章程和自治选举章程的底本。尤其是袁世凯在章程中划定的自治机构与政府的权限关系,即"议事会得上条陈于地方官",董事会会长要由知县担任;议事会议决的各种事项,要"由议长移知本县知县及董事会并公布之";地方官有权解散和改选议事会、董事会等,都得到清政府的充分肯定。这些权限在宪政编查馆订立的章程中更加明确:"自治之事渊于国权,国权所许而自治之基乃立,由是而自治规约不得抵牾国家之法律,由是而自治事宜不得违抗官府之监督,故自治者乃与官治并行不悖之

---

① 廖一中等:《袁世凯奏议》,第 604 页。
② 朱寿朋:《光绪朝东华录》,中华书局 1984 年,第 5 册,第 4936 页。
③ 徐世昌:《退耕堂政书》卷 8,第 11 页。
④ 《大公报》1906 年 10 月 5 日。

事,绝非离官治而孤行不顾之词"①。清政府的《城镇乡地方自治章程》也开宗明义地说明这一点:"地方自治以专办地方公益事宜辅佐官治为主,按照定章,由地方公选合格绅民,受地方官监督办理。""城镇乡自治职,各以该管地方官监督之。"

天津兴办地方自治的模式,与西方国家的自治相比区别很大,不仅未能反映地方社会力量的增强和对行政管理的参与,反而看到了国家中央集权的延伸。但是,当时各地社会力量实力相对薄弱,城市中绅商等参政议政的意识和自觉性也较为淡薄,一般民众对地方自治的认知还相当肤浅,难以有效地承担倡办自治和设立机构之任,也难以长期与政府保持均衡的关系。在这样的环境下,天津的模式恰恰迎合了清廷从加强统治和整合社会力量的角度实行地方自治的统治需求,被立为兴办地方自治的模范,进而推动了全国地方自治的开展。

(《史学月刊》2010 年第 3 期)

---

① 故宫博物院明清档案部:《清末筹备立宪档案史料》,中华书局 1979 年,第 725 页。

# 清末直隶戒烟活动论析

肖红松　陈桦

鸦片问题是困扰近代中国的重大社会问题之一,到清末其严重性日益受到中外人士的关注。国内仁人志士奔走呼号,或呼吁政府禁烟,或自发组织禁烟机构,掀起禁烟热潮;一些西方国家正义人士纷纷指责列强利用鸦片毒害中国的政策,国际上出现了有利于中国禁烟的形势。在这种条件下,1906年9月20日清政府颁布禁烟上谕,宣布"着定限十年以内,将洋土药之害,一律革除净尽"①。此谕揭开了清末禁烟运动的序幕。史学界对此多有宏观论述②,但对直隶着墨甚少,尤其是对烟民戒治工作的研究尚属阙如,故笔者拟以清末直隶戒烟工作为考究对象作简要阐述,以求教于方家。

戒烟是由戒治机构或鸦片吸食者本人采取一定的技术方法戒断烟瘾的过程,是整个禁烟工作的关键和核心环节,戒烟效果制约禁烟总体效果。直隶自奉中央禁烟上谕后积极推进本省戒烟工作,1907年7月17日设立禁烟总局,综理全省禁烟事宜,制定各类规章,首先从官员入手,督促各级官员戒烟;对于民众戒烟则通过控制土膏售吸、广泛宣传吸烟危害、开办戒烟会社等多种措施,帮助烟民戒瘾。清末直隶官绅良性互动,民间社会积极参与,使戒烟运动开展得有声有色,令中外瞩目。

## 强令各级官员戒烟

官员是平民的表率,戒烟先从官员抓起。直隶采取以下措施推进官员

---

① 朱寿朋:《光绪朝东华录》五,中华书局1958年,第5570页。
② 主要论著参见:王金香:《中国禁毒简史》,学习出版社1996年;蒋秋明、朱庆葆:《中国禁毒历程》,天津教育出版社1996年;王宏斌:《禁毒史鉴》,岳麓书社1997年;苏智良:《中国毒品史》,上海人民出版社1997年;王金香:《中国禁毒史》,上海人民出版社2005年;王宏斌:《清末新政时期的禁烟运动》,《历史研究》1990年第4期。

戒烟：

首先，制定官员戒烟规章以为准绳。直隶禁烟总局制定《官场戒烟章程》《续详考察官场戒烟章程》。前者略谓：全省官员一律出具不吸烟结或已戒净切结，戒烟未净者限期3个月戒净出结；初次分发到省的官员尤应遵章出结，经同乡官签押，方准注册委用；有瘾官员届期不能戒净者，实缺官卸任，候补官回籍，待戒净后，经查实准照常供职，与不吸烟者一同看待；偏僻州县责成主管官员随时派员密查办理；主管官员、同乡官切实负起稽查责任，如有拘隐情事，一经发觉同干议处。后一章程则是前者的细化：禁烟局设调验公所负责查验吸烟官员，无论实缺候补官员，但有沾染嗜好，访闻确实或经人举报，准交所调验核实；司道提镇大员由总督派员查验具结；实缺署事各官、候补有差人员除本人出具不吸烟切结外，责成主管官员、局所总办会办认真考察，具结作保；候补无差人员各出不吸烟甘结，无结者不予差委，有结者令同乡官加具保结，另由禁烟局派资望较深的知府、同知、直隶州分籍贯督察办理；如果已具结的官员，经调验确有烟瘾，实缺官员离任调验，候补有差人员撤委，候补无差人员永远停委，作保、督办官员也给予严厉处分。①

其次，分两步推进官员戒烟工作。

第一步是责令官员具结，作为不吸烟与已戒烟的保证。直隶地域广阔，官员众多，具结工作采取分官阶、分类别、分地区的方法进行。司道提镇官员由总督派人取结调验，"在保定者应由藩、臬两司、清河道办理；在天津者应由学、运两司、天津道、海关道办理，提镇大员由天津镇办理"②。府厅州县、佐贰、教职及营镇以下实缺、候补官员一律出具切结，由禁烟总局责成主管官员、各局所总会办、同乡官取结加保。新分发到直隶的官员则需要同乡官签押具保，方准委用。所有不吸烟的官员须在1个月内具结，戒烟未净的官员限3个月戒净出结。到1908年4月，禁烟总局验收天津、保定各局、所、学堂甘结466份，天津、宣化、马兰总镇3处甘结664份，外府厅州县佐贰杂职甘结241份，候补州县佐贰甘结22份，外州县各学堂甘结467份，连同禁

---

① 《直隶禁烟总局公牍汇要初编》卷5，北洋官报局，1909年，第16—18页。又见《直隶禁烟总局详定官场禁烟办法》，《大公报》1907年11月18日；《直隶全省禁烟局详督宪杨文》，《大公报》1908年4月21日。

② 《督宪杨接准禁烟大臣咨催六项结册并遴委司道、天津道分别办理札》，载《直隶禁烟总局公牍汇要初编》卷2，北洋官报局，1909年，第4页。

烟局、戒烟医院甘结40份，共1900份①。6月，该局指定17位知府、同知等官员开展候补无差人员的督察具保工作②。当年11月各官署、局所已出具切结的官员有3304人③。所有官员的戒烟情形依禁烟大臣④六项表式据实填写，监司以上官员中凡属陈明断戒人员，册报中央禁烟公所以备调验，知府以下官员的表册留禁烟局备案。

第二步是设立调验公所，调验吸烟的官员。禁烟总局对全省官员戒烟负有稽查之责，除命令各府厅州县对属员切实查报具保外，又派人深入各地核查，责令戒烟未净、情形可疑的官员赴禁烟局调验。直隶在天津、保定设立了两个调验公所，道员王学曾主持天津公所。保定分所于1908年11月在府署开办，由知府王守塑、吴克让负责，知州赏廷桂、县丞汪曾宪任检察员，每月经费银300两，由藩司筹拨⑤。然而调验官员的工作进行得并不顺利，各地呈报吸烟、送所调验的官员甚属寥寥，即使指名调验的官员也迟迟不到。1908年，全省知府、副将以下官员中，确无嗜好或实已断净的官员3007人，陈明断戒者20人，情形可疑者122人；外省候选、在直任差各员中确无嗜好者333人，实已断净者25人⑥。禁烟总局多次催促，难见起色，到次年3月仅调验官员118人。国内一家权威报纸揭露说，"自禁烟令下，直隶官场仍视为具文，奉行不力，以致商民人等照常吸食，无甚效果"⑦。为扭转调验不力局面，1909年禁烟总局颁行调验新章程，令在天津、保定供职的官员限

---

① 《直隶禁烟总局详陈现在实行禁烟办法详稿》，《大公报》1908年4月26日。
② 《派定戒烟出结人员》，《大公报》1908年6月27日。
③ 《详请奏咨办理直隶禁烟事宜文》，载《直隶禁烟总局公牍汇要初编》卷2，北洋官报局，1909年，第15页。
④ 清政府于1908年4月7日设立禁烟大臣，成立中央禁烟公所，专司查验京师堂官、地方监司有无烟瘾，特任命恭亲王溥伟、军机大臣、协办大学士鹿传霖、协办资政院事务景星、丁振铎为首任办理禁烟大臣，大学士陆润庠、学部尚书唐景崇、顺承郡王讷勒赫、学部左侍郎宝熙先后出任该职。参阅朱寿朋《光绪朝东华录》五，中华书局1958年，第5879页；钱实甫编：《清代职官年表》第4册《禁烟大臣年表》，中华书局1980年，第3115页。
⑤ 《札保定设立调验分局文》，载《直隶禁烟总局公牍汇要初编》卷4《札文照登》，北洋官报局，1909年，第11页；《大公报》1908年10月25日。
⑥ 《直隶光绪三十四年份六项员数表》，载《直隶禁烟总局公牍汇要初编》卷6，北洋官报局，1909年。
⑦ 《直隶官场禁烟不力被参》，《申报》1907年7月30日。

10天内到所受验,外府厅州官员中路途较近、交通较便者以20天为限,其路途较远、不通火车者以1个半月为限;倘期限已满仍未到所调验,有缺者撤任,无差者停委①。直隶当局对有意规避、迟延不到及戒烟未净、夹带药料的官员一律严惩。当年将深泽知县孙毓琇、束鹿知县阎骏业、前南皮知县王遂善撤任②,次年将试用县丞侯桐封、候补巡检吴桂森、候补盐大使赵祥俊、补用游击卢得胜、候补县丞王国均、试用典史王励勋等人革职,永不叙用③。直隶连续罢免吸烟官员,对破除官场吸烟陋习有一定的促进作用。此外,对各级官员的幕宾、亲友、书差、青役之中染有烟瘾者亦责令勒限戒除,申儆军队、学堂不准招收、容留素有烟瘾之人。

直隶对官场戒烟的态度是相当认真的,根据朝廷禁令制定更为具体的规章,取具所有官员的戒烟保结,设立两个调验公所对官员进行调验,罢免一批规避欺饰的官员。但是官员戒烟工作所暴露的问题亦相当严重:(1)在官员保结过程中,同乡官或同僚官员相互保结,容易导致有烟瘾的官员相互包庇,蒙蔽过关。各级官员对于有烟瘾的亲朋故旧视而不见,故意掩饰,这种现象较为普遍。(2)直隶调验公所对司道提镇等高级官员往往缺乏约束力,一是司镇大员由总督派员调验,公所无权插手;二是司镇大员利用手中权力使犯有烟瘾的亲信属员免予调验,以致到所调验者寥寥无几。一些出任要职的官员即使染有烟瘾,因是总督、藩司、臬司所器重的官员,均以确无嗜好填报,公所投鼠忌器,也不敢指名调验。(3)一些受验的官员先是以公务繁忙或装病拖延,万不得已入所调验,又采用各种方法夹带烟膏,可谓丑态百出。(4)直隶罢免部分官员虽有力地促动了全省禁吸工作,但为此丢官的多是佐杂、候补等低级官员。(5)幕僚戒烟是直隶官场戒烟的难点。幕僚是清代地方官私人聘请的帮办公务人员,随官流转,流动性大,且人数众多,上自督抚下至州县长官都有大量的幕僚。各级官署都有一些怀有专才、经验丰富的幕僚,官员因其才堪任使,虽明知情形可疑也不予深究。调验公所对幕僚等人员的戒烟只是咨会各级官员"一律办理",却没有制定具体可行

---

① 《烟禁森严》,《大公报》1909年12月2日。
② 《饬将深泽县孙令撤任查验烟瘾》,《顺天时报》1909年2月4日;《详请奏明现在办理禁烟各项情形文》,载《直隶禁烟总局公牍汇要初编》卷2,北洋官报局,1909年,第23页。
③ 《政治官报》宣统二年正月二十五日第842号、三月初七日第883号、九月十五日第1067号、九月二十三日第1075号,台北文海出版社,1965年。

的措施。

## 多渠道帮助民众戒烟

清末直隶注重民众的戒烟工作,首先是控制鸦片的售吸,强迫烟民减少吸量;其次,扩大禁烟宣传,呼吁烟民戒除吸烟恶习;再次,创办戒烟局所会社,帮助烟民戒烟瘾。在这个环节上体现出官绅良性互动的态势。

首先,直隶控制土膏的售吸,强迫烟民减少吸量,为戒烟做准备。

控制售吸的举措之一是关闭烟馆。总督袁世凯将关闭天津烟馆的最后期限定在了1906年12月15日①,这给烟馆老板们造成了巨大压力。一些利欲熏心的烟馆老板试图对此进行抵制。天津城厢内外的烟茶楼、烟馆老板曾在当年12月中旬恳请知府缓期闭歇,以便出售存膏、清理账目,被驳回②。另有一些烟馆借"止灯收账"名义暗中营业,希图侥幸过关,然而这种心理很快被大规模的禁烟运动击得粉碎。直隶禁烟局、巡警局、各府州县认真执行关闭令,通令各烟馆迅速闭歇,并派巡警严查烟馆有无影射开灯情事,查封了多处违禁烟馆。天津府县还动员出租给烟馆、饭庄、酒楼营业的房屋业主协查举报不遵禁令的租户③。在官府高压之下,天津城厢烟馆渐次关闭。各州县大都认真执行关闭令,但总体效果不如天津。同时,直隶将禁售烟具作为禁吸的辅助手段,认真执行《政务处禁烟章程》限期6个月停卖烟具之禁令,于1907年1月驳回了信怡昌等10家广帮烟具商号展限销售的请求④,责令省内烟具商号限期关闭,并令巡警严查铜器店、洋货铺等偷卖烟具的不法勾当。次年12月,天津将收缴的1000余件烟具当众销毁。⑤

举措之二是严格执行凭照售吸,从严整治私贩私吸。

直隶禁烟总局制定《土膏店凭照卖烟章程》和《吸户领取牌照吸烟章

---

① U·S·Department of State, Papers Relating to the Foreign Relations of the United States, FRUS, 1906, Washington: Government Printing Office, 1907, p365.
② 《仍禁开灯》,《大公报》1906年12月16日。
③ 《天津府县会衔告示》,《大公报》1906年12月30日。
④ 天津市档案馆等编:《天津商会档案汇编(1903—1911)》,天津人民出版社1989年,第1641—1642页。
⑤ 《详请奏咨办理直隶禁烟事宜文》,载《直隶禁烟总局公牍汇要初编》卷2,北洋官报局,1909年,第17页。

程》,控制土膏售吸环节。前者要求土膏店须缴费领取凭照方可营业,无凭照私售者查封,且只许关闭,不许增开;遇有买土膏者到店,须按牌照所开日吸量出售土膏,如果把土膏卖给无牌照吸户,按所卖价值的50倍罚款。后者规定吸户须领牌照购买土膏,牌照分甲、乙两种,按季更换;吸量逐年减少;无照私吸者,按所买土膏价值加50倍处罚①。1907年春,直隶发放烟店凭照、吸户牌照工作首先在天津府进行,从6月开始在全省展开,具体由禁烟局主持,各府州县衙门及巡警局所协助。烟店凭照当年就发放了3374份。禁烟局还勒令资本微薄、类似烟馆的烟店歇业,到次年底关闭了1038家②。1911年8月,总督陈夔龙奏报直隶已关闭膏土店2300多家,仅存的800余家拟在当年底勒令歇业③。烟民领照方面,1907年全省领照烟民共计107352人,1908年降为74594人,一年间戒断30000余人④。到1911年夏,全省戒断80200人⑤。然而直隶地域广大,私贩私吸现象颇为严重。就销售而言,烟店普遍存在着超量出售或向无牌照者出售土膏的现象;且禁烟之后烟价暴涨导致各烟店、烟贩私售烟膏的活动日益猖獗。就吸食而言,客栈、茶楼、饭馆、妓院等处违禁开灯层出迭见;各县不领照私吸者也不在少数。据调查,"各县吃户领牌照者不过实居其半,此中以富户不领牌照者最多。至各乡镇亦有一人领牌照而数人吸烟者,此等情形所在皆有"⑥。有鉴于此,直隶予以从严打击。1908年,该省破获各类私贩私吸案件3375起⑦。翌年春,禁烟局又派出10名稽查员分赴各属,查获私卖私吸的烟店吸户1300余家;同时秘查各地官员的禁烟成绩,将禁烟不力的南皮知县孙鸿烈、清河知县高绍陈、新城知县李秉和、迁安知县刘道春、磁州知州黄祖戴5名官员各记

---

① 《土膏店领取凭照卖烟章程》《吸户领取牌照吸烟章程》,载《直隶禁烟总局公牍汇要初编》卷8,北洋官报局,1909年,第19—21页。

② 以上数据见《直隶各府属光绪三十四年份办理禁烟事项统计表》,载《直隶禁烟总局公牍汇要初编》卷7,北洋官报局,1909年。

③ 陈夔龙:《庸庵尚书奏议》,台北文海出版社,1970年,第1731页。

④ 《详复遵查禁烟各项实数详情文》,载《直隶禁烟总局公牍汇要初编》卷2,北洋官报局,1909年,第19页。

⑤ 陈夔龙:《庸庵尚书奏议》,台北文海出版社,1970年,第1731页。

⑥ 《摘录委查禁烟事宜报告并条陈》,载《直隶禁烟总局公牍汇要初编》卷8,北洋官报局,1909年,第23页。

⑦ 《密查各属烟店吸户私设烟灯各项情弊文》,载《直隶禁烟总局公牍汇要初编》卷8,北洋官报局,1909年,第27—43页。

大过一次①。这一事件在直隶官场引起震动,有力地激发了各级官员的禁烟热情,促动了直隶禁烟运动的深入开展。

其次,扩大宣传,呼吁烟民戒除吸烟恶习,为烟民戒烟制造舆论压力。

官府多采取传统方式宣传禁烟,或在城乡村镇张贴告示,或由各级官员、乡保甲长、热心士绅宣讲禁烟法令;或利用报刊刊布章程告示、烟案信息,警示违犯烟禁的不法分子。相比之下,民间团体的宣传手法显得丰富多彩。如顺直国民禁烟会曾拟定了详细的鼓吹禁烟办法,包括在报纸上刊登白话文章,散播白话传单,委托宣讲所演说员在各宣讲所演讲,派人到戏园、茶馆及城厢内外热闹地方演说,派人持旗鸣锣游街演说②。他们经常举办演说大会,聘请社会名流宣传鸦片的危害,鼓励烟民自觉断绝吸食鸦片的恶习。艺术界也踊跃参与,利用演剧、双簧、大鼓等艺术形式演唱戒烟曲目,受到观众的好评。天津移风乐会会长刘子良编排一部《民强基》劝人戒除鸦片。1907年5月19日,这出戏在天津桂仙戏园演出。戏中女主角叫婴粟花,其他角色如烟楼掌柜尹也大、劝友戒烟的时务达都是一语双关。演出前,《大公报》社长英敛之登台演说戏曲与社会的关系及祸福自召的道理。戏中亦随段演说,情节沉痛。演出当天"来宾甚盛,无不欢欣鼓掌称善"③。天津海河的例子则让我们理解清末时期戒烟常常成为基层社区的严肃课题。海河白塘口村村董范从周有感于戒烟期限已经缩短,特对村内烟民演说吸烟危害。由于他"谆谆激劝",烟民为之动容,当即共同议定了戒烟期限:年壮者予限5星期,年老者予限10星期;到期不能戒绝者,则由众人指摘议罚④。万国改良会代表、美国北长老会教士丁义华积极投身中国的禁烟事业,在报刊上刊发大量白话宣传品,四处发表演说,唤起民众的禁烟热忱。总之,直隶官方、团体、个人采取了多种形式宣传鸦片的弊害,掀起此起彼伏的宣传浪潮,为直隶戒烟活动提供强力的舆论氛围。

再次,官府设立戒烟局所,民间团体、地方士绅组织戒烟会社,帮助烟民戒除烟瘾。

我们先看官方主持的戒烟活动。直隶官方最早的戒烟所似为李鸿章创

---

① 《详请奏明现在办理禁烟各项情形文》,载《直隶禁烟总局公牍汇要初编》卷2,北洋官报局,1909年,第25页。又见《禁烟不力之薄惩》,《大公报》1909年2月13日。
② 《鼓吹禁烟办法》,《大公报》1910年12月29日。
③ 《新戏特色》,《大公报》1907年5月20日。
④ 《戒烟踊跃》,《大公报》1911年2月20日。

办的广仁堂戒烟所。1878年,顺直一带亢旱成灾,灾民纷纷流入天津,有时多达数万人。直隶总督李鸿章召集盛宣怀、吴大澂、李金墉等人创办广仁堂留养难民,初设在东门外南斜街,后移至西门外太平庄,建房屋280余间,日常经费部源于洋药厘金。堂内设6个分所,戒烟所为其中之一。戒烟所"专延良医,妥置方药,疗治鸦片瘾病",试办3年"戒烟除瘾者已有二千余人,实于风俗人心大有裨助"①。李鸿章因此称赞盛宣怀"设戒烟局,除民间积瘾数千人,政声颇著"②。山西巡抚张之洞被直隶戒烟成果所吸引,于1882年7月上奏,要求仿效天津在太原开设戒烟局,同时致函李鸿章,请派医师协助③。受到邀请的盛宣怀决定派杨佑青前往,因杨从事戒烟工作仅3年,故先派往上海进修学习④。1883年8月,杨佑青接到李鸿章、张树声的命令,前往山西主持戒烟工作⑤。

清末,直隶禁烟总局是组织民众戒烟的领导机关。该局首先设立天津戒烟医院戒治烟民。医院于1907年10月17日开办,戒治分住院戒烟和领药自戒两种。住院戒烟者进院时须提交保结,经医官查验烟瘾大小、身体强弱,发给药丸服用,限期戒净。饮食由医院供给。每班以20人为限,7天为一班,出院时出具永不复吸切结。领药自戒者按时领药,概不收费。如果私自转售药品,查出重罚。烟民因戒烟致病,医官给予治疗。烟民服用的戒烟药丸,除民政部颁发的忌酸丸、补正丸、西法普通戒烟丸外,还有医院自制的普济丸和姜枣丸。创办之初,该院出示晓谕,劝导"无论绅商士庶均须立志戒烟,到院报名医治"⑥。一年的时间,在院戒断烟民4780人⑦。为了照顾贫寒烟民,医院配制戒烟药丸,分给天津、保定各区巡警局代发,到1910年3

---

① 李鸿章:《创设广仁堂折》,载《李鸿章全集》,海南出版社1997年,第1336页。
② 李鸿章:《奏留盛宣怀片》,载《李鸿章全集》,海南出版社1997年,第1490页。
③ 张之洞:《禁种罂粟片》,载苑书义等主编《张之洞全集(奏议)》第1册,河北人民出版社1998年,第107—108页。又见《戒烟局近闻》,《申报》1882年10月10日。
④ 《戒烟局近闻》,《申报》1882年10月10日。
⑤ 《戒烟开局》,《申报》1883年8月25日。
⑥ 《直隶禁烟总局设立戒烟医院示谕》,载《政治官报》第3册,示谕报告类,续第48号,台北文海出版社1965年,第583页;《直隶全省禁烟总局设立戒烟医院告示》,《大公报》1907年11月20日。
⑦ 《天津府属光绪三十四年份办理禁烟事项统计表下》,载《直隶禁烟总局公牍汇要初编》卷7,北洋官报局,1909年。

月底止,共发药5547斤①。

值得注意的是,禁烟总局资助美国医生唐嘉利为烟民戒治。唐嘉利医生在天津法租界开设戒烟所,用西医方法戒烟,无论烟瘾深浅、青年壮年,三五日内即可戒净,比中医戒烟效果又快又好。1908年7月2日,禁烟总局总办、会办前往戒烟所会见唐嘉利,实地考察其戒烟效果良好,遂拨款3000金作为试办戒烟经费②。17日,总督杨士骧亲自接见唐嘉利,"既奖其妙药之回春,复助以前途之努力,深望其涤暇荡秽,唤醒痴迷,实为中国自强计也"③。随后禁烟总局改良戒烟方法,将唐氏戒烟所纳入官方戒烟组织体系,无论官商士庶均可申请戒治,规定该局聘请唐嘉利用西法戒烟,拨款扶植;凡直隶官员或直隶籍士商均可领取就医执照,接受戒治,领照者须出具保结;戒烟净尽者由禁烟局发给华洋文证书;凡仕宦绅富如能自备药费,则不分籍贯,由禁烟局介绍用西法戒烟,取价从廉,优先接待;凡仕宦绅富戒烟有效者如愿捐款,则由禁烟局专款存储,用于资助西医药费④。

禁烟总局关心租界烟民的戒治工作。1906年11月,直督袁世凯指示海关道台梁敦彦与驻津外国领事协商,禁止在天津租界内建立新烟馆,并要求外国领事限期关闭租界内烟馆⑤。各国领事却对此持观望、抵制态度,直至翌年才关闭了一些烟馆:德界烟馆在1907年3月歇业,俄、奥、意租界的烟馆在8月初关闭。1908年2月,禁烟局咨请各国领事通知租界烟店、吸户领凭照牌照。英国金总领事表示愿意帮助中国禁烟,只是英租界内向来没有土膏店,不用领取凭照;吸户牌照由卖烟店铺检查,无照者不能卖给,承诺可协助华界巡警传讯无照购烟者。3月,奥地利贝领事领凭照牌照章程、告示各30张,在界内张贴宣传。德国克领事表示"甚愿遂华官之意",晓谕各村吸户限一个月内领取吸烟牌照⑥。日本小蟠总领事发放23家烟局凭照、500张吸

---

① 《详请奏明现在办理禁烟各项情形文》,载《直隶禁烟总局公牍汇要初编》卷2,北洋官报局,1909年,第24页。
② 《戒烟所之进步》,《大公报》1908年7月3日。
③ 《戒烟局之发达》,《大公报》1908年7月17日。
④ 《改良戒烟法》,《大公报》1908年7月9日。
⑤ U·S·Department of State, Papers Relating to the Foreing Relations of the United States, FRUS, 1906, Washington: Government Printing Office, 1907, p365.
⑥ 《租界领事赞成禁烟》,《大公报》1908年2月28日;《相助为理》,《大公报》1908年3月2日;《海关道蔡移禁烟局文》《大公报》1908年4月13日。

烟牌照,勒令文益兴等烟店歇业①。与此同时,禁烟局要求领事们通知租界烟民赴该局或各戒烟院所领药戒烟。比、德、意、俄等国领事都作出了积极回应。奥地利租界工部局议员何朝锦主动承担界内的戒烟工作,他调查奥界内烟土售吸情况,代禁烟局发放戒烟药丸,撰写劝人戒烟白话文送报刊登载,并捐资刊印数百张,贴遍租界的大街小巷,号召烟民早日领药戒烟;在自家开办戒烟诊所,聘请韩竹轩为义务医士,免费为那些因戒烟染病的烟民治疗②。禁烟局对何朝锦组织戒烟的无私行动给予高度的评价,称赞他"热心义举,深堪嘉尚"③。

其他的政府部门也参与了戒烟工作。1906年,贩抚局购买戒烟丸,发给各地平粜分局,"专施贫苦吸烟无资购药断瘾之人"④,"以故贫民中之断瘾者甚多"⑤。然而有人却乘机干起了转卖药品营利的丑恶勾当,贩抚局于是通知各分局在每日发药时预备开水,凡领药者必须当面服用,既方便烟民,又杜绝转卖药品的弊端⑥。1907年春,卫生局在河北大土庙卫生局、西关外育黎堂、五彩号胡同妇婴医院、南门内大街设立4个戒烟所,收治烟民,贫者免费,富人交费治疗⑦。同年,天津警界人士联合当地士绅创办了天津警务劝办戒烟善会,暂借李绅寄生所戒治烟民⑧。1909年3月,山海关副都统儒林为方便旗籍军民戒烟,特设立禁烟公所,从山海关税务项下拨银1400两作为其常年经费⑨。

接下来我们再看民间团体、各地士绅踊跃参与戒烟活动。限于篇幅,笔者拟着重论述天津商会创办戒烟善会收治烟民的情况。1906年清政府禁烟谕旨颁布后,天津商会总理王竹林、协理宁世福考虑到"凡食力商民专恃烟馆为吸烟之所,一旦烟馆禁绝,瘾食交迫,巨患潜滋,殊堪悯恻",于是邀集天

---

① 《日本警察署来函》《日本小幡总领事来函》,载《直隶禁烟总局公牍汇要初编》卷8,北洋官报局,1909年,第14—15页。
② 《何丞朝锦禀禁烟总局稿》,《大公报》1908年11月23日。
③ 《何丞朝锦禀》,载《直隶禁烟总局公牍汇要初编》卷8,北洋官报局,1909年,第21页。
④ 《施舍戒烟药》,《大公报》1906年12月30日。
⑤ 《施药改良》,《大公报》1907年2月20日。
⑥ 《施药改良》,《大公报》1907年2月20日。
⑦ 《卫生局示》,《大公报》1907年3月22日。
⑧ 甘厚慈辑:《北洋公牍类纂》,台北文海出版社1966年,第616页。
⑨ 《奏设满人禁烟所》,《大公报》1909年3月20日。

津名绅、各善堂、商行董事议定创设天津公立戒烟善会,戒烟药料由药行职商联合各家药商筹备,戒烟经费由商会总理督同各会董、各行董事及各善堂绅商广为筹劝,通知各行董事劝导吸烟商人入会戒烟。12月15日商会票请农工商部立案,23日农工商部批准该会成立,对天津商会的做法赞赏有加,并寄予厚望:"鸦片流毒中国,言之痛心,该总理等热心提倡,在津创设戒烟会,妥筹药料经费,劝令商人有瘾者一律严戒,洵属裨益商界,志甚可嘉。所开襄办各绅商姓名呈请立案,自应照准。现在上海商会公立振武戒烟总社,成效颇著。若联为一气,转相劝戒,则奏功尤速而且远,本部有厚望焉。"①

12月26日,天津公立戒烟总善会正式开办,比天津官立戒烟医院早了10个月。天津总商会拟定了《戒烟善会试办简章》,大旨如下:该会由商务总会联合天津绅商组织,在黄绅花园内戒治烟民;凡入会戒烟者先到善会账房挂号,声明年龄若干、烟瘾大小、烟龄远近,领取凭票入会;戒烟以服药调养7天为度,医药饮食统由善会筹备,不取分文,家资充裕者愿助经费听便;戒烟者须恪守规条,紊乱滋扰者驱逐会外;如有疾病,医生随时诊治,无效者由保人领回调治,病愈后仍愿入会戒烟者随时收留;此外戒烟者须出具切保,有私自逃跑或戒后复吸者由保人赔补药费②。

天津知县对戒烟善会给予肯定支持,特地刊发告示,鼓励烟民入会接受戒治:"自示之后,尔等须知该绅董等纠合同志在黄绅花园内公立戒烟善会,系属热心善举。如有吸食鸦片之人自愿戒忌,而贫苦无力购买药饵者,均可前往该会,查明定章,报名收留,挨排医戒,不致贻误。至经费均由该绅商等自行设法筹措,不费戒者分文,此诚拯救吸烟贫民之义举。"③因善会"方药精良,戒者毫无痛苦",且免收费用,所以"赴会宿戒者日益踊跃"④。开办以来,入会戒烟者"七日一放,随放随收,中无间断"。该会在1906年至1909

---

① 天津档案馆等编:《天津商会档案汇编(1903—1911)》,天津人民出版社1989年,第2173—2175页。
② 天津档案馆等编:《天津商会档案汇编(1903—1911)》,天津人民出版社1989年,第2176—2177页。
③ 天津档案馆等编:《天津商会档案汇编(1903—1911)》,天津人民出版社1989年,第2177—2178页。
④ 天津档案馆等编:《天津商会档案汇编(1903—1911)》,天津人民出版社1989年,第86页。

年间共戒治烟民2535人①,成效仅次于天津官立戒烟医院,而远远超过了省内其他戒烟机构。然而令人遗憾的是,1910年4月,该会因经费无着停办②。

自1906年至1911年,多种形式的民间戒烟机构在各地竞相设立。其间既有政府的倡导之功,也有民众的应和之力。1907年8月,直隶禁烟局令各州县官员联合绅董筹设公款,"无论乡村镇堡皆应设立戒烟分局,多多益善,以为地方自治基础,并宜固结团体,纠合公正士民多设戒烟社会,由各段地方保举会长,主持会中之事,或编歌曲,或译浅说,刊印传布,稗人人知鸦片之害,不致再有濡染,于地方习俗、民人卫生关系实非浅鲜"③。这一号召得到普遍的响应,各地士绅踊跃参与其间。据报至1909年4月直隶各州县成立的戒烟机构共195处④。万国改良会调查,到1912年8月,该省除天津设立省立戒烟医院、女子戒烟所等4处戒烟机构外,各属报告已开办戒烟所333处,陆续添设的尚未统计⑤。地方戒烟机构分官立、公立(官督绅办或官绅合办)、民立三种。官立局所多是本地长官创办,依靠乡绅协助工作;公立、民立会社多是有功名的在乡士绅倡办,经费由官绅踊跃捐助。官立局所多在县城开办,公立、民立会社则深入集镇乡村。官立、公立戒烟局所规模稍大,一般以天津戒烟医院章程为蓝本,内设局所长主持,聘医士、办事员负责入所人员的戒烟事宜,戒烟药品以民政部规定的三种戒烟丸为主,戒烟人多住所戒治,费用方面富者捐输,贫者免费,各局所规定的戒断时段从7天到1个月不等。私立会社规模较小,一般只发放药品,定期检查戒治效果。地方官绅还深入乡村市镇广泛宣传,劝导烟民及时入所戒烟,各地保甲长、族长通过宣讲族规乡约,劝导本村本族子弟戒除吸烟恶习。基层戒烟会社以施戒劝导为主要职责,不仅发挥医疗戒治功能,而且为民众戒烟提供精神支柱或群众压力。

---

① 天津档案馆等编:《天津商会档案汇编(1903—1911)》,天津人民出版社1989年,第2178—2179页。
② 天津档案馆等编:《天津商会档案汇编(1903—1911)》,天津人民出版社1989年,第2180页。
③ 《通饬全省设立各项戒烟社会札》,载《直隶禁烟总局公牍汇要初编》卷4,北洋官报局,1909年,第8页。
④ 《详请奏明现在办理禁烟各项情形文》,载《直隶禁烟总局公牍汇要初编》卷2,北洋官报局,1909年,第24页。
⑤ 《万国改良会禁烟问答》,《大公报》1912年8月23日。

各地士绅、乡贤积极投入，或捐输资金、修葺屋舍，或亲自主持会社事务、医务、杂务，或劝勉烟民戒烟，鼓励民众检举监督，为戒烟工作的开展出资出力。为此，直隶当局奖励了一些办理戒烟出力的士绅。如巨鹿县办理戒烟善会戒断100余人，直隶总督奖励主办人五品衔孟繁汀匾额、从九品王恒玉五品奖札；沙河县武童生王清泉捐戒烟经费京钱400千文，奖给六品功牌；柏乡县创办戒烟总局一处、分局两处，戒断人数600多人，奖该县代理典史邹鲁遇有缺出，首先委署一次；奖廪生李希玩、生员刘振荣、巡官赵玉珍五品奖札各一件①。

清末，政府对于戒烟药品的管理亦是戒烟工作的重要一环。由于政府发放的免费药品和官立戒烟所提供的药品十分有限，而需要戒瘾的人数众多，这种供需矛盾为各种私配戒烟药丸的销售提供了巨大市场，于是各种戒烟药丸纷纷上市。直隶卫生局负责查验各种戒烟方药，1907年9月发出通告，命令所有戒烟方药都必须送局化验，可服用者准予立案发照，不合者销毁，方药不符者查封②。当年11月，天津南段巡警总局颁行《管理售卖戒烟丸散规则》，规定凡集会戒烟、施送药物者必须申报巡警总局，并遵守以下规则：售卖戒烟药物的店铺、人员须有切实铺保，店铺名号、铺人姓名住所、戒烟药物之销售数额、时间、批零价格均须申报备案；店铺须将戒烟方药交巡警总局化验，确有功效者准予出售，药物内不准用吗啡、超量鸦片及一切猛毒药物，不得出售用不地道材料配制的药品、腐败药品及其他有害之物。如果所售药物与药方不符者重罚；假戒烟为名，为人扎吗啡针者重罚；欲求速效，妄加剧药或增减分量者重罚；滥改方单之用法、服量、功效及记载无稽之谈惑人听闻、妄图畅销者重究③。即便这样，戒烟药市场依然存在着种种问题：(1)由于烟民个人烟瘾大小及身体健康状况不同，戒烟药在很多情况下不能对症下药，疗效不佳，甚至有些因长期吸烟导致体弱、染病的烟民在服用戒烟药后旧病复发。(2)很多制药者垄断药方，哄抬药价以牟取暴利，导致大部分贫苦烟民买不起药戒烟。(3)一些不法商人用吗啡等毒品做成金丹、红丸等药丸，以"枪上戒烟丸"名义兜售，诱使服用者染上毒瘾。

---

① 《详复巨鹿县戒烟会出力人员核明给奖文》《详复沙河县武童捐助戒烟经费请奖六品功牌文》《详柏乡县戒烟局员绅异常出力请奖文》，载《直隶禁烟总局公牍汇要初编》卷3，北洋官报局1909年，第1—4页。
② 《验呈方药办法》，《大公报》1907年9月10日。
③ 甘厚慈辑：《北洋公牍类纂》，台北文海出版社1966年，第607页。

尽管如此，直隶的戒烟工作还是取得了比较明显的成效。这首先可以从领照吸户的减少上得到佐证。1907年直隶领照吸户107352人，次年74594人，减少30000余人①。1909年4月，直隶总督杨士骧奏称："年余以来，统计在院（天津官立戒烟医院笔者注）戒断约四千余人，发给各处药品约五千五百余斤。各府州县先后筹设官立、公立、民立戒烟分所分会一百九十余处，戒断不下二三万人。"②同年夏天，直隶戒断烟民达80000余人。当然，如前所述，直隶无照私吸现象严重，官方统计数字较实际吸食人群数量要低。如万国改良会曾对清末民初的直隶禁烟状况进行调查，显示1911年7月直隶有吸户92836人，次年8月计68784人，一年间减少24052人③。这除了上述事实之外，还说明民国初年直隶戒烟工作依然有序推行，年均戒断人数在20000人以上，说明清末有关直隶年均戒烟人数的统计资料可信，也彰显了直隶戒烟工作效果突出。

其次，从鸦片消耗的锐减可以折射戒烟工作之成效。天津海关1910年印度白皮土进口减少到19担，公班土减少到24担，1911年时已无鸦片进口了。天津海关税务司奥依森（JF.Oiesen）分析说：直隶地方当局采取有力的措施去实施颁布的禁烟章程，有的甚至比章程更严厉，这就是洋药消费迅速减少的原因。实际上，当时消费的只有土药，而且数量非常有限。公开的烟馆已遭关闭，而新的章程对私吸鸦片做了许多恼人的限制，以致这种嗜好已成为极不名誉的事了。除嗜烟如命者之外，无人会有勇气克服种种困难去获取吸烟执照和购买鸦片的许可证。凡请领执照的烟民，必须向禁烟局官员登记姓名、住址，报告每日吸量，领取一份吸烟牌照。烟民必须持照到定点烟店购买定量的烟膏，烟店须登记购烟数量，按月呈报禁烟局核查。如果购买的数量超过规定数量，店主和烟民须交纳超量鸦片价值50倍的罚款④。

---

① 《详复遵查禁烟各项实数详情文》，载《直隶禁烟总局公牍汇要初编》卷2，北洋官报局，1909年，第19页。
② 《直隶总督杨士骧奏实行禁烟办法折》，载《政治官报》第20册，折奏类，宣统元年三月初二日第530号，台北文海出版社1965年，第62—63页。
③ 《万国改良会禁烟问答》，《大公报》1912年8月21日。
④ 许逸凡译：《天津海关十年报告书（1902—1911）》，载《天津历史资料》第13期，第35页；天津海关译编委员会编译：《津海关史要览》，中国海关出版社2004年，第88页。

## 结 论

禁止吸食鸦片是禁烟工作的目标,而戒烟是达到禁吸目标的核心环节。通过上面的论述我们可以得出以下的结论:

1. 清末直隶首先从官场入手,制定官场戒烟规章,责令官员具结调验,督促官员戒烟,取得了一定成效,但存在一些难以解决的问题。

2. 对于民众戒烟,直隶则从限制吸食、扩大宣传、戒治烟民三方面并举,使该省的戒烟活动取得了显著成效。官方关闭烟馆,禁止售卖烟具,通过发放凭照牌照控制烟店售烟,强令烟民勒限减瘾;通过多种渠道扩大宣传,呼吁烟民戒除吸烟恶习,在全社会制造强大的戒烟舆论压力;设立戒烟机构,不仅官方部门创办戒烟局所,民间团体、地方士绅也自发组织戒烟善会、会社,劝导吸食者入社戒烟,并广泛发放戒烟药,利用村约乡规强制吸食者戒除烟瘾。

3. 在清末直隶的戒烟活动中,官绅良性互动及民众戒烟热潮给人留下了深刻印象。直隶各级政府能够有力执行戒烟章程,组织戒烟机构,引领戒烟活动顺利进行,呼吁并鼓励民间力量参与。直隶社会名流、地方士绅乃至商会等团体自始至终响应政府号召,利用自身名望、地位、身份、团体等优势广泛宣传戒烟,广设戒烟会社,使得直隶"民戒"色彩极为突出。

(《社会科学战线》2010 年第 2 期)

# 清中后期津门地域文化意识的
# 自觉与士绅社会的成熟

许哲娜

在天津这样一个"人杂五方"的移民城市中如何形成共同的地域文化意识,是一个非常值得探讨的问题。近年来有学者对清代天津商人兴办慈善事业以及地方志的修纂在社区认同中的作用进行了探讨①。这其中实际上已经涉及文化认同的问题。不过,文化认同需要经历一个地域文化意识自下而上觉醒的过程。

## 一、清中后期津门文化的认同与整合

清中后期在当地文人和士绅的参与下,津门文化呈现出整合的趋势,主要表现为大批乡邦文献的编纂和整理以及一批当地文教机构的修建。

从清道光朝开始,大批以搜集乡邦掌故为主要内容的史志以及汇总本籍文人作品的诗文总集陆续编印,这与明朝以来津门地区诗文多以别集或家集形式传世的现象形成了鲜明的对照,成为津门文化认同与整合的重要标志。其源流可以追溯到乾隆时期栾立本所编纂的津门第一部诗歌总集《津门诗汇》。不过,此时对津门乡邦文献的编纂与整理并未形成规模,直至道光以降才蔚然成风。

这一文化现象在一定程度上反映了编纂者对津门地域的认同感与归属感。如《敬止述闻》和《梓里联珠集》就是在乡愁驱动下修纂的。前者是津门文人沈兆沄在寓居他乡期间因"眷念乡国"②编辑而成。而祖籍江苏的华鼎元显然已经完全认同津门为自己的家乡。他自称"余津人也",即使是在祖

---

① 原祖杰:《清代的天津商人与社区认同》,《四川大学学报》2007年第1期。
② 高凌雯:《天津县新志》卷二十三之一《艺文(一)》,《天津通志·旧志点校卷》(中),南开大学出版社2001年,第931页。

籍江苏逗留期间,仍认定天津为梓里,以抄录津门竹枝词、编辑《梓里联珠集》排解乡思,而对江苏流露出的却是一种"客"的心态①。

不过,这些文献的编纂绝不是出于排遣乡愁或出于学术癖好那样简单,多数编纂者对工作的宗旨及其深远意义有着清楚的认识。

其一,旨在保存并彰显津门文化成就,延续津门文化血脉。在史志方面,蒋玉虹私修的《天津志稿》为吴慧元续修自乾隆至嘉庆这一时段的县志提供了主要底稿。而沈兆沄的《敬止述闻》也为后者提供了诸多参考。徐士銮编纂《敬乡笔述》详尽到了"竹头木屑胥入收罗"的程度,目的就在于"存掌故,辑遗诗,为后来县志及增补津门诗钞之助"②。在古文方面,《天津县新志》的编纂者指出,"邑人不喜刻集,凡兹所辑大率得传钞",诸多名流文集"至今俱佚",通过郭师泰编纂的《津门古文所见录》则能够"窥豹一斑"。而在此书基础上加以扩充和增补的《津门文钞》是华光甝"竭一生搜罗之力"的结果,目的在于"俾乡前辈文章风雅常存弗朽"。在诗歌方面,"天津诗人向无总集",乾隆年间栾立本"留心风雅,搜辑成编"③的《津门诗汇》成为津门诗歌总集的先导。梅成栋从市坊尘编蠹简以及私人藏书中对同邑先辈诗作进行不懈搜检采辑,遂成《津门诗钞》④。杨光仪所辑《津门诗续钞稿》的贡献则在于,在"庚子兵劫,前辈遗集多就散亡"的情况下,为道光以来的诗人保存了部分珍贵文稿⑤。其二,确立津门文化系谱,扩大津门文化影响。如"童年癖嗜声韵,景仰前修"⑥的梅成栋多方采辑、表彰津门先贤诗作的意义就在于勾勒出了津门诗学的发展脉络,为津门诗歌在文学史上争得一席之地提供了历史依据。其三,为津门后学树立典范,推动津门文化的传承与弘扬。梅成栋一度对津门"崇尚风雅者之衰"的风气感到非常焦虑。在同门崔旭的鼓励下,他决定推出半生所录之《津门诗钞》,寄希望"览者知毓秀钟灵,

---

① 华鼎元:《梓里联珠集》序,天津古籍出版社1986年。
② 高凌雯:《志余随笔》卷一,《天津通志·旧志点校卷》(下),第693页。
③ 高凌雯:《天津县新志》卷二十三之二《艺文二》,《天津通志·旧志点校卷》(中),第967页。
④ 梅成栋:《津门诗钞弁词》,载梅成栋编《津门诗钞》,天津古籍出版社1993年,第1页。
⑤ 高凌雯:《天津县新志》卷二十三之二《艺文(二)》,《天津通志·旧志点校卷》(中),第968页。
⑥ 梅成栋:《津门诗钞弁词》,载梅成栋编《津门诗钞》,第1页。

人才荟萃,典型未远,庶服古之心有所兴起焉"①。

同时,这些文献实际上还承载着编纂者的津门文化观。《津门诗钞》的编辑凡例就是一个典型例证。一是对津门文化地域范围的界定。梅成栋将所录诗人分为"邑贤""郡贤"两个系统。从人数和作品数量对比来看,梅成栋对前者的关注程度远远高于后者。他在序言中也表示,自己主要把精力放在搜检同邑先辈旧稿,而郡贤作品的采录工作则留待后贤。"邑贤"、"郡贤"的刻意区分耐人寻味。"邑"指的是以三岔河口为起点形成的天津府治所在地,与元明以来南北移民的活动范围大致吻合。而"郡"则包括天津府所辖的静海、庆云、青县、沧州、南皮、盐山诸县。梅成栋所认同的仅是天津府治一带的文化脉络,也就是明清以来以移民为主要社会基础的文化系谱。而雍正年间才被划入天津统辖范围的静海、庆云诸县则被划入津门文化的"外围"。二是对津门文化时间起点的界定。从梅成栋追溯津门诗学渊源仅述明清二代,可以认定梅成栋以明朝作为津门文化脉络的起点。这种时间意识的形成与天津城市的发展历史有着密切关系,即早在新石器时代业已出现人类活动痕迹的津沽地区向一座真正意义上的城市发展并得名"天津"就是从明朝开始的。

地域文化意识的自觉大大激发了津门士绅编纂、整理乡邦文献的热情。他们通过对以掌故、诗文等为主要内容的津门历史文化进行梳理,从各自的角度对津门文化的时间、地域范围、发展线索进行界定,从而为津门文化的认同与整合奠定了基础。

在科举时代,科名兴盛是展现地方文化发达程度的重要指标。因此,在注重历史文化传承的同时,津门士绅对当下举业也给予了高度关注。

重建文昌宫揭开了津门士绅复兴文教的序幕。天津文昌宫建于乾隆五十二年(1787),到道光年间已是岁久失葺。以侯肇安、王天锡、梅成栋为首的津门士绅于道光六年(1826)"同心矢愿,捐募重修"。文昌帝君是"主持文教尊神",庙宇兴废关系到士气盛衰,因此,重建文昌宫就成为一种具有文化象征意义的举措,反映了士绅群体对津门文运的关注,以及对于津门延续"文教之邦"之传统所寄予的厚望。

文昌宫落成之后,津门士绅紧接着投入到辅仁书院的创办中。他们向地方政府提出申请,"拟将聚士林会文其中,以立月课"。在郡大"公捐办理"

---

① 梅成栋:《津门诗钞弁词》,载梅成栋编《津门诗钞》,第2页。

以及地方官吏捐施膏火田的共同襄助下,辅仁书院于道光七年(1827)得以顺利开办。书院与官学程式化的教育模式相比,具有一定的灵活性,成为表达、传承、重塑地域文化的载体。金沫为书院拟定的教学宗旨就是建立在对津门文化历史与现状进行反思的基础上,针对"津俗华崛有余,诚笃不足"的缺陷,希望读书人"当知气识为先,文艺为后,品行为本,才技为末"①。此外,书院中的师生关系也为形成地域文化共同体提供了便利条件。如梅成栋在辅仁书院担任主讲十余年,造就了大批津门后学,从而使其整合津门文化的理念得以流布。

如果说乡邦文献的编纂和整理为津门地域确立了文化系谱,那么文教机构的修复和创办则为津门文化传统的延续和光大提供了实体空间,反映了津门士绅通过整合文人群体、编织社会交游网络来推动津门文化发展的诉求和努力。

## 二、士绅社会的成熟与津门文化意识的自觉

综上所述,清中后期津门文化出现了第一次整合的浪潮,而津门士绅在这一过程中所起到的举足轻重的作用及其表现出来的自觉意识不容忽视。方志的修纂、官学的修建固然是津门文化实现认同的重要途径,然而,它们毕竟属于一种自上而下的官方行为。只有在津门士绅自下而上地实现了地域文化意识的觉醒之后,这种认同与整合才出现了实质性的进展。

首先,与官聘的修纂人相比,津门士绅对乡邦文献的编辑整理完全是在个人学术兴趣与弘扬津门文化的自我期许双重驱动下完成的,而非出于谋生的目的。在辅仁书院等文教机构的创设过程中,津门士绅也开始承担起"首倡"、"创始"的主导角色。当时与之齐名的问津书院是在乾隆年间由地方官卢见曾倡议修建的,为问津书院捐献地基的查为义所扮演的不过是响应、襄助官方的配角,这与侯肇安在辅仁书院修建过程所发挥的主体性作用显然不可同日而语。

寒士蒋玉虹"生平留心文献,以《县志》自乾隆四年后闻焉未修,立志蹤为之",经历"采访阅二十余年",终于写成《天津志稿》。在此之前,方志的

---

① 高凌雯:《天津县新志》卷二十四之三《碑刻(三)》,《天津通志·旧志点校卷》(中),第1015页。

编纂完全是一种官方行为。天津第一部方志《天津三卫志》是明代天津整饬副使胡文璧发起修纂的,后由继任者多次加以修辑、完善并刊行于世。之后的康熙时期的《天津卫志》、乾隆时期的《天津县志》也皆由官方推动修纂。而蒋玉虹身为一介寒士,在"力不能多致书卷,又不能征取官牍"①的艰难条件下,除遍访"故家谱牒、前贤著述"及"荐绅诵说之言,父老传闻之事",更"裹粮操笔砚,遍行荒郊败寺"②以搜集碑铭,可谓殚精竭虑。显然,为桑梓存续历史文化传统的自觉意识是他最大的精神支柱。

其次,在一些津门士绅当中形成了弘扬津门文化的家族传统。如华氏家族的华长卿及其长子光慕、次子鼎元、孙子铎孙都非常热衷于津门乡邦文献的编辑和整理。而梅氏家族的梅成栋、梅宝璐父子对于津门文化的传承与整合也是不遗余力。

同时,津门士绅通过姻亲、师承等各种社会关系互相渗透、影响,进一步形成了一个对推动津门文化整合拥有共同兴趣的交游圈。如沈兆沄既是《津门选举录》编纂者华长卿的舅舅,又是他的启蒙老师。后来华长卿又师从梅成栋。华氏家族热衷于表彰津门文化的传统很可能与沈兆沄、梅成栋二位津门文化弘扬者言传身教的影响有关。

不少津门乡邦文献的搜集和整理工作正是由这个声气相通的文化圈共同完成的。如梅成栋在搜集《津门诗钞》的过程中,常常获得同人出所藏供其抄录的帮助,整理成书过程中得到缪星池和沈兆沄的帮助,校勘则有王翼淳和崔旭的功劳③。《津门文钞》编纂者华光慕去世后,其子华铎孙稍加编次,杨光仪、梅宝璐又各有厘定,徐士奎为之校正,最终成书。这些都为实现津门文化的认同与整合提供了广泛而坚实的社会基础。

地域文化意识的自觉反过来也是津门士绅社会伴随着天津城市的形成日益走向成熟的重要标志。明弘治三年(1490),朝廷在天津三卫之上设置了天津道整饬副使,天津城从此开始了由军事管理体制向行政管理体制的过渡④。雍正三年(1725)改天津卫为天津州,同年升为直隶州,雍正九年

---

① 高凌雯:《天津县新志》卷二十三之一《艺文(一)》,《天津通志·旧志点校卷》(中),第930页。
② 高凌雯:《天津县新志》卷二十一之三《人物(三)》,《天津通志·旧志点校卷》(中),第728页。
③ 梅成栋:《津门诗钞凡例》,载梅成栋《津门诗钞》,第2页。
④ 罗澍伟:《近代天津城市史》,中国社会科学出版社1993年,第55页。

(1731)升为天津府。对于以天下为己任的士大夫而言,天津只有在被纳入帝国行政区划体系,为他们提供实现"治国平天下"抱负的舞台之后,才有可能对他们产生真正的向心力。加之长芦盐业发展所产生的吸引力,进入清代以来,经由仕宦、经商、业盐等各种途径来到天津并世代定居的南北人士大为增加。他们通过订交、联姻等多种方式建构社会交往网络。士绅社会初步形成,津门文化较明代有了显著发展。不过,乾隆年间以张氏遂闲堂为中心以及以查氏水西庄为中心的文人交游网络仍然具有较强的流动性。首先,部分在文化上表现杰出的家族由于在天津定居的时间不长,根基尚浅,对津门文化尚未形成一种认同,更谈不上为津门文化的整合做出贡献。如遂闲堂主人张霖的后人张映斗在诗文中仍然流露出对家乡抚宁的眷恋之情:"思源庄在卢龙北,今向津媚筑草堂。结构岂能如故里?登临权拟到家乡。"①这与若干年后的华鼎元、沈兆沄等人对津门故里的归属感显然大相径庭。其次,遂闲堂、水西庄所延揽的人才多为"大江南北名流",流寓、客居的身份和心态使得这些人无法对津门文化产生真正的认同,因此也不可能投身津门文化的整合。加之此时津门文化仍处于发展的初级阶段,尚未形成深厚的文化传统,因此也未能引起时人的特别瞩目。

直至嘉、道年间,以梅成栋、华长卿为代表的津门世家才构成了真正具有地域文化自觉意识的士绅群体。梅氏家族在天津的发展可以追溯到明代。华氏家族从康熙中期迁徙至天津,到了华长卿这一辈已经是第八代了。这些家族经过几代人的经营,积累了学术和声望上的雄厚资本。因此,他们的后人虽然在科举和仕途上未能取得显赫的成就,但是在津门地域社会中仍然赢得了极高的威望。史称梅成栋"有门望,累世清芬,但无贵显"②。华长卿一生虽仕途平平却名扬海内,从而引发了俞樾的一番感慨:"道德之华,何必金紫?著述之富,何必筐靡?"③既然无法在帝国官僚体制中获得报效朝廷的机会,积极参与地方事务未尝不是维系社会名望的一种途径。这是宋明以降中国地方士绅社会发展成熟的主要动力之一。以梅氏、华氏家族为代表的津门士绅正是在这种趋势和情境下,以津门文化的传承人自许,自觉

---

① 张映斗:《戊子夏日,思源庄落成,同二弟拱之赋》,载梅成栋编《津门诗钞》,第201页。
② 高凌雯:《志余随笔》卷四,《天津通志·旧志点校卷》(下),第717页。
③ 《天津县新志》卷二十四之二《碑刻(二)》,《天津通志·旧志点校卷》(中),第1031页。

承担起弘扬津门文化的责任,并凭借在社会声望上的优势,以同门、姻亲、师承等社会关系为基础,通过与地方政府的合作,推动了津门文化的认同与整合。

　　文化认同是最高境界、最深层次的认同,在维系社会群体稳定性的过程中可以提供比落户、改籍等身份认同形式更为牢固的纽带。清中后期津门士绅地域文化意识的自觉是推动津门文化认同与整合的主要动力,也是晚清以后津门文化发展的重要基础。在实现地域文化意识自觉的津门士绅群体的共同努力下,津门文化的脉络和轮廓在"五方杂处"的发展历史中逐渐凸显和明晰起来,增强了影响力、凝聚力,并使得津门文化的持续发展获得了社会基础与传统资源的双重动力。

(《天津社会科学》2010年第4期)

# 商域与宗族:杨柳青商镇形态与基础结构

周 泓

中国整体是商农合一的社会,乡村一向被学界认为是中国传统所在。那么其商业文化成分如何,地方模式有无忽略商的传统及类型,宗族有无商营功能,业缘与地缘的关系怎样,镇民记忆的符号何在,商与商、商与官、商与农人的关系如何? 镇是联结村和市的枢纽,农人不全靠地为生,镇不完全基于商业形成。

## 一、地域构形、聚落类型、空间分布

施坚雅所研究的四川盆地农村,聚落多为散居式,小似一般华北农村内向封闭式的聚居式村落。江南水乡则市场体系较为发达,虽然乡村聚落仍保持聚居式村落的基本特征,但农民日常活动远较一般华北村民涉足更多的市场生活。杨柳青类似于江南的村庄,介于四川盆地与华北平原农村之间,因而杨柳青镇的格局是二重的,即村落(自然与行政的)+市镇——御河南岸的村落+御河北岸的市镇这一格局,是村民+市民的社会。大村落都建在几条河的岔口,房屋建在河道附近。杨柳青整体由于村落+市镇之构成,城乡联系较华北其他地区密切,水运使农民购销范围远大于北方集市交易区域①。民国时期,杨柳青土地立契现象频繁,土地交易圈远大于村庄土地市场,华北其他农村同族先买权的民间习惯法,在一定程度上为城乡间密切的经济联系所突破。租佃深厚,农必兼贾。商人购地置产而地主化,地主多出租土地而商人化。相对而言,御河南的地籍观念比御河北要强,村籍已经成为非成文法的制度,因此,杨柳青的外来移民几乎都是在御河北岸街区,南岸则保留着内地村落文化成分,即御河北岸是传统市镇中以鱼骨街为

---

① 费孝通:《江村经济》,江苏人民出版社1986年,第128页。

中心的居住格局,御河南岸则存留着传统华北乡村内聚封闭型居住格局①。

杨柳青御河南原是盐碱地,主要有渔业、盐运,不产粮食,河运停止后人们于运粮河岸耕田种地;御河北是粮田、菜地,有漕粮转运,所以杨柳青大粮户、地主、富商大都在北岸购地置房兴产,开店铺立字号,经营商业的遂多,"村民从集镇周围的农人手中购买其贩卖的东西"②,形成镇商业中心。故杨柳青镇结构为:御河北是商街、店铺;御河南为农户、船工、渔民及画工。镇的主要大街河沿街、估衣街、猪市街、菜市大街、席市大街,大的字号和豪绅石家、董家、周家、安家、乔家、戴家、曹家、齐家,大部分药店与众多商号,都在河北岸。

御河北岸原为农区和上层阶级居住区,后为商镇中心,现在是区政府所在地。这与西方城镇空间架构相异。据20世纪20年代伯吉斯同心圆理论,近现代城市的空间结构一般是:城市心脏地带是商业中心区和行政机构;第二层是过渡区,包括批发业等;第三层是下层阶级居住区,有较便宜的住宅;第四层是中产阶级居住区,有小企业经营者、小商人、小职员的住宅;最后在城市边缘是上层阶级居住区,多为私房,独门独院。居民的地位与离城镇中心的距离成反比。这与中国城镇、市镇空间居住的同心圆结构(离市中心越近,地位越高)正好相反。20世纪30年代后期,霍伊特提出扇形理论,认为城市的空间结构是由中心向外发展,形成楔形地区,主要的市中心被划分成工商业区、下层和中产阶级住宅区等。同样,地位愈低,距离中心愈近,即西方的经济中心与政治中心或许是不一致的,而在中国城市中几乎是同一的。

御河南聚落共同体意识深厚,"具有排斥陌生人的倾向"③,即村庄作为一个整体存在,村内村外在村民内心深处是两个迥然相异的世界,"仿佛有一道壁垒立在村里人与村外人的心理边界,壁垒内是很近的世界"④。御河南清明时的祭祀圈与庙会圈是村落的重心,现今是乡镇、市镇镇民的祭祀中心,是镇政府和地方社会力量所在和民间信仰中心。

御河南内向型农业社会与御河北外向型商业社会,或可视作递进的阶

---

① 参见[美]黄宗智:《华北的小农经济与社会变迁》,中华书局1986年,第231页。
② 施坚雅:《中国农村的市场和社会结构》,中国社会科学出版社1998年,第45页。
③ [日]岸本美绪:《伦理经济论与中国社会研究》,王亚新、梁治平编:《明清时期的民事审判与民间契约》,法律出版社1998年,第332页。
④ 李银河:《生育与村落文化》,文化艺术出版社2003年,第64—66页。

段。御河北与御河南形成市镇与村际连带组织。坡普金考察村庄内部的分化和非均质性,发现村民中常潜在有通过与外部结合而获得利益与权力的动机①。杜赞奇认为黄宗智过于强调村庄的自我封闭的一面,进而易忽略文化网络中乡村与外人间的联系②。北岸商镇组织功能显著,南岸村落与信仰组织功能突出。家庭手工业同商业性农业结合,导致了小农对市镇经济的依赖,奠定了商的作用空间。整个乡、镇形成了农、商互补与结合。

杨柳青镇历史地名显示御河南北之属性。以宗姓标记的地名,如御河北岸的石家大院、安家大院、董家大院、戴家胡同、潘家胡同、曹家胡同,御河南岸的张家园、李家园、小梁庄、小刘庄。行业地名名称,北岸的如估衣街、席市大街、菜市大街、糖坊胡同、染坊胡同,南岸的如耕读胡同、饭店子胡同、前后义合庄。语义地名,北岸的如福祥胡同、财源胡同、富贵胡同,南岸的如厚谊胡同、朴实胡同、贤德胡同。以善堂和寺庙命名的地名,北岸的如裴元堂胡同、佩德堂胡同、鉴心堂胡同,南岸的如龙土庙胡同、三官庙东西大街、佛爷庙大小胡同等。

可以看出:1. 御河北岸是杨柳青镇主要的商业区,商业是其重心,南岸是农耕社学乡村。2. 北岸是商业集中地,亦是善堂、庙宇集中社区,因此寺庙并非只是村社乡民的聚合标志,也是商民的聚合标志。善堂的修设,表明其没有与传统的孝悌理念相脱离,只是生存方式所祈求的途径有别。3. 民国时期杨柳青的宗族和业缘观念持续明显,地缘、族缘和业缘联结。

## 二、商型乡镇的成因

(一)环境

1. 河运码头。元明清三朝南来漕粮的重要通道南运河,穿越杨柳青镇区南部。2. 近津港(距津30里)。3. 津浦铁路枢纽。4. 地少。a. 地少而碱。农民兼业以应对狭小耕地经营的选择,促发了商业和市场。b. 地少而好,农闲,省劳力。c. 外来人多,使得本地人外出他营或经商。5. 水患频繁。灾荒

---

① 参见[日]岸本美绪:《伦理经济论与中国社会研究》,王亚新、梁治平编:《明清时期的民事审判与民间契约》,法律出版社1998年,第332页。

② 杜赞奇著,王福明译:《文化、权力与国家:1900—1942年的华北农村》,江苏人民出版社2003年,第198页。

带来的直接结果是家口接济手段、生存渠道、生计方式之补救改变,社区重建办法之完善。在此,失地农民借债或个体外出行商,乡绅豪商租贷或借贷,绅商善社之义举,是通常的行为选择,因而,行商、借贷、善施成为杨柳青商镇私营、商用和公益社会的文化底色。6. 赶大船、"赶白沟河"和赶大营的传统。赶大船的小本经营摊点和代客加工的饭铺便于荒乱岁月留业,成为杨柳青小商业经济的先声。赶白沟之河运与营销传统成为杨柳青商镇经济的本色。赶大营、买地盖房成为杨柳青的从业习俗,同时大量青壮劳力赶西大营,形成了杨柳青女性家庭手工业。河船、灾荒与战乱,使杨柳青生成和传承着商贩圈层——非固定大型经营者,变动、动荡使中小商人易存,形成了行商群层,而流动的商贩恰是沧海桑田历史中的过渡景象。

(二)制度

1. 漕粮专运。漕运①是津市及其郊县第一大经济基础。金、元定都燕京,但经济重心仍在南方,南粮北调。清承明制,漕粮北运为国策。粮商均居天津及杨柳青巨贾之首,在津商会中占六分之一。2. 盐业,是杨柳青早先与渔业、河运同行的母本行业,盐业官营专营,成为了天津和杨柳青第二大经济支柱。3. 开埠通商与海运。沿海航运、海运和陆运相继取代了内河航运的地位。杨柳青码头萧条,大批纤夫、船工、农民外出行商。4. a. 土地集中(商家购地)。b. 宗族性质与田产制度使土地碎化。5. 农业手工业向商业手工业转化。近代工商城市兴起,大批乡绅、士绅涌入城镇,城乡、职业、阶层流动频速,使"离土不离乡""离土又离乡"和"离乡不离土"(绅商、商绅)"离

---

① 漕运,官办运输,是中国历史上重要的政治经济制度。国家为供应京城或接济军需,将各省征集的粮食、军需、物资,从水道解往京师及诸指定地点,秦汉时即已开始。秦始皇曾将山东粮食运往北河(今内蒙古乌加河一带)做军粮。汉初每年自山东运至长安的粟谷数十万石。汉武帝时,开凿渭渠以缩短漕运路线,运粟多时曾达 600 万石。隋王朝除利用黄河、长江漕运外,先后开凿广通渠用于漕运关东之粟,开通永济渠用于疏通河北运道,通济渠则连河、淮、江三大水系为一系,奠定了大运河的基础。隋炀帝时漕运畅通,积粟多达 2600 万石。唐代开元、天宝年间,运至关中的漕粮约 200 万石至 400 万石。宋代建都开封,东南和西北粮食分别由汴水、黄河、惠民、广济四河输送。北宋时,岁漕粟 400 万石至 700 万石。金元定都燕京(今北京),南粮北运。明初建都南京,后都北京,明、清两代,东南漕粮 400 万石。清代漕运沿袭不变。咸丰年间,太平天国军占领长江下游各省,截断地北运道,时经运河漕运京师的仅苏北、山东两地。至光绪二十七年(1901),清廷始令停止漕运。

乡又离土"(军绅、学绅)社会化。6. 科举制停废,士人立身正统准则转变,到正统结构外寻求更有利的生存方式,促使士向商人流动。7. 新政。汉族官员在清政府中地位的增强,使以之为主的地方势力增加。巨额的军费和行政开支使国家政治重心下移。"饷源"的筹措成为"新政"成效的关键。地方财政权力扩张,新兴实业界领袖成为政府之外的一个领导阶层。8. 从"抑商"到"重商",从"四民之末"到"四民之纲"——"以商立国"政策确立。

(三)粮运

杨柳青耕地少,居民用粮大部分靠从外地采购运供。山东船户石万程为皇家运粮,因杨柳青近距天津,又因子牙、大清等河运输方便,遂在此定居,开设了万兴粮行,开始山其父石衷一和其子石献庭①经管,石万程本人主要借漕粮运输而采购。至三世,于道光年间富甲杨柳青,成为天津八大家之一。嘉庆六年(1801),杨柳青地方治理河淀,出现了大地主,扩增粮行,官方并设斗局。当地粮商双盛杜家、庆源刘家、庆成安家等十多家,或以自家大船采运储存,或代客户寄存囤积,收取栈租或抵押放款。后起的大粮商文义永杨家、利兴栈朱家等去津市经营,或在天津长年租客房贩售,或运卸天津交由斗店代存代销。杨柳青主要有万兴公、镜义粮栈和西帮文义厚京货店的春毓公粮栈。官斗局为杨柳青镇中心,石家为杨柳青八大家之首,当地士绅、绅商在津当议员、商会代表。

## 三、民国杨柳青商镇形态

(一)银钱业突出

1. 银号、钱庄之兑换、汇兑。杨柳青因是漕运要道,货币流通和借贷行为频繁,经营存放款的银号如振德银楼铸银锭、元宝,验兑银,将银楼、银号、钱庄合为一体。光绪年间,杨柳青谦益张家,聚德、裕盛董家,杨柳青支应局永兴利号均制钱贴、银贴以汇兑。尊美堂石元仕在天津开设万源银号、美善成银号。民国年间,杨柳青钱庄、银号主要有:大安起钱庄,存贷户达5000

---

① 一说,"石衷一的儿子石万程和族侄石献庭于1785年在杨柳青开设了万兴粮行",依据来新夏主编:《天津的名门世家》,天津古籍出版社2004年,即石献庭与石万程是堂兄弟。

家;玉成号钱庄,地下银库18平方米①。另外,祥盛、裕丰、万兴、庆瑞和、义胜、义兴、大康、锐生、永生、同益、永和在等银号,皆为家族钱庄。还有十几家银号没有在县、镇府正式登记,未在市钱业同业公会备案。

2.地东兼商主兼作银贷。杨柳青大商人、大地主、大银号多合而为一,银号、钱庄大都由商家兼地东以商营利润放贷或出租土地,农民多仰给于地主放借或银号设账庄。民国初年,天津八大家之一正兴德穆家茶庄,在子牙河北有地3000亩,将其中1360亩地委托杨柳青老戴爷代管,戴成为二地东,置房2所20间,置地700亩,开了玉成银号,经营存放款,在杨柳青镇银号业中位居第二。至年老,戴氏将穆家地13.6顷传给族侄戴恩俊②,开恩成银号,代替玉成银号做穆家二地东,既存放款,又转售粮食。

3.绅、富、商相互支撑。由杨柳青移住津市的地绅商绅在郊县的大量土地由银号受托代收地租,如聚德的董绍康地约千亩,文丰泰安氏地4000亩,兴泰和资东地2000多亩,都由庆玉号代存地租。庆玉号借以资金置上乘地1.8万亩,并在津市购房5所近200间,开办大货栈,兼营银号业务,与其联营者十余家,津市大陆银行商董齐氏和新疆津帮的天瑞、谦义、和生、正丰裕、敦城、福顺、太和记等40家银号,都是庆玉号的支持者③。故地方各项税收、电力费用及公益事宜等所收款项,亦交于庆玉号收存。另外,祥盛银号由明盛周家、元兴宋家和成兴平韩家合资开办,存贷者400多家。裕丰号主要行贷于粮商粮贩。

(二)典当、抵押、借贷等契约关系发达

租佃现象与商有密切的关系。田产断难敷用,故农必兼贾,商虽不营田产,却多"小土地出租"者。而地虽出租,家计收入却并不仅仰赖于地租,只求佃户代纳税粮。"经营地主"是把土地租与他人而自己全力经商者,"远胜于积金者分外营求,徒多扰累者"④。与"租佃制"相联系的"商人地主化","以末致富、以本守之",成为农商社会的传统,许多商人购置地产,不少商人从事与自然经济紧密相连的高利贷经营。

1.绅商当铺。大商号兼营典当。杨柳青大商家大都兼作银楼、当铺及

---

① 杨柳青镇政府编印:《杨柳青镇志》(蓝本)第十二编"财税金融",第16页。
② 《杨柳青镇志》(蓝本)第十二编"财税金融",第15页。
③ 《杨柳青镇志》(蓝本)第十二编"财税金融",第15页。
④ 《知本提纲·农则家论》,《知本提纲·农则耕稼一条》。

土地经营,即商业、钱业、典业和土地多为大商号并营。杨柳青的典当业始于明代,由晋商经营。1862年,天津县令以镇无当铺不便民,号召绅商投资开办。杨柳青首户万兴公石家开办了万顺典当,天津长源号杨家开建中兴当。此两大典当在天津及郊县胜芳、信安、静海、武清、固安、白沟等地各有典当十数处,如石家万字号典当有固安县的万生当、信安镇的万福当、唐官屯的万吉当、胜芳镇的万聚当、杨柳青的万顺当及永清当。北伐后,中兴当又开与天津当铺有联系的"代当"数家,如宝昌代当、宝和代当等。德益代当,百姓称小押当,抵押品超过日期则转入天津当铺存库,抵押人去津办理或交手续费,可委托代为赎回。20世纪30年代,德益代当经理按津市典当业制度又开办仁和当,抵押期限为一年半,赎取计息五舍六进等。杨柳青西帮八大家之周氏同盛和号、复泉涌号,贾家振丰恒号都经营典当业。

2. 土地典当与转售。通常当铺主要接受动产实物抵押,而津青典当接受不动产做抵押,表明商业契约关系发达。典契关系以土地作保或以地租或农作物做抵,属于地权转移的一种方式,往往是土地转卖的先声。典出土地者都是需求耕地的中农、富农、贫农①,而地主集中土地主要采用购买和典入方式。典入土地是否出租,全由典主决定。在典当期内,华北地方"租不拦典,典不拦卖",即佃户不能阻止田主典地,典主不能阻拦田主卖地,典入的土地转典第三者,立转典契约,称"转当"。典主典当的是已出租的土地,反应明显的连环契约关系。典后土地或由原佃户承种,典主收其租,或典主另觅佃户,如戴家玉成和恩成银号转租津市地东正兴德穆氏的地。嗣后原出典人直接向第三者回赎。转典价通常低于典价,典价与转典价间的差额归于最后一个典主②,反映重叠的契约关系。

3. 土地抵押与民间卖契。与土地典当不同,土地抵押是一种真正的土地买卖关系,最终形成地权转移,有时则以地权买卖的形式表现,然而不立卖契而立典契。按照清政府规定,民间土地买卖成交后,买主应执自契到县政府办理田赋更名手续,叫做税契,再加盖公章,粘贴契尾,成为具有完整法律效力的红契。契尾是一种官方文书,由各省布政使司刻印编号,发给各州县政府使用。另有一种红契系由官府统一印就,买主执自契办理税契时由官府发给用印。

---

① 据《社会科学杂志》第7卷第1期,第8、16页数字。
② 《民商事习惯调查录》,台北进学书局1969年,第221—247页。

清至民国,私有土地所有权凭证主要不是官府执照,而是私人文书与官私契约"卖契"(自契、草契、推契)。税契过割是订立土地契约时不可缺少的手续,但民间土地交易时没有税契者甚众。自契是相当常见的一种没有官方正式确认,而为田主手书、民间公认的地权书。杨柳青草契与自契相同,为自契的一个别称,且天津县府亦制行草契。这说明习俗承认、不经过官方备案的交易之合法性。

在杨柳青档案局全宗号案卷十件中,即有三份田房草契:380—382号民国二十六年至民国二十七年"义德堂安、王汝平地买卖田房草契";383—384号民国二十年至民国二十二年"王炳魁、存忍堂张买卖田房草契";385—387号民国二十四年"张志英、张志朋、积庆堂潘买卖田房草契"。这表明地方法规对民间习惯法的附和适应。

推契又称退契、兑契、过契、认契,用于普通民有地之外的地权转移。在华北的推契中,绝大部分写"推(或退、兑……)与某人名下永远为业,任凭置主自便,不与卖主相干"等,有时直接写"卖"与某人。大部分推契代表的是土地所有权的买卖,实际属于卖契的一种,意味着以抵押、典当、出租等名义的特殊土地买卖,可以视为地权转移的补充形式,政府关于土地交易的法令及其赋税征收方式实际上不能限制地权的转移。"亲族优先购买权"在民国华北保存的地契及通行的契约中少有,杨柳青异姓间地契商业借贷抵押关系发达。

附:杨柳青地契两件

(1)

德润堂周李氏(卖契)

    土地买卖契    民国十三年

三益堂张(买契)

立卖种养地契人德润堂周李氏因已用今将祖遗应分、坐落杨柳北青当村西南西四项地一段计地壹顷肆拾亩凭中人说合,情愿出卖予

三益堂张名下永久为业,言明每亩时值银洋九元,共合银洋壹仟贰佰之拾元整,其洋矣下交足不久并无私债折准等情,自卖之后尚有弟男子侄以及邻佐争竞为碍者,偿有卖主一面承管不与买主相干,此系三面言明家情愿名无返悔恐口无凭立卖地契永远存此。

  同中人  张荫亭  +

    立契种养地契人德润堂周李氏  +

        中华民国十三年正月二十一日

(2)

荣庆堂周(卖)

    土地买卖契  民国十三年夏  同亲友  高子安

三孟堂张(买)    历甲子三月初三    张祝九 押

    随交原买印契壹张

    立卖地契荣庆堂周 押

4. 高利借贷农资运作。乡镇高利借贷是维持、延续农民生计的必要环节。村民借贷信用方式一般以土地等做抵,这成为土地兼并的杠杆,说明土地兼并亦意味着商业行为。杨柳青所属的津县,地亩少而欠赋少,可说明此地贸易和借租关系强;反之,其他几区,地亩多反而欠赋多,说明其地贸易借贷关系弱。在此,牙行经营高利贷亦为惯例,商会给牙行高利贷行为作庇护。寺庙也从事高利贷经营并得到官府的认可,尤其是灾荒年借贷频繁,寺庙从事典当业,经营出典地,不少寺庙是由最初开办当铺而来。民国杨柳青银业、典业同业会社与机构有典当、票号、银号(钱庄)、银行,典当业公会、钱业公会、银行业公会、保险业公会,民间老人会、攒钱会、寿缘会。业务如典当业务、票号业务、银号业务,从事存款、放贷、汇兑、结算、发币、信用、代理、拆借。

(三) 中介经纪"牙行"

19 世纪末 20 世纪初,各地衙门直接依靠某项牙捐作为行政经费来源。河南、直隶等地的米麦杂粮,大都经南运河、大清河、子牙河运至天津,转卖于津京的粮商,此类交易都经官府特许的斗店说合成交,由斗店过斗和做财政担保,即官府—牙行—商人为财政控制方式。买方要向斗店支付佣金,其中包括斗店要向官府缴纳的贴税。地方某一政府部门特许专业牙行,如官粮由海上运津,准粮船带免税货物,也经牙纪交易。津对地存放于店中的货物抽取佣金,杨柳青对不"投店"的御河鲜货交易客商按货值征收"过河用"、水果帖等。另外一种牙行即"自由经纪人",津人称"跑合的",专事中介业务,成为不熟悉北方市场的南方商人的全权代理商。民国后行业增多,牙行更为活跃,各行业"跑合的"愈多[①]。

(四) 边缘商人:小商贩与脚夫行

清代天津人口统计中有"负贩"。民国初,在天津商会的调查中,"沿户

---

① 参见罗澍伟主编:《近代天津城市史》,中国社会科学出版社 1993 年,第 571—572 页。

或路中买卖货物者"称作"小卖人"或"小卖商人",后国民政府称"摊贩"①。摊贩一般作为群体经营者而存在。传统城镇中,摊贩在人口密集的街区、商业中心、河岸码头或者庙宇前自发形成专门的露天市场,如杨柳青的席市、菜市、猪市。商贩通常于拂晓和夜晚上市,门市坐商开门营业时则收摊停市。走街串巷的小商贩,每天早晨到晓市趸货。民国年间流动的小贩占相当的部分,小本经营的摊贩和拥有店面、字号的铺商共同构成空间相对固定的市场和商业系统。许多摊贩都从大商家进货,走街串巷的小贩又从摊贩那里趸货,因而商家与小贩之间形成一个商业链条。另外,一些行当主要由摊贩经营,如旧物业、估衣业等,也使得摊贩与当铺之间形成共生的关系。小商贩是传统商业的代表,也为传统市镇的一种标志。

脚夫行也称起御行、搬运行、脚行,当地俗称"耍胳膊根的"。近代天津及杨柳青河道、码头车运船载的货物都凭人力搬运装卸,因此脚行成为当地不可缺少的行业,通常为商家、百姓搬运货物。另外县衙门"迎官接差"的"官脚行"是最早的职业化脚行。康熙年间,天津出现私人脚行,向官府交纳"报效",民国时期仍很普遍。杨柳青脚行沿运河岸分布,由于当时船舶运输以粮食和盐为大宗,因此脚行也以搬运粮盐为主。随着火车站和铁路货场的建成,脚行分化出码头脚行和铁路脚行,分别垄断车站和货场的货物搬运。行头或脚夫都由本地绅耆作保。脚行持掌的地盘称为"口",按街道里巷划界。脚夫多为本区居民。界内商家铺户的货物搬运只能找本地界脚行,不得越界运货。《津门杂记》记:"天津扛抬帮,谓之脚行。向系分门别户,把持街头,每以争夺生意构衅,动则挥拳持械,两不相干,谓之争行市。"②官府向脚行颁发"谕贴",民间称"龙票",张贴于街巷,以示官府承认脚行的"地盘"。自至 20 世纪 50 年代,天津旧城区脚行的这种划界方式仍然存在,有的脚行地盘仅一两条胡同,却仍然维持。划定后的地盘成为脚行头的产业,可以世袭,也可以出租。脚行凭具"签"世袭,大多数脚行头都有一支或几支祖传的"签",代表其控制脚行的正统性。持有祖上传下来的"签"可以占地段、揽生意、雇用工人,"签"象征着权力,也是"股份"的象征,代表着脚行的产业。"签"的世袭只能嫡传子孙,形成脚行"世家"。"签"可以典当抵

---

① 引自刘海岩:《空间与城市——近代天津城市的演变》,天津社会科学出版社 1992 年,第 218 页。
② (清)张焘:《津门杂记》卷下,天津古籍出版社 1986 年,第 141 页。

押或转卖,20世纪40年代,一根"签"已达数百万元①。

(五)家族商营

1.族缘与业缘。乡镇社会业缘与族缘不可分,行业多为家族经营,同业会馆公所的成员,往往是家族及宗族性的帮、行、号、店、铺等。本小力微的中小商人更以族人为基本经营力量,合资多由族亲姻戚或同乡,店铺中伙计多为族人、乡党,佣工也多由族中佃仆充当。杨柳青年画业是典型的家族手工业。张开亮的祖父张文柱、父亲张天恒都以年画加工为生,长兄常年给镇南年画乡加工年画。张开亮善刻制精细的画版、套版,曾刻制大幅"六典黄河阵"画版。王振邦于光绪年间拜岳父为师,王振邦的三个儿子均终生从事年画业。张家窝村年画裱糊规模最大、时间最长的是张洪生作坊,张的五个儿子都从事年画裱糊业。房庄子村房荫枫祖孙三代以年画佛像闻名。翟文彬的祖父翟长青、父亲翟国森都是终生作画的艺人,画品销至京县。宫庄子村王学勤家族是三代从事画行(商号)的知名家族。大沙窝村的杨柏光、杨柏起、杨万普、杨万桐的家族自画自裱。以年画为家业相传的亦如周玉森祖孙三代,等等。杨柳青的建筑作多以家族而名。贾家作起于明末贾耀和曾祖,至民国时已传到第五世——贾耀和、贾耀田、贾耀海、贾耀清,曾修文昌阁、玉皇庙、紫竹庵。周家作传数代周氏族人,曾建石蕴轩宅院等,清末西帮同盛和商号创始人周乾义曾为石工,复泉涌字号创始人周乾钰曾为木工。杨家作于光绪间传至第三世,领作人杨如金、杨如春、杨如和相继承接,民国二十年代修裕盛董宅。白家作由白永泰、白永和兄弟领作。民国后杨柳青又有赵家作、于家作、高家作、徐家作、何家作等。

2.商与家族。"农家的上升大多是由购买土地所致"②。而市镇中的商人一旦破产,一般地说他不会退而求耕,而是在市镇中选择低一档次的职业,当不成商人就选择做商贩。

家族是商人的内层依托组织,是生产、消费的单位,又是投资的单位,在传统商人的发展尤其是在其上层的发展中起到至关重要的作用。19世纪,天津人就把本地商人中的巨富称作"八大家",显然人们更认同家族经济的

---

① 刘海岩:《空间与城市——近代天津城市的演变》,天津社会科学出版社1992年,第716页。

② Martin C. Yang. *A Chinese Village Taitou, Shantung Province.* New York: Columbia University Press, 1945. p.132.

地位和作用。天津华氏以长芦盐引维持大家族生活历八代。商人家族大都经历由核心家庭转化为几代同堂的大家族以及子孙分居析产的过程。富商间常以联姻结成社会网络,且与军阀、官僚联姻,抬升家族的社会权力与地位。大家族要保证人财两旺和每代子辈田产不消减,需要经营商业,其利润再投于置地,同时捐学以资族人,捐绅以立族兴宗,因此宗族与商营同步扩展。而此基于家业传递与宗祧传承互为动因,基于贾儒互通的士商理念。

3. 家族的商营功能。这种功能在于:大家庭对家族营生的人力与财力给予支撑;宗法式、家族式管理;家族商号是商营家族兴业与竞争的途径;形成家族和地缘行业垄断;族学或捐学以资族人,从底层或内部促生或助发商和绅的介一;商人各个层次的转型升阶,依托亲缘与地缘网络;股东间多以家族、姻亲、乡党关系为纽带而结成同业之僚;族缘及乡缘圈层信任机制的功能亦在于分家后族内仍然合作;家族使商营的资产和意义伸延与升华;商缘结官,联官第仕阶之姻。杨柳青绅商石家在第四代宝字辈,分福善堂、恩绥堂、天锡堂、尊美堂四门。长门福善堂咸丰年间又分为七小门:敦厚堂、聿修堂、燕怀堂、元吉堂、尚纲堂、九思堂和裴元堂;次门恩绥堂分为六小门:承德堂、锡福堂、三德堂、润德堂、裕德堂、怀德堂。此外,尚有十三个较小的支堂以及其下更小的堂,如厚德常、伴鹤堂、燕庆堂、正立堂、三镜堂等。自宝字辈始,福善堂、恩绥堂以武举、官第为要,而天锡堂、尊美堂以财势威望居重,互为支撑。大家庭中从事诸种职业的选择和可能,是其能够形成势力和实力的原因之一。

在此,商营、家产与宗族—职业分立,伦理为本位:亲族不绝产,分家而诸堂协作,家产继承的意义在于宗祧继承,行商纳妾亦循宗祧伦理,如图("⌒"、"§"表示"联系","→"表示"作用"):

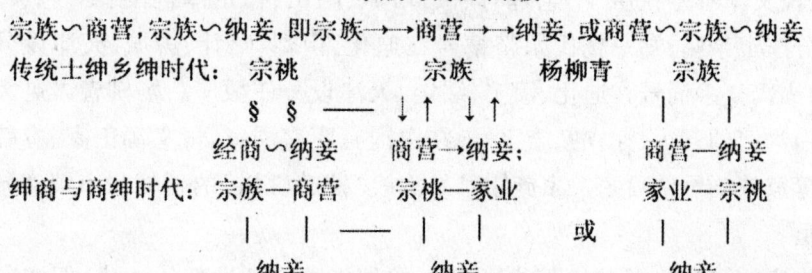

笔者赞同孔麦隆的观点:析产分家也是家族财资积累的一种结果,亦是分余节流、保存实力,分散积聚、扩大势力的一种方式和过程。郑振满将宗

族存在分为血缘继承式、地缘依附式、利益合同式三个阶段。笔者认为,宗祧延承、聚族依托和族产互利是重叠互补而非分立的。

4. 家族字号。它是宗族"控产机构"的延伸。商号是商镇的构成元素。津市与杨柳青均有"八大家"之说,其与明末清初天津的海运、粮业、盐务直接关联。津市老八大家为天成号韩家、益德裕高家、杨柳青石家、土城刘家、正兴德穆家、振德黄家、长源杨家、益照临张家。其中依盐务立族者高、黄、杨、张氏,依粮业立足者石、刘、穆氏,依海运业立足者韩氏,兴族后均广置田产,成为大地主。民国始,新的豪贾投资典当、粮食、银钱号、绸布、杂货等业,出现新八大家——李善人家、益德王家、乡祠卞家、高台华家、元隆孙家、敦庆隆纪家、同益兴范家、瑞兴益金家,他们属于新兴资本阶级。亦有按行业区分说的,如"钱业八大家""棉布业八大家"等。杨柳青八大家亦以财富声望而论,是对家族实力地位的认同。八大家之首系粮商兼营典当的绅商石氏,其次有聚德—裕盛董家、同盛和周家、明盛周家、成兴号韩家、文丰泰安家、鼎兴张家、恒字号王家,民国后补进双盛杜家、汉升韩家。

同样,杨柳青人在西营地亦形成以商业实力而著称的新老八大家。老八大家是改营坐商最早的新疆津帮商户,开业于建省初,因代办协饷支军之功得到官方肯定,继而做中苏边境贸易,在迪化以同盛和、复泉涌、永裕德京货店名声最盛,其次有德恒泰绸缎庄、公聚成京货店、升聚永京货店、聚兴永京货店、忠利祥京货店。宣统二年,陕甘帮火烧津帮八大家后,转向分散经营。清末民初,新疆津帮又形成新八大家:怡和永、福泰成、宝聚成、裕昌厚、广兴和、新盛和、同泰兴、德兴和—德生堂商号。杨柳青西帮家族连庄字号如:周氏同盛和号在迪化、伊宁、霍城、古城(奇台)、吐鲁番、阿克苏、焉耆、喀什、和田、归化(呼和浩特)、武汉、天津、北京、上海、广州、香港设分庄约二十座;安氏文丰泰号在伊宁、惠远、额敏、塔城、阿山、布尔津、古城子、包头、天津设分庄十余座;郑—杨氏永裕德号在迪化、伊犁、喀什、古城、天津设分庄数座;周氏复泉涌号在迪化、伊宁、绥定、天津设分庄数座。杨柳青人赶大船和赶白沟河的营运,亦立家族字号,在白沟有明盛周家、恒义源王家、春毓永杜家等家族铺号约百家。家族字号是宗族"控产机构"的延伸和市镇商域宗族类型。

5. 家族买办。买办的职位虽然由买办与洋行经过契约达成,但实际上许多买办的职位往往世袭,这种承袭方式大都得到洋行认可。天津不少买办的华账房大都是家族或宗族式的,雇佣的人员或为同族,或为同乡,没有亲缘或地籍关系的人难以立足华账房。横滨正金银行华账房的成员都是魏氏家族及其亲友,外人无法涉足。怡和华账房成为买办梁炎卿及其三个儿子的世袭产业。英商太古洋行由买办郑翼之及其长子郑宗荫之三子郑慈荫继任。德国礼和洋行买办王铭槐,其子孙几乎都在德国的洋行或银行做买办职员,尤其是德华银行在天津和济南分行的华账房,长期被王氏兄弟掌控,其孙辈仍大都以买办为职业,成为买办世家。民国后,天津商人出身的买办更嫡传子辈,新泰洋行宁紫垣继承了父亲宁星普,仁记洋行李吉甫兄弟继承父亲李辅臣,横滨正金银行买办由魏信臣之子魏伯刚继承。杨柳青安文忠之子曾做洋行买办。洋行雇佣买办看重亲族或同乡关系,或许基于一种观念:父传子继的方式与中国的宗法制度一致,血缘或亲族关系是最好的信用。

(六)业缘组织

1.行会与商会。在传统乡镇或市镇,行会与宗族和地域组织一同,在相当大的程度和范围中左右着社会的生产和生活。行会规划同行的功能为其独有,且与乡族联结,故行业或业缘性的增长,意味着基于区域或家族的业绩的提高。宗族、行会、乡亲相对于学校、工会、商会,是一种首属群体,常以直接、亲密和个人的方式交往,规模较小,成员间有深厚的情感联系,因而,行会具有经营、祭祀、救助诸功能。民国杨柳青行会有银钱业、金店业、洋行业、绸缎业、广货业、粮商业、粮店业、磨房业、大米业、姜商业、杂货业、颜料业、洋布业、木商业、茶叶业、洋药业、瓷商业、海货业、南纸业、书铺业、帽商业、皮货业、鲜货业、竹货业、洋镜业、铁商业、鞋商业、油商业、栈房业、药材业等。其中银钱业同业会社有典当业公会、钱业公会、银行业公会、保险业公会、民间老人会、攒钱会、寿缘会,业务为典当业务、票号业务、银号业务,从事存款放贷、汇兑结算、发币信用、代理拆借等。

行会不是由商会派生,而商会是在行会的基础上形成。每个商会以当地行会为主要成员和基层组织,众多成员由所在的行帮组织与商会联系和组织活动。行会联结同业小工商者和商会。商会整合手工业行会、同业公会、行业商会、同业商会、商业公会以及农会、水会诸业缘商团,统领商域实业团体。民国十二年(1923),天津县杨柳青商会成立,董事会制的商会成为联结镇民的核心,享有地方公益的权力、威望。但行会仍有独立性,往往具有地缘基础,即某一行业为同一地籍人操作。杨柳青年画的彩绘、裱画、运散主要在镇南,而勾描、套印、刻板之画师、画坊、商号集中于岸北。南乡三十六村是杨柳青年画的加工基地,薛庄子、古佛寺、宫庄子、阎庄子、小甸子村各户都以加工年画为生。小甸子村自清代至民国"家家都有版,人人做加工"。张家窝村以裱糊年画闻名,清末全村三百多户人家有一百多户从事年画裱糊。津市多处有南乡三十六村人销售年画的营业点,显现出业缘与地缘的叠合。故行会是商会与市镇的实体和基础。

2. 水会。亦称水局、水社,系民商兴办的消防组织"救火会",采取会社形式,无实体机构,是商人的近代社团。杨柳青水会形成早于商会,因商铺数众,往往一家不慎,火及四邻,故防火为要。士绅人等筹办灭火器具,成立"支更水会""天安水局""离安水局""平安水局"等。光绪末年已建水局18家,后隶属于商会。会首依财产、品德、知识而推举,故富绅士绅轮任。水局自下而上由诸村组织,成为跨村或县镇的社团。酬神由单个祭祀形成乡民共祀,得到官方认可。

3. 商缘西延。杨柳青商人随左宗棠湘军西征赶大营,实现了其商性的西移。(1)经营边域政军重心——古城子兵镇"新疆货物集散转运中心",惠远将军府和宁远汉人街"小天津",省府迪化"小杨柳青",南疆喀什噶尔之"汉城"。(2)亲族控产。杨柳青商帮在新疆经营家族商号数百家,如迪化津帮新老八大家,伊犁安氏文丰泰、振丰恒号等家族商号,这是其控产机构的族缘延伸。(3)移植会馆、水局、商会、贩济会(辅善社、同善社、十字会)、理教公所等业缘和乡缘组织,这是其控产机构的乡缘扩展。(4)移植经营种类货栈、银号、银楼、百货、饮食、药业、洗浴、手工业、工艺、新兴商业、租赁、杂挑和菜园等,并与边域洋行、外商做贸易;与当地族商形成了支放、押当等区域性经营方式①;又把回货(药材、鸦片、黄金、羊肠衣、羊毛、棉花、兽皮等)运销津地,设连庄分号,中介经纪"跑合",连同在天津的经营网络,维系与津地业界的联结,构成了其控产机构的业缘扩展。

黄宗智以国家权力与民间社会的二元视角,比较华北与华南乡村的不同特征,认为华北"商品化程度低,国家政权势力渗入村庄……同族组织不稳定,而超族的村社组织却力量强大"②。然而天津与杨柳青并非如其所述的"商品化程度低"。由业缘、族缘、地缘而形成的商与商、商与家族、商与伦

---

① 周泓:《群团与圈层:杨柳青绅商与绅神的社会》,上海人民出版社2008年,第323—368页。
② [美]黄宗智:《长江三角洲的小农家庭与乡村发展》,中华书局1991年,第315页。

理之联系,家族字号、亲缘股份、契约理念等,虽已不存有物化组织符号,却存在于当地民众的心目之中,既有的乡村宗族研究模式不适合于杨柳青。

## 四、基础结构:商农衔合与街村一体

杨柳青因是河船码头,耕地稀贵而又交通便达,故人地关系紧张,地籍意识突出。现今当地人多不转非农户口且维持"两半户"家庭。

(一)农商经济——本末兼联

1. 粮食为基础的经营。杨柳青南运河为漕运主干,运粮河沟通了大部分村庄,形成以之为主体的运输网和粮食商品交易市场。民国初,杨柳青粮业有磨粉业、米业、斗店业、油坊业、棉花业、饮食业和集市批发之斗店、斗局、粮栈、米市、米庄、米栈、面粉批发市场以及粮业同业工会、三津磨房,并形成粮商介绍、同业工会登记、验缴保证金的交易中介——经纪人。私商粮店约六十户,磨粉业大粮商如石家万兴粮行,董氏聚德号、裕盛号,韩氏成兴号,双盛杜家以及春毓、庆元、庆成、恒泰、德庆等商号,每处存粮数万石①。镇内银号资金皆以粮食实物计算。

2. 经营方式。(1)以家户家庭为主,牌记用家族姓氏名。餐饮、手工业等基本行业,经营、字号大都以家庭、姓氏而立。年画以父传子、婆带媳家庭生产模式为主。(2)集市贸易。明初杨柳青御河沿出现估衣街、猪市大街货栈,形成早市、节市和集市集贸市场。早市,主要有菜市、果市、草市;节市,主要是肉市和画市(每年腊月一日开市,出售各种年画、剪纸、吊钱、神像、对联,除夕收市);集市,五日一集,逢一排六,即一旬两集,主要为猪市、席市、粮食市、百货市、农具市、骡马市。这些农贸市场中早市之菜市、果市,节市之画市,集市之席市、百货市,地点与品类迄今延续,与坐商门市并存。

3. 杨柳青庙会联结着农与商。杨柳青佛道信仰并举,以民间信奉为主,庙会频多。由于交通方便,庙会期间,各地商贾与本镇铺商均于庙前百米长街搭棚设点。顾客有附近各县、镇、村赶会的香客与数以百计从外地乘车船进香看会者。镇内有一石碑刻"顺天府大兴县香会碑记",载由京师组织人们至此进香看会的情形。庙会交易商品种类主要有农具、农药、农产品、麦秆编织品、地方风味礼品、香烛、风筝、土产、布匹、小百货及运购的香料和商

---

① 《杨柳青镇志》(蓝本)第六编"商贸粮油",第38页。

品,促成了当地乡农和市镇经济的交融。

4. 农商文化之路径。清嘉庆时,杨柳青商号960余户,包括坐商329户,商贩139户,船运494户①。民国杨柳青镇商业仍然体现着生活化和农商经济特点。1950年于工商联注册的杨柳青商号,主要有米面业、米面加工、肉类、糠铺、酱园、菜业、油坊、烟酒糕点、茶叶、副食杂品、鲜货、百货线店、棉花加工、打绳、成衣、估衣、染坊、纺织、木材、竹器、瓷器、文具、药店、煤铺、电料行、铁木业、自行车(新增类)等方面的商号。公私合营后,杨柳青商业种类仍同以前行业门类——制粉、棉布、百货、中药、杂货、蔬菜、水产、食品、烟酒、煤业、农具、服务业,仍属农商日用和生活消费类型。

(二)街村一体与"两半户"

明清时,杨柳青人口即包括农人和商民。民国时期,中心街多业主和商户,东、西边街地主、农户多。土改分了地主的地后,各街都有了农户,即每街都有了农民和市民。人民公社时有社员(农业社)、工人(城市人民公社)及小买卖者(零工)。自合作化到生产队,土地收公,1982年联产承包后又分出,所以,至今半农半商。杨柳青各街都有居民委员会和村民委员会,因而,各街也就是各村。

全镇几乎每街都有双重成分的"两半户"家庭,一家中有市民,有社员。现时工人大批下岗,商户增多,公社时期是农、工"两半户",现在主要是农、商"两半户"。据杨柳青街居民委员会的居民统计(2003年底),"两半户"占居民户的1/9,其人口占居民人口的1/8。

"杨柳青镇村调查基本情况"(2004年)显示,全乡各村,非农户占绝大多数,而纯农户少于兼业户,兼业户十分突出。兼业户指同时从事农业和非农业生产的农户,纯非农户为不从事农业生产的农户(不是以户口类别划)。在抽样情况中,纯农户更少,约为1户。可见,村社中不从事农业生产的农户和兼业户相当普遍。在笔者于2005年对杨柳青镇中心六、七、八街的居民调查中,非农(市民)人口数量大幅减少:六街为158户,420人;七街为169户,484人;八街仅77户,207人。

可知,杨柳青各村的纯农户和各街的纯非农户在同时缩减,而各村的非农户和各街的非市民户在同时增加,兼业户扩增,"两半户"持续。亦即农与非农,主要是农与商(兼业者)在相互双向流动和渗透,村民对市场的需求与

---

① 《杨柳青镇志》(蓝本)第六编"商贸粮油",第9页。

市民(商民)对乡村社会的需求紧紧相连。同时,村委会有村办企业,且可为个人承包或买断。

在此,兼业户的增加和"两半户"的转型与扩展,并不完全意味着农转非(农)户口与之同步增加。前者无需改变户籍,而后者单向申改率并不甚高,仍然是双向互入互往的一种延伸。如七至八街,2004年农户社员转为市民户籍的平均只有10户。

> B街村主任:"转市民户口的都是因为孩子,青年人愿意转或考学自然转的。"
>
> B街村委:"家长,尤其是老人不愿意转,转的人就没有地,转几个地就没了。不转,有地能分租,坐收利,自己还可以做小买卖。"
>
> Q街村主任:"你看户口簿上,一家主要是女人的,他们的对象(指配偶)就是市民。若剩母子,他们的媳妇就是市民。"
>
> 副主任:"现在有规定,一家两口,有一方是市民,另一方年龄够35岁,就能转市民,不分男女,孩子自愿。"
>
> ZH:"就是说政府鼓励……"
>
> 村委员:"鼓励上交地,把地卖给国家。因为改成市民,地就要交公了。"
>
> ZH:"改成分的多吗?"
>
> 村书记:"不多,每村不到10户。"
>
> 村委员:"社员有地起码吃喝有靠,温饱有着落。退休的每月还有30块养老工资,工人一下岗什么都没有,补贴不够养家的。街上做小买卖的好多是下岗的,有地就不下岗。"
>
> ZH:"农民还有退休养老工资?"
>
> 村委员:"有,人民公社和合作化时候为公家干过的。"
>
> 村委员:"做小买卖的大都有地。纯小商户连下岗工资也没有,又不如工人。但社员可以把地租赁给政府,或者大企业、外商、个人,不像一次交公得的钱用完就完了。"
>
> ZH:"地小或不好的地呢?"
>
> 村委员:"地少自己种也不耽误,不限制做买卖。地不好可以租给个体或者建筑队,比一次卖掉有保障。所以,街上的小业主很多是农民。"

其实,在一个家庭中,几人有几分或几亩地,几人做点小商业,应该说这是极好的组合。在此,二元互补与二元对立并行,有地能出租,保地为出租,社民任何人可以出租地给国家或任何企业与个人,村民与市民保持着农商和谐的"两半户"家庭,杨柳青维系着自身社会的传统——农商交融。

工、农、商并非三元对立,有功能的互相转换。清及其以前以农业为主轴,民国以商业为中心,新中国成立前期以工业为重心。杨柳青自明清以来即农、商并行,现今对于乡民来说,依然是商为助保,农为基保,工为劳保。清代与民国时,杨柳青的镇民尤其富绅、商绅,皆以本守末,农户、商户则以末兴本。

在史学、人类学、经济学界,乡村经济与市镇经济多分立而论,或二者划分于不同的社会历史过程中。然而,在实际和具体的市镇(县镇)经济中,二者实则是互通的。傅衣凌认为,市镇经济作为地主经济的一个组成部分而存在。这里除去意识形态色彩,则包含两种经济结合的可能。

清季,杨柳青各行商人积累了一定资本,大都用于置产经营土地,"以末起家,以本守之",很多商人同时又是地主,从事与自然经济紧密相连的高利贷经营。还有商人将大量资本投于建祠堂、办义塾、置族田上,使之成为宗族资产,而不是"纯粹的商业资本"。1948年,津管会进驻杨柳青,调查当地地主和资本家的不动产情形,发现较大的地主均兼资本家,因而类别划为"地主资本家",登记项目为地主兼资本家的耕地、柳地及商号情况。

当作为经济资本的土地变为分划阶级的象征资本后,它所留下的印记却依然存在。

  商绅后裔(居民):"种地种成了地主,谁还敢再种地?还是做些小买卖的好……"

  乡社后人(村民):"只要地,不转非农户口,不交地。有地照样可以做买卖……"

## 五、结语

### (一)商与汉人社会文化

中国被认为是农业文明古国,然而农与商分开过吗?汉人是农耕民群,汉人传统社会被认作乡社,那么,汉人传统社会中没有商吗?或者商不存在于汉人社会吗?实际上,商亦是汉人社会文化,乡村农人社会没有离开过商人活动,中国古代出自商部落的商王朝即早于出自农业部落的周朝。经商被认为和耕读一样也是功名,且乡社教育与商业两者的黄金期是一致的。

(二)商镇类型之结构过程

地方社会的模式源于纳入国家制度过程的方式,亦是国家适应地方、基于地方类型的结果,或者说是行政形式结合或附和地方理念的过程。商镇结构过程是商营理念方式的地方制度化。国家在杨柳青基于商运之性,直接涉入经济渠道和命脉,设商会管理。粮商盐运、抵押借贷、契约结社、家族商号、乡缘业缘组成社会基础体系,即市场系统的层级为商营提供了文化空间,使商人"以自己的方式去做士大夫",而从集资到分配都属于商业文化和社会史之研究。

不论是二元对立说还是三元社会说,社会分层或流动理论以及市民社会观,均无法解释杨柳青的街村一体形态,即商团与乡农的社会,它是往日乡镇保甲制时代商镇地保与村社保甲均系绅兼的民间承衍。实际上,商业与土地并非如在以往的研究中那样分化对立,而是有交叉和关系。

(《西北民族研究》2010 年第 3 期)

# 天津方言的源流关系刍议

王临惠　支建刚　王忠一

从目前的汉语方言调查研究成果来看,天津市辖区内的方言除武清方言属于北京官话京承片怀承小片外,其余的都属于冀鲁官话保唐片。其中,天津市区方言属于天津小片,静海方言属于定霸小片,宝坻、蓟县、宁河方言属于蓟遵小片。本文所讨论的天津方言,即冀鲁官话保唐片天津小片,是分布在天津市内和平、南开、河北、河东、河西五区以及红桥、西青、东丽三区紧邻市区地带的方言。因为天津方言在声调、知系字的演变等方面与周边方言存在一定的差异性,再加上天津市特殊的城市发展历史,使人们对天津方言的形成、发展过程产生了浓厚的兴趣,从而产生了一些关于天津方言源流关系的假说,如山西说、静海说、土著说、移民说等。李世瑜、韩根东根据"燕王扫北"的历史传说以及天津方言与安徽宿州一带方言的某些相似点认为天津方言的"母方言"是以安徽宿州为中心的广大淮北平原的方言[1]。此论既出,余说俱废,在学界似成定谳。笔者在对天津辖区内的方言和安徽宿州、固镇一带的方言进行了详细的调查、比较后发现,两地方言在语音、词汇、语法等方面的关系都较为疏远,相关的历史文献也没有天津移民主要来自安徽宿州一带的记载。天津方言的底层属于元明时期的大河北方言,不是移民方言,其形成发展过程与天津市特殊的自然条件和历史背景关系密切。

## 一、天津市的地理位置及建置沿革对天津方言的影响

天津方言的形成和发展与天津所处的地理位置及特殊的历史背景有着直接的因果关系。天津地处渤海之滨、华北平原的东北端,早在新石器时代就有先民在此休养生息。天津城市的形成与发展得益于地近渤海、河渠纵

---

[1] 李世瑜、韩根东:《略论天津方言岛》,《天津师大学报》1991年第2期。

横,与我国近代的政治、经济、文化中心——北京相邻,是北京与东北、辽东半岛、胶东半岛水陆相通的要路。

天津市区的所在地原是金代靖海县(明洪武初更名静海县)三岔河口的小直沽。辽金时期,由于天津的漕运、海运及盐业的不断发展,逐渐成为京畿地区的重要的补给线,三岔河口也逐渐成为水运的枢纽。金灭辽后,于公元1153年迁都燕京(今北京),改称中都,为保障供给,于贞祐二年(1214)在此建立了直沽寨;元代前期沿袭金代旧制,为保障供给,于延祐三年(1316)改直沽寨为海津镇。明代永乐初年迁都北平,为加强京畿的物资补给和军事保障,于永乐二年(1404)在原直沽寨(海津镇)所在之处修筑城防,永乐三年、四年(1405、1406)置天津卫及天津左卫和天津右卫,始称天津。清雍正三年(1725)改天津卫为州,雍正九年(1731)升为天津府,府治天津县,即今天津市区。在从明代以前军防建置到清中叶的地方政府的转型过程中,天津的人口也实现了由流动到定居的转型,天津方言当在此时形成。今天津市所辖区县在金、元、明三代大都属京畿之地,市区所在地更以其便利的水运条件成为京城物资补给的要路,"元时海运皆由东直沽入口,至明永乐中始罢。……康熙中盛京岁歉,自津转粟,不三日即达。近则盛京粮丰值平,估贩者集津门矣"(《大清一统志》卷十七),就是对其真实的写照。从金代的小直沽到清代的天津府,土著居民都一直在这里休养生息,他们的方言是天津方言的底层;随着水运业的不断发达,土著居民的方言受到过往客商(主要来自京城和胶东、辽东)的影响,渐次发生了一些变化,逐渐成为今天的天津方言。

## 二、从天津的移民历史看天津方言的源流关系

天津方言的源流关系与天津明清时期的人口来源关系密切。关于这一区域的人口结构,史志里只指出"地当要冲,人杂五方"(《大清一统志》卷十七),"天津近东海,永乐初始辟而居之,杂以闽、广、吴、楚、齐、梁之民"(《畿辅通志》卷五十六)等,并没有淮北平原移民迁入的确切记载;传说中燕王扫北时带了许多淮北的老弱病残驻扎于此,也于史无稽。明永乐三年(1405)天津卫、天津左卫和永乐四年(1406)天津右卫的进入是天津驻军的最早记录,但天津三卫中戍卒的来源地并无记载。曹树基等论及天津三卫来源时也只是指出"永乐二年十一月设天津卫,次月设天津左卫,又调旧青州左护

卫为天津右卫。"①

从明洪武到永乐年间,有几次较大的人口迁移行动与北平(顺天)府所辖区域(包括今天津市区在内)有关:

  (洪武)四年(1371):乙巳徙山后民万七千户屯北平;戊申……徙山后民三万五千户于内地,又徙沙漠遗民二千户屯北平。(《明史》卷二·太祖二)

  (永乐)元年(1403):八月己巳,发流罪以下垦北京田;甲戌,徙直隶、苏州等十郡,浙江等九省富民实北京。(《明史》卷六·成祖二)

  (永乐)二年……八月……丁卯,徙山西万户实北京。(《明史》卷六·成祖二)

  (永乐)三年……九月丁巳徙山西民万户实北京。(《明史》卷六·成祖二)

从"徐达平沙漠,徙北平山后民三万五千八百余户散处诸府"(《明史》志一第五十三·食货)可以得知,当时所谓的"屯北平""实北京"实际上是把移民分别安排到北平或北京所辖的各府县的,今天津所辖范围也当在其列。移民来源地北方以山西为多,南方到了江浙一带,但究竟有多少移民被安置在今天津市区所辖的区域之内已无从得知。因而,从移民的来源方面找不到支撑"天津方言"来源于明代淮北平原的证据。

元末明初,今淮北一带兵燹四起,战乱频仍,人口稀少,赤野千里,成了明代初期最大的移民输入地之一。曹树基等对明代淮北一带人口状况的描写颇具说服力:"淮河两岸人烟稀少,土地荒芜,直到洪武十一年,凤阳县的'土著旧民'仅有3324户,不过16620人;偌大一个颍州,洪武十四年仅有土著1700户,折算约合8500口。整个凤阳府,按照我的计算,人口约为14万,每平方公里人口密度约为5人。"②明太祖朱元璋为了造福乡梓,于洪武二年在其家乡设立中都,改临濠为中立府;洪武七年扩大管辖范围,改为凤阳府(包括今宿州、固镇一带在内),有大量移民迁入,如:

  (洪武)三年六月……徙苏州、松江、嘉兴、湖州、杭州民无业者田临濠。(《明史》卷二·太祖二)

  (洪武)九年十一月壬午……徙山西及真定民无产者田凤阳。(《明

---

① 曹树基等:《中国移民史》第5卷,福建人民出版社1997年,第346页。
② 曹树基等:《中国移民史》第5卷,福建人民出版社1997年,第44页。

史》卷二·太祖二)

曹树基等通过历史文献统计,认为"我们估计出洪武年间凤阳府接受的移民总数近48.8万人,其中民籍30万,军籍18.8万。他们共占凤阳人口总数的近80%。这是一个典型的人口重建式移民区"①。

如此,淮北平原在明初根本就没有向外地移民的条件。至今,在安徽的宿州、固镇一带民间仍然流传着祖先来自山西大槐树下的传说。永乐元年(1403)从苏州等十郡、浙江等九省"实北京"的移民中可能涉及凤阳府,但这些移民极有可能是洪武三年从苏州、松江、嘉兴、湖州、杭州迁入的移民。永乐初天津三卫的戍卒也可能是就近招募的北京周边的土著居民或洪武到永乐初年迁入本地的移民。

因此,天津移民来源于安徽的宿州、固镇一带的说法恐于历史事实不符。今安徽宿州、固镇一带是明初移民的输入地,其方言的源流尚待考证。天津方言的母方言不可能是以宿州、固镇为中心的淮北平原上的方言。

## 三、从声调的演变规律上看天津方言的性质

天津方言声调演变的基本规律是:平分阴阳;全浊上今归去声;清入今归阴平为多,部分字分别归入阳平、上声、去声;次浊入归去声,全浊入归阳平。这与周边的北京官话、东北官话、胶辽官话和其他冀鲁官话方言基本一致,而与中原官话郑曹片的宿州方言、信蚌片的固镇方言"清、次浊入今归阴平"存在显性差异(见表1)。

表1 天津市区方言与周边方言声调比较

| 方言点 | | 清平 高方 | 浊平 来同 | 清、次浊上 嘴敢柳两 | 全浊上、去声 造伴杏、布贱 | 清入 | | | | 次浊入 热木 | 全浊入 匣毒 |
|---|---|---|---|---|---|---|---|---|---|---|---|
| | | | | | | 八 | 脚 | 北 | 菊 | | |
| 冀鲁 | 天津 | 31 | 224 | 213 | 53 | 31 | 213 | 213 | 31 | 53 | 224 |
| | 蓟县 | 55 | 33 | 214 | 51 | 55 | 214 | 214 | 55 | 51 | 33 |
| | 宁河 | 55 | 33 | 312 | 52 | 55 | 312 | 312 | 33 | 52 | 33 |
| | 静海 | 42 | 55 | 213 | 31 | 42 | 42 | 213 | 42 | 31 | 55 |
| | 唐山 | 55 | 22 | 213 | 52 | 55 | 213 | 213 | 55 | 52 | 22 |
| | 保定 | 45 | 22 | 214 | 51 | 45 | 214 | 214 | 214 | 51 | 22 |

---

① 曹树基等:《中国移民史》第5卷,福建人民出版社1997年,第60页。

| 方言点 | | 清平<br>高方 | 浊平<br>来同 | 清、次浊上<br>嘴敢柳两 | 全浊上、去声<br>造伴杏、布贱 | 清入<br>八 | 清入<br>脚 | 清入<br>北 | 清入<br>菊 | 次浊入<br>热木 | 全浊入<br>匣毒 |
|---|---|---|---|---|---|---|---|---|---|---|---|
| 北京 | 武清 | 55 | 35 | 213 | 51 | 55 | 213 | 213 | 35 | 51 | 35 |
| 北京 | 承德 | 55 | 35 | 214 | 51 | 55 | 214 | 214 | 55 | 51 | 35 |
| 东北 | 沈阳 | 33 | 35 | 213 | 53 | 33 | 213 | 213 | 35 | 53 | 35 |
| 东北 | 长春 | 44 | 24 | 213 | 52 | 44 | 213 | 213 | 44 | 52 | 24 |
| 胶辽 | 大连 | 312 | 34 | 213 | 53 | 34 | 34 | 34 | 213 | 53 | 34 |
| 胶辽 | 烟台 | 31 | 31 55 | 214 | 55 | 214 | 214 | 214 | 214 | 214 | 55 |
| 中原 | 宿州 | 212 | 55 | 434 | 42 | 212 | | | | | 55 |
| 中原 | 固镇 | 212 | 55 | 324 | 53 | 212 | | | | | 55 |

从表1可以看出,天津方言声调显然与北京官话、冀鲁官话、东北官话、胶辽官话关系密切,而与宿州、固镇方言关系疏远。《中原音韵》是以元大都为中心的方言为基础的,其所反映的"次浊入归去声"的现象是这一区域方言的共性特征,而"清入归上声"现象在这一区域内也大致保留,只是数量上有所参差而已。天津西北与北京毗连,东北直通东三省,东部与胶东、辽东半岛隔海相望,其方言处在北京官话与东北官话、胶辽官话的过渡地带上,在"清入归上"方面具有明显的"胶辽官话→冀鲁官话保唐片→北京官话"过渡性特征。张树铮论及冀鲁官话保唐片清入字散归四声时认为:"保唐片这种清入分归四声但有较多字归上声的现象我们可以从其底层来寻找解答:保唐片很有可能其清入原本就是读上声的。这样,保定话中清入散归四声的来源就是:读上声,是原有特点的保留;读阴平,是受到了其他相邻冀鲁官话的影响;而读阳平和去声,则主要是受到北京官话或东北官话的影响。"①天津方言声调在调类的演变上显然与冀鲁官话保唐片保持着同步发展的性质。安徽境内的中原官话大体上阴平为低降升调②,天津方言的阴平今读低降调31,与宿州、固镇方言的调值不同,也与周围的其他冀鲁官话保唐片方言不同,但与定霸小片的静海以及与之隔海相望的胶东半岛的胶辽官话登连片方言相同或相近,如:静海42、烟台31、威海53、荣成42、文登53等。天津方言的声调系统在长期的社会交往中既受到自己底层方言的制约,又经

---

① 张树铮:《冀鲁官话清入归派的内部差异及其历史层次》,《中国语言学报》,商务印书馆2006年。
② 赵日新:《安徽省的汉语方言》,《方言》2008年第4期。

历了外来方言的辐射,因而,在共时平面上叠置了不同方言的层次:底层为冀鲁官话保唐片,阴平读降调属于胶辽官话登连片的特点,阳平今读中平升调224,应该是在底层为平调(蓟遵小片22、33)的基础上受北京官话的影响而演变成中平升调。

无论从调值、调类还是发展规律上看,天津方言与安徽宿州、固镇一带方言都没有直接的血缘关系。

## 四、从词汇、语法方面看天津方言的性质

1. 词汇方面。因为地相近,习相同,天津方言在词汇方面与冀鲁官话保唐片其他方言的一致性极强,与周边的北京官话、胶辽官话在词汇方面差异性也很小,尤其在基本词汇方面。同属于官话方言,天津方言在基本词汇方面自然与安徽宿州、固镇一带方言有许多相同之处,但也有一些不同之处。请看下面的部分亲属称谓词比较:

表2　天津方言与周边方言词汇比较

| 地区 | 祖父 | 祖母 | 外祖父 | 外祖母 | 父 | 母 | 继父 | 继母 |
|---|---|---|---|---|---|---|---|---|
| 天津 | 爷爷 | 奶奶 | 姥爷 | 姥姥 | 爸 | 妈 | 后爹 | 后妈 |
| 唐山 | 爷 | 奶 | 姥爷 | 姥姥 | 爸爸/爹 | 妈妈 | 后爹 | 后妈 |
| 武清 | 爷爷 | 奶奶 | 姥爷 | 姥姥 | 爸爸 | 妈妈 | 后爹 | 后妈 |
| 承德 | 爷爷 | 奶奶 | 姥爷 | 姥姥 | 爸爸 | 妈妈 | 后爹 | 后妈 |
| 沈阳 | 爷 | 奶 | 姥爷 | 姥姥/姥娘 | 爸爸/爹 | 妈妈 | 后爹 | 后妈 |
| 大连 | 爷爷 | 奶奶 | 姥爷 | 姥娘 | 爸爸 | 妈妈 | 后爹 | 后妈 |
| 烟台 | 爷 | 婆 | 姥爷 | 姥娘 | 爹 | 妈 | 后爹 | 后妈 |
| 宿州 | 老爷 | 奶奶 | 外老爷 | 老娘 | 大 | 娘 | 晚爷 | 晚娘 |
| 固镇 | 老爷 | 奶奶 | 外老爷 | 老娘 | 爷 | 娘 | 晚爷 | 晚娘 |

从比较中可以看出,天津方言与周边的方言几乎一致,而与宿州、固镇方言差异性较大。天津方言在称谓词的使用中普遍存在着父母随子女称谓的现象,如母亲随自己的孩子把自己母亲称为"姥姥",把自己的婆婆称为"奶奶"等,淮北一带方言中没有发现这些现象。足见,至少在称谓词系统方面天津方言与周边方言一致,而与宿州、固镇的方言关系疏远。

从一些零星的词汇差异上也能反映出天津方言与淮北一带的方言关系

较为疏远。天津方言中第一人称代词为"我、我们",与周边的冀鲁官话、保唐片北京官话一致,而宿州、固镇方言的第一人称代词为"俺、俺们",这与周边的中原官话郑曹片、信蚌片的方言一致;天津方言"地、下地(干活)"在安徽淮北、江苏的徐州、山东的西南部一带更多地说"湖、下湖";天津周边的北京官话、冀鲁官话保唐片方言的"开水、喝水、茶水"在安徽淮北则说"茶、喝茶、茶叶茶"。天津方言中的一些词语在石玉崑(1810—1871,天津人)的《三侠五义》(又名《忠烈侠义传》)就有,如:

  况且我们不喝酒,早起吃的,这时候还饱着呢!我们不过找补点就是了。(第三十二回)

  吾告诉你,鲤鱼不过一斤的叫做"拐子",过了一斤的才是鲤鱼。(第三十三回)

天津话中的"找补"是"把不足的补上",如"刚才没吃饱,您再~~点?";天津方言口语中将鲤鱼不论大小都称"拐子"。《三侠五义》中还有一些天津方言的特殊词语,如"你老(您)、蛤蜊蚌子(不合群的人)"等。这说明天津方言的词汇系统是对其早期方言的词汇系统的继承与发展。

2. 语法方面。尽管官话方言之间语法的差异性很小,但不同区域的方言或多或少仍存在一些对内的一致性和对外的差异性。比如,在疑问句方面,天津方言与周边方言差异较小而和安徽宿州、固镇一带方言差异较大。天津方言常用"吗"来表示疑问,如"干~?/~玩意儿?/说~呢?"等,这在《三侠五义》也属常见:

  你放吗箭呀?……你又放箭做吗呢?(第一百一十回)

  奶奶请放心罢,奴婢将裤腿带子都收拾过了,外头任吗儿也没有了。(第一百十五回)

这些例子跟今天津方言没有任何区别。北京官话、东北官话、胶辽官话多用"什么",宿州、固镇则用"啥"。天津方言的是非问句、正反问句与冀鲁官话保唐片、北京官话一样:是非问是在陈述句的基础上用疑问语调表示疑问,句末可加疑问语气词,如"你知道吗?/你要走吗?"等;正反问用"V不V"格式表示,如"你知道不知道?/你走不走?"等。东北官话、胶辽官话的是非问句与冀鲁官话保唐片、北京官话一样,但正反问句则不同,多用"V不"格式表示,如"你知道不?/你走不?"等。而宿州、固镇方言则与天津周边方言有较大差异:是非问、正反问没有区别,一律用"可"字句表示,句末不加语气词,如:

宿州：老李可去？（老李去吗？/老李去不去？）

固镇：这苹果可酸？（这苹果酸吗？/这苹果酸不酸？）

从疑问句的共时性特征来看，天津方言与宿州、固镇方言显然不是同一个类型，因而也看不出它们之间的渊源关系。

除了疑问代词、疑问句之外，天津方言常常用"了"表示陈述语气，如：

他还没回来了。

他明儿才去开会了。

上面两个例句中的"了"相当于北京话的"呢"，宿州、固镇一带的方言也没有这种用法。

## 五、余论：天津方言发展演变过程中的过渡性特征

如果说天津方言的"母方言"是明代淮北一带的方言，因为军旅移民的关系而就地生根发芽，那么，在今天的天津方言中总会或多或少地留下一些痕迹。但今天的天津方言在语音、词汇、语法方面并没有明显的淮北方言的孑遗形式，而更多地表现出在其底层方言的基础上受北京官话、东北官话、胶辽官话的影响而产生的过渡性特征。特殊的地理位置和自然条件造就了天津这个北京地区与胶东、辽东半岛水陆交通的枢纽，同时也相应地使天津所处的区域成为北京官话与东北官话、胶辽官话相互浸染的过渡地带。今天的天津方言在共时平面上至少叠置着底层方言、北京官话、东北官话、胶辽官话和现代民族共同语——普通话等多个历史层次。除了声调与周边方言的发展演变规律一致外，还有许多语音现象都与周边方言一致，如"全浊声母今读平声送气、仄声不送气"、"咸山合流、深臻合流、宕江合流"等，这是方言在共同的底层作用下所发生的同构共变现象。

从以上的描写、分析中不难得出结论，天津方言不是移民方言，近代的大河北方言是其底层；因为特殊的自然、人文背景，底层方言在发展过程中受到了北京官话、东北官话、胶辽官话的影响，渐次演变成了今天的天津方言。

（材料来源：天津市及市郊方言以及宿州、固镇方言材料由课题组成员调查所得；其他的材料来自《普通话基础方言基本词汇集》，陈章太、李行健主编，语文出版社，1996年10月。）

（《山西师大学报》社会科学版 2010 年 7 月）

# 天津方言与地域文化

谭汝为

## 一、普通话与方言的关系

民族共同语、标准语和一个人的母语方言之间,并不存在着势不两立、水火不容的关系。为什么?标准语和母语都应该有,它们各有不同的生存空间和使用范围,以适应不同的需要。比如,普通话是工作语言,天津方言是家庭语言,二者并不冲突。这种状况在其他国家、其他地区也是普遍存在的。比如,在香港,有两语三文;在新加坡,官方语言有四种,印度人、马来人、中国人相融于一个国家,用于沟通这三个民族之间的官方语言、工作语言,是英文,华人社区的工作语言,就是华语(普通话),但在具体的社团或家族内部,或说广东话,或说福建话,各自不同。所以说工作语言和家庭语言是并存不悖的。我们在普及推广普通话、强调民族共同语的时候,并不意味着要取消方言,而是使公民在说方言的同时,学会使用国家通用语言,从而在语言的社会应用中实现语言的主体性与多样性的和谐统一。

方言是各具特色的地域文化的基础,比如中国数百种地方戏曲和说唱艺术形式都是以当地方言为依托的。方言本身也是一种文化,甚至是一种情结,具有相当的使用价值和文化价值。推广普及普通话的目的,是为了消除方言之间的隔阂,并不意味着要消灭方言。目前,政府已正式将包括语言在内的中国民族民间文化保护工程列入了中央财政预算项目,每年拿出相当数量的资金开展此项工作。在中国,语言的多样性将会受到保护,多语言的和谐统一、规范发展将会得到持续的政策支持。

在一些大城市里,很可能在一个家庭之内,老一代说的是方言,第二代在家里说方言到外面说普通话,第三代就根本不会说或者说不好原来的"家乡话"。尽管方言使用范围逐渐缩小,但还是会长期存在的。普通话是为全民族服务的,方言是为某一个地区的民众服务的,这种情况还会持续相当长的一个时期。在不需要用普通话的场合,没有必要排斥方言,事实上这样做也行不通。

在处理普通话和方言的关系上,坚持社会语言生活主体化和多样化相结合的原则。一方面,使公民普遍具备普通话应用能力,并在一定场合自觉使用普通话;另一方面,承认方言在一定场合具有其自身的使用价值,但使用方言的范围有所缩小,却是正常的趋势。

## 二、关于天津方言岛

外地人一到天津,首先体会到的不仅是天津城的独特韵味,或是天津小吃的美味,还一下子就会被幽默、直爽、豪放的天津话逗乐。

天津方言与普通话接近。其差异主要表现在语音方面,其次在词汇方面,而语法与普通话基本相同。天津市各区县的方言,细分可以分为八个小片。其中较大的方言片:

1. 天津市北部地区是蓟宝宁(蓟县、宝坻、宁河)话片,与河北唐山话接近。

2. 天津市南部地区津南、大港的大部分地区属于河北沧州话片。

3. 天津市区西北部的武清和北辰,以及东部塘沽部分地区的方言与北京话接近。

4. 杨村镇,北郊双街、双口,说武清话。

5. 从市中心向北,过了北马路、北大关、河北大街,这属于天津话的地界,但一过了旱桥,那就变味了,成了北辰话。北郊北仓、宜兴埠、西堤头及市区西沽、丁字沽,明显不同于天津话。北辰方言具有武清话与天津话之间过渡的性质。

6. 天津市区的西南部地区基本属于静海方言区。西郊杨柳青镇、南郊咸水沽镇,说静海话。

7. 南郊小站镇,说沧州话。

8. 天津话片,以旧城区为中心,包括南开、河北、河东、河西、和平五个区,红桥区的大部分街道,西郊中北斜和永红两个乡的东部,大寺乡、王稳庄乡北部的三个村,南郊双港乡的大部分村,东郊西北部的部分村镇。其特点是:四个声调中阴平声的调值低降,齿音字较多。下列阴平声调的词语,天津话读音与普通话读音的差异十分明显,例如"天津、标兵、沙发、西医、高招、灰堆、飞机、抽烟、西沽、抓瞎、三鲜、清真、阴天、胳膊"等。人名读音也如此,如天津市历届领导人的姓名"黄火青、李耕涛、张立昌、张高丽"等,用天津方言读,阴平声调的字,读音都是降调,特点十分突出。

天津方言属于北方方言区内中的一个分支。天津方言区的东、南、西三面被静海方言区包围着,北部则是武清方言区,这就形成了一个"方言岛"——所谓方言岛,是语言学的一个术语,就是由于历史上大规模移民,使外来的方言势力占据了原来某方言区,形成被原方言区包围着的独立的方言孤岛。譬如河北承德,它距离北京两百多公里,但居民却操纯粹的北京话,就是由于清朝康熙时兴建避暑山庄和外八庙,首都的宫廷供奉人员和皇宫卫队的大批官兵移住该地,定居下来,以致压倒原来居民所操方言,使之同化于北京话,因此承德就形成了一个方言岛。所谓天津方言(或天津话)就是指市内六个区和西青区大部分、东丽区小部分土著居民所使用的方言。

天津方言岛,呈倒了个儿的等腰三角形,其底边距旧城北约一公里,尖端距旧城南约二十二公里。方言岛以北的居民,语言接近北京话,东北接近唐山方言,西南和东南接近静海一带方言。据专家考查推测,这个方言岛中的天津话来源于江苏和安徽北部的方言。这与《天津卫志》说的天津"永乐初始辟而居之,杂以闽越吴楚齐梁之民"有关。经过著名学者李世瑜先生的调查考证:"天津方言的母方言就是来自以宿州为中心的广大江淮平原。"

天津是一个移民城市。明代实行军屯制度,外地大量移民以军事组织的形式来到天津一带屯垦官田,从而出现了许多冠以姓氏的"官屯"地名。据说"燕王扫北"时,安徽宿州一带有大批军士携带家眷来到天津。这些移民实行军事建制,"家庭承袭,邻里相望",形成相对牢固的"语音社区",于是,具有低平调的江淮方言成了天津卫的通用语。天津方言的"母方言"——以宿州为中心的广大的江淮平原,往北到徐州,往南不超过蚌埠。

另外,天津是南北漕运的中心,是中国北方贸易转运、商贾聚集、五方杂处的重镇。明清两代,许多苏皖地区以及晋冀鲁豫地区的移民,或屯垦,或漕运,或逃荒,或经商,陆续迁至天津;随后盐业、金融、实业、商业,乃至政界、军界、文化各色人物都在天津安家落户。这些因素对天津方言的形成自然产生种种影响。

随着社会经济的开放、文化教育的发展、人口的流动、广播影视的传送,天津话中的一些古老词汇已经消失,天津话的语音、声调已在明显地向普通话靠拢,而那些方言俚语中准确、生动、形象的部分则会融入普通话之中。

## 三、天津话的语音特点

作为共和国的直辖市、北方的商业大都市、首都的门户,天津方言特色十分明显。天津与北京相距不过一百多公里,与北京音系的武清方言区相距只有十多公里,但二者在语音上的差异,显而易见。尤其在与普通话相对应时,操天津方言的人只要一张嘴,就使人感受到一股扑面而来的与众不同的津派气息。

天津方言的特点主要体现在语音方面。

1. 普通话 zh、ch、sh 这些卷舌声母的字,在天津话里有一部分被读成平舌声母的 z、c、s,例如"展览"的"展"(zhan),天津话却读为 zan;"招考"的"招"(zhao),天津话却读为 zao;"生产"(shengchan),天津话却读为 sengcan;"上车"(shangche),天津话却读为 sangce;"事由"的"事"(shi),天津话却读为 si;"山脉"的"山"(shan),天津话却读为 san 等等。这就是人们通常说的——天津话"齿音字"多。

2. 普通话带有 r 声母音节,在天津话里一般读成零声母,把辅音 r 换成了元音 i,例如"人"(ren)、"热"(re)、"肉"(rou)、"润"(run)等字,天津话却分别读成 in、ie、iou、iun 等。再如"用、泳、勇"等字,普通话读为 yong,而天津话却读为 rong;"让、嚷、壤"等字,普通话读为 rang,而天津话却读为 yang。

3. 另外,天津话习惯于在 a、o、e 开口呼音节前加声母 n。例如把"安全"的"安"读成 nan,把"超额"的"额"读成 ne,把"熬鱼"的"熬"读成 nao,把"可爱"的"爱"读成 nai,还有"欧洲""海鸥"等等。

最能体现天津话特点的就是声调。天津话与普通话都有四个声调,但在调值(每个声调的实际读音)上却有明显的差别。特别表现在阴平(一声)声调上,二者差别很大。普通话的阴平读音呈现出高而平的调值,是四声中最高的声调,读高平调;而天津话的阴平读音呈现出低而略带下降的调值,音程短促,是四声中最低的声调。例如"天""七""飞""边"等字的读音,天津话调值低,普通话调值高,借用音乐术语来说,二者相差了八度音。

因受方言影响,不少天津地名存在着特殊的方言读音,譬如"水阁大街""玉皇阁""北阁"等地名中的"阁"字,不读 ge,而读 gǎo。天津著名民谚:

"天津卫,三宗宝,鼓楼、炮台、铃铛阁(读为 gǎo)。"后来,这原始的"三宗宝",或拆除,或坍塌,或遭焚,都不复存在了。于是,后来又产生了表达天津人惋惜遗憾心情的民谚:"鼓楼拆,炮台倒,大火烧了铃铛阁。"

为什么天津话把"铃铛阁(ge)"读为"铃铛阁(gǎo)"呢?很可能是受母方言(安徽话)影响所致。这个发音可能是安徽籍贯的军人带来的方音。京剧唱词如"同登麒麟阁""共上凌烟阁"等的"阁"都唱 gǎo 音。汉代麒麟阁、唐代凌烟阁,都是为表彰功臣而建筑的绘有功臣图像的楼阁。在古代韵文作品中,从音律上看,"凌烟阁"的"阁"读为仄声,如"功名未上凌烟阁,姓字先标聚义厅";"不求图画凌烟阁,只为家邦致太平"。处在上句末尾的"阁",应读仄声。京剧是徽班进京后形成的,天津方言岛的母方言是安徽淮北方言。因此,天津方言将"铃铛阁"的"阁"就读为"铃铛阁(gǎo)"了。

坐落于天津市区内的"水阁、北阁、铃铛阁、玉皇阁"等的"阁"读 gǎo 音;而位于市区之外的"阁",如位于西青区杨柳青的文昌阁、位于宁河县的天尊阁、位于蓟县独乐寺的观音阁等,其"阁"字却一律读为 ge 音,与普通话读音一样。这是因为杨柳青、宁河、蓟县都在天津方言岛范围之外,当地居民所操方言与天津方言也不是一码事。

"阁"的古代读音是否读为 gǎo?"阁"的中古音是 kak,是带塞音韵尾的入声字。很多古代汉语的入声字在发展过程中,在不同方言中,出现文白异读的现象。如"剥""削""薄""约""乐"等,在北方方言(包括天津方言)都有韵母为 ao 的读法。例如,天津方言把"剥",读为 bao,把"削"读为 xiao,把"薄"读为 bao,把"约"读为 yao,把"乐"读为 yao 等。

方言保留这种读音的,至今在一些地区仍存在,比如河北"乐亭"念 làoting,山东"乐陵"念 làoling,黑龙江"鹤岗"念 hǎogǎng——这又为"铃铛阁(gǎo)"的读音,提供了另一个佐证。总之,阁(ge)是普通话正统的文读,阁(gǎo)是民间的方言白读。

那么,作为地名读音,究竟应读铃铛阁(ge)还是读铃铛阁(gǎo)呢?这涉及两个层面的问题。首先是地名规范读音问题,作为天津的路牌和指示牌,应当在汉字地名上方以标准的普通话注音,这一点儿也不能含糊。另一个问题就是地名的民间俗读,作为民间的方言口语读音,天津人读"铃铛阁(gǎo)",就与河北人读"乐亭(làoting)"、山东人读"乐陵(làoling)"一样,是历史的约定俗成,不仅正常,而且允许。

## 四、天津方言所体现的地域文化特色

我们研究城市文化,当然应重视地域文化对方言的影响。这种影响往往是相当巨大的,甚至可以说是起决定作用的要素。就拿中国历史文化名城所代表的地域文化分野来说——以西安、咸阳为代表的秦文化,以洛阳、开封为代表的河洛文化,以保定、邯郸为代表的燕赵文化,以济南、临淄、曲阜为代表的齐鲁文化,以南京、苏州、杭州、绍兴为代表的吴越文化,以武汉、长沙、岳阳、荆州为代表的荆楚文化,以成都、重庆为代表的巴蜀文化,以福州、泉州、漳州为代表的闽台文化,以广州、雷州、琼山为代表的岭南文化,以梅州、赣州、长汀为代表的客家文化……这些地域文化既各不相同,又交相辉映,使历史悠久、博大精深的中华文化璀璨多彩。

地域文化渗透在人们的衣食住行之中,其典型的外在特征就是方言。以天津的文化为例,有人说天津文化可分三类——城厢文化、租界文化和码头文化。其实,作为一个移民城市,天津的文化特征更侧重于码头文化,码头文化与天津方言更是相辅相成的。天津著名作家林希在《九河下梢说码头》一文中的描写:

> 天津人讲"精气神儿",天津人骂人是"死蔫蛆",全都是码头遗风。天津人连吃饭都带着码头气派,天津人吃煎饼果子,吃大饼卷牛肉,把这种吃法叫"吹喇叭",就是不能因为吃饭误了潮起潮落的时间……既要相互适应,又恪守自己的生活方式,"混个热闹",把钱挣到手是"真格的"。天津人讲最后目的,不注重过程,只要"大面儿"上过得去,没有那么多规矩板眼。光在一个码头上混,天津人说是"栖锅底"算不得是本事,要有本事跑码头,在各个码头间跑来跑去,这,就是《日出》里胡四说的那个名词"吃得开"……"老牛筋"不行,"老执鬼"不行,先要有"人缘儿",然后才会有"饭缘儿"。必须八面玲珑,天津人说要会"来事儿",如此,才能在天津这个大码头上"横趟"。

正如林希先生精辟的剖析,像上文中的"精气神儿""死蔫蛆""吹喇叭""混个热闹""真格的""大面儿""吃得开""老牛筋""老执鬼""人缘儿""饭缘儿""来事儿""横趟"等富于天津地域色彩的方言词语,都是码头文化的产物。研究某一城市的方言,不能忽视对其地域文化的宏观研究和总体把握。割裂了地域文化的滋养,孤立而刻板地研究方言,其后果只能获取一些枯萎褪色的植物标本。不仅遏止了民俗语言蓬勃向上的生机,而且对方言或民俗语言的性质、生成、源流、传承和变异的机制和规律,难以做出科学的解释。

　　天津方言有个词儿,"膀大力",就是说实在的、说真格的、实打实的、靠得住的意思。据李世瑜先生考证,天津方言"膀大力的",是英文"boundary"的音译,意为边缘。引申为到头、到底、到家的意思。这可聊备一说。

　　幽默大师马三立的相声《对对子》,在夸耀本人的书法好时,说:"咱说膀大力的啊……"捧哏的王凤山立刻打断他说:"哎呀呀,你瞧有学问的人,有这么说话的,还说膀大力的!""什么大学毕业?大学毕业有说膀大力的吗?"马三立还有一段相声,也说:"咱跟你说膀大力的……"捧哏的赵佩茹立刻说:"瞧这一嘴炉灰渣滓!"由此可见,"膀大力"这个词,绝非上层社会的文明语言,很可能是下层社会的江湖行话或属于黑话的性质。

　　旧时人们把在从事装卸运输工作的人称为"脚夫",就是"车船店脚牙"中的那个"脚",属于下九流,难登大雅,是被世人轻蔑的行业。天津话称之为"脚行"。当年的码头工人被称为"扛大个儿的",属于没文化、没技术、靠肩膀扛包、卖力气吃饭的"苦大力"。天津卫的脚行由封建恶霸把头把持,为了抢码头、争地盘、争行夺市,常常发生群体械斗。在世人看来,这是惹不起、瞧不起、唯恐避之不及的行业。

　　"膀大力"这个词儿,可能是纯粹的天津土话,是码头文化的产物。原指膀大腰圆、卖苦力干粗活的人,就是凭肩膀吃饭的"苦大力"。因为在码头上扛包装卸是实打实的硬活,来不得半点儿偷懒耍滑,所以后来把"膀大力",引申为说实在的、说真格的、不带掺假的意思。

## 五、别具一格的天津方言语汇

　　天津话中存在着大量具有地方特色的方言语汇。这些方言语汇,大都生动形象、质朴俚俗,感情色彩浓郁。例如:

　　单音节词:嘛(什么)、掰(决裂)、扳(纠正)、改(挖苦,戏弄)、海(极大,极多)、贫(油滑)、肉(性情愚笨,动作迟缓)、涮(耍笑,作弄)、哏儿(意思)、倍儿(特别,非常)、抠儿(吝啬)、派儿(派头)、广(争吵,吵架)、撅(打架斗殴)、猴儿(逮捕,关押)、塞(往嘴里填充)、噇(猛吃猛喝)等。

　　双音节词:格涩(行为古怪)、打镲(开玩笑,戏弄人)、崴泥(遇到麻烦)、腻歪(讨厌,不顺心)、不够(不是人)、添堵(引起烦恼)、瞎掰(胡说)、拔闯(为冲突中的一方壮威、出气)、捯饬(修饰,化妆)、栽面儿(丢脸,出丑)、胡呲(瞎说)、邪门儿(反常)、找乐儿(寻开心)、耍单儿(一个人单独行动)等。

三音节词语:没眼眉(不会察言观色)、白话蛋(口若悬河、夸夸其谈的人)、罗罗缸(难以了断的纠葛)、吃挂落(受牵连)、咕棒槌(在上司面前说别人的坏话)、斗闷子(斗气)、念山音(话中带刺儿、甩闲话)、屁屁蛋(云山雾罩、撒谎吹牛的人)等。

下面,我们剖析几个典型的天津方言词语、俗语:

1. 改人。天津人说的"糟改",就是讽刺、挖苦、戏弄的意思。

"糟改"的词义比"打镲""找乐"的词义程度更重一些。"你拿我打镲""你拿我找乐",毕竟属于开个小玩笑的意味;而"糟改",则有点儿夸大缺点、进行丑化的意思了。

"糟改"还可以简化为"改",就是挖苦、取笑的意思,例如"你这不是拿我改吗"。天津方言有歇后语:"妯娌打架——改哥儿们。""这个坏小子鬼点子太多,整天就琢磨着怎么改人啦!"关于"改人",老天津卫流传着一个笑话:

以前兴土葬,丧家要到扎彩店定做纸糊的童男童女、青牛白马、箱奁马车等,供入殓和出殡用。某日上午十点,丧主前来老城里一家扎彩店,定做全套的纸人和牛马箱奁,要求赶制出来,天黑之前必须送去。此时,老板手头上已有扎好苇条,但还没有糊纸的两对童男童女,但扎制牛马箱车的苇条却不够用了。老板急忙安排徒弟干活,让大徒弟先用剩余的苇条扎制牛马,如苇条实在不够用,就把富余的那对童男童女拆了,用腾出来的苇条改制牛马。老板吩咐小徒弟急忙跑到南市,立马买两捆苇条赶回来。老板说:"这活儿太紧了!买不来苇条,就改人做牛马。买来苇条就不用改人了。"过了半个多时辰,小徒弟扛着两捆苇条,气喘吁吁地跑了回来。刚进胡同口,小徒弟就高声喊道:"师傅!苇条买来喽!您老就别改人啦!"

——这就是"改人"的故事。

2. 骡合。天津方言词"骡合",就指不三不四的结合、不清不白的关系。"骡合"的"合"好懂,就是凑到一起、结合于一处的意思。那么,这个"骡"究竟是什么意思呢?

其实,"骡合"的"骡",应写作"骡子"的"骡"。骡子是驴和马交配所生的杂种。其中,公马和母驴交配所生的叫驴骡,公驴和母马交配所生的叫马骡。不管是驴骡还是马骡,一般不能生殖。汉语俗语"是骡子是马,拉出来遛遛"。马和骡子的本领高下,并不在于力气大小,而在于生殖能力之有无。河南洛阳方言,把没有真才实学的人比喻为"骡子",例如:"他啥也不会,可骡子啦!"就是说,此人金玉其外、败絮其中,没有真本事。

所谓"罗合",本为"骡合",指马或驴跟没有生殖能力的"骡子"结合,那是看错了对象而白忙乎的意思。

"罗合"一词,就比喻与不讲信用或德行差的人交往,混在一起。所以在"罗合"之前加上"瞎"字来修饰,天津人习惯说"瞎罗合"。如果一个人,自私透顶、不讲信誉、臭名远扬,那么大家都躲着他走,唯恐避之不及。好朋友之间会相互提醒,用天津话说,就是——"某某某那小子可不是个好鸟,你千万别跟那小子瞎罗合,免得吃亏上当!"再如:"那两口子是搞传销的,死人都能给他说活了。咱可别跟他瞎罗合啊!"

老天津人口语,不说"婚外情""婚外恋",也不说"绯闻""同居",而把这种事儿称为"罗合"。例如:"经过王婆说媒拉纤,从中撮合,西门庆和潘金莲一来二去,就罗合上了。"这个"罗合",就是"鬼混"的意思。

3. 恣威、折里。所谓"恣威"就是凭借某种威力任意胡为的意思。特指不认错、不服管、胡搅歪理的行为。

在现实生活中,总有极少数人,自命不凡,老子天下第一,逮理不让人,无理狡三分。这位老兄,整天耷拉着脸,嘴撅得能拴驴,鼻子不是鼻子,眼睛不是眼睛,瞅谁都不顺眼,到处挑毛病。刘俊杰的相声,就讽刺了那个横挑鼻子竖挑眼、看到什么都认定是"有问题"的那个大刺儿头。这种人闹到最后,成了孤家寡人。周围的人都敬而远之,拿白眼珠子爱他,"甭搭理他,由他一个人'恣威'去吧!"

"恣威"是对正常秩序的一种涣散,是社会和谐乐章中的小噪音,也是在事实面前的一种胡搅。明明是自己做错了一件事,但不接受教育或处罚,胡搅蛮缠——这也叫"恣威"。

在天津和"恣威"同义的还有一个词儿——"折里"。其中的"折"读三声,"里"读轻声。"折里"多指女性,这姑奶奶可不好伺候,整天别别扭扭,腻腻歪歪,刺儿了嘎叽,气人有笑人无,香东家臭西家的,让人头疼!您问:上哪找这"折里大姐"去?高英培相声《不正之风》里,万能胶的那个邻居闺女"折里",不就是现成的人选嘛!

"折里"和"恣威"成龙配套,正好是天生的一对儿。两口子志同道合,是两盏不省油的明灯!

4.够戗、顶戗。"戗"是动词,就是支撑的意思。例如院墙年久失修,有点儿倾斜欲坠,就用两根木头来"戗"住它。"够戗"的"够",是动词,就是达到某一标准或某种程度的意思,如"够格""够板""够条件""够朋友""够意思"等。天津人爱说"够戗",这个词形容十分厉害,也是够受的意思。例如:"这活儿,把大伙儿累得够戗!"另外,为朋友办某件事,但没把握,就事先声明:"这事儿够戗,我当然尽力办,至于办成办不成的,咱可没根啊!"这是把丑话说在前边,让朋友别热火罐总抱着。

天津人还爱说一个词儿"顶戗",就是顶用,有能力担负工作,可以独当一面的意思。例如:"儿子长大成人,也能顶戗了!""别看他岁数不大,但沉稳干练,撂在哪个岗位都顶戗!"再如:"狐朋狗友就是乌合之众,平时热热闹闹,但到了关键时刻,一个顶戗的也没有!"

说到"顶戗",想起天津方言一句俏皮话:"赵老二扛房檩——顶这儿了。"是说某人或某事到此打住,不会长进,亦无发展,没啥前途了。

5.歪脖蜡。人的亲属关系分三大类,即父族、母族和妻族。父族指有血缘关系的亲属,包括直系亲属和旁系亲属。所谓直系亲属,指和自己有直接血缘关系或婚姻关系的人,如父、母、夫、妻、子、女等——这也叫"六亲"。俗话"六亲不认",就指连亲爹亲娘老婆孩子都不认了。

所谓旁系亲属,指直系亲属之外,在血缘上和自己同出一源的人及其配偶,如兄弟、姐妹、伯父、叔父、伯母、婶母等。

母族亲属,指母亲的父母、兄弟、姐妹等。妻族亲属,指妻子的父母、兄弟、姐妹等。除此之外,其他的亲属就算远亲了。

比远门亲戚更疏远的,就是俗语说的"八竿子打不着"的了。旧时大家庭,近亲带远亲,简直数不清。《红楼梦》里刘姥姥,对于贾府大管家王熙凤来说,就是八竿子都够不着边儿的"亲戚"。天津话把这种沾不上边儿的亲戚,称作"歪脖蜡"。其实这个"歪",就是"外"的意思。

北京土语把血缘关系疏远的人,称作"外四路"。例如《红楼梦》第二十八回,赵姨娘对亲生女儿探春说:"如今谁承望姑娘人大心大,不把我放在眼里,三日不理,四日不见的,倒把外四路儿的什么'宝姐姐''凤姐姐'的放在心坎上。"这里的"外四路",用天津话说,就是"歪脖蜡"。这是赵姨娘批评探春,不搭理生身母亲,却把旁不相干的"歪脖蜡"放在心坎上。

汉语俗语有"歪不横楞"这个词语。例如,一件东西没有摆放好,东颠西倒、七扭八歪的,天津人就说:"什么乱七八糟,歪不横楞的。""歪不横楞"在天津话里被简化为"歪不楞"。后来,"歪不楞"这个词儿的所指范围扩大,由形容事物发展到指称人物,于是,在特定的环境中,如某人不属于某家族亲属,或不属于某帮派系统成员,就被说成是"歪不楞"。例如:"你们这是家庭宴会,全是家达子,就我一个歪不楞,得啦,我告辞啦!"

　　天津话发音响亮,用词儿讲求嘎嘣脆,比如"大疤瘌"这个词语,用天津话说,就成了"大疤痢"。同样道理,天津人觉得"歪不楞"说着拗口,就说成"歪脖蜡"了。"歪脖蜡"这个词语,富有形象感,还带着一股嘎劲儿。

　　从字面义分析,"歪脖蜡",就是蜡烛的次品,不合格,不规范,歪歪扭扭,外观差劲,难登大雅。

　　6.地名俗语。旧时,以地名为内容的俗语,在天津话里别具一格。例如俗语"北门富,南门穷,东门贵,西门贱",就从社会经济的角度概括了天津老城厢的布局特点。老城厢是天津形成和发展的摇篮,从建城以来,直至20世纪20年代,老城厢始终是天津市的中心区。天津城始建于明永乐二年(1404),设卫筑城,修建门楼,挖护城河,蔚为壮观。初为土城,弘治初年改建为砖城。城中十字街向外延伸可通四向大道,十字街交叉处建鼓楼。清道光年间《津门保甲图说》载:"镇、道、府、县及长芦运使皆驻城内,余文武大小公所十有四,庙三十有一,大街四,小街四,街巷一百有六。"当时北城多为官府衙门,武职区居西,文职区居东;城东北部有文庙,而武庙坐落在城西北部。老城分四个居住区,即东北角、东南角、西北角和西南角,建筑风格和道路形成各有不同,富贵人家择地建宅集中在东门和北门一带,因而东北角和东南角多为商贾富户,建筑宏伟,院深宅大。而西南城区,地势低洼,是贫苦百姓的居住地。因此产生了"北门富,南门穷,东门贵,西门贱"的说法。

　　天津人喜欢编造新俗语,例如著名的俗语"你走你的阳关道,我走我的独木桥",到了天津,就说成"你走你的中山路,我钻我的耳朵眼儿"。中山路建于1903年,宽三十多米,在当时是全市最宽的马路。耳朵眼儿胡同最窄处不到两米,是全市最窄的小胡同。

　　俏皮话"南门外的警察——还代管八里台的事儿"。当年,出了南门外,海光寺一带就是连绵的稻田了,直到六里台、八里台,都是郊外开洼荒原。所以南门外的警察公署辖区一直延伸到八里台一带。天津人埋怨某机构或某人管事过宽过滥,就说"你是南门外的警察——还代管八里台的事儿!"

　　天津人逛大街迷了路,找不着北了,就说:"我是出南门奔西沽——转了向了!"西沽在老城厢的北部,出了北门还得向北边走四五里路。你出了南门奔西沽,可不是南辕北辙,转了向吗?

梁家嘴又名梁嘴子,历史悠久,是天津市区较早形成的聚落之一,当年也曾是繁华的小商业区。老天津卫俗语"梁嘴子过河——赵场(照常)办事",就道出了当年赵家场(也称赵场)和梁家嘴隔着南运河遥遥相望的地理方位。老天津人到赵家场去办事,必须从梁家嘴过河。这个俗语的真意是"照常办事"的意思。潜台词是甭听他瞎咋呼,咱该怎么办就怎么办!

7.店铺俗语。老天津卫是商业都市,以买卖加店铺为内容的俗语俯拾皆是。例如俗语"刷子马勺韦陀庙,鸡毛掸子南头窑"——告诉大家:买刷子马勺去韦陀庙,买鸡毛掸子去南头窑。当年,西门外韦陀庙一带,卖刷子马勺等炊具杂品的店铺多集中于此;而南头窑一带,有多家卖卤鸡酱鸭的作坊,同时还有经营鸡鸭羽毛制品的商号。

骂人的话"德行",天津人也用俏皮话拐个弯儿说:"宫北大街的帽铺——德兴(性)"。娘娘宫的宫北大街原有一个专卖帽子的商店——德兴帽铺。

天津话把差不多、差不离儿,说成"大概其"。俏皮话"近视眼念天益斋——大盖(概)齐(其)",就讽刺那种粗枝大叶的人。店名"天益斋"和"大盖齐",用繁体字写出来,字形酷似。

旧时天后宫专卖儿童玩具的小摊儿很多,人们称它为"耍货摊"。所谓"耍货",是指供小孩玩耍的各种小玩意儿。俗语"娘娘宫的小玩意儿——耍货儿",却是批评工作不扎实、办事耍乎的年轻人。例如:"这小子是'娘娘宫的小玩意儿——耍货儿',关键时准给你掉链子!"

上海先施公司的牙刷在天津销路很好。牙刷把儿上印着"拔毛包换"四个字。天津俏皮话"先施公司的牙刷——拔毛包换",就讽刺那种一毛不拔、生性吝啬的人。

在天津店铺俗语里,流传最广的俏皮话,就是"大德祥改祥记——缺了大德了"。天津人眼里不揉沙子,心里有杆道德之秤,随时运用幽默的言语武器,对那些不够分量的人进行公允的道德评判和绵里藏针式的抨击。天津店铺俗语,平实而诙谐,体现出商业都市的特点和天津人的幽默性情。

六、有音无字的天津方言词语

活跃在口头上的天津方言词语,俚俗而生动。但其中有一部分词儿,有音无字,难以书写。例如:"shún鸟外国鸡""嫌shún""添shún"的shún;

"谁愿意 dán（搭理）他"的 dán；"对孩子太 shèng（溺爱）"的 shèng；"孩子太 liào（淘气）了"的 liào；"狠狠地 liè（侧目厌恶地一瞥）了我一眼"的 liè 等。这些单音节的词儿，都找不到确切的汉字来书写。说这类词儿"有音无字"，是统而言之，确切地说应是"没有确定的字"。如：冻得直打 dēidei（哆嗦）；真 huòhuo（糟蹋）人；小孩吃 gège（奶）；纯粹一个傻 béirbeir 等。这些叠音方言词儿，你可以写成"得得、祸祸、个个、贝贝"，至于写得对不对，为什么这样写，究竟该如何写，见仁见智，令人犯难。

方言口语词一旦写成文字，就会出现若干个不同的词形，例如京津地区把游手好闲的人称为"wulaiyou"，但在各种方言词典里，这个词却有多种写法——"无赖尤、无赖油、无赖游、巫来由、无里悠、无来由、无来悠"等。另如口语词"显摆"，在作家笔下先后被写成"显白、显陪、显配、显派、显排"等。这类词语，口头有定音，书写没定字；说时挺溜乎，写时却犯难。这种现象很值得语言学界同仁进一步探研。

积淀在天津方言里的满语词语——"这孩子，格涩，整天耷拉着脸子，一不顺心就翻毗。"——这是地道的天津话。其中格涩、耷拉、翻毗等词，就是传统的满语词。格涩指特别、特殊、不合群；耷拉指下垂；翻毗指生气、翻脸。天津方言中的满语词有相当多的是从北京的方言传来；有的是直接积淀在天津的方言中的。

这类词是从满语中直接借来的主要证据之一是，它们和所有外来词一样，用字十分灵活。找不到汉语里的"本字"。格涩也可以写成各色、格色，耷拉也可以写作耷勒、搭拉，翻毗也可写成翻吃、翻齿。

举几个天津话里常见的满语词语：

单音节的，例如：凑（阳平）——洗（衣裳）。挺——很，十分，非常。

双音节的，例如：掰差（掰毗、掰扯）——细看、查清楚。勒特——拉塌。麻利——爽快、利落。叨腾（叨登）——挪来挪去，来回搬。划拉——好歹扫几下。央给（央各、央个）——求告，请托。嘟噜——板着个面孔。哈喇——食物变味。啰嗦——说话絮叨，反反复复。个个——乳房。胳肢——用手挠别人痒痒。夸嚓（刳嚓）——把里面黏附的东西用利器刮下来。诈唬、诈诈唬唬——吓唬人，虚张声势。个扭儿——奇特，个别。撞客儿——中邪，癔病之一。脖梗儿——梗儿，脖子。

三音节的，例如：巴不得——就盼着。德合勒——用勾腿绊倒的跟头。卡巴裆——裤裆。萨其马——一种蜜供甜点。拉里拉塌——衣衫不整。

四音节的,例如:瞎诌白咧——瞎诌胡编,白咧,原义狂妄。

口耳相传的方言词语,很难登上一般词典的殿堂,但它却不时迈进书面语领地。"我手写我口",看似颇寻常,写来却难办。因无法可依、无章可循,人们只好因声觅字,各行其是,形成一词多形的状况,确实是不得已的事。

## 结束语

天津方言是我国语言文化花园中的奇葩,在语言文化传播和融合中,具有顽强生命力和竞争力。在词汇方面,天津话富有地方特色的方言词汇十分丰富,它生动形象、含蓄质朴、感情深厚、贴近生活、幽默诙谐,成为天津人民生产和生活中的有力工具。在构筑天津文化氛围和文化环境中,成为不可缺少的因素。天津方言也受到国内人民的青睐,在文学、影视、话剧、曲艺、小品等文艺作品中常被使用。今天,天津方言正以较高的文化品位,伴随着天津这座历史文化名城跨入新世纪。

(《社会科学论坛》2010年第10期)

# 天津广东会馆与近代
# 传统建筑的变化与发展

安宝聚

坐落于天津南开区老城厢鼓楼东南的广东会馆,是我国现存规模最大保存最完好的中国古典式会馆建筑,该会馆由旅津广东籍人士集资兴建于清光绪二十九年(1903),完工于清光绪三十三年(1907),2001年被国务院公布为第5批国家级文物保护建筑。

19世纪末至20世纪30年代,是中国近代新建筑的发展时期,在此期间由西方输入的建筑理念,形成了中国近代新居住建筑、公共建筑及工业建筑发展的新局面。当时留洋学习建筑的中国学生将西方现代建筑思想带回中国,成为中国建筑转型初始期的基础。在这一时期,既有新城区、新建筑紧锣密鼓的快速转型,又有传统建筑的依然保持和完善,这一时期成为中国建筑发展史上承上启下、中西交汇、南北交融、新旧接替的重要时期。天津的广东会馆正是在这样的历史时期诞生并且时至今日仍熠熠生辉的具有中国古典式风格的建筑。

1. 广东会馆继承中国岭南地区的建筑特点

1.1 天津广东会馆的山门集中体现了岭南地区建筑形式的特点,其主要的外露材料为石材,如:石柱、石匾额、柱饰、石梁、石枋、石雀替、石狮、屋顶排水口(采用龙头、虎头石雕)等。屋顶用石木结构相结合的方法,灵活多变,吸收了石材耐腐蚀、耐酸碱、不怕风雨侵袭和木材易加工的特点,特别是山门入口处屏风门的处理与广州陈家书院极为相似。

1.2 岭南地区处地偏远,建筑受约束较少,创作自由,而广东会馆的正房、山门、东西厢房都为硬山顶,这一特点也同岭南地区相同。

1.3 广东会馆内外廊采用月梁做法,这与北方建筑中极少使用月梁而多采用平直梁的特点所不同。其中广东会馆具有北方建筑中所没有的深浮雕类的雕凿,且只要有木雕就会有彩画。其月梁为同心圆形成的圆拱,月梁之间的间距和开间相同,并采用桁架式预制弯曲木条与顶部两棵小梁相结合,二者与月梁一同支撑着顶部的荷载,经百年而不变形。上述特点与现代建筑中的拱形结构异曲同工,二者相同之处在于都采用最小最少的受力材料,使结构处于无弯矩状态的合理轴线,最大限度地保持合理性且不变形,只是现代拱式结构形式变化更多,跨度更大而已。

1.4 广东会馆建筑中多见的曲枋与北方建筑有所不同。北方建筑中多使用直枋并在直枋上彩画,而广东会馆建筑中的曲枋不仅增加了建筑的刚度,还增加了整体稳定性和抗震的强度,并且有效地克服和减少了可能出现的挠曲现象。值得称道的是,所有的曲枋在人们常规视线可见的三个面中,都作了深刻的雕凿和彩绘,千姿百态,让观者流连忘返。

1.5 广东会馆室内和走廊地面均采用自广东烧制的红色黏土方砖铺墁。

1.6 高出地面350毫米的石柱础,按不同区域分类雕凿,其特点正是典型广东做法(北方的石柱础高约150毫米,且一般没有雕凿图形)。

1.7 戏楼是广东会馆的精华所在,而戏台则更体现了我国南方建筑的精巧。戏台顶部直径6米的藻井,用数以千计的异形斗拱堆砌、勾联螺旋而上,形成高2米有余的鸡笼式藻井,它涂金漆绿,高贵辉煌,既拢音又扩音,把舞台上的演唱很好地传到剧场的各个角落而不失真,演员站在舞台上能够让自己的声音较平时更优美、丰厚,从而令人信心倍增。

2. 适应北方气候,人与自然和谐相处的完美建筑

由于天津地处北方,四季气候特征明显,且温差较大,尤其是冬季缺少南方的湿润温和,取而代之的则是低于冰点的温度和劲猛势强的北风,因此,该建筑在保暖、建筑布局及维护结构上都是采用了北方建筑的做法。

2.1 建筑布局为中轴线对称布局的二进四合院。会馆广场有一北方风格的长约15米的照壁("文革"时期被拆除)。前院为四合院,由正房、东西配房和门厅组成。戏楼为类似四合院的东、北、西三面围合的建筑,南面为戏台。

2.2 建筑采用了北方的瓦顶加土层的保温结构,其中最下一层使用木望板,保温效果较好。墙面砌法采用北方干摆细磨(俗称磨砖对缝)的做法,从而使这种砖墙的墙面平整无灰缝。在会馆建筑的前院、东西石门套、及墙下肩部,都采用此种做法,其他外围护墙体则采用丝缝墙的做法(灰缝约3~5mm),而这些都是北方较典型的建筑方式,有别于南方的大灰缝做法。

2.3 屋顶采用北方建筑中的勾连搭做法。在会馆戏楼的北山墙处,有

两个宽1.4×0.6米的烟囱,其一半在墙内一半凸出墙体外面,不仅考虑了夏季通风避雨,还把冬季的御寒取暖设计在内,这种做法正是北方建筑的特点。

值得一提的是,山门两侧的硬山墙都做成了"五岳朝天"式装饰墙(亦称马头墙、封火山墙)。该墙高出屋顶一米左右,有着隔火墙的功能,在装饰上具有高大坚实的体量与造型,给人以美的感受。只是该山墙的做法不是北方地区和广东地区常见的,而是在我国徽派建筑中最为常见的做法。在徽派建筑中"五岳朝天"是高过屋顶超过屋脊,砌成马头翘起的阶梯形,均衡对称,随着屋脊的伸延变化,马头墙被做成三叠、五叠、七叠式等。由于其高度适中,高低错落有致,形状变化多样,给人以外部造型的整体美。其中五叠式封火墙造型似五座山峰,故被称为"五岳朝天"。被取名马头墙,则是因为马是中国的传统吉兽,"一马当先""马到成功",蕴含着生气勃勃兴旺发达的内涵,适应旅津广籍人士的心理追求。马头墙的级数越多其级别也就越高,天津广东会馆马头山墙做成七叠式,其深厚的文化内涵便在其中了。

在天津广东会馆建筑中,凡人们视觉光顾之处,无不体现装饰上的豪华气派。那些玲珑剔透的砖、木、石三雕,人物、山水、花卉、飞禽、走兽、云头、回纹、戏文故事几何图形等,有写实纪录的,也有写意变形的,有具象的,也有抽象的,无不带有浓厚的广东地方色彩,体现了强烈的艺术创造力,无不传达着广东籍人士的理想与愿望,表达着人们对于文化及美好生活的追求与向往。

3. 不断完善中国古典建筑的成功实践

天津广东会馆继承我国广东传统建筑的精美与独到,又为适应北方气候条件做了必要的处理,真可谓岭渤凝和,是集南北建筑文化特点于一体的完美结合。笔者查阅众多资料后得知,广东会馆戏楼是中国古典厅堂式戏楼中规模最大的。它不仅对古典式戏楼的设计做了重大的改良和突破,还解决了两大难题:一是中国传统戏楼台口角柱遮挡观众视线;二是古典式木作结构的跨度难以如此之大。由于过去老戏楼台口两根角柱遮挡观众视线,从而致使戏台中出现盲点,故而角柱成了困扰人们观看演出的一大障碍。要想解决这样一个难题,首先要解决戏楼顶部几吨重的荷载,而使用纯木结构的做法,必需除决角柱可能倒塌的后果。因此,除掉遮挡人们视线的角柱,可以讲是多少代先人的愿望。那么,天津广东会馆戏台又是怎样解决这一难题的呢?其方法是,设计者在戏台顶部安放了对称的几组钢拉杆,其中最长的也是暴露在外的钢拉杆,长约8米,丝扣直径48毫米,两端丝扣长度200毫米,并用25毫米厚钢板做垫,自戏台前顶部两侧垂柱处,分别对东西邻近木柱向上做30°斜拉,使钢拉杆同主梁和木立柱拉紧结合,几组钢拉杆和木构件相结合,充分利用了木构件纵向的抗压性好和钢材的抗拉性强的特点,构成具有较强的刚度和稳定性,内力较均匀的超静定结构。正是这种设计使得戏楼彻底解决了戏台的角柱问题,而戏台前顶部两侧的2个暴露的钢拉杆,又被传统的花罩所掩饰,其装饰图案则是芭蕉叶图案的木雕。芭蕉在植物叶片中属大叶,用芭蕉叶掩饰钢拉杆,暗喻广籍人士要做铁一般坚实的大事业。

戏楼中间部位为面积约338平方米的观众席,但不设柱子,这在中国传统建筑中是罕见的。戏楼顶部结构采用两根纵向主梁和一根横向主梁支承着屋面的荷载。北京北海小西天观音阁主梁跨度13.56米,在目前发现的古建木结构中已属罕见,而天津广东会馆横向主梁的最大跨宽达到了18米。在结构上突破了木结构简支梁理论上最经济跨度14米的传统观念,其横向主梁截面为695毫米×495毫米,其梁的高跨比达1:25.8(现代钢筋混凝土梁的常规设计高跨比1:10至1:14)。历经百年,该木梁不损,究其原因,笔者分析一是戏楼顶部为罩棚顶,结构不同于中国传统的大屋顶,可最大限度地减小屋面的荷载。据调查,顶部不是采用瓦与泥土保温,而是使用镀锌铁皮和毛毡加木板保温,仅此一项,就使顶部的静荷载减少了80%以上;二是戏台顶部重达6吨以上的自重,被钢拉杆和木结构的组合直接分解到了柱子上,钢拉杆与主梁形成的钢木斜拉结构极似现代桥梁的悬索结构,(悬索结构以自重轻,用钢量少,不需要中间支承为特征),把主要的荷载直接作用到了柱子上。三是在设计上充分利用材料特性。民间有"立柱顶千斤"之说,木梁横向受压力的强度远远比不上立柱受压的强度。而在天津广东会馆建筑中,木材纵向结构得到了充分发挥(松木的顺纹受压强度可达427公斤/平方厘米)。在戏楼的68根柱子所构成的柱网中,支承横向主梁和连接斜拉杆的两根木柱,比其他木柱截面积增加130平方厘米,这样就大大地增强了该柱的承重能力。

4. 天津广东会馆建筑成就产生的背景分析

天津广东会馆建筑是我国会馆建筑史上辉煌的一页,其会馆的戏台被公认为中国传统戏剧舞台的终结(从1908年开始,我国在上海首次出现了镜框式舞台,从此传统伸出式戏剧舞台的形式就结束了)。

4.1 19世纪末20世纪初中国的建筑发生了巨大的变化,外来建筑技术、材料的进入,给中国的建筑业注入了新的生机。天津广东会馆的发起人和组织者大都是留洋或做洋务的,从1872年(同治十一年)起,清政府先后共选派四批幼童出洋到美国留学,其中广东人占总人数的70%,天津广东会馆发起人唐少仪就是第三批留美学生,主办人梁炎卿,董事陈祝龄、冯商盘、郑翼之、罗三佑等,都是在津的知名洋买办,这些人崇尚乡土文化,又知晓国外技术(如罗三佑首创了天津第一家铁工厂,他以能英语、包修轮船、开办矿厂等见长)。由此就为吸纳和使用新的建筑技术,奠定了基础。

4.2 1860年天津开埠后,1863年外国的轮船直达天津,大批新的建筑工程开始了。1887年李鸿章主持开办天津铁路公司、1888年津塘铁路开通、1892年建成天津老龙头火车站、1902年建天津西站、1903年修建天津北站新车站、1887年兴建大红桥(在子牙河与北运河汇流处建立空腹式拱架钢制大桥)、1903年直隶总督袁世凯在主持开辟河北大经路的同时,又聘英、日两国工程师设计旧金钢桥,1902年修建老龙头铁桥(又称万国桥)。近代天津的桥梁,均为引进西方近代建筑技术的新型建桥材料而建造。随着世界建筑的发展和新材料、新技术的传入,中国的建筑也发生了变化,天津建筑呈现类型齐备、质量较好、形式多样的面貌。

4.3 清朝末年,束缚民间建筑的各种制度,也一定程度上受到轻视,在广东会馆建筑装饰工艺中,可见多处龙凤图形,甚至只有皇家建筑和庙宇建筑中才能拥有的正脊龙吻图案以及正龙戏火珠砖雕,这些昔日皇家独享的东西,在这里都堂而皇之地展现在世人的面前。

综上所述,天津广东会馆的建筑设计,在中国传统建筑的技术和装饰上,均有着重大的突破。鉴于当时的社会背景,这些都在情理之中。天津广东会馆建筑的构成,反映了中国传统建筑的强大生命力,也反映了设计者对本土建筑文化的依赖与崇敬。

中国古典式戏楼已经成为历史,而天津广东会馆无角柱的戏台,在今天现代T型演出舞台上不是还可以看到它的身影吗?只不过现代T型舞台变得更长更宽更广,传统舞台三面贴近观众,与观众有更多的互动和交流,至今还在影响和发挥着作用。

**参考文献:**

1. 高仲林等:《天津近代建筑》,天津科技出版社1989年。

2. 郝亚民:《建筑结构形式概论》,清华大学出版社1982年。
3. 杨仲绰等:《天津"广帮"略记》,天津政协天津文史资料选辑。
4. 黄为隽等:《闽粤民宅》,台北博远出版有限公司1993年。
5. 王其亨等:《天津广东会馆保护规划》。

(《中国名城》2010年第11期)

# 天津近代工业化对人口迁移影响的实证分析

董智勇　张国安

工业增长与人口问题是一个重要的长期问题。西蒙·库茨涅茨认为，人口增长的加速是近代工业增长的基本特征之一。新古典经济理论认为，在二元结构经济向一元经济转变的过程中，劳动力由农村向城市的流动，或者说劳动力由传统农业部门向现代工业部门的转移是一个必然发生的共生现象。刘易斯于《无限劳动供给下的经济发展》一文中提出，处于经济发展早期阶段的国家，存在两个经济部门：一个主要是城市工业部门，其生产率高、工资率高；另一个是农村农业部门，生产率低、劳动报酬低。这样，由于工农业之间的收入水平存在着明显的差距，农业剩余劳动力必然有一种向工业部门流动的趋势。1961年美国发展经济学家古斯塔夫·拉尼斯(Ranis. Gustav)和美籍华人费景汉(Fei J. H)又提出了一个二元经济发展模式，该模式进一步完善了刘易斯的理论，并指出在农业部门生产率提高、剩余劳动力转移速度高于人口增长速度时劳动力资本会成为稀缺要素，剩余劳动转移将会终止。

20世纪60年代末70年代初在新古典经济学理论的背景下，美国经济学家托达罗以农业剩余的存在为前提把劳动力流动与城市就业概率和工农业部门间的工资差异联系起来，强调是预期收入差距而不是实际收入差距决定着人口从农业部门向工业部门迁移。这两类人口迁移模式的基础是不同的：古典经济理论以农村存在劳动力剩余，城市不存在失业为前提；非古典经济理论则以农业剩余劳动力出现为前提，并且认为城市存在失业现象。但是他们都认为一个国家在从农业化向工业化发展的过程中人口迁移是必然存在的，即农业人口向城市聚集，使得城市人口不断增长。新古典主义经济理论与发达国家的历史经验相吻合，但是对于许多发展中国家来说，这种历史经验是否存在呢？

## 一、天津近代城乡收入差距分析

以上理论说明,两个部门实际工资或者预期的差异都将会导致劳动力在部门间流动。然而,关于天津近代周边农村农民收入的资料比较少,即使有也是对农村家庭收入与支出的非连续时间序列,而缺乏农村劳动力的平均工资。因此,本文首先根据已有资料对城乡家庭收入和支出情况进行比较(见表1和表2)。

表1 天津近代城市工人家庭全年收入与消费支出　　　　单位:元

| 年份 | 工厂工人 | | | 手工业工人 | | |
|---|---|---|---|---|---|---|
| | 收入 | 支出 | 食品占支出比重% | 收入 | 支出 | 食品占支出比重% |
| 1927 | 175.7 | 153.7 | 60 | | | |
| 1928 | 288.2 | 288.2 | 56.2 | 221.2 | 212.7 | 61.8 |
| 1939 | 780 | 620.4 | 58.1 | | | |

资料来源:张东刚:《总需求的变动趋势与近代中国经济发展》,高等教育出版社1997年版,附录,第189—193页,表一和表二整理得到。

注:1928年工厂缺工人年收入数据,本表以年支出代替;1939年数据为华北地区城市工人家庭收入。

表2 天津近代周边地区农家每家全年收入与消费支出　　　　单位:元

| 年份 | 收入 | 支出 | 食品占支出比重% |
|---|---|---|---|
| 1917 | 101.3 | 101.3 | 74.3 |
| 1924 | 204 | 204 | 70.6 |
| 1926 | 217 | 235 | 65.8 |
| 1928 | 281.1 | 242.6 | 69.2 |
| 1930 | 204.7 | 159.5 | 79.2 |
| 1937 | 178.6 | 72.9 | |
| 1941 | 306.4 | 267.8 | |

资料来源:张东刚:《总需求的变动趋势与近代中国经济发展》,高等教育出版社,1997年版,附录,第198—203页,表五整理得到。

注:1924和1926年缺年收入数据,本表以年支出代替。

在20世纪30年代,城乡家庭收入基本相近,但城市工人家庭的恩格尔系数明显低于农村;到20世纪40年代,城市工人家庭收入明显高于农村家庭,恩格尔系数大大低于农村。这说明城市工人家庭生活水平高于农村,一定程度上说明在城市生活比农村可能要好一些,刺激农村剩余劳动力产生向往城市生活的欲望,使人口由农村转移到城市成为可能。

前文只是说明了城乡生活水平高低,未能说明城乡平均工资的高低。因为农村资料只有家庭收入,这就需要找到劳动力的平均工资,才能和城市工人平均工资比较。本文根据《津门保甲图说》对天津人口的第一次统计资料,认为乡村每户有5口人、3个成年劳动力,这样将表2整理得到表3。同时根据相关整理得到天津城市工人的平均工资(见表4)。由此可知,天津近代城乡工资收入的差距了。20世纪30年代,城市工人平均工资是农村劳动力的2倍多;到40年代,收入差距扩大了,城市工人平均工资是农村劳动力的6倍多。因此,从理论上讲,天津近代农业部门的劳动力将流向工业部门,即城市。

表3　天津近代周边地区农村劳动力全年平均工资

| 年份 | 平均工资 | 年份 | 平均工资 |
| --- | --- | --- | --- |
| 1917 | 33.8 | 1930 | 68.2 |
| 1924 | 68.0 | 1937 | 59.5 |
| 1926 | 72.3 | 1941 | 102.1 |
| 1928 | 93.7 | | |

表4　天津近代城市工人全年平均工资

| 年份 | 平均工资 | 年份 | 平均工资 | 年份 | 平均工资 |
| --- | --- | --- | --- | --- | --- |
| 1928 | 193.3 | 1934 | 209.7 | 1936 | 407.8 |

## 二、天津近代城市人口增长趋势分析

### (一)天津近代城市人口的户数平稳上升

甲午战争前,天津城市一直保持着较低的人口增长速度,50年间仅增加人口10万人,年增长0.2万人。从甲午战争后,特别是进入20世纪近50年间,天津城市人口增速明显高于前期。1903年人口统计量是64693户,326552口,到1948年分别增加到377483户和1860818口,户数增加了5.8倍,口数增加了5.7倍,年均增长3.26万人,是前期的16倍多。据内政部人口局1947年统计,在我国13个大城市中,天津人口仅次于上海,居第2位,相当于上海人口的40%。天津近代人口变化趋势可见图1所示。

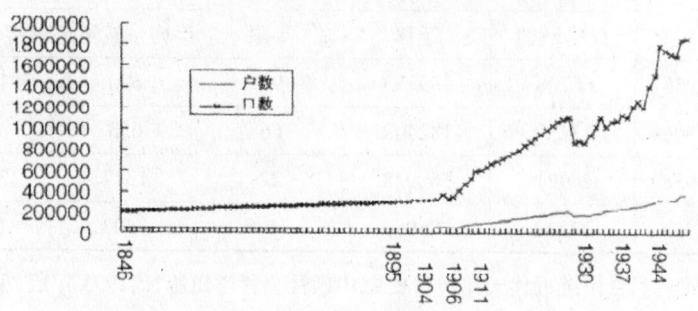

图1　天津近代人口变化趋势

（二）人口增长以迁移为主

人口的增加,特别是城市人口的增加,从表象来看,途径主要有三种:一是人口的自然增长;二是市区扩大将周边人口的划入;三是外来人口的迁移。

近代天津人口发展的情况有以下几方面:第一,人口的自然增长缓慢。如表5所示,从1840—1936年间,天津自然人口增长仅66208人,年均增长690人。显然,天津市人口的主要增长并不是自然增长所致。第二,市区扩大造成的人口增长不是主要因素。民国后天津市隶属关系有几次反复,县、城乡之间的划界也曾进行过几次,导致天津市区实际占地向外拓展,结果是天津周边的乡区被划入市区,这些土地上的农民也便成为市区居民,从而使天津人口增加。例如,1928年天津建制由天津县改为天津特别市,周边有20个村庄被划入市区,有18093户,80273口。1934年和1936年,天津周边部分农村分三次划入市区,共计49个村庄,12449户,64422口。这样,到新中国成立前,天津周边共有69个村庄被划入市区,天津市的人口有30542户,144695口。然而,从1928年到新中国成立前,天津市人口增加近100万人,显然,市区扩展导致人口划入不是人口增长的主要途径。第三,迁移人口是天津城市人口迅速增加的主要原因。在1840—1936年间增加迅速,年均增长1万多人。而且天津市区向外扩展及农民转换为城市居民是一个缓慢的过程,人口迁入成为天津人口增长的主要途径。1934—1948年这15年间,迁入天津市的人口总数是3896175口,迁出天津市的人口总数是3252268口,实际净迁入的人口总数是643907口,可见人口迁入天津的规模很大,成为天津城市人口的主要来源。

表5 1936年以前各期天津人口增长构成

| 时期 | 项目(单位:人) | | | | |
|---|---|---|---|---|---|
| | 自然增加 | 迁移 | 年限 | 年均自然增长 | 年均迁移 |
| 1840-1936 | 66208 | 989773 | 96 | 690 | 10310 |
| 1840-1906 | 43439 | 182402 | 66 | 658 | 2764 |
| 1906-1928 | 28921 | 668928 | 22 | 1314 | 30406 |
| 1928-1936 | 27222 | 105069 | 8 | 3403 | 13134 |

资料来源:罗澍伟:《近代天津城市史》,中国社会科学出版社,1993年版,第461页。

以上数据验证了有关理论对人口迁移的解释。19世纪和20世纪的中国是一个农业大国,农村存在大量的剩余劳动力,近代城市工业的发展为农村劳动力向城市转移提供了途经。随着城市工业的发展,社会分工越来越细,给就业者提供了更多的机会。近代天津是以社会化大生产为主,手工业工场和作坊为辅,近代商业、金融业等同步发展的多功能经济结构,生产和流通各个部门相互依赖,这都需要大量的劳动力。在天津工业大发展时期,从外地农村来天津寻求工作者逐年增加,许多工厂工人以外来者为主。例如,20世纪30年代初,天津华新、裕元和恒源3大纱厂的3399名工人,天津籍仅占23.78%。天津地毯工业的354名工人和228学徒中,河北籍和山东籍共占被调查总人数99.23%。被调查的织布工业工人中,河北籍和山东籍的占总数的94.32%。

**参考文献:**

1. 孙德常、周祖常:《天津近代经济史》,天津社会科学院出版社1990年。
2. 陈宗胜:《发展经济学—从贫困走向富裕》,复旦大学出版社2004年。
3. 高艳林:《天津人口研究》,天津人民出版社2002年。
4. 来新夏:《天津的人口变迁》,天津古籍出版社2004年。
5. 天津市档案馆编:《近代以来天津城市化进程实录》,天津人民出版社2005年。
6. 天津市社会局:《天津市工业统计·工业调查一览》,1931年。
7. 崔树菊、金岩石:《天津东亚毛纺公司史料》,《天津历史资料》第20期。
8. 许景星:《天津近代工业的早期情况》,《天津历史资料》第1期。
9. 罗澎伟主编:《近代天津城市史》,中国社会科学出版社1933年。

(《商业时代》2010年第8期)

天津通史资料丛书
总主编 万新平

天津史研究论文选辑（续辑）下编

郭登浩 周俊旗 主编

天津出版传媒集团
天津古籍出版社

下 编

# 天津卫生局裁撤事件探析
## ——清末中国卫生管理近代转型的个案考察

路彩霞

以往依据典志资料对清末卫生机构所做的研究,为我们摹画了一幅卫生管理采取日本模式①、依托警察行政的整体面貌,而通过详载地方信息的报刊资料,我们会发现,各地发展的不平衡性使得历史进程极为复杂,多种卫生管理模式曾在清末中国尝试②。其中,近代西方卫生管理模式在八国联军占领时期移植到天津,并在交还天津时由直隶政府继承下来,所建立的天津卫生局成为中国最早的专门卫生行政机构,也是20世纪20年代末遍行全国的卫生行政改革的滥觞。宣统年间,民政部在全国范围将卫生管理纳入警政范围时,存在已近十年的天津卫生局作为另类事物陷入裁撤危机。对以往研究阙如的清末天津卫生局裁撤事件进行梳理和考察,将有助于我们了解时人如何定位清末天津卫生局,如何看待地方卫生事务,如何认识中国

---

① 学界将巡警管理卫生事务称为卫生管理的日本模式,源于日本明治时期由警视厅下设之第二部和第三部担负卫生职能,天津卫生局作为独立于巡警体系的专门局所,与日本模式有着本质区别。巡警部编辑科翻译"日本警视厅官制""警视厅卫生设施沿革"材料,《巡警部档案》1501-18。

② 在宣统年间民政部划一全国警政之前,各城市的卫生管理机构存在很大差异,如上海是士绅组建的城厢内外工程总局,苏州的卫生管理机构也叫卫生局,却是商务总会开办的具有盈利性质的公司,成都卫生事务在光绪二十八年(1902)即纳入巡警管理之下,天津在八国联军占领的特殊背景下,创建了中国最早的专门卫生行政机构,北京则在光绪三十三年(1907)放弃了创建卫生专门行政体系的尝试,施行既定的日本模式,并借官制改革之机将之推行全国。请参阅:[法]安克强:《1927—1937年的上海——市政权、地方性和现代化》,张培德等译,上海古籍出版社年;张海林:《苏州早期城市现代化研究》,南京大学出版社1999年;王笛:《街头文化——成都公共空间、下层民众与地方政治(1870—1930)》,中国人民大学出版社2006年;[美]罗芙芸:《卫生的现代性》,向磊译,江苏人民出版社2007年;路彩霞:《巡警体制下卫生管理专业化的一次尝试——清末北京外城卫生局个案考察》,《亚洲研究》(韩国)2009年第5期。

卫生行政发展的方向。

## 一、宣统之前的天津卫生管理机构

### (一)临时政府卫生局

天津近代卫生行政始于八国联军临时政府统治时期。鉴于庚子战后天津卫生状况严重恶化,光绪二十六年(1900)八月初四,占领军把欧洲市政管理模式移植到天津城,创建了专管卫生防疫的机构——临时政府卫生局。

临时政府卫生局人员构成以具有医学专业知识者为主,凸显其专门局所性质。该局三任局长都是医生出身:德博施(Depass),曾为法国驻华公使馆医生;乌隆(Houillon),法国医学博士,天津医学堂教授,一级医生;梅斯尼(Mesny),法国海军二级医生。该局聘有医师和药剂师多名,外籍的先后有:让勒诺(Jeanrenaud)、梅戈尔(Melgaard)、罗迪埃(Lautir)、布施(Busch)、普洛姆(Planb)、松岛(Matsushina)、布律内(Brunet)、武威佑(WooWeiYou)等;华医有苏浩东、翁医生、关医生、邵医生、崔医生、肖医生等。另外,临时政府卫生局还配有卫生监察员、卫生巡捕若干名来协助医师工作。至光绪二十七年(1901)十月,该局卫生人员总数为12名,并计划扩充至30名①。

地方官府管理公共卫生事务在天津是一种全新的事业,临时政府卫生局将环境卫生、饮食卫生、卫生统计、疾病检查、疫病预防等传统行政阙如部分纳入工作范围,深刻地改变了天津人的日常生活②。其贡献不仅在于城市环境状况的改善,更重要的是,从一开始天津即是由医学专业人员管理卫生防疫,卫生事务与警察事务分离,这一专门行政模式使天津卫生事业从一开始就站在了高起点上。

### (二)天津卫生局抑或北洋卫生局

光绪二十八年(1902)七月,临时政府将天津交还直隶政府时,要求保留

---

① 卫生局人员构成情况散见于倪瑞英等翻译的《八国联军占领实录——天津临时政府会议纪要》,天津社会科学出版社2004年,第5、79、136、184、216、285、309、434、450、475、484、577、586、614、617、664等页。

② 详情可参阅日本中国驻屯军司令部编《二十世纪初的天津概况》,第322页;[美]罗芙芸:《卫生与城市现代性:1900—1928年的天津》,《城市史研究》第15—16辑,天津社会科学院出版社1998年刊,第150—179页。

卫生相关设置,作为临时政府遗产的天津卫生局成为了中国最早的近代卫生行政机构。因与交涉有关,天津卫生局收回之初附设于津海关道署,这是当时实际主持北洋外交的机构。次年(光绪二十九年,1903)迁至大土庙,作为和巡警总局并列的独立机构直接隶属直隶总督。

直隶总督辖下的天津卫生总局总办为屈永秋,协办关景贤,总医官是前卫生局长梅斯尼。外籍医官有美国人裴志理等,中国医官有关景星、萧杞柟、经亨咸、朱振彝、吴旗芬、王文藻、黑家彦等,多为天津医学堂和军医学堂毕业生①。卫生巡捕数额则有所扩大,职业医生及受过卫生训练的巡捕继续担负天津卫生防疫职责。

光绪三十年(1904)五月,上海鼠疫波及北塘,为避免德法领事借口干预,直隶总督袁世凯饬令天津卫生局,"于营口、前所、北塘、新河四处另设医所,专查铁路。继复在营口建造医院诊治病民以图补救"②。从是疫起,"天津卫生局不仅限于天津一隅,并不仅直隶一省,其范围含有北洋性质"③。作为北洋卫生局,成为了中国第一个区域性防疫机构。

"总局"之称,一是源于天津卫生局在天津城厢设有育黎堂、妇婴医院、时症医院三处分局;同时,由于天津卫生局还附设了营口、唐山各卫生分局,大沽、北塘、塘沽各检疫所,实际它又是北洋卫生局,因总办事机构设在天津大王庙,也称天津卫生总局。在报道和大王庙天津卫生局有关的事项时,"天津卫生局""天津卫生总局""北洋卫生局"都见诸报端,指称上的混乱实际是时人对其职能、权限认识模糊的表现,这直接影响到宣统年间顺直谘议局对卫生局职权范围的质疑。

与临时政府卫生局经费全部来自天津本埠捐税不同,天津卫生总局经费的主体是津海关八分经费④,系直隶总督袁世凯以完善卫生局建制为由,向清廷特别奏请,将原用于直隶军政支出的海关税做了分拨,其数额多达十四五万两。直隶总督兼任北洋大臣,卫生局经费使用时扩展至北洋防疫事

---

① 天津社会科学院历史研究所编《袁世凯奏议》卷34,天津古籍出版社1987年,第1158页。

② 天津社会科学院历史研究所编《袁世凯奏议》卷31,第1065页。

③ 《直隶总督张准顺直临时省议会谘公同议决卫生工程归并警务公所札饬遵照文》,《大公报》民国元年七月十八日,"公牍",第3张。

④ 汤象龙:《中国近代海关税收和分配统计》,中华书局1992年,第44—45、528页。

务,为日后的经费之争埋下了伏笔。

天津卫生总局负责本城街道日常的清扫、厕所粪厂的监管、饮食物的检验、每年春秋两季施种牛痘以及北洋区域内发生瘟疫时的消毒检疫工作。其新式土车①、官厕消毒办法②、马路建设③、菜市场建设④等为北京、奉天等地效仿是不争的事实,可以说在宣统之前,天津卫生局无论机构建制还是行政效能,在北方甚至整个中国都首屈一指。

不过,当时在天津调查的日本人认为卫生局的工作还不尽如人意,公厕及小胡同的肮脏状况"只是不像从前那样严重罢了"⑤。津民对环境卫生不良以及清扫夫懒惰也有所抱怨,这为日后卫生局陷入裁并危机留下口实。宣统二年(1910)倡议裁撤该局的士绅即指出:"考察(卫生局)职务所在,举凡一切防疫、戒烟、施医院、扫除等事,虽稍筹有端倪而终鲜实效。"⑥

(三)巡警局与卫生局的协作与冲突

天津巡警局和卫生局从一开始就是独立发展,在治安、卫生职能上各有侧重。在市民卫生知识不足的情况下,为便于卫生政策的执行,临时政府卫生局时期就雇有专职巡捕⑦,时人根据着装特点唤其为黄袖头,光绪二十九年(1903)十一月达到110名,这是中国最早的卫生警察⑧。根据《津巡警章程》,巡警也有稽查卫生的责任,但多未见诸实行⑨。有感于巡捕人手不足,光绪三十三年(1907)七月,卫生局与巡警局协商制定了《津扫除章程》,明确规定"凡卫生巡捕照料未周之处,巡警应协助实力办理"⑩,巡警总局开始以

---

① 《土车改良》,《京话日报》(698号)光绪三十二年六月,"本京新闻",第5版。因装订因该报引文具体日期俱不详。

② 《严防瘟疫》,《京话日报》(623号)光绪三十二年四月,"各省新闻",第5版

③ 《修理街道》,《京话日报》(616号)光绪三十二年五月,"各省新闻",第5版。

④ 《请设菜场》,《京话日报》(63号)光绪三十一年九月,"本京新闻",第2版。

⑤ 日本中国驻屯军司令部编《二十世纪初的天津概况》,第323页。

⑥ 《裁撤卫生局,腾出巨款举办贫民工厂案》,《直隶警察杂志》第5册,宣统二年十月十六日刊,"专件"。

⑦ 《八国联军占领实录》,第441页。

⑧ 韩延龙、苏亦工:《中国近代警察史》,社会科学文献出版社2000年,第223页。该书认为中国最早的卫生警察出现于民国,未注意到天津卫生局的卫生巡捕。

⑨ 《清除积秽》,《大公报》光绪三十年十二月十四日,"本埠",第1张。

⑩ 甘厚慈辑《北洋公牍类纂》卷25,(北京)京城益森印刷有限公司,光绪三十三年,第6页。

协助身份介入天津卫生管理。

日俄战争后,日本跻身强国之列。倾慕日本奇迹,从光绪三十三年起,在颁行新官制推动下,民政部将巡警管理卫生事务的日本模式向全国扩展。光绪三十四年(1908)四月,天津南段巡警总局设立"卫生警察"①,同年,颁行全国的《违警律》为巡警全面介入卫生防疫事务提供了立法保障。卫生局与巡警总局在职权上出现交叉。

这一时期卫生局巡捕与巡警局巡警间的冲突开始明显增多,光绪三十四年三月,卫生局苦工、巡捕与五局四区巡警的冲突,以及宣统元年八月与三局二区巡警的冲突,都直接和卫生问题有关②。对此媒体感叹:"卫生局本为警局之一股,今乃强分为二,因之屡起冲突"③,时人已意识到双方冲突源于事权矛盾,并开始质疑卫生局独立存在的合理性。

而据《民吁日报》报道,卫生局与巡警局属员频频冲突后,两局积不相能:"凡关[环境]卫生之事件,卫生局以巡警不能视察有碍治安,巡警局以巡捕不能扫除放弃责任,互相推诿,路政因之败坏,致各处堆积秽物,徒有名而无实。"④职责不清直接影响了天津卫生事业,这种状况在警务公所卫生科设立后变得更为严重。

## 二、宣统年间天津卫生局裁撤之争

从光绪二十八年七月接管,到宣统二年(1910)四月裁并提议出现前,天津卫生局存在历时已近八年,然而,如前所述,在事权范围、经费使用以及行

---

① 所谓卫生警察其负责事项只是置换腐朽的垃圾点木牌、携带药品救治行人、察查居民泼洒秽水、劝诫贫人勿饮积水等,实际仅是在巡警的治安职能外添加了察查卫生一项,并非出现新的警察种类。参见《大公报》光绪三十四年四月二十四日、五月初四日、七月初四日各日"本埠"栏的《纪拟为风俗卫生警察之二事》《通饬风俗卫生警察各办法》《注重卫生》。

② 光绪三十四年的冲突起于卫生局土夫运送垃圾时,无意中将土洒落路上,巡警局岗兵加以指责,土夫与巡捕不服,同岗兵群斗。宣统元年则是因为卫生局苦力殴打当街小便的异乡人,三局二区巡警上前劝解,苦力出言不逊,并伙同卫生巡捕群殴该警。《纪巡捕与警兵大冲突》《再纪巡捕与警兵冲突事》《巡捕与警兵冲突之续闻》,《大公报》光绪三十四年三月十三日、十四日、十五日,"本埠",第1张。

③ 《卫生局巡捕与警兵之大冲突》,《中国萃报》宣统元年八月十二日,"本埠"。

④ 《北洋近事片片录》,《民吁日报》宣统元年八月二十日,"时事要闻",第4页。

政方式上,天津卫生局的命运存在隐忧。

(一)事权矛盾——巡警道裁并卫生局之信

在全国范围"卫生逐渐销纳于警政范围"①时,直隶这一最早创办巡警的地区,在民政部一再催促下,作为新警制的最后一批执行省份之一②,于宣统二年三月成立了直隶警务公所。根据新官制,警务公所相应设置了卫生科,该科又划分职掌环境卫生、饮食卫生、医药和巡警卫生的四课。由此,天津形成两个机构同管卫生的局面,警务公所与卫生局事权矛盾由此激化。

首任巡警道舒鸿仪,曾任军机章京、民政部郎中,宣统二年二月简任,四月初一正式办公③。其下车伊始即感受到天津情况的特殊性,向民政部奏报任职情形时,在陈说了其他科室事项如何繁杂后,舒鸿仪感慨道:"卫生只有稽查之责,事务较简,该科人员多兼办理他科事项,以均劳逸。"④对于奉令筹措赴德卫生赛会用品之事,他也无奈请辞:"职道莅任未久,于卫生事项仅有稽核之责,执行之权尚在该局(卫生局),至医院、医学校尤有主管之人,所有应行筹备事宜应否由各该处直接办理,以期迅速。"⑤

根据新颁巡警道定制,职能与之重复的地方机构应予裁撤⑥。巡警道尚未就职,《帝京新闻》即有卫生局将归并巡警道署管理之说⑦。四月中旬《中外实报》更传出:"有将育黎堂内苦力归道署(天津道)接管,扫除科归巡警道接管,卫生医院归天津医院接管之信。"⑧至于具体人员安置,据说"拟改总办名目为科长,卫生局总办屈观察升任外部,该局太守有升科长之信,以继屈

---

① 《论卫生行政之亟宜扩张》,《盛京时报》宣统三年二月初七日,"论说",第2版。
② 《民政部奏请未设立巡警道省份催令增设片》,《直隶警察杂志》第3册,宣统二年九月十六日,"奏议"。
③ 《巡警部人员奏补调派及异动事项有关文书附履历》,《巡警部档案》(1501-57)。
④ 《巡警道详到任举办一切事宜请咨部立案文》,《直隶警察杂志》第2册,宣统二年九月初一日,"公牍"。
⑤ 《直隶巡警道详赛会卫生物品应由该处直接办理文并批》,《直隶警察杂志》第4册,宣统二年十月初一日,"公牍"。
⑥ 《宪政编查馆奏定直省巡警道官制细则》,《盛京时报》光绪三十四年五月初五日,"专件",第3版。
⑦ 《天津通信》,《帝京新闻》宣统二年四月十三日,"直省通信",第6页。
⑧ 《卫生各科分别归并》,《中外实报》宣统二年四月十一日,"天津",第5版。

观察之任"①。卫生局的裁留多多少少牵涉当事人的职权和仕途,这不仅是就屈永秋言,即是舒鸿仪起意裁并,也脱不了"事权所属,考成所关"②的考虑。

统一事权是巡警道拟裁卫生局的最大动因。以规范医生开业论,舒鸿仪上任两月即命警务公所卫生科将辖内行医人员填表造册,并派副科长潘方耀与医药研究会多次磋商③。天津卫生局不甘落后,在八月份也通饬各科医生来局注册,预备定期会考④。事权不一问题因之凸显:"警务公所既有卫生科,巡警道又职掌全省警务,卫生局考试医生,是否与卫生科同处共考,抑系各办各事?若卫生科也考医生,卫生局也考医生,事出两歧,将以谁考的为定?"⑤天津城考试医生之举因事权纠葛迟迟未得实行。

对直隶巡警道与天津卫生局事权之争,直隶总督坚持卫生行政建制因地制宜:"查道路工程、卫生防疫均在巡警道职掌范围之内,惟夫天津卫生防疫事宜自光绪二十八年后即由屈道办理,八九年来华洋相安,自应仍由屈道办理,以资熟手……[卫生局]仍由巡警道稽查考核一切文牍,并由巡警道会衔核行"⑥,巡警道裁并卫生局的设想遭到挫败。

(二)经费问题——谘议局裁撤卫生局之议

巡警道裁并卫生局也有财政上的考虑,如果裁并成功,卫生局每年十几万的巨额经费将转由警务公所支配,不过,公开关注这笔经费的是顺直谘议局。清末直隶财政支绌,开办贫民工厂、普及新式教育这些造福地方的举措筹款艰难,天津卫生局经费格外显眼,因经费问题裁撤卫生局之议再起。

宣统二年九月二十三日,顺直谘议局第十一次会议上,议员张汝桐提交了《裁撤卫生局归并警务公所卫生科,腾出款项举办贫民工厂案》,该案从行

---

① 《工程、卫生总办改为科长》,《中外实报》宣统二年四月初二日,"天津",第6版。

② 《直隶谘议局临时会第一号议事日表》,《北京日报》(北京)宣统二年十月二十九日,"各省",第3页。

③ 《卫生科之传知》,《民兴报》宣统二年六月十九日,"本埠新闻"。

④ 《会考医生》,《大公报》宣统二年八月初十日,"本埠",第1张。

⑤ 丁子良:《论考试医生》,《竹园丛话》第18集,(天津)敬慎医室,1925年印,第69页。

⑥ 《都宪杞饬稽考核工程、卫生两局事宜文》,《直隶警察杂志》第1册,宣统二年八月十六日,"公牍"。

政合理化角度,重提裁并卫生局入警务公所,以解决机关不一导致的冲突、推诿等弊病。

张汝桐在议案中指责卫生局靡费过多:"岁支经费十余万两之巨,派充巡捕一二百名之多,终日群居坐食饷项。"①对比当时"纽约伦敦柏林各都会之卫生费,皆一千万元以上"②,考虑到天津卫生总局除津城外,还要负担塘沽、大沽、唐山、营口等地防疫支出,其费用实际并不为多。不过,该案强调"微论经费多属虚縻,即分设机关于法律亦属不合",其矛头所指,是卫生局经费的泛用。《大公报》也持同样的观点,"以他处局所用本埠经费似有未合"③。与官方力图控制对整个北洋的管理权不同,天津士绅误以卫生局经费出自本埠,要求其专注天津一城。士绅关注的仅是地方利益,区域间防疫问题上的一体关联性还未被人们深刻认识到。

议案认为天津卫生事业取效并不明显,并将之归结为"盖以该局纯系局所性质,而无直接上级官厅管辖之故也"④。天津卫生局作为清末唯一的专门卫生局所,先后直接对津海关道、直隶总督(兼北洋大臣)负责,在中央集权松散状况下,巡警部和民政部都未能对其加以针对性监管。而当清廷借新官制划一警政,加强对北洋的控制后,天津卫生局独立存在的地方土壤也发生了松动。

实际裁撤卫生局作为一个棘手问题,谘议局内部分歧也较大。从九月二十三日第十一次会议提交议案,至十月初四第二十次会议,经七次讨论才正式付议。而在十月初十第二十四次会议上,议案又修改为《裁撤卫生局,腾出款项作为教育经费案》,矛头指向没变,腾出之款改用于正被热议的教育问题。

修改后的议案详列了卫生局虚縻的款目:"剔出局内经费银一万七千二百[缺]六两七钱六分,防疫科银二万零八十两四钱七分,扫除科七千九百[缺]四两八钱六分五厘,屈关两道津贴[缺]千八百十八两三钱三分六厘,四

---

① 《裁撤卫生局,腾出款项举办贫民工厂案》,《直隶警察杂志》第5期,定编二年十月十六日,"专件"。
② 《民政部司员请饬办北京自治说贴》,《盛京时报》光绪三十三年二月二十日,"代论",第2版。
③ 《议案汇志》,《大公报》宣统二年十月初六日,"本埠",第1张。
④ 丁子良:《论考试医生》,《竹园丛话》第18集,(天津)敬慎医室1925年印,第69页。

项共五万七千九百七十七两四钱三分"。可削减数额达三分之一强,成为卫生局靡费地方款项的有力证据。卫生局未能物尽其用,从而贻人口实。

新议案还指出,"在昔[巡警体系内]无专官,设局(卫生局)筹办自属补救一时",警务公所组建相应机构后,卫生局应予以裁撤①。保留卫生局被视为收回天津的权宜之计,一方面出于对专门行政必要性认识不足,同时也透露出,卫生局作为临时政府遗产,对其进行裁撤与精简其他机构意义不同。因清政府与八国联军就临时政府事业属于"援助的一部分"②这一性质曾达成共识,裁撤卫生局意味着对临时政府的否定,而这正是士绅所期望、外人所敏感、官方所谨慎的。

《议决裁撤天津卫生局,腾出款项银五万七千两归全省教育经费一案》在十月十五日获得通过,并提交督署审查科审议。等待审查结果期间,《大公报》披露了卫生局总办屈永秋联络交涉使和海关道,游说总督,议案可能被驳回。爆料者署名"无妄",以昭示所言非虚。据说屈永秋阻挠裁并的理由有二,"一谓卫生系专门之学,非独立不可;一谓该局兼办海口验疫医院,裁并之后恐起交涉"。

"无妄"不赞成卫生实行专门行政,"卫生固为专门之学,而卫生上之行政则事甚简便,奚必独立而始能发展?试观各国之卫生行政,无不纳入警察范围之内,而未闻其不堪胜任,何独于吾国而异之?"其视卫生行政事甚简便,未认识到卫生管理的复杂性,卫生管理依附巡警系统,行政的专业水平和效能必然受到限制;而所谓各国卫生管理都隶属警察行政,则仅着眼日德经验,实际西欧国家多由议会组建专门局所。

对于事关交涉一说,"无妄"批驳道:"岂[防疫]医院附属于卫生局不能起交涉,医院移属于巡警道必致大起交涉乎?既有交涉,卫生局办之能胜任,巡警道署办之必多失败乎?"③实际半殖民地的中国开办卫生事业多少都带一些被动色彩,防疫工作由卫生局负责还是巡警道负责本身不会成为交涉的动因,但相关人员是否具有专业水平,是其防疫措施得当与否的标志,

---

① 《直隶谘议局临时会第一号议事日表》,《北京日报》宣统二年十月二十九日,"各省",第3页。
② [英]雷穆森:《天津—插图本史纲》许逸凡译,《天津历史资料》第2期(1964年),第92页。
③ 《论某总办阻挠裁夺并卫生局之谬》,《大公报》宣统二年十月二十三日,"言论",第1张。

如在这一点上不能取信于外人,即有可能引发交涉。

一如"无妄"所料,议案最终被总督驳回。对此,一署名"其直如矢"者在《大公报》发文,表示支持谘议局。他提出"每年如有疫时不过二三个月,过后即不检验,故防疫局每年之工夫不过二三个月而已,非日日有事也",将防疫作为临时之举,未认识到常设防疫局所日常工作的必要性。"其直如矢"还建议将防疫行政简化为海口检疫,以大沽防疫局替代天津卫生局,直属交涉局,以大沽防疫医官司徒秩如取代屈永秋①。"其直如矢"所提建议与督署审议厅会议时士绅一方所持意见相同,很可能为此中一员。②

十一月十二日,顺直谘议局召开临时会议后,向总督递交了《复议裁撤卫生局,腾款以作教育经费案》,准备力争到底。复议案指出,"卫生事宜若不在巡警道职掌范围之内,则该局(卫生局)当单独设立警务公所,不必再有卫生专科。警务公所既有卫生专科,其设置又近在津埠,则该局之宜裁撤毫无疑义"③。说者已模糊意识到,卫生局和卫生科建制背后是两种不同的行政模式,管理卫生事务的主体一是医生,巡捕为保障;一是警察,医生提供技术支持。在民智未开的情况下,两种模式中强制力量都不可缺少,而卫生巡捕就人数来讲尚无法和巡警匹敌。

直隶总督迟迟不下令裁并,其态度也值得思量。巡警道的设立使总督对直隶警政及卫生行政的控制松动,直隶总督张镇方曾感慨:"就警察而言,外州县巡警由地方官管辖,警道处于间接地位。天津地面巡警道则处直辖地位,地方官无管理之权。"④可见在巡警道与卫生局总办职权之争的背后,也有直隶总督与巡警道权力的较量,以及地方督抚与中央集权的矛盾。

卫生局陷入裁撤危机对天津卫生事业产生了消极影响。据《帝京新闻》报道,卫生局夫役平时打扫街巷已属懈怠,自巡警道和顺直谘议局先后议裁

---

① 以上俱出《为赞成裁撤卫生局致顺直谘议局意见书》,《大公报》宣统二年十二月初五日,"来函",第2张;《为赞成裁撤卫生局致顺直谘议局意见书》(续),《大公报》宣统二年十二月初六日,"来函",第3张。

② 《官绅两界对于裁撤限卫生局之意见》,《帝京新闻》宣统二年十二月初五日,"新闻五·天津"。

③ 《复议裁撤卫生局,腾款以作教育经费案》,《大公报》宣统二年十二月十七日,"顺直谘议局公布文件",第2张。

④ 《直隶总督张准顺直临时省会谘公同议决卫生工程归并警务公所杞饬遵照文》,《大公报》民国元年七月十八日,"公牍",第3张。

卫生局后,打扫夫及土车更难一见,以致街面污秽不堪,钞关后门及冰窖胡同一带尤甚,媒体呼吁有管理之责者加强监督①。打扫夫的消极怠工使人们意识到,职责不明直接导致了行政不良,这场机构之争应尽快有一个解决。

(三)宣统防疫——卫生局的机遇与挑战

宣统二年底,肆虐东三省的鼠疫大有向京津蔓延之势,突如其来的瘟疫打乱了人们的生活秩序,裁撤卫生局之事搁浅,天津卫生局以北洋卫生局的身份投身防疫。

宣统防疫为天津卫生局展示其专业技能提供了契机,屈永秋被委以京津防疫督办重任,面对凶猛疫情,该局一面颁布紧急告示,提请津民防备鼠疫南传,一面向东北疫区派驻大量医官、巡捕。据《大公报》报道,截至宣统三年正月初七,共派赴哈尔滨医官十人、巡捕三十名,长春医官四人、巡捕十名,山海关医官十七人、巡捕三十名,秦皇岛医官二人、巡捕二十五名,唐山医官二人、巡捕二十五名,此外沟帮子、永平等处派有医官巡捕不等②。

在当时防疫相关报道中,警务公所卫生科并没有占据多少笔墨。巡警在这场防疫战中所做的主要是强制民众执行卫生局和临时防疫会的卫生政策,以及在津城各处稽查。这些巡警是否具有防疫相关素质也无明确记载,相反的,卫生局巡捕则一直"由职道永秋随时训练",相对熟悉防疫消毒各法③。两相对比,卫生局医员和巡捕的专业性开始为人们所体认,并醒悟到"平时无疫时既已设备,有疫时可少费周章"④。

不过,刚刚经历裁撤之议的卫生局已如惊弓之鸟,曾以外交优势为规避裁撤筹码的屈永秋在处理大直沽疫情时赫然发现,洋人认可的防疫首脑是巡警道,这让其颇为不安。对于俄巡官针对该局行动拖沓的质问,屈永秋辩称:"盖此事因由贵工部局先行函知巡警道,再由该处转知敝局,及至派医前往,则辗转周折,时间已未免稽迟也。"⑤

西式防疫方式在宣统鼠疫期间也面临了挑战。不满卫生局举措操切,顺直谘议局提案抗议,在二月初三日第四次会议上,以《卫生局分防之处用

---

① 《卫生局注意》,《帝京新闻》宣统二年十二月十三日,"新闻五·天津"。
② 《天津临时防疫会报告之文件》,《大公报》宣统三年正月初七日,第2张。
③ 甘厚慈辑《北洋公牍类纂》第25卷,第4页。
④ 《论卫生行政之亟宜扩张》,《盛京时报》宣统三年二月初七日,"论说",第2版。
⑤ 《天津卫生总局来函》,《大公报》宣统三年正月十七日,"来函"第2张。

法强制,有害地方,亟宜疏通以弭祸患案》《卫生局溺职殃民,亟宜改良案》向天津卫生局双拳出击。卫生局所设永平防疫所对疑似病人及其家属强制隔离,这一做法与当地官绅防治兼施的期望不协,以故交恶①。更有议员指斥卫生局在山海关某客栈活埋病人②,后经山海关商会来函澄清③。谣言造作表明卫生局防疫举措简单操切,激化了传统习惯与近代防疫间的矛盾。

实际上,也有媒体盛赞天津卫生局的举措"颇取文明办法"④,医官"多有经验"、检疫"异常认真"⑤。屈永秋曾拒绝在京外交使团所提对外国人通融检疫的要求,以办事严谨为外人认可⑥。宣统防疫结束后,直督陈夔龙甚至以"学业不亚于伍连德,而办事成绩实远过之"为其请封医科进士⑦。不过,上海的《民立报》却讥讽屈永秋,在防疫期间"终日深居简出为卫生计",正月十八为掩人耳目才赴山海关一行⑧。对屈永秋莫衷一是的评价一定程度上也影响着其掌控下的卫生局的命运。

虽然此前裁撤卫生局的主要理由是机构重叠和经费虚靡,但裁撤与否还是受到了"人"这一因素的影响,除前述屈永秋因人品问题为士绅及一些媒体不齿外,即巡警公所内也没有可以信赖的人物。舒鸿仪上任半年,即因拘私舞弊等事屡遭谘议局弹劾,甚至被送交提法司查办,最后不得不以修墓为名归家暂避⑨。而署理巡警道田鸿烈,在阻遏东三省鼠疫南传时也因安插私人、虚靡库款等事在防疫结束后受到查办⑩。要主持天津的卫生防疫事业,直隶警务公所难孚众望,所以即使因防疫操切卫生局再遭非议,当时也

---

① 《永平府署来电》,《大公报》宣统三年正月初七日,"译件",第 1 张。
② 《防疫流弊》,《大公报》宣统三年二月初六日,"本埠",第 1 张。
③ 《来函》,《大公报》宣统三年二月十四日,第 2 张。
④ 《帝国日报》(北京)宣统三年正月二十四日,"地方新闻·直隶"。
⑤ 《外人对于榆关之评论》,《北京日报》宣统三年正月初十日,"紧要新闻",第 2 页。
⑥ 《北京防疫记》,《申报》宣统三年正月初五日,第 1 张第 5 版。
⑦ 《直隶总督陈夔龙为援例请奖补用道屈永秋医科进士事片》,转引自《清末东北地区爆发鼠疫史料》(下),《历史档案》2005 年第 2 期。
⑧ 《怕遇瘟神之督办》,《民立报》宣统三年正月初五日,"新闻二·天津通信",第 4 版。
⑨ 《舒鸿贻(怡)续假之真因》,《公论实报》宣统三年三月初八日,"国事捷闻",第 3 版。
⑩ 《田文烈之三大罪案》,《公论实报》宣统三年三月十三日,"国事捷闻",第 3 版。

无人再提议将其归并于警务公所了。

## 三、民国专门行政的更张与回归

作为商埠城市,天津士绅在本城市政事务中一直发挥着重要作用①。光绪三十三年(1907)天津城议事会成立时,曾打算组建行政委员会,"执行卫生与警察措施,从事公共工程等"但未能实行②。宣统防疫时,城议事会又强调"卫生局应在自治范围",试图指导卫生局以合乎舆情的方式防疫③。民国甫立,自治力量在民主浪潮中膨胀,天津士绅对裁撤卫生局的关注点已不仅仅是经费去向,而是要直接掌握卫生管理权。

民国元年(1912)六月十九,为节省经费,天津卫生局被并入工程局,由工程总局统辖,闵荣爵任总办。路工局管理卫生事务这种上海租界模式被尝试。警务公所既有卫生科,也有工程科,作为独立局所的工程总局与其在事权上仍有冲突。而且,并入工程总局的仅是30名以"精壮"为标准挑选的巡捕④,"旧有之塘沽、唐山、榆关、营口、奉吉等省之防疫医官均仍其旧,归屈君永秋管理,以防疫疠"⑤,天津卫生总局在北洋范围的防疫职能得以保留。

对官方此举,士绅并不满意,天津城议事会甚至全体辞职抗议。对于天津府知事耿荫庭的竭力挽留,议长李家祯提出,"如府尊能将捐务科、工程局、卫生局、义阡局照章交城议事会接办,则敝人甘愿就职,为地方略效绵薄等语"⑥。地方自治机构意欲掌管天津市政,士绅与政府在权力分割上出现矛盾。

不过,士绅很快即意识到,将卫生局并入同样是行政单位的警务公所,

---

① 陈克:《19世纪天津民间组织与城市控制管理系统》,《中国社会科学》1989年第6期。
② [英]派伦:《津海关十年调查报告(1902—1911)》,许逸凡译,《天津历史资料》第4期(1966年),第46页。
③ 《北京防疫记》,《申报》宣统三年正月十三日,第1张第5版。
④ 《卫生局归并》,《大公报》民国元年六月十五日,"本埠",第1张;《总办委人》,《大公报》民国元年六月十八日,"本埠",第1张。
⑤ 《直隶总督张准顺直临时省议会咨公同议决卫生工程归并警务公所杞饬遵照文》,《大公报》民国元年七月十八日,"公牍",第3张。
⑥ 《李议长之要求》,《大公报》民国元年六月二十五日,"本埠",第1张。

要比纳入自治范畴更容易为总督接受。六月十八日，天津议参事会向顺直省议会递交了《请裁卫生工程两局，归并警务公所接办案》，七月初七日获得总督张镇方批准。批文中，张总督建议，警务公所卫生科组织尚不完全，可由卫生局旧有人员补充。另外，鉴于卫生局管辖范围广及北洋、事涉外交以及经费非尽出本城，张总督拒绝了天津城议事会管理卫生事务的要求①。

直隶总督张镇方表态后，巡警道杨以德②迅速做出响应，"委派朱绅振彝于10月1号前往卫生局接收，当准该局将卷宗、款目、账簿以及一切应交事件，一律接收清楚，改为警务公所防疫总处。委任朱绅振彝为总长，即日视事，以资熟手"③，朱振彝原为卫生局医官，卫生局降格为巡警系统内的一个处，警务公所防疫处仍在河北大王庙办公。卫生管理趋向军事化和泛化，天津卫生行政近代化进程于此出现逆转。

事实上，专业性较强的防疫任务远非巡警系统所能胜任，"洎民国成立，改局为处，曰防疫总处。民二时，拟改归民政署内务司直辖，嗣以防疫一事关系重要，乃奉令设立北洋防疫总处，内而分科治事，外而设院检疫"④。北洋防疫事宜和天津卫生管理分别由北洋防疫总处和直隶警察厅负责，防疫总处再次作为独立局所回归总督直辖，其管理区域未变，且仍附设北塘等防疫处所，只是职能已由卫生行政缩减为防疫行政，经过短暂曲折之后，天津防疫行政在民国初年继续沿着专门化方向发展。

20世纪20年代，无所不包的巡警行政遭到普遍质疑，"夫公共卫生非新政也，拳匪乱后直隶总督袁世凯氏既已创行于天津，嗣定凡城市有一万以上之人口皆设卫生机关，只以所任警察官佐无卫生知识，不知其职责何在，故二十五年间不见丝毫进步也"⑤。南北统一后，国民政府在中央设卫生部，各省设卫生处，市设卫生局，专门卫生行政在全国遍地开花。民国十七年

---

① 《直隶总督张准顺直临时省议会谘公同议决卫生工程归并警务公所杞饬遵照文》，《大公报》民国元年七月十八日，"公牍"，第3张。

② 与清末历任巡警道不同，杨以德是一位有能力有威信的人物，在警察局长任上达十八年之久。［英］琼斯：《天津》，许逸凡译，《天津历史资料》第3期(1965年)。

③ 天津市档案馆编辑《北洋军阀天津档案史料选编》，天津古籍出版社1990年，第76页。

④ 民国《天津志略》(民国二十年铅印)，台北成文出版社1969年，第118页。

⑤ 伍连德：《中国公共卫生之经费问题》朱实彝译，《中华医学杂志》第15卷第4期(1930年4月)，"社论"，第352页。

(1928)天津设市,为专责成,重新施行了卫生局建制,"卫生行政即经设有专局,先后派员接收,前警厅之卫生科及北洋防疫处所有卷宗册籍,统移归卫生局保管"①,天津卫生局原有职能全部恢复,历史跟人们开了一场玩笑。

## 四、结论

在天津卫生局被裁撤归并的过程中,我们看到了民政部、直隶总督、巡警道、卫生局、议事会等多方权力的冲突。巡警道掌一省警政,其意欲归并卫生局,带有中央试图削弱总督权力的倾向,实际上,在清末十年,中央权力和地方权力都在努力扩张。当然,官员个人之争也掺杂其中,如舒鸿仪与屈永秋,其中关涉的不过是一己事功与前途,不足以影响卫生行政近代化道路的选择。自治力量与地方官员的矛盾在这一过程中也展现出来,顺直谘议局不顾总督意向,前后三次呈案请裁卫生局。民国元年,天津城议事会更欲将总督辖的卫生局纳入自治范围,这是地方士绅力量逐渐增强的表现。

财政赤字问题在晚清越来越严重,经费不足使直隶公共事业陷入困境,事权不一之外,虚靡巨款成为裁并天津卫生局的一大理由。机构合并将增加警务公所经费,精简出的款项可用于士绅热衷的教育事业,但这一理由背后潜藏着一个严重的问题:指责卫生局靡费巨款,有卫生局确实存在部分款项无谓流失及时人对防疫行政重视不足两方面原因。重视不足体现在将防疫作为临时之举和简化为海口检疫。而实际卫生局经费如果切实用于北洋卫生防疫事业,其数额并不为多。另外,时人对天津卫生局经费来源认识模糊,是其反对卫生局包揽北洋事务的主要原因。当然,将公共事业的范围限定于自己小地域的不止天津一地,它是国家观念、群体观念不强的反映,根源于清末地方与中央离心力加大。这即是小滨正子所指出的,晚清中国民族主义的国民性、新政改革的地方性特点的根源所在②。这种强烈的地方意识,还源自时人对瘟疫流行时各地之间唇齿相依的关联性认识不足,而宣统鼠疫沿近代交通线迅速蔓延,可能给北方甚至整个中国带来浩劫,直接促发并完成了区域防疫向国家防疫的转变。

---

① 民国《天津志略》(民国二十年铅印),台北成文出版社1969年,第118页。
② [日]小滨正子:《近代上海的公共性与国家性》,葛涛译,上海古籍出版社2003年,第10页。

回到对天津卫生局本身的考察上,其在清末十年的作为应如何评断呢?本文并非要为其追加溢美之词,但至少我们应该对卫生局办事鲜有成效的批评保持慎重。天津卫生局遭遇非议,除其自身确实有待完善外,清廷对市政管理发展方向的划一是更为关键的因素。另外,作为临时政府遗产的出身及其实际与外交关联也在津门士绅心里留下阴影。专门卫生机构持续存在近十年不是因缘际会、权宜之计所能解释的,倡导裁并卫生局,时人有自己的考虑,事件也有其时代的烙印,清末卫生行政近代化处在摸索过程,有代价也必然有收获。

该事件也有助于我们厘清近代卫生行政演变的脉络。天津卫生局是"中国地方卫生行政之始"①,作为北洋卫生总局,标志着中国防疫由地方行政推进到区域行政阶段。裁撤天津卫生局事件背后是多种卫生管理模式的冲突,是军事化、专业化还是民间化的抉择。自治机构管理卫生事务存在无法在更大地域统筹兼顾的弊病,而专门行政则面临民智未开必须辅以强制力保障执行的缺憾,巡警管理卫生因专业性不强,势必造成处置失当和管理不善。20世纪20年代末,为纠正卫生管理粗化泛化的弊病,专门卫生局所建制在各大城市次第建立。然而,此后很长一段时间内,不少城市的卫生机构又多次反复,近代卫生管理的曲折发展表明,卫生行政专门化需经济、观念、人才等多方面配套才能顺利并稳定地推进。

(《史林》2010年第3期)

---

① 方石珊:《中国卫生行政沿革》,《中华医学杂志》第14卷第5期(1929年5月),第36页。

# 天津租界文化：异质文化的碰撞与融合

李进超

## 一、天津租界文化的形成

鸦片战争以后，中国的国门被西方列强用武力打开。列强们除了在经济上的掠夺之外，在文化上也开始了殖民化的进程。地处京畿的天津城，成为中西方异质文化的交汇地。

这里讲的异质文化主要指天津本土文化与西方文化。近代天津外来文化丰富多样，这在形式上主要可从两个方面见出。首先，天津是近代中国接受外来宗教最多的城市之一。佛教、伊斯兰教、基督教、天主教、东正教、犹太教、锡克教（印度宗教）、神道教（日本宗教）等均落足天津。其次，天津是开设租界国最多的城市。自第二次鸦片战争后，英国、法国、德国、奥匈、意大利、比利时、俄国、美国、日本等国家陆续在天津开设租界，国别之多国内城市无出其右。以英、法、德、美等欧美主要资本主义国家的文化传统为代表的西方文化，是诸多外来文化中最强势的一种，它在与天津本土文化的冲突中，产生了激烈的碰撞与深广的融合。

西方文化的主体是基督教文化。随着天津作为商埠的开放，尤其是租界的设立，大批基督教传教士涌入天津城乡。他们修建教堂，发展教徒，开办学校、医院、孤儿院，创办报刊，逐渐在天津站住了脚跟。西方文化之所以能在天津得到广泛的传播，租界无疑扮演了关键性的角色。不可否认，基督教文化与中国儒、释、道三教合一的传统文化，是有着很大相异、甚至对立的两种文化。如近代天津发生的"火烧望海楼""老西开事件"等，就是异质文化发生冲突的表现。然而，虽说租界及其内的教会是带有入侵性质的，难免遭到天津人的反感和抵触，但那些洋人传教士，式样新奇的洋教堂、小洋楼，连同带来的全新的教会文化和西洋文明，还是对人们产生了相当的吸引力。

基督教是一种入世的宗教,追求普世价值,这决定了它不可能仅仅满足于在租界内的影响,因此,它要走出租界去传教。实际上,天津开埠之后西方传教士所建立的有些教堂,并不是在租界内,如西开教堂,它虽由法国人建造,但并不在法租界内,而是毗邻法租界,这样也在无形中影响了教堂周边的天津民众。当然,教会在传教之际,也要将西方文化传播到天津民众中去。早期的教会学校、教会医院的大门很多都是向中国人敞开的,这也的确吸引了很多中国人。然而,一种文化作为其民族认同的表征,具有天然的自我保护的能力,尤其在面对外来文化影响时,这种自我保护的能力体现得尤为突出。因此,近代中国文化在与西方文化相遇时,必然会出于自我保护的本能,去影响西方文化;而西方文化出于传教的需要,也会主动吸收中国文化,并积极地做出适应本土化的调整。在这个文化融合的过程中,租界就是最典型的载体。这种融合所形成的文化,既不同于中国文化,也与西方文化有异,有学者称之为"租界文化"。所谓租界文化指的是在上海、天津等地开辟外国租界后,在这些区域所形成的"殖民性、商业性、现代化、都市化、市民化的中西杂糅的文化形态,是与中国传统文化、海派文化、都市文化既有着一定联系,又有着明显区别的一种新型文化,其本质和特质体现在与租界现象相联系的独特的市政制度、文化体制、城市空间、市民体验和审美风尚等多个文化层面"①。

因而,租界可以说是连通本土文化与外来文化的一个不可或缺的中介,"如果没有租界这种中介性空间,中国整体上仍然是闭关自足的'王土'和大一统的文化禁锢"②。这种说法虽有些夸大租界的作用,但租界对中国文化的推动作用是不可否认的,对天津文化而言亦如此。租界教会为天津文化与西方文化提供了交汇的空间,而两种文化碰撞的结果则是形成了独具特色的"租界文化"。不可否认,租界是西方列强在中国强行开设的行政控制区域,但另一方面,它也是展示西方资本主义近代文明的窗口,客观上促进了天津近代文明的发展,对天津近代文化的形成也产生了很大影响。正如有学者所指出的,"租界内的教堂、洋行、商家、现代的城市管理、西方的生活方式,直接影响着近代天津的文化走向。西方文化思潮一方面和固有的中华传统文化发生撞击;另一方面在华洋杂处、中西交流之中,二者又有交融。

---

① 李永东:《租界文化与30年代文学》,上海三联书店2006年,第26页。
② 李永东:《租界文化与30年代文学》,"序",上海三联书店2006年。

在近代中国北方,天津以其独特的地理位置和历史背景,得领世界风气之先。由于中西文化在天津的撞击与融合,使得具有开放思维和现代意识的广大市民阶层得以涌现,为天津现代都市文化奠定了根基。天津市民那种竞争意识生活理念和价值追求、较为规范的社会交往和社会组织,都直接推进了都市文化水平的提升。"①可以说,正是在租界文化的影响下,天津文化与西方文化相融合,进一步发展出了进步开放、兼容并蓄的文化精神。

## 二、天津租界文化的影响

19世纪中叶,天津还只是个水运码头城市。当时,英国人亨利·诺曼来中国旅游后,在游记中写下了这样的文字:"我终于在一个明媚的周日的早晨大约七点钟的时候,离开了天津,那里的街道狭窄、肮脏而喧闹。"②天津开埠伊始,在华的外国人也将天津视为中国"最肮脏最骚乱也是最繁忙的城市之一"③。然而,租界开设之后,西方文化对天津方方面面的影响不断渗透,干净整洁、秩序井然的租界不仅促进了老天津的城市建设、道路改造,其独特的风格还起到了范导的作用,并在改造后的城市形态上留下了深深的印迹。到了19世纪后期,天津的城市风貌开始出现了一些新的气象。1888年11月3日的《中国时报》这样报道天津,"一度遍地皆是深沟、大洞、臭水沟的使人恶心的可恨的道路……被铲平,拉直,铺平,加宽。并且装了路灯,使人畜都感到舒服,与此同时,城壕里的好几个世纪以来积聚的垃圾也清除掉了"④。日本作家谷崎润一郎1918年来过天津,作家为当时独特的城市空间与都市文化所感染,他的小说《一个漂泊者的身影》就是以天津法租界为背景。他曾写道:"走在天津城里最气派、最整洁、最美丽的街区,令人仿佛来到了欧洲的都会。"⑤前后两种状况的对照无比鲜明。

除了影响天津城市风貌的改变之外,租界文化还通过与教会有关的教

---

① 谭汝为:《从地名解读天津地域文化》,《辽东学院学报》2005年第4期。
② 吉伯特·威尔士、亨利·诺曼:《龙旗下的臣民——近代中国社会与礼俗》,光明日报出版社2000年,第223页。
③ 雷穆森:《天津——插图本史纲》,《天津历史资料》1964年第2期。
④ 宋美云:《天津的洋务企业与社会环境》,《史学月刊》1995年第4期。
⑤ 西原大辅:《谷崎润一郎与东方主义——大正日本的中国幻想》,中华书局2005年,第148页。

育、报刊等影响着天津人的文化生活。在教会的影响与参与下,天津建成了中国第一所高等学府,出版了多种闻名全国的报刊。作为西方文化的主要载体与表现形式,基督教文化虽然在某些方面与天津本土文化有着激烈的冲突,但它也是"历史的不自觉的工具",并且体现了"各民族的相互往来和各方面的相互依赖"①。

就教育而论,天津开埠以后,英法美等国的教会组织纷纷来天津建教堂传教,也有的成立中华基督教会,与此同时,也建立了各种学校,一则为了宣传教义,再则也为了笼络人心。如:美国公理会设立"女童书房""中西书院",法国天主教会设立"圣功女校""圣路易学堂",英国伦敦会设立"养正书院",等等。对天津近代教育事业影响最大的当属美国的基督教青年会。基督教青年会其实是世界性的教会组织,它不仅在天津开办了"成美学馆"等学校,专门接收士绅文人的子弟入学,还提出"接近中国文化人"的主张,即一方面通过北洋大学总教习、美国传教士丁家立在学生中进行"感化"活动,同时又深入那些仰慕西学并有一定社会地位的知识分子中进行传教。因此,一批有社会影响的知识分子,如张伯苓等人,都加入了基督教,极大地增强了基督教的社会影响力。到第一次世界大战前,天津几乎每所中学都有基督教青年会的影响渗入②。

教会参与的教育事业,与洋务派开设的以军事、科技和医学为主的学堂相比,更具普及性和文化色彩。以颇具特色的女子教育为例,教会开设的女子学堂中,教员多是能说汉语的外国人,而优秀的中国女学员还能被送往国外留学。虽然教会参与教育事业的最初目的是为了培养亲西方的青年,但客观上也为中国培养了人才,推动了女子教育的发展。在这样的环境影响下,天津近代教育成绩显著,"学堂林立,成效昭然,洵为通商各属之冠,中外士庶,靡不称赞"③。

在大力推广教育的同时,依托租界教会,由外国人创办的报刊也纷纷涌现。1886年11月6日,英籍德人德璀琳创办了天津第一份报纸《中国时报》。这份报纸最初为英文周刊,撰稿人多为精通中国文化的传教士,如丁

---

① 马克思:《不列颠在印度统治的未来成果》,人民出版社1972年,第75页。
② 杨肖彭:《北美协会和天津基督教青年会》,《天津文史资料选辑》1982年第2期,第124—144页。
③ 台北故宫博物院故宫文献编辑委员会:《袁世凯奏折专辑》,台北广文书局1970年,第1676页。

韪良、丁家立等,其最具特色的是专门译载中国的新闻、上谕,"以及其他一些任何中国报纸都无法与之相比的一般消息",被称为"远东地区最好的报纸"①。讲到近代天津的报业,不可不提的两份著名的报纸《大公报》和《益世报》,也有着深厚的教会背景。《大公报》由天主教徒英华于1902年在法租界创办,宗旨是"开风气,牖民智,挹彼欧西学术,启我同胞聪明"。而股东则是依附于天主教的资本家以及天主教北京教区主教。《益世报》由天主教天津教区副主教比利时人雷鸣远于1915年创办,这份报纸既传播天主教教义,同时也"放世界眼光,谋人类幸福"。据统计,到20世纪30年代,外国人在天津创办的报纸达40余种,其中绝大多数都有教会背景②。

这些报纸杂志在传播新闻的同时,也起到了开民智的作用。19世纪与20世纪之交,随着社会各阶层逐渐认识到开民智的重要性,供市民免费阅读报纸、杂志和书籍的阅报处大量出现③。到20世纪30年代初,天津有近30家中外通讯社,发行报纸30余种,总发行量超过29万份,本地发行达18.7万份。如果按当时天津有阅读能力的人计算,日均2.5人就拥有一份报纸,这尚且不包括多如牛毛的各种小报④。繁荣的报刊事业使天津成为近代中国北方传媒的中心,同时也无形中大大提高了市民的文化素质。报刊的昌盛,也极大地推动了文学的发展。《大公报·文艺》《益世报·语林》等报纸副刊,为当时在天津的许多作家、文学青年提供了很好的平台,他们翻译西方的文学作品,进行自己的文学创作,形成一种"世界文学"的氛围。

其实,这些由租界教会创办的学校、医院、报刊、杂志,本质上代表着不同国籍、不同政治利益,某种程度上意味着文化殖民。但是它们同时又代表着不同的文化,呈现出多元性、多样性的特点,客观上促进了天津文化的多元融合与发展。可以说,在近代天津迈向现代大都会的初期,租界文化发挥了重要的作用。

---

① 雷穆森:《天津—插图本史纲》,《天津历史资料》1964年第2期。
② 于树香:《外国人在天津租界所办报刊考略》,《天津师范大学学报》2002年第3期。
③ 侯振彤:《试论天津近代教育的开端》,《天津师范大学学报》1982年第2期。
④ 俞志厚:《1927年至抗战前天津新闻界概况》,《天津文史资料选辑》1982年第2期。

## 三、租界文化的本土化

　　中西两种文化要在冲突中实现融合,在融合中化解冲突,并最终形成新的文化形式。正如奥格尔所说,"两种不同的文化在一个群体内接触可能会产生全新的形式"①。在某种程度上,我们可以说租界文化就是一种"全新的形式",是一种本土化(中国化)了的西方文化。在中西文化交汇中,西方人带来了他们的生活方式与价值观念,为中国传统文化增添了一些异质的文化要素,客观上有利于中国传统文化的发展。但是,西方文化终究是异质的文化,全盘接受是根本不可能的,因而西方文化要想在天津扎根,就必须走本土化的道路。在这方面,基督教会率先做出了积极的尝试。

　　教会建筑成了西方文化中国化的最早见证。在租界中,各个国家纷纷建起了有本国特色的各式建筑,各种风格的西式建筑争奇斗妍,被形容为"万国建筑博览会",其中极为突出的就是教堂建筑。教堂本是典型的西方建筑,然而在建造过程中,它主动进行了本土化的改造,加入了很多鲜明的中国元素。天主教的紫竹林教堂位于法租界海河岸边,"紫竹林教堂的造型具有文艺复兴晚期建筑的典型风格,吸收了古希腊、古罗马建筑艺术的积极因素,建筑风格和谐开朗,布局条例次序,不仅雄伟有力,而且活泼轻松,给人以亲切悦目之感。……紫竹林教堂为青砖木结构,再饰以中华的传统砖雕,巍峨典雅"②。由此可见,紫竹林教堂的设计,已经在有意识地吸纳中国传统文化的特质。美国"美以美会"创建的维斯理教堂,由八根柱子撑起,人们称其为"八角楼","其主要建筑大礼拜堂,砖木结构,铁棱瓦顶,内圆外方,堂内矗立八根圆柱,拱形圆顶,形成了自然的八角形体"③。"青瓦""角楼"等无不体现了"中国特色"。维斯理教堂的"后身"就是于1990年代中期重建的山西路教堂,现在是天津建筑面积最大、信徒最多的基督教教堂之一。撇开宗教信仰不谈,紫竹林教堂和维斯理教堂正是中西两种异质文化融合的生动体现。

　　当然,我们今天在发掘租界文化积极意义的同时,也应清醒地意识到,

---

　　① 威廉·费尔丁·奥格本:《社会变迁———关于文化和先天的本质》,浙江人民出版社1989年,第44页。
　　② 于学蕴、刘琳编:《天津老教堂》,天津人民出版社2005年,第11—12页。
　　③ 于学蕴、刘琳编:《天津老教堂》,天津人民出版社2005年,第21页。

"租界文化处于中国传统文化与西方文化所构成的解释框架中,有着殖民入侵的文化背景"①。天津租界教会尤其典型,它是伴随着帝国主义军队的侵略来到中国的,最初自然要受到天津人民的抵制,发生过激烈的冲突,如"火烧望海楼""义和团运动""老西开事件"等等。应当承认,对西方文化,尤其是对教会的拒斥,除了具有反对帝国主义侵略、压迫的性质之外,也包含着不同文化心理、情感与习俗的冲突。然而,同样不可否认的是,西方教会在建立学校、医院和孤儿院等救济机构辅助传教的同时,也为化解文化冲突做出了积极的努力,为天津租界文化的形成做出了重要的贡献。租界文化可以说是"不中不西,亦中亦西,是一种混合文化"②,这种特征至今仍是界定和理解天津文化的一个重要方面。

(《理论与现代化》2010年第5期)

---

① 李永东:《租界文化与30年代文学》,上海三联书店2006年,第55页。
② 李永东:《租界文化与30年代文学》,上海三联书店2006年,第56页。

# 天津租界中逊清文人的活动考述

孙爱霞

天津是中国近现代史上一个极为重要的城市,史学界有百年中国看天津的说法。其实,若从文化的角度审视天津这个城市,它在中国近现代文化史上的地位同样不容忽视。且不说早就被毛泽东称赞过的小洋楼,亦不论《大公报》《益世报》在天津的滥觞、兴盛,更不论通俗文学的繁荣,单是那些在天津租界中居住过的逊清文人,就足以引发学人对天津的兴趣。本文所探讨的正是民国时期曾寓居在天津租界中的逊清文人①,希望可以勾勒出他们的活动轨迹,从而加深学术界对逊清文人,以及对天津的认知。

## 一、天津租界中逊清文人之概况

民国成立后,逊清文人作为中国历史上最后一个朝代的遗民出现了。他们有很多人选择了居住在各城市的租界地,诸如青岛之劳乃宣、刘廷琛、于式枚、康有为等人,上海之沈曾植、陈夔龙、张其淦、朱祖谋、冯煦、沈瑜庆、况周颐、胡湘林、瞿鸿禨、左孝同、刘崶祺、陈恩浦、罗正钧等人,香港之陈伯陶、张学华、孙雄等人,澳门之梁庆桂、汪兆镛、卢鸿翔等人。除了青岛、上海、香港、澳门,天津也是当时逊清文人较为集中的城市。

天津自1860年开埠以来,清政府便允许各国商人入境经商,而英国借口建造领事官署及英商住房、栈房,胁迫清朝政府认可其在天津圈占土地,设立租界。法、美、德、日、俄、意、奥、比等国也纷纷效仿,先后在天津划定租界。至19世纪末,天津有英、法、美、德、日、俄、意、奥、比九个租界。1902年,美租界被英租界收并。因此,至辛亥鼎革之际,天津有英、法、德、意、日、

---

① 逊清文人:包括不仕于民国的前清文人,如陈宝琛、华世奎、沈曾植、陈衍等人,也包括那些曾短时期出仕过民国且内心怀有强烈"救国"之思的人,如胡嗣瑗等人。

奥、比、俄八个租界。民国时期,这八个租界中均有逊清文人居住,其中英、法、日、意租界是逊清文人较为集中的地方。

居住在天津租界中的逊清文人可以简单地分成两大类:溥仪周围的文人与非溥仪周围的文人。溥仪周围的文人主要有陈宝琛、郑孝胥、胡嗣瑗、万绳栻、景方昶、萧丙炎、陈曾寿、刘骧业、佟济煦、荣源、罗振玉、温肃、升允、铁良、金梁等人,他们都追随溥仪而来。1924年冯玉祥逼宫后,溥仪先后到北府、日本使馆避难,最后在罗振玉等人的安排下,到天津日租界寓居。溥仪到天津后颁布了四道"旨意":"郑孝胥、胡嗣瑗、杨钟羲、温肃、景方昶、萧丙炎、陈曾寿、万绳栻、刘骧业为驻津备顾问;设总务处,着郑孝胥、胡嗣瑗任事;庶务处,着佟济煦任事;收支处,着景方昶任事;交涉处,着刘骧业任事。"溥仪"旨意"中提到的人都随其至天津租界中居住了。除了溥仪"旨意"中提到的人之外,罗振玉、铁良、荣源也都在天津租界中住过,并效力于溥仪。另外,末代帝师陈宝琛也至英租界赁屋而居,并日日为溥仪进讲。于是,在1925年至1931年间,天津租界中便出现了一个以溥仪为中心的逊清文人群体。

除了溥仪周围的逊清文人之外,天津租界中还有很多逊清文人,如张曾敭、周馥、张人骏、吕海寰、张彪、张翼、张勋、章钰、章梫、朱家宝、郭则沄、王乃徵、王秉恩、华世奎等。这些逊清文人有些是清亡后即寓居天津租界的,如华世奎、章钰、张彪、张曾敭等。有些则是民国初年由上海、青岛等地移居而来,如周馥、张人俊、吕海寰、朱家宝、王乃徵等。还有人在民国中后期才到天津寓居,如章梫。这些文人之所以到天津租界中居住、停留,都出于自身的考量,与溥仪无关,例如华世奎是天津人,辛亥鼎革后自然会把天津作为遁世的首选之地。张曾敭是直隶南皮人,把离家乡最近的天津作为避世之地也是可以理解的。再如张人俊、周馥、吕海寰等人,他们都因避战乱从青岛迁至天津英租界居住。最重要的一点是,这些人在天津租界居住时不供职于溥仪,也不从溥仪那里领取薪水,因此,这些人可以划入非溥仪周围文人这一范畴。

溥仪周围的文人与非溥仪周围的逊清文人之间并非互不往来,而是保持着较为频繁的接触。而且非溥仪周围的文人在溥仪到来之后还经常至张园、静园拜谒,如华世奎、张人俊、吕海寰等人都曾数次拜谒溥仪,并进献财物。总体说来,这两部分文人组成了天津租界中的逊清文人这一群体。

## 二、天津租界中逊清文人的活动考述

(一) 交游

逊清文人是中国历史上最后一个封建王朝的遗民，与往代遗民有所不同。就交游而言，往代遗民大都选择与志同道合的遗民交往，交游范围相对狭窄，而逊清文人的交游则非常广泛：

第一，逊清文人之间的交游。

遗民与遗民之间的往来是最为普遍的一种交游活动，具体到天津租界中的逊清文人，也是如此，以郑孝胥为例。

郑孝胥字苏戡，一字太夷，别号海藏、夜起翁，福建闽侯县人。清亡前夕，郑孝胥被授湖南布政使一职，但未及上任武昌起义就爆发了。辛亥鼎革后，郑孝胥遁迹上海，直至1924年2月受聘于逊位小朝廷。1924年11月，冯玉祥逼宫，溥仪搬出紫禁城至北府暂住，后又由郑孝胥"扈送"至日本使馆。溥仪居日使馆期间，罗振玉得宠，郑孝胥遂去津赴沪。1925年2月，溥仪至天津张园寓居，郑孝胥也于2月底由上海至天津英租界居住。此后，郑孝胥便一直效力于溥仪，直至1931年11月撺掇溥仪出关而去。

郑孝胥在津期间的交往对象大多是逊清文人，诸如陈宝琛、胡嗣瑗、陈曾寿、万绳栻、温肃、金梁、郭则沄、荣源、王乃徵、佟济煦等人。观郑孝胥在津期间所写日记，记录与逊清文人之间交往的很多，频率也很高，以1925年3月所记日记为例：

3月1日"上召对，与升允同对，赐膳。……弢庵(陈宝琛)、午原(刘骧业)、小七(郑孝胥子)自北京来。午后，复召见，与陈宝琛同对。……晤郭春榆父子。"①

3月4日"万公雨(万绳栻)来。胡琴初(胡嗣瑗)来。"②

3月5日"步过万公雨小坐。复至张勋宅访胡琴初，不遇。"③

3月6日"胡琴初、陈仁先(陈曾寿)来。"④

---

① 郑孝胥:《郑孝胥日记》，中华书局1993年，第2043页。
② 郑孝胥:《郑孝胥日记》，中华书局1993年，第2043页。
③ 郑孝胥:《郑孝胥日记》，中华书局1993年，第2043页。
④ 郑孝胥:《郑孝胥日记》，中华书局1993年，第2044页。

3月7日"癹庵、楫先(佟济煦)来。"①

3月9日"与陈宝琛、王乃徵、陈曾寿同赐膳。"②

3月10日"午原来。"

3月11日"荣仲泉来。……宝琛、孝胥、骧业从。"③

3月12日"与淮生、恂叔、大七同至新园浴,癹庵、午原亦来,遂同至国民店晚饭,并延凤之。"④

3月13日"过王聘三(王乃徵)、李子申(李孺)。"⑤

3月14日"诣行在。请召对,请假赴沪。……夜,楫先来。"⑥

由以上日记可知,郑孝胥交往对象大多是天津的逊清文人,这里面包括溥仪周围的文人,也包括非溥仪周围的文人。而且,他们之间往还的频率极高,几乎每天都会有往来。

第二,与民国政要的往来。

与民国政要的往来是清遗民与往代遗民不一样的地方,往代遗民如伯夷、叔齐遁隐,不食周粟,不愿与周朝权贵往来。而逊清文人虽然不愿入民国为权贵,但也并非不屑与民国政要往来。

如郑孝胥,他与陆荣廷、段祺瑞、陆宗舆、曹经沅、邵瑞彭、靳云鹏、王揖唐等人都有过交往。据《郑孝胥日记》记载,1926年3月6日:"曹纕蘅(曹经沅)来,云段势稍振,将自明讨赤化。余曰:'速易卫戍司令及警察总监,罢委员会,停止北京大学。虽已晚,犹胜于坐以待毙也。'与曹纕蘅同至忠信堂晚饭。曹纕蘅代邀浙江邵次公(邵瑞彭)、四川胡震之来谈。"⑦

1926年5月12日:"曹纕蘅、章行严来,章欲续《甲寅周刊》,而苦于无资。"⑧

---

① 郑孝胥:《郑孝胥日记》,中华书局1993年,第2044页。
② 郑孝胥:《郑孝胥日记》,中华书局1993年,第2044页。
③ 郑孝胥:《郑孝胥日记》,中华书局1993年,第2044页。
④ 郑孝胥:《郑孝胥日记》,中华书局1993年,第2044页。
⑤ 郑孝胥:《郑孝胥日记》,中华书局1993年,第2045页。
⑥ 郑孝胥:《郑孝胥日记》,中华书局1993年,第2045页。
⑦ 郑孝胥:《郑孝胥日记》,中华书局1993年,第2091、2100、2101、2097、2173、2208页。
⑧ 郑孝胥:《郑孝胥日记》,中华书局1993年,第2091、2100、2101、2097、2173、2208页。

1926年5月17日:"靳云鹏与钟伯杰同来,谈久之。靳字翼卿,尝为内阁总理二年有余。"①

1926年4月22日:"王揖唐邀过其居,云段祺瑞请一晤谈。"②

1928年2月17日:"曹润田约晚饭,坐有段祺瑞、章士钊、王揖唐、陆宗舆等。"③

1928年11月8日:"至陆荣廷宅,视其大殓,吊客十余人,有丁少兰、钮元伯传善等。马济之兄号毅堂者,尝为广西师长,独至余前,献茶致敬。"④

又如陈宝琛与傅增湘、郭宗熙、王揖唐等人也有往来,据《闽县陈公宝琛年谱》记载:"傅增湘(沅叔)以鉴别版本有名于时,曾钞补《天禄琳琅书目》两部,端方所藏百衲本《通鉴》亦为所得,近又以所藏元椠《通鉴》初印本出示,公为题诗。"⑤1926年:"郭侗伯(宗熙)招饮,集寒碧簃拜东坡生日。"⑥另据王揖唐《今传是楼诗话》:"丁卯天津海光寺禊集,余实主之,以颜光禄《曲水诗序》分韵,京津耆宿,强半来会,如陈弢庵、李星冶诸老,均年逾八十以上,范老亦近七十。"⑦

再如华世奎、吕海寰等人,与民国政要也有过交往:1926年,直隶省军务督办兼省长褚玉璞设宴招待津门名流,吕海寰、严修、华世奎等都在被邀请之列;1927年吕海寰八十五岁生日时,前来祝寿的有靳云鹏、潘守廉、王瀚章等人,张宗昌甚至特备专车由济南送来赤金绣字的幛光以为寿礼⑧。

由以上资料可知,逊清文人与民国政要之间并非完全对立的关系,个体之间存在着私人交谊。

---

① 郑孝胥:《郑孝胥日记》,中华书局1993年,第2091、2100、2101、2097、2173、2208页。
② 郑孝胥:《郑孝胥日记》,中华书局1993年,第2091、2100、2101、2097、2173、2208页。
③ 郑孝胥:《郑孝胥日记》,中华书局1993年,第2091、2100、2101、2097、2173、2208页。
④ 郑孝胥:《郑孝胥日记》,中华书局1993年,第2091、2100、2101、2097、2173、2208页。
⑤ 陈宝琛:《沧趣楼诗文集》,上海古籍出版社2006年,第706、764页。
⑥ 陈宝琛:《沧趣楼诗文集》,上海古籍出版社2006年,第706、764页。
⑦ 王揖唐:《今传是楼诗话》,张寅彭主编,《民国诗话丛编》(三),上海书店2002年,第443页。
⑧ 泽文:《吕海寰》,新华出版社2007年,第479页。

第三,与日本人的交游。

天津租界中逊清文人有与日本人交往经历的,要属溥仪周围的文人,如罗振玉、郑孝胥、陈宝琛、刘骧业等人。据《郑孝胥日记》1925年3月12日:"诣行在。夜,日本吉田领事迎上及后至其宅中晚宴,宝琛、孝胥、骧业从。宴罢,观电影。至十时乃返。"①

1925年6月26日:"日本议员望月小太郎同波多来访。"②

1925年7月29日:"日本有田领事、冈本副领事邀上及后赴其私宅夜宴,陈宝琛、郑孝胥、刘骧业从。晤日人大仓喜八郎,年八十九,才若五十许,乃日本之富翁也。"③

1926年5月2日:"夜赴日本司令官高田丰树之约于敷岛酒馆,上、后皆临宴,观日本歌舞。"④

另据《闽县陈公宝琛年谱》:"日人濑川浅之近来主东方文化会事,自厦门别后,已经廿年,喜晤,感赋一律以赠。"⑤

与溥仪周围的文人相比,非溥仪周围文人与日本人之间的交往较少,有的甚至从不与日本人交往,如周馥在寓居天津时,其作品集中看不到与日本人来往的记录。又如华世奎、吕海寰、章梫等人在天津租界居住时,其作品中也没有发现与日本人交往的记录。

因此,与日本人交往较多的还是溥仪周围的文人。

第四,与戏曲界人士的交游。

天津租界中逊清文人与戏曲界人士也有交往,如郑孝胥与荀慧生有过交往,据《郑孝胥日记》1928年11月23日:"诣行在。晤金卓伯恭。过周立之、唐立庵、言仲远。陈向元约晚饭,晤王揖唐、李直绳、荀慧生。"⑥再如吕海寰曾与警世戏社有过一段渊源,他曾送给警世戏社一个写有"风华攸关"的匾额⑦。另外,吕海寰还给警世戏社提过建议:"1923年的天津,唱红了东北及华北一带的警世戏社来天津演出。已八十高龄的吕海寰被请去看了一场

---

① 郑孝胥:《郑孝胥日记》,中华书局1993年,第2044、2054、2059、2099页。
② 郑孝胥:《郑孝胥日记》,中华书局1993年,第2044、2054、2059、2099页。
③ 郑孝胥:《郑孝胥日记》,中华书局1993年,第2044、2054、2059、2099页。
④ 郑孝胥:《郑孝胥日记》,中华书局1993年,第2044、2054、2059、2099页。
⑤ 陈宝琛:《沧趣楼诗文集》,上海古籍出版社2006年,第706页。
⑥ 郑孝胥:《郑孝胥日记》,中华书局1993年,第2210页。
⑦ 泽文:《吕海寰》,新华出版社2007年,第477页。

戏。……吕海寰见昔日平腔已发展成大剧种,名称繁多,其上演的剧目多有评古论今的新意,于是他就建议将平腔的'平'加'言'字旁,称'评剧'。警世戏社听后,马上采用这一建议,从此'评剧'之称行世,并逐步得到公认,一直沿用了下来。"①

逊清文人与戏曲界人士的交游在一定程度上影响并促进了某一剧种的发展,这对于当地的文化而言,具有积极意义。

除了以上四种交游之外,寓居在天津租界中的逊清文人还与实业家有往还,如集邮大王周今觉。另外,还有与津门名士的交往,如赵元礼、严修等人。

总之,天津租界中逊清文人的交游极为广泛,这是清遗民不同于往代遗民的地方。

(二)酬唱、结社

逊清文人在天津时经常在一起觞咏唱和,据《闽县陈公宝琛年谱》记载,1926年:"胡惜仲(胡嗣瑗)有张园海棠诗,次韵和之。"②同年九月:"同人集李氏园。苏龛有诗,次韵和之。"③1928年:"闰花朝,集栩楼分韵赋诗。"④类似这样的集吟咏没有规律,也没有周期性,大都是随性而集,较为闲散。

除了较为闲散的集会外,逊清文人也组织、成立过文学社团,定期集会、唱和,最为著名的是须社。须社由郭则沄发起,成立于1928年夏,是天津民国时期成立最早的词社。逊清文人之所以成立词社,原因在于:"世异变,士大夫所学于古无所用,州郡乡里害兵旅盗贼,不得食陇亩、栖山林。群居大都名城,为流人,穷愁无,相濡以文酒耳。目所闻见,感于心,而发于言。言不可以,遂乃于声。声之窈眇跌宕、悱恻凄丽,言近而指远,若可喻,若不可喻者,莫如词。天津之有须社,上海之有沤社,胥此志也,而须社为之先。"⑤

须社成员包括陈恩澍、查尔崇、李孺、章珏、周登皞、白廷夔、杨寿枏、林葆恒、王承垣、郭宗熙、徐沅、陈实铭、周学渊、许钟璐、胡嗣瑗、陈曾寿、李书勋、郭则沄、唐兰、周伟等,这些成员中有逊清文人,也有社会名流、文人雅

---

① 泽文:《吕海寰》,新华出版社2007年,第477页。
② 陈宝琛:《沧趣楼诗文集》,上海古籍出版社2006年,第764页。
③ 陈宝琛:《沧趣楼诗文集》,上海古籍出版社2006年,第764页。
④ 陈宝琛:《沧趣楼诗文集》,上海古籍出版社2006年,第766页。
⑤ 袁思亮:《烟沽渔唱序》,朱祖谋、夏孙桐编选《烟沽渔唱》,民国二十二年(1933)铅印本。

士。须社的成立激发了很多文人的兴趣,纷纷作词酬和,这些人被视为社外词侣。社外词侣主要有陈宝琛、樊增祥、夏孙桐、陈懋鼎、陈毅、高德馨、邵章、夏敬观、姚誾素、万承栻、袁思亮、钟刚中、黄孝纾等人,中多逊清文人。无论是寓居在天津租界中的逊清文人,还是文人雅士,当彼乱世,都会有万般感怀:"吾人今日所遭,其亦天水末造之例矣。戊巳以还,沧流滋苦,一时寓公侨客播迁栖屑,局促于海津一隅,咸有潜虬尺水、负蠘荒厓之慨。然麻鞋杜老、皂帽管宁,颎洞漂流,不期翕合。畴昔重邮累驾之可接者,尽得萃于一堂,从而流连谈咏,则亦颇有笙鸣镛应、磁动针合之乐焉。"①须社为寓居津门的逊清文人、名流雅士提供了酬唱、排遣抑郁的机会,是乱世文人的一处精神乐园。

须社集会频率为每旬一集,地点在张园:"余昔年从张园诸老及旧好查、郭成词社,一旬一课。"②自1928年夏至1931年春,须社历时三周年,共百数十集,得词千余首。须社成员及社外词侣的词作由当时的词学大家朱祖谋、夏孙桐选定,由郭则沄印行:"起戊辰夏迄辛未春,凡三年,得集盈百……于是朱村侍郎与闿枝太守选其词之尤工者如千阕,郭蛰云提学为印而存之,名之曰《烟沽渔唱》。"《烟沽渔唱》便是须社成员与社外词侣唱和的词集,共七卷,于民国二十二年(1933)出版发行。

须社的成立繁荣了民国时期天津的雅文学,而《烟沽渔唱》的刊行则为后人提供了宝贵资料,具有很高的史料价值与非凡的学术意义。以胡嗣瑗为例,到目前为止,胡嗣瑗的词作被公认传世较少,2004年由中国社会科学出版社出版的《近代词人考录》中关于胡嗣瑗的条款如下:"胡嗣瑗(1868—1935后)字琴初,一作晴初,号仲,贵州开平人。光绪二十八年进士,官内阁中丞。有词见《词综补遗》卷十四。"③查《词综补遗》卷十四中所录胡嗣瑗词作不过七首而已,而《烟沽渔唱》中却收录了胡嗣瑗近百首词作,由此可知《词综补遗》对胡嗣瑗词作的收录是不全面的,而《近代词人考录》对胡嗣瑗词作的认知来源于《词综补遗》,如此便也是不全面的。因此,《烟沽渔唱》可补史料之缺,具有非常高的史料价值与学术意义。

除了自身创办文学社团之外,逊清文人的结社还有一种情况,即参加由

---

① 徐沅:《烟沽渔唱序》,朱祖谋、夏孙桐编选《烟沽渔唱》,民国二十二年(1933)铅印本。
② 定轩:《天津诗词团体记略》,《天津文学史料》(天津),1987年总第2期。
③ 朱德慈:《近代词人考录》,中国社会科学出版社2004年,第248页。

非逊清文人组织的文学社团,如城南诗社。城南诗社的发起人是严修,其成员中有逊清文人,如章珏、华世奎等人。

总之,逊清文人结社唱和的形式是多样的,结果便是繁荣了民国时期天津雅文学的创作,为后人留下了丰富而宝贵的文学资料。

(三)复辟活动

天津租界中的逊清文人最热衷于复辟的,当属溥仪周围的文人,诸如陈宝琛、郑孝胥、升允、铁良等人。因为溥仪是被逼宫后至天津日租界寓居的,他最关心的事情是复辟,所以溥仪周围的文人也随之希望复辟,于是,他们的某些活动便跟复辟有直接的关系。

围绕着复辟,溥仪周围文人分成了两派:一,以陈宝琛为代表的"还宫派"。这派人物希望恢复"优待条件",溥仪可以重新回到紫禁城。胡嗣瑗是陈宝琛的支持者。二,以罗振玉为代表的"联日派"。这派人物希望借助外国(主要是日本)势力,达到复辟的目的。溥伟、郑孝胥是"联日"的支持者。无论是"还宫派",还是"联日派",他们的最终想法是一致的,都希望复辟成功。

1926年,陈宝琛亲自到北京找朋友活动,遁迹青岛的康有为也致电吴佩孚、张作霖、张宗昌等人,呼吁恢复优待条件。但是随着北伐战争的爆发,张作霖、吴佩孚、孙传芳的军队不断溃败,根本无暇顾及"清室优待条件"。陈宝琛没有活动出任何结果,康有为也抱着未遂之志死在青岛,"还宫派"的希望破灭了,"联日派"开始活动起来。

1931年9月18日,日本发动了侵华战争,史称九一八事变。九一八事变发生后,溥仪认为复辟的机会来了,每分钟都想到东北去①。在是否应该去东北的问题上,溥仪周围文人的意见不一致。十一月五日,静园召开了一次别开生面的"御前会议",陈宝琛与郑孝胥展开了激烈的争论。陈宝琛反对溥仪贸然去东北,认为:"日本军部即使热心,可是日本内阁还无此意。事情不是儿戏,还请皇上三思而定。"②胡嗣瑗、铁良都支持陈宝琛的观点。郑孝胥则极力游说溥仪去东北,认为:"日本内阁不足道,日本军部有帷幄上奏之权。……眼看已经山穷水尽了!到了关外,又恢复了祖业,又不再愁生

---

① 溥仪:《我的前半生》,群众出版社1981年,第265页。
② 溥仪:《我的前半生》,群众出版社1981年,第282页。

活,有什么对不起祖宗的?"①在此次"御前会议"上,溥仪没有明确表示要听从哪一派的建议,但他内心更倾向于郑孝胥,认为陈宝琛忠诚可嘉,迂腐不堪②。

在经过激烈的辩论之后,溥仪被郑孝胥揎掇,终于在1931年11月10日偷渡白河而去,郑孝胥也随之出关而去,至此天津租界中的逊清文人的复辟活动逐渐归于沉寂。

(四)公益活动

逊清文人中有些人热衷于公益活动,这是清遗民区别于往代遗民的一个重要特点,也是清遗民不为学人所熟悉的一个特点,以周馥、吕海寰为例。

周馥于1914年由青岛迁至天津英租界,在天津英租界居住期间,他为受灾百姓提供过人道主义援助。例如1920年河北、河南、山东大旱,流民涌入天津。八十四岁的周馥不忍见此,遂令其子周学熙办粥厂,救济灾民:"本年(民国九年)直豫鲁三省大旱,灾民集天津。命熙儿捐办粥厂,收养四千八百余人。冬月起至次年二月,遣散其费三万余元。"③又如1921年七月,皖北淮河两岸,十数州县发大水,皖南池属各县却遭遇旱灾。周馥见家乡遭此灾难,遂与同居天津的同乡成立安徽义赈会,并推举许世英,呈请民国政府派充赈务督办,此即周学熙《行状》中所说:"辛酉皖北水灾剧,(周馥)复纠乡人请政府特任许俊人总长专赈事,复捐巨款为之倡就津设义赈会,推龚仙洲总理董厥成。其哀悯穷黎如此。"④在乱世,周馥能有这样的胸怀、气度实属难得。

同周馥一样,吕海寰也是从青岛移居天津英租界。但与周馥相比,吕海寰的公益活动显得更加丰硕,因为他是中国红十字会的创始人。中国红字会于1904年由吕海寰、盛宣怀等人倡导成立的"万国红十字会上海支会"发展而来,期间曾改名为"大清红十字会""中国红十字会",会长一职大部分时间由吕海寰担任。为了得到红十字国际委员会的承认,加入各国红十字协会,吕海寰四处奔波,并带领中国红十字会做出诸多贡献:日俄战争爆发后,

---

① 溥仪:《我的前半生》,群众出版社1981年,第282页。
② 溥仪:《我的前半生》,群众出版社1981年,第283页。
③ 周馥:《周悫慎公全集》,民国十一年(1922)刻本。
④ 周学熙、周学渊、周学辉:《行状》,周馥:《周悫慎公全集》,民国十一年(1922)刻本。

上海红十字会奔赴东北战场医治受伤士兵,拯救受难民众;1910年皖北发生特大水灾,红十字会成员奔赴灾区,救助灾民;1911年武昌起义爆发后,战火迅速扩散,战争中死伤数目激增,战区内难民四处逃生,红十字会成员赴战地救护①。在吕海寰的带领下,中国红字会终于在1912年1月15日被红十字国际委员会正式认可。

民国成立后,吕海寰虽然是清遗老,但却一直担任中国红字会会长一职,并致力于红十字会的工作:1912年"壬子兵变"时,带领北京红十字会的成员救助伤员;第一次世界大战爆发后,率领红十字会捐款救济欧战难民和日本鹿儿岛地震难民;1920年8月,带领红十字会救助俄属庙街2000余名避难华侨和驻外领事、军舰。吕海寰所做的一切已经超越政治的藩篱、国别的限制,他做的是公益事业,闪耀着人道主义的光辉。

除了周馥、吕海寰之外,溥仪也曾捐财物给灾区,郑孝胥也为灾民募捐过,据《郑孝胥日记》1930年5月13日载:"召见,论陕西灾赈,已捐皮衣数箱,意欲募捐各国。据朱庆澜自县来言:灾民二百万,拟就地购粮维持一月,以待赈粮之至。计每人每月需粮一斗,每斗粮价三元,需银六百万元。使郑孝胥草募捐启,登之西报及东报,冀有应者。……至大公报馆访胡政之、张季鸾,独晤胡,捐陕赈三百元。"②1930年5月15日所记:"访《大公报》胡政之,不遇。既归,胡来访,言皮衣清单已送至报馆,今日四时会议,拟假戈登堂开展览会。余语之曰:'报馆之力,能集款三十万乎?'胡曰:'不能。'曰:'强弩之末,徒为世笑。'因出御名募捐启示之,曰:'能鼓吹此举,或有生力军继起,未可知也。'胡遂怀捐启曰:'当筹划之。'"③由这两则日记可知,溥仪为陕西灾民捐过数箱皮衣,并以自己的名义号召各国为中国的灾民捐款,而郑孝胥也为陕西灾民捐款三百元。

但与周馥、吕海寰的公益活动相比,溥仪及郑孝胥的行为带有强烈的私欲,据溥仪《我的前半生》记载:"他(郑孝胥)提出过不少使'圣德令名彰于中外'的办法,如用我的名义捐款助赈……"④由此可见,溥仪、郑孝胥的善举是为了使溥仪的圣德昭显于天下,目的则是为了以后的复辟,这种善举与周馥、吕海寰的公益举措相比,不能同日而语。

---

① 泽文:《吕海寰》,新华出版社2007年,第430页。
② 郑孝胥:《郑孝胥日记》,中华书局1993年,第2283、2283—2284页。
③ 郑孝胥:《郑孝胥日记》,中华书局1993年,第2283、2283—2284页。
④ 溥仪:《我的前半生》,群众出版社1981年,第265页。

## 三、结语

清遗民在多数人眼里代表着落后,甚至是反动,但清遗民是一个复杂的群体,他们在民国时期的行迹、活动是不同的,学人不能以单一的标准去衡量这一复杂群体。具体到天津租界中的逊清文人,应作如是观:(一)他们的活动有进步的地方,有的甚至具有超越时空的影响力,如吕海寰所代表的人道主义精神就具有超越时空的影响力,这是值得肯定的地方。(二)部分逊清文人的复辟活动,是需要批判的地方。对此,学人要保持清醒的判断力。(三)在多数时间里,天津租界中逊清文人的活动是交游、酬唱。对此,学人需采用审慎的态度去审视、衡量,并肯定其对学术所产生的积极意义。

总之,天津租界中的逊清文人多是文化素养极高之人,有的甚至是当时文化界的泰斗。他们在天津的活动丰富多样,为后人留下了极具价值的作品,也为学人留下许多值得思索的文化现象,同时也为天津的近现代文化史添上浓墨重彩的一笔。对此,学人应当继续研究,以期更深入了解这一群体。

(《沈阳师范大学学报》社会科学版2010年第5期)

# 铁路与华北棉花市场层级系统的形成(1905—1937)

熊亚平  白宏钟

直到清代中叶,华北地区①棉花流通仍以运河和驿路为主要路径,或由平原向山区流动,或由华北向江南输出,或沿河流逆流向上游输送②。清季以降,天津、烟台、青岛、济南开埠(济南为自开商埠)后,日、美等国商人的竞相采购,近海各埠纱厂的纷纷设立,刺激了棉花种植面积的迅速扩大,促进了生产地与消费市场的日趋分离。中长途贩运量的迅速增长,使得华北地区原有的以运河和驿路为主的运输系统,已难以满足棉花流通的需要③。于是,运量大、速度快、运费适中(与肩挑、大车、驮运相比)、适合中长途运输、利于扩大销售市场及增加棉农收益的近代化铁路,逐渐取代河运成为华北棉花最主要的运销路径④。买卖双方在时间和空间上的分离,使交易后的棉

---

① 关于华北的空间范围及其演变,参见张利民:《"华北"考》,《史学月刊》2006年第4期;《论华北区域的空间界定与演变》,《天津社会科学》2006年第5期。

② 明清时期的棉花交易参见邓亦兵:《清代前期棉花棉布的运销》,《史学月刊》1999年第3期。

③ 棉花运输旺盛季节一般集中于农历八月至十二月间,此时的华北地区,多处于枯水季和结冰期。

④ 华北铁路运输系统肇始于1881年唐山至胥各庄段铁路建成通车。此后,京奉(北宁)、京张(平绥)、京汉(平汉)、津浦、正太、道清、陇海等铁路相继建成通车。京汉铁路交北宁、京绥二路于北京,交正太铁路于石家庄,交道清铁路于新乡,交陇海铁路于郑州。津浦铁路又交北宁路于天津,交陇海路于徐州。由此使华北地区出现了一个相对完整的铁路运输系统。这一运输系统的形成,不仅促成了沿线各级市场的兴起和发展,而且极大地加强了各级市场之间的联系,对华北棉花体系的形成,具有十分重要的意义。铁路与肩挑、大车、骡马、内河航运费用之比较,参见汪胡桢:《民船之运输成本》,《交通杂志》第3卷第3期(1935年1月)。棉花商人为适应市场价格瞬息万变,舍河运而就火车,参见《山西省棉产概况》,《天津棉鉴》第4卷1—6期合刊,1934年。铁路运输给棉农带来更多收益,参见《石家庄之经济状况》,《中外经济周刊》第181期,1926年9月15日;《河南棉产改进所拟定四年计划》,《大公报》1937年1月13日。

花需要经过多次转运，才能到达最终消费市场。因此在河运码头、铁路沿线、铁路与河运交汇枢纽、铁路枢纽等中转站附近，逐渐形成众多规模不等，功能各异的棉花交易市场①。到抗战前，华北地区的棉花市场已经形成了一个由初级市场、中级（中间）市场和终点市场构成的较为完整的层级系统。

迄今为止，专论（或涉及）铁路与华北棉花市场层级系统间关系的研究成果尚不多见。笔者所见，仅有张瑞德撰写的《平汉铁路与华北的经济发展》②和张利民发表的《试论近代华北棉花流通系统》两文③。两文作者均吸收了曲直生等人的研究方法，将华北棉花市场区分为初级（原始）市场、中级（中间）市场和终点市场三个层次④，论述了天津、石家庄等市场上棉花的集散状况，肯定了铁路运输的重要作用。但由于主题所限，两文均存在一定不足。张瑞德文不仅未涉及京奉、胶济等路沿线市场，而且对京汉沿线初级市场亦着墨不多。张利民文着眼于整个华北棉花流通系统，对天津、石家庄、张店等重要市场多有论述，而对青岛、郑州等中级市场及数量众多的初级市场涉及较少。

两文的共同缺憾表明，先前研究成果既未充分展示出华北棉花市场层级系统的完整性，也未全面反映出铁路在这一层级系统形成中的重要作用。因此本文将在先前研究的基础上，试图在以下三个方面取得突破。其一，不

---

① 因棉花上市季节，诸多集市以棉花交易为主，故称之为棉花交易市场。

② 张瑞德：《平汉铁路与华北的经济发展（1905—1937）》，台北"中研院"近代史研究所专刊（55），1987年，第70—72页。

③ 张利民：《试论近代华北棉花流通系统》，《中国社会经济史研究》1990年第1期。

④ 实际上20世纪三四十年代多种著作均采用分层方法研究华北棉花市场。《河北棉花之出产及贩运》将河北棉花市场划分为原始市场（包括较大的原始市场和较小的原始市场）、中级市场和终点市场三级。《山东省棉花之生产与运销》将山东棉花市场划分为原始市场、初级市场和终点市场三级。《河南之棉花》则将河南棉花市场化分为原始市场（乡镇）、初级市场（大镇和县城）、中级市场、最终市场四级。比较三者的划分方法，不难发现，华北棉花市场可大致分为原始市场（较小原始市场）、初级市场（较大原始市场）、中级市场和最终市场（终点市场）四个层次。本文将重点论述铁路运输对定期的拥有固定花店的较大集市（初级市场）、中级市场及终点市场的影响。上述划分可参见曲直生：《河北棉花之出产及贩运》，社会调查所1931年，第93—101页。吴知：《山东省棉花之生产与运销》，1936年10月，第32页。河南农工银行经济调查室编：《河南之棉花》，1941年版，第62页。

再局限于某条铁路沿线,或者某个省区,而是着眼于考察铁路与整个华北地区棉花市场层级系统之间的关系;其二,着力于先前研究者着力较少的众多初级市场和郑州等中级市场,展示棉花市场层级系统的完整性;其三,对先前研究者关照较多的石家庄、济南、天津等市场,亦着重于分析铁路运输的作用。

需要说明的是:本文考察的时间段是1905年至1937年间。1905年全线竣工的京汉铁路成为华北铁路运输系统的基干①,对华北棉花市场体系的形成具有重要意义。1937年中日战争全面爆发后,华北地区逐渐沦为战场并被日军占领,故本文以此为考察下限。

## 一、初级市场的发展

所谓初级市场,指在某一县域范围内设立的较大集市,"有定期集会,或一日一次,或三五日一次。即县城中亦有定期开市的集场。各集场的距离十数华里或二三十华里不等"②。这些集市均拥有固定的棉花店,除收购附近棉花外,还特派商人到没有固定棉花店的原始市场收买棉花,进行轧棉、分类打包后,"预备装运出口"③。由于铁路兴建前,华北运输方式以驿路和河运为主,因此这类市场大都地处驿路沿线,或濒临河运码头。

1881年后,铁路运输在华北地区得以迅速发展。这不仅使临近车站的原有市场更加兴盛,而且使车站附近兴起一批新兴市场。这些初级市场视其形成时间,可大致分旧有集市和新兴集市两大类。其中,旧有集市是指铁路兴筑前,已在城市或集镇中形成的棉花市场。铁路通车后,其棉花交易更加兴盛。此类市场又可视其所在地,分为在城集市与旧有镇(集)市两种。前者以京汉沿线的安阳比较著名,后者以京汉沿线的清风店较为突出。安阳棉花在铁路开通前,多半由小车、马车运销卫辉、怀庆一带,远及黄河以南,直达开封、许昌等处。京汉铁路通车设站及天津、石家庄、郑州、青岛、汉口等地纱厂纷纷设立后,本地及汤阴、武安、临漳、内潢、林县、河北磁县等处棉花大都集中安阳,由大车或火车运销外地,北达天津、石家庄,东至青岛、

---

① 由于京汉铁路交北宁、京绥两路于北京,交正太铁路于石家庄,交道清铁路于新乡,交陇海铁路于郑州,故可视其为华北铁路运输网的基干。
② 曲直生:《河北棉花之出产及贩运》,第88—89页。
③ 曲直生:《河北棉花之出产及贩运》,第93页。

济南,南通郑州、汉口,转销上海①。1931年前后,每年由火车运出300余车,1933年时运出12000吨。棉花交易量的增长,使花行不断增多。1933年时,县城已有花行30多家,车站设立棉花堆栈一处,专管运输棉花出口事宜②。清风店至迟在道光年间已设有集市③。由于定县土布业十分兴盛,这里成为著名的棉花交易市场。京汉铁路通车后,棉花交易更趋繁盛。1926年前,已有花店7家。其所集散棉花,大都产自车站附近,多数由铁路运销天津等地,少数由民船经保定运往天津。1933年时,共集中棉花900吨,其中700吨运往天津,200吨运销张家口。1935年时,共集中棉花3万担,由火车运销天津④。

  新兴集市可视其交易地点,分为铁路车站集市与新兴市镇集市两种。前者以京汉沿线的邯郸车站较为典型,后者以京奉沿线的廊坊较为重要。邯郸在铁路通车前,商业"胥集于苏曹镇",由民船经滏阳河运往天津。京汉铁路在城西设站后,商务逐渐移至附近地区。每当棉花上市季节,棉农将棉花直接运到车站交易,随后装车运往中级市场(或终点市场)。1935年前时,车站集散棉花1000多担,由成安北漳堡运来510担,由成安县东吴、西吴、漳河店、店上堡,邯郸县张庄桥、河砂镇等集市运来者数量也不少。上述棉花,或直接运往天津、济南,或经郑州等中级市场,转运天津、济南、青岛、上海。1919年运出棉花600车,1931年至1932年间运出香油、花生、棉花等大宗货

---

  ① 方策修、王幼侨纂:《续修安阳县志》,卷7,实业志1933年排印本,第4页。河南农工银行经济调查室编:《河南之棉花》,第44页。《安阳之棉花》,《河南政治月刊》第3卷第9期,1933年。
  ② 河南农工银行经济调查室编:《河南之棉花》,第65页。《安阳之棉花》,《河南政治月刊》第3卷第9期,1933年。《本路带各地概略(彰德车站)》,《铁路月刊》(平汉线)第12期(1931年)。实业部中国经济年鉴编委会:《中国经济年鉴》第12章(交通),商务印书馆1934年,第238页。
  ③ (清)宝林等纂修:《定州志》,成文出版社影印本,第806页。
  ④ 《定县之棉花与土布》,《中外经济周刊》192期,1926年12月11日。实业部中国经济年鉴编委会:《中国经济年鉴》第12章(交通),第232页。河北省棉产改进会编:《河北省棉产调查报告》,1936年,第114页。

物共计8890吨①。廊坊属于河北省安次县管辖,距县城30里,本非商业重镇。京奉铁路车站设立后,廊坊交通日趋便利,商贩逐渐增多,一跃成为重要市镇。由于周围盛产棉花,棉农多就地出售籽花,因此廊坊逐渐成为棉花集散中心,拥有花店和花庄多家。1935年时,由京奉铁路运出美棉1700担,经天津转销上海②。

在将棉花由产地运往消费市场时,为节省运费,附近棉农多选择民船运输。河水干涸,冬季结冰或者距离遥远时,则选用火车运送。因此,铁路运输的发展不仅促使沿线原有市场更加繁荣,而且带动了众多新兴市场的兴起。由此不仅改变了原有市场沿驿路和河流分布的格局,而且大大增加了初级棉花市场的数量,构成了整个华北棉花市场层级系统的重要基石。

## 二、中级市场的兴起

所谓中级市场(又称中间市场),是指位于水陆交通要道,联结初级市场与终点市场的棉花交易中心,一般涵盖一省或数省的多个初级市场或原始市场,交易范围大都在数百里以上③。其中,京汉铁路与正太铁路交会处的石家庄、京汉铁路与陇海铁路交轨处的郑州,胶济铁路与张博支线联结处的张店,在因铁路而兴的中级市场中居于突出地位。

石家庄在京汉、正太两路相继通车后,迅速成为山西、河北等省棉花转运天津的中间市场。其中,石家庄所转运的山西棉花大都产自曲沃、洪洞、翼城等地,先用马车运至榆次等初级市场,再由榆次车站装火车运至石家庄,转销天津。"天津棉花市场,价格上之涨落异常之大。普通高低可差三五两一担,且一日数变,朝夕不一","各商多不惜运费,弃河道而就火车

---

① 《邯郸之经济状况》,《中外经济周刊》第190期,1926年11月27日。李世昌等纂修:《邯郸县志》,成文出版社影印本,第206页。河北省棉产改进会编:《河北省棉产调查报告》,第239—246页。《民国二十年十二月一日起至二十一年十一月三十日止全年运输货物吨数表》,《铁路月刊》(平汉线)第35期。

② 北宁铁路管理局:《北宁铁路沿线经济调查报告书》1937年12月,第709页。河北省棉产改进会编:《河北省棉产调查报告》,第25—28页。

③ 参见曲直生:《河北棉花之出产及贩运》,第99—100页。吴知:《山东省棉花之生产与运销》,1936年,第32页。

云"①。直隶棉花(河北棉花)产于正定、获鹿、栾城、元氏、藁城、赵州、宁晋、柏乡、隆平、巨鹿等县。由产地运销石家庄途径有三:其一,由附近棉农直接用大车等运往;其二,由棉农将棉花运至初级市场(如藁城县城、正定县白伏、获鹿县镇头、平山县东回舍等),售于花店,由其转售石家庄;其三,棉农将棉花运至设有临时集市的原始市场(如藁城县下谈村等),出售给由初级市场棉花店派来收购棉花的商人,由商人们运至初级市场,再转至石家庄②。集中于石家庄的棉花除供大兴纱厂消费外,多销往天津。运输途径有二,其一,经京汉铁路运至丰台,转京奉铁路至天津;其二,用大车运至石家庄北高家营,由滹沱河运天津。由于滹沱河水量不定,只能载二三十包的小船,且至少半月才能运到天津。因此平时多由铁路运输,铁路不通时才改水运。1924年时,由京汉铁路运出1000余车。次年因受战事影响,仅运出347车。1933年运出200—300车(每车20吨)③。

郑州在京汉铁路与陇海铁路通车后,逐渐成为本省灵宝、陕县、安阳及山西、陕西等省货物销往汉口、天津、上海等处的中间市场。其棉花市场在1919年至1920年间开始形成。1922年至1925年间,棉花交易兴盛一时。交易旺季,每天交易量达数千至万余包,全年交易量可达40万担以上。其后数年间,由于战争及自然灾害影响,市场交易量曾一度减少。1929时年仅交易10万担左右。1930年时又稍有转机,交易量约在30万担左右④。郑州棉市所交易棉花主要来自陕西关中,豫东许昌、太康、扶沟等县,豫西灵宝、陕县、洛阳、巩县,豫北安阳、新乡等地。先集中于陕县、洛阳、偃师、安阳、小冀镇、许昌等初级市场,再由京汉、陇海火车运至郑州⑤。集中郑州的棉花,除在本埠销售外,多由京汉、陇海铁路转销汉口、上海等地,"综计各处运来之

---

① 《山西省棉产概况》,《天津棉鉴》第4卷第1—6期合刊。
② 《石家庄之经济状况》,《中外经济周刊》第181期,1926年9月15日。曲直生著:《河北棉花之出产及贩运》,第98页。河北省棉产改进会编:《河北省棉产调查报告》,第129—141页。
③ 曲直生:《河北棉花之出产及贩运》,第141页。《石家庄之经济状况》,《中外经济周刊》,1926年9月25日。叶元鼎、马广文:《吾国重要棉市调查记》,《国际贸易导报》第6卷第9期,1934年。
④ 狄豫福:《郑州棉业之调查》,《国际贸易导报》第2卷第12期,1931年12月。
⑤ 《陕西之棉业》,《中外经济周刊》第139期,1925年。河南农工银行经济调查室编辑:《河南之棉花》,第41页,第34—35页,第45页。

棉,每年约达二十五万担,由此运出,销于汉口者约三万担,销于上海者约十六七万担,销于本部者亦达六七万担"①。

张店位于桓台县东南部,1904年胶济铁路和张(店)博(山)支线通车后,成为其交汇点,交通条件十分便利。1920年,日本人在附近引种美国品种棉花后,张店车站逐渐成为鲁北棉花的重要集散市场②。集中张店的棉花,大都来自鲁北产棉各县。其中来自滨县、蒲台、利津等县者约占50%,高苑、博兴广饶产者约占30%,邹平、齐东、章邱等县约占20%。上述各处棉花,大都先集中于孙家镇、北镇、田镇、高苑县城等著名初级市场,然后运往张店,再经胶济铁路转销青岛等地③。1933年前,张店棉花年交易额约500万元,输出约20余万担。1928年,张店车站运出棉花5139吨,1929年运出2666吨,1930年运出5952吨,1931年运出8092吨。1932年运出14300吨,1933年运出14512吨,1934年运出13917吨④。

总之,随着铁路运输的发展,铁路沿线兴起了石家庄、郑州、张店等中级(中间)棉花市场。与临清等运河沿岸市场相比,其地位更加重要,是连接初级市场和终点市场的重要中间环节,也是华北棉花市场层级系统的必备要素之一。

## 三、铁路与终点市场的繁荣

所谓终点市场即最终交易市场,一般具有三个特点,其一,多为近代纺织企业集中之地,棉花消费量大;其二,多为通商口岸和棉花销往海外之处;其三,市场范围甚广,涵盖数量众多的原始市场、初级市场和中间市场。济南、天津和青岛是华北地区较大的三个棉花终点市场。

胶济、津浦铁路通车、商埠开辟、鲁丰等纱厂设立后,济南逐渐成为华北

---

① 河南农工银行经济调查室编辑:《河南之棉花》,第42页。
② 淄博市志编纂委员会:《淄博市志》上册,中华书局1995年,第79页。吴知:《山东省棉花之生产与运销》,第35—36页。
③ 吴知:《山东省棉花之生产与运销》,第29页。
④ 胶济铁路车务处:《胶济铁路经济调查报告》分编(四)(桓台县),文华印刷社1934年版,第14页,总编(上),第21页。吴知:《山东省棉花之生产与运销》,1936年,第38页。《胶济铁路二十二年各站统计年报》(张店车站),《铁路月刊胶济线》第6卷第1期。

地区重要的棉花市场。除供应本地纱厂外,集中济南的棉花,尚有相当部分经胶济铁路运往青岛出口,因此其兼具中级市场和终点市场的双重职能①。

清朝末年,济南虽已有棉花交易和花行设立,但尚未形成交易市场。1919—1920年间,随着鲁丰等纱厂的设立,棉花价格的上扬,济南逐渐成为山东一大棉花交易市场。其棉花交易量和花行数量不断攀升②。济南市场所交易棉花大部来自山东本省(约占70%),运距较近,因此由铁路运送者数量不多。但由于兼具中级市场和终点市场的双重职能,集中济南的一部分棉花经胶济铁路运往青岛出口。1928年经胶济铁路运出24227吨,1929年运出11426吨,1930年运出27867吨,1931年运出35077吨,1932年运出55430吨,1933年运往四方22400吨,运往仓口17087吨。1934年7月至1935年2月间,由胶济铁路运出70—80万担,由津浦铁路运出约10万担③。

天津棉花市场早在清末民初始形成。1904年时,内地运至天津、青岛二地的棉花,合计仅有20—30万担。1934年前,仅运津棉花最多时已达200万担,最少也在120万担,年均130—140万担④。各地棉花运津路线的选择,与地理、政局、各种交通工具便利程度等因素密切相关。运输方法可大致分为六种,即由民船直下河道至天津;由集散地用马车驮运至河道装船至天津;由集散地直接装火车至天津、用民船或车马运至车站,装火车至天津;用马车直接运至天津;用车马骆驼等,中途几经装卸,运至车站或码头,运至天津。在铁路畅通、河道结冰、水量减少、路途较远时,铁路运输为最佳选择。铁路不通时,只得选择水陆两路输送⑤。各地棉花运至天津后,去向有三。一是供应本地纱厂。1930—1934年间,裕元、华新等六大纱厂每年约消耗内地棉花40—50万担。二是输出日美等国。1908年首次向日本输出棉

---

① 因此,张利民先生认为济南是著名的中间市场。见张利民:《试论近代华北棉花流通系统》,《中国社会经济史研究》1990年第1期。
② 吴知:《山东省棉花之生产与运销》,第39—41页。
③ 吴知:《山东省棉花之生产与运销》,第41—42页。胶济铁路车务处:《胶济铁路经济调查报告》(总编上),第21页,分编六(济南市),第32页。《胶济铁路二十二年各站统计年报》(济南车站),《铁路月刊胶济线》第6卷第8期。吴知:《山东省棉花之生产与运销》,第41页。
④ 张瑞德:《平汉铁路与华北的经济发展》,第79页。叶元鼎、马广文:《吾国重要棉市调查记》,《国际贸易导报》第6卷第9期(1934年)。
⑤ 王振勋译:《天津棉花》第4章,《天津棉鉴》第1卷4期,1930年9月。

花6万担。1931年向各国输出50万担上下。1934年前,年均输出80—100万担。三是转销唐山等埠(即所谓普通移出),1923年移出9988担,1924年移出5633担,1925年移出11368担,1926年移出14018担①。

除天津、济南外,位于胶东半岛西南部,地处胶济铁路尾闾的青岛,也是华北重要的棉花交易市场。其所交易的国产棉花,大部来自济南、张店等市场,由胶济铁路运来②。

综上所述,在天津、济南、青岛等终点棉花市场的形成过程中,铁路作为连接其与腹地的重要渠道,发挥了相当的作用。这三大终点市场的形成,标志着华北地区棉花市场层级系统的最终形成。

## 四、结论

近代以来,沿海通商口岸的开放,近代纺织企业的创办及铁路为主导的近代化运输系统诸因素的结合,刺激了棉花产量的增长,加速了生产地与消费地的分离,促成了廊坊、清风店、临洺关、邯郸车站、安阳、新乡、石家庄、郑州、张店、济南、青岛等各级市场的成长。到1937年前,华北地区的棉花市场已经形成了一个相对完整的层级系统。铁路作为联络各级市场的主要纽带,对其形成及其功能的发挥,具有十分重要的意义。

其一,铁路运输的发展,不仅促进了廊坊、清风店、临洺关、邯郸车站、安阳、新乡、石家庄、郑州、张店等铁路沿线新兴市场的崛起,而且推动了天津、济南、青岛等通商口岸棉花交易的繁荣。铁路沿线各级市场的崛起和发展,使华北棉花市场的层级性更鲜明,层级系统更完善。

其二,铁路作为联络华北内陆各级市场与通商口岸的重要纽带,既便利了内地棉花等农矿产品输出海外各国,又方便了棉纱等进口工业品转销内地各省,由此进一步密切了内地市场与海外市场的联系。这就促进了华北内地市场的国际化。

---

① 王振勋译:《天津棉花》第1章,《天津棉鉴》第1卷12期,1931年8月。叶元鼎、马广文:《吾国重要棉市调查记》,《国际贸易导报》第6卷第9期,1934年。曲直生:《河北棉花之出产及贩运》,第71页。

② 青岛棉花市场交易情形,参见吴知:《山东省棉花之生产与运销》,第54—59页。青岛转运业之分布,参见胶济铁路车务处:《胶济铁路经济调查报告》分编一(青岛市),第33—35页。

其三,在铁路运输推动发展起来的棉花市场与近代企业(近代棉花打包厂、纺纱厂等)、近代金融机构及地理位置和交通状况等因素的相互作用下,华北地区出现了很多规模各异的近代工商业中心。其中,初级市场多发展成规模较小的工商业中心。中级市场多演变为中等规模的工商业重镇。终点市场则演化为大规模的工商业城市。这一格局的形成,大大推动了近代文明的传播及华北区域的城市化进程。

(《城市史研究》2010年第26辑)

# 晚清租界欧美建筑文化遗产初探
## ——以上海、天津两城市为例

### 罗苏文

租界是晚清条约口岸辟设的外侨自治行政辖区,是近代中国大陆城市化推进在中国大的先行地,欧美建筑文化输入的主要窗口。有关近代中国城市建筑的论著多侧重于从建筑史角度阐释[①]。本文感兴趣的问题是:晚清欧美建筑文化持续输入的条件是什么?创造出什么样的人文环境,对推进中西文化接触有何影响?由于上海、天津两地租界区起步较早、面积较大、延续期较长。本文以近代上海、天津为例,分别就开埠前后两地人文环境变化的趋向、中外建筑文化的共存融合、城市标志性景观区营造及其对文化环境的影响略作探讨。

## 一、一地两制:租界近代市政工程的启动

欧洲式建筑出现于中国,是16世纪欧亚海上贸易航道开通,西学东渐的产物[②],始于明末清初的个别城市,以教堂、皇家园林(圆明园)为代表[③]。它们形同孤独的纪念碑或不起眼的陈列品,未能直接引导中国传统建筑的改变。晚清两次鸦片战争(1840—1843,1858—1860)后,作为传统商埠的上海(1843年)、天津(1861年)被列为条约口岸,成为中国近代城市化进程推进

---

① 陈从周、章明主编《上海近代建筑史稿》,上海三联书店1988年,高仲林主编《天津近代建筑》,天津科学技术出版社1990年,杨秉德主编《中国近代城市与建筑》,北京:中国建筑工业出版社1993年等。
② 澳门自1557年辟有葡萄牙人居留区,形成近代城市街区及欧式建筑,广州河南的商馆区受到严密监视,被喻为"镀金的鸟笼"。
③ "圆明园虽以欧式建筑为点缀,各地虽建立教堂,然洋式建筑之风至清中叶犹未盛。"梁思成《中国建筑史》,中国建筑工业出版社2005年,第323页。

的先行地,为欧洲近代城市建筑移植租界开启大门①,呈现华界、租界、中西建筑景观异彩共存、对视融合的人文景观。促成这一历史性跨越肇端的外部社会条件,在于两地辟设租界区,一地两制。

开埠前两地均扮演内贸港、地方行政官署驻地的角色,长期制约海运资源的充分利用及城市功能拓展。主要有以下三方面。

开埠前两地均属位于河海交汇地的内贸港。上海地处华东江海交汇要冲,吴淞江南岸的青龙港是东南沿海地区的商埠之一,宋代名通惠镇,有"小杭州"之称,是今上海地区最早的海港。元代漕运海港在浏河口②,清中叶移至上海港③。清道光年间上海有"小广州"之称。天津在北京东南120公里,地处九河下游,以三岔口(南运河、海河、潞河交汇口)为河海转运码头④,经直沽入海,大沽口俗称海门。元、明、清三代的三岔口渐成为漕粮海运的汇集处兼京师粮仓、盐库,"晓日三岔口,连檣集万艘"。元代直沽港区有广通仓(1279年)、直沽海运米仓(1288年)等,约占京师、通州等地皇粮仓库总数的2/5⑤。明代天津有露囤1400所,建于清雍正三年(1725)的北仓(计720间)总库容为40万石⑥。东门外的两座天后宫:东庙(1314—1320年)、西庙(1326年)是每年漕运开航举行祭祀之所。直沽附近的盐场(三岔口、丰财)年产盐40万引(合8万吨),销往临清、通州、京师等地,海河东南是大片盐坨(露天盐堆)、筑有护盐坨堤。

清初在朝贡贸易政策统辖下,上海、天津的海运贸易被严格限于内贸市

---

① 中国近代城市化的发轫始于澳门(1573),自鸦片战争后,在沿海条约口岸租界区得到不同程度推进。

② 今太仓市浏河镇,因出海口形成十余里拦门沙,阻碍海船进出,北洋海船转以上海为转运港。

③ 1825年上海设海运总局,接卸四府(苏州、松江、常州、镇江)一州(太仓)漕粮160万石,平底沙船1562艘,运往天津。同年天津设收兑局。李华彬主编《天津港史》(古代、近代部分),交通出版社1986年,第34页。

④ 三岔口码头自三岔口向海河下游延伸十余里,称大直沽码头。每年往返此处的船只逾万,水手十余万。李华彬主编《天津港史》(古代、近代部分),交通出版社1986年,第27页。

⑤ 《明史·河渠三》卷八十五,转引李华彬主编《天津港史》(古代、近代部分),交通出版社1986年,第27页。

⑥ 《明实录·正德实录》,《续文献通考》卷七十七,转引李华彬主编《天津港史》,第45、46页。

场,被排除在对外通商正口之外。1793年英国贸易使团马嘎尔尼(Lord George Macartney)一行途经天津访华,向清政府提出在华设立使馆,开放天津为通商口岸,遭到拒绝;1832年英国东印度公司林德赛(中文译名胡夏米,Huyh Hamilton Lindsay)乘"阿美士德"号考察中国沿海商务,他访问上海时与地方官交涉开市通商,得到的回复是"上海向无夷船贸易成例,法不可违"①。两地港口因元代漕粮海运而兴,在清代已是南北沿海内贸商港重镇,却被禁止与欧商自由贸易。

港区、商业街僻居城外,设施简陋,难以拓展。开埠前上海商界以豆业、土布、沙船、钱庄构成沿海埠际贸易的支柱,县城小东门外到小南门外一带已成港区、商业区码头、渡摆口沿黄浦江西岸连成一线(约1.8平方公里)②,港区主要建筑物有江海关(俗称大关)及部分会馆建筑,为行商③提供聚会祭祀、娱乐、救助之用④。商市以豆业为领袖,早期钱业多由江浙迁入,沙船业主多出自上海及长江口濒海地区(崇明、通州、海门、宝山、南汇)。元代漕运也刺激天津直沽盐业、商业、手工业、航运业的兴办。江南瓷器、土布也由海路运销津门,"一日粮船到直沽,吴罂越布满街衢"(元张翥《蜕庵集》)⑤。清代北门外大街(俗称北大关)的南运河沿设有常关,漕船、商船、海船停泊常关河沿装卸货物,北大关为天津早期商业中心⑥。商业街区在北门外、东门外的洋货街、针市街等,商帮建筑主要有会馆,闽粤会馆(北马路)、广东会馆(城内鼓楼南)、浙江会馆(户部街)、江苏会馆(义仓大街)、岭南栈、潮帮公所(针市街)、江西会馆、山西会馆(估衣街)⑦。河北有中州会馆(大经路)、

---

① [英]胡夏米著、张忠民译《"阿美士德"号上海之行记事》,见《上海研究论丛》第2辑,上海社会科学院出版社1989年,第277页。
② 商业街区集中在码头区和城墙之间,如外洋行街、里洋行街、篾竹街、糖坊弄、染坊弄、会馆街等。
③ 从事长途贩运,也称客商。
④ 如商船会馆(1715年)、泉漳会馆(1757年)、潮州会馆(1783年)、建汀会馆(1796—1820年)等。
⑤ 李华彬主编《天津港史》(古代、近代部分),第27、28页。
⑥ 宋美云、宋鹏《话说津商》,中华工商联合出版社2006年,第9页。
⑦ 山西会馆是"一幢美轮美奂之广厦",1873年4月20日在此举行《日清修好条约》互换批准书。城内有绍兴会馆(乡祠)、庐阳公所(晒米厂丁公祠)。吴弘明编译《津海关贸易年报(1865—1946)》,天津社会科学院出版社2006年,第81页。古蓨孙著《天津指南》,新华书局1922年,第11页。

安徽会馆（督署旁）。开埠前天津商界的"八大家"中，经营盐务的4家，粮业3家，海运业1家①。两地商界大户均限于经营传统贸易。

两地作为地方行政官署所在地，城市功能以行政职能为主体，建筑功能单一、市政设施简陋。上海由镇（南宋）称县（元）；天津从直沽寨②（金）、海津镇（元，1316年）、天津卫（明）。两地最醒目的标志建筑是明代城墙：天津（永乐二年，1404年），上海（嘉靖三十二年，1553年）。上海县城城区（面积约2平方公里），自1488—1874年的近400余年间城区仍以河道、石桥组成主要交通网，主要道路有沿江纤道、近郊土路及石板路（南北向，通常熟、太仓、嘉定等县），坊巷稀疏（由5条到80余条）、道路短窄③。天津明代设三个卫（天津卫、天津左卫、天津右卫），指挥机关设城中，故称卫城（位于三岔口西南侧，即老城）。卫城为矩形平面（约3.8平方公里）俗称"算盘城"④。围以城墙、濠沟。晚清天津卫城外设炮台7处（北3，西、南各2）。清雍正三年（1725）改天津卫为天津州（属河间府），州城的南门外、西门外属静海县境；南运河北岸、海河北岸均为武清县境；北门外、仅东门外的南运河南岸、海河西南属天津州⑤，由于州县各自为政，致使天津的商业区仅限于北门外的沿河狭长地带，难以扩展。

晚清津沪两地先后列为条约口岸，成为中国对外贸易海港，又因租界区的辟设，形成事实上一地两制行政管理格局。两地在推进市政规划的某些实践（建立自治市行政管理制度，推进近代港区、市政工程建设等）与香港的做法存在趋同性。

一是选择滨海滩地作为近代城市商业开发区，实施永久租期。外侨在香港选择的商业区是滨海荒僻滩地，既临近深水港湾、地价低廉，又不太多

---

① 宋美云、宋鹏：《话说津商》，第25页。
② 地处"三岔口"水路要津，潞水、御河合流东汇海河入渤海，距中都仅百余公里。李华彬主编《天津港史》（古代、近代部分），人民交通出版社1986年，第18页。
③ 不少马路以水道、桥命名（50余处，约占城区马路10%），或保留寺、庙、庵符号（34处，约占7%）。南市区政府编印《南市区地名志》1983年，第101—102页。
④ 宋美云、宋鹏：《话说津商》，中华工商联合出版社2006年，第7页。
⑤ 同年升天津州为直隶州（辖武清、青县、静海三县），雍正九年（1731）设天津府附郭置天津县（辖六县一州）。王培利、王金迪《略论天津开埠前的地域型政区》，张利民主编《城市史研究》第24辑，天津社会科学院出版社2006年，第87、88、93页。

打扰华人居民的镇区生活①。1842年3月香港对外侨入居商业区实行土地登记,1848年又确定999年的租期,香港实行永久租期,对投资者具有吸引力。土地拍卖也为香港政府带来可观的财政收入②。晚清上海、天津租界区的圈地也在城外与出海口之间的河边滩地,临近深水港湾,并实行事实上的永租制③。上海英租界面积2820亩(1848年),地处黄浦江西岸,水深、水流平缓,1850年已是"亚洲的第四大港"④。天津初期英、法、美租界选址城南紫竹林一带,沿海河西岸长约3公里,合计960亩(分别为460亩、360亩、140亩)⑤。上海租界在1915年扩大到69942亩;天津租界在1917年扩大为22874.5亩⑥;租界面积的扩张为推进市政工程提供较充分空间。

二是辖区实行华洋杂居,推进法治管理。香港的外侨经营区在1842年2月已形成15000人的居民区,其中华人居民在12000人以上。1842年3月《中国之友》称"在殖民地历史上,香港的发展速度前所未有,成为一个自由

---

① 1841年2月,英国人在香港直接从华人手里买地修建临时的货栈、工棚、草棚、帐篷等。当时地价即取决于所处地理位置和附近海滨的水深,该岛北部海岸的深水港几乎就是香港唯一有吸引力的地方。[英]弗兰克·韦尔什(Frank Welsh)著、王皖强等译《香港史》,中央编译出版社2007年第161、165页。

② 1847年香港问题委员会报告称"我们认为下述做法是正确的,即维持一个与其说是一般意义上的殖民地,毋宁说是施加普遍影响和保护中国海一般性贸易的军事基地,其义务大部分应由商人或居住此地的其他人承担"。[英]弗兰克·韦尔什(Frank Welsh)著、王皖强等译《香港史》,第218、216页。

③ 驻沪英国领事与上海道台共同拟订《上海租地章程》(1845年),对租界租地颁发道契(租赁凭证)。第9条规定商人租地建屋后,只准商人禀报不租,退还押租;不准原主任意退租,再议加添租价。

④ 《北华捷报》1850年8月3日,转引王垂芳主编《洋商史——上海:1843~1956》,上海社会科学院出版社2007年,第154页。

⑤ 紫竹林原为一小村落,面临海大道(今大沽路),背靠海河,紫竹林与大直沽之间的海河航道,是由海路进入三岔口的必经地,扼守天津城的门户。李华彬主编:《天津港史》(古代、近代部分),第58、59页。

⑥ 王孝俭主编:《上海县志》,上海人民出版社1993年。天津形成八国租界(1903—1917年)时面积22874.5亩。后因四个租界区先后收回:德、奥(4200亩、1030亩,1917年)、俄(5474亩,1924年)、比(740.5亩,1929年),1931年法租界正式扩充476亩,天津余下的四国租界占地为11906亩。杨秉德主编:《中国近代城市与建筑》,中国建筑工业出版社1993年,第46、96、107页。

而价廉的庇护地,为个人和财产提供了充分保障"①。1843年6月香港正式称维多利亚城,英国政府颁布《香港宪章》,香港成为直辖殖民地,最高权威是法律而非个人②。香港推进招募和培养殖民官员的计划。1864年后香港建立公立教育制③,中英文双语教育成为引导香港华人融入世界舞台的第一步。

津、沪租界当局为推行市政规划,提供法律保障。1869年由上海公共租界侨民修改和增订的《上海洋泾北首租界章程》及《后附规则》,规定建屋的辅助性公共设施,如修筑沟、落水等(第8条),各式房屋立面的设计有明确规定(第23条),物主对房屋负有维护修缮责任(第30条)④。这些"根据本地区的法律依据,采取了西方城市组织许可形式的章程而制订的"条例,于1870年3月实施⑤。清末工部局印行《建筑手册》,对各类建筑的建造、维修标准适时修订,对房屋定期检查、违章必究,大体保持租界商品房民居风格规范划一。天津开埠后,英租界当局于1870年代租界颁行管理条规,俗称"租界例禁",对辖区公共卫生、治安、交通等依法管理⑥。

太平天国起义促使广东相当数量"体面的"华人携眷涌入香港避乱⑦。刺激晚清香港市政规划的全面启动,首先是修筑马路,兴建带有巴洛克建饰

---

① 亨利·璞鼎查(Sir Henry Pottinger)为外侨区的行政官,集全权公使、总督、商务监督于一身。[英]弗兰克·韦尔什(Frank Welsh)著、王皖强等译,《香港史》第165页。

② 总督有权组建立法局,并随时解除其成员的职务。行政局由英国王室官员组成,应总督要求,开会讨论总督提交的事项;如认为总督举止失当,可直接与国务大臣联系。[英]弗兰克·韦尔什(Frank Welsh)著、王皖强等译《香港史》,第172、174、189页。

③ 该计划后倚重伦敦大学英王学院新设的中文系,并从爱尔兰各大学征求应试者。1862年香港首次举行竞争性考试选拔"官学生",配备职业化官员。[英]弗兰克·韦尔什(Frank Welsh)著、王皖强等译《香港史》,第251、252—253、257、268页。

④ 王铁崖编《中外旧章汇编》第一册,三联书店1957年,第81、82、300、303、305页。

⑤ 李必璋编译《上海近代贸易发展概况:1854—1898年英国驻上海领事贸易报告汇编》,上海社会科学院出版社1993年,第341页。

⑥ 《津门杂记—天津事迹纪实闻见录》,天津古籍出版社1985年,第122页。

⑦ 理雅各认为"香港发展历程的一个转折点。当广州面临危险时,富有的家庭匆匆弃之而去,其中很多来到这个殖民地"。1859年65家华人商号已积累起相当雄厚的资本,其规模大得足以作为"行商"登记。大英火轮公司买办郭甘章买下该公司工程部的全部产权建立自己的汽船航线,到1875年他已是香港第三大纳税人。[英]弗兰克·韦尔什(Frank Welsh)著、王皖强等译,《香港史》,第284页。

风格的西式公共建筑①。1856年上海工部局董事会与英国驻沪领事达成协议:将界内道路建设的规划、实施列入董事会职责范围,1911年工部局管理的界内外道路总长177公里②。辖区公用事业先后建成营运:煤气(1865年)、自来水(1881年)、电灯(1882年)、公共电车(1908年)③。1867年天津英租界"由一名著名教会建筑师设计的教堂,一个庄严的共济会礼拜堂,一个简朴雅致的小剧场和一个漂亮的网球场",是外侨聚会的社交场所④。1880年天津港的主要港区渐从三岔口移至紫竹林的租界码头区(扩充至英租界整个沿岸,马路以碎石铺成,夜间街灯明亮。汇丰银行(Hong Kong and Shanghai Banking Corporation)天津分行是英租界第一家外商银行⑤,怡和洋行的办公楼(4层)成为英租界沿河地带最显眼的建筑。1891年天津开辟英租界新区"严格规定必须是外国式的建筑,营造计划必须先送工部局批准","住户不限国籍"⑥。严格的规章制度将租界建筑的设计、施工、使用均置于法规监督之下。1889—1999年天津贸易额与1879—1889年相比,增长123%,进出口总额已超过广州,仅次上海港居国内第二大港⑦,公用事业先后投入营运:煤气灯(1888年)、自来水(1898年)、电灯(1903年)、电车、电

---

① 域多利监狱(最早采用耐火材料,1841年)、圣约翰教堂(1847年)、圣保禄学校(1854年)、怡和洋行(1868年)、香港大会堂(1869年建)、总督府(1903年)等。[英]弗兰克·韦尔什(Frank Welsh)著、王皖强等译《香港史》,第255、256、281、345、354页。

② 史梅定主编:《上海租界志》,上海社会科学院出版社2001年,第439页。

③ 工部局设立专职道路检查员(1860年),规定辖区道路宽度(主干道18—21米、一般道路10—15米),划分人行道、车行道(1861年),路牌(1862年),种植行道树、设置路灯(1865年)、建立道路保洁、养护(1869年)制度,排水干道系统(1870年)。史梅定主编:《上海租界志》,上海社会科学院出版社2001年,第437、430—431、434—435、447页。

④ 李必璋编译《上海近代贸易发展概况:1854—1898年英国驻上海领事贸易报告汇编》,第118页。

⑤ 它使得天津的洋行在金融周转方面得以享受和上海洋行同样的便利,能够直接进口,节省了上海转运费用,以较低的价格把货物运到天津。见 Consular Reports, Tientsin, 1883(《天津英国领事报告》),1883年第272页,转引自常南《英国汇丰银行的经济掠夺》,中国人民政治协商会议天津市委员会文史资料研究委员会编《天津文史资料选辑》第9辑,天津人民出版社1980年第75页。

⑥ [英]雷穆森(O. D. Rasmussen)著,许逸凡等译《天津—插图本史纲》(Tientsin—An Illustrated Outline History),《天津历史资料》第2辑第3页,天津历史研究所1964年。转引自杨秉德主编《中国近代城市与建筑》,第106页。

⑦ 李华彬主编《天津港史》(古代、近代部分),第111、123页。

话(1904年)①。清末天津租界最繁盛的是英租界,法租界次之②。晚清津沪两地租界区是市政设施齐全、生活便利的街区,吸引华商富户入居。

三是晚清津沪两地已形成租界华人消费群体。1854年后大批江南富户持续涌进上海租界躲避战乱,形成可观的消费市场,促成租界形成华洋杂居、民居建筑更新的局面,1865年"英美租界内的中国住房都是不堪居住的茅舍,这些房子几乎已全被拆毁而代之以一种好得多的房屋,这就证明了较富裕阶层的中国居民住进了租界"③。1872年后租界华人商品房里弄民居,俗称"石库门",它的租、售广告是《申报》广告版常见的信息之一。上海人对租界的俗称从"夷场",改为"洋场"。1878年"外国租界内仍在建造大量的中国住房,租界后部已迅速出现一个中国城市的面貌"④。1879年一位英国人对上海租界的马路、建筑难以忘怀:"给我印象深刻的是,租界里竖起各式各样的西式住宅,周边是宽敞和完善的道路,卫生设备供应齐全。"⑤。1911年上海里弄民居1118处,其中租界区872处,约占78%⑥。1873年天津租界"条条马路坦荡而整齐,入夜灯火通明……租界巡捕训练有素,各种滋扰案件鲜有所闻"。1896年由于"华人近多喜居于租界","其地价愈涨,而买者愈多,从前数百金可买者,今涨至数千金"⑦。1899年英租界新区设立,扩充道路、铺设自来水管,添建医院、学校,1901年又筹划建菜市场、填高抛球场地基、辟设新墓园、水沟等,营造舒适便利的生活环境。1902年天津日租界的日人寓所与华人住宅对半。1906年各租界建屋"日增月盛"⑧。1915年

---

① 高仲林主编《天津近代建筑》,天津科学技术出版社1990年,第14—15页。
② 意、奥租界没有外国人的街区,比利时租界没有任何经营。吴振彤译:《二十世纪初的天津概况》,第15页。
③ 李必璋编译:《上海近代贸易发展概况:1854—1898年英国驻上海领事贸易报告汇编》,第239页。
④ 李必璋编译:《上海近代贸易发展概况:1854—1898年英国驻上海领事贸易报告汇编》,第505页。
⑤ 阿灵敦《以龙的眼光观察:一个外国人在中国政府服务的50年经历》(伦敦,1931年),第8页。转引梁元生著、陈同译《上海道台研究——转变社会中之联系人物(1845—1890)》,上海古籍出版社2003年,第96页。
⑥ 据《上海指南》(1911年),上海:商务印书馆1911年,卷八"城厢租界路名表计算"。
⑦ 吴弘明编译《津海关贸易年报(1865—1946)》,第182、184页。
⑧ 吴弘明编译:《津海关贸易年报(1865—1946)》,第201、209、211、241页。

津海关报告称,"数年前各处之池塘现已尽行填平,并筑有多处华人洋式房舍",但仍"不敷所需",显示华人居民消费群体的影响力。民初,北京下野政要纷纷寓居天津租界,也刺激高档小洋楼在商品房市场走俏。1916年租界建造"小所住房多处,落成后均为上等华人赁住",以意租界最多①。1930年代的小洋楼住宅多在英租界新区的五大道地区,及意租界的马可·波罗广场周围。房主是华人多,洋人少②。天津的里弄民居始于租界区,截止1949年已成为天津建造数量最大的住宅类型③。

晚清两地租界区欧美建筑的落户,是在近代外来文化强势背景下,营造出一种融合中西的文化区(culture area)④。它以欧美城市建筑景观为文化识别特征之一。在19世纪二三十年代中期大体定型,构成两地近代城市的基本规模和主体。

同期两地华界的市政改建总体滞后。上海华界市政机构的先驱有南市马路工程局(1895年)等,直到上海特别市(1927年)始设工务局,制订市政规划则。两地华界主要市政工程如拆除城墙筑环城马路:上海(1912年)、天津(1901年)。天津华界河北新区的开辟始于1903年,建成公园、新火车站(北站)、大经路(新车站—北洋通商衙门),形成华界新商业区。但两地华界地块均散处租界区外围,未能连成一片。

一市两制的行政管理制度使两地近代城市市政规划推进,既有趋同性,即租界先行,华界效仿;工程施工标准化,依法管理等,但租界与华界的建筑景观差异悬殊。

---

① 吴弘明编译:《津海关贸易年报(1865—1946)》,第329、337页。
② 五大道即今马场道、睦南道、大理道、常德道、重庆道等五条马路,为天津小洋楼的集中区域。高仲林主编《天津近代建筑》,天津科学技术出版社1990年,第41、36页。
③ 1905年上海租界华人548848人,1906年天津租界华人61712人。史梅定主编《上海租界志》,第115、116页;吴振彤译《二十世纪初的天津概况》,第19页。
④ 是文化生态学中的一个概念,指文化特征在均质程度上可被识别的地理区域。探究者们将文化区划分为三个相邻的亚带:核心区、外围区、边缘区。[英]R. J. Johnston主编、柴彦威等译《人文地理学词典》,商务印书馆2004年,第138页。

## 二、融合中西建筑的成功尝试

建筑是未必经邀请,而闯入每个人的日常生活①。因此优秀的城市建筑兼有实用、审美功能,也是艺术珍品;而拙劣的建筑作品被视为是城市"肿瘤"。晚清津沪租界呈现出具有时代烙印的中西式建筑景观,促进中西建筑文化借鉴、融合、创新。这一进程主要有三点启示。

一、建筑设计突破单一风格,因地制宜、多元共存。早期上海外滩的洋房"都是方形,极其简单,四周留出很大的空地,种植花木。各座房子的构造,差不多是一个式样,楼下都是四间大房,以供办公和会客之用。楼上则为卧室,上下都有阳台"②。董家渡教堂(1853年建成)的设计师范廷佐修士却没有简单照搬欧洲教堂的样式,而是留下一座糅合中西的"澳门式"教堂③。建筑立面带有文艺复兴时期巴洛克形式,紧靠山墙面有简单西式柱子8根,山墙中部置一大钟用罗马数字计时,山尖屋顶设十字架。正中大门上方的石框内有"万有真原"的横匾,室内外悬挂楹联。其中大门两侧的立柱采用楹联"无始无终先作形声真主宰　宣仁宣义聿昭拯济大权衡"④。附近许多船民能成为董家渡教堂的早期信徒,也与它将中国寺庙装饰——横匾、楹联,与欧洲建筑装饰符号——大钟、十字架、波状涡券结合一体,创造出既新奇、宏伟,又熟悉、亲切的建筑风格有关。这座教堂标志上海人文化性格的一个新开端,这种糅合中西文化元素的建筑风格,日后融入石库门里弄民居的装饰设计,成为近代上海洋房装饰的标志性特征。

晚清英式风格的建筑一度在两地英租界居主流,到清末改观。1864年法国领事馆大楼是通过投标竞争方式确定由承建方。圣三一教堂由英国建筑师史浩特(S. G. Scott)、凯德纳(W. Kidner,在沪唯一的英国皇家建筑学

---

① [美]布伦特.C.布罗林著、翁效旗等译《建筑与文脉》,中国建筑出版社1988年,第117页。

② 朱梦华《上海租界形成及其扩充》,上海文史馆编《上海地方史资料》(二),上海社会科学院出版社1983年,第37页。

③ 葡萄牙人1753年建于马六甲的天主教堂(Christ Church Melaka)立面装饰顶部有十字架、铜钟、立柱、拱形门,山墙装饰有巴洛克式涡卷。与17世纪澳门的教堂建筑风格相似。

④ 杨秉德主编《中国近代城市与建筑》,第47页。

会会员)设计,番汉公司承建①。19世纪后期,英国建筑师在上海建筑行业拥有优势地位,设有拱券外廊的典型英国殖民地建筑在上海很盛行。清一色的红砖或灰砖清水墙,镀锌铁皮屋顶显得很单调,被英侨讥讽为"上海式文艺复兴风格",当时上海被认为是一座仓促建起来的城市。

1890—1910年代上海租界建筑风格渐突破单一模式。1900年的外滩主体建筑群是《字林西报》馆、麦加利银行、汇中饭店、新沙逊洋行姐妹楼(The Twin Buildings of E. D. Sassoon & Co.),建筑风格、高度均相似。期间参与外滩建筑设计的洋行主要有5家,汇集多路设计人才。

1. 玛礼逊洋行(Morrison, Gratton & Scott., 1885)②,玛礼逊(Gabriel James Morrison)是英国工程师,曾任上海淞沪铁路总工程师。建筑师格兰顿(F. M. Grantton),是上海仅有的英国皇家建筑师学会成员之一,1885年他俩合作开设的玛礼逊洋行,是上海最早具有较大规模的建筑设计机构。设计作品有中国通商银行(1897年);汇中饭店(1906年,华商承建,部分采用钢筋混凝土,6层,电梯)是当时上海最豪华的饭店,具有文艺复兴风格,它的设计师司各特(Walter Scott)生在印度,在英国接受建筑教育,1902年他由玛礼逊洋行的助手成为主持。

2. 公和洋行(Palmer & Turner Architects and surveyors, 1900年代—)③,由威尔逊(George Leopold Wilson)主持,设计的外滩建筑:汇中饭店东入口(1906,华商承建,砖混)、有利银行(The Mercantile Bank of India, London & China, 1916—1918年,华商承建,最早钢框之一)、扬子大楼(Yangtsze Insurance Building, 1918—1920)。由于1920年代外滩主体建筑的设计几乎都出自公和洋行④(麦加利银行、汇丰银行、横滨正金银行、中国银行、江海关、沙逊大厦、百老汇大厦),因此建筑风格、材料都较为接近,构成一组紧凑和谐

---

① 王垂芳主编《洋商史—上海:1843—1956》,第206页。
② 玛礼孙(Gratton Morrison & Scott) 1880、1884—1888、1891—1901、1902年在沪经营。马长林主编《老上海行名辞典(1880—1941)》,上海辞书出版社2005年,第299页。
③ 公和/新公和(E. W. Turner) 1905、1906、2908、1909—1922年在沪经营;公和(Palmer & Turner Property Office)1932—1941年在沪经营。马长林主编《老上海行名辞典(1880—1941)》,第461—462、336页。
④ 是香港一家老牌建筑设计机构,1912年总部由香港迁入上海。汇丰银行建成后,被英国人认为"从苏伊士运河到远东白令海峡最华贵的建筑"。王垂芳主编《洋商史—上海:1843—1956》,第209页。

的建筑群,奠定近代外滩建筑的基调。

3.［英］通和洋行(Atlinson &Dallas,Civil Engineers and Architects.)设计作品:大北电报大楼(1906—1907年,砖混),东方汇理银行(1910—1911年,玻璃拱顶)。

4.［英］马海洋行(Moorhead,Halse & Robinson)①,设计建筑有上海总会(1909—1910年,沪最早钢混)、亚细亚大楼(1913—1916年,钢混)。

5.其他外滩建筑设计者:

［德］倍高洋行(German architects Becker & Baedecker),1898年德国建筑师海因里希·倍高(Heinrich Becker)到沪。他毕业于慕尼黑大学,与白德克(C. Baedeker)合伙在沪设立倍高洋行,他给上海的见面礼就是华俄道胜银行大楼(中山东一路15号,1901—1905年),这是砖石钢混混结构的建筑,它的立面是意大利文艺复兴式复古建筑风格,外墙镶贴白瓷砖,最早采用釉面贴砖,在设计、材料、施工方面都能与欧洲建筑媲美,也是国内最早安装卫生设备和电梯的建筑之一,由项茂记洋行承建。

新瑞和洋行(Davis & Thomas,Civil Engineers & Architects.),设计作品:礼查饭店(1910年重建,钢混、砖木并用)

1900年代,德国总会在新任会长鲁特(Lundt)推动下,由德侨筹款建造会址。当时买下仁记路外滩原仁记洋行的地皮。施工计划经会员特别大会核准,设计图样采用有奖竞争的方式,德建筑师倍高的方案中标,于1907年完工。德国总会是一幢德国巴洛克式的三层砖木结构建筑,立面两端设计了凸出的六角形瞭望亭,上盖巴洛克式曲线形的尖顶,塔身高48米,比周围建筑高出2倍,是突破外滩建筑原有高度,的一个醒目亮点。它底层的酒吧、礼堂、餐厅装饰最讲究。在德侨眼里,这个总会是民族意识的丰碑,是德国在远东贸易蒸蒸日上的象征。1917年8月中国对德奥宣战,不久德国总会奉命封闭,随后被估价、接管、拆除,原址成为中国银行的行址。

1901年1月在沪52位建筑界人士成立了"上海工程师建筑师学会",1910年在沪开业的建筑师事务所有14家,出自日本建筑师的作品主要有上海日本领事馆(1911年,平野勇造)、福井房一设计的日本人俱乐部、上海三菱会社

---

① 1908年至1928年在沪经营;Spence,Robinson & Partners 1929年至1941年在沪经营。马长林主编《老上海行名辞典(1880—1941)》,第298、424页。

(1914年)①。1918年丹麦的康益工程公司在沪设立,主要业务是承接大楼、桥梁等结构设计及基础施工,兼营机械出租。它是上海最早出现的基础工程企业,承揽上海大部分高楼、公寓、别墅的结构设计及桩基施工。1920年世界建筑公司中的强手美国建业公司来沪投资,设立办事处,承接业务②。1918年至1930年间上海有外籍建筑师设计机构二十余家③。近代天津的外籍建筑师事务所也有多家,汇集了英、法、瑞士、奥地利、意大利、日本等国建筑师。

二、在建材、装饰设计上注重引进欧美最新技术、建材,拓展建筑物的实用性、观赏性。上海租界采用钢结构的多层建筑。1890年代上海公共租界市政厅外墙采用红砖,蓝屋顶,拱形玻璃窗采光,与传统的厅堂、庭院格局,飞檐、粉墙黛瓦装饰相比,显得宏伟夺目。19世纪后期天津租界的券廊式建筑也显得单调、简陋。"重要官员、领事及较大的洋行的房屋,通常都造得很坚固。这些房屋中大抵模仿香港的,但是香港的建筑形式却是从印度传来的。结果常常是房屋内部宽敞,家具充裕,宜于夏天居住,但一到冬天,却使人一看就感到寒意"。这种适宜亚热带气候的房型在天津自然很快就被淘汰了。天津英租界的市政厅(戈登堂,1889年)是座模仿哥特式城堡建筑,由工部局首任秘书钱布尔(Chambers,苏格兰传教士)设计草图,经石匠出身的德国面包师弗郎才本赫(Franzenbach)修改完成的④。它是砖木结构的二层楼房,长方形平面,瓦楞铁屋面,青砖墙面,中间门突出,两端对称建有八角形塔楼,钱布尔形容它的建筑风格是"天津的维多利亚式"。这种风格也曾是天津的早期建筑时尚,令英侨感到亲切,英租界的天津俱乐部、安立甘教堂均模仿它的风格,"租界里的多数英国人都一致认为天津维多利亚风格的

---

① 王垂芳主编《洋商史—上海:1843—1956》,第207—208页。
② 王垂芳主编《洋商史—上海:1843—1956》,第473—474页。
③ 知名的是公和洋行(除外滩的银行建筑外,另有都城饭店、河滨大楼、峻岭公寓等)、哈沙德洋行(兰心大戏院、新光电影院、西侨青年会等)、邬达克洋行(大光明电影院、国际饭店、慕尔堂等)。陈从周等主编《上海近代建筑史稿》,上海三联书店1988年,第224—224页。
④ [英]雷穆森(O. D. Rasmussen)著,许逸凡等译:《天津—插图本史纲》(Tientsin—An Illustrated Outline History),《天津历史资料》第2辑第3页,天津历史研究所1964年。转引自杨秉德主编《中国近代城市与建筑》,第92页。

建筑举世无双"①。

　　开埠前两地的公共建筑囿于砖木结构,形制单一。梁思成认为,"中国建筑数千年来始终以木为主要构材,砖石常居辅材之位",也"未因砖券应用于墓室之经验,致改变中国建筑木构主体改用砖石叠砌之制"②。局限于砖木结构的平房、厅堂,使用期自然深受制约。晚清租界建筑采用石料、混凝土、玻璃等建材;以多种柱式、拱券,后有钢筋混凝土框架,建筑外观引进巴洛克墙饰、三角形山花屋檐等欧式建筑风格,突破传统建筑以木料为主要构材、以飞檐、粉墙为装饰的陈规,展示异彩奇观。

　　19世纪80年代首先在美国出现的摩天楼(skyscraper),是技术与社会多种因素结合的产物。它是采用钢梁结构承重的多层建筑,安装电梯,经济、便利,有效提高对城市土地的利用,成为百货公司、商务楼的理想场所。上海租界也紧随其后,陆续出现采用钢结构的多层建筑。中国菜场(1898年)是上海第一幢全钢结构的二层楼建筑。惠罗公司(南京路四川路口,5层,1906年)是上海第一座钢筋混凝土结构楼,安利洋行新楼(四川中路320号,7层,1907年)由德商瑞记洋行设计,美国底特律钢筋混凝土建筑公司担任工程指导并施工,采用新颖建筑材料和工业化施工方法③。上海德律风公司(6层,1908年)完全采用钢筋混凝土框架结构。这些尝试对近代上海城市建筑材料更新、风格多样化的影响深远。英国总会(今中山东一路3号,1910年翻建,6层)是钢筋混凝土结构,也是上海最早安装邮箱、电灯、电话、电梯、抽水马桶的洋房之一。1919—1924年,外滩沿江建筑进入新一轮更新期,形成宏伟简洁的都市主体建筑群,主要有汇丰银行、江海关大楼、沙逊大楼、中国银行、麦加利银行、怡和洋行、百老汇大厦等。主要有汇丰银行、江海关大楼、沙逊大楼、中国银行、

---

　　① 内设巡捕房、法庭、工部局、会议厅(集会、举行音乐会),建筑外面的两个大塔楼之间是一道雉堞状的墙垛,所有拱形门窗均为哥特式尖券,屋檐为雉堞样,另有簇叶状尖塔顶,木制的中央大门用铁条加固(一般关着),经侧门进入戈登堂。[英]布莱恩·鲍尔著,刘国强译:《租界生活:一个英国人在天津的童年(1918—1936)》第14页,高仲林主编《天津近代建筑》第17页。

　　② 垫灰即石料叠砌时的黏合涂料。将石料表面磨光,涂以结晶粗沙与石灰混合成垫灰,使两石表面全面接触,避免因支点不匀发生断裂。中国古代营造工匠不知道利用石料强于耐压的特性,未采用富于黏性而坚固的垫灰。参见梁思成《中国建筑史》中国建筑工业出版社2005年,第17—18页。

　　③ 以贯穿楼层的钢筋、混凝土楼梯、天花板、楼板取代横梁,使楼体因钢筋混凝土框架的内在连接而更加坚固,并缩短工期。

麦加利银行、怡和洋行、百老汇大厦等,将外滩作为展示欧美时尚建筑文化的窗口。民初天津租界的金融街以英租界的中街(今解放北路)及领事馆道附近为中心地,1919年这里高楼广厦林立,如花旗、交通、金城、中国实业诸银行,模仿汇丰银行"古典风格"的开滦矿务局总部大楼,它的柱子、门廊表面采用大理石材料①。1924年英租界在建的高层建筑主要有汇丰银行、中南银行、先农公司等。1900年至1920年上海、天津租界多层建筑主要是欧洲古典主义建筑,最壮观华丽的装饰或许是哥特式教堂的巨大柱墩,高耸的拱顶和发射式的肋架券②,建筑立面巴洛克风格③的波形涡卷。而19世纪二三十年代引进更富有视觉冲击力的美式现代主义建筑,如上海外滩的中国银行大楼、百老汇大厦、南京路国际饭店等。天津的新建筑如中国戏院(1930年)、新华信托储蓄银行(1934年)、渤海大楼(1935年)等。

里弄民居是两地租界华人集居式商品房,中西合璧风格的大规模建筑群。里弄式民居商品房既非传统四合院,也不是照搬欧美建筑的"舶来品",而是结合两地城市居民的实际生活需要,保留传统民居的开间、布局等(砖木结构、上下两层),又吸取欧洲联排式民居分户进出(单元房有两开间、三开间等),以正门的巴洛克装饰为代表性标识④。上海的"石库门"里弄商品房(民初采用钢筋混凝土结构)的门楣、墙饰、檐口多采用巴洛克装饰,弄口牌楼以中文题写弄名,创造出中西式民居的鲜明风格⑤。天津早期里弄分为平房、两层楼,俗称"锁头式"住宅。主要分布在华界(河北新区、南市区,1900—1928年),租界区1930年代兴建的新式里弄也沿用某某里的命名,设施分档,一般有多层公寓商品房⑥。里弄民居商品房的设计似乎也印证贝聿

---

① [英]布莱恩·鲍尔著、刘国强译:《租界生活:一个英国人在天津的童年(1918—1936)》,第39、141页。

② 肋架券沿墩身下伸直到地面,墩子成束柱状,使教堂内部的形式更浑然一体。参见陈志华《外国古建筑二十讲》,生活·读书·新知三联书店2003年,第93页。

③ 巴洛克,系葡萄牙语(Barocco),意为畸形的珍珠。这里是指建筑造型、装饰中,将绘画、雕刻、建筑融合一体,以动态、个性、做作的表现手法,达到惊人、炫众的效果。

④ 石库门的门饰在近代城市民居中也有采用,如汉口、厦门鼓浪屿和成都宽巷子、窄巷子。

⑤ 1950年在上海民居总面积(2360.5万平方米)中,石库门里弄有1242.5万平方米,约占53.64%,参见叶伯初主编《上海建设1949—1985年》,上海科学技术文献出版社1989年,第981—982页。

⑥ 杨秉德主编:《中国近代城市与建筑》,第94—95、104—105页。

铭"深入其境"的建筑理念:"时间、文化、地点是建筑设计的要素"①。至今名列两地近代优秀建筑之列。建筑是保留时代记忆的符号,近代两地的租界区欧美建筑大体幸存至今,成为城市的近代记忆符号。

三、两地建筑设计领域的雄厚实力也为中国近代建筑设计师、工程师及建筑公司的成长提供良好的文化环境。19世纪二十至四十年代活跃在上海、天津建筑界的华人建筑师大多有留学背景②,他们的作品超越传统、带有中西兼容的时代痕迹。1919年前后始创于天津的基泰工程公司由留美建筑师关颂声组建,"建树于津沪颇多"③,并在全国各重要城市设有事务分所。华人建筑师在1924年至1941年间为上海增添的现代楼宇不下30幢。留美建筑设计师庄俊归来的第一件作品是金城银行大楼,出自华人建筑设计师的知名建筑还有外滩的中国银行大楼(陆谦受)、大世界(周渭南)、江湾体育场(董大酉)等④。上海的华商建筑公司既是承接外滩建筑施工的重要力量,也在1930年代成为实施大上海计划的承建主力。

## 三、华洋共享的公共文化空间

晚清两地租界既是华洋杂居的特殊行政辖区,也形成若干以欧美建筑为要素的公共休闲区。这些华洋共享、功能不同的社会空间⑤,在华人眼里既陌生、新奇又是开放的,近在咫尺,可以分享身临其境的愉悦。在1900年代的地图上,天津租界的中街和上海租界的外滩,既是金融区,也是公共休

---

① "与其他许多'品牌'建筑师不同,我所追求的不是建筑的时尚和式样,而更重于建筑所在地的情况。我希望通过充分深入地了解当地的风土人情、气候、自然和地理条件等,我能真正达到'深入其境'"。[德]波姆著、林兵译《贝聿铭谈贝聿铭》,第166页。

② 天津中国工程司的阎子亨(香港大学)、陈炎仲(留学英国),华信工程司的沈理源(留学意大利,盐业银行大楼设计人)等人。中国工程司的主要作品有南开中学范孙楼、北洋大学工程学馆(南大楼)、寿德大楼(和平路322号,今东方饭店)等。华信工程司的浙江兴业银行、新华信托银行、积善里(洛阳道)、守善里(大理道)等。高仲林主编《天津近代建筑》,第78页。

③ 梁思诚《中国建筑史》,第353页,参见高仲林主编《天津近代建筑》,第78页。

④ 陈从周等主编《上海近代建筑史稿》,上海三联书店1988年,第224—226页。

⑤ social space,指社会群体感知和利用的空间。[英]R.J. Johnston主编、柴彦威等译《人文地理学词典》第660页。

闲区。津沪租界分别是沟通南北贸易的华北、华东口岸,也成为发展埠际观光旅游的先行地区。

　　凯文·林奇认为,分析城市的视觉品质,主要着眼城市景观表面的清晰或可读性。一个可读的城市,它的街区、标志物或道路,应易于认明,进而组成一个完整的形态①。晚清,津沪两地租界的河滨地块先后形成以欧式建筑群为背景的标志性景观区。1870年代初期上海英租界的外滩街区长约2英里,它被确定更适合辟为"公共休闲场所",提供公众用于散步,呼吸新鲜空气②,成为由工部局维护、管理的公共绿地。外滩的路面被拓宽,人行道、车行道分开,种植行道树、安装煤气路灯,铺路用料逐步升级,从煤屑、碎石,到清末使用圆卵石、沥青。沿江辟设开阔的大片绿地,座椅③、铜像、点缀其间,海关大楼的钟楼是公众对表的标准报时钟,外滩欧式建筑风格的轮廓线也是上海都市的天际线,欧战胜利纪念碑(1922年)的胜利女神像由南向北俯视外滩绿地,给外滩增添祥和、恬静的气氛。外滩既是上海金融、外贸心脏区,也是开阔的公共休闲区,是上海时尚都市的形象代表。美国著名华人建筑师贝聿铭(I. M. Pei)幼年时代在上海生活,他晚年认为对外滩的建筑群和美丽的河滨大道"那种强烈的印象是难以忘怀的"④。兰格在《感觉与形式:一种艺术的理论》中认为建筑是"一切被创造的、可见的环境"⑤。外滩街区的定位是成功植入一个欧式滨江城市休闲区的样板。

　　天津租界沿海河两岸分属8国(西侧为日、法、英、德,东侧为奥、意、俄、比),标志性景观区呈现多中心布局,尤以英租界中街的建筑景观形成和谐的整体效应。天津英租界中街(即Victoria Road,维多利亚道,今解放北路)

---

　　① 凯文·林奇著,方益萍等译:《城市意象》(The Image of City),华夏出版社2001年,第2页。

　　② 上海档案馆编译:《工部局董事会会议录》第4册,上海古籍出版社2002年,第689页。

　　③ 1892—1893年工部局董事会两次未否定华洋分段使用外滩座椅的建议,1927年作出决议,不禁止华人使用外滩草坪和滩地。另指示巡捕房阻止乞丐及衣衫破烂者出入该处。

　　④ [德]波姆著、林兵译《贝聿铭谈贝聿铭》上海:文汇出版社2004年,第11页。Gero von Boehm:Balthus Et Sa Passion Pourla Chine。贝聿铭是日本滋贺县美秀(Miho)博物馆的建筑设计者。

　　⑤ Suzanne Langer Feeling and Form:A Theory of Art,1953年,引自[美]凯文·林奇著,方益萍等译:《城市意象》(The Image of City),华夏出版社2001年,第9页。

北端与海河垂直,是位于海河西侧的第 2 条南北向马路,清末中街北段的银行建筑多采用古典主义建筑风格,建材多用花岗岩贴面,花岗岩柱式,进口钢窗、黄铜大门,室内用大理石地面①,显示近代银行建筑典雅华贵、坚固、厚重的风格。清末的中街"路面平坦,两旁有双排的榆树,也由于一些外观美丽的大洋房的出现,因而租界出现了固定而明显的结构"②,北段马路两侧的主要建筑有华俄道胜银行(砖木两层,1896,年黄色面砖,棕红色屋顶)、东方汇理商业银行(1908—1912 年,77 号)、华比银行(1921 年,104 号)。汇丰银行(1925 年,84 号)、麦加利银行(两层,1925 年,153 号)、花旗银行(1921年)、横滨正金银行(1926 年,80 号)③,这些建筑是天津近代金融业的心脏区④,是"天津华尔街"(Wall Street in New York)⑤,也是展示欧式建筑装饰艺术风格的长廊,令人难忘。中街的南端于 19 世纪后期建成海河西岸最早的公园——维多利亚花园(Victoria Park,1887 年,今解放北园)⑥,除外国小孩的保姆外,任何华人不得入内⑦。花园四周设有铁制围栏,园内有整齐的花坛、小径,中央有中式六角亭子、坐椅,午后有时由英国军乐队在亭子里进行演奏。花园的主要背景建筑:北侧是市政厅戈登堂(Gordon Hall,1889年)。与公园邻近的利顺德饭店(The Astor House Hotel,1890 年,今解放路 219 号)高三层,曾是天津最高的建筑,公园东南角是欧战纪念碑(高 5 米,已

---

① 杨秉德主编《中国近代城市与建筑》第 98 页。
② [英]雷穆森(O. D. Rasmussen)著,许逸凡等译《天津—插图本史纲》第 23 页,转引自高仲林主编《天津近代建筑》第 16 页。
③ 在今解放北路还有东方汇理银行(1908—1912 年,77 号)、中南银行(1922 年,90—94 号)、中国联合准备银行(1917 年,268 号),及今址改建的大通银行(1929 年,中街 1 号)、合通银行(1933 年,中街 181 号)、敦华银行(1935 年,中街 197 号)。参见李焕章等《天津外商银行简介》,《天津文史资料》第 32 辑,天津人民出版社 1985 年,第 172—186 页。
④ 截止 1937 年,天津计有 483 家洋行(不包括一般中小型日本洋行),其中 404 家设在英租界。参见吴国宾等《天津英租界概况》,中国人民政治协商会议天津市委员会文史资料研究委员会编:《天津文史资料选辑》第 9 辑,天津人民出版社 1980 年,第 10 页。
⑤ 吴国宾等:《天津英租界概况》,见《天津文史资料选辑》第 9 辑,第 13 页。
⑥ 占地 1.23 公顷,正方形。
⑦ 法国花园允许华人进入。[英]布莱恩·鲍尔著、刘国强译:《租界生活:一个英国人在天津的童年(1918—1936)》,天津人民出版社 2007 年,第 11、24 页。

拆除)①,1920年代戈登堂前的维多利亚道通往火车站,它将戈登堂、维多利亚花园、纪念碑连成一线,形成一条庆典游行的通道,也是英租界举行驻军交接迎送仪式必经之地,届时沿途搭建临时拱门,暂停通行,军队行进时奏军乐、放鞭炮,英国人观看、欢呼。1919年19岁的许姬传初访天津租界,感觉既惊讶又兴奋。"我们走到英中街(指英租界的中街),仿佛到了另一个世界,马路上几乎看不到一个烟蒂,人行道上多半是西方男女,很少看到中国行人,陪着这古老建筑洋楼,觉得空气清新,环境幽静。醉蟾(与许同行的女友——引者注)说'天津就这块地方最高尚'。"②中街两端不同风格的建筑群,保留了这座城市的近代记忆。

林奇认为环境可以围绕一系列焦点组织起来,其元素如道路、标志物、边界、节点、区域等,组成一种可意象性环境③。20世纪初期的高层建筑群不断描绘出欧美大城市现代时尚的最新轮廓线,给人巨大的视觉冲击,成为城市形象的标志符号之一。外滩、中街的沿街建筑群宏伟和谐,构成特征鲜明的整体想象,不易混淆。租界区的高层建筑也曾极大激发华人青年的创造冲动。美国著名华人建筑师贝聿铭在谈到近代上海建筑对他的影响时认为,1920年代,"上海新盖的楼房对我显然影响不小,那时,上海已是越盖越高了,这是很特别的。苏州的房子大多是一两层或是三层,那已算是高的了;而上海当时却在盖十、二十和三十层的大楼,我就由此喜欢上了建筑"。"国际饭店是我当时最喜欢的建筑,它曾是远东第一高楼,非常庄重、豪华,西方的那种豪华","从那儿我已经看到西方新建筑风格的萌芽;特别值得一提的是它的高度,我被它的高度深深地吸引了,从那一刻起,我开始想做建筑师"。"在我看电影和打撞球的时候,国际饭店也越建越高,这使我依稀看到了未来,这一点应当归功于上海。"④

晚清,借助报纸、电报的传播,轮运航线开通,津沪两地的交通距离日益缩短,刺激旅客频繁互访。1868年4月旗昌轮船公司开通津沪航线,1871年

---

① 杨秉德主编:《中国近代城市与建筑》,第93页。
② 许姬传《天津十年》,中国人民政治协商会议天津市委员会文史资料委员会编:《天津文史资料选辑》第38辑,天津人民出版社1987年,第210页。
③ 即可读性、可见性,不是被看见,是清晰、强烈地被感知。在有形建筑物体中蕴涵着对任何观察者可能唤起的强烈意象的特性。这种感受就像在威尼斯、旧金山、曼哈顿等地的经历。参见凯文·林奇著,方益萍等译:《城市意象》,第7页。
④ [德]波姆著、林兵译:《贝聿铭谈贝聿铭》,第12页。

客票营业额11万两(华人9.7万两、外人1.3万两),居该公司3条航线之首①。1875年日本三菱会社收买美商太平洋轮船公司航线,开始班期航行横滨—上海,次年扩展至牛庄、天津、芝罘航路②。1870年代后期天津—上海、烟台的轮船已有搭客③。1880年招商局开辟的国内轮运航线中,长江、北洋航线各有5船④。1882年北京顺天乡试发榜,江、浙、皖三省上榜名单由天津转电上海,仅24小时即在《申报》刊出⑤。津沪两地如同近邻,1911年津沪铁路通车。1872年上海中文报纸《上海新报》、《申报》均不时刊登华人沪游心得,如洋场竹枝词,另有《沪游杂记》等笔记刊印。凭借轮船通航之便,晚清天津"为北洋通商要地","各省宦商晋京者,四方人士来游者接踵而至,咸喜留连以瞻风景"。张焘原籍钱塘杭州,生在北京,幼年随父侨居寓天津30年,他编写《津门杂记》(初刊于1884年),自称"余以课余之暇,仿《都门纪略》《沪游杂记》,留心采访,辑成一书,聊备考证"⑥。1880年代天津已是南北轮船客运大码头,租界新奇娱乐项目的开发也成效显著。1883年恰逢三年一度录取进士的会试,进出天津的旅客较上年分别猛增7469人次、14054人次。1886年往来天津的华洋旅客均有增加,均为来者多于去者,华人约多5000人次,洋人多183人次。当年商家在临近租界的空场上铺有一条短程轻便窄轨铁路,以供参观,"直督大人以及其他大员曾加检视,并乘之游历。现有客车每日往来奔驰,深得华人游客及其家眷之惠顾"。1905年往

---

① 长江航线(华人10.9万两,外人1万两)、沪甬航线(华人9万两,外人0.5万两)。1872年2月16日福士致金能亨信,《福士书信集》,引自[美]刘广京著、邱锡嵘等译《英美航运势力在华竞争(1862—1874)》上海社会科学院出版社1988年,第103页。

② 李允俊主编:《晚清经济史事编年》,上海古籍出版社2000年,第357页。

③ 价目分官舱、舱面房、大舱三档。《津门杂记 天津事迹纪实闻见录》系来新夏主编《天津风土丛书》之一,天津古籍出版社1985年,第147页。

④ 沿江抵达汉口、宜昌;沿海包括北洋(天津、烟台等)、宁波、温州、福州、汕头、台湾、香港、澳门。《申报》光绪六年八月二十三日(1880年9月27日),转引聂宝璋编《中国近代航运史资料》第一辑(1840—1895),下册,上海人民出版社1983年,第997页。

⑤ 1897年《申报》日销量为七八千份,在条约口岸城市设立批发处,沿江各埠均赶早班轮船邮递报纸,邻近城镇读者可当晚见报。

⑥ 此书曾托上海申昌书画室代销,《申报》评论认为"暇时取而读之,觉其中探奇坊旧、问俗采风、摭下里之歌谣","可资掌故,足当卧游"。《津门杂记 天津事迹纪实闻见录》系来新夏主编《天津风土丛书》之一,天津古籍出版社1985年,第1、147页。

返于老城与马路、河岸之间的电车也吸引游客,"坐车之人半系游玩,藉开眼界"①。1895年冬天津新建一处戏园,"日夜演剧,其班中又当行出色之名优数人,以致来往客商莫不先睹为快。该园能容400人,生意颇称兴旺"②。可见,津沪两地的洋场游是吸引过往客停留观光的亮点。

1920年代,津沪两地分别作为区域内河航运的枢纽,也架起城乡流动的桥梁。天津的内河航线码头主要有西大湾子:沿南运河往直隶南部各县;邵家圈子:由大清河、滹沱河往西部各县,并有小火轮直达保定;红桥堤:可往通州;锦衣卫桥:可直抵芦台③。1922年天津有6处公园,其中租界的5处公园任人游览,不取分文;华界的天津公园门票2个铜元。游乐场(5处,1至2角),茶园(10家)开闭无定、日戏不及夜戏,电影院(6家,5分至1角),凡是大鼓书、口技、杂耍、活动电影、文明新戏、文武戏法等都市时尚娱乐均有实惠、舒适的观演场所④。上海是长江、沿海、内河三大航线的汇集地。1904年外商在四马路(今福州路)青莲阁茶楼租室放映电影,称"做影戏",每场15分钟,票价3个铜板,吸引路人一睹为快,内地人来沪竟有以不到青莲阁为羞耻事的说法。1925年建成的天蟾舞台高三层,3200个座位。两地租界区的大型娱乐建筑是华人接触、体验近代都市生活,感受异文化魅力的媒介。同期的两地租界也形成若干外侨聚居社区、外侨专用的社交场所(教堂、总会、俱乐部等),华洋之间既有日常接触的渠道,也存在某种社会距离(social distance)⑤。

晚清津沪租界欧美建筑租界曾营造了都市公共休闲区、大型娱乐建筑等公共文化空间,为公众提供跨文化相互接触的渠道。从紫禁城到中街、外滩的欧式建筑群,提供了建筑的社会文化功能转换的一种象征,它既是近代中国建筑文化遗产中推陈出新的重要环节,也是异彩永恒的瑰宝。

(《城市史研究》2010年第26辑)

---

① 1884年天津华人去多来少,1885年去少来多(多1890人次);外侨则去少来多:多89人次(1884年)、4人次(1885年)。吴弘明编译《津海关贸易年报(1865—1946)》,第131、141、138、241页。
② 吴弘明编译《津海关贸易年报(1865—1946)》,第184页。
③ 古蔚孙著《天津指南》,新华书局1922年,第6页。
④ 古蔚孙著《天津指南》,第25页。
⑤ 指两个或多个社会群体由于相互有分离意愿或相互歧视所造成的分离。社会距离通常群体之间的相互交往频度来度量,两个群体之间的社会距离通常是与他们在同一城市中的空间距离相关。[英]R. J. Johnston主编、柴彦威等译《人文地理学词典》,第652页。

# 异质空间下的共同精神
## ——以民国时期旅津鲁商为例

王 静

## 一、区域到空间——从均质到异质的一种思考路径

在对区域特征进行界定时,王先明认为,均质是"区域"成为研究意义上"区域"的关键。区域史是立足于文化、民族、语言、地理、气候、资源等结构性要素,从整体上探讨影响一定区域内的历史进程的力量及其原因或区域历史发展共性特征的一种视野或方法①。

常建华认为,从空间上,以地理、行政区、市场等标准划分地区单位,将自然、社会、经济、政治、文化纳入一个完整的体系内作综合的历史探讨,这是区域史研究的方法②。

同样,朱金瑞也强调区域的选定必须符合两个原则:第一,它必须是一个有必然联系、有系统的整体,必须有经长期历史积淀形成的整体性和共同性,有相同的地域历史文化特色。第二,它必须体现历史发展的内在逻辑性和一致性③。

徐国利也强调区域是由具有均质(同质)性社会诸要素或单要素有机构成的,具有自身社会历史发展特征和自成系统的历史地理单位。并以均质性为前提,对区域做不同的划分。如,以具有均质性的政治、经济和文化等要素作为综合指标,可以划定不同的综合性区域史研究区域;而分别以具有均质性的政治、经济和文化等要素为指标,则可以确定区域政治史研究、区

---

① 王先明:《"区域化"取向与近代史研究》,《学术月刊》2006年5月。
② 常建华:《中国社会史研究十年》,《历史研究》1997年第1期。
③ 朱金瑞:《区域性历史研究中的几个理论问题》,《中州学刊》1995年第3期。

域经济史研究或区域文化史研究中的区域①。

约翰逊在《帝国晚期的江南城市》一书中也认为:"区域"这个自施坚雅以来西方经常用于中国研究的术语,是一种建立在相互依赖的交换关系上的较强的模式。他强调的是,一个区域,其主要特点并不是内部的同质性,而是功能上的差异性②。另外,在一个区域被定义后并不是指一个固定的和封闭的地区,而是处于不同程度不断嵌套的体系中。以"江南"区域的定义为例,除去其本身范围以外,它同时又是一个更大的系统即长江下游这一"宏观区域"的组成部分,而同时这一"宏观区域"又是中华帝国这一大系统的组成部分③。显然,约翰逊反对的是依靠某一种或几种要素就确定某个"区域"的做法,而是要从整体的交换关系的相互依赖上来划分区域。同时还要关注区域的层次性、嵌套性和开放性。其实,"相互依赖的交换关系"本身也是一种同一性,在区域定义的思路上,约翰逊与其他学者并无二致。

从上述关于区域史研究的情况来看,区域的成立取决于文化、民族、语言、地理、气候、资源、集体记忆、文化象征或区位功能等结构性要素等方面的"共性""均质"或"同质"。换言之,这些就成为研究者建构研究"地域"的原材料和标志。虽然研究层次和视野不同,但研究者定义"区域"的方法,却总是依赖一定地区一方面或几方面的共性,这种共性的范围转而也就成为研究者心目中区域史研究的边界。

区域史关于"均质性"的讨论,为探讨空间的异质性提供了思考的土壤。其一,存在于历史空间的主体是鲜活的,即使是处于均质性的某一区域,其内部事物的个性相对于整体均质区域而言,也是具有异质性。也就说,即使是均质的区域,它也允许在多种多样的层面上同时展开不同质的事物。其二,区域的划分虽然依据的是同一个标准,但不同地区却呈现了"不同"和"异质",这也就成为不同"区域"同时并存的原因。其三,在由事物和现象排列而成的关系本身构成的历史空间里④,各个区域作为空间内的一个点,其并不是作为一个孤立存在的实体,而是在充满异质的空间里,与其他区域不可避免地发生着邻接关系。因此,在立体的历史时空,探究事物的关系以及

---

① 徐国利:《关于区域史研究中的理论问题——区域史的定义及其区域的界定和选择》,《学术月刊》2007年3月。
② 转引自姚永超:《空间结构理论与区域史研究述论》,《史林》2008年第4期。
③ 约翰逊:《帝国晚期的江南城市》,上海人民出版社2005年,第7页。
④ 孙歌:《在异质空间中思索"空间"》,http://www.cul-studies.com。

关系的本质成为重要任务。其中,充满异质的空间性质是首要解决的问题。

## 二、历史的"空间"

"人类是在一定的空间中创造历史的,如果没有对于空间的历史认识,我们解读的历史就只能是一条单纯的时间线索,而且即使是这条单线我们也把握不好。"①将空间看作是解释历史问题的重要符码,正在成为当今学术研究的一股潮流。正如福柯所言,20世纪预示着一个空间时代的到来。

（一）"空间"成为历史解释的一个纬度

运用"空间"建构历史解释的道路不是一蹴而就的。年鉴学派的大师布洛赫将历史定义为"时间中的人类科学"。他认为,在时间的长河中,潜伏着各种事件,也只有在时间的范围内,事件才变得清晰可辨②。所以,时间性成为历史的基础,尤其是当史学者试图解释过去表现了什么以及它们是如何表现的时候,历史无可争议的具有了时间类型。"空间被当作死寂、固定、非辩证和静止的东西。相反,时间却是丰富的、多产的、有生命的、辩证的。"福柯这句经常被学者引用的"空间贬值"的经典论述充分指出,在历史解释中,空间在时间的优先权话语下,成了一种单纯追求同质性的历史量杯。

历史被延搁了太久。当空间解释在文学、社会学、建筑学以及哲学、数学等领域大放异彩的时候,当太多的与空间相关的各种文本和言语组合,如文化空间、消费空间、政治空间、医疗空间以及话语空间、私人空间等等,相继变成了高深莫测的学问时,历史学才开始接受"空间"这一新的叙事和理论转向。

爱因斯坦以相对时空替代牛顿的绝对时空后,空间的不连续性和非均衡性成为人们认识空间的新视野。当把历史事件想象于这些空间组合时,就会发现事件与事件之间的邻接关系,不仅成为具有各种性质不同的关系,而且其次序关系也是多变的,即当一空间中的某一事件成为另一空间下的事件时,该事件又以另一种性质面貌出现在新的空间构成中。如果将想象

---

① 转引自常建华:《历史人类学与在中国的实践》,《人文论丛》2002卷,武汉大学出版社2003年,第178页。
② 布洛赫著,张和声、程郁译:《为历史学辩护》,中国人民大学出版社2006年,第23页。

再扩大,同样就发现,社会就是由若干空间相互嵌套形成的,历史想象之旅自然也就是从这些事物以及它们的空间关系开始的,而时间则成为这种关系分配中的一个要素而已。

(二)注重事物位置关系的"空间"阐释

在时间的序列下,历史学者经常需要做的工作是去证明事物的发展和进步。因此,"现代化研究范式"的宏大叙事和"挑战—回应"的线型关系更容易抓住人们的视线。当把目光从时间转向对空间的关注后,存在着两个特别重要的因素,把历史的微观反思变成了对事物根源的解码。

其一,空间的共时特征强调的是对事物连结关系的重视。如福柯所言,"我们生活的空间,本身也是一个异的空间,我们不是生活在一种在其内部人们有可能确定一些个人和一些事的位置的真空中。我们不是生活在流光溢彩的真空内部,我们生活在一个关系集合的部,这些关系确定了一些相互间不能缩减并且绝对不可迭合的位置。"①传统史学分析拘泥于时间序列,认为整个社会关系仅仅限于自上而下的国家和政府层面,殊不知由人构成的社会,其关系渗透于生活中的方方面面。

其二,由事物邻接关系构建的历史网络将人们对历史的关注点集中到了事物个体及其相互关系上。于是,寻找观念、事件、外观和意义等事实的位置变化根源,需要将历史的空间感嵌入到日常生活的情境当中。近代城市的出现创造了一种与传统社会截然不同的日常生活背景。在传统社会,学者关注日常生活,是要探讨以道德为基础的传统以及丰富多彩的人类存在在所谓的一些狭隘的例行生活下,如父母在不远游等等。在近代社会,城市发展所特有的事物出现空间商品化。时间、居所、商店、工厂以及街道、公园等等均成为空间格局中的事物,并与人在其中发生的日常生活共同构成了一种社会现象,"平凡的生活"以及以工具性目的为导向的例行活动得到了进一步的扩张。社会的整体组织方式与私密的日常生活之间产生了密切的关系,进而成为探讨私人空间与公共空间等问题的来源②。

(三)置于关系中的"空间"解释路径

历史的空间中不存在"纯客观"的人。历史的空间是由许多事件的相邻

---

① 福柯:《另类空间》,《世界哲学》2006年第6期。
② 安东尼·吉登斯著,郭忠华译:《批判的社会学导论》,上海译文出版社2007年,第86—88页。

关系来加以说明的,世界就像一个连接一些点和使它的线束交织在一起的网,人们所处的位置,即场地"从形式上说,人们可以把它们描述为某些系列、某些树状、一些粗麻布……我们处于这样的时代:我们得到的空间处在场地关系的形式之中"①。在场地构成的关系空间中,处于关系当中的各个事物,包括作为历史活动的主体——人,是不断地在空间系列中移动。经由它们在移动过程中所构建的新的场地关系,即空间,有些是表示知识或能力的等级"理念"空间,有些是表示价值或成绩的物质的大学或教室等等建筑空间。这是一种经常变动的空间,人们通过这种变动在由间隔序列划分的空间中替换着位置②。

历史的空间是一个复杂网络③,不同类型的异质空间在不断变化的邻接关系的作用下,通过特定的文化仪式或群体共时达到互动,同时空间内的部分主体也经由特定的文化仪式或群体共识获得了空间准入。简言之,在某一类型的空间内部,不同质的景观或象征物通过位置关系的形式而拼接在一起,并在相互的邻接关系中形成新的文化实践、新的价值和意义,最终达到"异中有同"的知识实践的历史脉络。

## 三、异质空间下的旅津鲁商

### (一)旅津鲁商面临的异质性空间

城市是一个由不同族群体、经济活动、生活方式交织在一起的异质体④。天津对于山东商人而言,这种异质性主要体现在三个方面。

第一个方面即城市生活的疏离感。越来越多的人涌入城市,城市给人们提供机会的同时,也会制造许多麻烦。这是因为开放的城市打破了原有的生活方式,打乱了人们熟悉的空间活动区域,制造了人们的疏离感。山东商人离开家乡,来到天津这个大都市。在这个新的空间关系网络的构成中,

---

① 转引自尚杰:《空间的哲学:福柯的"异托邦"概念》,《同济大学学报》(社科版)2005年第3期。
② 福柯著,刘北成、杨远婴译:《规训与惩罚》,生活·读书·新知三联书店1999年,第168页。
③ 参考王晴佳、古伟瀛:《后现代与历史学·中西比较》,山东大学出版社2003年,第34页。
④ 史蒂文:《社会变迁》,北京大学出版社2007年,第113页。

他们发现,自己参与到了一个更为陌生的社会关系中。这种陌生感首先来自于城市移民的不断增加。自顺治以来,"津邑居民,由各省迁来者十之七八"。从1840年到1936年近百年的时间里,天津城市人口从198715人增加到1254696人,增长了531.41%,年均人口增长速度为19.3‰。到了1946年和1947年,据天津人口籍贯统计数字,天津本籍人仅占当年人口总数的40.79%和40.13%①。

其次,商人移民数量不断增加。1846年,在天津直接从事商业经营的盐商、铺户、负贩和船户的数量在城内和乡区均占有较大的比重,其总数总计为21,546户,占到了天津人户总数的51.2%。如果在此基础上加以细分,将绅衿、烟户、佣作、捕鱼和种园中从事商业经营身份人加以区分,数量就更加可观了②。在1941—1942年天津工商业的14个部门、120个业种中,天津共有商号17501个,外埠移民开设的商号达到了11719家之多,其带来的资本量达到了111211.004千元,占到天津资本总量的34.78%,远远高于天津土著资本76532.332千元。

再次,劳动力移民来源广。大量的资本移民带来了大量的劳动力移民,这些劳动力移民一方面是受天津经济的吸引,经济的发展提供了大量的劳动力就业市场;另一方面,则是因为中国商人始终存在的"本土"意识,大量吸收了本地子弟来津做工。当时,天津的外地劳动力移民人数达到了108322人,超过了天津土著劳动力的54119人③。天津在兴办近代工业的初期,很多的技术工人是从广东、福建、宁波等地招收的④。另外,据高艳林统计显示,当时在天津的资本移民中,其来源"覆盖了全国绝大部分省区"。此外,迁居天津的移民,职业分布广泛。除了经商之外,还涉及银行、公司、手工业者、工厂的机匠和行帮头以及工人、摊贩、临时工和无业游民等等。

最后,小群体的认同会为大多数人提供一种心理上的安全感,缺乏这一认同也是造成山东商人产生疏离感的原因。侨居异地的人们,会设法在

---

① 刘卓珺:《经济发展路径差异的非制度因素探析——以津、沪为分析中心》,《上海经济研究》2006年第6期。

② 参考自高艳林:《天津人口研究(1404—1949)》,天津人民出版社2002年,第79页。

③ 以上数据参考高艳林:《天津人口研究(1404—1949)》,天津人民出版社2002年,第223,229,219页。

④ 陈卫民:《天津的人口变迁》,天津古籍出版社2004年,第57页。

更大的社会圈中寻找以地缘为关联的共同利益者,进而组成较小的社会群体,以满足其经济行为或归附心理的需要。像著名的山西商人,"以敦亲睦之谊,以叙桑梓之乐,虽异地宛若同乡,每逢年过节或每月之朔望,同乡欢聚一堂祭神祀祖,聚餐演戏",达到"天涯聚会,握手言欢,诚足乐也"。与之相反,在山东同乡会成立之前,虽然山东旅津各界人士有十万余人,但"既无扩大团体之组织,更无联络感情之机会,利害不相顾,优乐不相恤,同隶一县而须问姓名,共客一邦而不通庆"①。这种情况一直持续到1931年同乡会成立,天津的山东商人在情感上才算是有了依靠的空间。

第二个方面即市场的排外性。在天津市场上,各商帮依靠传统优势拥有属于各自势力范围的市场份额。开埠之前,整个中国国内市场还是一种以粮食为基础、以布以及盐为主要对象的小生产者之间交换的市场结构。其中,粮食的长距离远销又主要是出于某些地区缺粮引起的②。由于"京师百司庶府,卫士编氓,仰哺于漕粮"③,作为"南粮归总之路"的天津,漕粮成为其集散商品中的一大宗。明清时期,天津不但成为北方滩晒制盐业的中心,而且形成了附近沿海各盐场盐产的最大集散市场。著名的"天津八大家"中即有四家以盐起家,四家经营粮食业。此外,还有专营怀药的怀庆商帮,有"溯当前清初季,海禁大开,闽粤两省商人来津贸易者日众,其时均乘红头船,遵海北来,春至冬返"④的闽粤商帮,以及掌控盐、铁、票、染、茶、钱等行当的山西商帮等等。雄踞天津商界的商帮,除了实力庞大的天津本地商帮之外,主要就是闽粤商帮、山西商帮。

第三个方面即"自由"的商人交易活动。"在群力群策提倡公共利益之地"⑤的天津商会,其成员之间的利益纠葛经常会引发不同观点的辩争。在商会这个平台上,各方利益面向愿意听其申诉的渠道进行辩解。其结果是,

---

① 天津档案馆藏山东会馆卷宗。
② 吴承明:《中国资本主义与国内市场》,中国社会科学出版社1985年。吴承明、许涤新:《中国资本主义的萌芽》,人民出版社1985年;《市场理论与市场史》,《平准学刊》第3辑下册。吴承明:《论清代前期我国国内市场》,《历史研究》1983年第1期。
③ 袁熹:《近代北京的粮食供应》,《中国经济史研究》2005年第4期。
④ 刘正刚:《清代以来广东人在天津的经济活动》,《中国经济史研究》2002年第3期。
⑤ 天津档案馆等编:《天津商会档案汇编(1903—1911)》(上),天津人民出版社1989年,第54页。

在看似自由解决纠纷的平台上,矛盾各方反而更加让事情变得难以解决。以致,人们在不同的观点之间摇摆。

　　天津是个商业城市,生意是人们总在考虑的一件事情,生意场上的争夺总会带给人们不断的不安以及希望的破灭,20世纪初中国政局的混乱更为这种不安增加了变化的系数。赚取利润是商业经营的一个重要内容,因此也更容易使人们忘却时间的存在,而将注意力集中到了利润的争夺。可见,这种自由不是真正的自由,而是基于谋利的自由、行业组织的自由,而不是人的自由。出于经济的考虑,在一流的大商人之间,这种专制比起二三流商人更加甚之。最明显的实例就是,一看卖主不是他所喜欢的对手,则不论货物质量如何良好,或价格如何便宜,也轻易不肯与新卖主达成交易①。在政府无作为的情况下,他们恪守着自治的原则,在行业内部坚守着各自固定的客户,守卫着各自的势力范围。因此,"商业的自由使人的时间脱离四季的变化,使人的欲望屈从于利益的法则"②。这种商业状态的"自由",就是两种异质商业文化认识自我的环境,也是横亘在异地商帮融入过程中的决定因素。

　　山东商人进入天津商界的过程,是在异质的空间里去了解不同的文化方式,是作为空间网络中的一部分参与其中的过程,是形成共有知识的过程,即吉登斯所说的"脱域—再嵌入"③的过程。这一过程完成的标志是被移民城市从"异质化"到"同质化"过程的完成:只有在超越族群文化、历史及行为模式的基础上塑造出新的共同可理解和可接受的价值,区域协作与整合才可以无阻碍地继续④。显然,区域间人员流动最终结果实现的是一种新的共享价值(shared value),依赖于这种共享价值的出现,区域之间在结构性要素方面进行整合,从而使原有区域的范围得到扩展。从这个视角上而言,山

---

①　侯振彤译:《二十世纪初的天津概况》,天津市地方史志编修委员会总编辑室出版1986年,第251页。

②　福柯:《疯癫与文明——理性时代的疯癫史》,生活·读书·新知三联书店2007年,第198页。

③　吉登斯认为,脱域的行为是对特殊群体和客观社会环境有着强烈依赖的面对面的交往日趋减少,其最后的发展则使社会行动得以从地域化情景中提取出来,并跨越广阔的时空距离去重新组织社会关系。参考安东尼·吉登斯著,文军、赵勇译:《社会理论与现代社会学》,社会科学文献出版社2003年,第17页。

④　安东尼·吉登斯:《现代性的后果》,田禾译,译林出版社2000年,第19页。

东商人在天津的融入与整合,以及新的共享价值的产生,作为环渤海区域的内部交流的个案,对研究环渤海区域史有特别意义。

(二)共同精神——寻找熟悉世界的努力

在异质性的文化存在着冲突和不对称时,既有的身份面临"被怀疑和不确定的经历取代"①时,共同精神常发挥作用,并作为解决各个知觉对象距离的知识实践而存在。

山东商人经过近十几年的发展,通过其稳健的经营作风,业务益臻繁荣。特别是20年代后,胶济铁路和烟潍公路和利用帆船和小轮船为主要运输工具的港口条件的改善,渤海湾内海运的发展,山东与天津的交通日益便捷。其占据市场的地位也逐渐抬高,"竞驾山西帮而上之"②。1931年山东旅津同乡会的成立,可以看作是山东商人实力上升的标志。诚如同乡会所宣扬的"窃视今日时局之趋向,社会之潮流,欲谋公共之利益必有互助之精神,欲求个人之生存必有团体之结合"③,如何作为天津商界的一部分而参与其中,如何在山东商人的局部利益与整个天津商界的社会道德、集体良知或"公共价值体系"之间进行调和④,并进而企图消解两地商人在文化上的歧异性,成为其要考虑的问题。

当代马克思主义空间理论专家亨利·列菲伏尔指出:"空间一向是被各种历史的、自然的元素模塑铸造,但这个过程是一个政治过程。空间是政治的、意识形态的。它是一种充斥着各种意识形态的产物。"⑤哈维也指出,空间是作为社会过程容器的空间形式和作为精神秩序表达的空间形式⑥。祭祀作为一种人造空间同样也体现精神秩序的表达,也是各种意识形态的产

---

① 乔治·拉伦:《文化身份、全球化与历史》,曾军主编:《文化批评教程》,上海大学出版社2008年,第299页。
② 天津市地方志编修委员会办公室、天津图书馆编:《〈益世报〉天津资料点校汇编(三)》,天津社会科学院出版社1996年,第553页。
③ 天津档案馆馆藏山东会馆卷宗。
④ 安东尼·吉登斯著,田佑中、刘江涛译:《社会学方法的新规则——一种对解释社会学的建设性批判》,社会科学文献出版社2003年,第194页。
⑤ 转引自陈蕴茜:《日常生活中殖民主义与民族主义的冲突——以中国近代公园为中心的考察》,《时间·空间·书写》,浙江人民出版社2006年,第274页。
⑥ 仰海峰:《弹性生产与资本的全球空间规划——从马克思到哈维》,《江海学刊》2008年第2期。

物,折射出人们寻求文化认同的特性。

不同行业有其祭祀的祖师爷,如木匠供奉鲁班、饭馆供奉易牙等等①。不同省籍的商人也有其固定的祀典仪式,如山西商人对"关老爷"的祭祀、闽粤商人对"天后娘娘"的供奉,山东商人则会在8月举行祭孔大典。

在举行大典仪式中,邀请包括政界、教育界、商界等社会名流参加,一般人数在80人左右;由同乡会组建的山东公学全体教职员、学生以及会员代表近百人也会列席纪念仪式。在祭孔宣言中,对于宣扬知识的公学教职工,其应时时谨记先师"学而不厌、诲人不倦"的治学态度和"有教无类"的仁思想;对于青年学生,则应以"学问为本",明白学问如日日日新,学就新,不学即旧的道理。要树立将来成为国家主人公的理想,要负有对国家社会的责任心,更要有先师那种"乘牛车周游列国,讲道德、说仁义,到处为人民灌注知识"的精神;对于广大会员,则要以"孝悌忠信礼义廉耻"为本,待人处事要言行一致、诚实不欺,对待家人要和睦相处、遵循礼的规范②。

山东商人之所以在天津大张旗鼓地进行祭孔仪式,首先是基于他们的本土意识,以"孔子"为代表的文圣人在山东受到普遍的崇拜。近代以来,虽然山东文庙的兴建很少,但重修的情况甚多。齐河、阳信、博山等14个州县相继对文庙进行了重修③。其次,孔子作为全国性的崇拜人物,在不同时期始终是作为统治者确立的道德楷模形象。光绪三十二年(1906)将其祀典升为"大祀"。民国四年(1915),袁世凯下令各地方行政长官于二、八月上旬之丁日庙祀孔子。而后,新文化运动的兴起,尽管对废除祀孔有所争议,但孔子在全国的地位还是不可忽视的。但更值得注意的是,天津的山东商人引进祭孔仪式,还是将其作为身份重新解释的标签来宣扬。因此,作为解决异质性的一种手段,其所阐明的空间解释意义已经有所改变。

"仁"思想诠释了山东商人的第一张身份标识。山东是儒家思想的发源地,儒学不仅是中国传统文化的主体和核心,更是齐鲁文化的核心和主要代表。作为来自儒学之地的山东商人势必会以"仁义"的山东人来进行标榜,从而在商战中赢得好口碑。山东商人强调的"和"是快乐的根本,是人与人、人与自然之间和谐无间的根本,也是处理会员事务的前提。他们帮助会员

---

① 刘炎臣:《津门杂谈》,三友美术社民国三十二年(1944),第56页。
② 天津档案馆山东会馆卷宗。
③ 安作璋主编:《山东通史近代卷》,山东人民出版社1995年,第543页。

及同乡解决纠纷、争取权利。其章程明文规定：个人会员和商店会员如有难或被人诬陷及欺压,本会有救济保护的义务。会馆还为旅津同乡创办福利事业。对于孤苦生活无着的同乡,会馆协同红十字会及施材社按月给予救济。当然,这种"仁"思想也推及到天津市福利、慈善活动。他们开辟了30间房屋成立小学招收同乡子弟和外乡贫困学生,从而使一些贫困儿童得以免费入学。就像宋棐卿本人所说的："如果中国的工业界都有此觉悟,一个工厂能培养十个大学生,那些贫苦而肯用功的学生就不至于失学了。"也正是在这种思想的促使下,宋棐卿不仅为本厂职工子弟开设奖学金,而且还为成绩优秀的大学生提供奖学金。不仅如此,在饥累乱难之际,患病之人非常多,而当时天津市区的公私立医院,其病榻容量不过2000余人,再加上药价飞涨,贫困者根本无力医治。会馆全体会董一致表决,先将会馆内全部楼房充作病房,并倡议旅津全体同乡以及各热心善士慷慨解囊。

遵循礼的规范也"参与"了山东商人第二张身份构建。在天津的山东商人当然不会无睹于社会都有冲突的事实,因此,山东商人倡导遵循"礼"的规范包含了两层意思：一是作为一种经济措施建立的秩序保证。如瑞生祥联合二十九家商铺为津埠贴水复萌事致函天津商务公所："叩求府宪大人俯恤商艰,出示严禁。"包括"八大祥"在内的山东商号还参加了全津商号联名上书"请勿在津试办印花税"的活动,声明天津厘金骤增致使津商务大受影响等等。二是作为一种社会防范措施建立的秩序保证。如：博兴一位卖鱼的小贩在津经营数年,但最终还被本地人尹某强行抢去。虽一再向法院控诉,但对方并已承认赔偿损失,无奈其一味拖延,居心叵测。还有商店会员杨某因住房问题被房东王某率众殴伤,而且还有特务乘办案借机砸毁室内器物,并抢走金镯等物品。山东商人在天津的经营活动,是以天津商人的身份置于天津经济空间中,遵循着天津商场的法律道德规范。提出恪守有礼有序的活动规范,旨在帮派林立的竞争空间内寻找认可的途径,而不至于被放逐在边缘地。

如果上述两张身份还表示的是地方性的身份空间的生产,那么倡导"天下为公"则构成了山东商人的第三张身份标识,即经由共同文化入手,从而凝聚具有民族主义的身份空间生产。争取民族独立是近代中国复兴的先决条件。同乡会以"同乡会亦国民一份子,应使之有国家观念,必须有切实关系"为号召,鼓励会员参加反帝运动。当太平洋会议传来鲁案外交交涉险恶的消息时,与之有切肤之痛的同乡会马上派代表王培昆联系天津商会王卓忱主席,商讨示威游行事宜。随后,又参加了天津商会组织的七十二团体大会,商讨抵制日货措施。由山东祥字号组成的天津祥号公会也发起彻底封锁日货的行动,声称:抵制日货事,系属商民自决,为外交后盾,各宜激发天良,永久勿懈。并将所用日货盘集一处,汇编成册,自请封锁,不再售卖,以表坚决爱国之意。当校长张伯苓与吴达诠先生在津方欣然发起"废止内战大同盟"运动时,会董刘锡三在5月29日主动来函,称"查此如能永远废止内战,诚为发展救育,振兴实业之"。更有担任商会会董的章丘籍会员李春亭,在"五四运动,奔走其间,赴京请愿,故释马骏诸人,君实与有力焉。当学界激荡之际,君倡商界自决策风靡一时,天津市面赖以安谧,亦君之力也"①。

## 四、小结

近代以来,交通条件的便捷使得商人在地区间的流动较之以往更为频繁。在跨区域的流动中,具有异质性的区域势必会对生活在此空间的商人产生影响,这种异质性来源于中心与边缘的差异,"那些在地域上屈服于霸权性的权力运作的人有两种内在的选择:要么承认所强加的区别,随遇而安;要么奋起反抗,依凭他们那种公认的位置和指派的'他性',与这种大权在握的强迫行为展开斗争。这些选择本身就是空间反应,是个人和集体对感知的、构想的与实际的空间中的井井有条的权力运作的回应"②。因此,产生于商人与"他者"的交往及冲突中的异质性,是与商人的地方意识和群体意识紧密结合的,只有明确本土与"他者"的关系,这种异质性才能在两地文化认同下消解。

本文在借鉴福柯空间理论的基础上,结合社会变迁等社会学观点,通过对民国时期旅津山东商人所处空间的叙述揭示了寻求解决异质性的复杂性。山东商人作为旅居天津的客籍商人,天津的商业文化对其来说是既是一种发达的文化,也是一种充满异质性的文化空间。对山东商人而言,最大的困难不是由生活习惯、语言沟通以及地方性格特征所带来的障碍——这些困难只是暂时的,而且可以克服;而是融入天津本地商场的过程,发达的

---

① 天津档案馆等编:《天津商会档案汇编(1912—1928)》第1册,天津人民出版社1996年,第102页。
② 索杰著,陆扬译:《第三空间:去往洛杉矶和其他真实和想象地方的旅程》,上海教育出版社2005年,第110页。

商场文化只是作为环境而出现,异质性却是其作为个体所面临的最大困难。在开放的城市中,不断有疏离感侵袭着异乡的商人;在既定利益圈内感到被排斥以及在看似自由的市场贸易中,被垄断排斥在外,在这种矛盾的张力下,山东商人寻找一种共同的精神作为手段来融入市场。承认有一个共同精神的存在,有利于不同族群之间的和平相处,有利于增进不同族群之间的共同利益。在不同异质体之间寻求共同的文化,强调的是在精神上构建一个整体。只有一个强大的共同文化,才能够维系彼此的包容和忠诚。祭孔仪式作为山东商人超越地方意义的空间生产是适应环境的反应,并对山东商人的身份空间所传达的文化认同架起了表述路径。以文化打造不同省籍商帮之间的共有精神家园,才能使利益关系更加坚如磐石。

正如李猛所指出的,当事件作为关系去被把握时,就可看到它并不仅仅是连续性上的切口,而且是许多折叠在一起的事件系列上的切口[①]。因此,当我们对空间中的山东商人进行考察时,对其作为事件所构成的社会空间关系的解释,是理解异质空间中社会复杂性的一种途径。

(《城市史研究》2010年第26辑)

---

① 应星:《社会支配关系与科场场域的变迁——1895—1913年的湖南社会》,《空间·记忆·社会转型:"新社会史"研究论文精选集》,上海人民出版社2001年,第272页。

# 银企关系的历史变迁
## ——以近代天津工业化进程为视角

董智勇

工业化进程中,银行与企业的关系是相生相息、密不可分的。一方面,银行对企业的生存与发展具有举足轻重的作用。因为企业在发展过程中对资本的需求占重要地位,而银行恰恰可以调动资金去弥补企业资金的暂时不足,借以辅助现代产业的发展;另一方面,企业又是银行赖以生存和发展的基础。因为社会财富归根到底是由产业部门创造的,企业暂时闲置的货币资本构成了银行存款的重要来源,并转化为借贷资本,银行的业务得以展开,并以产业资本的循环为基础而获得自身发展。本文通过历史考察,对天津近代银企关系模式进行归纳总结与比较分析,揭示银企关系的形成与发展机理,及其对天津近代工业的影响。

## 一、银企关系的概念与模式

### 1. 银企关系的内涵

所谓银企关系,从广义上来说,是指银行与企业之间现实存在着的相互对应的诸多联系(互相作用、互相影响、互相制约等)的总和。从狭义上来说,是指银企之间的资金借贷关系。这种关系也可称为借贷资本与工业资本的关系,或者银行资本与产业资本的关系。此外,西方工业化国家的历史表明,银企关系经历了一个由信贷联系到资本融合的发展过程。

从内容上看,银企关系包括经济利益关系和经济运行关系两个方面。经济利益关系主要是指产品的分配形式,产品分配形式的任何变动都是经济利益关系的调整。另一个方面是经济运行关系,它是指银企双方在生产、分配、交换、消费四个环节中产生的一系列关系。银企关系这两个方面的内容是同时存在、互相作用的。在银企关系中,经济利益关系是最重要、最基本的内容,也是本文关注的重点。

从层次上看,银企关系可划分为宏观关系和微观关系。银行和企业的宏观关系是指中央银行及其制定的货币政策或实施的金融宏观调控措施与企业整体的关系。银企之间的微观关系是指具体企业和专业银行之间的关系,二者主要以信用为基础,通过资金借贷(或供给),结成具体的债权债务关系。本文主要研究天津近代银企的微观关系。

2. 银企关系的主要模式

目前主要银企关系模式有美国模式(松散型模式或市场主导型)、日本模式(紧密型模式或银行主导型)、德国模式(全能银行型)和韩国模式(政府主导型)。美国模式的显著特征是以自由市场经济为运行基础,银企之间产权制约较弱,主要依赖债权债务关系和系统严格的法制来解决争端,企业的资金主要来源于自身积累和直接融资,并着重于短期目标。日本模式以"社会"市场经济为运行基础,产权制约较弱,以银行间接融资为主,银行在经济和企业经营中起重要作用,资本市场的作用相对较小。德国模式是一种全能型银企关系,银行不仅充当贷款人而且还为企业提供证券发行及相关业务,同时还在企业中充当表决代理,对企业监事会的控制。韩国模式是政府主导银企关系模式,政府在储蓄——投资转化中起着重要的支配作用:一方面,它保持对国内金融部门的有效控制,直接或间接地对银行决策施加影响;另一方面,又以产业政策为引导,把信贷分配与政府扶持的企业对象联系起来,从而实现产业结构调整、促进经济增长之目的。

美、日、德、韩四种模式的银企关系产生于不同的背景,会呈现一些相同和差异(如下表所示)。

| 项目 | 美国模式 | 日本模式 | 德国模式 | 韩国模式 |
|---|---|---|---|---|
| 贷款 | 提供短款贷款,尽可能降低风险 | 提供最多的贷款,并自我承担风险 | 提供贷款,并自我承担风险 | 按政府指令提供货款 |
| 股权持有 | 不直接持有企业股权,但可通过信托或银行持股间接向企业投资 | 银行与企业相互持股 | 银行持有企业股份 | 不持有 |

| 项目 | 美国模式 | 日本模式 | 德国模式 | 韩国模式 |
|---|---|---|---|---|
| 人事交流 | 仅作为公事的外部董事 | 通过临时派遣和调动,促使信息内部化 | 银行作为企业董事会代表及银行寄存股票表决权制,使信息流内部化 | 银行间断性派人调查 |
| 长期性 | 近年来有长期性趋势 | 长期固定的相互承诺 | 长期稳定的交易 | 非长期 |
| 综合往来 | 针对企业的基本战略提供服务 | 业务范围不是严格界定的 | 实行金融服务一体化 | 服务于政府金融监管 |
| 解救措施 | 银行有提请清盘和忠告的职能 | 银行承诺最终庇护,整顿重组 | 银行给予紧急援助,并协助企业重组或整合 | 给予救助,参与重整 |

## 二、天津近代银企关系的历史变迁

1. 天津近代银企关系的初步形成

在20世纪初,清政府为了促进直隶和天津工商业的发展,建立了天津官银号①。其初始资本来自各衙门局,将所存储至该号的库款变为存款。当时为发展北洋实业,清政府把天津官银号积累的大量资金变作经营货币资本,添设商务柜经营贷款,由银号向工厂拨借资本,成为北洋实业与直隶早期近代工业创兴与发展的重要金融支柱。这种银企关系比较接近韩国模式。除少量、无偿赞助拨款外,绝大多数均为有偿薄息贷款,而且,除津浦铁路商股公司贷款为七厘外,其余都为五厘,这大大低于当时社会上一般借款行息八厘至一分二厘的情况,可见,当时政府对近代企业的金融支持力度很大。伴随官银号的金融资本投资于启新、开滦、水泥、煤炭工业发展迅速,企业获取了高额利润。如水泥仅1919年至1925年间,盈利即高达100多万元。又如,煤炭自1912年开滦两矿联营后,利润高得惊人,联合第一年的利润将近300万元;到1932年,滦矿累计盈利4600万元,相当于实缴股本的十倍。

---

① 林纯业、郝庆元:《天津官银号记事》,《近代史资料》,总68号。

2. 商业贷款随着工业化不断深化而逐渐增多

在20世纪20年代，天津近代工业发展迅速，规模不断增大。与此相适应的是，企业利用商业借款也逐渐增多，银企关系更多表现为商业借贷关系，比较接近美国模式。例如，金城银行对津企业放款额由1919年的70.7万元增加到1927年的32.2万元，增长4倍多。放款的重点对象是棉纺织业，对其放款占整个工矿企业放款的一半左右。此外，范旭东在企业发展的过程中，大胆地利用银行长期抵押贷款来实现资本规模的扩大。1921年永利正式建厂时，唯一的资金来源于陆续招股，但为数不多，远远不能应付需要，而且久大所得利润毕竟有限，因此范旭东以永利公司全部资产作为抵押，直接向金城银行贷款，贷款额逐渐增多。久大公司1919年贷款26.5万元，到1927年贷款额猛增到78.5万元，增加3倍多；永利公司贷款也由最初的13万元增加到60万元。1934年，永利化学工业公司筹建南京硫酸铵厂，但需资甚巨，上海银行联合其他银行组成银团，共同向永利公司投资放款。在1934年新增的350万元中，150万元新股由上海银行和金城银行各承购75万元，后又由上海、金城等五家银行向永利公司贷款550万元①，这是当时中国银行界对产业界所贷放的最大一笔增加，而且条件相当优惠，反映了当时银行资本与产业资本之间关系的融洽。

3. 银企关系日益密切——银行对企业的投资不断增加

金城银行除对工矿企业进行放款外，还通过承销企业债券、购买企业股票等方式对产业部门进行投资，这种银企关系接近德国模式。1926年中兴煤矿因为扩大生产规模，计划发行债券300万元②。这是私人资本企业首次大规模发行债券，得到了金城、大陆、中南、盐业、浙江兴业等五家银行的大力支持，全部委托银行经理发行③。据统计，至1927年末，金城银行持有各种"有价证券"708万元，其中属于投资性质的约有165万元，而工业投资约

---

① 中国人民银行上海市分行金融研究所编：《上海商业储蓄银行史料》，上海人民出版社1990年，第555—557页。
② 金城银行档案抄件："中兴煤矿公司股东会议决案"，1926年6月20日。津银研存。
③ 金城银行档案抄件："经理发行公司债合同"，1926年6月21日。津银研存。转引自同上。

为57万元,占总投资额的34.63%①。其中,1927年金城银行对津企投资额总计达37.8万元,占其投资总额的22.9%,占工业投资总额的66.3%。1927年后,金城银行对工矿企业的投资迅速增加,截至1937年,共投资各类企业12家,账面金额达163万元,增加了125万元,是1927年增加4倍多。

4. 银企关系的进一步加强——由借款透支到银行托管

天津裕元纱厂从建厂到1922年,其先后向银行借入各类款项共计630万元②,其中大部分是金城银行所贷。同时金城银行除向裕元纱厂发放定期贷款外,双方还订立合同,给予裕元透支的便利,并规定工厂所有收支款项均应通过该行结算。实际上,裕元纱厂的透支借款经常超过规定限额,金城银行一般都给予融通办理。进入20世纪30年代后,天津各大纱厂经营困难,恒源、北洋两纱厂最终于1935年被金城、中南两家银行组成的诚孚信托公司接管,成为金融资本直接控制的企业。北洋纱厂连年亏损,金城、中南两银行几经交涉,仅以68万元的低价收买了该厂。恒源纱厂至1934年,借款付息就达239.2万元,企业亏损近180万元,债务已无力偿付,只得委托金城、中南两行代管。这种银企关系更加接近德国模式。

从天津工业发展的角度看,20世纪30年代银行业大规模进入棉纺织业的活动,是具有积极意义的。当纱厂陷入经营困境时,银行资本的及时进入,给这些濒临倒闭的企业注入了新鲜血液,有了起死回生的希望。事实也是如此,经银行接办的纱厂,通过采取增拨流动资金、改进经营管理等措施,生产经营情况较前有所好转。例如,恒源纱厂被托管后,先后借款200万元,用以修理厂房、添购新机及各种设备,经过一番努力,厂内设备焕然一新,后来本息一律清偿,还发放了1940至1942年的各年度股息③。北洋纱厂由诚孚公司代营后,于1936年7、8月间复工,并聘请了国内有名的纺织专家朱梦苏任厂长。经过短时间的初步整顿,该厂的棉纱质量和产量均有所上升,产品逐步在市场上打开了销路,到这年年末结账,净盈利1万元,一举扭转了过去朝不保夕的困难局面。

5. 银行资本与产业资本的融合

银行资本与产业资本的融合作为社会生产力发展到一定阶段的必然产

---

① 中国人民银行上海市分行金融研究所:《金城银行史料》,上海人民出版社,1983年,第173—174页。
② 严中平:《中国棉纺织史稿》,科学出版社1955年,第353—354页。
③ 中南银行档案:"恒源纱厂第十六届年结帐略"。沪银档藏。

物,是现代市场经济发展的自然趋势。这种趋势并不是西方国家在工业化过程中独有的现象,天津近代也出现了银企相互渗透的现象,但融合的规模与程度是不能与西方发达国家相比的。通过前面的论述已经知道,天津的银企关系从最初的借贷关系发展到银行投资企业、再到银行直接控制企业,在这一过程中,天津出现了企业通过各种方式向金融业渗透的趋势。这就是说,银行资本与产业资本融合的过程是双向的,既有银行资本向产业资本渗透的一面,也有产业资本向银行资本渗透的一面。不过,这种双向融合过程又存在着非对称性,相对于银行资本对产业资本渗透的规模与深度来说,产业资本对银行资本的渗透是很不够的。天津工业企业向金融业渗透的方式主要有三种:一是工业企业直接投资设立银行。20世纪20年代,一部分在初步的资本集中基础上发展起来的规模较大的工业资本集团,为解决自身扩张过程中日益重要的资金融通问题,开始创办银行,例如周学熙企业集团创办的中国实业银行和华新银行。二是工业企业向银行投资。天津近代更普遍的现象是企业向银行加入股份,以取得银行的部分控制权。这里面也包括大的企业,但更多的是中、小企业。例如,金城银行成立初期,工业企业投资者较少,但以后数次增资中,参股者渐多,有天津裕元纱厂、久大精盐公司和永利制碱公司等①。尽管这些企业投资的金额不大,但已经代表了两种资本的融合趋势。还有,上海银行的股东中也有天津的工业企业投资,如天津振华造纸厂②。三是工业企业兼营储蓄业务。一些企业为了解决自身的资金需求,将各种金融手段直接引入企业,予以灵活运用。其中最有成效的就是企业附设储蓄机构,除直接吸收内部职工存款外,还广泛收存社会各界的资金。1930年后,虽然国民政府有关部门明令规定,禁止工厂设立储蓄部,但各企业基本上没有遵行。例如,天津裕大企业集团所属大兴纱厂在厂内就附设了储蓄机构,吸收本厂职工与社会各界存款,成为该厂营运资金的一个重要来源。据厂方人员回忆:"大兴的存款,除股东固定存单150万元外,其他存款经常达100多万元。"③

---

① 中国人民银行上海市分行金融研究所:《金城银行史料》,上海人民出版社1983年,第30—31页,第245页。
② 中国人民银行上海市分行金融研究所编:《上海商业储蓄银行史料》,上海人民出版社1990年,第38—40页。
③ 杨俊科等:《大兴纱厂史稿》,中国展望出版社1990年,第42页。

### 6.银企关系不断深化的负面影响

长期以来,近代工业企业始终存在着重发展、轻积累的倾向。不管是在资金充足的条件下,还是发生了财务困难,企业一般只注重固定资产的投入,而不从整个生产过程着眼,合理安排流动资金。而且,很多企业不顾自身实力的限制,盲目扩大生产规模。这些都严重削弱了企业的自我发展能力,使企业资金短缺的矛盾更加突出,只能靠银行借款解决资金问题,对银行资本的依赖性日益加深。天津的几大纱厂就是这样逐渐被日资吞并的。进入20世纪30年代,17家大企业除了设于塘沽的久大制盐厂和永利制碱厂外,几乎没有了20世纪20年代前期的兴旺景象,多数处于停产、半停产的萧条状态。到1937年七七事变前,纺纱企业已为日本工业财团和国内金融资本所控制。

总的来说,天津近代工业化进程中普遍存在着对资金的迫切需求,银行在这一过程中的作用越来越大,银企关系逐渐加强。天津近代的银企关系包含了美、日、德、韩等四种模式。在天津工业发展初期,韩国模式较为突出;随着工业与银行的发展,美国模式逐渐普遍;日本模式在资本集中的企业集团中更为明显;德国模式在协助企业重组或整合的过程中表现得更加明显。同时,在这一过程中,银行资本与产业资本的融合时有发生。而且大多企业被日本工业财团和国内金融资本所控制,成为银企关系不断深化最为严重的负面影响。

(《特区经济》2010年第6期)

# 中国近代交通环境变革中的传统运输
## ——以华北区域为例

张利民

华北地区交通,长期以内河和陆路为主,清代中叶海禁政策松弛后,沿海帆船运输开始兴起,拓展了近海运输航路,但交通环境并没有本质上的改变。开埠通商以后,轮船代替帆船,海运扩展到国外,也带动了内河航运方式等方面的转变;更为重要的是,铁路迅速兴起和长途汽车运营等,促使华北交通环境在全国率先发生变革。然而,传统交通渠道和运输工具并没有完全被摒弃,通过整合成为近代化交通的补充,进而形成了华北地区以近代交通为主,传统方式为辅的交通体系。关于铁路等近代交通工具的产生和作用已经多有论述,本文拟梳理近代以后华北区域传统交通运输方式中的内河航运和陆路运输,意在阐释它在交通环境发生变革过程中的适应和发展,以期更为全面地了解近代以来华北地区交通运输的全貌。

一

近代交通工具包括蒸汽革命以后利用机械为动力的轮船、火车和汽车等。20世纪以后,华北地区开始形成由铁路、公路、外海和内河航运等多种方式多条渠道交织的近代交通运输网络。明清以来,相对江南地区来看华北地区商品经济不够发达,依靠内河船舶和车马等交通工具的运输条件较差,所以近代以后华北交通环境的变革至关重要,有力地推动了长距离大宗商品的运输,促进了沿海与内地、城市与乡村之间的商品流通,促进了社会经济的发展。

同时,这些近代交通工具严重地冲击了以往依靠内河和车马的传统运输方式,简单归纳在以下几个方面。

其一,正常情况下,近代交通工具的运输成本的优势令传统运输工具望尘莫及。传统的运输以内河和驿道为主,内河河道需要经常动员大量的人力物力通浚,船只运载能力也有限,不能满足逐渐发展的长途商品流通的需要。传统的陆路是官路和大道,多是沿自然地形平垫而成,路基低洼,坎坷不平,坡陡崎岖,运输工具是长期沿袭的畜力车、驮运,甚至依靠人力,不利于开展长距离大宗商品的运输。铁路开通后,大宗货物长距离运输成本降低,大大提升了华北区域的交通条件。1926年美国驻天津领事馆曾经调查华北平原货物运输的费用:

| 运输方式 | 平均载重量 | 平均每日行程(哩) | 平均每哩费用(元/吨) |
| --- | --- | --- | --- |
| 铁路 | | | 0.015 |
| 民船 | 40—100吨 | 20—35 | 0.036 |
| 大车 | 1吨 | 20—30 | 0.120 |
| 牲畜(驴) | 250—200磅 | 25 | 0.298 |
| 小车 | 700磅 | 20 | 0.151 |
| 脚夫 | 180磅 | 20 | 0.313 |

转引自张瑞德:《平汉铁路与华北的经济发展(1905—1937)》,中研院近代史研究所专刊第55号,1987年,第16页。

于是,越来越多的货物以铁路为主要运送工具。津沪和平汉铁路自不待言,仅以平绥铁路为例,该铁路开通后,经越冀、察、晋、绥四省,成为华北与西北间最主要的交通干线。据平绥铁路车务处1934年调查,此前五年内通过平绥线运到天津出口的羊毛为61510吨,牲畜418466吨;每年有数万吨小米和豆类、近6万吨高粱和5万吨小麦由铁路运到京津各地销售,或供应"沿线各面粉厂",原来京津的米面之外的其他杂粮来源"不外北宁之关外段与平绥之察绥两省之沿线各地",九一八事变前,平绥线所产粮食除胡麻、菜籽为特种出口产品,其他畅销者不过小米一项。但是事变之后,东北粮食进关几乎断绝,"本路粮食源源运出,(民国)二十二年输出数量约为30吨,大部分销于平津两地,是本路于平津粮食之供给实占最要之地位"①。

其二,在时间等体现的经济交易上也是传统运输方式难以匹敌的,尤其是大宗商品的长途运输更是如此。海上运输虽有相当数量的帆船从事近海运输,但对各通商口岸的对外贸易和南北方贸易来说,无论是贸易额和吨位

---

① 平绥铁路车务处编:《平绥铁路沿线特产调查》,该处1934年印刷,第23页。

上自然是以轮船运输为主①。铁路运输方面,1880年开平矿务局总办唐廷枢修筑唐胥铁路,就是为了降低煤炭运输成本;津唐铁路告成,李鸿章乘车视察后认为"快利为轮船所不及"②。从天津至浦口,往昔走陆路官路或运河水路要25天,津浦铁路通车后只要2天多。从北京前往张家口,用骆驼驮运商货,单程要一两个月,还得看天气如何。京张铁路通车后,单程仅需六个半小时,经归绥到包头约需十七个半小时,"交通极称便利"③。以往河北与山西之间的交通最为艰难,自京汉、正太铁路通车后发生了根本的改变。"一般赴晋之商贩旅客"以及运往山西的货物等,大都从天津改由铁路抵石家庄,再"改乘车轿西行"④。

另外,传统运输工具不仅在技术水平难以开展大宗货物的运送,不能保证有效的交易时间,更要受到气候、山川等自然条件的局限。1855年黄河截断运河,黄河水灌入运河,致使河道淤浅,政府曾数次疏浚,但收效甚微,民船通行困难,1901年漕粮被迫停运。此后运河淤塞严重,黄河以北至聊城近百里河道几乎淤成平地,"日趋滞碍难行,泥沙渐渐壅塞运河之两端,在春夏[秋冬]两季运河实为浅滩,而在秋冬[春夏]季节则有洪泛之忧";再如,天津"与其销场间迄今用于运货之许多小川、小河因旱魃肆虐而无法通船,运费因之大为腾涨,昔取廉价水运方式之众多地方,今已不得不改行陆运"⑤;即便是水量丰沛的年份,也因为在华北的冬季有3个月的冰封期,船只不能通航。畜力和人力为主的陆路运输也常常因为雨季泥泞难行,难以承载大宗货物的中长途运输。

至于近代交通运输对社会经济发展的推动作用,这里就不再赘述了。

## 二

传统时期的交通运输习惯称之为"南船北马",其实到了明清以后,随着

---

① 参见拙作:《环渤海沿岸在轮船挤压下的帆船运输与贸易》,虞和平等主编:《招商局与中国现代化》,中国社会科学出版社2008年。
② 中国史学会:《洋务运动》六,上海人民出版社1961年,第199页。
③ 民国《万全县志》,卷8政治志。
④ 《河北省石门市事情调查》,第1页。
⑤ 吴弘明编译:《津海关贸易报告(1865—1946)》,天津社会科学院出版社2006年,第33、58页。

运河的开通，内河船运至少在华北平原的中长途运输中起到很大的作用，成为区域性商品市场的主要渠道，也推动了全国性市场的逐渐形成。铁路和公路等近代陆路交通不断拓展后，由于进出口贸易的迅速增加，商品的种类、规模等都不能同开埠通商前相比，内河船运已经不再是中长途货运的唯一选择，而是作为铁路的辅助继续发挥着重要的作用。

20世纪铁路和公路兴起，改变了只靠河运开展大宗货物流通的单一渠道，火车成为长途货运的重要运输工具。但是内河船运有自身的优势和特点，并在一些河流已经开始用轮船拖带多艘帆船行进，且民船停靠和装卸较为便利，因此如在时间宽裕的前提下，帆船（当时称民船）可以承担一些大宗商品的运输，运输成本也有一定的优势。1934年整理运河讨论会的调查表明，民船每公吨公里的运费为1.2分，其次为铁路为2.4分，而肩挑的达到34分，公路汽车为30分，独轮车为19.2分、驴车为18分①。因此，在华北区域各主要河流沿岸的城乡，内河运输仍然十分活跃，成为城乡、集市和各级市场之间商品流通的常用运输工具。

黄河流经山东境内的十几个县，与河南、山西、陕西省相通，是重要的水运通道。该省境内的洛口为界，洛口以下的近300公里，黄河改道初期民船还往来自如，后来河道淤阻，浅滩丛生，航运困难，民船已难以行驶。而洛口上溯可以到河南的郑州，这段河道约900余公里，水陆开阔，水势平缓，利于民船航行，沿河附近的货物集散皆靠黄河上民船运输，据统计清末民初该省从事贸易运输的黄河民船约1600只。民国初年，从郑州至洛口之间往来的民船总数约有3000只。另外，在西北地区黄河是唯一可以通航的河道，当地的皮毛等畜产品也是通过黄河转运到进出口口岸的。甘肃、青海等地的畜产品，大多先用皮筏等工具顺黄河水运到包头，再转铁路输往天津②。"甘肃之甘州、临洮各地羊毛，多先集于兰州，由水路以达包头。宁夏则大部集于宁夏，顺黄河而达包头。青海及新疆南部羊毛，多集于湟源，经西宁由黄河运达包头。"③于是，宁夏"石嘴子为民船航行之中心，青海、甘肃、阿拉善及鄂

---

① 汪胡桢：《民船之运输成本》，《交通杂志》第3卷第3期；转引自张瑞德：《平汉铁路与华北的经济发展（1905—1937）》，中研院近代史研究所专刊第55号，1987年，第16页。
② 王世昌：《甘肃的六大特产》，《甘肃贸易季刊》1943年，第5—6期。
③ 王化南：《发展西北毛业之商榷》，《西北资源》1940年1卷2期。

尔多斯之羊毛、药材,皆集中于此运往包头"①,1915年前后由石嘴子每年通过黄河运包头的羊皮约有20万张、羊毛十二三万担、甘草80万斤②。

大运河自元代以来就是漕粮和南北货物主要运输通道,数千只民船往来其中,也带动了附近地区的经济发展。大运河纵贯山东省西部,境内约500公里,聊城至临清的50余公里,帆船或小船尚可行;黄河以南以济宁为中心,民船可以航行至镇江,构成山东与江南的联系,民船装载着山东的土货或江南的洋广货往返其间,一度十分繁盛。1892年镇江由运河运往山东的洋货约占镇江全部洋货输出量的20%。津浦铁路开通后,济宁与镇江的运河运输每况愈下,加之淤塞严重和关卡林立,贸易往来逐年减少,1913年山东由运河运往镇江的货物总值为65余万海关两,1918年减少到30余万海关两③。在运河的临清以下河段,由于汇聚了卫河,除了枯水期重船无法航行外,一般时节可通行。该段河道以临清为界,上溯近340公里可以到河南的道口镇;向下960公里直达天津。清末从河南到天津的货船每年约5000只,临清与天津间往来的民船每年约有4500只。津浦铁路通车后,运河的民船运输在时限不紧迫的情况下,为运送煤炭、棉花、小麦、食盐、铁器等大宗粗杂货物上找到生存和发展的空间。如20世纪初期山东恩县北运天津的牛皮、棉花、小麦、花生和红枣等皆由卫河水运。30年代临清集散的4万包棉花约640万斤中通过卫河运天津的占7/10,小麦"除本境民食外,其余均由卫河运销天津",鲜货和香油等通过卫河运销天津,从天津运回绸缎、纱布、西药、竹木和杂货等④。

20世纪前小清河曾在济南与烟台的货物流通中发挥了重要的作用。小清河西起距济南城约3公里的黄台桥,东至羊角沟与海口相连,沟通了海运和河运两个运输渠道,成为从沿海通往济南的最短航路。烟台开埠后,政府修筑水闸疏浚河道,使之全线浚通,进出口商品源源不断地通过小清河集散到黄台桥

---

① 廖兆骏:《绥远志略》,第10章绥远之交通,第5节;转引自戴鞍钢、黄苇主编《中国地方志经济资料汇编》,汉语大辞典出版社1999年,第882页。

② 转引自和龚等译《新修支那省别全志·宁夏史料辑译》,北京燕山出版社1995年,第143、158页。

③ 转引自庄维民《近代山东市场经济的变迁》,中华书局2000年,第102—103、108页。

④ 参见民国《临清县志》,经济志,商业;转引自戴鞍钢、黄苇主编《中国地方志经济资料汇编》,第705页。

和羊角沟,同时沿河地区的农产品也由此向烟台和济南集中。黄台桥有多家船行、货栈和运输商,每天靠泊装卸货物的船只平均约200只,据统计1916年至1918年,每年黄台桥从羊角沟运来的辽东、朝鲜的木材、海货约400吨,沿河地区通过小清河集中到黄台桥转运济南的花生约1000吨、花生油约200吨,陶瓷器约1200吨、小麦约3000吨①。以后,因小清河入海处吃水过浅,海船货物需要转运,以及烟台外贸地位下降和胶济铁路等因素,航运趋于衰减。

在河北省,由于天津汇总数条河流入海,又是北方最大的进出口商品集散中心,长期形成的以天津为中心的内河船运并没有完全失去作用,一度出现了繁盛和发展的景象。天津具有优越的内河航运条件,以天津为中心,南有南运河,北有北运河,西有子牙河和大清河等西河,东有蓟运河,这些河流来自直隶和山东等省,汇集天津入海。这五条内河的主要航道1251公里,连接周围的约22.5万平方公里的区域。近代化陆路运输尚未出现以前,天津与腹地的商品流通主要靠内河。即便近代化陆路运输开通,在许多地方仍然依靠内河运输加强与通商口岸、大中城市的联系。这时的内河运输工具主要是帆船或者是轮船拖带的各类船只。

内河轮船最早出现在1903年,河南商人在天津成立了南运河轮船公司,开展天津至德州(后来延长至临清、河南道口)的轮船拖带运输。随后,在大清河和蓟运河上都出现小型轮船公司,往返于天津至保定、芦台。1914年由省政府和海军部大沽造船所合资5万银两成立了直隶全省内河行轮局,整修河道,开辟了天津至保定、磁县和塘沽三条客运航线,总长570多公里,有55个码头。该局除轮船客运外,还经营客货民船和运煤船的拖带业务,1928年拥有11艘轮船,26艘木质客船、货船、运煤船和码头船。内河轮船局创办伊始,年客运量达20余万人次,多数年份略有盈余;20年代后军阀混战、经营管理落后,维系艰难;1928年后改名为内河航运局,虽然继续疏浚河道、增辟运河航线和支线,但内部各方争权夺利,入不敷出,勉强维持,1937年被日军强占②。另外,一些商人也开办专门从事民船运输的船行。1906年仅天津从事内河运输的主要船行就有20家,均是以为客商提供食宿的货栈命名③。尤其是棉花、煤炭、小麦和面粉等大宗价廉货物的集散,内地商人更乐于利

---

① 转引自庄维民《近代山东市场经济的变迁》,第118页。
② 王树材:《河北省航运史》,人民交通出版社1988年,第125—144页。
③ [日]中国驻屯军司令部:《天津志》,1909年,侯振彤译:《二十世纪初的天津概况》,天津市地方史志编委会1986年印刷,第111页。

用费用低廉的帆船。在蓟县,"蓟运河虽云告废,但商船估客往来不绝,每当夏秋河水增涨,凡津沽之杂货北来、山原之梨果南下者无不惟运河是赖"①。沧州"至光绪年,河运停止,然民船往来有运输货物者,有乘载行旅者,皆以沧为营业之中心"②。滏阳河从磁县县城东南角,向北到马头镇,"河广水稳,航运便利",在献县与滹沱河合流为子牙河直达天津,"彭城瓷器与西佐、峰峰之煤赖以输出者为数不少,而杂货等逆流而上者亦很多,故马头镇沿河两岸厂店林立,商业发达,每届航期,帆樯如林"③。邯郸的煤炭"营业利用舟运向以滏河沿岸为最盛"④。新河县城北有滏阳河,"河水盛时船下通天津,境内花生、棉花出口多取道于此。溯流而上可通磁县,彭城镇磁器及沿河煤炭多由河运至此,再分销境内。惟水期月余,不便通行"⑤。

由此可以看出,河北省的内河船运仍然有其存在和发展的客观需要。20世纪30年代出版的《天津市概要》曾言:"天津附近各地之客货交通,除铁路及长途汽车而外,端赖内河之航运。往昔仅有帆船、小船,往返费时。迨河北省内河航运局成立,置备小轮船十余艘及汽船、拖船分线航行,载运客货,始较昔称便。"⑥据交通部航政局统计,1931年至1933年间河北省登记的各类运输民船共计10955艘,总载重量为1478.6万担⑦。1931年至1933年初每年仅在天津日租界码头停靠的民船就有2000艘以上,其统计如下表。

|  | 大型 | 中型 | 小型 | 舢板 | 共计 |
| --- | --- | --- | --- | --- | --- |
| 1931年3—12月 | 1266 | 558 | 166 | 46 | 2036 |
| 1932年2—12月 | 1225 | 546 | 133 | 197 | 2100 |
| 1933年1—12月 | 1576 | 651 | 100 | 45 | 2372 |

资料来源:[日]天津居留民团:《民团事务报告》,昭和六至八年度。天津图书馆藏。

---

① 民国《蓟县志》,卷一地理,交通;转引自戴鞍钢、黄苇主编《中国地方志经济资料汇编》,第881页。

② 民国《沧州志》,卷三方舆志,建置;转引自戴鞍钢、黄苇主编《中国地方志经济资料汇编》,第882页。

③ 民国《磁县志》,第11章交通,第三节水路;转引自戴鞍钢、黄苇主编《中国地方志经济资料汇编》,第882页。

④ 民国《邯郸县志》,卷13,实业志,第6页。

⑤ 民国《新河志》,建设门,交通与邮务,第;汇编第882页。

⑥ 天津市志编纂处:《天津市概要》,交通编第三章轮航,第二节内河航运,天津百城书局1934年。

⑦ 交通部:《交通年鉴·航路篇》,中央图书馆印刷所1935年,第123页。

从以下各内河 1905 年和 1925、1926 年出入天津民船数量和运输吨位，也可以看出内河运输并没有完全被铁路和公路取代。

1905、1925 和 1926 年出入天津民船统计表　　单位：艘、万吨

| 航线 | 1905 年 | | 1925 年 | | 1926 年 | |
|---|---|---|---|---|---|---|
| | 船只数量 | 总吨位 | 船只数量 | 总吨位 | 船只数量 | 总吨位 |
| 南运河 | 33992 | 92.48 | 15166 | 47.37 | 10917 | 33.97 |
| 西河 | 35261 | 84.17 | 50065 | 100.66 | 44511 | 101.25 |
| 北运河 | 16288 | 42.44 | 8451 | 9.76 | 9507 | 16.83 |
| 东河 | 34483 | 32.53 | 24697 | 28.71 | 33141 | 41.89 |
| 合计 | 120024 | 251.62 | 98379 | 186.5 | 98076 | 193.94 |

资料来源：1905 年数据见[日]中国驻屯军司令部：《天津志》，1909 年 9 月版，侯振彤译：《二十世纪初的天津概况》，天津市地方史志编委会 1986 年印刷，第 94 页；1925 年、1926 年数据见[日]中国驻屯军司令部：《北支河川水运调查报告》，1937 年（北支·产业调查书类，第六编，第 2 卷），第 863 页，转引自王树材：《河北省航运史》，人民交通版社 1988 年 9 月，第 104 页。

## 三

铁路受线路及车站等限制，汽车运费高，皆不利于容积大价值低的大宗货物长途运输。在农村，牲畜相对较多，畜力大车运费低廉，且气候寒冷和农作物种植使得农村有很长的冬歇期，这些并没有增加多少运输成本。丘陵山区一带道路难行，畜力驮运和小推车结伴外运是货物主要运输方式；在平原地带，公路状况较好，畜力大车费用低廉，方便灵活，一些笨重且出售没有严格时限要求的货物则选择大车。因此，畜力大车在一定的范围内特别是从村庄到集镇或县城之间，仍然起着很大的作用。如从济南到泰安用大车运送粮食和杂货等，每 50 公斤全程 90 余公里的费用为 3 元，运费要低于铁路，况且铁路运输卸货后还要通过大车转运，所以大车还是农村常用的运输工具①。再者，华北的冬季河道封冻，也成为畜力大车和手推车等的运输通道。不仅在没有铁路的地区，畜力大车仍为主要运输工具，即使在有铁路

---

① 该书编写组：《山东公路运输史》（第一册），山东科学技术出版社 1992 年，第 105 页。

或水运的地方,除了收获后急需出售的货物之外,农民则多使用畜力大车、牲畜驮运和山东特有的独轮车将剩余产品运到集镇或县城销售,县城或集镇中的一部分商品也是用大车向车站或码头集中。因此,传统的运输工具在短途货运中尚有一定的竞争力。

在山东,不同的运输工具在不同地区使用。城镇短途货运多用小推车、二把手车和板车等。在丘陵和山区,道路难行,多用驴骡驮运,有专门从事驮运者一般自备驴骡,常年为商号驮运货物。从青岛到烟台陆路有数条道路,山路狭窄、崎岖难行,有的须横越昆嵛山脉,多要靠牲畜驮运。淄川、博山为群山环绕,所产的陶瓷、玻璃等主要由人挑畜驮和小推车运出,以数十辆或百余辆小车组成团伙,结伴外运。平原地区长途货运多利用铁路,短途货运使用骡马大车。如原德平县地方偏僻,在1934年底未通汽车前,"行旅往来,在昔专恃大车而已"①。兖州至曲阜、邹县之间道路平坦,可以利用畜力大车短途货运;济南经济阳到商河,商河至惠民、德平,惠民经阳信、河北省盐山和沧州等多利用畜力大车在省道和县道上运送货物,其最后的集散市场是济南、兖州和沧州等铁路枢纽。在济南至周围县城的主要道路上,骡马大车不绝于途,1927年济南有骡马大车近2000辆。在潍县、黄县等地大车也是货运的主要运输工具。从烟台到潍县原来就有官路大道,是烟台与胶东、内地经济联系的主要贸易通道。烟台开埠成为山东省唯一的进出口贸易口岸,该道是山东最繁忙的道路。据1874年外国商人的统计,每天至少有2000头驮运牲畜进出烟台,约有200吨货物从烟台起运,这些多利用烟台至潍县的官道②。20世纪这条官道修筑为近代化规模的省路,更便于畜力大车和牲畜驮运;加之该道经过的各县,都是商业性农业和手工业较发达的地区,规模不大或者零星货物的短途运输,人们还依然乐于使用方便的畜力运输。

在河北,雄县20世纪30年代仍使用传统的运输工具,"麦粉多由人力车运销北平,或由大车运至白沟河装船水行百余里,至黄土坡,由骆驼驮运北平,或由船运至天津,间亦有由车运至保定销售者"③。此时涿县虽然已通铁路,还充分利用河运和陆路,"商品运输以平汉路、巨马、琉璃、大清各河为

---

① 《德平县续志》,卷9交通志;转引自戴鞍钢、黄苇主编《中国地方志经济资料汇编》,第952页。
② 参见庄维民《近代山东市场经济的变迁》,第85页。
③ 民国《雄县新志》商务篇,第8册,第24页。

主,车驮、人力次之",车驮仍是中距离运输,"人力趸买小贩多系自买自运"①。迁安县除了通过滦河外,陆运大车北达赤峰、承德,南到唐山,东到沿海,西达北京附近②。在铁路开通后发展起来的石家庄,也有一部分货物是通过陆路大车和内河从这里运送到内地的。"一般赴晋之商贩旅客"以及运往山西的货物等,大都从天津改由铁路抵石家庄,再"改乘车轿西行"③。在天津市也有大量的大车存在,主要承载与周围地区的货物往来。1906 年秋季调查,天津有专门承揽大车客货运输业务的大车厂 84 家,有 385 人,有大车 1394 辆④。

山西、绥远,以及西北等内陆省份没有多少可以利用的内河,铁路线路相对较少,更是以包括畜力大车和牛马、驴骡、骆驼驮运等传统的运输工具为主。阳原和天镇县原来曾开通汽车运输线路,但 30 年代后"以道路不平,乘客稀少,汽车公司亏累颇巨,停业至今尚未恢复,故所有运输方法仍系旧式之车畜并用法"。如果是往返于天镇、宣化或省城之间的车畜,"均系专业",如果在本县境内送往迎来等,"则皆为商号或富农之副业"⑤。在西北地区,使用最为广泛的仍然是那些传统的运输工具,甚至到了 1940 年代仍然如此。据武国安 1944 年撰写的《驿运制度与西北资源》记载:"在目前,没有汽车路的地方,还是利用人力和兽力来运输。以人力执行的有手推车及挑运,利用兽力的驼、骡、马、驴驮运和骡、马所拉的大车运输。手推车的载重,可达 500 市斤,挑运每夫可肩 150 – 160 斤,兽力则每驼可驮 500 斤,每骡可驮 300 斤,每马可驮 260 – 270 斤,每驴可驮 200 斤左右。车辆则二骡所拉的大车,可载 1000 公斤以上的货物。其行程,无论人力或兽力,每日的行程,可达百里以上。与汽车比较,虽稍嫌迟缓,但是运费上可节省许多。据调查所得,胶轮兽力车,运费每千斤每日约需 3 元左右,较之汽车运输,相差在半数以上"⑥。

---

① 民国《涿县志》第 3 编经济,第 1 卷,第 7 页。
② 民国《迁安县志》卷 19 谣俗篇,第 9 页。
③ 《河北省石门市事情调查》,第 1 页。
④ (日)中国驻屯军司令部:《天津志》,侯振彤译:《二十世纪初的天津概况》,第 99 页。
⑤ 民国《阳原县志》,卷 8 产业;转引自戴鞍钢、黄苇主编《中国地方志经济资料汇编》,第 946 页。
⑥ 武国安:《驿运制度与西北资源》,《西北资源》第 1 卷第 2 期,1944 年。

## 四

在华北区域交通环境的变革中,由于近代运输工具自身和客观条件的限制,并未彻底取代传统运输工具,特别是军阀混战期间铁路停运,不得不依靠内河水运等运送货物;而且,区域内的经济发展和交通条件有着很大的差异,在不具备近代交通工具的农村,继续沿袭帆船、牲畜和畜力大车等依靠运河和公路运输。因此,传统的运输工具在发挥着一定作用的基础上,还自觉或不自觉地以"联运"的方式补充和完善华北区域的交通运输体系。

以棉花运输为例,20世纪30年代前后河北各地、山东西北部、河南北部等地的棉花运往天津,大致有5种主要方法:一、用民船直下河道,以运至天津;二、由集散地用车马驮载,运至河岸码头,再装船运津;三、由集散地直接装火车,以运天津;四、用民船或车马送到火车站,再用火车装运天津;五、用车马直接运天津①。山西中、南部的棉花,大部分用马车运到榆次车站,沿正太铁路至石家庄转平汉铁路、再转北宁铁路运至天津;或者在石家庄顺滹沱河、在保定顺大清河船运天津;也有一些地方的棉花用骡、马、骆驼运送到平汉铁路沿线的邯郸或顺德,装火车运津。晋城等地的棉花,则运到清化镇装火车,沿道清铁路运到新乡,再沿平汉铁路北运至天津;或者直至道口,装民船入卫河,至山东临清再入南运河至天津。沿黄河的一些地方,也从茅津渡口等装船沿河而至郑州;或者从风陵渡口、茅津渡口等过河,运至陕州装火车沿陇海铁路至郑州,再沿平汉铁路北运天津②。陕西或河南灵宝等地的棉花,有些渡过黄河经山西而运至天津,其运输路线与山西棉花基本相同,只是需要在潼关对岸的蒲州(今山西永济市),改压成200磅的长方形棉花包,以便于骡马的驮运;有些装火车沿陇海铁路至郑州,再沿平汉铁路北运天津③。尽管天津于腹地的铁路建设已经形成一定的规模,但是受运费和战乱的影响,1925年以后民船运输竟然达到了天津棉花输入量的2/3以上,以下就是1921—1930年间各类运输工具在天津棉花输入的状况。

---

① [日]大岛让次著、王振勋译:《天津棉花》,《天津棉鉴》1930年第4期,第8—12页。

② [日]大岛让次著、王振勋译:《天津棉花》,第12—18页。

③ [日]大岛让次著、王振勋译:《天津棉花》,第17—18页。

单位：担

| 年份 | 火车 | 百分比 | 民船 | 百分比 | 大车 | 百分比 | 总计 | 百分比 |
|---|---|---|---|---|---|---|---|---|
| 1921 | 496544 | 78.1 | 125761 | 19.8 | 13076 | 2.1 | 635381 | 100.0 |
| 1922 | 724514 | 76.7 | 215185 | 22.8 | 4467 | 0.5 | 944166 | 100.0 |
| 1923 | 715959 | 74.6 | 230166 | 24.0 | 13671 | 1.4 | 959796 | 100.0 |
| 1924 | 381617 | 68.8 | 159255 | 28.7 | 13814 | 2.5 | 554686 | 100.0 |
| 1925 | 464338 | 43.9 | 574845 | 54.4 | 18137 | 1.7 | 1057320 | 100.0 |
| 1926 | 73055 | 7.7 | 841809 | 89.1 | 30283 | 3.2 | 945147 | 100.0 |
| 1927 | 227065 | 18.49 | 56670 | 77.6 | 48693 | 4.0 | 1232428 | 100.0 |
| 1928 | 304238 | 25.1 | 846465 | 69.8 | 61732 | 5.1 | 1212435 | 100.0 |
| 1929 | 64779 | 12.5 | 421868 | 81.7 | 29909 | 5.8 | 516556 | 100.0 |
| 1930 | 167039 | 18.8 | 682812 | 77.0 | 37566 | 4.2 | 887417 | 100.0 |
| 总计 | 3619148 | 40.5 | 5054836 | 56.5 | 271348 | 3.0 | 8945332 | 100.0 |

资料来源：华北农产研究改进社编：《天津棉花运销概况》，第10页，第6表。

从天津与内地的货物运输比重，也可以说明民船的重要作用。据统计，1905年从内地运到天津货物的运输方式中，铁路占33.74%、内河占58.88%，大车占7.38%；从天津运出货物的运输方式中，铁路占49%、内河占47.31%、大车占3.69%。以后数条铁路建成通车，内地通过水路出入天津的比重并没有急剧下降。据海关记录，1909年和1910年铁路和水路各占48%，津浦铁路开通后的1912年，铁路所占比重上升到53%，内河航运占天津输往腹地商品运输总量的41.61%，占内地输往天津商品总量的45.87%[①]；1924年后水路占内地出入天津货物的比重，最高为39%，最少为23%[②]。

综上所述，由于帆船、畜力和驮运等在一定程度上弥补了火车和汽车的不足，呈现出在不同自然和经济，以及社会环境下的多层次多样化的特征，在区域与区域、各地区之间，尤其是涉及通商口岸与内地之间物流和人流，往往采取船、车、畜等多种运输手段交互使用的方式，初步形成了近代和传统运输工具互为补充、相互依存的格局。

（《城市史研究》2010年第26辑）

---

① 李洛之、聂汤谷：《天津的经济地位》，经济部驻津办事处，1948年。
② 参见罗澍伟主编：《近代天津城市史》，中国社会科学出版社1993年，第380页。

# "中国北部政治运动的中心"
## ——辛亥革命时期的天津

罗澍伟

20世纪初"预备仿行宪政"时期,天津曾是立宪派最为活跃的场所,及至国会请愿运动失败,立宪派倾向革命,革命派群众基础大增。

辛亥革命前夕,孙中山派廖仲恺来天津联络法国革命党人,并筹建同盟会。起义爆发后,革命党人竞相来津密谋种种革命活动。沪军都督府参谋、革命戏剧家王钟声潜来天津,准备组织武装起义。中国近代地理学的奠基人、同盟会员张相文和白雅雨借机组织北方共和会,策动驻滦州新军举义,同时请求南方革命政府派民军北上,占领山海关,里应外合,直捣京津。同盟会员丁开嶂被湖北军政府任命为铁血军长,"立军部于法租界",准备领导"榆关东西、长城南北"的武装起义。滦州起义失败后,湖北军政府派胡鄂公来天津建立北方革命协会,发动武装起义。此前,同盟会员汪精卫来天津,建立京津保同盟会支部,进行暗杀活动,在北京行刺军咨使良弼的彭家珍,即为该支部的军事部长。在暗杀风影响下,"天津暗杀团"团长薛成华,亲自在北站行刺天津镇总兵张怀芝。由于势力分散,各自为战,缺乏彼此间的沟通与联合,所有革命活动均告失败。

与此同时,一股妄图阻止革命蔓延、"拥袁独立"领袖的暗流也在天津出现,终因革命形势迅速发展而流产。

武昌起义爆发前,中国的社会矛盾已空前激化。天津作为中国北方最早开埠的城市,地位非常特殊,常驻于此的直隶总督兼北洋大臣,是皇帝的钦差,手握重兵,一言九鼎,形同中国的第二政府。又由于得风气之先,1905年开始的"预备立宪",天津推行最力,进展最快,竟成为全国推行地方自治的模范;天津府设立了自治局;以天津县为试点,试办县议事会和董事会两次选举,成为中国历史上空前的创举。

1908年清廷颁布《钦定宪法大纲》,但预备立宪期长达9年。各省谘议局成立后,先后3次组织联合请愿,要求缩短预备立宪期,于一年之内召开国会,但均遭拒绝;天津作为距北京最近的直隶省城,进行得最为激烈和激进。1910年11月,天津学界发起组织"旅津全国学界请愿国会同志会",通电全国,指出,"国势危机,非即开国会不能救亡。津全体学界停课,已举代表晋京请愿,特电贵省,速起以为后援"①。12月20日罢课学生3800余人到直隶总督衙门请愿,布政使凌福彭代表总督陈夔龙表示,要把请愿要求"即日电奏"。然而清廷决意对请愿运动严厉镇压,遂给请愿学生加上了"不服劝谕,纠众违抗"的罪名,下令立即"查拿严办"②,然后把旅津全国学界请愿国会同志会会长、普育女子学堂监督温世霖发配新疆。

革命先驱李大钊彼时正在学运中心北洋法专读书,据其回忆,学生中亦分革命、立宪两派,且多数属立宪派;及至立宪运动被镇压,"革命派进行越发有力,从此立宪派的人也都倾向革命派"③。这种形势,显然对辛亥革命期间,天津革命运动的开展十分有利。

一

武昌起义爆发前,天津革命派已有蓄势待发的迹象。沿海地区渔民,因不堪官府的敲诈勒索而"聚众暴动";社会上掀起了男剪辫发,女放缠足的风潮④。又因距首都近在咫尺,且有各国租界的存在,革命党人多把秘密机关设在天津。再加上地方革命势力的活跃,当时的天津已成为"中国北部政治运动的中心"⑤。

1906年,孙中山派正在日本早稻田大学读书的廖仲恺来天津联络正在天津活动的法国社会党人,以争取国外对中国革命的同情与支持;同时作为主盟人,在天津筹建同盟会。行前,何香凝写诗勉励廖仲恺说:"劝君莫惜头颅贵,留取中华史上名"⑥,充满了热血青年的革命激情。天津同盟会成立

---

① 《大公报》1910年11月21日。
② 《宣统政纪》卷45。
③ 李大钊:《十八年来之回顾》,载《直隶法专十八周年纪念特辑》"讲演",第5页。
④ 参看辛公显:《辛亥革命时期天津的革命活动》,《天津文史资料选辑》第16辑。
⑤ 李大钊:《十八年来之回顾》,载《直隶法专十八周年纪念特辑》"讲演",第5页。
⑥ 《双清文集》,人民出版社1985年,第3页。

后,设据点于毗邻法租界的老西开一条胡同里,负责人为胡伯寅①。

天津曾是北方戏曲最为发达和普及的城市,1908年革命戏剧家王钟声来到天津,准备用戏剧宣传和组织革命。

王钟声(1874—1911),浙江上虞人,早年留学日本,回国后被聘为浙江法政学堂校长和洋务局总办。但王钟声思想进步,倾向革命,决心从事群众喜闻乐见的戏剧工作,用以宣传群众。他尝说:"中国要富强,必须革命,革命要靠宣传,宣传的办法,一是办报,二是改良戏剧。"②1907年,他在上海组织了中国第一个话剧(时称新剧)团春阳社。翌年来天津,结识了戏剧界知名人士、移风乐会创始人刘子良,二人在北马路合办大观楼舞台文明戏园,组织了一个月的文明戏演出,剧目有《孽海花》《林文忠公焚烟强国》《爱国血》等7个,由于题材新颖,又富有爱国精神,深受观众欢迎。1911年为配合日益高涨的革命形势,王钟声又在同乐茶园颂扬革命志士、宣传武装起义的文明戏《热血》《鸣不平》《秋瑾》《徐锡麟》等,引起极大反响。在受到社会普遍欢迎的同时,王钟声也引起了警方的注意,1911年9月被京师警察厅逮捕,解递回籍监管。

武昌起义爆发后,王钟声参加了上海武装起义,成为沪军都督府12名领导成员之一;但他深知天津地位的重要,不久他即辞去职务,化妆潜来天津,准备亲自策划天津的武装起义。王钟声来到天津后,居住奥租界于家大院刘子良家中。孰料王钟声下车后,即暗遭天津探访局便衣跟踪,然后串通奥地利驻津领事,于1911年12月2日将他逮捕,然后引渡给中方,交天津镇总兵张怀芝发落。审讯时,王钟声依法申辩:"上谕大开党禁,非据法律,不得擅以嫌疑犯逮捕。我是革命党,你们把我怎么样!"直隶总督陈夔龙无奈,只得请示清廷如何处置。次日得到内阁总理袁世凯"尽法惩治"的回电,于是被绑缚疙瘩洼营地。行刑前王钟声提出:"革命党人非畏死,但斩首野蛮,请改为枪击。"然后高呼"驱逐鞑虏,光复大汉"等口号,身中13枪方倒下,年仅37岁③。

---

① 参见刘清扬:《天津国民捐和同盟会活动的回忆》,《近代史资料》1955年第2期。

② 转引自蒋原寰:《辛亥革命烈士、剧坛人杰王钟声》,《天津师范学院报》1981年第5期。

③ 转引自蒋原寰:《辛亥革命烈士、剧坛人杰王钟声》,《天津师范学院报》1981年第5期。

## 二

武昌起义的消息传到天津,形形色色的小革命团体竞相活跃起来,其中以北方共和会发动和领导的滦州起义规模最大。

北方共和会创始人为中国近代地理学奠基人张相文与白雅雨。张相文(1866—1933),字蔚西,江苏泗阳人。曾就读于上海南洋公学,从青年时起,就抱着救国救民的志向潜心研究金代地理学,并秘密加入同盟会。1907年张相文应直隶提学使傅增湘之聘,来天津任北洋高等女学堂教务长。当时,天津新办的各级各类学校甚多,但地理教员甚少,于是张相文便把革命同志与挚友白雅雨请到北洋女师和北洋法专任教。白雅雨(1868—1912)名毓昆,江苏南通人,与张相文为南洋公学校友,后受聘于澄衷学堂。从青年时起即矢志献身革命,以地理学救国,也是同盟会会员。到达天津后,张、白二人在任教之余,经常探索进行革命的办法,"暗结团体,待机而发"。

1909年在张相文的倡议下,近代中国第一个地理学学术团体中国地学会在河北第一蒙养院(天纬路天津美术学院旁)成立,借以联络革命同志。据白雅雨之子白一震回忆说:"我父对清末各界吁请清廷召开国会运动,认为无异于与虎谋皮,拒不参与,决意组织武装起义,推翻帝制,乃网罗青年,策动革命。时我在南开中学读书,每逢假日回家,常见女师及法政两校同学纷来我家,同我父密谈。天津地接京畿,信息较多,师生议论时局,往往言辞激昂,声溢户外。"①由于来往人员频繁,引起了暗访局的注意,大门被人画上粉笔白圈。白雅雨自知身处危境,不得不迁居,然后遣妻、子携密信,赴上海投奔沪军都督府的钮永建。

武昌起义爆发后,天津的革命青年深感"势非团结前进不能立足,由凌钺、王法勤、李大钊、张良坤、汪瀛、胡宪、于树德等密约至日租界荣华里开会,公决实行严密组织,广求革命同志。又以同盟会易引敌探之注意,特取避人耳目之手段,组织北方共和会,总机关设于法租界生昌酒店"②。

白雅雨认为:"京津一带是清室的根本之地,京津不动摇,南方革命军恐

---

① 白一震:《记我的父亲白毓昆》,《天津文史资料选辑》第16辑。
② 凌钺:《辛亥滦州起义》,《中华民国开国五十年文献汇编·各省起义》,第275页。

难持久……我们应该尽快在京津举义。"①

为此,他首先利用第一蒙养院中国地学会会址,创办了中国红十字会天津分会,准备组织人力,开赴前线,为义军做战地服务。然后身先士卒,在河东大王庄设弹药制造所,制成炸弹后,"披广擎,携短铳",亲自带领把炸弹绑在身上、假充孕妇的女生,往来于北京、张家口之间,准备举行暴动;不幸的是,机密泄露,行动受挫。但白雅雨并未因此而气馁,紧接着他开始策反驻防京东的清新军第20镇在滦州举义,并联络任丘、沧州、静海及山东曹州府的民团,进行配合。为此,白雅雨与张相文拟定了"北方行动计划",由白雅雨带领共和会员,迅速去滦州策动第20镇营长王金铭、施从云、冯玉祥等举义;张相文则去上海上书黄兴,请求派民军由烟台北上,至秦皇岛登陆,占领山海关,里应外合,直捣津京。

值得注意的是,这时天津的立宪党人也支持白雅雨去滦州策反,并表示,如宣布起义,经过天津,组织政府,全部军饷由顺直谘议局筹措②。

白雅雨密抵滦州后,力劝施从云反正,"一可以先发制人,二可以为民军之声援,于是滦州大街小巷遍贴起义反正文告"③。清廷闻讯,忙派通永镇总兵王怀庆前往镇压。1912年1月1日晚,清军开抵滦州;当晚,王金铭亦发出起义通电。1月3日北方军政府在滦州成立,王金铭为大都督,施从云为总司令,白雅雨为参谋长,同时电告各国公使。驻津各国领事接电后,公推俄使为代表前往滦州,表示承认义军为交战团体,并与军政府负责人合影留念。翌日,军政府举行誓师大会,当晚即乘火车向天津进军。

车行至雷庄,起义军遭清军狙击,双方激战4小时。清军见不能取胜,伪装停火,将王金铭、施从云诱至阵前捕获,随即杀害;白雅雨"知事不济,脱身逃,思回津再谋大举,伏匿古刹竟日,旋易服潜行至古冶,卒被逮"。审讯时白雅雨怒斥王怀庆:"我为革命,自当为国死,今被逮,何问为!"面对王怀庆左右的清军,大声说:"我死不足惜,惟诸君为满奴,异日将为外人牛马,痛何如之!"行刑时立而不跪,喝道:"此身可裂,此膝不可屈!杀则杀耳,何辱

---

① 参看辛公显:《辛亥革命时期天津的革命活动》,《天津文史资料选辑》第16辑。
② 参见刘清扬:《天津国民捐和同盟会活动的回忆》,《近代史资料》1955年第2期。
③ 王葆真:《滦州起义及北方革命运动简述》,《辛亥革命回忆录》,中华书局1963年。

为!"①因无辫发可揪,刽子手先砍其一腿,再倒悬其身,铔其头。

## 三

滦州起义失败不久,天津又有铁血会天津军部准备发动起义。

铁血会创始人丁开嶂(1870—1945),字小川,直隶(河北)丰润人,京师大学堂第一班毕业生。

日俄战争爆发后,丁开嶂在东北地区组织抗俄铁血军,专门袭扰沙俄侵略军;不久,又组织华北救命军。1906年加入同盟会,并把华北救命军改名革命铁血会,总部就设在他的家乡丰润青沱庄。武昌起义爆发前,丁开嶂即以天津为活动基地,奔走于京津冀,设立支部,结交绿林豪杰,准备于1911年秋清廷新军秋操之机,乘京师空虚,在京东发动起义,由关东、边外、京北3个支部举行支援。不料秋操前夕武昌起义爆发,形势大变,丁开嶂的起义计划未能实现。

不久,丁开嶂被鄂军都督府任命为铁血军长,"立军部于法租界",准备组织"榆关东西,长城南北"的革命力量,重新部署武装起义②。滦州起义爆发,他率军往援,因受阻退兵。滦州起义失败后,铁血军的一些成员企图刺杀镇压起义的王怀庆,不料事泄被捕,其他成员准备搭救,但未成功。1912年,铁血军得知南京组建民国政府的消息,自动宣布解散;丁开嶂则被铁血会成员推为行军都督,不久又在天津举行军事会议,被选为中华民国军政府北部民军临时大元帅。

就在铁血会天津军部准备发动起义未成的同时,鄂军代表办事处领导的起义亦惨遭失败。

武昌起义爆发后,湖北军政府决定委派曾在北方从事革命活动的胡鄂公潜来天津。胡鄂公(1884—1951),湖北江陵人,名新三,号南胡,曾就读于北京江汉学堂及直隶高等农业学堂。

为开展反清革命活动,胡鄂公于1910年联络了京津两地部分同学,成立共和会,任干事长。武昌起义爆发后,出任湖北军政府侦探科长及鄂军水陆军总指挥。1911年11月24日,胡鄂公奉派从汉口经上海来到天津,寄居法

---

① 白一震:《记我的父亲白毓昆》,《天津文史资料选辑》第16辑。
② 参见丁开嶂:《辛亥革命时期的铁血会》,《近代史资料》1955年第2期。

租界紫竹林长发栈。不久,便以湖北军政府代表的名义,召开京、津、保、滦、通州、石家庄等地革命团体负责人会议,决定在天津设立鄂军代表办事处,各地设立总指挥部和总司令部。为协调各团体的行动,胡鄂公又在英租界小白楼召集同盟会、铁血会、振武社、女子革命同盟等组织的代表,成立北方革命协会,公推胡鄂公为会长,丁开嶂为评议。

1912年1月,胡鄂公假道秦皇岛去上海,见沪军都督陈其美,得知孙中山正在筹划北伐;于是又转赴南京,由陆军总长黄兴陪同面见孙中山,孙表示"北方革命运动,固重于目前一切";并救令黄兴从陆军部拨款20万元,作为胡鄂公活动经费①。

胡返津后,立即于1月27日上午在法租界西开召集紧急会议,传达了孙中山的指示,决定成立北方革命军总司令部;为避人耳目,下午的会议改在法租界吉祥里14号举行,专门研究起义方案,议决1月29日24时兵分9路,发动起义,攻占直隶总督衙门等中枢和要害部门,成立津军都督府。散会当夜即开始制作义军所用的旗帜、胸章、臂章,并缮写起义成功后的文告,翻译准备发给各国驻津领事的照会等等,然后向各路义军分发了枪械及炸弹。

据载,因组织工作进行得不甚严密,信号弹提前2小时(也就是当夜的22时)误发,各路义军没有准备就绪,有的尚未集合队伍,及至见到信号,不得不仓促上阵。第1路军临时集合了120余人,腰系白带,攻打直隶总督衙门,遭到守军顽抗,最后被来援的清军包围;第7、8、9三路义军的司令员均在战斗中牺牲,起义失败。

1912年2月9日晚,胡鄂公得知清廷接受优待条件,宣统皇帝将于2月12日宣布退位,临时参议院已决定推举袁世凯为总统,于是召集在津的北方各革命组织负责人开会,宣布解散北方革命军总司令部及各地的司令部。

## 四

辛亥革命前在革命派中出现了一股暗杀风,当时尚为青年人的汪精卫便是个中代表。

---

① 参见胡鄂公:《辛亥革命北方实录》,中国近代史资料丛刊《辛亥革命》六,第307页。

汪精卫(1883—1944),广东番禺人,名兆铭,字季新。1903年入日本法政大学学习,1905年在东京加入同盟会,被推为评议部评议员,还一度担任同盟会机关报《民报》的主编。

1910年3月,汪精卫在北京刺杀摄政王载沣未遂,被判死刑;旋经民政部尚书善耆奏请,改判终身监禁。武昌起义爆发,清廷故示怀柔,释放汪精卫出狱,拟交两广总督张鸣岐试用;事为正在组阁的袁世凯闻知,遂奏请留京,希图把汪精卫作为与南方政府谈判时穿针引线的一个工具。

汪精卫由此因祸得福,得以经常出入袁宅,并与袁世凯长子袁克定结拜金兰。不久,汪精卫又接受了50万元活动经费,以立宪党与革命党的两党代表自居,于1911年11月中旬来天津,组织了"国事共济会",宣称该会系"两党之人,联合发起",以"调和南北"为主旨,实际上是设法阻挠北方地区革命斗争的不断爆发。不久,该会即因汪精卫的声誉不佳而自行解散。

半个月后,汪精卫以老同盟会员名义,在天津意租界召集部分同盟会员,成立京津保同盟会支部,自任支部长和暗杀队长,彭家珍任军事部长,先后出版了机关报《民意报》和《民国报》;设在法租界的《民意报》机关,遂成为京津一带革命党人进行暗杀活动的秘密联络点①。1912年1月26日彭家珍在北京以炸弹行刺宗社党首领、军咨使良弼,当场牺牲;良弼炸断左腿,不久亦死去。此时的汪精卫,则因南北议和正在进行,遂以同盟会会员的身份,充当南方总代表伍廷芳的参赞;同时又因袁世凯的关系,暗中充当北方总代表唐绍仪的参赞,从中捞取政治资本。汪精卫这种两面手法,最终决定了他耻辱的一生。

天津的暗杀活动的另一组织,可以1911年11月20日成立的天津暗杀团为代表。薛成华(1893—1912),字友棠,直隶(河北)无极人,毕业于无极县高等小学堂,后任保定盲哑学堂的青年教习。

薛成华思想进步,矢志反清,后在天津秘密加入革命组织共和会。武昌起义消息传到天津,薛成华约集革命同志尹渔村、樊少轩、张在田、周希明等人,于1911年12月组成天津暗杀团,任团长,专门从事革命暗杀活动。当时南北和谈正在举行,但时任北洋巡防大臣、直隶镇守使、天津镇总兵的张怀芝反对最力,促使薛成华下决心除掉张怀芝。

---

① 参见刘民山:《汪精卫在辛亥革命前后的破坏活动》,《历史教学》1985年第4期。

1912年1月26日,也就是彭家珍在北京行刺良弼的同一天,薛成华决定组织暗杀团全体成员,在天津新站(今北站)刺杀由京返津的张怀芝。薛成华组织此次暗杀,已报定必死的决心,行前在枕边留下一首绝命诗:"男儿死尔果何悲?断体焚身任所为。寄语同志须努力,成功早建荡夷碑。"①当天上午,薛成华等人暗藏手枪和炸弹,潜伏在站台的人群中。11时许,张怀芝走出车厢,薛成华立即迎上前去,扔出一枚炸弹,炸中车厢,炸伤一名卫兵,张怀芝也被震昏倒地。这时,薛成华又扔出一枚炸弹,他的几位助手也连连向张怀芝开枪,但都没有击中。附近的军警闻声赶来,当场将薛成华包围;薛成华用手枪打伤两名军警,最后被捕;尹渔村、樊少轩等人见事败,趁乱弃枪而逃。当晚,薛成华即被凌迟处死,刑前骂不绝口,牺牲时年仅19岁。

为悼念薛成华的英勇就义,时人作有一副挽联:"让盲者见光明,教哑子能言语,舍己为人,一方慈悲善士;炸民贼于下车,痛权奸之窃国,粉身取义,千载革命英雄。"

## 五

辛亥革命期间,在此起彼伏的层层革命浪潮下,天津还潜伏着一股抵制革命、妄图拥袁独立的暗流。

武昌起义爆发后,清廷摇摇欲坠,不得不起用已被罢黜但手握兵权的袁世凯。1911年11月1日,清廷免去内阁总理奕劻的职务,任命袁世凯为内阁总理大臣。

此时的袁世凯已非昔日清廷彀中的曾国藩、李鸿章可比。他反对革命,又盼望清廷迅速解体,然后取双方而代之。这一野心引起了朝中满族权贵的极大忌恨,有人甚至主张把袁世凯除掉。

天津是袁世凯的发家之地,党羽散布各处。袁世凯出道时,经好友徐世昌的推荐,曾拜在晚清大学士、同治帝老师李鸿藻的门下,且与其次子、曾任户部侍郎、奕劻内阁邮传部左丞的李焜瀛过从甚密。袁世凯出任内阁总理时,李焜瀛正在天津。有鉴于各省"独立"之风甚炽,袁世凯又身居险境,于是由李焜瀛出面,联络北洋女子师范学堂监督、状元刘春霖,密谋于直隶总督陈夔龙,希望袁世凯以威慑革命党人活动为借口,到天津巡行,"'照方抓

---

① 参看辛公显:《辛亥革命时期天津的革命活动》,《天津文史资料选辑》第16辑。

药",实现直隶省的"拥袁独立"。

这一阴谋得到陈夔龙的赞同,并在河北地区为袁世凯准备了行辕。可老奸巨猾的袁世凯这时已经看到,南北双方均已处在自己的掌股之中,无须再到天津屈就直隶"独立"的领袖。于是借口"计未万全",屡遣长子袁克定到天津与刘春霖等密议,终使"拥袁独立"的阴谋付诸东流①。

辛亥革命时期,作为"中国北部政治运动的中心"的天津,革命浪潮风起云涌,呈现出明显的特点。

首先是革命组织的众多。武昌起义爆发后,大批革命党人因天津离北京极近,且有各国租界掩护,易于栖身,于是蜂拥麇集。据不完全统计,辛亥革命期间天津的革命团体有同盟会、共和会、铁血会、振武社、急进会、光复会、天津暗杀团、北方共和团、共和革命党、北方革命总团、女子北伐队、女子革命同盟等等,可说是林林总总,数不胜数。如此众多的革命组织,短时间内集中在一个城市里,同时准备进行革命活动,大有箭在弦上,不得不发的势头,这在当时的中国城市中,是不多见的。

其次是革命势力的活跃。各种革命势力集中到天津,无不跃跃欲试,在武昌起义爆发后的两个多月中,革命宣传、武装起义、武装暴动、进行暗杀……此起彼伏,几乎无日无之;有的革命党人为牵制开赴山西镇压革命的清军,甚至赶到附近的任丘、雄县发动起义,从而给摇摇欲坠的清王朝造成极大的威慑,惶惶不可终日。在舆论宣传方面,天津也占有一定的优势,比如同盟会的外围组织光复会创办了《克复学报》,在青年学生中很有影响。又如京津保同盟会支部创办的机关报《民意报》,一直出版到辛亥革命以后;到了民国初年,一度被视为由同盟会改组的国民党的喉舌;1912年该报创刊周年纪念时,孙中山手书祝词,以示庆贺。

应当说,在武昌首义后的南北和谈中,清室很快接受优待条件,宣布退位,不能不与近畿天津的形势极其严峻有密切的关系。

既然天津的革命组织众多,革命势力又十分活跃,为什么所有革命活动几乎全遭失败或未克实现呢?

这主要是因为当时天津的革命力量过于分散,且于仓促中缺乏周密可行的计划和准备。这一时期多数的革命暴力活动,总体上看,均属乘势而上,或互不统属,各自为战;或缺乏经验,指挥失当。面对余威尚存的清廷反

---

① 参见尚秉和:《辛壬春秋》第23"直隶"。

动势力,自然不是对手。

　　除此之外,彼时天津的革命组织固然甚夥,但每个革命组织中的人员却极为有限,少者数人,多者数十人。而天津作为直隶首府,反革命力量一直蓄势强大,相比之下,革命力量显得既脆弱又分散,而且无法集中力量,实现重大突破。有的革命领导人虽然试图对众多的革命力量进行整合,终因缺乏权威性的领导,种种暴力活动先后失败成为不可避免。再加上众多的革命组织多系临时麇集天津,在地方上缺乏深厚的群众基础;革命活动若缺乏群众的广泛支持,一举成功的可能性自然很小。

　　总之,全面考察辛亥革命时期天津迅速出现的斗争激烈、你死我活的革命形势,证明20世纪初的中国大局,已经到了非变不可的程度。可是,在一个具有几千年封建传统的国家里,要与根深蒂固的封建势力临军对垒,力量十分薄弱和脆弱的资产阶级与中产阶级,至少在年龄和资质上显得先天不足,自然不是对手。这说明,要与根深蒂固的封建势力进行较量,取得民主革命的彻底成功,在中国绝非一朝一夕的事情。所以,辛亥革命虽然推翻了清王朝,但没有、也不可能打倒或铲除几千年来封建的传统与思想根基,实现真正的民主与共和。

(《军事历史研究》2011年第2期)

# 《大公报》广告在天津社会生活变迁中的作用
## ——以 1926—1937 年为例

### 岳谦厚 卫 俊

商业广告是一种经济现象,商家刊登广告在于扩大产品知名度,以求更大经济效益;商业广告又是一种文化现象,具有一定的思想性。它一方面具有促进销售、指导消费的商业功能;另一方面具有传播适合社会需求且符合受众利益的思想、道德、文化观念的社会功能。商业广告履行社会功能将会对社会文化造成广泛深远的影响。因为许多广告均有意无意地表达了某种思想观念,体现出某种价值评判标准,人们接受广告的过程就是一个被感染、被影响的过程。广告传播速度快、范围广、重复频率高,每天充斥于大众生活中,日积月累,潜移默化,影响着人们的心理,进而改变着人们的思维方式和价值观念。事实上,20 世纪二三十年代天津社会风气的变化、思想观念的解放、生活方式的改变无不与广告息息相关。故本文以《大公报》广告之社会功能为立足点,来探讨其在天津社会生活变迁中的作用。

### 一

《大公报》自 1926 年 9 月复刊以来广告自身获得较大发展,其影响远远超出经济和商业范畴,已深深融入人们的生活之中,并成为社会文化的一个重要组成部分,在传播文化知识、倡导良好价值观与社会风气、培养民族认同感等方面发挥了积极作用。

1. 传播新文化知识

广告作为近代文明的因子,在传播过程中凭借自身优势不自觉地充当了文化传播者的角色。《大公报》广告一方面向广大受众传递信息、激发需求、促进竞争、开辟市场,另一方面又向人们传播文化知识并繁荣了社会文化生活。

首先,广告促进了西方物质文明的传播。《大公报》在二三十年代的商品广告大致可分两类:一类是比较先进的机器、家用电器制造类,包括各种汽车或轿车、电灯、电风扇、电冰箱、太阳灯治疗仪、电熨斗、电扫除机、电动自行车、收音机、照相机等。这些产品满足了人们日渐增长的消费需求,人们在享受这些产品所带来的巨大生活便利之时也感受到了先进科学技术的强大魅力;另一类西方商品广告主要是与人们日常生活有关的生活用品。天津开埠之初,人们因受传统观念影响对来自西方的生活用品基本持排斥态度,但随后不久这些舶来品便以价廉物美的特点逐渐占领市场。由于洋货输入大幅增加,外国洋行以及经营洋货生意的中国商行、店铺数量与日俱增。翻开《大公报》广告栏,可以发现洋货店、洋行广告比比皆是,所卖商品种类繁多,具体言之大体有以下几类:衣物类,如各种洋布、西式服装、西式鞋帽、洋丝袜、手帕、毛巾等;日用品类,如香水、化妆品、西药、擦牙粉、牙膏、漱口水、洋油、钟表、玻璃器皿、席梦思等;食品类,如牛奶、西式糖果、洋酒(香槟、白兰地、啤酒)、饮料(果汁、可口可乐、咖啡)、西式点心、面包、西餐等;文具和办公用品类,如钢笔、教学用品(理化器械、标本模型、风琴乐器、运动器械、华英打字机、国语英语留声机片①)、新式两用幻灯②等。这两类商品广告将西方先进的机器制造、日用化学和声光电等初步知识介绍给了天津市民,提高了人们对科技知识的认识程度,并对人们传统的日常生活习惯产生了重要影响,如西方卫生观念、社交礼仪、饮食习俗就潜移默化地融入了津人的社会生活之中。正如陈旭麓所言:它(洋货)没有大炮那么可怕,但比大炮更有力量;它不像思想那么感染人心,但却比思想更广泛地走到每一个人的生活里去。当它改变了人们的生活之后,它同时成为人们生活的一个部分了③。

其次,广告促进了文化知识的传播。据统计,文化类广告在数量上始终处于《大公报》广告量前三甲,这些广告主要包括学校招生、书籍出版等。学校教是传播知识的主要途径,自清末废科举兴学堂以来中国新式教育获得较大发展,而《大公报》大量的学校招生广告就直观地反映了天津教育的繁荣景象。学校招生广告在文化类广告中所占比例较大,约占该类广告总数的60%左右。招生学校类型既有小学、中学、大学,又有各种函授学校或职

---

① 《大公报》1929年1月9日。
② 《大公报》1934年11月27日。
③ 陈旭麓:《陈旭麓文集》第1卷,华东师范大学出版社1997年,第371页。

业学校,这表明天津至少在20世纪二三十年代就已基本形成了比较完整的教育体系。以1932年9月1日《大公报》广告为例,当日文化类广告计有50条,占广告总量24%。其中,招生广告8条、书籍出版广告19条,各占文化类广告的56%和38%,(其余3条是文化类启事);在28条招生广告中,高校招生广告4条,中学招生广告13条,中小学联合招生广告5条,职业学校招生广告6条。这些招生广告都着力强调各学校办学规模、招生人数、办学宗旨等,大致反映了天津教育事业的发展状况,即受教育人数持续增长,职业教育方兴未艾。反过来说,这又与当时天津社会经济的发展有着密切关系。社会经济的发展为接受职业教育者提供了广阔空间,由此带动了职业教育的快速发展。

书籍出版广告在文化类广告中同样居于重要地位。天津是当时北方主要的文化中心,书籍出版业相对发达,各大书局、出版社为争夺天津文化市场展开了激烈竞争。《大公报》书籍广告除伴有少数迎合社会小市民阶层低级趣味的书籍外,大都能为读者带来某些新鲜知识,打破了长期以来四书五经垄断文化市场的格局,使读者获得一些近代科技知识。如范凤源所著《可怕的死光与毒瓦斯》,该书"分六章,一、列强的军备与作战工具,从数字上指出列强军备扩张经过,从应用上说明列强军器之能力及种类。二、子弹与炸药的成分类别、杀伤力。三、毒瓦斯之发明、种类、应用、原质及防御方法。四、火箭的构造。五、死光的研究与试验。六、病菌战。从科学立场指示军事知识,全国民众俱应人手一编(篇)"[①]。该书从科学角度分析了西方各国先进的军事科技,使人们认识了科学知识的巨大力量,同时又从科学角度激励国民御侮图强。类似图书还有《铁冶金学》《解析几何学》《新中华化学》等[②]。

抗战前,中国民族经济获得较大发展,而经济建设则需要科学的理论做指导,因此一些经济类图书广告出现在《大公报》上。如李权时博士所著《经济学原理》,"全书分为五编(篇):即第一编绪论,第二编消费论,第三编生产论,第四编交易论,第五编分配论。至于本书之目标有二:其一即在创制适于本国国情之高等教科书,故取材务求本国化;其二即在融会贯通中西古今的经济理论,而加以著者公正之评判,俾初学者得窥经济学之全貌,以便日

---

① 《大公报》1932年10月2日。
② 《大公报》1932年10月3日。

后研究有门径。实为国内最良好之经济学教本"①。国外经济建设的成功经验对当时国内的经济建设同样具有借鉴作用。为弥补国人该方面知识的不足,中华书局翻译出版了上田贞次郎的著作《产业革命史》,"全书凡二十万言,分两大部:第一部为产业革命史论,第二步为产业革命史研究;对于产业革命之由来与经过,俱以事实为根据,反复剖析。对于近代各种社会思想,亦有连带的叙述,而尤注重于著名思想家的生活与环境。书末附有参考书目及产业革命史年表,如重要机械之发明、世界名著之出版,以及各国政治上之大变动与社会上之大改革,皆详列无边,即便查阅"②。此外,还有《世界经济丛书》《苏联五年计划奋斗成功史》等③。

九一八事变后,为配合《大公报》倡导的"明耻教战"宣传,报上出现《国难记》《中国国防问题》等一批书籍广告。如《国难记》广告称该书"详载去岁九一八起东北真实事迹,精细铜板附印,痛史情形,耳闻不如目睹,一见足使我人奋起以杀仇敌"④。《中国国防问题》广告则称,该书详尽论述了中国国防问题所面临的一系列严峻问题——"因为我们过去无国防的设备,所以终有'九一八'的失地丧师,帝国主义的枪口一致的在向我们瞄准。在此环攻中,我们唯一出路,能在全国动员建设铁与血之国防实力;须知一切人道正义的幻想、机会主义的迷梦,全是消极的自杀政策。这本书是在帝国主义的炮火下写成的,国人苟不欲向帝国主义表示屈服与投降,惟有急谋自救。自救之道无他,惟有全国动员急起建设铁与血之国防,以吾人之铁血,答复帝国主义之进攻。吾人今日已退至最后之防线,欲求生存,只此一者。关于这一切之一切的严重问题,著者在本书中皆有明确负责的回答,不仅可为国防建设之张本,尤适合于军事教育之需要。"⑤这些书籍既使国人感到亡国灭种之虞,又向国人指出了解决这一危机的方法与途径,极大地动员了民众抗日热情,为抗日战争进行了有益准备。

再次,广告推动了法律知识的传播。在《大公报》为数众多的广告中,有关法律的广告一直占据重要地位。大量法律广告的出现反映了当时人们法律意识的提高,人们已知道以法律武器来保护自身合法利益。这些广告包

---

① 《大公报》1932 年 10 月 15 日。
② 《大公报》1930 年 9 月 15 日、1932 年 10 月 18 日。
③ 《大公报》1932 年 10 月 2 日。
④ 《大公报》1932 年 10 月 28 日。
⑤ 《大公报》1932 年 10 月 4 日。

括法律书籍以及涉及法律意识的声明与启事、律师广告等。

（1）法律书籍出版广告

书籍是知识的载体,人们通过阅读法律书籍了解相关法律知识并以此指导自己行为。当时出版的有关法律的书籍主要是一些基本的法律知识及法律法规介绍。据《法律汇刊》征订广告称:"订阅本刊者能解决疑难问题,能增长法律兴味面,疑难之解答、法律之评论、国民政府所颁行之法规、最高法院之判例、司法院之解释,尤能选择精确,应有尽有,合于实用。本刊每月出版两期,现已出至十一期,现承各界来函有询问是否继续发行者,有询问一二期有无存书者,有恨未得早行订阅者,此类函件日有数起。兹特申明,自第一期至第十一期,尚有存书,并扩充篇幅,增加材料。刊资每期一角五分,每半年一元六角,每全年三元,邮费在内,汇票、邮票代价均可寄至本社无误。"①这条征订广告说明当时社会对法律知识的需求较大,以至于不断来函询问此书出版的相关内容。同时,该刊亦突出了实用性原则,既可为读者提供相关法律基础知识又可达到普法作用,且价格合理并能为一般市民接受。又如《离婚法论》广告称:"本书共二十余万言,有学说、有法条、有判例、有轶闻,足为解决离婚问题之圭臬,足供改进法律之参考。"②这些法律书籍传播了法律知识,满足了社会需要,提高了市民法律意识。

（2）涉及法律内容的申明与启事

随着社会发展,人们之间的经济交往越来越频繁。在经济交往过程中时有对方侵犯自己经济利益之事发生,遇到这种情况,津人已开始重视用法律手段进行维权。检索《大公报》,不时会看到一些店铺所有权和经营权转让启事及股票、存折遗失声明。如一则票据遗失声明称:"兹有今年阳历九月五日由唐山启新洋灰公司开出第698号600元据条一纸、第697号2000元据条一纸、第696号3000元据条一纸共计三张,共洋5600元,在塘沽□平船被窃失迷,除向启新洋灰公司声明请求对于各该据条停止支付外,所有上开各据条无论落于华洋何人之手概作废纸,特此登报声明。"③同时,一些商家和个人为保护自己合法权益常常聘请专门律师,如中华国货贸易公司就聘请徐葆田律师为常年法律顾问,而徐氏则在报上刊登相应启事称:"本律

---

① 《大公报》1929年9月3日。
② 《大公报》1928年12月30日。
③ 《大公报》1928年11月2日。

师兹受任天津法租界一号路四十二号中华国货贸易公司常年法律顾问,兹后如有侵害公司名誉、信用、财产等情,本律师当依法尽保障之责,特此通告。"①李景光律师亦在报上声明"受谭冠生先生聘为常年法律顾问,应对谭君财产、名誉负有保障责任,有无故加以侵害者,自应依法保护,此布"②。

此外,某些律师为扩大自己的影响与知名度则在《大公报》登载个人介绍广告,如山田法律事务所大律师山田九藏、李景光都登出类似广告。李氏广告称:"大律师、大学士李景光,在天津执行检察官职务多年,案非当面接洽概不办理,发生问题亦不负责任。"高善谦律师则将收费程序公布于众,以防当事人上当受骗,"启者。敝律师收取当事人公费,皆有正式收据,由敝律师亲自签名盖章,否则一概无效,希为注意。此启"③。

2. 培养民族认同感

民族认同作为一个社会学概念,是指一个民族身上所具有的以区别其他民族的一些稳定的属性和特征,是此民族成员之间所具有的相似性。它由一系列相对稳定的风俗、习惯、生活方式、普遍心理等因素构成。民族认同感可以将一个民族的精神聚合在一起,当一个民族面临生死攸关或决定民族存亡的关键时刻,民族认同感可起到团结一心、共赴国难、挽救民族危亡之作用。例如,在国货运动中,《大公报》广告将国民消费与爱国主义有机结合起来,以之为号召引导市民消费,既促进了商品销售又培养了民族认同感。

国货运动源于20世纪初期,民族资产阶级在这场长达40多年的运动中秉着"实业救国"的宗旨,开展了轰轰烈烈的制造国货与销售国货活动。国货运动的发展之所以经历了由早期的制造国货阶段到二三十年代的销售国货阶段,是由于其间中国民族资本主义有了一定程度的发展,国货生产已具相当规模。同时,1929年资本主义世界爆发严重经济危机,西方各国为转嫁经济危机带来的损失加强了对中国的经济侵略,中国民族工业受到严峻挑战。为促进国货产品销售,提高民族企业产品的市场占有率与竞争力,国货销售问题被提到重要位置,而商业广告则是其有效的宣传载体,民族资产阶级便利用各种媒体向消费者展开强大的广告攻势。《大公报》作为当时天津

---

① 《大公报》1927年1月1日、1928年11月4日。
② 《大公报》1929年7月2日。
③ 《大公报》1929年5月1日。

主流媒体,在这一宣传活动中发挥了重要作用。尽管社评等政论性文章是该报倡导国货运动的主要方式,作为国货运动副产品的国货广告虽处国货运动边缘而无法构成运动主体,但它不仅以其无处不在的身影为国货运动摇旗呐喊,且以特有的话语功能将国货运动在政治和经济层面上的主张进行沉淀、过滤,通过无声的言说灌输到国人的心理层面,使之观念化和道德化,从而对国人的消费行为产生了深层影响。从这一意义上讲,国货广告不仅是国货运动的重要组成部分,也是国货运动的延伸和加深。

同时,《大公报》国货广告又将使用国货与强烈的爱国主义情感有机联系在一起,使得爱国主义这种抽象的情感变得更加形象具体。对于普通市民来说,这种特殊情感的表达需要一种与众不同的方式,广告所透露出的使用国货就是爱国的观点,能够使市民将这种情感与现实中的消费活动结合起来,赋予了爱国主义更加特殊的含义,如"中国天然酱油"广告就非常典型地说明了这一点。其广告词如下:"新发明的双喜商标中国天然酱油,味鲜价廉,可称是世界第一的调味妙品。请热心爱国、讲求卫生、考究滋味、节俭经济的诸君详细与别种的酱油比较准能认定这种。抵制外货、挽回利权,每餐适口,增长食量,滋味鲜美,荤素皆宜,货品高超,价值低廉。"①该广告将使用双喜酱油与热心爱国、抵制外货、挽回利权对接,使消费者感觉到他们在享用酱油带来的美味的同时,神圣的爱国主义情感已在自己行为中得到体现。这就将爱国主义延伸到了国人的具体消费行为,从而使国人在消费国货的过程中寻找到强烈的民族认同。"生丹"广告亦有类似描述,称"爱身体、爱国家,服人丹,完全国货,有起死回生之效力,家居必备,旅行必揣"②。陈嘉庚公司广告则以国家经济为标题且以漫画方法并通过师生对话形式围绕国货使用而展开,其广告词如下:生问师曰:"何为国家?"师曰:"本国之人购用本国之货是也,诸生所穿之鞋是否国人所制?"诸生曰:"然,均陈嘉庚公司之出品也。"广告用浅显的语言解释了国家即为本国人应使用本国货的道理。虽然就国家的定义而言不太完善,但其将使用国货与国家利益联系起来,使得爱国主义信念有了实际内容。

3. 倡导良好价值观

商业广告拥有各种各样的社会功能,而传播信息则是其最基本的功能。

---

① 《大公报》1931年5月6日。
② 《大公报》1929年7月30日。

商业广告在传播产品信息的同时也必然蕴含着广告人的精神意识、价值观念,这种精神意识与价值观念通过广告传播又会对广大消费者的人生观、价值观等产生影响。因此,该类广告所体现出的正确的价值观对倡导良好的社会风气会起到一定作用。如"嫦娥牌灭蚊香"广告指出:"嫦娥牌灭蚊香,极为灵验,无论蚊虫、白蛉、苍蝇、飞蚤等物,一闻此烟立即坠毙或遁匿。嫦娥牌蚊香为人人不可或缺之物,凡求自身睡眠舒适,或欲更笃其孝亲之诚、爱子之切及求伉俪之情益为融洽者,均不可不备此香。"①它以夏眠与灭蚊为标题,指出在蚊虫肆虐的夏夜不要忘记对母亲、子女、爱人的关怀,倡导子女要孝顺父母、尊老爱幼、关心爱人,体现了中华民族的传统美德。"大炮台"香烟广告词则宣称其"可增家庭间融泄之乐"②,即在不知不觉中教育受众要为创建一个和谐美满的家庭而努力。又如"利通机制煤球厂"广告词为:"请君日用要省钱吗?卫生不可不讲究,不可不试用利通煤球"③,体现了弘扬中华民族所具有的勤俭节约、讲究卫生的传统。显然,优秀的广告作品对培养良好的社会价值观具有重要意义。

## 二

广告作为一种社会现象具有一定社会功能,这种功能是特定文化背景下的产物。任何一则广告都必然会在社会中引起相应的效果与反应,它既可以为社会进步与发展作出积极贡献,也可能为社会发展带来消极影响。广告主为实现广告所带来的经济利益,在推销产品和开拓市场过程中必须以其特有的方式来吸引顾客消费,而广告在这一过程中则扮演了一个双重角色。

1. 广告宣传中的享乐主义思想

自从天津成为北方商业中心以来,社会商业化氛围日趋浓厚。生活在这种环境下,人们的价值观慢慢发生变化,这一点在消费领域表现得尤为明显。众所周知,中国传统的主流消费观是一套以"节俭"为核心的消费理念,但其在西方物质文明熏陶下受到了以对物质的无穷占有为核心的西方资本

---

① 《大公报》1928年11月3日。
② 《大公报》1929年7月24日。
③ 《大公报》1931年5月2日。

主义社会消费理念的影响。近代天津人逐渐形成一种新的消费风格，以崇尚节俭为核心的传统消费理念慢慢被突破，消费已不仅仅被视为一种简单的生活资料的消耗，而是一种体现个人身份与地位的手段。人们纷纷通过购买、使用一些奢侈豪华的商品来炫耀自己的消费能力，向世人展示自己的社会地位。而广告则在这一过程中起到了推波助澜的作用，它向公众展示了一个五彩斑斓的商品世界，在这个世界里只要拥有了其中的商品就将获得极高的地位与尊重，并极大地满足消费者爱慕虚荣的心理。例如，新式福特华贵四门轿车就向人们展现了一个"文明之社会、享乐之社会又交际之社会"应具有的标准——"衣食住行，为吾人生活中之四端。昔日之社会，享乐之资未备，人权交际甚少。生活之中，可谓仅有衣食住，无所谓行也。有之，则安步当车而已，跋涉长途而已。然当时官绅名流已知'吾从大夫之后不可徒行'，而豪富士庶亦多用舆马以代步。今者社会日进文明，享乐之繁富，交际之纷纭，有非前人所能梦见者，徒步固不足以云行，即以舆马代步，亦感迟滞。欲求迅速而舒适，诚非有每小时能行一百六十至一百九十之速度，如新式福特汽车者不可也"①。广告向人们暗示，只要有了这种新式福特轿车就将享有过去士大夫、绅商名流所未有之待遇，此车可将你带入上流社会的行列，对它的占有将使你享受到上流社会所带来的精神上的满足感与成就感。"五华牌香烟"广告则向人们宣扬了一种享乐主义的最高境界——"偕如花美眷，游青山绿水，吸五华名烟，人生尚复何求！"②广告出现在民族危机空前高涨的时代，这种弃国家危亡于不顾、片面追求享乐的思想对当时社会产生了不良影响。

　　奢侈品广告的出现亦是享乐主义盛行的一个具体体现。如全球著名的法国化妆品已开始在《大公报》刊登广告，其中一则广告称："本公司独家经理全球著名法国巴黎和贝干、希拉米两厂所出各色香水、香粉、香皂、胭脂及其他种种化妆品，名目繁多，不及备载，新到有大批现货，零整批发，均极欢迎。"③天津德商克隆洋行则登出上等钻石、白金广告，称"本行统办欧美各大名厂新奇出品上等钻石及白金、白金镶嵌饰品、手表等，并兼镶珠宝钻石，工精价廉，定期不误，如蒙惠顾，无任欢迎"④。这些奢侈品广告的出现具有深

---

① 《大公报》1935年6月4日。
② 《大公报》1930年3月14日。
③ 《大公报》1934年7月15日。
④ 《大公报》1935年4月12日。

刻的社会背景。在当时经济环境下,生活于商业大潮中的天津商人时感命运无常,可能一夜之间暴富,也可能一夜之间一贫如洗。基于此情此景,他们难以保持一种稳定且正常的消费心态,以致追求享乐、挥霍无度、纸醉金迷的观念风行津城。这些发迹后的商人出于社交需要或为彰显个人经济实力,或为掩饰自己贫寒出身,不得不进行这种带有炫耀色彩的奢侈性消费。总之,这种以享乐主义为核心内容的广告的出现,对当时的社会文化产生了较大冲击,它向人们所灌输的片面的物质占有和追求享乐的思想,动摇了以节俭为核心的传统价值观念。

2. 广告宣传下的社会不良习气

《大公报》广告内容庞杂,种类繁多,其中以商品广告、文化广告、药品广告、娱乐广告居多。在这些广告中,不少对近代津人睁眼看世界做出了积极贡献,但也有一些广告助长了社会不良习气,如某些博彩广告、戒烟治淋广告及部分文化产品广告等。

博彩广告是伴随着新式娱乐的出现而出现的,当时在天津租界内比较盛行的洋娱乐中,赛马与回力球比赛都与赌博联系在一起。赛马运动传入天津后受到各界普遍欢迎,在1901—1945年期间天津先后有7个赛马会组织,获利最多的当属英商赛马会。英商赛马会一般规定在每年春秋两季举行赛马比赛,每次历时14天,其间成了赌徒的世界,因为赛马最令人激动的事情就是赌马。《大公报》曾登载这样一则赛马广告:"夏季伦敦头马二十个,各得五十万元,每张洋八元,准六月五日开彩;华商香槟票每张一元,四月二十八日开;万国香槟票,每张洋一元,四月二十一日开。"①这对普通市民具有极大的诱惑力。由于比赛往往受到各种势力操纵,再加上选手各种各样的作弊手段,使得比赛往往具有很大的不可预知性,这样一来遭殃的便是为数众多的赌徒。赛马对天津市民生活影响很大,一些人受赛马会诱惑而沉溺其中,倾家荡产、妻离子散者大有人在,铤而走险或被逼自杀者不乏其人。赛马会其实就是一个以体育运动为幌子的图财害命的大赌场。

意商运动场是天津第一家回力球场,与赛马场一样,回力球场同样是以竞技为名的大赌窟。每场比赛,赌客选择看好的球员购票下注,如能押中可得高于票价若干倍的彩金。回力球场开业之初,聘请了一些著名的外籍球员进行表演比赛,以吸引赌客参赌。正如《大公报》广告所云:"万人空巷,百

---

① 《大公报》1935年4月20日。

观不厌","春季大香槟预赛,特别小香槟票每张一元,现已出售,购请从速。预赛完毕后当众摇奖,揭晓得奖号码"①。由于比赛中胜负早有预谋,所以吃亏上当的总是大批赌徒。这些赌徒主要是一些豪绅富贾、下野军阀,也有一些心存侥幸心理的小市民,他们出于不同原因,有的嗜赌成性,有的迷恋球员,因此一掷千金在所不惜,不少人为此倾家荡产,甚至一命呜呼。回力球比赛与赛马比赛如此风行,最主要的原因就在于它们与赌博联系在一起。在这一过程中,博彩广告发挥了较大的蛊惑人心的作用。它以极具煽动性的广告语言,利用人们爱占便宜、心存侥幸的心理诱骗广大赌徒身陷其中不能自拔。

戒烟治淋广告泛滥的直接原因是当时吸食鸦片成风及娼妓业的发达。鸦片毒害由来已久,吸食鸦片是中国社会的一大毒瘤,到20世纪二三十年代戒烟运动仍任重道远。国民政府曾于1928年颁布禁烟条例,规定:(1)官吏吸烟发觉后立即撤职,永不录用;(2)人民无论老幼或因病吸食,6个月内禁绝,至明年种、贩、吃一律肃清;(3)省市各官长禁烟不力,禁烟委员会得请撤职;(4)每年召开禁烟会议一次等②。为配合政府戒烟运动,报纸上出现了大量戒烟药片、注射治疗戒烟、戒烟药水等广告,其数量之多令人目不暇接。这些广告有一个共同特点,即在宣扬其神奇功效的同时都将减轻患者痛苦作为自己首选。如解决戒烟痛苦之圣剂——信谊长命牌维他赐保命注射剂及丸剂、赐保命注射剂、健神补血注射剂广告就这样描述:"三种精品出而问世,则一切戒烟痛苦均得解决,非惟能于最短期间除瘾断癖,且较未吸烟时更为强壮,斯临床实验之诏示,非夸张耳,诚以维他赐保命能中和已与细胞结合之毒质,又以其易化作用而分解。代谢旺盛、尽祛烟毒、排泄体外,原属最新科学进步之结晶品,最合理的天然强壮剂至健神补血注射剂,亦为滋补圣剂,以此三者在戒烟治疗中视其适应择其一二,同时兼施当得满意之功效。如能三者并用,则无论如何年高衰弱、瘾深量巨之吸烟者,莫不在安全舒适状态下照常工作,于不知不觉中烟瘾戒绝体质康强矣。"③类似广告很多,如美国海惠德大药厂监制的"乐必淋"广告,该广告以"防患未然"为标题,宣称"凡嫖妓宿娼之后,最易传染淋病梅毒,世人每于患病之后购药内服

---

① 《大公报》1928年9月1日。
② 《大公报》1935年4月22日。
③ 《大公报》1936年4月13日。

或就医注射,金钱损失,时间虚掷,其愚孰甚,莫若在交接后四小时内用'乐必淋'洗射之,可免去一切毒菌侵入内部,因'乐必淋'含有强大之杀菌力,能杀灭存积尿道之一切毒菌故也,详情另载,仿单函索即寄"①。前者向人们介绍了一种理想的戒烟方法,使患者在不知不觉中戒绝烟瘾并收到强健体质之效;后者则为嫖妓宿娼者指明如何避免染病的方法。这两则不免夸大之辞的广告向患者暗示了这样一个信息:吸食鸦片、嫖妓宿娼并不可怕,只要使用上述药品就可解除一切后顾之忧。这些药品的真实药效不得而知,但广告词过分渲染其神奇功效使得人们产生一种错觉,那就是药品为瘾君子与嫖客提供了一种安全保障,因而这些戒烟与治疗性病的广告在劝诫读者的同时又对读者起了巨大劝诱作用。

文化类广告在广告数量上所占比例较大,这是《大公报》与《申报》的一个不同之处,因为当时天津既是北方的商业中心,又是北方重要的文化中心,具有比上海更浓厚的文化氛围。《大公报》文化类广告对于传播文化知识、丰富人们的文化生活发挥了重要作用,但这些广告良莠不齐,有些不仅没有起到积极的效果,相反在社会上造成了不良影响,如一些宣传封建迷信者及部分电影与书籍广告。

封建迷信在中国可谓根深蒂固。对于这种落后现象,《大公报》不但未予批判,反而为迷信宣传者提供窗口。如一则以"人生命运之鉴定"为标题的广告称:"世事沧桑,瞬息万变,玄机妙理,岂容人力违天,大预言家许见微先生,素精相法,兼擅命理会,游学海外得异人传授手相术秘诀,可以知休咎,可以判终身于平居,可知进退于疾病,可卜吉凶于经商,可从顺逆于财运,可悉穷通于资源,可占成败于婚姻,可定美恶,一经交谈,无不如响。"②应该说一个人的命运掌握于自己手中,最了解自己的人还是自己,而这些所谓大预言家虽有一套理论体系,但以之去评判一个陌生人的命运其行为本身便值得商榷,将自己所作所为寄托在大预言家的信口雌黄上不仅不能给自己一个正确的理论指导,相反会束缚自己,并给自己带来不必要的麻烦与损失。

在电影广告中,有的明显地带有情色或色诱成分,这可以从《大公报》在1929年9月1日刊登的各家影戏院放映的电影剧目中得到体现,它在某种

---

① 《大公报》1937年5月28日。
② 《大公报》1929年5月2日。

意义上反映了当时天津电影界的一般状况。

**1929 年 9 月 1 日各影戏院剧目一览**

| 影院 | 剧目 | 影院 | 剧目 |
| --- | --- | --- | --- |
| 皇宫电影院 | 啼笑皆非 | 蛺蝶电影院 | 迷魂阵上的女学生 |
| 平安电影院 | 打倒野人国 | 天升电影院 | 家花哪有野花香 |
| 天宫电影院 | 情痴 | 新新电影院 | 风流女剑侠 |
| 光明电影院 | 啼笑皆非 | 劝业场屋顶 | 风流贼 |
| 中原大剧场 | 各种戏剧 | 春和大戏院 | 小侠客 |
| 明星大戏院 | 矮亲家 | 天福舞台 | 各种戏剧 |
| 天华景舞台 | 各种戏剧 | | |

上表显示，13 家影戏院中除 3 家上演各种戏剧外，其余 10 家共放映 9 部电影，而 9 部电影中又有 5 部从字面上看与男女之情有关。为吸引观众，迎合小市民趣味，这些影片在片名上有意识地与性联系在一起，如《迷魂阵上的女学生》《家花哪有野花香》《风流女剑侠》《风流贼》等，各影戏院为其放映电影所做的广告则往往用极暧昧的广告语言宣扬这种赤裸裸的两性关系以达到吸引观众的目的。如明星大戏院为电影《皇后私奔记》所做的广告宣称："万人诵读希腊神话，最香艳最动人肉感之恋爱裸体巨片，有堂皇伟大的布景，有香艳浪漫的剧情。此片在上海开映时，禁止成人以下之青年男女参观，盖是片暗示极多，易于激动人之肉感也。本院不惜重资运来，求在普及。极愿各界对此空前伟大希腊香艳神话巨片作艺术上之探讨，故不加价，幸注意焉。"①与此类电影广告具有类似特征的还有部分书籍广告，如《处女的日记》《红杏出墙记》《贞与淫》等。这些带有强烈性暗示的电影与书籍广告既给人们带来了娱乐享受，又产生了不可估量的消极影响。

3. 广告宣传对商家诚信原则的背离

诚信自古以来就是中国商家恪守的职业道德，衡量一个商人是否属于"良贾"，首看其经营是否诚实不欺。在经商活动中，诚是基础，有了诚，信才能笃实。"民无信不立"，"言而无信，不知其可也"。可见，信是处世立业之基，是人际关系的美德。"言而信"、"言必信"，也是经商者必须遵循的准则。然而，《大公报》广告中违背此原则者比比皆是，尤其是医药广告中药品广

---

① 《大公报》1928 年 12 月 23 日。

告、医生诊所广告及病人"谢函"广告。这些广告为吸引顾客,大都带有夸大其词、自吹自擂、弄虚作假之嫌。

药品广告是医药类广告的主体,其数量之多、种类之全简直令广大消费者无所适从,这也反映出当时经营药店有利可图、人们生命意识浓厚的社会状况。这些药品广告的共同之处就是过分夸大药品的神奇功效,如"生殖灵"广告就吹嘘其具有"返老还少神药之功效"①,以其无所不能的疗效为人们构建了一个虚幻的梦想世界。与此类似的还有"大学眼药"广告,该广告声称一滴就可发挥惊人的三大作用:"第一,扫尽从来所有的目疾;第二,启发贵妃绝世的美眸;第三,赋予项羽炯炯的神光。所以敢云:大学眼药以前绝无眼药,大学眼药以后别无眼药。人间天上争享此大学眼药的灵效,如有未受此惠者,即时即刻速购一瓶,保君明日以后忽觉精爽神怡,而发现较前判若两人的健全神光。不痛不痒,奏效如神。"②医生诊所广告主要以扩大医生及诊所知名度为目的,这类广告虽不乏实事求是者,但也不排除鱼目混珠之类。他往往为自己冠以名医、留洋归来的美誉,或宣扬自己拥有丰富的行医经验、高超的医术水平,明显地带有自吹自擂之嫌。如德医李宝梁、黄大馥刊登过的一则联合行医广告称:"两大夫在沪行医多年,历任各医院内外科主任,经验宏富、医理湛深,最近发明新药多种,对于肺痨病、皮肤、花柳尤为所长。黄大夫专治肺痨病以及肠胃病,且擅长戒烟。现两大夫在津合组诊所,日租界芙蓉街三号。"③顾客谢函广告的作用类似感谢信,是一种间接为某种药品或医生扬名的形式。这种广告往往给人一种情深意切的感觉,言辞恳切,入情入理。广告客户一般不抛头露面,由患者向读者加以陈述,给读者一种真实可信的感觉,这些刊登谢函者既有平常百姓,又有达官贵人或知名人士,以此来增加广告的权威性。但这种广告弄虚作假的现象相当严重,总给人一种故弄玄虚的感觉。如一则"鸣谢奇药"的广告曾这样叙述:"敝人患腰□胯漏年余,辗转床褥,痛苦万分,经中西医,终未见效。阅报载有北平西四太安后十二号李宅秘制阴疽活命丹最为奇效,所妙者不内服药,肠胃不起变化,不外上药,疮口不受刺激(仅将药丸握于手足各心),用药后一昼夜内,已破者脓水流净,生肌肉。未破者内消年余,沉疴数日痊愈。感

---

① 《大公报》1935年7月15日。
② 《大公报》1928年12月12日。
③ 《大公报》1936年10月9日。

谢之极,谨登报端,以供同患。且此药并治积漏、搭背、奶疮、对口、瘰疬、鹤漆风,一切瘫疽均有特效。如不见效,药费退还,足证此药确有把握,诚为阴疮之至宝也。松树街 23 号佟德麟启。"①

从这些广告中可以看出,当时部分商家为获取较大商业利润,以虚假广告欺骗消费者,违背了商家所应遵守的最起码的诚信原则,从而助长了社会中存在的尔虞我诈的不良风气。

广告是一种商业话语,是以销售商品并为广告主带来经济利益为目的的一种商业活动。但广告不仅仅是一种经济现象,它本身所具有的社会功能决定了其在社会生活中的重要地位。《大公报》复刊以来,广告获得较大发展,数量与规模不断扩大,版面占有率大幅提高,数额可观的广告收入为《大公报》的发展壮大提供了坚实的经济基础。同时,广告又是一种独特的文化现象,除具有鲜明的经济功能外还是社会生活的一种反映,透过《大公报》广告可以看到当时天津社会生活的缩影;或者说,这些不同类型的广告见证了天津市民生活由传统走向近代的历史轨迹。作为一种具有一定思想性的文化现象,广告的功能不仅仅局限于为广告主扩大商品影响、促进销售,它还肩负着特殊的社会功能。在 20 世纪二三十年代天津社会生活的变迁中,《大公报》广告扮演了双重角色,它既对社会发展发挥了重要的积极作用,又为社会带来了明显的消极影响。

(《城市史研究》2011 年第 27 辑)

---

① 《大公报》1934 年 11 月 27 日。

# 20世纪20年代的天津女性离婚问题研究
## ——以《大公报·妇女与家庭》为中心的分析

张玮 徐娟

## 一、引言

在传统中国社会,离婚权掌握在男子手中,妇女无主动提出离婚的自由。民国以降,中国社会发生了前所未有的变化。就婚姻关系而言,到20世纪20年代出现了普遍的离婚高潮,各地离婚案件层出不穷,传统婚姻制度受到严重冲击。《大公报》从1927年2月11日设立专业副刊《妇女与家庭》开始,至1930年9月停刊(1933年9月复刊,1934年12月再度停刊),其间对天津婚姻家庭情况和社会各方关于离婚问题的不同见解进行了比较详细的报道或分析,故本文拟以之作为主要资源来考察当时天津女性离婚问题,并借之透视民国以来中国婚姻家庭制度的某些变化或近代婚姻变革的基本历史面目。

## 二、离婚案件频发的社会因素

在传统社会,离婚现象并不多见,且离婚权单方面掌握在男子手中。传统婚姻观念认为婚姻是一生一次,一旦确立就应白头偕老,不论其婚姻家庭环境多么恶劣。但到民国时期,社会发生明显变化,婚姻关系亦然,以致在20世纪20年代出现离婚高潮。下面就依据《大公报》报道及其所刊文章来分析当时天津离婚案件背后的各种因素。

(一)新思想、新观念的传播

五四时期受西方文化影响,社会生活和思想观念发生重要变化,而与之密切相关的孔教、劳动、社会改造、文学、妇女、贞操、婚姻、家庭制度等一系列问题都在此时兴起,且成为社会讨论的热点。新式青年知识分子开始反思中国传统婚姻文化,将妇女问题作为改造社会的一个根本方面提出,这是五四新文化运动的一个重要特点。1918年,《新青年》介绍了挪威作家易卜生的《玩偶之家》,在广大青年男女中引起强烈反响,自此"没有爱情的婚姻是不幸的"的观念逐渐为人接受。当时国人对"娜拉出走之后"进行了经久不息的讨论,对娜拉命运的关注正寄托着他们从娜拉身上寻找中国女子解放出路的希望①。追求自由的娜拉成为妇女崇拜的偶像,自由思想和个性则成为女性追求的目标,旧婚姻家庭制度遭到批判,许多妇女在娜拉影响下纷纷走出家庭以反抗不如意的婚姻。此外,瑞典艾伦凯的《自由离婚论》、美国罗素的《婚姻革命》、德国倍倍儿的《妇人论》等译著的出版,亦极大地推动了新观念的传播。

与此同时,一些报纸、杂志纷纷开辟有关婚姻问题专栏,讨论妇女与家庭问题,而家庭问题、妇女解放问题、婚姻问题以及与这些问题相联系的诸如男女同校问题、废妇问题、男女社交问题、女子参政问题、女子经济独立问题、节制生育问题、性道德问题、离婚问题等成为当时报刊报道与讨论的热门和读者关注的焦点。1920—1923年出现了一批专门讨论妇女问题的刊物,如《劳动与妇女》《新妇女》《妇女评论》《解放画报》《妇女声》等,这些刊物发表和翻译介绍了大量关于妇女解放和婚姻自由的文章,大力宣传妇女解放和人格独立。在这些进步报刊导引下,不少激进人士从民主和自由观点出发,对中国传统婚姻观念进行了深刻批判,旗帜鲜明地提出妇女解放主张,使妇女运动在理论上和实践上都取得长足进展。

(二)女性就业机会增加

妇女就业是社会发展与进步本身的需求,是社会历史发展的必然结果。自工业革命以来,大规模生产事业日益发达,家内手工业渐渐不支,手工业工人不得不放弃自己的职业跑到工厂做工。他们得到的工资很少,许多男子因无力量养恤妇女,只得从家庭中将她们解放出来,让她们自己活动,自己谋生②。而妇女同样看到了不能再单纯依赖男子生存,于是走向社会寻求谋生职业。这些自行谋生的妇女自然不愿受男子压迫,当他们觉得"遇人不

---

① 陈是麓:《近代中国社会的新陈代谢》,上海社会科学院出版社2006年,第359页。

② 《女子解放之我见》,《大公报》1927年9月21日。

淑"时便马上提出离异①。

天津是北方商业重镇,人民生活水平相对较高,社会开放程度亦然。据《大公报》第一位女记者蒋逸霄于1930年在该报所载"津市职业的妇女生活",其本人通过对佣妇、奶娘、缝穷妇、介绍职业的女店主、女教师、女子商店的店员、社会局的女职员、市党部女职员、接生的陈姥姥、妇女救济院训育主任、永记的女理发师、洗衣妇、装神说鬼的女巫、女子刺绣学社成员、鼓姬、无线电台放送员、日籍印刷机社女店员、女打字员等55种职业妇女的调查,说明当时天津妇女在社会很多领域里都有所作为。这些妇女中月薪最低的有六七元钱、最高达百元,已足够维持生活。经济上的独立给予妇女足够的勇气走出家庭——"我现在不怕他,希望……在法庭上提起诉讼,干脆脱离了关系,倒也是一件可心的事!"这是一位饱受公婆和丈夫虐待并被丈夫逼着去做娼妓而逃到救济院的佣妇对记者的话。另一位被调查对象则称"如男子仍不上进就离婚"②。由此可见,当时经济独立的妇女已对自身幸福和解放做出了积极反应。

女性就业目的主要有二:一是维持家庭和自己生活,一是经济自立。"数千年妇女所受的痛苦考其最大的因由,是因女子经济不能独立,经济受人支配。"③"女子要解放,非在根本上求得经济地位的独立不可,求得经济的独立必须有正当的职业。"④"经济是一切的保障。妇女问题解决了,别的问题自能完全解决!"⑤如果经济不独立,只有离婚想法而无离婚后能够谋生的技能和养活自己的能力,那么离婚对于妇女来说只能是一种奢望。即使离了婚,前途亦不会光明。

(三)离婚法律的确立

民国成立以后,北京政府于1915年颁布《民法草案》,规定:有配偶者不得重婚,夫妻不相和谐、俩人愿离婚者可以离婚,重婚、妻子与人通奸、夫妻一方生死不明超过3年以上、夫妻一方恶意遗弃对方或受虐待或受重大侮辱即可提出离婚诉讼⑥。但维护封建婚姻家庭制度仍是其根本目的。1924年

---

① 郭箴一:《中国妇女问题》,上海商务印书馆1937年,第70页。
② 蒋逸霄:《津市职业的妇女生活》,《大公报》1930年2月11日。
③ 湘蘅:《古诗词中女性的痛苦》,《大公报》1929年5月9日。
④ 怀仁:《女子解放的障碍物》,《大公报》1927年9月28日。
⑤ 《世来谈谈离婚问题》,《大公报》1928年7月5日。
⑥ 赵清:《社会问题的历史考察》,成都出版社1992年,第168页。

1月,《中国国民党第一次全国代表大会宣言》提出:"于法律上、经济上、教育上、社会上确立男女平等之原则,助进女权之发展。"①这是中国历史上第一次以文字形式对男女平等原则做出的纲领性宣言。1926年1月,国民党第二次全国代表大会又通过《妇女运动决议案》,规定:①制定男女平等的法律,实行男女教育平等、职业平等、工资平等。②女子有财产权和继承权。③严禁买卖人口,保护妇女和儿童。④反对多妻制和童养媳。⑤根据结婚、离婚绝对自由的原则,制定婚姻法,保护被压迫而逃婚的妇女,对再婚的妇女不得蔑视,反对司法机关对于男女不平等的判决。⑥根据同工同酬,保护女性及儿童的原则,制定妇女劳动法②。事实上,这一时期女性法律意识已有明显进步并开始运用法律手段维护自己合法权益。当时轰动津城的王世芳与其夫张怀广(军阀张怀芝之弟)离婚案就非常典型地说明了这点。王世芳因张怀芝一家虐待且与张怀广两人无感情提出离婚。依据当时法律规定,"离婚无须条件……适用绝对自由的原则以为裁判,其男女一方请求离婚,无庸具备一定条件"。此案虽历时近一年且颇多周折,但依据这一原则,王最终与张解除了婚姻关系③。

1929年1月29日,南京国民政府立法院成立"民法起草委员会",根据国民党中央政治会议确定的立法原则先后完成民法典各编草案的编撰。1930年12月26日,民法"亲属编"和"继承编"颁布,次年5月施行。《中华民国民法亲属编》赋予妇女离婚权利,规定:"夫妻两愿离婚者,得自行离婚。但未成年人应得法定代理人之同意。两愿离婚,应以书面为之,并应有两人以上证人之签名。离婚后,关于子女之监护,由夫任之。但另有约定者,从其约定。""夫妻之一方有下列情形之一者可向法院请求离婚:①重婚者;②妻与人通奸者;③夫妻之一方受他方不堪同居之虐待者;④妻对于夫之直系尊亲属为虐待,或受夫之直系尊亲属之虐待,致不堪为共同生活者;⑤妻之一方,以恶意遗弃他方在继续状态中者;⑥夫妻之一方,意图杀害他方者;⑦有不治之恶疾者;⑧有重大不治之精神病者;⑨生死不明者;⑩被判处三年以上之徒刑,或犯不名誉之罪,致处徒刑者。"《中华民国民法亲属编》则规定夫妻双方地位平等,女子拥有继承权;肯定一夫一妻制,禁止重婚,不准纳

---

① 戴伟:《中国婚姻性爱史稿》,东方出版社1992年,第380页。
② 孟昭华,王明寰,吴建英:《中国婚姻与婚姻管理史》,中国社会出版社1992年,第238页。
③ 《王世芳案开庭》,《大公报》1928年11月23日。

妾；承认男女双方婚姻自主权，婚姻应由当事人订立和解除，体现了婚姻自由精神①。尽管国民政府的法律仍具有相当的局限性，但较之以前已有很大改进，且为许多难以为继的婚姻提供了解除的法律依据。

(四) 教育的发展

1913年北京政府颁布《壬子癸丑学制》，规定初小实行男女同校，中学专设女子中学，另设女子师范和女子实业学校等，在思想上明确了男女享受平等教育的权利。此后以传播新文化、新知识及爱国思想为目的的各种职业女子学校兴盛起来。"五四"之后，蔡元培又在北大首开女禁，招收女生，大学从此开始男女同校，实现男女教育的真正平等，这在很大程度上冲刷了传统习俗在女性心理上造成的自卑感，提高了她们的社会威望。正如当时有人著文所指出的那样，"一个女子没有真正的学识，要想立身在社会上，求经济独立是最苦痛而最危险的一件事"②。

社交公开亦是冲破封建礼教、解放妇女的重要途径。如由周恩来、邓颖超等进步青年在天津组织觉悟社，以男女对等人数组成，为社会树立了榜样③。男女同校和社交公开，在求学、就业、参政等活动中打破了原有男女界限，男女双方可以进行自由交流、互相了解、互相帮助，这就将两性关系变革到合情合理且又自然的状态。社交公开是实现恋爱独立、婚姻自由的必备条件之一，男女若能自由交往才能相互认识、了解并产生爱情。因此，婚姻自由倡导者认为婚姻不良乃是人生痛苦一大原因，而解除此弊在于婚姻自由；欲婚姻自由则非男女公然交际不可，而男女交际以男女同校为最好入手方法④。虽然参加社交活动的目的并非为了解决男女婚姻问题，但不可否认其对男女婚姻的影响较大。乐瑶女士在《对于男女青年社交的见解》一文中称："社交公开""恋爱自由"两句话差不多成了现在中国男女青年的口头语。尤其是甫经解放的青年男女就如无舵般的船行走大海，不知去向，因此离婚案、情死惨剧、暗逃谋害，时时增加，将来更不知增加到多少倍。推其原因，

---

① 邓伟志：《近代中国家庭的变革》，上海人民出版社1994年，第128—129页。
② 《妇女要有彻底觉悟》，《大公报》1930年7月2日。
③ 邓颖超：《五四运动的回忆》，中华全国妇女联合会妇女运动历史研究室编：《五四时期妇女问题文选》，生活·读书·新知三联书店，1981年，第6页。
④ 徐彦之：《男女交际问题杂感》，中华全国妇女联合会妇女运动历史研究室编：《五四时期妇女问题文选》，生活·读书·新知三联书店，1981年，第179页。

都是因为社交不能公开①。不过,随着受教育程度的提高,女性有了更多职业选择机会,越来越多的妇女不再局限于家庭而开始走向社会。

(五)社会团体的作用

民国时期婚姻制度变革在很大程度上得益于社会团体的号召与推动。这一时期,天津有关保护女性的社会团体有女权请愿团、女青年会、妇女救济院、妇协等。一些妇女团体明确要求:"予受婚姻痛苦的女子以离婚绝对的自由,并以法律保护逃婚的女子。"②妇协不仅帮助受压迫想离婚的妇女尽量找到合适的解决方法,而且积极创办妇女补习学校,正所谓"若欲谋女子解放,必先增高女子的知识,并且还要有生活的技能。若欲增高知识和学习生活的技能,必需要受教育。"③妇女救济院则帮助受压迫妇女积极改造自身思想,使她们获得一技之长而有能力养活自己。据统计,到1928年11月,妇协创办补习学校21所④。

(六)传统家庭制度的变革

民国时期是一个思想观念大变动的时期,离婚日益自由,婚姻家庭观念已发生深刻变化。《大公报》早在1913年9月15日就发表评论指出:"近来法庭诉讼,男女之请离婚者,实繁有徒。此皆前此所未有。"⑤在20年代,"翻开社会新闻一看,只要涉及男女的问题,不是夫妻要闹离婚,就是两性都另有所恋,像这种事实的发生,简直充满了全社会"⑥。由此可见当时天津离婚问题的普遍性。1928年《大公报》曾刊登关锡斌关于"婚姻调查的答案",32位受访青年男女中仅有2人明确表示无法接受离婚,而其他人则表示认同。如天津一名19岁的男性在调查问卷上写道:"我的婚姻是旧式婚姻,感情不和,毫无爱情,是不满意的,仇人似的,一点快乐也没有!婚姻是我们一生最有关系的,不应当拿金钱结合,不应当拿欺诈手段来结合!更不应当拿父母

---

① 乐瑶女士:《对于男女青年社交的见解》,《大公报》1928年5月10日。
② 《天津妇女国民会议促成会成立及其宣言》,中华全国妇女联合会妇女运动历史研究室:《中国妇女运动历史资料》,中华全国妇女联合会妇女运动历史研究室1986年,第227页。
③ 《女星第一补习学校开校纪事》,中华全国妇女联合会妇女运动历史研究室:《中国妇女运动历史资料》,中华全国妇女联合会妇女运动历史研究室1986年,第141页。
④ 《市立妇女补习学校调查》,《大公报》1929年1月31日。
⑤ 无妄:《闲评二》,《大公报》1913年9月15日
⑥ 心冷:《结婚与调查妓女》,《大公报》1928年11月6日。

之命媒妁之言来结合！我们应当拿纯粹的爱情来结合！因为我们各自的终身快乐起见，一定要离婚。"另一位29岁的天津男性则说："现在这种婚姻制度（别人来代订的）是绝对应当改革，如果我们不满意时就离婚。夫妇二人彼此不满意而要求离婚，他们为什么不满意呢？当初怎么结的婚？从这看出来，他们的结合是不互相了解的，不自由的。这全因婚姻制度的不良，婚姻制度若是好的，能得到满意的配偶，离婚的虽不能没有，也比较少得多了。"又有一位22岁的男子说："我对离婚很赞成，夫妻情投意合当然没有离婚的观念，若是不和睦，整天里不是相骂就是相打，你视我为眼中钉，我看你不顺眼，夫妻变成仇敌，不如各寻山头的好。"①

婚姻问题是人生大事，婚姻自由与否关乎终身幸福。古人所言"父母之命"就是代议婚姻、专制婚姻，"媒妁之言，就是引诱婚姻、欺骗婚姻，不独压迫和束缚女子，且对于男子亦一样"②。陈剑华在《妇女与家庭》专栏发表《婚姻问题》一文指出："你若不满意对方，实在没有再商量的余地，不如索性抱着'合则留，不合则去'的宗旨离婚，这如快刀斩乱麻一般，是最痛快的法子。"③1929年，在《婚姻问题的正当解决法》一文中又指出："已结婚后双方不能融洽者——世界上最不幸的婚姻就是男女不得其配……尤以专制婚姻为最甚。双方的性情、意识……完全站在相反的地位上，有如冰炭绝不结合者。如果勉强在一起，纵然没有意外的危险，也就送掉了双方终身的幸福，那么还不如及早离异。"④由此看出，当时社会对婚姻的看法已发生很大改变，人们已觉得无爱婚姻是可悲的，所以这一时期婚姻问题比以往任何时候都突出。

## 三、离婚的逻辑与特点

离婚是指夫妻双方生存期间依照法律规定条件和程序解除婚姻关系的法律行为。根据民国法律，离婚分为协议离婚（两愿离婚）和审判离婚（判决离婚、诉讼离婚）两种。

审判离婚须具备法定条件，理由要充分。夫妻对簿公堂，法院根据民法

---

① 关锡斌：《婚姻问题调查的答案》，《大公报》1928年3月29日。
② 《怎样能够解放妇女》，《大公报》1927年9月21日。
③ 陈剑华：《婚姻问题》，《大公报》1928年9月13日。
④ 《婚姻问题的正当解决法》，《大公报》1929年5月23日。

做出判决。据《大公报》所载,1926年至1930年全市计有210件审判离婚案,各年分别为24件、35件、33件、80件、38件。在1926年的24件离婚案中,理由为"逼妻为女娼"的6件,占离婚案件的25%;"虐待""重婚骗婚"各3件,各占12.5%;"行为不端"5件,占20.83%;"遗弃""意图变卖""妻不事翁姑、异常泼悍""意见不合"各2件,各占8.33%;"经济压迫""逃亡""不事翁姑"各1件,各占4.17%。在1927年的35件离婚案件中,理由为"逼妻为女娼"的13件,占离婚案件的37.14%;"虐待"10件,占28.57%;"意见不合"5件,占14.29%;"重婚骗婚"2件,占5.71%;"行为不端"3件,占8.57%;"不事翁姑""疾病"各1件,各占2.86%。在1928年的33件离婚案件中,理由为"逼妻为女娼"的9件,占离婚案件的27.27%;"虐待"8件,占24.24%;"行为不端"5件,占15.15%;"遗弃""重婚骗婚""不事翁姑""嫌夫丑恶"各2件,各占6.06%;"意见不合""疾病""逃亡"各1件,各占3.03%。在1929年的80件离婚案中,理由为"逼娼"的3件,占离婚案件的3.75%;"虐待"29件,占36.25%;"意见不合"10件,占12.5%;"行为不端"13件,占16.25%;"经济压迫"5件,占6.25%;"遗弃""疾病"各3件,各占3.75%;"重(骗)婚""嫌夫丑恶""买卖婚姻"各2件,各占2.5%;原因不明8件。在1930年的38件离婚案中,理由为"虐待"的5件,占离婚案件的13.16%;"行为不端""重(骗)婚"各2件,各占5.26%;"疾病"1件,占2.63%;原因不明28件。若从1926年至1930年的210件离婚案考察,其间离婚原因最多的是"虐待",共55件,占总数的26.19%;"逼妻为妇"31件,占14.76%;"行为不端"28件,占13.33%;"意见不合"18件,占8.57%;"重(骗)婚"11件,占5.24%;"遗弃"7件,占3.33%;"疾病""经济压迫"各6件,各占2.86%;"嫌夫丑恶""不事翁姑"各4件,各占1.9%;"逃亡""买卖婚姻"各2件,各占0.95%;原因不明占17.14%。

至于协议离婚,只要男女双方同意,共同邀集亲属、延聘律师、谈妥条件、订立书面协议并有两名以上证人签名就可离婚。很多人还在报纸刊登广告说明两人协议离婚,这是协议离婚的常见方式。登报声明离婚一般以"感情失和"为原因,其实真正原因并非如此简单。据《大公报》女记者蒋逸霄考察,其大致有以下几种:①丈夫无正当职业,既不能赚到足以维持家庭的生活费又不务正业,近似于无赖,对于女方生活不予供给,女方经常惨遭毒打,有的在家庭经济难以维持之时还被逼为娼。女方结婚后既不能在衣食上得到相当供养又遭非人待遇和折磨,因而提出离婚;②因传统婚姻一般依靠的是"父母之命,媒妁之言",在嫁人前男女双方不能见面,到能见面时已是洞房花烛,想反悔已来不及。订婚时听信媒人花言巧语,结婚过门才知受骗,所嫁丈夫或老态龙钟或状貌奇丑或家里早已有妻妾,因而提出离婚;③因女方本身其貌不扬或门第较低或结婚时所带妆奁较少而被丈夫或公婆嫌弃,从嫁人夫家起就遭到全家人打骂虐待。在境况无任何改善且忍无可忍情况下提出离婚;④丈夫有正当职业,家庭经济能力较充裕,夫妻感情初期尚好,但一段时间后渐渐淡化,丈夫又重新娶妾,对于妻子不再关心甚至和做妾的一起对其施以种种虐待,感情上和精神上都遭苦痛,因而提出离婚;⑤夫妻感情尚可,但婆母百般挑剔虐待,甚至唆使儿子让女方难以安逸度日,男方因不愿担负不孝之名而勉从其母,女方故而提出离婚;⑥因男方患有疾病提出离婚①。在1927年至1930年《大公报》报道的110件协议离婚事件中,因公婆和丈夫"虐待"者42件,占总数的38.18%;因"逼妻为娼"者25件,占22.73%;因"感情不和"者16件,占14.55%;因丈夫"纳妾"并遭"遗弃"者12件,占10.91%;因"疾病"者3件,占2.7%。

  无论审判离婚抑或协议离婚,其原因均以"虐待"和"逼妻为娼"最多。《大公报》曾登载过这样两个"故事":大直沽义和街杨桂生,年27岁,于1926年11月23日凭媒聘娶杨李氏为妻。自过门后夫妻不和,长相争吵。杨李氏时遭虐待,当时以为新娶过门,不知脾气,日期长久必可和好,故隐忍不言。1927年7月间夫竟用柳木棍等殴打,使她遍体成伤,实在无法便跑回娘家,后经人劝解回去。8月16日,杨李氏因打架跑回娘家,杨桂生遂去理论,言语不和,将杨李氏之母李李氏用刀砍伤,因此请求离婚②。又有妇名王香者,5年前嫁于冯振亭为妻。因冯氏父子不务正业,以致家产荡然,债台高筑。彼等异想天开,时欲逼该氏为娼,以冀得意外财源。该氏坚不应允,于是日将该氏打骂,以致伤痕遍体,甚且断绝供给衣食,使彼备受折磨。1928年7月间,冯等又逼该氏为娼,而该氏仍坚不应允,冯及冯父母于是将该氏殴打且用菜刀砍伤头部,并将该氏锁闭幽室,以杜声息。为免将来再受虐待,特向法院提出离婚③。以上两例是以"虐待"为由的审判离婚案件,下面再看以"虐待"为由的协议离婚案件:贾杨氏数年前嫁于贾维祯为妻,杨氏自过门后

---

① 蒋逸霄:《从妇协救济科一年来的工作所得的感想》,《大公报》1929年11月28日。
② 《少妇不堪虐待请求离婚》,《大公报》1927年11月22日。
③ 《三重压迫下的妇女,逼令卖淫恩断义绝》,《大公报》1928年12月9日。

时受婆母虐待,无法忍受,该氏遂至妇协请求协助。谓彼之夫家不持婆母凶悍难以相处且情形嘈杂,实难一日安居,而伊夫处于此种环境之中亦狎邪不务正业,情愿离异。双方在妇协调解下自愿离婚,在妇协书立离婚字据。其原文如下:"立字约人贾维祯、杨氏夫妻二人,因意见不合,情愿协议离婚,并由天津特别市妇女协会证明,特立字约,以资信守。从此男婚女嫁各听自由。"①从《大公报》报道来看,女性在家庭生活中所受虐待不仅来自丈夫一方,还有来自婆婆。后者身为女性,本是不平等社会性别制度的受害者,却甘愿接受和遵从男尊女卑的不平等地位,并用这种思想观念压制自己儿媳或弟媳、嫂子,反而成为旧秩序的捍卫者,这不能不说是数千年来社会性别制度造成的恶果。进一步说,中国"旧式女子心病怎样来呢?那是被压迫太甚而又无处诉苦的缘故……出嫁又最易受婆婆底压迫。她的婆婆因自身也受过无同情的遭遇,而已成了歇斯底里亚病,于是不惜用报复手段,实行'盐船上吃亏,豆腐船上翻梢'的古谚。如果丈夫是个贱视女性的魔王,她竟没有一般诉苦的地方了。女子受苦似乎是难免的刑罚"②。

因被逼为娼要求离婚的例子在《大公报》社会新闻中随处可见。在1926年至1930年的210件审判离婚案件中因"逼娼"者31件,占总数的14.76%;在1927年至1930年的110件协议离婚案件中因"逼妻为娼"者25件,占总数的22.73%,这是一个不小的比例。"逼妻为娼"一般都与经济困难及虐待联系在一起。由于生活窘迫,妻子被丈夫或公婆逼做娼妓赚钱,而一旦不从就遭打骂,严重者甚至危及性命。据《大公报》报道,"本埠小刘庄居民吕老,年二十一岁,凭媒聘娶同村袁春圃之女吕袁氏为妻……惟收入所限,欲将其妻带入口外,操神女生涯,坐享厚利……吕袁氏不肯,吕老始则力劝,继乃威逼,不从,则饱以老拳,意在必达目的。吕袁氏不甘堕落,誓死不进娼门,既恨丈夫无情,又恐其趁机变卖,不堪同居,在法院控告,要求离异"③。又有某女"自去年凭媒嫁于张步云,彼时张家甚穷,张夙日吃喝嫖赌,逼我为娼,不从则打……现要离婚"④。在传统社会,男子十分重视女性贞操,女性自身对贞操亦相当重视,所以被逼为娼的女子一般都会进行强烈反抗。

---

① 《不幸的婚姻:原是好夫妻,无奈姑恶只得分离》,《大公报》1929年1月18日。
② 洗月:《胃病与心病》,《大公报》1928年4月19日。
③ 《无力谋生,逼妻为娼》,《大公报》1928年11月8日。
④ 《没出息的汉子,逼妻子卖淫谋生》,《大公报》1928年9月30日。

又据《大公报》统计分析,"本埠最近三年来离婚之案件,原因不一,而大多数不外两种:一为逼娼,一为虐待。从此可推知社会经济之影响,不仅波及于物质界,并精神界而占有矣。不仅男子之劳力等于商品之供给,即女性亦成为商品矣。夫女子再为男子所支配,女子既失其支配自身之能力,社会又不能充分收容女子为相当之服务,其结果遂流于卖性。而其最大原因,实由于女子教育之不普及,知识能力之薄弱,依赖性之养成"①。丈夫无正当职业,家庭入不敷出,在经济困难情势下,女性被丈夫或公婆逼迫卖淫为娼,此为当时天津之普遍现象。但从1926年至1930年审判离婚原因观察,1929年只有3件以"逼妻为娼"为由离婚,1930年则无"逼妻为娼"案件。究其因由,可能与1929年天津市政府取缔娼妓运动有关——天津从1929年5月开始废娼运动,"期于一年之中,收相当效果"②。然而,娼妓问题不是一时就可解决者,取缔娼妓运动不过是将明娼逼成暗娼罢了。不过,值得注意的现象是:①在审判离婚案件中有28起系因"行为不端",而行为不端则包括夫游手好闲、无正当职业、妻与人通奸等。在几起控诉对方通奸的案件中提出者都是男性而无女性。是时,男性同妻子之外的女性姘居通奸之事并不稀奇,报纸关于此类报道很多,但却无女性以夫与人通奸提出离婚者,这是因为当时法律规定离婚条件之一为"妻与人通奸者"。②在审判离婚与协议离婚案件中以"疾病"为由者分别为6件和3件,数量虽少,但其中包括了像肺病等在当时不可治愈之病以及男子性功能障碍等比较隐讳的疾病。如1928年郑蒋氏就因"郑性的机能完全消失"而以夫"天阉"为由向法院提出离婚③。1930年年氏亦以夫"天阉"为由将之告上法庭④。在协议离婚案件中有12件以"丈夫纳妾"为由提出离婚,但在审判离婚案件却无此诉讼理由。实际上,纳妾在民国时期仍是一种比较普遍的社会现象。民初法律规定:"妾之家属身份系由契约而生,娶妾不得谓为婚姻,故有妻复纳妾者,不成重婚之罪。"随着女权运动的展开,社会各界要求废除妾制的呼声日益高涨。1924年,北京政府颁布《蓄妾制限令》,规定蓄妾须父母许可与本妻同意,若有违反则课以20元罚金。1927年国民政府法制局拟定的《亲属法草案》虽对"纳妾及妾的法律地位"未予规定,但编订者在立法说明中称:"纳妾之制,不独

---

① 《离婚案件之统计》,《大公报》1929年2月10日。
② 《今后当努力整个的妇女解放》,《大公报》1929年5月3日。
③ 《不良婚姻的结果她何苦要枉负虚名》,《大公报》1928年10月5日。
④ 《后裔婚姻之争》,《大公报》1930年4月22日。

违反社会正宜(义),抑实危害家庭和平;衡以现代思潮及本党党义,应予废除,盖无疑义,故本案不设容认妾制之明文,以免一般社会妄疑此制可以久或暂存。惟以明文禁止纳妾,似亦宜俟诸单行法令,而不能仅仅假手于亲属法,缘废妾之律,为贯达其目的起见,势不能不设置诸种关于纳妾之刑事制裁及行政处分故也。至于既存之妾及其子女,于废妾之单行法令未颁行以前,究居如何地位,则拟由法院斟酌社会情形,为之解释,以补律文暂时之闻。"①1930年,国民政府正式颁布《民法》,确认一夫一妻制原则,妾制在法律上被废除。

关于男女双方提出离婚请求的结构或比例问题,据关于1926年至1930年的174件审判离婚案件调查显示,1926年男方主动提出者7人,占总数的29.17%,女方17人,占70.83%;1927年男方4人,占12.9%,女方31人,占88.57%;1928年男方9人,占27.27%,女方24人,占72.73%;1929年男方16人,占22.22%,女方56人,占77.78%;1930年男方2人,占20%,女方8人,占80%。在全部审判离婚案中,男方主动提出者38人,占21.84%,女方主动提出者136人,占78.16%,女方主动离婚者是男方的3.6倍。又据1927年至1930年的110件协议离婚主动者调查统计显示,男方主动提出者5件,占4.55%,由双方共同提出者8件,占7.27%,而由女方主动提出者97件,占88.18%,协议离婚中女方主动提出者是男方主动提出的近20倍。这说明随着妇女解放运动的发展,女性已在离婚问题上取得了相当的主动权。

在婚龄方面,据统计,1926年至1929年间的136起审判离婚案中有20.59%的离婚者结婚不满一年,有些甚至不满一月;婚龄在1至5年者占22.5%,6至10年者占15.44%。而1927年至1930年的110件协议离婚案件中有30%的主动离婚者年龄在16—20岁之间,32%的年龄在21—25岁之间,18.2%的年龄在26—30岁之间,7.3%的年龄在31—35岁之间,1.8%的年龄在36—40岁之间,40岁以上者占5.5%,年龄不明者占8.2%。也就是说,年龄在25岁以下的主动离婚者占协议离婚件数的59.1%。由此可见,对自己婚姻不满者以年轻人为主,且婚龄在缩短。

在审判离婚结果方面,一般准予离婚者少,被驳回者多。据1926年至1928年的离婚审判案件调查统计显示,在92起案件中被驳回者56件,准予

---

① 《中华民国民法制定史料汇编:下册》,台北:"司法行政部",1976年,第345页。

离异者36件,前者明显多于后者,其主因在于审判离婚条件苛刻导致大部分原告因证据不足被驳回。如1928年《大公报》报道过这样一个案例:唐连地与其妻唐孙氏因婚姻涉讼,唐孙氏过门之后屡受婆母、丈夫及小姑虐待,伤好后向法院提出离异,而法院检查后判定"验明无伤",证据不足,此案败诉①。实际上,证据不足的原因在于难以举证。这一方面是由于诉讼法规定民事诉讼由当事人举证,而老百姓保全证据的常识不足,诉讼时间一旦延长就很难收集证据;另一方面是由于可以出庭作证的人因不想得罪人或怕事后遭到报复而不愿作证。即使有人作证,而大理院对离婚理由的解释则是:妇女如受婆家虐待,但不至手脚折断,造成残废,就不能申请离婚。反之,即使手脚残废,但如仅是夫妻之外第三者所致,丈夫并未参与,亦不足以构成离婚理由②。如"王世芳离婚案判决原文"指出:本案原告请求与被告离异,其所持理由第一为被告之兄张怀芝虐待,第二为被告对于原告无爱情。本院查原告第一主张系以夫妻之第三人虐待为原因,与两造婚姻并无直接之关系,则原告据此请求离异不成理由③。同时,民国法律对于妻子以丈夫重婚为由提起诉讼时明显表现出偏袒男方的取向,且在司法判决中亦更多地站在男性立场上。1931年郭潇湘女士在《大公报》撰文指出:自己当初受丈夫欺骗,其夫此前家中已有一妻,结婚后自己常受虐待,迄今已有两年。"我既不愿自杀,我又没勇气;想来只有走离婚一途。但是离婚后我的吃穿又使我没法措置,焦灼彷徨无路可走,无法可想……我能不能同他离婚?他犯不犯重婚罪?他设骗的勾当在法律上有无罪名?如果我们离婚,我能不能向他要损失费?"《摩登》板块记者则答复道:犯重婚罪是事实。但如果他愿意和你离异,你们可以用书面形式自行解除夫妻关系。如要经过法庭审判,按新民法规定,有请求权之一方于事前同意或事后宥恕(就是已经知道并不追究)或知悉后已逾6个月或自其事情后发生已逾2年者不得请求离婚。照此解释,你要法院判决离婚是不容易的④。又据《大公报》报道:吕袁氏于1927年嫁于吕常林为妻。吕平素即寻花问柳,且经常偷盗。婚后常遭虐待。1927年11月15日晚间,吕忽将该氏领至谦德庄娼窑,意图将伊变卖。该氏窥破其情,立即逃回母家。其后吕又意图将其变卖。因即在地方审判庭提

---

① 《究竟是不是寡妇》,《大公报》1928年11月28日。
② 老遇春:《论离婚之厉害》,《大公报》1929年12月9日。
③ 《王世芳离婚上诉案,今日在高等法院开庭审理》,《大公报》1929年4月5日。
④ 《能离不能离》,《大公报》1931年3月29日。

起诉讼,恳请离异。惟在呈状及庭训口供时,仅以吕素日品行不端及虐待为辞,对于变卖一节并未提及,故被驳斥。后该氏又在民事厅起诉,将谦德庄一事补上,而法庭谓与前状不符,认为捏造,复遭败诉。惟以两次涉讼,均未判决离异①。由上述两案可知,妇女权益根本无法得到法律保障。此外,法律本身亦存在对女性不公之处。例如,关于离婚条件规定"妻与人通奸者"而无"夫与人通奸者"——似乎做妻子的应为丈夫保守贞操而做丈夫的则不然;重婚通奸如得一方宽恕或知悉重婚通奸情况超过6个月或重婚通奸行为超过两年都不得请求离婚——这在事实上限制甚至取消了女性离婚请求权,甚至还规定因奸经判决离婚或受刑宣告者不得与相奸者结婚②。

## 四、离婚对女性的影响与意义

如前所述,在20世纪20年代天津离婚案中妇女主动提出者居于多数,众多妇女以实际行动向传统婚姻观念提出挑战。不过,社会对离婚妇女的歧视和偏见依然存在,传统思想仍制约着女性离婚想法,使之不得不维持自己痛苦的婚姻家庭生活,或对生活丧失信心后发生自杀、杀死本夫等悲情故事。有人曾在《大公报》发表署名文章叙述自己的不幸婚姻:"我们二人的感情,是坏到极点啦!不过我所生的这个世界,不能不说是跟着他就完全对立,我也没有抵抗的权力,无论怎样也得受……这是如何痛心的话,何等可怜的事!"③又有潘胡氏于1930年5月至市妇协请求帮助,称夫与己结婚十余年,已无夫妻情谊,不时加以虐待,甚有逼其为娼之意,而其只求与夫调解却不表示离异④。又有名为助远的人著文讲到:其姐姐自小被送婆家童养,结婚后婆婆虐待唾骂更甚于前。丈夫虽心中疼爱,无奈为旧礼教所拘而不肯与悍母抵抗。姐姐终日痛哭,自觉毫无人生乐趣。丈夫在家除生气外别无出路,心一狠偷跑出去当兵10年未归。其间,姐姐的痛苦更一言难尽,终日打骂不提,更迫令为人家作女仆,赚钱供给婆婆和小姑等。虽恪守旧礼,很守妇道,婆婆还逼令改嫁。即使受这样的待遇,姐姐依然不肯离开,声称

---

① 《甘居下流,不堪造就》,《大公报》1929年2月18日。
② 杨立新:《大清民律草案·民国民律草案》,吉林人民出版社2002年,第350页。
③ 张忠立:《不幸的妇女》,《大公报》1928年5月17日。
④ 《虐待发妻》,《大公报》1930年5月29日。

"不用家中供我吃饭,自己卖身供养家中!"①《大公报》在1927年曾刊登过这样一条新闻:戴徐氏经媒人说合结婚。其婆母异常凶悍,不时虐待她,而她"不敢稍有怨言"。并且,丈夫亦不怜惜她,两人毫无爱情可言。"瞻顾前途,已无人生趣味,遂自杀。"②这些在封建婚姻制度下生活的妇女别说有勇气离婚,恐怕连离婚想法都不曾有!很多女子都觉得"自己的八字不佳,命运多舛,所以受这样的冤孽沉沉的郁结,暗暗的悲伤"③。

当时许多妇女与丈夫感情不和,但她们没有选择离婚。因为,"离婚以后,男子方面,自然无问题地能达到他那新欲望,而女子方面,可怜脑子里充满了三从、四德、七出等等古董的,就不得不做了这离婚旗帜下牺牲者……已蒙上了人生的奇耻大辱!况且社会再加以残忍的仇视与无理批评!哪能不把一个既不能自存又无法抵抗的女子,逼到死路上去呢?女子离婚后,容易发生消极思想,甚至自杀!那全不怨离婚本身,而是怨目下社会不好!"④据《大公报》报道:1929年11月14日下午,妇协有民妇袁韩氏声请援助。据该氏自述,其年37岁,有50余岁婆婆新赋寡居。该氏婆婆因生计艰难欲逼令伊媳再嫁,借可得一笔钱财,以资度日。因氏以受礼教熏染,谓女子改嫁有失贞节且在面子上太难看,故宁饿死,誓不再嫁,愿入"广仁堂"守节⑤。《大公报》如此分析:"我国的陋习向来是重男轻女的,类如男女离婚,不分青红皂白,总对于女子加以藐视与诽谤。对于男子,则不加非论。⑥"实际上,离婚不仅是男女双方个人关系的结束,还有财产、子女以及其他一些事务的处理。《大公报》有关离婚的报道很多涉及经济纠纷。女性在离婚过程中或在其后提起的离婚诉讼中,往往要求对方给予一定赡养费并返还嫁奁等。但由于法律注重证据,许多妇女又苦于找不到证人证明其嫁妆属自己所有,所以法院常以"无详细记载"等将女方索要妆奁的要求驳回。即使法庭依法判决男方承担一定费用,但有时因缺乏有效强制执行机制,离婚后男方故意拖欠或根本不给生活费的情形很多。为了生活费反复和男方上法庭,对于女

---

① 助远:《族姊的脱难》,《大公报》1928年7月26日。
② 《恶家庭一幕惨剧,不堪虐待少妇自杀》,《大公报》1927年12月31日。
③ 《谈谈离婚问题》,《大公报》1928年6月1日。
④ 梦文女士:《也来谈谈离婚问题》,《大公报》1928年7月5日。
⑤ 《改嫁问题:婆婆视媳妇为资产,她受了旧礼教的熏染》,《大公报》1929年11月18日。
⑥ 《被弃的女子》,《大公报》1928年8月9日。

方经济状况更是一种莫大压力。反过来说，即使男方给予一定生活费，一般都不会太多，从而使女方在离婚后陷入生活困境，更何况法院有时还会判决女方付钱给男方。下面的例子就是很好的说明：李蜻淑幼年时凭媒聘与同邑一农家为媳，过门后深受公婆虐待。其初夫妇感情尚称和睦，惟后公婆挑唆，伊夫自难免受影响，故对李感情日趋淡薄，始则时在口角，终见拳脚相加。李感念身世，上不能得翁姑欢心，下不能得夫婿宠爱，前途黯淡，遂在本县提起诉讼。法庭初则劝和，继以李持意决绝，故判女方向男方出银40元了事，此后男女实行断绝关系①。

　　虽然民国时期女性所从事职业比以前宽泛得多，但相对于整个妇女群体来说有职业者毕竟少之又少，大部分女性仍须依靠丈夫和家庭生活。而她们一旦选择离婚，其"离婚的原因，若发生在丈夫方面的，妻因丈夫和她离婚，既不能独立谋生，则势非流离失所饿毙不止！所以这样的离婚，丈夫对她——被抛弃的妻，应负责任。责任为何？给妻以一定的赡养费，或是按月给她最低限度的生活费，以维其生活……依《民律亲属编草案》第一千三百六十二条责于夫者，应给妻之生计程度相当之赔偿。它的立意，无非是女子能自食其力的很少，离婚之后易于堕落失所的原故。"②但从《大公报》报道可知，男方给足赡养费的情况不多见。所以，很多女性离婚以后，生活陷入困境。这就不难理解有的女性为何在离婚后堕入风尘——"离了婚的，与丈夫暂别的或摒弃了的妇人和寡妇，普通多有经济状况不好的趋势……以为经济需要的程度，正是做娼的直接原因"③。

　　不过，从另一种意义讲，女性主动提出离婚是对传统社会只有丈夫"休妻"而无妻子"休夫"的离婚制度的反动。在民国时代，女性主动离婚者逐渐增多，说明女性觉悟和地位提高，是社会一大进步。女性离婚问题是女子解放运动中的一个重要问题，妇女解放运动推动了婚姻制度的变革，婚姻制度的变革又促进了妇女解放运动的发展与社会进步。

（《中北大学学报》社会科学版2011年第3期）

---

① 《全家冰炭宁愿仳离》，《大公报》1929年5月27日。
② 《离婚的赡养费》，《大公报》1929年5月2日。
③ 《怎样救济过渡时间的妇女》，《大公报》1928年8月23日。

# 近代北京金融业与天津的关系

王元周

## 一、北京与天津

　　城市之间的金融联系是由两个城市之间的经济联系和人员交流等决定的,所以北京和天津在金融领域的关系首先也是由北京和天津这两个城市的关系所决定的。

　　北京在辽为陪都,在金为中都。随着北京成为政治中心,天津也随之有所发展,辽金时期天津已成为南北贸易的重要转运站,尤其是漕粮转运成为天津城市发展的重要动因①。此后元明清三个统一王朝也都定都北京,天津作为北京的门户,地位更显重要,天津正是在这期间发展起来的,所以天津的发展一开始就与北京有着不可分割的关系。

　　元朝在将首都定在现在的北京,建大都城,城内商业繁荣,但周围地区经济发展水平不高,商品供应主要依赖江南,漕船经过天津,天津成为漕粮和货物的集散地,"一日粮船到直沽,吴罂越布满街衢"。明清时期实行里河运粮,漕船从天津经北运河到北京,天津仍为重要集散地,"江淮贡赋由此达,燕赵鱼盐由此给"②。所以,天津一开始就是作为北京的门户而存在的,进而出现天津和北京在华北平原北部并存的局面。

　　近代以后天津辟为商埠口岸,发展为北方的通商大埠,在北京销售的货物多从天津和上海运来。自洋务运动以来又兴办近代工业,成为北方的工业中心,而北京几乎没有近代工业,传统工业产品的出口也大多经过天津。而且,北京虽然保持了政治、文化中心地位,并成为铁路交通枢纽,但是天津

---

①　罗澍伟主编:《近代天津城市史》,中国社会科学出版社1993年,第9页。
②　李鸿章:《畿辅通志》卷六十八,舆地,商务印书馆1934年,第2933页上。

在海防上的重要性在近代以后也进一步上升"区区虽为一隅,而天下兴废之关键系焉"①。近代天津不仅在工商业发展上超过北京,由北京的附庸城市发展为华北的经济中心,而且在军事上有重要地位,从而确保了其作为华北重镇的地位。

近代北京金融业发展与天津的关系,也是建立在两城市在同一地区内所承担的不同功能基础上的,北京与天津的联系更加紧密,交通及通信联系也日益便利。

清末,虽然漕运制度变了,但是运河仍为商业和交通运输提供很大方便,甚至在铁路出现之初尚不能与运河竞争。北京与天津间铁路修通后,往来更加便捷。1897年津沽铁路延长到北京,北京和天津间列车每日往返两次。当时北京的火车站设在永定门外马家堡,欲乘头班车去天津者必须于天亮前离家,乘二班车自天津到北京时,有时由于列车晚点等原因,驱马车至城门时,城门已经关闭,不得不在城外住一夜,多有不便。八国联军侵入北京后,将车站挪到前门外,列车也改为一日三次往返,票价一等银五元三角,二等银三元三角,三等银一元七角五分,乘火车来往于京津十分便利。

1886年赫德在北京的海关总税务司办公处成立海关邮局,首先开通的就是北京寄往天津、上海的邮件,每星期发一次,欧洲各处寄来的邮件,运到天津交给海关后,即派专差递到北京②。1883年李鸿章奏请架设天津至通州间的电报,其后延长至北京。那时北京与上海、西安、营口的电报联系也要经过天津。

义和团运动后北京开始发展的电话事业,就是由荷兰人波尔森经营的天津电话公司经营的。1904年日本顾问吉田正秀在华北发展电话业务时,也是同时在天津和北京设立电话局。那时在北京和天津间架设双线路,使用八号铁线,所使用的机器也都是最新式的,声音非常清楚。北京和天津间通话费为一次5分钟,80仙,一个月通话30次以上者,按其次数打折扣③。近代交通、通信手段密切了北京与天津的联系,事实上两城市在政治、经济、文化、军事等方面都是密不可分的,金融领域的联系也是在这种背景下展

---

① 金钺:《天津政俗沿革记》序,转引自罗澍伟主编:《近代天津城市史》,第12页。
② 赵乃基:《回顾中国近代邮政》,北京市政协文史资料委员会选编:《商海沉浮》,北京出版社2000年,第597—598页。
③ 张宗平、吕永和译:《清末北京志资料》,北京燕山出版社1994年,第403—406页。

开的。

## 二、货币与行市

近代金融业产生以前,北京和天津的传统银钱业即有较密切的关系。清代在北京设有宝泉局和宝源局负责铸钱,所需铜料主要为滇铜,其次为洋铜。滇铜运到长江流域后,要经运河至通州(1742年后改为张家湾),再改陆路运到北京,洋铜运到北京也同样要经过运河和天津。1816年,户部还从宝泉局积存钱内拨出15万串,作银15万两,交长芦盐商营运,按月取息,用来补充宝泉、宝源二局购置料银经费之不足①。清代北京制钱价格时有变动,这种变动往往也与天津有关,如康乾年间北京制钱日贵,原因之一就是出京的商人将制钱经天津运往南方各省②。咸丰年间铜料缺乏,改铸大钱,光绪年间铸造增多,但是大钱中只有当十大钱得以流通,也仅限于北京一地。由于北京与外地流通不同的制钱,结果北京市面的旧制钱流通到外地,天津也仍是主要通路之一。1867年清政府为恢复北京制钱流通,要求江西、江苏、浙江、广东各省以两年为期,每年提解制钱30万串收存于天津,然后一举收回大钱,实际上宝泉、宝源二局继续铸造大钱,到1905年宝泉、宝源二局撤销后才彻底停铸,此后大钱在北京已不十分通行,不过借为找零之用,"统计城乡积数,约值价三百余万两"③。光绪朝以来,天津逐渐成为北方的造币中心。近代外国银元大量流入中国,各省设银元局铸造银元,在天津有北洋银元局。1899年清政府只准保留广东、湖北、北洋、南洋和吉林五局,其余全部裁撤。1903年,清政府鉴于各省所用银钱式样各殊,平色不一,最为商民所累,拟在北京设立铸造银钱总厂,然财政处以北京水源不足,距离煤矿亦远,奏请改设天津1905年在天津成立铸造银钱总厂④,保留北洋、南洋、广东、湖北四局为分厂。1910年清政府将银元铸造权收归天津造币总厂。民国成立,造币总厂仍设在天津,天津成为华北银元铸造的中心,北方之通用银币,

---

① 吴廷燮主编:《北京市志稿》3,度支志(卷一),钱法一,北京燕山出版社1998年,第34—35页。
② 孙健主编:《北京经济史资料(古代部分)》,北京燕山出版社1993年,第858页。
③ 杨端六:《清代货币金融史稿》,武汉大学出版社2007年,第97页。
④ 吴廷燮主编:《北京市志稿3》,度支志,钱法二,第52页。

莫非造自天津,所谓北洋银元,此其最著者也①。

清末京津一带流通的铜元,不少也是天津铸。1902年天津市面银根吃紧,引起恐慌,于是直隶总督袁世凯下令铸造铜元,各省纷纷仿效。在1905年铜元全盛时代,直隶设有北京局和天津局,铸造铜元,铸造银钱总厂也铸造当二十和当十"大清铜币"。各省所铸铜元都在北京和天津市面一律流通。20世纪30年代北平市面流通的铜元为当十和当二十两种,当十铜元被称为"小铜子"或"小铜元",当二十的叫大铜子,俗称"大枚"②。天津流通之铜元以当二十者为多,大半是东北铸造的。

北京的钱铺最初经营银钱兑换,到乾隆后期开始经营存放款,发行钱票,道光年间内务府在北京设立的官钱铺五家,也发行钱票。钱票不仅在北京流行,也向外流通,天津距离北京近,钱票应也流通到天津。咸丰三年(1853)北京发生挤兑风潮,钱铺纷纷倒闭,但是到咸丰九年(1859)九月间北京城内还有511家钱铺③。咸丰年间,各省设立官银钱号(后为官银钱局),发行大钱、期票、钱票、铜元票和银元票,这些政府行为促使钱铺难以为继,纷纷停业。私人银号这时期起进一步发展起来,也经营存放款,发行钱票和银票。户部银行设立后,也发行银两票和银元票。

入民国后,北京政府财政部设北京官钱局,发行铜元票,取代了各银号、钱店的钱票;中国和交通银行也发行铜元票,1918年中交两行将铜元票的发行交各省市官钱局办理。1924年北京官钱局停业,1926年京兆财政厅另办京兆银钱局,1929年京兆与直隶合并为河北省,京兆银钱局更名为河北银钱局,总局设在北平,在河北省各县重要地方设分局或支店。河北银钱局发行的铜元票实有1000万吊之谱④,在北平多有流通,南京国民政府时期铜元和铜元票仍是北平的主要辅币,虽然1935年以后国民政府规定以法币为本位币,但是抗战前北平市150多万人口中实际以法币作生活收支者,为数恐尚不及三分之一,一般劳动人民生活收支大多以铜元为标准⑤。

---

① 《天津之金融谈(录时报)》,《东方杂志》第14卷第4号,上海商务印书馆1917年4月第153、156页。
② 邓云乡:《文化古城旧事》,中华书局2004年,第419页。
③ 彭信威:《中国货币史》,上海人民出版社1958年,第649页。
④ 池泽汇、娄学熙、陈问咸编:《北平市工商业概况》,北平市社会局1932年,第556页。
⑤ 吴廷燮主编:《北京市志稿3》,度支志,钱法二,第131—132页。

近代银行产生以后,钞票发行由银行垄断。中国、交通两银行成立后,其发行的钞票在京津地区广泛流通。民国初年因上海、汉口两地与北京、天津、济南、开封等地洋厘行市相差很多,商民把中国银行兑换券从北京、天津运至上海、汉口两地兑取现款,牟取暴利,以致造成北京、天津1元银元票大量短缺,不敷周转。于是中国银行命令各行加印地名后发行,后来调整为五大区分区发行,京津地区属于第二区,兑换券由天津分行发行①。1916年京津地区发生中、交两行纸币挤兑风潮,5月12日北洋政府下令两行兑换券停兑,于是在京津地区出现了中交票行市,当时京津地区的银号多经营中交票买卖②,直到1922年中交票收回后,京津地区的中交票交易才彻底结束。

抗战时期,伪中国联合准备银行发行之联银券流通于华北地区,但是天津的银行和银号多设于租界,太平洋战争爆发前日伪不能控制,中方银行和外资银行拒绝使用联银券,法币以天津租界内外资银行、中资银行和银号为中心继续流通,海关收购出口商品也用法币,中交两行以天津关税收入维持法币价格,法币与联银券兑换黑市亦由天津租界内银号标价。华北商人还可以从天津将联银券汇往上海换取法币或外汇,迫使日伪不得不对申汇加以统制。太平洋战争爆发后,日伪重新规范天津申汇市场,几经演变后华北与华中之间的汇兑只剩下中储券汇兑一种。1944年1月,中国联合储备银行和伪中央储备银行出资分别在天津、上海设立汇兑平衡资金办事机构,专门进行平衡市场汇价和汇兑结算工作,这时期天津的法币、联银券和中储券申汇,也凸显了天津作为华北金融中心的地位。

## 三、人员与机构

近代京津地区的金融机构主要是银炉、典当铺、票号、银号和银行等。银炉本来只负责铸造元宝,但其开出的收据也能在市面流通。京津及北方一带的银炉不仅经营存放款,也发行银锭,与钱庄无异,成为北方强有力的金融机关。典当铺产生较早,宋元明时期皆有发展,清代更是全盛时期,也经营存放款,签发银票。清末北京的典当业为北京帮所垄断,而天津的当铺

---

① 中国人民银行北京分行金融研究所《北京金融志》编委会办公室编:《北京金融史料:货币篇》,《北京金融志》编委会1995年,第104—106页。

② 陈宗彝:《解放前天津金融市场的变迁》,《天津文史资料》选辑第5辑,天津人民出版社1979年,第180页。

有五分之三是山西人开设的,山西帮占有绝对优势。京津乃至全国的票号皆为山西人所开设。票号一般将总号设在山西,在北京和天津都设有分号,北京是票号最集中的地方,天津也是票号在北方开展业务的一个中心。如最早产生的日升昌票号产生于天津,正式成立后总号设在山西平遥,在北京、天津等地设分号,1914年日升昌票号的倒闭也是由北京分号引起的。蔚丰厚票号和宝丰隆票号的总号也设在平遥,在北京、天津、上海等各地设有分号。

  银号自咸丰年间起逐渐发展起来,并逐步取代了银炉。后来各省设立官银钱号,私人设立的银号、钱庄也不断出现,即使在近代银行业发展起来之后,银号、钱庄也仍有其生存空间。各省设立的官银钱号均在北京设有分支机构。北京的私人银号分为深冀州帮、山东帮、山西帮和天津帮(包括本地及通县)等,如余大亨、宝生、平易、恒泰、华通、华兴、春华茂、义丰、永利、五昌、德成等银号都属于天津帮。这些银号有的总号就在北京,在天津有分号;有的总号在天津;有的总号在外地,在天津也同样设有分号。如北京聚义炉房入民国后发展为银号,在天津等地设分号;1913年在北京成立的三聚源银号,也在天津和太原设有分号。余大亨银号、春和银号、启明银号的总号设在天津,在北平设有分号;福顺德银号成立于烟台,在北平和天津等地设分号,抗战胜利后才将总号移到北平。仁发公银号的总号在太原,在北平、天津、绥远和包头设有四处分行。北京的天津帮银号与深冀州帮也有合作关系,军机大臣鹿传霖开设的德成厚、新升泰、宝隆源三银号,其内部人员以束鹿、深州为主,天津次之,为束鹿人与天津人之合作。天津人还与通县人、深束冀人合开了祥顺兴、祥顺益等银号①。民国初年江苏督军李纯在北京前门外施家胡同开设义兴银号,也为天津人与深州、束鹿、冀县三县人合开。此后施家胡同发展成为北京的"银号胡同",天津籍的银号尤多集中在这里。1982年义兴银号倒闭,引起裕生银号等数家天津籍银号随之停业。天津的银号中也有京帮、山西帮、南宫及河间帮、东帮、山东帮和河南帮之分,所谓京帮即由北平银号在天津设立的分号组成,在20世纪30年代其数量颇多,职员多为冀县籍贯②,以北平深冀州帮银号的分号为主。北京和天

---

  ① 中国人民政治协商会议全国委员会文史资料委员会编:《文史资料选辑》第44辑,中国文史出版社2001年,第207页。
  ② 杨文泉:《天津之钱商》,燕京大学法学院经济学系学士毕业论文,1937年5月,第17页。

津近代银行的出现都与外国银行有关。1882年汇丰银行在天津设立分行，三年后在北京设分行；此后德华、华俄道胜、横滨正金等外国银行也纷纷在北京、天津设立分行。当时在天津设立的外资银行主要为外商的国际贸易业务提供服务，而在北京设立分行主要是作为国际银行团成员向清政府和北京政府提供借款，这几乎成为"外国银行在北京之唯一营业"[①]。

1897年华资的中国通商银行在上海成立后，翌年在天津成立分行。1905年户部银行成立，在北京设总行，天津、上海等地设分行。人民国后户部银行改组为中国银行，总行仍设在北京，南京国民政府成立后迁到上海，在北平、天津设分行，而天津分行自1924年起就是华北地区管辖行，统管北京、天津二市和河北、山西、陕西、河南、察哈尔、绥远六省业务[②]。1907年成立的交通银行也是将总行设在北京，在北京和天津分别设立分行，至于1915年至1921年出现的为数众多的商业银行，也都在北京和天津分别设有总行、总经理处或分支机构。1982年，天津有18家外资或中外合资银行，其中4家将总行设在天津，56家华资银行中有15家将总行设在天津[③]。

当时天津是通商大埠，发展成为仅次于上海的全国第二大金融中心，但是北京毕竟是政治中心，人口繁盛，商业发达，对各家银行开展华北金融业务也至关重要。在北京政府时期，政界要人、经济学者、殷实富户、军阀遗老大都居住在首都北京，各银行尤其是"北四行"都致力于吸收北洋军阀和政府官僚的大宗存款，而且承购政府发行的公债也是银行的重要业务，所以北京的地位更加重要，中国、交通两国家银行和金城、大陆、盐业等商业银行都将业务重心放在北京，也有一些商业银行以天津为基地，形成北京与天津银行业的交相辉映。盐业银行是"北四行"中最早成立的，先是主要发起人张镇芳主要在天津开展筹备活动，而正式时却将总行和总管理处都设在北京，在天津和上海等地设分行。金城银行总董王郅隆是天津人，他的事业大多在天津，总行设在天津租界还可以托庇于洋人，避免政局影响，故将总行设在天津，但是总经理周作民常年在北京工作，在北京分行内成立总经理处，

---

① 《北京之金融谈（录时报）》，《东方杂志》第14卷第4号，上海商务印书馆1917年4月，第151页。

② 曲振明：《卞白眉与中国银行天津分行》，中国人民政治协商会议天津市和平区委员会、天津市档案馆、天津市和平区档案馆编：《老天津金融街》，天津人民出版社2010年，第114页。

③ 罗澍伟主编：《近代天津城市史》，第400页。

北京分行长期处于管辖行地位。大陆银行的情况也与金城银行类似,虽然将总行设在天津,在北京只设立分行,但是总经理谈荔孙主要在北京活动,也在北京分行内设总经理办公室。"北四行"中只有中南银行因由南洋华侨商人黄奕住发起,一开始就将总行设在上海,在天津设立分行,在北京只设办事处,1937年5月才改为支行,其业务仍归天津分行管辖。1923年"北四行"设立的四行储蓄会,总会设在上海,天津设分会,北平只设支会,归天津分会管辖。浙江兴业银行1907年成立后先设北京分行,第二年又增设天津分行。1914年成立的新华储蓄银行①的总行设在北京,首先在天津设立分行。此外,1920年成立的中外合资中华懋业银行在北京成立总管理处和北京分行,然后设立天津等地分行。这时期中孚银行也将总管理处和总行设于天津,在北京等地设分行;聚兴诚银行在天津设分行,1915年起为便利在北京求学的西南学生汇款而在北京设立办事处,1925年改为支行,归天津分行管辖。

南京国民政府时期,首都南迁,北平政治地位下降,人口骤形减少,市面一落千丈,"昔为政治经济之中心,今则仅成一名胜游览之区矣"②。中国银行、交通银行总行从北平迁到上海;盐业银行总管理处迁到天津,北平总行改为分行,1935年总行迁到上海,天津也改为分行;金城银行也在1935年将总行和总管理处迁到上海,天津、北平设分行。国华银行成立于1928年1月,但是北平分行到1935年8月才成立,归天津分行管辖,经理由天津分行经理兼任,派一名副理主业务③。

可见在1928年以后,中国银行、交通银行和"北四行"业务重心都开始南移,在这一过程中北平和天津的金融地位都有所下降,但对北平的影响更大,这不仅由于天津是通商口岸,也是由于自第一次世界大战爆发以来,天津及其附近的工矿业迅速崛起,天津的经济地位进一步巩固的结果。这时期上海进一步成为全国金融中心,天津作为华北的金融中心,虽然是第二大金融中心,但是与上海相比相差甚远。北平到1936年仍有银行20余家,本

---

① 1926年1月1日起改为新华商业储蓄银行,1931年1月起改名新华信托储蓄银行。

② 中国人民银行北京市分行金融研究所《北京金融志》编委会办公室编:《北京金融史料:银行篇八》,《北京金融志》编委会1993年,第483—484页。

③ 中国人民银行北京市分行金融研究所《北京金融志》编委会办公室编:《北京金融史料:银行篇二》,《北京金融志》编委会办公室1990年,第170页。

埠分支机构有50余处,也尚不失为一金融中心①,不过又较天津有所不及。

抗战时期,北平又成为日伪在华北沦陷区的政治中心,金融地位也随之有所上升。伪华北联合储备银行总行设在北平,其他商业银行对北平业务也更加重视起来,以吸揽日伪政府机关为大存户,由于多为伪政府机关和住户的存款,故具有流动性小的特点。而天津的存户多为商户,数量虽大但流动性大,银行无法利用,且一般商户存款大多数都附带有透支契约,市面银根松动时皆将款项存入银行,一旦银根紧,不但所存款项全部提清,也将透支额用至满限为止,使银行难以应付,所以北平存的存款更具吸引力。

当时,北平为吸收存款之地,而天津则为运用存款之地,所以各商业银行一般将北平分行置于天津分行管辖之下,以便运营北平分行吸收的存款。金城银行在太平洋战争爆发后成立联合营业办事处,管理沦陷区的分支机构。华北各行联合营业办事处设在天津分行内,管理天津、北平和青岛各支行。但实际上由于金城银行在伪中国联合准备银行透支数百万元,北平分行之存款天津分行也无权调动。如1942年金城银行北平分行一行员在天津市场作投机生意,亏空行款达260万元,存户纷纷提款,金城银行几至无法应付,后经伪中国联合准备银行接济而风潮始息②。中南银行也规定北平分行归天津分行管辖,组织较有系统。也有银行反其道而行的,将天津分行交给北平分行管辖,如中孚银行在1942年改北平分行为华北区区分行,管辖天津分行及所属各支行③。

抗战胜利后,北平与天津的格局也与抗战时期类似。国民党政府宣布北平为陪都,设北平行辕,有军队的指挥部和各兵站等重要机关,经费由中央银行北平分行拨付,华北和东北军政款项也由该行转拨支付,所以北平仍不失为一金融中心。中央银行成立后最初只于1931年在北平设立办事处,归天津分行管辖,后来改为支行,再升为二等分行。在抗战胜利后复业,升格为一等分行,与天津分行平行。1948年将分行划分为若干区,平津区以北平为区域行所在地。1948年12月金城银行将各省分支机构分为东南西北

---

① 中国人民银行北京市分行金融研究所《北京金融志》编委会办公室编:《北京金融史料:行篇四》,《北京金融志》编委会办公室1993年,第52—53页。

② 欧阳载祥等:《中国联合准备银行与汪时璟》,《中央银行史话》,中国文史出版社1987年,第129—143页。

③ 中国人民银行北京市分行金融研究所《北京金融志》编委会办公室编:《北京金融史料:银行篇三》,《北京金融志》编委会办公室1991年,第439页。

四大管辖区,北平分行为北管辖区的区管辖行,管辖北平、天津、青岛的各行处及冀鲁豫三省内机构。

北平的政治地位远远超过天津,但在商业上之重要性诚或不及天津。在公库法实行以后,国民党军政存款均集中于中央银行,其他国家银行和商业银行吸收存款困难,而且金融运转情形不如天津、上海等地灵活自如,银行业务难以开展。中国实业银行北平分行反映,"平市商务非惟不能与津、沪大商埠比拟,即较事变前亦大相径庭"①。像中央信托局北平分局这样的国家银行,也感到各种营业对象均甚缺乏,不易发展②。因此,一些银行重视在天津的业务。中央信托局先在天津设立分局,由天津分局在北平成立办事处,然后才改为北平分局。四联总处只在天津设立分处,北平支处归天津分处管辖,1946年改隶总处之后,各项业务仍要随时知照天津分处,以资联系。四联总处属下的联合征信所在华北设立了平津分所,虽然以北平中央银行经济研究处接管的伪中国联合准备银行调查室中的经济研究资料和燕京大学编制的华北及北平的物价批发与零售指数为资料,但是分所设在天津,只在北平设立办事处③。1948年"北四行"设立联合商业储蓄信托银行,总行设于上海,在天津设有分行,北平只设支行,归天津分行管辖,由天津分行副经理兼任北京支行经理。中国实业银行也根据历史关系,将青岛、北京、天津河东办事处、北京东城办事处等统归天津分行管辖。

## 四、汇兑与放款

最初经营存放款和汇兑的主要是票号。票号往来以官家交易为主,北京为官吏之中心,是票号营业之重心,各票号存放款及汇划事项均以北京方面的交易数额最大。北京票号的存款主要来自官吏及政府机关,其放款则

---

① 《中国实业银行北平分行关于当地金融经济概况报告(民国三十五年)》,中国人民银行北京市分行金融研究所《北京金融志》编委会办公室编:《北京金融史料:银行篇三》,《北京金融志》编委会办公室1991年,第343页。

② 《中央信托局北平分局报告(1946年1月22日至9月17日止)》,中国人民银行北京市分行金融研究所《北京金融志》编委会办公室编:《北京金融史料:银行篇七》,《北京金融志》编委会办公室1994年,第107页。

③ 中国人民银行北京市分行金融研究所《北京金融志》编委会办公室编:《北京金融史料:银行篇九》,《北京金融志》编委会办公室1993年,第25、134页。

多放于上海、天津、奉天、汉口等处商家,在北京本地的放款多放于各商店及账庄,至于北京与天津等各地的汇划业务,几乎为票号所垄断。

鸦片战争以后,北京的钱铺、银号更加重视存放款、办理汇划和签发庄票等信贷活动,在近代银行产生后也仍然经营汇兑业务,不过北京的银号做申汇的比较少,汇款以汇往天津为主①。北京钱庄在天津设有分号颇多,主要业务就是做汇兑,也做存放款和公债买卖②。银号经营汇兑业务也常与票号、银行合作,北京银号汇往天津以外其他地方的汇款,多委托给票号或银行为之代办。1907年张敬之、李少溪、王少恒等人在天津针市街组织公记跑合铺,经营业务以津申汇兑为主,也包括京津票汇。事实上天津与上海以外的其他国内城市之间的汇兑,以天津外帮银号直接办理为主,直接在天津代外地商人收付款项。

1900年以后票号开始衰落,近代银行出现,发行钞票和各省汇兑都归银行经营,北京与天津的金融联系也更加紧密。从1917年至1922年的中交票交易中,也可以看出这时期京津两地行市的密切关系,每当北京中交票行市发生大波动时。天津宫北大街上交易甚至持续到午夜一两点钟③。北京天津帮义兴银号开设源和银号专门买卖中交票,结果亏款甚巨,成为1928年义兴银号倒闭的重要原因之一④。参与中交票买卖的不仅有银号、跑合铺,也有商业银行。当时中交两行在金城银行开立特户,委托金城银行代为收存京钞,于是金城银行以北京分行为中心,在京津沪等地低价买进京钞,高价卖出,获益丰厚。

北京政府时期,各银行虽然可以在北京吸收较多存款,并积极开展投资公债和对政府借款业务,而对工商业放款主要集中在天津。天津作为华北的经济中心,经济活动活跃,直到解放初期天津的存放款利率经常高于北京,所以各银行北京分行吸收的存款,有时要通过天津分行对外放款。首都

---

① 中国人民银行北京市分行金融研究所《北京金融志》编委会办公室编:《北京金融史料:典当、钱庄、票号、证券篇》,《北京金融志》编委会办公室1994年,第125页。

② 杨文泉:《天津之钱商》,燕京大学法学院经济学系学士毕业论文,1937年5月,第17页。

③ 中国人民政治协商会议全国委员会文史资料委员会编:《文史资料选辑》第44辑,中国文史出版社2001年,第266页。

④ 中国人民银行北京市分行金融研究所《北京金融志》编委会办公室编:《北京金融史料:银行篇二》,《北京金融志》编委会办公室1990年,第170页。

南迁后,大户纷纷从京津地区转移到大连、上海等地,存款骤降,放款也进一步萎缩,各银行在北平的业务一蹶不振,在业务上对天津分行的依赖性更大。中南银行北平支行自1937年起主要依照天津管辖行的指示,将在北平地区吸收的个人储蓄存款,交给天津分行代为营运,北平支行只做透支性质的放款业务,每届决算由天津管辖行代为办理,北平支行不计盈亏,直到1944年才为减轻天津分行负担而与天津分行划分账目,自计盈亏①。

抗战胜利后,各银行北平分行的汇款业务大致以京、津、沪数地较多。北平为一消费城市,日用品主要从上海、天津等地输入,所以汇款也多汇往上海、天津。土特产品出口以经天津为多,对外汇兑以津、沪为主,所以北平与天津间汇兑往来较多,头寸调拨较易。但是北平与天津间的商业汇款汇率非常低,银行经营平津汇兑收入甚微。1946年8月10日北平中、中、交、农四行往天津商汇汇率为千分之一,往唐山、保定、石家庄、塘沽为千分之五,而往全国其他省市在千分之十五以上②。1947年初发生黄金风潮,上海金价较平津每两低10余万元,于是申汇汇率逐步增加,最高达20%,1947年下半年汇率仍普遍上扬,至年末高达25%。但是因调拨困难,不能尽量吸收,1948年初华北游资大量南流到上海和香港,申汇上涨,许多人自己携带现钞南下③。至于放款,由于北平工商业放款对象不多,只能做一般信用放款和抵押放款,大宗放款仍然依靠天津分行。国华银行北京分行到1950年初一度不做放款,而把吸收的存款转存于天津分行,取得较高的利息④。中央信托局北平分局为了充分运用资金,扩大利息收入,希望能联合天津分局推展长芦一带之盐业及其他工商放款⑤。中国农民银行北平分行和天津分行都参与发放河北省绥靖区小本贷款,1947年春二个分行组织三支工作队,

---

① 中国人民银行北京市分行金融研究所《北京金融志》编委会办公室编:《北京金融史料:银行篇四》,《北京金融志》编委会办公室1993年,第542页。

② 中国人民银行北京市分行金融研究所《北京金融志》编委会办公室编:《北京金融史料:银行篇九》,《北京金融志》编委会办公室1993年,第174—178页。

③ 《关于改进汇兑业务之意见》,中国人民银行北京市分行金融研究所《北京金融志》编委会办公室编:《北京金融史料:银行篇六》,《北京金融志》编委会办公室1992年,第693页。

④ 中国人民银行北京市分行金融研究所《北京金融志》编委会办公室编:《北京金融史料:银行篇二》,《北京金融志》编委会办公室1990年,第170页。

⑤ 中国人民银行北京市分行金融研究所《北京金融志》编委会办公室编:《北京金融史料:银行篇七》,《北京金融志》编委会办公室1994年,第127页。

分别以丰润、唐山、昌黎为基地到附近各县发放小本贷款,也算是两地分行在业务上的一种分工合作。

　　由此可见,北京与天津的金融业有着十分密切的关系,各自有自身的特点,且有一定的互补性。近代北京的金融地位始终与其政治地位密切相关,缺乏大商业和近代工矿业的支撑,并不具有左右全国金融业的能力,其对各省的影响也是基于政治和政府的财政,因此其自身地位易受政治地位变动的影响。而天津金融业过去与漕运、盐业关系甚大,近代以后则与国际贸易和工矿业发展紧密相关,虽也有受北京政治地位变动的影响,但其金融业尚能维持和发展,从而能巩固其华北金融中心的地位。

(《城市史研究》2011 年第 27 辑)

# 近代天津下层妇女就业的
# 主体、空间分布与其他

成淑君

近代天津下层妇女的就业,基本与城市发展同步,是随着开埠后城市对外贸易、工商业和城市的发展而日益增多的。到20世纪二三十年代,其职业领域大为拓展,就业人数急剧增加。总体而言,明显具有就业人数众多,就业领域广泛的特点①。除此之外,近代天津下层妇女在就业方面还表现出不少值得关注的现象,而这些现象所折射出的问题以及丰富的历史内涵,为我们深入了解当时下层妇女就业的一些相关问题,探讨当时的社会性别关系和城市产业结构布局等提供了很好的窗口。

## 一、下层就业妇女的主体:已婚者和寡妇

虽然各行业有所差别,但总体来看,近代天津下层就业妇女,特别是步入社会的就业者,主要以已婚者居多,这部分人中寡妇又占了相当大的比重。而16至20岁之间的适龄未婚女性除了餐饮、娱乐等服务业之外则相对较少。16岁以下的未成年女性也有不少人参与到了社会劳动当中。在纱厂、火柴厂等工厂中,女童工的人数甚至远多于适龄未婚女性。

20世纪30年代之前是天津经济迅速发展时期,天津的女工②、女佣、自主就业的小商小贩以及街头缝穷、洗衣等从事抛头露面工作的下层妇女,大多数都是已婚妇女或寡妇。据调查,天津普通女工的年龄基本都在十三四岁到60岁之间,以25岁上下为最多。同时,女工多数是已婚者或是寡妇。其中21岁以上女工占了约65%。在成年女工中约20%未婚,50%为已婚妇

---

① 有关下层妇女与就业等概念的界定,参见成淑君:《近代天津下层妇女就业状况述略(1860年—1937年)》,《城市史研究》第26辑,天津社会科学院出版社2010年,第294—311页。

② 本文中的女工是指在各类工厂或手工作坊中工作的下层妇女。

女,30%是已婚而丧偶的寡妇①。这一记载虽不一定完全符合事实,如对工厂中16到20岁年龄段的适龄未婚妇女的人数估计明显偏少,但基本反映了当时女工的构成。1933年宝成纱厂女工200余人中,近40%的妇女为四五十岁的寡妇②。不过,随着时间的推移,适龄未婚妇女在女工中的比例呈逐步增加的趋势。在个别工厂中,甚至占据了绝对统治地位。如在天津东亚毛纺厂1935年的统计中,90%以上的女工均为21岁以下的成年女工,而年龄在16到19岁之间的女工约占75%,更是占据了绝大多数③。综合各种资料来看,当时从事女佣工作的绝大多数都是已婚妇女。1930年,蒋逸霄在调查天津妇女职业生活时,所调查的五名女佣均已结婚④。在西广开一带,沿路摆摊的妇女都是壮年或老年的妇女⑤。蒋逸霄所调查的看管厕所的、缝穷、洗衣、摆摊卖食品及卖纸花样子的妇女,也都是四五十岁的已婚妇女。另外,天津的中下等妓女,也基本以已婚妇女居多。据天津社会局统计,下等妓女中已结婚的占60%以上,平均年龄达到了26岁⑥。

在天津的餐饮、娱乐等服务性行业中从事女招待工作的妇女,则明显以年轻的未婚女性为主。女招待的年龄大多在十二三岁到30岁之间,十七八岁者为最多⑦。

从事做针线、糊火柴盒、纺羊毛线、缝袜口、织围巾、缝鞋口、缠麻线、做军衣和军帽、为帽子挂边、剪纸牌等家庭手工业的妇女,未婚女性和已婚妇女在人数上很可能比较接近。抽样调查天津从事针织业的200名家庭妇女,已婚者和未婚者分别为95人和105人;未婚的105人中16到20岁年龄段的最多,占80.9%;已婚者中又以36至50岁者最多⑧。

需要特别指出的是,在近代天津下层妇女的就业者中,16岁以下的未成

---

① 《天津社会下层的调查——一般女工的挣扎:劳动妇女的职业调查》,《大公报》1933年3月8日;慧茜:《天津市工业上的妇女》,《妇女杂志》16卷5号,1930年5月。

② 《宝成被裁工人昨日请愿》,《益世报》1933年9月12日。

③ 《天津东亚企业股份有限公司庆祝成立十五周年及更名纪念特刊》。

④ 《上等家庭的佣妇》《一个幸运的佣妇》《两重压迫下的佣妇》《保姆式的佣妇》《最舒适的一种佣妇》,《大公报》1930年5月22日。

⑤ 《摆小摊子的老妇》,《大公报》1930年5月22日。

⑥ 天津社会局编:《天津市妓户妓女调查报告》,李文海主编:《民国时期社会调查丛编》(底边社会卷下),福建教育出版社2005年,第547页—548页。

⑦ 《女招待生活一斑》,《大公报》1933年3月2日。

⑧ 方显庭:《天津针织工业》,南开大学经济学院1931年,第35页。

年女性占了不小的比重。根据各种资料综合来看,应在10%以上。据记载,天津贫苦家庭的女孩,从小要做各种工作,包括掐菜、缝袜口、绕线或者装烟卷、糊火柴盒、砸胡桃仁等工作。还有的被卖给戏班子学戏唱戏,更有甚者被卖身为妓①。据调查,在工厂的女工当中,女童工所占比例高达35%②。抽样调查也显示,在从事针织业的家庭妇女当中,11到15岁者约占到了总数的10.5%③。而根据20世纪20年代末对天津132家手工艺工人家庭的调查统计,在未满16岁的未成年女性中,约8.1%的已参与就业,占就业妇女总数的11.5%④。

## 二、就业地与居住地均呈集中分布的空间格局

近代天津下层妇女在就业的空间分布上则呈现出较为集中的态势,即居住地与就业地相对集中、就近就业以及郊区密集型的就业空间分布格局。

随着城市人口的聚集,越来越多的贫困进城者不得不住在地价低廉,环境极差且远离城市繁华区的地段,社会下层的妇女也是以此为生存之地。据20世纪30年代调查,天津的贫民聚集区在城厢四周、租界以外以及近郊。具体而言,"东门外,过白河而东,于厂、西方菴、小树林、陈家沟,过北宁铁路再东,郭庄、沈庄;西门外往南,西广开、南开,往西至西营门,往北至梁家嘴、邵公庄、佟楼村;南门外往南至南营门,往西至南开,往东至中日交界地;北门外往北,过运河往西、关上、赵家场,往东,关下,北开往北、北营门、南北竹林村、大红桥"⑤;同时,近郊大直沽、大毕庄、稍直口等地,也聚集了大量的贫民。

总体来看,近代天津下层就业妇女的居住地与就业地之间存在较强的关联性,体现出就近就业的空间分布特点。这一点在从事工业和家庭手工

---

① 《天津下层社会生活素描之一:穷孩子们的生活》,《大公报》1933年4月7日。
② 《天津社会下层的调查——一般女工的挣扎:劳动妇女的职业调查》,《大公报》1933年3月8日;慧茜:《天津市工业上的妇女》,《妇女杂志》16卷5号,1930年5月。
③ 方显庭:《天津针织工业》,1931年,第35页。
④ 冯华年:《国民16年至17年天津手艺工人家庭生活调查之分析》,李文海主编《民国时期社会调查丛编》城市(劳工)生活卷(上),福建教育出版社2005年,第462—463页。
⑤ 《中下级社会操作极勤》,《大公报》1933年5月24日。

业的下层妇女方面表现得尤为突出。也就是说，从事工业和家庭手工业的下层妇女"多数是住在公司洋行附近的下级社会的女人"①。20世纪20年代末，裕元纱厂的女工约四分之三都住在附近的村庄②。

由于近代天津女工和从事家庭手工业的妇女具有就近就业的特点，所以不仅其居住地与就业企业在空间分布上呈现出较大的一致性，具有集中分布的特征，同时在就业行业和工作种类方面也表现出了"有许多是偏重在某一个地方"的特征。早在1927年底，上海中国女青年会对天津女工的调查就显示，"近代天津工业的一个有趣的特征，便是不同领域的女工呈现出集中分布的特点。在海河下游，前德租界和俄租界以南，集中分布着4个大纱厂约2700的女工。在河东地区，烟草女工分布集中，而且输出业的很多女工都居住在此。在河北，集中分布着军衣业的2500个或者更多的女工，还有一个大纱厂的女工"③。另据记载，"捡羊毛、猪鬃的和纺羊毛线的，是住在西广开同河北和河东三方面的女人。纸烟公司的女工，多数是河东大王庄、郭庄的居民。糊火柴盒，仅有西头火柴公司和西沽火柴公司的附近居民来操作，是西广开的居民居多。缠麻线的女工，多在西头小道子。做军装的女工，以河北关下的居民占多数。剪纸牌，则限于特二区于厂一带的居民。捡绿豆芽菜、剥蚕豆瓣和编帽胎，都是偏重在梁家嘴一带的女工"④。这样的分布格局，恰好与女工集中就业的企业和行业的空间布局一致。近代天津女工和从事家庭手工业的妇女主要集中在纺织业（包括纺纱、提花、国布、织染和地毯等）、火柴、卷烟、军衣制作等行业中。当时裕元、宝成、裕大与北洋四大纱厂集中分布在海河下游原德租界和俄租界以南的土城一带，华新与恒源纱厂（初期不招女工）则分别位于海河北岸的小于庄和西窑洼附近；地毯业、提花业和织染业则多分布在贫民聚集的城西及城北一带，即公安二区与四区。从事棉花、猪鬃、核桃等农副产品出口贸易的各类洋行多集中在海河东西两岸的各国租界。卷烟行业以地处海河东岸大王庄附近的英美烟公司

---

① 《中下级社会操作极勤》，《大公报》1933年5月24日。
② 《裕元纱厂女工生活概况》，《大公报》1929年7月11日。
③ Women in Tientsin Industries, A study of the working conditions of women and Girls, Peking Leader Press, Peking, 1928, p10.
④ 《中下级社会操作极勤》，《大公报》1933年5月24日。

制造厂雇用女工为最多①。军衣庄集中分布在天津河北一带②。制作纸牌的作坊都汇聚在特别二区即原奥租界中③。而掐菜、编藤帽胎向来都是梁家嘴传统的、专利性的行业④。天津近郊妇女在就业上同样具有就近就业的空间分布特点。所以,位于天津东北海河东岸的大直沽,工业妇女占多数,工作处所为附近的和记洋行打蛋厂、英美烟公司制造厂及裕元、裕大、宝成等纱厂⑤。天津西郊稍直口一带,妇女则多纺羊毛线和麻线⑥。

在天津,"妓业和工商业是相依而行的,妓业的变迁完全是以工商业为重心"。因此妓女的兴衰与工商业发展息息相关,并在空间分布上也通常多邻近工商业聚集地,呈现出较强的地域性。近代天津中下等特别是专门卖身于贫苦劳动者的下等妓女的空间分布明显反映了这一点,她们主要分布在落马湖、横街子、赵家窑、三角地和谦德庄各地。这些地方基本都是各类手工业或者工厂、作坊比较集中的地区。如谦德庄一带的妓女,就完全是在宝成、裕大、裕元、北洋各纱厂建立以后才开始出现,并迅速发展起来的⑦。

近代,天津郊区妇女的就业水平远远高于城区,从而表现出郊区密集型的空间分布特点。所不同的是,郊区妇女的职业结构中,务农者占了相当一部分。而城区就业妇女中,从事农业生产的人口微乎其微。

1928—1930年天津城区与郊区妇女就业情况

| | | 有职业妇女(人) | 辖区妇女总数(人) | 占女性总人口的比例(%) |
|---|---|---|---|---|
| 城区 | 1928年 | 28946 | 344775 | 8.4 |
| | 1929年 | 27148 | 347493 | 7.8 |
| | 1930年 | 32923 | 350866 | 9.4 |

---

① 吴瓯:《天津市社会局统计汇刊·工业》,1931年。
② 《军衣庄的女工》,《大公报》1930年5月12日。
③ 《特二区取缔界内赌具作坊》,《大公报》1929年7月30日。
④ 李世瑜:《当年梁家嘴》,《社会历史文集》,天津古籍出版社2007年,第716—717页。
⑤ 《津郊调查之十五:可怜制酒名区》,《大公报》1931年2月4日。
⑥ 《津郊调查之七:稍直口一带》,《大公报》1931年1月22日。
⑦ 天津市社会局编:《天津市妓户妓女调查报告》,李文海主编:《民国时期社会调查丛编》,第527—529页。

|  |  | 有职业妇女（人） | 辖区妇女总数（人） | 占女性总人口的比例（%） |
|---|---|---|---|---|
| 郊区 | 1928年 | 58951 | 186450 | 31.6 |
|  | 1929年 | 70237 | 195873 | 35.9 |
|  | 1930年 | 54009 | 192744 | 28 |
| 总计 | 1928年 | 87897 | 531225 | 16.5 |
|  | 1929年 | 97385 | 543366 | 17.9 |
|  | 1930年 | 86932 | 543610 | 16 |

资料来源：吴瓯：《天津市社会局统计汇·户口》，1931年。

## 三、就业的边缘化、病态化与就业方式的灵活化

所谓就业的边缘化，是指近代天津下层妇女所从事的工作绝大多数都集中在需要低技能劳动者和以体力劳动为主的领域，而且通常工作环境差，劳动时间长，工作劳累，收入微薄。近代天津下层妇女的就业结构充分说明了这一问题。

**近代天津下层妇女就业结构[①]**

| 业别 | 就业人数（人） | 女性总体就业结构比（%） |
|---|---|---|
| 工厂女工 | 20000 | 20 |
| 家庭手工业 | 5000 | 5 |
| 商业 | 4000 | 4 |
| 服务业[②] | 40100 | 40 |
| 缝洗、苦力等 | 10000 | 10 |
| 女艺人 | 600 | 0.6 |
| 妓女 | 10000 | 10 |
| 农业[③] | 10534 | 10.5 |
| 总计 | 100234 | 100 |

---

① 参见成淑君：《近代天津下层妇女就业状况述略（1860—1937年）》，《城市史研究》第26辑，第294—311页。

② 关于天津女招待的人数，笔者在《近代天津下层妇女就业状况述略（1860年—1937）》一文中估计在1000人以上，应该较实际偏少，在20世纪30年代初的北京，女招待人数至少在1万人以上（《本书女招待总计一万七百余人》，《国民日报》1931年8月20日）。天津女招待的人数应与北京不相上下。由此估计其人数也应达到1万余人。

③ 农业从业妇女人数，采用了1930年天津不识字人口统计中的统计数据。

据记载，天津女工的工作条件尤为恶劣，"简直是坏的不可讳言了，尤其是那些中小的工厂。厂屋黑暗，光线不足，空气停滞，机器的安置，随处皆有。一推厂屋的门，就可以享受到极高度的臭气，使人欲呕。而织纺工厂，线的纤维飞荡；火柴工厂，硫化磷的气味都充满了工作室。使她们在这混浊空气中讨生活，阻碍她们的发育，减低她们的寿命"①。女工每天的工作时间，平均在10小时以上，最多能达到18小时②。虽然说多就近就业，但往返距离通常也有一二十里，且基本都是步行。因此，女工们每日早出晚归，往往天还没有亮，就被洋行或工厂的汽笛声叫醒，"一闻此声，即手忙脚乱，成群结队，栉风肩霜，向工作目的地拼命奔波，一日去晚则无工作，日日去晚则除名。民以食为天，于此益信不谬。最多不过三角，少则一角以下，以手眼敏捷迟钝为标准，砸核桃，择羊毛……辛勤不息，日做十二个钟头，夜深始得回家。食不得饱，穿不得暖，往返行一二十里，而无所代足。破房烂被，夜则缩成一团，以岁暮为尤甚"③。

下等妓女更是过着"简直就可以说是非人类的生活"④。如三角地一带妓女的住处，"多参差不齐之板墙，胡同之窄，仅容一人行走。胡同口外，堆满垃圾。屋大如斗，有炕无席，白被单变成黑被单，漏油的棉被，或有或无。臊气难闻之尿桶，排列门前"。处在这种环境里的妓女，一个个也像鬼一样⑤。

在20世纪20年代之前，妇女还处于打破传统性别规范开始大量进入公共领域的时期。处在这种新旧交替的社会转型时期，天津下层妇女的就业一定程度上也表现出一些病态化的特点。这主要表现在服务性行业雇主、顾客以及妇女自身在其就业过程中，对其女性魅力、性的开发和利用方面。

近代天津妓女的兴盛，说明不少妇女在选择职业时，"仍是在性的圈子中打转"⑥。而女招待这一职业的出现和从业状况，更说明在妇女就业早期

---

① 慧茜：《天津市工业上的妇女》，《妇女杂志》16卷5号，1930年5月。
② 《天津社会下层的调查——一般女工的挣扎；劳动妇女的职业调查》，《大公报》1933年3月8日。
③ 《三角地之鸟瞰》，《大公报》1931年2月7日。
④ 天津市社会局编：《天津市妓户妓女调查报告》，李文海主编：《民国时期社会调查丛编》，第540页。
⑤ 《赵家窑与三角地》，《大公报》1931年2月6日。
⑥ 《女招待生活一斑》，《大公报》1933年3月2日。

女性魅力以及性被一定程度地利用着。一些饭馆和影剧院等为了扩大营业，便利用和迎合男性对女性充满了好奇与窥探欲的需要，将雇用女招待当作吸引顾客的法宝。他们往往在门口特别明示出"女子招待周到"等标识，结果"这个方法比什么新式广告还来得有效力"，女招待的从业人数随之急剧增加，社会上也产生了"吃女招待"的现象。女招待的基本工资很低，她们的收入是与其工作能力也就是是否善于同顾客周旋、售卖食品或茶水的多少挂钩。如果不善于逢迎顾客，或者是达不到老板规定的售卖食品茶水的数额，就会被辞退。"因此女招待为了饭碗问题，行动不得不浪漫，待顾客不得不狎昵"①，也不得不接受顾客的调笑和侮辱。还有一些为了金钱等原因，也兼带着卖淫，据称女招待中卖淫者达到了一半以上②。

近代天津下层就业妇女主要集中在各类小规模的工厂和手工作坊、家庭手工业，以及餐饮和影剧院等娱乐场所、家庭服务、小商小贩及缝洗等行业和工作种类，明显以非正规就业为主。而家庭手工业、临时就业、季节性就业以及自主就业等多种就业方式并存，也充分表现出了其就业方式的灵活性。天津洋行里的工作或是家庭妇女承做的手工活，很多都具有季节性或者是临时性。如洋行里择棉花、砸核桃等工作的女工，工作时间主要集中在每年的3月1日至10月1日，而且也很难保证每天都有工作。蛋厂里的女工，通常每年二、三月间开始雇用，随着鸡蛋上市量的日益增多逐渐增加人数，到六、七月以后又随鸡蛋上市量的日减而减少人数。手工编织业一般是只有秋冬两季开工，其他如军衣制造业、家庭织羊毛线基本也都是每年只有几个月的活。1928年上海中国女青年会所调查的天津32家工厂9000余名女工中，季节性工人占了其中的36.6%。

## 四、余论

近代天津下层妇女就业在人员构成、空间分布，以及就业领域和方式等方面所表现出来的特点，绝非偶然，而是社会文化、工商业发展、城市产业结构和产业布局、交通条件以及妇女自身等因素共同建构和影响的结果，同时，天津下层妇女的就业在客观上又对传统的社会性别规范、生育观念、妇

---

① 《男女社交公开时代，究竟谁略诱了谁》，《大公报》1933年4月30日。
② 《女招待生活一斑》，《大公报》1933年3月2日。

女的社会角色和地位等产生了深刻的影响。

很显然,天津下层就业妇女的人员构成情况,说明传统的社会性别规范在近代虽已有了较大松动,但还存在着不容忽视的影响力。自古以来,传统社会性别规范就对下层妇女特别是其中的老年妇女施加的影响相对较弱,"男女有别的原则,因妇女的阶级与年龄的差异而产生不同的制约力。下层的与老年的妇女要比上层的与年轻的妇女享有更多的自由"①。到了近代,情形发生了变化。虽然迫于生活压力,众多不同年龄的下层妇女冲破男女有别的社会性别规范,走出家门参与就业,但因出嫁与否及年龄之差异,在受社会规范制约程度上明显有所不同。社会各方对未成年女孩及已婚妇女在公共领域的活动较为宽容,而对适龄未婚女性则持比较谨慎和防范的态度,有意识地将其束缚在传统社会性别规范之下。所以时人认为,临近婚嫁时期与受到宗法旧礼教思想所约束是造成适龄未婚女工人数少的主要原因②。在此情形下,适龄未婚妇女多集中在家庭手工业中。而餐饮、娱乐等服务性行业则因其行业本身的关系,多要求从业妇女年轻化,在生活的重压之下不少年轻未婚妇女迫于无奈需要工作,从而形成了以年轻未婚妇女为主体的局面。不过,正因为如此,当时社会上一直充斥着取缔女招待的呼声。

按照常理推测,适龄未婚的年轻妇女由于精力充沛,又没有养育小孩及家务劳动的拖累,更应该成为就业的主体。20 世纪 20 年代的美国即是如此。在当时美国的就业妇女中,未婚妇女所占比例高达 70% 至 80%③。而天津下层就业妇女以已婚者和寡妇为主体这一有悖常理的人员构成情况,充分说明了一个事实:即传统男女有别的社会性别规范最主要的防范和限制对象是适龄未婚妇女。因此,进入近代以后,虽然它的影响力日趋减弱,但在这一点上仍约束着相当一部分人的思想观念,从而将众多的年轻妇女留在了家里。

就业地与居住地相对集中及就近就业的空间分布格局,无疑与下层妇女的就业结构、城市产业结构及其空间布局紧密相关。近代天津下层妇女所就业的行业,特别是工厂和各类手工作坊,多分布在贫民聚集的地区,劳

---

① 程为坤:《户外寻乐:20 世纪初年北京的休闲、社会空间及妇女监控》,姜进、李德英主编:《近代中国城市与大众文化》,新星出版社 2008 年,第 164 页。
② 慧茜:《天津市工业上的妇女》,《妇女杂志》16 卷 5 号,1930 年 5 月。
③ 杨丽红:《20 世纪 20 年代美国就业妇女》,《历史教学》2008 年第 2 期。

动力充足。另外,因居住地与就业地之间通常多需步行,"而无所代足",也必定受到交通条件和成本的很大制约。

近代天津下层妇女就业的边缘化,则应该是天津工商业发展程度、工厂的经营管理理念与技术水平、妇女职业起步晚等因素共同造成的。其就业过程中所出现的病态化现象,在妇女初入社会与职业发展初期尤其是社会转型的背景下是难以避免的。而其灵活就业的就业模式,则与妇女就业的特点相吻合。受家庭角色定位和社会性别分工的影响,妇女就业不仅仅要考虑个人收益的最大化,还必须在家务劳动和社会劳动之间寻找平衡。因为妇女特别是已婚妇女承担着家务劳动和生儿育女的责任。居家就近就业,工作时间富有弹性,既能照顾家庭,又能参与社会劳动,可同时满足下层妇女照顾家庭和参与社会就业的双重愿望。天津针织业的散处居家工人中,已婚妇女基本都需要分出一部分时间从事家务劳动[1]。而新中国建立后妇女就业发展的历程以及国外妇女的就业都表明,以非正规就业为主的灵活就业模式必将成为妇女就业的一种重要形式。

近代天津下层妇女的就业,对维持家庭基本生活、社会稳定及其重塑两性关系等都发挥了不容忽视的作用。在 20 世纪之前,下层妇女就业者既少,就业领域也比较狭窄。因此在下层社会里,普遍认为男子便是产业,家里有了男子,便有了依靠。至于妇女,除了依靠丈夫生活外,别无谋生之路[2]。而随着妇女的大量就业,对妇女的看法以及妇女的社会地位逐渐发生了改变。至迟到 20 世纪 30 年代初,天津下层妇女在社会上已树立了"有多数的是工作着"[3]的社会形象。并且,社会舆论普遍认为下层妇女的工作收入对家庭经济起到了相当的补助作用[4]。由于下层妇女的就业日益广泛,社会地位日益重要,对男性社会产生了一定的压力,社会上出现了"这个改良的年头儿,男性是没饭可吃的了。似乎仅只女性有饭吃"[5]的悲观论调。在天津,甚至出现了年轻男性无法谋生而男扮女装以求得工作的极端事件[6]。而妇女就业机会的增多与社会地位的提高,也使生育观念开始发生转变,一部分贫苦

---

[1] 方显庭:《天津针织工业》,1931 年,第 44 页。
[2] 蒋逸霄:《腊尽春回中的贫民窟写真》,《大公报》1930 年 1 月 25 日。
[3] 《津市的中等家庭专仗男子赚钱养家》,《大公报》1933 年 6 月 22 日。
[4] 《中下级社会操作极勤》,《大公报》1933 年 5 月 24 日。
[5] 《天津"托的杂耍场"(下)》,《大公报》1933 年 3 月 12 日。
[6] 《扑朔迷离之一对怪夫妻》,《大公报》1929 年 9 月 6 日。

人家产生了"不重生男重生女"的想法①。同时,下层妇女的就业,不仅在客观上给传统两性关系以巨大的冲击,而且还对其婚恋观念产生了一定的影响。由于就业在一定程度上加强了其自身经济自立的能力和信心,而社会活动以及男女交往的增加,又为她们重新审视和选择自己的感情提供了可能,因此,在就业的下层妇女中,离婚、自由恋爱甚至是同居现象都明显增多②。

(《城市史研究》2011年第27辑)

---

① 《不重生男重生女》,《大公报》1930年6月27日;《坤优沿革技艺谈(上)》,《益世报》1929年4月16日。
② 参见成淑君:《贞操与生存:民国时期天津性行为失范现象探析》,《济南大学学报》(社科版)2009年第5期。

# 报馆、学堂与天津近代文学

张宜雷

回顾十九、二十世纪之交的天津近代人文知识分子群体,可以看到一个十分明显的现象:这些人几乎全部供职于报馆与学堂。当时最有声望的启蒙思想家严复是北洋水师学堂的总教习,后任会办、总办,又是《国闻报》的创办者。与严复共同创办《国闻报》的友人夏曾佑与王修植,分别是育才学堂教师和北洋大学堂总办。严复又是《大公报》最初的投资人之一,他的另一好友英华是《大公报》总经理,其私淑弟子吕碧城则是《大公报》助理编辑和北洋女子公学总教习。而天津本土士林领袖严修则是南开学校校董,南开校长张伯苓亦是北洋水师学堂的学生。艺术大师李叔同回国后任教直隶高等工业学堂,后又南下出任《太平洋报》文艺部主编。办报与讲学,构成了他们人生的主要内容。

一

此一现象的形成并非偶然。近代天津人文知识分子之所以将报馆与学堂作为首选的栖身之地,乃是因为二者皆属于"公共领域"(public sphere)。按照哈贝马斯的说法,"公共领域是指介乎于国家与社会之间的,公民参与公共事务的地方"①,公共领域讨论的虽然是公共政治问题,但本身是非政治化的,是在政治权力之外建构的公共讨论空间,相对于权力系统来说,拥有独立性。近代中国的公共领域,最初主要由学校、报纸和学会组成②。当时天津的新型学会并不发达,因此报馆与学堂就成为最主要的公共领域。

---

① 哈贝马斯:《哈贝马斯精粹》,南京大学出版社2009年,第17页。
② 许纪霖:《近代中国的公共领域:形态、功能与自我理解:以上海为例》,《史林》2003年第2期。

古代知识分子即"文人"或"士",其主要生存空间是官场与田园。他们根据个人志趣及与官方价值取向的异同,或仕或隐。但报馆与学堂的出现,却使近代知识分子有了新的人生选择。他们作为文化精英的使命感与责任感,可以通过讲坛和报纸对学生或社会公众发言而在这些公共领域得到实现。不必依附传统皇权之类政治权力,不必理会与官方见解的异同,仍然可以保持对公众事务的发言权,这就在"仕""隐"之外,开辟了新的人生道路,从而为这些知识分子提供了不同于传统文人的生存方式、活动领域和人际关系,也改变了他们的写作方式、作品传播方式和读者群体,这一切最终又改变了天津近代文学的形式和内容。

学堂与报馆均为晚清西风东渐中出现的"新生事物"。天津的学堂在洋务运动中出现。1876年天津机器局设电气水雷学堂,1880年开办北洋水师学堂。随后又开办了武备学堂、北洋医学堂。1895年开办了以美国哈佛大学学制为蓝本的天津中西学堂(后改名北洋大学堂),同年又设育才学堂。稍后,北洋女子公学、北洋法政专门学堂等专门学堂陆续开办,以南开学校为代表的一批中等学堂也崭露头角。据统计,至辛亥革命前的1911年,天津已有各级学堂147所,层次完整,门类齐全,被称为"通商各属之冠"①。

报纸在天津的出现比学堂稍晚,最早的是1880年英国人办的英文报纸《北方邮报》。影响较大的是1886年英国人办的中文报纸《时报》与1895年德国人办的中文报纸《直报》。严复的《论世变之亟》《原强》等五篇政论即发表于《直报》。1897年10月,严复与维新派著名学者夏曾佑及友人王修植、杭辛斋等人创办了天津最早的中国人自己办的报纸《国闻报》。《国闻报》锐意变革,见解新颖,被称为与《时务报》齐名的南北两大变法维新思想阵地。《国闻报》之后,英华于1902年创办《大公报》,以"开风气,牖民智"为宗旨,标举"真实、正直、公平"的办报方针,成为北方影响最大的报纸。《益世报》《天津商报》《醒俗画报》等也是天津近代较有影响的报纸。据统计,1886—1912年间,天津共有(存佚)报纸55种,1912—1937年间更多达125种②,是我国近代与上海、北京并列的报刊业最发达的城市之一。

---

① 罗澍伟:《天津近代城市史》,中国社会科学出版社1993年,第481页。
② 方汉奇:《大公报百年史》,中国人民大学出版社2004年,第109页。

## 二

　　报馆作为一种聚集文人与发行报纸的机构，对天津近代文学的发展起过重要作用。

　　首先是报纸的发行改变了文学的传播方式。古代社会文学作品的传播主要是通过上呈下谕和私相授受、亲友唱和的方式。而报纸由于采用工业化的机器印刷技术和商业化的市场运营方式，具有发表速度快，成本低廉和直接面对社会公众的特点。其传播速度和规模都是传统传播方式所远不及的。在这种情况下，作品一旦打动社会公众的心灵，就会迅即产生巨大的轰动效应。如严复所作的《救亡决论》等五篇政论，在《直报》发表后，又很快为梁启超主办的《时务报》转载，随即流传全国。《天演论》部分章节在该报的刊出，更是引起了数百年未有的巨大反响，于是本来与康梁并无直接联系的严复，也由此成为世人公认的维新派最重要的思想家。又如吕碧城原为一名从亲戚处私逃至天津求学的女青年，到津后举目无亲，衣食无着。她写给友人的求援信幸被《大公报》总经理英华见到。英华以一位资深报人的敏感从中看出了吕碧城的文采和她对报馆的潜在价值，于是立即聘请她担任该报助理编辑。从此，吕碧城的文章、诗词及个人照片开始络绎不绝地在《大公报》等报刊发表，竟顿时成为明星式的人物。吕碧城俊美的形象、时尚的服饰、风流倜傥而又高雅出尘的举止，都成为人们关注一时的话题。"由是京、津闻名来访者踵相接，与督署幕僚唱和无虚日。"①可以说，正是《大公报》这一近代传媒，造就了吕碧城私逃才女一夜成名的神话。

　　报馆不仅是报纸的编辑、发行之所，而且是人文知识分子聚集之地。物以类聚，人以群分。一批思想观念或文学见解类似的文人聚集在一起，就为文学思潮和文学运动的形成提供了条件。报馆不仅聚集起思想倾向相近的编辑和记者，还通过组稿、发稿和评论形成了人数众多、见解类似的作者队伍以及更广泛的读者群体。而且，只要见解相通，不同的报馆甚至不同城市的报纸之间，也能够相互呼应。这就打破了地域之间的隔阂，使文学思潮和运动能够迅速向全国蔓延。如梁启超逃亡海外后发动"诗界革命"，以《清议报》和《新民丛报》为阵地，大力提倡和发表有"新思想、新意境、新语句"，主

---

① 吕碧城：《予之宗教观》，《吕碧城词笺注》，上海古籍出版社2001年，第451页。

张变法维新的诗歌。但这两份报纸均办于日本横滨,在国内为官方所禁止,因此难于产生较大影响,对内地作者的投稿和参与,亦甚不便。在这种情况下,英华主持的《大公报》挺身而出,大量发表此类新派诗歌,与海外的《新民丛报》遥相呼应,为诗界革命运动在国内开辟了一片重要阵地。据统计,1902—1911年的10年之间,《大公报》发表的此类诗歌数量在五百首以上[1],是国内发表此类新派诗歌最多的报刊。其中有些作品如吕碧城的诗作《有感》、词作《满江红》等,曾广为世人传诵。可以说,天津的《大公报》是"诗界革命"在国内最重要的阵地,在梁启超发动的"诗界革命"运动中起了重要作用。

  报纸使文学作品直接面对社会公众,作家预设的阅读对象变了,写作方式也不能不随之改变。如中国传统的古典散文,向来都是运用比喻、排比、夸张等手法,以情感人,而不以逻辑论理见长。曾国藩就曾说过,古文表达无所不能,"唯不宜说理"。但一种新观点写成文章,发表在报纸上,要让公众信服,就必须以理服人。这就不能只靠比喻、夸张,而非靠逻辑论证不可。严复在《直报》发表的政论及他后来在《国闻报》《大公报》发表的多篇论文,就采用了以逻辑论证为主的写法取得了良好的效果。这对传统的散文写法是一个重大的突破。二者深层的区别是对不同读者人际关系的理解:"以情感人"的传统古文面对的是以家族血缘为纽带的传统宗法社会,而"以理服人"的逻辑理性论文面对的是近代城市社会,即没有血缘亲疏和上下尊卑的"陌生人"或曰公众组成的契约社会。只有在这种契约社会中,才会有报刊这样的公共文化领域;也只有在近代报刊上,这种"以理服人"的文章才会受人欢迎。如当时张之洞著《劝学篇》,提出"西政为本,西艺为末",实际上就是反对以科学的观点、方法看待中国社会与政治。严复对此反驳道:

    其曰政本而艺末,滋所谓颠倒错乱者矣。且其所谓艺者,非指科学乎? 名、数、质、力四者,皆科学也。其公例通理,经纬万端,而西政之善者本斯而起。故赫胥黎氏有言:'西国之政,尚未能悉准科学而出之也;使其能之,其政治且不止此。'中国之政所以日形其绌不足争存者,亦坐不本科学,而与公例通理违行故耳。是故以科学为艺,则西艺实西政之

---

[1] 郭道平:《"诗界革命"的新阵地:清末〈大公报〉诗歌研究》,《现代文学研究丛刊》2010年,第3期。

本。设谓艺非科学,则政艺二者乃并出于科学,若左右手,然未闻左右之相为本末者也。(《与外交报主人论教育书》)

当时张之洞是权势炙手的湖广总督,《劝学篇》又是清廷官方下令各省"广为刊布,实力劝导"之作。然而自从严复此论一出,"西政为本,西艺为末"的提法即告销声匿迹。这固然是严复论证中蕴涵的逻辑理性的力量,但也与近代天津为他提供了发表空间、传播市场和接受群体分不开的。胡适、钱基博等人称严复为"逻辑文学"的先驱①,其实,严复还应是近代报刊政论文体的先驱。如果说梁启超半文半白的"新民体"为报刊政论文提供了流畅而通俗的语言,那么严复的"逻辑文学"则为报刊政论文提供了以逻辑理性为基本构架的内在结构。虽然严复因《原富》的译文深奥受到梁启超责难,但只要看看他发表在《国闻报》上的众多政论和《大公报》上的《主客平议》等文章就可以明白,严复的报刊论文也并非都是那么古奥难懂的。

报载文学作品也促进了文学品种热点的转化。原来处于边缘的小说由于情节性、趣味性强并具有较大的容量,能够赢得最大多数的读者,逐渐成为文学的中心品种。而原来处于中心的诗文却逐渐边缘化。严复和夏曾佑可能是最早感受到这一趋势的人,他们在《国闻报》上发表的长篇论文《本馆附印说部缘起》被认为是"小说界革命"的先驱,这使天津成为"小说界革命"的策源地之一。虽然《国闻报》不久就被迫停刊,但小说繁荣兴盛的势头已不可阻挡。继起的《大公报》从1904年起即多次刊登翻译小说,1909年2月起又设"小说"专栏,在该报最后一版连载中、长篇小说。刘鹗的谴责小说名著《老残游记》也是1906年最先在《天津日日新闻》报上发表。经过清末民初的酝酿和准备,至20世纪二三十年代,终于迎来了天津小说创作繁荣发展的高潮。

## 三

戊戌变法失败与八国联军侵华的动乱,使天津的报馆与学堂都受到严重损失。1898年,《国闻报》被查禁。1900年,八国联军大举武装入侵,天津机器局及北洋水师学堂、武备学堂等被焚毁,严复、夏曾佑等人先后被迫离津南下。此后天津长期处于以袁世凯为首的北洋军阀集团统治之下。这时

---

① 钱基博:《现代中国文学史》,岳麓书社1986年,第410页。

的清廷与袁世凯等人为了维护自己的统治,对报馆和学堂采取了不同的政策。对学堂积极支持、发展;对报馆则通过各种禁令、条例严加控制,稍有触犯即给予严厉打压。

清廷与袁世凯之所以对学堂与报馆一手"软"一手"硬",并非没有原因。作为公共领域,二者的区别大致有三点:一是报纸须直接面对社会公众发表言论,而学堂则只对学生讲授;二是报纸内容多为人们最关注的当时发生的政治、经济、文化等方面的事件,学堂教育的内容则多为某一学科的专业知识和基础理论;三是报纸的言论或报道有时可能与官方立场相抵触,而学堂教育一般与官方立场不在同一领域,即使有不一致处,大多也相安无事。

而在清廷和北洋军阀集团看来,因学堂可培养人才供其使用,故允许存在、发展,而报纸的报道则可能使其丑行劣迹被广大民众所知,故须严加防范。1906年,北洋军阀集团要员徐世昌主持的清廷警务部颁布《报馆应守规则九条》,禁止"毁谤国家""议论政治",北京的《京报》被停刊,《北京国报》与《大同日报》被封禁。《大公报》因报道也被禁邮禁阅,历时近三个月才得解禁。而在八国联军的动乱过去之后,天津的学堂很快恢复和发展起来。20世纪初,在清末"新政"的推动和任学部侍郎的著名教育家严修等人倡导下,天津出现了一个兴办学堂教育的高潮。至五四前的1919年,天津共有各种学堂166所。特别是严修创办、张伯苓任校长的南开学校(后称南开中学),已成为当时国内最优秀的中学。南开大学、北洋大学堂和直隶高等工业学堂等高等学堂也在国内高校中名列前茅①。当时曾在南开学校任教的有梁启超、汤用彤、马千里等著名人文知识分子,南开学校毕业生中有后来成为优秀文学家和学者的张彭春、赵景深、曹禺、吴玉如等人。新一代学堂已成为天津近代人文知识分子又一栖身之地。

学堂以基础教育为主的方式虽貌似迂远,但在近代基础教育中蕴涵了最基本的人性启蒙和理性思维。以这种人性与理性的眼光观察社会,自然会得出与皇权专制或军阀专制不相容的结论。学堂教育这种"远功",为急功近利的行为所不及。正是在这些学堂之中,容纳和培养了一批批新型人文知识分子,并使天津文学得以复苏。

1908年,严复、张伯苓赴欧美考察学堂教育时,见到美国一些学校以组织学生演剧的方法教学。这种生动活泼的教学方式,给他们留下了深刻印

---

① 张大民:《天津近代教育史》,天津人民出版社1993年,第203页。

象。严修曾在他游美期间所作的七绝组诗《榛苓谣》中写到:"剧目编排入教材,剧场即在讲堂开。最奇乡间单级校,别为生徒设舞台。"(《榛苓谣》其七)严修、张伯苓感到,以演剧的方式教学,不失为一种锻炼学生讲演表达能力的好办法。归国不久,他们即组织南开学校师生以"练习演说、改良社会"为宗旨排演话剧。校长张伯苓亲自带头,自编自演了独幕剧《用非所学》。在张伯苓支持下,南开学校师生组织了南开新剧团,编演了《华娥传》《恩怨缘》《一元钱》《一念差》等众多新剧。特别是张伯苓的五弟张彭春,曾在美国哥伦比亚大学学习话剧,获文学硕士学位,回国后任南开新剧团副团长。张彭春的三幕话剧《入侵者》(又名《外侮》)、独幕剧《醒》和五幕剧《新村正》分别作于 1915 年、1916 年和 1918 年,是我国最早的现代话剧。与张彭春同在美国留学的胡适曾写道:"仲述(张彭春字)喜戏剧文学,已著短剧数篇。近复著一剧名曰 THE LNTRNDER——《外侮》,影射时事,结构甚精,而用心亦可取,不可谓非佳作。吾读剧甚多,而未尝敢自为之,遂令仲述先我为之。"①《新村正》在京津演出曾轰动一时,胡适、鲁迅、周作人等五四新文化人物都曾前往观看,并给予很高评价。正是通过张彭春和南开新剧团师生们的努力,使南开学校这样一所中学成了中国现代话剧的发源之地。

而从天津地域文化的特点来看,戏剧类的演艺节目一直广受市民欢迎,但其文学原创性却甚为稀缺。而对经历过近代文明熏陶的新型知识分子和青年学生来说,传统戏剧已不能满足他们的精神需求。南开学校话剧的出现,无疑应和了他们对现代文学艺术的渴望。在这种情况下,南开学校话剧必然会溢出校园,引起社会公众的关注。以致当时出现了南开学校编演的话剧刚一公演,就被社会上的各种剧团效仿、改编演出的状况,可见当年南开话剧的影响。

如果说,在五四前夕那个动荡而混乱的时代,是陈独秀以其文学理论、胡适以其诗歌、鲁迅以其小说揭起了五四新文学的大旗,那么在天津,则是南开学校以现代话剧使天津近代文学复苏并汇入了五四新文学的时代潮流。这是天津对五四新文学的重要贡献。

回顾天津近代文学的发展历程,可以看到,从《国闻报》和北洋水师学堂到《大公报》和南开学校,天津近代的报馆、学堂一直与文学有着异常密切的联系。报馆、学堂为近代人文知识分子提供了不同于传统文人的生存方式

---

① 胡适:《胡适日记》,《南开话剧运动史料》,南开大学出版社 1984 年,第 166 页。

和言论空间,也改变了他们的写作方式、作品传播方式和文学体裁,并孕育了新的文学观念和文学作品。正是近代天津报馆与学堂的兴盛,促进了天津近代文学的繁荣与发展,并推动了它向新文学的转化。

(《天津大学学报》社会科学版2011年第5期)

# 腹地、军阀官僚私人投资
# 与近代天津的经济发展

龚 关

关于近代天津的经济发展,学术界已有的研究(以罗澍伟主编的《近代天津城市史》为代表)已基本弄清了其史实,大致可概括如下:自天津建城以来的600年间,19世纪后期至20世纪30年代的几十年是天津经济发展的一个重要时期,尤其是自一战至30年代中期的二十余年间,天津经济规模的扩大、经济地位的提升引人注目,不仅商业迅速扩展,更具决定意义的是天津工业和金融业的成长,棉纺织、面粉和化工等支柱产业基本上形成于这一时期,以中国银行、交通银行和"北四行"为中心的天津金融业的崛起则凸现了天津作为金融重镇的重要性。正是19世纪末至20世纪30年代几十年间的发展,初步奠定了天津作为北方工商、金融业中心的基础。在近代天津经济发展的这一进程中,腹地和军阀官僚私人投资起了重大作用。但是,如何看待腹地和军阀官僚投资的作用,他们是如何对天津经济发展产生影响,进而言之,如何看待政府和市场对天津经济发展的影响等问题,学术界已有的成果没有深入研究,这正是本文要解决的问题。

## 一、天津与腹地的经济互动

近代天津的经济发展,广阔腹地的支撑作用至为重要。开埠后,天津的腹地范围越来越广阔,天津与腹地间的贸易规模不断扩大,在此基础上形成了二者之间密切的产业关联和规模越来越大的资金流动。天津与腹地间不断深入的经济互动,不仅使腹地获得了发展契机,也促进了天津的经济发展。

1. 贸易规模的扩大

开埠前,天津已是北方最大的商业中心和港口城市,江南、东南沿海的茶叶、布匹、纸张、绸缎、糖等货,关东的大豆、杂粮等,经由天津流向直隶等地区,而天津周边地区的土货也经由天津而南下江南、福建、广东等地。然而,受可供流通的商品品种、数量和主要局限于海河流域的腹地范围的限制,天津与腹地的贸易规模有限。开埠后,天津的腹地范围不断扩大,20世纪初基本覆盖了西北、华北和东北地区,其中以华北为最重要,西北次之,东北再次之。伴随腹地范围的扩大,天津与腹地间的贸易规模也不断扩大,而推动其发展的首要因素是对外贸易。

1861年天津开埠后,最初20余年间的对外贸易并不发达。1861年,天津进出口贸易总值为520万两①,1866年猛增到1835万两,但此后近20年一直没有起色。1885年为2624万两,只比1866年增长了43%。自19世纪80年代中期至20世纪30年代初,天津的对外贸易则表现出较强的增长态势。1895年贸易额达到5017万两,10年间增长了近一倍,1899年达到7760万两,比1885年增长了2倍,1911年更达到11654万两,为晚清的最高峰。与此同时,天津在全国对外贸易中的地位不断上升。以直接进出口贸易论,1873年天津进出口贸易额只占全国的1.83%,居第8位;1893年上升为3.65%,居第5位;1911年达到4.79%,仅次于上海,居第2位②。民国前期,天津对外贸易规模进一步扩大,到1921年达到22478万两,比1911年增长了一倍,保持了清末同样的增长速度。此后的10年间,增长速度趋缓,1931年为35023万两,比1921年只增加了55.8%,但考虑到天津及其腹地经受了军阀混战、外蒙古独立、政治重心南迁等一系列不利因素的影响,贸易规模的扩大还是相当可观的。1931年后,世界经济危机的影响波及中国,九一八事变后东北沦陷,日本进一步向华北进逼,天津进出口贸易下降。

对外贸易规模不断扩大的同时,进出口贸易的平衡及结构也在变化。早期天津的对外贸易主要是进口,进口值长期是出口值的10倍左右,直到19世纪80年代初期才逐渐缩减为4倍左右。此时的天津还没有大宗的出口货物,难以与进口的鸦片、棉布等货相匹敌。19世纪80年代中期开始,在洋货进口不断增长的同时,土货出口增长的速度更快,以致进出口的逆差进一步缩小,1910年前后为2∶1,甚至更小,到20世纪30年代初甚至出现顺差,这表明天津广大腹地可供出口的物资大为增加,体现了北方区域经济的

---

① 文中有关天津的对外贸易值数据除特别注明外,均出自姚洪卓:《近代天津对外贸易》,天津社会科学院出版社1993年,第250—259页。1865年以后的数据均为贸易净值。

② 姚洪卓:《近代天津对外贸易》,第29、67页。

某些发展。出口商品的种类不断增多,其中以皮毛等畜产品和棉花、花生等农产品及其加工品为主。1908年,天津出口商品总值中畜产品出口占24.84%,1919年为29.33%,1928年达到51.01%,此后所占比重有所减低,但仍占三分之一以上。自19世纪末以来,棉花、花生等成为重要的大宗出口物资,烟草、草帽辫等出口也大量增加。进口商品中,生产资料的进口不断增加,1919年,生产资料的进口占进口总额的比重达48.15%,此后比重有所降低,但直到20世纪30年代多数年份保持在30%以上,而绝对值则始终呈增加的趋势①。生产资料进口的增加,对于促进天津及腹地近代工业及手工业的发展,起到积极作用,进而有利于增强天津与腹地的经济联系。

天津与腹地间的贸易由以两地为起讫点的商品流通、国内其他地区经由天津与腹地进行的国内贸易和天津的对外贸易三部分组成,其中对外贸易对天津与腹地贸易规模的扩大起着决定性的作用,它不仅本身直接表现为天津与腹地贸易规模的扩大,还直接或间接地对其他两种贸易施加影响,从而也在一定程度上促成贸易规模的扩大。贸易规模的扩大,既增加了市场供给,也引致对腹地某些产品需求的扩大,从而促成腹地相应产业的发展。如19世纪末20世纪初,主要因为出口需求的扩大,棉花生产的面积和产量增加。再如皮毛,天津开埠前,西北和蒙古地区所产羊毛多供给毡房等手工作坊制作毛毡,其余的只不过用来沤粪,至于驼毛则全被抛掉;山东、河南制作草帽辫的麦秆,只用于烧火。但天津开埠后,这些农畜产品均被吸收为大宗出口商品,天津成为全国最大的皮毛和草帽辫出口口岸。

天津与腹地贸易规模的扩大也引起了天津商业的巨大变化,20世纪初以来表现尤为显著。首先是天津商业规模的扩大。对外贸易的发展引起天津洋行数量的不断增加,1879年天津有洋行26家,1890年在各领事馆注册的洋行有47家②。20世纪初,洋行的数量更多。1905年增加到160余家,次年更达到232家③。1936年,天津有外国银行、洋行、商社及航运商行共2686家,其中贸易商达949家④。华资商业的规模也不断扩大。据1928年天津市社会局的调查,天津租界之外的城区共有华资商店21043家。另据

---

① 樊如森:《论近代中国北方向型经济的兴起》,《史学月刊》2003年第6期。
② 罗澍伟主编:《近代天津城市史》,中国社会科学出版社1993年,第198页。
③ 侯振彤译:《二十世纪初的天津概况》,天津市地方史志编修委员会编辑室1986年,第19页。
④ 王怀远:《旧中国时期天津的对外贸易》,《北国春秋》1960年第2期。

1928年天津市社会局对英、法、日、意四国租界的调查,共有商店、公司4344家。根据以上材料,估计1928年天津共有大小商业公司、商店约25000余家①。其次是出现新的商业行业,分工趋于细化。对外贸易催生了许多新的商业行业,有些是由新的大量商品交易的出现而引起,而更多的是原有商业行业的分化。1903年成立商业公所时,有36个行业(包括金融业),1913年改组为总商会,隶60多个行业,1931年增为130多个②。商业分工也趋于细化,以经营棉花及棉纺织品为例,棉纱最初由杂货批发商附带经营。19世纪后期,棉纱销路扩大,经营者利润丰厚,棉纱商人增加。原来的绸布、呢绒和棉纱零售商转变为棉纱庄,专营棉纱批发。20世纪初,天津棉纱批发庄约有10家③。据1928年的不完全统计,17家棉纱庄资本总额33万余元,年销售额达1068万元④。棉布庄也发展迅速,棉布业最初不是一个独立行业,19世纪末棉布棉纱业分离,有48家洋布店,1920年代初天津有大型棉布批发商店近30家,1927年仅中国人开办的设有电话的中、大型棉布商店就有117家之多。20世纪初,棉花成为天津的出口大宗产品,专营棉花的货栈应运而生。1911年天津有棉花货栈6家,1919年有20家大、中型棉花货栈,到1928年达46家之多⑤。再次,形成了以天津为中心的商业网络。近代对外贸易发展起来以前,各地市场基本上都是独立、分散的。当洋货、国内工业品与工业生产原料的流通规模越来越大、越来越主导市场时,分散的市场结构趋于被整合,各地分散、独立的小市场被连成了一个整体,形成了以天津为中心由集市及集镇组成的初级产地市场、由交通要道重要城镇组成的中级转运市场和由中心城市组成的消费或终点市场的三级市场结构,极大地便利了商品流通。

需要指出的是,19世纪中叶直到20世纪初,对外贸易是引致天津与腹地间贸易规模不断扩大的最重要甚至是唯一的因素。20世纪初以来,交通运输的改善,国内机器工业的崛起也发挥着重要作用,如交通方面,以津、京为中心的华北铁路网的形成,极大地改善了北方地区的交通运输条件,缩短

---

① 罗澍伟主编:《近代天津城市史》,第375—376页。
② 乔维熊:《天津市商会》,《天津工商史料丛刊》第六辑,1987年。
③ 丁世洵:《解放前天津棉纱批发商业史略》,《南开学报》1981年第4期。
④ 天津市社会局:《天津特别市社会局一周年工作报告》,天津特别市社会局1930年,第369页。
⑤ 罗澍伟主编:《近代天津城市史》,第369—370页。

了天津与腹地间货物的运输时间,降低了运输费用,使更大范围、更多种类和数量的农副产品加入出口的行列,尤其是京张铁路在20年代往西展至归绥、包头,西北地区价贱量大的皮毛等物资出口更容易,西北地区真正成为天津的腹地。但即使如此,20世纪初以来对外贸易仍是推动天津与腹地贸易规模扩大的最重要因素。

2. 产业关联的加强

对外贸易不仅密切了天津与腹地间的贸易联系,也为近代天津和腹地工商业的发展提供了最基本的市场条件,"天津是一个商业都市,原本不是工业都市。因为外国贸易而繁荣起来,工业不过是附随着贸易而发达的"①。但它最主要还是促成了天津与腹地间规模越来越大的贸易联系,而没能使经济互动发生实质性的变化,因为对外贸易只是使天津成为腹地与世界市场联系的一架桥梁。而真正使天津与腹地间的经济互动发生实质性变化的是北方区域近代工业的发展,这是20世纪初叶以后的事情。

北方区域的近代工业出现于19世纪60年代,初步发展于甲午战后至20世纪初,在行业上从最初的军事工业和矿业逐渐向冶金、机械、煤炭、电力、纺织、食品等多种行业扩展。而真正有较大的发展则是民国前期,尤其是自1914年到20年代末。这一时期,开办企业数量大量增加,投资领域较之清末更为广泛,其中以纺织、食品、化学、日用品、采矿等领域最为突出,如棉纺织业中,到20年代中期,直隶共有华商纱厂15家(其中天津6家),河南4家,山东3家,山西2家②。面粉业是北方地区又一得到较大发展的行业。面粉厂的设立,主要集中于天津、济南等地,如天津有寿丰面粉有限公司、福星面粉有限公司、三津寿丰面粉厂、三津永年面粉厂等。

在北方近代工业发展中,天津占有重要地位。天津近代工业始自洋务时期的天津机器局,北洋时期发展达到高潮,自1914年至1928年共新设工厂1286家,每年平均建厂92家,速度之快,史无前例③。不仅所建工厂数量多,而且在棉纺织、食品、化工等行业出现了许多大型工厂,这些工业因其在

---

① 李洛之、聂汤谷:《天津的经济地位》,北平:经济部冀热察绥特派员办公处1948年,第3页。

② 杨大金:《现代中国实业志(制造业)》,台北华世出版社1978年影印本,第71页。

③ 宋美云:《北洋时期官僚私人投资与天津近代工业》,《历史研究》1989年第2期;王学海:《旧中国外商在天津设厂行名录》,《天津历史资料》第19辑,1983年10月。

经济发展中的导向性,自然成为这一时期乃至整个民国时期天津的支柱产业。此外,天津工业还涉及针织、毛织、漂染的织染行业,生产搪瓷、玻璃器皿、肥皂、蜡烛等日用品行业,生产酒、汽水、罐头、香烟、酱油等食品行业,生产砖瓦、石棉、木材加工等的建材行业,工业门类较为齐全。天津是北方区域工业最为集中的城市,可称为是北方的工业中心。

逐渐崛起的天津工业尤其是支柱产业,开始起着引导腹地相关产业发展的作用。在棉纺织业中,天津纺纱业的扩张逐渐成为引致腹地各省棉花种植面积扩大的首要因素。19世纪末以来,腹地各省棉花种植面积不断扩大,1936年与1914年相比,晋、冀、鲁、豫四省种植面积的绝对数量少则增加了73%,多则增加了4倍多①。由于植棉事业的空前发展,各省都形成了一些著名的产棉区,如河北有西河、御河和东北河三大棉产区,其中西河区最大,其棉田亩数和产量均占全省总数的60%以上;山东产棉区偏于西部,全省棉产区域分为鲁西、鲁北、鲁南三区,以鲁西区最重要。与19世纪末20世纪初的情形不同的是,民国初年以来,腹地棉花生产的大量增加,主要是满足国内各地机器纺纱业对棉花越来越大的需求,出口越来越少。天津作为北方最重要的机器纺纱业基地,在腹地棉花需求的扩大中发挥着极其重要的作用。

天津纺纱业的扩张也逐渐成为推动腹地手工棉织业发展的重要因素。清代前期,华北地区棉纺织业已有一定的发展,开始出现棉布集中产区,其产品不仅满足了本地需要,还销往东北和西北等地。19世纪末,生产更加普及,出现了更多的棉布集中产区②。20世纪初以来,尤其是20年代前后,手工织布业有了更大的扩展,出现了一些著名的棉布产区,如河北的高阳织布区、宝坻织布区和山东潍县织布区。这些织布区棉布产量大,产品几乎行销全国。20世纪以前,纺织业的普及、市场的扩大成为华北地区织布业发展的主要推动力;而20世纪初以来,机纱代替土纱以及技术的改进、新的手工织布机的引进则是手工织布业兴盛的主要原因。机纱先是进口的洋纱,后来国内机纱逐步取代洋纱,国内机器纺纱业与手工织布业之间逐步形成了稳定的相互依赖关系。天津的机纱是高阳和宝坻等织布区棉纱的主要供给来

---

① 许道夫:《中国近代农业生产及贸易统计资料》,上海人民出版社1983年,第203—204页。

② 从翰香主编:《近代冀鲁豫乡村》,中国社会科学出版社1995年,第343—347页。

源,天津不仅保证了机纱的稳定供应,而且由于稳定的贸易联系,天津还给高阳、宝坻提供资金支持,显示出天津对腹地手工织布业发展的重要支撑作用。

棉花生产和手工织布业是腹地经济中极其重要的产业,它们的扩展对提升腹地经济发挥着重要作用,如农民收益获得一定的增加,并会相应带动其他产业的发展。它们的扩展在很大程度上得益于天津纺织业的崛起,反过来也有力地支持了天津棉纺织业的发展,棉花产量的增加更好地保证了天津纱厂的原材料需求,而腹地对机纱的需求成为天津纱厂又一重要支撑。于是,在天津的棉纺织业与腹地的棉花生产和手工织布业之间形成了密切的产业关联。类似的产业关联还存在于其他产业中:对腹地煤炭的需求因天津工业的发展而扩大,天津工业也因此而得到稳定的能源供应;腹地的小麦生产因天津面粉工业的发展而扩大,天津的面粉工业也有了原材料的保障,腹地手工织布业的兴盛刺激了天津的机械制造业的产生,制造业的发展进一步保障了手工织布业对织布机的需求。与棉纺织业一样,在这些产业关联中,天津工业的发展起着主导作用,而腹地相应的产业也有着重要意义。天津与腹地间的产业关联,既推动了腹地经济的发展,也有利于天津工业的成长,这是一个双赢的效果。只是类似的产业关联还不是很多,在一定程度上显示了天津和腹地经济发展的不足和继续发展的空间。

3. 资金流动规模的扩大

在贸易规模扩大、产业关联加强的基础上,天津与腹地间的资金流动规模不断扩大。这种资金流动是双向的,既有因购买洋纱、洋布等商品以及腹地的地主、商人到天津投资,资金从腹地流向天津;也有因收购棉花、皮毛等土特产品以及天津的商业、金融业等向腹地的放款和投资,资金从天津流向腹地。由于天津商业、金融业上的优势地位,天津流向腹地的资金,一定程度体现了天津以商业信用和银行信用等形式向腹地提供的资金支持。

首先是天津商人向腹地商人提供商业信用。提供商业信用的主要是批发商和货栈商,其中批发商采取赊欠的方式,如天津"棉纱批发商号的销货,无论是期货还是现货,都只有少量是现销,多数是赊销。尤其是外帮老客几乎都是赊销"[①]。商业信用既加速了商品流通的速度,也在一定程度上弥补了腹地客商资本的不足。货栈商"以堆存货物收取栈租为主,并代客办理报

---

① 丁世洵:《解放前天津棉纱批发商业史略》,《南开学报》1981年第5期。

关完税保险及起卸货物等事"①。他们主要以借垫资金的方式向客商提供资金。天津的粮食交易中,客商运粮来津,由西集、北集各斗店买卖,斗店便为客商垫款。正是斗店提供资金,才能让客商"将款借去又贩粮来津",才使津埠"粮食多聚而粮价不致提高,民食多益,以及银行钱号赖此,地面活动皆凭斗店之枢纽也"②。棉花货栈也以同样的方式为客商提供资金,"棉客尚可以下列三种方式向货栈借款:(1)以成交而尚未交货之棉花抵押借款;(2)以存入仓库尚未成交之棉花抵押借款;(3)以正在装运途中之棉花抵借"③。

其次是金融机构对腹地的放款与投资。天津的银行银号常对腹地客商放款,如1921年后天津银号对高阳纱布商人在天津购纱提供借款;腹地商人运土货到天津出售时除从货栈、斗店获得融资外,也可直接从银行获得借款,如棉花客商运棉花到天津后,若将货存在银行所办的仓库时,货栈便可代为客商从银行获得贷款,而货栈则要加收一定的手续费。

天津的银行还向腹地的工矿企业放款。棉纺织业中,中国银行对郑州豫丰纱厂、榆次晋华纱厂、太原晋生织染厂、华新纺织公司(卫辉)、石家庄大兴纱厂、河南武陟巨兴纺纱公司有放款④,而金城银行对宝丰纱厂、华新纺织公司(唐山、卫辉、青岛各厂)、山东鲁丰纺织公司有放款⑤。煤矿业中,中国银行在山西煤业公司、保晋公司、井陉矿务局、大同煤业公司、中福公司、六河沟煤矿、开滦矿务局有放款⑥,而金城银行"对于煤矿……例如冀之开滦、井陉、正丰、怡立、兴宝、门头沟,鲁之中兴、悦昇,豫之中福、民生、六河沟,皖之烈山、大通等矿,本行或通融事业费,或经募公司债,或合组推销机关"⑦。各银行还以购买企业证券、直接出资开办企业、向企业加入股份或收购无力

---

① 天津中国银行:《天津商业调查概略》,《银行周报》14卷26号,1930年7月15日。

② 天津市档案馆等编:《天津商会档案汇编(1912—1928)》,第1859页。

③ 金城银行总经理处天津调查分部编:《天津棉花运销概况》,1937年1月,第21—22页。

④ 林士清、刘继增:《中国银行天津分行行史资料》,第3册,中国银行天津分行国际金融研究所1991年,第317—334、346—356页。

⑤ 中国人民银行上海市分行金融研究室:《金城银行史料》,上海人民出版社1983年,第158页。

⑥ 林士清、刘继增:《中国银行天津分行行史资料》,第3册,第361—368页。

⑦ 中国人民银行上海市分行金融研究室:《金城银行史料》,第443、173—174、376—379页。

清偿债务的企业的形式,对腹地企业有一定数量的投资。民国时期,天津腹地有多家企业发行了债券、股票,天津各银行除了为企业经募公司债、募集股份外,还认购不少,如金城银行购买了山东中兴煤矿、河北六河沟煤矿、安徽大通煤矿、河南中原煤矿、山西正丰煤矿等企业的债券,金城银行还购买了六河沟煤矿、中原煤矿等企业的股票①。对经营严重亏损企业的收购,以中国银行对河南豫丰纱厂的收购最为典型,到1936年,豫丰累计亏损360万元,1937年5月,豫丰旧股420万元,按票面5折,全数由中行收购②。从以上情形可以看到,天津已经成为腹地企业资金的重要来源。

  天津的商业、金融机构向腹地提供资金,在一定程度上弥补了腹地资金的不足,支持了腹地的经济发展。尽管这种支持是初步的,更多的是随着天津经济地位的提升、天津与腹地间越来越密切的贸易联系、产业关联而产生发展的,是一个不自觉的过程,但主观上有意识地从资金上支持腹地经济发展的意识和行为已经出现,典型案例是中国银行天津分行所拟定的支持华北纱业发展的计划。鉴于华北纱业的危机状况,以及腹地经济的发展对天津金融业的意义,1936年8月,中国银行天津分行曾议定一挽救华北纱业的计划:"石家庄、郑州、西安、榆次四大要区及彰德、咸阳产棉丰富,皆为纱厂经营者必争之地。挽救方法不出两途:(1)我行以严密条件,接济各厂资金,助其改革;(2)由我行用经济力量,树立纱厂信心。查四省纱厂现已归我行管理者,仅郑州豫丰纱厂及太原晋生、榆次祁县晋华纱厂,有借款者有彰德广益、卫辉华新、西安之大华、新绛之雍裕、大益成。为控制各厂,拟择彰德、郑州、西安(或咸阳)、榆次四处为重心地点,拟于彰德设一厂,在西安设立一厂,该两厂设立后,以地势论我行对于纱厂实力,散布于冀、豫、秦、晋花纱业重要区域之四隅,我行有此实力再进而与各厂谋真正之合作。"③这一计划得到了中国银行总行的肯定,并在逐步付诸实施,只是因为日本侵华战争的爆发,这一计划才被搁浅,但我们从中看到了天津金融业对腹地经济发展的积极支持。

---

  ① 中国人民银行上海市分行金融研究所,《金城银行史料》,第443,173—174,376—379页。

  ② 林士清、刘继增:《中国银行天津分行行史资料》,第3册,第361—368,334,301页。

  ③ 林士清、刘继增:《中国银行天津分行行史资料》,第3册,第361—368,334,301页。

天津向腹地提供资金,不仅支持了腹地的经济发展,同时也引起了以天津为中心的北方区域的资金分散和聚集,这必然提升天津金融业的地位,从而更有利于天津金融业的发展。

综上所述,在对外贸易以及近代工矿交通运输业发展的基础上,天津与腹地之间形成了贸易联系、产业关联和金融支持多重的经济互动。在这种经济互动中,腹地经济得到了极大的提升,天津也获得了广阔的商品、原材料、能源、劳动力和资金等多重市场,有力地保证了天津的经济发展,也使天津越来越凸现出在北方区域中的工商业、金融业中心地位。

## 二、军阀官僚投资与天津的经济发展

军阀官僚的私人投资是北洋时期中国经济发展中的突出现象。它始自清末,并随时间的推移而逐渐增多,到1918年至1921年间达到高潮,尤其对近代工业、金融业的投资主要集中在这一时期,1922年以后投资停滞并转向衰落①。

军阀官僚私人投资的领域相当广泛,涉及土地及农业、工矿业、交通运输业、公用事业、商业、金融业等,其中以工矿业和金融业最为突出。在投资地域上,既遍布全国各地,又相对集中,据对45名军阀官僚投资的204家企业统计,设于天津者40家,设于北京者46家,津京两地占据五分之二以上,成为军阀官僚投资的集中之地②。在津京两地,军阀官僚投资有些差别,在北京的投资偏重于金融业,在天津的投资偏重于工业,其次是金融业。

军阀官僚在天津的工业投资主要集中于棉纺织、面粉、化工等行业。1928年,在棉纺织业中,六大纱厂资本总额达2130万元,占纺织业的96.7%,占全市工业资本总额的67.8%。而六大纱厂中,除北洋和宝成外,裕元、恒源、华新、裕大四家都有军阀官僚投资。裕元纺织公司由皖系军阀倪嗣冲、王郅隆等创办,开办时段祺瑞投资30万元,倪嗣冲投资20万元,王郅隆投资20万元,三者占开办资本的35%,裕元增资后,他们的股本也随之增加,抗战前倪嗣冲有该厂股本110万元,王郅隆有股本153万元,差不多占

---

① 魏明:《论北洋军阀官僚的私人资本主义经济活动》,《近代史研究》1985年第2期。

② 魏明:《论北洋军阀官僚的私人资本主义经济活动》,《近代史研究》1985年第2期。

该公司股本的一半。恒源纺织公司由直系军阀曹锟家族创办,开办资本中有50%是军阀官僚的投资。裕大纺织公司是王克敏发起,由冯耿光、吴鼎昌、李纯等人集资于1921年开办,原定资本300万元,实际只收足134万元即开始建造厂房,其中军阀官僚股本达64.5万元,占实收资本的将近一半。华新津厂由周学熙等人创办,周学熙、周学辉和王筱汀集股63万元,占资本总额的23.3%。面粉业的8家面粉公司福星、大丰、寿丰、庆丰、民丰、三星、嘉瑞、裕河,7家有军阀官僚的投资,其中前3家是以军阀官僚资本为主兴建的。久大精盐公司和永利制碱公司两家化工企业,张弧跻身于久大公司的发起人,并出任永利公司董事,曹锟在久大也有投资。总之,军阀官僚在纺织、食品、化工这三个行业中都有巨额投资,而这三个行业是北洋时期天津的支柱产业,据估计,到1928年,天津工业的资本总额约3100多万元,其中纺织业约2200万元,占全部资本的70.1%;食品工业约510余万元,占16.32%;化学工业约390万元,占12.34%,三者合计占天津工业资本总额的99%。由此可见军阀官僚投资在天津工业中的重要地位①。

军阀官僚在金融业中的投资首先是银行,他们投资的银行有北洋保商银行、盐业银行、中孚银行、金城银行、大生银行、中国实业银行、大陆银行、中华实业公司、致中银行、天津兴业银行、怀远银行、中法振业银行、裕津银行、边业银行、华新银行等②。这些银行大多创办于第一次世界大战期间及战后的一段时间,军阀官僚是这些银行的创办者或投资者,有些银行则几乎完全是军阀官僚投资创办。1917年创立的金城银行,其资本来源中,军阀官僚所占比重很大,创办时占90.4%,收足200万元时还占82.1%③。边业银行重建时,500万元资本皆出自张作霖一人;大陆银行是冯国璋创办的,许多军阀多在这里有投资,被称为"督军银行"。当然,在20世纪二三十年代,军阀官僚投资的比重有所下降,商人投资的比重在上升。如金城银行,1919年军阀官僚的投资比重下降为82%,1927年收足700万元资本时,军阀官僚的投资仅占50.5%,工商业和银行界人士的投资比重上升到24.3%④,但军阀官僚仍是最重要的投资者。其次是投资银号,据1934年年底对65家较大银

---

① 关于军阀官僚的投资情况,参见《近代天津城市史》,第419—422页;魏明:《论北洋军阀官僚的私人资本主义经济活动》,《近代史研究》1985年第2期。
② 魏明:《北洋政府官僚与天津经济》,《天津社会科学》1986年第4期。
③ 中国人民银行上海市分行金融研究室:《金城银行史料》,第23页。
④ 中国人民银行上海市分行金融研究室:《金城银行史料》,第23页。

号的统计,军阀官僚的投资占14%左右,这一比例要低于商人投资,但军阀官僚投资的银号资本额较大,天津一般银号的资本多在4万元以下,而军阀官僚开设的银号资本额多在5万元到10万元,多者更有二三十万、50万元,如李鸣钟的谦牲银号资本10万元,石友三、孙桐萱合办的冀鲁银号资本20万元,王占元的颐和银号资本10万元,田中玉、陈光远的永豫银号资本50万元,李士伟、周学熙、言敦源的大同银号资本16万元①。由于资本多,信用较好,这些银号在天津银号中占有重要地位。金融业中的投资还包括在典当、交易所的投资。此外,军阀官僚在商业、农业中也有投资,不过这些投资在军阀官僚的投资经营活动中不占重要地位。

从传统经济向现代经济的转变过程中,投资被认为是关键性因素之一,它对资本的形成、实现经济转型、促进经济增长发挥着至关重要的作用。罗斯托强调一国要实现经济起飞,投资率达到10%以上是三个必备的条件之一。清末至民国时期,天津经济正处于从传统向现代的转变过程之中,军阀官僚投资的重要性在于促成了天津的资本形成,既推动了北洋时期天津经济的发展,也为此后天津经济发展奠定了重要基础。

首先,检视近代天津的投资历史,军阀官僚的私人投资真正起到了促成天津资本形成的作用。在近代天津的历史上,不乏来自官府、商人和官僚私人的投资。洋务运动时期,崇厚主持创办的天津机器局,清政府投资达白银1000余万两;商人、买办投资的贻来牟机器磨房、北洋织绒厂等八九家民族企业投资额约在白银60万两②。可是1900年八国联军占领天津时,为数不多的工厂几乎全被摧毁,政府、商人几十年的努力毁于一旦,他们的投资对于天津资本的形成几乎没有任何意义。20世纪初以后,天津工业重新起步,从世纪初到第一次世界大战前的十几年间,清政府、北洋政府实行奖励实业、提倡工商的政策,直隶地方政府积极采取政治或经济的手段推进地方实业,天津的近代工业又重新兴起。然而,此时的天津工业仍然没有大的进展,据统计,1902年至1913年间设立的资本万元以上的工厂(不包括外国工厂,下同)28家,资本额373万元③。这与天津机器局的资本额相比差距甚

---

① 天津地方志编修委员会:《天津通志·金融志》,天津社会科学院出版社1995年,第91页;魏明:《北洋政府官僚与天津经济》,《天津社会科学》1986年第4期;刘信之、曹雅斋:《天津钱业琐记》,《天津工商史料选集》第4辑,1964年9月。
② 万新平:《天津早期近代工业初探》,《天津市研究》1987年第2期。
③ 罗澍伟主编:《近代天津城市史》,第414页。

远。这28家工厂,绝大多数是民间投资所办,投资规模很有限,而此时的政府也已无力进行投资,其背后的深层次原因是天津资本积累的不足,乃至一些绅商想举办大型棉纺织厂而不能成功。与同时期国内其他大城市相比,天津近代工业发展明显表现得迟缓。据汪敬虞的统计,1895至1913年间,天津的民族工业有工厂17家,资本总额420余万元,而同期的上海有工厂83家,资本总额2388万元;武汉有工厂28家,资本总额1724万元;广州有工厂16家,资本总额579万元①。天津不仅落后于上海,而且也落后于武汉和广州。因此,20世纪初至第一次世界大战前,尽管工业的重新起步对于天津经济的重要性自不待言,但数量有限的投资极大地制约了天津的资本形成。

1914年至1928年的十几年,是近代天津工业乃至天津经济成长的一个重要时期。天津新设工厂达1200多家,资本总额达到3100多万元,远远超过前此时期。不仅工厂数量大大增加,而且出现了不少大型工厂,几个大型纱厂、面粉厂和化工企业都创办于这一时期,近代天津的棉纺织业、食品、化工等支柱产业于这一时期基本形成,大规模的资本形成奠定了天津近代工业的基础。能出现如此局面,是因为这一时期已经存在投资的市场条件,主要表现在近代中国经济经历了几十年的发展,市场空间不断扩展,而第一次世界大战使西方列强对中国市场的压力减轻,给中国民族经济的发展带来了契机。在这样的背景下,军阀官僚将自己多年聚敛的钱财的一部分用来进行投资,对他们个人来说,赢得了"振兴实业""挽回利权"的名声,赚取了更多的利润;而对天津的工业乃至经济来讲,它弥补了商人投资的不足。军阀官僚的投资以棉纺织、食品、化工等产业为主,这些都成为天津的支柱产业,他们对近代天津经济发展的重要作用于此可见。

同样,军阀官僚在金融业的投资也促成了天津金融业的资本形成,在此不再赘述。

其次,军阀官僚的私人投资对资本市场的培育起到了一定的促进作用,进而间接地有利于资本的形成。20世纪初至第一次世界大战期间,天津投资的不足,一方面显示了天津乃至腹地地区经济发展的迟滞,社会储蓄有限,商人没有能力进行大规模投资;另一方面,还受保守社会风气的制约,商人即使积累了一定的资产,也不愿投资近代工业,因为当时的环境中,投资

---

① 汪敬虞:《中国近代工业史资料》第二辑下册,科学出版社1957年,第654页。

近代企业风险很大,最终是赢是亏还存在着很多不确定性因素。当军阀官僚在天津大规模投资后,状况有了明显的改善,这除了优厚利润的诱惑外,军阀官僚投资起到了提倡和示范的作用,据已有资料反映,华新纱厂"创办开始即有盈余,前途希望甚好,以致闻风兴起创立纱厂者甚多,视前此十唤九不应者迥不同矣"①。军阀官僚投资的提倡、示范作用主要体现在他们是企业投资的发起人、赞成人。在多数有军阀官僚投资的企业中,他们是企业最早的入股者,并任首届董事、监察人等;没有投资入股的则以赞成人的身份出现,如裕元纺织公司开办时,除发起者10人外,另有赞成人38人,均为著名官僚,其中包括段芝贵、倪嗣冲、梁士诒、王士珍、刘冠雄、冯国璋、段祺瑞、张勋、张镇芳、朱启钤、曹汝霖、徐树铮等。赞成人不直接投资,但他们名列招股简章上,对社会上的商人产生了一定的号召力。军阀官僚充当企业的赞成人,迥异于南方买办、商人充当赞成人②。另外,他们投资的企业除极少数为军阀官僚的独资外,大多数都采取军阀官僚与商人合办的形式,向商人招股。由于军阀官僚资金雄厚,有军阀官僚的投资一定程度上消除了商人的疑虑,自然能吸引更多的商人参与投资,有利于投资总规模的扩大。

天津市场上有一种现象值得注意,许多位于河北、河南、山东、奉天的工矿企业,其总公司或董事会设在天津,如公司设在天津的华新纺织公司除在天津设有一厂之外,在唐山、卫辉、青岛还设有三厂,耀华机器制造玻璃股份有限公司(厂址在秦皇岛)的总事务所和董事会设在天津,开滦煤矿公司(唐山)、中兴煤矿公司(山东峄县)、北票煤矿股份有限公司(奉天)、启新洋灰公司(唐山)、华记唐山电力股份有限公司等,总公司都设在天津。军阀官僚投资于这些企业,或许会分散他们在天津的投资,但另一方面印证了天津作为一个资本市场的意义,企业的总公司或董事会设在天津,既方便了他们对企业的控制,更有利于这些企业利用天津市场筹集资金,在天津发行债券、股票或向银行贷款。如1921年北票公司筹备时,为方便各处股东缴款,曾委托金城银行的京、津、沪、汉各分行代收股款,金城银行天津分行在天津分别于1921、1924年两次为北票公司代收股款③。中国实业银行曾为卫辉华新

---

① 王锡彤:《抑斋自述·工商实例》,第18页。
② 魏明:《北洋政府官僚与天津经济》,《天津社会科学》1986年第4期。
③ 金城银行天津分行档案:《金城银行对北票公司关于透支兑换股票文书》,天津市档案馆,全宗号211—278;《为与北票公司关于代收该公司股票款的来往文书》,天津市档案馆,全宗号211—537。

纱厂担保发行公司债券180万元。1922年,北票公司曾向金城银行透支1.5万元①。中兴煤矿公司于1923年至1925年连续三年与金城银行等三银行签订透支合同,透支10万元②。这些企业在天津市场筹资,既从一个侧面反映了天津在北方区域市场中的地位,也增加了对天津市场资金的需求规模,有利于天津资本市场的发育。资本市场的发育对天津投资的发展是有利的,从而有利于资本的形成。

近代中国,军阀官僚是一个具有过渡性特点的社会阶层。在他们身上聚集了传统社会官僚的诸多特点,诸如官僚习气十足、专横跋扈、生活奢侈腐化,但它们又少了守旧官僚的迂腐、顽固守旧的诸多弊病,面对新兴事物,乐于接受,因此,当西方的近代机器工业、金融业被引进来并在中国有所发展的形势下,他们把自己聚敛的钱财投资于近代工业、金融业中,顺应了经济发展的趋势,在经济发展中充当了一个不自觉的角色。这种集传统与现代于一身的双重身份,使他们对天津经济发展的影响也是双重的,一方面,他们的私人投资对天津经济发展起了明显的推动作用;另一方面,军阀官僚习气被带进他们所投资控制的企业,使企业变得像一个个衙门,内部矛盾重重,管理混乱,由此带来的负面影响也是深远的。

## 三、政府、市场与天津的经济发展

上述分析中,腹地对于天津的经济发展实质是个市场问题,军阀官僚私人投资的背后则隐含着政府因素对近代天津经济发展的重大影响。而政府和市场对近代天津经济发展的影响不仅仅于此,有必要再作进一步的分析。

首先,政府的突出影响。

前近代及近代时期,政府没有能力像现代政府那样利用货币政策、财政政策对经济的运行进行干预,但政府对经济的干预仍不可小视。政府及其官僚凭借集权的优势,控制并能按其意志运用国家的某些重要资源,引导社会资源的流动,从而实际上发挥着资源配置的作用。这一过程中,会出现两种情况:一是政府有意识地将资源引向某一区域,二是在政治权力集中的区

---

① 金城银行天津分行档案:《金城银行对北票公司关于透支兑换股票文书》,全宗号211—278。
② 金城银行天津分行档案:《本行与中兴公司商定透支合同问题的来函》,天津市档案馆,全宗号211—547。

域,因资源的利用可以获得更高的收益而引起资源向这一区域集中,尽管这其中并没有政府的行为。这两种情况都有利于资源流入地区的经济发展,从而使政府在这一区域经济发展中的作用极为突出。在明清以来的天津历史上,这两种情况都出现过,前一种情况以漕运对天津的影响最为典型。开埠以前,天津城市的兴起和发展主要得益于漕运和盐业,尤其是漕运的影响更大。漕运是一个政府行为,目的是将南方的粮食调往京师及其周边地区,以补充这一区域粮食供给的不足。漕运又带动了南北的商品流通,因此具有重大资源配置功能的漕运,促成了明清时期运河沿线诸多城市,如扬州、淮安、济宁、德州、临清、天津等的兴盛,天津是其中之一,加上天津离北京很近,这种影响更为突出,使得早期天津城市的兴起和发展表现出对北京很大的依附性。清代中叶以来,运河逐渐淤塞,运河和漕运对天津经济的重大影响才逐渐消失。

北洋时期出现的是另一种情况。这一时期,政府出台了一些有利于经济发展的政策、法规,但对天津影响更大的不是这些政策、法规,而是军阀官僚的投资。如前所述,军阀官僚在天津的私人投资,促成了天津的资本形成,成为天津现代工商业、金融业成长的一个重要基础,对近代天津的经济发展发挥了重大作用,这在全国各地都是少见的。军阀官僚选择京津地区作为将他们在全国各地聚敛钱财的相当一部分集中投资的区域,正是看中了这一区域政治资源的集中,可以给他们的经济投资带来更大的收益。

而当国家权力所造就的资源配置对天津的有利形势消失时,也会对天津的经济产生不利的影响。1927年南京国民政府成立,政治重心南迁,京津地区可依赖的政治性资源大为减少,许多工商、金融企业纷纷南迁上海,在一定程度上削弱了天津的经济实力。当然,应该看到,20世纪二三十年代的天津,其经济发展已经有了另一个支撑点了,政治资源的消失所产生的不利影响在初期是很大的,随后这种不利影响在减小。20世纪30年代初天津经济的继续下滑,上述的消极影响并不是主要的,主要是因为世界经济危机的冲击和日本对东北和华北的侵略。1935年以后,天津经济有逐步好转之象,这时天津已没有多少政治性资源可以利用了,而广大的腹地则给了天津经济发展的决定性支撑。可以说,如果没有日本发动全面侵华战争打断这一进程,天津将在与腹地的经济互动中获得自身的不断发展。

其次,腹地经济的发展与不足越来越成为天津经济发展与不发展的决定性因素。

19世纪中后期,当运河沿线的城市扬州、淮安、济宁、德州、临清等因运河淤塞而趋于衰落时,天津却表现出不同的势头,经济规模越来越大,城市也更加兴旺,到20世纪二三十年代,已当之无愧成为北方的工商业、金融业中心。显然这时天津能够发展不再仅仅是依靠政治性资源配置所造成的有利条件,更重要的是有了北方广大腹地的支撑。宋元时期,北方区域遭受战争重创,经济衰退;明清时期,北方区域经济有了极大的恢复。19世纪中叶以来,作为天津腹地的北方区域延续了明清时期的恢复发展态势,并在对外贸易、近代工矿交通运输业发展的推动下,经济有了很大的提升,这一进程中,天津与腹地间形成了有序的经济互动,这不仅使腹地获得了极大的利益,天津的经济发展也有了北方区域经济这个越来越厚实的基础。广阔的腹地对天津经济发展的支撑主要表现在它为天津提供了广阔的商品、原材料、劳动力和资金市场,成为天津商业、工业和金融业发展的保障。因此,腹地经济的发展以及天津与腹地间不断升级的经济互动,是促成19世纪末至20世纪二三十年代天津经济较快发展的更具决定性意义的因素。

当然,我们还应该看到决定性的另一面,即腹地经济发展的不充分对天津经济的制约。与江南地区相比,明清时期北方区域经济发展的差距非常明显,表现在城市的发展上,江南地区的城市依托的是发达的区域经济,而北方的城市包括天津在内能否兴盛,依托的是重要的商路,商路之外少有能兴旺的城市,商路衰落,沿线城市也随之衰落。区域经济不能成为城市发展依托的情形,在近代有了很大的改变,才使得天津在没有了政府资源可以利用的情况下仍能保持相当的发展势头。但因历史的原因,北方区域的经济发展毕竟还是具有滞后性,它必然对天津的发展形成制约。一个典型的体现是,20世纪初以来,商人对天津投资的不足,在这背后是北方经济的落后没能使商人有足够的资本积累,这与南方地区尤其是上海形成鲜明的对比。

再次,两大因素的相互影响,促进或制约对方对天津经济的影响力。

政府和市场的因素不仅分别对天津经济发展产生重大影响,而且它们还相互影响、相互制约,从而会促进或制约对方对天津经济的影响力。一方面,军阀官僚之所以选择天津作为北京之外最重要的投资场所,除了距离北京很近,更容易获得政治资源集中所获的优厚报酬外,天津具有有利的区位条件所形成的经济优势,也是一个重要原因。另一方面,由于政治对经济的强势,政府行为影响着市场作用的发挥程度。清末到北洋时期,政府对经济管制的放松,客观上有利于北方区域经济在发展中形成良好的市场环境,从而更好地使腹地成为天津经济发展的支撑。但军阀混战、军阀官僚的武断行为又极大地扰乱了市场秩序,从而对天津经济发展产生不利影响。

明清以来的天津经济发展史,总是和政府、市场交织在一起。历史上,政府和市场对天津的影响有积极的一面,也有消极的一面。今天,面对加快天津经济发展这一课题时,如何妥善处置政府和市场的影响仍是值得我们深思的问题。

(《史学月刊》2011年第6期)

# 近现代天津铜元市价变动对商民经济生活的影响

熊亚平　安宝

　　光绪二十六年(1900),时任两广总督的李鸿章为缓解因停铸制钱而造成的钱荒,在广东铸造铜元。同年闽浙总督许应骙亦在福建省仿铸铜元。由于粤、闽两省铜元顺利流通,江苏又成功跟进,因此清政府命令沿江沿海各省筹款仿办①。光绪二十八年(1902),时任直隶总督的袁世凯为补制钱不足,开始在天津鼓铸铜元②,"自开办以来,京津保定等处市面,悉周转,商民称便"③。此后,铜元流通渐广。1935 年 11 月实施法币政策后,政府管理通货、禁用白银,作为辅币的铜元地位更加重要。由于铜元市价涨落不定,广大商民④,尤其是小商贩、工人、苦力等中下层民众的经济生活受到极大影响。鉴于先前相关研究成果多集中于铜元市价变动对金融市场的影响,清末铜元危机与天津商会的对策等方面⑤,较少涉及铜元市价变动与商民经济

---

　　① 《中国近代货币史资料》第 1 辑下册,第 872—873 页。
　　② 《北洋银元局议复铜元定价不能随市开盘文》,《北洋公牍类纂》,第 1646 页。《各省滥铸铜元小史》(宣统二年),《饮冰室合集》第 3 册,中华书局 1989 年,第 19 页。《中国铜元问题刍议》(1926 年 9 月),陈度编:《中国近代币制问题汇编》,1932 年版,辅币,第 83 页。
　　③ 《天津商会禀督宪维持铜元办法文》,《北洋公牍类纂续编》(二),第 668 页。
　　④ 本文所谓的商民,并非专指商人,而是对商人、小商贩、工人、苦力等多个阶层的合称。
　　⑤ 相关研究成果有:郝庆元:《北洋银元局改制银元的意义及其影响》,《天津社会科学》1985 年第 3 期。张媛、王宏斌:《论北洋政府时期银元与铜元市场比价波动问题》,《河南大学学报》(社会科学版)1991 年第 4 期。吴必龙《二十世纪初期天津金融风潮及其对对外贸易的影响》,《南开经济研究》1995 年第 1 期。赵洪宝:《清末铜元危机与天津商会的对策》,《近代史研究》1995 年第 4 期。龚关:《20 世纪初天津的金融风潮及其应对机制》,《史学月刊》2005 年第 2 期。宋美云:《近代商会化解金融风潮之探析——以天津为中心的考查》,《历史教学》2005 年第 3 期等。

生活之间的关系,因此,本文将通过考察1902年至1937年间天津铜元市价变动及其原因、铜元市价变动对商民经济生活的影响、地方政府及商人组织的对策及效果,从一个侧面透视1935年币制改革的成效。

## 一、天津铜元市价的变动及其原因

早在20世纪30年代,南开大学经济学院的学者们已对天津铜元市价的变动有所关注①。近期,梁辰在其博士学位论文《铜元问题研究1900—1935》中,又对其进行了分析②。二者分别列出了1926年至1932年各月和1912年至1935年各年每银元1元所能兑换的铜元枚数,但却未反映出各月内铜元市价变动情况。事实上,相关资料显示,铜元市价会在某月之内发生多次变动。因此,本文在二者研究基础上,进一步对1902年至1937年间天津铜元市价变动情况进行分析。

相关资料分析表明,1902年至1937年间,天津铜元市价变动中有三个值得注意的现象,即铜元市价波动具有明显的周期性、银元1元所兑换铜元的数目每增涨100枚的时间明显缩短、铜元市价在个别月份变动十分剧烈。

首先,天津铜元市价波动具有较为明显的周期性。大体而言,至少出现过1902年至1911年9月、1911年9月至1925年1月、1925年2月至1929年4月中旬、1929年4月中旬至1930年9月末、1930年10月至1933年1月、1933年1月至1935年11月、1935年11月至1936年12月7个涨落周期。具体言之,在1902年至1907年前,铜元市价大致维持在银元1元兑换铜元80至100枚的水平,起伏不大,1907年末至1908年初涨至150枚,此后开始下降,到1911年9月22日前,又跌至100余枚。此后,兑换数开始回涨,1911年9月28日前涨至125枚,30日前涨至129枚,1912年7月19日前为135枚,1921年2月涨至148枚,1924年12月8日更涨至302枚,之后开始迅速回落,1924年12月9日落至276枚,1925年1月落至257枚。1925年2月后,兑换数再次回涨,当月最高涨至282枚,10月最高涨至318.5枚,1928年4月再涨至400余枚,同年11月达到420枚,此后又开始下滑,至1929年4月中旬滑落至350枚。1929

---

① 《天津每周工人生活费指数编制之说明》,《经济统计季刊》第1卷第2期。
② 梁文所给出的数据来源疑有误,或出自郭树萱:《新货币制度施行后对于整理辅币问题之管见》,《东方杂志》第33卷第4号(1936年2月16日)。

年 4 月中旬以后,兑换数再次回涨,5 月涨至 393 枚,1929 年 7 月涨至 418 枚,此后逐渐下滑,至 1930 年 9 月末又落至 340 枚。1930 年 10 月,兑换数又开始回涨,当月为 381 枚,1932 年 6 月再次涨至 420 枚,此后又滑落,至 1933 年 1 月落至 380 余枚。1933 年 1 月后,兑换数再回涨,至 1934 年 8 月 4 日涨至 35 年中的最高值 560 余枚,此后又渐落,至 1935 年 11 月 7 日落至 380 余枚。1935 年 11 月 9 日后,兑换数再回升,至 11 月 12 日升至 500 枚,此后又逐渐下落,至 1936 年 12 月 10 日,落至 440 枚。

其次,在这 35 年中,天津市面上每银元 1 元所能兑换铜元的数目每增涨 100 枚的时间明显缩短。兑换数从 100 枚涨至 200 枚,耗时 16 年(1907 年至 1923 年),再增至 300 枚,耗时仅 1 年(1924 年 1 月至 12 月),再涨至 400 枚,耗时 3 年多(1925 年至 1928 年 4 月),复增至 500 枚,耗时 5 年(1928 年至 1933 年)。

复次,在这 35 年中,天津铜元市价在个别月份变动十分剧烈。1911 年 9 月份先后出现过 128 枚、125 枚、120 枚、115 枚、109 枚、105 枚、110 枚、126 枚、127 枚、124 枚、125 枚、129 枚 12 个兑换数。1924 年 12 月先后出现过 302 枚、276 枚、282 枚、296 枚、288 枚 5 个兑换数。1935 年 9 月先后出现过 546 枚、526 枚、502 枚 3 个兑换数。1935 年 11 月 7 日当天即出现过 400 枚、420 枚、380 枚 3 个兑换数,11 月 9 日上午更是出现过 430 枚、400 枚、420 枚、426 枚 4 个兑换数。

对于铜元市价变动原因,先前研究大体将其归纳为铜元铸费大,造币厂滥铸、私铸,以及金属银与金属铜之间比价变动、供过于求、币制不统一、商人囤积居奇等原因[①]。对此,笔者并无异议,但认为尚有其他几方面原因值得注意。

元代以后,天津地位因地扼漕运枢纽、拱卫首都北京而逐渐上升。1860 年开埠通商后,天津又进一步成为北方最重要的通商口岸、洋务运动在北方的中心以及北京与关外地区往来的要道,地理位置和政治经济地位更为重要。1912 年民国成立后,天津又成为直、皖、奉各派军阀及南京国民政府竞相控制的战略要地;各派军阀之间、国民政府与奉系军阀之间、国民政府内部各实力派之间的多次战争,不仅严重影响了天津的政局稳定和社会经济发展,而且也对天津铜元市价变动有明显的影响[②]。

---

① 参见前引相关史料的论著。
② 《铜元市价低落》(1928 年 6 月 12 日),《〈益世报〉天津资料点校汇编》(一),第 941 页。

1860年开埠通商后,天津先后设立了九国租界。居住于租界、不受中国政府及法律约束的钱商对天津铜元市价具有影响力。1911年9月,租界钱摊和换钱局不遵守每银洋1元兑换铜元130枚的规定,而只兑换125枚,"若不严行查禁,特恐铜元外溢无以流通"①。1917年初,租界每银洋1元可兑换铜元116至117枚,租界外各钱铺因此纷纷向租界钱铺购买洋元,致使各换钱铺受到影响②。1935年11月9日,当时的天津市政府规定铜元市价为1元兑换500枚,租界各钱商仅以420枚兑出③。11月12日,各租界钱商烟纸店各业商等"以公安局权力所不及,仍多操纵情事,法租界劝业场附近各商,竟公然表示兑出价格为四百五十枚,并谓如能按四百七十枚,彼可无限制兑进云云"④。1936年11月,租界钱商兑铜元时,"兑价擅作行市,任意操纵,实为当前贫民生计最感痛苦之事"⑤。同年12月,政府规定每元所兑换铜元不少于470枚后,市区商民均遵照执行,"惟各租界钱店商号,仍按四百四五十枚兑换"⑥。

　　作为天津市面流通铜元"唯一出纳机关"的比商电车公司,对铜元市价变动也有重要影响。由于该公司每日收入大量铜元,"所有街市经营铜元之各小钱商,每日清晨群集于该公司议价兑换,然后再转兑于平民使用"⑦,因此电车公司获得操纵天津铜元市价的机会。其操纵行为在1930年至1936年间表现十分突出。1931年1月23日,铜元市价"因奸商与电车公司之操

---

① 《津商会为各租界钱摊不遵宪谕每洋牟利七八十文请速查禁事致交涉司函》(1911年9月30日),《天津商会档案汇编》第1卷(1903—1911),第424—425页。
② 《堤头商人余筱田请制止租界钱商高价收买铜元干扰币整文》(1917年1月31日),《天津商会档案汇编》第2卷(1912—1928),第1267页。
③ 《铜元米面市价平抑办法决定》(1935年11月10日),《〈益世报〉天津资料点校汇编》(三),第962页。
④ 《救济市面恐慌将发行铜元票》(1935年11月13日),《〈益世报〉天津资料点校汇编》(三),第963页。
⑤ 《铜元平价办法施行后并未发生效力》(1936年11月12日),《〈益世报〉天津资料点校汇编》(三),第978页。
⑥ 《铜元缺乏影响市价》(1936年12月6日),《〈益世报〉天津资料点校汇编》(三),第978页。
⑦ 《天津钱商公会并总商会同省政府及公安局关于解决铜元危机之来往函》,(1930年10月4日至28日),《天津商会档案汇编》第2卷(1928—1937),第738页。

纵,日渐高涨"①。1932年1月初,电车公司操纵铜元行市,"致铜元日昂"②。1935年9月,铜元市价"完全掌握于比商电车电灯公司之手,每届年节附近,铜元价格,必有剧烈涨落,且节前上涨,节后低落者居多"③。1935年11月10日,因时逢星期日,电车公司上午未对铜元市价挂牌,直接导致全市价格紊乱不一④。1936年11月7日,电车售票生在车上以角票换找铜元时,"任意造价,多闻仅合四百四十枚。收入铜元又以电车公司为大宗,实有垄断铜元行市之嫌疑"⑤。

以上多个原因相互交织在一起,导致天津铜元市价涨落不定,进而成为影响天津商民经济生活的重要因素之一。

## 二、铜元市价变动对商民经济生活的影响及原因分析

如前所述,李鸿章等人铸造铜元的初衷,是为了缓解因停铸制钱而造成的钱荒。在铜元刚开始流通的1902年至1907年间,由于制钱缺乏、铜元携带方便且市价相对较为稳定(大致维持在银元1元兑换80至100枚铜元的水平),因此受到商民的欢迎,"当时国人既苦于流通之乏制钱,又见夫铜元式样新颖,携带便利,咸乐用之,需求日盛"⑥,对商民经济生活颇有积极影响。其后,由于铸造铜元获利丰厚,"新政铜需皆取给焉"⑦,因此铸造日多,市价开始发生明显变动,其消极影响亦日益突显出来。

早在1904年,已有论者指出铜元市价参差不仅使"商务受其窒碍,将小

---

① 《米面价格逐日增涨》(1931年1月23日),《〈益世报〉天津资料点校汇编》(二),第677页。

② 《严禁操纵铜元行市》(1932年1月22日),《〈益世报〉天津资料点校汇编》(二),第851页。

③ 《废历中秋在迩铜元市价又行陡涨》(1935年9月5日),《〈益世报〉天津资料点校汇编》(三),第959页。

④ 《铜元有行无市市府严禁操纵》(1935年11月11日),《〈益世报〉天津资料点校汇编》(三),第962页。

⑤ 《〈新天津报〉载电车公司拒绝收用铜元票公安社会两局速筹善策以解民困》(1936年11月7日),《天津商会档案汇编》第3卷(1928—1937),第758页。

⑥ 梁启超:《各省滥铸铜元小史(宣统二年)》,《饮冰室合集》第3册,中华书局1989年。

⑦ 赵尔巽等撰:《清史稿》13册,中华书局1976年,第3549页。

民之生计亦胥被其朘削,而无以自存"①。1907年,天津商会又强调:"然铜元售价涨落关系商家资本,如铜元涨,货价与之俱涨,有累居民。否则商本亏折,又害商业,是铜元实与商民均有密切关系"②。此后,《申报》《益世报》《钱业月报》《东方杂志》等报纸杂志时常刊载关于铜元市价影响商民经济生活的言论。1949年以来,彭信威、郝庆元、王宏斌、吴必龙、龚关、宋美云等学者亦多论及这一问题。近期,梁辰在其博士学位论文中辟专章论述了铜元与民生之间的关系。但由于研究者选取的研究视角、研究时段与研究主题不同,这一问题似乎仍有可以讨论的空间。本文将在此基础上,分别探讨铜元市价变动对工商企业主、小商贩、工厂工人、人力车夫以及苦力等群体经济生活的消极影响。

铜元市价变动之所以对工商企业主产生影响,重要原因之一即在于企业主购买米、麦时,须付银元,而零售米面时,又须收取铜元,因此需要随时进行银元和铜元之间的兑换。其中,三津磨房的遭遇颇具代表性。1907年入秋时,银元1元大约可兑换铜元百枚左右,到1908年初时,银元1元已经可以兑换铜元140至150枚。这一变化直接影响了三津磨房的经营。"盖因商等买米、麦行价必须以现银、现洋为本位,而门市零售米面必须收使铜元,假如今日商等按洋银一元以铜元一百四十枚作价售货,明日商等以铜元买洋,则洋银之价又涨至一百四十五枚矣。商等明日以一百四十五枚作价,则越日又涨至一百五十枚矣。铜元逐日递加,商等日日亏累,而米面随时增涨,亦为势所必然"③。1921年末时,银元1元可兑换铜元150余枚,到1922年4月时,银元1元可兑换铜元163至164枚。当每元合铜元150枚时,每斤玉米面售价为铜元6.8枚,每元合铜元163至164枚时,"每石玉米以六元价值计算,每石玉米面价应共增售铜元七十余枚,每石玉米磨面一百五十斤,每斤玉米面应增价半枚。而敝业现在玉面每斤仅由六枚八增至七枚,而苦力一之怨言已充满市面矣。是铜元价之跌落,民虽被其害;而商家实首受

---

① 《论铜元定价参差之流弊》(录五月 日北洋商报),《东方杂志》第1卷第5期(1904年)。

② 《天津商会为请铸五文以下小铜元代替洋铁片竹片事致造币厂函》,《天津商会档案汇编》第1卷(1903—1911),第441页。

③ 《津埠杂货三津磨房等为铜元贬值涨落不定请以银元核收货价事及津商会照会》(1908年1月12日到),《天津商会档案汇编》第1卷(1903—1911),第445—446页。

其苦。敝业如此,他业可知"①。不仅磨房业如此,酱商也有类似遭遇。1921年6月,银元价涨,铜元价跌,"本行营业油盐酱醋、大料花椒等项,以银元购入,以铜元售出,银元之行情不定,各物之价值难增,以故出入折合,赔累甚巨"②。

铜元市价变动之所以对小商小贩产生影响,主要原因亦在于交易中要随时进行银元和铜元的兑换。1924年12月,天津鱼贩的遭遇即是一个典型的例子。当时,天津全境共有大小鱼贩8万余人,各鱼贩所售之鱼,均须从鱼栈购买,"如每元换铜元二百九十枚,而鱼栈出货,以津钱作价,每元合五千八百文。收款时专收银元,每元按三千八百文作价收入,各鱼贩又将铜元兑换现洋,三百余铜元始换银币一元,又受一层损失"③。

铜元市价变动之所以对工厂工人生活产生影响,主要原因有三:其一,天津工人收入以银元计算,而支出中,"服用品与房租皆以银元为单位,而食物与燃料则以铜元为单位"④,因此仍须随时进行银元和铜元的兑换。其二,天津工人工资收入普遍不高,日常交易中主要使用铜元。综合各类调查资料分析可知,1927年到1931年间,天津工人每日平均工资约为0.5至0.6元⑤,另有调查表明天津工人家庭支出中使用铜元的比例为78.3%⑥。其三,"则因物价惰性之存在,以铜元计算之零售价格自不能随每日铜元兑换价之变动以为升降"⑦。

为进一步探寻铜元市价变动所产生的影响,以下将利用相关资料具体分析对工厂工人经济生活的影响。此项分析将建立于以两方面事实基础之上:其一,依据相关调查资料得知,1927年到1931年间,天津工人平均日工

---

① 《函请限制鼓铸铜币》(1922年4月3日),《〈益世报〉天津资料点校汇编》(一),第895页。

② 《酱商同业公会开会纪》(1921年6月28日),《〈益世报〉天津资料点校汇编》(一),第684页。

③ 《鱼贩剥削层层之苦况》(1924年12月29日),《〈益世报〉天津资料点校汇编》(一),第718页。

④ 《天津每周工人生活费指数编制之说明》,《经济统计季刊》第1卷第2期。

⑤ 参见《河北省之工业化与劳工》,《经济统计季刊》第1卷第2期。《天津每周工人生活费指数编制之说明》,《经济统计季刊》第1卷第2期。《天津面粉厂工人及工资的一个研究》,《社会科学杂志》,第2卷第4期。《第二次劳动年鉴》,第50页等。

⑥ 高中恰:《中国铜元问题之一考察》,《中央银行月报》第5卷第1期。

⑦ 《天津每周工人生活费指数编制之说明》,《经济统计季刊》第1卷第2期。

资约为 0.5 至 0.6 元。其二,这一时期工人家庭消费的食物中,玉米面占有相当大的比例①,因此可以将其消费折合成玉米面斤数,以便于进行比较。依据前述事实可知,在 1927 年 2 月,银元 1 元可兑换 358 枚铜元,则 0.5 至 0.6 元可兑换铜元 179 至 215 枚。当时每斤玉米面价格约为铜元 20 至 24 枚②,则所兑铜元可购买玉米面 7.5 至 10.8 斤。1930 年 6 月,银元 1 元可兑换铜元 400 枚,每斤玉米面价格为 22 枚,则 0.5 至 0.6 元可兑换铜元 200 至 240 枚,可购买玉米面 9.1 至 10.9 斤。1930 年 9 月,银元 1 元可兑换铜元 340 至 380 枚,每斤玉米面价格仍为 22 枚,则 0.5 元可兑换铜元 170 至 190 枚,可购买玉米面 7.7 至 8.6 斤;0.6 元可兑换 204 至 228 枚,可购买玉米面 9.3 至 10.4 斤③。1930 年 9 月份与 6 月份相比,所购买玉米面斤数减少 0.5 至 2.2 斤。这一情形,与"惟前随铜元跌价而增涨之各项物价,则并不因铜市提高而稍贬其价格。是以津人重叠吃亏,蹙额兴嗟,而莫可如何"④的记载相呼应,印证了铜元市价变动对工厂工人生活的影响。

与工厂工人相比,人力车夫和苦力应属于"每日收入率以铜元为单位"⑤的群体。据调查,1935 年前,天津共有人力车 60200 辆,人力车夫 12000 人,每日工资普遍为 0.8 元⑥。此 0.8 元工资在 1930 年 6 月可兑换铜元 320 枚,除去车租 84 至 90 枚⑦,尚余 230 至 236 枚,可购买玉米面 10.5 至 10.7 斤。1930 年 9 月可兑换铜元 272 至 304 枚,除去车租(以 87 枚计),尚余 185 至 217 枚,可购玉米面 8.4 至 9.9 斤。1930 年 9 月份与 6 月份相比,所购买玉

---

① 《天津工业之现状(续)》,《中外经济周刊》第 199 期(1927 年 2 月 12 日)。
② 《天津工业之现状(续)》,《中外经济周刊》第 199 期(1927 年 2 月 12 日)。
③ 《六月份日用重要物价汇志》,(1930 年 7 月 2 日),《九月份日用物价汇志》(1930 年 10 月 1 日),《〈益世报〉天津资料点校汇编》(二),第 667 页,第 672 页。
④ 《铜元涨价中之物价》(1925 年 1 月 14 日),《〈益世报〉天津资料点校汇编》(二),第 719 页。
⑤ 《社会局限制铜元行市》(1933 年 4 月 15 日),《〈益世报〉天津资料点校汇编》(二),第 857 页。
⑥ 《中国经济年鉴》第 15 章"劳工",第 142 页。
⑦ 据《中国经济年鉴》第 15 章"劳工",天津车租普通为 84—90 枚铜元,但并未指明工资一项是否包含车租在内,比照同表北京人力车夫每日工资亦为 0.8 元,而《第二次中国劳动年鉴》载,北京人力车夫每日平均收入为铜元 132 枚,据此,天津人力车夫每日工资 0.8 元应含车租在内。参见《中国经济年鉴》第 15 章"劳工",第 143 页。《第二次劳动年鉴》,第 616 页。

米面斤数亦减少0.6至2.3斤。同时期,天津苦力有记载者为粪夫7000人,水夫6000人,平均每日工资普通为水夫0.50元(场主管饭),粪夫0.20元(场主管饭)①。由于水夫每日工资0.5元与工厂工人相当,因此这里仅以粪夫为例进行分析。据1930年6月和1930年9月的相应数据可知,1930年6月,粪夫每日工资可兑换铜元80枚,可购买玉米面3.6斤。1930年9月可兑换铜元68至76枚,可购买玉米面3.1至3.5斤,减少0.1至0.4斤。

以上关于铜元市价变动对工厂工人、人力车夫和苦力生活影响程度的估算,虽然并未将蔬菜、燃料、日用品、房租以及家庭中其他人口收入等因素考虑在内,但1930年9月与1930年6月相比,在玉米面每斤价格保持不变的情况下,铜元市价变动使工厂工人、人力车夫及苦力每日工资所购买的玉米面斤数减少0.5至2.3斤这一事实,足以从一个方面说明,即使铜元市价在长期趋势上对生活指数影响不大②,但在某一个较短时期,确实对广大商民,特别是工厂工人、人力车夫和苦力等中下层民众的经济生活具有较大影响。

## 三、地方政府与商人组织的对策及其效果

铜元市价变动不仅扰乱了天津金融市场,而且对广大商民经济生活的消极影响十分明显,因此为稳定铜元市价,省(直隶省、河北省)、市(天津府、天津市)两级地方政府联合商会、钱业公会等商人组织,采取了停铸、禁止私铸与私运、打击囤积居奇、规定标准价格、发行铜元票、与电车公司交涉等多项对策。其中,规定标准价格、发行铜元票、与电车公司交涉三项对策及实施过程集中体现了地方政府、商人组织及电车公司三者之间的关系,因此下文将着重探讨此三项对策。

自清末至民国时期,"划一币制""维持十进"曾被认为是稳定铜元市价的治本之策。但"划一币制""维持十进"这一政策的制定,显然已非省、市两级地方政府所能胜任,于是,规定铜元标准价格便成为一项务实之策。早在1911年前,天津商会等即议定银元易铜元以130枚为定价。1911年9月,天津商会再次会同商业研究所,约同钱商董事议定仍以130枚作为定价,获得

---

① 《中国经济年鉴》第15章"劳工",第144—148页。
② 《天津每周工人生活费指数编制之说明》,《经济统计季刊》第1卷第2期。

批准①。1912年民国成立后,规定标准价格仍被作为稳定铜元市价的有效手段之一。1921年3月,京师总商会致函天津总商会,称拟联合各省总商会呈请政府设法整理铜元市价,并划一价格,"如蒙贵会赞同,望即示复"②。同年8月,天津洋广货商董事于雅林等提出,应规定银元1元兑换铜元150枚,此后涨落均不得超过5枚。1924年8月,直隶省长王承斌以布告的形式规定其后每银元1元只准换铜元220枚③。1931年1月,天津总商会经过会议讨论,函请公安局确定铜元标准市价。同年9月,天津市政府规定中秋节前,铜元价格为每国币1元兑换铜元380枚。1932年1月25日,天津市政府发出布告,规定农历年关以前,国币1元兑换铜元380枚④。1935年11月9日,天津市公安局局长刘玉书召集市商会主席纪仲石、钱业公会主席王晓岩、面粉业公会主席杨西园,比商电车公司代表林子香,以及兑换业、大米业、绸布纱业公会代表等10余人开会,议决铜元价格暂为1元兑换500枚。10日由市政府发出布告,予以确认。1936年9月22日,天津市政府召集公安、社会、财政三局局长及银行钱业等公会代表会商,规定铜元折合法币的临时价格为每元不得少于480枚,由市府布告周知。同年11月7日,天津市政府再度召集河北省银行、农工银行及电车公司负责人开会,商定将铜元票与铜元价格划一,每法币1元,均兑换470枚⑤。

　　铜元票是平市官钱局专为维持市面起见发行的纸币,"此项纸币,公私出入一律行用及兑换银元,均与通用铜元无异"⑥。1916年6月10日,天津平市官钱局开始办事,发行之100枚、50枚、40枚、20枚、10枚铜元票,一律兑付铜元⑦。由此,发行铜元票成为应对铜元缺乏局面的重要调剂手段。当

---

① 《天津商会档案汇编》第1卷(1903—1911),第421—424页。
② 《天津商会档案汇编》第2卷(1912—1928),第1281页。
③ 《天津商会档案汇编》第2卷(1912—1928),第1323页。
④ 《总商会请公安局确定铜元标准市价》(1931年1月26日),《市政府规定铜元价格》(1931年9月22日),《市府昨出布告严禁高抬铜元价格》(1933年1月26日),《〈益世报〉天津资料点校汇编》(二),第849—851页。
⑤ 《铜元米面市价平抑办法决定》(1935年11月10日),《铜元有行无市市府严禁操纵》(1935年11月11日),《市府昨晨会议规定铜元临时价格》(1936年9月23日),《〈益世报〉天津资料点校汇编》(三),第962页,第978页。
⑥ 《平市官钱局简章》(1914年8月),《中华民国货币史资料第1辑》(1912—1927),第254页。
⑦ 《天津商会档案汇编》第2卷(1912—1928),第1328页。

1931年4月铜元缺乏时,商人张秀峰即请求印发新铜元票以解铜元缺乏危机,但未被采纳①。1935年11月3日财政部关于施行法币布告发布后,"各县乡民,不明真相,多以现洋购买粮米囤积,或易成铜元存储,致各县铜元价格日涨",天津各大钱商以为有利可图,相率运输大批铜元出境销售,由此导致市面铜元缺乏。于是,天津市商会函商天津中央银行、天津中国银行、天津交通银行,筹备发行铜元票②。为救济市面、推广铜元票流通额并保管发行准备起见,天津市商会、天津银行业同业公会、天津钱业同业公会等6团体于11月23日组织了河北铜元票发行准备库,通过组织章程。12月5日,河北省银行开始发行票面为10枚、20枚、40枚、50枚和百枚5种铜元票,发行额月一二十万元。1937年1月22日,河北省银行再次发行新铜元票,22日至23日两天内即兑出万元③。如前所述,比商电车公司在天津铜元市价变动中作用举足轻重,因此,与电车公司交涉以稳定铜元市价,就成为地方政府及商人组织的一项重要对策。1921年6月,当电车公司以铜元跌落为借口增加车费时,天津总商会召开董事会,议决整顿铜元,令电车公司从根本上取消加价④。1930年后,当天津铜元市价在电车公司操纵之下涨落更为频繁时,地方政府和商人组织亦频繁与之交涉。1930年9月,天津总商会致函电车电灯公司,称有商人来会报称铜元跌价原因为电车公司操纵,"如果属实,殊属不合"。因此相应函达电车电灯公司查照,"对于铜元行情,务请持平定价,并望将逐日所收铜元,尽数兑出,万勿囤积居奇"⑤。1932年1月,针对电车公司操纵铜元行市,致使铜元市价日涨一事,天津市政府特别饬令公安、社会两局,本市商号或电车公司买卖铜元时,若囤积铜元十万枚以上,或不按标准行市随意涨落,或存有铜元故意拒绝兑换,或私运铜元外

---

① 《天津商会档案汇编》第3卷(1928—1937),第740页。
② 《铜元价仍暴涨兑率陷于紊乱》(1935年11月8日),《〈益世报〉天津资料点校汇编》(三),第961页。《天津商会档案汇编》第3卷(1928—1937),第747页。
③ 《铜元票分五种今日开始发行》(1935年12月5日),《新铜元票昨发行》(1937年1月23日),《银钱局铜元票发行后两日兑出七万元》(1937年1月24日),《〈益世报〉天津资料点校汇编》(三),第964、980页。
④ 《商会开董事会旁听纪》(1921年6月19日),《〈益世报〉天津资料点校汇编》(一),第684页。
⑤ 《严禁操纵铜元行市》(1932年1月22日),《〈益世报〉天津资料点校汇编》(二),第851页。

出,或以铜元投机倒把时,即以操纵论,"着迅即查照办理,依法惩办云"①。1935年11月10日上午,电车公司因时逢星期日,未对铜元市价挂牌,致使全市价格紊乱不一,电车售票生因此拒绝收角票,由乘客自行下车兑换,从而导致河东大王庄、北大关、东北角等处及法租界河沿等地发生多起斗殴案。上午11时,天津市公安局派员专程拜访电车公司总办哈萨后,电车公司于下午挂牌②。1936年11月8日,天津市政府鉴于铜元票与铜元价格不一,致使电车公司拒收,因此召集河北省银行、农工银行及电车公司负责人开会,商定两项办法。11月11日,天津市政府又"令饬电车公司,嗣后非经呈奉市府核准,对于已经流通市面值铜元票,不得任意拒收"③。

上述各项对策多由天津市商会、银行业公会、钱业公会等商人组织与河北省政府、天津市政府及天津市公安局、财政局、社会局等有关各方共同制定实施,并得到比商电车公司一定程度的参与和协助,因此取得了一些成效。如1911年前,官商议定银元1元兑换铜元130枚后,"不涨不落,所幸日久相安,无甚出入"。1925年初,"迩来幸经责任方面尽力整顿,设法调剂,市况已较为乐观"。

然而,由于上述对策多为治标之策,因此并未取得制订者所预期的效果。1924年直隶省长王承斌布告明定银元1元只准换铜元220枚一度被认为是病民之策,"因持洋换铜元者,照定例换二百廿枚,买银元者竟持铜元二百四十余枚,无处可买。"1936年12月,天津市政府规定标准兑价不少于470枚后,"市区商民均已遵守,惟各租界钱店商号,仍按四百四五十枚兑换"④。

---

① 《铜元有行无市市府严禁操纵》(1935年11月11日),《〈益世报〉天津资料点校汇编》(三),第962页。

② 《铜元票问题昨商定解决办法》(1936年11月8日),《多日未解决铜元票问题》(1936年11月11日),《铜元票价问题当局办法奏效》(1936年11月18日),《〈益世报〉天津资料点校汇编》(三),第978页。

③ 《天津县参事会陈述七月中旬后铜元跌价情形商会查明原因并筹划妥善办法文》(1911年9月16日),《天津商会档案汇编》第1卷(1903—1911),第421页。《铜元涨价中之物价》(1925年1月14日),《〈益世报〉天津资料点校汇编》(一),第719页。《救济市面恐慌将发行铜元票》(1935年11月13日),《铜元票发行后市况已趋稳定》(1935年12月6日),《省行新铜元票日内发行》(1935年12月10日),《铜元票价问题当局办法奏效》(1936年11月18日),《〈益世报〉天津资料点校汇编》(三),第963—965、978页。

④ 《中国币制考略及近时之改革》,《东方杂志》第14卷第2期。

尤其发行铜元票"在当局可以应市面需求之缓急,以为调剂之具,实则违背货币之原理,其结果辅币数增","名为平市,实则市面将因此而益致不平"①,其效果亦不尽如人意,不仅引发电车售票生与乘客之间的纷争,而且严重影响着商民经济生活。1936年2月,铜元票价格变动异常,超过金融维持委员会所定法币1元兑换铜元460枚的标准,"于本市一般市民生活上影响甚巨"。有关各方不得不多次申明铜元票与铜元应限制同价,并于1936年11月7日确定每法币1元,均兑换470枚(后改为不得少于470枚)②。

## 四、未来取得预期效果之原因探讨

1902年至1937年间,针对铜元流通中的种种弊端及铜元市价波动对商民经济生活产生的重要影响,天津地方政府及商人组织采取了停铸、严禁私铸、禁止私运、规定标准市价等诸多对策。在上述对策效果不彰的情况下,被视为治本之策的"划一币制""维持十进"日益受到朝野各方人士的重视。早在光绪三十三年(1907),度支部(即原户部)即提出大银币1元,折合小银币10角,小银币1角折合10文之铜币10枚,均以十进的方案。1917年,南通人李芳在其著作《中国币制统一论》中明确提出辅币分等"当以十进法定之","维持辅币之法价"。1918年曹汝霖在《币制节略》中再次强调停止滥铸,维持十进。1921年,又有论者指出,维持铜币价格的根本问题,在于"确定货币制度并为十进制也"。同年,天津商人朱余斋等指出,挽救铜元危机的根本途径在于"废两改元","应以十铜元进为大洋一角,十角进为一元,如是行使,则辅币自然无过量使用之弊"。1923年3月,直隶省长饬令应遵照国币条例,"一分者每百枚换银

---

① 《铜元法价紊乱影响分(贫)民生计》(1936年2月13日),《稳固市面金融废止铜元票法价》(1936年9月10日),《铜元票问题昨商解决办法》(1936年11月8日),《多日未解决铜元票问题》(1936年11月11日),《〈益世报〉天津资料点校汇编》(三),第967、977—978页。

② 《曹汝霖为币制重要亟宜整理缮具币制节略呈(1918年8月12日)》,《中华民国史档案资料汇编》第3辑(金融),第129—163页。李芳:《中国币制统一论》,商务印书馆1918年,第140—146页。《铜币问题评议民国十年五月》,陈度编:《中国近代币制问题汇编》,1932年版,辅币,第49页。《天津商会档案汇编》第2卷(1912—1928),第1275页,第1297—1308页。《总商会条陈整顿铜元市价办法仍在划一币制》,《〈益世报〉天津资料点校汇编》(二),第849页。《天津商会档案汇编》第2卷(1928—1937),第744页。

一元,五厘者每二百枚换银一元,按十进法一体通用"。1924年8月,天津商人宋则久又强调,铜元危机的根源在于币制不良及当局罔法。1930年,天津商人在"整顿铜元市价办法"中指出,"欲求根本解决,仍在整顿币制,将来果能币制划一,厉行十进,则现在一切弊害,俱可一律免除"。1932年,天津商人再次强调"实行十进位新辅币以废除旧辅币"是遏止铜元恐慌的治本办法①。

尽管以上论者的出发点有所不同,但都有一个共同的指向,即将"划一币制""维持十进"为稳定铜元市价的治本之策。但这个治本之策并未体现在1914年的《国币条例》《国币条例施行细则》等重要文件中。直到1935年11月3日,国民政府发布《财政部实关于施法币布告》,规定自11月4日起,"以中央、中国、交通银行所发行之钞票为法币,所有完粮、纳税及一切公私款项之收付,概以法币为限"②。1936年1月颁布《辅币条例》,明文规定辅币"以十进计算,其合法币一元之枚数如左:……一分铜币一百枚。半分铜币二百枚"③。至此,"划一币制"有了明确的法令依据,铜元与主币的比价亦在法令中有了明确规定,实现了"十进"。这也标志着朝野人士寄予厚望的"治本之策"正式出台。

然而,自1935年11月3日后"划一币制""维持十进"正式出台,至1937年间,天津铜元市价仍然涨落不定的事实表明,曾被寄予厚望的"治本之策"并未取得立竿见影的效果。究其原因,主要应有以下数端:

其一,《财政部实关于施法币布告》发布后,铜元仍被作为辅币予以保留,"若干无知钱庄、商号未明了政府用意,甚或有奸商借机渔利,抬高物价,囤积居奇,收藏现金,操纵金融,以致辅币铜元缺乏,物价上涨,法币价值低落,人心不安"④。1936年9月至12月间,天津铜元市价波动加剧,商民深受影响。在此情况下,天津市政府、商会、银行业公会、钱业公会等商人组织及电车公司等各方代表人士经过会商,决定发行铜元票,以补铜元之不足。但铜元票的发行却引发了铜元票与铜元价格不一,电车公司拒收铜元票等一

---

① 《财政部关于实施法币布告》(1935年11月3日),《中华民国档案史料汇编》第5辑第1编"财政经济五",金融货币,第314页。
② 《国民政府公布之辅币条例》(1936年1月11日),《中华民国档案史料汇编》第5辑第1编"财政经济五",金融货币,第384页。
③ 《中华民国史事纪要(初稿)》(1935年11—12月份),第88页。
④ 《中华民国档案史料汇编》第5辑第1编"财政经济五",金融货币,第288—295页。

系列问题,终使"划一币制""维持十进"的效果大打折扣。

其二,在国民政府实施法币政策之际,华北政局动荡,政出多门。1935年12月2日,天津市商会曾函商天津中央银行、天津中国银行、天津交通银行筹备发行铜元票,河北省政府却于12月4日密令河北省银行于5日发行铜元票,财政部又于12月9日赋予农工银行铜元票发行权。12月18日冀察政务委员会成立后,亦违背中央政府政令,指定河北省银行为发行钞票统一机关,以市面铜元缺乏为由,于1936年7月间铸造发行一分铜币10万元,五分镍币10万元,十分镍币10万元①,于1937年1月22日至23日兑出铜元票7万元②。上述举措在客观上使刚刚统一的币制再呈紊乱之象,大大增加了"划一币制""维持十进"的难度。

其三,法币政策是在天津九国租界和比商电车公司同时存在的情况下推行的,尽管天津地方政府和商人组织作出了种种努力,但由于权限关系,"对金融风潮,虽有补救办法,惟以牵涉过多,取缔不易"③,因此,"划一币制""维持十进"并未从根本上消除租界钱商和比商电车公司对铜元市价变动的影响。

由此可见,"划一币制""维持十进"的治本之策出台初期,效果依然不佳。但此时造成天津市面铜元缺乏的主要原因已与此前大不相同,即主要系由民众对法币信心不足所致。在政局动荡,政出多门,"治本之策"效果不明显的情况下,天津市政府及商人组织再次将发行铜元票、限制携带铜元数量、禁止偷运和囤积居奇等"治标之策"作为稳定地方金融,限制铜元出境的有效办法,然而收效甚微。这也启示我们,考察某项制度时,应将其置于特定的地域环境中,注重考察其实际运行,而不应仅满足于对制度条文的解读。

(《现代财经》2011年第9期)

---

① 尽管时任天津市长萧振瀛否认指定河北省银行为发行钞票统一机关,但相关档案材料证明确有其事,据此推断,河北省银行1937年1月22—23日兑出新铜元票7万元一事,亦当经过冀察政务委员会认可。参见《中华民国档案史料汇编》第5辑第1编"财政经济五",金融货币,第288—295页。
② 《天津铜元流通概况》(1936年4月5日),《〈益世报〉天津资料点校汇编》(三),第488页。
③ 《稳定津市金融》(1937年2月26日),《〈益世报〉天津资料点校汇编》(三),第980页。

# 论津味儿小说对天津城市形象的建构

王云芳

20世纪80年代以后,随着国家政策的调整,政治意识形态与文学密切胶着的状态有所改观。文坛上伤痕文学、反思文学潮流过后,西方文化大规模的涌入激发了许多作家对民族文化的探索热情。他们试图借助开阔的文化视野,重铸民族文化之根,以地域文化为依托的寻根文学遂风行文坛。如贾平凹的"商州"系列、李杭育的"葛川江系列"等等,天津则涌现了以冯骥才、林希等人为代表的津味儿小说潮流。津味儿小说凭借浓郁的津味儿蜚声全国文坛,为发掘天津地域文化,重塑天津城市形象做出了很大贡献。

## 一、想象天津的方法

所谓"津味儿"乃是一个特定的审美概念,并非所有涉及天津的小说都可称之为津味儿小说。津味儿是就作品表现出的审美韵味而言,它是天津地域文化特点和地域文化心理的体现,是种种地域文化因子自然而然水乳交融的艺术结晶。

津味儿小说作家想象天津城市的前世今生,挖掘天津地域文化的独到之处,却不约而同将小说的虚拟时空设定在清末至民国时期,有其根由。法国文化史年鉴史学派认为文化是有年鉴的,它总是在某个特定的年代发挥得最充分,而且,一个地区的历史状况并非像以往史书书写的那样完全围绕政治意识形态展开。它的形成有着多方面的因素,包括气候、地理、宗教信仰、生活习俗等等。自明朝设卫以来,天津就以其特殊的地理位置而具有了非常重要的地位。它是京畿屏障、军事重镇;又是南北漕运的中转地,码头文化非常发达。但是,天津最具文化魅力的时期始自清末民初。时值城市转型,随着租界的开辟,现代商业进入天津与本土文化相碰撞,三教九流都聚集在天津,多元文化的互动交融形成了天津地域文化的独特性,一个极具文化个性的现代都市逐渐浮出历史地表。津味儿小说作家对清末至民国时期的天津情有独钟,乃是受到其文化魅力的感召。他们主要从三方面构筑了彼时的天津城市形象:

其一,独特的地域人物形象的塑造。城市与生活其中的居民关系非常微妙。一方面,城市的一切都是人类劳动的成果,体现着人类的智慧与创造力;另一方面,城市的气候、人文环境等又对人时刻产生着潜移默化的影响。人与城共同演绎着城市的变迁。当我们谈及某个城市的形象时,虽然不乏自然环境、现代物质设施等层面的了解,更多的倒是生活其中的人们的精神状态。从这一角度来说,人们共有的地域文化性格才是城市形象的最好阐释。如果说老舍笔下那些从容散淡、礼数周到的旗人诠释着老北京的文化气质,那么,近代天津的文化形象很大一部分则与一些身怀绝技的"能人"密不可分。这不得不归功于津味儿小说中地域人物形象的塑造。津味儿小说中,"能人"是一种共通的人物类型,无论冯骥才笔下的"刷子李""苏七块""泥人张""华大夫",还是林希小说中的高买陈三儿、相士无非子、善办堂会的能人余三、驯蛐蛐的把式常四爷……从实际身份上来讲,他们其实只是普通的市井百姓,但他们奇绝的技艺以及借此睥睨众生的共性却使其产生了独特的文化魅力。这些能人们广博开阔的视野、灵活善变的头脑、对技艺精益求精的态度等等,折射出了近代天津码头文化的许多特征。

其二,天津民风民俗的渲染。美国学者本尼迪克特认为:"特定的习俗、风俗和思想方式,就是一种文化模式。它对人的生活的惯性与精神意识的塑造力极其巨大和令人无可逃脱"①。民风民俗是了解一个地域文化的重要窗口,是该地域外在形象的直观反映,民风民俗的描写可以真切地展示出当地居民的日常生活状态与精神状态。对于小说中城市形象的塑造,如果说人物的地域文化性格是骨架的话,这些看似琐屑的民风民俗则是血肉。没有它们,在读者脑海中,这个城市的形象就会偏于枯瘦流于抽象。津味儿小说描写天津民风民俗的笔墨不仅为小说故事情节的推进提供了场景或动力,本身也是作者所要表现的审美对象,它们仿佛盐溶于水般与小说的其他部分形成一个不可分割的整体,共同构筑着津味儿所特有的审美空间。如冯骥才的小说《神鞭》中,开篇伊始介绍旧时天津民间闹皇会的风俗,从皇会上的绝活儿(太狮、鹤龄、鲜花、宝鼎、黄绳、大乐、捷兽)、周边的小吃(大官丁

---

① [美]露丝·本尼迪科特:《文化模式》,上海三联书店1988年。

家的糖堆儿、鼓楼张二的咸花生、赵家皮糖、查家蒸食、祥德斋的大八件),一直介绍到半路截会的诸种讲究,如果仅仅是为小混混儿"玻璃花儿"的出场做铺垫,岂非过于冗长拖沓?而在这繁复热闹的铺叙中,天津特有的风土人情也跃然纸上。林希的小说,对于天津民俗的说道,更是弥漫在小说的每个角落。写到喝水要讲讲老天津人从水铺买水的由来,写游春则要谈谈孩子们春季郊外踩百病的讲究,写高买要历数高买行的规矩,写相士就带领读者摸索相面的种种门道,写巡警则揭露其巡街的猫腻,写混混又有黑帮的种种渊源切口,写南市三不管里各行当的热闹、写租界销金窟里的奢靡、写大家族里的长幼尊卑……各行有各行的规矩,各业有各业的特色,各种小吃又各有其讲究,所有种种在林希这个老天津卫笔下信手拈来如数家珍,作者对于故土的热爱使得文字书写极富情感力,渲染出了浓浓的天津味儿。当前,随着天津城市现代化的迅速发展,许多民风民俗正日渐消弭,然而,别林斯基曾经说过:"民俗构成一个民族的面貌,没有了它们,这民族就好比是一个没有脸的人物"①,因此,民俗的存在关联着天津这座城市的文化底蕴,其本身亦是天津城市形象的一部分。对民风民俗的耐心铺陈,使津味儿小说具备了极高的历史文化价值与审美价值,为天津市民了解本土文化、想象本土历史提供了一种感性的方式。

其三,以"奇"为美的审美追求。整体来看,津味儿小说的叙述偏爱一个"奇"字。所谓"奇"是相对于"平淡"而言。京味儿小说追求散淡的审美境界,某种程度上与北京人文化性格中的温良恭俭让有很大关系;天津人见多识广,争强好胜,从不轻易服输,体现在小说创作中亦不甘于平淡,而是以"奇"为美。

胡适评价小说《海上花》时曾说:"方言的文学所以可贵,正因为方言最能表现人的神理。通俗的白话固然远胜于古文,但终不如方言的能表现说话的人的神情口气。古文里的人物是死人;通俗官话里的人物是做作不自然的活人;方言土话里的人物是自然流露的活人"②。津味儿小说作家深谙方言文学的真谛,他们不仅在小说中化用了大量的天津方言,即使是叙述语言也都炫奇好胜,"卫嘴子"的特色鲜明。《神鞭》中小混混儿玻璃花儿闹皇会,傻二劝解时

---

① [俄]别林斯基著,满涛译:《别林斯基全集》第一卷,上海译文出版社1980年,第239页。

② 杨犁:《胡适文萃》,作家出版社1991年,第413页。

的对话颇能窥见一斑。傻二:"大爷,您老开心顺气,抬抬胳膊放他们几位过去就算了。"玻璃花:"嘿,傻巴,哪位没提裤子,把你给露出来了?你也不找块不渗水的地,撒泡尿照照自己。这是嘛地界,你敢扎一头!"傻二:"今儿,大伙儿都图个吉利,多一事不如少一事,您老也少生气。"玻璃花:"看来,你小子挺孝顺!告诉你,三爷向来肚子里没气,专会气人!"虽是小混混儿故意耍横的话,却很能见出天津卫嘴子的刁钻厉害!"卫嘴子"不但能说、爱说,更会说。说话不一定讲究实质性的内容,或者为炫奇,或者为斗嘴,总之气势上绝不能输给对方。此类的例子在冯骥才、林希的小说中不胜枚举。虚拟叙述人的口吻也极力追求引人入胜的效果,既炫奇又幽默,仿佛天下奇闻为我独知,在听者或者说假想读者的目瞪口呆中享受讲述的精神快感。

　　故事的叙述结构也偏爱出奇制胜。有的小说结构类似传统神怪类章回小说手法,设置一次次的情境考验中突出主人公技艺的高超。如《神鞭》描写清末民初的天津卫,卖豆腐的"傻二",凭借祖上所传神功,练就"神鞭",一次次打遍天津卫无敌手。然而,列强入侵,神鞭敌不过洋枪洋炮,傻二陷入了生存困境:到底是暂时躲起来,靠祖传的本领苟延残喘下去?抑或,寻求别的出路?小说结尾出人意料又在情理之中,神鞭傻二突然失踪了,几年之后天津卫出现了一个百发百中的神枪手。小说《高买》则设计了陈三在大庭广众之下摘袁世凯的金怀表、与上海高买斗法、义盗国宝等情节,将一个神乎其技而又具有爱国情操的义盗刻画得淋漓尽致。有的小说则偏好设局,看似若无其事,实则暗藏乾坤,骗局设得羚羊挂角无迹可寻,每每到结尾处读者方才恍然大悟。如林希的小说《一杠一花》。小说中主人公陈老六没有固定职业,四处晃荡混事由。无意中得到一顶奉系军官的军帽(排副,一杠一花),本想借此蹭个温饱,谁想无风不起浪,不由自主地卷入了一场精心安排的局中。各界人士都趁此大发横财:区公所趁机散布谣言,言奉军即将入津,加紧盘剥普通商户;商会则借维护商家利益威胁区公所,要求利益均沾;最后吃亏的倒只有平头老百姓。此外,小说《天津扁担》《天津胖子》《宁阳遗调》等等皆是采取了类似结构。美国学者希尔斯认为,"传统就是围绕被接受和相传的主题的一系列变体,这些变体间的联系在于它们共同的主题,在于其表现出什么和偏离什么的相近性,在于它们同出一源"①。小说的趣味品位与创作主体的好恶密切相关,看似极具偶然性,然而,当许多作品显

---

①　[美]爱德华·希尔斯:《论传统》,台北桂冠图书有限公司1992年,第17—19页。

现出相似的审美倾向时,开创潮流者的创作固然起到了示范作用,究其根底却还是源于共同的地域文化底蕴影响到了创作主体的审美取舍。

## 二、津味儿小说中的文化空间

着笔清末至民国时期的天津,津味儿小说为读者勾勒出了一个多元文化并存的历史空间,其间传统文化、市井文化和租界文化碰撞融合,天津地域文化呈现出极强的混杂性。然而,"传统依靠自身是不能自我再生或自我完善的……传统之所以会发展,是因为那些获得并且继承了传统的人,希望创造出更真实、完善或更便利的东西"①。面对那个新旧交替的时代,津味儿小说作家会如何梳理呈现呢?意大利学者克罗齐认为,一切历史都是当代史。因此,对津味儿所蕴含的文化底蕴,对天津这个近代都市的想象与建构有赖于作家在此时此刻所秉持的文化视角。

从津味儿小说整体的文化取向来看,作家们大都秉持了审视反思的文化姿态。一方面,他们对天津地域文化中保守落后的层面进行了揭示与批判。这些落后层面主要存在于封建时代主流的传统文化中,虽然它们并非天津文化所独有,亦是天津本土文化的重要组成部分,有的作家借此将文化思考上升到了中国传统文化现代化的层面。如冯骥才的小说中,《三寸金莲》刻画了以戈香莲的公公佟忍安为首的一群文人。知识分子本该"是人类基本价值(如理性、自由、公平等)的维护者。知识分子一方面根据这些基本价值来批判社会上一切不合理的现象,另一方面则努力推动这些价值的充分实现"。然而,佟忍安等人却隐忍偷安、不思进取,不自觉成为病态的保守文化的维护者。在津津有味的赏莲、考证过程中,中国传统文化束缚力的一面触目惊心地展示出来。《阴阳八卦》中,通过一个奇巧精妙的连环套的设置与解套,揭秘中国传统文化神秘的一面。林希对中国传统文化的批判,则主要是从长幼尊卑的封建秩序着手。他的小说,偏好虚构祖上买办之家的故事,如《婢女春红》《小的儿》《五先生》《买办之家》《喜鹊姑姑》《吴三爷爷》等。在旧中国半殖民地半封建社会中,外国资本家在华设立商行、公司、银行等,多聘任本土人士担任中间人和经理,买办阶级由此应运而生,他们最先受到西方文化的熏陶。然而,在林希的小说中可以发现,即使是在这样

---

① 余英时:《士与中国文化》,上海人民出版社2003年,第2页。

的买办之家,西方文化并未给这个大家族带来多少新鲜的血液。也许在物质层面有所改观,但在精神层面,他们仍固守着传统观念。侯家大院里,遵循着极为严格的长幼尊卑秩序。管家吴三代一辈子勤勤恳恳,为侯家出生入死,可是他仍然只是个奴仆;婢女春红聪明能干,在大家庭里为"我"的母亲排忧解难,为了维护那块诗书传家的牌匾忍受了极大的屈辱,然而,母亲去世后,她没有资格戴孝,只因为名分上她是个奴婢。而这书香门第的正根正苗们,却一个个荒唐透顶,不是没有生存能力的饭虫,就是只知败家的孽障。在对那些地位低下然而具有美丽灵魂的生命的由衷赞美和对那些所谓孽障们辛辣幽默的讽刺中,林希的文化取舍一目了然。

另一方面,对天津的市井文化,津味儿小说作家显然又情有独钟,将之视为天津地域文化中最具生命力的文化因子。这从津味儿小说最具神采的部分即能看出,那些性格倨傲神乎其技的俗世奇人,大都出身于市井;那些令人眼花缭乱的小吃、玩意儿、热闹把戏、梨园小曲儿等等,无不是市井文化极为发达的产物。市井文化不像传统儒家文化那样,寄身庙堂之高,孕育治国平天下之士;它隐于江湖,是平民百姓日常生活的产物。然而,正因为它贴近民间,源于百姓现实生存的需要,反倒能紧跟时代变化,具有更悠久的生命力。津味儿小说作家们一方面满怀依恋抚摸着过往的点点滴滴,不惜笔墨赞赏它所磨炼出的能人形象,另一方面亦不回避其某些层面的市侩趋利。在这里,有钱有权才是强者。比如那些梨园的戏子们,不仅需要唱功出色,还要有强硬的靠山才能唱红,而强权操作下的成名又好像繁华一梦,等待她们的往往是更为凄凉的下场。小说《喜鹊姑姑》中"喜鹊姑姑"不仅戏唱得好,且聪明伶俐,极得老太太的欢心,却不过是老太太拴住儿子的诱饵,最终成为"三奸细"政治交易的砝码,不得不跳车自杀以保清白。《铁路警察》中路警常副爷因为安于职守,不会借机捞外快,就一再被降职直到丢了饭碗。《天地玄黄》中的小录事员黄天玄亦是如此,越老实本分越受人欺压。在这些小说中,林希通过展示弱小者的悲惨处境,刻画强权者的丑恶嘴脸,揭示出市井中生存的残酷性一面。

租界是天津历史上不可忽视的一道风景。近代以来,随着一系列不平等条约的签订,西方列强纷纷在天津开辟租界,最多时达到九个。在租界内,西方列强享有完全的治外法权,他们筑路造屋,使租界区域成为名副其实的"国中之国"。租界的开辟成为天津本土民众接触西方文化的窗口,那些现代的基础设施无形中推进了天津现代化的进程,但"国中之国"的政治身份却使租界带有强烈的殖民色彩。对于租界文化,津味儿小说作家们表现出强烈的抵制情绪。也许,对于租界中干净整洁的大马路、环境清幽的小洋楼,作者会偶露艳羡之情,但更多时候,津味儿小说中,租界往往被塑造成罪恶的渊薮。它是西方列强在中国国内的侵略据点,是下野权贵和军阀们短暂退隐的避风港湾,是各种现代奢靡堕落生活的保护屏障。津味儿小说中,西方列强许多不可告人的秘密如贩毒、情报机关等无不以租界作为掩护;传统大家族的那些子孙孽障,其败家的堕落史皆由此开始,赌博、嫖妓甚至诈骗都离不开租界;军阀们各种投机卖国的秘密交易也都在租界内进行。如果说北京是中国政治舞台的前台的话,天津的租界则是名副其实的幕后。

津味儿小说中的天津形象,是一个如此令人眼花缭乱而又生机勃勃的大舞台。它既保守又开放:上层的所谓精英阶层日益僵化腐朽着,即将为时代所抛弃;下层的市井百姓却在新的时代面前,磨炼得更为出色。租界文化虽然开阔了天津人的眼界,但仅限于物质层面,天津人骨子里仍然是市井文化,虽然难免追逐金钱的市侩习气,但他们精益求精的敬业态度以及灵活开放的头脑却应该为后来者所承继。

## 三、津味儿小说的流变与局限

关于一个城市的形象,文学艺术往往会以感性的方式给读者提供许多先验的印象。它一方面有益于城市形象的对外传播,但从另一方面来讲,作家们审美的主观性亦不可避免地会限制读者观察这个城市的视角。

津味儿小说的大部分作品,想象空间仅仅局限于清末至民国时期的天津,主人公也以奇人形象居多。这些奇人大都是自食其力以技谋生者,亦不乏小偷、骗子、赌徒、相士等等,有的甚至直接号称闲人。其实,小说中故事的主人公何种职业无关紧要,重要的是故事之外作家传达出了什么。优秀的小说往往欲说还休,精炼的故事中包含着无穷的意蕴。津味儿小说以"奇"为美,其中的佼佼者在奇的审美特色之外往往别有追求。如《蛐蛐四爷》借斗蛐蛐探讨人性,《喜鹊姑姑》借梨园波澜折射世态炎凉,《三寸金莲》借戈香莲的传奇遭际反思中国传统文化,《婢女春红》借主人公春红赞颂那些地位卑下灵魂高洁的生命……但是,津味儿小说发展到后来,流脉所至,有的作品受到当下影视文化的影响,创作之初即以剧本的要求自律,并不重视对天津地域文化风土人情的开掘,而是将主要精力放在情节设置的新奇之上,因此只沿袭了津味儿小说的皮毛;有的作家虽偶尔涉笔津味儿小说,但对其叙述策略更有挑战兴趣,毋宁仅将其看做一种文体实验的操练,于地域文化开掘上亦无所作为。如王松的小说《宁阳遗调》中虽依稀可见天津的影子,却只是为主人公提供虚拟的活动场所,地域文化的其他因子已鲜少出现,足见作者志不在此。此时,精妙的设局,主人公高妙的手法,反而会有损于这个城市形象的建构。因为,如果缺乏清醒的批判的审视目光,对于历史不能去芜存菁,所谓的地域文化底蕴也将无从谈起,无助于市民精神的提升。

  令人欣喜的是,有的作家打破了典型的津味儿小说的时空限制,为津味儿小说流脉开拓出新的发展空间。如肖克凡的小说《演绎小神仙》和《小阔》,二者涉笔当代天津生活。《演绎小神仙》中的主人公姚建国下岗后去设摊帮人算命,阴错阳差居然百说百中,啼笑皆非中令人联想起其前辈作家笔下的相士无非子。《小阔》中的主人公小阔是个作家,虽然名不见经传,却对写作充满了热情,很有几分真才实学。当妻子为追求物质享受而离开他时,他无怨无悔地担负起了赡养丈母娘和孩子的责任。无论是姚建国还是小阔,骨子里皆有好强的本性,对自己的技艺精益求精却又能甘于市井的平淡生活,堪称当代天津的俗世奇人。这两篇小说,挖掘当下天津普通市民身上的不俗之处,颇得津味儿小说的神髓。

  一个城市形象的建构包括两个方面:现实的物质层面和潜隐的文化层面。前者取决于当下的经济发展,而后者则与它的历史文化底蕴密切相关。因此,如何重塑一个城市形象,不但要关注其城市经济发展,文化软实力的提升亦要齐头并进。津味儿小说的存在对天津城市形象的塑造功不可没。一方面,要把天津建设成为一个现代的宜居的大都市,这个都市就不仅需要具有完备的使用功能,同样需要充足的文化功能。唯有浸润着历史文化底蕴的大都市,方能使生活其中的人得以诗意的栖居。津味儿小说以形象的方式保存了清末至民国时期天津的历史文化底蕴,向人们展示出天津文化的独特魅力。另一方面,虽然良莠并存,但津味儿小说作家中的佼佼者皆能以批判的视角激浊扬清,重新发掘出天津地域文化中更具生命力的部分。唯希望津味儿小说的流脉能够源远流长,不断生发出新的支流,对于当下天津城市形象的建构做出更大贡献。

(《理论与现代化》2011 年第 5 期)

# 论天津"文化区域"的形成及其对天津曲艺繁荣的影响

黄 珍

"社会学"这一概念,由法国实证主义哲学家孔德首次使用,他为此成为了西方社会学的创始人。社会学的研究领域极其广泛,由于研究者对社会观察的角度不同、强调的重点不同,社会学的研究范围分成了两大类,"第一类侧重以社会及社会现象为研究对象……第二类则侧重以个人及社会行为为研究对象"①。没有人会在孤立的环境中探讨社会,也没有人脱离社会探讨文化。

音乐作为一种文化现象是社会的重要组成部分,天津曲艺音乐在近代史上的繁荣,不仅仅是一种历史现象,更是特殊社会形态下的产物。因此只有从社会的大背景中来理解特殊的音乐文化现象,才能准确把握现象背后的原因。

## 一、城市化发展所带来的曲艺音乐繁荣

一个城市的文明主要体现在两个方面,物质文明和精神文明,城市的物质文明即城市建筑等有形的文化遗产,城市的精神文明即无形的意识形态的文化遗产,二者是相辅相成、相互联系的。天津作为中国近代史上有着特殊地位的重要角色,给我们留下了大量的物质文明,近代资本主义商业的发展大大促进了天津的城市建设,这些物质文明为精神文明的发展提供了坚实的物质基础。

第二次鸦片战争的战败,使得天津社会彻底走向了半封建半殖民地的社会性质,外国租界不仅是殖民者进行经济掠夺的产物,同时也是天津城市建设迅速发展的有力见证。20世纪初,九国在天津的租界面积总和竟达到

---

① 赵连文、张玉玲编著:《社会学引论》,中国社会科学出版社2010年,第4页。

旧城区的9.82倍①,众多租界的建立与发展对于天津的城市建设而言,起到了积极的作用。殖民者带来了西方城市建设的有益经验,他们对海河两岸进行治理,然后在这些土地上修筑道路,建造房屋,随之而来的自来水、电灯、电车,大大促进了天津的城市建设和发展。同时,大量外国侨民移居天津,在天津经商、生活,促进了天津的贸易发展和租界的建设,更重要的是带来了西方近代先进的城市建设理念。

曲艺音乐自身具有十分浓郁的城市化特征。早在我国宋朝,由于商业发达城市兴起,出现了专门演出曲艺的瓦肆、勾栏,因而也出现了中国曲艺音乐最为繁盛的时代。天津曲艺的鼎盛时期,同样出现在天津城市化迅速发展的时期。

艺人们在最初到天津时,大多会在南市一带进行撂地演出谋生,随着城市建设的发展和工商业的繁荣,演出场所不断涌现,艺人们如果能够进入园子里表演,就代表着有了固定的收入,生活逐渐稳定,进而如果能进入现代化的剧场演出,就意味着走向高雅,被主流社会所接受和认同。据骆玉笙先生描述,"那时天津的书场很多,只南市一带就有十几家……但最为集中的还是在和平区的劝业场地区,各大商场附近有'中原游艺场'、'小梨园'、'小广寒'、'天宫'、'新中央'、'大观园'等"②。这一时期的剧院大多已经经历了从"茶园"向现代化剧场的过渡,中国大戏院不仅成为当时国内首屈一指的演出场所,在世界都享有盛誉。始建于1934年的中国大戏院,是当时极为现代化的大型演出场所,也是各个曲种名角必到之处。

天津茶园、戏院行业的繁盛,为曲艺音乐的传播奠定了坚实的基础。具有较强经济实力的剧场不仅设备先进,而且能够聚集大批高层次、高水准的听众,因此曲艺艺人们在唱腔、表演方面也更趋于文明、高雅。演出场所数量的剧增推进了曲艺音乐在天津传播的速度,演出场所经营、设备的现代化更使天津曲艺音乐在面向大众的同时,不断趋于成熟和规范,直接推动了曲艺音乐在天津的繁荣。

除了戏园子的兴盛,报纸、广播等新型的传播方式的兴起,对曲艺音乐的传播与推广起到了重要作用,有关曲艺演出和艺人的宣传广告,不断出现在各大报纸上。例如在1928年的《大公报》上就刊登了天华景的开业广告,

---

① 尚克强:《九国租界与近代天津》,天津教育出版社2008年,第2页。
② 骆玉笙口述,孟然整理:《檀板弦歌七十秋》,新华出版社1993年,第58页。

再据1936年9月13日《益世报》所载小梨园的广告中,还对相声艺人张寿臣、曲艺艺人小彩舞等进行了排名。报纸广告对艺人的排名不仅标志着艺人的声誉地位,而且还能决定艺人的收入,艺人们只有通过努力提高演唱水平,在艺术上推陈出新,才能满足观众的需要,这种由传媒业带来的竞争无形中推动了天津曲艺音乐的繁荣和创新发展。

除了报纸媒介以外,广播电台以一种全新的传播方式打破了原有的自然传播模式,大大推进了曲艺音乐在天津的流行。艺人到电台演唱相比剧场要更为简便,同时艺人们还充当了广告明星的角色,为各种商品播出广告,因此广播电台这种新型的演出途径深受听众和艺人的欢迎。笔者整理了一份当时天津仁昌电台的节目单,当时曲艺音乐在天津的繁荣可见一斑。

表1①

| 序号 | 时间档 | 演员 | 曲种\剧种\乐种 | 曲目 |
| --- | --- | --- | --- | --- |
| 1 | 9:00—9:30 | 公共音乐队 | 国乐 | 繁代丝孟获叹月、探阴山、旋宫艳史 |
| 2 | 9:30—10:00 | 李寿山 | 京东大鼓 | 罗成算卦 |
| 3 | 10:00—10:30 | 陈金山 马寿岩 | 西皮二皇 太平歌词 | |
| 4 | 10:30—11:00 | 马宝山 | 奉天大鼓 | 何氏女卖身 |
| 5 | 11:00—11:30 | 筱白薯、马宝山 | 对口相声 | |
| 6 | 11:30—12:00 | 张月花 冯华甫 | 铁片大鼓 单弦拉戏 | 劝妓女 |
| 7 | 12:00—1:00 | 转播 陈凤娥、陈翠娥、陈玉娥 | 转播中央电台 评戏 | 林主席讲话 大三节烈 |
| 8 | 1:00—1:30 | 王艳芬 | 西河大鼓 | 游湖借伞 |
| 9 | 1:30—2:00 | 陈子贞、广阔泉 | 对口相声 | |
| 10 | 2:00—2:30 | 乔立元 | 河南坠子 | 白猿偷桃 |
| 11 | 2:30—4:00 | 青玲话剧团 | 话剧 | 五奎桥 |
| 12 | 4:00—4:30 | 乐天词客 | 单弦牌子曲 | 葛巾 |

① 笔者根据天津《广播日报》1936年1月1日新年增刊第二张仁昌广播电台节目预告整理。

续表

| 序号 | 时间档 | 演员 | 曲种\剧种\乐种 | 曲目 |
|---|---|---|---|---|
| 13 | 4:30—4:40 | 孙石麟、孙瑞麟、孙福麟 | 合唱 | 党歌、华北盛会歌 |
| 14 | 4:40—5:30 | 移风旧友雪香馆主 乐天词客 | 拆唱快书 | 截江夺斗 |
| 15 | 5:30—6:00 | 花四宝 | 梅花大鼓 | 宝玉劝黛玉 |
| 16 | 6:00—6:15 | 大金牙 | 拉唱滑稽洋片 | 大花鞋 |
| 17 | 6:15—7:00 | 乔清秀 | 河南坠子 | 郭三元借粮 |
| 18 | 7:00—8:30 | 刘翠霞、桂宝芬、李莲舫、刘小霞 | 合唱评剧 | 杜十娘 |
| 19 | 8:30—9:00 | 转播 焦秀兰 | 转播中央电台 西河大鼓 | 蒋委员长讲新生活运动 韩湘子讨封 |
| 20 | 9:00—10:00 | 燕社话剧团 | 话剧 | 归宿 |
| 21 | 10:00—10:30 | 特请花四宝 | 梅花大鼓 | 昭君出塞 |
| 22 | 10:30—1:00 特请名票清唱 | 璧云、璧霞女士 刘淑娥女士、韩君炳如 徐君觉民、陈湘君女士 刘君叔庆、刘君永奎青云主人 | 京剧 | 武家坡 宇宙锋 宝莲灯 二进宫 |
| 23 | 1:00—2:00 | 翟青山 马宝山 | 乐亭大鼓 奉天大鼓 | 蓝桥会 大西厢 |

  从上表中不难发现当时曲艺音乐在天津的普及,在一天中23个时间档的29个节目中,曲艺类节目有16个,占一天节目总数的百分之五十多,其余节目有乐队演奏1个,京剧5个,评剧2个,河南坠子2个,话剧2个,合唱1个。从节目的曲种和时间安排,可以看出当时天津曲艺音乐的发展状况十分繁荣,拥有广大的听众和市场。30年代中期,仁昌、青年会、中华、东方四家商业电台在天津先后出现。这不仅使京韵大鼓、单弦等原有曲种为更多听众所熟悉,而且使河南坠子、辽宁大鼓、京东大鼓、单琴大鼓等新流入或新创立的曲艺音乐形式走进千家万户。天津商业电台的出现,深入推广了曲艺音乐,还迅速捧红了大批曲艺艺人。

## 二、从曲艺音乐看天津的文化区域划分

随着天津城市化的大力发展,到20世纪的二三十年代,天津曲艺演出市场十分繁荣。从对当时天津文化场所分布的分析中,可以看出天津近代城市文化的构成,"市民文化"—"高文化"—"外国侨民文化"三个"文化区"的形成,呈现出天津城市文化格局的独特特点,也体现了曲艺能够在天津繁荣发展的原因。

这三个区域分别是以鼓楼、南市、大胡同为中心的天津"市民文化区",以劝业场为中心的"高文化区",以及以小白楼为中心的"外国侨民文化区"。每一个区域都形成了自己独有的文化方式,拥有自己不同阶层的观众。一方面,在中国近代史上有多个城市具有被国外开设的租界;另一方面,在中国的城市结构布局中几乎每个城市都有一块专门区域,集中各种戏曲、曲艺或其他民间艺术的表演,成为一座城市的文化集中地。然而,无论是有外国租界的城市,还是没有外国租界的城市,这样的"文化集中地"往往是一座城市中市民阶层的文化外显。天津则不同,在这里具有三层的文化区域格局,其中既有市民文化,也有高端文化,还有西方文化。把本属"市民文化"的曲艺带进"高文化区域",既有现代化的演出场所,又有专业的听众群体,特别是高阶层人士的推崇,自然成为了"北京学艺、天津唱红"的原因所在。

天津文化区域的划分不仅仅展现曲艺音乐在天津的发展状况,更深层次地展现了天津社会文化圈的划定。租界地的最初建立,并未让天津市民真正接受现代化的西方文化,因为租界和华界有着绝对的界限,因此出现了老城厢一带为华人活动区域,小白楼一带为外国侨民活动区域的现象。随着中国民族资产阶级的壮大,中国人开始掌握大量财富,并纷纷移居到天津租界,随即出现了劝业场这类深处租界却服务华人的娱乐场所,因此形成了本土—多元—外来的文化层次结构,这不仅对于研究天津曲艺音乐具有重要意义,并且是研究整个天津文化的重要线索。

1. "市民文化区":老城厢区域

天津的老城厢,以鼓楼为中心,向东南西北四个方向延伸,形成东西南北四条大街,分别称为东马路、西马路、南马路和北马路,并在四个方向都建有城墙。在城内又以十字构成主干道形成田字形的格局。随着南市、大胡同、估衣街一带的逐渐繁华,这里逐渐发展成为老天津的商业中心和"高等"

居住区域。红桥区和南开区处于天津北端,而租界大多沿海河往南发展,这里与天津租界划分出了明显的界限,因此这一区域称为天津人的大本营,传统的娱乐方式得以较好地保存下来。

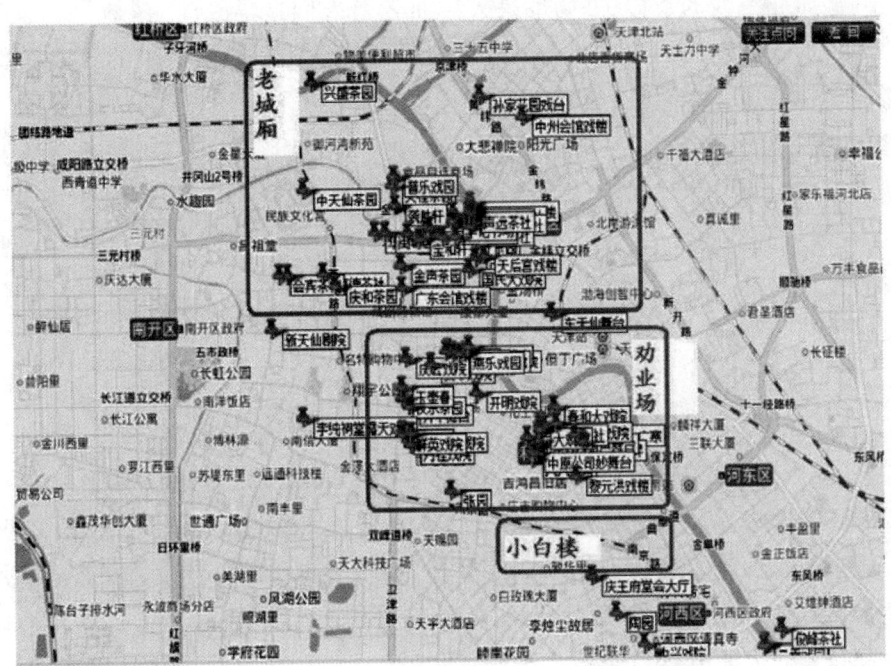

图1①

在那样的年代,天津不仅成为上层人士移居的首选,同时也为下层人民提供了生存的机会。"三不管"后来逐渐发展扩大,形成了"南市",也成为下层大众娱乐生活的中心。"三不管"鱼龙混杂、世相纷繁,既包罗万象也藏污纳垢,对于当时的下层百姓而言,是老天津卫最具平民特色的游乐场所。"在这里流行着'大棚'和'撂地'的演出形式,'大棚'即在搭建的棚里演出,这种形式还被人们称之为'雨来散'因为一旦遇到雨天棚内就会灌雨;'撂地'即露天演出,很多名角都是从这种方式开始,慢慢走向书馆茶社演出的。"②

"三不管"的畸形繁荣与租界建设的迅速发展形成一种相互呼应,这里是普通天津市民活动的场所,他们不会也不能到租界里去享受现代化的生

---

① 笔者根据周利成、周雅男编著《天津老戏园》一文结合天津现地图标记并绘制。
② 罗澍伟主编:《近代天津城市史》,中国社会科学出版社1993年,第56页。

活方式。而在租界里面生活着大量的外国侨民、军阀和民族资本家,他们一般也不会到"三不管"去欣赏曲艺或杂耍,这正是天津半殖民地半封建的社会性质背景下的必然产物。

老城厢一代的茶楼、书场也是天津曲艺艺人们最早脱离"撂地""大棚"的演出形式而走向的地方。天津最早的戏楼就是位于鼓楼一带的天后宫戏楼。早在清道光年间,三岔河口就有"天会轩""四合轩""三德轩"即茶园三轩,专门上演什样杂耍①。除此之外,著名的广东会馆也紧邻鼓楼,还有南市的庆云戏院、燕乐戏院,红桥区大胡同的玉茗春茶社等等,都是老天津市民生活、娱乐活动的常去之处,在这里普通的天津市民可以尽情享用老祖宗留下的宝贵财富,从这里我们不难看到天津昔日的繁华,也不难看到老天津市民对传统的坚守。

2."高文化区":劝业场区域

天津的街道名称以"道"和"路"相称,纵横相错,东西为"道",南北为"路",这种道路的格局其实也是外国租界在这里留下的遗迹。劝业场位于和平区原法租界长春道与和平路交口,建于1928年,距著名的五大道不到两公里。劝业场地区之所以成为曲艺音乐活动的中心地带,与毗邻租界、商业发达及上层华人的移居有着十分密切的关系。

如今的天津虽然已经是一座现代化的大都市,但原租界地的很多建筑被保留了下来,如维多利亚道上的各国银行、五大道上的各式小洋楼和教堂,不仅成为天津近代历史的见证,也成为现代天津一道独特的风景线。五大道属于原英租界,由现在的成都道、重庆道、大理道、常德道、睦南道、马场道六条街道组成,由于当时的英租界的治安管理最好,因此吸引了大批的贵族、名流迁居至此。除了少量外国侨民外,这里居住的大多数是中国人,倒台的皇族、下野的政要,还有社会各界的名人。

天津的五大道,在租界开辟以前,只是一片片的沼泽洼地,英国殖民者多年的治理,使这里变成了一片片的高档生活区。相比其他租界,英租界的治安和管理得到了军阀、政界要人、实业家、医生、艺术家等大批上层人士的肯定。在政局动荡的年代,人们纷纷选择天津的租界,不仅能够提供政治上的保护,生活上也十分便利。这样一批有实力的观众和相对稳定的环境,为

---

① 根据天津市档案馆主编,周利成、周雅男编著:《天津老戏园》,天津人民出版社2005年,第236页内容梳理。

曲艺音乐在天津的发展提供了土壤。

发展实业救国是当时所提倡的思想,劝业场的建成也体现了民族资本家的救国热情,劝业场开业时就曾悬挂"劝吾胞舆,业精于勤,商务发达,场益增新"的标语。而随着租界里大量军阀、官员、医生、教师等有固定职业和收入的华人人群的迁入,他们对于文化生活的需求也逐渐加强,作为当时主流的中国传统音乐文化也就成为了这一群体的必然选择。著名的"八大天"就位于劝业场,除此之外,位于此区域内的著名茶社、戏楼有中国大戏院、春和大戏院、明星大戏院、北洋戏院、开明戏院等等。

"劝业场和小白楼很不相同……大多数洋人都在小白楼和现解放南路一带活动。劝业场地区洋人很少,几乎所有的商店、剧院、餐厅、饭店全是华人经营的。在这里,除了可以看见几个'小老法'巡视街头,体现着法租界当局在实施着行政管理,整个社会生活则完全是华人的天下。……劝业场是他们感到十分亲切的地方。"①

随着大量军阀、政要、实业家等人往租界的移居,原法租界的劝业场一带发展繁荣起来,为了满足这些人群的文化生活需要,因此在劝业场一代新兴的娱乐场所应运而生。这一带的演出场所经济实力较强,因此所约请到的艺人大多都是一流的演员,这里上演的节目都比较文明典雅,代表着天津的最高水平。为了在这些场所演出,为了使这些观众满意,艺人们不得不注意俗不伤雅,化俗为雅。具体到唱腔上,逐步由质朴、粗放、高亢趋向华丽、细致、婉约,这就推动了天津曲艺音乐的规范和美化。

3."外国侨民文化区":小白楼区域

有关小白楼,现在其实质是一个地名,关于这一地名的由来,天津历史学界一直有很多说法,但由于太过久远仍无法确切考证。现在的小白楼主要是以天津音乐厅一带为代表的"小白楼欧亚风情街"。

开埠以后的天津小白楼地区主要划归为英美租界,这里也是天津最早被划定为租界的地方。1860年后,英国人首先在这里规划了他们的租界建设方案,其间有利顺德大饭店、维多利亚花园和戈登堂等最具英国特色的场所。以小白楼为中心,往北为具有"东方华尔街"之称的解放北路。解放北路法租界一带被法国人称为大法国路,而英租界一带(以现营口道为界)被英国人称之为维多利亚大道,道路两侧外资银行林立,还有各国的洋行、领

---

① 引自尚克强:《九国租界与近代天津》,天津教育出版社2008年,第143页。

事馆、俱乐部、邮局等等,至今仍然是天津金融中心的所在地。

天津最初的租界与华界的划分十分严格,租界是外国侨民居住和活动的地方,天津的普通市民与租界几乎隔绝。各国政府在占领天津,需要部队保护他们的安全,使得各国兵营驻扎天津,小白楼地区正是外国兵营驻扎的地方。为了满足这些外国大兵的生活需要,具有鲜明现代西方文化特色的西餐厅、电影院等应运而生,小白楼这一区域也逐渐成为了外国侨民、外国士兵聚集的地方。小白楼地区形成了与劝业场同样繁华的商业区,但不同的是在这里没有天华景也没有小梨园,与天津的老城厢地区和劝业场相比,小白楼显得格外"洋气"。小白楼的一切都充满了欧美气息,在天津这块中国的古老土地上,形成了欧美文化大放异彩的另类空间。

外国文化入主天津的小白楼,对于天津市民而言是一种侵略性的进入,人们只是被动地承受着这种精神层面的侵略。我们从曲艺音乐的缩影中,看到了整个天津文化的布局和结构,也从中感受到了天津在经历战乱、侵略、殖民时的无奈与痛苦。但是经过时代的洗礼,这种原本伴随着侵略而来的外来文化,却成为了天津的标志之一,并慢慢融入天津文化的整体之中来。

## 三、多元的天津城市文化

无论是哪一种文化,都不是孤立存在的,它们之间有着深厚的内在联系而又逐渐凸显出自身的特色。其核心体现出的是天津整体社会的价值观,它决定了社会成员、社会群体的理想和目标,成为社会成员的统一行为准则。一个社会的价值观是被社会所有成员或群体所公认的、准确的行为标准。曲艺音乐作为天津文化的重要标志,能够在天津得到空前发展,证明曲艺音乐本身得到了天津社会至少是大部分成员的认可,人们对曲艺音乐文化的热衷与推崇,更体现了曲艺音乐是近代天津人们的价值观念中所认可的内容,因为只有通过社会成员的价值判断,才能成为人们的普遍价值追求,近代曲艺音乐在天津的繁荣现象准确地说明了这一点。

首先,城市人口的大量增加和人员构成的复杂,使得人们的文化需求呈现出多元化的特点,但天津毕竟不是政治中心,而是北方的经济中心,因此天津的文化更面向大众,文化形式需要灵活多样,而不像北京要面向皇族。曲艺音乐是属于普通百姓的艺术,通俗易懂、形式自由,而且表演成本也相对低廉,非常适合市民阶层享用。北京人聊政治,天津人听曲艺,天津浓厚的生活气息让曲艺音乐的传承有了更肥沃的土壤,天津的普通市民也成为曲艺音乐最为广大的观众来源。曲艺音乐自身就是一种市民艺术,之所以能够成为天津的文化符号,与天津的市民文化所体现出的特征具有高度的一致性。

另外,天津人对传统的固守具有强大的力量,这种力量来自人们的一种"封闭心理"。在老城厢区域中的天津市民多为早期的本土民众,这一人群的先辈多是作为天子的驻军进驻天津的,它们有着无上的荣耀,也有着不同于其他民众的社会地位。虽然局势已不同以前,但是天津人的骨子里仍然具有这种优越感和自豪感,因此它们对老祖宗留下的传统极有感情。无论是在老城厢还是在劝业场,曲艺音乐作为天津文化的重要代表,延续着天津人对保护传承传统文化的强烈意识。在现有的上演曲艺音乐的场所中,天华景、谦祥益文苑、元升茶楼等多处都是具有近百年历史的老戏园子,这些戏园子不仅目睹了天津的百年历史,更重要的是它们作为传统曲艺音乐的传承载体,见证了天津曲艺音乐的兴衰成败和艺人们的酸甜苦辣。老戏园子不仅保留完好,而且每天都在上演天津人喜爱的曲艺音乐,三两块钱沏上一杯茶,嗑着瓜子花生,沉浸在鼓曲声和叫好声中,天津人对这种老式的生活习惯津津乐道。天津具备了曲艺音乐发展的肥沃土壤,是发展曲艺音乐的好码头。

无论是曾经的外来文化,还是本土的民俗民风,都已经成为天津文化中不可缺少的传统。曲艺音乐在渗入天津人民生活的过程中,被深深烙下了"天津化"的烙印,也成为天津文化的重要标识。天津人钟爱传统曲艺,遵循传统习俗,传统民俗文化保留了较强势的地位。在中西文化交融的环境下,天津本土文化没有被西方文化所侵蚀,而是深深扎下了根。天津的文化构成是多元的,文化的多元使天津人生活中对文化的选择具有多样性,这种多元性经过历时性的发展已经成为天津文化的传统,文化不仅是人类价值观念的体现,同时也是人类行为的特殊表现形式。

"西方化进程"是在当代音乐史研究中经常被提及的语汇,它常常被认为是批判性的话语,因为"西方化"代表着对中国传统文化的反叛与背弃,被认为是造成中国传统文化异化的始作俑者。然而,长期以来,从大众的认知层面来看,"西方化"相反又被当成了一种进步的表现,一种"走向文明"的趋势,它包含着先进、高级的含义,并且已经在大众的心理上形成了一种共识。

我们必须承认"西方化"进程对中国的音乐发展产生了极为重要的影响,从观念、意识形态领域到表演、创作、传承等实践领域,无不体现出"西方化"的痕迹,虽然这种痕迹具有两面性,但是我们无法回避"西方化"对中国音乐命运的改变:学堂乐歌的教育普及,让中国人第一次接触到西欧的大小调音阶、五线谱、奏鸣曲;刘天华"国乐改进社"成立,进行西方化的乐谱教学,使二胡被西方化的专业音乐院校所接纳;小提琴曲《梁祝》中国内容与西方音乐形式的结合……正如蔡仲德前辈在《出路在于"向西方乞灵"——关于中国音乐出路的人本主义思考》一文中所说:"文化的目的是改善人的生活,文化的特性是能动的改造,文化就是'人不断自我解放的历程'"①,可见中国传统音乐需要一种自我选择、自我改善和能动的自我解放。

就曲艺而言,其本质不仅是中国地道的传统文化,而且也是市民文化的一种体现,天津曲艺的独特所在本属于市民阶层的文化进入了西方文化的语境中,在保持传统文化内容的基础上,从形式上经历了"西方化"过程。这个过程与其他艺术品种的不同之处是,它不以改变曲艺自身为代价,也就是说曲艺作为一种中国传统的艺术样式其本质没有改变,而它所处的外部环境受到了"西方化"。所处时代的"西方化"、演出场所的现代化、观众自身从观念到行为受到的"西化影响"等等,这种影响在天津以劝业场为中心的"高文化"区域内得到了集中体现。

"早期的撂地卖唱仅是艺人本能的、维持生计的一种方式,其不能成为具有较高观赏价值和一定美学特点的艺术形式,更难形成艺术流派。"②而在劝业场"高文化"区域内,为曲艺繁荣的上升创造了必要条件。当曲艺的演出场所从"撂地"上升到"茶社",又进而上升到现代化的"高级别"演出场所后,不仅曲艺艺术本身获得了提升,同时曲艺艺人的社会地位也得到了提高。

这种内容的传统保持与形式上的"西方化"完美结合、天津市民文化的传统与先进的"高文化"区域的完美结合、曲艺文化的"俗"与社会精英的"雅"的完美结合,使得天津曲艺的发展之路呈现出与其他北方各省市曲艺发展完全不同的发展方向,也最终造就了"曲艺之乡"的天津。

---

① 蔡仲德:《出路在于"向西方乞灵"——关于中国音乐出路的人本主义思考》,载于《人民音乐》1999 年第 6 期,第 12 页。
② 曹宏凯:《"园子":天津曲艺文化的生存空间》,载于《艺术百家》2010 年第 7 期,第 287 页。

## 四、"高文化区域"中的主体听众——寓公阶层

在三个文化区域中,老城厢区域保持了天津曲艺原有的生存状态,小白楼区域与曲艺没有明显直接关系,只有在"高文化"的劝业场区域,天津曲艺的发展呈现出"传统"与"现代"交织的局面,并获得了前所未有的繁荣发展。

这里的"高文化",其含义绝非强调艺术本身的地位之高低,而是表示一种非传统的、横向发展的、人类文明发展历程范畴之内的现代化。针对本文的研究对象天津曲艺而言,"高文化"区域的内涵包括非传统的演出场地,例如劝业场内开设的现代化的演出场所,中国大戏院建成时所采用的现代化设施等等,这些对于曾经"撂地"演出的艺人们而言,意味着演出场所的进化发展;同时,"高文化"还意味着现代化的演出场所拥有的特殊观众群体。这两个因素的相互作用,推动了曲艺音乐在天津的繁荣发展。

听众与音乐之间是一种循环互动的关系,不同阶层的社会成员都有不同的文化需求,而音乐本身通过艺人的演唱传达到听众的耳朵里,听众的反应又回馈给演唱者,形成一定的文化圈,促使音乐不断发展演变。"高文化"区域的形成不仅仅外化为地域上的圈定,同时还体现在主体听众群体上。根据个人的声望、权力、财富、受教育程度等等因素的差异,形成了不同的社会阶层,不同阶层对社会经济、文化等产生不同的效应。

近600年的天津历史,始终与军事脱不了关系。首先,天津最初的建立,就是一座军事性质的城市,"天津卫",就是天子委派驻军之地,目的就是为了保护天子,戍守的士兵成为天津最早的居民。这种特殊的地位使天津人具有一种"封闭心理"。早期的居民作为天子的驻军进驻天津,他们有着无上的荣耀,也有着不同于其他民众的社会地位。虽然局势已不同以前,但是天津人的骨子里仍然具有这种优越感和自豪感,因此它们对老祖宗留下的传统极有感情。另外,在影响天津近代史的著名历史事件中,与军事也有着密切关系。李鸿章的淮军在天津驻扎,袁世凯在天津小站练兵,都为天津人遗留下了军人性格中的豪情与硬气,这也成为后来军阀集团选择天津的重要因素。

"寓公"一词,据《辞源》解释,系指失去领地寄寓他国的诸侯而言,后来也泛指寄居他乡的官吏身份之人。清政府下台以后,"寓公"成了"无用之人""无志之人"代名词。另外,这时的"寓公",还有"寓居外国租界",当一

当"公寓主人"的意思。从19世纪末期开始,移居天津的人口越来越多,大批买办、军阀等拥有大量社会财富和权力的重要阶层陆续移居天津。这一人群占据了大量的社会稀缺资源,逐渐成为天津近代经济、商业、城市发展的重要力量。20世纪20年代后期,北洋政府的下台,使得一大批军阀下野,他们中许多都选择到天津做寓公。能到天津购置小洋楼当寓公,这在当时是一件既时髦又奢侈的事情,溥仪、袁世凯、冯国璋、唐绍仪、张勋、孙传芳等都在天津寓居,这种特殊的现象似乎只有在天津卫才能发生。这些下野军阀、政要和清廷遗老,一是看中了在天津租界里能够受到政治上的庇护,二是看上了天津距离北京120里路的地理优势,另外,在天津租界里生活十分便利,这里不仅交通便利、商业发达,而且天津的寓居生活,少不了曲艺音乐和艺人们陪伴其休闲。

天津史学专家罗澍伟教授在谈到寓公时说:"这些寓公90%受过传统教育,即使留过洋,也天然地屏蔽西方文化的价值观。他们的好恶影响了天津的文化气质,影响了天津的价值观。寓公的消遣是天津娱乐的主要动力,这些时期的寓公,或是政治漩涡周旋中败下来的政客,或是失去往日威风的遗老,他们都支持了消闲俗文化的繁盛,而那种轻松、讽刺的说唱也适合陆续涌入的下层劳工的口味。"①

天津解放以前,堂会作为上流社会经常举办的社会活动,在官僚、军阀、富豪人家举办喜庆宴会时经常上演。艺人被请来演出助兴,以为体面荣光,不仅有京剧、昆曲,还有各种杂耍和曲艺,如刘宝全、骆玉笙等都曾应过堂会的演出。名角们出席堂会的酬劳根据名气大小而不同,一般要远远高于平时的演出,据有关文献记载,"曹锟酷爱看戏,'1922年农历十月二十一日,是曹锟六十大寿……为了助兴,曹锟特地以重金请来梅兰芳、余叔岩、杨小楼、程砚秋、尚小云、白牡丹、筱翠花等戏剧界名流来保定参加堂会,演戏7天,犒赏达30万元'"②。可见这些富有的军阀们,为了看戏听曲是十分愿意付诸于金钱投入的,而当时的名艺人们的财富积累十分可观。

"尽管他们的这种生活方式是奢侈逸乐的,但是却给无数的工匠带来了工作的机会。他们不仅为穷人提供工作,而且还成为人们效仿的对象。上

---

① 资料来源:天津卫华信息网—文化新闻,http://www.tjwh.gov.cn/whxw/bendi/0707/070708-lswh.html
② 引自文斐:《我所知道的北洋三雄》,中国文史出版社2004年,第100页。

层社会对文明的享受鼓舞了贫穷的劳动者勤恳和节俭,以此来提高他们的生活状态。正是由于安逸奢华的富人和勤劳节俭的穷人两大群体的共同存在,才促使社会在理性和感性上的进步,才完善了社会的文明程度。"①"文化的核心体现出的是天津整体社会的价值观,它决定了社会成员、社会群体的理想和目标,成为其社会成员的统一行为准则。"②

寓居天津的寓公们虽然下野,仍然拥有雄厚的财富和较高的社会地位,他们对曲艺这种传统文化的推崇,无疑给天津的社会各阶层人民树立了榜样。他们对曲艺的文化消费,不仅促进了天津曲艺音乐市场的繁荣,还为曲艺艺人的生活提供了有力的保障。另外,寓公阶层大多受到良好的教育,其欣赏水准相比一般老百姓要高,它们对艺人们的要求也会更高,只有在唱工和表演上获得观众的认可,艺人们才能成为名角,并获得更多的收入,这无形中促成了演员之间的竞争,并且进一步促成了艺人们对本曲种的改革与创新。

但是,我们必须看到,无论是清廷遗老还是下野军阀,既然"寓居"天津,即表示已经失势,没有实权。文化是身份的标志,曲艺音乐正是这些寓公们在天津身份的象征。曲艺音乐之所以在天津繁荣起来,具有多方面的社会原因,但笔者认为这其中最为重要的就是基于人们对传统的热衷和特殊社会群体对这一音乐品种的推崇。

## 结 论

通过对天津曲艺的考察,我们看到了音乐现象与社会之间的复杂联系。从天津三大文化区域的划分中,我们可以清晰地看出天津文化呈现出本土—多元—外来的逐渐渗透的趋势,这不仅是对天津文化圈划分的纵览,具体到每一个区域内相对独立的音乐受众群体,更是体现出天津市民音乐文化倾向在地域上的选择。

低文化区域和高文化区域的划分,其实是每个社会中必然存在的现象,然而,天津的特殊之处就在于,将曲艺这种市民文化推向了高层次。文化本

---

① 转引自孙逊主编:《都市文化研究第一辑——都市文化史:回顾与展望》,上海三联书店 2005 年,第 4 页。卡尔修斯克文著,杜恺译:《欧洲思想中的城市观念:从伏尔泰到施宾格勒》。

② 赵连文、张玉玲编著:《社会学引论》,中国社会科学出版社 2010 年,第 241 页。

身是划分社会身份的标尺之一,在天津,曲艺走出市民文化的阶层,而获得了更高一级社会成员的推崇,推动了天津曲艺的繁荣。而在这一文化现象背后,与天津特殊的社会历史阶段性特征不无关系,在进行着巨大社会变革的近代天津,曲艺音乐的繁荣绝不能回避与社会因素的决定作用。

德国学者阿多诺认为"社会是艺术的本源",他曾说"音乐表现社会越深刻,就越不回避社会的指向"①。外国租界的建设,从另外一个侧面促进了天津近代城市化的大发展,进而为曲艺音乐的繁荣提供了坚实的社会基础,"寓公"阶层的移居、高文化区域的形成,成为了天津曲艺音乐繁荣的内在动因。

(《天津音乐学院学报:天籁》2011年第2期)

---

① 作者转引自于润洋:《对一种社会学派音乐哲学的考察》,载《中国音乐学》1995年第1期。再转引自曾遂今:《音乐社会学教程》,中国传媒大学出版社2010年,第11页。

# 媒体·视觉·性别
## ——以清末民初天津画报女性生活为中心的考察

侯杰 李钊

清末民初国族危机日益加深,画报逐渐兴起,一种石印画报在知识分子希图开启民智的诉求中应运而生。这些诞生在上海、天津、北京等大城市的画报,秉持传统士人的良知与近代知识分子的使命,以黑白为底色,结合犀利的文字,发挥了舆论监督的作用,并且真切、具体、集中地展现了清末民初中国社会性别的复杂关系,热衷于社会性别关系与制度的调整。

经历着清末民初社会变迁的天津出版了《醒俗画报》《人镜画报》等刊物,呈现出天津乃至中国社会性别制度与观念新旧交替、中西杂糅、传统与现代并陈的奇特景观。这两种画报一脉相承,均在图上配以白话文,以浅白、通俗的文字,记述社会上发生的大事小情,不仅起到了新闻宣传的效果,对于开启民智、开启女智,更是不无裨益。

## 一、两份弥足珍贵的画报史料

《醒俗画报》于1907年3月23日(光绪三十三年二月十日),在天津北马路启文阅报社内创刊,后迁城内鼓楼东大街。该报由普育女学创办人温世霖和私立第一中学堂(后改为南开中学)英文教习吴芷洲共同发起创办。第一任主笔为陆辛农(笔名新农、醒农、馨农、文郁),慈惠寺小学堂长张绍山负责编辑文字。在第二期上,报馆就旗帜鲜明地提出办报宗旨:"本馆同仁以唤醒国民、校正陋俗为宗旨。录事概用图说,以期人人易知易解。"①《醒俗画报》本身的规模并不甚大,所以诚邀社会各界人士投稿:"本馆访事人员无多,如有热心志士见有关乎风俗人心等事,请函致本馆,量事酬谢。"②但其并

---

① 《醒俗画报》,光绪三十三年二月中旬,封面。
② 《醒俗画报》,光绪三十三年二月中旬,封面。

不是一份普通的市民小报,而且对稿件质量要求较高,曾明确表示:来稿"如有不合本馆宗旨及经本馆覆查不实者概不登录"①。

创刊之初,《醒俗画报》"每旬出版一次,每次十图,装订成册,以便流览"②。该画报设计简朴,功能性强,封面上绘有花卉,印有刊名、期数;封底有报馆的地址、电话号码、价格等。这份被装订成20页的画报,发行价格也较低廉。"本埠每月三本,铜元二十一枚。零售每本铜元七枚。外埠每月三本,大洋二角五分,全年三十五本,大洋二元五角。外国每月三本大洋三角五分,全年三十五本,大洋三元五角。(邮费在内闰月加算)。"③从编排的形式和具体内容上看,基本上是一文配一画,叙事掺杂议论,针砭时弊。《醒俗画报》在天津等地拥有一些读者,因此,不仅在天津发行,而且还远销华东、华北、东北等地。这从发行代售地点的分布中即可见一斑。"天津乡祠前李茂林、闻元书局、华洋书庄,北京五城学堂张黼廷君,保定唐家胡同冯霭堂君,烟台天茂栈杨墨棠君,锦州华丰盛,山海关信成源,营口卫生局,奉天财政处,河南陆军学堂温佩珊君,湖南袁兴盛袁茂亭君,张家口下堡大亨店,济南府和记,镇江福兴润信局,上海福兴润信局,杭州福兴润信局"④等处均可购得该画报。

由于受到读者的欢迎,从1907年7月14日第13期起,《醒俗画报》改为五日刊。为此,报馆发表声明:"自今春组织画报,颇蒙诸大君子不弃,销路甚广。今拟自六月起大加改良,五日出版一次,每月计六册,材料务取其丰,价值力求其广。定价,每册铜元六枚。恐未周知,特此布闻。"⑤

1908年5月4日,《醒俗画报》更名为《醒华画报》,每月发行9期。在《醒华画报》第2期上就更名一事做出了这样的解释:"本报出版已届一年,猥蒙社会欢迎,并屡承指教。今自七十二期起,更名《醒华》……内容则大加改良,以期丰富。绘事务求精良,文字务求浅显。"5月16日,该刊增发了双日刊《醒华日报》,后来又改为日刊。10月30日报馆迁至奥租界大马路(今建国道)。1910年8月,《醒华画报》与《醒华日报》合并,每月由发行9期改为15期,逢双日出版。到1912年,《醒华画报》的日发行量达到1200份,在

---

① 《醒俗画报》,光绪三十三年二月中旬,封面。
② 《醒俗画报》,光绪三十三年二月中旬,封面。
③ 《醒俗画报·一些告白》。光绪三十三年二月中旬,封底。
④ 《醒俗画报·一些告白》。光绪三十三年二月中旬,封底。
⑤ 《醒俗画报》,光绪三十三年五月下旬,封面。

社会上产生一定的影响。据考证,《醒华画报》大约于1913年1月(共1618期)停刊。

《人镜画报》的诞生与《醒俗画报》的一次分裂有关。1907年夏,时任天津巡警道的段芝贵以女伶杨翠喜为"礼物"行贿慈禧宠臣载振,谋求黑龙江巡抚一职,是为"美人贿赂案"。画家张瘦虎以"愁父"为笔名,做讽刺画《升官图》投稿《醒华画报》。该图构思巧妙,中间太师椅上坐着一位时髦美女,手持一把折扇,扇面上画着黑龙江地图。一位清朝官员跪在时髦美女的脚下,用手指着时髦美女用脚踢给他的另外一顶花翎官帽。对于这幅极具讽刺意味的画作,陆辛农与温世霖高度重视,决定立即排印,并以单独一页的篇幅,随报发行。就在画已印好准备派发时,突遭吴芷洲扣发。双方发生争执,导致陆辛农与温世霖愤然离社,与顾叔度另外出版、发行《人镜画报》①。

在中国历史上,《人镜画报》可以说是现代意义"漫画"的滥觞。该画报于1907年7月22日(光绪三十三年六月十三日)创刊,取名人镜,意为"以人为鉴之义"②。该画报为周刊,每册售铜元9枚,馆址在天津日租界旭街德安里,主要栏目有图画、论说、谭丛、中外新闻及科学小说等。正如编者所言:"本报内容自谓丰富,虽题曰画报,实含有字报之性质……自言论、谈丛及各种新闻外,益之以新发明种种科学之原理,并最有兴味之小说,或撰自理想或译自瀛海,以形完备而扩见闻。"③学术界认为,清末天津的《人镜画报》,"最早开始有画家从政治事件中或日常生活中取材,透过夸张、比喻、象征、寓意的手法,表现幽默诙谐的画面,借以讽刺和揭露事物的真相,现今的漫画才逐渐成形"④。但这些画并不全被称为漫画,而有讽画、滑稽画、寓意画、时事漫画、时画、谐画等不同名称。

《醒俗画报》和《人镜画报》这两份天津画报,虽然出版的时间长短不一,但却都见证了清末民初中国社会的变迁。社会的巨变集中体现在经济、文化、教育、风俗习惯、社会性别等诸多方面,画报既是社会变迁的结果,又在某种程度上成为社会变化的记录者和引领者。《醒俗画报》和《人镜画报》的内容极为丰富,从记录时事到针砭时弊,从阐释风俗含义到批判陈规陋习,铭记了一幕幕天津乃至中国各地社会性别风貌的鲜活场景,让处于失语状

---

① 陆惠元:《清末政治丑闻与醒俗画报》,《天津文史》第26期。
② 《人镜画报》第一册,光绪三十三年六月十三日。
③ 《人镜画报》第一册,光绪三十三年六月十三日。
④ http://www.tpml.edu.tw/comic/family/family.htm.

态的女性群体留下了可以被揣摩的映像，让很容易被淹没的普通女性的历史留下了丹青的印记。丹青文墨，相得益彰。虽然《醒俗画报》《人镜画报》从绘画技巧和画面的精美程度上看，与上海的《点石斋画报》略有不同，但是它那入木三分、犀利精辟的点评之语却是同时期其他石版印刷画报难以望其项背的。尤其是它们对官府侵害与利用、操纵女性的猛烈抨击，更是一针见血、不留情面。实事求是地说，这也成为《醒俗画报》和《人镜画报》的特色之一。

《醒俗画报》《人镜画报》无疑是难得的、珍贵的史料，其中凝聚了诸多报人的心血与智慧。他们通过为画报绘图配文，用尽丹青笔墨期望"人心风俗足资劝惩"，实现着"怀揣着的改良社会、沟通风气"①的美好愿望。

## 二、解读画报史料中近代话语下的女性

在画报中的女性即使不是全部默不做声，也多半是充当着被刻画、被描述的叙述客体。这种女性的刻板形象延续至今，影响着后人对清末民初中国女性生活的认知，同时也促使人们对女性声音的期待，对女性解放的希冀，以及对女性能够灵光闪现的关注。从某种程度上来说，这种刻板印象不断强化着人们对"新"女性的认同，并把人身独立、人权自主的价值观定义为现代性的特质。而"过去"往往是"传统""封建"或其他落后特征的集合，并认定这些因素造就了她们默不做声的生存状态。显然，在清末民初人为地设计定出"传统"与"现代"的分割点，把熟悉转化为陌生，把昨夜界定成神秘的过去，并规划理想的憧憬，使用的唯一工具就是比喻语言的技巧②。这一时期，中国女性真实的生活状态究竟如何，她们的生活空间究竟有多大？则是需要重新考察的。

值得注意的是，这也是清末民初男性知识分子在探索现代化之路时的一种手段，即将女性的不同特性符号式地定位在"传统"和"现代"框架之内。例如，缠足就是"传统"的陋俗，接受教育就是"新"女性的突出标志。这是我们在关注包括画报在内的报纸媒体，展开社会性别分析时应该特别予以注

---

① 《人镜画报》第一册，光绪三十三年六月十三日。
② 参见凯思·詹金斯著，江政宽译：《后现代历史学》，台北麦田出版社2000年，第256页。

意和认真寻求的。

陈东原在《中国妇女生活史》中称,"女子为男子莫大的赘疣"①,这种刻板印象,在清末民初天津画报中大量存在并且集中体现在两个方面:闺阃废物和有伤风化。

(一)家庭空间内的女性批判

在报人们看来,"我国女界,其箴诫之最古而可存者有二:一曰女子无才便是德;一曰三从四德。斯二者,皆女子群中极有价值之宝典也"②。在这两宝典的指导下,造成非常悲惨的社会现实:"中国闺阃,向称废物"③。

报人们认为:这样的结果与女性自身也有一定的关系。因此,画报中录有两例典型,以证明女子在家庭中作为受教育者和施教者皆要受到批判。其一:"旧昨……见一群小女孩,大者十一二,小者七八龄,互相詈骂……并有一人云,此女出口颇不善,从小不吃亏,将来必不至落人后云。"报人在按语中写道,"中国无家庭教育,而小儿女之举动大半野蛮……不知此日女孩将来慈母,今竟无教育如此,日后结果,不问可知。然一辈传一辈,又何怪此一群女孩耶?"④其二:"一妇怀抱小儿年约三四岁,妇以骂人秽语教之,儿即如其言而骂,旁观者皆大笑,群以此儿灵敏,交相称誉,该妇闻之亦扬扬得意云。"报人在按语中感叹,"家庭教育,母教为先……今其母不教之以正,使其口出秽语以为乐,积久习惯,其不骂詈父母者几希。友人曰:此之谓中国家庭教育法"⑤。透过这二则报道以及报人的评论不难发现,清末民初的报人们把女性的生活划入一个关乎"未来"、"教育"、培养国民之母的框架之内,提出"如欲养成极好的儿郎,惟有两个法子,曰:快兴女学吧!快兴女学吧!"⑥直至目前,类似"小女孩的互相詈骂"和"妇人教训小儿的话",以及"惟凌虐婢仆之手段为家庭教育必修之专科"⑦等等"典型",已经成为女性"缺乏教养""封建落后"的象征、符号。殊不知,这样的刻板印象既来源于人们对生活的观察和认识,也源于清末民初报人——男性知识分子的笔端。

---

① 陈东原:《中国妇女生活史》,上海商务印书馆1998年,第328页。
② 《人镜画报》第五册,光绪三十三年七月二十一日。
③ 《人镜画报》第二册,光绪三十三年六月二十日。
④ 《醒俗画报·女学宜兴》,天津博物馆藏剪报本。
⑤ 《醒俗画报·教子新闻》,天津博物馆藏剪报本。
⑥ 《人镜画报》第十一册,光绪三十三年八月二十二日。
⑦ 《人镜画报》第二册,光绪三十三年六月二十日。

因此，人们有理由对通常研究女性时所依据的史料进行一些反思：历史对女性家庭生活的大张挞伐实为文人意识作用的结果，与男性精英知识分子撰写的历史文本不无关系。由于这些男性精英知识分子掌握了记录历史的权力，与他们认知相悖的历史就必然被排除、被扭曲或至少被简化。面对这样的历史记录，后人如果缺少自觉，难免会沿着前人设定的思想轨迹继续前行。

于是，历史学家们面临两难处境，一方面需要借助于一定的记载历史事件和人物的文件、材料来进行研究，另一方面必须承认历史研究受到材料的某种限制，要清醒地意识到并不是所有发生过的历史都留下了详尽而客观的记录。哪些事实予以记载，以哪种方式记载，是经过了记录人的评估和选择的，不可避免地带有记录人的主观色彩。上述两则画报媒体图文互观式的报道、评论都可以说是女性生活片段的"剪接特写"，本身就带有被建构的痕迹。让哪些史实呈现，按什么样的方式呈现，都是由报人们来决定的，表达着他们的主观意图，树立着男性精英知识分子的社会形象。

（二）社会空间内的女性议论

清末民初涉足社会公共领域的中国女性毕竟是少数，虽为男性精英知识分子所倡导。为社会各界人士所关注的仍然是娼、妓、优、伶等女性的社会身份和日常生活，在"现代"话语下被视为必须医治或割除的"毒瘤"。

毋庸讳言，她们的行为举止乃至存在本身，被士绅和知识分子认为是与中国社会道德规范相抵触的。报人们往往会借助新闻报道，不失时机地强化这种认知："坐车者均系下流妇女，其一车载女子二人，互相环抱，恣为欢笑，招摇过市，绝不知羞。此于风化有绝大的关系，望有地方之责者，严行禁止，有以正风俗而养廉耻也。"①

更有甚者，报人们绝不能坐视新出现的"女伶"破坏业已形成的社会秩序而不予置评。"新辟之南市，异常热闹，其繁华不减日界，而日界最发达者，莫过于女伶之下处。闻有某淘汰者（淘汰解见本报第一册）与一幼稚之某女伶交好。"②可见，清末民初包括报人在内的男性知识分子将某些女性及其群体与近代问题化的社会规范紧密联系在一起。这不仅体现在他们对女性生活、行为的批判上，同样也表现在对女性所参与的社会活动之展示上。

---

① 《醒俗画报·风化攸关》，天津博物馆藏剪报本。
② 《人镜画报》第五册，光绪三十三年七月二十一日。

检视这两则"风化攸关"报道中所使用的字眼,如"恣为欢笑,招摇过市""繁华不减""女伶之下处",似乎让笔者看到王家卫式的"洋场""旗袍""百灵台""迷茫的眼神"……20世纪80年代后的音像媒体,已经将清末民初中国社会生活锁定为一个个意象派的画面。由于特定的历史需求造就了对某些历史记忆的媒体呈现,并反过来强化了人们对这些历史特征和场景的接纳、认知,其他的方面则被忽略,乃至删除。

然而,历史的"原初"(The original)"破坏社会良好风尚"的女性及其行为,与经过清末民初报人们重建(The restored)和体现(embody)的主体和行为或许根本就不是统一的历史与历史事实之间的关系。我们甚至有理由问,真的是她们破坏了良好的社会风尚吗?这些原本被以为是历史认同的结果的性别表述,却融入构建此一认同过程之中。正如巴特勒所言,"性别"既非本质先验,而是一连串的身体行为的重复排演实践而来①。最终,借由描绘"下流妇女……招摇过市,绝不知羞"的评述,以及通过画面重塑这个过程后,她们(下流妇女)的历史事实、他们(清末民初的报人)的历史叙述、他们(20世纪80年代后的影像再现者)的历史重现,三者连同读者、观众进行着有关清末民初中国女性在天津社会公共领域位置、身份、生存状态的"文化协商"(cultural negotiation)。

在《历史的真相》一书中,嘉尔丝·艾波比(Joyce Appleby)等人注意到了知识重建在改变原有的历史事实中的作用;社会史学家研究了参与历史发生的不同对象。显然,这些或客体、或主体,处于不同阶层,分属不同性别,站在不同时空角度的人对历史的理解是非常不同的。这种情况导致了一元历史观的破灭。历史学家发现,并没有普遍的人性和观念,所有的观念、行为都是特定文化的产物。为了理解和说明这些观念、行为,历史学家必须抛弃普遍主义的态度②。

与画报中呈现的女性"风化攸关"的议题不同,在一则名为《感人也深》的画报评论文字中有几处话语颇值得玩味。"女伶金月梅昨在东天仙演唱慈虐异报新戏……演至继母爱惜前子,至令己子代为受刑,座客多有落泪者。及演至后母虐待前女,又无不为之切齿焉。噫,戏剧之感人深矣。所可

---

① See Judith Butler, *Gender Trouble*, New York: Routledge, 1990, p. 25.
② Joyce Applebym Lynn Hunt and Margaret Jacob, *Telling the Truth about History*, New York: W. W. Norton, 1994, pp. 152—159.

惜者,今之士大夫皆以为鄙而不屑道,至使移风之大权,堕落于一般无学无识之优伶之手。此淫靡之音,所以风行于世也。今有金月梅出而戏界为之一变,殆庸中之佼佼者焉。关心风化者,其亦于戏曲改良加之意乎?"①

女艺人演唱"文明新戏"的行为本该受到褒赞,但报人却用了"所可惜者""堕落于一般无学无识之优伶之手""此淫靡之音"等字眼来表达对掌握移风大权者的鄙夷。于是我们在"感人也深""戏界为之一变""加意于戏曲改良"这样的大主题下看到了男性精英知识分子对女性身份地位的关注,从而理解了清末民初中国社会历史的复杂性和多样性。事实上,报人对事件、人物的选择,对材料、角度的取舍,对历史事实的解释并不都是十分随意的,总是与他们所处的那个时代的风尚、学术氛围和他们的认识水平相关。当代后现代主义学者汉斯·柯尔纳(Hans Kellner)就直截了当地提出:"所有的历史……对有知识的读者来说,都只是故事的一部分,是一种明显或隐蔽的历史叙述。那种纯洁的、没有处理过的材料的追求,希望它们能提供更新的和更真实的观点,注定要以失望而告终。世上不存在没有经过处理的史料,一旦一件实物或文件被认定为史料,它就已经深刻地反映了一个文化系统。"②

总之,以《醒俗画报》《人镜画报》为代表的清末民初天津画报媒体上展现的女性形象于男性精英知识分子的讨论中起了重要的意识形态表征作用③。

## 三、结论

近年来,随着西方学术界社会性别理论及实证测量工具的广泛采用,特别是大陆地区清末民初报纸媒体的大量影印,推动了媒体和社会性别研究的兴起。在研究现存的清末民初"画报"史料时,发现其中有很多与社会性别史相关的议题,同时也可以洞悉社会性别史研究中所存在的某些盲点。遂不可避免地涉及一个形而上的问题,即关于主体建构与历史经验之间的

---

① 《醒俗画报·感人也深》,天津博物馆藏剪报本。
② Hans Kellner, "Language and Historical Representation", in Keith Jenkins, ed., *The Postmodern History Reader*, London: Routledge, 1997, pp. 127—137.
③ See Mary Poovey, *Uneven Development: The Ideological Work of Gender in Mid-Victorian England*, Chicago: University of Chicago Press, 1988.

关系的问题,其中突出地表现在清末民初男性知识分子与被刻画成叙述客体的女性之间。

在经历了1895年甲午中日战争后,有社会责任感的男性知识分子们痛切地感受到中国社会危机之严重,国家主权之脆弱。他们深刻地认识到经济、政治与社会性别关系的变化在所难免。正是出于这种焦虑,男性知识分子感到形势随时有可能变化,必须果断地实施目标明确的手术以避免进一步恶化。而需要立即解决的问题在于找出病患的关键部位,医治病根。例如,缠足女人用的小鞋和瘾君子的烟枪被当作中国特有的物品在外国展览时,他们深切地感到这就是令国家民族蒙受的奇耻大辱。于是,男性知识分子有针对性地提出"不缠足、兴女学、改良风化"等主张,意在改变女性的孱弱、无知,以此防止外来入侵不断深入,解除社会危机。他们在事实上接受了这样一种说法:如果一种社会制度将女性当作下等人,那么这个制度下的国家只能是贫弱的①。

于是,中国女性的建构,与历史、文化、国家、社会便不可避免地产生了相当大的关联性。但清末民初的报人在定义"她们"时,所面对的未必仅仅是生活在这一时期的中国各界女性,而是按照时代的变革、变革的话语来重新概括与诠释,希望并要求她们走出"传统"走入"现代"。所以,女性在清末民初被广泛地标签成社会问题,代表受践踏、妨害风化以及危险。男性知识分子们常常把女性的问题视为国家、民族所蒙受耻辱的所在。在女性主体行为和这个话语体系的交互作用之下,有关"中国女性"的论述成为讨论其他问题时的重要符号。对于实际存在的数以亿计的"中国女性"而言,她们的社会生活运作在历史逻辑所提供的优先选择中,所反映的既是一个思维的圈套,也是一种话语困境。女性在原本不为她们所设计、主宰的世界里,承受的负担往往是源自形而上的分殊。这个分殊包括时间经历上的支离、空间过渡上的割裂、叙述话语之中的滞塞,以及在主体建构过程中所付出的精力与代价。

简而言之,从清末民初天津画报中我们看到这样的历史事实:男性精英知识分子怀着骇惧的心情,思考着积贫积弱和危机四伏的民族之现实与未来,将中国女性作为国家灾难的象征,以图文互观的方式书写进历史。有鉴于此,我们认定历史和历史制造者之间的关系并非单纯的被发现和发现的

---

① Hrriet Sergeant, *Shanghai*, London:Jonathan Cape Press,1991,p. 3.

关系,还隐含着被构建和构建的关系。这一组组图画和文字所以被呈现,并不仅仅是因为它们确实发生过,而是因为它们满足了清末民初知识分子既定的"蓝图",充当了这张蓝图所需要填充的颜色或符号。应该肯定的是,在这些文字和图画背后有着更多的"历史事实"被遗漏,未被记录、描绘下来。

故而,我们有必要在分析这些"颜色""符号"的性别状况时,诠释这幅画的整体构图和为什么要这样构图以及运用这样"颜色"和"符号"背后所蕴含的深层原因。同时提醒历史学者注意自己在生产历史叙述时要进行精心编织,也应该留意所阅读的一切文字材料中精心编织过的痕迹,以及颇具匠心的掩盖①。

总之,我们在借助画报媒体考察清末民初中国历史的时候,适当地加入社会性别分析的视角,有助于展示宏大叙事下往往被忽略的历史图景。性别关系是社会文化透过日常生活行为构建出来的,而透过深层的社会结构亦能分析出日常生活中支配人们行为的文化习俗。中国女性的自我意识及社会要求,在不同的时间及空间背景之下产生,也必然会在不同的图景中直接或间接地表达出来。

(《南开学报》哲学社会科学版2011年第2期)

---

① Robert F. Berkhofer, Jr, *Beyond the Great Story: History as Text and Discourse*, Cambridge, Mass.: Harvard University Press, 1995, pp. 20—21.

# 民国时期范旭东企业集团的环境意识与实践

李志英

范旭东企业集团①是 20 世纪上半叶中国规模最大、技术最先进、生产效益最突出的化工企业集团。技术上,它以发明了侯氏制碱法而闻名于世。效益上,它以打破了英国卜内门公司对中国纯碱市场的垄断而令国人扬眉吐气。它的发展在中国近代工业史、中国近代化工史上都占有重要地位。范旭东企业的卓著成就,早已引起学术界的关注,研究成果颇多。至今,学界的研究主要集中在范旭东企业集团的发展历程、管理模式、技术进步、人才引进与培养、科研模式与科研成果等方面,从环境意识和实践的角度进行研究的尚未得见。然而,化工业是与环境联系最紧密的工业生产行业之一,其产品的生产过程以及产品的应用极容易造成对环境的影响。因此,从环境影响、环境意识和环境实践的角度对范旭东企业集团进行研究,对于深化对范旭东企业集团的研究有重要学术意义,同时,对于深化近代工业发展史、化学工业发展史的研究以及工业环境史的研究都有积极意义。

## 一、范旭东企业集团的形成

中国的现代化学工业产生于 19 世纪 70 年代,是随着西学、西艺进入中国以及洋务派举办军用和民用工业而产生的。但 19 世纪末以前一直发展缓慢,不仅工艺落后,规模也不大。甲午战争后,全国上下呼吁设厂自救,由此带来的社会变化和社会经济发展,为化工业的进一步发展提供了条件。政府对民间举办工业的政策性转变,特别是奖励政策的出台,为工商业的发展

---

① 范旭东企业集团是近代企业家范旭东创办的近代化工企业集团的简称。因其在发展过程中形成了以久大精盐公司、永利制碱公司和黄海化学工业研究社为核心的企业集团,又被简称为永久黄集团。

提供了较为宽松的社会环境。救亡图存、实业救国、工业救国思潮的广泛传播,为社会经济的发展提供了思想基础。除此之外,中国第一批接受了完整现代科学教育的科学家和企业家出现,为化学工业的发展提供了人才支撑。

中国传统的科举制度无法造就掌握现代科学知识的人才。1862年,清政府举办京师同文馆,中国的现代科学教育诞生。1870年,清政府又开始派幼童赴美留学,开中国政府外派留学生之滥觞。20世纪初,清政府实行新政,加大了向外派遣留学生的力度,出洋留学生逐年增加。其中,赴日留学人数增加最多,日本逐渐成为中国最大的留学生派遣国。这主要是因为经过明治维新之后,日本发展迅速,很快就强盛起来,并且在甲午战争中打败了中国。朝野上下都震惊于日本的发展,希望了解日本、学习日本,改变国贫民弱的局面。加之日本距中国较近,资费较省,故政府民间均乐于遣人赴日留学。留学生大多怀有救亡图存之志愿,因而多学习师范、军事、法政等学科,以此为救国之急需。但是,对于他们认为有用的新知识,如工商各业、物理化学、土木测绘、音乐美术等,也无所不学,并且终日伏案,极其勤奋。

辛亥革命爆发后,这些留学生以为帝制推翻,民国建成,到了建设新中国的时候,又纷纷回国,于是完整接受现代科学教育的人才大量出现。这些人进入实业界,就出现了不少新式企业家以及技术人员。与此同时,国内的学校教育也逐步发展起来,培养了各类初、中级化工人才。这样,化工的人才梯队初步形成,为化工业的发展奠定了基础。于是化学工业在民国初年获得了比较大的发展,其中最杰出的代表就是范旭东企业集团。

范旭东企业集团的创办人是范旭东。范旭东(1883—1945),原名源让,字明俊。湖南湘阴人,世居长沙。祖父做过知县。父未能永年。他少年时代即对封建制度产生背逆之心,"八股文代圣贤立言,但我要自主,我有主见"①。1900年,其兄范源镰在湖南暗谋举事,响应唐才常的自立军起义。不幸事泄失败,不得已东渡日本避难。临行时恐累及胞弟,乃携弟同行。在日期间,范旭东"强烈地意识到自强不息、富强中国的神圣职责,就此改名范锐,字旭东"②。

到达日本后,范旭东先学习了一段时间的日语。1905年中学毕业。同

---

① 任志远:《纪念范旭东先生》,《海王》第十九年第2期,第13页。
② 余啸秋:《一个创业者的成长》,转引自张同义:《范旭东传》,湖南人民出版社1987年,第5页。

年考入第六高等学堂学医。1908年进入京都帝国大学理学院学习应用化学,1910年毕业。翌年,辛亥革命爆发。于是范旭东满怀实业救国的抱负回到了祖国。先在政府部门供职了一段时间,但目睹政府的腐败,他深为失望,愤而辞职,"找我自己的路走了"①。

为了改革盐政积弊、改变中国人食盐粗劣的状况,范旭东于1914年利用自己所学专长,在塘沽的盐碱滩上创办了久大精盐公司,使用新法炼制精盐。公司成立后,虽然受到旧盐商的阻挠,但产品销路极旺,发展迅速。1918年,久大在天津的精盐厂已经发展到六所。1922年,北洋政府收回日本在青岛的盐田,范旭东以80万元中标,联合山东盐商组建了永裕盐业公司,并取得了盐产品输日的供应权。至1925年,久大精盐公司已经发展成为中国最大的精盐公司,年产量由最初的3万担增长到50万担。公司资本从最初的5万元增长到250万元。

久大的成功,激励了范旭东的斗志。他决心创办碱厂,打破外商对中国的垄断。碱是人民生活的必需品,但是中国的碱生产一直很落后,手工生产的碱质地粗劣,杂质极多,食用后不利于健康。碱又是化工业的基本原料,是玻璃、造纸、纺织、印染、有机合成等化工行业不可或缺的原料之一。20世纪初,随着世界制碱工业的迅速发展,酸碱产量的高低,已经成为衡量一国工业盛衰的重要标准之一。彼时,中国工业生产所需的纯碱,"除一小部分称为口碱的天然碱从张家口运往各地外,绝大部分都是依赖英国卜内门公司输入的洋碱供应市场"②。第一次世界大战期间,卜内门公司恶意垄断,给中国工业的生产带来了很大困难。

对于卜内门的行为,范旭东十分气愤。他认为中国再也不能仰人鼻息了,必须创办中国自己的制碱工业。恰在此时,东吴大学化工系毕业的陈调甫等人在苏州试制成功纯碱,并慕名前来拜访范旭东。几个人志同道合,乃向社会募资,于1918年11月在天津成立了永利制碱公司。范旭东任公司总经理,范氏留日同窗、金城银行总经理周作民任董事长。永利制碱公司成立后,历经重重困难。先是新法试制纯碱失败,资金周转失灵,继而英商卜内门企图借投资吞并永利。面对重重困难,范旭东不畏艰险,一方面继续以久

---

① 范旭东:《久大第一个三十年》,全国政协文史资料研究委员会、天津市政协文史资料研究委员会编:《化工先导范旭东》,中国文史出版社1987年,第204页。

② 陈调甫:《永利碱厂奋斗回忆录》,全国政协文史资料研究委员会、天津市政协文史资料研究委员会编:《化工先导范旭东》,第56页。

大的盈利支持永利试制纯碱,一方面指示总工程师侯德榜赴美考察技术,找寻失败原因。1926年6月,永利制碱公司终于用当时世界上最先进的苏尔维制碱法试制成功纯碱,打破了卜内门独霸中国市场的局面。同年8月,永利制碱厂生产的"红三角"牌纯碱在美国费城万国博览会上获得金质奖章。从此,永利的产品开始进入国际市场,生产蒸蒸日上。在发展了制碱工业后,范旭东又与侯德榜一道带领员工开始向化肥制造进军,于1936年创建了南京硫酸铔厂,并于次年正式出货。至此,范旭东企业集团已经发展成为中国最大的化工企业之一。

黄海化学工业研究社是中国最早的民办科研机构之一,由范旭东于1922年在原久大实验室的基础上创办,并专门聘请了哈佛大学化学博士孙学悟主持研究工作。范旭东认为:"近世工业非学术无以立其基,而学术非研究无以探其蕴,是研究一事尤当为最先之要务。"①他期望黄海化学工业研究社能够进行专题研究,解决生产中的技术难题,同时为企业培养技术人才。黄海成立后,做了大量应用化工研究,还做了大量相关领域的调查研究。其成果大多刊登在黄海的旬刊《海王》②上。黄海以其出色的科研工作极大地支持了永利、久大等集团生产企业的发展。

范旭东企业的良好经济效益,为黄海的科研奠定了雄厚的经济基础。范旭东企业集团的科学技术人员可以没有后顾之忧地从容进行研究工作。黄海科研工作的目的虽然在于盈利,但在"我们在精神上以能服务社会为最大光荣"③的公司信条导引下,研究人员对许多生产问题以及与化工生产有关的社会问题进行了大量调查和研究,研究方向和成果都体现了一定的环境意识和社会责任意识。

---

① 王培德、赵博泉:《"黄海"三十年》,全国政协文史资料研究委员会、天津市政协文史资料研究委员会编:《化工先导范旭东》,第159页。
② 《海王》是范旭东企业集团的企业刊物,由企业创办人范旭东于1928年倡议创刊,黄海化学工业研究社主持编辑刊发。所刊内容很丰富,包括时评、经济形势、企业动态、科普知识、员工业余生活、考察游记等等,但主要是企业科研人员的文章,国内外科研动态以及化学工业发展情况的介绍、化工业发展的动态信息等。
③ 《海王》第七年第1期,第25页。

## 二、范旭东企业集团的环境意识与实践

(一) 物尽其用的循环经济思想与实践

环境问题是近代工业发展到一定阶段逐步显现的问题,对环境问题的自觉意识也是工业、科技和文化发展到一定水平的产物。范旭东企业集团是民国时期中国技术水平最高的先进企业之一,侯德榜发明的侯氏制碱法居世界领先水平,企业有雄厚的技术积累。因此,企业的进一步发展、企业科研的进一步提升,必然会触及环境问题。

最初,范旭东企业的环境意识是循着中国传统的循环经济的环境思想路径展开的。在《海王》中有不少讨论充分利用各种物质的文章。如《海王》第六年第4期刊登了题为《介绍废物利用之沼气燃料制造法》的文章:"数年前,余在日本求学时,见日人有试验用垃圾、尘芥、稻草等废物制造沼气,以供燃料用者,颇感兴趣。归国后,每思试验,苦不得暇;今夏得黄海社之允许,乃制一简单装置,用马粪、稻草、麦麸、米糠等为原料,在社内使用,经两月之久,居然发酵成功,发生沼气,足以燃灯;惜装置未尽善,未能继续使用。但经此次试验,对于发生沼气法之应用,得略知大概,深信如装置加以改良,则吾国农村大可利用之!……沼气为一种发光性可燃气体,多含于天然瓦斯(Natural Gas)中,但利用纤维素(Cellulose)之发酵可以制造,是即所谓废物利用法。其法至为简单易举,所需原料,亦尽为农村剩余之废物,如麦秆、稻草、枯枝、落叶、米麦糠、麦麸、树皮、牛毛粪、大小便等等。尤有利者,为发酵完毕后,所剩余者,多含钾氮及腐殖酸等肥质,可以肥田;故此法应用于农村,无不合理。"①

《海王》第六年第22期刊载了署名凝的文章,文中提出要充分利用废物发展经济:"日本爱知县农事试验场,昨发表一件蚕粪养鸡的新试验,说蚕粪有与青草同等的机能,并且能使卵黄之色优良,鸡卵之味鲜美,蛋白质亦极丰富。果如此,真是废物利用,养鸡的可以得到一种经济饲料了。""朝鲜中央试验所,试用棉茎外皮制纸,近已成功……能得硬度纸质之制品……此种棉茎除制纸以外,用来制绳,比之麻绳亦无逊色……而剥皮后之废料,还可

---

① 光:《介绍废物利用之沼气燃料制造法》,《海王》第六年第4期,第50—51页。

以作为燃料。将来新兴事业中,此种棉茎当为一贵重材料也。"①在这两篇文章中,作者均明确宣称要充分利用废弃物,经营副业,提高工作效率。这两篇文章虽然主要是针对各种社会现象发议论,属于泛泛而谈,与化工业的联系不够紧密,但是体现了黄海科研人员的社会环境意识。

在关注社会现象的同时,范旭东企业的科研人员最注意的是化工业产生的废弃物的利用。《海王》第六年第 3 期刊登了署名瑾的题为《制造固体二氧化碳》的文章,文章指出:"当兹世界经济衰败之秋,各生产工厂,无不厉行紧缩,如废弃物之提取,副业之经营,工作效率之提高,皆在突飞猛进之中。即以美国碱厂而言,如马丝孙碱厂对于废物另创新用途,金刚石碱厂,附营玻璃工业;哥伦比亚厂,创立造胰公司;密之干碱厂,除举办水泥工厂外,近又制造二氧化碳;其他如英国卜内门碱厂,近年对于技术及工作效率,皆大进步,堪足为我人效法也。"②

另一篇署名纪的文章谈了精盐制造过程中产生的废卤利用问题:"久大因制过精盐的废卤,积如湖海,弃置了未免可惜,于是便有制造碳酸美牙粉、牙膏漱口水种种物品之举,此种物品均由盐卤中提出,故名精盐为'正品',而此各物曰'副产'。"

上述两篇文章,一篇涉及纯碱制造过程中产生的废弃物的利用问题,另一篇则直接谈及久大精盐公司生产中废弃物的利用。他们谈此类问题的出发点显然有企业效益的考虑,但其指导思想的着重点是对废弃物的充分利用,否则便"十分可惜"。这两篇文章虽然并未明确提出循环经济的概念,但其议论体现的是中国传统的"物尽其用"的循环经济的意识,其生产原则和所追求的生产效果符合循环经济的原则。

在实际生产中,范旭东企业初步实践了循环经济的理念。1932 年,久大公司的"牙粉销售一百数十万袋,牙膏三万筒左右,漱口水一万瓶左右,碳酸美三万磅左右,今年拟陆续出瓶牙粉、盒牙粉、雪花膏及扑粉等"。1933 年,久大公司副产物的生产独立,订立办事细则,另设副产部,专门负责利用精盐生产的废弃物生产各种产品,副产物的生产规模也日益扩大③。

---

① 凝:《几件产业新闻》,《海王》第六年第 22 期,第 344 页。
② 瑾:《制造固体二氧化碳》,《海王》第六年第 3 期,第 36 页。
③ 纪:《久大副产部的一个小报告》,《海王》第六年新年特刊,第 11 页。

（二）对生产效益的追求与对人的生命安全关怀的结合

大机器工业是以生产的高效率和效益的高增长为显著特征的，但是，高速运转的机器工业在带来高效益的同时，也带来了如何善待生命的问题。近代以来，世界工业的发展使生产安全问题日益凸显，中外许多工厂安全事故屡屡发生，工人的生命没有受到应有的保护，不少工人因此残障或者罹患疾病，有的甚至失去了宝贵的生命。

对于生产安全问题，范旭东企业集团从一开始就予以重视，《海王》常刊文讨论工厂生产的安全问题。彼时，国人还没有形成明确、完整的工业安全概念，安全问题还淹没在卫生概念内①。谈及工业卫生问题往往包括两个方面，工业生产安全与工厂的环境卫生。《海王》常刊载的有关工业卫生的文章，有的是介绍国外工业安全的经验，有的是讨论本国、本集团的工业安全问题，有的短小精悍的文章是介绍生产安全常识，还有的是探讨改善工厂环境卫生。

关于工业安全问题的产生，《海王》刊文认为是"由手工业进入机器工业时代以后，集团工作兴盛之结果"，虽"灾害之发生，本为难免之事，惟在尽最善之努力，务求其减少而已"。范旭东企业人已经认识到，工业安全问题与机器的普遍使用有关，是机器生产的产物，完全避免是不可能的，但是不应当以此为借口，忽视问题的解决，应当尽最大努力去减少工业事故。"故产业界人头脑中，须时常有一 Safety First 安全为先之观念，以期劳苦大众少牺牲若干生命与健康。"②范旭东企业人认为，在关注工人生命安全的同时，还应关注工人的身体健康问题，要考虑生产效率和生产质量问题，更要考虑保证工人的生命安全与健康，"工业与卫生关系，可以说十二分的密切，讲求工厂环境卫生的结果，可以使厂内工人工作效率在无形中增加，因而在质量

---

① 美国学者罗芙芸的研究证明，中文"卫生"一词的含义有一个转变过程。最初，卫生是与养生联系在一起的。近代以来"随着武装的帝国主义的到来，中国及中国人开始紧密围绕着这一词语而展开如何实现现代化生活方式的争论。它的含义偏离了中国的宇宙观并转而包含了国家权力、进步的科学标准、身体的情况以及种族健康。"（罗芙芸著，向磊译：《卫生的现代性——中国通商口岸卫生与疾病的含义》，江苏人民出版社，2007年，第1页）。

② 纯汉：《南京工业安全卫生展览会一瞥》，《海王》第八年第15期，第248—249页。

上,出品都可得充分的进展"①。

《海王》还大量刊文介绍诸如如何安全操作天车;如何检查橡皮手套的漏洞,保证电气工作的安全;如何安全上皮带;电线保险扣的系法;研磨机滚轮的速度,电线所能负担的安全电量;梯子使用的安全角度;如何使用灭火器;着火时如何应对;绳索相交的正确角度等安全生产常识。这些常识均涉及具体生产问题,显然属于生产工人的工作范围,其着眼点在于保障生产工人的安全显而易见。

除了生产环节的安全问题外,工厂的环境卫生也包含在卫生概念之内。这种工厂环境的卫生包括关涉人体健康的饮食、饮水、防病、娱乐等生活环境问题,也包括生产车间通风、排烟、空气质量等工作场所的环境问题。对于此类问题,范旭东企业的意识更清楚,从一开始就建立了完善的规章制度,并定期在《海王》披露,以便向全厂人员汇报工作并接受全厂人员的监督。

早在范旭东企业的第一个工厂——久大精盐公司建立时,厂方就把工人的健康和环境卫生问题放在了重要位置。厂内建有大厨房、大饭厅,工人理发、洗澡完全免费,还建有"俱乐部、图书馆、合作社、武术、球队、戏剧社"等,聘有专人指导,以便丰富工人的业余生活,保证工人的精神健康。同时建设了医院,聘请"医师、药剂师、助产等人员专负其责"②。

20世纪30年代初,范旭东在南京卸甲甸筹建硫酸铔厂,更加重视职工的健康问题。厂内专门设立了卫生室,负责全厂人员的医疗保健和环境卫生的管理。卫生室订有详细的工作计划,并要按月汇报工作,在《海王》上刊载,接受公众的监督。工作月报内容极其详细,包括卫生室的人员安排,各种规章制度及其执行情况;各种传染病的防治,新进厂工人的体检,生病工人的诊疗、病假修养;环境卫生的整治等等。

下面是1936年6月永利化学工业公司铔厂卫生室工作月报中有关环境卫生的汇报:

> 本厂地处乡村,一切环境均较城市为良,并请有专任卫生稽查员指导之。全厂面积一千五百三十二亩,共有员工一千七百余人,雇佣清洁

---

① 游连福:《工厂环境卫生》,《海王》第九年第7期,第107—109页。
② 范旭东:《久大三十年》,赵津主编:《范旭东企业集团历史资料汇编——久大精盐公司专辑》,天津人民出版社2006年,第269页。

夫十八人,全厂面积除稻田等约七百亩外,平均清洁夫一人管理地亩四十六亩,员工百人有清洁夫一人负担清洁事项,此种比例数,较津厂卫生队为佳,但本厂正在建设,废物产生比任何处为多,且各处厕所之清洁,工人饭厅地面之扫除,与工作地饮水之供给,均由清洁夫负责,故工作繁多,颇紧张也。全厂有关卫生环境之设备,列表于后:

| 名称 | 种类 | 数目 | 备考 |
| --- | --- | --- | --- |
| 饮水井 | 深300呎 | 1 | 以抽水机汲水现饮此井水 |
| 饮水井 | 深600呎 | 2 | |
| 饮水井 | 深900呎 | 1 | |
| 公共饭堂 | 长方形 | 1 | 职员用 |
| 公共饭堂 | 长方形 | 1 | 工人用 |
| 公共饭堂 | 方形 | 1 | 工人用 |
| 公共厨房 | 普通式 | 1 | 职员用 |
| 公共厨房 | 欧西式 | 1 | 外籍职员用 |
| 公共厨房 | 普通式 | 1 | 工人用 |
| 公共饮水处 | 白铁龙头式 | 10 | 各固定工作地用 |
| 公共饮水处 | 瓦缸式 | 6 | 临时外工工人用 |
| 公共厕所 | 自来水长坑式 | 2 | 共62个坑位,工人用 |
| 公共厕所 | 普通长坑式 | 6 | 共53个坑位,工人用 |
| 公共厕所 | 抽水马桶 | 5 | 共54座,职员用 |
| 公共浴室 | 混合方池 | 1 | 工人用 |
| 公共浴室 | 喷水式 | 12 | 工人用 |
| 公共浴室 | 浴盆式 | 20 | 职员用 |
| 公共浴室 | 喷水式 | 16 | 职员用 |
| 公共宿舍 | 楼式 | 200 | 每职员一间 |
| 公共宿舍 | 平式 | 84 | 每间6人或8人共住,大间每间三四十人住 |
| 农场储粪池 | 圆形式 | 18 | 面积每个50尺,容量每个56.16加仑 |
| 农场储粪池 | 长方式 | 1 | 面积200尺,容量135加仑 |
| 公共理发室 | | 2 | 职员用1,工人用1 |
| 牛乳场 | 建筑中 | 1 | 农场办理牛2 |

| 名称 | 种类 | 数目 | 备考 |
|---|---|---|---|
| 豆汁点 | | 1 | 厂外商人办理 |
| 公共娱乐室 | | 1 | 工人 |
| 贩卖室 | 饮食商店 | 1 | |
| 盥洗室 | | 3 | 职员用 |
| 各工作场地 | | 16 | 废物垃圾污水清除地 |
| 码头道路 | | 11 | 马桶2道路9短路半里长路5里 |
| 池塘沟渠 | | 27 | 池19沟8,共占地200亩 |
| 灭蝇工作 | | | 日日工作 |
| 卫生设备 | | | 视需要建议改良 |
| 卫生演讲 | | | 每星期一次 |
| 卫生训练 | | | 训练厨役挤牛乳夫 |

本月环境卫生工作可分项述之：

1. 地面清洁——本厂地面清洁,由清洁夫十一名扫除之。其扫除区域共分四区:大纬路之北各地为一区,大纬路以南、大经路之东为二区,在该二路西南之地,以南一路分三四两区。清洁夫之分配:计一区三人,二区二人,三区三人,四区四人,全厂逐日产生垃圾,自本月十六日起至二十日止,共计一四七五六立方呎,平均每日九八四立方呎,垃圾之处置,因其物质不一而异,可分填坑,掩埋两种,其他可利用之垃圾,如碎路、锯木、煤屑等物,则另堆聚,以待机利用。

2. 饮水——本厂饮水来源,可分江与深水两种,深水井共有四座,其深度由三百立方呎至九百立方呎不等,水质多矿物质,水之细菌测验,经京市卫生事务所数次检查,均无大肠菌发现,但因井水含矿物质太多,厂内员工多喜欢饮用江水,本室为安全起见,用漂白粉液消毒之。

3. 厕所管理——本厕所分职员、工友二种。职员厕所均为抽水马桶。工人厕所则有永久临时之别,永久者为长坑水冲式。临时者为旧式粪坑,二者共有粪坑一一五个。现在内外工人共一千六百余人,平均每十三人应用粪坑一处,适合标准数量也。工人厕所每日由本室清洁夫洗刷四次。

4. 灭蚊工作——本厂地址,原为水田,池塘特多,又加附件村落环境不佳,最易孳生蚊子。本室成立以来,灭蚊工作每日派员分别散油,平均每池每周有二次散油之机会。现时厂内蚊虫比城内为少,据一般观察,均谓本年厂内蚊子实较往年为少,足证灭蚊成效也。

5. 灭蝇工作——厂内共有储粪处十九处,均为产蝇之地。本室前采用氰化钠消毒,现厂中石灰甚多,改用石灰消毒,经过甚佳。①

从上面这个汇报中可以看出,硫酸铔厂对职工的卫生健康可谓关怀备至。从饮食到饮水,都有严格周到的安排。为了职工的身体健康,甚至专门饲养奶牛供应牛奶,还有豆浆供应。防病消毒、粪便垃圾、道路清洁等等事务的管理也十分严格,体现了精密的管理思想和高标准的环境卫生要求。

范旭东企业对于生产场地环境卫生的要求同样十分严格,"不论工厂的大小,对于卫生上最低限量的设置,厂屋必须要有充足的光线,上下对流新鲜的空气,无灰尘的飞扬,有煤火炉的烟筒通户外的装置"②。范旭东企业的人员已经认识到,工厂生产场地存在空气污染问题,会给工人的健康带来的危害,必须在行动上也采取相应的措施予以应对。1936 年 1 月在南京开幕的工业安全卫生展览会之第四部分有关生产安全的展览中,有永利铔厂翻砂工厂关于通风、排烟及工人宿舍与健康检查等照片多幅。可知范旭东企业集团在直接涉及生产的环境安全方面采取了众多措施,并在全国范围内达到了比较高的水平。

(三) 生产效益与社会责任同担当的社会环境意识

任何企业都是在社会中活动的,离开了社会,任何企业都无法生存,更谈不上发展。因此,企业的环境意识不应当仅仅是关注自身的,而应当关注企业的生产销售对社会的影响,承担起一定的社会责任。

这种面向社会的环境意识从范旭东企业诞生的最初就鲜明地体现出来了。范旭东等人是怀着救国救民的思想投入实业救国的,所以在最初的创业活动中的着眼点就不仅仅是自我的,不仅仅是牟利的,而是带上了深深的对民众命运的深切关怀。久大精盐公司是范旭东企业最早创办的企业,其奋斗目标是生产中国自己的精盐,这个生产目标的确立首先就是从对人特别是对民众的关怀的角度出发的。食盐是人类生存的必需品。因此,食盐生产自古就是人类社会重要的生产活动之一。中国有丰富的盐储备。根据

---

① 《永利化学工业公司铔厂卫生室六月份工作月报》,《海王》第八年第 33 期,第 567—569 页。
② 游连福:《工厂环境卫生》,《海王》第九年第 7 期,第 107 页。

盐产区自然条件的不同,古人创造了多种多样的生产方法,主要有海盐、池盐、井盐、土盐以及石盐等等。但是近代以降,中国的食盐生产依然沿袭旧的手工生产方法,生产工艺落后,产品极不利于人体健康。

食盐的主要成分是氯化钠,在西方各国,盐的氯化钠含量须在90%以上才允许人类食用。如果氯化钠的含量不足85%,不但禁止人类食用,连喂牲畜都不允许。而中国百姓的食用盐,有的氯化钠的含量甚至不足50%,还含有大量泥沙等杂质,极不利于人体健康。但普通百姓并不清楚食用这类盐的危害性。为此,《海王》经常刊载文章宣传食盐卫生的重要性,在题为《食盐的卫生》的文章中作者指出:"盐是人们一天不能缺少的一种食物,它还有引起食欲和清血的特效;可是我们平日所食的盐,并不是纯粹的盐,其中还有许多许多的杂质。盐在化学上叫氯化钠……普通食用的粗盐,顶好的约有九成氯化钠,坏的只六七成,硝盐更下,不过四五成而已……粗盐的杂质是些什么?我们肉眼所能看见的似乎多是泥沙,其实还有泻利盐、硫酸钙和氯化镁等重要杂质存在。泻利盐就是芒硝,吃多了是会拉肚子的;硫酸钙就是石膏,吃多了也是要生毛病的;氯化镁又叫苦卤,普通盐有苦味,和容易返潮的缘故,就是因为含苦卤太多……此外,粗盐内还含有一种毒质,叫亚硝酸盐,人们如果一次吃到一公分,就可以致死。去年南京有好些人因吃食盐中毒,就是因为含这种东西过量的缘故。朋友,你别仅以为土匪、军阀凶暴可怕,吃不洁净的粗盐,也是一样令人可怕的啊!"①这篇文章用通俗易懂的科学语言分析了盐的成分,指出了食用粗盐、硝盐的危害,并且警告人们食用不洁净的粗盐同土匪、军阀一样可怕。

另一篇题为《硝盐有碍卫生的证明》的文章中,作者运用化学原理对土盐的成分进行分析,所述道理更具科学性,结论更具说服力:硝盐中食盐成分最低仅有58.4%,"中如Sodium SulphateNaSO$_4$及Potassium Nitrate等不合卫生之混合物恒不能免。此二物原皆可做药用,但久食之则皆有害。试大略言之。一、Sodium Sulphate即中药所谓芒硝,本属泻药,但久食之,则食欲减损,身体羸瘦,大动脉增加紧张,毛细管之压力反沉降,体内蛋白质之分解亦渐减少,皆非卫生所宜。二、Potassium Nitrate原有镇静心忡及利尿之功用,但久服之,则全身衰弱,脉搏迟缓,且易惹起不眠症,甚或激发剧烈之肠胃炎,以致胃痛、血便、下痢等症,皆极有碍生命也。由此可知通常所谓硝

---

① 盐工:《食盐的卫生》,《海王》第八年第10期,第176页。

盐,欲供食用,颇不相宜,设能精制完善,使有害卫生之成分提净,俾与寻常食盐无异"①。

正是鉴于中国民众食盐的落后状况,范旭东自日本回国后决心生产出合格的食盐,改善人民的生活。于是联合社会名流梁启超,北洋政府教育总长、其兄范源濂等人,于1914年呈准北洋政府财政部盐务署立案,募股建立了精盐厂。该厂取名久大,商标为五角形的海王星。海王星是太阳系的九大行星之一,永远围绕太阳运转,寓意久大以人民为服务对象②。1916年,久大生产出氯化钠含量97%以上的精盐③,品质纯洁,色泽洁白,广受欢迎。

精盐生产大获成功后,久大及黄海的科研人员还不断到各地调查研究食盐的生产情况。仅1934年至1936年间就调查了冀南、淮北、胶州湾、河南豫东、山西清源及运城、陕西朝邑等地的土盐生产情况。企业科研人员在搜集资料和土盐样本的基础上,通过实验分析土盐的成分,并写出研究报告在《海王》上刊载,宣传食用土盐的危害,以此来提高民众的认识,扩大久大精盐的销售。这种研究和宣传自然会有扩大生产、增加利润的目的。但是,其对生命健康的深切关怀昭然若揭,体现了追求利润与社会责任的结合。

除了关注产品的社会影响外,范旭东企业还特别注意工厂生产与周围环境的协调问题。筹建硫酸铔厂时,在工厂如何选址的问题上,《海王》专门刊文进行研讨。这些文章一致认为,化学工厂厂址选择最重要的"厥为五大要点:即原料、市场、运输、人工及动力问题"④。或者是"六种最重要因素:1原料;2市场;3运输;4工人;5水;6动力"。需要顾及的次要因素为"7土地;8居民;9地方建设;10公共事业;11与他业关系;12废料处理;13气候"⑤。因为"提起化学工厂,世人多不愿为邻,因认为系一危险源泉,或有爆炸,则身家性命,均会牺牲,且若残废气体,喷射天空,对于卫生及农作物,均认为有害",因此,化工厂的设立必须顾及工厂周围居民的居住和生活情况,"有许多城市,分为若干不同区域,如住宅区,游览区及旷野区等,并有分为轻制造业、重制造业地带者。化学工厂,普通设在重制造业地带,或旷野区。

---

① 《海王》第六年第21期,第322页。
② 张同义:《范旭东传》,第20页。
③ 《久大精盐公司历年大事记略·海王团体上古史中的资源流通篇》,赵津主编《范旭东企业集团历史资料汇编——久大精盐公司专辑》,第15页。
④ 瑾:《化学工厂设立地点问题》,《海王》第九年第22期,第360页。
⑤ 燕:《化学工厂设计》,《海王》第九年第28期,第459页。

惟设厂之前,对于地域界限,及限制条例,要充分审查,对于地域将来之趋演,亦应先期推测。因有许多旷地,日后会因居民增多,而变为住宅区、公园或市民之其他扩张地带"。也就是说,化工厂的设立不但要照顾到当前居民的居住情况,还要预见到未来城市的发展,不能影响未来城市的扩张。因此,"假使一种化学工业带有危险性,或有毒烟,及其他讨厌气味发出,则选择地址,最好在离民房或公共会社很远的地方"①。

化工厂的生产会产生一些工业废物,范旭东企业的科研人员认为对这些废物不能置若罔闻,必须恰当安排,这也是工厂选址时必须要考虑的因素之一。"关于化学工厂废液处置事件,常成为一个大问题,故在选址之前,必须充分研究。如在附近街中有废水沟者,则应计算厂中所放出者,水沟是否全能容受,如液中含有固体,或呈酸碱性者,宜征询市当局,是否允许放入沟中。有些工厂,将废液放入川及海中者,如附近无浴场,及其他限制,以放入海中者为善。至于河川,则因沿岸居民取用关系,诸多不便,事先如用化学方法处理或滤过,当可免除居民反对";"另法处置废液,系放入广大空地,使其自行渗至地下。欲施此法,事先应将土壤,试其是否多孔,能够容渗多少,并应查视渗到何处,以免与邻居工厂或市政当局,起些纠纷"②;"至于污水,就要装设阴沟,或相当坡度暗沟,通于相当深的地面下,于工厂内房屋街道建筑时,更应建筑地下水道"③。

范旭东企业在选择厂址时,一方面考虑了生产的便利和生产效益问题,另一方面也考虑了与周围环境的协调问题,不愿因为工厂的存在和生产给周围居民的生活带来不便,使民众的健康受到危害。最终,范旭东企业的硫酸铔厂选址在了南京郊外的荒旷之地卸甲甸。

## 三、古今中西交汇的环境观

范旭东企业集团诞生和发展的时期正是中国刚刚推翻帝制走向现代化的时期,正是中国社会处于古今中西交汇的历史交叉口的时期。这一时期,中国社会的传统观念和传统做法还有很强的影响力,同时西方的许多观念

---

① 瑾:《化学工厂设立地点问题》,《海王》第九年第22期,第360页。
② 瑾:《化学工厂设立地点问题》,《海王》第九年第22期,第361页。
③ 游连福:《工厂环境卫生》,《海王》第九年第7期,第108页。

也已传入中国,开始影响中国人的思想和行动。由是,范旭东企业的环境意识和环境实践就带上了多元的斑驳色彩。

范旭东企业集团的环境意识带有鲜明的中国传统环境意识的烙印。中国古代盛行的是尊敬自然、顺从自然的朴素环境观。早在上古时期,古人就形成了"时禁"的观念,即对待自然万物无论在时间上还是空间上都要有所限制。古人认为,天生人,天也养人。但人并不是在任何时候都可以随心所欲地对自然做任何事情,即人并非完全禁欲,但又不能随心所欲,而是要节制欲望,有限度地开采自然、利用自然。古人并不普遍地禁止或绝对地非议杀生——猎兽或伐树,而是认为做事的时候也要有一个限度,要用逢其时[①]。这种节欲、不过度开发,反对"竭泽而渔"式开发的思想和做法对后世产生了深远影响。另外,中国小农经济的产出有限,人们十分珍惜可利用物,养成了充分利用一切可利用物品、变废为宝的传统,这两种观念结合就形成了循环经济的思想,为社会经济奠定了一个可持续发展的基础。明清时期,人口剧增,人地矛盾十分突出,为了充分利用资源,同时又不是竭泽而渔,先民探索发明了循环利用自然资源的生态农业。最典型的就是珠江三角洲地区的

---

① 《礼记·祭义》记载说:曾子曰:"树木以时伐焉,禽兽以时杀焉。"《礼记·月令》记载:"孟春之月:禁止伐木,毋覆巢,毋杀孩虫胎夭飞鸟,毋麛,毋卵,毋聚大众,毋置城郭,掩骼埋(胔)。是月也,不可以称兵,称兵必天殃,兵戎不起,不可从我始。"《大戴礼记·卫将军文子》亦记载孔子说:"开蛰不杀当天道也,方长不折则恕也,恕当仁也。"孔子主张:"钓而不纲,弋不射宿。"《逸周书》载:"山林非时不升斤斧,以成草木之长;川泽非时不入网罟,以成鱼鳖之长。"孟子认为只有遵从天之自然有所索取,才能使人获得取之不竭的天之赐予,"不违农时谷不可胜食也;数罟不入洿池,鱼鳖不可胜食也;斧斤以时入山林,材木不可胜用也。谷与鱼鳖不可胜食,材木不可胜用,是使民养生丧死无憾也。养生丧死无憾,王道之始也"(《孟子·梁惠王上》)。即使主张"制天命而用之"的荀子也主张"时禁"。他在《荀子·王制》中说:"树成荫而众鸟息焉";"川渊而鱼鳖归之,山林茂而禽兽归之。""草木荣华滋硕之时,则斧斤不入山林,不夭其生,不绝其长……谨其时禁,故鱼鳖犹多,而百姓有余用也,斩伐养长不失其时,故山林不童,而百姓有余材也。"古先贤这些话都强调了时令的重要性以及对待动植物的惜生态度。这种对待万物的态度与儒家主要道德理念孝、恕、仁、天道相一致,体现了古人珍惜生命,善待自然的价值理念。

基塘农业①。这种耕作模式不仅分布十分广泛,而且持续长达四百年之久,堪称中国古代生态农业的典范。范旭东企业珍惜工业生产废物的意识和做法显然与中国古代的循环经济思想有明显的承继关系,是受到了中国传统的物尽其用思想影响的产物。

范旭东企业集团的环境意识明显地受到了西方环境观念和经验的影响。由于该企业集团从事的是当时中国技术水平最高的化工工业,其领导人以及管理层和技术层的人员均接受过完整的现代科学的教育,大多数人有过放洋留学的经历。他们思想上必然会受到西方环境意识的影响,并且欣赏西方的环保做法。他们在求学和留学过程中形成的科学观念,又必然会使他们愿意接受先进的环境观念并努力运用到实践中去。例如,范旭东企业的许多生产安全做法显然是接受了西方环境观念并具体运用甚至照搬的结果。范旭东企业的技术人员赴外国考察,发回的考察报告常包含生产安全问题,"工业安全也是一个值得注意的问题。机器上像马达,像皮带,都加一个保护的铁丝圈,在英国是很寻常的。每间工房的墙上照例有大字的标语警告工人万一受了伤,不论多么轻微,应该立即找医生。普通每个工头的身边都有一个救急的药箱,里面装些纱布、碘酒、橡皮膏之类的东西。大的工厂都有住厂的医生和看护。公共卫生上如空气、饮料、便所,大都还不太坏。这或者是受了工厂检查的缘故。英国各城区都有固定的工厂检查员,随时到工厂去看看。如果遇上什么事,如受伤之类,必须先报告到检查员处"②。范旭东企业建立了完整的卫生检验和生产安全保障制度,并严格实施应当是这些观念影响的结果。

范旭东企业集团的环境意识带有鲜明的时代特色。范旭东企业集团生存的年代正是中华民族灾难深重的年代,范旭东等人克服外资压迫、政府不作为以及市场不完善等等困难,奋力举办实业,其目的在于以实业发展为国家之强盛、人民之福祉尽己一份之力。所以,在追求效益的同时努力实施对人的生命关怀,将工厂的生产安全放在了重要位置。为了工人的身体健康,

---

① 即针对珠江三角洲地势低洼、容易形成洪涝灾害的特点,人们挖土成塘,培土成基,塘中养鱼,基上种桑果。塘泥培树,桑叶饲蚕,蚕的排泄物养鱼,鱼的排泄物肥塘,再挖塘泥以植桑,实现了物质的循环利用。在这样一个生态循环圈中,无一物被废弃,不制造任何环境垃圾。最重要的是,循环圈建立后无需追加任何后期投入,只利用现有物质即可实现物质产品的不断产出。

② 《英游散记》,《海王》第七年第9期,第171页。

永利碱厂克服重重困难,勉力实行了 8 小时工作制。参与永利制碱公司创建的陈调甫说:"在二十世纪二十年代的中国,实行八小时工作制的工厂,我所知只有永利一家。"至 1936 年,久大、永利用于工人医保等福利措施的费用已高达每月 3000 元至 6000 元①。同时,范旭东企业的环境意识是一种具有高度社会责任心的大环境意识,并不仅仅局限于是否有利于本厂的工业安全和生产效益,他们的目光投放到了民族的、社会的发展高度。精盐的研制和生产、硫酸铔厂的选址都是这种意识的典型反映。特别是硫酸铔厂的选址,由于要考虑工厂生产对于周围居民生活的影响,颇费掂量,仅仅多次考察选择厂址就多支出了许多费用,建成后的运输问题也会有不少额外支出,这对于资金十分紧张、常靠贷款维持生产的范旭东企业来说是需要很大勇气的。

需要注意的是,由于世界的发展尚处于工业化时期,人们的环境意识包括工业远发达于中国的西方国家的环境意识,都还处于比较低的水平,这使得范旭东企业的环境意识必然也处于在今天看来还是比较低的水平。他们的环境意识还是人本主义的,也就是说主要还是从人类自身利益的角度考虑问题,没有上升到生态文明、人与自然和谐相处的高度。例如关于工业废水问题,他们考虑的仅仅是如何使废水远离人类生活区,以为只要让废水远离人类的生活就可以万事大吉了,而没有考虑废水的处理会给自然生态系统带来什么样的影响。对废水的处理也只是简单地引开,或者使其渗入地下,而这样对待废水的方法显然会对自然生态造成严重不良影响,并且最终破坏人类赖以生存的生态环境。

尽管如此,在关于废水的考虑中,范旭东企业技术人员的思想中还是显露了处理和利用废水的端倪,即如何"用化学方法处理或滤过"废水并加以利用,"有时将工厂设于某厂附近,使所出废液,导入某厂,用经济方法利用之,彼此因而两便焉"②。关于废水处理,范旭东企业虽然尚无具体行动,但其思想非常超前,如果假以时日,其环境保护探究和实践将会迈上更高台阶。

范旭东企业集团是近代中国最有成就的化工集团之一。他们的成就不

---

① 陈调甫:《永利碱厂奋斗回忆录》,全国政协文史资料研究委员会、天津市政协文史资料员研究委员会编:《化工先导范旭东》,第 66 页。
② 瑾:《化学工厂设立地点问题》,《海王》第九年第 22 期,第 361 页。

仅在于杰出的科技发明、高效的生产、现代化的生产管理模式、面对帝国主义要挟时的勇气,还在于他们对环境认识的较早觉醒,以及为此做出的可贵探索。

(《南开学报》哲学社会科学版 2011 年第 5 期)

# 民国天津市民消费文化空间的建构
## ——基于《北洋画报》的研究

韩红星

1926年7月7日在天津创刊的《北洋画报》,开北派画报之先河,是民国天津图文媒体影响最大、办报时间最长的画报,被当时传媒界称为"北方巨擘"。《北洋画报》(1937年因战争爆发而停办)以照片为主(各类照片达两万余幅),兼有文字,内容包括时事、社会活动、人物、戏剧、电影等,它信息量大、涉及面广,成为民国时期天津城市化进程、都市文化勃兴的载体,更是天津市民消费文化的见证与参与者,是研究民国时期消费文化转型的重要文献。通过这些历史文献,我们重新建构了民国时期中国城市现代化进程中传统与现代、中国与西方、保守与时尚的纽结和冲突,它"里面所塑造的日常生活因此又现代又都会,不再是传统的、不变的了","不仅标志了现代中国报刊史上意义深远的一章,也在呈现中国现代性本身的进程上迈出了历史性的一步"①,再现了中国现代化进程中的天津城市消费文化空间的走向和内容。

## 一、天津市民的新生活空间

民国初年天津的商业中心大体承继了清代时期的商业街框架,商业门市主要聚集在天津旧城的外围。东门外的宫南大街与宫北大街,沿街有银号、钱庄以及土产杂货等商店;北门外大街是天津早期的商业中心,街道两旁的百货店、鞋帽店、杂货店、海味店、烟酒店、鲜货店、糕点店、药店、饭馆等鳞次栉比。估衣街是老天津行业最全、店铺最多、最繁荣兴旺的商业中心一条街,"天津卫,有富家,估衣街上好繁华"。集中了谦祥益、瑞蚨祥、瑞林祥、敦庆隆、锦章、元隆、华竹等大绸缎、布匹、呢绒店,每天游人络绎不绝,夜晚

---

① 李欧梵著,毛尖译:《上海摩登》,北京大学出版社2001年。

灯火辉煌①。直奉战争以后，天津北大关与宫南北大街一带连遭兵燹，"中国地"容易受到战乱干扰，而租界属于"法外之地"，集中了越来越多的政客、官僚、地主、富商，传统商业开始向租界逐步转移，天津商业中心也开始了南移的进程。如一些殷实商店纷纷把资金转向新兴的法租界梨栈（今劝业场）一带，开设新店或分支店，正兴德、成兴两大茶叶庄，乐仁堂、大仁堂、降顺榕等大国药店，德华馨、同升和等大鞋帽店等的迁移，致使天津的传统商业中心渐渐衰落，租界新商业中心逐渐崛起②。

新商业区繁荣的主要标志，是劝业场路口的形成。劝业场一带曾被泛称为"梨栈"。随着法租界人口的集中和商户的迁移，"梨栈"一带出现了高大著名的建筑和聚集人气的商场。南角的惠中饭店是1926年建成，据说就是曹禺先生话剧《日出》中描写的饭店，剧中的这里已是个纸醉金迷的世界；1929年元月正式开业的交通旅馆③，是法商永和工程公司设计，大理石的门廊、六角形的大厅、合分式的楼梯、直通上下的电梯，及铺着地毯、装设电话、备有卫生间的豪华客房，是津门屈指可数的豪华型宾馆；1936年开幕的中国大戏院是当时天津最大、最新式的剧场，剧场开幕时，请来梅兰芳、周信芳、尚小云等名角连台演出，天天客满，长达一月之久；1935年落成的渤海大楼，是当时天津市最高的楼房。此外，犄角而立的天祥市场、泰康商场、劝业商场是天津先后建立的三大商场。1924年开业时的天祥市场压倒了当时天津最大的商场——北马路的北海楼，轰动了整个天津城。不久，泰康商场于1927年落成开业，地点在天祥市场的对门，也是三层楼房。紧随其后的是更引人注目的1928年集百货、游艺、文化、展览于一体的劝业商场的开业，一度轰动津沽，闻名全国，并成为天津最聚集人气的商业中心。

1928年12月21日劝业商场以鹤立鸡群的气势，在天津繁荣的闹市梨栈大街落成开幕，并在场内高悬"劝吾胞与，业精于勤，商务发达，场益增新"四言联句，各取其第一字即为"劝业商场"④。劝业商场开幕之前（1928年11月1日），北洋画报记者采写了"行将落成之天津劝业场"一文⑤，以"本埠法

---

① 周俊旗：《民国天津社会生活史》，天津社会科学院出版社2004年。
② 王绣舜、张高峰：《天津早年商业中心掠影》，天津市政协：《天津老城忆旧》，1997年。
③ 《天津交通旅馆开幕日之满楼灯火》，《北洋画报》1928年12月1日。
④ 《天津劝业场开幕日楼头灯彩之辉煌》，《北洋画报》1928年12月20日。
⑤ 《行将落成之天津劝业场》，《北洋画报》1928年11月1日。

租界将有大规模之商场游艺场大饭店之组合出现"为开头,向读者宣告"劝业"时代的到来。"全场占地仅五亩许,因建筑计划精巧,骤观内部,断不疑其止有此数也。楼凡六层,全用铁筋洋灰建造,工程坚固,莫与比伦。升降梯三架,楼梯十三座,建筑费五六十万元左右",此规模据悉是劝业创办者买办高星桥仿照上海大世界的规模,以兴建一座七层楼的天津最大的商场来压倒已率先建起的天祥与泰康两商场①。商场的人性化设计也是备受推崇的,为免冬天过于寒冷,"因特由外洋购来新式放热回气风扇,使场内暖气绝不外溢",而这种装置在津门尚无一家;为方便老年人上下电梯,又特别把直达美术展览所的升降机设置较慢速度,只因"嗜好古画画者多为老年之人,登高固不胜劳,乘机则嫌其疾,故特设慢行电梯,使感安逸"。可见,商场设计兜揽了不少人气,备受顾客的青睐是情理之中的事。特别值得一提的是,劝业商场在设计与修建过程中,早已对其经营方向、经营事务已有所规划。商场内,一、二楼租给了各商户经营的店铺或货摊。一楼多为日用百货、绸缎布匹、针棉织品、搪瓷玻璃器皿、钟表、照相机等,对于进驻店户,为防恶性竞争,还特别规定了"同类商店,不得超过四家"。而于三楼的珠宝古玩估衣等店,则数量上不限制,力求多多益善,只因"此类商店需本甚重,货色难齐,不怕竞争,宜于合作,故应使集中一处,亦即所以利便顾客"。四、五、六楼主要是剧场、影院、茶社等游艺场所。"八大天"是对当时劝业场游艺场所的通称,实质上包含了天华景戏院、天纬台球社、天纬地球社、天宫影院、天露茶社、天会轩剧场、天乐戏院、天外天屋顶花园②。其中的天华景戏院可容纳一千四百人,共三层,戏台布景都可以转动;天宫电影院可容纳一千一百人,"楼板均斜下,绝无阻碍视线之虞"。俗话说:"创出金字招牌,买卖找上门来。"由于劝业商场中荟萃了游艺、饮食、娱乐、购物等多种功能,其经营得法,每天到劝业场来的游客十分拥挤,商场内各摊户生意旺盛。外地人来天津,也要逛逛劝业商场,否则等于白来天津。

　　劝业商场的人气还得益于在报纸杂志的宣传得法。行将开业的劝业商场在251期的《北洋画报》(1928年12月1日)中刊出了独一张的广告专页版,图文并茂详细介绍了即将开业的劝业商场与交通旅馆,之后,天纬球房、

---

① 张高峰:《劝业场一带的变迁》,天津市政协:《天津文史资料选辑》第十六辑,天津人民出版社,1981年。
② 楚丽霞、李淑萍:《世纪名店》,李正中等:《近代天津知名工商业》2004年。

太平洋饭店、交通旅馆、天宫电影院的独栏广告在北洋画报中连期刊载。报道劝业商场的小新闻在《北洋画报》的"如是我闻""曲线新闻"等栏目中屡屡出现，围绕劝业场为中心的天津新商业中心形成，商场、商店、影剧院、饭馆、舞厅、浴池等鳞次栉比，为天津人提供了一个新的购物、娱乐、消遣、休闲的地方，游客人山人海，歌舞喧嚣，如此的娱乐休闲集中的场所与规模宏大的商业中心在当时全国其他大城市中仍然甚为少见。

## 二、中西文化交汇下的新生活范式

开埠后的天津所存在的华界与租界两个不同层面的地界，同时也构成了城市社会的两个不同的社会层面。租界里的西风东渐，使得西方做派、西方风俗、西方文化成为租界人生活的共享，他们居住在风格不同的小洋楼里，享受着西方近代文明所带来的物质上的优越性，成为"西洋镜"里的中国人，被人观瞻与崇仰着。而华界却既维持着传统沿袭下的生活范式，也掺杂着交融文化下的新气象。

开埠以前的天津，早已形成了一定范式的民族风俗，具有浓厚的地域色彩。开埠以后的天津，生活在华界的天津人生活在老城区与周边地区，恪守着较为传统的生活习俗，相对稳定的生活秩序、较为固定的生活空间、相对封闭的生活圈子，使得他们成为天津传统习惯的固守者与传承者。《北洋画报》中记录了天津老城区的各种风尚民俗，体现着老天津的文化。第1218期的"津门祈雨习俗"记录了天津在民国六年（1917）祈雨"因福得祸"的过往：民国六年，天津旱灾肆虐，"入夏不雨者三阅月"，因而天津百姓以其特有的风俗以祈雨仪式来祈求甘露降临，"首断屠三日，阖市商民，门前一律粘'商羊鼓舞''油然作云''沛然下雨'等标语"。但百姓祈雨未见成效，人们以为是心不诚恳，龙王未能驾临，因此，则改换仪式，"以肩舆荷泥龙王巡于市。龙王属诸城西千福寺，舁之直出东门，憩于玉皇之阁，时人咸谓玉帝与龙王会议"。没过几日，果然天降甘露。没曾想，这一降就没停过，终于导致了天津民国六年的水灾，"水浸全市几达五阅月，城西一带经冬冻结成冰"。自此之后，即使天津偶遇天旱，也没人再敢"以肩舆荷泥龙王巡于市"。求雨的仪式从神圣的仪式被转换成了小孩娱乐游艺的形式。天津年节文化也有其典型性与代表性。在"津市年俗种种"一文中，天津人初一日俗吃素饺子，初二日吃捞面，初三日吃"盒子"，故俗有歌曰："初一扁食初二面，初三盒子年年转";初五日,更再包饺子,曰"捏小人口舌",意谓经此一捏,终年可避免小人谗谤①。读者由此可领略老天津新年来临时的年俗与年品。随着时代发展,民俗内容与行为的形式因技术与观念的变迁而改变着。《津市新年一瞥》中,新年节令的到来,张灯结彩的习俗被改换成了"电光彩牌坊",天津的"警备部及各大小机关门前,亦一律结有彩牌楼庆祝新岁","华界内公安局遣员赠送春联与各商店"。不仅是天津老城区有各种庆祝会、游艺会庆祝新年,即使是"洋化"的租界,"亦有一番新年气象"。租界饭店酒楼成为人们庆祝新年的主要场所,"除夕西湖饭店贺年跳舞大会,人山人海,全津中西闻人,全数出马,利市百倍,实为开张以来未有之盛"。"大华饭店上座亦极盛,无数大小团体举行新年宴会,均早定座,几有挨班排宴之概况"。在这个中国旧历新年中,传统节日的气氛也用各种烘托节日喜庆气氛的节目来熏染,"粤剧,京剧,幻术,荡漾歌曲,国术等",还有"风琴独奏,丝竹合奏,滑稽剧,昆剧,相声,双簧等",传统的、现代的,本土的、异域的,传统杂糅着现代、西方、异域的各种文化,丰富了天津传统年节的喜庆气氛。

　　与此同时,西风东渐后的天津人接触着各种各样的新事物、新现象。《西物东用》中,天津娘娘宫前巧遇一辆车头贴着一张红纸的汽车,上面"写着四个大字是'出行大吉'"。天津的各大旅馆里,也差不多都备了洋式的马桶"Lavatory",只是"洋为中用","上桶的时候,用两只脚踏在桶口上,蹲着身子大行方便",以至于记者感慨着,"外国东西,一到中国,便能有不可思议的妙用"②。西方的汽车、马桶交融着东方的文化,徜徉于天津的大街小巷,在天津留下了无数"洋化"的足迹——小洋楼、自来水、电车、供暖、卫生等舒适的"洋化"设施,电影、跳舞、赛马、体育等新式的"洋化"娱乐,西餐、西点、西服、西俗等新奇的"洋化"生活。英租界的十字路口安设着新式的红绿指挥交通灯,与其他的交通灯有所不同的是,"除红绿色外,并有一种橘黄色介于其中",这是"仿自美国最新式者"③;意租界的回力球场从上海运来美国的"'汗吃无牌'Hazlewop 原包冰激凌",清洁卫生美味,更重要的是这是"沽上尚系第一次来之新物品"④;浙江人杜永康准备创办一个大华牛乳厂,据说是

---

① 墨农:《津市年俗种种》,《北洋画报》1935 年 2 月 9 日。
② 白头:《西物东用》,《北洋画报》1930 年 4 月 5 日。
③ 《曲线新闻》,《北洋画报》1934 年 11 月 27 日。
④ 《曲线新闻》,《北洋画报》1935 年 7 月 9 日。

中国人"始创第一家",因为他购买的乳牛"系荷兰种而产于美国者"①。1928年天津大华饭店的总经理赵道生举行了西式订婚礼,"礼堂设大公共食堂内,中央置一白花花蓝,上缀白丝带。取白色者,因在西俗白为吉,且以示男女之贞洁真诚也",但东方色彩在婚礼中也挂万漏一,来宾们赠送的花篮"均按华俗用红花矣",西俗中男女交换的戒指变成了女方为戒指,而男方则用了手表,取中文意思为"守忠"。中西文化的交汇彰显毕露。在西方物质与文化的辐射下,近代天津浸润着令人迷惑而富于滋养的交融文化,成为一个与传统中国截然不同的"洋化"魅力的世界。

## 三、新消费方式下的消闲生活

《北洋画报》作为一份"消闲读物",其面对的读者是"有闲阶级",这些人可能是迁居租界的贵族、官僚、军阀和来自老城区的商人,也有的是在商品经济中成长起来的新贵阶级。因而,《北洋画报》广告中的商品彰显了人们新的生活时尚。其中百货公司、理发店、银行、照相馆、眼镜公司、无线电公司、烟草公司的广告,向人们展示着近代天津商人、贵族与城市中产阶级所认同的新式生活方式,留声机、相机、汽车、电报、手表、珠宝等奢侈品的出现标志着新贵阶级的生活追求,广告商品是都会天津社会物质生态中的重要组成部分,让人们更贴近地想象近代天津权贵们的时尚化消费,构建了近代天津都市文明中人们所向往的生活方式。第976期的《北洋画报》中登载了一幅漫画"现代青年之憧憬",通过青年的口耳手鼻等器官描绘了现代青年对生活的追求:"脑——常想坐汽车,眼——爱看女明星,耳——喜听洋钱声,鼻——好吸洋纸烟,口——喜欢谈恋爱。手——喜用墨水笔,足——好穿洋皮鞋,全身——吃不得苦喜安逸。"②出现在《北洋画报》文章与广告中的商品超越了中国人传统的"实用"观念,过渡为生活品质的提升与社会身份的构建上,这些商品在人们面前展示了一个充满诱惑、极尽享受的时尚追求。我们从中撷取以期展示广告镜像下的"物化"人生。

之一,摄影

随着相机的普及,照相技术逐渐进入人们的生活中。在一些有闲阶层

---

① 《曲线新闻》,《北洋画报》1933年8月1日。
② 《现代青年之憧憬》,《北洋画报》1933年8月24日。

中,相机进入家庭,也成为人们的家庭用品之一。1920年柯达公司开始在上海设立了销售总行,随后在天津设立了分行,开始在报纸杂志上做广告,行销机箱与各种型号的"软片",相继推出了"最新式最小巧"的"620/616镜箱"、小小"白朗尼"镜箱、摺合式"鹰眼牌"镜箱等。因为摄影机的逐渐普及,照相、冲相的市场也逐渐打开。前文提及的大华饭店老板赵道生在民国十九年(1930)开办了"大华照相材料公司","不卖牛油面包,专卖照相材料","该公司除出售材料外,以冲晒照片为其主要之营业,因设备之精良,故出片最速而最美"①。此外,北平同生、同生照相馆、好莱坞摄影部、周瑟夫照相馆、鼎章照相馆等都是天津赫赫有名的照相馆。其中的鼎章照相馆成立于1902年,曾为不少名流政客拍过照片,随着业务的发展,在法租界华中路开设了分店,"窗门均雕细花,作浅灰色。窗中陈列,以黑绒作成垫儿,历阶而上,远观之如悬镜在墙。楼下遍陈相片,玻璃橱中,亦均用黑绒儿作衬,色彩格外显明"②,二楼有休息室,周遭有软椅、沙发,楼梯口有化妆室外,女性胭脂粉彩一应俱全,三楼为摄影室外,"黑幕白顶,设弧光灯三架,顶上灯凡六七十盏,开视之,光如白昼,面积甚宽敞,足容三四十人"。开幕当日,梅兰芳与长城唱片公司经理叶畏夏亲临捧场。照相业竞争激烈,广告也颇有门道。如同生照相馆美术部与"藏有全套戏箱"的某君合作,出租戏服供人摄影,惹得许多有"爱美戏剧家"或"戏瘾已深尚不能唱者"都不妨装扮起来,留张"戏像"③;好莱坞照相部则自制了许多的"美术拜年片",拜年片上贴有"各式极精美之相片",相片上还附上了各类广告词,其中的爱国标语更显其特色,"类如'党,国,一般重要!同志们啊,挑稳了肩担,干!干!干!'、'又是一年了,您要雪国耻吗?消极的方法——提倡国货!积极的方法——到前线去!请你自择,祝您顺利!'"④等等。天津街上还出现了即照即取的游行照相馆,"近日街上发现一游行照相馆,系用最小之照相机,当时冲晒,每片取洋二角"⑤。可见,相机的普及,照相逐渐成为人们生活中的日常所需。

之二,广播

1922年,美国无线电公司RCA生产了世界上第一台收音机。同年冬,

---

① 《曲线新闻》,《北洋画报》1930年10月7日。
② 秋尘:《鼎章新馆开幕记》,《北洋画报》1932年2月4日。
③ 《曲线新闻》,《北洋画报》1931年7月18日。
④ 《曲线新闻》,《北洋画报》1931年12月29日。
⑤ 《曲线新闻》,《北洋画报》1933年10月14日。

美国记者奥斯邦在上海广东路大来洋行屋顶建立一座50瓦的无线电广播电台,并成立中国无线电公司销售收音机。1923年1月23日晚8时电台开播,几天便销售无线电近500台①。1927年的10月,由华人合资创办的中国无线电业公司开幕,开幕之日即以播音器放送,使得在街口驻足听歌者达数百人,且"声闻数里",一时名噪津门。中国无线电业公司所经营的产品均为"美国无线电业公司制造",因而在其广告中打出的产品标记全是美国无线电公司的产品名称"RCA"。"在家不出门,能听天下事"的"耳福","欲听新闻之利器","这是购置无线电收音机最好之时机:目前新闻学说最多,戏剧节目最好,教授学课有用,机器式样又新,价目最廉"等广告词诱导性极强,并且还开启了征文比赛,以"发展平津广播无线电事业刍议"为题在画报上广告,博采众言,但细看其附注标题,"电台机器之改良及增造;电台之管理;放送节目之选择及时间之分配;购机之经常费用之筹集;无线电听户协会及无线电学会之组织与其功用",可见,其一方面是通过征文来广征建议,另一方面也是在为无线电行业作一个市场调查,其商业目的已很明显,可谓是一举数得,既做了广告,也做了公益传播,甚而还捕获了市场信息,了解了对象消费群体的特点与想法。1934年,无线电业公司开办了电台,"定每星期六晚八点至十一点半,邀请著名票友清唱,播音放送,由今晚起始。计为刘叔度,青云主人,刘献庭,合唱二进宫;讼咏居士,徐觉民合唱宝莲灯;尚有幻书元之吊金龟等"②,电台的开办又为其售卖商品扩展了业务。

之三,美容

"丑女变美",广告笔绘的形象上,右边女人脸上有斑痕,左边女人精心打扮、光彩照人,这是顾林祺太太美容室的美容广告。天津居住的阔人名流的太太小姐、大家闺秀都是活跃在天津交际圈中的人物,美丽、华贵、漂亮、青春等字眼是交际圈中的"她"们所向往的。要成为一个社交明星,美貌自然成为打动一切的号召。但如果老天不遂人愿,怎么办?北洋画报里诸多的美容广告以其形象的、生动的、煽动性的语言来告诉你如何让你从体貌上成就为一个社交明星。广告之一,这里有专门的行业,"名利社设有美容术及化妆品研究部,系由留学欧西有该项学识者担任职务"(1932年4月9日);广告之二,这里有专门的技师,天津宝耳大药房的"技师曾毕业于旧金

---

① 马艺:《天津新闻传播史纲要》,新华出版社2005年。
② 《曲线新闻》,《北洋画报》1934年9月1日。

山万国美容学院,施用'爱丽莎比司阿尔顿'氏发明之手术,能用最新方法,使人皮肤润泽,皱纹消减,显然长春不老。雀斑赘瘤种瑕疵,可用人工除去。并用紫光及冰,施行面部按摩。手术精良,毫无痛苦"(1928年10月20日);广告之三,这里还有各式各样的欧美化妆品,"名利社的化妆品专行"里,"涤垢除痒、头发柔爽"的洗发水,"浓芳透明、滋润面肤"的"甘蜜浆","红白合匀、美丽异常"的"胭脂粉","芬香除疫、清爽精神"的"华露精","清洁芳香、净汗保裳"的"净汗香水",当然,各室还都备有"英法美各种特别新式化妆用料品,各种皮肤颜色",专售"驰名华贵化妆品如香水香粉胭脂美容霜美目剂及其他一切美容品",美容品的种类之丰富让人难以想象,"美容材料,极丰盛,芬芳馥郁,润泽光彩,凡三四十种,若油,若膏,若粉,若露,皆以数目字分其类别。粉饰一种之后,容色便增美一分,点唇,画眉,钩眼,各尽其妙,及其修理工毕,面目顿改,虽熟友家人不敢相认。化妆时,匀抹平铺,有如戏台上之画脸者,而事后之容光焕发,百般娇艳,固又不能与关公之红,龙图之黑同论矣"(1931年12月19日)。这些美容化妆品不仅"能化媸为妍",适宜于"舞会、宴会"等交际场所用,尚有追求自然清新的化妆品供你生活中、日常交际所用,"卡沙娜点唇膏、美容膏,施以色润之修饰,然所以色润者,应用健美天然之秀色,而非一种涂染之俗气。卡沙娜美容膏、点唇膏能以清新娇嫩之色调,增加面肤之秀丽,且其施用之后,足与平人皮肤相匀和,寒暑天气,水湿,接吻,均不退色"(1936年7月18日)。可见,女性的化妆美容术已日益完善并且精细化,从手术、保健到美容品的使用,已经非常专业,从此可看出天津美容市场不仅需求旺盛,而且已经逐渐趋于成熟与完善,同时借助美容市场的繁盛从侧面反映了天津交际与社会生活的成熟。走出家庭、走向社会的女性可以从美容化妆上找回自信,找到自我,从而成为近代新形象女性所展现出的新形象的需求。

(《历史教学》2011年第14期)

# 明末至民国前期
# 天津慈善组织的演变与特点

郝红暖

天津自明代设置卫所以来,一直是拱卫京师和南北交通的要冲。清以后,城市规模与政治地位日益上升,晚清时更是北方重要的通商口岸。天津慈善组织自明末养济院成立开始,随着城市规模的扩大,也经历了快速发展的过程。历史时期天津慈善事业发展概况以任云兰的研究最为丰富①,其著作的研究时段侧重于天津开埠后的近代时期,虽也曾概要阐述天津慈善组织的空间分布,但未能落实到具体地点。地图运用的缺乏,也是目前天津城市史研究中存在的共同缺陷。本文利用手头所掌握的资料,力图完整展现明末至抗战爆发前夕天津慈善组织发展演变的全貌,并对其发展特点给予简单分析,以期对天津城市史研究深入有所帮助。

真正意义上的天津城市发展史始于明永乐二年(1404)设军事卫所、修筑城池,但天津城内慈善组织的发展,则从明末直隶巡抚李继贞(崇祯十二年任)创设养济院开始。此后,历经清代直至民国前期,天津慈善组织的发展大致可分为四个阶段。

## 一、明末清初:慈善组织的建立和初步发展

明末至清初雍正年间是天津慈善组织发展的创始时期,共创办慈善组织4所(见表1)。这一时期慈善组织数量较少,种类也较为单一,主要以孤贫和流民为救助对象;慈善组织的性质以官办养济院为主,官倡民办组织开始创立,但官吏在慈善组织的倡办、资金筹备和持续运行等方面仍扮演着重要角色。

---

① 任云兰:《近代天津的慈善与社会救济》,天津人民出版社2007年。

清雍正年间立州设府，天津由军事卫所纳入中央政府的地方行政系统①。随着天津行政体制的变化，原有养济院已不能适应城市规模扩大的需要。明代所设养济院位于城外东南角龙王庙后，属天津县，孤贫定额44名。清初在保持原养济院的同时，又增设天津府孤贫院（即养济院），孤贫定额60名②。养济院和孤贫院是这一时期天津官办慈善组织的代表。

表1 明末清初始创的天津慈善组织情况

| 名称 | 创办时间 | 创办者 | 地点 |
|---|---|---|---|
| 养济院 | 明崇祯年间 | 抚院李继贞 | 城外东南角龙王庙后 |
| 孤贫院 | 清初 | 官设 | 三叉河口附近 |
| 育黎堂 | 康熙二十六年 | 官倡民捐 | 西门外 |
| 施棺局 | 康熙年间 | 邑人李廷秀 | 西门内白衣寺 |
| 水会 | 康熙初年 | 贡生武廷豫 | 地点不详 |

资料来源：康熙《天津卫志》卷1《建置》；乾隆《天津县志》卷七《城池·公署》；民国《天津县新志》卷二四《碑刻·育黎堂碑记》；同治《续修天津县志》卷八《风俗附义举》；《育黎堂——救济院简史》，《天津救济院院刊》第1期，民国三十六年（1947）六月。

这一时期，官员倡导、民间士绅创办的慈善组织也开始出现。康熙二十六年（1687），同知靳治扬和本地士绅③在天津西郊三官庙（西关大街）附近，捐资卜筑"以栖四方羁旅之病故"的育黎堂④，成为清代前期直隶民间慈善组织建立的真正开端。育黎堂的救助对象是养济院孤贫定额以外的贫民和流民，开始注意弥补官办慈善组织的不足。育黎堂虽由本地士绅捐款设立，但实际运作也得到地方官吏的大力支持，如监察御史朱士杰"移公羡……为之置田畴"⑤，地亩收入成为育黎堂维持运转的主要来源，并为其继续发展至民国年间奠定了基础。

天津也是直隶地区较早创办施棺类慈善组织的地区，邑人李廷秀等"于康熙间倡行数十年，捐资勿替"⑥。但是民办慈善组织在面临资金压力时，也

---

① 张利民：《解读天津六百年》，天津社会科学院出版社2003年，第2—4页。
② 光绪《重修天津府志》卷七《历朝恤政·义举附》。
③ 《育黎堂——救济院简史》，《天津救济院院刊》第1期。
④ 民国《天津县新志》卷二四《碑刻·育黎堂碑记》。
⑤ 民国《天津县新志》卷二四《碑刻·育黎堂碑记》。
⑥ 同治《续修天津县志》卷八《风俗附义举》。

会向官方求助,乾隆年间,施棺局向盐运使呈请,由运库每年捐助 24 两①,以为补助。

天津民间水会也是自康熙年间贡生武廷豫创办同善救火会②开始,各类救火会组织均由民间设立,至同治年间共有水会 40 余处③。清末天津巡警总局加强对水会的管理,委托天津商会将天津各水会划界,并分发号坎,共计水局 53 家④,至 1934 年已发展到大局 45 处,分局 35 处⑤。

## 二、清代中期:传统慈善组织的迅速发展

乾隆年间至清末开埠,是天津传统城市快速发展的时期。天津城市的发展带动了传统慈善组织的迅速发展,该阶段共创设慈善组织 17 所(惜字社不计,见表 2)。

此阶段天津的慈善组织是在原有基础上的延续,并孕育了新的内容:一是民间慈善组织的发展,使天津慈善组织的类型日益多样,诞生了天津本地的慈善家;二是官吏继续在慈善组织发展中发挥重要作用,但官民合作的情形日益加强,并推动了慈善事业的迅速发展。

该时期的天津慈善组织以办理单一类型善举为主,各种类的慈善组织均得到发展,以救助贫民与救荒为主要内容的济贫类慈善组织和以施舍棺木、掩埋尸体为主要内容的施棺泽尸类慈善组织分别有 7 所和 5 所,占该阶段慈善组织总数的比例分别为 41.18%、29.41%,两者合计达到 70.59%。这说明济贫、施棺类慈善组织是该阶段天津慈善组织发展的主要内容。此外,还有救生会、放生社和惜字社等传统慈善组织。

天津多水,失足落水者多有。与长江地区的救生船⑥类似,设救生会以救助失足落水者,是具有本地特色的慈善组织。嘉庆年间天津北浮桥、东浮桥、西沽浮桥各设救生会一处。各会均由民间设置,如北浮桥救生会由"邑

---

① 同治《续修天津县志》卷八《风俗附义举》。
② 同治《续修天津县志》卷八《风俗附义举》。
③ 同治《续修天津县志》卷八《风俗附义举》。
④ 《天津商会档案(1903—1911)》,天津人民出版社 1989 年,第 2097 页。
⑤ 《天津商会档案(1903—1911)》,天津人民出版社 1989 年,第 2097 页。
⑥ 蓝勇:《清代长江上游救生红船制初探》,《中国社会经济史研究》1995 年第 4 期;《清代长江上游救生红船制续考》,《中国社会经济史研究》2005 年第 3 期。

生员庞跃渊"、东浮桥由"邑人潘士廉、刘杰"设,西沽浮桥"初为郑姓设",后"邑绅徐健、处士王璋重整之"①。救生会捐设船只,雇用船夫,随时巡逻拯救落水者,北浮桥"捐设小船一只,雇民夫二名,月给工食,随时拯救",东浮桥"公捐小船四只,分巡拯救"②。此外,救生会还义务提供预防落水的便民设施,于月黑的夜晚(即每月十八至初七或阴晦天)在桥头设置高照大灯,为行人提供照明③。

表2 清代中期始创的天津慈善组织情况

| 名称 | 创办时间 | 创办者 | 地点 |
| --- | --- | --- | --- |
| 普济堂 | 乾隆四年 | 天津道陈弘谋 | 西关外 |
| 留养局3所 | 乾隆二十年 | 知县陈宏模 | 城内1处、西关2处 |
| 饽饽会 | 乾隆年间 | 邑绅周自邠 | 西关外 |
| 救急会 | 乾隆年间 | 邑绅周自邠等 | 不详 |
| 天泽会 | 乾隆年间 | 总督方观承 | 不详 |
| 西延生社 | 道光年间 | 邑廪生寇兰皋 | 西关外 |
| 捞埋浮尸局 | 乾隆年间 | 知县熊恩绂 | 盐关海神庙 |
| 掩骼会 | 乾隆三十六年 | 邑人华龙藻 | 城西南 |
| 泽尸社 | 道光七年 | 邑人李明远 | 城西 |
| 殓埋社 | 时间不详 | 邑人甄起顺等 | 城西慈惠寺 |
| 天津县育婴堂 | 乾隆五十九年 | 巡盐御史征瑞 | 东门外 |
| 救生会3所 | 嘉庆年间 | 邑人 | 北浮桥、东浮桥、西沽浮桥 |
| 放生社(院) | 时间不详 | 不详 | 河北大悲院 |
| 惜字社 | 乾隆年间始 | 不详 | 位置不详,有广文、崇文、兴文、郁文等社,及"采取"、"拾遗"会等多所 |

资料来源:乾隆《天津县志》卷七《城池·公署》;光绪《天津府志》卷七《历朝恤政·义举附》;同治《续修天津县志》卷八《风俗附义举》。

明末以来,传统士大夫深受文昌文化的影响,使敬惜字纸为主要内容的惜字社日益盛行。乾隆年间,天津也开始在邑绅周自邠的倡导下创办惜字

---

① 同治《续修天津县志》卷八《风俗附义举》。
② 同治《续修天津县志》卷八《风俗附义举》。
③ 同治《续修天津县志》卷八《风俗附义举》。

社。资料显示,同治年间,天津城内惜字类组织数量很多,不仅有广文、崇文、兴文、郁文等社,还有"采取"、"拾遗"会,主要活动就是"皆捐资雇夫,搜拣字纸焚之,沉灰于河"或"劝工作各坊勿收买字纸"。惜字本身与慈善没有任何关系,梁其姿认为惜字会之所以被称为善举是因为惜字行为也配合着其他济贫行为①,资料所见天津惜字社的行为虽仅限于惜字,但其倡导者之一的周自邠是天津著名的慈善家。天津惜字社兴盛于乾隆年间,远早于惜字社在全国普及的嘉庆道光年间②,应是天津本土文化使然,说明天津本身的儒生文化也是很浓厚的。

该阶段天津慈善组织的创办者明确是民间士绅者共10所,占总数的58.82%,说明清代中期以来,民间慈善事业已经成为天津慈善组织发展的主流。有各绅士联合办理者,亦有士绅与僧人合办或以寺院为基地者。如放生院即以河北大悲寺为依托,"凡牲畜老病残疾者,居民每送入院中,给资交僧养之"③,不足之款亦由僧人募化,兼以办理腊八施粥。殡埋社是由"邑人甄起顺、侯珍、张有"与"僧人法来"在城西慈惠寺设立④。同时,民间慈善组织的发展亦得到官吏的捐助或拨款,如李明远之泽尸社,"天津知府恒公(春)捐钱一千缗,交芦商王莲品发典生息,以助义举"⑤。

由官吏创办或倡办的慈善组织,也并非全部是官办。天津县育婴堂虽由巡盐御史倡办,但系盐商呈请,在商办恤孤会基础上设立的,经费来自盐商捐款,"岁需经费即于众商捐交参课项内,视收养之多寡酌拨"⑥。日常管理由商人董事负责,但要接受盐运使所派监堂官的监督,属官督民办性质。乾隆年间知县熊恩绂所设立之捞埋浮尸局,"谕沿河居民,遇尸即时捞报,给棺一口、钱500文,为掩埋费",经费来自商捐,即"将商捐养赡老少余项移用",日常管理委托"僧了凡经理其事"⑦。当然亦有官民筹款由官办理者,如直隶总督方观承倡导所立之天泽会,由官民捐银2200两,置办器具土地,以"岁收租息充掩埋之费,由县报府稽查出入之数",而"至于验荒冢,督夫

---

① 梁其姿:《施善与教化:明清的慈善组织》,河北教育出版社2001年,第183页。
② 梁其姿:《施善与教化:明清的慈善组织》,河北教育出版社2001年,第183页。
③ 同治《续修天津县志》卷八《风俗附义举》。
④ 同治《续修天津县志》卷八《风俗附义举》。
⑤ 同治《续修天津县志》卷八《风俗附义举》。
⑥ 光绪《天津府志》卷七《历朝恤政·义举附》。
⑦ 光绪《天津府志》卷七《历朝恤政·义举附》。

工,则府首领佐杂等官分任之"①。此外,部分慈善组织经费不足时亦向官方求助,官方则会通过强制力量筹备慈善捐款,如道光年间邑廪生寇兰皋在西关外设延生社,每年冬季向贫寒者施舍面食棉衣,因经费不足,道光三十年"经芦商华民详呈请运使杨公(霈),于商捐款内岁拨助钱千缗"②。

官吏在慈善事业发展中的作用,不仅表现在倡办慈善组织或为慈善组织提供资金支持方面,还体现为积极推动某些旧有慈善组织的改造,最典型者是天津育黎堂改建为普济堂。天津育黎堂康熙年间设立于西关外,至乾隆四年(1739),"天津道陈弘谋,知府程凤文,知县朱奎扬,各捐俸银改建为普济堂,以养老疾无依者"③。日本学者夫马进认为天津育黎堂改建普济堂是对康熙雍正年间扩展育黎堂的诏令曲解所致④,从创办时间和背景看,的确如此。

从时间段上看,17所(惜字社不计)慈善组织中有明确创办时间者16所,创设于乾隆年间者10所,占总数的62.5%,说明乾隆年间是天津传统慈善组织发展的一个重要时期。这与乾隆年间清政府政治、经济的稳定发展,并创造了康乾盛世的状况是一致的。

此外,乾隆年间民间慈善组织的发展,也使天津诞生了自己的慈善家,最典型的代表是周自邠。周自邠,天津人,芦台盐商,曾任高州府通判。他积极倡导和参与各类慈善组织的建设,是推动乾隆年间天津慈善事业发展的重要人物。周自邠不仅立恤孤会收养弃婴,并"呈请盐政征公(瑞),立育婴堂于东门外",盐运使征瑞推荐其担任监堂官,评价其"老成端正,好善不苟,商民素所深知,令其专司其事,必能妥协"⑤。他积极倡导惜字,"制白纸本,以易妇女包裹针线、花样之旧书卷";倡立救急会,救助嫠妇、残疾、疾病、弃婴等;又续办"饽饽会","以蜀秫蒸做饽饽,遇风雪日,于起更时,会中人分赴各店,人给二枚,病人、产妇加给钱文"⑥。

---

① 光绪《天津府志》卷七《历朝恤政·义举附》。
② 同治《续修天津县志》卷八《风俗附义举》。
③ 乾隆《天津县志》卷七《城池·公署》。
④ [日]夫马进著,伍跃、杨文信、张学锋译:《中国善会善堂研究》,商务印书馆2005年,第422页。
⑤ 民国《天津县新志》卷二四《碑刻·育婴堂碑》(长芦盐政征瑞乾隆五十九年九月三十日奏折)。
⑥ 同治《续修天津县志》卷八《风俗附义举》。

## 三、晚清民初：慈善组织的近代转型

清咸丰十年(1860)天津开埠通商，成为华北地区重要的对外贸易口岸，在传统商业的基础上，对外贸易也迅速发展，诞生了一批买办、新式商人和新兴工业资本家，西方近代慈善理念也迅速传入，传统慈善组织开始近代转型的历程。此阶段创办的慈善组织主要有27所(善堂联合会不计，见表3)。清末民初，天津慈善组织的发展出现了许多新特点。

1. 慈善组织数量多且类型多样

晚清民初是天津慈善组织的大发展时期，共创办慈善组织27所。从创办者的身份看，多数是由地方士绅或民间力量组织建立，官吏创办者仅两所，说明该阶段是天津民办慈善组织的大发展时期，最著名的有盐商创办的育婴堂分堂、江南士绅设立的广仁堂等，此外还有红十字会、红卍字会等近代化的慈善组织；从创办时段看，光绪末年至民国初年共创办慈善组织13所，占该阶段慈善组织总数的一半左右。

表3 晚清民初始创的天津慈善组织情况

| 名称 | 创办时间 | 创办者 | 地点 | 办理事务 |
|---|---|---|---|---|
| 牛痘局 | 咸丰二年 | 绅士华光炜 | (盐)运署后 | 施种牛痘 |
| 寄生社 | 咸丰五年 | 邑人李文照 | 城内贡院西 | 济贫救荒 |
| 东延生社 | 同治年间 | 通商大臣崇厚 | 河东元帝庙东 | 济贫 |
| 备济社 | 光绪二年 | 邑绅李世珍 | 粮店街孙家胡同 | 济贫救荒 |
| 义阡总局 | 光绪元年 | 津商杨俊元 | 不详 | 施棺埋尸 |
| 公善施材总社 | 光绪二十八年 | 津商张月丹 | 永丰屯西老公所 | 施棺埋尸 |
| 公善抬埋社 | 光绪二十九年 | 津商张月丹等 | 西头场院大街 西鱼市街 | 施棺埋尸 |
| 育婴堂分堂 | 同治十三年 | 长芦运使季邦桢 | 东门外南斜街 | 育婴 |
| 恤产保婴局 | 光绪十年 | 广仁堂绅董 | 广仁堂内 | 育婴 |
| 恤嫠会 | 不详，晚清 | 邑增生朱维翰 | 不详 | 恤嫠 |
| 全节堂 | 同治七年 | 知府任信成 | 东门外南斜街 | 恤嫠 |
| 济良所 | 光绪三十二年 | 绅立改为县办 | 城内义仓大街 | 收养妓女或被虐妇女 |

续表

| 名称 | 创办时间 | 创办者 | 地点 | 办理事务 |
|---|---|---|---|---|
| 广仁堂 | 光绪四年 | 江南绅士 | 西门外 | 恤嫠、育婴、义学、工艺、力田、戒烟 |
| 济生社 | 光绪十二年 | 顾文翰、李长清等 | 东门内石桥胡同 | 恤嫠、冬赈、义塾、施药、义地、施棺、施水、惜字社、义赈 |
| 引善社 | 光绪十八年 | 刘廷璋 | 府署大街21号 | 冬赈、义学、恤嫠、惜字、施药 |
| 广济补遗社 | 光绪二十二年 | 王肇泰 | 关下三官庙大街 | 惜字、施药、放生、义塾、冬赈、赈灾、恤嫠、出版善书 |
| 体仁放生社 | 光绪二十三年 | 顾文翰 | 西头 | 放生、掩埋暴骨 |
| 教养所 | 光绪二十八年 | 不详 | 东门内贡院 | 向贫民传授技艺 |
| 游民习艺所 | 光绪三十年 | 不详 | 城西芥园监狱 | 收容游民犯罪青年，传授技艺 |
| 广生社 | 光绪三十四年 | 顾文翰等 | 新官汛 | 恤嫠、济孤 |
| 体仁广生社 | 宣统三年 | 顾文翰等 | 北门东商会对过 | 恤嫠会、放生、施医药、冬令散放棉衣粮米 |
| 红十字天津分会 | 宣统三年 | 徐华清等 | 吴楚公所 | 战地救济、掩埋尸骨、施医防疫、济贫、救灾 |
| 北善堂 | 民国初年 | 江辅卿 | 西窑洼大街 | 恤嫠、施药、惜字、孤儿学校、代赈、代施棺木 |
| 体仁南善社 | 民国初年 | 杜笑山 | 大费家胡同南水月庵 | 恤嫠、施药、临时急赈 |
| 贫民教养院 | 1915年 | 宁世福 | 西关外育黎堂 | 收养流民乞丐、男女工厂、学校 |
| 崇善东社 | 1919年 | 郭桐轩 | 尚师傅坟地 | 救济妇孺、恤嫠、济文贫、施药、冬赈、崇善小学 |
| 世界红卍字会天津分会 | 1922年 | 道院徐世光 | 桃山街5号 | 施医、残废院、学校、恤嫠、粥厂、恤兵、救灾 |

该阶段也有少量慈善组织,如全竹堂、东延生社等由官吏倡导设立,但是这些组织的资金来源主要来自民捐,与晚清民国以来以养济院为代表的官办慈善组织吸收民间款项、扩大资金来源的趋势是一致的①。如东延生社虽由通商大臣崇厚倡导设立,但运营经费主要来自商捐,"于厘捐局耗羡项下岁拨银二三千两,为施馍之用"②。全节堂虽由知府任信成设立,并得到通商人臣崇厚、盐运使恒庆等的捐助,但经费主要来自商捐,即捐赈项下余银5000两生息和陈家沟船捐项内的二成以及"各盐商按包捐制钱一文,每岁约京钱二千缗"③。

当然,部分慈善组织的发展和改造也得到官吏的支持和官款的协助,如天津普济堂在光绪年间重新恢复育黎堂之名,并得到修缮整顿,与地方官吏的支持密不可分。光绪十年(1884)鉴于堂内"旧屋无多,不敷贫民栖止,值地方灾歉,饥黎日集"的局面,长芦盐运使拨款2100余两,并"将前在天津道任内节存银1400余两",再加上盐商捐款即"运库商捐赈垫加项下动拨银3千余两",作为育黎堂增修房屋经费④。

此外,部分慈善组织因经费来源的改变而产生性质上的变化,如天津济良所于光绪年间由士绅创立,因八国联军攻入天津而中断,民国初年由士绅复办,至1914年改由天津县办理,每年经费由县财政局拨款300元⑤,从而由民办慈善组织改为官办。

由于办理事务的差异,慈善组织的种类也日益增多。除济贫救荒、施棺类传统慈善组织继续创办外,新式免费向贫困儿童施种牛痘的牛痘局也开始在天津创办,育婴组织也有了新发展,以妇女为救助对象的全节、济良类慈善组织也开始建立。

天津牛痘局创设于咸丰二年(1852),并从同治年间开始,向直隶其他区域扩展,天津成为直隶牛痘局创设的源头。受各种因素的影响,晚清时期天津育婴堂有了新的发展,不仅设立了分堂,还在广仁堂内设立恤产保婴局,育婴类慈善组织发展至3所。天津也诞生了以寡妇节妇为救助对象的恤嫠

---

① 参见拙文《清代至民国河北地区慈善组织的历史演变与空间运作(1644—1937)》,暨南大学博士学位论文,2010年。
② 光绪《重修天津府志》卷七《历朝恤政·义举附》。
③ 同治《续修天津县志》卷八《风俗附义举》。
④ 光绪《重修天津府志》卷七《历朝恤政·义举附》。
⑤ 民国《天津志略》第13编《慈善事业》。

组织恤嫠会、全节堂,另有江南士绅创办的广仁堂。这些慈善组织除恤婴外,也收养节妇。妓女、被虐妇女等亦开始受到慈善关怀,天津绅商在清末成立了专门教养妓女和被虐妇女的济良所。

这一时期的慈善组织不再局限于办理某一类慈善事务,以广仁堂的设立为开端,天津办理各类综合性事务善堂的数量不断增加,综合性慈善组织日益兴盛。从表3可看出,自广仁堂设立至1928年,天津共设立慈善组织15所,其中办理两项以上事务的综合性善堂13所,可见综合性慈善组织成为发展的主流。随着综合性善堂影响的扩大,某些单一类型善堂也开始办理各类综合事务,如天津施材总社创办初期仅办理施舍棺木,后不断整顿扩大,开始常年办理恤嫠和孤贫学校,孤贫子弟可免费入学①。各综合性善堂所办事务中,以恤嫠最有普及性,表3所列13个综合性善会善堂中办理恤嫠者10处。其次是义学,各慈善组织均开始注重贫民教育,推动了近代天津民间教育的发展。

2. 慈善组织的联合化和慈善力量的多元化

晚清时期,随着天津民办慈善组织数量的增加,地方官吏对慈善事业的干预则日益削弱,尤其是民国初年军阀混战各自为政的局面,极大地削弱了官方在慈善事业发展中的影响和领导作用,各慈善组织的各自为政也严重影响了社会救助实效的发挥,为加强慈善组织的联合创造了条件。

宣统三年(1911),经绅商倡议和善团自发组成的天津善堂联合会在北门东成立,集中指导地方公益与收孤、恤嫠等救济事业,冬季组织各善团办理冬赈②。初创的善堂联合会附设于体仁广生社,在地方慈善事业中发挥了组织和领导作用,地方志称"兴举一事,有地以联络之,遇有棘手可以众擎,可以分任"③。

善堂联合会的成立是清末天津地方士绅联合办理慈善事业的起点,在全国范围内也属较早者。上海是近代慈善事业的发达地区,慈善团体联合会直到1927年④才正式成立。民国年间天津慈善组织的联合行动一直延续,并在慈善救助中发挥了积极作用。如1917年顺直大水灾,天津善堂联合

---

① 《天津市概要》卷12《振济篇·民办慈善事业》。
② 天津市地方志编修委员会:《天津通志·民政志》,第171、196页。
③ 民国《天津政俗沿革记》卷12《善举》。
④ [日]小浜正子著,葛涛译:《近代上海的公共性与国家》,上海古籍出版社2003年,第104页。

会筹办水灾急赈,发捐册多本,筹募急赈所需资金①,还积极向被灾村民捐食捐物,查放赈济,设立灾民临时留养所等②。

随着天津慈善事业的蓬勃发展,民办慈善组织的格局亦发生重大变化。不仅有普通的民办慈善组织,以宗教为依托之慈善组织亦有发展,如中国本土宗教理教西老公所创办之公善施材总社和公善抬埋社,道院所办之红卍字会,以及西方传教士以教堂为依托所办的育婴堂和慈善医院等。

此外,广仁堂在天津近代慈善组织中规模大,影响深远,并得到政府的大力扶持,但却出江南绅商所办,故江南绅商在天津慈善格局中亦占有重要地位。因此天津的慈善组织形成了本地绅商、江南绅商以及外国势力、本土宗教力量四分天下的格局。

3. "教养并重"慈善理念的普及

清末民初,受"教养并重"慈善思想的影响,天津各类综合性慈善组织也开始增加了传授谋生技能的内容,专门向贫民教授技艺的慈善组织亦开始出现。光绪二十八年(1902)设立了贫民习艺的教养所,并在芥园监狱设立游民习艺所,1915年开始又将原有贫民栖留所、育黎堂等改设贫民教养院,在收养贫民乞丐的同时,还设立贫民工厂、学校,为贫民提供学习机会。一些传统慈善机构,如天津育婴堂亦开始创办女工厂。光绪三十一年(1905)天津育婴堂效仿正定天主教主教包儒略的经验创办女工厂,组织女童半日学习,半日劳动③。

4. 本地慈善家的继续发展

天津民办慈善组织的发展亦与某些著名的慈善家有重要的联系,首先是著名的李善人家族在此阶段开始从事慈善事业。天津近代著名的"李善人"即李春城,父李文照乐善好施,李春城曾任刑部郎中,"克继其志","立保贞、御寒等社,周济穷而无告之人",咸丰五年(1855)又在城内贡院西创立"寄生社","每岁自冬月起至来春止,收养贫人数百,与异乡人之流落在津者。日给粥馍,生则栖止,病则医药,故则殓埋"④。李春城共有三子,均在晚清时期参加科举担任官职,其家族从事盐业经营,并参加矿务公司、洋灰公

---

① 《捐助水灾之踊跃》,《益世报》1917年8月11日。
② 《救急会分途放米》《善堂又放铜元急赈》《善堂筹备安插灾民》《设立灾民临时留养所》,《益世报》1917年8月11日、8月25日、8月29日、9月27日。
③ 天津市地方志编修委员会:《天津通志·民政志》,第171、196页。
④ 同治《续修天津县志》卷八《风俗附义举》。

司、钱庄等诸多实业的投资,积累了大量的财富。李春城同治十一年(1872)去世后,寄生、保贞、御寒等慈善事业,由其长子李士铭继续办理,李士铭还参与了备济社的创办,清末民国初年,其弟李士珍、李士钰均积极参与天津的慈善事业,在慈善救济事业中发挥了重要作用①。

顾文翰也是天津近代著名的慈善家,以商业起家,志行善举,曾经参与多处慈善组织的创立。他于光绪十一年(1885)发起设立济生社,开始办理恤嫠、义赈、义学等,又先后参与创办引善社、广济补遗社、体仁放生社、广生社等慈善组织。顾文翰积极参与各类慈善救助行动,光绪十四年(1888)联合备济社,亲往山东武定黄泛区救灾查赈,为天津士绅出省办赈之始;二十六年(1900)庚子乱后,参与救济遭八国联军兵燹流离失所的难民;1911年为天津红十字分会成立筹款;1912年赈济运河决口灾区难民;1913年成立发起善堂联合会,筹办城乡冬赈,直到1914年逝世②。

## 四、1928—1936年:官方介入和慈善组织的整顿

1928年军阀混战局面结束,南京国民政府实现了形式上的全国统一,开始加强对已有慈善事业的管理,并先后颁布了《各地方救济院规则》《管理私立慈善机关规则》和《监督慈善团体法》③,要求将原有官办或公立慈善机构进行改组,设立救济院,原有的私立慈善组织也要向主管机关备案,接受其监督、管理。该阶段天津仅创办慈善组织9所(见表4),虽然总数量不及前一阶段,但由于时间较短,仍达到平均每年一所,故而南京国民政府前期,天津慈善组织仍在持续发展,受1937年日本侵华的影响才被迫中断。

表4 1928—1936年始创的天津慈善组织情况

| 名称 | 创办时间 | 创办者 | 位置 | 办理事务 |
| --- | --- | --- | --- | --- |
| 救济院 | 1929年 | 市立 | 西关大街 | 养老、恤孤、学校、工艺 |
| 妇女救济院 | 1929年 | 市立 | 河北天纬路 | 收养娼优婢妾民妇民女养女、学校、工艺 |
| 积善社 | 1928年 | 樊荫慈 | 大费家胡同南水月庵 | 恤嫠、施药、冬赈 |

---

① 天津市政协文史资料研究委员会编:《天津近代人物录》,第149—150、296页。
② 天津市政协文史资料研究委员会编:《天津近代人物录》,第149—150、296页。
③ 参见蔡鸿源主编:《民国法规集成》第40册,黄山书社1999年,第2—4、9、10页。

| 名称 | 创办时间 | 创办者 | 位置 | 办理事务 |
|---|---|---|---|---|
| 白卍字会 | 1932年 | 鲍廷九 | 大安街14号 | 养老、恤孤、贫民学校、医院、冬赈 |
| 蓝卍字会 | 1935年 | 朱绍亭 | 大同桥文新里213号 | 养老、恤孤、冬赈、施医药、施种牛痘 |
| 明德慈济会 | 1934年 | 钟世铭 | 桃山街八号 | 恤嫠、施赈、救灾 |
| 显广文慈院 | 1934年 | 刘玉峰 | 古楼南五十号 | 施医、冬赈、恤嫠 |
| 乐善堂 | 1933年 | 赵聘卿 | 开发路十一号 | 救灾、恤嫠、育婴、冬赈 |
| 黄十字会 | 1933年 | 庄仁松 | 日租界 | 抚恤、施赈、救济 |

资料来源：民国《天津志略》第13编《慈善事业》；《天津市慈善团体立案公告》，《天津市社会局行政周刊》1936年第12期；《天津市概要》卷12《赈济篇》；《天津市统计年鉴》之《天津市施赈机关概况表（1933年）》。

该阶段慈善组织发展最突出的变化是官方的介入，不仅有官办慈善组织的改造，即官办救济院和妇女救济院的设立，还加强了对私立慈善组织的监督，要求旧有和新成立慈善组织须在政府备案。

天津市政府根据《各地方救济院规则》要求，于1929年成立官办贫民救济院和妇女救济院。贫民救济院由原有之贫民教养院、游民收容所、教养所及贫民工厂、补习学校、贫民诊疗所等合并成立，由社会局委任委员、院长管理，经费亦由社会局拨给，共有房屋339间，收养贫民、婴孩，设有工厂、学校、医院等，规模庞大，收容人数极多。自1930年至1933年5月22日，共计出院人数达到"男20675名，女320名，童940名"；1934年5月在院人数亦有"男869名，女41名，童257名"①。据1933年天津社会局调查，天津救济院每月所需经费达8190元，收容人数最多时达2221人，最少时亦有1232人②。妇女救济院于1929年2月成立，以"收容被压迫妇女予以救济为宗旨"，向其提供教育、工艺，并为其选择婚配，亦隶属于天津社会局。自1929年至1934年1月，该院曾收容成年者219人，未成年者91人；1934年5月在院者亦有成年者43人，未成年者37人③。1933年每月经费1300元，收容人数最多时82人，最少亦有62人④。

---

① 《天津市概要》卷12《振济篇·官办慈善事业》。
② 《天津市统计年鉴》之《天津市收容机关概况表（1933年）》。
③ 《天津市概要》卷12《振济篇·官办慈善事业》。
④ 《天津市统计年鉴》之《天津市收容机关概况表（1933年）》。

与此同时，根据《管理私立慈善机关规则》和《监督慈善团体法》之要求，天津旧有慈善团体开始向政府申请立案，如光绪年间成立之广济补遗社、公善抬埋社分别于 1935 年 9 月 25 日、1936 年 10 月 16 日正式立案；新近成立之显广文慈院、明德慈济会、蓝卍字会、白卍字会也分别于 1934 年至 1936 年申请立案①。

日常冬赈和临时救灾开始成为民办慈善事务的主要内容。如显广文慈院和明德慈济会将冬赈和施赈、救灾直接写入其立案申请中②，白卍字会虽以"养老恤孤"为宗旨，但在创立初期，因筹款艰难，也主要筹办冬赈为主，乐善堂也主要以救灾为出发点，办理"救灾、恤嫠、育婴、冬赈及其他施救事宜"③。其他各慈善组织所办事务也多有冬赈的内容，且部分组织投入巨大，如 1933 年广仁堂办理冬赈花费 3400 元，红卍字会天津分会 78000 元，黄卍字会 12500 元，北善堂 1600 元④。与此同时，天津市政府还召集了各慈善士绅组织成立了天津市慈善事业委员会，每年联合办理冬赈，便于各慈善组织在慈善救助中加强联系和协调，仅 1933 年就散放"小米 2191 担，玉米面 402678 斤"⑤。这说明因民国年间灾害频仍，慈善组织除日常济贫之外，开始增加对临时救灾的关注。

## 五、天津慈善组织发展的时空特点

在理清明末至 1936 年间天津慈善组织发展进程的基础上，本文尝试对其发展的时空特点稍作概括。就各阶段始创的慈善组织数量而言，明末清初是初创期，慈善组织数量较少；清中期是继续发展期，创办慈善组织 14 所；晚清民初是高峰期，创办慈善组织 27 所；南京政府前期天津虽仅创设慈善组织 9 所，但因时间较短，平均每年亦有一所。这种持续发展局面，直到 1937 年日军侵华天津沦陷才被迫中断。

---

① 《天津市慈善团体立案公告》，《天津市行政周刊》，1936 年第 12 期（总第 214 期）。
② 《天津市慈善团体立案公告》，《天津市行政周刊》，1936 年第 12 期（总第 214 期）。
③ 《天津市概要》卷 12《振济篇·民办慈善事业》。
④ 《天津市统计年鉴》之《天津市施赈机关概况表(1933 年)》。
⑤ 《天津市统计年鉴》之《天津市施赈机关概况表(1933 年)》。

天津慈善组织的类型在各个历史阶段也有明显的差异。明末清初主要以官办为主,水会、惜字社等民办慈善组织开始建立。清中期,官办慈善组织继续发展,民办慈善组织的数量也日益增多,但主要以救荒、济贫和埋尸等单一类型的慈善事务为主。清末民初,是天津民办慈善组织最为兴盛的时期,慈善组织出现近代化趋势"教养并重"的慈善理念开始普及,新式慈善组织日益出现,综合性慈善组织成为慈善组织的主流,民办慈善组织出现联合的趋势。慈善组织类型的多样化和慈善力量的重组,使天津慈善组织出现了本地绅商、江南绅商以及外国势力、本土宗教力量四分天下的格局。南京国民政府成立以后,政府加强了对民办慈善组织的监督,设立官办救济院,加强官方在慈善组织发展中的影响。以现代运营方式管理的慈善组织继续出现,慈善组织间的联合也仍在继续,清末以来慈善组织的繁荣局面继续发展,一直延续到抗战爆发前夕。

天津慈善组织的空间分布也有明显的特点。首先,老城区是慈善组织的集中设置区。但因天津城内面积狭小,慈善组织主要设置在城关地区。明末清初所设慈善组织共4所(见表1,水会不计),设于城内者1所,设于城关附近者2所,设于南运河以北三岔河口附近者1所,虽远离城池,但亦是天津城外的传统商业中心。清中期14所慈善组织,确定位置者12所,除放生社位于南运河以北外,其余均设于城关。晚清民初27所慈善组织,设于老城区为中心的区域者仍有14所。直到南京政府前期,仍有慈善组织设于老城区。

其次,清代中前期,天津慈善组织的空间分布以西关为最盛。虽然天津慈善组织在各城关均有设置,但主要集中于西关及其附近地区。开埠以前创设之18所慈善组织中,设于西关及城西南者10所。直到晚清时期,江南士绅还在天津西门外太平庄设置了规模巨大的广仁堂,该处集中了育黎堂、栖留所(留养局)、广仁堂等收养类慈善组织,成为天津慈善事业中心。

再次,慈善组织的空间分布呈现出由南向北、由西向东、由中心向四周扩展的趋势。明末至清中期,天津主要慈善组织均设置于天津老城附近,空间扩展最早始于河北地区(即南运河以北),晚清时期随着租界在老城东南部的兴建,以及河北新区的开发,天津城区面积迅速扩大,新扩展的地区以及租界区均开始兴办各类慈善组织,天津慈善组织的空间分布也随之从南向北、从西向东扩展。以晚清民初为例,确定位置之慈善组织25所,位于老城区以外各区者11所,说明天津慈善组织的空间分布从集中分布开始向其他区域不断扩展。天津慈善组织的空间扩展与城市空间扩展的趋势是一致的。

此外,慈善组织在空间分布上的扩展趋势还体现在某些传统慈善组织开始在其他区域设置分所,从而使该组织的影响范围扩大。如天津救济院在原有育黎堂、栖留所(留养局)等基础上改设,总部设置于天津老城西门外,并在河北庆记东里新村试验区、河东沈庄子设置两处分部①。天津公善施材总社光绪初年创办,总部设于第三区永丰屯,至1934年"市县境内有分社二十八处"②。部分慈善组织因原设置区域狭小或其他原因,还经历了迁址,如天津育婴堂乾隆末年设置东门外,光绪三十三年(1907)迁新址至新开河北岸③。

最后,慈善组织的选址也开始注意空间上的互补。随着天津城市空间的扩大和向北向东扩展,客观上使各区域慈善组织的空间分布趋向平衡,而且某些慈善组织在设立之初,就开始注意慈善组织在城市内部空间分布的均衡。如1933年天津绅士赵聘卿、赵幼梅等"因鉴于本市善团虽有多处,原或拘于一隅,或情势有别致救济虽周,尤以特别区方面善团之组织,尚付阙如,爰发起组织天津市乐善堂,设立于特别第一区"④。

本文着重对天津慈善组织的发展进程及其特点做了分析,受篇幅所限,对影响这一进程和特点的因素未能涉及,个别有特殊影响的慈善组织亦未能深论,将会有另文论述。谨希望本文对天津慈善组织发展演变所作的分析,会对天津城市社会史研究的深入有所裨益。

(《安徽史学》2011年第6期)

---

① 《天津市概要》卷12《振济篇·官办慈善事业》。
② 《天津市概要》卷12《振济篇·民办慈善事业》。
③ 《天津市概要》卷12《振济篇·官办慈善事业》。
④ 《天津市概要》卷12《振济篇·民办慈善事业》。

# 明清漕运对运河沿岸城市的影响
## ——以天津地区为例

### 李俊丽

明清时期,北方政治区的粮食仰赖南方经济区的供给,每年数万名漕运人员驾驶上万只漕船,运载着数百万石漕粮在数千里的运河上南来北往,规模庞大的漕运活动在诸多方面对运河沿岸城市产生了巨大影响。

## 一、漕运对商业的影响

### (一)漕船夹带南方货物的基本概况

明清时期,为了体恤漕运旗丁,同时也为了使漕粮能顺利运达目的地,官府允许漕船在运载粮食的同时,可以附带一定数量的南方土特产即土宜,漕运人员可以将土宜沿途售卖获利以支付漕船沿途所需费用①,或者用其易换柴盐接济食用②,并且这些土宜在河西务、张家湾等处免交课税③。

从明朝到清朝,官府允许漕船带运土宜的数量逐渐增加,从60石④最后增加到180石⑤。明清时期,每只漕船的载重量一般为500石,土宜数量高达36%。虽然如此,漕运人员仍不满足,他们往往在官方规定的数量之外,私自夹带土宜。崇祯年间,户部尚书毕自严在其《度支奏议》中言及漕船额外多带私货的情况:"夫运军之土宜,单例准带六十石,此朝廷浩荡之恩也。今则违例多带,杉槁木板,满载淋漓,磁器纸张,附搭比比,虽禁戢不啻三令

---

① 《明会典》卷廿五《户部十·漕运·事例》,《四库全书》史部第617册。
② 叶方恒:《山东全河备考》卷三《职官志下·漕河禁例》,《四库全书存目丛书》史部第224册。
③ 劳堪:《宪章类编》卷一九《漕运》,《北京图书馆古籍珍本丛刊》第46册。
④ 张学颜:《万历会计录》卷三五《土宜》,《北京图书馆古籍珍本丛刊》第53册。
⑤ 《清宣宗实录》卷一二九,道光七年十一月癸卯。

五申,搜盘具报充饷,然诛之不胜其诛也"①。与明朝相比,清朝漕船私自夹带土宜的数量更多。乾隆年间,由于漕船私自夹带土宜过多,两江总督萨载曾经奏请"于例带土宜一百二十六石之外,加带七十四石,共成二百石",但乾隆皇帝认为,旗丁既然可以在126石之外多带土宜,即使增加至200石,也不能保证其不于200石之外又多带土宜,"似此逐渐增加,伊于何底"②,因而奏请未被允准。

嘉庆十六年(1811),允许湖广轮届改造的漕船"照江西每漕船一只,准带可装300石剥船一只,以便分装土宜运具"③。这一政策为漕船私自夹带土宜提供了更为便利的条件,从而使漕船夹带土宜更加猖獗。

另外,漕运人员往往还在运河沿途口岸、码头、市镇等处揽载商人货物收取运费,商人为了逃避税关盘剥也很乐意利用漕船带货,这样漕船就"沿途包揽,沿途脱却,故其夹带之货,多于额装之米"④,从而导致运河上税关征收的税课大量减少。如道光四年(1824),山东巡抚琦善奏称,临清关因"近来货物多系粮船夹带,客贩稀少,税课屡形短绌"。而且,粮船尾随小艇,"近俱设有篷舱,希图装载货物,勾通漏税"⑤。

明清官府允许漕船带运的土宜,加上漕运人员夹带的私物及其揽载的商货,三者合计,漕船在运送漕粮的同时从南方带运到北方的物货数量相当可观。明清时期,官府对漕船的行程有严格的时间规定,如果违误就会受到惩罚,所以漕船带运的货物在中途无暇发卖,大多是被带到指定或终点口岸后再售卖。而天津是北方一个重要的漕粮集散地,漕船不仅从此经过,而且经常在此停留,这就为漕运人员售卖其带运的南方土宜提供了理想的地点。因此,大量南方土宜源源不断地涌入天津市场,推动了天津商业的发展。

(二)漕运对天津商业的影响

1.诸多南方货物丰富了天津市场

漕船带运到天津的南方货物种类繁多,主要包括:

农产品。天津土质不好,粮食产量不高,经常依靠别处粮食的供给,"麦

---

① 毕自严:《度支奏议·云南司》卷五《覆巡仓罗万爵条议迟漕弊端疏》,《续修四库全书》史部第489册。
② 《清高宗实录》卷一二三五,乾隆五十年七月丁卯。
③ 《清仁宗实录》卷二三九,嘉庆十六年二月辛卯。
④ 贺长龄:《皇朝经世文编》卷四六《户政·漕运》。
⑤ 《清宣宗实录》卷六五,道光四年二月辛酉。

则取给于河南,米则受济于苏浙,秫粟菽豆之属亦莫非仰食于邻"①。康熙《天津卫志》记载天津"城西北沿河一带,旧有杂粮店,商贾贩粮百万,资运京、通,商民均便。河东新创杂粮店,商贾贩粮通济河东一带村庄"②。这些由商贾贩卖的粮食大部分是由漕船带运至天津的。

奢侈品。清朝诗人崔旭在《津门》一诗中有"沉檀珠翠来闽海"③的诗句,"沉檀"是古代女子用来涂唇的胭脂,"珠翠"泛指用珍珠翡翠做成的各种装饰品,是古代妇女华贵的饰物。从"来闽海"可知,天津市场上的沉檀、珠翠等奢侈品来自福建地区,而其进入天津大都是搭运漕船。"船上买花吴语腻"④是清人英廉在其《津门杂咏》中的诗句,可见当时漕船也带运花卉来天津售卖。

手工业品。天津的杨柳青为运河所经之地,漕船大都从这里经过,漕运人员经常带运南方的瓷器、竹器等在这里销售,所以这些人又被当地人称为"南货蛮子"⑤。

木材。明清时期,天津地区进行船只加工,"奈地方不产木植,所须材料旧皆买之南来漕艘"⑥,木材的运入带动了天津木材业的发展,从而出现了很多木厂,"嘉道以前,(天津)城北之西沽村多业木厂,以船料为最,屋材次之,至光绪中犹有一二存者,亦一大商业也"⑦。

除了以上种类,漕船带运的货物还有很多,如纸张、布匹、铁器、食品等。此外,还有许多其他杂货,如肥皂、锡箔、兰靛、泥人、水银等,其中每一类货物都包括诸多品种,如纸张就有几十个品种,如扛连纸、官方纸、毛边纸、花尖纸等⑧。

2. 天津市场的高度繁荣

由于南方货物的大量输入,天津商业得到了极大发展,市场出现了高度

---

① 高凌雯:《天津县新志》卷廿六《物产》,1931年刻本。
② 薛柱斗:《天津卫志》卷一《建置·集期》,康熙十三年刻本。
③ 吴惠元:《续天津县志》卷一九《艺文》,同治九年刻本。
④ 英廉:《梦堂诗稿》卷八,《四库未收书辑刊》第9辑第26册。
⑤ 张江裁:《杨柳青小志·河流》,1938年《京津风土丛书》本。
⑥ 李邦华:《李忠肃先生集》卷三《更置闽营裁冗疏》,《四库禁毁书丛刊》集部第81册。
⑦ 王守恂:《天津政俗沿革记》卷七《货殖·百货》,1938年金钺刻本。
⑧ 杨锡绂:《漕运则例纂》卷一六《重运揽载》,乾隆三十五年内府印本。

繁荣的景象。《天津县志》记载:"又其地为漕运孔道,冠盖之所往来,商贾之所辐辏,舟车络绎,百货骈填,鼓角管弦之声不绝于耳"①。尤其是南运河畔三岔河口地区,更是南北物资交流的枢纽地带,从而成为繁华的商贸集散地。在这一地区形成了很多以商品命名的街市,如"估衣街""针市街""粮店街"等。此外,还有天津境内的桃口,作为运河沿岸漕运船只集散地,逐渐成为天津境内较早的集贸市场。天津的北仓因位于漕运和御道之间,也发展成为大集镇。天津商业的繁荣程度在一些诗人的作品中也有反映。

潞卫交流入海平,丁沽风物久闻名。京南花月无双地,蓟北繁华第一城。柳外楼台明雨后,水边鱼蟹逐潮轻。分明小幅吴江画,我欲移家过此生。

——(清)朱岷《初到津门》②

可见,天津当时已经成为北方地区仅次于京城的繁华都市。此外,清人崔旭《津门百咏·天津城》亦有"沽上人家千万户,繁华风景小扬州"③的诗句,表明当时的天津可以与江南地区经济发达、商业繁荣的苏州、扬州相媲美。随着商业的发展繁荣,天津地区出现了很多市集。康熙《天津卫志》记载,明朝天津原有五集,弘治六年(1493)又添立五集一市,共十集一市。十集分别为宝泉集,地点在鼓楼,每月的初五、十五、二十五为集期;仁厚集,地点在东门内,每月的初三、十三、二十三为集期;货泉集,地点在南门内,每月的初六、十六、二十六为集期;富有集,地点在西门内,每月的初九、十九、二十九为集期;大道集,地点在北门内,每月的初八、十八、二十八为集期;通济集,地点在东门外,每月的初二、十二、二十二为集期;丰乐集,地点在北门外,每月的初十、二十、三十为集期;恒足集,地点在北门外西,每月的初七、十七、二十七为集期;永乐集,地点在张官屯,每月的初四、十四、二十四为集期;宫前集,每月的初一、十一、二十一为集期。另外,一市为安西市,地点在西门外④。而且,这些集市地点大多分布在天津城的中心区和东西南北门内外,一个月内几乎每天都有集市举行。

---

① 吴廷华:《天津县志》卷七《公署·附园亭·水西庄记》,乾隆四年刻本。
② 吴惠元:《续天津县志》卷一九《艺文》,同治九年刻本。
③ 《天津文史丛刊》第5辑《天津风物诗选》,天津市文史研究馆1985年,第149页。
④ 薛柱斗:《天津卫志》卷一《建置·集期》,康熙十三年刻本。

### 3. 漕员消费带动天津餐饮娱乐业的发展

明清时期，上万名漕运人员从天津经过或者在天津停留，不可避免要在天津消费，从而带动了天津餐饮业和娱乐业的发展，"想美餐，东门里，冀州馆，路南里，曹秃子，是经理，焖的饼，有名气，熏驴肉，味鲜美，切卖者，内掌柜"①。天津曹记驴肉是有名的美味佳肴，驴肉烧饼更是特色小吃。"鸟市对着官银号，不来鸟市不知道，蛐蛐、蝈蝈、鸽子、鸟，茶汤、锅巴、枣切糕，戏院、茶楼有几座，停船就往这里跑。"②鸟市、茶院、戏楼成为当时漕运人员消遣时光的好去处。从这两首歌谣可以想见当时天津餐饮娱乐的繁盛景象。

此外，有时漕运人员带运的货物在天津售卖不完或者来不及售卖，就会在天津寄存让别人代为售卖，因此运河沿岸出现了许多专门从事某种商品买卖的行栈，如杂货行、粮米行。杂货行栈房多设在北门迤西至针市街，粮米行栈房多设在海河、南运河附近，"大都内河行船装运货物卸载屯集必于近河之处，取便利也"。后来，海运通行轮船往来起运货物，"则又屯聚于海河附近"③。可见，这些行栈的兴起及其聚集区的形成与漕运有着密切的关系。

## 二、漕运对语言的影响

明清时期，运送漕粮的人员大都是南方人，他们经常从天津经过或者在天津停留，所以在天津南北运河上经常都能听到南方语言。明清时期，反映这一现象的诗歌很多，下面略举数例。

> 霁月中天见绛河，黄流满地漾金波。荒陂野火兼渔火，短棹吴歌杂楚歌。
>
> ——（明）张宁《夜宿独流》④

> 江湖载酒兴如何，意趣衡量总未过。船上买花吴语腻，水滨修禊越人多。
>
> ——（清）英廉《津门杂咏》⑤

---

① 贾长华：《老城旧事·当年一段"数来宝"》，天津古籍出版社 2004 年，第 96—97 页。
② 贾长华：《宝地三岔河口·三岔河口一带的民谣》，天津古籍出版社 2004 年，第 41 页。
③ 王守恂：《天津政俗沿革记》卷七《货殖·商栈》，1938 年金钺刻本。
④ 程凤文：《天津府志》卷三九《艺文志》，乾隆四年刻本。
⑤ 英廉：《梦堂诗稿》卷八，《四库未收书辑刊》第 9 辑第 26 册。

清人蔡新《恩予归养恭纪》诗中亦有"忽惊贾舶来闽语,且逐鸣榔听越讴"①的感慨。以上"吴歌""楚歌""闽语"以及"越讴"等字眼表明,明清时期吴、楚、越、闽等地之人在天津地区很多,其语言在天津地区也能经常听到,以至于让人有一种生"腻"的感觉。由于长期受到这些南方语言的感染,天津人不仅逐渐能听懂而且也学会了这些语言。

  家家门户对蓬窗,白鹭飞来照影双。杨柳桃花三十里,罟师都惯唱南腔。

——(清)沈峻《津门棹歌》②

  波定云间上下天,苇塘蒲溆远相连。西来打桨东来橹,惯学吴娃唱采莲。

——(清)梅宝璐《潞河棹歌(二)》③

以上两首诗表明,受南方语言影响,天津地区的渔夫唱渔歌都习惯用南方腔调,潞河上行船之人也都习惯用吴语唱采莲歌。由此可见,明清时期漕运对天津语言影响之大。

## 三、漕运对信仰的影响

妈祖原是南方沿海地区的一种信仰,当地人民以海为生,常年在海上航行,经常会遭遇风浪,或许是为了寻找精神寄托,于是人们信仰妈祖,认为她有保护海船安全航行的神威。从宋朝到清朝,妈祖的地位步步上升④。与此相应,妈祖信仰也得到了广泛传播。元、明、清时期,天津处于漕运要道,东临海,西濒河,无论是海运还是河运,漕船都要从此经过,而且天津也是漕船经常遭遇风浪的地区,于是具有保护船只安全行驶的妈祖信仰就被漕运人员传到了这里,并得到发展。元朝,在天津建有天妃宫,"(元)泰定三年八月,作天妃宫于海津镇(天津在元朝称为海津镇),此则天津立庙之始也"。

---

① 蔡新:《缉斋诗稿》卷六,乾隆年间刻本。
② 《天津文史丛刊》第5辑《天津风物诗选》,天津市文史研究馆1985年,第143页。
③ 《天津文史丛刊》第5辑《天津风物诗选》,天津市文史研究馆1985年,第195页。
④ 徐晓望:《妈祖的子民》,学林出版社1999年,第393—400页。

明朝永乐元年(1403),对天妃宫重建。正统十年(1445),参将杨节又对其重修①。清朝,将天妃宫加封为天后宫,"天后宫在天津东门外小直沽……国朝敕赐天后宫,加封天后圣母,神爽式著,载在祀典,最为一方护佑,凡海舶之遇风险者,祷尤响应"②。

明清时期,天后在天津人的信仰中已经不再只是对漕船行驶有保护作用的神灵,其功能被扩大,这可以从天津当地的一段歌谣得以印证,"东门外,娘娘宫,又名叫,天后宫,能保你,子女生,还保佑,河道通,船行顺,安全行"③。在天后宫香火最盛时期,供奉的娘娘有很多种,如"送生娘娘""催生娘娘""眼光娘娘""斑疹娘娘"等等,可见在天津对妈祖的信仰被进一步发扬光大,其除了能保护船只安全航行外,还有保佑人民生儿育女、包治百病的功能,由于这些功能贴近人们的心理需求,因此天津人对天后的祭祀尤其兴盛。

> 三月村庄农事忙,忙中一事更难忘。携儿结伴舟车载,好向娘娘庙进香。
>
> ——(清)王韬徽《津门杂咏》④

民间流传农历三月二十三日是天后的诞辰,此时虽然正是农忙季节,但天津及其周围的人们还是会在百忙中成群结队地到天后宫进香,而且在天后诞辰之际,还会上演极为隆重的"皇会"。"皇会"最初称为"娘娘会",起源于清康熙年间,后来受到乾隆皇帝的极大赞赏,从而身价倍增,改名为"皇会"。《重修天津府志》记载了皇会的盛况:"三月二十三日天后诞辰,预演百会,俗呼为皇会,十六日曰送驾,十八日曰接驾,二十、二十二两日辇驾出巡,先之以杂剧填塞街巷,连宵达旦,游人如狂,极太平之景象。"⑤在三月二十三日之前,各种会依次上演,如净街会、门幡会、太狮会、拷鼓会等;到了三月十六日将娘娘的木像送到闽粤会馆天后殿供奉,此即"送驾";三月十八日再将娘娘的木像接回,此即"接驾";二十日和二十二日抬着娘娘的木像沿街游

---

① 吴廷华:《天津县志》卷八《学校·附坛庙·天后宫》,乾隆四年刻本。
② 黄掌纶:《长芦盐法志》卷一九《营建·庙宇》,《续修四库全书》史部第840册。
③ 贾长华:《老城旧事·当年一段"数来宝"》,天津古籍出版社2004年,第96—97页。
④ 吴惠元:《续天津县志》卷一九《艺文》,同治九年刻本。
⑤ 沈家本:光绪《重修天津府志》卷廿六《风俗》,《续修四库全书》史部第690册。

行,接受人们的祭拜,此即"辇驾出巡"。清人崔旭在《皇会》一诗中也描写了天津皇会的盛况:

> 逐队幢幡百戏催,笙箫铙鼓响春雷。盈街填巷人如堵,万盏明灯看驾来。①

由于人数众多易生事端,后来官府不得不规定"大会数年一出",即令皇会不再是一年举行一次,而是多年举行一次,并且每次要"从简举行"②。

## 四、漕运对文学的影响

明清时期,天津处于漕运重地,文人学者写下了许多有关天津境内漕运的诗歌,如描绘大量漕船在天津汇集的诗歌、因漕运而形成的各种景观的诗歌、运河畅阻情况的诗歌。

### (一)描写漕船汇集的诗歌

天津是漕粮运往京通边仓的必经之地,每年上万只漕船从此经行不断,有时因北运河不畅还会大量滞留天津,从而很多文人写下了关于这些情形的诗歌。

> 极目沧溟浸碧天,蓬莱楼阁远相连。东吴转饷输粳稻,一夕潮来集万船。
> ——(明)王懋德《观海于天津》③

> 转粟排千舰,分流纳九河。潮声连海壮,树色入京多。鼓楫鱼龙伏,停帆鹳鹤过。津门秋望远,明月涌金波。
> ——(清)爱新觉罗·玄烨《天津》④

以上两首诗描写了天津地区众多漕船聚集的景象,从"一夕潮来集万船""转粟排千舰"这些诗句,可以想见当时汇集在天津漕船的数量是何等众多。

---

① 《天津文史丛刊》第5辑《天津风物诗选》,天津市文史研究馆1985年,第151页。
② 沈家本:光绪《重修天津府志》卷廿六《风俗》,《续修四库全书》史部第690册。
③ 阎廷谟:《北河续纪·附余后》,《四库全书存目丛书》史部第223册。
④ 李卫:《畿辅通志》卷九《宸章》,《四库全书》史部第504册。

### (二)描写漕运景观的诗歌

明清时期漕船常年从天津经过,天长日久就在运河两岸形成了多处与漕运有关的景观,这一点在诗歌中也有反映。

> 西指神京御水通,蒲帆乱射夕阳红。粟输南国争飞挽,客近长安尚转蓬。历历晚烟收极浦,依依晴树趁轻风。往来阅遍沙头鹭,独立苍茫送去鸿。
>
> ——(清)吴合伦《潞水帆樯》①

这是描述潞河即北运河上天津武清县六景之一——"潞水帆樯"的一首诗,"蒲帆乱射""争飞挽"描绘了漕船在此百舸争流千帆竞的景象。

> 春风几度柳丝柔,金缕千条半未抽。雨含寒烟迷远道,晴交乱影入清流。疏黄不解流莺语,翠黛偏添少妇愁。最是含情娱客处,长留明月伴行舟。
>
> ——(清)高尔俨《长堤翠柳》②

这是描述南运河上天津静海县八景之一——"长堤翠柳"的一首诗。明清时期官府每年下令在运河沿岸栽种树木,一来可以保固堤岸,二来漕运人员可以借此乘凉,树木越种越多,时间一长就形成了"金堤千里,绿树万重"的景象。

### (三)描写运河的诗歌

天津地处南运河、北运河、海河交汇之区,因此出现了众多描述三河交汇情景的诗句,下面略举两首。

> 潞河澄澈卫河浑,二水交流下海门。直北回看龙阙迥,极东遥望蜃楼昏。孤城近水舟多泊,列戍分耕野尽屯。我有好怀无处写,欲沽樽酒对君论。
>
> ——(明)丘濬《舟次直沽简彭彦实》③

---

① 《天津文史丛刊》第 5 辑《天津风物诗选》,天津市文史研究馆 1985 年,第 264 页。

② 《天津文史丛刊》第 5 辑《天津风物诗选》,天津市文史研究馆 1985 年,第 293 页。

③ 吴廷华:《天津县志》卷廿二《艺文》,乾隆四年刻本。

西风吹落日,解缆出津门。龙卷秋云黑,鸥翻海浪昏。三汊水分色,万橹急雷奔。吟望蓬窗下,茫茫泝大浑。

——(清)田同之《放舟三会口》①

以上两首诗描写的是卫河(即南运河)、潞河(即北运河)、海河在天津三岔口处交汇的情景。其中"潞河澄澈卫河浑,二水交流下海门"描述的是清澈的潞河与浑浊的卫河在三岔口合流汇入海河的情景。"三汊水分色,万橹急雷奔"则表现了众水汇合于三岔口水流甚急的情形。

总之,明清时期,为了保证统治秩序的正常运转,官方倾其全力开展漕运,漕运可以算是一场全国性的规模浩大的运动,其在保证北方政治重心粮食充足供给的同时,也给运河沿岸城市带来了巨大影响,尤其是位于运道枢纽地位的城市——天津。漕运不但促进其商业的发展与繁荣,而且在语言、信仰、文学等方面也留下了深刻的烙印。

(《中州学刊》2011 年第 3 期)

---

① 《天津文史丛刊》第 5 辑《天津风物诗选》,天津市文史研究馆 1985 年,第 64 页。

# 清末民初天津民营工业的发展及启示

苑旭森

天津地处环渤海的中心位置,据守海河入海口,是北方的重要港口和清末开埠地区,有大量的租借地,同时它也是中国近代民族工业起步较早的地区之一。清末在外商和官办企业的刺激下,天津的民营工业开始发轫,民国初期快速发展,取得了一定的成就。研究天津民营工业的发展变化,对于深入了解中国近代工业的发展和天津现代化建设的历史渊源,具有重要意义。

## 一、清末天津近代工业的初创

天津近代民族工业是由官办开始的。同治初年,清政府开始创办军事工业,"从同治三年以后由清廷直接拨款或各省督抚自筹经费,共建立了规模不同的近代军事工业企业22个之多"①,其中多被地方督抚控制,这种状况引起了清廷的极大不安,他们急于要建立直属清中央的军工企业。为此,由三口通商大臣崇厚在1867年创建了天津军火机器局。其全部经费由清政府支出,管理人员也由官方任命,企业的所有权和管理经营权也归官府,是"典型的封建官办企业"。经历数年扩充后,它成为了北方最大的军火厂,同时还具备了生产清理海河淤泥的挖河船等非军用产品的能力。此后天津又成立了多家官办及官督商办企业,如1872年,设立了轮船招商局天津分局,把北洋航线的最北端设在了天津,主要运输南方漕粮、揽载南北间的客货运输;1880年设立了天津电报局,从而为政令、军令和商业情报的传递提供了现代化的信息服务。

伴随着外商企业及这些带有官方色彩的企业在产能与盈利方面优势的

---

① 白寿彝:《中国通史》第十一卷《近代史前篇》(1840—1919),上海人民出版社1999年,第423页。

显现,天津的一部分地主、官员和商人开始投资机器生产。1878年,招商局总办朱其昂在天津首创了贻来牟机器磨坊,用"蒸汽机磨面,雇佣工人十余人",所产"面色纯白,与牛磨者迥不相同","每年获利六七千两"①。这是天津民族工业史上第一家民营企业。随后,1886年革员杨宗濂、银行家吴懋鼎等"集本银一万数千两开设自来火公司",后由于与洋雇员发生纠纷引起了德国公使的干预,再加上创办之初公司华洋性质模糊而广受抨击,使公司创办过程一波三折。幸在直隶总督李鸿章的支持下,才摆脱纠纷,李在致总理衙门函中曾提到"查所立自来火公司原系独由华商经理,并无洋人入股本在内"②,使其华商企业的身份得到了认可,从而为自来火公司的发展扫清了障碍,后公司运营良好,其产品"开多运销于河南诸郡"。

因为离统治中心较近,甲午后天津创办的民族工业企业数量仍非常有限,主要有吴懋鼎于1899年创办的天津织呢厂(注册资本额为350千元,1900年被毁,1902年重建),以及他于1898年创建的天津硝皮厂(注册资本额为769千元)。

清末新政时期,由于直隶总督袁世凯的大力推进,天津的民族工业企业才有了较快的发展,但由于其资金有限,这些企业大多是与人民生活密切相关的火柴、肥皂、面粉、造纸等轻纺工业,且大型企业较少,新建企业数量也极其有限。规模较大的企业主要有潘作卿等于1906年创办的益织呢厂、杨宝慧在1907年建立的新兴造纸厂、李镇桐在1908年斥资10万元筹建的华胜烛皂厂、1911年孙淦筹资10.5万创办的华昌火柴厂等。

期间最有新意的就是,机器制造业于这个时期在天津应运而生。如"1901年,郭天成机器厂在三条石地区建立,最初仅能生产织布机零件,1907年后已可生产整套织布机,以后相继又生产弹花机、轧花机、打包机"③。1908年,洪怿孙、徐宗南斥资42万元的天津铁丝铁钉厂成立。

---

① 孙毓棠:《中国近现代工业史资料》第一辑(下),科学出版社1957年,第985—986、991、453、452页。

② 孙毓棠:《中国近现代工业史资料》第一辑(下),科学出版社1957年,第985—986、991、453、452页。

③ 南开大学历史系、天津历史博物馆:《天津三条石早期工业资料调查》。

## 二、民国初年天津近代民营工业的迅速发展

从民国成立到20世纪二三十年代,天津的民营工业在外国资本主义侵略势力和本国封建势力的双重压迫下,在历史的空隙中挣扎着进入了一个快速发展阶段,民间资本以前所未有的规模进入工业领域,新建企业明显增加,并涌现出了一批大中型民营企业。各个工业部门都呈现出兴旺发达的景象。尤以纺织业、面粉业和化学工业发展最为显著,其他行业也有一定的发展。

纺织业是这个时期天津私人资本主义发展最快最集中的近代工业部门。1913年,直隶省行政公署提倡实业"决定投资25万元创办直隶模范纱厂,并委托南通大生纱厂从英国代购机器设备。1915年4月正式投产,有纱锭5000枚。这是民国建立之后国内的第一家官办纱厂"[1]。但好景不长,1919年直隶省厂曹锐伙同恒源帆布公司经理张瑞廷,将其与恒源合并,并招张作霖等军阀政客参股,另立恒源纺织有限公司。合并后的公司于1920年开业。

1918年投产的裕元纺织公司,由倪嗣冲、王郅隆、徐树铮等投资250万创办,1922年,该厂雇工人数达6600名,布机500台,生产纱46200包,布59000匹,年纯利30万元。周学熙在1915年去职后,与其弟周学辉等创办了中国北方最大的纺织集团——华新纺织公司。其在天津的工厂于1918年投产,有纱锭27000枚,1922年生产纱为25731包,雇工人数在1922年至1924年间均保持为2318名。北洋商业第一纺织公司,由范竹斋、卞继昌、王宝钏等投资200万在天津建立,其股份主要来自纱号和银行,1921年投产时有纱锭25000枚,1922年,其雇工数为2300名,当年生产纱22000包。1922年,刘柏森、刘原生投资300万,建成宝成第三纺织公司,有纱锭5万枚,1922年至1924年每年佣工1500人,年产纱1万包。1922年投产的裕大纺织公司,由王克敏、冯耿光等投资兴建,共耗300万,雇工400人,后由于经营不善,被日本东洋拓殖会社兼并[2]。

---

[1] 苑书义:《河北经济史》第四卷,人民出版社2003年,第61、72页。
[2] 以上数据均来源于天津市档案馆编:《北洋军阀天津档案史料选编》,天津古籍出版社1990年,第418—419页。

除纱厂外,其他纺织业如染织、毛纺、丝织等行业,在这时期也有一定发展,其中不乏一些规模较大的企业,如直隶华昌织呢厂、华北毛纺织公司、锦云丝厂等。

民国初年天津的大中型纺织类企业的建立,使天津成为了仅次于上海的国内第二大纺织工业城市。但由于市场容纳量有限,裕大等企业刚一建立就陷入了困境,最终被并购。

面粉业是民国初年天津民族工业发展中仅次于纺织业的一个行业。并且其在发展持续性上要超过纺织业,直到1925年,其发展才有所减慢。1912年建立的增兴厚是这一时期的首家面粉厂,注册资本金5万元。一战期间,天津的面粉业并没有快速发展,一战中仅有两家工厂建立,直到1921年,才和全国一样出现了投资高潮,并且这几家企业多是军阀政客和商人合作建立的大型面粉厂。如,蔡竹铭、蔡彦侯于1921创办的庆丰面粉公司;桑铁珊、莫炽南于1921年创办的民丰面粉公司;还有倪幼丹、周作民在1925年建成的三津寿丰面粉公司,他们的投资额都在60万元以上。

化学工业是天津民族工业发展的一大特色,虽然很多企业规模不是很大,但由于技术水平和科技含量较高,因此与纺织、面粉等行业相比,其发展有更深刻的意义。久大精盐公司,"创办于民国三年,创办人范旭东、景韬白",以平锅熬制精盐的方法,掀开了我国盐业技术史上的新篇章。经过10多年的发展,其工厂分设塘沽各地,产品分销全国各省,"事业之进展,初虽仅制造精盐,旋因适应社会需要加制洗盐,并加制副产"①,其生产规模也由1500吨发展到6.25万吨,成为了我国第一大精盐公司。最具有影响力的化学企业当属永利制碱公司,它是由中国基本化学工业创始人范旭东于1917年筹建的。设备是从美国订购的,图纸实际上是由侯德榜博士主持设计的,"最初资本为50万元,以后逐次增加,现在已经成了4百余万元的大公司,可以说是中国最大而且最完备的工厂,制品行销全国"②。1926年,该公司"经技术改进生产的红三角牌纯碱,在美国建国150周年博览会上获得了金质奖状,打破了英国卜内门洋碱独占中国的局面"③。另外,国内唯一一家生产盐酸的企业——渤海化学工业公司也于1926年建成投产,"每年除制造1万担

---

① 赵津:《范旭东企业集团历史资料汇编:久大精盐公司专辑》,天津人民出版社2006年,第12页。
② 陈真:《中国近代工业史资料》第四辑,上海三联书店1961年,第504页。
③ 苑书义:《河北经济史》第四卷,人民出版社2003年,第61、72页。

盐酸外,还制造泡花碱、硫化碱、碳酸镁等"①。

## 三、天津民营工业发展的特点及启示

清末尤其是民初天津民营工业发展的最大特点就是官僚资本投资特别多。"北洋军阀时期,不少军阀、官僚的私人资本投向近代企业。投资地区大半集中在华北,尤以天津为多"。据统计,"1912年—1927年间,有80多名军阀政客投资天津的民族工业,投资企业达35家,投资总额约为5333万元,约占天津同期民族资本总额的70%"②。这些官僚政客以和商人、资本家合作为主要经营形式。他们的投资重点是投资少、见效快的轻工业,可以说在纺织、面粉、火柴、化学等行业的大中型企业中,都有军阀、政客的投资。天津在1915年至1920年组成的"裕元、恒源、华新、裕大四大纱厂,为官僚、军阀集资创办,其中有总统4人、临时执政1人、大元帅1人、总理2人、督军9人、总长11人。这四家纱厂资本占天津市总资本的48.7%"③。在久大精盐公司的运营中,由于受中国盐政旧制的限制,原料、销路大受影响,为此,范旭东就设法吸收社会名流杨度入股,后经过杨度的疏通,久大获得了袁世凯特批5个口岸的销售权,并在其股东财政总长梁启超和其长兄范源濂的支持下,将精盐销路扩展到了南方,后来又陆续吸引蔡锷、黎元洪、曹锟、曹锐等官僚军阀入股,为久大精盐带来了丰厚的无形和有形资产。永利制碱公司也在"1923年4月,经北洋政府财政部批准,享有使用盐和制盐材料的免税权"④。

可以说,民国初年天津的大中型民营工业企业都和官僚、军阀有千丝万缕的关系,这主要是由于天津的特殊地理位置和双方互相需要造成的,天津距政治中心北京仅百里之遥,并且天津又有大量的租借地,一些在北京政坛上失意下野的官僚军阀,为了避祸或寻求再度上台纷纷把天津的外国租借作为其居住地,他们在任上时搜刮了大量的民脂民膏,此时在挥霍享乐之

---

① 陈真:《中国近代工业史资料》第四辑,上海三联书店1961年,第498页。
② 宋美云:《北洋时期官僚私人投资与天津近代工业》,《历史研究》1989年第2期。
③ 孙毓棠:《中国近现代工业史资料》第一辑(下),科学出版社1957年,第985—986、991、453、452页。
④ 苑书义:《河北经济史》第四卷,人民出版社2003年,第61、72页。

余,把多余之资投向了实业。

但是,天津这种官僚军阀色彩浓厚的民营企业运营模式,受政治变动影响过大,经常卷入政治纷争当中去,随着政府权力的易主,政府对待这些企业的态度也经常变化,这给其正常发展带来了严重影响。如在第二次直奉战争结束后,军阀当局就成立了"直隶兵灾善后清理处",并给久大公司发函,称久大各祸首(指曹锟、曹锐、高凌霄等8人)股份甚多,要予以查抄,因曹锟等人都用的堂号入股,所以未查实,但将范旭东逮捕,在黎元洪、范源濂的干预下,仍未放出。最后,在曹锟等堂号名下的股份被没收,久大公司在上交了8万大洋后,此事才作罢。久大公司员工在接范旭东时,他失声痛哭,在场的人无不动容。范源濂事后对人说:"我的弟弟是很坚强的,一般情况下,他是不会落泪的,他太伤心了,在中国办工业多么艰难啊!"①民国风云人物周学熙也同样面临这样的状况。1915年,财政总长周学熙筹建华新纺织公司,"额定资本1000万元(官股十分之四,商股十分之六),以其弟周学辉为督办,并取得在直隶、山东、河南三省30年专利权"。但在"袁世凯复辟帝制失败后,段祺瑞内阁发文撤销该公司,派官员前往接受。周学熙与股东多方活动,才使公司得以保存,并撤销官府督办,改为商办企业"②。

总之,没有一个稳定、法治、民主的政府作保障,任何民营企业都摆脱不了昙花一现、步履维艰的命运。把企业的经营单纯寄托在某些政治人物的扶持与保护上,是得不偿失的,是不可能实现企业的持续发展的。但在半殖民地半封建社会的中国,不依靠特权阶层的保护,这些企业甚至连昙花一现都做不到,所以他们尤其渴望国家的稳定,以摆脱夹缝中求生存的状况,这也是他们的"革命性"。因此,进行革命扫除军阀势力,建立一个稳定、法治、民主的政府,是实现民营企业长足发展的基础。

(《商业文化》2011年第2期)

---

① 张同义:《范旭东传》,湖南人民出版社1987年,第50—51页。
② 孙毓棠:《中国近现代工业史资料》第一辑(下),科学出版社1957年,第985—986、991、453、452页。

# 清末天津广育学会探析

岳红廷

广育学会是天津最早的私塾改良团体,以普及教育和保全家塾为宗旨,直接推动了天津私塾改良的起步,在官方未介入之前,它卓有成效地领导了天津的私塾改良。

## 一、广育学会成立的背景

清末西方列强入侵,在西学的冲击下,许多知识分子痛感传统教育的落伍,于是纷纷提出兴学的建议。《钦定学堂章程》和《奏定学堂章程》先后出台,形成了比较明确的学校系统。1905 年 8 月,清政府下令"着即自丙午科为始,所有乡会试一律停止,各省岁科考试亦即停止"①,标志着自隋唐以来,行之1300 多年的科举制度被废止。普通百姓能步入仕途的最重要的途径就是参加科考,科举考试制度的骤然废止,对传统教育的办学方式产生了影响,一方面在全国掀起了兴办新式学堂的热潮,另一方面也促使私塾走上改革的道路。

在兴学热潮的带动下,天津的新式教育发展迅速。据调查 1905 年天津学堂共有 36 所,学生共 3888 人,其中小学堂 30 所,共有学生约 3422 人。这在当时"固然是首屈一指、独一无二的"②。然而新式学堂的现状远不能满足学龄儿童的入学需要,1905 年天津总人口为 339871 人③,按各国教育统计原则计算④,应有学龄儿童约为 44183 人,这样算,1905 年天津的儿童入学率约为 7.75% ,即使考虑到洋人所立学校及女子学校(依当时情况来看这两类学

---

① 朱有瓛:《中国近代学制史料》(第二辑上),华东师范大学出版社 1987 年。
② 《奉告天津办学的诸公》,《大公报》1905 年 7 月 29 日。
③ 李竞能:《天津人口史》,南开大学出版社 1990 年。
④ 《天津县小学教育状况》,《新教育》1921 年第 4、5 期。

校数量也极少),天津儿童入学率也不可能超过8%,这与教育普及相差甚远。但政府又因财政支拙,无力多立学堂,因此对原有私塾进行改良,化塾为校就成为普及教育最有效、最经济的办法。

清末兴办新式学堂过程中普遍存在的另一个困难是师资严重匮乏。为了迅速扩大师资队伍,政府一方面优先发展师范教育,培养新的师资;另一方面改造塾师以补师资。其中对塾师的改造是补充师资最便捷有效的方法。一直以来,塾师是传统教育的主力军,新式教育的兴起对于塾师来说是一次巨大冲击,"如今学堂大兴,教书先生们全都发了愁,以为教书这条道儿就算是绝了……多立一两座蒙小学就多拆散几个家塾"。即便是学堂教员依然由塾师充之,然而学堂往往是学生多教员少,这样一来塾师失馆者必然就多,年富力强者尚可另图他业,而年岁稍高者将奈之何①? 所以,改造塾师可谓是两全之策,既可补充师资,又可保全塾师。

## 二、广育学会成立及其活动

为普及教育、补充师资、保全家塾,王吟笙(河东举人)及吴竹民(河北药王庙小学堂教习)提议成立广育学会,并于1905年5月24日在《大公报》刊登《联合家塾小启》,详尽说明筹办广育学会的目的及宗旨,并承诺"于同业诸君(指塾师)必无丝毫不利",还诚邀同业诸君于该月28日下午两点到河东礄厂内聚谈,以便商定广育学会成立的相关事宜。同年6月11日下午广育学会在河东礄厂正式成立,到会者有学董、绅商及塾师七八十人,华芷龄、王吟笙等登台演说。取名"广育学会"即推广教育之意,其大意为"参用学堂规模,变通家塾课程,使家塾与学堂得划一"②。

广育学会的活动原则是遇事商定;学会规定各私塾课程以《奏定初等小学堂课程》③为准,将教课分为完全科和简易科两种,并对课程内容做详尽规定,完全课程为修身、读经(可免背诵)、讲经、国文、算术(先笔后珠)、历史、地理、识字(默写时习字)、体操(轮班到学会习之,无操日则讲修身);简易课程为读经(尚可背诵,浅解尤妙)、习字(大小楷)、识字(以浅解为先)、算术

---

① 《天津各家塾的先生请看》,《大公报》1905年5月27日。
② 《联合家塾小启》,《大公报》1905年5月24日。
③ 1903年颁布的《奏定学堂章程》规定,初等小学堂课程为:修身、读经、中国文学、算术、历史、地理、格致、体操及视地方之情形尚可图书手工之一科或两科。

（珠笔皆可）、修身、体操（轮班到学会习之，无操日则讲修身）、国文（识字填字均可）、历史、地理，此外后三科如学生成绩不及可暂缓。上课时限为六小时，上午以读经、习字、识字为必有之科，下午以历史、地理、算学、国文、修身、体操为必有之科。

表1　广育学会的课表

| 时日 | 星一 | 星二 | 星三 | 星四 | 星五 | 星六 |
| --- | --- | --- | --- | --- | --- | --- |
| 第一时 | 读经 | 同上 | 同上 | 同上 | 同上 | 同上 |
| 第二时 | 讲经、习字 | 同上 | 同上 | 同上 | 同上 | 同上 |
| 第三时 | 识字 | 同上 | 同上 | 同上 | 同上 | 同上 |
| 第四时 | 历史 | 算术 | 历史 | 算术 | 历史 | 算术 |
| 第五时 | 地理 | 讲文 | 地理 | 讲文 | 地理 | 讲文 |
| 第六时 | 修身、体操 | 同上 | 同上 | 同上 | 同上 | 同上 |

资料来源：《天津广育学会章程》，《大公报》1905年6月20日

考虑到私塾场所多狭小，无空地供学生习操，所以广育学会规定体操课放学后各塾轮流到学会操场演习，同时还要求塾师督送学生到学会习操，避免学生途中嬉戏，并保证学生的人身安全。考虑到私塾学生多贫寒子弟，因此对体操课操衣草帽要求不严格，可有可无，尽量避免给学生带来不必要的经济负担，而引起学东的反感。

为吸引私塾学生，广育学会还规定："各塾学生与学堂学生一例出身"，"卒业学生请官考验升送高等小学堂"；另外学会还有严格的督导制度，学会聘请巡行教习随时检查私塾，并要求"各塾皆设日记一本，将所授功课逐日草记以便考问"，巡行教习到各塾视察，塾师照常理课，概不送迎，以惜时限，对于"卒业后查某塾师学生升送较多者，由本学会保荐其塾师充当学堂教员，或平时由巡行教习查有热心教育之塾师亦即随时保荐"，并且向塾师承诺，所需经费全部由学会自备，不取各塾锱铢，而对于学生书金由塾师自行收取，学会概不干涉；做学生家长工作也是广育学会的一项重要工作"学东若有反对可随时劝导，以免阻碍"[①]。

广育学会的成立引起了社会各方的关注。首先，官方的态度。广育学会成立之后立刻得到官方的认可，"河东王吟笙孝廉新铭创立广育学会，联合蒙私塾均一律遵照奏定章程添派巡行教员随时到各塾教导，业经学务处

---

① 《天津广育学会章程》，《大公报》1905年6月20日。

宪批准"①。

其次,地方绅商的态度。学会成立之初就得到绅商的大力支持,据1905年11月4日《大公报》报道:"(创捐):杨临齐五十元、朱亦韩五十元、吕铭三四十五元、李叔同二十元、顾少华二十元、顾海田二十元、谢竹坪十元、周楚卿十元、刘开府十元、邢徐氏十元、王子良五元、巫暇卿五元。(常捐):吕铭三十元、张幼安六元、冯沧楼四元、潘荣阶四元、朱亦韩二元、曹瑞占一元、杨汉卿一元、李桐冈一元、王省吾二元。(特捐):严范孙二十元、刘星恒五元、刘桂生三元、陈少九仿纸八刀毛笔二十支、曹幼占煤油一桶、高绍伯一元"②。之后李桐冈、林墨青、潘荣阶等人每月定期资助广育学会一元、二元、六元不等,由此可见绅商的慷慨资助是学会得以存在的经济基础。

广育学会的成立曾引起广大塾师的不安。塾师们疑心重重,"恐怕这一举于自己无益"③,恰巧此时,河东小关锦衣卫桥一带又出现砸毁私塾一事。1905年5月22日、23日,河东小关陈家沟锦衣卫桥一带有带发辫、着洋服二人,向各私塾搅扰,并砸毁学塾两三处,一时各塾师生等大起疑惧,纷纷散学④。事情发生后广育学会立即派人通知学董禀明情况,还协同警察、地保前往,以安人心。经过调查后县政府发布示谕说明情况,即:四月十九日午间有外国人同两华人入小关永浑会所内杜先生、陈家沟娘娘庙前王先生、锦衣卫桥王先生书房一次,并未滋闹,该塾学生自行惊走。尽管如此,县政府仍请南北段巡警局分饬各段站岗,兵丁随时保护,并将往来上学在途行走之学童一律妥为保护,同时还规定,倘有不法棍徒胆敢假装洋人扰害私塾、学塾等弊,准该塾师同临佑地方,随时扭赴就近巡警分局,以从严惩办⑤。学会章程中明确规定保护私塾,"本会开办伊始业经禀明各宪及中外巡厅,所有家塾一律保护,倘有不法之徒无端骚扰,可随时知照该管各巡厅核实"。在事件的处理过程中,广育学会一方面组织塾师宣传学会的办会宗旨:"联合家塾的事虽为普及教育,也算是为保全家塾",另一方面协助地方官工作,在塾师中树立了良好的信誉。

学生家长对广育学会也心存疑虑。"自从王吟笙倡办广育学会以来,叫

---

① 《联合家塾批准》,《大公报》1905年6月4日。
② 《广育学会》,《大公报》1905年11月4日。
③ 《天津各家私塾的先生请看》,《大公报》1905年5月27日。
④ 《学界风潮》,《大公报》1905年5月24日。
⑤ 《天津县示》,《大公报》1905年6月5日。

诸学东大加疑惑,也有说成了洋学生的,也有说要叫当兵去的,也有说念洋书的,也有说不用中国字的。"为使广大学生家长进一步了解事实情况,广育学会对家长们的疑惑一一进行了解释,"要说洋学生的利益大约你们也见过,要说当兵的责任世人所当有的,要说叫你的学生念洋书,我们的书房里一本洋书也没有,要说不用中国字呢!我们书房里所念所写的无一不是中国字"①。

广育学会成立后积极投入私塾改良活动。首先,召开私塾研究会。学会要求入会私塾塾师每星期一、四、日晚各研究一次以期改良。其次,定期考试私塾。学会每月、每季都会对私塾学生进行考试,月考、季考的地点定在学会内,考试试卷由学会提供,对于成绩优秀者给予奖励,奖品一般为墨、毛笔、铅笔等,这样不仅加强了私塾之间的交流,而且在一定程度上对私塾起了督导作用。最后,甄别塾师。1911年5月21日下午广育学会组织甄别塾师考试,试题分完全科和简易科,完全科试题为:钓鱼;简易科试题为:说鱼②。此次甄别计取完全科韩会卿、李春苔、孙士章、刘成思、谷存智、闫振邦、陈锦文等七名,简易科刘学斌、李士魁等三十二名③。对考试前十名酌予奖金,以示鼓励。此外,从广育学会月费清册中可看出,资助半夜学堂和小学堂也是广育学会工作的一个重要部分。1908年7月至12月,每月支付半夜学堂教习车资洋拾元、津贴五十,小学堂司事一员洋一元、津贴五十,小学堂堂役一名洋一元④。

## 三、结语

广育学会是天津最早的由民间士人发起成立的、得到官方认可的、绅商大力支持的私塾改良团体。随着广育学会的不断发展,其活动范围不再仅限于私塾改良,还包括资助半夜学堂、小学堂等。不过广育学会最突出的贡献仍是私塾改良,它直接推动了天津私塾改良的进程,学会制定的一些私塾改良措施为之后天津私塾改良提供了一个参考的蓝本。1906年1月天津县发布示谕:"暂须仿行举人王新铭所立广育学会定章,先行联合家塾教法使

---

① 《奉告我们各民塾诸位学东》,《大公报》1905年7月12日。
② 《甄别塾师》,《大公报》1911年5月23日。
③ 《会考揭晓》,《大公报》1911年6月11日。
④ 《广育学会光绪三十四年七月至十二月月费清册》,天津图书馆藏。

归一律"①。在官方未正式介入之前,广育学会在天津私塾改良活动中一直扮演领导者的角色。1907年8月16日天津县正式发布改良私塾告示:"教育之道贵乎普及,而教育之普及要在私塾与学堂相联络,津邑自兴办学堂以来,仰蒙督宪热心提倡,迄今各小学次第成立,然私塾之及时改良者固属不少,而习惯积久,其学科与教授管理各法尚未合格者,亦所多在……各区塾师应就各传习所一律研究,以各将来担任学级,以半年为限,至期满后再行分别考验,其成绩较优者,准派充各小学掌教员,或经改称私立某某初等小学堂,以符定章而资推广,终及格者即令另谋生业。"②以此为标志天津正式开始进行私塾改良。1910年7月,《学部通行京外学务酌定方法并改良私塾章程文(附章程)》出台:"筹办改良私帮事宜,京责成督学局分饬局员、各省责成提学使司督饬地方官、劝学所认真经理"③。国家以法律形式式规定劝学所为改良私塾的主管机构,在天津,劝学所也逐渐取代广育学会领导私塾改良。民国成立后,广育学会活动逐渐减少,并最终退出历史舞台。

(《唐山师范学院学报》2011年第6期)

---

① 《劝学示谕志略》,《大公报》1906年1月16日。
② 《天津县正堂章改良私塾示谕》,《大公报》1907年8月16日。
③ 朱有瓛:《中国近代学制史料》(第二辑上),华东师范大学出版社1987年。

# 清末天津卫生防疫制度探析

刘 祺

设立于清咸丰二年(1852)的牛痘保赤堂,标志着利用西法进行防疫在近代天津的开端。其后,随着西方医学技术在天津的传播与发展,一整套仿效西方国家的卫生防疫制度逐渐在天津建立起来,并日趋完善。我们即以公共卫生防疫制度在近代天津的建立与发展为主线进行考察,并对该制度的得失进行评析。

## 一、清末天津的卫生与疫病流行状况

19世纪中叶以后,由于人口的激增,居住空间的狭小以及政府对公共卫生治理的漠不关心,天津的卫生状况开始趋于恶化。1816年,乔治·斯当东(George Staunton)随阿美士德使团途经天津,当时的津城给他留下了美好的印象。因此斯当东在回忆天津时,他记述道:"天津城内的居民大部分衣着考究,举止得体,比我们刚一上岸看到的那些人更干净、更好看,而且确实也强过那些广州人。"①然而,待到44年后的1860年,当法国侵略军的统帅蒙托邦将军再次进入天津时,他却惊异地发现这个城市"脏得可怕"。天津开埠后,其通商地位虽日益重要,但城市的卫生状况却每况愈下,"水波混浊是城河,惹得行人掩鼻过。更有矢遗满街路,须防鞋上踏来多"②,这首出自时人唐尊恒之手的竹枝词生动形象地勾勒出天津开埠后城内的卫生状况。

这样的城市卫生状况必然会导致各种传染病的流行。的确,19世纪中叶以来,天津成为了传染病的多发区。通过史料发现,仅从清道光十八年

---

① 伯纳·布立赛著,高发明等译:《1860:圆明园大劫难》,浙江古籍出版社2005年,第125页。
② 张焘:《津门杂记》,天津古籍出版社1986年,第115页。

(1838)至宣统二年(1910),天津在短短的72年间就爆发过时疫14次,平均每5年一次。其中,尤以从道光三十年(1850)至光绪二十八年(1902)的52年间所爆发的疫病最为严重。

表1　1850—1902天津地区的主要疫病

| 疫病爆发时间 | 疫病种类 |
| --- | --- |
| 道光三十年(1850) | 白喉 |
| 咸丰十一年(1861) | 白喉 |
| 同治元年(1862) | 时疫 |
| 光绪四年(1878) | 霍乱 |
| 光绪二十五年(1899) | 时疫 |
| 光绪二十七年(1901) | 春瘟与霍乱 |
| 光绪二十八年(1902) | 霍乱 |

资料来源:天津地方志编修委员会编著:《天津通志·卫生志》,1999年,第19—24页。

表1显示,流行于天津的传染病主要是霍乱、白喉和各种时疫①,尤以霍乱最为惨烈。以1901年春夏间爆发的霍乱为例,"疫情严重,城市登后里、安民巷一带流行最烈,棺丧不绝于道"②。

面对不断侵袭天津的各类传染病,有感于"华界"的肮脏与"租界"的整洁,于是天津地方政府的一些官员开始"由直观而生羡慕,由羡慕而生比较,由比较而生追求"③,这样,逐渐仿效西方,效法"租界"卫生管理方法的公共卫生防疫行政制度在清末的天津出现了。

## 二、清末天津地方政府应对疫病的新举措

（一）天津官立牛痘局

同治六年(1867),天津官立牛痘局成立,专司天花疫苗的接种与预防事

---

① 当时的文献多将各种传染病笼统称为时疫。天津地区的时疫主要指肠热症、天花、麻疹、肺炎及猩红热等疾病。
② 天津市地方志编修委员会编著:《天津通志·卫生志》,天津社会科学院出版社1999年,第20页。
③ 陈旭麓:《近代中国社会的新陈代谢》,上海人民出版社1992年,第62—63页。

宜。官立牛痘局的前身,是天津盐商华光炜于咸丰二年(1852)出资兴办的善会组织——牛痘保赤堂。根据时人记载,天津牛痘保赤堂坐落在"城内鼓楼南,每年春月引种,至夏月天气炎热,暂行停止。其种法美善,百无一失。凡求种者,但到局挂号,给以票据,预定时日,至期风雨不改。持票为凭,携儿挨号种讫,并与以痘后宜忌章程一纸,分文不取。全活幼童无算,此诚保赤者一片婆心也"①。

牛痘保赤堂是"中国社会与医学体系迅速吸收欧洲医学发明的一个实例"②,完全是华人自主选择西方医学技术的结果。所以,牛痘接种在天津的推行几乎没有受到本地居民的抵制,而且还由于该机构"章程美善,贫富贵贱一体相待"③,非常受群众欢迎。于是,天津地方政府于同治六年(1867)将具有民间善会性质的牛痘保赤局改为官办牛痘局,自此天津的天花防治工作遂由私人的义举转变为国家资助的公立防疫、检疫体系的一个组成部分。

(二)天津城市卫生改造

天津城内环境卫生的改造始于对城市道路系统的翻修。天津市内大部分道路皆为土路,坑洼密布,年久失修。因此,每遇大风,空中便尘土飞扬;而雨季一至,则泥泞难行。况且,天津居民习惯将便溺倾倒于路旁,于是时人将天津的道路描述为"东北门边都是水,晴天也合着钉鞋"。

光绪八年(1882),天津地方政府成立工程局,由津海关道周馥主持局务,专司道路修葺。本次道路的修葺完全是以租界道路铺筑样式为蓝本。首先,将原有土路的旧泥锄松,然后铺垫尺许厚的砖石。接着,在砖石被击碎后,于其上另行覆盖一层沙石,并命人以千斤滚轴压平。最后,道路两旁增辟石筑下水渠,以便泄水之需。

在进行道路改造的同时,天津工程局为了维护道路清洁,特借鉴租界道路管理模式颁布了《天津官道管理条例》。根据该条例,天津工程局指派两名候补千总负责督率役夫清扫街道,并规定每百丈为一段,每段两名役夫,分班看守,昼夜不辍。役夫的职责为打扫街道,并看管小商贩使其不得占用

---

① 张焘:《津门杂记》,天津古籍出版社1986年,第54页。
② 罗芙芸著,向磊译:《卫生的现代性——中国通商口岸卫生与疾病的含义》,江苏人民出版社2007年,第76页。
③ 佚名:《天津事迹纪实闻见录》,天津古籍出版社1986年,第10页。

道路经商,更不能随手丢弃垃圾废物。另外,工程局还雇用乡民用车船每日将污秽粪土运载到城外下游倾倒。工程局对天津城内道路的翻修,加强道路卫生治理的举措,不但方便了居民出行,更重要的是根除了一个重要的疾病传染源。

## 三、清末天津临时政府时期的卫生防疫措施

1900年7月14日,八国联军攻陷天津。自此直至1902年8月15日止,天津一直处于由八国联军代表组成的天津临时政府,即"天津都统衙门"的管辖之下。都统衙门尽管由侵略军代表组成,但在其统治天津的两年时间里却也在改善城内卫生环境、预防疫病等方面发挥了重要作用,并为日后清政府继续在天津发展公共卫生防疫事业奠定了基础。

(一)组建天津都统衙门卫生局

都统衙门对辖区范围内卫生事项的监管主要由其下属机构卫生局负责办理。1900年8月初,卫生局组建完成,并下辖"一支主要由日本人和锡克人组成的卫生分队,协助局长在天津执行卫生条规"[①]。都统衙门卫生局第一任局长由法国医生德博施(Dr. Depasse)担任,1901年1月德博施在天津病殁后,改由法国医生、天津北洋西医学堂教授乌隆(Dr. Houillon)担任。乌隆任卫生局局长一职至1901年10月,该年11月法国海军军医梅斯尼(Dr. G. Mesny)接替乌隆,并由另一名法国医生普洛姆(Dr. Plomb)担任卫生局副局长。据考,从1900年7月都统衙门成立至1902年8月该衙门解散,在天津城内从事医疗活动的医生除上述4名负责卫生局工作的法籍医师外,尚有法籍医生马枚(Dr. Marmey)、布律内(Dr. Brunet),英籍医生比米什(Dr. Beamish)、史图特(Dr. Stewart),德籍医生亨泽勒(Henseler)、奥贝坦(Dr. Aubertin)、施蓬伯格尔(Dr. Spornborger)、布施(Dr. Busch)以及日籍医生松岛与胁谷等人。天津卫生局正是和这些来自各国的外籍医生密切配合,共同担负着对天津卫生环境的构建与治理工作。

(二)颁布卫生防疫规章

在都统衙门于津执政的两年中,卫生局为治理天津环境、防控疾病、检

---

① 罗芙芸著,向磊译:《卫生的现代性——中国通商口岸卫生与疾病的含义》,江苏人民出版社2007年,第184页。

疫防疫等事宜颁布了大量的卫生政令,内容涉及牛痘的接种、无主尸体的安葬、霍乱的预防、饮用水的洁净等方方面面。比如,都统衙门第129号政令规定:"饮用水必须烧开20分钟后,再行装入瓶内,如敢故违,该(水)铺即须关闭,并罚铺主洋银500元,再罚苦工6个月"①。

都统衙门统治时期的卫生政令大都非常苛刻,但其为日后天津公共卫生建设的"现代化"发展奠定了基础,这是一个事实,不能否认。然而,另一个同样无法否认的事实是:现代化卫生观念在天津的形成是和帝国主义对天津的武力占领紧密相连的,从而致使罗芙芸所谓的天津卫生的"现代性"蒙上了一层帝国主义的阴影。但若摒除卫生观背后的政治色彩,我们会发现西方的卫生治理与疾病控制模式无疑更为先进,并且于人于国也更为有利,尽管它暗含了屈辱与创痛。

(三)建立疫病隔离营

为了有效地防治疫病的流行,都统衙门卫生局在天津市区内及山海关等地设立隔离营。山海关隔离营的修建由英军少将克里(V. C. Creagh)负责,该隔离营设置的目的是为了防止鼠疫传入天津。同时,都统衙门还责成卫生局局长在天津城区或郊外选择两处适当的地点,以备在天津发现疫病时用来隔离华人患者。

(四)改变居民生活习惯,强化对华人丧葬事宜的监管

天津都统衙门执政期间,还特别重视改变天津居民日常生活中一些不卫生的习惯。比如,卫生局规定:"除非有极严密的卫生监督,天津城区内禁止修建猪圈。"②此外,都统衙门还严格监管市内屠宰场的日常卫生,并要求市民必须食用洗净的水果和蔬菜。

同时,都统衙门还强行干涉津人的丧葬事宜。都统衙门认为遍布天津城区的大小坟茔是一个诱发传染病的重要源头,1901年2月,卫生局要求华人死亡后要填报死亡证明一份,该证明必须写清尸体的来源、巡捕局对尸体的检查结果以及医生的查验结果,并由巡捕局签证,卫生局负责统一掩埋。同年4月5日,都统衙门又发布政令要求"天津土墙以内所有民人坟茔并各

---

① 国家清史编纂委员会编译:《八国联军占领天津实录——天津临时政府会议纪要》,天津社会科学院出版社2004年,第836页。

② 国家清史编纂委员会编译:《八国联军占领天津实录——天津临时政府会议纪要》,天津社会科学院出版社2004年,第660页。

义地,现在停放并新葬等棺木,必须刨挖深坑掩埋,多用土培,不准仍前暴露"①。

(五)清洁街道,治理污物

1900年11月,都统衙门卫生局申请从速建造两座焚化炉,专门用来处理天津市民的垃圾污物。1901年3月26日,都统衙门又颁布了《地方洁净章程》。该章程共计5条,它要求天津住家应每日将各自的垃圾倾倒于指定地点,不得将污物倒弃院内或路旁、河边等处。此外,章程还规定:"每日民人须将门首地段洒扫清洁。相近居民之处,不准开设晒粪厂。"②

## 四、清末天津的海港防疫

(一)组建各级防疫组织

西方人对港口卫生的关注给清末那些偶有出洋经历的中国政府官员留下了非常深刻的印象。对此,曾出使德国的醇亲王载沣就在其日记中记述道:"巳刻,(船)抵苏彝士③河口。停轮后即有男、女医各一,来船验看搭客有无瘟疫。船主以搭客人数单示之,逐一查验。西例防疫极严,船上有一人染疫,即带至医院调治,船即扣留十二日不得行。"④

因此,天津开埠后不久,随着往来于天津大沽等港口的各国商轮的逐日增多,清政府便仿效西方港口检疫制度于光绪二十一年(1895)在天津成立海港检疫所。四年后,清政府又在营口、山海关等要冲设立检疫机构,以防疫病传至天津。光绪二十六年(1900)天津被八国联军占领,所以港口检疫工作也转由联军组成的天津都统衙门卫生局负责。光绪二十八年(1902),清政府收回了对天津的管辖权,并于当年成立了北洋防疫局,由直隶总督府管辖,并附设海港检疫医院一所。同年,天津又成立了卫生总局,采用西方

---

① 国家清史编纂委员会编译:《八国联军占领天津实录——天津临时政府会议纪要》,天津社会科学院出版社2004年,第814页。
② 国家清史编纂委员会编译:《八国联军占领天津实录——天津临时政府会议纪要》,天津社会科学院出版社2004年,第813页。
③ 今作苏伊士。
④ 载沣著,丁山整理:《醇亲王使德日记》,《近代史资料》(总73号),中国社会科学院出版社1989年,第150页。

医学技术进行防疫、检疫,并负责疾病控制及城乡环境卫生治理等事宜,同时一并监管大沽、北塘直至山海关的防疫工作。此时,海港检疫医院也被扩充为北洋防疫医院。根据史料记载,北洋防疫医院在清光绪三十二年(1906)即可自行采用西法配制"牛豆苗及狂犬病治疗液,对天花、狂犬病进行防治"①。

(二)颁布防疫规章

直隶总督府于光绪三十年(1904)颁布了《天津防疫章程》和《大沽查船验疫章程》,为天津地区的铁路沿线及海港防疫提供了制度保障,使得天津地区的防疫工作得以顺利开展。

《天津防疫章程》主要针对天津地区铁路沿线的防疫检疫事项作出规定,该规章共计7条,主要涉及司检疫之职的官兵责任、疫情通报制度、病人物品处理规则、尸体掩埋办法及列车长的职责等内容。此外,该规章还规定,天津地区铁路枢纽的四围路口均派士兵把守,倘有车船违规搭载患病旅客,不但乘客要被送往医院隔离,而且车船也将被扣留并没收以示惩戒②。由于天津防疫辖区广大,而当时精通西医医理的华人医官数量有限,所以仅在北塘、新河等火车站设有医官登车检疫旅客。

《大沽查船验疫章程》共计10条,主要规定了天津大沽海口防疫、检疫时的具体操作流程。该章程规定,对大沽海口的检疫工作由来自北洋防疫医院的4名西医负责。在这4名医生当中,华籍男医2名,专司检验来往船舶上的男性乘客;女医1名,专司各船女性乘客的检验;外籍检疫医官1名,由美国人裴志理③(Albert P. Peck)担任,其不但负责对进出大沽海口的西人进行查验,而且还对其余3名华籍医生负监督之责。由于光绪二十八年(1902)天津地区霍乱流行严重,所以制定于光绪三十年(1904)的《大沽查船验疫章程》对管辖的对象范围作了最大化的概括。该章程要求:"所查船只

---

① 天津市地方志编修委员会:《天津通志·卫生志》,天津社会科学院出版社1999年,第80页。

② 《天津防疫章程》,《东方杂志》,光绪三十年四月二十五日(1904年6月8日)第四期,第44页。

③ 裴志理,生卒年不详,1880年前后来华,医师,隶美国公理会。见黄光域编:《近代中国专名翻译词典》,四川人民出版社2001年,第618页。

皆指装载客货之商轮而言,其夹板、扯帆之民船随时进口亦由华医官妥慎查验"①。

根据《大沽查船验疫章程》的规定,每艘拟进入天津大沽港口的船舶均须在检疫前停泊在口外,检疫医官于每日趁潮乘小火轮登船检验。对于搭乘头等舱的旅客,该章程要求医官需逐一检查。而对于乘坐下等舱的旅客,医官只需将其集中在甲板上,进行统一查验,即所谓"神色充足者一看而过,黯淡者查其脉理,果系疫病不难立判,此外并无他项验法"②。检验后若未发现疫情,则由负责检验的华籍医官和美籍医官裴志理共同署名,该船始准入港;否则,病人不但要被送至北洋防疫医院接受隔离治疗,而且其搭载的船舶也需在港外扣留7日,以消除疫气。

北洋防疫医院接收病人后,外籍商旅自有单独病房,而中国病患则分男、女分别加以隔离。至于入院病人的起居食宿问题,《大沽查船验疫章程》规定:"(医院)雇用服役,并雇女仆伺候洗濯便溺等事。其饮食一切皆由医院妥为备给,使病者无苦。"③另外,根据《大沽查船验疫章程》的规定,病人入院后,医院应该详细将患者的姓名、住址等个人信息详细登记,并统一造册,以备参考之需。

## 五、清末天津卫生防疫制度评析

清末天津地方及中央政府为了应对不断在天津爆发的各类疾病采取了许多新的举措,作出了很多新的尝试,这对保障百姓生命起到了积极的作用。而且,清末天津的卫生防疫管理实践还为日后北京城市卫生建设提供了样本和经验。因为,当时参加制定天津卫生防疫规章的许多官员,如徐世昌、赵秉钧等人,后来都在中央卫生部门或巡警部门担任要职,所以天津的卫生防疫实践不可能不对他们产生深远的影响。这是清末天津卫生防疫制度建设所取得的成绩,自无需赘述。这里,有必要分析一下清末天津卫生防

---

① 《大沽查船验疫章程》,《东方杂志》,光绪三十年四月二十五日(1904年6月8日)第四期,第45页。
② 《大沽查船验疫章程》,《东方杂志》,光绪三十年四月二十五日(1904年6月8日)第四期,第45页。
③ 《大沽查船验疫章程》,《东方杂志》,光绪三十年四月二十五日(1904年6月8日)第四期,第45页。

疫制度建设的不足之处，因为这是清末包括北京在内的各地卫生改革所普遍具有的通病。

首先，精通西医学的人才储备不足，不但妨碍了检疫防疫的效果，而且卫生防疫事业的建设还需仰仗外人鼻息，丧失了自主权。比如，天津为了弥补医官不足的缺陷，在《天津防疫章程》中规定列车长有义务查明所载旅客的身体状况，即"倘查不及，仍有病人搭坐火车者，应由车守于查票时留心查明送到相近之医院收诊"①，这种临时补救之法必然会影响防疫的效果。再如，天津的铁路沿线检疫和大沽等港口的检疫工作皆由美国人裴志理负责，华人医官检验后必须待裴志理认可，旅客方能放行。

其次，国家资金投入不足，妨碍了卫生防疫事业的进一步发展。清末社会动荡，清政府内外交困，国库空虚。特别是《辛丑条约》签订后，清政府的财政困境更是雪上加霜，因此对卫生防疫事业的资金投入极为有限。

最后，在进行卫生防疫事业建设时，宣传不足，因此缺乏广大民众的支持。卫生防疫事业建设的实质是对民众卫生文化思想的改造。西方卫生行政管理制度根源于"西方社会对于身体、生命和环境的理解"②，但中国当时的民众恰恰缺乏对上述问题的正确认知，而地方乃至中央政府在推行卫生防疫制度时又往往忽视了对民众的卫生教育，希望一蹴而就，然而却事与愿违，使很多有利于民的举措反而引起百姓的反感。

(《中国卫生法制》2011 年第 6 期)

---

① 《天津防疫章程》，《东方杂志》，光绪三十年四月二十五日(1904 年 6 月 8 日)第四期，第 44 页。
② 余新忠主编：《清以来的疾病、医疗和卫生——以社会文化史为视角的探索》，生活·读书·新知三联书店 2009 年，第 337 页。

# 天津近代金融家的经营管理思想

周建波 高杨 庞禛

天津作为近代中国的北方经济中心,背靠京师,地理位置优越,运输网络发达。近代以来,天津港由于西方经济体系的进入与资本活动的发展,传统经济结构发生了巨大变化。开埠前,天津本已发展出历史悠久、经验丰富的金融企业(多为钱庄与票号);开埠后,随着西学东渐与外商冲击,天津近代银行业也迅速成长起来。

天津金融业人士在经营管理活动中,充分发挥他们的聪明才智,通过多元的金融产品(工具)运用方式与资本运作策略进行金融活动,发展出独特的商业管理思想与运作模式。从决策主体角度出发,可以将他们的管理思想与运作模式分为行业发展之战略、企业经营之谋略两个方面。本文试从这两个方面对天津近代金融家之经营管理思想进行简要分析与总结。

## 一、行业发展之策略

天津金融业发展之战略可概括为:注重创新,自行改革;主动与实业接轨,以金融之力振兴工商业;发展社会慈善,谋求业内合作。

金融业作为国民经济的重要组成部分,需要与实业互为支持。天津金融业以振兴天津工商业为己任,积极为本土工商业融资,发展民族经济,体现着近代天津金融业显著的为本土经济竭诚服务的特点。

(一)扶持本土进出口业发展

作为港口城市,天津金融业尤其是银行业发展之初,其对外贸易主要是由洋行控制的。洋行雇佣大量买办,利用资本优势,控制天津金融市场,赚取巨额利润。许多金融家从筹建银行之日起,就力求尽快摆脱外商洋行对华国际贸易的垄断局面,故在业务实践中积极为本土进出口业提供便利与优惠。当时的华商贸易行中,影响最大的是"协和贸易公司"。曾有一段时期,该公司资本运转出现问题,资金来源不足,但就是在这种情况下,它依然可以扩大规模,并设立瑞通货栈,其原因就在于银钱两业多年以来的周转照顾。尽管该公司最后依然宣告破产,但民族银钱业对民族商业的支持是不容置疑的。

(二)支持实业发展

实业一旦做大,就需要金融的支持,而金融的流转,也需要实业作为落脚点。金融家们要想完成资金流的完美衔接,或者想在动荡时期有效地分散风险,加强资金运作的稳定性,就必然要关注实业,这不仅有益于金融业的发展,对于天津本土实业的发展也具有巨大的作用。

周作民领导下的金城银行,就非常注重为民族工商业融资,并在促进民族工商业快速发展的同时,自身也获得了快速发展。例如永利碱厂在1921年创立时资金仅40万元,为打破中国长期依赖进口英商"卜内门"洋碱的局面,金城银行为永利提供大量的信贷资金,不仅使永利顶住了英商的倾销压力,而且打破了"卜内门"公司在中国的垄断地位。到1927年,永利日出碱36吨,国产"红三角"畅销大江南北乃至国际市场。

著名商人周学熙曾说:"金融机关之与实业发展,实大有密切之关系,盖必先有健全之金融,而后有奋兴之实业;此全在主持营运者善于利用及维护之而已。"周学熙在主持华新银行期间,非常注重金融与实业的结合发展,如担保发行债券,提供实业保险业务等。凡此种种,不仅支持了实业,也为金融业的发展开拓了新局面。天津金融业的主要举措可以概括为:

1. 金融与工业的集团化经营。天津商人在企业的资产类型配置上力求多元经营。例如,周学熙企业集团在发展的后期,名下拥有京师自来水公司、普育机器厂、滦州地矿公司、华兴棉业公司、华新银行等企业,囊括了大量金融保险、工商实业的企业资本集团,多元化的经营为其发展提供了广阔的空间。据估算,周学熙集团主要企业的资本总额至少达4千万元之多。[1][2]

2. 创办新实业基金。开平、滦州两矿联营之后,周学熙做出了"多积累,少分配"的规定,以筹备资金建立事业基金。周学熙倡议每年发给股东股

---

[1] 盛斌:《周学熙资本集团的垄断倾向》,《历史研究》1986年第4期。
[2] 张丽梅:《中国传统文化对民族资本企业管理思想的影响》,《前沿》2001年第5期。

息,其逾额之数仍为股东所有,按积累提存,作为创办新企业的基金。如启新洋灰公司、华新唐山厂及卫辉厂、华新银行等均依靠了这部分资金的支持。

3. 设立实业银行。在天津商业银行开始兴起的时候,实业银行却发展滞后。1919年4月,经财政部批准,中国实业银行开业,总行设于天津,分行设于上海、北京、济南等处,并附设永宁保险公司。股东会推周学熙任总理,启新、滦矿、华新、耀华等大公司均是该银行存款大户,得以相互调剂金融。为华新卫辉纱厂担保发行公司债券是中国实业银行首次对企业的支持。

### (三)重视内部改组创新

近代是天津金融业体系新旧交替的时期,注重总结经验教训,推进内部改革,成为转型时期天津金融业商人自强发展的重要管理思想。

20世纪初,天津金融市场的几大势力中,资力较大的票号、外商银行往往在金融冲击中以退出市场求自保。相比之下,钱庄资力较弱,但由于与商业关系过于密切,无法退避,往往损失惨重。在多次金融风潮中,天津钱庄吸取了教训,自"庚子事变""大倒闭风潮"以后,组织和管理大有改进,一般独资的小型钱庄陆续消灭和改组,新创立的钱庄都扩大资本,改为合伙经营。例如1907年创立的恰源银号资本银元10万元,1914年创立的晋丰银号资本银元10万两①,从此以后大型钱庄的资本就以10万元为标准。钱庄的内部分工也相应更加明确,形成了监理、经理、副经理和襄理等层级职务,内部设营业、会计、出纳、文书和总务等职务,分别派专人负责。正是靠着总结经验与果断重组,钱庄在巨大的经济冲击中才存续下来,作为天津一支重要的金融力量继续发挥着作用。

### (四)注重业内协作

天津金融业不仅注重内部的改革,也同样注重集体的协作,对制度重组与资源重组十分重视,著名的"北四行"②集团就是这样形成的。

金融企业家谈丹崖在大陆银行任董事长期间,策划了大陆银行与金城银行、盐业银行、中南银行四行的共同准备库的创立,共同发行中南银行钞票,这实质是货币业的联盟式合作。1933年,"北四行"资本达1800万元左右,占天津银行总资本的76%,存款吸收额36044万元,占全市存款吸收额

---

① 郭凤岐:《天津通志·金融志》,天津社会科学院出版社,1995年,第137页。
② 即大陆、中南、金城、盐业四行。

的95%①。在华北、东北、华东等地共创设大陆银行分支行16处,办事处32处,赚取了巨大的金融利润。

(五)以金融投资手段运营慈善业

慈善业的经营,是天津金融界的一个重要组成部分。近代的天津,众多会馆、同乡会、慈善机构等民间社会组织层出不穷。天津慈善组织依靠金融家的主持,脱离了旧式慈善机构依靠捐助与政府扶持运营的模式,进而通过投资房地产、购买股票公债或依靠传统金融业,获取组织自身的运营资金,为自身的公益活动和长远发展奠定了坚实的基础。

近代天津最有实力的慈善机构为广仁堂和育婴堂两家。育婴堂的经办人盐商财力雄厚,每年有定额拨款。不过,育婴堂经费虽然比较充足,但并不注重稳定投资。与之相反,广仁堂的经营工作由经验丰富的天津金融界人士主持,其负责人充分利用市场机会,抓住城市发展时期地价增长的机会,果断投资地产业,获得了大量利润,在解决了堂内节妇恤女的资金问题的同时,还为广仁堂的进一步发展积累了资金。显然,城市快速发展时期,投资地产比投资商业更为稳妥,回报也更高,有利于慈善机构的自我发展。早期的广仁堂还利用官署的岁捐、月捐,以及粮商的斗行捐等,在天津市城厢内外购置了大量房产地产,经营管理得游刃有余②。

## 二、企业经营之谋略

就近代天津金融企业而言,经营之谋略可概括为:对内,注重扩大规模,多元投资,引入以金融理论为基础的管理办法;对外,积极开拓市场,研发新的金融产品,注重金融创新。

(一)延长产业链,积极进行市场开拓

近代天津金融企业家在业务领域及市场的开发中,以"创意"为先,积极把握市场脉络,明确企业定位,不在饱和市场中盲目争夺,而是利用敏锐的商业嗅觉寻找边际效益较高的新领域。金融业向仓储物流行业投资的巨大成功就是最好的佐证。

金融业向仓储物流行业投资中做得最好的当属天津大陆银行。天津银

---

① 数据摘自《大陆银行档案史料选编》,天津人民出版社2010年,第55页。
② 任兰云:《天津近代同乡慈善组织的投资理财》,《理论界》2008年,第10期。

行业与仓储业的关系向来十分密切,因为向银行贷款需要以实物抵押,即需要仓储一方出具凭证为担保,但当时商家与仓库串通骗取贷款之事又屡禁不止。基于这种情况,天津大陆银行决定自行投资仓储业,建立行属仓库体系,既可自行定价,吸引仓储,也可以对以己方仓库存储货物为担保进行贷款的商家,在利息上和抵押款上给予一定的优惠。这种二位一体的互补式经营很快取得了突飞猛进的发展,最多时天津大陆银行拥有八处仓储点,不仅拓展了业务,增加了收益,还降低了风险,可谓一举两得,这都得益于银行管理层充满创意的商业眼光。

货栈的典型职能是代客买卖,一方面代出口商品的采购商找买主,保证其货款无误;另一方面又代出口商找卖主,保证到期交货,保质保量。金城银行组建的附属企业——通成货栈公司,为了更好地配合该行融资活动的开展,除了代客买卖之外,还将其营业范围扩大到堆存货物、运输货物、包装货物、发行栈单及提单、代办押款及押汇等,给进出口商提供了很多便利条件。不仅如此,该货栈公司还曾于抗战前直接参与了对日本的棉花输出贸易[①]。

(二)关注市场动向,适时创新

创新是取得商业上突破性进步的唯一途径。发现商机,为顾客开辟新的金融产品与服务,为许多天津金融业商人带来了成功。

在这方面,天津金融界的著名产品"竖番纸"可谓天津金融商人创意经营的一个典型。早期的天津商界主要采用"番纸"作为洋行与银钱业间的流通凭证。银钱业将所收华商售货的番纸存于外商行的华账房,商家需要款项时,则向银号索要外商行华账房的番纸。实际上番纸就起到了类似支票的作用。然而随着金融与商业交易的逐渐频繁,原有的"番纸"模式由于支取过于繁琐而逐渐难以适应市场的需求。此时,正金洋行买办魏信臣敏锐地观察到了这一市场需求,在与银钱业与外商银行进行多次沟通之后,推出了"竖番纸"。竖番纸因其为自上而下书写得名。这种代理式的新产品由于提高了资金的流通速度,受到了众多商家的欢迎,许多模仿品也相继诞生,多家银号模仿此模式,以竖为冲账的筹码。其中最为著名的还是魏信臣的"信记"。信记之竖番纸在当时的天津金融界可谓纵横一时,信誉极高。很多商家为了使用它的竖番纸冲算换账,都把钱存到了正金洋行的华账房,正

---

① 《天津文史资料选辑》第13辑,天津人民出版社1981年,第112页。

金洋行的存款很快激增,洋行可谓无本吸财,又以此资金进行放款,大赚特赚。这种迎合市场需要、发掘市场卖点的创新性思路为魏信臣赢得了巨大的财富和成功。

把握市场空间,创意造就契机,无疑是天津商人的优秀特质之一。类似者如1919年,谈丹崖在天津成立大陆银行后,创造性地开发了特种存款业务,只要一次存入171.51元,15年到期以后获得本息1000元。在动荡不安的环境中,这种储蓄对于养老、丧葬、子女教育、婚嫁等都很适用,因而大受客户欢迎①。不到一年的时间,仅天津本地的储户就超过了一千。无独有偶,周学熙组建"中国实业银行"时,为了扩大融资,决定由实业银行拨资本10万元在天津总行设立有奖储蓄部。这是中国银行史上的第一次有奖储蓄,收效显著,大获成功,各银行纷纷效仿。

(三)注重资本运用的有效性

近代天津金融企业家们在操作中十分关注资本流向,并确立了资金掌控原则:放款点面结合,资本注入收放有度,加强对资金流的管理。

据统计,金城银行对工矿企业的放款从1919年的83万元增至1923年的近700万元,增加了近8倍,在五类放款对象中占居首位。金城放款的工矿企业有100多家,其中放款在1万元以上的有纺织业22家、化学工业6家、面粉业10家、煤矿11家、食品4家、烟酒2家、印刷2家、建筑业2家、机电2家、皮革2家。人称金城放款的重点是"三白一黑"即纺织、化工、面粉、煤矿四大工业。金城对华北资源的开发和产业的发展做出的贡献,受到社会各界的赞誉。

稳妥性、收益性、公益性是金城银行放款的三大原则。以稳妥性为前提,谋求资本的最大收益,同时兼顾社会公益,是金城银行资金运用的一个特点。金城银行历来对信用放款十分慎重,只有经过调查,信用情况良好的企业,才予以透支。透支户过期者,必须催收;不能还款之户,应增加利率,提供相当抵押品,才能允许再续转一期,但必须将前期利息结清,不得随本滚转。如果不能补交押品或利息也不能结清者,应该"严为追索,早日收清"。

在周作民的领导下,金城银行还注重资金运营的安全性、流动性和效益性的统一,即把抵押贷款作为资金营运安全流动的主要贷款形式,这是金城

---

① 宋美云、宋鹏:《话说津商》,中华工商联合出版社2006年,第139页。

银行作为现代商业银行区别于山西票号等传统金融机构的重要方面之一。与之相适应,金城银行建立了自己的存放抵押物品的仓库,从而保证了该行资金营运的安全、流动以及效益的稳步提高。除此之外,金城还组织四行联营,以此强化规模竞争优势。1922年,金城银行资本公积金仅占全国重要商业银行资本公积金总额的4.42%,而与盐业、大陆和中南银行组成了当时我国的"北四行"联营集团后,资本公积金占到全国的17.7%①,仅次于国家银行而居商业银行之首,从而也使该行在联营中进一步增强了自己的抗风险能力。

## 三、天津金融企业家经营管理思想之评价

近代天津金融界作为中国北方金融界的龙头,在长久以来的金融贸易中一直居于重要作用,这种经济上的要冲地位使得近代西方经济的浪潮来袭之时,天津金融界必然首当其冲。因此,在天津金融界的身上体现出一种复杂的商业思想特质:一方面,天津金融家们继承了天津商界的一贯作风,具有开放与创新的明显特质,在金融领域的策略发展中起到了巨大的作用;另一方面,由于长期处于封建经济的桎梏之中,在西方经济入侵的巨大变革中又首当其冲,面对洋行的巨大压力,因此也表现出一定程度的落后,这使得近代天津金融家的经营管理思想呈现出新旧混杂的特点。

(一)天津金融企业家管理思想的进取创新

1.买办与商会的出现

买办的出现与商会的建立在推动天津金融业的发展方面起了重大作用。近代,各国洋行势力进入天津市场。为了维持大量洋货贸易的顺利运作,一群华籍的中间人即买办应运而生。买办为中国商人交货提供信用保证,既为洋行效力,也在原来行栈的基础上逐步建起自己的购销渠道,为以后中国民族工商业的发展完成了资本的原始积累,并积蓄了近代企业的管理经验。如著名的大买办杜克臣,出身于钱铺学徒,后来在为外商从事买办的事业中逐渐做大,步入现代金融业,任英商平和洋行华账房经理。与此同时,他还自营平和栈房,专作皮毛、棉花出口生意,极受洋商信任。1914年,他联合英商怡和、太古、新泰兴、仁记、平和、经茂,德商禅臣、礼和,法商永

---

① 数据摘自《大陆银行档案史料选编》,天津人民出版社2010年,第67页。

兴,美商美丰十大洋行买办组成行公所。总之,天津买办阶级是天津商界金融体系中新的组成部分,是天津金融体系与外向型贸易在近代结合发展的一个标志。

商会的建立对于天津金融业的发展更具有根本性的促进作用。为了维护天津商人的利益,维持商业经营的正常进行,天津商人们逐步发展起了属于自己的"商帮体制",这就是商会制。商会在金融界之作用,一是在金融危机到来之时,动员天津金融界形成集群力量以渡过难关,二是成立专门的金融自治机构,为天津金融市场的规范化运动做出贡献。

1910年,在由上海发端而震动全国的"钱庄倒闭风潮"中,天津商会面对"因申地风潮日形动摇,人心恐慌"的津埠市面,天津商会召集各行董讨论对策,并与直隶、大清、交通、志成四银行成立"裕津公记银号",具体组织向钱业的放款工作,以渡过难关。

1916年5月12日,北洋政府不顾金融信用向中国、交通两大银行下达"停兑止付"命令。为了推缓这次停兑风潮的到来,5月12日,天津商会召集各行业商董筹划维持办法。天津商会集合钱业绅商,首先发起成立直隶绅商金融维持会,拟具《简章十四条》及《办事规则十条》。直隶绅商金融维持会决定先由直隶省银行筹集款50万、长芦绅商和各行商凑集100万元、中交两银行50万元,共200万元现款备作基金,以兑换中、交两行发行盖有直隶和天津字样的钞票504万元的纸币。直隶金融维持会成立后,向社会公布了兑换纸币办法。他们还劝说众商购买由直隶省银行发行300万元的公债票,换回中交两行钞票以及该行外债抵欠,借公债票的流通,救活市面。中、交两行停兑风潮终于得以缓解。

2. 因势利导,注重"双城"模式

天津与上海金融市场的一个很大的不同,就在于其"双城"模式。上海金融市场规模较天津为大,消费市场与金融市场的结合更强,而天津背靠京师,两者经济关系与物流网络结合密切。注重北京的城市金融体系与市场的利用,是天津金融管理的重要思路。

以票号为例。鸦片战争后,北京银号的申汇数量逐渐减少,汇款开始流向天津地区,而北京向天津以外的地区汇款,也往往委托天津的票号或银行代汇。1907年,张敬之、李少溪等人在天津组织了"公记跑合铺",主要经营津申汇票,充分利用其北京的资金流①。

由于北京人口众多,且达官贵人等高消费人群集中,因此存款吸收量大。北洋政府时期,天津银行家充分利用天津工商业快速发展的经济环境,将北京金融市场的工商业放款引向天津,组成了"北京存款、天津放款"的金融流。1927年华北金融力量向上海转移后,北京对天津的金融市场依赖更大,天津的工商业发展由此获得了充分的初始资金支持。天津金融家面对"近通京师"的地理环境,眼光广阔,打造"双城系统"的金融流动,为本地金融及工商业的发展提供了巨大助推力。

3. 新旧式金融机构的合作

近代天津金融界由于其特殊的时代环境,不可避免地出现新式金融部门即近代银行与众多老式金融部门在短时间内并存的状况。虽然两类金融部门在业务和经营范围上均有冲突,但并没有陷入恶性对立,而是以一种较为平稳的合作方式开始了金融过渡。这虽然是客观情况的要求所致,但也与天津金融家共存共荣的思想与适时调度的管理策略不无关系。

自19世纪末以来,外商银行开设分号于天津,至民国以后,新式银行和钱庄才开始往来,并建立了密切的金融关系。民国以后天津钱庄一直维持繁荣,这与外商银行的"华账房"为钱庄的资金融资,有莫大的关系。钱庄与华商银行之间,虽有业务上的竞争,但要扩大资金融通,双方非维持互相密切的金融协力关系不可。主要表现为,其一,人员的互助,大量老式金融企业的人员进入新式金融体制服务,银行界的人士也投资兴建许多银号,因而银号与银行人士资金往来十分频繁。就钱庄人士的交流而言,在银行的经理或副经理中来自钱庄的人不少,如盐业银行经理张松泉、金城银行经理阮寿岩、大陆银行副经理齐少芹等②。其二,银行为钱庄提供资金周转,钱庄则为银行提供金融服务。民初银元在中国货币市场广泛流通,但银两仍然以记账单位通用于中国商业界,这使银两为记账单位的钱庄势力大为加强,故银行不可忽略申汇收交、同业清算、买卖银洋的交易等业务,这些业务均属于钱庄的业务范围。天津各银行经常委托银号代为收取票据,收交申汇与买卖银洋等。天津钱庄与外商银行的此种关系,有助于外商银行资金流通于天津市面。如果钱庄偶遇资金周转困难,可向关系较为密切的华账房拆

---

① 《北京金融志》,中国人民银行北京分行金融研究所1993年,第136页。
② 潘子豪:《中国钱庄概要》,华通书局1931年,第169—171页。

借,故天津钱庄使外商银行华账房加强了资金实力。

总之,民国前期钱庄与华商银行及外商银行的相互依赖与利用关系,对钱庄资本的扩大起了相当大的作用,而且借资金实力的增进,钱庄规模与其业务范围不断扩大。

### (二)天津金融家管理思想的历史局限性

#### 1. 传统信用制度的危机

信用制度是商品经济发展的基础。在近代逐渐扩大的贸易规模面前,早期近代经济体制下的"重义轻约"(指重然诺,轻契约)的思想已经不再适合于金融与商业的发展了。然而,在近代,信用制度变迁迟缓,金融家们并不注重培养一种适合于现代的严格的信用制度。长期以来,在商业交易中,赊欠是一种商业惯例,"交易可以长久拖欠,毋庸现银"①。在天津,"外客来津办货,赊欠最占多数,商家意在销货,不得不通例办理,及至收银,外客率多勒捎"②,往往形成大量难以收回的债务。尤其是近代银行开始进行抵押贷款之后,更多的商人开始走向老式金融部门,严重影响了近代金融部门的发展。中国天津金融界并未产生出自己的信用体系,而洋行以及洋商银行在与华商的交易中,并没有以他们自身已有的信用制度为准则来建立华洋之间的信用关系,而是遵从中国已有的商业信用惯例,或者借助于官府来确认华商的信用。此后发生的多次金融风潮很大程度上就是来自于债务的普遍化。

#### 2. 一定程度的地区排他性

商会是天津商界先进性的象征。近代商会虽然是统一联结工商各业的新式社会团体,但在近代的金融活动中,也始终暴露出一些旧有行会和公所残留的组织特征。天津金融活动以本土经济为己任,但同时也带有了一定的以天津为中心的地方主义,有时会过于强调集团或地区的利益,这不仅阻碍了现代化社会实现整合的进程,而且离动员全民众完成现代化重任,相距甚远。

例如,天津商会成立于1903年,完全是由天津人主持。苏、浙、闽、粤的客商于1909年建立了一个独立的北洋商学公会,天津商会屡次想对其进行

---

① 《津海关年报档案汇编》(下册),天津社科院历史研究所、天津市档案馆1993年,第170页。
② 《天津筹议布商积欠洋商货款详情》,《华商联合报》,1909年。

控制,但未能实现。具体反映到金融业上,表现为天津金融业对于外省金融人士进入天津金融体系的排斥。比如,作为天津最重要的同业公会团体之一,钱业公会的会员仅限于从事银钱业的天津商人,山西与北京的同业者不得加入,直至1928年以后才有所改变。

3. 旧式金融部门的保守化倾向

天津作为北方最重要的港口,在长时间的经济发展中形成了一套老式的金融体系,钱庄就是这一行业中的典型代表。但在近代经济活动中,钱庄常常由于本身资力不够雄厚,无法长期以低利贷款方式大量投资新式工业,在金融业中逐渐落后。此外,钱庄过分注重人际关系,未形成制度化的经营方式,以致放款范围受到局限,而且信用制度较为混乱。

更重要的是,虽然钱庄在一定程度上积极进行革新,但始终没有在根本上向新式金融部门转变。关于这一问题,除钱庄本身的因素外,社会环境的保守倾向也不可忽视。在组织方面,传统的合伙制,有碍钱庄扩大股份,形成股份公司的形态。在经营方面,钱庄的无限责任经营方式,亦阻碍其吸收大批投资人,扩大其资金规模,形成大规模的公司。此外,社会经济形态的传统性、社会态度的保守倾向、家族中心主义在组织上的限制以及企业家精神的缺乏等,都阻碍钱庄向银行转变。钱庄业在此后虽然一直都在模仿新式银行,却无法实现根本性改革。事实上,天津的旧式金融部门大多存在着这个问题,即拘泥根本,转型困难。

由以上分析可以看出,近代天津金融家由于身处的时代特性,不可避免地带有转型时期的某些旧式"习惯",掣肘近代天津金融发展。不过就主流来看,天津金融家还是积极吸收西方近代金融规范的经验与优点,发展适合本土的金融体制与金融产品的。他们表现出的民族意识、地域认同感与创新求实、团结协作的意识,在近代中国,尤其是近代北方的金融界中可谓独树一帜。他们为天津成为近代北方最重要的经济港口做出了贡献,也在整个北方地区的经济发展中发挥了促进作用。

(《贵州财经学院学报》2011年第4期)

# 天津武备学堂与中国铁路精英

许 勇

## 一、将帅摇篮

说到清末民初的军事学校,国人大多都知晓大名鼎鼎的两家,即保定军校和黄埔军校。其实,中国最早的一所培养新式陆军人才的学校坐落在海河之畔,它就是不太为人们所熟知的天津武备学堂。

1881年8月,北洋水师学堂在天津正式落成。作为倡办者的李鸿章并未满足,他以为"中土陆多于水,仍以陆军为立国之基",深感在巩固海防的同时,不可忽视陆军的建设。中法战争期间(1883年12月—1885年4月),李鸿章为改变军队的落后状况,经荫昌介绍聘用了一批德国军官,派往驻防天津及周边的淮军各营充当教官。光绪十一年(1885)正月,对德国操法及教官有所领教的淮军将领周盛波、周盛传兄弟向李鸿章建言:"仿西国武备院之制,择德弁中精者,专司教练,饬各军挑选剽健而又精细之弁勇,送院学习,以期成就将才,为异日自强之本。"①

时任直隶总督兼北洋大臣李鸿章采纳了周氏兄弟的建议,将筹办事宜托付给津海关道周馥(1837—1921,字玉山,安徽建德人,早年入李鸿章幕府,历任津海关道、山东巡抚、两广总督等职),光绪十一年(1885)五月,周馥代李拟了奏报创设武备学堂折给清廷,并于获准后开始筹办,光绪十二年(1886)正月,天津武备学堂(又名北洋武备学堂,俗称老武备)正式成立。

建校之初,学堂暂借天津水师学堂作为校舍,不久便迁入新址,学堂建在海河下游东岸,大直沽以北,唐家口子以南,这里曾经是清乾隆帝的柳墅行宫旧址,位置大致在今河东区大光明桥东河沿六纬路一带。学堂占地40

---

① 中国史学会主编:《洋务运动》第3册,上海书店出版社2000年。

多公顷,为一城堡结构,筑有通道、城墙、炮台和护城河,计有房舍500余间,包括办公室、接待室、教室、饭厅、宿舍、模型室、照相室、物理化学实验室、军事标本室、绘图室和印刷室等。

光绪十一年十二月十三日(1886年1月20日),李鸿章上《杨宗濂总理武备学堂片》,向清廷举荐杨宗濂,称其"心细才长,器识深稳。在平吴剿捻期间,久在前敌总理营务,劳勚卓著,深得兵心。历年随李鸿章办理对外交涉,操纵有方,使杨宗濂总理学堂事宜,弁兵心悦诚服,自能日起有功,外国教官也会谨受约束"①。

如此,杨宗濂(1832—1906,字艺芳,江苏金匮人,早年入李鸿章幕府,后为淮军濂字营统领)便成为了天津武备学堂的首任总办。学堂历任主管还有:联芳(总办)、荫昌(会办)、那晋(会办)、史悠祥(监督)、周传经(提调)等。

学堂聘有多位华洋教习及翻译、操练官,共同负责教学与训练事宜。华人教习有崔曝、廷奎、孙小槎、吴晓山、德海、景放、刘玉山、金大廷(兼医生)、王光明(兼枪械)、李玉田(兼绘图)等。洋人教习多来自德国,主要有李宝巴珥、屯士基、包尔、艾德、贝根、李曼、那珀、削尔、哲宁、郝力士、黎德黎、瞿思图等②。

学堂首期学员100余人,多是从淮军中挑选并经考试后择优录取的"精健聪颖,略通文义"的弁兵,另有少数愿习武事的文吏一并入堂,学习西洋军事学术。学堂初设步、马、炮、工四科,课程设置有中国经史、天文、舆地、格致、测绘、算学、化学、德文、英文、炮台设置、马步炮队操练阵式、枪炮技艺、营垒工程等。学堂学制初定一年,后延长到二年、三年乃至五年。

天津武备学堂采用德国教学法,注重实际演练和考核。教习多以德语授课,学员初期要通过翻译听讲。学堂对学员管教甚严,无论是授课、演习,还是考试、考勤,皆有章可循。《天津武备学堂学规》(周馥执笔)共46条。第一条就写道:"武备学堂专为早就将才而设,诸生来堂肄业,于战阵攻守之法,宜视为身心性命之学,朝夕研求,不遗余力。一旦造诣有成,考取前列,填给执照,咨送回营,各统领量材授事,信任必专,后来事业功名,未可限量"(《北洋武备学堂学规》,中国社科院近代史所图书馆藏)

---

① 《李文忠公全书奏稿》卷5。
② 林庆元:《洋务运动中来华洋匠名录》,《近代史资料》总95号。

1900年6月17日,八国联军170余人,在德军少校帕斯特指挥下,将天津武备学堂包围,学堂内近百名师生,在军事教官翟泰及韩宇霖率领下,凭借四周高墙进行殊死抵抗,并与来犯敌兵展开肉搏,联军久攻不下便放火焚烧房舍,引起学堂内弹药库爆炸,爱国师生几乎全部牺牲,学堂毁于一炬。

天津武备学堂从开办到停办,尽管只存续了15年的时间,但它却开创了近代中国军事教育的先河,为清朝陆军培养了一大批新式人才。从天津武备学堂毕业的历届1000余名学员,几乎全部当了教官,这批人不仅是北洋新军的骨干,他们中的佼佼者还成为民国初年叱咤风云的军政人物,如段祺瑞、冯国璋、王士珍、曹锟、靳云鹏、段芝贵、陆建章、李纯、鲍贵卿、陈光远、王占元、田中玉、吴佩孚等。

## 二、铁路科班

如果有人问:中国最早培养铁路专门人才的学校是哪所。你会不假思索地说:北洋铁路官学堂(1896年创建于山海关,今西南交通大学的前身)和邮传部铁路管理传习所(1909年创建于北京,今北京交通大学的前身)。笔者只能告诉您,答案是错误的,因为近代中国第一拨铁路专门人才是从一所军校走出的,这所军校就是天津武备学堂。

最早开设铁路工程课和铁路工程科的是天津武备学堂,但具体在哪一年,历史学者可谓众说纷纭,各执一词。比较有代表性的说法有如下几种:

第一,"1890年,德国克虏伯兵工厂派工程师包尔和瞿思图到天津武备学堂讲授铁路课程,到了1897年,堂内正式增设了铁路工程科……"①

第二,"1890年,为适应唐津铁路通车后铁路人才的急需,在天津北洋武备学堂增设铁路工程科,开办一个铁路班,有学生约20人聘请德国克虏伯兵工厂工程师包尔为铁路总教习,专门教授铁路各项课程,以培养铁路建设人才"②。

第三,"北洋武备学堂铁路工程科,创于光绪二十三年(1897),有学生四十人,庚子年辍办焉……"③

---

① 罗澍伟:《引领近代文明:百年中国看天津》,天津人民出版社2005年。
② 中国史学会主编:《中国近代史资料丛刊:洋务运动》第6册,上海人民出版社1961年。
③ 曾鲲化:《中国铁路史》,燕京印书局1923年。

第四,"1888年秋,北洋武备学堂成立铁路班……"

笔者认为,天津武备学堂设立铁路科(又称"铁路班"或"铁路工程科")的准确年代,以第四种较为靠谱。其理由如下:

第一,有文字记载:"老武备"(天津武备学堂别称)在总办联芳接办后,又"成立一'幼年铁路学堂',附设在学堂内(在堂内西北隅另辟一院)。招收20岁以下聪颖子弟百人深造之,课程以行军铁路之筑造为主课,以普通学为附课。但均须学习德文,以为留德之预备。条件以身体健壮、五官清整为准,不计身长,五年毕业,可升入老武备或留德,其待遇与老武备同。幼年铁路学堂经费另支,德国教习兼教授……"联芳接替杨宗濂任学堂总办共13年,1900年学堂被毁停办,倒推下来,铁路科应开设在1887—1888年左右。

第二,提到天津武备学堂的学生来源,有文说:"学生来源主要有三个,其一是幼童,年龄在13—16岁,光绪十三年(1887)开始招收,学期五年,前三年学文化,后两年学军事。"①文中所指的这批幼童,很可能就是铁路工程科学生只为掌握外语和专门知识,才有必要从"幼童"抓起,而军事学习则不必。

另有文字记载,中国铁路之父詹天佑主持修筑京张铁路时的得力助手,有好几位是天津北洋武备学堂铁路工程班1893年首届毕业生。如果这几位是当年"幼年铁路学堂"的学生,学制为五年,1888年入学,毕业的年份恰恰就是1893年。

第三,之所以不少人认定天津武备学堂的铁路科创办于1897年,可能是基于以下原因。1896年,北洋官铁路局曾在山海关创办北洋铁路官学堂(1900年,因八国联军入侵该学堂停办,1905年在唐山复校,并更名为唐山铁路学堂,又历经百余年变迁成为今天的西南交通大学——笔者注),同年11月20日,北洋官铁路局曾在沪上《申报》刊登过《铁路学堂告白》,旨在为山海关北洋铁路官学堂招生。故有人就误以为这是天津武备学堂在为"1897年开设的铁路科"作准备。产生误判可能还和"开平武备学堂"有关。该学堂1895年创办于唐山,又称"天津武备学堂开平班",后来袁世凯将其迁至保定,最终演变成著名的"保定军校"。由于天津武备学堂和开平武备学堂关系渊源,开平武备与迁来的山海关北洋铁路官学堂又同在唐山,加之

---

① 冀满红:《中国近代第一所陆军军官学校——天津武备学堂》,《军事历史》1998年,第2期。

铁路学堂的不少教习皆来自两所武备学堂,所以发生张冠李戴的误判也是在所难免的。

第四,不久前,笔者曾实地探访过铁路科首届毕业生沈琪的故乡——天津静海岳家园村,尽管收获不丰,却听到村中长者介绍说:"沈穆涵,那可是当年武备学堂幼童班的……"沈琪是1871年生人,假如是1897年开设铁路科的首届学生,他入学时已经26岁了,这显然与幼童的身份不符。

综合上述理由,笔者认为天津武备学堂设立铁路科的准确年份应该是1887—1888年之间。就是说在1888年前后,继任总办联芳秉承李鸿章的旨意,为储备铁路建设人才,在武备学堂的院内单独设立了"幼年铁路学堂",前两年这班"幼童"主修外语和文化知识,到了1890年,联总办特聘来德国克虏伯公司铁路工程师包尔·格奥尔格为总教习,瞿思图为教习,为他们讲授铁路工程各门课程,经过五年的刻苦学习和严格培养,这班学员于1893年毕业,成为天津武备学堂铁路工程科首届毕业生。

毋庸置疑,天津武备学堂是中国铁路工程教育事业的发轫之地。事实也证明,它所培养的铁路工程科学员,日后不少都成为担纲中国铁路建设和管理大任的栋梁之才。

## 三、优秀学员

以詹天佑主持修筑的京张铁路为例,除了邝孙谋(关内外铁路工程司,留美幼童)、颜德庆(沪宁铁路工程司,留美学生)之外,参与设计、勘测和施工的工程技术人员,主要是几位天津武备学堂铁路工程班的首届毕业生以及一拨山海关铁路学堂的毕业学员。

让我们来认识几位曾被铁路大师詹天佑招至麾下并悉心栽培,日后业绩不俗的天津武备学堂的毕业生吧!

陈西林(1867—1946),字萌东,又名陈敬汉,山东惠民(大年陈村)人。1893年,毕业于天津武备学堂铁路工程班,系该班首届毕业生。先任关内外铁路帮工程司,1905年7月20日(光绪卅一年六月十八日)调任京张铁路帮工程司。京张铁路建设期间,在总工程师詹天佑的领导下,参与了"之"字线、京门支线的勘测。1909年10月15日(宣统元年九月二日),以正工程司分省试用同知,1911年3月任京张张绥铁路副总工程师,1914年(民国三年)参与大同至丰镇段铁路勘测、选线并主持施工,1915年组织修建北京环城铁路,1916年8月任京张张绥铁路管理局总工程师,1918年7月,参与宣化支线铁路勘测并主持施工。陈西林还曾任京绥铁路管理局副局长(1918年)、铁路协会交际干事(1920年)等职,他为京张、京绥以及北京环城铁路的建设和运营皆作出了突出的贡献。

沈琪(1871—1930),字穆涵,直隶静海岳家园村人。天津武备学堂铁路工程班1893年首届毕业生,之后加入陆军,担任德文译员及军校德文教习数年晚清时期,历任胶济、关内外、京张铁路工程司,北京练兵公署大楼及兵部大楼监修、津浦铁路北段总稽查及会办、津浦铁路黄河大桥监修、津浦铁路南段副总稽查及会办等职。民国初期,沈琪历任北洋政府交通部技正(1912年),交通部路工司司长(1914年7月20日—1916年10月13日),中华工程师学会会长(1915—1917年、1919—1922年),交通部技监(1917年),邮电学校代理校长(1917年),铁路技术委员会副会长会长(1918年、1919年),交通部铁路管理学校校长(1919年2月—1921年4月),津浦铁路北段(津韩段)总工程师(1920年),交通部路政司司长(1922年5月13日—5月24日兼署),交通史编纂处监修(1922年5月兼任),京汉京绥铁路管理局局长(1922年7月),交通大学北平交通管理学院院长(1928年9月—1930年7月)等职。

沈琪不仅是一位出色的铁路工程师和管理者,他还是一位卓尔不凡的建筑设计师。如今北京东城张自忠3号院中,有栋别具一格的灰砖洋楼,当年是晚清陆军部和海军部合署办公的衙署。该楼始建于1906年(光绪三十二年),是座高两层,局部三层,面积近2200平方米的西式楼房,墙身采用砖柱和拱,屋顶采用木桁架和铁皮,带有大量精美的砖雕。它是现存规模最大、质量最好的晚清政府建筑,反映了20世纪初中国建筑设计和营造施工的高超水平。这栋建筑杰作的设计师就是沈琪。2007年,陆军部衙署入选"20世纪中国最不该被遗忘的建筑"。

沈琪出身贫寒,自幼丧父,通过天津武备学堂的培养和自己的努力,最终成为铁路及营造界备受尊重的专家。沈琪,这位静海人的名字,将与他为之倾注过心血与智慧的京张铁路、津浦铁路、中华工程师学会、交通大学以及陆军部衙署一起载入史册。

俞人凤(1872—1944),祖籍浙江绍兴,直隶天津人。天津武备学堂铁路工程班1893年首届毕业生。他先任关内外铁路工程司,1905年调至京张铁路工程局,在会办兼总工程司詹天佑指导下,参与丰台至南口段线路复测。1907年7月28日(光绪卅三年六月九日)连日大雨,北沙河桥端被冲刷,俞人凤设法组织利用片石填充解决了难题。1908年9月，参与张家口至丰镇段线路初测。1909年10月15日以副工程司分省试用同知，1914年在大同至丰镇段施工中任正工程司。民国初期，俞人凤历任北洋政府交通部路政司科长、技正(1912年)，京绥铁路车务总管，京汉铁路管理局局长(1916、1920年)，铁路技术委员会总干事(1918年)，交通部铁路管理学校校长(1917年7月—1919年2月)，西北汽车运输业创设委员(1917年)，沧石铁路创设委员长(1917年)，铁路技术委员会副会长(1919年)，津浦铁路管理局副局长兼总工程司(1919年)，中东铁路管理局督办(1920年)，交通部航政司技正(1924年)，包宁铁路局局长(1925年)等职。

俞人凤是詹天佑主持京张铁路工程时的主要助手之一，当邝孙谋和颜德庆调任粤汉和川汉铁路之后，他更成了詹天佑筑张绥铁路的得力干将。俞人凤是修建京张铁路、张绥铁路的功臣，他对民国初年铁路建设和教育事业作出了重要贡献。1944年9月21日(农历八月初五)，这位杰出的铁路工程师因车祸不幸辞世。

翟兆麟，天津武备学堂铁路工程班1893年首届毕业生。参与京张铁路建设，1909年率员对岔道城至张家口段进行复测，同年10月15日，以副工程司分省试用同知，升知府分省补用。1914年主持修筑大同至丰镇段铁路，1918年7月至9月参与宣化支线初测。民国初期，翟兆麟曾任京绥铁路总工程司兼工务处长(1918年)等职。

柴俊畴，天津武备学堂铁路工程班1893年首届毕业生。先任关内外铁路工程司，后参与京张铁路建设，1907年7月18日(清光绪卅三年六月九日)陪同詹天佑选线。1907年5月率员勘测设计京门支线，1909年10月5日(清宣统元年九月二日)被授予州同归部铨选。1914年月至9月参与北京环城铁路初测。进入民国后，柴俊畴历任京绥铁路局副总工程司兼京丰总段长(1919年)等职。

不久前，为撰此文笔者曾专程去了一趟天津，伫立在大光明桥头举目北望，视野中海河右岸那片草木葱茏、高楼林立的地界，应该就是昔日天津武备学堂的旧址。100多年过去了，尽管校舍已灰飞烟灭，师生已驾鹤西行，但这所中国近代最早的陆军军官学校，它辉煌而短暂的历史，它培养的一代铁路精英及其所造就的丰功伟业，将永远为我们所景仰和铭记。

(《世纪桥》2011年第21期)

# 天津先有"区"后有"市"的形成及其原因

## 王培利

天津自明永乐三年(1404)设卫建城,只相当于县一级的建制,到清雍正九年(1731)建府。1860年,天津被辟为商埠后,仅仅几十年的时间,便由一个近畿的府属县城,发展成为仅次于上海的全国第二大工商和港口城市。伴随城市的发展,天津的行政区划既有中国城市区划变化的共性,又有自己的特性——先有"区"后有"市"。

近代天津行政区划为什么会有这个特点呢?有两个主要因素起到决定作用:

一是外国租界的作用和影响。就港口的自然条件而言,天津不如地阔水深的秦皇岛。但在第二次鸦片战争后,英国侵略者没有采纳开秦皇岛为商埠的建议,而是坚持把天津辟为通商口岸,其根本原因就在于他们要在天津建立一个"足以威胁京城的基地",迫使清政府统治者彻底驯服。因此,与上海相比,天津被开埠的政治意义大于经济意义。开埠后,天津九国租界并立,这在全国十六个设有租界的城市中独一无二;当时九国租界的总面积超过旧天津城厢面积8倍,租界对天津城市成长的影响很大。从19世纪70年代开始,清王朝的对外交涉中心移至天津,北洋大臣由直隶总督兼领,除冰封季节外,常驻天津。北洋大臣统帅新式海陆军,参与筹划国家维新之大计,有权代表清王朝签订国际条约。"区区虽为一隅,而天下兴废之关键系焉。"①天津的这种地位,直到南京国民党政府建立后才发生变化。

二是天津开埠后,打破了作为北京附庸的格局,获得相对"自由"的发展空间。1860年开埠后,天津成为联系国内自然经济与外国资本主义市场的窗口。天津部分地脱离了北京的控制,开辟了与华北各省市商品流通的新网络。它的发展基本不再受国内自然经济商品化水平的限制,通过天津输

---

① 金钺:《序》,《天津政俗沿革记》,原刊本。

入的外国商品和技术,冲击、开发了华北农业经济,以相对独立的态势,向经济城市稳步迈进。

以上两点是天津区级政区变化的原因和历史背景。其中,天津的租界是形成区级政区的一个重要来源。

天津区级政区的另外一个重要来源是"警区"。这个"警区"并非现代"区"的含义,它是形成中的区级政区的肇始,二者有着紧密的因果关系。

现代意义的"区"是指由市管辖的一级行政区域单位。市辖区是一个政治、法律的概念,不同于"市区"和"市辖区域"或"市域",后几者是地理概念。分设多个市辖区,实行分区域、分层级管理,是市发展到一定阶段的产物,是随着社会生产力的提高和商品经济的发展,城市规模不断扩大的结果。市辖区是大中城市不可缺少的管理层次,是一级城市的基层政权。城市的整体性特点决定了市辖区不同于其他政区,它不可能完全承担县级行政单位的各种管理职权,市和市辖区的关系不同于市和县的关系,后者完全是一种层次关系。市辖区是出于为市分担城市管理服务的需要而设置的,实际上具有市的行政分治区的地位,是市的一种内部结构。市辖区在行使其职权上,不具有一般地方行政单位那样的相对独立性。

近代天津的警区和租界与后来的区级政区有着直接的沿革、传承关系。它们之间辖区的沿革最能体现这种关系。

警区最初由三种区域形成。第一是传统的老城区,第二是各国的租界,第三是袁世凯开发的河北新区。由此奠定了天津城市型政区和区级政区的基础。

现存最早的天津地图是道光二十六年(1846)的《津门保甲图说》。按其附图所示,当时天津约为9.4平方公里。传统天津城厢的范围,即老城区。城厢内没有区级政区的划分。城厢范围也没有明确的界限。八国联军控制下的都统衙门建立后,对天津采用租界的管理方式。1901年2月,都统衙门宣布,将整个天津县以及宁河县所属新河以南地区,东至渤海边西到天津城以西大约25公里处,均纳入都统衙门的管辖范围。都统衙门改称"天津地区临时政府",将管辖范围划分为五个行政区,这五个区有比较明显的界限,如:城厢区,天津老城区加上土围城外25处村庄;塘沽区,其区界范围是沿北塘西北的宁城沽至葛沽,然后至塔山和上古村;军粮城区,自朱庄经中吕庄至杨家庄、显尊庄;城北、城南两区以白河、海河为界①。这是近代城市的管理方式,也是城市型政区的最早萌芽。

都统衙门成立之初就设立了巡捕局。巡捕局将城厢区划分为八段,城内四段,城外四段,派巡捕分段管理。巡捕的任务是维护治安,制定交通规则,维护街道秩序,管理环境卫生,组建消防队,控制火灾等等。城厢区以外的四个区,临时政府各委任区长一名,并成立了相应机构。"天津临时政府"所发《对各区区长的指令》说:"区长在保证本区的安全、安宁和维护秩序等方面,对委员会(此委员会即是天津临时政府——笔者注)负有直接责任。"②可见,天津临时政府划分的"区"的功能与其后的警区的功能是一样的。

天津都统衙门只存在了短短的两年,袁世凯接收天津后,撤销了辖下各区。但有关城市管理的模式尤其是警区制度却被沿袭下来。

天津的租界区始自1860年的《天津条约》,后来随局势的发展一再扩充。英国租界总面积有6149亩。法国租界共2860亩。美国租界约131亩。德国租界面积为4200亩。日本租界面积为2150亩。俄国租界面积有5971亩。意大利租界面积771亩。比利时租界面积748亩。奥地利租界约1030亩③。租界区总计面积达24010亩,约合16平方公里。老城加城外25个村庄的面积也不过如此。

光绪二十八年(1902),袁世凯代表清政府,正式从都统衙门手中接管天津。当时沿海河的较好地段已被各国瓜分殆尽,城厢没有发展余地,因此,他决定开发距直隶总督衙门最近的海河以北地区。河北新区从1903年开发,历经多年持续不断的建设,到1920年初,初步建成有相当规模的新市区。

袁世凯在天津创办了中国最早的一支警察队伍,设立了天津巡警总局,管辖河北新区和原来的城厢区。不久,改巡警总局为南段巡警局和北段巡警局,扩大了管辖范围。宣统二年(1910),又将南北两段巡警局合并,把租

---

① 国家清史编纂编委员会:《八国联军占领实录——天津临时政府会议纪要》,天津社会科学出版社2004年。
② 国家清史编纂编委员会:《八国联军占领实录——天津临时政府会议纪要》,天津社会科学出版社2004年。
③ 天津市地方志编修委员会:《租界》,《天津通志》,天津社会科学院出版社1996年。

界以外的市区划分为东、西、南、北、中5个大区,下设29个分区,设区长、区副分理,听命于巡警道。五区划界管理,范围清晰。1917年,天津收回德、奥两国租界,分设特别一、二区。1924年收回俄租界,设为特别第三区①。

总之,老城厢区、租界区和河北新区奠定了天津城区的雏形,也为区级政区的形成和发展打下基础。而警区和租界的辖区基本上就是天津城市的建成区;换言之,警区和租界的范围,实际上非正式地起到城、乡之间界限的作用,其内部的分区,也起到某种基层政区的作用。

1928年南京国民政府先后颁布《特别市组织法》和《市组织法》,市制在天津正式确立。天津的东、南、中、西、北各区改为公安一、二、三、四、五区,特别一、二、三区名称和范围依旧,再加上英、法、日、意、比五国租界,天津特别市的市区范围由此划定。同时,各区警察署改为区公署,各区管辖范围基本沿用以前的治安范围。这时,市制虽然确立,但各区的性质还是警区,不是区级政区,原因是,无论《特别市组织法》还是《市组织法》(1928年颁),诸条款根本没有谈及市辖区的问题。在1929年8月9日出版的《益世报》有这样的报道:"……区域,现行市区内分公安五大警区,三特别区……"可见,当时的区仍然是警区。1930年5月《市组织法》公布,该法对市内基层行政区的设置作了统一的规定,市以下划分为区、坊、闾、邻。1931年各区公所成立,坊公所等机构也相继建立。尽管各区既成立了区公所又增加了很多行政职能,但区公所仍然只是市政府的派出机构,不是一级政府。也就是说,因为没有区政府,它仍然不是现代意义上的区级政区,而是从警区向区级政区的过渡。

1933年,天津重新划定市、县之间的界限。比、英、日、法、日、意租界被陆续收回后,又有几次排列组合的调整,但变化不大。

在原来的基础上,1952年8月对各区进行了调整和扩大,并于10月成立了各区区政府。至此,天津的区级政区才正式确立。

(《历史教学》2011年第6期)

---

① 韩俊兴:《1840—1948年天津行政区划沿革》,《天津史志》1986年第3期。

# 晚清天津帆船贸易发展述论

姚旸

清代自康熙中期开海以来,沿海帆船贸易日渐发展,一批沿海商业城市也因之兴盛。天津作为海运咽喉、京畿门户,其地"去海不过百里,风帆驰骤,远自闽、浙,近自登、辽,皆旬日可达"①,因享海运之利,成为清代北方最重要的港口贸易城市。关于清代中前期天津沿海贸易发展的情况,学界关注已多。然而自近代开埠以来,由于受轮船业兴起、经济环境变化等影响,天津传统帆船贸易呈现出较为复杂的发展态势,既有研究尚不多见。笔者拟作专文探讨,期能推进晚清沿海贸易特别是天津沿海贸易的研究。

一

清代前中期,随着开海贸易的合法化和南北商品流通的加速发展,天津与沿海各地间的商运往来日渐频繁,帆船贸易渐趋兴盛,人称"自从康熙年间,大开海道,始有商贾经过登州海面,直趋天津、奉天,万商辐辏之盛,亘古未有"②。至开埠前,天津与闽、广、江、浙以及渤海湾沿海各地之间均已形成稳定的贸易流通格局。开埠后,受不同因素影响,天津与这些地区间的帆船贸易呈现出截然不同的发展状况。对它们分别加以分析,将有助于我们了解晚清天津帆船贸易发展的全貌。

(一)天津与闽、广沿海地区间贸易。早在康熙开海之初,闽广"走洋商船"就已活跃于渤海湾内天津等各处海口。雍正、乾隆时期,闽广商船来津数量进一步增加,年均在100余只左右。然而自乾隆晚期开始,此类船数逐渐减少。这种状况的出现,一方面是由于东南海域海盗横行,"江、浙、闽、广

---

① 乾隆《天津府志》卷六《山川志》。
② 谢占壬:《古今海运异宜》,载贺长龄编《皇清经世文编》卷47。

则自二、三月至九月,皆盗艘劫掠之时"①,商船运输缺乏保障;另一方面则由于江南沙船业兴盛,闽广商人多选择将货物运至上海等地,再雇觅沙船转运天津。"开回关东、天津及辽东的北洋船(从上海)运走棉花、少数茶叶、纸张、绸缎和南京、苏州的土布、欧洲货品,以及火石、鸦片,还有大量的糖、胡椒、海参及燕窝等等,这些东西是以福建及广东船的名义运到上海来的。"②以往,闽广与天津间帆船贸易因受海路、风候、海盗等多重因素制约,发展备受限制。"闽广海船,底圆面高,下有大木三段,贴于船底,名曰龙骨,一遇浅沙,龙骨陷于沙中,风潮不顺,便有疏虞……故赴天津、奉天岁止一次。"③自改由沙船转运之后,运输风险大大降低,一年中可往来贩运多次,此类转运贸易遂成为清代中后期天津与闽、广之间帆船贸易的主要形式。

天津开埠后一段时期内,闽、广与天津间的帆船贸易仍维持着相当规模,海关报告称:"由福州与汕头间之各口将糖斤、纸张及竹竿运抵天津,俾每年秋季之帆船队有所事事,此等船其数不一,1861年为147只,1864年为167只,本年则137只。"④与此对应的是,同一时期闽广本地商船数量锐减。同治五年(1866),闽海关税务英桂在奏折中报称,福州口本地商船仅存25号,而厦门口更少,仅余17号⑤。由此可以推断,闽广与天津间的直接帆船贸易已几乎歇止,津海关所统计的应主要为闽广商人雇用的从事转运贸易的江南沙船。

然而,这种转运贸易因轮船业的兴起而逐渐衰落。一方面,在轮船业的挤压下,上海等地沙船业迅速衰落,传统的转运贸易难以为继;另一方面,许多闽、广商人得风气之先,较早认识到轮船在沿海贸易中的运输优势,纷纷摒弃了帆船而改用"洋船"。1881年,载运闽广货物航行至天津的帆船仅有

---

① 蓝鼎元:《论海洋弭捕盗贼书》,载丁日健编《治台必告录》卷1。
② Chinese Repository, Vol.15,1846.9,pp.467—469,载聂宝璋编《中国近代航运史资料》第一辑,上海人民出版社1983年,第1251页。
③ 谢占壬:《行船提要》,载贺长龄编《皇清经世文编》卷47。
④ 《1868年津海关贸易报告》,载吴弘明编译《津海关贸易年报(1865—1946)》,天津社会科学院出版社2006年,第53页。
⑤ 《同治五年六月十三日福州将军兼管闽海关税务英桂奏折》,载聂宝璋编《中国近代航运史资料》第一辑,上海人民出版社1983年,第1271页。

39只,其数较开埠之初已大为萎缩①。同时,轮船业仍不断蚕食原经沙船转运的商品份额。至19世纪末,闽广等地与天津间的贸易运输几乎全为轮船所垄断,"查与天津往来土货之口,计上海、汉口、福州、香港及广东等口为首,但几乎全数经由上海转运……北洋载运生意久在三大轮船公司掌握之中,布置周密,天津轮船均可节节接济"②。即以闽广运津的最主要商品红糖、白糖等为例,1902年由民船(帆船)载运抵津的红糖、白糖各为1959.71担、844.19担,分别占当年天津红、白糖总进口量的4.6%和0.86%③。由此可以窥见,民间帆船在当时闽广与天津间海运贸易中所起的作用已十分微弱。

(二)天津与江南沿海地区间贸易。康熙中叶开海后,天津与江南地区间海运贸易发展迅速,至清代中期已颇具规模。"江苏之苏、松、常、镇,浙江之杭、嘉、湖等府属,濒临大海,商船装载货物驶至北洋,在山东、直隶、奉天各口岸卸运售卖,一岁中乘风开放,每每往来数次。"④此类贸易中,承载货物的主要为江苏沙船及浙江蟹船,其中,沙船因载运量较大,且船底平阔,不易受北洋暗沙影响而备受青睐,成为沟通南北洋商路的最主要商船。上海为江南沙船汇聚之处,道光初期,津沪间沙船往来已十分频繁,"一岁数至,百不失一,外洋已与内河无异"⑤。道光五年(1825),清政府开始尝试以沙船为载运主力实行漕粮海运,并议定每船"八成载米,二成载货,由海关查明免税放行"⑥。此后,清政府又取消了天津等关"挂验小费",规定凡沙船经过之地"严禁讹索陋规",同时还议定各船所运余米"听天津民人照市价收买"⑦。这些政策极大地鼓舞了沙船船主运输漕粮及从事海运贸易的热情,

---

① 《1881年津海关贸易报告》,载吴弘明编译《津海关贸易年报(1865—1946)》,天津社会科学院出版社2006年,第119页。

② 《1890年津海关贸易报告》,载吴弘明编译《津海关贸易年报(1865—1946)》,天津社会科学院出版社2006年,第157页。

③ 《1902年津海关贸易报告》,载吴弘明编译《津海关贸易年报(1865-1946)》,天津社会科学院出版社2006年,第225页。

④ 《漕运总督魏元煜等为遵旨复陈不宜海运事奏折》,载《道光五年议行漕粮海运事宜史料(上)》,《历史档案》1988年第3期,第16页。

⑤ 《孙玉庭等为逐款妥议盘坝接运漕粮章程事奏折》,载《道光五年议行漕粮海运事宜史料(上)》,《历史档案》1988年第3期,第21页。

⑥ 《钦定户部漕运全书》卷90《上洋受兑》。

⑦ 《钦定户部漕运全书》卷91《沿海会哨》。

充实了天津粮食市场,使江南与天津间商运往来更加活跃,区域间的帆船贸易由此进入发展的"黄金期"。

然而,此种兴盛局面并未维持多长时间。由于水脚价格过低,沙船船主对海运漕粮渐失兴趣,加之上海开埠后,夹板、火轮等船纷纷涌入,沙船贩运生意大量被夺,致使天津与江南地区间沙船贸易一落千丈。史料显示,天津开埠后的最初十年间,在抵津漕船中,沙船尚占有较大比重。然而自同治中期以后,沙船运输业持续衰落,上海沙船仅剩四五百号,且多朽坏,已无大规模北上贸易的能力。在此情况下,浙江宁波等沿海地区商人所雇用的蟹船、三不像船成为运送漕粮的主力。这些船"行驶于宁波、上海、天津间,每艘载重量约有七八十吨之谱,主要经济来源是代清廷南粮北运,收受水脚",随船载运而来的,多为茶叶、毛竹、锡箔、长屏纸、绍兴酒、温州明矾等浙江土产,自天津回帆时则搭载药材、红枣、核桃等北货①。1881年,津海关对抵津民间帆船进行了一次细致统计,其中自浙江载米而来者共324只,占当年南方帆船总数的87%,如再加上浙省其他非运漕商船,则该比例高达90%。由此可见,浙江商船队成为继沙船之后,借漕运之便,与天津展开贸易交往的江南地区最主要的民间力量②。

(三)天津与渤海湾内沿海各地间贸易。天津位居渤海湾南北之中,地当冲要,为海运贸易枢纽"登莱突出于海如人吐舌,(与)辽东为北直之唇齿,而天津为河海运之咽喉也"③。早在明代,天津与渤海湾内金州、盖州、登州、莱州等地间便存在私人海上贸易。入清后,随着海禁政策的松弛,此种贸易更显蓬勃。经过清初数十年开发,辽东地区逐渐发展成为北方重要的粮产区,其出产正可弥补河运漕粮的不足,满足京畿一带对米麦杂粮的大量需求。因而,津辽间的米粮海运贸易遂成为清代天津环渤海区域贸易的最主要形式。至清中期,此类贸易发展达到鼎盛,商船队规模空前壮大。道光六年(1826),清政府准许天津沿海州县渔船在经地方官保结编号造册后,领取船票,往奉天贩运粮石,并照商船减半征收税银④。从此,除卫船、改橹等正

---

① 张章翔:《在天津的"宁波帮"》,载天津市政协文史资料研究委员会编《天津文史资料》第27辑,天津人民出版社1984年第67页。
② 《1881年津海关贸易报告》,载吴弘明编译《津海关贸易年报(1865—1946)》,天津社会科学院出版社2006年,第119页。
③ 光绪《畿辅通志》卷九三《略四十八·海防二》。
④ 《奉天通志》卷三八《大事志·清》。

式商船外，沿海渔船亦获准参与贸易，从事往来贩运。这一时期，津辽间商船往来如织，海运贸易极其兴盛，即以锦县马沟海口为例，其"入口货为天津、山东两处之麦，出口货以杂粮为大宗。清乾、嘉间称极盛，每岁进口船约千余艘"①。

　　天津、营口等地开埠后，轮船业进入北洋地区，渤海湾内原有贸易格局被打破，民间帆船受到极大冲击，"（天津）沿海一带……居民撑驾海船为业者十居六七。通商以来，轮船盛行，卫船无利可获，亏折销耗，失业孔多，综计其数，不及从前十分之三，而向之撑驾为生者，大半无业可就"②。需要指出的是，民船贸易虽因轮船兴起而大受挫折，但其影响绝非致命性的。根据1881年津海关的统计，当年抵津民间帆船总计1343只，其中来自牛庄及天津附近各口岸的共748只，来自山东各口者共222只③。可见，晚清时期天津与渤海湾沿海各地间的民船贸易仍颇具规模。

　　20世纪初，东北地区的林业资源得到大规模开发，鸭绿江、松花江、太子河等流域的木材被大量砍伐，并经水路销往各地。其中，鸭绿江流域林区每年向天津、北京等地输出的木材总价有三四百万两之多④。这些木材被运抵东北沿海各地后，绝大部分由帆船运往天津。受此影响，抵津民船数量较之19世纪后期有了大幅回升。1908年，由天津出海之帆船共1159只，较前年增长近一倍，此种情况的出现"半因自满洲各口来埠之粮船异常之多，半因日俄战争之后，鸭绿江木材贸易之进一步恢复"⑤。毫无疑问，东北林业经济的发展为清末津辽民间帆船贸易提供了巨大商机。在其促动下，天津的民船贸易在清代最后十年间有了短暂的恢复发展。相比之下，晚清天津与环渤海地区间帆船贸易发展最为良好，成功避免了被轮船业吞噬的命运，并在贸易转型中觅得了新的生机，这也是其区别于前述两类贸易的最主要特点。

---

　　① 《奉天通志》卷一六二《交通二·航路上》。
　　② 《沪报》1886年4月10日，载聂宝璋编《中国近代航运史资料》第一辑，上海人民出版社1983年，第1309页。
　　③ 《1881年津海关贸易报告》，载吴弘明编译《津海关贸易年报（1865—1946）》，天津社会科学院出版社2006年，第119页。
　　④ 孔经纬主编：《清代东北地区经济史》，黑龙江人民出版社1990年，第322页。
　　⑤ 《1908年津海关贸易报告》，载吴弘明编译《津海关贸易年报（1865—1946）》，天津社会科学院出版社2006年，第277页。

## 二

由前论可以看出，晚清天津与南北沿海各地间的帆船贸易均出现了不同程度的衰落，尤其是天津与南方各地间的海运贸易最终几乎全部为轮船所挤占，"天津开埠其主要效益之，即以洋船取代华船"①。与近代轮船相比，传统帆船的确存在着行驶不速、安全性不高等弊病，因而很难在广阔海域中维持其运输主导地位。与天津相比，上海、宁波、福州、厦门等开放较早，轮船运输发展起步也较早。因而，天津开埠后，其与南方各口岸间的民船贸易很快就遭受到轮船业的猛烈冲击。开埠后，津海关所统计运津糖、纸张等多种土货数量逐年增多，其原因并非货运总量增大，而是这些商品越来越多改由轮船承运，从而进入津海关的统计范畴，"属本关所轻忽之货物者，由华船改为洋船承运故耳"②。同时，新口岸的开辟也使得大量洋货涌入天津市场，其中以各类棉布为最大宗。棉布中除少部分由外洋运抵外，大多皆由轮船自上海转运而来，"洋商及洋船可以进入之新口岸内，发现有三大棉布销场，即天津、汉口与烟台；毋庸置疑，洋船在此三口交货，自较民船既少风险又省时间，是则有利于棉布贸易"③。新商品的到来极大地活跃了轮船运输这一新方式。相形之下，传统帆船显得陈旧而难合使用，"本色市布由沪运津，因帆船驶离上海与长江之时间，一开始即虚糜过甚，以之沿海载运该布自属得不偿失，故往往借助于轮船"④。

除去船只本身的差异，外部环境的变化也在天津民船贸易衰落过程中起到了推波助澜的作用，其主要表现为三个方面：

首先，海运环境日渐恶劣，帆船贸易难以得到有效保障。清代中期以后，清政府对海洋控制力量逐渐减弱，海盗活动日益猖獗，东南沿海盗匪纵

---

① 《1866年津海关贸易报告》，载吴弘明编译《津海关贸易年报（1865—1946）》，天津社会科学院出版社2006年，第25页。

② 《1866年津海关贸易报告》，载吴弘明编译《津海关贸易年报（1865—1946）》，天津社会科学院出版社2006年，第12页。

③ 《1866年津海关贸易报告》，载吴弘明编译《津海关贸易年报（1865—1946）》，天津社会科学院出版社2006年，第14页。

④ 《1866年津海关贸易报告》，载吴弘明编译《津海关贸易年报（1865—1946）》，天津社会科学院出版社2006年，第25页。

横、浙、闽、粤诸省沿海地区多成洋盗海匪啸聚之所,天津与南方间海运贸易大受干扰。相比之下,渤海湾内较为宁静,海运安全情况相对良好,"山东洋面冷落,非贼所恋,一年之间,不过偶一二至"①。然而,天津开埠前后,由于清朝水师的衰亡,渤海海域治安每况愈下,民间帆船贸易因而大受影响。例如山东潍县海口,原本主要向龙口、天津等地输出蜀秫、大豆、豆饼以及鱼类,由于清末渤海海盗蜂起,此类贩运遂陷入窘境,"特以渤海沿岸缺乏警察之设备,海盗时常出没以致帆船商运日益衰落,殊可惜也"②。

与海盗相比,轮船对民船的安全威胁更为巨大。天津开埠后,各国洋轮蜂拥而至,其与民船间的冲撞事故屡有发生,尤其是大沽海口与天津城内紫竹林码头间海河河道狭窄多弯,洋轮每与民船争抢致生险情。例如,同治六年(1867)五月初六日,天津广丰船局代粤商义德泰雇用民船在大沽装糖货1650包,纸货807块,杂货、干皮、鸡毛、姜、桶、生麻等共121件。在由沽运津途中,该船被日本夹板船铁锚挂沉,货、船损失共值银近三万两。该船船主随即向天津税务司提出禀控,经过天津税务司、总理衙门及三口通商大臣与相关外国领事反复交涉,最终仅将打捞残货的变价银两交付船主,而肇事船只在被短暂扣留后,予以释放,所议赔偿事项也不了了之③。民间帆船船体单薄,航行缓慢,根本无法与轮船相抗衡,加之洋轮时常仗势逞凶,横冲直撞,致使民船船毁人亡的惨剧时有发生。在处理民船与洋轮纠纷时,主管官员慑于列强威势,往往对洋轮有意偏袒。不仅如此,天津地方官员还制定了一系列规章,用以限制民船航行,为洋轮清除障碍。例如,同治四年(1865)三月,三口通商大臣崇厚与英国领事共同议定《海河行船泊船章程》,其中称"外国轮船本难骤即收住,内地各船理应避让",同时还规定"内地各项船只,无论进口、出口,有载无载,于欲停泊之先,务择河身直处宽阔之地傍岸抛锚,让出中流"④。该章程对洋轮责任未做丝毫规定,却将避免船只碰撞之责全部归于民船。在此类地方政策的影响下,洋轮航行更加有恃无恐,民船的生存空间则大受限制,航向安全更难得到保障。在民船与轮船的竞争中,前

---

① 蓝鼎元:《论海洋弭捕盗贼书》,载丁日健编《治台必告录》卷一。
② 民国《潍县志稿》卷26《交通》。
③ 《崇厚为布国日本夹板船挂沉穆遇春商船案札文一组》,载《三口通商大臣致津海关税务司札文选编》,天津人民出版社1992年,第177—189页。
④ 《崇厚为议定海河行船泊船章程请晓谕外国商船周知事札》,载《三口通商大臣致津海关税务司札文选编》,天津人民出版社1992年,第174页。

者跌入极其不利的境地。

其次,列强的肆意劫掠,对帆船贸易造成的摧残最为直接也最为剧烈。日俄战争期间,日军对东北运津木材的劫夺无疑是其中十分典型的事例。如上文所述,清末天津与东北间木材民船海运贸易十分繁荣,然自日俄战争爆发后,日本兵舰多次对渤海湾内运木商船实施劫掠,致使中国商人赔累甚巨,海上商路因而大受影响。例如光绪三十四年(1908)四月间,木商兴源、万德、信德等号自东沟贩运松木运往天津,途中遭日本兵船劫掠,木料被抢运一空①。同年十月,木商兴源、同和等号贩津松木遭日军洗劫,商户损失价银二千八百余两②。日军的强盗行径引起了天津木商的强烈不满,天津商会也因众商的禀诉吁请而一再要求地方官员出面斡旋,但因清政府畏惧日本,不敢与抗,故对商人请求一味敷衍塞责,以致木材贩运难以为继,民船贸易深受打击。

再次,天津在沿海贸易中的地位也影响了民船贸易的发展走势。自清初开海以来,上海与东北、华北之间的豆类贸易不断发展"自康熙二十四年开海禁,关东豆麦每年至上海者千余万石……沙船以北行为放空,南行为正载"③。漕粮改由海运后,沙船将漕粮北运天津赚取水脚,再至东北装载豆粮贩运回南,来回重载举两得。在此过程中,天津虽与上海同为海运漕粮的两端,但贸易地位并不相同。在东北与上海间的沿海贸易链中,天津仅居从属地位,其每年虽收纳大量南方漕粮,但其间贸易成分却很小,船商的兴趣仍主要在于顺道往东北贩运豆类。在推行海运漕粮后不久,清政府也认识到"贩豆为关东生计所资,亦为船商常年本业,且海船利于压重,难于驶放,空船未便阻其往贩",遂命奉天府尹饬令地方官晓谕沿海商贾,将应发各海口豆石先期运至沿海各口,待运漕海船到达,即验照装兑④。可以说,在以豆类为中心的沿海贸易中,天津仅扮演着过渡性的角色,江南民船在津贸易状况直接受到漕粮海运与豆类贸易两方面因素的制约,而这对晚清天津民船贸易发展产生了颇为深远的影响。一方面,轮船逐渐成为漕粮海运的主力,天

---

① 《木商万德等号为日军劫掠木船不发货价致津商务公所文及公所禀直督文》,载《天津商会档案汇编(1903—1911)》,天津人民出版社1989年,第1718页。

② 《木商兴源等号为日军无视我国中立政策不认护照强掠木材事致津商会文》,载《天津商会档案汇编(1903—1911)》,天津人民出版社1989年,第1721页。

③ 齐彦槐:《海运南漕议》,载贺长龄编《皇朝经世文编》卷四八。

④ 《钦定户部漕运全书》卷九一《沿海会哨》。

津难以继续充当江南沙船北来贸易的中转站;另一方面,同治时期清政府解除东北豆禁,轮船亦可前往东北贩运豆货,沙船船商大批失业。在这两方面的共同作用下,南方民船往津的贸易意义被极大弱化。民船商运的衰退,使来往于上海北洋间的民船大量减少;漕粮运输地位的丧失,使剩余船商选择直接在东北与上海间进行运输贸易,而不再经由天津。正因如此,清末东北各口每年尚有一定数量沙船到来,而在天津,我们却很难发现同样的状况。

## 三

天津开埠后,轮船业在短时间内获得了新口岸贸易运输中的巨大优势,民船业则陷入前所未有的生存危机。此种状况在当时已是人所共见,津海关税务司狄妥玛在1866年的《津海关贸易报告》中就骄傲地宣称"在沿海贸易较为重要之业务中,洋轮并洋帆船现已将民船排挤殆尽"[①]。然而,随着时间推移,民间帆船业却展现出坚韧的生命力。在天津通往南方的海路航线上,民船虽一蹶不振,但却并未完全退出贸易舞台,而是顽强地与轮船进行竞争。以糖类为例,作为南方向天津贩运的重要商品,其在天津开埠后越来越多地改由轮船承运,但天津税务司好博逊在1883年的《津海关贸易报告》中仍指出"轮船正与南方帆船争运此货,角逐虽属徐缓,却势所难免"[②]。通过这种"徐缓"的角逐状态,我们即可窥见,此时轮船对民船的排斥并不如预期那样顺利,民船仍在南北洋贸易中占有一席之地。在渤海湾内的海运贸易中,民船的生存空间更为广阔,其仍被广泛用于木材、粮食及各类土货的贩运过程中。

毫无疑问,天津开埠为轮船业在北洋地区的发展创造了重要条件,轮船代替民船成为一种发展趋势。然而,与南方各口岸相比,这种改变却显得较为缓慢。同时,轮船的一些特定优势也表现得并不突出。例如,运价低廉一直被认为是轮船取胜民船的重要优势之一。在南方各口岸,这种状况的确十分明显。"来往于各港口间的无数艘轮船,运费一律低廉,毫无例外,低到中国商人甚至可以利用轮船来运酱菜了。这种情况下,帆船根本没办法与

---

① 《1866年津海关贸易报告》,载吴弘明编译《津海关贸易年报(1865—1946)》,天津社会科学院出版社2006年,第10页。
② 《1883年津海关贸易报告》,载吴弘明编译《津海关贸易年报(1865—1946)》,天津社会科学院出版社2006年,第130页。

轮船竞争了。"①但在天津,情况却完全颠倒过来。根据《津海关贸易报告》提供的信息,笔者将19世纪60年代天津与沪、粤、港等地间轮船、帆船运价制成下表,从中我们可以看出,在相同航线上,不论运载何种货物,帆船运价都明显低于轮船运价:

|  |  | 体积货物 | 重量货物 | 非压缩棉花 |
|---|---|---|---|---|
| 上海至天津 | 轮船 | 9两/吨 | 7钱/担 |  |
|  | 帆船 | 4两/吨 | 2钱/担 |  |
| 天津至上海 | 轮船 | 8两/吨 | 6钱/担 | 2两/担 |
|  | 帆船 | 4两/吨 | 2钱/担 |  |
| 粤、港至天津 | 轮船 | 10两/吨 | 8钱/担 |  |
|  | 帆船 | 5两/吨 | 5钱/担 | 1.75两/担 |
| 天津至粤、港 | 轮船 | 8两/吨 | 9钱/担 | 2.5两/担 |

与南方各口相比,天津港口条件较差。大沽海口外有拦江沙,大沽至城内紫竹林码头间河道迂曲,多处淤浅,轮船吃水较深,往往难以通过上述险阻。"查天津内河至大沽海口,相距有二百余里,河面浅窄,各国大号货船,不能进内河径抵关埠,且间有在拦江沙外不能进口者,与粤海、上海情形不同。"②与之相反,民间帆船载运量小,吃水较浅,且船底平阔,不易受地形条件限制,独特的港口环境因而成为民船存续的天然屏障。同时,轮船在海关报验时,手续较为繁琐,且税负较重,而民船之于常关则情形大有不同,"常关税率,实较海关为轻,对于查验放行,手续亦较松懈,且可稍事通融,以故商民趋之若鹜"③。不仅如此,轮船由大沽进口,还需缴纳"引水费"。根据规定,夹板船自大沽拦江沙外至大沽口,吃水每尺须交纳引费银五两,若自大沽口或大沽、塘沽、新河码头等至天津,须按吃水每尺再交引费六两④。显

---

① Trade Reports. 1864, pp. 131-132,载聂宝璋编《中国近代航运史资料》第一辑,第1267页。
② 《咸丰朝筹办夷务始末》卷七四《崇厚奏天津通商各事宜酌拟章程六条呈览折》。
③ 班思德:《最近百年中国对外贸易史》,载聂宝璋编《中国近代航运史资料》第一辑,上海人民出版社1983年,第1288页。
④ 《天津口引水章程》(光绪二十九年四月十二日),载庄建平主编《近代史资料文库》第八卷《旧天津海关规章制度选》,上海书店出版社2009年,第536页。

然,这些因素加大了轮船从事天津沿海贸易的运营成本,抬高了运价,从而使轮船的优势遭到削弱,也使民船获得了喘息之机。

除航运条件与运价外,环渤海地区的通商环境也为民船生存保留了一定空间。上海、宁波、福州、厦门、广州等南方口岸,开放较早且连接成线,轮船可全面参与到华东、华南的沿海贸易中,极易形成席卷之势。相比之下,晚清环渤海地区的条约开放口岸,不过天津、营口、烟台三处,数量有限,且分布较散。在此三地,轮船固然可以根据条约之便而大力发展贸易,但对于未开放的沿海地区,轮船业则无法染指。"至咸丰八年,天津约成……是时轮船之所至山东一省惟烟台,而迄西二千余里无闻焉;奉天一省惟牛庄,而迄东千余里无闻焉。"①此种有利条件使民船业在环渤海贸易中仍保持着一定优势,那些未开放地区与天津间的商品运输也大多仍借助帆船来完成。正因如此,当我们检视1881年津海关统计的民船数量时会发现,来自广州、厦门、宁波等地的绝少,而来自东北、山东等地者却有近千只。

运输商品类别的分化也是天津沿海民船得以存续的重要条件。经过轮船与民船的多年竞争,商户对两类船只的营运特点已基本熟悉,往往会根据货物的种类选择最有利于贸易的运输工具。由南方运津的洋布、棉绒、糖类以及玻璃等,本身价值较大,需要安全而迅速地运达目的地,轮船必然成为首选。对于那些价廉体大,坚固易于保存,且对运输时间无严格要求的商品来说,运价低廉的民船则更受青睐。1902年,津海关对当年轮船、民船所载大宗货物的种类数量分别进行了统计,其中,民船所载皆为大豆、废骨、铁锅、驴皮、砖、白垩、烧酒、醋、药材等②。这些物品基本属于土货杂物,质贱价廉,且大多被运往渤海湾内沿海地区,航路短危险性低,如用轮船载运,实属小题大做,轮船亦往往不屑于承载,民船因而得以保有沿海贸易中的一小块"领地"。运输商品类别的分化,使轮船、民船具有各自特定市场,在一定条件下,互难干预,平衡发展。就民船来说,虽运载土物杂货营利不多,但考虑到天津与沿海地区,尤其是与渤海湾内各地间存在的频繁土货交易往来,我们可以肯定,此种贸易在较长一段时期内仍是民船存在的重要经济支撑。

最后,人为因素也在晚清天津民船贸易发展中起到了关键作用。轮船

---

① 民国《福山县志》卷五一《商埠》。
② 《1902年津海关贸易报告》,载吴弘明编译《津海关贸易年报(1865—1946)》,天津社会科学院出版社2006年,第223—224页。

业的兴起,致使由南至北数以万计的民船从业者失去生计。为挽救利权,整顿民生,清政府不得不在水脚、税率等方面对民船,尤其是参加漕粮海运的民船稍作倾斜,其情况正如狄妥玛在《津海关贸易报告》中所指出的"今当局亦无主动废弃民船之意。舍弃民船之举谅必大逆人心,盖贫苦船民之沿海运务已失之大半,漕运若改洋船,彼必觉难以适应迥异之环境"①。与官府相比,民间对轮船的排斥力量更为强烈。在一些传统由民船把持的领域内,民船船主往往协力抗阻轮船业的渗透,尽最大可能将轮船摒除于该领域之外。1867年的《津海关贸易报告》中即曾提到,一华商租用洋轮自牛庄贩运豆类抵津,而此类贸易向由民间帆船把持。民船船主遂群起为该华商设置诸多障碍,直至该商承诺不再参与同类交易为止。迫于压力,该商亦未向官府报案②。

综上所述,晚清天津沿海帆船贸易在经轮船业冲击之后,虽遭遇重大挫折,但仍蕴含着相当的生命力。除去地理环境等特殊因素外,天津多层次的沿海贸易特点是造成这一状况的根本原因。一方面,天津是南北洋贸易中的重要节点,当南方各口岸已习惯于使用轮船从事贸易,作为海上商路北端的天津势必难以抗拒此种影响;另一方面,天津还是环渤海贸易的中心,在这个相对封闭的环状贸易圈内,交易商品与贸易方式都维持着较为传统的模式,沿海各地之间的帆船活动依然十分活跃。这两个层面造就了晚清天津帆船贸易衰落中有所发展,逆境中有所延续的总体特点,也使天津成为晚清中国沿海贸易中一个较为特殊的发展"案例",也一定程度上展现出传统航运业在近代转型过程中的顽强力量。

(《中国社会经济史研究》2011年第3期)

---

① 《1866年津海关贸易报告》,载吴弘明编译《津海关贸易年报(1865—1946)》,天津社会科学院出版社2006年,第30页。
② 《1867年津海关贸易报告》,载吴弘明编译《津海关贸易年报(1865—1946)》,天津社会科学院出版社2006年,第34页。

# 租界报刊与近代天津的新闻事业

王 薇

租界是帝国主义列强在中国的通商口岸开辟、经营的居留、贸易区域。对近代天津而言,租界既是列强入侵的据点,又是西方文明东渐的窗口。天津开埠后,伴随着经济贸易和对外交往的发展,作为信息,交流和传播载体的大众传播媒介必然也随之发达。大批外国传教士、商人、外交人员为宣传教义、了解商情、传达消息,纷纷在天津创办报刊。西方几近成熟的报刊形态使得近代天津报刊一开始就呈现出较为完备的形态。近代天津新闻传播以报刊为主要形式,因而租界报刊的繁荣促进了近代天津新闻事业的发展。

## "国中之国"——近代天津报刊的发源地

租界是近代天津报刊的发源地。1860年天津被迫开埠后,随着一系列不平等条约的签订,外国人打着向中国人民"灌输知识、阐发宗教、砥砺道德"的旗号纷纷在天津租界创办报刊,并配合其各种形式的侵略活动进行舆论宣传。因此,天津租界出现了一批有影响的中文和外文报刊。光绪六年(1880)与光绪七年(1881)的两个冬季,天津英租界曾出版过一份小报《北方邮报》,内容主要是刊登海关贸易统计之类的报告,并非正式的报纸。光绪十二年(1886),天津第一家正式报纸——英文版的《中国时报》和中文版的《时报》同时在英租界出版,《时报》是在北洋大臣、直隶总督李鸿章支持下由天津海关税务司德璀琳和英商怡和洋行经理笳臣创办,分中、英文两版。中文版《时报》由英国传教士李提摩太任主笔,它大量刊登京津地区新闻,显示出鲜明的地方特色。《时报》虽然由外国人创办,但作为天津出现的第一份中文报纸,所产生的社会影响是不可否认的。

到20世纪初期,法租界的经济不断繁荣,各大、小报社又聚集于法租界。

著名的《大公报》报馆就设在法租界6号路(今哈尔滨道)。法租界的中外文报刊主要有《庸报》、《商报》、《新天津报》、《华北新闻》、汉文《泰晤士报》、《华北明星报》、《中华新闻画报》、《北洋画报》、《玲珑画报》、《风月画报》等。

　　日租界的外文报刊大体上经历了两个阶段。先是居留民团时期,报刊主要为日侨服务,经费和读者少,经营困难;日寇占领天津后。借助其侵略势力及财力补助,内容信息大为丰富,日伪报刊得以生存和发展。较早的日文报纸有《北清日报》《北支那每日新闻》。1918年以后又出现了《京津日日新闻》《天津经济新报》《华北商报》等。七七事变之前,日租界内还出现了大批经济报刊,为日军大举进攻中国制造舆论和声势。此外,其他租界报刊也如雨后春笋般大量出现。

　　西方近代报刊的引入,使得国人创办近代报刊的热情空前高涨。19世纪末的维新变法运动和20世纪初的资产阶级民主革命运动期间,资产阶级、小资产阶级知识分子中的许多仁人志士,利用租界特殊的舆论环境,积极在租界创办报刊,占领思想舆论阵地。"到20世纪30年代初,天津发行报纸30余种,总发行量超过29万份,本地发行18.7万份。如果按当时天津有阅读能力的人计算,日均2.5人就有一份报纸。这还不包括多如牛毛的各种小报"①。报刊事业使天津成为近代中国北方的传媒中心。

## 自由与管制并存——租界报刊的双重境遇

　　相对宽松的舆论环境。租界当局按照所属国的观念和模式对租界进行管理,新闻自由观念较浓厚。租界内舆论环境相对宽松。殖民主义者垄断政治权力,在经济上也竭力榨取,而在文化上则相对自由。新闻媒介只要不对租界当局的殖民统治构成威胁,不触犯法律,任何新闻报道,租界当局都是允许的。因而,天津那些知名度比较高、影响比较大的中文报刊,大多托庇于租界。《大公报》创刊于天津法租界狄总领事馆(现哈尔滨道42号),后又迁入日租界;与《大公报》齐名的《益世报》社址虽初选在南市荣业大街,但几经辗转,于民国十四年(1925)迁至意界大马路;《庸报》的出版地址设在法租界32号路美商大来洋行后院(今"文革"印刷厂后院)。近代启蒙思想家严复创办的《国闻报》,也把报馆的地址设在天津日租界内,并借助日商招

---

① 俞志厚:《1927年至抗战前天津新闻界概况》,《天津文史资料选辑》,1982年。

牌，与清政府进行对抗。

来自各方的钳制。租界的特殊性并不意味着租界的舆论自由是无限的，租界报刊处于自由与管制并存的双重境遇，也受到来自各方面或多或少的管制。首先，租界根本出发点还是西方列强的在华利益。只有在不损害租界当局利益的情况下，租界的新闻舆论才能够得到一定的保护和发展。否则，在各方利益的博弈和权衡之下，租界当局有时也会对舆论进行管制。因此，租界内的国人报纸对帝国主义实施的政治、经济、文化等方面的侵略行径，往往避而不谈。再者，租界当局与清政府既矛盾斗争，又相互妥协。清政府可以通过与租界当局的约定，加以干涉。中国政府还可以采取禁邮、禁止在租界外发行，以及勾结租界当局而采取的封报捕人等手段，对租界报刊进行打击。最后，其他帝国主义国家常常插足干涉租界内的新闻媒介，设法干预租界内对自己不利的新闻舆论，积极创办和扶植自己的宣传工具。1905年4月，在日俄战争中胜利在望的日本，为了攫取曾被帝俄夺取的权益，企图利用《大公报》制造有利于日本的舆论。1935年，日本特务机关将《庸报》收买，利用其进行反共、亲日的反动宣传。天津沦陷时期，《庸报》成为日军军部统治华北新闻事业的代理人，并以该报为中心组成华北报业托拉斯，以适应日本对华北的全面统治。

## 西学东渐——天津近代新闻事业变迁的历史阐释

西方报业经营管理理念的渗透。西方大众媒介多数是由私人经营且以营利为目的的文化产业。外国人创办的以营利为目的的天津报业，就是由外商直接投资，按企业方式运作的传媒文化产业。被列为"远东地区最好的报纸"的《京津泰晤士报》，主编是英国浸礼会传教士李提摩太。作为一家以外报为后台的中文报纸，广告非常之多，水平也较高。该报每日3大张12个版，其中3个版用来做广告，这种注重依靠广告来增加经费来源的做法同其母报影响有很大关联。《时报》也是一个典型，其凭借在天津的独特地位，大量延揽广告。为了扩大发行，不断增设销售点，后来还一度招募海外销售代理，由此不难看出《时报》的发行范围之广、经营眼界之大。租界的外报以营利竞争为动力，初步具备企业化模式。他们先进的报业经营理念，逐渐为天津本土报刊所仿效，对后来天津近代报业的发展有着积极的影响。

近代西方传媒文化消费观念的扩散。"外报的畸形繁荣,是外国资本输入的一种表现。帝国主义的经济侵略旨在攫取巨大利润,并往往与西方文化渗透并进而互为表里。"①从成熟的西方市场到不发达的东方市场,跨国资本把近代天津传媒纳入资本主义世界体系中,把近代西方商业传媒文化消费观念引入天津。租界是高素质移民的汇集地。国际移民的人数比例虽小,影响却很大。学校的创办、文化事业的兴旺,也使租界及周边的人口文化素质逐渐提高,租界居民在接受西方文化和事物上也比内地更为开放,更有大量识字的都市产业工人,随着劳动条件改善、生活水准提高而逐渐成为巨大的信息需求层,成为租界报刊的庞大受众。这种传媒文化消费观念也渐渐由租界扩展到天津周边地区。同时,由于长期的闭关锁国,直到清末人们对报纸的印象仍停留在对过去的官报(邸报、京报)上。租界报纸尤其是外商报刊,在为帝国主义经济活动宣传的同时,以营利竞争为目的,不断变革新闻业务,同时不断刊载西方先进的近代思想,开创了文化的新视野和新境界,让民众看到了一个崭新的、异样的传媒世界。

西方报业先进印刷技术和设备的引入。西方近代印刷术在19世纪至20世纪初的百余年时间里进入了成熟阶段,基于这样的背景,天津租界内的外报必然在技术和设备上占有优势。外国人在租界内创办和经营报刊的同时,也带来了西方先进、成熟的印刷技术和设备,从而为本土报刊所效仿学习,并为其发展打开了一个突破口。许多本土报馆积极引进西方先进设备,为天津近代报刊的产生和发展提供了优越的条件。《大公报》报馆于1928年购入1台美国轮转机,1930年继续改进印刷,采取铸双版付印;1933年,又花20万巨资购置1台德国产大型高速轮转机,不断提高报纸的印刷速度与质量。其他天津本土报馆对西方印刷术及设备的陆续引进,直接推动了天津近代报业的发展。

1945年,天津租界被全部收回,天津新闻事业由此进入一个新的发展阶段。美国著名城市社会学家R. E. 帕克认为:"大城市从来就是各种民族、各种文化相互混合、相互作用的大熔炉,新的种族、文化、风俗、社会形态就是从这些相互作用中产生出来的。"②从这一角度审视天津的近代新闻事业,不难看出,尽管租界作为不平等条约的产物是帝国主义和殖民主义侵略中国

---

① 胡太春:《中国报业经营管理史》,山西教育出版社1998年。
② R. E. 帕克等著,宋俊岭等译:《城市社会学》,华夏出版社1987年。

的阵地,但是租界报刊在这样特殊的环境中,作为中外多种文化因素混合发展的结果,其积极意义也是显而易见的,为近代天津新闻事业的繁荣写下了浓墨重彩的一笔。

(《新闻爱好者》2011年第9期上半月)

# 租界社会与近代天津新闻事业的发展

王 薇

租界是"19 世纪中期至 20 世纪中期帝国主义列强在中国等国的通商口岸开辟、经营的居留、贸易区域。其特点是外人侵夺了当地的行政管理权及其他一些国家主权,并主要由外国领事或由侨民组织的工部局之类的市政机构来行使这些权力,从而使这些地区成为不受本国政府行政管理的国中之国"①。天津自 1860 年至 1900 年的 40 年间,先后设立了 9 国租界,总面积共 23350.5 亩,是天津旧城的 8 倍,其存在的时间,少则 17 年,多者达 80 余年②。列强以租界为基地,在肆无忌惮地进行经济、政治、军事和文化侵略的同时,也对新闻传播事业的发展产生了深远影响。租界的新闻传播行业成为近现代天津新闻传播史上一个特殊的行业。租界的存在,为近代新闻传播的发展提供了契合的生长点和相对有利的客观环境。

一

作为大众传播媒介的近代报刊,其产生和发展,除了依靠印刷技术的提高和邮政事业的发达外,还必须有一定数量的读者。天津租界的开埠和商业的繁荣,带来了大量人口,他们成为租界报刊的重要读者群。

天津外侨增长的第一个高潮是 19 世纪 70 至 90 年代,这也是天津租界的初步发展期。到 20 世纪初,天津租界内的居民数量急剧增长,1906 年达到 6000 多人。这一方面是由于世纪初各国在天津强占了大批租界;另一方面是由于庚子事变,天津广为世界瞩目,西方有更多的人注意到这个扼守北京的港口城市。八国联军撤退时,有一些军人看到天津的发展前景和商机,

---

① 费成康:《中国租界史》,上海社会科学院出版社 1991 年。
② 天津市政协文史资料研究会:《天津租界》,天津人民出版社 1986 年。

作为侨民留了下来,侨民当中的知识分子成为租界报刊的重要读者。

天津租界最早出现的近代报纸,即是为满足侨民需求而由外国人创办的外文报纸。1886年11月6日,天津海关税务司英籍德国人德璀琳与英商怡和洋行总经理笳臣集资在英租界创刊《时报》,这是在天津出版的第一份报纸。之后,法、日、意、德各租界分别创刊出版了《大公报》《华北时报》《益世报》《北洋德华日报》等。"这些外文报刊和中文报刊的繁荣,与租界的拓展、界内外侨和华人人口的逐渐增加密切相关。"①

外侨增长的第二个高潮是20世纪二三十年代。随着第一次世界大战的结束,西方人纷纷东来寻求发展,许多国家的知识分子来到天津,虽然人数比例不是很大,但文化程度较高,占据了重要地位。由此,种类繁多、功能各异、适合各国侨民特点和需求的租界报刊纷纷创办,数量之多,前所未有。

租界最初是不准华人居住的,但随着时局的变迁和租界当局对租税的考虑,大批华人,主要是富有的华人开始入住租界,并且很快成为居住的主体。他们包括买办、寓公、政界要人、银行家、实业家和新型知识分子等。这样,租界地区居民的整体文化素质得到提高。与此同时,外国列强和教会势力还在天津租界及周围地区开办了各种学校和文化机构,建立流动图书馆,组织读书会,设立报馆,创办报刊,国民受到现代教育的机会大大增多。"学校的创办,文化事业的兴旺,使租界及周边的人口文化素质逐渐提高,租界居民在接受西方文化和事务上也比内地更为开放,更有大量识字的都市产业工人,随着劳动条件的改善、生活水准提高而逐渐成为巨大的信息需求层,成为作为大众传播媒介登台的大众报纸的几万乃至几十万读者。"②

## 二

租界是不平等条约的产物,但在当时的历史条件下,它为当地社会的相对稳定提供了安全保障。它始终以保障通商为基本职能,不仅保护外商的利益,对华商资本也起着一定的保护作用。在多次战乱中,租界都以其独特的"中立性"保持了安宁,使经济得以持续、稳定发展。天津租界内商业经济的发展与新闻媒介的发展密切相关。贸易与商业活动需要频繁的信息交

---

① 陈冠兰:《近代中国的租界与新闻传播》,《新闻与传播研究》2008年第1期。
② 陈冠兰:《近代中国的租界与新闻传播》,《新闻与传播研究》2008年第1期。

流,近代报刊成为不可或缺的传播媒介。经济的发展不仅为报刊业发展提供了必要的物资和设备,更为商业性报刊造就了难得的生存环境。

自天津租界开辟以来,列强把持下的进出口贸易额直线上升。在上海、汉口、天津、广州、青岛五大商埠的转口贸易额中,天津仅次于上海和汉口,居第三位。近代的天津城,商业发达,娱乐设施齐全,是我国北方最为近代化的城市。其中,租界商业区更成为天津最繁华的商业中心。

在国内的大城市中,天津租界商业区的繁华和密集程度是十分罕见的。当时就有人评论说:"天津租界,为我国安乐窝之一。举凡富翁阔佬以及种种娱乐场合,胥萃于是。且以距京咫尺,故其形胜,尤佳较上海、汉口为合宜。"①报纸在租界的产生与发展,正是适应了租界特殊的社会文化环境及其对商业信息的大量需求。法租界是天津外国租界中最繁华的,素有"东方小巴黎"之称,形形色色的冒险家将其视为淘金与销金的乐园②。居住在这里的侨民,由于远离家乡,特别注重联络感情,法国俱乐部随之成立。俱乐部包括舞厅、餐厅、酒吧、剧场、台球房等,他们在俱乐部里经常举办舞会、音乐会以及各种比赛。法租界内文化娱乐场所遍地开花,数十家戏院、影院、舞厅落成,常常歌舞升平。由此,报道文化娱乐新闻的报纸也应运而生,并迅速发展。此类报纸多以电影、戏剧、社会交际活动的照片、文字和书画为主要内容,其中包括《北洋画报》《华北明星报》《中华新闻画报》《玲珑画报》和《风月画报》等,它们成为反映租界娱乐生活、满足读者文化消费的主要媒介。与此同时,租界发达的工商业,也为报刊的发展提供了充足的资金与丰富的广告来源。例如,创刊于英租界的《时报》,凭借其在天津的独特地位,大量招揽广告。由于洋人熟悉报纸及广告,更懂得利用广告来宣传自己的商品,因此,报纸在他们的手中办得有声有色,也一定程度上繁荣了租界地区的新闻事业。

## 三

天津租界近百年的新闻传播历史,基本上是印刷媒介的历史。作为近代西方印刷技术与设备最早传入的地区,租界为报刊的产生和发展提供了

---

① 无妄:《欣戚不同之租界观》,《大公报》1922年4月5日。
② 天津市政协文史资料研究会:《天津租界》,天津人民出版社1986年。

优越的条件。

19世纪欧美主要国家已建立起近代工业体系,动力、机械、造纸等工业的发展,为印刷技术的进步提供了有利条件。新动力的采用、卷筒纸轮转铅印机以及自动铸排机等的发明和使用,使西方近代印刷术在19世纪至20世纪初的百余年时间里进入了成熟阶段。基于这样的背景,天津租界内的外来报刊必然在技术设备上占有优势。而租界作为西方文明东渐的窗口,外国人在租界内创办和经营报刊,带来西方先进、成熟的印刷技术和设备的同时,也带动了租界内报刊印刷技术和设备的改进。由外国人集资创办的《时报》,从创刊之初即从国外引进新式设备,使用进口纸张。由于其印刷精良,被许多中国报馆所效仿。如《大公报》于1928年购入1台美国轮转机;1930年继续改进印刷,采取铸双版付印;1933年,又花20万元巨资购置1台德国产大型高速轮转机,以不断提高报纸印刷速度与质量。

与此同时,早期交通、邮政业的发展也为天津近代传播业的兴起提供了必要的条件。中国近代邮政与交通事业最早是在租界地区发展起来的,将其运用于传递新闻、发行报刊,更是自租界始。天津在近代历史上曾经是中国邮政的总汇之区。早在1878年,总理衙门指派天津海关税务司德璀琳在京津之间开办骑差邮路。1880年9月,洋务派经清廷允准,在天津设立了电报总局,1881年12月21日全线通报,使天津成为中国最早设立电报通讯的城市。这大大便利了各地商务往来,同时缩短了新闻信息的传递时间,对报刊发行帮助很大。

李鸿章督直后,出于畿辅防卫和交通运输的需要,想把天津建成南北铁路的中心。他从租界的洋行贷款,修筑了"津沽铁路"。在李鸿章的支持下,天津不仅建立了通往各地的陆路邮班,还建立了连接内地和海外的水路邮班,使邮政业的发达程度居全国之首。近代铁路、公路、水路交通以及航空业的发展,使传递变得更加便捷、迅速。凭借发达的邮政业和便捷的交通网络,《大公报》《益世报》等天津地方报纸不但运到了附近县区,还远达国内其他地区,大大提升了这些报刊的知名度和影响力。

## 四

(一)相对宽松的舆论环境

在西方资产阶级革命时期,言论自由是其反抗封建专制的形式之一。

资产阶级政权建立后,仍然以言论自由相标榜,英、美、法等资本主义国家的新闻出版事业已经有了一二百年的发展历史,因而租界内的舆论环境自然要宽松得多。租界当局按照所属国的观念和模式对租界进行管理,新闻自由观念较浓厚,界内舆论环境相对宽松。殖民主义者垄断政治权力,在经济上竭力榨取,在文化上则相对自由,新闻媒介只要不对租界当局的殖民统治构成威胁,不触犯法律,任何新闻报道,租界当局都是允许的。

相对于租界较宽松的言论自由,此时的中国政府对新闻言论的控制还是比较严格的。1901年清廷颁布《大清报律》,规定报刊禁载事项:"报纸不得揭载:诋毁宫廷之语,淆乱政体之语,损害公安之语,败坏风俗之语"①,为惩治进步报刊提供了法律依据。1906年7月又颁布《大清印刷物专律》。辛亥革命后的南京临时政府、袁世凯政府都颁行过有关的报纸条例,严厉控制和钳制不利于自己统治的言论。

因而,天津那些知名度比较高、影响比较大的中文报刊,大多托庇于租界。在新闻传播史上最具影响的《大公报》,1902年6月17日创办于天津法租界。创刊之初,该报即以"敢言"著称,其新闻报道独具特色,而敢于批评时政、发挥舆论监督职能即是其中的重要方面。《大公报》刚一创刊就明确宣称:"本报但循泰西报纸公例,知无不言。以大公之心,发折衷之论。献可替否,扬正抑邪,非以挟私挟嫌为事。知我罪我,在所不计。"②后来,该报又将报刊的这一功能细化为"国民之导向""政府之监督"③。1902年袁世凯在天津做直隶总督,《大公报》经常点名批评天津秕政;1905年该报拒登美国广告,支持反对美国虐待华工运动,从而激怒了袁世凯。袁下令禁邮禁阅《大公报》,而《大公报》毫不畏惧,在8月17日头版头条显要位置刊载文章抨击袁世凯。此外,《大公报》公开反对清政府严设报律,力倡新闻自由。天津其他的一些著名报刊,如《益世报》《庸报》等,也都选址于租界。由此可见,清末天津报业发达的最大原因"则以托足租界之故,始得免婴国内政治上之暴力"④。

一些近代启蒙思想家看到了租界的特殊性,利用租界不受清政府直接控制的政治格局,逃避清政府迫害,出版进步报刊,发表爱国、民主言论。第

---

① 方汉奇:《中国新闻传播史》,中国人民大学出版社2002年。
② 英敛之:《大公报出版弁言》,《大公报》1902年6月18日。
③ 英敛之:《说国家思想》,《大公报》1904年9月10日。
④ 姚公鹤:《上海报纸小史》,《东方杂志》1917年第6期。

一次国人办报高潮中,严复创办的《国闻报》是天津第一份中国人创办的中文报纸,也是北方支持康梁变法运动的主要舆论阵地。由于出版地点毗邻京都,加上几个主持者都是朝廷命官,一言一行都会受到封建顽固派的注意。为了保住维新派这个重要的舆论阵地,严复等人采用一套特殊的斗争策略,把报馆的地址设在天津日租界内,并借助日商招牌,这样就可以在与清政府的对抗中增加一道屏障。1912年梁启超在天津创办并主编的《庸言》报,是一份以代表进步的政见为主的综合性刊物,其社址也选定在日租界。

(二)来自各方的钳制

总的来说,租界的新闻言论环境比中国政府统治下宽松得多。但租界的特殊性却并不意味着租界的舆论自由是无限的。租界报刊处于自由与管制并存的双重境遇,它们也受到来自各方面或多或少的管制。

首先,租界的根本出发点还是西方列强的在华利益,只有在不损害租界当局利益的情况下,租界的新闻舆论才能够得到一定的保护和发展。否则,在各方利益的博弈和权衡之下,租界当局有时也会对舆论进行管制。因此,租界内的国人报纸对帝国主义实施的政治、经济、文化等方面的侵略行径,往往避而不谈。租界当局可以根据《治安章程》以"妨害公共秩序与安全"等名义对报刊进行惩罚、处置,即使于法无据,亦可采取阻碍发行等手段进行压制。

其次,租界当局与清政府既矛盾斗争,又相互妥协。清政府可以通过与租界当局的约定,对租界内中文报刊加以干涉。租界当局常应中国官方之请,对界内报刊进行取缔、控告,加以惩治;中国政府还可以采取禁邮、禁止在界外发行,以及勾结租界当局而采取的封报捕人等手段,对租界报刊进行打击。一位老报人在回忆其租界内的办报情形时曾谈到,在租界内办报,虽然不担心本国政府直接前来捉人封门,但是也"另有三怕——怕洋人、怕流氓、怕会审公廨"[①]。租界内新闻媒介处在各种势力的包围和控制之下,其所受到的管制和干预远不止此三种。

最后,其他帝国主义国家常常插足干涉租界内的新闻媒介,设法干预租界内对自己不利的新闻舆论,积极创办和扶植自己的宣传工具,其中以日本帝国主义对租界内的新闻传播活动干涉最烈。1905年4月,日本在日俄战争中胜利在望,为了攫取曾被沙俄夺取的权益,企图利用《大公报》制造有利

---

① 陈冠兰:《近代中国的租界与新闻传播》,《新闻与传播研究》2008年第1期。

于日本的舆论,试图拉拢英敛之。1935年,日本特务机关将《庸报》收买,利用其进行反共、亲日的反动宣传。天津沦陷时期,《庸报》成为日军军部统治华北新闻事业的代理人,并以该报为中心组成华北报业托拉斯,以适应日本对华北的全面统治。

恩格斯说过:"行动的目的是预期的,但是行动实际产生的结果并不是预期的。或者这种结果起初似乎还和预期的目的相符合,而到了最后,却完全不是预期的结果。"[①]近代帝国主义国家在华广置租界的目的是为了自身利益,但主观动机与客观效果之间往往存在很大的差异。殖民者在租界内出版书籍、创办报刊,主要是从租界和外侨的利益出发的,但结果不仅外侨受益,居住在界内的中国居民也同样受益,并为华人办报树立了典范。因此,正是租界社会独特的政治、经济和文化背景,奠定了近代天津新闻传播业的基础,为近代天津传播业的发展提供了契合的生长点和相对有利的客观环境,加速了天津新闻传播事业的发展。

(《天津师范大学学报》社会科学版2011年第5期)

---

① 《马克思恩格斯选集》(第4卷),人民出版社1997年。

# 长芦盐路与天津城市早期商业网络的形成

陈 克

城市发展的历史表明,一个城市的形成和发展并不是孤立的现象,必有其独特的原因。学术界一般认为漕运和盐业是古代天津城市的两大支柱。漕运和盐业都是古代社会的政府行为,同时又是政府控制下的经济活动。来自官方的动力除了对这两项经济活动过程的控制之外,政府动员社会资源对商路的开拓和维护,也为民间开展商业活动准备了交通条件,对天津来说,就是大运河和长芦盐路的开拓。漕运和盐运是朝两个相反的方向运输,漕运是把粮食从分散的产地集中,北京是终点,天津是这个集中路线上的重要枢纽。盐业则是从集中产地向消费地分散,天津是这种分散运输的起点。以天津为集散中心的交通网络,是由政府构建和开拓出来的。长芦盐路形成于明清时代,明代关于盐路的资料较少,可能那时的运输系统正在形成中。清代《长芦盐法志》的记载较系统,说明那时的盐路运输网已经完备了。这个运输网在运河停止漕运功能后仍大放光彩,成为近代天津城市经济发展的重要交通条件之一。

宋元以前,天津及附近是个人烟稀少的地区,是因为金元的漕运才提高了三岔河口的地位。三岔河口地区最初只有煎盐的灶户,产量有限。煎盐时期,天津产盐的地位很差,明初连引额都没有,"天津地方旧无行盐引额,嗜利者屡告添设,宪司并不允行"①。引进晒盐方法不是从天津附近的海岸开始的。据明章潢《图书编》卷九十一《长芦煎盐源委》记载:"……有大口河一道,其源出于海,分为五派,列于海丰、深州海盈二场之间,河身通东南而远去。先来有福建一人来,传此水可以晒盐,令灶户高淳等,于河边挑修一池,隔为大、中、小三段,次第浇水于段内,晒之,浃辰(即十二天)则水干,盐结如冰。以后,本场灶户高登、高贯等,深州海盈场灶户姬彰等共五十六

---

① 《天津卫志》卷之二《利弊》。

家,见此法比刮土淋煎简便,各于沿河一带择方便滩地,亦挑修为池,照前晒盐。有古三五亩者或十余亩者,多至数十亩者,共古官地一十二顷八十亩。或一亩作一池,或三四亩作一池,共立滩池四百二十处。所晒盐斤,或上纳丁盐入官,或卖于商人添色。"①《图书编》写于万历十三年(1585),海丰在今山东无棣县一带,深州在河北沧州一带,说明最先引进滩晒法的地区是在沧州一带。滩晒法比灶煎法更先进,产量更大,因此明代的河间长芦都转运盐使司一直设在沧州是有道理的。康熙初年长芦盐区大规模改煎为晒后,天津地区盐场的生产潜力发挥出来了。产量多了就有转运的需求,因此长芦盐的管理机构也移到天津来了。清康熙七年(1668)和十六年(1677),长芦巡盐御史署、长芦盐运司分别从北京、沧州移驻天津,康熙二十七年(1688),驻于鼓楼东街。

人对盐的需求是有一定量的,《管子·海王篇》:"终月大男食盐五升少半,大女食盐三升少半,吾子(小男小女也)食盐二升少半"②。如果忽略度量衡的差异和盐引制度中的其他水分直接计算,长芦的盐引在不断增加,明清以来长芦盐市场一直在逐步扩大。《畿辅通志》载:"明洪武初年,长芦岁办大引盐,每引四百斤,共计六万三千一百五十三引三百斤另。已而改办小引盐,每引二百斤,共计一十八万零八百零七引一百八十八斤。"③按每引400斤算,约折成12630吨和18032吨。"国朝顺治间岁额正改盐七十五万八千六百引"④,按每引200斤算,约折成75360吨。"康熙十六年八月,户部给事中余国柱条奏清查割没,部议额引七十七万三千二百九十二引,每引加盐二十五斤。"⑤按每引225斤算,约折成86985吨。《长芦盐法志》载,"雍正二年以前岁额引九十二万七千二百四十六道"⑥。按每引225斤算,约折成102949吨。与明初相比大约是十倍。

盐引量的增加,间接反映了引岸人口的增加。明清华北的人口统计是一个复杂的课题。有材料记载,明洪武二十六年(1393)北平(相当于今天北京、天津、河北)人口293万。明末崇祯初年大约有人口1200万。由于战乱

---

① 刑润川:《关于长芦区晒法制盐的来源》,《化学通报》1977年第5期。
② 《天津府志》卷十三《盐法志》。
③ 《天津府志》卷十三《盐法志》。
④ 《天津府志》卷十三《盐法志》。
⑤ 《天津府志》卷十三《盐法志》。
⑥ 《天津府志》卷十三《盐法志》。

中死亡、逃离,以及清军入关以后被驱逐,从山东迁入上百万,康熙初年有人口约800万①。乾隆年间直隶人口约为2056万②。虽然明清之际直隶人口波动较大,许多材料说明,到清中期总的人口趋势还是成倍增加了。

造成盐引数量增加的因素还有长芦引岸的增加。明万历以前,长芦盐引岸为顺天府、永平府、保定府、河间府、真定府、顺德府、广平府、大名府、延庆府、宝安府等府148州县。万历十七年(1589)增加了开封府属22州县,康熙五年(1666)增加了杞县、通济、太康、蓝阳、仪封五县。以后康熙年间又陆续增加了宣府口北的深井、东城、西城三处煎盐地,河南怀庆府的河内、济源、修武、武陟、孟县、温县、陈州、项城、舞阳等县。不管是因为人口的增加,还是因为引岸的增加,盐的运输量都增加了。这使九河下梢的天津的位置优势显现出来。

水运是古代大宗物资运输的首选方式,明人邱浚估计,"河漕视陆运之费省什三四,海运视陆运之费省什七八"③。盐是大宗物资,河运最划算,芦盐的盐路实际就是以海河水系为主干线展开的。天津地势较低,成为海河水系各河道的汇聚地,也使天津成为直隶省水运的枢纽。

大部分芦盐首先运到天津的盐坨地,汉沽地区产的盐是先从蓟运河出海,再从海河运到天津河东的盐坨地集中,塘沽盐场的盐则直接从海河运到天津,然后再从这里分运到各县。雍正《长芦盐法志》提供了一幅完整的长芦盐运销图,以北河(北运河、蓟运河等)系、淀河(大清河)系、西河(子牙河)系、御河(南运河及卫河)系为骨干,辅以陆路,基本覆盖了整个直隶省和山东、河南的部分地区。包括直隶的九府、六直隶州、一百二十五州县、二营,河南的六府、一直隶州、五十三州县。

有一部分县距离盐产地较近,可以直接从盐场运达。北路从汉沽陆路直接运达的县有卢龙、抚宁、昌黎、临榆、滦州、迁安、乐亭、遵化、(蓟州由北河)丰润。南路从沧州直接运达的县有沧州、南皮、盐山、庆云。其他的州县都是从水路运达的。

北河包括北运河和东河,即蓟运河潮白河等,其中杨村和张家湾为主要落厂地。杨村是个小中心,除武清县本县外,东安县、旧州营也从杨村落厂

---

① 程民生:《论宋以来北方人口素质的下降》,《史学集刊》2005年第1期。
② 姜涛:《清代人口统计制度与1741—1851年间的中国人口》,《近代史研究》1990年第5期。
③ 邱浚:《大学衍义补》。

换车运,武清部分引盐由河西务落厂。张家湾是个大中心,宛平县、大兴县共十五六万引盐都在此落厂,其次通州、顺义、怀柔、密云、昌平、延庆县都是从张家湾落厂换车运。采育从北运河马头直接落厂。通过蓟运河运达的县有宁河(汉沽)、宝坻县(汉沽至马营落厂)、三河县(汉沽至宝坻县潮河上的白龙港落厂)、香河县由石灰厂落厂遵化(汉沽至北河新安镇落厂转)、蓟州(汉沽至北河宝坻县白龙港落厂转)、玉田(汉沽北河至新安镇落厂转)、平谷(汉沽至北河白龙港落厂转)。

淀河包括大清河及白沟河、潴龙河、唐河等支流,直接运达的县有文安、霸县(苏家桥)、保定县(新镇)、清苑、雄县、安州新安镇、永清(至霸州换小船车运至新安镇)、安肃(清苑县南关东)、安州、高阳(至刘李厂)、任丘(至本县赵北口)。大清河的转运中心一是保定县的张青口,保定县就是今天的新镇,张青口属于今天的雄县龙湾乡,由张青口落场转运的县有固安(换小船至茨村落厂白沟河)、定兴、博野、蠡县、涞水、房山(换小船白沟河至该县拒马河琉璃河落厂)、良乡(换小船白沟河至该县拒马河琉璃河落厂)、肃宁(由河间落厂转运);一是保定府(南关府河),由保定府落场转运的县有满城、唐县、完县、易县(及定兴县北河)、阜平、行唐、新乐、定州、曲阳。

西河指子牙河及滹沱河和滏阳河等支流。通过西河直接运达的县有献县(至臧家桥)、大城(南赵)、束鹿(至武邑圈头落厂)、河间(至本县沙河桥)、蓟州、武邑(圈头)、衡水、隆平(牛家桥)、宁晋(白木)、武强(小范)、巨鹿(张家庄)、任县(邢家湾)、永年、曲周、鸡泽(旧城营)。宁晋县白木码头是较大的中心,从白木转运的县有正定、获鹿、井陉(由白木车运至获鹿再用驴驮至该县)、栾城、元氏、赞皇、平山、晋州(原由衡水,后改由白木落厂)、赵州、高邑。在任县邢家湾转运的有沙河、南河、唐县、内丘(如遇水浅即于隆平之贵王庄转)。在衡水转运的县有无极、平乡(换小船至该县下庄桥落厂)、邯郸(换小船至本县苏漕落厂)、成安(换小船至邯郸县苏漕转)、磁州(换小船至该州琉璃镇)、武安(换小船至邯郸县苏漕转)、涉县(换小船至邯郸县苏漕转)。在武强转运的县有饶阳(小范转)、安平(小范转)、深泽(小范转)。在隆平转运的县有:柏乡(牛家桥)、临城(牛家桥如遇水浅即于辛庄霸王营转)、邢台(如遇水浅即于隆平之贵王庄转)。从其他处转运的县有新河(由冀州埝口转)、深州(武邑县圈头转)、肥乡(曲周转)。

御河包括南运河及漳河、渭河等支流。通过御河直接运达的县有静海、青县、交河(泊头)、阜城(泊头)、宁津(连镇)、景州(安陵)、故城、东光、大名

(龙王庙)、元城(小滩)、清河(油坊)、内黄(楚旺)。通过御河转运的县有吴桥(景州安陵转)、南宫(故城郑家口转)、枣强(故城郑家口今改为衡水转)、广宗(清河县油坊转)、威县(清河县油坊转)、广平(山东馆陶县馆陶镇落厂转)、开州(至内黄楚旺落厂转)。御河最重要的转运码头是大名府龙王庙,直隶从这里转运的县有南乐、清丰、长垣(龙王庙换小船至濬县道口转)、东明(另从白水潭换小船至濬县道口转)。

大部分河南的引盐也是从大名龙王庙和白水潭转运的,包括祥符、陈留、汲县、新乡(龙王庙换小船至该县落厂)、辉县、获嘉、汤阴(龙王庙换小船至该县五陵镇落厂)、延津(龙王庙换小船至汲县卫辉车运至该县)、河内、济源、修武、孟县、温县、洪县(龙王庙换小船至汲县落厂转)。原武县通过大名白水潭换小船至汲县落厂转车运。有一些河南的县在大名白水潭或龙王庙落厂后,通过一段陆路再渡黄河,这些县有杞县、尉氏、仪封厅、蓝阳、通许(白水潭换小船至濬县新镇落厂车运至蓝阳县李六口渡黄河至七村落厂)、封丘、中牟(白水潭换小船至濬县新镇落厂,车运至阳武县渡黄河至该县)、洧川、鄢陵(白水潭换小船至汲县落厂车运至阳武县渡黄河,至祥符县曹桥永顺厂换车)、郑州、荥阳、荥泽、汜水、密县、新郑(白水潭换小船至汲县落厂车运至荥泽县渡黄河)、禹州(白水潭换小船至濬县新镇落厂车运至阳武县渡黄河,至祥符县曹砦车运至该县)、淮宁、项城、沈丘、许州、舞阳(白水潭换小船至濬县新镇落厂车运至阳武县渡黄河,至祥符县曹桥永顺厂由贾鲁河舟运至该县)、扶沟、鄢城(白水潭换小船至濬县新镇落厂车运至阳武县渡黄河,至祥符县曹桥永顺厂由贾鲁河舟运至该县)、商水、西华(白水潭换小船至濬县新镇落厂车运至阳武县渡黄河,至祥符县曹桥永顺厂由贾鲁河舟运至淮宁县周口河东落厂)、临颍、长葛(白水潭换小船至濬县新镇落厂车运至阳武县渡黄河,至祥符县曹桥永顺厂车运至本县)、太康(龙王庙换小船至濬县道口车运至蓝阳县李六口渡黄河,至七村落厂)。河南还有几个县也是通过御河转运的,安阳、临漳、林县(至内黄潭头口落厂转)、阳武(御河至道口落厂)、濬县、滑县(大名白水涧换小船至道口)。

长芦盐路整合了一个覆盖整个直隶和部分河南地区的水路运输网,这个运输网为近代天津开埠准备了交通条件。在铁路修通之前,这个运输网承担了天津与腹地间的大部分商品运输。许多学者认为清代布匹贸易超过盐贸易①。乾隆三十年（1765）直隶省棉田面积达耕地面积的20%至30%②，平原地区所产的棉花"凭山复海之区，外至朝鲜亦仰贾贩，以供棉布之用"③。当然这方面还要进一步作定量研究。

近代天津开埠以后，进口洋货和出口土货的集散需求突然增加。河南的药材、棉花，山西及河北磁州的煤、瓷器，河北南部的粮食、棉花及草帽缏，山东北部的棉花、羊皮、羊毛等大都通过南运河运到天津，仅河南船队每年就有3000个航次④。这时，长芦盐的生产正在逐年走下坡路，盐在河运中的比重在下降，而内河运输量却在上升。1905年南运河进出天津的民船有33992艘，货运量达92.48万吨⑤。同一年通过北运河进出天津的民船有16288艘，货物运输量达42.44万吨；通过西河（包括大清河和子牙河）进出天津的民船达35621艘，货物运输量达84.17万吨⑥。1912年，即便在铁路运输已经出现的情况下，天津的内河运输量仍占天津对内贸易总额的43.6%⑦。1915年后天津形成了几条主要内河轮船航道：子牙河—滏阳河航线，"该河航线绵亘数百里，河流旺畅，颇利行轮，且沿河码头鳞次栉比，旅客络绎，货物充牣"⑧。主要停靠码头有杨柳青、高庄子、独流镇、霸台、王口、子牙、姚马渡、南台埠、白杨桥、双摆渡、刘各庄桥、范家疙瘩、念祖桥、沙河桥、康宁渡、沙窝桥、臧桥、贾庄桥、范屯桥、小范桥、赵桥、龙店、圈头、衡水、范庄、岭闸口、李家庄等⑨。津保航线（大清河），途经杨柳青、高庄子、抬头、石沟、左各庄、苏桥、苑口、药王庙、史各庄、十方院、王家寨、新安镇、保定南关⑩。在日益繁忙的内河航运中出现了一批著名的中转码头：子牙河的南赵

---

① 吴承明：《论清代前期我国国内市场》，《历史研究》1983年第1期；邓亦兵：《清代前期内陆粮食运输量及其发展趋势》，《中国经济史研究》1994年第3期。
② 张谢：《明清时期河北棉业述略》，《河北学刊》1982年第1期。
③ 方观承：《棉花图·跋》。
④ 《天津海关十年报告书（1902—1911）》。
⑤ 《天津志》，日本驻屯军司令部明治四十一年（1908）二月。
⑥ 《天津志》，日本驻屯军司令部明治四十一年（1908）二月。
⑦ 《天津志》，日本驻屯军司令部明治四十一年（1908）二月。
⑧ 行轮局：《巡按使请暂行试办行轮》，王树才、黄诚博：《河北省航运史》，人民交通出版社1998年。
⑨ 《津磁行船码头（中华民国四年四月）》，王树才、黄诚博：《河北省航运史》，人民交通出版社1998年。
⑩ 王树才、黄诚博：《河北省航运史》，人民交通出版社1998年。

扶、臧家桥、小范、邢家湾、苏曹;大清河的苏桥、张青口、保定南关;北运河的杨村、河西务、张家湾、白龙港;南运河及卫运河的泊头、龙王庙、白水潭、安陵、连镇、馆陶、油坊等。甚至出现了几个叫"小天津"的地方。如山东临清、滑县道口镇、故城郑口镇等。天津开埠以后,华北商业格局的变化带来了城市格局的变化,一些新的城市崛起,如唐山、石家庄、邯郸、张家口等,一些城市停滞,如保定、承德等。交通要道是城市形成的原因之一,上述这些河运中转码头都有可能发展成为新的城镇,只不过铁路网取代了河运网,使这些中心地的地位一落千丈。不管怎么说,从盐运开辟的河运网,对古代天津城市的发展和近代天津大都市的形成都发挥了不可磨灭的历史作用。

(《盐业史研究》2012年第3期)

# 长芦盐业与天津的政治地位提升和经济发展

张利民

长芦并不是天津周边的地名,长芦盐最初也并非特指天津,而天津却与长芦盐有着不解的渊源。近代以来,随便问天津人,对长芦盐、盐业银行、盐商,都有一定的了解,有的还可以顺口给你讲一些与此有关的奇人异事。那么,长芦盐究竟给天津城市社会经济的发展带来什么样的影响?这是我们关注的研究课题。这里仅仅从两个方面阐述一些想法。

## 一、长芦盐业促进了天津政治地位的提升

我们都知道,天津1404年设卫筑城,开始进入早期城市的形成和发展阶段。天津初期发展与元代以后首都设立在北京有很大的关系,具体地讲一个是漕运,一个是盐业;而漕运是得到了首都的眷顾,将南方的粮米通过运河和海运运到首都,供应首都民众,并有部分供应北方边境的军队。那么盐业呢?并没有直接得到首都的关照,是民众食盐的生产和运销,是天津自身经济的崛起。如果按照现在的说法,长芦盐是天津经济的支柱产业。

天津最早的盐场建立在后唐时期,也就是公元925年,镇守芦台的幽州节度使赵德钧看到遍地盐卤,建芦台盐场和盐仓,从此天津附近有了盐业的生产、贩运和销售。从盐业出现到近代,天津城市发展的每一个阶段,都留下了盐业影响的痕迹。

其一,长芦盐在对行政建制和行政管理上发挥了一定的作用。由于盐业带来了无限的利源,盐业的生产者和销售者汇集,带动了人口的聚集和商业兴盛,宁河县、香河县和宝坻县的设置与长芦盐的发展有一定的关系。后唐时在芦台附近有了盐场,进而有了宁河县;宋代这里是边境和战场,人烟稀少,到了金代,天津附近的盐场有所增加,盐业生产开始增长,遂建立新仓镇和香河县。金王朝建都燕京,周边开始聚集各色人口,盐作为国民之必

需,新仓镇愈发繁荣,1171年金世宗冬至曾巡幸"人烟繁庶"的新仓镇,并将其上调为县,该县的县名也与盐业有关,"盐乃国之宝,取如坻如宝之义",这样宝坻县出现了,新仓镇又成为宝坻县的一个镇。可以说设置宝坻和宁河县与当地盐业的发展有着很大的关系。

其二,长芦盐管理机构移到天津,不仅使天津成为长芦盐的管理中心,由于盐业管理者也监管地方行政事务,促进了天津地位的提升。

长芦盐的管理机构原来设在沧州,天津各盐场有分支机构。最主要的官衙有明代朝廷设置的长芦巡盐御史,一直到清咸丰十年(1860)裁撤,存在了200余年,该官常驻北京,一年出巡一次,在天津等地有行馆。这是中央政权直接委派的钦差。主管长芦盐生产、转运和销售的是长芦都转运盐使司,其主管是运司运使,下设分司、批验所和盐课司等部门,成立于明初洪武二年(1369),直到近代以后才被取代。该机构清康熙十六年(1677)移到天津。为什么迁到天津,许多学者都进行了总结,诸如天津自身盐业的发展,盐产几占长芦盐三分之一;沧州所属盐场产量下降,运销不利;天津附近私盐问题日渐严重,以及天津地理位置优越等。我们还可以从另一个角度阐释盐业管理机构的迁移,这就是天津本身的吸引力,也就是地理和社会环境的优势。天津紧邻首都,长芦盐管理机构驻在天津,方便了管理等机构、盐商与中央政权的联系,有利于提高办事效率。更为重要的是,天津此时已经开始发挥河海交汇的优势。天津在清代康熙中叶的1685年海禁开放前就已经与福建、浙江、广东有着频繁的海上贸易,海禁开放后,南北沿海贸易迅速兴盛,加之内河、漕运等,这时的天津逐渐成为南北方海运贸易、沿海与内地的货物运销的集散中心,也就是说天津已经从军事城堡转变为以经济功能为主的城市。因此,盐务管理、监管等机构移到天津,正符合了盐业和天津发展的需要,是经济发展的必然。

那么,长芦盐务管理机构等迁到天津后,对天津来说表象上是官衙增加,人口聚集,其实还有更深层次的内涵。这些官员不仅仅掌管和监督盐政,还参与了天津地方行政的管理,甚至取代了天津税官,在某种程度上加强了天津地方行政的管理,也加强了中央政权对天津的操控。长芦巡盐御史是中央政权委派的钦差大臣,有上传下达之便,可以直接面奏朝廷,不受层层报告的繁缛呈文负累,也摆脱了地方官的干扰。有时御史直接来自内务府,即朝廷的皇亲国戚,所以御史的职能在不断扩大,从最初的杜绝私盐等盐务监督,发展到盐务管理,并且兼管部分地方行政事务,如监理天津附近的河道通浚，监办漕运、负责处理水灾、蝗灾等应急事务，还兼理天津关税务。到1736年以后，天津关税务正式交巡盐御史，成为定制，1751年巡盐御史甚至兼任天津镇总兵，1793年由于巡盐御史是内务府的人，还委派其负责接待来华的英国使团。

由于盐业生产、运销和税收关系着国家的稳定和财政，长芦盐运使一直都由朝廷的亲信担任，长住天津。如康熙年间的郎廷极，曾经官至江西巡抚、漕运总督；李法祖曾任浙江按察使、安徽布政使，清咸丰三年曾一度由直隶总督兼任长芦盐政。到了近代以后，随着天津政治经济地位的上升，天津的盐业也愈发显露出在天津政治经济上举足轻重的作用，执掌天津的封疆大吏无不看重长芦盐的产销和税收，看重长芦盐与中央政权，尤其是财政的关系，所以朝廷委派的长芦盐运使几乎都是李鸿章、袁世凯的左膀右臂，有的是北洋军人集团中的要员，有的后来在北京政府时期的中央政府任要职。如崇厚曾经任过长芦盐运使（1859），后来为三口通商大臣、直隶总督；周馥（1886）和杨宗濂（1900）是李鸿章的幕僚，前者曾经任两江、两广总督，后者帮李鸿章创办顺直纺织等，是推进天津洋务运动的主官；袁世凯的北洋系中有很多军阀政客都担任过长芦盐运使，如周学熙（1906）、胡燏棻（1889）、张镇芳（1907、1908）、言敦源（1911）、张弧（1912）、段永彬（1917、1925）、张廷谔（1924），以及景星、凌福彭、沈铭昌、季邦桢、杨寿枏、张调辰、汪士元等人，这些人都曾经担任过北京政府的财政部总长、次长，内务部总长、邮传部侍郎，以及江西、湖北巡抚，各省按察使和省长等。当然，这些人的升迁并不完全取决于曾经担任过长芦盐运使，在很大程度上要看派系的归属。但是，长芦盐运使这个位置给他们带来了契机，通过这个职位可以攀龙附凤、笼络同僚，可以聚敛钱财、投资投机，也在一定程度上解决了中央和地方的财政的困难。尤其是在清末民初，对常年面临财政收支不敷陷困窘境地的中央财政来说，长芦盐运使是他们抓得住、靠得牢的官僚群体，有时甚至是能够解燃眉之急的救命稻草。因此，驻守天津的长芦盐运使对于拉近天津与首都北京政治经济上的联系，及其自身的晋升，都是一个不可多得的捷径，在客观上也进一步提升了天津在全国的地位和影响，这也是当时社会流传的"北京是前台，天津是后台"的含义之一。

其三，城市建设上，盐业管理者、盐商等多次参与修筑城墙，设立和修缮浮桥，并由盐业管理者亲自督理。盐关浮桥则是由盐官联合众盐商捐造的；为了得宠朝廷，盐商等主动修造了柳墅行宫、海河楼、皇船坞、万寿龙亭等，以及十余处私人园林,最著名的有沽水草堂、问津堂、水西庄等;盐商还参与修缮城乡的寺庙等。作为一个城市,当时并没有专门经费用于修缮城墙、桥梁和街道等建设,园林亭阁也属私人修建,盐官和盐商的以上行为,虽然有沽名钓誉和取悦朝廷之意,是为了得到社会和官府的认可,进而提高自身的社会地位和影响,但也对天津城市的基本建设和环境景观起到一定的作用,因此有乾隆皇帝多次到天津巡幸之举。

## 二、长芦盐业对天津经济发展的作用

天津盐业本身的发展,为全国的盐业和天津经济做出了相当大的贡献。自元代以后,天津的盐业生产和转运得到迅速的发展,尤其到了清代以后,天津盐场的产销在长芦盐区中占了绝大多数,加之各种管理和监督机构也常驻天津,在产量、运销、税收、稽查上,天津始终是长芦盐中心产地、管理中心和转运中心。

下面用最简单的数字说明长芦盐的发展和在全国的地位。天津最早的盐场是后唐时期设立的,即芦台盐场,并设盐仓和新仓镇的榷盐院,金元两代又增加了新的盐场,元末天津周边共计有6个盐场。明代以后,天津设卫筑城,天津的长芦盐开始迅速发展,其产量从明初的2500余万斤,增加到明末的3600余万斤,占全国的10%,弘治朝以后稳居第二位。清初,长芦盐的产量占全国的12%,到了近代后,产量和销量多数年份都是全国的第一、二位。长芦盐的产量,1912年356.8万担,占全国产量的10.8%;到1921年翻了一番,增加到863万担,占18.4%;抗战期间日本新开辟了大量的盐田,盐田由1931年的14.4万亩,增加到1945年的40.7万亩,增加了近2倍,产量在全国占据首位,占25.9%,以后几年均保持在占20%以上。长芦盐销量,明末是近23万引,清雍正年间96.6万引。在1914年至1948年的35年中,居第一位和第二位的各10年,还有8年是第三位,也就是说35年中有28年长芦盐居前三位。盐税收入明代每年18万银两,居第二位;1914年为1284.2万元,占全国的18.7%,以后一直在15%上下徘徊,有几年因为军阀混战和北伐战争下降到10%以下,到1935年和1936年增加,占全国的19.8和13.6%[①]。

首先,天津盐业的发展促使盐业成为天津经济的主要支柱。早期的盐

---

① 丁长清:《民国盐务史稿》附表1、2、3,人民出版社1990年。

业生产是天津为数不多的产业之一,在明代已经在全国有一定的比重。盐业生产技术的改进和运销网络的通畅,带来了盐业的大发展,迎来了生产的鼎盛时期。更为重要的是,在盐产增加的同时,以盐作为原料的化工业诞生,精盐的生产开始,即永利制碱公司和久大精盐公司的创建,这在全国是第一家,并在国际上享有盛誉。天津近代工业兴起后,到20世纪20年代形成了工业的主体框架,这就是棉纺织业、以面粉为主的食品加工业和盐化工业。这些都是奠定天津近代工业最基础的行业,是当时的支柱产业,至于钢铁、机械、橡胶等则都是在20世纪20年代后期和30年代前期出现的。当时,天津的棉纺织业和面粉业的规模与产量还不能与上海、青岛等城市相比,而盐化工业则是在全国长期名列首位,一直到50年代以后。盐业和由此衍生出来的化工业推动了天津经济的发展,促使天津成为中国第二大工商业城市。

其次,盐业的生产与运销促进了天津城市初期的发展,促进了天津成为工商业城市和经济中心。早期的天津,因盐业而兴,盐业的发展为天津城市的形成和初期发展起到很大的支撑作用。因为盐业生产聚集了灶户,盐业管理聚集了官衙和眷属,盐的转运和销售带动了盐商的兴起,带来了丰富的财源。因此,天津的人口增加和商业繁荣,城市性质从早期的军事城堡转变为具有一定经济腹地的集散中心,都与长芦盐的发展有很重要的关系。因盐而兴的表现是多方面和多层次的。这里仅探讨两个内容。

第一,盐业的产销增强了天津的吸引力和辐射力,促进了天津经济功能的增强。几百万担的食盐需要有完善便利的运输工具和网络,这是为什么盐业管理机构移到天津的主要原因之一,同时促进了天津与华北内地城乡的经济联系。我们说近代天津之所以发展成为华北经济中心,不是由于工业革命,不是由于工矿业的发展,而是因商而兴,即内外贸易对天津经济的推动至关重要。天津如此,上海也是如此,这是后发国家经济发展的特点。天津盐业的产销,促进了水陆交通的进一步发展,盐商利用水陆交通的食盐运销体系,实际上是构建、扩大和完善了天津与经济腹地的网络,是以天津为中心的商品流通网络的主要组成部分。食盐由天津运销各地的同时,也将各地的粮食、农产品和土特产品运到天津,并从天津运往沿海或海外,于是食盐、洋广货、舶来品与粮食、棉花、布匹、花生等成为中外、沿海与内地相互经济往来的主要商品,刺激了双方的经济发展和商业繁荣,带动了多方之间从互通有无到市场经济和商品生产为主导的经济现代化进程,也推动天津从1850年人口近20万的具有一定经济腹地的集散中心,到20世纪20年代末迅速发展成为人口近百万的涵盖整个华北以及西北和东北部分地区的经济中心。

第二,盐商和盐业管理者对天津经济的投资,增强了天津自身的经济实力。

首先,是盐商的投资。在中国长期的重农抑商思想的影响下,最初盐商的社会地位很低,政府对他们严查,稍有违法就查禁。明万历四十年(1612)朝廷创立"纲法",目的是疏通历年积压的盐引,盐商开始强盛起来,逐渐成为包买包卖控制盐业生产和销售的代理人。盐商家族实力雄厚,除了通过捐助教育和慈善、兴建园林、延请名士等方法提高社会地位以外,更重要的是扩大经营范围,以聚敛更多的财富。清康乾盛世之后,靠盐发家的富豪,在财产急速膨胀后,又广泛投资于其他行业。其投资的意向也随着时局而变化,最初是投资盐田、土地,天津经济逐渐繁盛时投资粮食批发零售、典当、银钱业、绸缎业,近代以后投资工矿业、银行、房地产等。靠"发海"起家的汉沽张家,最初只有一家洋广杂货铺,以后发展到米面铺、粮栈、金店,以及合资办银号、当铺,后来又入股永利碱厂和面粉公司,并开始经营房地产,到20世纪30年代拥有五大道的楼房13座[1]。著名的李家,曾经大量投资近代工矿业、银行业和商业,如清末民初曾经投巨资筹建北京西边的斋堂煤矿,即高线运煤的煤矿,后来曾经投资开滦煤矿、启新洋灰、华新纺织、寿丰面粉,组织殖业银行和实业银行,以及银号、珠宝店、杂货店、仓库、药店、米店、呢绒店等;而且经营房产,据不完全统计,在天津有房产1200间以上,分别坐落在河北新市区、城里、英租界、南开等繁华地区[2]。

其次,是盐业管理者的投资。长芦盐运使等管理盐政者本身也是盐业发展的既得利益者,尤其是近代以后,天津内外贸易繁盛,工商业和金融业发展都为投资者带来丰厚的利益,买办绅商、军阀政客无不将投资近代工商业、金融业作为赚取巨额利润的主要来源之一。盐商是如此,盐政的管理者更是如此。因为他们掌控着盐业的生产和税收,还通过私盐和缉私赚取额外的暴利,加之这些人都有政治军事的后台,且清末民初中央政权式微,对地方行政和财政等几乎完全失控,使得这些盐官有机会中饱私囊,并将聚敛

---

[1] 张秀珊:《长芦汉沽区滩户桐裕成张家发家史》,《天津文史资料选辑》第26辑。
[2] 金大扬:《天津"李善人"》,《天津文史资料选辑》第7辑。

的财富投资天津的经济。其中最为著名的是以周学熙为代表的资本集团，包括曾经为长芦盐运使的周学熙、言敦源、杨寿枏等人，他们主持或参与创立滦州煤矿，拥有大量的股票，也参与开滦煤矿的经营；投资创办华新纺织公司，在天津、唐山、青岛和卫辉设立了四个大型地纱厂；为了更有效地保证运营资金，开办了华新银行，还投资创办了启新洋灰公司、耀华玻璃公司、京师自来水公司，以及经营棉花等商品购销和贮存的通惠实业公司，形成北方资本最为雄厚的集团，被誉为"南张北周"，成为振兴天津和北方近代经济的先驱。同时，还有一些曾经是长芦盐运使的官僚投资天津的工商业和金融业。如张镇芳不仅创办了盐业银行，还投资中原六河沟和煤矿等；张弧则主要投资创办永利制碱和久大精盐，他还是华比银行和华法银行的董事长和裕大纺织、中华汇业、东陆银行的董事；其他盐运使也曾经投资纱厂、面粉等工厂矿山、银行银号、商店和渔业公司等，并发起组织了德兴盐务公司，以垄断天津盐的运销；同时也投巨资购买土地和房产①。尽管这些投资者的资金多来自不义之财，为的是自身的利益，但是带动了天津近代经济的起步和迅速崛起，成为中国北方最具活力的工商业城市，代表着北方经济现代化的水平。

## 三、散论：长芦盐业与天津城市性格的特征

每一个城市都有自己的性格，这是综合这个城市的自然地理、人文环境、历史文化等多重因素合成的，体现了这个城市的特征，关系到城市的战略定位和发展趋势。在中国，各个城市都有自身的特色，具有各自独特的魅力。天津的城市性格是什么，有什么独特之处，这些特色是怎样形成的，对当代社会经济和文化发展有什么作用，这是一个很大的课题，需要众多的有识之士共同探索和研究。这里仅仅就与历史有关，特别是和盐业有关的方面漫谈天津城市性格的一个方面，就是天津社会经济和文化的发展进程与中央政权的关系，从理论上说是中央与地方、国家与社会的关系。

天津早期的成长与金元以来定都北京有直接的关系，特别是明清两代无论军事城堡还是盐业生产、管理和转运中心以及漕粮的转运集散地，可以

---

① 魏明：《论北洋军阀官僚的私人资本主义经济活动》，《近代史研究》1985年第2期。

说都与近邻首都有关。从地缘政治学看,距政治中心越近,国家的控制力越强,管理成本越低,且越有成效;反过来说包括出现外来侵略等动乱事件的地方,离首都等政治中心越近,对中央政府等国家权力的威胁就越直接,因此就越多地得到国家权力的"眷顾"。天津地处天子脚下,保护京畿、拱卫神京是其职责,近代以后西方列强将天津视为清王朝的屏障,强迫天津开埠通商看重的是它在政治和军事上的作用,这与江南开埠有所不同。代表国家的中央政权采取各种方式加强对天津的控制和利用,天津的朝野也依赖中央政权的庇护,无论是推行新政、提倡实业,还是盐政改制、教育改革,多与中央政权的意向有关。天津与中央政权的关系,与上海等江南那些尾大不掉的城市有所不同,一直保持着更多、更为频繁和更直接的联系。因此,在天津历史中发生的外国势力的不断扩张、在民族主义推动下的民众爱国举动、军人集团的崛起等政治因素对经济发展、社会变革和文化演进的推进或制约作用更为明显和直接,这与南方有很大的不同。

而且,天津与首都的这种渊源是长期的,并不会因为天津发展为经济中心,经济实力超过北京而淡漠,也不会仅仅停留在军阀官僚、政客绅商的层面,而是渗透到各个阶层的言行和思维,形成了行为的一种定式。我们从上述长芦盐运使的升迁上可以看到端倪,还可以分析天津盐商与朝廷相互之间的利用关系。盐商是完全依靠国家的保护得以发展起来的,有的学者将明清时期的盐商列为官商。天津盐商为了减缓税款息银、盐引加价,以及提高社会地位,要时常通过报效和建造行宫、御舟、皇船坞和驳船等向朝廷献媚。据学者统计,长芦盐商仅乾隆朝就报效了 288 余万银两,嘉庆朝报效了 8 次,129 余万银两,两朝总额达 417 余万银两,道光年间又为军需和新卫河工需报效了 97.7 万银两①。朝廷为了政局稳定,朝廷内帑和中央财政的增加,也时常用各种方式拉拢盐商,如乾隆六下江南,有四次住在了盐商修建的水西庄,1748 年后乾隆曾经十次巡视天津,有九次恩恤天津的盐商,或者赐给皮毛绸缎和福字,或者缓征带征银两和积欠盐课。盐商与朝廷的这种相互利用和相互依赖的关系,从一个侧面体现了天津城市性格中来自代表国家的中央政权影响力;另外从天津曾经是对外交涉中心、反抗西方政治经

---

① 《清盐法志》卷三十三《长芦·杂记》、《清实录》、嘉庆《长芦盐法志》卷五;参见陈峰:《清代盐政与盐税》,中州古籍出版社 1988 年,第 218、220、228 页;张毅:《明清天津盐业研究(1368—1840)》,南开大学 2009 年博士论文,第 154 页。

济势力的前沿、北洋军人集团崛起和清末新政的示范等史实上,从天津近代工业的投资者多是军阀官僚而不是如上海那样多是买办和绅商上,也印证了这一点。也就是说,研究天津社会经济和文化等各领域的兴衰,不可忽视政治因素和国家的控制力。

(《盐业史研究》2012年第3期)

# 城市发展与文学关系概论
## ——古代天津与文学

孙爱霞

天津城始建于明永乐年间,但天津的历史却不肇端于明。天津的前身可追溯至上古时期,天津蓟县夏商时属无终子国,秦汉至隋唐先后属于无终县、渔阳郡。宋朝时,天津地区部分属于少数民族统治区域,经历了辽、金、元三个朝代。金代在天津设立直沽寨,元代直沽一带更成为漕粮转运和盐业生产的基地,称为"直沽口",后又设海津镇。明清以来,"天津"都是在直沽寨的基础上发展而来。这是古代天津的发展简史,而古代天津文学则是天津历史的另一种记录形式,它以文学作品为载体,形象生动地记录反映了天津的发展,昭示出天津的城市特点。

根据天津城市发展的历程,加之天津古代文学发展的特点,遂将城市与文学之间的对应关系作如下阐释:

## 一、天津前身与天津文学的发生、成形

金元之前,天津地舆沿革如下:"《禹贡》冀、兖二州之域,周为幽、兖二州地,春秋为燕地,秦为上谷郡境,前汉为幽州渔阳郡泉州县、渤海郡及郡之章武参户二县地,后汉为幽州渔阳郡泉州县、冀州渤海郡及郡之章武县地,晋为幽州燕国泉州县、冀州章武国章武县及渤海郡地,北魏为幽州渔阳郡之雍奴县,隋为冀州涿郡雍奴县、河间郡鲁城县、长芦县及兖州渤海郡地,唐为河北道幽州范阳郡武清县,宋为燕山路燕山府武清县、河北路沧州清池县及清州地。"①在这些朝代的更迭之中,天津一地均附属于某州郡,没有职官的记录,亦没有行使过独立的行政权,而这段历史时期内的文学恰是天津文学的

---

① 吴廷华、汪沆:《天津县志》卷三,《天津通志·旧志点校卷》(中),南开大学出版社1999年,第41页。

发生期。

与此地尚未形成独立的行政存在相对应,这时期的文学亦附属于当时整个的中国古代文学,亦没有形成自己的特点,具体表现为这段时期内的文学作品多为途经此地的文人创作。如汉魏之时,曹操曾途经天津,并遇到暴雨和洪涝的阻滞。据《三国志·武帝纪》记载,曹操于建安十二年(207)率兵北征乌桓:"夏五月,至无终。秋七月,大水,傍海道不通,田畴请为向导,公从之。引军出卢龙塞,塞外道绝不通,乃堑山埋谷五百余里,经白檀,历平冈,涉鲜卑庭,东指柳城。"白檀,属渔阳郡,因此,这段记载确定无误是描述曹操途经天津时的情形。而他的《步出夏门行》组诗就是作于此时,其《观沧海》中所述之"碣石""沧海"正是天津古地的风物:"东临碣石,以观沧海。水何澹澹,山岛竦峙。树木丛生,百草丰茂。秋风萧瑟,洪波涌起。日月之行,若出其中;星汉灿烂,若出其里。幸甚至哉,歌以咏志。"碣石,即碣石山,在今河北乐亭县,此山已沉陷海中。黄节在《魏武帝魏文帝诗注》中也确认此诗作于天津古地:"当是至无终、经白檀、历平刚、登白狼之时。"又如李唐时期,天津地区属于"河北道幽州范阳郡武清县",陈子昂、高适等人都曾途经此地,并写下诗歌。陈子昂的《蓟丘览古赠卢居士藏用》七首就是作于其从军幽蓟之时,抒发其抑郁不得志之苦闷。而随后的《登幽州台歌》更是将这种人生的苦闷发挥到极致,堪称千古绝唱"前不见古人,后不见来者,念天地之悠悠,独怆然而涕下。"高适一生有过三次出塞的经历,前两次均是赴幽、蓟边塞。他在《别冯判官》里高唱:"碣石辽西地,渔阳蓟北天。关山惟一道,雨雪尽三边。才子方为客,将军正渴贤。"借誉美冯判官表露自己入幕建功的意愿。他的《营州歌》记述了幽、蓟、平、营四州的风物,而《燕歌行》更是以极高的艺术水平、独特的边塞气象而于中国文学史占据一席之地。除陈子昂、高适外,杜甫、白居易、刘长卿、张籍、李颀等人也都有关于蓟渔的作品,这些人的作品构成了中国文学史上著名的边塞诗。由以上所举实例可证,金元之前的天津一带没有本土文人,其文学创作的主体是服务此地的从军型文人与途经此地的游览型文人,而且这些文人都是中国文学史上著名的诗人,其作品不被以创作地的标准归类,而是以其独特的艺术成就被置于整个中国文学史上,因此可以说,这时期内的天津文学依附于当时的整个中国文学。

自女真族建立金朝,并在天津设立直沽寨,天津一地才以独立的"行政单位"存在,并开始有了职官。据《天津县新志》记载:"金以完颜佐为都统,完颜咬住副之,戍直沽寨,是为天津职官见于史册之始"①。元延祐三年(1316),元朝统治者在此地设置海津镇,并命副都指挥使伯颜镇遏直沽,于是海津镇又被称为直沽。由于辽金北方政治中心的设立,特别是元朝统一后定都大都(北京),随着政治中心的北转,天津因毗邻首都而在经济上得到了发展,直沽一带成为漕粮转运和盐业生产的基地。

随着经济的繁荣,人口的聚集,以及少数民族政权在汉文化的巨大影响下逐步走向与之融合乃至被同化,这段历史时期内的天津文学处于形成期。处于形成期的天津文学与发生期的不同是,一些天津地区的士人开始有较多机会进入社会上层并从事文学创作,如张斛、左企弓、刘中、韩玉、鲜于枢等都是渔阳(今属蓟县)人,其中以鲜于枢成就较高。此时由于元曲(包括杂剧和散曲)的兴起,曲已取代诗词,成为主宰文坛的一代新文体。鲜于枢除精通诗文外,还兼擅散曲创作。其子鲜于必仁承父所长,不仅散曲小令为人所称道,且精通曲律,曾与著名曲家贯云石、杨梓共同切磋、创制、定型"海盐腔",后来成为明代戏曲四大声腔之一,是我国戏曲史上有贡献的人物。总的说来,金元时代的天津文学创作主体虽不是严格意义上的"直沽寨""海津镇"的文人,但终归是属于天津地区的一些文人开始逐渐登上文坛,并参与了主流文学的创作。

## 二、城市肇建与天津文学的发展——流寓文学

程敏政《天津重修涌泉寺旧记》有云:"我文庙入靖内难,自小直沽渡跸而南,名其地曰'天津';置三卫以守,则永乐甲申也。"②天津三卫指天津卫、天津左卫、天津右卫。设立之初,三卫互不统辖,隶属河间府。永乐四年(1406),明成祖下令筑城,此为实体天津城的出现。天津建城,意味着"天津"这一地名的确立,使这一地域的政治经济和文化有了一个确定的凝聚点。天津历史从此翻开了新的一页,天津文学的发展从此也有了一个新的起点。

天津初为军事卫所,驻防者皆戍卒,其地尚武无文,人口构成、文化素养

---

① 吴廷华、汪沆:《天津县新志》卷十七,《天津通志·旧志点校卷》(中),南开大学出版社1999年,第499页。

② 程敏政:《天津重修涌泉寺旧记》,《天津通志·旧志点校卷》(上),南开大学出版社1999年,第74页。

与江南一带相去甚远,这一点由《创建天津卫学明伦堂旧记》中可见端倪:"天津三卫者未有学,正统纪元,圣天子嗣位之初,以武臣子弟皆将继其祖父之职业以效用于时,不可不素养而预教之,乃命天下凡武卫悉建武学而立之师,选武官与军士子弟之俊秀者充弟子员,于是天津及左右卫始有学首掌学事,则师训曲阜李君赐也,于是诸生率初就学,倥蒙悍厉之气固自若也……"①由于人口构成、风俗的缘由,这段时期的文学呈现出两个非常明显的特点:

(一)创作主体是流寓文人。由于天津本土有尚武之风,因此其文化教育事业在城市肇建之初并不发达,这是这段历史时期内缺少本土文人的根本原因。另外,天津地居首都门户与水陆往来的要冲,往来人物中不乏能诗善文之士,这就形成了天津建城之初文坛上主要作家为流寓作家的情况。这段历史时期内,途经、流寓天津的文人有很多,其中茶陵诗派的领袖李东阳是流寓作家中最重要的人物。李东阳《怀麓堂集》中多篇有关天津的诗作,描绘了当时天津的自然风光、人文景观、社会状况和人民生活,也较为真实地揭示了民生的艰难,传达出作者的忧虑。他的散文《修造卫城旧记》简约而确要地叙述了"天津卫"的由来与天津卫城的修筑情形,阐释了对天津战略地位的理解及对修造该城的感慨,文中记载历来为各种史志所沿用,是后人研究天津历史的宝贵资料。余如明初的宋讷、陶安、张以宁,前七子中的李梦阳、何景明,以及瞿佑、曾棨、岑琬、倪敬、谢迁、陈循、程敏政等人,也有关于天津的诗文作品。特别是正德年间曾任天津户部分司的汪必东,在诗赋中较为详细地描写了天津的自然风光,表现了对天津的热爱之情,值得一提。

(二)文体以诗文为主。综观这段历史时期内的文学作品,其体裁不外乎诗文两种,间或有词出现,但未形成气候。就诗歌的发展而言,天津文学的成果在一定程度上折射出当时文学史发展的轨迹,茶陵诗派前后七子都曾在天津文坛留下痕迹。而就整个古代文学而言,这时期的天津文学却没有产生当时主流的文学体裁——小说。"一代有一代之文学",这时的古代文学已经历了"唐诗—宋词—元曲"的演化过程,并进入以小说为主流的时代。但由于天津城处于建城初期,尚未形成较为发达的市民社会,而小说的

---

① 吴廷华、汪沆:《天津府志》卷三十四,《天津通志·旧志点校卷》(上),南开大学出版社1999年,第493页。

繁荣恰是有赖于较为发达的市民社会作为读者市场,因此,这时期的天津文学创作不能出现小说这种文体,而仍以传统的诗文为主。

## 三、城市发展与天津文学的繁荣——本土文学

自明中叶至清代,除了明末李自成、张献忠起义和明清易代的战乱外,总的来说,社会比较安定,经济也有所恢复和发展。在天津,由于大运河全线畅通,漕粮运输进一步发展,带动了天津地区的盐业生产和农业垦殖,使天津的城市经济逐渐繁荣起来,城市功能也逐渐由军事卫城向商业港口城市转化。清雍正三年(1725)改天津卫为天津州,雍正九年(1731)又升为天津府,辖一州六县。天津城居人口的数量和素质都有所提高,城市文化也大有进步。

此际的中国总体上已进入封建社会后期,明清最高统治者为了巩固和保持皇权统治,极力强化中央集权的封建专制制度,在文化思想上实行严酷控制的政策,对知识分子采取一面高压一面笼络的手段。明代科举以八股文取士,只从四书五经命题,以朱熹注释为准,并对字数多少都做了严格规定,从而限制知识分子的思想。与此同时,明代大兴文字狱,以种种借口杀害稍有涉嫌的知识分子。清代文字狱规模更大更多:康熙时庄廷鑨因"私修明史",被族诛七十多人,株连近二百人;雍正时有吕留良、曾静之狱;乾隆时更是年年都有文字狱,天津的文学世家"水西庄"庄主查日乾、查为仁父子都曾长期被关押入狱。在这种严密的思想控制和文字狱的打压下,明清两代知识分子在心理上长时期处于拘谨、恐怖状态,思想逐渐萎缩。像李白那样豪情恣肆、不受拘检的诗人,像司马迁那样秉笔直书、臧否当朝的散文家,在这样的社会环境中是无法存在了。但在天津,由于变军事卫所为商港城市,城市经济的繁荣带动了文化的发展,本土作家开始成长起来,使天津文学有了较大发展,表现为以下两点:

(一)园林的兴盛开津门文人雅集之风。清初本土文人张霖建遂闲堂开津门雅集之风,聚集了一时名流,如姜宸英、梅文鼎、赵执信、吴雯、徐兰、方苞等人,他们都是流寓、客居津门的文人,多馆于遂闲堂,他们与张霖一起促进了清初天津文学的发展。张霖从弟张霔帆斋也是清初文人雅集之所,汇集了当时本土著名的文人,如龙震、黄谦、梁洪等人,他们的雅集唱和最具乡土特色。到了清朝中期,即雍正、乾隆年间,查日乾建的水西庄是天津历史

上最著名的园林,也是清中期闻名南北的园林。水西庄由查日乾始建,在其子查为仁手中得以发扬光大。查为仁热情好客,主水西庄时:"慕古人顾阿瑛、徐良夫之风,蓄积书籍,广开坛坫、名流宴咏,殆无虚日。许佩璜刺史赠之曰:'庇人孙北海,置驿郑南阳。'"①当时的水西庄囊括了雍乾年间著名的文人,如厉鹗、吴廷华、陈皋年、汪沆、杭世骏、万光泰、沈德潜等,也聚集了天津本地的诸多文人,如周焯、胡捷、胡睿烈、金至元等人。这些水西庄的文人与查氏族人以水西庄为依托,共同开创了天津古代文学的繁荣局面。水西庄之后,道光年间的梅成栋组织成立了梅花诗社,经常于水西庄遗址上觞咏唱和,延续着津门文人的雅集之风。

(二)本土作家大量出现,本土文学的创作、研究都得到了发展。明嘉靖以后,静海、沧州、盐山、庆云、青县、南皮等地出现了一些文人,如张愚、刘焘、徐升阶、陈耀、元墨、李腾鹏、刘子延、杨文卿、扬州鹤等。他们创作了大量的文学作品,如张愚《蕴太书屋诗文》、刘焘《淮川文集》、李腾鹏《墨名集》、李乾淑《白华诗稿》、杨文卿《瓯海诗集》、刘焘《晴川馀稿》、徐升阶《丽台诗集》等。到了清朝以后,天津本土文学更是得到长足的发展,如张霪与帆斋文人都是土生土长的天津人,他们创作了数量众多的诗文作品,并都有诗集流传,如张霪的《欸乃书屋诗集》与《绿艳亭诗稿》、龙震的《玉红草堂诗集》、黄谦的《历下吟》与《太行行草》等等。康熙乾隆年间,天津本土文人的创作达至鼎盛,如方苞嫡传弟子、桐城派散文名家王又朴有《诗礼堂全集》传世,于豹文有《南岗诗抄》流传,金玉冈则有《黄竹山房诗钞》传世。水西庄主人查为仁及宾客也都有诗词集流传,如查为仁的《蔗塘未定稿》、查礼的《铜鼓书堂遗稿》、金至元的《芸书阁剩稿》等是水西主人的代表诗集,是研究水西庄的重要文学资料,其中《蔗塘未定稿》中的《莲坡诗话》和《铜鼓书堂遗稿》中的《铜鼓书堂词话》是水西主人在天津诗词理论研究方面的贡献。水西宾客汪沆的《津门纪事诗》描述了天津的史地掌故、风物人情,为后世史家所重,而厉鹗与查为仁合著的《绝妙好词笺》开天津词学研究的先河,也成为后世词学研究的必读之作。嘉道年间,天津出现了优秀的诗人梅成栋,他的《欲起竹间楼存稿》将目光投注在津门百姓的身上,关注着他们的命运。他的《津门诗钞》收录了自元代至清道光年间天津诗人的几乎全部诗作,是天津第一部诗歌总集,另外,梅成栋还组织了梅花诗社,延续着天津本土文学

---

① 来新夏:《天津通志·旧志点校卷》(上),南开大学出版社1999年,第1330页。

的创作,有《沽上梅花诗社存稿》传世。

由这段历史时期的城市发展与文学来看,明中叶至清中期,天津城市逐渐兴盛,伴随着城市经济、文化的发展,古典文学也达至其发展的顶峰。

## 结　语

综上所述,金元之前,天津文学处于发生期,这时期的天津文学依附于整个中国文学而存在;金元时期,天津文学处于形成期,这时期天津地区的文学创作主体开始登上中国文坛;"天津城"出现之后,真正意义上的天津文学开始出现,并以流寓文学为特色;明中叶至清,随着天津城市的经济发展,文化也得到了长足的发展,尤其是本土文学的发展繁荣,是这段历史时期最重要的特点。由于本土文学的繁荣,天津古典文学达到了发展的顶峰。由天津城市发展的历程与古典文学发展史来看,城市的发展促进了文化的发展,也推动了文学的进步与繁荣,二者发展的步调基本上保持一致。

(《沈阳师范大学学报》社会科学版2012年第2期)

# 非政府组织与近代中国职业教育研究
## ——以天津青年会为个案的考察

张 博

近代中国,除政府组织实施的各种教育活动外,一些非政府组织也在各自的领域进行职业教育和平民教育等活动。在后者中,基督教青年会所进行的职业教育活动尤其引人注目,并取得了较好的效果,文章拟以天津青年会为个案,对近代中国非政府组织的职业教育活动进行简要分析。

1895年,基督教青年会北美基督教青年会来会理(D. W. Lyon)来到中国,他考察了沿海几个城市后,认为天津有"大学林立""当地各校已有若干基督徒""设有青年勉励会"三大优势,于是,决定首先在天津建立基督教青年会,天津成为第一个设立基督教青年会的城市①。由此,掀起了近代文明在天津传播的新历程。在基督教青年会面向社会举行的各种活动中,其所创办的职业教育学校,对近代职业教育在天津的普及起到了一定的积极作用。

关于基督教青年会与近代天津职业教育这一课题,曾经引起了学术界的关注,学者们对于基督教青年会在近代职业教育的开展和推广等方面所起的作用、意义讨论颇多,并在相关的成果中略有介绍。笔者也认为,仅就近代文明传播的角度来说,天津青年会创办的职业教育学校,推动了近代文明在天津传播的广度和深度,突出地表现在各种外文补习学校的开办,不仅让这些民众接受了实用技能的培训,也让近代文明渗透到社会的底层。同时,这一教育活动的开展,为当时天津的经济发展提供了一定的人力资源的保证。但具体到青年会开办的职业教育的形式内容以及其他一些具体细节问题,尚有深入探讨的必要。笔者在天津基督教青年会出版的《天津青年》《天津青年报》《天津基督教青年会报》《星期报》等刊物中,钩稽出大量相关

---

① 天津基督教青年会编:《天津基督教青年会三十五周年纪念》,天津基督教青年会1936年。

史料,在充分吸纳前人研究成果的基础上,拟从天津青年会开办职业教育的历史背景、办学的形式和内容以及办学特点三个方面入手,对天津青年会与近代天津职业教育这一课题作一些初步的探讨,不妥之处,敬请方家指教。

## 一、天津青年会开办职业教育的历史背景

探究天津青年会开办职业教育的历史演变,首先要从当时天津城市变迁的历史背景入手。在1895年天津青年会成立之前,天津城市的功能已经开始逐步地调节和转化,从"一个以传统的国内贸易为主的城市,逐渐发展成一个以进出口贸易为主要经济支柱的城市"①。在这一转型的过程中,洋行、洋商和买办等新兴的社会阶层和经济元素不断涌现,为青年人的职业选择提供了样板。同时,西方科技引入商业领域和外侨人员数量的增加,客观上需要大量掌握西方语言和懂得使用近代科技的人员,这为基督教开办职业教育提供了可能。而通过青年会夜校晚校培养出来的人才,则适应了这种城市功能变化,并为青年提供了就业的渠道,从而得到了社会的认可。下面仅从洋行的出现和买办的产生及其影响力、外侨人员数量的增加及其对服务人员的需求、西方近代科技引入商业领域和新式教育的相对滞后四个方面,对基督教青年会创办职业教育的历史背景进行简要的剖析。

1.洋行的势力渗透和天津买办阶层的产生,为青年人从事职业提供了"样板"。随着天津的通商开埠,天津的对外贸易数量激增,天津也开始出现洋行等正式的商业机构,用以进行土洋货物贸易。在天津开埠之初,天津共有15家洋行,其中英国9家、俄国4家、美国和德国各一家②。及至19世纪八九十年代,天津洋行的规模和数量进一步发展,英国、俄国、美国、法国和德国的洋行纷纷设立,1884年时,已经达到33家,其中英国洋行和德国洋行的数量居多③。洋行从事的商贸领域非常宽泛,其交易地点除了天津外,还需深入到天津的广阔腹地进行。天津开埠后,由于中外商情的不同,以及语言方面的障碍,洋商们不得不依赖中国商人年会的发展。为此,也产生了一个新兴的社会阶层——买办。作为一个新兴的社会阶层,买办很快就受到

---

① 罗澍伟:《近代天津城市史》,中国社会科学出版社1993年。
② 张利民:《解析天津600年》,天津社会科学院出版社2003年。
③ 张焘:《津门杂记》,天津古籍出版社1986年。

了社会的重视,究其原因,"主要在于他们能够通过这种商务代理人的作用,迅速积累起大量的财富"①。买办的财富甚至可以达到数百万之多,因此,他们也成为社会上从业人员追求的目标和职业选择的"样板"。这也为青年人参加各种正式的学校教育和业余语言班等职业教育提供了原动力。

2. 外侨人口数量的逐渐增多,为外侨服务的中国人需要外语作为从业的基础。近代天津,共有九国租界。随着天津对外贸易的扩大和租界的逐步设立,外侨人口在天津逐渐增多。外侨人口从开埠初期的122人,发展到1900年的2200人②。虽然这一时期外侨人口增长数量和幅度不算高,但由于这些外侨主要为商人、工程师、资本家和传教士等,与其生活密切相关的如管家、仆人、厨师等服务行业的需求人数剧增,而这些职业很难找到外侨所在国的职业人员,于是大批中国人成为为外侨服务的人员。为了能够进行日常的沟通,这些人员掌握外语成为一种需求,而这些人员的时间和从业经历又不允许他们参加正式的办学机构进行学习,这为青年会灵活开展职业教育提供了另外一种可能。

3. 西方近代科技引入外贸行业,客观上需要从业者了解并掌握相关的技能。近代以降,以西方资本主义工业文明、科技文化和生活方式为核心的近代文明源源不断地移植到天津等一批通商口岸,"遂使这里既成为半殖民地化的典型地区,又成为传播西方近代文明的基地和橱窗"③。其中,以打字机为代表的近代科技文化迅速介入商业领域,而当时中国了解和掌握这种专业技术的人才不多,一些新式学堂里虽然开设这些课程,但从年龄结构上说,这些新式学堂的学生大多不到从业的年龄,因此,如何让适龄的青年掌握这些技术,为日后从事相关的职业提供必要技能优势的任务,责无旁贷地落在了业余职业学校的身上。

4. 新式教育的欠发达,为业余职业教育提供了发展的空间。纵观近代中国教育史,近代学制的出现,从20世纪初期才刚刚起步。虽然天津自开埠后,有一些近代新式教育出现(多为教会创办的教会学校),其中的课程设置也有外语等内容,但并非专业的职业教育学校。而中国人创办的正式职业学堂多为军事学堂,如电器和水雷学堂、北洋水师学堂、北洋电报学堂、北洋

---

① 罗澍伟:《近代天津城市史》,中国社会科学出版社1993年。
② 尚克强、刘海岩:《天津租界研究》,天津人民出版社1996年。
③ 陈振江:《新编中国通史》第三册,福建人民出版社2001年。

武备学堂和北洋医学堂等,不可否认,这些学堂为中国近代军事人才的培养贡献不小,但专门为商业培养人才的学校匮乏,这为夜校晚校等业余职业教育学校的出现提供了发展的空间。

## 二、天津青年会开办职业教育的形式和内容

在天津青年会的各种活动中,面向社会开办各种文化教育学校,对于教育的普及和天津市民素质的提升,起到了一定的积极作用。基督教青年会传入天津不久,就创办了一所普通中学,专门接受本地士绅文人的子弟入学①,到了20世纪初期,这所学校的"就学者甚众"②,收到良好的社会效果。而这仅仅是青年会介入教育领域的开始,很快地,天津青年会就把目光伸向职业教育领域,并从最初仅开办单一的英文夜校,后来增加日文、德文等多个语种的外文夜校,渐次将办学领域扩张到打字班、无线电班等方面,并在20世纪30年代创办了商业职业学校。考察天津青年会的职业教育历程,我们不难看出,无论其办学的内容还是形式,都符合了当时天津经济社会发展的需要,并在一定程度上弥补了新式教育的空白点。

1. 青年会开办职业教育的形式。天津青年会开办职业教育的形式,经历了从单一的夜校,到日校夜校并举;从单一的语言培训到面向整个商业界的专门职业学校的过程。而这一变化并非一蹴而就的,有较为明显的时间脉络。

目前笔者所见关于青年会职业教育较早的一条记载是这样的:"所定于正月十五日晚七点钟复开,延请上海圣约翰书院毕业生曹君充当教习,先已课徒有年,于英文颇见精炼,有愿来学者由西历二月九号以后至本会面见总董一叙可也。"③这段文字透露出下面的信息:首先,青年会最初开办的职业教育学校名称为"青年会英文夜馆";其次,教授英文的老师毕业于当时中国著名的教会大学上海圣约翰大学,并有数年的教学经历;第三,上课的时间为每天晚上7点钟以后;第四,英文夜馆已经开办了一段时间。虽然目前尚未发现英文夜馆最早的开办时间,但据上述文字记载,可以断定至少不晚于

---

① 罗澍伟:《近代天津城市史》,中国社会科学出版社1993年。
② 宋蕴璞:《天津志略》卷十一,北京蕴兴商行1931年。
③ 《青年会英文夜馆》,《天津青年会报》1903年2月7日。

1902年年末,青年会已经开办了以教授英文为教学内容的夜校。此后,最迟于1911年,青年会就已经开始举办日校(即白天办学)。在天津青年会1911年的报告中,有如下记载:"日课,打字班共学生十一名;夜课,英文春季五班,共学生一百零八名;英文秋季五班,共学生七十名;德文春季一班,共学生十四名。"①这是青年会专门负责社会教育的部门智育部的报告,在这条报告中,我们可以看到,除了正常的外文夜校外,为培养英文打字人才,青年会特别举办了打字班,并且为"日课",即白天授课的班次。在20世纪二三十年代,天津基督教青年会开办了英文夜校和英文晚校等专门补习英语的学校,晚校专门为青少年服务,夜校则针对成年人。20世纪30年代,青年会又创办了一所正规的商业职业教育学校,这所职业学校也由青年会的智育部主办,其性质为高级商科职业学校,在授课方面则是"国文与英文并重,使学生毕业后具有谋生之知识与技能,无论在中国商店或外国洋行,皆能胜任",当时只要具有"高级小学毕业生或有同等学力者"②都可以报考该校。

2. 青年会开办职业教育的内容。从20世纪最初的几年到20世纪30年代中后期,在三十余年的创办职业教育的历程中,天津青年会职业教育的内容也发生了较大的变化,最初仅仅为教授英文,到后来逐渐发展到教授日语、德语、法语等多门外语;从最初的单一的语言类夜校,逐渐发展到覆盖英文打字、中文打字、商业会计、中文银行会计等诸多领域。

如前文所述,青年会开办的第一个夜校就是英文夜馆,开办时间不晚于1902年。到了1907年,仅仅过了五年的时间,青年会(法租界)夜校开办的课程就包括了英文、法文、日文、打字、数学以及其他课程③。1908年,由天津青年会城里分部的志学会社夜馆,"向来只授英文,近日新添德文班,每星期一、三晚刻开课,来学者已有十三人云"。这是该会增加德文夜校的记载④。1909年,城里分部也添设了日文夜校,并发布广告,"拟于经司胡同青年会所内添设日文一班,凡愿学者速来报名,以便定期开办授课"⑤。对于夜校增设新语种培训班的目的,青年会给出了明确的答案,如在添设德文班时,青年会指出"迩来通商日广,方言因之扩充,愿学德文者逐渐增多,本会

---

① 《智育部》,《天津基督教青年会辛亥年报告》,1912年4月13日。
② 《智育部消息》,《天津青年》1935年3月15日。
③ 《智育部》,《星期报》1907年2月3日。
④ 《智育部》,《星期报》1908年4月25日。
⑤ 《愿学日文者注意》,《星期报》1909年10月9日。

有见于此,特筹一最当之时间施教授之要术,俾学者偿其素志达其目的焉"。对于这个新开的语种,针对学生德语程度参差不齐的状况,为避免教授不便,改变了所有学生同归一班的局面,"特分两班教授,非但初学者可循序渐进,即稍有基础者亦可大获裨益",在课程设置上,对初级和高级学员区别对待,"初级课程不外学习拼音、配字各法,以德文进阶为善本,高级课程为德文读本、文法、习字、作论及谈话"①。虽然德文夜校开设时间不长,但由于其师资力量雄厚,班次设置科学,教授内容实用性强,因此,该班开设不到一个月,就有数十人报名学习,而且还有更多的人报名,本着对学员负责的精神,青年会夜校仅要求具有高级德文基础的人"尚可插班"②。

到了20世纪二三十年代,青年会夜校逐渐开办了单独学习外文的班次和英文商科、英文打字和无线电等科目③。天津当时已经是北方重要的对外开放口岸,在与外国企业打交道的过程中,青年会开办的这种实用性非常强的科目,对于那些需要谋求工作的人来说,帮助很大,因此,"就学者日众,学科亦繁"④。尤其是无线电等科目的培训班的开办,将西方的近代科技文化知识传播给学员,让更多的天津人接受了近代文明的洗礼。

## 三、天津青年会开办职业教育的特点

通过对青年会开办职业教育的内容和形式的分析,我们可以看出,在三十多年的办学历程中,青年会开办职业教育突出地体现出规范性、针对性强等特点,成为其能够在社会教育中占有一席之地的重要因素,并为其长期开设夜校等职业教育奠定了坚实的基础。下面就上述两个问题分别进行论述。

1. 师资力量雄厚,办学规范性强。从前面的论述中可以发现,青年会的夜校"董理人于方言夜馆业有数年之阅历,略知学者之急需,故能于课程规则各事逐渐改良"⑤,教师来源主要为大学的毕业生、留学生以及驻华领事馆的有关人员,师资力量较为雄厚。如城内志学会社附设的英文夜馆照例开

---

① 《德文夜馆新章》,《星期报》1910年3月5日。
② 《青年会夜馆连志》,《星期报》1910年3月9日。
③ 《本会夜校续招插班生》,《天津青年》1933年1月15日。
④ 《本会夜校招生》,《天津青年》1932年12月15日。
⑤ 《德文夜馆新章》,《星期报》1910年3月5日。

课后,还特请"高等工业学堂毕业之杨光弼先生教授,并有海郝二君助教"①,为学习英文者提供了良好的教学环境。在增设德文班的时候,"教授者系德国领事署书记员毕密先生",后来开办的德文学校的师资来源十分可靠,"总教员格来君系德国大学堂毕业者,长于教授,煞费心力,以期德文发达,兼请德华中学堂教员尔君系德国北方著名之士,每礼拜助授两次,又特请德领事署翻译员杜方洲君乘机教授"②。随着办学规模的扩大,师资人数从最初的一两位到十数人,但对教师的要求依然十分严格,如教员会议,每半个月集会一次,一个学年大约举行20次左右,"关于校务之应与应革,课程之进行情况,互相研讨,藉资改善"③。

虽然青年会开办的是夜校,但却非常尊重学员的意见,并组建了班长会议等相关机构,定期开会,方便学校及时了解学员的意见,并针对意见,适时调整课程等。班长会议为半个月一次,"各班长除报告各该班课程上及秩序上情形外,如有意见并可建议,以便采择施行"④。

此外,青年会的夜校毕业原则为"宽进严出"。虽然很多青年人都可以报名参加夜校学习,但学习后,能够取得毕业文凭的人却不多,这是因为青年会夜校对于领取毕业文凭的要求非常严格,其夜校规定,"每学期考试一次,及格学生以修业凭单,满四学期考试合格,予以毕业凭单"⑤。如1933年,夜校在春秋两季共招生822人,但毕业者仅32人⑥,能够领取毕业文凭的还不足4%,由此可见,青年会举办夜校能够为青年的职业素养提升创造条件,但对学员们来说,取得一张业余学校的文凭却非常困难。

2. 适应社会发展,办学针对性强。可以说,青年会职业学校办学领域扩张的过程,也正是其适应天津经济社会发展的过程,并在一定程度上反映了当时天津商业经济发展的脉络。如最初只开设英文班,后来,根据需求调整课程设置,增设科目。在其智育部报告中,我们可以看到当年夜校"所订课程美善精详,于青年人良有裨益,查立青年会以来,于今凡在商行公司等处

---

① 《夜馆开课》,《星期报》1908年8月29日。
② 《德文夜馆新章》,《星期报》1910年3月5日。
③ 天津青年会:《天津基督教青年会1933年事工报告》,《天津青年会》,1934年。
④ 天津青年会:《天津基督教青年会1933年事工报告》,《天津青年会》,1934年。
⑤ 《德文夜馆新章》,《星期报》1910年3月5日。
⑥ 天津青年会:《天津基督教青年会1933年事工报告》,《天津青年会》,1934年。

作事者,半多在本馆肄习洋文,实为青年人受益之最好机会"①。这段文字非常清晰地告诉我们,在青年会的夜校修习外语后,能够在洋行公司谋得工作机会,而且当时天津商业企业半数以上的职员,都曾经在青年会的夜校中学习。随着时代的发展,青年会的夜校先后开设了"英、德、法、日文,会计、音乐、机器打字、工程、绘图等课程"②,而英国、美国、德国、法国和日本正是当时在天津开设洋行较多的国家,这些外文科目的设置,无疑能够让更多的青年人有机会到洋行工作。此外,打字科目的设置变化,也能够体现出青年会职业教育办学针对性强的特点。最初青年会开设打字的科目是英文打字,后来开始出现中文打字科目的设置,主要是因为当时的中国政府机关和公司的"公文函件以及表册等,率多以打字机打写,应用甚广"③,为此,青年会智育部在每天下午3点至4点,开办中文打字班。该班一经设立,来此学习的学员日渐增多,"足见社会上之需要此项技术也"④。

  天津青年会开办的职业教育学校,以长期开办的夜校为主,但也经常针对特定的人群和特定的技能进行短期的培训,突出地体现出针对性强的特点。如在1903年前,青年会尚未开办英文打字班,但为让这种打字技术吸引更多青年的注意,特意邀请美国人到青年会讲授英文打字机的实用办法,并声明:"打字之机器,有俭笔省工之妙法,有着手速快之妙法,有愿得此妙法者,请即届期惠临可也。"⑤如前文所述,当时天津外国侨民的人数剧增,为此,青年会在1903年曾经特别开设一个学馆,专门教授英文,并十分明确地指出,这个英文学馆"系为各洋行及各西人处司厨管事者所设,拟定每日由两点半至四点半钟授读,礼拜六礼拜日停课,月收修金三元,入馆先付,愿学者请到法租界青年会面议可也"⑥。此外,由于天津近代金融业和商业的发展,对于会计人才需求量大,为此,在青年会举办的夜校中,对英文商科和中英文会计等科目也有涉及,内容"计分高等英文科、普通英文科、打字班、华文打字班、商业簿记班、汉文银行簿记等",而从夜晚校毕业学习过的人员,因为其所修"课程亦视社会之需要而转移,卒业学员,现均获得相当职业"。

---

  ① 《德文夜馆新章》,《星期报》1910年3月5日。
  ② 《青年会夜馆连志》,《星期报》1910年3月9日。
  ③ 《智育部消息》,《天津青年》1935年3月15日。
  ④ 《智育部消息》,《天津青年》1936年3月15日。
  ⑤ 《青年会英文夜馆》,《天津青年会报》1903年9月5日。
  ⑥ 《青年会英文夜馆》,《天津青年会报》1903年2月28日。

综上所述,作为一个非政府组织,天津青年会以其数十年的不懈努力,通过开办以夜校为主的职业教育,为当时的天津商业等领域提供了职业人才。同时,其师资力量雄厚,毕业要求严格,并且能够捕捉社会上的热点问题,针对社会经济需求适时调整课程设置,使得从该校毕业的学生能够通过一定程度的培训,从而在社会上立足,谋得一席之地,为近代天津职业教育发展提供了值得借鉴的模式和经验,对今天的教育理念也不无参考价值。

(《兰州学刊》2012年第1期)

# 艰难的转变:近代天津民间
# 合伙债务问题初探

冯 剑

在中国民间商业中,合伙经营是最为常见的经营形式之一。合伙制度至少在春秋战国时期就存在了,其类型可分为两类,即:资本与资本、资本与劳动①,后来还发展出介于二者之间的一些类型。此外,还有合伙与隐名合伙的区分。中国古代合伙制度大约在宋代就已经形成了比较成熟的制度。所有与经营开始分离,并且产生了某种有限责任的萌芽,具有一定的团体性。但是股份化的趋势不明显,而且没有政策与法律上的保障②。

在近代中国,随着商品经济的发展以及西风东渐,合伙制度有了进一步的发展,在社会经济生活中依然具有重要的影响。但是,学术界对近代合伙制的研究还不多见。近代天津的社会经济有了飞跃发展,经济活动所需要的投资和风险往往也非个人独资力所能及,因此合伙制度广泛存在于近代天津各种经济活动之中。随着经济尤其是对外贸易的快速发展,需要投资量日渐增大,合伙制度也日趋发展,不仅本埠商人之间合伙,而且与外部商人之间合伙的情况日益增多,出现了"外股"这个名词③。以天津的典当业为例,早期的典当业资本合伙不是很多,但是在民国后有增加的趋势,同时合股的有限股份也出现了。资本与人力合伙也是绝大多数当铺的资本组织形态。其他如银号、货栈等重要的商业行业的合伙情况也都普遍发展。但是,合伙制度发展的同时,合伙制中的问题也日渐突出。如合伙中的利益分配、

---

① 刘秋根、黄登峰:《中国古代合伙制的起源和初步发展——由战国到隋唐五代》,《河北大学学报》(哲学社会科学版)2007年第3期。
② 刘秋根:《十至十四世纪的中国合伙制》,《历史研究》2002年第6期。
③ 德盛号与王九如等合伙作牛羊生意纠葛,天津总商会,1920年,天津市档案馆:J0128-3-00510。

权力分配、欺诈等矛盾和纠纷层出不穷①。在这些矛盾和纠纷中,尤其以债务问题较为引人注目,对合伙制度的发展影响甚大,且引发了国家和社会各方的博弈。本文即以天津近代档案、报刊等资料为基础,对近代天津合伙债务问题做一初步的探讨。

## 一、民间合伙债务的清理

合伙制的债务问题主要有对外债务和合伙人内部的债务问题。对于合伙的债务问题民国时期的法律有所规定②。从这些法律的规定中可见,近代的合伙债务责任是无限的连带的,这与民间的习俗基本是合拍的。民国时期的法院在对合伙债务问题进行审判的时候也非常注重对民间习俗的尊重。如在1929年河北高等法院就合伙人商号的存款和债务问题向天津商会发函咨询:"查银钱业及典当业各商,依其营业之性质,固可吸收存款,以利周转,至其他各商号亦可随便收入存款,或借外债而又合伙营业之商号,其经理人未得合伙员之同意,擅自收入存款或借债者,究应合伙员负责偿还,抑应由经理人自行负责?"③从这个询问看,当时的合伙制度依然在习惯法上行事,法院审判的时候需要考虑到习俗问题。

债务问题在合伙营业出现问题的时候需要着重处理。合伙人如果退出,需要首先清算债务。例如"鄙人于民国四年曾与友恭堂李合资创设文成合皮件厂,现因鄙人另有他就,自行退股,业经清算完结。从此鄙人与该号断绝关系,所有号中欠内欠外均归友恭堂李一家担负。鄙人概不负责"④。合伙的商号散伙的时候,也需要清理债务,避免今后的麻烦。如"鄙人与赵

---

① 王福田等八人与闫俊有解除合伙关系,天津地方法院及检察处,1943年,天津市档案馆:J0044-2-066585。郭淑恒王景若等三人确认合伙关系存在,河北省高等法院天津分院及检察处,1942年,天津市档案馆:J0043-2-023251。孟文波刘静波清算及分析合伙财产,天津地方法院及检察处,1943年,天津市档案馆:J0044-2-066838。

② 杨立新点校:《大清民律草案民国民律草案》,吉林人民出版社2002年5月,第104—107页。另见陶百川编:《最新六法全书》,台北三民书局股份有限公司1981年9月,第123—125页。

③ 《一般商号存款借债责任问题》,天津《大公报》1929年6月1日,第3张第11版。

④ 《冯鹤亭启事》,天津《益世报》1920年6月8日,第1张第2版。

小亭合伙作桐聚兴药行,不意因亏累于5月初间当面议定歇业。所有将家具等项作抵,均经核对清楚。嗣后如有意外事项发生即个人名义在外赊借等情事鄙人概不负责"①。民间合伙债务的处理,一般本着传统人际关系的精神,按照自己的习惯处理。如1922年夏,由积庆堂出资48000元、松荫堂出资8000元、德本堂出资4000元(并历年公积存款44000元)合伙开设聚丰永银号,以宁彩轩为监理,崔兰亭、王仲贤为经理。1936年1月21日聚丰永因为维持不下去了,宣布清理。在中友人钱广斋、李云坡、于稚武、王向宸等在场的情况之下,立了散伙的契约——分白。分白中最为重要的内容就是债务问题的处理。这个银号的债务欠款,主要有金城银行、号内外的抵,以及店铺中同人的长支,共达30多万元。对于这些欠款,除对外的欠金城银行的用日租界永庆里、汉益里房地备抵外,其余的都由崔王二人完全负责清理。对于经理和店员的长支(就是内部人员向自己银号的借贷)和常年不易收回的呆账,宁彩轩当场表示对于经存款以及原如资本并历年公积存款完全舍弃(各户存款后附清单),以便清付外欠各款而早结束。对于其余各欠款又多呆账,或系未易全数收进之款,宁彩轩鉴于崔兰亭、王仲贤颇著勤劳,对各该欠款将来能收进若干,概归崔兰亭、王仲贤共同承受,宁彩轩即丝毫不再过问。将来欠款收进,如松荫堂崔、德本堂王发生分配不均致起争执,应由崔王二君各自负责清理,与积庆堂或宁彩轩无涉。如因此侵害积庆堂或宁彩轩本人后子侄辈权利利益时,应由崔王二人分别担负全部赔偿责任②。这个清理是一个典型的合伙债务和平清理的事例,完全是按照传统的习俗进行的。在中友人的证明下,他们本着人情关系,对内部债务进行让免。对外部债务进行了分割,同时考虑到了各个家族的利益。可以设想如果没有良好的关系和传统商业道德,这个合伙债务问题将是一场难以清理的债务官司。

合伙人按照习惯和法律一般是共同分担债务。如1897年,宋杜氏的丈夫宋秉周与田小山合伙在鼓楼南大街开设涌庆号土庄。1908年秋间宋杜氏丈夫病故,商铺也在这年年终歇业。歇业后,铺掌宋云卿交红单,共赔银16071.34两。在1910年被人告到了高等审判厅,被判令按合同两姓分担。

---

① 《李桐五启事》,天津《益世报》1919年6月23日,第3张第11版。
② 关于聚丰永银号股东积庆堂宁移轩等解散合伙事项,聚丰永银号,1936年,天津市档案馆:J0129-3-005591。

在清算完账目之后，宋杜氏与田小山分担偿还。清偿债务后，宋杜氏表示嗣后与涌庆号再有何顷纠葛与她无关，由"宋云卿担负完全责任，业已两姓合同作废"①。

合伙的形式在中国民间社会中是多种多样的。除了共同投资或入股外，铺东与铺长也是一种常见的合伙形式，即资本与劳动的结合。资本一般称为钱股，劳动一般称为人力股。这种合伙也往往出现债务问题，如"贵发德升记麻袋铺在茶店口多年，鄙人因与铺掌李贵发意见不合即行歇业。所有欠外并无分文，欠内约有500余元，又前后长支立有借字者总共约2000余元。鄙人均送与铺掌受享，日后铺中倘有异说，不与鄙人相干，有铺掌担任完全责任。此系立存分拨各执一纸为证及在商会注册外"②。这个散伙的声明中，合伙没有外债，只有内债，最后双方以和平了事，铺东退出。

在近代天津合伙制的债务案例中，铺长即人力股也负有债务的责任。如1916年，商号敦庆隆等将河东兴隆街兴达号洋货铺告到了天津商会要求评议。因为这个商铺在1912年拖欠敦庆隆等共银3479.56两，当时因为街市闭塞，生意萧条，兴达号请在街市上较有声望的跑街老人孟云卿、李坤元、赵少田等代为调停，要求允许他分年偿还。经过多次磋商，最后议定以7年分还，"并由该号长当众宣言，而期分虽长，然届偿限决不能稍有异议"。还规定如果"该号营业所获之利不盈，所需设有中止，须归该联号兴泰洋货铺继续如期承还，并立有存据"。而且据他们调查，这个商号的东家林姓"有金钱广有田产，且林君为人干练精于营谋。该号自将商等款项分年后，恒财广布，独出资本开设兴泰成板厂，复分设兴泰号东记洋货，生理开张以来，生意畅茂，获利咸恒，而林君之家产为之益雄"。于是这些债权人以为这个商号的欠款必能归还。但是5年过去了，"其第三年应偿之款至刻尚未清还，屡经催讨，伊必饷以伎俩手段一味拖延，是此蹂躏债权"。债权人向商会请求追偿。商会调查时发现这个商号是一个合伙的商铺，但是原来的铺长宋云舫已经在1912年离开了店铺，有分簿为证。商会认为"东家林姓以为营业习惯而论断无铺掌替东家还账之理"。但是，商会的评议员以为，"虽此事是东家负责，宋云舫既系铺掌，立过期条则不能脱离关系"。最后，商会对此事判决如下：查本案宋云舫虽已经离开，然当日交易皆系其一人经理，分期字

---

① 《宋杜氏启事》，天津《益世报》1919年7月1日，第3张第11版。
② 《声明广告》，天津《益世报》1919年2月12日，第2张第7版。

据系宋云舫所立,当东家无力偿还之际,宋云舫不能脱离关系应继续偿还①。可见,当时的商会处理债务问题依照民间的一般习惯,需要铺长与铺东共同负担责任。

## 二、民间合伙债务处理中的纠纷

近代天津合伙制度不仅有合资、合股以及资本和人力合股等形式,在合伙资金的来源上,也日益多元化,不仅有来自外地的"外股",还有外国资金的注入。随着近代天津社会的转型,社会信任面临危机,债务纠纷常见于日常经济生活之中,合伙债务问题也日渐突出。

在传统的合伙制度中,因为受到传统的人际关系的影响,导致合伙制度在现实的合作中时常产生许多问题,以致有时合伙人的认定都难以判断。天津市真容照相馆的屠庆章,先后欠孙子文300元及750元,前因索要300元不还,被上告到法院。结果照相馆被查封,屠氏偿还300元后竟反讼孙某,说孙是股东,不但不肯偿还750元,尚需出若干赔款。地方审判厅判认孙某为股东,孙不服,随即上诉高等庭,高等庭判决孙非股东,屠某应偿还750元,后孙某未得到还款向省署控告②。

合伙人内部也常常因为偿还债务问题而发生纠纷。如天津特别一区姚某,曾与王彩章等在营口合伙经营宏盛粮行,因生意亏折太大而停业。按照一般惯例,各股均摊应赔之款。但是姚某依仗势力,不认赔偿。王与之理论,姚某厉言威吓,致使二人扭归警厅成案。"不知何故,警厅反将王某管押,据闻王某家属,将刷印伸冤状,以明是非。"③

合伙制中欺诈的现象也是常见的。1920年6月,赵俊川登报声明,说自己经人介绍,与全聚德少掌柜于子扬合伙开设金谷春饭庄。开设不到一个月,少掌柜就长支了500余元,又欠外调货钱约计1800余元,赵俊川令其将赔累情由逐一清算,还没有交代清楚,少掌柜竟私自迁出,留下一堆混账。经赵俊川反复清算,实赔2900元。赵俊川本打算到法庭起诉,后来经过中人再四开导,既认伤财,请各债户1920年6月20日前持折到庄偿债。于是赵

---

① 福生厚诉兴达号铺长宋云舫债务纠葛,天津商务总会,1916年,天津市档案馆:J0128-3-004330。
② 《债务涉讼》,天津《益世报》1925年2月21日,第3张第11版。
③ 《股伙纠纷》,天津《益世报》1925年2月15日,第3张第11版。

俊川在报上声明"于子扬以前以后所有烂事以及藉金谷春名义在外借贷,以及自私担保招摇等情,概与本庄东家无涉"①。这个案例反映了当时合伙营业中存在欺诈的情况,足见传统合伙制度债务问题上负无限责任的一些弊端。

　　近代天津的合伙商铺大量存在多人合伙的情况,还有外来资金的注入。这表明近代合伙制度的资金来源更为多元化,合伙人之间的关系更为复杂,经营过程和倒闭后债务问题也更为纠结。合伙商铺倒闭欠债,自然要追查合伙人的责任。从下面这个合伙债务纠纷中,更可显现天津近代合伙制度中的一些问题。1926年5月26日,安荩臣要求追查倒闭的信义永皮毛庄的合伙人的责任。他的合同中载有"忠义堂安"与慎昌账房即杜克臣、陈翊廷及陈冠卿合伙经营,额定资本共行平化宝银3万两,三股各出资1万两,合同载明陈冠卿为总理,专执行皮毛范围以内之业务。不料陈冠卿心怀叵测,从1918年开业,历时6年从未报告营业状况。安荩臣则多次催令开列清单报告。到1924年正月十五日,商号竟然亏欠银两18.5894万两之多。消息传出后,导致各银号债权者纷纷到商会声请公断,按照法律合伙财产如不足清偿合伙债务,则各合伙人须依分担损失之比例分任其不足之额,如果合伙人中有无资力不能偿还债务,仍应由其他合伙人依同一标准分任偿还。在债权人向商会声请追偿的时候,安荩臣要求先行清算,而后再行分任偿还。但是商会认为"纯系内部关系,并误解合伙债务连合分担之制,而有连带清偿责任"。这样,安荩臣"应行分任之61914773两如数摊出,负责荩臣代慎昌账房即杜克臣、陈翊廷及陈冠卿偿还48035.227两之数,共合平行化宝银11万两正。慎昌账房与陈冠卿所当分任偿还之部分共银29833.33两,又其分任偿还之部分共银29833.32两,还要分任偿还不足之数共银10000两,更经贵会劝令荩臣一并代为垫出"。安荩臣当时为顾全对外信用关系及息事宁人起见,勉强承认了商会的判令。但要求商会"体念商艰,责令杜克臣等将前项代为垫付之款共行平化宝银87868.577两按数加息算还"②。此外,他还指出货栈内还有大笔的盈利没有由合伙分配。"又查信义永各栈存货账内,载有交由慎昌公司寄卖英美羊毛、驼毛、皮张等货9912件,计值行平化宝银56万两,共在慎昌公司以七扣预支银391276.32两。按陈冠卿既为慎昌

---

① 《金谷春紧要声明》,天津《益世报》1920年6月26日,第3张第12版。
② 《天津商会档案汇编(1912—1928)》(2),天津人民出版社1992年,第2043页。

洋行华账房，又系信义永合伙之一员而兼总理。依洋行营业，虽有以货物抵压债款习惯，实无寄卖办法。退而言之，即或为信义永寄卖前项皮张等件，确为营业上一种有利之计，画然寄卖，结果获利若干，红单之内既未载明，而以预支之款与货值相较，差额计达16万两有奇，其中余利尚不在内。此款归于何地，既属不明，谓非内无勾串侵占情弊，其谁信之？此层在银行公会致公会声称尚云至少6万两找回，由此可证，前项相差之款，自属非虚，应请贵会清算，责令陈冠卿如数交出，再按三股平分"①。从中可见，合伙债务中还有银行、洋行在内的预支与抵押的款项，非常复杂，内部的勾串事情很机密。于是，形成了三个债务层次，一是合伙毛皮栈的内部债务责任，二是内部责任者的外部自营生意川换，三是与其他银行洋行之预支抵押业务等。这样形成了复杂债务和信用格局，其中的纠缠实在是麻烦，而且在不同的信用系统之内。

另外，作为经理人的陈冠卿还有许多问题。首先是私行借债，"共欠银73404.81两（利息在外）"。安茞臣认为这是陈冠卿私行借贷导致的，"乃陈冠卿以一人儿信义永总理与慎昌账房经理之资格，一面擅用信义永名义滥借银行贷款，一面将其擅自借入之款贷与慎昌账房。是账座名为川换，实际确系挪移。虽慎昌账房即杜克臣、陈翊廷系信义永合伙之一员，然依债权债务之关系，自不能不负单独偿还之责任"。"皮毛生理，非同银钱业可比，该总理陈冠卿果因营业关系必须借贷款项，自非得他合伙员同意，不容擅行。"所以他提出请商会清算信义永借用慎昌账房款项的利率加息清偿。其次，陈冠卿还私自给自己开支："信义永合同仅有按股均分得利之规定，并无别给总理津贴之明文，此项津贴拨动当然不能发生效力。以上两笔收入与上开除收下欠之数，合计共25245.21两，应请贵会一并追偿。"其三，陈冠卿还私自借贷，"查承德堂即刘镜清帐座欠洋1211.66元，作银824.53两，按刘镜清与陈冠卿系属至戚，此项贷予之款，又与营业毫无关系"。甚至在商号难以维持的时刻他还向其他人借贷："1924年正月初八日借洋3000元，作银2040.5两，以贷与阚富此款时期而言，已在信义永营业难以维持，合伙财产不足清偿债务之时，自顾不暇，何能将存款贷与于人？"②从这个案例看来，当时传统合伙的商号存在经营中责任、权利以及义务不明确的问题，从而导致

---

① 《天津商会档案汇编（1912—1928）》（2），第2044—2045页。
② 《天津商会档案汇编（1912—1928）》（2），第2046页。

涉及债务问题也就非常复杂。

1926年6月8日,买办杜克臣在知道了安荩臣要求清理赔偿之事后,也发表了声明,表示自己已经与信义永皮毛庄脱离了关系,不能负责赔偿的责任。因为在1918年,因陈翊廷心怀叵测,结交陈冠卿伙立信义永毛庄。为了自己的利益,他已将营业账目结算清楚,收回股票,取消保证,注销合同。到1919年3月一切手续均办清结。而且在信义永生意发达的1918年他也没有要求分得利润。信义永搁浅时,各银行、银号之债权者均向有责任追讨,也没有涉及他①。由这个合伙债务纠纷案例表明,近代天津商业合伙制度中,存在着权力和利益分割不明确、人事和账目管理混乱、责任和债务主体模糊等诸多问题。

## 三、无限责任与有限责任:合伙债务问题上的博弈

天津近代合伙商业的债务问题对于投资实业者、债权人、债务人的利益关系重大,常常有商号因为合伙债务问题要求商会评议,因此引起了当时商会的关注。1924年3月15日,商会要求银行公会送交近年来对合伙债务问题的相关法律和判例②,以研究如何债权人的权利,以及合伙人应负有的无限连带责任。1924年9月24日,天津商会在讨论了合会债务的问题后认为,在合伙债务问题上,国家的法律和民间的一些习俗不利于合伙商业的发展,为此上书直隶省长:"商业多系合伙投资营业,彼此互助以期发展。有资本者未必能自营业,有商业技能者又未必即有资财,双方借助合伙营业。"但是"往往合伙营业之后,虽具有企业之诚心,恒因变动而亏累者有之,因兹而生诉讼者有之。如甲乙丙三人合伙营业,殆至营业停搁,对外亏低,当然共担责任,以其股份金额为限,方属公允"。然而现在的法律却要求合伙人负责连带责任,"假使乙丙无资偿还外债,完全归甲代为偿还",将导致"甲倾家无以自了"。如此这般"合伙之结果至不能保其固有之财产,而素来甲对于所营之业务,不但无暇料理,且不谙商业情形。此时责以偿还全部,致使家产因此牺牲,长此无救济之法,则恐企业资本家人人自危,不敢投资共同合

---

① 《天津商会档案汇编(1912—1928)》(2),第2047页。
② 银行公会函大理院判例之合伙债务偿还之担负,天津市银行公会,1924年,天津市档案馆:J0128-3-008755。

伙,将为实业障碍"。所以商会会董提议认为,"此种现象于商业发展至关重要,应急设补救方法"。他们看到公司法上"保护公司条例,虽有四种公司之规定,然只限于公司之组织,合伙营业不能援用。因其定款立案繁杂,各商多行合伙营业"。因此,商会希望能够"将合伙营业关于亏累偿还外债,其摊赔各按其契约股份之数负担有限责任。遇有亏累,各以其股份定额负担偿还义务"。这是具有现代意识的一个建议,力图改变传统的合伙的无限责任。因为当时的民间商业中多对合伙责任规定为无限责任,对投资企业保护投资者的积极性具有很大的制约,而商会的建议无疑非常有利于投资和应对日益扩大的商业风险。1924年10月8日直隶省长公署对此给予了指令,否决了商会的要求,认为这样做"不足以保障债权,维持公益"。而且与法律的规定不符"绝非商业团体之议决及行政官厅之命令所能变更补救,所请核定办法一节,碍难照办"①。1925年1月,直隶实业厅将直隶省长的指示公知于社会,要求遵照执行②。可见,官府依然持传统的信任伦理,驳斥了合伙制度享用有限股份公司权益的办法,迟滞了合伙制度的现代转化进程。

然而,这个问题并没有结束,1935年4月,因为立法院关于合伙债务立法问题,终于引发一场包括天津商界在内的全国范围内的讨论。事情起源于当时汉口商会要求政府修改民法关于合伙债务问题的规定。当时政府决定另定商业登记法以资补救,由民法、商法两委员会会同起草,其中第九条规定涉及合伙债务问题:"合伙人之姓名、住址、出资之种类、数额如已由各该本人向营业所所在地之主管署登记者,得于其出资限度内负分担损失之责。"③汉口商会希望联合天津商会等一起电催,同意促成这个修改。可见,关于合伙债务问题在当时的商界是具有普遍性的问题,在国家和商界以及商界内部一直存在争议而难以解决。

对此,天津商会将讨论的问题下发到了同业公会听取意见。银行公会4月30日回复商会道:"敝公会之意,合伙债务仍宜连带负责,不宜规定分担限度。"银行公会首先从法律角度指出,合伙营业常常是按照合伙者能力的大小"认伙分之多寡,盈则按股份均分,亏则按股摊派"。但是这种权利义务

---

① 银行公会函大理院判例之合伙债务偿还之担负,天津市银行公会,1924年,天津市档案馆:J0128-3-008755。

② 《合伙营业欠外之办法》,天津《益世报》1925年1月12日,第3张第11版。

③ 为立法院规定民法续篇合伙债务连带负责诸多难行详研签注,天津市商会,1935年天津市档案馆:J0128-3-008940。

的支配，在法律上只是适合合伙成员间对内契约的关系，而对于对外债务则没有效力。《民法》六百十一条规定，合伙财产不足清偿合伙之债务时，各合伙人对于不足之额应连带负其责任，"表面虽似维护债权，实则即予债务者以举债保证"。他们还从商业信用的角度上指出，我国的普通商业多采用合伙制，合伙事业的组织较一切公司组织范围小，所以它不能只依靠固定资本以资周转，必赖营业信用吸收外资。但如果贷款者得不到法律之保障，就会导致营业者失去吸收巨款的来源，较大的合伙事业会因此周转不灵而难以发展，较小的合伙事业会逐渐走向衰败。何况贷款者对于合伙事业的投资，本来是以整个事业为其投资的对象，而不是针对各个合伙个人的借贷。如果合伙事业失败之后，其债务须由合伙人按股分担，且不论合伙人数复杂众多，"住址远近个别债务之诉追迁延烦累之苦，即整个之投资令其为个别之收集而仍不免于无谓之损失"，因此不合情理。如果发生欺诈或者因为有殷实的股东以信用对外吸收存款，而它其实仅入很少的股份，一旦失败，只能按照股份分担责任，对债权人会造成极大的危害。银行公会还指出，各国合伙事业"均系负连带责任，我国法例尤未便独异"。主张修改条文的人没有考虑到债权人利益的保障，只考虑到了合伙者吸收巨款的利益，这对债权人是不公平的。银行公会认为法律规定连带责任可以使合伙者借贷时"不敢轻率而于彼此间之相互监督，必发一切虞诈行为当亦不致发生，此又债权债务交受其益也"。对于那些"经济负担能力薄弱者"，银行方面认为"可依照现行民法债编第七百零三条之规定，为隐名之合伙则损失之负担，仅限于出资之限度内而已。然则吾人苟不愿为六百八十一条之负责，尽可依七百零三条以图自护"。银行公会认为，"我民法未颁布以前，债权人对于合伙债款诚有因避负迁延烦累之苦，情愿牺牲一切，听债务人尽量折减而不为追诉者，然其折减之额未必悉按其股份制支配，更非出于贷款人之本心，何必指为递迁之习惯？"如果对合伙债务没有明文保障，债务人会借故推诿，不顾商业道德，反而会造成投资的投资兴趣。总之，银行公会的意见是从维护债权人的角度考虑的，希望能够维护借贷者的信用，减少自己出贷的风险。

其他一些同业公会也提出了意见，其概况汇总如下：

表2 商会向各行业征求意见后的汇总情况

| 来文处所 | 来文件数 | 意见 |
| --- | --- | --- |
| 李心斋监委 | 一件 | 应请电催该委员会提前通过 |
| 洋广货公会 | 一件 | 应请电催按第九条原案通过 |
| 银行业公会 | 一件 | 合伙债务仍宜连带负责 |
| 干鲜果品公会 | 一件 | 赞成第九条之规定 |
| 轮船业公会 | 一件 | 对于本案第九条一致通过 |
| 米业公会 | 一件 | 应查案催请议决公布 |
| 许汉卿委员 | 一件 | 极表赞同 |
| 肠业公会 | 一件 | 合资营业倒闭时由股东偿还,恐工艺家无资设立工厂,资本家不敢出资与人合作,关于贫民生计最大障碍 |
| 赵常务委员 | 一件 | 对于连带责任不赞成,应按成分多寡分别负责 |
| 叶常务委员 | 一件 | 同上 |

资料来源:天津市档案馆:J0128-3-008940,为立法院规定民法续篇合伙债务连带负责诸多难行详研签注,天津市商会,1935年。

从表上可见当时关于这场争论商界也持有很大的分歧,大多数都赞成汉口商会的意见。但是,肠业同业公会代表了另一种意见,他们认为合伙者负无限连带责任会导致出资人不敢投资,对商业发展和民生都不利,他们从投资和民生就业的角度看到这个问题的严重性,因此不赞成无限连带责任。由此可见,意见的分歧乃是基于不同的利益和立场,法律和制度的规定关系到双方投资的信任,如果因为法律规定会导致不信任的增加而不敢冒风险投资,会导致商业的凋敝,不利于实业的发展。

## 四、小结

无限责任机制是建立在具有中国传统特色的信任和伦理基础上形成的,具有历史的合理性①。但是,随着时代的发展和资本扩张的要求,民间资

---

① 杜恂诚:《近代中国无限责任企业的历史地位》,《社会科学》2006年第1期,第34—40页。杜认为无限责任是落后的企业制度,但是在中国近代历史条件之下,无限制度有存在的历史合理性。

本对有限责任的呼声越来越高,而传统信用伦理和各种利益关系制约延迟了转变的进程。

有限责任对市场的扩展和经济现代化具有非常重要的意义。经济史家希克斯在论述有限公司与经济现代化的发展的关系时认为:"有限公司的发明是这一系列发明中最为突出的。企业通过这种公司筹集资金,并允许投资者分享利润,开始时它是进一步扩大资本市场的一个手段。人们发现当进一步按固定利息借入资金有困难或不可能时,用这种方式筹集资金倒有可能。如果他在几个企业里投资作为合伙人……如果他的责任是有限的,因而他从某一企业的失败中蒙受的损失不致超过他对该企业的投资时,那么分散其投资就对他有利,即使他是按公平条件投资的,这就是有限责任公司扩大市场的办法。"①合伙制度在近代天津市场日益扩展的情况下出现了要求负有限责任的呼声。但是,这个转变涉及债权人的利益,也与传统的信任伦理不符合,同时也受到国家行政和法律的制约。而近代中国因为市场风险加大,使合伙债务问题陷入了困境,这无疑也是制约近代中国经济发展的一个重要的因素。

近代中国,投资实业乃是发展近代化所必需的,而投资必须有一个良好的制度环境,才有利于实业的发展。合伙制度作为中国传统商业一种最为重要的资本组织形式之一,在近代市场经济发展的条件之下,有了很大的发展。合伙资金来源日趋多元,广泛地分布于各行业。国家法律参考外国的法律制度对合伙制度也进行了规范。然而合伙制度依然在民间习惯法上运行,国家规范只是在合伙人在法院打官司的时候才起作用。民间合伙制度在传统的人际关系的影响之下运作,制度漏洞很大,合伙主体不明确、分配管理等方面责权利都不清晰,为商业上的欺诈行为预留下了空间,造成了民间合伙在大发展的情况之下出现了大量的问题。其中,尤其是债务无限连带责任的问题,对合伙制度发展产生了强大的制约。民间商业组织多有参考外国股份公司改变传统合伙制度的诉求,但是受到了银钱业以及国家政府的反对。传统的合伙制度的改变,是向着现代有限股份公司的方向转变,但是,这条道路在近代却是充满了曲折。除了各方利益博弈牵制以外,打破传统的信任伦理观念,确立现代风险意识,是这个转变的关键问题。

(《城市史研究》2012年第28辑)

---

① [英]约翰·希克斯:《经济史理论》,商务印书馆1987年7月,第73—74页。

# 近代城市发展中的族群认同与排斥
## ——以天津"傶"字风波为例

王 静

1947年10月6日,天津《益世报》第二版刊登了一则商家促销广告,内容是:"大丰压倒一切,秋季大削价,决不让过!决不落后!傶贱到底"①!"傶贱到底"这则广告语因"傶"字系由"山""东""人"三字构成,所以给公众造成的直观印象首先是:"山东"的商品贱到底、"山东"的商人贱到底和"山东人"贱到底。所以,这则广告一经刊登,立即引起了在津山东各界人士声势浩大的抗议活动,认为其"居心侮辱吾之鲁人"②。广告的始作俑者天津大丰绸缎庄迫于压力停业关门,并先后借《益世报》《民国日报》《大公报》等各大报纸公开道歉。这便是当时影响天津绸缎业界乃至整个天津社会的"傶"字风波。

## 一、从"傶"到"侉"

意指山东人贱到底的"傶"字,引起在津山东人的强烈反弹。10月7日,也就是风波发生的第二天,大丰随即在《益世报》刊登道歉声明,声称其所刊登的秋季广告语是"误"将"傶"字用做"侉"字,因此引发山东同乡误会。同时承诺该号经理将偕同友人亲赴山东会馆郑重道歉,并登报声明③。与第一则广告不同,大丰的第二则广告将读者的注意力完全集中到了"傶"与"侉"字上,耐人寻味。"侉"字是什么含义,"侉"与"傶"有无产生"误用"的可能性,"误用"的前后使大丰的第一则广告又会产生什么意义上的变化,使其可以成为向山东人道歉的理由。这是我们下面将要探讨的问题。

首先,"侉"与"傶"字确实有一定的关系。清人顾恩翰在《竹素园丛谈》

---

① 《狂贱风声传遍全市》,《益世报》1947年10月6日。
② 天津档案馆馆藏:《关于大丰绸缎庄广告失当交涉》,《天津市各会馆团体卷宗》J134-1-199。
③ 《狂贱风声传遍全市》,《益世报》1947年10月7日。

中记载:《菽园杂记》以山东人为"侉",作"傸"字,音与"侉"同,皆为"kuǎ",但字典并无此字①。从顾氏的说法②看,可以证明两点情况,第一,"傸"字属于罕见字、偏僻字,正如一山东同乡所声称,"读书十余载,查遍各种字典(包括新旧字词典),并无此'傸'字的存在"③。此外,"侉"与"傸"字通用的可能性尽管很小,但确实存在。大丰的辩解尽管牵强,但仍算字出有因。第二,"傸"字风波确系大丰有预谋而挑起,且有备而应战。如此生僻之字大丰能够想到并运用到广告语中,在第二日就能做出如此有效迅捷的反应,可见大丰经理刘弼周抑或学识甚广,抑或背后有高人指点。况且,大丰绸缎庄是天津一家经营杭派绸缎生意的老字号,每年秋季10月是其进行减价大促销的黄金季节。比如1929年9月22日,大丰专门就秋季大减价上书天津总商会,呈明其降价是"诚实,不比他号虚伪且为破天荒之大廉价"④。所以,这场广告战应是大丰经过精心准备的。

其次,当大丰以"侉"取代"傸"字,形成"侉贱到底"新广告语句时,这则广告的含义又发生了什么变化呢？在《汉语大字典》中,"侉"有三种解释:一种解释指语音不正,特指口音跟本地语音不同的人,多指北方人,是一种不礼貌的称呼;一种解释为粗大、不细巧;另一种解释则通"夸",意指夸大、夸张⑤。在《辞海》中,除对"侉"字做上述解释外,尚有同"华"音,作怯和痛讲;

---

① (清)顾恩瀚:《竹素园丛谈》,《云在山房丛书三种 网庐漫墨》,山西古籍出版社1996年,第103页。

② 《菽园杂记》十五卷本是明中叶陆容所撰,现在的版本主要有1985年中华书局出版的《元明史料笔记丛刊》之《菽园杂记》十五卷本,以及收于明朱当㴐编、清李文田校《国朝典故》丛书卷七三至八三的《菽园杂记》。顾氏的说法在笔者所查见的《菽园杂记》的现存版本中无法得到印证。如《国朝典故》中《菽园杂记》卷四只提到"北人音韵不正者尤多",同样在《国朝典故》卷七三至八三的《蓬轩类记》(因《菽园杂记》原书卷一二至一五,即丛书卷六八至七一与《蓬窗类记》相混,所以更名为《蓬轩类记》)卷一也只记载有"南人骂北人为奋子"的说法。其他版本情况与此相类。或是顾氏所引版本现已不多见,或是顾氏自己的看法混入引文亦未可知。

③ 《驻河北良乡车站青年军王致同乡会》,天津档案馆馆藏:《天津市各会馆团体卷宗》J134-1-199。

④ 《为举行秋季大减价事致天津总商会函》,天津档案馆馆藏:《天津市各会馆团体卷宗》J128-3-9820-30。

⑤ 汉语大字典编辑委员会编著:《汉语大字典》,四川辞书出版社、湖北辞书出版社1991年,第146页。

同"饿"音,作痛呼讲;同"无"音,作怪辞讲①。

综合以上来看,"侉"最初的一层意思是语音间的地区差异、特别是南北地区差异。章太炎在《丙午与刘光汉书》中曾提到这一点。"若山东人自称侉子,侉从夸声,本部华字,此可见古语相传,以国名为种名也"②。当时山东蓬莱人栾调甫,也以"山东侉子"为文号,时称"侉公"。"侉"的第二层意思是由语音的独特性演变成了一种对北方人的泛指,亦即"南蛮北侉"。如1910年建于上海张家浜街道西部的协昌里,因居民多为山东籍人(山东老侉),也被当地人俗称侉弄堂③。又如当时山西人把听不惯的山东话叫做"侉",山西昔阳县不用"侉"字,而另造了一个字,把"山"字和"东"字上下合成一个字"峊",念"侉"。"侉"的第三层意思是指货品的"粗大、不细巧"。

结合以上"侉"字的不同含义,大丰绸缎庄更正过的广告语"侉贱到底"主要是强调其产品在价格上的低廉。大丰绸缎庄为什么要在追求通俗易懂的一句广告语中,一定要将泛指北方人的"侉"字换成一个特指山东人的、不为人熟知的"㑶"字呢?为什么在对"贱到底"的商品宣传中,一定要隐含山东人"贱到底"的宣传呢?这正是该风波的关键点。

## 二、从商业竞争到"污名"

大丰通过广告来贬低与"山东"属性相关的商品、商人以期赢得行业竞争胜利的做法,在社会学上称为污名现象。

"污名"(stigma)一词真正进入社会学领域并成为解释人际关系的一种途径,是经由欧文·戈夫曼(Goffman)引入的。戈夫曼将"污名"定义为是"特征和成见之间的一种特殊关系",并在此基础上,提出了与身体、性格和集团相关的三种污名。具体而言,"污名"是"一种意识形态,是用来解释他低人一等和他所代表的危险"。同时,戈夫曼也提出了一个核心概念"受损的身份"(spoiled identity),用于描述遭受污名化体验的人们,在社会上其他

---

① 辞海编辑委员会编著:《辞海》,上海辞书出版社2001年,第1267页。
② 《丙午与刘光汉书》,载章炳麟著《章太炎全集》4,上海人民出版社1985年,第156页。
③ 陈少能等主编:《上海市浦东新区地名志》,华东理工大学出版社1994年,第184页。

人眼中的被贬低的社会地位①。很显然,本事件的污名是属于与集团相关的污名,是与山东人地域、群体相关的污名,山东人是污名的"承污者",大丰则是"施污者","傢"字是山东人身份的标签,"侉贱到底"则是受损身份的描述。污名化的目的在于限制潜在竞争对手的机会,从而增加自己的机会,增强一个群体对另外一个群体的控制度,并有效减少被控制群体的生活机会。从此意义上讲,虽然迁入地居民针对移民的"污名化"行为因群体情感、社会文化环境不同,所表达出的强弱程度也有所不同。但不管这种"污名化"的程度如何,它实质上反映了人们的一种排外心理②。

1. 污名的形成

排外心理的形成既有结构性原因,也有形势性原因,"傢"字风波事件其实就是这种形势性矛盾的民意反映。

这种结构性矛盾在经济上直接体现为,山东商人的实力超过了天津商人。一个群体与另一个群体之间面对力量对比的变化,必然会产生矛盾,也必然会带来诸多的心理问题。社会学的相关理论也证实,污名的发生是有条件的。也就是当人们在遇到挫折或不愉快时,才倾向于把攻击转向被厌恶的、可见的、相对弱势的团体③。大丰绸缎庄之所以能够以个体力量挑战整个山东人的群体利益,就是因为在与山东商人的竞争中,大丰商号从优势变为劣势,这种心理落差成为了大丰的"挫折或不愉快"。

大丰有着本地帮的区位优势。天津绸布市场众帮林立,其中势力较大的有宁波帮、山东帮和天津本地帮。他们组织会馆、公所商讨商业行情和交换物资情报,并使商业经营活动逐步走向行业垄断。在竞争中,起初"津市各业市场,大多操于内地商人手中,津籍商人殊少地位",但随着市场环境的变化,津籍商人凭借着地理和人和之便,其业务"遂能蒸蒸日上,并将内地商

---

① [美]欧文·戈夫曼著,宋立宏译:《污名——受损身份管理札记》,商务印书馆2009年,第5—6页。
② 刘有安:《移民文化适应过程中的"污名化"现象研究》,《华南农业大学学报》(社会科学版)2009年第2期,第121页。
③ 付宗国:《群际行为的社会同一性理论介评》,《山东师大学报》(人文社会科学版)2001年第5期。Hovland和Sears曾提出替罪羊理论(theory of scapegoating),认为如果多数派群体的成员受到挫折而又不能轻易攻击阻碍者,或把阻碍者看作自己人,那么就会把抵抗能力较差的少数派群体作为攻击的替罪羊。

人操纵之商业逐渐收复于手中"①。比如本地帮凭借多年人脉关系可以巩固和扩大客源,而华北商人却因"各有特定主顾,常常只限于与同乡商家作交易","同乡之间互相信赖,而与他省人则不相容"②,从而使得内地客帮对外埠客商的依赖远远高于对本地消费市场的依赖。相反,津籍商人生于斯长于斯,对本土客户了解甚深,在战争导致城乡分割的局面下获利反而较外地客帮多。如1941年至1942年天津布匹批发业公会中,天津资本主的人数为15人,资本量为61.7千元,占公会资本总量的15.95%;同时期山东资本主的人数为9人,资本量为48.9千元,占公会资本总量的12.59%③。

  但这种优势随着内战的继续而逐渐丧失,其原因来自于两方面:一是天津经济不景气。沦陷期间,商家因为物资缺乏,膨胀伪钞,物价暴涨而获利万倍。抗战结束后,这种泡沫似的繁荣也随之消散。1945年日本投降后,国民党接收天津。在政府增加苛捐杂税的横征暴敛的盘剥下,天津经济形势未能及时复原,许多工厂企业停产,大批工人失业,国民经济濒临绝境,市面萧条。尽管各大商号拼命用大减价、赠品以及赠彩有奖等方式招徕顾客,但收效甚微,即使有交易,也只不过是几角钱和块把钱上下的麻葛、次等绸缎等等④。二是山东同行的竞争。当时一批山东籍青年学徒期满后,自筹资金,准备开设门面单干。这些新开设的绸缎庄经理能够任劳任怨,苦干实干,而且谦虚待人,在薄利多销的经营理念下,生意逐渐有了起色。这对大丰的经营构成了威胁。更加令大丰不满的是,这几家山东同业商号以质优价廉的产品将外地或农村的客源中途截走,以致大丰绸缎庄的生意下滑,顾客稀少。另外,滨江道上的老字号山东谦祥益绸缎庄,更是以其历史悠久、信誉昭著吸引了大量批发商和零售商。同样也在号称小巴黎、不夜城的繁华地带的大丰绸缎庄的生意却冷冷清清。经济利益受挫的大丰绸缎庄为了发泄对山东同业商号的嫉妒仇恨情绪,于是利用了大众对山东人的个别污名化印象,在书写广告时自然而然就会想到用"贱到底"作招牌。

---

① 《统制压迫奄奄一息 交通阻塞犹未复兴》,《益世报》1946年2月11日,第2版。
② 侯振彤:《二十世纪初的天津概况》,天津市地方史志编修委员会总编辑室1986年,第252页。
③ 高艳林:《天津人口研究1404—1949》,天津人民出版社2002年,第137页。
④ 《百业萧条的天津市》,《益世报》1933年11月15日,第9版。

2. 山东人对"污名"的反应

最初,山东绸缎商的广告引起了全体在津山东同乡以及曾经接受过山东同乡帮助的本地人(这部分人被戈夫曼称为"明白人"①)的愤慨,那么蒙受污名的山东同乡对其处境会做出什么反应呢②?从整个事件的发展过程中看,山东同乡的反应主要有三类:一类是以同乡会为代表的"和平解决论",此类意见占同乡的绝大多数;一类是以军人为代表的"事件政治化论";一类是以普通民众为代表的"同乡会软弱论"。

自风波发生后,同乡会一直采取的是和平解决态度。他们做出直接尝试,彰显"诚朴、宽宏、忠勇、义气的大国民气度",以消除受损身份的污名影响。10月6日,广告刊登的当天,旅津山东同乡不约而同地来到大丰绸缎庄门前,在不到半小时的时间里,聚集了上千人,将大丰号团团围住,要求其经理解释"傣"怎么讲。一时间,形势严峻,如临大敌。在同乡会代表的劝说下,聚集在门前的山东人先后离开现场,陆续进入新中央戏院,秩序井然,会场座无虚席,许多人甚至在椅子中间走道上站立等候开会。经过协商讨论,大会提出:惩办大丰号侮辱山东人的肇事者,并停业十天;要大丰号经、副理到山东旅津同乡会赔礼道歉;由大丰号在各报上登载向山东人道歉启事一个月;大丰号保证今后不再发生类似事故,并定于10月7日下午再进行讨论。7日下午,同乡会在新中央戏院再次召开大会。同乡会先听取了常务理事赵静民对6日新中央戏院大会的汇报,以及大会提出对大丰号的几项要求,然后经全体理监事一再研讨,提出处理意见:

首先,利用同乡会联络平台,通电全国各地同乡会,请求支援。他们广泛联系各地同乡会,将天津大丰号无故侮辱山东人的情况迅速地传递给沪、宁、滇、桂、甘、辽、吉、黑等地同乡会,并请求给予大力支援,并对外传达出全国山东人对此事情的关注,表示坚决与大丰号周旋到底,不得胜利不罢休的决心。其次,汇集同乡诉求,制订合理抗议方案。同乡会公推常务理事赵静民、理事徐晓庵、宋子孚三人为大会代表,负责与大丰号交涉;印发《告山东

---

① [美]欧文·戈夫曼著,宋立宏译:《污名——受损身份管理札记》,商务印书馆2009年,第39页。由于特殊的处境使一部分人能够对蒙受污名者抱有同情,并能够为这个集团所接受,这部分人就是戈夫曼所说的"明白人"。

② 此事件的解决过程参考天津档案馆馆藏《关于大丰绸缎庄广告失当交涉》,《天津市各会馆团体卷宗》J134-1-199。赵静民:《天津大丰绸缎庄作广告》,《天津文史资料选辑》2001年第4期。

旅津同乡书》，希望同乡们镇静等待听候解决，不要单独去大丰号质问，以免事态扩大，增添麻烦；大会同意常理赵静民的意见，对大丰号采取合理的和平解决办法，暂不诉诸法律；大丰号必须首先承认侮辱山东人的错误行为，并承担责任；负责与大丰号谈判代表，随时与大会联系，以便明了谈判进行程度；同乡会代表与大丰号谈判结果，通过同乡会理监事研席会议决定；同乡会代表与大丰号谈判，要以大会决定之各项为基本条件进行。

　　同乡会制订了解决方案之后，在津山东同乡、旅外山东同乡以及曾经接受过山东同乡帮助的本地人给予了极大的支持，为山东同乡创造了更广泛的舆论氛围。10月7日，山东医院全体同仁在致同乡会的信函中希望同乡会质询办理，并提出：召集全体山东旅津同乡共赴大丰质问；责令其自动停止营业一周，以示警戒；自动登报道歉三天（报稿须经同乡会同意）三条建议。征稽处的天津人姚某也于同日致徐皆平会长，并以"同乡"的身份表达了愤怒的情绪，并称大丰号在道歉声明中一再用该费解之字，名义上是道歉实为谩骂，其用意是藐视山东无人；并希望会长严重交涉，开除撰稿人并令该号停业三天。旅平同乡会在10月9日也发来快电，表达了旅平同乡对大丰公然侮辱山东同乡的愤怒，表示了对该事件进展的关注和全力支援，希望旅津山东同乡会能够调查真相以及"傈"字用意。

　　最后同乡会派代表出面与天津绸缎业同业公会代表协商解决。冲突发生后，大丰号负责人自知理亏词穷，无言答对。而且将来事态如何演变，更难预料。因而该号经理请求天津市绸缎业同业公会进行援助，帮助解决纠纷。公会理事长高孝博因过去与同乡会代表赵静民相识，于是作为桥梁与山东同乡会商谈解决。高孝博和公会内两位理事邀请双方来公会晤面，共商解决办法。

　　风波初始，大部分山东同乡能够在较短时间内集中起来抗议大丰；在风波的处理过程中，他们在同乡会的带领下能够保持克制、宽容的态度，表达了既能够体恤大丰号在商业萧条、经济不景气现状下的经济损失，也希望要求大丰号承认错误，保证今后不再发生类似错误，希望事件不再扩大，谋得和平解决的豁达态度。经过6天的反复磋商，10月19日该风波遂告平息。

　　期间，以军人为代表的同乡则对天津同乡会"主张和平解决"的方式表示不满，并以较为极端的方式放大了对"傈"字污名的争端，而这与当时的国内形势有着密切关系。1947年9月，国共内战形势发生逆转。处在解放区包围之下的天津以及华北地区的若干城市成为国民党进行反攻的重要筹码，为了能够更直接、更及时地控制这些城市，在蒋介石所谓"戡乱建国"的演说下,国民党重要军政头目、青年党头目以及民社党头目纷纷鼓噪附和,镇压国统区人民爱国民主运动①。在这种舆论形势下,个别山东籍军人认为大丰是利用广告的宣传技术挑拨省与省之间的事非,离间种族地域之间的感情,"大丰此种举动决非过失,故此广告含意太深,恐其另有内幕耳,其意义不可忽视",并认为同乡会负有"全体重任,现事体已形扩大,勿致虎头蛇尾,虚张声势"②。甚至一部分受战区和灾区影响,"家园荡毁,田亩荒芜"而流落津门,但因谋生技术毫无,"衣食无着,告贷无门",完全依赖社会救济为生的山东同乡,也希望借此风波获得"间接利益"。他们借口"戡乱建国"的名义,指责大丰"不但对吾鲁人之遭遇毫不同情,且幸灾乐祸,拿穷人开心,是可忍孰不可忍",提出为避免事态扩大,大丰必须"罚款若干,作资送难民还乡之用"③。所以从这一点也看出,山东同乡抗议天津大丰的民意高涨,双方之间的争端并不仅仅是由情感主导的。

还有一部分同乡对同乡会的和平解决态度不满,特别是风闻同乡会以"大丰郑重道歉吃饭了事"来处理该风波时,更是群情激愤。《益世报》10月8日第四版登载了一篇内容为"大丰广告纠纷解决郑重道歉,请吃一顿了事"的文章,该文章成为同乡抨击同乡会软弱无能的重要依据。被天津人"以贱到底"侮辱的山东人竟然以吃饭解决问题,这对同乡而言比大丰所登"傢"字还要耻辱。之前有着传统荣光的山东同乡认为"社会人士公认的山东人都是硬男子、热血健儿",但如今"山东人"的标签则成为非同乡讥讽挖苦的对象,更何况各省公民有同等资格、同等地位,在这奇耻大辱情绪的影响下,同乡抨击同乡会理事是"没有人类与公民的同等地位,如同冷血动物,只贪图一类吃",并认为山东人被他们贱卖了④。

## 三、族群的竞争与和谐

因为一纸广告而导致了五六千人的抗议,这是大丰绸缎庄始料未及的。更让大丰没想到的是,本想靠广告污名击败竞争对手,反而令自己名誉扫

---

① 陶用舒:《中国现代史(1919—1949)》,湖南大学出版社1989年,第553—554页。
② 《山左李某致同乡会》,《天津市各会馆团体卷宗》J134-1-199,天津档案馆馆藏。
③ 《山东同乡柳某等15人致同乡会诸理事》,《天津市各会馆团体卷宗》J134-1-199,天津档案馆馆藏。
④ 《山东同乡致同乡会诸理事》,《天津市各会馆团体卷宗》J134-1-199,天津档案馆馆藏。

地,最后不得不在同业公会的援助下挽回被动局面。在风波中,单纯的商业竞争演变成省籍之间的污名,进而又被少数人上升到意识形态领域,从而激起了山东同乡的整体愤怒。"傢"字风波这一事件虽小,却折射出当时历史环境下不同社会背景人群的情绪表达。

　　在现代性的背景下,那些拥有历史荣光并强调传统文化时间观的地方,会被强调"现在"时空观的地方所歧视。在山东人的意识中,传统文化的自豪感使其始终认为"我们本省人士向来以诚朴、宽宏、忠勇、义气的大国民气度出现于全国各大都市,我们是优秀的民族,素被人重视如上宾。"他们对于慎终追远的遗风特别重视,严守伦常分际,祭祖敬谨虔诚。因此,"傢"所传达的现代与传统的割裂是山东人不能接受的,从道德人格上贬低山东人,并把山东人作为形容货物之贱的标准更是山东同乡不能容忍的。"此风一开,其将来影响直接,必至贩夫走卒挥煤核、拉土车、说相声者动辄以山东人开心。"①但对于近代天津而言,较为发达的现代商业文明使得身居其中的天津人会以现代性的标准去看待外地移民,大丰亦不能免俗。所以,1947 年的"傢"字风波实际是经济崩溃下的商业竞争行为,污名则是竞争的一种打压手段。

　　这种偏见背后的事实,那就是污名程度的强弱能够反映出资源竞争的程度。也就是说在特定历史环境下资源竞争加剧时,当一地涌入大批来自非主流文化圈移民时,污名就容易形成。文中所出现的诸如"天津人/山东人"、"洋/傢"、"土著/移民"等多组来展现二元对立,就是天津的部分商人试图通过污名化来划出一个封闭的边缘,来保证自己对市场的垄断和对山东商人的禁入。因此,此冲突折射出了天津市场交易活动中的两个特点:其一是市场竞争的排外;其二是族群对立被市场竞争所利用。城市是一个由各种种族群体、经济活动、生活方式交织在一起的异质体②。当经济水平大致处于相同水平且个体都有机会接触资源的时候,相互的责任能有效地维持一个社会。相反,当实力相对弱小的个体进入利益分配关系中时,天平的砝码自然就开始倾斜。工商业巨头雍剑秋曾同宋棐卿打趣说:"生意场上本来就肉少狼多,满嘴利齿铜牙的怎么会把肥肉让给你这个还没长出夺食铁

---

　　① 《山东同乡致同乡会诸理事书》,《天津市各会馆团体卷宗》J134 – 1 – 199,天津档案馆馆藏。

　　② [美]史蒂文·瓦戈著,王晓黎等译:《社会变迁》,北京大学出版社 2007 年,第 113 页。

牙的呢。能被你夺到的,不是筋头,就是骨头。"①当山东商人进入到天津既定利益圈子内后,天津商人对山东人的污名化与其说这是一种族群的对立,不如说地缘群体的对立被市场竞争所利用。

1947年的"傢"字风波间接也反映了当时国内形势的变化。1947年,在解放军节节胜利的情况下,国民党的失败已是大势所趋。自信的缺乏,自然会演变成为社会情绪。因此,当此风波一经公开,一些军界代表也就将商业竞争扩大为政治事件。同乡会最终顺利解决该问题,也说明这种政治化倾向是不合理的做法,是站不住脚的。

另外一个值得关注的问题是,"傢"字作为风波的关键词最终只是成为历史记忆的片断,而并未被后人所接受。究其原因是"傢"字风波并未反映真正的主流民意,即双方的对立情绪,具体而言是大丰与山东同乡之间的对立情绪并未扩散为天津(商)人与山东(商)人之间的对立。证明这一点的是山东商人与天津商人基于共同利益所采取的几次联合行动,如1947年7月5日,天津旅店业等四公会为山东登瀛楼饭庄被迫征兵一事,联合上书商会,声称:"同人被注兵役心多离散,骤感营业莫支,惶遽栖惧,同人更自相警扰,悄然引避不知所者"②,最后势必导致商店相继歇业。1948年,天津绸布纱业公会联合各会员就津沪两地费率不平等上书商会,称两地汇款汇水高低悬殊,商家为赢利不惜利用飞机轮船冒险运钞,这样不但妨碍交通,而且扰乱金融市场,希望商会能够请求主管当局平衡两地汇水③。再比如,津鲁两地商人在李烛尘等人的号召下,集体致电国共两党,为天津解放做出了努力。因此,从较长的历史时间段看,民族主义或者国族意识,是促使山东人与天津人超越"地方主义"与同乡关系联合行动的合作象征。这种能够包容山东人和天津人的新族群空间,可以逐渐消除传统、省籍、血缘和乡土的界限,实现了以"语言的共同感和民族共同体的归属感"为表征的在地社会融合,而这是历史发展的必然趋势。

(《城市史研究》2012年第28辑)

---

① 宋允璋:《他的梦》,香港明文出版社2006年,第47页。
② 天津档案馆等编:《天津商会档案汇编》(1945—1950),天津人民出版社1998年,第1418页。
③ 天津档案馆等编:《天津商会档案汇编》(1945—1950),第635页。

# 近代城市贫民阶层的形成与时代特征
## ——以近代天津为中心的考察

付燕鸿

城市贫民是一个历史范畴,古已有之,可以说是伴随着城市的出现而出现的。但是,在传统的农耕时代,劳动人民生活普遍贫困,城市贫民的存在没有衍化为严重的社会问题,人们往往把贫困归结为命运的安排,也没有引起足够的重视。晚清至民国时期,中国自然灾害频仍,烽火连绵,人们颠沛流离,大量民众被抛至社会的底层。在城市中,贫民成为城市社会一个重要的组成部分,也是一个不可或缺的群体。天津自1860年被迫开埠后,经历了八国联军的血洗和连年不断的大水灾、大旱灾。1920年的直皖战争,1922、1924年的两次直奉战争,以及1930年的中原大战,无不以华北作为战场,并且近代天津周边地区也是战乱不断。灾荒和战乱迫使大量民众颠沛流离,背井离乡,河北、山东及河南等省大批破产的农民以及大量的灾民、难民等不断涌入天津,沦为城市中的贫民;再加上城市自身析离出来的一些贫困人口,至20世纪20年代末,天津社会形成了数量庞大的贫民阶层[①]。本文拟将近代天津贫民阶层的形成置于城市化的进程中进行分析,并揭示其时代特征。

## 一、近代天津的城市化进程与贫民阶层的形成

近代以来,大规模的城市化发轫于西方的工业革命,工业革命极大促进了社会生产力的发展,推动了世界范围内国际市场的形成与经济的增长,社会生活方面也发生了翻天覆地的变化,也掀起了一股城市化狂潮。古老文明的中国,于1840年国门被打开后,自然经济开始解体,伴随着外国的入侵,中国走上了一条后发型防御性的近代化之路。

---

① 近代城市贫民阶层的形成原因,笔者已另文论述。

19世纪60年代起,以奕訢、李鸿章为代表的洋务派,在"师夷长技以自强"的口号下,兴起了一场以引进西方先进技术和生产方式为重要内容的洋务运动,创办了一批近代军事企业和民用企业,这是中国近代化之始。这一时期,天津也先后创办了一批近代企业,如1867年的天津机器局、1879年天津与大沽及北塘之间的电报和电话线、1880年的天津电报局、1881年的唐胥铁路等。此外,还出现了一批有关机器制造、硝皮、织呢和机器磨房等近代企业。在天津开埠的外国人,也利用攫取的种种特权和便利的投资环境,纷纷在津创建各种有关进出口的企业和公用事业。但从总体上来看,20世纪以前,天津的民族工业总体比较弱小,厂数也不过9家,资本额较为雄厚的两家企业合计不过29.5万银两,企业工人总数不超过1500人[1]。继之,八国联军铁蹄使天津为数不多的近代企业灰飞烟灭。

进入20世纪以后,天津城市化进入一个快速增长时期。清末天津的民族工业获得了迅速发展。1911年以前,天津各类民族资本企业总数已达107家,所涉及的部门近16个,虽然与同时期的上海等沿海城市相比起步较迟,规模小,技术力量差,但工厂数量相对20世纪以前还是有了较为明显的增加,近代工业已初具规模。

民国初年各种法令章程的颁布,奖励实业、提倡工商的政策措施等,为天津经济的发展创造了良好的条件,天津城市化进程不断加快。尤其在第一次世界大战期间,西方列强忙于战争无暇东顾,给中国的民族工业提供了有利的发展契机。这一时期天津民族资本有了明显发展,据统计,1914年至1919年天津每年设厂都超过40家,特别是1915年开设了220家工厂[2]。工厂数量不断增加,大型工厂不断涌现,以社会化大生产为主手工业为辅的近代工业体系基本形成。根据天津市社会局1928年的统计,在天津的中国城区,中国人开办的工厂共有2186家,资本总额达3300余万元[3]。另外,各国租界内还有中外工厂300多家。这些共同构成了天津以轻工业为主体的近代工业格局。

1930年前后,天津已发展成为仅次于上海的中国第二大工业城市。当时,有人对天津的经济地位有很高的评价:"七七事变以前天津的贸易额仅

---

[1] 万新平:《天津早期近代工业初探》,《天津史研究》1987年第2期。
[2] 罗澍伟主编:《近代天津城市史》,中国社会科学出版社1993年,第417页。
[3] 吴瓯主编:《天津市社会局统计汇刊》(工业),天津社会局1931年。

次于上海,在工业都市方面也站在与青岛竞争第二的地位,七七事变后,上海青岛的工厂都遭受惨重的牺牲,天津方面的工厂,不但未曾受到破坏,而且急速地增设了许多新的工厂,当时在工业都市中位居全国的首席。"①

伴随着工商业大发展,天津城市化进程不断加快,城市规模和范围迅速扩大。作为衡量城市化程度基本指标的人口,无论是数量还是增长速度,天津在当时北方的各城市中都是首屈一指的,并且在全国也是名列前茅的。1860年至20世纪初,人口增长相对缓慢,由1840年19.8万人,到1906年增加到42.5万人,60年间仅增加20余万人。20世纪初至20年代末,城市规模迅速扩大,人口由1906年的42.5万人,至1928年代增加到112.2万人,仅20余年间增就加了60余万人②。

天津工商业发展、发达的教育和优越的社会环境等所产生的强大引诱力,吸引着大量人口不断涌入。这种聚集不仅是商人、绅士、手工业者和达官贵人等,更多的是聚集了周边省县的农村剩余劳动力和破产农民。如据北平调查所1927年对塘沽久大精盐厂工人籍贯的调查表明,全厂工人中,以山东、直隶两省最多,山东省人位居第一,约占总数的50%;直隶省人居第二位,约占46%;山西、河南等省人占百分之三四。而久大由于其工作的特殊性,也很喜欢录用吃苦耐劳的农民,山东的农民争先恐后来到久大。1927年二三月间,厂方不过想招募二三名工人,结果"消息传达出去,竟有一天来了四五百山东人,在塘沽车站等候录用"③。另一方面,近代华北频繁的灾荒和战乱迫使大量民众流离失所,河北、山东、河南等地的灾民、难民大批涌入天津。"庚子之后,北省郡县遭罹厄,会动多烦扰,往往以天津为乐土,曾无藩篱之限也。"④又如,1924年直奉战争,9月奉军入关后,冀东难民多逃难来津,"各客店几为难民住满,流离失所,狼狈不堪",甚至一些空闲的客栈也住满难民⑤。

华北灾民、难民的不断涌入,导致了天津城市贫民的日益增多,"近来本

---

① 李洛之、聂汤谷编著:《天津的经济地位》,经济部冀热察绥区特派员办公处结束办事处驻津办事处印行1948年,第2页。
② 李竞能:《天津人口史》,南开大学出版社1990年,第82页。
③ 林颂河:《塘沽工人调查》,北平社会调查所出版1930年,第39页。
④ 《天津政俗沿革记》卷五《户籍》,见天津市地方志编修委员会编著:《天津通志·旧志点校卷》(下),南开大学出版社2001年,第25页。
⑤ 《北仓人民纷纷来津》,《大公报》1924年11月4日,第6版。

埠贫民,日见增多,查其原因,系因频年战事,各县人民,多已无衣无食,故均纷纷来津"①。在各处移民不断向天津聚集的过程中,加上城市自身析离出来的失业、无业等贫困群体,到20世纪20年代末,天津社会形成了一个庞大的贫民阶层。

据1919年备济社、延生社、慈祥社等在天津城关内外施放冬赈,查得贫民为15349户②。1926年冬,天津八善堂冬赈救济会在天津城厢施放冬赈,共救济贫民61512户③。据天津市社会局对1928年天津市贫民统计,全市共有贫民95700余人。这些贫民多是没有工作的失业者,而且全家都处于贫困境地,社会局由此估计赤贫有10万户,占48万户居民的五分之一④。1933年《大公报》报道了前三年天津市贫户数目的统计,1930年为47918户,1931年为70266户,1932年62222户⑤。详细统计如下(见表1):

表1 1930—1932年天津市全市贫民户数统计表⑥

| 行政区划 | 1930年(户) | 1931年(户) | 1932年(户) |
| --- | --- | --- | --- |
| 第一区 | 4045 | 8726 | 5845 |
| 第二区 | 10492 | 15306 | 11965 |
| 第三区 | 9894 | 10875 | 10590 |
| 第四区 | 8782 | 11800 | 11652 |
| 第五区 | 11017 | 18600 | 18985 |
| 特一区 | 1196 | 1844 | 891 |
| 特二区 | 1359 | 1267 | 1202 |
| 特三区 | 1133 | 1828 | 1065 |
| 特四区 |  | 20 | (特四区已附于特三区内) |
| 总计 | 47918 | 70266 | 62222 |

从三年贫户统计可以明显看出,1930年代后贫户数急增,虽然统计数略

---

① 《贫民增多之原因》,《大公报》1927年1月11日,第7版。
② 《各善社施放衣食》,《大公报》1919年2月28日,第2版。
③ 《冬赈会之成绩与会务》,《大公报》1927年2月11日,第7版。
④ 天津特别市社会局编印:《天津特别市社会局一周年工作总报告(1928.8—1929.7)》,1929年,第250页。
⑤ 《社会经济凋敝贫民数量与年俱增》,《大公报》1933年1月9日,第7版。
⑥ 《社会经济凋敝贫民数量与年俱增》,《大公报》1933年1月9日,第7版。

有增减,但总体平均比1919年不足两万户贫民的数量已超出数倍之多。尤其在1931年贫户骤增,主要原因是"现因前方战事,各县人民,连日来津避难,为数甚多"①。1932年贫户数字虽然少于上年,然而依照当时的甲乙丙等级区分的话,1932年甲等贫户几乎占三分之一,可见贫民生活困苦逐年加深。根据几年的确切的贫户统计数字,我们可以看出,贫户数自20年代开始,呈上升的趋势,贫民人数不断增加,生活程度日益贫困。

## 二、贫民阶层时代特征分析

近代城市贫民阶层,作为中国社会客观存在的一个社会阶层,除具有人口的一般特质外,还具有时代特征。

### (一)贫困性与边缘性

城市是一个充满诱惑与竞争的社会,随着工商业的发展,城市为人们提供了更多的就业机会和更为广阔的发展空间,并以极大的容纳力和发展速度吸引着各色人等来到城市中。然而,能够真正在城市中立足生存下来并非易事。当然,不乏一些移民善于某种经营之道,并积累一定的经验和资本,抑或采取一些投机违法的手段"发迹",进而融入到城市新的生活中。但是能够实现这种转型的人毕竟只是少数,绝大多数入城的农民以及灾民难民等,只能过着朝不保夕,食不果腹,衣不蔽体,居无定所的生活。

二三十年代天津的许多社会调查反映,当时大多贫民缺少维持生存起码的正当生计。如1920年10月,据耶稣教会服务团对河北一处窝铺区55户难民进行的调查:他们每日的生活大半系靠女子乞讨,男子之有事可做者不过十分之一,即其工作不过是剥沤麻杆而已。他们的食品,在有力可以生活者,仅食高粱饼以充饥,且有食干草者②。另据新学书院对栖身在旧俄界老龙头火车站一带的110余户难民进行的调查,男子能工作者仅42人,女子能工作者3人。男子多在河坝码头做苦力,女子多数只能沿街乞讨③。因为人数众多的贫民并未受过相当的教育,又无一定的专业技能,只能靠出卖自己的劳动力或依靠其他低等的谋生手段来维持生存。这些贫民所从事的有

---

① 《难民络绎来津》,《益世报》1931年8月1日,第6版。
② 《华洋义赈消息汇志》,《益世报》1920年10月8日,第10版。
③ 《华洋义赈消息汇志》,《益世报》1920年10月8日,第10版。

小摊贩、店伙、学徒、仆役、车夫、小工、苦力、捡拾垃圾、拾煤核等,更甚者充当无业游民、下等娼妓、乞丐、饥民等。

20世纪以后,军阀混战不已,自然灾害频仍,致使天津政局长期不稳,社会经济命脉多为列强、官僚所操控,种种力量的牵绊,使得天津经济始终难以获得长足发展,这大大削弱了城市的容纳能力。再加上来津谋生的农村人口多数是没有知识也无技能者,故寻找合适的工作极为困难,尤其是在失业日益加剧的情况下,男性不得不从事出卖廉价劳动力的工作。这些来自农村的破产农民,"大半为人力车夫、仆役、和小本叫贩","直接从事生产者甚少"①。妇女就业途径比男子的要窄得多,"天津下层生活的妇女,大都只有两条出路,一是作工,一是为娼"②。工业不发达,用女工的地方有限,容纳不了这么多的女性劳动力,出于生存的需要,她们只有沦落娼门。这些人处在社会的最底层,除了体力之外,几乎不占有任何社会资源,社会权利被剥夺得一干二净,在城市中被严重边缘化。

(二)来源多为农村,原职业多为农民

天津是个移民社会,这一点与近代的上海等许多大都市颇为一致。早在明代,随着天津漕运和盐业的发展,已吸引不少人前来谋生。据《天津县新志》记载:"天津新造之邑……人民大率有迁徙而集。"③同时《天津卫志》中也有"五方之民所杂处"和"土著之民,凋零殆尽。其比间而居者,率多流寓之人"④的记载。1846年《天津政俗沿革记》记载道:"咸同初,泰西诸国逾越洋海,通商互市,工作运输,异乡来者渐夥;复会内地岁多饥馑,违匿安丰,乃民性之常,于是人无愚智,路无远迩,离乡越国,扶老携幼,遂不期而俱萃,而户口林林极望矣!"⑤

1860年天津开埠以后,这种移民呈加速之势。虽然安土重迁是几千年来中国农民的本性,甚至终生没到过县城的农民也不足为奇。但是在近代

---

① 林颂河:《塘沽工人调查》,北平社会调查所出版,1930年。
② 《天津杂话下层生活的妇女(上)》,《大公报》1932年10月12日,第11版。
③ 《天津县新志》卷二一,"人物",见天津市地方志编修委员会编著:《天津通志·旧志点校卷》(中),南开大学出版社2001年,第745页。
④ 康熙《天津卫志》卷二,"利弊",见天津市地方志编修委员会编著:《天津通志·旧志点校卷》(上),南开大学出版社2001年,第27页。
⑤ 《天津政俗沿革记》卷五,"户籍",见天津市地方志编修委员会编著:《天津通志·旧志点校卷》(下),南开大学出版社2001年,第25页。

天灾人祸的压力之下,穷困潦倒的华北农民不得不背井离乡,纷纷到津,谋求生路。尤其是随着外国资本主义入侵的步步加深和国内封建余孽的压迫,广大农村日形破产。相形之下,城市工商业的发展能够为这些破产的农民提供更多的生存机会,这导致人口的大量迁入,"因农村的破产,无以资生,群相麇集工业中心,谋求生路"①。

在近代天津的众多移民中,背井离乡流入天津的农民占迁入人口的绝大多数。他们不得不脱离原来的生产方式和居住环境,到城市谋生。如20世纪初,在天津北部,"村庄里大部分男人都到天津找活儿干,如果能找到活儿,他们都干得很好"②。尤其是遇到荒歉或兵灾,四乡男女老幼多来津乞食,"津埠四乡农民,既遭水旱偏灾,又受军事影响,以致生活极感困难,男子多半外出,另谋生业,妇孺老幼,则纷纷来津行乞,故津埠各街市乞丐,日渐增多,状极可惨"③。人力车夫中来自乡间的居多,"农村经济的破产,使广大的农民群众备受生活之鞭的驱使,不得不背井离乡,投奔都市里,而赤手空拳的农民,又找不到相当的职业,因此,除当兵外,只得拉车了"④。

许多纱厂雇佣的工人多是来自周边省县的农民,如在恒源纺织厂,工人籍贯以河北省各县居多,天津市的次之,外省的又次之,其来津原因"大半系年岁荒歉,乡居为难,不得不另谋生活"⑤。1929年,南开大学社会经济委员会在天津织布业5117名工人中选取了550人进行抽样调查。结果发现该行业学徒的生长地域与工人大致相同,织布业工人籍贯天津本市者仅有12人,不过占总数的4.5%,其余95.5%大都来自河北各县及其他省份。外省工人尤以山东籍为最多。然细察这些外来工人,"工人之身世,则多半出自农家,其趋驰津市,无非为谋生计焉"。这些人不再是城市的匆匆过客,不少人成为城市的开拓者和定居者,"此辈居留天津有年,在津成立家室者,亦所在多

---

① 《天津海关十年报告书(1922~1931年)》,见天津社会科学院历史研究所编:《天津历史资料》,第5期,1980年,第84页。
② Proces - verbaux des seancesdue Gouiemement proviso ire de Tientsn, p. 346。转引自周俊旗主编:《民国天津社会生活史》,天津社会科学院出版社2002年,第40页。
③ 《四乡贫民来津乞食》,《大公报》1927年7月31日,第7版。
④ 蔡斌咸:《从农村破产中挤出来的人力车夫问题》,《东方杂志》,第32卷第16号,1935年8月,36页。
⑤ 吴瓯:《天津市纺纱业调查报告》,天津市社会局1931年,第155页。

有"①。同时期,南开大学经济学院采用选样的办法对天津市针织业进行了调查,其结果与织布业的情况大致相同。在调查的113名工人中,仅有7人为天津籍,其余106人来自于河北其他县或山东、山西等地;而调查的220学徒中,仅4人为天津籍,其余216人多来自于河北省各县或山东、山西、安徽等地。学徒籍贯与工人大致相同,两者合计333人中,天津籍的仅有11人,占3.3%,其余322人占总数的96.7%为河北各县及外省务工者。"查学徒以农家子弟为多,此种去农就工离乡赴市之趋势,可为吾国工业化中最显著之现象。"②正是近代城市工商业发展的巨大吸引力,导致广大乡村农民不断涌入城市,谋求生存和发展,并成为一种时代趋势。

(三)以男性青壮年为主,文化素质低下

中国的近代化是一种后发外生型近代化,开埠较早的沿江沿海城市率先发展,如上海、天津、武汉、重庆等城市成为通商口岸后,发展迅速,至20世纪中期人口都已发展到百万以上,这种超常态发展表现为城市人口密度的急剧增加和城市人口结构的失衡,此种社会现象在清末已露端倪。

在近代天津的流动人口,城市贫民以单身男性为主体,男女性比例失失衡现象十分严重。有学者根据《天津县志》中记载的人口数字进行推算,天津1903年至1906年4年内中国城区人口男女性别比例分别为150.26、150.95、150.95和145.17,平均值为149.33。到1930年,男女性别比例攀升到170以上,1932年到达最高点179.61,此后性别比例开始有所回落③。

大多来自农村的男性青壮年,只身一人来津,花费少,易就业,也更能经受住波折。据1908年日人调查,天津城市中的拉水、挑水者,各类马车、人力车夫,各种搬运工人以及清道夫等,多是农村来的单身汉,他们生活极其艰苦,"几个或十几个共同借草屋居住","疲乏的身上盖着稻草,横躺竖卧,很快就鼾声四起;他们没有也不需要碗筷,一日三餐在外面充饥"④。

这些苦力,如北平、天津等地的水夫、粪夫等苦力,年龄多是30岁左右的青壮年,详见表2。又如,在塘沽久大精盐厂工作的"大部分工人,既是来自

---

① 方显廷:《天津织布工业》,南开大学经济学院,1931年,第77页。
② 方显廷:《天津针织工业》,南开大学经济学院,1931年,第72页。
③ 1903年至1906年的数字根据《天津县志》;李竞能《天津人口史》,南开大学出版社1990年,第207页的统计。
④ [日]东亚同文会:《支那经济全书》,第18,347—348页。

远方,年龄又在壮年"①。1935年天津市救济院5月份收容贫民共计249人,这些人中计21岁到40岁之贫民共有143人,占收容总数的57%,且"以冀鲁少壮贫农,及失业劳工,为最占多数"②。

表2 北平天津等地苦力年龄

| 地别 | 北平 | 天津 | | 杭州 | 嘉兴 | 芜湖 | 温州 |
| --- | --- | --- | --- | --- | --- | --- | --- |
| | | 水夫 | 粪夫 | | | | |
| 最大 | 56 | 60 | 40 | 60 | 60 | 60 | 40* |
| 最小 | 14 | 20 | 25 | 30 | 20 | 20 | 18 |
| 普通 | 24—35 | 30 | 40 | 30 | 35 | 25 | |

资料来源:实业部中国经济年鉴编纂委员会编:《中国经济年鉴》,第十五章《劳工》第一节《劳工状况》,商务印书馆1934年,第147页。

这些劳力者的文化构成一般比较低下,据1930年天津识字运动宣传委员对天津不识字人口的职业分布进行调查显示,不识字人口主要集中在从事低贱职业的城市贫民阶层,如无职业者、苦力、负贩等。文化素质低下,无技能,又无人脉,这就决定了其只能从事社会中一些低贱的行业,并长期在社会底层挣扎。

(四)无业、失业与暂时就业相关的不稳定性

1860年天津开埠通商,城市的经济职能在不断加强,这势必吸引着周围农村地区的人口不断向城市聚集,移民成为近代天津人口增加的主要因素之一。但是,近代天津城市的发展不同于西方的工业化带动城市化,而主要是商业的发展,工业数量较少,发展缓慢。更值得注意的是,天津近代工商业的发展一直饱受西方政治经济势力以及国内势力和观念的排挤和牵制,无法获得长足发展,这导致近代天津城市无法承载日益激增的入城人口的需要。这使得那些入城的成年男女虽有工作的愿望,但却少有合适的就业机会,因此大量移民常处于无业状态,"中国的失业问题如与西方相比,算不了严重。中国真正的严重问题与其说是失业问题,毋宁说是无业问题"③。

表现在人口质量结构上,职业结构畸形,无业人口比重较大,这是近代中国城市人口的一大特色。根据天津市社会局的1928年至1930年五区八

---

① 林颂河:《塘沽工人调查》,北平社会调查所出版,1930年,第42页。
② 《救济院收容贫民数》,《益世报》1935年6月17日,第5版。
③ 何德明编著:《中国劳工问题》,商务印书馆1937年,第159页。

乡及三特区市民有无职业统计表中可以看出,1928年天津共有939209人(不包含租界,下同),无职业人口为354100人,占人口总数的38.77%;1929年有人口955075人,无职业人口348932人,占人口总数的36.35%;1930年有人口937053人,无业人口为329344人,占人口总数的35.15%①。到1937年抗战前,据《天津市政府公报》统计,天津共有人口108万余人,无业人口65.7万人,占人口总数的60.79%②。1937年与1928年相比,天津市无职业人口增长了32.7万人,增加了25.64%,无职业人口的增长比例远远大于迁入人口的增长比例,这就意味着,迁入人口中有相当一部分未能迅速转变为职业人口。

同时期,1928年在津的外国人为1923人,其中有职业的为1743人,占在华外国人口的90.65%;无职业的为180人,占在华外国人口的9.35%。1929年在津的外国人为2519人,其中有职业的为1852人,占在华外国人口的73.52%;无职业的为694,占在华外国人口的26.48%③。与1928年相比,天津的外国人增加了近600人,但是无业人口却增加了514人。从就业率来看,不管是在津的华人还是外国人,都有所下降。上述统计不排除执政者出于维护社会稳定和政绩的考虑,人为调高职业人口数字的可能,在统计口径上也可能对有职业人口的认定较为宽泛,导致有职业人口数字偏大,无职业人口偏小。

大量农民、难民背井离乡,涌入城市后,从事繁重低贱的体力劳动,如人力车夫、码头苦工、仆役、小贩等。诚如吴至信所说:"离村农民到都市中最可能之出路,莫若充作苦力。"尽管如此,"因交通之进步,运输工具之发展,苦力在社会上之地位,日渐淘汰"④。此外,由于西方先进技术的引入,许多非技术职业,如铁匠、手工裁缝等,由于交通工具的改进和成衣工厂的出现而大大减少。这样,大量劳动力在一定区域内争夺有限的非技术工作,势必造成就业难的局面。而这些贫民由于没有文化和技术,在竞争中处于不利地位,因而经常处于一种失业状态。这一方面加重了原本棘手的城市失业问题,另一方使这些失业者的生活陷入更加贫困的境地,更衍生出其他一系

---

① 吴瓯主编:《天津市社会局统计汇刊》(户口),天津社会局,1931年。
② 《天津市政府公报》,第98期,"统计",1937年3月。
③ 吴瓯主编:《天津市社会局统计汇刊》(户口),天津社会局,1931年。
④ 吴至信:《中国农民离村问题(续)》,《东方杂志》,第34卷22—24号合刊,1937年,第96页。

列的社会问题。而且,一些人有幸获得了工作,也常有失业之虞。如在地毯业,工厂及作坊之工人,"多雇于营业活动之时,一至营业停滞,即行解雇,年终生意清淡,厂坊工人,多被辞退"①。

20世纪30年代以后,天津城市社会发展受到政治、经济诸方面影响较大,尤其是在九一八事变后,为逃避战乱,军阀、官僚、政客和寓公纷纷携眷南逃。日本经济势力的增强,使得民族工商业发展举步维艰,纷纷倒闭歇业,失业人口剧增。1931年,天津市自治区联处奉社会局的命令,对各区失业人口进行了调查,仅第一区就有30790人②。一区的状况在津市各区中并不是最坏的,其他各区更可想而知了。1932年,因种种关系,各商号陷于勉强维持的状态,至旧历年关时,各商号结算盈余,结果全市商界十有八九均赔累不堪,纷纷歇业,或缩小营业,裁汰店员,以弥补亏损,结果导致全市失业店员不下5000人③。

可以说,不仅天津,近代中国许多城市的劳动者一直处于失业与无业的交困状态中,失业问题成为近代中国一个严重而又危险的社会问题,"失业问题,不但在劳动中为一不易解决之问题,并且是社会问题中一个中心问题,也就是社会问题中一个最险恶的问题"④。甚至有人认为,中国社会只要失业问题解决了,整个社会问题也就解决了一大半——"中国目前的主要问题,便是这个普通的失业问题。只要解决了这个问题,就可以说是解决了中国问题的大半"⑤。

## 三、余论

近代天津的城市化是在外力压迫下被迫启动,与西方相比,城市化总体水平不高,是一种工业化"低度发展"的城市化,且带有浓厚的殖民色彩。自1860年开埠后,城市化进程启动,城市工商业获得一定发展,城区范围不断扩大,城市人口迅速增加。20世纪以后,"新政"的推行和民国政府奖励实业

---

① 方显廷:《天津地毯工业》,南开大学社会经济研究委员会,1930年,第61页。
② 《失业人数之可惊》,《大公报》1932年1月1日,第7版。
③ 《衰颓之天津百业凋敝》,《大公报》1933年1月30日,第7版。
④ 李平衡:《如何解决无业与失业的问题》,劳动月刊社发行:《劳工月刊》,1卷4期,1932年7月,第11页。
⑤ 傅筑夫:《中国社会问题之理论与实际》,百城书局1935年4月,第198页。

的措施,为民族工业的发展创造了有利条件,天津进入城市化快速发展时期。到1930年前后,天津已成为中国第二大工商业城市。30年代以后,世界经济大危机的蔓延,以及日本侵华的影响,致使天津的民族工业呈现缓慢发展的态势,天津城市化进程进入缓慢发展时期。

天津的城市化、现代化进程和农村生活环境的逐渐恶化,吸引着众多破产的农民进城,而在一定程度上依据管理技能、生产技术、知识文凭等构成的城市职业和社会分层,又将大部分进城者析离为边缘群体,形成了数量庞大的贫民阶层,并具有中国近代城市贫民阶层的各种特征。这些时代特征不仅体现着近代社会变迁的现实基础,也制约着城市贫民阶层对城市生活的参与程度。

(《城市史研究》2012年第28辑)

# 近代天津城市的塑形①

[美] 贺萧 著 任吉东 译

亚历山大·米琪(Alexander Michie),一位19世纪旅居天津的西方人,给我们留下了一幅关于天津城市和居民栩栩如生的描绘:

天津是中国最肮脏、最令人厌恶也是最繁忙的北方港口城市之一,这里的居民被普遍认为是帝国中最蛮横、最富于掠夺性和最无道德的国民,以至于几个世纪以来,甚至在今天(1888年),本省、京城和邻近的省份还经常有这样的布告:天津人禁入。在其他的城市里,一些不明案件也通常被认定为是天津暴徒所为。然而,他们同时也被认为是精明的商人,像一句北京俗语说的那样,十个京油子抵不上一个卫嘴子,但是在很多方面,只从丑陋的外表来看是会受骗的。虽然街道总是泥泞,在数小时的大雨后便无法通行,然而在清晨和黄昏之间,大街上牛板车、马车、手推车来来往往,络绎不绝。而且,也有数量众多的奢华豪宅;这里还有一个庞大而有影响力的官方团体,会馆声名显赫而势力强大,拥有让帝国其他城市汗颜的又多又好的义务慈善机构,如育婴堂、贫民院、救济院、施粥厂等等②。

天津位于低洼的沼泽地带,一条弯曲的、变幻莫测的河流贯穿其间。这里经常发生水灾,在坏时节受灾于蝗虫,在好时节受困于蚊虫,并不能算是

---

① 本文节选自贺萧(Gail Hershatter)《天津工人,1900—1949》(the Workers of Tianjin,1900—1949),是该著作的第一章《近代天津城市的塑形》(the Shaping of Tianjin),加利福尼亚:斯坦福大学出版社,1986年,第9—24页。贺萧,女,美国斯坦福大学博士,现任美国加利福尼亚大学圣克鲁斯校区历史系教授、文化研究中心主任,长期从事文化史、劳工史、妇女史、性史和女性主义理论的研究。本文译者感谢作者对翻译的授权。

② 米琪(Michie),载《中国外埠居留记》(马克里希 Mcleish,1917),转引自雷穆森(O. D. Rasmussen):《天津插图本史纲》,天津印字馆1925年,第37页。19和20世纪的西方居留者称这座城市为Tientsin,在中华人民共和国所采用的拼音系统中被拼写为Tianjin,本文除了引用1949年以前的西方资料外,采用后一种拼法。

一个理想的城市居所。一直到明代（1368—1644），它还主要是一个谷物、食盐的运输周转中心和战略防区。作为北京的门户，天津曾于18世纪受到外国使团的造访，而在19世纪遭遇外敌的侵略。1860年开埠以后，随着九个列强在此建立各自的租界，天津成为一个具有分裂性的集合型城市，城市的范围进一步扩大，郊区变成工业区。到20世纪30年代，天津的外贸额仅次于上海，已然成为华北地区最大的工商业中心。

城市的地域发展作用于城市的人文景观，在这种意义上，天津分裂成彼此离散的部分很能说明问题。这是一座被分割的城市。外国人、本国官员、军阀、买办（受雇于外国商人的中国雇员）、小商贩和帮会各自都有自己的势力范围，他们之间关系错综复杂，而正是这些统治集团的独立性给予了天津经济自己独特的品质。

天津经济碎化为各自独立的部门，各部门则受制于多样化的统治集团，这种因素深深地影响了工业的发展。资本本身四分五裂、盲目扩张，一些成功的权势人物不断投资中型或大型工业，但却没有出现稳定的企业家团体，这就使得工业发展始终处于资金缺乏的困境中，同时也极易受到城市政治格局的影响。

当地经济的支离破碎也表现在其他方面。作为因港口贸易急促发展的后果，天津的企业参差不齐、规模不一。各种船泊机械和出口加工的设施沿着海河两岸顺次堆积，大型的机器棉纺织工厂与个体的私人作坊并存，一系列旧式金融机构林立，并没有从小规模经营向现代化体系转化的迹象。

天津的本土历史以及他本身简短的资本发展历程鲜有研究，这种背景对于工人阶级的形成至关重要，城市本身的分离化状态以及华北农村经济的整体萧条，使得这座城市长期受困于政治与经济的不稳定。

## 一、天津的环境

经历数世纪形成的华北平原，受到地壳运动的影响和多条河流泥沙的冲刷铺垫，逐渐海退陆进。天津位于这个平原的东北角，北京东南100公里，该地区方圆100公里，仅仅处在海平面以上，完全被水所浸泡，如浅湖般的洼地被沼泽茂密的芦苇围绕,匮乏的排水系统到近代仍是一个突出的问题①。

五条河(大清河、南运河、北运河、子牙河和永定河)在天津汇入海河,并在大直沽顺流入海。它们带来肥沃的土壤和危险的洪水,尤其是在降水量集中的6月至8月份,这期间,天津将迎来全年降水量的75%。在1917年的洪灾中,两个夏季台风洗劫了该地区,所有5条河流的堤坝最终崩溃,直隶省15000平方英里遭受水淹,600余万人无家可归②。当时在天津的一位英国人描述道:

> 租界浮在一片汪洋之中,如果再有山脉做背景,就如同北戴河海滨和威尼斯一样了。当风大时,激起的波浪不时重重地撞击着特雷沃·史密斯宅邸的后墙。当9月下旬洪水初至时,可以看到各种各样的小动物、蛇类,甚至还有家畜在水中游泳,或者栖息在树上、坟上和墙头上。

> (在这种境况下)农民们乘着木船,企图在水下收割,以挽救他们的一些收成。他们中的年轻人穿着单薄的衣服,手里拿着镰刀,潜入10英尺左右的清澈的水中直到水底,砍断几根茎杆,然后浮出水面,他们用这种费力而又缓慢的方法,抢救了一小部分作物③。

天津潮湿多雨的夏季后,是简短的秋天和漫长阴冷的冬天。河流从11月底结冰直到2月,降雪很少。寒风毫无阻挡地从西伯利亚横跨毁林严重的华北平原,一句天津流行的俗语这样警告冬天的危险:腊七腊八,冻死两仨,一首更广为人知的谚语把冬至到春分按照九天一组,分为十组:一九二九不出手,三九四九冰上走,五九河开,六九燕来,七九八九河边看柳,九九加一九耕牛遍地走④。

但是,当春暖花开的时候,风也会随之增加,挟裹着沙子、小石子和树枝扶摇而上。

---

① 在5000年前的新石器时代,天津附近的海岸线比现在向西50公里。从1957年开始,考古学者已经发现了海岸线前侵遗留下的四个连续贝壳堤。见天津市历史研究所天津史研究室编《天津简史》,天津市历史研究所,1979年;1980年10月21日和李世瑜的座谈,他发现了其中一个原始的贝壳堤。

② 全年的降水量是560毫米。鲍觉民:《天津之气候》,《经济周刊》第44期(1933年12月27日)。从明代到1949年,在天津有记载的水灾达72次,参见乔虹:《明清以来天津水患的发生及其原因》,《北国春秋》第3期(1960年7月),第86—95页。

③ 雷穆森(Rasmussen),第292页。

④ 感谢王玉凤和卢新民各自给我写下了这两首短诗。

最后的祸害是昆虫。马嘎尔尼爵士（Lord Macartney）在1793年乘船路过天津前往北京的途中，抱怨他的团队"烦恼于蚊蠓的肆意叮咬，惊愕于蝉虫的日夜喧闹"①。而当地农民更关注的是季节性的蝗虫灾害。一位1655年访问天津的荷兰人写道：

> 人们通宵达旦地群起抵御蝗虫，保卫庄稼，每到这个时候（6月份），蝗虫就会伴随着东风在炎热的季节里如约而至，一旦它们飞临，数小时内就可以吃光眼前的一切。为防御这些害虫，当地居民在田间地头挥舞彩色的旗帜，一刻不停地叫喊，把这些蝗虫驱赶到海里或河里淹死。②

虽然处于这种恶劣的环境里，人类还是自从新石器时代就在此地繁衍生息③。到了宋代，为抵御来自北方的侵略，这里设立了大批防御工事。"天津"的称谓确定于明朝初期，当时统治者在此建立了天津卫，这个名称来源于未来的永乐皇帝曾经在这里渡过海河，因此得名天津或天子渡口④。

可能是鉴于它在军事上的重要地位，天津一般被简称为"卫"，一则流行于清代的带有讽刺意味的民谣这样描述北京、天津和保定的居民：京油子、卫嘴子、保定的狗腿子⑤。

显而易见，天津卫快嘴子们的天赋使他们擅长于商业运作，至少在中唐（618—906），坐落于运河关口处的天津已经成为来自南方的谷物和布匹的重要转运点。清代以降，漕运经天津运抵京城，在18至19世纪通过这些帆船船队，天津与上海、福建和广东开展贸易，他们带来的不仅仅是谷物，还有外国商品和外国鸦片。内地商人在天津出售他们的货物，用赢利买进鸦片。在鸦片战争前，天津是鸦片进入华北地区的物流中心。食盐的生产和储存是另一项大宗的商业活动。在清代早期，长芦盐运司移驻天津，富有的盐商

---

① 格林姆·宾（Cranmer-Byng）、约珥（J. L.）编：《一个出使中国的使者：马嘎尔尼访清期间手记（1793—1794）》，朗文出版社1962年，第82页。

② 约翰·纽霍夫（John Nieuhoff）：《荷兰联邦东印度公司使节哥页和开泽阁下在北京晋见大鞑靼可汗（顺治）》，载约翰·皮克特（John Pinkerton）编：《世界各地最完美最有趣的航海和旅行经历选编》，朗文出版社1811年，第7卷，第257页。

③ 除非另外注明，下文关于探讨早期天津的资料均来自天津市历史研究所天津史研究室编《天津简史》，天津市历史研究所1979年，第1—25页；田宏时：《天津概述（1919以前）》，《天津历史资料》第3期（1965年3月1日），第1—13页。

④ 埃伯哈德（Eberhard）、沃尔弗拉姆（Wolfram）：《中国历史》，伯克利：加利福尼亚大学出版社1977年，第266—267页。

⑤ 我很感激卡尔·克鲁克（Carl Crook）第一次向我提及这段俗语。

从17世纪开始纷纷落户津门①。

天津的职能就如同是该地区的谷仓和盐场,出于保卫这个战略性转运中心的需要,城内政府部门激增。在18世纪,该地区所有的省县级衙门,如盐运使、漕运衙门都驻居天津。持续增长的官僚阶层的需求和富商阶层的消费刺激了小商品的发展。同时,长途贸易受到山西金融家所运作的缜密的汇兑业务的资金支持②。士兵、谷物、食盐和以上所有的贸易构成了天津早期的经济格局。

## 二、1816年的天津

一位在1860年开埠之前访问天津的外国旅行者很有可能会坐船直达大沽,然后在沿海地区改乘帆船逆海河而上③。因为通过这条蜿蜒的河道需要花费两天的时间,因此他有足够的时间欣赏郊区两岸"用泥坯筑墙和芦苇铺顶的棚屋"④,高粱、谷子、四季豆和水稻一直种植到河边,黄瓜、西瓜、苹果、梨、李子和桃也能在岸上见到。沿着堤岸,当地的居民用高粱秆的顶部编成垫子,而根部则用来充当燃料和加固河边的松土。

当帆船抵达天津城,如金字塔般15米高的盐垛沿着岸边一字排开,上面

---

① 参见顾琳(Linda Grove):《华北传统商人和现代资本家之间的管理实践》(未刊稿),其中包括关于天津长芦盐商的研究。

② 这套系统发起于天津,当时一个商人从四川购买染料不得不支付白银,从天津向内地运送白银既笨重又危险;汇兑系统使得携带纸质汇票作为代替品成为可能。这些山西票号直到19世纪末仍在天津非常普遍。山西商人在天津还经营绸缎、毛皮、茶和干货以及当铺。更多关于天津的山西票号研究,可参见杨连陞:《中国的货币与信贷》,哈佛大学出版社1952年,第82—85页。关于其他国内票号,参见《天津文史资料选辑》(下文简写TJWS),第20辑(1982年8月),第90—168页。

③ 接下来关于天津的两段综合描绘鉴于以下的资料:亨利·伊礼士(Henry Ellis):《新近出使中国记事》,费城:A.斯懋,1818年;乔治·司当东爵士(Sir George Staunton):《大不列颠国王使节谒见中国皇帝纪实》,第1卷,费城:约翰·博伦,1799年,第279页;1980年2月24日鲍觉民带领顾琳(Linda Grove)和我对天津的游览;王秀顺、张高峰:《天津早期商业中心的掠影》,《天津文史资料选辑》第16辑(1981年8月),第61—73页;1981年5月与徐景星的研讨;我两年的天津经历。另外的出版资料将在引用时说明。

④ 司当东(Staunton),第256页。

盖着毡布防雨①。城市的入口平淡无奇，留给人的印象仅仅是"河口地区逐渐增长以致无法计数的帆船，庞大的人口，建筑物更谈不上美观，毫无特色"②。

外国人的罕至导致他们的到来不可避免地成为一个公共事件。成百上千的天津市民站在水中以便更近地靠近船只观摩外国人，而另一些人则爬上了盐坨的顶部。和1816年阿美士德爵士使团（Amherst Mission）一起到访天津的亨利·伊礼士（Henry Ellis）惊呼"从未想象人头能够如此近地紧贴在一起，他们彼此就像用螺丝固定在一起，但仍没有足够的空间来观察"③。外国人在如此冗长的围观队伍中进入城市，以至于感觉天津的长度如同伦敦那样④，花费了大约两个半小时才从第一排外围房子到达东门外的抛锚地。

在抛锚地，外国人很难判断河流终自何处，岸边始自何方，因为拥挤不堪的帆船使得河面都不可见。那里甚至有一座船只搭成的浮桥，"是为了方便行人，但却不得不时常分开以便于渔船从中间驶过"⑤。成千上万的渔民和他们的家庭长期生活在这些船上，绝大多数人沿着内河航线贸易而不是从事海运。

当访问者登上岸后，很快就会得到这座城市商业生活直观的印象，大部分商人生活在城外的北边和东边，以躲避城墙内的沼泽湿地和统治这片城池的官吏的掠夺，他们的房屋有一部分"是临街的店铺，用于出售日用百货，或用作手工作坊"⑥。

这些住宅"大部分用砖头盖造，呈现一种铅蓝色。少部分是红色的，而最小和最贫穷的住宅则呈现浅棕色，后者赤裸裸地曝晒在太阳下"。房子通常只有一层，偶尔会有两层的，但室内的部分只能猜测，因为他们"临街的部分被高墙圈起，甚至在大门敞开时，也会有一道石头做的影壁挡在入口处，其宽度恰恰可以挡住窥视的目光"⑦。无论建筑如何辉煌，唯一的水供应只能来自于流动的水贩，而卫生条件如此之差，以至于一位来自伦敦（这个时代也不太干净）的访问者感到"我们的嗅觉从未感受到如此强烈的恶臭，以

---

① 格林姆·宾（Cranmer-Byng），第83页；司当东（Staunton），第278—279页。
② 伊礼士（Ellis），第69页。
③ 伊礼士（Ellis），第69—70页。
④ 司当东（Staunton），第276页。
⑤ 司当东（staunton），第268—269页。
⑥ 司当东（staunton），第276页。根据需要对转载的原文做了修改。
⑦ 伊礼士（Ellis），第155页。

至于再回到纯净的空气中时我们的嗅觉将有可能丧失掉"①。

　　漫步在城外的海河西岸,探索者置身于一个遍布药房、肉店和米铺的地带。很多商店出售不仅一种商品,最常有的食物是"一种貌似鱼子的黑色块状物,事实证明是豆腐、盐、再添加上其他添加物的混合品"②。

　　在老城的东北角,探索者可以顺着东面城墙边的小路蜿蜒前行,这条路虽然狭窄,却是铺有大石头的正式官道,它通往更加拥挤的北庙大街(宫北大街)。给予这条街道名称的庙宇祭祀的是水手保护神,即天上的皇后(天后)③。它始建于1326年,位于海河西岸,以便于逆流而上的水手能够对她一览无遗。在前面有25米高的两个旗杆,旗帜飘扬激励着远道而来的水手。

　　通往天后庙的道路很短,但有时会因为人群拥挤而无法通行,尤其是在每年春季的年会期间。每年的天后诞辰日,她的塑像会从庙中抬出在大街上游行。伴随着高跷、花车、舞狮、装扮成八仙的艺人,以及携带红带子求子的妇女们。绝大多数天津居民都会参与这次盛大的游行,逛逛同时举行的庙会市场,因为官府此时有专门的税收豁免,满载货物的轮船甚至来自于遥远的天后诞生地福建。

　　参加完盛典,外国客人可以顺着宫北街原路返回,路过城市最大规模的金融汇兑银号聚集区。在东北角城墙根的后身,他可以右转进入北门里,顺着锅店街直到估衣街,然后到达河北大街的南线。估衣街是专门从事药品、衣服和丧葬用品,包括寿衣和头枕、脚枕。

　　在这里向右转的话,花上几天的旅程就可以到达北京,但向左小跑一阵就可以获得更多的即时实惠:光临耳道炸糕店(耳朵眼炸糕铺)。这个倒胃口的名称不是来自于炸糕本身,这种炸糕有着甜甜的红豆沙馅,而是来自于店铺旁边的胡同,这个胡同如此狭窄以至于居民把之比喻成耳朵内部。像许多位于此处的其他商铺一样,炸糕铺也是由穆斯林经营的。他们的社区以城市的西

---

① 伊礼士(Ellis),第154页。
② 伊礼士(Ellis),第155页。
③ 天后被认为是宋朝初期诞生于福建沿海的莆田,到987年她被当做管辖旱涝、船只、瘟疫、生男孩的神仙所崇拜。在她出生地的近海地区最早开始把她与水手联系起来。南宋以后,她的影响进一步扩大。元代随着南方谷物海运政策的实施,她成为海员最高的保护神,其他的职能消退。后来她的职能扩大到对儿童的保护和对天花的预防。随着蒸汽轮船的问世和航海安全的增加,她又成为生育男孩的专神。于和年:《天津天后考》,《河北月刊》第3期(1935年),第6—7页。

北角为中心,清真寺和众多的羊肉铺使得他们与城市其他地区泾渭分明。

向北折回,探索者会经过针市街和竹竿街,里面充斥着奔忙的商家和买家。稍走几步,他就会来到南运河,在那个时代仍然挤满了从事内河航运贸易的帆船。如果他足够强壮的话可以继续沿路而上,大概十五分钟后会到达北运河。对于毫不知情的他来说,他会路过右侧一个名叫三条石(三个石板)的长条地带。这块与码头仅有一些小河船相连的地带,后来成为天津最著名的金属铸造业基地。

但是对于羸弱的远足者来说,他会在南运河处返程回到北门。沿着城墙左转,在那里就如同一位1739年的访问者描绘的那样"光线透过高高的云层照射在朱红色的栏杆和白色的墙堞上"①灿烂发光。从那里他可以毫不费时地回到东北角,然后可以安全地通过拥挤不堪的泊位返回他的船上。

甚或没有参观城墙内那些狭窄的胡同,访问者已经涉足了天津大部分商业繁盛的地区,观察过那些水手和掌柜们,他就可以相当自信地告诉同船伙伴他已经见过天津最重要的经济部门的运作情况。但是老天津将很快就被更大更复杂的城市,一个各种新兴群体共存冲突的通商口岸所替代。

## 三、通商开埠的天津

20世纪天津的到访者会发现一个显著变化了的城市。战败的清政府在1860年10月第二次鸦片战争结束后签订了《北京条约》,其中的一个条款把天津列为通商口岸,在随后的90年天津完成了蜕变。天津的人口从1860年的6万稳步地上升为1947年的170万有余。到1927年是中国第五大城市,到1935年跃升为第三大城市,1947年则变成第二大城市②。

---

① 汪沅曾,载《天津日报》1980年3月9日。
② 从1860年到1937的人口,不包括外国租界,可以参阅《中国经济公报》第3期(1937年3月),第20页。从1938年至1947年的数字采用天津市政府统计处编《天津市主要统计资料手册——第二号:工商专号》,天津市政府统计处编印,1948年,第2页。1927年至1939年外国租界的人口来自于《中国年报》,1928年,第915—916页;1931年,第73—74页;1935年,第347页;1939年,第158—159页;天津日本商会:《天津工商业指南补遗》,天津日本商会,1939年,第7页。1927年天津排位于武汉、上海、杭州、广州之后;1935年排名在上海和北平之后;1947年仅排在上海之后,后面依次是北平、广州、沈阳、南京和重庆。

数量微小但意义迥异的新居民是外国人,他们跻身于从1860到1902年期间外国列强索取和建立的天津九国租界里。在他们充满活力的管理下,海河两岸的村镇成长为天津的经济中心,而老城则成为商业弃地。

但是,中国人也在建设现代天津中扮演着积极的角色。具有现代化思维的清朝和民国官员建设了河北区和红桥区,商业资本家在老城东南开发了商业中心,运输大鳄们掌控了沿岸的仓储并划分街区作为各自的势力范围,工人们蜂拥而进郊区的工厂和内城的作坊,艺人、妓女和小偷们在南城各展其能。

1930年的天津过于庞大而不易步行穿越,绝大多数居民也没有尝试的念头。外国人和富裕的中国人很少涉足租界以外的地区,店主很少有机会离开市中心,各行业的学徒都不允许离开他们的作坊。对于工厂工人或新来寻找工作的农民工而言,天津的边界被家族和同乡的网络以及工厂的围墙所划分。甚至流动的货物搬运工也不会逾越他的行会所控制的领界,除非他预谋挑战其竞争者。地理和社会结构形成了牢固的壁垒,很少有天津居民能够通览天津全貌。

1930年的外国访问者可能会希望游览组成天津的各个形形色色的城市社区。因为城市的急速扩张,这次经过的区域几乎不会和1816年的相重合,而正是在边缘区域,大多数新的城市建设者建造了他们的住宅,也正是在这里天津工人阶级雏形渐成。

类似于一个世纪前的前任,1930年的探险家可以从海河岸边开始他的旅程。这条河流既促进又阻碍了天津的发展,它的促进作用在于整个华北地区只有天津能够轻松地从滨海到达并且便利地连接内河航道,它的阻碍则表现在易冻和定期的淤泥堆积以至于阻滞航运①。

从20世纪第二个十年开始,每年冬天会有破冰船在河中使用作业,而淤塞问题则更难解决。一个中外联合的海河工程委员会(HaiRiver Conservancy Commission)成立于1897年,致力于疏通河道。但是到1927年再次淤塞直

---

① 钱塘江以北除了山东半岛以外的中国海滨几乎全是沙地,这里没有多少优良的港口。南运河、北运河、大清河和子牙河在20世纪前半期全部用做内河航运;永定河的深度仅仅适合小船。鲍觉民:《天津港口发展之地理背景》,《经济周刊》第77期(1934年10月22日)和《天津之气候》;雷穆森,第103页。1949年以前治理海河的描述参见冯国良、郭廷新:《解放前海河干流治理概述》,《天津文史资料选辑》第18辑(1982年1月),第25—38页。

至仅12英尺深,甚至于小吨位的蒸汽船都无法在如此浅的航道通行,所有的船只不得不在塘沽卸货而用驳船运送①。

不过,显而易见的是城市仍然沿着海河两岸发展起来。最早的租界(英国、法国和美国)沿着海河西岸不到四分之一英里宽的长条地带建成发展。在施工建设以前,"英国定居点是一片长条的菜园,点缀着肮脏的泥土房和无处不在的高粱和水坑"。法国定居点更不容乐观,"这片可怜的地段到处是水坑、白菜园、堆放水果和蔬菜的暖窖,而且那儿的人也是一些暴徒、罪犯之流"②。

在随后的70年,紫竹林,这片并不如画的地区,变成一处洋行、海关和出口加工工厂经营下的繁忙的码头和仓储中心。在世纪之交,新一轮的租界割让增加了北边的日本定居点和南边的德国定居点,和他们相对的是海河东岸的奥匈帝国、意大利、俄国和比利时租界。

旅行者可以从租界的最南端开始他的探险。虽然海河两岸开发建设远远不如上游地带,天津六大棉纺厂中的四个以及一系列小型的啤酒加工厂已经在这里建成,从华北周边村镇外来务工的农民工在东南郊区如小刘庄、何家口、西楼和东楼建立了平房定居点,没有进厂务工的已婚妇女在家加工羊毛出售给商贩。在海河东岸和略微靠北的河东地区,烟草工人以及许多工友在此安家落户,向南的下流地区是盐田,在20世纪仍然出产良多。

海河西岸的一些街区是主要的干道,在不同的租界有着不同的名称。在前德国租界曾经有德皇威廉大街(Kaiser Wilhelmstrasse),在一战后被改名为伍德罗·威尔逊大街(Woodrow Wilson Street),朝北大约20分钟的路程就来到维多利亚路(Victoria Road),这是英租界的荣耀之地,也是天津最重要的商业地区。

许多英租界的街道和建筑是以在中国"开放"中出人头地的人命名的。埃尔金大道(Elgin Avenue)、巴克斯道(Parkes Road)和内比尔道(Napier

---

① 刘谷厚:《天津工商业的鸟瞰》,《社会月刊》,第5、6合辑(1929年12月),第3页;王怀远:《旧中国时期天津的对外贸易》,《北国春秋》第1期(1960年1月),第85页;鲍觉民《天津港口发展之地理背景》,《经济周刊》第77期(1934年10月22日)。

② 殷森德牧师(John Innocent),载《中国时报》1890年,转引自雷穆森,第37—38页;米琪,载《中国时报》第3卷,1888年,转引同上,第44页;租界放弃、扩张和归还中国的日期参见贺萧(Hershatter):《天津工人阶级的形成,1900—1949》,博士论文:斯坦福大学,1982年,第458页。

Road)与用母国的城市(伦敦、剑桥、温莎、格林威治、利默里克、牛津)以及一些在亚洲有影响的英国附属地(香港、新加坡、科伦坡、广州)来命名的街道参差相间。英国市政厅(British Municipal Council)所在地戈登堂(Gordon Hall),就是以查理将军"中国戈登"(Gordon)命名的。戈登曾协助镇压过太平天国叛乱和后来开辟规划了天津的英国定居点。戈登堂位于维多利亚花园(Victoria Park),"这里是天津上层人士的夜晚休闲胜地,有乐队的定期演出,如果天气晴朗的话通常是6到8点钟"①。

马场道(Racecourse Road)西南方向就是跑马场和乡谊俱乐部,它的显著标志是一款用弹簧做底座的拼花木地板。寻求娱乐的外国人按照他的财力和兴趣还有其他的选择:与维多利亚花园呈对角线的是为商人准备的豪华的红色砖房——天津俱乐部(Tientsin Club),大沽道上的酒吧则是为驻扎在天津的外国部队服务的,向西跨过几个街区的帝国剧院(Empire Theatre)是为家庭休闲而设的,在美国军营旁边的妓院则是为了那些寻欢作乐者。当然还有起士林(Kiessling),一家兼有德国式糕点和菜品的餐厅,满足那些寻找美味糕点和丰盛炖菜的居民们。

但是天津经济生活的中心在于维多利亚路和其附近,往西不到一个街区就是坐落在咪哆士道(Meadows Road)上的富丽堂皇的具有希腊古典复兴式廊柱风格的开滦煤矿矿务局,外国人在华北最大的投资之一。稍微向北一直到法国租界内的是众多的银行,它赋予了维多利亚路另一个昵称:"华北的华尔街"(the Wall Street of North China)。这条街上有汇丰(Hong Kong and Shanghai)、横滨正金(Yokohama Specie)、华俄道胜(Russo - Asiatic)、中美商业银行(Chinese - American Bank of Commerce)、东方汇理(Banque de I'Indochine)、法国华侨储蓄(I'Epargne Franco - Chinoise)、华比(Banque Belge pour I'Etranger)等多家银行。

还是在这条街上,旅行者可以看到《京津泰晤士报》(Peking and Tientsin Times)的总部,该报纸是1902年创刊的英文报纸。到1902年天津已经有13家外文报纸,包括五份英国的,一份美国的,一份法国的和四份日本的报刊。

---

① 德雷克(Drake)、尼尔·菲尔德(Neah Fields):《地图简解》,出版者不详,1900年,第3页;《北平和陆路交通》,上海:托马斯·库克(Thomas Cook),1917年,第121页。关于天津租界的发展,见《天津文史资料选辑》第9辑(1980年6月),第1—53页。这一期间英国租界的生活记忆见赫西(Hersey)、约翰(John):《归来》,《纽约》1982年5月10、17、24、31日。

*1211*

几份主要的中文报纸,一些由外国人创办,也把报社设立在租界里,在那里他们可以相对自由地评论中国的政治事件①。外文报纸反映了外国社区与本土环境之间的隔阂,报纸只报道发生在母国和租界内的有趣的政治和社会新闻,而对中国事件大部分摘抄自中国的新闻报道。

外国人居住在远离主要商业干道的幽静小巷中,大部分依靠贸易和相关活动——航运、巡警、金融和出口加工——维生,有一些服务于提供租界水电的公用事业公司,或者就业于比利时电车公司。一些外国人在天津久居,他们建造了精致的房屋和花园,把孩子送入外国人开办的学校,每五年休假一次。很多人生活得要比在家里时舒适得多。一位外国居留者回忆:"你可以仅仅是银行的一个小职员就能够拥有几匹矮脚马。"②

但是并不是所有的外国人都从事贸易。一些没有足够资金来源的初来者只能从事中介或甚至粗重工作,直到他们积累到足够的资金从事自己的事业。在海关年报中,天津是一座创造财富的城市。许多沿着维多利亚路的建筑出自所罗门·加拉蒂(S. B. Talati)之手。索罗门·加拉蒂是一位印度人,20世纪早期一贫如洗地来到天津,他的经商始自于为外国驻军提供食堂,后来迅速转向房地产业并积累了巨大的财富。另一群移民是来自俄罗斯的犹太人。他们在十月革命后来到天津,定居在英国租界一个名叫小白楼的角落里,乐衷于皮毛贸易,建立了自己的犹太教堂和商业俱乐部③。

除了人口稠密的日本租界外,外国人居住区要比中国老城和邻近的地区更为宽敞。富裕的中国官员和买办也被吸引到租界居住,不仅仅是这里免受拥挤之苦,还因为在持续动荡和战乱频繁的时代,外国人的地盘有着相对稳定的政治局面。中国公司的分支机构、高级中国管理人员、政府官员也

---

① 天津最早的外文报纸是《中国时报》,发行于1886至1891年。更多关于天津新闻出版的资料可参考雷穆森,第109—111、259—263页;阿尔伯特·福伊尔沃克(Albert Feuerwerker):《二十世纪初外国企业在中国》,安阿伯:密歇根州大学中国研究中心,1976年,第109页;阿诺德(Arnold)、朱琳(Julean):《中国商业手册》第一卷,华盛特区:政府印刷办公室,1919年,第312页;王云生、曹谷兵:《英敛之》以及最近的三篇文章,见《天津文史资料选辑》第18辑(1982年1月),第39—110页。
② 1980年12月7日采访伊斯雷尔·爱泼斯坦(Israel Epstein)。
③ 《天津文史资料选辑》第3辑(1979年6月),第106—114页;1980年2月7日访问伊斯雷尔·爱泼斯坦(Israel Epstein)。关于非犹太的俄罗斯人在天津,见杜利军:《白俄在天津》,《天津文史资料选辑》第6辑(1980年6月),第150—177页。

居住在这里,所以本地区的人口规模也随着这些外国人和中国达官显贵的衣食和服务需求日益扩大。

顺着维多利亚路一直往北,旅行者会发现这里的名字很快就换成了大法国道(Rue de France)。进入法租界的道路标志明显,不仅仅是因为建筑的变换——每个租界都是按照母国最流行的样式规划建设的——还有路上激烈的颠簸。每个列强只负责设计和修建自己内部的道路网络,而在租界的交界处,道路的宽度和方向都是不一致的。

租界的扩张使得天津城市看上去就像百衲衣般东拼西凑。在海河东岸,粉红色大理石建造的大厦林立于营盘小马路(Via Matteo Ricci)两旁(其中一个是意大利回力球俱乐部),而尖顶和尖塔点缀着俄国租界。每个城中之城都有自己的照明和电力系统和交通公司、水网和管理部门。

外国人按照自己的信仰和实施的传教活动各自为营,俄国在东岸建造东正教教堂,英国人引进了一定数量的新教教徒,法国极力传播天主教,他们可能声称比其他任何外国势力有更多的皈依者,而法国人也宣称数量最多的国际事件是因为宗教冲突而起。我们的参观者,现在在向北已经通过法国租界,可以端详海河对岸的上流地区以及浏览位于望海楼的教堂残骸,它曾经在天津屠杀(1870年——即天津教案)和义和团运动(1900年)中两次被愤怒的中国大众焚毁,在它的后面(虽然视线受阻)可以隐约看到在老西开的法国天主教堂的三重圆顶。法国人曾企图扩张到这块不属于他们租界的地区,这导致了1916年的大罢工。除了他们的宗教活动,众多的宗教团体还在租界和城内修建了许多医院和学校①。

在河边左转,过一个街区再左拐,旅行者可以沿着杜总领事道(Rue du Chaylard)和旭街(Asahi Road)(日本租界的边界)继续向西北前进,这里也是一个商业地带,但是不同于维多利亚路,这里主要针对中国顾客。它是由中国买办和商人在一战期间和战后投资发展而成的,范围延展至日本租界的北边和老城的东边,正好是1816年我们早期的探险者登陆的地方。大部

---

① 天津屠杀在几本英文著作中有详细的探讨,同时代的事件追叙见雷穆森,第45—53页。学术研究包括保罗·科恩(Paul Cohen):《中国和基督教》,剑桥马萨诸塞:哈佛大学出版社,1963年,第229—261页;费正清(John K. Fairbank):《天津屠杀的潜规则》,《哈佛亚洲研究》,第20辑(1957年),第480—511页。更多的关于传教活动的背景资料见雷穆森,第247—258页。最近的研究见《天津文史资料选辑》的三篇文章,第2辑(1979年2月),第142—187页。

分天津的百货商店,包括著名的劝业场,都位于这个区域①。

当到达老城的东南角时,稍有本地历史常识的旅行者就会停下来环顾这块曾有城墙矗立的地带。1900年夏天,天津成为义和团运动的中心,天主教和新教教堂都被焚毁。几天后,八国联军抵达来解救"天津之围",在租界周围、东站附近、西城以及远至郊区八里台都进行了激烈的战斗。经过一个漫长的战役,八国联军通过南门攻入城内,许多义和团成员死于城墙之上和城里,老城的大部分地区和北门外一片狼藉。外国人成立的临时军管政府随后拆除了城墙,以确保没有其他反对外国的势力借此避难,"毁坏的城墙和关口剩余的部分被用作修路和铁路建设的道砟"②。只有东门孤零零的牌楼使人想起城市旧日的辉煌。

老城从未完全从1900年的事件中恢复过来,它的经济中心被破坏殆尽,而且这个旧日城墙围绕的地区也停止了自1870年帝国钦差大人的官邸跨河移驻于此后作为本地政治权力中心的功能。数个商业公会(广东、江苏和浙江)在城内建立了会馆,而北门外则一直繁荣到20世纪30年代。但是最大的商业势力在租界区和东南新兴起的工商业地区。暗无天日和拥挤不堪的老城无法容纳重要的工业厂房,它们无序地四处分散于整个大天津区。

通过老城的东部边界,旅行者很快地跨过海河抵达大经路,一条东北方向直通中央车站(Central Station)的宽敞干道。这个车站是北宁铁路(修建于1907年)和津浦铁路(天津到浦口,修建于1912年)的终点,这两条线路,和经过天津另外两个车站的平汉、平绥以及正太线一道,把天津连接到一个广大的领域,城市的腹地现在扩展到包括河北、山西、河南、山东北部、陕西、

---

① 高渤海:《天津买办高星桥发家史》,《文史资料选辑》第44辑(1963年10月),第202—226;关于日本租界地区的发展,见孙丽敏、辛功贤:《天津日租界概况》,《天津文史资料选辑》第18辑(1982年1月),第111—151页;关于劝业场商业地带的发展,见张高峰:《劝业场一带的变迁》,《天津文史资料选辑》第16辑(1981年10月),第74—92页。

② 《北平和陆路交通》,第119页。关于义和团运动在天津的记录见雷穆森,第113—230页,他复制了目击者马克里希关于天津租界被围的记述;三篇回忆文章见《天津文史资料选辑》第8辑(1980年4月),第8—19页;一份更全面的记述基于对前义和团成员的采访,1956年写于南开大学;南开大学历史系1956年级编:《天津地区义和团运动调查报告》油印本,天津,1960年。

甘肃、青海、新疆、热河、察哈尔、绥远、宁夏和东北①。

大经路全长两英里,把新的铁路运输网络和旧河道网络联系在一起。围绕它的整个地区的建设出自1903年至1907年担任直隶总督的袁世凯之手。街道南端的公园里矗立着一系列官方建筑群,它先是直隶总督府邸,后来成为河北省政府所在地,最后成为天津市政府驻地②。在袁世凯时代,他赞助了许多位于大经路两侧的现代化工厂和学校。城市的第一所市政花园、图书馆、铸币厂以及公安局也坐落在这里。就像一个世纪前跨越海河的政府部门所做的那样,大经路上这些密集的官方机构促进了商业的发展,这个地区遍布旅馆、干货铺、鞋帽店、药房、酱铺、干鲜水果店、茶铺、书店以及出售南方食品的行商,一些活动反哺到海河对岸,促进了东北角的复兴③。

到这个时候,客人的徒步旅行应该已经筋疲力尽了,招呼上一辆拉着外国人和富裕中国人满天津跑的黄包车,他可以很有风度地往回驶过金钢桥,沿着老城的北边,经过三条石铁器加工地区的南边和河北区的工厂工人和家庭纺织工人区。再转向西北,他就到达了西火车站(West Railway Station),这是一幢由英国人修建的多孔黄色砖房。一股浓重的新鲜面粉的气味发自子牙河畔中国人开办的一系列面粉加工厂,在这里,轮船可以把未加工的谷物直接送到工厂的门口。

掉头沿着老城的西边往回走,这里聚集着面纱和布匹的经销者。在西门的旧址处可以向左转,在老城中心的鼓楼再向右转,就会来到北门大街,这条幽暗的大街是老城主要的南北中轴线,随着城区人口的增长和店铺侵街变得愈发狭窄。老城的西面和南面生活着许多地毯编工,他们仍然采用手工纺线和编制。西头区位于老城的西部,默默无闻没有任何值得称道的行业,充斥着涵盖每一种行业的家庭作坊:手摇纺织和地毯编织、铁匠、大豆打包、鸡蛋和花生分拣、砸杏仁、草编以及为出口的猪鬃和鸟毛分类的人们。

---

① 鲍觉民:《天津港口发展之地理背景》,《经济周刊》第77期(1934年10月22日)。
② 《稽查调查统计丛刊》第1册,第5号(1936年11月),第7页。天津从1913至1935年是省会,先是属直隶省,1928年以后属河北省。在20世纪20年代早期的军阀混战期间,许多东南角的商铺搬迁到了能提供商业保护的租界地区,东南角再次衰落。王秀顺、张高峰,第71—72页。
③ 《中山路漫步》,《天津日报》1980年9月25日;南开大学经济研究所编辑:《天津市社会调查资料》油印剪辑本,1931年。

现身于旧城的南部边缘,旅行者发现自己位于天津人口最稠密的地区,该地区的一部分被称为"三不管",因为无论是日本人、法国人还是中国政府都无视它的发展。这里遍布廉价的剧院、茶社、杂耍场、烟馆、旅馆。虽然这里的居民有些是老天津人,许多是第一代外来的农民工,但他们不得不通过在手工作坊中做苦力、倒卖二手物品、打零工或充当艺人和妓女来获取财富。

继续向南,旅行者将经过海光寺的日本军营,最终到达南开大学的校园,这所始建于1904年的中学已经变成华北地区负有盛名的大学之一①。

此时外国旅行者已经位于城市的南部郊区,在他的东边、东北、西北是许多星罗棋布、肮脏的工人阶级的平房,零星点缀着几处小型的手工作坊。在他的西面居住着许多丝织和地毯编工。但是这位业余的旅行者不可能偶遇这些邻居,因为除了他开始旅程的那块偏远地区和位于北郊的河北区,天津没有精心规划的工业区。工人们四面八方地挤入狭窄的胡同和狭隘的棚户区,他们工作场所通常就是他们晚上铺上稻草垫睡觉的地方。我们的旅行者,在漫长的旅途结束后小憩于某个外国人俱乐部,在他的印象中他看到的不是一个城市,而是从北向南肆意扩展的众多小镇:东北部是整齐划一的政府所在地、北部是铁加工和纺织品区域,老城,"三不管"的娱乐场所,沿着海河的租界区,新工业园区。虽然缺乏建筑学上的一致性,但这种混乱的城市布局有着其历史的逻辑性,因为天津是一座建立在由外国人、中国官员、军阀和商人们一波接一波合力推进的基础上的。

(《城市史研究》2012年第28辑)

---

① 南开大学的历史,见《南开大学六十年》,天津:南开大学,1979年。还有一系列短篇回忆录,大部分是关于南开校长张伯苓的事业,见《天津文史资料选辑》第8辑(1980年4月),第72—211页。

# 近代天津娱乐消费模式变动及影响探究[①]
## ——基于英敛之日记考察

郭立珍

娱乐消费是精神消费的重要组成部分,是社会文明程度和经济发展水平的重要象征。天津是近代中国北方开放最早、最为重要的城市,也是近代中国北方娱乐消费模式由传统向近代转型最为显著的城市,这对近代天津社会经济变迁产生了深远影响,但目前学术界对近代天津娱乐消费发生的具体变动及其对传统娱乐产业的近代转型,以及西式娱乐产业兴起等影响进行深入探究的著述尚未见到。英敛之日记内娱乐消费方面的记录在一定程度上反映了20世纪初天津中上层社会娱乐消费发生的具体变化。

英敛之(1867—1926),近代著名教育家、慈善家,1902年在法国领事馆和天主教堂的支持下创办了《大公报》,兼任总理和编撰工作。本文选择以英敛之日记为中心对近代天津居民娱乐消费发生的具体变动进行探究:一是英敛之为人豪爽、善交际,所结交者很多是近代中国名流、豪俊,他日记内娱乐消费方面的记录较具体,能在一定程度上反映清末天津中上流社会的娱乐消费情况;二是娱乐方面的花费是近代天津中上流社会最经常、最重要的支出项目,对近代天津娱乐产业、餐饮业等发展产生了巨大影响。

## 一、近代天津娱乐消费模式的变动

近代天津开埠后受国内外多种因素影响,居民娱乐消费模式发生了巨变。其变动具有以下特征:

### (一)多元消费模式并存与融合

一个地区或城市娱乐消费模式的形成及变动受其所在地区工商业发

---

[①] 本文系河南省2009年高校青年骨干教师资助计划项目高教(2009)844号"近代中国消费方式变迁研究"及河南省2011年度河南省社科规划课题(2011FJJ039)"河南省低碳消费模式构建研究"之成果。

展、居民收入、宗教信仰等多种因素影响。天津开埠前居民娱乐以戏曲、歌舞、杂耍、游艺等为基本形式,娱乐活动集中在节岁、庆贺等特殊日子,其中观看戏剧表演为最主要形式,一般居民平常时日娱乐极少。文化娱乐产业的兴起是以有钱有闲阶层的形成为基本条件。天津开埠前是中国北方重镇,是南粮北运的中转站,当时已是"商人贾客醵钱齐,金碧辉煌匾额题"①,为满足富商大贾、官僚贵族等有钱有闲阶层日常娱乐消费的需求,经常性的以盈利为目的的娱乐场所已产生,但商业化和市场化程度较低。具体表现为:一是传统戏剧产业已初具规模,"戏园七处赛京城,纨绔逢场各有情"②。二是出现茶楼、酒肆等综合性娱乐场所,这些场所提供饮食、观剧等娱乐服务项目,有竹枝词描述"津门好,生业仿京。剧演新班茶社敞,筵开雅座饭庄精,开市日分明"③。三是定期举办皇会活动满足一般居民的娱乐消费需求。天津基本上每年三月都要举办皇会活动,有幡跨鼓、抬阁高跷、鹤龄狮子、杠箱等传统娱乐项目,各个阶层参与其中,热闹非凡。

  天津开埠后娱乐消费从形式、内容到设施等均发生了巨变,朝中国与西方、传统与近代多元消费模式并存与融合方向发展。英敛之在创办《大公报》后,跻身于新兴中产阶层,他和朋友们的娱乐消费能在一定程度上反映清末天津中上流社会的娱乐消费情况。英敛之为人慷慨、正直,交友极广,他交往的对象既有当时社会名流严复、张菊生、严范孙等,还有清末出版界以及报界名流,如商务印书局的夏瑞芳、天津《日日新闻社》的方药雨等;还与天津政界人士保持良好互动,如与傅润沅即傅增湘④、黄小宋观察、盐运使严郎轩等交往频繁;与不少买办及民族资本家为好友,如买办朱志尧、王铭槐等;与民族资本家柴天宠、王祝三、宋则久等均有来往;与学界一批名流为友,如与张伯苓、蔡志庚等来往频繁;还与日本、法国、德国等大使馆工作人员时常互动,如日本大使馆的领事高尾等。英敛之的娱乐活动主要是与上述群体一起的,娱乐的主要目的在于增进朋友间友谊,扩大社会交往。笔者对1903年至1907年英敛之在

---

  ① (清)崔旭:《念堂竹枝词》,雷梦水等编:《中华竹枝词》,北京古籍出版社1996年,第444页。

  ② (清)崔旭:《念堂竹枝词》,雷梦水等编:《中华竹枝词》,北京古籍出版社1996年,第450页。

  ③ 华鼎元:《梓里联珠集》,天津古籍出版社1986年,第110页。

  ④ 1902年入袁世凯幕府,民国时期知名的藏书家,曾任民国教育总长、故宫博物院图书馆馆长。

天津的娱乐记录进行梳理统计,并绘制两表如下。由表1、表2可以看出天津清末娱乐消费与开埠前相比,不仅活动形式多且内容丰富,娱乐方式已由以戏曲为主要形式时代过渡到以看电影、游公园、观剧等为主要形式,集中表现在:

**表1 1903—1907年英敛之在天津的主要娱乐**

| 年份 | 观剧、看戏 | 游览自然风光 | 眷影戏、电影 | 听唱 | 体育娱乐 | 马戏 | 游公园、植物园等 | 博物院 | 其他 | 合计 |
| --- | --- | --- | --- | --- | --- | --- | --- | --- | --- | --- |
| 1903 | 32 | 3 | 1 | 2 | 0 | 1 | 0 | 0 | 5 | 44 |
| 1904 | 28 | 3 | 1 | 1 | 0 | 4 | 0 | 6 | 1 | 44 |
| 1906 | 4 | 1 | 1 | 0 | 5 | 1 | 1 | 1 | 12 | 26 |
| 1907 | 4 | 5 | 27 | 0 | 9 | 1 | 22 | 0 | 2 | 70 |

注:英敛之1905年居天津只有五个多月,故未作统计。

资料来源:方豪编录《英敛之先生日记遗稿》,《近代中国史料丛刊续编》第三辑第22—23册整理。

一是中西戏剧并存与融合。观剧是天津开埠前最主要的娱乐形式,到清末戏剧内容更加丰富,且借鉴外国形式,大多戏园已普遍使用电灯,英敛之日记记载广东会馆演戏因"电线失火,故座客不多"①。外国戏剧在天津得到认可,英敛之和朋友就时常看日本戏和其他国家剧种,如1904年温子经邀请他看洋戏,"众女跳舞歌唱,较日本别具一种活泼,发扬之趣,实有天壤之别"②。

二是看电影成为娱乐消费新宠。电影作为新型娱乐形式传入天津最迟在20世纪初。英敛之1903年看过的活动影戏应是早期的电影,"九点后开演,其中斐立滨战图,火车站图,半夜遇鬼等等,皆精妙入神,其运转活动情形,与真人无异,洵堪叹诧"③。1904年英敛之日记已有看电影的明确记录,"温子经邀请内人等看电影"④。1907年英敛之与亲友们看电影达27次,说明清末看电影已成为天津中上流社会娱乐消费新宠。

三是体育娱乐消费增加。19世纪后期外国人相继把西方的赛马、赛舟、

---

① 方豪编录:《英敛之先生日记遗稿》,《近代中国史料丛刊续编》第三辑(第22册),台北文海出版社1984年,第1127页。

② 方豪编录:《英敛之先生日记遗稿》,《近代中国史料丛刊续编》第三辑(第22册),台北文海出版社1984年,第812页。

③ 方豪编录:《英敛之先生日记遗稿》,《近代中国史料丛刊续编》第三辑(第22册),台北文海出版社1984年,第671—672页。

④ 方豪编录:《英敛之先生日记遗稿》,《近代中国史料丛刊续编》第三辑(第22册),台北文海出版社1984年,第875页。

球类等体育娱乐项目引入天津,在外国人的示范和崇洋心理等诱致下,越来越多的天津居民喜欢西式体育娱乐。19世纪后期赛马已得到天津居民热捧,每年春秋佳日,寓津西人必循常例各赛跑马一次,倾城士女联袂而往观看,"或驾香车,或乘宝马,或暖轿停留,或小车独驾,衣香鬓影,尽态极妍,白夹青衫,左顾右盼,听奏从军之乐,畅观出猎之图,较之钱塘看潮,万人空巷,殆有过之而无不及焉"①。不仅洋人开设跑马场,华商也开设了跑马场,"早辟西商跑马场,春秋今又赛华商"②。除赛马外,赛船、击球、运动会等活动也时常开展,英敛之在1907年8月就两次看西人赛船,他和朋友还时常击球。

四是公共娱乐消费已得到居民的认同。清末天津已出现一批公共娱乐场所供大众休闲和娱乐,主要有公园、植物园、动物园、博物院等,游园成为娱乐新时尚。英敛之多次携亲友游动物园、植物园,1907年他和亲友到公园、植物园、动物园游玩达22次。博物院作为展示历史文明的窗口,清末在天津也已建立,英敛之还购一年会友票洋二元③。参观博物院在当时还是一种高雅娱乐,英敛之时常偕来津贵宾和亲友参观博物院。

五是其他。清末天津出现的娱乐种类还有很多,如外国马戏,因表演形式新颖,观赏性、娱乐性、刺激性强,受到天津居民的喜爱,英敛之日记中就有和朋友多次看马戏的记录。有竹枝词描述了天津居民看外国马戏表演的盛况:"东洋马戏赌争先,绳橛唐梯自古传。急讶美人天上落,身轻于燕远秋千"④。再如欣赏大自然美景,英敛之和朋友多次到芥园游玩。此外,还有很多居民参观陈列馆、美术会、展览会,听音乐会等。如英敛之到李公祠听音乐会,"男女客约千余人"⑤,参观展览会,"人极拥挤,此为中国第一次举办之事也"⑥。

---

① 方豪编录:《英敛之先生日记遗稿》,《近代中国史料丛刊续编》第三辑(第23册),台北文海出版社1984年,第135页。
② (清)张焘撰,丁绵孙、王黎雅点校:《津门杂记》,天津古籍出版社1986年,第495页。
③ 方豪编录:《英敛之先生日记遗稿》,《近代中国史料丛刊续编》第三辑(第22册),台北文海出版社1984年,第804页。
④ (清)张焘撰,丁绵孙、王黎雅点校:《津门杂记》,天津古籍出版社1986年,第495页。
⑤ 方豪编录:《英敛之先生日记遗稿》,《近代中国史料丛刊续编》第三辑(第23册),台北文海出版社1984年,第1083页。
⑥ 方豪编录:《英敛之先生日记遗稿》,《近代中国史料丛刊续编》第三辑(第23册),台北文海出版社1984年,第1086页。

表2　1903—1907年英敛之在天津的主要娱乐活动

| 年 | 娱乐活动及时间 |
|---|---|
| 一九〇三年 | 正月：二十六日邀友宁波馆饭，饭后聚兴园观剧<br>二月：初三偕亲友天华戏园看戏；初六邀胡（梅仙）、夏（甸安）、（连）孟清及（方）守六品升楼午饭，饭后乘车至庆春园观剧，晚偕胡、夏至寿亨饭<br>三月：十七日偕家人乘东洋车德界游；二十二日邀亲友观剧；二十九日邀亲友庆春园包厢观剧<br>五月：十二日偕亲友骑脚踏车游玩，玩气盘马戏，每人出洋一角；十三日日本馆饮麦酒，看射的，出洋一角；二十八日本铺射的<br>闰五月：初一、初二中华园听唱；初六偕内人邀方药雨及其夫人品升楼饭，饭后同看美国活动影戏；十二日邀品升楼饭，饭后天仙观剧；二十日偕亲友乘东洋车出游；二十二日偕亲友乘车至新浮桥乘小舟游玩，给洋五角；二十七日邀友天仙观剧<br>六月：十三日天仙观剧（六月十六日至七月在上海）<br>八月：初二看印度马戏；初十邀友天仙看戏，戏价三元六角；十七日赴德义楼饭约，饭后天仙观剧；二十二日午后同妹携申格看俄人侮狮子；二十四日晚天仙观剧<br>九月：十五日天仙戏院看日本戏；十六日友邀日本天仙观戏；十九日午后黄慎之、黄小宋、秦仲云同来，陪黄等天仙观剧讫，德义楼饭；三十日同友天仙观剧<br>十月：十七日同友天仙观剧；二十三日同友聚兴看戏<br>十一月：初四友邀观剧；初七邀友饭，饭后戏园包厢看戏；十一日邀友饭，饭后日本天仙看戏，要两包厢；十六日邀友聚兴园看戏，戏后德义楼饭；二十日友邀天仙看戏；二十三日神户馆看日本女戏；二十六日偕家人孟家楼乘冰床；二十八日友约观剧<br>十二月：初四邀友饭，饭后观剧；初七约众友饭，聚兴观剧（正面包厢）；十一日日本天仙看戏，两包厢；十六日邀张云衢夫人聚兴园看戏，戏后德义楼饭；二十日朋友邀天仙看戏；二十三日看日本女戏；二十五日同妹及内人乘冰床；二十八日观剧<br>闰十二月：初四邀张少秋、伯年西域馆饭，饭后观剧；初七朱秀峰约聚兴观剧；初八邀友看戏；初九少秋邀看戏；十四日同德木兰看外国戏法；十六日同友源丰居饭，饭后日界天仙看戏 |

续表

| 年 | 娱乐活动及时间 |
|---|---|
| 一九〇四年 | 一月:初二和朋友品升楼饭,饭后聚兴观剧;初三聚兴定包厢邀众友看戏,戏后友邀品升楼饭;初四同友聚兴观剧;初七友邀聚兴、天仙看戏;十二日同张伯龄、华实甫同赴北洋博物院开看院贺礼;十三日定包厢令妻偕众友聚兴观剧;十六日朋友马车接内人江苏会馆看戏;十七日邀友西域馆饭,饭后聚兴观戏;二十日与少秋宝和轩听书;二十一日邀友品升楼饭,饭后聚兴定包厢看戏;三十日友邀饭,饭后聚兴看戏<br><br>二月:二十四日同少秋至博物院看视良久;二十六日友邀看戏;二十七日同内人、弟妇至博物院<br><br>三月:初三看博物院;初四看戏;初五友邀看戏;初八友邀看洋戏;十二日赴友饭约,饭后日本天仙观剧;十三日朋友请内人观戏;十四日赴友饭约,饭后天仙观剧;十七日聚兴观剧;十八日请朋友看戏;二十三日邀众友聚兴看戏;二十四日偕妻子、孩子、朋友乘东洋车出游<br><br>四月:初四朋友邀请天仙观剧;十二日乘车偕内人、吕碧城姊妹出游;十六日友邀天仙观剧;二十五日博物院<br><br>六月:二十六日邀友看马戏;二十七日友邀看马戏<br><br>七月:十三日友邀看马戏;十七日友邀看电影;十九日友邀权仙看戏;二十五日令妹偕儿子看马戏<br><br>八月:初二友邀看戏;初五上天仙看戏;初九友邀权仙看戏;十九日邀友饭,饭后上天仙观戏;二十二日友邀看戏;二十五日邀友日本天仙看戏<br><br>九月:初一上天仙看戏;初二赴英国花园意大利乐会(九月中旬后十月在上海)<br><br>十一月:初一乘车芥园一游;十七日午蒋惺甫等邀同春楼饭,饭后同被等博物院<br><br>十二月:初七妻子和朋友到戏园看外国戏法 |
| 一九〇五年 | 一月:初三、初六外国溜冰鞋棚看冰嬉;二十七偕众友博物院<br><br>二月:初三同友乘车芥园游玩;十六日与友下天仙观剧;十八日邀朋友同春楼饭,饭后博物院;二十八日同友乘车芥园游玩<br><br>三月:初三内人偕申格至陈列馆;初五邀同友春楼饭,饭后大观园观剧<br><br>十月:初五同友看戏;二十一日与友同春楼晚饭,饭后权仙观剧<br><br>十一月:初四天仙看戏;十四日与朋友看戏;二十一日与友同春楼晚饭,饭后偕众观剧<br><br>十二月:初四邀友上林春饭,饭后天仙观剧;二十五日同友荣华饭,饭后大观园观剧 |

续表

| 年 | 娱乐活动及时间 |
|---|---|
| 一九〇六年 | 一月：初三偕申格、朋友出游，坐冰床，饮咖啡，车归；初五携申格出散步，坐冰床至海光寺<br>二月：初六天仙观剧；初九午后偕内人及方夫人、志贞、申格乘电车至广仁堂，内人等游览毕，复乘电车至铁桥。单味仁偕土尔扈特王来，偕其至博物院一览<br>三月：初二偕亲友天仙看日本孤儿院电影；十一日邀友上林春饭，饭后天仙观剧<br>四月：二十日午饭后，偕淑仲、惠如、云锄至美术会一览<br>五月：初一同朋友看马戏；初四与友天仙观剧；初五至李公祠坐，游人如蚁；十四日野游乘小船<br>六月：初二唤马车，携申格，偕梅生至马场一游；初六偕少秋乘马车至马场；十二日晚乘马车河东夏园散步；二十三日同方药雨乘马车至马场一游，归庆源楼饭<br>八月：午蔡志庚来同饭，打球良久；初九同柴先生、曹剑秋击球；初十早范昌士来，朱秀峰来，击球良久；十七日邀友两桌，饭前饭后皆击球；二十四同王世廷、曹剑秋市球，晚上同春楼饭<br>九月：初三偕内人及怀清看运动会；初七剑秋来打球；十一日至铸新社看演新戏；十五日少秋来，击球良久；二十四日李公祠音乐会<br>十月：初八游展览会<br>十一月：二十六日志庚来同车至英界一游，击球良久；二十七日志庚来击球，暮赴德义楼饭 |
| 一九〇七年 | 一、二月忙于为江北筹赈事务未写日记<br>三月：初二李家花园游玩；初九李家花园游玩<br>四月：初一同内人看日本大运动会；初六同内人邀眉、翰权仙看电影；二十二日偕内人女学生3人和刘子良女权仙看电影<br>五月：二十八日种植园看运来南禽车<br>六月：二十六日游公园；二十九日偕友看日本马戏<br>七月：初一携孩子乘电车李家花园游玩；初二李家花园游玩；十二日购丹桂园一包厢<br>八月：初一午后碧城等来偕淑仲同其游英国坟园；初三邀友饭，饭后偕众权仙看电影；初四游公园，在公园打球，后又游种植园； |

续表

| 年 | 娱乐活动及时间 |
|---|---|
| 一九〇七年 | 初八偕夫人乘车到天津最高楼北海楼眺望;初九同友乘马车游公园,然后到庆元楼饭;初十到德界看西人赛船,权仙看电影;十二日德界看赛舟;十五日游公园,并抛球,令弟偕友看电影;十九日偕友游公园,并抛弹子球一盘,晚邀9位朋友到庆源楼饭,饭后看电影;二十一日和朋友打球良久,邀友到庆源楼饭;二十二日和朋友打球良久;二十三日偕内人和朋友德义楼饭,饭后权仙看电影;二十四偕友鸿宾楼饭,饭后天仙观剧;二十六日邀友德义楼饭,饭后乘马车游公园,之后游神植园,权仙看电影;二十七日偕内人和朋友权仙看电影 |
| | 九月:初三游公园;初六自至权仙看电影;初九乘电车到公园和朋友抛球;二十日邀友庆源楼饭,之后看电影;二十一日游公园、植物园;二十三日邀朋友饭,饭后唤马车到种植园,后又和朋友到马场一游;二十五日乘马车至种植园一游;二十六日看电影;二十八日和友饭,饭后权仙看电影;二十九日和友吃西餐,饭后丹桂看电影 |
| | 十月:初三同少秋权仙看电影;初四同后斋、少秋权仙看电影;初五同厚斋、吴调卿公园、植物园游;二十二日偕内人及妹、五弟妇权仙看电影;二十六日偕内人、申格、志纯看电影;二十八日偕内人众友德义楼饭,饭后权仙看电影 |
| | 十一月:初七日庆源楼饭,饭后权仙看电影;初八友邀饭,饭后丹桂观剧;初十友邀饭,饭后看电影 |
| | 十二月:初五同少秋看外国戏;初九朋友邀饭,饭后权仙看电影;十一日乘冰床游玩;十五日赴裕中饭店宴会并看天津各学堂电影;十六日坐冰床游玩,饮咖啡;十八日朋友邀丹桂看戏;十九日权仙看电影;二十一日与吴荫五、延庚等澳陞饭庄饭并看电影;二十三日偕亲友权仙看电影;二十五日乘马车偕友公园一游;二十六日权仙看电影;二十九日朋友约权仙看电影 |

资料来源:据方豪编录:《英敛之先生日记遗稿》,《近代中国史料丛刊》续编第三辑第22—23册整理。

总之,由英敛之日记可以看出清末天津娱乐消费充满了多元文化气息,各国娱乐活动以及中国各省娱乐活动百花齐放。

(二)娱乐消费奢靡化、经常化

清末娱乐消费成为天津中上流社会的重要支出项目,且奢靡化特征明显,即消费次数多,支出浩大。英敛之1903年参加娱乐活动44次,1907年70次,当然并不是每次都是英敛之买单。新式娱乐花费极高,如清末一张电影票的费用相当于普通工人半个月左右的生活费,以天津早期的电影院权仙的票价为例,头等座大洋1.5元,二等座1元,英敛之日记内也记录"同延庚至荣华偕少秋权仙看电影,是日少秋自出一元购票"①。尽管电影票价昂贵,但已成为中上流社会娱乐消费的热点。娱乐消费往往是与宴会结合在一起的,且还有交通费用等。如1907年8月英敛之参加的"饭局+娱乐"活动就8次。此支出巨大,也是天津消费奢靡化的重要体现。清末天津居民娱乐消费不仅次数多且经常化特征显著。天津开埠前,对于绝大多数居民来说,只能在年节或庙会时才可参与娱乐活动,开埠后可经常参与其中。戏园等传统娱乐场所增多以及电影院等西式娱乐场所在天津的出现,为中高收入群体娱乐活动经常化提供了平台。英敛之和朋友的娱乐,少则几月一次,多则一天数次,如1907年八月初四、十九日、二十六日。

(三)娱乐消费功能由娱神祈福向娱人转型

中国传统娱乐活动的重要功能是为了娱神祈福。以戏剧为例,其传统功能有三:一是酬神祈福保平安,二是承载道德教化功能,1904年孙宝瑄在日记中就曾写道:"梨园一业,士夫不可不亟为整理,盖与人心风俗智识,皆有直接之影响"②。三是休闲消遣、庆贺饷客功能。天津开埠后随着娱乐产业化的发展,娱乐消费的主要功能由酬神祈福、庆贺向世俗功能即娱人转型。开埠前戏剧演出内容寓意忠孝节义等,承载教化功能,清末戏曲演出主要是为了满足消费者的娱乐需求,男女爱情类戏剧最得观众的喜爱,"戏园随在皆有,日夜开台,均男女合演。惜无甚名角,在租界各园,常演淫荡过甚之剧,以迎合社会心理,其戏资之贱,冠于他埠,最贵不过铜元廿枚,贱则三四枚,故坐客常满,惟人品极杂耳。楼上包厢男女可以合坐"③。

---

① 方豪编录:《英敛之先生日记遗稿》,《近代中国史料丛刊续编》第三辑(第23册),台北文海出版社1984年,第1172页。
② 孙宝瑄:《忘山庐日记》,上海古籍出版社1983年,第860页。
③ 胡朴安:《中华全国风俗志》下篇卷一直隶,上海大达图书供应社1936年,第72页。

## 二、近代天津娱乐消费模式变动的主要原因

影响娱乐消费变动的因素很多,其中主要有居民收入、消费环境、居民数量和构成等,天津开埠后上述因素均发生了巨大变动,也因此近代天津居民娱乐消费模式发生巨变。

(一)居民规模和构成巨变的影响

城市居民的规模及构成是影响其消费模式变动的重要因素。开埠前天津城区居民已有近20万人,开埠后因经济文化等事业的发展吸引了国内外商人、知识分子等向其汇聚,人口激增,1903年有居民36万,1928年增到112万人①,成为近代中国北方人口超过百万的特大城市。居民规模的扩大是近代天津娱乐产业繁荣的必要条件。

有钱有闲阶层的形成是娱乐产业兴起和繁荣的基础。清末天津有钱有闲群体已形成且队伍不断壮大,这从居民构成可以看出。近代天津居民的主体是移民,移民由国内和国外两部分构成。国内移民可分五种类型:一是投资移民,主要指携资到天津寻找投资机会的官僚、富商等;二是"寓公",天津是近代失势或暂时失势的封建王公贵族、官僚,即"寓公"的大本营,地位最为显赫的为末代皇帝溥仪,其他如载沣、载振等;三是买办,天津是近代买办较为集中的城市,如英敛之日记中提到的王铭槐、吴调卿等都是近代著名买办;四是知识分子和青年学子,如英敛之本人,大公报的首任主编方守六以及近代著名才女吕碧城姊妹等;五是产业工人。前四类人数虽然不如产业工人多,却是推动近代天津娱乐消费变迁的主力。孙宝瑄在1903年路过天津时在日记内感慨:"天津之外国居留场,自庚子乱后,远胜于上海。盖纵横曲直,高楼峻宇,皆西国模制。"②国外移民主要包括商人、领事馆工作人员、传教士、士兵等。1906年天津的外侨人数为6341人,1926年达到13812人③。外侨人数虽少但收入高,娱乐消费能力强。

近代天津居民构成多元化是娱乐活动百花齐放的基础,即是中国传统娱乐、西式娱乐,美国、日本、意大利等国娱乐形式以及中国各省娱乐形式在

---

① 周俊旗:《民国天津社会生活史》,天津社会科学院出版社2004年,第12页。
② 孙宝瑄:《忘山庐日记》,上海古籍出版社1983年,第808页。
③ 高艳林:《天津人口研究》,天津人民出版社2002年,第285页。

津并存、碰撞与融合的基础。

(二)居民整体收入水平提高

收入是消费的基础,近代天津经济、文化教育等事业的发展使居民整体收入水平提高。根据收入水平可把天津居民分为高、中、低三个阶层。

近代天津高收入阶层主要由官僚、买办、工商金融资本家等构成。天津不仅是买办较为集中的城市,也是"寓公"、近代工商业金融资本家比较集中的城市。工商业的发展使工商业金融资本家队伍不断壮大,1922年天津有国内外银行56家,汇票庄9家,银号及钱铺75家,织布厂27家,印刷局32家,造胰公司7家,铜铁工厂及五金行74家,制皮厂18家,矿务局15家,火柴公司4家,卷烟公司15家,木器厂53家,电灯公司及电器行32家,洋行213家,转运公司28家,著名的保险公司16家,建筑公司9家。这些实业的投资者以及主要经营者是天津高收入群体的主要组成部分。高收入群体尽管人数少但消费能力强,他们及其家人是推动天津娱乐消费变动的主力。

中等收入阶层,尤其是新中产阶级是推动近代天津娱乐消费变动的中坚力量,其主要包括大、中、小学教员,洋行、海关、电报、邮局、铁路等系统管理人员,小买办、商店职员及贸易商行管理人员等,工程师、会计师、医生、律师、作家、新闻记者等专业人员,知识分子及自由职业者。天津开埠后新中产阶级队伍迅速壮大,以文化产业为例,清末天津已有报业恳亲会,1907年五月初八到会的有官报、警察报、津报、商报、《日日新闻》、《中西实报》[①],"1922年天津有报社23家"[②]。英敛之本人就是因近代文化产业发展而跻身于新兴中产阶级行列的,在其创建《大公报》之前生活艰难异常,光绪二十五年(1899)6月至12月他在天津以教洋人中国官话和写字为生,每月收入在20元左右且要贴补五口人,在朋友们帮助下艰难度日,曾感慨"东摘西借,裁长补短,日在困虑中也"[③]。这半年他日记内没有一次娱乐记录,但在创办《大公报》之后娱乐消费就成为经常性且重要的支出。天津还是近代中国教育发展中心,19世纪七八十年代一批近代学堂已经建立,如电气、水雷、

---

① 方豪编录:《英敛之先生日记遗稿》,《近代中国史料丛刊续编》第三辑(第23册),台北文海出版社1984年,第1109页。
② 古学谦:《天津指南·风俗》,天津新华书局1922年。
③ 方豪编录:《英敛之先生日记遗稿》,《近代中国史料丛刊续编》第三辑(第21册),台北文海出版社1984年,第57—58页。

水师、电报、武备等学堂,1911年有11所大学。天津工商业以及文化教育等事业的发展,不仅壮大了新兴中产阶级队伍,且促进了就业,增加了城市居民的消费力。

低收入群体尽管消费能力低,但人数多,1933年天津产业工人占全国的4.42%①,也是近代天津娱乐消费变动不可忽视的力量。近代天津产业工人的主体是来自全国各地的农民。低收入者也需要采取一定方式释放来自生活及工作中的压力及内心的寂寞,也有一定娱乐消费支出。

(三)娱乐消费环境的优化

消费环境影响消费需求的变化、消费者行为的选择,近代天津娱乐消费环境不断优化也是扩大居民娱乐消费需求的重要因素。

一是市内交通便利,居民娱乐活动的空间扩大。开埠后,洋人对租界道路进行改造,同时把外国快捷、便利的交通工具引入天津,为居民拓展娱乐活动空间提供了交通条件。如东洋车引进后就得到快速发展,有竹枝词描述:"灌耳轻雷震地来,东洋车过一行排。"②1906年有轨电车引进后也得到快速发展,1909年日均乘客量1.85万人,居民年均乘车11次;1919年日均乘客就达到11.09万人,居民年均乘车54次③。竹枝词描述了居民争选电车作为出行工具的情形:"万众人民皆归家,数辆电车那坐下?坐不下人也得坐,只有拥挤别无他。"④有钱人开始用汽车作代步工具,"汽车无事且兜圈,晚景苍茫暑热天"⑤。天津交通工具多样化,居民出行便利。英敛之和朋友外出工具分别有马车、人力车和电车,如英敛之1907年五月初三"乘电车至北马路,换东洋车归"⑥。交通便利,缩短了从家到娱乐消费场所的时间,增加了出行次数。

二是照明、通讯等设施不断改善。煤气灯、电灯的传入对天津娱乐消费变动产生了深远影响。天津传统的照明是蜡烛及豆、棉、桐等植物油灯,开

---

① 吴承明:《中国资本主义与国内市场》,中国社会科学出版社1995年,第13页。
② 雷梦水等编:《中华竹枝词》,北京古籍出版社1996年,第460页。
③ 方豪编录:《英敛之先生日记遗稿》,《近代中国史料丛刊续编》第三辑(第21册),台北文海出版社1984年,第79页。
④ 雷梦水等编:《中华竹枝词》,北京古籍出版社1996年,第424页。
⑤ 雷梦水等编:《中华竹枝词》,北京古籍出版社1996年,第487页。
⑥ 方豪编录:《英敛之先生日记遗稿》,《近代中国史料丛刊续编》第三辑(第23册),台北文海出版社1984年,第1109页。

埠后先是煤油灯代替植物油灯,后来电灯也普遍使用,"居然夜夜上元灯,壮彩翻新得未曾。百尺洋楼五色电,珠光腾上第三层"①。电话的方便快捷使得用电话的居民越来越多。英敛之和朋友常打电话预约一起吃饭或娱乐,如1906年五月二十六少秋电话邀荣华饭②。

此外,天津娱乐受上海影响较大,"一切衣食视上海为转移"③。以英敛之为例,他多次到上海,每次到上海都和朋友到徐园、张园、愚园等处游玩,到宝仙、群仙等戏园看戏,到跑马场看赛马。

## 三、娱乐消费变动对近代天津经济发展产生的影响

娱乐消费的巨变对近代天津经济发展产生了深远影响。

(一)推动传统娱乐产业的近代转型。近代天津传统娱乐产业在西式娱乐发展以及居民规模扩大、收入增加、消费环境优化等多种因素影响下向近代转型。

首先,戏剧产业化曲折发展。开埠前直至清末观剧都是天津居民最主要的娱乐形式,且开埠前戏剧产业化已得到初步发展,开埠后为满足不断扩大的消费需求,传统戏剧产业得以快速发展。英敛之和朋友在1903年的44次娱乐活动中戏剧类占32次,不仅有中国传统戏剧还有外国戏剧。英敛之和朋友常去的戏园主要有聚兴、庆春、天仙、日本天仙、天华等。但随着电影、舞蹈、园林以及体育娱乐等产业在天津的发展,对传统戏剧产业发展造成了很大冲击,戏剧对居民的吸引力大大降低,"舞台歌舞日喧阗,四大名园已不全"④,但传统戏剧产业仍在曲折中发展,20世纪30年代仍有戏园14个⑤。

其次,戏剧等传统娱乐形式借助于游艺场、茶园、落子馆等发展和繁荣。1922年《天津指南》记载了当时游艺场里除有中西大菜、花卉,还有大鼓书、

---

① 雷梦水等编:《中华竹枝词》,北京古籍出版社1996年,第459页。
② 方豪编录:《英敛之先生日记遗稿》,《近代中国史料丛刊续编》第三辑(第23册),台北文海出版社1984年,第1049页。
③ 古学谦:《天津指南·风俗》,天津新华书局1922年。
④ 雷梦水等编:《中华竹枝词》,北京古籍出版社1996年,第516页。
⑤ 楼嘉军:《上海城市娱乐研究1930—1939》,华东师范大学2004年度博士论文,第63页。

口技、活动电影、文明新戏等,主要场所有张园、游艺津会、大罗天、学界俱乐部、陶园①。传统的茶园为生存不得不向综合性娱乐场所转型。天津民国时期著名茶园主要有大舞台、第一台、中兴舞台、广和楼、升平舞台、丹桂茶园、大新舞台、天福舞台、东天仙、普乐茶园等,茶费及手巾费每位大约要铜元四五枚②。落子馆也提供观剧服务且价格较低,"凡演唱者皆系二等妓女,内有新戏、旧戏、大鼓、时调、小曲等,价目皆系一角,小账每位四五枚"③。

再次,满足大众娱乐消费需求的皇会衰败。天津基本上每年都举办皇会,办会者穷奢极侈,看会者全城若狂。民国时期娱乐活动的经常化以及西式娱乐兴起后,皇会活动受到很大冲击,不仅办会者没了热情,看会者激情也大不如从前,1923年勉强兴办一次,"中幡跨鼓闹街前,皇会重兴已不全。粉饰太平财力尽,争豪斗胜逊当年"④。

(二)推动电影等西式娱乐产业的兴起与繁荣

清末看电影已成为天津中上流社会娱乐新宠,推动了天津电影院的出现和发展。英敛之常去的电影院有权仙和丹桂两处,到民国时期因消费需求扩大,不仅有高档影院,还有低档和露天电影院,1922年《天津指南》记载有平安电影园、光明社电影园、万国电影园、上平安电影园、上权仙电影园、公园电影园⑤六处。电影院不仅需要房子等基本设施,还需要一定数量的员工,电影院一旦建成开业,不论营业状况好坏都需要一整套服务,如售票、验票、放映、打扫等人员。此外,电影院还促进了附近餐饮、交通等业的发展。天津是中国北方最主要的口岸城市,洋人众多,除了电影院,弹子房、舞厅等娱乐场所也兴起和发展起来,"婆娑蹈舞夜登场,一曲熏风送汗香"⑥,20世纪30年代有舞厅5个⑦。

(三)促进公园等公共娱乐场所的兴起和发展

由英敛之日记还可以看出,到公园休闲和娱乐在清末也是天津娱乐消

---

① 古学谦:《天津指南·风俗·游艺场》,天津新华书局1922年。
② 古学谦:《天津指南·风俗·茶园》,天津新华书局1922年。
③ 古学谦:《天津指南·风俗·茶园、电影》,天津新华书局1922年。
④ 雷梦水等编:《中华竹枝词》,北京古籍出版社1996年,第496页。
⑤ 古学谦:《天津指南·风俗》,天津新华书局1922年。
⑥ 雷梦水等编:《中华竹枝词》,北京古籍出版社1996年,第521页。
⑦ 楼嘉军:《上海城市娱乐研究1930—1939》,华东师范大学2004年度博士论文,第63页。

费新趋势。园林由私家园林和公家园林之分,从休闲娱乐对象看,私园在于娱己娱亲,公园在于娱众。园林建筑在中国向来著名,但公园缺无,中国最早的公园是洋人建造的,始于上海,清末在天津也得以发展。最初的所谓"外侨公园",是洋人建造,所以称为"外国花园"。天津公园门票铜元二枚,夏日常放电影集资取利,英国、法国、德国、美国、日本公园不收门票。这些公园类似于今天的综合性娱乐场所,里面应有尽有,如茶楼、弹子房、戏剧演出、照相、跳舞、纯粹的游览、各种球类,还可以租借场地进行公务会议、宴宾客、演说等等。英敛之多次携亲友到公园游玩,且时常提到人很多,如1906年十月初十欲赴公园,"车行至金华桥,拥挤不能前,候数刻遂折回"①,有竹枝词描述公园游人之盛,"游园烟火万人欢,宝马香车沸夜阑"②。此外,植物园、动物园、博物院等在天津也得以发展。

(四)促进体育娱乐产业的兴起和发展

现代体育娱乐成为中上流社会娱乐消费的热点,推动了近代天津体育娱乐的兴起和发展。外国人把西方的赛马、赛舟、球类等体育娱乐项目引入天津,在外国人的示范和崇洋风气等影响下,越来越多的天津居民喜欢西式体育娱乐,在19世纪后期赛马就受天津居民热捧,有竹枝词形象描述:"性如彩票人争购,绿女红男举国狂。"看赛马,门票一二元,观赛者须购入场券,每人一二元不等③。同时清末"打弹子"即击球也受到天津中上流社会居民的欢迎,20世纪20年代初天津球房分抬球和地球两种,抬球每人每盘收费二角,地球半之。各大饭庄及大旅馆均附设之,著名的主要有天津球房、集贤球房、群贤球房、体育球房、会贤球房④。体育娱乐的发展还推动了体育课进入新式学校,田径、球类都是主要教授内容,生产体育产品的企业在近代天津也已出现。

(五)促进天津交通、餐饮等业的发展和繁荣

近代天津娱乐消费的奢靡化发展以及与宴会活动相结合,不仅促进了餐饮业的发展,且推动了市内交通业等业的发展。

---

① 方豪编录:《英敛之先生日记遗稿》,《近代中国史料丛刊续编》第三辑(第23册),台北文海出版社1984年,第1087页。
② 雷梦水等编:《中华竹枝词》,北京古籍出版社1996年,第495页。
③ 古学谦:《天津指南·风俗》,天津新华书局1922年,赛马场。
④ 古学谦:《天津指南·风俗》,天津新华书局1922年,球房。

一是推动了天津餐饮业的发展和繁荣。"娱乐+宴会"活动必然会在一定程度上推动天津餐饮业的发展。近代天津餐饮业发展表现在两个方面：其一西餐业的快速发展。英敛之和朋友常吃西餐，如1902年4月至1907年9月英敛之和朋友消费过的可以确定为西餐馆的就有10多家，如德义楼、福圣楼、利顺德饭店、品升楼、寿亭、华泰饭店、美昌饭店、芙蓉馆、庆乐园、密慎、德和、裕中等。到20世纪30年代据不完全统计，天津约有西餐馆38家，洋酒馆、咖啡馆、洋点心铺13家。民国时期天津的旅馆基本上都提供中西两餐，"旅馆宽宏设备完，食堂雅静附西餐"①。1922年《天津指南》中记录经销中外烟酒、茶食、饮料等商店近百家。其二是中餐业的繁荣。在英敛之先生日记提到他们和朋友去过的其他饭店和餐馆还有24家，民国时期天津餐饮业更加发达，1922年《天津指南》中记录的比较著名的酒店就有13家，另有酒馆菜饭店47家②。

二是促进市内交通等产业的发展。英敛之和朋友参加娱乐活动以及宴会一般都采用代步工具，他们采用的交通工具主要有马车、人力车、电车等，娱乐消费的发展也在一定程度上推动了天津交通运输业的发展。

此外，还助长了消费主义在天津的发展。娱乐休闲产业的兴盛是近代天津发展和繁荣的重要标志，也助长了居民重消费、求享乐之风的发展。

(《历史教学》2012年第16期)

---

① 雷梦水等编:《中华竹枝词》,北京古籍出版社1996年,第515页。
② 古学谦:《天津指南·风俗》,天津新华书局1922年,酒馆菜饭店。

# 抗战时期企业社会责任的历史考察
## ——以"永久黄"团体为例

赵津 韩冬

在抗日战争爆发前,由爱国实业家范旭东创办的"永久黄"团体已经成为可以实现盐、碱、酸规模化生产的化工企业团体,并配有独立的技术研发部门为本企业乃至整个化工行业提供技术支持。1914年,范旭东在天津塘沽创办久大精盐公司,首开中国精盐生产的历史,逐渐打破了长久以来中国食盐运销的引岸制度。在久大精盐公司获得成功后,范旭东开始积极筹建碱厂,于1917年在塘沽创办永利制碱公司①。在当时国际上现代制碱技术严重垄断的情况下,永利的事业愈发艰难。为了给永利以及未来整个团体提供技术支撑,1922年范旭东又创办了中国第一家私立化工研究所——黄海化学工业研究社,由哈佛大学毕业的孙学悟博士主持。自此,由范旭东创立并领导的永(利)、久(大)、黄(海)团体(以下简称"永久黄")形成。此后,为了发展我国的国防工业,范旭东毅然承办硫酸铔厂,并于1937年2月建成投产。铔厂的建成标志着中国化学工业的酸、碱两翼齐备,开始腾飞。

1937年,日本侵略者悍然发动七七事变,以东北三省为根据地,沿华北、华东、华南向中国沿海地区发动进攻,战火直逼天津、上海等工业中心,妄图扼取中国的经济命脉,使抗战失去必需的物质基础,达到迅速灭亡中国的目的。命途多舛的近代中国再一次面临亡国灭种的危机,在近一个世纪内忧外患的动荡环境中艰难成长的实业家们同样走到了利益与责任的分叉路口:是发国难财,做"以华制华"的代理人,还是奋勇抗争,成为坚守民族气节的爱国商人?"永久黄"的创始人范旭东从建立近代化工企业之初即并非一个孜孜以求钱,矢志于谋利的生意人。"永久黄"团体的"四大信条"表明了范旭东和企业的价值观:

一、在原则上绝对的相信科学。

---

① 1934年,因创办硫酸厂,"永利制碱公司"更名为"永利化学工业公司"。

二、在事业上积极发展实业。

三、在行动上宁愿牺牲个人，顾全团体。

四、在精神上以能服务社会为最大光荣①。

这体现了一个爱国实业家强烈的使命感和社会责任感。在饱尝国家孱弱、创业维艰的苦楚后，范旭东深知"全牛已失，安问蹄角"的道理②，以"宁为玉碎，不为瓦全"的气概，拒绝了敌人的利诱威逼，为保护工厂的有生力量，带领大批技术人员和职工入川建厂，全力创办华西化工基地。在"四大信条"的指导下，"永久黄"团体不但为抗战时期基本化学产品供给费尽心力，其创始人范旭东更为战后复兴中国化学工业描绘了宏伟的蓝图。

## 一、抗战初期，"宁举丧，不受奠仪"

近代中国百年来一直受西方列强的欺侮，战争的阴霾挥之不去。虽然各企业时刻受到列强的威胁，但也正由于各国在华利益的争夺，使得民族工业可以艰难维系。这导致诸多企业对于战争大规模爆发的估计不足，而对于国民党政府军队节节退败的战局始料未及，在抗战前期显得仓皇失措。在这种情况下，"永久黄"积极采取应战措施，尽其最大努力保障企业各相关者利益。

抗战初期，伴随着军事进攻的大规模展开，日军对于经济的侵略也从未停止，自然清楚永利、久大等化学工厂的基础性作用，尤其是永利南京硫酸铔厂在战时的国防工业地位；因此一再用威逼利诱等手段妄图与"永久黄"进行"合作"。从"永久黄"创立之初，章程中明确规定：股东只限于持有中华民国国籍之人③，而此时范旭东明确表示：七七事变，乃吾民族兴废之关键，吾人憬然大义所在，绝未以二十余年心血所注，几千万资财所积之事业，稍敢移异心志。他毅然拒绝任何非法妥协。因此，"永久黄"坚持不卖厂不受降，针对日本侵略者的步步紧逼采取了相应的措施。

---

① "四大信条"是于1934年9月，在范旭东的倡导下，由"永久黄"团体的刊物《海王》经半年广泛征集员工的意见后提出的，后载于每一期《海王》旬刊封面的显要位置。

② 熊尚厚，严加平主编：《中华民国史资料丛稿人物传记·范旭东》（第15辑）第62页，中华书局2002年。

③ 全国政协文史资料研究委员会《化工先导范旭东》编辑组编：《化工先导范旭东》，第76页，中国文史出版社1987年。

1937年7月29日,天津沦陷,公司沽厂(指久大、永利在塘沽设立的工厂)适在战区,工厂驻兵。1937年8月7日,永利、久大两厂被迫全停,"旋由日商兴中公司以钧部名义向公司迭次游说"①,提出收买和租赁工厂、设备的要求,范旭东当时虽不在天津,但明确指示在厂人员"厂外者可听其占用,不必谈租或卖,厂机可云开工时自用尚不够,不便租与"②。在厂人员均以永利乃一股份公司,现总、副经理不在津,无从决定为由,多次婉言拒绝。日本见租买不成,便抢占塘沽工厂。范旭东意识到对于实业而言,工厂设备和技术人员是一个企业生存的基本条件,更是支援持久抗战的有生力量,为保护这刚刚起步的化学工业进行了不懈的努力。一方面,范旭东利用与各银团的密切关系,希望银行出面保护工厂和文件。另一方面,留厂管理者和员工与敌人周旋,转运公司重要文件。截至1937年底,久大公司"所有蓝图以及重要单据均装木箱寄存相识之洋行"。此外,"永久黄"发表声明并在中英文报纸上刊登,表示碱厂系属商办,均因战事停工,财产所有权并未发生改变;而日方宣称的与永利、久大沽厂达成让渡协议均非事实,实乃侵略行为③。

在南京的永利硫酸铔厂为了满足抗日军工生产的需要,停止硫酸铵的生产转产硝酸铵,赶制炸药;其铁工厂则改制地雷壳,直接支援抗战。虽置身险地,团体同仁仍为国为民,加紧生产。敌人见工厂在抗击日军中的重大作用,便悍然于1937年8月14日、9月27日、10月21日对工厂进行轰炸④。"永久黄"的同仁清楚肩负的责任和身处的险境,"敌机轰炸本厂早在意中"⑤。南京失守前,范旭东指挥迅速转移技术人员,抢运可以搬动的机器、图样和模型,无法移动的重型设备则拆走仪表或给予破坏,使其不为敌人所

---

① 《复六吉堂重兼先生函(1938年3月3日)》,原化工部久大永利公司历史档案之股务卷之一。
② 《范旭东致津电报(1937年9月24日)》,原化工部久大永利公司历史档案之日敌侵占前后的措施等卷。
③ 赵津主编:《"永久黄"团体档案汇编——永利化学工业公司专辑》,天津人民出版社2010年,第554—555页。
④ 陈运泽、李运华、梁占鳌:《"永久黄化工集团"在抗日战争中的表现》,《历史教学》1992年第2期。
⑤ 《范旭东致南京电报(1937年9月28日)》,原化工部久大永利公司历史档案之日敌侵占前后的措施等卷。

用。范旭东带领下的"永久黄"团体怀着"宁愿牺牲个人"的信念,坚守民族责任,并竭尽所能保护设备和技术人员,为入川建厂打下基础。

抗日战争全面爆发后,天津、上海、南京等地迅速卷入战局,"永久黄"团体所属各工厂先后为敌所夺,偌大集团失去了基础,无营业可言。"永久黄"本着对工人负责的态度,对他们进行了妥善的安置:愿意回家的员工多发2个月的薪水并发车船费,不愿回家者多发3个月的薪水①。这对于战时营业一落千丈的"永久黄"来说,确属不易。同时,"永久黄"的中高级职员则实行减薪政策(见表1)。这一增一减中,体现出的是公司在任何时期都会妥善处理员工利益的初衷,并不因为公司遭遇困难或是员工的弱势地位而改变。

表1 "永久黄"薪酬调整办法(1937年10月)

| 原薪(元) | 发给成数 | 实发(元) | 总数(元) |
| --- | --- | --- | --- |
| 50 | 100% | 50 | 50 |
| 5~100 | 70% | 35 | 85 |
| 101~150 | 60% | 30 | 115 |
| 151~200 | 50% | 25 | 140 |
| 201~300 | 40% | 40 | 180 |

资料来源:1937年10月12日,战时减薪停津贴函(沪汕字第一号),见原化工部久大永利公司历史档案之《华中华南区经理处卷》。注例如原薪为250元,依上表发给160元。计算方法分两部分200元发140元,其余50元按照40%计算为20元,两部分合计160元。

在抗日战争初期,一个化学工业集团的得失不仅仅关系到股东、债权人、雇员、消费者和供应商等利益相关者,同时更是关系到国家的命运、战局的发展。"永久黄"作为一个私营企业团体并没有以自身的经济利益为基点与敌人妥协,而是在正确的方向上,本着负责任的态度,妥善安置员工,保护工厂有生力量。应战的一系列举措表明:在一些非常态下,企业对社会责任的承担并未上升到日常管理层面,而其对社会和政治问题的响应过程,行为带有明显的应激性,这正较好地体现了问题管理的思想。面对突如其来的环境变化,范旭东掌舵下的"永久黄"团体,针对战争所带来的多方面问题积

---

① 赵津主编:《"永久黄"团体档案汇编——永利化学工业公司专辑》,天津人民出版社2010年,第629—647页。

极应对。

## 二、抗战中期,实现企业战时常态化管理

七七事变后,华北地区的民族企业几乎全部被日本抢占,华东、华中,尤其是淞沪一带的战局岌岌可危。此后,南京沦陷,南京政府被迫偏安于以重庆为中心的西南地区。集中在东部沿海的民族工业在战火中大规模西迁。"永久黄"在塘沽的工厂以及南京硫酸铔厂皆为敌人毁坏或占据,公司意识到"长期抗战,势成必然"[1],因此在国民政府决定内迁时,"永久黄"积极响应,加快内迁准备工作。范旭东先派久大盐业公司经理李烛尘和永利化学工业公司厂长傅冰芝于1938年3月前往永利、久大驻渝办事处,指挥"永久黄"的主要科技人员西迁四川,以保全化工命脉,并决定在后方建立民族化工基地,恢复生产支持长期抗战。内迁的同时,该企业在递呈政府复兴基本化学工业的提案中明确表示,"中国非增加农产,莫由救济农民,非有化学原料,一切工业皆无从着手,非自制猛性炸药,莫由抗敌建国"[2]。范旭东自创办"永久黄"团体以来,对于化学工业的重要战略地位始终有着清醒的认识。作为一个民族企业,范旭东希望实现"实业救国"的理想,虽遇困难而不改公司性质,虽逢战事而不失民族气节。此时,"永久黄"对于所处的局势和身肩的责任进行了重新审视,并对抗战持续期间川厂的各方面工作逐步实现战时常态化管理。鉴于沿海地区盐厂沦陷,内地军民食盐供给不足的严峻形势,国民政府于1938年3月下令增加川盐产量,并特别强调:"增加产量先从富荣两场(自贡盐场)着手。"在这样的背景下,范旭东克服重重困难在自贡创建久大盐厂,其首要目的就是以积极的行动响应政府号召,增加盐产,以支持祖国的长期抗战[3]。黄海社于1938年10月汉口失守后西迁入川,在五通桥购地建屋,树立华西化工研究中心。永利川厂也于1938年秋开始筹备兴工[4]。逐步推进大后方基础化工产业的建设。

---

[1] 赵津主编:《"永久黄"团体档案汇编——永利化学工业公司专辑》,天津人民出版社2010年,第592页。
[2] 《国民参政会第二次大会第四十九号提案》(1938年11月6日)。
[3] 谭刚:《范旭东在自贡重建久大盐厂原因述评》,《盐业史研究》2001年第3期。
[4] 陈运泽、李运华、梁占鳌:《"永久黄化工集团"在抗日战争中的表现》,《历史教学》1992年第2期。

"永久黄"团体以盐业起家,入川后仍然从制盐着手。经过范旭东的多方努力,1938年9月18日,久大自贡模范盐厂终于落成开工。之所以选择这一天开工,就是告诉员工勿忘"九一八",勿忘国耻。范旭东在开工典礼的致词上强调建厂的重要性时表示:"中国制盐工业消灭于敌人的侵略,决不屈服于敌人的炸弹。同时为了由工业方面培养吾们长期抗战的力量。"①范旭东要求入川的员工摒除"逃难心理",因地制宜,积极恢复生产。久大川厂建立后,增加盐产供应。同时,针对汲卤熬盐成本远远高于海盐,且当地制盐"技术古拙"的现状,久大加快推广先进制盐技术。首先,在汲卤方面,黄海的技术人员设计了适合当地情况的电力汲卤机以代替原有的牛力汲卤,机械化生产使效率大大提高,很快普遍推广②。煎盐时,久大改用钢制平锅和新式炉灶。由于新法平锅受热面积大且连续工作,炉条分上下两层,保证了煤的完全燃烧,可以充分利用能源,降低成本,提高盐的成色。此外,久大采用机器压制砖盐代替熬炼巴盐也降低了能源的耗费③。在努力实现食盐增产的同时,久大川厂不忘对食盐品质的监控。与海盐相比川盐所含杂质甚多,黄海社的科技人员经过化学分析发现,黄卤中含有毒性很大的氯化钡,会导致食用者钡中毒,这正是四川犍为地区一种叫做"痹病"的地方病的致病原因。为此黄海社成员经过反复试验终于找到了可行的除钡方法,消除了致病因素,保障了消费者的食用安全。久大川厂凭借先进的设备、优良的技术,生产出低价高质的食用盐。如果久大按照市场公平竞争的原则,对于一直以来经营川盐的当地盐商来说无疑是毁灭性的打击,而当地盐商也一度采取排斥、阻碍久大经销的态度。范旭东从国家战略的高度出发,响应政府战时增产的号召,打破技术壁垒,创立自流井模范盐厂以资观摩,供同业仿效,并帮助同业设计盐厂,购买机件④。这一行为承续了"永久黄"一贯的责任理念,包括1933年永利碱厂总工程师侯德榜出版《纯碱制造》一书,

---

① 《范旭东在久大自贡模范制盐厂落成开工大会上的致词》,《自贡文史资料选辑》(第十五辑),文史资料委员会出版社1985年,第124页。

② 全国政协文史资料研究委员会《化工先导范旭东》编辑组编:《化工先导范旭东》,中国文史出版社1987年,第151页。

③ 《设厂经过》(1938年3月14日),原化工部久大永利公司历史档案之四川自贡盐厂卷之一·设厂经过;唐汉三:《在井六年》,《海王》1944年。

④ 《四川自贡自流井厂创办经过》(1941年2月24日),原化工部久大永利公司历史档案之四川自贡盐厂卷之一·设厂经过。

都旨在打破化学工业的技术垄断问题,充分体现了"以能服务社会为最大光荣"的企业信念。"永久黄"作为先进技术的倡导者和传播者,实现大企业与地方中小竞争者的良性互动。为振兴民族工业,摆脱贫穷落后的状态,更为国家长期抗战提供保障,"永久黄"没有将同业视为利益瓜分者,而视为可以团结起来共同支援国家的坚实后盾。以技术扶植为平台,带领更多的企业和个人承担起战时物资供应的责任,并为西南地区工业的发展奠定基础。

  永利川厂的建立没有久大顺利,期间经历的道路更加艰难。虽然国民政府于1938年11月的国民参政会上通过了为永利川厂贷款2000万元的决议,因涉及外汇和运输等诸多复杂问题,迟至1939年12月31日才与四联总处签订合同。资金初步确定,但永利川厂依然面临原料和设备的难题。四川出产的是井盐,相比沿海地区价贱如土的原料来说,成本高昂。原来使用的苏尔维法制碱原料利用率低;生产所产生的废液无法被综合利用,不但白白浪费,而且造成环境污染①。考虑到日后产品的成本和销路问题,范旭东决定进一步改进技术较为成熟的苏尔维法,寻找新的制碱方法。为了早日恢复制碱,范旭东决定购买德国人发明的"察安法"制碱专利,遂派侯德榜和一个技术员前往德国考察。日德早已暗中勾结,严密的技术封锁使得侯德榜决定自行研发制碱工艺。由于四川工业条件落后,用于实验的仪器和原料都十分缺乏,1939年春,范旭东决定在设备和原料采购条件较好的香港设立化学研究室,并委托侯德榜率领黄海社的郭锡同等高级研究人员从事新法制碱的研究。大家同心协力,深入探求,分析了2000多种样品,进行了500多次循环试验,新制碱法终于获得成功,"原料盐之利用率可达百分之九十八以上,远较苏尔维法百分之七十五者为高,同时又可得氯化铵制品"②。1941年3月16日,范旭东在川厂的厂务会议上将其命名为"侯式制碱法",该法的成功不但为川厂建设解决了技术难题,同时也为世界制碱工业开辟了新的道路。

  然而在抗战时期,成功的技术并没有获得实质上的推广运用,设备的短缺成为新法制碱的制约因素。其实在侯德榜研发新式制碱法的同时,范旭东一直冒着生命危险抢运所购制碱设备。1940年春,从美国所购的碱厂器

---

  ① 李健英:《部门体系创新中的永利模式》,南开大学经济学院2009年博士论文,第129页。

  ② 《永利化学工业公司设计室稿》(约1944年),原化工部久大永利公司历史档案之侯氏制碱法卷。

材已经运抵越南海防。设备数量庞大,在运输过程中,法国在越南溃败致使永利未运出的机件约500吨为日军劫去。在此艰难的处境下,加快建成永利川厂的使命感使范旭东再次远赴海外,从美国购买车辆自办运输,改变运输线路转赴仰光。太平洋战争爆发,范旭东夹在难民群中被困香港数月,直到1943年3月才辗转回到重庆。此时仰光已经失守,范旭东以60高龄的羸弱身躯再赴滇缅线,冒着随时遭受轰炸和坠入深谷的危险,亲自调遣员工抢运设备。凭着这份坚守和执着,范旭东带领永利员工将1200吨器材从缅甸腊成运到四川犍为。然而,还是有部分滞留在缅甸境内的设备未及运输,落入敌手,此外永利在美国购买但尚未起运者约有3000吨[1]。受限于设备短缺,侯式制碱法虽获得试制上的成功,但一直没能应用于实际生产。范旭东研究决定,采用路布兰法,利用川西地区的芒硝、石灰石和煤等原料制碱。这是一种在特殊条件下采用起来较为简单的生产技术,从设计、施工到最后投产,仅用了半年多的时间。工厂投产,日产纯碱10吨,成为战时大后方最大的纯碱生产基地[2]。这样的规模虽与永利川厂设计相去甚远,但毕竟一定程度上缓解了后方对纯碱的需求。

久大、永利川厂相继建设投产,化学制成品在前方支援抗战,在后方满足基本需求。黄海社的技术人员因地制宜地全面展开研究工作。对于在此期间起到关键作用的技术人员和职工,公司制定了较为完善的人事管理制度。企业原有的职工福利制度并没有因为战争而偏废,公司章程的细则中规定"福利课办理图书馆、歌曲、游艺及其他娱乐事项",使员工在饱受颠沛流离之苦后,能保持积极乐观的生活态度,在工作之余享受一份生活情趣。企业还设有医疗保健部门、教育部门,为员工提供医疗卫生服务、技术培训,解决员工子女上学问题[3]。公司考虑到战时物价不断上涨的实际情况,多次提高员工薪资待遇(见表2);还帮助职工组织生产消费合作社,建起了大批简易宿舍和一所小学[4]。这样使撤退到后方的员工有了基本的生活保证,安

---

[1] 李健英:《部门体系创新中的永利模式》,南开大学经济学院2009年博士论文,第133页。

[2] 陈孟祥:《忆永利精神》,《红三角的辉煌》编写组:《红三角的辉煌》,新华社天津分社1997年,第135页。

[3] 《人事管理章程》(1940年),原化工部久大永利公司历史档案之永利公司抗战时期章则制度卷。

[4] 陈歆文:《永利——化工人才的摇篮》,《纯碱工业》1996年第2期。

定了人心。

表2 抗战时期永久黄员工加薪情况调查表

| 年份 | 加薪标准、幅度 |
| --- | --- |
| 1939年1月16日 | 月薪100元以下者加薪20%,以上者加薪15% |
| 1940年5月27日 | 月薪130元以下者加薪50元,以上者加薪15% |
| 1940年10月7日 | 一律加津贴30元 |
| 1940年10月24日 | 各现薪加战时生活特别津贴20% |

资料来源:1939年1月16日,加给战时津贴函(港沪总字第八号);1940年5月27日,加战时津贴由港致渝分处函;1940年10月7日,渝分处致总处函(渝总字第五五号);1940年10月24日,加津贴函(港沪总字第32号)见原化工部久大永利公司历史档案之《永利公司自开办至合营后职工薪资调整及米贴等卷》

抗战进入相持阶段,对于物资的需求更加迫切,对拥有技术、人员的"永久黄"来说迅速恢复生产尤为重要紧迫。"永久黄"克服了原料、能源、设备、资金等多重困难后,尽一切条件恢复生产,推进了大后方基础化学工业的建设。在响应政府号召的前提下,"永久黄"加快实现战时常态化管理:兼顾多方利益,完善制度建设,除因战时各股东债权人散居各方无法保全外,其他的利益相关者,包括本厂员工、同业生产经销商和当地消费者均得到公司的妥善处理。作为技术型企业,"永久黄"又肩负起推进内地化学工业技术革新的责任。在范旭东和企业"发展实业,服务社会"的信条引领下,大企业的技术优势得以发挥,对当地进行负责任的投资、开发推动了华西的化工基地建设。

## 三、抗战后期,谋划复兴大计

1943年,反法西斯战争形势发生了根本性的变化,苏联红军抗击德国军队的战争由防御转入反攻阶段,中国的抗日战争也渡过了相持阶段最困难的时期。1943年春天,美英两国曾派代表团到重庆,报告盟国已决定先将德国击溃,再攻击日本。范旭东深感抗战胜利已为期不远,因而积极筹划为战后复兴中国化工产业做准备。此时,肩负起企业自身乃至国家化工业可持续发展的责任,"永久黄"进行战略整合,使公司由战时状态逐步过渡到正常经营并为未来的发展前景进行着规划。

1943年9月,蒋介石询问战后化工建设意见,范旭东提出了战后兴建十厂、完善化工产业的构想。范旭东独具战略眼光,清醒地意识到,一旦停战,各国百废待兴,必然倾尽全力恢复生产,对于设备、器材的需要尤为迫切,会形成典型的卖方市场。对于资金短缺、技术落后、机器设备无法自给的近代中国而言,"为争取时机,必当及早准备"。购买美国现有器材,再由公司进行本土化改造可节省资金40%,对战后重建大有裨益①。鉴于化学工业建设直接关系到国防农工,1943年10月7日,针对"十厂计划",蒋介石批示:"原则可行",并责成经济部和行政院商讨具体办法。随后,范旭东面见行政院副院长孔祥熙和经济部部长翁文灏,并递呈了《创建化工工厂十所办法大纲》,报请审查②。该报告即为范旭东十厂计划的实施纲领,它全面阐述了范旭东对战后化工产业建设的构想:公司计划在停战后五年之内,择西南、西北原料丰富,农工业亟待开发区域进行基础化工产业建设。经过公司技术人员的考察,初步拟定:湖南株洲设硫酸铔厂、炼焦厂各1所,云南省沿滇缅路盐兴县一带设硫酸厂、纯碱厂、炼焦厂各1所,陕西同官或甘肃兰州设硫酸铔厂、炼焦厂各1所,西北接近碱区且富含森林和硫黄资源的区域设提炼纯碱工厂1所,河北井陉设硫酸铔厂、炼焦厂各1所③。各工厂设计产量:硫酸铔厂4所,年产量50万吨;纯碱厂2所,年产量20万吨;炼焦厂4所,年产量24万吨。所产焦炭专供铔、碱厂自用,而以其副产制成炸药、燃料及药品。三种工业相互联系,形成以酸、碱为核心,上游保证燃料供应,下游生产相关制品的化工产业链。经过战争的浩劫,范旭东充分考虑到国防建设的重要性。在十厂规划中注重确立国防基础:无论从厂址选择到工程设计要点,均将兵工大计作为重要的影响因素。新厂除要求位于原料丰富、交通便利的区位外,同时考虑安全性;并在生产设计中顾及到平时与战时生产方式的自由转换。战时军用为先,平时民用为主,以实现化工产业的基础作用。

为战后尽早复兴中国的基本化学工业,范旭东等于1944年春即开始为实现战后复兴大计四处奔波。同年10月,范旭东以民族工商业代表的身份,参加了在美国召开的战后工商国际开发会议,与会的52国工商界代表在会

---

① 《范旭东呈军事委员会文》(1943年9月26日),原化工部久大永利公司历史档案之筹办十厂建设卷。
② 《范旭东呈军事委员会文》(1943年11月22日),原化工部久大永利公司历史档案之筹办十厂建设卷。
③ 《永利化学工业公司创建化工工厂十所办法大纲》(1943年10月),原化工部久大永利公司历史档案之筹办十厂建设卷。

上共商战后发展,给范旭东很大启示。会后范旭东与美国进出口银行接洽,后于1945年5月1日与其签订1600万美元的信用贷款合同。美方利息既低(年息四厘)且仅以所购器材作抵,只要中国政府指定国家银行担保,即可履行放款手续①。因此,范旭东呈请南京政府将原计划中国家统一借款的资金利用方案改为永利直接向美国进出口银行借款。对于利用外资,政府早有专章令行。化工行业更是"事关国策",引入外资受到政府严格的管制。如此重大的决定势必经过一定的行政审批程序。而恰在此时(1945年10月4日),"永久黄"的创始者范旭东因胆化脓病逝于重庆,怀着对祖国化学工业的无限期盼含恨而终。

虽然十厂计划以夭折告终,但我们不可否认,"永久黄"的领导者在抗战即将胜利时所具有的远见卓识和肩负民族复兴责任的勇气。公司在筹划厂时明确表示,"此举关系确定中国化工基础,百年长策,此其起点。……公司同仁于世俗荣利无所萦怀,仅为办事便利……将来财产谁属,经营谁来,一凭政府主持,绝无成见"②。这种不计企业和个人得失的"先中国化工之忧而忧"的责任感是"永久黄"同仁一贯秉承的经营理念和文化传承。基于企业自身乃至整个社会战后可持续发展,企业重新审视并且切实履行作为一名企业公民所肩负的责任。深沉的爱国思想,神圣的社会责任感和紧迫的时代使命感都化作了推进战后化工产业建设的强劲动力。

## 四、抗战时期,影响企业承担社会责任的因素分析

对处于不同发展阶段和环境背景的企业,影响企业承担社会责任的因素和动机不尽相同。抗日战争民族危亡的时代背景下,"永久黄"团体以肩负民族责任为核心,以战争进程为节点,适时调整企业行为,肩负社会责任。

1. 企业的核心价值观

企业价值观的不同决定了企业追求目标的不同,在管理中对企业社会

---

① 《范旭东呈经济部部长翁文灏文》(1945年6月29日),原化工部久大永利公司历史档案之美借款卷之一。
② 《范旭东呈军事委员会文》(1943年9月26日),原化工部久大永利公司历史档案之筹办十厂建设卷。

责任的定位就不同①。"四大信条"昭示了"永久黄"团体的爱国情操,继承了中国传统文化中忧国忧民的忧患意识和社会责任感,由此产生了企业强大的凝聚力。抗日战争爆发,面对敌人的威逼利诱,"永久黄"作为近代民族企业在涉及主权问题时毫不退让。坚定的爱国信念使"永久黄"团体不受降、不妥协,毅然承担起民族责任入川建厂。秉承着"发展实业,服务社会"的信念,范旭东带领员工在大后方的艰苦环境中,推进华西化工基地建设,牺牲个人利益保全团体,服务社会,突出了社会利益。由"四大信条"构建的企业核心价值观,在抗战时期得到了集中体现,并成为企业行为的精神指引。

2. 企业的目标和现实状况

针对抗战的不同阶段,"永久黄"显然有着不同的目标。抗战爆发作为带有一定历史必然性的突发事件,企业对此做出响应,首要目标就是保存有生力量。在这一过程中,诸多应激性行为带有更强的战时特点和暂时性。如何在坚守民族大义的同时,保护工厂,妥善安置员工,更多地在于一个企业家的信念和责任意识。抗战中期的相持阶段,企业的目标调整为利用大后方一切资源恢复生产,支援抗战。在紧张但相对有序的状态下逐渐恢复生产,实现常态化管理,保障企业各相关方的权益。抗战后期,企业着手从战时向和平环境过渡,为企业、国家的复兴做准备。"永久黄"针对抗战不同阶段主要目标的转换调整自身行为。

3. 不同发展阶段企业的驱动力和压力

抗战初期,战争本身就成为了巨大的驱动力和压力来源,对"永久黄"的生存构成了直接威胁。抗战相持期间,战争作为一种短暂的常态出现,企业面临的驱动力和压力有所转换,包括政府对军工产品的急需、大后方的农业生产、入川员工的安置问题、与当地同业的竞争等来自方方面面相关者的压力。"永久黄"积极进行调整,在大后方建厂恢复生产,推进当地设备革新,加速技术扩散以满足各利益相关方的生存、发展需要。抗战后期,"永久黄"的创始人范旭东对企业未来的发展有着可持续的预期,进行战略整合,提出了十厂计划。

以史为镜知兴替。范旭东作为企业的创始人和领导者,将个人实业救

---

① 《范旭东呈军事委员会文》(1943年9月26日),原化工部久大永利公司历史档案之筹办十厂建设卷。

国的理想和对于企业社会价值和使命的理解,融入到企业文化和经营管理当中。在生死存亡的关键时刻,以"四大信条"为核心的企业价值观,一次又一次成为企业强大的感召力和凝聚力。秉承这样的信念,范旭东带领着"永久黄"团体,背负民族大义,入川建厂支援抗战,推动技术扩散,改善国计民生;这种在危难时刻毅然承担社会责任的勇气和作为令人赞叹。商之大者,为国为民,"永久黄"在战争时期对责任意识的传承和发展推动了企业的成长、国家的复兴。透过历史的镜像,大企业在特殊时期的典型范例为当代企业摆脱困境、履行社会责任,实现企业社会的可持续发展提供了良好的历史佐证。

(《历史教学》2012年第12期)

# 抗战时期天津租界中国存银问题

## ——以中英交涉为中心

吴景平

1938年至1940年期间,围绕留存于天津租界的巨额白银,国民政府有关部门持续展开对英、法两国的交涉,力图避免出现中国存银被日本劫夺的局面。鉴于当时英国在华有较大利益关系和影响力,国民政府十分关切英国对日本侵华扩张所持的立场和态度,将英方作为天津租界存银问题交涉的重点。但英国为维持其在天津租界的基本利益和保护英侨,与日本多次谈判后采取妥协策略,进而影响法国也作出同样让步,以致天津存银遭到日方监控,最终被攫取。对于这一事件,已往中国金融史教材和通史类著作及相关银行史资料①都乏文介绍。虽然在外交史、中英关系史的专著中略有以英对日妥协为主线的叙述②,关于国民政府的研究成果亦提及中方向英方表示抗议③,但几乎都没有涉及中英关于存银问题的谈判④。西方学者的相关代表性著作虽对英政府所持态度如何受制于其远东利益和基本政策、英国

---

① 洪葭管主编《中国金融史》(西南财经大学出版社1993年)第6章第2节"日军占领区的殖民地金融"、洪葭管主编《中国金融通史》第4卷(中国金融出版社2008年)第6章第4节"华北沦陷区的金融概况",均未述及天津中国、交通两行白银被迫移存问题。

② 吴东之主编《中国外交史(中华民国时期:1911—1949)》(河南人民出版社1990年)有500字左右的篇幅概述天津存银问题的由来以及1940年6月英日达成相关协议。徐蓝《英国与中日战争(1931—1941)》(首都师范大学出版社2010年)第12章"天津租界危机"主要依据已出版的《英国外交政策文件》,提及英方对天津存银问题态度的演变。萨本仁、潘兴明《20世纪的中英关系》(上海人民出版社1996年)则仅有寥寥数语提到英日达成妥协。

③ 朱汉国主编《南京国民政府纪实》(安徽人民出版社1993年)有"国民政府抗议英日天津白银协定"条。

④ 参见傅敏:《英国在远东的双重外交与天津租界危机》,《民国档案》2009年第3期;张玮:《天津事件:战时中英日三角关系个案研究》,《山西师大学报》2001年第4期。

外交决策当局驻中日两国有关代表所持态度有何异同有详尽剖析,但对中方的叙述甚为简略,更谈不上分析①。可以说,已有相关研究成果中既无关于天津存银问题中外交涉的完整叙事,也没有对国民政府有关决策的研究。台北"国史馆"藏蒋介石档案和国民政府处理华北白银问题的专卷,以及英国国家档案馆藏外交部档案、美国斯坦福大学胡佛研究所藏蒋介石日记等史料显示,对英交涉是整个天津租界存银问题交涉的关键所在,持续时间长,过程曲折复杂。本文以中英交涉为中心梳理天津租界中国存银问题的基本史实,兼及分析当时中国所处的外交困境和应对举措,考察相关的外交决策体制。

一

抗战时期的天津存银问题由来已久。1935年11月国民政府实施法币政策,收兑流通中的白银,集中各有关银行作为发行准备的白银,一起南运。华北地区收回的白银,虽然集中在中国银行和交通银行名下,但由于日方的无理阻挠以及华北地方当局的要求,一直未能南运。这些白银除部分存于北平几家外商银行外,大部分留存于天津英法租界的中国银行和交通银行,总额高达4000余万元,几占当时国民政府除军费以外年度主要财政开支总额的20%②,因此一直为中央政府尤其是财政当局所关注。

通常认为,"天津危机"始于1939年初夏③。事实上,中国方面对华北存银可能遭到日本劫夺的担忧,以及由此开展的与有关大国的交涉,至迟可以

---

① Bradford A. Lee, Britain and the Sino-Japanese War, 1937-1939: A Study in the Dilemmas of British Decline, California: Stanford University Press, London: Oxford University Press, 1973; Nicholas R. Clifford, Retreat from China: British Policy in the Far East, 1937-1941, New York: Da Capo Press, 1976.

② 据财政部次长徐堪1938年5月12日复外交部次长徐谟函,该项存天津租界白银总数在4100万元至4200万元之间。(外交部档172-1/2639-1,台北"国史馆"藏。下文不再注明所藏地)1937年度国民政府及所属机关的行政经费1800万元、内政费1300万元、外交费1000万元、财政费6400万元、教育文化费4200万元、建设费5400万元,总额为20100万。参见杨格:《一九二七至一九三七年中国财政经济情况》,陈泽宪、陈霞飞译,中国社会科学出版社1981年,第486—487页。

③ 天津危机的交涉内容是英租界的政治管辖权及警务协定。参见吴东之主编:《中国外交史(中华民国时期:1911—1949)》,河南人民出版社1990年,第463—467页。

追溯到 1938 年春夏之交。

1937 年全面抗战爆发后，日本占领平津，即试图攫夺该地区的中方存银，以用于建立和维持华北占领区的金融体系。1938 年春伪华北临时政府成立"联合准备银行"后不久，便借口开展外汇业务所需，拟提取中交两行存银①。5 月 10 日，财政部收到天津租界存银的主要所有者中国银行和交通银行两总行联名急电，报告有关情况：

> 查敝两行存北平现银元，计敝中国行存六百九十三万余元，敝交通行存九百六十四万余元，除少数存两行库房及银钱业公库外，大部份均分存中法银行、东方汇理银行及华比银行；又存天津现银元，计敝中国行存一千八百三十五万元，敝交通行存一千八百七十七万余元，均分存英法两租界两行库房、新华银行库房及银行业公库。此项法币准备一经攫夺，必致牵动整个金融，情势急迫，应否由大部咨请外交部转商有关系使领协助保全，盼即核办电示。

当时华北主要地区已处于日军占领之下，但法币之所以还能在相当范围内流通，就在于存于天津租界的发行准备金是充足和安全的；如果作为发行准备金的白银遭日方劫夺，国民政府对于华北金融的影响力无异被釜底抽薪，日伪的殖民统治将因此获益匪浅。为此，国民政府财政部立即要求平津的中国银行和交通银行将所保管的白银"应速觅安全处所，并筹妥慎方法，分批移管，以昭郑重"，要求两行与平津现银保管委员会"接洽办理，毋得迟误"②。

在中交两总行联名急电之前，1938 年 5 月 2 日，英国驻日大使克莱琪（Robert Craigie）和日本外相广田弘毅以换文方式达成关于中国海关的协定③。根据这个协定，沦陷区各海关的一切收入及其支配都将置于日本的直接控制之下，尽管这些收入名义上列在总税务司账户之内。中国的海关主权受到严重侵害，国内债权人的有关利益被剥夺，其他债权国的相关利益也

---

① 参见《卞白眉日记》，1938 年 4 月 25—27 日、5 月 7 日，方兆麟主编：《卞白眉日记》第 2 卷，天津古籍出版社 2008 年，第 409—410 页。卞白眉（1884—1968），名寿荪，历任中国银行总发行局佐理、总稽核，中国银行天津分行副经理、经理，天津银行公会会长等职。1938 年 1 月，卞白眉离津赴港，任天津中国银行驻香港办事处负责人。

② 《财政部收中国、交通总行香港来电》，1938 年 5 月 10 日，外交部档 172 - 1/2639 - 1。

③ 参见《1938 年英日关于中国海关的海关协定》，中华书局 1983 年，第 98—99 页。

将受制于日本。财政部作为主管财税与货币金融事务的政府机构，非常担心如果英国继续对日妥协，平津存银会继海关权益之后，成为日本压力下的又一牺牲品，因此收到中交两总行急电当日，时任行政院长兼财政部长的孔祥熙便亲笔致函外交部次长徐谟：

> 关于平津中交两行存银，日方觊觎已久，兹复据该两行转报平津分行电，称以环境恶劣，虽勉力支撑，但能否不被劫取，难以逆料。如此项法币准备一经攫夺，必致牵动整个金融，情势急迫，请由部咨请外部转商有关系使领，协助保全等语。查核所称关系至为重大，除由部正式咨请贵部办理外，特先将原电抄上，即请察照，迅予妥筹，转商协助保全办法，并盼见复。①

孔祥熙的意见很清楚，外交部应当承担起保全天津存银的职责，立即开始相应的交涉工作。当外交部向财政部查询平津存银数目及地点时，财政部答复："北平存银约一千五百万元，存贮东交民巷；天津存银约四千一二百万元，存贮英法租界。"②

外交部收到上述函稿咨文后，曾与英国、法国和比利时驻华使馆接洽。比利时大使馆口头复称："查平津方面，并无现银元存于华比银行。"法国大使馆口头复称："已呈奉那齐雅大使自沪电开：关于中国政府请求协助保全平津方面法币准备事，当再电法国驻平大使馆人员及驻天津总领事馆继续设法尽力保护。惟若平津金融组织在人事方面发生变化，因此影响到现银保管问题，则法方殊难为力。"而英国大使馆直到7月初仍无任何答复。7月3日，外交部将上述情况咨复财政部③。

就在外交部等待有关国家政府答复期间，华北伪政权以检查库存，要求填送报表以及其他非法手段，对平津中交两行业务多方加以破坏，以冀达到垄断华北金融之目的。财政部接报后，一方面令饬中交两总行转饬平津各分行，严予拒绝伪组织非法干涉行务，不得稍有通融，另一方面考虑到平津分行行址系在北平东交民巷及天津英法租界，遂于7月1日以财政部长孔祥熙的名义咨请外交部迅为转商英法大使，分别转请驻平津英法领事尽力保

---

① 《孔祥熙致徐谟函》，1938年5月10日，外交部档172－1/2639－1。
② 《徐堪致徐谟函》，1938年5月12日，外交部档172－1/2639－1。
③ 《外交部复财政部咨文》，1938年7月3日，外交部档172－1/2639－1。

护①。外交部收到咨文后,7月7日致节略给英法驻华大使,强调保护在津中交两行对于各该国在华利益的重要性：

> 查该两分行在平津历史悠久,对于当地市面及中外商业关系,尤为密切;如果任令非法干涉,破坏行务,不特有碍中国整个金融,即与各国在华商业利益,亦有重大影响。该两分行行址系在天津租界及北平东交民巷,兹外交部特请英、法国大使馆转知驻平津外交及领事代表,对该两银行尽力保护,俾得照常执行业务,无任感荷。②

对于中国外交部的节略,法国大使馆7月27日答复称:"当在可能范围内,予该两行以一切合法保护";而英国大使馆直到8月13日才复照称:"查天津之该分行系在法租界内,北平之该分行亦不在使馆区域内,均不属于英国当局负责保护范围,合即略达"③。当时,蒋介石曾致电行政院长孔祥熙,提议:"津行存银,可否设法分存各外商银行,或押换外币,否则亦应有临时应急、分散沉没之处置也。"④事实上,天津租界已处于日方严密监控之下,中交两行之白银数额巨大,无论是换成外币,还是其他处置,都具有相当难度和风险,无法确保安全。到10月,随着日军侵华的加剧,中交两行也曾直接求助于英国方面,但得到的私下答复却是:"津库存现洋之钥匙最好妥为保管,以免敌方强迫交钥、开库,保护者将无词可以干涉云云。"⑤英方实际上已经暗示不能承担保护中方在天津租界权益的责任,却没有引起国民政府行政当局的警觉及采取有效的处置。直到翌年初夏天津租界被日军封锁,国民政府财政部并没有对天津租界中交两行存银作出相应的处置,而外交部也没有对法国的笼统承诺和英国的推诿作进一步的交涉。

而日本在1938年9月举行的东京英日会谈中,就天津英租界问题向英

---

① 参见《财政部长孔祥熙致外交部汉钱字第43367号密咨文》,1938年7月1日稿,7月3日发出,外交部档172-1/2639-1。
② 《外交部致英、法大使馆节略》,1938年7月6日稿,7月7日发出,外交部档172-1/2639-1。
③ 《有关大使馆致国民政府外交部长王宠惠照会》,1938年8月13日,外交部档172-1/2639-1。
④ 《蒋介石致孔祥熙电》,1938年9月19日,蒋介石档案002-010300-00016-063,台北"国史馆"藏。下文不再注明所藏地。
⑤ 《卞白眉日记》,1938年11月22日,方兆麟主编:《卞白眉日记》第2卷,第430页。

方提出三点要求:在镇压反日活动和反日宣传方面与日本合作、禁止法币流通并与联合准备银行合作、交出中国政府银行在英租界的存银以作为联合准备银行的发行基金,但会谈没有解决这些问题①。10月,随着广州、武汉的沦陷,"日军气焰万丈,欲没收平津中、交,并禁止津法币流通"②,对天津法租界存银的图谋日益显露。

12月6日,财政部向外交部发出第2864号密咨文,要求外交部就天津存银问题与法国大使馆接洽后,外交部才照会法国大使馆:

> 查中国政府在天津法租界内存有白银,日方屡谋攫取。以天津法租界当局向持严正态度,予以维护,日方未达目的。中国政府对于法方援助,深为感荷。近据报告:日方对于该项存银,图谋益亟。外交部应请法国大使馆转行天津法租界当局,仍本向来维护之精神,将该项存银妥密封存,代为保管,勿任日方或任何非法组织攫取或占有。③

与7月初的节略相比,此次外交部向法方明确提出了保护天津租界中方存银免遭日本攫夺的要求,但并未同时照会英国方面;而英国大使馆从法方了解情况后,却主动致函中国外交部:"就本馆所知,外交部曾于一月前知照法国大使馆,请将天津英法两租界内各中国银行之存银封存,以免为日方所攫取。惟查天津各该中国银行迄今当未接到关于此事之训令,请设法迅行颁发此项命令"。④ 英方潜台词是,中国方面应当更多、更主动地承担起防止日本攫夺天津存银的职责,不应只是把英法推向与日本冲突的前列。

华北白银危机刚发生之时,国民政府外交部只是大体了解平津两地中方存银数,并不清楚具体情况。待收到上述英国大使馆照会后,才意识到"似天津英租界内各中国银行亦有存银,我方对于英方似亦应有同样表示",并提醒财政部对天津各中国银行发出封存白银的命令⑤。财政部收到外交部的咨文后,即"转电三总行密电津三行妥洽办理",并要求外交部"查照前案,即函复英大使馆请转行天津英租界当局,将该项存银妥密封存代为保

---

① 参见徐蓝:《英国与中日战争(1931—1941)》,第270页。
② 《卞白眉日记》,1938年10月27日,方兆麟主编:《卞白眉日记》第2卷,第427页。
③ 《外交部致法国大使馆节略》,1938年12月8日,外交部档172-1/2639-1。
④ 《英国大使馆致外交部次长徐谟英文函》,1939年1月13日,外交部档172-1/2639-1。
⑤ 《外交部致财政部咨文》,1939年1月13日,外交部档172-1/2639-1。

管,勿任日方或任何非法组织攫取或占有"①。1月21日,外交部照会英国大使馆,"请英国大使馆转行天津英租界当局仍本向来维护之精神,将该项存银妥密封存,代为保管,勿任日方或任何非法组织攫取或占有。至纫睦谊"②。这一照会文本与12月8日致法方的照会文本并无实质区别,例行公事色彩浓郁。

总之,从1938年春夏起,国民政府虽颇为担忧天津存银遭到日本攫夺,但主要是财政部关注事态的进展,并催促外交部向英法等国进行交涉,而外交部进行的这些交涉更多地带有例行公事的色彩,并没有引起英法政府的重视。由于当时英日之间关于中国海关的协定对于中国权益的危害性、普遍性更为突出;在天津白银危机之前发生日本对于上海公共租界、厦门国际租界的干涉事件③,天津存银问题的严重性以及向有关国家进行交涉的必要性,未能及时引起中国政府最高决策者的重视。

## 二

1938年10月武汉和广州沦陷后,抗日战争进入相持阶段。当年底汪精卫集团出走后,1939年1月国民党五届五中全会明确了讨伐投降主义、坚持长期抗战的政策。此后,在涉及日本侵害中国领土与主权的问题上,国民党决策层秉持不轻易让步的立场。

1939年起,日本在天津租界问题上不断滋事寻衅,向英法施压,主要目标始终是控制与攫取中交两行的存银。为防止日方纠缠,该年初英国驻华大使卡尔(Archibald Clark Kerr)提出一个方案,即由驻天津英法总领事在场的情况下,尽快公开封存中方的这批白银,届时可请天津日本总领事在场。但日方却提出必须有日本军方和"联合准备银行"的代表参加封存白银的仪式,这一无理要求遭到英方拒绝④。该年春,天津英租界的局势突趋紧张。4月9日,伪华北临时政府委派的天津海关监督、天津伪联合准备银行经理程

---

① 《财政部致外交部密咨渝钱字第3131号》,1939年1月20日,外交部档172-1/2639-1。
② 《外交部致英国大使馆节略》,1939年1月21日,外交部档172-1/2639-1。
③ 参见徐蓝:《英国与中日战争(1931—1941)》,第212—213、269页。
④ 参见《卡尔大使自上海致重庆英国使馆电》,1939年1月11日,外交部档:政治—远东(中国):FO371/23445,英国国家档案馆藏。下文不再注明所藏地。

锡庚在英租界遇刺毙命,英国租界当局拘捕4名中国人。日本乘机在天津英租界问题上向英方施加更大的压力,除提出镇压抗日活动和引渡中国嫌犯之外,又要求将租界内中国各银行之存银交付日方。5月底,日本华北方面军提出了对于天津英法租界"治安肃正"方面的9项要求,包括对中交两行实行检查、以对"联合准备银行"出资的名义移出中交两行存银1250万元于租界外、对"联合准备银行"的通货政策予以协助而不得妨害①。由于英方未能满足日方的要求,6月13日中午,日军天津防卫司令官本间晴雅发表布告,宣布自次日起封锁租界,对于进出租界的人士、车辆、船舶均实行检查。同时发表谈话,把封锁租界的缘由归之于英国拒绝与日方合作,再度要求英方放弃支持蒋介石政权的政策,不得庇护英租界的抗日分子,不再支持法币和阻碍联银券的流通②。6月14日起,英租界被日军全面封锁,进出英租界的人士均经日军严格检查,英国侨民遭受侮辱的事情不断发生,英租界食物和其他必需品的供应也基本中断③。

在天津租界危机发生之初,英国政府一度考虑作出较强硬的反应,如禁止日本船只停靠新加坡、槟榔屿和香港,中止英日商约。英国还试图获得法国和美国的支持,但未果。权衡欧洲和远东的局势后,以首相张伯伦(Neville Chamberlain)、外相哈利法克斯(Lord Halifax)为代表的英方决策层认为无法单独与日本对峙,决定通过与日本谈判来解决危机。而日本也表示会谈将限于地方性问题,不会损及英方对于天津租界的权利,并同意会谈在东京而非天津举行④。1939年7月15日起,英国驻日大使克莱琪在东京与日本外相有田八郎会谈有关天津问题。此时日方提出的要求已经超出引渡嫌犯,要求英方在镇压和防范中国抗日运动方面与日方合作,制止法币在华北的流通,交出中国政府银行在天津的存银。英方则只同意就政治方面的问题进行谈判。7月22日,克莱琪与有田八郎达成协定,24日双方发表声明:英国政府完全承认正在大规模战争状态下之中国实际局势,在此种局势继续

---

① 参见北支军司令部:《天津英法租界相关工作要领案》(1939年5月29日),《现代史资料》(13)日中战(5),东京:みすず书房,1973年,第217页。

② 《大日本军天津防卫司令官布告》(1939年6月13日)、《在天津日本军事局谈》(1939年6月13日),《现代史资料》(13)日中战(5),第200—202页。

③ 参见徐蓝:《英国与中日战争(1931—1941)》,第272页。

④ Bradford A. Lee, Britain and the Sino-Japanese War, 1937-1939: A Study in the Dilemmas of British Decline, pp. 190-191

存在之时,英国知悉在华日军为保障其自身之安全与维持其侵占区内公安之目的计,应有特殊之要求。同时知悉凡有阻止日军或有利于日军之敌人之行为与因素,日军均不得不予制止或消灭之。凡有妨害日军达到上述目的之行动,英政府均无意加以赞助。英国政府将趁此时机对在华之英当局及英侨说明此点,令其勿采取此项行动与措置,以证实英国在此方面所采取之政策①。上述关于天津问题的英日"初步协定"虽然没有直接提及天津英租界的中国存银问题,但在协定中英国对日本侵华和军事占领所标榜的"中立"态度,却是其将在该问题上对日妥协的征兆。

应当指出,在英日开始就天津问题会谈前夕,国民政府方面即判断英法将在天津中交两行存银问题上对日本作出重大让步。该年4月,成立伊始的中英平准基金会英方代表罗杰士(Cyril Rogers)便向中国银行副总经理贝淞荪谈道:"世界大战恐不能免,第一步英、法恐须先让出天津英、法租界,故银行方面也须着手预备。"②7月3日,时任国民政府委员和中国银行董事长的宋子文致电蒋介石和孔祥熙:"据天津中行来密函,英法对津事决退让,并拟允敌接收我存津白银。顷又接巴黎电,谓英法确有此趋势。驰电奉陈,请饬外部设法电英美法阻止,美尤重要为祷"③。接到电报后,蒋介石即于次日致电外交部长王宠惠:"据天津及巴黎两方密报,英法对津事决退让,并拟允敌接收我存银,希迅速设法分电英美法阻止,对美尤为重要是盼。"④同日,孔祥熙亦致电王宠惠,抄附宋子文电文,要求"迅设法阻止,并将办理情形见复为盼"⑤。值得关注的是,蒋介石是以军事委员会快邮代电名义发出电文的,时任行政院长兼财政部长的孔祥熙采取的也是行政院快邮代电,而非财政部咨文的形式,这表明天津存银已经不是一般的法币准备金问题,而是最高当局和行政首脑关注的大事。

外交部立即遵照蒋、孔来电办理。7月5日,外交部致节略英国大使馆:

关于日伪谋取中国政府在天津英法租界存银事,外交部曾于二十

---

① 参见复旦大学历史系中国近代史教研组编:《中国近代对外关系史资料选辑》下卷第2分册,上海人民出版社1977年,第143页。
② 《卞白眉日记》,1939年4月20日,方兆麟主编:《卞白眉日记》第2卷,第450页。
③ 《宋子文致蒋介石孔祥熙江未电》,1939年7月3日,外交部档172-1/2639-1。
④ 《蒋介石致王宠惠支电》,1939年7月4日发,外交部档172-1/2639-1。
⑤ 《孔祥熙致王宠惠支电》,1939年7月4日发,外交部档172-1/2639-1

八年一月廿一日略请英大使馆转行天津租界当局,将该项存银妥为封存,代为保管,勿任日伪攫取或占有在案。现据报:英当局现拟允敌接收该项存银等情。查此项消息如果属实,不啻有显于中国政府不利,且与英国政府向来采取之政策不符。除分达外,相应略请英大使馆查照,特予严重注意,转达英国政府本一贯之精神,坚予维护保存,切勿接受日方该项要求,以敦睦谊,并盼见复为荷。

这一节略对于英方因天津租界遭到封锁所处的困境只字未提,只是简单地要求英方在存银问题上不向日方妥协。同日,外交部向法国大使馆致送了仅改动国别称谓而内容相同的节略。而在致美国大使馆的节略中,要求转达美国政府"予以注意,提醒英法两国政府切勿接受日方该项要求"①。外交部同日还致电中国驻英国和法国大使馆,希向英法政府接洽,阻止日方要求。另外致电中国驻美大使馆,希美国政府提醒英法切勿接受日方该项要求②。7月10日,王宠惠电告蒋介石:"顷据驻英郭大使复电称,据英外长云,此次东京谈判仅以地方事件为限,存银问题与第三者尤其中国有关,非地方问题,绝非双方所能解决。过去我方确利用租界作反日活动,英方对此层或须相当让步,作较严格之取缔等情。"同日,王宠惠还把同样内容致电行政院长孔祥熙③。可见,外交部将英方在租界警务问题上向日本作出让步视作理所当然,按照这一逻辑,中方似已无必要再与英国进行交涉。

就在王宠惠向蒋介石、孔祥熙报告英方承诺不会背着中国政府与日方谈判天津存银的同时,7月10日行政院长孔祥熙收到郭泰祺来电,报告英国政府经济顾问李滋罗斯(FredencW. Leith - Ross)对解决天津中交两行存银问题的看法:"罗斯建议,将我方所存天津英租界现款,交付日方,予以面子,同时以存在上海汇丰银行之五十万镑交付我方,作为交换,且藉此或可实施英日所订海关办法,但此事须先征得我国及美法政府同意。据告英外部昨

---

① 《外交部分致驻华英、法、美大使馆节略》,1939年7月5日,外交部档172-1/2639-1。
② 参见《外交部分致中国驻英法美大使馆电》,1939年7月5日,外交部档172-1/2639-1。
③ 《王宠惠分致蒋介石、孔祥熙电》,1939年7月9日稿,10日发,外交部档172-1/2639-1。

已电卡尔接洽云云。"①这表明,英方确实打算在天津存银问题上向日方妥协,并且希望中方亦作出退让。

由于英国是天津租界的主导方,且日方一开始就把攫夺中国存银的目标公开化了,中方十分注意英方的有关动向。1939年7月18日,即克莱琪与有田八郎达成的协定公布前夕,中方曾由管理中英庚款董事会总干事杭立武出面,向重庆英国使馆代办裨德本(Prideaux Brune)明确指出,天津中方存银问题事关重大,英国不能向日本让步。②而对于7月22日克莱琪与有田八郎达成的协定,中方认为其"影响颇可虑",因为协定实际上"承认战争状态与英守中立无异"③,表明了英方不会阻碍日本对其在华占领区的统治,预示中方在保全天津存银乃至其他权益方面,已经难以指望英方的配合了。与此同时,还传来法国与美国可能对天津存银问题持消极态度的说法。如法国外交部次长对顾维钧表示,"如英决定交日,而美不出阻,亦无可如何,盖(法国)不克独当质衡"④。而据驻英大使郭泰祺报告称,法方已表示与天津存银问题有关,美则谓无直接关系。这些动态引起国民政府的极大担忧,进而采取一些外交举措。

外交部方面于8月2日分别致电中国驻美、驻法大使馆,称在日本压力之下,英国政府就中国存银问题正与美法政府洽商,希望大使馆与美、法政府交涉,以使两国政府在此问题上不向英方表示任何妥协之意见,而支持中国⑤。另外,针对美国方面认为与天津租界存银问题关系不大的报告,孔祥熙则于8月8日直接致电驻美大使胡适,指出:查天津存银系属法币准备之一部分,向由发行准备委员会天津分会保管,其主权所属久为中外人士所深知。上年华北伪行成立,欲攫夺该项存银,复经由我申明该项存银主权不容敌伪觊觎各在案。此项存银既与整个法币有关,凡与我有商业往来各国,直

---

① 《郭泰祺致孔祥熙电》,1939年7月8日发,7月10日收,外交部档172-1/2639-1。

② 参见《杭立武1939年7月24日报告》,中国第二历史档案馆编:《中华民国史档案资料汇编》第5辑第2编《外交》,江苏古籍出版社1997年,第567页。

③ 《王世杰日记》,1939年7月25日,《王世杰日记》(手稿本)第2册,台北"中研院"近代史研究所,1990年,第120—121页。

④ 《摘抄顾大使第1147号来电》,1939年7月27日发,外交部档172-1/2639-1。

⑤ 参见《外交部致中国驻美、驻法大使馆英文电》,1939年8月2日,外交部档172-1/2639-1。

接间接均有密切关系。……请即向美外交部详为解释,务使对此问题表示关切,以支持英国立场,直接维护法币,即间接拥护美国在远东商业利益,切盼美方本以往协助精神,切实声援①。

显然,中方对于美国在天津存银问题上秉持积极立场仍抱有相当的信心。

对于英方的妥协立场,中方则给以相当严厉的批评。8月8日,孔祥熙致长电给郭泰祺:

> 查平津存银,系属法币准备金之一部份,由中中交三行分存,存津部份计三千八百八十余万元,存置英法两租界库房,并由发行准备管理委员会天津分会在库门外加封。存平部份一千六百八十余万元,由中中交三行委托北平中法汇理等外商银行代管库钥,约定非有总行凭函,任何人不得开库。并经由部咨请外交部商请英法两大使转行天津英法租界当局,将其妥密封存,代为保管,勿任日方或任何非法组织攫取或占有在案。……如我国在租界存银不经所有人之同意,竟由设定租借权之政府擅自让交侵略我国家之日人,则我人在伦敦所存之款,亦可令日人取去。此端一开,将使世界上合法之产业,随便可使强权者加以抢夺。试问英人在别国所有之财物如何保护,我方是否亦可将英人在华之财物随便主张让与他人乎?英国为主持国联重要国家,国联决议已公认日本为侵略国,正式加以谴责,日本此次威胁英国,侮辱英人,无所不至于此,而不加以抗争,仍图委蛇求全,则英人在华所置有价值三万万镑之产业,亦将沦于不保。当希详陈利害,促请英政府坚持立场,勿稍退让。②

这份长电表达了国民政府在天津存银问题上的原则立场,进一步指出英国的退让违背法理,既直接侵犯中国的权益,又对英国自身更大的权益带来极大威胁。相较之下,此前外交部在天津存银问题上无论对驻外使馆的指示还是直接对外交涉节略函电稿,文句过于简略,"点到为止",对中方立场的合理、合法和正义性缺乏必要阐述。而时任行政院长和财政部长的孔祥熙直接出面致电驻美英大使,在某种意义上也是对外交部在处理天津存银问题上工作不力表示不满。

---

① 《孔祥熙致驻美大使胡适齐电》,1939年8月8日,外交部档 172 – 1/2639 – 1。
② 《孔祥熙致驻英大使郭泰祺庚电》,1939年8月8日,外交部档 172 – 1/2639 – 1。

由于中国方面一而再、再而三地向英方表明立场,以及法国、美国所表示的关切,使得英方在天津存银问题上难以立即接受日本的要求。1939年8月19日,英国驻华大使馆代办裨德本照会国民政府外交部,内称:

> 英国驻东京大使业奉英国政府训令,以下述意旨知照日本政府:英国政府于检讨币制及白银问题后,发觉此项问题除与中国利益有关外,其他外国政府亦表关切,致使英国政府与日本政府关于该问题之成立协定,为不可能。英国政府对于此项问题,不能单独以合宜之方式提出或接受可以妨害第三国利益之任何提议,在此种情形之下,英国政府认为此项问题仅由英日双方进行谈判,当无任何有益结果可言,倘日本政府仍愿庚续进行商讨,其提议如能设法保障第三国之利益,则英国政府亦愿意重新加以商讨。为达到保障第三国利益之目的起见,英国政府不得不征询其他有关方面之意见。①

显然,英国政府试图以天津存银问题的"国际化"来应对日本的压力。而国民政府自中日战事爆发之初,便对西方各国共同出面调停抱有幻想,认为日本将在国际压力之下却步。所以当英方承诺不会单独与日本就天津租界中国存银问题达成妥协之后,中方一度停止了向英方提出新的交涉。

## 三

1939年9月初欧战爆发后,英国面临着德国的强大军事压力,形势十分严峻。与德国同属轴心国的日本,力图利用这一态势加快对中国的侵略步伐。在重启后的对英谈判中,日方加紧向英方施压,逼迫英国在涉及天津租界的各项问题上全面让步,包括交出中国方面之白银,驻华日军也公开要求引渡现银②。随着德国军队在欧洲战场的进展,原先在华的那些重要权益,如对海关的控制权、长江流域维持开放、租界的状况等,对于处在大战中的英国而言,已不再具有与日本务必一争的重要地位③。英国不得不在远东,

---

① 《英国政府致日本政府照会译稿》,1939年8月19日面交中国外交部,外交部档172-1/2639-1。

② 参见《张治中、陈布雷呈蒋介石》,1939年10月8日,蒋介石档案:革命外交-对英外交002-080200-00523-080。

③ Nicholas R. Clifford, Retreat from China: British Policy in the Far East, 1937-1941, p.130.

包括天津租界问题上对日本进一步妥协。

到1939年底,英国方面向中国政府提出与日方商议后的解决方案:天津白银问题为日方取消封锁英租界之唯一阻碍,现英日商议结果,拟将白银(是否包括英法二租界之存银未据说明)存储于中立银行,提出10万镑,组织包括英日在内的国际救济委员会,办理救济事宜,奉令征求中方同意①。以"办理救济事宜"的名义来动用天津租界的中国存银,这是驻天津英国总领事贾米森(E. G. Jamieson)在当年9月份提出的建议,他认为这是给中国政府面子的方式,中方应当会接受②。而英国驻日大使克莱琪也认为中方存银用于救济事宜是合适的,进而提出中方存银应当移存于正金银行③。当得悉英日新方案之后,蒋介石立即指示外交部长王宠惠:

> 据确报,关于天津存银问题,日外务省与英驻日大使交涉结果,拟将该项存银移存于中立国银行,并在日正金银行及英汇丰银行监督之下,作为赈济事业之费用,闻克莱琪大使已向英政府请训以便决定云等情。查该项存银主权在我,英方何能擅自处理,如此种企划实现,我方损失极巨。希即迅筹对策,设法阻止为要。④

根据蒋介石的要求,12月12日中国外交部向英国大使馆提出对案:中国政府鉴于英方之困难以及华北赈济工作之需要,以中英合作之精神,商及中国银行之同意,接受下列解决存银问题之最后方案,但请英国政府担保,此后日方对此不得再发生任何问题:(1)由存银项下提出相当数额,按照世界市场价换成英金10万镑,交与华洋义赈会,以该会为信托人,该款应完全作为华北赈济之用。华洋义赈会应将全部英金按照一先令二便士又四分之一之法价,该英金应售与白银所有之中国银行换成法币,不得将该英金售与任何其他方面。各有关系中国银行得派一代表参加华洋义赈会。(2)各中国银行现有白银之其余部分,得以该银行等名义移置于该银行等所指定之

---

① 参见《英国大使馆致外交部照会》,1939年12月9日,外交部档172-1/2639-2。
② 参见《贾米森自天津致英国外交部电》,1939年9月10日,外交部档:政治-远东(中国)FO371/23533。
③ 参见《克莱琪自东京致英国外交部电》,1939年9月18日,外交部档:政治-远东(中国)FO371/23533。
④ 《蒋介石致王宠惠电》,1939年12月9日,外交部档172-1/2639-2。蒋介石已于1939年11月兼任行政院院长,原行政院长孔祥熙改任行政院副院长。

一中立国银行,保存至战事终了之时为止(附注:各有关系银行因购换英金所付之法币,由中国政府偿还之)①。中方对案的要点,在于把日本排除于处理天津存银问题的协议之外,始终不放弃对存银的处置权。另外,中中交农四行亦和英法大使进行沟通,说明天津存银是各有关银行发行法币的准备金,属于在租界的私人产权,租界当局应该加以保护②。中国方面很清楚,如同在华其他租界一样,英国对于天津英租界只有治权而无主权,这种治权不能改变租界内属于中方的物权和产权,相反负有保护中方合法权利的责任,英方无权自行将租界治权让渡给日方,更不能因此种让渡损害中方的权利。所以,在对英交涉中,中方着重强调己方权利的不容侵害,提请英方尊重中国的权利,承担其在天津租界应尽的责任,不应接受日方所提出的移存中国白银的要求。

中方在坚持原则的同时,也考虑调整一些具体举措。1940年1月9日,行政院会议决定天津存银"应维持不动用之原则",但可循下列两步骤试行交涉,以示中国政府对英方解决此困难问题之诚意:(1)改由第三国银行保管,至中日战事结束时止,中国政府可拨法币二百万至三百万元,交国际团体办理难民救济事项;(2)以一部分存银换购英汇,存放伦敦,然后由政府以相当数目之中国法币,交国际团体充赈济之用。会议还要求"外交部与英国妥慎办理,随时具报"③。按当时英租界存银拟提取充作救济款额10万镑,约合法币150万元,行政院会议这一方案表明中方在提取救济款总额上可以通融,但仍然不容许日本染指天津存银。会议次日,蒋介石即以行政院长的名义正式命令外交部:

> 查天津白银系银行之发行准备,应维持不动用之原则,但可改由第三国银行保管,至中日战争结束时止。政府可拨款二百万元至三百万元(中国法币),交国际团体办理难民救济事项,或以一部分换购英汇,存放伦敦,然后由政府以相当数目之中国法币,交国际团体充赈济之

---

① 参见《外交部致驻英国使馆》,1939年12月12日,外交部档172-1/2639-2。
② 参见《王宠惠在中央委员谈话会所作外交报告及孔祥熙的补充报告》,1940年1月15日,《中央委员谈话会纪录》(1940年),档号5.5-1,台北中国国民党党史馆藏。
③ 《孔祥熙致蒋介石电》,1940年1月10日,蒋介石档案:革命外交-对英外交002-020300-00039;参见秦孝仪主编:《中华民国重要史料初编——对日抗战时期》第3编《战时外交》(二),台北:中国国民党中央党史委员会,1981年,第107—108页。

用。仰即与英方妥慎交涉,随时具报。①

然而,卡尔大使却代表英国政府表示,中国所提由中立国银行保存白银、售银外汇存于伦敦和改以法币作为救济基金的方案,必将为日方拒绝,英方提议存银以汇丰银行和横滨正金银行两家银行的名义存储②。由于没有得到英方积极的回应,蒋介石本人于1940年2月17日当面向卡尔提出警告,如果英国不顾中国政府的立场而欲以天津存银与日本妥协,"余必声明英已破坏九国公约与放弃在华所有条约权益,并协助倭寇侵略我国之罪也"。蒋介石还在当天的日记中写道:"英国欲以天津白银与倭妥协。"③同日,蒋介石还要求时任国民党中央宣传部长、军事委员会参事室主任和中英文化协会负责人的王世杰,向卡尔当面表示反对英国在中国存银问题上向日方妥协④。可见,此时作为国民政府最高决策者的蒋介石已经意识到,在天津存银问题上,单靠外交行政部门通过常规方式与在华英方代表进行交涉,已经难以促使英方转变对日妥协的立场,因此试图通过亲自出面和另行指派代表,来向英方宣示强硬立场。

根据1940年2月20日行政院会议的决议,外交部2月21日又向英方明确提出:(1)与10万镑价值相等之白银提出后,由有关各中国银行所有其余部分之白银,应以汇丰及美法银行名义存放于一中立国银行,并以汇丰及美法银行为有关各中国银行之信托人;(2)英国政府应取得日方有关此事将来不能发生其他困难之书面保证,以代前次所提英国政府本身应供给之担保;(3)如以10万镑款项全数用于购买赈济所需之食粮,中国政府准备予以同意⑤。获知中方上述新方案后,3月5日卡尔提出修改意见:将白银以英国及日本领事馆名义存在天津,或将正金银行加入,作为存户之一。王宠惠当

---

① 《行政院训令》,1940年1月10日,外交部档172-1/2639-2。

② 参见《王宠惠与卡尔大使会谈记录》,1940年2月8日,外交部档172-1/2639-2。

③ 《蒋介石日记》(手稿),1940年2月17日,美国斯坦福大学胡佛研究所藏。下文不再注明所藏地。

④ 参见《王世杰日记》1940年2月17日载:"晚应英使卡尔之宴。与言天津英租界被日军封锁事。英政府欲与日政府妥协,拟将天津英租界中国政府存银问题与日方商一解决方案。蒋先生嘱余向卡尔表示反对。"(《王世杰日记》手稿本第2册,第229页)

⑤ 参见外交部档172-1/2639-2。行政院会议通过建议中,原只提汇丰银行,后奉蒋介石面谕改为汇丰与美法银行。

即表示中国对案实为最后之让步,恐无再让之可能①。英方这一意见的实质还是让日方公开介入,控制天津中方存银,对此中方当然不能同意。

但是,在中英尚未达成一致意见的情况下,英方却在与日方的交涉中作出了让步。4月12日,卡尔向王宠惠面交英日商定之对案,其中规定:(1)现存于天津交通银行之银元及银块,应由英国及日本总领事共同加封,继续存放于该银行内;(2)除下列第三节所规定者外,该项白银应继续封存,直至英日两国政府商定其他保管办法之时为止;(3)该项白银于封存前,应提出等于10万英镑之数额,作为华北某数地区水灾及其他地区旱灾所直接酿成饥荒状态之救济经费;(4)英国准备供给各种可能之便利,使该项提出之白银得以分配于救济工作;(5)驻天津英日两总领事应指派若干专家在该两总领事之监督下,协助其管理此项经费,并指导分配救济所需之食物及其他物品,并应邀请中国及法国国籍之专家及其他国籍之专家一人,协助该项工作之进行②。由于这个方案与中方新对案出入之处甚多,中方当然无法接受。蒋介石在日记中写道:"英倭天津存银问题之妥协办法,即以严厉态度对英警告,认此事如果实现,即认为英倭对华共同宣战,我亦必以此应之"③。另外,根据蒋介石的指令,杭立武于4月14日向卡尔转述了蒋介石的态度:(1)对英最近所提办法,甚为愤慨;(2)此项办法,表示英方与日妥协,不顾我方利益;(3)倘使英方不顾我方反对而径自行动,我方将认为甚不友谊之举动;(4)我方最后提出方案,为最大之让步;(5)以上意见,盼英大使转达其政府④。

在4月20日的行政院会议上,中央银行副总裁陈行提出,英方提案超出中方的立场,政府在作出决定前应当听取有关银行的意见,不妨让时在香港的交通银行董事长钱永铭、中国银行副总经理贝淞荪来重庆面商,王宠惠表示:英方亟待解决,未能有充分时间可资商讨。而钱永铭、贝淞荪在致重庆方面的电文中表示:"津存银问题,英大使所提办法与原议不符,在银行立场

---

① 参见《部长会晤英国卡尔大使谈话记录》,1940年3月5日,外交部档172-1/2639-2。

② 参见《英方五项意见稿》,附于1940年4月12日王宠惠与卡尔谈话记录之后。外交部档172-1/2639-2。

③ 《蒋介石日记》(手稿),1940年4月14日。

④ 参见《杭立武呈蒋介石》,1940年4月14日,蒋介石档案;革命外交-对英外交002-020300-00039-028。

实难苟同。但此事外交经过情形,弟等均不甚接洽,似应听由部会决定办理。"①得知中交两行的意见之后,4月26日王宠惠在与卡尔的会谈中指出:"英日所定方案,我国政府自蒋委员长以下均表示反对。兹为迅求解决起见,拟由中英两方换文,声明白银之所有权属于中国之银行,将来非经中国政府及该银行等等同意,不得移动。"对此,卡尔表示满意,认为系解决当前可能之合理与公允办法,并希望愈速愈妙②。这样,起草一个能够为中英双方都接受的换文稿,便成为此后交涉的主要内容。在这个过程中,蒋介石本人还与卡尔讨论了新成立的丘吉尔内阁的远东政策以及天津存银问题的解决方案。当时卡尔催促中方尽快解决天津存银问题,称"此事已入危险之境",甚至"以离渝决裂相威胁",蒋介石则答称:"余平生不知什么为危险,须知此事英以为小事,而中国实视为大事也"③。而在王世杰看来,中英之间迟迟未能就解决天津存银问题达成协议,还与财政部长孔祥熙"态度不定"有关,中方应当抓住关键,即天津存银的处置权④。此后,按照蒋介石的原则意见,外交部具体负责与英方换文稿的起草,蒋介石听取王宠惠的汇报,审读了换文稿并在定稿上批了"照准"。管理中英庚款董事会总干事杭立武、财政部美籍顾问杨格等人也发表了相关意见⑤。中方还准备了甲、乙两个换文方案。

1940年6月11日,中英双方终于在重庆就天津存银问题换文。外交部长王宠惠的照会称:关于天津英租界存银问题之最近谈话,本部长谨向贵大使声述,中国政府对于英国政府之建议经缜密考虑后愿提出解决本案之下列各点:(一)现存于天津交通银行所有银币及银块,应仍继续存于该行,并由驻天津英国总领事代表该行总管理处及中国政府加封。(二)除下列一节

---

① 《陈行致钱永铭、贝淞荪电》,1940年4月20日;《钱永铭、贝淞荪复陈行电》,1940年4月22日,外交部档172-1/2639-2。

② 《部长会晤英国卡尔大使谈话记录》,1940年4月26日,外交部档172-1/2639-2。

③ 《蒋介石日记》(手稿),1940年5月15、16日。

④ 《王世杰日记》1940年5月16日载:"今日下午应蒋先生之约,商天津英租界白银问题。此事处理延滞,大半系因孔庸之部长态度不定之故。英使极感懊丧。予以为此事关键只在英方能否对我保证,该银于经英日封存后,非经中国政府之同意,英国决不采取任何处置。"(《王世杰日记》手稿本第2册,第274—275页)

⑤ 参见《杭立武致王宠惠函》,1940年5月25日,外交部档172-1/2639-2。

所规定者外,该项白银应继续予以封存,非与交通银行总管理处及中国政府商议,不得移动其全部或一部。(三)在该项白银未经封存以前,中国政府及交通银行总管理处授权天津交通银行提出等于英金十万镑之数额,作为华北某数地区水灾及其他地区旱灾所直接酿成饥荒状态之救济经费。(四)该项经费交与包含中国籍委员之国际救济机关,由该机关会同驻天津英国总领事,受托使用于华北救济目的。中国政府希望联合王国政府表示愿意依照上述方案实行而不背理。

卡尔致王宠惠的复照称:"本大使兹奉本国外交部长之训令,向贵部长表示,联合王国政府原意依照来照内所包含之方案实行而不背离,相应照复查照为荷。本大使顺向贵部长重表敬意。"除上述往来照会外,卡尔还与王宠惠有往来函。卡尔来函称:

部长阁下:关于天津英租界内存银事,本日已由贵部长与本大使签订换文,本大使业向贵部长表示,联合王国政府愿依照来照所订之方案实行,而不背离在案。关于来照内之第二节,本大使复经哈立法克斯勋爵授权,以私人资格向贵部长保证,实际上,一如在现在进行之谈判过程中,联合王国政府对于上述方案所规定之办法加以任何变更以前,先征求中国政府之同意。相应函达,即请查照为荷。

同日,王宠惠复函称:"业经阅悉"①。

根据上述换文、往来函,中国对于天津英租界存银的主权、支配权基本得到尊重,中英之间围绕该问题的交涉,基本上达成了共识。

然而,临危受命的丘吉尔政府虽然在对纳粹德国方面抛弃了张伯伦的绥靖政策,但在远东特别是中日关系上,依然避免因中国的权益而与日本发生冲突。中方的种种努力,无法阻止英国最终向日本作出妥协。6月19日,英日之间在东京达成天津英租界问题协定。其中关于英租界存银问题的解决方法为:(1)现存于天津交通银行之银元及银块,应由天津英日两总领事共同加封,继续存放于该银行内;(2)除下列第三节所规定者外,该项白银应继续封存,直至英国及日本两国政府商定其他保管办法之时为止,该项白银加封时,驻天津英国及日本两总领事均应在场;(3)该项白银于封存之前,应提出等于10万英镑之数额,作为华北某数地区水灾及其他旱灾所直接酿成饥荒状态之救济经费;(4)英国主管当局准备供给各种可能之便利,使该项

---

① 《中英换文和卡尔王宠惠往来函稿》,外交部档 172 - 1/2639 - 2。

提出之白银得分配于救济工作,以之出卖,及购买救济所需之食粮及其他物品;(5)驻天津之英国及日本两总领事,应指派若干专家,在该两总领事之监督下,协助其管理此项经费,除该日本及英国顾问外,并应邀请中国及法国国籍之专家及其他国籍之专家一人协助该项工作之进行①。这五项内容与当年4月12日英方提出的方案并无二致。英日协定不仅同意了日本方面对天津租界的中国存银实施控制,还规定在有关天津英租界治安方面仍维持双方此前达成的协定,英方并保证不得妨碍"联合准备银行"钞票在英界内之流通,进一步坐视日伪金融势力排挤法币的流通。

对于最终达成的英日协定,1940年6月21日国民政府外交部发言人表示:"中国政府并未参与该方案之签订,英日换文内关于白银问题之各项规定,苟未经中国政府同意,不能予以变更:在中国政府提出等于英金十万镑之数额充作华北救济经费后,英国政府对于其余全部白银为交通银行及中国政府之信托人,故现在所议定之封存该项白银办法,对于该项白银之原来状况,并无变更。"②但是,上述表态并不能阻止天津存银遭日方监控。1940年7月,驻天津英、日总领事以及麦加利银行和正金银行的经理,共同前往英租界交通银行存银所在库房查看现银封存情形;所提出约当于10万镑救济款的现银币150万元,也由英、日两总领事共同签具收据③。此外,英方不顾中方一再反对,按照日方的要求,擅自在150万银元售款中扣抵所提取白银的运输费、保险费等额外开支。

1940年6月19日即英日协定达成的当天,法国方面在没有同中方达成谅解的情况下,匆匆与日本达成天津法租界存银的协定,其内容除所提取的救济用款相当于20万镑之外,其余部分与英日协定相同④。是时,已在德国占领下的法国维希政府在对日问题上的考虑,当然与英国的情况不尽相同;但是,英国不顾中方再三交涉,执意向日本妥协,无异为法方处理天津法租界存银树立了一个可资效仿的恶例。

---

① 参见秦孝仪主编:《中华民国重要史料初编——对日抗战时期》第3编《战时外交》(二),第111页。
② 《大公报》(天津)1940年6月22日,第2版。
③ 参见《财政部致外交部公函(1940年11月13日)转交通银行7月感代电》,外交部档172-1/2639-1。
④ 参见《外交部致法国大使馆照会》,1940年6月25日,外交部档《天津租界存银纠纷》0844-1035.01,台北"国史馆"藏。

太平洋战争爆发后,日军进占天津租界,攫夺中国巨额存银达5700余万元。具体情况如下:1940年6月日本与英法分别商定并交由国际机构保管的华北救济金共450万元,中国银行名下21870406元,交通银行名下26417979元,河北省银行名下4248049元。这些存银绝大部分拨付给了日本直接控制下的伪联合准备银行和华北政务委员会①。中交两行还被迫接受改组,成为日伪金融体系的一部分②。如同所有被日本侵犯和掠夺的中国领土和其他权益一样,从此天津租界中国存银问题不复作为中外交涉的内容。

## 四、余 论

从1937年七七事变到太平洋战争爆发前,中国对欧美外交总体上处于困难阶段,进展与反复并存,重大交涉甚少突破。具体到天津存银问题,国民政府相应外交体制及其运作明显滞后。天津租界存银直接所有者主要是中国银行和交通银行,但如何处置相应的存银,却需得到财政部的指令。主管货币银行事务的财政部没有对外直接交涉权,与外交部的沟通大体上停留在就事论事层面,虽然财政部长孔祥熙先后担任行政院长、副院长,通常情况下既难以撇开外交部直接对英交涉,也未能使得外交部与财政部达到融洽有效的合作③。而自始至终处于对英交涉第一线的外交部主要负责人,对天津租界存银情况以及存银问题的复杂性、重要性缺乏及时和全面的掌

---

① 参见桑野仁:《戦时通货工作史论》,东京:法政大学出版局,1965年,第168页。日军最后攫夺的中方存银数,除了河北省银行部分之外,仍大于抗战爆发之初中交两行向财政部报告的数额以及财政部掌握的数额,主要原因当在于日军所夺还包括中交两行数年的经营性活动所得(包括通过发行收兑民间存银),而这些新增白银同样积滞于平津地区。

② 中国银行行史编辑委员会编著:《中国银行行史(1912—1949)》,中国金融出版社1995年,第594—595页。

③ 以外交部掌握的天津英租界交通银行存银确切数为例,1939年8月9日财政部常务次长邹琳给外交部政务次长徐谟的抄送数为19944195元,1940年1月上旬英国大使卡尔称约1400万元,1940年6月外交部文卷所载数为1260万元,但欧洲司向财政部钱币司了解到的数字则为14238725.07元,同年7月财政部钱币司进一步转知外交部的交通银行在英租界库房的具体存银数为:大银元12427356元,行化银折合181369.07元,中央银行寄存大银元163万元。以上数字均见于外交部档172-1/2639-1。

握,对英交涉中缺乏主动性,奉令行事的成分较多,交涉过程中更多的是转述行政院、财政部等部门决定的内容。蒋介石当时集国民党总裁、军事委员会委员长和国防最高委员会委员长等要职于一身,无疑是战时外交的最高决策者;而1939年9月起兼任改组后的四联总处理事会主席之后,蒋介石还成为战时财政金融的最终决策者。但是,在天津存银问题交涉全过程中,蒋介石虽然多次向外交部门发出有关指示,也曾派出专门代表甚至亲自出面向英国大使表明立场,并且是中英最终换文文本的审定者,但总的来看,蒋介石对天津租界存银问题重视不够。整体而言,围绕天津租界存银问题的对英交涉,中国外交体制运作明显滞后,缺乏及时性和有效性。

在交涉中,当时中国政府处于甚为不利的境地。虽然天津租界名义上仍在英、法这样的"友邦"管辖之下,但实际上无法阻止日本赤裸裸的军事侵略和政治经济势力的扩张。在日本不断扩大侵华战争的进程中,尤其在1939年9月欧战爆发后,英国在远东总体上秉持避免与日本发生冲突的消极立场,在天津租界问题对日全面妥协之前,英国已经在中国海关以及厦门、上海等地的租界问题上,牺牲中国的权益向日方让步;天津租界协定达成后一个月,英国又在日方的压力下关闭滇缅公路三个月,一度给中国获取急需的国外物资造成极大的困难。在这种背景下,国民政府方面从最高决策者蒋介石,行政当局负责人孔祥熙,到外交部长王宠惠,中国驻英、法、美国大使,乃至王世杰、杭立武等能对英方起一定影响的人士,都介入了相关的交涉。在这类交涉中,中方主要强调英方有义务维护中国主权和重大利益,而无向日本让渡之权,对于英方的处境及所持立场和实际决策,缺乏深入的了解和及时的把握;与可能影响英国政府决策的在华外交官(如驻华大使卡尔)的交涉场合,也是宣示中方立场居多,良性沟通互动不足。这些也在一定程度上影响了中方外交努力的成效。当然,在英国政府避免与日本直接冲突甚而不惜妥协退让的既定政策之下,中国方面便无法直接影响日军占领下的天津局势,也无法避免天津租界中方存银最终按照日本的意愿被封存和提取。

平心而论,天津英租界中方存银最终在日本的监管下被封存和提取,不能完全归咎于英国。太平洋战争爆发后,日军进占天津租界,攫夺了中国存银,这更与业已对日宣战的英国政府的具体政策无关。不过,在前后延续三个年头的对英交涉中,英国表现出只顾及本国利益、不尊重中国的主权和重大利益、对中国抗战持消极立场的本质,使以最高决策者蒋介石为首的国民政府官员试图依靠英国维护国家利益的幻想破灭。与此相应,在国民政府战时外交的全局中,国别的倾向性开始发生显著的调整,英国的地位不可避免地下降,美国的重要性上升。就在英日正式达成天津租界协定的当月,中国银行董事长宋子文以蒋介石个人代表的身份甫抵美国,旋即对白宫和国务院、财政部等部门展开了一系列寻求对华援助的外交活动;甚至在太平洋战争爆发后,宋子文依然以外交部长的身份长期驻美,对美外交俨然成为中国战时外交的重点所在①。虽然导致战时中国外交重点发生战略性转变的因素是多方面的,但有关国家对待中国领土和主权等核心利益的态度,无疑是最重要的原因之一。

(《历史研究》2012年第3期)

---

① 蒋介石在1940年6月14日致美国总统罗斯福信函中提出:"因世界局势之剧变,余觉有与阁下交换意见并请畀予援助之迫切需要。因余不能亲来承教,特派宋子文先生为代表,前来华府晋谒,彼固为阁下素所熟悉者。余已授予宋先生代表中国政府在美商洽一切之全权,彼受余完全之信任,且其对国内之情形与对外之关系完全明了。"参见秦孝仪主编:《中华民国重要史料初编——对日抗战时期》第3编《战时外交》(一),第274页。关于宋子文驻美时期相关外交活动,可参见拙著《宋子文评传》,福建人民出版社1998年,第310—390页。

# 略论近代天津城市与周边集市(镇)之间交通方式的演变(1860—1937)

熊亚平　任金帅

随着天津城市的兴起,尤其是 1860 年开埠后,天津城市与周边集市(镇)间的关系日益密切,交通方式则在其中发挥了极其重要的作用。鉴于迄今为止尚鲜有论著涉及近代天津城市①与周边集市(镇)②之间交通方式的演变这一重要问题,本文将以杨柳青、独流、芦台、杨村、河西务、塘沽等著名集市(镇)为中心,从交通方式的变迁、运载工具及营运、交通方式演变的影响三个方面对 1860 年至 1937 年间天津城市与周边集市(镇)之间的交通方式进行初步考察。

---

① 所谓的天津城市,系就 1937 年而言,其区域范围包括公安一至五区、特别一至四区以及英、法、日、意等国租界区。

② 所谓"周边集市(镇)",是指 1937 年前的天津、宁河、宝坻、武清、静海五县所管辖的除县城以外的定期集市及设有集市的镇(即集镇或市镇)。暂不涉及天津城市形态演变进程中天津城市与后来成为天津市区一部分的集市(镇)之间的关系。其中宁河县在 1880 年代有芦台、潘庄集、大月河 3 个集市(镇)。至清朝末年,集市(镇)变为芦台、潘庄、汉沽 3 处。1937 年前,该县集市(镇)至少应有芦台、潘庄集、大月河、新河镇、塞上镇 5 处。宝坻县乾隆年间有新集、大口屯、新安镇、八门城、林亭口、新开口、黄庄、黑狼口、侯家营、丰台、口东庄等 12 处集市(镇)。光绪以前至少有新安镇、林亭口镇、新开口镇、新集镇 4 处集市(镇)。1937 年前至少有王卜庄镇、大口屯镇、新开口、林亭口、新集镇、新安镇 6 处较大的集市(镇)。武清县在乾隆年间有太子务、东柏、皇后店、北旺、崔黄口、杨村、南蔡村、北蔡村、河西务 9 处集市镇。至光绪年间,集市(镇)有大角、黄花店、东柏、河西务、崔黄口、北旺、杨村、梅厂、大良、南蔡村、北蔡村、叉光、王庆坨 13 处。1937 年前至少有河西务镇、杨村镇、黄花店镇、王庆坨、蔡村、大良镇、梅厂 7 处集市(镇)。静海县同治年间有独流、唐官屯、子牙、中旺、陈官屯、土河、管铺头 7 处集市(镇)。到 1937 年前则有独流镇、唐官屯镇、子牙镇、中旺镇、瓦子头镇、惠丰桥市、陈官屯市、管铺头市 8 处集市(镇)。天津县在 1937 年前有炒米店、杨柳青、宜兴埠、北仓、咸水沽、东大沽、芦北口、汉沟、葛沽、谦德庄、大毕庄、小站 12 处重要集市(镇)。

## 一、交通方式的变迁

开埠通商以前,天津城市与周边集市(镇)之间的交通方式,以陆路官道和水运为主。如《畿辅通志》载"河西务在(武清)县东北三十余里,自元以来皆为漕运要途","杨村务在(武清)县东南五十里,由杨村而东南二十里为桃花口,又二十五里为丁字沽,由杨村西北四十里为黄家务,又三十里为河西务,皆漕道所经也"①。由于当时漕运通达天津,因此漕道便成为沟通天津城市与杨村、河西务等集市(镇)的主要交通方式之一。同时,由于陆路和水道走向在一定时期变化不大,因此稍晚刊刻的史料亦能反映出近代以前天津城市与周边集市(镇)之间的交通状况。如《宁河县乡土志》载"芦台镇大小渡船各一……渡直沽河,河南为天津界,以上各渡处俱可通车辆",蓟运河"又南折西五里迳芦台镇","由县城西出三里……又西七十里过屠公桥至潘镇,又至一百里至西堤头入天津县界,为邑与天津往来之大道"②。

1860年以后,轮船运输被引入天津,1888年,唐(山)胥(各庄)铁路通至天津,1921年京津大道(又称京津公路)修通,标志着轮船、铁路和公路三种近代化的交通方式先后进入天津地区,并由此推动了天津城市与周边集市(镇)之间交通方式的变迁。

尽管有记载表明轮船在清末已成为天津与周边集市(镇)之间的交通方式之一,如"由芦台出街折而南……再南隔河为天津县界,凡乘火车轮船者皆由此道"③;"长芦转运局在1906年也购置了两艘内河轮船,拖带8艘木质货船,在芦台至天津间的金钟河和海河转运原盐"④等,但其作用的彰显则在民国成立以后。1913年津磁轮船行驶,1914年运河开始行使小轮⑤。1914年6月,直隶全省内河行轮筹备处成立,购置轮木船只,筹划开办内河轮船航运,计划开辟津保、蓟运、栏沽三条轮船航线。1915年停办蓟运河线,增辟津

---

① 李鸿章等修:《畿辅通志》,《续修四库全书》史部地理类(631),上海古籍出版社1995年,第533—534页。
② 《宁河县乡土志》,国家图书馆分馆编:《乡土志抄稿本选编》第1册,线装书局,2002年,第258—259、298—302、313—314页。
③ 《宁河县乡土志》,国家图书馆分馆编:《乡土志抄稿本选编》第1册,第312页。
④ 《河北省航运史》,人民交通出版社1988年,第125页。
⑤ 白凤文等修,高毓浡等纂:《静海县志》,台北成文出版社1968年,第1341页。

磁线,改栏沽线为津沽线。到1936年时,有轮船航运干线4条,支线3条。其中津保线天津至杨柳青30里;津磁线天津至杨柳青30里,至独流75里,至子牙145里;津沽线天津至葛沽99里,塘沽145里,西大沽149里,东大沽151里;津泊线天津至杨柳青30里,独流70里,陈官屯120里,唐官屯145里;津胜线天津至杨柳青30里①。轮船航运成为沟通天津城市与周边集市(镇)之间联系的重要交通方式之一。

1888年,天津至唐山间铁路通车,其中天津至塘沽之间线路长27英里,塘沽至芦台之间线路长25英里,芦台至唐山之间29英里②,表明连接天津城市与周边集市(镇)之间的线路约占当时通车里程的64%。其后,随着京奉和津浦铁路的通车,铁路成为天津城市与周边部分集市(镇)之间的一种重要的交通方式。其中较为重要的站点有京奉铁路沿线的天津东站、杨柳青、杨村、塘沽、芦台,津浦沿线的独流、唐官屯、陈官屯、良王庄等。由此,铁路在沟通天津城市与周边武清、天津、宁河、静海等线众多集市(镇)之间联系的过程中发挥了重要作用。

1921年京津公路通车,途经杨村、河西务等重要市镇,标志着公路成为沟通天津城市与周边集市(镇)之间联系的重要方式。到1928年时,联络天津城市与周边集市(镇)的公路已有6条,除京津公路外,其余5条公路分别为津保、津沽、津盐(山)、津沧(县)、津白(沟河)。其中津保公路长387里,途经杨柳青等地;津沽公路长100里,经过咸水沽、葛沽等地;津盐公路长345里,途径小站等集市(镇);津沧公路长240里,经过杨柳青等集市(镇)③。1929年9月,津玉(田)公路通车,长138公里,经过潘庄、林亭口等集市(镇)④。与此同时,各县地方公路亦有所发展。到1937年前,天津县地方公路19条,长665里(其中有部分未建成);武清县有11条,长195.8里;

---

① 中央党部国民经济计划委员会主编:《十年来之中国经济建设》第13章《河北省之经济建设》,南京扶轮日报社1937年,第52—54页。

② (日)中国驻屯军司令部编:《二十世纪初的天津概况》,天津市地方史志编修委员会总编辑室1986年,第53页。

③ 河北省政府建设厅编:《调查报告第二编路政》,1928年,第8—9页。

④ 中央党部国民经济计划委员会主编:《十年来之中国经济建设》第13章《河北省之经济建设》,南京扶轮日报社1937年,第46页。

宁河县初具公路形态道路长达450里以上①。

在轮船、铁路、公路等近代交通方式作用日益彰显的同时,原有的民船航运、道路等交通方式仍然发挥着重要作用。这一时期以天津为中枢的内河航线,北自北运河可达顺义县牛栏山,自蓟运河可达蓟县等地;南自子牙河经滏阳河可达磁县,自南运河可达山东临清,并可转卫河至河南卫辉;西自大清河可达保定;东自海河可达大沽海口②。其中宁河县水路交通以蓟运河为主,"下行可由北塘转金钟河直达天津","多为民营船舶运输"③。宝坻县境内通航河道以蓟运河为主,其中新安镇以下至北塘海口可通行百吨以上大船。静海县内河航线以南运河为主,静海、独流、唐官屯三处依傍南运河之地共有民船300余只④。

这一时期天津城市与周边集市(镇)之间的道路运输也有所发展。20世纪初期,天津有市外道路11条,其中马厂道经过唐官屯等地;山东道经过独流镇等地;保定道经过杨柳青、独流等地;北京道(两条)分别经过西沽、丁字沽、杨村北京道和北仓、杨村、南蔡村、河西务等地;山海关道经过芦台等地;塘沽新道经大直沽、军粮城等地;大沽道经过咸水沽到西沽及东沽等地⑤。到1937年前,除汽车路之外,各县道路还有县路、村路等,在沟通天津城市与周边集市(镇)联系方面发挥了重要作用。

总之,这一时期轮船、铁路、公路等近代交通方式已在沟通天津城市与周边集市(镇)之间联系的过程中扮演了重要角色。与此同时,原有民船航运仍发挥着重要作用。

## 二、运载工具及其营运

在交通方式发生变迁的同时,这一时期天津城市与周边集市(镇)之间

---

① 天津市政工程局公路史编委会编:《天津公路史》第1册,人民交通出版社1988年,第134—136页。

② 中央党部国民经济计划委员会主编:《十年来之中国经济建设》第13章《河北省之经济建设》,第51页。

③ 宁河县地方史志编修委员会编著:《宁河县志》,天津社会科学院出版社1991年,第449页。

④ 吴静顺主编:《宝坻县志》,天津社会科学院出版社1995年,第358页。静海县志编修委员会编著:《静海县志》,天津社会科学院出版社1995年,第271页。

⑤ [日]中国驻屯军司令部编:《二十世纪初的天津概况》,第95—97页。

的运载工具及其营运亦发生了相应的变化。

这一时期,天津城市与周边集市(镇)之间轮船航运的主要运载工具是火轮和拖船。1931年前,有小火轮9艘,专供运载乘客,并拖带木船;有大木船10艘,容量较大,载客较多。此外尚有货船1艘,载煤船1艘,码头船4艘。这些船平均分配于当时的3条航线①。到1936年前,有火轮12艘,浅水汽油船2艘,木拖船13只,分配各航线行使,载运客货。轮船载重最大66吨,最小7吨多。12艘火轮中,7艘建造于1914年,2艘建造于1915年,2艘建造于1921年,1艘建造于1934年。2艘汽船均建造于1935年②。轮船每年航行时期为3月开河时起,至12月间河水结冻时止。客运方面,津保、津磁票价分为一等和二等,津沽、津泊、津胜票价不分等。货运方面,所运输货物为绸布、呢绒等服饰类货物,粮谷面粉及其他食品,竹木器,金属器,带冰块的鱼虾和肉类以及杂货等。运价最低由50斤50里起码计算,其中绸布呢绒等每百斤百里运价为0.3元,粮谷面粉及其他食品为0.1元,竹木器为0.15元,金属器为0.1元,带冰块的鱼虾和肉类为0.2元,杂货为0.1元。拖船百里内按基本拖费收取,每超过100里加价2元,"不及百里者照算"③。

铁路的运载工具包括火车机车和车辆。由于1888年前后,天津至唐山段铁路约有64%分布于天津城市与周边集市(镇)之间,因此可由此段铁路投入营运的机车和客车、货车数量窥得往返于天津城市与周边集市(镇)之间的机车和客车、货车数量。据统计,当时投入营运的机车有70吨机车4辆,38至40吨机车7辆,12至24吨的机车3辆;客车有钢制八轮座客车12辆,钢制四轮座客车4辆;货车有铁制10吨运煤车120辆,铁制20吨运煤车25辆,八轮15吨石材运输车60辆。此外尚有四轮建筑车50辆④。其后,随着京奉铁路京津段和津浦铁路的相继建成通车,机车、客车、货车数量均有不同程度的增加。同一时期,天津城市与周边集市(镇)之间的铁路营运状况,以天津落垡两车站间、天津杨村两车站间、天津塘沽两车站间较为重要。

---

① 宋蕴璞辑:《天津志略》,台北成文出版社1969年,第231—232页。
② 中央党部国民经济计划委员会主编:《十年来之中国经济建设》第13章《河北省之经济建设》,第52页。
③ 中央党部国民经济计划委员会主编:《十年来之中国经济建设》第13章《河北省之经济建设》,第52—54页。
④ [日]中国驻屯军司令部编:《二十世纪初的天津概况》,天津市地方史志编修委员会总编辑室,1986年,第54—55页。

1935年前后,落垡车站数十里内各村镇所产豆类、葵花子瓜子、棉花、烧酒、活猪、花生等产品,多由落垡车站运往天津。其中豆类每年运出2000吨,葵花子瓜子1700吨,棉花400吨,棉花籽800吨,活猪140吨,花生170吨。同时由天津运入食盐320吨,面粉2000吨,稻米300吨,煤油60吨。天津杨村两车站间营运虽然受到民船航运的有力竞争,但货运量仍比较多。1932年运出货物4460吨,1933年运出2683吨,1934年运出2368吨①。塘沽因海河日渐淤塞,较大轮船不能直接驶往天津而成为水陆联运之处,客运因此比较发达。"轮船载来之旅客,因较大轮船不能进口,旅客势必在此下船,故改搭火车转赴平、津、唐、榆各地,每年游历旅客颇多。"②

公路上的运载工具中,货运仍以大车、骡马车等数量最多,其确数难以统计。客运中,汽车运输有缓慢发展。就整体而言,1928年时,京津路有汽车88辆,津保路有汽车45辆,津沽路有汽车21辆,津沧路有汽车19辆,津白路有汽车20辆③。就各县而言,天津1921年开办"协通长途汽车公司",有客车6辆,每车可载旅客10人,在境内稍直口、炒米店设立车站。1922年,杨柳青镇陈继尊、韩连池、刘文清等人集资兴办"津青益兴汽车行",约有4辆至5辆旧汽车,往返于天津与杨柳青之间,每车载客7人,每天往返4次。行车路线从天津北马路板桥胡同口出西营门,走津保公路到疙瘩村,向北经今营建路至杨柳青运河南中渡口。静海县1922年创办汽车行,每日有4辆汽车往返于天津和静海之间,设有静海站房,站房下设大黄庄、子牙镇停车处。1931年至1937年间天津协通长途汽车公司的载客汽车通过静海县境。宁河县1937年增设宁芦长途汽车公司,合记汽车行、洁记公司、津宝(天津—宝坻)汽车联合会4个汽车公司,实行客运,路线有宁河—芦台镇,丰台镇—芦台镇,天津—潘庄镇,潘庄镇—黄庄等。宝坻县1935年时亦开通

---

① 《北宁铁路沿线经济调查报告》,殷梦霞、李强选编:《民国铁路沿线经济调查报告汇编》第2册,国家图书馆出版社2009年,第232—234页,第242页。
② 《北宁铁路沿线经济调查报告》,殷梦霞、李强选编:《民国铁路沿线经济调查报告汇编》第2册,国家图书馆出版社2009年,第267—268页。
③ 河北省政府建设厅编:《调查报告第二编路政》1928年,第8—9页。

了天津至本县的汽车客运①。但由于路况不佳,汽车数量有限,因此天津城市与周边集市(镇)之间的汽车客运量并不大。

表1　1937年宁河县客运汽车营运情况表

| 汽车公司名称 | 区间 | 里程 | 汽车数 | 往返次数 | 运行月份 |
| --- | --- | --- | --- | --- | --- |
| 宁芦长途汽车公司 | 宁河—芦台 | 17公里 | 1 | 1 | 10—翌年4月 |
| 合记汽车行 | 宁河—芦台 | 17公里 | 1 | 1 | 10—翌年4月 |
| 德记汽车公司 | 丰台—芦台 | 34 | 2 | 1 | 10—翌年4月 |
| 津宝汽车联合会 | 天津—潘庄 | 40 | 1 | 1 | 10—翌年4月 |
| | 潘庄—黄庄 | 17 | 1 | 1 | 10—翌年4月 |

资料来源:宁河县地方史志编修委员会编著:《宁河县志》,天津社会科学院出版社1991年,第346页。

此外,自行车在1937年前已传入宁河、宝坻、天津等县,但并未普遍使用,同时陆路运输中除火车、汽车等近代运载工具外,其余仍以人力车、畜力车等为主,水上运输工具除轮船外,其他民船种类并未发生明显变化,故不赘述。

## 三、交通方式演变的特征及影响

轮船、铁路、公路等近代交通方式引入后,因优势与劣势并存,如铁路运量大、速度快,但运费相对较高且易受战乱干扰;公路运速较快但道路设施欠佳,车辆较为缺乏,因此近代交通方式与传统交通方式既有竞争,又能互补,由此使这一时期天津城市与周边集市(镇)之间的交通方式具有了四个显著特征:一是轮船、铁路、公路等对民船、人力车、畜力车等形成强有力的冲击。如1931年前后,轮船航运使"帆船等极受打击"②;1937年前,京奉铁路塘沽站附近旅客中,"商人,往来平、津、唐、榆各地,此项旅客以废历年前

---

① 天津市西青区地方志编修委员会编著:《西青区志》,天津社会科学院出版社2000年,第753页。静海县志编修委员会编著:《静海县志》,天津社会科学院出版社1995年,第261页。宁河县地方史志编修委员会编著:《宁河县志》,天津社会科学院出版社1991年,第346页。吴静顺主编:《宝坻县志》,天津社会科学院出版社1995年,第349页。

② 宋蕴璞辑:《天津志略》,第232页。

后为多,由河道往来者甚少,因船行甚缓,时间颇不经济"①。二是近代交通方式与传统交通方式展开竞争。如1931年前,轮船航运虽然使民船运输"极受打击",但"航运局航路只三条,其他各地仍需赖帆船为之运输,故帆船在今日天津之交通,仍占较重要之位置"②。1937年前,"蓟运河自北塘接金钟河可以通达天津,故河中舟楫不绝,航运情形,甚为发达,本路(京奉路)唐山以至天津间各站运输,在开河时期,颇受影响"③。"本站(杨村站)与天津、北平间,有北运河及平津汽车可通,故货物无论运出运进,均有竞争,尤以往来天津者为甚,从来运出货物如棉花、棉籽、小麦、冷布等,运进如面粉、大米、各种杂货,零星者可由汽车运输,大批者能装船运,近来此种趋势日甚,每年开河时季,本站整车货物数量锐减。"④三是近代交通方式之间亦有竞争。如1937年前,杨村车站附近居民,"因地邻津市,较为开通,外出者,亦不限定经商,故常年无淡旺季之分,惟自平津长途汽车驶行以来,本站客运较前约减一倍"⑤。四是各种交通方式之间形成互补。如1937年前,杨村、落垡等铁路车站附近棉花运往天津时,多先用大车等运至车站。又如同时期,由轮船运至塘沽的旅客"因较大轮船不能进口,旅客势必在此下船,故改搭火车转赴平、津、唐、榆各地,每年游历旅客颇多"⑥。

由于轮船航线较少,铁路比较适合中长途运输,汽车运输又不甚发达,而武清、宁河、天津、静海、宝坻五县由于距天津城市颇近,因此各种交通方式在客运与货运中的地位有所不同。轮船、铁路和公路等近代交通方式在客运中的地位日益重要,甚至在局部地区已居于主导地位,民船航运等传统交通方式则仍在货运中居于主导地位。客运方面典型者如1937年前京奉路北仓车站旅客,"多为附近各村镇之居民,业农经商,生活裕如,且以地近津市,往来亦频,虽有人力车可通,然时间及费用,均不如铁路之经济,赴北平者,亦多舍长途汽车而就铁路"⑦。货运方面典型者如杨村车站"地近津市,

---

① 《北宁铁路沿线经济调查报告》,殷梦霞、李强选编:《民国铁路沿线经济调查报告汇编》第2册,国家图书馆出版社2009年,第267—268页。
② 宋蕴璞辑:《天津志略》,第232页。
③ 《北宁铁路沿线经济调查报告》,第258页。
④ 《北宁铁路沿线经济调查报告》,第241页。
⑤ 《北宁铁路沿线经济调查报告》,第238页。
⑥ 《北宁铁路沿线经济调查报告》,第267—268页。
⑦ 《北宁铁路沿线经济调查报告》,第245页。

水陆会集,附近售卖之货,大部由汽车、人力车及民船运载而来,由铁路运来者,仅有小量米、面、水果及由绥远运来之煤、灰而已"①。这种状况,与各种交通方式在天津与内地贸易以及内地棉花运销天津过程中所处的地位存在着显著的差别②。

轮船、铁路、公路等近代交通方式的引入及演变,对天津城市与周边集市(镇)之间的经济交流以及集市(镇)自身的兴衰具有重要影响:

其一,极大地方便了天津城市与周边集市(镇)之间的人员往来。例如,前述往来于塘沽与天津间的旅客,在海河畅通时可选择轮船。铁路开通后,则或因海河淤塞,或因"船行甚缓,时间颇不经济"而选择铁路。前述北仓车站附近亦有类似情形发生。这表明近代交通方式对天津城市与周边集市(镇)之间人员往来的影响日益明显。

其二,大大加强了天津城市与周边集市(镇)之间的商品流通。以棉花为例,清朝末年,宁河、宝坻、武清、静海、天津五县中,仅武清县所产棉花运销天津。1920年前,宁河、静海两县棉花产销状况未见记载,宝坻、武清、天津三县中武清县城及北旺镇、安平镇、东西杨村、南北蔡村、梅厂、大良、崔黄口、王庆坨、河西务等集市(镇)所集散棉花,天津县杨柳青、大直沽、宜兴埠等地所产棉花,已行销天津及国外③。到1937年前,宁河县属5个棉花市场、宝坻县属4个棉花市场、武清县属7个棉花市场、静海县属6个棉花市场、天津县属7个棉花市场,这些棉花市场上所集散的皮棉,均已运销天津④。在此过程中,铁路、大车、民船等交通方式和运载工具发挥了重要作用。1931年前后,军粮城一带棉花"年产一万担,距津咫尺,全由火车运销各纱厂","北河杨村一带,因距天津只六十华里、多用大车运津销售"⑤。1937年前,武清县城一带所产棉花,均运销天津,"此项棉花,均装大车,运至落垡车站,再由铁路运往天津","河西务、杨村、蔡村等地所产之棉花,多利用回

---

① 《北宁铁路沿线经济调查报告》,第241页。此外,同一调查中的类似记述颇多,此处不再一一列举。

② 各种交通方式在天津与内地贸易以及内地棉花运销天津过程中所处地位的变化可参见熊亚平:《铁路与华北乡村社会变迁》,人民出版社2011年,第89—94页。

③ 刘家瑶:《京兆直隶棉业调查报告书》,农商部棉业处,1920年,第20、28—29页;整理棉业筹备处:《中华民国九十两年中国棉业调查录》,1922年,第2页。

④ 《中华民国二十五年河北省棉产调查报告》,1937年,第2—40、47—48页。

⑤ 《河北东北河棉产区域概况》,《天津棉鉴》1931年第4—6期合刊。

空船只运往天津","梅厂镇附近亦有棉产,其运销情形与杨村相同"①。

其三,显著地影响了杨村、河西务、芦台、塘沽等村镇的兴衰。杨村镇在1900年以前地当北运河要冲,商业繁荣。京奉、津浦铁路相继通车后,运河交通失去重要性,杨村商业迅速衰落,直到1935年前,已是"实不胜今昔之感"②。河西务本为漕运所经之地,商业颇盛。1928年时,河西务为"北运河岸之重镇,其地方之发达,不亚于县治,商店约有百余家",虽然稍盛于杨村,但较1873年前,并无多少进步③。到1937年前,河西务商业已不如杨村④。芦台濒临蓟运河而成镇,商业一度十分兴盛,20世纪初,"因船户凋零,铺商半皆失业,现又以汉沽桥闭,粮艘不通"⑤,商业颇受影响。到1937年前,芦台虽然仍为津东粮食最大集镇,但"本路(京奉路)汉沽桥改为死桥后海船遂不能直达,又以距本路芦台站尚有三四华里,故商业日就衰落"⑥。塘沽商业的兴衰,与海河的淤塞和疏浚密切相关。"昔在光绪五年吃水十三呎之汽船,可航行无阻,迨沽河淤泥日浅,至光绪二十四年时,吃水十二呎之汽船不能航入津埠,卸货即在塘沽,一时遂见殷盛,翌年始有疏浚沽河之举,至民国六年,航路畅通,塘沽亦复归常况。"⑦而到1937年前,海河再次淤塞,较大轮船不能直驶天津,均在塘沽停泊,塘沽商业因此较为兴盛,共有商号100余家,其中广货业13家,杂货业18家,布业14家,鲜货业10家,药材10家,饭馆10家⑧。

(《城市史研究》2012年第28辑)

---

① 《北宁铁路沿线经济调查报告》,第529页。
② 《杨村糕干工业调查》,《益世报》1935年9月21日。
③ 河北省政府建设厅编:《调查报告第二编路政》,1928年,第55页。据1873年《武清县城乡总册》记载,当时河西务已有铺户107家。
④ 《北宁铁路沿线经济调查报告》,第535页。
⑤ 《宁河县乡土志》,国家图书馆分馆编:《乡土志抄稿本选编》第1册,第271页。
⑥ 《北宁铁路沿线经济调查报告》,第266页。
⑦ 白眉初:《中华民国省区全志》第1册《直隶省志》,1924年,第22页。
⑧ 《北宁铁路沿线经济调查报告》,第653—654页。

# 略论民国时期天津航业同业公会

王 静

工商同业公会是民国时期主要的行业组织之一,在政府商会同业之间发挥了重要的市场经济协调管理作用。近年来同业公会的研究成果较多,从内容来看多侧重于同业公会整体功能评析;从时间来看,多集中于20世纪20年代以前;从地域来看,多集中在成都、上海及苏州等地,而对于北方地区的同业公会研究还有待学者进一步关注。文章拟利用档案资料和文献资料,对天津航业界同业公会的发展概况作一个案分析,以期认识民国时期天津市同业公会的发展概况,及其在近代经济发展中的地位和作用。

## 一、从公所航业公会到轮船业公会

在近代中国的现代化进程中,同业公会沿着业缘组织方向的现代化变迁①,恰恰体现了同业公会由传统行业组织向近代同业公会组织的转化过程②,近代天津航业同业公会从公所航业公会到轮船业公会的发展正是这一变迁下的反映。

地当九河津要、路通七省舟车的天津,以其优越的地理位置早在唐代就成为"东吴转海输粳稻,一夕朝来集万船"的北方重要漕运码头。明清时期,海河"轮蹄辐辏,舳舻扬帆,蒸民之懋迁,道取诸此"③,天津成为贯通南洋和北洋航线的必经之路。来津贸易商船,各有分工,颇具特色。有闽广之"船大载重,及到郡城,停泊连檣排比"④;有贩运米谷到奉天的商船,"从前不过

---

① 马敏:《中国同业公会史研究中的几个问题》,《理论月刊》2004年第4期。
② 虞和平:《商会与中国早期现代化》,上海人民出版社1993年,第39—51页。
③ 吴惠元修:《形胜疆域》卷二,《续天津县志》,1870年刻本。
④ 《天津海防善后章程详奏各稿—天津道会议详稿》,《津门保甲图说》,南开大学出版社2001年。

十数艘,渐增至今(乾隆初年)已数百艘"①。虽然到近代因外轮竞争,沙船"无力出洋,大半废搁"。但清廷在李鸿章的建议下,于1866年允许海船于津交清米石后,准在天津、牛庄自运回货,全行免税②,同时增加宁波商船赴北方贸易,由每年两次增加为"一年行运四回"③。受惠于此政策,从事北洋航线的宁波商船由于"海运利息尚好,渐添至三百余号之多,仰食于海船之进出者,不下万余人"④,江浙漕船业得到进一步发展。作为海运终点的天津,每当江浙沙船抵津之际,清廷都钦派大臣会同江浙粮道前往负责漕米验收和收购余耗,后为方便大臣在天津处理有关事宜,清廷专门在天津东门外南斜街设立了浙江粮道行馆和浙江海运公局;在城东南闸口设立江苏粮道行馆和江苏海运公局。不仅如此,当江浙沙船漕米进津,"被土人勒卖"时,浙江海运总办也会出面保护,总办朱观察就曾代沙船了结所欠账款,并提供回南盘缠。在官商联合下,天津的江浙沙船业一度达到了鼎盛时期。于是,为方便江浙漕粮商船到津安顿食宿、洽谈业务以及账目结算,众沙船主于同治十年(1871)四月,在小闸口西大街南石院,设立"江浙沙船公所","由船号商集款置办,为海运绅董办公之处"。到20世纪初,传统的中国帆(漕)船运输逐渐被大型轮船运输取代,机器火轮的兴起使得沙船业逐渐衰落,"庚子变后,沙船停运漕来,沙船公所地位随之下降","公所房屋或典或租,并有图售情事"⑤。

如果说,晚清江浙沙船公所的设立还主要着眼于对同乡、同业利益的保护⑥,民初航业公会的成立则更多的是表现出对外资竞争和侵略的抵御。任劭亭等人筹建天津中国航业公会的动因即是"津埠航业者,常被外国轮船撞

---

① 沈家本:《重修天津府志》卷三十《海运》,上海古籍出版社1995年。
② 李鸿章:《海运回空沙船请免税折》,《李文忠全集奏稿》卷九,台北文海出版社1965年。
③ 李鸿章:《海运回空沙船请免税折》,《李文忠全集奏稿》卷九,台北文海出版社1965年。
④ 李鸿章:《海运回空沙船请免税折》,《李文忠全集奏稿》卷九,台北文海出版社1965年。
⑤ 天津市档案馆等编:《天津商会档案汇编(1903—1911)》,天津人民出版社1989年,第1104页。
⑥ 丁家钟:《略论苏州工商业公所的性质和作用》,《苏州大学学报》(哲社版)1989年第1期。

落水内,因之丧家破产"。况且"津埠经营航业者八百余家"①,群体的增加一方面也使得船商意识到"津埠为百货荟萃之区,船业实握运输之枢纽,(船业)乃势如散沙,罔知结体"②。另一方面他们也看到了"如同业之散漫分歧,非法竞销,自亦足为致败之一因"③。面对竞争时代"无自立营业难免天演之淘汰,不固结团体何御他人妨害"④,成立公会、革新行规已成为谋潮流而动、谋改革以自定的行业发展趋势。再比如,晚清时期滏河上游的冀南商船、民初滏河下游的天津船户因"沿河各县码头争设船捐,业船者担负既重,加之地痞势豪,拦河挡坝",不仅"航业显受其殃,商务亦隐受间接之损失"⑤而组织冀南商船船业公会和天津船业公会,要求"凡设立商号,必先入同业公会,缴纳入会之费……缴费后由公会登记,即为同业认同,是为同业入帮"⑥,并"借资联络共谋航业发达"⑦。可见,这个时期公会成立的主要原因是民间工商业者为了改善行业经营的社会环境,应对行业危机。

20世纪20年代末,国内外经济形势的好转以及国民政府的成立,民营资本获得了较大的发展。到1936年,中国拥有5000吨以上的大中型轮船公司27家,资本总额达到5785000元;拥有万吨以上的轮船公司有14家⑧,中国航运业逐渐朝着大型化轮船航运业发展。与此同时,1928年后,在南京国民政府强力推动和商界共同努力下,同业公会也发展迅猛,同业公会的数量和会员均有大幅增加。1934年春,国民党交通部召开促进航业讨论会,全国各地航运业界近百名代表出席会议,提交提案数百件,大会建议各地积极筹

---

① 天津市档案馆等编:《天津商会档案汇编(1912—1928)》,天津人民出版社1992年,第3239页。

② 天津市档案馆等编:《天津商会档案汇编(1912—1928)》,天津人民出版社1992年,第3232页。

③ 《上海市商会商业统计》,《近代中国史资料丛刊三编》第四十二辑,台北文海出版社1967年,第36页。

④ 天津市档案馆等编:《天津商会档案汇编(1912—1928)》,天津人民出版社1992年,第3232页。

⑤ 天津市档案馆等编:《天津商会档案汇编(1912—1928)》,天津人民出版社1992年,第3233页。

⑥ 彭泽益:《中国工商行会史料集》,中华书局1995年,第115—117页。

⑦ 天津市档案馆等编:《天津商会档案汇编(1912—1928)》,天津人民出版社1992年,第3233页。

⑧ 朱荫贵:《中国近代轮船航运业研究》,中国社会科学出版社2008年,第56页。

备成立航业同业公会。1934年3月16日，天津的北方、直东、同和振记、肇兴、天津、三北、通顺、益记等8家航运公司以"发展民营航运，协助国家建设，增进同业利益，矫正营业弊害"为建会宗旨，在天津航政局大礼堂联合举行天津市航业同业公会成立大会。1935年3月11日，该会改称天津市轮船业同业公会，7月1日，政记、振兴东记两家轮船公司也相继加入。到1936年12月公会已经发展到16家会员。自1937年七七事变以后，在日伪统治之下，轮船业公会即自动停止活动①。抗日战争胜利后，"为开展海运，并以增进同业利益，挽回航权，矫正营业弊害"为宗旨，于1945年2月召集轮船同业8家，于1945年9月16日起即行恢复工作。并重新在社会局立案登记，1947年9月会员增至28家②。

与以江浙沙船为主的沙船公所及以帆船、小火轮为主的航业公会不同，轮船业同业公会的会员大多为大中型轮船公司；与以对外垄断对内统制业务为宗旨的公所，以关心行业经营的社会环境、应对行业危机的航业公会不同，轮船业同业公会着眼于将本行业发展与国家发展相结合。因此，轮船业同业公会的活动更多地反映了其服务、维权和联络等职能，将在下文着重阐述。天津航运业由公所到航业公会，再到轮船业同业公会，民国时期的天津航运业受社会经济发展程度和市场结构的影响，体现了民间资本的成长是与中国现代化进程的命运息息相关的。

## 二、航业同业公会组织功能分析

适应于狭小生产规模及市场范围的公所，其组织形式一般比较松散，一般不会对商人的具体经营行为作出限制性规范。天津江浙沙船公所创立以来，经费以每年船捐为主并由总董一人把持。但总董将会费"存沪生息十余年……并将生息存款尽入己囊"。而在日常事务管理中，天津沙船公所仅设职董一人，特别是当沙船业日渐衰落后，"公所数年来置之度外，均无人过问

---

① 《天津市航业同业公会创立周年概况》，天津档案馆馆藏天津航业公司全宗J129-3-3372，1935年2月。
② 《天津市航业同业公会创立周年概况》，天津档案馆馆藏天津航业公司全宗J129-3-3372，1935年2月。

……庚子乱后,经费已七年无着"①。显然,缺乏内部严格管理的沙船公所是无法适应近代航业发展的需要。

20世纪初,鉴于天津航运业面临竞争时代、天演之淘汰以及苛捐杂税等诸多问题,众商意识到同业结合之利益,呈请北洋政府成立航业公会。与公所相比,公会确定了以航业发展为宗旨,并下设会长、副会长、会董等职务,定期召开常会以及临时会公会,经费以会员入会金及常年会金为主,同时对违背章程及妨害公益的行为也制订了具体的处罚措施。尽管在形式上,航业公会更接近现代意义上的同业公会,但如同天津商会所担心的,"船会经费虽由会员担任,但对船价不免有居奇抬价等弊端"②,所以,航业公会通过限制内部竞争来保护整个行业共同利益的行为,仍然摆脱不了旧式行会的束缚。

20世纪30年代,为实现"维持增进同业之公共利益及矫正营业之弊害"③之目的,轮船业同业公会不论是从管理组织机构还是从组织功能上,与公所航业公会相比,其更符合近代经济规律的发展。

(一)轮船业同业公会作为新型的行业管理组织,以其完备的组织机构设置、相对固定的场所、有效的运作方式、完善的自律机制、较民主的组织原则和严谨的内控机制相结合构成了同业公会颇具特色的内部组织系统。

公会设有会员代表大会。会员代表大会下设执行委员会。执行委员会有执行委员9人,并设9个股,即总务股、设计股、业务股、评议股、经济股、监察股、法规股、研究股及编纂股,各股有执行委员担任主任。公会的执行委员除出席会议和临时会议外,其每周有固定的时间处理公会会务,一般每周至少2次,每次至少2小时,其时间得由各委员酌量本股情形自行规定,并通知秘书汇编《执委办公时间表》公布。执行委员会下设常务委员会,日常会务由秘书长主持,设有会议、文书、会计、庶务、人际、调查、统计及图书等机构④。公会的经济来源主要是会员会费。公会按照会员企业的经营项目、营利等情形制定征收经费标准。会员缴纳费用包括两项:一项是常年会费,一

---

① 天津市档案馆等编:《天津商会档案汇编(1903—1911)》,天津人民出版社1989年,第1107页。
② 天津市档案馆等编:《天津商会档案汇编(1912—1928)》,天津人民出版社1992年,第3234页。
③ 《第264号法规》,国民政府公报,民国十八年(1929)年8月17日。
④ 《航业年鉴(第二回)》,民国二十五年(1936)年,第106—197页。

项是吨位费。

而且，天津航业同业公会颁布《天津市轮船业同业公会章程》不久，即颁布了《天津市轮船业同业公会办事章程》。公会严格按照该办事章程进行工作，从1934年到1936年期间，轮船业同业公会召开执行委员会常会24次，执行委员会临时会1次，常务委员会53次，小组会议3次，会员大会2次，改选大会及创立纪念会1次。在仅仅两年的时间里，该会成立伊始，从"请求政府及主管机关对于同业会员之保障""业务改良及发展"及"同业建议"等方面向交通部和天津地方政府递交了20余件提案。1934年3月，在交通部召开促进航业讨论会上，"该会8个提案均被列入大会议程审议，结果均大体通过"①。

（二）天津航业发展到20世纪30年代，轮船业同业公会较为完善的组织功能能够更有效地反映同业愿望，执行公会职能。

1. 服务职能。首先是服务企业，即把为同业会员服务作为会务的重点。其中包括保障会员利益，积极送交提案。天津市轮船业同业公会成立伊始，从"请求政府及主管机关对于同业会员之保障"等方面向交通部递交提案8个，均被采纳。促进同业联合，发展同业业务。1934年4月25日，津沪线水脚惨落，为应对行业危机，天津市轮船业同业公会常委王更三电致申航会请予协助办理。5月12日接申航会代电，决定在申组织沪津航运联合会（以后简称申联会），并开始整理米面运价。7月中旬，海河陡见淤浅，船只不能抵津，该会又电请申联会规定加收驳费，当即通过施行。此外，天津轮船同业公会与营口航业公会成立"津营航运联合会"，双方共同商定两地各轮次船期，互通各会员公司情形以及代为调查各项事宜等。帮助排除障碍，以维营业正常。1935年9月，会员肇兴公司在致公会函中称："由塘来津，引水公司常以引水工作过忙为由，拒绝不领，同业船只感受损失至巨。应请公会设法纠正"等语。后公会函致大沽引水公司，"请其对于由塘来津船只概予照章引领，勿视推诿"。经过双方协调，引水覆称："是项引水法违章困难，已经解除。"②

其次是服务于政府。积极参与政府征询。在《海河空中桥身高度案》的

---

① 《天津市航业同业公会创立周年概况》，天津档案馆馆藏天津航业公司全宗J129－3－3372，1935年2月。

② 《天津市航业同业公会创立周年概况》，天津档案馆馆藏天津航业公司全宗J129－3－3372，1935年2月。

征询中,公会汇集众见认为,"普通船身船桅共高约88英尺,来函拟筑70至75英尺高度之桥,当不敷用。至于拟折短船桅一节,以需款浩繁尤难照办"。协助落实交办事项。1936年4月14日,交通部航政局为了互通消息,准备在大沽办事处与大沽口外之间,安装无线电话。通知公会转函各关系公司是否有此需要,并将其意见汇复,以便核办。轮船同业公会转知本会拖驳船会员公司:"在本口经营大沽口外远洋轮船之海上驳运,为策划船舶安全,增进运输效率计,却又设置是项无线电话之必要",要求各公司拟具意见,以便备文函复航政局核办等①。

天津市轮船业同业公会主要趋向于为同业公会会员发展业务,开拓经营,帮助企业解脱困境等服务职能,并协助政府贯彻政策法令等,这既在一定程度上增强了公会的权威性,又为企业营造了良好的社会环境。

2.维权职能。在同业公会与政府的互动中,最为突出的是在体现出公会强烈的维权意识和积极维护行业权益的职能,通过提案等方式及时向有关政府部门反映同业愿望,维护会员企业的权益,维护海外市场核减税收和运费等事宜。其中涉及支持同业请愿。1935年9月10日,各口岸轮船同业公会一致呼吁,要求交通部同意"停征船钞三成附捐",这个提案一经提出,得到了天津市轮船同业公会的赞成。后提案遭交通部否决,津公会致函征求申公会意见,并联合全国18个同业公会,由沪公会牵头,于1936年向交通部递交了呈文,以达减免的目的。维护商利②。1935年12月25日,常委会会员直东轮船公司以每斤煤涨价六、七、八角不等,请公会出面设法要求维持原价。最终,开滦矿务局同意将谈判结果及价目列表公布。1934至1935年,天津市轮船同业公会还提出关于本业"请市政府从速修理码头岸""函请修改本口管理船舶章程案"等8项请愿事项。③ 显然,公会在与政府的交涉中立足于维护商利,公会通过提案等方式向政府反映本业经营状况,要求政府采取救济或保护措施,因此,在实际运作中也能影响政府决策,使政府决策更趋于合理,为本行业发展争得有利条件。

---

① 《天津市航业同业公会创立周年概况》,天津档案馆馆藏天津航业公司全宗J129-3-3372,1935年2月。

② 《天津市航业同业公会创立周年概况》,天津档案馆馆藏天津航业公司全宗J129-3-3372,1935年2月。

③ 《天津市航业同业公会创立周年概况》,天津档案馆馆藏天津航业公司全宗J129-3-3372,1935年2月。

3. 联络功能。现代社会的大生产促使行业之间的联系也较前近代大为加强,轮船业同业公会与其他区域同行业者的有效合作,彰显了同业公会的联络功能,大大减少了单个企业的运作资本。1936年1月至1936年3月,渤海湾大沽口冰冻近百海里,140余艘中外大小船只先后被重冰围困,整个天津港完全陷于瘫痪状态,造成经济损失达500万元以上。在所有船只绝粮、断水、停煤数十日的危难时刻,公会一方面召集各公司,希望海河工程局董事会"尽力设法租用他埠强大撞冰船,来沽援助以维生命";一方面从海参崴雇用英籍航海破冰船"克雷司丁·马拉"号破冰助航。结果,海河工程局"撞冰船救助不力,形同虚设"。公会董事董浩云代表同业公会致函津海关税务司,对海河工程局深表愤慨。在强大的社会舆论压力下,海河工程局决定租雇"马拉"轮三日,并紧急联系租用"大连丸"破冰船。冰难解除后,公会还电恳政府对于遭遇冰难各轮一律免收船钞两个月,以示政府体恤中国航商之至意①。

(三)天津航运业从公所到航业公会,再走向轮船业同业公会,其过程不仅体现了行业组织的自身发展,也反映了政府与公会的关系变化。

北洋政府时期,政府权力的频繁更迭进一步导致政府的软弱无能,对经济的自由放任使得民间资本、民间力量与政府形成了官商关系中的新格局②,工商群体的社会地位和经济实力日益上升,从而使商会在公会的设立过程中享有较大的发言权。1916年天津船业公会设会之初,商会表达了不同的看法。商会认为公会简章中第十条,"入会船只运货出入,由(商会)派人视察"以及第十二条"入会船只装运客货无故损失,由客人请求(商会)代为追偿"与商会有连带关系,难免日后有侵权把持行为。况且,船会经费虽由会员担任,但对船价不免有居奇抬价等弊。交通部也表达了类似的看法,认为公会的成立是前清商部委任邮传部设立,民国之后,该公会章程多有越权范围,要求厘订新章后再行定夺③。1917年,直隶船业公会董事穆长清上书天津县署,拟成立顺直河运公司。天津县署专门咨询天津商会,后因商会认为其"以三万元巨资设立公司,难保不无垄断恶意,船户多受钳制,间接害

---

① 《天津航业公司关于大沽口冰情报告》,天津档案馆馆藏天津航业公司全宗J168-261,1936年2月21日。

② 许纪霖、陈达凯主编:《中国现代化史》,上海三联出版社1996年,第429页。

③ 天津市档案馆等编:《天津商会档案汇编(1912—1928)》,天津人民出版社1992年,第3234页。

及商业"①,而否认其成立。直到1922年,鉴于"历年以来,航商请求设立船会者络绎不绝"②,交通部公布《航业公会暂行章程》。该章程共二十条,对航业公会的宗旨、设立原则、会员资格确立与取消、日常会务等作出了较为详细的规定。按照该章程,商民任劭亭以"联络同业、力谋改良、辅助商业、提倡公益"为宗旨,联合请求创立天津中国航业公会。同年,船户刘芳萍等十人也以"谋航业之进步,保航户之安宁"为由,联合五百余家船户呈请组织天津航业公会。最终,在政府和商会的协调下,双方达成协议合为一家。

然而到南京国民政府时期,其章程的制定却体现了国民政府对同业公会的强力控制与监督。在1929年颁行的《工商同业公会法》中,国民政府明确要求公会之预算、决算及主要会务之办理,应于每会计年度终3个月以内呈报所在地之主管官署备案③。甚至在1937年,行政院对不加入同业公会的行号专门颁布了制裁办法,对其进行罚办、勒令停业④。再比如,轮船业同业公会在其建会呈文中写到:"请中国国民党天津市党务整理委员会、天津市政府社会局派员指导监视。"⑤在该会1946年申述恢复理由时又提到:本会"期在主管官署指导之下,结成健全团体,奉行政令,开展海运,并以增进同业利益,矫正营业弊害为宗旨"⑥。因而不难看出,这一时期成立的同业公会是企业利益驱动和政府督导合力作用的产物,它与政府之间的关系比较北洋时期同业公会与政府之间的关系,是一种政府完全控制下的依赖型关系,说明国民党时期同业公会的自由空间越来越小。

可见,20世纪30年代成立的并肩负着"维护航权,建设航业,发展国内外贸易诸端"重要任务的天津市轮船业同业公会,属于新式的工商同业组

---

① 天津市档案馆等编:《天津商会档案汇编(1912—1928)》,天津人民出版社1992年,第3227页。

② 天津市档案馆等编:《天津商会档案汇编(1912—1928)》,天津人民出版社1992年,第3234页。

③ 天津市档案馆等编:《天津商会档案汇编(1928—1937)》,天津人民出版社1996年,第190页。

④ 天津市档案馆等编:《天津商会档案汇编(1928—1937)》,天津人民出版社1996年,第199页。

⑤ 天津市档案馆等编:《天津商会档案汇编(1912—1928)》天津人民出版社1992年。

⑥ 《天津市轮船业同业公会章程》,天津市档案馆馆藏天津航业公司全宗 J168-340,1946年6月18日。

织。它一方面说明同业公会是企业在市场经济发展中以合群形式竞争行业生存与发展的必然形式，另一方面也体现出国民政府当局在一定程度上对同业公会的强力控制与监督。

## 三、小结

从沙船公所、航业公会到轮船业同业公会，不仅仅是名称的改变，而且反映了近代天津航运业的现代化历史发展趋势。不论是从会员的身份，还是从公会成立、建会宗旨，抑或是从组织功能看，公会充分发挥了对同业利益的指导、规范、协调和保护的作用，而且利用其地位与外埠航业公会联合行动，推动了中国航运业的进一步发展。

此外，同业公会的发展过程也反映了政府、公会之间的互动关系。民间社团组织的发展固然离不开自身经济实力的发展，特别是当政府力量处于弱势时，民间组织可以通过民间舆论的形式向政府施加压力从而形成推力。但同时也应看到，当官方与民间工商业者意见不一致时，两者的互动在同业公会的发展中也体现了相互制约和相互促进。

总之，中国近代同业公会的各项职能适应了近代中国市场商品经济发展的需要。同业公会作为一个经济服务型社团组织，不仅为从根本上维护同行业的经济利益，而且拓宽了企业与社会的联系，同时也扩大了本行业在社会中的影响，起到了政府不可替代的作用。特别是20世纪30年代兴起的天津市轮船业同业公会，其各项职能开始显现，并发挥行之有效的作用。

(《兰州学刊》2012年第4期)

# 乾、嘉时期长芦盐商群体衰落现象分析

高 鹏

清初,长芦盐商利用清王朝相对宽松的盐政管理体制和较轻的盐课牟取了高额的利润。康、雍两朝的天津,涌现出一批积累了巨额财富的长芦盐商,如张霖、查日乾等。乾、嘉时期,长芦盐商群体经历了一次明显的衰落过程,"乾隆时期,长芦盐商就开始从财势显赫的顶峰,急速地向下滑落。至乾隆后期,原有的盐商纷纷破产而遭参革,没有破产的盐商也大都负债累累"①。是什么导致这一时期的长芦盐商整体式微?关于这一问题,已有不少学者进行研究,成果亦十分全面。导致长芦盐商走向衰落的原因目前主要指向捐输、迎幸、盐课、息银、参革五个方面②。但是,盐业运营(或专卖)是一种经济行为,压垮盐商的原因还要从经济角度寻找。

## 一、"饮鸩止渴"的垄断地位是各种危机的根源

关于垄断的危害,很多经济学家做过经典论述。李嘉图在谈到"殖民地贸易"时曾引用过亚当·斯密的一段话来说明这个问题。"殖民地贸易的垄断正像重商制度其他卑鄙和恶意的手段一样,妨害其他一切国家的产业,尤其是殖民地的产业,同时不但不能增进,反而会缩减企图由此得利而建立这种制度的国家的产业"③。英国人亚当·斯密(Adam Smith,1723—1790)是近代经济学的主要创始人之一,其学术高峰期正值中国清代的乾隆时期。

---

① 芮和林:《浅析乾隆时期长芦盐商走向衰落的原因》,《盐业史研究》1994年第4期。
② 芮和林:《浅析乾隆时期长芦盐商走向衰落的原因》,《盐业史研究》1994年第4期。
③ [英]彼得·斯拉法:《李嘉图著作和通信集》第一卷,商务印书馆1962年,第289页。

亚当·斯密对清政府的"垄断政策"曾进行过考查,并在其经典著作《国民财富的性质和原因研究》(又称《国富论》)中进行了论述:"中国似乎长期处于静止状态,其财富也许在许久以前已完全达到法律制度所允许的限度,但若易以其他法制,那么该国土壤、气候和位置所可允许的限度,可能比上述限度大得多。一个忽视或鄙视国外贸易,只允许外国船舶驶入一二港口的国家,不能经营在不同法制下所可经营的那么多交易。此外,在富者或大资本家在很大程度上享有安全,而贫者或小资本家不但不能安全,而且随时都可能被下级官吏借口执行法律而强加掠夺的国家,国内所经营的各种行业,都不能按照各种行业的性质和范围所能容纳的程度,投下足够多的资本。在各种行业上,压迫贫者,必然使富者的垄断成为制度。富者垄断行业,就能获得极大的利润。所以,中国的普通利率,据说是百分之十二,而资本的普通利润,必须足够担负这样高的利息。"①

结合长芦盐商的有关情况,亚当·斯密对清政府"垄断政策"的论述是中肯的。首先,世袭的"引岸专商"垄断制度②确实限制了长芦盐商追加投资、扩大经营规模的可能性。盐商们"衣服屋宇穷极华靡,饮食器具备求工巧,俳优伎乐恒舞酣歌,宴会戏游殆无虚日,金钱珠贝视为泥沙,甚至悍仆豪奴服食起居,同于仕宦,越礼犯分,罔知自检,骄奢淫佚,相习成风"③。雍正元年(1723)八月初二日,皇帝专门下旨命各地盐政"约束商人,严行禁止。出示晓谕,谆切劝诫,使其痛自改悔,庶循礼安分,不致蹈僭越之愆"④。因为,除非朝廷大规模的盐政改革或强制收回,长芦盐商的引地世袭罔替,规模也不会轻易改变。盐商的利润无法作为再投资增加规模,只能被消费掉。其次,利息问题。长芦盐商为维持正常运营,曾向内务府借了大量的帑本。当时普遍认为,帑息已属较轻,内务府向盐商出借帑金很有些"皇恩浩荡"的意思。"朕惠爱黎元,屡次蠲租贷赋,不惜帑金亿千万两……况此项帑银,原系该商等自行恳请借给者,并非官派其借,出于商人勉强也。"⑤那么帑息的利率是多少呢?"且帑利只系一分起息,为数甚轻。若商人等于民间自行借

---

① [英]亚当·斯密著:《国民财富的性质和原因研究》上卷,商务印书馆1983年,第87—88页。
② 徐景星:《长芦盐务与天津盐商》,《天津社会科学》1983年第1期。
③ (清)黄掌纶:《长芦盐法志》卷一《谕旨一·雍正元年八月初二日上谕》。
④ (清)黄掌纶:《长芦盐法志》卷一《谕旨一·雍正元年八月初二日上谕》。
⑤ (清)黄掌纶:《长芦盐法志》卷二《谕旨二·乾隆五十九年上谕》。

贷,焉得如此轻息?是商人已受其利矣"①。可见,当时民间借贷的利率是要远远高于百分之十的。

盐是日常生活必需品,对食盐的垄断意味着占有"取之不尽用之不竭"的财富。《津门百咏》有云:"堆积如山傍海河,河东数里尽盐坨。民间珍视同珠玉,不道此间如许多"②。依靠着对食盐的垄断经营,长芦盐商们取得了巨额财富,"盐荚长芦此要津,风天气色属商人。铜山金穴须臾事,大宅连云递旧新"③。长芦盐商们的"垄断"经营由于缺少竞争压力、发展动力和有效的外部监督机制,表面风光背后,隐藏着长芦盐业绕不过去的三大危机。

(一)"有钱大家赚"——乾隆后期陋规公开化

各级官吏是食盐垄断经营体制的管理者和保护者,也是朝廷盐务政策的执行者,手中握有盐政管理和武装缉私的权力。盐区各级官吏直接从盐商经营利润中坐地分肥。雍正皇帝已经觉察到官吏加派陋规的危害,"贵卖夹带,弊之在商者尤小,加派陋规,弊之在官者更大。若不彻底澄清,势必致商人失业,国帑常亏。夫以一引之课渐添至数倍有余,官无论大小,职无论文武,皆视为利数,照引分肥,商家安得而不重困?赔累日深则配引日少,配引日少则官盐不得不贵,而私盐得以横行"④。但是陋规现象并没有因为雍正的"清醒"而发生改变,反而越演越烈,"自设立长商以来,各省官绅士庶皆视盐务为利数。或借口办公巧为侵蚀,或受人请托曲为通融,他若陋规黑费之类不可枚举。且课项则有□展缓,而陋规则无处减轻"⑤。"每引规费烦重,竟需成本五两有奇。所卖岸价,不过制钱八九千文,以钱易银,约每引亏银七八钱不等,商何以堪"⑥?清中叶以后,陋规现象公开化,各级官吏更加肆无忌惮。王守基的《长芦盐法议略》记载:"杂课多系相沿陋规,盐政运使衙门动辄数万,故膺盐差者回京以后,例有呈献,谓之'当差'。振古如兹,不

---

① (清)黄掌纶:《长芦盐法志》卷二《谕旨二·乾隆五十九年上谕》。
② (清)崔旭:《津门百咏·盐坨》。
③ (清)崔旭:《津门百咏·盐坨》。
④ (清)黄掌纶:《长芦盐法志》卷一《谕旨一·雍正二年二月初二日上谕》。
⑤ 席裕福、沈师徐:《皇朝政典类纂·盐法》,沈云龙:《近代中国史料丛刊续编》,台北文海出版社。
⑥ 席裕福、沈师徐:《皇朝政典类纂·盐法》,沈云龙:《近代中国史料丛刊续编》,台北文海出版社。

以为非。"①

据关文斌的统计,乾隆五十八年(1793)接受长芦盐商养廉银和其他津贴的政府官员包括盐政、运使与副使、直隶总督、奉天将军、天津道、天津镇、天津知府、天津知县,以及内阁、都察院、翰林院等部门的官员,还有书吏、笔帖式和护军校等等。其中,最高的为盐政养廉银,每年二万两,最低的为天津县养廉银,每年400两。大多数盐商的引地并不在天津附近,他们还需要满足引地所在地官吏的需索。这部分规费包括给盐引地知县、捕厅和都司的规费、节礼、寿礼,还有给衙门各署的规费。这些数据都是来自《长芦盐运使司档》《大清会典》《清盐法志》等官方正式记载,可见清乾隆时期陋规公开化已经非常明显②。当然,非盐区的官吏也可以从长芦盐业利润中"利益均沾"。"雍正五年正月二十日,大学士富宁安等奏议给奉天、宁古塔、黑龙江三处将军养廉银两,奉旨:尔等议称不便给予参票等语,所议甚是。此等养廉之项,应动用盈余银两,著将长芦盐课盈余银两内动用六千两,给与三处将军分用。"③

(二)最大的陋规——报效

皇帝,是国家各项盐务政策的最终决策者,他的喜好直接关系到盐商们的身家安危。商人为四民之末,虽腰缠万贯,也怕"天威难测",各种报效成了盐商们邀宠的重要手段。"津门跨沧海之胜,逼近京邑。巡幸所至,首先驻跸。行宫、船坞岁资经费动辄钜万。若夫翠华沰止,情殷瞻就,供亿丰备,尤为前所未有。至过大庆典、大军需,淮商捐输或数百万,芦东亦以百万为率,其余寻常捐输,难以枚举。"④

根据嘉庆《长芦盐法志》的记载推测,盐商报效之例始于乾隆帝用兵大金川之时。乾隆十九年(1754),"长芦盐政普福奏芦东众商情愿捐银三十万两,稍充军营赏需之用,且援金川之例为请"⑤,结果遭到了乾隆皇帝的申饬。

---

① 王守基:《长芦盐法议略》,收录于席裕福、沈师徐:《皇朝政典类纂·盐法》,沈云龙:《近代中国史料丛刊续编》,台北文海出版社。
② 关文斌:《文明初曙——近代天津盐商与社会》,天津人民出版社1999年,第247—248页。
③ (清)黄掌纶:《长芦盐法志》卷一《谕旨一·雍正五年正月二十日上谕》。
④ 王守基:《长芦盐法议略》,收录于席裕福、沈师徐:《皇朝政典类纂·盐法》,沈云龙:《近代中国史料丛刊续编》,台北文海出版社。
⑤ (清)黄掌纶:《长芦盐法志》卷二《谕旨二·乾隆十九年十一月上谕》。

他认为用兵大金川时,"两淮、芦、东、浙、闽等处各商之急公捐输者,不便阻其报效之忱,俯允所请。其实于军需所费何裨万一!方国家全盛,府库充实"①。总之,他拒绝了盐商们的援例报效的"热心"。乾隆二十四年(1759),皇帝的态度发生变化,"长芦、山东众商呈称,屯田塞上,中外一家,情愿公输银三十万两,稍备屯饷之需,不敢仰邀议叙",乾隆皇帝称赞芦东盐商"办课素属急公,今复吁请捐输,情词肫恳,著允所请"②。乾隆三十六年(1771),大金川联络小金川再次反叛。三十八年(1773),"大兵进剿金川,各商志切同仇,未自有效。今长芦商众情愿捐银六十万两,山东商众情愿捐银三十万两"。③乾隆皇帝全部笑纳。乾隆五十二年(1787),长芦商人捐银三十万两备造拨船,实际用去二十八万二百五十两④。嘉庆四年(1799)三月十九日,芦东商人江公源等呈称,"目下川楚教匪指日可除,惟安抚善后事尚需繁费,长芦商人情愿捐银六十六万两,山东商人情愿捐银三十四万两,共捐银一百万两,稍抒忧悃",嘉庆皇帝以"芦东商力素称拮据"为由,"着各交十分之六"⑤。

报效表面上都是自愿的,有时候还可能被皇帝驳回,但是如果报效不积极,后果是很严重的。嘉庆五年(1800),长芦盐政观豫奏请芦东盐斤加价,嘉庆皇帝以"昨两淮、浙江、广东各商俱吁恳报效,而长芦商人并未呈请出资助饷,更无可借口"⑥为由,拒绝了芦东盐斤加价的请求。嘉庆皇帝可能有些"健忘",就在不到一年前,长芦商人刚刚捐银三十九万六千两助饷剿灭川楚教匪。

(三)靠加价维持各方利益,私盐乘虚而入

垄断行业的显著特点是缺少市场竞争,商品定价的主观性较强。以食盐为例,它的定价包括商品成本、官吏的陋规、对皇帝的报效、帑息等,除此之外,还要确保盐商的期望利润。要保证如此之多的利润,加价销售就成了盐商的不二法门。据《长芦盐法志》的记载,清代长芦官盐加价始于雍正年间,"雍正九年六月,户部议覆,直属销卖盐价,长芦商人运本消乏,运行日

---

① (清)黄掌纶:《长芦盐法志》卷二《谕旨二·乾隆十九年十一月上谕》。
② (清)黄掌纶:《长芦盐法志》卷二《谕旨二·乾隆二十四年三月初八日上谕》。
③ (清)黄掌纶:《长芦盐法志》卷二《谕旨二·乾隆三十八年十月初四日上谕》。
④ (清)黄掌纶:《长芦盐法志》卷二《谕旨二·乾隆五十二年二月二十四日上谕》。
⑤ (清)黄掌纶:《长芦盐法志》卷二《谕旨二·嘉庆四年三月十九日上谕》。
⑥ (清)黄掌纶:《长芦盐法志》卷二《谕旨二·嘉庆五年三月初六日上谕》。

艰，嗣后每盐一斤酌加大制钱一文"①。乾隆年间尤其是中叶以后是官盐加价的高峰期。乾隆二十九年（1764），"准长芦盐政高诚请增芦盐价值，与原定价外，每斤加价一文"②。乾隆三十五年（1770），巡盐御史李质颖"请于见行盐价外每斤酌增钱二分，以补钱价之不足，则商无亏本之虑，民无淡食之虞矣。下部议行"③。"乾隆三十六年，特旨加恩，每斤再暂加一文，以降旨之日为始"④。"乾隆四十七年，巡盐御史征瑞、总督郑大进奏，盐觔、运脚、绳席、人工较前加倍，请每斤酌增制钱二文。下部议行。"⑤

靠盐斤加价的办法来确保利润，表面上看是最简单的也是最直接的手段。但它不是"免费的午餐"，官盐加价后产生的最直接的后果是私盐横行。雍正皇帝曾对其有所预料。雍正元年（1723），皇帝两次在谕旨中论及加价的危害，"上下各官需索商人，巧立名色，诛求无已，穷商力竭，不得不那（挪）新补旧，上亏国课，高抬盐价，下累小民。至于官盐腾贵，贫民贩卖私盐，捕役斗殴，株连人命，流弊无穷"⑥，"赔累日深则配引日少，配引日少则官盐不得不贵，而私盐得以横行。故逐年之课难以奏销，连岁之引尽皆壅滞"⑦。雍正初年，长芦一带贩私盐的现象已非常严重，"雍正元年八月，奉上谕：长芦一带，兴贩私盐者甚多，或百十成群，手执器械"⑧。乾隆元年三月，"风闻直省四恶皆微露其端倪，即如天津一带，私盐横行无忌，恐其他类此者相继而起"⑨。

"不涨白不涨"虽然为盐商带来了巨额财富，为官吏带来了不菲的额外收入，为皇帝补充了小金库，但它最终损害的是盐业运营的根基，损害的是盐商可持续发展的未来，也给国课造成巨额亏空。盐商和各级官吏获得了额外利益，皇帝却是"捡了芝麻丢了西瓜"。嘉庆五年（1800），嘉庆皇帝驳回

---

① （清）黄掌纶：《长芦盐法志》卷一《谕旨一·雍正九年六月上谕》。
② 席裕福、沈师徐：《皇朝政典类纂·盐法》，沈云龙：《近代中国史料丛刊续编》，台北文海出版社。
③ （清）黄掌纶：《长芦盐法志》卷十《转运下·乾隆三十五年》。
④ （清）黄掌纶：《长芦盐法志》卷十《转运下·乾隆三十六年》。
⑤ （清）黄掌纶：《长芦盐法志》卷六《优恤·乾隆五十三年》。
⑥ （清）黄掌纶《长芦盐法志》卷一《谕旨一·雍正元年正月初一日上谕》。
⑦ （清）黄掌纶：《长芦盐法志》卷一《谕旨一·雍正二年二月初二日上谕》。
⑧ （清）黄掌纶：《长芦盐法志》卷一《谕旨一·雍正元年八月上谕》。
⑨ （清）黄掌纶：《长芦盐法志》卷二《谕旨二·乾隆元年三月上谕》。

了长芦盐政观像的《清芦东盐斤加价》折,且饬之"私盐本因官盐过昂而起,今再议加价,则私盐自必更为充斥,官引堕销愈多。……况盐价既增之后,即不能复减,累民宁有已时?"①"明末长芦盐的运销量达二十三万九千八百多引",当时每引为六百五十斤②,共计 15587 多万斤。"以嘉庆五年奏销册计之,(长芦)共行正盐九十六万六千四十六引,每引行盐三百斤"③,共计约 28981 万斤。明代全国人口仅数千万,长芦盐区的行盐量却并不算少。乾隆六十年,全国人口已增至 296968968 人④。至清嘉庆年间,全国人口增加何止数倍,但是清代长芦行盐总量比明末增加却不到一倍,远远低于人口的增长势头。可以推测,到清朝中叶,相当多的人在食用私盐。咸丰三年(1853),清王朝发现了问题的严重性,"纳课之多寡以销盐之多寡为凭,销盐之多寡以食盐户口之多寡为断。自国家定课以后至于今,生齿之繁,户口之增,岂啻倍蓰。乃食盐之人日见其增,销盐之路日见其广,而行盐之引地反多滞而少畅,以致正杂之课额亦有绌而无盈"⑤。

## 二、"银贵钱贱"与"杰科布定律"

通过查阅盐法志、地方志等材料,笔者发现"银贵钱贱"问题一直困扰着清中叶包括长芦盐商在内的各地盐商。盐商行盐以引为单位,每引都在数百斤,所以盐商支付国课和食盐成本都是以银两为结算单位,而食盐的零售多以斤为单位,每斤售价几文至二十几文不等。因为"银贵钱贱",买卖之间,盐商利益本身已经折损不少,交纳国课时,又有很大一部分利润被销蚀掉了。盐商们凭空"蒸发"的巨额利润,实在有些"莫名其妙"。

(一)由来已久的"银贵钱贱"

传统观点认为,持续半个世纪以上的罪恶的鸦片贸易,给中国人民带来

---

① (清)黄掌纶:《长芦盐法志》卷二《谕旨二·嘉庆五年三月初六日上谕》。
② 来新夏:《天津近代史》,南开大学出版社 1987 年,第 5—6 页。
③ 席裕福、沈师徐:《皇朝政典类纂·盐法》,沈云龙:《近代中国史料丛刊续编》,台北文海出版社。
④ (清)法式善:《陶庐杂录》,中华书局 1959 年,第 23 页。
⑤ 席裕福、沈师徐:《皇朝政典类纂·盐法·邸钞》,沈云龙:《近代中国史料丛刊续编》,台北文海出版社。

了深重的灾难,造成了中国白银大量外流导致了"银价高涨、钱价下跌"①。其实,"银贵钱贱"问题在中国由来已久,一直无声无息地侵蚀着商业的根基,困扰着包括盐商在内的商人群体。已有很多学者注意到,"银贵钱贱"问题早在鸦片贸易与鸦片战争之前就已经存在,造成"银贵钱贱"的原因主要来自国内,包括货币质量不一、国家重银政策、小钱盛行等等②。包括鸦片贸易在内的上述原因充其量加重了"银贵钱贱"的程度。除操作层面的原因外,乾、嘉时期"银贵钱贱"现象愈演愈烈还有更深层次的原因。

与长芦盐业有关的"银贵钱贱"现象最早见于雍正九年(1731)的上谕。"奉上谕,前据长芦盐政郑禅宝奏称,康熙二十七年(1688)间,经抚臣等议定盐价,每斤价银一分三四厘不等。彼时每银一两只换小制钱一千四五百文,是以每盐以觔定为十六文之价。迨后,钱价渐平,现今每两合钱可至两千文,而盐价仍是十六文。将钱易银,不敷原数,以致商运消乏,欠课难楚。"③乾、嘉年间,"银贵钱贱"的情况愈演愈烈。乾隆"三十五年,又议准长芦盐斤售卖所收均系钱文,近年钱贱银贵商人易银完课,有亏成本"④。"乾隆五十三年(1788),巡盐御史穆腾额奏,各商运脚等费,百物昂贵,更兼钱价日贱,商赀益就消耗。"嘉庆元年九月五日,"第念商人资本微薄,各处钱价过贱,易银交课不免亏折,尚属实在情形"。嘉庆元年,巡盐御史方维甸奏,芦东商人"节年疲乏,成本加增,钱价过贱,办运交课亏折较重"。嘉庆二年(1797),巡盐御史征瑞奏,芦东商人"近因钱价赔累过多,资本消乏"。"嘉庆五年,巡盐御史观豫奏,芦东商人,近年因钱价亏折,赔累难支。"⑤《清史稿》中也记载,乾、嘉时期,"银价翔贵,(长芦)商亏弥钜"⑥。直到同治十三年(1874),时任直隶总督的李鸿章还曾因"银贵钱贱、芦商赔累"事由出奏⑦。"银贵钱贱"

---

① 周育民:《银贵钱贱对中国外贸的影响》,《上海师范大学学报》(哲学社会科学版)1980年第2期。
② 许立新:《略论鸦片战争前后银贵钱贱的原因》,《故宫博物院院刊》2003年第5期。
③ 席裕福、沈师徐:《皇朝政典类纂·盐法》,沈云龙:《近代中国史料丛刊续编》,台北文海出版社。
④ 席裕福、沈师徐:《皇朝政典类纂·盐法》,沈云龙:《近代中国史料丛刊续编》,台北文海出版社。
⑤ (清)黄掌纶:《长芦盐法志》卷六《优恤》。
⑥ 赵尔巽:《清史稿》卷一百二十三《志九十八·食货四·盐法》。
⑦ 光绪《重修天津府志》卷三十二《盐法》。

问题几乎与清王朝的"盛世"相始终,从雍正到同治各个时期,在长芦盐业上都有表现,尤以乾、嘉时期为盛。可见,该问题并不能简单的归因于鸦片贸易等原因。

(二)"盛世"的困惑与"杰科布定律"

雍、乾、嘉三朝属于清代的"鼎盛"时期,人民经过长期的休养生息,生口日繁,物产丰富,商业繁荣,当时国家也并无太多的内忧外患,为什么"银贵钱贱"现象在这段时期出现并愈演愈烈?笔者在查阅清代史料时,发现了另外一个现象,"盛世"的物价要远远高于"乱世"。清代从顺治朝开始,物价水平就已经高于明朝末年。据清初叶梦珠的亲身经历,"物价之不齐也,自古而然。不意三十余年来,一物而价或至于倍蓰。先父大人尝叹息,为予述隆、万间物价之贱,民俗熙口,迄今五十余年,而物价悬绝,一至于此"①。而繁华盛世造成的"物价腾贵"与"银贵钱贱"有着密切的关系。据嘉庆四年(1799)四月的一份上谕:"朕闻盐价颇昂,民虞淡食,汝应如何调剂,据实覆奏。奏查长芦盐价,一由物价腾贵,一由钱贱赔折。"②

笔者有个固有的印象,"乱世"民不聊生,物价应该昂贵;"盛世"时百姓乐业,物产丰富,物价就应该平抑。所以,笔者一直不解,为什么在盛世物价会大幅度上扬,"银贵钱贱"现象会出现,直到看到"杰科布定律"。河北师范大学历史文化学院的王宏斌教授在其《林则徐关于"银贵钱贱"的认识与困惑》一文中,介绍了杰科布及杰科布定律。关于"银贵钱贱"问题,疑惑的何止林则徐一人,笔者相信,一代代皇帝和世代业盐的长芦盐商们也一直在疑惑:为什么朝廷"每钱一千,直银一两"③的定制就是不管用?为什么转手之间,成千上万两的银子就能无声无息地消失?杰科布(Jacob William,1762—1851)是一位英国商业家,著有许多经济方面的著作④。杰科布定律具体表述为,"在动荡不安的时期,特别在内乱外患时期,金银器皿急速变成货币;

---

① (清)叶梦珠:《阅世编》,中华书局2007年,第174页。
② (清)黄掌纶:《长芦盐法志》卷二《谕旨二·嘉庆四年四月上谕》。
③ (清)张寿镛:《皇朝掌故汇编》卷十九,转引自王宏斌:《乾嘉时期银贵钱贱问题探源》,《中国社会经济史研究》1987年第2期,第86页。
④ 王宏斌:《林则徐关于"银贵钱贱"的认识与困惑》,《史学月刊》2006年9月,第35—41页。

而在太平繁荣时期,货币就变成食品用具和首饰"①。结合1841年在开封、1846年在陕西及1853年在安庆发生的三次"银贱钱贵"事件,王宏斌教授对该定律进行了解读。"在和平年代,由于政治稳定,社会生活安定和商品经济比较繁荣,金属货币的购买力较强,人们总是努力购买和贮藏金银器皿、首饰与珠宝等奢侈品。这种做法特别在东方民族(例如中国、印度和日本)中盛行。在动荡不安的时代,特别是在内乱外患较为严重时期,在遭受自然灾害袭击之后,商品经济陷入严重混乱时期,社会对贵金属的需求就会发生很大变化,战争和自然灾荒迫使人们将金银器皿、首饰和珠宝变成货币,将贮藏的金银取出来以便招募兵员和换取救命的粮食和衣物,这样一来,加入货币流通之渠的贵金属就会突然增多,形成供大于求的局面。"②简言之,"盛世"时,银子赚到手之后,多被商人、地主囤积起来,不再进入流通领域。市面上的银子越来越少,兑换一两白银所需的铜钱也就越来越多。当然,诞生于二百余年前的理论有其适用范围,对于金属货币占主导地位的社会,它是相当有说服力的。

(三)官方和盐商的一些应对措施

有清一代,"定制每钱一千,直银一两"。实际上,情况最严重的时候,一两银子可换制钱两千文③。官方与民间的银钱兑换比率相差如此巨大,买卖之间,盐商利益遭受巨大损失,以致有亏国课。盐商们当然不会"坐以待毙",国家和各级官吏也在思考应对之策,采取了一些具体措施。一是曾考虑将官盐改为银两交易。"乾隆五十九年,巡盐御史征瑞、直隶总督梁肯堂奏,芦东商人因钱价过贱,以钱易银不无赔折,应交正杂引课,并帑本、帑利、运费等项,商力实属难支,请将盐价暂改卖银。"最终,乾隆皇帝没有同意该提议。直到咸丰四年(1854),该建议被打折后执行,盐商交纳国课的方式改为一半交银一半交钱。"至芦商疲敝,亦系实在情形,嗣后应交各款酌照端华等所议,准其五成交银五成以制钱二千作银一两交纳。"④二是收缴小钱。

---

① 王宏斌:《林则徐关于"银贵钱贱"的认识与困惑》,《史学月刊》2006年第9期,第35—41页。
② 王宏斌:《林则徐关于"银贵钱贱"的认识与困惑》,《史学月刊》2006年第9期。
③ 席裕福、沈师徐:《皇朝政典类纂·盐法》,沈云龙:《近代中国史料丛刊续编》,台北文海出版社。
④ 席裕福、沈师徐:《皇朝政典类纂·盐法》,沈云龙:《近代中国史料丛刊续编》,台北文海出版社。

乾隆五十九年（1794），长芦盐政征瑞于天津关设立收缴小钱局，晓谕过往客商赴关呈缴。乾隆皇帝将征瑞的做法在全国推广。"前因各省小钱充斥，曾经降旨通饬查禁，实力收缴，并令各关口一体留心查验，俾私贩咸知儆畏。第思此等奸徒贩卖，整千累百，捆载远行，必不肯由陆路贩运携带，多糜运脚，致有亏折，总由水路行走，便于装载。惟在责成各关津隘实力稽查，一体收缴，小钱方可净尽。著传谕各关监督于关津要隘处所，仿照征瑞办法，留心查验，并设立收缴小钱之局，一律查收，晓谕各商等赴关尽数呈缴，以清钱法而绝弊源。"①

## 三、乾、嘉时期长芦盐商的群体衰落属于阶段性调整

乾隆时期，长芦商人报效、迎幸花费动辄数十万。传统的"专商"垄断经营与持续的"银贵钱贱"损害了盐业经营的根基。其实，从乾隆后期开始，长芦盐商就开始进入了群体衰落期，一个极具转折性的标志就是腰缠万贯的盐商开始借帑帐了。乾隆五十年（1785），长芦商人在捐银三十万两之后，破天荒的"请赏借库项，各商按引均摊，分限十年归款"②。进入嘉庆年间，盐商们的衰败越来越严重。据嘉庆五年（1800）六月十五日上谕，"长芦盐务素称疲乏，今于捐挑运盐河道需费不过一万余两，已须分限二年完纳，可见该处商力疲乏已极。着传谕观豫，嗣后惟当悉心调剂，以期商力渐臻饶裕，不可再有苦累为要"③。这次衰落是明显的，但对长芦盐商群体来说，只是一次阶段性衰落，属于经济规律对传统"引岸专商"垄断制度和"银贵钱贱"现象的自然调整。各方采取了多种举措来回避这一"阵痛期"的到来。朝廷改盐商以五成交银五成交钱的方式交纳国课，在全国各关推广天津收缴小钱局的做法；盐商们则一方面"贿通"工部和户部，加重"掣盐砝码"，行盐时暗地里增加每引斤数，另一方面，销售时"死价活卖"，"盐商们和地方官达成了默契，1斤盐被定为14.5两"④，试图将损失最终转嫁到国家和消费者身上；当

---

① （清）黄掌纶：《长芦盐法志》卷二《谕旨二·乾隆五十九年十一月二十四日上谕》。
② （清）黄掌纶：《长芦盐法志》卷二《谕旨二·乾隆五十年九月初四日上谕》。
③ （清）黄掌纶：《长芦盐法志》卷二《谕旨二·嘉庆五年六月十五日上谕》。
④ 关文斌：《文明初曙——近代天津盐商与社会》，天津人民出版社1999年，第60页。

然，消费者也有的选择，要么"淡食"，要么"食私"。"阵痛期"不可避免地到来了，长芦盐商破产的破产、被参革的参革，最终收不回来的是国课和帑本、帑息。为重新振兴盐务，清政府进行了一系列的改革。道光十二年(1832)，两江总督陶澍上《淮北试行票盐设局收税章程折》，拉开了清政府盐制改革的序幕①。在传统"引岸专商"垄断制度和国家不健全的货币政策等因素的打击下，以张氏、查氏为代表的旧盐商倒下了，以张锦文为代表的长芦新盐商走上了历史舞台。

(《盐业史研究》2012年第3期)

---

① 席裕福、沈师徐：《皇朝政典类纂·盐法》，沈云龙：《近代中国史料丛刊续编》，台北文海出版社。

# 清末至民国政局嬗变与长芦盐商的式微

## 张立杰

盐为利薮,古而有之。盐在中国古代经济社会中的地位,不下于稻麦棉铁,甚至更有过之。在中国古代的大部分时间里,都实行盐专卖制度,明代以前,中国的盐专卖制度基本都属官专卖,以政府控制为主,对产、储、运、销及价格等都实行严格控制。明后期,国家逐渐将收盐权委托给商人去办,从而发展为商专卖制,清代进一步发展,形成在全国大部分地区实行的"产盐有定场,行盐有定额,运盐有定商,销盐有定岸"的"专商引岸制度"[①]。此后,盐商势力得到较大发展。盐商一旦取得引权、划定引岸,成为专商,即可无所顾忌地称霸一方,对上欺瞒拖漏,短税祸国;对下行贿走私,官商勾结;在场压低场价,剥削盐民;在岸哄抬售价,牟利病民,甚至出售劣质有毒的食盐,危害民众。凡此种种,皆是为利所趋。对于盐商们如何以"龙票"为护符多行不义之举甚至左右政纲的情况已有很多相关记述。本文则以长芦盐商为视角,探寻清末至民国社会大动荡时期盐商式微境况之一斑。

## 一、清末长芦盐商的困窘

清代沿袭明制实行专商引岸制度,表面上政府对盐的控制减弱了,盐商有了更大的逐利空间,但实际上,清代的中央政府对盐的控制不过是由直接转向间接,转为对盐商的控制和盘剥。有资料记载:"清初国基甫定,军饷浩繁,仰赖盐利,乃增课增引,种种加派,与明季同,因之盐引滞销,商人赔累。康熙时,三藩为乱,又增盐课,以佐军需,于是盐务疲敝,恶例渐成,兼之下级盐差胥吏,私取规费,于正额外,巧立名目,擅自私派,如照看挈费,茶果费,开运费,道费,匦费,样盐费,查盐政败坏,顺康两朝,已开其端。雍正初年,

---

[①] 即由政府将盐斤收买运销之权,授之于专商,而课以税额,专商向政府缴纳一定税额之后,即自行向盐场收买盐斤,而运销于政府所指定的区域。

鉴于盐课亏欠,谕令各督抚盐政,尽革陋规积习,惟当时户部,未能彻底禁革。"①可见,盐商们虽然可以垄断盐利,却必须受制于官府,他们不但要交纳不断抬升的盐税,而且还要负担其他各种陋规捐输,实际上不过是皇帝和官府借以敛财的工具。

清代的长芦是仅次于两淮的大盐产区,是华北地区的主要盐产区,分丰财和芦台两场,产盐丰富,按引岸的划分,河北省130余县、河南省50余县,以及其他邻近区域的民食,全赖于此地盐产。经过多年发展,长芦引地成为中国盐务中组织最完备者②。长芦盐商虽拥有垄断引岸的专权和各种特权,但也难逃被盘剥的命运。长芦盐商在直、豫两省销售芦盐,都是"先盐后课",所以,盈亏"全赖盐斤畅销,以资办课",如因"各州县歉收,引盐滞不能销",加之长芦"商人资本微薄",便常常出现"办课遂形拮据"的状况,甚至每年成本还没有收回,课税的期限已到,长芦盐商为能保住引岸,甘愿冒重利盘剥之险借贷,作为营运芦盐和交纳课税的周转,此款"多系重利揭借,以应急需",所以,长芦盐商年复一年地陷于高利贷盘剥的罗网中不能自拔。"乾隆朝后期及嘉道时期,由于清政府的残酷压榨,致使长芦盐商有的惨淡经营,濒于破产,有的负债累累,家破人亡。结果导致道光时期长芦运司盐政的全面危机。"③

清代末年,由于外强入侵,国势日颓。在八国联军入侵天津的过程中,长芦盐商中的大多数受到冲击,有的"财产衣物,一时都尽",一些设在沿河两岸的盐坨,遭侵略者强占,非筹巨款不能赎回。各地引岸、盐店多被劫掠一空。"青(县)、静(海)、沧(州)、盐(山)、庆(云)五州县引岸几无完整之区","销数壅滞","几有停秤之势"。而摇摇欲坠的清王朝统治者为缓解财用支绌的困境,肆意加税,转嫁危机,使盐商负担日增。如1900年以前,每引盐税二两五钱,而到1905年,就已涨至四两二钱有奇,宣统年间盐商成本已较前增加三倍④。另外,由于盐商多为暴利骤富,骄奢淫逸之风难除,挥金如土,其腐朽生活的结局往往成为"富不过三代"的真实写照。《津门杂记》中

---

① 参见德龄:《中国盐政沿革》,《盐政杂志》第六十四期,1936年6月出版,"选论"三,第20页。
② 参见《丁恩改革中国盐务报告书·总纲》,《中国盐政实录》(四),沈云龙主编《近代中国史料丛刊三编》第八十八辑,文海出版社影印版,第2423页。
③ 林永匡、王熹:《清代长芦盐商与内务府》,《故宫博物院院刊》1986年第2期。
④ 林纯业:《清末长芦累商洋债风潮》,《天津社会科学》1983年第1期。

有诗为证:"津门之地本斥卤,第一生涯性鹾贾。盐坨堆积崇如山,遂使后人不知艰。只道盐坨终可恃,双瞳何必识丁字?学人衣食竞豪华,精英弃掷等泥沙。"①为了炫富摆阔,长芦盐商常常一掷万金,大肆铺张,奢靡无度,这也成为清末长芦盐商没落的主要原因。

由于经营不当及生活糜费,造成长芦盐商的连年亏累,入不抵出。再加上在义和团运动中,曾以两百万两白银支持盐业贸易的钱庄不复存在,长芦盐商又以一百多万两白银赎回八国联军作为战利品抢去的存盐,盐商们手中已无现银,而清政府又忙于为庚子赔款和其他改革筹款,对长芦盐商请求贷款救济的呼声置之不理,致使长芦盐商因资金周转不灵陷于困境。

为纾解财困,从1901年底起长芦盐商开始向洋人借贷②。借贷虽可解盐商一时之难,却不能从根本上缓解盐商的疲困,很快长芦盐商又陷入更严重的困境。他们借的洋债不但不能按时还本,连利息也无法交纳,至1911年春,长芦盐商已欠华俄道胜银行(俄)、东方汇理银行(法)、德华银行(德)等外国银行共计700多万两白银贷款③。在外国银行的催讨之下,事态不断扩大,遂演变成著名的长芦盐务风潮——"十大累商案"。为平息洋人的摧讨,清朝统治者被迫决定由官府代筹资金归还洋债,并将欠款最多的10家长芦盐商的财产查封,本人送审判厅押追在案,其引地也被收回官办;欠款稍少的5家长芦盐商则被责令呈明财产偿债,其引地也收归官办;欠款较少25家长芦盐商,以其产业相抵,限期还款,逾期则将引地官办④。此后,长芦引岸中竟有60余县被收归官办⑤。这次"十大累商案"使长芦盐商受到很大震动。由于此案涉及长芦盐运使,有人认为这是长芦运使张镇芳精心策划企图使盐商们破产,目的是施加压力使其亲戚——被逼下野的袁世凯恢复原

---

① 胡光明:《长芦盐务风潮平息的过程》,丁长清:《近代长芦盐务》,中国文史出版社2001年,第139页。
② 关文斌:《文明初曙:近代天津盐商与社会》,天津人民出版社1999年,第214页。
③ 关文斌:《文明初曙:近代天津盐商与社会》,天津人民出版社1999年,第218页。
④ 林纯业:《清末长芦累商洋债风潮》,《天津社会科学》1983年第1期。
⑤ 李鹏图等:《长芦盐务五十年回顾》,丁长清:《近代长芦盐务》,中国文史出版社2001年,第59页。

位①;也有人认为是张镇芳想尽快摆脱这个烂摊子另谋高就才置盐商于如此境地②。不论是何原因,长芦盐商在清末的被动地位由此可见一斑。此后,"津埠商民依为'万里长城'的长芦盐商遭到更致命的打击,经济、政治上从此一蹶不振"③。

## 二、民国初期军政人物涉足长芦盐务

民国初年,因推行以就场征税、自由贸易为主旨的盐政改革政策,全国各地取消专商、开放引岸者不在少数,专商势力受到严重冲击。长芦虽不在开放之列,然而在国事纷乱中,长芦盐商的垄断地位已失去稳定基础,受到军界政界实力派势力的觊觎。辛亥革命推翻了清王朝,但同时也使军事割据势力如同被从魔瓶中释放出来的妖魔,在全国肆虐横行。北洋政府统治时期,全国内战频仍,政局屡变,各路大大小小的军阀如走马灯一般来来去去。他们自知不能长久,各自唯利是图。当时的军政要员为谋求暴利,不仅加征各种盐税和附加税,而且千方百计地寻机盘剥盐商,甚至直接插手盐务。长芦因离京兆之地最近,首当其冲,军界政界人物涉足长芦盐务的现象盛极一时,长芦盐商因此受累。

民国初年,因"十大累商案"而被收归官办的蓟县、宝坻、宁河等61县的引岸开放,本由新成立的芦纲公所负责组织公运,规定每年报效12万元,获利颇丰。这块"肥肉"遂被小军阀李廷玉看中。李廷玉是军人出身,天津西郊人,与江西都督李纯结拜金兰,在北洋政府任赣南镇守使,后随李纯到江苏充任江苏督署总参议,下野后回天津做寓公,并逐步插手长芦盐务。1926年,李廷玉以公运由纲总把持积弊太深妨害民食为由,申请改组公运,同时率领一部分专商将公运强行接管,并组织康济恒商运事务所承办,每年只认缴报效10万元。后李廷玉因案被捕,61县又收归官办,因经营不力,于1931年再改为商办,这次承办的是德兴公司。虽名为商办,但德兴公司的主办人都是当时在野的头等角色,如潘复、吴毓麟、张英华、张廷谔、刘彭寿、董士恩

---

① 关文斌:《文明初曙:近代天津盐商与社会》,天津人民出版社1999年,第211—212页。

② 华克格:《长芦盐务风潮中的"十大累商案"》,丁长清:《近代长芦盐务》,中国文史出版社2001年,第129页。

③ 胡光明:《长芦盐务风潮平息的过程》,丁长清:《近代长芦盐务》,中国文史出版社2001年,第139页。

等,后来随着政局的变化,张仁乐、王慕沂、张同亮等也先后介入该公司,成为主要人物。

长芦的永七引岸原属官销,1915年改为商办后,就由万聚成公司承办,主办人是曹锟的族胞;1924年起,又由裕蓟公司承办,该公司最初主办人是苏锡麟、李景明、刘彭寿、张调辰,后来鲍贵卿、董士恩、高纪毅、胡若愚、郭宗道、王芳庭、冯基道(冯玉祥的胞兄)等军政要人也都在政局变化中成为该公司不同时期的负责人或相关人。在北伐前,张宗昌、褚玉璞盘踞津东时期,曾公开劫运汉沽坨盐,名为筹饷,实则敛财私分。

长芦另一个重要引岸"津武引岸",又称"津武口岸",包括旧天津县四门盐店销区和武清县境的销盐区,是长芦收益最大的一个引岸,原由长芦盐商轮流值年,负责运销报税,众商利益均沾,后因盐商家数太多,改为由当任纲总代办,后来竟完全由当任纲总包办,历任纲总都从中攫取了很大利益,盐务机关也与之合流,分润一部分好处。由于津武口岸销额大,利润丰,地势处于要冲,是令人垂涎的必争之地。李廷玉先后三次争办和承办津武口岸;另外还有许兰洲曾以福昌号承办;吴季玉、吴毓麟、董士恩等曾以利津公司承办该口岸,这些人都是军政两界的知名人物。

长芦这些引岸虽都有当时官署批准的承办年限,但由于政局变化莫测,与业者难以靠一纸文书保证自己的利益,也需要有实力人物的支持,再加上盐商内部矛盾重重、争利内讧之事此伏彼起,这就更给各种政治势力参与追逐争夺盐利创造了机会。由于参加逐利的各种政治势力你来我往,更换频繁,从上到下都存有五日京兆之心,不作长远打算,专商运营因此受到很大影响。

## 三、南京国民政府对长芦盐商的搜刮

### (一)长芦五纲总被绑案

清末专商虽已成强弩之末,但仍有富甲一方之势者,不乏呼风唤雨之人,然而到了民国时期,这样的时代则一去不返,即便是专商中的佼佼者,也不得不接受任人鱼肉的命运。长芦五纲总被绑案就是这种时代背景的产物。"十大累商案"后,长芦盐商向以芦纲公所为共同办事机构,形同盐商公会,由众盐商推举4人为纲总,4年为一期,办事平妥无疵者期满仍继续任事,不另改选。芦纲公所虽名义上隶属于天津总商会,但长芦纲总的社会地位在当时是居于各行业公会会长之上的,可谓呼风唤雨式的人物。由于他们敛财自肥、利益独占,引起众商妒忌,很多人都垂涎于他们的地位,李廷玉便是其一。

李廷玉曾因从纲总手中夺得长芦公运,又争办津武口岸,与长芦盐商间的矛盾日深。当年李廷玉向长芦纲总提出由他来承办津武口岸的要求时,遭到纲总王君直的斥骂,为报此仇,他托人传话,向蒋介石告发纲总们侵占四省公司津浦铁路盐斤加价之巨款事件。津浦铁路盐斤加价之事缘起于光绪三十四年(1908),为修筑津浦铁路,清廷谕令用盐斤加价的办法筹款,即每斤盐加价制钱4文,先由众盐商垫付上缴。津浦铁路经过直、鲁、苏、皖4省,保管这笔款项的机构名为"四省公司"。这项"津浦盐斤加价"款偿清以后,芦纲公所却仍继续征收,日久累积,数目极大,被纲总们所侵占。此事本是公开的秘密,但由于国民党刚刚结束北伐,立足未稳,正在囊中羞涩之时,得此消息,以为奇货可居,不肯轻易放过。1928年蒋介石北伐成功后,密令时任天津警备司令的傅作义,以开会的名义将长芦纲商五纲总李赞臣、王君直、杨丹忱、郭少岚、李少舫五人秘密逮捕。此举虽案出无由,却一拖数载。

长芦运使曾电请国民政府中央,提出芦纲纲总解京审办,影响税收,恳请由中央指定平津机关,就地办结。中央批复:"此案奉令解京,碍难变更,并奉主席谕,将芦纲总五人,押交参军处,遵经备函解往,点收给据"①。到宁后,既不让他们入狱,也不急于提审他们,反而允许他们自带听差一人侍候,并日供三餐颇为丰富,还提供吸食用的鸦片,让纲总们一时摸不着头脑。1929年1月,蒋介石下命组成一个特别机构"审讯长芦盐案委员会",委员为冯玉祥、阎锡山、王宠惠、孔祥熙、赵戴文等人,以王宠惠为主席委员。识者咸谓这是故意拼凑一些巨头,难于会合,而便于借口延宕开审。五纲总的家属为保释他们四处活动,没有丝毫效果,又多次申请开审,但直到1929年8月中旬,才由代理主席委员赵戴文开始审讯,8月30日审讯终结,准予保释,不得回籍,留在南京听候结案。

根据审讯委员会提交国民政府的呈复文中所说,"民国三年一月一日前北京政府实行均税,定为每包四百斤征税八元,将从前旧税及一切加价并皮耗加斤等一律免除……而实际上,乃系化零为整,包括在均税之中"②。换言之,到1914年所谓四省公司津浦铁路盐斤加价已被取消,而五名纲总都是在

---

① 《财政部十八年一月份工作报告》(1929年6月),《财政部一九二八年七月至一九二九年二月工作报告》,中国第二历史档案馆馆藏档案,全宗号:二(2),案卷号:37。
② 《制止豫省设立清理盐款会》(补载),《盐务汇刊》第十九期,1933年5月31日,"公牍"第44页。

1914年均税以后才接任纲总职位,"对于解交津浦四文加价大宗款项并未经手"①,指认五纲总侵占四省公司津浦铁路盐斤加价之罪根本就是莫须有,国民政府一时难以自圆其说。由于羁押时间过久,五纲总的身体受到影响,王君直于1930年1月因肝病死于南京。王君直的死引起舆论哗然,南京国民政府不得不以"事出有因,查无实据"为由,谕知原告所控无据,对五纲总则以手续错误负有责任为由,处以50万元罚款,草草结束此案。

此案严重冲击了芦纲公所,盐商们各怀惧戒之心,都不愿担任纲总。以后纲总皆勉强选出维持残局而已②。从这一案例当中,可以明显看出南京国民政府与盐商之间刀俎与鱼肉的关系,国民政府对专商采取的是打击和敲诈的政策,他们一方面是想借此从纲总那里讹诈一笔钱财,以补财用上的不足;另一方面也不能排除国民政府想借此事"择尤惩办,以儆效尤",警告专商不得与政府争利,以便让他们驯服于自己的摆布。

(二)南京国民政府的两面手段

自清末以来,因专商引岸制度流弊太多,一直受人诟病。南京国民政府一方面受时势潮流之影响倡导实行改革,废除专商引岸制度;但另一方面因军费开支浩繁,财政支绌,不得不让专商们苟延残喘,以便采取杀鸡取卵的办法,从他们身上极尽搜刮之能事。国民政府的两面手段使盐商陷于更加被动的境地。

1929年和1933年,国民政府分别在两浙、苏五属和长芦进行了验票活动。所谓"验票",就是对清代沿袭下来的引票进行查验,并换发新盐票,这意味着从法律上给引岸专商以合法的地位,与废除专商引岸制度的改革严重抵触。北洋政府时期虽有过几次验票的企图,终因逆潮流而动、反对舆论强烈而未敢轻举妄动。而南京国民政府却执意行之,可见巨额验票费用的吸引力③。长芦盐商共摊验费220余万元,两浙盐商摊验费近90万元,苏五属盐商摊验费60余万元,加上淮南盐商共交440万元,国民政府得了一笔不小的收入。在查验长芦盐票过程中,国民政府自暴玄机:"验票办法公布施

---

① 李鹏图等:《长芦盐务五十年回顾》,丁长清:《近代长芦盐务》,中国文史出版社2001年,第63页。

② 岳仲嘉:《我所知道的芦纲公所》,丁长清:《近代长芦盐务》,中国文史出版社2001年,第115页。

③ 张立杰:《南京国民政府"验票"新论》,《安徽师范大学学报》(人文社会科学版)2007年第5期。

行后,迭据各商声称,时局艰难,金融紧涩,请酌予减免。复经剀切劝谕晓以大义,始据依照两淮前例,约按八成汇总缴纳"①。国民政府为了得到这些钱,讨价还价竟做到如此地步,令人惊叹。而盐商终究无可奈何。

　　1932年,长芦盐运使先是让盐商预缴了四、五、六、七月的盐税,共达625万元。盐商们相继缴清后,不想南京国民政府又以"目下财政枯竭,军政各费仍无法筹措"为由,命令长芦盐运使再向芦区盐商预借八、九月的税款,共200万元。长芦盐商难以承受,于是向盐运使请求:"当此金融吃紧,官盐滞销之候,连月筹解之款,均系重利借贷而来,至今尚无法偿清,此项巨款实无力再行担任,请予核减,以恤商艰。"无奈国民政府丝毫不为所动,盐商只得自救,于8月22日下午缴清预借款,其中100万元为现金,100万元为半月期支票②。长芦盐商之所以如此行动迅速,实际上也是为了保全自己。顺利筹款,使国民政府颇感得力,正所谓"在下者既竭其合作之忱,在上者自必尽维持之谊"。吵得沸沸扬扬要废除的专商引岸制度竟一时难以言废。

　　长芦的引岸虽得以维持,但南京国民政府在提高盐税时,已不再像清代那样主动给盐商"津贴",官商之间的关系发生了根本的变化,由合作与维护转向对抗。以1934年1月实行改秤加税③为例,长芦盐商所辖冀岸改秤后每包增加盐税8.6元余,豫岸增加9.2元余。因豫境系自由贸易区,售价可以由盐商自行调节,盐商损失不大;但河北省境属于专商引岸区,均须按官定秤价营业,由于政府明令此次改秤不准增加盐价,盐商必然遭受损失。长芦盐商选举代表去南京请愿,要求增加盐价。财政部初允酌加售价,但没过两天又反悔,当时舆论批评国民政府:"于各处盐商反对之有力者,则许其增加售盐牌价,以求和缓风潮,最著者如两淮两湖,而于长芦则先允后悔,以致愈弄愈僵,夫政府财政困难,司农仰屋,欲加税即加税耳,何必巧假名义以罔

---

① 《1933年3月查验长芦盐票的情况》,《中国近代盐务史资料选辑》第二卷,第113页。

② 《长芦运使向盐商预借八九月份税款》,《盐务汇刊》第一期,1932年8月31日,"转载"第129页。

③ "改秤加税"即以划一衡器为名,把原来通用的司马秤(大秤)换成市秤(小秤),100斤司马秤相当于127斤市秤,衡器虽然变小,但税率却保持原状,实际上是变相地实现了加税的目的。

民。"①长芦盐商以政府出尔反尔，于1934年2月1日起全体罢运，声称在中央未准加价前，否认新制之实行；并以拒绝执行盐务署招集芦纲公所、德兴公司、襄汝公所、利津公司等团体预缴税款180万元和摊派公债的命令相威胁②。当时破除引岸呼声仍高，长芦盐商竟不惜一切代价敢与政府公然对抗，可知其处境艰难，如果不是万不得已，断不会出此下策。长芦盐商还联名具呈财政部，提出特许每包增加卤耗50斤，以补盐商损失的要求③。最后，国民政府财政部批准再给长芦盐商每担盐增加卤耗3斤8两，加上从前已给每担皮重3斤12两、卤耗6斤8两，总计每放盐113斤12两，政府仅收100斤的盐税④。当然，这种做法只能使盐商暂时得以继续维持，却不能从根本上缓解盐商的困境。

除了政府的盘剥以外，南京国民政府时期，长芦盐商还要应付税警的侵扰。例如1933年4月，长芦缉务管理委员会接到财政部第六七六四号训令，要求其对长芦缉私员兵借端索诈进行彻查。训令称：据长芦商民代表举报，"长芦缉私队分散各县，视商人盐店如仇雠，百殷[般]挑剔，诈取钱财，对于私盐充斥并不取缔……反借此收款取利。大队长坐享其成，分队长各地骚扰，向人民入户栽赃，向盐店勒押讹索，动则罚款盈千。盐运使署庇护纵容，人民控之无效；省政府咨请惩办，置之不理，所有内外勾通一气，只知罚款分肥，而人民盐商竟在水深火热之中，大有日不能支之势"，这些盐商万般无奈，将税警控上财政部⑤。长芦区安次县榆树园村村民李金铭等，也呈控驻马头镇缉私队违法苛罚之事，后经长芦缉务委员会调查，情况完全属实⑥。

---

① 《财政开源中之盐斤加税》，《盐政杂志》第五十八期，1934年7月，"选论一"第5页。

② 《长芦盐商无形罢运》《长芦盐斤改秤风潮又起》，《盐政杂志》第五十八期，1934年7月，"盐务消息"第53—56页。

③ 《财部准芦盐每担加耗三斤半》，《盐政杂志》第五十八期，1934年7月，"盐务消息"第18页。

④ 《财部放盐改秤后控案达六十件》，《盐政杂志》第五十八期，1934年7月，"盐务消息"第2页。当时的计量单位一斤为十六两，因此八两即是半斤。

⑤ 《长芦缉私员兵藉端索诈之彻查》，《盐务汇刊》第十七期，1933年4月30日，"公牍"第37页。

⑥ 《核准通缉长芦区前缉私以[队]第四大队长戴有昌归案讯办》，《盐务汇刊》第三十期，1933年10月15日，"纪事"第23页。

## 四、日本侵入华北后对长芦盐商的影响

日军入关后,过滦河西进,直逼长芦产盐区,先事占领。由于盐区被占,滩户与盐商的生计遭受致命打击。据资料记载:"滩户略为充裕者,已全数逃来津市,困苦者亦无工可作,是滩户中之破产,运商德兴(六十一县)利津(津武口岸)两公司,以包运之地位,今至无盐可运,其必须破产可知,该二公司已向当局交涉,藉稍减亏累,同时产运既将全停。"①

1936年1月,日伪侵入塘沽,圈占新河军粮城等产盐区的盐滩,"在塘沽南大滩、北大滩、里海、外海等四盐滩周围遍插木橛[橛],上书'大日本陆军用地'之标帜",中方提出抗议,日方却"佯为不睬"②。

1月下旬,冀东日伪组织又扣截了汉沽、塘沽两滩所产盐斤,经国民政府派人与之商洽,方以每月向冀东政府协济盐税25万元为代价,两滩之盐才得以起运。而对冀察政务委员会,国民政府也允诺每月从长芦盐税收入中提拨120万元协助他们的军饷。至此,长芦的盐政税收均遭到巨大打击③。而长芦盐商的利益从此更无保证。

冀东的日伪组织虽控制着大部分长芦产盐区域,却在其区域内设大隆、大兴公司,专售从东北运来的食盐,"归某国人主持",斩断芦盐销路④。另一方面,日伪组织又纵容当地劣绅、盐枭等勾结日本浪人及当地贫户,组织团体,大量贩运私盐,运销平、津、河北等非战区各地。如在"河北非战106区内,近发生伪国食盐倾销问题,其运来途径,计有古北口、马兰峪、潘家口、冷口四地,倾销最厉处,则为遵化、迁安、临榆、蓟县,盐产自营口、兴城,以运输便利,价格低于我长芦盐五分之一,其运来时节,多半由于日伪军保护,直接运于各盐店装卸,撒河桥、马兰峪、遵化、迁安等地,已先后有伪官盐店设立"。战区内的税警虽名义上仍能行使职权,但实际上"对战区各县只有其名,各税警人员,亦因受

---

① 《日军侵略华北影响长芦盐务》,《盐务汇刊》第二十期,1933年6月15日,"转载"第109页。
② 《日人破坏华北盐政》,《盐政杂志》第六十六期,1937年4月,"纪事"第12—13页。
③ 《伪组织干涉长芦盐政》,《盐政杂志》第六十四期,1936年6月,"纪事"第2—3页。
④ 《伪组织干涉长芦盐政》,《盐政杂志》第六十四期,1936年6月,"纪事"第2页。

外势压迫,弗能过分认真"①。在塘沽、汉沽一带,贩运私盐者直接向当地灶户购买,用大车或民船装运,"稽核所税警虽有查获,但皆数量甚微,在浪人保护下之大批装运者,则无法截缉,私盐运抵内地后,另雇人奔走销售,一般小本商人因获利较丰,莫不争购……私盐充斥,盐商所受损失颇重,私盐由滩地购买,每袋百斤仅费三四角钱,运到内地售价在八九元之间,而盐商官价则在十元零六角,私盐不仅价贱,而且保送到家,故一般油盐店、酱园、杂货铺莫不大量购买……北平情形较津市尤甚"②。这种带有国际性的运私贩私,当然不是盐务税警可以制止得了的,即便是长芦盐运使署发现倾销私盐,也只能忍痛折价收购,别无他法③。国民政府对日伪的猖狂侵略行为,竟没有丝毫反抗之举,卑躬屈膝,令人悲叹。长芦盐商的境遇更是可想而知。

## 五、尾声

全面抗战爆发前后的紧急情况下,国民政府采取了"官运"措施,初步破除了引岸界限。1937年8月长芦盐场失陷,芦盐来源断绝,国民政府盐务总局把冀、豫两岸一律开放,并要求长芦盐商投入芦盐抢运。在日本占领时期,侵略者又恢复了"引岸专商"为其所用。直至1945年9月2日国民政府财政部发出布告:"特再重申前令,所有专商引岸及其他关于私人独占盐业之特殊待遇权益,无论在后方各区或收复地区,概予永远废除。"④1946年1月1日,国民政府河北盐局宣布取消"引岸专商",任商自由报运,指定地点行销⑤。至此,长芦盐商专擅芦盐之利的地位成为历史话题。

(《天津行政学院学报》2012年第5期)

---

① 《伪盐倾销》,《盐政杂志》第五十九期,1934年12月,"盐务消息"第19、20页。
② 《日人破坏华北盐政》,《盐政杂志》第六十六期,1937年4月,"纪事"第14页。
③ 1936年曾有前盐务官员与日人勾结,批购质劣价廉之大连红盐200万石,准备倾销华北各地,长芦盐运使署发觉后,派员几度交涉,结果约定由长芦官方按每石4元折价全数收买,以后不再续运,当局忍痛成约。参见《红盐二百万石》,《盐政杂志》第六十五期,1936年10月,"纪事"第11页。
④ 丁长清:《中国盐业史(近代编)》,人民出版社1997年,第252页。
⑤ 汉沽盐场场志编纂委员会:《长芦汉沽盐场志》,百花文艺出版社1991年,第298页。

# 天津方言的源流、文化特质及其
# 对天津城市性格的影响

谭汝为

## 一、关于"天津方言岛"

天津方言与普通话接近,二者差异主要表现在语音方面,其次在词汇方面,而语法与普通话基本相同。天津话语音特点是:四个声调中阴平声的调值低降,齿音字较多。例如:"天津、标兵、沙发、西医、高招、灰堆、飞机、抽烟、西沽、抓瞎、三鲜、清真、阴天、胳膊"等词语,天津话读音与普通话读音的差异十分明显。

天津市辖区范围内方言状况比较复杂,可分为六个主要的方言小片:(1)北部地区:蓟宝宁话片(蓟县、宝坻、宁河),与唐山话接近。(2)南部地区:沧州话片,如津南区小站镇、大港区的大部分地区皆如此。(3)市区西北部:武清话片,其中武清杨村和北辰双街、双口两个镇老居民所操方言与北京话接近。(4)市区北部地区:北辰话片,西沽、丁字沽、北仓、宜兴埠、西堤头等地,具有武清话与天津话之间过渡的性质。(5)市区西南部地区:静海话片,西青区杨柳青镇、津南区咸水沽镇的老居民也说静海话。(6)天津话片,以旧城区为中心,包括南开、河北、河东、河西、和平5个区,红桥区的大部分街道,西青区中北斜和永红两个乡的东部,大寺乡、王稳庄乡北部的3个村,津南区双港乡的大部分村,东丽区西北部的部分村镇。

所谓天津方言(或天津话)就是指市内六个区和西青区大部分、东丽区小部分土著居民所使用的方言。简言之,天津市的方言从辖区地图由北往南的大体状况是,唐山话—北京话—天津话—静海话—沧州话。

天津方言属于北方言区的一个分支,天津方言片的东、南、西三面被静海方言片包围着,北部则是武清方言片,这就形成了一个"方言岛"。

*1312*

方言岛是语言学术语,由于历史上大规模移民,外来的方言势力占据了原来某方言区的部分区域,就形成被原方言区包围着的独立的方言孤岛。譬如承德,它距离北京200多公里,但居民却操纯粹的北京话,就是由于清朝康熙时兴建避暑山庄和外八庙,首都的宫廷供奉人员和皇宫卫队的大批官兵移驻该地,定居下来,以致压倒原来居民所操方言,使之同化于北京话,因此承德就形成了一个方言岛。

方言岛形成条件有三:第一,大规模集体迁徙;第二,聚居不散,形成相对独立的语言社团;第三,外来的方言社团在当地社会生活中处于优势地位。

天津方言岛,呈倒等腰三角形状,其底边距旧城北约1公里,尖端距旧城南约22公里。方言岛以北的居民,语言接近北京话,东北接近唐山方言,西南和东南接近静海一带方言。据专家考查推测,这个方言岛中的天津话来源于江苏和安徽北部的方言。经著名社会历史学家学者李世瑜先生在20世纪80年代中期的调查考证:天津方言的母方言来自以宿州为中心的皖北平原。

## 二、天津话母方言来自皖北平原

天津是一座移民城市。明代实行军屯制度,外地大量移民以军事组织的形式来到天津一带屯垦官田,从而出现了许多冠以姓氏的"官屯"地名。"燕王扫北"时,安徽宿州一带有大批军士携带家眷来到天津。这些移民实行军事建制,"家庭承袭、邻里相望",形成相对牢固的"语音社区",于是,具有低平调的皖北方言成了天津卫的通用语。查询《明史》发现,明初驻军天津卫的官兵籍贯多为江苏和安徽,皖北地区居多。按当时的规定,每个将领至少应带领100名与自己籍贯相同的士兵携家属北上,多达五万多人。安徽籍军队及家眷入驻天津,为当时土著尚少的天津增加了人口,同时由于军官处于统治地位,安徽方言必处优势地位,对天津话的产生与发展起到至关重要的作用。

2010年和2011年,天津师大谭汝为(词汇及民俗)、南开大学马庆株(语法)、杨自翔(方言)、曾晓渝(音韵)等语言学教授组成"天津方言寻根调研组",由市政协文史委万新平主任带队,两次赴安徽调查,先后到宿州市、蚌埠市、合肥市、固镇县、灵璧县、凤阳县、蒙城县等地,行程22天。调研组分成语音组和词汇文化组,有分有合,先后举行各种类型座谈会14次,问卷调查合作人和发音人近40人。

经词汇调查汇总对比,固镇、宿州、蒙城与天津方言词汇相近,而凤阳最远,合肥次之。语音调查主要是该方言点音系和连读变调情况,以听音记音为主,辅以录音分析。初步结论是:(1)词汇组认为,与天津方言相似的淮北方言,以固镇、宿州和蒙城这个三角区域为中心,其四界范围大致是:江苏徐州市以南,淮南市以北,涡阳县以东,"五泗灵"(五河、泗县、灵璧)以西。天津方言的母方言,很可能就来自这里。(2)语音组认为,天津话可能来源是当时军队里通用的明代"南京"(南直隶,包括今江苏、安徽)官话。经过600年的发展演变,今天的天津话在语音上与固镇等地显示出较突出的相似性,可能是同步发展的结果。具体的结论有待进一步研究结果来论证。

2011年8月,《今晚报》派出"天津方言岛寻根"报道小组,赴固镇、蚌埠、宿州、蒙城等皖北平原多个城镇实地采访,以百姓视角记录当地的乡音、乡情,探寻津皖两地在语言、文化、民俗等方面的历史渊源,为津味文化寻根溯源。他们的采访调查印证了我们上述初步结论,并补充提供了大量鲜活的例证。

天津在历史上是南北漕运的中心,是中国北方贸易转运集结地。明清两代,苏皖和晋冀鲁豫地区的大量移民,或屯垦,或漕运,或逃荒,或经商,陆续迁至天津;随后盐业、金融、实业、商业,乃至政界、军界、文化等人物在天津安家落户。因此,河北、山东和东北的方言,尤其是北京话对天津方言的形成和发展也产生了种种影响。

随着社会经济开放、文化教育发展、人口流动和广播影视的传送,天津话中的一些古老词汇逐渐消失,天津话的语音、声调已明显地向普通话靠拢,而那些方言俚语中准确、生动、形象的部分则会融入普通话之中。

## 三、天津方言的语音特点

天津市区与北京相距不过一百多公里,与说北京话的武清方言片相距只有十多公里,但天津话和北京话在语音上的差异,显而易见。操天津方言的人只要一张嘴,就使人感受到一股与众不同的津派气息扑面而来。

天津方言的特点主要体现在语音方面,而典型的语音特点又集中体现在声调上。天津话与普通话都有四个声调,但在调值上却有明显的差别。

尤其是阴平（一声）声调上，二者差别很大。普通话的阴平读音，呈现出高平调，是四声中的最高声调；而天津话的阴平读音，却呈现出低而降的调值，音程短促，是四声中最低的声调。例如"天""七""飞""边"等字的读音，普通话调值高，而天津话调值低。除此之外，天津方言的语音特点还体现在以下几个方面：

（1）普通话 zh、ch、sh 这些卷舌声母的字，在天津话里有一部分被读成平舌声母的 z、c、s，例如"展览"的"展"（zhan），天津话却读为 zan；"招考"的"招"（zhao），天津话却读为 zao；"生产"（shengchan），天津话却读为 sengcan；"上车"（shangche），天津话却读为 sangce；"事由"的"事"（shi），天津话却读为 si，"山脉"的"山"（shan），天津话却读为 san，等等。这就是人们通常说的——天津话"齿音字"多。

（2）普通话带有 r 声母音节，在天津话里一般读成零声母，把辅音 r 换成了兀音，例如"人"（ren）、"热"（re）、"肉"（rou）、"润"（run）等字，天津话却分别读成 yen、ye、you、yun 等。再如"用、泳、勇"等字，普通话读为 yong，而天津话却读为 rong；"让、嚷、壤"等字，普通话读为 rang，而天津话却读为 yang。

（3）天津话习惯在 a、o、e 开口呼音节前加声母 n。如把"安全"的"安"读成 nan，把"超额"的"额"读成 ne，把"熬鱼"的"熬"读成 nao，把"可爱"的"爱"读成 nai，还有"欧洲""海鸥"，等等。

因受方言影响，天津一些地名有特殊的方言读音，譬如"水阁大街""玉皇阁""北阁"等地名中的"阁"字，不读 ge，而读 gao。天津著名民谚："天津卫，三宗宝，鼓楼、炮台、铃铛阁（读为 gao）。"后来又产生了表达惋惜心情的民谚："鼓楼拆，炮台倒，大火烧了铃铛阁。"为什么天津话把"铃铛阁（ge）"读为"铃铛阁（gao）"呢？很可能是受母方言（安徽话）影响所致。这个发音可能是"燕王扫北"时，安徽籍贯的军人带来的方音。京剧唱词如"同登麒麟阁""共上凌烟阁"等的"阁"都唱 gao 音。汉代麒麟阁、唐代凌烟阁，都是为表彰功臣而建筑的绘有功臣图像的楼阁。在古代韵文作品中，从音律上看："凌烟阁"的"阁"读为仄声，如"功名未上凌烟阁，姓字先标聚义厅"；"不求图画凌烟阁，只为家邦致太平"。处在上句末尾的"阁"，应读仄声。京剧是徽班进京后形成的，天津方言岛的母方言是安徽淮北方言。因此，天津方言将"铃铛阁"的"阁"就读为"gao"了。

坐落于天津市区内的"水阁、北阁、铃铛阁、玉皇阁"等的"阁"读 gao 音；

而位于市区之外的"阁",如位于西青区杨柳青的文昌阁、位于宁河县的天尊阁、位于蓟县独乐寺的观音阁等,其"阁"字却一律读为"ge"音,与普通话读音一样。这是因为杨柳青、宁河、蓟县都在天津方言岛范围之外,当地居民所操方言与天津方言也不是一码事。

那么,作为地名读音,究竟应读铃铛阁(ge)还是读铃铛阁(gao)呢?这涉及两个层面的问题。首先是地名规范读音问题。作为天津的路牌和指示牌,应当在汉字地名上方以标准的普通话注音,这一点儿也不能含糊。另一个问题就是地名的民间俗读。作为民间的方言口语读音,天津人读"铃铛阁(gao)",就与河北人读"乐亭(laoting)"、山东人读"乐陵(laoling)"一样,是历史的约定俗成,不仅正常,而且允许。

另外,天津话有还相当多的"异读"字,例如:"做"读成"揍","洗衣服"的"洗"读成"凑(二声)","棉花"读成"苗活","勤俭"读成"勤近","托生"读成"掏僧","螃蟹"读成"螃海","鼻涕"读成"鼻登","这是"读成"介似","后晌"读成"后洒","恶心"读成"孬心","比划"读成"比乎"等。

## 四、天津方言的文化特质

地域文化渗透在人们的衣食住行之中,对方言的影响是相当巨大的,甚至是起决定作用的要素。地域文化的典型外化,就是建筑、地名和方言。我们对某座城市的印象或记忆,一是独特的建筑,二是别致的街名,三是迥异的方言。对于历史文化名城来说,建筑为历史自传,地名是文化年轮,方言乃城市名片——唯其三者,才是某一地域文化的独特内涵与典型外现。

就拿天津的地域文化来说吧。有人说天津文化可分三类——城厢文化、租界文化和码头文化。其实,作为一个移民城市,天津的文化特征更侧重于码头文化,码头文化与天津方言更是相辅相成的。请看天津作家林希在《九河下梢说码头》一文中的描写:

> 天津人讲"精气神儿",天津人骂人是"死蔫蛆",全都是码头遗风。天津人连吃饭都带着码头气派,天津人吃煎饼果子,吃大饼卷牛肉,把这种吃法叫"吹喇叭",就是不能因为吃饭误了潮起潮落的时间。……既要相互适应,又恪守自己的生活方式,"混个热闹",把钱挣到手是"真格的"。天津人讲最后目的,不注重过程,只要"大面儿"上过得去,没有那么多规矩板眼。光在一个码头上混,天津人说是"栖锅底"算不得是

本事,要有本事跑码头,在各个码头间跑来跑去,这,就是《日出》里胡四说的那个名词"吃得开"。……"老牛筋"不行,"老执鬼"不行,先要有"人缘儿",然后才会有"饭缘儿"。必须八面玲珑,天津人说要会"来事儿",如此,才能在天津这个大码头上"横趟"。

正如林希先生精辟的剖析,像上文中的"精气神儿""死鸉蛆""吹喇叭""混个热闹""真格的""大面儿""吃得开""老牛筋""老执鬼""人缘儿""饭缘儿""来事儿""横趟"等富于天津地域色彩的方言词语,都是码头文化的产物。研究某一城市的方言,不能忽视对其地域文化的宏观研究和总体把握。割裂了地域文化的滋养、孤立而刻板地研究方言,其后果只能获取一些枯萎褪色的植物标本。不仅遏止了民俗语言蓬勃向上的生机;而且对方言或民俗语言的性质、生成、源流、传承和变异的机制和规律,难以作出科学的解释。

天津方言是天津地域文化的载体,其特点除语音之外,更多体现在具有地方特色的方言语汇上。天津方言的文化特质体现在四个方面:第一俚俗,第二简洁,第三幽默,第四生动。

(一)俚俗

例如天津人挂在嘴边儿的"嘛",就是"什么"的意思。"干嘛去?""做嘛?""嘛玩意儿?""这是嘛(读为介似嘛)?"天津人几乎句句不离。外地人把"嘛"写作"吗",其实是两码事。"吃嘛?"和"吃吗?"语义所指,相差很远。"吃嘛?"就是吃什么?"吃吗?"表示还吃不吃?二者表意,南辕北辙。"哏",《现代汉语词典》注音 gen,天津人读作 ger,"倍儿哏儿"。

天津话说某人是"山药豆子",属于嘲弄或谩骂,指性情乖僻、不讲情理的人。例如:"别搭理他,真是个山药豆子!"天津人说话干脆利索,为求简洁,有时只说前半截"山药",或只说后半截"豆子",表意效果一样。例如:"今儿个我要是赢不了他,我是山药!""别人牵驴你拔橛,这不是豆子嘛!""这俩儿是天生的一对儿,一个山药,一个豆子!"天津话"犯豆子",指某人逆情背理的怪异劲头发作。譬如:"别人都躲得远远的,你倒往跟前凑,这不是犯豆子嘛?!""那几个坏小子起哄架秧子,你就犯豆子,愣充大尾巴鹰。"

为什么"山药豆子"属于谩骂语呢?汉语詈语有一条不成文的规则,就是球状物品如"球蛋""包""瓜"之类都可用于骂人。例如"混球儿""坏蛋""脓包""傻瓜"等。"山药豆子""生瓜蛋子""茄子"之类都是球形的,自然属于詈语之列。

抗战时期，日本侵华军驻津部队番号一八二〇部队。当时，天津人编俏皮话"一〇八一部队——人头太次郎"。"一〇八一部队"中的"一〇八一"是"豆"字的笔画拆写。天津人把人头太次（人品低劣）者，戏称为"山药豆子"，简称"山药"或"豆子"。日本人名多用"太郎""次郎"等字样。所谓"人头太次郎"，就是借日本人名形式讽刺那些人品低劣的人。这条天津歇后语在抗战时期流行，从中亦可窥见当时天津人拿日本占领军找乐儿的心态。

（二）简洁

天津人说话，唯求简洁明快，一字千金，"跟我走！""哪儿去？南市。""干嘛？坐坐啊！"天津话把"崴泥"简化成"崴"，"砸锅"简化成"砸"，"栽面"简化成"栽"，"翻脸"简化成"翻儿"，"斥责"简化成"斥儿"，"决裂"说成"掰"，"纠正"说成"扳"，"挖苦"说成"改"，"耍笑"说成"涮"，"油滑"说成"贫"，"吝啬"说成"抠儿"，"女子言行出圈儿"说成"扯"等等。

吃食的叫法，和北京大不相同：北京的油条，到了天津叫"馃子"；北京的豆浆，到了天津叫"浆子"；北京的豆角，到了天津叫"弯子"；北京的番茄，到了天津叫"柿子"；北京的鲤鱼，到了天津叫"拐子"；北京的草鱼，到了天津叫"厚子"；北京的"冰糖葫芦"，到了天津叫"糖堆儿"，甚至简化为"堆儿"；天津小贩把"柿子"吆喝成"糖罐儿"，再简化成"罐儿"。天津人说"咱喝点儿""你来段儿"，宾语省略了，但绝不会造成模糊和误解。

天津人说话，简洁明快，干脆利索，不拖泥带水，不吭哧憋嘟，不冗长拖沓。用俏皮话说，那是：胡萝卜就酒——嘎嘣脆！对事件的描述，对人物的褒贬，对事物的评价，凡是能用一句话的，决不用两句话；凡是能用一个字的，决不用两个字。（也算两个"凡是"吧！）

例如天津人对事件的描述——"起头，两人逗，后来恼了，广起来了，后来就撅起来了，脑袋开了，最后被派所猴起来了。"用六个单音节动词："逗、恼、广、撅、开、猴"。

再如对人物的褒贬——"这小子当官后，狗熊穿大褂——人啦！瘸子脚面——绷着；热面汤——端着；要饭打狗棍——拿着。"用四个单音词："人、绷、端、拿"。

天津话"吃字儿"也特征明显。天津人嗓门儿顶，舌头沉，说话快，一些词里的字儿就被"吃"没了。例如"派出所"成了"派—所"；"百货公司"成了"百—公司"；"劝业场"成了"劝—场"；"黄家花园"成了"黄—花园"；"豆腐"成了"豆—f"；咸菜"疙瘩头"成了"疙—头"；"豆腐脑"成了"豆脑儿"；

"爆三样儿"成了"爆三"等等。再如:"吃谁向着谁"变成"吃谁向谁";"蹬鼻子上脸"变成"蹬鼻上脸";"鸡蛋里挑骨头"变成"鸡蛋挑骨头"等。到了天津人嘴里,"您老"变成"泥了","别这样"变成"别介"。

### (三)幽默

天津人乐观幽默,不爱看一脑门子官司,总耷拉着的长脸;不爱读空话连篇毫无创意的长文;不爱听照本宣科又臭又长的报告。天津人爱看笑脸,爱读短文,爱听段子,爱说笑话,爱逗闷子。如:"吹鼓手抱公鸡——嘀嘀咕咕";"白萝卜扎眼儿——穷呕(藕)";"绕城转——白牌";"海光寺当家的——衡(横)宽";"日本船——满完(丸)";"十二时辰占三样——身子虚(申子戌)"等。关于这一点,下文重点阐述。

### (四)生动

天津人喜欢编造新俗语,例如俗语"你走你的阳关道,我走我的独木桥",到了天津,就说成"你走你的中山路,我钻我的耳朵眼儿"。中山路建于1903年,宽30多米,在当时是全市最宽的马路。耳朵眼儿胡同最窄处不到2米,是全市窄的小胡同。

俏皮话"南门外警察——代管八里台的事儿"。当年,出了南门外,海光寺一带就是连绵的稻田了,直到六里台、八里台,都是郊外开洼荒原,所以南门外的警察公署辖区一直延伸的八里台一带。天津人埋怨某机构或某人管事过宽过滥,就说"你是南门外的警察——还代管八里台的事儿!"

天津人逛大街迷了路,找不着北了,就说:"我是出南门奔西沽——转向了!"西沽在老城厢的北部,出了北门还得向北边走四五里路。你出了南门奔西沽,可不是南辕北辙,转了向吗?

骂人的话"德行",天津人也用俏皮话拐弯儿说:"宫北大街的帽铺——德兴(性)"。因为天津娘娘宫的宫北大街原有一个专卖帽子的商店——德兴帽铺。天津话把差不多、差不离儿,说成"大概其"。俏皮话"近视眼念天益斋——大盖(概)齐(其)",就讽刺那种粗枝大叶的人。店名"天益斋"和"大盖齐"是形似字。天后宫旧时专卖儿童玩具的小摊儿很多,人们叫它"耍货摊"。所谓"耍货"是指供小孩玩耍的各种小玩意儿。俗语"娘娘宫的小玩意儿——耍货儿",却是批评工作不扎实,办事耍乎的年轻人。例如"这小子是'娘娘宫的小玩意儿——耍货儿',关键时准给你掉链子!"

## 五、天津方言的幽默情怀

天津人懂幽默，爱幽默，说话幽默，这形成天津地域文化的一大特色。幽默是睿智的标志，是热爱生活的体现。幽默是智者的通行证，凭借它可以出奇制胜，一笑泯恩仇，四两拨千斤。幽默又是弱者的快活林，依赖它可使自己抚慰心灵的创伤，保持惬意乐观的心境。幽默也是人际关系的黏合剂，消除陌生与冷漠，使人们在会意的笑声中，达到心灵的沟通与拥抱。天津人就具备这种幽默的资质。

天津人能说而幽默，其成因是：（一）商埠社会沟通的客观要求；（二）移民城市创业的主观需求；（三）多元文化提供鲜活题材；（四）戏曲相声的熏陶造就。

天津人爱说话，是地理位置之使然。九河下梢，交通枢纽；漕运码头，河海相通；移民城市，五方杂处。天南地北的人聚到一块，无论经商贸易，还是装船卸货，第一要务，就是用语言沟通。——这是天津人能说会道的动因。

另外，天津是商埠码头，九国租界，多元文化。当年，租界里住着末代皇帝、总统总理、部长督军、豪族贵戚、盐商巨贾、外国政要和高官寓公。南北文化交汇，东西文化相生，上层雅文化与下层俗文化在这里融合。于是，天津人经多识广，眼界开阔。——这为天津人提供了能说会道的广阔的素材。

再者，受北方曲艺影响，天津人言辞犀利，一语中的；语言得体，擅长交游；幽默诙谐，富于创意。在调侃中表情达意，议论抒情，常能化干戈为玉帛，妙在以四两拨半斤！——这为天津人锻炼了非凡的口才和表达方式。

下面，我们剖析几个典型的天津方言词语：

顶戗"戗"是动词，就是支撑的意思。例如院墙年久失修，有点儿倾斜欲坠，就用两根木头来"戗"住它。"顶戗"，就是顶用，有能力担负工作，可以独当一面的意思。天津俏皮话："赵老二扛房檩——顶这儿了。"是说某人或某事到此打住，不会长进，亦无发展，没啥前途了。但这条歇后语还隐含着鲜为人知的一个笑话。

传说赵老二因生活无着，到处趑摸，趁人不注意，偷了一根房檩，扛起来就跑。跑了不远，就听到后边有人追来并高呼："逮小偷啊！有人偷房檩了！"赵老二抬眼一瞧，前面恰好有一面墙离了歪斜地要倒。他灵机一动，立即将房檩顶在危墙上。然后，一边儿擦汗，一边儿笑嘻嘻地迎接追来的人群。甭矫情,也甭掰呲,眼前事实就是铁证——赵老二扛起房檩就跑,这绝对不是偷,而是见义勇为,抢险救急。——这就是"赵老二扛房檩——顶这儿了。"

梁家嘴又叫梁嘴子,历史悠久,是天津市区较早形成的聚落之一,当年也曾是繁华的小商业区。老天津卫俗语"梁嘴子过河——赵场(照常)办事",就道出了当年赵家场(也称赵场)和梁家嘴隔着南运河遥遥相望的地理方位。老天津人到赵家场去办事,必须从梁家嘴过河。这个俗语的真意是"照常办事"的意思。潜台词是甭听他瞎咋呼,咱该怎么办就怎么办。在天津店铺俗语里,流传最广的俏皮话,就是"大德祥改祥记——缺了大德了"。天津人眼里不揉沙子,心里有杆道德之秤,随时运用幽默的言语武器,对那些不够分量的人进行公允的道德评判和绵里藏针式的抨击。天津店铺俗语,平实而诙谐,体现出商业都市的特点和天津人的幽默性情。

天津人凑到一块,就乐呵,就热闹,就倍儿哏儿! 幽默生成的手段,主要就是自嘲、现挂、包袱。著名学者李世瑜老先生说:有一次教师学院开联欢会,我请马三立表演一段,他答应了。演的是《俏皮话》,说到"底"时来了个现挂:"大碗里扣着个王八。""怎讲?""里是鱼。""是王八怎么是鱼呢? 甲鱼呀!"谐音李世瑜。1992年天津艺术研究所纪念成立十周年开座谈会,我去了,马三立也去了,他在会上又把这个俏皮话重说了一次,逗得大家哄笑不止。

俗语"卫嘴子"之说,是钦佩天津人能说,爱说,表达能力强。天津人说话的确活泼幽默,善于挖掘语言潜能,说出话来,内容丰富,词语新颖,洋溢着达观聪睿和燕赵豪情。

当然,说"卫嘴子",也并不都是赞扬,其中也包含某些批评。例如:口若悬河,纸上谈兵,天桥把式,光说不练——如马三立、王凤山相声《明天十点钟开始》塑造的不断立志、不断泄气的"你看我行吗?"的那个人物形象。天津人对自身,并不盲目矜持自夸,也敢于无情地解剖自身的缺陷和弊病,并给予辛辣嘲讽。——这种清醒的不护短的求实精神,难能可贵!

## 六、天津城市性格在方言中的反映

如果说北京是皇城文化,精英文化,属于京派;上海是商业文化,属于海派;而天津则是市民文化、通俗文化,属于津派。曲艺是植根于下层社会、具有鲜明市民色彩的民间艺术,天津之所以成为北方曲艺的大码头,这与天津码头文化和商埠文化的影响密切关联。相声虽起源于北京,但作为码头城市的天津,却是培育相声成长发祥的一块沃土。天津相声界强手如林、能人辈出,与天津地域文化,特别是天津方言的滋润分不开。

俗义化里必然包含着幽默情结,天津方言就有"哏儿"这个典型的词。"哏儿"就是幽默诙谐。体现天津人待人接物的一种豁达胸怀,无论生活多么艰辛,具有一种善于化解、苦中取乐的意识,不和自己过不去,敢于拿自己找乐,善于把人生严肃课题游戏化、谐趣化!要化解生活的压力,只能自己找乐儿。走路跌倒了,又是跌倒在泥泞里,天津人不往别扭上想,"老头儿钻被窝",哈哈一笑,哪儿跌倒的,哪儿爬起来,赶路是正事。天津人高高兴兴,乐乐呵呵,不说不笑不热闹,说说笑笑度时光。

冯骥才先生在《亦洋亦土说天津》一文中这样写道:"天津人说话喜欢戏谑,有浓厚的自嘲成分,但并非黑色幽默,天津人的自嘲是语言的笑料和生活的调料。它使生活更加有声有色,有滋有味,成为一种根深蒂固的生活文化。"也就是,看来是浅近的笑话,其实不仅蕴含着深刻的人生哲理,而且还能化解生活中的种种难事尴尬事。

下面,我们分析几个典型的天津方言词语:

1. 膀大力——租界文化与码头文化的混血儿

天津方言词"膀大力",就是说实在的,说真格的,实打实的,靠得住的意思。例如:"跟您说傍大力的吧,最低价800元,再少不行了!""这小子花拳绣腿,来膀大力的立马就现了原形!"据李世瑜先生考证,天津方言"膀大力的",是英文"boundary"的音译,意为边缘;引申为到头、到底、到家的意思。

幽默大师马三立的相声《对对子》,在夸耀本人的书法好时,说:"咱说膀大力的啊……"捧哏的王凤山立刻打断他说:"哎呀呀,你瞧有学问的人,有这么说话的,还说膀大力的!""什么大学毕业?大学毕业有说膀大力的吗?"马三立还有一段相声,也说:"咱跟你说膀大力的……"捧哏的赵佩茹立刻说:"瞧这一嘴炉灰渣滓!"由此可见,在天津人普遍的意识中,"膀大力"这个词,并非上层社会的文明语言,似乎属于下层社会江湖行话的性质。

为此,前几年我专门请教李世瑜老先生。李老说:"膀大力的"这个口语词,确实源于英语"boundary"。最初在天津洋行和码头的中高级雇员中流行,后逐渐成为码头中的习用语,最后流传到社会。其性质就是产生于天津码头的外来词。

旧时人们把在从事装卸运输工作的人称为"脚夫",就是"车船店脚牙"中的那个"脚",是被世人轻蔑的行业,属于下九流,难登大雅。天津话称之为"脚行",当年的码头工人被称为"扛大个儿的",属于没文化,没技术,靠肩膀扛包,卖力气吃饭的"苦大力"。天津卫的脚行由封建恶霸把头把持,为了抢码头,争地盘,争行夺市,常常发生群体械斗。在世人看来,这是惹不起,瞧不起,唯恐避之不及的行业。

"膀大力"这个词,后逐渐流传到天津社会生活中。天津人对其外来语的洋身份和原始词源茫然无知,就只能依照词的字面义去理解解释。在天津人的心目中,所谓"膀大力",就指膀大腰圆,卖苦力干粗活的人,就是凭肩膀吃饭的"苦大力"。很显然,这种解释与英文"boundary"已毫无关系。用语言学术语来说,这属于"流俗词源"。

在码头上扛包装卸是实打实的硬活,来不得半点儿偷懒耍滑。于是,天津话"膀大力",就被引申为说实在的、说真格的、不掺假的意思。

如对"膀大力"进行亲子鉴定,它是租界文化与码头文化的混血儿。它本为英语音译词,但鲜为人知;作为方言词语,它又源于码头,因而天津人认为它难登大雅。从"膀大力"这个洋气十足的外来音译词逐步演变为俚俗方言词语的复杂过程,我们可以窥见近现代社会汉语词语的演变轨迹,也可以感受到中西文化在天津的碰撞与融合。

2.二姨夫——甩货,市民文化与商埠文化的融合天津俏皮话

"二姨夫——甩货"。所谓"甩货",是零售商业的术语,属于动词。指因换季、拆迁、产品更新换代等原因,为使商品及早脱手,商家低价抛售商品。例如"清仓大甩货""夏装两折甩货"等等。天津话说得更多的是"甩卖",例如"赔本大甩卖"。天津商贩在吆喝叫卖中,干脆把"甩货""甩卖"简化成一个单音节的字:"甩"。您到天津商业闹市去逛街,商家"甩了甩了"的叫卖声不绝于耳。另外,"甩货"也指被甩卖的"货品",比喻不被重视的无足轻重的人。如:"人一走,茶就凉。老职工一退休,就成了甩货了!"

高英培在名作《不正之风》中,塑造了"万能胶"的艺术形象。其中有一段荒诞幽默的喜剧情节:为了赶时间,万能胶用装殓着二姨夫遗体的火化车去接新娘子。真是"娶媳妇打幡儿——凑热闹"了!火化车上坐着的工会主席问:"那二姨夫呢?"万能胶回答:"别提他,二姨夫——甩货了!"这个包袱抖得很响,在天津家喻户晓。于是"二姨夫——甩货!"这个当代俏皮话就产生了。

1323

"二姨夫——甩货!"这条俏皮话,产生于天津的相声作品,颇具天津民俗文化的诙谐自嘲色彩。细究其语义理据,并没有什么蕴含的深意。而性情幽默的天津人,只是在开玩笑时偶然用之。但天津人谁也不去对号入座,耿耿于怀,自寻烦恼;更不会凿死铆子地去质问:"为嘛大姨夫、三姨夫和老姨夫都没事儿,都亲亲热热地,合着就我这个二姨夫是甩货呢?!"——为嘛?天津人懂幽默呗!

据天津媒体报道:市民某大姐途经赤峰道一家服装店时,被门前"本店全部二姨夫"的七字标语弄得一头雾水。经同伴提示,这位大姐才恍然大悟,原来这是商家为了促销而使出的招数——"二姨夫"是天津方言歇后语中"甩货"的意思。这条黄纸红字的大标语,吸引了不少路人的眼球。年轻的店主向顾客解释:"多哏儿啊!二姨夫不就是'甩货'的意思吗?我这店里的东西全都甩货了,赶紧挑,赶紧选吧,您了!"这家小店因这则特殊的标语而热闹起来,客流量持续不减,销量大增。——这就是天津人的幽默!

3. 格涩·耷拉·翻呲·折理——满族文化的遗存

"这闺女可真格涩,整天耷拉着个脸子,一不合适就翻呲,够折理的!"这是地道的天津卫土语。其中的"格涩""耷拉""折理""翻呲"几个词,都是传统的满语词。格涩指特别、不合群;耷拉指下垂;翻呲指生气、翻脸。折理多指女性,不好伺候,别别扭扭,腻腻歪歪,刺儿了嘎叽,气人有笑人无,香东家臭西家的,让人头疼!

天津方言中的满语词有相当多的是从北京的方言中传来,有的是直接积淀在天津的方言中的。天津方言一些常见的词语,来源于满语词。例如:掰呲——分辨清楚。巴不得——就盼着。脖梗子——梗,满语词,脖子。凑(阳平)——洗(衣裳)。叨腾——挪来挪去,来回搬。德合乐——摔跤术语,用勾腿绊倒的跟头。嘟噜——板着个面孔。个扭儿——奇特,个别。个个——乳房。胳肢——用手挠别人痒痒。刳嚓——把里面黏附的东西用利器刮下来。哈喇——食物变味。划拉——好歹扫几下。卡巴裆——裆部。邋里邋遢——衣衫不整。啰嗦——说话絮叨,反反复复。勒特——邋遢。麻利——爽快、利落。萨其马——一种蜜供甜点。挺——很,十分,非常。央各——求告,请托。诈唬——虚张声势吓唬人。撞客儿——中邪,癔病之一。

天津方言是我国语言文化花园中的一朵奇葩,具有顽强生命力和竞争力。天津话生动形象、含蓄质朴、感情深厚、贴近生活,成为天津人民生产和生活中的有力工具。在构筑天津文化氛围和文化环境中成为不可缺少的因素。天津方言正以较高的文化品位,伴随着天津这座历史文化名城的崛起而不断进步和升华。

(《通化师范学院学报》2012年第5期)

# 天津工业文化的历史传承与特质

龙德毅　杨学俊　阎泽

## 一、题解

（一）课题由来

"天津工业文化的历史传承与特质"是"天津工业文化与天津职业教育发展研究"成果的一个重要部分。天津的工业化和天津的职业教育现代化，都从近代历史中走来，同源同流、适以相成、互动互为。亦即自兴洋务、办实业始，才有天津工业化，才有天津职教。因此，对于从事职业教育和研究职业教育的工作者来说，探本穷源，站在"工业文化与天津职业教育发展"的视角，搞清天津工业文化的来龙去脉，厘清天津工业文化的历史、传承、特质及典型载体，从而使我们以全新的认识和行动架构工业与职教的文化动力结构、开掘中国职业教育第三层的内涵发展道路——与工业文化对接，是十分有意义的。

（二）核心概念

1. 工业文化

工业文化，是实体经济和能力析出的文化现象，是产业经济与工业精神的统一。工业文化，离开了工业存在、规模工业、工业制成品、先进生产力和经济贡献，将"毛不附焉"。

2. 天津工业文化

天津工业文化，是近代规模工业出现以来，在天津这一城市历史特质和文化背景中延绵至今的天津工业、产业创立发展和生产经营，科技、物质创造，以及工业产业精神、经营哲学、价值观、制度、行为模式、组织和品牌形象等元素构成的物质和精神两种层次互为整合的生产性文化系统。

天津是一个工业城市（注：2010年天津一二三次产业结构比重为：

1.60%/53.10%/45.30%），开埠百五十年来，在全国工业城市中，工业规模、工业门类、总产值等均居于前列。因此天津工业文化始终处于城市文化的主导地位。

天津工业文化是天津百五十余年来从近现代工业到当代工业的历史积淀。天津工业文化以物质财富增长的大生产事实为基础，以近代以来工业遗产和迸发先进生产力的工业企业现实活动为存在，以工业精神为灵魂，以不同历史时期可代表先进生产力和先进价值观的支柱工业企业案例为载体。

3. 天津近代工业

天津是中国近代工业发祥地之一。天津近代工业，指1860年天津开埠至1949年间在天津出现的使用机器和机械动力生产的制造工业，包括：军工、机器制造、化工、制药、纺织、建材、制革、面粉等产业。天津近代最大规模的工业，始于1867年洋务运动中清廷创办的天津机器局。李鸿章任直隶总督兼北洋大臣后，以天津为北方洋务基地，扩建机器局，兴办各项洋务实业。继后，袁世凯在天津推行"新政"，实业家周学熙创办了一批"官督商办"性质的大型产业。到20世纪初期，天津民间工业开始蓬勃发展。至1947年，天津城市人口已达191万，工人68.23万，有工厂1211家[①]，1949年，各类工业企业达到4700多家[②]，成为仅次于上海的中国第二大工业城市。

4. 生产性文化

生产性文化，是相对"消费文化""娱乐文化""消遣文化"等而言，是能给人的精神带来动力学效应的文化，在物质与精神的互为层次上表现一种合乎伦理性的增值。美国学者拉兹洛认为：生产性文化最为典型的国家是德国。该国的思想财富首先表现为一种文化的生产性（以德国优秀的哲学家们的宏伟巨著为代表），其次在经济组织的领域呈现出一种生产的高效率和合乎理性的生产秩序[③]。

---

① 统计数据来源见于红《文化生态视角下的天津工业遗产再利用》，《中国城市规划年会论文集》，2009年。

② 数据来源见邹兰《从近代工业摇篮"三条石"到现代化制造业基地》，新华社2009年9月13日。

③ 本概念的诠释摘编自覃光广等编著《文化学词典》，中央民族学院出版社1988年，第258页。

## 二、文化眼光下的天津工业历史传承

天津近代工业兴起以来,工业便始终为天津国民经济的主体。洋务运动时期,官办天津机器制造局最盛时拥有两千七百余工人,能制造机器、枪炮、火药、舰船,甚至制造出我国第一艘小潜艇(1880年),成为当时中国"洋军火之总汇"(李鸿章语)。到1911年,天津出现过的工业企业总计为139家,涉及矿业、水泥、机器制造、纺织、化工、食品等行业,其中纺织居首,有41家;化工其次,有31家;食品居三,有20家(含烟草),支柱产业结构初见端倪。著名产业如大红桥附近的天津造胰公司(1905年)等,为辛亥革命后民间资本工业的繁荣奠定了基础①。1914年,中国"工业先导"范旭东以工业救国、科技救国的鸿鹄之志在塘沽创办了久大精盐公司,使用重结晶法工艺生产出精盐,产品商标为五角形的海王星。1917年,中国第一、代表那个时代尖端科技和工业水平的塘沽永利制碱公司开始兴建,1926年6月,碳酸钠含量达99%以上的纯碱实现规模生产,从此中国化学工业因"红三角牌"纯碱的成功而跃居亚洲第一,是年8月"红三角"牌纯碱在美国费城获万国博览会金奖,夯实了中国化学工业精神和红三角工业文化、天津工业文化基石。

1914—1928年,是天津近代工业迅速发展的时期,平均每年建厂92家,除久大精盐、永利碱厂之外,寿丰、大丰、福星、民丰等八大面粉公司,裕元、裕大、北洋、恒源、宝成五大纺织公司等,都诞生在这个时期。它们规模庞大,资本雄厚,机械设备先进,生产能力强,成为天津近代工业的主体②。1930年5月,依据国民政府制定的新《市组织法》,天津已由特别市变更为"直辖市"③。20世纪30年代的"天津已经发展成为仅次于上海的中国第二大工业城市",其深厚的近代工业历史和传统,已成为这个城市和文化的根。

新中国成立后天津大力发展了冶金、化工、机械、电子、轻工、纺织、食

---

① 据季宏、徐苏斌、青木信夫:《天津近代工业发展概略及工业遗存分类》,《北京规划建设》2011年第1期,第28页。
② 见樊如森:《天津——近代北方经济的龙头》,《中国历史地理论丛》2006年第2期。
③ 据阎泽《中华帝国晚期近代化语境下的天津早期城市化属性分析》,《天津成人高等学校联合学报》2004年第4期,第104页。

品、医药、建材、电力、石油等工业,形成了一个以加工工业为主的综合性工业体系,研制生产出中国第一只手表、第一辆中马力拖拉机、第一台电梯、第一台黑白电视机、第一架照相机、第一部模拟式电子计算机。到20世纪80年代末,天津工业企业已有5852个,职工143万人,占全市职工的一半(注:这时期天津总人口为720万)。1987年,全市独立核算的工业固定资产原值近230亿元,相当于新中国成立前八十多年积累的76倍;工业总产值达到372亿元,相当于1949年的57倍。在全市社会总产值和国民收入中,工业所占的比重分别为74%和63%。主要工业产品产量迅速增长,1987年同1949年相比,钢增长了285倍,钢材增长377倍,烧碱增长了68倍,纯碱增长了12倍,电力增长了31倍,机床增长了32倍,呢绒增长了96倍,自行车增长了927倍。新中国成立前不生产的原油,其产量已达到350万吨,电视机年产量超过180万台,其中彩电55万多台。天津的许多产品,如纯碱、原盐、农药、染料、钢材、拖拉机、微型汽车、自行车、手表、缝纫机、呢绒、电视机等,在全国占有重要地位。天津工业不断进行技术改造,生产技术水平迅速提高。"六五"计划期间(1981—1985),天津工业就完成了一千万元以上的重点项目一百个,涉及18个重点行业,使千余种工业新产品达到国际先进水平或居于国内领先地位。其中,彩色电视机、微型汽车、复印机等三百多种产品达到国际水平。银河超级小型计算机、自动规范优化电焊机等六十多种产品达到国际先进水平,全市共评出优质产品几千项次,9项产品获国际金奖,优质产品产量大幅度增长,不断满足国内外市场需要(资料来源:谢国祥主编《今日天津·稳步发展的天津工业》,香港万海语义出版社1988年,第52页)。

2000年起,天津工业再次放大历史和文化的眼光。2005年10月《中共中央关于制定国民经济和社会发展第十一个五年规划的建议(2006—2010)》提出,继续发挥经济特区、上海浦东新区的作用,推进天津滨海新区等条件较好地区的开发开放,带动区域经济发展。

2006年7月27日,国务院批复同意修编后的《天津市城市总体规划(2005年—2020年)》,天津再次回归"北方经济中心"的位置(见叶建国、黄磊:《国务院正式批复天津城市总体规划——天津正位"北方经济中心"》,《21世纪经济报道》,2006年8月11日)。

2007年12月31日中共中央总书记、国家主席、中央军委主席胡锦涛视察天津,提出"天津要在贯彻落实科学发展观,推动经济社会又好又快发展方面走在全国前列;在保障和改善民计民生,促进社会和谐方面走在全国前列;希望滨海新区成为深入贯彻落实科学发展观的排头兵"。天津工业全面实践胡总书记"两个前列,一个排头兵"的殷切希望,紧紧抓住了滨海新区开发开放纳入国家战略的重大历史机遇,围绕国家对天津建设北方经济中心和高水平现代制造业和研发转化基地的定位要求,深入贯彻落实科学发展观,调结构、促转变、增实力、上水平,坚决走新型工业化道路,工业经济始终保持了持续快速健康发展,总量不断扩大,水平不断提升,整体素质和竞争力明显提高,实现了历史性的新突破和新跨越。

从2007年,天津工业相继推出了总投资超过5000亿元的100项重大工业项目,平均投资规模50.3亿元。其中具有世界领先技术水平的直升机、无人驾驶飞机、航天器制造、地效飞行器、气动脱硫、数字视频监控芯片、光通讯、薄膜光伏电池项目以及风电成套、海上石油钻探成套、超大型轮胎成套、采矿成套、港机成套等项目开始实施,对做大天津工业总量,优化产业结构,提升技术水平,转变发展方式,加快振兴天津装备制造业发挥了重要作用。2008年起,天津工业发展进一步向高质转化。以大飞机、大火箭、大造船、大乙烯、大炼油等龙头项目和龙头企业为依托,天津正在形成航空航天、石油化工、装备制造、电子信息、生物医药、新能源新材料等一批产业聚集区,每平方公里土地产出38.5亿元,处于国内先进水平。天津市经济和信息化委员会统计,到2009年7月,天津航空航天、石油化工、装备制造等八大优势产业实现总产值5552.3亿元,占全市工业比重78.7%(据新华社记者邹兰《天津:从近代工业摇篮"三条石"到现代化制造业基地》,新华社2009年9月13日)。从而使天津工业结构发生了巨大变化,航空航天、石油化工、装备制造、电子信息、生物制药、新能源新材料、轻工纺织、国防科技八大产业已占全市工业的90%以上。其中,航空航天从无到有,以大飞机(空客320)、直升机、无人机、大推力火箭和卫星航天器制造为一体的"三机一箭一星"工业格局已经形成。石油化工随着大乙烯、大炼油、渤海化工园等一批项目的开工建设,形成了以石油化工为主,从石油勘探开发到炼油、乙烯、化工完整的产业链条。轿车生产能力达到70万辆,其中经济型轿车市场占有率居全国第一,电动汽车研发能力达到全国领先水平,成为国内重要的轿车生产基地。钢管公司的无缝钢管单厂规模世界第一。中药现代化水平全国领先。2500兆瓦风力发电的生产能力占全国总量的35%以上,自主创新能力显著提高。到2011年底,天津GDP已进入国内亿万元俱乐部,达到11190亿元;

工业总量突破2万亿元,工业总值达到2.14万亿元,全市工业实现利润1460亿元,八大优势支柱产业占全市工业比重超过90%(综合新华社2012年1月29日及《今晚报》2012年1月20日报道)。

总览天津城市的运行轨迹,工业的历史和传统是这座城市的命脉和根系。天津这座城市的现代化进程是建在从历史深处走来且不断变革的大机器生产方式上的现代化,天津工业文化也是建立在从历史深处走来且不断变革的大机器生产方式上的文化。失去了这种变革的工业历史、传统与成就,也就失去了这座城市的个性和天津工业文化的个性。

## 三、天津工业文化特质

(一)有历史、有传承、有文献、有遗产、有思想、有信仰、有实证、有时代特征

文化,包括工业文化,都应该是一个在有限的时间和空间里不断重复表现或世代相传的传承链,并在社会变迁中经受筛选、嬗变而被保存。文化,包括工业文化,还须有实证(历史文献、工业档案、工业文化遗产、工业参与主体的人物故事和传说)。文化,包括工业文化,须有思想有信仰,因为文化只有形成思想且被信仰才有价值。文化,包括工业文化,须有时代特征,因为文化的活性是发展中的积累,是随时代的前进而不断革故鼎新的革命。天津工业文化饱含了这些条件。

(二)中西碰撞与结合、中外共存与并蓄

天津的近代工业,是被西方列强的坚船利炮撕开国门之后开始的。一方面洋务派权要痛定思痛,"师夷长技以制夷"(魏源),紧锣密鼓引进西方先进技术和生产方式,兴实业、办工厂;同时,九国列强(英法美俄德日意比奥),也以天津为军事、经济与文化侵略的基地,在租界内办商贸、开工厂。据1928年天津社会局的调查,在天津的中国地,共有中国人开办的工厂2186家,另外在天津各国租界内,还有中外工厂3000多家(数据源自吴松弟、樊如森《以天津为中心是北方经济发展的必然》,《中国企业报》2006年6月14日)。另,季宏、徐苏斌、青木信夫《天津近代工业发展概略及工业遗存分类》研究,在综合了罗澍伟主编的《近代天津城市史》等文献数据后写到:从1900—1937年间外资企业在天津也得到发展。1901—1928年,外商在天津设厂约90家,资本总额约3000万元。1928—1937年,共有11个国家在天

津投资建厂217家。其中较为著名的外资企业有1904年建成的比利时的天津电车电灯公司和美孚石油公司(资料原载《北京规划建设》,2011年第1期,第29页)。

上述情形说明,自开埠伊始,天津的近代工业就因洋务运动和西方入侵两种因素促成了中外并存、中西兼收的工业格局。在这一格局里,使天津众多的第一代第二代工人、技师和参与生产管理的人群较早触及、接受了西方工业社会的企业制度、工业组织、市场机制及标准化、劳动分工、泰勒制、股份制等工业文化内容。从而造成天津工业接触西方较早的事实,形成天津工业文化由来已久的中西碰撞、洋为中用、中外兼收并蓄的这一鲜明、重要的特质。

(三)多元、多样化与丰富性

所谓天津工业文化的多元,是指近代以来天津工业官办、官督商办、民办、洋办、中外合办等等一应俱全;所谓多样化与丰富性,是因为天津工业基础比较雄厚的一个事实,就是工业门类比较齐全。新中国成立前,天津工业以纺织、化工、原盐、机电、印刷、食品等为主,新中国成立后很快就大力发展了冶金、化工、机床、机械、造船、仪表仪器、电子、轻工、纺织、食品、医药、建材、电力、石油、拖拉机汽车等工业,形成了一个轻重工业布局较为合理的综合性工业体系。改革开放,特别是天津从新定位为"北方经济中心"以后,在传统工业优势基础上,天津工业门类得到进一步优化,以大飞机、大火箭、大造船、大乙烯、大炼油等龙头项目为依托,正在形成航空航天、石油化工、装备制造、电子信息、生物医药、新能源新材料等八大优势产业。此外,传统工业组织与新兴现代工业组织、民族工业与引入的跨国集团工业、国有工业企业与民营、三资、外资企业,大型工业企业与小型微型工业企业都有制造上和文化上的种种不同。由于每一样工业产业和不同文化背景的工业组织都有自身的工艺、技术、管理、教育培训及其工业文化、工程文化和企业文化特点,所以工业文化及企业文化极其丰富多彩。这种多元、多样的丰富性,站在职业教育角度看,为天津的校企合作及其"对接"和跨文化"对接",创造了得天独厚的工业文化环境和条件。

(四)生产性文化为主

天津一直运行在"北方工业中心""北方经济中心"这一轨迹上。工业是城市经济支柱,工人是城市社会生活的主体。这就在城市文化和工业文化类型上、价值取向上,同北京的文化政治中心、上海的大国际化视野与超强能力,有了许多差异。因此在天津这样一个以加工工业为主的综合性工业体系中,其工业文化的主流基本上属于"民生型""加工型"生产性文化。即,工业文化参与者,特别是它的"大数主体"——工人,及少数的投资者、管理者,在物质与精神的互为层次上均表现出一种合乎理性的增值取向,在工业组织领域呈现出一种生产的高效率和合乎理性的生产秩序、爱国、敬业、严谨、务实、协同互助的价值认同与文化自觉。

(五)国计民生导向的实业、务实,崇尚工艺、技能的价值观

实业救国和"工艺为民生之计""工艺非学不兴"(周学熙)是北洋新政的核心内容,也是天津城市文化与工业文化辅车相依、一脉相承的主流价值。因此,天津又是一个极具崇尚实业、务实,崇尚工艺、技能深层社会文化心理的城市。在这一文化心理驱动下,学技能、"长本事",工厂开展工业技能培训和到工厂或到技校接受工业技能培训始终是一种城市的风气。或许这也是解释天津职业教育为何始终发达,天津工业为何始终贯穿着一条"实业与教育并举,以实业支持教育,以教育促进实业",工厂办职校、校企一体化发展的文化基因。

总之上述,有历史、有传承、有文献、有遗产、有思想、有信仰、有实证、有时代特征;中西碰撞与结合、中外共存与并蓄;多元、多样化与丰富性;生产性文化为主;国计民生导向的实业、务实,崇尚工艺、技能的价值观五个特质元素,构成了天津工业文化特质丛。

## 四、天津工业文化的典型载体

天津工业文化,以代表先进生产力和先进价值观的支柱工业企业为载体,其中红三角文化、东亚抵羊文化、隆顺榕文化、海鸥文化、荣钢文化等具有天津工业文化不同时期和类型的典型性。其基本情况简列如下:

(一)红三角文化

红三角文化,是有94年历史的天津碱厂的工业文化(前身即久大盐业和永利碱厂)。

红三角文化的创始人是中国"工业先导"范旭东(1884—1945)。范旭东1908年考入日本西京帝国大学化学系。1911年回国,1914年在塘沽创办久大盐业公司,1917年成立永利制碱公司。该公司所产红三角牌纯碱在美国建国150周年博览会上获金奖。接着在南京建造当时远东第一流的大型硫

酸铵厂。七七事变后，他所办的工厂相继陷入敌手，他冲破包围，毅然率领全部技术人员入川，在四川又办起久大和永利分厂，继续生产盐、碱，以支援抗日战争。1945年范旭东在重庆病逝，毛泽东送挽幛，上书"工业先导，功在中华"。

红三角文化是中国近现代工业文化一个最完整的体系。精神层面，集中体现在范旭东1934年为永、久、黄集团制定的集团精神——"四大信条"之中。四大信条第一是：我们在原则上绝对相信科学；第二是：我们在事业上积极地发展实业；第三是：我们在行动上宁愿牺牲个人，顾全团体；第四是：我们在精神上以服务社会为最大光荣。

红三角文化，这"四大信条"，成为天津和中国近代工业文化的一面旗帜。其核心精神，强调发展实业，强化团体意识，强调服务社会，特别是突出强调了"工业救国"和工业的科学观念。范旭东曾指出："中国需要工业建设，已到'得之则存不得则亡'的阶段"（范旭东：《祝中国科学社等七科学团体联合年会》，《海王》1936年9月10日）；"中国今日若不知注重科学，中国工业有何希望？"①。另一位创立红三角文化的功臣、总工程师、大化学家侯德榜（1890—1974）曾言："责任所在，拚命为之"②。这些都鲜明地反映出红三角文化，乃至中国工业文化的本质精神。

物质层面，开创了中国人自己的盐、碱、酸工业，以及化肥工业，炼出中国第一块轻金属铝（1935年），创造了中国人自己的世界名牌。

（二）东亚"抵羊"文化

宋棐卿（1898—1956），1932年创办了东亚毛呢纺织有限公司。九一八事变之后，他提出"国人资本，国人制造"的口号，并将自己的毛线品牌命名为"抵羊"，意为抵制洋货。之后仅三年，东亚的"抵羊"牌就击败日本的"麻雀"牌和英国的"蜜蜂"牌，占有了全国87%的毛线市场。这使企业不仅高扬了"爱国主义"，也创造了民族工业的奇迹。

东亚为了推广产品，公司十几年不间断地坚持免费举办编织技术传授班，每期都有上百名家庭妇女参加。每月发行超过1.2万册的《方舟月刊》，

---

① 侯德榜：《追悼范旭东先生》，原载《科学》（28卷5期），转自《红三角的辉煌》，新华通讯社天津分社出版1997年，第375—379页。
② 宋子成、于有彬：《责任所在拚命为之——侯德榜和他的事业》，《自然辩证法通讯》1980年第2期，第68页。

以家庭妇女为对象,直接订户就有七八千,不仅推广"抵羊"毛线和编织技术,还有卫生常识、育儿常识、烹饪知识、服务设计、小说漫画等。

宋棐卿曾面对员工强调说:"在东亚做工,我就要让工友们得到这样两个好处:一个是要让大家成为股东;一个就是大家学到真本领,就是某个人离开了东亚,也能利用在东亚学到的本事在社会上自立。在公司做工,大家会记得公司的好处。我不要求大家感谢我宋棐卿,但要求大家爱公司。爱公司不仅是热爱你们的今天,也是热爱你们自己的未来。"

宋棐卿的工业管理文化理念集中体现在他的《东亚铭》之中。其"公司之主义"为:"我们要实行以生产辅助社会之进步。我们要使游资游才得到互助合作。我们要实行劳资互惠。我们要为一般平民谋求福利"①。

(三)隆顺榕文化②

天津隆顺榕制药厂是天津中药现代化先驱企业和天津中新药业集团的核心企业。隆顺榕创办于1833年,时名天津隆顺榕药局,至今已近180年的历史。中国第一个中药片剂、中药酊剂、中药静脉注射针剂、中药颗粒剂等等,都在隆顺榕诞生。其著名的抗癌新药紫龙金片,2003年获天津市技术创新优秀项目奖、国家教育部科技进步奖,并成为国家级火炬计划项目;精制银翘解毒片自1958年就开始出口14个国家及地区,多次荣获天津市优质产品称号;藿香正气水1979年荣获国家银质奖,在以后历届全国同类品种评比中都获得第一。

隆顺榕具有"济世寿人、泽及四方"的企业价值传统,它以"选材地道、配制精良、工艺先进、疗效确切、功效卓著"而著称。隆顺榕制药厂在天津乃至中国中药工业,具有较完整的企业制度文化和价值体系。它极佳地处理了中药工业文化传统与创新的关系,树立了"求新创新、永远争先""做中药精品、创国粹名牌"的现代理念和"济世寿人、泽及四方"的传统文化完美结合,提出"借文化之力,打造企业品牌"发展战略,使隆顺榕这个中华老字号焕发出无限生命力。

隆顺榕的生产性文化,崇尚"诚实、守信";人才观念实践"企业是一所学校,在这里平庸者成为优秀,优秀者成为卓越人才"的主张。

---

① 资料据傅国涌《宋棐卿和"东亚精神"》,《凤凰周刊》2009年4月3日。
② 据《老字号隆顺榕:传承卫药文化丰富中新品牌》(《天津日报·经济周刊》2007年8月24日)及其他相关资料。

（四）海鸥文化①

海鸥文化，指开创"海鸥牌"手表的工业文化。天津手表工业，始于1954年，并于1955年试制出中国第一只国产"五一牌"机械手表。而后工厂走过了"五一牌""东风牌"到"海鸥牌"的57年发展历程，如今已成为国内外知名的天津海鸥表业集团有限公司，北方最大的精密机械加工配套基地。2011年，又被认定为首批"国家技术创新示范企业"。

作为手表和精密零件加工制造集团，"海鸥"已实现机械手表机芯年600万只、成品表30万只的生产能力。其产量几乎占全国总量的一半、世界总量的四分之一。其中，自主研制的陀飞轮表、三问表（即能以声音分辨"时、刻、分"报时）和万年历表，都代表了国际手表制造顶尖水平，为世界超复杂结构机械手表注入了中华血脉。

海鸥文化，如同尖端机械手表的机芯一样，由制造、装配生产过程显出它的极致与精密，在"上百个零件组合在一起，一共只有0.32克，相当于四粒大米的重量"的陀飞轮系列机芯装配工序中可见一斑。因此海鸥文化，具有典型的精密原则，工厂和工人颇具"气定、心静、眼净"的氛围和特征。

海鸥文化，在企业精神上将"励志承担发展中国手表工业的责任"置于重要位置。能卧薪尝胆，在廉价日本电子手表和瑞士机械表的夹击下，企业"没有卖地卖血"，秉承初始"一百块钱"研制中国第一块机械手表的文化传统，艰苦奋斗、果断转型，继承老字号的工艺特点和优势，瞄准市场趋势，开发全新的自动机械表。濒临破产的海鸥手表厂不到一年时间完成了结构调整，主业做实，辅业盘活，创出"海鸥"在世界制表工业的一块新天地。

海鸥文化，具有极好的重视技术的气氛。海鸥表生产过程，是一种典型、复杂的人机系统。零件需要微型数控技术加工，装配需要高端能工巧匠。因为手表，只有靠一线工人的过硬技术才能保证品质。为了留住技术骨干，实施长远战略，十分困难的时候，给工程技术人员在工资之外另加补贴。这种"靠感情和制度留人"的做法，进而保证了那些从业45年以上的手表装配师仍在"海鸥"发挥光和热，全年技工也不断在这片沃土上成长。

海鸥文化，还是一种追求产品制造精度和工艺美学之间做到完美平衡的工业文化。在尖端技术创新和品牌营造上，也向世界制造业展示了中国

---

① 据《走进老字号：中国表业国际化的"海鸥现象"》（《天津日报》2007年5月25日）及其他相关资料。

制表工业发展的文化内涵和战略。

(五)荣钢文化

荣钢文化,指天津荣程联合钢铁集团的工业文化。荣钢集团是一个民营企业,2001年诞生在天津。经十几年努力,已成为一个以钢铁为主业,涉足国际贸易、园林绿化、矿业投拓、煤化工、综合利用、融合教育、科技开发、现代农业和健康养生等多领域的大型企业集团。该企业拥有员工7500余人,资产总值118亿元。2011年荣钢以437.626亿元的营业收入排全国企业500强第191位,中国制造业500强第96位,天津百强企业第15位,连续多年列天津百强私营企业第一。

荣钢文化被人所知是在2008年5月18日央视举办的5·12汶川大地震赈灾晚会上,董事长张祥青代表荣钢集团现场向灾区追加捐款至1.1亿元。

荣钢文化在坚持"责任、敬业、进取、感恩、诚信"的核心价值观,弘扬"自强不息、奋斗不止、永不言败"的创业精神,践行"为社会和客户持续创造价值"的集团使命,和"责任、品质、高效"管理理念的进程中,永远将"社会责任感"置于自身工业文化的主旋律。"财富是大家的,是社会的。"这是董事长张祥青常说的话和常做的事。因此,积极投身社会公益事业,奉献社会,回报社会,成为荣钢文化的一大特色。据不完全统计,多年来企业在赈灾、建设希望小学、幼儿园,修桥铺路,支持中国残疾人事业,资助贫困大学生、资助困难职工,捐助西部母亲爱心工程,扶老助残,支持体育事业等社会公益事业方面捐款捐物已达3.8亿多元。

荣钢文化另一特色是创造了民营企业新型的"家文化"概念和内涵。在"争创世界一流的钢铁企业"的实践中,坚持"诚信守法""感恩慈善""手足情深""亲贤并举"理念,凝聚了七千人大家庭的和谐发展。使一个20世纪90年代初还以磨豆腐、卖早点谋生的个体户,实现了自强不息、贡献国家、回报社会的夙愿,成为新时期天津民营工业文化的典范。

以上五例,分别代表了天津不同时期不同类型企业的工业文化。勾勒了从19世纪末、20世纪初、20世纪上半叶和新中国成立初期,到21世纪之交的天津工业文化的大体脉络。当然,随着天津改革开放力度加大,滨海新区建设纳入国家战略,引发了天津产业结构、工业布局的调整和增长方式转变,大量中外新型装备制造工业、高技术工业雨后春笋般出现,特别是外地企业、外国跨国公司的进入,天津工业文化也在悄然变化,也在不断创新和增添新内容。但天津工业文化作为天津文化——"爱国诚信、务实创新、开放包容"的基调不会变。

总之,天津工业文化的历史和传统是天津这座工业城市的根和文化个性所在,也是天津职业教育创生的沃土和发展的资源。

(《天津职业院校联合学报》2012年第6期)

# 天津蓟县闯子峪和大孙各庄
# 旧石器地点发现的石器研究

王春雪　盛立双

## 一、前言

2005年3至5月间,天津市文化遗产保护研究中心对天津地区开展旧石器考古调查,共发现旧石器地点13处,主要集中在蓟县周围,共采集到各类石制品千余件,包括各类刮削器、尖状器、雕刻器、砍砸器以及石核、石片等,还发现少数细石叶石核和若干细石[①]。2005年5月中下旬,该单位与中国科学院古脊椎动物与古人类研究所对上述地点进行复查,确定石制品产生的原生层位以及考察旧石器地点周围的地貌情况。鉴于天津地区新发现的旧石器地点不断增多,其学术研究价值随之增加,2007年5至7月间,上述单位组成联合考古队对地层保存状况较好的蓟县东营坊地点进行了正式发掘[②],出土了大量石制品,丰富了天津地区旧石器时代文化的内涵,对研究环渤海地区的古环境变化和古人类相应的适应生存过程提供了珍贵的资料。闯子峪和大孙各庄地点即为其中两处。这两个地点发现的石器数量虽不是很多,但石器具有代表性。本研究即是对这两个地点发现的石器进行研究。

## 二、地理位置、地貌和地层

1. 地理位置

闯子峪地点位于天津蓟县城关镇闯子峪村西南约500m的黄土台地上。

---

① 盛立双、王春雪:《天津蓟县东营坊旧石器遗址发掘》,国家文物局主编:《2007中国重要考古发现》,文物出版社2008年,第2—5页。
② 王春雪、盛立双、周振宇等:《天津蓟县东营坊旧石器遗址发掘简报》,《人类学学报》(待刊)。

地理坐标为40°03.134′N,117°22.477′E(图1.2)。2005年4月18日发现,5月12日复查并确认;大孙各庄地点位于天津蓟县罗庄子乡王庄子村南部的黄土台地中。地理坐标为40°01.306^,117°18.053T(图1.1)。2005年4月21日发现,5月12日复查并确认。

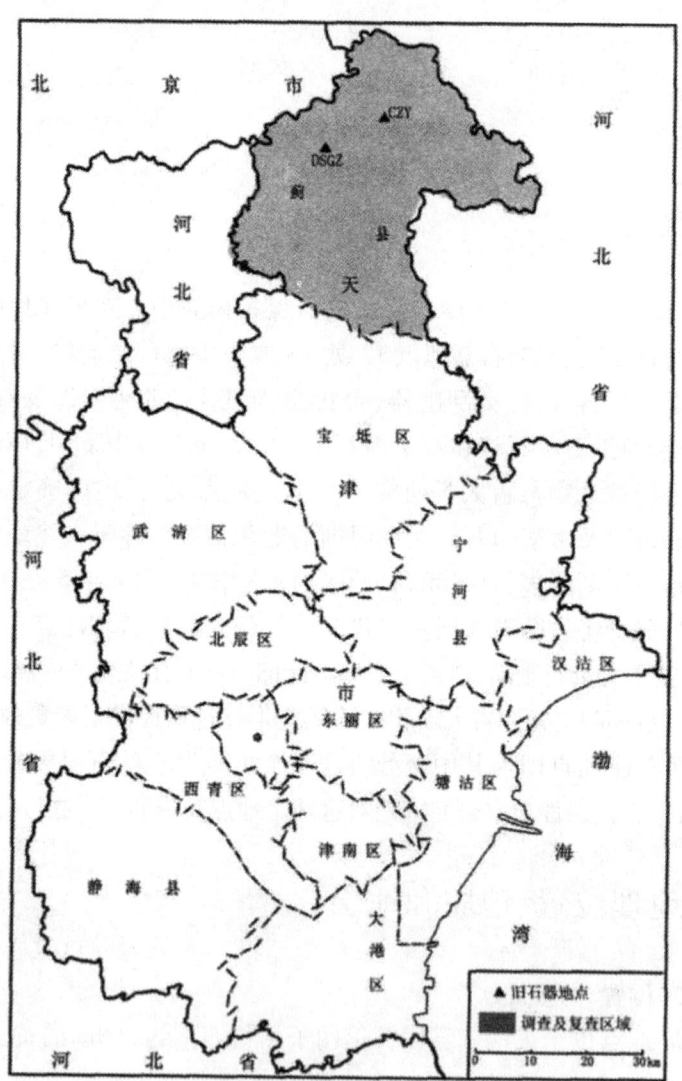

图1 天津蓟县闯子峪和大孙各庄旧石器地点的地理位置
Fig. 1 Distribution of Chuangziyu and Dasungezhuang Paleolithic localities in Tianjin area
1. DSGZ(大孙各庄);2. CZY(闯子峪)

2. 地貌与地层

（1）地貌特征

闯子峪和大孙各庄均位于蓟县地区北部，这一地区在大地构造上属于天山—阴山—燕山纬向构造带。经历了长期的海陆变迁过程，至中生代燕山运动，该地区发生了强烈的断裂、褶皱、隆起和岩浆活动，北部地区褶皱隆起成东西走向的燕山山脉，南部断裂下沉堆积为平原，主断裂线方向也呈东西走向①。新生代第三纪末期的喜马拉雅运动和以后的新构造运动，在该地区表现为继承性活动。使北部地区继续隆起上升，南部地区继续下沉，造成遗址所在地区北高南低的地势。

（2）地层

闯子峪地点地层剖面由上到下分为3层，依次为：

①耕土层，厚约30~40cm；

②浅黄色亚黏土层，含石制品，厚约230cm；

③基岩，主要以灰白色白云岩为主，夹杂灰黑色燧石角砾，未见底。

大孙各庄地点剖面由上到下分为三层，依次为：

①耕土层，厚10~35cm；

②浅黄色亚黏土层，含丰富的钙质结核，含石制品，厚60~110cm；

③基岩，主要以灰白色白云岩为主，夹杂灰黑色燧石角砾，未见底。

## 三、石制品

1. 大孙各庄地点

在该地点地表采集石制品6件，包括石片2件、细石叶1件、断块2件、石器1件。

（1）石片

完整石片2件。原料均为黑色燧石。依照完整程度、台面性质和背面特点可以将这些石片进一步划分②。12-2型、12-3型石片各1件。DSGZP.03，为12-2型石片。呈梯形，长18.1mm，宽15.2mm，厚5.3mm，重4g。点

---

① 蓟县志编修委员会：《蓟县志》，南开大学出版社、天津社会科学院出版社1991年，第122—133页。

② 卫奇：《石制品观察格式探讨》，邓涛、王原主编：《第八届中国古脊椎动物学学术年会论文集》，海洋出版社2001年，第209—218页。

状台面,腹面半锥体明显,打击点微凸;背面为部分石片疤部分自然面(图2.9)。DSGZP.02,为12-3型石片。呈椭圆形,长38.11mm,宽18.03mm,厚4.3mm,重7g。台面为素台面,台面角90°,台面宽18mm,台面厚4.1mm。整体薄锐,腹面的打击点明显,半锥体稍凸。背、腹部较平坦,背面均为石片疤。石片背面远端存在部分小碎疤,可能为直接使用所致(图2.6)。

(2) 细石叶

DSGZP.06:细石叶。原料为燧石。长13.2mm,宽4.3mm,厚1.3mm,重0.9g点状台面,腹面半锥体微凸,放射线和同心波明显,下部较平滑。背面有一条纵脊。截面呈三角形(图2.11)。

(3) 断块

原料均为燧石。断块是指剥片时沿自然节理断裂的石块或破碎的石制品小块,尺寸变异较大,在统计分析时很难将其归入某种特定的石制品类型①。调查所获断块个体变异不大,最小者(DSGZP.05)长宽厚为16.2mm×15.3mm×7.1mm,重7.1g;最大者(DSGZP.04)长宽厚为23.5mm×15.7mm×6.1mm,重6.4g。

(4) 工具

DSGZP.01,单凸刃刮削器。原料为燧石,片状毛坯,长20.3mm,宽13.3mm,厚5.4mm,重4.2g。毛坯腹面远端边缘布满细长、规整、浅平、紧密排列的压制修疤,整个刃缘呈弧形。刃长24.3mm,刃宽3.3m,刃角37°(图2.4)。

2. 闫子峪地点

在地表采集石制品18件,包括石核4件,石片10件,断块4件。除1件石片为霏细岩外,其余均为燧石。

(1) 石制品大小

根据最大直径将石制品划分为微型、小型、中型、大型和巨型等类型②。石核及完整石片的统计表明,石制品以小型为主,占55.6%;微型次之,占44.4%;不见中型、大型及巨型标本。

重量的统计表明,石制品总体以<5g的为主(h=11,61.1%),其次为

---

① 卫奇:《石制品观察格式探讨》,邓涛、王原主编:《第八届中国古脊椎动物学学术年会论文集》,海洋出版社2001年,第209—218页。

② 蓟县志编修委员会:《蓟县志》,南开大学出版社、天津社会科学院出版社1991年,第122—133页。

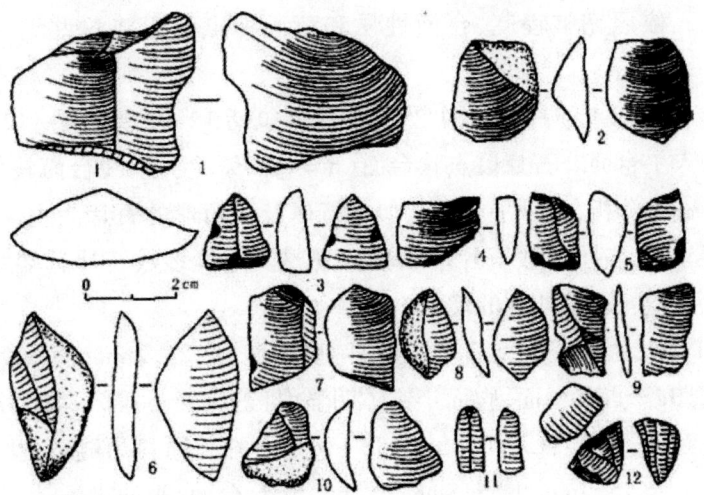

**图2 闯子峪和大孙各庄旧石器地点发现的部分石制品**

Fig. 2 Stone artifacts from Chuangziyu and Dasungezhuang Paleolithic localities in Tianjin area

1、7、9.不完整石片(CZYP.01、CZYP.02、CZYP.03);2、3、6、8、10.完整石片(CZYP.08、CZYP.06、DSGZP.02、CZYP.05、DSGZP.03);4.单凸刃刮削器(DSGZP.01)5.砸击石核(CZYP.10);11.细石叶(DSGZP.06);12.楔形细石叶石核(CZYP.09)

5~10g 的标本(n=6,33.3%),≥10g 的标本较少(n=1,5.6%)。

(2)石核

可分为砸击石核、细石叶石核两类。

砸击石核 3 件,形体较小。CZYP.10,长 19.1mm、宽 8.4mm、厚 5.2mm、重 4g。核体有对向分布的石片疤痕,核体两端有明显的砸击产生的疤痕,疤痕浅平,存在崩裂时产生的小碎疤(图 2.5)。

细石叶石核 1 件。CZYP.09,为楔形细石叶石核,长 14.7mm、宽 11.5mm、厚 10mm、重 3.2g。台面修整较平整,整个台面为纵击形成。修疤浅平,大小不一。工作面上可见剥离细石叶留下的几条阴痕(图 2.12)。

(3)石片

共 10 件,占石制品总数的 55.6%。原料除一件为霏细岩外,其余均为黑色燧石。依照完整程度、台面性质和背面特点可以将这些石片进一步划分①。

完整石片（Ⅰ型）占石片总数的70%。包括I2-2型2件，I2-3型5件。均为人工台面。石片以点状台面（n=4,80%）为主，线台面较少。从石片边缘形态来分析，边缘平行或近似平行以及三角形的石片为主，而边缘不甚规则者较少，表明多数石片形状较为规整。绝大多数石片远端为羽状尖灭，个别为内卷，未见外翻的现象。

CZYP.05，为I2-2型石片。燧石，呈梯形，长21.2mm，宽15.4mm，厚4.2mm，重3g。点状台面，腹面半锥体明显，打击点微凸；背面为部分石片疤部分自然面（图2.8）；CZYP.06，为I2-3型石片。原料为燧石，呈三角形，长16.2mm，宽15.3mm，厚5.3mm，重5g。点状台面，腹面半锥体明显，打击点微凸；背面均为石片疤（图2.3）。

不完整石片（Ⅱ型）占石片总数的30%。Ⅱ2-1型、Ⅱ2-2型、Ⅱ2-3型各1件。CZYP.02，Ⅱ2-1型石片，呈长方形。燧石，残长20.1mm，宽13.1mm，厚4.1mm，重6g。点状台面，背面略平，腹面打击点集中，半锥体微凸（图2.7）。CZYP.01，Ⅱ2-2型石片，近似梯形，原料为霏细岩，残长30.3mm，宽42mm，厚14mm，重22g。背面两块片疤相交而形成一纵脊；腹面较平，截面呈三角形（图2.1）。CZYP.03，Ⅱ2-3型石片，近似长方形，燧石，残长18.2mm，宽12mm，厚2mm，重3g。腹面微凸，背面布满石片疤（图2.9）。

（4）断块

共4件，占石制品总数的22.2%。断块个体变异不大，最小者（CZYP.13）长宽厚为12.2mm×11.3mm×3.2mm，重2g；最大者（CZYP.16）长宽厚为26.3mm×22.4mm×13.7mm，重8.3g。

## 四、结语

1.石器工业特征

根据以上对石制品的分析，现将这两个地点的石器工业特点简单归纳

---

① 卫奇：《石制品观察格式探讨》，邓涛、王原主编：《第八届中国古脊椎动物学学术年会论文集》，海洋出版社2001年，第209—218页。

如下：

(1)石制品原料以黑色或灰黑色燧石为主，霏细岩等原料较少。

(2)石制品以小型为主，微型次之。类型相对简单，包括石核、石片、石器及断块。

(3)剥片主要采用锤击法，石核包括细石叶石核和石片石核，也存在砸击法。

(4)石片中完整石片多于不完整石片。石片均为为人工台面，其中以点状台面为主，且石片背面多为非自然面，应为次级剥片的产品。

(5)石器以小型为主。类型简单，刮削器是主要类型，石器毛坯为片状。

(6)石器由锤击法加工而成，单向加工为主，毛坯加工部位集中在侧边。

2. 对比与讨论

这两个地点存在细石叶石核、细石叶、圆端刃刮削器等典型器型，具有旧石器时代晚期细石叶工业传统的特征。该文化面貌可能受到了以油坊[1]、虎头梁[2]及下川[3]为代表的旧石器时代晚期华北地区的典型细石叶工业传统的影响。是继蓟县丈烟台地点之后的两处以燧石为主要原料的细石叶工业遗存。从遗址石制品类型与原料的利用率情况来看，表明了古人类剥片和加工工具时对燧石质料的偏爱，也反映了其遵循因地制宜、就地择优取材的策略。

3. 年代分析

虽然未发现可供测年的动物化石，且在调查过程中只有几件石制品出于二级阶地的浅黄色粉砂质黏土层中，而本次研究所涉及石制品均采于浅黄色土出露的地表，但石制品的出土情况和相关地层学研究材料可为该遗址年代的确定提供参考，浅黄色土层也应该是其石制品的原生层位，根据天

---

[1] 谢飞、成胜泉：《河北阳原油房细石器发掘报告》，《人类学学报》1989年第1期，第59—68页。

[2] 盖培、卫奇：《虎头梁旧石器时代晚期遗址的发现》，《古脊椎动物与古人类》1977年第4期，第287—300页。

[3] 王建、王向前、陈哲英：《下川文化——山西下川遗址调查报告》，《考古学报》1978年第3期，第259—288页。

津地区区域地层的堆积年代分析,可以确定其原生层位属于上更新统①。同时遗址内不见任何磨制石器和陶片,支持将其归入旧石器时代晚期。

综上所述,蓟县闾子峪和大孙各庄地点是首次在天津进行旧石器考古调查的旧石器地点之一,不但确定了天津旧石器文化的存在,更可以以此为契机,带动天津旧石器时代考古工作的全面开展。该地点的发现为中国北方旧石器工业增加了新的材料,扩大了其分布范围,说明该区域在晚更新世之末存在人类活动,对于揭示晚更新世古人类对该遗址占据的行为特点以及环境动因,研究环渤海地区旧石器时代晚期以来人类生活的环境背景、旧石器文化内涵以及旧石器时代向新石器时代过渡具有重要的学术意义,在阐释区域性技术传统的成因、远古文化的发展和变异,以及晚更新世人类在东亚的迁徙、扩散和交流方面具有重要地位。

(《第十三届中国古脊椎动物学学术年会论文集》,
董为主编,海洋出版社2012年)

---

① 河北省、天津市区域地层表编写组:《华北地区区域地层表·河北省、天津市分册》(二),地质出版社1979年,第112—125页。天津市地质矿产局:《天津市区域地质志》,地质出版社1992年,第116—142页。

# 天津老城里地名调查分析

周庆熙

明永乐二年(1404),明朝政府在现在的天津设卫筑城。因八国联军侵入天津,1901年拆除城墙,在原来基座上面修建道路,即东、西、南、北四条马路。天津老城里就是指现在的东、西、南、北四条马路以内的地区。东、西马路各长1010米,南、北马路各长1606米。1994年天津老城里进行拆迁改造。所谓的老城里地名,是指拆迁前的380个街道、里巷名称,天津老城地名反映了天津建城600年历史的特征与文化观念。

**天津老城拆迁前地图**

## 一、天津老城地名的语言学分析

### (一)天津老城地名的音节分析

天津老城拆迁前380个街道、里巷名称中,从音节角度考察,最少是三音节,其次有四音节、五音节、六音节、七音节。数据如下:

**表 1**

| 音节数 | 数量 | 所占的比例 | 例子 |
|---|---|---|---|
| 三音节 | 77 | 20.26% | 双泰里、庆荫里、小康巷、朝阳观、仓门口、仓廒街 |
| 四音节 | 116 | 30.52% | 大水沟街、谢家胡同、弓箭胡同、骆家胡同、房家胡同 |
| 五音节 | 128 | 33.68% | 东门内大街、北门内大街、西门里大街、南门内大街 |
| 六音节 | 50 | 13.15% | 张家水铺胡同、立生油铺胡同、刘家大楼二条 |
| 七音节 | 92 | 36% | 利学公司南胡同、东门内卢家胡同、东门内石桥胡同 |

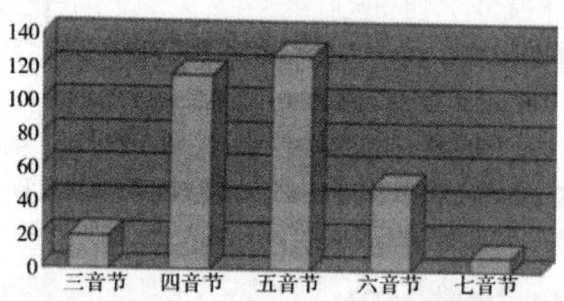

从上面的图表中，我们可以看到老城里地名以四（116个）、五（128个）音节为主，占到总数64.2%。最长的为7音节，数量最少，仅9个，如东门内卢家胡同、东门内石桥胡同、南门内小刘胡同、南门东姚家胡同、东门内大刘胡同等，均为1982年天津市地名普查时，因重名加了东门内、南门内等前缀，为后起名，而三音节的地名所用的通名多为单音节的"里""巷"，这说明当时起地名以简洁、容易记忆为主。

（二）天津老城的语音分析

天津方言的谐音现象在天津老城地名中的显现。如葫芦观坐落在老城的东北角，清朝年间是天津城里流污水的地方，呈葫芦状，清光绪二十八年（1902）左右建房形成里巷，以地形取名，但因老城东南角原有一葫芦罐，为区别两地名，取"罐"字谐音，名"葫芦观"。

天津方言的讹化现象在天津老城地名中的显现。如鲍公祠胡同，建于明嘉靖年间，原名"报功祠胡同"（"报功祠"是为纪念明朝天津道毛恺所建）后讹传为"鲍公祠胡同"。

天津方言的吃字现象在天津老城地名中的显现。如大、小 + 姓氏 + 家的地名。天津口语时，吃家字并儿化。如南门内小刘家胡同、小屈家胡同、大屈家胡同、小费家胡同、大费家胡同；口语读为南门内小刘儿胡同、小屈儿胡同、大屈儿胡同、小费儿胡同、大费儿胡同。

## 二、天津老城地名的历史、文化分析

（一）通名考察

天津特色名"胡同""箭道""马路"等反映了天津的历史与文化。

表2

| 通名 | 数量 | 所占的比例 | 例子 |
| --- | --- | --- | --- |
| 路 | 8 | 2.10% | 北马路、南马路、小马路、宫生路、晒米厂小马路 |
| 街 | 17 | 4.47% | 户部街、运署西街、东门内大街、北门内大街、府署街 |
| 道 | 20 | 5.2涨 | 河营西箭道、旧县署西箭道、镇署西西箭道、分府箭道 |
| 胡同 | 208 | 54.76% | 谢家胡同、弓箭胡同、骆家胡同、房家胡同、吉余胡同 |
| 里 | 48 | 12.66% | 熙临里、铭兴里、怀有里、公安里、健寿里、富川里 |
| 条 | 29 | 7.66% | 南门东头条、南门东二条、南门东三条、南门东四条 |
| 巷 | 5 | 1.31% | 长生巷、福利巷、黎明巷、松柏巷、小康巷 |
| 院 | 8 | 2.10% | 谵家大院、张家大院、訾家大院、季家大院、葛家大院 |
| 门 | 7 | 1.84% | 权家大门、杨家大门、陆家大门、邵家大门、毛家后门 |
| 专指方向 | 18 | 4.73% | 右营前、武学后、菜市西、小药王庙东、菜市南 |
| 其他 | 12 | 3.15% | 葫芦观、朝阳观、北大水沟、大栅栏、讲演所、北海楼、展家花园、卞家大墙、仓门口、江苏会馆 |

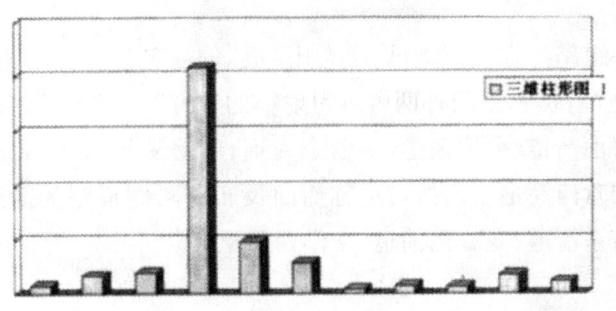

中国对于街道的称呼大体上有"街""道""路""里""巷"等几种,一般比较有地方特色的是"里弄""胡同"和"条"等,而相对天津,比较有地方特色的名称就要数"胡同""条""马路"和"箭道"了。

1. 在天津老城,通名"胡同"者共有 208 个,占到总数的 54.73%。这里面有年代的因素。"胡同"一始见于元代,盛于明清。从明代到现代,词在地名中一直占很大比例。关于其语源多认为是蒙古语 huto(水井)的借词,因古代水井在人们生活中非常重要,有人聚居的地方就有水井,"胡同"原义就是有水井处,后转为街巷通名。据明朝末年出版的《正字通》说"街也,今京师巷道叫'衚衕'"。"衚衕"乃"胡同"的异体字。"胡同"即小街巷。天津建城在明朝,明代以后"衚衕"被官方规范为"胡同"。

2. 老城里街巷还有一个常用的称呼是"条"。"条"在汉语中可以是名词,也可以是量词,但所指一般都具有细长的特点。从老城里的胡同来看,也可以总结出一些规律来。一是以"条"命名的胡同大多要比"街"短得多和窄得多,并处于街或胡同的中间区域;二是以"条"命名的里巷按照其走向,先冠以街道名,然后用数字来表示序列,有时还会在数字前加上东、西、北、南、中、上、下等方位词,如刘家大楼二条、南门东四条、芦阳西里二条、北门西二条、北门西三条、城隍庙二条。另外,数字"一"往往以"头"代替,最后加上"条"。如南门东头条、北门西头条。

3. 路,名词,形声,从足,各声。本义为道路;"路,道也"(《说文》)路,途也"(《尔雅》)。在天津老城,共有 8 条带"路"的名称,但只有一条用"路"的通名——宫生路,其他 7 条都是与"马"组合为"马路"。如北马路、东马路、西马路、南马路、小马路、晒米厂小马路、丁公祠小马路。在天津老城,"路"应理解为"供车马行走的宽阔平坦的道路",即"马路"。而那条不带"马"的路"宫生路"只有 2.1 米宽,不具有车马行走的条件,非宽阔平坦的道路之意。

4. 道,即道路。在天津老城,没有用"道"的通名,都是与"箭"组合为"箭道"。原意是"官员在衙门外两侧练习射箭的地方"。如河营西箭道、旧县署西箭道、镇署西箭道、分府箭道、中营东箭道、府署东箭道、道署东箭道、津道西箭道、城守营西箭道。后按习俗称衙门及庙宇两侧道路为箭道,如武学东箭道、城隍庙东箭道、龙庭西箭道、文学西箭道。

## (二)派生地名

表3 1982年天津市地名普查前的地名数据

| 派生 | 数量 | 所占的比例 | 例子 |
|---|---|---|---|
| 衙门 | 50 | 13.15% | 经司胡同、经司实胡同、经司横胡同、津道西箭道 |
| 庙宇 | 63 | 16.57% | 文学西箭道、文学东箭道、小药王庙东、小药王庙北 |
| 姓氏 | 109 | 28.68% | 骆家胡同、房家胡同、谢家胡同、卞家前胡同、潘家胡同 |
| 经营 | 43 | 11.31% | 铁匠胡同、元昇茶园胡同、杠房胡同、戏院西、菜市西 |
| 实体 | 25 | 6.57% | 拴马桩胡同、拴马桩北胡同、拴马桩东胡同、仓廒街 |
| 其他 | 90 | 23.68% | 维善里、万字胡同、万字北胡同、永安胡同、华昌胡同 |

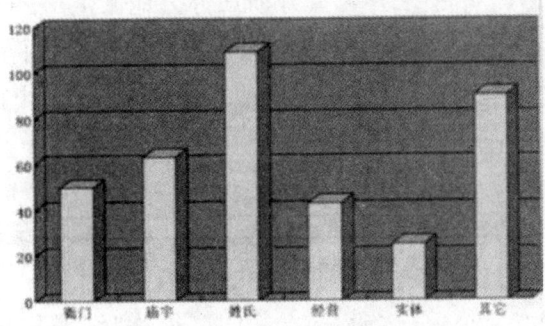

表4 1982年天津市地名普查后的地名数据

| 派生 | 数量 | 所占的比例 | 例子 |
|---|---|---|---|
| 衙门 | 50 | 13.15% | 经司胡同、经司实胡同、经司横胡同、津道西箭道 |
| 庙宇 | 63 | 16.57% | 文学西箭道、文学东箭道、小药王庙东、小药王庙北 |
| 姓氏 | 85 | 22.36% | 孟家大院、姜家大院、潘家胡同、赵家门前胡同 |
| 经营 | 43 | 11.31% | 铁匠胡同、元昇茶园胡同、杠房胡同、戏院西、菜市西 |
| 实体 | 25 | 6.57% | 拴马桩胡同、拴马桩北胡同、拴马桩东胡同、仓廒街 |
| 其他 | 114 | 30.00% | 维善里、万字胡同、万字北胡同、永安胡同、华昌胡同 |

1.天津老城是天津地区明清两代的政治中心,自明代天津建城以后,军、政衙署多建于此。地名反映了明、清、民国时期的吏治。

以旧官署、衙门办公地点派生出街巷名称。

如天津府知府公署衙门派生出府署街,天津道台衙门派生出津道西箭

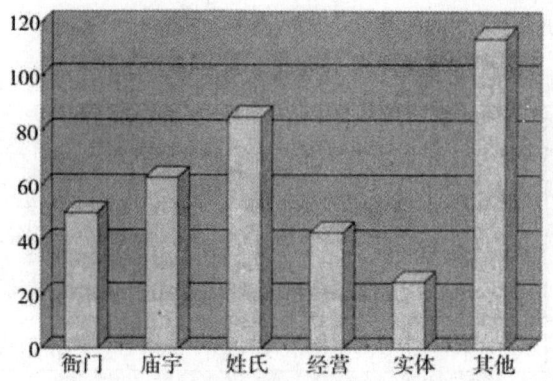

道,天津道署衙门派生出道署东箭道,天津分府衙门派生出分府箭道,天津知县衙门派生出旧县署西箭道、县阁北胡同,天津警察厅所属的探访局(侦缉队)派生出探访局胡同,天津警察厅所属办公地派生出公安里,(日伪)新民会驻地派生出新民里,提督学院衙门派生出贡院胡同(科举考场),官员朝贺行礼及宣讲圣谕处派生出龙庭街,天津道署仪门派生出小宜门口胡同。

以主管经济的衙门派生街巷名称。

如管理漕运的天津经司衙门派生出经司胡同,管理漕粮的户部分司衙门派生出户部街,管理盐运的长芦盐运使署派生出运署西街。

以主管军事衙门派生街巷名称。

如天津镇总兵官公署(俗称"镇台衙门",简称"镇署",是天津卫地方最高武官总兵的办公处所)派生出镇署西箭道,右营守备署派生出右营前,中营守备署派生出中营东胡同,城守营都司署派生出城守营后,河营守备署派生出河营前胡同。

2. 历史上天津老城寺庙、祠堂众多,派生出的相应地名有63个,占总数的16.57%。

天津老城地名有相当一部分是以庙宇命名的,这种以庙宇派生出地名反映了天津过去的宗教信仰是很繁杂的,其中有传统的儒、释、道三教,也有信奉仙道神佛、帝王将相、名人大家、甚至动物的,只要有值得尊崇、令人信服之处就可以作为信奉的对象。

如文庙、武庙、城隍庙、小双庙、三义庙、关帝庙、火神庙、小药王庙、财神殿。派生出地名为:文学西箭道、武学内、城隍庙大胡同、小双庙胡同、三义庙街、关帝庙胡同、火神庙前胡同、小药王庙东、财神殿西大胡同。

涌泉寺派生出地名为涌泉寺胡同、大寺胡同。

三圣庵、无量庵、水月庵、白衣庵、达摩庵、弥勒庵、草厂庵派生的地名为:三圣庵胡同、无量庵胡同、水月庵胡同、白衣庵横胡同、达摩庵前胡同、弥勒庵胡同、草厂庵胡同。

清朝中后期至民国年间,天津民间盛行信奉的"奉佛教之法,修道教之行,习儒教之礼"的宗教教派"理教"在天津老城地名中也有所体现。其活动场所中公所、心义堂派生出的地名称为中公所胡同、心义堂胡同。

直隶按察使丁寿昌、盐商张锦文(绰号海张五)家的祠堂派生的地名为丁公祠小马路、张家祠堂胡同。

### 3. 老城地名反映天津家族观

天津老城地名特点是以姓氏命名的居多,多被称为"×(姓)家胡同",如骆家胡同、房家胡同、谢家胡同、卞家前胡同、潘家胡同;或者"×(姓)家(大)院","×(姓)家(大)门",如孟家大院、胡家大门等。当时命名的依据是以最初在此定居人的姓氏命名,或是以某一姓氏的人家居多而得名。

"姓氏+家"字的胡同、里巷共有85条,占总数的22.36%(见表4)。如果加上1982年天津市地名普查时因重名更改的姓氏地名,如原名韩家胡同的桃园胡同、原名秦家胡同的卫里胡同、原名刘家大院的望安里、刘家大院的云林里、原名黄家粪厂的嘉美胡同等24条胡同,则数量变为109条,占总数的28.68%(见表3),远高于其他项目派生地名。

经归纳,在天津老城共有以下61个姓氏作为胡同命名。

赵、孙、李、周、王、沈、韩、杨、朱、秦、张、孟、姜、潘、胡、项、毛、任、唐、谵、骆、房、谢、卞、华、欧阳、只、展、徐、刁、邵、葛、井、陆、白、尚、罗、轧、靳、刘、姚、曹、荣、屈、费、辛、季、高、卢、权、史、訾、方、林、尹、欧、致、于、牛、傅、丁。

## 三、天津老城经济、地理考察

到清朝,天津已是"津郡人烟稠密,店铺毗连,又时不戒于火,危害甚烈",清康熙初年(1662)民间开始兴办各种社会消防组织,其成员全是体格壮健、热心公益、自愿参加的劳动者。如郡安救火会、公善救火会、公议水局等,它们对于当时的灭火救灾发挥了很大作用。这些救火会坐落地址反映在地名上就是郡安胡同、公善胡同、公议胡同。同样,地名也反映了老城当时的经济状况和地理环境。

### (一)天津老城地名反映天津历史经济状况

天津老城取名,与街巷居民身份、经营项目、街巷的形状、街巷的环境等

*1353*

老百姓日常生活密切相关,是干什么的也就叫什么。如:

胡同里有经营铁匠铺的就取名铁匠胡同,胡同里有经营茶楼的就取名元昇茶园胡同、会友轩胡同,胡同里有经营租赁丧葬用具的店铺就取名杠房胡同、杠张胡同,胡同里有经营当铺的就取名日升当胡同,胡同里有经营戏院的就取名戏院西、大观楼后,胡同里有经营银号就取名官银号菜市街,胡同里有经营菜市场的就取名菜市西,胡同里有经营磨面的就取名麸房胡同、李夫房胡同,胡同里有卖煤的天瑞公司就取名天瑞胡同,胡同里有卖香料的就取名香店胡同,胡同后有卖火车票的就取名营业所后胡同,胡同里有经营出租房屋的利学公司就取名利学公司胡同,街道里有经营房地产的涌延公司就取名涌延街,胡同里有公议水局、公善救火会、郡安救火会等消防自制组织的就取名郡安胡同、公善胡同、公议胡同,胡同里有慈善团体济生社就取名济生社胡同,胡同里有卖水的就取名谢家水铺胡同、张家水铺胡同,胡同里有经营筛米面工具的就取名罗底铺胡同,胡同里有卖油的就取名老荤油铺胡同、立生油铺胡同,胡同里有经营制作官帽的就取名帽刘胡同,胡同里有卖盐的就取名盐店胡同,胡同里有经营制售卤鸭就取名鸭子王胡同,胡同里有经营制售箭囊的就取名弓箭胡同,因胡同外有天顺京报房就取名天顺胡同,胡同里有制售引火物的作坊就取名取灯胡同。胡同里有会馆的就取名江苏会馆,胡同里有同乡会庐阳公所(合肥别称为庐阳)就取名庐阳西里、庐阳西里二条。

(二)天津老城地名反映天津历史地形环境基本状况

如上图箭头所指方向。天津老城四个城角有四个水坑,雨水、污水积聚在水坑中,并形成由城内向城外宣泄污水的水沟。虽然水坑、水沟已经填平,建成通道,但它们的名称还留在地名里。如反映蓄水坑的有葫芦观、葫芦罐胡同,反映排水沟的有大水沟街、头道沟胡同、二道沟胡同,反映在排水沟上用木板、条石盖成通道的有东门内石桥胡同、板桥胡同。

# 结束语

天津老城里地名是天津历史的活化石,是记载天津历史文化的百科全书,对天津老城里地名进行研究有助于为语言学、地理、历史、文化学等学科的研究提供丰富资料;天津老城里地名也是天津重要的文化遗产。

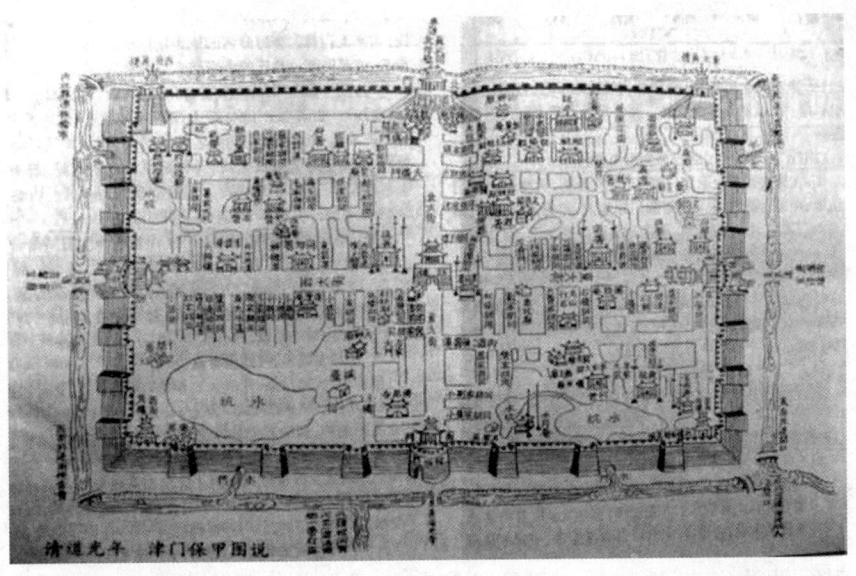

(《群文天地》2012年第2期下)

# 天津青年会的儿童事业
## ——以《大公报》为中心

侯杰　谢晓晨

近代以来,随着国家、民族危机的不断加深,先进的中国人积极寻求救国、强国之路,逐渐认识到要先有健全之儿童,而后才有健全之国民、健全之国家;救亡图存,需从培养健全的儿童入手。于是,儿童与妇女同样被他们视为强国保种的重要力量。传统时代,中国人侧重于对儿童进行纲常礼教的灌输,明清以来,以科举为目的的智育又居于儿童教育的中心地位①。由传统走向近代的儿童教育,其目的已由光宗耀祖转向追求儿童自身解放和对救亡图存这一国家重任的承担。因此,儿童教育的方法和内容都亟待改良。

五四运动时期,新文化运动的健将们大力倡导"人"的解放,并发出了拯救儿童的呐喊。1919年,杜威的来华引起了中国知识分子们的极大关注。他所宣扬的"教育救国""教育即生活""儿童中心主义"等主张启迪了正在苦苦探索中的知识分子。杜威的教育思想无疑迎合了中国教育界反传统教育、破旧立新的时代需求。加之胡适、陶行知、陈鹤琴等人的极力宣传,中国社会在20世纪上半叶掀起了一股"儿童本位主义"思潮。发现儿童,解放儿童,尊重儿童的天赋,重视儿童的经验,注意发展儿童的知识与能力是"儿童本位主义"提供的新导向②。无论是大中小学堂等教育机构,还是关心儿童发展的各社会团体,大都怀抱良善愿望从事着儿童教育的改良。

其中,天津中华基督教青年会③自1895年成立以来,即本着"服务社会、造福人群"的宗旨开展了许多社会服务活动,其健全儿童的言论和行动尤其

---

① 熊秉真:《好的开始:近世士人子弟的幼年教育》,见"中央研究院"近代史研究所编:《近世家族与政治比较历史论文集》(上册),1992年,第201页。
② 郑登云编著:《中国近代教育史》,华东师范大学出版社1994年,第228—230页。
③ 下文简称天津青年会。

值得关注。该会是西方文明在华的传播者,在许多方面都扮演了引领社会新风尚的角色,在儿童事业上更是如此。

于是,天津青年会提出的"健全"一词成为培养儿童的重要目标。近代著名教育家、天津青年会的重要活动家张伯苓就明确指出:"凡有健全之儿童,始有健全之国民,有健全之国民,然后始有健全之国家……富强国家、复兴民族,非从儿童身上作起不可,所以都应设法为儿童谋幸福,因儿童就是将来的国民、国家的基础,是民族生存的继承人。"①毫无疑问,天津青年会就是为儿童谋幸福的典型代表,而《大公报》刊登的各种新闻则较为全面地呈现出天津青年会的理念及其所做出的各种努力。

1902年6月17日创刊于天津的《大公报》以"开风气,牖民智,挹彼欧西学术,启我同胞聪明"为宗旨,与大力宣传西方文明的天津青年会长期保持较为密切的关系②。《大公报》的"时事""来稿""附件""论说""广告"等栏目经常刊登有关天津青年会的消息。天津青年会的许多活动也都得到了《大公报》的大力宣传。这不仅加强了该会自身的社会影响力,也使得一些活动的主题受到社会各界人士的广泛关注。借助《大公报》,天津青年会将其为儿童谋幸福的理念与行动介绍给了更多的人,进一步唤起了人们对儿童事业的关注。

为大力发展儿童事业、塑造健全儿童,天津青年会开展了各种各样的社会实践活动。活动可分为以下几类:(1)各项比赛,儿童健美比赛、儿童技艺播音比赛、小学演说竞赛会、灭蝇比赛、征文比赛、书法比赛以及各类体育比赛等③。(2)参观旅行,远足、少年夏令营、童子营等。(3)学习班,电学研究班、无线电话研究班、英文童子晚课班、救急治伤科、常识班、美术班等。(4)俱乐部,邮票、古钱、通信社、谜语俱乐部等。(5)各类主题聚会,演说会、游艺会、同乐会、崇检会、春季交谊会、秋季交谊会、卫生会、父子宴会、家庭礼拜会、儿童珍玩展览会、布道讨论会、进德会等④。这些为儿童谋幸福的活动

---

① 《平津两市儿童节纪念会盛况——张伯苓训词》,载《大公报》,1935年4月5日。
② 侯杰、孔菁菁、秦方:《英敛之、〈大公报〉与天津青年会的关系述论》,见天津中华基督教青年会编:《天津中华基督教青年会与近代天津文明》,第263—277页,天津人民出版社2005年。
③ 《天津青年会四十周年纪念册》,第63—64页。
④ 《一年来青年会之事工》,载《大公报》1925年2月9日。

是在"德智体群"四育并进的主导思想下开展的,有利于弥补传统社会儿童教育中的某些缺憾。传统中国社会的儿童教育侧重于德育和智育,其中德育是以儒家的纲常礼教、伦理道德为中心,而智育则是以学习儒家经书求得登科取士、光耀门楣。近代中国社会,塑造儿童成为新的时代要求,而天津青年会所倡导的"德智体群"四育并进的理念,正是对此时代要求所做出的积极回应。德育方面,该会强调社会公德、国民责任;智育方面,引导儿童学习西方先进文化知识;体育是传统中国社会儿童教育中极为缺失的部分,为改变"东亚病夫"的羸弱面貌,该会尤其重视发展儿童体育事业;群育的提出在于培养儿童参与群体生活的意识和能力,有助于儿童日后走入社会,进而服务社会。因此,本文将从德育、智育、体育、群育四个方面来阐释天津青年会的儿童事业。

## 一、德育:加强对父教的改良

儒家对于父教的重视由来已久,所谓"养不教,父之过"就是最好的说明。儒家教育思想曾发挥过积极的作用,但是近代以来面临新的挑战,社会对于父教提出了新的要求。健全的未来国民需要养成何种品德?这些品德如何来养成?中国的父亲们急需得到这些问题的答案。

改良儿童教育,需从父母入手,即改良父教与母教。从《大公报》所披露的相关资料看,天津青年会改良父教的实践多于改良母教的行动,并且,在天津青年会改良母教的实践中,较为注重的是增进母亲在育儿过程中的卫生健康知识,而其对于父教的改良,却多与培养儿童的道德品质有关。天津青年会较为重视父教的原因之一是该会的工作有别于同时期的天津基督教女青年会①,二者在某些社会活动中也有着明显的性别分工。原因之二是近代中国社会对于儿童的道德品质要求有了新的变化,而这些都需要通过在家庭中最有权威的父亲来了解并加以实施。为此"天津青年会每年初冬倡办父子大会,以敦慈孝之风"②。父慈子孝的传统美德是需要发扬光大的,但"慈孝之风"亦注入了新的意涵。由1922年与1925年举办的父子大会,即可见一斑。

---

① 天津基督教女青年会,1913年3月25日在天津成立。
② 《珍玩展览会征集物品》,载《大公报》1925年10月29日。

参加 1922 年父子大会的有"俄国律师□□吉诺夫父子,英国塔木森父子,美国顾得祺父子、甘罗各父子及该会总干事韩慕儒、王化清并成人部、童子部各会员父子共一百四十一人",与会者们讨论了大量有关如何培养儿童使其具有良好品德的问题。首先,与会者强调了父亲对于儿童品德养成的重要性,即"教之善则善,教之恶则恶",儿童美德的培养"其权在于父亲",所以"盼望此之为父者,务必正重身心,端正品行,为其子作一模范"①。其次,在家庭教育中,父亲应该端正自己的态度,才能培养教育好儿童,提升儿童的道德品质。"前清的家长"是以"尊严之状态"管辖家中老幼;"而今日之家庭不然,因为专治帝制之国家已改为共和之国家,何况吾人之家庭……盼望诸君之为人父者,不可仍操尊严之状态"②。对待儿童有了正确的态度后,父亲才能更好地履行教育的责任。再次,怎样增进儿童的节制、诚实、容忍和仁爱等道德水平。与会者提出,父亲除了要以身作则外,还要向孩子表明道德被实行了以后是怎么样的,而不是以命令的方式对儿童说"不要到草堆里,不要到垃圾堆旁,不要到龌龊的地方去"。父亲应该为他们指出应该去的地方,如"这是条成公民的路,这是条到科学、到艺术、到正当职业的路"③。由此可见,在家庭教育中,应该去除父教专制的作风、权威的气势,而代以引导的语气、和平的态度。

1925 年初冬,在举行父子周活动之前,天津青年会就进行了精心的筹备。10 月 25 日,天津青年会父子周执行委办第一次全体会议召开,张伯苓任主席,会议讨论了父子周的活动安排,拟定了父亲讨论会、展览会、父子宴会等内容④。11 月 4 日,天津青年会父子周执行委办又举行第二次全体会议,讨论了对父子周的宣传办法"宜备多种印刷物并在报纸上竭力宣传,使社会一般人士均知该会之重要及父子间之密切关系",并"请宋愚溪向刘瑞亭接洽,在电车上悬挂广告,以便宣传"⑤。

11 月 8 日,天津青年会父亲讨论会召开,两日后《大公报》发布了《父子会议决各问题》的消息,向社会各界人士介绍了此次讨论会的成果。第一,父亲应该对儿童品德的养成抱有何种期望。讨论结果为,父亲对于子女至

---

① 《青年会之桥梓宴会纪》,载《大公报》1922 年 10 月 29 日。
② 《青年会之桥梓宴会纪》,载《大公报》1922 年 10 月 29 日。
③ 《青年会之桥梓宴会纪》,载《大公报》1922 年 10 月 29 日。
④ 《青年会举行父子宴会》,载《大公报》1925 年 10 月 30 日。
⑤ 《青年会之各部消息》,载《大公报》1925 年 11 月 6 日。

少应有以下两种希望,即"高尚的人格"和"有用的公民"。第二,如何引导儿童树立正确的金钱观并使其养成节俭的美德。讨论结果为,"(甲)经济公开。(子)使其了解金钱的价值。(丑)使其做工,得相当之工价。(乙)教育公开之资格。(壬)在相当年龄,施以实验教育。(丙)预算合作。(丁)储蓄习惯"。第三,如何矫正儿童的恶癖。与会者认为儿童的恶癖与不良社会风气或者父母没有做好榜样有关。儿童恶癖中最严重的就是说谎话和与人争斗。如何纠正呢?"(甲)说谎话之矫正法:(子)发现时当众加以指摘。(丑)用相当的方法鼓励见证者,使其受感知耻。(寅)父母悔改,作好榜样。(卯)改起社会环境。(乙)争斗的矫正法:(子)用竞争的游戏代替争斗的恶癖。(丑)用合宜的指导,使其自知争之害。(寅)用确切的观察下公正的判断,如其曲在我,则罚。(卯)用自责的方法感化之。(此法得适用于十二岁以上之儿童)。"最后,父子会还讨论了如何对儿童实施两性教育的问题。"(甲)两性教育,应实施之于儿童。(乙)实施两性教育最妥善的方法,最好从左列各书中找参考:(子)《妇女杂志》两性教育号。(丑)《父亲的责任》。(寅)《完美异言》。(卯)《青年的危机》。"①

有关父教的这些讨论确实值得肯定。"在相当年龄,施以实验教育",无疑是对杜威实用主义教育思想的提倡;鼓励孩子去做工,不仅是对他们走向社会的鼓励,也践行了"教育即生活"的理念;"有用的公民"相对于"一个人的孝顺儿子"是一种超越,旨在让父亲形成培养儿童为社会的观念,以塑造更多合格的"未来国民"甚至"少年国民";"用竞争的游戏代替争斗的恶癖",争斗是恶癖,但是竞争意识却是时代提出的新要求,所谓"物竞天择,适者生存"。这些都有利于儿童养成更加完善的品德,进而在将来成为健全的国民。

天津青年会提倡"德智体群"四育并举,具有广泛性。而在中国,儿童道德的养成与父教有着很大的关系。通过举办父子会,唤起父亲对孩子道德教育的重视,向父亲与孩子灌输公民道德等新概念,无疑有利于培养儿童的社会责任感,促进他们的德育发展。可见,在天津青年会对父教的改良中,有不少有关儿童德育的内容。这些内容有的是对传统美德的继承,有的是近代社会对儿童品德提出的新要求。

天津青年会促进儿童德育发展的实践活动还有很多。比如,该会在各种儿童集会中以演讲的方式不时地向儿童们作德育的宣导。在1926年召开

---

① 《父子会议决各问题》,载《大公报》1925年11月10日。

的全城童子大会上,该会就请来名人为儿童演讲《模范童子》《童子之天职》《少年之危险》等等①。再如1927年,天津青年会每星期日下午开展"旨在扶助幼年四育进步"之幼年进德会,入会者尽为天津的小学生,课程包括教导儿童如何可成为少年公民等内容②。

足见,天津青年会促进儿童德育发展的内容十分丰富,形式也很多样。

## 二、智育:以先进的西方文化开启童智

近代中外文化交流中的主流,是落后的中国向外国学习先进文化、知识,正所谓"欧风美雨驰而东"。天津青年会不仅是中西宗教交流的产物,更是西方先进文化的传播者。在该会的众多干事中,既有致力于传播福音的外籍人士,也有不少怀抱救国之志的中国基督徒。对于以弘扬基督事业为主要目标的外籍干事而言,传播西方文明是传福音的重要内容之一。而对于极具爱国热忱的华籍干事而言,以西方文明来启迪国人的智慧更是当务之急。虽然具体目的有所不同,但他们都在为天津青年会"养成完美人格,建设完美社会"的目标而努力。儿童最具有求知的渴望,让他们从小就接触和学习先进的西方文化,培养他们"开眼看世界"的能力,无疑是提升儿童素质、养成未来健全国民的一剂良方。因此,天津青年会将此视为提高儿童智育水平的重要工作,通过科技、常识、语言、艺术等传播,促进儿童智育发展。

譬如,在英文教育方面,该会曾多次在《大公报》上刊登英文童子晚课招生广告,如在1919年2月11日的招生广告说明了报名要求以及授课安排。学龄:"十二岁以上,十七岁以下";学期:"阳历二月十日至六月十日";时间:"每星期五次,每次午后四时三刻至六时半";学费:"每学期会员四元,非会员七元"③。同年的8月24日,天津青年会又刊登了英文夜校招生广告:"本校附设童子英文班,对于幼童教育特加注重,有欲子弟得纯正英文者,尽速报名。"所有报名要求以及授课安排与该年上半年基本一致④。从招生广告来看,参加英文童子晚课班的学生每周要上五次英文课,每次近两个小时,

---

① 《青年会之齐家运动》,载《大公报》1926年9月29日。
② 《青年会少年部消息》,载《大公报》1927年10月20日。
③ 《天津青年会英文夜校育才学校童子晚课招生》,载《大公报》1919年2月11日。
④ 《天津青年会英文夜校招生》,载《大公报》1919年8月24日。

学习英文的时间与如今的中学生相差无几。引导儿童学习英文,是为他们打开通往西方文明的一扇门。这不仅是未来国民走向世界的需要,也是天津青年会深入中国的需要。让更多中国人学会英文,该会所传播的文明、福音才能更好地为中国人所接受。

又如,在传播西方科技知识方面。天津青年会专门为儿童开设过照相教练班、电学研究班、无线电话研究班等。1915年《大公报》刊登了青年会童子部组织"照相教练班"的新闻,"天津青年会童子部刻又组织照相教练班,专授童子部会友照相技艺。由西干事谭如璞及红十字会职员龚云波担任教授,拟下星期开课。除试验材料应由学友共□外,概无学费云"①。天津青年会还为儿童组织电学研究班,"昨日发出通启,致该部各会员函云:自电学发明以来,欧美各国时有最新的发明以求进步,惟吾中国则无。其故何在,阁下知否?其大原因是吾中国少年人不喜研究的原故。西国童子多有研究的秉性,如本会韩(慕儒)、蓝(恩天)二先生之公子,皆喜研究,并自作收音机器,能听无线电话及无线电报。将来电学至极点时,人人可在家中,能听演说或音乐和唱戏的声音。现在业已实行,但人人不能得此幸福,实因素未有研究也。现在本部已经添设电学研究班。阁下欲得此种学识否?欲得此种幸福否?欲与中国少年人增荣耀否?如欲,请速加入云"②。借助《大公报》的影响力,天津青年会希望引起更多儿童学习西方先进科技的兴趣,并称此种实践不仅是属于少年人自己的幸福,也可为国增光。不久《大公报》又刊登天津青年会"童子部添电话研究班"的消息,其函云:"启者:西国童子多有以制造无线电话为游戏者,其利益有二:一,藉以得电学之知识。二,在家得听他处之军乐、唱歌及名人演说。用钱无几,获益非浅,岂不善乎?本部现已增设一无线电话研究班,专为研究最新无线电话机。盖吾国童子之中少有此等游戏,此乃吾国电学不普及之大原因也。阁下如有意研究此项电学,希即速到本部报名。额数无多,幸勿观望,失此良机。"③函称中国电学不发达的一个主要原因就是儿童很少接触电学知识,为扭转这种局面,就要学习电学。这无疑是将儿童的知识储备与国家的发展联系起来了。天津青年会的宣传可谓言辞恳切、极富感染力,其期待儿童学习西方科技、了解西洋文

---

① 《组织照相》,载《大公报》1915年6月17日。
② 《童子部又添设电学班》,载《大公报》1923年2月10日。
③ 《童子部添电话研究班》,载《大公报》1923年2月23日。

明的心情十分迫切。

天津青年会为儿童筹划的益智活动不仅内容丰富,而且形式多样。除了以开班授课的方式传播新知外,该会还不定期地为儿童举办各类竞赛、展览、游艺活动。为"提倡儿童艺术生活,增进儿童个人自动性,鼓励儿童之创制与发明,启发儿童竞进之心",天津青年会曾多次举办儿童珍玩会。以1920年的珍玩会为例,征集的儿童赛品分为集存品(邮票、钱币、标本、相片等)、制造品(图画、手工、书法、雕刻、自制器具等)及豢养物(禽类、兽类、鱼类、虫类)①。赛品由天津青年会聘请考古、图画、手工、书法、雕刻等领域的专家评判分数,并开发奖大会,给予儿童鼓励。珍玩会开展的目的还在于"使一般人对全城儿童的生活与思想下一番充分的观察与研究,注意他们历年的变迁与进步,加以相当的辅导"②。据统计,此次儿童赛品展览期间,参观者达到数万人③。这说明活动引起了人们对于儿童事业的广泛关注。此外,天津青年会还开展过儿童播音大赛、歌咏大赛、作文大赛等活动,旨在从多方面启迪儿童的智慧,使他们成为更加合格的健全国民。

天津青年会还经常在各种集会中为儿童放映电影或幻灯片,影片内容广泛,如防痨等有关卫生的影片④,《欧洲大战争》《战后战场之惨状》等有关战争的影片⑤,还有关于菲律宾、埃及等国风土人情的影片⑥。放映电影不仅让儿童认识了"电影"这种先进的、新奇的媒介,也让他们增广见闻。

天津青年会所传播的西方文明究竟在多大程度上影响了学习、成长中的儿童?对于儿童来说,这些学习可能只是引领他们接触西方文明的开端。然而儿童是未来的成人,儿时的学习经历即使不能让他们全部获得某种技能,也能开拓他们的视野,为他们未来的人生指引方向。

## 三、体育:身体的健康与体魄的强健

近代中国被西方人称为"东亚病夫",这个词不仅显示了西方人对于弱

---

① 《珍玩会征品种类》,载《大公报》1920年11月14日。
② 《珍玩展览会将在青年会举行》,载《大公报》1920年11月25日。
③ 《珍玩展览会结束》,载《大公报》1920年12月17日。
④ 《崇俭会之开会》,载《大公报》1919年10月31日。
⑤ 《青年会之桥梓宴会纪》,载《大公报》1922年10月29日。
⑥ 《青年会消息一束》,载《大公报》1922年3月18日。

国的轻蔑态度,也成为烙在中国人身上的一种耻辱。病态的形象影射着国家的衰弱,而强健的体魄才能象征国家的强大。"东亚病夫"的蔑称,刺激着中国人去追求身体的健康与强壮。

天津青年会致力于儿童"德智体群"四育的养成,而"体育"一直是该会特别重视的。该会童子部曾提出:"本部素以提倡四育为宗旨,但体育实为其本。夫'户枢不蠹,流水不腐''镜以磨而常莹,刃因发而永锐'。物犹如此,而人亦宜然也。故人必须殷勤锻炼,以充实其体魄,慎操作以息养其精力。"①该会还强调:"夫人生必须有强健身体,凡百事业皆可有恃无恐,如其不然,虽有德、智,而无强健身体为之助力,亦难免一筹莫展。"②天津青年会所倡导的"体育"有两层含义,一是身体的卫生与健康,二是体魄的强壮与健美。该会为儿童筹划的体育实践活动,就是要达到这两个目标。

(一)提升儿童的卫生与健康水平

提升儿童的卫生与健康水平,一方面要关注儿童本身的卫生与健康,另一方面还要培养儿童的公共卫生意识。天津青年会通过开展一系列的卫生活动以引起儿童、家长、社会对于儿童卫生与健康的关注。譬如,1927年该会童子部特意请来中医、西医,为会员检查身体,共有百余人参加,结果"查出会员身体,五官毛病最多者,莫过于沙痢眼"。检查结束后,该部将检查结果告知各家长,以便于预先防治,免除后患③。1930年,天津青年会又联合卫生局主办"儿童幸福运动周"。开幕当日,主席即报告开会之意义——"本会成立专为提倡大家对于儿童健康上之注意,希望努力参加,以谋儿童幸福",并谓"请每星期六下午赴卫生局女子助产学校施以相当检查"④。天津青年会还利用演讲的形式向民众传播卫生知识。1934年,该会在举办"儿童生活运动大会"期间特意请来大夫演讲《儿童卫生》⑤。1937年,天津青年会举办"家庭生活运动周",除广约天津市各大公司、商店老板来青年会所展览有关家庭卫生及儿童健康之衣物、食品、书籍、图表外,还特请嘉宾演讲《儿童健康》⑥。

---

① 《养成团定期开会》,载《大公报》1922年7月7日。
② 《青年会近讯一束》,载《大公报》1922年6月30日。
③ 《一年来青年会之事工》,载《大公报》1927年2月9日。
④ 《儿童幸福周昨在青年会开会》,载《大公报》1930年10月14日。
⑤ 《青年会今晚讲演会》,载《大公报》1934年4月8日。
⑥ 《青年会家庭生活运动今晚举行闭幕大会》,载《大公报》1937年3月10日。

天津青年会为"促进一般市民注意儿童之健康""第二代国民"之健康①，曾多次举办"儿童健美大赛"。下面仅以1935年和1946年的两次大赛为例加以说明。

表1　1935年、1946年天津青年会儿童健美大赛概况

| 时间 | 1935年4月7日 | 1946年5月25日 |
| --- | --- | --- |
| 参赛儿童人数 | 256人 | 143人 |
| 年龄状况 | 甲组：2—4岁<br>乙组：4—7岁 | 甲组：2—3.5半<br>乙组：3.5—5岁 |
| 评定标准 | 体格方面：体重、营养状况、身高、眼耳鼻喉、心脏、肺脏、皮肤、牙、其他<br>审美方面：精神充足、行动活泼、五官端正、衣服整洁、体格相称、身体光润、气色、语言 | 体格方面：不详；<br>审美方面：系依语言、举动、态度、清洁、五官、服装、整容 |
| 裁判 | 著名医生及教授担任（如朱世英、陈善理、黎崇尧、卢广寿等大夫） | 聘请本市各科大夫担任义务检查及专门审美委员（如妇婴医院曹纪如女士） |
| 评定结果 | 每组各取优胜十名 | 甲组：参加者45名，合格者30名<br>乙组：参加者41名，合格者31名 |
| 奖品 | 甲乙组第一名各得"勒吐精优胜杯"一具（英瑞赠）、银瓶一具（中原赠），第二名各得"雀巢牌麦精粉"一听（英瑞赠）及"儿童文库"（商务赠），第三名各得"雀巢牌牛奶粉"一听（英瑞赠）等。此外尚有东亚所赠之毛衣、国货售品所之玩具、益世报之文具、凤祥之银盾等等，以及纪念章 | 甲组第一名得绣有"健美不群"字样之小锦标一面、三轮小自行车一辆；乙组第一名得衣料一件、银盾一座。其他取录与及格儿童或得奶粉，或得童衣，或得积木，或得爽身粉 |

资料来源：《青年会筹办儿童健美比赛》，载《大公报》1935年4月5日；《青年会儿童周健美比赛》，载《大公报》1935年4月7日；《青年会儿童健美比赛审查结果昨日揭晓，

---

① 《儿童健美赛》，载《大公报》1946年5月15日。

明日下午发奖摄影》,载《大公报》1935年4月9日;《青年会儿童周今日闭幕》,载《大公报》1935年4月10日;《儿童健美赛》,载《大公报》1946年5月15日;《儿童健美赛广西路青年会今举办》,载《大公报》1946年5月25日;《儿童健美赛》,载《大公报》1946年5月26日;《健美儿童赛合格者有奖》,载《大公报》1946年5月27日。

天津青年会还借助组织比赛向参赛儿童的父母宣传育儿知识。如1935年比赛时就邀请英瑞炼乳公司到场,免费向参赛儿童的父母发送《育婴指南》等书籍,并且还请该公司的护士当场提供育婴咨询服务。赛后,天津青年会还将参赛儿童的审查报告列表送予其家长,使家长得知儿童的发育状况①。通过专家的点评,不仅增进了父母对子女健康状况的了解,还使他们进一步明确了儿童健康的标准。此外,报刊媒体的宣传扩大了"儿童健美大赛"的社会影响,从而使得更多的民众关注儿童的健康。

在提升儿童卫生与健康水平的过程中,父母尤其是母亲扮演着重要的角色。在近代中国,虽然女性开始由家庭走向社会,但"男主外,女主内"的性别分工仍然普遍存在。母亲较多地承担起对家庭,特别是对儿童日常生活的照料。这对于儿童健康成长尤为重要。

显然,母亲在孕育、哺育、养育儿童的过程中不可替代。中国母亲虽然拥有很多优良品德,但是也存在着严重的不足与缺陷,特别是在与西方母亲的比较中显得更加突出。近代中国第一位女留学生、曾任北洋女医院院长的金韵梅就在比对中发现:"西方的母亲相比于我们中国母亲对于家庭的关注少得多……我们可以从西方母亲身上学到很多诸如卫生、教育方法、护理,但我们不能从她们身上学到奉献精神。"这既是对中国母亲奉献精神的肯定,又表明中国母亲需要学习和提升的空间很大。她还说"现在到处的环境都很差。婴儿的死亡率很高,一般来说高达50%。到我们这(北洋女医院)来的母亲们大多都已经失去了她们一半的孩子,他们的死大多都是对于相同知识的缺乏所导致的……她们将自己所知道的如何做一位中国式好母亲的每件事都做了,但是问题就在于她们知道的很少。"②

可见,提升中国母亲养育儿童的水平刻不容缓,而其中关乎儿童健康成长的卫生知识尤为重要。致力于改良中国社会的天津青年会注意到了这个问题。1920年,该会在举行齐家节期间"专为母亲开会演讲《儿童保育法》

---

① 《青年会筹办儿童健美比赛》,载《大公报》1935年4月6日。
② Dr. Kin Says Japan is America's Bitterest Enemy, *The NewYork Times*, April 16, 1911.

及《性教育之重要》等问题,俾母亲教导子女了解保身与性别之关系"①。不仅如此,天津青年会还专门成立了父母会,经常为父母会会员举办旨在改良儿童教养状况的活动。如1935年该会举行父母教育演讲会,为父母们演讲《儿童训练》,并设立医药箱"以便当地父母会会员保健之需"②。又如1936年,天津青年会父母会举行同乐大会,专门请来吴叔班博士演讲《儿童问题》③。

除了举办各种活动宣传卫生常识,改善儿童卫生与健康状况外,天津青年会还注重培养儿童在日常生活中养成良好的习惯。该会童子部所组织的四育养成团曾为儿童们拟定"个人摄身表",内容包括刷牙、饮水、吃饭、排泄、姿势、呼吸、沐浴、睡眠等十二个方面。比如"刷牙:每日晨起,必刷一次,晚一次""饭:吾人每日食餐,务必有定时,亦不必饱食过度""呼吸:每日晨起之后,乘空气清鲜之时,务须呼吸片时,将腹内污气换出""睡眠:每日起睡,务须有一定时间,童子十小时,成人八小时"④。可见,该会对关心儿童卫生与健康无微不至。

在关注儿童个人卫生的同时,天津青年会也不忘教育儿童维护公共卫生"吾人讲求卫生,如有污秽之物必欲除去,但不可妨害他人,自卫亦须卫人"⑤。天津青年会通过介绍卫生知识,让儿童认识到公共卫生的重要性。该会曾多次组织卫生大会,在会上"辟室陈列图书、标本悬之壁上,任人观览,使人见蚊蝇传病之惨状与传染得疾之危险,触目惊心,即知自防",并且出售上海中华卫生教育会出版的《卫生图说》《婴儿卫生》《蚊蝇》等各种小册子⑥。在此基础上,该会还进一步调动儿童的积极性,让他们参与改善公共卫生环境的社会服务活动,借此提高他们服务社会的意识。天津青年会童子部曾多次组织灭蝇大赛,赛前会员们首先要通过讨论提高对于灭蝇有益卫生等重要性的认识,之后"征集会员,尽力鼓吹,散放传单数万份",号召更多的儿童参与其中。灭蝇大赛的组织者是天津青年会童子部,参赛者主要是天津各小学学生,"各小学校学生所捕毒蝇,咸送本部检查,捕获最多者

---

① 《青年会之齐家运动》,载《大公报》1920年9月29日。
② 《青年会今天三处演讲》,载《大公报》1935年5月5日。
③ 《青年会今日之演讲》,载《大公报》1936年1月5日。
④ 《四育养成团开会》,载《大公报》1922年5月22日。
⑤ 《四育养成团开会》,载《大公报》1922年5月22日。
⑥ 《青年会开卫生大会》,载《大公报》1923年5月15日。

给以奖物,鼓其精神,前后共灭蝇数十万"①。灭蝇大赛评奖分为团体奖与个人奖,在1924年的大赛中,"团体得第一奖者为河东李东楼模范小学,第二青年会童子部"②。灭蝇大赛"此事虽小,然于无形中社会已蒙其惠不浅。"天津青年会组织灭蝇大赛,不仅组织、动员本会的会员积极参与,还通过宣传,广泛招收新会员,让各小学学生加入其中。这不仅使得更多儿童参与到改善公共卫生的活动中,还扩大了灭蝇活动的社会影响力。

(二)引导儿童进行体育锻炼

身体的健康是对未来国民的基本要求,为了提高儿童的健康水平,天津青年会进一步发展儿童体育事业,鼓励儿童通过体育锻炼获得体魄的强壮与健美。众所周知,天津青年会是近代体育运动的引进者和推广者。为了有效开展体育活动,该会专门设有体育部,其中不乏非常专业并富有经验的体育干事,如董守义、王正廷、章辑五等人。对于在儿童中开展体育运动,该会也十分重视。这些体育运动,不仅符合儿童心理和生理需要,而且富有挑战性、趣味性,都能很好地起到强身健体的作用。

1924年,天津青年会童子部第八次夏令会远足队赴烟台旅行,规定"凡会员在十四岁以上者均可加入",活动内容有泅水、营火运动、识天然物、水产研究、博物、卫生、游览名胜、参观美国军舰和美军、武术、查经、音乐、游艺、手工等③。举办1930年和1931年暑期夏令营的目的也十分明确,即"藉以提倡儿童之体育"。夏令营的负责人就是由"对儿童夏令营之组织及体育运动素有经验者"如章辑五等人担任④。然而,并非每个报名儿童都能如愿以偿地参加这样的活动。在出行之前,天津青年会要对儿童们进行"体格检验",检验合格者方可以参加。显然健康是对于儿童的基本要求,而健身又是对其进一步塑造的开始。远足、夏令营的活动内容除了能达到强身健体的目的外,还在一定程度上有利于塑造儿童自立自强的品格,培养他们对大自然的热爱,使其身心受益。另外需要说明的是,天津青年会组织的夏令营有时也是一种国际性的集会。因为参加者还有日、美、英、法、俄诸国儿童,

---

① 《一年来青年会之事工(续)》,载《大公报》1927年2月9日。
② 《青年会灭蝇之成绩》,载《大公报》1924年6月22日。
③ 《一年来青年会之事工(续)》,载《大公报》1927年2月9日。
④ 《儿童夏令营》,载《大公报》1930年8月11日。

而他们与中国儿童之间的交流也是十分有益的①。

为了督促儿童进行体育锻炼,强健体魄,发达身心,天津青年会童子部四育养成团还成立了体育健身团。该会童子部要求四育养成团的团员必须加入体育健身团,并为体育健身团的儿童们设计了"健身格式表",要求儿童们按表实施健身活动,并鼓励他们"操练之日久,必获奇效也"②。

天津青年会曾多次举办儿童游戏场活动,旨在引导儿童进行体育锻炼。"青年会为提倡孩童正当游戏,发达健康之体魄精神起见,历年举办公共儿童游戏场一处,教导儿童尚武精神。"③1927年,该会在工作总结中明确指出:"本会举办儿童游戏场已六年之久",其活动时间多为每年暑期的6月末至9月初④。例如1922年,天津青年会在广东会馆前院设置夏令儿童游戏场,开办之初有学生八十余名参加。游戏场活动时间为每日下午5点至7点,活动项目有接力赛跑、不正式队球、掷球、跳高、跳远、药球、三足接力跑、猫捕鼠游戏,等等。另有该会体育教育经验丰富的李友珍、董守义等干事现场指导儿童运动,使儿童们"兴致勃勃,饶有余趣"⑤。1935年设立的儿童游戏场,由于有"热心社会事业诸君捐助游戏品多种",所添置的设备更富有趣味性,"计秋千、滑梯、摇船、转筒、压板、沙盘等多种"⑥。

## 四、群育:提升交际能力,形成服务意识

天津青年会对群育是十分重视的,该会虽秉持"德智体群"四育并进的育人理念,但在"实施方面,以群为进行途径,也以群为成功的目标"⑦。

该会所倡导的儿童群育可以从幼年四育养成团的宗旨中窥见一斑:"群育:(一)音乐、交友、旅行。(二)说故事、本乡绘图、国民资格、帮助他人。(三)交谊、游戏、交谊常识、家庭工作"。⑧ 交谊、交友、交谊常识、帮助他人

---

① 《万国儿童夏令营定今晨出发赴平》,载《大公报》1931年7月22日。
② 《养成团定期开会》,载《大公报》1922年7月7日。
③ 《儿童游戏场行将成立》,载《益世报》1921年5月28日。
④ 《一年来青年会之事工(再续)》,载《大公报》1927年2月11日。
⑤ 《青年会之近闻》,载《大公报》1922年7月11日。
⑥ 《青年会儿童游戏场》,载《大公报》1935年6月14日。
⑦ 刘廷芳:《青年会对于中国教会的贡献》,载《天津青年》1936年第106期。
⑧ 《童子部组织幼年四育养成团》,载《大公报》1922年10月4日。

等项较为明确地体现了该会提升儿童交际能力的宗旨。天津青年会的其他各类活动,诸如同乐会、演说会、游艺会、夏令营以及各类比赛、游戏等也能起到提升儿童群育水平的作用。该会还注重调动儿童的积极性,鼓励他们参与社会服务,如前文所述灭蝇活动,又如让儿童会员参与救助贫困工童的服务活动①。如前文所述,1930年和1931年天津青年会都在西山卧佛寺举办夏令营,不仅内容丰富,包括旅行、游泳等,而且锻炼儿童们的合作精神。在活动中,儿童们要自己扎营露宿,既锻炼了生活能力,享受了劳动与创造的快乐,又学习了怎样与人合作,提高了交际能力。此外,夏令营还安排了讨论会、讲演会、考察植物等其他活动内容,"与会儿童莫不感其兴味"②。儿童在夏令营、远足等活动中互相扶持、相互激励,在接力赛等游戏中学习竞争与合作,在灭蝇大赛等活动中以一己之力服务社会,在各种学习班中探讨问题、增进知识等等,使他们受到群育。总之,天津青年会倡办的群育活动不仅培养了儿童的交际能力,还增进了他们服务他人、奉献社会的意识和能力。

## 五、结语

天津青年会对于贫困儿童的关注是持续的,除了社会常态下的救济外,在一些特殊时期,如灾荒或战争年代,该会也致力于对受困儿童的救济。1917年天津水灾期间,天津青年会联合各教会组织天津基督教水灾赈济会③。此次水灾中,"津埠城厢内外男女老幼全数难民","共计五万五千三百九十九人",其中有"小孩(凡在十二岁以下为小孩)"一万九千六百九十一人④。赈济会派出水灾调查员调查受灾民众生活,使受灾民众的困境见诸报纸,其中有"孩子无食,每日哭泣,向母求食而母无食以供给,其苦难以笔述"⑤。赈济会将灾民情况通过报纸传递给更多民众,以引发广泛的同情,为灾民争取多方的援助,以拯救儿童于危难之中。1922年战乱之际,天津青年

---

① 《一年来青年会之事工》,载《大公报》1927年2月9日。
② 《儿童夏令营》,载《大公报》1930年8月11日。
③ 下文简称赈济会。
④ 《大水灾近闻汇志》,载《大公报》1917年10月14日。
⑤ 《关于筹赈之种种》,载《大公报》1917年11月11日。

会又联合各教会在津设立妇孺救济会,以救济妇孺为宗旨①,收容了大量的妇女儿童②。1927年初战事又起"津属一带战区难民纷纷来津,餐风宿露,状极凄惨",天津青年会组织收容难民"不下数百名",并派会员到难民所"教授贫儿游艺,施送饮食"③。在"非以役人,乃役于人"的会训指导下,天津青年会为困境之中的儿童带来了福音。

在近代中国改良儿童教养的实践中作为关爱儿童的宗教团体,天津青年会做出了很多努力。该会为儿童举办的一系列活动,除了旨在使儿童"德智体群"四育并进外,也希望通过活动本身引起社会各界人士对于儿童的广泛关注。

实事求是地说,天津青年会在塑造健全儿童的过程中扮演的并不是独行侠的角色,所以,对该会来说能否取得社会各界人士的广泛关注和认同,能否引领儿童教育的新风尚是衡量其活动成败的关键。天津青年会联合其分支联青社"以热诚服务之方法赞助适当之慈善事业及社会活动"④,致力于对贫儿的助学。该社常年举办"拾球儿童补习学校",拾球儿童是指青年会网球场为方便球员练习,请来的在网球场捡球的贫困儿童。联青社除付给这些拾球儿童一定报酬外,还针对其无力就学的情况为他们开办了补习学校⑤。此外,该社长期经办儿童义务学校,直至1948年改义校为识字班,招收失学的儿童和妇女,以一年为期,完成"能读、能写、能算"的目标,其教材为《平民千字课》,"由该社出资印发学生,概不收费"⑥。

透过《大公报》,我们不难看出天津青年会为引起社会关注采取了一系列措施。首先,借助报刊、电台等媒体开展宣传。从《大公报》对该会活动的频繁报道、评论中即可以看出该会对于媒体的看重。需要说明的是,该会在报刊上刊登的不仅是儿童活动的广告、情况介绍,还有该会结合儿童教育现状进行的讨论,以此引发大众对某一儿童话题的持续关注。与此相类似的

---

① 《童子部组织幼年四育养成团》,载《大公报》1922年10月4日。
② 《妇孺救济会开会》,载《大公报》1922年5月5日。
③ 《一年来青年会之事工》,载《大公报》1927年2月9日。
④ 杨肖彭:《回忆天津的联青社》,见天津市政协文史资料研究会编:《天津文史资料选辑》第50辑,第161页,天津人民出版社1990年。
⑤ 《青年会网球场续招新会员》,载《大公报》1935年6月4日。
⑥ 《联青社在青年会设识字班供给书籍不收费用》,载《大公报》1948年3月28日。

是,该会在20世纪30年代设立电台之后,也注重以广播的形式让人们了解其儿童事业。其次,联合其他社会力量一起举办儿童活动并在活动中起到主导作用,如联合各小学开展灭蝇大赛、联合其他社会团体救助贫困儿童等①。再次,通过其他广告形式进行活动宣传,如在电车上张贴广告、散发传单等,扩大社会影响。最后,组织儿童开展游行,进行活动宣传。如在1929年齐家节期间,该会发动儿童进行"童子游行大会""人人手执小旗呼口号,以便引起群众之注意",以此来扩大活动的影响力②。

综上所述,天津青年会旨在"为儿童谋幸福"的社会服务活动可以说是急民之所需,对于儿童、家庭、国家来说都有一定的意义。众所周知,儿童是国家的希望、民族的未来。而在民国时期的天津乃至中国,应该给予儿童怎样的关爱,如何塑造健全的儿童以养成未来之国民,如何使得今日的儿童担负起明日国民的责任,天津青年会在"德智体群"四育并进的理念指导下,用实际的行动做出了回答。

(《华南师范大学学报》社会科学版2012年第5期)

---

① 《青年会灭蝇之成绩》,载《大公报》1924年6月22日。
② 《青年会之齐家运动》,载《大公报》1929年9月29日。

# 天津事件再考
## ——以天津总领事馆、中国驻屯军、日本"侨民"为视角

[日]小林元裕 著 万鲁建 译

## 课题的设定

本文以九一八事变爆发后,华北经济城市天津发生的天津事件为例,将焦点放在天津的日本总领事馆、中国驻屯军及日本居留民的动向上,进而将张学良东北政权的应对也纳入视野进行考察。

1931年11月8日晚10点半左右,武装的中国便衣队约2000人从天津日租界的中国驻屯军所在地海光寺方面进入中国街区,开始进攻河北省政府、天津市政府及公安局。对于这一暴动,中国当局使用保安队和警察进行防御①,力图镇压便衣队,中途保安队和中国驻屯军之间发生枪战,事态最终发展到中日两国的冲突。通过中国当局和日本总领事馆的奔走,纷争停息。但是11月10日清朝废帝溥仪趁着这次暴乱,离开日租界,前往营口。此为第一次天津事件。②

11月14日以后,枪声停止,市内恢复平静。26日晚8点20分左右,便

---

① 原文最早发表于日本殖民地研究会编《日本殖民地研究》第8号,1996年7月。后收入小林元裕:《近代中国的日本居留民和鸦片》,吉川弘文馆2012年,为第四章内容。本译文是根据2012年吉川弘文馆版本译出。

根据1902年7月缔结的有关归还天津的交换文书,中国不能将本国军队驻屯在天津租界20华里以内的地方;[日]外务省编:《日本外交文书满洲事变》第一卷第二册,1977年,96页。以下略记为《日外文》1-2,以发信日、发信人→收信人、电报或文书编号、页码为顺序。引用时,汉字改为常用汉字,片假名改为平假名。

② 11月8日爆发的第一次事件,因在11日的阁议上决定作为"事变"处理(1931年11月12日《东京朝日新闻》夕刊),原本应该记为"天津事变",但因为和没有被视为事变的第二次事件的关系,在这里全都称为"事件"。

衣队再次暴动，中日两阵营的枪战再次开启。关东军听到这个消息后，马上开始进攻锦州。28日，日本政府决定增兵中国驻屯军，并从关东军派遣一个大队。但是，中国方面11月29日撤回保安队，避免和日本方面对立，避免了事态的进一步扩大，市内再次恢复平静。此为第二次天津事件①。众所周知，这两次暴动事件都是关东军的土肥原贤二策划的②。

对于天津事件，正如郎维成早就指出的那样，以前认为是为了将溥仪带走所放的烟雾弹，没有如柳条湖事件和上海事变那样进行过详细分析③。即从关东军的视角，或者只停留在其作为伪"满洲国"建立的一个过程来考察。

---

① 汇集天津事件经过的日方公文书如下。陆军省调查班：《关于天津事件》，1931年12月3日；外务省记录：《满洲事变时天津暴动关系一件（含反张学良运动）》[A.6.1.59]，外交史料馆所藏；日本中国驻屯军司令部：《天津事变的概况》，1931年12月9日；陆军省《满受大日记[普]昭和七年》其一第一号，防卫研究所图书馆所藏；"据昭和6年11月26日外务省亚细亚局第二课调查天津事件"，《外务省警察史支那之部在天津总领事馆》第一《外务省警察史》第34卷支那之部，不二出版社1999年，第227—234页；亚细亚局第一课"天津事变（第二次）"，1932年1月9日，《日外文》1-2，第152—157页。中方的记录有，为向李顿调查团提出而作成的"关于1931年9月在天津的骚乱备忘录"，1932年提交人在天津，（"Memorandum on the Disturbances in Tientsin of November, 1931", submitted by the people of Tientsin, 1932），张拓编：《天津事变》，天津书局1932年。张拓是当时河北省政府秘书的笔名；作为遗稿，张拓还有《天津便衣队暴动实录》，中国人民政治协商会议天津市文史资料研究委员会编：《天津便衣队暴乱》，中国文史出版社1987年。

② [日]森克己：《满洲事变的内幕史》，国书刊行会1976年，第392、393页。

③ 郎维成：《论天津事件——流产的华北事变》，1993年1月在北京召开的第二届百年中日关系史国际研讨会提交的论文，第12页。该论文关注中国驻屯军的强硬行动，寻找天津事件的经过，但对于笔者关注的日本居留民的动向和戒严令的施行，完全没有触及。此外，从天津事件的分析中引出了卢沟桥事件的点火者是中国驻屯军的观点（第17页），笔者不同意这个观点。另外，日本方面的研究，有关天津事件的文章比较短，如[日]大村慎助：《日本的外交·这一百年（9）》，《世界杂志》1963年9月号，后收录在大山梓《日本外交史话》，凤书房1989年；臼井胜美：《满洲事变》，中公新书1974年，根据外务省记录，比较详细地记录了第一次事件，但没有论及第二次事件。岛田俊彦：《满洲事变的展开（1931—1932）》，日本国际政治学会太平洋战争原因研究部《走向太平洋战争之路：开战外交史》2《满洲事变》（新装版），朝日新闻社1987年，是以陆军的动向为中心进行分析。笔者以本章为基础的论文在《日本殖民地研究》第八号，1996年发表后出版，见安井三吉：《从柳条湖事件到卢沟桥事件》，研文出版2003年，主要是关注天津事件之际中国驻屯军的增兵要求。

因此,事件本身给天津这个华北最大的经济城市带来什么影响,给天津在留的日本居留民带来什么影响,他们又是如何应对这一事件的,还没有这样的分析①。

关于1932年的上海事变和上海在留日本人的关系,已经有很多研究成果,明确了上海的日本居留民中间存在着较为强烈的对华强硬论,而且实际上他们还采取了与中国人敌对的行动②。上海事变是以柳条湖事件爆发为契机,日本民族的排外热、战争支持热③遇到上海公共租界这一"外地",以最为激进的形式所表现出来的一个例子。这样的情景可能是在华的日本居留民所共有的景象吧。

1920年代后半期,随着南京国民政府的成立,中国民族主义在全国高涨,日本居留民必须面对和先前不同的强烈反日、抵制日货运动。但是,即便笼统说抵制运动,不同的地区都具有各自独特的政治、经济特征,日本居留民的应对也有地区性的差别④。因此,以上海居留民的行动代表九一八事件时期在华日本居留民的行动是没有道理的。我认为天津事件和天津日本居留民的关系与上海事变和上海日本居留民的关系是不同的。

本文从上述观点出发,在特别关注天津日本居留民的活动时,来探寻天津事变。作为日本居留民研究来研究天津事变,这是首次尝试,我还想通过这个分析,自然探明天津事变在九一八事件中的意义。

## 一、九一八事件爆发和土肥原来津

### 1. 九一八事件的爆发和天津

华北的经济城市天津,是通过北宁线与九一八事件的爆发地奉天(沈阳)和锦州、山海关相连。天津的位置能够直接受到事变进展的影响,在柳

---

① 前揭大村论文,对于日本居留民和事件的关系有若干触及。
② 代表性研究是[日]高纲博文:《上海事变与日本居留民——日本居留民虐杀中国人民的背景》,中央大学人文科学研究所编:《日中战争日本·中国·美国》,中央大学出版部1993年;高纲博文:《"国际城市"上海中的日本人》,研文出版2009年再收入。
③ 关于日本国内民众的排外热、战争支持热和协助战争的分析,参照[日]江口圭一:《日本帝国主义史论》,青木书店1997年等一系列研究。
④ 参照[日]小林元裕:《近代中国的日本居留民和鸦片》第二、三章,吉川弘文馆2012年。

条湖事件爆发两个月前,已经出现了万宝山事件及以朝鲜事件为发端的对日抵制运动①。新的事变爆发必定扩大这些运动。

1920年代,北京、天津地区不断上演军阀混战。1930年10月以后京津地区成为就任陆海空军副总司令的张学良势力范围。事件爆发之际,张给奉天及其他地方下达训令,"要求对日军绝对不抵抗,解除武装"②。翌日又命令北平、天津、察哈尔等地官宪,"随时巡视日本人商店、住宅等,防止发生不测事件"③。张害怕意外事故,特别是日本居留民和中国人之间的冲突所引发的事变扩大。

1930年,天津有6642名日本人居住,约500名中国驻屯军驻留④。中国驻屯军的动向特别引人注目,天津充满紧张的气氛。天津市政府9月21日召开临时恳谈会,发布公告称"如果日本军事入侵华街,解除巡警及其他武装,不要进行抵抗,不合理交由日后交涉",确认了张学良的不抵抗政策⑤。这是因为天津当时还有日本、英国、法国、意大利四国租界存在,一旦中日开启战端,其争端容易发展成为将列强卷入的国际问题⑥。

暂时平静的对日抵制运动⑦,因柳条湖事件爆发而重新高涨,市政府于是管制运动,以免"被日人的阴谋所迷惑而发生事故"⑧。10月2日以国民党党部为中心力量的反日救国联合会成立,天津出现"反日"运动的统一体⑨,但市政当局压制了直接行动。中国当局对中国驻屯军的防范之心未必

---

① [日]浅野护:《抗日运动与天津事变》,天津日光堂书店1932年,第4—22页。
② 9月19日,矢野真北平参事官→币原,第417号,外务省编:《日本外交文书满洲事变》第一卷第一册,第403页。以下略记为《日外文》1-1。
③ 9月19日,矢野→币原,第420号,《日外文》1-2,第498页。
④ [日]天津居留民团编:《天津居留民团三十周年纪念志》,天津居留民团1941年,第484页,及前揭《天津事件的概况》。
⑤ 9月29日,田尻爱义天津总领事代理→币原,机密第946号,外务省记录《满洲事变排日排货关系(北支之部)天津》,A.1.1.021-5,外交史料馆所藏。以下略记为《排日排货关系》。
⑥ 1931年9月20日,田尻→币原,第325号,外务省记录《满洲事变在留邦人保护撤退避难及被害关系〈保护撤退及避难关系〉(北支)》A.1.1.021-1-1,外交史料馆所藏。
⑦ 9月19日,田尻→币原,第324号,《排日排货关系》。
⑧ 前揭机密第946号。
⑨ 10月3日,田尻→币原,机密第981号,《排日排货关系》。

不对。中国驻屯军9月19日以以备万一的名义完成出动准备,加强在日租界和中国街区交界的地方警戒①。当时,天津的杨柳镇、北仓近郊约有15000名东北军驻留,驻屯军担心被东北军攻击而进行了各种准备,引起在津日本居留民的慌乱②。天津总领事代理田尻爱义9月29日向币原外相报告说,"租界内本馆警察署完全可以警备,监视想要采取积极行动的驻屯军之动向,一般居留民也注意军队的行动,避免惹起问题。由于采取监视态度,一时出现的种种谣言,最近也渐趋安静"③。

在贸易港天津的很多日本居留民都经营着以贸易为主的料理屋、饮食店、杂货店等生意。作为这些日本居留民的统辖机关是天津居留民团。居留民团9月19日和驻屯军、总领事馆磋商制定事变对策。讨论万一事变波及天津时的避难对策等问题,居留民团将避难方案通知居留民,甚至为防止日租界孤立之时食品不足,还通过驻屯军购买食品④。如此,居留民和驻屯军合作防备事变,正如田尻所观察的那样,对可能采取积极行动的驻屯军采取"监视态度"。

但是,10月8日关东军轰炸锦州,来自东北地区的难民涌进关内,天津地区各种"流言蜚语"乱飞⑤。驻屯军"决意万一之时蹶起一战"⑥,居留民团也于14日决定向首相、外务、陆军当局请求出兵⑦。一方面,反日救国联合会因轰炸锦州而扩大势力,运动更加活跃。然张学良的不抵抗政策未变,继续压制联合会的直接行动⑧。此外,"反日"运动内部也有很大的对立。其对立发生在救国联合会和日货贸易商之间⑨。天津在中国是仅次于上海、大连

---

① 《东京朝日新闻》,1931年9月20日,9月21日。
② 9月22日,田尻→币原,第338号,《日外文》1-2,第504页。
③ 前揭第325号。
④ [日]《昭和六年天津居留民团事务报告书》,1932年,第57页,天津图书馆编:《天津日本租界居留民团资料》第二卷,广西师范大学出版社2006年,第366页。以下略记为《事务报告书》,按照原史料页数、影印史料页数记述。
⑤ 10月14日,桑岛→币原,公信第1006号,《排日排货关系》。
⑥ 《满洲事变机密政略日志》,《现代史资料7 满洲事变》,みすず书房1964年,第209页。以下略记为《片仓日志》。
⑦ 前揭《事务报告书》第57页(第366页)。
⑧ 10月23日,桑岛→币原,第430号,《排日排货关系》。
⑨ 11月1日,武内俊二郎中国驻屯军参谋长→杉山元陆军次官,天电256号,《排日排货关系》。

的贸易港,是典型的进口港,1920年代每年的贸易总额当中,日本的份额经常占有40%左右。因此,对日货贸易商来说,实行日货封锁如同自杀,和救国联合会联合斗争是一个艰难的现实问题。张学良也介入了两者的对立,市政府于11月2日决定解散救国联合会和禁止一切"反日"工作①。

如前所述,张学良实行彻底的不抵抗政策,日租界内出现一部分中国人讨厌日本上学儿童并施暴②,"但对日本人生命财产的直接危害、扣留等"情况仍旧没有发生③。万宝山事件以后的天津,中国驻屯军虽然出现了微妙的动向,但由于张学良、天津市政府拼命管制"反日"运动,平稳状态得以维持。不过,由于土肥原贤二大佐进入天津,天津政局发生了大变动。

2. 土肥原进入天津及其目的

关东军讨论派遣土肥原大佐到天津的问题是在1931年10月10日。其目的是在"为了解决满蒙问题,现在派遣土肥原大佐到力量薄弱的天津军,给予援助指导,或利用韩复榘等,或进行各种谋略,搅乱京津地方,将大为有利"。三宅光治参谋长、土肥原大佐、板垣征四郎大佐、石原莞尔中佐等20日决定启用土肥原,以推进反张学良的运动。"使在华北的张学良政权崩溃是眼下最为紧要的任务,为此军队必须在华北配备最为有力的机关,统制现正在酝酿的各种反张学良运动,并促进之"④。土肥原10月27日接到前往天津的训令,此外中日之间在华北发生冲突的时候,关东军向锦州方面出兵,并传达其希望"无论如何,都应该趁此好机会,将溥仪秘密转移到最为安全的地方"⑤。

这一派遣土肥原到天津作为"绝对秘密"在陆军中央进行,但土肥原的入津和目的马上就为外务省所知。土肥原从奉天出发的27日当天,奉天总领事林久治郎就从后来成为满洲国外交部总长的谢介石那里听到了土肥原被派遣天津及其目的⑥。这一情报马上也传给了天津总领事桑岛主计。

---

① 1931年11月2日,桑岛→币原,第459号,《日外文》1-2。
② [日]浅野护:《抗日运动与天津事变》,第41页。
③ 10月22日,桑岛→币原,公信第1065号,《排日排货关系》。
④ 《片仓日志》,第208、223页。
⑤ 参谋本部《军队在满洲事变的统帅(案)》,《现代史资料11续·满洲事变》,みすず书房,1965年,第351、350页。
⑥ 10月27日,林久治郎奉天总领事→币原外相,第1122号,《日外文》1-2,第13页。

桑岛当时在反张学良这点上和关东军一致,但对于带走溥仪,他认为还不是时机①。桑岛29日和来津的土肥原,30日和中国驻屯军司令官香椎浩平交叉会面。土肥原没有和桑岛说暴动计划,只要求对带走溥仪给予理解。驻屯军司令官香椎赞同带走溥仪的计划,并表示说可以自己承担责任②。桑岛没有当面回答,向币原确认政府的方针。对此,币原严令中止计划,认为"拥立宣统帝那样的做法,是完全不合时代的错误计划"。

但是,这里的关键不是天津总领事馆、外务省察知土肥原带走溥仪的计划,而是中国方面早就察知了土肥原入津及其目的。11月2日上海的中国报纸,以天津来电的方式,报道了土肥原入津和他正在策划带走宣统帝③。因此,桑岛马上通过领事馆员,劝告土肥原中止此次计划,但土肥原没有答应。桑岛判断"当地的中止劝告只是末节问题,很难获得效果",于是敬候中央指示。

此后,各地的中国报纸连日报道有关土肥原的消息,3日天津的斯塔社、4日天津的《益世报》及北京的《晨报》也都予以报道④,土肥原的企图在华北众所周知。中国当局也终于行动,3日公安局就关于土肥原入津和煽动反动分子的传言照会总领事馆,5日请求领事馆劝告土肥原离津。但是,总领事馆方面予以否认,认为这一切都是毫无事实根据的报道,并要求公安局予以管制。

4日,溥仪告诉驻屯军司令官决定"出山"⑤,溥仪逃离天津终不可免。土肥原策划在联盟理事会再开的11月16日之前将溥仪带走,总领事馆方面遵循外务省命令,阻止土肥原的行动,"根据情况,甚至有与军队发生武力冲突之虞"。11月4日,天津总领事的警戒根据中央的训令日渐严厉,土肥原致电关东军的板垣参谋,认为带走溥仪只有实行"非常特别的手段",板垣要求陆军中央警告外务省,不要妨碍溥仪的行动,如果妨碍将采取非常手段⑥。但是,即便有这样的军方压力,币原也没有改变态度,答复桑岛说日本政府

---

① 10月28日,桑岛→币原,第443号,《日外文》,第14页。
② 10月30日,桑岛→币原,第453号,《日外文》,第17页。
③ 11月2日,村井上海总领事→币原,第761号,《日外文》,第19页。
④ 11月3日,桑岛→币原,第460、461、462、471号,《日外文》,第20、21、22、24页;11月4日,矢野→币原,第607号,《日外文》,第24页。
⑤ 11月5日,桑岛→币原,第473、472号,第26页。
⑥ 前揭《军队在满洲事变的统帅(案)》,《现代史资料11》,第416页。

的方针没有任何变化①。

从后来的行动推断,我们可以认为桑岛总领事忠实地执行了币原的方针,担任天津总领事代理的田尻爱义领事对于币原在当地阻止带走溥仪的命令大为不满。田尻未必反对溥仪复辟,如果日本政府真的想阻止溥仪出山,应该是陆军中央和外务省而不是驻外机构商量解决②。根据战后田尻的回忆,田尻对土肥原和香椎驻屯军司令官说,"不管东京的训令如何,私下同意将溥仪带出天津"。外务省因驻外机构内部出现叛离者,命令无法彻底执行,只能眼看着溥仪逃离天津。

## 二、第一次天津事变的爆发

### 1. 第一次天津事变的经过

11月17日,桑岛总领事向币原外相报告事件概要,其内容如下。11月8日发生暴动,但土肥原认为计划失误,会失败,悍然将溥仪带至满洲。桑岛调查土肥原的谋略,土肥原进入天津,首先试图和安福系联络,但失败。结果,给了与天津保安队有联系的张壁、与青帮等有密切联系的李际春及于学忠部下的马廷福等五万元,收买保安队,组织便衣队,拉拢于学忠的部队。此外还使用数名驻屯军,将从关东军运送来的兵器秘密补充给李际春,使其参加一切暴动计划。公安局由于得到张一派的通报,8日加强警戒。保安队没有按照预定响应,暴动完全失败。

事件的前日即7日,市政府和除日本之外的各国领事联络,说同夜9点至11点间有从日租界过来的反动分子出没,进攻中国街区,请注意。在事件当日,也有同样的通报③。8日下午,市政府向总领事馆建议,由于张壁在日租界的蓬莱街,想要引渡,中日双方共同奔赴现场,一直到晚上都未能捕获到其人。下午6点,河北警察、宪兵、保安队、汽车队出动,照相馆等娱乐机关停止夜间营业,7点刚过就向中国街区发布戒严令,9点警察让商民关门④。在中国当局准备非常完备的情况下,便衣队开始行动。但是,在这样的状况

---

① 11月6日,币原→桑岛,第83号,《日外文》1-2,第29页。
② 田尻爱义:《田尻爱义回想录》,原书房1977年,第38、39、40页。
③ 11月10日,桑岛→币原,第553、497号,《日外文》1-2,第80、36、37页。
④ 11月13日,矢野→币原,公信第910号,《日外文》1-2,第64页。

下暴动无法成功,土肥原马上于9日打电报给关东军,报告事件失败①。

对于此次事件,张学良心情复杂。在北平的张学良9日会见矢野参事官,其时张还面带兴奋之情,告诉日方说,对于便衣队所用武器的运入,有来自海关的详细报告,便衣队从日租界侵入中国街区,从逮捕的便衣队证词可以证明日方参与了此事②。对此,矢野表明了日方的"公正立场",但张学良听不进去。

事件当日,获得暴动情报的张学良,和河北省主席王树常、天津市长张学铭(张学良的弟弟)策划,命令天津市警察局撤销管制,必要时独立第十五旅给予协助。下午3点,第十五旅姚东藩接到王树常、张学铭二人要求市内警备的命令,命令六四四团长金启明警备市内要地。但是,这些部队在警备前就与便衣队发生冲突。据姚东藩说,姚在当天12点左右接到张学良的电话,如果日军发动战争,要在大沽和天津两地坚持一周,等待全军集结。因此,姚和刘家鸾参谋长制定了对海光寺日本兵营和日租界的歼灭战计划、阻止日军从海上登陆的攻防计划③。该计划虽以没有下达而告终,但事态可以说相当紧张。

11月初旬,张学良的部下开始充满抗日之声,在关内的东北军将领王以哲、缪澂流、戴联玺等人联名通电蒋介石,要求出兵东北,收复占领地。④ 当然,天津市内的保安队中间也有抗日意识很强的士兵。事件当中,经常发生保安队枪击日军的事件,中日当局的交涉也被迫中断。9日,香椎驻屯军司令官要求中国方面撤到距离日租界300米处,设立中立地带。14日中日两联络员视察中立地带之时,发现在租界边界线稍远的地方有通电的铁丝网,

---

① "天津扰乱的谋略和实施前多少有点不同,及杨元吉的来津延迟和使用经费不足,无法同时发动,结果只是扰乱,受挫"。除杨元吉外,郭希鹏、丁喜春、王和华等军人预定发起反张学良的军事行动。《片仓日志》,第261、238—239页。

② 11月10日,矢野→币原,第625号,《日外文》1-2,第28页。关于从关东军运入武器之事,参照《片仓日志》,第238、261页。

③ 姚东藩:《天津便衣队暴动事件真相》,前揭《天津便衣队暴乱》,第48、49页。姚东藩:《张学良痛剿天津便衣队》,方正等编:《张学良和东北军》,中国文史出版社1986年,第221、222页。

④ 前揭《天津便衣队暴动真相》,《天津便衣队暴乱》,第46、47页。

而且在其后方的堡垒还潜伏着"数百名"安保队员,这是日方代表发现的①,交涉再次受挫。由此也可以窥见保安队的抗日动向。

但是,张学良专门将北京市政府参事周龙光及其他人员从北平派到天津,负责处理事件,15日王树常向驻屯军司令官和总领事馆道歉,第一次事件大致得到解决②。

如前所述,天津事件为什么会因为便衣队的暴动发展成为保安队与驻屯军的冲突?如果换个说法,日军是否进攻了租界外,或者天津保安队、正规军是否掀起了抗日行动,隐藏着可能发展成为中日两军全面的冲突。但是,当时约500名驻屯军要开展行动,必须有当地日本居留民的支持和协作。日本居留民在天津事件之际有何行动,我们下面论述。

2. 第一次天津事件和日本居留民的动向

中国驻屯军司令官香椎浩平在听到便衣队枪声前约两个小时,向部队下达了准备出动的命令,11点20分知道便衣队和保安队发生冲后便命令出动。天津日租界直接卷入战火实际上是在1900年的义和团事变以后的首次。香椎发表声明称"应实行自卫权,采取妥当处置"③。

香椎同时请求陆军中央派遣增援部队,但中央没有答应④,叮嘱香椎,"即便有若干意外的死伤也不能卷入其漩涡之中……此时没有特别必要采取积极的惩治手段"。香椎还请求关东军派兵,也被以在北满作战为由拒绝⑤。这样,驻屯军无法期待来自日本内地和关东军的增援,被迫独自作战。事件爆发后不久,通行中的一名日本妇女被流弹所伤(9日死亡),继而警备中的两名军人也受到狙击死亡,事态紧迫,驻屯军战意高扬。驻屯军步兵队

---

① 11月14日,桑岛→币原,第531号,《日外文》1-2,第68页。根据当时北平市政府参事、为和平交涉而被派到天津的周龙光回忆,日方代表所说的"数百名"保安队不是问题,在出入口被铁丝网包围的一个小店铺出来一个持枪的保安队员,日方对其进行了盘问。周龙光:《我在天津办理中日交涉之回忆》,前揭《天津便衣队暴乱》,第74页。

② 11月15日,桑岛→币原,第545号、546号,《日外文》1-2,第78页。

③ 参谋本部编:《满洲事变作战经过之概要——满洲事变史》,严南堂1972年影印,第339—341页。

④ 《参谋本部第二课机密作战日记》,稻叶正夫等编:《走向太平洋战争之路:开战外交史》别卷资料编(新装版),朝日新闻社1988年,第150页。参谋本部拒绝增兵要求是因为"为了一并解决中国问题,派遣少数兵力反而有害,毋宁因中方的不法行为而有所牺牲的有利时机再增兵"。另外,该史料如下略记为《机密作战日志》。

⑤ 《片仓日志》,第259、261页。

认为保安队中混有中国方面的正规军,"觉得租界要化为一片灰烬"①,要求反击应战,桑岛总领事看穿此点,前去压制驻屯军。此外,桑岛也和中国当局交涉,设想万一发生冲突时,要保护居留民逃难。

事件爆发的翌日,总领事馆担心夜间的事态,准备将租界内的一部分女子转移到租界中心地区。日本居留民不仅居住在日租界内,也有住在中国街区和其他租界的,总领事馆也要努力给予保护②。11日考虑到中日两军的冲突,要求外务省允许避难船返航③。

日租界西侧连接中国街区,东侧连接法租界。法租界的东侧是英租界,隔海河北侧是意租界。也有居留民团申请,10日夜总领事馆请求法租界工部局管制,法租界方面响应,允许其在靠近日租界南面的地方出动军队④。天津事件不单是中国和日本的冲突,列强也已经卷入进来。

接着来具体看一下居留民团在事件中的活动情况。居留民团在事件发生时也实行职员总动员,行政委员、民会议员在民团事务所负责应对事件。首先,行政委员会召集义勇队,配备在驻屯军属下⑤。其后,以居留民团为中心进行的活动是开设避难处、确保和配给食品、制作沙袋。

居留民团9日通过和总领事馆协商,让居住在连接中国街区的福岛街以北的日本人到小学校,朝鲜人到共立医院,居住在日租界外的日本人到江南公司建筑物避难,进行食物配给和做饭等,努力保护居留民。对于此时朝鲜人专门被"保护"在和日本人不同场所的原因不明,不过当时的外务省警察由于特别注意朝鲜人的共产主义运动和独立运动,推测可能是担心朝鲜人趁此事件有所行动⑥。如果认为后述驻屯军颁布的戒严令是抑制日本居留民的活动,我想这个推论未必不对。少数朝鲜难民由于居住地被"防备",在

---

① 11月11日,桑岛→币原,第502号,《日外文》1-2,第43页。

② 11月10日,桑岛→币原,第495号,《日外文》1-2,第35页。

③ 桑岛11日以来数次要求避难船返航,外务省也欲向天津派遣除大连汽船外,还有一艘小型船只。但到了12日暂停返航。11月12日,币原→塚本关东长官,第70、71号,《日外文》1-2,第55页。

④ 11月12日,桑岛→币原,第515号,《日外文》1-2,第51页。11日,除法国外,美国、意大利两国驻屯军也进行警备,《东京朝日新闻》,1931年11月12日。

⑤ 《事务报告书》,第57页(第366页)。

⑥ 前揭《外务省警察史支那之部在天津总领事馆》第一,《外务省警察史》第34卷,第229页。

日本难民回家后,还留在避难所①。

如前所记,天津日租界周边被中国街区和法租界包围。因此,战斗在中日间发生,中国街区封锁,流向日租界的物资就停止,只能依靠来自法租界和其他租界的物资,或通过海河从其他地区订购物资。

10日,因谣传便衣队暴动而神经过敏的日本士兵,除了往来法租界的外国人外,一时几乎全都禁止,蔬菜类、日用品的购入顿感不便②。食品不足带来的物价腾贵,给租界内居住者的生活带来很大影响,成为其穷困的原因③。为此,居留民团向租界内的中日食品店发放通行证,给予在租界边界线通行的特别便利,使其从外国租界采购食品,此外对中国居住者也发给通行证。总领事馆为管制小商人的暴利,从17日开始实施1917年发布的暴利管制令。此外,居留民团还独自购入廉价的面粉和白菜,实价销售,白菜还免费发放④。

除了上述活动,行政委员会还和总领事馆、驻屯军一起,研究居留民的撤退工作,再次办理请求增兵的手续⑤。

在天津,由于租界的警备不具备像上海等地区那样召集在乡军人的法规,居留民团的一个组织——义勇队负责此任务⑥。义勇队1927年5月设立,1928年北伐之际第一次动员。义勇队由本部、警备班、通译班、通信班、供给班、救护班构成,实质上是以在乡军人为主力。天津事件之际,219名新人入队,总数达到621人⑦。

11月8日,中国驻屯军司令官下达义勇队出动的命令,义勇队长田村俊次召集全体队员,在租界内各处部署。在驻屯军看来,义勇队员知晓天津地理,而且一部分队员还会说汉语,是军事行动不可或缺的。在战场,军队能

---

① 《事务报告书》,第58页(第366页)。

② 前揭第502号,第42页。

③ 北平的汤尔和11日访问矢野参事,说"日租界内的中国人九倍于日本人,食品逐渐匮乏,现在需要迅速采取措施",表达了对租界内食品问题的忧虑。11月11日,矢野→币原,第637号,《日外文》1-2,第47页。

④ [日]浅野护:《抗日运动与天津事变》,第62页。

⑤ 《事务报告书》,第58页(第366页)。

⑥ 参照小林元裕:《近代中国的日本居留民和鸦片》第二章第二节,吉川弘文馆2012年。

⑦ 《事务报告书》,第61页(第367页)。

否组织、动员这些在留日本人,在留日本人是否愿意协助军队,对军事行动的成功非常关键。

到了 25 日,由于看到市内大致安定,义勇队于 26 日脱离驻屯军所属,同日在大和公园广场举行了解除式。这个解除式有 462 人参加,约有 160 名队员没有参加。据浅野护《抗日运动和天津事变》所说,事变爆发之际,"在临时入队的人中间,有传言说这是没有什么意思的行动,一时在居留民间引起非议"。① 浅野没有记下非议是什么,但从 19 日的桑岛报告可以窥见一斑。

据桑岛介绍,居留民也预想到九一八事件以来,天津可能会有暴动或兵变,希望张学良没落。但是,居留民事前知道暴动计划,没有援助暴动,即便是司令部的幕僚,除了二三有关系者外,在事件之前都知道了内情,步兵队等除了队长以外还不知道真相。"尤其是事件发生后,因新闻记者、土肥原或反动分子的采访流露,现在一般都比较了解内情,鲜有攻击土肥原者,义勇队员中有人愤慨,一时不想承担任务"。

也就是说,不少义勇队员在任务途中就知道了本事件的真相,拒绝执行任务。浅野所说"从事没有什么意思的行动的人"就是指这样的队员。解除式的参加者少了近 160 人,只能是这些义勇队员拒绝参加所致。

土肥原大佐来到天津以后,中国报纸频繁报道土肥原的计划。我想在会汉语的日本居留民中也有人知道了这一情报。但是,推测多数义勇队是读了《天津日报》和《京津日日新闻》等天津发行的日文报纸才知道的。事件爆发后,从所谓的新闻记者处"散布"更为准确的情报,才首次知道事件的真相。同时,一部分义勇队即一部分日本居留民开始对土肥原产生反感。桑岛总领事 17 日向币原报告如下,"土肥原所投之石,不仅给我居留民带来麻烦,还扰乱了天津的治安,严重损害了帝国的威信和国际立场……内外的强烈质疑,也就不无道理了"②。

## 三、第二次天津事件和戒严令的施行

1. 中国驻屯军的强硬态度和戒严宣言

和第一次事件相比,作为第二次事件导火线的便衣队行动并不清楚。

---

① [日]浅野护:《抗日运动与天津事变》,第 64、65 页。
② 桑岛→币原,第 562、553 号,《日外文》1-2,第 80、81、83 页。

11月26日,十几名便衣队员出现在海光寺附近的村庄万德庄、炮台庄等,成为事件的开端①,首先像第一次事件时那样的张壁和李际春的暴动实行者并不明确。此次盛传,25日或26日会发生便衣队暴动,或者中日开战②,没有土肥原参与的报道迹象。但是,我认为此次事件还是土肥原策划的,其证据是11月19日进入齐齐哈尔的关东军,26日接到天津事变的报告,马上就开始进攻锦州③。

第二次事件中特别引人注目的是中国驻屯军显示出的好战态度。11月20日,二宫治重参谋次长给中国驻屯军武内参谋长打电报,"贵方的形势毋庸说现在还需要充分加以警戒,中国方面的态度有所缓和的今天,依然需要持续事态发生时不间断的战备状态,毋宁说此时要休养兵力,以备将来之万一"④。很明显,即便第一次事件大致熄灭,驻屯军仍旧没有解除警戒体制。第二次事件爆发,香椎驻屯军司令官便宣称"兹军队不得已为保护租界和居留民,行使自卫权,惩治中国方面"⑤,马上电请陆军中央和关东军派遣增援部队⑥。香椎在第一次事件时就声明行使自卫权,但此次加上了"惩治"。从这个词也能感到驻屯军奇怪的心情。驻屯军扩大实际的受害情况,报告给总领事馆,桑岛判断驻屯军的真意是"便衣队开枪是行动的好机会"⑦。对于驻屯军的积极行动,桑岛数次致电外务省,悲哀地表示,"很遗憾本官无力制止军队的活动,此时中央必须尽快训令严厉自重",并要求增援,认为"在冲突不得已时,以现存的实力终究无法保护租界,多年的地盘也可能失去,此时绝对需要紧急派遣增援队"⑧。如此看来,桑岛对驻屯军的行动几乎束手无策。

驻屯军宣称"自卫",炮击第二军司令部和公安局,27日提出中方难以接

---

① 12月2日,桑岛→币原,第654号,《日外文》1-2,第125页。
② 12月3日,桑岛→币原,公信机密第1122号,《日外文》1-2,第130页。
③ 伊藤隆等编:《本庄繁日记昭和五年~昭和八年》,山川出版社1983年,第162页。
④ 《机密作战日志》,第156页。
⑤ 前揭《满洲事变作战经过之概要》,第348页。
⑥ 同前,第353页。《片仓日志》,第278页。
⑦ 前揭第605号,《日外文》1-2,第101页。该史料有"26日夜射击开始以后,根据在北旭街瞭望台的警察官报告,中方开炮并非如我方那样激烈夸张……其射击的激烈程度非如驻屯军所报告那样。"
⑧ 11月27日,桑岛→币原,第602、604号,《日外文》1-2,第99、101页。

受的要求,即"武装保安队从南运河和金钢桥向连接墙子河线以北撤退"、"河北省内的军队(武装及便衣)停止移动",以及"严厉管制排日、侮日行为"等五项要求。当然,中方也面露难色。

不过,中方仍是贯彻张学良的彻底不抵抗方针。29 日王树常命令保安队从河北(南运河以北)撤退,驻屯军没有采取进一步的行动,事态才得以缓和。中方至少有 11 名伤员(死者不详)①,日方仅有 4 名军人负伤,居留民无人受伤②。

作为另一个显示中国驻屯军积极性的行动,我们看一看戒严令的施行。香椎驻屯军司令官以"防护租界必要"为由,27 日宣告天津日租界戒严③。桑岛总领事要求外务省和陆军中央协商这一戒严令是否合适④。于是,币原立即回信说,"承认戒严令是合法行动,根据当地军方的观察,本件是戒严令,完全是搜查警戒便衣队和警备租界所需要的特别非常警戒措施"⑤。

在天津日租界实行戒严令,是日租界设立以来的首次。令人惊奇的是和陆军中央对外务省的回答相反,通告驻屯军说戒严令的施行是违法的⑥。中国驻屯军武内参谋长就戒严令的施行,向杉山元陆军次长作了如下辩解:

天津租界宣告戒严是军队本来的任务,是为了保护居留民。当时的状况,租界内的行政及司法事务已经置于军队的干涉之下,希望军事行动能够迅速推进而实施。而且实际上也是为加强宪兵和警察的联系。详细说来是一般行政及司法事务依然由领事处理,只有新闻检阅、枪炮弹药的检查扣押、交通管制、住宅搜查等,根据需要不失时机地由军宪兵实施,和外务官宪之间能够极为顺利地实施。

如前所述,戒严令在帝国领土之外实施在法理上有争议,作为军事行动的一部分又是必要的,从该令第二条规定出征的司令官可以宣告戒严这点

---

① 桑岛→币原,第 644、607 号,公信第 1117 号,《日外文》1-2,第 122、102、128、129 页。此外,第一次事件中中方负伤 14 人。中方死伤者的详细情况,参照张拓前揭书,第 149—171 页。
② 11 月 29 日,桑岛→币原,第 633 号,《日外文》1-2,第 118 页。
③ 11 月 27 日,中国驻屯军司令官→陆军大臣,天电 330。陆军省:《满密大日记·昭和七年十四册之其一》,防卫研究所图书馆所藏。以下略记为《满密大日记》。
④ 11 月 27 日,桑岛→币原,第 606 号,《日外文》1-2,第 102 页。
⑤ 11 月 27 日,币原→桑岛,第 105 号,《日外文》1-2,第 110 页。
⑥ 12 月 5 日,桑岛→币原,第 664 号,《日外文》1-2,第 134 页。

来看,在帝国领土之外也可以认为适合该令。此外,根据中日间的通商航海条约,帝国国内的诸法令现在也可以在天津租界施行,戒严令适用于租界内的日本人,相信也没有障碍①。对此,陆军中央于12月4日批评如下:戒严只能在帝国宪法施行地及关东州、南满洲铁道附属地宣告施行,不能在天津进行。因此,第四条出征司令官的宣告权也仅限于前述地区内,贵军司令官无权在天津宣告戒严。如果是为了获得如前所述的效果,贵方现在实施,加强宪兵和警察的联系,能够达到其目的,就和外交官宪交涉。如果进而获得如同戒严宣告同样的效果,需要命令事项,在紧急情况下,在现行法规下,不得已以驻屯军司令官的责任,断然处置,只能依靠中央的措施。如此颇为不合理,现行制度也没有办法,关于此点的对错,应该另行研究妥善处理。根据戒严令宣告戒严是违法的,先前已经发布命令的话,就不能依据戒严令,而且要见机撤销。总之必须利用更为合理的方法,采取必要的措施妥善处理②。

不过,这个命令到达之前,天津的事态开始缓和,驻屯军4日凌晨决定解除戒严令③。驻屯军的戒严令就是"只适用于租界内的日本人",其行动不能不说是过于轻率;尽管陆军中央都不承认其合法性,币原外相对戒严令的施行也只是言语模糊,没有采取对抗措施。

2. 居留民的动向和表达对军队的排斥

随着第一次事件的结束,义勇队解除动员。26日晚发生第二次事件,27日凌晨12点半,再次召集义勇队④。日本居留民此时除若干人外,几乎都回到自家,从27日再次开始避难。桑岛总领事迅速准备避难船。桑岛考虑让妇女孩子到日租界外避难,香椎驻屯军司令官则主张"妇女孩子全都集中在兵营,男子全部武装"。桑岛无视香椎,将居住在中国街区附近的妇女、孩子

---

① 11月29日,中国驻屯军参谋长→次官,天383之12,《满密大日记》。戒严令第四条如下,"战时之际,镇台营所要塞海军港镇守府海军造船所等突然遭到合围或攻击时,该地的司令官可临时发布戒严,另战略上需要临机处分时,出征的司令官可宣布之"。[日]大江乃志夫:《戒严令》,岩波新书1978年,第55页。

② 12月4日,次官→中国驻屯军参谋长,陆满密第245号,《满密大日记》。

③ 12月4日,桑岛→币原,第661号,《日外文》1-2,第132页。

④ 11月27日,桑岛→币原,第603号,《日外文》1-2,第100页。关于此时所召集的义勇队人数,《事务报告书》记为"五百余名"。第63、367页。

转移到靠法租界的地方或英法租界朋友处避难①。

居留民团此次也从事难民的收容活动,27日早晨开始将福岛街以北的居留民转移到小学校、幼稚园等地,配给食品②。28日撤退到日本内地、大连方面的居留民为47人,到租界内安全地区避难的达到485人③,最终撤退回日本内地、大连的截至12月5日为920人,实际约占日本居留民的七分之一离开天津④。居住在日租界内和日租界周边的中国人也有不少转移到法、英租界,直到12月4日仍能看到来自中国街区的难民穿过日租界。在日租界,不但日本居留民,中国居住者也在减少,致使其出现一种空洞化。

两只避难船12月1日进入天津和塘沽,但事态趋于平静。2日,义勇队回家待命,在避难所避难的人也回家。总领事馆6日发布公告,称"无需恐慌,可以安居乐业"⑤,希望人心安定。

12月5日,桑岛回顾第二次事件,将驻屯军的行动汇报给币原:驻屯军在事件甫一爆发,不仅使用机关枪,还有山炮、12厘米炮,过度还击。我想这是要扩大事态,作为增兵的借口,同时挑衅中方正规军,使其参战,制造瓦解张学良政权的机会。对于义勇队,驻屯军不断公开宣称,近期要积极进攻,占领中国街区,采取根绝对日抵制运动的祸根。因此,也有队员相信并胡乱射击致伤及一般人的事情出现。不过,29日保安队从河北撤退,射击断绝,30日发表义勇队解散,"队员大部分毫无主见,军队随意愚弄队员,敦促召开居留民大会,进行弹劾。军队舞动戒严令进行压制,暂时休养得以无事"。戒严令和向总领事馆的说明内容不同,实际上是为了操纵报纸,扩大宣传时局。义勇队出现召开居留民大会的动向,"管制谣言禁止集会等全都化为对内的命令,对外几乎完全没有必要,但一直持续到4日"。戒严令之后,27日以驻屯军司令官的名义,"宣布妨碍军事行动或妨碍治安,危害军民生命财产者,威胁杀害雇佣日本人的中国人者,以及未遂者,以军纪给予处分",但仍旧还有很多责难的声音。"总之,8日暴动以来,对土肥原和军队的不满逐

---

① 11月27日,桑岛→币原,第602、604、608号,《日外文》1-2,第99、100、103页。
② 《事务报告书》,58页,366页。
③ 11月28日,桑岛→币原,第628号,《日外文》1-2,第694页。
④ 前揭亚细亚局第一课作成调查书:《天津事件(第二次)》,第155页。
⑤ 桑岛→币原,公信第1128号、第661、649、653、679号,《日外文》1-2,第132、125、144页。

渐抬头,甚至 26 日支付银五千元慰劳金的义勇队,也出现抱怨之声。"①

需要考虑到这个报告有桑岛本人对驻屯军的愤懑,但第一次事件结束后,有人缺席义勇队的解除式,并且实际上将戒严令的施行放在了心上,我想未必是扩大事实。

在武内驻屯军参谋长给杉山陆军次官的说明中,他说戒严令的目的是"检查报纸、检查扣押枪炮弹药、管制交通、搜索住宅等"②,如开头有"检查报纸"那样,驻屯军过于担心媒体的报道。我认为驻屯军是想阻止像第一次事件之际类似报道土肥原参与事件的情报传播。

义勇队中也有人具有好战的态度,认为驻屯军的积极行动是管制对日抵制运动的好机会。值得注意的是抵制运动,不是对中方,而是要弹劾驻屯军的无主见,并希望召开居留民大会。很明显,戒严令是从"对内的"目的出发,是为了管制日本居留民对军队的批判行动而施行的,施行军纪也是出于同样的意图。结果,戒严令奏效,压制住了居留民对驻屯军弹劾的动向,1932 年 3 月天津出版的浅野的《抗日运动和天津事变》,也成了此前所见的含糊其辞的记述。在天津,驻屯军下达戒严令以弹压居留民和居留民对此反抗的消息,都没有传到日本国内。

## 四、天津事件的影响

### 1. 天津事件后的日租界情景

由于万宝山事件以后的对日抵制运动,天津的日本居留民日益疲惫,经过两次天津事件,经济疲弱,面临死亡。

多数天津日本居留民,除了从事贸易外,多是从事食品等的杂货商,或者料理、饮食店、出租业者,规模都很小,都是以大多数中国人为商业伙伴才得以生存。日租界内或日租界附近的中国人迁往其他租界,意味着他们失去了商业伙伴。桑岛总领事说出了其惨状,"租界的恢复原状并复活市场,暂时还看不到希望,眼前日本二百家庭约千人,日常生活物资困难,其苦不忍卒看"③。

---

① 12月5日,桑岛→币原,第664号,《日外文》1-2,第134、135页。
② 11月29日,中国驻屯军参谋长→次官,天383之12,《满密大日记》。
③ 12月3日,桑岛→币原,第659号,《日外文》1-2,第126页。

居留民团自12月18日至25日进行了为期一周的以申请书为基础的户口调查,计算出此次事件日本人的损失,损失总额以银计算约为249.4万美元。其中"会社、主要商店"的营业损失居首,为42户,173万美元;其次是中小营业者,为744户,62.3万美元①。

此外,中国人从日租界迁移也给居留民团财政带来很大影响。在居留民团于12月2日至5日进行的中国人迁移和避难损害的户口调查中,中国人迁移、临时避难者约1500户、12770人②。即与1930年日租界内的中国人2135户、27053人相比③,约占半数的户数和人口避难转移到其他地区。根据《昭和六年天津居留民团事务报告书》介绍,"到年末,日本人商店大约全部都能恢复开门,中国商铺一般都还担忧时局,白天开门的不过一半,中华、同庆茶园那样以夜间为主的营业所,一到日落,其妓女就转移到他国租界。因此,一般商铺住宅夜间悉数紧闭大门,即便是在非常繁华的北旭街方面,以老九章为首的大店铺也全都闭店,已经开店的夜间也只是在'橱窗'开一灯"。"大小杂货商及出租业者所受的损失甚重,自然租界内的经济大致疲敝。民团收入方面,自来水费、工巡、卫生、艺伎课金等也直接减少,房屋营业课金等间接减少,其他使用费、手续费等岁入也悉数减少"④。居留民团财政多依赖租界内的中国人税金,由于中国人、日本居留民避难转移,使得财政极为窘困。日租界的运营需要依靠中国人来运营之事,不经意间为日本居留民所知。居留民团劝告避难中的中国人返回日租界,桑岛总领事还在12月6日发布公告⑤。桑岛请求外务省救济,支付给穷困者平均30日元,总额三万日元,解救当前的困难,全无希望的要求给以救济离开天津⑥。

那么,很多中国人移居法、英租界的状况如何呢?根据桑岛总领事12月6日的公开信,靠近中国街区的中国人商店,由于其商品转移到英法租界,该租界内出租的房子、房间、店铺互相争夺,除了大旅馆外,称为宿屋的旅馆也全为避难的中国人所占据。食品店、照相馆、闹市区也都非常热闹,能够看

---

① 《事务报告书》,第116、117页,第380、381页。
② 《事务报告书》,第114(380页)。这一数字是根据搬家的一户为10人,暂时避难的一户8人计算出来的。
③ 李竞能主编:《天津人口史》,南开大学出版社1990年,第276、277页。
④ 《事务报告书》,第77、78页(371页)。
⑤ 桑岛→币原,第679号,《日外文》1-2,第144页。
⑥ 前揭659号,同前,127页。

到"相对于日租界约一个月成为死都之景,法租界成了不夜城,仅隔一条道路,诚非奇异的对照"①。

2. 天津事件给予对日贸易的影响

下面看看天津事件给予天津对日贸易的影响。第一次事件的爆发,使得之前没有什么影响的对日出口停止,进口除了少量的杂货、西洋纸等,也几乎处于停滞状态②。根据大阪商船、近海邮船、东兴洋行三船会社所交易的货物统计为基础的调查③,九一八事件时期天津港蒙受最大影响的是对日进口。1931年9月至1932年1月,从日本的进口额不过为63000吨,只有去年同期的48%,出现大幅减少。对日出口和去年相比,没有太多减少,但进出口总额减少27%。

在每月的进出口额中,10月和去年同期相比减少34%,11月减少七成,12月减少约九成,进口处于停止状态④。同时期出现的金汇兑高涨、海河淤泥等原因也导致进口量低下。10月的减少很明显是受到九一八事件、特别是锦州轰炸后抵制日货运动的影响,11月以后的减少主要是因为天津事件。天津事件确实给天津贸易及相关领域带来了破坏性的影响。

3. 天津事件后的居留民活动

居留民团必须为疲敝的日租界和居留民寻求重生方法。因此,居留民团于12月4日和财团法人共益会⑤、日本人商业会议所和町内会的若干代表,组织事变善后委员会。在该天的聚会上,首先讨论的就是尽早实现让租界内的中国人回归的具体政策⑥。日租界对前往其他地区避难的中国商人的回归劝告,我想是在此时想出来的。天津事件之际,也有居留民为根绝对日抵制运动而同意中国驻屯军的好战动向,但日本居留民知道驻屯军的军

---

① 《日外文》1-2,第127、140—142页。
② 11月20日,桑岛→币原,第576号,《排日排货关系》。
③ 1932年2月12日,桑岛→芳泽谦吉外相,公信第101号,《排日排货关系》。
④ 如果就天津、日本年度直接进出口额进行比较,1930年进口额为47038487海关两,1931年为46713448海关两,1930年的出口额为37220564海关两,1931年为34226166海关两,虽不能说是锐减,但整体上在下降。(在天津日本总领事馆编:《天津贸易年报昭和六年》)。
⑤ 财团法人天津共益会1930年7月设立,负责日本居留民的祭祀、教育、卫生、电气事业等。《天津居留民团三十周年志》,第406、407页。
⑥ 前揭公信第1128号,《日外文》1-2,第141页。

事行动其结果是将商业伙伴,也是支撑居留民团财政的中国人赶走。

居留民团为救济居留民的穷困,在12月15日的行政委员会和共益会理事会的联合会议上决定放贷年末救济资金,向276户贷款①。桑岛总领事请求日本政府给予三万日元救济金,进入1932年终于是一人一天,按照男50钱、女40钱、孩子30钱的比例,在天津事件爆发翌日,即1931年11月9日至1932年3月31日,支付144天的救助金②。只是居留民一旦接受这个救助金,就有义务返还居留民团给予的年末贷款,从疲敝之中恢复还需要时间。

# 小 结

二宫治重参谋次长在第二次事件后派遣根本博中佐来天津,将如下几项传达给中国驻屯军。

一、日中两军正面冲突时,天津军必须死守天津、北京、秦皇岛三个地方……从该军寡弱的兵力来看,终究无法采取积极行动。当然,可能的话也可以从内地增兵,但其到来之前,应暂时牺牲保护居留民,固守小范围的地区。

二、应注意电报用语,在先前的兵变时,因为有"断然严惩中国军"等语,关东军也很是吃惊,中央部也只能决心跟随其步调。

三、不管如何,谋略要在中央的统制下进行。③

如内容明确所示,这个传达事项是天津事变之际,参谋本部给中国驻屯军采取积极行动的嘱托。但是,这个条目中令人惊奇的是第一项。如1927、28年山东出兵所象征的那样,日军出兵中国经常以保护居留民为名。而且,

---

① 贷款金额为银二万美元,每户银100美元以内(无利息),返还方法是从1932年存放5个月后,在10个月内每月归还。《事务报告书》,第120、121页、381、382页。这276户也包含朝鲜人49户(其中女户主1家)。12月31日,桑岛→犬养毅外相,第724号,外务省记录:《满洲事变在留邦人保护、撤退、避难及被害关系保护、撤退及避难关系、在留民救济关系(南北支)第二卷》,A.1.1.021-1-1-1,外交史料馆所藏。

② 1932年3月30日,芳泽→桑岛,机密第56号。给天津的救护费达到45130.8日元,仅次于上海的106672.91日元。外务省记录:《满洲事变在留邦人保护、撤退、避难及被害关系保护、撤退及避难关系民团、民会返还金(非常警备费收容保护费)补给关系》,A.1.1.021-1-1-4,外交史料馆所藏。

③ 河边(虎四郎)中佐:"根本博中佐所传达的给予天津军的指示",前揭《现代史资料7》,第298页。

天津事变当中，驻屯军也是以保护租界和居留民为名进行军事行动。但是，正如这个传达事项所明示的那样，陆军优先考虑的与其说是保护日本居留民，不如说是固守"小范围的地区"。天津事件后，中国驻屯军也没有反思日本居留民和中国人的惨状，甚至想要进一步打倒张学良政权①，也就极为当然了。在天津事件当中，日本居留民知道，这样的军队一方面是保护自己生活、经济基础的存在而需要依赖，另一方面也在破坏其生活。

九一八事件爆发后，围绕天津的政治、经济环境，即张学良的彻底不抵抗政策、对日抵制运动的管制、日货销售商的动向，给日本居留民带来各自不同于长江流域及其他地方的环境。天津事变之际，一部分日本居留民抱怨土肥原的谋略事件，因戒严令也反对居留民面对的驻屯军。中国人对日本商人来说是重要的商业伙伴，对居留民团来说是财政支柱，尤其是居住在日租界内及租界附近的中国人，日本居留民并不单纯抛出排外热和战争支持热。

当然，像上海事变那样，日军的谋略没有全部透露给居留民，如果土肥原大佐的计划顺利实行，居留民的动向、还有天津的状况可能会改变。但是，实际上天津事变不单单是带走溥仪的工作、反张暴动事件，它是天津总领事馆、中国驻屯军、日本居留民，还有中方各自在反复对立和协调中展开的。天津事变之际，一部分日本居留民假装对驻屯军进行批评是稍微冷却九一八事件时期高涨的对中排外热、战争支持热的绝好机会，但是将其纳入违法的戒严令，则为九一八事件后日本的前进埋下很大祸根。

(《城市史研究》2012 年第 28 辑)

---

① ［日］岛田俊彦：《满洲事变的展开（1931—1932）》，日本国际政治学会太平洋战争原因研究部：《走向太平洋战争之路：开战外交史》2《满洲事变》（新装版），朝日新闻社 1987 年，第 103—106 页。

# 天津体育文化遗产探析

杨祥全

天津自 1404 年设卫建城,历经天津州(1725 年)、天津府(1731 年)、开埠(1860 年)、八国联军攻陷(1900 年)、国民政府设立特别市(1928 年)、沦陷为日本殖民地(1937 年)、天津解放(1949 年)等重大事件后,发展至今已经从漕运码头、军事卫所、商业都会、开埠城市演变成为一个超千万人口的综合性大都市、北方经济中心、改革开放的前沿城市。

长久的历史积淀、重要的地理位置、尚武的社会风气使天津的传统武术流派充满津味、体育遗迹闻名世界,近代西方体育在天津捷足先登、近代武术组织影响深远,这是一笔宝贵的文化财富,值得重视。

## 一、津味十足的传统武术流派

天津文化具有吸纳性强的特点,建卫六百多年来,随着外来人口的涌入,逐渐积淀形成了津味十足的津门传统武术流派,其中尤以回族重刀武术、独流苗刀、程派高式八卦掌等最具特色。

1. 回族尚武典型标志的重刀武术

"中土回人,性多拳勇","喝了清真寺的水,大小都会踢趟腿",回族有尚武的传统。回族人民不但参与创编了弹腿、查拳、八极拳、回回十八肘、心意六合拳、汤平七式以及六合枪、天启棍、西域鞭、五虎群羊棍等武术拳械,而且涌现出丁发祥、马学礼、李凤岗、常燕山、买壮图、王正谊、常振芳、杨鸿修、王子平、马良、马凤图、马英图、马永贞、张文广、何福生、马贤达、马振邦、赵长军等武术名家,出现了马凤图家族和孟村八极拳吴氏家族等武术世家。更为重要的是,天津还出现了更为体现回族尚武的重刀武术。

天津回族重刀武术以"重"为主要特色,原名"曹门大刀""曹氏大刀"。因其"具有展现中华民族文化创造力的杰出价值""扎根于相关社区的文化传统,世代相传,具有鲜明的地方特色""具有促进中华民族文化认同、增强社会凝聚力、增进民族团结和社会稳定的作用,是文化交流的重要纽带""出色地运用传统工艺和技能,体现出高超的水平""具有见证中华民族活的文化传统的独特价值""对维系中华民族的文化传承具有重要意义,同时因社会变革或缺乏保护措施而面临失传的危险"①而入选第一批国家级非物质文化遗产代表作名录。

2. 中日武术文化交流的活标本独流苗刀

双手刀剑法是中国武术大花园中的一朵奇葩,但可惜的是随着封建专制主义的不断强化,在宋明理学的影响下,孔子文武兼修的思想被"半日静坐,半日读书"所取代。正是在这样的社会背景下,在中国盛行的双手剑刀法开始走下坡路,并最终由于元代的禁武而在明代成为广陵散②。宋懋登对此感到十分遗憾,他在《九籥集》卷二《钱氏剑策序》中说:"千侯尝谓余,古法不传者三:曰剑术,曰抗法,曰画眉。抗法太残酷,而画眉都确男子气,皆君子所不道。独惜剑法不传……则君子不能无遗憾焉"。

与中国"君子不能无遗憾"相反的是,善于吸收外来文化的日本剑刀制作工艺在学习中国的基础上突飞猛进,并从宋代开始,日本对大陆的文化输出日益明显起来,其中尤以日本刀的输出最为明显。北宋欧阳修《日本刀歌》中有"宝刀近出日本国,越贾得之沧海东"的诗句。在这里,日本的刀已被欧阳修称之为"宝刀"。

与制作精良的"宝刀"相应,日本在发扬中国剑刀法"持短入长,倏忽纵横"的基础上,摒弃中国剑刀法"途支虚架,以图人前美观"的缺点而创造出技法朴实、步法灵活、简洁实用的日本剑刀法。正是在日本"双手用一刀"的倭刀法的刺激下,在明代已经失传的双手剑刀法重新得到武术家的高度重视,俞大猷、戚继光、程宗猷、吴殳等人纷纷学习倭刀,并试图使之与中国武术相融合。

入清以后,日本双手剑刀法因不适合骑兵作战的需要而在军队中归于沉寂。但在民间,双手剑刀法却传承了下来。清末,河北吴桥桑园人谢德恒兄弟将双手刀法传于天津静海县独流镇刘玉春、任向荣。1921年前后,曹锟

---

① 王文章:《非物质文化遗产概论》,文化艺术出版社2006年,第398—399页。
② 唐豪认为,由于元代统治阶级的禁武政策,在我国源流有序的双手剑法在明代失传了。详见棣华:《古代中朝日剑术交流的若干考察》,见《中国体育史参考资料》(第六辑),人民体育出版社1958年。

在河北保定练兵时，在军中设"武术营"，聘请刘玉春、任向荣教授双手刀法。其主要传人有佟忠义、郭长生、陈凤岐等人。

也许是出于对日本刀的忌讳，又为了避免程宗猷、吴殳的"单刀"与一般单刀的混淆，刘玉春、任向荣将自己所传授的双刀法称为"苗刀"，因而武术营又称为"苗刀营"。自此，苗刀成为一个正式的称谓流传了下来。1928年，中央国术馆成立后，苗刀成为学员的学练项目而进一步得到了普及与提高，成为家喻户晓的一个武术器械套路。

3. 先后天有别的程派高式八卦掌

八卦掌又称九宫八卦掌，它摆扣走转的演练方式改变了以往直来直去的套路结构而独树一帜，可以说该拳种的出现是中国武术成熟的一个标志。由于董海川因材施教，所以在董海川后，八卦掌出现了程式、史式、尹式八卦掌等不同的练习风格，在全国各地流传。

八卦掌不仅在天津有广泛的群众基础，而且还流行有萧氏八卦掌、阴阳八盘掌①，以及程派高式八卦掌等天津特色的拳术流派。其中程派高式八卦掌的特色较为突出，在天津也较为普及。

程派高式八卦掌由程廷华的弟子高义盛创编，后经刘凤彩、徐明乔、张峻峰、曲克章等众多弟子的传承与发展而成为一个闻名世界的拳种。

"先天掌为后天掌之母，后天掌为先天掌之用，无先天掌则八卦掌无根本，无后天掌则八卦掌不齐全。"程派高式八卦掌明确地将先天八卦掌和后天八卦掌区分开，两者的练法、目的不同，从而使程派高式八卦掌传承者能够沿着较为清晰的习学脉络循序渐进地修习八卦掌技艺。在经过"形似师""神似师"的修习后，进而寻求个性的解放，达到"形神似我"的境界。

---

① 阴阳八盘掌在清代又称为阴阳八卦掌。以目前的资料，该拳首见于河南董梦麟，董梦麟传河北霸县魏家营人李振清（1825—1900）。李振清所传的阴阳八盘掌又称李式八卦掌，李振清的传人萧海波又发展出萧氏八卦掌。萧海波的传人芦忠仁在天津对阴阳八盘掌进行了潜心研究，整理出版了《阴阳八盘掌》，向下续传了此拳。该拳强调"八盘"（人体的八个部位）的锻炼，演练时给人以强烈的艺术感和实战感。萧氏八卦掌创始人萧海波（1863—1954），天津市静海县独流镇人。初习少林长拳，后从李振清习阴阳八卦掌，精"龙形式""狮子步""八盘刀法"。得艺后，萧海波又跟随净缘法师习八卦全艺八年。1930年，萧海波应张兆东之邀在天津第一国术馆传艺，由此，萧氏八卦掌在天津得到广泛的流传。其中以陈家泰（金陵太极功的主要传人）、芦忠仁为最。

## 二、捷足先登的近代西方体育文化

1860年，第二次鸦片战争爆发，英国、法国联军攻陷天津，根据《北京条约》，天津开埠通商，1903年前英国、法国、美国、德国、日本、俄国、意大利、奥地利、比利时等9国（后美国租界并入英国，故称"八国租界"）陆续在天津划定租界。正是在这样的社会环境里，西方体育得以进入中国。

1. 基督教青年会的体育传播

1895年9月，来会理（David Willard Lyon，中文名李昂）作为基督教青年会北美协会的第一任中国干事，被委派来华负责开展工作，组织中国的基督教青年会。最终，经调查研究，来会理决定将会址设在天津，其主要理由是：北京是旧教育制度的中心，而天津就政府方面来说，则是进步的西方教育中心；天津是传教活动在北方的集散地，到华北来的传教士一般先经过天津。且天津有些教会学校的学生都能用英语会话，这对开展青年会的工作是个很有利的条件。

天津青年会设有董事会和德育、智育、体育、服务四个部。在会员、青年中开展"三育"和社会服务活动。此后，在体育部蔡乐尔、饶柏森、董守义、李友珍等主要干事的领导下，天津市基督教青年会致力于传播西方体育且成绩斐然。不但在天津首先将篮球、台球、乒乓球引入中国，而且建立了"中华全国体育协进会"，独立自主地举办了第八届远东运动会，更培养了张伯苓、王正廷、张汇兰、章辑五、董守义、李友珍等大批体育事业人才，为中国的体育事业做出了突出的贡献。

天津基督教青年会虽具宗教色彩，却不受教义和教会组织的约束。它所开展的工作是把"青年会人"的个人信仰和现世服务结合起来，从而避免了一些不必要的民教冲突，缓解了中西双方在文化交流过程中产生的紧张感，极大地推动了西方体育在中国的传播。

2. 马场道的历史与沿革

天津市的"五大道"是闻名世界的历史风景名胜区，它实际上指的是天津市和平区内成都道、重庆道、常德道、大理道、睦南道和马场道6条东北、西南走向的马路，以及与之相间的昆明路、云南路、桂林路、长沙路、湖南路、河北路、南海路、新华路、澳门路、洛阳道和郑州道等组成的区域。

清末时，"五大道"是外国租界，这里汇聚了英国、法国、意大利、德国、西班牙等国各式各样的建筑230多幢,名人名宅50多座,因此,这片区域又被称之为"万国建筑博物馆"。曹禺的《日出》《雷雨》就是以天津的"五大道"为背景而撰写的经典剧作。"五大道"中规模最大、各类建筑最集中的地方就是马场道。现在天津市区的马场道是有名的历史风貌区,近代史上在英租界内,因坐落在佟楼以南的原英国赛马场而得名。

英租界开辟不久,英国人将其本国盛行的赛马运动带入天津,最初的跑马场选在海光寺附近。资料显示,海光寺马场跑道约为1.25英里长,清同治三年(1863)四月,这里举行了中国的第一次赛马会。此后,这里每年都举行赛马会。截止到1932年,天津市共出现了7个跑马场,赛马逐渐在天津兴盛起来,这在当时全国各大城市中可以说是绝无仅有的。如今,天津的赛马运动虽已沉寂,但马场道这一街道名为我们保留了珍贵的历史记忆。

另外,天津的体育用品制造业也走在了全国的前列,其中"利生体育用品厂"是中国近代史上的第一家体育用品厂,随后建立的"春合体育用品厂"亦是全国知名的体育产品制造厂,这从另一个侧面反映了天津的近代体育文化底蕴。

## 三、影响深远的近代武术组织

1910年以后,特别是二三十年代,伴随着西方体育活动的开展,各种体育团体相继出现。其中精武体育会、中华武士会、中央国术馆和国立体专是最为重要的三个武术组织。这三个武术组织均与天津有关,可以说,近代中国的武术发展,天津功不可没。

1. 中华武士会

1910年,李瑞东、李存义、张占魁等人曾在天津创办民间组织"中华武士会",但没有得到官方的认可。此时,同盟会员叶云表和马凤图为团结革命力量,积极参与"天津中华武士会"的筹建,最终于1912年9月8日,在天津劝业会场①(今中山公园)创办了天津中华武士会②。

创建中华武士会的活动受到革命党人的高度重视,叶云表被委任为第

---

① 劝业会场,1905年始建,1912年更名为天津公园,后改为河北公园,1928年改名为中山公园。
② 1912年,四川成都亦建立武士会组织——四川武士会。参见周继厚:《中外体育徽章图志》,山东画报出版社2009年,第17页。

一任会长。但随着时局的变化,1912年3月,袁世凯窃取胜利果实后,革命党被解散,叶云表、马凤图等人不得不撤出中华武士会,会长改由李存义担任。

为扩大影响,1912年10月18日,"中华武士会"在天津造币厂大院组织了"中华武林英雄会"。李瑞东为筹办这次大会,卖掉了自己在武清县城关的200亩土地,并主持了这次盛会。会议达到了预期的目的,会后"竟出现军人排队前往武士会学练武的热闹场面"。①

1928年3月,得到政府支持的中央国术馆在南京西华门成立,中华武士会的许多成员应邀加入了中央国术馆,至此,中华武士会宣告结束。

中华武士会以"传习中国固有之武术、锻炼国民之体魄"为宗旨,改变了以往口授身传的传统武术传习模式,从而为培养众多的武术人才奠定了良好的基础。正是在中华武士会的努力下,天津的形意拳、八卦掌得到了很好的普及,武术人才大量涌现,为保存、承继中国武术这一非物质文化遗产做出了突出的贡献。

2. 精武体育会

1910年,创办于上海的精武体育会是近代中国武术的一个重要民间组织。精武体育会提倡"体、智、德"三育并进和"乃武乃文"的精武精神。在上海乃至全世界产生了深远的影响,孙中山先生曾亲手书写"尚武精神"四个大字,并欣然为《精武本纪》作序。

天津小南河人霍元甲被精武体育会尊称为"精武元祖",精武体育会的建立和发展与他有着直接的关系。精武体育会在上海建立后,陈公哲、罗啸敖、霍东阁等均曾试图在霍元甲的故乡天津建立精武体育会分会,终没有如愿。由于历史的原因,这一愿望在改革开放后才得以实现。1990年6月30日,会址设在霍元甲故乡小南河的天津精武体育会宣告成立。至此,天津武术迎来了新的发展机遇。

3. 落户天津的中央国术馆和"国立体专"

1927年,北伐战争结束后,张之江为实现自己"武术救国"的梦想,一方面奔走呼吁将武术改为"国术",一方面申请成立"武术研究馆"。当时的教育部认为武术研究馆为民间团体,并未批准在教育部立案。但此事却得到

---

① 李瑞林:《形意拳侠》(增订版),中国国际文化出版社2009年,第99页。

了冯玉祥"第一密友"李烈钧①及邵力子、吴稚晖、钮永健等南京国民政府要员的大力支持。从此,国术研究馆改称为中央国术馆,由戴传贤书写"中央国术馆"匾额,正式直属中央国民政府。

中央国术馆隶属于国民政府,并不归教育系统管辖,因而,国术馆毕业的学生并没有资格进入学校从事国术教育。1932年,全国体育工作会议上,许多与会代表提出体育师资匮乏、急需大量培养的问题,张之江对此特别重视。为"培植师资,普及国术"②,张之江抓住这一机会,立即委任庞玉森③筹备建立"体育传习所"。1933年春,"中央国术馆体育传习所"成立。先后更名为"中央国术馆体育专科学校""国立国术体育专科学校""国立国术体育师范专科学校"等。

1945年,抗日战争结束后,许多迁往大后方的院校都在准备回迁南京。但此时"国立体专"的校舍在战争中被炸毁,最后经多方努力,张之江将中央国术馆和"国立体专"迁到天津河北体育场④。

## 四、闻名世界的体育遗迹

遗迹是历史遗留给后人的宝贵财富,作为历史文化名城的天津,拥有不少闻名世界的体育遗迹,其中位于天津市蓟县的北少林寺和武清河西务的津门首驿更应引起我们的高度重视。

1. 北少林寺

北少林(禅)寺,原名法兴寺,魏、晋年间所建,位于天津市蓟县盘山中盘上,是蓟县最早的佛教寺院,也是天津最早的寺院。

宋恭帝德祐年间(1275—1276)法兴寺已经衰落,"罕有僧人"。元世祖

---

① 李烈钧(1882—1946),江西省武宁人,为冯玉祥的"第一密友"。南京政府成立后,李烈钧担任南京国民政府的常务委员、军事委员会委员等职期间,在南京与冯玉祥呼应,不断在政治上、军事上赞美冯玉祥。

② 张之江:《为拟设体育传习所事呈国府文》,见《张之江先生国术言论集》,国家图书馆藏,第107页。

③ 庞玉森,出生于天津南郊一个贫穷家庭,幼年即转随张之江将军。1927年,协助张之江创办中央国术馆,1933年又协助张之江创办国立体专。新中国成立后担任天津市文化局中国大戏院秘书兼天津市影剧业公会常务委员。天津民革成员。

④ 庞玉森:《张之江传》(内部资料)第83—84页。

时期,道士张志格等游览盘山时①发现了这块宝地,先"假言借住",后更名为栖云观,据为己有。后嵩山少林寺福裕大和尚面见皇上后,重新要回该寺并在宣政院使托克托的帮助下,"更法兴为北少林寺"②。

据《蓟县县志》记载:"民国初年,县内僧尼及居家修行者日减,日军进驻县内后,僧尼及居家修行者更少。"1939年,一群匪盗强行进入寺内,寺内珍贵物品被洗劫一空。1942年,日军清乡围剿抗日武装时,北少林寺被焚烧。至此,北少林寺逐渐被人们所遗忘。2002年天津体育学院武术系的高文山、梅杭强、杨祥全等人组成课题组对天津市蓟县盘山上的北少林寺进行立项研究,并在不同的场合介绍北少林寺的情况,北少林寺及北少林武术又重新进入人们的视野,得到了众多媒体及政府高层的关注。目前,天津蓟县北少林寺重修已写入政府工作报告,重修工作正在进行中。

2. 津门首驿

位于天津市武清区河西务的"津门首驿"是中国体育史上最古老的长跑起点。据记载,元世祖忽必烈至元二十四年(1287),朝廷中设置了"贵赤卫"的禁卫军组织,由亲军都指挥使统帅担任大都(北京)的警卫任务。

"贵赤"又称"贵由赤",蒙古语,译成汉语就是"快行者"的意思。为锻炼贵赤卫行进的能力,这支禁卫军每年都举行一次长距离赛跑。其长跑的起点一般从现在天津市武清区河西务出发,至大都内中(宫廷)至。这种长跑比1896年现代奥运会的马拉松赛跑早600多年,跑的距离也长得多,因此这里被标注为"津门首驿"。

通过调研,我们发现天津市不但有津味十足的民族体育、近代体育,而且有闻名世界的体育遗迹,精武体育会和中央国术馆等几个重要的武术组织亦与天津有关。可以说,天津民间体育是近代中国看天津的重要组成部分。

但随着社会的快速发展,竞技体育的强力挤压、现代生活方式及西方文化的影响以及民间体育自身的原因,天津的民族传统体育出现了内容锐减、传承断裂的倾向,闻名世界的体育遗迹没有得到更有效的重视和保护,这些问题需要引起我们的高度重视。

(《搏击·体育论坛》第9期)

---

① 《钦定盘山志》卷五,见《钦定四库全书文渊阁版·史部·地理类·山水之属》。
② 《钦定盘山志》卷九,见《钦定四库全书文渊阁版·史部·地理类·山水之属》。

# 天津洋行、货栈与近代西北羊毛贸易
——以满铁调查的《支那羊毛》为中心

李晓英

鸦片战争之后,随着中国对外贸易口岸的增加,以及世界资本主义生产的进一步发展,中国出口商品结构越来越多地呈现多样化发展的趋势,皮毛等畜牧业产品在出口类商品中所占的比重有了显著提高。从1881年羊毛开始少量出口到1894年青海羊毛大量输出,羊毛在中国出口商品额中快速跃居第六位,此后数额持续增加,到1928年已位居第五[①],成为中国对外贸易的重要商品,并在对外贸易中占有越来越重要的地位。故时人调查称:"中国每年土产之销售海外者,其中以茶、丝及羊毛为最,此三者,乃中华民族经济之命脉。"[②]近年来已有学者开始关注近代西北皮毛贸易,并从社会变迁、流通市场等多方面予以论述。由于中国羊毛出产主要在北方地区,出于运输距离上的考虑,到抗战爆发前,经天津口岸出口的羊毛数额一直占中国羊毛总出口数额的80%以上[③]。在近代西北皮毛输出中,天津洋行、货栈等贸易组织起到了重要作用。然而到目前为止,学术界却鲜有涉及。有鉴于此,本文以满铁调查的《支那羊毛》为中心,利用其资料对天津洋行、货栈在近代西北皮毛贸易中的助推作用进行论述。

---

① 汪敬虞:《中国近代经济史(1895—1927)》(上),人民出版社2000年,第198页。
② 魏英邦:《中国羊毛事业之概况实业统计》,1934年第2卷第2期,第33页.
③ 有关研究主要有胡铁球:《近代西北皮毛贸易与社会变迁》,《近代史研究》2007年第4期;钟银梅:《近代皮毛贸易在甘宁青的兴起》,《青海民族研究》2006年第2期;钟银梅:《近代甘宁青民间皮毛贸易的发展》,《宁夏社会科学》2007年第3期;黄正林:《近代西北皮毛产地及流通市场研究》,《史学月刊》2007年第3期;李晓英:《民国时期的甘宁青羊毛市场》,《兰州大学学报》2010年第1期;李晓英:《双重因素制约下的羊毛贸易1894—1937年以甘宁青为中心的考察》,《西北师大学报》(社会科学版)2011年第5期等。

## 一、洋行直接左右下的西北羊毛出口

咸丰十年(1860)天津开埠的当年,便有四个英国洋行的老板(广隆洋行的韩德森、密妥士洋行的密妥士、菲力普·摩尔洋行的瓦勒以及伯和洋行的麦克利恩)来到了天津。一个光辉灿烂的前景展现在他们面前,这些远见卓识的商人利用天津开埠的优势赚了很多钱①。根据中英《天津条约》第二十八款的规定:"英商已在内地买货,欲运赴口下载……在路上首经之子口输交……给票为他子口毫不另征之据。……每百两征银二两五钱。"②这样,洋商从内地购得大宗产品,仅在首经之子口交纳2.5%的税银便可运抵口岸出口。1870年(同治九年)海关又开始推行内地子口税三联单制度,即出口货在运经该口岸之前,可先向海关领取三联单,持单赴内地运货,沿途即可放行。天津的洋行正是凭借这些特权,获得了巨额的利润③。

从光绪六年(1875)以后,外商大量涌入天津,洋行迅猛发展。洋行的发展不仅表现为洋行数量的增加,而且表现为经营种类的扩大。在经营货品种类扩大过程中,洋行发现,用低廉的价格从中国内地购买农畜产品,然后高价卖到国外是有巨额利润可图的。光绪六年(1880)前后,一名叫高林的英国船员(后来成为大沽领航员)在天津建立了高林货栈(以后的高林洋行)后,派货栈中比利时人格拉梭(Grassel——被称为葛秃子的,引者注)和斯波林格德(Splingaard)深入中国内地采购羊毛和皮货,并于光绪七年(1881)设立了天津第一家羊毛打包厂,经营出口羊毛业务④,从中大发洋财。

1964年,一位中国老者是这样描述格拉梭和斯波林格德具体收购羊毛过程的:他叫葛秃子(一说葛鬼子,原名未悉),约在光绪四年(1879),受天津洋商的雇佣,只身潜入中国的西北地区试探,他抵石嘴山后,住许存荣旅店,因为看见当地居民将羊毛与土和在一起,甚为惊奇,就问:"你们将羊毛和土弄在一起干啥?"居民说:"沤粪上庄稼。"他们的回答使葛惊呆了,葛又问:"为什么不卖钱?"回答是:"此物除了做毛毡,别无他用,亦无销路,只有沤

---

① 庞玉洁:《开埠通商与近代天津商人》,天津古籍出版社2004年,第64页。
② 王铁崖:《中外旧约章汇编》(第1册),生活·读书·新知三联书店1957年,第100页。
③ 罗澍伟:《近代天津城市史》,中国社会科学出版社1993年,第197页。
④ 罗澍伟:《近代天津城市史》,中国社会科学出版社1993年,第200页。

粪。"葛回到旅店,为羊毛利润而大绞脑汁,终于想出一条妙策:利用店掌柜许存荣作桥梁,做一次无本的生意,以优厚的报酬为条件,由许出面作保,进行赊账,明年付价。不到一个月的时间,收羊毛四万斤,作价每百斤银二两。葛秃子雇了两只船,由黄河顺流而下,到包头由陆路运到天津,据说每百斤售银二十两。葛获得了巨大的利润①。这个故事的细节也许是不足信的,但是,中国羊毛肇始于西方洋行的收购是毋庸置疑的。由于羊毛贸易有利可图,以至于有越来越多的洋行加入到羊毛输出业务中来。

近代以来在天津从事羊毛出口业务的洋行主要有仁记、新泰兴、平和、高林、隆茂、怡和、美丰、慎昌、聚立、隆昌等十几家。其中,英商开设的主要有仁记、新泰兴、平和、高林、隆茂、怡和、聚立及信记八家;德商有德义、禅臣、顺发、兴隆四家;美商开设的有美丰、华泰、慎昌三家;法商开设的有永兴、立兴两家;俄商开设的仅有隆昌一家。其中新泰兴、仁记、隆茂和高林洋行是规模较大的几家,这几家洋行都附设有洗毛厂和打包厂②。显然,在近代天津羊毛出口贸易上,英国商人是占据着绝对优势的。

但是,由于从事羊毛购销业务的外商对中国语言、风俗、市场行情、金融状态、商业习惯、交易方信任程度等诸多方面的不了解,而且"了解中国多得异乎寻常的商业惯例和社会习俗似乎也是不可能的"③。特别是羊毛收购属于专门行当,收购羊毛的人没有多年的经验是无法识别羊毛质量的,于是洋行便培养、利用了一批为其进行羊毛收购并推销外货的买办商人。对于外商来说,"没有中国的助手是永远做不成生意的"④。所以尽管洋行有时会受到买办的挟制,但他们还是离不开买办,而且为了更好地利用买办进行购销活动,以便得到更多的经济利益,他们会同买办达成如下协议:(一)洋行每月给买办支付一定的佣金。(二)允许买办使用自己的仓库。(三)外商以自己名义为买办办理三联单,买办拥有自由使用权,在交易纠纷时可依据外商

---

① 刘廷栋:《掠夺西北皮毛的天罗地网——记宁夏石嘴山帝国主义洋行》,《文史集萃》第二辑,文史资料出版社 1983 年;[美]詹姆斯·艾米尔沃德著,李占魁译:《1880—1909 年回族商人与中国边境地区的羊毛贸易》,《甘肃民族研究》1989 年第 4 期。

② [日]田中时雄:《支那羊毛》(日文),南满铁路株式会社昭和五年(1930 年)6 月发行,第 130 页。

③ [美]郝延平:《十九世纪的中国买办——东西间桥梁》,上海社科院出版社 1988 年第 27 页。

④ [美]郝延平:《十九世纪的中国买办——东西间桥梁》,第 136 页。

名号保护自己。(四)在必要时,外商可以给买办以一定的投资。(五)经买办之手达成交易时,洋行需付给买办百分之二的分成。(六)买办在持所属洋行三联单在内地独立进行羊毛收购活动时,应与所属洋行相商,经允许后方可卖给他人。(七)买办受雇于洋行之前,须付给洋行一定的现金作为保证金。(八)买办须对自己的一切商业行为负责。① 于是,达成上述关系的一些买办便利用自己的资金,也有的是从知己、朋友处借款,或者根据洋行对自己的信任程度要求洋行投资,并得到可以袭用总店(天津洋行)字号的许可,在中国内地的羊毛集散市场或生产地市场开设和总店同一字号的个人洋行,一般称他们为外庄或内地洋行。

在近代天津市场上,为从事羊毛购销业务的洋行服务的买办一半以上是天津本地人,其次为宁波人,再次为广东人,极个别的是山西人。

表1 近代天津从事羊毛出口的主要洋行及买办　　　　资产:万元

| 洋行名 | 买办名 | 家乡 | 资产 | 洋行名 | 买办名 | 家乡 | 资产 |
| --- | --- | --- | --- | --- | --- | --- | --- |
| 仁记洋行 | 季吉祥 | 天津 | 200 | 禅臣洋行 | 周伯英 | 宁波 | |
| 新泰兴洋行 | 靳少卿 | 天津 | | 顺发洋行 | 陈鹤州 | 天津 | |
| 平和洋行 | 杜克臣 | 天津 | 200 | 德义洋行 | 章以吴 | 广东 | |
| 高林洋行 | 赵仲三 | 天津 | 10 | 华泰洋行 | 余桂生 | 宁波 | 5 |
| 隆茂洋行 | 杨小泉 | 山西 | 40 | 隆昌洋行 | 刘品卿 | 天津 | 30 |
| 怡和洋行 | 陈祝龄 | 广东 | 5 | 聚立洋行 | 刘彩干 | 天津 | |
| 美丰洋行 | 李正卿 | 宁波 | 10 | 隆兴洋行 | 高少洲 | 天津 | |
| 慎昌洋行 | 陈怡庭 | 广东 | | 信记洋行 | 李组才 | 宁波 | 30 |
| 立兴洋行 | 高星桥 | 天津 | | 永兴洋行 | 业兴海 | 天津 | |

资料来源:[日]田中时雄《支那羊毛》(日文),南满铁路株式会社昭和五年(1930年)6月发行,第130页。

实际上,天津总店和内地洋行之间表面上并无直接的关系,两者之间是由天津洋行里的买办负责的,"这样总店不能直接向内地的洋行订货,中间必须经过买办之手,即总店以指定的价格委托买办购入羊毛时,买办再转而令自己经营的内地洋行收购货物。俟货物到达时,买办再卖给总店,除获取2%的佣金外,在内地洋行买入羊毛时,还可获得总店指定价格和收购价格

---

① 田中时雄:《支那羊毛》(日文),南满铁路株式会社昭和5年(1930年)6月发行,第129页。

的差额之利"①。在这场交易过程中,买办获利是极大的,因为他们"不仅是洋行的雇佣者,同时又是有自营生意的商人;不仅是货物的经纪人,同时又是货主;不仅赚取佣金,同时又赚取远远超过工资和佣金的商业利润"②。此外,由于买办对国内外市场行情消息灵通,所以他们所经营的商业活动一般不会亏损,但有时在过分贪婪的情况下,也会出危险。如平和洋行买办杜克臣囤积的羊毛达到左右市面的地步,他盖了很大的楼房,被称为"羊毛大王",不料1931年国际羊毛市价突变,杜所囤积的羊毛按市价算,要亏损五百余万元,由于资金无法周转,杜服毒自杀③。

尽管天津洋行与西北内地洋行之间无直接联系,但是内地洋行在进行羊毛收购时,要通过买办"先向天津洋行接洽,订定羊毛价格、数量、交货地点、交货时间等,洋行即将全部或大部款项"交付给买办④。因此,西北的内地洋行其职能实为天津洋行到羊毛产地的集货,最后的主顾也多为天津洋行。天津洋行"因由特殊地位及雄厚资本,可以利用,更加上不平等条约之保护,在出口贸易上任意操纵",买办及内地洋行"不能不唯命是从,否则货物一经排挤,则有不能出洋的危险"⑤。显然,内地洋行的商业活动是直接受制于天津洋行的,也就是说,天津洋行左右着内地洋行收购羊毛时的数量、价格等。从19世纪末到20世纪20年代的一段时期里,西北地区所产的羊毛几乎全被外国洋行收买,其中一部分洋行在石嘴子、宁夏、西宁、兰州、花马池等地全年开设分店,以安排下年度的羊毛买卖。此外,还有一些洋行也会在羊毛生产旺季的8、9月份,到产地从事羊毛买卖,并预约收购下年度的羊毛⑥。

虽然西北地区的羊毛收购肇始于高林洋行,但是随着洋行数量的增加,

---

① 和龑、任德山等译:《新修支那省别全志宁夏史料辑译》,北京燕山出版社1995年,第192页。
② 汪敬虞:《唐廷枢研究》,中国社会科学出版社1983年,第116页。
③ 毕鸣岐:《天津的洋行与买办》,天津市政协文史资料研究委员会编:《天津洋行与买办》,天津人民出版社1986年,第17页。
④ 顾少白:《甘肃陇东羊毛皮货初步调查报告》,《西北经济》1941年第1卷第567期合刊,第60页。
⑤ 尚际运:《西北羊毛与出口贸易》,《西北资源》1941年第1卷第5期,第50页。
⑥ [日]东亚同文馆:《中国省别全志第6册甘肃省附新疆省》,台北南天书局1988年影印,第567—568页。

洋行之间竞争的加剧,仁记洋行的地位反而越来越突出。1906年,仁记洋行所收羊毛数量已达到60000担,紧随其后的为平和洋行为20000担,排位第三的是新泰兴洋行为15000担。此外,怡和、世昌、聚立、高林等洋行所收购的羊毛也多在10000担以上。这些规模较大的洋行不仅拥有自己的储毛仓库、捆包工场,在工场里还配备有去尘机、洗涤机等,无论是捆包,还是去尘、洗涤都有严格的程序和规定①。

虽然在近代天津羊毛市场上,从事洋毛出口业务的洋行主要是"以有三联单之别,雇用熟习内地商业情形华人设庄收买",不过有些时候由于"各地出品不同,货色亦异,一一设庄收买,为势所不许,仍须仰赖于各地客商及津市商号"②,因此洋行为了能从各地客商及津市商人手中收购羊毛,他们便依靠在天津市场上被称为"跑合"的经纪人来完成交易。跑合于是也就成为了近代天津洋行在做羊毛生意时不可或缺的一分子。

表2 近代天津羊毛市场上的著名跑合及所"靠"洋行

| 跑合 | 所属洋行 |
| --- | --- |
| 何尽臣、何云舫 | 新泰兴、利济、平和、高林、聚立、隆昌 |
| 刘同甫 | 美丰、新泰兴、仁记、平和、永兴 |
| 袁炳乾 | 顺发、新泰兴、美聚时、隆昌、隆茂 |
| 刘绍曾 | 平和、新泰兴、仁记、隆昌、益昌 |
| 邵品三 | 新泰兴、隆昌、益昌 |
| 公鼎臣 | 高林、隆昌、仁记、聚立、隆茂、新泰兴 |
| 王乃臣 褚少林 | 协隆 |
| 杨贵 | 仁记、宝兴 |
| 陈阴堂 | 顺发、平和、隆昌、仁记 |
| 梁少峰 | 三井、仁记、怡和、平和、新泰兴、聚立、隆茂 |
| 贾云桥 | 永兴、新泰兴 |
| 李少波 | 仁记、怡和 |
| 张润田 | 仁记 |

资料来源:[日]田中时雄《支那羊毛》(日文),南满铁路株式会社昭和五年(1930年)6月发行,第132—133页。

---

① [日]田中时雄:《支那羊毛》(日文),南满铁路株式会社昭和五年(1930年)6月发行,第147—155页。

② 天津市地方志编修委员会办公室、天津图书馆:《〈益世报〉天津资料点校汇编》二,天津社会科学院出版社1999年,第703页。

跑合并没有自己的店铺,作为一种中间人,只收买卖双方的手续费①。一个"跑合"大都至少同时为两三家洋行接洽生意,由于他们的收入皆视成交生意的多少而定,因此他们往往使出各种手段往来"说合"。跑合无须任何资本,全凭与买卖双方的关系和信用。在近代天津羊毛市场上,从事羊毛业务的跑合主要是以洋行为"靠家",受洋行之托洽购羊毛,遂使其与卖方代理人——货栈也成为交易市场上的伙伴。

## 二、货栈在羊毛收购中的地位

19世纪末20世纪初,在进出口贸易的带动下,货栈业在天津兴起,并以专门代客办理托运和代接货物的运输为主。此后,尤其是一战以后,随着天津与腹地物资流动的愈加频繁,货栈业也得以迅速发展,业务范围也得到了进一步的拓展,变为集住宿、仓库、金融业务于一体的商业组织,并不断向专业化发展,有些货栈甚至开始"自己开辟货源,直接到产地采购"②。于是近代天津羊毛市场上,一些经营皮毛为主的货栈如美丰厚行栈、鲁麟东栈、晋丰货栈等开始深入到西北皮毛产地进行羊毛收购。尽管在名义上这些货栈是出口商,实际上他们收买的羊毛并不直接出口,仍转售给洋行,因此等于洋行包办③。当然不同的货栈,他们所搜集的皮毛,也是出售给各自固定的洋行,如美丰厚行栈的羊毛只供给聚立、美丰、隆茂、新泰兴等洋行。

在近代天津市场上,经营羊毛的货栈和其他货栈一样,主要功能是为出售羊毛的包括西北地区来的外地客商免费提供住宿,因此货栈里一般都并列设数张床位,每位客商拥有一张床,同一房间往往同住数人,房屋中央设有桌椅,并供应茶水。货栈提供伙食,每月收取十二元的伙食费。除此以外,货栈还要为外地客商提供羊毛储备的仓库,并从中收取一定的租金。租金并无定制,完全视双方具体情况而定,大体上一袋羊毛月租金为一两二分

---

① [日]田中时雄:《支那羊毛》(日文),南满铁路株式会社昭和五年(1930年)6月发行,第125页。

② 刘续亨:《天津货栈业发展沿革概述》,中国人民政治协商会议天津市委员会文史资料研究委员会编:《天津文史资料选辑》(第20辑),天津人民出版社1982年,第172页。

③ 上海市工商行政管理局毛纺史料组、上海市毛麻纺织工业公司毛纺史料组编:《上海民族毛纺织工业》,中华书局1963年,第73页。

五到三分五之间,最多不超过四分①。有时货栈应客商的要求,还要对储存在自己仓库的羊毛提供一定的资金担保,并代客办理报关完税保险及起卸货物等事,在他们资金困难的情况下,"遇外客需款,亦可垫借"②。在自己资金不足时,货栈甚至会与钱庄、外国银行、买办等联系,给客商借贷一定的资金,"借贷的利息视当时的市况而定,一般从钱庄借款的利息约为四钱,而从外国银行年息8%至10%"③。显然,货栈也承担着部分融资功能。此外,为了与客商保持长久的业务往来,他们还要做到(1)对客户以诚相待;(2)客货卸栈,分门别类码放好,按客货所值,保足火险;(3)防火防盗;(4)春秋雨季要晾晒倒腾绒毛,然后下足樟脑。保证不因保管的疏忽,使客货受损失。在客货的处理上做到三个一样:人在与不在样,货多与货少一样,成色高低一样④。这些措施的实施,保证了与天津货栈交往的客商遍及西北各皮毛收购的集散地。

货栈的资金主要来源于钱股和身股。一般设有"经理一人,副经理一人,掌柜的二人,嚷客的四人,正账的一人,贴账的五人,交货的四人,茶房四人,学徒五人,管院子的五人,苦力指挥一人,大师傅一人,二师傅一人,内地出差员十人"⑤。这些人员各司其职,如"嚷客的"就是具体负责把外地客商招呼到自己货栈中的招待员;"正账的"就是会计,而"贴账的"就是会计的助手;"内地出差人员",就是指直接深入产区拓展货源的人员。

随着货栈的发展,内地出差人员在货栈发展中发挥出越来越重要的作用。20世纪20年代初期,随着内地洋行从西北地区陆续撤出,各货栈开始不断地深入产地市场直接进行羊毛收购。

以美丰厚行栈为例,可以看到货栈在西北羊毛收购中的作用。美丰厚行栈是天津皮毛行栈中的大户,初期业务分为东西两路,此后随着西北羊毛

---

① [日]田中时雄:《支那羊毛》(日文),南满铁路株式会社昭和五年(1930年)6月发行,第134页。
② 天津中国银行:《天津商业调查》,《银行周报》1930年第14卷26号。
③ [日]田中时雄:《支那羊毛》(日文),南满铁路株式会社昭和五年(1930年)6月发行,第135页。
④ 贺荫亭:《美丰厚行栈的兴衰记》,中国人民政治协商会议天津市委员会文史资料研究委员会编:《天津文史资料选辑》第52辑,天津人民出版社1990年,第137页。
⑤ 田[日]中时雄:《支那羊毛》(日文),南满铁路株式会社昭和五年(1930年)6月发行,第136—137页。

在天津市场上的价格上涨,加之1931年九一八事变后,伪满当局限制皮毛外运,东路客商受阻,美丰厚货栈的皮毛就主要来源于西路了。

西路即指甘肃、宁夏、青海三省,主要为青海所产的西宁羊毛、甘肃肃州套毛、宁夏吴忠堡羊毛等。为了收购西路羊毛,美丰厚所派出人员可谓步履维艰。近代西路羊毛的主要集散地为西宁、兰州、银川、包头等地,但是由于西北地区交通不便,"由包头南下,没有铁路。人们(指内地出差人员)起早而行,村镇稀疏,有时赶了一天的路,到黄昏前不着村,后不着店,只得风餐露宿"①。此外,这些内地出差人员"对于产区与天津度量衡及货币之差率及其核算方法,沿途交通状况,均须一一明了"。"其斤量银两之标准,与津市磅秤行平孰大孰小,沿途伤耗,所费用度,俱应完全核算,而津市时价若何,亦须留意及之,方不致徒劳无益有所亏折。因此津市商号或洋商派员在内地收集货物,日有信件往还,报告双方行情,倘价格涨落过巨,则用电话或电报报告,再定交易,有时津市价格激涨,产区仍在平稳时期,尽量吸收运津。原有厚利可图,但路途遥远,交通不便,虽有机会亦有鞭长莫及之叹,此则全视买货人之经验与手腕如何耳。内地买货员之一职,关系于全商店之命脉,商号或洋商派出收集货物,极为谨慎,而买货员自身尤应时刻研讨交易方法,斯项职务,诚不易为也"②。虽然内地出差人员业务娴熟,但由于西北地区独特的地理环境、落后的交通运输、特殊的政治背景,使美丰厚西路毛的来源仍不时发生变故。1933年,一批西宁羊毛在兰州失踪,致使美丰厚一时陷入困境。1936年西安事变,一时火车不通,美丰厚的一批西宁羊毛无法运津,只好辗转运到陕北榆林,然后改由邮包陆续运到天津。此时天津市面上因西北来不了货,西宁羊毛行市大涨,美丰厚行栈这批西宁羊毛,奇货可居,获利两万余元③。

虽然天津货栈也经常直接派内地出差人员到西北羊毛市场集货,但是他们主要还是依靠替来天津出售羊毛的西北客商出售羊毛给洋行,从中收

---

① 贺荫亭:《美丰厚行栈的兴衰记》,中国人民政治协商会议天津市委员会文史资料研究委员会编:《天津文史资料选辑》第52辑,天津人民出版社1990年,第138页。

② 天津市地方志编修委员会办公室天津图书馆编:《〈益世报〉天津资料点校汇编》二,天津社会科学院出版社1999年,第703—704页。

③ 刘续亭:《天津货栈业发展沿革概述》,中国人民政治协商会议天津市委员会文史资料研究委员会编:《天津文史资料选辑》第20辑,天津人民出版社1982年,第178—180页。

取10%的手续费而生存。在天津羊毛市场上,货栈替西北羊毛客商与天津洋行的交易主要通过以下手续来完成。

首先,货栈是通过跑合与从事羊毛出口的洋行联系。在近代天津羊毛市场上,从事羊毛出口的洋行一般根据国外的订货多少先向跑合提出所需要的羊毛种类等各项要求,跑合便跟自己熟悉的货栈联系,提供给洋行羊毛的货样。洋行初步检查货样并商定价格后,货栈通过跑合给买家提供更大的样本再行检查,这时的货样如果不同于最初的货样,不合格的货物就会被剔除。若买卖达成,货栈就把客商的羊毛运到洋行指定的仓库。

其次,是羊毛的交接。羊毛运到洋行的仓库,要在洋行的计量器上称定重量后才能进行交接,其中羊毛从货栈运来的一切费用由洋行承担。当然,如果羊毛运到洋行指定的地点,洋行在验货时发现羊毛有质量问题,就会取消与货栈的一切交易。

最后,是货款的支付。由于货栈和洋行之间的交易通常是跑合来联系的,彼此间不一定了解对方的信誉,所以羊毛交易成功时,一般是洋行直接把现款支付给货栈①。

## 三、结语

1860年随着天津开埠,地处内陆的广大西北地区也成为其经济腹地,皮毛等畜牧业产品开始大量出口。在近代西北羊毛出口贸易中,天津洋行、买办及其代理人起了先导作用,其中天津洋行控制着海外市场和天津口岸之间的贸易,而买办及其代理人则控制着天津口岸和西北内地之间的贸易。他们之间互相依存,又互相利用,从而构建了一个比较完善的羊毛购销体系。在这一体系的带动下,20世纪20年代后,天津货栈业也开始加入到西北羊毛出口贸易中,他们或派人直接到西北地区进行羊毛收购,或在天津接待西北来的羊毛客商。

天津洋行、货栈在近代西北羊毛贸易中的一系列商业活动,毋庸置疑,始终是以掠夺中国原材料、增加自身财富为目的。但是,不可否认的是,他们的商业活动在扩大天津口岸的商业腹地、使天津成为世界市场体系中的

---

① [日]田中时雄:《支那羊毛》(日文),南满铁路株式会社昭和五年(1930年)6月发行,第144—145页。

一个更大区域性集散中心的过程中也起到了一定的作用;他们在把广袤的西北内陆地区原本弃置无用的羊毛等畜牧业产品带入国际市场,把当地的皮毛生产纳入资本主义的经济循环系统的同时,也在一定程度上助推了西北地区经济发展的现代化。

(《西北师大学报》社会科学版 2012 年第 5 期)

# 天津原租界区私家园林风格特色探析

安 平

## 一、引言

天津是一座在特定历史条件下形成的国际性租界城市,其租界区私家园林则是中国近代园林史上一个特殊时期与地域范围内的产物。天津自1860年被辟为通商口岸先后设立了九国租界①,租界内西方文化传播开来。西式园林的出现,强烈地冲击了数千年来形成的中国传统园林体系。在西方园林设计中流行的各种思潮、形式,也理所当然地反映到天津租界园林中来。租界区私家园林作为租界园林重要的有机组成部分,无论艺术风格还是设计手法,因受当时设计者、使用者、施工人员、材料技术、西方文化与园林艺术风格等因素影响,展现出鲜明的时代特征,客观上形成天津近代私家园林的创作滥觞,因此形成了"中西合璧、多元共存"的折中主义风格。

## 二、天津原租界区私家园林风格特色

### (一)园林布局特点

原租界区私家园林风格独具特色,这与租界内西方文化的影响、园主人的自身素养及爱好、施工人员的本土化、新材料技术的引入、生活方式的改变等多方因素密不可分,其园林布局多体现出以中国自然山水式与西方规则几何式相融合的特征,如庆王府花园南侧布局为中国自然山水式,北侧为西方规则几何式。但也有以西式园林布局为特征的实例出现。据记载,庄

---

① 1860年以后,天津租借地开始形成,最早出现的是英、法、美租界,在紫竹林一带。1894年以后,德、日、俄、奥、意、比也先后得到租界。英、法又扩大了原先的租界。

乐峰故居的私家庭院则体现出西方园林几何式布局特点。

上述情况,究其原因有如下几点。历史上,租界是天津市前所未有的独立社区①,租界区内建筑受租界当局严格限制,会体现异国风格(如位于原日租界的静园,其沿街门楼的木结构与材料便具有典型的日本建筑特征)。而体现主人修养爱好的私家园林则不受此限制,其设计式样常与主人偏好有关,且这些私园主人多为国内声名显赫、家资雄厚的富豪官宦或文人学士,他们深受中国传统文化的影响,虽身居洋房,然难舍中国古典园林之情思。造园时,又因租界内并无营造私园的专职机构,故此私家园林建造者多为本土园林手工艺匠师,他们在施工过程中常加入了自己的理解和以往在中国传统园林建造中的经验,融合了中国传统园林的意味。故此类园林中常具有中式风格特征(如庆王府花园中叠山的运用便是典型实例,园中植物也因园主人的传统文化观念及地域条件而被有选择地种植)。此外,由于天津特有的北方经济中心地位,其便利的航运、交通优势,有利于大量引入国外园林建造新技术、新材料,为租界区私家园林的建造注入新鲜血液。租界区内现代化基础设施的兴建,如电厂、自来水厂的出现也为私家园林内西式景物建造与使用提供了有利的保障(如大量喷泉水景的建造与使用便得利于此)。与此同时,租界提供了一种中西文化交流碰撞的语境,形成了西方文化的集散、缓冲地带,西方文化思想的传播以及西式园林在租界区内的出现对租界区私家园林风格产生了不小的影响。从而使原租界区私家园林的布局多呈现出"中西合璧、多元共存"的特点,但也有以西方规则几何式布局为特征的实例出现。

(二)造园要素特点

1. 园林山水

原租界区私家园林中常见叠山,它是中国古典园林营造的重要元素,也是我国古典园林艺术区别于其他文化体系造园艺术的显著特征之一。

中国古典园林以自然写意山水园的独特艺术风格而著称于世。既然是"山水园","山"自然是中国古典园林的骨架②。古人云"石乃天地之骨",石

---

① 天津市地方志编修委员会:《天津通志·附志·租界》,天津社会科学院出版社1996年,第9页。

② 周武忠:《寻求伊甸园:中西古典园林艺术比较》,东南大学出版社2002年,第145页。

在自然景观中起基本作用的观念一直引导着中国人把自然之石用于园林创造。因此,在天津原租界区内众多为国人所拥有的私家园林中山石被广泛应用,这些山石多为太湖石,如在庆王府花园中山石依旧是园林景观构成中的重要元素(图1)。据考证,静园曾有叠山数处,西式水池中也有山石,在其修缮过程中不断挖掘出太湖石,可见在拥有洋房的静园庭院中也有中式园林的特征。

图1　庆王府花园中的叠山

喷泉作为重要的水景元素在原租界区私家园林中被广泛应用,如庆王府花园南侧便有一座法式喷泉。而喷泉起源于西方,公元前6世纪在巴比伦空中花园中就已存在,后历经演变发展,逐渐成为西方造园不可或缺的水景元素。

租界区私家园林中还有一种壁泉,即建在墙壁上的喷泉,它在意大利或西班牙古典园林中常被采用。静园西跨院鱼形壁泉(图2)就是运用这类西式水景元素的典型实例。

图2　静园西跨院修缮前的壁泉

中国古典园林崇尚自然,力求清雅素静。在理水方面重视对天然水态的艺术再现,通常是利用地势或土建结构,仿天然水景而成,除圆明园西洋楼景区外,对人造动态水景喷泉的应用极为罕见,但在租界区私家园林中得到大量应用。究其原因,除受引进西方园林建造材料与技术的影响外,园主人在思想意识上接受西方文化的因素也不可忽视。

2. 园林植物

天津原租界区私家园林中,植物也因主人自身传统文化背景的影响而有选择地种植,常以本土植物为主,国槐、杨树、青桐、石榴、西府海棠等本土植物在私家园林中仍被大量运用。但也有从国外引进的植物种类,例如庆王府花园中就有产自北美的珍贵树种——黄金树。

在中国古典园林中,草花如菊、兰是堪称植物文化的代表品种,对它们的赞咏之词不胜枚举,但由于草花极为费工,私家园林要想整年赏花,则势必要有专人负责,还需花房等相应设备。所以事实上,园林植物配置上栽植花卉较少。故中国古典园林中除室内外陈设,极少采用花坛、花境,草花用量也就相应很少,即使在园林中使用,也多选宿根花卉或是自播性很强的种类①。而租界时期草花种类从国外引进增多,并结合西方的点缀性小品,如花钵或金属装饰物在室外运用,它们装饰性强,易于培植,所以也逐渐被广泛地采用。因园主人受自身传统文化的影响,且从西方引进的草花在传统文化中题咏的文字稀少,在他们自己的宅邸中还是以种植本土花卉为主,如月季、芍药、菊花等。

同时,受西方文化与园林艺术风格等因素影响,西式草坪在私家园林中也被较多地应用。

此外,在原租界区私家园林植物选择中还保留着中国传统风水思想,如静园大门内侧种植古槐。传统上槐树多植于门庭,取其吉兆,且大臣门旁植槐,有"槐门"一说,寓意园主人为怀柔百姓、奉仕帝王之官吏。因静园主人陆宗舆曾为民国时期参议院议员、驻日公使,故取"槐门"之意。

3. 园林建筑

凉亭作为中国古典园林建筑组成要素之一,在原租界区私家园林中较多出现,且均为北方式样。据记载,庆王府、张彪故居、张勋故居、鲍贵卿故居等私家园林中都建有中式凉亭。凉亭多为六角,也有四角与八角;采用北方式

---

① 周武忠:《寻求伊甸园:中西古典园林艺术比较》,东南大学出版社2002年,第105页。

样,与园主人希望借此表达对远年旧事的追忆慰藉和对传统文化的思慕不无关系。此外,在现存实物中,私家园林尚未发现其他具有折中主义风格的园林建筑。

4. 园林铺装

中国古典园林中常用卵石、青砖、青石板、碎石、石块等铺设园路,并用瓦片来装饰边后拼装花纹,形成了坚固、古朴、自然、具有中国特色的铺装风格。同时园林地面也常用类似的材料和方式来铺装,组成多种图案精美和色彩丰富的地纹,称"花街铺地"。西方古典园林则用切割规整的石材来铺设庭院和平台,离房屋较近的地方使用较硬的花岗石,而在其他地方则常使用一些柔软的植物材料(如草坪)。

在原租界区私家园林中常见到中西园林铺装材料杂糅并用的现象。如静园前院园路曾为河卵石铺置而成,西跨院则以当时进口的16格水泥方砖铺设园路,其旁辅以草坪。这种中西铺装综合运用的形式对中国现代园林建造也有所启示。

除上述造园要素外,原租界区私家园林对中国近代园林的贡献还在于其施工技术上的进步,以及材料种类上的突破和创新,如混凝土结构及铁艺装饰构件、水磨石、马赛克等的运用。如静园西跨院的壁泉采用砖混结构建造,这也不同于西方古典园林以石材构筑喷泉的传统。此外,西跨院中花钵的建造材料是当时租界区较为常用的水磨石。这些新技术和新材料在中西方古典园林中都不曾使用过,但租界内的私家园林却为它们提供了有利的发展空间。

综上所述,原租界区私家园林建造年代不一,所处租界不同,但整体看来,其中大部分园林的艺术风格、造园手法及要素明显融合了中西方园林文化特征,因此属于折中式园林的范畴。为使读者更加丰富地了解原租界区私家园林独特的艺术风格与设计手法,以下笔者便从众多私家园林中选取较为典型的庆王府花园及静园庭院为实例进行阐述。

## 三、天津原租界区私家园林实例

(一)庆王府

1. 概况

庆王府现坐落于和平区重庆道55号(原英租界剑桥道),由最后一个大太监张祥斋(即小德张)于1922年秋亲自主持设计与施工建成。清室庆亲王奕劻之子载振承袭庆亲王爵衔后于1925年从张祥斋手中购得此宅。新中国成立后曾为中苏友好协会天津分会会址,1958年后至今为天津市人民政府外事办公室驻地。1991年经天津市人民政府批准列其为第二批文物保护单位。

  现今庆王府占地面积4384.88平方米,建筑面积5084.63平方米,主楼是一幢中西合璧的折中主义建筑,二层及三层的局部带地窖子。立面二层外面有类似爱奥尼克柱式的围柱廊,但采用了中国古建筑的宽柱间距,转角柱间距较窄,犹如中国的稍间。外墙面以清水青砖墙为主,部分墙面及柱子为水刷石,外围廊为水刷石柱子,栏杆使用了黄、绿、紫三色相间的六棱琉璃柱。主楼平面呈矩形,南北向①。中央为350平方米的矩形大厅,大厅四周为二层柱廊,上面用侧高窗采光。一层大厅周围有客厅、餐厅及卧室,二层回廊周围为卧室,局部三层是后建的,是供奉祖先的影堂,影堂内部还有雕刻精美的中国传统木雕罩子。一层入口两侧的客厅,装修颇为讲究,门窗及室内墙裙均以硬木制作,窗上镶有的彩色玻璃以山水花草为主题镌刻。

  2. 花园

  主楼东侧便是庆王府的私家花园,此花园现为原租界区私家园林中保存最为完整的一座,且特征明显,集中国古典园林和法国古典园林风格于一体,堪称中西合璧,极具研究价值。花园占地面积约1500平方米,四周栽植国槐、青桐等中国传统树种,还有产自北美的珍贵树种——黄金树,昔日幼树,今已亭亭如盖。据考证,造园时曾植黄金树七株并呈北斗七星状分布园中,寓意"七星揽月"现仅一株残存,难见其貌。花园分两部分,南侧为典型的中式传统园林样式,北侧为欧式样式(图3)。

---

① 天津近代建筑编辑组:《天津近代建筑》,天津科学技术出版社1990年。

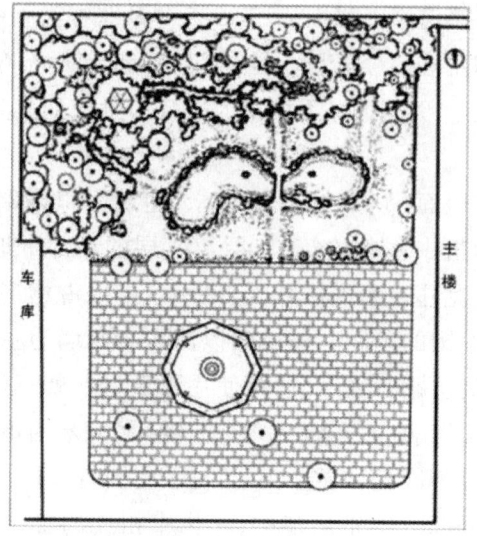

图3　庆王府花园平面图

花园南侧布局曲折有法,错落有致。其主题为一座假山(图4),山石嶙峋,变化丰富。槐柏布满其上,郁郁葱葱。假山上有曲径一条,曲折蜿蜒至端点——中式六角凉亭。凉亭尺度适宜,精巧别致,与假山融为一体。亭下假山有洞穴一处,丰富了假山的空间变化,且洞中曾供奉"铁拐李"塑像,以求镇宅辟火,园主人此处设计可谓匠心独运,也体现了较高的国学素养。假山西北侧水池呈自由曲线形,虽无江湖之浩瀚,却有"一勺则江湖万里"之妙,一座石桥横跨水池南北,两侧对称放置石雕鲤鱼喷泉,更增几分情趣。此外,在园路两侧各置石笋数对,不仅丰富园中空间层次,更体现了中国古典园林特有的文化内涵。

图4　庆王府花园中式园林

与其形成鲜明对比的则是花园北侧,此处现为草皮砖铺地,场地成矩形。据考证,其前身为草坪,草坪上有一座法式喷泉(图5)位于花园南北轴线,成为视线焦点。喷泉水池由石材构筑,呈八角型,直径约3米,池内南北两侧各有石雕青蛙一对向池中心喷水。主体石雕整体成塔型,分三段,高约3米,由圆形石盘巧妙连接,且大小逐级递减,顶部为蘑菇形石盘,曾有"南极翁"石雕置于其上。此雕塑下部的雕刻颇为精美,四只曲颈天鹅面朝池中四角石雕青蛙,栩栩如生,天鹅下方均雕兽足一只,威严肃穆,表现出西方古典园林中奔放外露的风格。

**图5　庆王府花园西式园林**

(二)静园

1. 概况

静园坐落于天津和平区鞍山道70号,原为民国时期参议院议员、驻日公使陆宗舆的一所住宅。陆于1921年,在日租界宫岛街(今鞍山道)建此宅邸,名曰"乾园"。

1924年,清逊帝溥仪被冯玉祥逐出紫禁城后,于1925年先隐居于天津日租界宫岛街与明石街交口处的"张园"(今鞍山道59号),后于1929年7月9日由"张园"又迁至此,并将"乾园"更名为"静园",表意为"清静安居,与世无争",而实为"静观时局变化,静待复辟时机"。1931年11月11日,溥仪离开静园,潜往东北。日本投降后,国民党天津警备区司令陈长捷曾在静园居住。1949年曾为天津市总工会办公用,后为居民大杂院。1991年经天津市人民政府批准为第二批文物保护单位。2005年3月,静园作为天津市五个历史风貌建筑保护试点项目之一,开始启动保护程序,此后当地居民全部腾迁。现静园已整修竣工,并正式向社会开放。

静园占地总面积3360平方米,总建筑面积3089.74平方米,为三环套月式三道院落(图6),即前院、后院和西跨院。沿街门楼是带有日本风格的红筒瓦白墙的西班牙建筑,主楼为西班牙式二层(局部三层)砖木结构,局部有半地下室,设有锅炉房。主楼西半部具有通天木柱的外走廊,东半部为封闭式①。室内设施齐全,装饰讲究。靠东院围墙有门房、汽车库、厨房等。后院有小游廊连系着一幢内廊式二层砖木结构楼房,为随从所居。主楼西侧有长17米的游廊,端部为花厅和书房。

图6　静园庭院修缮方案平面图

2. 庭院

因环境变迁,静园庭院中历史景物均遭严重破坏。作者根据史料收集,现场勘测,以及对溥仪居住时期的历史见证人与静园历史研究专家进行访谈,对静园庭院的布局和设计手法进行整理研究,为庭院修缮及利用提供参考依据。

前院曾为花园,呈矩形,占地1326平方米,长39米,宽34米,广植花木,甬道用河卵石铺砌而成,庭院清爽宜人,十分幽静。据考证,院落主景为一

---

① 天津近代建筑编辑组:《天津近代建筑》,天津科学技术出版社1990年,第250页。

座圆形水池,位于主楼中轴线,池中有石质雕塑。在水池南侧曾有大瓦盆数个养殖金鱼供观赏。此外,园中还设置藤萝架、小荷花池。后院由一段小游廊和前院隔开。一条长17米、宽1.5米的游廊直通主楼西端,分隔开了前院和西跨院。

西跨院占地约260平方米,有鱼形壁泉(图7)和一座典型日式花厅。此鱼形壁泉具有西班牙风格,与静园建筑风格协调。壁泉基座长度为7米,宽度为4.49米,整体高度为2.29米。其表面为水泥砂浆扒拓石造面,主体立面用毛石装饰成半圆形壁龛,中心为抽象喷水鱼头石雕。现场勘察中发现壁泉西面围墙上方距地面3.30米处有铆楣结构的痕迹,并以壁泉为中心左右对称,壁泉基座四角的柱墩上有柱坑痕迹,确认此壁泉上曾建有砖木结构的藤萝架,为园主人观赏壁泉时纳凉之用,可惜藤萝架在历史变迁中已被毁坏,只剩院中八个欧式水磨石花钵保留至今。

图7　静园西跨院壁泉复原后实景

主楼门厅内东墙面上有一典型的西式壁泉,以马赛克和花岗岩为主要装饰材料,壁泉下方是水池。据考证,主楼入口东侧有一水渠,该水渠连通室内壁泉与室外另一座喷泉,但此处已被掩埋。园中还发现数处散置的太湖石,确认其为庭院中叠山遗迹(图8)。

前院东侧为门房、厨房、车库,且主楼东侧曾在溥仪居住时期修有一个临时网球场。当年整个院落被6.5米的高墙环绕,形成了庭院围绕建筑的"院包房"总体布局形式,俨然一座独立的世外桃源。这样的高墙宅院体现了独具一格的租界区私家园林特色。

图 8　静园叠山复原后实景

历史上园内种植过杨、槐、丁香、藤萝、葡萄①,现存主要为杨树,树龄多在 40 年以上,其中几株合抱而不可及。门房前有古槐一株,因树身已严重倾斜,已在其下方采用水泥构件进行了加固保护。

通过对以上原租界区内两处典型私家园林的分析,可以看出天津原租界区私家园林呈现出"中西合璧、多元共存"的独特风格。

## 四、结语

鉴于篇幅有限,文中只介绍了两处具有代表性的实例,在天津原租界区内还有多处私家园林同样颇具研究价值,如中式凉亭与西式水池在张彪故居(张园)中得以巧妙结合,龙形假山与西式花坛在张勋故居中相映成趣,等等。

今天原租界区私家园林的存在仍具重要意义,它代表着不同文化间的融合,并向国人展示了一种与中国传统园林文化完全不同的观念。其布局

---

① 郭喜东、张彤、张岩:《天津历史名园》,天津古籍出版社 2008 年,第 232 页。

形式、造园要素、风格特色就当时中国园林而言是焕然一新的。原租界区私家园林的出现与发展，反映了不同观念在特定历史时期的共存、碰撞与不同艺术间的交融。中国园林的清雅自然和西方园林的鬼斧神工同样是园林文化的艺术瑰宝，而集二者于一身的租界区私家园林则是园林发展史上重要的一笔。原租界区私家园林记录了一段风雨飘摇的历史，客观上却为我们带来了异域情致。它们绝不仅仅是单纯的园林艺术，这些设计理念和形式背后影射出的是一个国家的传统、信仰以及对人性的崇尚等文化元素。

原租界区私家园林对今天的园林设计仍具有不可忽视的参考价值，对其进行保护与修缮也体现了一种文化的传承。作为历史见证，在新的时代下发掘天津原租界区私家园林的价值，应采取积极措施，使得这些宝贵的历史遗产得以代代相传。

鉴于园林自身的特点，它具有比建筑更灵活的动态性，这就给园林研究与保护提出了更高的要求。当前，专业人才队伍的不断扩大为园林的发展提供了可靠的保障，因此，我们有理由相信，原租界区私家园林重现生机的目标已指日可待。

（《东南大学学报》哲学社会科学版2012年第1期）

# 鸦片战争前后天津庙宇的空间分布
## ——以《津门保甲图说》为中心

侯亚伟　侯杰

鸦片战争以后，中国社会从南到北，由沿海到内地逐步发生变化。但是以天津为代表的北方沿海城乡仍然处于传统社会的氛围中，不论是城内、城外还是农村，均分布着种类繁多、规模不一的传统庙宇。成书于1846年的《津门保甲图说》，本是关于天津海口民防事务之书，全书有总图、分图181帧，记述了天津各类寺庙490处，反映了传统社会天津庙宇之概貌，是研究天津传统庙宇分布的重要资料。本文以《津门保甲图说》为中心，对鸦片战争前后未曾发生剧烈变迁以前的天津庙宇的空间分布情况进行初步考察。

## 一、鸦片战争前后天津庙宇的数量及类别

鸦片战争前后，天津庙宇众多，虽然在城内、城外、农村的数量及其与户口的关系有所不同，但是却表现出一定的倾向性。不同宗教、类别的庙宇数量分布，均在一定程度上反映了天津民众与宗教信仰之间的关系。

（一）不同区位庙宇的数量及其与户口之关系

如表1所示，鸦片战争前后天津共有居民87661户，庙宇490座，僧道340户。约每户僧道看护1.44座庙宇，每178.90户共享一座庙宇。其中县城内有居民9914户，庙宇34座，僧道32户，约每户僧道看护1.06座庙宇，每291.59户居民共享一座庙宇。东门外、西门外、南门外、北门外、东北城角、西北城角（以下称"城外"）等经济较发达地区，虽然和城内存在明显区别，但是亦和农村地区有所不同。这些地区总户数为22943户，庙宇总数为126座，僧道73户，约每户僧道看护1.73座庙宇，每182.09户居民共享一座庙宇。农村共有54804户居民，寺庙330座，僧道235户，约每户僧道看护1.40座庙宇，每166.07户居民共享一座庙宇。

表1：庙宇—户口分布对照表①

|  | 县城内 | 东门外 | 西门外 | 南门外 | 北门外 | 东北城角 | 西北城角 | 合计 |
|---|---|---|---|---|---|---|---|---|
| 庙 | 34 | 32 | 20 | 6 | 30 | 25 | 13 | 160 |
| 僧道 | 32 | 29 | 15 | 4 | 0 | 17 | 8 | 105 |
| 户 | 9914 | 7077 | 3399 | 858 | 6635 | 2639 | 2335 | 32857 |
|  | 北面并城东 | 西北 | 西面 | 西南 | 面 | 东南 | 南面 | 合计 |
| 庙 | 8 | 57 | 2 | 68 | 5 | 138 | 52 | 330 |
| 村 | 21 | 55 | 12 | 47 | 24 | 143 | 76 | 378 |
| 僧道 | 15 | 58 | 5 | 33 | 7 | 88 | 29 | 235 |
| 户 | 4084 | 8773 | 1625 | 8090 | 3915 | 20637 | 7680 | 54804 |

从以上统计可以看出,庙宇与户口的关系是从城内到城外再到农村递减,单位庙宇的使用比例逐渐减小。城内及城外商业较为发达之地,单位庙宇的使用户数较多,经济较为落后的农村,单位庙宇的使用户数较少。

尽管如此,以上数据并不能说明商业发达的城内及城外更加世俗化,而经济相对落后的农村地区传统保存较好。事实上《津门保甲图说》所反映的是天津仍处于传统社会状态时的基本面向,并具有这样一些分布特点:

其一,城内及城外商业较为发达之地寺庙所占面积相对较小,相对于农村来说,密度相对更大。其二,城内及城外户口虽然较多,但是由于空间相对农村要小得多,因此,民众到最近庙宇的距离比农民要近。由此可知,城内及城外民众可以占用庙宇资源虽然相对农村要少,但对庙宇的利用率却相对较高。其三,从僧道户与庙宇的数字对比可以看出,在城内,每户僧道平均看护1.06座庙宇,远低于农村每户僧道看护1.40座寺庙的水平。这表明在城内生活的民众更容易接触僧道等宗教人士。如果说庙宇是宗教活动的场所,那么僧道等宗教人士便是宗教活动的主持者和引导者。由于这部分人士相对较多,又能较容易为民众所接触,便意味着民众过宗教生活较为方便。

当然,统计数字亦有不协之处,即城外是平均每户僧道看护1.74座庙宇,高于农村的水平。这里每户僧道看护庙宇的数量,稍有差异。如东门外,1.28座;西门外,1.33座;东北城角,1.47座。和城内基本持平而显略高,似乎意味着东门外、西门外、东北城角三处民众的宗教生活与农村相比

---

① 据《津门保甲图说》,书中图与数据不合者,以图为准。

相差不多。

南门外共有庙宇6座,僧道4户,合每户僧道看护1.5座,略高于农村地区。不过应该看到南门外地势较为低洼,且水道纵横,沟汊密布。康熙时期总兵蓝理曾于此地引水种稻,时有"'小江南'之号,土人谓之'蓝田'"①。据《津门保甲图说》记载,这里有村10个,而图中只可看到小王庄、十五间房、五窑、侯家台、太平庄5个村庄。可见此地人烟相对稀少,与东门外、西门外、东北城角等处相比商业较为落后。其数据之畸高,不足以作为资料或研究的依据。另外,西北城角有庙宇13座,僧道户8户,合每户居民1.63座,也高于农村地区。考虑到西北城角虽然较为繁荣,但是土地过于狭窄,才造成这种结果,因此应视其为特例。

北门外有庙宇33座,却无一户僧道。此一结果,于理不合,令人不解。这也是城外总体统计数字出现平均每户僧道看护1.73座庙宇的主要原因。

不过,总体来说,虽然城内、城外、农村地区庙宇数量及与户口和僧道户的关系有所不同,仍可见到在传统社会,无论城市还是农村,民众们都有强烈的信仰和实践的需求,这种信仰的需求和具体实践与经济发展水平未必有直接关系。

(二)不同类别庙宇的数量及其与信仰之关系

表2 土地庙、关帝庙、观音庙、娘娘庙统计表②

| | 县城内 | 东门外 | 西门外 | 南门外 | 北门外 | 东北城角 | 西北城角 | 北面并城东 | 西北 | 西面 | 西南 | 东面 | 东南 | 南面 | 总计 | 比例(%) |
|---|---|---|---|---|---|---|---|---|---|---|---|---|---|---|---|---|
| 土地庙 | 1 | 3 | 1 | 0 | 2 | 4 | 1 | 3 | 10 | 0 | 11 | 5 | 29 | 18 | 87 | 17.76 |
| 关帝庙 | 4 | 4 | 1 | 2 | 0 | 1 | 0 | 0 | 11 | 1 | 10 | 0 | 20 | 5 | 59 | 12.04 |
| 观音庙 | 5 | 5 | 1 | 1 | 2 | 3 | 1 | 0 | 7 | 0 | 7 | 0 | 24 | 6 | 60 | 12.24 |
| 娘娘庙 | 0 | 1 | 0 | 0 | 0 | 1 | 0 | 0 | 4 | 0 | 1 | 0 | 16 | 3 | 26 | 5.31 |
| 比例(%) | 29.4 | 40.6 | 15 | 50 | 13.3 | 50 | 15.4 | 42.9 | 56.1 | 50 | 42.7 | 100 | 60.9 | 64.5 | 232 | 47.35 |

综观天津境内490座庙宇,以土地庙、观音庙、关帝庙和娘娘庙为多。如

---

① 道光《津门保甲图说》南门外图说第四。
② 据《津门保甲图说》。

表2,土地庙占全部庙宇的17.76%,关帝庙占12.04%,观音庙占12.24%,娘娘庙占5.31%。四类庙宇总数占全部庙宇的47.35%。其中,分布于南面、东南、东面村庄的寺庙甚至超过了60%,西面、西北、东北城角、南门外也达到或超过50%。可见天津民众虽然信仰较为驳杂,却有主要信仰对象。他们多崇信土地、关公、观音和妈祖,对于其他神灵的祭拜则相对较少。

传统中国以农立国,而农民的各种需求均附着在大地之上,所以对之充满期待。不仅生活在农业地区的民众与土地紧密相关,就是在商业较为发达的天津,因为有一定数量的农民存在,土地庙、土地祠仍扮演传统的角色。"亲初殁,男女哭奠于……土地祠。"[1]由于民众的日常生活、生老病死与土地紧密相关,所以在天津东面的24个村庄中,有5个村庄的庙宇全是土地庙。在此种情况下,民众的求子、祈雨、迎神赛会等各类宗教需求,也只能在土地庙中才能得到满足。

统计数字也印证了上述看法。据统计,除了城西的村庄人烟稀少,仅有两座庙宇,而无土地庙外,在其他地方,都有土地庙。如前所述,东面一带的村庄,共有5座庙宇,均是土地庙。另外,东南一带的村庄,有土地庙29座;南面一带的村庄,有土地庙18座;西南一带村庄,有土地庙11座;西北一带的村庄,有土地庙10座,基本上都达到了两位数以上。土地庙分布地域之广,密度之大,均是其他庙宇所无法比拟的。

另外,城隍是一座城市的保护神,护佑生活在这里的民众之平安。天津城内有两座城隍庙,分别是县城隍庙和府城隍庙,均坐落在县城的西北角。城内民众的日常生活、生老病死与城隍庙紧密相关。天津城居民每到清明这一天,都要"迎城隍神于西郊,赦辜"[2]。四月初六、初八两日,府县城隍神出巡,经过地区热闹异常。有竹枝词云:"会仿张傩以鬼名,泥金面具突双睛。城隍自昔昭灵爽,魑魅原何任昼行。"[3]这都反映出城隍在天津城市居民日常生活中的重要地位。

清顺治九年(1652)敕封关公为忠义神武关圣大帝,催发了全国各地大量兴建关帝庙的热潮,崇奉关公之风盛极一时,天津亦是如此。观音信仰在中国民众之中也十分普遍。据统计,天津县境内共有关帝庙59座,观音庙

---

[1] 乾隆《天津县志》卷十三。
[2] 同治《续天津县志》卷八。
[3] 雷梦水等编:《中华竹枝词》,北京古籍出版社1997年,第507—508页。

60座,前者占12.04%,后者占12.24%,可见关帝信仰和观音信仰对天津民众影响之深。官府于"每年春秋二仲月及五月十三日祭祀"①关公,民间传说农历六月二十四日是关帝诞辰,天津民众往往也于是日祭祀之,带去的"祀品以鸡、羊、面桃"为主②,兼及其他。雍正和乾隆两位皇帝曾先后赐匾于观音阁,前者为"潮音清梵"③,后者是"紫渤青莲"④。足见统治者和民众对观音信仰的重视和推崇。

天后信仰在天津也较为普遍,信众颇多,寺庙也不少。据统计,天津境内共有各类天后庙宇26座。除了位于东门外的天后宫外,基本上都分布在农村。东门外的天后宫十分壮观,于廷献有诗云:

  驱使封家十八姨,龙洋鲸浪坦如夷。三津宫殿同瞻仰,万里帆樯尽指迷。
  彩蝶只今来海舶,神鸦终古拂灵旗。圣朝重译争修贡,呵护传闻事更奇。⑤

天后宫内部供奉神灵众多,有张仙爷、傻哥哥、王灵官、灶王爷、关帝、泰山娘娘、千子娘娘、百子娘娘、奶姆娘娘,乳母娘娘等等,可谓众仙云集,堪称众神集居之所。天后宫与天津民众日常生活息息相关,这里常常香烟缭绕,为天津诸寺庙之冠。天津是一个海运发达的城市,妈祖首先具有海神性质。不过,资料显示天津还有两座著名的海神庙,均分布在东南一带村庄。在天后宫中供奉的妈祖,不仅具有保佑渔民海上安全、商人海运顺畅等神力,还被赋予保佑民众生活安定、赏赐子嗣等神职。因此,天津民众对妈祖的信仰特别虔诚。在清代,每逢初一、十五,来自各地的进香者人头攒动,阻塞道路。值得注意的是"旧历元旦各娼妓祷祝于此,粉红黛绿,满院光辉"⑥。此外,每年农历三月还要举办天津市最大的庙会——皇会,更是盛况空前。

据统计,天津共有观音庙和娘娘庙共86座,加上东门外的圣慈庵、西北

---

① 宋蕴璞辑:《天津志略》,成文出版社1967年,第19页。
② 宋蕴璞辑:《天津志略》,成文出版社1967年,第27页。
③ 乾隆《天津府志》卷一。
④ 光绪《重修天津府志》卷三十四。
⑤ 《天后宫》,乾隆《天津县志》卷二十三。
⑥ 宋蕴璞辑:《天津志略》,成文出版社1967年,第20页。

城角的皇姑庵、东南一带村庄的碧霞庙,共有89座。这些庙宇以供奉女性神灵为主,占天津庙宇总数的18.16%,其他庙宇主要都供奉男性神。另外,还有些庙宇,如土地庙中除祭拜土地之外,也会供奉土地奶奶,只是处于男性神灵的附庸位置。可见,在男权社会中,接受祭祀的神灵也是以男性为主的,女性神灵并没有得到与男性神灵平等的地位。

以上四种庙宇,观音堂可以归入佛教之列,土地庙应属民间信仰的范畴,但是与道教相关联,关帝信仰不仅是较为普遍的民间信仰,也与儒释道三教信仰息息相关,天后信仰虽然往往被视为道教信仰,但是天后宫里供奉的众多神灵分别来自佛教、道教以及民间信仰,可谓诸教杂陈。故而在天津传统社会的庙宇中虽然有不少属于佛教或者道教体系,前者如大悲院,后者如元通观,但是更多地带有三教兼容的特性,并与民间信仰相混杂,难以确认其究竟属于哪一种信仰,而这正是天津乃至中国本土宗教信仰的一大特色。

## 二、鸦片战争前后天津庙宇的人文分布特点

根据《津门保甲图说》所载天津县城图所示,县城东北部是道署、县署、捕厅、运司署、府学、县学等政府机关所在地,是传统社会的政治中心。不难想见,县城东北庙宇的这种分布与官僚政治关系密切。

城东北的庙宇分布是围绕着孔(文)庙而展开的。明正统十二年(1447)天津始建大成殿,并塑孔子像,嘉靖时改塑像为神主。清雍正三年(1725),"府庙之东设明伦堂、东西斋及府学官公廨,县庙之西设明伦堂,东西斋及县学官公廨。庙制门殿及崇圣祠、名宦祠、乡贤祠,均如制"①。至此,天津城内文庙之官方祭祀系统基本形成。文庙内不仅供奉孔子,还有颜渊、子思、曾子、孟子等也接受祭祀,另有闵子、冉子等十一哲陪祀。每年"春、秋仲月上丁日祀典,先祭启圣,而后孔子"②,由地方官主持祭祀。每年元宵节,醉心于科举考试的文人士子都要前来叩求功名。范景文有诗云:"元宵踏月月如银,士子焚香拜圣人",③描述了文人士子到文庙烧香求功名的情景。

---

① 王守恂:《天津政俗沿革记》卷十。
② 康熙《天津卫志》卷二。
③ 雷梦水等编:《中华竹枝词》,北京古籍出版社1997年,第507—508页。

表3　天津庙宇表[16]

| 祠名 | 地点 | 祠主 | 备注 |
|---|---|---|---|
| 毛公祠 | 大仪门里街北 | 毛恺 | 天津道 |
| 王公祠 | 北门外馆驿楼旁 | 王宏祖 | |
| 李公祠 | 河北盐井院东 | 李长庚 | 明天津督饷总督 |
| 李公祠 | 马头东街南 | 李继贞 | 明天津巡抚。后改为万寿宫 |
| 赵公祠 | 三岔河口东岸 | 天津镇总兵赵良栋、天津道赵宏燮、长芦盐政运使赵之璧 | 三取书院 |
| 懋功祠 | 城内刘家胡同迤东 | 县人张愚 | |
| 石公祠 | 岔道口 | 天津道石天枢 | |
| 杨公祠 | 北门外河北岸 | 漕运总督杨锡绂 | 乾隆三十六年建 |
| 曾公祠 | 河北大王庙 | 曾国藩 | 叶兴诸老之冠。同治十二年总督李鸿章奏建 |
| 僧王祠 | 津西门外大街 | 僧格林沁 | 督兵大臣，莅津筹防。同治八年崇厚建 |
| 丁公祠 | 东门内石桥胡同 | 丁寿昌 | 天津道。光绪总督李鸿章奏建 |
| 李公祠 | 河北督署西 | 李鸿章 | 清直隶总督 |
| 谢公祠 | 西门外水丰屯 | 谢子澄、佟公鉴 | 即双忠祠。天津知县、副都统，皆于咸丰三年死难 |
| 聂公祠 | 河北三条石后 | 聂士成 | 清直隶提督，庚子祚占殁于城南八里台 |
| 周公祠 | 河北三条石后 | 周盛波、周盛传 | 清提督。两公开水田，劝种稻，颇著成绩 |
| 李英威祠 | 城南马场道 | 李秀山 | 英威上将军 |
| 愍忠祠 | 东门外闸口下 | 海运员董、候补同知蒯光烈等 | 光绪元年奏建 |
| 金刚愍公祠 | 城内石桥胡同 | | 光绪六年建 |

名宦祠内供奉的是天津历代政绩昭著的官员。不过比较重要的官员都会有专门的祠宇，如表3所示。值得注意的是，毛公祠、王公祠、李公祠、赵公祠、懋功祠、石公祠、杨公祠等祠堂都立于咸丰十年(1860)之前。这些祠堂是清政府借祭祀先贤，宣示统治权威的公共空间，一般都位于城内或较为发达的北门外等地。

乡贤祠是祭祀一方才俊的祠宇。据载"顺治以来，入祀乡贤，仅刘、朱、侯、沈四公"①。"天津士大夫家,大率祀祖先于中堂,或有别辟静室以奉木主者,至于起建家祠,则以地窄民稠,殊不多觏。"②或许正因为如此,在乡贤祠得到敬奉的乡贤并不算多。

在县署和县学里建有两座文昌阁,供奉的是文昌帝君。文昌帝君为掌管士人功名禄位之神,在这里供奉,具有配合文庙激励士子读书之意。文昌宫的主要信众也是文人士子。每年农历三月初三"文士祀文昌帝君于城西庙中,凡贫民之拾补缀者,皆集以其所,捡字纸送入庙中"③。

传统社会的统治者一贯主张文武并举。虽然因时局不同,有时比较重视"文",有时比较重视"武",但无论如何二者不能偏废。因此,城内除了文庙,还建有武庙。武庙初设于西南城角上,明万历四十年(1612)移建于城内西北隅,雍正十一年(1733)重修。"内祀周昭烈武成王,四配吴司马孙子、齐司马田子、汉留侯张子、汉武侯诸葛亮。"④史载康熙时任天津总兵的李克德"每于朔望临祀先圣贤,偕诸多士讲武谈兵于内"⑤。至于武庙的功能,李克德亦有所体悟:翻黄石之书,策青面之辔,实足以翔腾天庙……期与田、穰苴、孙、吴辈颉颃天壤,斯即予之期于多士者,用舍、行军、致主,一辙意也。⑥

天津城内,与"武"有关的还有4座关帝庙。虽然坐落在县城内,但是关帝庙并未完全取代武庙的地位。位于城内户部街之县署内的关帝庙,每年春秋二仲月及五月十三日官员都要前来致祭。由于"武庙火废不修,光绪间焚毁无余,只附近地方犹称武学。今则人民杂居,穷檐矮屋,人鲜知其为庙址者"⑦,而每岁官员祭祀也不过"扫地以祭"⑧。可知至光绪年间,县署内的关帝庙已基本取代了武庙的地位。

天津城西有社稷坛、先农坛,城南有风云雷雨山川坛,均属于官方祭祀系统,也是官方祭祀系统的重要组成部分,其祭祀权力由官僚掌控。

另外,县城外之天后宫、海神庙等庙宇也与官方有关。东门外之天后宫

---

① 高凌雯:《志余随笔》卷四。
② 高凌雯:《志余随笔》卷五。
③ 同治《天津县续志》。
④ 王守恂:《天津政俗沿革记》卷十。
⑤ 康熙《天津卫志》卷四。
⑥ 《重修武庙碑记》,康熙《天津卫志》卷四。
⑦ 王守恂:《天津政俗沿革记》卷十。
⑧ 《天津县地理教科书》,天津普文石印本,第14页。

宫门上大书"敕建天后宫",说明此天后宫受到最高统治者的高度重视和充分肯定。康熙三十年(1691),圣祖驾幸天后宫时,民间作百戏以献神并娱圣祖,是为天津天后宫庙会受到王朝最高统治者垂青之始。乾隆南巡途经天津,正值天后宫举办庙会。他看到之后,不禁大加赞赏,予以赏赐"特御赏黄马褂四件,叫四名鼓手各穿一件"①。这表明在天津民众中盛行的天后信仰起初虽不具有官方信仰的性质,仍受到最高统治者的重视和支持。另外,天津还有许多庙宇,也被打上了最高统治者的烙印。康熙有《天津海神庙碑文》,雍正有《世宗宪皇帝御制海神庙碑文》,康熙题过字的庙宇则有海神庙正殿(匾:静洪波),观音阁(匾:潮音清梵),水母殿(匾:涵育;对联:香塔鱼山下禅堂雁水滨),海光寺(匾:随处潮音;对联:水月应从空法相天花故落映星氅)。乾隆题过字的庙宇有望海寺(匾:瀛壖慈荫),文庙(匾:与天地参)。②

不容否认,在城外特别是农村的庙宇与官僚统治和儒家文化之关系比较疏远。这似乎昭示出由官僚主导的祭祀系统分布在城内及城外部分地区,占据着最重要的祭祀资源,具有主导地位。而城外大部分地方和农村,较少受到官方的重视。也只有在这里,佛教、道教和民间信仰才可以占据主要的信仰空间。以土地庙为例,天津87座土地庙,其中城内仅1座,城外有11座,而农村却有75座,并呈现从城内到城外逐渐增多的特点。土地庙在农村地区数量庞大,而在城内分布很少的事实,说明土地信仰强烈的乡土性质。

需要强调指出的是,虽然有越是在统治中心地区,官僚统治和儒家文化对民众信仰影响越大,离统治中心越远,官僚统治对民众信仰影响越小的特点,但是从总体上来看,城内、城外、农村不同地区天津民众的信仰生活仍然具有统一性。以关帝信仰为例,天津县境内共有59座关帝庙,其中城内4座,城外8座,农村47座。然而无论是城内还是城外,也无论是官僚、商人还是普通民众,都信仰关帝。另外,城内虽然以文庙、武庙和其附属庙宇为中心,但从庙宇数量看,仍以财神庙、达摩庵、涌泉寺、火神庙、三皇庙、准提庵等庙宇为主。这些庙宇和城外及农村建立的寺庙并无特别不同,表明城内民众和官僚们的信仰需求,与城外和农村相比具有很大的统一性。

---

① 徐肇琼:《天津皇会考》,张格点校,天津古籍出版社1988年。
② 参见乾隆《天津府志》卷一。

## 三、鸦片战争前后天津庙宇的地理分布特点

庙宇的分布常常依靠自然地理原则，建在水陆交通要道上，作为地标和村庄加以命名。庙宇的建立是为了满足民众追求神圣活动的愿望，既要与民众的世俗生活有所区隔，又不能离民众太远，故而需要遵守方便—区隔原则。而从总体来看，庙宇的分布还具有一定的不平衡性。

（一）交通要道原则

天津许多庙宇都分布在交通要道上，无论城内、城外，还是农村地区，几乎都是如此。在县城内，从东门到西门是一条笔直的大道。它与从北门到南门的大道，像坐标系一样将整个县城分为四部分。在县城北半部，西起府、县城隍庙，东至三义庙也有一条重要道路，将县城北面切分为两半。沿着这些交通要道可以发现，县城内的庙宇主要分布在东西向交通要道的两边。在横向的中轴线上，北面分布有准提庵、文昌阁，南面分布有达摩庵、弥勒庵。在另一条大道上，北面分布有县城隍庙、府城隍庙、三皇庙、土地祠、朝阳观、乡祠、三义庙，南面分布着三圣庵、关帝庙、财神庙、药王庙。

县城四门之外的路侧，分布着许多庙宇。如东门外路北有天后宫，路南有吕祖堂；西门外路北有天安寺；南门外路东有药王庙、大悲庵；北门外的路东有华严庵，路西有真武阁。

传统时代，天津河流密布，水路交通较为重要。在河流的两岸也分布着许多庙宇。以三叉河口为例，北叉口集中有丙德庵、静月庵、关帝庙、福寿寺；西南叉口有太虚观、玉皇庙、白衣庵；东南叉口有土地庙、玄帝庙。另外，在北运河段分布有药王庙、关帝庙、龙王庙、白庙、菩萨庙、土地庙、药王庙等。

由于庙宇往往建在水陆交通要道上，常成为地方命名的参照。据光绪《重修天津府志》、同治《续天津县志》等记载，挂甲寺捞尸义地在寺东北里许，红寺在黑寺东，白寺在红寺东，海会寺在城西稽古寺西，崇禧观在望海寺旁。这种叙述方式明显将挂甲寺、红寺、白寺、海会寺、望海寺等寺庙当成了地理上的参照标准。东门外之天后宫南北两条街道分别被命名为宫南大街、宫北大街。西北一带村庄之第3图有一村曰白庙村，村中有一庙曰白庙。西南一带村庄第20图有一村曰三元庵村，村中有一庙曰三元庵庙。东南一带村庄之第7图有一村曰小土地庙村，村中有一庙曰土地庙。西南一带村庄

之第2图有一村曰古佛庄,村中有一庙曰菩萨庙。南面一带村庄之第23图有一村曰南大寺庄,村中有一庙曰大寺。庙宇的名称即是村庄的名称,可见庙宇对村庄的命名产生很大的影响。建在水路交通要道上的庙宇也有此情况。如真武庙渡、西沽火神庙渡、大王庙渡、莲提庵渡、福寿宫渡、玉皇阁义渡、龙王庙义渡、小圣庙渡等等。

(二)方便—区隔原则

庙宇是供民众使用的,理应离生活区不要太远,如此可以方便民众的信仰生活。但由于庙宇是神圣空间,与世俗空间有所差别,所以一般又要与世俗生活空间保持一定的距离,有所区隔。

在县城内,庙宇的分布遵循着方便的原则。由于城市的居民区一般称为胡同,庙宇的分布便围绕着胡同展开。在县城的西北,有一座三圣庵,其北横向排列着白家胡同、北项家胡同、罗家胡同;其西有小井胡同、葛家大院;其东有毛家胡同、蒋家胡同、任家胡同、鲍家祠胡同。西南处有一达摩庵,其左一字排列小胡同、弓箭胡同、谢家胡同等;其右有小胡同、丁家胡同等。如此情况,不胜枚举。在城内,由于土地面积相对狭小,居住区域相对集中,因而庙宇的建设与胡同的分布存在一定的关联性。较为理想的情况应该是建在几个胡同的交会位置,如此可使居住在附近不同胡同的民众都能够较为方便地享用庙宇这一神圣空间。在城外,亦同样如此。如东门外之吕祖阁,周围分布有磨盘街、南斜街、扒头街、九口□巷。北门外之真武阁,西有竹竿巷、西南有针市街、西北有花店街、东有估衣街。

这种方便原则,在农村也有反映。在农村,庙宇的分布有三种情况:

其一,庙宇分布在一个村庄之侧。在这种情况下,庙宇分布在村庄外部一侧或几侧。一般一个村庄的旁边只有一座庙宇,如西南一带村庄之第8图卞家庄之西有一庙(佚名),东有一菩萨庙。也有一个村庄旁边有几座庙宇的情形。同一幅图中之李家坟西有一土地庙,曹家庄东有菩萨庙,西有关帝庙。西南一带村庄之第10图曹家庄西侧有一菩萨庙,右侧有一关帝庙。这两座庙离曹家庄都非常近,民众可以很方便地到寺庙去求神拜佛,第13图东北斜村东南有一土地庙,中北斜村东北有一土地庙。第19图有一马家庄,庄侧分布有九圣庙、菩萨庙和火神庙3座庙宇。

其二,庙宇有时也会在村落之中。不过一般来说,这样村庄之居民较多而且居住相对分散,庙宇在村庄的某一侧使另一侧的民众使用起来不太方便。于是便形成了庙宇在村庄之中,居民围绕着庙宇分别居住的布局。宜义埠是县城北一个居民较多的村庄,村中有一药王庙,居民分布在庙之东西及北面。另如东面一带村庄之第 6 图汪道庄的土地庙,东南一带村庄之第 14 图贺家口之娘娘庙。第 18 图杨家庄之观音寺,第 21 图贾家沽道之观音庙、吴家嘴之土地庙也都呈现出类似的分布特点。

其三,庙宇分布在几个村庄的交通要道上,为几个村庄的村民共享。即使在传统时代,作为神圣空间的庙宇仍然具有稀缺性,并非每个村庄都建有很多庙宇,满足着村民的不同需要,故常常是几个村庄合用一座或几座庙宇。类似这样的庙宇一般会分布在几个村庄相联的交通要道上。如西南一带村庄第 10 图,邢家庄在西面,汪家庄在东面,在两村之间的道路旁边,有一土地庙,为两个村庄的村民所共同享用。但是由于农村地广人稀,不同村庄之间的距离较远,且经济较为落后,道路也较为不便,因此,这种情况并不十分普遍。

庙宇分布除了遵循方便原则外,还要遵循区隔原则,即把神圣和世俗区分开,不致混杂。在城内,西北之三圣庵,与其北的白家胡同、北项家胡同、罗家胡同中间隔有一条大道,离其西的小井胡同、葛家大院中亦有一段距离,与其东面的毛家胡同之间有一堵墙隔开。在城外,西门外之真武阁不仅建在一条南北交通的大道上,而且其周围地区相对较为空旷,其左之针市街、竹竿巷、花店街,其右之估衣街都与其保持一定的距离。在农村地区,庙宇位于村庄外便可以自然地与世俗生活之中心隔离开来。即使庙宇位于村落之中,也同样如此。比如宜兴埠之药王庙即使离最近的居所也有一段距离。这正反映出神圣与世俗的界限。至于几村共用一庙宇,更不可能建在某一村之中,更容易区隔。

(三)分布不平衡原则

此外,天津庙宇还遵循着分布不平衡的原则。总体来看,天津庙宇分布地域广泛。无论城内、城外还是农村,只要是民众居住之地,便建立庙宇。但也有些村庄周围不仅没有庙宇,也无法与其他村庄共享。以东面一带村庄为例,第 1 图之贯儿庄、张贵庄,第 2 图之欢坨庄、孙家庄、荒草坨、李明庄、何家庄,第 3 图之赵家庄、于家庄、朱家庄,第 4 图之西堤头、刘快庄、大范庄,村内及村外均无庙宇。即使庙宇资源相对稀缺,仍然有一些庙宇分布在荒郊野外,如西南第 10 图上有一真武庙,第 11 图有一三教堂,周围均无村庄,无民房。亦有些村庄庙宇较多,如西北一带村庄第 3 图,只有 3 个村庄,却有三官庙、土地庙、龙王庙、关帝庙 4 座庙宇。

在中国传统社会,生活于不同区域的民众对于宗教的虔诚信仰不仅具有明显的相似性,还有一定的空间分布特点。除中央政府外,地方政府主持的宗教活动以文庙和武庙为中心。普通民众对于佛教、道教和民间信仰中众多神灵的祭祀往往是在分布于广大城乡的佛教、道教以及具有民间信仰性质的庙宇之中。以往的研究往往对宗教进行历史性的考察或阐释具体的宗教经典,对宗教信仰赖以生存的庙宇之地理研究重视不够。

中国现存的大量地方史志资料,往往对各地历史上存在过的各类庙宇加以较为详细的记载,是研究庙宇空间分布状况及其相关议题的资料库。本文以《津门保甲图说》为中心,从庙宇数目与类别、人文分布、地理分布等几个层面,对鸦片战争前后天津城乡庙宇空间分布状况进行了初步探讨,希望能够有助于深化中国近代宗教史的研究。

(《世界宗教研究》2012 年第 5 期)

# 以天津海河裁弯取直为例考察民国时期拆迁工作

陈 静

拆迁问题,直接涉及居民的核心利益,办理不善,极易产生官民纠葛,甚至酿成风潮,引起社会动荡,以至于侵害社会的稳定。但1918年天津警察厅办理海河裁弯取直的拆迁工作,因办理得当,得到官民各界的称颂,取得良好的社会效益。本文试图对此一事件以作初步考察,或可对现今的拆迁工作有所裨益。

海河裁弯取直不但关系津埠城乡人民的生命财产安全及城市本身的长远发展,且与外交有一定的关系。因此,在1917年水灾后,海河裁弯取直便成为天津以至中国急需进行的一项要政。

## 一、拆迁经过

1. 确定主持拆迁的单位。1917年8月上旬子牙河决口后,省长曹锐将"所有河工"委派天津警察厅厅长杨以德"专责办理"[①]。此后,警察厅在堵塞决口、赈济灾民等善后工作中表现优异。因此,1918年金家窑至三叉口裁弯取直工程中,京畿水灾河工善后事宜处处长熊希龄及曹锐省长再委令警察厅"筹办筑埝挖河事宜"。奉令后,杨以德以"兹事体大,非设特别机关,不能计日奏功"[②],于厅内设特别办理机关——筑埝挖河事务所,专门办理拆迁、挖河等工作。

2. 拆迁章程的出台。天津警察厅接受裁弯取直任务后,感觉仅凭警察厅的力量不足以担负此项事务,遂决定与津埠绅商合办此项工程。因此,对于此次拆迁办法,警察厅多次召集津埠绅商开研究会议,商议拆迁办法。经

---

① 《大公报》1917年8月20日。
② 《大公报》1918年4月17日。

过警绅商多次会议后,由绅商拟出拆迁章程,经业主同意后,由警察厅呈熊督办、曹省长核准,于1918年5月1日发布"一、砖房、瓦房每足一间者,迁费三十元,房租二十五元;二、灰土坯房每足一间者,迁费三十元,房租二十元;三、灰土篱笆房每足一间者,迁费二十五,房租二十元;四、租房住房迁移者,每间发给迁费三元……十二、如欲领房价不欲以地换地者,即按照等级发给房价,所有应拆房间及相连地基均据现时习惯等级,价目列后;计开瓦房一级房二百元,二级房一百八十元,三级房一百七十元,灰房一级房一百七十元,二级房一百六十元,三级房一百五十元,土房一级房一百四十元,二级房一百三十元,三级房一百二十元"①等。

3.挂号、领价。对于需拆迁的房屋数目,警厅调查"大王庙应拆之房间共五百十三间,三叉河口(如狮子林金家窑等处)共应拆房间一千三百七十六间"②,1918年4月17日,调查工作完竣后,警厅通告"限三日内业主一律到厅挂号,以资核对与调查相符"③。三日期满后,杨厅长"恐仍有遗漏者","是以饬令挂号处展限一日,而免遗漏云"④。4月25日,警厅通告业主"或欲换或欲领价者,务须由本日起(即二十五日),限三日内投递愿书,以便声明"⑤。4月28日,绅商于警察厅内开会"公决拟由五月一日至五日一律发给迁移费,领款后概限七日内迁移"⑥。5月12日,领价工作"办理就绪,定于十三日实行安置运土车之铁轨"⑦。

4.拆迁。按警察厅的规定,房屋由业主在领价后自行拆除。领价结束,房主即开始拆除房屋,截至13日"三叉河口至金家窑房间刻拆去已达十分之九"⑧。不久,余去的房屋也"尽行拆净,其一切手续均筹备妥协,已定于三十日实行开工"⑨。

---

① 《大公报》1918年5月1日。
② 《大公报》1918年3月1日。
③ 《大公报》1918年4月18日。
④ 《大公报》1918年4月21日。
⑤ 《大公报》1918年4月27日。
⑥ 《大公报》1918年4月29日。
⑦ 《大公报》1918年5月13日。
⑧ 《大公报》1918年5月14日。
⑨ 《大公报》1918年5月30日。

## 二、拆迁过程中遭遇的困难及解决办法

1. 主持机关的拟变更。裁弯取直原由天津警察厅办理,当警厅与绅商、业主积极商议拆迁赔偿办法时,熊督办为使用善后借款余款,拟将此工程交付顺直水利委员会办理。而各国公使根据善后借款合同条款,要求如使用该笔款项,则海河工程局应持有该工程签字付款及监工的权限。

业主听闻此项工程拟借用洋款的消息后,深恐该处受外人限制,因此集体赴警厅请愿,杨厅长"恐起风潮,遂一方面竭力劝谕,并即于二十四日下午四时约集津埠绅商,言议妥善办法,绅商等均愿积极维持其一切计划"①。

4月26日,天津商会与省议会上书熊督办及曹省长"此项工程即为地方人民谋幸福,宜由地方绅商共同担任,所有工程按照原图办理,其拆房开河以及填垫废河等项工款,业由敝会商同议会筹有的款,以备开办",请求拆迁等工作"由警厅继续办理"②。

4月29日,熊督办答复"前项由委员会监工及付款之权当然取消,仍由杨警务处长继续办理"③。5月15日,曹省长也认为天津总商会及省议会"热心公益,提倡有方,所请仍由警厅继续办理"④。

2. 业主贿赂租户,私改原折,增写价目,套取赔偿金。警厅与绅董原拟办法"房产地基等项……以租折所注租价十二分之一核定价值",然公布后,"各业主多有贿赂租主,私改原折增写价目,以冀蒙蔽"。警厅查明上述情况后,决定由绅商另妥拟"购房、购地、换地各项章程"⑤,以杜此弊。另外,有十余户居民不愿拆迁,对这部分业户,警厅会同当地绅商始终"切实劝导",谓此次开河工程"国家信用与地方幸福",于国与民均有莫大的关系,5月12日,终于做通此部分业户的工作,拆迁工作得以继续进行。

3. 因业户房地典当、借据等因,致使领价手续过于纷繁。"惟房产买卖纠葛之处甚多……裁卖、典当、抵债等项种种纠葛不胜枚举",警察厅内发价办公处"历经调查,实属困难万分",因此房地业主领价工作进展缓慢,一日

---

① 《大公报》1918年4月25日。
② 《大公报》1918年4月27日。
③ 《大公报》1918年4月30日。
④ 《大公报》1918年5月16日。
⑤ 《大公报》1918年5月1日。

仅办理十余户。针对这种情况,杨厅长督饬事务所各员日夜赶办,于 5 月 12 日发价完毕。

## 三、拆迁工作的特点及效果

1. 此次拆迁工作的特点即为官与绅商合办,官、绅商、业主互相协商赔偿办法。三叉河口裁弯取直之议由来已久,在徐世昌督直之际,曾拟办理,因该处居民群起反对,几酿风潮而中止。鉴于上次教训,警厅在办理拆迁时,始终持小心谨慎态度,采取官绅商共同办理的方式,屡次召集绅、商、民(业户)会议,讨论办法,以求得稳妥办法,避免官民冲突,从而影响社会稳定。

警察厅确定拆迁工作的宗旨为"此为公共之事,必须由公共担负责任,一切进行之手续尤当力求公正……与诸绅商通过后方可实行"①。本此精神,1 月 28 日,警厅召集津埠董事开会研究赔偿办法,初步拟定"金家窑被拆之民房拟一律照价发还,然亦须与该业主磋商,以资征求意见,而谋彼此适宜"②。2 月 27 日,警厅复与津埠董事讨论赔偿办法,议定"应拆之民房,概按一分钱发价"③。在与津埠董事达成初步意见后,28 日上午,警厅召集金家窑、大王庙等处董事开会讨论拆迁办法,首先由警厅杨厅长报告"河道裁弯取直及按照一分钱发价之办法",并请诸位董事对此发表意见。金家窑董事报告"该处之房间价值及每年租价并地基之价值",杨处长又提议"发价之房间分数端:(一)砖房(二)灰房(三)草房,其地其分数端:(一)官地(二)民地(三)庙地,均拟规定章程,另组办事处,期资绅商接洽而便筹划进行之方法……所有一切进行之办法,均会同贵董事等磋商办理,以照公允",后又商议良久,"众董事全体赞成此议"④。

警厅杨厅长认为上述拆迁办法虽经中外官绅赞成,然该办法仍需征求业主的意见,因此,3 月 13 日,召集业户开挖河讨论会议,首先由杨厅长向业户详细介绍一分息发价办法,后业户们对民地、租房等问题讨论多时,"均因

---

① 《大公报》1918 年 3 月 2 日。
② 《大公报》1918 年 1 月 29 日。
③ 《大公报》1918 年 2 月 28 日。
④ 《大公报》1918 年 3 月 1 日。

公益攸关,无不赞成"①。

业户同意上述赔偿方案后,警厅将上述发价办法公布在案,但该地业户为多得赔偿金额,采取贿赂租户等方式,私改租折,增写租价。警厅在探明情况后,复与绅商研究解决办法。磋商结果认为按折定价蔽端太多,不若妥定购房、购地、换地等各项章程较为适便。4月26日,绅商合拟出换地迁房章程,4月27日,绅商在警察厅表决通过后,决定"于五月一日起在警察内设立办公处举行发价"②。

由上看出,此次拆迁虽由警厅主持,但拆迁费筹措、章程制定、修改,直至发价等环节,实际上是由警厅与绅商共同办理。而拆迁的重点工作,经费的垫借、赔偿章程的制定是由绅商负责的,正如杨厅长所讲"裁弯取直案,其进行之办法,由绅商完全组织"③。

2. 此次拆迁工作,整体上进行得比较顺利。原因在于警厅办理得当,始终征求房户的意见,照顾业主的利益。因此,拆迁进程中,官民之间基本上未出现较大的矛盾冲突,使拆迁工作能够较顺利地进行。另外,此次拆迁"发价颇优,业主均无甚损失",因此业户"甚为欢悦,并闻彼等刻拟恭送匾额,以志优待之意"④。河北金家窑等处的居民,在搬迁后"以张绅筱山热心维持,未受损失,是以均感戴异常,昨特恭送匾额一方,文曰'义周桑梓'"⑤。

以上看出,官方与绅商在办理此次拆迁工作过程中,注重统筹公共利益与个人利益,在发展地方公益事业时,也使民众个人的利益有所增进,从而取得良好的社会效益。

## 四、拆迁工作进行较为顺利的原因

前述拆迁工作得以顺利进行的原因主要有四点:

1. 北洋北京政府和天津地方政府为维护社会稳定,极力避免拆迁过程中的官民矛盾,因此实行让利于民的政策。1918年从全国范围内来看,南北并未统一,战乱频仍,社会动荡。从直隶一省范围来看,1917年全省范围遭

---

① 《大公报》1918年3月14日。
② 《大公报》1918年5月2日。
③ 《大公报》1918年4月29日。
④ 《大公报》1918年5月14日。
⑤ 《大公报》1918年7月12日。

遇特大水灾,天津地处各河下游,被灾尤重,灾民达数十万之多。大灾之后,如何维护社会的稳定,已成为政府关心的头等要政,拆迁如引起官民冲突,酿成风潮,极易引发大的社会动荡。另外,天津是北洋政府统治的"后院",此处社会动荡,势必会威胁其整个的统治。因此,北洋政府出于维护其统治和社会稳定的目的,对此次拆迁实行了较为宽和的政策。

2. 办理得人。此次拆迁工作系由天津警察厅厅长杨以德主持。此人对举办河工等项事务非常热心,1917年津埠发生水灾,其办理决口堵塞、修筑堤埝、赈济灾民等项工作,均有突出表现。另外,杨本人具备较强的办事能力,在办理拆迁过程中,采取了一系列切合实际的方法,如官绅商共同负责该项工作,制订较优厚的赔偿办法等,以此取得津埠绅商的支持及该地业户的配合,使得拆迁得以顺利进行。

3. 工程费用的来源。海河裁弯取直工程浩大,需费繁多,在此之前的十数年间,屡议屡辍。1915年护国战争以后,各地上交国库的赋税多被军阀截留。另外,1917年京畿地区发生特大水灾,各处请拨赈款、河工款之折纷至沓来,致使"公家财力万分支绌"①。在此情况下,国库拨不出裁弯取直工程所需的款项,工程经费不得不求助于民间绅商的力量。为争取民间绅商垫借经费,主持机关——警察厅采取了官绅商合办工程的做法,其中赔偿章程交由绅商拟定。而绅商本身即为民间基层社会利益的代表,另外,有些绅商的房地即处于挖河线内。因此,其在制定赔偿办法时,能够充分考虑房地业户的利益,这也是此次赔偿金额较为优厚及官民未发生大的矛盾冲突的原因之一。

4. 各国列强的压力。1917年津埠水灾,各国租界均遭受了较大的损失,因此,列强各国对该工程非常重视,各国公使屡次要求尽早开工,并于伏汛前结束,这给中国当局很大的压力。杨以德在召开警绅商会议中,多次强调来自各国的主张与压力,因此,警察厅在办理拆迁过程中,不敢激化官民矛盾,致以延误工期。

中国政府引入西方的警察制度,本意在通过警察的兴办来加强政府对基层社会的控制,使政府的权力触角延伸至以前不曾到达的社会底层空间,将绅商在这一领域的权力排挤出去。但从此次海河裁弯取直拆迁工作来看,截至民国前期,政府并未取得如期的效果,代表政府的警察在举办公共

---

① 《大公报》1918年3月4日。

事务时,还须依赖绅商的帮助方可进行。因此,在民国北洋政府时期,天津的绅商在地方公共事务上依然有一定的发言权,在基层社会中依然有一定的影响力。

(《兰台世界》2012年2月下旬)

# 租界、乡土与都市
## ——文学与天津城市的现代转型

闫立飞

从文学与城市的"共同的文本性"角度①研究文学,成为当前文学研究的一个热点。天津在其现代转型中催生和发展了新的文学样式。它在获得长足发展的同时,也与城市构建了一种复杂微妙的关系。

## 一、通俗小说与乡土天津

近代天津的通商和开埠,打破了传统城市的封闭状态,外国人进入天津设立租界,开始了他们的"异域"生活。随着租界的扩张和经济的发展,天津的城市面貌、经济结构、文化生活等方方面面都发生了深刻的变化,报刊业的出现和快速发展,不仅促进了天津近代文学的繁荣与发展,而且作为通俗小说的主要载体,直接推动了通俗小说在天津的崛起和流行。天津由此成为"北派通俗小说创作和出版的中心与大本营"②。

通俗小说虽然是现代城市文化的产物和组成部分,但其为吸引市民大众而具有的"与世俗沟通"的价值取向和跌宕诡变的情节结构特征,使其偏向传统文化的一极。以刘云若为代表的描写传统天津的"都市乡土小说"创作,更是以乡土文化的立场,批判、对抗城市的现代化,并因其在天津通俗小说创作中成就最高而愈发具有广泛的影响和代表性的意义。范伯群指出,都市乡土小说的作者大多是面向都市市民的报刊的"报人","天天涌进他们的眼睛的是形形色色的本埠新闻,而他们办报是为了给市民看,市民是他们的衣食父母,他们知道乡民心态与移民心态在经历了渐变后的新的价值观,

---

① [美]理查德·利罕著,吴子枫译:《文学中的城市:知识与文化的历史》,上海人民出版社2009年,第9页。
② 倪斯霆:《民国时期天津通俗小说创作与出版史话》,《通俗小说评论》1998年第2期。

他们所写的作品也必须符合大众的欣赏习惯,他们的作品不是给知识分子看的,而是一种向社会中下层全面开放的文学作品,但反过来,这些作品又成了乡民与市民的形象的教科书,成为从乡民转变为市民的'潜移默化'的引桥"①。

作为报人的刘云若熟悉下层市民的生活状况,他在其"都市乡土小说"《小扬州志》中以地方性的色彩和趣味对城市下层群体生存状况进行了描述。如第一回以秦虎士这个没落世家子弟的外来视角描述了尤大娘居住的贫民大杂院,"见这两丈见方的院子,却有十几间鸽子笼似的小土房……每窗上差不多全有一块四寸见方的玻璃,和看西湖景洋片的镜子差不多一样,大约是各住户向外眺望的特别设置。满院里的檐下,横七竖八扯着许多根绳子,绳子上晾着花花绿绿的破旧衣服,乍一看仿佛进了染坊。每一个房间门口,都放着一个柴灶,灶旁放着干柴,还有几只破旧花鞋丢在墙根"。这样的环境中生活着肮脏饥饿抱腿拦路的孩童、秃头瘸腿的妇人、没鼻子的耍猴穷汉、推独轮车卖布的行商、卖烂水果的挑夫、劝架的烧火老妇、穿破旧长衫的白发老翁、学唱的女孩各色人等,以致秦虎士感慨,"这般贫民生活,真是别有天地,若非亲见,绝想不到世界上有人苦到如此"。大杂院反映了当时天津底层生活的真实情景。进入 20 世纪,天津城市人口急剧膨胀,1906 年仅为 40 余万,1928 年超过了百万,1936 年人口总数则达到了 120 余万。天津城市人口剧增的主要来源,是被划入市区的周围农村人口和华北农村的剩余人口,他们是城市底层群体及无业游民、难民、乞丐、娼妓的主体,生活条件极其艰苦,"几个或十几个人共同借草屋居住"②。

在贫民窟,穷途之际的秦虎士受到了尤大娘的收留和帮助,从艺人青青那里获得了情感的慰藉,和穿破旧长衫的白发老翁成为忘年的朋友。他在城市的底层看到了人间真情与道义,其思想观念也发生了巨大的改变。"自己当日的阀阅朱门,和尤大娘所居的蓬门荜户,若退一步看来,都没有什么两样;自己当日的诗酒风流,也未必胜于白天所见布商用几尺布勾引女人的乐趣"。面对贫民窟中人们的仗义、友情和亲情,秦虎士不仅否定了其以往的富家生活,而且在富绅名士云集的郭铁梅宅邸,更是看到了上流社会的虚伪、堕落与无情。这些张口气节闭嘴道德倨傲不羁声名赫赫的士子文人,尽

---

① 范伯群:《中国现代通俗文学史》,北京大学出版社 2007 年,第 374 页。
② 罗澍伟:《近代天津城市史》,中国社会科学出版社 1993 年,第 467 页。

是浮夸孟浪之徒,徒有虚名而已,在武人黄显国的威吓下气焰顿失,奴性毕露,尽显出其人格卑下的一面。更有甚者,郭铁梅去世后,这些人却趁机讹诈,图谋郭家的财产,上流社会之人情冷漠及文人之无行与无耻由此淋漓尽致地呈现出来。

《小扬州志》通过两种不同社会阶层的人们,以中心与边缘的方式描绘了传统城市的地图及其变迁。郭铁梅、宋明泉、符咏南等巨富豪绅处在城市中央,各个行业的人以此为中心向外延伸,建构了各自不同却井然有序的生活空间和城市格局。小说一方面通过秦虎士的败家出走展示了城市的整体面貌,通过他对虎文的寻找,对最具传统天津城市特色和地域乡土气息的南市"三不管"地带做了详细描述。那里是天津城市的娱乐休闲区,汇聚了娼寮妓院及书场、戏场、摔跤杂耍卖艺等场所,"一应低级娱乐无不齐备"。随着秦虎士的观察与游走,城市的空间图景逐渐清晰。显然,从这幅"地图"中浮现出来的是一座传统的乡土城市,人物身份与生活空间的相对稳定不仅保持了城市的连续性,展示了其乡土性面貌,而且也为这种连续性和乡土性的文学呈现提供了基础。另一方面,小说也展现了传统城市空间结构秩序的解体。秦虎士的家败了,郭铁梅的家亡了,占据城市精神高地的文人名士也走向堕落,这预示着传统乡土城市核心部分的腐败与乡土城市的解体。小说把乡土城市衰败的原因归结于天津城市的"门户大开":现代世界物质文明虽然造就了天津城市的"高楼广厦"和"马路明灯",却消灭了"天津固有的精神文明",城市繁华的背后却是一个"人心淡薄"的"污浊世界"。小说在描述与留恋"天津乡土气味"的同时,展示了日益现代化和物质化城市的危机,这也是天津"都市乡土小说"的基本特征。

## 二、新文学与都市天津

乡土天津同样也出现在新文学中。王余杞在长篇小说《海河汨汨流》中描述了城市胡同春天的景象,完整地表现出乡土天津的特有景象,正如李长之评论说,作者好像把天津的灵魂捉住了,"作者所写的地方色彩是丝毫不能改换的,不唯不能易之以长江流域的任何都市,就是北平济南也不对,它是不折不扣的天津,而且是不折不扣的天津的一个角落"①。

---

① 李长之:《海河汨汨流》,《时与潮文艺》1944年第3期。

但是，新文学中的乡土天津，仅是城市的一个组成部分而已，并不代表整个城市。与乡土天津同时存在的还有租界区人们的生活与社会现状。新文学不仅把租界区作为表现的对象，而且企图通过租界区与老城区的对置，展现城市空间分布的时间性转化及其所蕴含的权力结构，从而体验不可阅读的都市天津。在此，城市的乡土性被推到背景的位置，文学作品直接表现的是现代城市生活的体验与感受。《海河汩汩流》开头介绍了天后宫在市民中的神圣地位，以及吴二爷与天后宫的联系。然而，吴二爷在被像"醉了酒的野兽"似的电车叮叮当当地带入外国租界时，立刻失去了在中国地界内的自信，体验到的是另外一种感觉："电车外面，整个变了一个世界，这世界忽视了吴二爷的身份。不比在他府上，小院子里就数吴二爷重要，伟大，在这个世界里恰恰相反：渺小，渺小，第三还是渺小。"他回家后向吴二奶奶描述在"外国地"的见闻："人多汽车也更多，满街都在唱无线电，您懂得吗？原来的高楼只有中原公司和劝业场，现在又盖起一个什么渤海大楼，比中原公司劝业场还要高，您懂得吗？灯光烧红了半边天，一朵朵的电灯早不时兴了，现在兴的是一条条的灯管，红的绿的，要什么颜色有什么颜色；做花做字，要什么样子有什么样子。……交通旅馆后面盖了一个中国大戏院，只瞧得见光，却瞧不见灯，像一座水晶宫。您懂得吗？还有好些个新鲜玩意儿，你都不懂得！……连我也不懂得！"吴二爷在"外国地"产生的压迫感和震惊体验，说明了天津市内老城区与租界之间的巨大差别，这种差别不仅是空间上的分割，而且已经化为时间的焦虑，导致身份认同的危机，以汽车、无线电、高楼、霓虹灯为表征的现代西方都市文明如同"野兽"一样，不仅吞噬了传统乡土城市，撕裂了市民认同的基础，而且通过把其纳入不平等的权力结构而成为城市的主宰。

　　失去平衡的现代都市变得越来越陌生和不可把握，展示都市社会全景的企图变得越来越不可能。这种陌生感和无力感影响到曹禺。作为天津本土成长起来的作家，激发其创作的虽然"只是一两段情节，几个人物，一种复杂而又原始的情绪"①，但这情节、人物与情绪的背后，却是处在急剧变化中的整个城市。他早期作品描绘的主要是他非常熟悉的租界生活以及上流社会的人和事②，并以此展示都市社会的来临及其景象。

---

① 曹禺：《〈雷雨〉序》，《雷雨》，文化生活出版社1936年。
② 曹禺：《曹禺谈〈雷雨〉》，《人民戏剧》1979年第3期。

在《雷雨》中，曹禺设置了主次两处场景，故事的主场景是在英租界区的周宅，一个环境整洁、典雅奢华的现代资产阶级家庭的客厅①。作为补充的次场景是在杏花巷十号的鲁贵家里，一个城市平民家庭的少女闺房。这两处主次等级分明、差别巨大的场景，却有着紧密的联系，它们不仅失去了传统空间叙事的稳定而同处在"雷雨"前后的闷热天气中，即线性的时间叙事取代传统空间化的叙事而成为城市叙事作品的主要形式，而且房间布景装饰有着某种类同性，如前者房间的油画、沙发和圆桌在四凤房中变成了"烟草公司的广告画"、"椅子"和"小方桌"，其床下放置的"时髦的鞋"也意味着租界区时尚的"凉风"已经吹到了老城区。尽管它们之间有着居住环境的好坏和贫富的差别，但线性时间和类同的装饰已经把租界区和老城区连接在一起，使其共同成为都市天津的有机组成部分，并在闷热、压抑的"雷雨"中共同承受着伦理、家庭与社会的危机。《雷雨》预示着充满毁灭力量与不确定因素的现代都市社会的到来。

《日出》中，现代都市社会的危机得到了进一步的剖析和呈现。这部作品也有主次两处场景，主场景在豪华旅馆的套房，次场景是叫做宝和下处的一处三等妓院。前者以法租界区的惠中饭店为原型②，装饰奢华，然而，"屋内一切陈设俱是畸形的，现代式的，生硬而肤浅，刺激人的好奇心，但并不给人舒适之感"。这里以交际花陈白露为中心，聚集了银行经理、报馆总编、留学生、富孀等作者熟悉的上流社会的人物，过着纸醉金迷的生活。次场景是在南市、侯家后等娼妓集聚地，肮脏简陋③，"进到院内，是一排排的鸽笼似的小屋子，在生意好的时光，从这个洞到那个洞川流不息来往着各色各样的人：小商人，电机匠，小职员，轮船茶房，洋行侍役，和一些短打扮敞开胸前一条密密的纽袢，大模大样的大汉子"。这里住着挣扎在饥饿线上的翠喜之类的下等妓女。

陈白露和翠喜社会地位不同，但身份一样，她们都是从事皮肉生涯的风尘女子，只不过一个隐蔽体面，一个直露低贱。她们和其周围"萍水相逢，凑在一处"的各个阶层的各类人物，一方面以其互不隶属的个体化方式汇入流动着的现代都市社会，另一方面则在更深层的关系上像傀儡一样被"金八"

---

① 方兆麟：《曹禺先生二三事》，载贾长华主编《曹禺与天津》，天津社会科学院出版社2006年，第158页。
② 田本相：《曹禺传》，东方出版社2009年，第190页。
③ 曹禺：《〈日出〉跋》，《日出》，文化生活出版社1936年。

这个没有出场却无处不在的人物操控。金八不仅"代表一种可怕的黑暗势力",更象征了主宰现代都市的金钱经济,"是金钱经济无形却无所不能的力量,创造了整个都市空间中一群群的'妖魔鬼怪',也是这一力量,让《日出》中的大多数人物为了金钱,以各种方式'出卖'自己"①。也就是说,金钱经济弥合了租界与老城区的分裂,以"无形却又无所不能的力量"实现天津城市现代转化的同时,紧紧地抓住了这个城市的大多数人物。支撑传统乡土城市人们之间的亲情友爱、道德信义完全让位于金钱经济,后者促进了城市现代化的繁荣和喧嚣,也导致了城市社会的冷漠与无情,更造成了现代都市的畸形、腐败和堕落。它在终结乡土城市传统,耗尽民间社会残存的真情和温情的同时,最终培养出一种现代都市化的社会结构与文化形态。

## 三、乡土与城市背反的现代都市文化

天津的现代转化始于城市的开埠,并随着外国租界的扩大而加速。这一过程,不仅印证了东亚地区现代性的被动性,即竹内好所谓的"东洋的近代是欧洲强制的结果,或者说是这一结果引导出的后果"②,而且建构了租界与城区对立、共生与互动的城市格局,租界内高大整洁的现代建筑和洋气时髦的商品所代表的现代都市社会,与城区内低矮破旧的工舍民房及其乡土性的生存方式所代表的传统社会,同时并置于一个城市,形成了既各自为界、相互独立,又彼此冲突、相互交融的关系,并贯穿于天津城市现代转化的过程。

天津城市的变化催生了新的关于城市的文学。无论通俗小说还是新文学,都是天津城市现代转化的结果和现代城市文化的组成部分,它们作为"现代"的文学,与现代城市"有着密不可分的共同的历史"③。进而言之,租界与城区的并置与互动,都市与乡土的分立与交错,导致了通俗小说与新文学在艺术风格、表现手法、价值取向、题材内容和接受对象上的分野与耦合。通俗小说主要以城区为表现对象,从士绅大夫的立场上描述了乡土文化与

---

① [美]张英进著,秦立彦译:《中国现代文学与电影中的城市》,江苏人民出版社2007年,第152页。
② [日]竹内好著,李冬木、赵京华译:《近代的超克》,生活·读书·新知三联书店2005年,第182页。
③ [美]理查德·利罕:《文学中的城市:知识与文化的历史》,第380页。

传统城市的败落。新文学则以现代知识分子的视角,揭示了现代都市社会生活的景象。可以说,分裂的城市产生了雅俗取向不同的文学。

尽管通俗小说与新文学有着雅俗之别,它们对城市的现代化过程却表现出类同的看法,展示了一种反对城市现代性的美学现代性①。它们都对城市现代性表现出厌恶和恐惧,把现代都市看作造成乡土城市沦丧、传统道德没落和一切罪恶的渊薮,并在城市的现代转化过程中表达了对乡土社会的认同与怀念。因此,它们通过设置与描述乡土与都市的对立,勾勒出传统乡土天津的边缘化和现代都市生活对各个阶层人们命运生活的介入,并把天津城市的现代转化看作不断耗尽传统乡土社会的能量,造成乡土城市破产和同质化的一个人性退化的过程。也就是说,现代天津发展出一种反对其自身的都市文学文化,在现代城市内部寻找和建构了一种自我反思与批判的现代性,它不仅跟踪记录了城市发展的足迹,而且从情感与人性的角度叙述了现代都市之存在的利与弊,赋予"天津形象"以多元化的关照意义②,从而为天津城市的发展和都市文化的繁荣做出了积极的贡献。

(《天津社会科学》2012 年第 5 期)

---

① [美]马泰·卡林内斯库著,顾爱彬、李瑞华译:《现代性的五幅面孔》,商务印书馆 2002 年,第 48 页。

② 杨洪承:《中国现代作家群体生态与"中国形象"结构研究》,《齐鲁学刊》2010 年第 6 期。

## 天津史研究论文目录(2008—2012)

| 天津有个起士林 | 文淑 | 百花文艺出版社 | 2001 | 3 |
|---|---|---|---|---|
| 梁启超和他在天津的书斋饮冰室 | 姜维群 | 人民日报海外版 | 2002 | 12月12日 |
| 出生于天津的一代文宗李叔同 | 金梅 | 人民日报海外版 | 2002 | 12月17日 |
| 百年老店利顺德 | 游子 | 人民日报海外版 | 2003 | 2月11日 |
| 从天津走出的影剧家 | 黄殿祺 | 天津日报 | 2004 | 5月31日 |
| 允公允能日新月异 | 李新彦、傲腾、陈杰 | 人民日报 | 2004 | 10月13日 |
| 天津租界西方文化的浸染流传 | 杨大辛 | 天津日报 | 2004 | 10月11日 |
| 晚清三口通商大臣研究 | 高玮 | 中央民族大学 | 2005 | 5 |
| 近代天津的穷家门：行乞与生存策略论述 | 关文斌著，任吉东译，任云兰校 | 城市史研究 | 2005 | 23 |
| 试论清末天津警察制度的创立及其对城市管理的作用 | 涂小元 | 城市史研究 | 2005 | 23 |
| 城市性格研究初探——以近代华北城市为例 | 周俊旗 | 城市史研究 | 2005 | 23 |
| 契约、习惯与法：天津盐商与晚清法律文化 | 关文斌著，周鑫译，刘海岩校 | 城市史研究 | 2006 | 24 |
| 李鸿章与直隶洋务教育论述 | 黄秀艳 | 河北师范大学 | 2006 | 5 |
| 近代"双岸城市"的形成及机制分析 | 王列辉 | 城市史研究 | 2006 | 24 |
| 略论天津开埠前的地域型政区 | 王培利、王金迪 | 城市史研究 | 2006 | 24 |

| | | | | |
|---|---|---|---|---|
| 明清以来天津古代史研究回顾与展望 | 展龙 | 城市史研究 | 2006 | 24 |
| 李鸿章集团在北洋的奠基考察 | 张静 | 河北师范大学 | 2006 | 6 |
| 远古走来八仙山 | 董秀娜 | 天津日报 | 2007 | 8月11日 |
| 隋代大运河北京港港址考 | 施存龙 | 水运科学研究 | 2007 | 4 |
| 义和团运动中的信息传播 | 彭勃 | 吉林大学 | 2007 | 4 |
| 黄骅坳陷北塘凹陷新生代沉降史分析 | 岳勇、王华、刘军、李世雄、肖敦清、高嘉瑞 | 石油天然气学报 | 2007 | 3 |
| 长芦盐业及其阶级关系略述 | 刘文智 | 盐文化研究论丛（第二辑） | 2007 | |
| 清代的天津商人与社区认同 | 原祖杰 | 四川大学学报（哲学社会科学版） | 2007 | 1 |
| 传承与超越——张伯苓开创巍巍南开精神的当代启示 | 程大琥 | 当代教育论坛（校长教育研究） | 2007 | 10 |
| 天津工学结合模式 | 东耳 | 职业技术教育 | 2007 | 29 |
| 1939年天津水灾及赈济述论 | 董桂萍 | 天津师范大学 | 2007 | 4 |
| 启新洋灰公司生产经营述论（1906—1937） | 方强 | 河北大学 | 2007 | 6 |
| 20世纪20年代末京津地区外报的衰落评析 | 冯悦 | 北京社会科学 | 2007 | 2 |
| 历史夹缝中的范旭东 | 高超群 | 上海证券报 | 2007 | 7月18日 |

| 饮冰室感怀 | 耿法 | 新闻爱好者 | 2007 | 5 |
|---|---|---|---|---|
| 商业贸易与民国前期天津和腹地间的资金流动 | 龚关 | 中国经济史研究 | 2007 | 2 |
| 清末宪政改革中的地方自治——以《清末筹备立宪档案史料》为中心的考察 | 郭绍敏 | 北方法学 | 2007 | 2 |
| 侯德榜科技思想探源 | 郭照宇 | 沧桑 | 2007 | 5 |
| 莲花落在北方流变述略 | 黄春生 | 河北大学 | 2007 | 6 |
| 翰林总统徐世昌的晚节 | 黄栋法 | 文史春秋 | 2007 | 2 |
| 义和团时期的宋庆 | 贾熟村 | 菏泽学院学报 | 2007 | 6 |
| 义和团时期的聂士成 | 贾熟村 | 菏泽学院学报 | 2007 | 4 |
| 张学良与张伯苓的师生情缘 | 姜秀华、刘艳敏 | 党史纵横 | 2007 | 3 |
| 范旭东：以发展民族化学工业为己任 | 康明 | 中华工商时报 | 2007 | 11月1日 |
| 首席官商盛宣怀与晚清的灭亡 | 雷晓宇 | 领导文萃 | 2007 | 6 |
| 从"租界"到"风情区" | 李东晔 | 中央民族大学 | 2007 | 5 |
| 元明清政治经济格局与海河流域水利发展 | 李红有 | 中国水利 | 2007 | 17 |
| 百年花乡——中北镇 | 李健、金良 | 中国城乡桥 | 2007 | 8 |
| 承载历史积淀铸造崭新辉煌——写在天津港重新开港五十五周年之际 | 李英 | 中国改革 | 2007 | 10 |
| "小站"地名的来历 | 李友唐 | 钟山风雨 | 2007 | 3 |
| 我国近代民族企业创建企业文化的经验 | 林德发 | 经营与管理 | 2007 | 7 |
| 近代天津城市边缘区的形成及其结构特征 | 刘海岩 | 天津师范大学学报（社会科学版） | 2007 | 4 |

| 天津地委"三反"运动研究 | 刘新宇 | 河北师范大学 | 2008 | 8 |
|---|---|---|---|---|
| 张伯苓高等教育思想初探 | 刘艳玲 | 黑龙江高教研究 | 2007 | 5 |
| 天津南开学校与周恩来 | 刘焱 | 热爱祖国 振兴中华 | 2007 | 9 |
| 中国"化工先导"范旭东 | 麦群忠 | 文史春秋 | 2007 | 11 |
| 周恩来的骨灰撒在了何处 | 秦九凤 | 党史博览 | 2007 | 1 |
| 近代天津企业家宋棐卿积聚股资的灵活策略 | 宋美云 | 商场现代化 | 2007 | 27 |
| 传播中的折射——从晚清《大公报》广告透视天津社会生活 | 孙会 | 石家庄铁道学院学报（社会科学版） | 2007 | 2 |
| 中国现代化征程的艰难跋涉（上） | 汪敬虞 | 中国经济史研究 | 2007 | 1 |
| 在城市建设中品味历史文化——以海河下游滨海新城建设为例 | 王滨 | 城市 | 2007 | 4 |
| 大学特色与学者识见——略论私立南开大学特色学术的生成 | 王昊 | 民办教育研究 | 2007 | 6 |
| 论北运河复航与可持续发展 | 王俊安 | 中国水运（学术版） | 2007 | 3 |
| 从"分割"到"自治"——天津城市行政管理体制近代化简论 | 王培利 | 历史教学（高校版） | 2007 | 11 |
| 晚清华北乡村：历史与规模 | 王庆成 | 历史研究 | 2007 | 2 |
| 寻踪天津"狗不理" 浅析百年老字号 | 王志丽 | 现代商贸工业 | 2007 | 4 |
| 19世纪的地方政府与荒政——兼论李鸿章在直隶的赈灾活动 | 魏宏运 | 历史档案 | 2007 | 3 |
| "四味俱全"天津卫 | 伍振 | 资源与人居环境 | 2007 | 8 |

| | | | | |
|---|---|---|---|---|
| 风情万种天津卫 | 伍振 | 中国城乡桥 | 2007 | 22 |
| 疯狂的"瓷房子" | 伍振 | 资源与人居环境 | 2007 | 11 |
| 毛泽东的厨师庞恩元 | 晓鸣 | 文史春秋 | 2007 | 6 |
| 他在毛主席身边当厨师 | 晓鸣 | 党史天地 | 2007 | 9 |
| 清末直隶地方官报的兴起及其政治表达 | 徐建平 | 历史档案 | 2007 | 2 |
| 清末直隶经济社团研究 | 徐建平 | 江苏商论 | 2007 | 2 |
| 清末直隶州县自治运动初探 | 徐建平 | 燕山大学学报（哲学社会科学版） | 2007 | 4 |
| 新式社团与清末直隶社会风俗变迁 | 徐建平 | 河北科技大学学报（社会科学版） | 2007 | 1 |
| 马三立:津门相声的魂魄 | 薛宝琨 | 博览群书 | 2007 | 9 |
| 天津津辰史迹 | 杨光祥 | 天津古籍出版社 | 2007 | 12 |
| 典籍中的北辰 | 杨光祥主编 | 天津古籍出版社 | 2007 | 6 |
| 严复对张伯苓教育思想的影响 | 杨景玉 | 洛阳师范学院学报 | 2007 | 1 |
| 周学熙传:北国工业巨子 | 姚抗著 | 湖北人民出版社 | 2007 | 1 |
| 周叔弢:倾其所有为国献宝 | 叶介甫 | 四川统一战线 | 2007 | 11 |
| "强国必先强种,强种必先强身"——张伯苓体育强国思想及实践研究 | 尹红芳 | 当代教育论坛 | 2007 | 10 |
| 论北洋政府对天津、汉口德租界的收回 | 于慧慧 | 辽宁师范大学 | 2007 | 5 |

| 标题 | 作者 | 期刊 | 年 | 期 |
|---|---|---|---|---|
| 晚清对德国军事技术的接受——以小站练兵为中心 | 于晓华、孙立新 | 新西部 | 2007 | 2 |
| 论清代的继子孙责任——以顺天府宝坻县刑房档为线索 | 俞江 | 现代法学 | 2007 | 6 |
| 清代的立继规则与州县审理——以宝坻县刑房档为线索 | 俞江 | 政法论坛 | 2007 | 5 |
| 天津市少数民族人口数量增长特征分析 | 张晨 | 黑龙江民族丛刊 | 2007 | 6 |
| 蓟县酿酒葡萄栽培历史现存问题及建议 | 张福庆 | 天津农林科技 | 2007 | 4 |
| 抢救性发掘大沽海神庙遗址 | 张连杰、实习生李艳洁 | 天津日报 | 2007 | 12(26) |
| 天津,从河到海 | 张朋 | 经济 | 2007 | 3 |
| 民国时期大学校长的筹资特点及启示——以南开大学、燕京大学、东南大学为例 | 张善飞 | 医学教育探索 | 2007 | 8 |
| 天津乔家小洋楼 | 张绍祖 | 文史月刊 | 2007 | 7 |
| 清代杨柳青《红楼梦》年画对原著的"误读"与"再诠释" | 张雯 | 荣宝斋 | 2007 | 2 |
| 直隶商会与乡村社会经济(1903—1937) | 张学军 | 河北师范大学 | 2007 | 4 |
| 关于袁世凯的一些忆述 | 彰无忌 | 文史精华 | 2007 | |
| 从模仿到创新——范旭东企业集团技术发展模式分析 | 赵津、李健英 | 中国经济史研究 | 2007 | 3 |
| 南开大学校长张伯苓的最后岁月 | 周利成 | 中国档案 | 2007 | 5 |
| 民国时期天津环境卫生管理 | 朱慧颖 | 江西财经大学学报 | 2007 | 5 |
| 浅谈张伯苓"教育救国"思想与中国近代的教育现代化 | 朱韬慧 | 江苏省社会主义学院学报 | 2007 | 5 |

| 近代中国"大资本家"语录 | 朱宗震 | 南方周末 | 2007 | 6月28日 |
|---|---|---|---|---|
| 李叔同弘一大师华枝春满 天心月圆 | | 天津日报 | 2007 | 11月16日 |
| 梁启超教子有方 | | 天津日报 | 2007 | 3月26日 |
| 梁启超与南开大学文科的发展 | | 历史学习 | 2007 | 5 |
| 天津奇才李叔同 | | 今晚报 | 2007 | 12月22日 |
| 梦开始的地方 | | 中国市场 | 2007 | 3 |
| 天津近代优秀工业遗产改造与利用浅析 | 王川 | 天津大学 | 2007 | 6 |
| 天津蓟县明清时期居民牙齿形态特征研究 | 李法军、张敬雷、原海兵、朱泓 | 第十一届中国古脊椎动物学学术年会论文集 | 2008 | |
| 长芦盐务税警研究——1931—1937 | 高寒 | 河北大学 | 2008 | 6 |
| 民国初年长芦盐区缉私问题探析——1912—1916 | 李燕 | 河北大学 | 2008 | 5 |
| 1928年天津长芦纲总案 | 王敏 | 天津师范大学 | 2008 | 4 |
| 日本对长芦盐的统制和掠夺（1937—1945） | 周秀芬 | 河北大学 | 2008 | 5 |
| 中国近代纺织实业家宋棐卿 | 蔡湘 | 经济导刊 | 2008 | 5 |
| 天津"孤岛"时期的报刊 | 陈冠兰 | 聊城大学学报（社会科学版） | 2008 | 1 |
| 正史津门史料钩沈 | 陈卓编著 | 学苑出版社 | 2008 | 8 |
| 近代天津女佣介绍所探析 | 成淑君 | 历史教学（高校版） | 2008 | 9 |
| 觉悟社全家福 | 程世刚 | 党史博览 | 2008 | 3 |
| 百年天碱兴衰记 | 党永嘉 | 21世纪商业评论 | 2008 | 11 |
| 追寻中国企业家失去的传统 | 傅国涌 | 中国企业家 | 2008 | 10 |

| | | | | |
|---|---|---|---|---|
| 租界与天津城市现代化进程关系探析 | 高福美 | 城市 | 2008 | 12 |
| 平阳打虎 | 高谋 | 经营管理者 | 2008 | 7 |
| 天津救济院研究（1929—1937） | 葛宝森 | 河北大学 | 2008 | 6 |
| 西方义和团研究述评 | 耿向阳 | 山东大学 | 2008 | 4 |
| 19世纪末20世纪初奕劻外交活动真相 | 关伟 | 满族研究 | 2008 | 3 |
| 天津法租界经济结构特点及其成因初探 | 郭辉 | 首都师范大学 | 2008 | 5 |
| 日本对长芦盐的掠夺与食盐统制配给研究 | 郭明涛 | 河北师范大学 | 2008 | 5 |
| 侯德榜和孙学悟的科学观、工业观新探 | 郭世杰 | 美与时代 | 2008 | 3 |
| 烈女子施剑翘为父报仇　大军阀孙传芳血溅佛堂 | 郭炜 | 文史月刊 | 2008 | 11 |
| 周恩来邓颖超的天津情 | 韩宗琦 | 百年潮 | 2008 | 2 |
| 《明实录》所见天津及附近地区水利营田探析 | 何伟福 | 贵州民族学院学报（哲学社会科学版） | 2008 | 4 |
| 论周恩来早期社团实践及其意义 | 胡元林 | 淮阴师范学院学报（哲学社会科学版） | 2008 | 4 |
| 周恩来早期社团建设思想研究 | 胡元林 | 教育评论 | 2008 | 2 |
| 周恩来早期社团实践及其影响——为纪念周恩来诞辰110周年而作 | 胡元林 | 社团管理研究 | 2008 | 3 |
| 论周恩来早期社团实践及其意义 | 胡元林 | 淮阴师范学院学报（哲学社会科学版） | 2008 | 4 |
| 大灾荒与贸易（1867—1931年）——以天津口岸为中心 | 佳宏伟 | 近代史研究 | 2008 | 4 |

| | | | | |
|---|---|---|---|---|
| 严复任职天津水师学堂史实再证 | 姜鸣 | 历史研究 | 2008 | 3 |
| 贿选总统曹锟 | 九生 | 文史天地 | 2008 | 1 |
| 从中日两国档案看《国闻报》之内幕——兼论严复、夏曾佑、王修植在天津的新闻实践(上) | 孔祥吉、村田雄二郎 | 学术研究 | 2008 | 7 |
| 津门标志——劝业场 | 黎永毅 | 中国外资 | 2008 | 6 |
| 天津港风雨三十年 | 李拂帘 | 运输经理世界 | 2008 | 11 |
| 中国近代化浪潮下的《大公报》 | 李桂生 | 探索与争鸣 | 2008 | 7 |
| 雍正元年天津截留漕粮述论 | 李俊丽 | 历史教学(高校版) | 2008 | 7 |
| 从中日两国档案看《国闻报》之内幕——兼论严复、夏曾佑、王修植在天津的新闻实践(下) | 孔祥吉、村田雄二郎 | 学术研究 | 2008 | 9 |
| 天津合唱事业发展概述 | 李莉 | 人民音乐 | 2008 | 9 |
| 近代俄罗斯侨民在天津的文化活动 | 李逸津 | 寻根 | 2008 | 2 |
| 清末民初天津证券市场的发轫 | 林榕杰 | 社会科学家 | 2008 | 1 |
| 袁家倜:84岁还在打拼的商界传奇 | 刘畅 | 中华工商时报 | 2008 | 7月31日 |
| 20世纪前期天津水供给与城市生活的变迁 | 刘海岩 | 近代史研究 | 2008 | 1 |
| 清开埠前天津港贸易贩运的政策环境与实态 | 刘贺彬 | 厦门大学 | 2008 | 5 |
| 多彩的校园文化 充盈的生命活力——民国时期天津南开学校校园文化活动研究 | 刘红林 | 教育探索 | 2008 | 3 |
| 社会变迁中的天津会馆 | 刘莉萍 | 聊城大学学报(社会科学版) | 2008 | 4 |
| 天津城市空间结构与交通发展的相关性研究 | 刘露 | 华东师范大学 | 2008 | 5 |

| 标题 | 作者 | 出版物 | 年份 | 期 |
|---|---|---|---|---|
| 马根济与西医在近代天津的传播（1879—1888） | 刘祺 | 历史教学（高校版） | 2008 | 7 |
| 周恩来的入党介绍人之一——刘清扬 | 刘野 | 天津大学 | 2008 | 5 |
| 张兆祥与"津派国画"第一代 | 孟昭庚 | 党史纵览 | 2008 | 4 |
| 黎元洪怒救范旭东 | 米学如 | 财会月刊 | 2008 | 32 |
| 中国奥运第一人张伯苓 | 彭斯远 | 红岩春秋 | 2008 | 4 |
| 张伯苓：中国奥运的先驱者 | 彭援军 | 北京档案 | 2008 | 2 |
| 张伯苓"教育救国"思想对中国教育近代化的贡献 | 钱厚斌 | 边疆经济与文化 | 2008 | 4 |
| 君子之交：南开鼻祖严修与袁世凯——《严修日记》及其他 | 秦燕春 | 书屋 | 2008 | 4 |
| 文化力量是天津中药行业"百年老店"长盛不衰的源泉 | 秦玉龙 | 全国第十一届中医医史文献学术研讨会论文集 | 2008 | 11 |
| 天津商界在五四爱国运动中的历史地位 | 曲宁 | 哈尔滨工业大学 | 2008 | 7 |
| 城市慈善救济组织的空间分布探微——近代天津的个案分析 | 任云兰 | 四川大学学报（哲学社会科学版） | 2008 | 3 |
| 地方精英与慈善事业：近代天津的个案研究 | 任云兰 | 中国社会历史评论 | 2008 | 9 |
| 张伯苓与中国奥林匹克运动 | 邵晓军 | 兰台世界 | 2008 | 13 |
| 直皖战争与中国红十字会天津分会的救护行动——以《大公报》为中心 | 沈燕燕 | 文化学刊 | 2008 | 1 |
| 天津蓟县城关镇明敦典墓 | 盛立双、张俊生、刘健 | 北方文物 | 2008 | 2 |
| 范旭东企业经营管理思想及特色述论 | 石胜昌 | 贵州师范大学 | 2008 | 4 |

| 轮船招商局与天津城市近代化 | 宋美云 | 南方论丛 | 2008 | 2 |
| --- | --- | --- | --- | --- |
| 袁世凯与直隶商业 | 苏全有 | 河北经贸大学学报（综合版） | 2008 | 3 |
| 《大公报》的征婚广告与近代社会变迁 | 孙会 | 社会科学论坛（学术研究卷） | 2008 | 8 |
| 天津五大道名人轶事 | 天津市档案馆、天津市和平区档案馆编 | 天津人民出版社 | 2008 | 1 |
| 周馥与近代铁路事业 | 汪志国 | 衡阳师范学院学报 | 2008 | 2 |
| 区位因素与近代年画内容的革新——以武强和杨柳青的两幅戏曲年画为例 | 王长征 | 衡水学院学报 | 2008 | 5 |
| 京津冀地区隋唐五代墓葬出土瓷器初步研究 | 王春斌 | 吉林大学 | 2008 | 4 |
| 张伯苓学校体育思想及实践研究 | 王景丽 | 首都体育学院 | 2008 | 5 |
| 中国的租界与法制现代化——以上海、天津和汉口的租界为例 | 王立民 | 中国法学 | 2008 | 3 |
| 天津市县第一次划界简析 | 王培利 | 历史教学（高校版） | 2008 | 3 |
| 曹禺经典戏剧演出文本的解读与创新 | 王延松 | 艺术评论 | 2008 | 3 |
| 天津老城厢地区历史文化及拆迁前保留建筑现状记述 | 王岩、张颀 | 天津大学学报（社会科学版） | 2008 | 3 |
| 近代历史看天津——关于天津发展城市旅游的优劣势分析 | 王元媛 | 中国商界（下半月） | 2008 | 2 |

| 标题 | 作者 | 出处 | 年份 | 期号 |
|---|---|---|---|---|
| 珍贵的史料,博洽的赏评——查为仁的《莲坡诗话》评析 | 王之望 | 天津大学学报(社会科学版) | 2008 | 1 |
| 从王府到文化宫的足迹 | 吴树群 | 天津日报 | 2008 | 9月13日 |
| "体育校长"——张伯苓 | 项红专 | 中小学管理 | 2008 | 7 |
| 明代的天津总兵官 | 肖立军 | 历史教学(高校版) | 2008 | 2 |
| 英敛之时期的《大公报》小说及其小说观念 | 谢仁敏 | 江淮论坛 | 2008 | 5 |
| 津沽莲界谱梵音——漫谈天津大悲禅院与佛教音乐 | 辛正奎 | 天津市社会主义学院学报 | 2008 | 1 |
| 南开学者纵论周恩来 | 徐行主编 | 天津人民出版社 | 2008 | 4 |
| 民初慈善事业与慈善团体探析——以天津南善堂和八善堂为例 | 闫元兴 | 中共郑州市委党校学报 | 2008 | 1 |
| 从《大公报》舆论看民初京津地方对西俗的反应 | 杨洁 | 河北师范大学 | 2008 | 3 |
| 天津在明朝抗倭援朝战争中的作用分析 | 杨理连 | 郧阳师范高等专科学校学报 | 2008 | 1 |
| "精武元祖"霍元甲考略 | 杨祥全 | 搏击·武术科学 | 2008 | 3 |
| 老城厢 | 于全兴 | 中国摄影家 | 2008 | 5 |
| 浅析奥运会传入近代中国的历史进程 | 张博 | 历史教学(高校版) | 2008 | 10 |
| 天津近代文化的双重性与西方文化的影响 | 张宜雷 | 天津大学学报(社会科学版) | 2008 | 6 |
| 张伯苓的教育救国理念与实践 | 张竹云 | 高等函授学报(哲学社会科学版) | 2008 | 6 |

| | | | | |
|---|---|---|---|---|
| 天津乡贤李叔同(一) | 章用秀 | 天津政协公报 | 2008 | 9 |
| 天津乡贤李叔同(二) | 章用秀 | 天津政协公报 | 2008 | 10 |
| 天津乡贤李叔同(三) | 章用秀 | 天津政协公报 | 2008 | 11 |
| 天津乡贤李叔同(四) | 章用秀 | 天津政协公报 | 2008 | 12 |
| 产业安全与核心基础产业自立——永利酸碱自立之路 | 赵津 | 南开经济研究 | 2008 | 5 |
| 张伯苓德育思想综述 | 赵尚杰 | 重庆职业技术学院学报 | 2008 | 5 |
| 档案解读民国河北省政府成立经过 | 赵亚光 | 档案天地 | 2008 | 1 |
| 天津历史上的彩头戏 | 甄光俊 | 戏曲艺术 | 2008 | 11 |
| 黄海工业社——天津民办科研所的一颗明珠 | 钟国辉 | 酿酒 | 2008 | 11 |
| 吾校新剧观(1916年9月) | 周恩来 | 中国戏剧 | 2008 | 3 |
| 李鸿章与天津机器制造局 | 周骥良 | 天津日报 | 2008 | 2月16日 |
| 天津:海河记忆 | 周利成 | 中国档案 | 2008 | 11 |
| 消费文化语境中的杨柳青年画木版技术变迁 | 朱洪启 | 自然辩证法研究 | 2008 | 7 |
| 南京国民政府初期天津商会的改选及其困境 | 朱英 | 华中师范大学学报(人文社会科学版) | 2008 | 6 |
| 百年起士林传承经典铸金字招牌(图) | | 天津日报 | 2008 | 2月15日 |
| 起士林历史(图) | | 天津日报 | 2008 | 2月15日 |
| 起士林——中西文化合璧的代表 | | 中国产经新闻 | 2008 | 8月21日 |

| 标题 | 作者 | 刊物 | 年份 | 期 |
|---|---|---|---|---|
| 全国爱国主义教育基地（三十五）——周恩来邓颖超纪念馆 | | 党史文汇 | 2008 | 10 |
| 天津工业遗产创意再利用研究 | 刘野 | 天津大学 | 2008 | 5 |
| 北洋大学与中国高等工程教育之肇始 | 王杰、朱红春 | 重庆工学院学报（社会科学版） | 2008 | 3 |
| 北洋大学的工程教育与科学研究 | 王杰、朱红春 | 高等工程教育研究 | 2008 | 3 |
| 都统衙门时期天津公共环境卫生管理初探 | 任云兰 | 天津社会科学 | 2009 | 6 |
| 义和团运动在静海迅速发展的原因初探 | 张克、王敬模、任建峰 | 湖南医科大学学报（社会科学版） | 2009 | 2 |
| 张兆祥与"津派国画"第一代 | 王振德 | 国画家 | 2009 | 4 |
| 从天津长芦育婴堂的变迁看慈善事业中国家与社会的关系 | 任云兰 | 理论与现代化 | 2009 | 5 |
| 长芦盐务与第二次直奉战争 | 申玉山、梁瑞敏 | 河北师范大学学报（哲学社会科学版） | 2009 | 4 |
| 民国北京政府时期津门拐卖儿童现象初探 | 尹美美 | 法制与社会 | 2009 | 31 |
| 明清天津盐业研究（1368—1840） | 张毅 | 南开大学 | 2009 | 5 |
| 天津近代工业遗产 | 曹苏 | 天津大学 | 2009 | 5 |
| 明代天津巡抚设置初探 | 陈洁 | 黑龙江史志 | 2009 | 18 |
| 打开尘封已久的记忆再现"钟楼"历史变迁 | 陈京玲、崔杰 | 兰台世界 | 2009 | 11 |
| 1907年天津开办了第一家拍卖处 | 陈凯 | 中国拍卖 | 2009 | 11 |
| 袁世凯在天津的两个"钱柜" | 陈凯 | 文史春秋 | 2009 | 11 |
| 天津工人经济收入与生活状况考察（1930—1956） | 陈柳青 | 天津大学 | 2009 | 5 |

| 近代天津堂会经营模式探析 | 陈曼娜、杨月华 | 现代财经：天津财经大学学报 | 2009 | 3 |
|---|---|---|---|---|
| 沦陷时期的天津商会 | 陈雪芳 | 华中师范大学 | 2009 | 5 |
| 建国以来天津基础教育发展研究 | 陈雨亭、胡振京、王慧霞 | 天津市教科院学报 | 2009 | 5 |
| 浅谈杨柳青木版年画中的门神画的寓意 | 崔国伶 | 安徽文学（下半月） | 2009 | 7 |
| 中国实业银行概况研究 | 崔晓培 | 河北师范大学 | 2009 | 11 |
| "津门画派"艺术特征初探 | 崔之进 | 天津大学学报（社会科学版） | 2009 | 2 |
| 程锡庚事件真相 | 丁伟 | 文史精华 | 2009 | 7 |
| 天津市塘沽区工业遗产旅游研究 | 董岑 | 天津师范大学 | 2009 | 6 |
| 近代北方城镇格局的变迁 | 樊如森 | 城市史研究 | 2009 | 25 |
| 英国在远东的双重外交与天津租界危机 | 傅敏 | 民国档案 | 2009 | 3 |
| 天津近代商业习俗成因初探 | 高展 | 环渤海经济瞭望 | 2009 | 11 |
| 清代长芦盐官制度 | 巩立彬 | 唐山师范学院学报 | 2009 | 3 |
| 关于《汉文京津泰晤士报》的再考察——对《〈汉文京津泰晤士报〉一瞥》一文的商榷 | 郭传芹 | 国际新闻界 | 2009 | 7 |
| 试析曹禺话剧音乐性产生的潜在因素 | 郭怀玉 | 前沿 | 2009 | 11 |

| 题目 | 作者 | 刊物 | 年 | 期 |
|---|---|---|---|---|
| 道光朝直隶宝坻的乡保保举 | 郭靖 | 北京科技大学学报（社会科学版） | 2009 | 4 |
| 京张铁路与天津近代物流 | 郝庆合、殷毅 | 北京交通大学学报（社会科学版） | 2009 | 2 |
| 师夷长技以为师：以天津机器局的朝鲜学徒为个案研究 | 贺江枫 | 中国经济史研究 | 2009 | 4 |
| 天津历史文化遗产保护研究 | 侯晓慧 | 吉林大学 | 2009 | 10 |
| 1896年袁世凯被参与徐世昌受聘无关 | 侯宜杰 | 近代史研究 | 2009 | 5 |
| 古郡县名称"渔阳"及区划考 | 黄立志 | 中国地名 | 2009 | 5 |
| 大经路忆往 | 来新夏 | 天津人大 | 2009 | 10 |
| 原日租界近代工业遗存的调查 | 兰旭、赵晓燕 | 中国轻工教育 | 2009 | 3 |
| "五大道"地区景观建筑环境场所的营构 | 李长虹、李峥 | 城市 | 2009 | 3 |
| 明代北直隶的水利营田 | 李成燕 | 文化学刊 | 2009 | 3 |
| 冯国璋军事活动述论 | 李春楠 | 河北大学 | 2009 | 5 |
| 故土与他乡：对"租界文化"的一种人类学解读——以天津原意大利租界的建筑空间为例 | 李东晔 | 江西社会科学 | 2009 | 3 |
| 权力在空间中的流动——对天津意租界的历史人类学分析 | 李东晔 | 城市史研究 | 2009 | 25 |
| 浅议袁世凯幕府与北洋集团的建立 | 李慧 | 黑龙江史志 | 2009 | 3 |
| 张鸣岐研究 | 李静 | 山东大学 | 2009 | 10 |
| 天津漕运研究（1368~1840） | 李俊丽 | 南开大学 | 2009 | 5 |
| 侯德榜：融科学家与企业家于一身 | 李克华 | 福建工商时报 | 2009 | |
| 近代直隶天主教传教士对自然灾害的赈济 | 李晓晨 | 河北学刊 | 2009 | 1 |

| 题名 | 作者 | 出处 | 年份 | 期/卷 |
|---|---|---|---|---|
| 天津满洲水师营都统表的编纂及相关研究 | 李阳光 | 内蒙古师范大学 | 2009 | 5 |
| 民国时期天津同乡组织活动空间概说 | 李屿洪 | 城市史研究 | 2009 | 25 |
| 鸦片战争前的天津关 | 李正中、赵黎 | 天津人民出版社 | 2009 | 3 |
| 义和团运动在天津 | 廖声丰 | 江西广播电视大学学报 | 2009 | 2 |
| 旭东:打破"技术恐惧"第一人 | 林涛 | 中国企业家 | 2009 | 18 |
| 仪式表演与权力博弈——以北洋军阀李纯葬礼为中心的探讨 | 刘长林、杜勇 | 理论学刊 | 2009 | 5 |
| 近代天津洋务教育及其借鉴 | 刘金録 | 职业教育研究 | 2009 | 8 |
| 浅析满族对天津历史文化发展的贡献 | 刘金明 | 满族研究 | 2009 | 1 |
| 晚清一个官宦子弟的经历和思考 | 刘锦 | 华东师范大学 | 2009 | 5 |
| 张伯苓大学管理思想浅析 | 刘艳玲 | 河北大学学报(哲学社会科学版) | 2009 | 3 |
| "周恩来没有上过大学"吗? | 刘焱 | 党史博览 | 2009 | 1 |
| 周恩来的至孝情怀 | 刘永辉 | 党史博采(纪实) | 2009 | 12 |
| 周恩来的金兰兄弟吴国桢 | 马红 | 文史精华 | 2009 | 3 |
| 建构混合态的异托邦空间——天津的意大利租界 | 马利楚著,许哲娜译,任云兰校 | 城市史研究 | 2009 | 25 |
| 五四运动在天津 | 马媛 | 传承 | 2009 | 6 |
| 杨柳青古镇的品牌文化特征 | 毛秋惠 | 才智 | 2009 | |

| | | | | |
|---|---|---|---|---|
| 严复与天津水师学堂 | 皮后锋 | 福建论坛（人文社会科学版） | 2009 | 1 |
| 鲜为人知的真相——震惊中外的天津教案 | 祁建 | 文史月刊 | 2009 | 12 |
| 都统衙门时期天津公共环境卫生管理初探 | 任云兰 | 天津社会科学 | 2009 | 6 |
| 改组与经营：民国时期的天津救济院 | 任云兰 | 兰州学刊 | 2009 | 8 |
| 近代天津官办救济 | 任云兰 | 历史档案 | 2009 | 3 |
| 天津城市更新改造的探索与实践 | 任云兰、郭力君 | 城市发展研究 | 2009 | 3 |
| 天津商会与清末民初天津城市社会生活 | 宋瑞琴 | 河北师范大学 | 2009 | 8 |
| 1912—1928年的天津栈房业 | 苏芃芃 | 中国科技信息 | 2009 | 20 |
| 子牙桥头碉堡群与天津城防工事的考证 | 苏芃芃 | 军事历史 | 2009 | 1 |
| 袁世凯与义和团运动后的善后接收 | 苏全有 | 大连大学学报 | 2009 | 5 |
| 津门风雅水西遗——《癸酉展重阳水西庄酬唱集》研究 | 孙爱霞 | 理论界 | 2009 | 6 |
| 东汉光武帝平定"彭宠之叛"史实考论 | 孙家洲 | 河北学刊 | 2009 | 4 |
| 清末民初天津下层市民犯罪问题研究 | 孙巧云 | 福建师范大学 | 2009 | 4 |
| 1926—1936年中国京津地区与上海地区旗袍比较研究 | 谈雅丽 | 中央美术学院 | 2009 | 10 |
| 蓟县剖面研究简史 | 田树信 | 地质学史论丛(5) | 2009 | 9月26日 |

| 标题 | 作者 | 刊物 | 年份 | 期 |
|---|---|---|---|---|
| 小站练兵时期定武军、新建陆军与武卫右军的火器装备刍议 | 涂小元 | 军事历史研究 | 2009 | 2 |
| 口岸群、贸易网与文化圈"明清以来区域发展与现代化进程"国际学术研讨会综述 | 万鲁建 | 历史教学（高校版） | 2009 | 22 |
| 略论近代天津日本侨民的社会性 | 万鲁建 | 城市史研究 | 2009 | 25 |
| 近代日本在天津设立的学校 | 万鲁建 | 消费导刊 | 2009 | 8 |
| 天津日租界的公共卫生治理 | 万鲁建 | 消费导刊 | 2009 | 8 |
| 周叔弢傅增湘藏书校书合璧举隅 | 王菡 | 文献 | 2009 | 3 |
| "佛门刺孙案"的社会参与剖析 | 王金静 | 泰安教育学院学报岱宗学刊 | 2009 | 2 |
| 关于天津方言语音演变的几个问题的讨论——兼论天津方言的源流关系 | 王临惠 | 语文研究 | 2009 | 8 |
| 中国传统砖雕的审美意蕴——以天津老城砖雕为例 | 王强、陈学文 | 江西社会科学 | 2009 | 2 |
| 晚清北方寺庙和社会文化 | 王庆成 | 近代史研究 | 2009 | 2 |
| 清朝以来天津的会馆经济 | 王日根 | 华中师范大学学报（人文社会科学版） | 2009 | 11 |
| 中国精品档案解析之二十商会档案：一幅近代天津历史画卷 | 王绍惠 | 山西档案 | 2009 | 12 |
| 20世纪40年代天津电镀业概况 | 王士逯 | 电镀与精饰 | 2009 | 7 |
| 陈调甫以科学求企业发展理念的分析 | 王伟群 | 自然辩证法研究 | 2009 | 9 |
| 最早的企业内刊 | 王晓亮 | 企业文化 | 2009 | 10 |
| 杨柳青人"赶大营"的历史探析 | 王亚彬 | 泰安教育学院学报岱宗学刊 | 2009 | 4 |

| 标题 | 作者 | 刊物 | 年 | 期 |
|---|---|---|---|---|
| 谈"津派国画" | 王振德 | 天津市社会主义学院学报 | 2009 | 9 |
| 张兆祥与"津派国画"第一代 | 王振德 | 国画家 | 2009 | 7 |
| 明代遮洋总的沿革与运输路线 | 王尊旺 | 厦门大学学报（哲学社会科学版） | 2009 | 5 |
| 天津英租界华人参政问题初探 | 危婷 | 天津师范大学 | 2009 | 8 |
| 范旭东 中国化工之父 | 魏纪侯 | 英才 | 2009 | 6 |
| 老街神韵天津卫 | 伍振 | 城乡建设 | 2009 | 4 |
| 周恩来在五四运动前后 | 霞飞 | 党史文苑 | 2009 | 5 |
| 清季大津电报学堂初探 | 夏维奇 | 现代大学教育 | 2009 | 1 |
| 张伯苓：实业兴学之先驱 | 肖文轩 | 中国报道 | 2009 | 7 |
| 天津近代邮政的产生及其发展研究（1878—1928） | 肖晓虹 | 华中师范大学 | 2009 | 5 |
| 张伯驹词研究 | 谢燕 | 华东师范大学 | 2009 | 5 |
| 20世纪20年代天津女性离婚问题 | 徐娟 | 山西师范大学 | 2009 | 5 |
| 天津"五大道"街区围墙初探 | 徐蕾、周晓东、郭珊 | 城市 | 2009 | 2 |
| 天津东部民歌初探 | 徐丽君 | 中国音乐 | 2009 | 1 |
| 日本驻天津领事（1885—1888）波多野承五郎研究 | 薛明 | 华东师范大学 | 2009 | 5 |
| 留学生与中国近代化学工业的发展 | 杨鸽 | 山西大学 | 2009 | 6 |
| 孙中山的三次天津之行 | 杨静、胡祥瑾 | 信阳农业高等专科学校学报 | 2009 | 2 |

| 浅论天津近代服饰变革及其在我国服装发展演变中的重要影响 | 杨丽娜、孙世圃 | 中国轻工教育 | 2009 | 1 |
|---|---|---|---|---|
| "永利"巧破"卜内门" | 杨润球 | 生意通 | 2009 | 2 |
| 天津无极拳概要 | 杨祥全、孔超 | 少林与太极（中州体育） | 2009 | 5 |
| 顾拜旦与张伯苓的奥林匹克思想 | 杨向东、张雷梅 | 体育文化导刊 | 2009 | 6 |
| 天津杨柳青木版画与日本浮世绘的比较研究 | 袁艳 | 数位时尚（新视觉艺术） | 2009 | 5 |
| 杨柳青青忆春风——回忆毛主席视察天津杨柳青农场 | 张存灿 | 中国农垦 | 2009 | 9 |
| 清末天津的警察行政 | 张红侠 | 法制与社会 | 2009 | 5 |
| 周学熙：天津近代职业教育的奠基者 | 张红侠 | 职业教育研究 | 2009 | 6 |
| 天津近代的警察组织 | 张红侠、张振毅 | 法制与社会 | 2009 | 1 |
| 再建中国之志趣亦日益腾高——李大钊在北洋法政学堂学习成长的经历与启示 | 张洪池、赵连琴 | 天津市政法管理干部学院学报 | 2009 | 1 |
| 天津高等教育60年（1949—2009） | 张华 | 天津市教科院学报 | 2009 | 5 |
| 地缘结构变化对清代直隶地区城市布局的影响 | 张慧芝 | 西南民族大学学报（人文社科版） | 2009 | 11 |
| 天津德式历史风貌建筑的保护与利用 | 张建虹 | 城市 | 2009 | 7 |
| 津门画坛三百年 | 张精来、高德钦 | 天津市社会主义学院学报 | 2009 | 1 |

| | | | | |
|---|---|---|---|---|
| 论义和团运动时期维特处理对华关系之对策 | 张丽 | 史学集刊 | 2009 | 6 |
| 20世纪30年代前天津日侨社会与特征 | 张利民 | 历史档案 | 2009 | 4 |
| 上海与天津清末地方自治的比较——从城市管理机构建立角度 | 张利民 | 史林 | 2009 | 1 |
| 清代天津城内居民购买食盐方式初探 | 张毅 | 西北师大学报(社会科学版) | 2009 | 1 |
| 试述明清时期的长芦贡盐 | 张毅 | 历史教学(高校版) | 2009 | 3 |
| 天津河北区历史碑刻成文化"财富" | 张原 | 人民政协报 | 2009 | 7月23日 |
| 天津乡贤李叔同(五) | 章用秀 | 天津政协公报 | 2009 | 2 |
| 天津乡贤李叔同(六) | 章用秀 | 天津政协公报 | 2009 | 3 |
| 天津乡贤李叔同(七) | 章用秀 | 天津政协公报 | 2009 | 4 |
| 天津乡贤李叔同(八) | 章用秀 | 天津政协公报 | 2009 | 5 |
| 天津乡贤李叔同(九) | 章用秀 | 天津政协公报 | 2009 | 6 |
| 天津乡贤李叔同(十) | 章用秀 | 天津政协公报 | 2009 | 7 |
| 天津乡贤李叔同(十一) | 章用秀 | 天津政协公报 | 2009 | 8 |
| 天津乡贤李叔同(十二) | 章用秀 | 天津政协公报 | 2009 | 9 |
| 天津乡贤李叔同(十三) | 章用秀 | 天津政协公报 | 2009 | 10 |

| 标题 | 作者 | 刊物 | 年 | 期 |
|---|---|---|---|---|
| 天津乡贤李叔同（十四） | 章用秀 | 天津政协公报 | 2009 | 11 |
| 天津乡贤李叔同（十五） | 章用秀 | 天津政协公报 | 2009 | 12 |
| 天津：中国话剧的摇篮 | 赵大民 | 天津日报 | 2009 | 10月11日 |
| 大萧条时期范旭东的"实业救国"行动 | 赵津、李健英 | 江汉论坛 | 2009 | 6 |
| 规模化和本土化——永利制碱历史再评价 | 赵津、李健英 | 山西大学学报（哲学社会科学版） | 2009 | 1 |
| 资本技术双密集型产业融资方式的探索——以范旭东企业集团为例 | 赵津、李健英 | 中国经济史研究 | 2009 | 2 |
| 理性民族主义之一例：九一八事变后的天津《大公报》 | 郑大华 | 浙江学刊 | 2009 | 4 |
| 古入声字在蓟县方言中的演变 | 支建刚 | 唐山师范学院学报 | 2009 | 3 |
| 《雷雨》《日出》与津门周家 | 周骥良 | 天津市社会主义学院学报 | 2009 | 2 |
| 甲午战前京津铁路线的筹议述论——兼议中国近代铁路建设起步的动力选择 | 朱从兵 | 历史档案 | 2009 | 2 |
| 陈调甫与"飞艇"牌油漆 | 左旭初 | 中华商标 | 2009 | 3 |
| 侯德榜与"红三角"牌商标 | 左旭初 | 中华商标 | 2009 | 10 |
| 丰子恺的"天津漫画"与说天津话的 | 李叔同 | 今晚报 | 2009 | 8月16日 |
| 戈登与李鸿章的恩怨 | | 天津日报 | 2009 | 7月26日 |
| 起士林大饭店 | | 假日100 | 2009 | 7月24日 |
| 起士林的老故事 | | 天津日报 | 2009 | 1月4日 |
| 天津近代经济掠影 | | 现代财经：天津财经学院学报 | 2009 | 8 |

| 标题 | 作者 | 出处 | 年份 | 期 |
|---|---|---|---|---|
| 迎华诞,传诚信,谋发展——庆祝天津达仁堂制药厂建厂95周年 | | 中草药 | 2009 | 5 |
| 中共中央对天津市成立对外贸易局的批示 | | 党的文献 | 2009 | 3 |
| 中共中央关于处理进口物资等问题给天津市委等的电报 | | 党的文献 | 2009 | 3 |
| 近代天津名人故居 | 于浩 | 兰台世界 | 2009 | 1 |
| 百年前北洋大学课程表等珍贵文物首次公开 | 何立波 | 文史春秋 | 2009 | 6 |
| 盛宣怀:中国近代高等教育第一人 | 何立波 | 档案时空 | 2009 | 11 |
| 开创近代中国高等教育之先河的盛宣怀 | 王杰 | 纪念《教育史研究》创刊二十周年论文集(2)——中国教育思想史与人物研究 | 2009 | 9 |
| 盛宣怀与中国的高等教育 | 李娉 | 山东大学 | 2010 | 5 |
| 教案与晚清官员处罚 | 罗颖 | 湖南师范大学 | 2010 | 11 |
| 天津蓟县西关汉墓2006年发掘简报 | 盛立双、相军、甘才超、邰志坚 | 内蒙古文物考古 | 2010 | 1 |
| 天朝与列强的棋子——清末教案研究 | 吴文博 | 暨南大学 | 2010 | 10 |
| 义和团运动时期直隶士绅研究 | 吴宪 | 河北工程大学学报(社会科学版) | 2010 | 4 |
| 八国联军在华殖民统治机构考略 | 郑林、白纯 | 军事历史研究 | 2010 | 3 |

| | | | | |
|---|---|---|---|---|
| 褚玉璞截留长芦盐税风波 | 梁瑞敏、申玉山 | 河北大学学报(哲学社会科学版) | 2010 | 5 |
| 经典传世大师永在——纪念曹禺先生诞辰100周年 | 阿庚 | 大舞台 | 2010 | 3 |
| 三演《雷雨》缅怀曹禺 | 阿庚 | 文史精华 | 2010 | 11 |
| 天津广东会馆与近代传统建筑的变化与发展 | 安宝聚 | 中国名城 | 2010 | 11 |
| 人民的纪念民族的瑰宝——曹禺百年诞辰纪念活动及深远意义 | 曹树钧 | 四川戏剧 | 2010 | 4 |
| 中国奥运的先驱张伯苓 | 查毅 | 兰台世界 | 2010 | 5 |
| 清末名伶杨翠喜引出的一场贿官风波 | 陈凤尤 | 湖北档案 | 2010 | Z1 |
| 温家宝,从一条小巷走出的大国总理 | 陈杰 | 领导文萃 | 2010 | 15 |
| 天津老城墙的消失 | 陈凯 | 天津日报 | 2010 | 7月4日 |
| 近代天津下层妇女就业状况述略(1860—1937) | 成淑君 | 城市史研究 | 2010 | 26 |
| 达仁堂文化:"仁"在当先 | 程丹丹 | 中国卫生产业 | 2010 | 8 |
| 直隶军阀对长芦盐务的压榨与掠夺(1925—1928) | 戴建兵、申玉山 | 城市史研究 | 2010 | 26 |
| 中外文化碰撞中的天津形象 | 戴学艳 | 福建师范大学 | 2010 | 3 |
| 刘云若小说与天津地域文化 | 董秀婷 | 天津师范大学 | 2010 | 3 |
| 从近代天津与腹地的经济互动看京津冀经济协同发展 | 董智勇 | 商业时代 | 2010 | 3 |
| 经济发展与人口迁移的互动:以天津近代工业化为例 | 董智勇 | 社会科学论坛 | 2010 | 7 |

| | | | | |
|---|---|---|---|---|
| 天津近代工业化对人口迁移影响的实证分析 | 董智勇、张国安 | 商业时代 | 2010 | 8 |
| 银企关系的历史变迁——以近代天津工业化进程为视角 | 董智勇 | 特区经济 | 2010 | 6 |
| 近代天津对外贸易与工业经济增长的实证研究 | 董智勇、陈元清 | 特区经济 | 2010 | 1 |
| 庚子年的北仓之战 | 杜宏图 | 天津档案 | 2010 | 5 |
| 从沪津经济关系看近代沿海口岸城市的发展轨迹 | 樊如森、徐智 | 城市史研究 | 2010 | 26 |
| 清代直隶方志研究 | 方广岭 | 南开大学 | 2010 | 5 |
| 从美军驻华第十五步兵团透视20世纪上半叶的中美关系 | 方琼英 | 传承 | 2010 | 5 |
| 清代天津关及商品流通 | 高福美 | 城市史研究 | 2010 | 26 |
| 清代沿海贸易与天津商业的发展 | 高福美 | 南开大学 | 2010 | 5 |
| 天津直隶总督署的前世今生 | 高鹏 | 天津档案 | 2010 | 5 |
| 试论开埠后天津工商业的近代化演进 | 高展 | 历史教学（下半月刊） | 2010 | 8 |
| 天津救济院彻救制度改进述评（1929—1937） | 葛宝森、王杰 | 前沿 | 2010 | 18 |
| 京师政治生活的后花园——重读天津的历史地位 | 顾土 | 书屋 | 2010 | 5 |
| 清代天津商品流通与市场体系：抄本"津门纪事"初探 | 关文斌 | 城市史研究 | 2010 | 26 |
| 张伯苓与南开大学师资建设 | 郭凯、吴建征 | 教育评论 | 2010 | 6 |
| 看《北洋画报》读天津历史 | 韩红星 | 兰台世界 | 2010 | 9 |
| 晚清中国电报局研究 | 韩晶 | 上海师范大学 | 2010 | 5 |
| 清代民国河北地区慈善组织的历史演变与空间运作（1644—1937） | 郝红暖 | 暨南大学 | 2010 | 5 |

| | | | | |
|---|---|---|---|---|
| 文化大家李叔同 | 何岸 | 源流 | 2010 | 13 |
| 近代天津东亚公司企业文化研究 | 何青山 | 福建师范大学 | 2010 | 6 |
| 近代天津金融史资料现状及其价值分析 | 黑广菊、刘茜 | 聊城大学学报（社会科学版） | 2010 | 4 |
| 关于20世纪20年代末至40年代天津社会教育的变迁——以民众教育馆的教育活动为例 | 户部健 | 城市史研究 | 2010 | 26 |
| 八国联军中的中国军团 | 花玲 | 扬州大学 | 2010 | 1 |
| 宁波与天津汉口杭州近代城市及建筑发展之比较 | 黄定福 | 宁波经济（三江论坛） | 2010 | 5 |
| 近代中国的租界行政再考 | 吉泽诚一郎 | 城市史研究 | 2010 | 26 |
| 天津北塘炮台海防线性遗产的保护困境 | 季宏、闫觅、徐苏斌、青木信夫 | 中国文化遗产 | 2010 | 3 |
| 直隶:京师的安全缓冲区 | 贾若钒 | 北京档案 | 2010 | 11 |
| 严修与袁世凯家族的友谊 | 贾熟村 | 安徽史学 | 2010 | 5 |
| 清末国人的铁路认识及论争述评 | 江沛 | 城市史研究 | 2010 | 26 |
| 近代留学生创办企业初探 | 蒋国杰 | 徐州师范大学学报（哲学社会科学版） | 2010 | 6 |
| 早期海归创业的特点与启示 | 蒋国杰 | 黑河学刊 | 2010 | 12 |
| 天津小站的大历史 | 蒋子龙 | 文苑 | 2010 | 4 |
| 明代以来天津城市空间结构演化的主要特点 | 靳润成、刘露 | 天津师范大学学报（社会科学版） | 2010 | 1 |
| 关于战时华北工业普查 | 久保亨 | 城市史研究 | 2010 | 26 |
| 溥仪出宫之六:张园幻梦 | 来新夏 | 紫禁城 | 2010 | 1 |

| 曹禺雷雨过后是日出 | 蓝颜 | 国学 | 2010 | 10 |
|---|---|---|---|---|
| 从《北洋画报》看民国时期都市交际舞业 | 李从娜 | 中州学刊 | 2010 | 1 |
| 张伯苓体育教育思想探析 | 李飞 | 传承 | 2010 | 3 |
| 丁日昌的外交思想与实践——以天津教案为例 | 李慧 | 边疆经济与文化 | 2010 | 9 |
| 津百年造币厂将成旅游景观 | 李佳 | 中国旅游报 | 2010 | 11月19日 |
| 天津租界文化：异质文化的碰撞与融合 | 李进超 | 理论与现代化 | 2010 | 5 |
| 清代转运天津截漕述论——以雍正二年转运至通州为例 | 李俊丽 | 许昌学院学报 | 2010 | 3 |
| 中国社会党天津支部案始末 | 李庆刚 | 纵横 | 2010 | 4 |
| 京津沪农业经济竞争力分析 | 李沂冰 | 东方企业文化 | 2010 | 2 |
| 福聚兴旧址将重现原貌 | 廖晨霞 | 天津日报 | 2010 | 12月8日 |
| 清开埠前天津港与东北沿海区域间的海洋贸易初探 | 刘贺彬 | 前沿 | 2010 | 20 |
| 清开埠前天津港与华南海洋贸易的发达及其原因 | 刘贺彬 | 前沿 | 2010 | 23 |
| 义和团迷信的行为动机分析 | 刘宏 | 河北师范大学学报（哲学社会科学版） | 2010 | 1 |
| 周公祠里故事多 | 刘景州 | 天津日报 | 2010 | 5月9日 |
| 龙飞渡跸 | 刘鹏 | 华北民兵 | 2010 | 4 |
| 张伯苓中学办学理念初探 | 刘彦君 | 重庆师范大学 | 2010 | 10 |
| 天津卫生局裁撤事件探析——清末中国卫生管理近代转型的个案考察 | 路彩霞 | 史林 | 2010 | 3 |

| 标题 | 作者 | 刊物 | 年份 | 期 |
|---|---|---|---|---|
| 林黑儿形象传播考论 | 路云亭 | 太原师范学院学报（社会科学版） | 2010 | 4 |
| 近代天津证券市场形成及演变 | 吕玉忠 | 产权导刊 | 2010 | 11 |
| 晚清租界欧美建筑文化遗产初探——以上海、天津两城市为例 | 罗苏文 | 城市史研究 | 2010 | 26 |
| 老一代革命家与天津早期工人运动 | 缪志明 | 天津市工会管理干部学院学报 | 2010 | 2 |
| 袁世凯在朝鲜的活动与近代中朝日关系 | 聂金凯 | 东北师范大学 | 2010 | 2 |
| 百年津门老字号——我国第一家西餐馆"起士林" | 潘启勇、郭淑媛 | 中国食品 | 2010 | 10 |
| 震惊中外的天津教案 | 祁建 | 长江文艺纪实版 | 2010 | 12 |
| 天津五大道典型建筑风格浅析 | 齐鑫 | 东方企业文化 | 2010 | 5 |
| 从北洋水师大沽船坞保护到天津滨海新区总体规划 | 青木信夫、徐苏斌 | 时代建筑 | 2010 | 5 |
| 清代后期天津城市慈善事业论略 | 任云兰 | 城市史研究 | 2010 | 26 |
| 1915—1919年《益世报》的文化广告研究 | 荣玉巧 | 河北师范大学 | 2010 | 3 |
| 近代中国实业家宋则久基督教信仰研究 | 沈霍芝 | 福建师范大学 | 2010 | 5 |
| 明代天津文学发展概论 | 孙爱霞 | 理论界 | 2010 | 7 |
| 天津租界中逊清文人的活动考述 | 孙爱霞 | 沈阳师范大学学报（社会科学版） | 2010 | 5 |
| 天津方言与地域文化 | 谭汝为 | 社会科学论坛 | 2010 | 10 |
| 崇厚与天津机器制造局 | 汤仁泽 | 历史档案 | 2010 | 2 |

| | | | | |
|---|---|---|---|---|
| 600年文化底蕴——津门故里 | 天津经济课题组 | 天津经济 | 2010 | 7 |
| 混杂空间中的日侨社会——以天津为例 | 万鲁建 | 城市史研究 | 2010 | 26 |
| 近代天津日本侨民研究 | 万鲁建 | 南开大学 | 2010 | 5 |
| 周馥与北洋海军 | 汪志国 | 衡阳师范学院学报 | 2010 | 2 |
| 民初天津摊贩生存空间的转换与控制 | 王静 | 历史教学（下半月刊） | 2010 | 20 |
| 异质空间下的共同精神——以民国时期旅津鲁商为例 | 王静 | 城市史研究 | 2010 | 26 |
| 天津原日租界规划沿革初探 | 王康 | 天津大学 | 2010 | 5 |
| 民国时期天津工厂女工研究 | 王丽丽 | 河北大学 | 2010 | 6 |
| 天津方言的源流关系刍议 | 王临惠、支建刚、王忠一 | 山西师大学报（社会科学版） | 2010 | 4 |
| 天津反日会研究（1928年8月—1929年6月） | 王倩 | 辽宁师范大学 | 2010 | 5 |
| 纪念曹禺诞辰一百周年国际学术研讨会综述 | 王天元 | 文学与文化 | 2010 | 4 |
| 南开精神的形成与发展 | 王晓艳 | 天津师范大学 | 2010 | 5 |
| 对袁世凯戊戌告密问题的回顾和反思 | 王印策 | 重庆科技学院学报（社会科学版） | 2010 | 10 |
| 当年海上"日出"时 写于曹禺百年诞辰之际 | 王永运 | 上海戏剧 | 2010 | 8 |
| 武清县义和团的反帝斗争 | 王禹 | 天津档案 | 2010 | 2 |
| 近代华北教育与城市发展 | 王兆祥、刘文智 | 城市史研究 | 2010 | 26 |

| | | | | |
|---|---|---|---|---|
| 清末筹还国债运动探析 | 王振娜 | 河南大学 | 2010 | 4 |
| 京津冀方志所见民间演剧史料辑考 | 王政 | 北京社会科学 | 2010 | 2 |
| "有田—克莱琪协定"在中国的反响——以西南联大国际问题专家的观察与评析为中心 | 闻黎明 | 史学月刊 | 2010 | 2 |
| 民办大学特色化发展的案例研究——以张伯苓时期的南开大学为例 | 吴立保 | 继续教育研究 | 2010 | 1 |
| 天津"杜月笙"搭救罗隆基 | 吴明 | 文史博览 | 2010 | 3 |
| 唯一遗产是南开 | 吴晓琳 | 天津日报 | 2010 | 4月11日 |
| 周恩来和常策欧的非常情谊 | 熙章 | 传承 | 2010 | 10 |
| 蓟县鼓楼遗址发掘简报 | 相军 | 文物春秋 | 2010 | 3 |
| 张伯苓办学格言解读 | 项红专 | 中小学管理 | 2008 | 12 |
| 清末直隶戒烟活动论析 | 肖红松、陈桦 | 社会科学战线 | 2010 | 2 |
| 明代天津筑城置卫若干问题考辨 | 肖立军、王锡超 | 天津师范大学学报(社会科学版) | 2010 | 5 |
| 清季新政中的"直隶模式" | 肖宗志 | 安庆师范学院学报(社会科学版) | 2010 | 10 |
| 天津女界爱国同志会述略 | 谢忠强、刘转玲 | 安庆师范学院学报(社会科学版) | 2010 | 1 |
| 铁路与华北棉花市场层级系统的形成(1905—1937) | 熊亚平、白宏钟 | 城市史研究 | 2010 | 26 |
| 揭秘天津水雷学堂 | 徐斌 | 天津日报 | 2010 | 10月10日 |
| 向恺然经历中的若干问题 | 徐斯年 | 苏州教育学院学报 | 2010 | 3 |

| | | | | |
|---|---|---|---|---|
| 张相文学术研究 | 徐志江 | 华东师范大学 | 2010 | 4 |
| 河海气象、江南风情、畿辅心态——元明以来诗文中的津门意象 | 许哲娜 | 城市史研究 | 2010 | 26 |
| 清中后期津门地域文化意识的自觉与士绅社会的成熟 | 许哲娜 | 天津社会科学 | 2010 | 4 |
| 汇丰买办吴调卿与天津早期现代化 | 许桢 | 城市史研究 | 2010 | 26 |
| 《天津谈草》探微 | 薛瑞冬 | 内蒙古师范大学 | 2010 | 4 |
| 同城化环境和语境下的天津城市文化建设 | 阎泽 | 天津职业院校联合学报 | 2010 | 1 |
| 青年周恩来与天津《益世报》 | 杨爱芹 | 新华月报 | 2010 | 15 |
| 青年周恩来和天津《益世报》的一段文字缘 | 杨爱芹 | 党的文献 | 2010 | 2 |
| 中国近代地毯业 | 杨原 | 重庆师范大学 | 2010 | 3 |
| 严修与孟禄 | 咏者 | 天津日报 | 2010 | 4月4日 |
| 国家"海""信"起步 | 于学蕴、陶丽 | 天津日报 | 2010 | 5月16日 |
| 《大公报》广告视野中的津人社会生活——以1926—1937年为例 | 岳谦厚、卫俊 | 城市史研究 | 2010 | 26 |
| 风雨兼程六万里津报新闻闪亮点 | 张博、张洪伟 | 天津日报 | 2010 | 10月12日 |
| 优秀的回族革命家马骏 | 张超 | 北京档案 | 2010 | 3 |
| 清代山东商人北方商贸活动的历史地理研究 | 张海峰 | 中国海洋大学 | 2010 | 3 |
| 老字号财智传奇故事连载之十京津名家创业史 | 张建安 | 中国中小企业 | 2010 | 11 |

| | | | | |
|---|---|---|---|---|
| 天津五大道洋房花园的保护、利用 | 张晶蕊 | 天津大学 | 2010 | 5 |
| 天津早期现代化进程中的海河工程局(1897—1949) | 张俊桓 | 天津日报 | 2010 | 8月15日 |
| 北洋军阀们的雅量 | 张克 | 延安大学 | 2010 | 5 |
| 中国近代交通环境变革中的传统运输——以华北区域为例 | 张利民 | 城市史研究 | 2010 | 26 |
| 清末天津的地方自治及其示范效应 | 张利民 | 史学月刊 | 2010 | 3 |
| 职业军人袁世凯 | 张社生 | 全国新书目 | 2010 | 10 |
| 近代津城的三大造币厂 | 张石 | 天津日报 | 2010 | 11月7日 |
| 方志中的滹沱河 | 张毅 | 沧桑 | 2010 | 6 |
| 明清长芦巡盐御史制度述略 | 张毅 | 盐业史研究 | 2010 | 2 |
| 侯德榜和他的侯氏制碱法 | 张玉芳 | 文史精华 | 2010 | 2 |
| 天津得名的两种说法 | 张壮年 | 人才资源开发 | 2010 | 11 |
| 偏爱拙书好古主(图):李叔同津门墨趣(一) | 章用秀 | 天津日报 | 2010 | 10月12日 |
| 乱后握手心神怡(图):李叔同津门墨趣(二) | 章用秀 | 天津日报 | 2010 | 10月15日 |
| 雪泥鸿爪认前因(图):李叔同津门墨趣(三) | 章用秀 | 天津日报 | 2010 | 10月17日 |
| 沽上画家多往还(图):李叔同津门墨趣(四) | 章用秀 | 天津日报 | 2010 | 10月19日 |
| 濡染相习获益多(图):李叔同津门墨趣(五) | 章用秀 | 天津日报 | 2010 | 10月22日 |
| 仙李盘根岁月真(图):李叔同津门墨趣(六) | 章用秀 | 天津日报 | 2010 | 10月24日 |
| 高贤自昔月为邻(图):李叔同津门墨趣(七) | 章用秀 | 天津日报 | 2010 | 10月26日 |
| 深情为我治一章(图):李叔同津门墨趣(八) | 章用秀 | 天津日报 | 2010 | 10月29日 |

| | | | | |
|---|---|---|---|---|
| 续词送别思故交(图):李叔同津门墨趣(九) | 章用秀 | 天津日报 | 2010 | 10月31日 |
| 相知邂逅烟霞洞(图):李叔同津门墨趣(十) | 章用秀 | 天津日报 | 2010 | 11月2日 |
| 兴来寻友坐深山(图):李叔同津门墨趣(十一) | 章用秀 | 天津日报 | 2010 | 11月5日 |
| 忽觉悠然人意远(图):李叔同津门墨趣(十二) | 章用秀 | 天津日报 | 2010 | 11月7日 |
| 文美已逝又语美(图):李叔同津门墨趣(十三) | 章用秀 | 天津日报 | 2010 | 11月9日 |
| 僧俗共仰世所尊(图):李叔同津门墨趣(十四) | 章用秀 | 天津日报 | 2010 | 11月12日 |
| 天津乡贤李叔同(十六) | 章用秀 | 天津政协公报 | 2010 | 2 |
| 天津乡贤李叔同(十七)李叔同:中华文化的综合载体 | 章用秀 | 天津政协公报 | 2010 | 3 |
| 浅析近代天津娱乐活动之变迁 | 赵开楠 | 乌鲁木齐职业大学学报 | 2010 | 1 |
| 天津地区出土瓷器初步研究 | 赵磊 | 吉林大学 | 2010 | 4 |
| 清末天津画家张兆祥的绘画艺术 | 赵宇 | 天津美术学院 | 2010 | 6 |
| 津门戏曲唱响天山南北 | 甄光俊 | 天津日报 | 2010 | 8月9日 |
| 华北沦陷时期的货币与金融 | 郑会欣 | 城市史研究 | 2010 | 26 |
| 八国联军在华殖民统治机构考略 | 郑林 | 军事历史研究 | 2010 | 9 |
| 天津诞生的共和国之最(下) | 中共天津市委党史研究室 | 天津日报 | 2010 | 9月28日 |
| 《清宫塘沽秘档图典》 | 中国第一历史档案馆、天津市塘沽区人民政府 | 中国档案出版社 | 2010 | 2 |

| 昔日三岔河口　今朝天津之眼 | 仲成春 | 天津经济 | 2010 | 1 |
|---|---|---|---|---|
| 北方市镇与"商域宗族"——兼论"圈层格局" | 周泓 | 民族研究 | 2010 | 1 |
| 商域与宗族：杨柳青商镇形态与基础结构 | 周泓 | 西北民族研究 | 2010 | 3 |
| 1904年,中国公交元年——中国现代意义的公共交通在天津诞生 | 周晶 | 人民公交 | 2010 | 1 |
| 浅谈宋式斗拱特征——以同期辽代天津蓟县独乐寺观音阁与山西应县佛宫寺释迦木塔为例 | 周予希 | 大众文艺 | 2010 | 24 |
| 小站练兵研究的史料基础与档案利用 | 朱加荣 | 军事历史研究 | 2010 | S1 |
| 五四时期知识阶层的人数与分布 | 朱志敏 | 党史研究与教学 | 2010 | 3 |
| 在屈从中抗争——天津国民党政权覆亡前工商社团旧事 | 祝小惠 | 社团管理研究 | 2010 | 2 |
| 试析李鸿章与晚清直隶电政 | 左海军 | 赤峰学院学报（汉文哲学社会科学版） | 2010 | 8 |
| 《银行老股票》连载七　殖边银行 | | 中国金融家 | 2010 | 8 |
| 百年老号"起士林" | | 天津工人报 | 2010 | 10月11日 |
| 封面故事：近代天津在历史上的重要地位 | | 历史学习 | 2010 | 4 |
| 李鸿章与三条石 | | 天津日报 | 2010 | 11月18日 |
| 民族大义超越个人情感：梁启超 | | 天津日报 | 2010 | 3月27日 |
| 探访津门第一家西餐厅　百年起士林传承经典 | | 渤海早报 | 2010 | 5月8日 |
| 天津马厂兵营百年风去录 | | 晚报精华·往事与旧闻 | 2010 | 5 |
| 王谢门庭：京津两座庆王府沧桑 | | 晚报精华·往事与旧闻 | 2010 | 3 |

| 中国最早的警察队伍 | | 兵团建设 | 2010 | 24 |
|---|---|---|---|---|
| 天津近代城市邮政通讯的先驱 | 李喜所、薛长刚 | 历史教学（下半月） | 2010 | 4 |
| 展示自我：民国时期北洋大学的学生社团 | 阿忆 | 领导文萃 | 2011 | S2 |
| 从洋务局的流变看晚清中外交涉 | 黄建太 | 河北师范大学 | 2011 | 11 |
| 奕劻在义和团运动中的庐山真面目 | 孔祥吉 | 近代史研究 | 2011 | 5 |
| 清末民初直隶社会治安研究 | 孟祥远 | 河北师范大学 | 2011 | 12 |
| 新视角下的义和团与近代民众启蒙研究 | 孙俊 | 历史教学（下半月刊） | 2011 | 3 |
| 1912—1928年长芦盐区缉私武装研究 | 毕昱文 | 河北师范大学 | 2011 | 5 |
| 通鉴视角下的北洋政府时期长芦硝私治理 | 毕昱文、郭贵儒 | 河北师范大学学报（哲学社会科学版） | 2011 | 3 |
| 北洋政府时期长芦盐区"体制内私盐"述评 | 郭贵儒、毕昱文 | 河北广播电视大学学报 | 2011 | 2 |
| 宦海沉浮中的浪漫主义者——卢见曾 | 郭文捷 | 辽宁师范大学 | 2011 | 4 |
| 明代海盐区之垦耕 | 李三谋、刘刚 | 盐业史研究 | 2011 | 1 |
| 中国北方长芦海盐区盐田环境现状分析 | 李树生、赵淑芳、周秀云、李洪 | 天津科技 | 2011 | 5 |
| 起士林大饭店迎来开业110周年 | 刘芳 | 天津日报 | 2011 | 9月17日 |
| 长芦盐税研究（1912—1928） | 申玉山 | 河北师范大学 | 2011 | 3 |

| | | | | |
|---|---|---|---|---|
| 百年风云过津门 | 王爱英 | 文学自由谈 | 2011 | 2 |
| 日本对中国长芦盐业掠夺研究 | 王立敏 | 河北师范大学 | 2011 | 3 |
| 从第一所公立护士学校历史看护士服的变迁 | 王艳冬、李雅梅、李冬宁、刘玉强 | 中华护理教育 | 2011 | 3 |
| 张氏遂闲堂考述 | 张磊 | 河北工程大学学报（社会科学版） | 2011 | 2 |
| 民国初年长芦募捐活动初探 | 赵振华 | 河北师范大学 | 2011 | 3 |
| 天津至保定途中杂咏 | （清）周馥 | 天津日报 | 2011 | 4月8日 |
| 曾被历史湮没的张若名 | 阿庚 | 文史精华 | 2011 | 4 |
| 我与军阀、政客的微妙关系 | 爱新觉罗·溥仪 | 领导文萃 | 2011 | 7 |
| 张太雷在天津的革命思想与实践探析 | 蔡文杰、刘玉珊、王岚 | 天津大学学报（社会科学版） | 2011 | 6 |
| 留法勤工俭学运动中的女性 | 曹清 | 华东师范大学 | 2011 | 4 |
| 心祭周恩来、邓颖超 | 陈答才 | 百年潮 | 2011 | 3 |
| 建国初期天津社会音乐生活初探 | 陈京京 | 天津音乐学院 | 2011 | 11 |
| 商业职工教育的先驱——宋则久 | 陈凯 | 职业教育研究 | 2011 | 6 |
| 周恩来与觉悟社 | 陈学峰 | 文史春秋 | 2011 | 10 |
| 《北洋画报》时期的刘云若研究 | 陈艳 | 中国现代文学研究丛刊 | 2011 | 4 |
| 近代天津下层妇女就业的主体、空间分布与其他 | 成淑君 | 城市史研究 | 2011 | 27 |

| | | | | |
|---|---|---|---|---|
| 元、明时期北京藏传佛教发展概况 | 程狄 | 大众文艺 | 2011 | 15 |
| 周叔弢和他的珍贵藏书 | 程有庆 | 中华读书报 | 2011 | 12月28日 |
| 精美绝伦的津门刻砖 | 崔锦 | 天津市社会主义学院学报 | 2011 | 4 |
| 为中国化学工业而战的钢铁战士——范旭东 | 崔宁宁 | 化工管理 | 2011 | 11 |
| 近现代政界名人寓居天津现象初探 | 丁波莉、程芳芳 | 南昌高专学报 | 2011 | 5 |
| 一物等一人晚清民国红木烛台得来记 | 丁卫华 | 收藏 | 2011 | 12 |
| 李大钊护送陈独秀南下避难 | 董宝瑞 | 文史精华 | 2011 | 7 |
| 天津民俗舞蹈的传承与发展 | 董焱 | 大舞台 | 2011 | 8 |
| 京绥铁路研究(1905—1937) | 段海龙 | 内蒙古师范大学 | 2011 | 6 |
| 利用信息流模型还原天津租界档案工作 | 冯硕 | 学理论 | 2011 | 14 |
| "化工之父"的实业救国路——民族实业家范旭东的成功之道 | 高寒 | 宏观经济管理 | 2011 | 8 |
| 侯德榜科学精神对高职教育的启示 | 高尚荣 | 今日财富(金融发展与监管) | 2011 | 11 |
| 腹地、军阀官僚私人投资与近代天津的经济发展 | 龚关 | 史学月刊 | 2011 | 6 |
| 张培爵遇难三疑问小考 | 龚义龙 | 红岩春秋 | 2011 | 6 |
| 建党伟业之周恩来在天津 | 郭凤岐 | 时代青年(上半月) | 2011 | 11 |
| 关于天津战役总攻发起时间回忆史料的考证 | 郭永学 | 兰台世界 | 2011 | 3 |
| 论袁世凯小站练兵背后的保荐者 | 韩兵、杨路轩 | 北华航天工业学院学报 | 2011 | 5 |

| 题目 | 作者 | 刊物 | 年份 | 期号 |
|---|---|---|---|---|
| 民国天津市民消费文化空间的建构——基于《北洋画报》的研究 | 韩红星 | 历史教学（下半月刊） | 2011 | 14 |
| 明末至民国前期天津慈善组织的演变与特点 | 郝红暖 | 安徽史学 | 2011 | 6 |
| 执著实业梦坎坷救国路 | 何玉新 | 天津日报 | 2011 | 11月21日 |
| 媒体·视觉·性别——以清末民初天津画报女性生活为中心的考察 | 侯杰、李钊 | 南开学报（哲学社会科学版） | 2011 | 2 |
| 老革命家小事见风范 | 胡邦定 | 百年潮 | 2011 | 4 |
| 天津地区清明习俗简述 | 扈其震 | 清明（寒食）文化的多样与保护——中国传统节日（清明·寒食）论坛文集续编 | 2011 | 3月 |
| 革命尚未成功 意志愈挫愈坚——纪念孙中山先生四次莅临津门 | 黄殿祺 | 天津市社会主义学院学报 | 2011 | 3 |
| 天津德式风貌区的保护与利用 | 黄俊 | 城市 | 2011 | 8 |
| 论天津"文化区域"的形成及其对天津曲艺繁荣的影响 | 黄珍 | 天津音乐学院学报 | 2011 | 2 |
| 天津近代自主型工业遗产研究 | 季宏 | 天津大学 | 2011 | 11 |
| 蒋介石与张伯苓及南开大学 | 江沛 | 民国档案 | 2011 | 1 |
| 奥籍天津近代建筑师罗尔夫·盖苓研究 | 黄盛业 | 天津大学 | 2011 | 11 |

| | | | | |
|---|---|---|---|---|
| 口述史中的杨柳青年画 | 姜彦文 | 天津美术学院学报 | 2011 | 1 |
| 论近代化工先驱范旭东的用人艺术 | 蒋国杰 | 盐城师范学院学报(人文社会科学版) | 2011 | 5 |
| 展现弘一大师传奇人生 打造天津文化旅游品牌——李叔同故居纪念馆正式开馆 | 李川 | 天津日报 | 2011 | 12月31日 |
| 中国现代化学工业的先驱者——侯德榜 | 李翠哲 | 化工管理 | 2011 | 12 |
| 有关古人骨年龄鉴定的问题——以天津蓟县明清时期敦典夫妇合葬墓和桃花园墓地为例 | 李法军 | 文物春秋 | 2011 | 3 |
| 晚清京津冀地区乡村社会老年人口数据探析 | 李华丽 | 农业考古 | 2011 | 4 |
| 试论袁世凯幕府的形成 | 李慧 | 承德民族师专学报 | 2011 | 11 |
| 明清漕运对运河沿岸城市的影响——以天津地区为例 | 李俊丽 | 中州学刊 | 2011 | 3 |
| "侯氏制碱法"与四川的化学工业——纪念侯德榜先生诞辰一百二十周年 | 李树伟 | 四川化工 | 2011 | 1 |
| 从古一张画店作坊看杨柳青年画的传承 | 李思思 | 中央民族大学 | 2011 | 5 |
| 津沽大学的办学特色及其影响 | 李晓晨 | 史学月刊 | 2011 | 7 |
| 清末民初京津地区中下层士绅的心路历程(1860—1920) | 李新国 | 中国社会科学院研究生院 | 2011 | 5 |
| 民国时期范旭东企业集团的环境意识与实践 | 李志英 | 南开学报(哲学社会科学版) | 2011 | 5 |

| | | | | |
|---|---|---|---|---|
| 海河源头辨析 | 梁述杰 | 山西水利 | 2011 | 10 |
| 天津"三不管" | 林希 | 档案天地 | 2011 | 3 |
| 官绅在天津救济院现代转型中的作用 | 刘敬忠、葛宝森 | 人民论坛 | 2011 | 2 |
| 周盛传与盛军述略 | 刘连芳 | 东北师范大学 | 2011 | 5 |
| 百年沧桑几经沉浮——讲述天津博物馆珍宝传奇 | 刘明杉 | 东方收藏 | 2011 | 9 |
| 清末天津卫生防疫制度探析 | 刘祺 | 中国卫生法制 | 2011 | 6 |
| 从精盐到粗盐 | 刘青松 | 中国经济和信息化 | 2011 | 16 |
| 张伯苓学校体育思想研究 | 刘婷 | 华中师范大学 | 2011 | 5 |
| 溥仪寓居天津时期复辟思想的萌生 | 刘威 | 黑龙江史志 | 2011 | 9 |
| 周恩来与《觉悟》 | 刘怡 | 中国档案 | 2011 | 7 |
| 天津租界图书馆的历史及藏书遗存探微 | 卢月红 | 图书馆工作与研究 | 2011 | 11 |
| 震动中外的日军劫持人质事件 | 鲁南 | 党史纵横 | 2011 | 12 |
| "中国北部政治运动的中心"——辛亥革命时期的天津 | 罗澍伟 | 军事历史研究 | 2011 | 2 |
| 刘亚楼与天津战役 | 马红 | 档案天地 | 2011 | 8 |
| 天津泥人张的"型"与"韵" | 马静 | 美术 | 2011 | 11 |
| 历史街区中新建筑的植入——以河北路314号为例 | 马凯 | 城市 | 2011 | 4 |
| 近代名人严修撰书墓志铭 | 毛振文 | 天津日报 | 2011 | 12月6日 |
| 1949年,刘少奇的天津之行让工商界吃下定心丸 | 孟昭庚 | 福建党史月刊 | 2011 | 19 |
| 大清河水系与津保内河航运研究 | 苗卫芳 | 河北大学 | 2011 | 5 |

| 题目 | 作者 | 刊物 | 年份 | 期 |
|---|---|---|---|---|
| 天津民间玩具空竹设计研究——以老字号刘海空竹为例 | 倪曼莉 | 艺术与设计（理论） | 2011 | 6 |
| 天津包子"狗不理" | 欧阳军 | 文史月刊 | 2011 | 5 |
| 对北方院落花园园林初步了解——石家大院 | 庞素 | 大众文艺 | 2011 | 23 |
| 天津民间宗教现实活动调查与对策研究 | 濮文起 | 贵州大学学报（社会科学版） | 2011 | 6 |
| 被遗忘的范旭东 | 七七 | 新经济 | 2011 | 7 |
| 爱波斯坦与河西 | 宋安娜 | 天津人大 | 2011 | 9 |
| 民国时期天津牙税向营业税的过渡——以油行为例 | 宋美云、王静 | 史林 | 2011 | 6 |
| 我在天津东亚毛纺厂四十年见闻 | 宋毓瓒 | 文史精华 | 2011 | 2 |
| 徐世昌与清末津浦铁路 | 苏全有、李惠 | 鲁东大学学报（哲学社会科学版） | 2011 | 3 |
| 起士林跨越世纪的传奇 | 孙加祺 | 天津人民出版社 | 2011 | 9 |
| 新视角下的义和团与近代民众启蒙研究 | 孙俊 | 历史教学（下半月刊） | 2011 | 3 |
| 公祭、文化遗产与民间信仰——以天津市G镇三霄娘娘信仰的恢复为例 | 孙跃 | 江南大学学报（人文社会科学版） | 2011 | 6 |
| 天津砖雕考察报告 | 陶娜 | 中央美术学院 | 2011 | 8 |
| 天津滨海新区中全新世以来地形地貌演化 | 田立柱 | 地质调查与研究 | 2011 | 1 |
| 《天津的近代性:清末城市的政治文化和社会统合》评介 | 万鲁建 | 城市史研究 | 2011 | 27 |

| | | | | |
|---|---|---|---|---|
| 百年风云过津门 | 王爱英 | 文学自由谈 | 2011 | 2 |
| 天津葛沽宝辇的设计与文化意义 | 王斌 | 齐鲁艺苑 | 2011 | 3 |
| 1947年天津"傢"字风波始末 | 王静 | 兰台世界 | 2011 | 17 |
| 从闺秀诗人浅析天津古文化 | 王玲 | 名作欣赏 | 2011 | 23 |
| 浅议李鸿章对大沽口炮台的近代化建设 | 王令强 | 军事历史研究 | 2011 | 3 |
| 天津先有"区"后有"市"的形成及其原因 | 王培利 | 历史教学（下半月刊） | 2011 | 6 |
| 租界报刊与近代天津的新闻事业 | 王薇 | 新闻爱好者 | 2011 | 17 |
| 租界社会与近代天津新闻事业的发展 | 王薇 | 天津师范大学学报（社会科学版） | 2011 | 5 |
| 晚清制度变迁中的袁世凯——评麦金农著《中华帝国晚期的权力与政治：袁世凯在天津与北京（1901—1908）》 | 王先明、牛秋实 | 河北广播电视大学学报 | 2011 | 6 |
| 天津五大道：万国建筑博览会 | 王轩 | 民主 | 2011 | 8 |
| 档案记载：施剑翘刺杀孙传芳被特赦一案 | 王艳梭、刘志方 | 档案天地 | 2011 | 12 |
| 马克思主义在天津的早期传播 | 王永立 | 求知 | 2011 | 5 |
| 五四运动在天津 | 王永立 | 求知 | 2011 | 6 |
| 近代北京金融业与天津的关系 | 王元周 | 城市史研究 | 2011 | 27 |
| 论津味儿小说对天津城市形象的建构 | 王云芳 | 理论与现代化 | 2011 | 5 |
| 起士林荣膺国内首家"国际西餐名店" | 吴巧君 | 天津日报 | 2011 | 9月21日 |
| 开国总理与津门的不了情 | 伍振 | 天津社会保险 | 2011 | 4 |
| 1932年的天津"金融危机" | 夏雨 | 金融经济 | 2011 | 6 |

| | | | | |
|---|---|---|---|---|
| 近代天津金融史暨档案史料整理出版学术研讨会综述 | 熊亚平 | 城市史研究 | 2011 | 27 |
| 近现代天津铜元市价变动对商民经济生活的影响 | 熊亚平、安宝 | 现代财经（天津财经大学学报） | 2011 | 9 |
| 戊戌年间的徐世昌 | 徐定茂 | 北京观察 | 2011 | 3 |
| 乾隆至道光年间天津的关税与海税 | 许檀、高福美 | 中国史研究 | 2011 | 2 |
| 天津武备学堂与中国铁路精英 | 许勇 | 世纪桥 | 2011 | 21 |
| 被正史忽略的大清铁路惨案 | 雪珥 | 档案春秋 | 2011 | 12 |
| 天津谦祥益保记相声茶馆空间设计分析 | 严顺美 | 大众文艺 | 2011 | 8 |
| 天津报刊与曹禺早期媒体形象 | 杨爱芹 | 新规划·新视野·新发展——天津市社会科学界第七届学术年会优秀论文集《天津学术文库》（上） | 2011 | 6 |
| 明朝蓟镇卫所及其人员生活状况研究 | 杨文彬 | 苏州科技学院 | 2011 | 5 |
| 天穆村体育的传承与发展 | 杨祥全、苏连勇 | 体育文化导刊 | 2011 | 10 |
| 曹禺与他的早期校园戏剧 | 杨秀玲 | 东方艺术 | 2011 | S2 |
| 晚清天津帆船贸易发展述论 | 姚旸 | 中国社会经济史研究 | 2011 | 3 |
| 五大道与小洋楼 | 郁群 | 走向世界 | 2011 | 26 |
| 清末民初天津民营工业的发展及启示 | 苑旭森 | 商业文化（下半月） | 2011 | 2 |
| 民国药业精英乐笃周的津门足迹 | 苑雅文 | 天津日报 | 2011 | 6月20日 |

| 清末天津广育学会探析 | 岳红廷 | 唐山师范学院学报 | 2011 | 6 |
|---|---|---|---|---|
| 《大公报》广告在天津社会生活变迁中的作用——以1926—1937年为例 | 岳谦厚、卫俊 | 城市史研究 | 2011 | 27 |
| 津海关税务司德璀琳与近代天津城市发展 | 张畅、刘悦 | 城市史研究 | 2011 | 27 |
| 论天津传统工艺美术历史、现状与发展战略 | 张国华 | 2011京津冀区域协作论坛论文集 | 2011 | 9 |
| 近代天津城市史研究综述 | 张利民、任吉东 | 史林 | 2011 | 4 |
| 清乾隆三年(1738年)天津府水涝及救灾史事探究 | 张强伟 | 咸宁学院学报 | 2011 | 8 |
| 中国"变盐为碱"的苦斗 | 张刃 | 当代劳模 | 2011 | |
| 清末与民国前期天津社会教育研究(1905—1937) | 张绍春 | 天津师范大学 | 2011 | 3 |
| 李大钊与天津党团组织的创建 | 张绍祖 | 天津政协 | 2011 | 4 |
| 天津租界俱乐部一览 | 张珅 | 天津档案 | 2011 | 6 |
| 打开尘封的记忆——"永久黄"团体档案 | 张甜甜 | 中国档案 | 2011 | 12 |
| 20世纪20年代的天津女性离婚问题研究——以《大公报·妇女与家庭》为中心的分析 | 张玮、徐娟 | 中北大学学报(社会科学版) | 2011 | 3 |
| 《清宫塘沽秘档图典》评介 | 张小锐 | 历史档案 | 2011 | 4 |
| 报馆、学堂与天津近代文学 | 张宜雷 | 天津大学学报(社会科学版) | 2011 | 5 |
| 试析明清时期天津的私盐问题 | 张毅 | 盐业史研究 | 2011 | 3 |
| 南开"镜箴"与周恩来的气质 | 张颖 | 政府法制 | 2011 | 5 |
| 清末天津物价与外侨在华日常生活——德国驻津领事馆档案资料札记之一 | 张国刚 | 中华文史论丛 | 2011 | 4 |

| | | | | |
|---|---|---|---|---|
| 金城银行与"永久黄"团体的银企关系 | 赵津、李健英 | 历史教学（下半月刊） | 2011 | 6 |
| 明代蓟州镇总兵官服等级考识——以戚继光为例 | 赵连赏 | 明史研究论丛（第九辑） | 2011 | 6 |
| 天津新生活运动研究1946—1948 | 赵欣洁 | 河南大学 | 2011 | 5 |
| 滴血的小站稻 | 赵学筠 | 跨世纪（时文博览） | 2011 | 2 |
| 京津冀地区汉代墓葬的历史地理学研究 | 赵妍 | 首都师范大学 | 2011 | 5 |
| 北疆博物院百年历史回顾 | 郑津春、李庆奎 | 大众文艺 | 2011 | 21 |
| 展示天津一个值得回味的时代影像《起士林——跨越世纪的传奇》 | 周凡恺 | 天津日报 | 2011 | 9月16日 |
| 清末民国杨柳青商绅性文化在新疆的衍生 | 周泓 | 民族论坛 | 2011 | 11 |
| 剧家曹禺(1910—1996) | 周建 | 数学理论与应用 | 2011 | 1 |
| 天津近代金融家的经营管理思想 | 周建波、高杨、庞禛 | 贵州财经学院学报 | 2011 | 4 |
| 张伯苓就任考试院院长真相 | 周利成 | 世纪 | 2011 | 2 |
| 对于天津教案起因的考察 | 周伟蔚 | 南京大学 | 2011 | 5 |
| 起士林·袁世凯·张爱玲 | | 天津档案 | 2011 | 4 |
| 起士林"金牌"食品 | | 天津日报 | 2011 | 5月27日 |
| 天津小洋楼掠影 | | 现代财经（天津财经大学学报） | 2011 | 11 |
| 袁世凯制造"京保津兵变"真相 | | 兵团建设 | 2011 | 6 |
| 周学熙 北洋财神爷 | | 中国市场 | 2011 | 47 |

| 样式雷与天津近代工业建筑——以海光寺行宫及机器局为例 | 蔡文杰、刘玉珊、王岚 | 天津大学学报（社会科学版） | 2011 | 6 |
|---|---|---|---|---|
| 张太雷在天津的革命思想与实践探析 | 刘平、朱丹 | 安徽史学 | 2012 | 5 |
| 北洋政府时期长芦缉私营人事管理制度述论 | 毕昱文 | 盐业史研究 | 2012 | 3 |
| 长芦珍档盛装面世民国史料又添奇葩——评《中国长芦盐务档案精选》 | 毕昱文 | 河北师范大学学报（哲学社会科学版） | 2012 | 4 |
| 长芦珍档盛装面世清顺治朝的长芦盐政 | 常建华 | 盐业史研究 | 2012 | 3 |
| 长芦盐路与天津城市早期商业网络的形成 | 陈克 | 盐业史研究 | 2012 | 3 |
| 乾、嘉时期长芦盐商群体衰落现象分析 | 高鹏 | 盐业史研究 | 2012 | 3 |
| 民国政府废除长芦专商引岸制述论 | 吉朋辉 | 盐业史研究 | 2012 | 3 |
| 天津市政协主办长芦盐业历史文化研讨会 | 记者张原、通讯员马俊波 | 人民政协报 | 2012 | 7月28日 |
| 善后大借款与长芦盐区盐碱工业的发展 | 李健英、李娟 | 盐业史研究 | 2012 | 3 |
| 20世纪80年代以来长芦盐业史研究综述 | 刘洪升 | 盐业史研究 | 2012 | 3 |
| 研究民国盐务史的珍贵史料——评《中国长芦盐务档案精选》 | 默书民 | 河北经贸大学学报（综合版） | 2012 | 3 |
| 长芦滩契初探——长芦契约文书探研之一 | 秦进才 | 盐业史研究 | 2012 | 3 |

| 题目 | 作者 | 刊物 | 年份 | 期号 |
|---|---|---|---|---|
| 天津七里海古潟湖湿地环境演变研究 | 秦磊 | 湿地科学 | 2012 | 2 |
| 长芦盐区不同历史时期的生产方式及其生产工具 | 王惠仁 | 盐业史研究 | 2012 | 3 |
| 长芦盐法志书考略 | 张磊 | 图书馆工作与研究 | 2012 | 1 |
| 清末至民国政局嬗变与长芦盐商的式微 | 张立杰 | 天津行政学院学报 | 2012 | 5 |
| 长芦盐业与天津的政治地位提升和经济发展 | 张利民 | 盐业史研究 | 2012 | 3 |
| 长芦盐商对天津教育之贡献 | 张绍祖 | 盐业史研究 | 2012 | 3 |
| 天津原租界区私家园林风格特色探析 | 安平 | 东南大学学报（哲学社会科学版） | 2012 | 1 |
| 旧天津的文化形态与文学书写 | 白佳佳 | 西南大学 | 2012 | 4 |
| 张伯苓的德育思想与贡献 | 曹凯 | 兰台世界 | 2012 | 10 |
| 天津近代工业的黄金时期工业概况及原因浅析 | 陈迪新 | 科技信息 | 2012 | 30 |
| 天津妈祖文化研究 | 陈洁 | 天津师范大学 | 2012 | 5 |
| 以天津海河裁弯取直为例考察民国时期拆迁工作 | 陈静 | 兰台世界 | 2012 | 6 |
| 1886年李鸿章、拉德仁天津会谈与中、俄朝鲜政策 | 陈开科 | 近代史研究 | 2012 | 6 |
| 《北洋画报》与"津派"通俗小说新类型 | 陈艳 | 中国现代文学研究丛刊 | 2012 | 2 |
| 皖籍实业家周学熙与近代华北社会 | 程莉 | 安庆师范学院学报（社会科学版） | 2012 | 5 |
| 侯德榜中国重化学工业的开拓者 | 崔春红 | 现代工业经济和信息化 | 2012 | 17 |

*1500*

| 标题 | 作者 | 刊物 | 年份 | 期 |
|---|---|---|---|---|
| 抗战时期侵华日军封锁天津英法租界始末 | 丁伟 | 天津档案 | 2012 | 2 |
| 艰难的转变:近代天津民间合伙债务问题初探 | 冯剑 | 城市史研究 | 2012 | 28 |
| 近代城市贫民阶层的形成与时代特征——以近代天津为中心的考察 | 付燕鸿 | 城市史研究 | 2012 | 28 |
| 清代直隶地区的营田水利与水稻种植 | 高福美 | 石家庄学院学报 | 2012 | 1 |
| 1932年天津电车加价风潮研究 | 高圆圆 | 华中师范大学 | 2012 | 5 |
| 近代天津娱乐消费模式变动及影响探究——基于英敛之日记考察 | 郭立珍 | 历史教学（下半月刊） | 2012 | 16 |
| 从袁世凯与严修的交谊看直隶教育近代化 | 韩兵、李奕 | 青岛农业大学学报（社会科学版） | 2012 | 1 |
| 论严修与直隶教育近代化 | 韩兵、吴建征、杨路轩 | 北京化工大学学报（社会科学版） | 2012 | 1 |
| 民国时期画报的广告经营——基于天津《北洋画报》史料 | 韩红星 | 中国出版 | 2012 | 9 |
| 1929—1941年天津英租界市政管理研究 | 韩占领 | 天津师范大学 | 2012 | 4 |
| 近代天津城市的塑形 | 贺萧著,任吉东译 | 城市史研究 | 2012 | 28 |
| 从杨柳青戏曲年画看清代京津演剧 | 洪畅 | 戏剧文学 | 2012 | 7 |
| 天津青年会的儿童事业——以《大公报》为中心 | 侯杰、谢晓晨 | 华南师范大学学报（社会科学版） | 2012 | 5 |

| | | | | |
|---|---|---|---|---|
| 鸦片战争前后天津庙宇的空间分布——以《津门保甲图说》为中心 | 侯亚伟、侯杰 | 世界宗教研究 | 2012 | 5 |
| 庆王府:渗入高墙深院的历史 | 胡春萌 | 天津日报 | 2012 | 6月18日 |
| 津城老品牌,现在还好吗?——天津老字号和品牌生存状况调查 | 胡然 | 天津日报 | 2012 | 4月28日 |
| 长芦盐商与天津右文风尚的兴起 | 胡诗雯 | 盐业史研究 | 2012 | 2 |
| 1921—2011:天津工商大学历史脉络演进 | 黄立志 | 天津电大学报 | 2012 | 1 |
| 从天津碱厂保护到工业遗产价值认知 | 季宏、徐苏斌、闫觅军 | 建筑创作 | 2012 | 12 |
| 工业遗产科技价值认定与分类初探——以天津近代工业遗产为例 | 季宏、徐苏斌、青木信夫 | 新建筑 | 2012 | 2 |
| 袁世凯与棉纺织业的筹办 | 贾熟村 | 衡阳师范学院学报 | 2012 | 1 |
| 天津中华武士会之研究 | 江平、梅杭强、彭婵 | 搏击(武术科学) | 2012 | 5 |
| 《北洋画报》广告审美研究 | 解丹儒 | 时代文学(下半月) | 2012 | 7 |
| 重温历史的记忆——天津《益世报》 | 雷锋莉 | 天津师范大学 | 2012 | 6 |
| 天津近代历史建筑再利用研究 | 李冰心 | 中国天主教 | 2012 | 2 |
| 展现天津人性格的天津方言 | 李春艳 | 社科纵横(新理论版) | 2012 | 3 |
| 旺道庄车站:天津站的根 | 李津生 | 人民铁道 | 2012 | 6月8日 |
| 明清时期漕船在天津的冻阻 | 李俊丽 | 邯郸学院学报 | 2012 | 2 |
| 论中西渐融的京津地区近代建筑装饰 | 李凌雨 | 北京林业大学 | 2012 | 8 |
| 两个地方性金融机构所起的"超地方"影响——周学熙在清末创办北洋银元局和天津官银号述论 | 李楠夫 | 历史教学(下半月刊) | 2012 | 4 |

| 题目 | 作者 | 期刊 | 年 | 期 |
|---|---|---|---|---|
| 天津洋行、货栈与近代西北羊毛贸易——以满铁调查的《支那羊毛》为中心 | 李晓英 | 西北师大学报（社会科学版） | 2012 | 5 |
| 海河及其功能变迁对天津旅游形象的影响研究 | 李莹 | 天津商业大学 | 2012 | 5 |
| 从运河历史变迁看天津多元文化 | 李莹、李津莉 | 多元与包容——2012中国城市规划年会论文集(12.城市文化) | 2012 | 10 |
| 蓟县盘山北少林寺史迹探微 | 李永明、梅杭强、高文山 | 体育文化导刊 | 2012 | 9 |
| 英美近代天津城市研究综述 | 林姿呈 | 史林 | 2012 | 1 |
| 论天津近代历史文化旅游资源的开发与发展 | 刘菲 | 天津职业院校联合学报 | 2012 | 4 |
| 天津民俗旅游中的饮食文化特色 | 刘菲 | 经济研究导刊 | 2012 | 13 |
| 北洋法政学堂创办的历史考辨——为北洋法政学堂成立105周年而作 | 刘国有、刘桂芳、徐瑞娴 | 天津法学 | 2012 | 2 |
| 从三条石博物馆透视民族工业的发展 | 刘明轩 | 文学界（理论版） | 2012 | 4 |
| 近代天津的洋行——一份有关美孚洋行的文献考释 | 刘翔 | 中国国家博物馆馆刊 | 2012 | 1 |
| 近代天津学前教育研究 | 刘向军 | 天津师范大学 | 2012 | 5 |
| 天津工业文化的历史传承与特质 | 龙德毅、杨学俊、阎泽 | 天津职业院校联合学报 | 2012 | 6 |
| 近代冀州商帮在京津城市近代化中的作用 | 卢忠民 | 经济研究导刊 | 2012 | 9 |

| 标题 | 作者 | 刊物 | 年份 | 期 |
|---|---|---|---|---|
| 近代旅居京津的冀州商帮形成之原因分析 | 卢忠民 | 学理论 | 2012 | 6 |
| 都市佛教的当代价值——以天津大悲禅院为例 | 卢忠帅 | 黄河科技大学学报 | 2012 | 6 |
| 关于天津历史风貌建筑保护的前瞻性思考 | 路红 | 中国房地产 | 2012 | 5 |
| 绿色节能理念在历史风貌建筑保护工程中的应用研究 | 路红、徐连和、傅建华、孔晖 | 住宅产业 | 2012 | 9 |
| 马克思主义大众化视角下的五四学生社团 | 吕峰 | 河北青年管理干部学院学报 | 2012 | 6 |
| 范旭东实业救国的化工之父 | 麦群忠、吴晓波 | 中国市场 | 2012 | 25 |
| "五四运动"著名进步刊物《觉悟》诞生的始末 | 缪平均 | 陕西档案 | 2012 | 2 |
| 允公允能　日新月异——浅析南开大学创始人张伯苓的教育思想观 | 齐韵涵 | 潍坊教育学院学报 | 2012 | 4 |
| 民俗文化中的天津天后宫 | 钱建华 | 福建师范大学学报（哲学社会科学版） | 2012 | 3 |
| 近代天津的瘟疫流行与慈善机构的医疗救济 | 任云兰 | 社会工作 | 2012 | 11 |
| 天津德租界的街道与西式建筑 | 任云兰 | 城市 | 2012 | 1 |
| 天津盐商与慈善事业 | 任云兰 | 盐业史研究 | 2012 | 3 |
| 夏诒霆："失手"天津老西开交涉案 | 石建国 | 世界知识 | 2012 | 1 |
| 海纳百川　兼收并蓄 | 史瑞杰、孙立田 | 天津日报 | 2012 | 3月5日 |

| 标题 | 作者 | 刊物 | 年份 | 期号 |
|---|---|---|---|---|
| 严修与天津南开私立学校的设立 | 司霖霞、梁茂林 | 贵州社会科学 | 2012 | 11 |
| 天津市农村人口历史变迁研究（1978—1998） | 宋要恒 | 天津理工大学 | 2012 | 10 |
| 对倪嗣冲研究的回顾与反思 | 苏全有、何亚丽 | 洛阳师范学院学报 | 2012 | 1 |
| 城市发展与文学关系概论——古代天津与文学 | 孙爱霞 | 沈阳师范大学学报（社会科学版） | 2012 | 2 |
| 再说严修撰书墓志铭 | 孙德恕 | 天津日报 | 2012 | 4月24日 |
| 达则兼善 仁者爱人——达仁堂的传承与发展 | 孙玲 | 中国食品药品监管 | 2012 | 5 |
| 天津糖人艺术 | 孙豫 | 艺术与设计（理论） | 2012 | Z1 |
| 天津方言的源流、文化特质及其对天津城市性格的影响 | 谭汝为 | 通化师范学院学报 | 2012 | 5 |
| 赌博与慈善：近代天津华商赛马会 | 汤锐 | 福建论坛（人文社会科学版） | 2012 | 10 |
| 传统文化之瑰宝——天津文庙 | 《天津经济》课题组 | 天津经济 | 2012 | 4 |
| 海河明珠 天津东站 | 《天津经济》课题组 | 天津经济 | 2012 | 2 |
| 袁世凯取得小站练兵权之谜 | 万鲁建 | 兰台世界 | 2012 | 24 |
| 天津蓟县闯子峪和大孙各庄旧石器地点发现的石器研究 | 王春雪、盛立双 | 第十三届中国古脊椎动物学学术年会论文集 | 2012 | 8 |
| 论天津方言岛的形成因于淮军 | 王光汉 | 合肥学院学报（社会科学版） | 2012 | 4 |

| 标题 | 作者 | 刊物 | 年份 | 期号 |
|---|---|---|---|---|
| 两个起士林到底有嘛不同？图原来一脉相承如今独立经营注册商标一为"KC"一为五环 | 王浙、郭宇、谷岳 | 每日新报 | 2012 | 5月2日 |
| 近代城市发展中的族群认同与排斥——以天津"傈"字风波为例 | 王静 | 城市史研究 | 2012 | 28 |
| 略论民国时期天津航业同业公会 | 王静 | 兰州学刊 | 2012 | 4 |
| 天津张园中的孙中山 | 王文锋 | 社会科学战线 | 2012 | 4 |
| 锋芒毕露的清末重臣铁良 | 王学斌 | 文史天地 | 2012 | 4 |
| 天津文学论略 | 王之望、闫立飞 | 天津师范大学学报（社会科学版） | 2012 | 4 |
| 抗战时期天津租界中国存银问题——以中英交涉为中心 | 吴景平 | 历史研究 | 2012 | 3 |
| 天津五大道历史街区空间形态及风貌特色解析 | 夏青、许熙巍、徐萌、崔楠 | 天津大学学报（社会科学版） | 2012 | 3 |
| 天津事件再考——以天津总领事馆、中国驻屯军、日本侨民为视角 | 小林元裕著，万鲁建译 | 城市史研究 | 2012 | 28 |
| 天津卫　天津　津 | 晓白 | 中国工会财会 | 2012 | 5 |
| 清季袁世凯宪政观探究 | 谢未渊 | 华中师范大学 | 2012 | 10 |
| 略论近代天津城市与周边集市（镇）之间交通方式的演变（1860—1937） | 熊亚平、任金帅 | 城市史研究 | 2012 | 28 |
| 天津湿地蕴育了津沽文化 | 许宁、张增顺 | 湿地科学与管理 | 2012 | 1 |
| 中国近代火车站之静海站研究 | 薛林平、石玉 | 华中建筑 | 2012 | 3 |

| | | | | |
|---|---|---|---|---|
| 天津的回归 | 雪珥 | 新金融观察 | 2012 | 5月21日 |
| 从天津报刊看曹禺早期的演员形象 | 杨爱芹 | 兰台世界 | 2012 | 1 |
| 天津历史城区的特色与保护 | 杨慧萌、于劲翔 | 多元与包容——2012中国城市规划年会论文集(12.城市文化) | 2012 | 10 |
| 刍议天津城市空间布局的历史演进 | 杨佳、范小勇 | 城市 | 2012 | 3 |
| 天津体育文化遗产探析 | 杨祥全 | 搏击(体育论坛) | 2012 | 9 |
| 大沽炮台守将罗荣光之死辨 | 姚桂湘 | 学理论 | 2012 | 24 |
| 英廉在津创作及其与水西庄查氏家族的交往 | 叶修成 | 民族文学研究 | 2012 | 3 |
| 辽《蓟州沽渔山寺碑铭》小考 | 尤李 | 乐山师范学院学报 | 2012 | 9 |
| 马根济与近代天津医疗事业考论——兼谈"马大夫"与李中堂"兴医"的诉求歧异与相处之道 | 余新忠、杨璐玮 | 社会科学辑刊 | 2012 | 3 |
| 近代天津私塾改良略述 | 岳红廷 | 聊城大学学报(社会科学版) | 2012 | 6 |
| 近代天津的平民教育运动——以20世纪20年代为中心的考察 | 岳婷婷 | 中国城市经济 | 2012 | 2 |
| 1898年英国海军司令造访小站始末 | 张博 | 兰台世界 | 2012 | 10 |
| 非政府组织与近代中国职业教育研究——以天津青年会为个案的考察 | 张博 | 兰州学刊 | 2012 | 1 |

| 天津近代中国奥运第一城 | 张博 | 天津日报 | 2012 | 7月30日 |
|---|---|---|---|---|
| 论刘云若小说创作与天津地域文化的关系 | 张春雨 | 名作欣赏 | 2012 | 9 |
| 《天津文学史》的"收""放"视野 | 张大为 | 文学自由谈 | 2012 | 5 |
| 沧桑变迁话"金城" | 张公浩、常石 | 金融博览 | 2012 | 4 |
| 近代商会与天津慈善救济事业 | 张佳佳 | 湖北经济学院学报(人文社会科学版) | 2012 | 6 |
| 清末至民国政局嬗变与长芦盐商的式微 | 张立杰 | 天津行政学院学报 | 2012 | 9 |
| "长芦盐业历史文化研讨会"会议综述 | 张利民 | 城市史研究 | 2012 | 28 |
| 天津第一块租界地的选址过程 | 张石 | 天津档案 | 2012 | 1 |
| 清代京畿行政管理体制演变——以乾隆朝顺天府飞蝗案为例 | 张松梅 | 历史教学(下半月刊) | 2012 | 4 |
| 1903年天津河北新区规划研究 | 张秀芹 | 多元与包容——2012中国城市规划年会论文集(15.城市规划历史与理论) | 2012 | 10 |
| 民国时期的天津红十字会 | 章用秀 | 慈善 | 2012 | 1 |
| 关于天津工业遗产再利用策略研究 | 田勇、温泉、张长锐 | 科技信息 | 2012 | 31 |
| 抗战时期企业社会责任的历史考察——以"永久黄"团体为例 | 赵津、韩冬 | 历史教学(下半月刊) | 2012 | 12 |

| | | | | |
|---|---|---|---|---|
| 浅谈天津漕运与地名文化保护 | 赵静媛、郭凤平、戴学来 | 中国地名 | 2012 | 1 |
| 小站练兵人员任职情况考误 | 赵鲁臻 | 兰台世界 | 2012 | 27 |
| 早期评剧与四大流派在天津 | 甄光俊 | 戏曲艺术 | 2012 | 4 |
| 建筑　城市　名人 | 周俊旗 | 天津社会科学院出版社 | 2012 | 6 |
| 天津老城里地名调查分析 | 周庆熙 | 群文天地 | 2012 | 4 |
| 中国水泥史话（12）——启新洋灰公司的新生 | 周醉天、韩长凯 | 水泥技术 | 2012 | 6 |
| 天津海岸电台发展简史 | 朱世宏 | 才智 | 2012 | 2 |
| 曹禺 | | 长江论坛 | 2012 | 3 |
| 揭开敦煌遗书流落天津之谜 | | 发展 | 2012 | 10 |
| 梁启超与天津的"生死之缘" | | 今晚报 | 2012 | 7月12日 |
| 起士林:外国人开在中国的西餐老字号 | | 北京商报 | 2012 | 9月6日 |
| 起士林食品风味独特工艺精新图 | | 天津日报 | 2012 | 5月11日 |
| 天津近代女子学校研究 | 雷锋莉 | 天津师范大学 | 2012 | 6 |
| 张太雷与北洋大学 | 张振兴 | 天津大学学报（社会科学版） | 2012 | 6 |
| 李书田:中国现代高等教育的拓荒者 | 孙玉芹、宋文刚 | 教育与职业 | 2012 | 13 |
| 民国教育家赵天麟的教育理念探析 | 张世轶、张振海 | 科学发展·惠及民生——天津市社会科学界第八届学术年会优秀论文集（中） | 2012 | 12 |

| | | | | |
|---|---|---|---|---|
| 文化生态视角下的天津工业遗产再利用 | 于红 | 城市规划和科学发展——2009中国城市规划年会论文集 | 2012 | 9 |
| 法籍天津近代建筑师保罗·慕乐研究 | 武求实 | 天津大学 | 2011 | 12 |
| 溥仪天津时期复辟思想研究 | 陈宏 | 大连近代史研究（辑刊） | 2012 | |
| 近代天津商人城乡家庭经济型态一例：什季堂李氏文书初探 | 关文斌 | 近代中国（辑刊） | 2008 | |
| 租界、乡土与都市——文学与天津城市的现代转型 | 闫立飞 | 天津社会科学 | 2012 | 5 |

# 后　记

《天津史研究论文选辑(续辑)》是天津市哲学社会科学重大工作——《天津通史》的子课题。该课题由万新平主持，并负责拟定全书的架构和体例，以及统稿、定稿；周俊旗审阅并确定选编论文；郭登浩负责论文资料的组织搜集、选取等工作，黄宁、郭以正负责论文的汇总、编排等工作。参加《天津史研究论文选辑(续辑)》录入、编选和校对工作的主要人员有：赵云利、杨桦、孙书祥、徐宝春、范慧琴、刘文智、王翠华、朱晓平、侯海宁、万亚萍、丁翀尧、王芳、张雅男等。

《天津史研究论文选辑(续辑)》在编选过程中，得到天津社会科学院图书馆全体同志的支持和帮助，在出版阶段得到了天津古籍出版社杨莲霞副总编的指导和大力协助，在此一并表示感谢。

由于我们的水平及涉阅资料有限，错误之处在所难免，祈盼读者批评指正。

编　者

2013 年 10 月 8 日